2021 전국 지방자치단체 2021. 3.

민·관 협업사무 운영 현황 I

민간경상사업보조(307-02)
민간단체법정운영비보조(307-03)
민간행사사업보조(307-04)

한국민간위탁경영연구소
Korea Contracting-out Management Institute

한국민간위탁경영연구소
Korea Contracting-out Management Institute

한국민간위탁경영연구소는 정부에서 운영하는 민간위탁 공공서비스의 효율성 향상을 위해 설립된 연구기관입니다. 민간위탁은 성과지향형 공공서비스제공 공급방식의 하나로써 더 나은 정부, 더 효율적인 정부로 가기 위한 제도입니다.

세상의 모든 사물은 세상의 변화를 수용해야 합니다. 민간위탁 사무 또한 운영 목적이나 사회적 가치변화를 수용해야하기 때문에 지속적으로 변화해 왔습니다. 현행 민간위탁 사무의 유형은 공익적 성격과 사익적성격의 사무가 혼재되어 스펙트럼이 다양합니다. 시대적 흐름과 환경변화에 맞는 민간위탁사무는 갈수록 커뮤니티거버넌스형(CG) 공공서비스 제공방식으로 변화 되어 가고 있습니다.

이를 효율적으로 관리하기 위해서는 민간위탁의 본질을 이해해야 하는데, 대표적인 영문표기가 contracting out인 것처럼 구매계약 또는 외주계약으로 계약에 관한 전반적인 프로세스를 이해하고 계약관리능력이 필요한 제도라는 것을 이해해야 합니다. 민간위탁 과정은 먼저 민간위탁을 위한 추진계획을 수립한 후 지방의회의 심의를 거쳐 민간위탁 선정심의위원회의 선정과정을 통해 최종 민간위탁 사업자를 선정하게 됩니다. 이 과정에 민간위탁 업체선정을 위한 계약법검토, 조례제정 또는 개정, 적정 위탁비용 산정, 위탁 후 성과평가 결과 적용을 위한 지표개발 등 세부적이고 전문적인 연구결과를 통한 의사결정 자료가 필요하게 됩니다. 이러한 연구결과는 민간기업이 공공서비스를 제공할 때 지속적인 품질 개선을 유도함으로써 서비스경쟁력을 향상시키고, 지자체는 효율적인 예산운영을 통하여 과대 또는 과소예산으로 인한 사회적 비용을 감소시키며 재정운영의 건전성을 증대시키는 효과가 있습니다. 이와 같이 민간위탁만을 연구해온 저희 연구소는 다양한 연구를 통해 얻은 노하우를 바탕으로 좀 더 선진화된 민간위탁 의사결정 자료와 효율적인 운영방안을 제안하는 역할을 수행할 것입니다.

연구소장 배 성 기

주요연구분야

공공서비스디자인(Public Service Design)
민간위탁관리(Contracting Out Management)
사업타당성검토(Project Feasibility)
정부원가계산(Government Cost Accounting)
정부보조금정산(Government Grant Accounting)
공공서비스성과평가(Public Service Performance Evaluation)
사회적경제기업(Social Economy), 사회적가치평가(SROI)
조직 진단(Organizational Structure Design)
공공관리혁신(Public Management Innovation)
사회기반시설 자산관리(Infrastructure Asset Management)

연락처

전화 : 02 943 1941
팩스 : 02 943 1948
이메일 : kcomi@kcomi.re.kr
홈페이지: www.kcomi.re.kr

2021 전국 지방자치단체 「민·관 협업사무 운영현황 Ⅰ」는 이렇게 발간되었습니다.

1. 조사개요

민 · 관 협업은 학계와 실무계를 불문하고 사회 각계각층이 이 주제의 중요성을 인식하고 처방적 대안 마련에 관심을 쏟고 있음에도 불구하고 민간위탁 케이스별 연구만이 주로 되어 왔습니다. 또한 사회적 현상을 기반으로 공공서비스의 유형을 공공서비스, 준공공서비스, 선택적 공공서비스 등으로의 구분하고 공익성의 정도에 따른 관리기법 및 예산운영 방법 등을 심도 있게 연구한 연구문헌이 부족한 상황입니다.

민 · 관 협업형 공공서비스는 국민들과의 최접점에서 공급되는 공공서비스로 지속적으로 성장하는 국민들의 공공서비스 수요를 반영하고 개선하기 위해서는 다양한 주제와 분야별로 지속적인 연구가 되어야 합니다. 하지만 이러한 연구를 하기 위한 기초적 통계자료가 없다는 것은 실로 놀라운 일이 아닐 수 없습니다.

따라서 본 조사는 전국 243개 지자체 전부를 대상으로 민 · 관 협업사무 현황을 분석하기 위해 지자체의 민간경상사업보조(307-02), 민간단체 법정운영비보조(307-03), 민간행사사업보조(307-04), 민간위탁금(307-05), 사회복지시설 법정운영비보조(307-10), 민간인위탁교육비(307-12), 공기관 등에 대한 경상적대행사업비(308-10), 민간자본사업보조 자체재원(402-01), 민간자본사업보조 이전재원(402-02), 민간위탁사업비(402-03), 공기관 등에 대한 자본적 위탁사업비(403-02) 예산을 조사한 후 해당사무별 업체선정방법, 개별조례 유무, 원가산정기준, 서비스(성과)평가 유무, 수탁기업 현황 등에 대한 정보공개요청을 통해 현황을 조사하였습니다.

본 조사를 통해 얻을 수 있었던 것은 동종의 민 · 관 협업사무라도 운영예산규모, 업체선정기준, 개별조례유무, 위탁비용 산정기준, 서비스(성과)평가 유무 등이 같지 않다는 것을 알 수 있었습니다. 이를 검증하기 위해서는 심도 있는 연구가 수행 되어야 하겠으나 이런 비교결과조차도 유의미하다고 생각됩니다.

전국 지자체 민 · 관 협업사무 통계조사의 효용성은 첫째, 유사 민 · 관 협업사무의 운영예산 확인을 통한 예산운영의 적정성을 판단할 수 있는 기준자료, 둘째, 개별조례 유무 확인을 통한 제정 및 개정 용이, 셋째, 적정 비용 산정기준 확인, 넷째, 성과평가 기준 확인, 다섯째, 민간위탁기업명 확인을 통한 경쟁력 있는 기업선정 기초자료 확보 등과 같습니다.

상기와 같은 조사를 통해 궁극적으로 얻고자 한 것은 「건전한 긴장관계 유지」입니다. 전국 민 · 관 협업사무 운영현황을 통해 사무의 종류와 예산의 규모, 협업 수행 기업의 종류와 유형이 공개됨으로써 민 · 관 협업사무를 추진하는 입장에서는 선택의 폭이 넓어질 것이고, 서비스를 받는 국민의 입장에서는 서비스기업 간 경쟁시스템이 올바르게 갖추어져, 좀 더 체계적이며,

경제적이고, 만족할 만한 공공서비스가 제공 되어질 것입니다.

현 통계 조사의 한계점은 지자체에서 민간이전(307), 자치단체등이전(308), 민간자본이전(402), 자치단체자본이전(403) 예산으로 운영하는 사무를 총괄하여 나열하였으나 해당 사무의 예산 편성시 다른 예산항목 사업으로 편성하여 혼재되어 공개된 사무가 다수 존재합니다. 이는 향후 관리자 교육을 통해 민간위탁 사업의 정확한 이해를 기반으로 해당사무 운영 기본 조례 제·개정과 함께 해당 사무가 운영될 시에 해소가 될 것으로 판단됩니다.

본 현황분석은 한국민간위탁경영연구소의 다섯 번째 전국단위 민·관 협업사무 운영현황 통계조사를 한 것으로서 미흡한 부분이 다소 존재합니다. 하지만 전국 민·관 협업 서비스 발전을 위한 기초 연구자료로써 중요한 역할을 할 수 있을 것을 기대합니다. 도움을 주신 전국 민·관 협업사무 담당 공무원분들께 감사드립니다.

2. 조사기간 : 2021년 1월 15일 ~ 2021년 2월 29일

3. 조사결과

- 민간이전 분류별 통계

(단위: 천원)

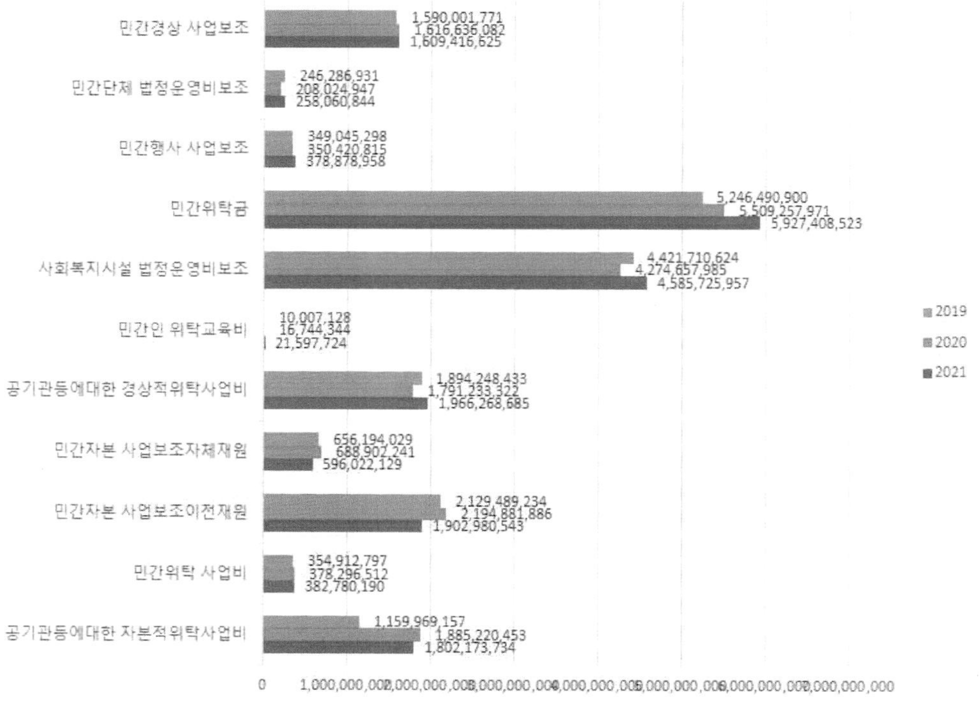

– 행정 단위별 통계

(단위: 천원)

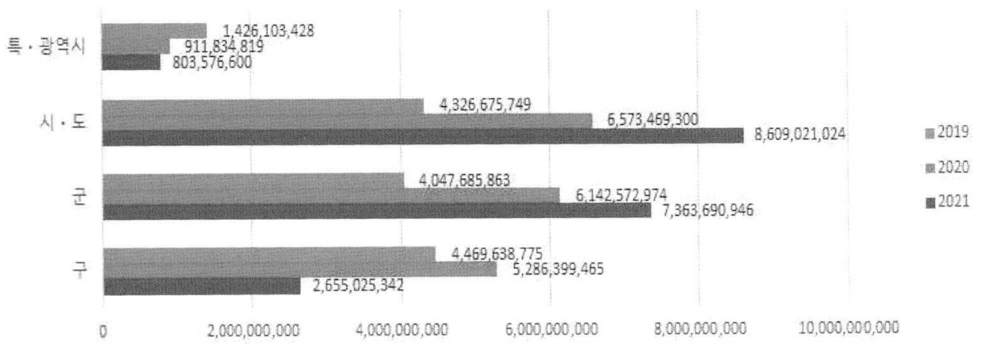

– 사업수별 통계

(단위: 건)

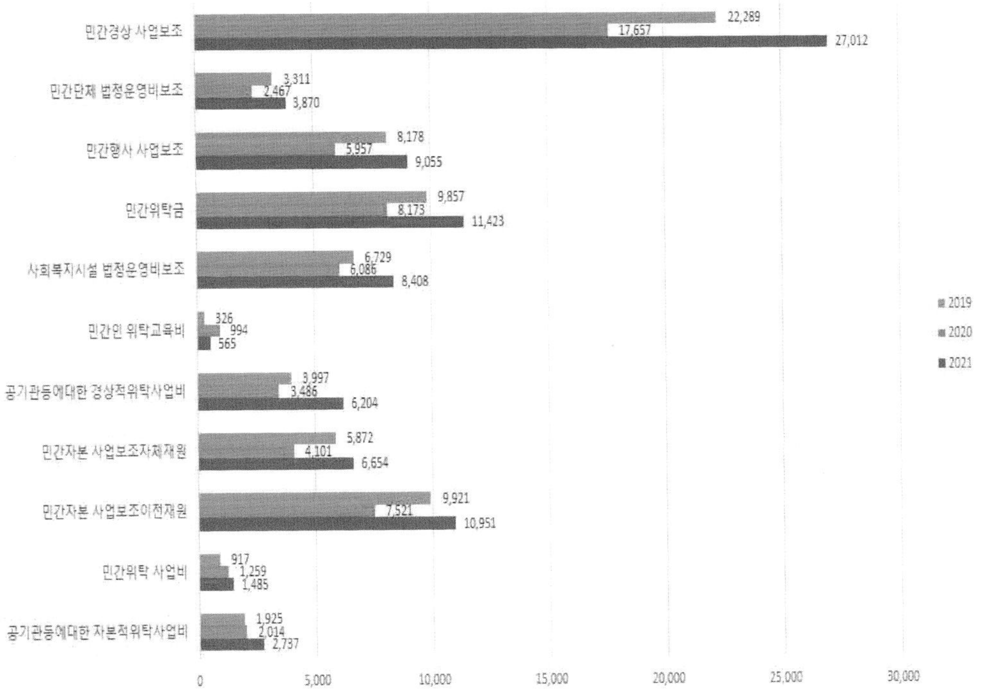

(1) 2021년 조사결과

(단위: 건, 천원)

행정단위	민간이전 (307)			
	민간경상 사업보조 (307-02)	민간단체 법정운영비보조 (307-03)	민간행사 사업보조 (307-04)	민간위탁금 (307-05)
합 계	1,609,416,625	258,060,844	378,878,958	5,927,408,523
특 · 광역시	126,483,885	20,717,888	17,495,418	141,897,563
시 · 도	741,694,406	140,478,657	191,036,108	2,505,501,914
군	584,384,872	69,810,174	144,100,714	2,369,312,165
구	156,853,462	27,054,125	26,246,718	910,696,881
사업수	27,012	3,870	9,055	11,423

(단위: 건, 천원)

행정단위	민간이전 (307)		자치단체등이전 (308)	민간자본이전 (402)
	사회복지시설 법정운영비보조 (307-10)	민간인 위탁교육비 (307-12)	공기관등에대한 경상적대행사업비 (308-10)	민간자본 사업보조자체재원 (402-01)
합 계	4,585,725,957	21,597,724	1,966,268,685	596,022,129
특 · 광역시	95,809,001	264,580	281,958,651	26,108,764
시 · 도	1,742,886,585	4,587,357	1,170,293,485	234,511,318
군	1,509,610,321	11,662,336	384,044,676	314,935,342
구	1,237,420,050	5,083,451	129,971,873	20,466,705
사업수	8,408	565	6,204	6,654

(단위: 건, 천원)

행정단위	민간자본이전 (402)		자치단체자본이전 (403)	합 계
	민간자본 사업보조이전재원 (402-02)	민간위탁 사업비 (402-03)	공기관등에대한 자본적위탁사업비 (403-02)	
합 계	1,902,980,543	382,780,190	1,802,173,734	19,431,313,912
특 · 광역시	39,179,680	3,210,219	50,450,951	803,576,600
시 · 도	945,399,600	154,139,608	778,491,986	8,609,021,024
군	877,097,853	206,285,393	892,447,100	7,363,690,946
구	41,303,410	19,144,970	80,783,697	2,655,025,342
사업수	10,951	1,485	2,737	88,364

(2) 2020년 조사결과

(단위: 건, 천원)

행정단위	민간이전 (307)			
	민간경상 사업보조 (307-02)	민간단체 법정운영비보조 (307-03)	민간행사 사업보조 (307-04)	민간위탁금 (307-05)
합 계	1,616,636,082	208,024,947	350,420,815	5,509,257,971
특 · 광역시	147,751,858	20,023,917	20,264,073	204,621,653
시 · 도	566,326,091	87,764,750	142,463,820	1,977,110,714
군	690,432,574	71,550,163	161,817,814	1,485,782,191
구	212,125,559	28,686,117	25,875,108	1,841,743,413
사업수	17,657	2,467	5,957	8,173

(단위: 건, 천원)

행정단위	민간이전 (307)		자치단체등이전 (308)	민간자본이전 (402)
	사회복지시설 법정운영비보조 (307-10)	민간인 위탁교육비 (307-12)	공기관등에대한 경상적대행사업비 (308-10)	민간자본 사업보조자체재원 (402-01)
합 계	4,274,657,985	16,744,344	1,791,233,322	688,902,241
특 · 광역시	44,339,980	530,799	237,658,493	30,815,530
시 · 도	1,531,484,016	7,576,845	546,833,688	288,285,930
군	555,538,178	5,401,983	395,187,050	314,260,931
구	2,143,295,811	3,234,717	611,554,091	55,539,850
사업수	6,086	994	3,486	4,101

(단위: 건, 천원)

행정단위	민간자본이전 (402)		자치단체자본이전 (403)	합 계
	민간자본 사업보조이전재원 (402-02)	민간위탁 사업비 (402-03)	공기관등에대한 자본적위탁사업비 (403-02)	
합 계	2,194,881,886	378,296,512	1,885,220,453	18,914,276,558
특 · 광역시	69,287,703	10,762,713	125,778,100	911,834,819
시 · 도	843,765,184	107,435,970	474,422,292	6,573,469,300
군	1,094,447,420	141,111,165	1,227,043,505	6,142,572,974
구	187,381,579	118,986,664	57,976,556	5,286,399,465
사업수	7,521	1,259	2,014	59,715

(3) 2019년 조사결과

(단위: 건, 천원)

행정단위	민간이전 (307)				
	민간경상 사업보조 (307-02)	민간단체 법정운영비보조 (307-03)	민간행사 사업보조 (307-04)	민간위탁금 (307-05)	사회복지시설 법정운영비보조 (307-10)
합 계	1,590,001,771	246,286,931	349,045,298	5,246,490,900	4,421,710,624
특 · 광역시	200,987,484	29,044,236	14,397,959	286,187,513	63,197,108
시 · 도	351,272,974	67,665,725	97,460,507	1,341,628,928	1,348,024,711
군	563,956,333	69,149,178	121,324,527	826,580,474	436,425,803
구	130,535,245	31,369,935	28,102,809	1,768,578,685	1,937,737,446
사업수	22,289	3,311	8,178	9,857	6,729

(단위: 건, 천원)

행정단위	민간이전 (307)		자치단체등이전 (308)	전출금 (309)	민간자본이전 (402)
	사회복지 사업보조 (307-11)	민간인 위탁교육비 (307-12)	공기관등에대한 경상적대행사업비 (308-10)	공사공단 경상전출금 (309-01)	민간자본 사업보조자체재원 (402-01)
합 계	3,414,468,007	10,007,128	1,894,248,433	833,682,507	656,194,029
특 · 광역시	111,698,127	191,040	438,457,494	115,216,762	11,014,400
시 · 도	741,818,460	2,022,809	301,352,165	264,606,168	132,381,740
군	483,782,203	5,187,906	228,079,782	83,145,469	312,919,783
구	1,733,600,811	2,104,751	343,520,952	209,705,083	19,908,941
사업수	10,563	326	3,997	385	5,872

(단위: 건, 천원)

행정단위	민간자본이전(402)		자치단체자본이전 (403)	공기업전출금 (404)	합 계
	민간자본 사업보조이전재원 (402-02)	민간위탁 사업비 (402-03)	공기관등에대한 자본적위탁사업비 (403-02)	공사공단 자본전출금 (404-01)	
합 계	2,129,489,234	354,912,797	1,159,969,157	80,767,093	22,387,273,909
특 · 광역시	271,503,247	10,158,000	100,964,947	29,855,525	1,682,873,842
시 · 도	400,590,375	87,427,863	196,847,952	14,113,754	5,347,214,131
군	831,276,291	131,903,918	520,881,868	8,757,508	4,623,371,043
구	120,391,111	34,291,714	53,097,186	19,911,605	6,432,856,274
사업수	9,921	917	1,925	217	84,487

■ 민·관협업 예산비목 설명

1) 민간경상사업보조(307-02)란 민간이 행하는 사업에 대하여 자치단체가 이를 권장하기 위하여 교부하는 것으로 자본적 경비를 제외한 보조금을 말함
2) 민간단체 법정운영비보조(307-03)란 지방재정법 제17조 및 제32조의2제2항에 따라 운영비를 지원할 수 있는 단체 등에 지원하는 경비를 말함
3) 민간행사사업보조(307-04)란 민간이 주관 또는 주최하는 행사에 대하여 자본적 경비를 제외한 보조금을 말함
4) 민간위탁금(307-05)이란 국가 또는 지방자치단체가 법령 및 조례에 의하여 민간인에게 위탁관리시키는 사업 중 기금성격의 사업비로서 사업이 종료되거나 위탁이 폐지될 때에는 전액 국고 또는 지방비로 회수가 가능한 사업을 말함
5) 사회복지시설 법정운영비 보조(307-10)란 주민 복지를 위해 법령의 명시적 근거에 따라 사회복지시설에 대하여 운영비 지원 목적으로 편성하는 보조금을 말함
6) 민간인위탁교육비(307-12)란 법령 또는 조례 등에 따라 자치단체 사무를 위해 민간인을 위탁교육할 경우 위탁기관에 지급할 위탁교육비를 말함
7) 공기관등에 대한 경상적 대행사업비(308-10)란 광역사업 등 당해 자치단체가 시행하여야 할 자본형성적 사업 외의 경비를 공기관에 위임 또는 위탁, 대행하여 시행할 경우 부담하는 제반경비, 지방자치단체조합(한국지역정보개발원 등)에 위탁하는 자본 형성적 사업 외 제반 경비를 말함
8) 민간자본사업보조(자체재원)(402-01)이란 민간의 자본형성을 위하여 민간이 추진하는 사업을 권장할 목적으로 민간에게 자치단체 자체 재원으로 직접 지급하는 보조금을 말함
9) 민간자본사업보조(이전재원)(402-02)이란 민간의 자본형성을 위하여 민간이 추진하는 사업을 권장할 목적으로 민간에게 국비 또는 시도비를 시도 및 시군구에서 지급하는 보조금
10) 민간위탁사업비(402-03)란 자치단체가 직접 추진하여야 할 사업으로서 법령의 규정에 의하여 민간에 위임 또는 위탁, 대행시키는 사업의 사업비, 국가 또는 지방자치단체의 위임사무에 수반하는 경비로서 지방자치단체 이외의 타에 지급하는 교부금을 말함
11) 공기관등에 대한 자본적 위탁사업비(403-02)란 광역사업 등 당해 자치단체가 시행하여야 할 자본 형성적 사업을 공기관에 위임 또는 위탁, 대행하여 시행할 경우 부담하는 제반경비를 말함

자료출처 : 행정안전부, 2018년도 지방자치단체 예산편성 운영기준 및 기금운용계획 수립기준(2017. 7.)

목 차

목 차

목 차

목 차

목 차

목 차

광주

대구

대전

부산

울산

세종

강원

목 차

목 차

목 차

목 차

목 차

목 차

chapter

1

민간경상사업보조 (307-02)

2021년 전국 지방자치단체 민간경상사업보조(307-02) 운영 현황

순번	시군구	지출명 (사업명)	2021년예산 (단위:천원/1년간)	담당자 (공무원) 담당부서	민간이전 분류 (지방자치단체 세출예산 집행기준에 의거) 1. 민간경상사업보조(307-02) 2. 민간단체 법정운영비보조(307-03) 3. 민간행사사업보조(307-04) 4. 민간위탁금(307-05) 5. 사회복지시설 법정운영비보조(307-10) 6. 민간인위탁교육비(307-12) 7. 공기관등에대한경상적위탁사업비(308-11) 8. 민간자본사업보조,자체재원(402-01) 9. 민간자본사업보조,이전재원(402-02) 10. 민간위탁사업비(402-03) 11. 공기관등에 대한 자본적 대행사업비(403-02)	민간이전지출 근거 (지방보조금 관리기준 참고) 1. 법률에 규정 2. 국고보조 재원(국가지정) 3. 용도 지정 기부금 4. 조례에 직접규정 5. 지자체가 권장하는 사업을 하는 공공기관 6. 시,도 정책 및 재정사정 7. 기타 8. 해당없음	입찰방식 계약체결방법 (경쟁형태) 1. 일반경쟁 2. 제한경쟁 3. 지명경쟁 4. 수의계약 5. 법정위탁 6. 기타 ( ) 7. 해당없음	입찰방식 계약기간 1. 1년 2. 2년 3. 3년 4. 4년 5. 5년 6. 기타 ( )년 7. 단기계약 (1년미만) 8. 해당없음	입찰방식 낙찰자선정방법 1. 적격심사 2. 협상에의한계약 3. 최저가낙찰제 4. 규격가격분리 5. 2단계 경쟁입찰 6. 기타 ( ) 7. 해당없음	운영예산 산정 운영예산 산정 1. 내부산정 (지자체 자체적으로 산정) 2. 외부산정 (외부전문기관위탁 산정) 3. 내·외부 모두 산정 4. 산정 無 5. 해당없음	운영예산 산정 정산방법 1. 내부정산 (지자체 내부적으로 정산) 2. 외부정산 (외부전문기관위탁 정산) 3. 내·외부 모두 산정 4. 정산 無 5. 해당없음	성과평가 실시여부 1. 실시 2. 미실시 3. 향후 추진 4. 해당없음
1	서울 종로구	생활체육단체 육성 및 지원	40,600	건강도시과	1	1	7	8	7	1	1	1
2	서울 종로구	생활체육단체 육성 및 지원	9,000	건강도시과	1	1	7	8	7	1	1	1
3	서울 종로구	생활체육단체 육성 및 지원	10,000	건강도시과	1	1	7	8	7	1	1	1
4	서울 종로구	생활체육단체 육성 및 지원	10,000	건강도시과	1	1	7	8	7	1	1	1
5	서울 종로구	여성축구교실 운영	22,000	건강도시과	1	1	7	8	7	1	1	1
6	서울 종로구	종로 태권도 육성	20,000	건강도시과	1	1	7	8	7	1	1	1
7	서울 종로구	도시농업지원센터 운영	50,000	공원녹지과	1	7	7	8	7	5	5	4
8	서울 종로구	종로구관광협의회 운영 지원	7,640	관광과	1	4	7	8	7	5	5	4
9	서울 종로구	종로구관광협의회 운영 지원	10,000	관광과	1	4	7	8	7	5	5	4
10	서울 종로구	임산부 친환경농산물 지원사업	117,120	보육지원과	1	6	7	3	1	1	1	2
11	서울 종로구	장애인복지시설 및 단체 지원 관리	24,000	사회복지과	1	1	7	8	7	5	1	1
12	서울 종로구	자원봉사 네트워크 관리	4,000	사회복지과	1	1	7	8	7	5	5	3
13	서울 종로구	「효사랑」실천 사업	5,880	어르신가족과	1	1	7	8	7	1	1	1
14	서울 종로구	「효사랑」실천 사업	5,000	어르신가족과	1	1	7	8	7	1	1	1
15	서울 종로구	「효사랑」실천 사업	5,000	어르신가족과	1	1	7	8	7	1	1	1
16	서울 종로구	「효사랑」실천 사업	5,000	어르신가족과	1	1	7	8	7	1	1	1
17	서울 종로구	대한노인회 종로구지회 지원	20,000	어르신가족과	1	1	7	8	7	1	1	1
18	서울 종로구	여성복지시설 및 단체 지원	12,528	어르신가족과	1	4	7	8	7	5	5	4
19	서울 종로구	청소년 단체 지원	5,000	어르신가족과	1	1	7	8	7	5	5	4
20	서울 종로구	학교 밖 청소년 지원사업	30,000	어르신가족과	1	4	7	8	7	5	5	4
21	서울 종로구	공동주택 지원	8,830	주거재생과	1	1	7	8	7	1	1	1
22	서울 종로구	의료기관 결핵환자 관리지원	213,900	질병예방과	1	2	7	8	7	1	1	1
23	서울 종로구	의료관련감염병 관리	32,000	질병예방과	1	2	7	8	7	1	1	1
24	서울 중구	재난 및 구호활동 단체 지원	5,000	생활안전담당관	1	1	7	8	7	1	1	3
25	서울 중구	안보 및 공익활동 지원	33,500	생활안전담당관	1	1	7	8	7	1	1	1
26	서울 중구	행정협력 단체 등 활동지원	129,960	동정부과	1	1	7	8	7	1	1	1
27	서울 중구	생활여가체육교실 운영	7,000	동정부과	1	4	7	8	7	5	5	4
28	서울 중구	생활체육 육성 지원	109,140	동정부과	1	1	7	8	7	1	1	4
29	서울 중구	중구청장기 대회 지원	128,000	동정부과	1	1	7	8	7	1	1	4
30	서울 중구	중구문화원 활성화 운영 지원	127,750	문화관광과	1	1	5	8	7	1	1	2
31	서울 중구	문화공간 조성 및 운영	10,000	문화관광과	1	1	7	8	7	5	5	4
32	서울 중구	작은도서관 독서문화진흥사업 지원	10,460	문화관광과	1	1	7	8	7	1	1	4
33	서울 중구	관광특구 활성화 지원	280,000	문화관광과	1	1	7	8	7	5	5	2
34	서울 중구	서울형 혁신교육지구 운영	60,000	교육아동청소년과	1	7	7	8	7	5	5	4
35	서울 중구	평생학습센터지정 및 운영	25,000	교육아동청소년과	1	4	7	8	7	3	1	1
36	서울 중구	우수 평생교육 프로그램 및 학습동아리 지원	40,000	교육아동청소년과	1	4	7	8	7	3	1	1
37	서울 중구	범죄피해자보호지원	30,000	복지지원과	1	1	7	8	7	1	1	1
38	서울 중구	국가유공자등예우및지원	65,000	복지지원과	1	4	7	8	7	1	1	1
39	서울 중구	여성행사 운영	5,000	여성보육과	1	8	7	8	7	5	5	4
40	서울 중구	저탄소 녹색성장 사업	29,000	환경과	1	1	7	8	7	1	1	1
41	서울 중구	신재생 에너지 보급	12,000	환경과	1	8	7	7	7	5	5	4
42	서울 중구	공동주택관리지원	40,000	주택과	1	4	7	8	7	1	1	3
43	서울 중구	지역산업맞춤형 자치단체 공모사업	195,000	도심산업과	1	5	6	7	7	1	1	4
44	서울 중구	시·구 상향적,협력적 일자리창출공모사업	191,590	도심산업과	1	5	6	1	7	1	1	4
45	서울 중구	임산부 친환경농산물 지원	159,360	도심산업과	1	5	6	1	6	1	1	1
46	서울 중구	전통시장 명물테마시장 육성	100,000	전통시장과	1	4	7	8	7	1	1	2
47	서울 중구	중소기업 및 소상인 지원	42,900	전통시장과	1	1	7	8	7	1	1	4
48	서울 중구	일상에서 만나는 마을기업 육성	140,000	사회적경제과	1	4	6	7	6	1	1	4
49	서울 중구	교통질서계도	9,000	교통행정과	1	1	7	8	7	1	1	1

순번	시군구	지출명 (사업명)	2021년예산 (단위:천원/1년간)	담당자 (공무원) 담당부서	민간이전 분류 (지방자치단체 세출예산 집행기준에 의거) 1. 민간경상사업보조(307-02) 2. 민간단체 법정운영비보조(307-03) 3. 민간행사사업보조(307-04) 4. 민간위탁금(307-05) 5. 사회복지시설 법정운영비보조(307-10) 6. 민간인위탁교육비(307-12) 7. 공기관등에대한경상적위탁사업비(308-11) 8. 민간자본사업보조,자체재원(402-01) 9. 민간자본사업보조,이전재원(402-02) 10. 민간위탁사업비(402-03) 11. 공기관등에 대한 자본적 대행사업비(403-02)	민간이전지출 근거 (지방보조금 관리기준 참고) 1. 법률에 규정 2. 국고보조 재원(국가지정) 3. 용도 지정 기부금 4. 조례에 직접규정 5. 지자체가 권장하는 사업을 하는 공공기관 6. 시,도 정책 및 재정사정 7. 기타 8. 해당없음	입찰방식 계약체결방법 (경쟁형태) 1. 일반경쟁 2. 제한경쟁 3. 지명경쟁 4. 수의계약 5. 법정위탁 6. 기타 ( ) 7. 해당없음	입찰방식 계약기간 1. 1년 2. 2년 3. 3년 4. 4년 5. 5년 6. 기타 ( )년 7. 단기계약 (1년미만) 8. 해당없음	입찰방식 낙찰자선정방법 1. 적격심사 2. 협상에의한계약 3. 최저가낙찰제 4. 규격가격분리 5. 2단계 경쟁입찰 6. 기타 ( ) 7. 해당없음	운영예산 산정 운영예산 산정 1. 내부산정 (지자체 자체적으로 산정) 2. 외부산정 (외부전문기관위탁 산정) 3. 내·외부 모두 산정 4. 산정 無 5. 해당없음	운영예산 산정 정산방법 1. 내부정산 (지자체 내부적으로 정산) 2. 외부정산 (외부전문기관위탁 정산) 3. 내·외부 모두 산정 4. 정산 無 5. 해당없음	성과평가 실시여부 1. 실시 2. 미실시 3. 향후 추진 4. 해당없음
50	서울 중구	다산동 주차문화 시범지구 조성	20,000	주차관리과	1	4	4	1	1	1	1	3
51	서울 중구	의료기관결핵환자관리지원	140,387	감염관리과	1	1	7	8	7	5	1	1
52	서울 중구	동행정 지원단체 활동지원	2,320	소공동	1	1	7	8	7	1	1	1
53	서울 중구	동행정 협력활동 지원	6,160	회현동	1	1	7	8	7	1	1	1
54	서울 중구	동 자치협력단체 지원	4,500	명동	1	1	7	8	7	5	5	4
55	서울 중구	동행정 협력활동 지원	4,460	필동	1	1	7	8	7	1	1	4
56	서울 중구	동행정 협력활동 지원	4,420	장충동	1	7	7	8	7	1	1	4
57	서울 중구	동행정 협력활동 지원	4,800	광희동	1	1	7	8	6	1	1	1
58	서울 중구	을지로동 행정 협력활동 지원	3,940	을지로동	1	4	7	8	7	5	1	1
59	서울 중구	동행정 협력활동 지원	5,000	신당동	1	1	6	8	6	1	1	1
60	서울 중구	청소년미래소리기자단운영	8,000	신당동	1	7	6	8	6	1	1	1
61	서울 중구	사회단체 협력 지원	5,000	다산동	1	4	7	8	7	1	1	1
62	서울 중구	동행정 협력활동 지원	5,720	약수동	1	4	7	8	7	1	1	1
63	서울 중구	비영리민간단체 활동 지원	6,860	청구동	1	4	7	8	7	1	1	1
64	서울 중구	동행정 협력활동 지원	5,440	신당5동	1	4	7	8	7	1	1	1
65	서울 중구	비영리 민간단체 활동지원	4,800	동화동	1	1	7	8	7	1	1	1
66	서울 중구	행정협력단체 활동지원	8,060	황학동	1	4	7	8	7	1	1	1
67	서울 중구	비영리 민간단체 활동지원	7,900	중림동	1	4	7	8	7	1	1	1
68	서울 용산구	마을공동체 활성화	80,000	자치행정과	1	4	6	6	6	1	1	1
69	서울 용산구	공익단체 활동 지원	125,750	자치행정과	1	1	7	8	7	1	1	1
70	서울 용산구	마을기업 육성	120,000	일자리경제과	1	2	7	7	7	1	1	4
71	서울 용산구	지역산업맞춤형 자치단체 지원 사업	100,000	일자리경제과	1	2	7	8	7	1	1	1
72	서울 용산구	전통시장 주차환경 개선사업 지원	30,128	일자리경제과	1	6	7	8	7	1	1	4
73	서울 용산구	시장경영바우처(공동마케팅) 지원	44,445	일자리경제과	1	2	7	8	7	5	5	4
74	서울 용산구	지역경제활성화지원	65,000	일자리경제과	1	2	7	7	7	1	1	1
75	서울 용산구	지역주도형 청년일자리	55,350	일자리경제과	1	2	7	8	7	1	1	1
76	서울 용산구	사회적경제통합지원센터 운영	168,000	일자리경제과	1	6	7	8	7	5	1	4
77	서울 용산구	자원봉사 활성화사업 지원	6,000	복지정책과	1	1	1	6	6	1	1	1
78	서울 용산구	여성사회참여지원	11,000	여성가족과	1	7	6	1	6	1	1	1
79	서울 용산구	문화원 육성	17,160	문화체육과	1	1	7	8	1	1	1	1
80	서울 용산구	문화원 육성	8,000	문화체육과	1	1	7	8	1	1	1	1
81	서울 용산구	문화원 육성	15,000	문화체육과	1	1	7	8	1	1	1	1
82	서울 용산구	문화원 육성	21,750	문화체육과	1	1	7	8	1	1	1	2
83	서울 용산구	문화원 육성	12,000	문화체육과	1	1	7	8	1	1	1	2
84	서울 용산구	용산 시니어합창단 지원	30,000	문화체육과	1	1	7	8	1	1	1	1
85	서울 용산구	용산 역사문화탐방 지원	70,000	문화체육과	1	1	7	8	1	1	1	1
86	서울 용산구	생활체육교실 운영	1,000	문화체육과	1	4	7	8	1	1	1	1
87	서울 용산구	용산구 체육회 운영	92,400	문화체육과	1	4	7	8	1	1	1	1
88	서울 용산구	용산구 체육회 운영	30,000	문화체육과	1	4	7	8	1	1	1	1
89	서울 용산구	학교폭력 예방사업	4,000	인재양성과	1	4	7	8	7	1	1	4
90	서울 용산구	사립작은도서관 도서구입 지원	10,000	인재양성과	1	4	7	7	7	1	1	1
91	서울 용산구	혁신교육지구사업	46,000	인재양성과	1	7	7	8	7	1	1	4
92	서울 용산구	평생학습 우수프로그램 지원 및 학습동아리 지원	23,980	인재양성과	1	4	7	8	7	1	1	1
93	서울 용산구	신재생에너지보급	12,000	맑은환경과	1	1	7	8	7	1	1	1
94	서울 용산구	공동체 활성화 공모사업	40,000	주택과	1	4	7	8	7	1	1	1
95	서울 용산구	사회단체 운영 활성화	27,000	안전재난과	1	1	7	8	7	1	1	4
96	서울 용산구	교통행정 및 교통대책 추진	20,000	교통행정과	1	1	7	8	7	1	1	4
97	서울 용산구	부설주차장 야간개방	44,000	주차관리과	1	4	7	8	7	5	1	1
98	서울 용산구	표본감시운영경비	2,760	건강관리과	1	2	7	8	7	3	1	4
99	서울 용산구	의료관련감염병 표본감시체계 운영	7,000	건강관리과	1	2	7	8	7	3	1	4
100	서울 용산구	생물테러 이중감시체계 운영지원	3,840	건강관리과	1	2	7	8	7	3	1	4

순번	시군구	지출명 (사업명)	2021년예산 (단위:천원/1년간)	담당자 (공무원)	민간이전 분류 (지방자치단체 세출예산 집행기준에 의거)	민간이전지출 근거 (지방보조금 관리기준 참고)	입찰방식			운영예산 산정		성과평가 실시여부
				담당부서	1. 민간경상사업보조(307-02) 2. 민간단체 법정운영비보조(307-03) 3. 민간행사사업보조(307-04) 4. 민간위탁금(307-05) 5. 사회복지시설 법정운영비보조(307-10) 6. 민간인위탁교육비(307-12) 7. 공기관등에대한경상적위탁사업비(308-11) 8. 민간자본사업보조,자체재원(402-01) 9. 민간자본사업보조,이전재원(402-02) 10. 민간위탁사업비(402-03) 11. 공기관등에 대한 자본적 대행사업비(403-02)	1. 법률에 규정 2. 국고보조 재원(국가지정) 3. 용도 지정 기부금 4. 조례에 직접규정 5. 지자체가 권장하는 사업을 하는 공공기관 6. 시,도 정책 및 재정사정 7. 기타 8. 해당없음	계약체결방법 (경쟁형태) 1. 일반경쟁 2. 제한경쟁 3. 지명경쟁 4. 수의계약 5. 법정위탁 6. 기타 ( ) 7. 해당없음	계약기간 1. 1년 2. 2년 3. 3년 4. 4년 5. 5년 6. 기타 ( )년 7. 단기계약 (1년미만) 8. 해당없음	낙찰자선정방법 1. 적격심사 2. 협상에의한계약 3. 최저가낙찰제 4. 규격가격분리 5. 2단계 경쟁입찰 6. 기타 ( ) 7. 해당없음	운영예산 산정 1. 내부산정 (지자체 자체적으로 산정) 2. 외부산정 (외부전문기관위탁 산정) 3. 내·외부 모두 산정 4. 산정 無 5. 해당없음	정산방법 1. 내부정산 (지자체 내부적으로 정산) 2. 외부정산 (외부전문기관위탁 정산) 3. 내·외부 모두 산정 4. 정산 無 5. 해당없음	1. 실시 2. 미실시 3. 향후 추진 4. 해당없음
101	서울 용산구	방역소독	48,000	건강관리과	1	1	7	8	7	1	1	4
102	서울 용산구	의료기관 결핵환자 관리지원	35,650	건강관리과	1	2	7	8	7	2	3	1
103	서울 성동구	구정자문사업 지원	3,600	총무과	1	4	7	8	7	1	1	1
104	서울 성동구	평화구현사업 지원	3,900	총무과	1	4	7	8	7	1	1	4
105	서울 성동구	민간단체 지원	175,300	자치행정과	1	1	7	8	7	1	1	1
106	서울 성동구	민주평통 사업 지원	25,560	자치행정과	1	1	7	8	7	5	1	1
107	서울 성동구	마을공동체 우리마을지원사업	24,000	자치행정과	1	4	7	8	7	1	1	1
108	서울 성동구	주민 주도의 공유문화 일상화	10,000	자치행정과	1	4	7	8	7	1	1	1
109	서울 성동구	자치구 마을생태계 조성사업 지원	99,600	자치행정과	1	4	7	8	7	1	1	1
110	서울 성동구	평생학습 우수 프로그램 및 동아리 지원	37,300	교육지원과	1	4	7	8	7	1	1	1
111	서울 성동구	성인문해교육 지원	4,506	교육지원과	1	4	7	8	7	1	1	2
112	서울 성동구	초등학교 통학로 교통안전 지원	8,710	교육지원과	1	4	7	8	7	1	1	1
113	서울 성동구	학부모 활동 지원 사업	10,000	교육지원과	1	7	7	8	7	1	1	2
114	서울 성동구	지방문화원 육성지원	90,425	문화체육과	1	1	5	8	7	1	1	4
115	서울 성동구	장애인 생활체육 활성화	3,600	문화체육과	1	4	7	8	7	1	1	4
116	서울 성동구	축구 및 풋살교실 운영	13,000	문화체육과	1	4	1	1	1	1	1	2
117	서울 성동구	생활체육 활성화 지원	18,720	문화체육과	1	4	7	8	7	1	1	4
118	서울 성동구	문화예술 및 체육 분야 민간단체 지원	60,316	문화체육과	1	4	7	8	7	1	1	4
119	서울 성동구	독서동아리 활성화 지원	35,000	문화체육과	1	4	7	7	7	1	1	4
120	서울 성동구	성동구민풋살팀 운영 지원	28,000	문화체육과	1	4	6	1	7	1	1	4
121	서울 성동구	박물관 및 미술관 설치 운영 및 활성화	30,000	문화체육과	1	7	2	7	1	1	1	1
122	서울 성동구	성동구상공회 운영	14,300	지역경제과	1	1	7	8	7	1	1	1
123	서울 성동구	미래산업 거점 기반 조성	60,000	지역경제과	1	4	7	7	7	1	1	3
124	서울 성동구	전통시장 장보기 및 배송서비스 지원 사업	78,912	지역경제과	1	8	7	8	7	5	5	4
125	서울 성동구	임산부 친환경농산물 꾸러미 지원사업	536,832	지역경제과	1	2	7	8	7	1	1	1
126	서울 성동구	시장경영바우처 지원 사업	81,779	지역경제과	1	8	7	8	7	5	5	4
127	서울 성동구	마을기업 육성 및 지원	7,500	일자리정책과	1	2	7	8	7	3	3	1
128	서울 성동구	청년 일자리카페 조성 및 운영	48,400	일자리정책과	1	6	7	8	7	5	5	4
129	서울 성동구	일자리 창출 지원 사업	20,000	일자리정책과	1	2	7	8	7	3	2	4
130	서울 성동구	소셜벤처 활성화	100,000	일자리정책과	1	4	7	8	7	1	1	4
131	서울 성동구	지역주도형 청년일자리사업	432,000	일자리정책과	1	1	7	7	7	1	1	4
132	서울 성동구	소셜벤처 청년 내일 찾기	180,000	일자리정책과	1	2	7	8	7	1	1	4
133	서울 성동구	시·구 상향적 협력적 일자리창출사업	65,000	일자리정책과	1	6	6	1	6	2	2	1
134	서울 성동구	캠퍼스타운(단위형) 3단계 추진	55,000	일자리정책과	1	6	6	8	7	5	2	3
135	서울 성동구	필수노동자 보호 및 지원	20,000	일자리정책과	1	4	7	8	7	5	5	4
136	서울 성동구	수요자 중심 지역사회보장협의체 운영	10,020	복지정책과	1	4	7	8	7	1	1	1
137	서울 성동구	경로당 활성화 지원	241,200	어르신장애인복지과	1	1	5	8	7	1	1	4
138	서울 성동구	중증장애인 응급안전서비스 운영지원	70,950	어르신장애인복지과	1	1	5	3	6	1	1	4
139	서울 성동구	노인 활동지원	28,200	어르신장애인복지과	1	1	7	1	7	1	1	4
140	서울 성동구	장애인단체 활성화 지원	43,250	어르신장애인복지과	1	1	6	7	6	1	1	4
141	서울 성동구	스마트케어 행복커뮤니티	171,298	어르신장애인복지과	1	2	7	1	7	1	1	1
142	서울 성동구	여성일자리 창출 취업창업 교육	5,000	여성가족과	1	5	5	1	1	1	1	2
143	서울 성동구	서울 동부 범죄피해자 지원센터 운영지원	50,000	여성가족과	1	1	7	8	7	1	1	2
144	서울 성동구	보육사업 활성화 지원	2,600	여성가족과	1	4	7	8	7	1	1	2
145	서울 성동구	여성단체의 지역사회 참여 활성화	72,390	여성가족과	1	4	7	8	7	1	1	1
146	서울 성동구	청소년 보호활동 지원	8,400	아동청년과	1	4	5	1	7	1	3	3
147	서울 성동구	아동학대조사 및 보호 사업	16,300	아동청년과	1	4	7	8	7	5	5	4
148	서울 성동구	청년 사회활동 프로젝트	10,000	아동청년과	1	4	6	1	1	1	1	1
149	서울 성동구	초등 돌봄공동체 운영	22,000	아동청년과	1	7	1	1	1	1	1	3
150	서울 성동구	공중화장실 관리	20,640	청소행정과	1	4	6	6	6	1	1	1
151	서울 성동구	공동주택 지원	5,000	공동주택과	1	7	7	8	7	5	1	1

순번	시군구	지출명 (사업명)	2021년예산 (단위:천원/1년간)	담당자 (공무원) 담당부서	민간이전 분류 (지방자치단체 세출예산 집행기준에 의거) 1. 민간경상사업보조(307-02) 2. 민간단체 법정운영비보조(307-03) 3. 민간행사사업보조(307-04) 4. 민간위탁금(307-05) 5. 사회복지시설 법정운영비보조(307-10) 6. 민간인위탁교육비(307-12) 7. 공기관등에대한경상적위탁사업비(308-11) 8. 민간자본사업보조,자체재원(402-01) 9. 민간자본사업보조,이전재원(402-02) 10. 민간위탁사업비(402-03) 11. 공기관등에 대한 자본적 대행사업비(403-02)	민간이전지출 근거 (지방보조금 관리기준 참고) 1. 법률에 규정 2. 국고보조 재원(국가지정) 3. 용도 지정 기부금 4. 조례에 직접규정 5. 지자체가 권장하는 사업을 하는 공공기관 6. 시,도 정책 및 재정사정 7. 기타 8. 해당없음	입찰방식 계약체결방법 (경쟁형태) 1. 일반경쟁 2. 제한경쟁 3. 지명경쟁 4. 수의계약 5. 법정위탁 6. 기타 ( ) 7. 해당없음	입찰방식 계약기간 1. 1년 2. 2년 3. 3년 4. 4년 5. 5년 6. 기타 ( )년 7. 단기계약 (1년미만) 8. 해당없음	입찰방식 낙찰자선정방법 1. 적격심사 2. 협상에의한계약 3. 최저가낙찰제 4. 규격가격분리 5. 2단계 경쟁입찰 6. 기타 ( ) 7. 해당없음	운영예산 산정 운영예산 산정 1. 내부산정 (지자체 자체적으로 산정) 2. 외부산정 (외부전문기관위탁 산정) 3. 내·외부 모두 산정 4. 산정 無 5. 해당없음	운영예산 산정 정산방법 1. 내부정산 (지자체 내부적으로 정산) 2. 외부정산 (외부전문기관위탁 정산) 3. 내·외부 모두 산정 4. 정산 無 5. 해당없음	성과평가 실시여부 1. 실시 2. 미실시 3. 향후 추진 4. 해당없음
152	서울 성동구	공동주택 공동체 활성화	137,460	공동주택과	1	4	7	8	7	5	5	4
153	서울 성동구	지역공동체 사업 지원	20,000	공동주택과	1	8	7	8	7	5	5	4
154	서울 성동구	재난예방관리	6,500	안전관리과	1	3	7	7	7	1	1	4
155	서울 성동구	마을버스 운영관리	221,400	교통행정과	1	4	7	8	7	1	1	4
156	서울 성동구	교통대책 활성화 지원	5,850	교통행정과	1	4	7	8	7	1	1	1
157	서울 성동구	성수 도시재생활성화사업 새로운 도약	30,000	도시재생과	1	1	7	8	7	5	5	4
158	서울 성동구	사근동 도시재생사업	5,000	도시재생과	1	1	7	8	7	5	5	4
159	서울 성동구	환경보호 분야 민간단체 지원	6,000	맑은환경과	1	4	7	8	7	5	5	4
160	서울 성동구	음식문화개선사업	3,000	보건위생과	1	7	6	8	7	1	1	1
161	서울 성동구	주요감염병 표본감시체계운영	6,120	질병예방과	1	1	7	8	1	5	1	4
162	서울 광진구	환경관련 사업지원	10,000	환경과	1	1	7	8	7	1	1	1
163	서울 광진구	민간단체 활성화 지원	9,550	총무과	1	7	7	8	7	1	1	1
164	서울 광진구	민주평화통일자문회의 광진구협의회 사업 지원	30,400	자치행정과	1	2	7	8	7	1	1	2
165	서울 광진구	서울형 주민자치회 사업 지원	16,000	자치행정과	1	6	7	8	7	5	1	3
166	서울 광진구	서울형 주민자치회 사업 지원	16,000	자치행정과	1	6	7	8	7	5	1	3
167	서울 광진구	서울형 주민자치회 사업 지원	16,000	자치행정과	1	6	7	8	7	5	1	3
168	서울 광진구	서울형 주민자치회 사업 지원	16,000	자치행정과	1	6	7	8	7	5	1	3
169	서울 광진구	서울형 주민자치회 사업 지원	16,000	자치행정과	1	6	7	8	7	5	1	3
170	서울 광진구	국민운동단체 지원	120,000	자치행정과	1	1	6	7	1	1	1	3
171	서울 광진구	한강수중정화사업	3,270	자치행정과	1	1	6	7	1	1	1	3
172	서울 광진구	청소년 보호 및 활동 진흥사업	9,090	자치행정과	1	1	6	7	1	1	1	3
173	서울 광진구	통일교육 지원사업	3,800	자치행정과	1	1	6	7	1	1	1	3
174	서울 광진구	범죄피해자 지원	50,000	자치행정과	1	1	6	1	1	1	1	3
175	서울 광진구	마을공동체 공모사업	60,000	자치행정과	1	4	6	1	1	1	1	1
176	서울 광진구	50+인생재설계 프로그램 운영	75,000	어르신복지과	1	4	7	8	7	5	5	4
177	서울 광진구	50+사회공헌일자리	180,835	어르신복지과	1	4	7	8	7	5	5	4
178	서울 광진구	노인회유지관리 및 행사지원	36,500	어르신복지과	1	1	7	8	7	1	1	1
179	서울 광진구	지역사회보장협의체운영내실화	63,300	복지정책과	1	1	7	8	7	1	1	1
180	서울 광진구	광진모범운전자지회 사업지원	9,550	교통행정과	1	1	7	8	7	1	1	1
181	서울 광진구	광진녹색어머니연합회 사업지원	10,300	교통행정과	1	1	7	8	7	1	1	1
182	서울 광진구	공동주택 공동체 활성화 공모사업	20,000	주택과	1	1	7	8	7	5	5	4
183	서울 광진구	공동체 문화프로그램 운영	8,000	주택과	1	1	7	8	7	5	5	4
184	서울 동대문구	커뮤니티 공모 사업	21,630	주택과	1	1	7	8	7	5	5	4
185	서울 동대문구	시-구 상향적 협력적 일자리창출사업	88,000	일자리정책과	1	6	7	8	7	5	5	4
186	서울 동대문구	지역산업맞춤형 일자리창출 지원사업	20,000	일자리정책과	1	2	7	8	7	5	5	3
187	서울 동대문구	지역주도형 청년일자리사업	105,600	일자리정책과	1	2	7	8	7	5	5	4
188	서울 동대문구	청년취업해Dream 사업	60,000	일자리정책과	1	4	7	8	7	5	5	4
189	서울 동대문구	마을기업 사업비 지원	12,500	일자리정책과	1	2	7	8	7	5	5	4
190	서울 동대문구	경력단절여성 등 일자리지원사업	50,000	일자리정책	1	4	6	7	6	2	2	1
191	서울 동대문구	지진인증제 지원사업	18,900	건축과	1	2	7	8	7	5	5	4
192	서울 동대문구	화재안전성능 지원사업	31,998	건축과	1	2	7	8	7	5	5	4
193	서울 동대문구	서울북부범죄피해자지원센터	40,000	자치행정과	1	1	7	8	7	1	1	1
194	서울 동대문구	사회질서확립 등 활동사업	192,350	자치행정과	1	1	7	8	7	1	1	1
195	서울 동대문구	의용소방대 활동 지원	10,000	자치행정과	1	1	7	8	7	1	1	1
196	서울 동대문구	북한이탈주민 정착지원 사업	27,500	자치행정과	1	4	7	8	7	1	1	1
197	서울 동대문구	서울형 주민자치회 시범사업 추진	149,000	자치행정과	1	4	7	8	7	1	1	1
198	서울 동대문구	북한이탈주민 민속놀이 한마당 지원	5,000	자치행정과	1	4	7	8	7	1	1	1
199	서울 동대문구	마을공동체 주민제안사업 지원	44,000	자치행정과	1	4	2	1	1	1	1	1
200	서울 동대문구	동물보호단체 활동 지원	15,000	경제진흥과	1	1	7	8	7	5	5	4
201	서울 동대문구	동대문구소상공인회 활동사업	20,000	경제진흥과	1	1	7	8	7	5	5	4
202	서울 동대문구	상인조직역량강화 지원	4,800	경제진흥과	1	2	7	8	7	5	5	4

순번	시군구	지출명 (사업명)	2021년예산 (단위:천원/1년간)	담당자 (공무원) 담당부서	민간이전 분류 (지방자치단체 세출예산 집행기준에 의거) 1. 민간경상사업보조(307-02) 2. 민간단체 법정운영비보조(307-03) 3. 민간행사사업보조(307-04) 4. 민간위탁금(307-05) 5. 사회복지시설 법정운영비보조(307-10) 6. 민간인위탁교육비(307-12) 7. 공기관등에대한경상적위탁사업비(308-11) 8. 민간자본사업보조,자체재원(402-01) 9. 민간자본사업보조,이전재원(402-02) 10. 민간위탁사업비(402-03) 11. 공기관등에 대한 자본적 대행사업비(403-02)	민간이전지출 근거 (지방보조금 관리기준 참고) 1. 법률에 규정 2. 국고보조 재원(국가지정) 3. 용도 지정 기부금 4. 조례에 직접규정 5. 지자체가 권장하는 사업을 하는 공공기관 6. 시,도 정책 및 재정사정 7. 기타 8. 해당없음	입찰방식: 계약체결방법 (경쟁형태) 1. 일반경쟁 2. 제한경쟁 3. 지명경쟁 4. 수의계약 5. 법정위탁 6. 기타 ( ) 7. 해당없음	입찰방식: 계약기간 1. 1년 2. 2년 3. 3년 4. 4년 5. 5년 6. 기타 ( )년 7. 단기계약 (1년미만) 8. 해당없음	입찰방식: 낙찰자선정방법 1. 적격심사 2. 협상에의한계약 3. 최저가낙찰제 4. 규격가격분리 5. 2단계 경쟁입찰 6. 기타 ( ) 7. 해당없음	운영예산 산정: 운영예산 산정 1. 내부산정 (지자체 자체적으로 산정) 2. 외부산정 (외부전문기관위탁 산정) 3. 내·외부 모두 산정 4. 산정 無 5. 해당없음	운영예산 산정: 정산방법 1. 내부정산 (지자체 내부적으로 정산) 2. 외부정산 (외부전문기관위탁 정산) 3. 내·외부 모두 산정 4. 정산 無 5. 해당없음	성과평가 실시여부 1. 실시 2. 미실시 3. 향후 추진 4. 해당없음
203	서울 동대문구	임산부 친환경 농산물 꾸러미 지원사업	161,818	경제진흥과	1	2	7	8	7	5	5	4
204	서울 동대문구	독서동아리 운영지원	5,000	문화관광과	1	1	7	7	6	1	1	1
205	서울 동대문구	사립 작은도서관 지원	28,500	문화관광과	1	1	7	7	6	1	1	1
206	서울 동대문구	문화원 사업	39,000	문화관광과	1	1	7	7	7	1	1	4
207	서울 동대문구	문화학교 운영	5,000	문화관광과	1	1	7	7	7	1	1	4
208	서울 동대문구	전통산사문화재 활용 프로그램 운영	77,500	문화관광과	1	2	7	7	7	5	1	4
209	서울 동대문구	동네배움터	13,000	교육지원과	1	6	7	8	7	5	5	4
210	서울 동대문구	성인문해교육	40,000	교육지원과	1	1	7	8	7	5	5	4
211	서울 동대문구	성인비문해자와 함께하는 시민교육	10,400	교육지원과	1	4	7	8	7	5	5	4
212	서울 동대문구	찾아가는 체육활동 및 체육단체 지원	12,000	체육진흥과	1	4	1	1	1	1	1	1
213	서울 동대문구	의료기관 결핵환자 관리지원	142,600	지역보건과	1	2	7	8	7	5	5	1
214	서울 동대문구	의료관련감염병 감시 및 예방관리	10,000	지역보건과	1	1	7	1	1	5	5	1
215	서울 동대문구	환경보전사업	10,500	맑은환경과	1	4	7	8	7	5	5	4
216	서울 동대문구	교통안전봉사활동 지원	49,000	교통행정과	1	4	1	1	1	1	1	1
217	서울 중랑구	민간단체 활동 지원	419,400	행정지원과	1	1	7	8	7	1	1	1
218	서울 중랑구	마을공동체주민제안사업	16,000	마을협치과	1	4	6	7	3	1	1	2
219	서울 중랑구	민주평화통일자문회의 지원	35,400	마을협치과	1	1	7	8	7	1	1	4
220	서울 중랑구	범죄피해지원센터 지원	45,000	마을협치과	1	1	7	8	7	3	3	4
221	서울 중랑구	교육소외계층 학습지원사업	76,300	교육지원과	1	5	7	8	7	1	1	4
222	서울 중랑구	혁신교육지구 사업 추진	171,500	교육지원과	1	4	7	8	7	5	5	4
223	서울 중랑구	평생학습 프로그램 운영	16,000	교육지원과	1	8	6	7	6	1	1	4
224	서울 중랑구	우수 평생학습 동아리 지원사업	8,000	교육지원과	1	7	7	8	7	5	5	4
225	서울 중랑구	중랑문화원 지원.육성	423,750	문화관광과	1	4	7	8	7	3	3	1
226	서울 중랑구	독서동아리 지원	25,000	문화관광과	1	4	7	8	7	5	5	4
227	서울 중랑구	생생문화재	50,000	문화관광과	1	2	7	7	7	3	5	1
228	서울 중랑구	서울시민체육대축전	20,000	체육청소년과	1	4	4	1	7	2	2	1
229	서울 중랑구	2021 IFSC 스포츠클라이밍 월드컵	80,000	체육청소년과	1	4	7	3	7	3	3	4
230	서울 중랑구	전시회 참가기업 지원	20,000	기업지원과	1	6	7	8	7	1	1	1
231	서울 중랑구	전통시장 경영현대화 사업	37,253	기업지원과	1	1	7	8	7	5	5	4
232	서울 중랑구	지역산업맞춤형 자치단체 공모사업	4,000	일자리창출과	1	2	7	1	7	2	1	1
233	서울 중랑구	마을기업 육성	25,000	일자리창출과	1	2	7	8	7	5	5	4
234	서울 중랑구	청년지원 프로그램 활성화	80,000	일자리창출과	1	6	7	8	7	5	5	4
235	서울 중랑구	청년정책 거버넌스 활성화 지원사업	301,250	일자리창출과	1	6	7	8	7	5	5	4
236	서울 중랑구	주말농장 운영	45,000	일자리창출과	1	1	1	1	1	1	1	1
237	서울 중랑구	임산부 친환경 농산물 꾸러미 지원	583,680	일자리창출과	1	2	7	8	7	5	5	4
238	서울 중랑구	국가유공자 및 보훈단체 지원	30,000	복지정책과	1	1	7	8	7	1	1	2
239	서울 중랑구	여성단체 활동지원	15,000	여성가족과	1	4	7	8	7	5	5	1
240	서울 중랑구	장애인 체육활동지원	14,000	장애인복지과	1	8	7	8	7	5	5	4
241	서울 중랑구	공동주택 공동체활성화 지원	14,880	주택과	1	4	7	8	7	3	3	4
242	서울 중랑구	영구임대주택 지원	178,500	주택과	1	4	7	8	7	1	1	4
243	서울 중랑구	2021년 묵2동 도시재생 주민공모사업	60,000	도시재생과	1	1	7	8	7	5	5	4
244	서울 중랑구	2021년 묵2동 도시재생 주민협의체 활성화사업 지원	12,000	도시재생과	1	1	7	8	7	5	5	4
245	서울 중랑구	중화2동 보담마을 도시재생뉴딜사업 지원	82,000	도시재생과	1	1	7	8	7	5	5	4
246	서울 중랑구	망우본동 도시	7,200	도시재생과	1	1	7	8	7	5	5	4
247	서울 중랑구	공공미술 프로젝트	400,000	도시경관과	1	2	7	8	7	5	5	4
248	서울 중랑구	방역활동 강화	34,000	보건행정과	1	4	6	7	1	1	1	4
249	서울 중랑구	의료기관 결핵환자 관리지원	35,650	보건행정과	1	1	5	1	7	3	3	4
250	서울 중랑구	표본감시 운영경비	3,000	보건행정과	1	2	7	1	7	4	1	4
251	서울 중랑구	생물테러 이중감시체계 운영지원	2,520	보건행정과	1	2	7	1	7	4	1	4
252	서울 중랑구	유기동물 보호지원	44,160	보건행정과	1	7	6	1	6	4	1	4
253	서울 중랑구	지역사회 통합건강증진사업	28,200	건강증진과	1	4	7	8	7	5	5	4

순번	시군구	지출명 (사업명)	2021년예산 (단위:천원/1년간)	담당자 (공무원) 담당부서	민간이전 분류 (지방자치단체 세출예산 집행기준에 의거) 1. 민간경상사업보조(307-02) 2. 민간단체 법정운영비보조(307-03) 3. 민간행사사업보조(307-04) 4. 민간위탁금(307-05) 5. 사회복지시설 법정운영비보조(307-10) 6. 민간인위탁교육비(307-12) 7. 공기관등에대한경상적위탁사업비(308-11) 8. 민간자본사업보조,자체재원(402-01) 9. 민간자본사업보조,이전재원(402-02) 10. 민간위탁사업비(402-03) 11. 공기관등에 대한 자본적 대행사업비(403-02)	민간이전지출 근거 (지방보조금 관리기준 참고) 1. 법률에 규정 2. 국고보조 재원(국가지정) 3. 용도 지정 기부금 4. 조례에 직접규정 5. 지자체가 권장하는 사업을 하는 공공기관 6. 시,도 정책 및 재정사정 7. 기타 8. 해당없음	입찰방식 계약체결방법 (경쟁형태) 1. 일반경쟁 2. 제한경쟁 3. 지명경쟁 4. 수의계약 5. 법정위탁 6. 기타 ( ) 7. 해당없음	입찰방식 계약기간 1. 1년 2. 2년 3. 3년 4. 4년 5. 5년 6. 기타 ( )년 7. 단기계약 (1년미만) 8. 해당없음	입찰방식 낙찰자선정방법 1. 적격심사 2. 협상에의한계약 3. 최저가낙찰제 4. 규격가격분리 5. 2단계 경쟁입찰 6. 기타 ( ) 7. 해당없음	운영예산 산정 운영예산 산정 1. 내부산정 (지자체 자체적으로 산정) 2. 외부산정 (외부전문기관위탁 산정) 3. 내·외부 모두 산정 4. 산정 無 5. 해당없음	운영예산 산정 정산방법 1. 내부정산 (지자체 내부적으로 정산) 2. 외부정산 (외부전문기관위탁 정산) 3. 내·외부 모두 산정 4. 정산 無 5. 해당없음	성과평가 실시여부 1. 실시 2. 미실시 3. 향후 추진 4. 해당없음
254	서울 성북구	의정활동평가	5,000	의회사무국	1	4	7	8	7	5	5	1
255	서울 성북구	자원봉사활성화 사업지원	12,000	복지정책과	1	4	7	8	7	5	5	4
256	서울 성북구	대한노인회성북구지회	16,000	어르신복지과	1	1	7	8	7	5	5	4
257	서울 성북구	노인복지사회단체구정참여	4,000	어르신복지과	1	1	7	8	7	1	1	4
258	서울 성북구	경로당 양곡비	19,800	어르신복지과	1	1	7	8	7	5	5	4
259	서울 성북구	장애인복지사회단체구정참여	22,000	어르신복지과	1	4	1	1	1	1	1	1
260	서울 성북구	여성단체 사업지원	54,900	여성가족과	1	1	7	8	7	5	5	4
261	서울 성북구	양성평등 확대지원	20,000	여성가족과	1	1	7	8	7	5	5	4
262	서울 성북구	저출산 극복에 따른 사회적 인식개선 사업	10,000	여성가족과	1	4	7	8	7	5	5	4
263	서울 성북구	다양한가족 지원사업 및 건강증진사업	55,500	여성가족과	1	4	7	8	7	5	5	4
264	서울 성북구	성북동 문화재 야행	60,000	문화체육과	1	7	7	8	7	1	1	4
265	서울 성북구	동 새마을문고 사업 활성화	46,400	문화체육과	1	1	7	8	7	1	1	2
266	서울 성북구	알뜰도서 교환시장 운영	8,000	문화체육과	1	1	7	8	7	1	1	2
267	서울 성북구	사립 작은도서관 운영 활성화 지원사업	39,000	문화체육과	1	1	7	8	7	5	5	4
268	서울 성북구	사립 작은도서관 행사지원 사업	2,300	문화체육과	1	1	7	8	7	1	1	2
269	서울 성북구	책읽는 성북 운영 활성화	18,000	문화체육과	1	4	7	1	7	1	1	1
270	서울 성북구	생활체육 육성 지원	366,000	문화체육과	1	1	7	8	7	1	1	1
271	서울 성북구	공동주택관리 지원	7,000	주택정책과	1	4	7	8	7	5	5	4
272	서울 성북구	공동주택 커뮤니티 지원사업	400,000	주택정책과	1	1	7	8	7	5	5	4
273	서울 성북구	장위 동방길 재생사업 주민공모사업	20,000	도시계획과	1	6	7	8	7	5	5	4
274	서울 성북구	장위전통시장연계형 도시재생시범사업 주민공모사업	20,000	도시계획과	1	6	7	8	7	5	5	4
275	서울 성북구	안암동 캠퍼스타운 도시재생활성화 사업	210,506	도시계획과	1	4	7	8	7	3	2	3
276	서울 성북구	종암동 북바위 골목길 재생사업	10,000	도시재생과	1	7	7	8	7	5	5	4
277	서울 성북구	공공미술프로젝트	400,000	도시재생과	1	6	7	8	7	5	5	4
278	서울 성북구	환경보전활동지원사업	3,800	공원녹지과	1	4	7	8	7	5	5	4
279	서울 성북구	모범운전자회 교통안전문화활동지원	24,000	교통행정과	1	4	4	1	7	1	1	1
280	서울 성북구	녹색어머니회 교통안전문화활동지원	10,000	교통행정과	1	4	4	1	7	1	1	1
281	서울 성북구	마을기업 육성사업	50,000	주민공동체과	1	7	7	8	7	5	5	4
282	서울 성북구	마을공동체 특화사업	40,000	주민공동체과	1	4	7	8	7	5	5	4
283	서울 성북구	공유경제 지원사업	25,000	주민공동체과	1	4	7	8	7	5	5	4
284	서울 성북구	지역주도형 청년일자리 사업	297,532	주민공동체과	1	2	7	8	7	5	5	4
285	서울 성북구	청년소셜벤처 사업개발비지원	42,000	주민공동체과	1	7	7	8	7	5	5	4
286	서울 성북구	성북 청년정책 거버넌스 활성화 지원	71,855	일자리경제과	1	6	7	8	7	5	5	4
287	서울 성북구	지역주도형 청년일자리사업	50,570	일자리경제과	1	6	6	7	7	1	1	1
288	서울 성북구	지역주도형 청년일자리사업	50,470	일자리경제과	1	6	6	7	7	1	1	1
289	서울 성북구	지역주도형 청년일자리사업	46,460	일자리경제과	1	6	6	7	7	1	1	1
290	서울 성북구	전통시장 고객편의시설 운영비	14,400	일자리경제과	1	4	7	8	7	1	1	1
291	서울 성북구	마을장터 개울장 운영	48,000	일자리경제과	1	7	1	1	1	1	1	1
292	서울 성북구	전통시장 활성화 행사지원	12,000	일자리경제과	1	7	7	8	1	1	1	1
293	서울 성북구	상인조직역량강화사업	11,068	일자리경제과	1	7	7	1	7	1	1	1
294	서울 성북구	2021년 정릉시장 특성화(문화관광형) 육성사업	230,000	일자리경제과	1	1	7	1	7	1	1	1
295	서울 성북구	지역산업맞춤형 일자리창출 지원사업	8,009	일자리경제과	1	2	7	8	7	5	5	4
296	서울 성북구	중소기업 CEO 연구과정강좌 사업	9,600	일자리경제과	1	4	7	8	7	5	5	4
297	서울 성북구	중소기업 소상공인 활성화 지원사업	10,100	일자리경제과	1	4	7	8	7	5	5	4
298	서울 성북구	임산부 친환경농산물 꾸러미 지원	565,440	일자리경제과	1	2	7	8	7	5	5	4
299	서울 성북구	환경보전 실천사업 지원	18,000	환경과	1	4	7	8	7	5	5	4
300	서울 성북구	사회단체 지원	200,000	자치행정과	1	1	7	8	7	5	5	4
301	서울 성북구	범죄피해자 지원센터 지원	60,000	자치행정과	1	2	7	8	7	5	5	4
302	서울 성북구	민주평통 자문회의 지원	50,000	자치행정과	1	1	7	8	7	1	1	1
303	서울 성북구	주민자치회 운영 지원	17,000	자치행정과	1	6	7	8	7	5	5	4
304	서울 성북구	혁신교육 틈새돌봄사업	99,600	교육지원과	1	7	7	8	7	5	5	4

순번	시군구	지출명 (사업명)	2021년예산 (단위:천원/1년간)	담당자 (공무원) 담당부서	민간이전 분류 (지방자치단체 세출예산 집행기준에 의거) 1. 민간경상사업보조(307-02) 2. 민간단체 법정운영비보조(307-03) 3. 민간행사사업보조(307-04) 4. 민간위탁금(307-05) 5. 사회복지시설 법정운영비보조(307-10) 6. 민간인위탁교육비(307-12) 7. 공기관등에대한경상적위탁사업비(308-11) 8. 민간자본사업보조,자체재원(402-01) 9. 민간자본사업보조,이전재원(402-02) 10. 민간위탁사업비(402-03) 11. 공기관등에 대한 자본적 대행사업비(403-02)	민간이전지출 근거 (지방보조금 관리기준 참고) 1. 법률에 규정 2. 국고보조 재원(국가지정) 3. 용도 지정 기부금 4. 조례에 직접규정 5. 지자체가 권장하는 사업을 하는 공공기관 6. 시,도 정책 및 재정사정 7. 기타 8. 해당없음	입찰방식 계약체결방법 (경쟁형태) 1. 일반경쟁 2. 제한경쟁 3. 지명경쟁 4. 수의계약 5. 법정위탁 6. 기타 ( ) 7. 해당없음	입찰방식 계약기간 1. 1년 2. 2년 3. 3년 4. 4년 5. 5년 6. 기타 ( )년 7. 단기계약 (1년미만) 8. 해당없음	입찰방식 낙찰자선정방법 1. 적격심사 2. 협상에의한계약 3. 최저가낙찰제 4. 규격가격분리 5. 2단계 경쟁입찰 6. 기타 ( ) 7. 해당없음	운영예산 산정 운영예산 산정 1. 내부산정 (지자체 자체적으로 산정) 2. 외부산정 (외부전문기관위탁 산정) 3. 내·외부 모두 산정 4. 산정 無 5. 해당없음	운영예산 산정 정산방법 1. 내부정산 (지자체 내부적으로 정산) 2. 외부정산 (외부전문기관위탁 정산) 3. 내·외부 모두 산정 4. 정산 無 5. 해당없음	성과평가 실시여부 1. 실시 2. 미실시 3. 향후 추진 4. 해당없음
305	서울 성북구	학부모협의체 동아리 활동 지원	7,000	교육지원과	1	4	7	8	7	5	5	4
306	서울 성북구	교육복지특별지원사업	40,000	교육지원과	1	1	7	8	7	5	5	4
307	서울 성북구	아동·청소년 건전육성 및 활동지원	25,000	교육지원과	1	7	7	8	7	5	5	4
308	서울 성북구	청소년 보호 및 선도 활동	3,000	교육지원과	1	7	7	8	7	5	5	4
309	서울 성북구	도농상생공공급식	746,325	교육지원과	1	4	2	3	2	1	1	2
310	서울 성북구	평생교육 프로그램 공모지원	35,000	교육지원과	1	1	7	8	7	5	5	4
311	서울 성북구	학습동아리 활성화 지원사업	15,000	교육지원과	1	4	7	8	7	5	5	4
312	서울 성북구	주민주도 걷기운동 활성화 사업	5,000	건강정책과	1	4	7	8	7	5	5	4
313	서울 성북구	의료기관 결핵환자 관리지원	142,600	건강관리과	1	2	6	8	7	2	2	1
314	서울 성북구	표본감시운영경비	2,160	건강관리과	1	2	2	1	1	1	1	1
315	서울 성북구	생물테러대비 대응 역량강화	3,840	건강관리과	1	2	2	1	1	1	1	1
316	서울 강북구	민간 협력 지원 사업	5,000	행정지원과	1	1	7	8	7	5	5	4
317	서울 강북구	북한이탈주민 정착 지원	5,000	자치행정과	1	1	7	8	7	5	5	4
318	서울 강북구	민간에 대한 지원	75,290	자치행정과	1	4	7	8	7	1	1	1
319	서울 강북구	민간단체 육성 지원	148,800	자치행정과	1	4	7	8	7	1	1	1
320	서울 강북구	자원봉사활동 지원	2,865	자치행정과	1	4	7	8	7	1	1	1
321	서울 강북구	자원봉사캠프 운영	21,450	자치행정과	1	4	7	8	7	1	1	1
322	서울 강북구	강북 나눔플러스 행복 자원봉사의 날 운영	7,200	자치행정과	1	4	7	8	7	1	1	1
323	서울 강북구	예술 및 종교단체 지원	30,700	문화관광체육과	1	1	7	8	7	1	1	1
324	서울 강북구	문화원 운영 지원	22,000	문화관광체육과	1	4	7	8	7	1	1	1
325	서울 강북구	무형문화재 보존	8,100	문화관광체육과	1	1	7	8	7	1	1	1
326	서울 강북구	생활체육활동 지원	213,700	문화관광체육과	1	1	7	8	7	1	1	1
327	서울 강북구	장애인 생활체육활동 지원	26,320	문화관광체육과	1	1	7	8	7	1	1	1
328	서울 강북구	구 체육진흥 발전사업	47,410	문화관광체육과	1	1	7	8	7	1	1	1
329	서울 강북구	강북구민 한마음 체육대회	111,800	문화관광체육과	1	1	7	8	7	1	1	1
330	서울 강북구	청소년 희망원정대 운영	50,000	교육지원과	1	1	7	1	6	1	1	1
331	서울 강북구	지역기반형 교육복지 특별지원사업	30,000	교육지원과	1	1	7	8	7	1	1	1
332	서울 강북구	통학로 어린이교통지도사업 지원	7,000	교육지원과	1	4	7	8	7	1	1	1
333	서울 강북구	성인문자해득교육 프로그램 운영지원	14,000	교육지원과	1	1	7	8	7	1	1	1
334	서울 강북구	다산아카데미 운영	42,000	교육지원과	1	1	7	8	7	1	1	1
335	서울 강북구	모두의 학교·평생학습관 운영	13,600	교육지원과	1	4	7	8	7	1	1	1
336	서울 강북구	관학협력 창업지원아카데미 운영	20,000	교육지원과	1	1	7	8	7	1	1	1
337	서울 강북구	지역상권 활성화 및 특화거리 지원	40,000	일자리경제과	1	4	7	8	7	1	1	1
338	서울 강북구	강북구상공회 경영지원	31,410	일자리경제과	1	1	7	8	7	1	1	1
339	서울 강북구	강북구 소기업소상공인회 활동사업 지원	5,000	일자리경제과	1	4	7	8	7	1	1	1
340	서울 강북구	전통시장 활성화 지원	15,158	일자리경제과	1	1	7	8	7	1	1	4
341	서울 강북구	도시농업 활성화 지원사업	120	일자리경제과	1	2	7	8	7	1	1	4
342	서울 강북구	임산부 친환경농산물 꾸러미 지원	309,505	일자리경제과	1	2	7	8	7	1	1	4
343	서울 강북구	강북 도시농업 체험장 운영	50,000	일자리경제과	1	4	7	8	7	1	1	3
344	서울 강북구	지역산업맞춤형 자치단체 지원사업	3,000	일자리경제과	1	2	7	8	7	3	2	1
345	서울 강북구	희망일자리 플랫폼 운영	64,270	일자리경제과	1	4	7	8	7	1	1	1
346	서울 강북구	시-구 상향적·협력적 일자리창출사업	226,467	일자리경제과	1	6	7	8	7	1	1	1
347	서울 강북구	청년도전 프로젝트 지원	45,000	일자리경제과	1	4	7	8	7	1	1	1
348	서울 강북구	청년정책 거버넌스 활성화 지원사업	146,127	일자리경제과	1	2	7	8	7	1	1	4
349	서울 강북구	여성 권익 향상 활동 지원	8,479	여성가족과	1	4	7	8	7	1	1	1
350	서울 강북구	여성복지 증진사업	25,000	여성가족과	1	4	7	8	7	1	1	1
351	서울 강북구	대한노인회 강북구지회 활성화	19,934	어르신복지과	1	1	7	8	7	1	1	1
352	서울 강북구	어르신 복지증진 사업	16,000	어르신복지과	1	4	7	8	7	1	1	1
353	서울 강북구	청소년 유해환경 개선활동	3,550	청소년과	1	1	6	7	6	1	1	1
354	서울 강북구	아동·청소년 관련 단체 활동 지원	10,000	청소년과	1	1	7	8	7	1	1	1
355	서울 강북구	아동위원협의회 아동복지사업 지원	17,124	청소년과	1	1	7	8	7	1	1	1

순번	시군구	지출명 (사업명)	2021년예산 (단위:천원/1년간)	담당자 (공무원) 담당부서	민간이전 분류 (지방자치단체 세출예산 집행기준에 의거) 1. 민간경상사업보조(307-02) 2. 민간단체 법정운영비보조(307-03) 3. 민간행사사업보조(307-04) 4. 민간위탁금(307-05) 5. 사회복지시설 법정운영비보조(307-10) 6. 민간인위탁교육비(307-12) 7. 공기관등에대한경상적위탁사업비(308-11) 8. 민간자본사업보조,자체재원(402-01) 9. 민간자본사업보조,이전재원(402-02) 10. 민간위탁사업비(402-03) 11. 공기관등에 대한 자본적 대행사업비(403-02)	민간이전지출 근거 (지방보조금 관리기준 참고) 1. 법률에 규정 2. 국고보조 재원(국가지정) 3. 용도 지정 기부금 4. 조례에 직접규정 5. 지자체가 권장하는 사업을 하는 공공기관 6. 시,도 정책 및 재정사정 7. 기타 8. 해당없음	입찰방식 계약체결방법 (경쟁형태) 1. 일반경쟁 2. 제한경쟁 3. 지명경쟁 4. 수의계약 5. 법정위탁 6. 기타 ( ) 7. 해당없음	입찰방식 계약기간 1. 1년 2. 2년 3. 3년 4. 4년 5. 5년 6. 기타 ( )년 7. 단기계약 (1년미만) 8. 해당없음	입찰방식 낙찰자선정방법 1. 적격심사 2. 협상에의한계약 3. 최저가낙찰제 4. 규격가격분리 5. 2단계 경쟁입찰 6. 기타 ( ) 7. 해당없음	운영예산 산정 운영예산 산정 1. 내부산정 (지자체 자체적으로 산정) 2. 외부산정 (외부전문기관위탁 산정) 3. 내·외부 모두 산정 4. 산정 無 5. 해당없음	운영예산 산정 정산방법 1. 내부정산 (지자체 내부적으로 정산) 2. 외부정산 (외부전문기관위탁 정산) 3. 내·외부 모두 산정 4. 정산 無 5. 해당없음	성과평가 실시여부 1. 실시 2. 미실시 3. 향후 추진 4. 해당없음
356	서울 강북구	적치가구 주거환경 개선 지원	8,000	청소행정과	1	4	7	8	7	5	5	4
357	서울 강북구	공동주택 공공시설 비용 지원	188,944	주택과	1	1	7	8	7	1	1	4
358	서울 강북구	공동주택 공동체 활성화 사업	22,880	주택과	1	1	7	8	7	1	1	1
359	서울 강북구	수유1동 도시재생활성화사업	66,000	도시재생과	1	4	7	8	7	1	1	1
360	서울 강북구	희망마을 만들기 프로젝트	85,000	마을협치과	1	4	7	8	7	1	1	4
361	서울 강북구	마을기업 육성지원	7,500	마을협치과	1	2	7	8	7	1	1	4
362	서울 강북구	민간단체 환경보전활동 지원	6,600	환경과	1	4	7	8	7	1	1	4
363	서울 강북구	대중교통이용 활성화	17,450	교통행정과	1	4	7	8	7	1	1	1
364	서울 강북구	유명음식점 견학 지원	5,000	보건위생과	1	1	7	8	7	1	1	2
365	서울 강북구	음식점 입식테이블 교체지원	25,000	보건위생과	1	1	7	8	7	5	5	4
366	서울 노원구	공동주택지원사업	141,340	공동주택지원과	1	1	7	8	7	5	5	4
367	서울 노원구	단지 내 수목전지 지원	102,000	공동주택지원과	1	1	7	8	7	5	5	4
368	서울 노원구	아파트 온라인투표 지원사업	4,000	공동주택지원과	1	1	7	8	7	5	5	4
369	서울 노원구	영구임대 공동전기료 지원 등	96,000	공동주택지원과	1	1	7	8	7	5	5	4
370	서울 노원구	아파트경비원 등 고용지원	50,000	공동주택지원과	1	1	7	8	7	5	5	4
371	서울 노원구	청소년관련행사	35,000	아동청소년과	1	5	7	8	7	5	5	3
372	서울 노원구	청소년 미래육성 노원퓨처로드	50,000	아동청소년과	1	4	7	8	7	1	1	1
373	서울 노원구	청소년 4차산업혁명 다할수 있지	10,000	아동청소년과	1	4	7	8	7	1	1	1
374	서울 노원구	아동참여예산 공모사업비	10,000	아동청소년과	1	4	7	8	7	3	3	1
375	서울 노원구	학업중단 위기청소년 지원사업	10,000	아동청소년과	1	4	6	1	6	1	1	1
376	서울 노원구	청소년 무료 식당 운영	30,000	아동청소년과	1	4	7	1	7	1	1	1
377	서울 노원구	숲해설 프로그램 운영	33,000	여가도시과	1	2	7	8	7	5	5	4
378	서울 노원구	"아름다운 동행" 노원의 숲길 함께 걸어요	30,000	여가도시과	1	4	6	1	6	1	1	4
379	서울 노원구	경춘선숲길 프리(추추)마켓 운영	20,000	여가도시과	1	7	7	8	7	5	5	4
380	서울 노원구	임산부 친환경농산물 꾸러미 지원사업	681,792	여가도시과	1	2	7	8	7	5	5	4
381	서울 노원구	유기질비료 지원	5,000	여가도시과	1	1	7	8	7	5	5	4
382	서울 노원구	도시농업시설 체험교육 지원	19,000	여가도시과	1	4	7	8	7	1	1	3
383	서울 노원구	양성평등기금	18,000	여성가족과	1	4	6	1	6	1	1	1
384	서울 노원구	노원노동복지센터 운영	370,000	일자리경제과	1	4	1	2	1	4	1	1
385	서울 노원구	지역맞춤형 일자리 창출지원	12,000	일자리경제과	1	5	1	1	1	3	3	1
386	서울 노원구	상공회운영 지원	33,000	일자리경제과	1	4	7	8	7	2	2	1
387	서울 노원구	공동주택 음식쓰레기 대형감량기 자체사업지원	35,028	자원순환과	1	4	7	8	7	1	1	1
388	서울 노원구	주민자치회 지원사업	297,860	자치안전과	1	4	7	8	7	1	1	4
389	서울 노원구	민간단체 공익활동 지원사업	427,755	자치안전과	1	1	7	8	7	1	1	1
390	서울 노원구	북부범죄피해자지원센터 지원	40,000	자치안전과	1	1	7	8	7	1	1	4
391	서울 노원구	마을공동체 활성화	24,880	자치안전과	1	4	6	8	7	1	1	1
392	서울 노원구	마을공동체 커뮤니티 공간 조성 및 지원	37,600	자치안전과	1	4	7	8	7	1	1	1
393	서울 은평구	주민주도의 마을공동체 활성화	14,000	협치담당관	1	6	6	7	6	1	1	2
394	서울 은평구	자원봉사센터 운영	10,000	협치담당관	1	4	6	7	6	1	1	2
395	서울 은평구	자원봉사캠프 운영	10,000	협치담당관	1	4	6	7	6	1	1	2
396	서울 은평구	주민자치회	481,000	자치안전과	1	4	7	8	7	1	1	1
397	서울 은평구	민간단체 지원	375,000	자치안전과	1	4	7	8	7	1	1	1
398	서울 은평구	사랑의 김장나누기	25,000	자치안전과	1	4	7	8	7	1	1	1
399	서울 은평구	공유 확산	10,000	자치안전과	1	4	6	1	6	1	1	4
400	서울 은평구	문해교육 지원사업 운영	24,720	시민교육과	1	4	7	8	7	1	1	1
401	서울 은평구	문해교육 지원사업 운영	42,000	시민교육과	1	2	7	8	7	1	1	1
402	서울 은평구	학교 교육환경개선 지원	20,000	시민교육과	1	4	7	8	7	1	1	1
403	서울 은평구	청소년참여지원	80,000	시민교육과	1	4	7	8	7	1	1	3
404	서울 은평구	청소년유해환경감시단 지원	4,300	시민교육과	1	2	7	8	7	1	1	4
405	서울 은평구	문화예술 활성화 사업	100,000	문화관광과	1	4	7	8	7	5	5	4
406	서울 은평구	작은도서관 운영비 지원	25,000	문화관광과	1	4	7	8	7	1	1	1

순번	시군구	지출명 (사업명)	2021년예산 (단위:천원/1년간)	담당자 (공무원) 담당부서	민간이전 분류 (지방자치단체 세출예산 집행기준에 의거) 1. 민간경상사업보조(307-02) 2. 민간단체 법정운영비보조(307-03) 3. 민간행사사업보조(307-04) 4. 민간위탁금(307-05) 5. 사회복지시설 법정운영비보조(307-10) 6. 민간인위탁교육비(307-12) 7. 공기관등에대한경상적위탁사업비(308-11) 8. 민간자본사업보조,자체재원(402-01) 9. 민간자본사업보조,이전재원(402-02) 10. 민간위탁사업비(402-03) 11. 공기관등에 대한 자본적 대행사업비(403-02)	민간이전지출 근거 (지방보조금 관리기준 참고) 1. 법률에 규정 2. 국고보조 재원(국가지정) 3. 용도 지정 기부금 4. 조례에 직접규정 5. 지자체가 권장하는 사업을 하는 공공기관 6. 시,도 정책 및 재정사정 7. 기타 8. 해당없음	입찰방식 계약체결방법 (경쟁형태) 1. 일반경쟁 2. 제한경쟁 3. 지명경쟁 4. 수의계약 5. 법정위탁 6. 기타 ( ) 7. 해당없음	입찰방식 계약기간 1. 1년 2. 2년 3. 3년 4. 4년 5. 5년 6. 기타 ( )년 7. 단기계약 (1년미만) 8. 해당없음	입찰방식 낙찰자선정방법 1. 적격심사 2. 협상에의한계약 3. 최저가낙찰제 4. 규격가격분리 5. 2단계 경쟁입찰 6. 기타 ( ) 7. 해당없음	운영예산 산정 운영예산 산정 1. 내부산정 (지자체 자체적으로 산정) 2. 외부산정 (외부전문기관위탁 산정) 3. 내·외부 모두 산정 4. 산정 無 5. 해당없음	운영예산 산정 정산방법 1. 내부정산 (지자체 내부적으로 정산) 2. 외부정산 (외부전문기관위탁 정산) 3. 내·외부 모두 산정 4. 정산 無 5. 해당없음	성과평가 실시여부 1. 실시 2. 미실시 3. 향후 추진 4. 해당없음
407	서울 은평구	소외계층 건강증진	11,000	생활체육과	1	1	7	8	7	1	1	1
408	서울 은평구	은평구체육회 지원	99,610	생활체육과	1	1	7	8	7	1	1	1
409	서울 은평구	은평구 체육인재 육성지원	30,000	생활체육과	1	1	7	8	7	1	1	1
410	서울 은평구	보훈단체지원	15,780	복지정책과	1	1	7	8	7	1	1	1
411	서울 은평구	지역사회보장협의체 운영	78,000	복지정책과	1	5	7	8	7	1	1	1
412	서울 은평구	희희낙락 은평에서 놀자	22,000	어르신복지과	1	7	7	8	7	1	1	4
413	서울 은평구	어르신 건강체조사업	20,000	어르신복지과	1	7	7	8	7	1	1	4
414	서울 은평구	마을기업 육성사업	32,500	사회적경제과	1	2	1	1	1	3	3	2
415	서울 은평구	청년 신규 일자리 창출사업	457,120	사회적경제과	1	2	7	8	7	1	1	2
416	서울 은평구	캠퍼스타운 단위형 2단계 사업	713,120	사회적경제과	1	6	1	3	1	3	3	1
417	서울 은평구	세대결합형 기업 발굴 지원 사업	190,469	일자리경제과	1	7	7	8	7	1	1	3
418	서울 은평구	지역산업맞춤형 일자리창출 지원사업	135,000	일자리경제과	1	7	7	8	7	1	1	3
419	서울 은평구	지역상권활성화	65,000	일자리경제과	1	1	7	8	7	1	1	3
420	서울 은평구	전통시장 및 상점가 문화행사 지원	30,000	일자리경제과	1	1	7	8	7	1	1	3
421	서울 은평구	전통시장 맞춤형 돌봄센터 운영	137,136	일자리경제과	1	1	7	8	7	1	1	3
422	서울 은평구	에너지자립마을 조성사업	18,600	환경과	1	4	7	8	7	5	5	4
423	서울 은평구	음식물류폐기물 종량제	9,000	자원순환과	1	4	7	8	7	5	5	4
424	서울 은평구	사람향기 품은 불광2동 향림마을 도시재생뉴딜사업	60,000	주거재생과	1	4	6	7	1	1	1	1
425	서울 은평구	응암3동 다래마을 도시재생활성화사업	43,280	주거재생과	1	6	7	8	7	5	5	4
426	서울 은평구	공동주택관리	22,150	주거재생과	1	6	7	8	7	1	1	1
427	서울 은평구	건축물(공사장) 점검 및 지원사업	40,000	건축과	1	7	7	8	7	5	5	3
428	서울 은평구	어린이공원 및 마을마당 관리	24,272	공원녹지과	1	4	7	7	7	1	1	4
429	서울 은평구	구공원 조성 및 관리	15,000	공원녹지과	1	6	7	8	7	5	5	4
430	서울 은평구	은평 생태-역사-문화-체육 둘레길 조성	30,000	공원녹지과	1	4	7	8	7	5	5	4
431	서울 은평구	친환경농자재지원	1,180	공원녹지과	1	6	6	1	6	1	1	4
432	서울 은평구	임산부 친환경농산물 꾸러미 지원	634,176	공원녹지과	1	6	6	1	6	1	1	3
433	서울 은평구	급성감염병예방관리 및 방역소독	9,600	보건의료과	1	5	7	1	7	1	1	3
434	서울 은평구	의료기관 결핵환자 관리사업	52,850	보건의료과	1	2	7	8	7	5	3	4
435	서울 서대문구	민주평화통일자문회의 사업지원	27,800	자치행정과	1	1	7	8	7	5	5	4
436	서울 서대문구	민관협력 공익단체 사업지원	40,100	자치행정과	1	1	7	8	7	5	5	4
437	서울 서대문구	민관협력 공익단체 사업지원	9,000	자치행정과	1	1	7	8	7	5	5	4
438	서울 서대문구	민관협력 공익단체 사업지원	8,500	자치행정과	1	1	7	8	7	5	5	4
439	서울 서대문구	민관협력 공익단체 사업지원	10,000	자치행정과	1	1	7	8	7	5	5	4
440	서울 서대문구	민관협력 공익단체 사업지원	31,100	자치행정과	1	4	7	8	7	5	5	4
441	서울 서대문구	마을공동체 주민제안 공모사업	44,000	자치행정과	1	4	7	8	7	3	3	1
442	서울 서대문구	이화-서대문 영재교육센터 운영 지원	130,000	교육지원과	1	1	6	1	7	1	1	1
443	서울 서대문구	학습공동체 활성화 지원	45,000	교육지원과	1	6	6	8	6	1	1	1
444	서울 서대문구	동네배움터 사업 운영	93,944	교육지원과	1	6	6	8	6	1	1	1
445	서울 서대문구	교육부 성인문해교육 지원사업	30,000	교육지원과	1	1	6	8	6	2	2	1
446	서울 서대문구	서대문구 성인문해교육 지원사업	2,400	교육지원과	1	6	6	8	6	1	1	1
447	서울 서대문구	영광시각장애인 모바일점자도서관 지원	26,100	민관협치과	1	1	7	8	7	1	1	1
448	서울 서대문구	공유단체·기업 지정 및 지원	15,000	기획예산과	1	4	7	8	7	5	5	4
449	서울 서대문구	소상공인 협업 및 특화사업 지원	10,000	일자리경제과	1	1	7	8	7	1	1	4
450	서울 서대문구	중소상공인 경영지원사업	20,000	일자리경제과	1	1	7	8	7	1	1	4
451	서울 서대문구	전통시장 배송센터 사업비	38,400	일자리경제과	1	1	7	8	7	1	1	4
452	서울 서대문구	지역단위 사회적경제 활성화 공모사업	20,000	사회적경제과	1	4	7	8	7	5	5	4
453	서울 서대문구	그린벤처 육성사업	20,000	사회적경제과	1	4	7	8	7	5	5	4
454	서울 서대문구	그린프로젝트 개발지원사업	20,000	사회적경제과	1	4	7	8	7	5	5	4
455	서울 서대문구	청년도전프로젝트 사업비 보조	20,000	사회적경제과	1	1	7	8	7	5	5	4
456	서울 서대문구	선정단체(주민모임) 민간보조금 교부	29,800	사회적경제과	1	4	7	8	7	5	5	4
457	서울 서대문구	임산부 꾸러미 지원사업 지원비	402,624	사회적경제과	1	2	7	8	7	5	5	4

순번	시군구	지출명 (사업명)	2021년예산 (단위:천원/1년간)	담당자(공무원) 담당부서	민간이전 분류 (지방자치단체 세출예산 집행기준에 의거) 1. 민간경상사업보조(307-02) 2. 민간단체 법정운영비보조(307-03) 3. 민간행사사업보조(307-04) 4. 민간위탁금(307-05) 5. 사회복지시설 법정운영비보조(307-10) 6. 민간인위탁교육비(307-12) 7. 공기관등에대한경상적위탁사업비(308-11) 8. 민간자본사업보조,자체재원(402-01) 9. 민간자본사업보조,이전재원(402-02) 10. 민간위탁사업비(402-03) 11. 공기관등에 대한 자본적 대행사업비(403-02)	민간이전지출 근거 (지방보조금 관리기준 참고) 1. 법률에 규정 2. 국고보조 재원(국가지정) 3. 용도 지정 기부금 4. 조례에 직접규정 5. 지자체가 권장하는 사업을 하는 공공기관 6. 시,도 정책 및 재정사정 7. 기타 8. 해당없음	입찰방식 계약체결방법 (경쟁형태) 1. 일반경쟁 2. 제한경쟁 3. 지명경쟁 4. 수의계약 5. 법정위탁 6. 기타 ( ) 7. 해당없음	입찰방식 계약기간 1. 1년 2. 2년 3. 3년 4. 4년 5. 5년 6. 기타 ( )년 7. 단기계약 (1년미만) 8. 해당없음	입찰방식 낙찰자선정방법 1. 적격심사 2. 협상에의한계약 3. 최저가낙찰제 4. 규격가격분리 5. 2단계 경쟁입찰 6. 기타 ( ) 7. 해당없음	운영예산 산정 운영예산 산정 1. 내부산정 (지자체 자체적으로 산정) 2. 외부산정 (외부전문기관위탁 산정) 3. 내·외부 모두 산정 4. 산정 無 5. 해당없음	운영예산 산정 정산방법 1. 내부정산 (지자체 내부적으로 정산) 2. 외부정산 (외부전문기관위탁 정산) 3. 내·외부 모두 산정 4. 정산 無 5. 해당없음	성과평가 실시여부 1. 실시 2. 미실시 3. 향후 추진 4. 해당없음
458	서울 서대문구	홍제천 폭포장 운영 지원	40,000	청소행정과	1	4	7	8	7	5	5	4
459	서울 서대문구	공동주택 공동체 활성화 공모사업	30,000	주택과	1	4	7	8	7	5	5	4
460	서울 서대문구	공동주택 옥외보안등 전기료 지원	70,000	주택과	1	4	7	8	7	5	5	4
461	서울 서대문구	공동주택 꽃 가꾸기 공모사업	40,000	주택과	1	4	7	8	7	5	5	4
462	서울 서대문구	지역사회보장협의체 운영	14,100	복지정책과	1	1	7	8	7	1	1	1
463	서울 서대문구	장애인 이동기기 수리지원	16,700	사회복지과	1	4	7	8	7	5	5	4
464	서울 서대문구	장애인복지 관련 단체 사업비 지원	50,000	사회복지과	1	7	7	7	6	1	1	1
465	서울 서대문구	노인회지회 운영 지원	72,058	어르신복지과	1	1	7	8	7	1	1	1
466	서울 서대문구	노인회지회 실버축구 경비 지원	2,500	어르신복지과	1	1	7	8	7	1	1	1
467	서울 서대문구	노인취업알선센터 운영 지원	2,400	어르신복지과	1	1	7	8	7	1	1	1
468	서울 서대문구	노인 건강증진 활동 지원	11,000	어르신복지과	1	1	7	8	7	1	1	1
469	서울 서대문구	실버 문화탐방 활동 지원	22,000	어르신복지과	1	1	7	8	7	1	1	1
470	서울 서대문구	어르신 사회활동 참여지원	9,600	어르신복지과	1	1	7	8	7	1	1	4
471	서울 서대문구	시니어기자단 운영	20,000	어르신복지과	1	1	1	1	7	1	1	1
472	서울 서대문구	새마을부녀회 운영	26,000	여성가족과	1	4	7	8	7	1	1	1
473	서울 서대문구	청소년활동 단체 보조금	25,000	아동청소년과	1	7	7	8	7	5	5	4
474	서울 서대문구	지역문화예술단체 지원	13,000	문화체육과	1	4	7	8	7	1	1	1
475	서울 서대문구	지방문화원 육성사업	124,250	문화체육과	1	2	7	8	7	1	1	1
476	서울 서대문구	생생문화재 공모사업	85,000	문화체육과	1	1	7	1	7	1	1	1
477	서울 서대문구	어울림 광장체조 사업	16,800	문화체육과	1	1	7	8	7	1	1	1
478	서울 서대문구	종목별협회용품 등 지원	25,000	문화체육과	1	1	7	8	7	1	1	1
479	서울 서대문구	주민협의체 활성화사업 지원	12,000	도시재생과	1	2	7	8	7	5	5	4
480	서울 서대문구	주민공모사업	40,000	도시재생과	1	2	7	8	7	5	5	4
481	서울 서대문구	마을관리협동조합 지원	30,000	도시재생과	1	2	7	8	7	5	5	4
482	서울 서대문구	천연충현 지역연계 프로젝트 실행	30,000	도시재생과	1	2	7	8	7	5	5	4
483	서울 서대문구	대학-지역연계수업 학과 공모 보조금	20,000	도시재생과	1	2	7	8	7	5	5	4
484	서울 서대문구	대학-지역연계수업 프로젝트 실행팀 공모 보조금	6,000	도시재생과	1	2	7	8	7	5	5	4
485	서울 서대문구	서대문모범운전자회 지원	6,000	교통행정과	1	4	7	8	7	1	1	1
486	서울 서대문구	서대문녹색어머니회 지원	6,000	교통행정과	1	4	7	8	7	1	1	1
487	서울 서대문구	의료기관 결핵환자 관리지원	213,900	지역건강과	1	2	7	8	7	5	5	4
488	서울 서대문구	응급실 증후군 감시체계	2,520	지역건강과	1	1	2	1	1	5	1	1
489	서울 서대문구	감염전문가 네트워크	1,320	지역건강과	1	1	2	1	1	5	1	1
490	서울 마포구	주민자치회 시범사업 지원	30,000	자치행정과	1	4	7	8	7	5	5	4
491	서울 마포구	살기좋은 마을 만들기	100,000	자치행정과	1	4	7	8	7	5	5	4
492	서울 마포구	공유문화 확산	20,000	자치행정과	1	4	7	8	7	5	5	4
493	서울 마포구	국민운동지원 단체 활성화	189,530	자치행정과	1	1	1	1	1	1	1	1
494	서울 마포구	민주평통 운영 지원	22,400	자치행정과	1	1	7	1	7	1	1	1
495	서울 마포구	자원봉사프로그램 운영	20,000	자치행정과	1	4	1	7	1	5	5	1
496	서울 마포구	마포관광협의회 운영지원	60,000	관광과	1	4	7	8	7	1	1	3
497	서울 마포구	생생문화재 사업	125,000	관광과	1	2	5	1	1	2	1	1
498	서울 마포구	지역산업맞춤형 일자리창출 지원사업	500,000	일자리지원과	1	2	6	7	7	5	5	4
499	서울 마포구	시-구 상향적 협력적 일자리창출사업	600,000	일자리지원과	1	6	6	1	7	1	1	1
500	서울 마포구	지역주도형 청년일자리사업	202,000	일자리지원과	1	2	6	7	7	5	5	4
501	서울 마포구	사회적경제 활성화 사업	10,000	일자리지원과	1	5	2	7	1	1	1	1
502	서울 마포구	마을기업 육성사업	50,000	일자리지원과	1	2	2	7	1	1	3	1
503	서울 마포구	마포문화원 지원	81,800	문화예술과	1	1	7	8	7	5	1	4
504	서울 마포구	전수교육관 활성화 지원	15,000	문화예술과	1	1	1	1	1	1	1	1
505	서울 마포구	지역문화유산교육	44,000	문화예술과	1	1	1	1	1	1	1	1
506	서울 마포구	1인창조기업 창업 지원	31,800	지역경제과	1	4	6	1	7	2	2	1
507	서울 마포구	마포구상공회 사업지원	27,733	지역경제과	1	1	7	8	7	5	1	1
508	서울 마포구	전통시장 경쟁력 강화	175,735	지역경제과	1	1	7	8	7	5	5	4

순번	시군구	지출명 (사업명)	2021년예산 (단위:천원/1년간)	담당자 (공무원) 담당부서	민간이전 분류 (지방자치단체 세출예산 집행기준에 의거) 1. 민간경상사업보조(307-02) 2. 민간단체 법정운영비보조(307-03) 3. 민간행사사업보조(307-04) 4. 민간위탁금(307-05) 5. 사회복지시설 법정운영비보조(307-10) 6. 민간인위탁교육비(307-12) 7. 공기관등에대한경상적위탁사업비(308-11) 8. 민간자본사업보조,자체재원(402-01) 9. 민간자본사업보조,이전재원(402-02) 10. 민간위탁사업비(402-03) 11. 공기관등에 대한 자본적 대행사업비(403-02)	민간이전지출 근거 (지방보조금 관리기준 참고) 1. 법률에 규정 2. 국고보조 재원(국가지정) 3. 용도 지정 기부금 4. 조례에 직접규정 5. 지자체가 권장하는 사업을 하는 공공기관 6. 시,도 정책 및 재정사정 7. 기타 8. 해당없음	입찰방식: 계약체결방법 (경쟁형태) 1. 일반경쟁 2. 제한경쟁 3. 지명경쟁 4. 수의계약 5. 법정위탁 6. 기타 ( ) 7. 해당없음	입찰방식: 계약기간 1. 1년 2. 2년 3. 3년 4. 4년 5. 5년 6. 기타 ( )년 7. 단기계약 (1년미만) 8. 해당없음	입찰방식: 낙찰자선정방법 1. 적격심사 2. 협상에의한계약 3. 최저가낙찰제 4. 규격가격분리 5. 2단계 경쟁입찰 6. 기타 ( ) 7. 해당없음	운영예산 산정: 운영예산 산정 1. 내부산정 (지자체 자체적으로 산정) 2. 외부산정 (외부전문기관위탁 산정) 3. 내·외부 모두 산정 4. 산정 無 5. 해당없음	운영예산 산정: 정산방법 1. 내부정산 (지자체 내부적으로 정산) 2. 외부정산 (외부전문기관위탁 정산) 3. 내·외부 모두 산정 4. 정산 無 5. 해당없음	성과평가 실시여부 1. 실시 2. 미실시 3. 향후 추진 4. 해당없음
509	서울 마포구	임산부 친환경농산물 지원 사업	215,981	지역경제과	1	1	7	1	7	1	1	3
510	서울 마포구	여성축구단 운영	48,889	생활체육과	1	1	7	8	7	5	5	4
511	서울 마포구	청소년 풋살교실 운영	26,760	생활체육과	1	1	7	8	7	5	5	4
512	서울 마포구	어린이 축구단 운영	40,500	생활체육과	1	1	7	8	7	5	5	4
513	서울 마포구	종목별 생활체육대회 개최 및 지원	114,000	생활체육과	1	1	7	8	7	5	5	4
514	서울 마포구	마포구체육단체 위탁사업	119,000	생활체육과	1	1	7	8	7	5	5	4
515	서울 마포구	장애인생활체육 활성화	6,000	생활체육과	1	1	7	8	7	5	5	4
516	서울 마포구	마포구장애인체육회 지원	22,000	생활체육과	1	1	7	8	7	5	5	4
517	서울 마포구	마포구체육단체 지원	45,376	생활체육과	1	1	7	8	7	5	5	4
518	서울 마포구	서울시민생활체육대회 지원	22,000	생활체육과	1	1	7	8	7	5	5	4
519	서울 마포구	지역사회보장협의체 운영 지원	9,900	복지정책과	1	1	7	8	7	1	1	1
520	서울 마포구	보훈단체 지원	108,100	복지정책과	1	1	7	8	7	1	1	4
521	서울 마포구	노인장기요양보험 재가급여 지원	10,000	노인장애인과	1	7	1	7	1	1	1	3
522	서울 마포구	노인복지 시책사업 지원	15,000	노인장애인과	1	7	1	7	1	1	1	1
523	서울 마포구	대한노인회 마포구지회 운영 지원	75,294	노인장애인과	1	1	7	8	7	1	1	4
524	서울 마포구	장애인복지단체 지원	57,250	노인장애인과	1	1	2	7	1	1	1	1
525	서울 마포구	장애인 공동작업장 지원	4,000	노인장애인과	1	1	4	7	1	1	1	1
526	서울 마포구	부모모니터링단 운영	13,468	여성가족과	1	1	5	8	7	1	1	2
527	서울 마포구	여성 취(창)업 지원사업	20,000	여성가족과	1	4	7	8	7	1	1	1
528	서울 마포구	돌봄공동체 지원	75,000	아동청년과	1	7	7	1	7	1	1	4
529	서울 마포구	마포구 청소년지도협의회 지원	3,000	아동청년과	1	4	5	1	7	1	1	1
530	서울 마포구	청소년지도사 배치지원	69,624	아동청년과	1	2	7	8	7	5	1	4
531	서울 마포구	청소년운영위원회 운영지원	5,052	아동청년과	1	2	7	8	7	5	1	4
532	서울 마포구	장애아 수영교실 운영	28,200	아동청년과	1	5	4	1	7	1	1	2
533	서울 마포구	고려대학교 영재교육원 학생선발 지원	6,900	교육지원과	1	4	6	1	6	1	1	1
534	서울 마포구	영어캠프 운영	105,000	교육지원과	1	4	6	1	6	1	1	1
535	서울 마포구	중국어프로그램 운영	10,800	교육지원과	1	4	6	1	6	1	1	1
536	서울 마포구	상상플러스 과학탐험교실	13,600	교육지원과	1	4	6	1	6	1	1	1
537	서울 마포구	평생교육프로그램 지원	28,000	교육지원과	1	4	7	8	7	1	1	1
538	서울 마포구	성인문해교육 운영	20,000	교육지원과	1	1	7	8	7	1	1	1
539	서울 마포구	평생학습동아리 운영 활성화	20,000	교육지원과	1	4	6	1	6	1	1	1
540	서울 마포구	동네배움터 운영	33,000	교육지원과	1	6	7	1	7	1	1	1
541	서울 마포구	공동주택 관리 및 지원 사업	126,993	주택과	1	4	7	8	7	5	5	4
542	서울 마포구	교통안전지도 활동 지원	52,900	교통지도과	1	4	7	8	7	5	5	4
543	서울 양천구	마을공동체활성화지원사업	83,000	주민협치과	1	4	1	2	1	1	1	1
544	서울 양천구	북한이탈주민 정착을 위한 지원사업	30,600	주민협치과	1	4	6	1	1	1	1	1
545	서울 양천구	남부범죄피해자지원센터 지원	50,000	주민협치과	1	1	5	1	7	1	1	1
546	서울 양천구	주민자치회시범사업운영	457,969	주민협치과	1	4	7	8	7	1	1	4
547	서울 양천구	민주평화통일자문회의양천구협의회 지원	37,200	주민협치과	1	1	5	1	7	1	1	1
548	서울 양천구	국민운동 및 민간단체 공익활동 지원사업	183,662	주민협치과	1	1	6	1	7	1	1	1
549	서울 양천구	안전한 교육환경 조성	16,000	교육지원과	1	4	7	8	7	1	1	1
550	서울 양천구	혁신교육지구사업 운영	20,000	교육지원과	1	4	7	8	7	1	1	1
551	서울 양천구	성인문해교육 운영	6,300	교육지원과	1	4	7	8	7	1	1	1
552	서울 양천구	우수프로그램 운영기관 지원	20,000	교육지원과	1	4	7	8	7	1	1	1
553	서울 양천구	우수학습 동아리 지원	9,600	교육지원과	1	4	7	8	7	1	1	1
554	서울 양천구	사립작은도서관 운영 지원	4,500	교육지원과	1	4	7	8	7	1	1	1
555	서울 양천구	양천문화원 행사 지원	17,000	문화체육과	1	1	7	8	7	1	1	4
556	서울 양천구	각종 체육활동 지원	74,000	문화체육과	1	6	7	8	7	1	1	2
557	서울 양천구	양천구 스포츠교실 운영	60,000	문화체육과	1	6	7	8	7	1	1	2
558	서울 양천구	양천구 태권도시범단 지원	15,000	문화체육과	1	4	7	8	7	1	1	2
559	서울 양천구	지역·산업 맞춤형 일자리창출지원사업	60,000	일자리경제과	1	2	7	8	7	5	5	4

순번	시군구	지출명 (사업명)	2021년예산 (단위:천원/1년간)	담당자 (공무원)	민간이전 분류 (지방자치단체 세출예산 집행기준에 의거)	민간이전지출 근거 (지방보조금 관리기준 참고)	입찰방식			운영예산 산정		성과평가 실시여부
				담당부서	1. 민간경상사업보조(307-02) 2. 민간단체 법정운영비보조(307-03) 3. 민간행사사업보조(307-04) 4. 민간위탁금(307-05) 5. 사회복지시설 법정운영비보조(307-10) 6. 민간인위탁교육비(307-12) 7. 공기관등에대한경상적위탁사업비(308-11) 8. 민간자본사업보조,자체재원(402-01) 9. 민간자본사업보조,이전재원(402-02) 10. 민간위탁사업비(402-03) 11. 공기관등에 대한 자본적 대행사업비(403-02)	1. 법률에 규정 2. 국고보조 재원(국가지정) 3. 용도 지정 기부금 4. 조례에 직접규정 5. 지자체가 권장하는 사업을 하는 공공기관 6. 시,도 정책 및 재정사정 7. 기타 8. 해당없음	계약체결방법 (경쟁형태) 1. 일반경쟁 2. 제한경쟁 3. 지명경쟁 4. 수의계약 5. 법정위탁 6. 기타 ( ) 7. 해당없음	계약기간 1. 1년 2. 2년 3. 3년 4. 4년 5. 5년 6. 기타 ( )년 7. 단기계약 (1년미만) 8. 해당없음	낙찰자선정방법 1. 적격심사 2. 협상에의한계약 3. 최저가낙찰제 4. 규격가격분리 5. 2단계 경쟁입찰 6. 기타 ( ) 7. 해당없음	운영예산 산정 1. 내부산정 (지자체 자체적으로 산정) 2. 외부산정 (외부전문기관위탁 산정) 3. 내·외부 모두 산정 4. 산정 無 5. 해당없음	정산방법 1. 내부정산 (지자체 내부적으로 정산) 2. 외부정산 (외부전문기관위탁 정산) 3. 내·외부 모두 산정 4. 정산 無 5. 해당없음	1. 실시 2. 미실시 3. 향후 추진 4. 해당없음
560	서울 양천구	취업연계 직업교육	50,000	일자리경제과	1	7	7	8	7	5	5	4
561	서울 양천구	우수기업 박람회 지원	10,000	일자리경제과	1	5	7	8	7	5	5	4
562	서울 양천구	청년인턴제 운영	60,000	일자리경제과	1	4	1	1	7	1	1	1
563	서울 양천구	취업연계 직업교육	25,000	일자리경제과	1	1	1	1	7	1	1	1
564	서울 양천구	전통시장 및 상점가 청년 점포 운영	43,200	일자리경제과	1	1	1	1	7	1	1	1
565	서울 양천구	특성화시장 육성사업	220,000	일자리경제과	1	1	7	7	7	3	3	1
566	서울 양천구	특성화시장 육성사업	220,000	일자리경제과	1	1	7	7	7	3	3	1
567	서울 양천구	시장경영바우처 지원 사업	6,267	일자리경제과	1	1	7	7	7	3	3	3
568	서울 양천구	시장경영바우처 지원 사업	6,668	일자리경제과	1	1	7	7	7	3	3	3
569	서울 양천구	시-구 상향적·협력적 일자리 창출	182,000	일자리경제과	1	4	1	1	1	1	1	1
570	서울 양천구	양천구 마을기업육성	15,000	일자리경제과	1	1	7	8	7	1	1	1
571	서울 양천구	양천구 상공회 지원 사업	30,000	일자리경제과	1	1	7	8	7	5	5	4
572	서울 양천구	양천구 소상공인회 지원 사업	10,000	일자리경제과	1	6	7	8	7	5	5	4
573	서울 양천구	노인회지회 지원	3,000	어르신복지과	1	5	7	8	7	1	1	4
574	서울 양천구	어르신 여가활동	116,100	어르신복지과	1	4	7	8	7	1	1	3
575	서울 양천구	4060 중장년층 인생이모작 추진	50,000	어르신복지과	1	4	7	8	7	5	5	4
576	서울 양천구	발달장애인 평생교육지원사업	30,000	자립지원과	1	1	7	8	7	1	1	1
577	서울 양천구	장애인단체 및 주간보호시설 지원	31,000	자립지원과	1	1	7	8	7	1	1	1
578	서울 양천구	지역사회연계 인권지킴이 활동 지원	2,700	자립지원과	1	1	7	8	7	1	1	1
579	서울 양천구	장애인 공익사업 지원	30,000	자립지원과	1	1	7	8	7	1	1	1
580	서울 양천구	장애인 체육교실	35,000	자립지원과	1	1	7	8	7	1	1	1
581	서울 양천구	여성단체 활동지원 사업	33,700	가족정책과	1	5	1	1	1	1	1	4
582	서울 양천구	외국인 지원 사업	20,000	가족정책과	1	5	1	1	1	1	1	4
583	서울 양천구	청소년 건전육성 및 보호활동 지원	17,000	가족정책과	1	5	1	1	1	1	1	4
584	서울 양천구	청소년지도협의회 운영 지원	15,000	가족정책과	1	4	7	1	7	1	1	4
585	서울 양천구	민간 환경단체 지원	12,000	녹색환경과	1	1	7	8	7	1	1	1
586	서울 양천구	태양광 미니발전소 설치비 지원	60,000	녹색환경과	1	1	7	8	7	1	1	1
587	서울 양천구	주민공모사업	30,000	도시재생과	1	7	7	8	7	5	5	4
588	서울 양천구	주민협의체지원	12,000	도시재생과	1	7	7	8	7	5	5	4
589	서울 양천구	마을관리기업(CRC)설립 지원	66,000	도시재생과	1	7	7	8	7	5	5	4
590	서울 양천구	신월3동 시장활성화사업	40,000	도시재생과	1	7	7	8	7	5	5	4
591	서울 양천구	목3동 도시재생 뉴딜사업	5,400	도시재생과	1	7	7	8	7	5	5	4
592	서울 양천구	신월1동 서울형 도시재생활성화사업	3,600	도시재생과	1	7	7	8	7	5	5	4
593	서울 양천구	공익민간단체 지원사업 지방보조금 교부	8,000	주차관리과	1	2	5	6	7	1	1	1
594	서울 양천구	주거취약계층 주거상향지원사업	15,000	주택과	1	4	7	8	7	5	5	4
595	서울 양천구	공동주택 공동체활성화 공모사업	24,800	주택과	1	4	7	8	7	5	5	4
596	서울 양천구	표본감시운영경비	5,040	보건행정과	1	1	7	8	7	5	5	4
597	서울 양천구	표본감시운영경비	5,040	보건행정과	1	1	7	8	7	5	5	4
598	서울 양천구	표본감시운영경비	5,040	보건행정과	1	1	7	8	7	5	5	4
599	서울 양천구	표본감시운영경비	5,040	보건행정과	1	1	7	8	7	5	5	4
600	서울 양천구	표본감시운영경비	5,040	보건행정과	1	1	7	8	7	5	5	4
601	서울 양천구	의료기관 결핵환자 관리 지원	142,600	보건행정과	1	1	7	8	7	1	3	4
602	서울 강서구	통일안보 사업 추진	61,760	행정지원과	1	1	7	7	7	5	5	4
603	서울 강서구	남부범죄피해자지원센터 지원	50,000	행정지원과	1	1	7	7	7	5	5	4
604	서울 강서구	주민자치회 운영지원	50,000	자치행정과	1	4	7	8	7	1	1	2
605	서울 강서구	주민자치 지역사회 봉사활동 지원	145,660	자치행정과	1	4	7	8	7	1	1	1
606	서울 강서구	북한이탈주민 정착을 위한 지원사업	19,665	자치행정과	1	4	7	8	7	1	1	1
607	서울 강서구	마을공동체 사업 발굴 지원	45,000	자치행정과	1	4	6	7	1	1	1	1
608	서울 강서구	마을공동체 사업 발굴 지원	20,000	자치행정과	1	4	6	7	1	1	1	1
609	서울 강서구	마을공동체 사업 발굴 지원	25,000	자치행정과	1	4	6	7	1	1	1	1
610	서울 강서구	자원봉사활동 지원	25,000	협치분권과	1	4	7	8	7	1	1	1

순번	시군구	지출명 (사업명)	2021년예산 (단위:천원/1년간)	담당자 (공무원) 담당부서	민간이전 분류 (지방자치단체 세출예산 집행기준에 의거) 1. 민간경상사업보조(307-02) 2. 민간단체 법정운영비보조(307-03) 3. 민간행사사업보조(307-04) 4. 민간위탁금(307-05) 5. 사회복지시설 법정운영비보조(307-10) 6. 민간인위탁교육비(307-12) 7. 공기관등에대한경상적위탁사업비(308-11) 8. 민간자본사업보조,자체재원(402-01) 9. 민간자본사업보조,이전재원(402-02) 10. 민간위탁사업비(402-03) 11. 공기관등에 대한 자본적 대행사업비(403-02)	민간이전지출 근거 (지방보조금 관리기준 참고) 1. 법률에 규정 2. 국고보조 재원(국가지정) 3. 용도 지정 기부금 4. 조례에 직접규정 5. 지자체가 권장하는 사업을 하는 공공기관 6. 시,도 정책 및 재정사정 7. 기타 8. 해당없음	입찰방식 계약체결방법 (경쟁형태) 1. 일반경쟁 2. 제한경쟁 3. 지명경쟁 4. 수의계약 5. 법정위탁 6. 기타 ( ) 7. 해당없음	입찰방식 계약기간 1. 1년 2. 2년 3. 3년 4. 4년 5. 5년 6. 기타 ( )년 7. 단기계약 (1년미만) 8. 해당없음	입찰방식 낙찰자선정방법 1. 적격심사 2. 협상에의한계약 3. 최저가낙찰제 4. 규격가격분리 5. 2단계 경쟁입찰 6. 기타 ( ) 7. 해당없음	운영예산 산정 운영예산 산정 1. 내부산정 (지자체 자체적으로 산정) 2. 외부산정 (외부전문기관위탁 산정) 3. 내·외부 모두 산정 4. 산정 無 5. 해당없음	운영예산 산정 정산방법 1. 내부정산 (지자체 내부적으로 정산) 2. 외부정산 (외부전문기관위탁 정산) 3. 내·외부 모두 산정 4. 정산 無 5. 해당없음	성과평가 실시여부 1. 실시 2. 미실시 3. 향후 추진 4. 해당없음
611	서울 강서구	문화원 운영	29,000	문화체육과	1	4	5	1	7	1	1	1
612	서울 강서구	지역문화예술단체지원	56,000	문화체육과	1	4	7	8	7	1	5	4
613	서울 강서구	문화예술지원	22,800	문화체육과	1	5	7	8	7	1	5	4
614	서울 강서구	문화예술지원	6,500	문화체육과	1	1	6	1	7	1	1	1
615	서울 강서구	문화예술지원	30,000	문화체육과	1	5	7	8	7	1	5	4
616	서울 강서구	문화예술지원	25,000	문화체육과	1	5	7	8	7	1	5	4
617	서울 강서구	허준 축제	310,000	문화체육과	1	5	7	8	7	1	5	4
618	서울 강서구	생활체육활동 활성화	70,000	문화체육과	1	1	7	8	7	1	1	1
619	서울 강서구	생활체육활동 활성화	14,400	문화체육과	1	1	7	8	7	1	1	1
620	서울 강서구	생활체육활동 활성화	42,000	문화체육과	1	1	7	8	7	1	1	1
621	서울 강서구	생활체육활동 활성화	85,000	문화체육과	1	1	7	8	7	1	1	1
622	서울 강서구	생활체육활동 활성화	22,000	문화체육과	1	1	7	8	7	1	1	1
623	서울 강서구	생활체육활동 활성화	28,000	문화체육과	1	1	7	8	7	1	1	1
624	서울 강서구	생활체육활동 활성화	86,000	문화체육과	1	1	7	8	7	1	1	1
625	서울 강서구	생활체육프로그램 운영	9,350	문화체육과	1	1	7	8	7	1	1	1
626	서울 강서구	생활체육프로그램 운영	10,400	문화체육과	1	1	7	8	7	1	1	1
627	서울 강서구	생활체육프로그램 운영	16,000	문화체육과	1	1	7	8	7	1	1	1
628	서울 강서구	생활체육프로그램 운영	10,000	문화체육과	1	1	7	8	7	1	1	1
629	서울 강서구	생활체육프로그램 운영	10,000	문화체육과	1	1	7	8	7	1	1	1
630	서울 강서구	청소년 보호 활동 지원	12,900	교육청소년과	1	5	7	8	7	1	1	1
631	서울 강서구	평생학습관 운영 활성화	10,800	교육청소년과	1	1	7	8	7	5	5	4
632	서울 강서구	장애인도서관 육성 지원	54,468	교육청소년과	1	2	6	6	1	1	1	1
633	서울 강서구	강서어린이동화축제 운영	60,000	교육청소년과	1	4	6	6	1	1	1	1
634	서울 강서구	독서 문화 프로그램 운영	40,000	교육청소년과	1	4	6	6	1	1	1	1
635	서울 강서구	독서 문화 프로그램 운영	15,000	교육청소년과	1	4	6	6	1	1	1	1
636	서울 강서구	독서 문화 프로그램 운영	7,000	교육청소년과	1	4	6	6	1	1	1	1
637	서울 강서구	중소기업 및 소상공인 지원	35,000	지역경제과	1	4	7	8	7	1	1	4
638	서울 강서구	전통시장 활성화	43,354	지역경제과	1	1	7	7	7	1	1	4
639	서울 강서구	전통시장 활성화	24,003	지역경제과	1	1	7	1	7	1	1	4
640	서울 강서구	전통시장 활성화	68,000	지역경제과	1	1	7	7	7	1	1	4
641	서울 강서구	토양개량제 공급	23,000	지역경제과	1	1	7	8	7	1	1	4
642	서울 강서구	기본형 공익직접지불금	134,924	지역경제과	1	1	7	8	7	1	1	1
643	서울 강서구	벼 병해충 항공방제 실시	69,000	지역경제과	1	1	7	8	7	1	1	1
644	서울 강서구	유기질비료 지원	123,000	지역경제과	1	1	7	8	7	1	1	2
645	서울 강서구	친환경 경복궁쌀 공급차액 지원	70,000	지역경제과	1	1	7	8	7	1	1	4
646	서울 강서구	친환경 농산물 인증비 지원	4,800	지역경제과	1	1	7	8	7	1	1	4
647	서울 강서구	임산부 친환경농산물 꾸러미 지원	1,006	지역경제과	1	1	7	8	7	1	1	4
648	서울 강서구	지역일자리창출	90,000	일자리정책과	1	4	7	8	7	1	1	1
649	서울 강서구	지역일자리창출	40,000	일자리정책과	1	4	7	8	7	1	1	1
650	서울 강서구	지역일자리창출	83,340	일자리정책과	1	4	7	8	7	5	5	4
651	서울 강서구	지역일자리창출	10,000	일자리정책과	1	4	7	8	7	1	1	1
652	서울 강서구	지역일자리창출	155,000	일자리정책과	1	6	7	8	7	5	5	4
653	서울 강서구	지역산업맞춤형 일자리창출 지원사업	39,500	일자리정책과	1	4	7	8	7	1	1	1
654	서울 강서구	신중년 사회공헌활동지원사업	79,364	일자리정책과	1	2	7	8	7	5	5	4
655	서울 강서구	청년일자리사업	37,400	일자리정책과	1	2	7	8	7	1	1	2
656	서울 강서구	청년일자리사업	15,080	일자리정책과	1	2	7	8	7	1	1	2
657	서울 강서구	청년일자리사업	250	일자리정책과	1	2	7	8	7	1	1	2
658	서울 강서구	청년활동 지원사업	37,500	일자리정책과	1	4	7	8	7	1	1	2
659	서울 강서구	사회적경제기업 육성 지원	10,000	일자리정책과	1	4	4	1	7	1	1	2
660	서울 강서구	사회적경제기업 육성 지원	42,880	일자리정책과	1	4	4	1	7	1	1	2
661	서울 강서구	마을기업 육성	7,500	일자리정책과	1	2	7	8	7	5	5	4

순번	시군구	지출명 (사업명)	2021년예산 (단위:천원/1년간)	담당자 (공무원) 담당부서	민간이전 분류 (지방자치단체 세출예산 집행기준에 의거) 1. 민간경상사업보조(307-02) 2. 민간단체 법정운영비보조(307-03) 3. 민간행사사업보조(307-04) 4. 민간위탁금(307-05) 5. 사회복지시설 법정운영비보조(307-10) 6. 민간인위탁교육비(307-12) 7. 공기관등에대한경상적위탁사업비(308-11) 8. 민간자본사업보조,자체재원(402-01) 9. 민간자본사업보조,이전재원(402-02) 10. 민간위탁사업비(402-03) 11. 공기관등에 대한 자본적 대행사업비(403-02)	민간이전지출 근거 (지방보조금 관리기준 참고) 1. 법률에 규정 2. 국고보조 재원(국가지정) 3. 용도 지정 기부금 4. 조례에 직접규정 5. 지자체가 권장하는 사업을 하는 공공기관 6. 시,도 정책 및 재정사정 7. 기타 8. 해당없음	입찰방식: 계약체결방법 (경쟁형태) 1. 일반경쟁 2. 제한경쟁 3. 지명경쟁 4. 수의계약 5. 법정위탁 6. 기타 ( ) 7. 해당없음	입찰방식: 계약기간 1. 1년 2. 2년 3. 3년 4. 4년 5. 5년 6. 기타 ( )년 7. 단기계약 (1년미만) 8. 해당없음	입찰방식: 낙찰자선정방법 1. 적격심사 2. 협상에의한계약 3. 최저가낙찰제 4. 규격가격분리 5. 2단계 경쟁입찰 6. 기타 ( ) 7. 해당없음	운영예산 산정: 운영예산 산정 1. 내부산정 (지자체 자체적으로 산정) 2. 외부산정 (외부전문기관위탁 산정) 3. 내·외부 모두 산정 4. 산정 無 5. 해당없음	운영예산 산정: 정산방법 1. 내부정산 (지자체 내부적으로 정산) 2. 외부정산 (외부전문기관위탁 정산) 3. 내·외부 모두 산정 4. 정산 無 5. 해당없음	성과평가 실시여부 1. 실시 2. 미실시 3. 향후 추진 4. 해당없음
662	서울 강서구	강서행동21	12,000	녹색환경과	1	4	7	8	7	1	1	1
663	서울 강서구	미세먼지 관리	10,800	녹색환경과	1	4	7	8	7	1	1	4
664	서울 강서구	미세먼지 관리	5,760	녹색환경과	1	4	7	8	7	1	1	4
665	서울 강서구	미니태양광 보급	50,000	녹색환경과	1	4	6	8	7	1	1	1
666	서울 강서구	미니태양광 보급	12,000	녹색환경과	1	4	6	8	7	1	1	1
667	서울 강서구	복지지원서비스 지원	13,000	복지정책과	1	1	5	1	7	1	1	1
668	서울 강서구	복지지원서비스 지원	41,000	복지정책과	1	1	6	1	1	1	1	1
669	서울 강서구	보훈단체 지원	25,200	복지정책과	1	1	7	7	7	1	1	4
670	서울 강서구	보훈단체 지원	8,000	복지정책과	1	1	7	7	7	1	1	4
671	서울 강서구	보훈단체 지원	3,500	복지정책과	1	1	7	7	7	1	1	4
672	서울 강서구	아동 보호 활동 지원	2,000	생활보장과	1	4	7	8	7	5	5	4
673	서울 강서구	장애인 사회참여활동 지원	30,000	장애인복지과	1	1	7	8	7	1	1	1
674	서울 강서구	장애인 사회참여활동 지원	40,000	장애인복지과	1	1	7	8	7	1	1	1
675	서울 강서구	성평등문화 조성 및 여성사회참여 지원	64,000	가족정책과	1	5	7	8	7	1	1	1
676	서울 강서구	교통사고(사망)지점 안전시설 확충	21,000	교통행정과	1	4	7	8	7	1	1	1
677	서울 강서구	방역관리 강화	49,800	보건행정과	1	7	7	8	7	1	1	1
678	서울 강서구	감염병 표본감시의료기관 운영비	6,120	보건행정과	1	1	7	8	7	5	5	4
679	서울 강서구	의료관련감염병 감시 및 예방관리	20,000	보건행정과	1	1	7	8	7	5	5	4
680	서울 강서구	의료기관 결핵환자 관리지원	88,500	보건행정과	1	2	7	8	7	3	3	4
681	서울 구로구	구로구체육회	40,000	체육진흥과	1	4	7	8	7	5	5	1
682	서울 구로구	위생업소 시설개선 지원사업	10,000	위생과	1	4	7	8	7	1	5	2
683	서울 구로구	주민자치회시범운영	54,000	자치행정과	1	6	7	8	7	1	1	1
684	서울 구로구	민간단체 보조금지원	269,520	자치행정과	1	1	7	8	7	1	1	1
685	서울 구로구	주민공동이용시설 관리	9,600	도시재생과	1	1	7	7	7	1	1	1
686	서울 구로구	가리봉 도시재생활성화사업	48,975	도시재생과	1	2	7	7	7	1	1	1
687	서울 구로구	구로2동 도시재생활성화사업	12,000	도시재생과	1	6	7	7	7	1	1	1
688	서울 구로구	텃골 골목길재생사업	60,000	도시재생과	1	6	7	7	7	1	1	1
689	서울 구로구	토요체험학교 및 학교밖 청소년 지원	124,000	교육지원과	1	4	7	8	7	5	5	4
690	서울 구로구	통일교육지원사업	10,000	교육지원과	1	1	7	8	7	1	1	3
691	서울 구로구	평생학습동아리지원	20,000	교육지원과	1	1	7	8	7	1	1	3
692	서울 구로구	평생학습특성화프로그램지원	20,000	교육지원과	1	1	7	8	7	1	1	3
693	서울 구로구	성인문해공모사업	13,000	교육지원과	1	1	7	8	7	5	5	4
694	서울 구로구	시구상향적협력적일자리창출	300,000	일자리지원과	1	6	4	1	7	1	1	4
695	서울 구로구	신중년 사회공헌활동 지원	6,770	일자리지원과	1	2	4	1	7	1	1	4
696	서울 구로구	사회적기업 사업개발비	80,000	일자리지원과	1	2	1	1	1	5	1	1
697	서울 구로구	사회적기업발굴및육성	40,000	일자리지원과	1	6	7	8	7	4	1	4
698	서울 구로구	사회적일자리제공	20,000	일자리지원과	1	1	7	8	7	4	2	4
699	서울 구로구	IT's 구로 굿 job	193,000	일자리지원과	1	2	7	8	7	5	5	4
700	서울 구로구	G밸리 제품 전시관 지원	9,000	지역경제과	1	4	7	8	7	5	5	4
701	서울 구로구	기타 중소기업 활성화 지원	19,150	지역경제과	1	4	7	8	7	5	5	4
702	서울 구로구	소상공인 사업비 지원	15,000	지역경제과	1	4	7	8	7	5	5	4
703	서울 구로구	소상공인연합회 지원	7,000	지역경제과	1	4	7	8	7	5	5	4
704	서울 구로구	전통시장 장보기 및 배송서비스 지원	9,480	지역경제과	1	2	7	8	7	5	5	4
705	서울 구로구	시장경영바우처 지원	8,635	지역경제과	1	2	7	8	7	5	5	4
706	서울 구로구	전통시장 주차환경개선	26,794	지역경제과	1	2	7	8	7	5	5	4
707	서울 구로구	의료관련감염병 표본감시체계 운영	22,000	지역보건과	1	2	7	8	7	2	2	1
708	서울 구로구	새마을자율방역단 운영 및 지원	62,400	지역보건과	1	5	7	8	7	1	1	1
709	서울 구로구	국가결핵관리	142,600	지역보건과	1	2	7	1	7	5	1	1
710	서울 금천구	공동주택 지원	60,000	주택과	1	2	7	7	7	1	1	1
711	서울 금천구	공동주택 지원	60,000	주택과	1	2	7	7	7	1	1	1
712	서울 금천구	공동주택 활성화	17,880	주택과	1	2	7	7	7	1	1	1

순번	시군구	지출명 (사업명)	2021년예산 (단위:천원/1년간)	담당자 (공무원) 담당부서	민간이전 분류 (지방자치단체 세출예산 집행기준에 의거) 1. 민간경상사업보조(307-02) 2. 민간단체 법정운영비보조(307-03) 3. 민간행사사업보조(307-04) 4. 민간위탁금(307-05) 5. 사회복지시설 법정운영비보조(307-10) 6. 민간인위탁교육비(307-12) 7. 공기관등에대한경상적위탁사업비(308-11) 8. 민간자본사업보조,자체재원(402-01) 9. 민간자본사업보조,이전재원(402-02) 10. 민간위탁사업비(402-03) 11. 공기관등에 대한 자본적 대행사업비(403-02)	민간이전지출 근거 (지방보조금 관리기준 참고) 1. 법률에 규정 2. 국고보조 재원(국가지정) 3. 용도 지정 기부금 4. 조례에 직접규정 5. 지자체가 권장하는 사업을 하는 공공기관 6. 시,도 정책 및 재정사정 7. 기타 8. 해당없음	입찰방식: 계약체결방법 (경쟁형태) 1. 일반경쟁 2. 제한경쟁 3. 지명경쟁 4. 수의계약 5. 법정위탁 6. 기타 ( ) 7. 해당없음	입찰방식: 계약기간 1. 1년 2. 2년 3. 3년 4. 4년 5. 5년 6. 기타 ( )년 7. 단기계약 (1년미만) 8. 해당없음	입찰방식: 낙찰자선정방법 1. 적격심사 2. 협상에의한계약 3. 최저가낙찰제 4. 규격가격분리 5. 2단계 경쟁입찰 6. 기타 ( ) 7. 해당없음	운영예산 산정: 운영예산 산정 1. 내부산정 (지자체 자체적으로 산정) 2. 외부산정 (외부전문기관위탁 산정) 3. 내·외부 모두 산정 4. 산정 無 5. 해당없음	운영예산 산정: 정산방법 1. 내부정산 (지자체 내부적으로 정산) 2. 외부정산 (외부전문기관위탁 정산) 3. 내·외부 모두 산정 4. 정산 無 5. 해당없음	성과평가 실시여부 1. 실시 2. 미실시 3. 향후 추진 4. 해당없음
713	서울 금천구	도시농업지원센터 운영	50,000	공원녹지과	1	1	1	7	1	1	1	3
714	서울 금천구	임산부 친환경농산물 꾸러미지원 사업	309,696	공원녹지과	1	1	1	1	1	1	1	3
715	서울 금천구	금천문화원 운영지원	171,000	문화체육과	1	1	7	8	7	1	1	4
716	서울 금천구	생생문화재 활용	45,500	문화체육과	1	2	7	8	7	5	5	4
717	서울 금천구	전통산사문화재 활용	25,500	문화체육과	1	2	7	8	7	5	5	4
718	서울 금천구	책읽는 도시 금천 조성	28,000	문화체육과	1	1	7	1	7	1	1	1
719	서울 금천구	공사립 작은도서관 운영 및 관리	16,000	문화체육과	1	1	7	1	7	1	1	1
720	서울 금천구	마을공간 활성화 지원	18,000	마을자치과	1	4	7	8	7	1	1	1
721	서울 금천구	민간단체 지방보조금 지원	397,000	마을자치과	1	7	7	8	7	1	1	1
722	서울 금천구	금천1번가 운영	78,000	마을자치과	1	7	7	8	7	5	5	4
723	서울 금천구	이웃 안녕 자원봉사 프로그램 공모사업	30,000	마을자치과	1	1	7	8	7	1	1	1
724	서울 금천구	대안교육 위탁교육기관 지원	20,000	교육지원과	1	6	7	1	7	1	1	2
725	서울 금천구	성인문해 교육과정 운영	16,000	교육지원과	1	2	7	8	7	5	5	4
726	서울 금천구	지속적 시민성장을 위한 동아리 지원	30,000	교육지원과	1	4	7	8	7	5	5	4
727	서울 금천구	금천형 과학관 조성·운영	250,000	교육지원과	1	4	7	8	7	5	5	4
728	서울 금천구	미래 창의과학인재 양성을 위한 과학동아리 지원	3,000	교육지원과	1	4	7	8	7	5	5	4
729	서울 금천구	도시형소공인 집적지구 인프라 구축사업	288,000	지역경제과	1	2	7	3	7	1	2	2
730	서울 금천구	전통시장 활성화 지원	59,000	지역경제과	1	7	7	8	7	3	3	4
731	서울 금천구	전통시장 비대면 쇼핑환경 조성 지원	90,000	지역경제과	1	7	7	8	7	3	3	4
732	서울 금천구	전통시장 상인조직역량강화사업 지원	4,800	지역경제과	1	7	7	8	7	3	3	4
733	서울 금천구	전통시장 장보기 및 배송서비스 운영	8,572	지역경제과	1	7	7	8	7	3	3	4
734	서울 금천구	전통시장 공동마케팅 사업 지원	5,912	지역경제과	1	7	7	8	7	3	3	4
735	서울 금천구	전통시장 온라인플랫폼 구축지원	2,223	지역경제과	1	7	7	8	7	3	3	4
736	서울 금천구	메이커스페이스 운영 지원	140,000	지역경제과	1	6	7	8	7	2	2	4
737	서울 금천구	중소기업 판로 개척 지원	30,000	지역경제과	1	4	7	8	7	1	1	1
738	서울 금천구	중소기업인 평생교육 프로그램 운영	30,000	지역경제과	1	1	7	8	7	1	1	1
739	서울 금천구	시흥5동 별장길 일대 골목길 재생사업	13,000	도시재생과	1	6	1	7	2	1	1	3
740	서울 금천구	금하마을 도시재생 뉴딜사업	12,000	도시재생과	1	1	7	8	7	1	1	4
741	서울 금천구	생활쓰레기 감량 및 무단투기 계도·단속	30,000	청소행정과	1	4	7	8	7	1	1	1
742	서울 금천구	우리집 미니발전소로 에너지 생산도시 만들기	60,000	환경과	1	4	7	8	7	5	5	4
743	서울 영등포구	창의행정 운영	80,000	기획예산과	1	4	7	8	7	5	5	4
744	서울 영등포구	지역산업맞춤형 일자리 지원	27,500	일자리경제과	1	2	7	8	7	5	5	4
745	서울 영등포구	영등포구상공회 지원	30,000	일자리경제과	1	4	7	8	7	5	5	4
746	서울 영등포구	노란우산공제 지원	100,000	일자리경제과	1	4	7	8	7	5	5	4
747	서울 영등포구	전통시장 주차환경개선사업	8,505	일자리경제과	1	2	7	8	7	5	5	4
748	서울 영등포구	시장경영바우처지원사업	74,350	일자리경제과	1	2	7	8	7	5	5	4
749	서울 영등포구	협력기관 의료관광 인프라구축 지원	30,000	비전협력과	1	4	7	8	7	5	5	4
750	서울 영등포구	연계상품개발	24,000	비전협력과	1	4	7	8	7	5	5	4
751	서울 영등포구	혁신교육사업 추진	289,000	미래교육과	1	4	6	1	6	1	1	4
752	서울 영등포구	평생학습 네트워크 구축	60,000	미래교육과	1	7	6	7	6	1	1	4
753	서울 영등포구	평생학습관 운영	15,000	미래교육과	1	4	6	1	6	1	1	4
754	서울 영등포구	성인문해교육 운영 및 지원	35,000	미래교육과	1	2	6	1	6	1	1	4
755	서울 영등포구	과학문화 프로그램 운영	63,592	미래교육과	1	4	6	1	7	1	1	4
756	서울 영등포구	융합인재교육센터 운영	219,643	미래교육과	1	4	6	1	7	1	1	4
757	서울 영등포구	독서동아리 활동 지원	25,000	미래교육과	1	6	6	1	1	1	2	2
758	서울 영등포구	지역문제해결형 사회적경제 활성화	150,000	사회적경제과	1	4	7	8	7	1	3	1
759	서울 영등포구	주민자립형 지역관리기업 발굴 및 육성	50,000	사회적경제과	1	4	7	8	7	5	5	4
760	서울 영등포구	사회적기업 육성 및 지원	70,000	사회적경제과	1	1	7	8	7	5	5	4
761	서울 영등포구	사회적경제기업 청년 디지털 전문인력 지원	35,000	사회적경제과	1	2	7	8	7	5	5	4
762	서울 영등포구	청년 창업지원 및 창업생태계 조성	105,000	사회적경제과	1	2	7	8	7	5	5	4
763	서울 영등포구	다문화가족 지원사업 공모	25,000	아동청소년복지과	1	1	7	8	7	5	5	4

순번	시군구	지출명 (사업명)	2021년예산 (단위:천원/1년간)	담당자 (공무원) 담당부서	민간이전 분류 (지방자치단체 세출예산 집행기준에 의거) 1. 민간경상사업보조(307-02) 2. 민간단체 법정운영비보조(307-03) 3. 민간행사사업보조(307-04) 4. 민간위탁금(307-05) 5. 사회복지시설 법정운영비보조(307-10) 6. 민간인위탁교육비(307-12) 7. 공기관등에대한경상적위탁사업비(308-11) 8. 민간자본사업보조,자체재원(402-01) 9. 민간자본사업보조,이전재원(402-02) 10. 민간위탁사업비(402-03) 11. 공기관등에 대한 자본적 대행사업비(403-02)	민간이전지출 근거 (지방보조금 관리기준 참고) 1. 법률에 규정 2. 국고보조 재원(국가지정) 3. 용도 지정 기부금 4. 조례에 직접규정 5. 지자체가 권장하는 사업을 하는 공공기관 6. 시,도 정책 및 재정사정 7. 기타 8. 해당없음	입찰방식: 계약체결방법 (경쟁형태) 1. 일반경쟁 2. 제한경쟁 3. 지명경쟁 4. 수의계약 5. 법정위탁 6. 기타 ( ) 7. 해당없음	입찰방식: 계약기간 1. 1년 2. 2년 3. 3년 4. 4년 5. 5년 6. 기타 ( )년 7. 단기계약 (1년미만) 8. 해당없음	입찰방식: 낙찰자선정방법 1. 적격심사 2. 협상에의한계약 3. 최저가낙찰제 4. 규격가격분리 5. 2단계 경쟁입찰 6. 기타 ( ) 7. 해당없음	운영예산 산정: 운영예산 산정 1. 내부산정 (지자체 자체적으로 산정) 2. 외부산정 (외부전문기관위탁 산정) 3. 내·외부 모두 산정 4. 산정 無 5. 해당없음	운영예산 산정: 정산방법 1. 내부정산 (지자체 내부적으로 정산) 2. 외부정산 (외부전문기관위탁 정산) 3. 내·외부 모두 산정 4. 정산 無 5. 해당없음	성과평가 실시여부 1. 실시 2. 미실시 3. 향후 추진 4. 해당없음
764	서울 영등포구	신중년 경력활용 지역서비스 일자리사업	74,516	어르신복지과	1	2	7	1	7	1	1	3
765	서울 영등포구	행복커뮤니티사업	85,320	어르신복지과	1	7	7	1	7	1	1	3
766	서울 영등포구	지역환경교육 활성화	33,000	환경과	1	1	7	8	7	5	5	4
767	서울 영등포구	개인하수처리시설 청소 안내 및 미이행자 관리	337,500	환경과	1	4	2	2	6	1	1	4
768	서울 영등포구	태양광 미니발전소 보급지원사업	60,000	환경과	1	4	7	8	7	5	5	4
769	서울 영등포구	건축물 부설주차장 관리	100,000	주차문화과	1	1	7	8	7	5	5	4
770	서울 영등포구	어르신 주차질서 활동	367,380	주차문화과	1	4	6	7	7	1	1	1
771	서울 영등포구	공동주택관리 지원사업	14,000	주택과	1	1	7	8	7	5	5	4
772	서울 영등포구	소규모 재생사업 추진	80,000	도시재생과	1	1	7	8	7	5	5	4
773	서울 영등포구	건축물 안전점검	3,150	건축과	1	2	7	8	7	5	5	4
774	서울 영등포구	범죄피해자지원센터 지원	50,000	자치행정과	1	1	7	8	7	1	1	2
775	서울 영등포구	평화통일 정책사업 지원	25,000	자치행정과	1	1	7	8	7	1	1	1
776	서울 영등포구	주민자치회 시범사업 운영	57,828	자치행정과	1	4	7	8	7	1	1	1
777	서울 영등포구	탁트인 골목 만들기	70,000	자치행정과	1	7	1	7	6	1	1	1
778	서울 영등포구	마을공동체사업 지원	54,000	자치행정과	1	4	7	8	6	1	1	2
779	서울 영등포구	구상(具常)시인 기념사업 추진	90,000	문화체육과	1	4	6	8	7	1	1	1
780	서울 영등포구	문화원 육성 지원	7,500	문화체육과	1	1	6	3	7	1	1	1
781	서울 영등포구	지역문화예술단체 및 사업활동 지원	3,000	문화체육과	1	4	7	8	7	5	5	4
782	서울 영등포구	서울영등포국제초단편영화제	250,000	문화체육과	1	4	6	1	7	3	3	2
783	서울 영등포구	안양천 건강체조교실 운영 지원	5,050	문화체육과	1	1	6	1	7	1	1	1
784	서울 영등포구	태권도시범단 지원	32,000	문화체육과	1	1	6	1	7	1	1	1
785	서울 영등포구	생활체육 동호인 활동 지원	66,300	문화체육과	1	1	6	1	7	1	1	1
786	서울 영등포구	주요감염병 표본감시	3,960	보건지원과	1	2	7	8	7	5	5	4
787	서울 영등포구	의료기관 결핵환자 관리지원	159,800	보건지원과	1	2	7	8	7	5	5	4
788	서울 영등포구	방역소독	62,640	보건지원과	1	4	7	8	7	5	5	4
789	서울 영등포구	의료관련 감염병 감시 및 예방관리	74,000	보건지원과	1	2	7	8	7	5	5	4
790	서울 영등포구	생물테러대비 대응 역량강화	11,400	보건지원과	1	2	7	8	7	5	5	4
791	서울 동작구	구민의 인권보장 및 증진	3,000	감사담당관	1	4	7	8	7	5	5	4
792	서울 동작구	자율방재단 사업 지원	4,400	안전재난담당관	1	4	7	8	7	5	5	4
793	서울 동작구	지역신문사 보조사업 지원	30,000	홍보과	1	4	7	8	7	5	5	4
794	서울 동작구	본동 도시재생사업 주민협의체 지원	600	전략사업과	1	4	7	8	7	5	5	4
795	서울 동작구	구민중심의 환경보전활동	20,800	맑은환경과	1	4	1	1	1	1	1	1
796	서울 동작구	구민중심의 환경보전활동	20,800	맑은환경과	1	4	1	1	1	1	1	1
797	서울 동작구	구민중심의 환경보전활동	20,800	맑은환경과	1	4	1	1	1	1	1	1
798	서울 동작구	교통봉사활동단체 지원	8,000	주차관리과	1	4	7	1	7	1	1	1
799	서울 동작구	소상공인연합회 사업비 지원	10,000	경제진흥과	1	5	7	8	7	5	5	4
800	서울 동작구	소상공인 온라인 마케팅 지원	50,000	경제진흥과	1	4	7	8	7	5	5	4
801	서울 동작구	사회적경제 청년창업 육성지원	195,000	경제진흥과	1	2	7	8	7	5	5	4
802	서울 동작구	소셜마케팅 사회적경제인력양성	215,000	경제진흥과	1	2	7	8	7	5	5	4
803	서울 동작구	전통시장등 배달서비스 지원	167,660	경제진흥과	1	1	6	7	7	1	1	1
804	서울 동작구	전통시장 경영바우처 지원	4,445	경제진흥과	1	6	6	1	7	1	1	1
805	서울 동작구	착한가격업소 지원 및 관리	30,000	경제진흥과	1	5	7	8	7	5	5	4
806	서울 동작구	소상공인 스마트기술 지원사업	35,000	경제진흥과	1	5	7	8	7	5	5	4
807	서울 동작구	임산부 친환경농산물 꾸러미	529,728	경제진흥과	1	1	7	8	7	1	1	2
808	서울 동작구	2021년 보훈단체 사업(나라사랑정신함양) 보조금 교부	60,120	복지정책과	1	4	7	8	7	5	5	4
809	서울 동작구	2021년 보훈단체 사업(전적지순례) 보조금 교부	25,500	복지정책과	1	4	7	8	7	5	5	4
810	서울 동작구	사회복지관 종사자 연구개발비 지원	27,600	복지정책과	1	4	7	8	7	5	5	4
811	서울 동작구	장애인단체 사업비 지원	25,000	어르신장애인과	1	1	7	6	1	1	1	1
812	서울 동작구	노인교실 지원	21,600	어르신장애인과	1	1	6	7	1	1	1	1
813	서울 동작구	어르신청춘놀이터지원	6,000	어르신장애인과	1	1	6	7	1	1	1	1
814	서울 동작구	노인관련단체지원	52,100	어르신장애인과	1	6	6	7	1	1	1	1

순번	시군구	지출명 (사업명)	2021년예산 (단위:천원/1년간)	담당자 (공무원) 담당부서	민간이전 분류 (지방자치단체 세출예산 집행기준에 의거) 1. 민간경상사업보조(307-02) 2. 민간단체 법정운영비보조(307-03) 3. 민간행사사업보조(307-04) 4. 민간위탁금(307-05) 5. 사회복지시설 법정운영비보조(307-10) 6. 민간인위탁교육비(307-12) 7. 공기관등에대한경상적위탁사업비(308-11) 8. 민간자본사업보조,자체재원(402-01) 9. 민간자본사업보조,이전재원(402-02) 10. 민간위탁사업비(402-03) 11. 공기관등에 대한 자본적 대행사업비(403-02)	민간이전지출 근거 (지방보조금 관리기준 참고) 1. 법률에 규정 2. 국고보조 재원(국가지정) 3. 용도 지정 기부금 4. 조례에 직접규정 5. 지자체가 권장하는 사업을 하는 공공기관 6. 시,도 정책 및 재정사정 7. 기타 8. 해당없음	입찰방식 계약체결방법 (경쟁형태) 1. 일반경쟁 2. 제한경쟁 3. 지명경쟁 4. 수의계약 5. 법정위탁 6. 기타 ( ) 7. 해당없음	입찰방식 계약기간 1. 1년 2. 2년 3. 3년 4. 4년 5. 5년 6. 기타 ( )년 7. 단기계약 (1년미만) 8. 해당없음	입찰방식 낙찰자선정방법 1. 적격심사 2. 협상에의한계약 3. 최저가낙찰제 4. 규격가격분리 5. 2단계 경쟁입찰 6. 기타 ( ) 7. 해당없음	운영예산 산정 운영예산 산정 1. 내부산정 (지자체 자체적으로 산정) 2. 외부산정 (외부전문기관위탁 산정) 3. 내·외부 모두 산정 4. 산정 無 5. 해당없음	운영예산 산정 정산방법 1. 내부정산 (지자체 내부적으로 정산) 2. 외부정산 (외부전문기관위탁 정산) 3. 내·외부 모두 산정 4. 정산 無 5. 해당없음	성과평가 실시여부 1. 실시 2. 미실시 3. 향후 추진 4. 해당없음
815	서울 동작구	청소년 유해환경감시단 지원	2,000	아동청소년과	1	1	6	1	6	3	3	4
816	서울 동작구	청소년 특별지원	260	아동청소년과	1	4	6	1	6	3	3	4
817	서울 동작구	시범동 주민자치회 사업 지원	25,000	자치행정과	1	6	1	1	1	1	1	3
818	서울 동작구	공유활성화사업 지원	10,000	자치행정과	1	6	7	8	7	5	5	4
819	서울 동작구	민주평통 동작구협의회 사업비 지원	32,840	자치행정과	1	4	7	8	7	5	5	4
820	서울 동작구	북한이탈주민 지원	10,000	자치행정과	1	4	7	8	7	5	5	4
821	서울 동작구	공익단체 지원 및 관리	149,910	자치행정과	1	4	7	8	7	5	5	4
822	서울 동작구	범죄피해자지원 중앙센터 사업비 지원	34,000	자치행정과	1	1	7	8	7	5	5	4
823	서울 동작구	범죄피해자지원 중앙센터 운영비 지원	6,000	자치행정과	1	1	7	8	7	5	5	4
824	서울 동작구	마을안전봉사단 운영	18,000	자치행정과	1	4	7	8	7	5	5	4
825	서울 동작구	동작구재향군인회 사업비 지원	15,000	자치행정과	1	4	7	8	7	5	5	4
826	서울 동작구	생생문화재	100,000	체육문화과	1	2	7	8	7	5	5	4
827	서울 동작구	장애인스포츠강좌이용권지원	20,480	체육문화과	1	2	7	8	7	5	5	4
828	서울 동작구	장애인생활체육프로그램운영	24,000	체육문화과	1	8	7	8	7	5	5	4
829	서울 동작구	가족형 생활체육프로그램 운영	5,000	체육문화과	1	8	7	8	7	5	5	4
830	서울 동작구	동작구체육회 체육사업 운영	35,000	체육문화과	1	4	7	8	7	5	5	4
831	서울 동작구	우리마을 교육나눔 영어교실 운영	100,000	교육정책과	1	4	7	8	7	5	5	4
832	서울 동작구	평생학습 동아리 공모사업	7,500	교육정책과	1	6	7	8	7	5	5	4
833	서울 동작구	평생교육 우수프로그램 공모사업	40,000	교육정책과	1	6	7	8	7	5	5	4
834	서울 동작구	성인문해교육지원	9,000	교육정책과	1	2	7	8	7	5	5	4
835	서울 동작구	독서동아리 지원사업	10,000	교육정책과	1	1	7	8	7	5	5	4
836	서울 관악구	시-구 상향적·협력적 일자리창출	426,214	일자리벤처과	1	6	6	1	6	1	1	2
837	서울 관악구	지역맞춤형 일자리창출지원	10,000	일자리벤처과	1	1	6	8	7	1	1	2
838	서울 관악구	벤처밸리 창업 생태계 구축	50,000	일자리벤처과	1	4	7	8	7	5	5	4
839	서울 관악구	소상공인 및 자영업자 경쟁력 강화	25,000	지역상권활성화과	1	4	7	8	7	1	1	1
840	서울 관악구	관악구상공회경영지도사업	35,000	지역상권활성화과	1	1	7	8	7	1	1	1
841	서울 관악구	임산부 친환경농산물 꾸러미 지원사업	579,512	지역상권활성화과	1	2	6	1	1	3	3	3
842	서울 관악구	인헌시장경영바우처	2,223	지역상권활성화과	1	1	7	8	7	5	5	4
843	서울 관악구	관악신사시장장보기및배송서비스	14,616	지역상권활성화과	1	1	7	8	7	5	5	4
844	서울 관악구	관악인헌시장장보기및배송서비스	10,224	지역상권활성화과	1	1	7	8	7	5	5	4
845	서울 관악구	전통시장및상점가활성화행사	80,000	지역상권활성화과	1	7	7	8	7	5	5	4
846	서울 관악구	민주평화통일자문회의 지원	25,000	자치행정과	1	1	7	8	7	1	1	1
847	서울 관악구	주민자치회 시범운영 지원	93,600	자치행정과	1	4	7	8	7	1	1	2
848	서울 관악구	주민자치회 시범운영 지원	36,000	자치행정과	1	4	7	8	7	1	1	2
849	서울 관악구	사회단체 지방보조금사업 지원	220,000	자치행정과	1	1	7	8	7	1	1	4
850	서울 관악구	국민운동단체사업 지원	155,490	자치행정과	1	1	7	8	7	1	1	4
851	서울 관악구	범죄피해자보호지원	34,000	자치행정과	1	1	7	8	7	1	1	4
852	서울 관악구	우수 자원봉사 프로그램 공모사업	15,000	자치행정과	1	4	7	8	7	5	5	1
853	서울 관악구	든든해요,엄마애요'사업	31,500	자치행정과	1	4	7	8	7	5	5	1
854	서울 관악구	'행복한 마마식당' 공모사업	10,000	자치행정과	1	7	1	1	1	1	1	1
855	서울 관악구	지역사회보장협의체 운영	50,624	복지정책과	1	4	7	8	7	5	5	4
856	서울 관악구	보훈단체전적지순례비	33,000	복지정책과	1	4	7	8	7	5	5	4
857	서울 관악구	보훈단체운영비	148,300	복지정책과	1	4	7	8	7	5	5	4
858	서울 관악구	주거복지	5,000	생활복지과	1	4	7	8	7	5	5	4
859	서울 관악구	아동위원협의회 운영 지원	63,000	노인청소년과	1	4	7	8	7	1	1	1
860	서울 관악구	체육교실 운영	63,000	문화관광체육과	1	1	7	8	7	1	1	1
861	서울 관악구	생활 체육교실 활성화	126,000	문화관광체육과	1	1	7	8	7	1	1	1
862	서울 관악구	장애인 생활체육교실 운영	13,200	문화관광체육과	1	1	7	8	7	1	1	1
863	서울 관악구	학교체육시설 사용료 지원	60,000	문화관광체육과	1	4	7	8	7	1	1	3
864	서울 관악구	독서동아리 활성화 및 네트워크 구축	60,000	문화관광체육과	1	4	7	8	7	1	1	1
865	서울 관악구	주민센터 작은도서관 등 운영지원	105,000	문화관광체육과	1	4	7	8	7	1	1	1

순번	시군구	지출명 (사업명)	2021년예산 (단위:천원/1년간)	담당자 (공무원) 담당부서	민간이전 분류 (지방자치단체 세출예산 집행기준에 의거) 1. 민간경상사업보조(307-02) 2. 민간단체 법정운영비보조(307-03) 3. 민간행사사업보조(307-04) 4. 민간위탁금(307-05) 5. 사회복지시설 법정운영비보조(307-10) 6. 민간인위탁교육비(307-12) 7. 공기관등에대한경상적위탁사업비(308-11) 8. 민간자본사업보조,자체재원(402-01) 9. 민간자본사업보조,이전재원(402-02) 10. 민간위탁사업비(402-03) 11. 공기관등에 대한 자본적 대행사업비(403-02)	민간이전지출 근거 (지방보조금 관리기준 참고) 1. 법률에 규정 2. 국고보조 재원(국가지정) 3. 용도 지정 기부금 4. 조례에 직접규정 5. 지자체가 권장하는 사업을 하는 공공기관 6. 시,도 정책 및 재정사정 7. 기타 8. 해당없음	입찰방식 계약체결방법 (경쟁형태) 1. 일반경쟁 2. 제한경쟁 3. 지명경쟁 4. 수의계약 5. 법정위탁 6. 기타 ( ) 7. 해당없음	입찰방식 계약기간 1. 1년 2. 2년 3. 3년 4. 4년 5. 5년 6. 기타 ( )년 7. 단기계약 (1년미만) 8. 해당없음	입찰방식 낙찰자선정방법 1. 적격심사 2. 협상에의한계약 3. 최저가낙찰제 4. 규격가격분리 5. 2단계 경쟁입찰 6. 기타 ( ) 7. 해당없음	운영예산 산정 운영예산 산정 1. 내부산정 (지자체 자체적으로 산정) 2. 외부산정 (외부전문기관위탁 산정) 3. 내·외부 모두 산정 4. 산정 無 5. 해당없음	운영예산 산정 정산방법 1. 내부정산 (지자체 내부적으로 정산) 2. 외부정산 (외부전문기관위탁 정산) 3. 내·외부 모두 산정 4. 정산 無 5. 해당없음	성과평가 실시여부 1. 실시 2. 미실시 3. 향후 추진 4. 해당없음
866	서울 관악구	관악문화원 운영 지원	44,800	문화관광체육과	1	1	7	8	7	1	1	4
867	서울 관악구	관악문화원 운영 지원	48,423	문화관광체육과	1	1	7	8	7	1	1	4
868	서울 관악구	청소년 자치활동 강화	20,000	교육지원과	1	4	7	8	7	5	5	4
869	서울 관악구	무학력 성인을 위한 문해교실 운영	18,000	교육지원과	1	2	7	8	7	5	5	4
870	서울 관악구	평생학습 연계사업 추진	35,000	교육지원과	1	4	7	8	7	5	5	4
871	서울 관악구	평생학습 연계사업 추진	13,000	교육지원과	1	4	7	8	7	5	5	4
872	서울 관악구	서울대 교수진 및 학생 재능기부 사업 운영	8,000	교육지원과	1	1	7	8	7	5	5	4
873	서울 관악구	관악구-서울대 SAM멘토링 운영	267,500	교육지원과	1	5	7	8	7	5	5	4
874	서울 관악구	창의예술분야 영재교육원 운영	85,000	교육지원과	1	1	7	8	7	1	1	1
875	서울 관악구	태양광 미니발전소 보급사업 추가보조금 지급	74,000	녹색환경과	1	1	6	7	7	1	5	4
876	서울 관악구	환경보전활동 활성화	4,000	녹색환경과	1	4	7	8	7	1	1	1
877	서울 관악구	공동주택 관리비용지원	400,000	주택과	1	1	7	8	7	1	1	1
878	서울 관악구	공동주택 공동체 활성화	14,880	주택과	1	1	7	8	7	1	1	1
879	서울 관악구	재향군인회지원	20,790	안전관리과	1	1	7	8	7	1	1	1
880	서울 관악구	관악 청년 문화존 운영	15,000	청년정책과	1	4	7	8	7	5	5	4
881	서울 관악구	지역주도형 청년일자리	144,000	청년정책과	1	2	7	8	7	5	5	4
882	서울 관악구	마을기업 육성사업	7,500	민관협치과	1	4	7	8	7	5	5	4
883	서울 관악구	마을공동체주민제안마을공모사업비	30,000	민관협치과	1	4	7	8	7	5	5	4
884	서울 관악구	관악구 난곡·난향동 도시재생뉴딜사업 지원	12,000	도시재생과	1	1	7	8	7	5	5	4
885	서울 관악구	관악구 난곡·난향동 도시재생뉴딜사업 지원	80,000	도시재생과	1	1	7	8	7	5	5	4
886	서울 관악구	관악구 난곡·난향동 도시재생뉴딜사업 지원	30,000	도시재생과	1	1	7	8	7	5	5	4
887	서울 관악구	은천동 도시재생 뉴딜사업추진	12,000	도시재생과	1	1	7	8	7	5	5	4
888	서울 관악구	은천동 도시재생 뉴딜사업추진	70,000	도시재생과	1	1	7	8	7	5	5	4
889	서울 관악구	주요감염병 표본감시운영	10,080	보건행정과	1	1	7	8	7	5	5	4
890	서울 관악구	생물테러 대비대응 역량강화	2,520	보건행정과	1	1	7	8	7	5	5	4
891	서울 관악구	의료관련감염병 예방 관리 지원	7,000	보건행정과	1	1	7	8	7	5	5	4
892	서울 관악구	의료기관결핵환자관리지원	52,850	지역보건과	1	2	5	1	7	5	3	1
893	서울 서초구	교통소통대책	12,000	교통행정과	1	1	7	8	7	1	1	1
894	서울 서초구	서초AI칼리지 청년인턴지원사업	87,530	아동청년과	1	2	7	8	7	5	5	4
895	서울 서초구	적십자사봉사회 서초지구협의회 지원	5,000	자치행정과	1	4	7	8	7	1	1	1
896	서울 서초구	사립작은도서관 운영지원 공모사업	30,000	자치행정과	1	4	7	8	7	1	1	1
897	서울 서초구	중소기업 청년취업인턴제 운영	54,000	청소행정과	1	4	7	8	7	5	5	4
898	서울 서초구	송파 청년 창업 도전 프로젝트	100,000	일자리정책담당관	1	7	7	8	7	5	5	4
899	서울 송파구	지역산업맞춤형 일자리 사업	16,000	일자리정책담당관	1	4	7	8	7	1	1	1
900	서울 송파구	ICT산업 기반 전문인력 양성과정 운영	60,000	일자리정책담당관	1	4	7	8	7	1	1	1
901	서울 송파구	시구 상향적협력적 일자리창출 사업	102,420	일자리정책담당관	1	4	7	8	7	1	1	1
902	서울 송파구	신중년 사회공헌활동 지원사업	19,903	일자리정책담당관	1	7	7	8	7	5	5	4
903	서울 송파구	송파 사회적경제 성공 모델 키움 프로젝트	149,190	일자리정책담당관	1	7	7	8	7	1	1	3
904	서울 송파구	디지털 뉴딜 지원 사업 멘토링 운영	35,000	일자리정책담당관	1	7	7	8	7	1	1	3
905	서울 송파구	마을기업 육성	110,000	일자리정책담당관	1	7	7	8	7	1	1	2
906	서울 송파구	송파구상공회 지원	30,000	일자리정책담당관	1	1	7	8	7	1	1	1
907	서울 송파구	중소기업 판로 및 마케팅 지원	50,000	일자리정책담당관	1	4	7	8	7	1	1	3
908	서울 송파구	평생학습동아리 지원 및 활성화	40,000	교육협력과	1	1	7	8	7	5	5	1
909	서울 송파구	외부기관 공모사업 지원	32,000	교육협력과	1	1	7	8	7	5	5	4
910	서울 송파구	작은도서관 운영 지원	36,000	교육협력과	1	4	7	1	7	1	1	2
911	서울 송파구	새마을문고 운영 지원	74,000	교육협력과	1	5	7	1	7	1	1	2
912	서울 송파구	민간문화예술단체 지원	115,230	문화체육과	1	4	7	8	7	1	1	4
913	서울 송파구	공공미술 프로젝트	4,000	문화체육과	1	7	7	8	7	5	5	4
914	서울 송파구	학교체육시설 사용료 지원	120,000	문화체육과	1	4	7	8	7	1	1	1
915	서울 송파구	구립체육시설 사용료 지원	120,000	문화체육과	1	4	7	8	7	1	1	1
916	서울 송파구	송파구 체육회 지원	12,000	문화체육과	1	4	7	8	7	1	1	1

순번	시군구	지출명 (사업명)	2021년예산 (단위:천원/1년간)	담당자 (공무원) 담당부서	민간이전 분류 (지방자치단체 세출예산 집행기준에 의거) 1. 민간경상사업보조(307-02) 2. 민간단체 법정운영비보조(307-03) 3. 민간행사사업보조(307-04) 4. 민간위탁금(307-05) 5. 사회복지시설 법정운영비보조(307-10) 6. 민간인위탁교육비(307-12) 7. 공기관등에대한경상적위탁사업비(308-11) 8. 민간자본사업보조,자체재원(402-01) 9. 민간자본사업보조,이전재원(402-02) 10. 민간위탁사업비(402-03) 11. 공기관등에 대한 자본적 대행사업비(403-02)	민간이전지출 근거 (지방보조금 관리기준 참고) 1. 법률에 규정 2. 국고보조 재원(국가지정) 3. 용도 지정 기부금 4. 조례에 직접규정 5. 지자체가 권장하는 사업을 하는 공공기관 6. 시,도 정책 및 재정사정 7. 기타 8. 해당없음	입찰방식 계약체결방법 (경쟁형태) 1. 일반경쟁 2. 제한경쟁 3. 지명경쟁 4. 수의계약 5. 법정위탁 6. 기타 ( ) 7. 해당없음	입찰방식 계약기간 1. 1년 2. 2년 3. 3년 4. 4년 5. 5년 6. 기타 ( )년 7. 단기계약 (1년미만) 8. 해당없음	입찰방식 낙찰자선정방법 1. 적격심사 2. 협상에의한계약 3. 최저가낙찰제 4. 규격가격분리 5. 2단계 경쟁입찰 6. 기타 ( ) 7. 해당없음	운영예산 산정 운영예산 산정 1. 내부산정 (지자체 자체적으로 산정) 2. 외부산정 (외부전문기관위탁 산정) 3. 내·외부 모두 산정 4. 산정 無 5. 해당없음	운영예산 산정 정산방법 1. 내부정산 (지자체 내부적으로 정산) 2. 외부정산 (외부전문기관위탁 정산) 3. 내·외부 모두 산정 4. 정산 無 5. 해당없음	성과평가 실시여부 1. 실시 2. 미실시 3. 향후 추진 4. 해당없음
917	서울 송파구	송파구장애인체육회 지원	14,500	문화체육과	1	4	7	8	7	1	1	1
918	서울 송파구	도시재생사업 추진	12,000	역사문화재과	1	6	6	1	7	1	1	2
919	서울 송파구	생생문화재 운영	102,500	역사문화재과	1	2	6	1	6	1	1	1
920	서울 송파구	지역문화유산교육 운영	48,000	역사문화재과	1	2	6	1	6	1	1	1
921	서울 송파구	송파산대놀이 보존	57,000	역사문화재과	1	4	6	1	7	1	1	3
922	서울 송파구	주민자치회 시범사업	95,492	자치행정과	1	4	7	7	7	1	1	1
923	서울 송파구	마을공동체 공모사업	69,000	자치행정과	1	4	6	8	7	1	1	1
924	서울 송파구	민간 공익활동 단체 지원	151,000	자치행정과	1	1	7	8	7	1	1	1
925	서울 송파구	민주평화통일 자문회의 지원 및 통일사업 추진	36,000	자치행정과	1	4	7	8	7	1	1	2
926	서울 송파구	동부범죄피해자 지원센터 지원	50,000	자치행정과	1	1	5	8	7	1	1	1
927	서울 송파구	전통시장 여행화장실 운영관리	5,400	지역경제과	1	7	7	8	7	5	5	4
928	서울 송파구	나들가게 지원 육성사업	4,990	지역경제과	1	7	7	8	7	5	5	4
929	서울 송파구	유기질비료 지원	13,000	지역경제과	1	2	7	8	7	5	5	4
930	서울 송파구	임산부 친환경농산물 꾸러미 지원	322,090	지역경제과	1	7	7	8	7	5	5	4
931	서울 송파구	여성단체연합회 운영 활성화	5,000	여성보육과	1	4	7	8	7	5	5	4
932	서울 송파구	송파키움센터 특별프로그램 지원	14,600	아동돌봄청소년과	1	8	7	8	7	5	5	4
933	서울 송파구	또래울 청소년문화공간 운영	78,300	아동돌봄청소년과	1	1	7	8	7	1	1	4
934	서울 송파구	청소년관련 공모사업비	48,000	아동돌봄청소년과	1	1	7	8	7	1	1	4
935	서울 송파구	캠핑카를 활용한 공원의 문화활동'유레카'	70,000	아동돌봄청소년과	1	5	7	8	7	1	1	4
936	서울 송파구	청소년사회단체 지원	9,900	아동돌봄청소년과	1	1	7	1	7	1	1	1
937	서울 송파구	공동주택 공동체활성화 공모사업	30,000	주택과	1	4	7	8	7	5	5	4
938	서울 송파구	교통안전대책 및 홍보	13,000	교통과	1	4	6	1	6	1	1	1
939	서울 송파구	여객운수 관련 업무추진	10,000	교통과	1	1	7	8	7	1	1	1
940	서울 송파구	자전거 개인형 이동장치 이용 분위기 확산	1,200	교통과	1	1	6	1	6	1	1	1
941	서울 송파구	탄소저감 실천운동	11,000	환경과	1	4	7	8	7	1	1	4
942	서울 송파구	환경 인식 제고	4,000	환경과	1	4	7	8	7	1	1	4
943	서울 송파구	신재생에너지 보급사업	70,000	환경과	1	4	7	8	7	1	1	4
944	서울 송파구	표본감시운영경비	6,450	건강증진과	1	2	7	8	7	5	5	4
945	서울 송파구	의료기관 결핵환자 관리지원	285,200	건강증진과	1	2	7	8	7	5	5	4
946	서울 송파구	의료관련감염병 감시 및 예방관리	30,000	건강증진과	1	2	7	8	7	5	5	4
947	서울 송파구	생물테러이중감시체계운영지원	3,840	건강증진과	1	2	7	8	7	5	5	4
948	서울 강동구	민주평통강동구협의회 사업비 지원	42,000	자치안전과	1	4	7	8	7	1	1	1
949	서울 강동구	범죄피해자 지원센터 운영 지원	50,000	자치안전과	1	1	7	8	7	1	1	1
950	서울 강동구	민간단체 공익활동 지원 사업	300,000	자치안전과	1	4	7	8	7	1	1	1
951	서울 강동구	녹색학부모회 등 지원	30,200	자치안전과	1	4	7	8	7	1	1	1
952	서울 강동구	공공급식 지원사업	1,327	도시농업과	1	4	1	3	1	1	1	1
953	서울 강동구	임산부 친환경 농산물 꾸러미 지원	190,512	도시농업과	1	2	1	3	1	1	1	3
954	서울 강동구	반려식물 보급사업	50,000	도시농업과	1	6	7	8	7	5	5	4
955	서울 강동구	효행장려사업	15,000	어르신복지과	1	4	1	1	1	1	1	1
956	서울 강동구	의료기관 결핵환자 관리지원	142,600	보건행정과	1	2	7	8	7	5	1	4
957	서울 강동구	표본감시기관 사업비	8,160	보건행정과	1	1	7	8	7	5	1	4
958	서울 강동구	의료관련 감염병 표본감시 사업비	30,000	보건행정과	1	1	7	8	7	5	1	4
959	서울 강동구	동물학교 운영	10,000	사회적경제과	1	4	7	1	7	1	1	4
960	서울 강동구	유아대상 동물사랑 생명존중 교육	8,000	사회적경제과	1	4	7	1	7	1	1	4
961	서울 강동구	반려견 행동전문가 양성과정 교육	41,000	사회적경제과	1	4	7	1	7	1	1	4
962	서울 강동구	강동서당 운영	28,000	사회적경제과	1	4	7	1	7	1	1	4
963	서울 강동구	강동구체육회 체육 교실 운영	32,000	생활체육과	1	4	6	1	7	1	1	1
964	서울 강동구	강동구태권도시범단 운영지원	25,000	생활체육과	1	4	7	8	7	1	1	1
965	서울 강동구	스포츠강좌이용권 지원금	236,800	생활체육과	1	4	7	8	7	1	1	1
966	서울 강동구	장애인 스포츠강좌 이용권	17,280	생활체육과	1	4	7	8	7	1	1	1
967	서울 강동구	여성축구교실	24,000	생활체육과	1	4	7	8	7	1	1	1

순번	시군구	지출명 (사업명)	2021년예산 (단위:천원/1년간)	담당자 (공무원) 담당부서	민간이전 분류 (지방자치단체 세출예산 집행기준에 의거) 1. 민간경상사업보조(307-02) 2. 민간단체 법정운영비보조(307-03) 3. 민간행사사업보조(307-04) 4. 민간위탁금(307-05) 5. 사회복지시설 법정운영비보조(307-10) 6. 민간인위탁교육비(307-12) 7. 공기관등에대한경상적위탁사업비(308-11) 8. 민간자본사업보조,자체재원(402-01) 9. 민간자본사업보조,이전재원(402-02) 10. 민간위탁사업비(402-03) 11. 공기관등에 대한 자본적 대행사업비(403-02)	민간이전지출 근거 (지방보조금 관리기준 참고) 1. 법률에 규정 2. 국고보조 재원(국가지정) 3. 용도 지정 기부금 4. 조례에 직접규정 5. 지자체가 권장하는 사업을 하는 공공기관 6. 시,도 정책 및 재정사정 7. 기타 8. 해당없음	입찰방식: 계약체결방법 (경쟁형태) 1. 일반경쟁 2. 제한경쟁 3. 지명경쟁 4. 수의계약 5. 법정위탁 6. 기타 ( ) 7. 해당없음	입찰방식: 계약기간 1. 1년 2. 2년 3. 3년 4. 4년 5. 5년 6. 기타 ( )년 7. 단기계약 (1년미만) 8. 해당없음	입찰방식: 낙찰자선정방법 1. 적격심사 2. 협상에의한계약 3. 최저가낙찰제 4. 규격가격분리 5. 2단계 경쟁입찰 6. 기타 ( ) 7. 해당없음	운영예산 산정: 운영예산 산정 1. 내부산정 (지자체 자체적으로 산정) 2. 외부산정 (외부전문기관위탁 산정) 3. 내·외부 모두 산정 4. 산정 無 5. 해당없음	운영예산 산정: 정산방법 1. 내부정산 (지자체 내부적으로 정산) 2. 외부정산 (외부전문기관위탁 정산) 3. 내·외부 모두 산정 4. 정산 無 5. 해당없음	성과평가 실시여부 1. 실시 2. 미실시 3. 향후 추진 4. 해당없음
968	서울 강동구	유·청소년 축구교실	49,700	생활체육과	1	4	7	8	7	1	1	1
969	서울 강동구	유·청소년 풋살교실	22,400	생활체육과	1	4	7	8	7	1	1	1
970	서울 강동구	공공 및 학교체육시설 사용료 지원	50,000	생활체육과	1	4	7	8	7	1	1	1
971	서울 강동구	성내2동 도시재생 활성화 사업	5,000	마을협치과	1	4	7	8	7	1	1	4
972	서울 강동구	커뮤니티 공모사업 지원	60,000	주택재건축과	1	4	7	8	7	5	5	4
973	서울 강동구	중소기업제품 박람회 참가지원	5,000	노동권익센터	1	4	6	8	7	4	1	1
974	서울 강동구	바위절마을 호상놀이 재연행사	38,000	문화예술과	1	2	7	8	7	5	1	1
975	서울 강동구	표본감시기관 사업비	8,160	보건위생과	1	1	7	8	7	5	1	4
976	서울 강동구	의료관련 감염병 표본감시 사업비	24,000	보건위생과	1	1	7	8	7	5	1	4
977	서울 강동구	생물테러 이중감시체계 운영 지원	7,680	보건위생과	1	1	7	8	7	5	1	4
978	서울 강동구	강동구어린이급식관리지원센터	518,000	보건위생과	1	2	1	3	1	5	2	1
979	서울 강동구	강동구 평생학습프로그램	16,000	교육지원과	1	1	7	8	7	5	5	4
980	경기 수원시	인권증진 프로그램 운영	1,000	인권담당관	1	4	7	8	7	1	1	1
981	경기 수원시	나라사랑 역사현장체험	5,900	자치행정과	1	1	7	8	7	1	1	1
982	경기 수원시	범죄피해자지원사업	3,840	자치행정과	1	1	7	8	7	1	1	1
983	경기 수원시	2021년도 마을공동체 주민제안 공모사업	135,000	자치행정과	1	4	7	8	7	5	5	4
984	경기 수원시	아동돌봄공동체 운영 사업	20,000	자치행정과	1	7	7	8	7	5	5	4
985	경기 수원시	전국 통합자원봉사 보험가입서비스 지원	64,146	자치행정과	1	2	5	8	7	1	1	2
986	경기 수원시	자원봉사 코디네이터 지원·육성	59,076	자치행정과	1	2	5	8	7	1	1	2
987	경기 수원시	새마을 이사천사 봉사활동	3,000	자치행정과	1	4	7	8	7	1	1	1
988	경기 수원시	새마을며느리봉사대 활동 지원	13,298	자치행정과	1	4	7	8	7	1	1	1
989	경기 수원시	평화구현 안보현장 견학	4,300	자치행정과	1	4	7	8	7	1	1	1
990	경기 수원시	바른사회 선진의식 함양	3,200	자치행정과	1	4	7	8	7	1	1	1
991	경기 수원시	보훈 및 나라사랑 정신함양	11,805	자치행정과	1	4	7	8	7	1	1	1
992	경기 수원시	민주주의 시민아카데미	5,000	자치행정과	1	4	7	8	7	1	1	1
993	경기 수원시	직업계고 진로(리마인드)캠프	264,000	일자리정책과	1	4	7	1	7	1	1	1
994	경기 수원시	공학교육 혁신센터	10,000	일자리정책과	1	2	5	6	7	1	1	1
995	경기 수원시	공학교육 혁신센터	10,000	일자리정책과	1	2	5	6	7	1	1	1
996	경기 수원시	대학일자리센터 지원	62,500	일자리정책과	1	2	5	5	7	1	1	1
997	경기 수원시	대학일자리센터 지원	62,500	일자리정책과	1	2	5	5	7	1	1	1
998	경기 수원시	수원 청년 [내:일]로 사업	1,424	일자리정책과	1	2	1	2	1	1	1	4
999	경기 수원시	청년 해외취업 지원사업	87,510	일자리정책과	1	4	6	8	1	1	1	1
1000	경기 수원시	수원형 청년내일채움공제	32,000	일자리정책과	1	5	4	8	7	1	1	1
1001	경기 수원시	수원형 청년내일채움공제	32,000	일자리정책과	1	5	4	8	7	1	1	1
1002	경기 수원시	청소년 글로벌 경제토론회	36,000	지역경제과	1	4	7	8	7	5	5	4
1003	경기 수원시	수원시 소상공인연합회 사업비	18,720	지역경제과	1	4	7	8	7	5	5	4
1004	경기 수원시	공유경제 활성화 사업비 지원	9,360	지역경제과	1	4	7	8	7	5	5	4
1005	경기 수원시	마을기업 육성	60,000	지역경제과	1	1	7	8	7	5	5	4
1006	경기 수원시	사회적기업 발굴·육성	187,218	지역경제과	1	1	7	8	7	5	5	4
1007	경기 수원시	사회적기업 취약계층 인건비	374,000	지역경제과	1	1	7	8	7	5	5	4
1008	경기 수원시	사회적기업 취약계층 인건비	339,450	지역경제과	1	1	7	8	7	5	5	4
1009	경기 수원시	사회적기업 사회보험료	285,689	지역경제과	1	1	7	8	7	5	5	4
1010	경기 수원시	전통시장 릴레이마케팅	17,000	지역경제과	1	1	7	8	7	5	5	4
1011	경기 수원시	경기 시장매니저 육성사업	1,760	지역경제과	1	1	7	8	7	1	1	1
1012	경기 수원시	전통시장 공동배송서비스 지원	2,300	지역경제과	1	1	7	8	7	1	1	3
1013	경기 수원시	소비자교육 및 홍보전시회	7,550	지역경제과	1	4	7	3	2	1	1	1
1014	경기 수원시	로컬소비 희망경제교육	2,800	지역경제과	1	4	7	8	7	1	1	1
1015	경기 수원시	노동단체 사업지원	47,800	노동정책과	1	1	7	8	7	1	1	1
1016	경기 수원시	노사민정 인프라 강화	134,260	노동정책과	1	1	7	8	7	1	1	1
1017	경기 수원시	이동노동자 쉼터 프로그램 운영	400	노동정책과	1	6	7	8	7	1	1	2
1018	경기 수원시	시군지역사회보장협의체 활성화	50,000	복지협력과	1	1	7	8	7	1	1	4

순번	시군구	지출명 (사업명)	2021년예산 (단위:천원/1년간)	담당자 (공무원) 담당부서	민간이전 분류 (지방자치단체 세출예산 집행기준에 의거) 1. 민간경상사업보조(307-02) 2. 민간단체 법정운영비보조(307-03) 3. 민간행사사업보조(307-04) 4. 민간위탁금(307-05) 5. 사회복지시설 법정운영비보조(307-10) 6. 민간인위탁교육비(307-12) 7. 공기관등에대한경상적위탁사업비(308-11) 8. 민간자본사업보조,자체재원(402-01) 9. 민간자본사업보조,이전재원(402-02) 10. 민간위탁사업비(402-03) 11. 공기관등에 대한 자본적 대행사업비(403-02)	민간이전지출 근거 (지방보조금 관리기준 참고) 1. 법률에 규정 2. 국고보조 재원(국가지정) 3. 용도 지정 기부금 4. 조례에 직접규정 5. 지자체가 권장하는 사업을 하는 공공기관 6. 시,도 정책 및 재정사정 7. 기타 8. 해당없음	입찰방식 계약체결방법 (경쟁형태) 1. 일반경쟁 2. 제한경쟁 3. 지명경쟁 4. 수의계약 5. 법정위탁 6. 기타 ( ) 7. 해당없음	입찰방식 계약기간 1. 1년 2. 2년 3. 3년 4. 4년 5. 5년 6. 기타 ( )년 7. 단기계약 (1년미만) 8. 해당없음	입찰방식 낙찰자선정방법 1. 적격심사 2. 협상에의한계약 3. 최저가낙찰제 4. 규격가격분리 5. 2단계 경쟁입찰 6. 기타 ( ) 7. 해당없음	운영예산 산정 운영예산 산정 1. 내부산정 (지자체 자체적으로 산정) 2. 외부산정 (외부전문기관위탁 산정) 3. 내·외부 모두 산정 4. 산정 無 5. 해당없음	운영예산 산정 정산방법 1. 내부정산 (지자체 내부적으로 정산) 2. 외부정산 (외부전문기관위탁 정산) 3. 내·외부 모두 산정 4. 정산 無 5. 해당없음	성과평가 실시여부 1. 실시 2. 미실시 3. 향후 추진 4. 해당없음
1019	경기 수원시	다(多)어울림 공동체 공모사업	35,000	다문화정책과	1	1	7	8	7	5	5	4
1020	경기 수원시	다문화가족 문화체험 프로그램 운영	5,000	다문화정책과	1	1	7	8	7	5	5	4
1021	경기 수원시	수원문화원 지역문화사업	100,000	문화예술과	1	1	5	1	1	1	1	1
1022	경기 수원시	지역문화예술 플랫폼 육성	80,331	문화예술과	1	6	7	8	7	5	5	4
1023	경기 수원시	지역문화유산교육	44,000	문화예술과	1	1	7	8	7	1	1	1
1024	경기 수원시	경기도 민속예술제 참가	15,000	문화예술과	1	8	5	1	1	1	1	1
1025	경기 수원시	인문주간 운영	20,000	문화예술과	1	1	7	8	7	1	1	1
1026	경기 수원시	우수선수 육성	2,270	체육진흥과	1	1	7	8	7	1	1	3
1027	경기 수원시	전국체육대회 출전	24,000	체육진흥과	1	1	7	8	7	1	1	3
1028	경기 수원시	전국동계체육대회 출전	4,000	체육진흥과	1	1	7	8	7	1	1	3
1029	경기 수원시	전국소년체육대회 출전	11,500	체육진흥과	1	1	7	8	7	1	1	3
1030	경기 수원시	경기도체육대회 출전	633,830	체육진흥과	1	1	7	8	7	1	1	3
1031	경기 수원시	생활체육 육성	159,800	체육진흥과	1	1	7	8	7	1	1	3
1032	경기 수원시	전국·도단위 생활체육대회 출전	126,000	체육진흥과	1	1	7	8	7	1	1	3
1033	경기 수원시	경기도생활체육대축전 출전	180,000	체육진흥과	1	1	7	8	7	1	1	3
1034	경기 수원시	종목단체 사업	327,200	체육진흥과	1	1	7	8	7	1	1	3
1035	경기 수원시	수원시태권도시범단 운영	65,500	체육진흥과	1	1	7	8	7	1	1	3
1036	경기 수원시	여성 및 실버축구단 육성	24,000	체육진흥과	1	1	7	8	7	1	1	3
1037	경기 수원시	일반생활체육지도자 배치	270,472	체육진흥과	1	2	7	8	7	1	1	3
1038	경기 수원시	어르신생활체육지도자 배치	236,663	체육진흥과	1	2	7	8	7	1	1	3
1039	경기 수원시	학교체육시설 운영	170,000	체육진흥과	1	1	7	8	7	1	1	3
1040	경기 수원시	장애인 직장운동부 운영	128,740	체육진흥과	1	1	7	8	7	1	1	3
1041	경기 수원시	장애인체육 육성	436,900	체육진흥과	1	1	7	8	7	1	1	3
1042	경기 수원시	장애인생활체육 육성	156,000	체육진흥과	1	1	7	8	7	1	1	3
1043	경기 수원시	경기도 장애인체육대회 출전	209,400	체육진흥과	1	1	7	8	7	1	1	3
1044	경기 수원시	장애인생활체육지도자 배치	236,663	체육진흥과	1	2	7	8	7	1	1	3
1045	경기 수원시	스포츠강좌 이용권	512,000	체육진흥과	1	2	7	8	7	1	1	3
1046	경기 수원시	장애인스포츠강좌 이용권	38,400	체육진흥과	1	2	7	8	7	1	1	3
1047	경기 수원시	국민체력100 체력인증센터 운영	206,250	체육진흥과	1	2	7	8	7	1	1	3
1048	경기 수원시	청년이 꿈꾸는 미래도시 수원연구	20,000	도시관리과	1	1	7	8	7	5	5	4
1049	경기 수원시	생물서식지 관리 및 운영	25,000	환경정책과	1	1	7	8	7	5	5	4
1050	경기 수원시	칡방울덩굴 식재지 관리	2,500	환경정책과	1	1	7	8	7	5	5	4
1051	경기 수원시	생물다양성 보전 생태환경 탐사	11,000	환경정책과	1	1	7	8	7	5	5	4
1052	경기 수원시	수원에코성장 희망프로젝트	17,000	환경정책과	1	1	7	8	7	5	5	4
1053	경기 수원시	환경재난 대응 교육	20,000	환경정책과	1	1	7	8	7	5	5	4
1054	경기 수원시	환경교육문화사업	28,571	환경정책과	1	2	7	8	7	5	5	4
1055	경기 수원시	생태계교란 야생식물 퇴치	7,000	환경정책과	1	1	7	8	7	5	5	4
1056	경기 수원시	건강취약계층 이용시설 석면 해체.제거	8,000	환경정책과	1	4	7	8	7	5	5	4
1057	경기 수원시	환경성질환 예방.관리 교육	100,000	환경정책과	1	4	7	1	7	3	3	3
1058	경기 수원시	찾아가는 에코그린스쿨	12,600	기후대기과	1	4	7	8	7	1	1	1
1059	경기 수원시	저탄소 친환경생활실천	12,600	기후대기과	1	4	7	8	7	1	1	1
1060	경기 수원시	비산업부문사업장 온실가스 진단컨설팅	20,000	기후대기과	1	2	7	8	7	1	1	1
1061	경기 수원시	찾아가는 미세먼지 학교	10,000	기후대기과	1	4	7	8	7	1	1	1
1062	경기 수원시	교통안전 및 질서계도	36,000	도시교통과	1	4	7	8	7	1	1	1
1063	경기 수원시	수원중부모범운전자회 운영	13,500	대중교통과	1	4	7	8	7	1	1	1
1064	경기 수원시	수원남부모범운전자회 운영	13,500	대중교통과	1	4	7	8	7	1	1	1
1065	경기 수원시	수원서부모범운전자회 운영	13,500	대중교통과	1	4	7	8	7	1	1	1
1066	경기 수원시	삼운회교통봉사대 수원시지부 운영	6,600	대중교통과	1	4	7	8	7	1	1	1
1067	경기 수원시	교통질서 계도요원 피복 지원	28,000	대중교통과	1	4	7	8	7	1	1	1
1068	경기 수원시	삼운회 교통봉사대 환경개선 사업	5,000	대중교통과	1	4	7	8	7	1	1	1
1069	경기 수원시	택시카드단말기 통신료	99,348	대중교통과	1	4	7	8	7	5	5	4

순번	시군구	지출명 (사업명)	2021년예산 (단위:천원/1년간)	담당자 (공무원)	민간이전 분류 (지방자치단체 세출예산 집행기준에 의거)	민간이전지출 근거 (지방보조금 관리기준 참고)	입찰방식			운영예산 산정		성과평가 실시여부
				담당부서	1. 민간경상사업보조(307-02) 2. 민간단체 법정운영비보조(307-03) 3. 민간행사사업보조(307-04) 4. 민간위탁금(307-05) 5. 사회복지시설 법정운영비보조(307-10) 6. 민간인위탁교육비(307-12) 7. 공기관등에대한경상적위탁사업비(308-11) 8. 민간자본사업보조,자체재원(402-01) 9. 민간자본사업보조,이전재원(402-02) 10. 민간위탁사업비(402-03) 11. 공기관등에 대한 자본적 대행사업비(403-02)	1. 법률에 규정 2. 국고보조 재원(국가지정) 3. 용도 지정 기부금 4. 조례에 직접규정 5. 지자체가 권장하는 사업을 하는 공공기관 6. 시,도 정책 및 재정사정 7. 기타 8. 해당없음	계약체결방법 (경쟁형태) 1. 일반경쟁 2. 제한경쟁 3. 지명경쟁 4. 수의계약 5. 법정위탁 6. 기타 ( ) 7. 해당없음	계약기간 1. 1년 2. 2년 3. 3년 4. 4년 5. 5년 6. 기타 ( )년 7. 단기계약 (1년미만) 8. 해당없음	낙찰자선정방법 1. 적격심사 2. 협상에의한계약 3. 최저가낙찰제 4. 규격가격분리 5. 2단계 경쟁입찰 6. 기타 ( ) 7. 해당없음	운영예산 산정 1. 내부산정 (지자체 자체적으로 산정) 2. 외부산정 (외부전문기관위탁 산정) 3. 내·외부 모두 산정 4. 산정 無 5. 해당없음	정산방법 1. 내부정산 (지자체 내부적으로 정산) 2. 외부정산 (외부전문기관위탁 정산) 3. 내·외부 모두 산정 4. 정산 無 5. 해당없음	1. 실시 2. 미실시 3. 향후 추진 4. 해당없음
1070	경기 수원시	택시카드결제 수수료	1,700	대중교통과	1	4	7	8	7	5	5	4
1071	경기 수원시	법인택시 운수종사자 처우개선	1,214	대중교통과	1	1	7	8	7	5	5	4
1072	경기 수원시	공항 이전 시민협의회 활동	64,000	소통협력과	1	4	7	8	7	1	1	1
1073	경기 수원시	암통합사업지원	30,000	장안구보건소 보건행정과	1	4	7	8	7	1	1	1
1074	경기 수원시	선도농가 사업	70,000	생명산업과	1	6	7	8	7	5	5	4
1075	경기 수원시	농작물 재해복구 및 일손돕기	8,500	생명산업과	1	1	7	8	7	5	5	4
1076	경기 수원시	벼 우수품종 공급 지원	5,602	생명산업과	1	1	7	8	7	5	5	4
1077	경기 수원시	벼 못자리용 상토지원	25,000	생명산업과	1	6	7	8	7	5	5	4
1078	경기 수원시	청년농업인 영농정착지원	43,500	생명산업과	1	2	7	8	7	5	5	3
1079	경기 수원시	Non-GMO 가공품 차액 지원	148,000	생명산업과	1	6	7	8	7	1	1	1
1080	경기 수원시	어린이 건강과일 공급	2,154	생명산업과	1	6	7	8	7	1	1	1
1081	경기 수원시	초등돌봄교실 과일간식	266,076	생명산업과	1	6	7	8	7	1	1	1
1082	경기 수원시	소귀표부착비지원	1,824	생명산업과	1	2	7	8	7	1	1	1
1083	경기 수원시	경기한우명품화	780	생명산업과	1	1	7	8	7	1	1	1
1084	경기 수원시	양봉산업 육성	62,470	생명산업과	1	1	7	8	7	1	1	1
1085	경기 수원시	학생승마체험	179,200	생명산업과	1	2	7	8	7	1	1	1
1086	경기 수원시	장애학생 재활승마 운영	50,400	생명산업과	1	2	7	8	7	1	1	1
1087	경기 수원시	사회공익승마	162,240	생명산업과	1	1	7	8	7	1	1	1
1088	경기 수원시	축산농가 톱밥	14,000	생명산업과	1	1	7	8	7	1	1	1
1089	경기 수원시	계란냉장차량	75,000	생명산업과	1	1	7	8	7	1	1	1
1090	경기 수원시	친환경 유기농업자재	5,000	생명산업과	1	1	7	8	7	1	1	1
1091	경기 수원시	우수친환경농산물 생산 및 유통사업 운영	10,500	생명산업과	1	1	7	8	7	1	1	1
1092	경기 수원시	유기농업자재 지원	3,200	생명산업과	1	1	7	8	7	1	1	1
1093	경기 수원시	환경친화형 농자재 지원	30,000	생명산업과	1	1	7	8	7	1	1	1
1094	경기 수원시	농식품 수출물류비 지원	140,000	생명산업과	1	1	7	8	7	1	1	1
1095	경기 수원시	농산물 마케팅 지원 사업	100,000	생명산업과	1	1	7	8	7	1	1	1
1096	경기 수원시	토양개량제 지원	20,738	생명산업과	1	1	7	8	7	1	1	1
1097	경기 수원시	유기질비료 지원	160,265	생명산업과	1	1	7	8	7	1	1	1
1098	경기 수원시	공원·숲 생태프로그램 운영	69,408	생태공원과	1	4	7	7	6	1	1	3
1099	경기 수원시	시민참여 공원녹지 사업	30,790	생태공원과	1	4	7	7	6	1	1	3
1100	경기 수원시	시민조경 가드너 교육	26,500	생태공원과	1	4	7	7	6	1	1	3
1101	경기 수원시	산불예방 봉사활동	1,850	생태공원과	1	4	7	7	6	1	1	3
1102	경기 수원시	도시가꾸기 활동	3,000	생태공원과	1	4	7	7	6	1	1	3
1103	경기 수원시	올바른 무궁화 식재관리 교육	20,400	생태공원과	1	4	7	8	7	5	5	4
1104	경기 수원시	새마을문고 운영 지원	4,120	장안구 행정지원과	1	4	7	8	7	1	1	1
1105	경기 수원시	사회단체 지원	28,130	장안구 행정지원과	1	4	7	8	7	1	1	1
1106	경기 수원시	장안구여성합창단 운영	3,000	장안구 행정지원과	1	4	7	8	7	1	1	1
1107	경기 수원시	청소년 범죄예방 사업	10,000	장안구 가정복지과	1	1	7	8	7	1	1	1
1108	경기 수원시	휴경지 경작	2,000	권선구 행정지원과	1	4	7	8	7	1	1	1
1109	경기 수원시	새마을동협의회 사업 지원	9,660	권선구 행정지원과	1	4	7	8	7	1	1	1
1110	경기 수원시	새마을동부녀회 사업 지원	17,360	권선구 행정지원과	1	4	7	8	7	1	1	1
1111	경기 수원시	새마을동문고 특성화 프로그램	3,300	권선구 행정지원과	1	4	7	8	7	1	1	1
1112	경기 수원시	바르게살기동위원회 사업 지원	6,450	권선구 행정지원과	1	4	7	8	7	1	1	1
1113	경기 수원시	한국자유총연맹동분회 사업 지원	3,650	권선구 행정지원과	1	4	7	8	7	1	1	1
1114	경기 수원시	권선구 여성합창단	3,000	권선구 행정지원과	1	4	7	8	7	1	1	1
1115	경기 수원시	청소년 범죄예방 사업	10,000	권선구 가정복지과	1	4	7	7	7	1	1	3
1116	경기 수원시	새마을문고 특성화 프로그램 운영	4,000	팔달구 행정지원과	1	4	7	8	7	5	5	4
1117	경기 수원시	새마을동협의회 사업	4,900	팔달구 행정지원과	1	4	7	8	7	5	5	4
1118	경기 수원시	새마을동부녀회 사업	13,320	팔달구 행정지원과	1	4	7	8	7	5	5	4
1119	경기 수원시	바르게살기동위원회 사업	9,350	팔달구 행정지원과	1	4	7	8	7	5	5	4
1120	경기 수원시	청소년범죄예방사업	10,000	팔달구 가정복지과	1	6	7	8	7	1	1	3

순번	시군구	지출명 (사업명)	2021년예산 (단위:천원/1년간)	담당자 (공무원) 담당부서	민간이전 분류 (지방자치단체 세출예산 집행기준에 의거) 1. 민간경상사업보조(307-02) 2. 민간단체 법정운영비보조(307-03) 3. 민간행사사업보조(307-04) 4. 민간위탁금(307-05) 5. 사회복지시설 법정운영비보조(307-10) 6. 민간인위탁교육비(307-12) 7. 공기관등에대한경상적위탁사업비(308-11) 8. 민간자본사업보조,자체재원(402-01) 9. 민간자본사업보조,이전재원(402-02) 10. 민간위탁사업비(402-03) 11. 공기관등에 대한 자본적 대행사업비(403-02)	민간이전지출 근거 (지방보조금 관리기준 참고) 1. 법률에 규정 2. 국고보조 재원(국가지정) 3. 용도 지정 기부금 4. 조례에 직접규정 5. 지자체가 권장하는 사업을 하는 공공기관 6. 시,도 정책 및 재정사정 7. 기타 8. 해당없음	입찰방식 계약체결방법 (경쟁형태) 1. 일반경쟁 2. 제한경쟁 3. 지명경쟁 4. 수의계약 5. 법정위탁 6. 기타 ( ) 7. 해당없음	입찰방식 계약기간 1. 1년 2. 2년 3. 3년 4. 4년 5. 5년 6. 기타 ( )년 7. 단기계약 (1년미만) 8. 해당없음	입찰방식 낙찰자선정방법 1. 적격심사 2. 협상에의한계약 3. 최저가낙찰제 4. 규격가격분리 5. 2단계 경쟁입찰 6. 기타 ( ) 7. 해당없음	운영예산 산정 운영예산 산정 1. 내부산정 (지자체 자체적으로 산정) 2. 외부산정 (외부전문기관위탁 산정) 3. 내·외부 모두 산정 4. 산정 無 5. 해당없음	운영예산 산정 정산방법 1. 내부정산 (지자체 내부적으로 정산) 2. 외부정산 (외부전문기관위탁 정산) 3. 내·외부 모두 산정 4. 정산 無 5. 해당없음	성과평가 실시여부 1. 실시 2. 미실시 3. 향후 추진 4. 해당없음
1121	경기 수원시	새마을동협의회 사업	6,920	영통구 행정지원과	1	4	7	8	7	5	5	4
1122	경기 수원시	새마을동부녀회 사업	12,750	영통구 행정지원과	1	4	7	8	7	5	5	4
1123	경기 수원시	바르게살기동위원회 사업	6,910	영통구 행정지원과	1	4	7	8	7	5	5	4
1124	경기 수원시	한국자유총연맹동지회 사업	600	영통구 행정지원과	1	4	7	8	7	5	5	4
1125	경기 수원시	방범기동순찰대 집기	1,250	영통구 행정지원과	1	4	7	8	7	5	5	4
1126	경기 수원시	영통여성합창단 운영	3,000	영통구 행정지원과	1	1	7	8	7	1	1	1
1127	경기 수원시	영통실버봉사대	9,200	영통구 사회복지과	1	4	7	8	7	1	1	1
1128	경기 성남시	창업보육센터 운영사업 지원	125,000	아시아실리콘밸리담당관	1	1	7	8	7	3	1	1
1129	경기 성남시	지식재산기반 창업촉진사업-IP나래	150,000	아시아실리콘밸리담당관	1	2	5	1	7	4	3	1
1130	경기 성남시	성남가천 메이커스페이스 운영	120,000	아시아실리콘밸리담당관	1	2	7	8	7	1	1	1
1131	경기 성남시	게임힐링 허브센터 운영	300,000	아시아실리콘밸리담당관	1	5	7	8	7	5	5	4
1132	경기 성남시	화재취약지역 의용소방대 순찰대원 급식비 지원	15,567	재난안전관	1	4	7	8	7	1	1	1
1133	경기 성남시	의용소방대 운영경비 지원	18,395	재난안전관	1	4	7	8	7	1	1	1
1134	경기 성남시	성남시 빅데이터 센터(교통분야) 구축	200,000	정책기획과	1	7	7	8	7	2	2	1
1135	경기 성남시	북한이탈주민 자립지원을 위한 직업교육	5,000	자치행정과	1	2	7	8	7	3	3	1
1136	경기 성남시	국민운동단체 동조직 활동 지원	292,000	자치행정과	1	1	7	8	7	1	1	1
1137	경기 성남시	성남시새마을회지원	148,480	자치행정과	1	1	7	8	7	1	1	1
1138	경기 성남시	생활환경개선 이동세탁사업	6,000	자치행정과	1	1	7	8	7	1	1	1
1139	경기 성남시	바르게살기운동 성남시협의회 지원	37,400	자치행정과	1	1	7	8	7	1	1	1
1140	경기 성남시	한국자유총연맹성남시지회 지원	56,140	자치행정과	1	1	7	8	7	1	1	1
1141	경기 성남시	범죄피해자지원센터 지원	36,000	자치행정과	1	4	7	8	7	1	1	1
1142	경기 성남시	민주평화통일자문회의 성남시협의회 지원	65,230	자치행정과	1	4	7	8	7	1	1	1
1143	경기 성남시	성남시재향군인회 지원	69,000	자치행정과	1	1	7	8	7	1	1	1
1144	경기 성남시	지방보조금 지원	124,386	자치행정과	1	4	7	8	7	1	1	1
1145	경기 성남시	자원봉사센터등록 자원봉사자 보험료	52,306	자치행정과	1	4	7	8	7	1	1	1
1146	경기 성남시	자원봉사 코디네이터 사업	59,076	자치행정과	1	4	7	8	7	1	1	1
1147	경기 성남시	청년두런두런취업	1,781	청년정책과	1	2	7	8	7	1	1	1
1148	경기 성남시	청년전공살리기	240,000	청년정책과	1	7	7	8	7	1	1	1
1149	경기 성남시	청년 뉴딜일자리	250,000	청년정책과	1	7	7	8	7	1	1	1
1150	경기 성남시	마을계획단 2기 구성 및 운영	120,000	마을공동체과	1	4	7	8	7	1	1	1
1151	경기 성남시	2021년 마을공동체 주민제안 공모사업	170,000	마을공동체과	1	4	7	8	7	1	1	1
1152	경기 성남시	2021년 마을공동체 주민제안 공모사업	20,000	마을공동체과	1	4	7	8	7	1	1	1
1153	경기 성남시	마을만들기 주민제안 공모사업	350,000	마을공동체과	1	4	7	8	7	1	1	1
1154	경기 성남시	아동돌봄공동체 조성 공모사업 프로그램 운영	40,000	마을공동체과	1	4	7	8	7	1	1	1
1155	경기 성남시	노동안전 지킴이 운영	266,000	고용노동과	1	6	6	8	1	1	1	1
1156	경기 성남시	지역산업맞춤형 일자리창출 지원사업	240,191	고용노동과	1	2	2	1	6	1	3	1
1157	경기 성남시	청년취업지원	87,500	고용노동과	1	2	7	8	7	5	5	4
1158	경기 성남시	소비자단체 육성지원 사업	45,200	지역경제과	1	1	7	8	7	1	1	4
1159	경기 성남시	소비자단체 육성지원 사업	6,990	지역경제과	1	1	7	8	7	1	1	4
1160	경기 성남시	유기질비료지원	152,957	지역경제과	1	2	7	8	7	1	1	4
1161	경기 성남시	식재료 공동구매 조직화 사업	40,000	지역경제과	1	2	7	8	7	1	1	4
1162	경기 성남시	청년농업인 영농정착 지원사업	9,600	지역경제과	1	2	7	8	7	1	1	4
1163	경기 성남시	여성농업인 행복바우처	3,200	지역경제과	1	1	7	8	7	1	1	4
1164	경기 성남시	농업인의 날 행사	10,000	지역경제과	1	7	7	8	7	1	1	4
1165	경기 성남시	학교우유 급식 지원	623,500	지역경제과	1	2	7	1	3	1	1	4
1166	경기 성남시	이동식 도축장 운영 활성화	120,000	지역경제과	1	2	4	3	7	1	1	4
1167	경기 성남시	축산물 취급업소 위생관리 지원	16,000	지역경제과	1	6	7	1	7	1	1	4
1168	경기 성남시	사회경제적 약자 반려동물 기본료 지원	24,000	지역경제과	1	6	7	8	7	1	1	4
1169	경기 성남시	우수축산물 학교급식 지원	880,000	지역경제과	1	6	7	8	7	1	1	4
1170	경기 성남시	학생승마체험	116,480	지역경제과	1	6	7	8	7	1	1	4
1171	경기 성남시	학생승마체험	320	지역경제과	1	6	7	8	7	1	1	4

순번	시군구	지출명 (사업명)	2021년예산 (단위:천원/1년간)	담당자 (공무원) 담당부서	민간이전 분류 (지방자치단체 세출예산 집행기준에 의거) 1. 민간경상사업보조(307-02) 2. 민간단체 법정운영비보조(307-03) 3. 민간행사사업보조(307-04) 4. 민간위탁금(307-05) 5. 사회복지시설 법정운영비보조(307-10) 6. 민간인위탁교육비(307-12) 7. 공기관등에대한경상적위탁사업비(308-11) 8. 민간자본사업보조,자체재원(402-01) 9. 민간자본사업보조,이전재원(402-02) 10. 민간위탁사업비(402-03) 11. 공기관등에 대한 자본적 대행사업비(403-02)	민간이전지출 근거 (지방보조금 관리기준 참고) 1. 법률에 규정 2. 국고보조 재원(국가지정) 3. 용도 지정 기부금 4. 조례에 직접규정 5. 지자체가 권장하는 사업을 하는 공공기관 6. 시,도 정책 및 재정사정 7. 기타 8. 해당없음	입찰방식 계약체결방법 (경쟁형태) 1. 일반경쟁 2. 제한경쟁 3. 지명경쟁 4. 수의계약 5. 법정위탁 6. 기타 ( ) 7. 해당없음	입찰방식 계약기간 1. 1년 2. 2년 3. 3년 4. 4년 5. 5년 6. 기타 ( )년 7. 단기계약 (1년미만) 8. 해당없음	입찰방식 낙찰자선정방법 1. 적격심사 2. 협상에의한계약 3. 최저가낙찰제 4. 규격가격분리 5. 2단계 경쟁입찰 6. 기타 ( ) 7. 해당없음	운영예산 산정 운영예산 산정 1. 내부산정 (지자체 자체적으로 산정) 2. 외부산정 (외부전문기관위탁 산정) 3. 내·외부 모두 산정 4. 산정 無 5. 해당없음	운영예산 산정 정산방법 1. 내부정산 (지자체 내부적으로 정산) 2. 외부정산 (외부전문기관위탁 정산) 3. 내·외부 모두 산정 4. 정산 無 5. 해당없음	성과평가 실시여부 1. 실시 2. 미실시 3. 향후 추진 4. 해당없음
1172	경기 성남시	사회공익 승마사업 지원	129,250	지역경제과	1	6	7	8	7	1	1	4
1173	경기 성남시	사회적기업 사업개발비	238,040	지역경제과	1	2	7	8	7	1	1	1
1174	경기 성남시	사회적기업 일자리창출 사업 및 전문인력지원사업 추진	586,662	지역경제과	1	2	7	8	7	1	1	1
1175	경기 성남시	사회적기업 사회보험료 지원	369,400	지역경제과	1	2	7	8	7	1	1	1
1176	경기 성남시	청년일자리(1유형) 참여자 인건비 지원	211,200	지역경제과	1	2	7	8	7	1	1	1
1177	경기 성남시	청년일자리(1유형) 참여자 교통비	6,600	지역경제과	1	6	7	8	7	1	1	1
1178	경기 성남시	마을기업 육성사업 지원금	130,000	지역경제과	1	2	6	7	1	1	1	1
1179	경기 성남시	공유촉진사업 공모 지원	30,000	지역경제과	1	4	6	7	1	1	1	1
1180	경기 성남시	협동조합 협업사업 공모	9,000	지역경제과	1	4	6	7	1	1	1	4
1181	경기 성남시	남상목의병장 기념사업	8,000	복지정책과	1	7	7	8	7	1	1	1
1182	경기 성남시	이상희대위 기념사업	8,000	복지정책과	1	7	7	8	7	1	1	1
1183	경기 성남시	찾아가는 독립운동교실	5,000	복지정책과	1	7	7	8	7	1	1	1
1184	경기 성남시	대한민국임시정부 기념사업	30,000	복지정책과	1	7	7	8	7	1	1	1
1185	경기 성남시	국가유공자 선양대회 워크샵	25,000	복지정책과	1	7	7	8	7	1	1	1
1186	경기 성남시	성남시 지역사회보장협의체 운영	81,600	복지정책과	1	1	7	8	7	1	1	4
1187	경기 성남시	사회복지사 전문능력개발비	10,000	복지정책과	1	1	7	8	7	1	1	4
1188	경기 성남시	성남시 사회복지협의회 지원	59,000	복지정책과	1	1	7	8	7	1	1	2
1189	경기 성남시	1인가구 동아리 모임 지원	18,000	복지정책과	1	4	7	8	7	1	1	2
1190	경기 성남시	성남형 복지리더 양성교육	10,000	복지정책과	1	4	7	1	7	1	1	2
1191	경기 성남시	사회복지사 전문능력개발비	10,000	복지정책과	1	1	7	8	7	1	1	4
1192	경기 성남시	성남시 사회복지협의회 지원	59,000	복지정책과	1	1	7	8	7	1	1	2
1193	경기 성남시	1인가구 동아리 모임 지원	18,000	복지정책과	1	4	7	8	7	1	1	2
1194	경기 성남시	성남형 복지리더 양성교육	10,000	복지정책과	1	4	7	1	7	1	1	2
1195	경기 성남시	장애인단체 종사자 직무향상교육	4,850	장애인복지과	1	1	7	8	7	1	1	4
1196	경기 성남시	중증장애인 자립생활 체험홈 운영비 지원	80,000	장애인복지과	1	6	7	8	7	1	1	4
1197	경기 성남시	경로당 회장 노인지도자 교육비 지원	9,600	노인복지과	1	1	7	8	7	1	1	1
1198	경기 성남시	성평등 인식제고 및 문화 확산사업	100,000	여성가족과	1	1	6	7	6	5	3	1
1199	경기 성남시	여성 안심홈세트 지급	20,000	여성가족과	1	7	7	8	7	5	5	4
1200	경기 성남시	여성단체 지원 활성화	10,000	여성가족과	1	4	7	8	7	5	5	4
1201	경기 성남시	여성지도자과정 운영	23,000	여성가족과	1	1	7	8	7	5	5	4
1202	경기 성남시	여성지도자과정 운영	15,000	여성가족과	1	1	7	8	7	5	5	4
1203	경기 성남시	여성 인력개발센터 운영	245,000	여성가족과	1	1	5	8	7	5	5	4
1204	경기 성남시	여성 인력개발센터 운영	120,000	여성가족과	1	1	5	8	7	5	5	4
1205	경기 성남시	여성 인력개발센터 운영	60,000	여성가족과	1	1	5	8	7	5	5	4
1206	경기 성남시	여성 인력개발센터 운영	60,000	여성가족과	1	1	5	8	7	5	5	4
1207	경기 성남시	새일센터 지정운영	231,523	여성가족과	1	2	5	8	7	5	5	4
1208	경기 성남시	새일센터 지정운영	135,000	여성가족과	1	2	5	8	7	5	5	4
1209	경기 성남시	새일센터 지정운영	103,000	여성가족과	1	2	5	8	7	5	5	4
1210	경기 성남시	워킹맘 주거공간개선 지원사업	60,000	여성가족과	1	1	5	8	7	5	5	4
1211	경기 성남시	성매매·가정폭력·성폭력 예방사업	119,000	여성가족과	1	1	7	8	7	5	5	4
1212	경기 성남시	외국인주민 지원단체 보조	82,638	여성가족과	1	4	6	8	7	1	1	4
1213	경기 성남시	지역아동센터 특기적성 교육강사 지원	92,160	아동보육과	1	2	7	8	7	1	1	4
1214	경기 성남시	지역아동센터 지원	5,000	아동보육과	1	4	7	8	7	1	1	4
1215	경기 성남시	지역아동센터 지원	10,000	아동보육과	1	4	7	8	7	1	1	4
1216	경기 성남시	대안교육기관 무상급식 지원	687,196	교육청소년과	1	1	7	8	7	5	5	4
1217	경기 성남시	대안교육기관 지원	564,000	교육청소년과	1	1	7	8	7	3	1	1
1218	경기 성남시	청소년 선도 보호활동	72,000	교육청소년과	1	1	7	8	7	1	1	1
1219	경기 성남시	성인 문해교육 지원사업	80,000	평생교육과	1	1	7	8	7	1	1	1
1220	경기 성남시	성인장애인 평생교육 프로그램 지원사업	45,000	평생교육과	1	1	7	8	7	1	1	1
1221	경기 성남시	장애인평생교육시설 프로그램 운영비 및 평생교육사 인건비 지원	72,000	평생교육과	1	1	7	8	7	1	1	1
1222	경기 성남시	우수평생학습 프로그램 지원사업	100,000	평생교육과	1	1	7	8	7	1	1	1

순번	시군구	지출명 (사업명)	2021년예산 (단위:천원/1년간)	담당자 (공무원) 담당부서	민간이전 분류 (지방자치단체 세출예산 집행기준에 의거) 1. 민간경상사업보조(307-02) 2. 민간단체 법정운영비보조(307-03) 3. 민간행사사업보조(307-04) 4. 민간위탁금(307-05) 5. 사회복지시설 법정운영비보조(307-10) 6. 민간인위탁교육비(307-12) 7. 공기관등에대한경상적위탁사업비(308-11) 8. 민간자본사업보조,자체재원(402-01) 9. 민간자본사업보조,이전재원(402-02) 10. 민간위탁사업비(402-03) 11. 공기관등에 대한 자본적 대행사업비(403-02)	민간이전지출 근거 (지방보조금 관리기준 참고) 1. 법률에 규정 2. 국고보조 재원(국가지정) 3. 용도 지정 기부금 4. 조례에 직접규정 5. 지자체가 권장하는 사업을 하는 공공기관 6. 시,도 정책 및 재정사정 7. 기타 8. 해당없음	입찰방식 계약체결방법 (경쟁형태) 1. 일반경쟁 2. 제한경쟁 3. 지명경쟁 4. 수의계약 5. 법정위탁 6. 기타 ( ) 7. 해당없음	입찰방식 계약기간 1. 1년 2. 2년 3. 3년 4. 4년 5. 5년 6. 기타 ( )년 7. 단기계약 (1년미만) 8. 해당없음	입찰방식 낙찰자선정방법 1. 적격심사 2. 협상에의한계약 3. 최저가낙찰제 4. 규격가격분리 5. 2단계 경쟁입찰 6. 기타 ( ) 7. 해당없음	운영예산 산정 운영예산 산정 1. 내부산정 (지자체 자체적으로 산정) 2. 외부산정 (외부전문기관위탁 산정) 3. 내·외부 모두 산정 4. 산정 無 5. 해당없음	운영예산 산정 정산방법 1. 내부정산 (지자체 내부적으로 정산) 2. 외부정산 (외부전문기관위탁 정산) 3. 내·외부 모두 산정 4. 정산 無 5. 해당없음	성과평가 실시여부 1. 실시 2. 미실시 3. 향후 추진 4. 해당없음
1223	경기 성남시	평생학습 네트워크 및 학습동아리 활동지원	22,500	평생교육과	1	1	7	8	7	1	1	1
1224	경기 성남시	평생학습마을 공동체 지원사업	62,000	평생교육과	1	6	7	8	7	1	1	1
1225	경기 성남시	학습동아리 지원	7,000	평생교육과	1	1	7	8	7	1	1	1
1226	경기 성남시	행복학습센터 프로그램 지원	50,000	평생교육과	1	1	7	8	7	1	1	1
1227	경기 성남시	2021 성남 문학인 작품선집 발간	19,000	문화예술과	1	1	7	8	7	5	1	1
1228	경기 성남시	성남문학 45집 발간	10,000	문화예술과	1	1	7	8	7	5	1	1
1229	경기 성남시	성남예술 28집 발간	9,000	문화예술과	1	1	7	8	7	5	1	1
1230	경기 성남시	성남문예비평지 발간	10,000	문화예술과	1	1	7	8	7	5	1	1
1231	경기 성남시	이동공연 및 발전차량 운영비	83,313	문화예술과	1	1	7	8	7	5	1	1
1232	경기 성남시	성남시 여성합창단 지휘자, 반주자 수당	20,400	문화예술과	1	1	7	8	7	5	1	1
1233	경기 성남시	신규단원 연주복 제작	1,800	문화예술과	1	1	7	8	7	5	1	1
1234	경기 성남시	2021 공연장 대관료 지원	20,000	문화예술과	1	1	7	8	7	5	1	1
1235	경기 성남시	성남학연구소 운영	23,500	문화예술과	1	1	1	8	1	1	1	1
1236	경기 성남시	문화학교 운영	33,300	문화예술과	1	1	1	8	1	1	1	1
1237	경기 성남시	향토유적지 순례	10,000	문화예술과	1	1	1	8	1	1	1	1
1238	경기 성남시	내 고장 바로알기	12,500	문화예술과	1	1	1	8	1	1	1	1
1239	경기 성남시	성남학 아카데미	20,000	문화예술과	1	1	1	8	1	1	1	1
1240	경기 성남시	판교 쌍용거줄다리기 시연	26,500	문화예술과	1	1	6	1	7	1	1	2
1241	경기 성남시	성남시 향토 민속놀이 공연	20,000	문화예술과	1	1	6	1	7	1	1	2
1242	경기 성남시	2021년 통합문화관광체육이용권 사업	2,114	문화예술과	1	1	7	8	7	1	5	1
1243	경기 성남시	전승장비(공연소모품 등)구입	4,000	문화예술과	1	4	6	1	7	1	1	2
1244	경기 성남시	세계기록유산 활용 및 홍보 지원	300,000	문화예술과	1	2	6	1	7	5	1	2
1245	경기 성남시	지역문화예술 플랫폼 육성	110,230	문화예술과	1	1	7	8	7	5	2	4
1246	경기 성남시	2층버스 운영에 따른 사업보조	20,700	관광과	1	4	7	8	7	1	1	2
1247	경기 성남시	의료관광 코디네이터 인턴 지원사업	109,900	관광과	1	4	7	8	7	5	5	4
1248	경기 성남시	체육 바우처사업	611,200	체육진흥과	1	2	7	8	7	5	5	4
1249	경기 성남시	학교운동부 우수선수 장학금 지원	138,000	체육진흥과	1	6	7	8	7	5	5	4
1250	경기 성남시	학교 전문코치 운영	710,463	체육진흥과	1	6	7	8	7	5	5	4
1251	경기 성남시	학교 전문코치 운영	63,600	체육진흥과	1	6	7	8	7	5	5	4
1252	경기 성남시	우수 학교운동부 차량 임차지원	85,000	체육진흥과	1	6	7	8	7	5	5	4
1253	경기 성남시	경기도 체육대회 출전 지원	500,000	체육진흥과	1	6	7	8	7	5	5	4
1254	경기 성남시	경기도 체육대회 및 성남시 대표 우수선수 육성지원	810,500	체육진흥과	1	6	7	8	7	5	5	4
1255	경기 성남시	성남시 여성축구단 지원	76,000	체육진흥과	1	6	7	8	7	5	5	4
1256	경기 성남시	체전(전국,동계,소년) 및 국제대회 출전 선수단 지원	80,000	체육진흥과	1	6	7	8	7	5	5	4
1257	경기 성남시	스포츠클럽 육성지원	86,860	체육진흥과	1	6	7	8	7	5	5	4
1258	경기 성남시	학교연계형 공공스포츠클럽 지원	20,000	체육진흥과	1	6	7	8	7	5	5	4
1259	경기 성남시	전국생활체육 대축전 출전	8,000	체육진흥과	1	6	7	8	7	5	5	4
1260	경기 성남시	도단위이상 생활체육대회 출전지원	68,580	체육진흥과	1	6	7	8	7	5	5	4
1261	경기 성남시	도지사기 종목별 생활체육대회 출전	140,340	체육진흥과	1	6	7	8	7	5	5	4
1262	경기 성남시	생활체육교실 상설운영	267,227	체육진흥과	1	6	7	8	7	5	5	4
1263	경기 성남시	생활체육지도자 배치사업	202,776	체육진흥과	1	2	7	8	7	5	5	4
1264	경기 성남시	생활체육 지도자 운영비(수당)	177,232	체육진흥과	1	2	7	8	7	5	5	4
1265	경기 성남시	생활체육 지도자 수업용품 지원	18,000	체육진흥과	1	6	7	8	7	5	5	4
1266	경기 성남시	생활체육 어르신 전담지도자 배치사업	202,776	체육진흥과	1	2	7	8	7	5	5	4
1267	경기 성남시	생활체육 유소년 전담지도자 배치사업	77,248	체육진흥과	1	2	7	8	7	5	5	4
1268	경기 성남시	생활체육 프로그램 보급사업 운영	48,190	체육진흥과	1	6	7	8	7	5	5	4
1269	경기 성남시	저소득 가정아동 생활체육 보급사업	20,000	체육진흥과	1	6	7	8	7	5	5	4
1270	경기 성남시	생활체육 여성동호회 지원	139,391	체육진흥과	1	6	7	8	7	5	5	4
1271	경기 성남시	생활체육 동호회 육성 지원	90,000	체육진흥과	1	6	7	8	7	5	5	4
1272	경기 성남시	장애인 우수선수 및 지도자 육성지원	360,072	체육진흥과	1	6	7	8	7	5	5	4
1273	경기 성남시	장애인 우수선수 및 지도자 육성지원	199,595	체육진흥과	1	6	7	8	7	5	5	4

순번	시군구	지출명 (사업명)	2021년예산 (단위:천원/1년간)	담당자 (공무원) 담당부서	민간이전 분류 (지방자치단체 세출예산 집행기준에 의거) 1. 민간경상사업보조(307-02) 2. 민간단체 법정운영비보조(307-03) 3. 민간행사사업보조(307-04) 4. 민간위탁금(307-05) 5. 사회복지시설 법정운영비보조(307-10) 6. 민간인위탁교육비(307-12) 7. 공기관등에대한경상적위탁사업비(308-11) 8. 민간자본사업보조,자체재원(402-01) 9. 민간자본사업보조,이전재원(402-02) 10. 민간위탁사업비(402-03) 11. 공기관등에 대한 자본적 대행사업비(403-02)	민간이전지출 근거 (지방보조금 관리기준 참고) 1. 법률에 규정 2. 국고보조 재원(국가지정) 3. 용도 지정 기부금 4. 조례에 직접규정 5. 지자체가 권장하는 사업을 하는 공공기관 6. 시,도 정책 및 재정사정 7. 기타 8. 해당없음	입찰방식 계약체결방법 (경쟁형태) 1. 일반경쟁 2. 제한경쟁 3. 지명경쟁 4. 수의계약 5. 법정위탁 6. 기타 ( ) 7. 해당없음	입찰방식 계약기간 1. 1년 2. 2년 3. 3년 4. 4년 5. 5년 6. 기타 ( )년 7. 단기계약 (1년미만) 8. 해당없음	입찰방식 낙찰자선정방법 1. 적격심사 2. 협상에의한계약 3. 최저가낙찰제 4. 규격가격분리 5. 2단계 경쟁입찰 6. 기타 ( ) 7. 해당없음	운영예산 산정 운영예산 산정 1. 내부산정 (지자체 자체적으로 산정) 2. 외부산정 (외부전문기관위탁 산정) 3. 내·외부 모두 산정 4. 산정 無 5. 해당없음	운영예산 산정 정산방법 1. 내부정산 (지자체 내부적으로 정산) 2. 외부정산 (외부전문기관위탁 정산) 3. 내·외부 모두 산정 4. 정산 無 5. 해당없음	성과평가 실시여부 1. 실시 2. 미실시 3. 향후 추진 4. 해당없음
1274	경기 성남시	장애학생 우수선수 장학금 지원	30,000	체육진흥과	1	6	7	8	7	5	5	4
1275	경기 성남시	경기도 장애인 체육대회 출전지원	125,517	체육진흥과	1	6	7	8	7	5	5	4
1276	경기 성남시	장애인 체전(전국,동계,학생) 및 국제대회 지원	16,800	체육진흥과	1	6	7	8	7	5	5	4
1277	경기 성남시	장애인 가맹단체 도단위 이상대회 출전지원	41,520	체육진흥과	1	6	7	8	7	5	5	4
1278	경기 성남시	도단위 이상 장애인 생활체육대회 출전지원	10,110	체육진흥과	1	6	7	8	7	5	5	4
1279	경기 성남시	경기도어울림체육대회 출전지원	15,000	체육진흥과	1	6	7	8	7	5	5	4
1280	경기 성남시	장애인 생활체육 활성화 사업지원	21,500	체육진흥과	1	6	7	8	7	5	5	4
1281	경기 성남시	장애인체육회 전일제 지도자 운영	233,856	체육진흥과	1	2	7	8	7	5	5	4
1282	경기 성남시	장애인체육회 전일제 지도자 수당	98,167	체육진흥과	1	6	7	8	7	5	5	4
1283	경기 성남시	장애인 스포츠강좌이용권 지원사업	38,400	체육진흥과	1	2	7	8	7	5	5	4
1284	경기 성남시	성남시 지속가능발전협의회 추진 사업비	104,201	환경정책과	1	1	7	8	7	5	5	4
1285	경기 성남시	환경교육·홍보·실천사업	35,000	환경정책과	1	1	7	8	7	5	5	4
1286	경기 성남시	가족과 함께하는 환경기행 주말탐사반 운영	25,000	환경정책과	1	1	7	8	7	5	5	4
1287	경기 성남시	에너지절약 실천협의회 운영	38,000	기후에너지과	1	4	7	8	7	1	1	4
1288	경기 성남시	소규모 미용영업자 교육 지원	21,000	위생정책과	1	4	2	7	1	1	1	1
1289	경기 성남시	성남시의료원 공공보건의료 협력체계 구축	370,000	공공의료정책과	1	2	6	8	6	5	1	3
1290	경기 성남시	주거환경개선 사업	40,000	주택과	1	4	7	8	7	1	1	1
1291	경기 성남시	소규모 공동주택 안전관리 민간위탁금	75,300	공동주택과	1	1	1	1	6	1	4	4
1292	경기 성남시	공동주택 공동체 활성화 공모사업	40,000	공동주택과	1	4	6	8	6	1	1	4
1293	경기 성남시	임대아파트 공동전기료	1,060	공동주택과	1	1	7	8	7	1	1	1
1294	경기 성남시	공동주택 가로등(보안등) 전기료	813,268	공동주택과	1	1	7	8	7	1	1	1
1295	경기 성남시	건축행정시스템(세움터) 재구축 시군 분담금	17,600	건축과	1	7	7	8	7	5	5	4
1296	경기 성남시	경기도 공공버스 운영 지원	20,000	대중교통과	1	5	6	6	7	2	2	4
1297	경기 성남시	콜비 무료화에 따른 운수종사자 인센티브 지급	684,000	대중교통과	1	4	7	8	7	1	1	4
1298	경기 성남시	택시 운행정보관리시스템 운영	38,233	대중교통과	1	5	7	8	7	2	2	4
1299	경기 성남시	광역알뜰교통카드 연계 마일리지 지원	658,000	대중교통과	1	2	7	7	7	2	2	4
1300	경기 성남시	교통카드 단말기 통신료 지원	75,947	대중교통과	1	6	7	8	7	1	1	4
1301	경기 성남시	방역소독(연막소독)민간위탁	165,142	수정구보건소 보건행정과	1	4	6	1	6	1	1	1
1302	경기 성남시	의료기관표본감시 운영비 지원	1,080	수정구보건소 보건행정과	1	2	7	8	7	5	5	4
1303	경기 성남시	장기기증 홍보 사업비 지원	8,000	수정구보건소 보건행정과	1	4	6	1	7	1	1	1
1304	경기 성남시	정신재활시설 운영비	482,908	수정구보건소 건강증진과	1	1	7	8	7	1	1	4
1305	경기 성남시	방역소독(하절기 유충구제) 민간위탁	75,793	중원구보건소 보건행정과	1	4	6	1	6	1	1	1
1306	경기 성남시	노인보건센터운영	6,597	중원구보건소 건강증진과	1	4	6	5	1	1	1	1
1307	경기 성남시	정신재활시설 운영비	297,541	중원구보건소 건강증진과	1	1	7	8	7	1	1	4
1308	경기 성남시	정신재활시설 입소자 구료비 등	17,464	중원구보건소 건강증진과	1	1	7	8	7	1	1	4
1309	경기 성남시	의료기관 결핵환자 관리지원	229,174	분당구보건소 보건행정과	1	1	6	1	6	2	2	4
1310	경기 성남시	생물테러 이중감시체계 운영지원	2,520	분당구보건소 보건행정과	1	8	6	8	7	5	5	4
1311	경기 성남시	표본감시운영경비	7,080	분당구보건소 보건행정과	1	8	6	8	7	5	5	4
1312	경기 성남시	의료관련감염병 표본감시체계 운영	16,000	분당구보건소 보건행정과	1	8	6	8	7	5	5	4
1313	경기 성남시	의약품 안전관리 사업	10,000	분당구보건소 보건행정과	1	4	5	1	7	3	3	1
1314	경기 성남시	중독관리통합지원센터 지원	847,312	분당구보건소 건강증진과	1	2	2	3	1	1	1	1
1315	경기 성남시	정신재활시설 운영 지원	142,776	분당구보건소 건강증진과	1	6	7	8	7	1	1	1
1316	경기 성남시	정신요양 및 정신재활시설 특수근무수당 등	6,432	분당구보건소 건강증진과	1	6	7	8	7	1	1	1
1317	경기 성남시	식물을 활용한녹색공간조성 시범	30,000	농업기술센터	1	1	7	8	7	5	5	3
1318	경기 성남시	숲해설 프로그램 운영비	51,120	녹지과	1	1	7	8	7	5	5	4
1319	경기 성남시	하천아, 같이놀자 사업 운영	9,519	생태하천과	1	1	7	8	7	5	5	4
1320	경기 성남시	탄천 물사랑 행사	5,000	생태하천과	1	1	7	8	7	5	5	4
1321	경기 성남시	찾아가는 수질환경 교육 운영	10,000	생태하천과	1	1	7	8	7	5	5	4
1322	경기 성남시	제10회 작은도서관 책잔치 한마당 행사 지원	16,000	도서관지원과	1	6	7	8	7	1	1	1
1323	경기 성남시	공립 작은도서관 사업비 지원	20,000	도서관지원과	1	4	7	8	7	1	1	1
1324	경기 성남시	청내 보육시설 운영	294,256	수정구 행정지원과	1	4	6	5	1	1	1	4

순번	시군구	지출명 (사업명)	2021년예산 (단위:천원/1년간)	담당자(공무원) 담당부서	민간이전 분류 (지방자치단체 세출예산 집행기준에 의거) 1. 민간경상사업보조(307-02) 2. 민간단체 법정운영비보조(307-03) 3. 민간행사사업보조(307-04) 4. 민간위탁금(307-05) 5. 사회복지시설 법정운영비보조(307-10) 6. 민간인위탁교육비(307-12) 7. 공기관등에대한경상적위탁사업비(308-11) 8. 민간자본사업보조,자체재원(402-01) 9. 민간자본사업보조,이전재원(402-02) 10. 민간위탁사업비(402-03) 11. 공기관등에 대한 자본적 대행사업비(403-02)	민간이전지출 근거 (지방보조금 관리기준 참고) 1. 법률에 규정 2. 국고보조 재원(국가지정) 3. 용도 지정 기부금 4. 조례에 직접규정 5. 지자체가 권장하는 사업을 하는 공공기관 6. 시,도 정책 및 재정사정 7. 기타 8. 해당없음	입찰방식 계약체결방법 (경쟁형태) 1. 일반경쟁 2. 제한경쟁 3. 지명경쟁 4. 수의계약 5. 법정위탁 6. 기타 ( ) 7. 해당없음	입찰방식 계약기간 1. 1년 2. 2년 3. 3년 4. 4년 5. 5년 6. 기타 ( )년 7. 단기계약 (1년미만) 8. 해당없음	입찰방식 낙찰자선정방법 1. 적격심사 2. 협상에의한계약 3. 최저가낙찰제 4. 규격가격분리 5. 2단계 경쟁입찰 6. 기타 ( ) 7. 해당없음	운영예산 산정 운영예산 산정 1. 내부산정 (지자체 자체적으로 산정) 2. 외부산정 (외부전문기관위탁 산정) 3. 내·외부 모두 산정 4. 산정 無 5. 해당없음	운영예산 산정 정산방법 1. 내부정산 (지자체 내부적으로 정산) 2. 외부정산 (외부전문기관위탁 정산) 3. 내·외부 모두 산정 4. 정산 無 5. 해당없음	성과평가 실시여부 1. 실시 2. 미실시 3. 향후 추진 4. 해당없음
1325	경기 성남시	중원구 한마음 건강달리기 대회	22,000	중원구 행정지원과	1	4	5	5	1	1	1	4
1326	경기 성남시	경로당운영 활성화 사업	16,000	중원구 사회복지과	1	4	7	8	7	1	1	1
1327	경기 성남시	청내보육시설운영	409,608	분당구 행정지원과	1	1	6	3	6	1	1	4
1328	경기 성남시	경로당 활성화사업 노인회지회 지원	25,000	분당구 사회복지과	1	4	7	8	7	1	1	1
1329	경기 의정부시	어린이성폭력예방 및 방범활동	8,132	자치행정과	1	7	6	1	6	1	1	4
1330	경기 의정부시	환경 및 수중정화활동	4,323	자치행정과	1	7	6	1	6	1	1	4
1331	경기 의정부시	보건복지 활동	3,705	자치행정과	1	7	6	1	6	1	1	4
1332	경기 의정부시	산악구조 및 산불예방활동	2,518	자치행정과	1	7	6	1	6	1	1	4
1333	경기 의정부시	거리정비 및 하천정화 산불예방활동	10,450	자치행정과	1	1	7	8	7	1	1	4
1334	경기 의정부시	치안협력 및 거리질서 계도	7,000	자치행정과	1	4	7	8	7	1	1	4
1335	경기 의정부시	새마을지도자 하계방역봉사활동	4,200	자치행정과	1	1	7	8	7	1	1	1
1336	경기 의정부시	새마을지도자 연수회	16,800	자치행정과	1	1	7	8	7	1	1	1
1337	경기 의정부시	나라사랑 태극기달기운동	4,000	자치행정과	1	1	7	8	7	1	1	1
1338	경기 의정부시	국토대청결운동	4,300	자치행정과	1	1	7	8	7	1	1	1
1339	경기 의정부시	새마을 사랑의 나무심기	10,000	자치행정과	1	1	7	8	7	1	1	1
1340	경기 의정부시	국민독서경진대회 의정부시예선	2,500	자치행정과	1	1	7	8	7	1	1	1
1341	경기 의정부시	우리아이독서논술지도법 및 어린이독서논술교실	1,200	자치행정과	1	1	7	8	7	1	1	1
1342	경기 의정부시	바르게살기운동 지도자연수회	7,000	자치행정과	1	1	7	8	7	1	1	1
1343	경기 의정부시	바른 의정부시 만들기 캠페인	3,000	자치행정과	1	1	7	8	7	1	1	1
1344	경기 의정부시	전국 나라사랑스피치 의정부시 예선대회	2,340	자치행정과	1	1	7	8	7	1	1	1
1345	경기 의정부시	자유수호희생자 합동위령제	5,000	자치행정과	1	1	7	8	7	1	1	1
1346	경기 의정부시	어머니포순이봉사단 활동	4,000	자치행정과	1	1	7	8	7	1	1	1
1347	경기 의정부시	안보정세설명회 및 안보강연회	600	자치행정과	1	1	7	8	7	1	1	1
1348	경기 의정부시	무명애국지사묘 관리	2,750	자치행정과	1	1	7	8	7	1	1	1
1349	경기 의정부시	북한이탈주민과 함께하는 자유수호한마음대회	3,000	자치행정과	1	1	7	8	7	1	1	1
1350	경기 의정부시	국가안보의식 고취를 위한 견학	3,000	자치행정과	1	1	7	8	7	1	1	1
1351	경기 의정부시	청소년가족과 함께하는 평화공감 캠페인	3,000	자치행정과	1	1	7	8	7	1	1	1
1352	경기 의정부시	지역통일 논의 활성화 워크숍	5,000	자치행정과	1	1	7	8	7	1	1	1
1353	경기 의정부시	먼저 온 통일과 소통의 문화 공감	2,000	자치행정과	1	1	7	8	7	1	1	1
1354	경기 의정부시	청년세대 통일리더 아카데미	4,200	자치행정과	1	1	7	8	7	1	1	1
1355	경기 의정부시	범죄피해자지원사업	40,000	자치행정과	1	1	7	8	7	1	1	1
1356	경기 의정부시	학교폭력예방 자원봉사활동	3,800	자치행정과	1	4	7	8	7	1	1	1
1357	경기 의정부시	학교폭력예방을 위한 "찾아가는 법교육"사업	7,000	자치행정과	1	4	7	8	7	1	1	1
1358	경기 의정부시	망향탑 참배·제례	3,000	자치행정과	1	4	7	8	7	1	1	1
1359	경기 의정부시	범죄예방캠페인	4,000	자치행정과	1	4	7	8	7	1	1	1
1360	경기 의정부시	등산로 안전확보 순찰활동	2,700	자치행정과	1	4	7	8	7	1	1	1
1361	경기 의정부시	빵에 사랑을 싣고 희망풍차를 돌리자	3,000	자치행정과	1	4	7	8	7	1	1	1
1362	경기 의정부시	마을기업 발굴육성 지원	30,000	일자리정책과	1	1	6	8	7	5	1	4
1363	경기 의정부시	사회적기업 사업개발비	75,698	일자리정책과	1	1	6	8	7	5	1	4
1364	경기 의정부시	사회적기업 일자리창출사업	443,660	일자리정책과	1	1	6	8	7	5	1	4
1365	경기 의정부시	사회적기업 사회보험료 지원	13,192	일자리정책과	1	1	6	8	7	5	1	4
1366	경기 의정부시	의정부형 예비사회적기업 창업지원 공모 선정자 지원금	18,000	일자리정책과	1	6	6	8	7	1	1	1
1367	경기 의정부시	마을공동체 주민제안 공모사업	80,000	일자리정책과	1	6	6	8	7	1	1	1
1368	경기 의정부시	경기도 마을공동체 주민제안 공모사업	100,000	일자리정책과	1	6	6	8	7	5	1	1
1369	경기 의정부시	노동안전지킴이 운영	90,000	일자리정책과	1	6	7	8	7	5	5	4
1370	경기 의정부시	지역정착형 청년일자리 사업인건비	662,400	일자리정책과	1	2	1	2	7	5	1	1
1371	경기 의정부시	디지털 청년일자리 사업인건비	180,000	일자리정책과	1	2	7	8	7	5	5	4
1372	경기 의정부시	기업관련 단체의 교육 등 사업지원	10,000	지역경제과	1	4	7	8	7	1	1	1
1373	경기 의정부시	경기북부상공회의소 CEO아카데미 운영지원	20,000	지역경제과	1	1	7	8	7	1	1	1
1374	경기 의정부시	경민대학교 창업보육센터 운영지원	23,334	지역경제과	1	4	7	8	7	1	1	1
1375	경기 의정부시	국내 전시회 참가기업 지원	12,000	지역경제과	1	4	7	8	7	1	1	2

순번	시군구	지출명 (사업명)	2021년예산 (단위:천원/1년간)	담당자 (공무원) 담당부서	민간이전 분류 (지방자치단체 세출예산 집행기준에 의거) 1. 민간경상사업보조(307-02) 2. 민간단체 법정운영비보조(307-03) 3. 민간행사사업보조(307-04) 4. 민간위탁금(307-05) 5. 사회복지시설 법정운영비보조(307-10) 6. 민간인위탁교육비(307-12) 7. 공기관등에대한경상적위탁사업비(308-11) 8. 민간자본사업보조,자체재원(402-01) 9. 민간자본사업보조,이전재원(402-02) 10. 민간위탁사업비(402-03) 11. 공기관등에 대한 자본적 대행사업비(403-02)	민간이전지출 근거 (지방보조금 관리기준 참고) 1. 법률에 규정 2. 국고보조 재원(국가지정) 3. 용도 지정 기부금 4. 조례에 직접규정 5. 지자체가 권장하는 사업을 하는 공공기관 6. 시,도 정책 및 재정사정 7. 기타 8. 해당없음	입찰방식 계약체결방법 (경쟁형태) 1. 일반경쟁 2. 제한경쟁 3. 지명경쟁 4. 수의계약 5. 법정위탁 6. 기타 ( ) 7. 해당없음	입찰방식 계약기간 1. 1년 2. 2년 3. 3년 4. 4년 5. 5년 6. 기타 ( )년 7. 단기계약 (1년미만) 8. 해당없음	입찰방식 낙찰자선정방법 1. 적격심사 2. 협상에의한계약 3. 최저가낙찰제 4. 규격가격분리 5. 2단계 경쟁입찰 6. 기타 ( ) 7. 해당없음	운영예산 산정 운영예산 산정 1. 내부산정 (지자체 자체적으로 산정) 2. 외부산정 (외부전문기관위탁 산정) 3. 내·외부 모두 산정 4. 산정 無 5. 해당없음	운영예산 산정 정산방법 1. 내부정산 (지자체 내부적으로 정산) 2. 외부정산 (외부전문기관위탁 정산) 3. 내·외부 모두 산정 4. 정산 無 5. 해당없음	성과평가 실시여부 1. 실시 2. 미실시 3. 향후 추진 4. 해당없음
1376	경기 의정부시	국외 전시회 참가기업 지원	20,000	지역경제과	1	4	7	8	7	1	1	1
1377	경기 의정부시	녹색거리상점가 주차이용보조사업	46,762	지역경제과	1	2	7	8	7	1	1	4
1378	경기 의정부시	발전소주변지역 지원(경로당 냉난방비)사업	1,300	지역경제과	1	1	7	8	7	2	1	4
1379	경기 의정부시	친환경 등 우수농산물 학교급식지원	2,128	도시농업과	1	6	7	8	7	4	1	1
1380	경기 의정부시	농업소식 및 정보제공사업	2,840	도시농업과	1	1	7	7	7	5	5	4
1381	경기 의정부시	경기도 어린이 건강과일 공급지원	829,320	도시농업과	1	4	7	1	1	5	5	4
1382	경기 의정부시	초등돌봄교실 과일간식 지원	111,132	도시농업과	1	1	7	1	1	5	5	4
1383	경기 의정부시	경기미 소비 활성화 지원사업	4,710	도시농업과	1	6	7	8	7	5	5	4
1384	경기 의정부시	농작물재해보험 가입지원	23,000	도시농업과	1	1	7	8	7	4	1	4
1385	경기 의정부시	토지개량제 지원사업	2,938	도시농업과	1	1	7	7	7	5	5	1
1386	경기 의정부시	유기질비료 지원	110,075	도시농업과	1	1	7	7	7	5	5	1
1387	경기 의정부시	농업인 안전재해보험 가입지원	4,790	도시농업과	1	1	7	8	7	4	1	4
1388	경기 의정부시	GAP 안전성 분석지원	2,000	도시농업과	1	1	7	7	7	5	5	4
1389	경기 의정부시	농가도우미 지원사업	6,250	도시농업과	1	6	7	8	7	5	5	4
1390	경기 의정부시	학교우유급식지원	983,624	도시농업과	1	1	7	8	7	4	1	4
1391	경기 의정부시	G마크 우수축산물 공급지원사업	640,000	도시농업과	1	1	7	8	7	4	1	4
1392	경기 의정부시	소귀표 부착비 지원사업	288	도시농업과	1	1	7	8	7	4	1	4
1393	경기 의정부시	조사료 생산용 종자구입지원	500	도시농업과	1	1	7	8	7	4	1	4
1394	경기 의정부시	지속가능한 양봉산업 기반조성	12,420	도시농업과	1	1	7	8	7	4	1	4
1395	경기 의정부시	한우 명품화 사업	60	도시농업과	1	1	7	8	7	4	1	4
1396	경기 의정부시	학생 승마교실 운영	67,200	도시농업과	1	1	7	8	7	4	1	4
1397	경기 의정부시	유소년 승마단 창단 운영 지원	20,000	도시농업과	1	1	7	8	7	4	1	4
1398	경기 의정부시	사회공익 승마사업	12,600	도시농업과	1	1	7	8	7	4	1	4
1399	경기 의정부시	승마장 육성지원	19,100	도시농업과	1	1	7	8	7	4	1	4
1400	경기 의정부시	학교 생태학습 텃밭 조성	20,000	도시농업과	1	6	7	8	7	1	1	4
1401	경기 의정부시	폐농약병 수거	2,550	도시농업과	1	1	4	8	1	1	1	3
1402	경기 의정부시	충전용예초기 구입 지원	8,500	도시농업과	1	1	7	8	7	1	1	3
1403	경기 의정부시	농작물 병해충 방제비	2,200	도시농업과	1	1	7	8	7	1	1	3
1404	경기 의정부시	하우스 비닐 교체	5,940	도시농업과	1	1	7	8	7	1	1	3
1405	경기 의정부시	농업인의 날 지원	4,000	도시농업과	1	1	7	8	7	1	1	3
1406	경기 의정부시	농업경영인의 날 지원	1,400	도시농업과	1	1	7	8	7	1	1	3
1407	경기 의정부시	농촌지도자 역량강화 교육	2,500	도시농업과	1	1	7	8	7	1	1	3
1408	경기 의정부시	학교4-H회 과제활동 지원	6,000	도시농업과	1	6	7	8	7	1	1	4
1409	경기 의정부시	사회복지사 역량강화 교육 및 훈련사업	10,000	복지정책과	1	1	7	8	7	1	1	4
1410	경기 의정부시	김장나누기 사업	5,000	복지정책과	1	1	7	8	7	1	1	4
1411	경기 의정부시	매일 사랑의 무료급식소 운영	8,000	복지정책과	1	8	7	8	7	5	5	4
1412	경기 의정부시	광복회 유적지 답사 및 순국선열 추모제	4,000	복지정책과	1	4	7	8	7	1	1	1
1413	경기 의정부시	전몰군경유족회 전적지순례 및 안보견학	4,500	복지정책과	1	4	7	8	7	1	1	1
1414	경기 의정부시	전몰군경미망인회 전적지순례 및 안보견학	4,500	복지정책과	1	4	7	8	7	1	1	1
1415	경기 의정부시	상이군경회 보훈회관 청소관리	19,800	복지정책과	1	4	7	8	7	1	1	1
1416	경기 의정부시	상이군경회 전적지순례 및 안보견학	6,000	복지정책과	1	4	7	8	7	1	1	1
1417	경기 의정부시	상이군경회 현충탑 관리	20,000	복지정책과	1	4	7	8	7	1	1	1
1418	경기 의정부시	무공수훈자회 전적지순례 및 안보견학	4,000	복지정책과	1	4	7	8	7	1	1	1
1419	경기 의정부시	무공수훈자회 국가유공자 장례의전 선양사업 및 근조기 설치	7,374	복지정책과	1	4	7	8	7	1	1	1
1420	경기 의정부시	6·25참전유공자회 전적지순례 및 안보견학	4,000	복지정책과	1	4	7	8	7	1	1	1
1421	경기 의정부시	고엽제전우회 전적지순례 및 안보견학	6,000	복지정책과	1	4	7	8	7	1	1	1
1422	경기 의정부시	특수임무유공자회 전적지순례 및 안보견학	4,000	복지정책과	1	4	7	8	7	1	1	1
1423	경기 의정부시	특수임무유공자회 야간방범 봉사활동	8,300	복지정책과	1	4	7	8	7	1	1	1
1424	경기 의정부시	월남참전자회 전적지순례 및 안보견학	6,000	복지정책과	1	4	7	8	7	1	1	1
1425	경기 의정부시	월남참전자회 안보교육 및 위문사업	4,000	복지정책과	1	4	7	8	7	1	1	1
1426	경기 의정부시	재향군인회 안보전적지 답사	800	복지정책과	1	4	7	8	7	1	1	1

순번	시군구	지출명 (사업명)	2021년예산 (단위:천원/1년간)	담당자 (공무원) 담당부서	민간이전 분류 (지방자치단체 세출예산 집행기준에 의거) 1. 민간경상사업보조(307-02) 2. 민간단체 법정운영비보조(307-03) 3. 민간행사사업보조(307-04) 4. 민간위탁금(307-05) 5. 사회복지시설 법정운영비보조(307-10) 6. 민간인위탁교육비(307-12) 7. 공기관등에대한경상적위탁사업비(308-11) 8. 민간자본사업보조,자체재원(402-01) 9. 민간자본사업보조,이전재원(402-02) 10. 민간위탁사업비(402-03) 11. 공기관등에 대한 자본적 대행사업비(403-02)	민간이전지출 근거 (지방보조금 관리기준 참고) 1. 법률에 규정 2. 국고보조 재원(국가지정) 3. 용도 지정 기부금 4. 조례에 직접규정 5. 지자체가 권장하는 사업을 하는 공공기관 6. 시,도 정책 및 재정사정 7. 기타 8. 해당없음	입찰방식 계약체결방법 (경쟁형태) 1. 일반경쟁 2. 제한경쟁 3. 지명경쟁 4. 수의계약 5. 법정위탁 6. 기타 ( ) 7. 해당없음	입찰방식 계약기간 1. 1년 2. 2년 3. 3년 4. 4년 5. 5년 6. 기타 ( )년 7. 단기계약 (1년미만) 8. 해당없음	입찰방식 낙찰자선정방법 1. 적격심사 2. 협상에의한계약 3. 최저가낙찰제 4. 규격가격분리 5. 2단계 경쟁입찰 6. 기타 ( ) 7. 해당없음	운영예산 산정 운영예산 산정 1. 내부산정 (지자체 자체적으로 산정) 2. 외부산정 (외부전문기관위탁 산정) 3. 내·외부 모두 산정 4. 산정 無 5. 해당없음	운영예산 산정 정산방법 1. 내부정산 (지자체 내부적으로 정산) 2. 외부정산 (외부전문기관위탁 정산) 3. 내·외부 모두 산정 4. 정산 無 5. 해당없음	성과평가 실시여부 1. 실시 2. 미실시 3. 향후 추진 4. 해당없음
1427	경기 의정부시	재향군인회 군직업 및 진로상담	1,100	복지정책과	1	4	7	8	7	1	1	1
1428	경기 의정부시	재향군인회 청소년병영체험 및 호국정신 함양교육	1,000	복지정책과	1	4	7	8	7	1	1	1
1429	경기 의정부시	보훈단체협의회 정례회 지원	4,000	복지정책과	1	4	7	8	7	1	1	1
1430	경기 의정부시	경로당 정보소식지 보급 사업	42,072	노인장애인과	1	1	7	8	7	1	1	1
1431	경기 의정부시	새일여성인턴제	102,600	여성가족과	1	1	7	8	7	1	1	4
1432	경기 의정부시	직업교육훈련 프로그램	94,000	여성가족과	1	1	7	8	7	1	1	4
1433	경기 의정부시	새일센터 운영지원	191,404	여성가족과	1	1	7	8	7	1	1	4
1434	경기 의정부시	디딤돌 취업지원	60,000	여성가족과	1	1	7	8	7	1	1	4
1435	경기 의정부시	중장년 여성 취업지원	60,000	여성가족과	1	1	7	8	7	1	1	4
1436	경기 의정부시	일하는 가정 주거공간개선 지원	60,000	여성가족과	1	1	7	8	7	1	1	4
1437	경기 의정부시	장애인 평생교육 지원	99,000	교육청소년과	1	6	7	8	7	5	1	4
1438	경기 의정부시	인성함양 프로그램 운영	20,000	교육청소년과	1	6	7	8	7	5	1	4
1439	경기 의정부시	시군 비대면 평생학습 사업 지원	30,000	교육청소년과	1	6	7	8	7	5	5	4
1440	경기 의정부시	청소년 동아리 지원	20,000	교육청소년과	1	1	7	8	7	5	5	4
1441	경기 의정부시	지역청소년참여위원회 운영	2,800	교육청소년과	1	1	7	8	7	5	5	4
1442	경기 의정부시	시군 청소년안전망	102,990	교육청소년과	1	1	7	8	7	5	5	4
1443	경기 의정부시	청소년지도협의회 활성화 사업 지원	75,946	교육청소년과	1	1	7	8	7	5	5	4
1444	경기 의정부시	청소년유해환경감시단협의회 사업 지원	2,000	교육청소년과	1	1	7	8	7	5	5	4
1445	경기 의정부시	청소년동반자 프로그램 운영	313,280	교육청소년과	1	1	7	8	7	5	5	4
1446	경기 의정부시	시군 학교 밖 청소년 프로그램 운영	176,720	교육청소년과	1	1	7	8	7	5	5	4
1447	경기 의정부시	대안교육기관 급식비 지원	136,404	교육청소년과	1	1	7	8	7	5	5	4
1448	경기 의정부시	시군 학교 밖 청소년 문화활동 지원	40,000	교육청소년과	1	1	7	8	7	5	5	4
1449	경기 의정부시	학교 밖 청소년 지원	176,673	교육청소년과	1	1	7	8	7	5	5	4
1450	경기 의정부시	학교 밖 청소년 급식비 지원	29,679	교육청소년과	1	1	7	8	7	5	5	4
1451	경기 의정부시	학교 밖 청소년 자립지원 수당	6,375	교육청소년과	1	1	7	8	7	5	5	4
1452	경기 의정부시	청소년쉼터 운영지원	1,274	교육청소년과	1	1	7	8	7	5	5	4
1453	경기 의정부시	지역청소년참여기구운영	2,000	교육청소년과	1	1	7	8	7	5	5	4
1454	경기 의정부시	청소년지도사 배치지원	25,968	교육청소년과	1	1	7	8	7	5	5	4
1455	경기 의정부시	청소년쉼터 야간근무자 배치지원	194,567	교육청소년과	1	1	7	8	7	5	5	4
1456	경기 의정부시	시군청소년회복지원시설 운영지원	70,000	교육청소년과	1	1	7	8	7	5	5	4
1457	경기 의정부시	청소년쉼터 이용 청소년 등 지원	45,000	교육청소년과	1	1	7	8	7	5	5	4
1458	경기 의정부시	공공청소년수련시설 프로그램 운영지원	20,000	교육청소년과	1	1	7	8	7	5	5	4
1459	경기 의정부시	지역문화예술 플랫폼 육성	34,191	문화관광과	1	6	1	1	7	1	1	4
1460	경기 의정부시	경기도 문화의 날, 지역화폐 드림 사업	54,000	문화관광과	1	6	7	8	7	5	5	4
1461	경기 의정부시	의순공주대제 전수교육 지원	10,000	문화관광과	1	1	7	8	7	1	1	3
1462	경기 의정부시	향토전시관 운영	8,000	문화관광과	1	7	7	8	7	1	1	3
1463	경기 의정부시	경기도 민속예술제 참가 지원	15,000	문화관광과	1	6	7	8	7	1	1	3
1464	경기 의정부시	통합문화이용권 사업	1,703	문화관광과	1	2	5	8	7	5	5	4
1465	경기 의정부시	예술지 발간	5,000	문화관광과	1	7	7	8	7	1	1	3
1466	경기 의정부시	경기수건춤 전수교육 지원	10,000	문화관광과	1	1	7	8	7	5	5	4
1467	경기 의정부시	공연장 대관료 지원	15,000	문화관광과	1	6	7	8	7	5	5	4
1468	경기 의정부시	의정부 향토문화 연구사업	75,000	문화관광과	1	7	7	8	7	1	1	3
1469	경기 의정부시	생활체육지도자 활동 근속수당	26,160	체육과	1	1	5	8	7	1	1	1
1470	경기 의정부시	생활체육지도자 정액급식비	15,120	체육과	1	1	5	8	7	1	1	1
1471	경기 의정부시	생활체육지도자 활동여비	14,256	체육과	1	1	5	8	7	1	1	1
1472	경기 의정부시	생활체육지도자 연가보상비	3,918	체육과	1	1	5	8	7	1	1	1
1473	경기 의정부시	생활체육지도자 법정부담금	7,968	체육과	1	1	5	8	7	1	1	1
1474	경기 의정부시	생활체육지도자 프로그램개발 용품비	1,800	체육과	1	1	5	8	7	1	1	1
1475	경기 의정부시	일반생활체육지도자 배치	175,392	체육과	1	2	5	8	7	1	1	1
1476	경기 의정부시	어르신생활체육지도자 배치	87,696	체육과	1	2	5	8	7	1	1	1
1477	경기 의정부시	장애인생활체육지도자 배치 지원	116,928	체육과	1	2	5	8	7	1	1	1

순번	시군구	지출명 (사업명)	2021년예산 (단위:천원/1년간)	담당자 (공무원) 담당부서	민간이전 분류 (지방자치단체 세출예산 집행기준에 의거) 1. 민간경상사업보조(307-02) 2. 민간단체 법정운영비보조(307-03) 3. 민간행사사업보조(307-04) 4. 민간위탁금(307-05) 5. 사회복지시설 법정운영비보조(307-10) 6. 민간인위탁교육비(307-12) 7. 공기관등에대한경상적위탁사업비(308-11) 8. 민간자본사업보조,자체재원(402-01) 9. 민간자본사업보조,이전재원(402-02) 10. 민간위탁사업비(402-03) 11. 공기관등에 대한 자본적 대행사업비(403-02)	민간이전지출 근거 (지방보조금 관리기준 참고) 1. 법률에 규정 2. 국고보조 재원(국가지정) 3. 용도 지정 기부금 4. 조례에 직접규정 5. 지자체가 권장하는 사업을 하는 공공기관 6. 시,도 정책 및 재정사정 7. 기타 8. 해당없음	입찰방식 계약체결방법 (경쟁형태) 1. 일반경쟁 2. 제한경쟁 3. 지명경쟁 4. 수의계약 5. 법정위탁 6. 기타 ( ) 7. 해당없음	입찰방식 계약기간 1. 1년 2. 2년 3. 3년 4. 4년 5. 5년 6. 기타 ( )년 7. 단기계약 (1년미만) 8. 해당없음	입찰방식 낙찰자선정방법 1. 적격심사 2. 협상에의한계약 3. 최저가낙찰제 4. 규격가격분리 5. 2단계 경쟁입찰 6. 기타 ( ) 7. 해당없음	운영예산 산정 운영예산 산정 1. 내부산정 (지자체 자체적으로 산정) 2. 외부산정 (외부전문기관위탁 산정) 3. 내·외부 모두 산정 4. 산정 無 5. 해당없음	운영예산 산정 정산방법 1. 내부정산 (지자체 내부적으로 정산) 2. 외부정산 (외부전문기관위탁 정산) 3. 내·외부 모두 산정 4. 정산 無 5. 해당없음	성과평가 실시여부 1. 실시 2. 미실시 3. 향후 추진 4. 해당없음
1478	경기 의정부시	장애인생활체육지도자 활동근속수당	10,140	체육과	1	1	5	8	7	1	1	1
1479	경기 의정부시	장애인생활체육지도자 정액급식비	6,720	체육과	1	1	5	8	7	1	1	1
1480	경기 의정부시	장애인생활체육지도자 활동여비	6,336	체육과	1	1	5	8	7	1	1	1
1481	경기 의정부시	장애인생활체육지도자 연가보상비	2,056	체육과	1	1	5	8	7	1	1	1
1482	경기 의정부시	장애인생활체육지도자 법정부담금	4,983	체육과	1	1	5	8	7	1	1	1
1483	경기 의정부시	장애인생활체육지도자 용품지원비	800	체육과	1	1	5	8	7	1	1	1
1484	경기 의정부시	일반 어르신 생활체육지도자 처우개선	10,737	체육과	1	1	5	8	7	1	1	1
1485	경기 의정부시	장애인 생활체육지도자 처우개선	4,772	체육과	1	1	5	8	7	1	1	1
1486	경기 의정부시	G-스포츠클럽 사업 지원	378,000	체육과	1	4	5	8	7	1	1	1
1487	경기 의정부시	공공스포츠클럽 사업 지원	25,000	체육과	1	4	7	8	7	1	1	1
1488	경기 의정부시	의정부시 태권도시범단 운영지원	80,000	체육과	1	1	5	8	7	1	1	1
1489	경기 의정부시	국민체력100 의정부시체력인증센터 사업	206,250	체육과	1	1	5	8	7	1	1	1
1490	경기 의정부시	학교스포츠클럽 사업 지원	38,982	체육과	1	1	5	8	7	1	1	1
1491	경기 의정부시	작은도서관 냉난방비 지원	10,400	도서관운영과	1	1	7	8	7	1	1	2
1492	경기 의정부시	작은도서관 아이돌봄 독서문화프로그램 지원	40,500	도서관운영과	1	1	7	8	7	1	1	2
1493	경기 의정부시	택시 카드 단말기 통신료 지원	29,885	교통기획과	1	4	7	8	7	1	1	4
1494	경기 의정부시	택시 카드 단말기 결제수수료 지원	415,761	교통기획과	1	4	7	8	7	1	1	4
1495	경기 의정부시	법인택시 운수종사자 처우개선 지원금	431,400	교통기획과	1	4	7	8	7	1	1	4
1496	경기 의정부시	어린이 안전보행지도 및 교통안전교육	19,000	교통기획과	1	4	7	8	7	1	1	1
1497	경기 의정부시	마을공동체 사업 및 마을가꿈활동 시범사업운영	50,000	도시재생과	1	2	7	8	7	5	5	1
1498	경기 의정부시	마을공동체 사업 및 마을가꿈활동 주민협의체 운영	15,000	도시재생과	1	2	7	8	7	5	5	1
1499	경기 의정부시	마을공동체 사업 및 마을가꿈활동 협동조합구성 공공지원	50,000	도시재생과	1	2	7	8	7	5	5	1
1500	경기 의정부시	마을공동체 사업 및 마을가꿈활동 주민제안공모사업	30,000	도시재생과	1	2	7	8	7	5	5	1
1501	경기 의정부시	마을공동체 사업 및 마을가꿈활동 주민기자단운영	15,000	도시재생과	1	2	7	8	7	5	5	1
1502	경기 의정부시	마을공동체 사업 및 마을가꿈활동 마을가꿈활동	30,000	도시재생과	1	2	7	8	7	5	5	1
1503	경기 의정부시	호흡기전담클리닉 설치 운영 지원	500,000	보건관리과	1	2	7	8	7	5	1	4
1504	경기 의정부시	지역응급의료기관 평가결과 보조금	160,000	보건관리과	1	1	7	8	7	5	5	4
1505	경기 의정부시	의료기관 결핵환자 관리지원	106,950	보건관리과	1	7	7	1	7	1	1	4
1506	경기 의정부시	정신재활시설 운영지원	531,462	동부보건과	1	1	7	8	7	5	3	1
1507	경기 의정부시	정신재활시설 공동캠프 지원	1,000	동부보건과	1	1	7	8	7	5	3	1
1508	경기 의정부시	기후·환경 네트워크 사업	12,500	환경관리과	1	1	7	8	7	1	1	1
1509	경기 의정부시	지속가능발전협의회 사업	92,680	환경관리과	1	1	7	8	7	1	1	1
1510	경기 의정부시	비산업부문 사업장 온실가스 진단컨설팅	4,000	환경관리과	1	2	7	8	7	5	5	1
1511	경기 의정부시	도시녹화 주민제안 공모사업	50,000	녹지산림과	1	4	7	8	7	5	1	4
1512	경기 안양시	청년단체 네트워크 활성화 지원	40,000	청년정책관	1	8	7	8	7	5	5	4
1513	경기 안양시	청년동아리 지원	20,000	청년정책관	1	8	7	8	7	5	5	4
1514	경기 안양시	대학창조일자리센터 운영 지원비	87,500	일자리정책과	1	8	7	8	7	5	5	4
1515	경기 안양시	중소기업 인턴사원제 고용지원금	30,000	일자리정책과	1	8	7	8	7	5	5	4
1516	경기 안양시	중소기업 인턴사원제 근속장려금	20,000	일자리정책과	1	8	7	8	7	5	5	4
1517	경기 안양시	참여청년 인건비 보조금	928,000	일자리정책과	1	8	7	8	7	5	5	4
1518	경기 안양시	참여청년 인건비 보조금	160,000	일자리정책과	1	8	7	8	7	5	5	4
1519	경기 안양시	청년구직자 면접비용 지원	5,760	일자리정책과	1	8	7	8	7	5	5	4
1520	경기 안양시	사회적기업 취약계층 인건비 지원	500,950	일자리정책과	1	8	7	8	7	5	5	4
1521	경기 안양시	사회적기업 사회보험료 지원	183,254	일자리정책과	1	8	7	8	7	5	5	4
1522	경기 안양시	사회적기업 사업개발비 지원	113,544	일자리정책과	1	8	7	8	7	5	5	4
1523	경기 안양시	사회적경제 창업 지원금	32,000	일자리정책과	1	8	7	8	7	5	5	4
1524	경기 안양시	공유경제활성화 공모지원	10,000	일자리정책과	1	8	7	8	7	5	5	4
1525	경기 안양시	마을공동체만들기 공모사업	61,000	일자리정책과	1	8	7	8	7	5	5	4
1526	경기 안양시	마을공동체 주민제안 공모사업	20,000	일자리정책과	1	8	7	8	7	5	5	4
1527	경기 안양시	공정무역 활성화 지원사업	20,000	일자리정책과	1	8	7	8	7	5	5	4
1528	경기 안양시	시장경영바우처 지원	9,600	기업경제과	1	8	7	8	7	5	5	4

순번	시군구	지출명 (사업명)	2021년예산 (단위:천원/1년간)	담당자 (공무원) 담당부서	민간이전 분류 (지방자치단체 세출예산 집행기준에 의거) 1. 민간경상사업보조(307-02) 2. 민간단체 법정운영비보조(307-03) 3. 민간행사사업보조(307-04) 4. 민간위탁금(307-05) 5. 사회복지시설 법정운영비보조(307-10) 6. 민간인위탁교육비(307-12) 7. 공기관등에대한경상적위탁사업비(308-11) 8. 민간자본사업보조,자체재원(402-01) 9. 민간자본사업보조,이전재원(402-02) 10. 민간위탁사업비(402-03) 11. 공기관등에 대한 자본적 대행사업비(403-02)	민간이전지출 근거 (지방보조금 관리기준 참고) 1. 법률에 규정 2. 국고보조 재원(국가지정) 3. 용도 지정 기부금 4. 조례에 직접규정 5. 지자체가 권장하는 사업을 하는 공공기관 6. 시,도 정책 및 재정사정 7. 기타 8. 해당없음	입찰방식 계약체결방법 (경쟁형태) 1. 일반경쟁 2. 제한경쟁 3. 지명경쟁 4. 수의계약 5. 법정위탁 6. 기타 ( ) 7. 해당없음	입찰방식 계약기간 1. 1년 2. 2년 3. 3년 4. 4년 5. 5년 6. 기타 ( )년 7. 단기계약 (1년미만) 8. 해당없음	입찰방식 낙찰자선정방법 1. 적격심사 2. 협상에의한계약 3. 최저가낙찰제 4. 규격가격분리 5. 2단계 경쟁입찰 6. 기타 ( ) 7. 해당없음	운영예산 산정 운영예산 산정 1. 내부산정 (지자체 자체적으로 산정) 2. 외부산정 (외부전문기관위탁 산정) 3. 내·외부 모두 산정 4. 산정 無 5. 해당없음	운영예산 산정 정산방법 1. 내부정산 (지자체 내부적으로 정산) 2. 외부정산 (외부전문기관위탁 정산) 3. 내·외부 모두 산정 4. 정산 無 5. 해당없음	성과평가 실시여부 1. 실시 2. 미실시 3. 향후 추진 4. 해당없음
1529	경기 안양시	시장경영바우처 지원	9,504	기업경제과	1	8	7	8	7	5	5	4
1530	경기 안양시	경기도 시장매니저 육성	22,000	기업경제과	1	8	7	8	7	5	5	4
1531	경기 안양시	전통시장 상인 역량강화 교육	8,000	기업경제과	1	8	7	8	7	5	5	4
1532	경기 안양시	전통시장 및 골목상권 활성화 지원사업	200,000	기업경제과	1	8	7	8	7	5	5	4
1533	경기 안양시	전통시장 특화육성 사업	28,800	기업경제과	1	8	7	8	7	5	5	4
1534	경기 안양시	전통시장 특화육성 사업	5,000	기업경제과	1	8	7	8	7	5	5	4
1535	경기 안양시	중부노총 사업비	39,500	기업경제과	1	8	7	8	7	5	5	4
1536	경기 안양시	안양시노동조합협의회 사업비	24,000	기업경제과	1	8	7	8	7	5	5	4
1537	경기 안양시	노사민정협의회 사무국 사업비	21,338	기업경제과	1	8	7	8	7	5	5	4
1538	경기 안양시	창업보육센터 운영비	18,511	기업경제과	1	8	7	8	7	5	5	4
1539	경기 안양시	소비자보호단체 지원	18,400	기업경제과	1	8	7	8	7	5	5	4
1540	경기 안양시	소상공인 조직화 지원	5,000	기업경제과	1	8	7	8	7	5	5	4
1541	경기 안양시	여성CEO 역량강화 지원	7,000	기업경제과	1	8	7	8	7	5	5	4
1542	경기 안양시	산림보존 지킴이(행정동우회) 사업	8,640	총무과	1	8	7	8	7	5	5	4
1543	경기 안양시	민주화운동 기념 및 계승사업	36,000	자치행정과	1	8	7	8	7	5	5	4
1544	경기 안양시	범죄피해자 보호 지원	30,000	자치행정과	1	8	7	8	7	5	5	4
1545	경기 안양시	통일공감 현장견학	7,267	자치행정과	1	8	7	8	7	5	5	4
1546	경기 안양시	통일대비 민주시민 교육	3,100	자치행정과	1	8	7	8	7	5	5	4
1547	경기 안양시	경기도 국민화합 한마음체육대회	900	자치행정과	1	8	7	8	7	5	5	4
1548	경기 안양시	2021년 회원화합 지도자대회	2,540	자치행정과	1	8	7	8	7	5	5	4
1549	경기 안양시	어머니 포순이 봉사단 운영지원	2,000	자치행정과	1	8	7	8	7	5	5	4
1550	경기 안양시	민주평통 자문위원 통일현장 탐방	13,000	자치행정과	1	8	7	8	7	5	5	4
1551	경기 안양시	민주평통 통일안보현장 견학	2,100	자치행정과	1	8	7	8	7	5	5	4
1552	경기 안양시	북한이탈주민과 함께하는 통일한마당	5,500	자치행정과	1	8	7	8	7	5	5	4
1553	경기 안양시	민주평통 대학생 통일세미나	2,900	자치행정과	1	8	7	8	7	5	5	4
1554	경기 안양시	민주평통 활동평가 보고회	4,700	자치행정과	1	8	7	8	7	5	5	4
1555	경기 안양시	바르게살기운동안양시협의회 회원 전진대회	6,800	자치행정과	1	8	7	8	7	5	5	4
1556	경기 안양시	작은 장례문화 조성 캠페인	2,680	자치행정과	1	8	7	8	7	5	5	4
1557	경기 안양시	바르게 의식개혁 회원대회	2,090	자치행정과	1	8	7	8	7	5	5	4
1558	경기 안양시	나라사랑 독도 아카데미	10,000	자치행정과	1	8	7	8	7	5	5	4
1559	경기 안양시	새마을대청소(국토대청결운동) 운영비	28,000	자치행정과	1	8	7	8	7	5	5	4
1560	경기 안양시	전국 새마을지도자 대회	2,500	자치행정과	1	8	7	8	7	5	5	4
1561	경기 안양시	독거노인 등 김장김치 담가주기	12,000	자치행정과	1	8	7	8	7	5	5	4
1562	경기 안양시	새마을 작은도서관 도서구입 및 운영비	89,800	자치행정과	1	8	7	8	7	5	5	4
1563	경기 안양시	제21회 안양시민 독서경진대회	2,100	자치행정과	1	8	7	8	7	5	5	4
1564	경기 안양시	제28회 경기도민 문화의 한마당	1,085	자치행정과	1	8	7	8	7	5	5	4
1565	경기 안양시	새마을문고지도자 독서지도교육	450	자치행정과	1	8	7	8	7	5	5	4
1566	경기 안양시	가족과 함께하는 문학기행	2,858	자치행정과	1	8	7	8	7	5	5	4
1567	경기 안양시	새마을 국제교류 사업	15,000	자치행정과	1	8	7	8	7	5	5	4
1568	경기 안양시	제14회 안양북페스티벌	8,000	자치행정과	1	8	7	8	7	5	5	4
1569	경기 안양시	결식 독거노인 도시락 수송	12,750	자치행정과	1	8	7	8	7	5	5	4
1570	경기 안양시	정지선지키기 캠페인	576	자치행정과	1	8	7	8	7	5	5	4
1571	경기 안양시	재향군인회 정기총회 및 안보결의대회	2,000	자치행정과	1	8	7	8	7	5	5	4
1572	경기 안양시	재향군인의 날 기념행사 및 안보결의대회	1,000	자치행정과	1	8	7	8	7	5	5	4
1573	경기 안양시	재향군인회 안보연수회	2,000	자치행정과	1	8	7	8	7	5	5	4
1574	경기 안양시	재향군인회 현충원 참배	2,600	자치행정과	1	8	7	8	7	5	5	4
1575	경기 안양시	재향군인회 안보현장 견학	5,000	자치행정과	1	8	7	8	7	5	5	4
1576	경기 안양시	안양시이북5도연합회 전적지 견학	1,350	자치행정과	1	8	7	8	7	5	5	4
1577	경기 안양시	안양시이북5도연합회 실향민 망향제	2,820	자치행정과	1	8	7	8	7	5	5	4
1578	경기 안양시	남북교류협력사업 추진	47,200	자치행정과	1	8	7	8	7	5	5	4
1579	경기 안양시	국제교류사업 지원	30,000	자치행정과	1	8	7	8	7	5	5	4

순번	시군구	지출명 (사업명)	2021년예산 (단위:천원/1년간)	담당자 (공무원) 담당부서	민간이전 분류 (지방자치단체 세출예산 집행기준에 의거) 1. 민간경상사업보조(307-02) 2. 민간단체 법정운영비보조(307-03) 3. 민간행사사업보조(307-04) 4. 민간위탁금(307-05) 5. 사회복지시설 법정운영비보조(307-10) 6. 민간인위탁교육비(307-12) 7. 공기관등에대한경상적위탁사업비(308-11) 8. 민간자본사업보조,자체재원(402-01) 9. 민간자본사업보조,이전재원(402-02) 10. 민간위탁사업비(402-03) 11. 공기관등에 대한 자본적 대행사업비(403-02)	민간이전지출 근거 (지방보조금 관리기준 참고) 1. 법률에 규정 2. 국고보조 재원(국가지정) 3. 용도 지정 기부금 4. 조례에 직접규정 5. 지자체가 권장하는 사업을 하는 공공기관 6. 시,도 정책 및 재정사정 7. 기타 8. 해당없음	입찰방식 계약체결방법 (경쟁형태) 1. 일반경쟁 2. 제한경쟁 3. 지명경쟁 4. 수의계약 5. 법정위탁 6. 기타 ( ) 7. 해당없음	입찰방식 계약기간 1. 1년 2. 2년 3. 3년 4. 4년 5. 5년 6. 기타 ( )년 7. 단기계약 (1년미만) 8. 해당없음	입찰방식 낙찰자선정방법 1. 적격심사 2. 협상에의한계약 3. 최저가낙찰제 4. 규격가격분리 5. 2단계 경쟁입찰 6. 기타 ( ) 7. 해당없음	운영예산 산정 운영예산 산정 1. 내부산정 (지자체 자체적으로 산정) 2. 외부산정 (외부전문기관위탁 산정) 3. 내·외부 모두 산정 4. 산정 無 5. 해당없음	운영예산 산정 정산방법 1. 내부정산 (지자체 내부적으로 정산) 2. 외부정산 (외부전문기관위탁 정산) 3. 내·외부 모두 산정 4. 정산 無 5. 해당없음	성과평가 실시여부 1. 실시 2. 미실시 3. 향후 추진 4. 해당없음
1580	경기 안양시	제102회 전국동계체육대회 출전지원	16,000	체육과	1	8	7	8	7	5	5	4
1581	경기 안양시	제102회 전국체육대회 출전지원	32,000	체육과	1	8	7	8	7	5	5	4
1582	경기 안양시	제50회 전국소년체육대회 출전지원	20,700	체육과	1	8	7	8	7	5	5	4
1583	경기 안양시	전국·도대회 이상 입상자 지원	63,000	체육과	1	8	7	8	7	5	5	4
1584	경기 안양시	종목단체 및 실무자 워크숍	14,000	체육과	1	8	7	8	7	5	5	4
1585	경기 안양시	체육대회 준비경비	23,000	체육과	1	8	7	8	7	5	5	4
1586	경기 안양시	경기도체육대회 종목별 강화훈련비	101,540	체육과	1	8	7	8	7	5	5	4
1587	경기 안양시	종목단체 체육 및 대회지원	20,000	체육과	1	8	7	8	7	5	5	4
1588	경기 안양시	우수선수 및 체육지도자 지원	366,000	체육과	1	8	7	8	7	5	5	4
1589	경기 안양시	제67회 경기도 체육대회 출전지원	359,988	체육과	1	8	7	8	7	5	5	4
1590	경기 안양시	제32회 경기도생활체육대축전 출전지원	138,100	체육과	1	8	7	8	7	5	5	4
1591	경기 안양시	도지사기(도의장기) 생활체육대회 출전지원	99,700	체육과	1	8	7	8	7	5	5	4
1592	경기 안양시	동호인 체육대회 개최 및 출전지원	77,000	체육과	1	8	7	8	7	5	5	4
1593	경기 안양시	2021 전국 생활체육대축전 출전비	7,500	체육과	1	8	7	8	7	5	5	4
1594	경기 안양시	생활체육 체조교실 운영	48,000	체육과	1	8	7	8	7	5	5	4
1595	경기 안양시	여성축구 운영비 지원	15,000	체육과	1	8	7	8	7	5	5	4
1596	경기 안양시	경기도 어울림 체육대회	13,430	체육과	1	8	7	8	7	5	5	4
1597	경기 안양시	전국장애인체육대회 출전지원	5,000	체육과	1	8	7	8	7	5	5	4
1598	경기 안양시	전국장애인학생체육대회 출전지원	2,000	체육과	1	8	7	8	7	5	5	4
1599	경기 안양시	경기도장애인생활체육대회 지원	38,850	체육과	1	8	7	8	7	5	5	4
1600	경기 안양시	경기도장애인체육대회 출전지원	59,560	체육과	1	8	7	8	7	5	5	4
1601	경기 안양시	장애인 가맹단체 대회 출전 및 행사 지원	25,048	체육과	1	8	7	8	7	5	5	4
1602	경기 안양시	장애인체육대회 입상자포상금	34,000	체육과	1	8	7	8	7	5	5	4
1603	경기 안양시	장애인 생활체육 교실 운영	20,000	체육과	1	8	7	8	7	5	5	4
1604	경기 안양시	장애인 체육회 교육훈련 지원	3,240	체육과	1	8	7	8	7	5	5	4
1605	경기 안양시	장애인 체육행사 준비경비	6,000	체육과	1	8	7	8	7	5	5	4
1606	경기 안양시	도단위 유형별 장애인체육대회 지원	9,360	체육과	1	8	7	8	7	5	5	4
1607	경기 안양시	일반 생활체육지도자 배치사업	155,880	체육과	1	8	7	8	7	5	5	4
1608	경기 안양시	어르신전담 생활체육 지도자 배치사업	218,232	체육과	1	8	7	8	7	5	5	4
1609	경기 안양시	일반·어르신생활체육지도자 처우개선	34,858	체육과	1	8	7	8	7	5	5	4
1610	경기 안양시	스포츠강좌 이용권사업	275,200	체육과	1	8	7	8	7	5	5	4
1611	경기 안양시	장애인 스포츠강좌 이용권 사업	38,400	체육과	1	8	7	8	7	5	5	4
1612	경기 안양시	장애인 생활체육지도자 배치	124,704	체육과	1	8	7	8	7	5	5	4
1613	경기 안양시	장애인 생활체육지도자 처우개선비	10,739	체육과	1	8	7	8	7	5	5	4
1614	경기 안양시	초등스포츠클럽 육성지원	62,382	체육과	1	8	7	8	7	5	5	4
1615	경기 안양시	스포츠행사 유치 및 체육꿈나무 육성지원	10,000	체육과	1	8	7	8	7	5	5	4
1616	경기 안양시	주민의 체육진흥을 위한 사업	78,055	체육과	1	8	7	8	7	5	5	4
1617	경기 안양시	사회복지사 역량 강화 교육	29,000	복지정책과	1	8	7	8	7	5	5	4
1618	경기 안양시	자활사업장 시설장비 지원	20,000	복지정책과	1	8	7	8	7	5	5	4
1619	경기 안양시	자활기업 전문가 인건비 지원	35,000	복지정책과	1	8	7	8	7	5	5	4
1620	경기 안양시	탈수급 유지지원사업	39,000	복지정책과	1	8	7	8	7	5	5	4
1621	경기 안양시	깔끄미 사업	15,000	복지정책과	1	8	7	8	7	5	5	4
1622	경기 안양시	자활교육 훈련 지원	12,621	복지정책과	1	8	7	8	7	5	5	4
1623	경기 안양시	통장사례관리 운영	35,741	복지정책과	1	8	7	8	7	5	5	4
1624	경기 안양시	자활사례관리	28,990	복지정책과	1	8	7	8	7	5	5	4
1625	경기 안양시	전몰군경 유족회 전적지 순례	2,690	복지정책과	1	8	7	8	7	5	5	4
1626	경기 안양시	고엽제전우회 전적지 순례	5,280	복지정책과	1	8	7	8	7	5	5	4
1627	경기 안양시	상이군경회 전적지 순례	6,886	복지정책과	1	8	7	8	7	5	5	4
1628	경기 안양시	월남전참전자회 전적지 순례	5,060	복지정책과	1	8	7	8	7	5	5	4
1629	경기 안양시	보훈사무실 시설 유지 관리	16,533	복지정책과	1	8	7	8	7	5	5	4
1630	경기 안양시	보훈회관 목욕탕 운영	23,244	복지정책과	1	8	7	8	7	5	5	4

순번	시군구	지출명 (사업명)	2021년예산 (단위:천원/1년간)	담당자 (공무원) 담당부서	민간이전 분류 (지방자치단체 세출예산 집행기준에 의거) 1. 민간경상사업보조(307-02) 2. 민간단체 법정운영비보조(307-03) 3. 민간행사사업보조(307-04) 4. 민간위탁금(307-05) 5. 사회복지시설 법정운영비보조(307-10) 6. 민간인위탁교육비(307-12) 7. 공기관등에대한경상적위탁사업비(308-11) 8. 민간자본사업보조,자체재원(402-01) 9. 민간자본사업보조,이전재원(402-02) 10. 민간위탁사업비(402-03) 11. 공기관등에 대한 자본적 대행사업비(403-02)	민간이전지출 근거 (지방보조금 관리기준 참고) 1. 법률에 규정 2. 국고보조 재원(국가지정) 3. 용도 지정 기부금 4. 조례에 직접규정 5. 지자체가 권장하는 사업을 하는 공공기관 6. 시,도 정책 및 재정사정 7. 기타 8. 해당없음	입찰방식 계약체결방법 (경쟁형태) 1. 일반경쟁 2. 제한경쟁 3. 지명경쟁 4. 수의계약 5. 법정위탁 6. 기타 ( ) 7. 해당없음	입찰방식 계약기간 1. 1년 2. 2년 3. 3년 4. 4년 5. 5년 6. 기타 ( )년 7. 단기계약 (1년미만) 8. 해당없음	입찰방식 낙찰자선정방법 1. 적격심사 2. 협상에의한계약 3. 최저가낙찰제 4. 규격가격분리 5. 2단계 경쟁입찰 6. 기타 ( ) 7. 해당없음	운영예산 산정 운영예산 산정 1. 내부산정 (지자체 자체적으로 산정) 2. 외부산정 (외부전문기관위탁 산정) 3. 내·외부 모두 산정 4. 산정 無 5. 해당없음	운영예산 산정 정산방법 1. 내부정산 (지자체 내부적으로 정산) 2. 외부정산 (외부전문기관위탁 정산) 3. 내·외부 모두 산정 4. 정산 無 5. 해당없음	성과평가 실시여부 1. 실시 2. 미실시 3. 향후 추진 4. 해당없음
1631	경기 안양시	국가유공자 환자수송 차량유지비	9,600	복지정책과	1	8	7	8	7	5	5	4
1632	경기 안양시	현충시설 환경정비 및 유지관리	22,046	복지정책과	1	8	7	8	7	5	5	4
1633	경기 안양시	예술단체 사업보조금	273,000	문화관광과	1	8	7	8	7	5	5	4
1634	경기 안양시	예총단체 사업지원	88,000	문화관광과	1	8	7	8	7	5	5	4
1635	경기 안양시	찾아가는 문화활동 지원	67,200	문화관광과	1	8	7	8	7	5	5	4
1636	경기 안양시	거리로 나온 예술	20,000	문화관광과	1	8	7	8	7	5	5	4
1637	경기 안양시	장애인 문화예술 지원사업	6,000	문화관광과	1	8	7	8	7	5	5	4
1638	경기 안양시	공연장 대관료 지원 사업	10,000	문화관광과	1	8	7	8	7	5	5	4
1639	경기 안양시	문화학교 운영	12,400	문화관광과	1	8	7	8	7	5	5	4
1640	경기 안양시	지방문화원 사업활동	93,000	문화관광과	1	8	7	8	7	5	5	4
1641	경기 안양시	통합문화체육관광 이용권(문화바우처 사업)	1,120	문화관광과	1	8	7	8	7	5	5	4
1642	경기 안양시	문화예술진흥기금 지원사업	146,030	문화관광과	1	8	7	8	7	5	5	4
1643	경기 안양시	무형문화재 작품전시회 지원금	12,000	문화관광과	1	8	7	8	7	5	5	4
1644	경기 안양시	지역문화예술 플랫폼 육성	64,951	문화관광과	1	8	7	8	7	5	5	4
1645	경기 안양시	노인교양특강	1,000	노인복지과	1	8	7	8	7	5	5	4
1646	경기 안양시	노인복지정책 학술세미나 개최	1,000	노인복지과	1	8	7	8	7	5	5	4
1647	경기 안양시	독거노인 정서지원 사업	4,500	노인복지과	1	8	7	8	7	5	5	4
1648	경기 안양시	장기요양기관 직무교육 지원	3,000	노인복지과	1	8	7	8	7	5	5	4
1649	경기 안양시	노인지도자 교육	10,290	노인복지과	1	8	7	8	7	5	5	4
1650	경기 안양시	실버 경찰봉사대 운영	14,380	노인복지과	1	8	7	8	7	5	5	4
1651	경기 안양시	경로당 마을사랑방 운영	10,000	노인복지과	1	8	7	8	7	5	5	4
1652	경기 안양시	안양시 실버문화 축제	60,000	노인복지과	1	8	7	8	7	5	5	4
1653	경기 안양시	노인회지회 취미교실 운영	32,000	노인복지과	1	8	7	8	7	5	5	4
1654	경기 안양시	노인회지회 선진지시찰	14,994	노인복지과	1	8	7	8	7	5	5	4
1655	경기 안양시	노인회지회 자연보호활동	3,056	노인복지과	1	8	7	8	7	5	5	4
1656	경기 안양시	노인대학 현장학습	9,240	노인복지과	1	8	7	8	7	5	5	4
1657	경기 안양시	노인지회장 활동비 지원	19,200	노인복지과	1	8	7	8	7	5	5	4
1658	경기 안양시	시각장애인 건강지킴이 산행교육	2,000	장애인복지과	1	8	7	8	7	5	5	4
1659	경기 안양시	장애인가족 일일문화체험 지원	2,000	장애인복지과	1	8	7	8	7	5	5	4
1660	경기 안양시	장애인 합동고희 효도잔치 지원	5,000	장애인복지과	1	8	7	8	7	5	5	4
1661	경기 안양시	자립생활 기술훈련 지원	3,320	장애인복지과	1	8	7	8	7	5	5	4
1662	경기 안양시	사랑의 끈 연결운동	1,500	장애인복지과	1	8	7	8	7	5	5	4
1663	경기 안양시	신체장애인 재활증진 하계수련회	3,500	장애인복지과	1	8	7	8	7	5	5	4
1664	경기 안양시	장애인 인식개선 사업	116,500	장애인복지과	1	8	7	8	7	5	5	4
1665	경기 안양시	배리어프리 영화 정기상영 지원	2,400	장애인복지과	1	8	7	8	7	5	5	4
1666	경기 안양시	안양시민과의 만남 전시회 지원	3,500	장애인복지과	1	8	7	8	7	5	5	4
1667	경기 안양시	중증장애인 난타교실	2,610	장애인복지과	1	8	7	8	7	5	5	4
1668	경기 안양시	장애인복지회 하계수련회 및 인성교육 지원	1,800	장애인복지과	1	8	7	8	7	5	5	4
1669	경기 안양시	교통장애인 문화역사 체험	7,000	장애인복지과	1	8	7	8	7	5	5	4
1670	경기 안양시	농아인 문화·복지교육	4,800	장애인복지과	1	8	7	8	7	5	5	4
1671	경기 안양시	시각장애인 생활적응 교육	13,500	장애인복지과	1	8	7	8	7	5	5	4
1672	경기 안양시	사랑의 수어교실	14,000	장애인복지과	1	8	7	8	7	5	5	4
1673	경기 안양시	농아 어르신 건강교실	1,500	장애인복지과	1	8	7	8	7	5	5	4
1674	경기 안양시	장애인자립생활 체험홈 운영비 지원	80,000	장애인복지과	1	8	7	8	7	5	5	4
1675	경기 안양시	장애인 긴급돌봄 지원	6,378	장애인복지과	1	8	7	8	7	5	5	4
1676	경기 안양시	발달장애인 직무능력교육	5,064	장애인복지과	1	8	7	8	7	5	5	4
1677	경기 안양시	장애인 의식향상 심신수련회	7,000	장애인복지과	1	8	7	8	7	5	5	4
1678	경기 안양시	장애인 향토문화 탐방	8,300	장애인복지과	1	8	7	8	7	5	5	4
1679	경기 안양시	제42회 흰지팡이의 날 행사 및 제95주년 점자의 날 행사	5,500	장애인복지과	1	8	7	8	7	5	5	4
1680	경기 안양시	장애인 무료 컴퓨터 교육	13,240	장애인복지과	1	8	7	8	7	5	5	4
1681	경기 안양시	장애인가족 일일휴식 지원 사업	3,500	장애인복지과	1	8	7	8	7	5	5	4

순번	시군구	지출명 (사업명)	2021년예산 (단위:천원/1년간)	담당자 (공무원) 담당부서	민간이전 분류 (지방자치단체 세출예산 집행기준에 의거) 1. 민간경상사업보조(307-02) 2. 민간단체 법정운영비보조(307-03) 3. 민간행사사업보조(307-04) 4. 민간위탁금(307-05) 5. 사회복지시설 법정운영비보조(307-10) 6. 민간인위탁교육비(307-12) 7. 공기관등에대한경상적위탁사업비(308-11) 8. 민간자본사업보조,자체재원(402-01) 9. 민간자본사업보조,이전재원(402-02) 10. 민간위탁사업비(402-03) 11. 공기관등에 대한 자본적 대행사업비(403-02)	민간이전지출 근거 (지방보조금 관리기준 참고) 1. 법률에 규정 2. 국고보조 재원(국가지정) 3. 용도 지정 기부금 4. 조례에 직접규정 5. 지자체가 권장하는 사업을 하는 공공기관 6. 시,도 정책 및 재정사정 7. 기타 8. 해당없음	입찰방식 계약체결방법 (경쟁형태) 1. 일반경쟁 2. 제한경쟁 3. 지명경쟁 4. 수의계약 5. 법정위탁 6. 기타 ( ) 7. 해당없음	입찰방식 계약기간 1. 1년 2. 2년 3. 3년 4. 4년 5. 5년 6. 기타 ( )년 7. 단기계약 (1년미만) 8. 해당없음	입찰방식 낙찰자선정방법 1. 적격심사 2. 협상에의한계약 3. 최저가낙찰제 4. 규격가격분리 5. 2단계 경쟁입찰 6. 기타 ( ) 7. 해당없음	운영예산 산정 운영예산 산정 1. 내부산정 (지자체 자체적으로 산정) 2. 외부산정 (외부전문기관위탁 산정) 3. 내·외부 모두 산정 4. 산정 無 5. 해당없음	운영예산 산정 정산방법 1. 내부정산 (지자체 내부적으로 정산) 2. 외부정산 (외부전문기관위탁 정산) 3. 내·외부 모두 산정 4. 정산 無 5. 해당없음	성과평가 실시여부 1. 실시 2. 미실시 3. 향후 추진 4. 해당없음
1682	경기 안양시	성인발달장애인 토요미술 인지교육	4,000	장애인복지과	1	8	7	8	7	5	5	4
1683	경기 안양시	심한장애인 신변처리 쓰레기봉투 지원 사업	4,500	장애인복지과	1	8	7	8	7	5	5	4
1684	경기 안양시	교통사고 예방 캠페인 및 결의대회	4,000	장애인복지과	1	8	7	8	7	5	5	4
1685	경기 안양시	교통장애인 역량강화 체험교실	2,500	장애인복지과	1	8	7	8	7	5	5	4
1686	경기 안양시	실버레크레이션 웃음치료교실	1,400	장애인복지과	1	8	7	8	7	5	5	4
1687	경기 안양시	신체장애인 심신단련 치료와 교육지원사업	3,800	장애인복지과	1	8	7	8	7	5	5	4
1688	경기 안양시	토탈공예교실	2,400	장애인복지과	1	8	7	8	7	5	5	4
1689	경기 안양시	건강증진 프로그램	2,500	장애인복지과	1	8	7	8	7	5	5	4
1690	경기 안양시	장애인단체회원 야외수련회	2,500	장애인복지과	1	8	7	8	7	5	5	4
1691	경기 안양시	장애인 미술교육	2,000	장애인복지과	1	8	7	8	7	5	5	4
1692	경기 안양시	중증장애인 문학강좌	2,130	장애인복지과	1	8	7	8	7	5	5	4
1693	경기 안양시	토요 사회적응 프로그램	3,500	장애인복지과	1	8	7	8	7	5	5	4
1694	경기 안양시	장애인 향토문화탐방	2,335	장애인복지과	1	8	7	8	7	5	5	4
1695	경기 안양시	안양시여성단체협의회 35주년 기념책자 발간	22,000	여성가족과	1	8	7	8	7	5	5	4
1696	경기 안양시	양성평등 문화확산 및 여성의 사회참여 확대사업	30,000	여성가족과	1	8	7	8	7	5	5	4
1697	경기 안양시	여성 인권보호 및 복지증진을 위한 사업	30,000	여성가족과	1	8	7	8	7	5	5	4
1698	경기 안양시	여성친화도시 및 일,가정양립 지원사업	30,000	여성가족과	1	8	7	8	7	5	5	4
1699	경기 안양시	여성지도자 양성 및 역량강화 사업	30,000	여성가족과	1	8	7	8	7	5	5	4
1700	경기 안양시	청소년 적십자 사업 지원	3,300	교육청소년과	1	8	7	8	7	5	5	4
1701	경기 안양시	청소년 지도협의회 유해환경 순찰 및 단속	55,800	교육청소년과	1	8	7	8	7	5	5	4
1702	경기 안양시	청소년 지도자연합회 지원	2,000	교육청소년과	1	8	7	8	7	5	5	4
1703	경기 안양시	청소년 유해환경 감시단 운영	2,400	교육청소년과	1	8	7	8	7	5	5	4
1704	경기 안양시	포유 학교밖 청소년과 함께하는 뮤지컬 공연 사업	10,000	교육청소년과	1	8	7	8	7	5	5	4
1705	경기 안양시	어머니·학부모폴리스 지원	40,800	교육청소년과	1	8	7	8	7	5	5	4
1706	경기 안양시	명예경찰소년단 지원	5,400	교육청소년과	1	8	7	8	7	5	5	4
1707	경기 안양시	보호관찰 및 기소유예 청소년 프로그램 지원	7,500	교육청소년과	1	8	7	8	7	5	5	4
1708	경기 안양시	학교폭력 상담활동	1,000	교육청소년과	1	8	7	8	7	5	5	4
1709	경기 안양시	폭력예방 멈춰프로그램 보급사업	3,200	교육청소년과	1	8	7	8	7	5	5	4
1710	경기 안양시	대안교육기관 급식비 지원	205,572	교육청소년과	1	8	7	8	7	5	5	4
1711	경기 안양시	학교우유급식 지원	930,950	교육청소년과	1	8	7	8	7	5	5	4
1712	경기 안양시	우수축산물 학교급식 지원사업	738,000	교육청소년과	1	8	7	8	7	5	5	4
1713	경기 안양시	친환경 우수농산물 학교급식 지원사업	3,422	교육청소년과	1	8	7	8	7	5	5	4
1714	경기 안양시	외식업 현장 맞춤형 경영컨설팅 사업	19,000	식품안전과	1	8	7	8	7	5	5	4
1715	경기 안양시	미용기술 향상을 위한 전문교육사업 지원	20,260	식품안전과	1	8	7	8	7	5	5	4
1716	경기 안양시	어린이 식품안전 체험존 운영사업비	230,000	식품안전과	1	8	7	8	7	5	5	4
1717	경기 안양시	축산환경 개선사업	1,500	식품안전과	1	8	7	8	7	5	5	4
1718	경기 안양시	소 귀표부착비지원사업	96	식품안전과	1	8	7	8	7	5	5	4
1719	경기 안양시	양봉농가 교육비 지원	4,000	식품안전과	1	8	7	8	7	5	5	4
1720	경기 안양시	축산물 전문판매점 지원	7,200	식품안전과	1	8	7	8	7	5	5	4
1721	경기 안양시	친환경비료(유기질)지원사업	3,960	식품안전과	1	8	7	8	7	5	5	4
1722	경기 안양시	유기농자재 지원사업	395	식품안전과	1	8	7	8	7	5	5	4
1723	경기 안양시	G마크 포장재 지원	1,666	식품안전과	1	8	7	8	7	5	5	4
1724	경기 안양시	어린이 건강과일 공급사업	970,300	식품안전과	1	8	7	8	7	5	5	4
1725	경기 안양시	친환경 영농자재 지원	10,000	식품안전과	1	8	7	8	7	5	5	4
1726	경기 안양시	도매시장 출하용 포장재 지원	6,667	식품안전과	1	8	7	8	7	5	5	4
1727	경기 안양시	도시텃밭 조성사업	10,000	식품안전과	1	8	7	8	7	5	5	4
1728	경기 안양시	도시농업 텃밭교육 운영지원사업	10,000	식품안전과	1	8	7	8	7	5	5	4
1729	경기 안양시	도시농업 텃밭교육 운영지원사업	50,000	식품안전과	1	8	7	8	7	5	5	4
1730	경기 안양시	농촌지도자회원 역량강화 교육	2,500	식품안전과	1	8	7	8	7	5	5	4
1731	경기 안양시	안양명물포도 규격포장재 지원	6,000	식품안전과	1	8	7	8	7	5	5	4
1732	경기 안양시	명학마을 주민공모사업	20,000	도시재생과	1	8	7	8	7	5	5	4

순번	시군구	지출명 (사업명)	2021년예산 (단위:천원/1년간)	담당자 (공무원) 담당부서	민간이전 분류 (지방자치단체 세출예산 집행기준에 의거) 1. 민간경상사업보조(307-02) 2. 민간단체 법정운영비보조(307-03) 3. 민간행사사업보조(307-04) 4. 민간위탁금(307-05) 5. 사회복지시설 법정운영비보조(307-10) 6. 민간인위탁교육비(307-12) 7. 공기관등에대한경상적위탁사업비(308-11) 8. 민간자본사업보조,자체재원(402-01) 9. 민간자본사업보조,이전재원(402-02) 10. 민간위탁사업비(402-03) 11. 공기관등에 대한 자본적 대행사업비(403-02)	민간이전지출 근거 (지방보조금 관리기준 참고) 1. 법률에 규정 2. 국고보조 재원(국가지정) 3. 용도 지정 기부금 4. 조례에 직접규정 5. 지자체가 권장하는 사업을 하는 공공기관 6. 시,도 정책 및 재정사정 7. 기타 8. 해당없음	입찰방식 계약체결방법 (경쟁형태) 1. 일반경쟁 2. 제한경쟁 3. 지명경쟁 4. 수의계약 5. 법정위탁 6. 기타 ( ) 7. 해당없음	입찰방식 계약기간 1. 1년 2. 2년 3. 3년 4. 4년 5. 5년 6. 기타 ( )년 7. 단기계약 (1년미만) 8. 해당없음	입찰방식 낙찰자선정방법 1. 적격심사 2. 협상에의한계약 3. 최저가낙찰제 4. 규격가격분리 5. 2단계 경쟁입찰 6. 기타 ( ) 7. 해당없음	운영예산 산정 운영예산 산정 1. 내부산정 (지자체 자체적으로 산정) 2. 외부산정 (외부전문기관위탁 산정) 3. 내·외부 모두 산정 4. 산정 無 5. 해당없음	운영예산 산정 정산방법 1. 내부정산 (지자체 내부적으로 정산) 2. 외부정산 (외부전문기관위탁 정산) 3. 내·외부 모두 산정 4. 정산 無 5. 해당없음	성과평가 실시여부 1. 실시 2. 미실시 3. 향후 추진 4. 해당없음
1733	경기 안양시	마을관리협동조합 운영비 지원	20,000	도시재생과	1	8	7	8	7	5	5	4
1734	경기 안양시	석수2동 주민공모사업	20,000	도시재생과	1	8	7	8	7	5	5	4
1735	경기 안양시	모범운전자회 교통질서 계도지원	196,558	교통정책과	1	8	7	8	7	5	5	4
1736	경기 안양시	어린이 등.하굣길 교통안전 지도 지원	40,120	교통정책과	1	8	7	8	7	5	5	4
1737	경기 안양시	실버포럼 교통모니터 운영	3,840	대중교통과	1	8	7	8	7	5	5	4
1738	경기 안양시	학생통학마을버스 통합 운영관리비 지원	32,760	대중교통과	1	8	7	8	7	5	5	4
1739	경기 안양시	택시요금 카드결제기기 통신료 지원	61,163	대중교통과	1	8	7	8	7	5	5	4
1740	경기 안양시	택시요금 카드결제기기 수수료 지원	1,032	대중교통과	1	8	7	8	7	5	5	4
1741	경기 안양시	택시운수종사자 선진지 견학	48,000	대중교통과	1	8	7	8	7	5	5	4
1742	경기 안양시	택시노조 체육대회 지원	7,000	대중교통과	1	8	7	8	7	5	5	4
1743	경기 안양시	법인택시 처우개선 지원	730,200	대중교통과	1	8	7	8	7	5	5	4
1744	경기 안양시	자동차 무상안전점검 지원	8,000	대중교통과	1	8	7	8	7	5	5	4
1745	경기 안양시	안양시 지속가능발전협의회 활동지원	85,220	환경정책과	1	8	7	8	7	5	5	4
1746	경기 안양시	민간단체 환경보전활동 지원	12,500	환경정책과	1	8	7	8	7	5	5	4
1747	경기 안양시	안양천상류 수질개선 상시모니터링 지원	12,000	환경정책과	1	8	7	8	7	5	5	4
1748	경기 안양시	비산업부문 온실가스 진단컨설팅 지원	8,000	기후대기과	1	8	7	8	7	5	5	4
1749	경기 안양시	주요감염병 표본감시의료기관 운영비 지원	5,400	만안보건과	1	8	7	8	7	5	5	4
1750	경기 안양시	의료관련 감염병 표본감시체계 운영	10,000	만안보건과	1	8	7	8	7	5	5	4
1751	경기 안양시	의료기관 결핵환자 관리지원	35,650	만안보건과	1	8	7	8	7	5	5	4
1752	경기 안양시	공공심야약국 운영	34,500	만안보건과	1	8	7	8	7	5	5	4
1753	경기 안양시	나눔 치과 진료소 운영	4,000	만안보건과	1	8	7	8	7	5	5	4
1754	경기 안양시	소외계층 찾아가는 무료의료봉사	6,000	만안보건과	1	8	7	8	7	5	5	4
1755	경기 안양시	재활프로그램 운영	6,250	만안보건과	1	8	7	8	7	5	5	4
1756	경기 안양시	정신재활시설 공동캠프 지원	1,000	만안보건과	1	8	7	8	7	5	5	4
1757	경기 안양시	주요감염병 표본감시의료기관 운영비 지원	3,240	동안보건과	1	8	7	8	7	5	5	4
1758	경기 안양시	생물테러 이중감시체계 운영지원	3,840	동안보건과	1	8	7	8	7	5	5	4
1759	경기 안양시	의료관련 감염병 표본감시체계 운영	22,000	동안보건과	1	8	7	8	7	5	5	4
1760	경기 안양시	의료기관 결핵환자 관리지원	71,300	동안보건과	1	8	7	8	7	5	5	4
1761	경기 안양시	공공심야약국 운영	34,500	동안보건과	1	8	7	8	7	5	5	4
1762	경기 안양시	우수 평생학습동아리 지원	30,000	평생교육과	1	8	7	8	7	5	5	4
1763	경기 안양시	평생학습기관 특성화 프로그램 지원	20,000	평생교육과	1	8	7	8	7	5	5	4
1764	경기 안양시	평생학습마을 공동체 지원	24,000	평생교육과	1	8	7	8	7	5	5	4
1765	경기 안양시	인성함양프로그램 운영	80,000	평생교육과	1	8	7	8	7	5	5	4
1766	경기 안양시	성인장애인 평생교육 지원	27,000	평생교육과	1	8	7	8	7	5	5	4
1767	경기 안양시	작은도서관 냉난방비 지원	1,600	석수도서관	1	8	7	8	7	5	5	4
1768	경기 안양시	작은도서관 냉난방비 지원	1,400	석수도서관	1	8	7	8	7	5	5	4
1769	경기 안양시	작은도서관 냉난방비 지원	1,400	석수도서관	1	8	7	8	7	5	5	4
1770	경기 안양시	작은도서관 냉난방비 지원	1,200	석수도서관	1	8	7	8	7	5	5	4
1771	경기 안양시	작은도서관 냉난방비 지원	1,200	석수도서관	1	8	7	8	7	5	5	4
1772	경기 안양시	작은도서관 냉난방비 지원	900	석수도서관	1	8	7	8	7	5	5	4
1773	경기 안양시	작은도서관 냉난방비 지원	900	석수도서관	1	8	7	8	7	5	5	4
1774	경기 안양시	작은도서관 냉난방비 지원	800	석수도서관	1	8	7	8	7	5	5	4
1775	경기 안양시	작은도서관 냉난방비 지원	600	석수도서관	1	8	7	8	7	5	5	4
1776	경기 안양시	작은도서관 아이돌봄 독서문화프로그램 지원	20,250	석수도서관	1	8	7	8	7	5	5	4
1777	경기 안양시	작은도서관 아이돌봄 독서문화프로그램 지원	20,250	석수도서관	1	8	7	8	7	5	5	4
1778	경기 안양시	작은도서관 냉난방비 지원	1,600	평촌도서관	1	8	7	8	7	5	5	4
1779	경기 안양시	작은도서관 냉난방비 지원	1,400	평촌도서관	1	8	7	8	7	5	5	4
1780	경기 안양시	작은도서관 냉난방비 지원	1,200	평촌도서관	1	8	7	8	7	5	5	4
1781	경기 안양시	작은도서관 냉난방비 지원	1,200	평촌도서관	1	8	7	8	7	5	5	4
1782	경기 안양시	작은도서관 냉난방비 지원	1,200	평촌도서관	1	8	7	8	7	5	5	4
1783	경기 안양시	작은도서관 냉난방비 지원	1,000	평촌도서관	1	8	7	8	7	5	5	4

순번	시군구	지출명 (사업명)	2021년예산 (단위:천원/1년간)	담당자 (공무원) 담당부서	민간이전 분류 (지방자치단체 세출예산 집행기준에 의거) 1. 민간경상사업보조(307-02) 2. 민간단체 법정운영비보조(307-03) 3. 민간행사사업보조(307-04) 4. 민간위탁금(307-05) 5. 사회복지시설 법정운영비보조(307-10) 6. 민간인위탁교육비(307-12) 7. 공기관등에대한경상적위탁사업비(308-11) 8. 민간자본사업보조,자체재원(402-01) 9. 민간자본사업보조,이전재원(402-02) 10. 민간위탁사업비(402-03) 11. 공기관등에 대한 자본적 대행사업비(403-02)	민간이전지출 근거 (지방보조금 관리기준 참고) 1. 법률에 규정 2. 국고보조 재원(국가지정) 3. 용도 지정 기부금 4. 조례에 직접규정 5. 지자체가 권장하는 사업을 하는 공공기관 6. 시,도 정책 및 재정사정 7. 기타 8. 해당없음	입찰방식 계약체결방법 (경쟁형태) 1. 일반경쟁 2. 제한경쟁 3. 지명경쟁 4. 수의계약 5. 법정위탁 6. 기타 ( ) 7. 해당없음	계약기간 1. 1년 2. 2년 3. 3년 4. 4년 5. 5년 6. 기타 ( )년 7. 단기계약 (1년미만) 8. 해당없음	낙찰자선정방법 1. 적격심사 2. 협상에의한계약 3. 최저가낙찰제 4. 규격가격분리 5. 2단계 경쟁입찰 6. 기타 ( ) 7. 해당없음	운영예산 산정 운영예산 산정 1. 내부산정 (지자체 자체적으로 산정) 2. 외부산정 (외부전문기관위탁 산정) 3. 내·외부 모두 산정 4. 산정 無 5. 해당없음	정산방법 1. 내부정산 (지자체 내부적으로 정산) 2. 외부정산 (외부전문기관위탁 정산) 3. 내·외부 모두 산정 4. 정산 無 5. 해당없음	성과평가 실시여부 1. 실시 2. 미실시 3. 향후 추진 4. 해당없음
1784	경기 안양시	작은도서관 냉난방비 지원	700	평촌도서관	1	8	7	8	7	5	5	4
1785	경기 안양시	작은도서관 냉난방비 지원	900	평촌도서관	1	8	7	8	7	5	5	4
1786	경기 안양시	작은도서관 냉난방비 지원	1,000	평촌도서관	1	8	7	8	7	5	5	4
1787	경기 안양시	작은도서관 냉난방비 지원	900	평촌도서관	1	8	7	8	7	5	5	4
1788	경기 안양시	작은도서관 아이돌봄 독서문화프로그램 지원	20,250	평촌도서관	1	8	7	8	7	5	5	4
1789	경기 안양시	작은도서관 아이돌봄 독서문화프로그램 지원	20,250	평촌도서관	1	8	7	8	7	5	5	4
1790	경기 안양시	작은도서관 아이돌봄 독서문화프로그램 지원	20,250	평촌도서관	1	8	7	8	7	5	5	4
1791	경기 광명시	광명시 발전연구회 연구활동 지원	4,500	정책기획과	1	4	7	8	1	1	1	1
1792	경기 광명시	주민총회 운영 지원	102,000	자치분권과	1	7	7	8	7	1	1	3
1793	경기 광명시	주민세 환원사업	350,000	자치분권과	1	7	7	8	7	1	1	3
1794	경기 광명시	광명시 안전지킴이 사업	11,500	자치분권과	1	4	7	8	7	1	1	1
1795	경기 광명시	범죄피해자 지원사업	35,000	자치분권과	1	1	7	8	7	1	1	1
1796	경기 광명시	북한이탈주민 지원사업	144,780	자치분권과	1	1	7	8	7	1	1	1
1797	경기 광명시	한국자유총연맹 광명시지회 연간사업 지원	2,755	자치분권과	1	1	7	8	7	1	1	1
1798	경기 광명시	새마을운동 광명시지회	154,385	자치분권과	1	1	7	8	7	1	1	1
1799	경기 광명시	바르게살기운동 광명시협의회	69,140	자치분권과	1	1	7	8	7	1	1	1
1800	경기 광명시	민주평화통일자문회의 광명시협의회	20,780	자치분권과	1	1	7	8	7	1	1	1
1801	경기 광명시	광명시민 한마음 체육대회	18,000	자치분권과	1	4	7	8	7	1	1	1
1802	경기 광명시	마을공동체 만들기 공모사업	20,000	자치분권과	1	4	7	8	7	5	5	4
1803	경기 광명시	마을공동체만들기 공모사업 공동체활동	100,000	자치분권과	1	4	7	8	7	5	5	4
1804	경기 광명시	미래적응 직업훈련교육 지원사업	200,000	일자리창출과	1	1	7	8	7	5	5	4
1805	경기 광명시	근로자 교육사업비 등	4,500	일자리창출과	1	1	7	8	7	1	1	4
1806	경기 광명시	광명융합기술교육원 공동사용공간 운영비 지원	14,232	일자리창출과	1	1	7	8	7	1	1	4
1807	경기 광명시	새일여성인턴제 운영비	148,200	일자리창출과	1	1	7	8	7	5	1	1
1808	경기 광명시	로컬스타트업 육성사업	400,000	창업지원과	1	6	7	8	7	1	1	1
1809	경기 광명시	광명시 창업자금 지원사업	300,000	창업지원과	1	6	7	8	7	1	1	1
1810	경기 광명시	창업자 사후관리 JUMP-UP 사업	50,000	창업지원과	1	6	7	8	7	1	1	1
1811	경기 광명시	청년 생각펼침 공모사업	100,000	창업지원과	1	4	7	8	7	1	1	1
1812	경기 광명시	청년 면접정장 대여비	30,000	창업지원과	1	4	7	8	7	1	1	1
1813	경기 광명시	공예품 개발업체 보조금 지원	25,000	지역경제과	1	4	7	8	7	1	1	1
1814	경기 광명시	국내전시회 참가지원	18,000	지역경제과	1	4	7	8	7	1	1	1
1815	경기 광명시	해외전시 및 국내전시박람회 참가지원	15,000	지역경제과	1	4	7	8	7	1	1	1
1816	경기 광명시	광명상공회의소 지원사업	40,500	지역경제과	1	1	7	8	7	1	1	1
1817	경기 광명시	골목상권 조직화 지원사업	150,000	지역경제과	1	5	7	8	7	5	5	1
1818	경기 광명시	경영환경 개선 지원사업	80,000	지역경제과	1	5	7	8	7	5	5	1
1819	경기 광명시	전통시장 공중화장실 운영	72,000	지역경제과	1	1	7	7	7	1	1	4
1820	경기 광명시	전통시장 세일행사지원	30,000	지역경제과	1	1	7	7	7	1	1	4
1821	경기 광명시	전통시장경영바우처 지원	16,948	지역경제과	1	1	7	7	7	1	1	4
1822	경기 광명시	물류센터 배송체계 구축사업	50,000	지역경제과	1	5	7	8	7	5	5	1
1823	경기 광명시	마을기업 육성사업	60,000	지역경제과	1	2	7	8	7	5	5	4
1824	경기 광명시	사회적경제기업 사업개발비 지원	45,422	지역경제과	1	1	7	8	7	5	5	1
1825	경기 광명시	사회적기업 일자리창출 사업	186,970	지역경제과	1	1	7	8	7	5	5	1
1826	경기 광명시	사회적기업 사회보험료 지원	15,498	지역경제과	1	1	7	8	7	5	5	1
1827	경기 광명시	광명형 사회적경제기업 육성사업 지원금	45,000	지역경제과	1	4	7	8	7	1	1	1
1828	경기 광명시	농어민 신문 및 월간 친환경지 제공	6,180	도시농업과	1	7	7	8	7	1	1	4
1829	경기 광명시	농촌지도자회원 역량강화교육	2,500	도시농업과	1	7	7	8	7	1	1	4
1830	경기 광명시	농촌지도자회원 농업정보지 제공	12,600	도시농업과	1	7	7	8	7	1	1	4
1831	경기 광명시	농업인단체 연찬교육 지원	20,300	도시농업과	1	7	7	8	7	1	1	4
1832	경기 광명시	농촌지도자 대회 참가 지원	2,000	도시농업과	1	7	7	8	7	1	1	4
1833	경기 광명시	청년농업인 영농정착 지원	10,800	도시농업과	1	2	7	8	7	3	3	4
1834	경기 광명시	유기질비료 지원	128,689	도시농업과	1	1	7	7	7	3	1	4

순번	시군구	지출명 (사업명)	2021년예산 (단위:천원/1년간)	담당자 (공무원) 담당부서	민간이전 분류 (지방자치단체 세출예산 집행기준에 의거) 1. 민간경상사업보조(307-02) 2. 민간단체 법정운영비보조(307-03) 3. 민간행사사업보조(307-04) 4. 민간위탁금(307-05) 5. 사회복지시설 법정운영비보조(307-10) 6. 민간인위탁교육비(307-12) 7. 공기관등에대한경상적위탁사업비(308-11) 8. 민간자본사업보조,자체재원(402-01) 9. 민간자본사업보조,이전재원(402-02) 10. 민간위탁사업비(402-03) 11. 공기관등에 대한 자본적 대행사업비(403-02)	민간이전지출 근거 (지방보조금 관리기준 참고) 1. 법률에 규정 2. 국고보조 재원(국가지정) 3. 용도 지정 기부금 4. 조례에 직접규정 5. 지자체가 권장하는 사업을 하는 공공기관 6. 시,도 정책 및 재정사정 7. 기타 8. 해당없음	입찰방식 계약체결방법 (경쟁형태) 1. 일반경쟁 2. 제한경쟁 3. 지명경쟁 4. 수의계약 5. 법정위탁 6. 기타 ( ) 7. 해당없음	입찰방식 계약기간 1. 1년 2. 2년 3. 3년 4. 4년 5. 5년 6. 기타 ( )년 7. 단기계약 (1년미만) 8. 해당없음	입찰방식 낙찰자선정방법 1. 적격심사 2. 협상에의한계약 3. 최저가낙찰제 4. 규격가격분리 5. 2단계 경쟁입찰 6. 기타 ( ) 7. 해당없음	운영예산 산정 운영예산 산정 1. 내부산정 (지자체 자체적으로 산정) 2. 외부산정 (외부전문기관위탁 산정) 3. 내·외부 모두 산정 4. 산정 無 5. 해당없음	운영예산 산정 정산방법 1. 내부정산 (지자체 내부적으로 정산) 2. 외부정산 (외부전문기관위탁 정산) 3. 내·외부 모두 산정 4. 정산 無 5. 해당없음	성과평가 실시여부 1. 실시 2. 미실시 3. 향후 추진 4. 해당없음
1835	경기 광명시	GAP인증 안전성분석비 지원	3,800	도시농업과	1	8	7	8	7	3	1	4
1836	경기 광명시	GAP인증 출장비 지원	1,200	도시농업과	1	8	7	8	7	3	1	4
1837	경기 광명시	경기한우 명품화사업	600	도시농업과	1	2	7	8	7	1	1	1
1838	경기 광명시	학생승마체험	35,840	도시농업과	1	2	7	8	7	1	1	1
1839	경기 광명시	학생 생활승마	6,400	도시농업과	1	2	7	8	7	1	1	1
1840	경기 광명시	학생 재활승마	4,200	도시농업과	1	2	7	8	7	1	1	1
1841	경기 광명시	양봉산업육성	8,160	도시농업과	1	2	7	8	7	1	1	1
1842	경기 광명시	구제역 예방접종	1,235	도시농업과	1	2	7	8	7	1	1	1
1843	경기 광명시	소귀표부착비 지원	1,920	도시농업과	1	2	7	8	7	1	1	1
1844	경기 광명시	도시농부학교 운영 지원	8,000	도시농업과	1	6	4	1	1	1	1	1
1845	경기 광명시	유림회 책자발간	6,000	문화관광과	1	7	7	8	7	1	1	3
1846	경기 광명시	유림회 인성교육	14,000	문화관광과	1	7	7	8	7	1	1	3
1847	경기 광명시	통합문화이용권 사업	813,700	문화관광과	1	3	7	8	7	5	5	3
1848	경기 광명시	소외계층템플스테이 지원사업	8,700	문화관광과	1	7	7	8	7	1	1	3
1849	경기 광명시	서도소리보존회 지도자보상	7,980	문화관광과	1	1	7	8	7	1	1	3
1850	경기 광명시	광명농악 지도자보상	6,480	문화관광과	1	1	7	8	7	1	1	3
1851	경기 광명시	광명농악전수학교 지도자보상 및 훈련간식비, 전지훈련비	35,983	문화관광과	1	1	7	8	7	1	1	3
1852	경기 광명시	광명예술발간	7,000	문화관광과	1	1	7	8	7	1	1	2
1853	경기 광명시	보디빌딩팀 운영	195,000	체육진흥과	1	1	7	8	7	5	5	4
1854	경기 광명시	유도팀 운영	164,000	체육진흥과	1	1	7	8	7	5	5	4
1855	경기 광명시	전국 체육대회(성인,고교) 출전지원	15,000	체육진흥과	1	1	7	8	7	5	5	4
1856	경기 광명시	전국 소년체육대회 출전지원	8,000	체육진흥과	1	1	7	8	7	5	5	4
1857	경기 광명시	경기도 체육대회 출전지원	200,000	체육진흥과	1	1	7	8	7	5	5	4
1858	경기 광명시	전국 및 지역단위(초,중,고)출전비 지원	90,000	체육진흥과	1	1	7	8	7	5	5	4
1859	경기 광명시	체육회 종목별 단체육성 지원금	39,600	체육진흥과	1	1	7	8	7	5	5	4
1860	경기 광명시	일반생활체육지도자 배치	204,624	체육진흥과	1	1	7	8	7	5	5	4
1861	경기 광명시	어르신생활체육지도자 배치	233,856	체육진흥과	1	1	7	8	7	5	5	4
1862	경기 광명시	일반 및 어르신 생활체육지도자 근속수당	8,100	체육진흥과	1	1	7	8	7	5	5	4
1863	경기 광명시	일반 및 어르신 생활체육지도자 정액급식비	23,400	체육진흥과	1	1	7	8	7	5	5	4
1864	경기 광명시	일반 및 어르신 생활체육도자 업무보상	54,000	체육진흥과	1	1	7	8	7	5	5	4
1865	경기 광명시	일반 및 어르신 생활체육지도자 활동여비	18,000	체육진흥과	1	1	7	8	7	5	5	4
1866	경기 광명시	일반 및 어르신 생활체육지도자 명절수당	17,895	체육진흥과	1	1	7	8	7	5	5	4
1867	경기 광명시	생활체육지도자 생활체육교실 상설운영	35,000	체육진흥과	1	1	7	8	7	5	5	4
1868	경기 광명시	G-스포츠클럽 종목 운영	27,000	체육진흥과	1	1	7	8	7	5	5	4
1869	경기 광명시	초등스포츠클럽육성지원	50,800	체육진흥과	1	1	7	8	7	5	5	4
1870	경기 광명시	체육회 워크숍	10,000	체육진흥과	1	1	7	8	7	5	5	4
1871	경기 광명시	광명시체육회 성과보고	5,000	체육진흥과	1	1	7	8	7	5	5	4
1872	경기 광명시	광명누리길 시민건강 걷기대회	10,000	체육진흥과	1	1	7	8	7	5	5	4
1873	경기 광명시	꿈쟁이 운동회	10,000	체육진흥과	1	1	7	8	7	5	5	4
1874	경기 광명시	전국 및 지역단위 생활체육대회 개최 출전지원	72,000	체육진흥과	1	1	7	8	7	5	5	4
1875	경기 광명시	경기도 생활체육대축전 출전지원	180,000	체육진흥과	1	1	7	8	7	5	5	4
1876	경기 광명시	도단위 종목별 생활체육대회 출전지원	70,000	체육진흥과	1	1	7	8	7	5	5	4
1877	경기 광명시	여성축구단 출전지원	16,000	체육진흥과	1	1	7	8	7	5	5	4
1878	경기 광명시	60대 축구단 출전지원	8,000	체육진흥과	1	1	7	8	7	5	5	4
1879	경기 광명시	70대 축구단 출전지원	8,000	체육진흥과	1	1	7	8	7	5	5	4
1880	경기 광명시	장애인 생활체육지도자 배치	115,872	체육진흥과	1	1	7	8	7	5	5	4
1881	경기 광명시	장애인생활체육지도자 정액급식비	6,240	체육진흥과	1	1	7	8	7	5	5	4
1882	경기 광명시	장애인생활체육지도자 근속수당	1,440	체육진흥과	1	1	7	8	7	5	5	4
1883	경기 광명시	장애인생활체육지도자 업무보상	14,400	체육진흥과	1	1	7	8	7	5	5	4
1884	경기 광명시	장애인생활체육지도자 활동여비	4,800	체육진흥과	1	1	7	8	7	5	5	4
1885	경기 광명시	장애인 생활체육지도자 명절수당	4,772	체육진흥과	1	1	7	8	7	5	5	4

순번	시군구	지출명 (사업명)	2021년예산 (단위:천원/1년간)	담당자 (공무원) 담당부서	민간이전 분류 (지방자치단체 세출예산 집행기준에 의거) 1. 민간경상사업보조(307-02) 2. 민간단체 법정운영비보조(307-03) 3. 민간행사사업보조(307-04) 4. 민간위탁금(307-05) 5. 사회복지시설 법정운영비보조(307-10) 6. 민간인위탁교육비(307-12) 7. 공기관등에대한경상적위탁사업비(308-11) 8. 민간자본사업보조,자체재원(402-01) 9. 민간자본사업보조,이전재원(402-02) 10. 민간위탁사업비(402-03) 11. 공기관등에 대한 자본적 대행사업비(403-02)	민간이전지출 근거 (지방보조금 관리기준 참고) 1. 법률에 규정 2. 국고보조 재원(국가지정) 3. 용도 지정 기부금 4. 조례에 직접규정 5. 지자체가 권장하는 사업을 하는 공공기관 6. 시,도 정책 및 재정사정 7. 기타 8. 해당없음	입찰방식 계약체결방법 (경쟁형태) 1. 일반경쟁 2. 제한경쟁 3. 지명경쟁 4. 수의계약 5. 법정위탁 6. 기타 ( ) 7. 해당없음	입찰방식 계약기간 1. 1년 2. 2년 3. 3년 4. 4년 5. 5년 6. 기타 ( )년 7. 단기계약 (1년미만) 8. 해당없음	입찰방식 낙찰자선정방법 1. 적격심사 2. 협상에의한계약 3. 최저가낙찰제 4. 규격가격분리 5. 2단계 경쟁입찰 6. 기타 ( ) 7. 해당없음	운영예산 산정 운영예산 산정 1. 내부산정 (지자체 자체적으로 산정) 2. 외부산정 (외부전문기관위탁 산정) 3. 내·외부 모두 산정 4. 산정 無 5. 해당없음	운영예산 산정 정산방법 1. 내부정산 (지자체 내부적으로 정산) 2. 외부정산 (외부전문기관위탁 정산) 3. 내·외부 모두 산정 4. 정산 無 5. 해당없음	성과평가 실시여부 1. 실시 2. 미실시 3. 향후 추진 4. 해당없음
1886	경기 광명시	장애인 종목별 단체 육성 지원	3,600	체육진흥과	1	1	7	8	7	5	5	4
1887	경기 광명시	장애인체육회 종목별 단체 훈련비 및 용품 지원	33,000	체육진흥과	1	1	7	8	7	5	5	4
1888	경기 광명시	장애인 생활체육교실	10,000	체육진흥과	1	1	7	8	7	5	5	4
1889	경기 광명시	장애인체육회 워크숍	6,000	체육진흥과	1	1	7	8	7	5	5	4
1890	경기 광명시	장애인가족 스포츠 힐링캠프	10,000	체육진흥과	1	1	7	8	7	5	5	4
1891	경기 광명시	장애인체육회 사업성과 보고회	5,000	체육진흥과	1	1	7	8	7	5	5	4
1892	경기 광명시	경기도 장애인 체육대회 출전지원	27,000	체육진흥과	1	1	7	8	7	5	5	4
1893	경기 광명시	경기도 장애인 생활체육대회 출전지원	28,000	체육진흥과	1	1	7	8	7	5	5	4
1894	경기 광명시	장애인 전국 및 지역단위대회 출전비 지원	25,000	체육진흥과	1	1	7	8	7	5	5	4
1895	경기 광명시	장애인 체육단체별 중앙협회 등록비 및 개인별 선수등록비	2,100	체육진흥과	1	1	7	8	7	5	5	4
1896	경기 광명시	대한적십자사 광명지구협의회 지역복지사업	8,000	복지정책과	1	1	7	8	7	1	1	1
1897	경기 광명시	장애인의날 주간기념 문화사업	18,000	장애인복지과	1	8	7	8	7	5	1	1
1898	경기 광명시	발달장애인 자조단체 지원	12,000	장애인복지과	1	6	6	1	6	3	1	1
1899	경기 광명시	KTX광명역 남북평화철도 출발역 육성 범시민대책위원회	286,511	도시교통과	1	4	5	1	7	1	1	1
1900	경기 광명시	콜택시 원거리지역 지원	40,000	도시교통과	1	1	6	1	6	2	1	1
1901	경기 광명시	택시 콜센터 가입비 지원	69,000	도시교통과	1	1	6	1	6	5	1	1
1902	경기 광명시	택시요금 카드결제 수수료 지원	184,119	도시교통과	1	1	7	8	7	2	2	1
1903	경기 광명시	택시 카드단말기 통신료 지원	26,675	도시교통과	1	1	7	8	7	2	2	1
1904	경기 광명시	공공형 택시 지원사업	120,000	도시교통과	1	1	7	8	7	2	2	1
1905	경기 광명시	법인택시 운수종사자 처우개선비 지원	240,600	도시교통과	1	1	7	8	6	1	1	1
1906	경기 광명시	광명경찰서 모범운전자회 사업비 지원	21,725	도시교통과	1	4	7	1	1	1	1	1
1907	경기 광명시	자동차 무상점검 지원	19,000	도시교통과	1	4	7	8	7	1	1	2
1908	경기 광명시	자동차 정비사의 날 행사지원	3,000	도시교통과	1	4	7	8	7	1	1	2
1909	경기 광명시	내집안 주차장 설치 보조금	15,300	도시교통과	1	4	7	8	7	1	1	4
1910	경기 광명시	주민공모사업	30,000	도시재생과	1	4	7	8	7	5	5	4
1911	경기 광명시	의료관련 감염 표본 감시기관 운영비	10,000	보건행정과	1	2	7	8	7	4	1	4
1912	경기 광명시	생물테러 이중감시의료기관 운영비	2,520	보건행정과	1	2	7	8	7	4	5	4
1913	경기 광명시	호흡기전담클리닉설치운영	300,000	보건행정과	1	2	7	8	7	4	1	4
1914	경기 광명시	학습동아리지원 공모 사업	40,000	평생학습원	1	4	7	8	7	1	1	4
1915	경기 광명시	경기평생학습동아리지원 공모 사업	10,000	평생학습원	1	4	7	8	7	1	1	4
1916	경기 광명시	하안그린마을 운영	12,000	평생학습원	1	4	7	8	7	1	1	4
1917	경기 광명시	도덕파크타운마을 운영	15,000	평생학습원	1	4	7	8	7	1	1	4
1918	경기 광명시	행복마을 운영	15,000	평생학습원	1	4	7	8	7	1	1	4
1919	경기 광명시	우리동네 학습공간 지원 공모사업	5,000	평생학습원	1	4	7	8	7	1	1	4
1920	경기 광명시	공공성 함양 프로젝트 공모사업	10,000	평생학습원	1	4	7	8	7	1	1	1
1921	경기 광명시	공공성 함양 프로젝트 공모사업	30,000	평생학습원	1	4	7	8	7	1	1	1
1922	경기 광명시	문해교육 지원사업	80,000	평생학습원	1	4	7	8	7	1	1	4
1923	경기 광명시	성인문해교육 지원사업(교육부) 대응 사업비	20,000	평생학습원	1	4	7	8	7	1	1	4
1924	경기 광명시	실버정보문해 공모 사업	28,200	평생학습원	1	4	7	8	7	1	1	4
1925	경기 광명시	성인장애인 평생교육지원사업	17,000	평생학습원	1	4	7	8	7	1	1	1
1926	경기 광명시	장애인 평생학습도시 지원사업	100,000	평생학습원	1	4	7	8	7	1	1	1
1927	경기 광명시	마을독서공동체 활동도서 지원	5,000	하안도서관	1	4	7	8	7	5	5	4
1928	경기 광명시	마을독서공동체 프로그램 강사료	2,500	하안도서관	1	4	7	8	7	5	5	4
1929	경기 광명시	생태환경보전 및 교육사업	56,150	환경관리과	1	4	7	8	7	1	1	1
1930	경기 광명시	취약계층 기후변화대응 쿨루프 사업	50,000	기후에너지과	1	1	6	6	6	1	1	1
1931	경기 광명시	저탄소 그린아파트 만들기 사업	40,000	기후에너지과	1	1	6	6	6	1	1	1
1932	경기 평택시	평택시 도시재생 주민협의체 운영	33,000	도시재생과	1	4	7	8	7	1	1	1
1933	경기 평택시	도시재생 소규모 사업	100,000	도시재생과	1	4	7	8	7	1	1	1
1934	경기 평택시	정신요양 및 정신재활시설 종사자 특수근무수당	9,932	건강증진과	1	1	7	8	7	1	1	4
1935	경기 평택시	정신재활시설 운영지원	503,253	건강증진과	1	1	7	8	7	1	1	4
1936	경기 평택시	정신재활시설 공동캠프 지원	3,000	건강증진과	1	1	7	8	7	1	1	4

순번	시군구	지출명 (사업명)	2021년예산 (단위:천원/1년간)	담당자 (공무원) 담당부서	민간이전 분류 (지방자치단체 세출예산 집행기준에 의거) 1. 민간경상사업보조(307-02) 2. 민간단체 법정운영비보조(307-03) 3. 민간행사사업보조(307-04) 4. 민간위탁금(307-05) 5. 사회복지시설 법정운영비보조(307-10) 6. 민간인위탁교육비(307-12) 7. 공기관등에대한경상적위탁사업비(308-11) 8. 민간자본사업보조,자체재원(402-01) 9. 민간자본사업보조,이전재원(402-02) 10. 민간위탁사업비(402-03) 11. 공기관등에 대한 자본적 대행사업비(403-02)	민간이전지출 근거 (지방보조금 관리기준 참고) 1. 법률에 규정 2. 국고보조 재원(국가지정) 3. 용도 지정 기부금 4. 조례에 직접규정 5. 지자체가 권장하는 사업을 하는 공공기관 6. 시,도 정책 및 재정사정 7. 기타 8. 해당없음	입찰방식 계약체결방법 (경쟁형태) 1. 일반경쟁 2. 제한경쟁 3. 지명경쟁 4. 수의계약 5. 법정위탁 6. 기타 ( ) 7. 해당없음	입찰방식 계약기간 1. 1년 2. 2년 3. 3년 4. 4년 5. 5년 6. 기타 ( )년 7. 단기계약 (1년미만) 8. 해당없음	입찰방식 낙찰자선정방법 1. 적격심사 2. 협상에의한계약 3. 최저가낙찰제 4. 규격가격분리 5. 2단계 경쟁입찰 6. 기타 ( ) 7. 해당없음	운영예산 산정 운영예산 산정 1. 내부산정 (지자체 자체적으로 산정) 2. 외부산정 (외부전문기관위탁 산정) 3. 내·외부 모두 산정 4. 산정 無 5. 해당없음	운영예산 산정 정산방법 1. 내부정산 (지자체 내부적으로 정산) 2. 외부정산 (외부전문기관위탁 정산) 3. 내·외부 모두 산정 4. 정산 無 5. 해당없음	성과평가 실시여부 1. 실시 2. 미실시 3. 향후 추진 4. 해당없음
1937	경기 평택시	보훈협의회 차량운행지원	32,000	복지정책과	1	4	7	8	7	5	5	4
1938	경기 평택시	상이군경 건강프로그램 지원	3,400	복지정책과	1	4	7	8	7	5	5	4
1939	경기 평택시	국가보훈대상자 장례지원	5,000	복지정책과	1	4	7	8	7	5	5	4
1940	경기 평택시	국가유공자 보훈병원 수송지원	10,000	복지정책과	1	4	7	8	7	5	5	4
1941	경기 평택시	현충원지킴이	3,500	복지정책과	1	4	7	8	7	5	5	4
1942	경기 평택시	민세추모선양사업	142,000	복지정책과	1	4	7	8	7	5	5	4
1943	경기 평택시	지역사회 통합돌봄 사업	48,000	복지정책과	1	6	7	8	7	5	5	4
1944	경기 평택시	청년정책 공모사업	20,000	복지정책과	1	4	1	7	1	1	1	1
1945	경기 평택시	갈등해소 및 지역발전사업	20,000	기획예산과	1	4	7	8	7	5	5	4
1946	경기 평택시	지역특화 가족친화 인구정책 공모사업	45,000	기획예산과	1	4	7	8	7	5	5	4
1947	경기 평택시	브라보 나의인생 신중년정책 공모사업	30,000	기획예산과	1	4	7	8	7	5	5	4
1948	경기 평택시	평택.안성범죄피해자지원센터 사업지원	26,600	자치협력과	1	1	7	8	7	1	1	1
1949	경기 평택시	범죄예방을 위한 홍보활동 사업	30,000	자치협력과	1	4	7	8	7	1	1	1
1950	경기 평택시	바르게살기운동 읍면동사업비	46,000	자치협력과	1	1	7	8	7	1	1	1
1951	경기 평택시	태극기사랑 범시민운동	22,000	자치협력과	1	1	7	8	7	1	1	1
1952	경기 평택시	학교폭력 및 자살예방 교육공연	32,000	자치협력과	1	1	7	8	7	1	1	1
1953	경기 평택시	자유총연맹 읍면동 사업비	46,000	자치협력과	1	1	7	8	7	1	1	1
1954	경기 평택시	청소년 교과서 밖 내고장 바로알기	7,000	자치협력과	1	1	7	8	7	1	1	1
1955	경기 평택시	가족사랑 텃밭 가꾸기	5,000	자치협력과	1	4	7	7	7	1	1	1
1956	경기 평택시	평택항수호 범시민운동 활성화	14,000	자치협력과	1	4	7	8	7	1	1	1
1957	경기 평택시	젖소능력검정 및 개량사업	70,000	축산과	1	4	7	8	7	1	1	1
1958	경기 평택시	양돈경쟁력제고사업	80,000	축산과	1	4	7	8	7	1	1	1
1959	경기 평택시	조사료 생산용 사일리지 제조 운송비지원	109,740	축산과	1	2	7	8	7	1	1	1
1960	경기 평택시	조사료 생산용 종자구입 지원	75,500	축산과	1	2	7	8	7	1	1	1
1961	경기 평택시	축산물HACCP컨설팅지원사업	16,800	축산과	1	2	7	8	7	1	1	1
1962	경기 평택시	가축재해보험 가입지원	258,974	축산과	1	6	7	8	7	1	1	1
1963	경기 평택시	조사료 생산용 볏짚비닐 지원	75,000	축산과	1	6	7	8	7	1	1	1
1964	경기 평택시	축사전기안전진단	5,000	축산과	1	6	7	8	7	1	1	1
1965	경기 평택시	사회공익 승마사업	2,100	축산과	1	6	7	8	7	1	1	1
1966	경기 평택시	축산도우미지원	123,360	축산과	1	4	7	8	7	1	1	1
1967	경기 평택시	고품질 안전축산물 육성	36,260	축산과	1	6	7	8	7	1	1	1
1968	경기 평택시	가축분뇨 자연순환 사업	970,000	축산과	1	4	7	8	7	1	1	1
1969	경기 평택시	가축분뇨 퇴비살포비지원	80,000	축산과	1	2	7	8	7	1	1	1
1970	경기 평택시	돼지소모성질환지도지원	12,000	축산과	1	2	7	8	7	1	1	1
1971	경기 평택시	공동방제단 운영	100,496	축산과	1	2	7	8	7	1	1	1
1972	경기 평택시	가금농가 질병관리 지원	42,000	축산과	1	2	7	8	7	1	1	1
1973	경기 평택시	닭 진드기 공동방제지원 사업	24,000	축산과	1	2	7	8	7	1	1	1
1974	경기 평택시	유기,유실동물 입양비지원	12,000	축산과	1	2	7	8	7	1	1	1
1975	경기 평택시	유기동물 보호관리	327,000	축산과	1	6	2	2	1	1	1	1
1976	경기 평택시	반려동물문화교실 운영	20,000	축산과	1	6	7	8	7	1	1	1
1977	경기 평택시	마당개 중성화수술비 지원	17,500	축산과	1	6	7	8	7	1	1	1
1978	경기 평택시	돌봄 취약가구 반려동물 의료서비스 등 지원	14,400	축산과	1	6	7	8	7	1	1	1
1979	경기 평택시	농산물가공제품 온라인 포장재 개발 시범	20,000	농촌자원	1	6	7	8	7	5	5	4
1980	경기 평택시	농업인 넘어짐사고예방을 위한농작업화 보급 시범	135,000	농촌자원과	1	6	7	8	7	5	5	4
1981	경기 평택시	식물활용그린공간조성 시범	30,000	농촌자원과	1	6	7	8	7	5	5	4
1982	경기 평택시	도시민 아파트 공동텃밭 조성 시범	20,000	농촌자원과	1	6	7	8	7	5	5	4
1983	경기 평택시	학교생태학습텃밭 프로그램 운영 시범	30,000	농촌자원과	1	6	7	8	7	5	5	4
1984	경기 평택시	학교 특수학급 치유텃밭 조성 및 운영	20,000	농촌자원과	1	6	7	8	7	5	5	4
1985	경기 평택시	치유농업 프로그램 운영	10,000	농촌자원과	1	6	7	8	7	5	5	4
1986	경기 평택시	미인가 대안학교 지원	41,300	교육청소년과	1	4	7	8	7	1	1	1
1987	경기 평택시	대안교육기관 이용 학교 밖 청소년 급식비 지원	16,500	교육청소년과	1	4	7	8	7	1	1	1

순번	시군구	지출명 (사업명)	2021년예산 (단위:천원/1년간)	담당자 (공무원) 담당부서	민간이전 분류 (지방자치단체 세출예산 집행기준에 의거) 1. 민간경상사업보조(307-02) 2. 민간단체 법정운영비보조(307-03) 3. 민간행사사업보조(307-04) 4. 민간위탁금(307-05) 5. 사회복지시설 법정운영비보조(307-10) 6. 민간인위탁교육비(307-12) 7. 공기관등에대한경상적위탁사업비(308-11) 8. 민간자본사업보조,자체재원(402-01) 9. 민간자본사업보조,이전재원(402-02) 10. 민간위탁사업비(402-03) 11. 공기관등에 대한 자본적 대행사업비(403-02)	민간이전지출 근거 (지방보조금 관리기준 참고) 1. 법률에 규정 2. 국고보조 재원(국가지정) 3. 용도 지정 기부금 4. 조례에 직접규정 5. 지자체가 권장하는 사업을 하는 공공기관 6. 시,도 정책 및 재정사정 7. 기타 8. 해당없음	입찰방식 계약체결방법 (경쟁형태) 1. 일반경쟁 2. 제한경쟁 3. 지명경쟁 4. 수의계약 5. 법정위탁 6. 기타 ( ) 7. 해당없음	입찰방식 계약기간 1. 1년 2. 2년 3. 3년 4. 4년 5. 5년 6. 기타 ( )년 7. 단기계약 (1년미만) 8. 해당없음	입찰방식 낙찰자선정방법 1. 적격심사 2. 협상에의한계약 3. 최저가낙찰제 4. 규격가격분리 5. 2단계 경쟁입찰 6. 기타 ( ) 7. 해당없음	운영예산 산정 운영예산 산정 1. 내부산정 (지자체 자체적으로 산정) 2. 외부산정 (외부전문기관위탁 산정) 3. 내·외부 모두 산정 4. 산정 無 5. 해당없음	운영예산 산정 정산방법 1. 내부정산 (지자체 내부적으로 정산) 2. 외부정산 (외부전문기관위탁 정산) 3. 내·외부 모두 산정 4. 정산 無 5. 해당없음	성과평가 실시여부 1. 실시 2. 미실시 3. 향후 추진 4. 해당없음
1988	경기 평택시	마을학교 공모사업	90,000	교육청소년과	1	6	7	8	7	1	1	1
1989	경기 평택시	우리고장 알기 프로젝트	90,000	교육청소년과	1	4	7	8	7	1	1	1
1990	경기 평택시	지역응급의료기관 평가 보조금 지원	60,000	보건사업과	1	2	7	8	7	1	1	1
1991	경기 평택시	음식문화특화사업	50,000	식품정책과	1	4	7	8	7	5	5	4
1992	경기 평택시	재해 활동 지원 사업	34,600	안전총괄과	1	4	7	8	7	5	5	4
1993	경기 평택시	풍수해보험 사업	287,660	안전총괄과	1	1	7	8	7	1	1	1
1994	경기 평택시	소방기술경연대회	2,400	안전총괄과	1	4	4	1	6	1	1	1
1995	경기 평택시	소방기술경연대회	2,400	안전총괄과	1	4	4	1	6	1	1	1
1996	경기 평택시	안전모니터활동	3,000	안전총괄과	1	8	4	1	7	1	1	1
1997	경기 평택시	아동친화도시 공모(특화)사업	25,000	여성가족과	1	8	7	8	7	5	5	4
1998	경기 평택시	지역아동센터 특기적성 교육강사 지원	57,600	여성가족과	1	6	7	8	7	1	1	4
1999	경기 평택시	양성평등공모사업	30,000	여성가족과	1	4	7	7	7	1	1	1
2000	경기 평택시	외국인주민 한국어교육	14,000	여성가족과	1	6	7	1	7	1	1	1
2001	경기 평택시	외국인주민 상담사업	75,000	여성가족과	1	6	7	1	7	1	1	1
2002	경기 평택시	경기도 통역서포터즈	79,100	여성가족과	1	6	7	1	7	1	1	1
2003	경기 평택시	외국인복지센터 통역지원	35,000	여성가족과	1	6	7	1	7	1	1	1
2004	경기 평택시	슈퍼오닝 농산물 포장재 지원	280,500	유통과	1	4	7	8	7	1	1	1
2005	경기 평택시	슈퍼오닝 농산물 택배비 지원	99,000	유통과	1	4	7	8	7	1	1	1
2006	경기 평택시	수출포장재 지원	39,415	유통과	1	1	7	8	7	1	1	1
2007	경기 평택시	슈퍼오닝 농산물 수출마케팅 지원	50,000	유통과	1	4	7	8	7	1	1	1
2008	경기 평택시	G마크 등 포장재 지원사업	62,760	유통과	1	1	7	8	7	1	1	1
2009	경기 평택시	공동선별비 지원	33,712	유통과	1	1	7	8	7	1	1	2
2010	경기 평택시	지역특화품목 도매시장 출하용 포장재 지원	198,197	유통과	1	1	7	8	7	1	1	2
2011	경기 평택시	쌀 가공업체 경기미 구매차액 지원	43,500	유통과	1	1	7	8	7	1	1	2
2012	경기 평택시	친환경농산물 인증확대사업	34,542	유통과	1	1	7	8	7	1	1	2
2013	경기 평택시	생태보전 농업실천 마을조성	43,500	유통과	1	1	7	8	7	1	1	2
2014	경기 평택시	로컬푸드 만남의 날 운영	9,000	유통과	1	1	7	8	7	1	1	2
2015	경기 평택시	로컬푸드 소비자 교육 및 홍보	9,000	유통과	1	1	7	8	7	1	1	2
2016	경기 평택시	로컬푸드 포장재 지원	21,000	유통과	1	1	7	8	7	1	1	2
2017	경기 평택시	농번기 마을공동 급식지원	48,874	유통과	1	1	7	8	7	1	1	2
2018	경기 평택시	농업대학 세미나	20,000	지도정책과	1	1	7	8	7	1	1	1
2019	경기 평택시	4-H회원 과제교육	15,000	지도정책과	1	1	7	8	7	1	1	1
2020	경기 평택시	농촌지도자 선진농업 기술연찬회	13,500	지도정책과	1	1	7	8	7	1	1	1
2021	경기 평택시	농촌지도자회 육성사업	27,500	지도정책과	1	1	7	8	7	1	1	1
2022	경기 평택시	농업대학 워크숍 및 체육대회	11,000	지도정책과	1	1	7	8	7	1	1	1
2023	경기 평택시	학교4-H회 과제활동 지원사업	28,000	지도정책과	1	1	7	8	7	1	1	1
2024	경기 평택시	생활체육교실 운영	95,680	체육진흥과	1	1	7	8	7	1	1	3
2025	경기 평택시	일반 생활체육지도자 배치	263,088	체육진흥과	1	1	7	8	7	1	1	3
2026	경기 평택시	어르신 생활체육지도자 배치	146,160	체육진흥과	1	1	7	8	7	1	1	3
2027	경기 평택시	유소년 생활체육지도자 배치	58,464	체육진흥과	1	1	7	8	7	1	1	3
2028	경기 평택시	일반·어르신·유소년 생활체육지도자 처우개선	102,961	체육진흥과	1	1	7	8	7	1	1	3
2029	경기 평택시	생활체육 활성화	10,000	체육진흥과	1	1	7	8	7	1	1	3
2030	경기 평택시	G-스포츠클럽 운영	112,400	체육진흥과	1	1	7	8	7	1	1	3
2031	경기 평택시	초등스포츠클럽 운영	53,164	체육진흥과	1	1	7	8	7	1	1	3
2032	경기 평택시	학교체육 육성	194,400	체육진흥과	1	1	7	8	7	1	1	3
2033	경기 평택시	우수지도자 및 선수 육성지원	305,000	체육진흥과	1	1	7	8	7	1	1	3
2034	경기 평택시	공공체육시설 수영프로그램 운영	44,950	체육진흥과	1	1	7	8	7	1	1	3
2035	경기 평택시	장애인 생활체육교실 운영	21,600	체육진흥과	1	1	7	8	7	1	1	3
2036	경기 평택시	장애인 생활체육지도자 배치사업	175,392	체육진흥과	1	1	7	8	7	1	1	3
2037	경기 평택시	장애인 생활체육지도자 처우개선	39,870	체육진흥과	1	1	7	8	7	1	1	3
2038	경기 평택시	장애인체육회 워크숍 개최	24,800	체육진흥과	1	1	7	8	7	1	1	3

순번	시군구	지출명 (사업명)	2021년예산 (단위:천원/1년간)	담당자 (공무원) 담당부서	민간이전 분류 (지방자치단체 세출예산 집행기준에 의거) 1. 민간경상사업보조(307-02) 2. 민간단체 법정운영비보조(307-03) 3. 민간행사사업보조(307-04) 4. 민간위탁금(307-05) 5. 사회복지시설 법정운영비보조(307-10) 6. 민간인위탁교육비(307-12) 7. 공기관등에대한경상적위탁사업비(308-11) 8. 민간자본사업보조,자체재원(402-01) 9. 민간자본사업보조,이전재원(402-02) 10. 민간위탁사업비(402-03) 11. 공기관등에 대한 자본적 대행사업비(403-02)	민간이전지출 근거 (지방보조금 관리기준 참고) 1. 법률에 규정 2. 국고보조 재원(국가지정) 3. 용도 지정 기부금 4. 조례에 직접규정 5. 지자체가 권장하는 사업을 하는 공공기관 6. 시,도 정책 및 재정사정 7. 기타 8. 해당없음	입찰방식 계약체결방법 (경쟁형태) 1. 일반경쟁 2. 제한경쟁 3. 지명경쟁 4. 수의계약 5. 법정위탁 6. 기타 ( ) 7. 해당없음	입찰방식 계약기간 1. 1년 2. 2년 3. 3년 4. 4년 5. 5년 6. 기타 ( )년 7. 단기계약 (1년미만) 8. 해당없음	입찰방식 낙찰자선정방법 1. 적격심사 2. 협상에의한계약 3. 최저가낙찰제 4. 규격가격분리 5. 2단계 경쟁입찰 6. 기타 ( ) 7. 해당없음	운영예산 산정 운영예산 산정 1. 내부산정 (지자체 자체적으로 산정) 2. 외부산정 (외부전문기관위탁 산정) 3. 내·외부 모두 산정 4. 산정 無 5. 해당없음	운영예산 산정 정산방법 1. 내부정산 (지자체 내부적으로 정산) 2. 외부정산 (외부전문기관위탁 정산) 3. 내·외부 모두 산정 4. 정산 無 5. 해당없음	성과평가 실시여부 1. 실시 2. 미실시 3. 향후 추진 4. 해당없음
2039	경기 평택시	장애인학교운동부 육성	12,000	체육진흥과	1	1	7	8	7	1	1	3
2040	경기 평택시	우수 장애인선수 육성 지원	110,000	체육진흥과	1	1	7	8	7	1	1	3
2041	경기 평택시	전국체육대회 출전	27,000	체육진흥과	1	1	7	8	7	1	1	3
2042	경기 평택시	장애인 체육대회 출전	99,500	체육진흥과	1	1	7	8	7	1	1	3
2043	경기 평택시	체육회업무용차량임차	18,600	체육진흥과	1	1	7	8	7	1	1	1
2044	경기 평택시	전자결재시스템유지보수비	18,000	체육진흥과	1	1	7	8	7	1	1	1
2045	경기 평택시	가맹경기단체워크숍	28,600	체육진흥과	1	1	7	8	7	1	1	1
2046	경기 평택시	시민축구단육성	300,000	체육진흥과	1	1	7	8	7	1	1	1
2047	경기 평택시	경기도 체육대회출전	286,228	체육진흥과	1	1	7	8	7	1	1	1
2048	경기 평택시	평택시민 건강걷기대회 개최	150,000	체육진흥과	1	1	7	8	7	1	1	1
2049	경기 평택시	경기도 생활체육대축전 출전	194,000	체육진흥과	1	1	7	8	7	1	1	1
2050	경기 동두천시	동두천 시민예술대학 운영	23,000	문화체육과	1	1	7	8	7	1	1	1
2051	경기 동두천시	문학사업 지원	13,000	문화체육과	1	1	7	8	7	1	1	1
2052	경기 동두천시	문화소외계층 예술체험교실	3,000	문화체육과	1	1	7	8	7	1	1	1
2053	경기 동두천시	동두천 사진 공모전 개최 지원	8,000	문화체육과	1	1	7	8	7	1	1	1
2054	경기 동두천시	사진작가 정기회원전 지원	2,000	문화체육과	1	1	7	8	7	1	1	1
2055	경기 동두천시	지방문화원 육성	43,200	문화체육과	1	1	7	8	7	1	1	1
2056	경기 동두천시	문화예술단체 육성 지원	3,000	문화체육과	1	1	7	8	7	1	1	1
2057	경기 동두천시	미술작가 정기회원전 지원	2,000	문화체육과	1	1	7	8	7	1	1	1
2058	경기 동두천시	장애인 문화예술 지원	6,100	문화체육과	1	1	7	8	7	1	1	1
2059	경기 동두천시	동두천민요전수관 운영	15,600	문화체육과	1	4	7	8	7	1	1	1
2060	경기 동두천시	시무형문화재 전승활동 지원	33,000	문화체육과	1	4	7	8	7	1	1	1
2061	경기 동두천시	도 무형문화재 전승활동 지원	12,000	문화체육과	1	4	7	8	7	1	1	1
2062	경기 동두천시	제32회 경기도 생활체육대축전 출전	100,000	문화체육과	1	1	7	8	7	1	1	1
2063	경기 동두천시	제67회 경기도체육대회 출전 보소	80,300	문화체육과	1	1	7	8	7	1	1	1
2064	경기 동두천시	도지사기 및 도의장기 종목별 체육대회 출전	47,884	문화체육과	1	1	7	8	7	1	1	1
2065	경기 동두천시	경기도 및 전국 생활체육대회 종목별 출전 및 개최 지원	39,000	문화체육과	1	1	7	8	7	1	1	1
2066	경기 동두천시	경기도 장애인생활체육대회 출전 및 개최 지원	13,000	문화체육과	1	1	7	8	7	1	1	1
2067	경기 동두천시	경기도 장애인체육대회 출전	13,000	문화체육과	1	1	7	8	7	1	1	1
2068	경기 동두천시	장애인 종목별 체육대회 및 전국대회 출전	19,000	문화체육과	1	1	7	8	7	1	1	1
2069	경기 동두천시	초등스포츠클럽 강사료 등 지원	21,668	문화체육과	1	1	7	8	7	1	1	1
2070	경기 동두천시	동두천시 학교체육시설 사용료 지원	5,000	문화체육과	1	1	7	8	7	1	1	1
2071	경기 동두천시	청년동아리활동 지원	4,500	여성청소년과	1	4	7	8	4	1	1	4
2072	경기 동두천시	성인문해교육사업 프로그램 운영지원	60,200	평생교육원	1	4	7	8	7	1	1	3
2073	경기 동두천시	장애인야학 프로그램 운영지원	40,000	평생교육원	1	4	7	8	7	1	1	3
2074	경기 동두천시	성인장애인 학교 운영	3,000	평생교육원	1	4	7	8	7	1	1	3
2075	경기 동두천시	성인장애인 평생교육 프로그램 지원	8,000	평생교육원	1	4	7	8	7	5	5	4
2076	경기 동두천시	아동대상 범죄예방 활동	2,000	평생교육원	1	4	7	8	7	5	5	4
2077	경기 동두천시	청소년 선도 활동	2,000	평생교육원	1	4	7	8	7	5	5	4
2078	경기 동두천시	청소년 약물오남용 예방사업 지원	5,000	보건소	1	7	7	8	7	3	3	1
2079	경기 동두천시	지역사회건강조사	69,162	보건소	1	2	7	8	7	5	3	4
2080	경기 동두천시	방역소독관리 및 감염병 예방	4,000	보건소	1	4	5	1	2	1	1	1
2081	경기 동두천시	새마을운동동두천시지회	45,000	자치행정과	1	1	7	7	7	1	1	3
2082	경기 동두천시	민주평화통일자문회의 사업지원	10,700	자치행정과	1	1	7	8	7	1	1	1
2083	경기 동두천시	민주평화통일 역량강화 자문위원 연수지원	20,900	자치행정과	1	1	7	8	7	1	1	1
2084	경기 동두천시	한국자유총연맹 사업지원	28,400	자치행정과	1	1	7	8	7	1	1	1
2085	경기 동두천시	한국자유총연맹 피복비지원	3,300	자치행정과	1	1	7	8	7	1	1	1
2086	경기 동두천시	바르게살기운동 사업지원	19,500	자치행정과	1	1	7	8	7	1	1	1
2087	경기 동두천시	동두천지역 방범순찰활동	1,500	자치행정과	1	4	7	8	7	1	1	1
2088	경기 동두천시	동두천지역 방범순찰활동	1,500	자치행정과	1	4	7	8	7	1	1	1
2089	경기 동두천시	재난재해구조 및 지역행사 안전도우미 활동	2,000	자치행정과	1	4	7	8	7	1	1	1

순번	시군구	지출명 (사업명)	2021년예산 (단위:천원/1년간)	담당자 (공무원) 담당부서	민간이전 분류 (지방자치단체 세출예산 집행기준에 의거) 1. 민간경상사업보조(307-02) 2. 민간단체 법정운영비보조(307-03) 3. 민간행사사업보조(307-04) 4. 민간위탁금(307-05) 5. 사회복지시설 법정운영비보조(307-10) 6. 민간인위탁교육비(307-12) 7. 공기관등에대한경상적위탁사업비(308-11) 8. 민간자본사업보조,자체재원(402-01) 9. 민간자본사업보조,이전재원(402-02) 10. 민간위탁사업비(402-03) 11. 공기관등에 대한 자본적 대행사업비(403-02)	민간이전지출 근거 (지방보조금 관리기준 참고) 1. 법률에 규정 2. 국고보조 재원(국가지정) 3. 용도 지정 기부금 4. 조례에 직접규정 5. 지자체가 권장하는 사업을 하는 공공기관 6. 시,도 정책 및 재정사정 7. 기타 8. 해당없음	입찰방식 계약체결방법 (경쟁형태) 1. 일반경쟁 2. 제한경쟁 3. 지명경쟁 4. 수의계약 5. 법정위탁 6. 기타 ( ) 7. 해당없음	입찰방식 계약기간 1. 1년 2. 2년 3. 3년 4. 4년 5. 5년 6. 기타 ( )년 7. 단기계약 (1년미만) 8. 해당없음	입찰방식 낙찰자선정방법 1. 적격심사 2. 협상에의한계약 3. 최저가낙찰제 4. 규격가격분리 5. 2단계 경쟁입찰 6. 기타 ( ) 7. 해당없음	운영예산 산정 운영예산 산정 1. 내부산정 (지자체 자체적으로 산정) 2. 외부산정 (외부전문기관위탁 산정) 3. 내·외부 모두 산정 4. 산정 無 5. 해당없음	운영예산 산정 정산방법 1. 내부정산 (지자체 내부적으로 정산) 2. 외부정산 (외부전문기관위탁 정산) 3. 내·외부 모두 산정 4. 정산 無 5. 해당없음	성과평가 실시여부 1. 실시 2. 미실시 3. 향후 추진 4. 해당없음
2090	경기 동두천시	자연보호협의회 운영지원	5,000	환경보호과	1	4	7	8	7	1	1	1
2091	경기 동두천시	천연가스차량 연료비 보조금	28,140	환경보호과	1	2	7	8	7	3	3	1
2092	경기 동두천시	보증기간 경과장치 성능유지 관리	19,000	환경보호과	1	2	5	8	7	3	3	4
2093	경기 동두천시	대기방지시설 유지관리 지원	8,500	환경보호과	1	6	7	8	7	1	1	4
2094	경기 동두천시	벼못자리용 상토지원	7,600	농업축산위생과	1	4	7	8	7	1	1	2
2095	경기 동두천시	벼병충해방제	18,000	농업축산위생과	1	4	7	8	7	1	1	2
2096	경기 동두천시	토양개량제 지원	5,661	농업축산위생과	1	2	7	8	7	1	1	2
2097	경기 동두천시	친환경농법 육성	10,000	농업축산위생과	1	4	7	8	7	1	1	2
2098	경기 동두천시	유기질비료 지원	106,076	농업축산위생과	1	2	7	8	7	1	1	2
2099	경기 동두천시	농업 재해보험 가입지원	15,000	농업축산위생과	1	2	7	8	7	1	1	2
2100	경기 동두천시	친환경농산물 인증 확대	873	농업축산위생과	1	6	7	8	7	1	1	2
2101	경기 동두천시	벼 우수품종 공급지원	2,083	농업축산위생과	1	6	7	8	7	1	1	2
2102	경기 동두천시	농업인안전재해보험	21,429	농업축산위생과	1	2	7	8	7	1	1	2
2103	경기 동두천시	농기계 등화장치 부착지원	3,000	농업축산위생과	1	2	7	8	7	1	1	2
2104	경기 동두천시	농특산물 포장지 지원	40,000	농업축산위생과	1	1	7	8	7	1	1	1
2105	경기 동두천시	농업경영인 경영정보교류 사업지원	4,700	농업축산위생과	1	1	7	8	7	1	1	1
2106	경기 동두천시	G마크 포장재지원	2,225	농업축산위생과	1	6	7	8	7	1	1	2
2107	경기 동두천시	친환경 등 우수농산물 학교급식 지원	404,000	농업축산위생과	1	6	7	8	7	1	1	2
2108	경기 동두천시	GAP안전성 분석지원	2,000	농업축산위생과	1	2	7	8	7	1	1	2
2109	경기 동두천시	농식품 수출경쟁력 제고	5,041	농업축산위생과	1	6	7	8	7	1	1	2
2110	경기 동두천시	농식품 가공산업 육성지원	7,000	농업축산위생과	1	6	7	8	7	1	1	2
2111	경기 동두천시	여성농업인 행복바우처	3,360	농업축산위생과	1	6	7	8	7	1	1	2
2112	경기 동두천시	낙농헬퍼사업	20,180	농업축산위생과	1	4	7	8	7	1	1	4
2113	경기 동두천시	축산농가 미생물제 지원	20,000	농업축산위생과	1	4	7	8	7	1	1	4
2114	경기 동두천시	축산농가 톱밥지원사업	20,000	농업축산위생과	1	4	7	8	7	1	1	4
2115	경기 동두천시	축산환경개선사업	10,000	농업축산위생과	1	6	7	8	7	1	1	4
2116	경기 동두천시	축산재해 긴급 지원	4,000	농업축산위생과	1	6	7	8	7	1	1	4
2117	경기 동두천시	양봉산업 육성	18,860	농업축산위생과	1	6	7	8	7	1	1	4
2118	경기 동두천시	조사료생산용 사일리지제조 운송비 지원	15,750	농업축산위생과	1	2	7	8	7	1	1	4
2119	경기 동두천시	조사료생산용 종자구입 지원	4,020	농업축산위생과	1	2	7	8	7	1	1	4
2120	경기 동두천시	조사료생산용 볏짚비닐 지원	4,000	농업축산위생과	1	6	7	8	7	1	1	4
2121	경기 동두천시	폭염대비 등 면역증강제 지원	10,000	농업축산위생과	1	6	7	8	7	1	1	4
2122	경기 동두천시	가축질병 예방 및 검진 약품 구입 등 지원	32,400	농업축산위생과	1	6	7	8	7	1	1	4
2123	경기 동두천시	농촌지도자회육성	3,000	농업축산위생과	1	1	7	8	7	1	1	4
2124	경기 동두천시	농작업화 보급사업	15,000	농업축산위생과	1	1	7	8	7	1	1	4
2125	경기 동두천시	시장경영바우처지원	9,912	일자리경제과	1	8	7	8	7	5	5	4
2126	경기 동두천시	국내전시회 참가기업 지원사업	8,000	일자리경제과	1	4	7	8	7	5	5	4
2127	경기 동두천시	두드림패션센터 관리	7,000	일자리경제과	1	4	5	1	7	1	1	1
2128	경기 동두천시	노동단체 및 노사관계 발전사업 보조금	2,500	일자리경제과	1	4	7	8	7	1	1	2
2129	경기 동두천시	지역주도형 청년일자리	158,706	일자리경제과	1	2	7	8	7	1	1	2
2130	경기 동두천시	(예비)사회적기업 일자리창출 지원	48,536	일자리경제과	1	1	1	1	1	1	1	1
2131	경기 동두천시	사회적기업 사회보험료 지원사업	4,366	일자리경제과	1	1	1	1	1	1	1	1
2132	경기 동두천시	사회적경제기업 사업개발비 지원사업	3,333	일자리경제과	1	1	1	1	1	3	3	1
2133	경기 동두천시	마을기업 육성 지원사업	20,000	일자리경제과	1	1	1	1	1	1	1	1
2134	경기 동두천시	사회적경제 창업지원 사업	34,000	일자리경제과	1	4	1	1	1	1	1	1
2135	경기 동두천시	마을공동체 공동체활동 지원사업	60,000	일자리경제과	1	4	7	8	7	1	1	1
2136	경기 동두천시	시군 공동체 기반조성	10,000	일자리경제과	1	4	1	1	1	1	1	1
2137	경기 동두천시	노동안전지킴이 운영	90,000	일자리경제과	1	4	7	8	7	5	5	4
2138	경기 동두천시	보행안전 사업 지원	18,340	교통행정과	1	1	1	1	6	1	1	3
2139	경기 동두천시	초등학교 보행안전 교통지도 사업 지원	2,500	교통행정과	1	1	1	1	6	1	1	3
2140	경기 안산시	주민참여예산제 운영	20,000	기획예산과	1	4	1	1	1	1	1	1

순번	시군구	지출명 (사업명)	2021년예산 (단위:천원/1년간)	담당자 (공무원) 담당부서	민간이전 분류 (지방자치단체 세출예산 집행기준에 의거) 1. 민간경상사업보조(307-02) 2. 민간단체 법정운영비보조(307-03) 3. 민간행사사업보조(307-04) 4. 민간위탁금(307-05) 5. 사회복지시설 법정운영비보조(307-10) 6. 민간인위탁교육비(307-12) 7. 공기관등에대한경상적위탁사업비(308-11) 8. 민간자본사업보조,자체재원(402-01) 9. 민간자본사업보조,이전재원(402-02) 10. 민간위탁사업비(402-03) 11. 공기관등에 대한 자본적 대행사업비(403-02)	민간이전지출 근거 (지방보조금 관리기준 참고) 1. 법률에 규정 2. 국고보조 재원(국가지정) 3. 용도 지정 기부금 4. 조례에 직접규정 5. 지자체가 권장하는 사업을 하는 공공기관 6. 시,도 정책 및 재정사정 7. 기타 8. 해당없음	입찰방식 계약체결방법 (경쟁형태) 1. 일반경쟁 2. 제한경쟁 3. 지명경쟁 4. 수의계약 5. 법정위탁 6. 기타 ( ) 7. 해당없음	입찰방식 계약기간 1. 1년 2. 2년 3. 3년 4. 4년 5. 5년 6. 기타 ( )년 7. 단기계약 (1년미만) 8. 해당없음	입찰방식 낙찰자선정방법 1. 적격심사 2. 협상에의한계약 3. 최저가낙찰제 4. 규격가격분리 5. 2단계 경쟁입찰 6. 기타 ( ) 7. 해당없음	운영예산 산정 운영예산 산정 1. 내부산정 (지자체 자체적으로 산정) 2. 외부산정 (외부전문기관위탁 산정) 3. 내·외부 모두 산정 4. 산정 無 5. 해당없음	운영예산 산정 정산방법 1. 내부정산 (지자체 내부적으로 정산) 2. 외부정산 (외부전문기관위탁 정산) 3. 내·외부 모두 산정 4. 정산 無 5. 해당없음	성과평가 실시여부 1. 실시 2. 미실시 3. 향후 추진 4. 해당없음
2141	경기 안산시	참여형 성인지예산 사업	7,000	기획예산과	1	4	1	1	1	1	1	1
2142	경기 안산시	안산속의 사회적가치 청년활동가지원	278,384	기획예산과	1	2	1	2	1	1	1	1
2143	경기 안산시	범죄피해자지원센터 지원	100,000	혁신법무과	1	1	7	8	7	5	5	1
2144	경기 안산시	소비자단체육성지원	80,000	상생경제과	1	4	7	8	7	1	1	1
2145	경기 안산시	특화거리 마케팅비용지원	9,000	상생경제과	1	4	7	6	7	1	1	1
2146	경기 안산시	소상공인단체육성 지원사업	14,000	상생경제과	1	4	7	6	7	1	1	1
2147	경기 안산시	소비자단체육성지원	80,000	상생경제과	1	4	7	8	7	1	1	1
2148	경기 안산시	전통시장 주차환경개선사업	732,132	상생경제과	1	2	7	1	7	1	1	1
2149	경기 안산시	전통시장 매니저 육성사업	22,000	상생경제과	1	1	7	1	7	1	1	1
2150	경기 안산시	사회적경제 창업교육 지원사업	38,000	상생경제과	1	6	7	8	7	3	3	1
2151	경기 안산시	사회적경제 나눔장터조성사업	40,000	상생경제과	1	6	7	8	7	3	3	1
2152	경기 안산시	지역특화사업	24,053	상생경제과	1	2	7	8	7	3	3	1
2153	경기 안산시	(예비)사회적기업 일자리창출 지원사업	920,001	상생경제과	1	1	7	8	7	1	1	1
2154	경기 안산시	사회적기업 사회보험료 지원사업	97,989	상생경제과	1	1	7	8	7	1	1	1
2155	경기 안산시	(예비)사회적기업 사업개발비 지원사업	90,837	상생경제과	1	1	7	8	7	1	1	1
2156	경기 안산시	사회적경제조직 청년일자리 지원사업	427,178	상생경제과	1	1	7	8	7	1	1	1
2157	경기 안산시	마을기업 육성 지원사업	60,000	상생경제과	1	1	7	8	7	3	3	1
2158	경기 안산시	행복마을관리소 운영	1,471	상생경제과	1	6	7	8	7	3	3	1
2159	경기 안산시	문화학교 운영	3,000	문화예술과	1	1	7	8	7	1	1	1
2160	경기 안산시	와리풍물놀이 전수교육 및 지정학교 운영	10,000	문화예술과	1	5	7	8	7	1	1	1
2161	경기 안산시	우수전통민속놀이 보존사업	3,000	문화예술과	1	5	7	8	7	1	1	1
2162	경기 안산시	고택 종갓집 활용사업	50,000	문화예술과	1	2	7	8	7	5	5	4
2163	경기 안산시	성호학술대회 및 학술지발간 지원사업	10,000	문화예술과	1	7	6	1	1	1	1	1
2164	경기 안산시	상록수문화제 개최	25,000	문화예술과	1	7	6	1	1	1	1	1
2165	경기 안산시	지역문화예술플랫폼육성사업	188,475	문화예술과	1	6	6	1	1	1	1	1
2166	경기 안산시	등록 박물관, 미술관 교육프로그램 운영지원	8,000	문화예술과	1	6	6	1	1	1	1	1
2167	경기 안산시	안산 역사문화탐방 아카데미 운영	40,000	문화예술과	1	1	7	8	7	1	1	1
2168	경기 안산시	계간 안산문화 푸른 메 발간사업	5,000	문화예술과	1	1	7	8	7	1	1	1
2169	경기 안산시	안산경기민요단 육성 및 정기공연	10,000	문화예술과	1	1	7	8	7	1	1	1
2170	경기 안산시	문화학교운영	7,000	문화예술과	1	1	7	8	7	1	1	1
2171	경기 안산시	안산향토사박물관 운영	21,000	문화예술과	1	1	7	8	7	1	1	1
2172	경기 안산시	시민과 함께하는 안산 천년 역사 아카데미	3,500	문화예술과	1	1	7	8	7	1	1	1
2173	경기 안산시	통합문화체육관광이용권 사업운영	2,167	문화예술과	1	2	7	8	7	1	1	1
2174	경기 안산시	문화의 날 지역화폐 드림	19,000	문화예술과	1	6	7	8	7	1	1	1
2175	경기 안산시	공연장 대관료 지원 사업	10,000	문화예술과	1	6	7	8	7	1	1	1
2176	경기 안산시	안산문학 발간	8,000	문화예술과	1	1	7	8	7	1	1	1
2177	경기 안산시	안산전국여성백일장	3,000	문화예술과	1	1	7	8	7	1	1	1
2178	경기 안산시	문학의도시안산 프로젝트	3,000	문화예술과	1	1	7	8	7	1	1	1
2179	경기 안산시	성호문학상 및 성호신인문학상	5,000	문화예술과	1	1	7	8	7	1	1	1
2180	경기 안산시	포도밭 착한음악회	10,000	문화예술과	1	1	7	8	7	1	1	1
2181	경기 안산시	안산환경미술협회 정기회원전	3,500	문화예술과	1	1	7	8	7	1	1	1
2182	경기 안산시	안산국제아트쇼	20,000	문화예술과	1	1	7	8	7	1	1	1
2183	경기 안산시	청소년 연극제	5,000	문화예술과	1	1	7	8	7	1	1	1
2184	경기 안산시	시니어동화구연콘서트	3,000	문화예술과	1	1	7	8	7	1	1	1
2185	경기 안산시	안산시민전국가요경연대회	10,000	문화예술과	1	1	7	8	7	1	1	1
2186	경기 안산시	생생버스킹	15,000	문화예술과	1	1	7	8	7	1	1	1
2187	경기 안산시	장애인 문화예술 진흥사업	10,000	문화예술과	1	1	7	8	7	5	5	4
2188	경기 안산시	안산국제뷰티산업쇼	70,000	문화예술과	1	1	7	8	7	5	5	4
2189	경기 안산시	체육단체 육성 지원	63,702	체육진흥과	1	4	7	8	7	1	1	3
2190	경기 안산시	체육대회 개최 지원	131,000	체육진흥과	1	4	7	8	7	1	1	3
2191	경기 안산시	체육대회 출전 지원	380,600	체육진흥과	1	4	7	8	7	1	1	3

순번	시군구	지출명 (사업명)	2021년예산 (단위:천원/1년간)	담당자 (공무원)	민간이전 분류 (지방자치단체 세출예산 집행기준에 의거)	민간이전지출 근거 (지방보조금 관리기준 참고)	입찰방식			운영예산 산정		성과평가 실시여부
				담당부서	1. 민간경상사업보조(307-02) 2. 민간단체 법정운영비보조(307-03) 3. 민간행사사업보조(307-04) 4. 민간위탁금(307-05) 5. 사회복지시설 법정운영비보조(307-10) 6. 민간인위탁교육비(307-12) 7. 공기관등에대한경상적위탁사업비(308-11) 8. 민간자본사업보조,자체재원(402-01) 9. 민간자본사업보조,이전재원(402-02) 10. 민간위탁사업비(402-03) 11. 공기관등에 대한 자본적 대행사업비(403-02)	1. 법률에 규정 2. 국고보조 재원(국가지정) 3. 용도 지정 기부금 4. 조례에 직접규정 5. 지자체가 권장하는 사업을 하는 공공기관 6. 시,도 정책 및 재정사정 7. 기타 8. 해당없음	계약체결방법 (경쟁형태) 1. 일반경쟁 2. 제한경쟁 3. 지명경쟁 4. 수의계약 5. 법정위탁 6. 기타 ( ) 7. 해당없음	계약기간 1. 1년 2. 2년 3. 3년 4. 4년 5. 5년 6. 기타 ( )년 7. 단기계약 (1년미만) 8. 해당없음	낙찰자선정방법 1. 적격심사 2. 협상에의한계약 3. 최저가낙찰제 4. 규격가격분리 5. 2단계 경쟁입찰 6. 기타 ( ) 7. 해당없음	운영예산 산정 1. 내부산정 (지자체 자체적으로 산정) 2. 외부산정 (외부전문기관위탁 산정) 3. 내·외부 모두 산정 4. 산정 無 5. 해당없음	정산방법 1. 내부정산 (지자체 내부적으로 정산) 2. 외부정산 (외부전문기관위탁 정산) 3. 내·외부 모두 산정 4. 정산 無 5. 해당없음	1. 실시 2. 미실시 3. 향후 추진 4. 해당없음
2192	경기 안산시	학교체육 육성 지원	1,062	체육진흥과	1	4	7	8	7	1	1	3
2193	경기 안산시	시민의 날 체육대회 개최지원	200,000	체육진흥과	1	4	7	8	7	1	1	3
2194	경기 안산시	장애인체육대회 참가 지원	111,000	체육진흥과	1	4	7	8	7	1	1	3
2195	경기 안산시	건강체육교실 운영	42,000	체육진흥과	1	4	7	8	7	1	1	3
2196	경기 안산시	장애인 생활체육 지원	50,000	체육진흥과	1	4	7	8	7	1	1	3
2197	경기 안산시	장애인 엘리트체육 육성지원	233,000	체육진흥과	1	4	7	8	7	1	1	3
2198	경기 안산시	안산 마라톤 대회	120,000	체육진흥과	1	4	7	8	7	1	1	3
2199	경기 안산시	체육발전 지원	10,000	체육진흥과	1	4	7	8	7	1	1	3
2200	경기 안산시	동 체육회 회원 연수	7,000	체육진흥과	1	4	7	8	7	1	1	3
2201	경기 안산시	장애인체육발전 지원	14,000	체육진흥과	1	4	7	8	7	1	1	3
2202	경기 안산시	지역스포츠클럽 육성지원	30,000	체육진흥과	1	2	4	3	7	1	1	1
2203	경기 안산시	체력인증센터 운영 지원	206,250	체육진흥과	1	2	7	8	7	1	1	1
2204	경기 안산시	체육진흥기금 지원 사업	70,000	체육진흥과	1	4	7	8	7	1	1	3
2205	경기 안산시	안산시티투어 운영	90,000	관광과	1	4	6	3	6	1	1	1
2206	경기 안산시	안산관광사진 공모전 개최 및 전시	23,000	관광과	1	4	7	8	7	1	1	3
2207	경기 안산시	맞춤형 정보화교육사업	8,000	정보콘텐츠과	1	1	6	1	1	1	1	1
2208	경기 안산시	장애인 정보화교육사업	30,000	정보콘텐츠과	1	1	6	1	1	1	1	1
2209	경기 안산시	사회복지협의회 사회복지정보센터운영	35,000	복지정책과	1	1	7	8	7	1	1	1
2210	경기 안산시	지역사회보장협의체 활성화 지원	50,000	복지정책과	1	6	7	8	7	3	3	1
2211	경기 안산시	청년 사회적주택 지원사업	33,447	복지정책과	1	2	1	2	1	1	1	1
2212	경기 안산시	저소득층 주거환경개선사업	10,000	복지정책과	1	4	1	1	1	1	1	1
2213	경기 안산시	창업보육센터 운영지원	81,668	일자리정책과	1	4	7	1	7	3	1	3
2214	경기 안산시	창업보육센터 창업활성화 사업 지원	56,000	일자리정책과	1	4	7	1	7	3	1	3
2215	경기 안산시	지역산업맞춤형 자치단체 지원사업	250,000	일자리정책과	1	2	7	8	7	5	5	4
2216	경기 안산시	청년창업가이드사업	241,763	일자리정책과	1	2	1	2	1	1	1	1
2217	경기 안산시	청년창업가이드사업		일자리정책과	1	2	1	2	1	1	1	1
2218	경기 안산시	청년창업가이드사업		일자리정책과	1	2	1	2	1	1	1	1
2219	경기 안산시	청년창업가이드사업		일자리정책과	1	2	1	2	1	1	1	1
2220	경기 안산시	청년창업가이드사업		일자리정책과	1	2	1	2	1	1	1	1
2221	경기 안산시	청년창업가이드사업		일자리정책과	1	2	1	2	1	1	1	1
2222	경기 안산시	청년창업가이드사업		일자리정책과	1	2	1	2	1	1	1	1
2223	경기 안산시	청년창업가이드사업		일자리정책과	1	2	1	2	1	1	1	1
2224	경기 안산시	청년창업가이드사업		일자리정책과	1	2	1	2	1	1	1	1
2225	경기 안산시	청년창업가이드사업		일자리정책과	1	2	1	2	1	1	1	1
2226	경기 안산시	청년창업가이드사업		일자리정책과	1	2	1	2	1	1	1	1
2227	경기 안산시	청년창업가이드사업		일자리정책과	1	2	1	2	1	1	1	1
2228	경기 안산시	워라밸일자리창출사업	112,725	일자리정책과	1	2	1	1	1	1	1	1
2229	경기 안산시	워라밸일자리창출사업		일자리정책과	1	2	1	1	1	1	1	1
2230	경기 안산시	워라밸일자리창출사업		일자리정책과	1	2	1	1	1	1	1	1
2231	경기 안산시	워라밸일자리창출사업		일자리정책과	1	2	1	1	1	1	1	1
2232	경기 안산시	워라밸일자리창출사업		일자리정책과	1	2	1	1	1	1	1	1
2233	경기 안산시	워라밸일자리창출사업		일자리정책과	1	2	1	1	1	1	1	1
2234	경기 안산시	워라밸일자리창출사업		일자리정책과	1	2	1	1	1	1	1	1
2235	경기 안산시	워라밸일자리창출사업		일자리정책과	1	2	1	1	1	1	1	1
2236	경기 안산시	워라밸일자리창출사업		일자리정책과	1	2	1	1	1	1	1	1
2237	경기 안산시	워라밸일자리창출사업		일자리정책과	1	2	1	1	1	1	1	1
2238	경기 안산시	워라밸일자리창출사업		일자리정책과	1	2	1	1	1	1	1	1
2239	경기 안산시	워라밸일자리창출사업		일자리정책과	1	2	1	1	1	1	1	1
2240	경기 안산시	노사민정협력 활성화사업	40,000	일자리정책과	1	2	7	8	7	5	5	1
2241	경기 안산시	노사민정협의회 사무국 사업비	170,000	일자리정책과	1	4	7	8	7	5	5	1
2242	경기 안산시	산업재해예방세미나	3,000	일자리정책과	1	4	7	7	7	1	1	1

순번	시군구	지출명 (사업명)	2021년예산 (단위:천원/1년간)	담당자 (공무원)	민간이전 분류 (지방자치단체 세출예산 집행기준에 의거)	민간이전지출 근거 (지방보조금 관리기준 참고)	입찰방식			운영예산 산정		성과평가 실시여부
				담당부서	1. 민간경상사업보조(307-02) 2. 민간단체 법정운영비보조(307-03) 3. 민간행사사업보조(307-04) 4. 민간위탁금(307-05) 5. 사회복지시설 법정운영비보조(307-10) 6. 민간인위탁교육비(307-12) 7. 공기관등에대한경상적위탁사업비(308-11) 8. 민간자본사업보조,자체재원(402-01) 9. 민간자본사업보조,이전재원(402-02) 10. 민간위탁사업비(402-03) 11. 공기관등에 대한 자본적 대행사업비(403-02)	1. 법률에 규정 2. 국고보조 재원(국가지정) 3. 용도 지정 기부금 4. 조례에 직접규정 5. 지자체가 권장하는 사업을 하는 공공기관 6. 시,도 정책 및 재정사정 7. 기타 8. 해당없음	계약체결방법 (경쟁형태) 1. 일반경쟁 2. 제한경쟁 3. 지명경쟁 4. 수의계약 5. 법정위탁 6. 기타 ( ) 7. 해당없음	계약기간 1. 1년 2. 2년 3. 3년 4. 4년 5. 5년 6. 기타 ( )년 7. 단기계약 (1년미만) 8. 해당없음	낙찰자선정방법 1. 적격심사 2. 협상에의한계약 3. 최저가낙찰제 4. 규격가격분리 5. 2단계 경쟁입찰 6. 기타 ( ) 7. 해당없음	운영예산 산정 1. 내부산정 (지자체 자체적으로 산정) 2. 외부산정 (외부전문기관위탁 산정) 3. 내·외부 모두 산정 4. 산정 無 5. 해당없음	정산방법 1. 내부정산 (지자체 내부적으로 정산) 2. 외부정산 (외부전문기관위탁 정산) 3. 내·외부 모두 산정 4. 정산 無 5. 해당없음	1. 실시 2. 미실시 3. 향후 추진 4. 해당없음
2243	경기 안산시	노동안전의식 향상 및 산재예방	3,000	일자리정책과	1	4	7	7	7	1	1	1
2244	경기 안산시	부곡복지관 장난감대여센터 운영	8,000	아동권리과	1	4	7	8	7	5	5	4
2245	경기 안산시	어린이날 기념행사	28,000	아동권리과	1	6	7	8	7	5	5	4
2246	경기 안산시	안산시 전국가족창작동요대회	9,000	아동권리과	1	6	7	8	7	5	5	4
2247	경기 안산시	일본군위안부피해자 기립사업	5,000	여성보육과	1	1	7	8	7	1	1	1
2248	경기 안산시	여성활동가 및 여성 단체지원	10,000	여성보육과	1	1	6	7	6	1	1	1
2249	경기 안산시	가족역량강화지원	32,000	여성보육과	1	7	6	7	6	1	1	1
2250	경기 안산시	어르신의 건강하고 행복한 식사돕기	4,000	위생정책과	1	4	7	8	7	1	1	1
2251	경기 안산시	미용 자원봉사 활동 지원	2,000	위생정책과	1	4	7	8	7	1	1	1
2252	경기 안산시	지방의제21사업추진	100,000	환경정책과	1	4	7	1	7	1	1	1
2253	경기 안산시	안산녹색환경지원센터 지원	225,000	환경정책과	1	1	7	1	7	1	3	1
2254	경기 안산시	중소기업온실가스 감축사업 지원	100,000	환경정책과	1	4	5	1	7	1	1	1
2255	경기 안산시	비산업부문 사업장 온실가스 진단컨설팅	8,000	환경정책과	1	4	5	1	7	1	1	1
2256	경기 안산시	에너지절약 마을만들기 및 가정에너지 진단사업	45,000	에너지정책과	1	4	7	8	7	5	5	4
2257	경기 안산시	에너지슈퍼마켓 운영 지원	35,000	에너지정책과	1	4	7	8	7	5	5	4
2258	경기 안산시	수소에너지 전주기 핵심소재 연구 지원	100,000	에너지정책과	1	4	7	8	7	1	1	3
2259	경기 안산시	에너지 안전도시 지원사업	10,000	에너지정책과	1	8	7	8	7	5	1	1
2260	경기 안산시	상설교육장	18,000	교통정책과	1	4	7	7	7	1	1	1
2261	경기 안산시	꿈나무방문교육장	41,000	교통정책과	1	4	7	7	7	1	1	1
2262	경기 안산시	교통단체지원	9,000	교통정책과	1	4	7	8	7	5	1	3
2263	경기 안산시	택시카드단말기 통신료	55,208	대중교통과	1	6	7	8	7	1	1	1
2264	경기 안산시	택시카드 결제 수수료	673,671	대중교통과	1	6	7	8	7	1	1	1
2265	경기 안산시	법인택시 운수종사자 처우개선 지원사업	528,000	대중교통과	1	6	7	8	7	1	1	1
2266	경기 안산시	교통안전사업	5,000	대중교통과	1	4	7	8	7	1	1	1
2267	경기 안산시	교통안전사업	5,000	대중교통과	1	4	7	8	7	1	1	1
2268	경기 안산시	교통안전사업	3,000	대중교통과	1	4	7	8	7	1	1	1
2269	경기 안산시	택시노조 임직원 안전운전 교육연수	4,500	대중교통과	1	4	7	8	7	1	1	1
2270	경기 안산시	사고손상예방프로그램 운영	5,000	시민안전과	1	4	4	7	7	1	1	1
2271	경기 안산시	주민자치회 시범사업 운영지원	53,000	자치행정과	1	4	7	8	7	5	5	4
2272	경기 안산시	새마을회 사업지원	49,000	자치행정과	1	4	7	7	7	1	1	1
2273	경기 안산시	바르게살기운동협의회 사업지원	25,000	자치행정과	1	1	7	7	7	1	1	1
2274	경기 안산시	환경정화사업(해병전우회)	2,500	자치행정과	1	4	7	7	7	1	1	1
2275	경기 안산시	자원봉사 코디네이터 지원·육성	59,076	자치행정과	1	2	7	7	7	1	1	1
2276	경기 안산시	전국 통합 자원봉사보험 가입서비스 지원	33,522	자치행정과	1	2	7	7	7	1	1	1
2277	경기 안산시	안산시마을만들기지원센터 운영	700,000	자치행정과	1	4	6	3	6	1	1	1
2278	경기 안산시	공동체 자립기반 구축	250,000	자치행정과	1	1	7	8	1	1	1	1
2279	경기 안산시	공동체 포용성 증진 활동	280,000	자치행정과	1	1	7	8	1	1	1	1
2280	경기 안산시	사회적 갈등치유 사업	150,000	자치행정과	1	1	7	8	1	1	1	1
2281	경기 안산시	공립요양병원 치매환자지원 프로그램	100,000	상록보건행정과	1	1	7	8	7	1	1	3
2282	경기 안산시	지역응급의료기관평가결과보조금지원	45,000	상록수보건소	1	1	7	8	7	5	4	1
2283	경기 안산시	표본감시운영비지원	2,160	상록수보건소	1	1	7	8	7	5	1	1
2284	경기 안산시	의료관련감염병표본감시체계운영	10,000	상록수보건소	1	1	7	8	7	5	4	1
2285	경기 안산시	지역사회건강조사	69,042	상록 건강증진과	1	1	6	1	6	2	3	1
2286	경기 안산시	표본감시운영경비	1,080	보건정책과	1	2	3	1	1	5	1	1
2287	경기 안산시	표본감시운영경비	720	보건정책과	1	2	3	1	1	5	1	1
2288	경기 안산시	표본감시운영경비	1,080	보건정책과	1	2	3	1	1	5	1	1
2289	경기 안산시	표본감시운영경비	360	보건정책과	1	2	3	1	1	5	1	1
2290	경기 안산시	의료관련감염병 표본감시체계 운영	24,000	보건정책과	1	2	3	1	1	5	2	1
2291	경기 안산시	의료관련감염병 표본감시체계 운영	10,000	보건정책과	1	2	3	1	1	5	2	1
2292	경기 안산시	의료관련감염병 표본감시체계 운영	10,000	보건정책과	1	2	3	1	1	5	2	1
2293	경기 안산시	의료기관 결핵환자 관리지원	71,300	보건정책과	1	2	3	1	1	5	2	1

순번	시군구	지출명 (사업명)	2021년예산 (단위:천원/1년간)	담당자 (공무원) 담당부서	민간이전 분류 (지방자치단체 세출예산 집행기준에 의거) 1. 민간경상사업보조(307-02) 2. 민간단체 법정운영비보조(307-03) 3. 민간행사사업보조(307-04) 4. 민간위탁금(307-05) 5. 사회복지시설 법정운영비보조(307-10) 6. 민간인위탁교육비(307-12) 7. 공기관등에대한경상적위탁사업비(308-11) 8. 민간자본사업보조,자체재원(402-01) 9. 민간자본사업보조,이전재원(402-02) 10. 민간위탁사업비(402-03) 11. 공기관등에 대한 자본적 대행사업비(403-02)	민간이전지출 근거 (지방보조금 관리기준 참고) 1. 법률에 규정 2. 국고보조 재원(국가지정) 3. 용도 지정 기부금 4. 조례에 직접규정 5. 지자체가 권장하는 사업을 하는 공공기관 6. 시,도 정책 및 재정사정 7. 기타 8. 해당없음	입찰방식 계약체결방법 (경쟁형태) 1. 일반경쟁 2. 제한경쟁 3. 지명경쟁 4. 수의계약 5. 법정위탁 6. 기타 ( ) 7. 해당없음	계약기간 1. 1년 2. 2년 3. 3년 4. 4년 5. 5년 6. 기타 ( )년 7. 단기계약 (1년미만) 8. 해당없음	낙찰자선정방법 1. 적격심사 2. 협상에의한계약 3. 최저가낙찰제 4. 규격가격분리 5. 2단계 경쟁입찰 6. 기타 ( ) 7. 해당없음	운영예산 산정 운영예산 산정 1. 내부산정 (지자체 자체적으로 산정) 2. 외부산정 (외부전문기관위탁 산정) 3. 내·외부 모두 산정 4. 산정 無 5. 해당없음	정산방법 1. 내부정산 (지자체 내부적으로 정산) 2. 외부정산 (외부전문기관위탁 정산) 3. 내·외부 모두 산정 4. 정산 無 5. 해당없음	성과평가 실시여부 1. 실시 2. 미실시 3. 향후 추진 4. 해당없음
2294	경기 안산시	의료기관 결핵환자 관리지원	71,300	보건정책과	1	2	3	1	1	5	2	1
2295	경기 안산시	의료기관 결핵환자 관리지원	35,650	보건정책과	1	2	3	1	1	5	2	1
2296	경기 안산시	지역응급의료기관 평가결과 보조금사업	60,000	보건정책과	1	2	7	8	7	3	4	1
2297	경기 안산시	지역사회 건강조사 위탁운영	68,966	단원건강증진과	1	1	6	1	6	2	3	1
2298	경기 안산시	여성농업인행복바우처지원	70,560	농업정책과	1	6	7	8	7	5	1	1
2299	경기 안산시	로컬푸드 소비활성화 택배판매 지원	15,000	농업정책과	1	6	7	8	7	5	1	1
2300	경기 안산시	경기도어린이 건강과일공급	901,108	농업정책과	1	6	7	8	7	5	1	1
2301	경기 안산시	과수계약재배활성화	60,000	농업정책과	1	6	7	8	7	5	1	1
2302	경기 안산시	산지유통 공동선별비지원	68,159	농업정책과	1	2	7	8	7	5	1	1
2303	경기 안산시	유기질비료지원	336,772	농업정책과	1	2	7	8	7	5	1	1
2304	경기 안산시	원예농가상토지원	32,000	농업정책과	1	6	7	8	7	5	1	1
2305	경기 안산시	FTA피해보전행정경비	12,933	농업정책과	1	2	7	8	7	5	1	1
2306	경기 안산시	G마크 광역브랜드 육성	27,000	농업정책과	1	6	7	8	7	5	1	1
2307	경기 안산시	농촌융복합산업판로확대	16,000	농업정책과	1	6	7	8	7	5	1	1
2308	경기 안산시	안산쌀(경기미) 소비활성화 지원	30,000	농업정책과	1	6	7	8	7	5	1	1
2309	경기 안산시	전통주 등 경쟁력강화사업	7,000	농업정책과	1	6	7	8	7	5	1	1
2310	경기 안산시	포도품종다양화	4,200	농업정책과	1	6	7	8	7	5	1	1
2311	경기 안산시	공익직접지불제	276,000	농업정책과	1	2	7	8	7	5	1	1
2312	경기 안산시	논 타작물 재배지원	19,590	농업정책과	1	2	7	8	7	5	1	1
2313	경기 안산시	농산물우수관리 (GAP) 지원	15,000	농업정책과	1	2	7	8	7	5	1	1
2314	경기 안산시	우수농특산물인증경영체지원	18,000	농업정책과	1	4	7	8	7	5	1	1
2315	경기 안산시	화훼농가상토등농자재지원	20,000	농업정책과	1	6	7	8	7	5	1	1
2316	경기 안산시	친환경농업직불금	4,100	농업정책과	1	2	7	8	7	5	1	1
2317	경기 안산시	친환경농산물재배장려금	2,000	농업정책과	1	6	7	8	7	5	1	1
2318	경기 안산시	친환경농산물인증검사비 지원	7,140	농업정책과	1	6	7	8	7	5	1	1
2319	경기 안산시	농작물재해보험가입 지원	28,000	농업정책과	1	6	7	8	7	5	1	1
2320	경기 안산시	농업인안전재해보험지원	68,330	농업정책과	1	6	7	8	7	5	1	1
2321	경기 안산시	유기동물 입양비 지원	18,000	농업정책과	1	2	7	8	7	1	1	1
2322	경기 안산시	반려동물문화교실운영	30,000	농업정책과	1	2	7	8	7	5	5	4
2323	경기 안산시	낙농산업 경쟁력 강화	2,250	농업정책과	1	6	7	8	7	1	1	1
2324	경기 안산시	경기한우 명품화사업	28,850	농업정책과	1	6	7	8	7	1	1	1
2325	경기 안산시	학생승마체험	179,200	농업정책과	1	2	7	8	7	1	1	1
2326	경기 안산시	농촌관광 승마 활성화	18,000	농업정책과	1	2	7	8	7	1	1	1
2327	경기 안산시	장애학생 재활승마	54,400	농업정책과	1	2	7	8	7	1	1	1
2328	경기 안산시	사회공익 승마사업	89,770	농업정책과	1	2	7	8	7	1	1	1
2329	경기 안산시	승마장육성 지원사업	56,250	농업정책과	1	6	7	8	7	1	1	1
2330	경기 안산시	유소년승마단 창단운영지원	120,000	농업정책과	1	2	7	8	7	1	1	1
2331	경기 안산시	말산업 청년인턴 취업지원	48,000	농업정책과	1	6	7	8	7	1	1	1
2332	경기 안산시	조사료 생산용 종자구입 지원	11,520	농업정책과	1	2	7	8	7	1	1	1
2333	경기 안산시	조사료 생산용 사일리지제조,운송비 지원	12,420	농업정책과	1	2	7	8	7	1	1	1
2334	경기 안산시	조사료 생산용 볏짚비닐 지원	7,000	농업정책과	1	6	7	8	7	1	1	1
2335	경기 안산시	축산환경 개선사업	100,000	농업정책과	1	6	7	8	7	1	1	1
2336	경기 안산시	가축재해지원	21,000	농업정책과	1	2	7	8	7	1	1	1
2337	경기 안산시	양봉산업 육성	14,180	농업정책과	1	6	7	8	7	1	1	1
2338	경기 안산시	고품질 안전축산물 육성	4,410	농업정책과	1	6	7	8	7	1	1	1
2339	경기 안산시	구제역 예방백신(전업농)지원	4,085	농업정책과	1	2	7	8	7	1	1	1
2340	경기 안산시	공동방제단 운영	49,226	농업정책과	1	2	7	8	7	1	1	1
2341	경기 안산시	차량무선인식장치(GPS)통신료	15,444	농업정책과	1	2	7	8	7	1	1	1
2342	경기 안산시	축산관련차량 GPS단말기 상시 전원공급체계구축	3,000	농업정책과	1	2	7	8	7	1	1	1
2343	경기 안산시	축산물 이력관리 지원	4,800	농업정책과	1	2	7	8	7	1	1	1
2344	경기 안산시	계란 냉장차량 지원	60,000	농업정책과	1	2	7	8	7	1	1	1

순번	시군구	지출명(사업명)	2021년예산(단위:천원/1년간)	담당자(공무원) 담당부서	민간이전 분류(지방자치단체 세출예산 집행기준에 의거) 1. 민간경상사업보조(307-02) 2. 민간단체 법정운영비보조(307-03) 3. 민간행사사업보조(307-04) 4. 민간위탁금(307-05) 5. 사회복지시설 법정운영비보조(307-10) 6. 민간인위탁교육비(307-12) 7. 공기관등에대한경상적위탁사업비(308-11) 8. 민간자본사업보조,자체재원(402-01) 9. 민간자본사업보조,이전재원(402-02) 10. 민간위탁사업비(402-03) 11. 공기관등에 대한 자본적 대행사업비(403-02)	민간이전지출 근거(지방보조금 관리기준 참고) 1. 법률에 규정 2. 국고보조 재원(국가지정) 3. 용도 지정 기부금 4. 조례에 직접규정 5. 지자체가 권장하는 사업을 하는 공공기관 6. 시,도 정책 및 재정사정 7. 기타 8. 해당없음	입찰방식: 계약체결방법(경쟁형태) 1. 일반경쟁 2. 제한경쟁 3. 지명경쟁 4. 수의계약 5. 법정위탁 6. 기타 ( ) 7. 해당없음	입찰방식: 계약기간 1. 1년 2. 2년 3. 3년 4. 4년 5. 5년 6. 기타 ( )년 7. 단기계약(1년미만) 8. 해당없음	입찰방식: 낙찰자선정방법 1. 적격심사 2. 협상에의한계약 3. 최저가낙찰제 4. 규격가격분리 5. 2단계 경쟁입찰 6. 기타 ( ) 7. 해당없음	운영예산 산정: 운영예산 산정 1. 내부산정(지자체 자체적으로 산정) 2. 외부산정(외부전문기관위탁 산정) 3. 내·외부 모두 산정 4. 산정 無 5. 해당없음	운영예산 산정: 정산방법 1. 내부정산(지자체 내부적으로 정산) 2. 외부정산(외부전문기관위탁 정산) 3. 내·외부 모두 산정 4. 정산 無 5. 해당없음	성과평가 실시여부 1. 실시 2. 미실시 3. 향후 추진 4. 해당없음
2345	경기 안산시	벼 병해충 방제	300,000	농업기술지원과	1	1	7	7	7	1	1	3
2346	경기 안산시	4-H회 육성지원	10,000	농업기술지원과	1	1	7	7	7	1	1	3
2347	경기 안산시	농촌지도자능력개발	2,500	농업기술지원과	1	1	7	7	7	1	1	3
2348	경기 안산시	도시농업 육성 지원	50,000	농업기술지원과	1	1	7	7	7	1	1	3
2349	경기 안산시	과수 새기술보급사업	40,000	농업기술지원과	1	1	7	7	7	1	1	3
2350	경기 안산시	농작물 병해충 방제비 지원	8,800	농업기술지원과	1	1	7	7	7	1	1	3
2351	경기 안산시	생활개선회 학습활동 지원	10,000	농업기술지원과	1	1	7	7	7	1	1	3
2352	경기 안산시	농촌지도자능력개발	4,000	농업기술지원과	1	1	7	7	7	1	1	3
2353	경기 안산시	벼못자리상토지원	70,000	농업기술지원과	1	1	7	7	7	1	1	3
2354	경기 안산시	4-H회 육성지원	10,000	농업기술지원과	1	1	7	7	7	1	1	3
2355	경기 안산시	돌발병해충 방제비 지원	45,000	농업기술지원과	1	1	7	7	7	1	1	3
2356	경기 안산시	청년농업인영농정착지원	28,700	농업기술지원과	1	1	7	7	7	1	1	3
2357	경기 안산시	새기술보급시범사업	26,000	농업기술지원과	1	1	7	7	7	1	1	3
2358	경기 안산시	토양개량제 지원	57,308	농업기술지원과	1	1	7	7	7	1	1	3
2359	경기 안산시	농작업 안전관리 지원	30,000	농업기술지원과	1	1	7	7	7	1	1	3
2360	경기 안산시	천일염포장재지원사업	4,950	해양수산과	1	2	7	8	7	1	1	1
2361	경기 안산시	고품질김양식시설지원	528,414	해양수산과	1	1	7	8	7	1	1	1
2362	경기 안산시	조업중인양쓰레기수매사업	68,000	해양수산과	1	1	7	8	7	1	1	1
2363	경기 안산시	수산업 안전보험 가입지원	61,350	해양수산과	1	1	7	8	7	1	1	1
2364	경기 안산시	친환경부표보급지원사업	238,000	해양수산과	1	2	7	8	7	1	1	1
2365	경기 안산시	해양환경 보존사업 추진	8,000	해양수산과	1	1	7	8	7	1	1	1
2366	경기 안산시	어촌체험마을 사무장채용지원	21,544	해양수산과	1	1	4	1	7	1	1	4
2367	경기 안산시	어촌체험마을 안전가이드 채용 지원사업	37,695	해양수산과	1	1	4	1	7	1	1	4
2368	경기 안산시	해양아카데미 운영	200,000	해양수산과	1	1	7	8	7	1	1	1
2369	경기 안산시	해양레저스포츠 교육프로그램	96,000	해양수산과	1	1	7	8	7	1	1	1
2370	경기 안산시	인공지능융합연구센터 지원사업	30,000	산업진흥과	1	7	7	8	7	3	3	3
2371	경기 안산시	SW중심대학 지원사업	50,000	산업진흥과	1	2	7	8	7	1	1	1
2372	경기 안산시	4차산업혁명 혁신선도대학 육성사업	50,000	산업진흥과	1	2	7	8	7	1	1	1
2373	경기 안산시	사회맞춤형 산학협력 선도대학 육성사업	50,000	산업진흥과	1	2	7	8	7	1	1	1
2374	경기 안산시	여성기업 특례보증 보증료 지원	3,000	기업지원과	1	6	7	8	7	1	1	1
2375	경기 안산시	국내전시회 개별참가 지원	24,000	기업지원과	1	4	7	8	7	1	1	1
2376	경기 안산시	해외무역전시회 개별참가 지원	28,500	기업지원과	1	4	7	8	7	1	1	1
2377	경기 안산시	해외지사화	14,000	기업지원과	1	4	7	8	7	1	1	1
2378	경기 안산시	지역예코 혁신사업	100,000	산단환경과	1	1	7	8	7	3	3	1
2379	경기 안산시	평생학습마을 공동체 지원	81,000	평생학습과	1	6	7	8	7	5	3	1
2380	경기 안산시	평생학습 동아리 지원	15,000	평생학습과	1	4	7	8	7	1	1	1
2381	경기 안산시	평생학습희망기획단 역량강화	3,000	평생학습과	1	4	7	8	7	1	1	1
2382	경기 안산시	평생교육 특화 프로그램	7,000	평생학습과	1	4	7	8	7	1	1	1
2383	경기 안산시	평생교육기관(대학 등)연계 지원	31,000	평생학습과	1	4	7	8	7	1	1	1
2384	경기 안산시	이것이 안산이다' 안산학 출간	5,000	평생학습과	1	4	7	8	7	1	1	1
2385	경기 안산시	경기평생학습 동아리 지원	20,000	평생학습과	1	6	7	8	7	5	1	1
2386	경기 안산시	인성함양프로그램 운영지원	31,650	평생학습과	1	4	7	8	7	5	3	1
2387	경기 안산시	성인장애인 평생교육 지원사업	142,000	평생학습과	1	4	7	8	7	5	3	1
2388	경기 안산시	성인문해교육사업	60,000	평생학습과	1	4	7	8	7	1	1	1
2389	경기 안산시	5060 신중년 프로그램 지원	30,000	평생학습과	1	6	7	8	7	1	1	1
2390	경기 안산시	특별지원대상 청소년지원	1,700	교육청소년과	1	5	7	1	7	1	1	1
2391	경기 안산시	유해환경으로부터 청소년 보호	5,000	교육청소년과	1	6	7	8	7	1	1	1
2392	경기 안산시	청소년공부방운영	15,000	교육청소년과	1	1	7	1	7	1	1	1
2393	경기 안산시	청소년종합예술제	23,620	교육청소년과	1	1	7	1	7	1	1	1
2394	경기 안산시	안산품은학교	100,000	교육청소년과	1	1	1	1	1	1	1	1
2395	경기 안산시	진로체험지원센터 운영지원	84,000	교육청소년과	1	1	5	1	7	1	1	1

순번	시군구	지출명 (사업명)	2021년예산 (단위:천원/1년간)	담당자 (공무원) 담당부서	민간이전 분류 (지방자치단체 세출예산 집행기준에 의거) 1. 민간경상사업보조(307-02) 2. 민간단체 법정운영비보조(307-03) 3. 민간행사사업보조(307-04) 4. 민간위탁금(307-05) 5. 사회복지시설 법정운영비보조(307-10) 6. 민간인위탁교육비(307-12) 7. 공기관등에대한경상적위탁사업비(308-11) 8. 민간자본사업보조,자체재원(402-01) 9. 민간자본사업보조,이전재원(402-02) 10. 민간위탁사업비(402-03) 11. 공기관등에 대한 자본적 대행사업비(403-02)	민간이전지출 근거 (지방보조금 관리기준 참고) 1. 법률에 규정 2. 국고보조 재원(국가지정) 3. 용도 지정 기부금 4. 조례에 직접규정 5. 지자체가 권장하는 사업을 하는 공공기관 6. 시,도 정책 및 재정사정 7. 기타 8. 해당없음	입찰방식: 계약체결방법 (경쟁형태) 1. 일반경쟁 2. 제한경쟁 3. 지명경쟁 4. 수의계약 5. 법정위탁 6. 기타 ( ) 7. 해당없음	입찰방식: 계약기간 1. 1년 2. 2년 3. 3년 4. 4년 5. 5년 6. 기타 ( )년 7. 단기계약 (1년미만) 8. 해당없음	입찰방식: 낙찰자선정방법 1. 적격심사 2. 협상에의한계약 3. 최저가낙찰제 4. 규격가격분리 5. 2단계 경쟁입찰 6. 기타 ( ) 7. 해당없음	운영예산 산정: 운영예산 산정 1. 내부산정 (지자체 자체적으로 산정) 2. 외부산정 (외부전문기관위탁 산정) 3. 내·외부 모두 산정 4. 산정 無 5. 해당없음	운영예산 산정: 정산방법 1. 내부정산 (지자체 내부적으로 정산) 2. 외부정산 (외부전문기관위탁 정산) 3. 내·외부 모두 산정 4. 정산 無 5. 해당없음	성과평가 실시여부 1. 실시 2. 미실시 3. 향후 추진 4. 해당없음
2396	경기 안산시	꿈키움 자율동아리	50,000	교육청소년과	1	4	5	1	7	1	1	1
2397	경기 안산시	거주외국인 문화체육활동지원	15,000	외국인주민지원과	1	7	7	7	7	1	1	3
2398	경기 안산시	친환경 시설채소(수정벌, 해충방제제) 지원	19,200	상록도시주택과	1	1	7	8	7	1	1	1
2399	경기 고양시	노후 옥내급수관 개량공사비 지원사업	51,000	수도시설과	1	4	7	8	7	5	5	4
2400	경기 고양시	모범운전자회	60,000	철도교통과	1	4	7	8	7	1	1	1
2401	경기 고양시	녹색어머니회	25,000	철도교통과	1	4	7	8	7	1	1	1
2402	경기 고양시	학생통학용마을버스 통합운영관리비 지원	39,480	버스정책과	1	4	7	8	7	3	5	3
2403	경기 고양시	시민안전지킴이 차량유지관리비 등	2,000	재난대응과	1	4	7	8	7	1	1	4
2404	경기 고양시	시민안전지킴이 연합대 안전예방 활동지원	15,000	재난대응과	1	4	7	8	7	1	1	4
2405	경기 고양시	시민안전지킴이 활동 물품 구입 등	30,000	재난대응과	1	4	7	8	7	1	1	4
2406	경기 고양시	찾아가는 자전거 수리센터	50,000	녹색도시담당관	1	1	6	8	7	5	5	4
2407	경기 고양시	찾아가는 자전거 안전교육	35,460	녹색도시담당관	1	1	6	8	7	5	5	4
2408	경기 고양시	곤충산업 활성화 시범	50,000	연구개발과	1	1	7	8	7	5	5	4
2409	경기 고양시	고양시 육성 장미 농가 적응 시범	20,000	연구개발과	1	1	7	8	7	5	5	4
2410	경기 고양시	농산물가공제품 온라인 포장디자인 개발시범	16,000	연구개발과	1	1	7	8	7	5	5	4
2411	경기 고양시	고양시 농업인 가공 기반 구축 사업	10,000	연구개발과	1	4	7	8	7	5	5	4
2412	경기 고양시	맑은하천가꾸기 하천네트워크 활동지원	100,000	생태하천과	1	4	7	8	7	5	5	4
2413	경기 고양시	방치자전거 수거 사업	3,000	안전건설과	1	1	7	8	7	5	5	4
2414	경기 고양시	고양컨벤션뷰로 운영 지원	568,869	전략산업과	1	4	5	8	7	1	1	4
2415	경기 고양시	동국대 선도연구센터 지원	100,000	전략산업과	1	2	6	6	6	1	2	1
2416	경기 고양시	장애인 권익증진 공모사업	110,000	장애인복지과	1	4	7	8	7	5	5	4
2417	경기 고양시	장애인시설 인권교육	16,000	장애인복지과	1	4	7	8	7	5	5	4
2418	경기 고양시	청소년 보호	85,000	아동청소년과	1	4	7	8	7	1	1	1
2419	경기 고양시	해외규격인증획득지원	15,000	기업지원과	1	4	7	8	7	1	1	4
2420	경기 고양시	기업인 네트워크 및 경쟁력 강화를 위한 행사 지원	20,000	기업지원과	1	4	7	8	7	1	1	1
2421	경기 고양시	나라장터 온라인쇼핑몰 등록 지원	40,000	기업지원과	1	4	7	8	7	5	5	4
2422	경기 고양시	국내전시회 참가기업 지원	64,000	기업지원과	1	1	7	8	7	1	1	1
2423	경기 고양시	G-Fair 고양시 단체관 운영	50,000	기업지원과	1	4	7	8	7	3	3	1
2424	경기 고양시	28청춘 창업소 메이커스페이스 운영지원	20,000	기업지원과	1	2	7	2	7	1	1	1
2425	경기 고양시	항공대 중소벤처육성지원센터 지원	79,511	기업지원과	1	4	7	1	7	1	1	1
2426	경기 고양시	동국대학교 창업보육센터 운영 지원	103,334	기업지원과	1	4	7	1	7	1	1	1
2427	경기 고양시	경기도 지역협력연구센터(GRRC) 지원	150,000	기업지원과	1	4	7	6	7	1	2	1
2428	경기 고양시	농작물재해보험가입지원	1,815	농업정책과	1	1	7	8	7	5	5	4
2429	경기 고양시	농업경영인 교류지원	35,000	농업정책과	1	1	7	8	7	5	5	4
2430	경기 고양시	유기질 비료 지원	940,242	농업정책과	1	2	7	8	7	5	5	4
2431	경기 고양시	토양개량제 지원	52,898	농업정책과	1	2	7	8	7	5	5	4
2432	경기 고양시	유기농업자재 지원	12,555	농업정책과	1	2	7	8	7	5	5	4
2433	경기 고양시	친환경농산물 인증확대 사업	43,400	농업정책과	1	6	7	8	7	5	5	4
2434	경기 고양시	농업인 안전 재해보험 가입 지원	295,000	농업정책과	1	6	7	8	7	5	5	4
2435	경기 고양시	초등돌봄교실 과일간식 지원	289,122	농업정책과	1	2	7	8	7	5	5	4
2436	경기 고양시	경기도 어린이 건강과일 공급	1,827	농업정책과	1	6	7	8	7	5	5	4
2437	경기 고양시	친환경농자재(가축분퇴비) 지원	150,000	농업정책과	1	7	7	8	7	5	5	4
2438	경기 고양시	임산부 친환경 농산물 지원	960,000	농업정책과	1	7	7	8	7	5	5	4
2439	경기 고양시	벼 우수품종 공급지원	3,540	농업정책과	1	6	7	8	7	5	5	4
2440	경기 고양시	예비못자리 설치 지원	6,000	농업정책과	1	7	7	8	7	5	5	4
2441	경기 고양시	들녘경영체 교육컨설팅 지원	30,000	농업정책과	1	2	7	8	7	5	5	4
2442	경기 고양시	수출포장재 보급	14,130	농업정책과	1	6	7	8	7	5	5	4
2443	경기 고양시	고품질 수출 농산물 생산지원	57,100	농업정책과	1	6	7	8	7	5	5	4
2444	경기 고양시	수출물류비 지원	32,370	농업정책과	1	6	7	8	7	5	5	4
2445	경기 고양시	농촌체험휴양마을보험가입지원	528	농업정책과	1	2	7	8	7	5	5	4
2446	경기 고양시	농촌체험휴양마을 리더 및 사무장 역량교육	240	농업정책과	1	2	7	8	7	5	5	4

순번	시군구	지출명 (사업명)	2021년예산 (단위:천원/1년간)	담당자 (공무원) 담당부서	민간이전 분류 (지방자치단체 세출예산 집행기준에 의거) 1. 민간경상사업보조(307-02) 2. 민간단체 법정운영비보조(307-03) 3. 민간행사사업보조(307-04) 4. 민간위탁금(307-05) 5. 사회복지시설 법정운영비보조(307-10) 6. 민간인위탁교육비(307-12) 7. 공기관등에대한경상적위탁사업비(308-11) 8. 민간자본사업보조,자체재원(402-01) 9. 민간자본사업보조,이전재원(402-02) 10. 민간위탁사업비(402-03) 11. 공기관등에 대한 자본적 대행사업비(403-02)	민간이전지출 근거 (지방보조금 관리기준 참고) 1. 법률에 규정 2. 국고보조 재원(국가지정) 3. 용도 지정 기부금 4. 조례에 직접규정 5. 지자체가 권장하는 사업을 하는 공공기관 6. 시,도 정책 및 재정사정 7. 기타 8. 해당없음	입찰방식 계약체결방법 (경쟁형태) 1. 일반경쟁 2. 제한경쟁 3. 지명경쟁 4. 수의계약 5. 법정위탁 6. 기타 ( ) 7. 해당없음	입찰방식 계약기간 1. 1년 2. 2년 3. 3년 4. 4년 5. 5년 6. 기타 ( )년 7. 단기계약 (1년미만) 8. 해당없음	입찰방식 낙찰자선정방법 1. 적격심사 2. 협상에의한계약 3. 최저가낙찰제 4. 규격가격분리 5. 2단계 경쟁입찰 6. 기타 ( ) 7. 해당없음	운영예산 산정 운영예산 산정 1. 내부산정 (지자체 자체적으로 산정) 2. 외부산정 (외부전문기관위탁 산정) 3. 내·외부 모두 산정 4. 산정 無 5. 해당없음	운영예산 산정 정산방법 1. 내부정산 (지자체 내부적으로 정산) 2. 외부정산 (외부전문기관위탁 정산) 3. 내·외부 모두 산정 4. 정산 無 5. 해당없음	성과평가 실시여부 1. 실시 2. 미실시 3. 향후 추진 4. 해당없음
2447	경기 고양시	농어촌민박 사업장 표시지원	640	농업정책과	1	1	7	8	7	5	5	4
2448	경기 고양시	체육회 종목단체 공동사무실 운영비	26,300	체육정책과	1	1	7	8	7	1	1	1
2449	경기 고양시	우수체육지도자 육성지원	24,000	체육정책과	1	1	7	8	7	1	1	1
2450	경기 고양시	우수선수 육성지원	550,000	체육정책과	1	1	7	8	7	1	1	1
2451	경기 고양시	학교운동부 지원	500,000	체육정책과	1	1	7	8	7	1	1	1
2452	경기 고양시	야외 생활체육교실	100,000	체육정책과	1	4	7	8	7	1	1	1
2453	경기 고양시	여성축구단 운영지원	30,000	체육정책과	1	4	7	8	7	1	1	1
2454	경기 고양시	고양시 태권도 시범단 운영지원	150,000	체육정책과	1	4	7	8	7	1	1	1
2455	경기 고양시	G-스포츠클럽 운영지원	180,000	체육정책과	1	1	7	8	7	1	1	1
2456	경기 고양시	초등스포츠클럽 육성	113,650	체육정책과	1	1	7	8	7	1	1	1
2457	경기 고양시	고양 유소년 축구교실 운영지원	75,000	체육정책과	1	4	7	8	7	1	1	1
2458	경기 고양시	고양 유,청소년 생활체육 활성화 운영	50,000	체육정책과	1	4	7	8	7	1	1	1
2459	경기 고양시	여성배구단 운영지원	5,000	체육정책과	1	4	7	8	7	1	1	1
2460	경기 고양시	장애인 개인종목 우수선수 육성지원	25,000	체육정책과	1	4	7	8	7	1	1	1
2461	경기 고양시	장애인체육선수단 활성화 지원	169,900	체육정책과	1	4	7	8	7	1	1	1
2462	경기 고양시	장애인 생활체육교실 운영	40,000	체육정책과	1	4	7	8	7	1	1	1
2463	경기 고양시	건강마을사업 지원	26,000	일산동구보건소	1	4	7	8	7	1	1	3
2464	경기 고양시	지역응급의료기관 평가결과 보조금사업	60,000	일산동구보건소	1	2	7	8	7	5	5	4
2465	경기 고양시	고양생명의전화보조금지원	15,500	일산동구보건소	1	7	7	8	7	5	1	1
2466	경기 고양시	의료기관 결핵전담간호사 인력운영	178,250	일산동구보건소	1	2	6	6	7	5	3	1
2467	경기 고양시	시군 공동체 기반조성사업	210,000	주민자치과	1	4	5	3	2	5	1	1
2468	경기 고양시	마을공동체 주민제안 공모사업	110,000	주민자치과	1	4	7	8	7	1	1	2
2469	경기 고양시	아동돌봄공동체 조성 공모사업	50,800	주민자치과	1	4	7	8	7	1	1	2
2470	경기 고양시	골목으로 찾아가는 이동세탁 봉사	13,278	주민자치과	1	1	7	8	7	1	1	1
2471	경기 고양시	고양 사랑담은 김장김치 담그기	70,000	주민자치과	1	1	7	8	7	1	1	1
2472	경기 고양시	새마을 교육지원	8,160	주민자치과	1	1	7	8	7	1	1	1
2473	경기 고양시	행복도시 고양 행복리더 아카데미	7,745	주민자치과	1	1	7	8	7	1	1	1
2474	경기 고양시	평생돌보미 사업 은빛 사랑의 장 나누기	35,654	주민자치과	1	1	7	8	7	1	1	1
2475	경기 고양시	새마을 지도자 대회	14,000	주민자치과	1	1	7	8	7	1	1	1
2476	경기 고양시	고양시새마을회 워크숍	11,560	주민자치과	1	1	7	8	7	1	1	1
2477	경기 고양시	고양 백세시대 홀몸어르신 큰잔치	15,000	주민자치과	1	1	7	8	7	1	1	1
2478	경기 고양시	사.다.리 지역공동체 만들기 동협의회 사업	106,400	주민자치과	1	1	7	8	7	1	1	1
2479	경기 고양시	효 사랑봉사대 시설방문 봉사활동	3,250	주민자치과	1	1	7	8	7	1	1	1
2480	경기 고양시	바르게살기운동 회원대회	6,500	주민자치과	1	1	7	8	7	1	1	1
2481	경기 고양시	바르게살기운동 역량강화 워크숍	10,160	주민자치과	1	1	7	8	7	1	1	1
2482	경기 고양시	바르게살기운동 고양시협의회 동위원회 사업	25,200	주민자치과	1	1	7	8	7	1	1	1
2483	경기 고양시	자유수호 통일준비 민주시민 교육	3,580	주민자치과	1	1	7	8	7	1	1	1
2484	경기 고양시	더불어 사는 고양 "행복지킴이"	7,000	주민자치과	1	1	7	8	7	1	1	1
2485	경기 고양시	겨울나기 연탄 나눔 봉사	9,000	주민자치과	1	1	7	8	7	1	1	1
2486	경기 고양시	자유수호 지도자 대회	5,800	주민자치과	1	1	7	8	7	1	1	1
2487	경기 고양시	한국자유총연맹 고양시지회 워크숍	6,712	주민자치과	1	1	7	8	7	1	1	1
2488	경기 고양시	역사통일 골든벨	8,000	주민자치과	1	1	7	8	7	1	1	1
2489	경기 고양시	제20기 민주평통 고양시협의회 출범식	7,600	주민자치과	1	1	7	8	7	1	1	1
2490	경기 고양시	고양시민 평화통일최고위과정	10,000	주민자치과	1	1	7	8	7	1	1	1
2491	경기 고양시	2021 활동보고회 및 송년의 밤	7,100	주민자치과	1	1	7	8	7	1	1	1
2492	경기 고양시	고양시 청소년 통일캠프	4,500	주민자치과	1	1	7	8	7	1	1	1
2493	경기 고양시	제20기 자문위원 통일역 강화 워크숍	5,950	주민자치과	1	1	7	8	7	1	1	1
2494	경기 고양시	자원봉사 보험료 지원	42,418	주민자치과	1	2	7	8	7	2	1	4
2495	경기 고양시	자원봉사 코디네이터 지원	59,076	주민자치과	1	2	7	8	7	2	1	4
2496	경기 고양시	고양맞춤형 일자리학교	300,000	일자리정책과	1	4	7	8	7	5	5	4
2497	경기 고양시	신중년 경력활용 지역서비스 일자리사업	611,870	일자리정책과	1	2	6	1	6	5	1	2

순번	시군구	지출명 (사업명)	2021년예산 (단위:천원/1년간)	담당자 (공무원)	민간이전 분류 (지방자치단체 세출예산 집행기준에 의거)	민간이전지출 근거 (지방보조금 관리기준 참고)	입찰방식			운영예산 산정		성과평가 실시여부
				담당부서	1. 민간경상사업보조(307-02) 2. 민간단체 법정운영비보조(307-03) 3. 민간행사사업보조(307-04) 4. 민간위탁금(307-05) 5. 사회복지시설 법정운영비보조(307-10) 6. 민간인위탁교육비(307-12) 7. 공기관등에대한경상적위탁사업비(308-11) 8. 민간자본사업보조,자체재원(402-01) 9. 민간자본사업보조,이전재원(402-02) 10. 민간위탁사업비(402-03) 11. 공기관등에 대한 자본적 대행사업비(403-02)	1. 법률에 규정 2. 국고보조 재원(국가지정) 3. 용도 지정 기부금 4. 조례에 직접규정 5. 지자체가 권장하는 사업을 하는 공공기관 6. 시,도 정책 및 재정사정 7. 기타 8. 해당없음	계약체결방법 (경쟁형태) 1. 일반경쟁 2. 제한경쟁 3. 지명경쟁 4. 수의계약 5. 법정위탁 6. 기타 ( ) 7. 해당없음	계약기간 1. 1년 2. 2년 3. 3년 4. 4년 5. 5년 6. 기타 ( )년 7. 단기계약 (1년미만) 8. 해당없음	낙찰자선정방법 1. 적격심사 2. 협상에의한계약 3. 최저가낙찰제 4. 규격가격분리 5. 2단계 경쟁입찰 6. 기타 ( ) 7. 해당없음	운영예산 산정 1. 내부산정 (지자체 자체적으로 산정) 2. 외부산정 (외부전문기관위탁 산정) 3. 내·외부 모두 산정 4. 산정 無 5. 해당없음	정산방법 1. 내부정산 (지자체 내부적으로 정산) 2. 외부정산 (외부전문기관위탁 정산) 3. 내·외부 모두 산정 4. 정산 無 5. 해당없음	1. 실시 2. 미실시 3. 향후 추진 4. 해당없음
2498	경기 고양시	신중년 사회공헌활동 지원사업	118,420	일자리정책과	1	2	6	1	6	5	1	2
2499	경기 고양시	노동문제상담사업 지원	79,200	일자리정책과	1	4	7	8	7	1	1	4
2500	경기 고양시	노동안전지킴이 운영	190,400	일자리정책과	1	4	7	8	7	5	5	4
2501	경기 고양시	노동권익 서포터즈 운영	35,000	일자리정책과	1	4	7	8	7	5	5	4
2502	경기 고양시	원당지역 마을관리협동조합 육성 지원	30,000	도시재생과	1	1	7	8	7	1	1	3
2503	경기 고양시	주민역량강화를 위한 주민공모사업	20,000	도시재생과	1	1	7	8	7	1	1	3
2504	경기 고양시	뚜벅이 마을닥터사업	50,000	도시재생과	1	1	7	8	7	1	1	3
2505	경기 고양시	주민주도 자생조직 육성	60,000	도시재생과	1	1	7	8	7	1	1	3
2506	경기 고양시	주민공모사업	30,000	도시재생과	1	1	7	8	7	1	1	3
2507	경기 고양시	도시재생 뉴딜사업 삼송지역 민강경상사업보조	45,000	도시재생과	1	1	7	8	1	1	1	3
2508	경기 고양시	도시재생 뉴딜사업 일산지역 민강경상사업보조	40,000	도시재생과	1	1	1	8	7	1	3	3
2509	경기 고양시	도시재생 뉴딜사업 능곡지역 민강경상사업보조	65,000	도시재생과	1	1	7	8	7	1	1	3
2510	경기 고양시	식생활 교육 지원	30,000	농산유통과	1	1	7	8	7	5	5	4
2511	경기 고양시	공동선별비 지원	51,450	농산유통과	1	2	7	8	7	5	5	4
2512	경기 고양시	농산물마케팅지원	10,000	농산유통과	1	2	7	8	7	5	5	4
2513	경기 고양시	G마크 포장재 지원	76,168	농산유통과	1	4	7	8	7	5	5	4
2514	경기 고양시	경기미 소비 활성화 지원 사업	35,000	농산유통과	1	2	7	8	7	5	5	4
2515	경기 고양시	지역특화품목 도매시장 출하용 포장재 지원	119,467	농산유통과	1	6	7	8	7	5	1	4
2516	경기 고양시	로컬푸드 포장재 지원사업	50,000	농산유통과	1	6	7	8	7	5	1	3
2517	경기 고양시	돌봄 취약가구 반려동물 의료서비스 등 지원	4,800	농산유통과	1	2	7	8	7	5	5	4
2518	경기 고양시	축산환경개선사업	221,800	농산유통과	1	1	7	8	7	1	1	4
2519	경기 고양시	친환경축산조성	380,000	농산유통과	1	1	7	8	7	1	1	4
2520	경기 고양시	경기한우명품화사업	47,756	농산유통과	1	1	7	8	7	1	1	4
2521	경기 고양시	축산경영지원	24,000	농산유통과	1	1	7	8	7	1	1	4
2522	경기 고양시	가축재해보험 가입지원	87,322	농산유통과	1	1	7	8	7	1	1	4
2523	경기 고양시	조사료 사일리지 제조·운송비 지원사업	41,130	농산유통과	1	1	7	8	7	1	1	4
2524	경기 고양시	조사료 종자 지원	3,020	농산유통과	1	1	7	8	7	1	1	4
2525	경기 고양시	조사료생산용 볏짚비닐 지원	40,000	농산유통과	1	1	7	8	7	1	1	4
2526	경기 고양시	학생승마 체험	201,600	농산유통과	1	1	7	8	7	1	1	4
2527	경기 고양시	학생승마체험(저소득층)	12,800	농산유통과	1	1	7	8	7	1	1	4
2528	경기 고양시	승마장 육성지원	23,870	농산유통과	1	1	7	8	7	1	1	4
2529	경기 고양시	낙농산업경쟁력 강화사업	18,250	농산유통과	1	1	7	8	7	1	1	4
2530	경기 고양시	말벌퇴치장비 지원사업	840	농산유통과	1	1	7	8	7	1	1	4
2531	경기 고양시	토종벌 육성사업	2,400	농산유통과	1	1	7	8	7	1	1	4
2532	경기 고양시	사회공익 승마사업	4,200	농산유통과	1	1	7	8	7	1	1	4
2533	경기 고양시	양봉산물 정보제공사업	1,500	농산유통과	1	1	7	8	7	1	1	4
2534	경기 고양시	양봉산업 육성사업-지속가능한 양봉산업 기반조성	16,150	농산유통과	1	1	7	8	7	1	1	4
2535	경기 고양시	축산재해 긴급 지원	10,000	농산유통과	1	1	7	8	7	1	1	4
2536	경기 고양시	축사전기안전 강화	16,500	농산유통과	1	1	7	8	7	1	1	4
2537	경기 고양시	폭염대비 등 면역증강제 지원	15,000	농산유통과	1	1	7	8	7	1	1	4
2538	경기 고양시	외래어종(무용생물) 수매	79,800	농산유통과	1	1	7	8	7	1	1	4
2539	경기 고양시	가축전염병 예방접종사업	12,000	농산유통과	1	2	7	8	7	5	5	4
2540	경기 고양시	구제역예방백신 지원사업	21,795	농산유통과	1	2	7	8	7	5	5	4
2541	경기 고양시	돼지소모성질환지도지원사업	12,000	농산유통과	1	2	7	8	7	5	5	4
2542	경기 고양시	가금농가 질병관리 지원사업	12,000	농산유통과	1	2	7	8	7	5	5	4
2543	경기 고양시	축산물 이력제 지원사업	15,360	농산유통과	1	2	7	8	7	5	5	4
2544	경기 고양시	공동방제단 운영사업	94,494	농산유통과	1	2	7	8	7	5	5	4
2545	경기 고양시	가축전염병 차단방역시설 지원사업	20,000	농산유통과	1	6	7	8	7	5	5	4
2546	경기 고양시	고품질 안전축산물 육성사업	15,680	농산유통과	1	6	7	8	7	5	5	4
2547	경기 고양시	여성친화도시 사업	30,000	여성가족과	1	2	7	8	7	5	5	4
2548	경기 고양시	맞춤형 성인지 감수성 교실	6,000	여성가족과	1	1	7	8	7	5	5	4

순번	시군구	지출명 (사업명)	2021년예산 (단위:천원/1년간)	담당자 (공무원) 담당부서	민간이전 분류 (지방자치단체 세출예산 집행기준에 의거) 1. 민간경상사업보조(307-02) 2. 민간단체 법정운영비보조(307-03) 3. 민간행사사업보조(307-04) 4. 민간위탁금(307-05) 5. 사회복지시설 법정운영비보조(307-10) 6. 민간인위탁교육비(307-12) 7. 공기관등에대한경상적위탁사업비(308-11) 8. 민간자본사업보조,자체재원(402-01) 9. 민간자본사업보조,이전재원(402-02) 10. 민간위탁사업비(402-03) 11. 공기관등에 대한 자본적 대행사업비(403-02)	민간이전지출 근거 (지방보조금 관리기준 참고) 1. 법률에 규정 2. 국고보조 재원(국가지정) 3. 용도 지정 기부금 4. 조례에 직접규정 5. 지자체가 권장하는 사업을 하는 공공기관 6. 시,도 정책 및 재정사정 7. 기타 8. 해당없음	입찰방식 계약체결방법 (경쟁형태) 1. 일반경쟁 2. 제한경쟁 3. 지명경쟁 4. 수의계약 5. 법정위탁 6. 기타 ( ) 7. 해당없음	입찰방식 계약기간 1. 1년 2. 2년 3. 3년 4. 4년 5. 5년 6. 기타 ( )년 7. 단기계약 (1년미만) 8. 해당없음	입찰방식 낙찰자선정방법 1. 적격심사 2. 협상에의한계약 3. 최저가낙찰제 4. 규격가격분리 5. 2단계 경쟁입찰 6. 기타 ( ) 7. 해당없음	운영예산 산정 운영예산 산정 1. 내부산정 (지자체 자체적으로 산정) 2. 외부산정 (외부전문기관위탁 산정) 3. 내·외부 모두 산정 4. 산정 無 5. 해당없음	운영예산 산정 정산방법 1. 내부정산 (지자체 내부적으로 정산) 2. 외부정산 (외부전문기관위탁 정산) 3. 내·외부 모두 산정 4. 정산 無 5. 해당없음	성과평가 실시여부 1. 실시 2. 미실시 3. 향후 추진 4. 해당없음
2549	경기 고양시	고양새일센터	266,000	여성가족과	1	2	6	8	7	5	1	2
2550	경기 고양시	고양새일센터 운영지원	344,148	여성가족과	1	2	6	8	7	5	1	2
2551	경기 고양시	고양새일센터	94,000	여성가족과	1	2	6	8	7	5	1	2
2552	경기 고양시	고양MICE새일센터	79,800	여성가족과	1	2	6	8	7	5	1	2
2553	경기 고양시	고양MICE새일센터 운영지원	201,404	여성가족과	1	2	6	8	7	5	1	2
2554	경기 고양시	고양MICE새일센터	94,000	여성가족과	1	2	6	8	7	5	1	2
2555	경기 고양시	경력단절여성 디딤돌 취업지원	120,000	여성가족과	1	1	7	8	7	5	1	2
2556	경기 고양시	고학력·고숙련 경력단절여성 취업지원	60,000	여성가족과	1	1	7	8	7	5	1	2
2557	경기 고양시	중장년 여성 취업지원	120,000	여성가족과	1	1	7	8	7	5	1	2
2558	경기 고양시	다문화가정 지원사업	33,580	여성가족과	1	1	1	3	1	5	5	4
2559	경기 고양시	다문화가족 동아리모임 활성화 지원	4,050	여성가족과	1	1	1	3	1	5	5	4
2560	경기 고양시	거주외국인정주화사업	25,000	여성가족과	1	1	7	8	7	5	5	4
2561	경기 과천시	지속가능발전	56,852	기획감사담당관	1	4	7	8	7	1	1	1
2562	경기 과천시	자유민주주의의식함양 및 역량강화사업	6,800	기획감사담당관실	1	1	7	8	7	5	5	4
2563	경기 과천시	범죄피해자 지원사업	4,887	자치행정과	1	1	7	8	7	5	5	4
2564	경기 과천시	새마을 교육부담금	3,638	자치행정과	1	1	7	8	7	5	5	4
2565	경기 과천시	대통령기 제41회 국민독서경진대회	1,235	자치행정과	1	1	7	8	7	5	5	4
2566	경기 과천시	새마을 실천역량 강화	5,300	자치행정과	1	1	7	8	7	5	5	4
2567	경기 과천시	제29회 경기도민 문화의 한마당 참가	2,000	자치행정과	1	1	7	8	7	5	5	4
2568	경기 과천시	새마을지도자 대회	1,450	자치행정과	1	1	7	8	7	5	5	4
2569	경기 과천시	바르게살기과천시협의회	4,543	자치행정과	1	1	7	8	7	1	1	1
2570	경기 과천시	이북도민과천지구연합회	3,700	자치행정과	1	1	7	8	7	1	1	1
2571	경기 과천시	문화나눔사업	35,000	문화체육과	1	6	7	8	7	5	5	4
2572	경기 과천시	예총문화강좌 지원	58,300	문화체육과	1	4	7	8	7	1	1	4
2573	경기 과천시	지역문화예술 플랫폼 육성사업	64,712	문화체육과	1	6	7	8	7	1	1	1
2574	경기 과천시	문화학교 운영지원	22,400	문화체육과	1	1	4	8	7	1	1	1
2575	경기 과천시	과천문화 발간	5,000	문화체육과	1	1	4	8	7	1	1	1
2576	경기 과천시	3.1절 기념사업	4,300	문화체육과	1	1	4	8	7	1	1	1
2577	경기 과천시	향토사활성화 지원	15,000	문화체육과	1	1	4	8	7	1	1	1
2578	경기 과천시	도당성황제	3,500	문화체육과	1	1	4	8	7	1	1	1
2579	경기 과천시	전통국악교실	7,500	문화체육과	1	4	4	8	7	1	1	1
2580	경기 과천시	우리는 지금 향교로 간다	13,500	문화체육과	1	6	4	8	7	1	1	1
2581	경기 과천시	역사문화아카데미	5,000	문화체육과	1	1	4	8	7	1	1	1
2582	경기 과천시	과천 향토작가 작품전람회	7,000	문화체육과	1	1	4	8	7	1	1	1
2583	경기 과천시	향토사 구술사업	20,000	문화체육과	1	1	4	8	7	1	1	1
2584	경기 과천시	줄타기 전수교육	15,000	문화체육과	1	4	4	8	7	1	1	1
2585	경기 과천시	과천무동답교놀이 전수	6,000	문화체육과	1	1	4	8	7	1	1	1
2586	경기 과천시	전통줄타기 판줄 연희야 놀자	15,000	문화체육과	1	4	4	8	7	1	1	1
2587	경기 과천시	합동운동부 육성 지원사업	52,003	문화체육과	1	5	7	8	7	1	1	3
2588	경기 과천시	체육회 역량강화	9,100	문화체육과	1	5	7	8	7	1	1	3
2589	경기 과천시	대통령배(기) 등 최상위대회 출전비 지원	20,000	문화체육과	1	5	7	8	7	1	1	3
2590	경기 과천시	G-스포츠클럽 사업 운영	54,000	문화체육과	1	5	7	8	7	1	1	3
2591	경기 과천시	일반 생활체육지도자 배치사업	170,350	문화체육과	1	5	7	8	7	1	1	3
2592	경기 과천시	어르신 생활체육지도자 배치사업	34,896	문화체육과	1	5	7	8	7	1	1	3
2593	경기 과천시	일반·어르신 생활체육지도자 처우개선비	7,158	문화체육과	1	5	7	8	7	1	1	3
2594	경기 과천시	장애인 생활체육지도자 배치사업	33,456	문화체육과	1	5	7	8	7	1	1	3
2595	경기 과천시	장애인생활체육지도자 처우개선비	1,193	문화체육과	1	5	7	8	7	1	1	3
2596	경기 과천시	초등스포츠클럽 육성 지원	14,418	문화체육과	1	5	7	8	7	1	1	3
2597	경기 과천시	시장매니저지원사업	38,805	일자리경제과	1	2	7	8	7	1	1	1
2598	경기 과천시	지역주민 우선 채용기업 장려금 지원	284,307	일자리경제과	1	6	7	8	7	1	1	1
2599	경기 과천시	지역주도형 청년일자리사업	56,394	복지정책과	1	2	1	8	1	1	1	4

순번	시군구	지출명 (사업명)	2021년예산 (단위:천원/1년간)	담당자 (공무원)	민간이전 분류 (지방자치단체 세출예산 집행기준에 의거)	민간이전지출 근거 (지방보조금 관리기준 참고)	입찰방식			운영예산 산정		성과평가 실시여부
				담당부서	1. 민간경상사업보조(307-02) 2. 민간단체 법정운영비보조(307-03) 3. 민간행사사업보조(307-04) 4. 민간위탁금(307-05) 5. 사회복지시설 법정운영비보조(307-10) 6. 민간인위탁교육비(307-12) 7. 공기관등에대한경상적위탁사업비(308-11) 8. 민간자본사업보조,자체재원(402-01) 9. 민간자본사업보조,이전재원(402-02) 10. 민간위탁사업비(402-03) 11. 공기관등에 대한 자본적 대행사업비(403-02)	1. 법률에 규정 2. 국고보조 재원(국가지정) 3. 용도 지정 기부금 4. 조례에 직접규정 5. 지자체가 권장하는 사업을 하는 공공기관 6. 시,도 정책 및 재정사정 7. 기타 8. 해당없음	계약체결방법 (경쟁형태) 1. 일반경쟁 2. 제한경쟁 3. 지명경쟁 4. 수의계약 5. 법정위탁 6. 기타 ( ) 7. 해당없음	계약기간 1. 1년 2. 2년 3. 3년 4. 4년 5. 5년 6. 기타 ( )년 7. 단기계약 (1년미만) 8. 해당없음	낙찰자선정방법 1. 적격심사 2. 협상에의한계약 3. 최저가낙찰제 4. 규격가격분리 5. 2단계 경쟁입찰 6. 기타 ( ) 7. 해당없음	운영예산 산정 1. 내부산정 (지자체 자체적으로 산정) 2. 외부산정 (외부전문기관위탁 산정) 3. 내·외부 모두 산정 4. 산정 無 5. 해당없음	정산방법 1. 내부정산 (지자체 내부적으로 정산) 2. 외부정산 (외부전문기관위탁 정산) 3. 내·외부 모두 산정 4. 정산 無 5. 해당없음	1. 실시 2. 미실시 3. 향후 추진 4. 해당없음
2600	경기 과천시	청년동아리 지원 사업	7,000	복지정책과	1	4	7	8	7	5	5	4
2601	경기 과천시	토리아리 마을학교 지원사업	6,000	교육청소년과	1	4	7	8	7	1	1	4
2602	경기 과천시	우수 평생학습동아리 지원	40,000	교육청소년과	1	4	7	8	7	1	1	2
2603	경기 과천시	관내 대안교육기관 급식비 지원	304,824	교육청소년과	1	4	7	8	7	5	5	4
2604	경기 과천시	개방화장실 운영보조금 지원	41,600	환경위생과	1	4	7	1	7	4	1	4
2605	경기 과천시	재활용가능자원 순환촉진사업	55,000	환경위생과	1	4	7	8	7	5	5	4
2606	경기 과천시	한국란 전시회 지원	15,000	공원농림과	1	7	7	8	7	1	1	3
2607	경기 과천시	유기질 비료지원	75,871	공원농림과	1	2	7	8	7	1	1	3
2608	경기 과천시	범시민 식생활 교육사업 지원	35,000	공원농림과	1	7	7	8	7	1	1	3
2609	경기 과천시	도시생태농업 관련교육지원	40,000	공원농림과	1	7	7	8	7	1	1	3
2610	경기 과천시	도시농업 상자텃밭 보급	10,000	공원농림과	1	7	7	8	7	1	1	3
2611	경기 과천시	농작물 재해보험 가입지원	7,500	공원농림과	1	6	7	8	7	1	1	3
2612	경기 과천시	수출농산물 포장재 지원	20,000	공원농림과	1	7	7	8	7	1	1	3
2613	경기 과천시	GAP 인증검사비 지원	1,000	공원농림과	1	2	7	8	7	1	1	3
2614	경기 과천시	초등돌봄교실 과일간식 지원	11,218	공원농림과	1	2	7	8	7	1	1	3
2615	경기 과천시	우리아이 건강과일 공급	150,000	공원농림과	1	6	7	8	7	1	1	3
2616	경기 과천시	꽃생활 활성화 사업 1Table 1Flower	86,400	공원농림과	1	7	7	8	7	1	1	3
2617	경기 과천시	국·내외 화훼박람회 및 전시회 참가	30,000	공원농림과	1	7	7	8	7	1	1	3
2618	경기 과천시	축산환경 오염방지용 톱밥구입	2,625	공원농림과	1	1	7	8	7	1	1	1
2619	경기 과천시	고급육 생산을 위한 조사료 지원	3,500	공원농림과	1	1	7	8	7	1	1	1
2620	경기 과천시	유실·유기동물 입양비 지원	1,000	공원농림과	1	2	7	8	7	1	1	1
2621	경기 과천시	유실유기동물 치료비 지원	2,000	공원농림과	1	2	7	8	7	1	1	1
2622	경기 과천시	양봉산업 육성	3,570	공원농림과	1	2	7	8	7	1	1	1
2623	경기 과천시	학생 승마교실 운영	8,960	공원농림과	1	2	7	8	7	1	1	1
2624	경기 과천시	유실유기동물 관리수준 개선	650	공원농림과	1	2	7	8	7	1	1	1
2625	경기 과천시	교통질서계도지원	35,544	교통과	1	1	6	6	6	1	1	1
2626	경기 과천시	새마을문고 상호대차 지원	2,400	정보과학도서관	1	5	7	8	7	1	1	1
2627	경기 구리시	아차산 태극기 동산 및 새마을동산 환경정비	3,200	소통공보담당관	1	1	1	1	1	1	1	1
2628	경기 구리시	불우이웃돕기 행사	5,000	소통공보담당관	1	1	1	1	1	1	1	1
2629	경기 구리시	이웃사랑 나눔잔치	5,460	소통공보담당관	1	1	1	1	1	1	1	1
2630	경기 구리시	사랑의 송편 나누기	4,927	소통공보담당관	1	1	1	1	1	1	1	1
2631	경기 구리시	새마을국민 교육 교육비 지원	5,656	소통공보담당관	1	1	1	1	1	1	1	1
2632	경기 구리시	사랑의 김장하기	12,100	소통공보담당관	1	1	1	1	1	1	1	1
2633	경기 구리시	Clena 실개천 가꾸기	1,370	소통공보담당관	1	1	1	1	1	1	1	1
2634	경기 구리시	어르신과 함께하는 반려식물 사랑나눔	1,190	소통공보담당관	1	1	7	8	7	1	1	1
2635	경기 구리시	마스크 착용 생활운동 캠페인 및 방역활동	4,034	소통공보담당관	1	1	7	8	7	1	1	1
2636	경기 구리시	녹색실천 음식물 쓰레기 줄이기 운동	7,777	소통공보담당관	1	1	7	8	7	1	1	1
2637	경기 구리시	경로당 방역소독 및 환경정화	4,742	소통공보담당관	1	1	7	8	7	1	1	1
2638	경기 구리시	한국자유총연맹 행복지킴이 활동	4,220	소통공보담당관	1	1	1	1	1	1	1	1
2639	경기 구리시	자유총연맹 임원 국리민복 역량강화 교육	7,000	소통공보담당관	1	1	1	1	1	1	1	1
2640	경기 구리시	어머니 포순이 활동	4,570	소통공보담당관	1	1	1	1	1	1	1	1
2641	경기 구리시	구리시 이북도민회 통일역량강화 교육	6,540	소통공보담당관	1	1	1	1	1	1	1	1
2642	경기 구리시	도전! 평화의 북을 울려라	23,824	소통공보담당관	1	1	7	1	7	1	1	1
2643	경기 구리시	한민족 통일문예제전 시상식	4,400	소통공보담당관	1	1	7	1	7	1	1	1
2644	경기 구리시	민족통일 통일안보교육	2,000	소통공보담당관	1	1	7	1	7	1	1	1
2645	경기 구리시	통일안보 현장학습	2,000	소통공보담당관	1	1	7	1	7	1	1	1
2646	경기 구리시	범죄피해자 지원사업	14,000	소통공보담당관	1	1	7	1	7	1	1	1
2647	경기 구리시	구리 국제 태극기 사진 공모전	18,000	소통공보담당관	1	4	7	1	7	1	1	1
2648	경기 구리시	적십자 임원리더십재난대비연수	3,300	소통공보담당관	1	1	7	1	7	1	1	1
2649	경기 구리시	적십자 봉사원대회 및 연차대회	3,498	소통공보담당관	1	1	7	1	7	1	1	1
2650	경기 구리시	보훈향군단체전적비답사 및 현충원참배등 보훈행사 차량임차	20,460	복지정책과	1	4	7	7	7	1	1	4

순번	시군구	지출명 (사업명)	2021년예산 (단위:천원/1년간)	담당자 (공무원) 담당부서	민간이전 분류 (지방자치단체 세출예산 집행기준에 의거) 1. 민간경상사업보조(307-02) 2. 민간단체 법정운영비보조(307-03) 3. 민간행사사업보조(307-04) 4. 민간위탁금(307-05) 5. 사회복지시설 법정운영비보조(307-10) 6. 민간인위탁교육비(307-12) 7. 공기관등에대한경상적위탁사업비(308-11) 8. 민간자본사업보조,자체재원(402-01) 9. 민간자본사업보조,이전재원(402-02) 10. 민간위탁사업비(402-03) 11. 공기관등에 대한 자본적 대행사업비(403-02)	민간이전지출 근거 (지방보조금 관리기준 참고) 1. 법률에 규정 2. 국고보조 재원(국가지정) 3. 용도 지정 기부금 4. 조례에 직접규정 5. 지자체가 권장하는 사업을 하는 공공기관 6. 시,도 정책 및 재정사정 7. 기타 8. 해당없음	입찰방식 계약체결방법 (경쟁형태) 1. 일반경쟁 2. 제한경쟁 3. 지명경쟁 4. 수의계약 5. 법정위탁 6. 기타 ( ) 7. 해당없음	입찰방식 계약기간 1. 1년 2. 2년 3. 3년 4. 4년 5. 5년 6. 기타 ( )년 7. 단기계약 (1년미만) 8. 해당없음	입찰방식 낙찰자선정방법 1. 적격심사 2. 협상에의한계약 3. 최저가낙찰제 4. 규격가격분리 5. 2단계 경쟁입찰 6. 기타 ( ) 7. 해당없음	운영예산 산정 운영예산 산정 1. 내부산정 (지자체 자체적으로 산정) 2. 외부산정 (외부전문기관위탁 산정) 3. 내·외부 모두 산정 4. 산정 無 5. 해당없음	운영예산 산정 정산방법 1. 내부정산 (지자체 내부적으로 정산) 2. 외부정산 (외부전문기관위탁 정산) 3. 내·외부 모두 산정 4. 정산 無 5. 해당없음	성과평가 실시여부 1. 실시 2. 미실시 3. 향후 추진 4. 해당없음
2651	경기 구리시	국가유공자전적지순례및현충원참배	15,000	복지정책과	1	4	7	7	7	1	1	4
2652	경기 구리시	정기총회 및 율곡강좌	2,395	복지정책과	1	4	7	7	7	1	1	4
2653	경기 구리시	향군의날 행사	2,175	복지정책과	1	4	7	7	7	1	1	4
2654	경기 구리시	장애인단체 지원	20,934	노인장애인복지과	1	1	7	8	7	5	1	1
2655	경기 구리시	장애인행사지원	5,022	노인장애인복지과	1	1	7	8	7	5	1	1
2656	경기 구리시	장애인 축제 한마당	6,510	노인장애인복지과	1	1	7	8	7	5	1	1
2657	경기 구리시	어린이집 환경개선	18,733	여성가족과	1	2	7	8	7	5	1	4
2658	경기 구리시	일반 생활체육지도자 배치	146,160	평생학습과	1	2	7	1	7	1	1	1
2659	경기 구리시	어르신 생활체육지도자 배치	87,696	평생학습과	1	2	7	1	7	1	1	1
2660	경기 구리시	일반,어르신 생활체육지도자 명절수당 및 법정부담금	9,544	평생학습과	1	6	7	1	7	1	1	1
2661	경기 구리시	초등스포츠클럽 육성지원	45,318	평생학습과	1	2	7	1	7	1	1	1
2662	경기 구리시	아침생활체육교실 운영	87,164	평생학습과	1	6	7	1	7	1	1	1
2663	경기 구리시	생활체육광장 운영	22,664	평생학습과	1	6	7	1	7	1	1	1
2664	경기 구리시	생활체육교실 상설운영	17,030	평생학습과	1	6	7	1	7	1	1	1
2665	경기 구리시	장수노인체육대학 운영	6,918	평생학습과	1	6	7	1	7	1	1	1
2666	경기 구리시	장애인 생활체육지도자 배치	58,464	평생학습과	1	2	7	1	7	1	1	1
2667	경기 구리시	장애인 생활체육지도자 명절수당 및 법정부담금	2,386	평생학습과	1	6	7	1	7	1	1	1
2668	경기 구리시	장애인체육교실 운영	13,950	평생학습과	1	6	7	1	7	1	1	1
2669	경기 구리시	통합문화체육관광이용권 사업	681,000	문화예술과	1	2	7	8	7	5	5	4
2670	경기 구리시	예술단체 사업지원	76,938	문화예술과	1	1	7	8	7	1	1	1
2671	경기 구리시	제6회 대한민국 연극제 경기예선전	10,000	문화예술과	1	1	7	8	7	1	1	1
2672	경기 구리시	공연장 대관료지원사업	5,000	문화예술과	1	1	7	8	7	5	1	1
2673	경기 구리시	제28호 구리무화지 발간	12,000	문화예술과	1	1	7	8	7	1	1	1
2674	경기 구리시	이웃사랑 인사나누기 운동	6,000	문화예술과	1	1	7	8	7	1	1	1
2675	경기 구리시	문화학교 온라인 발표회	3,000	문화예술과	1	1	7	8	7	1	1	1
2676	경기 구리시	구리문화원사 30년사	30,000	문화예술과	1	1	7	8	7	1	1	1
2677	경기 구리시	고구려의 기상, 조선역사의 숨결을 나타내는 인물, 형상 캐릭터 공모	4,800	문화예술과	1	1	7	8	7	1	1	1
2678	경기 구리시	구리문화원 홈페이지개편	10,742	문화예술과	1	1	7	8	7	1	1	1
2679	경기 구리시	경기도민속예술제참가지원	15,000	문화예술과	1	1	7	8	7	1	1	1
2680	경기 구리시	택시카드단말기 통신료 지원	18,248	교통행정과	1	1	7	8	7	1	1	4
2681	경기 구리시	택시카드결제 수수료 지원	125,995	교통행정과	1	1	7	8	7	1	1	4
2682	경기 구리시	교통안전지도사업 운영비 지원	5,580	교통행정과	1	4	7	1	6	1	1	1
2683	경기 구리시	의료관련감염병 표본감시체계 운영	24,000	보건행정과	1	2	7	1	7	5	3	1
2684	경기 구리시	공공심야약국 운영	34,500	보건행정과	1	6	3	1	6	3	1	1
2685	경기 남양주시	청소대행사업	23,975	자원순환과	1	8	7	2	1	1	5	4
2686	경기 남양주시	대형폐기물 위탁	9,818	자원순환과	1	8	1	1	4	2	5	4
2687	경기 남양주시	수도권매립지 폐기물반입	2,660	자원순환과	1	8	7	5	5	4	5	4
2688	경기 남양주시	수도권매립지 폐기물반입	302,063	자원순환과	1	8	7	5	5	4	5	4
2689	경기 남양주시	유해생활폐기물 처리	8,000	자원순환과	1	8	7	5	5	4	5	4
2690	경기 남양주시	접프벼룩시장(나눔장터)운영	167,029	자원순환과	1	8	7	5	5	4	5	4
2691	경기 남양주시	소규모영세사업장 방지시설 지원사업	2,070	기후에너지과	1	1	7	5	5	4	5	4
2692	경기 남양주시	영세사업장 대기방지시설 유지관리지원	287,500	기후에너지과	1	1	7	5	5	4	5	4
2693	경기 남양주시	늘을중앙공원 조성사업	7,000	공원조성과	1	8	7	1	1	4	5	4
2694	경기 남양주시	물놀이 등 안전문화 활동지원	4,450	시민안전과	1	8	6	1	1	1	5	4
2695	경기 남양주시	경기도 공공버스 운영지원	1,227	대중교통과	1	8	7	3	3	1	5	4
2696	경기 남양주시	광역알뜰교통카드	444,000	대중교통과	1	8	7	5	5	4	5	4
2697	경기 남양주시	택시운행정보관리시스템 운영사업	13,747	대중교통과	1	8	7	2	2	4	5	4
2698	경기 남양주시	시민화합을 위한 장식물 설치	30,000	문화관광과	1	8	7	5	5	4	5	4
2699	경기 남양주시	전통문화 특화 프로그램 운영	34,100	문화관광과	1	8	7	5	5	4	5	4
2700	경기 남양주시	지역예술단체 활동 지원	20,000	문화관광과	1	8	7	5	5	4	5	4
2701	경기 남양주시	천연기념물 유지관리사업	2,000	문화관광과	1	8	7	5	5	4	5	4

순번	시군구	지출명 (사업명)	2021년예산 (단위:천원/1년간)	담당자 (공무원)	민간이전 분류 (지방자치단체 세출예산 집행기준에 의거)	민간이전지출 근거 (지방보조금 관리기준 참고)	입찰방식			운영예산 산정		성과평가 실시여부
				담당부서	1. 민간경상사업보조(307-02) 2. 민간단체 법정운영비보조(307-03) 3. 민간행사사업보조(307-04) 4. 민간위탁금(307-05) 5. 사회복지시설 법정운영비보조(307-10) 6. 민간인위탁교육비(307-12) 7. 공기관등에대한경상적위탁사업비(308-11) 8. 민간자본사업보조,자체재원(402-01) 9. 민간자본사업보조,이전재원(402-02) 10. 민간위탁사업비(402-03) 11. 공기관등에 대한 자본적 대행사업비(403-02)	1. 법률에 규정 2. 국고보조 재원(국가지정) 3. 용도 지정 기부금 4. 조례에 직접규정 5. 지자체가 권장하는 사업을 하는 공공기관 6. 시,도 정책 및 재정사정 7. 기타 8. 해당없음	계약체결방법 (경쟁형태) 1. 일반경쟁 2. 제한경쟁 3. 지명경쟁 4. 수의계약 5. 법정위탁 6. 기타 ( ) 7. 해당없음	계약기간 1. 1년 2. 2년 3. 3년 4. 4년 5. 5년 6. 기타 ( )년 7. 단기계약 (1년미만) 8. 해당없음	낙찰자선정방법 1. 적격심사 2. 협상에의한계약 3. 최저가낙찰제 4. 규격가격분리 5. 2단계 경쟁입찰 6. 기타 ( ) 7. 해당없음	운영예산 산정 1. 내부산정 (지자체 자체적으로 산정) 2. 외부산정 (외부전문기관위탁 산정) 3. 내·외부 모두 산정 4. 산정 無 5. 해당없음	정산방법 1. 내부정산 (지자체 내부적으로 정산) 2. 외부정산 (외부전문기관위탁 정산) 3. 내·외부 모두 산정 4. 정산 無 5. 해당없음	1. 실시 2. 미실시 3. 향후 추진 4. 해당없음
2702	경기 남양주시	도지정문화재 보수정비사업	135,000	문화관광과	1	8	7	5	5	4	5	4
2703	경기 남양주시	문화재 방재시설 구축	400,000	문화관광과	1	8	7	5	5	4	5	4
2704	경기 남양주시	문화재 방재시설 구축	300,000	문화관광과	1	8	7	5	5	4	5	4
2705	경기 남양주시	문화재 방재시설 구축	10,000	문화관광과	1	8	7	5	5	4	5	4
2706	경기 남양주시	문화재 방재시설 구축	10,000	문화관광과	1	8	7	5	5	4	5	4
2707	경기 남양주시	국가지정문화재 및 등록문화재 보수정비지원	240,600	문화관광과	1	8	7	5	5	4	5	4
2708	경기 남양주시	국가지정문화재 및 등록문화재 보수정비지원	315,000	문화관광과	1	8	7	5	5	4	5	4
2709	경기 남양주시	국가지정문화재 및 등록문화재 보수정비지원	140,000	문화관광과	1	8	7	5	5	4	5	4
2710	경기 남양주시	전통사찰 보수정비	380,000	문화관광과	1	8	7	5	5	4	5	4
2711	경기 남양주시	대안교육기관 운영지원	35,000	미래인재과	1	8	7	1	1	1	5	4
2712	경기 남양주시	청소년 사회단체 지원	35,515	미래인재과	1	8	7	1	1	1	5	4
2713	경기 남양주시	청소년 쉼터 운영 지원	384,721	미래인재과	1	1	1	1	1	1	5	4
2714	경기 남양주시	청소년 쉼터 이용청소년 등 지원	15,000	미래인재과	1	1	1	1	1	1	5	4
2715	경기 남양주시	청소년쉼터 야간근무자 배치지원	82,577	미래인재과	1	1	1	1	1	1	5	4
2716	경기 남양주시	전통시장 및 상점가 활성화 지원	14,400	소상공인과	1	8	7	1	1	2	5	4
2717	경기 남양주시	골목상권 시장매니저 지원	14,000	소상공인과	1	8	7	1	1	2	5	4
2718	경기 남양주시	전통시장 및 상점가 활성화 지원	7,500	소상공인과	1	8	7	1	1	2	5	4
2719	경기 남양주시	전통시장 활성화지원	200,000	소상공인과	1	8	7	1	1	2	5	4
2720	경기 남양주시	어린이급식관리지원센터 설치 운영	1,470	위생과	1	8	1	5	5	1	5	4
2721	경기 남양주시	민주평화통일자문회의 남양주시협의회	55,290	자치행정과	1	8	7	5	5	4	5	4
2722	경기 남양주시	남양주시 새마을회	281,933	자치행정과	1	8	7	5	5	4	5	4
2723	경기 남양주시	한국자유총연맹 남양주시지회	69,934	자치행정과	1	8	7	5	5	4	5	4
2724	경기 남양주시	바르게살기운동 남양주시협의회	54,764	자치행정과	1	8	7	5	5	4	5	4
2725	경기 남양주시	남양주시체육회육성지원	899,025	체육과	1	8	7	1	1	2	5	4
2726	경기 남양주시	남양주시장애인체육회 육성지원	262,259	체육과	1	8	7	1	1	2	5	4
2727	경기 남양주시	공익사업 활동지원	8,204	총무과	1	8	7	5	5	4	5	4
2728	경기 남양주시	묵현복지문화센터	31,400	생활자치과	1	8	6	1	1	2	5	4
2729	경기 남양주시	화도읍 복지회관	26,600	생활자치과	1	8	6	1	1	2	5	4
2730	경기 남양주시	팔당수계 정화활동 지원	20,000	환경정책과	1	8	7	5	5	4	5	4
2731	경기 남양주시	야생동물 피해예방 사업	84,200	환경정책과	1	8	7	5	5	4	5	4
2732	경기 남양주시	야생생물보호 공익활동 지원사업	20,000	환경정책과	1	8	7	5	5	4	5	4
2733	경기 남양주시	수질모니터링 및 생태체험학습	10,000	환경정책과	1	8	7	5	5	4	5	4
2734	경기 남양주시	노동단체 지원	38,100	일자리복지과	1	8	7	5	5	4	5	4
2735	경기 남양주시	노동단체 지원	20,300	일자리복지과	1	8	7	5	5	4	5	4
2736	경기 남양주시	의료관련감염병 표본감시체계 운영	20,000	풍양 보건정책과	1	8	7	5	5	4	5	4
2737	경기 남양주시	희망케어센터운영	1,987	복지정책과	1	1	1	1	1	4	5	4
2738	경기 남양주시	푸드마켓,뱅크지원	30,000	복지정책과	1	1	7	1	1	4	5	4
2739	경기 남양주시	남양주시 지역사회보장협의체 운영	79,420	복지정책과	1	8	7	5	5	4	5	4
2740	경기 남양주시	남양주시 지역사회보장협의체 운영	123,406	복지정책과	1	8	7	5	5	4	5	4
2741	경기 남양주시	사회복지협의회 사회복지정보센터 운영	35,000	복지정책과	1	8	7	5	5	4	5	4
2742	경기 남양주시	자원봉사센터 운영 지원	1,617	복지정책과	1	1	7	1	1	4	5	4
2743	경기 남양주시	전국 통합 자원봉사보험 가입 서비스 지원	38,160	복지정책과	1	1	7	1	1	4	5	4
2744	경기 남양주시	대한적십자봉사회 남양주시지구 협의회	14,370	복지정책과	1	8	7	1	1	4	5	4
2745	경기 남양주시	장애인의 날 행사 운영	30,000	장애인복지과	1	8	7	1	1	1	5	4
2746	경기 남양주시	장애인보장구수리센터 운영 지원	70,164	장애인복지과	1	1	7	1	1	1	5	4
2747	경기 남양주시	장애인단체 행사 지원	30,000	장애인복지과	1	8	7	1	1	1	5	4
2748	경기 남양주시	시각장애인 단체지원	22,000	장애인복지과	1	1	7	1	1	1	5	4
2749	경기 남양주시	시각장애인 단체지원	27,032	장애인복지과	1	1	7	1	1	1	5	4
2750	경기 남양주시	지체장애인 단체지원	30,796	장애인복지과	1	1	7	1	1	1	5	4
2751	경기 남양주시	신장장애인 단체지원	6,174	장애인복지과	1	1	7	1	1	1	5	4
2752	경기 남양주시	농아인 단체지원	6,960	장애인복지과	1	1	7	1	1	1	5	4

순번	시군구	지출명 (사업명)	2021년예산 (단위:천원/1년간)	담당자 (공무원) 담당부서	민간이전 분류 (지방자치단체 세출예산 집행기준에 의거) 1. 민간경상사업보조(307-02) 2. 민간단체 법정운영비보조(307-03) 3. 민간행사사업보조(307-04) 4. 민간위탁금(307-05) 5. 사회복지시설 법정운영비보조(307-10) 6. 민간인위탁교육비(307-12) 7. 공기관등에대한경상적위탁사업비(308-11) 8. 민간자본사업보조,자체재원(402-01) 9. 민간자본사업보조,이전재원(402-02) 10. 민간위탁사업비(402-03) 11. 공기관등에 대한 자본적 대행사업비(403-02)	민간이전지출 근거 (지방보조금 관리기준 참고) 1. 법률에 규정 2. 국고보조 재원(국가지정) 3. 용도 지정 기부금 4. 조례에 직접규정 5. 지자체가 권장하는 사업을 하는 공공기관 6. 시,도 정책 및 재정사정 7. 기타 8. 해당없음	입찰방식 계약체결방법 (경쟁형태) 1. 일반경쟁 2. 제한경쟁 3. 지명경쟁 4. 수의계약 5. 법정위탁 6. 기타 ( ) 7. 해당없음	입찰방식 계약기간 1. 1년 2. 2년 3. 3년 4. 4년 5. 5년 6. 기타 ( )년 7. 단기계약 (1년미만) 8. 해당없음	입찰방식 낙찰자선정방법 1. 적격심사 2. 협상에의한계약 3. 최저가낙찰제 4. 규격가격분리 5. 2단계 경쟁입찰 6. 기타 ( ) 7. 해당없음	운영예산 산정 1. 내부산정 (지자체 자체적으로 산정) 2. 외부산정 (외부전문기관위탁 산정) 3. 내·외부 모두 산정 4. 산정 無 5. 해당없음	정산방법 1. 내부정산 (지자체 내부적으로 정산) 2. 외부정산 (외부전문기관위탁 정산) 3. 내·외부 모두 산정 4. 정산 無 5. 해당없음	성과평가 실시여부 1. 실시 2. 미실시 3. 향후 추진 4. 해당없음
2753	경기 남양주시	교통장애인 단체지원	6,240	장애인복지과	1	1	7	1	1	1	5	4
2754	경기 남양주시	장애인 예술 활동지원	4,950	장애인복지과	1	1	7	1	1	1	5	4
2755	경기 남양주시	장애인 정보화 지원	11,990	장애인복지과	1	1	7	1	1	1	5	4
2756	경기 남양주시	장애인 직업기능 향상지원	8,740	장애인복지과	1	1	7	1	1	1	5	4
2757	경기 남양주시	신체장애인 단체지원	8,255	장애인복지과	1	1	7	1	1	1	5	4
2758	경기 남양주시	발달장애인 단체지원	6,374	장애인복지과	1	1	7	1	1	1	5	4
2759	경기 남양주시	장애인부모회 단체지원	2,540	장애인복지과	1	1	7	1	1	1	5	4
2760	경기 남양주시	발달장애인 특화형 체험홈	86,650	장애인복지과	1	1	7	1	1	1	5	4
2761	경기 남양주시	특장차량 무료셔틀버스 이동 지원	206,640	장애인복지과	1	8	7	1	1	1	5	4
2762	경기 남양주시	장애인직업재활시설 운영	184,540	장애인복지과	1	8	7	5	5	4	5	4
2763	경기 남양주시	장애인재가복지시설운영	53,000	장애인복지과	1	8	7	5	5	4	5	4
2764	경기 남양주시	장애인 거주시설 운영	541,686	장애인복지과	1	8	7	5	5	4	5	4
2765	경기 남양주시	장애인복지시설 재활프로그램 운영	51,021	장애인복지과	1	8	7	5	5	4	5	4
2766	경기 남양주시	장애인 전용목욕장 운영	14,000	장애인복지과	1	8	1	1	1	4	5	4
2767	경기 남양주시	장애인 365쉼터 운영지원	72,000	장애인복지과	1	8	7	5	5	4	5	4
2768	경기 남양주시	장애인거주시설 운영 지원	7,681	장애인복지과	1	8	7	5	5	4	5	4
2769	경기 남양주시	개인운영 장애인생활시설 지원	745,200	장애인복지과	1	8	7	5	5	4	5	4
2770	경기 남양주시	장애인 단기거주시설 운영	181,797	장애인복지과	1	8	7	5	5	4	5	4
2771	경기 남양주시	장애인 공동생활가정 운영	52,930	장애인복지과	1	8	7	5	5	4	5	4
2772	경기 남양주시	장애인거주시설 종사자 연장야간 근로수당 지원	67,252	장애인복지과	1	8	7	5	5	4	5	4
2773	경기 남양주시	장애인거주시설 공기청정기 렌탈 지원	12,600	장애인복지과	1	8	7	5	5	4	5	4
2774	경기 남양주시	생활지도원 교대인력 증원	283,736	장애인복지과	1	8	7	5	5	4	5	4
2775	경기 남양주시	장애인복지관 운영	3,610	장애인복지과	1	8	1	1	1	1	5	4
2776	경기 남양주시	장애인 생활이동지원센터 운영	356,500	장애인복지과	1	8	7	5	5	4	5	4
2777	경기 남양주시	장애인 수어통역센터 운영	295,600	장애인복지과	1	8	7	5	5	4	5	4
2778	경기 남양주시	장애인 직업재활시설 운영	4,037	장애인복지과	1	8	7	5	5	4	5	4
2779	경기 남양주시	장애인 자립작업장 운영 지원	21,600	장애인복지과	1	1	1	1	1	1	5	4
2780	경기 남양주시	장애인 직업재활시설마케팅지원	38,720	장애인복지과	1	8	7	5	5	4	5	4
2781	경기 남양주시	장애인 주간보호시설 운영	1,361	장애인복지과	1	8	1	1	1	4	5	4
2782	경기 남양주시	창업보육센터 운영 지원	20,534	기업지원과	1	8	7	3	3	1	5	4
2783	경기 오산시	오산천살리기 사업	104,987	생태하천과	1	4	5	1	7	1	1	1
2784	경기 오산시	지역자율방재단 교육 및 안전문화 홍보사업	19,360	안전정책과	1	1	7	8	7	1	1	1
2785	경기 오산시	호흡기전담클리닉 설치 운영 지원	200,000	보건행정과	1	2	7	8	7	5	5	4
2786	경기 오산시	의료기관 결핵환자 관리지원	35,650	보건행정과	1	2	7	8	7	5	5	4
2787	경기 오산시	궐리사 인성학당 운영	61,580	문화예술과	1	6	7	1	7	1	1	1
2788	경기 오산시	행단에 열린 꿈 궐동학교	160,000	문화예술과	1	4	7	8	7	1	1	1
2789	경기 오산시	화성궐리사 전통문화강좌	13,500	문화예술과	1	6	7	1	7	1	1	1
2790	경기 오산시	까산이와 오산여행	44,000	문화예술과	1	1	7	1	7	1	1	1
2791	경기 오산시	오산 문화소식지 발간	17,000	문화예술과	1	1	7	1	7	1	1	1
2792	경기 오산시	향토사학 논문총서 발간	20,000	문화예술과	1	1	7	1	7	1	1	1
2793	경기 오산시	역사문화 달력제작	14,000	문화예술과	1	1	7	1	7	1	1	1
2794	경기 오산시	청소년 문학상 공모	9,000	문화예술과	1	1	7	1	7	1	1	1
2795	경기 오산시	테마가 있는 인문학 기행	7,800	문화예술과	1	1	7	1	7	1	1	1
2796	경기 오산시	오산 역사문화 교실	9,200	문화예술과	1	1	7	1	7	1	1	1
2797	경기 오산시	청소년 전통악기 교실	7,500	문화예술과	1	1	7	1	7	1	1	1
2798	경기 오산시	우리마을의 뿌리를 찾아서	9,200	문화예술과	1	1	7	1	7	1	1	1
2799	경기 오산시	도시를 깨우는 비사랑	200,000	문화예술과	1	4	7	1	7	1	1	1
2800	경기 오산시	경기도 민속예술제 참가지원	15,000	문화예술과	1	4	7	8	7	1	1	1
2801	경기 오산시	지역문화예술 플랫폼 육성	30,760	문화예술과	1	3	7	8	7	1	1	1
2802	경기 오산시	통합문화이용권	438,500	문화예술과	1	2	7	8	7	5	2	4
2803	경기 오산시	제8회 봄누리 예술축제	75,000	문화예술과	1	4	7	8	7	5	5	1

순번	시군구	지출명 (사업명)	2021년예산 (단위:천원/1년간)	담당자 (공무원) 담당부서	민간이전 분류 (지방자치단체 세출예산 집행기준에 의거) 1. 민간경상사업보조(307-02) 2. 민간단체 법정운영비보조(307-03) 3. 민간행사사업보조(307-04) 4. 민간위탁금(307-05) 5. 사회복지시설 법정운영비보조(307-10) 6. 민간인위탁교육비(307-12) 7. 공기관등에대한경상적위탁사업비(308-11) 8. 민간자본사업보조,자체재원(402-01) 9. 민간자본사업보조,이전재원(402-02) 10. 민간위탁사업비(402-03) 11. 공기관등에 대한 자본적 대행사업비(403-02)	민간이전지출 근거 (지방보조금 관리기준 참고) 1. 법률에 규정 2. 국고보조 재원(국가지정) 3. 용도 지정 기부금 4. 조례에 직접규정 5. 지자체가 권장하는 사업을 하는 공공기관 6. 시,도 정책 및 재정사정 7. 기타 8. 해당없음	입찰방식 계약체결방법 (경쟁형태) 1. 일반경쟁 2. 제한경쟁 3. 지명경쟁 4. 수의계약 5. 법정위탁 6. 기타 ( ) 7. 해당없음	입찰방식 계약기간 1. 1년 2. 2년 3. 3년 4. 4년 5. 5년 6. 기타 ( )년 7. 단기계약 (1년미만) 8. 해당없음	입찰방식 낙찰자선정방법 1. 적격심사 2. 협상에의한계약 3. 최저가낙찰제 4. 규격가격분리 5. 2단계 경쟁입찰 6. 기타 ( ) 7. 해당없음	운영예산 산정 운영예산 산정 1. 내부산정 (지자체 자체적으로 산정) 2. 외부산정 (외부전문기관위탁 산정) 3. 내·외부 모두 산정 4. 산정 無 5. 해당없음	운영예산 산정 정산방법 1. 내부정산 (지자체 내부적으로 정산) 2. 외부정산 (외부전문기관위탁 정산) 3. 내·외부 모두 산정 4. 정산 無 5. 해당없음	성과평가 실시여부 1. 실시 2. 미실시 3. 향후 추진 4. 해당없음
2804	경기 오산시	제15회 오산종합예술제	85,000	문화예술과	1	4	7	8	7	5	5	1
2805	경기 오산시	제5회 오산시 전국국악경연대회	19,000	문화예술과	1	4	7	8	7	5	5	1
2806	경기 오산시	제11회 독산성문화제 사진촬영대회 및 사진전시회	5,000	문화예술과	1	4	7	8	7	5	5	1
2807	경기 오산시	제30회 전국무용제 경기도예선 참가	15,000	문화예술과	1	4	7	8	7	5	5	1
2808	경기 오산시	제32호 오산문학 발간 및 출판기념식	5,000	문화예술과	1	4	7	8	7	5	5	1
2809	경기 오산시	제6회 독산성 및 전국산성사진공모전	15,000	문화예술과	1	4	7	8	7	5	5	1
2810	경기 오산시	제10회 오산 판소리 정기공연	5,000	문화예술과	1	4	7	8	7	5	5	1
2811	경기 오산시	제12회 독산성시낭송대회	3,000	문화예술과	1	4	7	8	7	5	5	1
2812	경기 오산시	제5회 전국 까마귀 복면 가요제	30,000	문화예술과	1	4	7	8	7	5	5	1
2813	경기 오산시	제18회 오미회 정기전	3,000	문화예술과	1	4	7	8	7	5	5	1
2814	경기 오산시	오산울향기시니어합창단 정기연주회	22,000	문화예술과	1	4	7	8	7	5	5	1
2815	경기 오산시	오산서예인연합회 정기전시회	7,000	문화예술과	1	4	7	8	7	5	5	1
2816	경기 오산시	오산 수석회 정기전시회	5,000	문화예술과	1	4	7	8	7	5	5	1
2817	경기 오산시	오산시소년소녀합창단 정기연주회	23,600	문화예술과	1	4	7	8	7	5	5	1
2818	경기 오산시	오산시소년소녀합창단 전국합창제 참가	10,000	문화예술과	1	4	7	8	7	5	5	1
2819	경기 오산시	오산시여성합창단 전국 합창경연대회 참가	9,000	문화예술과	1	4	7	8	7	5	5	1
2820	경기 오산시	오산시여성합창단 정기연주회	28,600	문화예술과	1	4	7	8	7	5	5	1
2821	경기 오산시	제8회 오산외미걸립농악보존회 정기연주회	3,000	문화예술과	1	4	7	8	7	5	5	1
2822	경기 오산시	제12회 오산팝스오케스트라 정기연주회	5,000	문화예술과	1	4	7	8	7	5	5	1
2823	경기 오산시	오산필코러스합창단 제15회 정기연주회	6,000	문화예술과	1	4	7	8	7	5	5	1
2824	경기 오산시	오산필코러스합창단 전국 합창경연대회참가	4,785	문화예술과	1	4	7	8	7	5	5	1
2825	경기 오산시	오산필코러스합창단 단복 구매	9,000	문화예술과	1	4	7	8	7	5	5	1
2826	경기 오산시	제31회 경기연극올림피아드 대회 참가	5,000	문화예술과	1	4	7	8	7	5	5	1
2827	경기 오산시	오뫼천 아트페스티벌	3,000	문화예술과	1	4	7	8	7	5	5	1
2828	경기 오산시	제2회 독산성 색소폰앙상블 연주회	3,000	문화예술과	1	4	7	8	7	5	5	1
2829	경기 오산시	오산외미걸립농악보존회 전주대사습놀이 참가	5,000	문화예술과	1	4	7	8	7	5	5	1
2830	경기 오산시	찾아가는 문화활동 지원사업	84,000	문화예술과	1	4	7	8	7	5	5	1
2831	경기 오산시	문화가 있는 날 공연지원	50,000	문화예술과	1	4	7	8	7	5	5	1
2832	경기 오산시	거리로 나온 예술 공연 활동지원	12,500	문화예술과	1	4	7	1	7	1	1	1
2833	경기 오산시	장애인 문화예술 진흥사업	20,000	문화예술과	1	4	7	8	7	5	5	1
2834	경기 오산시	전통시장 활성화 사업 운영	200,000	지역경제과	1	1	7	1	7	1	1	1
2835	경기 오산시	해외전시회 참가기업 지원	20,000	지역경제과	1	4	7	7	7	1	1	1
2836	경기 오산시	국내전시회 참가기업 지원	20,000	지역경제과	1	4	7	7	7	3	1	1
2837	경기 오산시	화장품기업체성분검사수수료지원	20,000	지역경제과	1	4	7	7	7	1	1	1
2838	경기 오산시	화장품검사장비검교정보증비지원	30,000	지역경제과	1	4	7	7	7	1	1	1
2839	경기 오산시	상공회의소 협력사업 지원	56,700	지역경제과	1	4	7	7	7	1	1	1
2840	경기 오산시	신년인사회지원	7,000	지역경제과	1	4	7	7	7	1	1	1
2841	경기 오산시	창업보육센터 운영비지원	41,845	지역경제과	1	4	7	7	7	3	1	1
2842	경기 오산시	우수공예품개발자금지원	3,000	지역경제과	1	4	7	7	7	1	1	1
2843	경기 오산시	소상공인상생프로젝트	28,760	지역경제과	1	4	7	8	7	1	1	4
2844	경기 오산시	소비자교육및역량강화사업	6,200	지역경제과	1	4	7	8	7	1	1	4
2845	경기 오산시	나라사랑 안보교육	18,925	희망복지과	1	7	7	8	7	1	1	1
2846	경기 오산시	호국정신 함양을 위한 전적지 순례	15,864	희망복지과	1	7	7	8	7	1	1	1
2847	경기 오산시	6.25전쟁기록 사진전	1,228	희망복지과	1	7	7	8	7	1	1	1
2848	경기 오산시	장진호 전투영웅 추도식	1,184	희망복지과	1	7	7	8	7	1	1	1
2849	경기 오산시	재난구조 교육 및 훈련	2,100	희망복지과	1	7	7	8	7	1	1	1
2850	경기 오산시	오산시 얼리버드(진로·진학) 프로그램 지원	320,000	평생교육과	1	7	7	7	7	5	1	1
2851	경기 오산시	사립유치원 교사 연수 지원	3,500	평생교육과	1	7	7	8	7	1	1	1
2852	경기 오산시	잉어빵 영어독서 프로그램 운영	100,000	평생교육과	1	7	7	8	7	1	1	1
2853	경기 오산시	소외계층 프로그램 지원	10,000	평생교육과	1	7	7	8	7	1	1	1
2854	경기 오산시	장애인 평생교육 지원	35,000	평생교육과	1	7	7	8	7	1	1	1

순번	시군구	지출명 (사업명)	2021년예산 (단위:천원/1년간)	담당자 (공무원) 담당부서	민간이전 분류 (지방자치단체 세출예산 집행기준에 의거) 1. 민간경상사업보조(307-02) 2. 민간단체 법정운영비보조(307-03) 3. 민간행사사업보조(307-04) 4. 민간위탁금(307-05) 5. 사회복지시설 법정운영비보조(307-10) 6. 민간인위탁교육비(307-12) 7. 공기관등에대한경상적위탁사업비(308-11) 8. 민간자본사업보조,자체재원(402-01) 9. 민간자본사업보조,이전재원(402-02) 10. 민간위탁사업비(402-03) 11. 공기관등에 대한 자본적 대행사업비(403-02)	민간이전지출 근거 (지방보조금 관리기준 참고) 1. 법률에 규정 2. 국고보조 재원(국가지정) 3. 용도 지정 기부금 4. 조례에 직접규정 5. 지자체가 권장하는 사업을 하는 공공기관 6. 시,도 정책 및 재정사정 7. 기타 8. 해당없음	입찰방식 계약체결방법 (경쟁형태) 1. 일반경쟁 2. 제한경쟁 3. 지명경쟁 4. 수의계약 5. 법정위탁 6. 기타 ( ) 7. 해당없음	입찰방식 계약기간 1. 1년 2. 2년 3. 3년 4. 4년 5. 5년 6. 기타 ( )년 7. 단기계약 (1년미만) 8. 해당없음	입찰방식 낙찰자선정방법 1. 적격심사 2. 협상에의한계약 3. 최저가낙찰제 4. 규격가격분리 5. 2단계 경쟁입찰 6. 기타 ( ) 7. 해당없음	운영예산 산정 운영예산 산정 1. 내부산정 (지자체 자체적으로 산정) 2. 외부산정 (외부전문기관위탁 산정) 3. 내·외부 모두 산정 4. 산정 無 5. 해당없음	운영예산 산정 정산방법 1. 내부정산 (지자체 내부적으로 정산) 2. 외부정산 (외부전문기관위탁 정산) 3. 내·외부 모두 산정 4. 정산 無 5. 해당없음	성과평가 실시여부 1. 실시 2. 미실시 3. 향후 추진 4. 해당없음
2855	경기 오산시	관학 평생교육 협력사업 지원	300,000	평생교육과	1	7	7	8	7	1	1	1
2856	경기 오산시	성인문해교육기관 지원	50,000	평생교육과	1	7	7	8	7	1	1	1
2857	경기 오산시	성인 장애인 평생교육	82,200	평생교육과	1	6	7	8	7	1	1	1
2858	경기 오산시	경기평생학습동아리 지원	20,000	평생교육과	1	7	7	8	7	1	1	1
2859	경기 오산시	교통안전 개선 대책 추진	34,192	교통과	1	1	7	8	6	3	1	1
2860	경기 오산시	지역산업맞춤형 일자리창출 지원사업	8,529	일자리정책과	1	2	7	7	7	3	1	1
2861	경기 오산시	대학일자리센터 운영	82,500	일자리정책과	1	2	7	1	7	5	1	1
2862	경기 오산시	취업연계형 비대면 마케터 취업교육	43,000	일자리정책과	1	2	7	8	7	5	5	4
2863	경기 오산시	신중년경력형 일자리 창출 지원사업	287,400	일자리정책과	1	2	7	8	7	5	5	4
2864	경기 오산시	사회적기업 일자리창출사업	192,281	일자리정책과	1	6	7	8	7	5	5	1
2865	경기 오산시	사회적기업 사회보험료 지원사업	50,897	일자리정책과	1	6	7	8	7	5	5	1
2866	경기 오산시	사회적기업 사업개발비 지원사업	92,646	일자리정책과	1	6	7	8	7	5	5	1
2867	경기 오산시	사회적경제 창업 관련 아이디어 공모사업	20,000	일자리정책과	1	6	7	8	7	5	5	1
2868	경기 오산시	마을기업 육성사업	60,000	일자리정책과	1	6	7	8	7	5	5	1
2869	경기 오산시	사회적경제 청년일자리 지원사업	218,670	일자리정책과	1	6	7	8	7	5	5	1
2870	경기 오산시	중소기업과 미취업청년 상생사업	74,000	일자리정책과	1	6	7	7	7	1	1	1
2871	경기 오산시	오산청년 소셜미디어 일자리 사업	109,200	일자리정책과	1	2	7	8	7	5	5	4
2872	경기 오산시	노·사·민·정 등반대회	3,400	일자리정책과	1	5	7	8	7	1	1	1
2873	경기 오산시	노조대표자 및 노조핵심간부 정책세미나	5,290	일자리정책과	1	5	7	8	7	1	1	1
2874	경기 오산시	노조대표자 역량강화 워크숍	7,730	일자리정책과	1	5	7	8	7	1	1	1
2875	경기 오산시	감정근로자,이동근로자 지원 프로그램	5,100	일자리정책과	1	5	7	8	7	1	1	1
2876	경기 오산시	노동안전지킴이운영 사업	90,000	일자리정책과	1	5	7	8	7	5	5	4
2877	경기 오산시	새일여성인턴	95,000	일자리정책과	1	6	7	8	7	5	5	1
2878	경기 오산시	오피스마스터 양성과정	43,000	일자리정책과	1	6	7	8	7	5	5	1
2879	경기 오산시	지역공동체 공동체활동	60,000	일자리정책과	1	6	7	8	7	5	5	1
2880	경기 오산시	가정폭력 예방교육 및 홍보사업	5,000	가족보육과	1	7	6	1	1	1	1	4
2881	경기 오산시	평화의소녀상 기념사업	12,500	가족보육과	1	1	6	1	1	1	1	1
2882	경기 오산시	여성친화도시 조성사업	25,000	가족보육과	1	4	6	1	1	1	1	1
2883	경기 오산시	음식물쓰레기 줄이기홍보사업	13,500	청소자원과	1	4	7	1	7	1	1	4
2884	경기 오산시	나눔장터 운영	12,890	청소자원과	1	6	7	1	7	1	1	4
2885	경기 오산시	2021년 작은도서관 아이돌봄 독서문화프로그램 지원	81,000	중앙도서관	1	6	7	8	7	1	1	1
2886	경기 오산시	기후변화 대응을 위한 지속가능발전사업	50,456	환경과	1	1	7	8	7	1	1	1
2887	경기 오산시	자연환경 보전사업	33,550	환경과	1	1	7	8	7	1	1	1
2888	경기 오산시	비산업부문 온실가스 진단 컨설팅	10,000	환경과	1	1	7	8	7	5	5	1
2889	경기 군포시	오금마을정보센터 운영	29,380	홍보정보담당관	1	1	6	2	7	1	1	1
2890	경기 군포시	기후변화체험 교육센터 운영	13,000	환경과	1	4	5	1	7	1	1	1
2891	경기 군포시	군포지속가능발전협의회 실천사업비	88,053	환경과	1	4	5	1	7	1	1	1
2892	경기 군포시	비산업부문사업장 온실가스 진단컨설팅	6,000	환경과	1	4	5	1	7	1	1	1
2893	경기 군포시	도랑 복원 시범사업 지원	10,000	환경과	1	4	7	1	7	1	2	1
2894	경기 군포시	도시재생 주민공모사업	50,000	신성장전략과	1	2	7	8	7	5	5	4
2895	경기 군포시	영구임대아파트 공동전기료 지원	140,040	건축과	1	4	7	8	7	1	1	4
2896	경기 군포시	교통행정 업무지원	20,683	교통행정과	1	4	7	7	7	1	1	1
2897	경기 군포시	교통행정 업무지원	8,880	교통행정과	1	4	7	7	7	1	1	1
2898	경기 군포시	교통행정 업무지원	7,557	교통행정과	1	4	7	7	7	1	1	1
2899	경기 군포시	학생통학마을버스 통합 운영관리비 지원	4,200	교통행정과	1	1	7	8	7	3	3	4
2900	경기 군포시	택시카드결제 단말기 수수료 지원	94,738	교통행정과	1	1	7	8	7	1	1	4
2901	경기 군포시	택시카드결제 단말기 통신료 지원	11,848	교통행정과	1	1	7	8	7	1	1	4
2902	경기 군포시	법인택시 운수종사자 처우개선	54,600	교통행정과	1	1	7	8	7	1	1	4
2903	경기 군포시	새일여성인턴제	53,200	일자리기업과	1	2	7	8	7	5	1	1
2904	경기 군포시	노동자교육사업	22,800	일자리기업과	1	4	7	8	7	5	1	1
2905	경기 군포시	노사정협력프로그램 운영	20,200	일자리기업과	1	4	7	8	7	5	1	1

순번	시군구	지출명 (사업명)	2021년예산 (단위:천원/1년간)	담당자 (공무원) 담당부서	민간이전 분류 (지방자치단체 세출예산 집행기준에 의거) 1. 민간경상사업보조(307-02) 2. 민간단체 법정운영비보조(307-03) 3. 민간행사사업보조(307-04) 4. 민간위탁금(307-05) 5. 사회복지시설 법정운영비보조(307-10) 6. 민간인위탁교육비(307-12) 7. 공기관등에대한경상적위탁사업비(308-11) 8. 민간자본사업보조,자체재원(402-01) 9. 민간자본사업보조,이전재원(402-02) 10. 민간위탁사업비(402-03) 11. 공기관등에 대한 자본적 대행사업비(403-02)	민간이전지출 근거 (지방보조금 관리기준 참고) 1. 법률에 규정 2. 국고보조 재원(국가지정) 3. 용도 지정 기부금 4. 조례에 직접규정 5. 지자체가 권장하는 사업을 하는 공공기관 6. 시,도 정책 및 재정사정 7. 기타 8. 해당없음	입찰방식 계약체결방법 (경쟁형태) 1. 일반경쟁 2. 제한경쟁 3. 지명경쟁 4. 수의계약 5. 법정위탁 6. 기타 ( ) 7. 해당없음	입찰방식 계약기간 1. 1년 2. 2년 3. 3년 4. 4년 5. 5년 6. 기타 ( )년 7. 단기계약 (1년미만) 8. 해당없음	입찰방식 낙찰자선정방법 1. 적격심사 2. 협상에의한계약 3. 최저가낙찰제 4. 규격가격분리 5. 2단계 경쟁입찰 6. 기타 ( ) 7. 해당없음	운영예산 산정 운영예산 산정 1. 내부산정 (지자체 자체적으로 산정) 2. 외부산정 (외부전문기관위탁 산정) 3. 내·외부 모두 산정 4. 산정 無 5. 해당없음	운영예산 산정 정산방법 1. 내부정산 (지자체 내부적으로 정산) 2. 외부정산 (외부전문기관위탁 정산) 3. 내·외부 모두 산정 4. 정산 無 5. 해당없음	성과평가 실시여부 1. 실시 2. 미실시 3. 향후 추진 4. 해당없음
2906	경기 군포시	노동절 행사운영	7,000	일자리기업과	1	4	7	8	7	5	1	1
2907	경기 군포시	지역주도형 청년일자리사업(1유형) 인건비 지원금 지급	645,120	일자리기업과	1	2	7	8	7	1	5	4
2908	경기 군포시	신중년 경력활용 일자리사업	89,668	일자리기업과	1	2	6	7	6	1	1	1
2909	경기 군포시	해외전시회 참가 지원	96,000	일자리기업과	1	1	7	8	7	1	1	1
2910	경기 군포시	수출기업 온라인 전시회 지원	25,000	일자리기업과	1	1	7	8	7	5	5	4
2911	경기 군포시	국내전시회 참가 지원	56,000	일자리기업과	1	1	7	8	7	1	1	1
2912	경기 군포시	군포상공회의소 활동지원 사업	77,000	일자리기업과	1	1	5	8	7	1	1	2
2913	경기 군포시	제조물책임(PL)보험 가입 지원사업	20,000	일자리기업과	1	1	7	8	7	5	5	4
2914	경기 군포시	실험·실측장비 검·교정 지원사업	10,000	일자리기업과	1	1	7	8	7	5	5	4
2915	경기 군포시	경기도공예품경진대회 참여업체 지원	10,000	일자리기업과	1	1	7	8	7	5	1	2
2916	경기 군포시	전통시장(상점가)활성화	47,000	지역경제과	1	1	7	1	7	1	1	1
2917	경기 군포시	전통시장(상점가)활성화	23,000	지역경제과	1	1	7	1	7	1	1	1
2918	경기 군포시	상인조직역량강화 시장매니저지원	12,000	지역경제과	1	2	7	1	7	1	1	1
2919	경기 군포시	상인조직역량강화 시장매니저지원	12,000	지역경제과	1	2	7	1	7	1	1	1
2920	경기 군포시	상인조직역량강화 시장매니저지원	12,000	지역경제과	1	2	7	1	7	1	1	1
2921	경기 군포시	전통시장 및 상점가 공동마케팅	15,000	지역경제과	1	1	7	1	7	1	1	1
2922	경기 군포시	전통시장 무료배송센터 지원	7,668	지역경제과	1	1	7	1	7	1	1	1
2923	경기 군포시	당동로 시장 골목상권 활성화사업	24,000	지역경제과	1	1	7	1	7	1	1	1
2924	경기 군포시	시군 전통시장 활성화 지원사업	200,000	지역경제과	1	1	7	1	7	1	1	1
2925	경기 군포시	소귀표부착비 지원	672	지역경제과	1	1	5	8	7	2	2	4
2926	경기 군포시	동물보호관리	60,000	지역경제과	1	1	2	2	1	1	1	4
2927	경기 군포시	길고양이 중성화 수술비 지원	60,000	지역경제과	1	1	2	1	1	1	1	4
2928	경기 군포시	어린이 승마교실 운영	112,000	지역경제과	1	1	7	8	7	1	1	4
2929	경기 군포시	장애학생 재활승마교실 운영	6,300	지역경제과	1	1	7	8	7	1	1	4
2930	경기 군포시	사회공익 승마사업	37,630	지역경제과	1	1	7	8	7	1	1	4
2931	경기 군포시	광복절 태극기보급 및 게양운동	3,120	복지정책과	1	7	7	8	7	5	5	4
2932	경기 군포시	유적지 순례	1,460	복지정책과	1	7	7	8	7	5	5	4
2933	경기 군포시	군포 3.31만세운동 기념식 및 재연	30,000	복지정책과	1	7	7	8	7	5	5	4
2934	경기 군포시	휴전선 155마일 종주행사	950	복지정책과	1	7	7	8	7	5	5	4
2935	경기 군포시	현충원지킴이 봉사활동	1,990	복지정책과	1	7	7	8	7	5	5	4
2936	경기 군포시	전적지 순례	5,075	복지정책과	1	7	7	8	7	5	5	4
2937	경기 군포시	전적지 순례	2,100	복지정책과	1	7	7	8	7	5	5	4
2938	경기 군포시	장진호 전투영웅 추도식	1,350	복지정책과	1	7	7	8	7	5	5	4
2939	경기 군포시	전국 상이군경 체육대회 참가지원	1,550	복지정책과	1	7	7	8	7	5	5	4
2940	경기 군포시	전적지 순례	3,310	복지정책과	1	7	7	8	7	5	5	4
2941	경기 군포시	전적지 탐방	3,680	복지정책과	1	7	7	8	7	5	5	4
2942	경기 군포시	안보강연	1,445	복지정책과	1	7	7	8	7	5	5	4
2943	경기 군포시	월남참전 충혼위령제	2,100	복지정책과	1	7	7	8	7	5	5	4
2944	경기 군포시	상반기 전적지 순례	5,120	복지정책과	1	7	7	8	7	5	5	4
2945	경기 군포시	하반기 전적지 순례	2,428	복지정책과	1	7	7	8	7	5	5	4
2946	경기 군포시	특수임무 전사자 추모행사	2,200	복지정책과	1	7	7	8	7	5	5	4
2947	경기 군포시	안보견학 및 전적지 순례	1,369	복지정책과	1	7	7	8	7	5	5	4
2948	경기 군포시	안보현장 답사	1,030	복지정책과	1	7	7	8	7	5	5	4
2949	경기 군포시	호국안보결의대회	1,115	복지정책과	1	7	7	8	7	5	5	4
2950	경기 군포시	안보현장 견학	2,040	복지정책과	1	7	7	8	7	5	5	4
2951	경기 군포시	향군의날 행사	1,350	복지정책과	1	7	7	8	7	5	5	4
2952	경기 군포시	푸드코디네이터 인건비 지급	30,000	복지정책과	1	6	7	8	7	5	5	4
2953	경기 군포시	독거노인카네이션하우스	10,000	사회복지과	1	5	7	8	7	1	1	1
2954	경기 군포시	저소득 독거노인 김장담가주기	30,000	사회복지과	1	6	7	8	7	1	1	4
2955	경기 군포시	여성일손도우미센터 운영	31,000	여성가족과	1	4	7	8	7	1	1	3
2956	경기 군포시	성인지력향상교육	6,000	여성가족과	1	7	7	8	7	1	1	3

순번	시군구	지출명 (사업명)	2021년예산 (단위:천원/1년간)	담당자 (공무원) 담당부서	민간이전 분류 (지방자치단체 세출예산 집행기준에 의거) 1. 민간경상사업보조(307-02) 2. 민간단체 법정운영비보조(307-03) 3. 민간행사사업보조(307-04) 4. 민간위탁금(307-05) 5. 사회복지시설 법정운영비보조(307-10) 6. 민간인위탁교육비(307-12) 7. 공기관등에대한경상적위탁사업비(308-11) 8. 민간자본사업보조,자체재원(402-01) 9. 민간자본사업보조,이전재원(402-02) 10. 민간위탁사업비(402-03) 11. 공기관등에 대한 자본적 대행사업비(403-02)	민간이전지출 근거 (지방보조금 관리기준 참고) 1. 법률에 규정 2. 국고보조 재원(국가지정) 3. 용도 지정 기부금 4. 조례에 직접규정 5. 지자체가 권장하는 사업을 하는 공공기관 6. 시,도 정책 및 재정사정 7. 기타 8. 해당없음	입찰방식: 계약체결방법 (경쟁형태) 1. 일반경쟁 2. 제한경쟁 3. 지명경쟁 4. 수의계약 5. 법정위탁 6. 기타 ( ) 7. 해당없음	입찰방식: 계약기간 1. 1년 2. 2년 3. 3년 4. 4년 5. 5년 6. 기타 ( )년 7. 단기계약 (1년미만) 8. 해당없음	입찰방식: 낙찰자선정방법 1. 적격심사 2. 협상에의한계약 3. 최저가낙찰제 4. 규격가격분리 5. 2단계 경쟁입찰 6. 기타 ( ) 7. 해당없음	운영예산 산정: 운영예산 산정 1. 내부산정 (지자체 자체적으로 산정) 2. 외부산정 (외부전문기관위탁 산정) 3. 내·외부 모두 산정 4. 산정 無 5. 해당없음	운영예산 산정: 정산방법 1. 내부정산 (지자체 내부적으로 정산) 2. 외부정산 (외부전문기관위탁 정산) 3. 내·외부 모두 산정 4. 정산 無 5. 해당없음	성과평가 실시여부 1. 실시 2. 미실시 3. 향후 추진 4. 해당없음
2957	경기 군포시	가정폭력·성폭력·성매매 예방교육	30,000	여성가족과	1	7	7	8	7	1	1	3
2958	경기 군포시	아동·여성이 안전한 마을만들기	3,500	여성가족과	1	7	7	8	7	1	1	3
2959	경기 군포시	가족문화개선사업	30,000	여성가족과	1	1	5	3	2	3	3	1
2960	경기 군포시	행복한가족프로그램	10,000	여성가족과	1	1	5	3	2	3	3	1
2961	경기 군포시	외국인주민 한국어교육	5,000	여성가족과	1	4	5	3	2	3	3	1
2962	경기 군포시	다문화가족 동아리모임 활성화 지원	5,550	여성가족과	1	4	5	3	2	3	3	1
2963	경기 군포시	외국인주민 상담지원	23,576	여성가족과	1	4	5	3	2	3	3	1
2964	경기 군포시	어린이집 안전점검	21,230	여성가족과	1	1	5	5	6	1	1	1
2965	경기 군포시	평가제 컨설팅 등 지원사업	19,350	여성가족과	1	1	5	5	6	1	1	1
2966	경기 군포시	생활과학교실 운영	18,000	청소년청년정책과	1	6	7	8	7	1	1	4
2967	경기 군포시	청소년 유해환경 감시단 지원사업	1,440	청소년청년정책과	1	1	7	8	7	1	1	1
2968	경기 군포시	학교폭력 예방 교육사업	20,000	청소년청년정책과	1	6	7	8	7	1	1	1
2969	경기 군포시	청소년육성보호사업	13,500	청소년청년정책과	1	6	7	8	7	1	1	1
2970	경기 군포시	청년단체·동아리 지원	25,000	청소년청년정책과	1	8	7	8	7	1	1	1
2971	경기 군포시	우수 작은도서관 육성	2,440	도서관정책과	1	1	7	8	7	1	1	1
2972	경기 군포시	우수 작은도서관 육성	2,440	도서관정책과	1	1	7	8	7	1	1	1
2973	경기 군포시	우수 작은도서관 육성	2,040	도서관정책과	1	1	7	8	7	1	1	1
2974	경기 군포시	우수 작은도서관 육성	2,040	도서관정책과	1	1	7	8	7	1	1	1
2975	경기 군포시	우수 작은도서관 육성	2,040	도서관정책과	1	1	7	8	7	1	1	1
2976	경기 군포시	우수 작은도서관 육성	2,040	도서관정책과	1	1	7	8	7	1	1	1
2977	경기 군포시	우수 작은도서관 육성	2,040	도서관정책과	1	1	7	8	7	1	1	1
2978	경기 군포시	우수 작은도서관 육성	2,040	도서관정책과	1	1	7	8	7	1	1	1
2979	경기 군포시	우수 작은도서관 육성	2,040	도서관정책과	1	1	7	8	7	1	1	1
2980	경기 군포시	우수 작은도서관 육성	2,040	도서관정책과	1	1	7	8	7	1	1	1
2981	경기 군포시	우수 작은도서관 육성	2,040	도서관정책과	1	1	7	8	7	1	1	1
2982	경기 군포시	우수 작은도서관 육성	2,040	도서관정책과	1	1	7	8	7	1	1	1
2983	경기 군포시	우수 작은도서관 육성	2,040	도서관정책과	1	1	7	8	7	1	1	1
2984	경기 군포시	우수 작은도서관 육성	2,040	도서관정책과	1	1	7	8	7	1	1	1
2985	경기 군포시	우수 작은도서관 육성	1,640	도서관정책과	1	1	7	8	7	1	1	1
2986	경기 군포시	우수 작은도서관 육성	1,640	도서관정책과	1	1	7	8	7	1	1	1
2987	경기 군포시	우수 작은도서관 육성	1,640	도서관정책과	1	1	7	8	7	1	1	1
2988	경기 군포시	우수 작은도서관 육성	1,640	도서관정책과	1	1	7	8	7	1	1	1
2989	경기 군포시	우수 작은도서관 육성	1,640	도서관정책과	1	1	7	8	7	1	1	1
2990	경기 군포시	우수 작은도서관 육성	1,640	도서관정책과	1	1	7	8	7	1	1	1
2991	경기 군포시	작은도서관 냉난방비 지원	2,100	도서관정책과	1	1	7	8	7	1	1	4
2992	경기 군포시	작은도서관 아이돌봄 독서문화프로그램 지원	20,250	도서관정책과	1	1	7	8	7	1	1	4
2993	경기 군포시	작은도서관 운영지원	84,200	도서관정책과	1	1	7	8	7	1	1	1
2994	경기 군포시	우수체육인 육성지원	105,000	교육체육과	1	7	7	8	7	1	1	1
2995	경기 군포시	우수체육꿈나무 육성지원	88,000	교육체육과	1	7	7	8	7	1	1	1
2996	경기 군포시	가맹경기단체 육성지원	50,000	교육체육과	1	7	7	8	7	1	1	1
2997	경기 군포시	체육발전지원금	66,000	교육체육과	1	7	7	8	7	1	1	1
2998	경기 군포시	스포츠 국내외 교류사업	40,000	교육체육과	1	7	7	8	7	1	1	1
2999	경기 군포시	댄스스포츠교실 운영	20,000	교육체육과	1	7	7	8	7	1	1	1
3000	경기 군포시	생활체육프로그램 운영지원	50,000	교육체육과	1	7	7	8	7	1	1	1
3001	경기 군포시	초등스포츠클럽 육성 지원	41,050	교육체육과	1	6	7	8	7	1	1	1
3002	경기 군포시	G-스포츠클럽 육성 지원	27,000	교육체육과	1	7	7	8	7	1	1	1
3003	경기 군포시	일반생활체육지도자 배치	152,125	교육체육과	1	2	7	8	7	1	1	1
3004	경기 군포시	일반생활체육지도자 배치	23,685	교육체육과	1	7	7	8	7	1	1	1
3005	경기 군포시	어르신생활체육지도자 배치	152,125	교육체육과	1	2	7	8	7	1	1	1
3006	경기 군포시	어르신생활체육지도자 배치	21,405	교육체육과	1	7	7	8	7	1	1	1
3007	경기 군포시	장애인체육회 체육발전 지원금	16,000	교육체육과	1	7	7	8	7	1	1	1

순번	시군구	지출명 (사업명)	2021년예산 (단위:천원/1년간)	담당자 (공무원) 담당부서	민간이전 분류 (지방자치단체 세출예산 집행기준에 의거) 1. 민간경상사업보조(307-02) 2. 민간단체 법정운영비보조(307-03) 3. 민간행사사업보조(307-04) 4. 민간위탁금(307-05) 5. 사회복지시설 법정운영비보조(307-10) 6. 민간인위탁교육비(307-12) 7. 공기관등에대한경상적위탁사업비(308-11) 8. 민간자본사업보조,자체재원(402-01) 9. 민간자본사업보조,이전재원(402-02) 10. 민간위탁사업비(402-03) 11. 공기관등에 대한 자본적 대행사업비(403-02)	민간이전지출 근거 (지방보조금 관리기준 참고) 1. 법률에 규정 2. 국고보조 재원(국가지정) 3. 용도 지정 기부금 4. 조례에 직접규정 5. 지자체가 권장하는 사업을 하는 공공기관 6. 시,도 정책 및 재정사정 7. 기타 8. 해당없음	입찰방식: 계약체결방법 (경쟁형태) 1. 일반경쟁 2. 제한경쟁 3. 지명경쟁 4. 수의계약 5. 법정위탁 6. 기타 ( ) 7. 해당없음	입찰방식: 계약기간 1. 1년 2. 2년 3. 3년 4. 4년 5. 5년 6. 기타 ( )년 7. 단기계약 (1년미만) 8. 해당없음	입찰방식: 낙찰자선정방법 1. 적격심사 2. 협상에의한계약 3. 최저가낙찰제 4. 규격가격분리 5. 2단계 경쟁입찰 6. 기타 ( ) 7. 해당없음	운영예산 산정: 운영예산 산정 1. 내부산정 (지자체 자체적으로 산정) 2. 외부산정 (외부전문기관위탁 산정) 3. 내·외부 모두 산정 4. 산정 無 5. 해당없음	운영예산 산정: 정산방법 1. 내부정산 (지자체 내부적으로 정산) 2. 외부정산 (외부전문기관위탁 정산) 3. 내·외부 모두 산정 4. 정산 無 5. 해당없음	성과평가 실시여부 1. 실시 2. 미실시 3. 향후 추진 4. 해당없음
3008	경기 군포시	장애우수체육인 육성지원	35,000	교육체육과	1	7	7	8	7	1	1	1
3009	경기 군포시	가맹경기단체 육성지원	20,000	교육체육과	1	7	7	8	7	1	1	1
3010	경기 군포시	장애인체육 국내외 견학 및 교류사업	20,000	교육체육과	1	7	7	8	7	1	1	1
3011	경기 군포시	장애인생활체육프로그램 운영지원	5,000	교육체육과	1	7	7	8	7	1	1	1
3012	경기 군포시	장애인생활체육지도자 배치사업	121,700	교육체육과	1	7	7	8	7	1	1	1
3013	경기 군포시	장애인생활체육지도자 배치사업	16,072	교육체육과	1	7	7	8	7	1	1	1
3014	경기 군포시	시민학습마당 운영	40,000	교육체육과	1	1	7	8	7	1	1	4
3015	경기 군포시	장애인평생교육지원사업	14,000	교육체육과	1	1	7	8	7	1	1	4
3016	경기 군포시	평생학습특화사업	30,000	교육체육과	1	1	7	8	7	1	1	1
3017	경기 군포시	경기평생학습동아리	15,000	교육체육과	1	1	7	8	7	1	1	1
3018	경기 군포시	인성함양프로그램 운영	30,000	교육체육과	1	1	7	8	7	1	1	1
3019	경기 군포시	평생학습마을 공동체 지원	24,000	교육체육과	1	1	7	8	7	1	1	1
3020	경기 군포시	사찰음식 체험마당	6,000	문화예술과	1	4	5	8	7	1	1	4
3021	경기 군포시	통합문화이용권 사업	640,400	문화예술과	1	4	5	8	7	5	1	4
3022	경기 군포시	결핵환자관리	71,300	보건행정과(감염병관리)	1	6	7	8	7	5	1	1
3023	경기 군포시	호흡기전담클리닉 설치,운영	200,000	보건행정과(감염병대응)	1	8	7	8	7	5	5	4
3024	경기 군포시	초막골 어린이 생태교실	10,000	생태공원녹지과	1	4	7	8	7	1	1	1
3025	경기 군포시	가족과 함께하는 초막골 생태프로그램 운영	10,000	생태공원녹지과	1	4	7	8	7	1	1	1
3026	경기 군포시	주민자치센터 프로그램 운영 보조금	30,000	민원행정과	1	4	7	8	7	1	1	1
3027	경기 군포시	주민자치회 전환사업 운영	10,000	민원행정과	1	4	7	8	7	1	1	4
3028	경기 군포시	불법 무단투기 방지 가림막 설치	7,500	민원행정과	1	4	7	8	7	1	1	4
3029	경기 군포시	어린이 건강과일 공급사업	506,860	특화사업과	1	6	6	1	7	3	3	4
3030	경기 군포시	주민자치센터 프로그램 운영 보조금	30,000	군포2동	1	4	7	1	7	1	1	1
3031	경기 군포시	2021년 주민자치 프로그램 운영 지원	30,000	산본1동	1	4	7	1	7	1	1	1
3032	경기 군포시	주민자치센터 프로그램 운영 보조금	30,000	산본2동	1	4	7	1	7	1	1	1
3033	경기 군포시	주민자치회 전환사업 운영	10,000	산본2동	1	4	7	1	7	1	1	1
3034	경기 군포시	주민자치센터 프로그램 운영 보조금	30,000	금정동	1	4	7	8	7	1	1	1
3035	경기 군포시	주민자치회 전환사업 운영	10,000	금정동	1	4	7	8	7	1	1	1
3036	경기 군포시	온택트 문화강좌 및 디지털 정보교육 운영	6,900	금정동	1	4	7	8	7	1	1	1
3037	경기 군포시	다문화 시골마을 문화체험	2,430	금정동	1	4	7	8	7	1	1	1
3038	경기 군포시	친환경 EM 명품마을 만들기	1,760	금정동	1	4	7	8	7	1	1	1
3039	경기 군포시	메이킹 금정 한마음 축제	15,650	금정동	1	4	7	8	7	1	1	1
3040	경기 군포시	주민자치센터 프로그램 운영 보조금	30,000	재궁동	1	4	7	8	7	1	1	4
3041	경기 군포시	행복꾸러미 나누기 활동 지원	3,500	재궁동	1	4	7	8	7	1	1	4
3042	경기 군포시	민간폴리스 야간지킴이 활동 지원	1,800	재궁동	1	4	7	8	7	1	1	4
3043	경기 군포시	주민자치센터 프로그램 운영 보조금	30,000	오금동	1	4	7	7	7	1	1	1
3044	경기 군포시	주민자치회 전환사업 운영	10,000	오금동	1	4	7	8	7	1	1	4
3045	경기 군포시	위기가정 돕기 "사랑나눔 바자회 사업"	3,800	오금동	1	6	7	8	7	1	1	4
3046	경기 군포시	신바람 트로트 힐링사업	6,300	오금동	1	6	7	8	7	1	1	4
3047	경기 군포시	주민자치회와 함께하는 역사문화탐방	3,300	오금동	1	6	7	8	7	1	1	4
3048	경기 군포시	수릿길 너와 나를 잇다, 마을이 웃다	11,900	수리동	1	7	7	8	7	1	1	4
3049	경기 군포시	독거노인 돌봄사업 보조	5,657	수리동	1	7	7	8	7	1	1	4
3050	경기 군포시	주민 생활편익 지원	1,000	수리동	1	7	7	8	7	1	1	4
3051	경기 군포시	주민자치센터프로그램운영보조금	30,000	수리동	1	7	7	8	7	1	1	4
3052	경기 군포시	주민자치센터 프로그램 운영 보조	30,000	궁내동	1	7	7	8	7	1	1	3
3053	경기 군포시	궁내동 마을기획단 구성 운영	10,000	궁내동	1	7	7	8	7	1	1	3
3054	경기 군포시	비대면 커뮤니티 프로그램 개발	30,000	궁내동	1	7	7	8	7	1	1	3
3055	경기 군포시	궁내문화축제	11,000	궁내동	1	7	7	8	7	1	1	3
3056	경기 군포시	지역주민과 함께하는 Clean day	7,500	궁내동	1	7	7	8	7	1	1	3
3057	경기 군포시	군포 어디까지 가봤니?	3,200	궁내동	1	7	7	8	7	1	1	3
3058	경기 군포시	주민자치센터 프로그램 운영 보조금	30,000	광정동	1	4	7	8	7	1	1	1

순번	시군구	지출명 (사업명)	2021년예산 (단위:천원/1년간)	담당자 (공무원) 담당부서	민간이전 분류 (지방자치단체 세출예산 집행기준에 의거) 1. 민간경상사업보조(307-02) 2. 민간단체 법정운영비보조(307-03) 3. 민간행사사업보조(307-04) 4. 민간위탁금(307-05) 5. 사회복지시설 법정운영비보조(307-10) 6. 민간인위탁교육비(307-12) 7. 공기관등에대한경상적위탁사업비(308-11) 8. 민간자본사업보조,자체재원(402-01) 9. 민간자본사업보조,이전재원(402-02) 10. 민간위탁사업비(402-03) 11. 공기관등에 대한 자본적 대행사업비(403-02)	민간이전지출 근거 (지방보조금 관리기준 참고) 1. 법률에 규정 2. 국고보조 재원(국가지정) 3. 용도 지정 기부금 4. 조례에 직접규정 5. 지자체가 권장하는 사업을 하는 공공기관 6. 시,도 정책 및 재정사정 7. 기타 8. 해당없음	입찰방식: 계약체결방법 (경쟁형태) 1. 일반경쟁 2. 제한경쟁 3. 지명경쟁 4. 수의계약 5. 법정위탁 6. 기타 ( ) 7. 해당없음	입찰방식: 계약기간 1. 1년 2. 2년 3. 3년 4. 4년 5. 5년 6. 기타 ( )년 7. 단기계약 (1년미만) 8. 해당없음	입찰방식: 낙찰자선정방법 1. 적격심사 2. 협상에의한계약 3. 최저가낙찰제 4. 규격가격분리 5. 2단계 경쟁입찰 6. 기타 ( ) 7. 해당없음	운영예산 산정: 운영예산 산정 1. 내부산정 (지자체 자체적으로 산정) 2. 외부산정 (외부전문기관위탁 산정) 3. 내·외부 모두 산정 4. 산정 無 5. 해당없음	운영예산 산정: 정산방법 1. 내부정산 (지자체 내부적으로 정산) 2. 외부정산 (외부전문기관위탁 정산) 3. 내·외부 모두 산정 4. 정산 無 5. 해당없음	성과평가 실시여부 1. 실시 2. 미실시 3. 향후 추진 4. 해당없음
3059	경기 군포시	주민자치회 전환사업 운영	10,000	광정동	1	4	7	8	7	1	1	1
3060	경기 군포시	취약계층119사업	6,593	광정동	1	4	7	8	7	1	1	1
3061	경기 군포시	행복나눔 생신잔치	5,700	광정동	1	4	7	8	7	1	1	1
3062	경기 군포시	꽃 향기나는 광정동	10,000	광정동	1	4	7	8	7	1	1	1
3063	경기 군포시	주민자치센터 프로그램 운영 보조금	30,000	대야동	1	4	7	8	7	1	1	1
3064	경기 군포시	주민자치회 전환사업 운영	10,000	대야동	1	4	7	8	7	1	1	1
3065	경기 군포시	어르신 장수사진 지원 사업	3,200	대야동	1	4	7	8	7	1	1	1
3066	경기 군포시	지역 향토문화 탐방 사업	6,000	대야동	1	4	7	8	7	1	1	1
3067	경기 군포시	마을환경 개선 사업	12,000	대야동	1	4	7	8	7	1	1	1
3068	경기 군포시	가로수 뜨개옷입히기 사업	5,000	대야동	1	4	7	8	7	1	1	1
3069	경기 군포시	자치계획수립 및 주민총회 운영지원	220,000	자치분권과	1	5	7	8	7	1	1	1
3070	경기 군포시	주민참여예산과정 운영 지원	20,000	자치분권과	1	4	7	8	7	1	1	1
3071	경기 군포시	산본1동 경기행복마을관리소 운영	366,516	자치분권과	1	6	7	8	7	1	1	1
3072	경기 군포시	마을공동체 공동체활동 지원사업	80,000	자치분권과	1	5	4	8	7	1	1	1
3073	경기 군포시	민관협치 인식확산 시민역량강화 교육지원	14,000	자치분권과	1	5	4	8	7	1	1	1
3074	경기 군포시	뉴새마을 만들기 운동	22,000	자치분권과	1	1	7	8	7	1	1	1
3075	경기 군포시	적십자 이웃사랑 반찬나누기	10,000	자치분권과	1	4	7	8	7	1	1	1
3076	경기 군포시	바르게살기운동 각동 사업 추진	11,000	자치분권과	1	1	7	8	7	1	1	1
3077	경기 군포시	바르게살기운동 한마음전진대회	12,000	자치분권과	1	1	7	8	7	1	1	1
3078	경기 군포시	바르게살기운동군포시협의회 회원 대회	2,500	자치분권과	1	1	7	8	7	1	1	1
3079	경기 군포시	민주시민 통일준비 현장교육	2,500	자치분권과	1	1	7	8	7	1	1	1
3080	경기 군포시	한국자유총연맹 회원 역량강화	4,000	자치분권과	1	1	7	8	7	1	1	1
3081	경기 군포시	자유수호 지도자 대회	1,500	자치분권과	1	1	7	8	7	1	1	1
3082	경기 군포시	새마을지도자대회	2,500	자치분권과	1	1	7	8	7	1	1	1
3083	경기 군포시	새마을회원 역량강화	12,000	자치분권과	1	1	7	8	7	1	1	1
3084	경기 군포시	통일한마당 체육대회	8,000	자치분권과	1	4	7	8	7	1	1	1
3085	경기 군포시	민주평화통일자문위원 안보현장교육	5,000	자치분권과	1	4	7	8	7	1	1	1
3086	경기 군포시	북한이탈주민과 함께하는 통일활동보고회	2,000	자치분권과	1	4	7	8	7	1	1	1
3087	경기 군포시	통일역량강화 교육	5,000	자치분권과	1	4	7	8	7	1	1	1
3088	경기 군포시	광주민주항쟁 41주년 기념행사	10,000	자치분권과	1	4	7	8	7	1	1	1
3089	경기 군포시	자율방범연합대원 역량강화	12,000	자치분권과	1	4	7	8	7	1	1	1
3090	경기 군포시	범죄피해자 보호 지원 사업	8,500	자치분권과	1	4	7	8	7	1	1	1
3091	경기 군포시	태극기 연중게양 사업	13,988	자치분권과	1	1	7	8	7	1	1	1
3092	경기 군포시	민주시민교육 사업지원	30,000	자치분권과	1	5	7	8	7	1	1	1
3093	경기 군포시	사회적기업 취약계층 인건비 지원	119,299	자치분권과	1	1	7	8	7	1	1	1
3094	경기 군포시	사회적기업 전문인력 인건비 지원	129,766	자치분권과	1	1	7	8	7	1	1	1
3095	경기 군포시	사회적기업 사회보험료 지원	15,178	자치분권과	1	1	7	8	7	1	1	1
3096	경기 군포시	사회적기업 사업개발비 지원	90,837	자치분권과	1	1	7	8	7	1	1	1
3097	경기 군포시	마을기업 육성사업	30,000	자치분권과	1	1	7	8	7	1	1	1
3098	경기 군포시	지역특화사업	24,053	자치분권과	1	2	7	8	7	1	1	1
3099	경기 군포시	사회적경제 창업교육	33,100	자치분권과	1	2	7	8	7	1	1	1
3100	경기 군포시	사회적경제 중간지원조직 인력지원 인건비	40,000	자치분권과	1	2	7	8	7	1	1	1
3101	경기 하남시	상인조직역량강화사업(시장매니저)지원	23,880	일자리경제과	1	4	7	8	7	5	5	4
3102	경기 하남시	전통시장 장보기 및 배송서비스 지원	13,716	일자리경제과	1	4	7	8	7	5	5	4
3103	경기 하남시	큰 장날(할인판매) 경품행사 지원	12,000	일자리경제과	1	4	7	8	7	5	5	4
3104	경기 하남시	전통시장 등 활성화 지원	200,000	일자리경제과	1	4	7	8	7	5	5	4
3105	경기 하남시	일마런 청년창업지원	30,900	일자리경제과	1	2	7	8	7	5	5	4
3106	경기 하남시	새일센터 지정운영	53,200	일자리경제과	1	2	7	8	7	5	5	4
3107	경기 하남시	도시재생 주민공모사업	10,000	도시재생과	1	4	6	7	6	5	1	1
3108	경기 하남시	사회적기업 취약계층 인건비 지원	279,548	도시재생과	1	2	7	8	7	2	1	4
3109	경기 하남시	사회적기업 사업개발비 지원사업	69,031	도시재생과	1	2	7	8	7	2	1	4

순번	시군구	지출명 (사업명)	2021년예산 (단위:천원/1년간)	담당자 (공무원)	민간이전 분류 (지방자치단체 세출예산 집행기준에 의거)	민간이전지출 근거 (지방보조금 관리기준 참고)	입찰방식			운영예산 산정		성과평가 실시여부
				담당부서	1. 민간경상사업보조(307-02) 2. 민간단체 법정운영비보조(307-03) 3. 민간행사사업보조(307-04) 4. 민간위탁금(307-05) 5. 사회복지시설 법정운영비보조(307-10) 6. 민간인위탁교육비(307-12) 7. 공기관등에대한경상적위탁사업비(308-11) 8. 민간자본사업보조,자체재원(402-01) 9. 민간자본사업보조,이전재원(402-02) 10. 민간위탁사업비(402-03) 11. 공기관등에 대한 자본적 대행사업비(403-02)	1. 법률에 규정 2. 국고보조 재원(국가지정) 3. 용도 지정 기부금 4. 조례에 직접규정 5. 지자체가 권장하는 사업을 하는 공공기관 6. 시,도 정책 및 재정사정 7. 기타 8. 해당없음	계약체결방법 (경쟁형태) 1. 일반경쟁 2. 제한경쟁 3. 지명경쟁 4. 수의계약 5. 법정위탁 6. 기타 ( ) 7. 해당없음	계약기간 1. 1년 2. 2년 3. 3년 4. 4년 5. 5년 6. 기타 ( )년 7. 단기계약 (1년미만) 8. 해당없음	낙찰자선정방법 1. 적격심사 2. 협상에의한계약 3. 최저가낙찰제 4. 규격가격분리 5. 2단계 경쟁입찰 6. 기타 ( ) 7. 해당없음	운영예산 산정 1. 내부산정 (지자체 자체적으로 산정) 2. 외부산정 (외부전문기관위탁 산정) 3. 내·외부 모두 산정 4. 산정 無 5. 해당없음	정산방법 1. 내부정산 (지자체 내부적으로 정산) 2. 외부정산 (외부전문기관위탁 정산) 3. 내·외부 모두 산정 4. 정산 無 5. 해당없음	1. 실시 2. 미실시 3. 향후 추진 4. 해당없음
3110	경기 하남시	마을기업 발굴육성 지원사업	60,000	도시재생과	1	2	6	7	6	5	1	1
3111	경기 하남시	공정무역도시활성화와 지속성을 위한 지원사업	41,135	도시재생과	1	2	7	7	6	5	1	1
3112	경기 하남시	공정무역 활성화 지원사업	20,000	도시재생과	1	2	7	7	6	5	1	1
3113	경기 하남시	시민과 사회적기업의 소통협력 사업	4,600	도시재생과	1	4	7	8	7	1	1	4
3114	경기 하남시	마을공동체 공동체활동 지원사업	230,000	도시재생과	1	4	6	7	6	5	1	1
3115	경기 하남시	아동돌봄공동체 프로그램 지원	20,000	도시재생과	1	4	6	7	6	5	1	1
3116	경기 하남시	주민공동체활동 공모사업	20,000	도시재생과	1	4	6	7	6	5	1	1
3117	경기 하남시	향교·서원문화재 활용사업	50,000	문화관광과	1	2	1	7	1	5	1	1
3118	경기 하남시	사찰음식 체험프로그램	8,000	문화체육과	1	6	4	7	7	1	1	1
3119	경기 하남시	통합 문화이용권 사업	383,310	문화체육과	1	1	7	8	7	5	5	1
3120	경기 하남시	위례문화집 발간	6,750	문화체육과	1	7	4	7	1	1	1	1
3121	경기 하남시	향토사료집 발간	9,000	문화체육과	1	7	4	7	1	1	1	1
3122	경기 하남시	스포츠강좌이용권 지원	137,600	문화체육과	1	1	7	8	7	1	1	1
3123	경기 하남시	장애인스포츠강좌이용권 지원	6,400	문화체육과	1	1	7	8	7	1	1	1
3124	경기 하남시	학교체육시설 사용료 지원	8,600	문화체육과	1	4	7	8	7	1	1	1
3125	경기 하남시	초등스포츠클럽 육성 지원	23,996	문화체육과	1	1	7	8	7	1	1	1
3126	경기 하남시	보훈회관 관리운영비	68,597	복지정책과	1	1	7	8	7	1	1	4
3127	경기 하남시	현충탑시설 관리비	17,600	복지정책과	1	1	7	8	7	1	1	4
3128	경기 하남시	무공수훈자전적비 관리	2,000	복지정책과	1	1	7	8	7	1	1	4
3129	경기 하남시	운동기념비 관리	2,000	복지정책과	1	1	7	8	7	1	1	4
3130	경기 하남시	응급차량운영비	28,867	복지정책과	1	1	7	8	7	1	1	4
3131	경기 하남시	월남참전자회 기념탑관리비	2,000	복지정책과	1	1	7	8	7	1	1	4
3132	경기 하남시	전쟁참전비 관리	2,000	복지정책과	1	1	7	8	7	1	1	4
3133	경기 하남시	양필석기념비 관리	2,000	복지정책과	1	1	7	8	7	1	1	4
3134	경기 하남시	사회복지 교육 훈련 지원	6,500	복지정책과	1	1	7	8	7	1	1	4
3135	경기 하남시	노인대학 운영	76,440	노인장애인복지과	1	1	7	8	7	1	1	1
3136	경기 하남시	어버이날 행사	10,000	노인장애인복지과	1	1	5	8	7	1	1	1
3137	경기 하남시	노인의날 행사	8,500	노인장애인복지과	1	1	5	8	7	1	1	1
3138	경기 하남시	대한노인회 하남시지회장기 한궁대회	8,500	노인장애인복지과	1	1	5	8	7	1	1	1
3139	경기 하남시	장애인의 날 기념행사	10,000	노인장애인복지과	1	1	4	1	1	1	1	1
3140	경기 하남시	경기도 장애인 정보화제전 참가보조	1,000	노인장애인복지과	1	1	4	1	1	1	1	1
3141	경기 하남시	단체수련회및 재활증진대회보조	33,000	노인장애인복지과	1	1	7	8	7	1	1	4
3142	경기 하남시	장애인합창대회 참가 보조	15,000	노인장애인복지과	1	1	4	1	1	1	1	1
3143	경기 하남시	장애체험행사	3,000	노인장애인복지과	1	1	4	1	1	1	1	1
3144	경기 하남시	시각장애인 흰지팡이의날 행사	21,000	노인장애인복지과	1	1	4	1	1	1	1	1
3145	경기 하남시	장애인문화제 참가 보조	1,500	노인장애인복지과	1	1	4	1	1	1	1	1
3146	경기 하남시	농문화체 체험	4,000	노인장애인복지과	1	1	4	1	1	1	1	1
3147	경기 하남시	전국지적장애인복지대회 및 지적캠프 보조	2,000	노인장애인복지과	1	1	4	1	1	1	1	1
3148	경기 하남시	경기도 장애인축제 한마당 참가보조	12,000	노인장애인복지과	1	1	4	1	1	1	1	1
3149	경기 하남시	장애인 예술제 및 어울림 가족 체육대회	4,000	노인장애인복지과	1	1	4	1	1	1	1	1
3150	경기 하남시	지적발달장애인의 날 기념식 및 자기권리 주장대회	1,000	노인장애인복지과	1	1	4	1	1	1	1	1
3151	경기 하남시	주민자치 활성화 시범사업	100,000	자치행정과	1	6	7	8	7	1	1	4
3152	경기 하남시	지역사회 소통화합 및 인식개선 사업	10,000	자치행정과	1	6	7	8	7	1	1	4
3153	경기 하남시	새마을운동 휴경지 경작사업	8,800	자치행정과	1	1	7	8	7	1	1	1
3154	경기 하남시	적십자봉사회 사랑듬뿍조리 배달 사업	13,000	자치행정과	1	1	7	8	7	1	1	1
3155	경기 하남시	대한적십자사 봉사회 사랑의 여름김치 나누기	5,000	자치행정과	1	1	7	8	7	1	1	1
3156	경기 용인시	장애인체육지도자 교재비 지원	1,800	체육진흥과	1	7	7	8	7	1	1	1
3157	경기 용인시	일반생활체육지도자 수업 기자재 지원	1,800	체육진흥과	1	7	7	8	7	1	1	1
3158	경기 용인시	어르신생활체육지도자 수업 기자재 지원	1,800	체육진흥과	1	7	7	8	7	1	1	1
3159	경기 용인시	표본감시 운영경비	2,160	기흥구보건소 보건행정과	1	2	7	8	7	5	5	2
3160	경기 용인시	국가유공자환경운동본부용인시지회	2,288	환경과	1	4	7	8	7	1	1	4

순번	시군구	지출명 (사업명)	2021년예산 (단위:천원/1년간)	담당자 (공무원) 담당부서	민간이전 분류 (지방자치단체 세출예산 집행기준에 의거) 1. 민간경상사업보조(307-02) 2. 민간단체 법정운영비보조(307-03) 3. 민간행사사업보조(307-04) 4. 민간위탁금(307-05) 5. 사회복지시설 법정운영비보조(307-10) 6. 민간인위탁교육비(307-12) 7. 공기관등에대한경상적위탁사업비(308-11) 8. 민간자본사업보조,자체재원(402-01) 9. 민간자본사업보조,이전재원(402-02) 10. 민간위탁사업비(402-03) 11. 공기관등에 대한 자본적 대행사업비(403-02)	민간이전지출 근거 (지방보조금 관리기준 참고) 1. 법률에 규정 2. 국고보조 재원(국가지정) 3. 용도 지정 기부금 4. 조례에 직접규정 5. 지자체가 권장하는 사업을 하는 공공기관 6. 시,도 정책 및 재정사정 7. 기타 8. 해당없음	입찰방식 계약체결방법 (경쟁형태) 1. 일반경쟁 2. 제한경쟁 3. 지명경쟁 4. 수의계약 5. 법정위탁 6. 기타 ( ) 7. 해당없음	입찰방식 계약기간 1. 1년 2. 2년 3. 3년 4. 4년 5. 5년 6. 기타 ( )년 7. 단기계약 (1년미만) 8. 해당없음	입찰방식 낙찰자선정방법 1. 적격심사 2. 협상에의한계약 3. 최저가낙찰제 4. 규격가격분리 5. 2단계 경쟁입찰 6. 기타 ( ) 7. 해당없음	운영예산 산정 운영예산 산정 1. 내부산정 (지자체 자체적으로 산정) 2. 외부산정 (외부전문기관위탁 산정) 3. 내·외부 모두 산정 4. 산정 無 5. 해당없음	운영예산 산정 정산방법 1. 내부정산 (지자체 내부적으로 정산) 2. 외부정산 (외부전문기관위탁 정산) 3. 내·외부 모두 산정 4. 정산 無 5. 해당없음	성과평가 실시여부 1. 실시 2. 미실시 3. 향후 추진 4. 해당없음
3161	경기 용인시	지역아동센터 종사자 연찬회	2,700	아동보육과	1	1	7	8	7	1	1	4
3162	경기 용인시	용인녹색환경연합	2,720	환경과	1	4	7	8	7	1	1	4
3163	경기 용인시	장애인배드민턴 초보 무료교실	3,000	체육진흥과	1	7	7	8	7	1	1	1
3164	경기 용인시	석전대제	3,000	문화예술과	1	4	7	8	7	1	1	4
3165	경기 용인시	석전대제	3,000	문화예술과	1	4	7	8	7	1	1	4
3166	경기 용인시	전통문화시연회	3,000	문화예술과	1	4	7	8	7	1	1	4
3167	경기 용인시	전통문화시연회	3,000	문화예술과	1	4	7	8	7	1	1	4
3168	경기 용인시	돌봄 취약가구 반려동물 의료서비스 등 지원	3,200	동물보호과	1	6	7	8	7	1	1	4
3169	경기 용인시	양지향교에서 놀자	3,500	문화예술과	1	5	7	8	7	1	1	4
3170	경기 용인시	표본감시 운영경비	3,720	수지구보건소 보건행정과	1	2	7	8	7	5	5	2
3171	경기 용인시	용인시 농아인 볼링캠프 지원	4,000	체육진흥과	1	7	7	8	7	1	1	1
3172	경기 용인시	주요감염병 표본감시 의료기관 운영비	4,440	처인구보건소 보건정책과	1	1	7	8	7	5	1	4
3173	경기 용인시	농업인단체협의회 활성화 지원	5,000	자원육성과	1	1	7	8	7	1	1	4
3174	경기 용인시	4-H회원 과제교육	5,000	자원육성과	1	1	7	8	7	1	1	4
3175	경기 용인시	농촌청소년 농촌민속문화 계승사업	5,000	자원육성과	1	1	7	8	7	1	1	4
3176	경기 용인시	전국장애학생체육대회 출전지원	5,000	체육진흥과	1	7	7	8	7	1	1	1
3177	경기 용인시	장애인체육인의 밤 개최 지원	5,000	체육진흥과	1	7	7	8	7	1	1	1
3178	경기 용인시	종목단체 친선 교류 지원	5,000	체육진흥과	1	7	7	8	7	1	1	1
3179	경기 용인시	청년동아리 지원	5,000	청년담당관	1	4	7	8	7	1	1	4
3180	경기 용인시	충효.도의선양교육	5,000	문화예술과	1	4	7	8	7	1	1	4
3181	경기 용인시	법무부 법사랑위원 기흥지구협의회	5,040	교육청소년과	1	1	7	8	7	1	1	1
3182	경기 용인시	과수 검역병해충 예찰 및 방제 지원	6,000	기술지원과	1	2	7	8	7	1	1	4
3183	경기 용인시	향사	6,000	문화예술과	1	4	7	8	7	1	1	4
3184	경기 용인시	향사	6,000	문화예술과	1	4	7	8	7	1	1	4
3185	경기 용인시	충효.도의선양교육	6,000	문화예술과	1	4	7	8	7	1	1	4
3186	경기 용인시	충효.도의선양교육	6,000	문화예술과	1	4	7	8	7	1	1	4
3187	경기 용인시	푸른꿈마을 환경캠프	6,230	환경과	1	4	7	8	7	1	1	4
3188	경기 용인시	기흥호수살리기 운동본부	6,920	환경과	1	4	7	8	7	1	1	4
3189	경기 용인시	골목상권 매니저 육성	7,000	일자리정책과	1	1	7	7	7	3	2	3
3190	경기 용인시	경기향토소리 공개행사 지원	7,000	문화예술과	1	4	7	8	7	1	1	4
3191	경기 용인시	포곡상여놀이 공개행사 지원	7,000	문화예술과	1	4	7	8	7	1	1	4
3192	경기 용인시	일반생활체육지도자 처우개선	7,158	체육진흥과	1	2	7	8	7	1	1	1
3193	경기 용인시	어르신생활체육지도자 배치지원	7,158	체육진흥과	1	2	7	8	7	1	1	1
3194	경기 용인시	소비자교육	7,660	일자리정책과	1	1	7	8	7	1	1	4
3195	경기 용인시	용인시 농아인 축구교실 지원	8,000	체육진흥과	1	7	7	8	7	1	1	1
3196	경기 용인시	택시 카드기 용지지원	8,308	대중교통과	1	6	7	8	7	1	1	4
3197	경기 용인시	장애인 생활체육지도자 처우개선	8,351	체육진흥과	1	2	7	8	7	1	1	1
3198	경기 용인시	전국문화답사	8,400	문화예술과	1	1	7	8	7	1	1	4
3199	경기 용인시	야생생물관리협회 용인제일지회	8,415	환경과	1	4	7	8	7	1	1	4
3200	경기 용인시	길토래비자연학교	8,465	환경과	1	4	7	8	7	1	1	4
3201	경기 용인시	법무부 법사랑위원 수지지구협의회	8,700	교육청소년과	1	1	7	8	7	1	1	1
3202	경기 용인시	포은서당 교육비	9,000	문화예술과	1	4	7	8	7	1	1	4
3203	경기 용인시	전국장애인체육대회 출전 지원	10,000	체육진흥과	1	7	7	8	7	1	1	1
3204	경기 용인시	체육인의 밤 개최 지원	10,000	체육진흥과	1	7	7	8	7	1	1	1
3205	경기 용인시	전국생활체육대축전 출전 지원	10,000	체육진흥과	1	7	7	8	7	1	1	1
3206	경기 용인시	벽화그리기 지원	10,000	문화예술과	1	1	7	8	7	1	1	4
3207	경기 용인시	용인문학회 용인문학 발간	10,000	문화예술과	1	1	7	8	7	1	1	4
3208	경기 용인시	용인문학회 악천문학제 개최	10,000	문화예술과	1	1	7	8	7	1	1	4
3209	경기 용인시	경기평생학습동아리 지원	10,000	평생교육과	1	1	7	8	7	1	1	1
3210	경기 용인시	장애인복지단체지원	10,360	장애인복지과	1	1	7	8	7	1	1	3
3211	경기 용인시	법무부 법사랑위원 처인지구협의회	10,450	교육청소년과	1	1	7	8	7	1	1	1

순번	시군구	지출명 (사업명)	2021년예산 (단위:천원/1년간)	담당자 (공무원) 담당부서	민간이전 분류 (지방자치단체 세출예산 집행기준에 의거) 1. 민간경상사업보조(307-02) 2. 민간단체 법정운영비보조(307-03) 3. 민간행사사업보조(307-04) 4. 민간위탁금(307-05) 5. 사회복지시설 법정운영비보조(307-10) 6. 민간인위탁교육비(307-12) 7. 공기관등에대한경상적위탁사업비(308-11) 8. 민간자본사업보조,자체재원(402-01) 9. 민간자본사업보조,이전재원(402-02) 10. 민간위탁사업비(402-03) 11. 공기관등에 대한 자본적 대행사업비(403-02)	민간이전지출 근거 (지방보조금 관리기준 참고) 1. 법률에 규정 2. 국고보조 재원(국가지정) 3. 용도 지정 기부금 4. 조례에 직접규정 5. 지자체가 권장하는 사업을 하는 공공기관 6. 시,도 정책 및 재정사정 7. 기타 8. 해당없음	입찰방식 계약체결방법 (경쟁형태) 1. 일반경쟁 2. 제한경쟁 3. 지명경쟁 4. 수의계약 5. 법정위탁 6. 기타 ( ) 7. 해당없음	입찰방식 계약기간 1. 1년 2. 2년 3. 3년 4. 4년 5. 5년 6. 기타 ( )년 7. 단기계약 (1년미만) 8. 해당없음	입찰방식 낙찰자선정방법 1. 적격심사 2. 협상에의한계약 3. 최저가낙찰제 4. 규격가격분리 5. 2단계 경쟁입찰 6. 기타 ( ) 7. 해당없음	운영예산 산정 운영예산 산정 1. 내부산정 (지자체 자체적으로 산정) 2. 외부산정 (외부전문기관위탁 산정) 3. 내·외부 모두 산정 4. 산정 無 5. 해당없음	운영예산 산정 정산방법 1. 내부정산 (지자체 내부적으로 정산) 2. 외부정산 (외부전문기관위탁 정산) 3. 내·외부 모두 정산 4. 정산 無 5. 해당없음	성과평가 실시여부 1. 실시 2. 미실시 3. 향후 추진 4. 해당없음
3212	경기 용인시	용인시장애인체육회 및 가맹단체 워크숍 지원	10,670	체육진흥과	1	7	7	8	7	1	1	1
3213	경기 용인시	제101회 전국체육대회 출전지원	11,000	체육진흥과	1	7	7	8	7	1	1	1
3214	경기 용인시	농가 경영개선 마케팅 시범	12,000	기술지원과	1	6	7	8	7	1	1	4
3215	경기 용인시	4-H연합회 활동지원	12,000	자원육성과	1	1	7	8	7	1	1	4
3216	경기 용인시	용인의 구술생애사 제11집	12,000	문화예술과	1	1	7	8	7	1	1	4
3217	경기 용인시	용인마을지 발간	12,000	문화예술과	1	1	7	8	7	1	1	4
3218	경기 용인시	명륜대학 교육비	12,400	문화예술과	1	4	7	8	7	1	1	4
3219	경기 용인시	농가도우미 지원	12,500	처인구 산업과	1	1	7	8	7	5	5	1
3220	경기 용인시	제49회 전국소년체육대회 출전지원	13,000	체육진흥과	1	7	7	8	7	1	1	1
3221	경기 용인시	장애인 평생교육시설 현장학습 운영지원	13,150	평생교육과	1	1	7	8	7	1	1	1
3222	경기 용인시	찾아가는 향토사 교육	14,000	문화예술과	1	1	7	8	7	1	1	4
3223	경기 용인시	귀농창업 활성화 지원	15,000	자원육성과	1	1	7	8	7	1	1	4
3224	경기 용인시	유실유기동물 입양비 지원	15,000	동물보호과	1	2	7	8	7	1	1	4
3225	경기 용인시	작은도서관 냉난방비 지원	15,800	도서관정책과	1	6	7	8	7	1	1	4
3226	경기 용인시	명륜대학 교육비	17,300	문화예술과	1	4	7	8	7	1	1	4
3227	경기 용인시	용인대 태권도시범단 활동 보조	18,000	체육진흥과	1	7	7	8	7	1	1	1
3228	경기 용인시	생활체육 체험교실 운영	18,000	체육진흥과	1	7	7	8	7	1	1	1
3229	경기 용인시	용인예총 문화예술활동 지원	18,000	문화예술과	1	1	7	8	7	1	1	4
3230	경기 용인시	장애인스포츠강좌이용권	19,200	체육진흥과	1	2	7	8	7	1	1	1
3231	경기 용인시	돌발 병해충 방제비 지원	19,500	기술지원과	1	6	7	8	7	1	1	4
3232	경기 용인시	5. 환경21연대 용인시지부	19,683	환경과	1	4	7	8	7	1	1	4
3233	경기 용인시	팔당수계하천정화활동지원	20,000	환경과	1	6	7	8	7	1	1	4
3234	경기 용인시	청소년 선도·보호단체 지원	20,000	교육청소년과	1	4	7	8	7	1	1	1
3235	경기 용인시	미인가 대안교육기관 지원	20,000	교육청소년과	1	4	7	8	7	1	1	1
3236	경기 용인시	우수선수입상 포상금	20,000	체육진흥과	1	7	7	8	7	1	1	1
3237	경기 용인시	의료관련감염병 표본감시체계 운영	20,000	기흥구보건소 보건행정과	1	2	7	8	7	5	5	2
3238	경기 용인시	할미성 대동제	20,000	문화예술과	1	1	7	8	7	1	1	4
3239	경기 용인시	심곡서원 정암 휘호대전	20,000	문화예술과	1	5	7	8	7	1	1	4
3240	경기 용인시	충효교육 교육비	20,000	문화예술과	1	4	7	8	7	1	1	4
3241	경기 용인시	법률구조상담사업	24,530	기업지원과	1	4	7	7	7	5	5	4
3242	경기 용인시	대학일자리센터 지원	25,000	청년담당관	1	2	7	8	7	1	1	1
3243	경기 용인시	처인성 문화제	25,000	문화예술과	1	1	7	8	7	1	1	4
3244	경기 용인시	전통문화 특화프로그램 운영	29,800	문화예술과	1	1	7	8	7	1	1	4
3245	경기 용인시	용인시 통리장 한마음 체육대회	30,000	자치분권과	1	4	7	8	7	1	1	4
3246	경기 용인시	농작물 병해충 방제비 지원	30,000	기술지원과	1	2	7	8	7	1	1	4
3247	경기 용인시	유형별 장애인체육대회 지원	30,000	체육진흥과	1	7	7	8	7	1	1	1
3248	경기 용인시	청소년 엘리트 체육교실 지원	30,000	체육진흥과	1	7	7	8	7	1	1	1
3249	경기 용인시	어린이스키캠프 교실 개최 지원	30,000	체육진흥과	1	7	7	8	7	1	1	1
3250	경기 용인시	생활체육동호회 리그 지원	30,000	체육진흥과	1	7	7	8	7	1	1	1
3251	경기 용인시	인성함양프로그램 지원사업	30,000	평생교육과	1	1	7	8	7	1	1	1
3252	경기 용인시	문화원 문화학교 운영	34,560	문화예술과	1	1	7	8	7	1	1	4
3253	경기 용인시	의료기관 환자관리사업	35,650	기흥구보건소 보건행정과	1	2	7	8	7	5	5	3
3254	경기 용인시	청소년 동아리 활동	37,500	교육청소년과	1	5	7	8	7	1	1	4
3255	경기 용인시	반딧불이 문화예술 프로그램	39,350	문화예술과	1	1	7	8	7	1	1	4
3256	경기 용인시	5060신중년교육프로그램 지원사업	40,000	평생교육과	1	1	7	8	7	1	1	1
3257	경기 용인시	우수평생교육프로그램 공모사업	40,000	평생교육과	1	1	7	8	7	1	1	1
3258	경기 용인시	택시 카드단말기 통신료 지원	40,614	대중교통과	1	6	7	8	7	1	1	4
3259	경기 용인시	어르신생활체육지도자 배치지원	43,488	체육진흥과	1	2	7	8	7	1	1	1
3260	경기 용인시	일반생활체육지도자 활동지원	44,208	체육진흥과	1	2	7	8	7	1	1	1
3261	경기 용인시	용인청년 일자리창출 프로젝트1	48,000	청년담당관	1	2	7	8	7	1	1	1
3262	경기 용인시	장애인 편의시설 현장조사	48,895	장애인복지과	1	1	2	3	1	1	1	4

순번	시군구	지출명 (사업명)	2021년예산 (단위:천원/1년간)	담당자 (공무원) 담당부서	민간이전 분류 (지방자치단체 세출예산 집행기준에 의거) 1. 민간경상사업보조(307-02) 2. 민간단체 법정운영비보조(307-03) 3. 민간행사사업보조(307-04) 4. 민간위탁금(307-05) 5. 사회복지시설 법정운영비보조(307-10) 6. 민간인위탁교육비(307-12) 7. 공기관등에대한경상적위탁사업비(308-11) 8. 민간자본사업보조,자체재원(402-01) 9. 민간자본사업보조,이전재원(402-02) 10. 민간위탁사업비(402-03) 11. 공기관등에 대한 자본적 대행사업비(403-02)	민간이전지출 근거 (지방보조금 관리기준 참고) 1. 법률에 규정 2. 국고보조 재원(국가지정) 3. 용도 지정 기부금 4. 조례에 직접규정 5. 지자체가 권장하는 사업을 하는 공공기관 6. 시,도 정책 및 재정사정 7. 기타 8. 해당없음	입찰방식: 계약체결방법 (경쟁형태) 1. 일반경쟁 2. 제한경쟁 3. 지명경쟁 4. 수의계약 5. 법정위탁 6. 기타 ( ) 7. 해당없음	입찰방식: 계약기간 1. 1년 2. 2년 3. 3년 4. 4년 5. 5년 6. 기타 ( )년 7. 단기계약 (1년미만) 8. 해당없음	입찰방식: 낙찰자선정방법 1. 적격심사 2. 협상에의한계약 3. 최저가낙찰제 4. 규격가격분리 5. 2단계 경쟁입찰 6. 기타 ( ) 7. 해당없음	운영예산 산정: 운영예산 산정 1. 내부산정 (지자체 자체적으로 산정) 2. 외부산정 (외부전문기관위탁 산정) 3. 내·외부 모두 산정 4. 산정 無 5. 해당없음	운영예산 산정: 정산방법 1. 내부정산 (지자체 내부적으로 정산) 2. 외부정산 (외부전문기관위탁 정산) 3. 내·외부 모두 산정 4. 정산 無 5. 해당없음	성과평가 실시여부 1. 실시 2. 미실시 3. 향후 추진 4. 해당없음
3263	경기 용인시	기관운영공통 민간경상사업보조금	50,000	예산과	1	8	7	8	7	1	1	4
3264	경기 용인시	용인시 체육회 및 종목단체 워크숍 지원	50,000	체육진흥과	1	7	7	8	7	1	1	1
3265	경기 용인시	용인문화답사	50,000	문화예술과	1	1	7	8	7	1	1	4
3266	경기 용인시	장애인 생활체육지도자 활동지원	50,568	체육진흥과	1	2	7	8	7	1	1	1
3267	경기 용인시	노인복지신문 보급	53,640	노인복지과	1	1	7	8	7	1	1	1
3268	경기 용인시	민간환경단체공모사업	54,721	환경과	1	4	7	8	7	1	1	4
3269	경기 용인시	생활예술인 동아리 활동지원	56,800	문화예술과	1	1	7	8	7	1	1	4
3270	경기 용인시	경기도 학생통합마을버스 통합 운영관리비 지원	57,120	대중교통과	1	6	7	8	7	1	1	4
3271	경기 용인시	장애인평생교육 프로그램 공모사업	58,000	평생교육과	1	1	7	8	7	1	1	1
3272	경기 용인시	지역 노사민정 협력활성화 지원	60,000	기업지원과	1	4	7	7	7	5	5	4
3273	경기 용인시	용인여성씨름단 지원	60,000	체육진흥과	1	7	7	8	7	1	1	1
3274	경기 용인시	반려동물 문화교실 운영	60,000	동물보호과	1	6	7	8	7	1	1	4
3275	경기 용인시	제15회 용인시체육회장배 체육대회 개최 지원	70,000	체육진흥과	1	7	7	8	7	1	1	1
3276	경기 용인시	지역응급의료기관 평가결과 보조금	70,000	기흥구보건소 보건행정과	1	2	7	8	7	5	3	2
3277	경기 용인시	용인학 강좌 개설 지원	77,000	정책기획관	1	4	7	8	7	1	1	1
3278	경기 용인시	느티나무도서관 개관시간 연장 운영	78,984	도서관정책과	1	6	7	8	7	5	5	4
3279	경기 용인시	장애인 협회별 체육대회 개최 및 출전 지원	80,000	체육진흥과	1	7	7	8	7	1	1	1
3280	경기 용인시	초등스포츠클럽 육성 지원	84,142	체육진흥과	1	7	7	8	7	1	1	1
3281	경기 용인시	우수 작은도서관 운영	92,280	도서관정책과	1	6	7	8	7	5	5	4
3282	경기 용인시	평생학습마을공동체 지원사업	97,000	평생교육과	1	1	7	8	7	1	1	1
3283	경기 용인시	체육지도자 지원	97,200	체육진흥과	1	7	7	8	7	1	1	1
3284	경기 용인시	경기녹색환경지원센터	100,000	환경과	1	6	7	8	7	1	1	4
3285	경기 용인시	사회적기업 사회보험료 지원	101,808	일자리정책과	1	2	7	8	7	5	5	4
3286	경기 용인시	경기도지역협력연구센터(GRRC) 지원	102,000	기업지원과	1	4	7	8	7	1	1	4
3287	경기 용인시	용인.명지 창업지원센터 운영 지원	110,000	기업지원과	1	4	7	8	7	1	1	4
3288	경기 용인시	경로당프로그램관리자 인건비	110,000	노인복지과	1	1	7	8	7	1	1	4
3289	경기 용인시	찾아가는 문화활동	115,200	문화예술과	1	1	7	8	7	5	5	4
3290	경기 용인시	도단위 생활체육대회 개최 및 출전 지원	120,000	체육진흥과	1	7	7	8	7	1	1	1
3291	경기 용인시	경기도 장애인 체육대회 출전지원	125,000	체육진흥과	1	7	7	8	7	1	1	1
3292	경기 용인시	창업보육센터 운영 지원	132,378	기업지원과	1	4	7	8	7	1	1	4
3293	경기 용인시	문화원 사업 활동	133,200	문화예술과	1	1	7	8	7	5	5	4
3294	경기 용인시	지역산업마케팅 지원	135,000	기업지원과	1	4	7	8	7	1	1	4
3295	경기 용인시	포은문화제	150,000	문화예술과	1	1	7	8	7	5	5	4
3296	경기 용인시	아이돌봄 독서문화프로그램 운영	162,000	도서관정책과	1	6	7	8	7	5	5	4
3297	경기 용인시	제32회 경기도생활체육대축전 출전 지원	170,000	체육진흥과	1	7	7	8	7	1	1	1
3298	경기 용인시	일반생활체육지도자 배치지원	175,392	체육진흥과	1	2	7	8	7	1	1	1
3299	경기 용인시	어르신생활체육지도자 배치지원	175,392	체육진흥과	1	2	7	8	7	1	1	1
3300	경기 용인시	노동안전지킴이 운영	180,000	기업지원과	1	4	7	7	7	5	5	4
3301	경기 용인시	용인 중소기업 청년인턴 지원사업	182,400	청년담당관	1	2	7	8	7	1	1	1
3302	경기 용인시	사회적기업발굴및육성지원사업	189,238	일자리정책과	1	2	7	8	7	5	5	4
3303	경기 용인시	소프트웨어 중심대학 지원	200,000	기업지원과	1	4	7	8	7	1	1	4
3304	경기 용인시	전통시장및상점가활성화	200,000	일자리정책과	1	1	7	8	7	5	5	4
3305	경기 용인시	장애인 생활체육지도자 배치지원	204,624	체육진흥과	1	2	7	8	7	1	1	1
3306	경기 용인시	스포츠강좌이용권	206,080	체육진흥과	1	2	7	8	7	1	1	1
3307	경기 용인시	지역문화예술 플랫폼 육성사업	232,475	문화예술과	1	1	7	8	7	5	5	4
3308	경기 용인시	언택트 수출기업화 지원	250,000	기업지원과	1	4	7	8	7	1	1	4
3309	경기 용인시	용인시 마을공동체지원센터 민간위탁	270,000	자치분권과	1	4	1	3	1	1	1	1
3310	경기 용인시	택시 카드 결제수수료 지원	284,576	대중교통과	1	6	7	8	7	1	1	4
3311	경기 용인시	용인청년 일자리창출 프로젝트2	287,798	청년담당관	1	2	7	8	7	1	1	1
3312	경기 용인시	용인 소부장 청년 상생 일자리	288,000	청년담당관	1	2	7	8	7	1	1	1
3313	경기 용인시	성인문해교육기관지원	288,300	평생교육과	1	1	7	8	7	1	1	1

순번	시군구	지출명 (사업명)	2021년예산 (단위:천원/1년간)	담당자 (공무원) 담당부서	민간이전 분류 (지방자치단체 세출예산 집행기준에 의거) 1. 민간경상사업보조(307-02) 2. 민간단체 법정운영비보조(307-03) 3. 민간행사사업보조(307-04) 4. 민간위탁금(307-05) 5. 사회복지시설 법정운영비보조(307-10) 6. 민간인위탁교육비(307-12) 7. 공기관등에대한경상적위탁사업비(308-11) 8. 민간자본사업보조,자체재원(402-01) 9. 민간자본사업보조,이전재원(402-02) 10. 민간위탁사업비(402-03) 11. 공기관등에 대한 자본적 대행사업비(403-02)	민간이전지출 근거 (지방보조금 관리기준 참고) 1. 법률에 규정 2. 국고보조 재원(국가지정) 3. 용도 지정 기부금 4. 조례에 직접규정 5. 지자체가 권장하는 사업을 하는 공공기관 6. 시,도 정책 및 재정사정 7. 기타 8. 해당없음	입찰방식 계약체결방법 (경쟁형태) 1. 일반경쟁 2. 제한경쟁 3. 지명경쟁 4. 수의계약 5. 법정위탁 6. 기타 ( ) 7. 해당없음	입찰방식 계약기간 1. 1년 2. 2년 3. 3년 4. 4년 5. 5년 6. 기타 ( )년 7. 단기계약 (1년미만) 8. 해당없음	입찰방식 낙찰자선정방법 1. 적격심사 2. 협상에의한계약 3. 최저가낙찰제 4. 규격가격분리 5. 2단계 경쟁입찰 6. 기타 ( ) 7. 해당없음	운영예산 산정 운영예산 산정 1. 내부산정 (지자체 자체적으로 산정) 2. 외부산정 (외부전문기관위탁 산정) 3. 내·외부 모두 산정 4. 산정 無 5. 해당없음	운영예산 산정 정산방법 1. 내부정산 (지자체 내부적으로 정산) 2. 외부정산 (외부전문기관위탁 정산) 3. 내·외부 모두 산정 4. 정산 無 5. 해당없음	성과평가 실시여부 1. 실시 2. 미실시 3. 향후 추진 4. 해당없음
3314	경기 용인시	체육꿈나무 육성 지원	300,000	체육진흥과	1	7	7	8	7	1	1	1
3315	경기 용인시	용인 청년 디지털 일자리	320,000	청년담당관	1	2	7	8	7	1	1	1
3316	경기 용인시	지역맞춤형일자리창출지원사업	326,617	일자리정책과	1	2	7	8	7	5	5	4
3317	경기 용인시	제67회 경기도 체육대회 출전지원	350,000	체육진흥과	1	7	7	8	7	1	1	1
3318	경기 용인시	우수품종 공급지원	419,967	기술지원과	1	6	7	8	7	5	5	4
3319	경기 용인시	협회별 대회 개최 및 출전 지원	430,000	체육진흥과	1	7	7	8	7	1	1	1
3320	경기 용인시	벼 병해충 방제지원	500,000	기술지원과	1	4	7	8	7	5	5	4
3321	경기 용인시	장애인 평생교육시설 지원	520,000	평생교육과	1	1	7	8	7	1	1	1
3322	경기 용인시	사회적기업취약계층인건비지원	605,501	일자리정책과	1	2	7	8	7	5	5	4
3323	경기 용인시	용인백옥씨름단지원	1,050	체육진흥과	1	7	7	8	7	1	1	1
3324	경기 파주시	자율방재단 역량강화 지원	20,000	안전총괄과	1	1	7	8	7	1	1	1
3325	경기 파주시	의용소방대 지원	20,000	안전총괄과	1	1	7	8	7	1	1	1
3326	경기 파주시	모범운전자회 봉사활동 지원	18,000	남북철도교통과	1	1	7	8	7	1	1	1
3327	경기 파주시	엘리트 체육 육성지원	353,400	체육과	1	1	7	7	7	1	1	4
3328	경기 파주시	생활체육 육성지원	45,000	체육과	1	1	7	7	7	1	1	4
3329	경기 파주시	생활체육지도자 배치 지원	26,400	체육과	1	1	7	7	7	1	1	4
3330	경기 파주시	생활체육지도자 활동 지원	28,800	체육과	1	1	7	7	7	1	1	4
3331	경기 파주시	일반생활체육지도자 배치	51,156	체육과	1	2	7	7	7	1	1	4
3332	경기 파주시	어르신생활체육지도자 배치	36,540	체육과	1	2	7	7	7	1	1	4
3333	경기 파주시	일반어르신생활체육지도자 처우 개선	7,158	체육과	1	2	7	7	7	1	1	4
3334	경기 파주시	초등스포츠클럽 육성 지원	33,967	체육과	1	1	7	7	7	1	1	4
3335	경기 파주시	경기도 체육대회 출전	281,000	체육과	1	1	7	7	7	1	1	4
3336	경기 파주시	전국대회 출전	5,000	체육과	1	1	7	7	7	1	1	4
3337	경기 파주시	전국소년체육대회 출전	8,000	체육과	1	1	7	7	7	1	1	4
3338	경기 파주시	종목별 체육대회 출전 등	15,500	체육과	1	1	7	7	7	1	1	4
3339	경기 파주시	술이홀 태권도시범단 지원	30,000	체육과	1	1	7	7	7	1	1	4
3340	경기 파주시	경기도 생활체육 대축전 출전	150,000	체육과	1	1	7	7	7	1	1	4
3341	경기 파주시	도단위 생활체육대회	81,000	체육과	1	1	7	7	7	1	1	4
3342	경기 파주시	체육활동 지원	18,700	체육과	1	1	7	7	7	1	1	4
3343	경기 파주시	장애인체육회 가맹단체 지원	11,000	체육과	1	4	7	7	7	1	1	4
3344	경기 파주시	장애인 우수선수 육성 지원	15,000	체육과	1	4	7	7	7	1	1	4
3345	경기 파주시	장애인 생활체육교실 운영	15,000	체육과	1	1	7	7	7	1	1	4
3346	경기 파주시	장애인 생활체육지도자 배치 지원	7,200	체육과	1	2	7	7	7	1	1	4
3347	경기 파주시	장애인 생활체육지도자 활동 지원	9,600	체육과	1	1	7	7	7	1	1	4
3348	경기 파주시	장애인생활체육지도자 배치	29,232	체육과	1	1	7	7	7	1	1	4
3349	경기 파주시	장애인생활체육지도자 처우 개선	2,386	체육과	1	1	7	7	7	1	1	4
3350	경기 파주시	전국 장애인체육대회	7,000	체육과	1	4	7	7	7	1	1	4
3351	경기 파주시	경기도 장애인체육대회	50,000	체육과	1	4	7	7	7	1	1	4
3352	경기 파주시	경기도 장애인생활체육대회	27,000	체육과	1	4	7	7	7	1	1	4
3353	경기 파주시	경기도 어울림체육대회	10,000	체육과	1	4	7	7	7	1	1	4
3354	경기 파주시	도단위이상 장애인체육대회	20,000	체육과	1	4	7	7	7	1	1	4
3355	경기 파주시	장애유형별 장애인체육대회	7,000	체육과	1	4	7	7	7	1	1	4
3356	경기 파주시	전국 장애인학생체육대회	5,000	체육과	1	4	7	7	7	1	1	4
3357	경기 파주시	축산업경쟁력강화	48,000	동물자원과	1	7	7	8	7	5	5	4
3358	경기 파주시	조사료생산용사일리지제조운송비지원	224,700	동물자원과	1	2	7	8	7	5	5	4
3359	경기 파주시	조사료생산용종자구입지원	90,580	동물자원과	1	2	7	8	7	5	5	4
3360	경기 파주시	경기한우 명품화	85,750	동물자원과	1	6	7	8	7	5	5	4
3361	경기 파주시	낙농산업경쟁력강화	101,100	동물자원과	1	6	7	8	7	5	5	4
3362	경기 파주시	사료생산용 볏짚비닐지원	120,000	동물자원과	1	6	7	8	7	5	5	4
3363	경기 파주시	폭염대비등 면역증강제 지원	15,000	동물자원과	1	6	7	8	7	5	5	4
3364	경기 파주시	수산생물질병예방약품지원	22,000	동물자원과	1	6	7	8	7	5	5	4

순번	시군구	지출명 (사업명)	2021년예산 (단위:천원/1년간)	담당자 (공무원) 담당부서	민간이전 분류 (지방자치단체 세출예산 집행기준에 의거) 1. 민간경상사업보조(307-02) 2. 민간단체 법정운영비보조(307-03) 3. 민간행사사업보조(307-04) 4. 민간위탁금(307-05) 5. 사회복지시설 법정운영비보조(307-10) 6. 민간인위탁교육비(307-12) 7. 공기관등에대한경상적위탁사업비(308-11) 8. 민간자본사업보조,자체재원(402-01) 9. 민간자본사업보조,이전재원(402-02) 10. 민간위탁사업비(402-03) 11. 공기관등에 대한 자본적 대행사업비(403-02)	민간이전지출 근거 (지방보조금 관리기준 참고) 1. 법률에 규정 2. 국고보조 재원(국가지정) 3. 용도 지정 기부금 4. 조례에 직접규정 5. 지자체가 권장하는 사업을 하는 공공기관 6. 시,도 정책 및 재정사정 7. 기타 8. 해당없음	입찰방식 계약체결방법 (경쟁형태) 1. 일반경쟁 2. 제한경쟁 3. 지명경쟁 4. 수의계약 5. 법정위탁 6. 기타 ( ) 7. 해당없음	입찰방식 계약기간 1. 1년 2. 2년 3. 3년 4. 4년 5. 5년 6. 기타 ( )년 7. 단기계약 (1년미만) 8. 해당없음	입찰방식 낙찰자선정방법 1. 적격심사 2. 협상에의한계약 3. 최저가낙찰제 4. 규격가격분리 5. 2단계 경쟁입찰 6. 기타 ( ) 7. 해당없음	운영예산 산정 운영예산 산정 1. 내부산정 (지자체 자체적으로 산정) 2. 외부산정 (외부전문기관위탁 산정) 3. 내·외부 모두 산정 4. 산정 無 5. 해당없음	운영예산 산정 정산방법 1. 내부정산 (지자체 내부적으로 정산) 2. 외부정산 (외부전문기관위탁 정산) 3. 내·외부 모두 산정 4. 정산 無 5. 해당없음	성과평가 실시여부 1. 실시 2. 미실시 3. 향후 추진 4. 해당없음
3365	경기 파주시	쾌적한친환경축산기반구축	45,000	동물자원과	1	7	7	8	7	5	5	4
3366	경기 파주시	가축분뇨 퇴액비살포비지원	137,500	동물자원과	1	2	7	8	7	5	5	4
3367	경기 파주시	축산환경개선	485,800	동물자원과	1	6	7	8	7	5	5	4
3368	경기 파주시	예방약품등지원	108,000	동물자원과	1	2	7	8	7	5	5	4
3369	경기 파주시	예방약품등지원	24,000	동물자원과	1	2	7	8	7	5	5	4
3370	경기 파주시	예방약품등지원	42,000	동물자원과	1	2	7	8	7	5	5	4
3371	경기 파주시	공동방제단운영	101,070	동물자원과	1	2	7	8	7	5	5	4
3372	경기 파주시	축산물HACCP컨설팅	16,800	동물자원과	1	2	7	8	7	5	5	4
3373	경기 파주시	축산농가 폐의약품 처리	10,000	동물자원과	1	6	7	8	7	5	5	4
3374	경기 파주시	구제역예방접종지원	245,100	동물자원과	1	2	7	8	7	5	5	4
3375	경기 파주시	승마장육성지원	14,126	동물자원과	1	6	7	8	7	5	5	4
3376	경기 파주시	말산업청년인턴취업지원	12,000	동물자원과	1	6	7	8	7	5	5	4
3377	경기 파주시	유소년승마단창단운영지원	20,000	동물자원과	1	2	7	8	7	5	5	4
3378	경기 파주시	해병대전우회 어린이날 보트타기 체험 및 안전교육	5,000	민원봉사과	1	1	7	8	7	1	1	1
3379	경기 파주시	해병대전우회 재난구조 및 방범활동	3,700	민원봉사과	1	1	7	8	7	1	1	1
3380	경기 파주시	읍면동 새마을협의회, 부녀회 새마을운동	68,000	민원봉사과	1	1	7	8	7	1	1	1
3381	경기 파주시	사랑의 김장 담그기	16,000	민원봉사과	1	1	7	8	7	1	1	1
3382	경기 파주시	정지선지키기 캠페인 및 학교앞 교통질서 계도	4,000	민원봉사과	1	1	7	8	7	1	1	1
3383	경기 파주시	한국자유총연맹 파주시지회 자유수호국민운동	17,400	민원봉사과	1	1	7	8	7	1	1	1
3384	경기 파주시	바르게살기운동 읍면동위원회 바른국민정신운동	25,500	민원봉사과	1	1	7	8	7	1	1	1
3385	경기 파주시	청소년 자율방범대 운영	3,000	민원봉사과	1	1	7	8	7	1	1	1
3386	경기 파주시	파주문화원 일반사업	61,000	문화예술과	1	1	7	8	7	1	1	1
3387	경기 파주시	마을문화사업 운영	45,000	문화예술과	1	4	7	8	7	3	3	1
3388	경기 파주시	조선왕릉 제향 지원	12,500	문화예술과	1	1	7	8	7	5	5	4
3389	경기 파주시	향교서원 사업 지원	21,000	문화예술과	1	1	7	8	7	5	5	4
3390	경기 파주시	향교서원 활성화 지원	65,000	문화예술과	1	4	7	8	7	5	5	4
3391	경기 파주시	지역문화예술 플랫폼 육성	478,674	문화예술과	1	1	7	8	7	3	3	1
3392	경기 파주시	동인지 33집 발간	2,500	문화예술과	1	1	7	8	7	5	5	1
3393	경기 파주시	파주시민 학생 문예작품 공모	4,000	문화예술과	1	1	7	8	7	5	5	1
3394	경기 파주시	제29호 파주문학 발간	3,750	문화예술과	1	1	7	8	7	5	5	1
3395	경기 파주시	파주시민 학생 사랑의 편지쓰기 공모	2,000	문화예술과	1	1	7	8	7	5	5	1
3396	경기 파주시	대한민국 연극제 경기도대회 참가	7,000	문화예술과	1	1	7	8	7	5	5	1
3397	경기 파주시	경기 연극 올림피아드 참가	7,000	문화예술과	1	1	7	8	7	5	5	1
3398	경기 파주시	경기도 민속예술제	15,000	문화예술과	1	6	7	8	7	5	5	4
3399	경기 파주시	찾아가는 문화활동	72,000	문화예술과	1	6	7	8	7	5	5	4
3400	경기 파주시	통합문화체육관광이용권	1,276	문화예술과	1	2	7	8	7	5	5	1
3401	경기 파주시	지역주도형 청년일자리	474,478	일자리경제과	1	2	7	8	7	5	1	1
3402	경기 파주시	지역주도형 청년일자리	126,900	일자리경제과	1	2	7	8	7	5	1	1
3403	경기 파주시	신중년경력형일자리사업	429,726	일자리경제과	1	2	7	8	7	5	5	4
3404	경기 파주시	지역산업맞춤형 일자리창출 지원	671,500	일자리경제과	1	2	7	8	7	5	5	4
3405	경기 파주시	전통시장 매니저 지원	67,630	일자리경제과	1	1	7	8	7	5	5	4
3406	경기 파주시	문산 자유시장 DMZ 투어	13,950	일자리경제과	1	1	7	8	7	5	5	4
3407	경기 파주시	광탄 경매시장 육성	28,000	일자리경제과	1	1	7	8	7	5	5	4
3408	경기 파주시	작은도서관활성화	32,000	중앙도서관	1	4	7	8	7	5	5	4
3409	경기 파주시	작은도서관활성화지원	27,000	교하도서관	1	4	7	7	7	1	1	1
3410	경기 파주시	정보화마을 프로그램관리자 인건비	30,016	정보통신과	1	1	7	7	7	1	1	1
3411	경기 파주시	주요행사 지원	3,000	자치행정과	1	1	7	7	7	1	1	1
3412	경기 파주시	시민참여 지원	50,000	자치행정과	1	1	7	8	7	1	1	1
3413	경기 파주시	시민참여 지원	8,100	자치행정과	1	1	7	8	7	1	1	1
3414	경기 파주시	민간국제교류 지원	8,400	자치행정과	1	4	7	7	7	1	1	1
3415	경기 파주시	국제화 인재 육성	18,400	자치행정과	1	4	1	7	1	1	1	1

순번	시군구	지출명 (사업명)	2021년예산 (단위:천원/1년간)	담당자 (공무원) 담당부서	민간이전 분류 (지방자치단체 세출예산 집행기준에 의거) 1. 민간경상사업보조(307-02) 2. 민간단체 법정운영비보조(307-03) 3. 민간행사사업보조(307-04) 4. 민간위탁금(307-05) 5. 사회복지시설 법정운영비보조(307-10) 6. 민간인위탁교육비(307-12) 7. 공기관등에대한경상적위탁사업비(308-11) 8. 민간자본사업보조,자체재원(402-01) 9. 민간자본사업보조,이전재원(402-02) 10. 민간위탁사업비(402-03) 11. 공기관등에 대한 자본적 대행사업비(403-02)	민간이전지출 근거 (지방보조금 관리기준 참고) 1. 법률에 규정 2. 국고보조 재원(국가지정) 3. 용도 지정 기부금 4. 조례에 직접규정 5. 지자체가 권장하는 사업을 하는 공공기관 6. 시,도 정책 및 재정사정 7. 기타 8. 해당없음	입찰방식 계약체결방법 (경쟁형태) 1. 일반경쟁 2. 제한경쟁 3. 지명경쟁 4. 수의계약 5. 법정위탁 6. 기타 ( ) 7. 해당없음	입찰방식 계약기간 1. 1년 2. 2년 3. 3년 4. 4년 5. 5년 6. 기타 ( )년 7. 단기계약 (1년미만) 8. 해당없음	입찰방식 낙찰자선정방법 1. 적격심사 2. 협상에의한계약 3. 최저가낙찰제 4. 규격가격분리 5. 2단계 경쟁입찰 6. 기타 ( ) 7. 해당없음	운영예산 산정 운영예산 산정 1. 내부산정 (지자체 자체적으로 산정) 2. 외부산정 (외부전문기관위탁 산정) 3. 내·외부 모두 산정 4. 산정 無 5. 해당없음	운영예산 산정 정산방법 1. 내부정산 (지자체 내부적으로 정산) 2. 외부정산 (외부전문기관위탁 정산) 3. 내·외부 모두 산정 4. 정산 無 5. 해당없음	성과평가 실시여부 1. 실시 2. 미실시 3. 향후 추진 4. 해당없음
3416	경기 파주시	국제화 인재 육성	54,900	자치행정과	1	4	1	7	1	1	1	1
3417	경기 파주시	주민자치회 시범실시 지원	209,000	자치행정과	1	4	7	8	7	5	5	4
3418	경기 파주시	작은도서관 냉난방 지원	4,000	교육지원과	1	1	7	8	7	5	5	4
3419	경기 파주시	독서진흥 추진	20,000	교육지원과	1	7	7	8	7	1	1	4
3420	경기 파주시	작은도서관 운영활성화	87,766	교육지원과	1	1	7	8	7	1	1	1
3421	경기 파주시	작은도서관 운영지원	39,560	교육지원과	1	1	7	8	7	1	1	1
3422	경기 파주시	평화통일 릴레이 교육	12,800	교육지원과	1	4	7	8	7	1	1	3
3423	경기 파주시	마을과 함께하는 경기꿈의학교	80,000	교육지원과	1	4	7	8	7	1	1	3
3424	경기 파주시	외식업체 전문경영 컨설팅	15,000	위생과	1	5	7	8	7	1	1	1
3425	경기 파주시	생태계교란 야생식물 제거	60,000	환경보전과	1	7	7	8	7	1	1	4
3426	경기 파주시	청소년 방과후 아카데미 운영	41,024	보육청소년과	1	1	7	8	7	5	5	4
3427	경기 파주시	대안교육기관 급식비 지원	172,676	보육청소년과	1	1	5	1	1	1	1	3
3428	경기 파주시	벼 초기 병해충 방제 지원	230,000	스마트농업과	1	1	6	8	7	5	5	4
3429	경기 파주시	돌발 병해충 방제비 지원	54,750	스마트농업과	1	1	6	8	7	5	5	4
3430	경기 파주시	고품질쌀(참드림) 재배 확대	613,200	스마트농업과	1	1	6	8	7	5	5	4
3431	경기 파주시	친환경 천연농약 생산 지원	6,000	스마트농업과	1	6	6	8	7	5	5	4
3432	경기 파주시	농작물 병해충 방제비 지원	109,000	스마트농업과	1	2	6	8	7	5	5	4
3433	경기 파주시	사회적경제기업 사업개발비 지원	151,393	도시재생과	1	2	7	8	7	1	1	4
3434	경기 파주시	(예비)사회적기업 취약계층 인건비 지원	724,501	도시재생과	1	2	7	8	7	1	1	4
3435	경기 파주시	사회적기업 육성·지원	30,000	도시재생과	1	4	7	8	7	1	1	4
3436	경기 파주시	마을기업 발굴육성 지원	90,000	도시재생과	1	2	7	8	7	1	1	4
3437	경기 파주시	사회적경제 창업 교육	30,000	도시재생과	1	4	7	8	7	1	1	4
3438	경기 파주시	사회적기업 사회보험료 지원	188,307	도시재생과	1	2	7	8	7	1	1	4
3439	경기 파주시	마을공동체 공동체활동 지원	120,000	도시재생과	1	4	7	8	7	1	1	4
3440	경기 파주시	마을공동체 추진	60,000	도시재생과	1	4	7	8	7	1	1	4
3441	경기 파주시	아동돌봄공동체 조성	56,250	도시재생과	1	4	7	8	7	1	1	4
3442	경기 파주시	사회적경제 창업 지원	14,000	도시재생과	1	4	7	8	7	1	1	4
3443	경기 이천시	지속가능발전협의회 추진사업 지원	376,566	기획예산담당관	1	4	7	8	7	1	1	1
3444	경기 이천시	새마을운동이천시지회 읍면동 사업지원	98,000	자치행정과	1	4	7	8	7	1	1	1
3445	경기 이천시	바르게살기운동 이천시협의회 사업지원	8,000	자치행정과	1	1	7	8	7	1	1	1
3446	경기 이천시	자문위원 역량강화 회의 및 현장교육	4,820	자치행정과	1	1	7	8	7	1	1	1
3447	경기 이천시	이·통장단연합회 사업지원	3,000	자치행정과	1	7	7	8	7	1	1	1
3448	경기 이천시	민족통일이천시협의회 사업지원	6,250	자치행정과	1	1	7	8	7	1	1	1
3449	경기 이천시	학교폭력예방활동	14,000	자치행정과	1	4	7	8	7	1	1	1
3450	경기 이천시	학교폭력예방활동	4,800	자치행정과	1	4	7	8	7	1	1	1
3451	경기 이천시	전국통합자원봉사 보험가입서비스 지원	13,424	자치행정과	1	4	7	1	7	1	1	1
3452	경기 이천시	자원봉사 코디네이터 지원 육성	59,076	자치행정과	1	4	7	1	7	1	1	1
3453	경기 이천시	우수동아리 육성	20,000	교육청소년과	1	4	7	8	7	5	5	4
3454	경기 이천시	평생학습 우수프로그램 육성	18,000	교육청소년과	1	4	7	8	7	5	5	3
3455	경기 이천시	소외계층 프로그램 육성	12,000	교육청소년과	1	4	7	8	7	5	5	3
3456	경기 이천시	직업능력향상 과정 운영	23,000	교육청소년과	1	4	7	8	7	5	5	3
3457	경기 이천시	학력인정프로그램운영	24,000	교육청소년과	1	4	7	8	7	5	5	4
3458	경기 이천시	장애인 평생교육 프로그램 지원	13,000	교육청소년과	1	4	7	8	7	5	5	3
3459	경기 이천시	경기평생학습동아리지원	20,000	교육청소년과	1	4	7	8	7	5	5	4
3460	경기 이천시	민주시민교육프로그램 육성	10,000	교육청소년과	1	4	7	8	7	5	5	4
3461	경기 이천시	평생학습마을공동체운영	20,000	교육청소년과	1	4	7	8	7	5	5	4
3462	경기 이천시	마을공동체 공동체활동 지원사업	90,000	교육청소년과	1	6	7	8	7	1	1	1
3463	경기 이천시	마을공동체 만들기 공모사업	10,000	교육청소년과	1	6	7	8	7	1	1	1
3464	경기 이천시	마을공동체 만들기 공모사업	60,000	교육청소년과	1	6	7	8	7	1	1	1
3465	경기 이천시	마을공동체 만들기 공모사업	30,000	교육청소년과	1	6	7	8	7	1	1	1
3466	경기 이천시	2019년 선정 아동돌봄공동체 돌봄사업비	20,000	교육청소년과	1	6	7	8	7	1	1	1

순번	시군구	지출명 (사업명)	2021년예산 (단위:천원/1년간)	담당자 (공무원) 담당부서	민간이전 분류 (지방자치단체 세출예산 집행기준에 의거) 1. 민간경상사업보조(307-02) 2. 민간단체 법정운영비보조(307-03) 3. 민간행사사업보조(307-04) 4. 민간위탁금(307-05) 5. 사회복지시설 법정운영비보조(307-10) 6. 민간인위탁교육비(307-12) 7. 공기관등에대한경상적위탁사업비(308-11) 8. 민간자본사업보조,자체재원(402-01) 9. 민간자본사업보조,이전재원(402-02) 10. 민간위탁사업비(402-03) 11. 공기관등에 대한 자본적 대행사업비(403-02)	민간이전지출 근거 (지방보조금 관리기준 참고) 1. 법률에 규정 2. 국고보조 재원(국가지정) 3. 용도 지정 기부금 4. 조례에 직접규정 5. 지자체가 권장하는 사업을 하는 공공기관 6. 시,도 정책 및 재정사정 7. 기타 8. 해당없음	입찰방식 계약체결방법 (경쟁형태) 1. 일반경쟁 2. 제한경쟁 3. 지명경쟁 4. 수의계약 5. 법정위탁 6. 기타 ( ) 7. 해당없음	입찰방식 계약기간 1. 1년 2. 2년 3. 3년 4. 4년 5. 5년 6. 기타 ( )년 7. 단기계약 (1년미만) 8. 해당없음	입찰방식 낙찰자선정방법 1. 적격심사 2. 협상에의한계약 3. 최저가낙찰제 4. 규격가격분리 5. 2단계 경쟁입찰 6. 기타 ( ) 7. 해당없음	운영예산 산정 운영예산 산정 1. 내부산정 (지자체 자체적으로 산정) 2. 외부산정 (외부전문기관위탁 산정) 3. 내·외부 모두 산정 4. 산정 無 5. 해당없음	운영예산 산정 정산방법 1. 내부정산 (지자체 내부적으로 정산) 2. 외부정산 (외부전문기관위탁 정산) 3. 내·외부 모두 산정 4. 정산 無 5. 해당없음	성과평가 실시여부 1. 실시 2. 미실시 3. 향후 추진 4. 해당없음
3467	경기 이천시	2020년 선정 아동돌봄공동체 돌봄사업비	20,000	교육청소년과	1	6	7	8	7	1	1	1
3468	경기 이천시	이천YMCA 청소년육성사업 지원	13,000	교육청소년과	1	5	7	8	7	1	1	1
3469	경기 이천시	청소년 선도 및 보호활동	5,000	교육청소년과	1	7	7	8	7	5	5	4
3470	경기 이천시	공공청소년수련시설 청소년지도사 배치지원	103,872	교육청소년과	1	2	7	8	7	1	1	1
3471	경기 이천시	공공청소년수련시설 프로그램 운영지원	30,000	교육청소년과	1	1	7	8	7	1	1	1
3472	경기 이천시	청소년 동아리 지원	28,750	교육청소년과	1	2	7	8	7	5	5	4
3473	경기 이천시	청소년참여위원회 운영사업	2,800	교육청소년과	1	5	7	8	7	5	5	4
3474	경기 이천시	청소년공부방 운영	16,320	교육청소년과	1	1	7	8	7	1	1	3
3475	경기 이천시	청소년방과후아카데미	240,628	교육청소년과	1	2	7	8	7	1	1	1
3476	경기 이천시	청소년방과후아카데미	172,322	교육청소년과	1	2	7	8	7	1	1	1
3477	경기 이천시	청소년방과후아카데미	172,322	교육청소년과	1	2	7	8	7	1	1	1
3478	경기 이천시	청소년방과후아카데미	172,322	교육청소년과	1	2	7	8	7	1	1	1
3479	경기 이천시	공공청소년수련시설 청소년운영위원회 운영	4,000	교육청소년과	1	2	7	8	7	5	5	4
3480	경기 이천시	청소년안전망 운영	102,990	교육청소년과	1	2	7	8	7	1	1	1
3481	경기 이천시	청소년동반자 프로그램 운영	102,740	교육청소년과	1	2	7	8	7	1	1	1
3482	경기 이천시	학교밖청소년지원	134,273	교육청소년과	1	2	7	8	7	1	1	1
3483	경기 이천시	인성함양 프로그램 운영	31,150	교육청소년과	1	4	7	8	7	5	5	4
3484	경기 이천시	시군 학교 밖 청소년 프로그램 운영	129,710	교육청소년과	1	1	7	8	7	1	1	1
3485	경기 이천시	학교 밖 청소년 자립지원 수당 지원	10,625	교육청소년과	1	1	7	8	7	1	1	1
3486	경기 이천시	학교 밖 청소년 문화활동 지원	40,000	교육청소년과	1	1	7	8	7	5	5	4
3487	경기 이천시	학교 밖 청소년 급식 지원	15,139	교육청소년과	1	2	7	8	7	1	1	1
3488	경기 이천시	2021년 마을기업 육성	60,000	교육청소년과	1	2	7	8	7	1	1	1
3489	경기 이천시	사회적경제기업 사업개발비지원	22,715	교육청소년과	1	2	7	8	7	1	1	1
3490	경기 이천시	사회적기업 취약계층 인건비 지원	231,190	교육청소년과	1	2	7	8	7	1	1	1
3491	경기 이천시	사회적기업 사회보험료 지원	97,734	교육청소년과	1	2	7	8	7	1	1	1
3492	경기 이천시	지역특화사업	48,083	교육청소년과	1	2	7	8	7	1	1	1
3493	경기 이천시	공동주택 전자투표 지원금	9,240	주택과	1	1	7	8	7	1	1	1
3494	경기 이천시	읍면동지역사회보장협의체 민관협력 사업지원	50,000	복지정책과	1	1	7	8	7	1	1	1
3495	경기 이천시	푸드마켓 코디네이터 지원	30,000	복지정책과	1	1	7	7	7	5	5	2
3496	경기 이천시	푸드뱅크 코디네이터 지원	90,000	복지정책과	1	1	7	7	7	5	5	2
3497	경기 이천시	이동푸드마켓 운영비	12,000	복지정책과	1	1	7	7	7	5	5	2
3498	경기 이천시	이천시보훈단체협의회 사업 지원	2,000	복지정책과	1	4	7	8	7	1	1	1
3499	경기 이천시	동화구연대회 사업 지원	3,000	여성정책과	1	1	1	1	1	1	1	1
3500	경기 이천시	일본군위안부피해자 기림의날 사업 지원	3,000	여성정책과	1	1	1	1	1	1	1	1
3501	경기 이천시	어린이집 부모 및 교사 교육 지원	4,000	아동보육과	1	2	7	8	7	5	5	1
3502	경기 이천시	지역아동센터 오케스트라 운영지원	7,500	아동보육과	1	4	7	8	7	5	5	1
3503	경기 이천시	지역아동센터 체험활동비	20,350	아동보육과	1	1	7	8	7	5	5	4
3504	경기 이천시	향교 춘추석전대제	5,000	문예관광과	1	1	7	8	7	1	1	1
3505	경기 이천시	어재연장군 춘추향제	2,000	문예관광과	1	1	7	8	7	1	1	1
3506	경기 이천시	향교 기로연	4,000	문예관광과	1	1	7	8	7	1	1	1
3507	경기 이천시	유교문화 체험 교육	3,000	문예관광과	1	1	7	8	7	1	1	1
3508	경기 이천시	유림회원 보수 교육	3,000	문예관광과	1	1	7	8	7	1	1	1
3509	경기 이천시	읍면동유도회자체교육	4,200	문예관광과	1	1	7	8	7	1	1	1
3510	경기 이천시	유림지도자 교육 지원	5,300	문예관광과	1	1	7	8	7	1	1	1
3511	경기 이천시	이천향교 전통문화강좌	17,000	문예관광과	1	1	7	8	7	1	1	1
3512	경기 이천시	사찰음식 체험 프로그램 지원	16,000	문예관광과	1	1	7	8	7	1	1	1
3513	경기 이천시	문화학교 운영	30,000	문예관광과	1	1	7	8	7	1	1	1
3514	경기 이천시	어르신문화학교 지원	10,000	문예관광과	1	1	7	8	7	1	1	1
3515	경기 이천시	문화원 사업활동비 지원	99,500	문예관광과	1	1	7	8	7	1	1	1
3516	경기 이천시	이천문화 아카이브	10,000	문예관광과	1	1	7	8	7	1	1	1
3517	경기 이천시	이야기산업 육성	10,000	문예관광과	1	1	7	8	7	1	1	1

순번	시군구	지출명 (사업명)	2021년예산 (단위:천원/1년간)	담당자 (공무원) 담당부서	민간이전 분류 (지방자치단체 세출예산 집행기준에 의거) 1. 민간경상사업보조(307-02) 2. 민간단체 법정운영비보조(307-03) 3. 민간행사사업보조(307-04) 4. 민간위탁금(307-05) 5. 사회복지시설 법정운영비보조(307-10) 6. 민간인위탁교육비(307-12) 7. 공기관등에대한경상적위탁사업비(308-11) 8. 민간자본사업보조,자체재원(402-01) 9. 민간자본사업보조,이전재원(402-02) 10. 민간위탁사업비(402-03) 11. 공기관등에 대한 자본적 대행사업비(403-02)	민간이전지출 근거 (지방보조금 관리기준 참고) 1. 법률에 규정 2. 국고보조 재원(국가지정) 3. 용도 지정 기부금 4. 조례에 직접규정 5. 지자체가 권장하는 사업을 하는 공공기관 6. 시,도 정책 및 재정사정 7. 기타 8. 해당없음	입찰방식 계약체결방법 (경쟁형태) 1. 일반경쟁 2. 제한경쟁 3. 지명경쟁 4. 수의계약 5. 법정위탁 6. 기타 ( ) 7. 해당없음	입찰방식 계약기간 1. 1년 2. 2년 3. 3년 4. 4년 5. 5년 6. 기타 ( )년 7. 단기계약 (1년미만) 8. 해당없음	입찰방식 낙찰자선정방법 1. 적격심사 2. 협상에의한계약 3. 최저가낙찰제 4. 규격가격분리 5. 2단계 경쟁입찰 6. 기타 ( ) 7. 해당없음	운영예산 산정 운영예산 산정 1. 내부산정 (지자체 자체적으로 산정) 2. 외부산정 (외부전문기관위탁 산정) 3. 내·외부 모두 산정 4. 산정 無 5. 해당없음	운영예산 산정 정산방법 1. 내부정산 (지자체 내부적으로 정산) 2. 외부정산 (외부전문기관위탁 정산) 3. 내·외부 모두 산정 4. 정산 無 5. 해당없음	성과평가 실시여부 1. 실시 2. 미실시 3. 향후 추진 4. 해당없음
3518	경기 이천시	우리고장이천알기	50,000	문예관광과	1	1	7	8	7	1	1	1
3519	경기 이천시	목공인생학교	25,000	문예관광과	1	1	7	8	7	1	1	1
3520	경기 이천시	시민기록관 설비구축	60,000	문예관광과	1	1	7	8	7	1	1	1
3521	경기 이천시	이천시 역사문화 기초자료 조사	90,000	문예관광과	1	1	7	8	7	1	1	1
3522	경기 이천시	지역문화예술 플랫폼 육성	49,574	문예관광과	1	1	7	8	7	1	1	1
3523	경기 이천시	이천거북놀이 청소년 예술아카데미사업 지원	16,000	문예관광과	1	1	7	8	7	1	1	1
3524	경기 이천시	국외반출문화재 이천오층석탑 환수사업	10,390	문예관광과	1	1	7	8	7	5	5	4
3525	경기 이천시	이천문화예술활동사업 지원	80,000	문예관광과	1	4	7	8	7	5	5	1
3526	경기 이천시	통합문화이용권사업	487,900	문예관광과	1	2	7	8	7	5	5	1
3527	경기 이천시	이천예총 사업활동비 지원	13,500	문예관광과	1	1	7	8	7	5	5	1
3528	경기 이천시	전통다도체험 및 교육 지원	7,000	문예관광과	1	4	7	8	7	1	1	1
3529	경기 이천시	이천시티투어 사업지원	55,000	문예관광과	1	5	7	8	7	1	1	2
3530	경기 이천시	한국세라믹기술원	33,334	기업지원과	1	4	6	1	7	1	1	1
3531	경기 이천시	국내전시회 참가기업 지원	14,000	기업지원과	1	4	7	8	7	1	1	1
3532	경기 이천시	한국노총이천여주지역지부 사업지원	22,000	기업지원과	1	4	7	8	7	1	1	1
3533	경기 이천시	이천상공회의소 사업지원	28,000	기업지원과	1	1	7	8	7	1	1	1
3534	경기 이천시	이천시노사민정협의회 사업지원	4,000	기업지원과	1	4	7	8	7	1	1	1
3535	경기 이천시	지역노사민정협력활성화 지원	30,000	기업지원과	1	2	7	8	7	1	1	1
3536	경기 이천시	노동상담소 운영지원	60,000	기업지원과	1	6	7	8	7	1	1	1
3537	경기 이천시	노동안전지킴이 운영	180,000	기업지원과	1	6	7	8	7	5	5	4
3538	경기 이천시	전통시장 활성화 사업 지원	23,400	일자리정책과	1	6	7	8	7	1	1	1
3539	경기 이천시	이천시소기업소상공인회 사업지원	10,000	일자리정책과	1	1	7	8	7	3	2	4
3540	경기 이천시	전통시장 활성화 사업 지원	200,000	일자리정책과	1	1	7	8	7	3	3	1
3541	경기 이천시	참여자 인건비 지원	334,464	일자리정책과	1	1	7	2	2	3	3	1
3542	경기 이천시	인건비	109,512	일자리정책과	1	1	7	1	1	3	3	1
3543	경기 이천시	4대보험료	8,100	일자리정책과	1	1	7	1	1	3	3	1
3544	경기 이천시	홍보물 제작	200	일자리정책과	1	1	7	1	1	3	3	1
3545	경기 이천시	재료비	400	일자리정책과	1	1	7	1	1	3	3	1
3546	경기 이천시	청강대학일자리센터 사업지원	25,000	일자리정책과	1	1	7	1	7	3	3	1
3547	경기 이천시	야생동물 구조치료 사업	1,350	환경보호과	1	6	7	8	6	1	5	4
3548	경기 이천시	야생동물피해예방사업	27,800	환경보호과	1	6	7	8	7	5	5	4
3549	경기 이천시	유해야생동물 포획사업 지원	28,000	환경보호과	1	4	7	8	7	1	1	1
3550	경기 이천시	팔당수계 정화활동 지원	20,000	환경보호과	1	1	7	1	7	5	1	4
3551	경기 이천시	운행차 배출가스 저감사업	9,347	환경보호과	1	2	7	8	7	5	5	4
3552	경기 이천시	보증기간 경과장치 성능유지관리	50,000	환경보호과	1	2	5	8	7	5	5	4
3553	경기 이천시	주유소 유증기 회수설비 설치지원	52,700	환경보호과	1	6	7	8	7	5	5	4
3554	경기 이천시	실내공기질 컨설팅 활동지원	23,000	환경보호과	1	6	4	1	1	1	1	1
3555	경기 이천시	새마을운동 이천시지회	2,000	자원관리과	1	4	7	1	7	1	1	4
3556	경기 이천시	이천YMCA	12,000	자원관리과	1	4	7	1	7	1	1	4
3557	경기 이천시	이천재향군인회 호국정신함양 및 시민안보교육	2,000	안전총괄과	1	1	7	8	7	1	1	4
3558	경기 이천시	이천시의용소방대연합회 사업지원	8,000	안전총괄과	1	1	7	8	7	1	1	4
3559	경기 이천시	소방용수시설 환경개선 사업지원	17,000	안전총괄과	1	1	7	8	7	1	1	4
3560	경기 이천시	이천모범운전자회 지원	24,000	교통행정과	1	8	7	8	7	1	1	4
3561	경기 이천시	이천녹색어머니연합회 지원	6,293	교통행정과	1	1	7	8	7	1	1	2
3562	경기 이천시	택시 카드단말기 통신료 지원	10,941	교통행정과	1	8	7	8	7	1	1	4
3563	경기 이천시	택시 카드 결제 수수료 지원	121,914	교통행정과	1	8	7	8	7	1	1	4
3564	경기 이천시	통합콜센터 운영비	387,880	교통행정과	1	8	5	8	7	1	1	4
3565	경기 이천시	법인택시 운수종사자 처우개선 지원	171,000	교통행정과	1	8	7	8	7	1	1	4
3566	경기 이천시	법인택시 운수종사자 생활안정자금 지원	180,000	교통행정과	1	8	7	8	7	1	1	4
3567	경기 이천시	교통질서계도 근무자 근무복 구입지원	16,340	교통행정과	1	8	7	8	7	1	1	4
3568	경기 이천시	농업인자녀 대학생학자금 이자지원	70,000	농업정책과	1	6	7	8	7	5	5	4

순번	시군구	지출명 (사업명)	2021년예산 (단위:천원/1년간)	담당자 (공무원) 담당부서	민간이전 분류 (지방자치단체 세출예산 집행기준에 의거) 1. 민간경상사업보조(307-02) 2. 민간단체 법정운영비보조(307-03) 3. 민간행사사업보조(307-04) 4. 민간위탁금(307-05) 5. 사회복지시설 법정운영비보조(307-10) 6. 민간인위탁교육비(307-12) 7. 공기관등에대한경상적위탁사업비(308-11) 8. 민간자본사업보조,자체재원(402-01) 9. 민간자본사업보조,이전재원(402-02) 10. 민간위탁사업비(402-03) 11. 공기관등에 대한 자본적 대행사업비(403-02)	민간이전지출 근거 (지방보조금 관리기준 참고) 1. 법률에 규정 2. 국고보조 재원(국가지정) 3. 용도 지정 기부금 4. 조례에 직접규정 5. 지자체가 권장하는 사업을 하는 공공기관 6. 시,도 정책 및 재정사정 7. 기타 8. 해당없음	입찰방식 계약체결방법 (경쟁형태) 1. 일반경쟁 2. 제한경쟁 3. 지명경쟁 4. 수의계약 5. 법정위탁 6. 기타 ( ) 7. 해당없음	입찰방식 계약기간 1. 1년 2. 2년 3. 3년 4. 4년 5. 5년 6. 기타 ( )년 7. 단기계약 (1년미만) 8. 해당없음	입찰방식 낙찰자선정방법 1. 적격심사 2. 협상에의한계약 3. 최저가낙찰제 4. 규격가격분리 5. 2단계 경쟁입찰 6. 기타 ( ) 7. 해당없음	운영예산 산정 운영예산 산정 1. 내부산정 (지자체 자체적으로 산정) 2. 외부산정 (외부전문기관위탁 산정) 3. 내·외부 모두 산정 4. 산정 無 5. 해당없음	운영예산 산정 정산방법 1. 내부정산 (지자체 내부적으로 정산) 2. 외부정산 (외부전문기관위탁 정산) 3. 내·외부 모두 산정 4. 정산 無 5. 해당없음	성과평가 실시여부 1. 실시 2. 미실시 3. 향후 추진 4. 해당없음
3569	경기 이천시	여성농업인센터 지원	126,037	농업정책과	1	6	7	8	7	5	5	4
3570	경기 이천시	여성농업인 행복바우처	88,800	농업정책과	1	6	7	8	7	5	5	4
3571	경기 이천시	농촌체험휴양마을 보험가입 지원	3,168	농업정책과	1	2	7	8	7	5	5	4
3572	경기 이천시	농업경영컨설팅	15,000	농업정책과	1	2	7	8	7	5	5	4
3573	경기 이천시	농촌체험휴양마을 역량강화	1,440	농업정책과	1	6	7	8	7	5	5	4
3574	경기 이천시	농촌체험휴양마을 사무장지원	111,568	농업정책과	1	2	7	8	7	5	5	4
3575	경기 이천시	농촌마을 공동체 사회적 활동지원	73,462	농업정책과	1	6	7	8	7	5	5	1
3576	경기 이천시	못자리 상토지원	257,532	농업정책과	1	6	7	8	7	5	5	4
3577	경기 이천시	친환경농산물인증확대	50,868	농업정책과	1	6	7	8	7	5	5	4
3578	경기 이천시	유기질비료 지원	1,937	농업정책과	1	2	7	8	7	5	5	4
3579	경기 이천시	농작물 재해보험 가입 지원	2,115	농업정책과	1	6	7	8	7	5	5	4
3580	경기 이천시	농작물 재해보험 가입 지원	264,375	농업정책과	1	4	7	8	7	5	5	4
3581	경기 이천시	유기농업자재 지원	49,915	농업정책과	1	2	7	8	7	5	5	4
3582	경기 이천시	벼 우수품종 공급지원	74,933	농업정책과	1	6	7	8	7	5	5	4
3583	경기 이천시	농업인안전재해보험가입지원	585,178	농업정책과	1	6	7	8	7	5	5	4
3584	경기 이천시	농기계 등화장치 부착 지원	38,000	농업정책과	1	6	7	8	7	5	5	4
3585	경기 이천시	임금님표명품쌀 생산단지 지원사업	400,000	농업정책과	1	6	7	8	7	5	5	4
3586	경기 이천시	친환경우렁이농법지원	28,000	농업정책과	1	6	7	8	7	5	5	4
3587	경기 이천시	친환경 쌀겨농법 지원	9,200	농업정책과	1	6	7	8	7	5	5	4
3588	경기 이천시	상습병해충 방제지원	471,900	농업정책과	1	6	7	8	7	5	5	4
3589	경기 이천시	한국쌀전업농 이천시연합회 지원	5,000	농업정책과	1	6	7	8	7	5	5	4
3590	경기 이천시	벼 병해충 무인항공방제 사업	561,444	농업정책과	1	6	7	8	7	5	5	4
3591	경기 이천시	초경량 무인비행장치(드론) 자격증 취득 지원	70,000	농업정책과	1	6	7	8	7	5	5	4
3592	경기 이천시	주산지일관기계화 농기계지원	400,000	농업정책과	1	2	7	8	7	5	5	4
3593	경기 이천시	농식품 수출장려금 지원	54,945	농업정책과	1	7	7	8	7	5	5	4
3594	경기 이천시	친환경 등 우수농산물 학교급식 지원	932,000	농업정책과	1	2	7	8	7	5	5	4
3595	경기 이천시	GAP 인증농가 안전성 검사비 지원	50,000	농업정책과	1	2	7	8	7	5	5	3
3596	경기 이천시	경기도 어린이 건강과일 공급	479,860	농업정책과	1	2	7	8	7	5	5	4
3597	경기 이천시	초등돌봄교실 과일간식 지원	106,694	농업정책과	1	2	7	8	7	5	5	4
3598	경기 이천시	이천시 시군역량강화 사업	180,000	농업정책과	1	2	7	8	7	5	5	3
3599	경기 이천시	생태보전농업실천마을 조성사업	12,560	농업정책과	1	6	7	7	7	5	5	4
3600	경기 이천시	낙농 헬퍼회 지원	32,640	축산과	1	2	7	8	7	5	5	4
3601	경기 이천시	조사료생산용 사일리지제조 지원	58,770	축산과	1	2	7	8	7	5	5	4
3602	경기 이천시	조사료생산용 볏짚비닐 지원	180,000	축산과	1	6	7	8	7	5	5	4
3603	경기 이천시	조사료생산용 종자구입비 지원	55,360	축산과	1	6	7	8	7	5	5	4
3604	경기 이천시	축사 이미지 개선사업	30,000	축산과	1	2	7	8	7	5	5	4
3605	경기 이천시	축산 재해 농가 긴급 지원	10,000	축산과	1	2	7	8	7	5	5	4
3606	경기 이천시	폭염대비 등 면역증강제 지원	20,000	축산과	1	2	7	8	7	5	5	4
3607	경기 이천시	밀원수 묘목	175	축산과	1	2	7	8	7	5	5	4
3608	경기 이천시	자연화분	16,000	축산과	1	2	7	8	7	5	5	4
3609	경기 이천시	소초광	4,400	축산과	1	2	7	8	7	5	5	4
3610	경기 이천시	소초광	750	축산과	1	2	7	8	7	5	5	4
3611	경기 이천시	학생승마체험	134,400	축산과	1	2	7	8	7	5	5	4
3612	경기 이천시	보험료지원	14,000	축산과	1	6	7	8	7	5	5	4
3613	경기 이천시	장제지원	5,750	축산과	1	6	7	8	7	5	5	4
3614	경기 이천시	톱밥비지원	48,250	축산과	1	2	7	8	7	5	5	4
3615	경기 이천시	유소년 승마단 운영 지원	20,000	축산과	1	2	7	8	7	5	5	4
3616	경기 이천시	이천시 유소년 승마단 운영	40,000	축산과	1	4	7	8	7	5	5	4
3617	경기 이천시	승용마 조련강화	28,000	축산과	1	2	7	8	7	5	5	4
3618	경기 이천시	저소득층 승마체험	3,200	축산과	1	2	7	8	7	5	5	4
3619	경기 이천시	사회공익 승마체험	4,200	축산과	1	6	7	8	7	5	5	4

순번	시군구	지출명 (사업명)	2021년예산 (단위:천원/1년간)	담당자 (공무원) 담당부서	민간이전 분류 (지방자치단체 세출예산 집행기준에 의거) 1. 민간경상사업보조(307-02) 2. 민간단체 법정운영비보조(307-03) 3. 민간행사사업보조(307-04) 4. 민간위탁금(307-05) 5. 사회복지시설 법정운영비보조(307-10) 6. 민간인위탁교육비(307-12) 7. 공기관등에대한경상적위탁사업비(308-11) 8. 민간자본사업보조,자체재원(402-01) 9. 민간자본사업보조,이전재원(402-02) 10. 민간위탁사업비(402-03) 11. 공기관등에 대한 자본적 대행사업비(403-02)	민간이전지출 근거 (지방보조금 관리기준 참고) 1. 법률에 규정 2. 국고보조 재원(국가지정) 3. 용도 지정 기부금 4. 조례에 직접규정 5. 지자체가 권장하는 사업을 하는 공공기관 6. 시,도 정책 및 재정사정 7. 기타 8. 해당없음	입찰방식 계약체결방법 (경쟁형태) 1. 일반경쟁 2. 제한경쟁 3. 지명경쟁 4. 수의계약 5. 법정위탁 6. 기타 ( ) 7. 해당없음	입찰방식 계약기간 1. 1년 2. 2년 3. 3년 4. 4년 5. 5년 6. 기타 ( )년 7. 단기계약 (1년미만) 8. 해당없음	입찰방식 낙찰자선정방법 1. 적격심사 2. 협상에의한계약 3. 최저가낙찰제 4. 규격가격분리 5. 2단계 경쟁입찰 6. 기타 ( ) 7. 해당없음	운영예산 산정 운영예산 산정 1. 내부산정 (지자체 자체적으로 산정) 2. 외부산정 (외부전문기관위탁 산정) 3. 내·외부 모두 산정 4. 산정 無 5. 해당없음	운영예산 산정 정산방법 1. 내부정산 (지자체 내부적으로 정산) 2. 외부정산 (외부전문기관위탁 정산) 3. 내·외부 모두 산정 4. 정산 無 5. 해당없음	성과평가 실시여부 1. 실시 2. 미실시 3. 향후 추진 4. 해당없음
3620	경기 이천시	축산물 포장재 지원	25,000	축산과	1	6	7	8	7	5	5	4
3621	경기 이천시	축산물 홍보	20,000	축산과	1	6	7	8	7	5	5	4
3622	경기 이천시	한우 품질 고급화 장려금	25,000	축산과	1	6	7	8	7	5	5	4
3623	경기 이천시	이천한우농가 미생물제 지원	35,000	축산과	1	6	7	8	7	5	5	4
3624	경기 이천시	슈퍼암소개량육종사업	60,000	축산과	1	6	7	8	7	5	5	4
3625	경기 이천시	건강한 먹거리 생산 지원	88,000	축산과	1	6	7	8	7	5	5	4
3626	경기 이천시	축산농가 HACCP 인증지원	10,000	축산과	1	2	7	8	7	5	5	4
3627	경기 이천시	공동방제단 운영	100,896	축산과	1	2	7	8	7	5	5	4
3628	경기 이천시	닭 진드기 공동방제 지원	24,000	축산과	1	2	7	8	7	5	5	4
3629	경기 이천시	퇴액비살포비 지원	90,000	축산과	1	2	7	8	7	5	1	4
3630	경기 이천시	반려동물 문화교실 운영	20,000	축산과	1	1	1	1	1	1	1	2
3631	경기 이천시	유실·유기동물 입양비 지원	1,500	축산과	1	2	7	8	7	5	1	4
3632	경기 이천시	가축분뇨 수거운반비 지원	117,800	축산과	1	6	7	8	7	5	1	4
3633	경기 이천시	농촌신활력플러스사업 추진단 보수	67,600	농업진흥과	1	1	7	8	7	5	5	4
3634	경기 이천시	농촌신활력플러스사업	1,195	농업진흥과	1	2	7	8	7	5	5	4
3635	경기 이천시	청년농업인 4-H회원 과제교육 지원	5,000	농업진흥과	1	1	7	8	7	1	1	1
3636	경기 이천시	이천시4-H청소년의 달 행사	7,000	농업진흥과	1	1	7	8	7	1	1	1
3637	경기 이천시	학교4-H회 역량강화 교육 지원	4,000	농업진흥과	1	1	7	8	7	1	1	1
3638	경기 이천시	청년농업인 4-H회원 체육대회 지원	4,000	농업진흥과	1	1	7	8	7	1	1	1
3639	경기 이천시	학교 4-H 영농과제활동 지원	10,000	농업진흥과	1	1	7	8	7	1	1	1
3640	경기 이천시	이천시 청년농업인단체 연찬교육 지원	3,000	농업진흥과	1	1	7	8	7	1	1	1
3641	경기 이천시	이천시 4-H 지도자협의회 지원	4,000	농업진흥과	1	1	7	8	7	1	1	1
3642	경기 이천시	청년농업인 영농정착 지원	539,028	농업진흥과	1	2	7	8	7	1	1	1
3643	경기 이천시	청년농업인 경쟁력 제고 사업	45,000	농업진흥과	1	2	7	8	7	1	1	1
3644	경기 이천시	생활개선회 육성	5,000	농업진흥과	1	1	7	8	7	1	1	4
3645	경기 이천시	농촌지도자회원 역량강화교육	1,500	농업진흥과	1	1	7	8	7	1	1	4
3646	경기 이천시	토양개량제 지원	1,091	기술보급과	1	2	7	8	7	5	5	4
3647	경기 이천시	국내육성품종 자체생산 종자대 차액지원	154,000	기술보급과	1	6	7	8	7	5	5	1
3648	경기 이천시	교육텃밭 프로그램 지원	20,000	기술보급과	1	2	7	8	7	5	5	1
3649	경기 이천시	품목농업인연구회 활동지원	23,000	기술보급과	1	4	7	8	7	1	1	1
3650	경기 이천시	농산물가공제품 온라인 포장재 개발시범	32,000	연구개발과	1	2	7	8	7	5	5	4
3651	경기 이천시	종목별필수선수 운영지원	144,000	체육지원센터	1	4	7	8	7	1	1	1
3652	경기 이천시	체육회 워크숍 운영지원	10,000	체육지원센터	1	4	7	8	7	1	1	1
3653	경기 이천시	이천시민축구단 운영지원	67,000	체육지원센터	1	4	7	8	7	1	1	1
3654	경기 이천시	태권도시범단 운영지원	18,000	체육지원센터	1	4	7	8	7	1	1	1
3655	경기 이천시	여성축구 육성지원	3,000	체육지원센터	1	4	7	8	7	1	1	1
3656	경기 이천시	생활체육지도자 현장활동 지원	36,000	체육지원센터	1	4	7	8	7	1	1	1
3657	경기 이천시	체육·생활체육회 차량운영비 지원	10,000	체육지원센터	1	4	7	8	7	1	1	1
3658	경기 이천시	자전거교실 운영지원	4,000	체육지원센터	1	4	7	8	7	1	1	1
3659	경기 이천시	G-스포츠클럽 운영	27,000	체육지원센터	1	4	7	8	7	1	1	1
3660	경기 이천시	일반・어르신 생활체육지도자 처우개선	10,000	체육지원센터	1	4	7	8	7	1	1	1
3661	경기 이천시	일반・어르신 생활체육지도자 처우개선	1,930	체육지원센터	1	4	7	8	7	1	1	1
3662	경기 이천시	초등스포츠클럽 육성 지원	34,784	체육지원센터	1	4	7	8	7	1	1	1
3663	경기 이천시	이천시 생활체육 진흥사업 지원	100,000	체육지원센터	1	4	7	8	7	1	1	1
3664	경기 이천시	장애인생활체육동호회 지원	21,130	체육지원센터	1	4	7	8	7	1	1	1
3665	경기 이천시	장애인생활체육교실 운영지원	42,020	체육지원센터	1	4	7	8	7	1	1	1
3666	경기 이천시	장애인체육우수선수 지원	42,420	체육지원센터	1	4	7	8	7	1	1	1
3667	경기 이천시	찾아가는 장애인생활체육서비스 차량지원	9,630	체육지원센터	1	4	7	8	7	1	1	1
3668	경기 이천시	장애인체육회 워크숍 운영지원	3,505	체육지원센터	1	4	7	8	7	1	1	1
3669	경기 이천시	장애인생활체육지도자 현장활동 지원	10,800	체육지원센터	1	4	7	8	7	1	1	1
3670	경기 이천시	시군 장애인 생활체육지도자 배치	87,696	체육지원센터	1	4	7	8	7	1	1	1

순번	시군구	지출명 (사업명)	2021년예산 (단위:천원/1년간)	담당자 (공무원) 담당부서	민간이전 분류 (지방자치단체 세출예산 집행기준에 의거) 1. 민간경상사업보조(307-02) 2. 민간단체 법정운영비보조(307-03) 3. 민간행사사업보조(307-04) 4. 민간위탁금(307-05) 5. 사회복지시설 법정운영비보조(307-10) 6. 민간인위탁교육비(307-12) 7. 공기관등에대한경상적위탁사업비(308-11) 8. 민간자본사업보조,자체재원(402-01) 9. 민간자본사업보조,이전재원(402-02) 10. 민간위탁사업비(402-03) 11. 공기관등에 대한 자본적 대행사업비(403-02)	민간이전지출 근거 (지방보조금 관리기준 참고) 1. 법률에 규정 2. 국고보조 재원(국가지정) 3. 용도 지정 기부금 4. 조례에 직접규정 5. 지자체가 권장하는 사업을 하는 공공기관 6. 시,도 정책 및 재정사정 7. 기타 8. 해당없음	입찰방식 계약체결방법 (경쟁형태) 1. 일반경쟁 2. 제한경쟁 3. 지명경쟁 4. 수의계약 5. 법정위탁 6. 기타 ( ) 7. 해당없음	입찰방식 계약기간 1. 1년 2. 2년 3. 3년 4. 4년 5. 5년 6. 기타 ( )년 7. 단기계약 (1년미만) 8. 해당없음	입찰방식 낙찰자선정방법 1. 적격심사 2. 협상에의한계약 3. 최저가낙찰제 4. 규격가격분리 5. 2단계 경쟁입찰 6. 기타 ( ) 7. 해당없음	운영예산 산정 운영예산 산정 1. 내부산정 (지자체 자체적으로 산정) 2. 외부산정 (외부전문기관위탁 산정) 3. 내·외부 모두 산정 4. 산정 無 5. 해당없음	운영예산 산정 정산방법 1. 내부정산 (지자체 내부적으로 정산) 2. 외부정산 (외부전문기관위탁 정산) 3. 내·외부 모두 산정 4. 정산 無 5. 해당없음	성과평가 실시여부 1. 실시 2. 미실시 3. 향후 추진 4. 해당없음
3671	경기 이천시	시군 장애인 생활체육지도자 근속수당	10,920	체육지원센터	1	4	7	8	7	1	1	1
3672	경기 이천시	명절수당	3,000	체육지원센터	1	4	7	8	7	1	1	1
3673	경기 이천시	법정보험료	579	체육지원센터	1	4	7	8	7	1	1	1
3674	경기 시흥시	지역사회참여교과 및 지역상생프로그램 운영	300,000	미래전략담당관	1	6	7	8	7	5	5	4
3675	경기 시흥시	노인여가복지시설 신문구독료	45,250	홍보담당관	1	4	7	8	7	5	5	4
3676	경기 시흥시	경력단절여성 디딤돌 취업지원	120,000	일자리총괄과	1	2	7	8	7	5	1	3
3677	경기 시흥시	경력단절여성 직업교육훈련	117,500	일자리총괄과	1	2	7	8	7	5	1	3
3678	경기 시흥시	고학력 고숙련 여성 취업지원	60,000	일자리총괄과	1	2	7	8	7	5	1	3
3679	경기 시흥시	공정무역 활성화 지원 사업	40,000	일자리총괄과	1	2	7	8	7	5	5	4
3680	경기 시흥시	마을기업 육성	80,000	일자리총괄과	1	2	7	8	7	5	5	4
3681	경기 시흥시	사회적경제 창업교육	46,000	일자리총괄과	1	2	7	3	7	5	1	1
3682	경기 시흥시	사회적경제 창업지원사업	100,000	일자리총괄과	1	4	7	8	7	5	5	4
3683	경기 시흥시	사회적기업 발굴·육성 지원	224,766	일자리총괄과	1	2	7	8	7	5	5	4
3684	경기 시흥시	사회적기업 사회보험료 지원	183,226	일자리총괄과	1	2	7	8	7	5	5	4
3685	경기 시흥시	사회적기업 취약계층 인건비 지원	1,110	일자리총괄과	1	2	7	8	7	5	5	4
3686	경기 시흥시	새일반찬점 지원	10,500	일자리총괄과	1	1	7	8	7	5	5	4
3687	경기 시흥시	새일반찬점 지원	48,300	일자리총괄과	1	1	7	8	7	5	5	4
3688	경기 시흥시	새일센터 지원	315,012	일자리총괄과	1	2	7	8	7	5	1	3
3689	경기 시흥시	새일여성인턴제 보조금	494,000	일자리총괄과	1	1	7	8	7	5	5	4
3690	경기 시흥시	신중년 경력활용 일자리	2,444	일자리총괄과	1	2	7	8	7	5	1	3
3691	경기 시흥시	일반경비원신임교육 지원사업	7,200	일자리총괄과	1	4	7	8	7	5	5	4
3692	경기 시흥시	일생활균형 지역특성화 사업 지원	91,000	일자리총괄과	1	1	7	8	7	5	5	4
3693	경기 시흥시	중장년여성 취업지원	120,000	일자리총괄과	1	2	7	8	7	5	1	3
3694	경기 시흥시	골목상권 특화지원 사업	60,000	소상공인과	1	4	7	8	7	1	1	1
3695	경기 시흥시	전통시장 특화 지원	30,000	소상공인과	1	4	7	8	7	1	1	1
3696	경기 시흥시	전통시장 활력마케팅	150,000	소상공인과	1	2	7	8	7	5	5	4
3697	경기 시흥시	국내박람회 개별참가 지원사업	70,000	기업지원과	1	6	7	8	7	1	1	1
3698	경기 시흥시	근로자 산업시찰 지원 및 연찬회	40,000	기업지원과	1	4	7	8	7	5	5	4
3699	경기 시흥시	노동권익 증대	337,580	기업지원과	1	4	7	8	7	5	5	4
3700	경기 시흥시	다중소재 가공기술 혁신연구센터 구축 지원	50,000	기업지원과	1	2	7	8	7	1	1	3
3701	경기 시흥시	산학연관 협력사업	676,000	기업지원과	1	2	7	1	7	1	1	1
3702	경기 시흥시	시흥시 노사민정협의회 사업 지원	144,000	기업지원과	1	4	7	8	7	1	2	1
3703	경기 시흥시	중소기업 교육 및 지원	77,600	기업지원과	1	6	7	8	7	1	1	1
3704	경기 시흥시	지역특화 청년무역전문가 양성사업	30,000	기업지원과	1	2	7	8	7	1	1	1
3705	경기 시흥시	경기도 민속예술제 참가 지원	15,000	문화예술과	1	1	7	8	7	1	1	2
3706	경기 시흥시	도지정 무형문화재 전승지원금	12,000	문화예술과	1	4	7	8	7	1	1	2
3707	경기 시흥시	등록관 지역문화예술 플랫폼 육성사업	83,767	문화예술과	1	1	5	1	1	3	3	1
3708	경기 시흥시	따오기아동문화마을 조성	100,000	문화예술과	1	2	7	8	7	5	5	4
3709	경기 시흥시	문화예술 창작활동 지원	85,500	문화예술과	1	4	7	8	7	1	1	1
3710	경기 시흥시	문화예술발전 지원	68,400	문화예술과	1	4	7	8	7	1	1	1
3711	경기 시흥시	문화예술법인·단체 활동 지원	200,000	문화예술과	1	4	7	8	7	1	1	1
3712	경기 시흥시	물왕예술제	150,000	문화예술과	1	4	7	8	7	1	1	1
3713	경기 시흥시	생활문화예술동아리 활동 지원	82,000	문화예술과	1	4	7	8	7	1	1	1
3714	경기 시흥시	시민주도 활성화 지원	115,000	문화예술과	1	1	7	8	7	5	5	4
3715	경기 시흥시	시흥예총 예술사업 지원	200,000	문화예술과	1	4	7	8	7	1	1	1
3716	경기 시흥시	월미농악 전승사업	45,000	문화예술과	1	1	7	8	7	1	1	2
3717	경기 시흥시	전통문화 강좌	10,000	문화예술과	1	1	7	8	7	1	1	2
3718	경기 시흥시	전통전승 및 고유문화 육성 지원	42,000	문화예술과	1	1	1	1	1	1	1	1
3719	경기 시흥시	통합문화이용권 사업	1,162	문화예술과	1	1	7	8	7	1	1	2
3720	경기 시흥시	생활체육 활성화 및 대회 출전 지원	280,000	체육진흥과	1	4	7	8	7	1	1	1
3721	경기 시흥시	시흥 창의체험학교 지원	28,000	체육진흥과	1	4	7	8	7	1	1	1

순번	시군구	지출명 (사업명)	2021년예산 (단위:천원/1년간)	담당자 (공무원)	민간이전 분류 (지방자치단체 세출예산 집행기준에 의거)	민간이전지출 근거 (지방보조금 관리기준 참고)	입찰방식			운영예산 산정		성과평가 실시여부
				담당부서	1. 민간경상사업보조(307-02) 2. 민간단체 법정운영비보조(307-03) 3. 민간행사사업보조(307-04) 4. 민간위탁금(307-05) 5. 사회복지시설 법정운영비보조(307-10) 6. 민간인위탁교육비(307-12) 7. 공기관등에대한경상적위탁사업비(308-11) 8. 민간자본사업보조,자체재원(402-01) 9. 민간자본사업보조,이전재원(402-02) 10. 민간위탁사업비(402-03) 11. 공기관등에 대한 자본적 대행사업비(403-02)	1. 법률에 규정 2. 국고보조 재원(국가지정) 3. 용도 지정 기부금 4. 조례에 직접규정 5. 지자체가 권장하는 사업을 하는 공공기관 6. 시,도 정책 및 재정사정 7. 기타 8. 해당없음	계약체결방법 (경쟁형태) 1. 일반경쟁 2. 제한경쟁 3. 지명경쟁 4. 수의계약 5. 법정위탁 6. 기타 ( ) 7. 해당없음	계약기간 1. 1년 2. 2년 3. 3년 4. 4년 5. 5년 6. 기타 ( )년 7. 단기계약 (1년미만) 8. 해당없음	낙찰자선정방법 1. 적격심사 2. 협상에의한계약 3. 최저가낙찰제 4. 규격가격분리 5. 2단계 경쟁입찰 6. 기타 ( ) 7. 해당없음	운영예산 산정 1. 내부산정 (지자체 자체적으로 산정) 2. 외부산정 (외부전문기관위탁 산정) 3. 내·외부 모두 산정 4. 산정 無 5. 해당없음	정산방법 1. 내부정산 (지자체 내부적으로 정산) 2. 외부정산 (외부전문기관위탁 정산) 3. 내·외부 모두 산정 4. 정산 無 5. 해당없음	1. 실시 2. 미실시 3. 향후 추진 4. 해당없음
3722	경기 시흥시	어르신 생활체육지도자 배치	380,016	체육진흥과	1	2	7	8	7	1	1	1
3723	경기 시흥시	엘리트 체육 육성 및 출전 지원	637,000	체육진흥과	1	6	7	8	7	1	1	1
3724	경기 시흥시	일반 생활체육지도자 배치	233,856	체육진흥과	1	2	7	8	7	1	1	1
3725	경기 시흥시	장애인 생활체육지도자 배치	321,552	체육진흥과	1	2	7	8	7	1	1	1
3726	경기 시흥시	장애인생활체육 프로그램 지원	22,250	체육진흥과	1	6	7	8	7	1	1	1
3727	경기 시흥시	장애인체육지도자 처우개선비	13,123	체육진흥과	1	2	7	8	7	1	1	1
3728	경기 시흥시	장애인체육활성화 및 대회출전 지원	170,800	체육진흥과	1	6	7	8	7	1	1	1
3729	경기 시흥시	체육시설 사용료 지원	49,000	체육진흥과	1	6	7	8	7	1	1	1
3730	경기 시흥시	체육지도자 처우개선비	25,053	체육진흥과	1	2	7	8	7	1	1	1
3731	경기 시흥시	체육지도자 처우개선비	74,750	체육진흥과	1	4	7	8	7	1	1	1
3732	경기 시흥시	체육청년 사회 첫걸음 지원 사업	31,409	체육진흥과	1	6	7	8	7	1	1	1
3733	경기 시흥시	체육활성화 경상사업 지원	357,000	체육진흥과	1	2	7	8	7	1	1	1
3734	경기 시흥시	초등스포츠클럽 육성 지원	51,684	체육진흥과	1	6	7	8	7	1	1	1
3735	경기 시흥시	청소년 안전체험교육 지원	4,500	시민안전과	1	1	2	7	1	1	1	1
3736	경기 시흥시	풍수해보험사업	6,600	시민안전과	1	2	7	8	7	1	1	4
3737	경기 시흥시	교통안전단체 지원	39,600	대중교통과	1	4	7	8	7	5	5	4
3738	경기 시흥시	법인택시 운수종사자 처우개선 지원금	229,800	대중교통과	1	6	7	8	7	4	1	1
3739	경기 시흥시	택시 카드 결제 수수료 지원	209,154	대중교통과	1	6	7	8	7	4	1	1
3740	경기 시흥시	택시 카드 통신료 지원	28,871	대중교통과	1	6	7	8	7	4	1	1
3741	경기 시흥시	국가유공자 안보의식 고취사업	102,157	복지정책과	1	1	6	1	6	1	1	1
3742	경기 시흥시	지역사회 통합돌봄	80,000	복지정책과	1	7	7	8	7	1	1	3
3743	경기 시흥시	지역사회보장협의체 민관협력 활성화 사업	12,000	복지정책과	1	3	7	8	7	1	1	3
3744	경기 시흥시	지역사회보장협의체 민관협력 활성화 사업	15,036	복지정책과	1	3	7	8	7	1	1	3
3745	경기 시흥시	경로당 활성화를 위한 사업	222,849	노인복지과	1	1	7	8	7	1	1	4
3746	경기 시흥시	효문화계승지원	30,000	노인복지과	1	7	7	8	7	5	5	4
3747	경기 시흥시	공공성 강화 선도모델 사업	4,800	아동보육과	1	2	7	8	7	5	1	4
3748	경기 시흥시	아동권리교육 전문시민강사 양성	20,000	아동보육과	1	4	7	8	7	1	1	1
3749	경기 시흥시	아이누리 돌봄나눔터 지원 사업	339,200	아동보육과	1	4	1	1	1	1	1	2
3750	경기 시흥시	어린이 성폭력 방지 교육뮤지컬	20,000	아동보육과	1	4	7	8	7	5	5	4
3751	경기 시흥시	지역아동센터 또래오케스트라 지원	28,400	아동보육과	1	4	7	8	7	1	1	1
3752	경기 시흥시	지역아동센터 종사자 역량강화 지원	5,000	아동보육과	1	4	7	8	7	1	1	1
3753	경기 시흥시	여성친화도시 사업	16,000	여성가족과	1	4	7	8	7	5	5	1
3754	경기 시흥시	천연가스자동차 연료비 보조	120,600	환경정책과	1	2	7	8	7	5	5	4
3755	경기 시흥시	영세사업장 대기방지시설 유지보수	40,000	대기정책과	1	6	7	8	7	5	5	4
3756	경기 시흥시	찾아가는 자원순환교육	40,000	자원순환과	1	4	7	8	7	5	5	4
3757	경기 시흥시	주거위생환경개선사업	30,000	주택과	1	6	7	8	7	5	5	4
3758	경기 시흥시	주거취약계층 주택개선사업	30,000	주택과	1	6	7	8	7	5	5	4
3759	경기 시흥시	북한이탈 주민과 함께하는 통일 현장 탐방	7,160	행정과	1	4	7	8	7	1	1	4
3760	경기 시흥시	마을만들기 공모사업	125,000	주민자치과	1	4	7	8	7	1	1	1
3761	경기 시흥시	민간단체 공익사업 지원	145,576	주민자치과	1	1	7	8	7	1	1	1
3762	경기 시흥시	민주평통 시흥시협의회 사업 지원	71,390	주민자치과	1	1	7	8	7	1	1	1
3763	경기 시흥시	주민자치회 시범사업 운영	250,000	주민자치과	1	4	7	7	7	1	1	1
3764	경기 시흥시	지역응급의료기관 보조 지원	70,000	보건정책과	1	1	7	8	7	5	5	4
3765	경기 시흥시	의료기관 결핵환자 관리지원	71,300	감염병관리과	1	1	6	1	7	1	1	3
3766	경기 시흥시	호흡기전담클리닉운영 설치 운영 지원	350,000	감염병관리과	1	2	7	8	7	5	5	4
3767	경기 시흥시	GAP인증농가 안전성 검사비 지원	4,000	농업정책과	1	2	7	8	7	5	5	4
3768	경기 시흥시	G마크 등 포장재 지원	9,000	농업정책과	1	6	7	8	7	5	5	4
3769	경기 시흥시	농업생산성 향상 농자재 지원	240,000	농업정책과	1	6	7	8	7	5	5	4
3770	경기 시흥시	농업소식 및 정보제공	8,380	농업정책과	1	6	7	8	7	5	5	4
3771	경기 시흥시	농업인안전재해보험 가입비 지원	44,286	농업정책과	1	6	7	8	7	5	5	4
3772	경기 시흥시	농작물 재해보험 가입비 지원	72,000	농업정책과	1	6	7	8	7	5	5	4

순번	시군구	지출명 (사업명)	2021년예산 (단위:천원/1년간)	담당자 (공무원) 담당부서	민간이전 분류 (지방자치단체 세출예산 집행기준에 의거) 1. 민간경상사업보조(307-02) 2. 민간단체 법정운영비보조(307-03) 3. 민간행사사업보조(307-04) 4. 민간위탁금(307-05) 5. 사회복지시설 법정운영비보조(307-10) 6. 민간인위탁교육비(307-12) 7. 공기관등에대한경상적위탁사업비(308-11) 8. 민간자본사업보조,자체재원(402-01) 9. 민간자본사업보조,이전재원(402-02) 10. 민간위탁사업비(402-03) 11. 공기관등에 대한 자본적 대행사업비(403-02)	민간이전지출 근거 (지방보조금 관리기준 참고) 1. 법률에 규정 2. 국고보조 재원(국가지정) 3. 용도 지정 기부금 4. 조례에 직접규정 5. 지자체가 권장하는 사업을 하는 공공기관 6. 시,도 정책 및 재정사정 7. 기타 8. 해당없음	입찰방식 계약체결방법 (경쟁형태) 1. 일반경쟁 2. 제한경쟁 3. 지명경쟁 4. 수의계약 5. 법정위탁 6. 기타 ( ) 7. 해당없음	입찰방식 계약기간 1. 1년 2. 2년 3. 3년 4. 4년 5. 5년 6. 기타 ( )년 7. 단기계약 (1년미만) 8. 해당없음	입찰방식 낙찰자선정방법 1. 적격심사 2. 협상에의한계약 3. 최저가낙찰제 4. 규격가격분리 5. 2단계 경쟁입찰 6. 기타 ( ) 7. 해당없음	운영예산 산정 운영예산 산정 1. 내부산정 (지자체 자체적으로 산정) 2. 외부산정 (외부전문기관위탁 산정) 3. 내·외부 모두 산정 4. 산정 無 5. 해당없음	운영예산 산정 정산방법 1. 내부정산 (지자체 내부적으로 정산) 2. 외부정산 (외부전문기관위탁 정산) 3. 내·외부 모두 산정 4. 정산 無 5. 해당없음	성과평가 실시여부 1. 실시 2. 미실시 3. 향후 추진 4. 해당없음
3773	경기 시흥시	벼 우수품종 공급지원	12,027	농업정책과	1	6	7	8	7	5	5	4
3774	경기 시흥시	시흥농산물 규격포장재 지원	100,000	농업정책과	1	4	7	8	7	5	5	4
3775	경기 시흥시	여성농업인 행복 바우처	2,720	농업정책과	1	6	7	8	7	5	5	4
3776	경기 시흥시	우리아이 건강과일 공급	600,790	농업정책과	1	6	7	8	7	5	5	4
3777	경기 시흥시	유기농업자재 지원	1,990	농업정책과	1	2	7	8	7	5	5	4
3778	경기 시흥시	유기질비료 지원	304,019	농업정책과	1	2	7	8	7	5	5	4
3779	경기 시흥시	잔가지 파쇄기 작업지원	36,396	농업정책과	1	6	7	8	7	5	5	4
3780	경기 시흥시	청년농업인 영농정착 지원금	28,800	농업정책과	1	1	7	8	7	5	5	4
3781	경기 시흥시	초등 돌봄교실 과일간식 지원	145,908	농업정책과	1	2	7	8	7	5	5	4
3782	경기 시흥시	친환경 농산물 인증비 지원	49,000	농업정책과	1	6	7	8	7	5	5	4
3783	경기 시흥시	친환경 농산물 재배장려금 지원	54,772	농업정책과	1	6	7	8	7	5	5	4
3784	경기 시흥시	친환경 우수농산물 학교급식 지원	1,379	농업정책과	1	1	7	8	7	5	5	4
3785	경기 시흥시	토양개량제 공급	41,505	농업정책과	1	2	7	8	7	5	5	4
3786	경기 시흥시	G마크 우수축산물 학교급식 지원	800,000	축수산과	1	6	7	8	7	5	5	4
3787	경기 시흥시	가축재해보험 가입지원	7,174	축수산과	1	2	7	8	7	3	3	4
3788	경기 시흥시	경기한우 명품화	6,585	축수산과	1	6	7	8	7	3	3	4
3789	경기 시흥시	말벌퇴치장비 지원	1,000	축수산과	1	2	7	8	7	3	3	4
3790	경기 시흥시	사회공익 승마사업	8,400	축수산과	1	6	7	8	7	3	3	4
3791	경기 시흥시	수산업 안전보험 가입지원	48,000	축수산과	1	6	7	8	7	1	1	4
3792	경기 시흥시	승마장 육성지원	5,650	축수산과	1	6	7	8	7	3	3	4
3793	경기 시흥시	어촌체험안전가이드 지원	21,720	축수산과	1	6	7	8	7	1	1	4
3794	경기 시흥시	어촌체험휴양마을 사무장 채용지원	20,824	축수산과	1	2	7	8	7	1	1	4
3795	경기 시흥시	유실·유기동물 입양비 지원	6,000	축수산과	1	2	7	8	7	1	1	4
3796	경기 시흥시	장애학생 재활승마교실 운영	28,400	축수산과	1	2	7	8	7	3	3	4
3797	경기 시흥시	조사료생산용 볏짚비닐 지원	7,500	축수산과	1	6	7	8	7	3	3	4
3798	경기 시흥시	지속가능한 양봉산업 기반조성	11,835	축수산과	1	6	7	8	7	3	3	4
3799	경기 시흥시	축산관련차량 GPS단말기 상시전원공급체계 구축	3,000	축수산과	1	2	7	8	7	5	5	4
3800	경기 시흥시	축산물 전문판매점 지원	6,400	축수산과	1	6	7	8	7	5	5	4
3801	경기 시흥시	축산환경 개선사업	75,000	축수산과	1	6	7	8	7	3	3	4
3802	경기 시흥시	토종벌 육성지원	2,100	축수산과	1	2	7	8	7	3	1	4
3803	경기 시흥시	학교우유급식 지원	387,000	축수산과	1	2	7	8	7	3	1	4
3804	경기 시흥시	학생승마교실 운영	224,000	축수산과	1	2	7	8	7	3	1	4
3805	경기 시흥시	4-H회원 역량강화 교육	3,500	농업기술과	1	6	7	8	7	5	5	4
3806	경기 시흥시	가족 농부학교 지원	40,000	농업기술과	1	4	7	8	7	5	5	4
3807	경기 시흥시	농업인단체 지역네트워크 구축 워크숍	11,700	농업기술과	1	4	7	8	7	5	5	4
3808	경기 시흥시	농촌지도자양성교육	1,600	농업기술과	1	2	7	8	7	5	5	4
3809	경기 시흥시	농촌지도자회원 농업정보지 제공	19,920	농업기술과	1	6	7	8	7	5	5	4
3810	경기 시흥시	농촌지도자회원 역량강화 교육	1,500	농업기술과	1	6	7	8	7	5	5	4
3811	경기 시흥시	도시농업활성화 시범	60,000	농업기술과	1	4	7	8	7	5	5	4
3812	경기 시흥시	도시환경농업 활성화 시범	20,000	농업기술과	1	4	7	8	7	5	5	4
3813	경기 시흥시	돌발 병해충 방제비 지원	10,500	농업기술과	1	6	7	8	7	5	5	4
3814	경기 시흥시	벼 병해충 항공방제 농자재 지원	515,540	농업기술과	1	4	7	8	7	5	5	4
3815	경기 시흥시	생활개선회 생활정보지 제공	15,600	농업기술과	1	6	7	8	7	5	5	4
3816	경기 시흥시	시흥시쌀연구회 학습활동 지원	2,700	농업기술과	1	4	7	8	7	5	5	4
3817	경기 시흥시	연근생산단지 육성 지원	100,000	농업기술과	1	4	7	8	7	5	5	4
3818	경기 시흥시	친환경시흥쌀 생산지원	270,000	농업기술과	1	4	7	8	7	5	5	4
3819	경기 시흥시	5060 신중년 교육 프로그램 지원	30,000	평생학습과	1	6	7	8	7	5	5	4
3820	경기 시흥시	경기평생학습동아리 지원	55,000	평생학습과	1	4	1	1	1	1	1	1
3821	경기 시흥시	마을배움터 프로그램 지원	18,000	평생학습과	1	6	7	8	7	1	1	1
3822	경기 시흥시	성인문해교육 지원사업	58,981	평생학습과	1	4	7	8	7	5	5	4
3823	경기 시흥시	장애인 평생교육 프로그램 지원	25,000	평생학습과	1	6	7	8	7	5	5	4

순번	시군구	지출명 (사업명)	2021년예산 (단위:천원/1년간)	담당자 (공무원) 담당부서	민간이전 분류 (지방자치단체 세출예산 집행기준에 의거) 1. 민간경상사업보조(307-02) 2. 민간단체 법정운영비보조(307-03) 3. 민간행사사업보조(307-04) 4. 민간위탁금(307-05) 5. 사회복지시설 법정운영비보조(307-10) 6. 민간인위탁교육비(307-12) 7. 공기관등에대한경상적위탁사업비(308-11) 8. 민간자본사업보조,자체재원(402-01) 9. 민간자본사업보조,이전재원(402-02) 10. 민간위탁사업비(402-03) 11. 공기관등에 대한 자본적 대행사업비(403-02)	민간이전지출 근거 (지방보조금 관리기준 참고) 1. 법률에 규정 2. 국고보조 재원(국가지정) 3. 용도 지정 기부금 4. 조례에 직접규정 5. 지자체가 권장하는 사업을 하는 공공기관 6. 시,도 정책 및 재정사정 7. 기타 8. 해당없음	입찰방식 계약체결방법 (경쟁형태) 1. 일반경쟁 2. 제한경쟁 3. 지명경쟁 4. 수의계약 5. 법정위탁 6. 기타 ( ) 7. 해당없음	입찰방식 계약기간 1. 1년 2. 2년 3. 3년 4. 4년 5. 5년 6. 기타 ( )년 7. 단기계약 (1년미만) 8. 해당없음	입찰방식 낙찰자선정방법 1. 적격심사 2. 협상에의한계약 3. 최저가낙찰제 4. 규격가격분리 5. 2단계 경쟁입찰 6. 기타 ( ) 7. 해당없음	운영예산 산정 운영예산 산정 1. 내부산정 (지자체 자체적으로 산정) 2. 외부산정 (외부전문기관위탁 산정) 3. 내·외부 모두 산정 4. 산정 無 5. 해당없음	운영예산 산정 정산방법 1. 내부정산 (지자체 내부적으로 정산) 2. 외부정산 (외부전문기관위탁 정산) 3. 내·외부 모두 산정 4. 정산 無 5. 해당없음	성과평가 실시여부 1. 실시 2. 미실시 3. 향후 추진 4. 해당없음
3824	경기 시흥시	평생학습마을 공동체 지원	182,000	평생학습과	1	6	6	1	6	5	1	1
3825	경기 시흥시	학습동아리 활성화 지원사업	35,840	평생학습과	1	4	1	1	1	1	1	1
3826	경기 시흥시	서울대 교육협력사업	3,078	교육자치과	1	4	7	8	7	5	1	1
3827	경기 시흥시	시흥마을교육자치회 지원사업	180,000	교육자치과	1	4	7	8	7	1	1	4
3828	경기 시흥시	공공청소년수련시설 프로그램 운영지원	30,000	청년청소년과	1	6	7	8	7	1	1	1
3829	경기 시흥시	창업지원금	120,000	청년청소년과	1	2	7	8	7	1	1	4
3830	경기 시흥시	청년문화 활성화 지원사업	25,200	청년청소년과	1	4	7	8	7	1	1	4
3831	경기 시흥시	청년창업자 보조금 지원	20,000	청년청소년과	1	6	1	7	1	1	1	1
3832	경기 시흥시	청소년공부방 지원	19,050	청년청소년과	1	6	7	8	7	1	1	1
3833	경기 시흥시	청소년유해환경감시 및 학교폭력 예방 활동 지원	11,200	청년청소년과	1	1	1	7	1	1	1	3
3834	경기 시흥시	청소년종합예술제 지원	17,500	청년청소년과	1	6	7	8	7	1	1	1
3835	경기 시흥시	학교 밖 북한이탈 청소년 지원	8,000	청년청소년과	1	1	1	1	1	1	1	3
3836	경기 시흥시	우수 작은도서관 육성	51,240	중앙도서관	1	1	7	8	7	1	1	1
3837	경기 시흥시	작은도서관 냉난방비 지원	18,800	중앙도서관	1	1	7	8	7	1	1	1
3838	경기 시흥시	댓골뱀내 디딤돌 사업	6,000	마을복지과	1	8	1	1	1	1	1	3
3839	경기 시흥시	자원봉사로 꽃 피는 매화동	4,470	매화동	1	4	7	8	7	5	5	4
3840	경기 시흥시	어르신 집안 안전지대 만들기	15,000	군자동	1	1	7	8	7	5	5	4
3841	경기 시흥시	개구쟁이 인형극단	50,000	정왕본동	1	4	7	8	7	5	5	4
3842	경기 시흥시	마을과 이웃이 돌보는 졸업없는 80청춘학교	13,000	월곶동	1	1	7	8	7	5	5	4
3843	경기 시흥시	우리 곁愛 있어 幸福한 달월마을	8,800	월곶동	1	1	7	8	7	5	5	4
3844	경기 시흥시	월곶동 우리동네 가디언스	10,000	월곶동	1	1	7	8	7	5	5	4
3845	경기 안성시	의료관련감염병 표본감시체계운영	10,000	보건위생과	1	1	7	8	7	1	1	4
3846	경기 안성시	응급환자 신속대응 체계구축	48,000	보건위생과	1	1	7	8	7	5	5	4
3847	경기 안성시	지역응급의료기관평가결과 보조금	115,000	보건위생과	1	1	7	8	7	5	5	4
3848	경기 안성시	건강도시사업	84,460	건강증진과	1	6	7	8	7	5	5	4
3849	경기 여주시	여주시 새마을회사업지원	36,160	시민소통담당관	1	1	7	8	7	1	1	1
3850	경기 여주시	바르게살기운동 여주시협의회 사업지원	18,840	시민소통담당관	1	1	7	8	7	1	1	1
3851	경기 여주시	한국자유총연맹여주시지회 사업지원	15,880	시민소통담당관	1	1	7	8	7	1	1	1
3852	경기 여주시	민주평화통일자문회의 여주시협의회 사업지원	20,570	시민소통담당관	1	1	7	8	7	1	1	1
3853	경기 여주시	여주시재향군인회사업지원	9,160	시민소통담당관	1	1	7	8	7	1	1	1
3854	경기 여주시	지방행정동우회여주시지부사업지원	17,350	시민소통담당관	1	1	7	8	7	1	1	1
3855	경기 여주시	범죄피해자지원센터사업지원	15,000	시민소통담당관	1	1	7	8	7	1	1	1
3856	경기 여주시	한국전쟁전후민간인희생자 여주시유족회 지원	15,000	시민소통담당관	1	4	7	8	7	1	1	1
3857	경기 여주시	어머니폴리스 지원	3,000	시민소통담당관	1	4	7	8	7	1	1	1
3858	경기 여주시	학부모폴리스 지원	2,000	시민소통담당관	1	4	7	8	7	1	1	1
3859	경기 여주시	북한이탈주민과 가족맺기	10,000	시민소통담당관	1	1	7	8	7	1	1	1
3860	경기 여주시	보훈단체 사업비지원	8,120	복지행정과	1	4	7	8	7	5	5	4
3861	경기 여주시	보훈단체 사업비지원	6,700	복지행정과	1	4	7	8	7	5	5	4
3862	경기 여주시	보훈단체 사업비지원	6,434	복지행정과	1	4	7	8	7	5	5	4
3863	경기 여주시	보훈단체 사업비지원	6,845	복지행정과	1	4	7	8	7	5	5	4
3864	경기 여주시	보훈단체 사업비지원	10,850	복지행정과	1	4	7	8	7	5	5	4
3865	경기 여주시	보훈단체 사업비지원	14,430	복지행정과	1	4	7	8	7	5	5	4
3866	경기 여주시	보훈단체 사업비지원	6,020	복지행정과	1	4	7	8	7	5	5	4
3867	경기 여주시	보훈단체 사업비지원	1,460	복지행정과	1	4	7	8	7	5	5	4
3868	경기 여주시	보훈단체 사업비지원	10,510	복지행정과	1	4	7	8	7	5	5	4
3869	경기 여주시	장애인단체연합회 사업지원	15,000	사회복지과	1	1	7	8	7	5	1	4
3870	경기 여주시	지체장애인협회 여주시지회 사업지원	13,620	사회복지과	1	1	7	8	7	5	1	4
3871	경기 여주시	교통장애인협회 여주시지회 사업지원	4,310	사회복지과	1	1	7	8	7	5	1	4
3872	경기 여주시	장애인복지회 여주시지회 사업지원	5,690	사회복지과	1	1	7	8	7	5	1	4
3873	경기 여주시	정보화협회 여주시지회 사업지원	20,600	사회복지과	1	1	7	8	7	5	1	4
3874	경기 여주시	농아인협회 여주시지회 사업지원	7,600	사회복지과	1	1	7	8	7	5	1	4

순번	시군구	지출명 (사업명)	2021년예산 (단위:천원/1년간)	담당자 (공무원) 담당부서	민간이전 분류 (지방자치단체 세출예산 집행기준에 의거) 1. 민간경상사업보조(307-02) 2. 민간단체 법정운영비보조(307-03) 3. 민간행사사업보조(307-04) 4. 민간위탁금(307-05) 5. 사회복지시설 법정운영비보조(307-10) 6. 민간인위탁교육비(307-12) 7. 공기관등에대한경상적위탁사업비(308-11) 8. 민간자본사업보조,자체재원(402-01) 9. 민간자본사업보조,이전재원(402-02) 10. 민간위탁사업비(402-03) 11. 공기관등에 대한 자본적 대행사업비(403-02)	민간이전지출 근거 (지방보조금 관리기준 참고) 1. 법률에 규정 2. 국고보조 재원(국가지정) 3. 용도 지정 기부금 4. 조례에 직접규정 5. 지자체가 권장하는 사업을 하는 공공기관 6. 시,도 정책 및 재정사정 7. 기타 8. 해당없음	입찰방식 계약체결방법 (경쟁형태) 1. 일반경쟁 2. 제한경쟁 3. 지명경쟁 4. 수의계약 5. 법정위탁 6. 기타 ( ) 7. 해당없음	계약기간 1. 1년 2. 2년 3. 3년 4. 4년 5. 5년 6. 기타 ( )년 7. 단기계약 (1년미만) 8. 해당없음	낙찰자선정방법 1. 적격심사 2. 협상에의한계약 3. 최저가낙찰제 4. 규격가격분리 5. 2단계 경쟁입찰 6. 기타 ( ) 7. 해당없음	운영예산 산정 운영예산 산정 1. 내부산정 (지자체 자체적으로 산정) 2. 외부산정 (외부전문기관위탁 산정) 3. 내·외부 모두 산정 4. 산정 無 5. 해당없음	정산방법 1. 내부정산 (지자체 내부적으로 정산) 2. 외부정산 (외부전문기관위탁 정산) 3. 내·외부 모두 산정 4. 정산 無 5. 해당없음	성과평가 실시여부 1. 실시 2. 미실시 3. 향후 추진 4. 해당없음
3875	경기 여주시	시각장애인협회 여주시지회 사업지원	11,804	사회복지과	1	1	7	8	7	5	1	4
3876	경기 여주시	장애인자립생활센터 사업지원	2,820	사회복지과	1	1	7	8	7	5	1	4
3877	경기 여주시	장애인복지회 합창단 지원	5,400	사회복지과	1	1	7	8	7	5	1	4
3878	경기 여주시	교통사고 예방캠페인 차량지원사업	32,214	사회복지과	1	1	7	8	7	5	1	4
3879	경기 여주시	어린이집연합회 지원	9,000	여성가족과	1	4	7	8	7	1	1	2
3880	경기 여주시	청소년 보호 및 선도	13,000	여성가족과	1	1	7	8	7	5	5	4
3881	경기 여주시	청소년 동아리활동 지원	16,500	여성가족과	1	2	7	8	7	5	5	4
3882	경기 여주시	경기도 민속예술제 참가 지원	15,000	문화예술과	1	1	1	7	1	1	1	1
3883	경기 여주시	향교 유림 전통문화계승	21,000	문화예술과	1	1	1	7	1	1	1	1
3884	경기 여주시	향교 기로연	8,000	문화예술과	1	1	1	7	1	1	1	1
3885	경기 여주시	장애인 문화예술 진흥사업	10,000	문화예술과	1	1	1	7	1	1	1	1
3886	경기 여주시	지역문화예술 플랫폼 육성	136,764	문화예술과	1	1	1	7	1	1	1	1
3887	경기 여주시	여강길 차량구입 제반비용	5,000	관광체육과	1	4	6	3	6	1	1	3
3888	경기 여주시	여주도자기 발전 사업 지원	9,860	관광체육과	1	5	4	1	7	1	1	4
3889	경기 여주시	여주 도자식기 구입비 지원	48,000	관광체육과	1	1	7	8	7	1	1	4
3890	경기 여주시	제67회 경기도체육대회 출전	150,000	관광체육과	1	1	7	8	7	5	1	1
3891	경기 여주시	여주시민축구단 운영 지원	50,000	관광체육과	1	1	7	8	7	5	1	1
3892	경기 여주시	일반생활체육지도자 배치	233,489	관광체육과	1	1	7	8	7	5	1	1
3893	경기 여주시	어르신생활체육지도자 배치	135,790	관광체육과	1	1	7	8	7	5	1	1
3894	경기 여주시	장애인생활체육지도자 배치	65,803	관광체육과	1	1	7	8	7	5	1	1
3895	경기 여주시	일반생활체육지도자 처우개선비	8,351	관광체육과	1	1	7	8	7	5	1	1
3896	경기 여주시	어르신생활체육지도자 처우개선비	4,772	관광체육과	1	1	7	8	7	5	1	1
3897	경기 여주시	장애인생활체육지도자 처우개선비	2,386	관광체육과	1	1	7	8	7	5	1	1
3898	경기 여주시	스포츠강좌이용권 지원	83,840	관광체육과	1	1	7	8	7	5	5	4
3899	경기 여주시	장애인스포츠강좌이용권 지원	6,400	관광체육과	1	1	7	8	7	5	5	4
3900	경기 여주시	G-스포츠클럽 사업	40,000	관광체육과	1	1	7	8	7	5	1	1
3901	경기 여주시	초등스포츠클럽 육성 지원 사업	11,520	관광체육과	1	1	7	8	7	5	1	1
3902	경기 여주시	한국노총 지원	3,000	일자리경제과	1	1	7	8	7	5	5	4
3903	경기 여주시	노동안전지킴이 운영	180,000	일자리경제과	1	6	7	8	7	5	5	4
3904	경기 여주시	노동권익 서포터즈 운영	64,980	일자리경제과	1	6	7	8	7	5	5	4
3905	경기 여주시	창업보육센터 운영지원	35,000	일자리경제과	1	4	6	1	6	2	1	1
3906	경기 여주시	국내전시회 참가기업 지원사업	14,000	일자리경제과	1	4	7	8	7	1	1	1
3907	경기 여주시	지역자율방재단 활동 지원	20,000	시민안전과	1	6	7	8	7	1	1	4
3908	경기 여주시	교통사고 예방 홍보	20,099	교통행정과	1	1	1	1	2	1	1	1
3909	경기 여주시	교통사고 예방 홍보	4,897	교통행정과	1	1	1	1	2	1	1	1
3910	경기 여주시	농촌지도자 역량강화교육	1,500	기술기획과	1	4	7	8	7	5	5	4
3911	경기 여주시	읍면지구 학습단체육성 지원	10,000	기술기획과	1	4	7	8	7	5	5	4
3912	경기 여주시	4-H 회원 과제교육	20,000	기술기획과	1	1	7	8	7	5	5	4
3913	경기 여주시	농산물가공제품 온라인 포장재 개발 시범	16,000	기술기획과	1	6	7	8	7	5	5	4
3914	경기 여주시	여주농촌관광 활성화 지원	40,000	기술기획과	1	4	7	8	7	5	5	4
3915	경기 여주시	GAP인증 벼 재배단지 협업사업 지원	1,750	기술보급과	1	1	7	8	7	5	5	4
3916	경기 여주시	돌발 병해충 방제비 지원	51,000	기술보급과	1	1	7	8	7	5	5	4
3917	경기 여주시	공공급식용 안전과수 생산시범	40,000	기술보급과	1	1	7	8	7	5	5	4
3918	경기 여주시	꽃 소비 촉진 전시홍보 활성화	10,000	기술보급과	1	1	7	8	7	5	5	4
3919	경기 여주시	곤충산업 활성화 시범	50,000	기술보급과	1	1	7	8	7	5	5	4
3920	경기 여주시	반려곤충 활용 프로그램 개발 보급 시범	30,000	기술보급과	1	1	7	8	7	5	5	4
3921	경기 여주시	곤충 가공상품화 마케팅 기반조성	30,000	기술보급과	1	1	7	8	7	5	5	4
3922	경기 여주시	검역병해충	18,150	기술보급과	1	1	7	8	7	5	5	4
3923	경기 여주시	과수돌발병해충	98,450	기술보급과	1	1	7	8	7	5	5	4
3924	경기 여주시	주민자치센터 운영비	50,000	가남읍	1	4	7	8	7	1	1	1
3925	경기 여주시	주민자치센터 운영지원	50,000	능서면	1	4	7	8	7	1	1	1

순번	시군구	지출명 (사업명)	2021년예산 (단위:천원/1년간)	담당자 (공무원) 담당부서	민간이전 분류 (지방자치단체 세출예산 집행기준에 의거) 1. 민간경상사업보조(307-02) 2. 민간단체 법정운영비보조(307-03) 3. 민간행사사업보조(307-04) 4. 민간위탁금(307-05) 5. 사회복지시설 법정운영비보조(307-10) 6. 민간인위탁교육비(307-12) 7. 공기관등에대한경상적위탁사업비(308-11) 8. 민간자본사업보조,자체재원(402-01) 9. 민간자본사업보조,이전재원(402-02) 10. 민간위탁사업비(402-03) 11. 공기관등에 대한 자본적 대행사업비(403-02)	민간이전지출 근거 (지방보조금 관리기준 참고) 1. 법률에 규정 2. 국고보조 재원(국가지정) 3. 용도 지정 기부금 4. 조례에 직접규정 5. 지자체가 권장하는 사업을 하는 공공기관 6. 시,도 정책 및 재정사정 7. 기타 8. 해당없음	입찰방식 계약체결방법 (경쟁형태) 1. 일반경쟁 2. 제한경쟁 3. 지명경쟁 4. 수의계약 5. 법정위탁 6. 기타 ( ) 7. 해당없음	입찰방식 계약기간 1. 1년 2. 2년 3. 3년 4. 4년 5. 5년 6. 기타 ( )년 7. 단기계약 (1년미만) 8. 해당없음	입찰방식 낙찰자선정방법 1. 적격심사 2. 협상에의한계약 3. 최저가낙찰제 4. 규격가격분리 5. 2단계 경쟁입찰 6. 기타 ( ) 7. 해당없음	운영예산 산정 운영예산 산정 1. 내부산정 (지자체 자체적으로 산정) 2. 외부산정 (외부전문기관위탁 산정) 3. 내·외부 모두 산정 4. 산정 無 5. 해당없음	운영예산 산정 정산방법 1. 내부정산 (지자체 내부적으로 정산) 2. 외부정산 (외부전문기관위탁 정산) 3. 내·외부 모두 산정 4. 정산 無 5. 해당없음	성과평가 실시여부 1. 실시 2. 미실시 3. 향후 추진 4. 해당없음
3926	경기 여주시	주민자치센터 운영비 지원	50,000	흥천면	1	4	7	8	7	1	1	2
3927	경기 여주시	주민자치센터 운영지원	50,000	금사면	1	4	7	8	7	1	1	1
3928	경기 여주시	주민자치센터 운영비	50,000	대신면	1	4	7	8	7	1	1	1
3929	경기 김포시	대안교육기관 급식비 지원	108,458	교육청소년과	1	4	7	8	7	1	1	4
3930	경기 김포시	장애인 평생교육 프로그램지원	21,000	교육청소년과	1	4	7	8	7	5	1	1
3931	경기 김포시	장애인평생교육시설 운영지원	49,440	교육청소년과	1	4	7	8	7	5	1	1
3932	경기 김포시	경기 평생학습동아리 지원사업	15,000	교육청소년과	1	4	7	8	7	5	1	1
3933	경기 김포시	5060 신중년 프로그램 지원사업	15,000	교육청소년과	1	6	7	8	7	5	5	4
3934	경기 김포시	원예농가 상토 지원 시범	73,750	기술지원과	1	6	7	8	7	1	1	1
3935	경기 김포시	운행경유차 배출가스 저감사업	11,649	기후에너지과	1	2	5	8	7	2	2	4
3936	경기 김포시	천연가스차량 연료비 보조금	297,480	기후에너지과	1	2	7	8	7	5	5	4
3937	경기 김포시	강소농 자율모임체 브랜드 가치 활성화 시범	16,000	농업진흥과	1	1	7	8	7	5	5	4
3938	경기 김포시	귀농창업 활성화 지원	22,000	농업진흥과	1	1	7	8	7	5	5	4
3939	경기 김포시	도시재생 주민제안공모사업 보조	46,000	도시관리과	1	4	7	8	7	5	5	4
3940	경기 김포시	김포시 하천살리기추진단 운영	36,877	안전총괄과	1	1	7	8	7	1	1	1
3941	경기 김포시	하천·하구 쓰레기 정화사업	45,000	안전총괄과	1	1	7	8	7	1	1	2
3942	경기 김포시	위안부 인권과 명예회복을 위한 기념사업 지원	3,800	여성가족과	1	7	7	8	7	1	1	4
3943	경기 김포시	김포시 새마을회 지원	11,000	주민협치담당관	1	4	7	8	7	5	5	4
3944	경기 김포시	바르게살기운동 김포시협의회 지원	30,050	주민협치담당관	1	4	7	8	7	5	5	4
3945	경기 김포시	한국자유총연맹 김포시지회 지원	1,700	주민협치담당관	1	1	7	8	7	5	5	4
3946	경기 김포시	해병대전우회 지원	15,210	주민협치담당관	1	4	7	8	7	5	5	4
3947	경기 김포시	특전동지회 지원	3,040	주민협치담당관	1	4	7	8	7	5	5	4
3948	경기 김포시	김포지속가능발전협의회 지원	42,570	주민협치담당관	1	4	7	8	7	5	5	4
3949	경기 김포시	살기 좋은 마을만들기	93,000	주민협치담당관	1	4	7	8	7	5	5	4
3950	경기 김포시	마을공동체 공동체활동 지원사업	110,000	주민협치담당관	1	4	7	8	7	1	1	3
3951	경기 김포시	아동돌봄공동체 조성사업	20,000	주민협치담당관	1	4	7	8	7	1	1	3
3952	경기 김포시	경기 행복마을관리소 지원사업	733,032	주민협치담당관	1	4	7	8	7	1	1	3
3953	경기 김포시	사회적기업 일자리창출사업	524,044	주민협치담당관	1	2	7	8	7	5	1	2
3954	경기 김포시	사회적기업 사회보험료 지원	140,092	주민협치담당관	1	2	7	8	7	5	1	2
3955	경기 김포시	사회적경제기업 사업개발비 지원	204,363	주민협치담당관	1	2	7	8	7	5	1	2
3956	경기 김포시	마을기업 육성	50,000	주민협치담당관	1	2	7	8	7	5	1	2
3957	경기 김포시	사회적경제 우수 아이디어 창업 지원금	32,000	주민협치담당관	1	4	7	8	7	5	1	1
3958	경기 김포시	영구임대주택등 공동전기요금 지원	54,800	주택과	1	4	7	8	7	1	1	1
3959	경기 김포시	공동주택 전자투표 지원	5,000	주택과	1	4	7	1	7	1	1	1
3960	경기 김포시	김포시 태권도시범단 운영	125,000	체육과	1	1	7	8	7	1	1	1
3961	경기 김포시	유소년 스포츠 육성지원	172,872	체육과	1	1	7	8	7	1	1	1
3962	경기 김포시	경기도 체육대회 출전지원	249,500	체육과	1	1	7	8	7	1	1	1
3963	경기 김포시	경기도 체육대회 출전 우수선수 육성지원	187,000	체육과	1	1	7	8	7	1	1	1
3964	경기 김포시	가맹단체 종목별 체육대회 출전지원	16,000	체육과	1	1	7	8	7	1	1	1
3965	경기 김포시	소년체전 및 전국체육대회 출전지원	10,000	체육과	1	1	7	8	7	1	1	1
3966	경기 김포시	공공체육시설 사용료	15,000	체육과	1	1	7	8	7	1	1	1
3967	경기 김포시	경기도 장애인체육대회 출전지원	40,000	체육과	1	1	7	8	7	1	1	1
3968	경기 김포시	경기도 장애인 생활체육대회 출전지원	13,000	체육과	1	1	7	8	7	1	1	1
3969	경기 김포시	각종 장애인체육대회 출전지원	24,000	체육과	1	1	7	8	7	1	1	1
3970	경기 김포시	장애인체육 활성화지원	30,000	체육과	1	1	7	8	7	1	1	1
3971	경기 김포시	장애인 우수선수 훈련지원	6,000	체육과	1	1	7	8	7	1	1	1
3972	경기 김포시	장애인꿈나무 유소년스포츠 육성지원	7,000	체육과	1	1	7	8	7	1	1	1
3973	경기 김포시	장애인생활체육지도자 처우개선	19,514	체육과	1	1	7	8	7	1	1	1
3974	경기 김포시	장애인생활체육지도자 배치 지원	87,696	체육과	1	1	7	8	7	1	1	1
3975	경기 김포시	장애인생활체육지도자 명절수당 지원	3,579	체육과	1	1	7	8	7	1	1	1
3976	경기 김포시	경기도생활체육대축전 출전지원	130,000	체육과	1	1	7	8	7	1	1	1

순번	시군구	지출명 (사업명)	2021년예산 (단위:천원/1년간)	담당자 (공무원) 담당부서	민간이전 분류 (지방자치단체 세출예산 집행기준에 의거) 1. 민간경상사업보조(307-02) 2. 민간단체 법정운영비보조(307-03) 3. 민간행사사업보조(307-04) 4. 민간위탁금(307-05) 5. 사회복지시설 법정운영비보조(307-10) 6. 민간인위탁교육비(307-12) 7. 공기관등에대한경상적위탁사업비(308-11) 8. 민간자본사업보조,자체재원(402-01) 9. 민간자본사업보조,이전재원(402-02) 10. 민간위탁사업비(402-03) 11. 공기관등에 대한 자본적 대행사업비(403-02)	민간이전지출 근거 (지방보조금 관리기준 참고) 1. 법률에 규정 2. 국고보조 재원(국가지정) 3. 용도 지정 기부금 4. 조례에 직접규정 5. 지자체가 권장하는 사업을 하는 공공기관 6. 시,도 정책 및 재정사정 7. 기타 8. 해당없음	입찰방식: 계약체결방법 (경쟁형태) 1. 일반경쟁 2. 제한경쟁 3. 지명경쟁 4. 수의계약 5. 법정위탁 6. 기타 ( ) 7. 해당없음	입찰방식: 계약기간 1. 1년 2. 2년 3. 3년 4. 4년 5. 5년 6. 기타 ( )년 7. 단기계약 (1년미만) 8. 해당없음	입찰방식: 낙찰자선정방법 1. 적격심사 2. 협상에의한계약 3. 최저가낙찰제 4. 규격가격분리 5. 2단계 경쟁입찰 6. 기타 ( ) 7. 해당없음	운영예산 산정: 운영예산 산정 1. 내부산정 (지자체 자체적으로 산정) 2. 외부산정 (외부전문기관위탁 산정) 3. 내·외부 모두 산정 4. 산정 無 5. 해당없음	운영예산 산정: 정산방법 1. 내부정산 (지자체 내부적으로 정산) 2. 외부정산 (외부전문기관위탁 정산) 3. 내·외부 모두 산정 4. 정산 無 5. 해당없음	성과평가 실시여부 1. 실시 2. 미실시 3. 향후 추진 4. 해당없음
3977	경기 김포시	각종 생활체육대회 출전지원	100,600	체육과	1	1	7	8	7	1	1	1
3978	경기 김포시	취약계층 생활체육단체 육성지원	22,000	체육과	1	1	7	8	7	1	1	1
3979	경기 김포시	생활체육 진흥사업 추진	37,400	체육과	1	1	7	8	7	1	1	1
3980	경기 김포시	공공체육시설 사용료 지원	35,000	체육과	1	1	7	8	7	1	1	1
3981	경기 김포시	일반생활체육지도자 배치	175,392	체육과	1	1	7	8	7	1	1	1
3982	경기 김포시	어르신생활체육지도자 배치	116,928	체육과	1	1	7	8	7	1	1	1
3983	경기 김포시	일반 어르신생활체육지도자 명절수당 지원	11,930	체육과	1	1	7	8	7	1	1	1
3984	경기 김포시	일반 어르신생활체육지도자 처우개선	66,446	체육과	1	1	7	8	7	1	1	1
3985	경기 김포시	꿈나무체육 육성지원	230,000	체육과	1	1	7	8	7	1	1	1
3986	경기 김포시	초등스포츠클럽 육성지원	38,684	체육과	1	1	7	8	7	1	1	1
3987	경기 김포시	G-스포츠클럽	233,000	체육과	1	1	7	8	7	1	1	1
3988	경기 김포시	돼지써코백신 지원	44,400	축수산과	1	2	7	8	7	2	1	1
3989	경기 김포시	구제역 예방백신 구입지원	99,975	축수산과	1	2	7	8	7	2	1	1
3990	경기 김포시	CCTV 등 방역인프라 지원	348,000	축수산과	1	2	7	8	7	2	1	2
3991	경기 김포시	닭진드기 공동방제 지원	72,000	축수산과	1	2	7	8	7	2	1	1
3992	경기 김포시	가금농가 질병관리 지원	6,000	축수산과	1	2	7	8	7	2	1	1
3993	경기 김포시	축산관련차량 GPS 단말기 상시전원공급체계 구축	7,800	축수산과	1	2	7	8	7	2	1	1
3994	경기 김포시	공동방제단 운영	95,154	축수산과	1	2	7	8	7	2	1	1
3995	경기 김포시	배합사료 가공재료 지원	18,665	축수산과	1	1	7	8	7	1	1	2
3996	경기 김포시	낙농산업 경쟁력 강화사업	71,850	축수산과	1	1	7	8	7	2	1	2
3997	경기 김포시	조사료생산용 사일리지 제조운송비 지원	152,880	축수산과	1	1	7	8	7	2	1	2
3998	경기 김포시	조사료생산용 종자구입 지원	18,460	축수산과	1	1	7	8	7	2	1	2
3999	경기 김포시	조사료생산용 볏짚비닐 지원	55,000	축수산과	1	1	7	8	7	2	1	2
4000	경기 김포시	가축분뇨 액비살포비 지원	15,000	축수산과	1	1	7	8	7	2	1	2
4001	경기 김포시	소형저온저장고 지원	9,000	축수산과	1	1	7	8	7	1	1	2
4002	경기 김포시	양봉산물정보 제공사업	4,500	축수산과	1	1	7	8	7	2	1	2
4003	경기 김포시	지속가능한 양봉산업 기반조성	11,200	축수산과	1	1	7	8	7	2	1	2
4004	경기 김포시	안전축산물 유통	3,000	축수산과	1	1	7	8	7	1	1	2
4005	경기 김포시	가축재해보험가입지원	75,265	축수산과	1	1	7	8	7	2	1	2
4006	경기 김포시	경기한우명품화사업	94,150	축수산과	1	1	7	8	7	2	1	2
4007	경기 김포시	축산환경개선사업	395,800	축수산과	1	1	7	8	7	2	1	2
4008	경기 김포시	폭염대비 등 면역증강제 지원	15,000	축수산과	1	1	7	8	7	1	1	2
4009	경기 김포시	축산재해 긴급 지원	10,000	축수산과	1	1	7	8	7	1	1	2
4010	경기 김포시	수산업경영인행사지원	3,000	축수산과	1	7	7	8	7	1	1	2
4011	경기 김포시	수산업안전보험가입지원	150,000	축수산과	1	1	7	8	7	1	1	2
4012	경기 김포시	대한적십자사 김포지구협의회 지원	8,400	행정과	1	4	7	8	7	1	1	1
4013	경기 김포시	민주평화통일자문회의 지원	53,700	행정과	1	4	7	8	7	1	1	1
4014	경기 김포시	김포시이북도민회 지원	2,510	행정과	1	4	7	8	7	1	1	1
4015	경기 화성시	사회적경제 활성화 추진단 혁신과제 지원사업	30,000	사회적경제과	1	4	7	8	7	5	5	4
4016	경기 화성시	공유촉진사업 공모 지원	40,000	사회적경제과	1	4	7	8	7	5	5	4
4017	경기 화성시	사회적경제 활성화 추진단 혁신과제 지원사업	30,000	사회적경제과	1	4	7	8	7	5	5	4
4018	경기 화성시	공유경제 창업지원	40,000	사회적경제과	1	6	7	8	7	5	5	4
4019	경기 화성시	공정무역 활동가 양성 프로그램	15,000	사회적경제과	1	4	7	8	7	5	5	4
4020	경기 화성시	청소년 공정무역 교실	30,000	사회적경제과	1	4	7	8	7	5	5	4
4021	경기 화성시	생활속 공정무역운동 실천	15,000	사회적경제과	1	4	7	8	7	5	5	4
4022	경기 화성시	마을기업 육성	30,000	사회적경제과	1	2	7	8	7	5	5	4
4023	경기 화성시	창업육성 사업	48,000	사회적경제과	1	6	7	8	7	1	1	4
4024	경기 화성시	지속성장 지원사업	60,000	사회적경제과	1	6	7	8	7	1	1	4
4025	경기 화성시	협업화 지원사업	60,000	사회적경제과	1	6	7	8	7	1	1	4
4026	경기 화성시	(예비)사회적기업 일자리창출사업	441,450	사회적경제과	1	2	7	8	7	5	5	4
4027	경기 화성시	(예비)사회적기업 사업개발비사업	90,837	사회적경제과	1	2	7	8	7	5	5	4

순번	시군구	지출명 (사업명)	2021년예산 (단위:천원/1년간)	담당자 (공무원) 담당부서	민간이전 분류 (지방자치단체 세출예산 집행기준에 의거) 1. 민간경상사업보조(307-02) 2. 민간단체 법정운영비보조(307-03) 3. 민간행사사업보조(307-04) 4. 민간위탁금(307-05) 5. 사회복지시설 법정운영비보조(307-10) 6. 민간인위탁교육비(307-12) 7. 공기관등에대한경상적위탁사업비(308-11) 8. 민간자본사업보조,자체재원(402-01) 9. 민간자본사업보조,이전재원(402-02) 10. 민간위탁사업비(402-03) 11. 공기관등에 대한 자본적 대행사업비(403-02)	민간이전지출 근거 (지방보조금 관리기준 참고) 1. 법률에 규정 2. 국고보조 재원(국가지정) 3. 용도 지정 기부금 4. 조례에 직접규정 5. 지자체가 권장하는 사업을 하는 공공기관 6. 시,도 정책 및 재정사정 7. 기타 8. 해당없음	입찰방식 계약체결방법 (경쟁형태) 1. 일반경쟁 2. 제한경쟁 3. 지명경쟁 4. 수의계약 5. 법정위탁 6. 기타 ( ) 7. 해당없음	입찰방식 계약기간 1. 1년 2. 2년 3. 3년 4. 4년 5. 5년 6. 기타 ( )년 7. 단기계약 (1년미만) 8. 해당없음	입찰방식 낙찰자선정방법 1. 적격심사 2. 협상에의한계약 3. 최저가낙찰제 4. 규격가격분리 5. 2단계 경쟁입찰 6. 기타 ( ) 7. 해당없음	운영예산 산정 운영예산 산정 1. 내부산정 (지자체 자체적으로 산정) 2. 외부산정 (외부전문기관위탁 산정) 3. 내·외부 모두 산정 4. 산정 無 5. 해당없음	운영예산 산정 정산방법 1. 내부정산 (지자체 내부적으로 정산) 2. 외부정산 (외부전문기관위탁 정산) 3. 내·외부 모두 산정 4. 정산 無 5. 해당없음	성과평가 실시여부 1. 실시 2. 미실시 3. 향후 추진 4. 해당없음
4028	경기 화성시	사회적기업 사회보험료 지원사업	316,517	사회적경제과	1	2	7	8	7	5	5	4
4029	경기 화성시	사회적경제조직 청년일자리 지원사업	82,852	사회적경제과	1	2	7	8	7	5	5	4
4030	경기 화성시	사회적경제 가치인식 확산 공모사업	20,000	사회적경제과	1	6	7	8	7	1	1	4
4031	경기 화성시	어선원 재해보험	103,000	해양수산과	1	1	7	8	7	5	5	1
4032	경기 화성시	어선 보험	50,000	해양수산과	1	1	7	8	7	5	5	1
4033	경기 화성시	어업인 안전보험	10,000	해양수산과	1	1	7	8	7	5	5	1
4034	경기 화성시	휴양마을 사무장채용지원	83,290	해양수산과	1	2	7	8	7	1	1	4
4035	경기 화성시	갯벌체험안전가이드 지원	86,840	해양수산과	1	2	7	8	7	1	1	4
4036	경기 화성시	도서주민 여객운임 지원	91,300	해양수산과	1	4	7	8	7	1	1	4
4037	경기 화성시	백미리해양생태휴양마을 사무장 인건비	22,572	해양수산과	1	2	7	8	7	1	1	4
4038	경기 화성시	국화항 어촌뉴딜사업 사무장 인건비	21,600	해양수산과	1	2	7	8	7	1	1	4
4039	경기 화성시	외래어종 및 무용생물 퇴치	100,000	해양수산과	1	1	7	8	7	1	1	1
4040	경기 화성시	청년어촌 정착지원	28,800	해양수산과	1	1	7	8	7	1	1	1
4041	경기 화성시	수산물 상생할인 지원	200,000	해양수산과	1	2	7	8	7	1	1	4
4042	경기 화성시	가축분뇨 수거운반비 지원	21,280	수질관리과	1	4	7	5	7	3	1	4
4043	경기 화성시	야생동물 피해예방사업	50,800	수질관리과	1	1	7	8	7	5	5	4
4044	경기 화성시	가축분뇨 수거운반비 지원	21,280	수질관리과	1	4	7	5	7	3	1	4
4045	경기 화성시	야생동물 피해예방사업	50,800	수질관리과	1	1	7	8	7	5	5	4
4046	경기 화성시	우수(전문)선수 및 지도자 육성	700,000	체육진흥과	1	1	7	8	7	3	1	1
4047	경기 화성시	학교운동부 육성	926,000	체육진흥과	1	1	7	8	7	3	1	1
4048	경기 화성시	유청소년 체육육성	130,000	체육진흥과	1	1	7	8	7	3	1	1
4049	경기 화성시	경기도체육대회 출전	350,000	체육진흥과	1	1	7	8	7	3	1	1
4050	경기 화성시	경기도생활체육대축전 출전	230,000	체육진흥과	1	1	7	8	7	3	1	1
4051	경기 화성시	도단위급이상종목별엘리트대회출전	35,000	체육진흥과	1	1	7	8	7	3	1	1
4052	경기 화성시	도지사기및도의장기 생활체육대회 출전	110,000	체육진흥과	1	1	7	8	7	3	1	1
4053	경기 화성시	일반생활체육지도자배치	204,624	체육진흥과	1	1	7	8	7	3	1	1
4054	경기 화성시	어르신생활체육지도자 배치	204,624	체육진흥과	1	1	7	8	7	3	1	1
4055	경기 화성시	생활체육지도자 배치사업	98,852	체육진흥과	1	1	7	8	7	3	1	1
4056	경기 화성시	생활체육지도자 처우개선	16,702	체육진흥과	1	1	7	8	7	3	1	1
4057	경기 화성시	초등스포츠클럽육성지원	115,536	체육진흥과	1	1	7	8	7	3	1	1
4058	경기 화성시	생활체육클럽육성	90,000	체육진흥과	1	1	7	8	7	3	1	1
4059	경기 화성시	생활체육프로그램활성화	15,000	체육진흥과	1	1	7	8	7	3	1	1
4060	경기 화성시	공원생활체육프로그램운영	20,000	체육진흥과	1	1	7	8	7	3	1	1
4061	경기 화성시	1시민1종목생활체육활성화	124,000	체육진흥과	1	1	7	8	7	3	1	1
4062	경기 화성시	장애인생활체육지도자 배치지원	146,160	체육진흥과	1	1	7	8	7	3	1	1
4063	경기 화성시	장애인생활체육지도자 배치지원	40,200	체육진흥과	1	1	7	8	7	3	1	1
4064	경기 화성시	장애인생활체육지도자 처우개선 지원	5,965	체육진흥과	1	1	7	8	7	3	1	1
4065	경기 화성시	경기도장애인체육대회 출전	60,000	체육진흥과	1	1	7	8	7	3	1	1
4066	경기 화성시	장애인종목별 출전지원	40,000	체육진흥과	1	1	7	8	7	3	1	1
4067	경기 화성시	경기도장애인생활체육대회출전	50,000	체육진흥과	1	1	7	8	7	3	1	1
4068	경기 화성시	장애인수영클럽운영	10,000	체육진흥과	1	1	7	8	7	3	1	1
4069	경기 화성시	장애인생활체육활성화사업	60,000	체육진흥과	1	1	7	8	7	3	1	1
4070	경기 화성시	초등학교바둑교실운영	150,000	체육진흥과	1	1	7	8	7	3	1	1
4071	경기 화성시	전국 및 국제규모 스포츠 대회 개최 및 출전	15,000	체육진흥과	1	1	7	8	7	3	1	1
4072	경기 화성시	화성FC 운영지원	1,656	체육진흥과	1	1	7	8	7	3	1	1
4073	경기 화성시	유청소년 축구단 운영지원	126,000	체육진흥과	1	1	7	8	7	3	1	1
4074	경기 화성시	청년농업인 경쟁력 제고사업	45,000	기술지원과	1	2	7	8	7	5	1	1
4075	경기 화성시	청소년4-H육성	25,000	기술지원과	1	1	7	8	7	5	1	4
4076	경기 화성시	청년 4-H 육성	10,000	기술지원과	1	1	7	8	7	5	1	4
4077	경기 화성시	청년농업인 육성	20,000	기술지원과	1	6	7	8	7	5	1	4
4078	경기 화성시	귀농창업 활성화지원	20,000	기술지원과	1	1	7	8	7	5	1	4

순번	시군구	지출명 (사업명)	2021년예산 (단위:천원/1년간)	담당자 (공무원) 담당부서	민간이전 분류 (지방자치단체 세출예산 집행기준에 의거) 1. 민간경상사업보조(307-02) 2. 민간단체 법정운영비보조(307-03) 3. 민간행사사업보조(307-04) 4. 민간위탁금(307-05) 5. 사회복지시설 법정운영비보조(307-10) 6. 민간인위탁교육비(307-12) 7. 공기관등에대한경상적위탁사업비(308-11) 8. 민간자본사업보조,자체재원(402-01) 9. 민간자본사업보조,이전재원(402-02) 10. 민간위탁사업비(402-03) 11. 공기관등에 대한 자본적 대행사업비(403-02)	민간이전지출 근거 (지방보조금 관리기준 참고) 1. 법률에 규정 2. 국고보조 재원(국가지정) 3. 용도 지정 기부금 4. 조례에 직접규정 5. 지자체가 권장하는 사업을 하는 공공기관 6. 시,도 정책 및 재정사정 7. 기타 8. 해당없음	입찰방식 계약체결방법 (경쟁형태) 1. 일반경쟁 2. 제한경쟁 3. 지명경쟁 4. 수의계약 5. 법정위탁 6. 기타 ( ) 7. 해당없음	입찰방식 계약기간 1. 1년 2. 2년 3. 3년 4. 4년 5. 5년 6. 기타 ( )년 7. 단기계약 (1년미만) 8. 해당없음	입찰방식 낙찰자선정방법 1. 적격심사 2. 협상에의한계약 3. 최저가낙찰제 4. 규격가격분리 5. 2단계 경쟁입찰 6. 기타 ( ) 7. 해당없음	운영예산 산정 운영예산 산정 1. 내부산정 (지자체 자체적으로 산정) 2. 외부산정 (외부전문기관위탁 산정) 3. 내·외부 모두 산정 4. 산정 無 5. 해당없음	운영예산 산정 정산방법 1. 내부정산 (지자체 내부적으로 정산) 2. 외부정산 (외부전문기관위탁 정산) 3. 내·외부 모두 산정 4. 정산 無 5. 해당없음	성과평가 실시여부 1. 실시 2. 미실시 3. 향후 추진 4. 해당없음
4079	경기 화성시	축산 유해요인 사전예방 시범	15,000	기술지원과	1	6	7	8	7	5	1	4
4080	경기 화성시	농작업 안전편이장비 보급 시범	7,500	기술지원과	1	6	7	8	7	5	5	4
4081	경기 화성시	일자리 우수기업 지원	150,000	일자리정책과	1	6	7	8	7	5	5	4
4082	경기 화성시	신중년 고용지원 사업	113,000	일자리정책과	1	1	7	8	7	5	5	4
4083	경기 화성시	산학관협력 인력양성	60,000	일자리정책과	1	2	7	8	7	1	1	3
4084	경기 화성시	청년 구직활동 지원	16,500	일자리정책과	1	4	7	8	7	5	5	4
4085	경기 화성시	화성형 우수기업 & 청년 매칭 지원	219,778	일자리정책과	1	2	7	8	7	1	1	3
4086	경기 화성시	디지털 뉴딜 청년일자리 지원	166,100	일자리정책과	1	2	7	8	7	5	5	4
4087	경기 화성시	지역노사민정협력화 활성화 지원사업	80,260	일자리정책과	1	2	7	8	7	1	1	1
4088	경기 화성시	노사화합지원	69,775	일자리정책과	1	4	7	8	7	1	1	1
4089	경기 화성시	노동안전지킴이 운영 사업	180,000	일자리정책과	1	6	7	8	7	5	5	4
4090	경기 화성시	지역노사관계발전지원	4,000	일자리정책과	1	8	7	8	7	5	5	4
4091	경기 화성시	청년지원센터 운영	233,893	일자리정책과	1	4	7	8	7	1	1	3
4092	경기 화성시	청년공간지원	20,000	일자리정책과	1	4	7	8	7	1	1	3
4093	경기 화성시	미술전시사업	27,000	문화예술과	1	4	7	8	7	1	1	1
4094	경기 화성시	미술전시사업	27,000	문화예술과	1	4	7	8	7	1	1	1
4095	경기 화성시	경기도민속예술제 참가지원	15,000	문화예술과	1	4	7	8	7	1	1	1
4096	경기 화성시	지역문화예술 플랫폼 육성	83,762	문화예술과	1	4	7	8	7	1	1	1
4097	경기 화성시	교통안전봉사단체 활동 지원	76,251	교통행정과	1	4	7	8	7	1	1	4
4098	경기 화성시	군공항 화성이전 대응 범시민운동 지원사업	60,000	군공항이전대응담당관	1	4	1	1	1	1	1	1
4099	경기 화성시	농산물가공 창업 시범	24,000	기술개발과	1	6	7	8	7	1	1	4
4100	경기 화성시	농산물가공제품 온라인 포장재 개발 시범	16,000	기술개발과	1	6	7	8	7	1	1	4
4101	경기 화성시	축산새기술보급	10,000	기술개발과	1	6	7	8	7	1	1	4
4102	경기 화성시	중소기업 육성지원	454,500	기업지원과	1	4	7	1	7	5	5	1
4103	경기 화성시	KOREA해외 지사화 사업	30,000	기업지원과	1	4	7	8	7	3	3	1
4104	경기 화성시	경기도 어린이 건강과일 공급 지원	2,148	농식품유통과	1	6	6	3	7	5	1	4
4105	경기 화성시	초등 돌봄교실 과일간식 지원	268,890	농식품유통과	1	2	7	8	7	5	1	4
4106	경기 화성시	향토산업육성사업	400,000	농식품유통과	1	1	7	7	7	1	3	1
4107	경기 화성시	통합마케팅 전문조식 육성사업	42,000	농식품유통과	1	1	7	8	7	5	5	4
4108	경기 화성시	쌀가공업체 경기미 구매차액 지원	7,000	농식품유통과	1	1	7	8	7	5	5	4
4109	경기 화성시	고품질 수출농산물 생산지원	90,470	농식품유통과	1	1	7	8	7	5	5	4
4110	경기 화성시	농식품 수출물류비 지원	52,520	농식품유통과	1	1	7	8	7	5	5	4
4111	경기 화성시	수출농식품 포장재 지원	97,750	농식품유통과	1	1	7	8	7	5	5	4
4112	경기 화성시	농촌체험휴양마을 사무장 채용지원	37,190	농식품유통과	1	1	7	8	7	5	5	4
4113	경기 화성시	농촌체험휴양마을 사무장 채용지원	65,880	농식품유통과	1	1	7	8	7	5	5	4
4114	경기 화성시	농촌체험휴양마을 보험가입 지원	3,696	농식품유통과	1	1	7	8	7	5	5	4
4115	경기 화성시	농촌체험휴양마을 리더 역량교육 지원	1,680	농식품유통과	1	1	7	8	7	5	5	4
4116	경기 화성시	햇살드리 포장재 지원	375,000	농식품유통과	1	4	7	8	7	1	1	1
4117	경기 화성시	햇살드리 과수봉지 지원	180,000	농식품유통과	1	4	7	8	7	1	1	1
4118	경기 화성시	G마크 등 포장재 지원	176,651	농식품유통과	1	4	7	8	7	1	1	1
4119	경기 화성시	공동선별비 지원	351,950	농식품유통과	1	1	7	8	7	1	1	1
4120	경기 화성시	화성송산포도 브랜드 유통 활성화 사업	170,100	농식품유통과	1	1	7	8	7	1	1	1
4121	경기 화성시	과수 계약재배 활성화 사업	581,000	농식품유통과	1	1	7	8	7	1	1	1
4122	경기 화성시	공공급식지원 시범사업	56,687	농식품유통과	1	4	7	8	7	1	1	1
4123	경기 화성시	어린이집 햇살드리 쌀 차액지원	90,000	농식품유통과	1	4	7	8	7	1	1	1
4124	경기 화성시	지역사회보장협의체 사업비	199,300	복지정책과	1	1	7	8	7	1	1	1
4125	경기 화성시	발안시장 개방형 화장실 관리	7,680	소상공인과	1	2	7	8	7	1	1	4
4126	경기 화성시	전통시장 및 상점가 마케팅 지원	24,000	소상공인과	1	1	7	8	7	1	1	3
4127	경기 화성시	전통시장 및 상점가 시장매니저 사업	46,000	소상공인과	1	1	7	8	7	1	1	3
4128	경기 화성시	시장경영 바우처 지원사업	36,000	소상공인과	1	2	7	8	7	5	5	4
4129	경기 화성시	소공인 맞춤형 특화사업 지원	548,000	소상공인과	1	1	7	8	7	1	1	3

순번	시군구	지출명 (사업명)	2021년예산 (단위:천원/1년간)	담당자 (공무원) 담당부서	민간이전 분류 (지방자치단체 세출예산 집행기준에 의거) 1. 민간경상사업보조(307-02) 2. 민간단체 법정운영비보조(307-03) 3. 민간행사사업보조(307-04) 4. 민간위탁금(307-05) 5. 사회복지시설 법정운영비보조(307-10) 6. 민간인위탁교육비(307-12) 7. 공기관등에대한경상적위탁사업비(308-11) 8. 민간자본사업보조,자체재원(402-01) 9. 민간자본사업보조,이전재원(402-02) 10. 민간위탁사업비(402-03) 11. 공기관등에 대한 자본적 대행사업비(403-02)	민간이전지출 근거 (지방보조금 관리기준 참고) 1. 법률에 규정 2. 국고보조 재원(국가지정) 3. 용도 지정 기부금 4. 조례에 직접규정 5. 지자체가 권장하는 사업을 하는 공공기관 6. 시,도 정책 및 재정사정 7. 기타 8. 해당없음	입찰방식 계약체결방법 (경쟁형태) 1. 일반경쟁 2. 제한경쟁 3. 지명경쟁 4. 수의계약 5. 법정위탁 6. 기타 ( ) 7. 해당없음	입찰방식 계약기간 1. 1년 2. 2년 3. 3년 4. 4년 5. 5년 6. 기타 ( )년 7. 단기계약 (1년미만) 8. 해당없음	입찰방식 낙찰자선정방법 1. 적격심사 2. 협상에의한계약 3. 최저가낙찰제 4. 규격가격분리 5. 2단계 경쟁입찰 6. 기타 ( ) 7. 해당없음	운영예산 산정 운영예산 산정 1. 내부산정 (지자체 자체적으로 산정) 2. 외부산정 (외부전문기관위탁 산정) 3. 내·외부 모두 산정 4. 산정 無 5. 해당없음	운영예산 산정 정산방법 1. 내부정산 (지자체 내부적으로 정산) 2. 외부정산 (외부전문기관위탁 정산) 3. 내·외부 모두 산정 4. 정산 無 5. 해당없음	성과평가 실시여부 1. 실시 2. 미실시 3. 향후 추진 4. 해당없음
4130	경기 화성시	창업보육센터 운영지원(수원대학교	18,511	소상공인과	1	4	7	8	7	5	1	3
4131	경기 화성시	창업보육센터 운영지원(협성대학교	35,000	소상공인과	1	4	7	8	7	5	1	3
4132	경기 화성시	지역특화공예사업 육성 지원	49,800	소상공인과	1	4	7	8	7	1	1	3
4133	경기 화성시	정보화마을 프로그램관리자 육성	115,914	정보통신과	1	4	7	8	7	5	5	4
4134	경기 화성시	조사료생산용 사일리지제조 지원	940,860	축산과	1	2	7	8	7	1	1	4
4135	경기 화성시	조사료생산용 종자구입 지원	241,580	축산과	1	2	7	8	7	1	1	4
4136	경기 화성시	전문단지조성용 사일리지제조 지원	126,000	축산과	1	2	7	8	7	1	1	4
4137	경기 화성시	전문단지조성용 종자구입 지원	41,850	축산과	1	2	7	8	7	1	1	4
4138	경기 화성시	논이용 동계작물재배 지원사업	48,000	축산과	1	6	7	8	7	1	1	4
4139	경기 화성시	조사료생산용 볏짚비닐 지원	300,000	축산과	1	6	7	8	7	1	1	4
4140	경기 화성시	경기한우 명품화	201,950	축산과	1	6	7	8	7	1	1	4
4141	경기 화성시	낙농산업 경쟁력 강화사업	135,250	축산과	1	6	7	8	7	1	1	4
4142	경기 화성시	젖소 우수 정액공급	100,000	축산과	1	6	7	8	7	1	1	3
4143	경기 화성시	양봉산업 육성	29,420	축산과	1	6	7	8	7	1	1	4
4144	경기 화성시	꿀벌경쟁력 강화사업	35,000	축산과	1	6	7	8	7	1	1	3
4145	경기 화성시	토종벌 육성사업	2,400	축산과	1	2	7	8	7	1	1	4
4146	경기 화성시	양돈농가 모돈갱신사업	100,000	축산과	1	6	7	8	7	1	1	3
4147	경기 화성시	학생승마체험	873,600	축산과	1	2	7	8	7	1	1	4
4148	경기 화성시	학생승마체험	14,800	축산과	1	2	7	8	7	1	1	4
4149	경기 화성시	사회공익 승마체험	12,600	축산과	1	6	7	8	7	1	1	4
4150	경기 화성시	승마장 육성 지원	53,250	축산과	1	6	7	8	7	1	1	4
4151	경기 화성시	유소년 승마단 창단운영 지원	280,000	축산과	1	2	7	8	7	1	1	4
4152	경기 화성시	승용마 조련강화	24,000	축산과	1	2	7	8	7	1	1	4
4153	경기 화성시	말산업 전문인력 양성기관	28,560	축산과	1	2	7	8	7	1	1	4
4154	경기 화성시	말산업 청년인턴 취업기관 사업	12,000	축산과	1	2	7	8	7	1	1	4
4155	경기 화성시	축산물HACCP컨설팅	16,800	축산과	1	2	7	8	7	1	1	4
4156	경기 화성시	고품질 안전축산물 육성	59,780	축산과	1	6	7	8	7	1	1	4
4157	경기 화성시	축산물 전문판매점 지원	10,400	축산과	1	6	7	8	7	1	1	4
4158	경기 화성시	가축분뇨 퇴액비살포비 지원	290,000	축산과	1	2	7	8	7	1	1	4
4159	경기 화성시	축산환경개선사업	556,440	축산과	1	6	7	8	7	1	1	4
4160	경기 화성시	양축농가 톱밥 공급	900,000	축산과	1	6	7	8	7	1	1	3
4161	경기 화성시	예방약품 등 지원	209,999	축산과	1	2	7	8	7	1	1	4
4162	경기 화성시	구제역 예방백신 지원	354,450	축산과	1	2	7	8	7	1	1	4
4163	경기 화성시	예방약품 등 지원	84,000	축산과	1	2	7	8	7	1	1	4
4164	경기 화성시	예방약품 등 지원	24,000	축산과	1	2	7	8	7	1	1	4
4165	경기 화성시	공동방제단 운영	258,656	축산과	1	2	7	8	7	1	1	4
4166	경기 화성시	축산물이력관리 지원	107,520	축산과	1	2	7	8	7	1	1	4
4167	경기 화성시	예방약품 등 지원	30,000	축산과	1	2	7	8	7	1	1	4
4168	경기 화성시	GMP 컨설팅 지원	35,000	축산과	1	2	7	8	7	1	1	4
4169	경기 화성시	수출혁신품목육성지원	420,000	축산과	1	2	7	8	7	1	1	4
4170	경기 화성시	지방행정동우회 지원	15,000	인사과	1	1	7	8	7	5	2	4
4171	경기 화성시	노인일자리 창출지원사업	75,800	노인복지과	1	4	7	8	7	5	5	4
4172	경기 화성시	택시 카드단말기 통신비 지원	25,491	첨단교통과	1	1	7	8	7	5	5	4
4173	경기 화성시	택시 카드결제 수수료 지원	158,669	첨단교통과	1	1	7	8	7	5	5	4
4174	경기 화성시	마을공동 이용시설 편익 물품 구입	5,700	신재생에너지과	1	2	7	8	7	5	5	4
4175	경기 화성시	영농폐기물 수거처리 지원	30,000	농업정책과	1	1	7	8	7	5	5	4
4176	경기 화성시	친환경 농산물 인증 확대	100,000	농업정책과	1	1	7	8	7	5	5	4
4177	경기 화성시	친환경 창업농 영농기반 지원	25,000	농업정책과	1	1	7	8	7	5	5	4
4178	경기 화성시	임산부 친환경 농산물 지원	1,382	농업정책과	1	2	7	8	7	5	5	4
4179	경기 화성시	토양개량제 지원	901,664	농업정책과	1	2	7	8	7	5	5	4
4180	경기 화성시	유기질비료 공급 지원	1,746	농업정책과	1	2	7	8	7	5	5	4

순번	시군구	지출명 (사업명)	2021년예산 (단위:천원/1년간)	담당자 (공무원) 담당부서	민간이전 분류 (지방자치단체 세출예산 집행기준에 의거) 1. 민간경상사업보조(307-02) 2. 민간단체 법정운영비보조(307-03) 3. 민간행사사업보조(307-04) 4. 민간위탁금(307-05) 5. 사회복지시설 법정운영비보조(307-10) 6. 민간인위탁교육비(307-12) 7. 공기관등에대한경상적위탁사업비(308-11) 8. 민간자본사업보조,자체재원(402-01) 9. 민간자본사업보조,이전재원(402-02) 10. 민간위탁사업비(402-03) 11. 공기관등에 대한 자본적 대행사업비(403-02)	민간이전지출 근거 (지방보조금 관리기준 참고) 1. 법률에 규정 2. 국고보조 재원(국가지정) 3. 용도 지정 기부금 4. 조례에 직접규정 5. 지자체가 권장하는 사업을 하는 공공기관 6. 시,도 정책 및 재정사정 7. 기타 8. 해당없음	입찰방식 계약체결방법 (경쟁형태) 1. 일반경쟁 2. 제한경쟁 3. 지명경쟁 4. 수의계약 5. 법정위탁 6. 기타 ( ) 7. 해당없음	입찰방식 계약기간 1. 1년 2. 2년 3. 3년 4. 4년 5. 5년 6. 기타 ( )년 7. 단기계약 (1년미만) 8. 해당없음	입찰방식 낙찰자선정방법 1. 적격심사 2. 협상에의한계약 3. 최저가낙찰제 4. 규격가격분리 5. 2단계 경쟁입찰 6. 기타 ( ) 7. 해당없음	운영예산 산정 운영예산 산정 1. 내부산정 (지자체 자체적으로 산정) 2. 외부산정 (외부전문기관위탁 산정) 3. 내·외부 모두 산정 4. 산정 無 5. 해당없음	운영예산 산정 정산방법 1. 내부정산 (지자체 내부적으로 정산) 2. 외부정산 (외부전문기관위탁 정산) 3. 내·외부 모두 산정 4. 정산 無 5. 해당없음	성과평가 실시여부 1. 실시 2. 미실시 3. 향후 추진 4. 해당없음
4181	경기 화성시	유기농업자재 및 농법 지원사업	650,000	농업정책과	1	1	7	8	7	5	5	4
4182	경기 화성시	유기농업자재 지원	15,000	농업정책과	1	2	7	8	7	5	5	4
4183	경기 화성시	GAP 안전성 분석 지원	60,000	농업정책과	1	2	7	8	7	5	5	4
4184	경기 화성시	생태보전농업 실천마을 조성사업	24,200	농업정책과	1	1	7	8	7	5	5	4
4185	경기 화성시	근거리학습센터 지정 운영	165,350	평생학습과	1	1	7	8	7	5	5	4
4186	경기 화성시	신중년 교육프로그램 지원	120,000	평생학습과	1	4	7	8	7	5	5	4
4187	경기 화성시	민주시민교육활성화	15,000	평생학습과	1	4	7	8	7	5	5	4
4188	경기 화성시	장애인 평생교육 프로그램 운영	80,000	평생학습과	1	1	7	8	7	5	5	4
4189	경기 화성시	소통 인성학교 운영	20,000	평생학습과	1	1	7	8	7	5	5	4
4190	경기 화성시	학습동아리 운영 활성화	36,000	평생학습과	1	1	7	8	7	5	5	4
4191	경기 화성시	평생학습마을공동체 지원사업	55,000	평생학습과	1	1	7	8	7	5	5	4
4192	경기 화성시	경기 행복학습마을 지원사업	40,000	평생학습과	1	1	7	8	7	5	5	4
4193	경기 광주시	민주평화통일 자문회의	55,160	행정지원과	1	4	7	8	7	1	1	1
4194	경기 광주시	사회단체 운영지원	20,000	자치행정과	1	4	7	8	7	1	1	1
4195	경기 광주시	대한적십자사 경기광주지구협의회	30,500	자치행정과	1	1	7	8	7	1	1	1
4196	경기 광주시	새마을운동 광주시지회	72,000	자치행정과	1	1	7	8	7	1	1	1
4197	경기 광주시	바르게살기운동광주시협의회	4,300	자치행정과	1	1	7	8	7	1	1	1
4198	경기 광주시	우수학습동아리 지원	8,000	교육청소년과	1	4	7	8	7	5	5	4
4199	경기 광주시	장애인 평생교육 활성화 사업	20,000	교육청소년과	1	4	7	8	7	5	5	4
4200	경기 광주시	평생학습 특성화 프로그램 지원	62,500	교육청소년과	1	4	7	8	7	5	5	4
4201	경기 광주시	성인문해교육 지원사업	34,301	교육청소년과	1	2	7	8	7	5	5	4
4202	경기 광주시	5060 신중년 교육 프로그램 지원	17,000	교육청소년과	1	4	7	8	7	5	5	4
4203	경기 광주시	평생학습마을 공동체 지원	20,000	교육청소년과	1	1	7	8	7	5	5	4
4204	경기 광주시	마을활동가 양성 및 역량강화 지원	12,000	교육청소년과	1	1	7	8	7	5	5	4
4205	경기 광주시	장애인 평생교육 프로그램 운영 지원	20,000	교육청소년과	1	4	7	8	7	5	5	4
4206	경기 광주시	인성함양 프로그램 지원 사업	15,000	교육청소년과	1	1	7	8	7	5	5	4
4207	경기 광주시	지역 청소년 참여기구 운영	2,800	교육청소년과	1	1	7	2	7	5	1	2
4208	경기 광주시	청소년 운영위원회 운영	2,000	교육청소년과	1	1	7	2	7	5	1	2
4209	경기 광주시	청소년 보호 및 유해환경 감시	79,300	교육청소년과	1	4	7	8	7	1	1	1
4210	경기 광주시	청소년 연극제 지원	15,000	교육청소년과	1	1	7	1	7	1	1	2
4211	경기 광주시	경기도 청소년종합예술제 지원	17,500	교육청소년과	1	1	7	2	7	5	1	2
4212	경기 광주시	청소년 동아리 지원	12,500	교육청소년과	1	1	7	1	7	5	1	2
4213	경기 광주시	청소년 안전망 구축	97,470	교육청소년과	1	2	7	8	7	3	1	1
4214	경기 광주시	청소년동반자 프로그램 운영	215,270	교육청소년과	1	2	7	8	7	3	1	1
4215	경기 광주시	학교 밖 청소년 지원	165,633	교육청소년과	1	2	4	3	6	5	1	1
4216	경기 광주시	학교 밖 청소년 급식지원	359,700	교육청소년과	1	2	4	3	6	5	1	1
4217	경기 광주시	학교 밖 청소년 프로그램 운영	137,320	교육청소년과	1	7	4	3	6	5	1	1
4218	경기 광주시	학교 밖 청소년 문화활동 지원	65,000	교육청소년과	1	2	4	3	6	5	1	1
4219	경기 광주시	청소년수련관 운영	2,554	교육청소년과	1	1	7	2	7	5	1	3
4220	경기 광주시	청소년지도사 배치지원	25,968	교육청소년과	1	1	7	2	7	5	1	2
4221	경기 광주시	청소년 방과후아카데미 운영	164,042	교육청소년과	1	1	7	2	7	5	1	2
4222	경기 광주시	해외전시회 지원사업	25,000	기업지원과	1	4	7	7	7	1	1	1
4223	경기 광주시	광주시 지역경쟁력 강화 프로그램	27,000	기업지원과	1	4	7	8	7	1	1	1
4224	경기 광주시	사회적경제기업 사업개발비 지원 사업	45,422	일자리경제과	1	2	7	8	7	5	5	4
4225	경기 광주시	(예비)사회적기업 일자리창출사업	305,716	일자리경제과	1	2	7	8	7	5	5	4
4226	경기 광주시	사회적기업 사회보험료 지원	13,132	일자리경제과	1	2	7	8	7	5	5	4
4227	경기 광주시	마을기업 육성	90,000	일자리경제과	1	2	7	8	7	5	5	4
4228	경기 광주시	자치단체 지역특화사업	14,441	일자리경제과	1	2	7	8	7	5	5	4
4229	경기 광주시	전통시장등 활성화 지원사업	200,000	일자리경제과	1	1	7	8	7	5	5	4
4230	경기 광주시	도자발전 지원사업	55,000	관광과	1	4	7	8	7	5	5	4
4231	경기 광주시	관광사업 활성화 방안 추진	42,000	관광과	1	8	7	8	7	5	5	4

순번	시군구	지출명 (사업명)	2021년예산 (단위:천원/1년간)	담당자 (공무원)	민간이전 분류 (지방자치단체 세출예산 집행기준에 의거)	민간이전지출 근거 (지방보조금 관리기준 참고)	입찰방식			운영예산 산정		성과평가 실시여부
				담당부서	1. 민간경상사업보조(307-02) 2. 민간단체 법정운영비보조(307-03) 3. 민간행사사업보조(307-04) 4. 민간위탁금(307-05) 5. 사회복지시설 법정운영비보조(307-10) 6. 민간인위탁교육비(307-12) 7. 공기관등에대한경상적위탁사업비(308-11) 8. 민간자본사업보조,자체재원(402-01) 9. 민간자본사업보조,이전재원(402-02) 10. 민간위탁사업비(402-03) 11. 공기관등에 대한 자본적 대행사업비(403-02)	1. 법률에 규정 2. 국고보조 재원(국가지정) 3. 용도 지정 기부금 4. 조례에 직접규정 5. 지자체가 권장하는 사업을 하는 공공기관 6. 시,도 정책 및 재정사정 7. 기타 8. 해당없음	계약체결방법 (경쟁형태) 1. 일반경쟁 2. 제한경쟁 3. 지명경쟁 4. 수의계약 5. 법정위탁 6. 기타 ( ) 7. 해당없음	계약기간 1. 1년 2. 2년 3. 3년 4. 4년 5. 5년 6. 기타 ( )년 7. 단기계약 (1년미만) 8. 해당없음	낙찰자선정방법 1. 적격심사 2. 협상에의한계약 3. 최저가낙찰제 4. 규격가격분리 5. 2단계 경쟁입찰 6. 기타 ( ) 7. 해당없음	운영예산 산정 1. 내부산정 (지자체 자체적으로 산정) 2. 외부산정 (외부전문기관위탁 산정) 3. 내·외부 모두 산정 4. 산정 無 5. 해당없음	정산방법 1. 내부정산 (지자체 내부적으로 정산) 2. 외부정산 (외부전문기관위탁 정산) 3. 내·외부 모두 산정 4. 정산 無 5. 해당없음	1. 실시 2. 미실시 3. 향후 추진 4. 해당없음
4232	경기 광주시	운행차 배출가스 저감사업	10,605	환경정책과	1	2	7	8	7	3	3	4
4233	경기 광주시	취약계층 이용시설 공기청정기 지원	80,437	환경정책과	1	1	7	8	7	1	1	3
4234	경기 광주시	야생동물 밀렵감시 및 환경정화활동	4,000	환경정책과	1	4	7	8	7	5	5	4
4235	경기 광주시	야생동식물 구조 및 보호	7,000	환경정책과	1	4	7	8	7	5	5	4
4236	경기 광주시	야생동물 구조 치료사업	8,117	환경정책과	1	4	7	8	7	5	5	4
4237	경기 광주시	금개구리 증식 복원 사업	20,000	환경정책과	1	3	6	3	7	5	5	4
4238	경기 광주시	자율방재단 재해예방 및 복구활동지원	43,040	안전총괄과	1	4	7	8	7	5	5	1
4239	경기 광주시	자율방재단 재해예방 예찰활동 지원상업	20,000	안전총괄과	1	4	7	8	7	5	5	1
4240	경기 광주시	의용소방대 운영지원	29,200	안전총괄과	1	1	5	8	7	1	1	1
4241	경기 광주시	녹색어머니연합회 지원	10,000	교통행정과	1	4	7	8	7	5	1	1
4242	경기 광주시	광주시 모범운전자회	30,000	교통행정과	1	1	7	8	7	1	1	1
4243	경기 광주시	자동차 안전점검 지원사업	10,000	교통행정과	1	4	7	8	7	5	1	1
4244	경기 광주시	민간자율방역단지원	90,500	감염병관리과	1	7	7	8	7	3	3	4
4245	경기 광주시	표본감시운영경비	720	감염병관리과	1	2	7	8	7	3	3	4
4246	경기 광주시	의료기관 환자관리사업	35,650	감염병관리과	1	2	7	8	7	3	3	4
4247	경기 광주시	체험마을리더 교육지원	240	농업정책과	1	2	7	8	7	5	5	4
4248	경기 광주시	청년농업인 영농정착지원사업	144,000	농업정책과	1	2	7	8	7	5	5	4
4249	경기 광주시	농촌융복합산업 판로확대	8,000	농업정책과	1	6	7	8	7	5	5	4
4250	경기 광주시	여성농업인 행복바우처	18,240	농업정책과	1	6	7	8	7	5	5	4
4251	경기 광주시	농촌마을 공동체 사회적 활동 지원사업	14,053	농업정책과	1	6	7	8	7	5	5	4
4252	경기 광주시	마을공동체 공유부엌 설치·운영 지원사업	19,300	농업정책과	1	6	7	8	7	5	5	4
4253	경기 광주시	로컬푸드 포장재 지원사업	10,000	농업정책과	1	4	7	8	7	5	5	4
4254	경기 광주시	자연채 포장재 지원사업	247,500	농업정책과	1	4	7	8	7	5	5	4
4255	경기 광주시	G마크·친환경 유통기반 지원 및 컨설팅 지원	3,000	농업정책과	1	6	7	8	7	5	5	4
4256	경기 광주시	G마크 등 포장재 지원	30,247	농업정책과	1	6	7	8	7	5	5	4
4257	경기 광주시	쌀 가공업체 경기미 구매차액 지원	10,000	농업정책과	1	6	7	8	7	5	5	4
4258	경기 광주시	G마크 우수축산물 학교급식 지원	460,000	농업정책과	1	6	7	8	7	5	5	4
4259	경기 광주시	농식품 수출물류비 지원사업	31,523	농업정책과	1	6	7	8	7	5	5	4
4260	경기 광주시	농번기 마을공동 급식지원사업	2,714	농업정책과	1	6	7	8	7	5	5	4
4261	경기 광주시	홈쇼핑 판로 지원사업	45,000	농업정책과	1	7	7	8	7	5	5	4
4262	경기 광주시	지역특화품목 도매시장 출하용 포장재 지원	7,667	농업정책과	1	6	7	8	7	5	5	4
4263	경기 광주시	공공비축 벼 포대 구입	5,000	농업정책과	1	7	7	8	7	5	5	4
4264	경기 광주시	예비못자리 공급지원	10,000	농업정책과	1	7	7	8	7	5	5	4
4265	경기 광주시	부식산비료	12,443	농업정책과	1	2	7	8	7	5	5	4
4266	경기 광주시	칼슘유황비료	2,880	농업정책과	1	2	7	8	7	5	5	4
4267	경기 광주시	우수품종 공급지원	4,531	농업정책과	1	6	7	8	7	5	5	4
4268	경기 광주시	유기질비료 지원	724,693	농업정책과	1	2	7	8	7	5	5	4
4269	경기 광주시	유기농업자재 지원	14,285	농업정책과	1	2	7	8	7	5	5	4
4270	경기 광주시	작물재배용 상토 지원 사업	60,000	농업정책과	1	2	7	8	7	5	5	4
4271	경기 광주시	토양개량제 지원	61,041	농업정책과	1	2	7	8	7	5	5	4
4272	경기 광주시	토양개량제 공동살포비 지원	16,960	농업정책과	1	2	7	8	7	5	5	4
4273	경기 광주시	초등 돌봄교실 과일간식 지원	99,258	농업정책과	1	2	7	8	7	5	5	4
4274	경기 광주시	우리아이 건강과일 공급사업	969,440	농업정책과	1	6	7	8	7	5	5	4
4275	경기 광주시	친환경농자재 지원사업	174,000	농업정책과	1	6	7	8	7	5	5	4
4276	경기 광주시	생태보전농업 실천마을 조성	28,720	농업정책과	1	6	7	8	7	5	5	4
4277	경기 광주시	화훼농가 화분 및 트레이 지원사업	30,000	농업정책과	1	7	7	8	7	5	5	4
4278	경기 광주시	축산환경개선사업	17,500	농업정책과	1	6	7	8	7	5	5	4
4279	경기 광주시	가축분뇨 수분조절재 지원사업	100,000	농업정책과	1	7	7	8	7	5	5	4
4280	경기 광주시	한우 TMF 사료 지원	60,000	농업정책과	1	7	7	8	7	5	5	4
4281	경기 광주시	낙농산업 경쟁력 강화사업	21,550	농업정책과	1	6	7	8	7	5	5	4
4282	경기 광주시	조사료 생산용 종자구입 지원	10,480	농업정책과	1	2	7	8	7	5	5	4

순번	시군구	지출명 (사업명)	2021년예산 (단위:천원/1년간)	담당자 (공무원)	민간이전 분류 (지방자치단체 세출예산 집행기준에 의거)	민간이전지출 근거 (지방보조금 관리기준 참고)	입찰방식			운영예산 산정		성과평가 실시여부
				담당부서	1. 민간경상사업보조(307-02) 2. 민간단체 법정운영비보조(307-03) 3. 민간행사사업보조(307-04) 4. 민간위탁금(307-05) 5. 사회복지시설 법정운영비보조(307-10) 6. 민간인위탁교육비(307-12) 7. 공기관등에대한경상적위탁사업비(308-11) 8. 민간자본사업보조,자체재원(402-01) 9. 민간자본사업보조,이전재원(402-02) 10. 민간위탁사업비(402-03) 11. 공기관등에 대한 자본적 대행사업비(403-02)	1. 법률에 규정 2. 국고보조 재원(국가지정) 3. 용도 지정 기부금 4. 조례에 직접규정 5. 지자체가 권장하는 사업을 하는 공공기관 6. 시,도 정책 및 재정사정 7. 기타 8. 해당없음	계약체결방법 (경쟁형태) 1. 일반경쟁 2. 제한경쟁 3. 지명경쟁 4. 수의계약 5. 법정위탁 6. 기타 ( ) 7. 해당없음	계약기간 1. 1년 2. 2년 3. 3년 4. 4년 5. 5년 6. 기타 ( )년 7. 단기계약 (1년미만) 8. 해당없음	낙찰자선정방법 1. 적격심사 2. 협상에의한계약 3. 최저가낙찰제 4. 규격가격분리 5. 2단계 경쟁입찰 6. 기타 ( ) 7. 해당없음	운영예산 산정 1. 내부산정 (지자체 자체적으로 산정) 2. 외부산정 (외부전문기관위탁 산정) 3. 내·외부 모두 산정 4. 산정 無 5. 해당없음	정산방법 1. 내부정산 (지자체 내부적으로 정산) 2. 외부정산 (외부전문기관위탁 정산) 3. 내·외부 모두 산정 4. 정산 無 5. 해당없음	1. 실시 2. 미실시 3. 향후 추진 4. 해당없음
4283	경기 광주시	소귀표부착비 지원	14,400	농업정책과	1	2	7	8	7	5	5	4
4284	경기 광주시	경기한우명품화사업	40,625	농업정책과	1	6	7	8	7	5	5	4
4285	경기 광주시	말벌퇴치장비 지원사업	1,600	농업정책과	1	2	7	8	7	5	5	4
4286	경기 광주시	토종벌육성 지원사업	2,400	농업정책과	1	2	7	8	7	5	5	4
4287	경기 광주시	가축재해보험가입지원	126,470	농업정책과	1	2	7	8	7	5	5	4
4288	경기 광주시	학생승마교실운영	78,400	농업정책과	1	2	7	8	7	5	5	4
4289	경기 광주시	장애학생 재활승마교실운영	11,600	농업정책과	1	2	7	8	7	5	5	4
4290	경기 광주시	사회공익승마사업	8,400	농업정책과	1	6	7	8	7	5	5	4
4291	경기 광주시	승마장육성지원사업	9,250	농업정책과	1	6	7	8	7	5	5	4
4292	경기 광주시	사료 생산용 볏짚비닐지원	5,000	농업정책과	1	6	7	8	7	5	5	4
4293	경기 광주시	고품질 안전축산물 육성지원	8,330	농업정책과	1	6	7	8	7	5	5	4
4294	경기 광주시	학교우유급식사업	340,774	농업정책과	1	2	7	8	7	5	5	4
4295	경기 광주시	축산물 소비촉진 홍보	5,000	농업정책과	1	7	7	8	7	5	5	4
4296	경기 광주시	유소년 승마단 창단운영 지원	20,000	농업정책과	1	2	7	8	7	5	5	4
4297	경기 광주시	양봉산물 정보제공	7,700	농업정책과	1	2	7	8	7	5	5	4
4298	경기 광주시	폭염대비 등 면역증강제 지원	15,000	농업정책과	1	6	7	8	7	5	5	4
4299	경기 광주시	가축분뇨 위탁처리 지원사업	25,000	농업정책과	1	7	7	8	7	5	5	4
4300	경기 광주시	지속 가능한 양봉산업 기반조성	29,470	농업정책과	1	6	7	8	7	5	5	4
4301	경기 광주시	축산물 전문판매점 지원	9,600	농업정책과	1	6	7	8	7	5	5	4
4302	경기 광주시	전국일제 소독의날 지원	50,814	농업정책과	1	2	7	8	7	5	5	4
4303	경기 광주시	4-H육성지원	17,000	농업지원과	1	1	7	8	7	5	5	4
4304	경기 광주시	식문화 계승 지원	10,000	농업지원과	1	1	7	8	7	5	5	4
4305	경기 광주시	농업인 단체육성	10,200	농업지원과	1	1	7	8	7	5	5	4
4306	경기 광주시	농업인전문교육	10,000	농업지원과	1	1	7	8	7	5	5	4
4307	경기 광주시	농작업 안전관리 지원	90,000	농업지원과	1	1	7	8	7	5	5	4
4308	경기 광주시	농업경영체 육성	16,000	농업지원과	1	1	7	8	7	5	5	4
4309	경기 광주시	농업인단체 운용 지원	4,000	농업지원과	1	4	7	8	7	5	5	4
4310	경기 양주시	양주시 지방행정동우회 지원	2,500	자치행정과	1	1	7	8	7	5	5	4
4311	경기 양주시	적십자봉사회 양주지구협의회 사업 지원	28,000	자치행정과	1	4	7	8	7	5	5	4
4312	경기 양주시	새마을지도자 수련회	22,500	자치행정과	1	1	7	8	7	1	1	3
4313	경기 양주시	새마을의 날 기념행사	2,500	자치행정과	1	1	7	8	7	1	1	3
4314	경기 양주시	전국새마을지도자대회	1,500	자치행정과	1	1	7	8	7	1	1	3
4315	경기 양주시	양주시새마을지도자총회	2,850	자치행정과	1	1	7	8	7	1	1	3
4316	경기 양주시	읍면동협의회추진사업	11,000	자치행정과	1	1	7	8	7	1	1	3
4317	경기 양주시	새마을가로기교체사업	2,000	자치행정과	1	1	7	8	7	1	1	3
4318	경기 양주시	읍면동부녀회추진사업	11,000	자치행정과	1	1	7	8	7	1	1	3
4319	경기 양주시	사랑의 오이지 담그기	3,800	자치행정과	1	1	7	8	7	1	1	3
4320	경기 양주시	제29회 경기도민 문화 한마당	3,000	자치행정과	1	1	7	8	7	1	1	3
4321	경기 양주시	제19회 양주시장기 시민독서 경진대회	3,000	자치행정과	1	1	7	8	7	1	1	3
4322	경기 양주시	제15회 별자리 독서캠프	3,800	자치행정과	1	1	7	8	7	1	1	3
4323	경기 양주시	읍면동 시민안보문화체험 및 캠페인	8,800	자치행정과	1	1	7	8	7	1	1	3
4324	경기 양주시	통일대비 민주시민교육	3,500	자치행정과	1	1	7	8	7	1	1	3
4325	경기 양주시	제7회 시민 안보현장 견학	5,400	자치행정과	1	1	7	8	7	1	1	3
4326	경기 양주시	제9회 청소년 안보현장 견학	2,700	자치행정과	1	1	7	8	7	1	1	3
4327	경기 양주시	올바른 성문화정착 캠페인	1,500	자치행정과	1	1	7	8	7	1	1	3
4328	경기 양주시	제25회 경기도 자유수호전진대회	1,100	자치행정과	1	1	7	8	7	1	1	3
4329	경기 양주시	통일준비 한민족 문화공연	2,700	자치행정과	1	1	7	8	7	1	1	3
4330	경기 양주시	읍면동조직운영활성화	11,000	자치행정과	1	1	7	8	7	1	1	3
4331	경기 양주시	나라사랑 태극기달기운동	4,750	자치행정과	1	1	7	8	7	1	1	3
4332	경기 양주시	내고장 바로알기 탐방	2,000	자치행정과	1	1	7	8	7	1	1	3
4333	경기 양주시	청소년 리더십 아카데미	2,000	자치행정과	1	1	7	8	7	1	1	3

순번	시군구	지출명 (사업명)	2021년예산 (단위:천원/1년간)	담당자 (공무원) 담당부서	민간이전 분류 (지방자치단체 세출예산 집행기준에 의거) 1. 민간경상사업보조(307-02) 2. 민간단체 법정운영비보조(307-03) 3. 민간행사사업보조(307-04) 4. 민간위탁금(307-05) 5. 사회복지시설 법정운영비보조(307-10) 6. 민간인위탁교육비(307-12) 7. 공기관등에대한경상적위탁사업비(308-11) 8. 민간자본사업보조,자체재원(402-01) 9. 민간자본사업보조,이전재원(402-02) 10. 민간위탁사업비(402-03) 11. 공기관등에 대한 자본적 대행사업비(403-02)	민간이전지출 근거 (지방보조금 관리기준 참고) 1. 법률에 규정 2. 국고보조 재원(국가지정) 3. 용도 지정 기부금 4. 조례에 직접규정 5. 지자체가 권장하는 사업을 하는 공공기관 6. 시,도 정책 및 재정사정 7. 기타 8. 해당없음	입찰방식 계약체결방법 (경쟁형태) 1. 일반경쟁 2. 제한경쟁 3. 지명경쟁 4. 수의계약 5. 법정위탁 6. 기타 ( ) 7. 해당없음	입찰방식 계약기간 1. 1년 2. 2년 3. 3년 4. 4년 5. 5년 6. 기타 ( )년 7. 단기계약 (1년미만) 8. 해당없음	입찰방식 낙찰자선정방법 1. 적격심사 2. 협상에의한계약 3. 최저가낙찰제 4. 규격가격분리 5. 2단계 경쟁입찰 6. 기타 ( ) 7. 해당없음	운영예산 산정 운영예산 산정 1. 내부산정 (지자체 자체적으로 산정) 2. 외부산정 (외부전문기관위탁 산정) 3. 내·외부 모두 산정 4. 산정 無 5. 해당없음	운영예산 산정 정산방법 1. 내부정산 (지자체 내부적으로 정산) 2. 외부정산 (외부전문기관위탁 정산) 3. 내·외부 모두 산정 4. 정산 無 5. 해당없음	성과평가 실시여부 1. 실시 2. 미실시 3. 향후 추진 4. 해당없음
4334	경기 양주시	바르게 회원대회	2,000	자치행정과	1	1	7	8	7	1	1	3
4335	경기 양주시	저출산 극복 가나다캠페인	2,500	자치행정과	1	1	7	8	7	1	1	3
4336	경기 양주시	법질서 바로세우기 법교육	5,000	자치행정과	1	1	7	8	7	1	1	3
4337	경기 양주시	일일법률교실	2,000	자치행정과	1	1	7	8	7	1	1	3
4338	경기 양주시	솔로몬 법퀴즈 대회	1,650	자치행정과	1	1	7	8	7	1	1	3
4339	경기 양주시	경기북부범죄피해자지원센터 사업지원	12,000	자치행정과	1	1	7	8	7	1	1	3
4340	경기 양주시	재향군인의 날 기념행사	2,850	자치행정과	1	1	7	8	7	1	1	3
4341	경기 양주시	청소년 호국안보 강좌	2,850	자치행정과	1	1	7	8	7	1	1	3
4342	경기 양주시	망향제	2,850	자치행정과	1	1	7	8	7	1	1	3
4343	경기 양주시	아동이 안전한 지역사회 만들기	4,000	자치행정과	1	4	7	8	7	1	1	3
4344	경기 양주시	아동이 안전한 지역사회 만들기	5,000	자치행정과	1	4	7	8	7	1	1	3
4345	경기 양주시	여성 안심귀갓길 도움 사업	4,000	자치행정과	1	4	7	8	7	1	1	3
4346	경기 양주시	청소년 안전문화 조성 사업	5,000	자치행정과	1	4	7	8	7	1	1	3
4347	경기 양주시	청소년 창의력 계발을 위한 발명대회	4,750	자치행정과	1	4	7	8	7	1	1	3
4348	경기 양주시	주민자치특화사업	99,000	자치행정과	1	4	7	8	7	1	1	3
4349	경기 양주시	의용소방대 지원	10,000	안전건설과	1	1	7	8	7	1	1	3
4350	경기 양주시	생활체조 운영	72,800	체육청소년과	1	1	7	8	7	5	5	4
4351	경기 양주시	스포츠클라이밍 교실 운영	5,000	체육청소년과	1	1	7	8	7	1	1	4
4352	경기 양주시	전문선수(유소년) 육성지원	10,000	체육청소년과	1	4	7	8	7	1	1	4
4353	경기 양주시	장애인 생활체육교실 운영 지원	31,000	체육청소년과	1	4	7	8	7	1	1	4
4354	경기 양주시	공공체육시설 사용료지원	17,160	체육청소년과	1	4	7	8	7	1	1	4
4355	경기 양주시	초등스포츠클럽 육성 지원	31,534	체육청소년과	1	2	7	8	7	5	5	4
4356	경기 양주시	체육우수선수 육성 지원	40,000	체육청소년과	1	4	7	8	7	5	5	4
4357	경기 양주시	학교폭력 예방 활동	13,000	체육청소년과	1	4	7	8	7	5	5	4
4358	경기 양주시	양주시 청년 동아리 지원	4,000	사회복지과	1	4	7	8	7	1	1	1
4359	경기 양주시	대한민국상이군경회 지원	6,500	사회복지과	1	1	7	8	7	1	1	1
4360	경기 양주시	대한민국전몰군경유족회 지원	8,500	사회복지과	1	1	7	8	7	1	1	1
4361	경기 양주시	대한민국전몰군경미망인회 지원	8,200	사회복지과	1	1	7	8	7	1	1	1
4362	경기 양주시	대한민국무공수훈자회 지원	13,314	사회복지과	1	1	7	8	7	1	1	1
4363	경기 양주시	대한민국6.25참전유공자회 지원	10,050	사회복지과	1	1	7	8	7	1	1	1
4364	경기 양주시	대한민국고엽제전우회 지원	7,700	사회복지과	1	1	7	8	7	1	1	1
4365	경기 양주시	대한민국특수임무유공자회 지원	20,300	사회복지과	1	1	7	8	7	1	1	1
4366	경기 양주시	대한민국월남전참전자회 지원	1,200	사회복지과	1	1	7	8	7	1	1	1
4367	경기 양주시	거점경로당 지원사업	16,000	사회복지과	1	1	1	1	2	1	1	2
4368	경기 양주시	경신 하늘뜰 공원 운영관리	7,200	사회복지과	1	1	7	3	7	1	1	1
4369	경기 양주시	새일여성인턴제	49,400	여성보육과	1	1	7	8	7	1	4	1
4370	경기 양주시	여성친화도시조성 공모사업	20,000	여성보육과	1	4	7	8	7	5	5	4
4371	경기 양주시	직장맘 가사지원서비스	35,500	여성보육과	1	6	7	8	7	1	1	1
4372	경기 양주시	직장맘 소모임지원	4,000	여성보육과	1	6	7	8	7	1	1	1
4373	경기 양주시	양주문화원 사업활동비 지원	177,608	문화관광과	1	4	7	8	7	1	1	2
4374	경기 양주시	무형문화재 전승지원	78,000	문화관광과	1	1	7	8	7	5	5	4
4375	경기 양주시	지역문화예술 플랫폼 육성	69,000	문화관광과	1	6	7	8	7	1	1	2
4376	경기 양주시	양주문화원 문화사업 지원·육성	152,948	문화관광과	1	4	7	8	7	1	1	2
4377	경기 양주시	양주 문인협회 활동지원	10,000	문화관광과	1	4	7	8	7	1	1	3
4378	경기 양주시	양주 미술협회 활동지원	11,000	문화관광과	1	4	7	8	7	1	1	3
4379	경기 양주시	3.1운동 기념행사	1,000	문화관광과	1	1	7	8	7	1	1	2
4380	경기 양주시	성균관유도회 양주시지부 사업활동 지원	3,600	문화관광과	1	1	7	8	7	5	5	4
4381	경기 양주시	양주시 여성유도회 사업활동 지원	900	문화관광과	1	1	7	8	7	5	5	4
4382	경기 양주시	향교서원 활성화 우수프로그램 지원 사업	20,000	문화관광과	1	1	7	8	7	5	5	4
4383	경기 양주시	양주 영화인협회 활동지원	10,000	문화관광과	1	4	7	8	7	1	1	3
4384	경기 양주시	양주향교 특화프로그램 운영	17,000	문화관광과	1	1	7	8	7	5	5	4

순번	시군구	지출명 (사업명)	2021년예산 (단위:천원/1년간)	담당자 (공무원) 담당부서	민간이전 분류 (지방자치단체 세출예산 집행기준에 의거) 1. 민간경상사업보조(307-02) 2. 민간단체 법정운영비보조(307-03) 3. 민간행사사업보조(307-04) 4. 민간위탁금(307-05) 5. 사회복지시설 법정운영비보조(307-10) 6. 민간인위탁교육비(307-12) 7. 공기관등에대한경상적위탁사업비(308-11) 8. 민간자본사업보조,자체재원(402-01) 9. 민간자본사업보조,이전재원(402-02) 10. 민간위탁사업비(402-03) 11. 공기관등에 대한 자본적 대행사업비(403-02)	민간이전지출 근거 (지방보조금 관리기준 참고) 1. 법률에 규정 2. 국고보조 재원(국가지정) 3. 용도 지정 기부금 4. 조례에 직접규정 5. 지자체가 권장하는 사업을 하는 공공기관 6. 시,도 정책 및 재정사정 7. 기타 8. 해당없음	입찰방식 계약체결방법 (경쟁형태) 1. 일반경쟁 2. 제한경쟁 3. 지명경쟁 4. 수의계약 5. 법정위탁 6. 기타 ( ) 7. 해당없음	입찰방식 계약기간 1. 1년 2. 2년 3. 3년 4. 4년 5. 5년 6. 기타 ( )년 7. 단기계약 (1년미만) 8. 해당없음	입찰방식 낙찰자선정방법 1. 적격심사 2. 협상에의한계약 3. 최저가낙찰제 4. 규격가격분리 5. 2단계 경쟁입찰 6. 기타 ( ) 7. 해당없음	운영예산 산정 운영예산 산정 1. 내부산정 (지자체 자체적으로 산정) 2. 외부산정 (외부전문기관위탁 산정) 3. 내·외부 모두 산정 4. 산정 無 5. 해당없음	운영예산 산정 정산방법 1. 내부정산 (지자체 내부적으로 정산) 2. 외부정산 (외부전문기관위탁 정산) 3. 내·외부 모두 산정 4. 정산 無 5. 해당없음	성과평가 실시여부 1. 실시 2. 미실시 3. 향후 추진 4. 해당없음
4385	경기 양주시	향교 서원 문화재 활용사업	50,000	문화관광과	1	1	7	8	7	5	5	4
4386	경기 양주시	양주향교 활동지원	8,400	문화관광과	1	1	7	8	7	5	5	4
4387	경기 양주시	양주 작가회의 활동지원	3,800	문화관광과	1	4	7	8	7	1	1	3
4388	경기 양주시	전통문화 특화 프로그램 운영	10,000	문화관광과	1	1	7	8	7	5	5	4
4389	경기 양주시	양주골문학회 활동지원	3,800	문화관광과	1	4	7	8	7	1	1	3
4390	경기 양주시	양주 사진협회 활동지원	3,800	문화관광과	1	4	7	8	7	1	1	3
4391	경기 양주시	전수교육관 활성화사업	25,000	문화관광과	1	1	7	8	7	5	5	4
4392	경기 양주시	특화공예품 연구개발 사업	3,000	기업경제과	1	1	7	8	7	1	1	1
4393	경기 양주시	지역산업마케팅지원	14,000	기업경제과	1	4	7	8	7	1	1	1
4394	경기 양주시	CEO아카데미운영	30,000	기업경제과	1	1	7	8	7	1	1	1
4395	경기 양주시	소비자단체 사업 지원	3,500	기업경제과	1	4	7	8	7	5	5	4
4396	경기 양주시	민간단체 환경보전활동 지원	33,000	환경관리과	1	4	6	1	1	1	1	4
4397	경기 양주시	비산업부분 사업장 온실가스 진단컨설팅	8,000	환경관리과	1	2	7	8	7	5	5	4
4398	경기 양주시	천연가스차량 연료비 보조	40,200	환경관리과	1	1	7	8	7	1	1	4
4399	경기 양주시	보증기간 경과장치 성능 유지관리	48,000	환경관리과	1	1	7	8	7	1	1	4
4400	경기 양주시	택시 카드단말기 통신료 지원	8,258	대중교통과	1	4	7	8	7	5	5	4
4401	경기 양주시	택시 카드결제 수수료 지원	63,924	대중교통과	1	4	7	8	7	5	5	4
4402	경기 양주시	교통봉사단체 활동 지원	35,000	대중교통과	1	2	1	1	1	1	1	1
4403	경기 양주시	법인택시 운수종사자 처우개선 지원사업	61,800	대중교통과	1	1	7	8	7	5	5	4
4404	경기 양주시	양주 브랜드 콜센터 운영 지원	48,253	대중교통과	1	4	7	8	7	5	5	4
4405	경기 양주시	평생학습도시 활성화 사업	41,000	평생교육진흥원	1	1	7	8	7	1	1	1
4406	경기 양주시	평생학습도시 활성화 사업	26,000	평생교육진흥원	1	5	7	8	7	1	1	1
4407	경기 양주시	사립작은도서관 운영 지원	37,960	평생교육진흥원	1	6	7	8	7	1	1	4
4408	경기 양주시	사립작은도서관 냉난방비 지원 사업	9,160	평생교육진흥원	1	6	7	8	7	1	1	4
4409	경기 양주시	토양개량제 지원	70,872	농업정책과	1	1	7	7	7	5	5	4
4410	경기 양주시	수출포장재 지원	7,645	농업정책과	1	6	7	8	7	5	5	4
4411	경기 양주시	고품질 수출농산물 생산지원	22,618	농업정책과	1	6	7	8	7	5	5	4
4412	경기 양주시	친환경농산물 인증확대	12,044	농업정책과	1	1	7	8	7	1	1	4
4413	경기 양주시	고품질비료 지원	200,000	농업정책과	1	1	7	8	7	1	1	4
4414	경기 양주시	고품질비료 지원	100,000	농업정책과	1	1	7	8	7	1	1	4
4415	경기 양주시	고품질비료 지원	30,000	농업정책과	1	1	7	8	7	1	1	4
4416	경기 양주시	고품질비료 지원	30,000	농업정책과	1	1	7	8	7	1	1	4
4417	경기 양주시	고품질비료 지원	40,000	농업정책과	1	1	7	8	7	1	1	4
4418	경기 양주시	수출농산물 지원	20,000	농업정책과	1	6	7	8	7	5	5	4
4419	경기 양주시	어하둥둥 공동브랜드 표준규격출하사업	210,000	농업정책과	1	7	7	8	7	1	1	4
4420	경기 양주시	유기질비료 지원	494,748	농업정책과	1	1	7	8	7	5	5	4
4421	경기 양주시	농식품 수출물류비 지원	14,490	농업정책과	1	6	7	8	7	5	5	4
4422	경기 양주시	G마크 등 포장재 지원	2,522	농업정책과	1	6	7	8	7	5	5	4
4423	경기 양주시	벼 못자리용 상토지원	200,000	농업정책과	1	1	7	8	7	1	1	4
4424	경기 양주시	친환경 등 농산물 학교급식 지원	1,298	농업정책과	1	1	7	8	7	1	1	4
4425	경기 양주시	예비못자리 설치	12,000	농업정책과	1	1	7	8	7	1	1	4
4426	경기 양주시	병해충 방제 지원	110,000	농업정책과	1	1	7	8	7	1	1	4
4427	경기 양주시	고품질 양주쌀 생산지원	15,000	농업정책과	1	1	4	8	7	1	1	1
4428	경기 양주시	유기농업자재 지원	4,310	농업정책과	1	2	4	8	7	1	1	1
4429	경기 양주시	우수품종공급 지원	20,557	농업정책과	1	1	7	8	7	1	1	4
4430	경기 양주시	농촌관광주체 육성지원(농촌체험휴양마을 육성)	1,200	농업정책과	1	1	7	8	7	1	1	4
4431	경기 양주시	GAP안전성 분석 지원(안전성검사)	50,000	농업정책과	1	1	7	8	7	5	5	1
4432	경기 양주시	공동선별비 지원	58,800	농업정책과	1	2	7	8	7	5	5	4
4433	경기 양주시	농촌관광주체 육성지원	39,378	농업정책과	1	1	7	8	7	1	1	4
4434	경기 양주시	농촌관광주체 육성지원	2,640	농업정책과	1	1	7	8	7	1	1	4
4435	경기 양주시	경기전통주 등 경쟁력 강화	20,000	농업정책과	1	6	7	8	7	1	1	4

순번	시군구	지출명 (사업명)	2021년예산 (단위:천원/1년간)	담당자 (공무원) 담당부서	민간이전 분류 (지방자치단체 세출예산 집행기준에 의거) 1. 민간경상사업보조(307-02) 2. 민간단체 법정운영비보조(307-03) 3. 민간행사사업보조(307-04) 4. 민간위탁금(307-05) 5. 사회복지시설 법정운영비보조(307-10) 6. 민간인위탁교육비(307-12) 7. 공기관등에대한경상적위탁사업비(308-11) 8. 민간자본사업보조,자체재원(402-01) 9. 민간자본사업보조,이전재원(402-02) 10. 민간위탁사업비(402-03) 11. 공기관등에 대한 자본적 대행사업비(403-02)	민간이전지출 근거 (지방보조금 관리기준 참고) 1. 법률에 규정 2. 국고보조 재원(국가지정) 3. 용도 지정 기부금 4. 조례에 직접규정 5. 지자체가 권장하는 사업을 하는 공공기관 6. 시,도 정책 및 재정사정 7. 기타 8. 해당없음	입찰방식 계약체결방법 (경쟁형태) 1. 일반경쟁 2. 제한경쟁 3. 지명경쟁 4. 수의계약 5. 법정위탁 6. 기타 ( ) 7. 해당없음	입찰방식 계약기간 1. 1년 2. 2년 3. 3년 4. 4년 5. 5년 6. 기타 ( )년 7. 단기계약 (1년미만) 8. 해당없음	입찰방식 낙찰자선정방법 1. 적격심사 2. 협상에의한계약 3. 최저가낙찰제 4. 규격가격분리 5. 2단계 경쟁입찰 6. 기타 ( ) 7. 해당없음	운영예산 산정 운영예산 산정 1. 내부산정 (지자체 자체적으로 산정) 2. 외부산정 (외부전문기관위탁 산정) 3. 내·외부 모두 산정 4. 산정 無 5. 해당없음	운영예산 산정 정산방법 1. 내부정산 (지자체 내부적으로 정산) 2. 외부정산 (외부전문기관위탁 정산) 3. 내·외부 모두 산정 4. 정산 無 5. 해당없음	성과평가 실시여부 1. 실시 2. 미실시 3. 향후 추진 4. 해당없음
4436	경기 양주시	농업인안전재해보험	68,250	농업정책과	1	2	7	7	7	5	1	4
4437	경기 양주시	농업인안전재해보험	75,000	농업정책과	1	2	7	7	7	5	1	4
4438	경기 양주시	청년 농업인 영농정착 지원 사업	144,000	농업정책과	1	1	7	8	7	1	1	4
4439	경기 양주시	초등돌봄교실 과일간식 지원	106,688	농업정책과	1	2	7	8	7	1	1	4
4440	경기 양주시	경기도 어린이 건강과일 공급지원	477,880	농업정책과	1	6	7	8	7	1	1	4
4441	경기 양주시	농산물 임가공 및 포장재, 디자인 지원	50,000	농업정책과	1	7	7	8	7	1	1	4
4442	경기 양주시	밭작물 고품질지원사업	49,500	농업정책과	1	1	7	7	7	1	1	4
4443	경기 양주시	토양개량제 공동살포비 지원	15,660	농업정책과	1	1	7	8	7	5	5	4
4444	경기 양주시	양주골쌀 택배비 지원	20,000	농업정책과	1	7	7	8	7	1	1	4
4445	경기 양주시	쌀 생산단체 최소경영비 투입 시범	20,000	기술지원과	1	1	7	8	7	5	5	4
4446	경기 양주시	과수 검역병해충 및 돌발병해충 방제비 지원	31,000	기술지원과 원예작물팀	1	1	7	8	7	5	5	4
4447	경기 양주시	온라인 마케팅 경쟁력향상 지원	8,000	기술지원과	1	1	7	8	7	5	5	4
4448	경기 양주시	경기한우 명품화사업	95,700	축산과	1	6	7	8	7	1	1	4
4449	경기 양주시	낙농산업 경쟁력강화 사업	91,400	축산과	1	6	7	8	7	1	1	4
4450	경기 양주시	학교우유급식지원	369,805	축산과	1	6	7	8	7	1	1	4
4451	경기 양주시	조사료생산용 사일리지제조 지원	80,000	축산과	1	6	7	8	7	1	1	4
4452	경기 양주시	축산환경개선사업	358,600	축산과	1	6	7	8	7	1	1	4
4453	경기 양주시	주택밀집지역 축산농가 축산환경개선 지원	21,000	축산과	1	6	7	8	7	1	1	4
4454	경기 양주시	예방약품 등 지원	132,000	축산과	1	2	7	8	7	5	5	4
4455	경기 양주시	축산분뇨자원화지원사업	200,000	축산과	1	6	7	8	7	1	1	4
4456	경기 양주시	발효축분 수거운반비지원	85,000	축산과	1	6	7	8	7	1	1	4
4457	경기 양주시	우수축산물 학교급식 지원사업	440,000	축산과	1	6	7	8	7	5	5	4
4458	경기 양주시	양봉산업 육성사업	13,780	축산과	1	6	7	8	7	1	1	4
4459	경기 양주시	승마장 육성지원	16,700	축산과	1	6	7	8	7	1	1	4
4460	경기 양주시	예방약품 등 지원	6,000	축산과	1	2	7	8	7	5	5	4
4461	경기 양주시	축산환경개선사업	145,000	축산과	1	6	7	8	7	1	1	4
4462	경기 양주시	승마체험 지원사업	20,000	축산과	1	6	7	8	7	1	1	4
4463	경기 양주시	가축분뇨 수거운반비 지원	66,150	축산과	1	1	4	2	2	1	1	1
4464	경기 양주시	예방약품 등 지원	30,000	축산과	1	2	7	8	7	5	5	4
4465	경기 양주시	조사료생산용 종자구입 지원	45,300	축산과	1	6	7	8	7	1	1	4
4466	경기 양주시	유소년승마단창단	76,800	축산과	1	6	7	8	7	1	1	4
4467	경기 양주시	조사료생산용 볏짚비닐 지원	60,000	축산과	1	6	7	8	7	1	1	4
4468	경기 양주시	산유능력검정지원사업	10,000	축산과	1	6	7	8	7	1	1	4
4469	경기 양주시	고품질 안전축산물 육성지원	29,400	축산과	1	6	7	8	7	5	5	4
4470	경기 양주시	승용마 조련강화사업	8,000	축산과	1	6	7	8	7	1	1	4
4471	경기 양주시	구제역 예방백신 지원사업	183,735	축산과	1	2	7	8	7	5	5	4
4472	경기 양주시	말산업 청년인턴 취업지원	12,000	축산과	1	6	7	8	7	1	1	4
4473	경기 양주시	말산업 청년인턴 취업지원	22,000	축산과	1	6	7	8	7	1	1	4
4474	경기 양주시	축산농가 폐의약품 처리지원	24,000	축산과	1	6	7	8	7	5	5	4
4475	경기 양주시	계란냉장차량 지원사업	75,000	축산과	1	2	7	8	7	5	5	4
4476	경기 양주시	축산물전문판매점 지원사업	4,000	축산과	1	6	7	8	7	5	5	4
4477	경기 양주시	예방약품 등 지원	48,000	축산과	1	2	7	8	7	5	5	4
4478	경기 양주시	상수원보호구역 주민지원	50,000	수도과	1	2	7	8	7	5	5	4
4479	경기 포천시	(사)포천시새마을회 지원	112,850	자치행정과	1	1	7	8	7	1	1	4
4480	경기 포천시	바르게살기운동 포천시협의회 지원	23,000	자치행정과	1	1	7	8	7	1	1	4
4481	경기 포천시	경기북부범죄피해자지원센터 지원	15,000	자치행정과	1	1	7	8	7	1	1	4
4482	경기 포천시	이북5도민 포천시협의회 지원	2,500	자치행정과	1	4	7	8	7	1	1	4
4483	경기 포천시	포천시 지방행정동우회 지원	12,000	자치행정과	1	1	7	8	7	1	1	4
4484	경기 포천시	(사)포천시종합자원봉사센터 사업비 지원	44,000	자치행정과	1	1	7	8	7	1	1	4
4485	경기 포천시	자원봉사 코디네이터 지원	59,076	자치행정과	1	2	7	8	7	1	1	4
4486	경기 포천시	꿈의학교지원사업	180,000	교육지원과	1	1	7	8	7	1	1	1

순번	시군구	지출명 (사업명)	2021년예산 (단위:천원/1년간)	담당자 (공무원) 담당부서	민간이전 분류 (지방자치단체 세출예산 집행기준에 의거) 1. 민간경상사업보조(307-02) 2. 민간단체 법정운영비보조(307-03) 3. 민간행사사업보조(307-04) 4. 민간위탁금(307-05) 5. 사회복지시설 법정운영비보조(307-10) 6. 민간인위탁교육비(307-12) 7. 공기관등에대한경상적위탁사업비(308-11) 8. 민간자본사업보조,자체재원(402-01) 9. 민간자본사업보조,이전재원(402-02) 10. 민간위탁사업비(402-03) 11. 공기관등에 대한 자본적 대행사업비(403-02)	민간이전지출 근거 (지방보조금 관리기준 참고) 1. 법률에 규정 2. 국고보조 재원(국가지정) 3. 용도 지정 기부금 4. 조례에 직접규정 5. 지자체가 권장하는 사업을 하는 공공기관 6. 시,도 정책 및 재정사정 7. 기타 8. 해당없음	입찰방식: 계약체결방법 (경쟁형태) 1. 일반경쟁 2. 제한경쟁 3. 지명경쟁 4. 수의계약 5. 법정위탁 6. 기타 ( ) 7. 해당없음	입찰방식: 계약기간 1. 1년 2. 2년 3. 3년 4. 4년 5. 5년 6. 기타 ( )년 7. 단기계약 (1년미만) 8. 해당없음	입찰방식: 낙찰자선정방법 1. 적격심사 2. 협상에의한계약 3. 최저가낙찰제 4. 규격가격분리 5. 2단계 경쟁입찰 6. 기타 ( ) 7. 해당없음	운영예산 산정: 운영예산 산정 1. 내부산정 (지자체 자체적으로 산정) 2. 외부산정 (외부전문기관위탁 산정) 3. 내·외부 모두 산정 4. 산정 無 5. 해당없음	운영예산 산정: 정산방법 1. 내부정산 (지자체 내부적으로 정산) 2. 외부정산 (외부전문기관위탁 정산) 3. 내·외부 모두 산정 4. 정산 無 5. 해당없음	성과평가 실시여부 1. 실시 2. 미실시 3. 향후 추진 4. 해당없음
4487	경기 포천시	방과후 마을학교 지원사업	20,000	교육지원과	1	1	7	8	7	1	1	1
4488	경기 포천시	청소년공부방 운영지원	35,370	교육지원과	1	6	7	8	7	1	1	1
4489	경기 포천시	평생학습동아리 발굴 지원사업	5,000	교육지원과	1	1	7	8	7	1	1	1
4490	경기 포천시	성인발달장애인 평생학습 프로그램 운영	10,000	교육지원과	1	1	7	8	7	1	1	1
4491	경기 포천시	경기행복학습마을 운영 지원	40,000	교육지원과	1	1	7	8	7	1	1	1
4492	경기 포천시	평생학습마을 공동체 지원	70,000	교육지원과	1	1	7	8	7	1	1	1
4493	경기 포천시	마을활동가 양성 및 역량강화 지원	8,000	교육지원과	1	1	7	8	7	1	1	1
4494	경기 포천시	장애인 평생교육 프로그램 지원	85,000	교육지원과	1	1	7	8	7	1	1	1
4495	경기 포천시	포천시 평생학습마을 지원사업	40,000	교육지원과	1	1	7	8	7	1	1	1
4496	경기 포천시	작은도서관 운영지원(우수작은도서관 육성)	6,960	도서관정책과	1	1	7	8	7	5	1	4
4497	경기 포천시	대한민국6.25참전유공자회 포천시지회	1,700	시민복지과	1	1	7	8	7	1	1	1
4498	경기 포천시	대한민국무공수훈자회 포천시지회	4,000	시민복지과	1	1	7	8	7	1	1	1
4499	경기 포천시	보훈단체연합회	10,000	시민복지과	1	1	7	8	7	1	1	1
4500	경기 포천시	여성리더아카데미 운영	6,000	여성가족과	1	6	7	8	7	5	1	4
4501	경기 포천시	포천시양성평등주간행사	10,000	여성가족과	1	6	7	8	7	5	1	4
4502	경기 포천시	양성평등기금사업	14,000	여성가족과	1	6	6	8	7	1	1	1
4503	경기 포천시	외국인근로자공동체지원	6,000	여성가족과	1	6	1	1	1	1	1	4
4504	경기 포천시	외국인근로자공동체급식비지원	3,000	여성가족과	1	6	1	1	1	1	1	4
4505	경기 포천시	TOPIK대비 한국어 교육	4,800	여성가족과	1	6	1	1	1	1	1	4
4506	경기 포천시	새일센터운영지원	190,998	여성가족과	1	1	7	8	7	5	5	4
4507	경기 포천시	새일여성인턴제	105,000	여성가족과	1	1	7	8	7	5	5	4
4508	경기 포천시	직업교육훈련운영	82,445	여성가족과	1	1	7	8	7	5	5	4
4509	경기 포천시	경력단절여성디딤돌취업지원	60,000	여성가족과	1	1	7	8	7	5	5	4
4510	경기 포천시	중장년여성취업지원	60,000	여성가족과	1	1	7	8	7	5	5	4
4511	경기 포천시	대한노인회 교육비	8,840	노인장애인과	1	1	7	8	7	1	1	1
4512	경기 포천시	분회장 활동비	16,800	노인장애인과	1	1	7	8	7	1	1	1
4513	경기 포천시	인건비(중증장애인 특장차량 운영)	23,698	노인장애인과	1	1	7	8	7	1	1	2
4514	경기 포천시	운영비(중증장애인 특장차량 운영)	12,000	노인장애인과	1	1	7	8	7	1	1	2
4515	경기 포천시	장애인축제 한마당 참가	4,000	노인장애인과	1	1	7	8	7	1	1	2
4516	경기 포천시	전국 지체장애인의날 참가	2,000	노인장애인과	1	1	7	8	7	1	1	2
4517	경기 포천시	장애인식생활개선교육	3,000	노인장애인과	1	1	7	8	7	1	1	2
4518	경기 포천시	경기도 장애인 합창대회 참가	2,000	노인장애인과	1	1	7	8	7	1	1	2
4519	경기 포천시	장애인문화제 참가(장애인, 문화를 보이다)	2,500	노인장애인과	1	1	7	8	7	1	1	2
4520	경기 포천시	장애인스마트폰교육 강사료	6,000	노인장애인과	1	1	7	8	7	1	1	2
4521	경기 포천시	한마음어울림마당 등 행사참가	2,000	노인장애인과	1	1	7	8	7	1	1	2
4522	경기 포천시	점자 및 보행훈련 교육	6,500	노인장애인과	1	1	7	8	7	1	1	2
4523	경기 포천시	경기도 한마음 대축제 참가	2,700	노인장애인과	1	1	7	8	7	1	1	2
4524	경기 포천시	회원가정 방문실태조사	400	노인장애인과	1	1	7	8	7	1	1	2
4525	경기 포천시	문맹 수화교실	1,000	노인장애인과	1	1	7	8	7	1	1	2
4526	경기 포천시	경기도 농아인어울림한마당 참가	1,000	노인장애인과	1	1	7	8	7	1	1	2
4527	경기 포천시	사)한국교통장애인협회 포천시지회 재가장애인 문화체험캠프 참가	4,000	노인장애인과	1	1	7	8	7	1	1	2
4528	경기 포천시	경기도 발달장애인 가족체육대회 참가	1,350	노인장애인과	1	1	7	8	7	1	1	2
4529	경기 포천시	공공폐수처리시설 색도개선 약품비 지원	137,400	친환경정책과	1	6	7	8	7	5	5	4
4530	경기 포천시	한탄강수계 환경개선사업	5,000	친환경정책과	1	4	7	8	7	1	1	4
4531	경기 포천시	자연보호운동 전개 및 정화활동	18,000	친환경정책과	1	4	7	8	7	1	1	4
4532	경기 포천시	밀렵밀거래 단속 및 야생동물 포획활동	10,000	친환경정책과	1	4	7	8	7	1	1	4
4533	경기 포천시	저탄소 녹색생활 실천활동	7,000	친환경정책과	1	4	7	8	7	1	1	4
4534	경기 포천시	생태경관보존지역 관리비지원(청계산보전협의회)	30,400	친환경정책과	1	7	7	8	7	2	1	4
4535	경기 포천시	취약계층 이용시설 공기청정기 지원사업	106,394	환경지도과	1	6	4	1	1	5	2	3
4536	경기 포천시	향토유적답사(문화원)	5,000	문화체육과	1	4	7	8	7	5	5	4
4537	경기 포천시	향토사료연구사업(문화원)	14,000	문화체육과	1	4	7	8	7	5	5	4

순번	시군구	지출명 (사업명)	2021년예산 (단위:천원/1년간)	담당자 (공무원) 담당부서	민간이전 분류 (지방자치단체 세출예산 집행기준에 의거) 1. 민간경상사업보조(307-02) 2. 민간단체 법정운영비보조(307-03) 3. 민간행사사업보조(307-04) 4. 민간위탁금(307-05) 5. 사회복지시설 법정운영비보조(307-10) 6. 민간인위탁교육비(307-12) 7. 공기관등에대한경상적위탁사업비(308-11) 8. 민간자본사업보조,자체재원(402-01) 9. 민간자본사업보조,이전재원(402-02) 10. 민간위탁사업비(402-03) 11. 공기관등에 대한 자본적 대행사업비(403-02)	민간이전지출 근거 (지방보조금 관리기준 참고) 1. 법률에 규정 2. 국고보조 재원(국가지정) 3. 용도 지정 기부금 4. 조례에 직접규정 5. 지자체가 권장하는 사업을 하는 공공기관 6. 시,도 정책 및 재정사정 7. 기타 8. 해당없음	입찰방식 계약체결방법 (경쟁형태) 1. 일반경쟁 2. 제한경쟁 3. 지명경쟁 4. 수의계약 5. 법정위탁 6. 기타 ( ) 7. 해당없음	입찰방식 계약기간 1. 1년 2. 2년 3. 3년 4. 4년 5. 5년 6. 기타 ( )년 7. 단기계약 (1년미만) 8. 해당없음	입찰방식 낙찰자선정방법 1. 적격심사 2. 협상에의한계약 3. 최저가낙찰제 4. 규격가격분리 5. 2단계 경쟁입찰 6. 기타 ( ) 7. 해당없음	운영예산 산정 운영예산 산정 1. 내부산정 (지자체 자체적으로 산정) 2. 외부산정 (외부전문기관위탁 산정) 3. 내·외부 모두 산정 4. 산정 無 5. 해당없음	운영예산 산정 정산방법 1. 내부정산 (지자체 내부적으로 정산) 2. 외부정산 (외부전문기관위탁 정산) 3. 내·외부 모두 산정 4. 정산 無 5. 해당없음	성과평가 실시여부 1. 실시 2. 미실시 3. 향후 추진 4. 해당없음
4538	경기 포천시	문화학교운영(문화원)	40,000	문화체육과	1	4	7	8	7	5	5	4
4539	경기 포천시	문화원사업활동지원비(문화원)	37,000	문화체육과	1	4	7	8	7	5	5	4
4540	경기 포천시	고전 및 한시교육, 한시집 발간(문화원)	3,000	문화체육과	1	4	7	8	7	5	5	4
4541	경기 포천시	포천의 마을이야기 발간(문화원)	20,000	문화체육과	1	4	7	8	7	5	5	4
4542	경기 포천시	포천예술지 발간(포천예총)	7,000	문화체육과	1	4	7	8	7	5	5	4
4543	경기 포천시	포천예술대학(포천예총)	16,000	문화체육과	1	4	7	8	7	5	5	4
4544	경기 포천시	전국무용제경기도예선(포천무용협회)	6,000	문화체육과	1	4	7	8	7	5	5	4
4545	경기 포천시	전국연극제경기도대회(포천연극협회)	6,000	문화체육과	1	4	7	8	7	5	5	4
4546	경기 포천시	포천문예대학(포천문인협회)	8,000	문화체육과	1	4	7	8	7	5	5	4
4547	경기 포천시	포천문학발간(포천문인협회)	6,000	문화체육과	1	4	7	8	7	5	5	4
4548	경기 포천시	문화예술인 및 단체 지원 육성	35,000	문화체육과	1	4	7	8	7	5	5	4
4549	경기 포천시	지역문화예술 플랫폼 육성사업	83,762	문화체육과	1	4	7	8	7	5	5	4
4550	경기 포천시	포천 관인면 문화마을 조성사업	200,000	문화체육과	1	2	7	8	7	5	5	4
4551	경기 포천시	경기도 문화의 날, 지역화폐드림사업	39,000	문화체육과	1	4	7	8	7	5	5	4
4552	경기 포천시	포천명륜대학(포천향교)	13,500	문화체육과	1	1	7	8	7	5	5	4
4553	경기 포천시	전통예절 및 다례교육(포천향교)	5,000	문화체육과	1	1	7	8	7	5	5	4
4554	경기 포천시	전통문예지(마흘의 얼)발간(포천향교)	6,000	문화체육과	1	1	7	8	7	5	5	4
4555	경기 포천시	포천 가노농악 보존 및 전승지원(농악협회)	10,000	문화체육과	1	1	7	8	7	5	5	4
4556	경기 포천시	충효 및 인성교육(포천향교)	4,000	문화체육과	1	1	7	8	7	5	5	4
4557	경기 포천시	도 무형문화재(단체)전승 사업	12,000	문화체육과	1	1	7	8	7	5	5	4
4558	경기 포천시	장애인 생활체육교실 운영	9,000	문화체육과	1	4	7	8	7	5	5	4
4559	경기 포천시	경기도 장애인생활체육대회 출전	16,000	문화체육과	1	4	7	8	7	5	5	4
4560	경기 포천시	장애인 우수선수 육성	3,600	문화체육과	1	4	7	8	7	5	5	4
4561	경기 포천시	장애인 휠체어 유지비	2,000	문화체육과	1	4	7	8	7	5	5	4
4562	경기 포천시	종목별 장애인체육대회 출전	12,000	문화체육과	1	4	7	8	7	5	5	4
4563	경기 포천시	경기도 장애인체육대회 출전	20,000	문화체육과	1	4	7	8	7	5	5	4
4564	경기 포천시	포천시 장애인체육대회 읍면동지원	28,000	문화체육과	1	4	7	8	7	5	5	4
4565	경기 포천시	장애인생활체육지도자 활동비	10,152	문화체육과	1	4	7	8	7	5	5	4
4566	경기 포천시	경기도 어울림체육대회 출전	10,000	문화체육과	1	4	7	8	7	5	5	4
4567	경기 포천시	장애인생활체육지도자 처우개선 지원	1,050	문화체육과	1	4	7	8	7	5	5	4
4568	경기 포천시	포천시체육회장기 종목별 대회 참가 읍면동 지원	70,000	문화체육과	1	4	7	8	7	5	5	4
4569	경기 포천시	경기도 체육대회 출전	420,000	문화체육과	1	4	7	8	7	5	5	4
4570	경기 포천시	도단위 생활체육대회 출전	60,000	문화체육과	1	4	7	8	7	5	5	4
4571	경기 포천시	경기도 씨름왕 선발대회 출전	3,000	문화체육과	1	4	7	8	7	5	5	4
4572	경기 포천시	경기도 생활체육대축전 출전	100,000	문화체육과	1	4	7	8	7	5	5	4
4573	경기 포천시	전국 생활체육대축전 출전	2,000	문화체육과	1	4	7	8	7	5	5	4
4574	경기 포천시	종목별 생활체육대회 출전	15,000	문화체육과	1	4	7	8	7	5	5	4
4575	경기 포천시	일반생활체육지도자 배치	175,392	문화체육과	1	4	7	8	7	5	5	4
4576	경기 포천시	청소년 생활체육교실 운영	30,000	문화체육과	1	4	7	8	7	5	5	4
4577	경기 포천시	생활체육지도자 활동비	37,224	문화체육과	1	4	7	8	7	5	5	4
4578	경기 포천시	생활체육지도자 처우개선 지원	16,200	문화체육과	1	4	7	8	7	5	5	4
4579	경기 포천시	어르신생활체육지도자 배치	146,160	문화체육과	1	4	7	8	7	5	5	4
4580	경기 포천시	장애인생활체육지도자 배치	87,696	문화체육과	1	4	7	8	7	5	5	4
4581	경기 포천시	일반,어르신 생활체육지도자 처우개선	13,123	문화체육과	1	4	7	8	7	5	5	4
4582	경기 포천시	장애인생활체육지도자 처우개선	3,579	문화체육과	1	4	7	8	7	5	5	4
4583	경기 포천시	국민체력100 체력인증센터 운영지원	206,250	문화체육과	1	4	7	8	7	5	5	4
4584	경기 포천시	어르신 생활체육교실 운영	30,000	문화체육과	1	4	7	8	7	5	5	4
4585	경기 포천시	우수선수 육성지원	50,000	문화체육과	1	4	7	8	7	5	5	4
4586	경기 포천시	초등스포츠클럽 육성지원	27,634	문화체육과	1	4	7	8	7	5	5	4
4587	경기 포천시	군장병 등 포천 시티투어 운영	15,000	관광산업과	1	5	7	1	7	1	1	1
4588	경기 포천시	새로운 시작, 비상하는 포천 청년일자리사업	47,250	일자리경제과	1	2	7	8	7	5	5	4

순번	시군구	지출명 (사업명)	2021년예산 (단위:천원/1년간)	담당자 (공무원) 담당부서	민간이전 분류 (지방자치단체 세출예산 집행기준에 의거) 1. 민간경상사업보조(307-02) 2. 민간단체 법정운영비보조(307-03) 3. 민간행사사업보조(307-04) 4. 민간위탁금(307-05) 5. 사회복지시설 법정운영비보조(307-10) 6. 민간인위탁교육비(307-12) 7. 공기관등에대한경상적위탁사업비(308-11) 8. 민간자본사업보조,자체재원(402-01) 9. 민간자본사업보조,이전재원(402-02) 10. 민간위탁사업비(402-03) 11. 공기관등에 대한 자본적 대행사업비(403-02)	민간이전지출 근거 (지방보조금 관리기준 참고) 1. 법률에 규정 2. 국고보조 재원(국가지정) 3. 용도 지정 기부금 4. 조례에 직접규정 5. 지자체가 권장하는 사업을 하는 공공기관 6. 시,도 정책 및 재정사정 7. 기타 8. 해당없음	입찰방식 계약체결방법 (경쟁형태) 1. 일반경쟁 2. 제한경쟁 3. 지명경쟁 4. 수의계약 5. 법정위탁 6. 기타 ( ) 7. 해당없음	입찰방식 계약기간 1. 1년 2. 2년 3. 3년 4. 4년 5. 5년 6. 기타 ( )년 7. 단기계약 (1년미만) 8. 해당없음	입찰방식 낙찰자선정방법 1. 적격심사 2. 협상에의한계약 3. 최저가낙찰제 4. 규격가격분리 5. 2단계 경쟁입찰 6. 기타 ( ) 7. 해당없음	운영예산 산정 운영예산 산정 1. 내부산정 (지자체 자체적으로 산정) 2. 외부산정 (외부전문기관위탁 산정) 3. 내·외부 모두 산정 4. 산정 無 5. 해당없음	운영예산 산정 정산방법 1. 내부정산 (지자체 내부적으로 정산) 2. 외부정산 (외부전문기관위탁 정산) 3. 내·외부 모두 산정 4. 정산 無 5. 해당없음	성과평가 실시여부 1. 실시 2. 미실시 3. 향후 추진 4. 해당없음
4589	경기 포천시	대학일자리센터 지원	62,500	일자리경제과	1	2	7	8	7	5	5	4
4590	경기 포천시	청년 동아리 활동비 지원	7,000	일자리경제과	1	6	7	8	7	5	5	4
4591	경기 포천시	지역주도형 청년일자리 사업	70,200	일자리경제과	1	2	7	8	7	5	5	4
4592	경기 포천시	사회적기업 취약계층 인건비 지원	124,572	일자리경제과	1	2	7	8	7	5	5	4
4593	경기 포천시	사회적기업 사회보험료 지원	4,365	일자리경제과	1	2	7	8	7	5	5	4
4594	경기 포천시	사회적경제 사업개발비 지원	31,798	일자리경제과	1	2	7	8	7	5	5	4
4595	경기 포천시	마을기업 발굴 육성 지원	40,000	일자리경제과	1	2	7	8	7	5	5	4
4596	경기 포천시	포천 공유가치허브(HUB) 조성사업	70,000	일자리경제과	1	2	7	8	7	5	5	4
4597	경기 포천시	마을공동체 주민제안 공모사업	230,000	일자리경제과	1	2	7	8	7	5	5	4
4598	경기 포천시	포천 공유가치허브(HUB) 조성사업	250,000	일자리경제과	1	2	7	8	7	5	5	4
4599	경기 포천시	아동돌봄공동체 조성 공모사업	20,000	일자리경제과	1	2	7	8	7	5	5	4
4600	경기 포천시	가구패션 유통업체 밀집지역 마케팅 촉진사업	121,000	기업지원과	1	4	2	7	2	5	2	1
4601	경기 포천시	전시박람회 참가기업 지원	36,000	기업지원과	1	4	7	8	7	5	1	1
4602	경기 포천시	가구산업 종사자 전문 역량 강화 포럼	10,600	기업지원과	1	4	7	8	7	5	5	4
4603	경기 포천시	창업보육센터 운영 지원	41,068	기업지원과	1	1	5	1	7	5	1	1
4604	경기 포천시	한국섬유소재연구원 운영지원	60,000	기업지원과	1	5	6	1	7	5	1	1
4605	경기 포천시	한국섬유소재연구원 운영지원	150,000	기업지원과	1	5	6	1	7	5	1	1
4606	경기 포천시	섬유 유통업체 밀집지역 마케팅 촉진 사업	50,000	기업지원과	1	5	6	1	7	5	1	1
4607	경기 포천시	기업체현장방문 맞춤형 순회교육	4,000	기업지원과	1	4	7	7	7	1	1	3
4608	경기 포천시	경제활성화 운영평가회	7,000	기업지원과	1	4	7	7	7	1	1	3
4609	경기 포천시	포천상의 경제 아카데미 개설	10,000	기업지원과	1	4	7	7	7	1	1	3
4610	경기 포천시	기업지원특성화사업	45,000	기업지원과	1	4	7	7	7	1	1	3
4611	경기 포천시	제조업 품목별 위원회 통합 워크숍 및 세미나	7,000	기업지원과	1	4	7	7	7	1	1	3
4612	경기 포천시	국내전시회 참가기업 지원	26,000	기업지원과	1	1	7	7	7	1	1	3
4613	경기 포천시	국제 식품 벤치마킹 지원	10,000	식품안전과	1	5	7	8	7	5	5	4
4614	경기 포천시	주방 위생환경 개선 지원사업	25,500	식품안전과	1	4	7	8	7	5	5	4
4615	경기 포천시	일반음식점 기존영업자 위생교육 지원	10,000	식품안전과	1	4	7	7	7	1	1	1
4616	경기 포천시	군 관련시설 및 훈련에 따른 피해구제 활동 지원	30,000	평화기반조성과	1	4	7	8	7	5	5	4
4617	경기 포천시	2021년 통일활동사업 지원	22,000	평화기반조성과	1	1	7	8	7	5	5	4
4618	경기 포천시	남북교류협력사업 추진	200,000	평화기반조성과	1	4	7	8	7	5	5	4
4619	경기 포천시	농업경영컨설팅 지원사업	15,000	친환경농업과	1	2	7	8	7	1	1	1
4620	경기 포천시	사회단체 육성	14,400	친환경농업과	1	1	7	8	7	1	1	1
4621	경기 포천시	사회단체 육성	10,000	친환경농업과	1	1	7	8	7	1	1	1
4622	경기 포천시	사회단체 육성	7,840	친환경농업과	1	1	7	8	7	1	1	1
4623	경기 포천시	청년농업인 영농정착 지원사업	230,400	친환경농업과	1	2	7	8	7	5	1	1
4624	경기 포천시	농촌마을공동체 사회적 활동지원	8,773	친환경농업과	1	1	7	8	7	5	1	1
4625	경기 포천시	농촌체험휴양마을 마을리더 및 역량강화교육	1,440	친환경농업과	1	2	7	8	7	5	1	1
4626	경기 포천시	향토산업육성사업	290,000	친환경농업과	1	1	7	8	7	5	2	1
4627	경기 포천시	농촌체험휴양마을 사무장 채용지원	76,566	친환경농업과	1	2	7	8	7	5	1	1
4628	경기 포천시	농촌체험휴양마을 보험가입 지원	3,328	친환경농업과	1	2	7	8	7	5	1	1
4629	경기 포천시	수출포장재 보급	77,650	친환경농업과	1	2	7	8	7	1	1	4
4630	경기 포천시	농식품 수출장려금 지원	115,582	친환경농업과	1	2	7	8	7	1	1	4
4631	경기 포천시	고품질 쌀 생산 지원육성 사업	13,000	친환경농업과	1	2	7	8	7	5	1	4
4632	경기 포천시	고품질 쌀 생산 지원육성 사업	18,000	친환경농업과	1	2	7	8	7	5	1	4
4633	경기 포천시	고품질 쌀 생산 지원육성 사업	50,000	친환경농업과	1	2	7	8	7	5	1	4
4634	경기 포천시	고품질 쌀 생산 지원육성 사업	185,600	친환경농업과	1	2	7	8	7	5	1	4
4635	경기 포천시	고품질 쌀 생산 지원육성 사업	20,000	친환경농업과	1	2	7	8	7	1	1	4
4636	경기 포천시	G마크 등 포장재 지원	15,540	친환경농업과	1	2	7	8	7	1	1	4
4637	경기 포천시	친환경우수 농산물 학교급식지원	444,000	친환경농업과	1	2	7	8	7	5	1	4
4638	경기 포천시	어린이 건강과일 공급사업	248,600	친환경농업과	1	2	7	8	7	5	1	4
4639	경기 포천시	초등 돌봄교실 과일간식 지원사업	75,014	친환경농업과	1	2	7	8	7	5	1	4

순번	시군구	지출명 (사업명)	2021년예산 (단위:천원/1년간)	담당자 (공무원) 담당부서	민간이전 분류 (지방자치단체 세출예산 집행기준에 의거) 1. 민간경상사업보조(307-02) 2. 민간단체 법정운영비보조(307-03) 3. 민간행사사업보조(307-04) 4. 민간위탁금(307-05) 5. 사회복지시설 법정운영비보조(307-10) 6. 민간인위탁교육비(307-12) 7. 공기관등에대한경상적위탁사업비(308-11) 8. 민간자본사업보조,자체재원(402-01) 9. 민간자본사업보조,이전재원(402-02) 10. 민간위탁사업비(402-03) 11. 공기관등에 대한 자본적 대행사업비(403-02)	민간이전지출 근거 (지방보조금 관리기준 참고) 1. 법률에 규정 2. 국고보조 재원(국가지정) 3. 용도 지정 기부금 4. 조례에 직접규정 5. 지자체가 권장하는 사업을 하는 공공기관 6. 시,도 정책 및 재정사정 7. 기타 8. 해당없음	입찰방식 계약체결방법 (경쟁형태) 1. 일반경쟁 2. 제한경쟁 3. 지명경쟁 4. 수의계약 5. 법정위탁 6. 기타 ( ) 7. 해당없음	입찰방식 계약기간 1. 1년 2. 2년 3. 3년 4. 4년 5. 5년 6. 기타 ( )년 7. 단기계약 (1년미만) 8. 해당없음	입찰방식 낙찰자선정방법 1. 적격심사 2. 협상에의한계약 3. 최저가낙찰제 4. 규격가격분리 5. 2단계 경쟁입찰 6. 기타 ( ) 7. 해당없음	운영예산 산정 운영예산 산정 1. 내부산정 (지자체 자체적으로 산정) 2. 외부산정 (외부전문기관위탁 산정) 3. 내·외부 모두 산정 4. 산정 無 5. 해당없음	운영예산 산정 정산방법 1. 내부정산 (지자체 내부적으로 정산) 2. 외부정산 (외부전문기관위탁 정산) 3. 내·외부 모두 산정 4. 정산 無 5. 해당없음	성과평가 실시여부 1. 실시 2. 미실시 3. 향후 추진 4. 해당없음
4640	경기 포천시	농번기 마을공동 급식지원	16,280	친환경농업과	1	2	7	8	7	5	1	4
4641	경기 포천시	농산물 연합마케팅사업	90,000	친환경농업과	1	2	7	8	7	5	1	4
4642	경기 포천시	친환경인증 농산물 유통확대사업	19,000	친환경농업과	1	2	7	8	7	5	1	4
4643	경기 포천시	포천어린이 간식지원사업	396,000	친환경농업과	1	2	7	8	7	5	1	4
4644	경기 포천시	농작물 재해보험 가입지원	1,116	친환경농업과	1	1	7	8	7	5	1	4
4645	경기 포천시	농업인안전재해보험 가입지원사업	246,170	친환경농업과	1	1	7	8	7	5	1	4
4646	경기 포천시	유기질비료지원	1,188	친환경농업과	1	2	7	8	7	5	1	4
4647	경기 포천시	토양개량제지원	281,622	친환경농업과	1	2	7	8	7	5	1	4
4648	경기 포천시	친환경농산물 인증확대사업	24,416	친환경농업과	1	1	7	8	7	5	1	4
4649	경기 포천시	유기농업자재지원사업	15,685	친환경농업과	1	2	7	8	7	5	1	4
4650	경기 포천시	GAP 안전성 분석 지원	24,600	친환경농업과	1	2	7	8	7	5	1	4
4651	경기 포천시	환경친화형 농자재 지원사업	57,500	친환경농업과	1	1	7	8	7	5	1	4
4652	경기 포천시	벼 못자리용 상토 지원사업	458,784	친환경농업과	1	6	7	8	7	1	1	1
4653	경기 포천시	예비 못자리 설치사업	7,560	친환경농업과	1	6	7	8	7	1	1	1
4654	경기 포천시	과수 계약재배 확대사업	72,200	친환경농업과	1	6	7	8	7	5	1	4
4655	경기 포천시	수리시설 유지관리	73,480	친환경농업과	1	1	7	8	7	1	1	4
4656	경기 포천시	수리시설 유지관리	10,800	친환경농업과	1	1	7	8	7	1	1	4
4657	경기 포천시	한우 경쟁력 제고	7,200	축산과	1	6	7	8	7	5	5	4
4658	경기 포천시	경기한우 명품화	134,650	축산과	1	6	7	8	7	5	5	4
4659	경기 포천시	젖소 경쟁력 제고	36,000	축산과	1	6	7	8	7	5	5	4
4660	경기 포천시	젖소 경쟁력 제고	36,000	축산과	1	6	7	8	7	5	5	4
4661	경기 포천시	젖소 경쟁력 강화	104,500	축산과	1	6	7	8	7	5	5	4
4662	경기 포천시	양계 경쟁력 제고	66,100	축산과	1	6	7	8	7	5	5	4
4663	경기 포천시	양봉산업 육성	20,250	축산과	1	6	7	8	7	5	5	4
4664	경기 포천시	양봉 경쟁력 강화	36,000	축산과	1	6	7	8	7	5	5	4
4665	경기 포천시	가축재해보험지원	619,754	축산과	1	6	7	8	7	5	5	4
4666	경기 포천시	축산재해 긴급 지원	12,000	축산과	1	6	7	8	7	5	5	4
4667	경기 포천시	학생 승마 체험	67,200	축산과	1	2	7	8	7	5	5	4
4668	경기 포천시	사회공익 승마사업	1,680	축산과	1	6	7	8	7	5	5	4
4669	경기 포천시	승마장 육성 지원	7,300	축산과	1	6	7	8	7	5	5	4
4670	경기 포천시	구제역 및 AI 예방약품 구입 지원	432,000	축산과	1	2	7	8	7	5	5	4
4671	경기 포천시	구제역 및 AI 예방약품 구입 지원	48,000	축산과	1	2	7	8	7	5	5	4
4672	경기 포천시	구제역 예방백신 지원	1,201	축산과	1	2	7	8	7	5	5	4
4673	경기 포천시	구제역 및 AI 예방약품 구입 지원	48,000	축산과	1	2	7	8	7	5	5	4
4674	경기 포천시	닭진드기 공동방제사업	48,000	축산과	1	2	7	8	7	5	5	4
4675	경기 포천시	고품질 안전축산물 육성	49,980	축산과	1	6	7	8	7	5	5	4
4676	경기 포천시	축산물 전문판매점 지원	4,000	축산과	1	6	7	8	7	5	5	4
4677	경기 포천시	축산물HACCP컨설팅	28,000	축산과	1	2	7	8	7	5	5	4
4678	경기 포천시	우수축산물학교급식사업	210,000	축산과	1	6	7	8	7	5	5	4
4679	경기 포천시	학교우유급식 지원	311,750	축산과	1	2	7	8	7	5	5	4
4680	경기 포천시	가축분뇨 악취저감 환경개선	60,000	축산과	1	6	7	8	7	5	5	4
4681	경기 포천시	가축분뇨 퇴액비살포비 지원	915,000	축산과	1	2	7	8	7	5	5	4
4682	경기 포천시	축산 환경개선제 등 공급	314,400	축산과	1	6	7	8	7	5	5	4
4683	경기 포천시	가축분뇨 수거운반비 지원	95,000	축산과	1	6	7	8	7	5	5	4
4684	경기 포천시	자율방재단 운영	20,000	안전총괄과	1	1	7	8	7	1	1	1
4685	경기 포천시	주민제안공모사업 등 5건	223,500	친환경도시재생과	1	6	7	8	7	1	1	3
4686	경기 포천시	가로등(보안등)공공용 전기료	45,000	친환경도시재생과	1	6	7	8	7	1	1	3
4687	경기 포천시	교통사고줄이기 예방사업 지원	5,000	교통행정과	1	7	7	8	7	1	1	1
4688	경기 포천시	어린이 교통안전 봉사활동 지원	2,000	교통행정과	1	7	7	8	7	1	1	1
4689	경기 포천시	교통질서계도활동 지원	41,000	교통행정과	1	4	7	8	7	1	1	1
4690	경기 포천시	택시 카드 결제 수수료 지원	40,831	교통행정과	1	1	7	8	7	1	1	4

순번	시군구	지출명 (사업명)	2021년예산 (단위:천원/1년간)	담당자 (공무원) 담당부서	민간이전 분류 (지방자치단체 세출예산 집행기준에 의거) 1. 민간경상사업보조(307-02) 2. 민간단체 법정운영비보조(307-03) 3. 민간행사사업보조(307-04) 4. 민간위탁금(307-05) 5. 사회복지시설 법정운영비보조(307-10) 6. 민간인위탁교육비(307-12) 7. 공기관등에대한경상적위탁사업비(308-11) 8. 민간자본사업보조,자체재원(402-01) 9. 민간자본사업보조,이전재원(402-02) 10. 민간위탁사업비(402-03) 11. 공기관등에 대한 자본적 대행사업비(403-02)	민간이전지출 근거 (지방보조금 관리기준 참고) 1. 법률에 규정 2. 국고보조 재원(국가지정) 3. 용도 지정 기부금 4. 조례에 직접규정 5. 지자체가 권장하는 사업을 하는 공공기관 6. 시,도 정책 및 재정사정 7. 기타 8. 해당없음	입찰방식 계약체결방법 (경쟁형태) 1. 일반경쟁 2. 제한경쟁 3. 지명경쟁 4. 수의계약 5. 법정위탁 6. 기타 ( ) 7. 해당없음	입찰방식 계약기간 1. 1년 2. 2년 3. 3년 4. 4년 5. 5년 6. 기타 ( )년 7. 단기계약 (1년미만) 8. 해당없음	입찰방식 낙찰자선정방법 1. 적격심사 2. 협상에의한계약 3. 최저가낙찰제 4. 규격가격분리 5. 2단계 경쟁입찰 6. 기타 ( ) 7. 해당없음	운영예산 산정 운영예산 산정 1. 내부산정 (지자체 자체적으로 산정) 2. 외부산정 (외부전문기관위탁 산정) 3. 내·외부 모두 산정 4. 산정 無 5. 해당없음	운영예산 산정 정산방법 1. 내부정산 (지자체 내부적으로 정산) 2. 외부정산 (외부전문기관위탁 정산) 3. 내·외부 모두 산정 4. 정산 無 5. 해당없음	성과평가 실시여부 1. 실시 2. 미실시 3. 향후 추진 4. 해당없음
4691	경기 포천시	택시 카드 단말기 통신료 지원	6,717	교통행정과	1	1	7	8	7	1	1	4
4692	경기 포천시	법인택시 처우개선 지원	57,600	교통행정과	1	4	7	8	7	1	1	4
4693	경기 포천시	터미널유지관리비	12,000	교통행정과	1	1	7	8	7	1	1	4
4694	경기 포천시	정신질환자 사회복귀시설 운영	64,860	보건정책과	1	6	7	8	7	3	3	4
4695	경기 포천시	정신재활시설 공동캠프지원	68,946	보건정책과	1	6	7	8	7	3	3	4
4696	경기 포천시	의료기관 환자관리사업	35,650	감염병관리과	1	2	7	8	7	5	1	4
4697	경기 포천시	의료관련감염병 표본감시체계 운영사업	10,000	감염관리과	1	2	7	8	7	5	5	4
4698	경기 포천시	강소농 자율모임체 브랜드가치 활성화 시범	16,000	농업지원과	1	1	7	8	7	1	1	1
4699	경기 포천시	농촌지도자회원 역량강화교육	2,500	농업지원과	1	2	7	8	7	1	1	1
4700	경기 포천시	4-H회원 과제교육	15,000	농업지원과	1	1	7	8	7	1	1	1
4701	경기 포천시	영농4-H회 과제교육	10,000	농업지원과	1	1	7	8	7	1	1	1
4702	경기 포천시	농업인학습단체 육성지원	16,800	농업지원과	1	1	7	8	7	1	1	1
4703	경기 포천시	농촌지도자회 육성지원	5,000	농업지원과	1	1	7	8	7	1	1	1
4704	경기 포천시	농업인학습단체 활력화지원	16,000	농업지원과	1	1	7	8	7	1	1	1
4705	경기 포천시	4-H연맹 육성지원	4,000	농업지원과	1	1	7	8	7	1	1	1
4706	경기 포천시	포천시4-H회 육성운영	25,000	농업지원과	1	1	7	8	7	1	1	1
4707	경기 포천시	생활개선회 육성지원	15,000	농업지원과	1	1	7	8	7	1	1	1
4708	경기 포천시	학교4-H회 과제활동지원 사업	7,000	농업지원과	1	1	7	8	7	1	1	1
4709	경기 포천시	포천시4-H회 활성화 사업	10,000	농업지원과	1	1	7	8	7	1	1	1
4710	경기 포천시	농촌청소년 전통민속문화 계승사업	9,000	농업지원과	1	1	7	8	7	1	1	1
4711	경기 포천시	농촌청소년 농촌민속문화 계승사업	5,000	농업지원과	1	2	7	8	7	1	1	1
4712	경기 포천시	농업인 넘어짐 사고예방을 위한 농작업화 보급시범	120,000	농업지원과	1	2	7	8	7	1	1	1
4713	경기 포천시	농작업 안전편이장비 보급 시범	7,500	농업지원과	1	2	7	8	7	1	1	1
4714	경기 포천시	메디푸드 농산물 마케팅 지원	16,000	농업지원과	1	2	7	8	7	1	1	1
4715	경기 포천시	귀농창업 실행비 지원	10,000	농업지원과	1	2	7	8	7	1	1	1
4716	경기 포천시	벼 병해충 방제지원사업	670,000	기술보급과	1	1	7	8	7	1	1	1
4717	경기 포천시	최고급포천쌀원료곡 생산단지 조성시범	50,000	기술보급과	1	1	7	8	7	1	1	1
4718	경기 포천시	농작물 친환경방제 시범사업	7,500	기술보급과	1	1	7	8	7	1	1	1
4719	경기 포천시	농촌 화훼 경관조성 시범	10,000	기술보급과	1	1	7	8	7	1	1	1
4720	경기 포천시	해외시장판매망 구축사업	8,000	기술보급과	1	1	7	8	7	1	1	1
4721	경기 포천시	돈사 악취저감 기술보급 시범	6,000	기술보급과	1	1	7	8	7	1	1	1
4722	경기 포천시	양계 미생물 사료 활용 악취저감 시범	6,000	기술보급과	1	1	7	8	7	1	1	1
4723	경기 포천시	품목연구회 홍보 및 직판행사 지원사업	7,000	기술보급과	1	1	7	8	7	1	1	1
4724	경기 포천시	사과 기상이변 안전착과 및 정형과 생산시범	6,000	기술보급과	1	1	7	8	7	1	1	1
4725	경기 포천시	길항균 이용 인삼 친환경방제 기술시범	10,000	기술보급과	1	1	7	8	7	1	1	1
4726	경기 포천시	양잠농가 잠종구입 지원	7,200	기술보급과	1	2	7	8	7	1	1	1
4727	경기 연천군	연천 청년일자리사업	103,900	문화체육과	1	2	7	8	7	5	5	4
4728	경기 연천군	일반생활체육지도자배치	204,624	문화체육과	1	4	7	8	7	5	5	4
4729	경기 연천군	어르신생활체육지도자배치	58,464	문화체육과	1	4	7	8	7	5	5	4
4730	경기 연천군	초등스포츠클럽 육성지원	23,734	문화체육과	1	4	7	8	7	5	5	4
4731	경기 연천군	장애인생활체육지도자배치	29,232	문화체육과	1	4	7	8	7	5	5	4
4732	경기 연천군	연천여성합창단 운영 지원	27,000	문화체육과	1	7	7	8	7	5	5	4
4733	경기 연천군	연천소년소녀합창단 운영지원	20,000	문화체육과	1	7	7	8	7	5	5	4
4734	경기 연천군	한국예총 연천지회 산하단체 지원	80,000	문화체육과	1	7	7	8	7	5	5	4
4735	경기 연천군	문화원사업활동비	100,000	문화체육과	1	4	7	8	7	5	5	4
4736	경기 연천군	통합문화이용권사업	236,500	문화체육과	1	2	7	8	7	5	5	4
4737	경기 연천군	보훈단체 지원	72,000	복지정책과	1	4	7	8	7	1	1	4
4738	경기 연천군	G-푸드드림사업 지원	30,000	복지정책과	1	1	7	8	7	5	5	4
4739	경기 연천군	예비못자리 설치 지원	2,000	농업정책과	1	4	7	8	7	5	5	4
4740	경기 연천군	농작물재해보험 가입지원	423,800	농업정책과	1	6	7	8	7	5	5	4
4741	경기 연천군	농업용 드론 육성사업	11,000	농업정책과	1	4	7	8	7	5	5	4

순번	시군구	지출명 (사업명)	2021년예산 (단위:천원/1년간)	담당자 (공무원)	민간이전 분류 (지방자치단체 세출예산 집행기준에 의거)	민간이전지출 근거 (지방보조금 관리기준 참고)	입찰방식			운영예산 산정		성과평가 실시여부
				담당부서	1. 민간경상사업보조(307-02) 2. 민간단체 법정운영비보조(307-03) 3. 민간행사사업보조(307-04) 4. 민간위탁금(307-05) 5. 사회복지시설 법정운영비보조(307-10) 6. 민간인위탁교육비(307-12) 7. 공기관등에대한경상적위탁사업비(308-11) 8. 민간자본사업보조,자체재원(402-01) 9. 민간자본사업보조,이전재원(402-02) 10. 민간위탁사업비(402-03) 11. 공기관등에 대한 자본적 대행사업비(403-02)	1. 법률에 규정 2. 국고보조 재원(국가지정) 3. 용도 지정 기부금 4. 조례에 직접규정 5. 지자체가 권장하는 사업을 하는 공공기관 6. 시,도 정책 및 재정사정 7. 기타 8. 해당없음	계약체결방법 (경쟁형태) 1. 일반경쟁 2. 제한경쟁 3. 지명경쟁 4. 수의계약 5. 법정위탁 6. 기타 ( ) 7. 해당없음	계약기간 1. 1년 2. 2년 3. 3년 4. 4년 5. 5년 6. 기타 ( )년 7. 단기계약 (1년미만) 8. 해당없음	낙찰자선정방법 1. 적격심사 2. 협상에의한계약 3. 최저가낙찰제 4. 규격가격분리 5. 2단계 경쟁입찰 6. 기타 ( ) 7. 해당없음	운영예산 산정 1. 내부산정 (지자체 자체적으로 산정) 2. 외부산정 (외부전문기관위탁 산정) 3. 내·외부 모두 산정 4. 산정 無 5. 해당없음	정산방법 1. 내부정산 (지자체 내부적으로 정산) 2. 외부정산 (외부전문기관위탁 정산) 3. 내·외부 모두 산정 4. 정산 無 5. 해당없음	1. 실시 2. 미실시 3. 향후 추진 4. 해당없음
4742	경기 연천군	농업단체 지원	29,000	농업정책과	1	4	7	8	7	5	5	4
4743	경기 연천군	청년농업인 영농정착 지원사업	165,600	농업정책과	1	2	7	8	7	5	5	4
4744	경기 연천군	정부양곡관리 포장재지원	84,500	농업정책과	1	2	7	8	7	5	5	4
4745	경기 연천군	농촌체험마을 사무장 지원	52,504	농업정책과	1	2	7	8	7	5	5	4
4746	경기 연천군	농특산물 직거래 지원	20,000	농업정책과	1	7	7	8	7	5	5	4
4747	경기 연천군	농촌체험(휴양)마을 역량강화	20,000	농업정책과	1	7	7	8	7	5	5	4
4748	경기 연천군	농촌체험휴양마을 보험가입지원	2,640	농업정책과	1	2	7	8	7	5	5	4
4749	경기 연천군	농촌체험마을역량강화	1,200	농업정책과	1	2	7	8	7	5	5	4
4750	경기 연천군	농업경영컨설팅지원	30,000	농업정책과	1	2	7	8	7	5	5	4
4751	경기 연천군	초등돌봄교실 과일간식 지원사업	37,716	농업정책과	1	2	7	8	7	5	5	4
4752	경기 연천군	경기도 어린이 건강과일 공급사업	70,240	농업정책과	1	6	7	8	7	5	5	4
4753	경기 연천군	학교우유급식지원	152,650	축산과	1	2	7	8	7	5	5	4
4754	경기 연천군	공동방제단 운영	50,536	축산과	1	2	7	8	7	5	5	4
4755	경기 연천군	G마크 우수축산물학교급식지원	80,000	축산과	1	6	7	8	7	5	5	4
4756	경기 연천군	양봉산업육성사업	15,600	축산과	1	6	7	8	7	5	5	4
4757	경기 연천군	경기축산 G-Festival 추진	7,000	축산과	1	1	7	8	7	5	5	4
4758	경기 연천군	돼지소모성질환지도지원	18,000	축산과	1	2	7	8	7	5	5	4
4759	경기 연천군	승마장 육성지원	8,700	축산과	1	6	7	8	7	5	5	4
4760	경기 연천군	가축재해 보험가입 지원	150,000	축산과	1	6	7	8	7	5	5	4
4761	경기 연천군	축산물HACCP컨설팅 지원사업	11,200	축산과	1	2	7	8	7	5	5	4
4762	경기 연천군	축산물HACCP컨설팅 지원사업	6,160	축산과	1	2	7	8	7	5	5	4
4763	경기 연천군	가금농가 질병관리 지원	42,000	축산과	1	2	7	8	7	5	5	4
4764	경기 연천군	조사료생산용 사일리지제조 운송비 지원	292,050	축산과	1	2	7	8	7	5	5	4
4765	경기 연천군	조사료생산용 종자구입 지원	100,660	축산과	1	2	7	8	7	5	5	4
4766	경기 연천군	조사료생산용 볏짚비닐 지원	99,000	축산과	1	6	7	8	7	5	5	4
4767	경기 연천군	동물보호관리	6,000	축산과	1	6	7	8	7	5	5	4
4768	경기 연천군	닭 진드기 공동방제 지원사업	24,000	축산과	1	2	7	8	7	5	5	4
4769	경기 연천군	어촌체험안전가이드 지원	10,860	축산과	1	6	7	8	7	5	5	4
4770	경기 연천군	폭염대비 등 면역증강제 지원	20,000	축산과	1	6	7	8	7	5	5	4
4771	경기 연천군	지속가능발전협의회 지원	32,400	환경보호과	1	1	7	8	7	5	5	4
4772	경기 연천군	자연보호협의회 지원	6,800	환경보호과	1	1	7	8	7	5	5	4
4773	경기 연천군	폐기물처리시설 주변영향지역 지원	5,000	환경보호과	1	4	7	8	7	5	5	4
4774	경기 연천군	민간검침 활동비지원	41,400	맑은물관리사업소	1	4	7	8	7	1	1	4
4775	경기 연천군	경기 행복학습마을 만들기 사업	30,000	통일평생교육원	1	6	7	8	7	5	5	4
4776	경기 연천군	평생학습마을 공동체 지원사업	71,000	통일평생교육원	1	6	7	8	7	5	5	4
4777	경기 연천군	민주시민교육 사업	30,000	통일평생교육원	1	6	7	8	7	5	5	4
4778	경기 연천군	청소년 종합예술제	17,500	통일평생교육원	1	4	2	1	7	5	1	3
4779	경기 연천군	청소년공부방 운영지원	16,320	통일평생교육원	1	6	2	2	7	5	1	3
4780	경기 연천군	우수 사립작은도서관 육성	2,850	통일평생교육원	1	6	7	8	7	5	5	4
4781	경기 연천군	사립작은도서관 냉난방비 지원	2,100	통일평생교육원	1	6	7	8	7	5	5	4
4782	경기 연천군	노인회지회 보조금지원	9,625	사회복지과	1	4	7	8	7	1	1	1
4783	경기 연천군	경기도지체장애인협회 연천군지회 운영장애인목욕탕 등 운영지원	30,000	사회복지과	1	1	7	8	7	5	5	4
4784	경기 연천군	장애인정보화협회 연천군지부 운영 지원장애인정보화대회 참가 운영 지원	2,000	사회복지과	1	1	7	8	7	5	5	4
4785	경기 연천군	장애인정보화협회 연천군지부 운영 지원장애인정보화대회 참가 운영 지원	2,000	사회복지과	1	1	7	8	7	5	5	4
4786	경기 연천군	장애인정보화협회 연천군지부 운영 지원장애인정보화협회 컴퓨터교체	3,000	사회복지과	1	1	7	8	7	5	5	4
4787	경기 연천군	민군협력교류사업	8,000	사회복지과	1	1	7	8	7	1	1	4
4788	경기 연천군	2021년 국내전시회 참가기업 지원사업	8,000	투자유치과	1	6	7	8	7	5	5	4
4789	경기 연천군	마을기업 발굴 육성지원 사업	70,000	지역경제과	1	2	6	1	1	1	1	1
4790	경기 연천군	사회적기업 발굴육성 지원	15,143	지역경제과	1	2	6	1	1	1	1	1
4791	경기 연천군	사회적기업 취약계층 인건비지원	44,336	지역경제과	1	2	6	1	1	1	1	1
4792	경기 연천군	교통안전의식실천정착화사업	7,200	지역경제과	1	1	7	8	7	5	5	4

순번	시군구	지출명 (사업명)	2021년예산 (단위:천원/1년간)	담당자 (공무원) 담당부서	민간이전 분류 (지방자치단체 세출예산 집행기준에 의거) 1. 민간경상사업보조(307-02) 2. 민간단체 법정운영비보조(307-03) 3. 민간행사사업보조(307-04) 4. 민간위탁금(307-05) 5. 사회복지시설 법정운영비보조(307-10) 6. 민간인위탁교육비(307-12) 7. 공기관등에대한경상적위탁사업비(308-11) 8. 민간자본사업보조,자체재원(402-01) 9. 민간자본사업보조,이전재원(402-02) 10. 민간위탁사업비(402-03) 11. 공기관등에 대한 자본적 대행사업비(403-02)	민간이전지출 근거 (지방보조금 관리기준 참고) 1. 법률에 규정 2. 국고보조 재원(국가지정) 3. 용도 지정 기부금 4. 조례에 직접규정 5. 지자체가 권장하는 사업을 하는 공공기관 6. 시,도 정책 및 재정사정 7. 기타 8. 해당없음	입찰방식 계약체결방법 (경쟁형태) 1. 일반경쟁 2. 제한경쟁 3. 지명경쟁 4. 수의계약 5. 법정위탁 6. 기타 ( ) 7. 해당없음	입찰방식 계약기간 1. 1년 2. 2년 3. 3년 4. 4년 5. 5년 6. 기타 ( )년 7. 단기계약 (1년미만) 8. 해당없음	입찰방식 낙찰자선정방법 1. 적격심사 2. 협상에의한계약 3. 최저가낙찰제 4. 규격가격분리 5. 2단계 경쟁입찰 6. 기타 ( ) 7. 해당없음	운영예산 산정 운영예산 산정 1. 내부산정 (지자체 자체적으로 산정) 2. 외부산정 (외부전문기관위탁 산정) 3. 내·외부 모두 산정 4. 산정 無 5. 해당없음	운영예산 산정 정산방법 1. 내부정산 (지자체 내부적으로 정산) 2. 외부정산 (외부전문기관위탁 정산) 3. 내·외부 모두 산정 4. 정산 無 5. 해당없음	성과평가 실시여부 1. 실시 2. 미실시 3. 향후 추진 4. 해당없음
4793	경기 연천군	민주평화통일자문회의 연천군협의회 지원	12,000	행정담당관	1	1	7	8	7	1	1	1
4794	경기 연천군	바르게살기운동협의회 지원	25,000	행정담당관	1	1	7	8	7	1	1	1
4795	경기 연천군	새마을지회 지원	52,000	행정담당관	1	1	7	8	7	1	1	1
4796	경기 연천군	경기북부지역범죄피해자 지원센터 지원	5,000	행정담당관	1	1	7	8	7	1	1	1
4797	경기 연천군	명예경찰소년단 지원	3,000	행정담당관	1	4	7	8	7	1	1	1
4798	경기 연천군	대한적십자사 활동지원	12,160	행정담당관	1	1	7	8	7	1	1	1
4799	경기 가평군	골목상권 매니저 지원사업	49,500	일자리경제과	1	2	7	8	7	5	5	4
4800	경기 가평군	무진1호태양광발전소지원사업	19,100	일자리경제과	1	1	7	8	7	5	5	4
4801	경기 가평군	무진1호태양광발전소지원사업	32,400	일자리경제과	1	1	7	8	7	5	5	4
4802	경기 가평군	공공야영장 이용료 지역화폐 환급 지원	16,000	관광과	1	4	7	8	7	5	5	4
4803	경기 양평군	주민자치센터 운영	888,000	교육체육과	1	4	7	8	7	1	1	1
4804	경기 양평군	체육대회 출전 지원	697,917	교육체육과	1	5	7	8	7	1	1	1
4805	경기 양평군	체육육성 지원	292,640	교육체육과	1	5	7	8	7	1	1	1
4806	경기 양평군	체육대회 개최 지원	250,000	교육체육과	1	5	7	8	7	1	1	1
4807	경기 양평군	일반생활체육지도자 배치	175,392	교육체육과	1	1	7	8	7	1	1	1
4808	경기 양평군	양평스포츠클럽 운영	121,599	교육체육과	1	1	7	8	7	1	1	1
4809	경기 양평군	주민자치센터 운영	69,000	교육체육과	1	4	7	8	7	5	5	4
4810	경기 양평군	어르신생활체육지도자배치	58,464	교육체육과	1	1	7	8	7	1	1	1
4811	경기 양평군	장애인 생활체육지도자 배치	58,464	교육체육과	1	1	7	8	7	1	1	1
4812	경기 양평군	평생학습마을공동체지원	39,000	교육체육과	1	4	7	8	7	5	5	4
4813	경기 양평군	민주시민교육 활성화 지원	30,000	교육체육과	1	4	7	8	7	5	5	4
4814	경기 양평군	초등스포츠클럽 육성	25,684	교육체육과	1	5	7	8	7	1	1	1
4815	경기 양평군	체육청년 사회 첫걸음 지원 사업	17,874	교육체육과	1	1	7	8	7	1	1	1
4816	경기 양평군	우리동네 학습공간 학습여행	15,000	교육체육과	1	4	7	8	7	5	5	4
4817	경기 양평군	경기평생학습동아리 지원사업	10,000	교육체육과	1	2	7	8	7	5	5	4
4818	경기 양평군	생활체육지도자 처우개선	9,544	교육체육과	1	1	7	8	7	1	1	1
4819	경기 양평군	행복학습센터운영	4,500	교육체육과	1	4	7	8	7	5	5	4
4820	경기 양평군	장애인생활체육지도자 처우개선	2,386	교육체육과	1	1	7	8	7	1	1	1
4821	경기 양평군	농촌형 교통모델 행복버스 운영비 지원	720,000	교통과	1	1	1	5	1	1	1	4
4822	경기 양평군	법인택시 운수종사자 처우개선 지원	46,800	교통과	1	1	7	8	7	2	1	4
4823	경기 양평군	택시 카드결제수수료 지원	35,581	교통과	1	1	7	8	7	2	1	4
4824	경기 양평군	양평군 모범운전자회 활동지원	10,000	교통과	1	4	5	8	7	1	1	4
4825	경기 양평군	양평군 녹색어머니연합회 활동지원	8,000	교통과	1	1	5	8	7	1	1	4
4826	경기 양평군	자동차 무료점검 지원	8,000	교통과	1	4	7	8	7	2	2	3
4827	경기 양평군	택시 카드단말기 통신료 지원	4,393	교통과	1	1	7	8	7	2	1	4
4828	경기 양평군	농산물가공 기술지원	420,000	농업경영과	1	4	7	8	7	5	5	1
4829	경기 양평군	농업인학습단체 육성	77,000	농업경영과	1	1	7	8	7	5	5	1
4830	경기 양평군	4-H육성지원	5,000	농업경영과	1	1	7	8	7	5	5	1
4831	경기 양평군	농촌지도자회원 역량강화교육	2,500	농업경영과	1	1	7	8	7	5	5	1
4832	경기 양평군	토종씨앗 채종 읍면 거점기반 조성	60,000	농업기술과	1	5	7	8	7	5	5	4
4833	경기 양평군	식량작물 우량종자 공급지원	45,880	농업기술과	1	5	7	8	7	5	5	4
4834	경기 양평군	양잠농가 잠종구입 지원	1,400	농업기술과	1	5	7	8	7	5	5	4
4835	경기 양평군	사립작은도서관 아이돌봄 독서문화프로그램 지원	810,000	도서관과	1	4	7	8	7	1	1	1
4836	경기 양평군	사립작은도서관 냉난방비 지원	191,500	도서관과	1	4	7	8	7	1	1	1
4837	경기 양평군	사립작은도서관 운영비 지원	5,100	도서관과	1	4	7	8	7	1	1	1
4838	경기 양평군	주민참여재생공모사업	50,000	도시과	1	4	7	8	7	5	5	4
4839	경기 양평군	양평문화원 사업지원	585,119	문화관광과	1	4	5	3	7	1	1	1
4840	경기 양평군	지역문화예술플랫폼육성사업	194,853	문화관광과	1	6	7	7	7	5	1	4
4841	경기 양평군	예술단체 지원사업	68,000	문화관광과	1	4	7	8	7	1	1	1
4842	경기 양평군	식품위생관련 단체 지원	10,000	보건정책과	1	1	7	8	7	1	1	1
4843	경기 양평군	대안교육기관 급식비 지원	112,946	복지정책과	1	1	7	8	7	1	1	1

순번	시군구	지출명 (사업명)	2021년예산 (단위:천원/1년간)	담당자 (공무원)	민간이전 분류 (지방자치단체 세출예산 집행기준에 의거)	민간이전지출 근거 (지방보조금 관리기준 참고)	입찰방식			운영예산 산정		성과평가 실시여부
				담당부서	1. 민간경상사업보조(307-02) 2. 민간단체 법정운영비보조(307-03) 3. 민간행사사업보조(307-04) 4. 민간위탁금(307-05) 5. 사회복지시설 법정운영비보조(307-10) 6. 민간인위탁교육비(307-12) 7. 공기관등에대한경상적위탁사업비(308-11) 8. 민간자본사업보조,자체재원(402-01) 9. 민간자본사업보조,이전재원(402-02) 10. 민간위탁사업비(402-03) 11. 공기관등에 대한 자본적 대행사업비(403-02)	1. 법률에 규정 2. 국고보조 재원(국가지정) 3. 용도 지정 기부금 4. 조례에 직접규정 5. 지자체가 권장하는 사업을 하는 공공기관 6. 시,도 정책 및 재정사정 7. 기타 8. 해당없음	계약체결방법 (경쟁형태) 1. 일반경쟁 2. 제한경쟁 3. 지명경쟁 4. 수의계약 5. 법정위탁 6. 기타 ( ) 7. 해당없음	계약기간 1. 1년 2. 2년 3. 3년 4. 4년 5. 5년 6. 기타 ( )년 7. 단기계약 (1년미만) 8. 해당없음	낙찰자선정방법 1. 적격심사 2. 협상에의한계약 3. 최저가낙찰제 4. 규격가격분리 5. 2단계 경쟁입찰 6. 기타 ( ) 7. 해당없음	운영예산 산정 1. 내부산정 (지자체 자체적으로 산정) 2. 외부산정 (외부전문기관위탁 산정) 3. 내·외부 모두 산정 4. 산정 無 5. 해당없음	정산방법 1. 내부정산 (지자체 내부적으로 정산) 2. 외부정산 (외부전문기관위탁 정산) 3. 내·외부 모두 산정 4. 정산 無 5. 해당없음	1. 실시 2. 미실시 3. 향후 추진 4. 해당없음
4844	경기 양평군	기부식품등 제공사업장 운영지원	72,000	복지정책과	1	6	7	8	7	1	1	1
4845	경기 양평군	교육지원사업	28,187	복지정책과	1	4	7	8	7	5	5	4
4846	경기 양평군	대한적십자봉사회 주거환경개선사업	6,000	복지정책과	1	4	7	8	7	1	1	1
4847	경기 양평군	세수증대 단체 활동 지원사업	3,000	세무과	1	4	1	1	1	1	1	1
4848	경기 양평군	종합자원봉사센터 사업비	90,000	소통협력담당관	1	4	7	8	7	1	1	1
4849	경기 양평군	한국자유총연맹 양평군지회 지원	38,700	소통협력담당관	1	1	7	8	7	1	1	1
4850	경기 양평군	새마을해외협력사업 지원	30,000	소통협력담당관	1	1	7	8	7	1	1	1
4851	경기 양평군	양평군 새마을회 지원	21,016	소통협력담당관	1	1	7	8	7	1	1	1
4852	경기 양평군	새마을지도자 대회 지원	20,000	소통협력담당관	1	1	7	8	7	1	1	1
4853	경기 양평군	바르게살기 조직강화 및 다짐대회 지원	12,000	소통협력담당관	1	1	7	8	7	1	1	1
4854	경기 양평군	바르게살기운동 양평군협의회 지원	11,000	소통협력담당관	1	1	7	8	7	1	1	1
4855	경기 양평군	자유총연맹 한마음 대회 지원	10,000	소통협력담당관	1	1	7	8	7	1	1	1
4856	경기 양평군	양평군 재향군인회 지원	10,000	소통협력담당관	1	1	7	8	7	1	1	1
4857	경기 양평군	이북도민회양평지회 지원	5,750	소통협력담당관	1	1	7	8	7	1	1	1
4858	경기 양평군	119시민 수상구조대 지원	26,640	안전총괄과	1	4	7	8	7	1	1	1
4859	경기 양평군	의용소방대 활동 지원	11,200	안전총괄과	1	1	7	8	7	1	1	1
4860	경기 양평군	한국 아마추어 무선연맹 활동지원	6,000	안전총괄과	1	4	7	8	7	1	1	1
4861	경기 양평군	상생행복일자리사업	272,000	일자리경제과	1	7	7	8	7	1	1	1
4862	경기 양평군	청년활동가 육성 및 지원사업	204,700	일자리경제과	1	2	7	8	7	5	5	4
4863	경기 양평군	노동안전지킴이 운영	180,000	일자리경제과	1	7	7	8	7	1	1	1
4864	경기 양평군	양평군 청년창업가(지역혁신가) 육성지원사업	95,000	일자리경제과	1	2	7	8	7	5	5	4
4865	경기 양평군	소상공인 경영환경개선사업	90,000	일자리경제과	1	4	7	8	7	1	1	1
4866	경기 양평군	마을기업 발굴육성 지원사업	70,000	일자리경제과	1	2	7	8	7	1	1	1
4867	경기 양평군	노동권익서포터즈운영	70,000	일자리경제과	1	7	7	8	7	1	1	1
4868	경기 양평군	사회적기업 사업개발비 지원사업	49,217	일자리경제과	1	4	7	8	7	1	1	1
4869	경기 양평군	사회적기업 일자리창출 지원사업	46,519	일자리경제과	1	4	7	8	7	1	1	1
4870	경기 양평군	사회적경제 홍보지원	24,000	일자리경제과	1	7	7	8	7	1	1	1
4871	경기 양평군	국외전시회참가기업 지원	10,000	일자리경제과	1	4	7	8	7	1	1	1
4872	경기 양평군	근로자의날 노동조합 행사지원	9,000	일자리경제과	1	7	7	8	7	1	1	1
4873	경기 양평군	사회적기업 사회보험료 지원사업	7,302	일자리경제과	1	4	7	8	7	1	1	1
4874	경기 양평군	노동조합행사지원	6,000	일자리경제과	1	7	7	8	7	1	1	1
4875	경기 양평군	장애인편의시설 현장조사요원 운영	24,448	주민복지과	1	6	7	1	7	1	1	4
4876	경기 양평군	축산농가 수분조절제 지원사업	750,000	축산과	1	1	7	8	7	5	5	4
4877	경기 양평군	경기한우명품화사업	337,650	축산과	1	6	7	8	7	5	5	4
4878	경기 양평군	축산환경개선사업	279,320	축산과	1	6	7	8	7	5	5	4
4879	경기 양평군	구제역 예방백신	215,215	축산과	1	1	7	8	7	5	5	4
4880	경기 양평군	공동방제단 운영	144,680	축산과	1	1	7	8	7	5	5	4
4881	경기 양평군	학생승마 체험	112,672	축산과	1	2	7	8	7	5	5	4
4882	경기 양평군	축분비료 포장재 지원사업	87,500	축산과	1	1	7	8	7	5	5	4
4883	경기 양평군	돼지써코백신지원	86,400	축산과	1	1	7	8	7	5	5	4
4884	경기 양평군	조사료 생산용 볏짚비닐 지원사업	68,000	축산과	1	6	7	8	7	5	5	4
4885	경기 양평군	소귀표 부착비 지원	62,400	축산과	1	1	7	8	7	5	5	4
4886	경기 양평군	낚시터 환경개선	50,000	축산과	1	1	3	1	2	1	1	2
4887	경기 양평군	폐사축 처리사업	50,000	축산과	1	1	7	8	7	5	5	4
4888	경기 양평군	조사료 생산용 종자구입 지원사업	47,800	축산과	1	2	7	8	7	5	5	4
4889	경기 양평군	낙농헬퍼(도우미) 지원사업	45,600	축산과	1	1	7	8	7	5	5	4
4890	경기 양평군	한우헬퍼(도우미) 지원사업	45,600	축산과	1	1	7	8	7	5	5	4
4891	경기 양평군	고품질 안전축산물 육성	40,670	축산과	1	1	7	8	7	5	5	4
4892	경기 양평군	유소년 승마단 창단, 운영지원	40,000	축산과	1	2	7	8	7	5	5	4
4893	경기 양평군	승마장육성지원사업	29,976	축산과	1	6	7	8	7	5	5	4
4894	경기 양평군	축산환경헬퍼(도우미) 지원사업	28,195	축산과	1	1	7	8	7	5	5	4

순번	시군구	지출명 (사업명)	2021년예산 (단위:천원/1년간)	담당자 (공무원) 담당부서	민간이전 분류 (지방자치단체 세출예산 집행기준에 의거) 1. 민간경상사업보조(307-02) 2. 민간단체 법정운영비보조(307-03) 3. 민간행사사업보조(307-04) 4. 민간위탁금(307-05) 5. 사회복지시설 법정운영비보조(307-10) 6. 민간인위탁교육비(307-12) 7. 공기관등에대한경상적위탁사업비(308-11) 8. 민간자본사업보조,자체재원(402-01) 9. 민간자본사업보조,이전재원(402-02) 10. 민간위탁사업비(402-03) 11. 공기관등에 대한 자본적 대행사업비(403-02)	민간이전지출 근거 (지방보조금 관리기준 참고) 1. 법률에 규정 2. 국고보조 재원(국가지정) 3. 용도 지정 기부금 4. 조례에 직접규정 5. 지자체가 권장하는 사업을 하는 공공기관 6. 시,도 정책 및 재정사정 7. 기타 8. 해당없음	입찰방식: 계약체결방법 (경쟁형태) 1. 일반경쟁 2. 제한경쟁 3. 지명경쟁 4. 수의계약 5. 법정위탁 6. 기타 ( ) 7. 해당없음	입찰방식: 계약기간 1. 1년 2. 2년 3. 3년 4. 4년 5. 5년 6. 기타 ( )년 7. 단기계약 (1년미만) 8. 해당없음	입찰방식: 낙찰자선정방법 1. 적격심사 2. 협상에의한계약 3. 최저가낙찰제 4. 규격가격분리 5. 2단계 경쟁입찰 6. 기타 ( ) 7. 해당없음	운영예산 산정: 운영예산 산정 1. 내부산정 (지자체 자체적으로 산정) 2. 외부산정 (외부전문기관위탁 산정) 3. 내·외부 모두 산정 4. 산정 無 5. 해당없음	운영예산 산정: 정산방법 1. 내부정산 (지자체 내부적으로 정산) 2. 외부정산 (외부전문기관위탁 정산) 3. 내·외부 모두 산정 4. 정산 無 5. 해당없음	성과평가 실시여부 1. 실시 2. 미실시 3. 향후 추진 4. 해당없음
4895	경기 양평군	브랜드 축산물 판매 포장재 지원사업	25,000	축산과	1	1	7	8	7	5	5	4
4896	경기 양평군	물맑은 양평 상표 포장재 지원사업	25,000	축산과	1	4	7	8	7	5	5	4
4897	경기 양평군	양봉산업육성사업	24,480	축산과	1	6	7	8	7	5	5	4
4898	경기 양평군	가축분뇨 퇴비살포비 지원	24,000	축산과	1	2	7	8	7	5	5	4
4899	경기 양평군	장애학생 재활승마교실 운영	14,480	축산과	1	2	7	8	7	5	5	4
4900	경기 양평군	농촌관광 승마활성화	14,070	축산과	1	2	7	8	7	5	5	4
4901	경기 양평군	브랜드 수산물포장재 지원	12,240	축산과	1	1	7	8	7	5	5	4
4902	경기 양평군	가금농가 질병관리지원	12,000	축산과	1	1	7	8	7	5	5	4
4903	경기 양평군	축산물HACCP컨설팅	11,200	축산과	1	1	7	8	7	5	5	4
4904	경기 양평군	인공산란장 조성 및 사후관리	3,000	축산과	1	1	7	8	7	5	5	4
4905	경기 양평군	유실, 유기동물 입양비 지원	3,000	축산과	1	1	7	8	7	5	5	4
4906	경기 양평군	축산물 전문판매점 지원	2,400	축산과	1	1	7	8	7	5	5	4
4907	경기 양평군	사회공익 승마사업	1,680	축산과	1	6	7	8	7	5	5	4
4908	경기 양평군	농업인단체 및 농업인 육성	1,206	친환경농업과	1	5	7	8	7	1	1	1
4909	경기 양평군	청년농업인 영농정착 지원사업	324,000	친환경농업과	1	8	7	8	7	5	5	4
4910	경기 양평군	농촌체험휴양마을 사무장 채용지원	205,636	친환경농업과	1	8	7	8	7	5	5	4
4911	경기 양평군	농촌체험휴양마을 사무장 채용지원	197,640	친환경농업과	1	8	7	8	7	5	5	4
4912	경기 양평군	과일간식 공급지원	184,860	친환경농업과	1	6	7	8	7	1	1	1
4913	경기 양평군	친환경농산물 인증확대	173,672	친환경농업과	1	2	7	8	7	5	5	4
4914	경기 양평군	농촌체험관광사업육성	167,400	친환경농업과	1	5	7	8	7	1	1	3
4915	경기 양평군	양평쌀 소비 활성화 농협협력사업	100,000	친환경농업과	1	2	7	8	7	5	5	4
4916	경기 양평군	양평 친환경로컬푸드 확대	90,000	친환경농업과	1	2	7	8	7	5	5	4
4917	경기 양평군	(사)양평농촌나드리사업	60,000	친환경농업과	1	5	7	8	7	1	1	3
4918	경기 양평군	농촌 신활력 플러스사업	60,000	친환경농업과	1	8	7	8	7	5	5	4
4919	경기 양평군	초등 돌봄교실 과일간식 지원	54,340	친환경농업과	1	6	7	8	7	1	1	1
4920	경기 양평군	농가도우미지원사업	49,869	친환경농업과	1	8	7	8	7	5	5	4
4921	경기 양평군	쌀 가공업체 경기미 구매차액 지원 사업	49,800	친환경농업과	1	2	7	8	7	5	5	4
4922	경기 양평군	과원정비 지원사업	48,000	친환경농업과	1	6	7	8	7	1	1	1
4923	경기 양평군	농식품 수출물류비 지원	21,634	친환경농업과	1	6	7	8	7	5	5	4
4924	경기 양평군	농촌체험휴양마을 보험가입 지원	17,784	친환경농업과	1	2	6	8	7	5	5	4
4925	경기 양평군	농촌체험휴양마을 리더 및 사무장 역량교육	6,960	친환경농업과	1	2	6	8	7	5	5	4
4926	경기 양평군	농촌 민박 서비스 안전교육	6,000	친환경농업과	1	6	6	6	7	1	1	4
4927	경기 양평군	농촌마을 공동체 사회적 활동지원	2,400	친환경농업과	1	8	7	8	7	5	5	4
4928	경기 양평군	마을공동체 주민제안 공모사업	110,000	행정담당관	1	2	7	8	7	5	5	4
4929	경기 양평군	경기도형 아동돌봄공동체 조성	40,000	행정담당관	1	2	7	8	7	5	5	4
4930	경기 양평군	양평군이장협의회 워크숍	35,000	행정담당관	1	4	7	8	7	1	1	1
4931	경기 양평군	평화통일 기반조성을 위한 통일활동 사업비	27,000	행정담당관	1	4	7	8	7	1	1	1
4932	경기 양평군	지속가능발전사업 지원	110,240	환경과	1	5	7	8	7	1	1	4
4933	경기 양평군	팔당수계 정화활동 추진	20,000	환경과	1	5	7	8	7	1	1	4
4934	경기 양평군	수중정화활동 추진	13,000	환경과	1	5	7	8	7	1	1	4
4935	경기 양평군	개방화장실운영비지원	9,600	환경과	1	3	7	8	7	1	1	4
4936	경기 양평군	하천정화활동 추진	4,000	환경과	1	5	7	8	7	1	1	4
4937	경기 양평군	개인하수처리시설 시설개선비 지원사업	120,000	환경사업소	1	4	7	8	7	1	1	2
4938	인천광역시	인천 항공뉴스센터 운영	150,000	항공과	1	6	7	8	7	1	1	1
4939	인천광역시	장애인정보화교육지원	126,972	정보화담당관실	1	2	6	1	6	5	3	4
4940	인천광역시	국민운동 및 건전시민단체 지원	95,000	안전정책과	1	1	6	1	6	2	2	2
4941	인천광역시	국민운동 및 건전시민단체 지원	57,000	안전정책과	1	1	6	1	6	2	2	2
4942	인천광역시	지질공원 시민체험 활성화	36,000	생활환경과	1	1	7	8	7	5	5	4
4943	인천광역시	사회적기업 전시판매장 체험교육장 운영	60,000	사회적경제과	1	4	6	6	6	1	1	3
4944	인천광역시	마을기업 활성화 지원	40,000	사회적경제과	1	4	6	7	7	1	1	4
4945	인천광역시	협동조합 활성화	90,300	사회적경제과	1	4	5	7	7	1	1	4

순번	시군구	지출명 (사업명)	2021년예산 (단위:천원/1년간)	담당자 (공무원) 담당부서	민간이전 분류 (지방자치단체 세출예산 집행기준에 의거) 1. 민간경상사업보조(307-02) 2. 민간단체 법정운영비보조(307-03) 3. 민간행사사업보조(307-04) 4. 민간위탁금(307-05) 5. 사회복지시설 법정운영비보조(307-10) 6. 민간인위탁교육비(307-12) 7. 공기관등에대한경상적위탁사업비(308-11) 8. 민간자본사업보조,자체재원(402-01) 9. 민간자본사업보조,이전재원(402-02) 10. 민간위탁사업비(402-03) 11. 공기관등에 대한 자본적 대행사업비(403-02)	민간이전지출 근거 (지방보조금 관리기준 참고) 1. 법률에 규정 2. 국고보조 재원(국가지정) 3. 용도 지정 기부금 4. 조례에 직접규정 5. 지자체가 권장하는 사업을 하는 공공기관 6. 시,도 정책 및 재정사정 7. 기타 8. 해당없음	입찰방식 계약체결방법 (경쟁형태) 1. 일반경쟁 2. 제한경쟁 3. 지명경쟁 4. 수의계약 5. 법정위탁 6. 기타 ( ) 7. 해당없음	입찰방식 계약기간 1. 1년 2. 2년 3. 3년 4. 4년 5. 5년 6. 기타 ( )년 7. 단기계약 (1년미만) 8. 해당없음	입찰방식 낙찰자선정방법 1. 적격심사 2. 협상에의한계약 3. 최저가낙찰제 4. 규격가격분리 5. 2단계 경쟁입찰 6. 기타 ( ) 7. 해당없음	운영예산 산정 운영예산 산정 1. 내부산정 (지자체 자체적으로 산정) 2. 외부산정 (외부전문기관위탁 산정) 3. 내·외부 모두 산정 4. 산정 無 5. 해당없음	운영예산 산정 정산방법 1. 내부정산 (지자체 내부적으로 정산) 2. 외부정산 (외부전문기관위탁 정산) 3. 내·외부 모두 산정 4. 정산 無 5. 해당없음	성과평가 실시여부 1. 실시 2. 미실시 3. 향후 추진 4. 해당없음
4946	인천광역시	공정무역 단체지원	171,600	사회적경제과	1	4	6	7	7	1	1	4
4947	인천광역시	광복회 민족정기 선양사업	27,500	보훈과	1	4	6	2	7	1	1	2
4948	인천광역시	상이군경회 전적지 순례 및 안보의식 고취사업	27,000	보훈과	1	4	7	8	7	1	1	2
4949	인천광역시	전몰군경미망인회 안보의식 고취사업	20,000	보훈과	1	4	7	8	7	1	1	2
4950	인천광역시	전몰군경유족회 호국영령 위령추모사업	24,080	보훈과	1	4	7	8	7	1	1	2
4951	인천광역시	무공수훈자회 조국통일 및 국가발전사업	11,000	보훈과	1	4	7	8	7	1	1	2
4952	인천광역시	고엽제전우회 안보의식 교육	10,000	보훈과	1	4	7	8	7	1	1	2
4953	인천광역시	특수임무유공자회 사업지원	30,620	보훈과	1	4	7	8	7	1	1	2
4954	인천광역시	6.25참전유공자회 호국안보사업	13,600	보훈과	1	4	7	8	7	1	1	2
4955	인천광역시	월남전참전자회 사업지원	16,700	보훈과	1	4	7	8	7	1	1	2
4956	인천광역시	인천학도의용대 합동위령제	33,788	보훈과	1	4	7	8	7	1	1	2
4957	인천광역시	5.18민주화운동 부상자회 사업지원	24,000	보훈과	1	4	7	8	7	1	1	2
4958	인천광역시	재향군인회 향군그린운동사업	7,300	보훈과	1	4	7	8	7	1	1	2
4959	인천광역시	재향군인회 특수지역 격전지 순례 및 사업지원	30,000	보훈과	1	4	7	8	7	1	1	2
4960	인천광역시	재향군인회 청소년 등 전후세대 안보현장 및 전적지 견학	85,000	보훈과	1	4	7	8	7	1	1	2
4961	인천광역시	재향군인회 향군의날 기념식	15,000	보훈과	1	4	7	8	7	1	1	2
4962	인천광역시	재향군인회 나라사랑 현충시설 탐방	25,000	보훈과	1	4	7	8	7	1	1	2
4963	인천광역시	재향군인회 정기총회 기념행사	10,000	보훈과	1	4	7	8	7	1	1	2
4964	인천광역시	상이군경회 보훈복지 문화대학 운영	30,000	보훈과	1	4	7	8	7	1	1	2
4965	인천광역시	무공수훈자회 선양단 운영	144,500	보훈과	1	4	7	8	7	1	1	2
4966	인천광역시	사회복지협의회 증진사업	55,000	복지정책과	1	1	7	8	7	1	1	1
4967	인천광역시	사회복지정보센터 운영	23,000	복지정책과	1	1	7	8	7	1	1	1
4968	인천광역시	푸른인천가꾸기 시민협의회	10,000	녹지정책과	1	4	6	1	6	1	1	1
4969	인천광역시	문화예술단체 사업 지원	1,350	문화예술과	1	4	7	8	7	5	5	4
4970	인천광역시	인천 연등축제 지원	200,000	문화예술과	1	4	7	8	7	1	1	1
4971	인천광역시	하늘 문화축제 지원	72,000	문화예술과	1	4	7	8	7	1	1	1
4972	인천광역시	인천해외문화예술교류사업	50,000	문화예술과	1	4	7	8	7	5	5	4
4973	인천광역시	추억의인천관련 노래발굴 및 배포	20,000	문화예술과	1	4	7	8	7	5	5	4
4974	인천광역시	국악분야 예술강사 지원사업	428,680	문화예술과	1	1	7	8	7	1	1	1
4975	인천광역시	지역문화예술특성화사업 지원	1,738	문화예술과	1	1	7	8	7	1	1	1
4976	인천광역시	공연장상주단체 육성지원	700,000	문화예술과	1	2	7	8	7	5	1	1
4977	인천광역시	통합문화이용권사업 지원	11,064	문화예술과	1	5	7	8	7	1	1	1
4978	인천광역시	아름다운이야기할머니 사업	711,668	문화예술과	1	2	7	8	7	5	1	4
4979	인천광역시	예술동아리 교육지원	200,000	문화예술과	1	1	5	8	7	1	1	1
4980	인천광역시	유아문화예술교육지원	200,000	문화예술과	1	1	5	8	7	1	1	1
4981	인천광역시	지역문화예술교육기반구축	1,488	문화예술과	1	1	5	8	7	1	1	1
4982	인천광역시	문화예술교육사 인턴십 지원	215,000	문화예술과	1	1	5	8	7	1	1	1
4983	인천광역시	장애인문화예술 활동사업 지원	200,000	문화예술과	1	4	7	8	7	1	1	1
4984	인천광역시	인천생활문화축제	100,000	문화예술과	1	4	7	8	7	1	1	1
4985	인천광역시	유휴시설 문화공간 운영	150,000	문화예술과	1	4	7	8	7	1	1	1
4986	인천광역시	감염병 예방 종교활동 지원	60,000	문화예술과	1	4	7	8	7	5	5	4
4987	인천광역시	지방문화원 특성화 사업비 지원	70,000	문화예술과	1	4	7	8	7	1	1	1
4988	인천광역시	지역문화발굴계승사업	3,000	문화예술과	1	4	7	8	7	1	1	1
4989	인천광역시	천개의 문화공간 컨설팅	60,000	문화예술과	1	4	7	8	7	1	1	1
4990	인천광역시	비영리민간단체 공익활동 지원	1,000	협치인권담당관	1	1	7	8	7	5	5	4
4991	인천광역시	인현동화재 기억사업	50,000	협치인권담당관	1	7	7	8	7	5	5	4
4992	인천광역시	중소기업 품질경영 개선 지원사업	40,000	산업진흥과	1	1	7	8	7	1	1	1
4993	인천광역시	품질분임조경진대회	20,000	산업진흥과	1	1	7	8	7	1	1	1
4994	인천광역시	특허 및 지식재산권 활성화	2,000	산업진흥과	1	2	5	1	7	1	2	1
4995	인천광역시	지식재산(IP)기반 디지털 혁신 청년일자리지원사업	700,000	산업진흥과	1	2	5	1	7		2	1
4996	인천광역시	노인회보 발간 보급	19,310	노인정책과	1	4	7	8	7	1	1	4

순번	시군구	지출명 (사업명)	2021년예산 (단위:천원/1년간)	담당자 (공무원) 담당부서	민간이전 분류 (지방자치단체 세출예산 집행기준에 의거) 1. 민간경상사업보조(307-02) 2. 민간단체 법정운영비보조(307-03) 3. 민간행사사업보조(307-04) 4. 민간위탁금(307-05) 5. 사회복지시설 법정운영비보조(307-10) 6. 민간인위탁교육비(307-12) 7. 공기관등에대한경상적위탁사업비(308-11) 8. 민간자본사업보조,자체재원(402-01) 9. 민간자본사업보조,이전재원(402-02) 10. 민간위탁사업비(402-03) 11. 공기관등에 대한 자본적 대행사업비(403-02)	민간이전지출 근거 (지방보조금 관리기준 참고) 1. 법률에 규정 2. 국고보조 재원(국가지정) 3. 용도 지정 기부금 4. 조례에 직접규정 5. 지자체가 권장하는 사업을 하는 공공기관 6. 시,도 정책 및 재정사정 7. 기타 8. 해당없음	입찰방식 계약체결방법 (경쟁형태) 1. 일반경쟁 2. 제한경쟁 3. 지명경쟁 4. 수의계약 5. 법정위탁 6. 기타 ( ) 7. 해당없음	입찰방식 계약기간 1. 1년 2. 2년 3. 3년 4. 4년 5. 5년 6. 기타 ( )년 7. 단기계약 (1년미만) 8. 해당없음	입찰방식 낙찰자선정방법 1. 적격심사 2. 협상에의한계약 3. 최저가낙찰제 4. 규격가격분리 5. 2단계 경쟁입찰 6. 기타 ( ) 7. 해당없음	운영예산 산정 운영예산 산정 1. 내부산정 (지자체 자체적으로 산정) 2. 외부산정 (외부전문기관위탁 산정) 3. 내·외부 모두 산정 4. 산정 無 5. 해당없음	운영예산 산정 정산방법 1. 내부정산 (지자체 내부적으로 정산) 2. 외부정산 (외부전문기관위탁 정산) 3. 내·외부 모두 정산 4. 정산 無 5. 해당없음	성과평가 실시여부 1. 실시 2. 미실시 3. 향후 추진 4. 해당없음
4997	인천광역시	(사)대한노인회인천시연합회 임·직원 연찬회	10,400	노인정책과	1	4	7	8	7	1	1	4
4998	인천광역시	(사)대한노인회인천시연합회 대의원·직원 비교연수	24,500	노인정책과	1	4	7	8	7	1	1	4
4999	인천광역시	(사)대한노인회인천시연합회 창립 50년 기념식	28,850	노인정책과	1	4	7	8	7	1	1	4
5000	인천광역시	점박이물범 보호 및 인식증진사업	20,000	도서지원과	1	7	7	8	7	1	1	3
5001	인천광역시	버스업계 노,사,정협력 프로그램 사업비	51,000	버스정책과	1	6	7	8	7	1	1	4
5002	인천광역시	창업보육센터 지원사업	270,000	투자창업과	1	1	7	8	7	1	1	1
5003	인천광역시	초기창업패키지 지원사업	100,000	투자창업과	1	1	7	8	7	1	1	1
5004	인천광역시	스포츠산업 창업지원센터 지원사업	20,000	투자창업과	1	1	7	8	7	1	1	1
5005	인천광역시	메이커 스페이스 운영 지원	220,000	투자창업과	1	1	7	8	7	1	1	1
5006	인천광역시	저소득층 금연치료비 지원사업	442,244	건강증진과	1	2	5	1	7	1	1	2
5007	인천광역시	공립요양병원공공보건사업	100,000	건강증진과	1	2	7	8	7	2	2	1
5008	인천광역시	공립요양병원공공보건사업	100,000	건강증진과	1	2	7	8	7	2	2	1
5009	인천광역시	지역암센터 사업비 지원	185,000	건강증진과	1	1	7	8	7	5	1	1
5010	인천광역시	암생존자통합지지센터 사업비 지원	100,000	건강증진과	1	1	7	8	7	5	1	1
5011	인천광역시	지역장애인보건의료센터 운영비 지원	526,568	건강증진과	1	1	1	3	1	4	1	2
5012	인천광역시	외국교육 연구기관 유치지원 사업	5,956	서비스산업유치과	1	1	7	8	7	3	3	1
5013	인천광역시	전세버스 영상기록장치 장착 지원	49,874	택시물류과	1	1	7	8	7	5	5	4
5014	인천광역시	택시업계 노사정 협력프로그램 운영	150,000	택시물류과	1	4	7	8	7	3	1	1
5015	인천광역시	인천해양항만뉴스센터운영	150,000	해양항만과	1	7	7	8	7	1	1	1
5016	인천광역시	인천지속가능발전협의회 사업지원	195,000	환경기후정책과	1	4	7	8	7	5	1	2
5017	인천광역시	인천녹색환경지원센터	400,000	환경기후정책과	1	1	7	8	7	1	1	1
5018	인천광역시	저어새 등 생태주기 모니터링	60,000	환경기후정책과	1	1	7	8	7	1	1	1
5019	인천광역시	문화관광해설사 교육 및 모니터링	50,000	관광진흥과	1	7	7	8	7	5	5	4
5020	인천광역시	외국인주민(청소년,고려인 포함)정착지원 우수사업 공모	100,000	가족다문화과	1	4	7	8	7	1	1	1
5021	인천광역시	세계인의 날 기념행사	24,000	가족다문화과	1	1	7	8	7	1	1	1
5022	인천광역시	전국 외국인주민 화합한마당 참가	5,000	가족다문화과	1	4	7	8	7	1	1	1
5023	인천광역시	어선(원) 사고예방 안전용품 구입지원	139,000	수산과	1	1	7	8	7	5	5	4
5024	인천광역시	인천시 우수 수산물 전시회 및 박람회 참가지원	20,000	수산과	1	1	7	8	7	1	1	1
5025	인천광역시	찾아가는 국어문화학교 운영	11,000	문화콘텐츠과	1	1	5	1	7	1	1	1
5026	인천광역시	남북교류 협력사업	1,200	남북교류협력담당관	1	4	7	7	7	1	1	1
5027	인천광역시	체육육성사업 지원	9,878	체육진흥과	1	1	7	8	7	1	3	1
5028	인천광역시	인천연고 구단 활동지원	53,000	체육진흥과	1	1	7	8	7	1	1	4
5029	인천광역시	인천형 스포츠영재 육성	70,000	체육진흥과	1	1	7	8	7	1	1	4
5030	인천광역시	3 1절 기념 단축마라톤대회	15,000	체육진흥과	1	1	7	8	7	1	1	1
5031	인천광역시	인천광역시장배 전국사이클 및 도로대회	47,500	체육진흥과	1	1	7	8	7	1	1	1
5032	인천광역시	인천광역시장기 초 중 고교 야구대회	26,000	체육진흥과	1	1	7	8	7	1	1	1
5033	인천광역시	9 15기념 초·중·고교 역전경주대회	4,320	체육진흥과	1	1	7	8	7	1	1	1
5034	인천광역시	인천광역시장기 초·중교 육상경기대회	28,000	체육진흥과	1	1	7	8	7	1	1	1
5035	인천광역시	9 15기념 전국남녀궁도대회	70,000	체육진흥과	1	1	7	8	7	1	1	1
5036	인천광역시	인천광역시장배 전국피트니스선수권대회	11,400	체육진흥과	1	1	7	8	7	1	1	1
5037	인천광역시	미추홀배 유소년클럽 축구대회	14,300	체육진흥과	1	1	7	8	7	1	1	1
5038	인천광역시	인천광역시장배 전국아마바둑대회	24,600	체육진흥과	1	1	7	8	7	1	1	1
5039	인천광역시	인천광역시장배 전국댄스스포츠경기대회	37,000	체육진흥과	1	1	7	8	7	1	1	1
5040	인천광역시	인천광역시장배 스키대회	9,600	체육진흥과	1	1	7	8	7	1	1	1
5041	인천광역시	생활체육활성화지원	590,000	체육진흥과	1	4	7	8	7	1	1	1
5042	인천광역시	생활체육대회 개최	530,000	체육진흥과	1	4	7	8	7	1	1	1
5043	인천광역시	생활체육대회 지원육성	483,000	체육진흥과	1	4	7	8	7	1	1	1
5044	인천광역시	스포츠복지 지원사업	120,000	체육진흥과	1	4	6	8	7	1	1	1
5045	인천광역시	장애인선수육성	909,822	체육진흥과	1	4	7	8	7	1	1	1
5046	인천광역시	장애인경기단체 육성	356,600	체육진흥과	1	4	7	8	7	1	1	1
5047	인천광역시	장애인생활체육활동지원	487,870	체육진흥과	1	4	7	8	7	1	1	1

순번	시군구	지출명 (사업명)	2021년예산 (단위:천원/1년간)	담당자 (공무원) 담당부서	민간이전 분류 (지방자치단체 세출예산 집행기준에 의거) 1. 민간경상사업보조(307-02) 2. 민간단체 법정운영비보조(307-03) 3. 민간행사사업보조(307-04) 4. 민간위탁금(307-05) 5. 사회복지시설 법정운영비보조(307-10) 6. 민간인위탁교육비(307-12) 7. 공기관등에대한경상적위탁사업비(308-11) 8. 민간자본사업보조,자체재원(402-01) 9. 민간자본사업보조,이전재원(402-02) 10. 민간위탁사업비(402-03) 11. 공기관등에 대한 자본적 대행사업비(403-02)	민간이전지출 근거 (지방보조금 관리기준 참고) 1. 법률에 규정 2. 국고보조 재원(국가지정) 3. 용도 지정 기부금 4. 조례에 직접규정 5. 지자체가 권장하는 사업을 하는 공공기관 6. 시,도 정책 및 재정사정 7. 기타 8. 해당없음	입찰방식 계약체결방법 (경쟁형태) 1. 일반경쟁 2. 제한경쟁 3. 지명경쟁 4. 수의계약 5. 법정위탁 6. 기타 ( ) 7. 해당없음	입찰방식 계약기간 1. 1년 2. 2년 3. 3년 4. 4년 5. 5년 6. 기타 ( )년 7. 단기계약 (1년미만) 8. 해당없음	입찰방식 낙찰자선정방법 1. 적격심사 2. 협상에의한계약 3. 최저가낙찰제 4. 규격가격분리 5. 2단계 경쟁입찰 6. 기타 ( ) 7. 해당없음	운영예산 산정 운영예산 산정 1. 내부산정 (지자체 자체적으로 산정) 2. 외부산정 (외부전문기관위탁 산정) 3. 내·외부 모두 산정 4. 산정 無 5. 해당없음	운영예산 산정 정산방법 1. 내부정산 (지자체 내부적으로 정산) 2. 외부정산 (외부전문기관위탁 정산) 3. 내·외부 모두 산정 4. 정산 無 5. 해당없음	성과평가 실시여부 1. 실시 2. 미실시 3. 향후 추진 4. 해당없음
5048	인천광역시	장애인전국대회참가	671,700	체육진흥과	1	4	7	8	7	1	1	1
5049	인천광역시	장애인 생활체육지도자 배치	1,636	체육진흥과	1	4	7	8	7	1	1	1
5050	인천광역시	장애인생활체육대회	58,000	체육진흥과	1	4	7	8	7	1	1	1
5051	인천광역시	시장배 장애인 전국대회 개최	74,000	체육진흥과	1	4	7	8	7	1	1	1
5052	인천광역시	장애인국제교류대회	45,000	체육진흥과	1	4	7	8	7	1	1	1
5053	인천광역시	인천발달장애인 체육활동 지원	40,000	체육진흥과	1	4	7	8	7	1	1	1
5054	인천광역시	레이아웃3쿠션 전국 당구대회	100,000	체육진흥과	1	4	7	8	7	1	1	1
5055	인천광역시	제21회 인천국제하프마라톤대회	180,000	체육진흥과	1	1	7	8	7	1	1	1
5056	인천광역시	2021 인천국제오픈볼링대회	80,000	체육진흥과	1	1	7	8	7	1	1	1
5057	인천광역시	2021 ITF 인천국제여자테니스투어대회	100,000	체육진흥과	1	1	7	8	7	1	1	1
5058	인천광역시	2021 아시아 럭비 세븐스 시리즈 인천대회	100,000	체육진흥과	1	1	7	8	7	1	1	1
5059	인천광역시	2021 ITTF 월드투어 코리아 오픈 국제탁구대회	120,000	체육진흥과	1	1	7	8	7	1	1	1
5060	인천광역시	2021 NH농협은행 인천코리아컵 국제소프트테니스 대회	50,000	체육진흥과	1	1	7	8	7	1	1	1
5061	인천광역시	2021 한일 친선 주니어 축구대회	13,960	체육진흥과	1	1	7	8	7	1	1	1
5062	인천광역시	하천살리기 추진단 사업보조	62,000	수질환경과	1	4	5	8	7	1	1	1
5063	인천광역시	민간단체 수질보전활동 지원사업	193,000	수질환경과	1	2	7	8	7	5	5	4
5064	인천광역시	전국우수시장박람회 참가지원	12,000	소상공인정책과	1	2	7	8	7	1	1	1
5065	인천광역시	전통시장 장보러가는날 사업지원	100,000	소상공인정책과	1	1	7	8	7	1	1	1
5066	인천광역시	상인연합회 시장매니저 인건비 지원	6,984	소상공인정책과	1	2	7	8	7	1	1	1
5067	인천광역시	소상공인 역량강화 지원	30,000	소상공인정책과	1	1	7	8	7	1	1	1
5068	인천광역시	소상공의 날 행사	32,000	소상공인정책과	1	1	7	8	7	1	1	1
5069	인천광역시	소상공인 전용 노란우산공제 가입지원	2,000	소상공인정책과	1	1	7	8	7	5	5	4
5070	인천광역시	소상공인 특화 창업교육 사업	100,000	소상공인정책과	1	1	7	8	7	1	1	1
5071	인천광역시	신중년 사회공헌 활동 지원	350,000	일자리경제과	1	2	1	1	1	5	1	1
5072	인천광역시	신중년 경력활용 지역서비스 일자리사업	360,000	일자리경제과	1	2	1	1	1	5	1	1
5073	인천광역시	지역산업맞춤형 일자리창출 지원사업	13,700	일자리경제과	1	2	7	8	7	5	5	4
5074	인천광역시	신중년 새로일하기 사업	93,000	일자리경제과	1	6	7	7	6	1	1	4
5075	인천광역시	맞춤형 일 경험 지원사업	100,000	일자리경제과	1	6	7	8	7	5	5	4
5076	인천광역시	인천지역 숙련기술인 기술전수 및 인식개선사업	150,000	일자리경제과	1	6	7	8	7	5	5	4
5077	인천광역시	고령소비자 피해 제로화 사업	50,000	일자리경제과	1	1	7	8	7	5	5	4
5078	인천광역시	소비자보호사업 지원	165,000	일자리경제과	1	1	7	8	7	5	5	4
5079	인천광역시	양성평등 문화 확산 및 여성단체 활성화	120,000	여성정책과	1	4	6	8	6	1	1	4
5080	인천광역시	인천여성영화제 지원	40,000	여성정책과	1	4	6	8	6	1	1	4
5081	인천광역시	인공지능융합연구센터지원사업	300,000	미래산업과	1	2	1	3	2	1	1	3
5082	인천광역시	인천과학영재프로그램지원	150,000	미래산업과	1	2	7	8	7	1	1	1
5083	인천광역시	생활과학교실 운영지원	50,000	미래산업과	1	2	7	8	7	1	1	1
5084	인천광역시	대학내 산학연 협력단지 조성사업	200,000	미래산업과	1	7	6	5	7	3	3	2
5085	인천광역시	아시아권 교류도시 의료지원	50,000	국제협력과	1	1	7	8	7	5	5	4
5086	인천 중구	교통안전캠페인 및 기초질서 지키기 사업	10,000	교통운수과	1	1	7	8	7	5	1	1
5087	인천 중구	부설주차장 개방지원	20,000	교통운수과	1	1	7	2	7	1	1	1
5088	인천 중구	공익형직접지불금	510,000	농수산과	1	2	7	8	7	5	5	4
5089	인천 중구	유기질비료 지원	575,500	농수산과	1	2	7	8	7	5	5	4
5090	인천 중구	토양개량제 지원	3,530	농수산과	1	2	7	8	7	5	5	4
5091	인천 중구	못자리용 인공상토 지원	24,192	농수산과	1	1	7	8	7	5	5	4
5092	인천 중구	벼 정부보급종 공급	4,840	농수산과	1	1	7	8	7	5	5	4
5093	인천 중구	농작물 병충해 방제지원	77,000	농수산과	1	1	7	8	7	5	5	4
5094	인천 중구	영농자재 지원	60,000	농수산과	1	1	7	8	7	5	5	4
5095	인천 중구	논타작물재배지원	700	농수산과	1	2	7	8	7	5	5	4
5096	인천 중구	농산물유통물류비 지원	9,000	농수산과	1	1	7	8	7	5	5	4
5097	인천 중구	농작물재해보험가입지원	4,590	농수산과	1	1	7	8	7	5	5	4
5098	인천 중구	농업인 안전보험료 지원	6,596	농수산과	1	1	7	8	7	5	5	4

순번	시군구	지출명 (사업명)	2021년예산 (단위:천원/1년간)	담당자 (공무원) 담당부서	민간이전 분류 (지방자치단체 세출예산 집행기준에 의거) 1. 민간경상사업보조(307-02) 2. 민간단체 법정운영비보조(307-03) 3. 민간행사사업보조(307-04) 4. 민간위탁금(307-05) 5. 사회복지시설 법정운영비보조(307-10) 6. 민간인위탁교육비(307-12) 7. 공기관등에대한경상적위탁사업비(308-11) 8. 민간자본사업보조,자체재원(402-01) 9. 민간자본사업보조,이전재원(402-02) 10. 민간위탁사업비(402-03) 11. 공기관등에 대한 자본적 대행사업비(403-02)	민간이전지출 근거 (지방보조금 관리기준 참고) 1. 법률에 규정 2. 국고보조 재원(국가지정) 3. 용도 지정 기부금 4. 조례에 직접규정 5. 지자체가 권장하는 사업을 하는 공공기관 6. 시,도 정책 및 재정사정 7. 기타 8. 해당없음	입찰방식 계약체결방법 (경쟁형태) 1. 일반경쟁 2. 제한경쟁 3. 지명경쟁 4. 수의계약 5. 법정위탁 6. 기타 ( ) 7. 해당없음	입찰방식 계약기간 1. 1년 2. 2년 3. 3년 4. 4년 5. 5년 6. 기타 ( )년 7. 단기계약 (1년미만) 8. 해당없음	입찰방식 낙찰자선정방법 1. 적격심사 2. 협상에의한계약 3. 최저가낙찰제 4. 규격가격분리 5. 2단계 경쟁입찰 6. 기타 ( ) 7. 해당없음	운영예산 산정 운영예산 산정 1. 내부산정 (지자체 자체적으로 산정) 2. 외부산정 (외부전문기관위탁 산정) 3. 내·외부 모두 산정 4. 산정 無 5. 해당없음	운영예산 산정 정산방법 1. 내부정산 (지자체 내부적으로 정산) 2. 외부정산 (외부전문기관위탁 정산) 3. 내·외부 모두 산정 4. 정산 無 5. 해당없음	성과평가 실시여부 1. 실시 2. 미실시 3. 향후 추진 4. 해당없음
5099	인천 중구	농산물건조기지원	27,000	농수산과	1	1	7	8	7	5	5	4
5100	인천 중구	농산물포장재지원	51,840	농수산과	1	1	7	8	7	5	5	4
5101	인천 중구	소형농기계지원	36,000	농수산과	1	1	7	8	7	5	5	4
5102	인천 중구	가축분뇨 수분조절재 지원	990	농수산과	1	1	7	8	7	5	5	4
5103	인천 중구	양봉기자재 지원	12,000	농수산과	1	1	7	8	7	5	5	4
5104	인천 중구	가축재해보험 지원	2,240	농수산과	1	1	7	8	7	5	5	4
5105	인천 중구	축산환경개선지원	640	농수산과	1	1	7	8	7	5	5	4
5106	인천 중구	선진농법 현지연찬 교육지원	9,000	농수산과	1	1	2	1	1	1	1	1
5107	인천 중구	농업인 신문구독료 지원	11,832	농수산과	1	1	2	1	6	3	1	1
5108	인천 중구	초등돌봄교실 과일간식 지원	51,984	농수산과	1	1	7	8	7	5	5	4
5109	인천 중구	구제역 및 조류인플루엔자 예방사업	2,500	농수산과	1	1	7	8	7	5	5	4
5110	인천 중구	소 브루셀라병 일제 채혈	800	농수산과	1	1	7	8	7	5	5	4
5111	인천 중구	축산차량 GPS 단말기 상시전원 지원	2,520	농수산과	1	1	7	8	7	5	5	4
5112	인천 중구	구제역 예방접종	5,271	농수산과	1	1	7	8	7	5	5	4
5113	인천 중구	학생승마체험	6,924	농수산과	1	1	7	8	7	5	5	4
5114	인천 중구	생분해성어구보급사업	33,000	농수산과	1	2	7	8	7	5	5	4
5115	인천 중구	어선어업인 보험료 지원	100,000	농수산과	1	1	7	8	7	5	5	4
5116	인천 중구	어업인안전 보험료 지원	10,000	농수산과	1	1	7	8	7	5	5	4
5117	인천 중구	어선(선체)재해보상보험료 지원	30,000	농수산과	1	1	7	8	7	5	5	4
5118	인천 중구	청년 어촌정착 지원	10,400	농수산과	1	2	7	8	7	5	5	4
5119	인천 중구	해양포유류 혼획저감 어구 보급	29,500	농수산과	1	2	7	8	7	5	5	4
5120	인천 중구	하천하구쓰레기 정화사업	300,000	농수산과	1	2	7	8	7	5	5	4
5121	인천 중구	중구문화원 사업활동지원	50,926	문화관광과	1	1	7	8	7	1	1	3
5122	인천 중구	문화가 있는 날 자유기획프로그램	100,000	문화관광과	1	2	7	8	7	1	1	3
5123	인천 중구	작은 도서관 운영활성화 지원	14,000	문화관광과	1	1	7	8	7	5	5	4
5124	인천 중구	공공 및 작은도서관 협력사업 추진	6,000	문화관광과	1	1	7	8	7	5	5	4
5125	인천 중구	작은도서관 장서확충	3,500	문화관광과	1	1	7	8	7	5	5	4
5126	인천 중구	생생문화재 사업	50,000	문화관광과	1	7	7	8	7	5	5	4
5127	인천 중구	전통산사문화재 활용사업	45,000	문화관광과	1	7	7	8	7	5	5	4
5128	인천 중구	지역문화유산교육사업	48,000	문화관광과	1	7	7	8	7	5	5	4
5129	인천 중구	민간의료기관 결핵관리 간호사 지원비	71,300	보건행정과	1	2	7	8	7	5	5	2
5130	인천 중구	의료관련 감염병 관리운영비 지원	32,700	보건행정과	1	7	7	8	7	1	1	2
5131	인천 중구	응급실 증후군 감시체계	2,520	보건행정과	1	7	7	8	7	5	1	2
5132	인천 중구	감염전문가 네트워크	1,320	보건행정과	1	7	7	8	7	5	1	2
5133	인천 중구	공공심야약국 운영 지원비	54,690	보건행정과	1	4	7	1	7	1	1	2
5134	인천 중구	보훈선양사업지원	50,000	복지과	1	1	7	8	7	1	1	1
5135	인천 중구	장애인 권익증진사업 지원	25,000	어르신장애인과	1	1	7	8	7	1	1	1
5136	인천 중구	시장경영바우처(시장매니저) 지원사업 지방비 부담금	7,200	일자리경제과	1	2	7	8	7	5	5	4
5137	인천 중구	(예비)사회적기업 일자리창출사업	344,000	일자리경제과	1	2	7	8	7	1	1	1
5138	인천 중구	(예비)사회적기업 사업개발비 지원	120,000	일자리경제과	1	2	7	8	7	1	1	1
5139	인천 중구	사회적기업 사회보험료 지원	30,000	일자리경제과	1	2	7	8	7	1	1	1
5140	인천 중구	마을기업 육성사업	50,000	일자리경제과	1	2	7	8	7	1	1	1
5141	인천 중구	마을기업 청년일자리사업지원	55,800	일자리경제과	1	2	7	8	7	1	1	3
5142	인천 중구	우수공예품 개발장려금 지원	5,000	일자리경제과	1	1	7	8	7	1	1	3
5143	인천 중구	통일안보교육 지원사업	9,000	총무과	1	1	7	8	7	5	1	1
5144	인천 중구	제2의 새마을운동을 통한 행복한 중구 만들기 사업	45,390	총무과	1	1	7	8	7	5	1	1
5145	인천 중구	민주의식함양과 사회통합을 위한 바르게살기운동 사업	48,860	총무과	1	1	7	8	7	5	1	1
5146	인천 중구	자유민주주의 체제 수호활동 사업	14,335	총무과	1	1	7	8	7	5	1	1
5147	인천 중구	통일홍보활동사업	26,680	총무과	1	1	7	8	7	5	1	1
5148	인천 중구	친환경 생활교육 및 수질관리 사업	8,000	환경보호과	1	7	7	8	7	5	5	4
5149	인천 중구	환경보호 및 환경훼손 감시	7,000	환경보호과	1	7	7	8	7	5	5	4

순번	시군구	지출명 (사업명)	2021년예산 (단위:천원/1년간)	담당자 (공무원) 담당부서	민간이전 분류 (지방자치단체 세출예산 집행기준에 의거) 1. 민간경상사업보조(307-02) 2. 민간단체 법정운영비보조(307-03) 3. 민간행사사업보조(307-04) 4. 민간위탁금(307-05) 5. 사회복지시설 법정운영비보조(307-10) 6. 민간인위탁교육비(307-12) 7. 공기관등에대한경상적위탁사업비(308-11) 8. 민간자본사업보조,자체재원(402-01) 9. 민간자본사업보조,이전재원(402-02) 10. 민간위탁사업비(402-03) 11. 공기관등에 대한 자본적 대행사업비(403-02)	민간이전지출 근거 (지방보조금 관리기준 참고) 1. 법률에 규정 2. 국고보조 재원(국가지정) 3. 용도 지정 기부금 4. 조례에 직접규정 5. 지자체가 권장하는 사업을 하는 공공기관 6. 시,도 정책 및 재정사정 7. 기타 8. 해당없음	입찰방식 계약체결방법 (경쟁형태) 1. 일반경쟁 2. 제한경쟁 3. 지명경쟁 4. 수의계약 5. 법정위탁 6. 기타 ( ) 7. 해당없음	입찰방식 계약기간 1. 1년 2. 2년 3. 3년 4. 4년 5. 5년 6. 기타 ( )년 7. 단기계약 (1년미만) 8. 해당없음	입찰방식 낙찰자선정방법 1. 적격심사 2. 협상에의한계약 3. 최저가낙찰제 4. 규격가격분리 5. 2단계 경쟁입찰 6. 기타 ( ) 7. 해당없음	운영예산 산정 운영예산 산정 1. 내부산정 (지자체 자체적으로 산정) 2. 외부산정 (외부전문기관위탁 산정) 3. 내·외부 모두 산정 4. 산정 無 5. 해당없음	운영예산 산정 정산방법 1. 내부정산 (지자체 내부적으로 정산) 2. 외부정산 (외부전문기관위탁 정산) 3. 내·외부 모두 산정 4. 정산 無 5. 해당없음	성과평가 실시여부 1. 실시 2. 미실시 3. 향후 추진 4. 해당없음
5150	인천 중구	친환경 생활교육 및 수질관리 사업	8,000	환경보호과	1	7	7	8	7	5	5	4
5151	인천 중구	환경보호 및 환경훼손 감시	7,000	환경보호과	1	7	7	8	7	5	5	4
5152	인천 동구	의료감염병 표본감시체계 운영	10,000	보건행정과	1	2	7	8	7	1	1	4
5153	인천 동구	2021 우수 공예품 개발 장려금 지원	2,000	문화홍보체육실	1	4	7	8	7	5	5	4
5154	인천 동구	지방문화원 운영지원	155,664	문화홍보체육실	1	4	7	8	7	1	1	3
5155	인천 동구	지방문화원 운영지원	62,046	문화홍보체육실	1	4	7	8	7	1	1	3
5156	인천 동구	동단위 자원봉사 특성화 사업	4,000	주민자치과	1	4	7	8	7	1	1	4
5157	인천 동구	민간경상사업보조	71,248	주민자치과	1	1	7	8	7	1	1	4
5158	인천 동구	마을만들기 공모사업	56,000	주민자치과	1	4	7	8	7	1	1	1
5159	인천 동구	주민자치회 운영지원	349,360	주민자치과	1	4	7	8	7	1	1	1
5160	인천 동구	어르신 민간시설 활용한 여가보급사업	10,000	노인장애인복지과	1	6	7	8	7	5	1	4
5161	인천 동구	민간단체보조금지원	2,500	환경위생과	1	1	7	8	7	1	1	1
5162	인천 동구	식품접객업소 기존영업자 위생교육비 지원	1,100	환경위생과	1	4	7	8	7	1	1	1
5163	인천 동구	맞춤형 주방시설개선 지원	12,000	환경위생과	1	4	7	8	7	1	1	1
5164	인천 동구	이미용 시설개선 지원	8,000	환경위생과	1	4	7	8	7	1	1	1
5165	인천 동구	전통시장 공동배송센터 지원	49,680	일자리경제과	1	1	7	1	7	1	1	3
5166	인천 동구	학생승마체험지원	13,028	일자리경제과	1	2	7	8	7	1	1	4
5167	인천 동구	축산차량 GPS 단말기 상시전원 지원	660	일자리경제과	1	2	7	8	7	1	1	4
5168	인천 동구	초등돌봄교실 과일간식 지원사업	22,660	일자리경제과	1	2	7	7	7	1	1	3
5169	인천 동구	마을기업육성	40,000	일자리경제과	1	2	7	8	7	5	5	4
5170	인천 동구	사업개발비 지원사업	50,000	일자리경제과	1	2	7	8	7	5	5	4
5171	인천 동구	일자리창출 지원사업	150,000	일자리경제과	1	2	7	8	7	5	5	4
5172	인천 동구	사회보험료 지원사업	12,000	일자리경제과	1	2	7	8	7	5	5	4
5173	인천 동구	국내 전시회 개별참가 지원	7,500	일자리경제과	1	4	7	8	7	1	3	4
5174	인천 동구	어선어업인 보험료지원	36,400	도시전략실	1	1	7	8	7	5	5	4
5175	인천 동구	어선(선체) 보험료지원	10,600	도시전략실	1	1	7	8	7	5	5	4
5176	인천 동구	생분해성 어구 보급	7,858	도시전략실	1	1	7	8	7	5	5	4
5177	인천 동구	해양포유류 혼획저감 어구보급	23,500	도시전략실	1	1	7	8	7	5	5	4
5178	인천 미추홀구	통일안보의식 고취사업	5,400	총무과	1	1	7	8	7	1	1	1
5179	인천 미추홀구	이웃공동체운동사업지원	17,000	시민공동체과	1	1	7	8	7	1	1	1
5180	인천 미추홀구	바른봉사실현운동사업지원	25,000	시민공동체과	1	1	7	8	7	1	1	1
5181	인천 미추홀구	자유민주주의시민운동사업지원	20,000	시민공동체과	1	1	7	8	7	1	1	1
5182	인천 미추홀구	주민자치회 자치계획 사업	210,000	시민공동체과	1	7	7	8	7	1	1	4
5183	인천 미추홀구	자원봉사활성화지원	166,200	시민공동체과	1	1	7	8	7	1	1	1
5184	인천 미추홀구	자원봉사센터코디네이터지원	59,334	시민공동체과	1	2	7	8	7	1	1	1
5185	인천 미추홀구	자원봉사자상해보험지원	13,960	시민공동체과	1	2	7	8	7	1	1	1
5186	인천 미추홀구	작은도서관 활성화 지원	36,000	시민공동체과	1	6	7	8	7	1	1	1
5187	인천 미추홀구	청년커뮤니티 활성화 사업 지원	9,000	시민공동체과	1	4	7	8	7	1	1	1
5188	인천 미추홀구	취업청년 인건비	453,384	시민공동체과	1	2	7	8	7	1	1	4
5189	인천 미추홀구	우수 평생학습동아리 지원	7,000	평생학습과	1	1	7	8	7	5	5	4
5190	인천 미추홀구	학산문화원 사업비	166,656	문화예술과	1	1	7	8	7	1	1	1
5191	인천 미추홀구	생활문화센터 사업비	53,000	문화예술과	1	4	7	8	7	1	1	1
5192	인천 미추홀구	사립박물관 운영 활성화 지원사업	10,000	문화예술과	1	4	7	8	7	1	1	1
5193	인천 미추홀구	인천향교 명륜학당 운영지원	12,000	문화예술과	1	4	7	8	7	1	1	1
5194	인천 미추홀구	전통문화유산 전승지원사업	20,000	문화예술과	1	4	7	8	7	1	1	1
5195	인천 미추홀구	인천향교 석전대제 지원	15,000	문화예술과	1	4	7	8	7	1	1	1
5196	인천 미추홀구	은율탈춤 우리얼 교육	35,000	문화예술과	1	2	7	8	7	1	1	1
5197	인천 미추홀구	상생, 협력 특화 일자리사업	382,857	일자리정책과	1	7	7	1	7	1	1	1
5198	인천 미추홀구	사회적기업 재정지원사업	1,283	일자리정책과	1	1	7	8	7	5	1	4
5199	인천 미추홀구	마을기업 육성사업	40,000	일자리정책과	1	1	7	8	7	5	1	4
5200	인천 미추홀구	해외시장개척단파견지원	27,500	일자리정책과	1	5	7	8	1	5	1	1

순번	시군구	지출명 (사업명)	2021년예산 (단위:천원/1년간)	담당자 (공무원) 담당부서	민간이전 분류 (지방자치단체 세출예산 집행기준에 의거) 1. 민간경상사업보조(307-02) 2. 민간단체 법정운영비보조(307-03) 3. 민간행사사업보조(307-04) 4. 민간위탁금(307-05) 5. 사회복지시설 법정운영비보조(307-10) 6. 민간인위탁교육비(307-12) 7. 공기관등에대한경상적위탁사업비(308-11) 8. 민간자본사업보조,자체재원(402-01) 9. 민간자본사업보조,이전재원(402-02) 10. 민간위탁사업비(402-03) 11. 공기관등에 대한 자본적 대행사업비(403-02)	민간이전지출 근거 (지방보조금 관리기준 참고) 1. 법률에 규정 2. 국고보조 재원(국가지정) 3. 용도 지정 기부금 4. 조례에 직접규정 5. 지자체가 권장하는 사업을 하는 공공기관 6. 시,도 정책 및 재정사정 7. 기타 8. 해당없음	입찰방식 계약체결방법 (경쟁형태) 1. 일반경쟁 2. 제한경쟁 3. 지명경쟁 4. 수의계약 5. 법정위탁 6. 기타 ( ) 7. 해당없음	입찰방식 계약기간 1. 1년 2. 2년 3. 3년 4. 4년 5. 5년 6. 기타 ( )년 7. 단기계약 (1년미만) 8. 해당없음	입찰방식 낙찰자선정방법 1. 적격심사 2. 협상에의한계약 3. 최저가낙찰제 4. 규격가격분리 5. 2단계 경쟁입찰 6. 기타 ( ) 7. 해당없음	운영예산 산정 운영예산 산정 1. 내부산정 (지자체 자체적으로 산정) 2. 외부산정 (외부전문기관위탁 산정) 3. 내·외부 모두 산정 4. 산정 無 5. 해당없음	운영예산 산정 정산방법 1. 내부정산 (지자체 내부적으로 정산) 2. 외부정산 (외부전문기관위탁 정산) 3. 내·외부 모두 산정 4. 정산 無 5. 해당없음	성과평가 실시여부 1. 실시 2. 미실시 3. 향후 추진 4. 해당없음
5201	인천 미추홀구	중소기업 국내외 우수인증 획득 지원	30,000	일자리정책과	1	5	7	8	7	5	1	1
5202	인천 미추홀구	전통시장 공동배송센터 운영지원	46,008	경제지원과	1	1	7	8	7	3	5	4
5203	인천 미추홀구	시장경영바우처지원 사업	37,800	경제지원과	1	1	7	8	7	3	5	4
5204	인천 미추홀구	석바위시장 문화관광형 육성사업	92,000	경제지원과	1	1	7	8	7	3	5	4
5205	인천 미추홀구	어업인 기반육성 지원	18,000	경제지원과	1	6	7	8	7	1	1	4
5206	인천 미추홀구	생분해성 어구보급	3,000	경제지원과	1	2	7	8	7	1	1	4
5207	인천 미추홀구	학생 승마체험 지원사업	69,336	경제지원과	1	2	7	8	7	1	1	4
5208	인천 미추홀구	초등 돌봄교실 과일간식 지원	75,700	경제지원과	1	2	7	8	7	1	1	4
5209	인천 미추홀구	다문화가정 전통음식 문화체험 지원	6,600	여성가족과	1	1	7	1	7	1	1	1
5210	인천 미추홀구	지역아동센터장 워크숍 활동비 지원	2,000	여성가족과	1	4	7	7	7	5	5	4
5211	인천 미추홀구	도시농업지원센터 지원	72,000	공원녹지과	1	1	1	3	1	1	1	1
5212	인천 미추홀구	공공심야약국 운영	65,700	보건행정과	1	4	7	8	7	5	5	4
5213	인천 미추홀구	의료기관 결핵환자 관리지원	35,650	보건행정과	1	2	7	8	7	5	5	2
5214	인천 미추홀구	외식업 활성화 지원	20,000	위생과	1	4	7	8	7	5	5	4
5215	인천 연수구	스마트도시 리빙랩 사업	50,000	소통정책실	1	7	7	8	7	5	5	4
5216	인천 연수구	통반장 사기진작 시책 지원	22,400	총무과	1	4	7	8	7	5	5	4
5217	인천 연수구	민주평화통일자문회의 및 국민운동단체 운영지원	85,000	총무과	1	1	7	7	7	1	1	1
5218	인천 연수구	비영리민간단체 공익활동 지원	30,000	총무과	1	4	7	7	7	1	1	1
5219	인천 연수구	자원봉사 코디네이터 지원 육성	58,000	총무과	1	2	7	7	7	1	1	4
5220	인천 연수구	통합 자원봉사보험 가입 서비스 지원	15,688	총무과	1	2	7	7	7	1	1	4
5221	인천 연수구	학습동아리 연수 및 지원	10,000	평생교육과	1	4	7	8	7	5	5	4
5222	인천 연수구	온(On)동네 특화 프로그램 지원사업	50,000	평생교육과	1	4	7	8	7	5	5	4
5223	인천 연수구	행복학습센터 프로그램 지원	42,000	평생교육과	1	4	7	8	7	5	5	4
5224	인천 연수구	성인 문해교육 지원사업	25,000	평생교육과	1	2	7	8	7	5	5	4
5225	인천 연수구	대학연계 평생학습 활성화	80,000	평생교육과	1	5	7	8	7	5	5	4
5226	인천 연수구	교육혁신지구 운영 역량 강화	40,000	평생교육과	1	7	7	8	7	5	5	4
5227	인천 연수구	문화공동체 조성사업 지원	22,046	문화체육과	1	4	7	8	7	1	1	1
5228	인천 연수구	문화예술 진흥사업 지원	25,000	문화체육과	1	4	7	8	7	1	1	1
5229	인천 연수구	전통문화 진흥사업 지원	49,500	문화체육과	1	4	7	8	7	1	1	1
5230	인천 연수구	문화재방재시스템 관리	2,640	문화체육과	1	8	7	8	7	1	1	1
5231	인천 연수구	무형문화재 활동 지원	10,000	문화체육과	1	8	7	8	7	1	1	1
5232	인천 연수구	생활체육대회 지원	22,000	문화체육과	1	4	7	8	7	1	1	3
5233	인천 연수구	일반생활체육지도자 배치	267,456	문화체육과	1	4	7	8	7	1	1	3
5234	인천 연수구	어르신생활체육지도자 배치	133,728	문화체육과	1	4	7	8	7	1	1	3
5235	인천 연수구	군구클럽지도자 배치	26,480	문화체육과	1	4	7	8	7	1	1	3
5236	인천 연수구	국민체력100 체력인증센터 지원	206,250	문화체육과	1	7	7	8	7	1	1	3
5237	인천 연수구	공공스포츠클럽 운영지원	49,480	문화체육과	1	4	7	8	7	1	1	3
5238	인천 연수구	연수구체육회 운영지원	12,000	문화체육과	1	4	7	8	7	1	1	3
5239	인천 연수구	주민자치 자치계획 실행	336,575	마을자치과	1	5	7	8	7	1	1	3
5240	인천 연수구	인천시 동협치형 참여예산 실행	147,746	마을자치과	1	5	7	8	7	1	1	3
5241	인천 연수구	주민총회 실시 운영지원	415,200	마을자치과	1	6	7	8	7	1	1	2
5242	인천 연수구	인천광역시 주민자치박람회 참가	10,000	마을자치과	1	7	7	8	7	1	1	2
5243	인천 연수구	마을공동체 지원	135,000	마을자치과	1	4	7	8	7	1	1	1
5244	인천 연수구	사립작은도서관 지원	40,000	도서관정책과	1	1	7	8	7	1	1	4
5245	인천 연수구	국가 유공 및 보훈단체 지원	70,774	복지정책과	1	4	7	8	7	5	5	4
5246	인천 연수구	지역사회보장협의체 운영	19,998	복지정책과	1	1	7	7	7	1	1	1
5247	인천 연수구	발달장애인 시추가 주간활동서비스	263,088	노인장애인과	1	2	7	8	7	5	1	4
5248	인천 연수구	민간사회단체의공익사업지원	49,534	노인장애인과	1	1	7	7	7	1	1	1
5249	광주 북구	무역역량강화온라인교육지원	9,000	경제종합지원센터	1	4	7	8	7	5	5	4
5250	광주 북구	평생학습동아리활성화	14,000	교육지원과	1	4	7	8	7	5	5	4
5251	광주 북구	행복마을활성화	85,500	교육지원과	1	4	7	8	7	5	5	4

순번	시군구	지출명 (사업명)	2021년예산 (단위:천원/1년간)	담당자 (공무원) 담당부서	민간이전 분류 (지방자치단체 세출예산 집행기준에 의거) 1. 민간경상사업보조(307-02) 2. 민간단체 법정운영비보조(307-03) 3. 민간행사사업보조(307-04) 4. 민간위탁금(307-05) 5. 사회복지시설 법정운영비보조(307-10) 6. 민간인위탁교육비(307-12) 7. 공기관등에대한경상적위탁사업비(308-11) 8. 민간자본사업보조,자체재원(402-01) 9. 민간자본사업보조,이전재원(402-02) 10. 민간위탁사업비(402-03) 11. 공기관등에 대한 자본적 대행사업비(403-02)	민간이전지출 근거 (지방보조금 관리기준 참고) 1. 법률에 규정 2. 국고보조 재원(국가지정) 3. 용도 지정 기부금 4. 조례에 직접규정 5. 지자체가 권장하는 사업을 하는 공공기관 6. 시,도 정책 및 재정사정 7. 기타 8. 해당없음	입찰방식: 계약체결방법 (경쟁형태) 1. 일반경쟁 2. 제한경쟁 3. 지명경쟁 4. 수의계약 5. 법정위탁 6. 기타 ( ) 7. 해당없음	입찰방식: 계약기간 1. 1년 2. 2년 3. 3년 4. 4년 5. 5년 6. 기타 ( )년 7. 단기계약 (1년미만) 8. 해당없음	입찰방식: 낙찰자선정방법 1. 적격심사 2. 협상에의한계약 3. 최저가낙찰제 4. 규격가격분리 5. 2단계 경쟁입찰 6. 기타 ( ) 7. 해당없음	운영예산 산정: 운영예산 산정 1. 내부산정 (지자체 자체적으로 산정) 2. 외부산정 (외부전문기관위탁 산정) 3. 내·외부 모두 산정 4. 산정 無 5. 해당없음	운영예산 산정: 정산방법 1. 내부정산 (지자체 내부적으로 정산) 2. 외부정산 (외부전문기관위탁 정산) 3. 내·외부 모두 산정 4. 정산 無 5. 해당없음	성과평가 실시여부 1. 실시 2. 미실시 3. 향후 추진 4. 해당없음
5252	광주 북구	마을평생교육지원(광평원)	15,000	교육지원과	1	4	7	8	7	5	5	4
5253	광주 북구	학습형일자리조성	20,000	교육지원과	1	1	7	8	7	5	5	4
5254	광주 북구	문화가있는날운영	140,000	교육지원과	1	2	7	8	7	5	5	4
5255	광주 북구	지역공동체역량강화지원	20,000	교육지원과	1	4	7	8	7	5	5	4
5256	광주 북구	성인문해교육지원	35,600	교육지원과	1	2	7	8	7	5	5	4
5257	광주 북구	교육사각지대지원(광평원)	15,000	교육지원과	1	4	7	8	7	5	5	4
5258	광주 북구	북구희망아카데미운영	18,000	교육지원과	1	4	7	8	7	5	5	4
5259	광주 북구	청년도전무한상상프로젝트	23,000	교육지원과	1	4	7	8	7	5	5	4
5260	광주 북구	청소년문화카페 운영	30,000	교육지원과	1	4	7	8	7	5	5	4
5261	광주 북구	스마트리빙랩지원	22,000	민생경제과	1	4	7	8	7	5	5	4
5262	광주 북구	자영업자 동행 프로그램	50,000	민생경제과	1	4	7	8	7	5	5	4
5263	광주 북구	기부식품제공사업지원	318,466	복지정책과	1	1	7	8	6	3	1	1
5264	광주 북구	대학자산을활용한창업기반조성및지역상권활성화	1,480	생활공간재생과	1	1	7	8	7	1	1	3
5265	광주 북구	임동도시재생뉴딜사업	20,000	생활공간재생과	1	6	7	8	7	1	1	3
5266	광주 북구	시장경영바우처지원사업	14,304	시장산업과	1	1	7	8	7	5	5	4
5267	광주 북구	구제역및AI예방약품구입지원	760	시장산업과	1	2	5	8	7	5	5	4
5268	광주 북구	양봉산업육성지원	33,000	시장산업과	1	2	7	8	7	5	5	4
5269	광주 북구	조사료생산용사일리지제조비지원	48,600	시장산업과	1	2	7	8	7	5	5	4
5270	광주 북구	조사료생산용종자구입지원	6,000	시장산업과	1	2	7	8	7	5	5	4
5271	광주 북구	지역주도형 청년 일자리 사업	1,392	일자리정책과	1	2	6	2	6	3	3	1
5272	광주 북구	지역산업맞춤형 일자리창출 지원사업	1,330	일자리정책과	1	1	1	1	1	3	3	1
5273	광주 북구	사회공헌활동지원사업	536,232	일자리정책과	1	1	1	1	1	3	3	1
5274	광주 북구	사회적기업 사회보험료 지원사업	153,000	일자리정책과	1	1	1	4	1	3	3	1
5275	광주 북구	(예비)사회적기업 일자리창출 지원사업	1,674	일자리정책과	1	1	1	1	1	3	3	1
5276	광주 북구	(예비)사회적기업 전문인력 지원사업	1,674	일자리정책과	1	1	1	1	1	3	3	1
5277	광주 북구	마을기업 청년취업 지원사업	124,901	일자리정책과	1	1	1	1	1	3	3	1
5278	광주 북구	사회적경제기업 사업개발비 지원사업	550,000	일자리정책과	1	1	1	7	1	3	3	1
5279	광주 북구	마을기업 육성사업	80,000	일자리정책과	1	1	1	7	1	3	3	1
5280	광주 북구	협동조합 활성화 지원사업	32,000	일자리정책과	1	1	1	7	1	3	3	1
5281	광주 북구	지역노사민정협력활성화사업	14,000	일자리정책과	1	4	1	7	1	3	3	1
5282	광주 북구	일반생활체육지도자배치	292,320	체육관광과	1	2	7	8	7	5	1	1
5283	광주 북구	어르신생활체육지도자배치	204,624	체육관광과	1	2	7	8	7	5	1	1
5284	광주 북구	생활체육지도자활동지원	40,800	체육관광과	1	4	7	8	7	5	1	1
5285	광주 북구	생활체육종목단체운동용품지원	15,000	체육관광과	1	4	7	8	7	5	1	1
5286	광주 북구	생활체육교실운영	21,000	체육관광과	1	4	7	8	7	5	1	1
5287	광주 북구	생활체육111운동추진	15,000	체육관광과	1	4	7	8	7	5	1	1
5288	광주 북구	생활체육교실운영	7,500	체육관광과	1	4	7	8	7	5	1	1
5289	광주 북구	장애인생활체육지도자배치	116,928	체육관광과	1	2	7	8	7	5	1	1
5290	광주 북구	장애인생활체육지도자활동지원	9,600	체육관광과	1	4	7	8	7	5	1	1
5291	광주 북구	전국장애인체육대회선수단격려	3,000	체육관광과	1	4	7	8	7	5	1	1
5292	광주 북구	국민체력인증센터운영	34,596	체육관광과	1	1	7	8	7	5	1	1
5293	광주 북구	국민체력인증센터운영	206,250	체육관광과	1	2	7	8	7	5	1	1
5294	광주 북구	장애인단기스포츠체험강좌	10,000	체육관광과	1	2	7	8	7	5	1	1
5295	광주 북구	공공스포츠클럽운영지원	30,000	체육관광과	1	1	7	7	7	5	1	1
5296	광주 북구	관광지방역 수용태세개선지원	225,535	체육관광과	1	2	1	7	6	3	3	3
5297	광주 북구	북구의제21실천사업비	6,000	환경과	1	4	2	1	6	1	1	1
5298	광주 북구	시외버스정류소개방화장실관리	10,000	환경과	1	3	7	8	2	1	1	1
5299	광주 광산구	주민행복동아리지원사업	20,000	행복정책관	1	4	7	8	7	5	5	4
5300	광주 광산구	농촌고용인력지원	80,000	생명농업과	1	1	7	8	7	5	5	4
5301	광주 광산구	농업인단체협력지원	8,000	생명농업과	1	4	7	8	7	5	5	4
5302	광주 광산구	GABA토마토육성지원	43,200	생명농업과	1	1	7	8	7	5	5	4

순번	시군구	지출명 (사업명)	2021년예산 (단위:천원/1년간)	담당자 (공무원) 담당부서	민간이전 분류 (지방자치단체 세출예산 집행기준에 의거) 1. 민간경상사업보조(307-02) 2. 민간단체 법정운영비보조(307-03) 3. 민간행사사업보조(307-04) 4. 민간위탁금(307-05) 5. 사회복지시설 법정운영비보조(307-10) 6. 민간인위탁교육비(307-12) 7. 공기관등에대한경상적위탁사업비(308-11) 8. 민간자본사업보조,자체재원(402-01) 9. 민간자본사업보조,이전재원(402-02) 10. 민간위탁사업비(402-03) 11. 공기관등에 대한 자본적 대행사업비(403-02)	민간이전지출 근거 (지방보조금 관리기준 참고) 1. 법률에 규정 2. 국고보조 재원(국가지정) 3. 용도 지정 기부금 4. 조례에 직접규정 5. 지자체가 권장하는 사업을 하는 공공기관 6. 시,도 정책 및 재정사정 7. 기타 8. 해당없음	입찰방식 계약체결방법 (경쟁형태) 1. 일반경쟁 2. 제한경쟁 3. 지명경쟁 4. 수의계약 5. 법정위탁 6. 기타 ( ) 7. 해당없음	입찰방식 계약기간 1. 1년 2. 2년 3. 3년 4. 4년 5. 5년 6. 기타 ( )년 7. 단기계약 (1년미만) 8. 해당없음	입찰방식 낙찰자선정방법 1. 적격심사 2. 협상에의한계약 3. 최저가낙찰제 4. 규격가격분리 5. 2단계 경쟁입찰 6. 기타 ( ) 7. 해당없음	운영예산 산정 운영예산 산정 1. 내부산정 (지자체 자체적으로 산정) 2. 외부산정 (외부전문기관위탁 산정) 3. 내·외부 모두 산정 4. 산정 無 5. 해당없음	운영예산 산정 정산방법 1. 내부정산 (지자체 내부적으로 정산) 2. 외부정산 (외부전문기관위탁 정산) 3. 내·외부 모두 산정 4. 정산 無 5. 해당없음	성과평가 실시여부 1. 실시 2. 미실시 3. 향후 추진 4. 해당없음
5303	광주 광산구	우리밀소비촉진활성화지원	60,000	생명농업과	1	4	7	8	7	5	5	4
5304	광주 광산구	농작물재해보험료	78,182	생명농업과	1	6	7	8	7	5	5	4
5305	광주 광산구	로컬푸드무인직매장설치	500	생명농업과	1	6	7	8	7	5	5	4
5306	광주 광산구	수도작(벼)육묘용상토공급	313,920	생명농업과	1	6	7	8	7	5	5	4
5307	광주 광산구	초등돌봄교실과일간식지원	38,850	생명농업과	1	2	7	8	7	5	5	4
5308	광주 광산구	공영텃논 지원사업	18,000	생명농업과	1	4	7	8	7	5	5	4
5309	광주 광산구	시민텃밭 시원사업	20,000	생명농업과	1	4	7	8	7	5	5	4
5310	광주 광산구	시민농부학교 지원사업	10,000	생명농업과	1	4	7	8	7	5	5	4
5311	광주 광산구	한우거세지원	33,700	생명농업과	1	6	7	8	7	5	5	4
5312	광주 광산구	돼지써코바이러스 예방백신 지원	14,640	생명농업과	1	2	7	8	7	5	5	4
5313	광주 광산구	구제역예방약품구입지원	17,000	생명농업과	1	2	7	8	7	5	5	4
5314	광주 광산구	학생승마체험	112,000	생명농업과	1	2	7	8	7	5	5	4
5315	광주 광산구	조사료생산용 종자구입 지원	7,350	생명농업과	1	2	7	8	7	5	5	4
5316	광주 광산구	조사료생산용 사일리지 제조	70,200	생명농업과	1	2	7	8	7	5	5	4
5317	광주 광산구	세시풍속 및 민속행사 지원	25,000	문화예술과	1	4	7	8	7	5	5	4
5318	광주 광산구	지방문화원 지원	39,200	문화예술과	1	1	7	8	7	1	1	1
5319	광주 광산구	지방문화원 지원	4,000	문화예술과	1	1	7	8	7	1	1	1
5320	광주 광산구	시각예술 창작지원	20,000	문화예술과	1	1	7	8	7	1	1	1
5321	광주 광산구	문화예술단체육성지원	10,000	문화예술과	1	1	7	8	7	1	1	1
5322	광주 광산구	생활체육동호회 운동용품지원	42,000	생활체육과	1	1	7	8	7	5	5	1
5323	광주 광산구	일반 생활체육지도자 활동 지원	321,552	생활체육과	1	1	7	8	7	5	5	1
5324	광주 광산구	어르신 생활체육지도자 활동지원	204,624	생활체육과	1	1	7	8	7	5	5	1
5325	광주 광산구	생활체육지도자 현장 활동지원 및 역량강화	50,400	생활체육과	1	1	7	8	7	5	5	1
5326	광주 광산구	생활체육교실운영	4,500	생활체육과	1	1	7	8	7	5	5	1
5327	광주 광산구	장애인 생활체육지도자 활동지원	116,928	생활체육과	1	1	7	8	7	5	5	1
5328	광주 광산구	장애인생활체육지도자 현장활동지원 및 역량강화	6,400	생활체육과	1	1	7	8	7	5	5	1
5329	광주 광산구	유소년 생활체육교실 운영	20,000	생활체육과	1	1	7	8	7	5	5	1
5330	광주 광산구	스포츠강좌이용권지원사업	425,920	생활체육과	1	1	7	8	7	5	5	1
5331	광주 광산구	장애인스포츠강좌이용권지원사업	116,928	생활체육과	1	1	7	8	7	5	5	1
5332	광주 광산구	행복학습센터 지원사업	68,500	교육지원과	1	4	7	8	7	5	5	4
5333	광주 광산구	성인문해교육지원사업	36,126	교육지원과	1	2	7	8	7	5	5	4
5334	광주 광산구	평생학습동아리 지원사업	15,000	교육지원과	1	4	7	8	7	5	5	4
5335	광주 광산구	청소년문화카페운영지원	27,000	교육지원과	1	1	1	1	1	5	1	1
5336	광주 광산구	재난안전사회및교육단체지원	20,000	시민안전과	1	4	7	8	7	5	5	4
5337	광주 광산구	자전거 안전교육 운영	4,700	건설과	1	4	7	7	7	1	1	1
5338	광주 광산구	자전거 거점터미널 운영	35,686	건설과	1	4	7	7	7	1	1	1
5339	광주 광산구	환경보전활동	13,000	환경생태과	1	1	1	1	1	1	1	1
5340	광주 광산구	생태계교란생물 퇴치사업	20,000	환경생태과	1	2	7	8	7	5	5	4
5341	대구광역시	청렴사회민관협의회 지원	15,000	감사관	1	4	7	8	7	1	1	1
5342	대구광역시	과거사 집단희생자 위령제 개최지원	7,000	감사관	1	4	7	8	7	1	1	1
5343	대구광역시	경제교육사업지원	45,300	경제산업분석담당관	1	1	7	8	7	1	1	1
5344	대구광역시	중소상공인경쟁력강화	6,000	경제산업분석담당관	1	4	7	8	7	1	1	4
5345	대구광역시	대구경북 한뿌리 상생발전 토론회	8,000	정책기획관	1	4	7	8	7	5	5	1
5346	대구광역시	지방분권운동지원	35,000	정책기획관	1	4	7	8	7	5	5	4
5347	대구광역시	지역 균형발전, 소통' 정책포럼	47,500	평가담당관	1	4	7	8	7	1	1	3
5348	대구광역시	읍면동 지역회의 사업지원	59,103	예산담당관	1	1	6	7	1	1	1	1
5349	대구광역시	저소득층 및 장애인 컴퓨터 무상수리사업	60,000	정보화담당관	1	6	4	1	7	1	1	1
5350	대구광역시	장애인 정보화교육 지원	126,144	정보화담당관	1	2	7	8	7	5	5	4
5351	대구광역시	대구경북그랜드포럼	125,000	지역혁신담당관	1	4	1	7	1	1	1	1
5352	대구광역시	혁신도시 이전공공기관 연계 협업사업	4,500	지역혁신담당관실	1	2	7	1	7	3	3	4
5353	대구광역시	민간단체안전문화사업 지원	15,000	안전정책관	1	6	7	8	7	1	1	1

순번	시군구	지출명 (사업명)	2021년예산 (단위:천원/1년간)	담당자 (공무원) 담당부서	민간이전 분류 (지방자치단체 세출예산 집행기준에 의거) 1. 민간경상사업보조(307-02) 2. 민간단체 법정운영비보조(307-03) 3. 민간행사사업보조(307-04) 4. 민간위탁금(307-05) 5. 사회복지시설 법정운영비보조(307-10) 6. 민간인위탁교육비(307-12) 7. 공기관등에대한경상적위탁사업비(308-11) 8. 민간자본사업보조,자체재원(402-01) 9. 민간자본사업보조,이전재원(402-02) 10. 민간위탁사업비(402-03) 11. 공기관등에 대한 자본적 대행사업비(403-02)	민간이전지출 근거 (지방보조금 관리기준 참고) 1. 법률에 규정 2. 국고보조 재원(국가지정) 3. 용도 지정 기부금 4. 조례에 직접규정 5. 지자체가 권장하는 사업을 하는 공공기관 6. 시,도 정책 및 재정사정 7. 기타 8. 해당없음	입찰방식 계약체결방법 (경쟁형태) 1. 일반경쟁 2. 제한경쟁 3. 지명경쟁 4. 수의계약 5. 법정위탁 6. 기타 ( ) 7. 해당없음	입찰방식 계약기간 1. 1년 2. 2년 3. 3년 4. 4년 5. 5년 6. 기타 ( )년 7. 단기계약 (1년미만) 8. 해당없음	입찰방식 낙찰자선정방법 1. 적격심사 2. 협상에의한계약 3. 최저가낙찰제 4. 규격가격분리 5. 2단계 경쟁입찰 6. 기타 ( ) 7. 해당없음	운영예산 산정 운영예산 산정 1. 내부산정 (지자체 자체적으로 산정) 2. 외부산정 (외부전문기관위탁 산정) 3. 내·외부 모두 산정 4. 산정 無 5. 해당없음	운영예산 산정 정산방법 1. 내부정산 (지자체 내부적으로 정산) 2. 외부정산 (외부전문기관위탁 정산) 3. 내·외부 모두 산정 4. 정산 無 5. 해당없음	성과평가 실시여부 1. 실시 2. 미실시 3. 향후 추진 4. 해당없음
5354	대구광역시	민간단체안전문화사업 지원	15,000	안전정책관	1	6	7	8	7	1	1	1
5355	대구광역시	재난안전체험수기 공모사업 지원	30,000	안전정책관	1	1	7	8	7	1	1	1
5356	대구광역시	안전골든벨 어린이 퀴즈쇼 지원	50,000	안전정책관	1	1	7	8	7	1	1	1
5357	대구광역시	2.18안전문화재단(안전문화확산사업)	150,000	사회재난과	1	5	7	8	7	5	1	4
5358	대구광역시	재난심리회복지원센터	56,000	사회재난과	1	2	7	8	7	5	1	4
5359	대구광역시	민간건축물 쿨루프 지원	18,000	자연재난과	1	4	7	8	7	5	1	1
5360	대구광역시	지역기업 경쟁력 강화지원	40,000	경제정책과	1	1	7	8	7	1	1	1
5361	대구광역시	대구경북 상생발전 협력사업	30,000	경제정책과	1	1	7	8	7	5	5	4
5362	대구광역시	지역 기업 알기 현장 투어	30,000	경제정책과	1	1	7	8	7	5	5	4
5363	대구광역시	대구경제플러스 지원	80,000	경제정책과	1	1	7	8	7	1	1	1
5364	대구광역시	중소기업 맞춤형 정보서비스지원	300,000	경제정책과	1	1	7	8	7	1	1	1
5365	대구광역시	지역기업 제조물책임보험 지원사업	70,000	경제정책과	1	1	7	8	7	1	1	1
5366	대구광역시	서울역 대구경북 기업인라운지 지원	185,000	경제정책과	1	1	7	8	7	1	1	1
5367	대구광역시	중소기업 융합교류사업	12,000	경제정책과	1	7	7	8	7	1	1	1
5368	대구광역시	중소기업제품 판매지원	30,000	경제정책과	1	1	7	8	7	1	1	1
5369	대구광역시	대구형 배달플랫폼 구축 운영 지원	1,270	경제정책과	1	4	7	3	7	1	1	4
5370	대구광역시	장애경제인 육성지원	160,000	경제정책과	1	4	7	1	7	1	1	1
5371	대구광역시	여성경제인 역량강화 지원	30,000	경제정책과	1	4	7	1	7	1	1	1
5372	대구광역시	프랜차이즈산업활성화	58,000	민생경제과	1	1	1	8	7	3	1	1
5373	대구광역시	지역제품 소비촉진 활성화 사업	35,000	민생경제과	1	5	7	8	7	4	1	1
5374	대구광역시	전통시장진흥재단 사업 활성화 지원	500,000	민생경제과	1	1	7	8	1	1	1	1
5375	대구광역시	전통시장 경영지원	90,000	민생경제과	1	5	4	1	7	1	1	1
5376	대구광역시	전통시장 활성화 사업지원	400,000	민생경제과	1	1	7	8	1	1	1	1
5377	대구광역시	상인연합회 상인조직 육성사업	40,000	민생경제과	1	2	7	1	7	1	1	4
5378	대구광역시	광역도심형 거점시장 육성사업	50,000	민생경제과	1	2	6	1	7	1	1	1
5379	대구광역시	엽채류 특성화시장 육성지원	95,000	민생경제과	1	2	6	1	7	1	1	1
5380	대구광역시	골목상권 회복지원 확대	1,000	민생경제과	1	7	7	8	7	1	1	1
5381	대구광역시	노란우산공제 가입장려금 지원	1,300	민생경제과	1	4	6	6	7	5	5	1
5382	대구광역시	골목 경제권 조성	1,000	민생경제과	1	7	7	8	7	1	1	1
5383	대구광역시	소공인 특화지원센터 운영지원	60,000	민생경제과	1	1	6	7	7	2	2	1
5384	대구광역시	소비자역량강화사업 지원	41,000	민생경제과	1	1	5	7	7	1	1	1
5385	대구광역시	찾아가는 소비자정보센터 운영지원	25,000	민생경제과	1	1	5	7	7	1	1	1
5386	대구광역시	뿌리산업 경쟁력강화 기술지원사업	150,000	기계로봇과	1	1	7	1	7	1	2	1
5387	대구광역시	기계부품산업 스마트화 지원사업	400,000	기계로봇과	1	4	7	1	7	1	1	1
5388	대구광역시	기계산업수출역량강화사업	700,000	기계로봇과	1	4	7	1	7	1	1	1
5389	대구광역시	기업부설연구소 R&D, 경영 등 인력지원사업	250,100	기계로봇과	1	2	7	1	7	1	2	1
5390	대구광역시	뿌리산업 공정데이터 가시화 지원사업	200,000	기계로봇과	1	1	7	1	7	1	2	1
5391	대구광역시	로봇경진대회 대구개최	319,000	기계로봇과	1	1	7	1	7	1	2	1
5392	대구광역시	대구 글로벌 로봇비즈니스 포럼 개최	300,000	기계로봇과	1	1	7	1	7	1	2	1
5393	대구광역시	글로벌 로봇 클러스터(GRC) 구축	300,000	기계로봇과	1	1	7	1	7	1	2	1
5394	대구광역시	규제자유특구혁신사업육성	2,466	기계로봇과	1	1	7	8	7	5	5	4
5395	대구광역시	로봇산업 가치사슬 확장 및 상생시스템 구축	5,400	기계로봇과	1	1	7	1	7	1	2	1
5396	대구광역시	로봇활용 사회적약자 편익지원사업	500,000	기계로봇과	1	2	7	1	7	1	2	1
5397	대구광역시	섬유기계고도화 기술개발지원사업	150,000	기계로봇과	1	4	7	1	7	1	1	1
5398	대구광역시	FXCO 마케팅활성화 사업	700,000	섬유패션과	1	4	7	8	7	5	5	4
5399	대구광역시	글로벌정보화지원사업	150,000	섬유패션과	1	4	7	7	7	4	3	1
5400	대구광역시	공동브랜드 쉬메릭 육성사업	400,000	섬유패션과	1	4	7	7	7	4	3	1
5401	대구광역시	대구패션주얼리특구 역량강화사업	100,000	섬유패션과	1	4	7	7	7	4	3	1
5402	대구광역시	한국 안경산업 고도화 육성사업	2,200	섬유패션과	1	2	7	8	7	5	3	4
5403	대구광역시	소공인 특화지원센터 사업	100,000	섬유패션과	1	6	7	8	7	5	3	4
5404	대구광역시	이업종융합비즈니스기반조성	600,000	섬유패션과	1	5	7	1	7	1	2	3

순번	시군구	지출명 (사업명)	2021년예산 (단위:천원/1년간)	담당자 (공무원) 담당부서	민간이전 분류 (지방자치단체 세출예산 집행기준에 의거) 1. 민간경상사업보조(307-02) 2. 민간단체 법정운영비보조(307-03) 3. 민간행사사업보조(307-04) 4. 민간위탁금(307-05) 5. 사회복지시설 법정운영비보조(307-10) 6. 민간인위탁교육비(307-12) 7. 공기관등에대한경상적위탁사업비(308-11) 8. 민간자본사업보조,자체재원(402-01) 9. 민간자본사업보조,이전재원(402-02) 10. 민간위탁사업비(402-03) 11. 공기관등에 대한 자본적 대행사업비(403-02)	민간이전지출 근거 (지방보조금 관리기준 참고) 1. 법률에 규정 2. 국고보조 재원(국가지정) 3. 용도 지정 기부금 4. 조례에 직접규정 5. 지자체가 권장하는 사업을 하는 공공기관 6. 시,도 정책 및 재정사정 7. 기타 8. 해당없음	입찰방식 계약체결방법 (경쟁형태) 1. 일반경쟁 2. 제한경쟁 3. 지명경쟁 4. 수의계약 5. 법정위탁 6. 기타 ( ) 7. 해당없음	입찰방식 계약기간 1. 1년 2. 2년 3. 3년 4. 4년 5. 5년 6. 기타 ( )년 7. 단기계약 (1년미만) 8. 해당없음	입찰방식 낙찰자선정방법 1. 적격심사 2. 협상에의한계약 3. 최저가낙찰제 4. 규격가격분리 5. 2단계 경쟁입찰 6. 기타 ( ) 7. 해당없음	운영예산 산정 운영예산 산정 1. 내부산정 (지자체 자체적으로 산정) 2. 외부산정 (외부전문기관위탁 산정) 3. 내·외부 모두 산정 4. 산정 無 5. 해당없음	운영예산 산정 정산방법 1. 내부정산 (지자체 내부적으로 정산) 2. 외부정산 (외부전문기관위탁 정산) 3. 내·외부 모두 산정 4. 정산 無 5. 해당없음	성과평가 실시여부 1. 실시 2. 미실시 3. 향후 추진 4. 해당없음
5405	대구광역시	글로벌섬유패션공급망역량강화	700,000	섬유패션과	1	5	7	1	7	1	2	3
5406	대구광역시	섬유산업국내판로개척	600,000	섬유패션과	1	5	7	1	7	1	2	3
5407	대구광역시	섬유산업클러스터구축	50,000	섬유패션과	1	5	7	1	7	1	1	1
5408	대구광역시	대구국제섬유박람회개최	800,000	섬유패션과	1	5	7	1	7	1	2	1
5409	대구광역시	대구텍스타일콤플렉스운영위탁	1,200	섬유패션과	1	4	1	3	1	2	2	1
5410	대구광역시	패션뷰인대구	200,000	섬유패션과	1	4	4	1	7	1	1	1
5411	대구광역시	글로컬대구침장특화사업	900,000	섬유패션과	1	4	4	1	7	1	1	1
5412	대구광역시	섬유패션디자인창업 보육센터 지원	150,000	섬유패션과	1	4	4	1	7	1	1	1
5413	대구광역시	해외패션의류전시회 및 패션쇼 참가지원	1,300	섬유패션과	1	4	4	1	7	1	1	1
5414	대구광역시	디지털패션문화페스티벌 개최지원	550,000	섬유패션과	1	4	7	8	7	1	1	1
5415	대구광역시	대구디자인패션산업육성	1,600	섬유패션과	1	4	7	8	7	1	1	1
5416	대구광역시	지역 패션봉제산업 육성사업	400,000	섬유패션과	1	4	7	8	7	1	1	1
5417	대구광역시	한국안광학산업진흥원사업보조	300,000	섬유패션과	1	4	7	8	7	1	1	1
5418	대구광역시	대구국제안경전	600,000	섬유패션과	1	4	7	8	7	1	1	1
5419	대구광역시	3D 융합 안경테 제조기반 구축사업	600,000	섬유패션과	1	4	7	8	7	1	1	1
5420	대구광역시	안광학제품 신뢰성 기반활용 기업지원사업	300,000	섬유패션과	1	4	7	8	7	5	5	4
5421	대구광역시	안광학분야 디지털 혁신형 청년고용창출지원	444,000	섬유패션과	1	4	7	8	7	5	5	4
5422	대구광역시	글로벌환경기준대응친환경섬유소재제조지원사업	500,000	섬유패션과	1	2	7	7	7	1	2	1
5423	대구광역시	물없는 컬러산업 육성사업	310,000	섬유패션과	1	2	7	8	7	3	3	3
5424	대구광역시	소재산업 빅데이터 플랫폼 구축 및 실증	250,000	섬유패션과	1	2	7	7	7	3	3	3
5425	대구광역시	우수농산물 마케팅 지원	37,200	농산유통과	1	1	4	8	7	1	1	3
5426	대구광역시	농업인단체 협의회 지원	85,000	농산유통과	1	1	6	1	6	1	1	4
5427	대구광역시	로컬푸드 및 농산물직판장 활성화 지원	150,000	농산유통과	1	1	4	8	7	1	1	3
5428	대구광역시	도시텃밭 조성지원	84,700	농산유통과	1	1	4	8	6	1	1	3
5429	대구광역시	식품산업 육성지원	50,000	농산유통과	1	6	7	7	7	1	1	1
5430	대구광역시	수출유망품목 공동마케팅 지원사업	40,000	농산유통과	1	6	7	7	7	1	1	1
5431	대구광역시	건전한 식생활 확산	300,000	농산유통과	1	1	7	7	7	1	1	1
5432	대구광역시	농식품 스마트소비사업	40,000	농산유통과	1	1	7	7	7	1	1	1
5433	대구광역시	수제맥주산업 육성 지원	100,000	농산유통과	1	6	7	7	7	1	1	1
5434	대구광역시	후계농 교육지원	10,800	농산유통과	1	2	6	1	7	3	3	4
5435	대구광역시	학교우유급식지원	4,462	농산유통과	1	8	7	8	7	5	5	4
5436	대구광역시	축산물이력관리 지원	37,872	농산유통과	1	8	7	8	7	5	5	4
5437	대구광역시	가축질병 예방	26,700	농산유통과	1	8	7	8	7	5	5	4
5438	대구광역시	학교우유급식지원	4,462	농산유통과	1	2	7	8	7	5	5	4
5439	대구광역시	축산물이력관리 지원	37,872	농산유통과	1	2	7	8	7	5	5	4
5440	대구광역시	2021 한국국제축산박람회 지원	120,000	농산유통과	1	2	7	8	7	3	3	1
5441	대구광역시	가축질병 예방	6,700	농산유통과	1	1	7	8	7	1	1	1
5442	대구광역시	맞춤형 인력양성사업	900,000	일자리노동정책과	1	6	7	8	7	5	5	4
5443	대구광역시	직업훈련사업	400,000	일자리노동정책과	1	6	7	1	7	1	1	1
5444	대구광역시	노사협력 일자리 근무환경 개선사어	130,000	일자리노동정책과	1	6	7	8	7	1	1	1
5445	대구광역시	노사협력 대구형 일자리창출 지원사업	300,000	일자리노동정책과	1	6	7	1	7	1	1	1
5446	대구광역시	대구형 청년내일채움공제사업	770,000	일자리노동정책과	1	6	6	1	6	1	3	1
5447	대구광역시	디지털 청년인재 등용문 사업	2,100	일자리노동정책과	1	2	6	1	6	1	3	1
5448	대구광역시	고졸청년·중소기업 디지털 Pre-허그사업	3,700	일자리노동정책과	1	2	6	1	6	1	3	1
5449	대구광역시	벤처디지털 뉴딜 지원사업	1,850	일자리노동정책과	1	2	6	1	6	1	3	1
5450	대구광역시	로봇프로세스자동화(RPA)융합인재 직업훈련사업	2,775	일자리노동정책과	1	2	6	1	6	1	3	1
5451	대구광역시	콘텐츠기반 문화산업 채용지원	2,849	일자리노동정책과	1	2	6	1	6	1	3	1
5452	대구광역시	기능기술인력 청년취업지원	3,196	일자리노동정책과	1	2	6	1	6	1	3	1
5453	대구광역시	청년 일꾼 채용지원사업	4,292	일자리노동정책과	1	2	6	1	6	1	3	1
5454	대구광역시	맞춤형 취업 지원	1,998	일자리노동정책과	1	2	6	1	6	1	3	1
5455	대구광역시	중장년 중소기업 취업지원	1,000	일자리노동정책과	1	6	6	1	6	1	3	1

순번	시군구	지출명 (사업명)	2021년예산 (단위:천원/1년간)	담당자 (공무원)	민간이전 분류 (지방자치단체 세출예산 집행기준에 의거)	민간이전지출 근거 (지방보조금 관리기준 참고)	입찰방식			운영예산 산정		성과평가 실시여부
				담당부서	1. 민간경상사업보조(307-02) 2. 민간단체 법정운영비보조(307-03) 3. 민간행사사업보조(307-04) 4. 민간위탁금(307-05) 5. 사회복지시설 법정운영비보조(307-10) 6. 민간인위탁교육비(307-12) 7. 공기관등에대한경상적위탁사업비(308-11) 8. 민간자본사업보조,자체재원(402-01) 9. 민간자본사업보조,이전재원(402-02) 10. 민간위탁사업비(402-03) 11. 공기관등에 대한 자본적 대행사업비(403-02)	1. 법률에 규정 2. 국고보조 재원(국가지정) 3. 용도 지정 기부금 4. 조례에 직접규정 5. 지자체가 권장하는 사업을 하는 공공기관 6. 시,도 정책 및 재정사정 7. 기타 8. 해당없음	계약체결방법 (경쟁형태) 1. 일반경쟁 2. 제한경쟁 3. 지명경쟁 4. 수의계약 5. 법정위탁 6. 기타 ( ) 7. 해당없음	계약기간 1. 1년 2. 2년 3. 3년 4. 4년 5. 5년 6. 기타 ( )년 7. 단기계약 (1년미만) 8. 해당없음	낙찰자선정방법 1. 적격심사 2. 협상에의한계약 3. 최저가낙찰제 4. 규격가격분리 5. 2단계 경쟁입찰 6. 기타 ( ) 7. 해당없음	운영예산 산정 1. 내부산정 (지자체 자체적으로 산정) 2. 외부산정 (외부전문기관위탁 산정) 3. 내·외부 모두 산정 4. 산정 無 5. 해당없음	정산방법 1. 내부정산 (지자체 내부적으로 정산) 2. 외부정산 (외부전문기관위탁 정산) 3. 내·외부 모두 산정 4. 정산 無 5. 해당없음	1. 실시 2. 미실시 3. 향후 추진 4. 해당없음
5456	대구광역시	신중년 사회공헌활동 지원	550,784	일자리노동정책과		2	6	1	6	1	3	1
5457	대구광역시	신중년 기업뉴딜 맞춤형 컨설팅 사업	505,520	일자리노동정책과	1	2	6	1	6	1	3	1
5458	대구광역시	지역산업 맞춤형 일자리창출 지원사업	6,000	일자리노동정책과	1	1	7	8	7	1	1	1
5459	대구광역시	대학일자리센터 설치운영 지원	375,000	일자리노동정책과	1	2	7	1	7	2	2	1
5460	대구광역시	청년테마별 취업 지원	150,000	일자리노동정책과	1	4	7	1	7	1	1	4
5461	대구광역시	리크루트 투어	250,000	일자리노동정책과	1	4	7	1	7	1	1	4
5462	대구광역시	지역 노사민정 협력활성화 지원	160,000	일자리노동정책과	1	4	7	8	7	1	1	1
5463	대구광역시	근로자교육 및 교류협력사업	150,000	일자리노동정책과	1	4	7	8	7	1	1	1
5464	대구광역시	노동상담 및 법률구조사업	100,000	일자리노동정책과	1	4	7	8	7	1	1	1
5465	대구광역시	상생노사문화 창출사업	200,000	일자리노동정책과	1	4	7	8	7	1	1	1
5466	대구광역시	비정규직 고용개선사업	230,000	일자리노동정책과	1	4	7	8	7	1	1	1
5467	대구광역시	달빛동맹 노사한마음대회 지원	20,000	일자리노동정책과	1	4	7	8	7	1	1	1
5468	대구광역시	현장참여형 근로자 건강증진 사업	250,000	일자리노동정책과	1	4	7	8	7	1	1	1
5469	대구광역시	코로나19 극복 일자리 취약계층 지원사업	3,000	일자리노동정책과	1	4	7	8	7	5	5	4
5470	대구광역시	외국인노동자 한류문화 적응지원	100,000	일자리노동정책과	1	4	7	8	7	1	1	1
5471	대구광역시	달성외국인근로자지원센터 지원	230,000	일자리노동정책과	1	4	7	8	7	1	1	1
5472	대구광역시	기능봉사활동	34,000	일자리노동정책과	1	4	7	8	7	1	1	1
5473	대구광역시	청년 내일학교	95,000	청년정책과	1	4	7	8	7	5	5	4
5474	대구광역시	청년 응원기업 상생사업	95,000	청년정책과	1	1	7	8	7	5	5	4
5475	대구광역시	청년 귀환경력직 일자리 예스매칭	728,000	청년정책과	1	2	7	8	7	5	5	4
5476	대구광역시	대구청년 알바돌봄사업	41,800	청년정책과	1	4	7	8	7	5	5	4
5477	대구광역시	사회적경제박람회	200,000	사회적경제과	1	4	6	6	6	1	1	1
5478	대구광역시	우수 사회적경제기업 육성지원사업	142,500	사회적경제과	1	6	7	1	7	1	1	2
5479	대구광역시	사회적경제대학원 장학금지원사업	8,000	사회적경제과	1	6	7	1	7	1	1	2
5480	대구광역시	사회적경제 청년인턴사업	324,202	사회적경제과	1	2	7	1	7	1	1	2
5481	대구광역시	사회적경제 창업인큐베이팅 지원	200,000	사회적경제과	1	4	1	1	1	1	1	2
5482	대구광역시	대구경북 사회적경제 상생협력사업	200,000	사회적경제과	1	6	1	1	1	1	1	2
5483	대구광역시	국내외 투자유치활동 지원	100,000	투자유치과	1	4	7	8	7	1	1	1
5484	대구광역시	미래산업 잠재타깃기업 유치활동	70,000	투자유치과	1	4	7	8	7	1	1	1
5485	대구광역시	컨택센터 유치 및 지원사업	130,000	투자유치과	1	4	7	8	7	1	1	1
5486	대구광역시	민간단체 공공외교활동지원	26,000	국제통상과	1	4	7	8	7	3	3	1
5487	대구광역시	지역 외국인 편의증진 사업	15,000	국제통상과	1	4	7	8	7	2	3	1
5488	대구광역시	대구경북 상생 ODA 사업	50,000	국제통상과	1	1	7	8	7	2	3	1
5489	대구광역시	대구화교 중화문화축제	15,000	국제통상과	1	4	7	8	7	4	1	1
5490	대구광역시	한중 대학생 문화교류사업	15,000	국제통상과	1	4	7	8	7	4	1	1
5491	대구광역시	히로시마 플라워페스티벌 대구 홍보	20,000	국제통상과	1	4	7	8	7	4	1	1
5492	대구광역시	대구국제대학생캠프	30,000	국제통상과	1	4	7	8	7	4	1	1
5493	대구광역시	지역특화청년무역전문가 양성사업 지원	40,000	국제통상과	1	2	7	8	7	5	5	4
5494	대구광역시	MICE 산업지원	100,000	국제통상과	1	1	7	8	7	1	1	1
5495	대구광역시	국제회의 유치 및 개최지원	432,000	국제통상과	1	1	7	8	7	1	1	1
5496	대구광역시	2021세계산업위생학회개최지원	50,000	국제통상과	1	1	7	8	7	5	5	4
5497	대구광역시	2021동아시아과학교육학회개최지원	30,000	국제통상과	1	1	7	8	7	5	5	4
5498	대구광역시	2021아태임상연구및연구윤리국제학회개최지원	40,000	국제통상과	1	1	7	8	7	5	5	4
5499	대구광역시	2021국제회로및시스템학술대회개최지원	80,000	국제통상과	1	1	7	8	7	5	5	4
5500	대구광역시	국제물주간행사개최	300,000	물에너지산업과	1	4	6	1	6	1	1	4
5501	대구광역시	물산업아카데미운영	40,000	물에너지산업과	1	4	6	1	6	1	1	4
5502	대구광역시	지역물산업성장지원시스템 구축	500,000	물에너지산업과	1	1	7	1	7	1	1	1
5503	대구광역시	대학중점연구소 지원사업	50,000	물에너지산업과	1	2	7	1	7	1	1	4
5504	대구광역시	청정에너지 보급확대 시민교육·홍보	25,000	물에너지산업과	1	4	7	8	7	1	1	4
5505	대구광역시	전력 및 신기술학술대회 지원	10,000	물에너지사업과	1	6	7	8	7	1	1	1
5506	대구광역시	연탄수송비 지원	60,000	물에너지사업과	1	4	7	3	7	1	1	1

순번	시군구	지출명 (사업명)	2021년예산 (단위:천원/1년간)	담당자 (공무원) 담당부서	민간이전 분류 (지방자치단체 세출예산 집행기준에 의거) 1. 민간경상사업보조(307-02) 2. 민간단체 법정운영비보조(307-03) 3. 민간행사사업보조(307-04) 4. 민간위탁금(307-05) 5. 사회복지시설 법정운영비보조(307-10) 6. 민간인위탁교육비(307-12) 7. 공기관등에대한경상적위탁사업비(308-11) 8. 민간자본사업보조,자체재원(402-01) 9. 민간자본사업보조,이전재원(402-02) 10. 민간위탁사업비(402-03) 11. 공기관등에 대한 자본적 대행사업비(403-02)	민간이전지출 근거 (지방보조금 관리기준 참고) 1. 법률에 규정 2. 국고보조 재원(국가지정) 3. 용도 지정 기부금 4. 조례에 직접규정 5. 지자체가 권장하는 사업을 하는 공공기관 6. 시,도 정책 및 재정사정 7. 기타 8. 해당없음	입찰방식: 계약체결방법 (경쟁형태) 1. 일반경쟁 2. 제한경쟁 3. 지명경쟁 4. 수의계약 5. 법정위탁 6. 기타 ( ) 7. 해당없음	입찰방식: 계약기간 1. 1년 2. 2년 3. 3년 4. 4년 5. 5년 6. 기타 ( )년 7. 단기계약 (1년미만) 8. 해당없음	입찰방식: 낙찰자선정방법 1. 적격심사 2. 협상에의한계약 3. 최저가낙찰제 4. 규격가격분리 5. 2단계 경쟁입찰 6. 기타 ( ) 7. 해당없음	운영예산 산정: 운영예산 산정 1. 내부산정 (지자체 자체적으로 산정) 2. 외부산정 (외부전문기관위탁 산정) 3. 내·외부 모두 산정 4. 산정 無 5. 해당없음	운영예산 산정: 정산방법 1. 내부정산 (지자체 내부적으로 정산) 2. 외부정산 (외부전문기관위탁 정산) 3. 내·외부 모두 산정 4. 정산 無 5. 해당없음	성과평가 실시여부 1. 실시 2. 미실시 3. 향후 추진 4. 해당없음
5507	대구광역시	도시가스보급지원	50,000	물에너지사업과	1	4	7	8	7	1	1	1
5508	대구광역시	수소충전소 운영비 지원	140,000	물에너지사업과	1	1	1	5	1	1	1	1
5509	대구광역시	기계 및 신기술 학술대회 민간보조금 지원	5,000	건설산업과	1	6	7	8	7	4	1	2
5510	대구광역시	옥외광고문화 선진화	13,000	도시디자인과	1	1	7	7	7	1	1	1
5511	대구광역시	공동주택 공동체활성화 사업	50,000	건축주택과	1	4	7	8	7	5	5	4
5512	대구광역시	건축문화비엔날레	140,000	건축주택과	1	4	5	7	7	1	1	4
5513	대구광역시	대구공항 통합이전 추진활동 지원	47,500	공항정책과	1	4	4	1	7	5	1	1
5514	대구광역시	민주화운동 기념사업	47,000	자치행정과	1	4	7	8	7	1	1	1
5515	대구광역시	법질서확립사업	12,000	자치행정과	1	4	7	8	7	1	1	1
5516	대구광역시	미소친절 문화시민운동 지원	112,000	자치행정과	1	4	7	8	7	1	1	1
5517	대구광역시	민주평통 대구지역회의 지원	84,000	자치행정과	1	4	7	8	7	1	1	1
5518	대구광역시	청소년 민주시민 교육 및 자유수호활동 사업	22,000	자치행정과	1	1	7	8	7	1	1	1
5519	대구광역시	북한이탈주민 지역적응센터운영	219,000	자치행정과나	1	1	5	8	1	5	1	1
5520	대구광역시	공유자원발굴 및 공유문화 확산	128,000	자치행정과	1	4	7	8	7	1	1	1
5521	대구광역시	새마을운동 활성화지원	122,000	자치행정과	1	1	7	8	7	1	1	1
5522	대구광역시	새마을운동 전문인력 양성사업	500,000	자치행정과	1	1	7	8	7	1	1	1
5523	대구광역시	바르게살기운동 활성화 지원	13,000	자치행정과	1	1	7	8	7	1	1	1
5524	대구광역시	범죄피해자지원센터 지원	60,000	자치행정과	1	1	7	8	7	1	1	1
5525	대구광역시	생활질서 선진화 운동 추진	12,000	자치행정과	1	1	7	8	7	1	1	1
5526	대구광역시	시민의식 중앙교육 부담금	33,000	자치행정과	1	1	7	8	7	1	1	1
5527	대구광역시	국민운동추진사업 지원	15,000	자치행정과	1	1	7	8	7	1	1	1
5528	대구광역시	폭염 등 재난재해대비 자원봉사	22,000	자치행정과	1	4	7	8	7	1	1	1
5529	대구광역시	대구재능봉사단 활성화 지원	9,000	자치행정과	1	4	7	8	7	1	1	1
5530	대구광역시	대학생봉사단 활성화 지원	11,800	자치행정과	1	4	7	8	7	1	1	1
5531	대구광역시	자원봉사보험가입서비스지원	141,944	자치행정과	1	4	7	8	7	1	1	1
5532	대구광역시	대구자원봉사자대회	13,000	자치행정과	1	4	7	8	7	1	1	1
5533	대구광역시	대구자원봉사포럼	12,958	자치행정과	1	4	7	8	7	1	1	1
5534	대구광역시	독립운동 현창사업	50,000	복지정책과	1	7	6	1	6	1	1	4
5535	대구광역시	공공보건의료지원단 운영지원	600,000	보건의료정책과	1	2	2	3	7	3	3	4
5536	대구광역시	치매안심요양병원 공공사업 지원(시지노인전문병원)	120,000	보건의료정책과	1	2	7	8	7	5	5	4
5537	대구광역시	안마의료봉사 지원	5,000	보건의료정책과	1	1	7	8	7	1	3	4
5538	대구광역시	명절비상진료지원	24,000	보건의료정책과	1	1	7	8	7	1	3	4
5539	대구광역시	1,2차병원 홍보활성화 사업	22,500	보건의료정책과	1	7	7	8	7	1	3	4
5540	대구광역시	불법마약류퇴치 및 약물 오남용 예방사업	50,000	보건의료정책과	1	4	7	8	7	1	3	4
5541	대구광역시	심야365약국 운영	200,000	보건의료정책과	1	4	7	8	7	1	3	4
5542	대구광역시	한센병관리사업	80,000	감염병관리과	1	1	7	8	7	1	1	1
5543	대구광역시	한센병선도사업비	20,000	감염병관리과	1	1	7	8	7	1	1	1
5544	대구광역시	한센병보호시설생계비지원	36,000	감염병관리과	1	1	7	8	7	5	1	4
5545	대구광역시	원폭피해자권익향상	9,350	감염병관리과	1	4	7	8	7	1	1	1
5546	대구광역시	에이즈예방사업	61,000	감염병관리과	1	1	7	8	7	5	1	1
5547	대구광역시	에이즈예방사업	11,000	감염병관리과	1	1	7	8	7	5	1	1
5548	대구광역시	에이즈감염인교육훈련지원사업	9,500	감염병관리과	1	1	7	8	7	5	1	1
5549	대구광역시	결핵관리교육및검사	50,000	감염병관리과	1	6	7	8	7	1	1	1
5550	대구광역시	집단시설 결핵관리지원	27,000	감염병관리과	1	6	7	8	7	1	1	1
5551	대구광역시	신종감염병환자 격리병상확충유지비 지원	85,900	감염병관리과	1	2	7	8	7	5	5	4
5552	대구광역시	신종감염병환자 격리병상확충유지비 지원	85,900	감염병관리과	1	2	7	8	7	5	5	4
5553	대구광역시	경로당 건강주치의사업 운영	46,000	건강증진과	1	6	7	1	7	5	5	4
5554	대구광역시	위해우려 영양성분 관리사업	54,567	위생정책과	1	1	7	8	7	5	5	4
5555	대구광역시	외식업소 일자리 알선 지원	100,000	위생정책과	1	1	7	1	7	1	1	2
5556	대구광역시	외식업소 컨설팅 지원	200,000	위생정책과	1	1	7	8	7	5	5	4
5557	대구광역시	식품관련단체 사업 지원	91,660	위생정책과	1	1	7	8	7	5	5	4

순번	시군구	지출명 (사업명)	2021년예산 (단위:천원/1년간)	담당자 (공무원)	민간이전 분류 (지방자치단체 세출예산 집행기준에 의거)	민간이전지출 근거 (지방보조금 관리기준 참고)	입찰방식			운영예산 산정		성과평가 실시여부
				담당부서	1. 민간경상사업보조(307-02) 2. 민간단체 법정운영비보조(307-03) 3. 민간행사사업보조(307-04) 4. 민간위탁금(307-05) 5. 사회복지시설 법정운영비보조(307-10) 6. 민간인위탁교육비(307-12) 7. 공기관등에대한경상적위탁사업비(308-11) 8. 민간자본사업보조,자체재원(402-01) 9. 민간자본사업보조,이전재원(402-02) 10. 민간위탁사업비(402-03) 11. 공기관등에 대한 자본적 대행사업비(403-02)	1. 법률에 규정 2. 국고보조 재원(국가지정) 3. 용도 지정 기부금 4. 조례에 직접규정 5. 지자체가 권장하는 사업을 하는 공공기관 6. 시,도 정책 및 재정사정 7. 기타 8. 해당없음	계약체결방법 (경쟁형태) 1. 일반경쟁 2. 제한경쟁 3. 지명경쟁 4. 수의계약 5. 법정위탁 6. 기타 ( ) 7. 해당없음	계약기간 1. 1년 2. 2년 3. 3년 4. 4년 5. 5년 6. 기타 ( )년 7. 단기계약 (1년미만) 8. 해당없음	낙찰자선정방법 1. 적격심사 2. 협상에의한계약 3. 최저가낙찰제 4. 규격가격분리 5. 2단계 경쟁입찰 6. 기타 ( ) 7. 해당없음	운영예산 산정 1. 내부산정 (지자체 자체적으로 산정) 2. 외부산정 (외부전문기관위탁 산정) 3. 내·외부 모두 산정 4. 산정 無 5. 해당없음	정산방법 1. 내부정산 (지자체 내부적으로 정산) 2. 외부정산 (외부전문기관위탁 정산) 3. 내·외부 모두 산정 4. 정산 無 5. 해당없음	1. 실시 2. 미실시 3. 향후 추진 4. 해당없음
5558	대구광역시	외식산업 최고경영자 과정 운영	42,000	위생정책과	1	1	7	8	7	5	5	4
5559	대구광역시	대구음식산업 발전전략 세미나 개최 지원	12,000	위생정책과	1	1	7	8	7	5	5	4
5560	대구광역시	주민연합형대학육성사업	100,000	교육협력정책관	1	4	7	8	7	1	1	1
5561	대구광역시	지역선도대학육성사업	267,054	교육협력정책관	1	2	7	8	7	1	1	1
5562	대구광역시	대학생 멘토링 사업	100,000	교육협력정책관	1	1	7	8	7	5	5	4
5563	대구광역시	대학생 취업준비 패키지 지원	100,000	교육협력정책관	1	1	7	7	7	1	1	4
5564	대구광역시	인생백년아카데미 운영	80,000	교육협력정책관	1	1	7	8	7	1	1	1
5565	대구광역시	장애인 평생교육시설 지원	150,000	교육협력정책관	1	1	7	8	7	1	1	1
5566	대구광역시	대학평생교육활성화	70,000	교육협력정책관	1	1	7	8	7	5	5	4
5567	대구광역시	신중년사회공헌활동 지원	380,762	교육협력정책관	1	2	7	8	7	5	5	4
5568	대구광역시	온라인 평생학습 콘텐츠 제작 지원	100,000	교육협력정책관	1	1	7	8	7	5	5	4
5569	대구광역시	인문학아카데미운영	40,000	교육협력정책관	1	7	7	7	7	1	1	4
5570	대구광역시	독립운동 역사공간을 활용한 평생학습 지원	20,000	교육협력정책관	1	7	7	7	7	1	1	4
5571	대구광역시	가족과 함께하는 독서캠핑	40,000	교육협력정책관	1	1	7	8	7	1	1	1
5572	대구광역시	외국인주민 상담 및 캠프 지원	10,000	여성가족과	1	1	4	1	7	4	1	3
5573	대구광역시	외국인주민 사회통합지원사업	7,750	여성가족과	1	1	4	1	7	4	1	3
5574	대구광역시	다문화 청소년 재능성장 지원	32,500	여성가족과	1	1	4	1	7	4	1	3
5575	대구광역시	저출산극복환경조성사업	9,500	출산보육과	1	6	7	8	7	1	1	1
5576	대구광역시	출산장려공모전	30,000	출산보육과	1	6	7	8	7	1	1	1
5577	대구광역시	저출산극복지역네트워크구축사업지원	39,496	출산보육과	1	2	7	8	7	5	5	1
5578	대구광역시	한방난임부부지원사업	50,000	출산보육과	1	6	7	8	7	1	1	1
5579	대구광역시	건강한 달구벌둥이 육성	15,000	출산보육과	1	6	7	8	7	1	1	1
5580	대구광역시	크리스마스 거리공연	40,000	문화예술정책과	1	1	7	8	7	1	1	1
5581	대구광역시	문화와 새생명콘서트 지원	70,000	문화예술정책과	1	1	7	8	7	1	1	1
5582	대구광역시	대구전통문화 한마당	10,500	문화예술정책과	1	1	7	8	7	1	1	1
5583	대구광역시	대학생 인성교육사업	5,600	문화예술정책과	1	1	7	8	7	1	1	1
5584	대구광역시	청소년 문화체험 힐링캠프 운영	45,000	문화예술정책과	1	1	7	8	7	1	1	1
5585	대구광역시	퇴계선생 연구집 발간	84,000	문화예술정책과	1	1	7	8	7	1	1	1
5586	대구광역시	고소설 및 한국학 책자 발간	38,500	문화예술정책과	1	1	7	8	7	1	1	1
5587	대구광역시	나라사랑 대구정신 함양사업	7,000	문화예술정책과	1	1	7	8	7	1	1	1
5588	대구광역시	대구 3.1절만세 재연행사	21,000	문화예술정책과	1	1	7	8	7	1	1	1
5589	대구광역시	한국전통문화교육체험사업	24,500	문화예술정책과	1	1	7	8	7	1	1	1
5590	대구광역시	대구차문화 축제	17,500	문화예술정책과	1	1	7	8	7	1	1	1
5591	대구광역시	장애인 문화활동 지원	17,500	문화예술정책과	1	1	7	8	7	1	1	1
5592	대구광역시	대구데이 페스티벌	25,000	문화예술정책과	1	1	7	8	7	1	1	1
5593	대구광역시	전통예절 지도자교육	4,900	문화예술정책과	1	1	7	8	7	1	1	1
5594	대구광역시	한문고전 연수사업	3,500	문화예술정책과	1	1	7	8	7	1	1	1
5595	대구광역시	전국차문화 학술대회	10,500	문화예술정책과	1	1	7	8	7	1	1	1
5596	대구광역시	청소년 인성캠프	11,900	문화예술정책과	1	1	7	8	7	1	1	1
5597	대구광역시	역사유적과 지역문화유산 학습	1,750	문화예술정책과	1	1	7	8	7	1	1	1
5598	대구광역시	장애인 문화교류활동 지원	28,000	문화예술정책과	1	1	7	8	7	1	1	1
5599	대구광역시	팔공천제단 제천의식 복원	14,000	문화예술정책과	1	1	7	8	7	1	1	1
5600	대구광역시	문화재는 내친구 발간	3,500	문화예술정책과	1	1	7	8	7	1	1	1
5601	대구광역시	단군숭모제	7,000	문화예술정책과	1	1	7	8	7	1	1	1
5602	대구광역시	선덕여왕숭모재	35,000	문화예술정책과	1	1	7	8	7	1	1	1
5603	대구광역시	선덕여왕숭모다례제	17,500	문화예술정책과	1	1	7	8	7	1	1	1
5604	대구광역시	청소년 차문화 경연대회	14,000	문화예술정책과	1	1	7	8	7	1	1	1
5605	대구광역시	유교문화학술지 발간	17,500	문화예술정책과	1	1	7	8	7	1	1	1
5606	대구광역시	영호남 청년 어울림 한마당(달빛오작교)	50,000	문화예술정책과	1	1	7	8	7	1	1	1
5607	대구광역시	전통문화 아카데미 운영	25,000	문화예술정책과	1	1	7	8	7	1	1	1
5608	대구광역시	태극사상과 한국문화 발간	11,200	문화예술정책과	1	1	7	8	7	1	1	1

순번	시군구	지출명 (사업명)	2021년예산 (단위:천원/1년간)	담당자 (공무원)	민간이전 분류 (지방자치단체 세출예산 집행기준에 의거)	민간이전지출 근거 (지방보조금 관리기준 참고)	입찰방식			운영예산 산정		성과평가 실시여부
				담당부서	1. 민간경상사업보조(307-02) 2. 민간단체 법정운영비보조(307-03) 3. 민간행사사업보조(307-04) 4. 민간위탁금(307-05) 5. 사회복지시설 법정운영비보조(307-10) 6. 민간인위탁교육비(307-12) 7. 공기관등에대한경상적위탁사업비(308-11) 8. 민간자본사업보조,자체재원(402-01) 9. 민간자본사업보조,이전재원(402-02) 10. 민간위탁사업비(402-03) 11. 공기관등에 대한 자본적 대행사업비(403-02)	1. 법률에 규정 2. 국고보조 재원(국가지정) 3. 용도 지정 기부금 4. 조례에 직접규정 5. 지자체가 권장하는 사업을 하는 공공기관 6. 시,도 정책 및 재정사정 7. 기타 8. 해당없음	계약체결방법 (경쟁형태) 1. 일반경쟁 2. 제한경쟁 3. 지명경쟁 4. 수의계약 5. 법정위탁 6. 기타 ( ) 7. 해당없음	계약기간 1. 1년 2. 2년 3. 3년 4. 4년 5. 5년 6. 기타 ( )년 7. 단기계약 (1년미만) 8. 해당없음	낙찰자선정방법 1. 적격심사 2. 협상에의한계약 3. 최저가낙찰제 4. 규격가격분리 5. 2단계 경쟁입찰 6. 기타 ( ) 7. 해당없음	운영예산 산정 1. 내부산정 (지자체 자체적으로 산정) 2. 외부산정 (외부전문기관위탁 산정) 3. 내·외부 모두 산정 4. 산정 無 5. 해당없음	정산방법 1. 내부정산 (지자체 내부적으로 정산) 2. 외부정산 (외부전문기관위탁 정산) 3. 내·외부 모두 산정 4. 정산 無 5. 해당없음	1. 실시 2. 미실시 3. 향후 추진 4. 해당없음
5609	대구광역시	유교문화 정신계승 사업	14,000	문화예술정책과	1	1	7	8	7	1	1	1
5610	대구광역시	한강정구선생 학술대회	7,000	문화예술정책과	1	1	7	8	7	1	1	1
5611	대구광역시	달빛동맹 한마음 행사	75,000	문화예술정책과	1	1	7	8	7	1	1	1
5612	대구광역시	목요철학 인문포럼	24,500	문화예술정책과	1	1	7	8	7	1	1	1
5613	대구광역시	인문학 가치확산 사업	35,000	문화예술정책과	1	1	7	8	7	1	1	1
5614	대구광역시	대구대표차문화제	40,000	문화예술정책과	1	1	7	8	7	1	1	1
5615	대구광역시	달빛동맹 보름콘서트	40,000	문화예술정책과	1	1	7	8	7	1	1	1
5616	대구광역시	선비문화의 현대적 활용	70,000	문화예술정책과	1	1	7	8	7	1	1	1
5617	대구광역시	문화인재 육성 지원 사업	17,500	문화예술정책과	1	1	7	8	7	1	1	1
5618	대구광역시	대구 3.1운동 정신계승 사업	28,000	문화예술정책과	1	1	7	8	7	1	1	1
5619	대구광역시	전국시낭송 대회	5,600	문화예술정책과	1	1	7	8	7	1	1	1
5620	대구광역시	팔거백일장 및 문화제	25,000	문화예술정책과	1	1	7	8	7	1	1	1
5621	대구광역시	대구불교연합 합창제	28,000	문화예술정책과	1	1	7	8	7	1	1	1
5622	대구광역시	교회사업	400,000	문화예술정책과	1	1	7	8	7	1	1	1
5623	대구광역시	아름다운 이야기 할머니 사업	828,510	문화예술정책과	1	1	7	8	7	1	1	1
5624	대구광역시	대구포크페스티벌	320,000	문화예술정책과	1	1	7	8	7	1	1	1
5625	대구광역시	우리말글 한마당	7,000	문화예술정책과	1	1	7	8	7	1	1	1
5626	대구광역시	지역 국어문화 활성화 지원	7,000	문화예술정책과	1	1	7	8	7	1	1	1
5627	대구광역시	대구한글 서예전	7,000	문화예술정책과	1	1	7	8	7	1	1	1
5628	대구광역시	한국수어 활성화 지원	14,000	문화예술정책과	1	1	7	8	7	1	1	1
5629	대구광역시	근로자 생활문화 프로그램 운영 지원	200,000	문화예술정책과	1	1	7	8	7	1	1	1
5630	대구광역시	대구아트포럼 및 예술계간지 발간	60,000	문화예술정책과	1	1	7	8	7	1	1	1
5631	대구광역시	국내외 예술교류사업	189,000	문화예술정책과	1	1	7	8	7	1	1	1
5632	대구광역시	대구종합예술제	213,000	문화예술정책과	1	1	7	8	7	1	1	1
5633	대구광역시	예술문화대학 운영지원	35,000	문화예술정책과	1	1	7	8	7	1	1	1
5634	대구광역시	전국청소년예술제	140,000	문화예술정책과	1	1	7	8	7	1	1	1
5635	대구광역시	달빛동맹예술교류사업	35,000	문화예술정책과	1	1	7	8	7	1	1	1
5636	대구광역시	자립예술 생태계 활성화 프로젝트	21,000	문화예술정책과	1	1	7	8	7	1	1	1
5637	대구광역시	장애아동청소년 문화예술교육 지원	22,400	문화예술정책과	1	1	7	8	7	1	1	1
5638	대구광역시	대구문학제	98,000	문화예술정책과	1	1	7	8	7	1	1	1
5639	대구광역시	대구문학발간	105,000	문화예술정책과	1	1	7	8	7	1	1	1
5640	대구광역시	전통시조 저변 확대	10,500	문화예술정책과	1	1	7	8	7	1	1	1
5641	대구광역시	우수공연전시 지원	16,800	문화예술정책과	1	1	7	8	7	1	1	1
5642	대구광역시	도시공간조형제전	39,200	문화예술정책과	1	1	7	8	7	1	1	1
5643	대구광역시	현대미술 조망전	21,000	문화예술정책과	1	1	7	8	7	1	1	1
5644	대구광역시	대구미술 공예 서예 문인화 대전	47,600	문화예술정책과	1	1	7	8	7	1	1	1
5645	대구광역시	장애인 미술활동 지원	27,300	문화예술정책과	1	1	7	8	7	1	1	1
5646	대구광역시	대한민국 친환경 현대미술전	7,000	문화예술정책과	1	1	7	8	7	1	1	1
5647	대구광역시	학생 미술 대전	15,000	문화예술정책과	1	1	7	8	7	1	1	1
5648	대구광역시	서예 문인화 대전	15,000	문화예술정책과	1	1	7	8	7	1	1	1
5649	대구광역시	서예 퍼포먼스	28,000	문화예술정책과	1	1	7	8	7	1	1	1
5650	대구광역시	대구사진예술제	22,400	문화예술정책과	1	1	7	8	7	1	1	1
5651	대구광역시	대구포토페스티벌	21,000	문화예술정책과	1	1	7	8	7	1	1	1
5652	대구광역시	대구 전국사진촬영 대회	21,000	문화예술정책과	1	1	7	8	7	1	1	1
5653	대구광역시	대구건축 리뷰	10,500	문화예술정책과	1	1	7	8	7	1	1	1
5654	대구광역시	대구-아틀란타 미술교류	8,500	문화예술정책과	1	1	7	8	7	1	1	1
5655	대구광역시	대한민국 영남미술대전	7,000	문화예술정책과	1	1	7	8	7	1	1	1
5656	대구광역시	해외레지던시 프로그램 지원	19,600	문화예술정책과	1	1	7	8	7	1	1	1
5657	대구광역시	근대작가 재조명전	35,000	문화예술정책과	1	1	7	8	7	1	1	1
5658	대구광역시	전국 예술문화 대제전	21,000	문화예술정책과	1	1	7	8	7	1	1	1
5659	대구광역시	대구경북예술제	31,500	문화예술정책과	1	1	7	8	7	1	1	1

순번	시군구	지출명 (사업명)	2021년예산 (단위:천원/1년간)	담당자 (공무원) 담당부서	민간이전 분류 (지방자치단체 세출예산 집행기준에 의거) 1. 민간경상사업보조(307-02) 2. 민간단체 법정운영비보조(307-03) 3. 민간행사사업보조(307-04) 4. 민간위탁금(307-05) 5. 사회복지시설 법정운영비보조(307-10) 6. 민간인위탁교육비(307-12) 7. 공기관등에대한경상적위탁사업비(308-11) 8. 민간자본사업보조,자체재원(402-01) 9. 민간자본사업보조,이전재원(402-02) 10. 민간위탁사업비(402-03) 11. 공기관등에 대한 자본적 대행사업비(403-02)	민간이전지출 근거 (지방보조금 관리기준 참고) 1. 법률에 규정 2. 국고보조 재원(국가지정) 3. 용도 지정 기부금 4. 조례에 직접규정 5. 지자체가 권장하는 사업을 하는 공공기관 6. 시,도 정책 및 재정사정 7. 기타 8. 해당없음	입찰방식: 계약체결방법 (경쟁형태) 1. 일반경쟁 2. 제한경쟁 3. 지명경쟁 4. 수의계약 5. 법정위탁 6. 기타 ( ) 7. 해당없음	입찰방식: 계약기간 1. 1년 2. 2년 3. 3년 4. 4년 5. 5년 6. 기타 ( )년 7. 단기계약 (1년미만) 8. 해당없음	입찰방식: 낙찰자선정방법 1. 적격심사 2. 협상에의한계약 3. 최저가낙찰제 4. 규격가격분리 5. 2단계 경쟁입찰 6. 기타 ( ) 7. 해당없음	운영예산 산정: 운영예산 산정 1. 내부산정 (지자체 자체적으로 산정) 2. 외부산정 (외부전문기관위탁 산정) 3. 내·외부 모두 산정 4. 산정 無 5. 해당없음	운영예산 산정: 정산방법 1. 내부정산 (지자체 내부적으로 정산) 2. 외부정산 (외부전문기관위탁 정산) 3. 내·외부 모두 산정 4. 정산 無 5. 해당없음	성과평가 실시여부 1. 실시 2. 미실시 3. 향후 추진 4. 해당없음
5660	대구광역시	작가정신 발간 및 문학치유사업	8,000	문화예술정책과	1	1	7	8	7	1	1	1
5661	대구광역시	영남서예대전	7,000	문화예술정책과	1	1	7	8	7	1	1	1
5662	대구광역시	전통문화계승 서화지도자 양성사업	20,000	문화예술정책과	1	1	7	8	7	1	1	1
5663	대구광역시	한국수필아카데미	20,000	문화예술정책과	1	1	7	8	7	1	1	1
5664	대구광역시	한중서화교류전	7,000	문화예술정책과	1	1	7	8	7	1	1	1
5665	대구광역시	아시아아동문학대회	35,000	문화예술정책과	1	1	7	8	7	1	1	1
5666	대구광역시	대구국제무용제	91,000	문화예술정책과	1	1	7	8	7	1	1	1
5667	대구광역시	대구세계안무페스티벌	35,000	문화예술정책과	1	1	7	8	7	1	1	1
5668	대구광역시	대구국악제	73,500	문화예술정책과	1	1	7	8	7	1	1	1
5669	대구광역시	대구음악제	154,000	문화예술정책과	1	1	7	8	7	1	1	1
5670	대구광역시	대구무용제	63,000	문화예술정책과	1	1	7	8	7	1	1	1
5671	대구광역시	경로가요제	7,000	문화예술정책과	1	1	7	8	7	1	1	1
5672	대구광역시	연예예술한마당	49,000	문화예술정책과	1	1	7	8	7	1	1	1
5673	대구광역시	컬러풀 가요제	25,200	문화예술정책과	1	1	7	8	7	1	1	1
5674	대구광역시	달구벌 전국국악 경연대회	21,000	문화예술정책과	1	1	7	8	7	1	1	1
5675	대구광역시	멜로디가 흐르는 음악도시 조성	63,000	문화예술정책과	1	1	7	8	7	1	1	1
5676	대구광역시	인디밴드 등 실험예술 지원	56,000	문화예술정책과	1	1	7	8	7	1	1	1
5677	대구광역시	대구관악축제	31,500	문화예술정책과	1	1	7	8	7	1	1	1
5678	대구광역시	대구향토가요제	21,000	문화예술정책과	1	1	7	8	7	1	1	1
5679	대구광역시	대구세계합창축제	56,000	문화예술정책과	1	1	7	8	7	1	1	1
5680	대구광역시	전국 아리랑 경창대회	24,500	문화예술정책과	1	1	7	8	7	1	1	1
5681	대구광역시	대구 플루트 뮤직페어	20,000	문화예술정책과	1	1	7	8	7	1	1	1
5682	대구광역시	신년 음악회	30,000	문화예술정책과	1	1	7	8	7	1	1	1
5683	대구광역시	대구 신인밴드 경연대회	75,000	문화예술정책과	1	1	7	8	7	1	1	1
5684	대구광역시	세계관악제 지원	10,000	문화예술정책과	1	1	7	8	7	1	1	1
5685	대구광역시	국악강사지원	455,960	문화예술정책과	1	1	7	8	7	1	1	1
5686	대구광역시	대구아트스퀘어	420,000	문화예술정책과	1	1	7	8	7	1	1	1
5687	대구광역시	대구국제재즈축제	285,000	문화예술정책과	1	1	7	8	7	1	1	1
5688	대구광역시	학생서예실기대회	4,250	문화예술정책과	1	1	7	8	7	1	1	1
5689	대구광역시	향토문화 재조명사업	50,000	문화예술정책과	1	1	7	8	7	1	1	1
5690	대구광역시	전통문화교육사업	50,000	문화예술정책과	1	1	7	8	7	1	1	1
5691	대구광역시	무형문화재 전수교육관 활성화 지원	50,000	문화예술정책과	1	1	7	8	7	1	1	1
5692	대구광역시	사립박물관 지원	21,000	문화예술정책과	1	1	7	8	7	1	1	1
5693	대구광역시	박물관 협력체계 지원	14,000	문화예술정책과	1	1	7	8	7	1	1	1
5694	대구광역시	국채보상운동 기념행사	28,000	문화예술정책과	1	1	7	8	7	1	1	1
5695	대구광역시	국채보상운동 회보지 발행	14,000	문화예술정책과	1	1	7	8	7	1	1	1
5696	대구광역시	청소년과 함께하는 신국채보상운동	4,900	문화예술정책과	1	1	7	8	7	1	1	1
5697	대구광역시	애국탁본 체험학습장 운영	4,900	문화예술정책과	1	1	7	8	7	1	1	1
5698	대구광역시	국채보상운동기념관 프로그램 운영	7,000	문화예술정책과	1	1	7	8	7	1	1	1
5699	대구광역시	국채보상운동 세계화 추진 사업	283,500	문화예술정책과	1	1	7	8	7	1	1	1
5700	대구광역시	국채보상운동 기록물 아카이브 구축	701,000	문화예술정책과	1	2	7	8	7	1	1	1
5701	대구광역시	2.28민주운동기념사업	578,000	문화예술정책과	1	1	7	8	7	1	1	1
5702	대구광역시	2.28민주운동 유공자 현창	35,000	문화예술정책과	1	1	7	8	7	1	1	1
5703	대구광역시	문화재 돌봄사업	964,090	문화예술정책과	1	1	1	2	1	1	1	1
5704	대구광역시	휴먼케어콘텐츠개발지원	400,000	문화콘텐츠과	1	2	7	8	7	1	1	1
5705	대구광역시	ICT융합스포츠콘텐츠개발	80,000	문화콘텐츠과	1	2	7	8	7	1	1	1
5706	대구광역시	K-ICT스마트미디어센터운영	200,000	문화콘텐츠과	1	2	7	8	7	1	1	1
5707	대구광역시	대구콘텐츠기업지원센터 운영	980,000	문화콘텐츠과	1	2	7	8	7	1	1	1
5708	대구광역시	콘텐츠코리아랩 운영	850,000	문화콘텐츠과	1	2	7	8	7	1	1	1
5709	대구광역시	세계문화산업포럼	200,000	문화콘텐츠과	1	7	7	8	7	1	1	1
5710	대구광역시	지역연계첨단CT실증사업	1,672	문화콘텐츠과	1	2	7	8	7	1	1	1

순번	시군구	지출명 (사업명)	2021년예산 (단위:천원/1년간)	담당자 (공무원) 담당부서	민간이전 분류 (지방자치단체 세출예산 집행기준에 의거) 1. 민간경상사업보조(307-02) 2. 민간단체 법정운영비보조(307-03) 3. 민간행사사업보조(307-04) 4. 민간위탁금(307-05) 5. 사회복지시설 법정운영비보조(307-10) 6. 민간인위탁교육비(307-12) 7. 공기관등에대한경상적위탁사업비(308-11) 8. 민간자본사업보조,자체재원(402-01) 9. 민간자본사업보조,이전재원(402-02) 10. 민간위탁사업비(402-03) 11. 공기관등에 대한 자본적 대행사업비(403-02)	민간이전지출 근거 (지방보조금 관리기준 참고) 1. 법률에 규정 2. 국고보조 재원(국가지정) 3. 용도 지정 기부금 4. 조례에 직접규정 5. 지자체가 권장하는 사업을 하는 공공기관 6. 시,도 정책 및 재정사정 7. 기타 8. 해당없음	입찰방식 계약체결방법 (경쟁형태) 1. 일반경쟁 2. 제한경쟁 3. 지명경쟁 4. 수의계약 5. 법정위탁 6. 기타 ( ) 7. 해당없음	입찰방식 계약기간 1. 1년 2. 2년 3. 3년 4. 4년 5. 5년 6. 기타 ( )년 7. 단기계약 (1년미만) 8. 해당없음	입찰방식 낙찰자선정방법 1. 적격심사 2. 협상에의한계약 3. 최저가낙찰제 4. 규격가격분리 5. 2단계 경쟁입찰 6. 기타 ( ) 7. 해당없음	운영예산 산정 운영예산 산정 1. 내부산정 (지자체 자체적으로 산정) 2. 외부산정 (외부전문기관위탁 산정) 3. 내·외부 모두 산정 4. 산정 無 5. 해당없음	운영예산 산정 정산방법 1. 내부정산 (지자체 내부적으로 정산) 2. 외부정산 (외부전문기관위탁 정산) 3. 내·외부 모두 산정 4. 정산 無 5. 해당없음	성과평가 실시여부 1. 실시 2. 미실시 3. 향후 추진 4. 해당없음
5711	대구광역시	지역특화콘텐츠개발지원	400,000	문화콘텐츠과	1	2	7	8	7	1	1	1
5712	대구광역시	대구국제뮤지컬페스티벌	2,300	문화콘텐츠과	1	4	7	8	7	1	1	1
5713	대구광역시	뮤지컬경쟁력강화	600,000	문화콘텐츠과	1	4	7	8	7	1	1	1
5714	대구광역시	창작뮤지컬기획공연	170,000	문화콘텐츠과	1	4	7	8	7	1	1	1
5715	대구광역시	딤프뮤지컬아카데미 운영	55,000	문화콘텐츠과	1	4	7	8	7	1	1	1
5716	대구광역시	대구국제힐링공연예술제	200,000	문화콘텐츠과	1	5	7	8	7	1	1	1
5717	대구광역시	대구연극제	145,000	문화콘텐츠과	1	5	7	8	7	1	1	1
5718	대구광역시	대구청소년연극제	30,000	문화콘텐츠과	1	5	7	8	7	1	1	1
5719	대구광역시	게임콘텐츠산업 활성화 지원	300,000	문화콘텐츠과	1	2	7	8	7	1	1	1
5720	대구광역시	대구글로벌게임센터 운영	1,400	문화콘텐츠과	1	2	7	8	7	1	1	1
5721	대구광역시	대구단편영화제	100,000	문화콘텐츠과	1	5	7	8	7	1	1	1
5722	대구광역시	지역영화기획개발 및 제작지원	35,000	문화콘텐츠과	1	2	7	8	7	1	1	1
5723	대구광역시	체전참가 및 우수선수 확보지원	4,557	체육진흥과	1	1	7	8	7	1	1	1
5724	대구광역시	종목별 단체 워크숍 개최	5,000	체육진흥과	1	1	7	8	7	1	1	1
5725	대구광역시	대구FC서포터즈 원정경기 응원활동	3,500	체육진흥과	1	4	7	8	7	1	1	1
5726	대구광역시	대구FC 유소년축구클럽 운영지원	56,000	체육진흥과	1	4	7	8	7	1	1	1
5727	대구광역시	시장기 전국 초등학교 축구대회	24,500	체육진흥과	1	1	7	8	7	1	1	1
5728	대구광역시	시장배 수영대회 겸 전국마스터즈 수영대회	11,550	체육진흥과	1	1	7	8	7	1	1	1
5729	대구광역시	민관군 한마음태권도 대회	6,300	체육진흥과	1	1	7	8	7	1	1	1
5730	대구광역시	태권도시범단 시범공연 지원	8,750	체육진흥과	1	1	7	8	7	1	1	1
5731	대구광역시	달빛 스포츠교류	15,000	체육진흥과	1	1	7	8	7	1	1	1
5732	대구광역시	시장배 전국바둑대회	8,750	체육진흥과	1	1	7	8	7	1	1	1
5733	대구광역시	내셔널 바둑리그 참가	10,500	체육진흥과	1	1	7	8	7	1	1	1
5734	대구광역시	대구전문스포츠클럽 운영	50,000	체육진흥과	1	1	7	8	7	1	1	1
5735	대구광역시	대구스포츠과학센터 운영	10,500	체육진흥과	1	1	7	8	7	1	1	1
5736	대구광역시	시장배 전국철인3종경기대회	16,000	체육진흥과	1	1	7	8	7	1	1	1
5737	대구광역시	시장배 전국스포츠클라이밍대회	4,500	체육진흥과	1	1	7	8	7	1	1	1
5738	대구광역시	팔공산악제	7,000	체육진흥과	1	1	7	8	7	1	1	1
5739	대구광역시	전국사격대회 개최	65,000	체육진흥과	1	1	7	8	7	1	1	1
5740	대구광역시	시장기 전국초등학교 야구대회	60,000	체육진흥과	1	1	7	8	7	1	1	1
5741	대구광역시	대구일보배 전국 유소년 아이스하키 대회	30,000	체육진흥과	1	1	7	8	7	1	1	1
5742	대구광역시	시장기 전국남녀볼링대회	8,750	체육진흥과	1	1	7	8	7	1	1	1
5743	대구광역시	시장배 전국댄스스포츠경기대회	9,450	체육진흥과	1	1	7	8	7	1	1	1
5744	대구광역시	영남일보 국제축구대회	40,000	체육진흥과	1	1	7	8	7	1	1	1
5745	대구광역시	대구국제남녀테니스 대회	56,000	체육진흥과	1	1	7	8	7	1	1	1
5746	대구광역시	FIVB 세계여자비치발리볼대회	45,000	체육진흥과	1	1	7	8	7	1	1	1
5747	대구광역시	장애인전국체전 참가	517,250	체육진흥과	1	4	7	8	7	1	1	1
5748	대구광역시	장애인 전문체육 육성	660,205	체육진흥과	1	4	7	8	7	1	1	1
5749	대구광역시	한국스페셜올림픽영남지역대회 개최	7,000	체육진흥과	1	4	7	8	7	1	1	1
5750	대구광역시	뇌성마비스포츠단 육성	17,000	체육진흥과	1	4	7	8	7	1	1	1
5751	대구광역시	지적장애인스포츠단 육성	12,000	체육진흥과	1	4	7	8	7	1	1	1
5752	대구광역시	시청휠체어농구단 육성	149,632	체육진흥과	1	4	7	8	7	1	1	1
5753	대구광역시	장애인 생활체육 육성	245,500	체육진흥과	1	4	7	8	7	1	1	1
5754	대구광역시	장애인생활체육지도자 배치	811,104	체육진흥과	1	4	7	8	7	1	1	1
5755	대구광역시	장애인생활체육지도자 활동지원	37,200	체육진흥과	1	4	7	8	7	1	1	1
5756	대구광역시	대구장애인종합생활체육대회	59,000	체육진흥과	1	4	7	8	7	1	1	1
5757	대구광역시	장애인체육 특장버스 운행	77,000	체육진흥과	1	4	7	8	7	1	1	1
5758	대구광역시	생활체육대축전 지원	480,000	체육진흥과	1	1	7	8	7	1	1	1
5759	대구광역시	생활체육 동호인리그 개최	85,000	체육진흥과	1	1	7	8	7	1	1	1
5760	대구광역시	직장대항생활체육대회	26,000	체육진흥과	1	1	7	8	7	1	1	1
5761	대구광역시	스포츠 동호인단체 지원	30,000	체육진흥과	1	1	7	8	7	1	1	1

순번	시군구	지출명 (사업명)	2021년예산 (단위:천원/1년간)	담당자 (공무원)	민간이전 분류 (지방자치단체 세출예산 집행기준에 의거)	민간이전지출 근거 (지방보조금 관리기준 참고)	입찰방식			운영예산 산정		성과평가 실시여부
				담당부서	1. 민간경상사업보조(307-02) 2. 민간단체 법정운영비보조(307-03) 3. 민간행사사업보조(307-04) 4. 민간위탁금(307-05) 5. 사회복지시설 법정운영비보조(307-10) 6. 민간인위탁교육비(307-12) 7. 공기관등에대한경상적위탁사업비(308-11) 8. 민간자본사업보조,자체재원(402-01) 9. 민간자본사업보조,이전재원(402-02) 10. 민간위탁사업비(402-03) 11. 공기관등에 대한 자본적 대행사업비(403-02)	1. 법률에 규정 2. 국고보조 재원(국가지정) 3. 용도 지정 기부금 4. 조례에 직접규정 5. 지자체가 권장하는 사업을 하는 공공기관 6. 시,도 정책 및 재정사정 7. 기타 8. 해당없음	계약체결방법 (경쟁형태) 1. 일반경쟁 2. 제한경쟁 3. 지명경쟁 4. 수의계약 5. 법정위탁 6. 기타 ( ) 7. 해당없음	계약기간 1. 1년 2. 2년 3. 3년 4. 4년 5. 5년 6. 기타 ( )년 7. 단기계약 (1년미만) 8. 해당없음	낙찰자선정방법 1. 적격심사 2. 협상에의한계약 3. 최저가낙찰제 4. 규격가격분리 5. 2단계 경쟁입찰 6. 기타 ( ) 7. 해당없음	운영예산 산정 1. 내부산정 (지자체 자체적으로 산정) 2. 외부산정 (외부전문기관위탁 산정) 3. 내·외부 모두 산정 4. 산정 無 5. 해당없음	정산방법 1. 내부정산 (지자체 내부적으로 정산) 2. 외부정산 (외부전문기관위탁 정산) 3. 내·외부 모두 산정 4. 정산 無 5. 해당없음	1. 실시 2. 미실시 3. 향후 추진 4. 해당없음
5762	대구광역시	생활체육지도자 연수	13,500	체육진흥과	1	1	7	8	7	1	1	1
5763	대구광역시	전국 프리테니스 대회	20,000	체육진흥과	1	1	7	8	7	1	1	1
5764	대구광역시	시장기(배) 종목별 대회	238,000	체육진흥과	1	1	7	8	7	1	1	1
5765	대구광역시	대구쉬메릭배 전국동호인테니스대회	8,750	체육진흥과	1	1	7	8	7	1	1	1
5766	대구광역시	씨름왕선발대회 개최 및 참가	15,750	체육진흥과	1	1	7	8	7	1	1	1
5767	대구광역시	팔공산 달빛걷기대회	20,000	체육진흥과	1	1	7	8	7	1	1	1
5768	대구광역시	어버이테니스대회	3,500	체육진흥과	1	1	7	8	7	1	1	1
5769	대구광역시	시민체육강사 및 지도자양성	50,000	체육진흥과	1	1	7	8	7	1	1	1
5770	대구광역시	유소년축구 활성화 지원	15,000	체육진흥과	1	1	7	8	7	1	1	1
5771	대구광역시	대구FC컵 대구사랑 축구리그	14,000	체육진흥과	1	1	7	8	7	1	1	1
5772	대구광역시	이승엽기 전국초청리틀야구대회	28,000	체육진흥과	1	1	7	8	7	1	1	1
5773	대구광역시	생활체육교실 운영	300,000	체육진흥과	1	1	7	8	7	1	1	1
5774	대구광역시	직장인 야간 운동교실	25,000	체육진흥과	1	1	7	8	7	1	1	1
5775	대구광역시	시니어 체육교실	125,000	체육진흥과	1	1	7	8	7	1	1	1
5776	대구광역시	가족스포츠캠프	15,000	체육진흥과	1	1	7	8	7	1	1	1
5777	대구광역시	생활체육걷기프로그램운영	50,000	체육진흥과	1	1	7	8	7	1	1	1
5778	대구광역시	어르신 생활체육대회 개최	44,940	체육진흥과	1	2	7	8	7	1	1	1
5779	대구광역시	청소년 스포츠 체험활동	16,600	체육진흥과	1	1	7	8	7	1	1	1
5780	대구광역시	대구국제마라톤대회	516,250	체육진흥과	1	1	7	8	7	1	1	1
5781	대구광역시	대구전국실내육상경기대회	22,750	체육진흥과	1	1	7	8	7	1	1	1
5782	대구광역시	꿈나무 실내육상경기대회	21,000	체육진흥과	1	1	7	8	7	1	1	1
5783	대구광역시	영남일보 국제하프마라톤대회	75,000	체육진흥과	1	1	7	8	7	1	1	1
5784	대구광역시	2024세계마스터즈육상경기대회 유치 추진	32,200	체육진흥과	1	1	7	8	7	1	1	1
5785	대구광역시	2021 대구국제청소년스포츠축제(ICG) 개최	200,000	체육진흥과	1	1	7	8	7	1	1	1
5786	대구광역시	우수선수 장학사업	60,000	체육진흥과	1	1	7	8	7	1	1	1
5787	대구광역시	관광서비스 환경 개선사업	370,000	관광과	1	1	7	8	7	1	1	1
5788	대구광역시	대구경북관광 특별전	85,200	관광과	1	1	7	8	7	1	1	1
5789	대구광역시	관광의 날 기념행사 지원	7,000	관광과	1	1	7	8	7	1	1	1
5790	대구광역시	장애인관광사업	30,000	관광과	1	1	7	8	7	1	1	1
5791	대구광역시	시티투어 운영지원	700,000	관광과	1	1	7	8	7	1	1	1
5792	대구광역시	대구근교권투어 운영	17,000	관광과	1	1	7	8	7	1	1	1
5793	대구광역시	단체관광객 유치 인센티브	551,000	관광과	1	1	7	8	7	1	1	1
5794	대구광역시	대구 전담 관광통역안내사 양성 및 지원	100,000	관광과	1	1	7	8	7	1	1	1
5795	대구광역시	대구경북 공동협력사업	250,000	관광과	1	1	7	8	7	1	1	1
5796	대구광역시	관광지·유적지 스토리텔링 사업	40,000	관광과	1	1	7	8	7	1	1	1
5797	대구광역시	시티투어 활성화 지원	150,000	관광과	1	1	7	8	7	1	1	1
5798	대구광역시	팔공산 산중전통장터 '승시' 재연	460,000	관광과	1	1	7	8	7	1	1	1
5799	대구광역시	경상감영 풍속재연	50,000	관광과	1	1	7	8	7	1	1	1
5800	대구광역시	3대문화권 관광진흥사업 추진	5,122	관광과	1	1	7	8	7	1	1	1
5801	대구광역시	대한민국테마10선	140,000	관광과	1	1	7	8	7	1	1	1
5802	대구광역시	옻골마을 전통한옥 문화관광해설사의집 설치	30,000	관광과	1	1	7	8	7	1	1	1
5803	대구광역시	청년 문화관광해설사 양성	80,000	관광과	1	1	7	8	7	1	1	1
5804	대구광역시	관광안내소 운영	660,000	관광과	1	1	7	8	7	1	1	1
5805	대구광역시	해외관광 전시박람회 대구홍보관 운영	30,000	관광과	1	1	7	8	7	1	1	1
5806	대구광역시	해외관광시장개척단 파견	30,000	관광과	1	1	7	8	7	1	1	1
5807	대구광역시	해외시장 대구관광 홍보사무소 운영	240,000	관광과	1	1	7	8	7	1	1	1
5808	대구광역시	중화권 대상 방송프로그램 제작 지원	230,000	관광과	1	1	7	8	7	1	1	1
5809	대구광역시	문화관광해설사 운영	650,000	관광과	1	1	7	8	7	1	1	1
5810	대구광역시	찾아가는 문화관광 해설서비스 지원	30,000	관광과	1	1	7	8	7	1	1	1
5811	대구광역시	국내관광 홍보관 운영	40,000	관광과	1	1	7	8	7	1	1	1
5812	대구광역시	달빛동맹 관광교류사업	10,000	관광과	1	1	7	8	7	1	1	1

순번	시군구	지출명 (사업명)	2021년예산 (단위:천원/1년간)	담당자 (공무원) 담당부서	민간이전 분류 (지방자치단체 세출예산 집행기준에 의거) 1. 민간경상사업보조(307-02) 2. 민간단체 법정운영비보조(307-03) 3. 민간행사사업보조(307-04) 4. 민간위탁금(307-05) 5. 사회복지시설 법정운영비보조(307-10) 6. 민간인위탁교육비(307-12) 7. 공기관등에대한경상적위탁사업비(308-11) 8. 민간자본사업보조,자체재원(402-01) 9. 민간자본사업보조,이전재원(402-02) 10. 민간위탁사업비(402-03) 11. 공기관등에 대한 자본적 대행사업비(403-02)	민간이전지출 근거 (지방보조금 관리기준 참고) 1. 법률에 규정 2. 국고보조 재원(국가지정) 3. 용도 지정 기부금 4. 조례에 직접규정 5. 지자체가 권장하는 사업을 하는 공공기관 6. 시,도 정책 및 재정사정 7. 기타 8. 해당없음	입찰방식 계약체결방법 (경쟁형태) 1. 일반경쟁 2. 제한경쟁 3. 지명경쟁 4. 수의계약 5. 법정위탁 6. 기타 ( ) 7. 해당없음	입찰방식 계약기간 1. 1년 2. 2년 3. 3년 4. 4년 5. 5년 6. 기타 ( )년 7. 단기계약 (1년미만) 8. 해당없음	입찰방식 낙찰자선정방법 1. 적격심사 2. 협상에의한계약 3. 최저가낙찰제 4. 규격가격분리 5. 2단계 경쟁입찰 6. 기타 ( ) 7. 해당없음	운영예산 산정 운영예산 산정 1. 내부산정 (지자체 자체적으로 산정) 2. 외부산정 (외부전문기관위탁 산정) 3. 내·외부 모두 산정 4. 산정 無 5. 해당없음	운영예산 산정 정산방법 1. 내부정산 (지자체 내부적으로 정산) 2. 외부정산 (외부전문기관위탁 정산) 3. 내·외부 모두 산정 4. 정산 無 5. 해당없음	성과평가 실시여부 1. 실시 2. 미실시 3. 향후 추진 4. 해당없음
5813	대구광역시	2021 대구 월드 오케스트라 시리즈	750,000	콘서트하우스	1	5	4	1	1	1	3	1
5814	대구광역시	환경보전활동 민간단체 지원	60,000	환경정책과	1	6	7	8	7	5	1	1
5815	대구광역시	대구녹색환경센터 운영	367,000	환경정책과	1	1	1	5	1	1	1	1
5816	대구광역시	대구지속가능발전협의회 사업지원	125,000	환경정책과	1	4	7	8	7	1	1	1
5817	대구광역시	비산업부문온실가스 진단컨설팅	140,000	기후대기과	1	2	7	8	7	5	1	4
5818	대구광역시	기후변화교육센터	100,000	기후대기과	1	2	7	8	7	5	1	4
5819	대구광역시	자동차탄소포인트제	22,250	기후대기과	1	2	7	8	7	5	5	4
5820	대구광역시	지원협의체 주민의견수렴, 홍보활동 등	20,000	자원순환과	1	4	7	8	7	1	1	4
5821	대구광역시	주변영향지역 재난안전 구호물품	350,000	자원순환과	1	4	7	8	7	1	1	4
5822	대구광역시	담장너머사랑 시민운동 추진	90,000	산림녹지과	1	6	6	8	6	1	1	1
5823	대구광역시	시민참여 녹화운동 전개	270,000	산림녹지과	1	6	6	8	6	1	1	1
5824	대구광역시	우리 숲은 내 손으로	4,050	산림녹지과	1	6	6	8	6	1	1	1
5825	대구광역시	한국난 자생지 복원 및 홍보활동	10,000	산림녹지과	1	6	6	8	6	1	1	1
5826	대구광역시	팔공산 녹색여가문화 프로그램 운영	36,000	산림녹지과	1	6	6	8	6	1	1	1
5827	대구광역시	동네숲터 발굴사업	1,350	산림녹지과	1	6	6	8	6	1	1	1
5828	대구광역시	왕건역사 발자취길 걷기대회	1,215	산림녹지과	1	6	6	8	6	1	1	1
5829	대구광역시	초중생 숲체험 프로그램 운영	4,500	산림녹지과	1	6	6	8	6	1	1	1
5830	대구광역시	팔공산 둘레길 상생사업 숲길걷기대회	4,500	산림녹지과	1	6	6	8	6	1	1	1
5831	대구광역시	신천 자전거 안전교육장 운영	38,000	교통정책과	1	4	7	8	7	1	1	1
5832	대구광역시	자전거 마일리지운동 지원	13,500	교통정책과	1	4	7	8	7	1	1	1
5833	대구광역시	만촌 자전거 안전교육장 운영	22,000	교통정책과	1	4	7	8	7	1	1	1
5834	대구광역시	교통문화선진화 운영	20,000	교통정책과	1	1	7	8	7	1	1	1
5835	대구광역시	교통문화선진화 운영	20,000	교통정책과	1	4	7	8	7	1	1	1
5836	대구광역시	보행교통 여건 조성	50,000	교통정책과	1	4	7	8	7	1	1	1
5837	대구광역시	대중교통활성화포럼	30,000	버스운영과	1	7	7	7	7	1	1	4
5838	대구광역시	시내버스 현금수입금조사	420,000	버스운영과	1	4	6	1	1	1	1	1
5839	대구광역시	시내버스 운수종사자 서비스 향상 프로그램 운영	50,000	버스운영과	1	4	5	8	7	5	5	1
5840	대구광역시	친절택시 활성화지원	56,000	택시물류과	1	1	7	8	7	1	1	4
5841	대구광역시	택시 카드결제단말기 사용통신비 및 사용수수료 지원	2,026	택시물류과	1	1	7	8	7	1	1	4
5842	대구광역시	운전자의 날 행사	42,000	택시물류과	1	1	7	8	7	1	1	1
5843	대구광역시	택시근로자 문화행사 지원	15,000	택시물류과	1	1	7	8	7	1	1	1
5844	대구광역시	교통가족체육대회 행사 지원	10,000	택시물류과	1	1	7	8	7	1	1	1
5845	대구광역시	택시근로자 서비스 향상 프로그램 운영	130,000	택시물류과	1	1	7	8	7	1	1	1
5846	대구광역시	법인택시 운수종사자 선진교통 벤치마킹 운영	20,000	택시물류과	1	1	7	8	7	1	1	1
5847	대구광역시	재난재해 예방안전 문화정착	3,000	소방행정과	1	1	7	8	7	5	5	4
5848	대구광역시	화재 및 재난예방 홍보활동	2,700	예방안전과	1	1	7	8	7	5	5	4
5849	대구광역시	2021 국제소방안전박람회 개최	270,000	예방안전과	1	4	7	8	7	5	5	4
5850	대구광역시	시민의 안전을 위한 응급처치 교육 캠페인	3,000	현장대응과	1	1	7	8	7	5	5	4
5851	대구광역시	농업인한마음대회	30,000	농업기술센터	1	1	7	8	7	1	1	1
5852	대구광역시	청년농업인경쟁력제고사업	45,000	농업기술센터	1	2	7	8	7	1	1	1
5853	대구광역시	생활개선회육성보조	5,500	농업기술센터	1	1	7	8	7	1	1	1
5854	대구 중구	통일 홍보사업	15,000	행정지원과	1	1	7	7	7	1	1	1
5855	대구 중구	지역방위작전수행지원사업	4,000	행정지원과	1	1	7	7	7	1	1	1
5856	대구 중구	주민자치사업	10,000	행정지원과	1	4	7	8	7	1	1	1
5857	대구 중구	범죄피해자지원사업	10,000	행정지원과	1	1	7	1	7	5	5	2
5858	대구 중구	국민운동단체활성화	46,000	행정지원과	1	4	2	1	6	1	1	1
5859	대구 중구	국민운동단체활성화	26,400	행정지원과	1	4	2	1	6	1	1	1
5860	대구 중구	국민운동단체활성화	15,400	행정지원과	1	4	2	1	6	1	1	1
5861	대구 중구	국민운동단체활성화	4,000	행정지원과	1	4	7	8	7	1	1	1
5862	대구 중구	자율방범대활성화지원	7,000	행정지원과	1	4	7	8	7	1	1	1
5863	대구 중구	여성사회참여지원	17,500	복지정책과	1	4	7	8	7	1	1	2

순번	시군구	지출명 (사업명)	2021년예산 (단위:천원/1년간)	담당자 (공무원) 담당부서	민간이전 분류 (지방자치단체 세출예산 집행기준에 의거) 1. 민간경상사업보조(307-02) 2. 민간단체 법정운영비보조(307-03) 3. 민간행사사업보조(307-04) 4. 민간위탁금(307-05) 5. 사회복지시설 법정운영비보조(307-10) 6. 민간인위탁교육비(307-12) 7. 공기관등에대한경상적위탁사업비(308-11) 8. 민간자본사업보조,자체재원(402-01) 9. 민간자본사업보조,이전재원(402-02) 10. 민간위탁사업비(402-03) 11. 공기관등에 대한 자본적 대행사업비(403-02)	민간이전지출 근거 (지방보조금 관리기준 참고) 1. 법률에 규정 2. 국고보조 재원(국가지정) 3. 용도 지정 기부금 4. 조례에 직접규정 5. 지자체가 권장하는 사업을 하는 공공기관 6. 시,도 정책 및 재정사정 7. 기타 8. 해당없음	입찰방식 계약체결방법 (경쟁형태) 1. 일반경쟁 2. 제한경쟁 3. 지명경쟁 4. 수의계약 5. 법정위탁 6. 기타 ( ) 7. 해당없음	입찰방식 계약기간 1. 1년 2. 2년 3. 3년 4. 4년 5. 5년 6. 기타 ( )년 7. 단기계약 (1년미만) 8. 해당없음	입찰방식 낙찰자선정방법 1. 적격심사 2. 협상에의한계약 3. 최저가낙찰제 4. 규격가격분리 5. 2단계 경쟁입찰 6. 기타 ( ) 7. 해당없음	운영예산 산정 운영예산 산정 1. 내부산정 (지자체 자체적으로 산정) 2. 외부산정 (외부전문기관위탁 산정) 3. 내·외부 모두 산정 4. 산정 無 5. 해당없음	운영예산 산정 정산방법 1. 내부정산 (지자체 내부적으로 정산) 2. 외부정산 (외부전문기관위탁 정산) 3. 내·외부 모두 산정 4. 정산 無 5. 해당없음	성과평가 실시여부 1. 실시 2. 미실시 3. 향후 추진 4. 해당없음
5864	대구 중구	자원봉사활성화지원	4,000	생활지원과	1	4	1	1	7	1	1	1
5865	대구 중구	자원봉사활성화지원	2,000	생활지원과	1	4	1	1	7	1	1	1
5866	대구 중구	장애인단체지원	23,000	생활지원과	1	1	7	1	7	3	3	1
5867	대구 중구	대구계산동성당외1개소조명전기료	1,440	관광진흥과	1	4	6	1	6	3	1	1
5868	대구 중구	대봉동구사범학교본관과강당외1개소조명전기료	1,800	관광진흥과	1	4	6	1	6	3	1	1
5869	대구 중구	도심골목및역사문화탐방투어프로그램지원	112,000	관광진흥과	1	4	7	7	7	1	1	4
5870	대구 중구	지방문화원사업지원	40,292	문화교육과	1	1	7	8	7	1	3	1
5871	대구 중구	향교기로연	4,200	문화교육과	1	4	7	8	7	1	1	1
5872	대구 중구	문화재행사지원	3,000	문화교육과	1	4	7	8	7	1	1	1
5873	대구 중구	전통문화행사및종교단체교화사업추진	4,000	문화교육과	1	4	7	8	7	1	1	1
5874	대구 중구	청소년참여위원회(청소년특별회의)	2,800	문화교육과	1	2	5	3	1	5	1	3
5875	대구 중구	성인문해교육	5,000	문화교육과	1	1	1	1	1	1	1	1
5876	대구 중구	영어체험프로그램학습비지원	14,000	문화교육과	1	6	1	1	1	1	1	1
5877	대구 중구	구·군생활체육활성화	60,350	문화교육과	1	2	1	1	1	1	1	1
5878	대구 중구	체육행사및각종대회지원	25,500	문화교육과	1	5	1	1	1	1	1	1
5879	대구 중구	일반생활체육지도자배치	204,624	문화교육과	1	2	7	1	6	1	1	1
5880	대구 중구	어르신전담생활체육지도자배치	116,928	문화교육과	1	2	7	1	6	1	1	1
5881	대구 중구	초등돌봄교실과일간식지원	21,200	일자리경제과	1	2	2	1	1	1	1	4
5882	대구 중구	학생승마체험사업	3,360	일자리경제과	1	2	7	8	7	1	1	4
5883	대구 중구	양봉농가경쟁력지원사업	1,400	일자리경제과	1	6	7	8	7	1	1	4
5884	대구 중구	사회공헌활동 지원사업	87,680	일자리경제과	1	2	6	7	6	5	1	1
5885	대구 중구	지역산업맞춤형자치단체지원사업	110,000	일자리경제과	1	2	7	8	7	1	1	1
5886	대구 중구	사회적기업육성(사회보험료)	80,000	일자리경제과	1	2	7	8	7	1	1	1
5887	대구 중구	사회적기업육성(일자리창출, 생활)	840,000	일자리경제과	1	2	7	8	7	1	1	1
5888	대구 중구	사회적기업육성(사업개발비)	110,875	일자리경제과	1	2	7	8	7	1	1	1
5889	대구 중구	사회적경제청년인턴사업	438,200	일자리경제과	1	2	7	8	7	1	1	1
5890	대구 중구	환경보전 및 자연보호	4,000	환경자원과	1	1	7	1	1	1	1	1
5891	대구 중구	공동주택관리지원	100,000	건축주택과	1	1	7	8	7	1	1	1
5892	대구 중구	화재안전성능보강지원보조	153,662	건축주택과	1	1	7	8	7	5	5	4
5893	대구 중구	선진교통문화정착사업	3,000	교통과	1	4	7	8	7	1	1	4
5894	대구 중구	선진교통문화정착사업	1,000	교통과	1	4	7	8	7	1	1	4
5895	대구 중구	조합자율지도원활동지원	2,000	위생과	1	1	4	1	7	1	1	1
5896	대구 중구	의료기관결핵환자관리지원	106,950	보건과	1	2	5	1	6	2	2	1
5897	대구 중구	치매치료관리비지원	61,000	보건과	1	1	5	8	7	3	3	1
5898	대구 중구	정신재활시설운영	264,058	보건과	1	1	7	8	7	2	1	1
5899	대구 동구	원활한 총무행정 관리	12,000	행정지원과	1	1	7	8	7	1	1	4
5900	대구 동구	주민자치운영 활성화	10,000	행정지원과	1	4	6	8	7	1	1	1
5901	대구 동구	국민운동단체 보조	67,800	행정지원과	1	1	6	8	7	1	1	1
5902	대구 동구	국민운동단체 보조	38,000	행정지원과	1	1	6	8	7	1	1	1
5903	대구 동구	국민운동단체 보조	22,200	행정지원과	1	1	6	8	7	1	1	1
5904	대구 동구	국민운동단체 보조	5,000	행정지원과	1	1	6	8	7	1	1	1
5905	대구 동구	국민운동단체 보조	3,500	행정지원과	1	1	6	8	7	1	1	1
5906	대구 동구	국민운동단체 보조	2,000	행정지원과	1	1	6	8	7	1	1	1
5907	대구 동구	새마을문고 운영	500	행정지원과	1	1	6	8	7	1	1	1
5908	대구 동구	새마을문고 운영	2,255	행정지원과	1	1	6	8	7	1	1	1
5909	대구 동구	새마을문고 운영	4,000	행정지원과	1	1	6	8	7	1	1	1
5910	대구 동구	사랑의 집 고쳐주기 운동	26,360	행정지원과	1	1	6	8	7	1	1	1
5911	대구 동구	자율방범연합회 활성화 지원	5,000	행정지원과	1	4	6	8	7	1	1	1
5912	대구 동구	지방문화원 운영	25,292	문화체육과	1	1	5	8	7	1	1	1
5913	대구 동구	민간 문화예술 활동 지원	49,000	문화체육과	1	4	6	8	7	1	1	1
5914	대구 동구	사립 도서관 운영 지원	10,000	문화체육과	1	1	7	8	7	5	5	4

순번	시군구	지출명 (사업명)	2021년예산 (단위:천원/1년간)	담당자 (공무원) 담당부서	민간이전 분류 (지방자치단체 세출예산 집행기준에 의거) 1. 민간경상사업보조(307-02) 2. 민간단체 법정운영비보조(307-03) 3. 민간행사사업보조(307-04) 4. 민간위탁금(307-05) 5. 사회복지시설 법정운영비보조(307-10) 6. 민간인위탁교육비(307-12) 7. 공기관등에대한경상적위탁사업비(308-11) 8. 민간자본사업보조,자체재원(402-01) 9. 민간자본사업보조,이전재원(402-02) 10. 민간위탁사업비(402-03) 11. 공기관등에 대한 자본적 대행사업비(403-02)	민간이전지출 근거 (지방보조금 관리기준 참고) 1. 법률에 규정 2. 국고보조 재원(국가지정) 3. 용도 지정 기부금 4. 조례에 직접규정 5. 지자체가 권장하는 사업을 하는 공공기관 6. 시,도 정책 및 재정사정 7. 기타 8. 해당없음	입찰방식: 계약체결방법 (경쟁형태) 1. 일반경쟁 2. 제한경쟁 3. 지명경쟁 4. 수의계약 5. 법정위탁 6. 기타 ( ) 7. 해당없음	입찰방식: 계약기간 1. 1년 2. 2년 3. 3년 4. 4년 5. 5년 6. 기타 ( )년 7. 단기계약 (1년미만) 8. 해당없음	입찰방식: 낙찰자선정방법 1. 적격심사 2. 협상에의한계약 3. 최저가낙찰제 4. 규격가격분리 5. 2단계 경쟁입찰 6. 기타 ( ) 7. 해당없음	운영예산 산정: 운영예산 산정 1. 내부산정 (지자체 자체적으로 산정) 2. 외부산정 (외부전문기관위탁 산정) 3. 내·외부 모두 산정 4. 산정 無 5. 해당없음	운영예산 산정: 정산방법 1. 내부정산 (지자체 내부적으로 정산) 2. 외부정산 (외부전문기관위탁 정산) 3. 내·외부 모두 산정 4. 정산 無 5. 해당없음	성과평가 실시여부 1. 실시 2. 미실시 3. 향후 추진 4. 해당없음
5915	대구 동구	사립 도서관 운영 지원	18,500	문화체육과	1	1	7	8	7	5	5	4
5916	대구 동구	평생학습센터 및 프로그램 운영	5,000	문화체육과	1	1	7	8	7	1	1	1
5917	대구 동구	평생학습마을 만들기 사업	9,000	문화체육과	1	1	7	8	7	1	1	1
5918	대구 동구	동구 두 번째 학교 운영	35,000	문화체육과	1	1	7	8	7	1	1	1
5919	대구 동구	성인문해교육지원사업	50,000	문화체육과	1	2	7	8	7	1	1	1
5920	대구 동구	영어체험학습 지원	721,710	문화체육과	1	7	7	8	7	1	1	1
5921	대구 동구	영어체험학습 지원	4,500	문화체육과	1	7	7	8	7	1	1	1
5922	대구 동구	방송체험학습 지원	10,000	문화체육과	1	7	7	8	7	1	1	1
5923	대구 동구	일반생활체육지도자 배치	204,624	문화체육과	1	1	7	8	7	1	1	1
5924	대구 동구	어르신생활체육지도자 배치	146,160	문화체육과	1	1	7	8	7	1	1	1
5925	대구 동구	구군 생활체육지도자 활동지원	14,400	문화체육과	1	1	7	8	7	1	1	1
5926	대구 동구	구군 생활체육지도자 활동지원	10,900	문화체육과	1	1	7	8	7	1	1	1
5927	대구 동구	구군 생활체육지도자 활동지원	18,000	문화체육과	1	1	7	8	7	1	1	1
5928	대구 동구	생활체육 프로그램사업	1,250	문화체육과	1	1	7	8	7	1	1	1
5929	대구 동구	생활체육 프로그램사업	1,250	문화체육과	1	1	7	8	7	1	1	1
5930	대구 동구	생활체육 프로그램사업	1,500	문화체육과	1	1	7	8	7	1	1	1
5931	대구 동구	대구광역시동구체육회 지원	15,000	문화체육과	1	4	7	8	7	1	1	1
5932	대구 동구	대구광역시동구체육회 지원	80,000	문화체육과	1	4	7	8	7	1	1	1
5933	대구 동구	대구광역시동구체육회 지원	17,000	문화체육과	1	4	7	8	7	1	1	1
5934	대구 동구	대구광역시동구체육회 지원	1,400	문화체육과	1	4	7	8	7	1	1	1
5935	대구 동구	대구광역시동구체육회 지원	2,000	문화체육과	1	4	7	8	7	1	1	1
5936	대구 동구	대구광역시동구체육회 지원	4,500	문화체육과	1	4	7	8	7	1	1	1
5937	대구 동구	대구광역시동구체육회 지원	6,000	문화체육과	1	4	7	8	7	1	1	1
5938	대구 동구	대구광역시동구체육회 지원	12,000	문화체육과	1	4	7	8	7	1	1	1
5939	대구 동구	대구광역시동구체육회 지원	20,000	문화체육과	1	4	7	8	7	1	1	1
5940	대구 동구	대구광역시동구체육회 지원	10,000	문화체육과	1	4	7	8	7	1	1	1
5941	대구 동구	대구광역시동구체육회 지원	30,000	문화체육과	1	4	7	8	7	1	1	1
5942	대구 동구	동구여성축구단 운영	16,000	문화체육과	1	4	7	8	7	1	1	1
5943	대구 동구	생생문화재 사업	105,000	관광과	1	7	7	8	7	5	5	4
5944	대구 동구	전통산사문화재 활용사업	75,000	관광과	1	7	7	8	7	5	5	4
5945	대구 동구	생태녹색관광 육성(코리아관광토탈패키지(KTTP) 공모 사업)	60,000	관광과	1	2	7	8	7	5	5	4
5946	대구 동구	걷기여행길 활성화(코리아관광토탈패키지(KTTP) 공모 사업)	80,000	관광과	1	2	7	8	7	5	5	4
5947	대구 동구	자연유산 민속행사 지원	5,000	관광과	1	1	7	8	7	5	5	4
5948	대구 동구	지역경제 융복합상권 개발	10,000	식품산업과	1	2	7	8	7	5	5	4
5949	대구 동구	지식재산 창출 지원	50,000	경제정책과	1	2	7	8	7	5	1	2
5950	대구 동구	(예비)사회적기업 일자리창출사업	470,000	경제정책과	1	2	7	8	7	5	1	2
5951	대구 동구	(예비)사회적기업 일자리창출사업	110,000	경제정책과	1	2	7	8	7	5	1	2
5952	대구 동구	사회적기업 사회보험료 지원	46,000	경제정책과	1	2	7	8	7	5	1	2
5953	대구 동구	사회적경제 청년인턴사업	306,000	경제정책과	1	2	7	8	7	5	1	2
5954	대구 동구	사회적경제 청년인턴사업(인센티브)	37,500	경제정책과	1	2	7	8	7	5	1	2
5955	대구 동구	사회적경제기업사업개발비	110,875	경제정책과	1	2	7	8	7	5	1	2
5956	대구 동구	사회적경제 디지털 청년일자리사업	256,000	경제정책과	1	2	7	8	7	5	1	2
5957	대구 동구	전통공예문화 지원사업	25,000	경제정책과	1	4	7	8	7	1	1	4
5958	대구 동구	지역산업맞춤형 자치단체 공모사업	80,000	경제지원과	1	2	7	7	7	5	5	1
5959	대구 동구	신중년 사회공헌사업	105,140	경제지원과	1	2	7	7	7	5	5	1
5960	대구 동구	지역주도형 청년일자리사업(동구 청년드림빌리지 조성사업)	912,750	경제지원과	1	2	7	7	7	5	5	1
5961	대구 동구	지역주도형 청년일자리사업(벤처 청년+ 지원사업)	111,000	경제지원과	1	2	7	7	7	5	5	1
5962	대구 동구	지역주도형 청년일자리사업	277,307	경제지원과	1	2	7	7	7	5	5	1
5963	대구 동구	청년센터 운영 사업	110,000	경제지원과	1	7	7	7	7	5	5	1
5964	대구 동구	선진농업인 육성 및 농업자생력증대 사업	8,500	경제지원과	1	7	7	7	7	1	1	1
5965	대구 동구	선진농업인 육성 및 농업자생력증대 사업	6,000	경제지원과	1	7	7	7	7	1	1	1

순번	시군구	지출명 (사업명)	2021년예산 (단위:천원/1년간)	담당자 (공무원) 담당부서	민간이전 분류 (지방자치단체 세출예산 집행기준에 의거) 1. 민간경상사업보조(307-02) 2. 민간단체 법정운영비보조(307-03) 3. 민간행사사업보조(307-04) 4. 민간위탁금(307-05) 5. 사회복지시설 법정운영비보조(307-10) 6. 민간인위탁교육비(307-12) 7. 공기관등에대한경상적위탁사업비(308-11) 8. 민간자본사업보조,자체재원(402-01) 9. 민간자본사업보조,이전재원(402-02) 10. 민간위탁사업비(402-03) 11. 공기관등에 대한 자본적 대행사업비(403-02)	민간이전지출 근거 (지방보조금 관리기준 참고) 1. 법률에 규정 2. 국고보조 재원(국가지정) 3. 용도 지정 기부금 4. 조례에 직접규정 5. 지자체가 권장하는 사업을 하는 공공기관 6. 시,도 정책 및 재정사정 7. 기타 8. 해당없음	입찰방식 계약체결방법 (경쟁형태) 1. 일반경쟁 2. 제한경쟁 3. 지명경쟁 4. 수의계약 5. 법정위탁 6. 기타 ( ) 7. 해당없음	입찰방식 계약기간 1. 1년 2. 2년 3. 3년 4. 4년 5. 5년 6. 기타 ( )년 7. 단기계약 (1년미만) 8. 해당없음	입찰방식 낙찰자선정방법 1. 적격심사 2. 협상에의한계약 3. 최저가낙찰제 4. 규격가격분리 5. 2단계 경쟁입찰 6. 기타 ( ) 7. 해당없음	운영예산 산정 운영예산 산정 1. 내부산정 (지자체 자체적으로 산정) 2. 외부산정 (외부전문기관위탁 산정) 3. 내·외부 모두 산정 4. 산정 無 5. 해당없음	운영예산 산정 정산방법 1. 내부정산 (지자체 내부적으로 정산) 2. 외부정산 (외부전문기관위탁 정산) 3. 내·외부 모두 산정 4. 정산 無 5. 해당없음	성과평가 실시여부 1. 실시 2. 미실시 3. 향후 추진 4. 해당없음
5966	대구 동구	청년 농업인 영농정착지원금	100,100	경제지원과	1	2	7	7	7	3	3	1
5967	대구 동구	농업유통정보지 보급	6,720	경제지원과	1	6	7	7	7	3	1	1
5968	대구 동구	토양개량제 지원	34,133	경제지원과	1	2	7	8	7	5	5	4
5969	대구 동구	유기질비료 지원	405,000	경제지원과	1	2	7	8	7	5	5	4
5970	대구 동구	유기농업자재 지원	20,000	경제지원과	1	2	7	8	7	5	5	4
5971	대구 동구	친환경농산물 직거래 판매 택배비 지원	30,000	경제지원과	1	1	7	8	7	5	5	4
5972	대구 동구	농작물 외래병해충 방제사업	6,720	경제지원과	1	1	7	8	7	5	5	4
5973	대구 동구	초등돌봄교실 과일간식 지원사업	85,868	경제지원과	1	2	7	8	7	5	5	4
5974	대구 동구	말벌퇴치장비 지원사업	3,000	경제지원과	1	2	7	8	7	5	5	4
5975	대구 동구	학생승마체험 지원사업	2,100	경제지원과	1	2	7	8	7	5	5	4
5976	대구 동구	국립행사추진및위문	72,000	복지정책과	1	4	7	8	7	3	3	2
5977	대구 동구	국립행사추진및위문	2,000	복지정책과	1	4	7	8	7	3	3	2
5978	대구 동구	자원봉사활성화 시책사업	90,600	복지정책과	1	1	7	8	7	5	1	4
5979	대구 동구	장애인단체활동 역량 강화사업	37,000	어르신장애인과	1	7	7	1	1	1	1	3
5980	대구 동구	여성 사회참여 지원 및 양성평등 문화 확산	7,000	여성청소년과	1	4	1	1	1	1	1	1
5981	대구 동구	우리마을 교육나눔 지원사업	70,000	여성청소년과	1	4	7	8	7	1	1	1
5982	대구 동구	생활폐기물 관리	6,500	환경녹색과	1	4	7	8	7	5	1	1
5983	대구 동구	자연환경 보전활동	4,000	환경녹색과	1	4	7	8	7	5	1	1
5984	대구 동구	교통질서 및 안전활동	14,000	교통과	1	4	7	8	7	1	1	2
5985	대구 동구	산불대책본부 운영	6,000	공원녹지과	1	4	7	1	7	1	1	1
5986	대구 동구	의료기관 감염병 표본감시체계 운영	10,000	보건의약과	1	1	7	8	7	5	1	1
5987	대구 동구	의료기관 결핵환자관리 지원	106,950	보건의약과	1	2	7	8	7	5	1	4
5988	대구 동구	정신재활시설 운영	243,037	건강증진과	1	1	5	8	7	1	1	1
5989	대구 동구	정신재활시설 운영	402,385	건강증진과	1	1	5	8	7	1	1	1
5990	대구 서구	민주평화통일홍보	10,000	총무과	1	1	7	8	7	1	1	1
5991	대구 서구	통일교육지원	4,200	총무과	1	4	7	8	7	1	1	1
5992	대구 서구	범죄피해자 및 피해가족지원	5,000	총무과	1	4	7	8	7	1	1	1
5993	대구 서구	범죄예방활동 전개	4,500	총무과	1	4	7	8	7	1	1	1
5994	대구 서구	범죄예방활동 전개	1,000	총무과	1	4	7	8	7	1	1	1
5995	대구 서구	사랑의집 고쳐주기 사업	39,200	총무과	1	1	7	8	7	1	1	1
5996	대구 서구	새마을운동 활성화사업	58,700	총무과	1	1	7	8	7	1	1	1
5997	대구 서구	바르게살기운동 활성화사업	31,450	총무과	1	1	7	8	7	1	1	1
5998	대구 서구	새마을문고운동 활성화사업	17,000	총무과	1	1	7	8	7	1	1	1
5999	대구 서구	자유민주주의 역량강화 국민운동 전개	14,000	문화홍보과	1	1	6	1	6	1	1	1
6000	대구 서구	문화활동지원	106,582	문화홍보과	1	1	6	1	7	1	1	1
6001	대구 서구	무형문화재 전수활동 지원	5,000	문화홍보과	1	1	7	1	7	1	1	1
6002	대구 서구	전통문화계승사업	4,000	문화홍보과	1	4	6	1	1	1	1	1
6003	대구 서구	생활체육대회지원	58,000	문화홍보과	1	1	7	1	7	1	1	1
6004	대구 서구	동호인 생활체육 리그전	9,000	문화홍보과	1	1	7	1	7	1	1	1
6005	대구 서구	장수체육대학 운영	1,250	문화홍보과	1	1	7	1	7	1	1	1
6006	대구 서구	여성생활체육강좌 운영	1,500	문화홍보과	1	1	7	1	7	1	1	1
6007	대구 서구	소외계층 생활체육프로그램 보급	1,250	문화홍보과	1	1	7	1	7	1	1	1
6008	대구 서구	일반 생활체육지도자 배치	233,856	문화홍보과	1	1	7	1	7	1	1	1
6009	대구 서구	어르신생활체육지도자배치	116,928	문화홍보과	1	1	7	1	7	1	1	1
6010	대구 서구	체육지도자 활동지원비	40,000	문화홍보과	1	1	7	1	7	1	1	1
6011	대구 서구	지역생활체육단체 육성 지원	30,500	문화홍보과	1	1	7	1	7	1	1	1
6012	대구 서구	(사립)작은도서관 지원	26,500	평생교육과	1	7	7	8	7	1	5	4
6013	대구 서구	평생학습전파지원사업	20,000	평생교육과	1	6	7	8	7	1	5	4
6014	대구 서구	예절대학 운영 위탁	6,000	평생교육과	1	7	7	8	7	1	5	4
6015	대구 서구	명품교육지원	630,020	평생교육과	1	6	6	1	7	1	1	4
6016	대구 서구	청소년 건전육성 및 보호사업 지원	17,300	평생교육과	1	4	7	8	7	1	1	1

순번	시군구	지출명 (사업명)	2021년예산 (단위:천원/1년간)	담당자 (공무원)	민간이전 분류 (지방자치단체 세출예산 집행기준에 의거)	민간이전지출 근거 (지방보조금 관리기준 참고)	입찰방식			운영예산 산정		성과평가 실시여부
				담당부서	1. 민간경상사업보조(307-02) 2. 민간단체 법정운영비보조(307-03) 3. 민간행사사업보조(307-04) 4. 민간위탁금(307-05) 5. 사회복지시설 법정운영비보조(307-10) 6. 민간인위탁교육비(307-12) 7. 공기관등에대한경상적위탁사업비(308-11) 8. 민간자본사업보조,자체재원(402-01) 9. 민간자본사업보조,이전재원(402-02) 10. 민간위탁사업비(402-03) 11. 공기관등에 대한 자본적 대행사업비(403-02)	1. 법률에 규정 2. 국고보조 재원(국가지정) 3. 용도 지정 기부금 4. 조례에 직접규정 5. 지자체가 권장하는 사업을 하는 공공기관 6. 시,도 정책 및 재정사정 7. 기타 8. 해당없음	계약체결방법 (경쟁형태) 1. 일반경쟁 2. 제한경쟁 3. 지명경쟁 4. 수의계약 5. 법정위탁 6. 기타 ( ) 7. 해당없음	계약기간 1. 1년 2. 2년 3. 3년 4. 4년 5. 5년 6. 기타 ( )년 7. 단기계약 (1년미만) 8. 해당없음	낙찰자선정방법 1. 적격심사 2. 협상에의한계약 3. 최저가낙찰제 4. 규격가격분리 5. 2단계 경쟁입찰 6. 기타 ( ) 7. 해당없음	운영예산 산정 1. 내부산정 (지자체 자체적으로 산정) 2. 외부산정 (외부전문기관위탁 산정) 3. 내·외부 모두 산정 4. 산정 無 5. 해당없음	정산방법 1. 내부정산 (지자체 내부적으로 정산) 2. 외부정산 (외부전문기관위탁 정산) 3. 내·외부 모두 산정 4. 정산 無 5. 해당없음	1. 실시 2. 미실시 3. 향후 추진 4. 해당없음
6017	대구 서구	지역청소년참여기구 운영	2,800	평생교육과	1	8	1	3	1	1	1	1
6018	대구 서구	청소년어울림마당 지원	24,000	평생교육과	1	4	1	3	1	1	1	1
6019	대구 서구	주민제안사업(청소년)	6,000	평생교육과	1	4	1	3	1	1	1	1
6020	대구 서구	마을기업 육성사업	50,000	경제과	1	2	7	8	7	5	5	4
6021	대구 서구	사회적기업 일자리창출사업	40,000	경제과	1	2	7	8	7	5	5	4
6022	대구 서구	사회적기업 일자리창출사업 전문인력	32,000	경제과	1	2	7	8	7	5	5	4
6023	대구 서구	사회적기업 사업개발비 지원사업	110,875	경제과	1	2	7	8	7	5	5	4
6024	대구 서구	사회적기업 지역특화사업개발비 지원	23,625	경제과	1	2	7	8	7	5	5	4
6025	대구 서구	사회적기업 사회보험료 지원	2,000	경제과	1	2	7	8	7	5	5	4
6026	대구 서구	사회적경제 디지털 청년일자리사업	64,000	경제과	1	2	7	8	7	5	5	4
6027	대구 서구	노사화합 추진	9,000	경제과	1	2	7	8	7	5	5	4
6028	대구 서구	양봉농가 경쟁력 지원사업	6,300	경제과	1	1	1	8	1	1	1	2
6029	대구 서구	가축 예방약품 등 지원(GPS 통신료)	3,564	경제과	1	1	1	8	7	5	5	4
6030	대구 서구	가축 예방약품 등 지원(GPS 장착비)	1,440	경제과	1	1	1	8	7	5	5	4
6031	대구 서구	말산업육성지원사업(학생승마체험)	2,100	경제과	1	1	5	8	1	1	1	4
6032	대구 서구	초등돌봄교실 과일간식 지원	35,572	경제과	1	1	2	8	1	5	5	4
6033	대구 서구	여성사회참여활동지원	8,500	복지정책과	1	2	7	8	7	3	3	1
6034	대구 서구	자원봉사활성화 시책사업비	128,244	복지정책과	1	4	7	8	7	1	1	1
6035	대구 서구	자율지도원 활동지원	2,000	위생과	1	4	7	8	7	1	1	1
6036	대구 서구	음식점 영업주 위생교육 지원	6,800	위생과	1	4	7	8	7	1	1	1
6037	대구 서구	환경보전 활동	13,400	환경청소과	1	4	6	1	6	1	1	3
6038	대구 서구	풍수해보험사업	6,000	건설안전과	1	1	7	8	7	1	1	2
6039	대구 서구	화재예방 및 소방업무 보조활동	5,000	건설안전과	1	1	7	8	7	1	1	1
6040	대구 서구	교통환경 개선 및 교통문화 선진화	7,000	교통과	1	1	7	8	7	1	1	1
6041	대구 서구	보건소결핵관리사업(민간공공협력 결핵자관리)	71,360	보건행정과	1	5	7	8	7	5	3	1
6042	대구 서구	정신재활시설운영	331,674	건강증진과	1	1	7	8	7	1	1	3
6043	대구 남구	행정동우회 남구사랑운동 및 공익증진 사업	3,000	행정지원과	1	1	7	8	7	1	1	4
6044	대구 남구	주민자치마을가꾸기 사업	30,000	행정지원과	1	4	7	8	7	1	1	4
6045	대구 남구	주민자치회 전환 시범사업	40,000	행정지원과	1	4	7	8	7	1	1	4
6046	대구 남구	국민운동단체 사업지원	101,617	행정지원과	1	4	7	8	7	1	1	4
6047	대구 남구	전통문화 계승 발전 사업	5,000	행정지원과	1	4	7	8	7	1	1	4
6048	대구 남구	경로효행문화 확산 사업	3,500	행정지원과	1	4	7	8	7	1	1	4
6049	대구 남구	자율방범활동 강화 사업	6,500	행정지원과	1	4	7	8	7	1	1	4
6050	대구 남구	자원봉사 활성화 시책사업	90,400	행정지원과	1	4	7	8	7	1	1	4
6051	대구 남구	자원봉사 활성화 자체사업	18,200	행정지원과	1	4	7	8	7	1	1	4
6052	대구 남구	자원봉사 코디네이터 지원	58,948	행정지원과	1	4	7	8	7	1	1	4
6053	대구 남구	민주평통자문회의 대구남구협의회 통일기반조성사업	10,000	행정지원과	1	4	7	8	7	1	1	4
6054	대구 남구	민간통일활동사업 지원	3,000	행정지원과	1	4	7	8	7	1	1	4
6055	대구 남구	드림피아 청년고용창출사업	145,100	미래안전과	1	2	7	8	7	3	1	1
6056	대구 남구	청년 내일 Job-Go 지원사업	146,898	미래안전과	1	2	7	8	7	3	1	1
6057	대구 남구	지역예비군 지원 및 봉사활동	5,000	미래안전과	1	7	7	7	7	1	1	1
6058	대구 남구	급식조리사 양성과정	20,000	평생교육홍보과	1	4	6	1	1	2	1	2
6059	대구 남구	남구문화대학 운영비	15,000	평생교육홍보과	1	4	6	1	1	2	1	2
6060	대구 남구	진로 및 학습코칭 지원사업	350,000	평생교육홍보과	1	8	1	1	1	3	3	1
6061	대구 남구	창의적 체험활동 지원	40,000	평생교육홍보과	1	8	1	1	1	3	3	1
6062	대구 남구	영어체험프로그램 학습비 지원	72,500	평생교육홍보과	1	8	2	1	1	3	3	1
6063	대구 남구	우리마을 교육나눔사업	5,600	평생교육홍보과	1	8	3	1	1	3	3	1
6064	대구 남구	동호인 생활체육 활성화 지원	46,500	평생교육홍보과	1	1	7	8	7	1	1	1
6065	대구 남구	대구시 동호인 생활체육 리그 지원	12,000	평생교육홍보과	1	5	7	8	7	5	1	1
6066	대구 남구	일반 생활체육지도자 배치	175,392	평생교육홍보과	1	2	7	8	7	5	1	1
6067	대구 남구	어르신생활체육지도자 배치	146,160	평생교육홍보과	1	2	7	8	7	5	1	1

순번	시군구	지출명 (사업명)	2021년예산 (단위:천원/1년간)	담당자 (공무원) 담당부서	민간이전 분류 (지방자치단체 세출예산 집행기준에 의거) 1. 민간경상사업보조(307-02) 2. 민간단체 법정운영비보조(307-03) 3. 민간행사사업보조(307-04) 4. 민간위탁금(307-05) 5. 사회복지시설 법정운영비보조(307-10) 6. 민간인위탁교육비(307-12) 7. 공기관등에대한경상적위탁사업비(308-11) 8. 민간자본사업보조,자체재원(402-01) 9. 민간자본사업보조,이전재원(402-02) 10. 민간위탁사업비(402-03) 11. 공기관등에 대한 자본적 대행사업비(403-02)	민간이전지출 근거 (지방보조금 관리기준 참고) 1. 법률에 규정 2. 국고보조 재원(국가지정) 3. 용도 지정 기부금 4. 조례에 직접규정 5. 지자체가 권장하는 사업을 하는 공공기관 6. 시,도 정책 및 재정사정 7. 기타 8. 해당없음	입찰방식 계약체결방법 (경쟁형태) 1. 일반경쟁 2. 제한경쟁 3. 지명경쟁 4. 수의계약 5. 법정위탁 6. 기타 ( ) 7. 해당없음	입찰방식 계약기간 1. 1년 2. 2년 3. 3년 4. 4년 5. 5년 6. 기타 ( )년 7. 단기계약 (1년미만) 8. 해당없음	입찰방식 낙찰자선정방법 1. 적격심사 2. 협상에의한계약 3. 최저가낙찰제 4. 규격가격분리 5. 2단계 경쟁입찰 6. 기타 ( ) 7. 해당없음	운영예산 산정 운영예산 산정 1. 내부산정 (지자체 자체적으로 산정) 2. 외부산정 (외부전문기관위탁 산정) 3. 내·외부 모두 산정 4. 산정 無 5. 해당없음	운영예산 산정 정산방법 1. 내부정산 (지자체 내부적으로 정산) 2. 외부정산 (외부전문기관위탁 정산) 3. 내·외부 모두 산정 4. 정산 無 5. 해당없음	성과평가 실시여부 1. 실시 2. 미실시 3. 향후 추진 4. 해당없음
6068	대구 남구	생활체육지도자 활동지원	18,600	평생교육홍보과	1	1	7	8	7	5	1	1
6069	대구 남구	소외계층 생활체육프로그램 보급	1,250	평생교육홍보과	1	5	7	8	7	5	1	1
6070	대구 남구	장수생활체육대학 운영	1,250	평생교육홍보과	1	5	7	8	7	5	1	1
6071	대구 남구	여성생활체육강좌 운영	1,500	평생교육홍보과	1	5	7	8	7	5	1	1
6072	대구 남구	무형문화재 공개행사 지원	7,560	문화관광과	1	4	7	8	7	5	5	4
6073	대구 남구	영.호남 명인명창 초청 기획공연 지원	5,000	문화관광과	1	4	7	8	7	5	5	1
6074	대구 남구	남구문화원 사업활동 지원	40,292	문화관광과	1	1	7	8	7	1	1	2
6075	대구 남구	전통시장 상인회 운영 프로그램 활성화 지원	5,000	시장경제과	1	4	7	8	7	1	1	1
6076	대구 남구	양봉농가 경쟁력 지원(화분)	6,300	시장경제과	1	1	7	8	7	5	1	4
6077	대구 남구	학생승마 체험사업	4,200	시장경제과	1	2	7	8	7	5	1	4
6078	대구 남구	초등돌봄교실 과일간식 지원사업	27,416	시장경제과	1	1	7	7	7	5	1	4
6079	대구 남구	(예비)사회적기업 일자리창출사업	760,000	시장경제과	1	2	7	8	7	5	1	4
6080	대구 남구	(예비)사회적기업 일자리창출사업	180,000	시장경제과	1	2	7	8	7	5	1	4
6081	대구 남구	(예비)사회적기업 사업개발비 지원사업	110,875	시장경제과	1	2	7	8	7	5	1	4
6082	대구 남구	사회적기업 사회보험료	19,000	시장경제과	1	2	7	8	7	5	1	4
6083	대구 남구	사회적경제 청년인턴사업 인건비	435,600	시장경제과	1	2	7	8	7	5	1	4
6084	대구 남구	사회적경제 청년인턴사업 인센티브	25,000	시장경제과	1	2	7	8	7	5	5	4
6085	대구 남구	사회적경제 디지털 청년일자리사업	160,000	시장경제과	1	2	7	8	7	5	5	4
6086	대구 남구	맑은물 보전 및 자연보호활동	10,000	녹색환경과	1	4	7	8	7	4	1	1
6087	대구 남구	도시재생 주민공모 사업	15,000	도시재생과	1	2	1	7	1	1	1	3
6088	대구 남구	공동주택관리 지원사업	120,000	건축과	1	4	7	8	7	1	1	4
6089	대구 남구	화재안전성능보강 지원사업	102,662	건축과	1	1	7	8	7	1	1	4
6090	대구 남구	풍수해보험료지원	4,800	건설과	1	6	7	8	7	1	1	4
6091	대구 남구	교통질서문화정착활성화사업	11,000	교통과	1	4	7	8	7	5	5	4
6092	대구 남구	불법주정차 단속 지원사업	10,000	교통과	1	4	7	8	7	5	5	4
6093	대구 남구	결핵환자관리사업	211,974	보건행정과	1	2	7	8	7	5	3	1
6094	대구 남구	대구음악창작소 및 지역밀착형 프로그램 운영	270,000	대덕문화전당	1	2	7	8	7	1	1	1
6095	대구 남구	우리동네 재능기부자들	8,000	봉덕2동	1	4	1	1	1	1	1	1
6096	대구 남구	공룡들의 수다	10,000	봉덕2동	1	4	1	1	1	1	1	1
6097	대구 남구	우리가족 추억만들기 사업	5,000	대명3동	1	1	7	8	7	5	5	4
6098	대구 북구	통일홍보및 민족통일기반조성	10,000	총무과	1	4	7	8	1	1	1	1
6099	대구 북구	행복한마을공동체만들기	66,000	총무과	1	4	1	1	1	1	1	1
6100	대구 북구	더불어사는 선진시민사회건설	33,600	총무과	1	4	1	1	1	1	1	1
6101	대구 북구	자유민주주의 수호 국민통합	27,000	총무과	1	4	1	1	1	1	1	1
6102	대구 북구	새마을문고운영	43,000	총무과	1	4	1	1	1	1	1	1
6103	대구 북구	지역산업맞춤형 일자리창출 지원사업	200,000	일자리정책과	1	2	7	7	7	2	2	1
6104	대구 북구	New Start 청년일자리사업	107,426	일자리정책과	1	2	6	2	6	1	1	3
6105	대구 북구	청년 디지털 뉴딜사업	360,290	일자리정책과	1	2	6	1	6	1	1	3
6106	대구 북구	대구 제3산업단지 재생사업지원	20,000	일자리정책과	1	5	7	8	7	5	5	4
6107	대구 북구	사회적경제 기업 박람회	12,000	일자리정책과	1	4	7	8	7	5	5	2
6108	대구 북구	사회적경제 청년인턴 지원사업	379,200	일자리정책과	1	2	7	8	7	5	5	2
6109	대구 북구	대구사회적경제 디지털 청년일자리사업	128,000	일자리정책과	1	2	7	8	7	5	5	2
6110	대구 북구	사회적기업 일자리창출사업	780,000	일자리정책과	1	1	7	8	7	5	5	2
6111	대구 북구	사회적기업 전문인력지원사업	180,000	일자리정책과	1	1	7	8	7	5	5	2
6112	대구 북구	사회적기업 사회보험료 지원사업	108,000	일자리정책과	1	1	7	8	7	5	5	2
6113	대구 북구	사회적경제기업 사업개발비 지원사업	110,875	일자리정책과	1	1	7	8	7	5	5	2
6114	대구 북구	마을기업 육성사업	100,000	일자리정책과	1	2	7	8	7	5	5	2
6115	대구 북구	칠곡향교향사비(석전대제)	4,000	관광과	1	1	7	8	7	4	1	4
6116	대구 북구	칠곡향교교화사업	55,000	관광과	1	1	7	8	7	5	5	4
6117	대구 북구	유림전통문화 기로연시연행사	4,200	관광과	1	1	7	8	7	5	5	4
6118	대구 북구	칠곡향교 선조들 숨결ㄷ의 감동	47,500	관광과	1	1	7	8	7	5	5	4

순번	시군구	지출명 (사업명)	2021년예산 (단위:천원/1년간)	담당자 (공무원)	민간이전 분류 (지방자치단체 세출예산 집행기준에 의거)	민간이전지출 근거 (지방보조금 관리기준 참고)	입찰방식			운영예산 산정		성과평가 실시여부
				담당부서	1. 민간경상사업보조(307-02) 2. 민간단체 법정운영비보조(307-03) 3. 민간행사사업보조(307-04) 4. 민간위탁금(307-05) 5. 사회복지시설 법정운영비보조(307-10) 6. 민간인위탁교육비(307-12) 7. 공기관등에대한경상적위탁사업비(308-11) 8. 민간자본사업보조,자체재원(402-01) 9. 민간자본사업보조,이전재원(402-02) 10. 민간위탁사업비(402-03) 11. 공기관등에 대한 자본적 대행사업비(403-02)	1. 법률에 규정 2. 국고보조 재원(국가지정) 3. 용도 지정 기부금 4. 조례에 직접규정 5. 지자체가 권장하는 사업을 하는 공공기관 6. 시,도 정책 및 재정사정 7. 기타 8. 해당없음	계약체결방법 (경쟁형태) 1. 일반경쟁 2. 제한경쟁 3. 지명경쟁 4. 수의계약 5. 법정위탁 6. 기타 ( ) 7. 해당없음	계약기간 1. 1년 2. 2년 3. 3년 4. 4년 5. 5년 6. 기타 ( )년 7. 단기계약 (1년미만) 8. 해당없음	낙찰자선정방법 1. 적격심사 2. 협상에의한계약 3. 최저가낙찰제 4. 규격가격분리 5. 2단계 경쟁입찰 6. 기타 ( ) 7. 해당없음	운영예산 산정 1. 내부산정 (지자체 자체적으로 산정) 2. 외부산정 (외부전문기관위탁 산정) 3. 내·외부 모두 산정 4. 산정 無 5. 해당없음	정산방법 1. 내부정산 (지자체 내부적으로 정산) 2. 외부정산 (외부전문기관위탁 정산) 3. 내·외부 모두 산정 4. 정산 無 5. 해당없음	1. 실시 2. 미실시 3. 향후 추진 4. 해당없음
6119	대구 북구	구암서원 서원 빗장을 열다	85,000	관광과	1	1	7	8	7	5	5	4
6120	대구 북구	팔거역사문화 아카데미	15,000	관광과	1	1	7	8	7	5	5	4
6121	대구 북구	무형문화재공개행사지원	3,780	관광과	1	1	7	8	7	5	5	4
6122	대구 북구	국가유공자 지원	17,700	복지정책과	1	1	7	8	7	1	1	1
6123	대구 북구	장애인 재활증진사업 지원	15,200	복지정책과	1	4	7	8	7	1	1	1
6124	대구 북구	장애인 문화체험사업 지원	23,900	복지정책과	1	4	7	8	7	1	1	1
6125	대구 북구	충혼탑 참배 및 정화활동 지원	6,000	복지정책과	1	1	7	8	7	1	1	1
6126	대구 북구	전적지 순례 지원	12,600	복지정책과	1	1	7	8	7	1	1	1
6127	대구 북구	나라사랑함양 행사지원	10,500	복지정책과	1	1	7	8	7	1	1	1
6128	대구 북구	고엽제환자수송 지원	3,000	복지정책과	1	1	7	8	7	1	1	1
6129	대구 북구	칠곡 지역의 어르신 무료 급식 봉사	4,000	복지정책과	1	4	7	8	7	1	1	1
6130	대구 북구	자연환경보호 및 환경정화활동 지원	13,000	환경관리과	1	4	7	8	7	5	5	1
6131	대구 북구	노인봉사단체 지원	8,000	가족복지과	1	4	1	1	1	1	1	1
6132	대구 북구	여성나눔문화활동지원	1,500	가족복지과	1	1	1	7	1	1	1	1
6133	대구 북구	여성권익증진	10,000	가족복지과	1	1	1	7	1	1	1	1
6134	대구 북구	보육업무활성화 추진	33,780	가족복지과	1	5	7	8	7	5	5	4
6135	대구 북구	문화원 운영지원	25,292	문화예술과	1	1	7	8	7	5	5	4
6136	대구 북구	문화프로그램 활성화	4,000	문화예술과	1	4	7	8	7	5	5	4
6137	대구 북구	대구여성 영화제 지원	5,000	문화예술과	1	4	7	8	7	5	5	4
6138	대구 북구	소규모예술활동지원	5,000	문화예술과	1	4	7	8	7	5	5	4
6139	대구 북구	유도교화사업 활성화	8,000	문화예술과	1	4	7	8	7	5	5	4
6140	대구 북구	사립공공도서관 지원	15,000	문화예술과	1	1	7	8	7	5	5	4
6141	대구 북구	독서문화진흥 프로그램 지원	3,000	문화예술과	1	1	7	8	7	5	5	4
6142	대구 북구	작은도서관 활성화 지원	16,350	문화예술과	1	1	7	8	7	5	5	4
6143	대구 북구	평생학습 동아리 지원	4,000	평생교육과	1	1	7	8	7	5	5	4
6144	대구 북구	평생교육기관 지원	30,000	평생교육과	1	1	7	8	7	5	5	4
6145	대구 북구	영어체험 프로그램 지원	828,000	평생교육과	1	4	7	1	7	1	1	4
6146	대구 북구	청소년국악활성지원	25,000	평생교육과	1	1	7	8	7	5	5	4
6147	대구 북구	우리마을 교육나눔 사업	120,000	평생교육과	1	1	7	8	7	1	1	1
6148	대구 북구	청소년보호활동	10,000	평생교육과	1	1	7	8	7	5	5	4
6149	대구 북구	청소년어울마당	24,000	평생교육과	1	1	7	8	7	5	5	4
6150	대구 북구	차세대 글로벌 리더십 프로그램 운영	10,000	평생교육과	1	1	7	8	7	5	5	4
6151	대구 북구	대구시민 생활체육대축전 출전지원	15,000	체육진흥과	1	1	7	8	7	5	5	4
6152	대구 북구	일반생활체육지도자 배치	204,624	체육진흥과	1	2	7	8	7	5	5	4
6153	대구 북구	어르신생활체육지도자 배치	204,624	체육진흥과	1	2	7	8	7	5	5	4
6154	대구 북구	생활체육프로그램	4,000	체육진흥과	1	6	7	8	7	5	5	4
6155	대구 북구	대구시 어르신 생활체육대회 출전지원	5,000	체육진흥과	1	1	7	8	7	5	5	4
6156	대구 북구	대구시 직장대항 생활체육대회 출전지원	3,000	체육진흥과	1	1	7	8	7	5	5	4
6157	대구 북구	전국 및 대구시장기 생활체육대회 출전지원	3,000	체육진흥과	1	1	7	8	7	5	5	4
6158	대구 북구	생활체육지도자 활동보조	16,800	체육진흥과	1	1	7	8	7	5	5	4
6159	대구 북구	동호인 생활체육리그 대회지원	10,000	체육진흥과	1	1	7	8	7	5	5	4
6160	대구 북구	생활체육단체 육성 및 지원	5,000	체육진흥과	1	1	7	8	7	5	5	4
6161	대구 북구	코로나19 극복 희망체조광장 운영	9,000	체육진흥과	1	1	7	8	7	5	5	4
6162	대구 북구	2021 금호강 스포츠 캠프 운영	4,000	체육진흥과	1	1	7	8	7	5	5	4
6163	대구 북구	재난예방 및 화재진압 활동	6,500	안전총괄과	1	1	1	1	1	1	1	1
6164	대구 북구	재난예방 및 화재진압 활동	1,500	안전총괄과	1	1	1	1	1	1	1	1
6165	대구 북구	교통질서 계도	14,000	교통과	1	1	7	1	7	1	1	4
6166	대구 북구	어린이 교통안전지도	7,000	교통과	1	1	7	1	7	1	1	4
6167	대구 북구	의료관련감염관리	40,000	보건과	1	2	7	8	7	5	5	1
6168	대구 북구	의료기관 결핵환자 관리지원	35,650	보건과	1	2	7	8	7	5	5	4
6169	대구 북구	정신재활시설 운영	388,476	건강증진과	1	6	7	8	7	5	5	4

순번	시군구	지출명 (사업명)	2021년예산 (단위:천원/1년간)	담당자 (공무원) 담당부서	민간이전 분류 (지방자치단체 세출예산 집행기준에 의거) 1. 민간경상사업보조(307-02) 2. 민간단체 법정운영비보조(307-03) 3. 민간행사사업보조(307-04) 4. 민간위탁금(307-05) 5. 사회복지시설 법정운영비보조(307-10) 6. 민간인위탁교육비(307-12) 7. 공기관등에대한경상적위탁사업비(308-11) 8. 민간자본사업보조,자체재원(402-01) 9. 민간자본사업보조,이전재원(402-02) 10. 민간위탁사업비(402-03) 11. 공기관등에 대한 자본적 대행사업비(403-02)	민간이전지출 근거 (지방보조금 관리기준 참고) 1. 법률에 규정 2. 국고보조 재원(국가지정) 3. 용도 지정 기부금 4. 조례에 직접규정 5. 지자체가 권장하는 사업을 하는 공공기관 6. 시,도 정책 및 재정사정 7. 기타 8. 해당없음	입찰방식 계약체결방법 (경쟁형태) 1. 일반경쟁 2. 제한경쟁 3. 지명경쟁 4. 수의계약 5. 법정위탁 6. 기타 ( ) 7. 해당없음	입찰방식 계약기간 1. 1년 2. 2년 3. 3년 4. 4년 5. 5년 6. 기타 ( )년 7. 단기계약 (1년미만) 8. 해당없음	입찰방식 낙찰자선정방법 1. 적격심사 2. 협상에의한계약 3. 최저가낙찰제 4. 규격가격분리 5. 2단계 경쟁입찰 6. 기타 ( ) 7. 해당없음	운영예산 산정 운영예산 산정 1. 내부산정 (지자체 자체적으로 산정) 2. 외부산정 (외부전문기관위탁 산정) 3. 내·외부 모두 산정 4. 산정 無 5. 해당없음	운영예산 산정 정산방법 1. 내부정산 (지자체 내부적으로 정산) 2. 외부정산 (외부전문기관위탁 정산) 3. 내·외부 모두 산정 4. 정산 無 5. 해당없음	성과평가 실시여부 1. 실시 2. 미실시 3. 향후 추진 4. 해당없음
6170	대구 북구	치매치료관리비지원사업	228,440	건강증진과	1	2	7	8	7	5	5	4
6171	대구 수성구	재난예방봉사활동	7,000	안전총괄과	1	1	5	1	2	1	1	1
6172	대구 수성구	안전문화운동	3,000	안전총괄과	1	1	2	1	1	1	1	1
6173	대구 수성구	영어체험학습비 지원	141,420	교육지원과	1	4	7	8	7	5	5	4
6174	대구 수성구	우리마을 교육나눔 지원사업	100,000	교육지원과	1	6	7	8	7	1	3	1
6175	대구 수성구	어린이 교통안전 지도	8,250	교통과	1	4	6	1	7	1	1	4
6176	대구 수성구	안심통학로 코디네이터 지원	30,000	교통과	1	4	6	1	7	1	1	4
6177	대구 수성구	양봉·축산농가 경쟁력지원	18,550	녹색환경과	1	2	7	8	7	1	1	4
6178	대구 수성구	양봉산물 정보제공사업	2,000	녹색환경과	1	2	7	8	7	1	1	4
6179	대구 수성구	토양개량제 지원	5,916	녹색환경과	1	2	7	8	7	3	3	1
6180	대구 수성구	유기질비료 지원	112,200	녹색환경과	1	2	7	8	7	3	3	1
6181	대구 수성구	공중위생업소 교육 지원	12,600	식품위생과	1	4	7	8	7	5	5	4
6182	대구 수성구	사립 전문도서관 지원	5,000	문화예술과	1	6	7	8	7	1	1	1
6183	대구 수성구	작은문화공간 조성	170,000	문화예술과	1	4	7	8	7	5	5	4
6184	대구 수성구	수성못 야외무대 상설 공연	100,000	문화예술과	1	6	7	8	7	5	5	4
6185	대구 수성구	수성예절대학 운영지원	10,000	문화예술과	1	4	7	8	7	5	5	4
6186	대구 수성구	수성문화원 사업지원	39,862	문화예술과	1	1	7	8	7	1	1	1
6187	대구 수성구	수성문화원 사업지원	25,292	문화예술과	1	1	7	8	7	1	1	1
6188	대구 수성구	지역주민 도덕성함양 사업	4,000	문화예술과	1	4	7	8	7	5	5	4
6189	대구 수성구	지역미술 문화발전 세미나	2,000	문화예술과	1	4	7	8	7	5	5	4
6190	대구 수성구	세계문화산업 포럼	126,000	문화예술과	1	1	6	7	6	1	1	1
6191	대구 수성구	무형문화재 보호	7,200	문화예술과	1	1	7	8	7	5	5	4
6192	대구 수성구	사립박물관 지원	10,000	문화예술과	1	4	7	8	7	5	5	4
6193	대구 수성구	수성사직제 개최	20,000	문화예술과	1	4	7	8	7	5	5	4
6194	대구 수성구	행복수성 청년일자리	197,972	청년여성가족과	1	2	7	8	7	5	5	4
6195	대구 수성구	여성복지 지원	36,000	청년여성가족과	1	6	7	8	7	5	5	4
6196	대구 수성구	장애인단체 지원	3,000	복지정책과	1	1	7	8	7	1	1	4
6197	대구 수성구	주민제안 수성구형 마을 재생사업	20,000	도시디자인과	1	4	7	8	7	5	5	4
6198	대구 수성구	민간인 질서계도반 운영	13,500	교통과	1	4	7	8	7	1	1	4
6199	대구 수성구	과수병해충 방제사업	3,360	녹색환경과	1	2	7	8	7	1	1	4
6200	대구 수성구	과수산업 경쟁력제고사업	62,500	녹색환경과	1	2	7	8	7	1	1	4
6201	대구 수성구	채소류 경쟁력제고사업	13,500	녹색환경과	1	2	7	8	7	1	1	4
6202	대구 수성구	청년농업인 직불	65,000	녹색환경과	1	2	7	8	7	1	1	4
6203	대구 수성구	자연환경보전활동 지원사업	13,000	녹색환경과	1	4	6	1	6	1	1	1
6204	대구 수성구	지역 공동체운동 사업지원	71,000	행정지원과	1	1	7	1	7	1	1	1
6205	대구 수성구	범국민 의식개혁 운동	43,000	행정지원과	1	1	7	1	7	1	1	1
6206	대구 수성구	자유민주주의 수호의식 고취	19,000	행정지원과	1	1	7	1	7	1	1	1
6207	대구 수성구	민족 통일기반 조성	11,000	행정지원과	1	4	7	1	7	1	1	1
6208	대구 수성구	지역사회 범죄예방활동 강화사업	5,000	행정지원과	1	4	7	1	7	1	1	1
6209	대구 달서구	국제 자매도시 교류사업 및 국제교류 활성화	15,000	기획조정실	1	4	7	8	7	5	5	4
6210	대구 달서구	외국인주민 지원사업	3,000	기획조정실	1	4	7	8	7	5	5	4
6211	대구 달서구	청년 해내기 지원사업	14,000	기획조정실	1	4	7	8	7	5	5	4
6212	대구 달서구	청년 해외취업 K-Move 지원사업	20,000	일자리지원과	1	4	7	8	7	5	5	4
6213	대구 달서구	해외취업캠프 운영	40,000	일자리지원과	1	4	7	8	7	5	5	4
6214	대구 달서구	신중년 사회공헌활동지원	386,580	일자리지원과	1	2	1	1	1	2	1	1
6215	대구 달서구	지역산업맞춤형 자치단체 지원사업	270,000	일자리지원과	1	2	6	1	7	2	1	1
6216	대구 달서구	청년과 달서의 상상프로젝트 사업	178,431	일자리지원과	1	2	6	1	7	2	1	1
6217	대구 달서구	반려동물산업 특화 전문인력 양성사업	10,000	일자리지원과	1	5	7	8	7	5	5	4
6218	대구 달서구	달서 청년 디지털 혁신 일자리사업	779,486	일자리지원과	1	2	7	8	7	5	5	4
6219	대구 달서구	달서 1인 창조기업 지원사업	50,000	일자리지원과	1	5	7	3	7	1	1	1
6220	대구 달서구	1인 미디어 크리에이터 양성 사업	30,000	일자리지원과	1	5	7	8	7	5	5	4

순번	시군구	지출명 (사업명)	2021년예산 (단위:천원/1년간)	담당자 (공무원) 담당부서	민간이전 분류 (지방자치단체 세출예산 집행기준에 의거) 1. 민간경상사업보조(307-02) 2. 민간단체 법정운영비보조(307-03) 3. 민간행사사업보조(307-04) 4. 민간위탁금(307-05) 5. 사회복지시설 법정운영비보조(307-10) 6. 민간인위탁교육비(307-12) 7. 공기관등에대한경상적위탁사업비(308-11) 8. 민간자본사업보조,자체재원(402-01) 9. 민간자본사업보조,이전재원(402-02) 10. 민간위탁사업비(402-03) 11. 공기관등에 대한 자본적 대행사업비(403-02)	민간이전지출 근거 (지방보조금 관리기준 참고) 1. 법률에 규정 2. 국고보조 재원(국가지정) 3. 용도 지정 기부금 4. 조례에 직접규정 5. 지자체가 권장하는 사업을 하는 공공기관 6. 시,도 정책 및 재정사정 7. 기타 8. 해당없음	입찰방식 계약체결방법 (경쟁형태) 1. 일반경쟁 2. 제한경쟁 3. 지명경쟁 4. 수의계약 5. 법정위탁 6. 기타 ( ) 7. 해당없음	입찰방식 계약기간 1. 1년 2. 2년 3. 3년 4. 4년 5. 5년 6. 기타 ( )년 7. 단기계약 (1년미만) 8. 해당없음	입찰방식 낙찰자선정방법 1. 적격심사 2. 협상에의한계약 3. 최저가낙찰제 4. 규격가격분리 5. 2단계 경쟁입찰 6. 기타 ( ) 7. 해당없음	운영예산 산정 운영예산 산정 1. 내부산정 (지자체 자체적으로 산정) 2. 외부산정 (외부전문기관위탁 산정) 3. 내·외부 모두 산정 4. 산정 無 5. 해당없음	운영예산 산정 정산방법 1. 내부정산 (지자체 내부적으로 정산) 2. 외부정산 (외부전문기관위탁 정산) 3. 내·외부 모두 산정 4. 정산 無 5. 해당없음	성과평가 실시여부 1. 실시 2. 미실시 3. 향후 추진 4. 해당없음
6221	대구 달서구	공유경제 창업 인큐베이팅 사업	60,000	일자리지원과	1	5	7	8	7	5	5	4
6222	대구 달서구	중장년기술창업센터 지원사업	19,000	일자리지원과	1	8	7	7	7	1	1	1
6223	대구 달서구	사회적경제 경영실무 역량강화교육 지원사업	5,000	일자리지원과	1	4	6	7	6	1	1	1
6224	대구 달서구	사회적경제 희망나래사업	20,000	일자리지원과	1	4	6	7	6	1	1	1
6225	대구 달서구	사회적경제와 함께하는 아나바다 장터 운영	20,000	일자리지원과	1	5	7	8	7	5	5	4
6226	대구 달서구	사회적기업육성	600,000	일자리지원과	1	2	7	8	7	5	5	4
6227	대구 달서구	사회적기업육성	20,000	일자리지원과	1	2	7	8	7	5	5	4
6228	대구 달서구	사회적기업육성	110,875	일자리지원과	1	2	7	8	7	5	5	4
6229	대구 달서구	사회적경제 청년인턴사업	511,200	일자리지원과	1	2	7	8	7	5	5	4
6230	대구 달서구	사회적경제 디지털 청년일자리사업	288,000	일자리지원과	1	2	7	8	7	5	5	4
6231	대구 달서구	중소기업 법률 및 맞춤형 정보제공 설명회	4,000	경제지원과	1	4	7	1	7	1	1	1
6232	대구 달서구	중소기업 해외지사화사업	25,000	경제지원과	1	4	7	1	7	1	1	1
6233	대구 달서구	중소기업 번역 지원사업	2,500	경제지원과	1	4	7	1	7	1	1	1
6234	대구 달서구	노사민정협의회 활성화 사업	6,470	경제지원과	1	2	7	1	7	3	3	4
6235	대구 달서구	달서 창의발명가족 경진대회	3,500	경제지원과	1	2	5	1	7	3	3	1
6236	대구 달서구	신기술 지식재산 체험,경진대회	13,000	경제지원과	1	2	5	1	7	3	3	1
6237	대구 달서구	상상나래 창의발명 페스티벌	14,000	경제지원과	1	2	5	1	7	3	3	1
6238	대구 달서구	중소기업 IP창출 지원	36,000	경제지원과	1	2	5	1	7	3	3	1
6239	대구 달서구	전통시장 고객 회귀시책 추진	15,000	경제지원과	1	4	7	8	7	1	1	1
6240	대구 달서구	전통시장 판로촉진과 홍보지원	3,000	경제지원과	1	4	7	8	7	1	1	1
6241	대구 달서구	농업선진지 견학 지원사업	7,200	경제지원과	1	1	7	8	7	5	5	4
6242	대구 달서구	초등 돌봄교실 과일간식 지원사업	144,928	경제지원과	1	2	7	8	7	5	5	4
6243	대구 달서구	청년농업인 영농정착 지원	12,000	경제지원과	1	1	7	8	7	5	5	4
6244	대구 달서구	양봉농가 경쟁력 지원사업	14,000	경제지원과	1	1	7	8	7	5	4	4
6245	대구 달서구	도시농업공동체 지원	500	경제지원과	1	1	7	8	7	5	5	4
6246	대구 달서구	일반음식점 기존영업자 교육 지원	10,000	위생과	1	4	7	8	7	4	1	4
6247	대구 달서구	자율지도원 활동 지원	3,500	위생과	1	4	7	8	7	4	1	4
6248	대구 달서구	평화통일시민 교육 및 애국심 고취운동	17,500	총무과	1	1	7	8	7	5	5	4
6249	대구 달서구	생활문화 및 환경개선 운동	98,900	총무과	1	1	7	8	7	5	5	4
6250	대구 달서구	독서인구 저변확대 및 독서생활화 운동	12,000	총무과	1	1	7	8	7	5	5	4
6251	대구 달서구	직장단위 생활문화 및 환경개선 운동	2,000	총무과	1	1	7	8	7	5	5	4
6252	대구 달서구	선진시민의식 함양운동	48,300	총무과	1	1	7	8	7	5	5	4
6253	대구 달서구	통일안보교육	2,100	총무과	1	1	7	8	7	5	5	4
6254	대구 달서구	월배향토 문화유적 탐방 및 사생실기대회	5,000	총무과	1	1	7	8	7	5	5	4
6255	대구 달서구	취약계층 방송으로 이웃하기	4,000	홍보전산과	1	1	7	7	7	1	1	4
6256	대구 달서구	종합사회복지관 청년일자리 사업	87,000	행복나눔과	1	2	7	8	7	1	1	1
6257	대구 달서구	종합사회복지관 신중년일자리 사업	264,240	행복나눔과	1	2	7	8	7	1	1	1
6258	대구 달서구	다문화가족 지원사업	151,500	여성가족과	1	1	5	3	7	5	1	1
6259	대구 달서구	뚝딱뚝딱 공작소 프로그램 운영	32,900	문화체육관광과	1	4	7	8	7	1	1	1
6260	대구 달서구	상상과 창의마당 문화체험프로그램 운영	49,800	문화체육관광과	1	4	7	8	7	1	1	1
6261	대구 달서구	생활체육프로그램 운영지원	4,000	문화체육관광과	1	1	7	8	7	5	5	4
6262	대구 달서구	일반생활체육지도자 배치	263,088	문화체육관광과	1	2	7	1	7	1	1	1
6263	대구 달서구	어르신생활체육지도자 배치	175,392	문화체육관광과	1	2	7	1	7	1	1	1
6264	대구 달서구	생활체육지도자 활동지원	29,200	문화체육관광과	1	4	7	1	7	1	1	1
6265	대구 달서구	1인 1생활스포츠 확산	87,000	문화체육관광과	1	4	7	8	7	5	5	4
6266	대구 달서구	국민체력인증센터 운영 및 국민체력인증 기반 구축	206,250	문화체육관광과	1	2	7	1	7	1	1	1
6267	대구 달서구	우수장애인선수 육성 지원	37,000	문화체육관광과	1	4	7	1	7	1	1	1
6268	대구 달서구	무형문화재 공개행사 지원	12,600	문화체육관광과	1	1	7	8	7	2	1	1
6269	대구 달서구	선비의 하루, 고택체험 프로그램 운영	30,000	문화체육관광과	1	4	7	8	7	1	1	1
6270	대구 달서구	세계시민교육 운영	16,000	평생교육과	1	1	7	8	7	1	3	1
6271	대구 달서구	지역 평생교육 활성화 지원	100,000	평생교육과	1	1	7	8	7	1	3	1

순번	시군구	지출명 (사업명)	2021년예산 (단위:천원/1년간)	담당자 (공무원) 담당부서	민간이전 분류 (지방자치단체 세출예산 집행기준에 의거) 1. 민간경상사업보조(307-02) 2. 민간단체 법정운영비보조(307-03) 3. 민간행사사업보조(307-04) 4. 민간위탁금(307-05) 5. 사회복지시설 법정운영비보조(307-10) 6. 민간인위탁교육비(307-12) 7. 공기관등에대한경상적위탁사업비(308-11) 8. 민간자본사업보조,자체재원(402-01) 9. 민간자본사업보조,이전재원(402-02) 10. 민간위탁사업비(402-03) 11. 공기관등에 대한 자본적 대행사업비(403-02)	민간이전지출 근거 (지방보조금 관리기준 참고) 1. 법률에 규정 2. 국고보조 재원(국가지정) 3. 용도 지정 기부금 4. 조례에 직접규정 5. 지자체가 권장하는 사업을 하는 공공기관 6. 시,도 정책 및 재정사정 7. 기타 8. 해당없음	입찰방식 계약체결방법 (경쟁형태) 1. 일반경쟁 2. 제한경쟁 3. 지명경쟁 4. 수의계약 5. 법정위탁 6. 기타 ( ) 7. 해당없음	입찰방식 계약기간 1. 1년 2. 2년 3. 3년 4. 4년 5. 5년 6. 기타 ( )년 7. 단기계약 (1년미만) 8. 해당없음	입찰방식 낙찰자선정방법 1. 적격심사 2. 협상에의한계약 3. 최저가낙찰제 4. 규격가격분리 5. 2단계 경쟁입찰 6. 기타 ( ) 7. 해당없음	운영예산 산정 운영예산 산정 1. 내부산정 (지자체 자체적으로 산정) 2. 외부산정 (외부전문기관위탁 산정) 3. 내·외부 모두 산정 4. 산정 無 5. 해당없음	운영예산 산정 정산방법 1. 내부정산 (지자체 내부적으로 정산) 2. 외부정산 (외부전문기관위탁 정산) 3. 내·외부 모두 산정 4. 정산 無 5. 해당없음	성과평가 실시여부 1. 실시 2. 미실시 3. 향후 추진 4. 해당없음
6272	대구 달서구	희망학습마을 발굴 및 육성	120,000	평생교육과	1	1	7	8	7	1	3	1
6273	대구 달서구	성인문해교육 지원 사업	50,000	평생교육과	1	1	7	8	7	1	3	4
6274	대구 달서구	우수학습동아리 배움나누기 지원 사업	67,500	평생교육과	1	1	7	8	7	1	3	1
6275	대구 달서구	대구미래교육지구 달서 마을학교 지원	50,000	평생교육과	1	8	7	8	7	1	1	3
6276	대구 달서구	영어체험학습비 지원	961,000	평생교육과	1	4	7	8	6	1	1	1
6277	대구 달서구	대화형인터내셔널라운지 운영	80,000	평생교육과	1	4	7	8	7	1	1	1
6278	대구 달서구	우리마을 교육나눔 사업 지원	84,000	평생교육과	1	4	1	1	6	1	1	1
6279	대구 달서구	죽전동 도시재생 주민참여사업	100,000	도시재생과	1	1	7	8	7	5	5	4
6280	대구 달서구	송현동 도시재생 주민참여사업	100,000	도시재생과	1	1	7	8	7	5	5	4
6281	대구 달서구	상인3동 도시재생 주민참여사업	100,000	도시재생과	1	1	7	8	7	5	5	4
6282	대구 달서구	상화로 문화기행	80,000	도시재생과	1	2	4	1	7	1	1	4
6283	대구 달서구	정신재활시설운영	993,609	보건행정과	1	2	7	8	7	5	1	4
6284	대구 달서구	의료기관 결핵환자 관리지원	106,950	보건행정과	1	2	7	8	7	5	5	4
6285	대구 달성군	다둥이 가족 캠핑카 대여비 지원사업	30,000	기획예산실	1	5	7	1	7	1	1	4
6286	대구 달성군	통일역량강화 사업	25,000	자치행정과	1	1	7	8	7	5	1	1
6287	대구 달성군	생명, 평화, 공경운동의 새마을사업	55,340	자치행정과	1	1	5	8	7	5	1	1
6288	대구 달성군	진실, 질서, 화합 이념 확립 사업	20,490	자치행정과	1	1	5	8	7	5	1	1
6289	대구 달성군	바르게살기운동 전국대회	1,420	자치행정과	1	1	5	8	7	5	1	1
6290	대구 달성군	안보의식 확립 및 국민통합 활동	22,160	자치행정과	1	1	5	8	7	5	1	1
6291	대구 달성군	한국자유총연맹 전국대회	1,400	자치행정과	1	1	5	8	7	5	1	1
6292	대구 달성군	전국주민자치 박람회 참관	2,850	자치행정과	1	4	5	8	7	5	1	1
6293	대구 달성군	모범이장 해외선진지 연수	55,000	자치행정과	1	4	1	7	2	5	1	1
6294	대구 달성군	노조간부 및 조합원 집체 교육비	4,500	일자리경제과	1	6	7	8	7	1	1	1
6295	대구 달성군	모범근로자 산업연수	48,000	일자리경제과	1	6	7	8	7	1	1	1
6296	대구 달성군	근로자의 날 노사 화합잔치 지원	40,000	일자리경제과	1	6	7	8	7	1	1	1
6297	대구 달성군	노사화합 근로자 체육대회 지원	40,000	일자리경제과	1	6	7	8	7	1	1	1
6298	대구 달성군	산업단지 기업육성 기반 구축사업	60,000	일자리경제과	1	4	7	8	7	5	1	1
6299	대구 달성군	중소기업 지식재산 창출 지원	50,000	일자리경제과	1	4	7	8	7	5	1	1
6300	대구 달성군	중소기업 전시박람회 참가 지원사업	20,000	일자리경제과	1	4	7	8	7	5	5	4
6301	대구 달성군	달성군 사회적경제 자립화 지원사업	20,000	일자리경제과	1	4	7	8	7	5	5	4
6302	대구 달성군	달성군 사회적경제 시설장비 지원사업	20,000	일자리경제과	1	2	7	8	7	5	5	4
6303	대구 달성군	사회적기업 일자리창출	250,000	일자리경제과	1	2	7	8	7	5	5	4
6304	대구 달성군	사회적기업 사업개발비	110,875	일자리경제과	1	2	7	8	7	5	5	4
6305	대구 달성군	사회적기업 사회보험료 지원	2,000	일자리경제과	1	2	7	8	7	5	5	4
6306	대구 달성군	사회적기업 지역특화	23,625	일자리경제과	1	2	7	8	7	5	5	4
6307	대구 달성군	사회적경제 청년인턴	157,300	일자리경제과	1	2	7	8	7	5	5	4
6308	대구 달성군	사회적경제 디지털 청년인턴	48,000	일자리경제과	1	2	7	8	7	5	5	4
6309	대구 달성군	마을기업 육성사업	100,000	일자리경제과	1	2	7	8	7	5	5	4
6310	대구 달성군	사회적경제기업 자립화 지원사업	20,000	일자리경제과	1	4	7	8	7	5	5	4
6311	대구 달성군	사회적기업 일자리창출사업	202,000	일자리경제과	1	2	7	8	7	5	5	4
6312	대구 달성군	사회적기업 사업개발비지원사업	122,125	일자리경제과	1	2	7	8	7	5	5	4
6313	대구 달성군	사회적경제 청년인턴 지원사업	118,800	일자리경제과	1	2	7	8	7	5	5	4
6314	대구 달성군	2021년 달성군 마을공동체 만들기 지원사업	6,000	일자리경제과	1	4	7	8	7	5	5	4
6315	대구 달성군	2020년 달성군 마을공동체 만들기 지원사업	23,940	일자리경제과	1	4	7	8	7	5	5	4
6316	대구 달성군	자연보호활동 및 환경보전 사업	10,000	환경과	1	4	7	8	7	5	5	4
6317	대구 달성군	시설원예 친환경농자재 지원	156,000	농업정책과	1	4	7	7	7	1	1	1
6318	대구 달성군	시설채소 토양전염병 방제 지원사업	75,000	농업정책과	1	4	7	7	7	1	1	1
6319	대구 달성군	농작물 외래병해충(꽃매미) 방제 지원	8,000	농업정책과	1	4	7	7	7	1	1	1
6320	대구 달성군	농약보관함 설치 지원	9,000	농업정책과	1	4	7	7	7	1	1	1
6321	대구 달성군	유기질비료 지원사업	1,105	농업정책과	1	2	7	7	7	5	1	1
6322	대구 달성군	토양개량제 지원사업	145,000	농업정책과	1	2	7	7	7	5	1	1

순번	시군구	지출명 (사업명)	2021년예산 (단위:천원/1년간)	담당자 (공무원) 담당부서	민간이전 분류 (지방자치단체 세출예산 집행기준에 의거) 1. 민간경상사업보조(307-02) 2. 민간단체 법정운영비보조(307-03) 3. 민간행사사업보조(307-04) 4. 민간위탁금(307-05) 5. 사회복지시설 법정운영비보조(307-10) 6. 민간인위탁교육비(307-12) 7. 공기관등에대한경상적위탁사업비(308-11) 8. 민간자본사업보조,자체재원(402-01) 9. 민간자본사업보조,이전재원(402-02) 10. 민간위탁사업비(402-03) 11. 공기관등에 대한 자본적 대행사업비(403-02)	민간이전지출 근거 (지방보조금 관리기준 참고) 1. 법률에 규정 2. 국고보조 재원(국가지정) 3. 용도 지정 기부금 4. 조례에 직접규정 5. 지자체가 권장하는 사업을 하는 공공기관 6. 시,도 정책 및 재정사정 7. 기타 8. 해당없음	입찰방식 계약체결방법 (경쟁형태) 1. 일반경쟁 2. 제한경쟁 3. 지명경쟁 4. 수의계약 5. 법정위탁 6. 기타 ( ) 7. 해당없음	입찰방식 계약기간 1. 1년 2. 2년 3. 3년 4. 4년 5. 5년 6. 기타 ( )년 7. 단기계약 (1년미만) 8. 해당없음	입찰방식 낙찰자선정방법 1. 적격심사 2. 협상에의한계약 3. 최저가낙찰제 4. 규격가격분리 5. 2단계 경쟁입찰 6. 기타 ( ) 7. 해당없음	운영예산 산정 운영예산 산정 1. 내부산정 (지자체 자체적으로 산정) 2. 외부산정 (외부전문기관위탁 산정) 3. 내·외부 모두 산정 4. 산정 無 5. 해당없음	운영예산 산정 정산방법 1. 내부정산 (지자체 내부적으로 정산) 2. 외부정산 (외부전문기관위탁 정산) 3. 내·외부 모두 산정 4. 정산 無 5. 해당없음	성과평가 실시여부 1. 실시 2. 미실시 3. 향후 추진 4. 해당없음
6323	대구 달성군	유기농업자재 지원사업	4,000	농업정책과	1	2	7	7	7	5	1	1
6324	대구 달성군	친환경 고품질 쌀 생산단지 육성 지원사업	65,000	농업정책과	1	4	7	7	7	1	1	1
6325	대구 달성군	시설원예 친환경 수정벌 지원사업	175,450	농업정책과	1	4	7	7	7	1	1	1
6326	대구 달성군	시설원예 친환경비료 지원사업	120,000	농업정책과	1	4	7	7	7	1	1	1
6327	대구 달성군	채소가격안정지원	597,000	농업정책과	1	1	7	8	7	1	1	1
6328	대구 달성군	양파 우량종자 지원	157,500	농업정책과	1	1	7	8	7	1	1	1
6329	대구 달성군	양파 육묘용 톱밥 지원	35,000	농업정책과	1	1	7	8	7	1	1	1
6330	대구 달성군	맞춤형 채소류 토양비료 지원	4,500	농업정책과	1	1	7	8	7	1	1	1
6331	대구 달성군	농산물 판매 박스 지원	1,562	농업정책과	1	1	7	8	7	1	1	1
6332	대구 달성군	특화 농특산물 홍보 지원	12,000	농업정책과	1	1	7	8	7	1	1	1
6333	대구 달성군	초등학교 돌봄교실 과일간식 지원	142,500	농업정책과	1	1	7	8	7	1	1	1
6334	대구 달성군	분뇨처리용수분조절제 지원	68,950	농업정책과	1	4	7	8	7	1	1	1
6335	대구 달성군	IoT축우관리시스템	32,500	농업정책과	1	4	7	8	7	1	1	1
6336	대구 달성군	조사료곤포사일리지 지원	180,000	농업정책과	1	4	7	8	7	1	1	1
6337	대구 달성군	볏짚비닐지원	20,000	농업정책과	1	4	7	8	7	1	1	1
6338	대구 달성군	꿀벌화분보급	35,000	농업정책과	1	4	7	8	7	1	1	1
6339	대구 달성군	토종벌 육성사업	2,400	농업정책과	1	4	7	8	7	1	1	1
6340	대구 달성군	국가안보 강화 및 나라사랑 운동	96,004	복지정책과	1	1	7	8	7	1	1	1
6341	대구 달성군	유치곤장군 호국기념사업	10,000	복지정책과	1	4	7	8	7	1	1	1
6342	대구 달성군	경로당 노인신문 지원	19,800	복지정책과	1	4	7	8	7	1	1	1
6343	대구 달성군	경로당 와이파이 설치 지원	6,480	복지정책과	1	4	7	8	7	1	1	1
6344	대구 달성군	시 경로체육대회 참가 지원	19,000	복지정책과	1	4	7	8	7	1	1	1
6345	대구 달성군	실버 한마음 큰잔치 대회	89,000	복지정책과	1	4	7	8	7	1	1	1
6346	대구 달성군	달성 인성예절교육원 운영	18,376	복지정책과	1	4	7	8	7	1	1	1
6347	대구 달성군	보육교직원 교육개발 지원	74,000	복지정책과	1	1	7	8	7	2	1	1
6348	대구 달성군	장애인 한마음 대제전	40,000	희망지원과	1	4	7	8	7	1	1	1
6349	대구 달성군	장애인 인식개선 사업	21,780	희망지원과	1	4	7	8	7	1	1	1
6350	대구 달성군	지체장애인 복지증진사업지원	28,790	희망지원과	1	4	7	8	7	1	1	1
6351	대구 달성군	시각장애인 복지사업지원	4,500	희망지원과	1	4	7	8	7	1	1	1
6352	대구 달성군	장애인자립사업지원	4,000	희망지원과	1	4	7	8	7	1	1	1
6353	대구 달성군	시각장애인 재활증진사업	15,500	희망지원과	1	4	7	8	7	1	1	1
6354	대구 달성군	지역사회 선진교통문화 정착사업	10,000	교통과	1	4	7	1	1	1	1	1
6355	대구 달성군	안전한 보행환경 조성사업	6,000	교통과	1	4	7	1	1	1	1	1
6356	대구 달성군	스쿨존 안전지킴이 사업	4,000	교통과	1	4	7	1	1	1	1	1
6357	대구 달성군	불법주정차 계도 및 행사 교통지원 활동	15,000	교통과	1	4	7	1	1	1	1	1
6358	대구 달성군	수중정화활동 및 취약지순찰활동	9,000	안전방재과	1	4	7	8	7	5	5	4
6359	대구 달성군	안전문화홍보 및 재난안전교육	3,000	안전방재과	1	4	7	8	7	5	5	4
6360	대구 달성군	화재예방캠페인	8,000	안전방재과	1	4	7	8	7	5	5	4
6361	대구 달성군	안전문화운동 캠페인	4,000	안전방재과	1	4	7	8	7	5	5	4
6362	대구 달성군	달성문화원사업보조	120,330	문화체육과	1	4	5	8	7	1	1	4
6363	대구 달성군	유림단체 지원	18,000	문화체육과	1	4	7	8	7	1	1	4
6364	대구 달성군	현풍향교 교화사업	103,000	문화체육과	1	4	7	8	7	1	1	4
6365	대구 달성군	현풍향교 유림 전통문화 시연	6,000	문화체육과	1	4	7	8	7	1	1	4
6366	대구 달성군	향교,서원 향사 지원	18,000	문화체육과	1	4	7	8	7	1	1	4
6367	대구 달성군	민속예술단체 지원육성	40,500	문화체육과	1	4	7	8	7	1	1	4
6368	대구 달성군	대구시 생활체육 대축전 참가	23,000	문화체육과	1	4	7	8	7	1	1	1
6369	대구 달성군	대구시 씨름왕 선발대회 참가	6,300	문화체육과	1	4	7	8	7	1	1	1
6370	대구 달성군	시장기타기 생활체육대회 참가	7,500	문화체육과	1	4	7	8	7	1	1	1
6371	대구 달성군	대구시 생활체육 동호인리그 참가	13,000	문화체육과	1	4	7	8	7	1	1	1
6372	대구 달성군	대구시 어르신 생활체육대회 참가	6,000	문화체육과	1	4	7	8	7	1	1	1
6373	대구 달성군	장수체육대학 운영	1,250	문화체육과	1	4	7	8	7	1	1	1

순번	시군구	지출명 (사업명)	2021년예산 (단위:천원/1년간)	담당자 (공무원) 담당부서	민간이전 분류 (지방자치단체 세출예산 집행기준에 의거) 1. 민간경상사업보조(307-02) 2. 민간단체 법정운영비보조(307-03) 3. 민간행사사업보조(307-04) 4. 민간위탁금(307-05) 5. 사회복지시설 법정운영비보조(307-10) 6. 민간인위탁교육비(307-12) 7. 공기관등에대한경상적위탁사업비(308-11) 8. 민간자본사업보조,자체재원(402-01) 9. 민간자본사업보조,이전재원(402-02) 10. 민간위탁사업비(402-03) 11. 공기관등에 대한 자본적 대행사업비(403-02)	민간이전지출 근거 (지방보조금 관리기준 참고) 1. 법률에 규정 2. 국고보조 재원(국가지정) 3. 용도 지정 기부금 4. 조례에 직접규정 5. 지자체가 권장하는 사업을 하는 공공기관 6. 시,도 정책 및 재정사정 7. 기타 8. 해당없음	입찰방식: 계약체결방법 (경쟁형태) 1. 일반경쟁 2. 제한경쟁 3. 지명경쟁 4. 수의계약 5. 법정위탁 6. 기타 ( ) 7. 해당없음	입찰방식: 계약기간 1. 1년 2. 2년 3. 3년 4. 4년 5. 5년 6. 기타 ( )년 7. 단기계약 (1년미만) 8. 해당없음	입찰방식: 낙찰자선정방법 1. 적격심사 2. 협상에의한계약 3. 최저가낙찰제 4. 규격가격분리 5. 2단계 경쟁입찰 6. 기타 ( ) 7. 해당없음	운영예산 산정: 운영예산 산정 1. 내부산정 (지자체 자체적으로 산정) 2. 외부산정 (외부전문기관위탁 산정) 3. 내·외부 모두 산정 4. 산정 無 5. 해당없음	운영예산 산정: 정산방법 1. 내부정산 (지자체 내부적으로 정산) 2. 외부정산 (외부전문기관위탁 정산) 3. 내·외부 모두 산정 4. 정산 無 5. 해당없음	성과평가 실시여부 1. 실시 2. 미실시 3. 향후 추진 4. 해당없음
6374	대구 달성군	여성생활체육강좌	1,500	문화체육과	1	4	7	8	7	1	1	1
6375	대구 달성군	소외계층프로그램 보급	1,250	문화체육과	1	4	7	8	7	1	1	1
6376	대구 달성군	직장대항 체육대회	5,000	문화체육과	1	4	7	8	7	1	1	1
6377	대구 달성군	신나는 생활체육광장	7,000	문화체육과	1	4	7	8	7	1	1	1
6378	대구 달성군	옥연지 생태체험 프로그램 운영	150,000	관광과	1	4	7	8	7	5	5	4
6379	대구 달성군	국내외 관광박람회 홍보관 운영	150,000	관광과	1	4	7	8	7	5	5	4
6380	대구 달성군	달성군 관광해설사 운영	50,000	관광과	1	4	7	8	7	5	5	4
6381	대구 달성군	달성참꽃투어 운영	200,000	관광과	1	4	7	8	7	5	5	4
6382	대구 달성군	향교서원 문화재 활용사업	90,000	관광과	1	1	7	8	7	5	5	4
6383	대구 달성군	지역문화유산 교육사업	44,000	관광과	1	1	7	8	7	5	5	4
6384	대구 달성군	청소년선도보호사업	4,000	교육청소년과	1	4	7	7	7	1	1	1
6385	대구 달성군	청소년선도보호사업	3,500	교육청소년과	1	4	7	7	7	1	1	1
6386	대구 달성군	우리마을교육나눔	104,000	교육청소년과	1	4	7	7	7	1	1	1
6387	대구 달성군	성인문해교육 지원사업	8,550	교육청소년과	1	2	6	1	6	1	1	1
6388	대구 달성군	사립작은도서관 운영지원	25,000	교육청소년과	1	6	7	8	7	1	1	1
6389	대구 달성군	사립공공도서관 자료구입비 지원	10,000	교육청소년과	1	6	7	8	7	1	1	1
6390	대구 달성군	농업경영인 광역대회	5,000	농촌지도과	1	1	7	8	7	1	1	1
6391	대구 달성군	청년창업농 영농정착지원	165,000	농촌지도과	1	2	7	8	7	5	3	4
6392	대구 달성군	벼 육묘용 상토공급	284,000	농촌지도과	1	1	7	8	7	1	1	1
6393	대구 달성군	찹쌀재배단지육성	6,400	농촌지도과	1	1	7	8	7	1	1	1
6394	대구 달성군	농특산물 쇼핑몰 택배비 지원	248,000	농촌지도과	1	1	7	8	7	1	1	1
6395	대구 달성군	참달성 농특산물 마케팅 지원	40,000	농촌지도과	1	1	7	8	7	1	1	1
6396	대구 달성군	주민자치 프로그램 발표 및 경연대회 지원	1,350	다사읍	1	4	7	8	7	1	1	1
6397	대구 달성군	주민자치 프로그램 발표 및 경연대회 지원	1,350	옥포읍	1	4	7	8	7	1	1	1
6398	대전광역시	시민학교 한글교실	2,700	성인지정책담당관	1	1	7	8	7	1	1	1
6399	대전광역시	양성평등교육	36,000	성인지정책담당관	1	1	7	8	7	1	1	1
6400	대전광역시	장애인 정보화교육 지원	84,096	정보화담당관	1	1	7	8	7	5	1	4
6401	대전광역시	안전문화활동 육성지원	7,600	안전정책과	1	6	6	1	7	1	1	4
6402	대전광역시	범시민 안전문화운동 선도	15,200	안전정책과	1	6	6	1	7	1	1	4
6403	대전광역시	지역산업맞춤형 일자리창출 지원사업	3,693	일자리노동경제과	1	2	7	8	7	5	5	4
6404	대전광역시	중소기업융합 교류사업 지원	7,650	기업창업지원과	1	1	7	8	7	1	1	4
6405	대전광역시	100년기업 미래창조포럼	3,510	기업창업지원과	1	1	7	8	7	1	1	4
6406	대전광역시	농업경영인력 육성지원	18,000	농생명정책과	1	1	7	8	7	5	1	1
6407	대전광역시	농업마이스터대학 운영지원	19,190	농생명정책과	1	1	7	8	7	5	1	1
6408	대전광역시	농산물 대축제 지원	93,600	농생명정책과	1	1	7	8	7	5	1	1
6409	대전광역시	식생활교육지원사업	240,000	농생명정책과	1	2	7	8	7	5	2	1
6410	대전광역시	스마트소비 아카데미 운영	30,000	농생명정책과	1	2	7	8	7	5	1	1
6411	대전광역시	동물용의약품 종합지원사업	210,000	농생명정책과	1	2	7	8	7	5	5	1
6412	대전광역시	FTA대비 축산농가 지원	101,025	농생명정책과	1	1	7	8	7	5	1	1
6413	대전광역시	소외계층 우수 과학영재 발굴 및 육성	5,700	과학산업과	1	6	2	1	1	1	1	1
6414	대전광역시	고경력과학기술인 일자리정보마당 운영	5,000	과학산업과	1	6	2	1	1	1	1	1
6415	대전광역시	기초의과학연구센터(MRC)지원	100,000	과학산업과	1	2	7	8	7	5	2	3
6416	대전광역시	이공계 대학중점연구소 지원사업	25,000	과학산업과	1	2	7	8	7	5	1	3
6417	대전광역시	소프트웨어 중심대학 지원사업	90,000	과학산업과	1	2	7	8	7	5	1	3
6418	대전광역시	4차산업혁명 혁신선도대학 지원	90,000	과학산업과	1	2	7	8	7	5	1	3
6419	대전광역시	지역선도대학 육성사업 지원	100,000	과학산업과	1	2	7	8	7	5	2	3
6420	대전광역시	과학탐구교실 운영	54,000	과학산업과	1	6	7	8	7	1	1	1
6421	대전광역시	과학동호회 운영	32,400	과학산업과	1	6	7	8	7	1	1	4
6422	대전광역시	생활과학교실 운영	27,000	과학산업과	1	2	7	8	7	1	1	1
6423	대전광역시	과학포럼 운영지원	20,000	과학산업과	1	6	7	8	7	1	1	1
6424	대전광역시	지역 통합과학관광 프로그램 운영	40,000	과학산업과	1	6	7	8	7	1	1	1

순번	시군구	지출명 (사업명)	2021년예산 (단위:천원/1년간)	담당자 (공무원) 담당부서	민간이전 분류 (지방자치단체 세출예산 집행기준에 의거) 1. 민간경상사업보조(307-02) 2. 민간단체 법정운영비보조(307-03) 3. 민간행사사업보조(307-04) 4. 민간위탁금(307-05) 5. 사회복지시설 법정운영비보조(307-10) 6. 민간인위탁교육비(307-12) 7. 공기관등에대한경상적위탁사업비(308-11) 8. 민간자본사업보조,자체재원(402-01) 9. 민간자본사업보조,이전재원(402-02) 10. 민간위탁사업비(402-03) 11. 공기관등에 대한 자본적 대행사업비(403-02)	민간이전지출 근거 (지방보조금 관리기준 참고) 1. 법률에 규정 2. 국고보조 재원(국가지정) 3. 용도 지정 기부금 4. 조례에 직접규정 5. 지자체가 권장하는 사업을 하는 공공기관 6. 시,도 정책 및 재정사정 7. 기타 8. 해당없음	입찰방식 계약체결방법 (경쟁형태) 1. 일반경쟁 2. 제한경쟁 3. 지명경쟁 4. 수의계약 5. 법정위탁 6. 기타 ( ) 7. 해당없음	입찰방식 계약기간 1. 1년 2. 2년 3. 3년 4. 4년 5. 5년 6. 기타 ( )년 7. 단기계약 (1년미만) 8. 해당없음	입찰방식 낙찰자선정방법 1. 적격심사 2. 협상에의한계약 3. 최저가낙찰제 4. 규격가격분리 5. 2단계 경쟁입찰 6. 기타 ( ) 7. 해당없음	운영예산 산정 운영예산 산정 1. 내부산정 (지자체 자체적으로 산정) 2. 외부산정 (외부전문기관위탁 산정) 3. 내·외부 모두 산정 4. 산정 無 5. 해당없음	운영예산 산정 정산방법 1. 내부정산 (지자체 내부적으로 정산) 2. 외부정산 (외부전문기관위탁 정산) 3. 내·외부 모두 산정 4. 정산 無 5. 해당없음	성과평가 실시여부 1. 실시 2. 미실시 3. 향후 추진 4. 해당없음
6425	대전광역시	혁신형의사과학자 공동연구사업	450,000	미래산업과	1	2	7	8	7	3	3	4
6426	대전광역시	의료기기중개임상시험지원센터 구축운영	100,000	미래산업과	1	2	7	8	7	3	3	4
6427	대전광역시	안전 맞춤교실 지원	18,000	자치분권과	1	1	7	8	7	1	1	2
6428	대전광역시	찾아가는 이동급식 지원사업	10,800	자치분권과	1	1	7	8	7	1	1	2
6429	대전광역시	범죄피해자지원센터 범죄피해자지원	45,000	자치분권과	1	1	7	8	7	1	1	1
6430	대전광역시	평화통일 공감대회	7,830	자치분권과	1	1	7	8	7	1	1	1
6431	대전광역시	한민족 통일문예제전 및 민족통일 시대회	3,789	자치분권과	1	1	7	8	7	1	1	1
6432	대전광역시	대전시민 평화캠프	4,500	자치분권과	1	1	7	8	7	1	1	1
6433	대전광역시	평화통일특강	2,250	자치분권과	1	1	7	8	7	1	1	1
6434	대전광역시	평화기행	15,300	자치분권과	1	1	7	8	7	1	1	1
6435	대전광역시	통일리더십아카데미	2,700	자치분권과	1	1	7	8	7	1	1	1
6436	대전광역시	대전산내사건희생자 위령제	11,160	자치분권과	1	4	7	8	7	1	1	1
6437	대전광역시	대전산내사건 현장보존 등 위령사업	8,100	자치분권과	1	4	7	8	7	1	1	1
6438	대전광역시	새마을운동 활성화지원	82,800	자치분권과	1	1	7	8	7	1	1	1
6439	대전광역시	바르게살기운동 활성화지원	11,321	자치분권과	1	1	7	8	7	1	1	1
6440	대전광역시	자유총연맹육성지원	8,208	자치분권과	1	1	7	8	7	1	1	1
6441	대전광역시	나라사랑 한글사랑사업	3,600	문화예술정책과	1	4	7	8	7	1	1	1
6442	대전광역시	문화한밭 발간	3,600	문화예술정책과	1	4	7	8	7	1	1	1
6443	대전광역시	책 읽는 사업 지원	31,500	문화예술정책과	1	4	7	8	7	1	1	1
6444	대전광역시	작은도서관 활동가 대회	4,500	문화예술정책과	1	4	7	8	7	1	1	1
6445	대전광역시	국어책임관 활동지원사업	10,800	문화예술정책과	1	4	7	8	7	1	1	1
6446	대전광역시	점자도서관 지원	72,675	문화예술정책과	1	4	7	8	7	1	1	1
6447	대전광역시	아름다운 이야기할머니 사업	509,851	문화예술정책과	1	1	7	8	7	1	1	1
6448	대전광역시	대전예술 발간	82,787	문화예술정책과	1	1	7	8	7	1	1	1
6449	대전광역시	대전문학 발간	18,000	문화예술정책과	1	4	7	8	7	1	1	1
6450	대전광역시	국악분야 예술 강사 지원	358,020	문화예술정책과	1	2	7	8	7	1	1	1
6451	대전광역시	전국체전 등 각종대회지원	1,737	체육진흥과	1	1	7	8	7	1	1	1
6452	대전광역시	회원단체 및 선수육성	7,353	체육진흥과	1	1	7	8	7	1	1	1
6453	대전광역시	체육진흥비	375,516	체육진흥과	1	1	7	8	7	1	1	1
6454	대전광역시	태권도 상설공연단운영	36,000	체육진흥과	1	1	7	8	7	1	1	1
6455	대전광역시	운동부 육성	3,921	체육진흥과	1	1	7	8	7	1	1	1
6456	대전광역시	대전 스포츠 자원봉사단 운영	20,000	체육진흥과	1	4	7	8	7	1	1	1
6457	대전광역시	대전시민 마라톤교실 운영	5,130	체육진흥과	1	4	7	8	7	1	1	1
6458	대전광역시	생활체육 프로그램 보급	50,000	체육진흥과	1	4	7	8	7	1	1	1
6459	대전광역시	펜싱학교 운영	200,000	체육진흥과	1	4	7	8	7	1	1	1
6460	대전광역시	대전스포츠클럽 육성	200,000	체육진흥과	1	4	7	8	7	1	1	1
6461	대전광역시	생활체육 광장지도자	108,100	체육진흥과	1	4	7	8	7	1	1	1
6462	대전광역시	생활체육지도자 배치	1,158	체육진흥과	1	4	7	8	7	1	1	1
6463	대전광역시	어르신 생활체육대회	44,940	체육진흥과	1	4	7	8	7	1	1	1
6464	대전광역시	생활체육지도자 배치	178,240	체육진흥과	1	4	7	8	7	1	1	1
6465	대전광역시	장애인체육육성지원	2,028	체육진흥과	1	4	7	8	7	1	1	1
6466	대전광역시	장애인생활체육지도자 배치	726,860	체육진흥과	1	4	7	8	7	1	1	1
6467	대전광역시	장애인체육지도자 활동장려금	89,420	체육진흥과	1	4	7	8	7	1	1	1
6468	대전광역시	무형문화재 보유단체 전승지원	43,200	문화유산과	1	1	7	1	7	1	1	1
6469	대전광역시	무형문화재 원형공개사업	58,500	문화유산과	1	1	7	1	7	1	1	1
6470	대전광역시	열려라 한밭의 문화유산	40,000	문화유산과	1	2	7	1	7	5	1	1
6471	대전광역시	보문산일대 문화재활용프로그램	33,300	문화유산과	1	4	7	1	7	5	1	1
6472	대전광역시	태견 생생문화재	50,000	문화유산과	1	2	7	1	7	1	1	1
6473	대전광역시	문화재 체험프로그램	13,500	문화유산과	1	4	7	1	7	5	1	1
6474	대전광역시	문화재 돌봄사업	887,040	문화유산과	1	2	2	3	1	5	2	1
6475	대전광역시	충효교실 운영	24,066	문화유산과	1	4	7	7	7	1	1	1

순번	시군구	지출명 (사업명)	2021년예산 (단위:천원/1년간)	담당자 (공무원) 담당부서	민간이전 분류 (지방자치단체 세출예산 집행기준에 의거) 1. 민간경상사업보조(307-02) 2. 민간단체 법정운영비보조(307-03) 3. 민간행사사업보조(307-04) 4. 민간위탁금(307-05) 5. 사회복지시설 법정운영비보조(307-10) 6. 민간인위탁교육비(307-12) 7. 공기관등에대한경상적위탁사업비(308-11) 8. 민간자본사업보조,자체재원(402-01) 9. 민간자본사업보조,이전재원(402-02) 10. 민간위탁사업비(402-03) 11. 공기관등에 대한 자본적 대행사업비(403-02)	민간이전지출 근거 (지방보조금 관리기준 참고) 1. 법률에 규정 2. 국고보조 재원(국가지정) 3. 용도 지정 기부금 4. 조례에 직접규정 5. 지자체가 권장하는 사업을 하는 공공기관 6. 시,도 정책 및 재정사정 7. 기타 8. 해당없음	입찰방식 계약체결방법 (경쟁형태) 1. 일반경쟁 2. 제한경쟁 3. 지명경쟁 4. 수의계약 5. 법정위탁 6. 기타 ( ) 7. 해당없음	입찰방식 계약기간 1. 1년 2. 2년 3. 3년 4. 4년 5. 5년 6. 기타 ( )년 7. 단기계약 (1년미만) 8. 해당없음	입찰방식 낙찰자선정방법 1. 적격심사 2. 협상에의한계약 3. 최저가낙찰제 4. 규격가격분리 5. 2단계 경쟁입찰 6. 기타 ( ) 7. 해당없음	운영예산 산정 운영예산 산정 1. 내부산정 (지자체 자체적으로 산정) 2. 외부산정 (외부전문기관위탁 산정) 3. 내·외부 모두 산정 4. 산정 無 5. 해당없음	운영예산 산정 정산방법 1. 내부정산 (지자체 내부적으로 정산) 2. 외부정산 (외부전문기관위탁 정산) 3. 내·외부 모두 산정 4. 정산 無 5. 해당없음	성과평가 실시여부 1. 실시 2. 미실시 3. 향후 추진 4. 해당없음
6476	대전광역시	전통문화 시민강좌	6,840	문화유산과	1	4	7	7	7	1	1	1
6477	대전광역시	향교기로연 재현	5,400	문화유산과	1	4	7	7	7	1	1	1
6478	대전광역시	한문경전강좌	5,400	문화유산과	1	4	7	7	7	1	1	1
6479	대전광역시	전통문화대학 유림지도자 양성	7,776	문화유산과	1	4	7	7	7	1	1	1
6480	대전광역시	전국 한시 백일장 대회	5,400	문화유산과	1	4	7	7	7	1	1	1
6481	대전광역시	우수공예품 개발지원	23,940	관광마케팅과	1	4	7	8	7	5	5	4
6482	대전광역시	대전시티투어 운영 지원	270,000	관광마케팅과	1	4	1	2	6	1	1	1
6483	대전광역시	신중년 경력형 일자리 사업운영	100,828	노인복지과	1	2	1	7	2	1	1	3
6484	대전광역시	재가한센인지원사업	2,993	감염병관리과	1	1	7	8	7	1	1	1
6485	대전광역시	국가지정입원치료병상시설장비유지	86,000	감염병관리과	1	2	7	8	7	1	1	1
6486	대전광역시	코로나19 입원치료병상 운영지원사업	62,000	감염병관리과	1	2	7	8	7	1	1	1
6487	대전광역시	장기기증운동홍보사업	4,275	보건의료과	1	4	7	8	7	1	1	1
6488	대전광역시	이동응급 의료세트 장비유지	3,600	보건의료과	1	1	7	8	7	1	1	1
6489	대전광역시	응급의료기관평가결과에 따른 지원	1,100	보건의료과	1	1	7	8	1	1	1	1
6490	대전광역시	응급의료지원센터운영지원	185,000	보건의료과	1	1	7	8	1	1	1	1
6491	대전광역시	재난응급의료무선통신망운영	54,401	보건의료과	1	1	7	8	1	1	1	1
6492	대전광역시	재난거점병원운영지원	131,400	보건의료과	1	1	7	8	1	1	1	1
6493	대전광역시	지역응급의료사업	52,250	보건의료과	1	5	7	8	1	1	1	1
6494	대전광역시	생명의전화 상담사업 지원	16,150	건강보건과	1	4	7	8	7	1	1	1
6495	대전광역시	암생존자통합지지센터지원	205,000	건강보건과	1	1	7	8	7	5	1	1
6496	대전광역시	지역암센터운영	200,000	건강보건과	1	2	7	8	7	5	1	1
6497	대전광역시	지역 장애인 보건의료센터	544,012	건강보건과	1	2	7	8	7	1	1	1
6498	대전광역시	권역장애인구강진료센터 진료비 및 운영비 지원	304,000	건강보건과	1	1	7	7	7	1	1	1
6499	대전광역시	통합정신건강증진사업	144,000	건강보건과	1	2	1	3	1	1	1	1
6500	대전광역시	지역거점병원 공공성 강화	262,500	건강보건과	1	1	7	8	7	3	3	4
6501	대전광역시	아토피 천식 교육정보센터운영	400,000	건강보건과	1	2	7	8	7	1	1	1
6502	대전광역시	마약퇴치 시민홍보	27,360	식의약안전과	1	4	7	8	7	1	1	1
6503	대전광역시	공공심야약국 운영지원	66,700	식의약안전과	1	4	7	8	7	1	1	1
6504	대전광역시	공학교육혁신센터지원사업	10,000	청년정책과	1	4	7	8	7	1	1	1
6505	대전광역시	외국인 유학생 유치활동 지원	27,000	청년정책과	1	4	7	8	7	1	1	1
6506	대전광역시	대학협력사업 추진 사업비	290,000	청년정책과	1	4	7	8	7	1	1	1
6507	대전광역시	초등돌봄서비스 확대	100,000	가족돌봄과	1	6	7	8	7	5	5	4
6508	대전광역시	북한이탈주민 심리치유 프로그램 운영	3,420	가족돌봄과	1	6	1	7	1	1	1	3
6509	대전광역시	북한이탈주민 건강가정만들기 프로젝트	10,350	가족돌봄과	1	6	5	7	1	1	1	3
6510	대전광역시	보육교직원 대체교사 지원	2,640	가족돌봄과	1	2	5	8	7	1	1	1
6511	대전광역시	대전건축문화제 개최 지원	67,500	주택정책과	1	4	7	8	7	1	1	1
6512	대전 동구	동구포럼	9,000	기획공보실	1	4	7	8	7	1	1	1
6513	대전 동구	새마을운동추진	22,250	자치분권과	1	1	1	1	1	1	1	1
6514	대전 동구	바르게살기운동추진	2,900	자치분권과	1	1	1	1	1	1	1	1
6515	대전 동구	평화수호	4,095	자치분권과	1	1	1	1	1	1	1	1
6516	대전 동구	통일기반조성	2,340	자치분권과	1	1	1	1	1	1	1	1
6517	대전 동구	범죄예방	4,616	자치분권과	1	4	1	1	1	1	1	1
6518	대전 동구	교통질서확립	6,050	자치분권과	1	4	1	1	1	1	1	1
6519	대전 동구	통립홍보 및 교육	9,530	자치분권과	1	1	1	1	1	1	1	1
6520	대전 동구	자원봉사 보험가입 서비스 지원	15,876	자치분권과	1	1	6	1	1	1	1	1
6521	대전 동구	자원봉사센터 운영	64,900	자치분권과	1	1	6	1	1	1	1	1
6522	대전 동구	자원봉사활성화추진	120,610	자치분권과	1	1	6	1	1	1	1	1
6523	대전 동구	동 마을축제 행사지원	50,000	관광문화체육과	1	4	7	8	7	1	1	1
6524	대전 동구	문화원 사업활동비	31,000	관광문화체육과	1	6	7	8	7	1	1	1
6525	대전 동구	문화학교 운영	10,000	관광문화체육과	1	6	7	8	7	1	1	1
6526	대전 동구	문화원 특성화사업	10,000	관광문화체육과	1	6	7	8	7	1	1	1

순번	시군구	지출명 (사업명)	2021년예산 (단위:천원/1년간)	담당자 (공무원) 담당부서	민간이전 분류 (지방자치단체 세출예산 집행기준에 의거) 1. 민간경상사업보조(307-02) 2. 민간단체 법정운영비보조(307-03) 3. 민간행사사업보조(307-04) 4. 민간위탁금(307-05) 5. 사회복지시설 법정운영비보조(307-10) 6. 민간인위탁교육비(307-12) 7. 공기관등에대한경상적위탁사업비(308-11) 8. 민간자본사업보조,자체재원(402-01) 9. 민간자본사업보조,이전재원(402-02) 10. 민간위탁사업비(402-03) 11. 공기관등에 대한 자본적 대행사업비(403-02)	민간이전지출 근거 (지방보조금 관리기준 참고) 1. 법률에 규정 2. 국고보조 재원(국가지정) 3. 용도 지정 기부금 4. 조례에 직접규정 5. 지자체가 권장하는 사업을 하는 공공기관 6. 시,도 정책 및 재정사정 7. 기타 8. 해당없음	입찰방식 계약체결방법 (경쟁형태) 1. 일반경쟁 2. 제한경쟁 3. 지명경쟁 4. 수의계약 5. 법정위탁 6. 기타 ( ) 7. 해당없음	입찰방식 계약기간 1. 1년 2. 2년 3. 3년 4. 4년 5. 5년 6. 기타 ( )년 7. 단기계약 (1년미만) 8. 해당없음	입찰방식 낙찰자선정방법 1. 적격심사 2. 협상에의한계약 3. 최저가낙찰제 4. 규격가격분리 5. 2단계 경쟁입찰 6. 기타 ( ) 7. 해당없음	운영예산 산정 운영예산 산정 1. 내부산정 (지자체 자체적으로 산정) 2. 외부산정 (외부전문기관위탁 산정) 3. 내·외부 모두 산정 4. 산정 無 5. 해당없음	운영예산 산정 정산방법 1. 내부정산 (지자체 내부적으로 정산) 2. 외부정산 (외부전문기관위탁 정산) 3. 내·외부 모두 산정 4. 정산 無 5. 해당없음	성과평가 실시여부 1. 실시 2. 미실시 3. 향후 추진 4. 해당없음
6527	대전 동구	한국민속예술축제 참가	90,000	관광문화체육과	1	2	7	8	7	1	1	1
6528	대전 동구	생생문화재 사업	40,000	관광문화체육과	1	2	1	1	1	1	1	1
6529	대전 동구	게이트볼장 운영지원	18,000	관광문화체육과	1	1	7	8	7	1	1	4
6530	대전 동구	생활체육지도자 활동비 지원	31,200	관광문화체육과	1	1	7	8	7	1	1	4
6531	대전 동구	동구 나누미 여성축구단 운영 지원	3,000	관광문화체육과	1	1	7	8	7	1	1	4
6532	대전 동구	생활체육지도자 활동비 지원	14,400	관광문화체육과	1	1	7	8	7	1	1	4
6533	대전 동구	전국 풋살대회 개최	30,000	관광문화체육과	1	1	7	8	7	1	1	4
6534	대전 동구	생활체육지도자 배치	649,888	관광문화체육과	1	1	7	8	7	1	1	4
6535	대전 동구	생활체육교실 운영	134,000	관광문화체육과	1	1	7	8	7	1	1	4
6536	대전 동구	어린이 체능교실	8,800	관광문화체육과	1	1	7	8	7	1	1	4
6537	대전 동구	여성 생활체육 강좌	8,000	관광문화체육과	1	1	7	8	7	1	1	4
6538	대전 동구	중앙시장 문화센터 운영	7,200	일자리경제과	1	7	6	7	7	1	1	1
6539	대전 동구	우수평생학습동아리 육성 지원사업	4,800	평생학습과	1	1	6	8	7	1	1	1
6540	대전 동구	인문도시 지원사업	10,000	평생학습과	1	1	7	8	7	1	1	2
6541	대전 동구	작은도서관(문고) 지원사업	50,000	평생학습과	1	1	7	8	7	1	1	2
6542	대전 동구	작은도서관(문고) 지원사업	50,000	평생학습과	1	1	7	8	7	1	1	2
6543	대전 동구	작은도서관(문고) 지원사업	50,000	평생학습과	1	1	7	8	7	1	1	2
6544	대전 동구	작은도서관(문고) 지원사업	50,000	평생학습과	1	1	7	8	7	1	1	2
6545	대전 동구	작은도서관(문고) 지원사업	50,000	평생학습과	1	1	7	8	7	1	1	2
6546	대전 동구	작은도서관(문고) 지원사업	50,000	평생학습과	1	1	7	8	7	1	1	2
6547	대전 동구	작은도서관(문고) 지원사업	50,000	평생학습과	1	1	7	8	7	1	1	2
6548	대전 동구	작은도서관(문고) 지원사업	50,000	평생학습과	1	1	7	8	7	1	1	2
6549	대전 동구	작은도서관(문고) 지원사업	50,000	평생학습과	1	1	7	8	7	1	1	2
6550	대전 동구	작은도서관(문고) 지원사업	50,000	평생학습과	1	1	7	8	7	1	1	2
6551	대전 동구	작은도서관(문고) 지원사업	50,000	평생학습과	1	1	7	8	7	1	1	2
6552	대전 동구	작은도서관(문고) 지원사업	50,000	평생학습과	1	1	7	8	7	1	1	2
6553	대전 동구	작은도서관(문고) 지원사업	50,000	평생학습과	1	1	7	8	7	1	1	2
6554	대전 동구	작은도서관(문고) 지원사업	50,000	평생학습과	1	1	7	8	7	1	1	2
6555	대전 동구	작은도서관(문고) 지원사업	50,000	평생학습과	1	1	7	8	7	1	1	2
6556	대전 동구	작은도서관(문고) 지원사업	50,000	평생학습과	1	1	7	8	7	1	1	2
6557	대전 동구	작은도서관(문고) 지원사업	50,000	평생학습과	1	1	7	8	7	1	1	2
6558	대전 동구	작은도서관(문고) 지원사업	50,000	평생학습과	1	1	7	8	7	1	1	2
6559	대전 동구	작은도서관(문고) 지원사업	50,000	평생학습과	1	1	7	8	7	1	1	2
6560	대전 동구	작은도서관(문고) 지원사업	50,000	평생학습과	1	1	7	8	7	1	1	2
6561	대전 동구	작은도서관(문고) 지원사업	50,000	평생학습과	1	1	7	8	7	1	1	2
6562	대전 동구	작은도서관(문고) 지원사업	50,000	평생학습과	1	1	7	8	7	1	1	2
6563	대전 동구	작은도서관(문고) 지원사업	50,000	평생학습과	1	1	7	8	7	1	1	2
6564	대전 동구	작은도서관(문고) 지원사업	50,000	평생학습과	1	1	7	8	7	1	1	2
6565	대전 동구	작은도서관(문고) 지원사업	50,000	평생학습과	1	1	7	8	7	1	1	2
6566	대전 동구	작은도서관(문고) 지원사업	50,000	평생학습과	1	1	7	8	7	1	1	2
6567	대전 동구	작은도서관(문고) 지원사업	50,000	평생학습과	1	1	7	8	7	1	1	2
6568	대전 동구	작은도서관(문고) 지원사업	50,000	평생학습과	1	1	7	8	7	1	1	2
6569	대전 동구	작은도서관(문고) 지원사업	50,000	평생학습과	1	1	7	8	7	1	1	2
6570	대전 동구	작은도서관(문고) 지원사업	50,000	평생학습과	1	1	7	8	7	1	1	2
6571	대전 동구	보훈선양사업	83,100	복지정책과	1	1	7	8	7	1	1	2
6572	대전 동구	노인단체 및 예절교육사업 지원	75,280	복지정책과	1	1	7	7	7	1	1	1
6573	대전 동구	노인단체 및 예절교육사업 지원	2,200	복지정책과	1	1	7	7	7	1	1	1
6574	대전 동구	노인단체 및 예절교육사업 지원	2,200	복지정책과	1	1	7	7	7	1	1	1
6575	대전 동구	장애인 단체 및 행사지원	49,774	사회복지과	1	1	2	1	1	1	1	1
6576	대전 동구	장애인 단체 및 행사지원	4,300	사회복지과	1	1	2	1	1	1	1	1
6577	대전 동구	장애인 단체 및 행사지원	9,600	사회복지과	1	1	2	1	1	1	1	1

순번	시군구	지출명 (사업명)	2021년예산 (단위:천원/1년간)	담당자 (공무원) 담당부서	민간이전 분류 (지방자치단체 세출예산 집행기준에 의거) 1. 민간경상사업보조(307-02) 2. 민간단체 법정운영비보조(307-03) 3. 민간행사사업보조(307-04) 4. 민간위탁금(307-05) 5. 사회복지시설 법정운영비보조(307-10) 6. 민간인위탁교육비(307-12) 7. 공기관등에대한경상적위탁사업비(308-11) 8. 민간자본사업보조,자체재원(402-01) 9. 민간자본사업보조,이전재원(402-02) 10. 민간위탁사업비(402-03) 11. 공기관등에 대한 자본적 대행사업비(403-02)	민간이전지출 근거 (지방보조금 관리기준 참고) 1. 법률에 규정 2. 국고보조 재원(국가지정) 3. 용도 지정 기부금 4. 조례에 직접규정 5. 지자체가 권장하는 사업을 하는 공공기관 6. 시,도 정책 및 재정사정 7. 기타 8. 해당없음	입찰방식 계약체결방법 (경쟁형태) 1. 일반경쟁 2. 제한경쟁 3. 지명경쟁 4. 수의계약 5. 법정위탁 6. 기타 ( ) 7. 해당없음	입찰방식 계약기간 1. 1년 2. 2년 3. 3년 4. 4년 5. 5년 6. 기타 ( )년 7. 단기계약 (1년미만) 8. 해당없음	입찰방식 낙찰자선정방법 1. 적격심사 2. 협상에의한계약 3. 최저가낙찰제 4. 규격가격분리 5. 2단계 경쟁입찰 6. 기타 ( ) 7. 해당없음	운영예산 산정 운영예산 산정 1. 내부산정 (지자체 자체적으로 산정) 2. 외부산정 (외부전문기관위탁 산정) 3. 내·외부 모두 산정 4. 산정 無 5. 해당없음	운영예산 산정 정산방법 1. 내부정산 (지자체 내부적으로 정산) 2. 외부정산 (외부전문기관위탁 정산) 3. 내·외부 모두 산정 4. 정산 無 5. 해당없음	성과평가 실시여부 1. 실시 2. 미실시 3. 향후 추진 4. 해당없음
6578	대전 동구	저소득 한부모가정 지원	6,000	여성가족과	1	1	1	7	1	1	1	2
6579	대전 동구	법사랑위원 동구지구협의회 운영지원	21,050	여성가족과	1	1	7	8	7	1	1	4
6580	대전 동구	환경보전 지원	2,200	환경과	1	4	7	8	7	1	1	1
6581	대전 동구	댐주변지역 지원사업	22,705	환경과	1	1	7	8	7	3	3	1
6582	대전 동구	상수원관리지역 일반지원	29,109	환경과	1	1	7	8	7	3	3	1
6583	대전 동구	상수원관리지역 직접지원	660,000	환경과	1	1	7	8	7	3	3	1
6584	대전 동구	일반음식점 기존영업주 위생교육	13,600	위생과	1	1	7	8	7	1	1	1
6585	대전 동구	대동 우리뒹네살리기 도시재생뉴딜사업 주민공모사업	25,000	혁신도시과	1	2	2	7	7	1	1	4
6586	대전 동구	가오 새텃말 살리기 도시재생 뉴딜사업 주민공모사업	10,000	혁신도시과	1	2	2	7	7	1	1	4
6587	대전 동구	가오 새텃말 살리기 도시재생 뉴딜사업 마을신문 발행사업	6,000	혁신도시과	1	2	7	7	7	1	1	4
6588	대전 동구	공동주택 전자투표 서비스 지원	7,000	건축과	1	1	7	8	7	1	1	1
6589	대전 동구	스쿨존 등 하교 어린이 교통안전지도 및 캠페인 전개	1,500	교통과	1	1	7	7	7	5	3	4
6590	대전 동구	추석맞이 귀성차량	3,300	교통과	1	1	7	7	7	5	3	4
6591	대전 동구	한국자유총연맹 중구지회 사업비	3,400	총무과	1	1	7	8	7	1	1	1
6592	대전 동구	새마을운동 중구지회 사업비	32,750	총무과	1	1	7	8	7	1	1	1
6593	대전 동구	바르게살기운동 중구협의회 사업비	2,212	총무과	1	1	7	8	7	1	1	1
6594	대전 동구	민주평화통일자문회의 중구협의회 사업비	8,000	총무과	1	1	7	8	7	1	1	1
6595	대전 동구	민족통일 중구협의회 사업비	3,200	총무과	1	1	7	8	7	1	1	1
6596	대전 동구	대전중부재향경우회 사업비	1,000	총무과	1	1	7	8	7	1	1	1
6597	대전 동구	해병대전우회 사업비	4,000	총무과	1	1	7	8	7	1	1	1
6598	대전 동구	지방행정동우회 대전중구분회 사업비	4,000	총무과	1	1	7	8	7	5	5	4
6599	대전 동구	중구자원봉사센터 운영비 등	248,330	총무과	1	1	7	8	7	1	1	1
6600	대전 동구	자원봉사 코디네이터 지원 육성	58,768	총무과	1	2	7	8	7	1	1	1
6601	대전 동구	자원봉사자 보험료지원	20,452	총무과	1	2	7	8	7	1	1	1
6602	대전 동구	중구 문학발간사업 지원	3,000	문화체육과	1	4	7	8	7	1	1	4
6603	대전 동구	문화학교 운영	10,000	문화체육과	1	4	7	8	7	1	1	4
6604	대전 동구	문화원 사업활동비	31,000	문화체육과	1	4	7	8	7	1	1	4
6605	대전 동구	문화원 사무국장 인건비	30,000	문화체육과	1	4	7	8	7	1	1	4
6606	대전 동구	문화원 사무원 인건비	25,000	문화체육과	1	4	7	8	7	1	1	4
6607	대전 동구	문화원특성화 사업	10,000	문화체육과	1	4	7	8	7	1	1	4
6608	대전 동구	중구 관악합주단(예술단체) 운영	5,000	문화체육과	1	4	7	8	7	1	1	4
6609	대전 동구	사립작은도서관 운영지원	44,000	문화체육과	1	4	7	8	7	1	1	4
6610	대전 동구	생활체육교실 운영	123,300	문화체육과	1	1	7	7	7	1	1	1
6611	대전 동구	어린이체능교실 운영	8,800	문화체육과	1	1	7	7	7	1	1	1
6612	대전 동구	여성생활체육강좌 운영	8,000	문화체육과	1	1	7	7	7	1	1	1
6613	대전 동구	생활체육지도자 배치	657,808	문화체육과	1	1	7	7	7	1	1	1
6614	대전 동구	생활체육지도자 활동비	31,200	문화체육과	1	1	7	7	7	1	1	1
6615	대전 동구	고엽제 환자수송사업	7,610	복지정책과	1	1	7	8	7	1	1	2
6616	대전 동구	6.25참전유공자회 사업비	16,180	복지정책과	1	1	7	8	7	1	1	2
6617	대전 동구	고엽제전우회 사업비	9,550	복지정책과	1	1	7	8	7	1	1	2
6618	대전 동구	광복회 사업비	6,420	복지정책과	1	1	7	8	7	1	1	2
6619	대전 동구	무공수훈자회 사업비	13,730	복지정책과	1	1	7	8	7	1	1	2
6620	대전 동구	상이군경회 사업비	11,510	복지정책과	1	1	7	8	7	1	1	2
6621	대전 동구	월남전참전자회 사업비	5,310	복지정책과	1	1	7	8	7	1	1	2
6622	대전 동구	전몰군경미망인회 사업비	11,920	복지정책과	1	1	7	8	7	1	1	2
6623	대전 동구	전몰군경유족회 사업비	11,880	복지정책과	1	1	7	8	7	1	1	2
6624	대전 동구	재향군인회 사업비	5,000	복지정책과	1	1	7	8	7	1	1	2
6625	대전 동구	특수임무유공자회 사업비	2,720	복지정책과	1	1	7	8	7	1	1	2
6626	대전 동구	지사총 제향비	3,000	복지정책과	1	1	7	8	7	1	1	2
6627	대전 동구	노인대학 및 노인학교 운영	8,400	복지정책과	1	1	7	8	7	5	1	2
6628	대전 동구	지체장애인협회 중구지회 임직원 및 종사자 직무교육	1,500	복지정책과	1	5	7	1	1	1	1	1

순번	시군구	지출명 (사업명)	2021년예산 (단위:천원/1년간)	담당자 (공무원) 담당부서	민간이전 분류 (지방자치단체 세출예산 집행기준에 의거) 1. 민간경상사업보조(307-02) 2. 민간단체 법정운영비보조(307-03) 3. 민간행사사업보조(307-04) 4. 민간위탁금(307-05) 5. 사회복지시설 법정운영비보조(307-10) 6. 민간인위탁교육비(307-12) 7. 공기관등에대한경상적위탁사업비(308-11) 8. 민간자본사업보조,자체재원(402-01) 9. 민간자본사업보조,이전재원(402-02) 10. 민간위탁사업비(402-03) 11. 공기관등에 대한 자본적 대행사업비(403-02)	민간이전지출 근거 (지방보조금 관리기준 참고) 1. 법률에 규정 2. 국고보조 재원(국가지정) 3. 용도 지정 기부금 4. 조례에 직접규정 5. 지자체가 권장하는 사업을 하는 공공기관 6. 시,도 정책 및 재정사정 7. 기타 8. 해당없음	입찰방식 계약체결방법 (경쟁형태) 1. 일반경쟁 2. 제한경쟁 3. 지명경쟁 4. 수의계약 5. 법정위탁 6. 기타 ( ) 7. 해당없음	입찰방식 계약기간 1. 1년 2. 2년 3. 3년 4. 4년 5. 5년 6. 기타 ( )년 7. 단기계약 (1년미만) 8. 해당없음	입찰방식 낙찰자선정방법 1. 적격심사 2. 협상에의한계약 3. 최저가낙찰제 4. 규격가격분리 5. 2단계 경쟁입찰 6. 기타 ( ) 7. 해당없음	운영예산 산정 운영예산 산정 1. 내부산정 (지자체 자체적으로 산정) 2. 외부산정 (외부전문기관위탁 산정) 3. 내·외부 모두 산정 4. 산정 無 5. 해당없음	운영예산 산정 정산방법 1. 내부정산 (지자체 내부적으로 정산) 2. 외부정산 (외부전문기관위탁 정산) 3. 내·외부 모두 산정 4. 정산 無 5. 해당없음	성과평가 실시여부 1. 실시 2. 미실시 3. 향후 추진 4. 해당없음
6629	대전 동구	법사랑위원 대전중구지구협의회 사업비	18,510	여성가족과	1	1	7	8	7	1	1	1
6630	대전 동구	청소년어울림마당 운영지원	24,000	여성가족과	1	2	7	8	7	1	1	1
6631	대전 동구	청소년동아리 활동지원	28,750	여성가족과	1	2	7	8	7	1	1	1
6632	대전 동구	농촌체험휴양마을 리더교육 지원	244	경제기업과	1	2	7	8	7	5	5	4
6633	대전 동구	농촌체험휴양마을 보험가입 지원	576	경제기업과	1	2	7	8	7	5	5	4
6634	대전 동구	농촌체험휴양마을 체험학습 지원	18,500	경제기업과	1	6	7	8	7	5	5	4
6635	대전 동구	수리계수리시설 유지관리	2,000	경제기업과	1	6	7	8	7	5	5	4
6636	대전 동구	여성농업인 행복바우처 지원	75,600	경제기업과	1	6	7	8	7	5	5	4
6637	대전 동구	초등돌봄교실 과일간식 지원	88,000	경제기업과	1	2	7	8	7	5	5	4
6638	대전 동구	로컬푸드 인증농가 국가친환경전환 지원	4,200	경제기업과	1	6	7	8	7	5	5	4
6639	대전 동구	로컬푸드 기반 지역공동체 형성지원	26,250	경제기업과	1	6	7	8	7	5	5	4
6640	대전 동구	로컬푸드 인증 농산물 육성지원	26,000	경제기업과	1	6	7	8	7	5	5	4
6641	대전 동구	푸드플랜 및 로컬푸드 아카데미	10,000	경제기업과	1	6	7	8	7	5	5	4
6642	대전 동구	가축분뇨처리용 톱밥지원	3,540	경제기업과	1	6	7	8	7	5	5	4
6643	대전 동구	개량벌통 지원사업	3,570	경제기업과	1	6	7	8	7	5	5	4
6644	대전 동구	말벌퇴치기 구입지원	270	경제기업과	1	6	7	8	7	5	5	4
6645	대전 동구	양봉농가 화분지원 사업	21,120	경제기업과	1	6	7	8	7	5	5	4
6646	대전 동구	도시민 체험양봉장 운영지원	17,000	경제기업과	1	6	7	8	7	5	5	4
6647	대전 동구	마을기업 육성사업	95,000	경제기업과	1	2	7	8	7	5	1	4
6648	대전 동구	(예비)사회적기업 일자리창출사업비	905,336	경제기업과	1	2	7	8	7	5	1	4
6649	대전 동구	(예비)사회적기업 사업개발비	107,500	경제기업과	1	2	7	8	7	5	1	4
6650	대전 동구	사회적기업 사회보험료	136,447	경제기업과	1	2	7	8	7	5	1	4
6651	대전 동구	(예비)사회적기업 지역특화사업비	23,500	경제기업과	1	2	7	8	7	5	1	4
6652	대전 동구	사회적경제 두레마당 사업	9,000	경제기업과	1	6	7	8	7	1	1	4
6653	대전 동구	전국 우수시장 박람회 참가지원	3,000	경제기업과	1	1	7	8	7	1	1	3
6654	대전 동구	자연보호협의회 자연보호 및 정화활동 전개	2,600	환경과	1	1	7	1	7	1	1	1
6655	대전 동구	일반음식점 기존영업주 위생교육비 지원	16,800	위생과	1	7	7	8	7	5	2	4
6656	대전 동구	공동주택 전자투표 서비스 지원사업	7,000	건축과	1	6	7	8	7	5	5	4
6657	대전 동구	청정임산물이용증진	7,218	공원녹지과	1	2	7	8	7	5	5	4
6658	대전 동구	녹색어머니회 사업비	3,000	교통과	1	4	7	8	7	1	1	1
6659	대전 동구	모범운전자회 사업비	7,000	교통과	1	1	7	1	7	1	1	1
6660	대전 동구	자동차안전점검행사 사업비	5,000	교통과	1	4	7	8	7	1	1	1
6661	대전 동구	마을관리협동조합	40,000	도시활성화과	1	2	7	8	7	1	1	4
6662	대전 동구	주민공모사업	30,000	도시활성화과	1	2	7	8	7	1	1	4
6663	대전 동구	의료기관 결핵환자관리지원	142,600	보건소	1	8	7	8	1	3	4	4
6664	대전 동구	의료기관 결핵환자관리지원	35,650	보건소	1	8	7	8	1	3	4	4
6665	대전 동구	의료기관 결핵환자관리지원	35,650	보건소	1	8	7	8	1	3	4	4
6666	대전 서구	북한이탈주민 정착지원	2,000	자치행정과	1	4	7	8	7	1	1	1
6667	대전 서구	새마을지도자 지원	28,000	자치행정과	1	4	7	8	7	1	1	1
6668	대전 서구	새마을지도자 지원	8,000	자치행정과	1	4	7	8	7	1	1	1
6669	대전 서구	새마을지도자 지원	6,500	자치행정과	1	4	7	8	7	1	1	1
6670	대전 서구	새마을지도자 지원	1,000	자치행정과	1	4	7	8	7	1	1	1
6671	대전 서구	새마을지도자 지원	41,676	자치행정과	1	4	7	8	7	1	1	1
6672	대전 서구	해병대전우회 지원	5,000	자치행정과	1	4	7	8	7	1	1	4
6673	대전 서구	바르게살기운동협의회 지원	27,044	자치행정과	1	4	7	8	7	1	1	1
6674	대전 서구	바르게살기운동협의회 지원	25,510	자치행정과	1	4	7	8	7	1	1	1
6675	대전 서구	민주평화통일협의회 지원	15,650	자치행정과	1	4	7	8	7	1	1	1
6676	대전 서구	민주평화통일협의회 지원	3,600	자치행정과	1	4	7	8	7	1	1	1
6677	대전 서구	한국자유총연맹 지원	19,576	자치행정과	1	4	7	8	7	1	1	1
6678	대전 서구	한국자유총연맹 지원	25,510	자치행정과	1	4	7	8	7	1	1	1
6679	대전 서구	법사랑위원 지원	18,700	자치행정과	1	4	7	8	7	1	1	4

순번	시군구	지출명 (사업명)	2021년예산 (단위:천원/1년간)	담당자 (공무원) 담당부서	민간이전 분류 (지방자치단체 세출예산 집행기준에 의거) 1. 민간경상사업보조(307-02) 2. 민간단체 법정운영비보조(307-03) 3. 민간행사사업보조(307-04) 4. 민간위탁금(307-05) 5. 사회복지시설 법정운영비보조(307-10) 6. 민간인위탁교육비(307-12) 7. 공기관등에대한경상적위탁사업비(308-11) 8. 민간자본사업보조,자체재원(402-01) 9. 민간자본사업보조,이전재원(402-02) 10. 민간위탁사업비(402-03) 11. 공기관등에 대한 자본적 대행사업비(403-02)	민간이전지출 근거 (지방보조금 관리기준 참고) 1. 법률에 규정 2. 국고보조 재원(국가지정) 3. 용도 지정 기부금 4. 조례에 직접규정 5. 지자체가 권장하는 사업을 하는 공공기관 6. 시,도 정책 및 재정사정 7. 기타 8. 해당없음	입찰방식 계약체결방법 (경쟁형태) 1. 일반경쟁 2. 제한경쟁 3. 지명경쟁 4. 수의계약 5. 법정위탁 6. 기타 ( ) 7. 해당없음	입찰방식 계약기간 1. 1년 2. 2년 3. 3년 4. 4년 5. 5년 6. 기타 ( )년 7. 단기계약 (1년미만) 8. 해당없음	입찰방식 낙찰자선정방법 1. 적격심사 2. 협상에의한계약 3. 최저가낙찰제 4. 규격가격분리 5. 2단계 경쟁입찰 6. 기타 ( ) 7. 해당없음	운영예산 산정 운영예산 산정 1. 내부산정 (지자체 자체적으로 산정) 2. 외부산정 (외부전문기관위탁 산정) 3. 내·외부 모두 산정 4. 산정 無 5. 해당없음	운영예산 산정 정산방법 1. 내부정산 (지자체 내부적으로 정산) 2. 외부정산 (외부전문기관위탁 정산) 3. 내·외부 모두 산정 4. 정산 無 5. 해당없음	성과평가 실시여부 1. 실시 2. 미실시 3. 향후 추진 4. 해당없음
6680	대전 서구	적십자사봉사회 지원	5,000	자치행정과	1	4	7	8	7	1	1	4
6681	대전 서구	자원봉사협의회 지원	10,000	자치행정과	1	4	7	8	7	3	3	4
6682	대전 대덕구	문화학교운영	10,000	문화관광체육과	1	1	7	8	7	1	1	2
6683	대전 대덕구	문화학교운영	10,000	문화관광체육과	1	1	7	8	7	1	1	2
6684	대전 대덕구	장애인문화예술교육지원사업	6,000	문화관광체육과	1	1	7	8	7	1	1	2
6685	대전 대덕구	대덕문학회운영	3,200	문화관광체육과	1	1	7	8	7	1	1	2
6686	대전 대덕구	문화원방문기념문화상품제작	5,000	문화관광체육과	1	1	7	8	7	1	1	2
6687	대전 대덕구	지역문화재스토리텔링	7,000	문화관광체육과	1	1	7	8	7	1	1	2
6688	대전 대덕구	회덕선비문화진흥원운영	5,000	문화관광체육과	1	7	7	8	7	1	1	2
6689	대전 대덕구	대덕구도시문화기록자양성아카데미	8,000	문화관광체육과	1	1	7	8	7	1	1	2
6690	대전 대덕구	문화배움터운영	33,600	문화관광체육과	1	1	7	8	7	1	1	2
6691	대전 대덕구	대덕문화원홈페이지관리	2,400	문화관광체육과	1	1	7	8	7	1	1	2
6692	대전 대덕구	김호연재여성문화축제	35,000	문화관광체육과	1	1	7	8	7	1	1	2
6693	대전 대덕구	문화원사업활동비	31,000	문화관광체육과	1	1	7	8	7	1	1	2
6694	대전 대덕구	문화원특성화사업	10,000	문화관광체육과	1	1	7	8	7	1	1	2
6695	대전 대덕구	대덕문화예술교실운영	4,000	문화관광체육과	1	1	7	8	7	1	1	2
6696	대전 대덕구	대덕스포츠클럽운영	91,700	문화관광체육과	1	1	7	8	7	1	1	2
6697	대전 대덕구	생활체육교실운영	106,900	문화관광체육과	1	1	7	8	7	1	1	2
6698	대전 대덕구	어린이체능교실	8,800	문화관광체육과	1	1	7	8	7	1	1	2
6699	대전 대덕구	여성생활체육강좌	8,000	문화관광체육과	1	1	7	8	7	1	1	2
6700	대전 대덕구	생활체육지도자활동지원	36,000	문화관광체육과	1	1	7	8	7	1	1	2
6701	대전 대덕구	생활체육지도자배치	292,320	문화관광체육과	1	1	7	8	7	1	1	2
6702	대전 대덕구	생활체육지도자활동장려금	49,720	문화관광체육과	1	1	7	8	7	1	1	2
6703	대전 대덕구	생활체육지도자배치	146,160	문화관광체육과	1	1	7	8	7	1	1	2
6704	대전 대덕구	생활체육지도자(자치구전환배치)활동장려금	23,400	문화관광체육과	1	1	7	8	7	1	1	2
6705	대전 대덕구	생활체육지도자(자치구전환배치)활동 지원금	12,000	문화관광체육과	1	1	7	8	7	1	1	2
6706	대전 대덕구	엘리트체육지원육성	8,000	문화관광체육과	1	1	7	8	7	1	1	2
6707	대전 대덕구	어르신생활체육지도자배치	146,160	문화관광체육과	1	1	7	8	7	1	1	2
6708	대전 대덕구	어르신생활체육지도자활동장려금	21,680	문화관광체육과	1	1	7	8	7	1	1	2
6709	대전 대덕구	장애인생활체육지도자활동지원	3,600	문화관광체육과	1	1	7	8	7	1	1	2
6710	대전 대덕구	장애인생활체육지도자배치	29,232	문화관광체육과	1	1	7	8	7	1	1	2
6711	대전 대덕구	장애인생활체육지도자활동장려금	3,280	문화관광체육과	1	1	7	8	7	1	1	2
6712	대전 대덕구	장애인체육교실운영	26,640	문화관광체육과	1	1	7	8	7	1	1	2
6713	대전 대덕구	가맹단체및종목육성지원	4,000	문화관광체육과	1	1	7	8	7	1	1	2
6714	대전 대덕구	대덕구장애인체육회홈페이지제작	7,000	문화관광체육과	1	1	7	8	7	1	1	2
6715	대전 대덕구	장애인인식개선사업	30,000	사회복지과	1	6	7	8	7	5	1	4
6716	대전 대덕구	작은도서관 도서구입비 지원	67,700	복합문화센터	1	1	7	8	7	1	1	4
6717	대전 대덕구	오정동주민공모사업	32,000	도시재생사업단	1	7	7	8	7	1	1	4
6718	대전 대덕구	신탄진 주민공모 사업	30,000	도시재생사업단	1	7	7	8	7	1	1	4
6719	대전 대덕구	마을회관, 농기계창고등 운영비 및 농기계 수리비	4,700	도시계획과	1	1	7	8	7	5	5	4
6720	대전 대덕구	마을회관및농산물저온창고운영비,농기계수리비지원	60,000	도시계획과	1	1	7	8	7	5	5	4
6721	대전 대덕구	마을공동방역비지원	13,200	도시계획과	1	1	7	8	7	5	5	4
6722	대전 대덕구	공동주택전자투표지원	6,000	건축과	1	4	7	8	7	5	5	4
6723	부산 서구	의료기관 결핵환자 관리지원	352,361	보건행정과	1	2	7	8	7	3	3	1
6724	부산 서구	(예비)사회적기업 일반·전문인력 지원	332,000	복지정책과	1	1	7	8	7	5	1	1
6725	부산 서구	지역주도형 청년일자리 사업	16,000	복지정책과	1	2	6	7	6	1	1	1
6726	부산 서구	대한노인회 공익활동사업 지원	15,500	복지정책과	1	1	5	8	7	1	1	4
6727	부산 서구	보훈관리 및 지원	71,350	복지정책과	1	1	7	8	7	1	1	1
6728	부산 서구	장애인단체 지원	14,000	생활지원과	1	6	7	8	7	1	1	1
6729	부산 서구	여성단체 공익활동사업 지원	3,500	가족행복과	1	4	7	1	7	5	1	1
6730	부산 서구	자율적인 방재기능 강화	1,500	구민안전과	1	1	7	8	7	1	1	1

순번	시군구	지출명 (사업명)	2021년예산 (단위:천원/1년간)	담당자 (공무원) 담당부서	민간이전 분류 (지방자치단체 세출예산 집행기준에 의거) 1. 민간경상사업보조(307-02) 2. 민간단체 법정운영비보조(307-03) 3. 민간행사사업보조(307-04) 4. 민간위탁금(307-05) 5. 사회복지시설 법정운영비보조(307-10) 6. 민간인위탁교육비(307-12) 7. 공기관등에대한경상적위탁사업비(308-11) 8. 민간자본사업보조,자체재원(402-01) 9. 민간자본사업보조,이전재원(402-02) 10. 민간위탁사업비(402-03) 11. 공기관등에 대한 자본적 대행사업비(403-02)	민간이전지출 근거 (지방보조금 관리기준 참고) 1. 법률에 규정 2. 국고보조 재원(국가지정) 3. 용도 지정 기부금 4. 조례에 직접규정 5. 지자체가 권장하는 사업을 하는 공공기관 6. 시,도 정책 및 재정사정 7. 기타 8. 해당없음	입찰방식 계약체결방법 (경쟁형태) 1. 일반경쟁 2. 제한경쟁 3. 지명경쟁 4. 수의계약 5. 법정위탁 6. 기타 ( ) 7. 해당없음	입찰방식 계약기간 1. 1년 2. 2년 3. 3년 4. 4년 5. 5년 6. 기타 ( )년 7. 단기계약 (1년미만) 8. 해당없음	입찰방식 낙찰자선정방법 1. 적격심사 2. 협상에의한계약 3. 최저가낙찰제 4. 규격가격분리 5. 2단계 경쟁입찰 6. 기타 ( ) 7. 해당없음	운영예산 산정 운영예산 산정 1. 내부산정 (지자체 자체적으로 산정) 2. 외부산정 (외부전문기관위탁 산정) 3. 내·외부 모두 산정 4. 산정 無 5. 해당없음	운영예산 산정 정산방법 1. 내부정산 (지자체 내부적으로 정산) 2. 외부정산 (외부전문기관위탁 정산) 3. 내·외부 모두 산정 4. 정산 無 5. 해당없음	성과평가 실시여부 1. 실시 2. 미실시 3. 향후 추진 4. 해당없음
6731	부산 서구	교통봉사 공익활동 사업 지원	5,500	교통행정과	1	4	7	8	7	1	1	1
6732	부산 서구	구덕골 전통민속예술문화 공연 지원	5,000	문화관광과	1	5	7	8	7	1	1	2
6733	부산 서구	전수교육관 활성화프로그램 운영	22,500	문화관광과	1	2	7	8	7	5	3	1
6734	부산 서구	생생문화재사업 지원	80,000	문화관광과	1	2	7	8	7	5	3	1
6735	부산 서구	부산서구스포츠클럽 관리자 지원	30,000	문화관광과	1	7	1	3	1	1	1	1
6736	부산 서구	생활체육 진흥사업 지원	34,500	문화관광과	1	6	7	8	7	1	1	1
6737	부산 서구	생활체육교실 운영	16,667	문화관광과	1	6	7	8	7	1	1	1
6738	부산 서구	어린이체능교실 운영	3,600	문화관광과	1	6	7	8	7	1	1	1
6739	부산 서구	청소년 체련교실 운영	2,860	문화관광과	1	6	7	8	7	1	1	1
6740	부산 서구	장수체육대학	3,600	문화관광과	1	6	7	8	7	1	1	1
6741	부산 서구	어르신생활체육지도자 배치지원	57,936	문화관광과	1	2	7	8	7	1	1	1
6742	부산 서구	주5일제 생활체육실천광장	4,580	문화관광과	1	6	7	8	7	1	1	1
6743	부산 서구	일반생활체육지도자 배치지원	86,904	문화관광과	1	2	7	8	7	1	1	1
6744	부산 서구	주민 활동 지원	40,400	총무과	1	1	7	8	7	1	1	1
6745	부산 서구	국민운동단체활성화 지원	85,020	총무과	1	1	7	1	7	1	1	1
6746	부산 서구	자원봉사자 코디네이터 지원 육성	59,200	총무과	1	1	7	3	6	1	1	1
6747	부산 서구	성인문해 교육지원	16,000	총무과	1	2	7	8	7	1	1	3
6748	부산 서구	전국 통합 자원봉사 보험료 가입 서비스 지원	6,320	총무과	1	1	7	3	6	1	1	1
6749	부산 서구	자원봉사자 활성화 프로그램개발사업비 지원	19,920	총무과	1	1	7	3	6	1	1	1
6750	부산 서구	평생학습 동아리 육성	5,000	총무과	1	4	7	8	7	1	1	1
6751	부산 동구	동구체육진흥육성사업 추진	98,520	문화체육관광과	1	4	7	8	7	1	1	1
6752	부산 동구	동구민 한마음 체육대회	80,000	문화체육관광과	1	4	7	8	7	1	1	1
6753	부산 동구	평생학습동아리활성화 지원사업	10,000	교육운영과	1	4	7	8	7	1	1	1
6754	부산 동구	성인문해교육연계기관지원	8,500	교육운영과	1	4	7	8	7	1	1	1
6755	부산 동구	전통시장 화재공제지원사업	15,000	일자리경제과	1	6	7	8	7	5	5	4
6756	부산 동구	도시농업 텃밭조성	30,000	일자리경제과	1	1	7	8	7	5	5	4
6757	부산 동구	폐공가 등 독거노인 텃밭조성	3,000	일자리경제과	1	1	7	8	7	5	5	4
6758	부산 동구	도시텃밭 운영지 컨설팅 지원	10,000	일자리경제과	1	1	7	8	7	5	5	4
6759	부산 동구	도시농업 전문가양성 교육지원	30,000	일자리경제과	1	1	7	8	7	5	5	4
6760	부산 동구	학교 식생활 교육	20,000	일자리경제과	1	1	7	8	7	5	5	4
6761	부산 동구	유기동물 입양비 지원사업	300	일자리경제과	1	1	7	8	7	5	5	4
6762	부산 동구	6.25참전 유공자회 사업비	5,000	복지지원과	1	1	7	8	1	1	1	3
6763	부산 동구	고엽제전우회 사업비	7,000	복지지원과	1	1	7	8	1	1	1	3
6764	부산 동구	월남전 참전자회 사업비	7,100	복지지원과	1	1	7	8	1	1	1	3
6765	부산 동구	광복회 사업비	4,000	복지지원과	1	1	7	8	1	1	1	3
6766	부산 동구	상이군경회 동구지회 사업비	7,900	복지지원과	1	1	7	8	1	1	1	3
6767	부산 동구	전몰군경유족회 사업비	7,000	복지지원과	1	1	7	8	1	1	1	3
6768	부산 동구	전몰군경미망인회 사업비	9,000	복지지원과	1	1	7	8	1	1	1	3
6769	부산 동구	무공수훈자회 사업비	6,900	복지지원과	1	1	7	8	1	1	1	3
6770	부산 동구	특수임무수행자회 중부연합지회 사업비	4,000	복지지원과	1	1	7	8	1	1	1	3
6771	부산 동구	재향군인회 사업비	9,000	복지지원과	1	1	7	8	1	1	1	3
6772	부산 동구	노인 사회참여 활성화 사업지원	15,000	복지지원과	1	2	7	8	7	4	1	2
6773	부산 동구	저탄소 녹색생활 활동지원	3,205	환경위생과	1	4	7	8	7	1	3	4
6774	부산 동구	PPM 의료기관 결핵관리 지원	35,650	보건행정과	1	2	6	8	7	5	1	2
6775	부산 동구	Non PPM 의료기관 결핵관리 지원	34,370	보건행정과	1	6	6	8	7	5	1	2
6776	부산 동구	마을건강센터 운영	3,000	보건행정과	1	2	7	8	7	1	1	1
6777	부산 영도구	주민자치위원장협의회 활동지원	4,000	행정지원과	1	4	7	8	7	5	5	4
6778	부산 영도구	새마을운동 영도구지회 지원	11,600	행정지원과	1	1	7	7	7	1	1	1
6779	부산 영도구	새마을 동단체 지원	33,000	행정지원과	1	4	7	7	7	1	1	1
6780	부산 영도구	새마을가족 한마음수련대회	3,000	행정지원과	1	1	7	7	7	1	1	4
6781	부산 영도구	바르게살기운동 영도구협의회 지원	5,000	행정지원과	1	1	7	8	7	1	1	1

순번	시군구	지출명 (사업명)	2021년예산 (단위:천원/1년간)	담당자 (공무원) 담당부서	민간이전 분류 (지방자치단체 세출예산 집행기준에 의거) 1. 민간경상사업보조(307-02) 2. 민간단체 법정운영비보조(307-03) 3. 민간행사사업보조(307-04) 4. 민간위탁금(307-05) 5. 사회복지시설 법정운영비보조(307-10) 6. 민간인위탁교육비(307-12) 7. 공기관등에대한경상적위탁사업비(308-11) 8. 민간자본사업보조,자체재원(402-01) 9. 민간자본사업보조,이전재원(402-02) 10. 민간위탁사업비(402-03) 11. 공기관등에 대한 자본적 대행사업비(403-02)	민간이전지출 근거 (지방보조금 관리기준 참고) 1. 법률에 규정 2. 국고보조 재원(국가지정) 3. 용도 지정 기부금 4. 조례에 직접규정 5. 지자체가 권장하는 사업을 하는 공공기관 6. 시,도 정책 및 재정사정 7. 기타 8. 해당없음	입찰방식 계약체결방법 (경쟁형태) 1. 일반경쟁 2. 제한경쟁 3. 지명경쟁 4. 수의계약 5. 법정위탁 6. 기타 ( ) 7. 해당없음	입찰방식 계약기간 1. 1년 2. 2년 3. 3년 4. 4년 5. 5년 6. 기타 ( )년 7. 단기계약 (1년미만) 8. 해당없음	입찰방식 낙찰자선정방법 1. 적격심사 2. 협상에의한계약 3. 최저가낙찰제 4. 규격가격분리 5. 2단계 경쟁입찰 6. 기타 ( ) 7. 해당없음	운영예산 산정 운영예산 산정 1. 내부산정 (지자체 자체적으로 산정) 2. 외부산정 (외부전문기관위탁 산정) 3. 내·외부 모두 산정 4. 산정 無 5. 해당없음	운영예산 산정 정산방법 1. 내부정산 (지자체 내부적으로 정산) 2. 외부정산 (외부전문기관위탁 정산) 3. 내·외부 모두 산정 4. 정산 無 5. 해당없음	성과평가 실시여부 1. 실시 2. 미실시 3. 향후 추진 4. 해당없음
6782	부산 영도구	바르게살기운동 동위원회 지원	11,000	행정지원과	1	1	7	8	7	1	1	1
6783	부산 영도구	한국자유총연맹 영도구지회 지원	5,500	행정지원과	1	1	7	8	7	1	1	1
6784	부산 영도구	한국자유총연맹 동분회 지원	10,000	행정지원과	1	1	7	8	7	1	1	1
6785	부산 영도구	사회단체 활성화 지원사업	17,900	행정지원과	1	4	7	8	7	1	1	1
6786	부산 영도구	민주평화통일자문회의 영도구협의회 지원	12,000	행정지원과	1	1	7	8	7	1	1	1
6787	부산 영도구	생활체육교실운영	16,667	행정지원과	1	1	7	8	7	1	1	1
6788	부산 영도구	어린이 체능교실 운영	3,600	행정지원과	1	1	7	8	7	1	1	1
6789	부산 영도구	장수노인 체육대학	3,600	행정지원과	1	1	7	8	7	1	1	1
6790	부산 영도구	청소년 체련교실 운영	3,400	행정지원과	1	1	7	8	7	1	1	1
6791	부산 영도구	주5일제 생활체육 실천광장	5,400	행정지원과	1	1	7	8	7	1	1	1
6792	부산 영도구	스포츠클럽 공모 사업 지원	20,000	행정지원과	1	5	7	8	7	1	1	4
6793	부산 영도구	생활체육지도자 배치	57,936	행정지원과	1	1	7	8	7	1	1	4
6794	부산 영도구	어르신체육활동 지원 지도자 배치	115,872	행정지원과	1	1	7	8	7	1	1	4
6795	부산 영도구	일반·어르신 생활체육지도자 처우 개선	9,360	행정지원과	1	1	7	8	7	1	1	4
6796	부산 영도구	체육진흥 및 선수육성 지원	5,000	행정지원과	1	1	7	8	7	1	1	4
6797	부산 영도구	평생학습동아리 활성화 공모 지원사업	10,000	평생교육과	1	4	7	8	7	5	5	4
6798	부산 영도구	소외계층 평생교육프로그램 공모지원 사업	7,500	평생교육과	1	4	7	8	7	5	5	4
6799	부산 영도구	성인문해교육기관 공모 지원사업	3,000	평생교육과	1	4	7	8	7	5	5	4
6800	부산 영도구	영도구 대학생 베트남 연수	5,000	평생교육과	1	4	7	8	7	1	1	1
6801	부산 영도구	영도구 청소년 필리핀 어학연수	25,000	평생교육과	1	4	7	8	7	1	1	1
6802	부산 영도구	영도구 청소년 영어스피치 대회	7,500	평생교육과	1	4	7	8	7	1	1	1
6803	부산 영도구	거주외국인 어울한마당 개최	3,500	평생교육과	1	4	7	8	7	1	1	1
6804	부산 영도구	문화학교 지원	4,000	문화관광과	1	6	7	8	7	1	1	4
6805	부산 영도구	영도문화원 지원	115,805	문화관광과	1	4	7	8	7	1	1	4
6806	부산 영도구	흰여울 문화마을 운영지원	63,000	문화관광과	1	4	7	8	7	1	1	4
6807	부산 영도구	봉래산 발복기원제 지원	2,000	문화관광과	1	7	7	8	7	1	1	4
6808	부산 영도구	풍어제 지원	3,000	문화관광과	1	7	7	8	7	1	1	4
6809	부산 영도구	문인회 지원	2,000	문화관광과	1	7	7	8	7	1	1	4
6810	부산 영도구	절영회 지원	5,000	문화관광과	1	7	7	8	7	1	1	4
6811	부산 영도구	영도대표축제지원	357,500	문화관광과	1	7	7	8	7	1	1	1
6812	부산 영도구	문화도시조성사업지원	3,000	문화관광과	1	1	7	8	7	1	1	3
6813	부산 영도구	문화재 전승지원금	8,250	문화관광과	1	6	7	8	7	1	1	4
6814	부산 영도구	농업인 재해안전 공제료 지원	200	일자리경제과	1	1	7	8	7	5	5	4
6815	부산 영도구	상자텃밭 등 보급	16,000	일자리경제과	1	4	7	8	7	5	5	4
6816	부산 영도구	학교텃밭 조성운영	19,200	일자리경제과	1	4	7	8	7	5	5	4
6817	부산 영도구	초등돌봄교실 과일간식지원	34,400	일자리경제과	1	2	7	8	7	5	5	4
6818	부산 영도구	유기동물 입양비용 지원사업	1,000	일자리경제과	1	2	7	8	7	5	5	4
6819	부산 영도구	사회적 약자 반려동물 진료비 지원사업	900	일자리경제과	1	4	7	8	7	5	5	4
6820	부산 영도구	2021년 지역주도형 청년일자리지원사업 지원금	531,976	일자리경제과	1	2	7	8	7	5	5	4
6821	부산 영도구	사회적기업 일자리창출사업 지원	136,000	일자리경제과	1	8	7	8	7	5	5	4
6822	부산 영도구	사회적기업 사회보험료지원	12,000	일자리경제과	1	8	7	8	7	5	5	4
6823	부산 영도구	도시재생뉴딜 시범사업 프로그램 사업	500,000	도시재생과	1	4	7	8	7	1	3	1
6824	부산 영도구	재향군인회 사업비 지원	9,000	복지정책과	1	1	7	8	7	1	1	1
6825	부산 영도구	상이군경회 사업비 지원	6,000	복지정책과	1	1	7	8	7	1	1	1
6826	부산 영도구	전몰군경유족회 사업비 지원	6,000	복지정책과	1	1	7	8	7	1	1	1
6827	부산 영도구	전몰군경미망인회 사업비 지원	7,200	복지정책과	1	1	7	8	7	1	1	1
6828	부산 영도구	무공수훈자회 사업비 지원	6,000	복지정책과	1	1	7	8	7	1	1	1
6829	부산 영도구	고엽제전우회 사업비 지원	5,000	복지정책과	1	1	7	8	7	1	1	1
6830	부산 영도구	6.25참전유공자회 사업비 지원	5,000	복지정책과	1	1	7	8	7	1	1	1
6831	부산 영도구	월남전 참전자회 사업비 지원	5,000	복지정책과	1	1	7	8	7	1	1	1
6832	부산 영도구	광복회 사업비 지원	1,500	복지정책과	1	1	7	8	7	1	1	1

순번	시군구	지출명 (사업명)	2021년예산 (단위:천원/1년간)	담당자 (공무원) 담당부서	민간이전 분류 (지방자치단체 세출예산 집행기준에 의거) 1. 민간경상사업보조(307-02) 2. 민간단체 법정운영비보조(307-03) 3. 민간행사사업보조(307-04) 4. 민간위탁금(307-05) 5. 사회복지시설 법정운영비보조(307-10) 6. 민간인위탁교육비(307-12) 7. 공기관등에대한경상적위탁사업비(308-11) 8. 민간자본사업보조,자체재원(402-01) 9. 민간자본사업보조,이전재원(402-02) 10. 민간위탁사업비(402-03) 11. 공기관등에 대한 자본적 대행사업비(403-02)	민간이전지출 근거 (지방보조금 관리기준 참고) 1. 법률에 규정 2. 국고보조 재원(국가지정) 3. 용도 지정 기부금 4. 조례에 직접규정 5. 지자체가 권장하는 사업을 하는 공공기관 6. 시,도 정책 및 재정사정 7. 기타 8. 해당없음	입찰방식 계약체결방법 (경쟁형태) 1. 일반경쟁 2. 제한경쟁 3. 지명경쟁 4. 수의계약 5. 법정위탁 6. 기타 ( ) 7. 해당없음	입찰방식 계약기간 1. 1년 2. 2년 3. 3년 4. 4년 5. 5년 6. 기타 ( )년 7. 단기계약 (1년미만) 8. 해당없음	입찰방식 낙찰자선정방법 1. 적격심사 2. 협상에의한계약 3. 최저가낙찰제 4. 규격가격분리 5. 2단계 경쟁입찰 6. 기타 ( ) 7. 해당없음	운영예산 산정 운영예산 산정 1. 내부산정 (지자체 자체적으로 산정) 2. 외부산정 (외부전문기관위탁 산정) 3. 내·외부 모두 산정 4. 산정 無 5. 해당없음	운영예산 산정 정산방법 1. 내부정산 (지자체 내부적으로 정산) 2. 외부정산 (외부전문기관위탁 정산) 3. 내·외부 모두 산정 4. 정산 無 5. 해당없음	성과평가 실시여부 1. 실시 2. 미실시 3. 향후 추진 4. 해당없음
6833	부산 영도구	특수임무유공자회 사업비 지원	3,000	복지정책과	1	1	7	8	7	1	1	1
6834	부산 영도구	한국어교육 운영 지원	15,500	복지정책과	1	2	1	5	1	1	1	1
6835	부산 영도구	찾아가는 결혼이주여성 다이음 사업	3,000	복지정책과	1	2	1	5	1	1	1	1
6836	부산 영도구	(사)한자녀더갖기운동 영도지부 지원	1,500	복지정책과	1	4	7	7	7	1	1	4
6837	부산 영도구	대한노인회 영도지회 지원	12,000	복지사업과	1	1	7	8	7	5	1	1
6838	부산 영도구	지역아동센터 연합행사 지원비	5,000	복지사업과	1	1	7	8	7	1	1	4
6839	부산 영도구	영도구 장애인협회 지원	6,000	복지사업과	1	4	7	7	7	1	1	1
6840	부산 영도구	청소년 유해환경감시단체 보조	2,600	복지사업과	1	1	6	8	7	1	1	1
6841	부산 영도구	선진교통문화정착사업	5,500	교통과	1	1	7	8	7	1	1	1
6842	부산 영도구	연안연구센터 운영지원	20,000	해양수산과	1	4	6	6	6	1	1	1
6843	부산 영도구	불가사리 구제사업	5,000	해양수산과	1	4	7	8	7	5	1	4
6844	부산 영도구	나잠어업인 잠수복 지원사업	11,520	해양수산과	1	4	7	8	7	5	1	4
6845	부산 영도구	어촌체험마을 사무장 채용지원사업	21,544	해양수산과	1	2	7	8	7	5	1	4
6846	부산 영도구	소형어선 유류비 지원사업	30,000	해양수산과	1	4	7	8	7	5	1	4
6847	부산 영도구	공동주택관리지원사업	20,000	건축과	1	4	7	8	7	5	5	4
6848	부산 영도구	의료기관 결핵환자 관리지원	34,370	보건행정과	1	2	7	8	7	5	5	4
6849	부산 진구	새마을운동부산진구지회	10,000	행정자치과	1	1	7	8	7	5	5	4
6850	부산 진구	동 새마을지도자협의회	16,600	행정자치과	1	1	7	8	7	5	5	4
6851	부산 진구	동 새마을부녀회	16,600	행정자치과	1	1	7	8	7	5	5	4
6852	부산 진구	바르게살기운동부산진구협의회	9,600	행정자치과	1	1	7	8	7	5	5	4
6853	부산 진구	동 바르게살기운동위원회	16,600	행정자치과	1	1	7	8	7	5	5	4
6854	부산 진구	한국자유총연맹부산진구지회	11,900	행정자치과	1	1	7	8	7	5	5	4
6855	부산 진구	동 한국자유총연맹분회	15,000	행정자치과	1	1	7	8	7	5	5	4
6856	부산 진구	민주평화통일자문회의부산진구협의회	15,000	행정자치과	1	1	7	8	7	5	5	4
6857	부산 진구	새마을운동중앙연수원 교육비 지원	9,384	행정자치과	1	1	7	8	7	5	5	4
6858	부산 진구	환경보전 및 자연보호에 관한 사업	4,000	행정자치과	1	4	7	8	7	5	5	4
6859	부산 진구	사회적 취약계층 권익증진 및 청소년 육성 보호에 관한 사업	5,000	행정자치과	1	4	7	8	7	5	5	4
6860	부산 진구	범죄예방 및 선도에 관한사업	6,000	행정자치과	1	4	7	8	7	5	5	4
6861	부산 진구	교통질서 기초질서 계도에 관한 사업	3,000	행정자치과	1	4	7	8	7	5	5	4
6862	부산 진구	민족통일교육에 관한 사업	3,000	행정자치과	1	4	7	8	7	5	5	4
6863	부산 진구	부산진문화원 운영, 활동 지원	126,000	문화체육과	1	1	5	8	7	3	3	1
6864	부산 진구	문화학교 지원	4,000	문화체육과	1	1	7	8	7	3	1	1
6865	부산 진구	문화학교 지원	4,000	문화체육과	1	1	7	8	7	3	1	1
6866	부산 진구	문화학교 지원	4,000	문화체육과	1	1	7	8	7	3	1	1
6867	부산 진구	무형문화재전승지원	8,850	문화체육과	1	4	7	8	7	3	1	1
6868	부산 진구	무형문화재 전승지원	9,000	문화체육과	1	4	7	8	7	3	1	1
6869	부산 진구	생활체육지도자배치	233,856	문화체육과	1	1	7	8	7	1	1	1
6870	부산 진구	생활체육교실 운영	16,667	문화체육과	1	1	7	8	7	1	1	1
6871	부산 진구	생활체육프로그램 운영	13,460	문화체육과	1	1	7	8	7	1	1	1
6872	부산 진구	문화예술진흥 사업보조	16,000	문화체육과	1	1	7	1	7	1	1	1
6873	부산 진구	생활문화사업지원	4,500	문화체육과	1	1	7	8	7	1	1	1
6874	부산 진구	사회적기업 일자리창출사업	1,160	일자리경제과	1	1	7	8	7	1	1	1
6875	부산 진구	사회적기업 사회보험료 지원사업	36,000	일자리경제과	1	1	7	8	7	1	1	1
6876	부산 진구	사회경제적기업과 청년상생프로젝트	129,600	일자리경제과	1	2	7	8	7	5	5	4
6877	부산 진구	청년창업 신전프로젝트사업	150,000	일자리경제과	1	2	7	8	7	5	5	4
6878	부산 진구	유기동물 입양비용 지원	1,000	일자리경제과	1	2	7	8	7	5	5	4
6879	부산 진구	사회적 약자 반려동물 진료비 지원	2,400	일자리경제과	1	4	7	8	7	5	5	4
6880	부산 진구	도시농업시설 조성사업	46,600	일자리경제과	1	4	7	8	7	5	5	4
6881	부산 진구	농업인 재해안전 공제료 지원	418	일자리경제과	1	1	7	8	7	5	5	4
6882	부산 진구	과일간식 지원	88,635	일자리경제과	1	2	7	8	7	5	5	4
6883	부산 진구	재향군인회 안보,보훈사업 지원	24,000	희망복지과	1	4	7	8	7	1	1	4

순번	시군구	지출명 (사업명)	2021년예산 (단위:천원/1년간)	담당자 (공무원) 담당부서	민간이전 분류 (지방자치단체 세출예산 집행기준에 의거) 1. 민간경상사업보조(307-02) 2. 민간단체 법정운영비보조(307-03) 3. 민간행사사업보조(307-04) 4. 민간위탁금(307-05) 5. 사회복지시설 법정운영비보조(307-10) 6. 민간인위탁교육비(307-12) 7. 공기관등에대한경상적위탁사업비(308-11) 8. 민간자본사업보조,자체재원(402-01) 9. 민간자본사업보조,이전재원(402-02) 10. 민간위탁사업비(402-03) 11. 공기관등에 대한 자본적 대행사업비(403-02)	민간이전지출 근거 (지방보조금 관리기준 참고) 1. 법률에 규정 2. 국고보조 재원(국가지정) 3. 용도 지정 기부금 4. 조례에 직접규정 5. 지자체가 권장하는 사업을 하는 공공기관 6. 시,도 정책 및 재정사정 7. 기타 8. 해당없음	입찰방식 계약체결방법 (경쟁형태) 1. 일반경쟁 2. 제한경쟁 3. 지명경쟁 4. 수의계약 5. 법정위탁 6. 기타 ( ) 7. 해당없음	입찰방식 계약기간 1. 1년 2. 2년 3. 3년 4. 4년 5. 5년 6. 기타 ( )년 7. 단기계약 (1년미만) 8. 해당없음	입찰방식 낙찰자선정방법 1. 적격심사 2. 협상에의한계약 3. 최저가낙찰제 4. 규격가격분리 5. 2단계 경쟁입찰 6. 기타 ( ) 7. 해당없음	운영예산 산정 운영예산 산정 1. 내부산정 (지자체 자체적으로 산정) 2. 외부산정 (외부전문기관위탁 산정) 3. 내·외부 모두 산정 4. 산정 無 5. 해당없음	운영예산 산정 정산방법 1. 내부정산 (지자체 내부적으로 정산) 2. 외부정산 (외부전문기관위탁 정산) 3. 내·외부 모두 산정 4. 정산 無 5. 해당없음	성과평가 실시여부 1. 실시 2. 미실시 3. 향후 추진 4. 해당없음
6884	부산 진구	행복학습센터 지원사업	31,500	평생교육과	1	4	7	8	7	5	5	4
6885	부산 진구	평생학습동아리 사업비 지원	7,500	평생교육과	1	4	7	8	7	5	5	4
6886	부산 진구	대한노인회 부산진구지회 사업비	18,200	노인장애인복지과	1	1	7	8	7	1	1	1
6887	부산 진구	부산진구 장애인단체 사업비지원	12,000	노인장애인복지과	1	5	7	8	7	5	1	1
6888	부산 진구	여성능력배양	3,000	여성가족과	1	4	7	1	6	1	1	1
6889	부산 진구	양성평등주간 기념사업 지원	3,000	여성가족과	1	4	7	8	7	1	1	2
6890	부산 진구	모범운전자연합회 부산진지회 단체보조금	5,000	교통행정과	1	1	7	8	7	1	1	1
6891	부산 진구	공동주택 공동체 활성화	500	건축과	1	1	7	8	7	5	5	4
6892	부산 진구	의료기관 결핵환자 관리지원	105,987	보건행정과	1	2	7	8	7	2	2	2
6893	부산 진구	nonPPM 의료기관 전담간호사 인건비	34,370	보건행정과	1	6	7	8	7	2	2	2
6894	부산 진구	마을건강센터 사업	6,000	건강증진과	1	4	7	8	7	5	5	1
6895	부산 동래구	시단위생활체육대회 지원	10,000	총무과	1	8	7	8	7	1	1	1
6896	부산 동래구	체육진흥 사업 지원	2,000	총무과	1	8	7	8	7	1	1	1
6897	부산 동래구	일반 생활체육지도자 배치	122,040	총무과	1	1	7	8	7	1	1	1
6898	부산 동래구	어르신 생활체육지도자 배치	73,224	총무과	1	1	7	8	7	1	1	1
6899	부산 동래구	생활체육교실 운영	16,667	총무과	1	7	7	8	7	1	1	1
6900	부산 동래구	주5일제 생활체육 실천광장	4,600	총무과	1	7	7	8	7	1	1	1
6901	부산 동래구	어린이 체능교실	3,600	총무과	1	7	7	8	7	1	1	1
6902	부산 동래구	청소년 체련교실	2,860	총무과	1	7	7	8	7	1	1	1
6903	부산 동래구	장수체육대학	3,600	총무과	1	7	7	8	7	1	1	1
6904	부산 동래구	자원봉사활성화프로그램 개발비 지원	10,000	총무과	1	1	5	3	7	1	1	4
6905	부산 동래구	전국통합 자원봉사보험 가입서비스지원	12,780	총무과	1	2	5	3	7	1	1	4
6906	부산 동래구	새마을운동 공익사업 지원	51,960	총무과	1	1	7	8	7	1	1	1
6907	부산 동래구	바르게살기운동 공익사업 지원	21,470	총무과	1	1	7	8	7	1	1	1
6908	부산 동래구	자유총연맹 공익사업 지원	21,300	총무과	1	1	7	8	7	1	1	4
6909	부산 동래구	청년연합회 공익사업 지원	10,100	총무과	1	4	7	8	7	1	1	1
6910	부산 동래구	민주평화통일자문회의 활동지원	10,000	총무과	1	1	7	8	7	1	1	1
6911	부산 동래구	문화원사업지원	15,000	문화관광과	1	1	7	8	7	1	1	1
6912	부산 동래구	문화원사업지원	35,700	문화관광과	1	1	7	8	7	1	1	1
6913	부산 동래구	문화학교 운영	8,000	문화관광과	1	1	7	8	7	1	1	1
6914	부산 동래구	동래향교 충효교실	70,000	문화관광과	1	6	7	8	7	1	1	1
6915	부산 동래구	전수교육관 활성화 지원	50,000	문화관광과	1	2	7	8	7	1	1	1
6916	부산 동래구	산지정화 및 생태계 보호	3,080	환경위생과	1	1	7	7	7	1	1	1
6917	부산 동래구	온천천 자연보호	1,500	환경위생과	1	1	7	7	7	1	1	1
6918	부산 동래구	유기질비료지원	1,020	일자리경제과	1	2	7	8	7	5	5	4
6919	부산 동래구	도시농업(텃밭 등) 조성	28,000	일자리경제과	1	2	7	8	7	5	5	4
6920	부산 동래구	도시농업(텃밭 등) 조성	9,600	일자리경제과	1	2	7	8	7	5	5	4
6921	부산 동래구	초등돌봄교실 과일간식 지원 시범사업	54,150	일자리경제과	1	2	7	8	7	5	5	4
6922	부산 동래구	사회적기업 육성	450,000	일자리경제과	1	1	7	8	7	5	5	4
6923	부산 동래구	사회적기업 사회보험료 지원	20,000	일자리경제과	1	1	7	8	7	5	5	4
6924	부산 동래구	다문화가족 한마음대회 지원	1,900	복지정책과	1	7	6	1	6	1	1	1
6925	부산 동래구	결혼이주여성 전통 요리교실	3,000	복지정책과	1	7	6	1	6	1	1	1
6926	부산 동래구	다문화·소외계층가정 문화체험	3,000	복지정책과	1	7	6	1	6	1	1	1
6927	부산 동래구	여성자원봉사자 역량강화 워크숍 개최	2,000	복지정책과	1	7	6	1	6	1	1	1
6928	부산 동래구	저소득층 가정 여름·겨울 제철 김치지원	4,900	복지정책과	1	7	6	1	6	1	1	1
6929	부산 동래구	양성평등주간기념행사	2,000	복지정책과	1	7	6	1	6	1	1	1
6930	부산 동래구	양성평등인식개선교육 및 홍보	1,000	복지정책과	1	7	6	1	6	1	1	1
6931	부산 동래구	보훈단체 호국영령 충혼사업 등 지원	65,840	복지정책과	1	1	7	8	7	1	1	1
6932	부산 동래구	보훈단체 전적지 순례 등 지원	7,000	복지정책과	1	1	7	8	7	1	1	1
6933	부산 동래구	자활근로사업비 지원	43,000	생활보장과	1	4	6	1	7	1	1	1
6934	부산 동래구	노인복지증진사업	18,900	주민복지과	1	1	7	8	7	1	1	1

순번	시군구	지출명 (사업명)	2021년예산 (단위:천원/1년간)	담당자 (공무원) 담당부서	민간이전 분류 (지방자치단체 세출예산 집행기준에 의거) 1. 민간경상사업보조(307-02) 2. 민간단체 법정운영비보조(307-03) 3. 민간행사사업보조(307-04) 4. 민간위탁금(307-05) 5. 사회복지시설 법정운영비보조(307-10) 6. 민간인위탁교육비(307-12) 7. 공기관등에대한경상적위탁사업비(308-11) 8. 민간자본사업보조,자체재원(402-01) 9. 민간자본사업보조,이전재원(402-02) 10. 민간위탁사업비(402-03) 11. 공기관등에 대한 자본적 대행사업비(403-02)	민간이전지출 근거 (지방보조금 관리기준 참고) 1. 법률에 규정 2. 국고보조 재원(국가지정) 3. 용도 지정 기부금 4. 조례에 직접규정 5. 지자체가 권장하는 사업을 하는 공공기관 6. 시,도 정책 및 재정사정 7. 기타 8. 해당없음	입찰방식 계약체결방법 (경쟁형태) 1. 일반경쟁 2. 제한경쟁 3. 지명경쟁 4. 수의계약 5. 법정위탁 6. 기타 ( ) 7. 해당없음	입찰방식 계약기간 1. 1년 2. 2년 3. 3년 4. 4년 5. 5년 6. 기타 ( )년 7. 단기계약 (1년미만) 8. 해당없음	입찰방식 낙찰자선정방법 1. 적격심사 2. 협상에의한계약 3. 최저가낙찰제 4. 규격가격분리 5. 2단계 경쟁입찰 6. 기타 ( ) 7. 해당없음	운영예산 산정 운영예산 산정 1. 내부산정 (지자체 자체적으로 산정) 2. 외부산정 (외부전문기관위탁 산정) 3. 내·외부 모두 산정 4. 산정 無 5. 해당없음	운영예산 산정 정산방법 1. 내부정산 (지자체 내부적으로 정산) 2. 외부정산 (외부전문기관위탁 정산) 3. 내·외부 모두 산정 4. 정산 無 5. 해당없음	성과평가 실시여부 1. 실시 2. 미실시 3. 향후 추진 4. 해당없음
6935	부산 동래구	장애인 복지증진대회 지원	10,600	주민복지과	1	1	7	8	7	1	1	1
6936	부산 동래구	교통흐름개선사업 지원	5,000	교통과	1	4	7	1	7	5	1	1
6937	부산 동래구	교통안전지도사업 지원	3,100	교통과	1	4	7	1	7	5	1	1
6938	부산 동래구	화재안전성능보강지원사업	28,000	건축과	1	1	7	8	7	5	5	4
6939	부산 동래구	의료기관 결핵환자 관리지원	35,650	보건행정과	1	2	7	8	7	5	2	4
6940	부산 남구	지역주도형 청년일자리 사업	419,612	미래성장담당관	1	2	7	8	7	1	1	1
6941	부산 남구	지역주도형 청년일자리 사업	345,000	미래성장담당관	1	2	7	8	7	5	5	4
6942	부산 남구	지역주도형 청년일자리 사업	460,000	미래성장담당관	1	2	7	8	7	5	5	4
6943	부산 남구	청년일자리 지원	37,600	미래성장담당관	1	4	7	8	7	5	5	4
6944	부산 남구	민주평화통일 자문회의 부산남구협의회 지원	12,000	행정지원과	1	1	4	1	1	1	1	1
6945	부산 남구	범죄피해자지원센터 지원	6,000	행정지원과	1	1	4	1	1	1	1	1
6946	부산 남구	바르게살기운동 남구협의회 사업 지원	14,400	행정지원과	1	1	7	7	7	1	1	1
6947	부산 남구	바르게살기운동 남구협의회 운영비 지원	14,000	행정지원과	1	1	7	7	7	1	1	1
6948	부산 남구	새마을단체지원	50,760	행정지원과	1	1	7	8	7	1	1	1
6949	부산 남구	민족통일과 번영을 위한 통일공감대 형성 및 의식개혁 운동	4,500	행정지원과	1	1	1	1	1	1	1	1
6950	부산 남구	범죄, 학교폭력 예방 및 청소년 선도활동	2,000	행정지원과	1	1	1	1	1	1	1	1
6951	부산 남구	마을지킴이 활동지원	10,000	행정지원과	1	4	1	1	1	1	1	1
6952	부산 남구	교통정리 및 환경정화 지원	5,000	행정지원과	1	4	1	1	1	1	1	1
6953	부산 남구	자유총연맹 단체지원	20,110	행정지원과	1	1	7	8	7	1	1	1
6954	부산 남구	지방문화원 운영 활동 지원	74,750	문화관광체육과	1	1	7	8	7	1	1	2
6955	부산 남구	동제보조	4,000	문화관광체육과	1	4	7	8	7	1	1	2
6956	부산 남구	공공미술프로젝트	400,000	문화관광체육과	1	2	7	8	7	5	5	4
6957	부산 남구	남구체육회 지원	24,000	문화관광체육과	1	1	7	8	7	1	1	1
6958	부산 남구	생활체육교실	11,667	문화관광체육과	1	1	7	8	7	1	1	1
6959	부산 남구	장수체육대학	1,800	문화관광체육과	1	1	7	8	7	1	1	1
6960	부산 남구	어린이체능교실	1,800	문화관광체육과	1	1	7	8	7	1	1	1
6961	부산 남구	청소년체련교실	1,440	문화관광체육과	1	1	7	8	7	1	1	1
6962	부산 남구	주5일제생활체육실천광장	2,300	문화관광체육과	1	1	7	8	7	1	1	1
6963	부산 남구	구민참가 각종 대회 지원	30,000	문화관광체육과	1	1	7	8	7	1	1	1
6964	부산 남구	사회적기업육성	500,000	일자리경제과	1	2	7	8	7	5	5	4
6965	부산 남구	사회적기업 사회보험료 지원	120,000	일자리경제과	1	2	7	8	7	5	5	4
6966	부산 남구	도시농업육성	8,000	일자리경제과	1	2	7	8	7	5	5	4
6967	부산 남구	초등돌봄교실 과일간식 지원사업	70,000	일자리경제과	1	6	7	8	7	5	5	4
6968	부산 남구	자연생태보호운동 추진	4,250	환경위생과	1	1	7	8	7	1	1	1
6969	부산 남구	사회복지업무 역량강화	2,000	복지정책과	1	7	7	8	7	1	1	1
6970	부산 남구	보훈단체 공익사업 지원	58,720	복지정책과	1	4	7	8	7	1	1	1
6971	부산 남구	평생학습우수프로그램 지원사업 및 우수동아리 지원사업	30,000	평생교육과	1	4	7	8	7	5	5	4
6972	부산 남구	청소년 보호사업 운영	1,709	평생교육과	1	7	7	8	7	1	1	1
6973	부산 남구	노인회 노인복지증진 및 사회참여 활동 지원	16,800	주민복지과	1	4	7	3	7	1	1	1
6974	부산 남구	노인(경로당 회장) 전문교육비	4,100	주민복지과	1	4	7	3	7	1	1	1
6975	부산 남구	노인복지관 운영 지원	2,000	주민복지과	1	4	7	8	7	1	1	1
6976	부산 남구	결혼이민여성 정착자립 지원	4,500	여성아동과	1	4	7	8	7	5	1	1
6977	부산 남구	다문화가족 건강 지원	3,500	여성아동과	1	4	7	8	7	5	1	1
6978	부산 남구	다함께 돌봄 사업 인건비	105,320	여성아동과	1	2	1	5	1	1	1	1
6979	부산 남구	다함께 돌봄센터 지원	16,800	여성아동과	1	2	1	5	1	1	1	1
6980	부산 남구	선진교통문화운동 추진	5,500	교통행정과	1	1	7	8	7	5	5	1
6981	부산 남구	공동주택 전자투표 지원	5,000	건축과	1	4	7	8	7	5	5	4
6982	부산 남구	의료기관 결핵환자 관리지원	35,329	보건정책과	1	2	7	8	7	1	3	4
6983	부산 남구	의료기관 결핵환자 관리지원	34,370	보건정책과	1	6	7	8	7	1	3	4
6984	부산 남구	마을건강센터 사업	3,000	건강증진과	1	1	7	8	7	1	1	1
6985	부산 남구	정신재활시설 운영	87,206	건강증진과	1	2	7	8	7	1	1	4

순번	시군구	지출명 (사업명)	2021년예산 (단위:천원/1년간)	담당자 (공무원) 담당부서	민간이전 분류 (지방자치단체 세출예산 집행기준에 의거) 1. 민간경상사업보조(307-02) 2. 민간단체 법정운영비보조(307-03) 3. 민간행사사업보조(307-04) 4. 민간위탁금(307-05) 5. 사회복지시설 법정운영비보조(307-10) 6. 민간인위탁교육비(307-12) 7. 공기관등에대한경상적위탁사업비(308-11) 8. 민간자본사업보조,자체재원(402-01) 9. 민간자본사업보조,이전재원(402-02) 10. 민간위탁사업비(402-03) 11. 공기관등에 대한 자본적 대행사업비(403-02)	민간이전지출 근거 (지방보조금 관리기준 참고) 1. 법률에 규정 2. 국고보조 재원(국가지정) 3. 용도 지정 기부금 4. 조례에 직접규정 5. 지자체가 권장하는 사업을 하는 공공기관 6. 시,도 정책 및 재정사정 7. 기타 8. 해당없음	입찰방식 계약체결방법 (경쟁형태) 1. 일반경쟁 2. 제한경쟁 3. 지명경쟁 4. 수의계약 5. 법정위탁 6. 기타 ( ) 7. 해당없음	입찰방식 계약기간 1. 1년 2. 2년 3. 3년 4. 4년 5. 5년 6. 기타 ( )년 7. 단기계약 (1년미만) 8. 해당없음	입찰방식 낙찰자선정방법 1. 적격심사 2. 협상에의한계약 3. 최저가낙찰제 4. 규격가격분리 5. 2단계 경쟁입찰 6. 기타 ( ) 7. 해당없음	운영예산 산정 운영예산 산정 1. 내부산정 (지자체 자체적으로 산정) 2. 외부산정 (외부전문기관위탁 산정) 3. 내·외부 모두 산정 4. 산정 無 5. 해당없음	운영예산 산정 정산방법 1. 내부정산 (지자체 내부적으로 정산) 2. 외부정산 (외부전문기관위탁 정산) 3. 내·외부 모두 산정 4. 정산 無 5. 해당없음	성과평가 실시여부 1. 실시 2. 미실시 3. 향후 추진 4. 해당없음
6986	부산 북구	화명2동 주민자치회 시범실시 실행사업비	40,000	행정지원과	1	4	6	8	7	1	1	4
6987	부산 북구	범죄피해자 지원	8,000	행정지원과	1	4	7	1	1	1	1	2
6988	부산 북구	새마을운동 추진	74,260	행정지원과	1	1	7	8	7	1	1	1
6989	부산 북구	바르게살기운동 활성화	19,500	행정지원과	1	1	7	8	7	1	1	1
6990	부산 북구	자유총연맹 발전 지원	13,200	행정지원과	1	1	7	8	7	1	1	1
6991	부산 북구	민주평화통일 역량강화	16,000	행정지원과	1	1	7	8	7	1	1	1
6992	부산 북구	걷고싶은 도심보행길 및 청소년 선도활동 지원	5,000	행정지원과	1	1	7	8	7	1	1	1
6993	부산 북구	산지・하천 등 환경정비활동	5,400	행정지원과	1	4	7	8	7	1	1	1
6994	부산 북구	통일 분위기 확산 지원	2,100	행정지원과	1	1	7	8	7	1	1	1
6995	부산 북구	새마을운동 구지회 운영비	40,000	행정지원과	1	1	7	8	7	1	1	1
6996	부산 북구	새마을지회 사무보조인력 인건비	28,000	행정지원과	1	1	7	8	7	1	1	1
6997	부산 북구	낙동문화원 문화사업비	54,000	문화체육과	1	1	7	8	7	1	1	2
6998	부산 북구	북구청소년오케스트라 지원	15,000	문화체육과	1	1	7	8	7	1	1	2
6999	부산 북구	낙동문화원 문화사업 운영비	33,260	문화체육과	1	1	7	8	7	1	1	2
7000	부산 북구	정월대보름 달집놀이	10,000	문화체육과	1	1	7	8	7	1	1	2
7001	부산 북구	3.1만세운동 재현	15,000	문화체육과	1	1	7	8	7	1	1	2
7002	부산 북구	낙동민속예술제	40,000	문화체육과	1	1	7	8	7	1	1	2
7003	부산 북구	문화예술체육 활동 지원	35,500	문화체육과	1	1	7	8	7	1	1	1
7004	부산 북구	생활체육교실 운영	16,666	문화체육과	1	1	7	8	7	4	1	1
7005	부산 북구	시도생활체육프로그램	15,800	문화체육과	1	1	7	8	7	4	1	1
7006	부산 북구	구군체육회 지원	59,000	문화체육과	1	1	7	8	7	4	1	1
7007	부산 북구	전일제(일반)생활체육지도자 배치	161,640	문화체육과	1	1	7	8	7	4	1	1
7008	부산 북구	전일제(어르신) 생활체육지도자 배치	96,984	문화체육과	1	1	7	8	7	4	1	1
7009	부산 북구	사회보장특별지원구역사업 추진	300,000	복지정책과	1	8	7	3	7	5	1	1
7010	부산 북구	보훈단체 활동 지원	81,000	복지정책과	1	1	7	1	7	1	1	1
7011	부산 북구	장애인복지증진 활동 지원	12,000	복지정책과	1	7	6	1	1	1	1	1
7012	부산 북구	청소년 보호 및 선도활동	1,500	희망복지과	1	2	1	1	1	1	1	1
7013	부산 북구	평생학습동아리 공모사업	9,000	교육지원과	1	1	6	1	6	1	1	1
7014	부산 북구	북구다행복교육지구 지역공모사업	50,000	교육지원과	1	4	6	1	6	1	1	1
7015	부산 북구	사립도서관 지원	30,000	교육지원과	1	6	7	8	7	1	1	4
7016	부산 북구	여성복지증진사업	2,300	주민복지과	1	4	7	8	7	1	1	1
7017	부산 북구	여성복지증진사업	1,500	주민복지과	1	4	7	8	7	1	1	1
7018	부산 북구	어르신 영양 보드미 사업 지원	78,000	주민복지과	1	6	1	1	1	3	3	1
7019	부산 북구	어르신 영양 보드미 사업 지원	78,000	주민복지과	1	6	1	1	1	3	3	1
7020	부산 북구	경로당 노인전문신문 보급	9,000	주민복지과	1	6	7	8	7	5	5	4
7021	부산 북구	양성평등기금 공모사업	9,000	주민복지과	1	4	7	8	7	1	1	4
7022	부산 북구	사회적기업 육성 지원	225,000	일자리경제과	1	1	7	8	7	5	5	2
7023	부산 북구	유기질비료 지원사업	28,500	일자리경제과	1	1	7	8	7	1	1	1
7024	부산 북구	도시농업 조성	37,600	일자리경제과	1	1	7	8	7	1	1	1
7025	부산 북구	초등돌봄교실 과일간식 지원사업	88,000	일자리경제과	1	1	2	1	1	1	1	2
7026	부산 북구	농업인 재해안전 공제료 지원	3,600	일자리경제과	1	1	7	8	7	1	1	4
7027	부산 북구	가축전염병 예방활동	1,400	일자리경제과	1	1	7	8	7	1	1	2
7028	부산 북구	가축(양봉)재해보험 지원사업	656	일자리경제과	1	1	7	8	7	1	1	4
7029	부산 북구	GAP안전성 분석지원	1,800	일자리경제과	1	1	7	8	7	1	1	1
7030	부산 북구	내수면 외래유해어종 퇴치사업	8,500	일자리경제과	1	1	6	7	7	1	1	2
7031	부산 북구	어업인안전보험 보험료 지원	484	일자리경제과	1	1	6	7	7	1	1	2
7032	부산 북구	어선재해보상 보험료 지원	300	일자리경제과	1	1	6	7	7	1	1	2
7033	부산 북구	소형어선 유류비 지원사업	6,000	일자리경제과	1	1	6	7	7	1	1	2
7034	부산 북구	유기동물 입양비용 지원	600	일자리경제과	1	5	7	8	7	5	5	4
7035	부산 북구	사회적 약자 반려동물 진료비 지원	4,000	일자리경제과	1	5	7	8	7	5	5	4
7036	부산 북구	자연환경 보전활동	3,000	환경위생과	1	4	7	8	7	1	1	1

순번	시군구	지출명 (사업명)	2021년예산 (단위:천원/1년간)	담당자 (공무원) 담당부서	민간이전 분류 (지방자치단체 세출예산 집행기준에 의거) 1. 민간경상사업보조(307-02) 2. 민간단체 법정운영비보조(307-03) 3. 민간행사사업보조(307-04) 4. 민간위탁금(307-05) 5. 사회복지시설 법정운영비보조(307-10) 6. 민간인위탁교육비(307-12) 7. 공기관등에대한경상적위탁사업비(308-11) 8. 민간자본사업보조,자체재원(402-01) 9. 민간자본사업보조,이전재원(402-02) 10. 민간위탁사업비(402-03) 11. 공기관등에 대한 자본적 대행사업비(403-02)	민간이전지출 근거 (지방보조금 관리기준 참고) 1. 법률에 규정 2. 국고보조 재원(국가지정) 3. 용도 지정 기부금 4. 조례에 직접규정 5. 지자체가 권장하는 사업을 하는 공공기관 6. 시,도 정책 및 재정사정 7. 기타 8. 해당없음	입찰방식 계약체결방법 (경쟁형태) 1. 일반경쟁 2. 제한경쟁 3. 지명경쟁 4. 수의계약 5. 법정위탁 6. 기타 ( ) 7. 해당없음	입찰방식 계약기간 1. 1년 2. 2년 3. 3년 4. 4년 5. 5년 6. 기타 ( )년 7. 단기계약 (1년미만) 8. 해당없음	입찰방식 낙찰자선정방법 1. 적격심사 2. 협상에의한계약 3. 최저가낙찰제 4. 규격가격분리 5. 2단계 경쟁입찰 6. 기타 ( ) 7. 해당없음	운영예산 산정 운영예산 산정 1. 내부산정 (지자체 자체적으로 산정) 2. 외부산정 (외부전문기관위탁 산정) 3. 내·외부 모두 산정 4. 산정 無 5. 해당없음	운영예산 산정 정산방법 1. 내부정산 (지자체 내부적으로 정산) 2. 외부정산 (외부전문기관위탁 정산) 3. 내·외부 모두 산정 4. 정산 無 5. 해당없음	성과평가 실시여부 1. 실시 2. 미실시 3. 향후 추진 4. 해당없음
7037	부산 북구	북구 지역자율 방재단 운영	2,000	안전총괄과	1	1	7	8	7	1	1	1
7038	부산 북구	민방위업무 추진	2,000	안전총괄과	1	4	7	8	7	1	1	1
7039	부산 북구	마을공동체 역량 강화 공모사업	50,000	도시재생과	1	4	7	8	7	5	5	4
7040	부산 북구	마을건강센터 운영	3,000	건강증진과	1	6	3	1	1	1	1	1
7041	부산 북구	마을건강센터 운영	3,000	건강증진과	1	6	3	1	1	1	1	1
7042	부산 북구	마을건강센터 운영	3,000	건강증진과	1	6	3	1	1	1	1	1
7043	부산 북구	마을건강센터 운영	3,000	건강증진과	1	6	3	1	1	1	1	1
7044	부산 북구	마을건강센터 운영	3,000	건강증진과	1	6	3	1	1	1	1	1
7045	부산 북구	마을건강센터 운영	3,000	건강증진과	1	6	3	1	1	1	1	1
7046	부산 해운대구	대학의 평생교육체제 지원사업	20,000	소통협력과	1	1	7	1	7	1	1	1
7047	부산 해운대구	행복학습센터 운영	15,000	소통협력과	1	6	7	1	7	1	1	1
7048	부산 해운대구	유소년 클럽 육성지원	17,000	소통협력과	1	1	5	1	7	1	1	1
7049	부산 해운대구	생활체육교실 운영	51,666	소통협력과	1	1	5	1	7	2	3	1
7050	부산 해운대구	생활체육 프로그램 운영	14,480	소통협력과	1	1	5	1	7	2	3	1
7051	부산 해운대구	해운대구 스포츠클럽 육성지원	30,000	소통협력과	1	2	5	1	7	2	3	1
7052	부산 해운대구	유소년 클럽 육성지원	17,000	소통협력과	1	1	5	1	7	1	1	1
7053	부산 해운대구	해운대문화원 사업지원	62,500	관광문화과	1	1	7	8	7	1	1	1
7054	부산 해운대구	무형문화재 전승보조	29,200	관광문화과	1	4	7	8	7	1	1	1
7055	부산 해운대구	향토문화유산 향사제 지원	11,200	관광문화과	1	4	7	8	7	1	1	1
7056	부산 해운대구	불가사리 구제지원	7,900	일자리경제과	1	6	7	8	7	1	1	4
7057	부산 해운대구	나잠어업인 지원	2,640	일자리경제과	1	6	7	8	7	1	1	4
7058	부산 해운대구	어선원 및 어선재해보상보험료 지원사업	20,500	일자리경제과	1	6	7	8	7	1	1	4
7059	부산 해운대구	어업인안전보험 지원사업	6,110	일자리경제과	1	6	7	8	7	1	1	4
7060	부산 해운대구	소형어선 유류비 지원사업	50,000	일자리경제과	1	6	7	8	7	1	1	4
7061	부산 해운대구	양식기반시설사업	9,600	일자리경제과	1	6	7	8	7	1	1	4
7062	부산 해운대구	애국정신함양 사업지원	59,000	복지정책과	1	1	7	8	7	1	1	1
7063	부산 사하구	사회진흥	24,000	총무과	1	8	7	8	7	5	5	4
7064	부산 사하구	새마을운동 활성화 지원	39,900	총무과	1	4	7	8	7	4	1	1
7065	부산 사하구	바르게살기운동 활성화 지원	29,600	총무과	1	1	7	8	7	4	1	1
7066	부산 사하구	자유총연맹 육성 지원	22,300	총무과	1	1	7	8	7	4	1	1
7067	부산 사하구	민간단체 공익활동 지원	57,000	총무과	1	4	7	8	7	5	5	4
7068	부산 사하구	범죄 피해자 지원사업	8,000	총무과	1	1	7	8	7	4	1	1
7069	부산 사하구	열린구정 실현 및 유관기관 협조 강화	15,000	총무과	1	4	7	8	7	4	1	1
7070	부산 사하구	사하문화원 지원	24,000	문화관광과	1	1	7	8	7	1	1	1
7071	부산 사하구	지역문화예술 문화사업 지원	22,000	문화관광과	1	1	7	7	7	1	1	1
7072	부산 사하구	다대포후리소리 전수교육관 활성화 지원사업	44,000	문화관광과	1	2	7	8	7	5	1	4
7073	부산 사하구	일반 생활체육지도자 배치	109,152	문화관광과	1	2	7	8	7	4	1	1
7074	부산 사하구	어르신 생활체육지도자 배치	54,576	문화관광과	1	2	7	8	7	4	1	1
7075	부산 사하구	일반·어르신 생활체육지도자 처우개선	9,360	문화관광과	1	2	7	8	7	4	1	1
7076	부산 사하구	구 체육회 지원	65,000	문화관광과	1	2	7	8	7	4	1	1
7077	부산 사하구	시 씨름왕 선발대회참가 지원	2,350	문화관광과	1	4	7	8	7	4	1	1
7078	부산 사하구	시민생활 체육대회 참가지원	18,840	문화관광과	1	4	7	8	7	4	1	1
7079	부산 사하구	시장기 게이트볼 대회 참가지원	2,136	문화관광과	1	4	7	8	7	4	1	1
7080	부산 사하구	여성생활체육대회 참가지원	2,844	문화관광과	1	4	7	8	7	4	1	1
7081	부산 사하구	어르신체육대회 참가 지원	3,832	문화관광과	1	4	7	8	7	4	1	1
7082	부산 사하구	지역사회보장협의체 사무국 운영	3,000	복지정책과	1	1	7	8	7	1	1	1
7083	부산 사하구	보훈단체 지원	76,600	복지정책과	1	1	7	8	7	1	1	1
7084	부산 사하구	사회단체 활동 지원	13,700	복지정책과	1	4	7	8	7	5	1	1
7085	부산 사하구	노인복지증진 활동 지원	14,300	복지사업과	1	1	7	8	7	5	5	4
7086	부산 사하구	장애인복지증진 활동 지원	10,000	복지사업과	1	1	7	8	7	5	5	1
7087	부산 사하구	여성단체 공익 활동 지원	10,500	여성가족과	1	4	7	8	7	1	1	1

순번	시군구	지출명 (사업명)	2021년예산 (단위:천원/1년간)	담당자 (공무원) 담당부서	민간이전 분류 (지방자치단체 세출예산 집행기준에 의거) 1. 민간경상사업보조(307-02) 2. 민간단체 법정운영비보조(307-03) 3. 민간행사사업보조(307-04) 4. 민간위탁금(307-05) 5. 사회복지시설 법정운영비보조(307-10) 6. 민간인위탁교육비(307-12) 7. 공기관등에대한경상적위탁사업비(308-11) 8. 민간자본사업보조,자체재원(402-01) 9. 민간자본사업보조,이전재원(402-02) 10. 민간위탁사업비(402-03) 11. 공기관등에 대한 자본적 대행사업비(403-02)	민간이전지출 근거 (지방보조금 관리기준 참고) 1. 법률에 규정 2. 국고보조 재원(국가지정) 3. 용도 지정 기부금 4. 조례에 직접규정 5. 지자체가 권장하는 사업을 하는 공공기관 6. 시,도 정책 및 재정사정 7. 기타 8. 해당없음	입찰방식 계약체결방법 (경쟁형태) 1. 일반경쟁 2. 제한경쟁 3. 지명경쟁 4. 수의계약 5. 법정위탁 6. 기타 ( ) 7. 해당없음	입찰방식 계약기간 1. 1년 2. 2년 3. 3년 4. 4년 5. 5년 6. 기타 ( )년 7. 단기계약 (1년미만) 8. 해당없음	입찰방식 낙찰자선정방법 1. 적격심사 2. 협상에의한계약 3. 최저가낙찰제 4. 규격가격분리 5. 2단계 경쟁입찰 6. 기타 ( ) 7. 해당없음	운영예산 산정 운영예산 산정 1. 내부산정 (지자체 자체적으로 산정) 2. 외부산정 (외부전문기관위탁 산정) 3. 내·외부 모두 산정 4. 산정 無 5. 해당없음	운영예산 산정 정산방법 1. 내부정산 (지자체 내부적으로 정산) 2. 외부정산 (외부전문기관위탁 정산) 3. 내·외부 모두 산정 4. 정산 無 5. 해당없음	성과평가 실시여부 1. 실시 2. 미실시 3. 향후 추진 4. 해당없음
7088	부산 사하구	특성화시장 육성사업	420,000	경제진흥과	1	4	6	2	6	3	3	3
7089	부산 사하구	2021년 전통시장 화재공제지원사업	25,920	경제진흥과	1	1	7	8	7	1	1	3
7090	부산 사하구	2021년 전통시장 배송서비스 지원사업	206,880	경제진흥과	1	4	6	1	6	1	1	3
7091	부산 사하구	소형어선 유류비 지원사업	260,000	경제진흥과	1	6	7	8	7	1	1	4
7092	부산 사하구	초등 돌봄교실 과일간식 지원	85,956	경제진흥과	1	2	7	8	7	5	5	4
7093	부산 사하구	김 활성처리제 구입 지원	7,560	경제진흥과	1	6	7	8	7	1	1	2
7094	부산 사하구	양식어장 기반시설 지원	16,000	경제진흥과	1	6	7	8	7	1	1	2
7095	부산 사하구	나잠어업인 잠수복 지원	6,048	경제진흥과	1	6	7	8	7	1	1	4
7096	부산 사하구	기본형 공익직불제	7,000	경제진흥과	1	1	7	8	7	5	5	4
7097	부산 사하구	유기동물 입양비용 지원	300	경제진흥과	1	2	7	8	7	1	5	4
7098	부산 사하구	가축분뇨처리 지원사업	28,000	경제진흥과	1	2	7	8	7	5	5	4
7099	부산 사하구	송아지 생산 안정사업	100	경제진흥과	1	2	7	8	7	5	5	4
7100	부산 사하구	사회적기업 육성	196,000	일자리복지과	1	1	7	8	7	5	5	4
7101	부산 사하구	사회적기업 사회보험료 지원	36,000	일자리복지과	1	1	7	8	7	5	5	4
7102	부산 사하구	1인 창조기업 지원센터 운영 지원	50,000	일자리복지과	1	5	4	1	6	1	1	1
7103	부산 사하구	지역주도형 청년일자리사업	48,800	일자리복지과	1	2	7	8	7	5	5	4
7104	부산 사하구	마을공동체 역량강화사업	10,000	도시재생과	1	7	7	8	7	5	5	4
7105	부산 사하구	공동주택 관리 지원	90,000	건축과	1	1	7	8	7	5	5	1
7106	부산 사하구	감천2동건강마을만들기	3,000	건강증진과	1	4	6	1	6	1	1	4
7107	부산 금정구	평화통일지원사업	12,000	총무과	1	1	7	8	7	1	1	1
7108	부산 금정구	민간통일운동사업	1,710	총무과	1	1	7	8	7	1	1	1
7109	부산 금정구	자율방범대 활동	9,600	총무과	1	4	7	8	7	1	1	1
7110	부산 금정구	새마을운동조직 육성사업	54,400	총무과	1	1	7	8	7	1	1	1
7111	부산 금정구	바르게살기운동조직 육성사업	19,090	총무과	1	1	7	8	7	1	1	1
7112	부산 금정구	자유총연맹 육성사업	11,970	총무과	1	1	7	8	7	1	1	1
7113	부산 금정구	자연보호단체육성 공모사업	2,000	총무과	1	1	7	8	7	1	1	1
7114	부산 금정구	자원봉사활동 공모사업	11,000	총무과	1	1	7	8	7	1	1	1
7115	부산 금정구	주5일제 생활체육실천광장	4,600	총무과	1	1	7	8	7	5	1	1
7116	부산 금정구	어린이체능교실	3,400	총무과	1	1	7	8	7	5	1	1
7117	부산 금정구	청소년체련교실	2,860	총무과	1	1	7	8	7	5	1	1
7118	부산 금정구	장수체육교실 운영	3,600	총무과	1	1	7	8	7	5	1	1
7119	부산 금정구	생활체육교실 운영	16,667	총무과	1	1	7	8	7	5	1	1
7120	부산 금정구	일반 생활체육지도자 배치운영	115,872	총무과	1	2	7	8	7	5	1	1
7121	부산 금정구	어르신생활체육지도자 지원	115,872	총무과	1	2	7	8	7	5	1	1
7122	부산 금정구	지방문화원 사업활동지원	20,000	문화관광과	1	1	4	1	6	3	1	4
7123	부산 금정구	지방문화원 사업활동지원	24,000	문화관광과	1	1	4	1	6	3	1	4
7124	부산 금정구	문화예술진흥(합창) 활동지원	17,080	문화관광과	1	1	7	8	7	3	3	1
7125	부산 금정구	금정구 문화예술인협의회 사업 활동 지원	38,000	문화관광과	1	1	4	1	6	3	1	4
7126	부산 금정구	금정문예 25집 발간지원	10,000	문화관광과	1	1	4	1	6	3	1	4
7127	부산 금정구	금샘문학상 공모	13,000	문화관광과	1	1	4	1	6	3	1	4
7128	부산 금정구	금정산성 수호대 운영	100,000	문화관광과	1	2	4	1	7	1	1	1
7129	부산 금정구	범어사 방화관리 용역	20,400	문화관광과	1	2	4	1	7	4	1	2
7130	부산 금정구	범어사 재난방재시설 유지보수	24,600	문화관광과	1	2	4	7	7	4	1	2
7131	부산 금정구	대학·지역간 협력지원사업	16,000	평생교육과	1	4	7	8	7	1	1	3
7132	부산 금정구	평생학습 우수 동아리 공모지원	4,000	평생교육과	1	4	7	8	7	1	1	3
7133	부산 금정구	성인문해교육 지원	13,500	평생교육과	1	2	7	8	7	1	1	4
7134	부산 금정구	교육자원 네트워킹 협력사업	9,000	평생교육과	1	1	7	8	7	5	5	4
7135	부산 금정구	대학생 멘토링 사업 지원	20,000	평생교육과	1	7	7	8	7	1	1	1
7136	부산 금정구	사립작은도서관 자료구입비 지원	20,000	평생교육과	1	1	7	7	7	1	1	1
7137	부산 금정구	보훈단체 공익활동 사업비	59,650	사회복지과	1	1	7	8	7	1	1	1
7138	부산 금정구	지역사회보장협의체 네트워크 특화사업	10,000	사회복지과	1	1	7	8	7	1	1	1

순번	시군구	지출명 (사업명)	2021년예산 (단위:천원/1년간)	담당자 (공무원) 담당부서	민간이전 분류 (지방자치단체 세출예산 집행기준에 의거) 1. 민간경상사업보조(307-02) 2. 민간단체 법정운영비보조(307-03) 3. 민간행사사업보조(307-04) 4. 민간위탁금(307-05) 5. 사회복지시설 법정운영비보조(307-10) 6. 민간인위탁교육비(307-12) 7. 공기관등에대한경상적위탁사업비(308-11) 8. 민간자본사업보조,자체재원(402-01) 9. 민간자본사업보조,이전재원(402-02) 10. 민간위탁사업비(402-03) 11. 공기관등에 대한 자본적 대행사업비(403-02)	민간이전지출 근거 (지방보조금 관리기준 참고) 1. 법률에 규정 2. 국고보조 재원(국가지정) 3. 용도 지정 기부금 4. 조례에 직접규정 5. 지자체가 권장하는 사업을 하는 공공기관 6. 시,도 정책 및 재정사정 7. 기타 8. 해당없음	입찰방식 계약체결방법 (경쟁형태) 1. 일반경쟁 2. 제한경쟁 3. 지명경쟁 4. 수의계약 5. 법정위탁 6. 기타 ( ) 7. 해당없음	입찰방식 계약기간 1. 1년 2. 2년 3. 3년 4. 4년 5. 5년 6. 기타 ( )년 7. 단기계약 (1년미만) 8. 해당없음	입찰방식 낙찰자선정방법 1. 적격심사 2. 협상에의한계약 3. 최저가낙찰제 4. 규격가격분리 5. 2단계 경쟁입찰 6. 기타 ( ) 7. 해당없음	운영예산 산정 운영예산 산정 1. 내부산정 (지자체 자체적으로 산정) 2. 외부산정 (외부전문기관위탁 산정) 3. 내·외부 모두 산정 4. 산정 無 5. 해당없음	운영예산 산정 정산방법 1. 내부정산 (지자체 내부적으로 정산) 2. 외부정산 (외부전문기관위탁 정산) 3. 내·외부 모두 산정 4. 정산 無 5. 해당없음	성과평가 실시여부 1. 실시 2. 미실시 3. 향후 추진 4. 해당없음
7139	부산 금정구	영락공원 주민감시단 활동비	66,413	사회복지과	1	7	7	8	7	1	1	4
7140	부산 금정구	노인단체 공익활동 사업비	10,943	사회복지과	1	5	7	8	7	1	1	1
7141	부산 금정구	경로당회장 노인교육원 참가교육비	3,200	사회복지과	1	5	7	8	7	1	1	1
7142	부산 금정구	장기·바둑대회 지원	2,000	사회복지과	1	5	7	8	7	1	1	1
7143	부산 금정구	어버이날 행사 참여 지원	500	사회복지과	1	5	7	8	7	1	1	1
7144	부산 금정구	노인의날 행사 참여 지원	800	사회복지과	1	5	7	8	7	1	1	1
7145	부산 금정구	양성평등 활동 및 교육 프로그램 사업	4,000	여성가족과	1	4	7	8	7	1	1	1
7146	부산 금정구	다문화 가족관계 증진 사업	1,400	여성가족과	1	4	7	8	7	1	1	1
7147	부산 금정구	여성의 사회참여 확대 및 건강한 사회만들기	11,000	여성가족과	1	1	7	8	7	1	1	1
7148	부산 금정구	청소년유해환경감시단 운영지원	3,000	여성가족과	1	2	7	8	1	1	1	4
7149	부산 금정구	자활사업 활성화 지원	100,000	생활보장과	1	4	7	8	7	1	1	1
7150	부산 금정구	장애인단체 공익활동 사업비 지원	13,000	생활보장과	1	1	7	1	1	1	1	1
7151	부산 금정구	사회적기업 일자리창출사업	224,000	일자리경제과	1	2	4	1	1	1	1	1
7152	부산 금정구	사회적기업 전문인력 지원사업	144,000	일자리경제과	1	2	4	1	1	1	1	2
7153	부산 금정구	사회적기업 사회보험료 지원사업	72,000	일자리경제과	1	2	4	1	1	1	1	2
7154	부산 금정구	포스트 코로나 대응 디지털 G.T.S.프로젝트	370,000	일자리경제과	1	2	7	8	7	1	1	2
7155	부산 금정구	전통시장 화재공제	8,000	일자리경제과	1	1	7	8	7	5	1	4
7156	부산 금정구	도시농업텃밭 조성사업	36,000	일자리경제과	1	6	7	8	7	1	1	2
7157	부산 금정구	생태학습형 학교텃밭 조성	9,600	일자리경제과	1	6	7	8	7	1	1	2
7158	부산 금정구	홀몸(독거)노인 텃밭조성	3,000	일자리경제과	1	6	7	8	7	1	1	2
7159	부산 금정구	우리동네 꼬마농부 체험텃밭 운영	25,000	일자리경제과	1	6	7	8	7	1	1	2
7160	부산 금정구	홀몸 노인 치유식물 보급사업	10,000	일자리경제과	1	6	7	8	7	1	1	2
7161	부산 금정구	친환경농산물 급식지원센터 정밀안전성 검사비	11,520	일자리경제과	1	6	7	8	7	1	1	2
7162	부산 금정구	초등돌봄교실 과일간식 지원	64,239	일자리경제과	1	2	7	8	7	1	1	2
7163	부산 금정구	도시농업 반려식물 분갈이 드림팀 운영	20,000	일자리경제과	1	6	7	8	7	1	1	2
7164	부산 금정구	식생활교육 프로그램 지원	70,000	일자리경제과	1	2	7	8	7	1	1	2
7165	부산 금정구	계란 냉장차량 지원사업	30,000	일자리경제과	1	6	7	8	7	5	5	1
7166	부산 금정구	사회적 약자 반려동물 진료비 지원	900	일자리경제과	1	4	7	8	7	5	5	1
7167	부산 금정구	마을공동체 활력비타민 프로젝트	20,000	도시재생과	1	4	7	8	7	5	5	3
7168	부산 금정구	공동주택 선거관리 전자투표 지원	10,000	건축과	1	1	7	8	7	3	1	1
7169	부산 금정구	정신재활시설 프로그램 운영비	18,000	건강증진과	1	6	7	8	7	5	5	4
7170	부산 금정구	정신재활시설 관리 운영비	35,526	건강증진과	1	6	7	8	7	5	5	4
7171	부산 금정구	금정구종합사회복지관 건강마을사업 협업 보조금	3,000	건강증진과	1	6	4	1	2	1	1	1
7172	부산 강서구	통일기반조성사업	14,000	총무과	1	1	7	8	7	3	1	1
7173	부산 강서구	범죄피해자 지원 사업	8,000	총무과	1	1	7	8	7	3	1	1
7174	부산 강서구	바르게살기 문화시민운동	10,506	총무과	1	1	7	8	7	3	1	1
7175	부산 강서구	동 바르게살기운동 활성화	10,609	총무과	1	1	7	8	7	3	1	1
7176	부산 강서구	거주외국인 지역사회 적응 지원	20,400	총무과	1	4	7	8	7	3	1	1
7177	부산 강서구	평생학습 동아리 및 재능기부 활동 지원	5,000	총무과	1	1	7	8	7	5	5	4
7178	부산 강서구	평생교육 관계기관 프로그램 운영 지원	12,000	총무과	1	1	7	8	7	5	5	4
7179	부산 강서구	성인 문해교육 지원	3,450	총무과	1	1	7	8	7	5	5	4
7180	부산 강서구	새마을운동 육성	105,060	총무과	1	1	7	8	7	1	1	1
7181	부산 강서구	국가안보확립 및 자유수호	22,050	총무과	1	1	7	8	7	1	1	1
7182	부산 강서구	내고장사랑 운동	48,608	총무과	1	4	7	8	7	1	1	1
7183	부산 강서구	자연정화활동 지원	10,000	총무과	1	4	7	8	7	1	1	1
7184	부산 강서구	강서문화원 활동육성지원	12,000	문화체육과	1	1	7	8	7	1	1	1
7185	부산 강서구	강서문화원사업지원	25,720	문화체육과	1	1	7	8	7	1	1	1
7186	부산 강서구	강서문화원 사업지원	40,760	문화체육과	1	1	7	8	7	1	1	1
7187	부산 강서구	문화학교 지원	4,000	문화체육과	1	1	7	8	7	1	1	1
7188	부산 강서구	문화학교 지원	52,000	문화체육과	1	1	7	8	7	1	1	1
7189	부산 강서구	지역문화단체 지원	66,300	문화체육과	1	7	7	8	7	1	1	4

순번	시군구	지출명 (사업명)	2021년예산 (단위:천원/1년간)	담당자 (공무원) 담당부서	민간이전 분류 (지방자치단체 세출예산 집행기준에 의거) 1. 민간경상사업보조(307-02) 2. 민간단체 법정운영비보조(307-03) 3. 민간행사사업보조(307-04) 4. 민간위탁금(307-05) 5. 사회복지시설 법정운영비보조(307-10) 6. 민간인위탁교육비(307-12) 7. 공기관등에대한경상적위탁사업비(308-11) 8. 민간자본사업보조,자체재원(402-01) 9. 민간자본사업보조,이전재원(402-02) 10. 민간위탁사업비(402-03) 11. 공기관등에 대한 자본적 대행사업비(403-02)	민간이전지출 근거 (지방보조금 관리기준 참고) 1. 법률에 규정 2. 국고보조 재원(국가지정) 3. 용도 지정 기부금 4. 조례에 직접규정 5. 지자체가 권장하는 사업을 하는 공공기관 6. 시,도 정책 및 재정사정 7. 기타 8. 해당없음	입찰방식 계약체결방법 (경쟁형태) 1. 일반경쟁 2. 제한경쟁 3. 지명경쟁 4. 수의계약 5. 법정위탁 6. 기타 ( ) 7. 해당없음	입찰방식 계약기간 1. 1년 2. 2년 3. 3년 4. 4년 5. 5년 6. 기타 ( )년 7. 단기계약 (1년미만) 8. 해당없음	입찰방식 낙찰자선정방법 1. 적격심사 2. 협상에의한계약 3. 최저가낙찰제 4. 규격가격분리 5. 2단계 경쟁입찰 6. 기타 ( ) 7. 해당없음	운영예산 산정 운영예산 산정 1. 내부산정 (지자체 자체적으로 산정) 2. 외부산정 (외부전문기관위탁 산정) 3. 내·외부 모두 산정 4. 산정 無 5. 해당없음	운영예산 산정 정산방법 1. 내부정산 (지자체 내부적으로 정산) 2. 외부정산 (외부전문기관위탁 정산) 3. 내·외부 모두 산정 4. 정산 無 5. 해당없음	성과평가 실시여부 1. 실시 2. 미실시 3. 향후 추진 4. 해당없음
7190	부산 강서구	생활체육대회 지원	5,000	문화체육과	1	1	7	5	7	5	5	4
7191	부산 강서구	수상레포츠 특화사업	70,000	문화체육과	1	1	7	1	7	5	5	4
7192	부산 강서구	구 체육회 지원	12,000	문화체육과	1	1	7	5	7	5	5	4
7193	부산 강서구	생활체육교실 운영	3,600	문화체육과	1	1	7	5	7	5	5	4
7194	부산 강서구	시도생활체육 프로그램	14,460	문화체육과	1	1	7	5	7	5	5	4
7195	부산 강서구	보훈단체 지원	57,400	주민복지과	1	1	7	1	7	1	1	1
7196	부산 강서구	여성사회교육 및 여성단체 지원	9,200	주민복지과	1	4	7	8	7	1	1	4
7197	부산 강서구	주거급여	256,557	생활지원과	1	2	1	3	2	1	1	1
7198	부산 강서구	대한 노인회 운영	8,800	생활지원과	1	1	7	8	7	5	1	1
7199	부산 강서구	수상레저기구산업 거점화 및 성장지원 사업	50,000	지역경제과	1	1	7	8	7	5	5	4
7200	부산 강서구	국내 개별 전시·박람회 참가 지원	20,000	지역경제과	1	4	7	8	7	5	5	4
7201	부산 강서구	사회적기업 육성	692,000	지역경제과	1	1	6	1	1	5	1	2
7202	부산 강서구	사회적기업 사회보험료 지원	280,000	지역경제과	1	1	7	8	7	5	5	2
7203	부산 강서구	지역주도형 청년일자리사업	77,000	지역경제과	1	2	7	8	7	5	5	4
7204	부산 강서구	교통안전 봉사활동 지원	30,000	교통행정과	1	1	7	8	7	1	1	1
7205	부산 강서구	교통안전 및 기초질서 계도 활동 지원	30,000	교통행정과	1	4	7	8	7	1	1	1
7206	부산 강서구	구획어업(호망) 어구 지원사업	65,000	해양수산과	1	4	7	8	7	1	1	2
7207	부산 강서구	청년어업인 어업 정착 지원	20,400	해양수산과	1	2	7	8	7	1	1	2
7208	부산 강서구	소형어선 유류비 지원사업	200,000	해양수산과	1	1	7	8	7	1	1	2
7209	부산 강서구	내수면 외래유해어종 퇴치사업	60,000	해양수산과	1	1	6	7	6	1	1	2
7210	부산 강서구	대구자원지역특화사업	31,400	해양수산과	1	1	6	7	6	1	1	2
7211	부산 강서구	김활성처리제 지원	136,440	해양수산과	1	1	6	1	6	1	1	2
7212	부산 강서구	양식기반시설사업	72,400	해양수산과	1	1	6	1	6	1	1	2
7213	부산 강서구	친환경 부표 보급 지원사업	164,320	해양수산과	1	1	6	1	6	1	1	2
7214	부산 강서구	김 양식망 지원사업	175,000	해양수산과	1	1	6	1	6	1	1	2
7215	부산 강서구	영농폐자재 수거비 지원	31,000	농산과	1	6	7	8	7	1	1	1
7216	부산 강서구	영농폐자재 수거비 지원	74,000	농산과	1	6	7	8	7	1	1	1
7217	부산 강서구	산물벼 건조비 지원	150,000	농산과	1	6	7	8	7	1	1	1
7218	부산 강서구	농작물 육묘장 자재 지원	20,000	농산과	1	4	7	8	7	1	1	3
7219	부산 강서구	농업인 종합건강검진사업	200,000	농산과	1	7	7	8	7	1	1	1
7220	부산 강서구	벼 육묘용 상토 지원	180,000	농산과	1	6	7	8	7	1	1	1
7221	부산 강서구	농업인단체 육성	59,000	농산과	1	4	7	8	7	1	1	1
7222	부산 강서구	우수 쌀 작목반 활성화 지원	8,000	농산과	1	4	7	8	7	1	1	1
7223	부산 강서구	청년 농업인 영농정착 지원	226,800	농산과	1	2	7	8	7	1	1	1
7224	부산 강서구	토양개량제 지원	91,995	농산과	1	2	7	8	7	1	1	1
7225	부산 강서구	맞춤형비료 구입비 지원	252,000	농산과	1	6	7	8	7	1	1	1
7226	부산 강서구	토양개량제 공동살포 지원	26,160	농산과	1	2	7	8	7	1	1	1
7227	부산 강서구	유기질비료 지원	735,000	농산과	1	1	7	8	7	5	5	4
7228	부산 강서구	공공비축미곡 상차료 지원	7,000	농산과	1	4	7	8	7	1	1	1
7229	부산 강서구	도시농업 텃밭조성	57,000	농산과	1	1	7	8	7	1	1	1
7230	부산 강서구	고품질 쌀 생산 기반조성 공동방제 지원	40,000	농산과	1	4	7	8	7	1	1	3
7231	부산 강서구	평연왕겨 구입비 지원	25,000	농산과	1	4	7	8	7	1	1	1
7232	부산 강서구	미생물제제(액비) 지원사업	25,000	농산과	1	4	7	8	7	1	1	1
7233	부산 강서구	간이양수장 전기료 지원	21,000	농산과	1	1	7	8	7	1	1	3
7234	부산 강서구	양액재배농가 배지 지원	30,000	농산과	1	7	7	8	7	1	1	3
7235	부산 강서구	강서구 친환경 급식지원센터 정밀안전성검사비 지원	11,520	농산과	1	6	7	8	7	1	1	3
7236	부산 강서구	미생물제제 활용 원예작물 병충해 방제사업	40,000	농산과	1	6	7	8	7	1	1	3
7237	부산 강서구	친환경 농산물 재배단지 지원	40,000	농산과	1	6	7	8	7	1	1	3
7238	부산 강서구	친환경 농산물 인증비 지원	6,000	농산과	1	6	7	8	7	1	1	3
7239	부산 강서구	친환경 농산물 택배비 지원	24,000	농산과	1	6	7	8	7	1	1	3
7240	부산 강서구	친환경 과채류 시설재배 수정벌 지원	22,000	농산과	1	6	7	8	7	1	1	3

순번	시군구	지출명 (사업명)	2021년예산 (단위:천원/1년간)	담당자 (공무원) 담당부서	민간이전 분류 (지방자치단체 세출예산 집행기준에 의거) 1. 민간경상사업보조(307-02) 2. 민간단체 법정운영비보조(307-03) 3. 민간행사사업보조(307-04) 4. 민간위탁금(307-05) 5. 사회복지시설 법정운영비보조(307-10) 6. 민간인위탁교육비(307-12) 7. 공기관등에대한경상적위탁사업비(308-11) 8. 민간자본사업보조,자체재원(402-01) 9. 민간자본사업보조,이전재원(402-02) 10. 민간위탁사업비(402-03) 11. 공기관등에 대한 자본적 대행사업비(403-02)	민간이전지출 근거 (지방보조금 관리기준 참고) 1. 법률에 규정 2. 국고보조 재원(국가지정) 3. 용도 지정 기부금 4. 조례에 직접규정 5. 지자체가 권장하는 사업을 하는 공공기관 6. 시,도 정책 및 재정사정 7. 기타 8. 해당없음	입찰방식: 계약체결방법 (경쟁형태) 1. 일반경쟁 2. 제한경쟁 3. 지명경쟁 4. 수의계약 5. 법정위탁 6. 기타 ( ) 7. 해당없음	입찰방식: 계약기간 1. 1년 2. 2년 3. 3년 4. 4년 5. 5년 6. 기타 ( )년 7. 단기계약 (1년미만) 8. 해당없음	입찰방식: 낙찰자선정방법 1. 적격심사 2. 협상에의한계약 3. 최저가낙찰제 4. 규격가격분리 5. 2단계 경쟁입찰 6. 기타 ( ) 7. 해당없음	운영예산 산정: 운영예산 산정 1. 내부산정 (지자체 자체적으로 산정) 2. 외부산정 (외부전문기관위탁 산정) 3. 내·외부 모두 산정 4. 산정 無 5. 해당없음	운영예산 산정: 정산방법 1. 내부정산 (지자체 내부적으로 정산) 2. 외부정산 (외부전문기관위탁 정산) 3. 내·외부 모두 산정 4. 정산 無 5. 해당없음	성과평가 실시여부 1. 실시 2. 미실시 3. 향후 추진 4. 해당없음
7241	부산 강서구	과채류 시설재배 수정벌 지원	20,000	농산과	1	6	7	8	7	1	1	3
7242	부산 강서구	친환경인증농가 잡초방제용 시트지원	5,000	농산과	1	7	7	8	7	1	1	3
7243	부산 강서구	GAP인증 농가 안전성 검사비 지원	18,200	농산과	1	2	7	8	7	1	1	3
7244	부산 강서구	농산물 소포장재 지원사업	12,000	농산과	1	7	7	8	7	1	1	3
7245	부산 강서구	농산물 수출촉진자금 지원	125,000	농산과	1	1	7	8	7	1	1	3
7246	부산 강서구	수출원예(화훼·채소) 신품종 구입비 지원	20,700	농산과	1	1	7	8	7	1	1	3
7247	부산 강서구	원예육묘용 상토 구입비 지원	40,000	농산과	1	4	7	8	7	1	1	3
7248	부산 강서구	축산분뇨처리 사업	40,000	농산과	1	1	7	8	7	1	1	3
7249	부산 강서구	강서 쌀 포장재 지원	30,000	농산과	1	4	7	8	7	1	1	3
7250	부산 강서구	유기동물 입양비용 지원사업	300	농산과	1	2	7	8	7	1	1	4
7251	부산 강서구	사회적 약자 진료비 지원사업	450	농산과	1	4	7	8	7	1	1	4
7252	부산 연제구	양성평등 교육 및 행사지원	2,000	가정복지과	1	1	7	8	7	5	5	4
7253	부산 연제구	여성친화도시 조성	11,500	가정복지과	1	1	7	8	7	5	5	4
7254	부산 연제구	마을건강센터 운영	3,000	건강증진과	1	5	7	7	7	2	1	1
7255	부산 연제구	교통안전문화 추진단체 지원	5,000	교통행정과	1	1	7	8	7	1	1	1
7256	부산 연제구	국제교류 도시간 민간교류 지원	4,000	기획조정실	1	4	7	8	7	5	5	4
7257	부산 연제구	베이비플러스 사업	2,000	기획조정실	1	4	7	8	7	1	1	4
7258	부산 연제구	도시재생 뉴딜사업	20,000	도시재생과	1	4	7	8	7	5	5	4
7259	부산 연제구	마을공동체 활성화 공모사업	20,000	도시재생과	1	4	7	8	7	5	5	4
7260	부산 연제구	무형문화재 전수생 지원	7,050	문화체육과	1	4	7	8	7	5	5	2
7261	부산 연제구	연제문화원 문화학교 운영 지원	154,400	문화체육과	1	1	7	8	7	1	1	4
7262	부산 연제구	연제문화원 일반문화사업 지원	68,710	문화체육과	1	1	7	8	7	1	1	4
7263	부산 연제구	생활문화연합회 생활문화활성화 사업지원	3,000	문화체육과	1	1	7	8	7	5	1	4
7264	부산 연제구	어린이 체능교실 운영	3,400	문화체육과	1	1	7	8	7	1	1	2
7265	부산 연제구	청소년 체련교실 운영	2,860	문화체육과	1	1	7	8	7	1	1	2
7266	부산 연제구	주5일제 생활체육실천광장 운영	4,580	문화체육과	1	1	7	8	7	1	1	2
7267	부산 연제구	일반생활체육지도자 배치	173,808	문화체육과	1	1	7	8	7	1	1	1
7268	부산 연제구	어르신생활체육지도자 배치	28,968	문화체육과	1	1	7	8	7	1	1	1
7269	부산 연제구	일반어르신 생활체육지도자 처우개선	11,395	문화체육과	1	1	7	8	7	1	1	2
7270	부산 연제구	구 체육회 지원	12,300	문화체육과	1	1	7	8	7	1	1	2
7271	부산 연제구	장애인 생활체육교실 운영	2,000	문화체육과	1	1	7	8	7	1	1	2
7272	부산 연제구	국민체력100 사업	206,250	문화체육과	1	1	7	8	7	5	5	4
7273	부산 연제구	사회복지사협회 활동사업 지원	4,000	복지정책과	1	4	7	8	7	5	5	4
7274	부산 연제구	지역사회보장협의체 활성화 사업비	6,000	복지정책과	1	1	7	8	7	1	1	4
7275	부산 연제구	보훈단체 보훈활동 사업 지원	72,076	복지정책과	1	1	7	8	7	1	1	4
7276	부산 연제구	전통시장 화재공제 지원사업	3,832	일자리경제과	1	7	7	8	7	1	1	4
7277	부산 연제구	사회적기업 일자리창출사업 지원	728,000	일자리경제과	1	2	7	8	7	4	1	4
7278	부산 연제구	사회적기업 사회보험료 지원	140,000	일자리경제과	1	2	7	8	7	4	1	4
7279	부산 연제구	유기동물 입양비 지원	3,000	일자리경제과	1	1	7	8	7	1	1	4
7280	부산 연제구	농업인 재해안전 공제료 지원	600	일자리경제과	1	6	7	8	7	1	1	4
7281	부산 연제구	과일간식 지원사업	58,000	일자리경제과	1	1	7	8	7	5	5	4
7282	부산 연제구	도시텃밭(상자텃밭 등) 조성 지원사업	40,000	일자리경제과	1	1	7	8	7	5	5	4
7283	부산 연제구	생태학습형 학교텃밭 조성운영 지원사업	16,000	일자리경제과	1	1	7	8	7	5	5	4
7284	부산 연제구	장애인 어린이 텃밭 조성운영 지원사업	8,000	일자리경제과	1	1	7	8	7	5	5	4
7285	부산 연제구	어린이 텃밭학교 운영지원	25,000	일자리경제과	1	1	7	8	7	5	5	4
7286	부산 연제구	3대 효자텃밭 조성 지원사업	3,000	일자리경제과	1	1	7	8	7	5	5	4
7287	부산 연제구	범죄피해자 보호 지원	8,000	자치지원과	1	1	7	8	7	1	1	1
7288	부산 연제구	전국 새마을지도자대회 참가 지원	3,500	자치지원과	1	1	7	8	7	1	1	1
7289	부산 연제구	새마을지도자 한마음수련대회 지원	8,000	자치지원과	1	1	7	8	7	1	1	1
7290	부산 연제구	새마을운동 추진	40,100	자치지원과	1	1	7	8	7	1	1	1
7291	부산 연제구	전국 바르게살기대회 참가 지원	1,000	자치지원과	1	1	7	8	7	1	1	1

순번	시군구	지출명 (사업명)	2021년예산 (단위:천원/1년간)	담당자 (공무원) 담당부서	민간이전 분류 (지방자치단체 세출예산 집행기준에 의거) 1. 민간경상사업보조(307-02) 2. 민간단체 법정운영비보조(307-03) 3. 민간행사사업보조(307-04) 4. 민간위탁금(307-05) 5. 사회복지시설 법정운영비보조(307-10) 6. 민간인위탁교육비(307-12) 7. 공기관등에대한경상적위탁사업비(308-11) 8. 민간자본사업보조,자체재원(402-01) 9. 민간자본사업보조,이전재원(402-02) 10. 민간위탁사업비(402-03) 11. 공기관등에 대한 자본적 대행사업비(403-02)	민간이전지출 근거 (지방보조금 관리기준 참고) 1. 법률에 규정 2. 국고보조 재원(국가지정) 3. 용도 지정 기부금 4. 조례에 직접규정 5. 지자체가 권장하는 사업을 하는 공공기관 6. 시,도 정책 및 재정사정 7. 기타 8. 해당없음	입찰방식: 계약체결방법 (경쟁형태) 1. 일반경쟁 2. 제한경쟁 3. 지명경쟁 4. 수의계약 5. 법정위탁 6. 기타 ( ) 7. 해당없음	입찰방식: 계약기간 1. 1년 2. 2년 3. 3년 4. 4년 5. 5년 6. 기타 ( )년 7. 단기계약 (1년미만) 8. 해당없음	입찰방식: 낙찰자선정방법 1. 적격심사 2. 협상에의한계약 3. 최저가낙찰제 4. 규격가격분리 5. 2단계 경쟁입찰 6. 기타 ( ) 7. 해당없음	운영예산 산정: 운영예산 산정 1. 내부산정 (지자체 자체적으로 산정) 2. 외부산정 (외부전문기관위탁 산정) 3. 내·외부 모두 산정 4. 산정 無 5. 해당없음	운영예산 산정: 정산방법 1. 내부정산 (지자체 내부적으로 정산) 2. 외부정산 (외부전문기관위탁 정산) 3. 내·외부 모두 산정 4. 정산 無 5. 해당없음	성과평가 실시여부 1. 실시 2. 미실시 3. 향후 추진 4. 해당없음
7292	부산 연제구	바르게살기운동 활성화	24,000	자치지원과	1	1	7	8	7	1	1	1
7293	부산 연제구	자유민주주의 발전 지원	18,400	자치지원과	1	1	7	8	7	1	1	1
7294	부산 연제구	청년 역량 강화 및 봉사활동 지원	20,000	자치지원과	1	4	7	8	7	1	1	1
7295	부산 연제구	연제 여성아카데미 운영	22,390	평생교육과	1	1	6	1	7	1	1	1
7296	부산 연제구	연제 실버대학 운영	30,970	평생교육과	1	1	6	1	7	1	1	1
7297	부산 연제구	구청장 지정 평생학습센터 운영	24,000	평생교육과	1	1	6	1	7	1	1	1
7298	부산 연제구	새마을문고 도서구입 지원	15,200	평생교육과	1	1	6	1	7	1	1	1
7299	부산 연제구	국민독서경진대회 지원	7,500	평생교육과	1	1	6	1	7	1	1	1
7300	부산 연제구	연제 어린이 문학기행 지원	3,000	평생교육과	1	1	6	1	7	1	1	1
7301	부산 연제구	성인문해교육 운영	22,800	평생교육과	1	4	6	1	7	1	1	2
7302	부산 연제구	우수 평생학습동아리 지원사업	15,000	평생교육과	1	1	7	8	7	5	5	4
7303	부산 연제구	어린이 독서골든벨 운영	9,000	평생교육과	1	1	4	1	7	1	1	1
7304	부산 연제구	수학이랑 놀자 프로그램 운영	10,000	평생교육과	1	1	4	1	7	1	1	1
7305	부산 연제구	마을교육공동체 지원사업	15,000	평생교육과	1	4	7	8	7	5	5	4
7306	부산 연제구	자연보호 정화활동사업	1,500	환경위생과	1	1	7	8	7	3	3	1
7307	부산 수영구	주민 역량강화 프로그램 운영	90,000	창조도시교육추진단	1	1	7	8	7	5	5	4
7308	부산 수영구	성인문해교육 지원사업	10,000	창조도시교육추진단	1	2	7	8	7	5	5	4
7309	부산 수영구	어린이 원어민 영어캠프 운영	20,000	창조도시교육추진단	1	1	7	8	7	5	5	4
7310	부산 수영구	새마을운동 공익사업 지원	40,440	총무과	1	1	7	8	7	1	1	1
7311	부산 수영구	새마을단체 역량 강화 교육 지원	4,500	총무과	1	1	7	8	7	1	1	1
7312	부산 수영구	바르게살기운동 공익사업 지원	28,000	총무과	1	1	7	8	7	5	1	4
7313	부산 수영구	한국자유총연맹 공익사업 지원	21,200	총무과	1	1	7	8	7	5	1	4
7314	부산 수영구	민주평화통일자문회의 공익사업 지원	10,000	총무과	1	1	7	8	7	5	1	4
7315	부산 수영구	범죄피해자 보호 및 지원 사업	6,000	총무과	1	1	7	8	7	1	2	1
7316	부산 수영구	광안리 해변 이색화사업 지원	7,000	총무과	1	7	7	8	7	1	2	1
7317	부산 수영구	소외계층 지원 및 주민화합 사업 지원	12,500	총무과	1	7	7	8	7	1	2	1
7318	부산 수영구	자연보호의식 확산 및 실천사업 지원	5,500	총무과	1	1	7	8	7	1	2	1
7319	부산 수영구	해수욕장 정화 및 교통기초질서 확립사업 지원	3,500	총무과	1	1	7	8	7	1	2	1
7320	부산 수영구	민족통일 사회분위기 조성사업 지원	2,500	총무과	1	1	7	8	7	5	1	4
7321	부산 수영구	주민자치회 활성화 사업 지원	14,500	총무과	1	4	7	8	7	5	1	1
7322	부산 수영구	갈맷길 걷기대회 지원	7,000	총무과	1	4	7	8	7	1	1	4
7323	부산 수영구	부산시민체육대회 출전 지원	18,000	총무과	1	4	7	8	7	1	1	4
7324	부산 수영구	생활체육동호인 대항전 지원	25,000	총무과	1	4	7	8	7	1	1	4
7325	부산 수영구	시장기대회 출전 지원	6,000	총무과	1	4	7	8	7	1	1	4
7326	부산 수영구	구민체육 진흥 및 단체육성 지원	8,000	총무과	1	4	7	8	7	1	1	4
7327	부산 수영구	부산국제 장대높이뛰기대회 지원	23,000	총무과	1	4	7	8	7	1	1	4
7328	부산 수영구	전일제 생활체육지도자 배치운영	115,872	총무과	1	4	7	8	7	1	1	4
7329	부산 수영구	생활체육교실 운영	16,666	총무과	1	4	7	8	7	1	1	4
7330	부산 수영구	어린이 체능교실	3,400	총무과	1	4	7	8	7	1	1	4
7331	부산 수영구	청소년 체련교실	2,860	총무과	1	4	7	8	7	1	1	4
7332	부산 수영구	장수체육대학	3,600	총무과	1	4	7	8	7	1	1	4
7333	부산 수영구	어르신 생활체육지도자 배치운영	86,904	총무과	1	4	7	8	7	1	1	4
7334	부산 수영구	수영구체육회 운영	57,500	총무과	1	4	7	8	7	1	1	4
7335	부산 수영구	주5일제 생활체육 실천광장	4,580	총무과	1	4	7	8	7	1	1	4
7336	부산 수영구	수영구체육회 운영	28,445	총무과	1	4	7	8	7	1	1	4
7337	부산 수영구	전일제(일반·어르신) 생활체육지도자 처우개선	10,920	총무과	1	4	7	8	7	1	1	4
7338	부산 수영구	수영구 문화예술 지원	12,000	문화관광과	1	4	7	8	7	5	1	1
7339	부산 수영구	수영문예 발간 지원	8,000	문화관광과	1	4	7	8	7	5	1	1
7340	부산 수영구	수영문화원 사업비 지원	63,474	문화관광과	1	1	5	8	7	5	1	4
7341	부산 수영구	관광홍보 활동 지원	3,500	문화관광과	1	4	7	8	7	1	1	1
7342	부산 수영구	수영전통민속교류	16,000	문화관광과	1	1	7	8	7	1	1	1

순번	시군구	지출명 (사업명)	2021년예산 (단위:천원/1년간)	담당자 (공무원) 담당부서	민간이전 분류 (지방자치단체 세출예산 집행기준에 의거) 1. 민간경상사업보조(307-02) 2. 민간단체 법정운영비보조(307-03) 3. 민간행사사업보조(307-04) 4. 민간위탁금(307-05) 5. 사회복지시설 법정운영비보조(307-10) 6. 민간인위탁교육비(307-12) 7. 공기관등에대한경상적위탁사업비(308-11) 8. 민간자본사업보조,자체재원(402-01) 9. 민간자본사업보조,이전재원(402-02) 10. 민간위탁사업비(402-03) 11. 공기관등에 대한 자본적 대행사업비(403-02)	민간이전지출 근거 (지방보조금 관리기준 참고) 1. 법률에 규정 2. 국고보조 재원(국가지정) 3. 용도 지정 기부금 4. 조례에 직접규정 5. 지자체가 권장하는 사업을 하는 공공기관 6. 시,도 정책 및 재정사정 7. 기타 8. 해당없음	입찰방식 계약체결방법 (경쟁형태) 1. 일반경쟁 2. 제한경쟁 3. 지명경쟁 4. 수의계약 5. 법정위탁 6. 기타 ( ) 7. 해당없음	입찰방식 계약기간 1. 1년 2. 2년 3. 3년 4. 4년 5. 5년 6. 기타 ( )년 7. 단기계약 (1년미만) 8. 해당없음	입찰방식 낙찰자선정방법 1. 적격심사 2. 협상에의한계약 3. 최저가낙찰제 4. 규격가격분리 5. 2단계 경쟁입찰 6. 기타 ( ) 7. 해당없음	운영예산 산정 운영예산 산정 1. 내부산정 (지자체 자체적으로 산정) 2. 외부산정 (외부전문기관위탁 산정) 3. 내·외부 모두 산정 4. 산정 無 5. 해당없음	운영예산 산정 정산방법 1. 내부정산 (지자체 내부적으로 정산) 2. 외부정산 (외부전문기관위탁 정산) 3. 내·외부 모두 산정 4. 정산 無 5. 해당없음	성과평가 실시여부 1. 실시 2. 미실시 3. 향후 추진 4. 해당없음
7343	부산 수영구	수영전통민속예술제	6,500	문화관광과	1	1	7	8	7	1	1	1
7344	부산 수영구	수영민속공연 영상 및 사운드제작	10,000	문화관광과	1	1	7	8	7	1	1	1
7345	부산 수영구	향사비(최영장군)	500	문화관광과	1	1	7	8	7	1	1	1
7346	부산 수영구	전수교육관 활성화사업	50,000	문화관광과	1	1	7	8	7	2	1	1
7347	부산 수영구	수영사적공원 전통 상설공연 지원	15,000	문화관광과	1	1	7	8	7	1	1	1
7348	부산 수영구	지역문화재활용사업	50,000	문화관광과	1	1	7	8	7	2	1	1
7349	부산 수영구	보훈업무 추진	37,000	복지정책과	1	1	7	8	7	3	1	1
7350	부산 수영구	청소년지도사 배치 지원	23,208	복지정책과	1	7	1	5	1	1	1	1
7351	부산 수영구	고독사 예방사업지원	3,500	복지정책과	1	6	7	8	7	1	1	3
7352	부산 수영구	사회적기업 사회보험료 지원사업	12,000	일자리경제과	1	2	7	8	7	5	5	4
7353	부산 수영구	사회적경제조직 청년일자리 지원사업	237,690	일자리경제과	1	2	7	8	7	1	1	2
7354	부산 수영구	수영구 청년 창업둥지 사업	95,600	일자리경제과	1	2	7	8	7	1	1	1
7355	부산 수영구	전통시장 화재공제료 지원	6,156	일자리경제과	1	1	7	8	7	1	1	2
7356	부산 수영구	의료기관 결핵관리지원	70,658	보건행정과	1	2	7	8	6	3	3	1
7357	부산 수영구	동 당제비 지원	800	남천1동	1	4	7	8	7	1	1	1
7358	부산 수영구	동 당제비 지원	800	수영동	1	4	7	8	7	1	1	1
7359	부산 수영구	동 당제비 지원	800	광안4동	1	4	7	8	7	1	1	1
7360	부산 수영구	동 당제비 지원	800	민락동	1	4	7	8	7	1	1	1
7361	부산 사상구	새마을운동 공익사업 지원	39,900	자치행정과	1	1	7	8	7	1	1	1
7362	부산 사상구	바르게살기운동 공익사업 지원	23,020	자치행정과	1	1	7	8	7	1	1	1
7363	부산 사상구	한국자유총연맹 자유민주주의 역량강화	14,300	자치행정과	1	1	7	8	7	1	1	1
7364	부산 사상구	평화통일 기반 조성	13,000	자치행정과	1	1	7	8	7	1	1	4
7365	부산 사상구	통일안보 교육사업	2,700	자치행정과	1	8	7	1	6	5	1	1
7366	부산 사상구	생활체육분야 재능나눔사업	1,500	자치행정과	1	1	1	1	1	1	1	1
7367	부산 사상구	범죄예방 및 선도활동	9,000	자치행정과	1	4	1	1	1	1	1	1
7368	부산 사상구	범죄피해자 지원	8,000	자치행정과	1	1	7	1	1	1	1	1
7369	부산 사상구	자연보호활동 지원	10,000	자치행정과	1	4	1	1	1	1	1	1
7370	부산 사상구	전일제 생활체육지도자 배치	115,872	문화체육과	1	1	7	8	7	1	1	1
7371	부산 사상구	어르신 체육활동 지원	86,904	문화체육과	1	1	7	8	7	1	1	1
7372	부산 사상구	사상구체육회 사업 지원	23,640	문화체육과	1	1	7	8	7	1	1	1
7373	부산 사상구	장애인생활체육교실 지원	2,000	문화체육과	1	1	7	8	7	1	1	1
7374	부산 사상구	생활체육교실 운영	16,666	문화체육과	1	1	7	8	7	1	1	1
7375	부산 사상구	주5일제 생활체육실천광장	4,580	문화체육과	1	1	7	8	7	1	1	1
7376	부산 사상구	장수체육대학	3,600	문화체육과	1	1	7	8	7	1	1	1
7377	부산 사상구	청소년 체련교실	2,860	문화체육과	1	1	7	8	7	1	1	1
7378	부산 사상구	어린이 체능교실	3,400	문화체육과	1	1	7	8	7	1	1	1
7379	부산 사상구	부산시민체육대회 지원	18,000	문화체육과	1	1	7	8	7	1	1	1
7380	부산 사상구	수상레포츠 체험교실 지원	17,300	문화체육과	1	1	7	8	7	1	1	1
7381	부산 사상구	(사)신나는 사상스포츠클럽 관리자 지원	30,000	문화체육과	1	2	7	8	7	2	1	3
7382	부산 사상구	국민체력100 체력인증센터 사업비	41,250	문화체육과	1	2	7	8	7	2	1	3
7383	부산 사상구	문화학교 운영	18,000	문화체육과	1	6	7	8	7	1	1	1
7384	부산 사상구	생활문화 프로그램 운영 지원	25,000	문화체육과	1	4	7	8	7	1	1	1
7385	부산 사상구	문화예술인 단체·동아리 지원	26,500	문화체육과	1	7	7	8	7	1	1	1
7386	부산 사상구	사상문화원 육성 지원	24,000	문화체육과	1	4	7	8	7	1	1	1
7387	부산 사상구	사상문화원 사업 지원	35,225	문화체육과	1	4	7	8	7	1	1	1
7388	부산 사상구	운수사 재난방지시설 유지관리	27,000	문화체육과	1	2	4	1	1	1	1	1
7389	부산 사상구	사상9人의사 추모제 지원	1,500	문화체육과	1	4	7	8	7	1	1	1
7390	부산 사상구	청년창업오피스 in sasang 사업	43,750	일자리경제과	1	2	7	1	7	1	1	1
7391	부산 사상구	밝은 내일 인 사상 프로젝트	100,000	일자리경제과	1	2	7	8	7	1	1	1
7392	부산 사상구	밝은 내일 인 사상 프로젝트	12,000	일자리경제과	1	2	7	8	7	1	1	1
7393	부산 사상구	사회적기업 지원	631,000	일자리경제과	1	2	7	8	7	1	1	1

순번	시군구	지출명 (사업명)	2021년예산 (단위:천원/1년간)	담당자 (공무원) 담당부서	민간이전 분류 (지방자치단체 세출예산 집행기준에 의거) 1. 민간경상사업보조(307-02) 2. 민간단체 법정운영비보조(307-03) 3. 민간행사사업보조(307-04) 4. 민간위탁금(307-05) 5. 사회복지시설 법정운영비보조(307-10) 6. 민간인위탁교육비(307-12) 7. 공기관등에대한경상적위탁사업비(308-11) 8. 민간자본사업보조,자체재원(402-01) 9. 민간자본사업보조,이전재원(402-02) 10. 민간위탁사업비(402-03) 11. 공기관등에 대한 자본적 대행사업비(403-02)	민간이전지출 근거 (지방보조금 관리기준 참고) 1. 법률에 규정 2. 국고보조 재원(국가지정) 3. 용도 지정 기부금 4. 조례에 직접규정 5. 지자체가 권장하는 사업을 하는 공공기관 6. 시,도 정책 및 재정사정 7. 기타 8. 해당없음	입찰방식 계약체결방법 (경쟁형태) 1. 일반경쟁 2. 제한경쟁 3. 지명경쟁 4. 수의계약 5. 법정위탁 6. 기타 ( ) 7. 해당없음	입찰방식 계약기간 1. 1년 2. 2년 3. 3년 4. 4년 5. 5년 6. 기타 ( )년 7. 단기계약 (1년미만) 8. 해당없음	입찰방식 낙찰자선정방법 1. 적격심사 2. 협상에의한계약 3. 최저가낙찰제 4. 규격가격분리 5. 2단계 경쟁입찰 6. 기타 ( ) 7. 해당없음	운영예산 산정 운영예산 산정 1. 내부산정 (지자체 자체적으로 산정) 2. 외부산정 (외부전문기관위탁 산정) 3. 내·외부 모두 산정 4. 산정 無 5. 해당없음	운영예산 산정 정산방법 1. 내부정산 (지자체 내부적으로 정산) 2. 외부정산 (외부전문기관위탁 정산) 3. 내·외부 모두 산정 4. 정산 無 5. 해당없음	성과평가 실시여부 1. 실시 2. 미실시 3. 향후 추진 4. 해당없음
7394	부산 사상구	사회적기업 사회보험료 지원	10,000	일자리경제과	1	2	7	8	7	1	1	1
7395	부산 사상구	유기질비료 지원	1,360	일자리경제과	1	2	7	8	7	1	1	4
7396	부산 사상구	유기동물 입양비용 지원	3,000	일자리경제과	1	6	7	8	7	1	1	1
7397	부산 사상구	도시농업 텃밭 조성사업	29,000	일자리경제과	1	4	7	8	7	1	1	1
7398	부산 사상구	내수면 외래 유해어종 퇴치 수매사업	13,000	일자리경제과	1	6	7	8	7	1	1	1
7399	부산 사상구	초등돌봄교실 과일간식지원	54,720	일자리경제과	1	2	7	8	7	1	1	4
7400	부산 사상구	사회적약자 반려동물 진료비 지원	1,500	일자리경제과	1	6	7	8	7	1	1	1
7401	부산 사상구	소형어선 유류비 지원 사업	10,000	일자리경제과	1	6	7	8	7	1	1	1
7402	부산 사상구	골목형 전통시장 매니저 지원사업	48,000	일자리경제과	1	1	7	8	7	5	2	1
7403	부산 사상구	교통안전 및 기초질서계도 활동	5,000	교통행정과	1	4	7	8	7	5	5	4
7404	부산 사상구	보훈의식 선양사업	37,334	복지정책과	1	4	7	8	7	1	1	1
7405	부산 사상구	한부모아동 힐링캠프	2,500	복지정책과	1	7	7	8	7	5	5	4
7406	부산 사상구	다문화모녀 성장학교	2,100	복지정책과	1	7	7	8	7	5	5	4
7407	부산 사상구	부설노인대학 프로그램	2,200	노인장애인복지과	1	1	7	8	7	5	1	1
7408	부산 사상구	노인건강교실	800	노인장애인복지과	1	1	7	8	7	5	1	1
7409	부산 사상구	한마음대축제	3,000	노인장애인복지과	1	1	7	8	7	5	5	4
7410	부산 사상구	장애인의 날 기념행사	3,000	노인장애인복지과	1	1	7	8	7	5	5	4
7411	부산 사상구	발달장애청소년 재활사업 지원	1,500	노인장애인복지과	1	1	7	8	7	5	5	4
7412	부산 사상구	청소년참여위원회 운영	2,800	아동청소년과	1	1	7	8	7	5	1	1
7413	부산 사상구	청소년지도협의회 활동 지원	2,000	아동청소년과	1	4	7	8	7	5	1	1
7414	부산 사상구	청소년수련시설 운영위원회 운영 지원	2,000	아동청소년과	1	1	7	8	7	5	1	1
7415	부산 사상구	청소년방과후아카데미 운영 지원	164,042	아동청소년과	1	1	7	8	7	5	1	1
7416	부산 사상구	청소년방과후아카데미 종사자 지원	5,880	아동청소년과	1	1	7	8	7	5	1	1
7417	부산 사상구	청소년어울림마당 운영 지원	19,100	아동청소년과	1	1	7	8	7	5	1	1
7418	부산 사상구	청소년 동아리 활동 운영 지원	26,550	아동청소년과	1	1	7	8	7	5	1	1
7419	부산 사상구	청소년지도사 배치지원	23,208	아동청소년과	1	1	7	8	7	5	1	1
7420	부산 사상구	청소년유해환경감시단 운영 지원	3,400	아동청소년과	1	1	7	8	7	5	1	1
7421	부산 사상구	사례관리	178	아동청소년과	1	1	7	8	7	5	1	1
7422	부산 사상구	청소년공부방 운영 지원사업	40,000	아동청소년과	1	1	7	8	7	5	1	1
7423	부산 사상구	학교 밖 청소년 지원사업	84,517	아동청소년과	1	1	7	8	7	5	1	1
7424	부산 사상구	학교 밖 청소년 급식비 지원	7,647	아동청소년과	1	1	7	8	7	5	1	1
7425	부산 사상구	학교 밖(기회청소년) 교통비 지원	12,000	아동청소년과	1	1	7	8	7	5	1	1
7426	부산 사상구	평생교육 협력기관 공모사업	20,000	평생교육과	1	1	7	8	7	5	5	4
7427	부산 사상구	성인문해교육 지원사업	20,259	평생교육과	1	2	7	8	7	5	5	4
7428	부산 사상구	평생학습동아리 공모사업	20,000	평생교육과	1	1	7	8	7	5	5	4
7429	부산 사상구	작은도서관 지원	10,000	평생교육과	1	4	7	8	7	1	1	2
7430	부산 사상구	점자도서관 운영 지원	190,000	평생교육과	1	4	7	8	7	5	5	4
7431	부산 사상구	사상구 마을공동체 역량강화 공모사업	10,000	도시재생과	1	4	7	8	7	1	1	1
7432	부산 사상구	도시재생대학 운영	30,000	도시재생과	1	7	1	7	6	1	1	1
7433	부산 사상구	주민공모사업 운영	10,000	도시재생과	1	7	1	7	6	1	1	1
7434	부산 사상구	민간의료기관 결핵전담간호사 인건비, 운영비 등	35,650	보건행정과	1	2	7	8	7	1	1	4
7435	부산 사상구	정신재활시설 프로그램 지원	11,510	건강증진과	1	6	7	8	7	5	5	4
7436	부산 사상구	정신재활시설 수급자 생계비	19,000	건강증진과	1	2	7	8	7	5	5	4
7437	부산 사상구	마을건강 주민조직화사업	6,000	건강증진과	1	6	7	8	7	4	5	1
7438	부산 사상구	통합정신건강증진사업	30,800	건강증진과	1	2	7	8	7	5	5	4
7439	부산 기장군	사회단체 지원	95,400	행정지원과	1	4	1	1	7	1	1	1
7440	부산 기장군	새마을 기장군지회 지원	12,000	행정지원과	1	1	4	1	7	1	1	1
7441	부산 기장군	전국 새마을지도자대회 지원	3,000	행정지원과	1	1	4	1	7	1	1	1
7442	부산 기장군	정보화마을 프로그램관리자 육성	15,309	미래전략과	1	7	7	7	7	5	1	1
7443	부산 기장군	정보화마을 프로그램관리자 육성	4,210	미래전략과	1	7	7	7	7	5	1	1
7444	부산 기장군	지역인재 양성 및 교육협력 사업	1,266	인재양성과	1	1	7	8	7	5	5	4

순번	시군구	지출명 (사업명)	2021년예산 (단위:천원/1년간)	담당자 (공무원) 담당부서	민간이전 분류 (지방자치단체 세출예산 집행기준에 의거) 1. 민간경상사업보조(307-02) 2. 민간단체 법정운영비보조(307-03) 3. 민간행사사업보조(307-04) 4. 민간위탁금(307-05) 5. 사회복지시설 법정운영비보조(307-10) 6. 민간인위탁교육비(307-12) 7. 공기관등에대한경상적위탁사업비(308-11) 8. 민간자본사업보조,자체재원(402-01) 9. 민간자본사업보조,이전재원(402-02) 10. 민간위탁사업비(402-03) 11. 공기관등에 대한 자본적 대행사업비(403-02)	민간이전지출 근거 (지방보조금 관리기준 참고) 1. 법률에 규정 2. 국고보조 재원(국가지정) 3. 용도 지정 기부금 4. 조례에 직접규정 5. 지자체가 권장하는 사업을 하는 공공기관 6. 시,도 정책 및 재정사정 7. 기타 8. 해당없음	입찰방식 계약체결방법 (경쟁형태) 1. 일반경쟁 2. 제한경쟁 3. 지명경쟁 4. 수의계약 5. 법정위탁 6. 기타 ( ) 7. 해당없음	입찰방식 계약기간 1. 1년 2. 2년 3. 3년 4. 4년 5. 5년 6. 기타 ( )년 7. 단기계약 (1년미만) 8. 해당없음	입찰방식 낙찰자선정방법 1. 적격심사 2. 협상에의한계약 3. 최저가낙찰제 4. 규격가격분리 5. 2단계 경쟁입찰 6. 기타 ( ) 7. 해당없음	운영예산 산정 운영예산 산정 1. 내부산정 (지자체 자체적으로 산정) 2. 외부산정 (외부전문기관위탁 산정) 3. 내·외부 모두 산정 4. 산정 無 5. 해당없음	운영예산 산정 정산방법 1. 내부정산 (지자체 내부적으로 정산) 2. 외부정산 (외부전문기관위탁 정산) 3. 내·외부 모두 산정 4. 정산 無 5. 해당없음	성과평가 실시여부 1. 실시 2. 미실시 3. 향후 추진 4. 해당없음
7445	부산 기장군	청소년 육성 업무 운영	98,000	인재양성과	1	7	6	1	6	3	3	1
7446	부산 기장군	새마을문고 활성화 지원사업	70,000	도서관과	1	4	7	8	7	1	1	4
7447	부산 기장군	평생학습 우수동아리 지원	10,000	도서관과	1	7	7	8	7	1	1	4
7448	부산 기장군	보훈단체 및 회원 지원	91,260	복지정책과	1	1	7	8	7	1	1	1
7449	부산 기장군	노인복지업무 운영	32,800	행복나눔과	1	1	7	8	7	1	1	4
7450	부산 기장군	경로당 환경개선 사업 지원	100,000	행복나눔과	1	1	7	8	7	1	1	4
7451	부산 기장군	장애인 부모회 운영	10,000	행복나눔과	1	1	7	8	7	1	1	1
7452	부산 기장군	장애인협회 운영	13,500	행복나눔과	1	1	7	8	7	1	1	1
7453	부산 기장군	문화예술 활동 지원	106,000	문화관광과	1	1	7	8	7	5	5	4
7454	부산 기장군	지방 문화원 사업활동 및 운영비 지원	35,000	문화관광과	1	4	5	8	7	1	1	4
7455	부산 기장군	생활체육교실 운영	16,667	문화관광과	1	4	7	8	7	5	1	2
7456	부산 기장군	어르신 생활체육지도자 배치	81,864	문화관광과	1	4	7	8	7	5	1	2
7457	부산 기장군	일반생활체육지도자 배치	109,152	문화관광과	1	4	7	8	7	5	1	2
7458	부산 기장군	일반 어르신 생활체육지도자 처우개선	10,920	문화관광과	1	4	7	8	7	5	1	2
7459	부산 기장군	기장군체육회 지원	55,000	문화관광과	1	4	7	8	7	5	1	2
7460	부산 기장군	그라운드골프협회지원	21,840	문화관광과	1	4	7	8	7	5	5	4
7461	부산 기장군	기장군 리틀야구단	15,000	문화관광과	1	4	7	8	7	5	5	4
7462	부산 기장군	기장군축구협회 지원	10,000	문화관광과	1	4	7	8	7	5	5	4
7463	부산 기장군	문화재 방재시설 유지관리 지원	20,000	문화관광과	1	1	7	8	7	1	1	2
7464	부산 기장군	기장향교 화재보험료 지원	600	문화관광과	1	1	7	8	7	1	1	2
7465	부산 기장군	향교충효교실 운영	52,000	문화관광과	1	1	7	8	7	1	1	2
7466	부산 기장군	향교충효교실 운영(추가군비)	13,000	문화관광과	1	1	7	8	7	1	1	2
7467	부산 기장군	향교춘추기 석전제례 지원	6,000	문화관광과	1	1	7	8	7	1	1	2
7468	부산 기장군	향교 기로연 재현 행사지원	6,000	문화관광과	1	1	7	8	7	1	1	2
7469	부산 기장군	지역 일자리 창출 사업	100,000	일자리경제과	1	4	7	7	7	1	1	1
7470	부산 기장군	모다(多)-일 청년인턴지원 사업	431,300	일자리경제과	1	2	7	8	7	5	5	1
7471	부산 기장군	청년 Dream 창업지원 사업	60,000	일자리경제과	1	2	7	8	7	5	5	1
7472	부산 기장군	사회적기업 육성	360,000	일자리경제과	1	2	7	7	7	1	1	1
7473	부산 기장군	사회적기업 사회보험료 지원	12,000	일자리경제과	1	2	7	7	7	1	1	1
7474	부산 기장군	시장경영바우처지원사업 시장매니저 지원	4,800	일자리경제과	1	1	7	8	7	5	2	1
7475	부산 기장군	상수원보호구역 내 주민지원	533,216	환경위생과	1	1	7	8	7	5	5	4
7476	부산 기장군	야생동물 피해예방사업	3,000	환경위생과	1	1	7	8	7	5	5	4
7477	부산 기장군	식중독 예방 및 위생관리	5,000	환경위생과	1	4	7	8	7	1	1	1
7478	부산 기장군	식중독 예방 및 위생관리	3,000	환경위생과	1	4	7	8	7	1	1	1
7479	부산 기장군	토양개량제 지원	39,399	친환경농업과	1	2	7	8	7	5	5	4
7480	부산 기장군	토양개량제 공동살포 지원	11,500	친환경농업과	1	2	7	8	7	5	5	4
7481	부산 기장군	유기질비료 지원	763,354	친환경농업과	1	2	7	8	7	5	5	4
7482	부산 기장군	맞춤형비료 지원	204,000	친환경농업과	1	1	7	8	7	5	5	4
7483	부산 기장군	벼육묘용 상토공급 지원	40,000	친환경농업과	1	4	7	8	7	5	5	4
7484	부산 기장군	고추 육묘용 상토 공급 지원	7,000	친환경농업과	1	4	7	8	7	5	5	4
7485	부산 기장군	고품질 고추 모종 지원사업	15,000	친환경농업과	1	4	7	8	7	5	5	4
7486	부산 기장군	배 작목반 농약지원	21,000	친환경농업과	1	4	7	8	7	5	5	4
7487	부산 기장군	시설원예 맞춤형 농자재지원	42,000	친환경농업과	1	4	7	8	7	5	5	4
7488	부산 기장군	폐비닐 수거지원	15,000	친환경농업과	1	1	7	8	7	5	5	4
7489	부산 기장군	농업경영인 육성	20,000	친환경농업과	1	4	7	8	7	5	5	4
7490	부산 기장군	청년 농업인 영농정착 지원사업	107,400	친환경농업과	1	2	7	8	7	5	5	4
7491	부산 기장군	농가부담 경감	80,000	친환경농업과	1	4	7	8	7	5	5	4
7492	부산 기장군	원예(화훼)용 상토구입비 지원	50,000	친환경농업과	1	4	7	8	7	5	5	4
7493	부산 기장군	원예 표준규격 박스 지원	25,000	친환경농업과	1	4	7	8	7	5	5	4
7494	부산 기장군	배작목반 봉지 지원	24,500	친환경농업과	1	4	7	8	7	5	5	4
7495	부산 기장군	추곡수매 매입 지원	70,000	친환경농업과	1	4	7	8	7	5	5	4

순번	시군구	지출명 (사업명)	2021년예산 (단위:천원/1년간)	담당자 (공무원) 담당부서	민간이전 분류 (지방자치단체 세출예산 집행기준에 의거) 1. 민간경상사업보조(307-02) 2. 민간단체 법정운영비보조(307-03) 3. 민간행사사업보조(307-04) 4. 민간위탁금(307-05) 5. 사회복지시설 법정운영비보조(307-10) 6. 민간인위탁교육비(307-12) 7. 공기관등에대한경상적위탁사업비(308-11) 8. 민간자본사업보조,자체재원(402-01) 9. 민간자본사업보조,이전재원(402-02) 10. 민간위탁사업비(402-03) 11. 공기관등에 대한 자본적 대행사업비(403-02)	민간이전지출 근거 (지방보조금 관리기준 참고) 1. 법률에 규정 2. 국고보조 재원(국가지정) 3. 용도 지정 기부금 4. 조례에 직접규정 5. 지자체가 권장하는 사업을 하는 공공기관 6. 시,도 정책 및 재정사정 7. 기타 8. 해당없음	입찰방식: 계약체결방법 (경쟁형태) 1. 일반경쟁 2. 제한경쟁 3. 지명경쟁 4. 수의계약 5. 법정위탁 6. 기타 ( ) 7. 해당없음	입찰방식: 계약기간 1. 1년 2. 2년 3. 3년 4. 4년 5. 5년 6. 기타 ( )년 7. 단기계약 (1년미만) 8. 해당없음	입찰방식: 낙찰자선정방법 1. 적격심사 2. 협상에의한계약 3. 최저가낙찰제 4. 규격가격분리 5. 2단계 경쟁입찰 6. 기타 ( ) 7. 해당없음	운영예산 산정: 운영예산 산정 1. 내부산정 (지자체 자체적으로 산정) 2. 외부산정 (외부전문기관위탁 산정) 3. 내·외부 모두 산정 4. 산정 無 5. 해당없음	운영예산 산정: 정산방법 1. 내부정산 (지자체 내부적으로 정산) 2. 외부정산 (외부전문기관위탁 정산) 3. 내·외부 모두 산정 4. 정산 無 5. 해당없음	성과평가 실시여부 1. 실시 2. 미실시 3. 향후 추진 4. 해당없음
7496	부산 기장군	벼 육묘 지원사업	20,000	친환경농업과	1	4	7	8	7	5	5	4
7497	부산 기장군	농작물 병해충 드론 방제 지원사업	5,000	친환경농업과	1	4	7	8	7	5	5	4
7498	부산 기장군	생분해성 멀칭비닐 지원사업	15,000	친환경농업과	1	4	7	8	7	5	5	4
7499	부산 기장군	화훼농가 포트지원	25,000	친환경농업과	1	4	7	8	7	5	5	4
7500	부산 기장군	철마 연꽃단지 운영 지원	25,000	친환경농업과	1	8	7	8	7	5	5	4
7501	부산 기장군	산지한방약초 체험텃밭 조성지 관리 지원	6,000	친환경농업과	1	8	7	8	7	5	5	4
7502	부산 기장군	기장군 어린이 공영텃밭	15,000	친환경농업과	1	8	7	8	7	5	5	4
7503	부산 기장군	3대 명절문화 및 손모내기(탈곡) 등 전통 농경문화 복원사업	30,000	친환경농업과	1	6	7	8	7	5	5	4
7504	부산 기장군	옥상(상자)텃밭 등 조성 지원	28,200	친환경농업과	1	6	7	8	7	5	5	4
7505	부산 기장군	구청장(군수)가 교장되는 어린이 텃밭학교 운영지원	25,000	친환경농업과	1	6	7	8	7	5	5	4
7506	부산 기장군	도시농업공동체 활성화 지원	10,000	친환경농업과	1	8	7	8	7	5	5	4
7507	부산 기장군	친환경 농업용 자재 지원	48,000	친환경농업과	1	4	7	8	7	5	5	4
7508	부산 기장군	친환경농산물 재배단지 조성	20,000	친환경농업과	1	4	7	8	7	5	5	4
7509	부산 기장군	친환경인증 농산물 택배비 지원	6,000	친환경농업과	1	4	7	8	7	5	5	4
7510	부산 기장군	친환경농산물 인증비 지원	4,000	친환경농업과	1	4	7	8	7	5	5	4
7511	부산 기장군	친환경 농산물 인증비 지원	25,000	친환경농업과	1	4	7	8	7	5	5	4
7512	부산 기장군	친환경농산물급식지원센터 정밀안전성 검사비 지원	11,520	친환경농업과	1	1	7	8	7	5	5	4
7513	부산 기장군	친환경 과채류 시설재배 지원	8,000	친환경농업과	1	4	7	8	7	5	5	4
7514	부산 기장군	초등돌봄교실 과일간식 지원 시범사업	67,056	친환경농업과	1	1	7	8	7	5	5	4
7515	부산 기장군	농산물 명품 브랜드화 사업	230,000	친환경농업과	1	4	7	8	7	5	5	4
7516	부산 기장군	축산분뇨처리사업 지원	68,000	친환경농업과	1	6	7	8	7	5	5	4
7517	부산 기장군	축산업 육성	11,000	친환경농업과	1	4	7	8	7	1	1	2
7518	부산 기장군	조사료 운반비 지원	20,000	친환경농업과	1	4	7	8	7	5	5	4
7519	부산 기장군	한우작목반 발효사료 자재 지원	40,000	친환경농업과	1	4	7	8	7	5	5	4
7520	부산 기장군	양봉작목반 자재 지원사업	15,000	친환경농업과	1	4	7	8	7	5	5	4
7521	부산 기장군	양봉작목반 홍보 지원	3,000	친환경농업과	1	4	7	8	7	5	5	4
7522	부산 기장군	학생승마체험 지원사업	212,260	친환경농업과	1	2	2	1	1	3	3	2
7523	부산 기장군	유소년 승마단 창단·운영 지원사업	80,000	친환경농업과	1	2	2	1	1	3	3	2
7524	부산 기장군	유기동물 분양 확대	5,000	친환경농업과	1	2	7	8	7	5	5	4
7525	부산 기장군	사회적약자 반려동물 진료비 지원	1,500	친환경농업과	1	4	7	8	7	5	5	4
7526	부산 기장군	양식어장 로프지원	200,000	해양수산과	1	1	7	8	7	1	1	3
7527	부산 기장군	양식기반시설 조성	60,000	해양수산과	1	1	7	8	7	1	1	4
7528	부산 기장군	배합사료 사용 시범양식장 지원	288,000	해양수산과	1	1	7	8	7	1	1	4
7529	부산 기장군	나잠어업인 잠수복지원 사업	67,680	해양수산과	1	1	7	8	7	1	1	4
7530	부산 기장군	동암항 어촌뉴딜 300 사업	21,870	해양수산과	1	1	7	8	7	1	1	3
7531	부산 기장군	불가사리 구제	15,000	해양수산과	1	4	7	8	7	1	1	4
7532	부산 기장군	어촌계장 선진지 견학	20,000	해양수산과	1	4	7	8	7	5	5	4
7533	부산 기장군	어업인 유류비 지원	420,000	해양수산과	1	4	7	8	7	1	1	4
7534	부산 기장군	수산업경영인 행사 지원	15,000	해양수산과	1	4	7	8	7	5	5	4
7535	부산 기장군	어선어업자 어구 지원	100,000	해양수산과	1	1	7	8	7	1	1	3
7536	부산 기장군	기장멸치 생산력 강화 지원	80,000	해양수산과	1	1	7	8	7	1	1	3
7537	부산 기장군	나잠어업인 선진지 견학	8,000	해양수산과	1	4	7	8	7	1	1	3
7538	부산 기장군	어촌체험마을 사무장 채용 지원	21,870	해양수산과	1	2	7	8	7	5	1	4
7539	부산 기장군	지리적표시제 포장재 지원사업	30,000	해양수산과	1	4	7	8	7	1	1	2
7540	부산 기장군	유해생물구제사업(적조방제)	30,000	해양수산과	1	1	7	8	7	1	1	4
7541	부산 기장군	고수온대응지원사업	200,000	해양수산과	1	1	7	8	7	1	1	4
7542	부산 기장군	민간환경감시기구 인건비	485,600	원전안전과	1	1	7	8	7	5	1	4
7543	부산 기장군	민간환경감시기구 운영비	168,000	원전안전과	1	1	7	8	7	5	1	4
7544	부산 기장군	공공사회복지	310,179	원전안전과	1	1	1	8	3	1	1	4
7545	부산 기장군	기장군 모범운전자회 사업 지원	18,000	선진교통과	1	4	7	1	1	5	5	4
7546	부산 기장군	공동주택관리 지원	980,000	창조건축과	1	4	7	8	7	5	5	4

순번	시군구	지출명 (사업명)	2021년예산 (단위:천원/1년간)	담당자 (공무원) 담당부서	민간이전 분류 (지방자치단체 세출예산 집행기준에 의거) 1. 민간경상사업보조(307-02) 2. 민간단체 법정운영비보조(307-03) 3. 민간행사사업보조(307-04) 4. 민간위탁금(307-05) 5. 사회복지시설 법정운영비보조(307-10) 6. 민간인위탁교육비(307-12) 7. 공기관등에대한경상적위탁사업비(308-11) 8. 민간자본사업보조,자체재원(402-01) 9. 민간자본사업보조,이전재원(402-02) 10. 민간위탁사업비(402-03) 11. 공기관등에 대한 자본적 대행사업비(403-02)	민간이전지출 근거 (지방보조금 관리기준 참고) 1. 법률에 규정 2. 국고보조 재원(국가지정) 3. 용도 지정 기부금 4. 조례에 직접규정 5. 지자체가 권장하는 사업을 하는 공공기관 6. 시,도 정책 및 재정사정 7. 기타 8. 해당없음	입찰방식 계약체결방법 (경쟁형태) 1. 일반경쟁 2. 제한경쟁 3. 지명경쟁 4. 수의계약 5. 법정위탁 6. 기타 ( ) 7. 해당없음	입찰방식 계약기간 1. 1년 2. 2년 3. 3년 4. 4년 5. 5년 6. 기타 ( )년 7. 단기계약 (1년미만) 8. 해당없음	입찰방식 낙찰자선정방법 1. 적격심사 2. 협상에의한계약 3. 최저가낙찰제 4. 규격가격분리 5. 2단계 경쟁입찰 6. 기타 ( ) 7. 해당없음	운영예산 산정 운영예산 산정 1. 내부산정 (지자체 자체적으로 산정) 2. 외부산정 (외부전문기관위탁 산정) 3. 내·외부 모두 산정 4. 산정 無 5. 해당없음	운영예산 산정 정산방법 1. 내부정산 (지자체 내부적으로 정산) 2. 외부정산 (외부전문기관위탁 정산) 3. 내·외부 모두 산정 4. 정산 無 5. 해당없음	성과평가 실시여부 1. 실시 2. 미실시 3. 향후 추진 4. 해당없음
7547	부산 기장군	의료기관 결핵환자 관리지원	35,329	보건행정과	1	2	7	8	7	4	1	2
7548	부산 기장군	취약지역 응급의료기관 운영 지원	500,000	보건행정과	1	1	7	1	7	1	1	4
7549	부산 기장군	농업전문인력육성	44,000	농업기술센터	1	4	7	8	7	1	1	3
7550	부산 기장군	주민 복지 지원	30,000	장안읍	1	4	6	7	7	1	1	3
7551	울산광역시	보건소 결핵관리사업	79,728	감염병관리과	1	1	7	8	7	2	1	2
7552	울산광역시	결핵관리사업지원	79,000	감염병관리과	1	1	7	8	7	1	1	2
7553	울산광역시	한센관리사업 지원	57,700	감염병관리과	1	1	7	8	7	1	1	2
7554	울산광역시	울산건축문화제	90,000	건축주택과	1	4	6	8	7	3	1	1
7555	울산광역시	화물운수종사자 연수	16,000	교통기획과	1	1	5	1	7	1	1	4
7556	울산광역시	화물운수사업자 교육	50,000	교통기획과	1	1	5	1	7	1	1	4
7557	울산광역시	한우 브랜드 생산 우수농가 지원	8,000	농축산과	1	1	7	8	7	3	1	1
7558	울산광역시	축산농가 해외 선진지 견학 지원	20,000	농축산과	1	1	7	8	7	3	1	1
7559	울산광역시	귀표부착비 지원	143,694	농축산과	1	2	7	8	7	5	5	4
7560	울산광역시	바른 식생활 교육 지원	260,000	농축산과	1	2	4	1	1	1	1	1
7561	울산광역시	농식품 소비정책강화 지원사업	20,000	농축산과	1	2	4	1	1	1	1	1
7562	울산광역시	울산광역시 미술대전	40,000	문화예술과	1	4	7	8	7	5	5	4
7563	울산광역시	생태공원 상설조각전	20,000	문화예술과	1	4	7	8	7	5	5	4
7564	울산광역시	울산문학집 발간	28,000	문화예술과	1	4	7	8	7	5	5	4
7565	울산광역시	울산문학상 및 올해의 작품상	20,000	문화예술과	1	4	7	8	7	5	5	4
7566	울산광역시	울산문학 신인문학상	8,900	문화예술과	1	4	7	8	7	5	5	4
7567	울산광역시	울산광역시 사진대전	22,000	문화예술과	1	4	7	8	7	5	5	4
7568	울산광역시	전국사진촬영대회	12,000	문화예술과	1	4	7	8	7	5	5	4
7569	울산광역시	사진써클연합회 합동전시회	13,000	문화예술과	1	4	7	8	7	5	5	4
7570	울산광역시	울산광역시 건축대전	20,000	문화예술과	1	4	7	8	7	5	5	4
7571	울산광역시	울산광역시 서예대전	20,000	문화예술과	1	4	7	8	7	5	5	4
7572	울산광역시	울산수석연합회원전	15,000	문화예술과	1	4	7	8	7	5	5	4
7573	울산광역시	전국 서예문인화 대전	13,000	문화예술과	1	4	7	8	7	5	5	4
7574	울산광역시	울산 다향제	10,000	문화예술과	1	4	7	8	7	5	5	4
7575	울산광역시	전국 서예 교류전	10,000	문화예술과	1	4	7	8	7	5	5	4
7576	울산광역시	울산난 명품전 개최	6,000	문화예술과	1	4	7	8	7	5	5	4
7577	울산광역시	울산시조집 발간	5,000	문화예술과	1	4	7	8	7	5	5	4
7578	울산광역시	시조동인지 운문시대 발간	3,500	문화예술과	1	4	7	8	7	5	5	4
7579	울산광역시	변방동인지 발간	3,500	문화예술과	1	4	7	8	7	5	5	4
7580	울산광역시	처용수필 발간	3,500	문화예술과	1	4	7	8	7	5	5	4
7581	울산광역시	울산수필 발간	3,500	문화예술과	1	4	7	8	7	5	5	4
7582	울산광역시	전국시조백일장	3,000	문화예술과	1	4	7	8	7	5	5	4
7583	울산광역시	반년간지 울산작가 발간	15,000	문화예술과	1	4	7	8	7	5	5	4
7584	울산광역시	6대 광역시·제주도 문화교류	20,000	문화예술과	1	4	7	8	7	5	5	4
7585	울산광역시	울산예술 계간지 발간	40,000	문화예술과	1	4	7	8	7	5	5	4
7586	울산광역시	울산광역시 국악한마당	10,000	문화예술과	1	4	7	8	7	5	5	4
7587	울산광역시	울산 전국국악경연대회	50,000	문화예술과	1	4	7	8	7	5	5	4
7588	울산광역시	울산 TOP 가요쇼	70,000	문화예술과	1	4	7	8	7	5	5	4
7589	울산광역시	문화의 날 및 문화원의 날 기념행사	20,000	문화예술과	1	4	7	8	7	5	5	4
7590	울산광역시	울산학춤보존회 정기공연	10,000	문화예술과	1	4	7	8	7	5	5	4
7591	울산광역시	태화강 어쿼스틱 뮤직 캠핑	15,000	문화예술과	1	4	7	8	7	5	5	4
7592	울산광역시	울산민족예술지 발간	15,000	문화예술과	1	4	7	8	7	5	5	4
7593	울산광역시	처용국악관현악단 정기연주회	80,000	문화예술과	1	4	7	8	7	5	5	4
7594	울산광역시	숲속 콘서트	50,000	문화예술과	1	4	7	8	7	5	5	4
7595	울산광역시	대한민국연극제 참가	25,000	문화예술과	1	4	7	8	7	5	5	4
7596	울산광역시	울산의 유산 제작	120,000	문화예술과	1	4	7	8	7	5	5	4
7597	울산광역시	울산국제매직컨벤션	20,000	문화예술과	1	4	7	8	7	5	5	4

순번	시군구	지출명 (사업명)	2021년예산 (단위:천원/1년간)	담당자 (공무원)	민간이전 분류 (지방자치단체 세출예산 집행기준에 의거)	민간이전지출 근거 (지방보조금 관리기준 참고)	입찰방식			운영예산 산정		성과평가 실시여부
				담당부서	1. 민간경상사업보조(307-02) 2. 민간단체 법정운영비보조(307-03) 3. 민간행사사업보조(307-04) 4. 민간위탁금(307-05) 5. 사회복지시설 법정운영비보조(307-10) 6. 민간인위탁교육비(307-12) 7. 공기관등에대한경상적위탁사업비(308-11) 8. 민간자본사업보조,자체재원(402-01) 9. 민간자본사업보조,이전재원(402-02) 10. 민간위탁사업비(402-03) 11. 공기관등에 대한 자본적 대행사업비(403-02)	1. 법률에 규정 2. 국고보조 재원(국가지정) 3. 용도 지정 기부금 4. 조례에 직접규정 5. 지자체가 권장하는 사업을 하는 공공기관 6. 시,도 정책 및 재정사정 7. 기타 8. 해당없음	계약체결방법 (경쟁형태) 1. 일반경쟁 2. 제한경쟁 3. 지명경쟁 4. 수의계약 5. 법정위탁 6. 기타 ( ) 7. 해당없음	계약기간 1. 1년 2. 2년 3. 3년 4. 4년 5. 5년 6. 기타 ( )년 7. 단기계약 (1년미만) 8. 해당없음	낙찰자선정방법 1. 적격심사 2. 협상에의한계약 3. 최저가낙찰제 4. 규격가격분리 5. 2단계 경쟁입찰 6. 기타 ( ) 7. 해당없음	운영예산 산정 1. 내부산정 (지자체 자체적으로 산정) 2. 외부산정 (외부전문기관위탁 산정) 3. 내·외부 모두 산정 4. 산정 無 5. 해당없음	정산방법 1. 내부정산 (지자체 내부적으로 정산) 2. 외부정산 (외부전문기관위탁 정산) 3. 내·외부 모두 산정 4. 정산 無 5. 해당없음	1. 실시 2. 미실시 3. 향후 추진 4. 해당없음
7598	울산광역시	차문화 한마당	50,000	문화예술과	1	4	7	8	7	5	5	4
7599	울산광역시	전국청소년연극제 참가	7,000	문화예술과	1	4	7	8	7	5	5	4
7600	울산광역시	울산 챔버오케스트라 정기연주회	5,000	문화예술과	1	4	7	8	7	5	5	4
7601	울산광역시	태화강 전국 연날리기 대회	25,000	문화예술과	1	4	7	8	7	5	5	4
7602	울산광역시	우리동네 가수왕 선발대회	70,000	문화예술과	1	4	7	8	7	5	5	4
7603	울산광역시	문예아카데미 운영	10,000	문화예술과	1	4	7	8	7	5	5	4
7604	울산광역시	시민과 함께 그리는 아름다운 우리 울산	100,000	문화예술과	1	4	7	8	7	5	5	4
7605	울산광역시	행복한 마음나눔 토크쇼	70,000	문화예술과	1	4	7	8	7	5	5	4
7606	울산광역시	문화관광체육 육성 사업	700,000	문화예술과	1	4	7	8	7	5	5	4
7607	울산광역시	전문예술법인 단체·육성지원	200,000	문화예술과	1	4	7	8	7	5	5	4
7608	울산광역시	울산무용제	25,000	문화예술과	1	4	7	8	7	5	5	4
7609	울산광역시	전국무용제 참가	25,000	문화예술과	1	4	7	8	7	5	5	4
7610	울산광역시	울산 전국무용경연대회	12,000	문화예술과	1	4	7	8	7	5	5	4
7611	울산광역시	야외가족음악회	30,000	문화예술과	1	4	7	8	7	5	5	4
7612	울산광역시	클래식 음악제	30,000	문화예술과	1	4	7	8	7	5	5	4
7613	울산광역시	울산 태화강 합창제	6,000	문화예술과	1	4	7	8	7	5	5	4
7614	울산광역시	울산연극제	29,000	문화예술과	1	4	7	8	7	5	5	4
7615	울산광역시	울산청소년연극제	10,000	문화예술과	1	4	7	8	7	5	5	4
7616	울산광역시	울산 재즈페스티벌	20,000	문화예술과	1	4	7	8	7	5	5	4
7617	울산광역시	오페라 공연	65,000	문화예술과	1	4	7	8	7	5	5	4
7618	울산광역시	그자리 그다리 향수 콘서트	60,000	문화예술과	1	4	7	8	7	5	5	4
7619	울산광역시	태화강국가정원 플래시몹 페스티벌	50,000	문화예술과	1	4	7	8	7	5	5	4
7620	울산광역시	스트리트 댄싱 페스티벌	100,000	문화예술과	1	4	7	8	7	5	5	4
7621	울산광역시	시 지정공예업체 개발 생산장려금 지원	45,000	문화예술과	1	4	7	8	7	5	5	4
7622	울산광역시	울산광역시공예품대전 개최 지원	43,000	문화예술과	1	4	7	8	7	5	5	4
7623	울산광역시	대한민국공예품대전 및 전국 전시판매전 참가	28,000	문화예술과	1	4	7	8	7	5	5	4
7624	울산광역시	영호남 공예품 교류 판매전 지원	2,000	문화예술과	1	4	7	8	7	5	5	4
7625	울산광역시	송년 제야행사	250,000	문화예술과	1	1	7	8	7	5	5	4
7626	울산광역시	팔색(色) 향토 음식문화 대잔치	90,000	문화예술과	1	1	7	8	7	5	5	4
7627	울산광역시	신춘문예공모	40,000	문화예술과	1	4	7	8	7	5	5	4
7628	울산광역시	아트울산	100,000	문화예술과	1	4	7	8	7	5	5	4
7629	울산광역시	울산 록 페스티벌	150,000	문화예술과	1	4	7	8	7	5	5	4
7630	울산광역시	예루하종합문화예술제	250,000	문화예술과	1	4	7	8	7	5	5	4
7631	울산광역시	울산전국사진공모전	15,000	문화예술과	1	4	7	8	7	5	5	4
7632	울산광역시	전국 수석대전	20,000	문화예술과	1	4	7	8	7	5	5	4
7633	울산광역시	한중미술교류전	10,000	문화예술과	1	4	7	8	7	5	5	4
7634	울산광역시	지역문화예술작품 해외공연	50,000	문화예술과	1	4	7	8	7	5	5	4
7635	울산광역시	국악예술강사 풀제사업	405,040	문화예술과	1	4	7	8	7	5	5	4
7636	울산광역시	울산 연등축제	200,000	문화예술과	1	4	7	8	7	5	5	4
7637	울산광역시	울산 서머페스티벌	700,000	문화예술과	1	4	7	8	7	5	5	4
7638	울산광역시	울산예술제	280,000	문화예술과	1	4	7	8	7	5	5	4
7639	울산광역시	태화강 국제설치미술제	240,000	문화예술과	1	4	7	8	7	5	5	4
7640	울산광역시	청소년 콘서트 울림	100,000	문화예술과	1	4	7	8	7	5	5	4
7641	울산광역시	고복수 가요제	190,000	문화예술과	1	4	7	8	7	5	5	4
7642	울산광역시	태화강 대숲 납량축제	250,000	문화예술과	1	4	7	8	7	5	5	4
7643	울산광역시	금요문화마당 어울림	70,000	문화예술과	1	4	7	8	7	5	5	4
7644	울산광역시	전국 비보이 페스티벌	100,000	문화예술과	1	4	7	8	7	5	5	4
7645	울산광역시	국어 사용 실태 조사	10,000	문화예술과	1	4	7	8	7	5	5	4
7646	울산광역시	울산 단편영화제 지원	70,000	문화예술과	1	1	7	8	7	5	5	4
7647	울산광역시	아름다운 이야기할머니 사업 지원	336,360	문화예술과	1	1	7	8	7	5	5	4
7648	울산광역시	외솔 한글 한마당	570,000	문화예술과	1	1	7	8	7	5	5	4

순번	시군구	지출명 (사업명)	2021년예산 (단위:천원/1년간)	담당자 (공무원) 담당부서	민간이전 분류 (지방자치단체 세출예산 집행기준에 의거) 1. 민간경상사업보조(307-02) 2. 민간단체 법정운영비보조(307-03) 3. 민간행사사업보조(307-04) 4. 민간위탁금(307-05) 5. 사회복지시설 법정운영비보조(307-10) 6. 민간인위탁교육비(307-12) 7. 공기관등에대한경상적위탁사업비(308-11) 8. 민간자본사업보조,자체재원(402-01) 9. 민간자본사업보조,이전재원(402-02) 10. 민간위탁사업비(402-03) 11. 공기관등에 대한 자본적 대행사업비(403-02)	민간이전지출 근거 (지방보조금 관리기준 참고) 1. 법률에 규정 2. 국고보조 재원(국가지정) 3. 용도 지정 기부금 4. 조례에 직접규정 5. 지자체가 권장하는 사업을 하는 공공기관 6. 시,도 정책 및 재정사정 7. 기타 8. 해당없음	입찰방식 계약체결방법 (경쟁형태) 1. 일반경쟁 2. 제한경쟁 3. 지명경쟁 4. 수의계약 5. 법정위탁 6. 기타 ( ) 7. 해당없음	입찰방식 계약기간 1. 1년 2. 2년 3. 3년 4. 4년 5. 5년 6. 기타 ( )년 7. 단기계약 (1년미만) 8. 해당없음	입찰방식 낙찰자선정방법 1. 적격심사 2. 협상에의한계약 3. 최저가낙찰제 4. 규격가격분리 5. 2단계 경쟁입찰 6. 기타 ( ) 7. 해당없음	운영예산 산정 운영예산 산정 1. 내부산정 (지자체 자체적으로 산정) 2. 외부산정 (외부전문기관위탁 산정) 3. 내·외부 모두 산정 4. 산정 無 5. 해당없음	운영예산 산정 정산방법 1. 내부정산 (지자체 내부적으로 정산) 2. 외부정산 (외부전문기관위탁 정산) 3. 내·외부 모두 산정 4. 정산 無 5. 해당없음	성과평가 실시여부 1. 실시 2. 미실시 3. 향후 추진 4. 해당없음
7649	울산광역시	청소년 인성교육	5,000	문화예술과	1	4	7	8	7	5	5	4
7650	울산광역시	전국 시조 경창대회	13,000	문화예술과	1	4	7	8	7	5	5	4
7651	울산광역시	향토사보집 발간	5,500	문화예술과	1	4	7	8	7	5	5	4
7652	울산광역시	울산민족예술제 육성	150,000	문화예술과	1	4	7	8	7	5	5	4
7653	울산광역시	전통사찰 음식문화 한마당	20,000	문화예술과	1	4	7	8	7	5	5	4
7654	울산광역시	토요문화기행	33,000	문화예술과	1	4	7	8	7	5	5	4
7655	울산광역시	울산 문화연구지 발간	15,000	문화예술과	1	4	7	8	7	5	5	4
7656	울산광역시	한국민속예술축제	41,000	문화예술과	1	4	7	8	7	5	5	4
7657	울산광역시	박상진의사 선양사업	40,000	문화예술과	1	4	7	8	7	5	5	4
7658	울산광역시	박상진 의사 순국 100주년 기념사업	105,000	문화예술과	1	4	7	8	7	5	5	4
7659	울산광역시	오영수 문학제	95,000	문화예술과	1	4	7	8	7	5	5	4
7660	울산광역시	서덕출 창작동요제	50,000	문화예술과	1	4	7	8	7	5	5	4
7661	울산광역시	서덕출 문학상	60,000	문화예술과	1	4	7	8	7	5	5	4
7662	울산광역시	외솔 최현배선생 우리말 글짓기 대회	40,000	문화예술과	1	4	7	8	7	5	5	4
7663	울산광역시	박상진 의사 순국 100주년 다큐멘터리 제작	100,000	문화예술과	1	4	7	8	7	5	5	4
7664	울산광역시	국가 및 시도지정 문화재 유지관리(광역사업	644,584	문화예술과	1	4	7	8	7	5	5	4
7665	울산광역시	정원스토리페어	100,000	생태정원과	1	4	7	8	7	1	1	1
7666	울산광역시	어서와! 태화강 백리대숲은 처음이지	50,000	생태정원과	1	4	7	8	7	1	1	1
7667	울산광역시	태화강 종이배 경주대회	80,000	생태정원과	1	4	7	8	7	1	1	1
7668	울산광역시	커피향을 담은 억새밭 걷기	50,000	생태정원과	1	4	7	8	7	1	1	1
7669	울산광역시	태화강 백리대숲 이야기가 있는 답사	70,000	생태정원과	1	4	7	8	7	1	1	1
7670	울산광역시	백리대숲 구석구석 알리기	50,000	생태정원과	1	4	7	8	7	1	1	1
7671	울산광역시	통합건강증진지원단운영	60,000	시민건강과	1	1	6	2	7	4	1	1
7672	울산광역시	심뇌혈관질환예방관리	69,412	시민건강과	1	1	6	2	7	4	1	1
7673	울산광역시	지역암센터	193,000	시민건강과	1	2	6	8	7	5	2	1
7674	울산광역시	암생존자통합지지센터	200,000	시민건강과	1	2	6	8	7	5	2	1
7675	울산광역시	전통시장만들기	100,000	시민건강과	1	6	6	2	6	1	1	1
7676	울산광역시	유아흡연예방 교육	40,000	시민건강과	1	4	6	1	6	1	1	1
7677	울산광역시	어린이 흡연피해예방 아동극공연	40,000	시민건강과	1	4	6	1	6	1	1	1
7678	울산광역시	모자보건 지원사업	12,290	시민건강과	1	2	6	1	6	1	1	1
7679	울산광역시	유축기 및 영유아용품 무료대여사업	19,740	시민건강과	1	2	6	1	6	1	1	1
7680	울산광역시	구강보건 불소도포 사업	40,000	시민건강과	1	2	6	1	6	1	1	1
7681	울산광역시	구강보건의 날 행사 지원	13,000	시민건강과	1	6	6	1	6	1	1	1
7682	울산광역시	취약계층 구강건강증진 사업	10,000	시민건강과	1	6	6	1	6	1	1	1
7683	울산광역시	구강진료센터 진료비(재료비) 지원	182,500	시민건강과	1	2	6	1	6	1	1	1
7684	울산광역시	구강진료센터 운영비 지원	100,000	시민건강과	1	2	6	1	6	1	1	1
7685	울산광역시	자살예방실무자 등 정신건강증진	32,000	시민건강과	1	2	5	3	1	1	1	1
7686	울산광역시	감정노동자를 위한 생명존중사업	30,000	시민건강과	1	6	6	1	6	1	1	1
7687	울산광역시	위생업소 경영개선 지원사업	50,000	식의약안전과	1	1	7	8	7	1	1	1
7688	울산광역시	응급의료기관 평가결과 보조금	727,000	식의약안전과	1	1	7	8	7	3	3	3
7689	울산광역시	소아전용응급실 지원육성	144,000	식의약안전과	1	1	7	8	7	3	3	3
7690	울산광역시	응급의료지원센터 운영비	183,400	식의약안전과	1	1	7	8	7	3	3	3
7691	울산광역시	이동응급의료세트 차량운영	8,000	식의약안전과	1	1	7	8	7	3	1	1
7692	울산광역시	재난응급의료 무선통신망 운영비	15,349	식의약안전과	1	1	7	8	7	3	3	3
7693	울산광역시	재난거점병원 운영지원	63,400	식의약안전과	1	1	7	8	7	3	3	3
7694	울산광역시	무료 한방의료봉사 지원사업	4,000	식의약안전과	1	1	7	8	7	3	1	1
7695	울산광역시	심폐소생술 등 응급처치 교육비	162,000	식의약안전과	1	2	7	8	7	3	3	3
7696	울산광역시	울산권역 닥터-카 운영지원	20,000	식의약안전과	1	7	7	8	7	1	1	3
7697	울산광역시	식중독예방진단 컨설팅	20,000	식의약안전과	1	1	7	8	7	3	1	1
7698	울산광역시	국가산단 소규모 영세사업장 안전컨설팅 지원	16,000	원자력산업안전과	1	4	7	8	7	5	5	4
7699	울산광역시	지방산단 기업체 안전진단 지원사업	20,000	원자력산업안전과	1	4	7	8	7	5	5	4

순번	시군구	지출명 (사업명)	2021년예산 (단위:천원/1년간)	담당자 (공무원) 담당부서	민간이전 분류 (지방자치단체 세출예산 집행기준에 의거) 1. 민간경상사업보조(307-02) 2. 민간단체 법정운영비보조(307-03) 3. 민간행사사업보조(307-04) 4. 민간위탁금(307-05) 5. 사회복지시설 법정운영비보조(307-10) 6. 민간인위탁교육비(307-12) 7. 공기관등에대한경상적위탁사업비(308-11) 8. 민간자본사업보조,자체재원(402-01) 9. 민간자본사업보조,이전재원(402-02) 10. 민간위탁사업비(402-03) 11. 공기관등에 대한 자본적 대행사업비(403-02)	민간이전지출 근거 (지방보조금 관리기준 참고) 1. 법률에 규정 2. 국고보조 재원(국가지정) 3. 용도 지정 기부금 4. 조례에 직접규정 5. 지자체가 권장하는 사업을 하는 공공기관 6. 시,도 정책 및 재정사정 7. 기타 8. 해당없음	입찰방식 계약체결방법 (경쟁형태) 1. 일반경쟁 2. 제한경쟁 3. 지명경쟁 4. 수의계약 5. 법정위탁 6. 기타 ( ) 7. 해당없음	입찰방식 계약기간 1. 1년 2. 2년 3. 3년 4. 4년 5. 5년 6. 기타 ( )년 7. 단기계약 (1년미만) 8. 해당없음	입찰방식 낙찰자선정방법 1. 적격심사 2. 협상에의한계약 3. 최저가낙찰제 4. 규격가격분리 5. 2단계 경쟁입찰 6. 기타 ( ) 7. 해당없음	운영예산 산정 운영예산 산정 1. 내부산정 (지자체 자체적으로 산정) 2. 외부산정 (외부전문기관위탁 산정) 3. 내·외부 모두 산정 4. 산정 無 5. 해당없음	운영예산 산정 정산방법 1. 내부정산 (지자체 내부적으로 정산) 2. 외부정산 (외부전문기관위탁 정산) 3. 내·외부 모두 산정 4. 정산 無 5. 해당없음	성과평가 실시여부 1. 실시 2. 미실시 3. 향후 추진 4. 해당없음
7700	울산광역시	범죄피해자 인권보호 및 피해구제 지원사업	63,000	인권담당관	1	4	7	8	7	1	1	2
7701	울산광역시	부울경 비즈니스라운지 운영사업	80,000	일자리경제과	1	7	7	8	7	1	1	1
7702	울산광역시	지역산업맞춤형 일자리창출 지원사업	5,500	일자리경제과	1	2	7	8	7	5	3	1
7703	울산광역시	해오름동맹 대학과 도시의 상생발전 지원	8,000	일자리경제과	1	7	7	8	7	1	1	3
7704	울산광역시	울산경제포럼	40,000	일자리경제과	1	7	7	8	7	1	1	3
7705	울산광역시	울산청년 취업역량강화 패키지 멘토지원	50,000	일자리경제과	1	7	7	1	7	1	1	1
7706	울산광역시	지역중소기업 R&D 산업인턴 지원사업	150,000	일자리경제과	1	2	7	1	7	1	1	1
7707	울산광역시	대학일자리센터 운영	175,000	일자리경제과	1	2	7	1	7	1	1	1
7708	울산광역시	울산청년JUMP페스티벌	100,000	일자리경제과	1	7	7	1	7	1	1	1
7709	울산광역시	신중년 사회공헌활동 지원사업	161,673	일자리경제과	1	2	7	8	7	1	1	4
7710	울산광역시	신중년경력활용 일자리지원	840,000	일자리경제과	1	2	7	8	7	1	1	4
7711	울산광역시	1회용품 사용 감축 방송 프로그램 제작	100,000	자원순환과	1	5	7	1	7	3	1	4
7712	울산광역시	장애인종합복지관 운영	4,110	장애인복지과	1	4	5	5	6	3	3	1
7713	울산광역시	시각장애인복지관 운영	1,575	장애인복지과	1	4	5	5	6	3	3	1
7714	울산광역시	장애인종합복지관 기능보강	25,620	장애인복지과	1	4	5	5	6	3	3	1
7715	울산광역시	시각장애인복지관 기능보강	20,000	장애인복지과	1	4	5	5	6	3	3	1
7716	울산광역시	재난심리회복지원센터 운영지원	92,000	재난관리과	1	2	7	8	7	1	1	4
7717	울산광역시	전국체전 종목별 경기장 공.승인	32,000	전국체전기획단	1	4	7	8	7	5	5	4
7718	울산광역시	장애인정보화교육기관 지원	84,096	정보화담당관	1	2	6	1	6	3	1	1
7719	울산광역시	중소기업인 해외시장 개척 및 경영기술 연수	30,000	중소벤처기업과	1	1	7	8	7	1	1	2
7720	울산광역시	중소기업 경영혁신 역량강화 아카데미	10,000	중소벤처기업과	1	1	7	8	7	1	1	2
7721	울산광역시	상인연합회 운영지원	24,800	중소벤처기업과	1	2	7	1	7	1	1	1
7722	울산광역시	지역민방활용 전통시장 홍보	30,000	중소벤처기업과	1	2	7	1	7	3	1	1
7723	울산광역시	전통시장 우수상품 전시회	70,000	중소벤처기업과	1	2	7	1	7	1	1	1
7724	울산광역시	초기창업패키지 지원사업	300,000	중소벤처기업과	1	2	7	8	7	1	1	1
7725	울산광역시	창업보육센터 운영 지원	40,000	중소벤처기업과	1	2	7	8	7	1	1	1
7726	울산광역시	행정동우회 공익사업 지원	30,000	총무과	1	1	7	8	7	1	1	4
7727	울산광역시	바다 속 폐기물 수거사업	120,000	해양항만수산과	1	1	7	8	7	5	5	4
7728	울산광역시	해양레저스포츠 체험교실	30,000	해양항만수산과	1	2	4	1	2	1	1	1
7729	울산광역시	어업용기자재이동수리소운영	62,000	해양항만수산과	1	2	1	7	5	1	1	1
7730	울산광역시	수산물 유통정보지 구입 지원	3,360	해양항만수산과	1	4	7	8	7	1	1	1
7731	울산광역시	창업어가 멘토링 지원사업	6,000	해양항만수산과	1	2	7	8	7	5	1	4
7732	울산광역시	수산업경영인 대회 지원	20,000	해양항만수산과	1	4	7	8	7	1	1	1
7733	울산광역시	철새인식전환사업	29,925	환경생태과	1	6	6	1	6	1	1	2
7734	울산광역시	울산 생물다양성탐사	50,000	환경생태과	1	6	6	1	6	1	1	2
7735	울산광역시	생태관광지역 지정 육성사업	86,000	환경생태과	1	2	6	1	6	1	1	2
7736	울산광역시	청소년 기후변화포럼 운영	50,000	환경생태과	1	6	5	1	7	1	1	1
7737	울산광역시	저탄소생활 실천사업 지원	150,000	환경생태과	1	6	5	1	7	1	1	1
7738	울산광역시	저탄소생활 실천운동 및 온실가스 컨설팅 지원	120,000	환경생태과	1	2	5	1	7	1	1	1
7739	울산광역시	기후변화 교육사업 지원	80,000	환경생태과	1	2	5	1	7	1	1	1
7740	울산광역시	동해안특선음식맛보기	70,000	관광진흥과	1	2	7	8	7	1	1	3
7741	울산광역시	과학영재 인력양성	50,000	미래신산업과	1	2	7	8	7	5	1	1
7742	울산광역시	생활과학교실 지원	100,000	미래신산업과	1	2	7	8	7	5	1	1
7743	울산광역시	이공분야 대학중점연구소 후속지원사업	70,000	미래신산업과	1	2	7	8	7	5	1	1
7744	울산광역시	과학기술문화 장려사업	30,000	미래신산업과	1	5	7	8	7	5	1	1
7745	울산광역시	사회맞춤형 산학협력 선도대학 육성사업	220,000	미래신산업과	1	2	7	8	7	5	2	1
7746	울산광역시	공학교육혁신센터 지원	20,000	미래신산업과	1	2	7	8	7	5	2	1
7747	울산광역시	지식재산 창출 및 창업 지원	1,000	미래신산업과	1	2	7	8	7	5	1	1
7748	울산광역시	울산 4차산업혁명 미래박람회 개최	300,000	미래신산업과	1	7	7	8	7	1	1	4
7749	울산광역시	울산드론미션대회 개최	90,000	미래신산업과	1	7	7	8	7	1	1	4
7750	울산광역시	시 체육회 사업지원	8,079	체육지원과	1	1	7	8	7	5	5	4

순번	시군구	지출명 (사업명)	2021년예산 (단위:천원/1년간)	담당자 (공무원) 담당부서	민간이전 분류 (지방자치단체 세출예산 집행기준에 의거) 1. 민간경상사업보조(307-02) 2. 민간단체 법정운영비보조(307-03) 3. 민간행사사업보조(307-04) 4. 민간위탁금(307-05) 5. 사회복지시설 법정운영비보조(307-10) 6. 민간인위탁교육비(307-12) 7. 공기관등에대한경상적위탁사업비(308-11) 8. 민간자본사업보조,자체재원(402-01) 9. 민간자본사업보조,이전재원(402-02) 10. 민간위탁사업비(402-03) 11. 공기관등에 대한 자본적 대행사업비(403-02)	민간이전지출 근거 (지방보조금 관리기준 참고) 1. 법률에 규정 2. 국고보조 재원(국가지정) 3. 용도 지정 기부금 4. 조례에 직접규정 5. 지자체가 권장하는 사업을 하는 공공기관 6. 시,도 정책 및 재정사정 7. 기타 8. 해당없음	입찰방식 계약체결방법 (경쟁형태) 1. 일반경쟁 2. 제한경쟁 3. 지명경쟁 4. 수의계약 5. 법정위탁 6. 기타 ( ) 7. 해당없음	입찰방식 계약기간 1. 1년 2. 2년 3. 3년 4. 4년 5. 5년 6. 기타 ( )년 7. 단기계약 (1년미만) 8. 해당없음	입찰방식 낙찰자선정방법 1. 적격심사 2. 협상에의한계약 3. 최저가낙찰제 4. 규격가격분리 5. 2단계 경쟁입찰 6. 기타 ( ) 7. 해당없음	운영예산 산정 운영예산 산정 1. 내부산정 (지자체 자체적으로 산정) 2. 외부산정 (외부전문기관위탁 산정) 3. 내·외부 모두 산정 4. 산정 無 5. 해당없음	운영예산 산정 정산방법 1. 내부정산 (지자체 내부적으로 정산) 2. 외부정산 (외부전문기관위탁 정산) 3. 내·외부 모두 산정 4. 정산 無 5. 해당없음	성과평가 실시여부 1. 실시 2. 미실시 3. 향후 추진 4. 해당없음
7751	울산광역시	축구대회 지원	25,000	체육지원과	1	4	7	8	7	5	5	4
7752	울산광역시	야구대회 지원	67,000	체육지원과	1	4	7	8	7	5	5	4
7753	울산광역시	농구대회 지원	2,000	체육지원과	1	4	7	8	7	5	5	4
7754	울산광역시	전국 꿈나무 아쿠아슬론 대회	12,000	체육지원과	1	4	7	8	7	5	5	4
7755	울산광역시	영남알프스 산악대회	60,000	체육지원과	1	4	7	8	7	5	5	4
7756	울산광역시	영남알프스 전국산악대회	300,000	체육지원과	1	4	7	8	7	5	5	4
7757	울산광역시	전국 탁구대회	20,000	체육지원과	1	4	7	8	7	5	5	4
7758	울산광역시	전국 동호인 테니스 대회	20,000	체육지원과	1	4	7	8	7	5	5	4
7759	울산광역시	프로킥복싱 국제대회	35,000	체육지원과	1	4	7	8	7	5	5	4
7760	울산광역시	수상스포츠 체험교실	50,000	체육지원과	1	4	7	8	7	5	5	4
7761	울산광역시	태화강 전국 생활체육 조정 카누대회	40,000	체육지원과	1	4	7	8	7	5	5	4
7762	울산광역시	프로야구 울산경기 지원 및 시 홍보사업	100,000	체육지원과	1	1	7	8	7	5	5	4
7763	울산광역시	시장배대회 개최	367,000	체육지원과	1	4	7	8	7	5	5	4
7764	울산광역시	전국 생활체육대회 개최	90,000	체육지원과	1	4	7	8	7	5	5	4
7765	울산광역시	전국생활체육대축전 참가	303,100	체육지원과	1	4	7	8	7	5	5	4
7766	울산광역시	시민생활체육대축전	170,000	체육지원과	1	4	7	8	7	5	5	4
7767	울산광역시	해오름 생활체육대축전	30,000	체육지원과	1	4	7	8	7	5	5	4
7768	울산광역시	대학체육동아리 활성화 지원	30,000	체육지원과	1	4	7	8	7	5	5	4
7769	울산광역시	7330 자원봉사단 운영	8,000	체육지원과	1	4	7	8	7	5	5	4
7770	울산광역시	학교체육시설개방 및 학교 스포츠클럽 운영	52,350	체육지원과	1	4	7	8	7	5	5	4
7771	울산광역시	울산광역시 OB축구대회	20,000	체육지원과	1	4	7	8	7	5	5	4
7772	울산광역시	협회장배대회 개최	68,700	체육지원과	1	4	7	8	7	5	5	4
7773	울산광역시	전국대회 종목별 참가	85,500	체육지원과	1	4	7	8	7	5	5	4
7774	울산광역시	어르신 전국대회 참가	18,000	체육지원과	1	4	7	8	7	5	5	4
7775	울산광역시	울산씨름왕 선발대회	10,000	체육지원과	1	4	7	8	7	5	5	4
7776	울산광역시	체육활성화 프로그램 지원	144,000	체육지원과	1	4	7	8	7	5	5	4
7777	울산광역시	체육프로그램 개발 보급	8,000	체육지원과	1	4	7	8	7	5	5	4
7778	울산광역시	생활체육 광장지도자 지원	54,600	체육지원과	1	4	7	8	7	5	5	4
7779	울산광역시	울산한마음 축구대회	30,000	체육지원과	1	4	7	8	7	5	5	4
7780	울산광역시	울산아마골프대회	20,000	체육지원과	1	4	7	8	7	5	5	4
7781	울산광역시	거북이마라톤대회	20,000	체육지원과	1	4	7	8	7	5	5	4
7782	울산광역시	시장배 전국초청 족구대회	40,000	체육지원과	1	4	7	8	7	5	5	4
7783	울산광역시	시장배 전국클럽대항 볼링대회	20,000	체육지원과	1	4	7	8	7	5	5	4
7784	울산광역시	시장배 전국스쿼시대회	20,000	체육지원과	1	4	7	8	7	5	5	4
7785	울산광역시	시장배 전국오리엔티어링대회	20,000	체육지원과	1	4	7	8	7	5	5	4
7786	울산광역시	시장배 전국패러글라이딩대회	12,000	체육지원과	1	4	7	8	7	5	5	4
7787	울산광역시	시장기 전국 남녀 궁도대회	30,000	체육지원과	1	4	7	8	7	5	5	4
7788	울산광역시	울산마라톤대회	90,000	체육지원과	1	4	7	8	7	5	5	4
7789	울산광역시	태화강국제마라톤대회	110,000	체육지원과	1	4	7	8	7	5	5	4
7790	울산광역시	울산커플마라톤대회	70,000	체육지원과	1	4	7	8	7	5	5	4
7791	울산광역시	울산태화강울트라마라톤대회	20,000	체육지원과	1	4	7	8	7	5	5	4
7792	울산광역시	울산인권마라톤대회	25,000	체육지원과	1	4	7	8	7	5	5	4
7793	울산광역시	어린이바둑대회	23,000	체육지원과	1	4	7	8	7	5	5	4
7794	울산광역시	울산태화강 전국걷기대회	20,000	체육지원과	1	4	7	8	7	5	5	4
7795	울산광역시	스포츠타격술 국제대회	50,000	체육지원과	1	4	7	8	7	5	5	4
7796	울산광역시	어르신생활체육대축전	74,970	체육지원과	1	4	7	8	7	5	5	4
7797	울산광역시	체육진흥사업	132,600	체육지원과	1	4	7	8	7	5	5	4
7798	울산광역시	선수육성사업	886,730	체육지원과	1	4	7	8	7	5	5	4
7799	울산광역시	전국장애인체육대회 참가	475,290	체육지원과	1	4	7	8	7	5	5	4
7800	울산광역시	생활체육 지원	50,000	체육지원과	1	4	7	8	7	5	5	4
7801	울산광역시	전국발달장애인농구대회	10,000	체육지원과	1	2	7	8	7	5	5	4

순번	시군구	지출명 (사업명)	2021년예산 (단위:천원/1년간)	담당자 (공무원) 담당부서	민간이전 분류 (지방자치단체 세출예산 집행기준에 의거) 1. 민간경상사업보조(307-02) 2. 민간단체 법정운영비보조(307-03) 3. 민간행사사업보조(307-04) 4. 민간위탁금(307-05) 5. 사회복지시설 법정운영비보조(307-10) 6. 민간인위탁교육비(307-12) 7. 공기관등에대한경상적위탁사업비(308-11) 8. 민간자본사업보조,자체재원(402-01) 9. 민간자본사업보조,이전재원(402-02) 10. 민간위탁사업비(402-03) 11. 공기관등에 대한 자본적 대행사업비(403-02)	민간이전지출 근거 (지방보조금 관리기준 참고) 1. 법률에 규정 2. 국고보조 재원(국가지정) 3. 용도 지정 기부금 4. 조례에 직접규정 5. 지자체가 권장하는 사업을 하는 공공기관 6. 시,도 정책 및 재정사정 7. 기타 8. 해당없음	입찰방식 계약체결방법 (경쟁형태) 1. 일반경쟁 2. 제한경쟁 3. 지명경쟁 4. 수의계약 5. 법정위탁 6. 기타 ( ) 7. 해당없음	입찰방식 계약기간 1. 1년 2. 2년 3. 3년 4. 4년 5. 5년 6. 기타 ( )년 7. 단기계약 (1년미만) 8. 해당없음	입찰방식 낙찰자선정방법 1. 적격심사 2. 협상에의한계약 3. 최저가낙찰제 4. 규격가격분리 5. 2단계 경쟁입찰 6. 기타 ( ) 7. 해당없음	운영예산 산정 운영예산 산정 1. 내부산정 (지자체 자체적으로 산정) 2. 외부산정 (외부전문기관위탁 산정) 3. 내·외부 모두 산정 4. 산정 無 5. 해당없음	운영예산 산정 정산방법 1. 내부정산 (지자체 내부적으로 정산) 2. 외부정산 (외부전문기관위탁 정산) 3. 내·외부 모두 산정 4. 정산 無 5. 해당없음	성과평가 실시여부 1. 실시 2. 미실시 3. 향후 추진 4. 해당없음
7802	울산광역시	전국장애인론볼대회	25,000	체육지원과	1	2	7	8	7	5	5	4
7803	울산광역시	전국장애인양궁선수권대회	30,000	체육지원과	1	2	7	8	7	5	5	4
7804	울산광역시	전국장애인수영대회	30,000	체육지원과	1	2	7	8	7	5	5	4
7805	울산광역시	장애인 댄스스포츠 세계선수권대회	150,000	체육지원과	1	2	7	8	7	5	5	4
7806	울산광역시	장애인어울림 체육대회 개최	59,000	체육지원과	1	2	7	8	7	5	5	4
7807	울산광역시	장애인생활체육지도자 배치 지원	1,258	체육지원과	1	2	7	8	7	5	5	4
7808	울산광역시	여성지도자 정보교류활동	20,000	여성가족청소년과	1	1	7	8	7	1	1	4
7809	울산광역시	여성 사회참여활동 활동지원	23,000	여성가족청소년과	1	1	7	8	7	1	1	4
7810	울산광역시	여성자원봉사 활성화 지원	22,000	여성가족청소년과	1	1	7	8	7	1	1	4
7811	울산광역시	홍보 캠페인 제작	70,000	태화강국가정원과	1	7	4	1	6	3	1	1
7812	울산광역시	지역선도대학 육성사업	207,054	지역개발과	1	2	6	5	6	5	1	1
7813	울산광역시	가족과 함께하는 안전체험	15,000	안전총괄과	1	1	7	8	7	3	3	1
7814	울산광역시	안전문화운동 진흥 민간단체 공모사업	30,000	안전총괄과	1	1	7	8	7	3	3	1
7815	울산광역시	시민안전 대토론회	13,000	안전총괄과	1	1	7	8	7	3	3	1
7816	울산광역시	safe Ulsan안전문화 페스티벌	70,000	안전총괄과	1	1	7	8	7	3	3	1
7817	울산광역시	2021 안전지식 경진대회	80,000	안전총괄과	1	1	7	8	7	3	3	1
7818	울산광역시	마을기업 교육 컨설팅 지원	220,000	사회혁신담당관	1	2	1	1	2	5	1	1
7819	울산광역시	마을기업 아카데미 운영	30,000	사회혁신담당관	1	7	7	1	7	1	1	4
7820	울산광역시	청년미래 응원 시리즈 캠페인	70,000	사회혁신담당관	1	4	7	8	7	1	1	4
7821	울산광역시	청년공동체 활동비 지원	40,000	사회혁신담당관	1	2	7	8	7	5	1	4
7822	울산광역시	사회적경제 통합워크숍	25,000	사회혁신담당관	1	7	7	7	7	1	1	1
7823	울산광역시	(예비)사회적기업 사업개발비(지역특화)	346,000	사회혁신담당관	1	2	7	1	7	5	1	4
7824	울산광역시	복지증진 사업	430,000	복지인구정책과	1	1	7	7	7	1	1	1
7825	울산광역시	임산부와 다자녀가정 문화행사	60,000	복지인구정책과	1	6	6	7	6	1	1	1
7826	울산광역시	인구의 날 기념행사	27,000	복지인구정책과	1	4	6	7	6	1	1	1
7827	울산광역시	저출산고령사회 대비 국민인식개선사업	39,496	복지인구정책과	1	6	6	8	7	5	5	4
7828	울산광역시	어린이날 행사	86,000	복지인구정책과	1	6	6	8	7	1	1	4
7829	울산광역시	울산사랑 지역 인적네트워크	40,000	시민소통협력과	1	1	7	8	7	1	1	1
7830	울산광역시	북한이탈주민 조기정착 지원	7,500	시민소통협력과	1	4	7	8	7	1	1	4
7831	울산광역시	전국 이북도민 체육행사 참석	10,000	시민소통협력과	1	4	7	8	7	1	1	4
7832	울산광역시	이북5도민 만남의 날 행사	8,000	시민소통협력과	1	4	7	8	7	1	1	4
7833	울산광역시	이북5도민 · 북한이탈주민 망향제	8,000	시민소통협력과	1	4	7	8	7	1	1	4
7834	울산광역시	북한이탈주민 지역적응센터 사업비	31,000	시민소통협력과	1	4	7	8	7	1	1	4
7835	울산광역시	비영리민간단체 공익활동 지원사업	500,000	시민소통협력과	1	1	7	8	7	5	5	4
7836	울산광역시	나라사랑 안보체험	16,000	시민소통협력과	1	4	7	8	7	1	1	1
7837	울산광역시	노사화합 및 노동자 복지증진 사업	260,000	노동정책과	1	1	7	1	7	1	1	1
7838	울산광역시	지역노사민정 협력 활성화 지원사업	60,000	노동정책과	1	2	6	1	6	1	1	1
7839	울산광역시	조선해양기자재 국제인증 및 벤더등록	200,000	자동차조선산업과	1	7	7	8	7	1	3	4
7840	울산광역시	신재생에너지 전문가 세미나	26,000	에너지산업과	1	4	7	8	7	1	1	1
7841	울산광역시	신재생에너지 국제포럼 개최	80,000	에너지산업과	1	4	7	8	7	1	1	4
7842	울산광역시	수소전기차 전시 및 체험 홍보사업	100,000	에너지산업과	1	4	7	8	7	1	1	1
7843	울산광역시	제2회 울산수소산업의 날 기념사업	30,000	에너지산업과	1	4	7	8	7	1	1	1
7844	울산광역시	사랑의 햇빛에너지 보조사업	100,000	에너지산업과	1	5	7	8	7	1	1	1
7845	울산광역시	행복도시 울산을 위한 청소년 인성교육 지원	40,000	인재교육과	1	1	7	8	7	5	1	4
7846	울산광역시	시민과 함께하는 회원 작품전	13,000	인재교육과	1	1	7	8	7	5	1	4
7847	울산광역시	4단계 두뇌한국21 사업	70,000	인재교육과	1	2	7	8	7	5	1	4
7848	울산광역시	울산 글로벌 서포터즈 운영	20,000	외교투자통상과	1	4	7	8	7	1	1	1
7849	울산광역시	희귀난치성 질환 면역억제 치료제 개발	100,000	화학소재산업과	1	7	7	8	7	5	2	1
7850	울산광역시	자전거타기 안전문화 정착사업	50,000	건설도로과	1	4	7	8	7	1	1	1
7851	울산광역시	산악자전거 울트라 랠리	30,000	건설도로과	1	4	7	8	7	1	1	1
7852	울산광역시	LIKE BIKE 캠페인	30,000	건설도로과	1	4	7	8	7	1	1	1

순번	시군구	지출명 (사업명)	2021년예산 (단위:천원/1년간)	담당자 (공무원)	민간이전 분류 (지방자치단체 세출예산 집행기준에 의거)	민간이전지출 근거 (지방보조금 관리기준 참고)	입찰방식			운영예산 산정		성과평가 실시여부
				담당부서	1. 민간경상사업보조(307-02) 2. 민간단체 법정운영비보조(307-03) 3. 민간행사사업보조(307-04) 4. 민간위탁금(307-05) 5. 사회복지시설 법정운영비보조(307-10) 6. 민간인위탁교육비(307-12) 7. 공기관등에대한경상적위탁사업비(308-11) 8. 민간자본사업보조,자체재원(402-01) 9. 민간자본사업보조,이전재원(402-02) 10. 민간위탁사업비(402-03) 11. 공기관등에 대한 자본적 대행사업비(403-02)	1. 법률에 규정 2. 국고보조 재원(국가지정) 3. 용도 지정 기부금 4. 조례에 직접규정 5. 지자체가 권장하는 사업을 하는 공공기관 6. 시,도 정책 및 재정사정 7. 기타 8. 해당없음	계약체결방법 (경쟁형태) 1. 일반경쟁 2. 제한경쟁 3. 지명경쟁 4. 수의계약 5. 법정위탁 6. 기타 ( ) 7. 해당없음	계약기간 1. 1년 2. 2년 3. 3년 4. 4년 5. 5년 6. 기타 ( )년 7. 단기계약 (1년미만) 8. 해당없음	낙찰자선정방법 1. 적격심사 2. 협상에의한계약 3. 최저가낙찰제 4. 규격가격분리 5. 2단계 경쟁입찰 6. 기타 ( ) 7. 해당없음	운영예산 산정 1. 내부산정 (지자체 자체적으로 산정) 2. 외부산정 (외부전문기관위탁 산정) 3. 내·외부 모두 산정 4. 산정 無 5. 해당없음	정산방법 1. 내부정산 (지자체 내부적으로 정산) 2. 외부정산 (외부전문기관위탁 정산) 3. 내·외부 모두 산정 4. 정산 無 5. 해당없음	1. 실시 2. 미실시 3. 향후 추진 4. 해당없음
7853	울산 중구	의회전문 모니터링 역량강화 교육	3,000	기획예산실	1	1	6	7	7	1	1	1
7854	울산 중구	중구 청소년 모의의회	1,300	기획예산실	1	1	6	7	7	1	1	1
7855	울산 중구	강소기업 전문요원 인턴 지원사업	187,000	일자리기업과	1	2	1	1	1	1	1	3
7856	울산 중구	마을공동체 만들기 공모사업	30,000	일자리기업과	1	4	7	8	7	5	5	4
7857	울산 중구	마을기업 육성 지원비	50,000	일자리기업과	1	2	7	8	7	5	5	4
7858	울산 중구	사회적기업 일자리창출사업	1,359	일자리기업과	1	1	7	8	7	5	5	4
7859	울산 중구	사회적기업 사업개발비	180,000	일자리기업과	1	1	7	8	7	5	5	4
7860	울산 중구	사회적기업 사회보험료 지원	82,000	일자리기업과	1	1	7	8	7	5	5	4
7861	울산 중구	전통시장 배송서비스 및 콜센터 지원사업	14,304	경제진흥과	1	2	6	1	7	2	1	1
7862	울산 중구	전통시장 배송서비스 및 콜센터 지원사업	19,200	경제진흥과	1	2	6	1	7	2	1	1
7863	울산 중구	유기유실동물구조보호비	3,500	경제진흥과	1	1	7	8	7	1	1	1
7864	울산 중구	벼 수매 운송비 지원	2,328	경제진흥과	1	1	7	8	7	5	1	4
7865	울산 중구	벼 건조 수수료 지원	9,000	경제진흥과	1	1	7	8	7	5	1	4
7866	울산 중구	농산물 수출 촉진 지원	32,962	경제진흥과	1	1	7	8	7	5	1	4
7867	울산 중구	로컬푸드 안전성 검사 지원	3,300	경제진흥과	1	1	7	8	7	5	1	4
7868	울산 중구	친환경 인증 장려금 지원	1,000	경제진흥과	1	1	7	8	7	5	1	4
7869	울산 중구	유기질비료 지원	102,600	경제진흥과	1	1	7	8	7	5	1	4
7870	울산 중구	GAP인증농가 안전성 검사비 지원	3,800	경제진흥과	1	1	7	8	7	5	1	4
7871	울산 중구	초등돌봄교실 과일간식 지원	64,800	경제진흥과	1	1	7	8	7	5	1	4
7872	울산 중구	태화동 주민자치회 신기한 마을정원사업	40,000	주민소통과	1	6	7	8	7	5	5	4
7873	울산 중구	생명살림 국민운동 실천다짐대회	8,000	주민소통과	1	1	7	8	7	5	5	4
7874	울산 중구	사랑의 이웃돕기 김장나누기	10,000	주민소통과	1	1	7	8	7	5	5	4
7875	울산 중구	제41회 국민독서경진 울산중구 예선대회 및 우수도서보급	4,000	주민소통과	1	1	7	8	7	5	5	4
7876	울산 중구	울산중구새마을회 제13회 울산사랑 백일장 개최	6,000	주민소통과	1	1	7	8	7	5	5	4
7877	울산 중구	울산중구새마을회 동 협의회 및 부녀회 사업비	26,000	주민소통과	1	1	7	8	7	5	5	4
7878	울산 중구	울산중구새마을회 독서문학기행	2,000	주민소통과	1	1	7	8	7	5	5	4
7879	울산 중구	바르게살기운동 울산중구협의회 녹색성장 실천대회 및 가정사랑 전진대회	6,000	주민소통과	1	1	7	8	7	5	5	4
7880	울산 중구	바르게살기운동 울산중구협의회 모범어린이 초청사업	8,000	주민소통과	1	1	7	8	7	5	5	4
7881	울산 중구	바르게살기운동 울산중구협의회 위원 의식교육	1,700	주민소통과	1	1	7	8	7	5	5	4
7882	울산 중구	바르게살기운동 울산중구협의회 동위원회 사업비	22,100	주민소통과	1	1	7	8	7	5	5	4
7883	울산 중구	한구자유총연맹 울산중구지회 전적지 견학 및 안보체험교육	4,000	주민소통과	1	1	7	8	7	5	5	4
7884	울산 중구	한구자유총연맹 울산중구지회 동분회 사업비	11,700	주민소통과	1	1	7	8	7	5	5	4
7885	울산 중구	민주평화통일자문회의 울산중구협의회 평화통일 공감 강연회	3,000	주민소통과	1	1	7	8	7	5	5	4
7886	울산 중구	한국자율방범대 울산중구협의 한마당 체육대회	5,000	주민소통과	1	4	7	8	7	5	5	4
7887	울산 중구	전통공예업체 개발장려금 지원	9,600	문화관광과	1	4	7	8	7	1	1	1
7888	울산 중구	도호부사 행차 재현	25,000	문화관광과	1	4	7	8	7	1	1	1
7889	울산 중구	울산병영서낭치기 보존 사업	11,000	문화관광과	1	4	7	8	7	1	1	1
7890	울산 중구	태화루 소식지 발간	4,000	문화관광과	1	4	7	8	7	1	1	1
7891	울산 중구	향토문화연구 책자발간	6,000	문화관광과	1	4	7	8	7	1	1	1
7892	울산 중구	문화학교 운영	10,000	문화관광과	1	4	7	8	7	1	1	1
7893	울산 중구	국내 문화 답사	12,000	문화관광과	1	4	7	8	7	1	1	1
7894	울산 중구	중구문학지 발간	15,000	문화관광과	1	6	7	8	7	1	1	1
7895	울산 중구	문화시책 점검 및 나눔공연	5,000	문화관광과	1	6	7	8	7	1	1	1
7896	울산 중구	울산 대중음악 명예의 전당	40,000	문화관광과	1	5	7	8	7	1	1	1
7897	울산 중구	음악학교 운영	20,000	문화관광과	1	5	7	8	7	1	1	1
7898	울산 중구	음악 동호회 활동 지원	10,000	문화관광과	1	5	7	8	7	1	1	1
7899	울산 중구	기획 및 정기 공연	30,000	문화관광과	1	5	7	8	7	1	1	1
7900	울산 중구	무형문화재 공개행사 지원	5,000	문화관광과	1	4	7	8	7	1	1	2
7901	울산 중구	문화재야행사업	200,000	문화관광과	1	2	7	8	7	1	1	2
7902	울산 중구	생생문화재사업	55,000	문화관광과	1	2	7	8	7	1	1	2
7903	울산 중구	향교서원문화재활용사업	127,500	문화관광과	1	2	7	8	7	1	1	2

순번	시군구	지출명 (사업명)	2021년예산 (단위:천원/1년간)	담당자 (공무원) 담당부서	민간이전 분류 (지방자치단체 세출예산 집행기준에 의거) 1. 민간경상사업보조(307-02) 2. 민간단체 법정운영비보조(307-03) 3. 민간행사사업보조(307-04) 4. 민간위탁금(307-05) 5. 사회복지시설 법정운영비보조(307-10) 6. 민간인위탁교육비(307-12) 7. 공기관등에대한경상적위탁사업비(308-11) 8. 민간자본사업보조,자체재원(402-01) 9. 민간자본사업보조,이전재원(402-02) 10. 민간위탁사업비(402-03) 11. 공기관등에 대한 자본적 대행사업비(403-02)	민간이전지출 근거 (지방보조금 관리기준 참고) 1. 법률에 규정 2. 국고보조 재원(국가지정) 3. 용도 지정 기부금 4. 조례에 직접규정 5. 지자체가 권장하는 사업을 하는 공공기관 6. 시,도 정책 및 재정사정 7. 기타 8. 해당없음	입찰방식 계약체결방법 (경쟁형태) 1. 일반경쟁 2. 제한경쟁 3. 지명경쟁 4. 수의계약 5. 법정위탁 6. 기타 ( ) 7. 해당없음	입찰방식 계약기간 1. 1년 2. 2년 3. 3년 4. 4년 5. 5년 6. 기타 ( )년 7. 단기계약 (1년미만) 8. 해당없음	입찰방식 낙찰자선정방법 1. 적격심사 2. 협상에의한계약 3. 최저가낙찰제 4. 규격가격분리 5. 2단계 경쟁입찰 6. 기타 ( ) 7. 해당없음	운영예산 산정 운영예산 산정 1. 내부산정 (지자체 자체적으로 산정) 2. 외부산정 (외부전문기관위탁 산정) 3. 내·외부 모두 산정 4. 산정 無 5. 해당없음	운영예산 산정 정산방법 1. 내부정산 (지자체 내부적으로 정산) 2. 외부정산 (외부전문기관위탁 정산) 3. 내·외부 모두 산정 4. 정산 無 5. 해당없음	성과평가 실시여부 1. 실시 2. 미실시 3. 향후 추진 4. 해당없음
7904	울산 중구	울산큰애기 애니메이션 제작	60,000	문화관광과	1	4	7	8	7	1	1	4
7905	울산 중구	울산큰애기 캐릭터 팬아트 공모전	19,000	문화관광과	1	4	7	8	7	1	1	4
7906	울산 중구	중구형 마을 돌봄 및 마을 방과후 지원사업	114,000	혁신교육과	1	4	7	1	1	1	1	1
7907	울산 중구	사립작은도서관 활성화 지원사업	16,800	혁신교육과	1	1	7	1	1	1	1	1
7908	울산 중구	행복학습센터 운영 지원	18,000	혁신교육과	1	1	7	1	1	1	1	1
7909	울산 중구	생활체육지도자 배치사업	338,720	혁신교육과	1	2	4	8	7	1	1	4
7910	울산 중구	어르신체육활동 지원	136,328	혁신교육과	1	2	4	8	7	1	1	4
7911	울산 중구	생활체육 프로그램 활성화	88,249	혁신교육과	1	2	4	8	7	1	1	4
7912	울산 중구	생활체육단체 지원	197,752	혁신교육과	1	2	4	8	7	1	1	4
7913	울산 중구	생활체육대회 지원	177,710	혁신교육과	1	2	4	8	7	1	1	4
7914	울산 중구	스포츠강좌이용권 지원사업	124,339	혁신교육과	1	2	4	8	7	1	1	4
7915	울산 중구	생활체육 동호회 활성화	33,000	혁신교육과	1	2	4	8	7	1	1	4
7916	울산 중구	구민의날 기념 구민화합한마당	180,000	혁신교육과	1	2	4	8	7	1	1	4
7917	울산 중구	혁신중구 태화강달리기	30,000	혁신교육과	1	2	4	8	7	1	1	4
7918	울산 중구	체육시설 유지관리	12,000	혁신교육과	1	2	4	8	7	1	1	4
7919	울산 중구	장애인생활체육지도자 배치사업	67,864	혁신교육과	1	2	4	8	7	1	1	4
7920	울산 중구	장애인 체육단체 지원	56,694	혁신교육과	1	2	4	8	7	1	1	4
7921	울산 중구	장애인 생활체육대회 지원	21,000	혁신교육과	1	2	4	8	7	1	1	4
7922	울산 중구	장애인스포츠강좌이용권 지원사업	9,600	혁신교육과	1	2	4	8	7	1	1	4
7923	울산 중구	호국보훈안보단체사업비	105,450	복지지원과	1	4	7	8	7	1	1	1
7924	울산 중구	지체장애인편의시설지원센터지회운영	41,750	노인장애인과	1	1	4	8	7	1	1	1
7925	울산 중구	지적장애인협회 부모교육	1,000	노인장애인과	1	1	7	8	7	1	1	1
7926	울산 중구	장애인문화유적탐방	4,000	노인장애인과	1	1	7	8	7	1	1	1
7927	울산 중구	장애인복지증진대회	7,000	노인장애인과	1	1	7	8	7	1	1	1
7928	울산 중구	지적장애인복지협회가족걷기대회	2,000	노인장애인과	1	1	7	8	7	1	1	1
7929	울산 중구	발달장애인사회적응프로그램	4,000	노인장애인과	1	1	7	8	7	1	1	1
7930	울산 중구	발달장애인 사회적응 프로그램	4,000	노인장애인과	1	1	7	8	7	1	1	1
7931	울산 중구	여성자원봉사자 한마당 대회	7,500	여성가족과	1	1	7	8	7	1	1	1
7932	울산 중구	청소년 문화탐방 및 농촌체험활동	700	여성가족과	1	1	7	8	7	1	1	1
7933	울산 중구	청소년 선도지도 및 유해환경 감시활동	1,300	여성가족과	1	1	7	8	7	1	1	1
7934	울산 중구	청소년 어울림마당 지원	24,000	여성가족과	1	1	1	1	1	1	1	4
7935	울산 중구	5월 청소년의달 행사	14,000	여성가족과	1	1	7	8	7	1	1	4
7936	울산 중구	어린이집연합회 어린이날 행사	10,000	여성가족과	1	1	7	8	7	1	1	1
7937	울산 중구	웰빙라이프축제 지원	3,000	환경위생과	1	7	7	8	7	5	5	4
7938	울산 중구	(사)자연보호울산중앙연맹중구협의회 실개천 살리기	2,000	환경위생과	1	4	1	1	1	1	1	2
7939	울산 중구	아나바다 나눔장터	19,000	환경미화과	1	1	7	1	7	1	1	1
7940	울산 중구	안전마을 만들기	50,000	안전총괄과	1	1	7	8	7	1	1	1
7941	울산 중구	재난대비 구조훈련 및 수중정화활동	2,500	안전총괄과	1	1	7	8	7	1	1	1
7942	울산 중구	교통사고 사망자 반으로 줄이기 운동	5,000	교통과	1	4	7	8	7	1	1	2
7943	울산 중구	안전한 선진보행길 정착사업	4,000	교통과	1	4	7	8	7	1	1	2
7944	울산 중구	등굣길 교통안전 지도	2,000	교통과	1	4	7	8	7	1	1	2
7945	울산 중구	학성 역사체험 탐방로 걷기행사	30,000	공원녹지과	1	5	6	1	6	1	1	1
7946	울산 남구	삼호동 도시재생 주민공모사업	150,000	도시창조과	1	2	7	8	7	1	1	2
7947	울산 남구	삼호동 지역공동체활성화 사업	80,000	도시창조과	1	2	7	8	7	1	1	2
7948	울산 남구	신정3동 마을축제 사업	10,000	도시창조과	1	2	7	8	7	1	1	2
7949	울산 남구	다이음마을방과후학교	10,000	평생교육과	1	4	7	8	7	1	1	1
7950	울산 남구	성인 문해교육 지원사업	28,000	평생교육과	1	4	7	8	7	1	1	2
7951	울산 남구	평생학습동아리 육성지원	15,000	평생교육과	1	4	7	8	7	1	1	2
7952	울산 남구	울산 문화유적 생태탐방교육	100,000	평생교육과	1	4	7	8	7	1	1	2
7953	울산 남구	중소기업 역량강화 워크숍	10,000	경제정책과	1	4	7	8	7	1	1	1
7954	울산 남구	지역노동단체 지역노사안정 지원	30,000	경제정책과	1	4	7	8	7	1	1	1

순번	시군구	지출명 (사업명)	2021년예산 (단위:천원/1년간)	담당자 (공무원) 담당부서	민간이전 분류 (지방자치단체 세출예산 집행기준에 의거) 1. 민간경상사업보조(307-02) 2. 민간단체 법정운영비보조(307-03) 3. 민간행사사업보조(307-04) 4. 민간위탁금(307-05) 5. 사회복지시설 법정운영비보조(307-10) 6. 민간인위탁교육비(307-12) 7. 공기관등에대한경상적위탁사업비(308-11) 8. 민간자본사업보조,자체재원(402-01) 9. 민간자본사업보조,이전재원(402-02) 10. 민간위탁사업비(402-03) 11. 공기관등에 대한 자본적 대행사업비(403-02)	민간이전지출 근거 (지방보조금 관리기준 참고) 1. 법률에 규정 2. 국고보조 재원(국가지정) 3. 용도 지정 기부금 4. 조례에 직접규정 5. 지자체가 권장하는 사업을 하는 공공기관 6. 시,도 정책 및 재정사정 7. 기타 8. 해당없음	입찰방식 계약체결방법 (경쟁형태) 1. 일반경쟁 2. 제한경쟁 3. 지명경쟁 4. 수의계약 5. 법정위탁 6. 기타 ( ) 7. 해당없음	입찰방식 계약기간 1. 1년 2. 2년 3. 3년 4. 4년 5. 5년 6. 기타 ( )년 7. 단기계약 (1년미만) 8. 해당없음	입찰방식 낙찰자선정방법 1. 적격심사 2. 협상에의한계약 3. 최저가낙찰제 4. 규격가격분리 5. 2단계 경쟁입찰 6. 기타 ( ) 7. 해당없음	운영예산 산정 운영예산 산정 1. 내부산정 (지자체 자체적으로 산정) 2. 외부산정 (외부전문기관위탁 산정) 3. 내·외부 모두 산정 4. 산정 無 5. 해당없음	운영예산 산정 정산방법 1. 내부정산 (지자체 내부적으로 정산) 2. 외부정산 (외부전문기관위탁 정산) 3. 내·외부 모두 산정 4. 정산 無 5. 해당없음	성과평가 실시여부 1. 실시 2. 미실시 3. 향후 추진 4. 해당없음
7955	울산 남구	석유화학공단 노동조합 협의회 체육대회 지원	15,000	경제정책과	1	4	7	8	7	1	1	1
7956	울산 남구	노사화합 행사개최	20,000	경제정책과	1	4	7	8	7	1	1	1
7957	울산 남구	노인단체운영지원	166,406	노인장애인과	1	1	5	8	7	1	1	4
7958	울산 남구	태화강 나눔장터	130,000	환경관리과	1	1	7	8	7	5	5	4
7959	울산 남구	교통봉사단체 활동지원	3,000	교통행정과	1	4	6	1	1	1	1	1
7960	울산 남구	교통봉사단체 활동지원	3,000	교통행정과	1	4	6	1	1	1	1	1
7961	울산 남구	주요감염병표본감시	6,240	보건관리과	1	2	7	8	7	5	5	4
7962	울산 남구	의료기관 감염관라 표본감시체계운영	10,000	보건관리과	1	2	7	8	7	5	5	4
7963	울산 동구	모니터링 역량강화 교육	2,500	기획예산실	1	7	7	8	7	1	1	1
7964	울산 동구	차세대 민주시민 교육을 위한 모의의회	1,500	기획예산실	1	7	7	8	7	1	1	1
7965	울산 동구	찾아가는 열린 의회교실	1,500	기획예산실	1	7	7	8	7	1	1	1
7966	울산 동구	주전 몽돌해변 관리	10,440	해양관광정책실	1	1	7	7	7	1	1	1
7967	울산 동구	일산해수욕장 운영 및 관리	11,176	해양관광정책실	1	1	7	7	7	1	1	1
7968	울산 동구	울산조선해양축제 개최	3,000	해양관광정책실	1	4	7	7	7	1	1	1
7969	울산 동구	새마을 9개동 사업비	22,600	자치행정과	1	1	7	8	7	1	1	1
7970	울산 동구	매력있는 관광지 조성	2,600	자치행정과	1	1	7	8	7	1	1	1
7971	울산 동구	9개동 위원회 사업비	21,720	자치행정과	1	1	7	8	7	1	1	1
7972	울산 동구	행복을 전하는 실버레크리에이션	1,000	자치행정과	1	1	7	8	7	1	1	1
7973	울산 동구	저소득층 주거환경개선	3,600	자치행정과	1	1	7	8	7	1	1	1
7974	울산 동구	북한이탈주민과의 소통나눔	5,500	자치행정과	1	1	7	8	7	1	1	1
7975	울산 동구	청소년 평화공감 토크콘서트	2,000	자치행정과	1	1	7	8	7	1	1	1
7976	울산 동구	민주시민의식 강연회	800	자치행정과	1	1	7	8	7	1	1	1
7977	울산 동구	북한이탈주민 보듬이 사업	5,000	자치행정과	1	1	7	8	7	1	1	1
7978	울산 동구	지역 평생교육 거점기관 지원사업	12,000	교육지원과	1	4	7	7	7	1	1	1
7979	울산 동구	장애인 평생교육 프로그램 지원사업	2,000	교육지원과	1	4	7	7	7	1	1	1
7980	울산 동구	평생학습동아리 우수프로그램 지원사업	12,000	교육지원과	1	4	7	7	7	1	1	1
7981	울산 동구	초등돌봄교실 과일간식 지원사업	60,368	교육지원과	1	2	7	8	7	1	1	2
7982	울산 동구	학교우유급식지원사업	120,185	교육지원과	1	2	7	8	7	1	1	2
7983	울산 동구	문화원사업활동비	60,000	문화체육과	1	6	6	1	6	1	1	1
7984	울산 동구	시지정문화재 전승보호비	3,600	문화체육과	1	6	6	1	6	1	1	1
7985	울산 동구	공공미술 프로젝트 사업	415,000	문화체육과	1	6	7	8	7	5	5	4
7986	울산 동구	제23회 시민생활체육대축전	66,000	문화체육과	1	1	7	8	6	1	1	1
7987	울산 동구	생활체육교실 운영	48,910	문화체육과	1	6	7	8	6	1	1	1
7988	울산 동구	일반 생활체육지도자 배치	345,391	문화체육과	1	2	7	8	6	1	1	1
7989	울산 동구	어르신 생활체육지도자 배치	144,020	문화체육과	1	2	7	8	6	1	1	1
7990	울산 동구	어린이 체능교실 운영	5,000	문화체육과	1	6	7	8	6	1	1	1
7991	울산 동구	청소년 체련교실 운영	5,000	문화체육과	1	6	7	8	6	1	1	1
7992	울산 동구	장수체육대학 운영	3,960	문화체육과	1	6	7	8	6	1	1	1
7993	울산 동구	스포츠강좌이용권 지원	80,919	문화체육과	1	2	7	8	6	1	1	1
7994	울산 동구	장애인 스포츠강좌이용권 지원	6,400	문화체육과	1	2	7	8	6	1	1	1
7995	울산 동구	마을공동체만들기 공모사업	30,000	일자리정책과	1	4	6	7	7	1	1	1
7996	울산 동구	전통시장 시장매니저 지원사업	4,800	경제진흥과	1	2	7	8	7	5	5	4
7997	울산 동구	어촌체험마을 사무장 채용 지원사업(주전)	21,544	경제진흥과	1	2	7	1	7	1	1	1
7998	울산 동구	대체어장 자원동향조사 사업	103,292	경제진흥과	1	1	7	8	7	1	1	1
7999	울산 동구	동구여성자원봉사회	13,500	생활지원과	1	1	7	8	7	1	1	4
8000	울산 동구	동구여성전문봉사회	8,740	생활지원과	1	1	7	8	7	1	1	4
8001	울산 동구	꿈과 희망을 담은 폭력없는 학교생활과 안전한 지역사회 만들기	2,480	가족정책과	1	1	6	8	7	1	1	4
8002	울산 동구	청소년 선도활동 및 비행예방 순찰활동	2,410	가족정책과	1	1	6	8	7	1	1	4
8003	울산 동구	지역아동센터 종사자 보수 교육	2,000	가족정책과	1	7	7	8	7	1	1	4
8004	울산 동구	안전문화운동 추진	50,000	안전총괄과	1	7	7	8	7	5	1	4
8005	울산 동구	재난대응 및 안전관리	4,120	안전총괄과	1	4	7	8	7	5	1	1

순번	시군구	지출명 (사업명)	2021년예산 (단위:천원/1년간)	담당자 (공무원) 담당부서	민간이전 분류 (지방자치단체 세출예산 집행기준에 의거) 1. 민간경상사업보조(307-02) 2. 민간단체 법정운영비보조(307-03) 3. 민간행사사업보조(307-04) 4. 민간위탁금(307-05) 5. 사회복지시설 법정운영비보조(307-10) 6. 민간인위탁교육비(307-12) 7. 공기관등에대한경상적위탁사업비(308-11) 8. 민간자본사업보조,자체재원(402-01) 9. 민간자본사업보조,이전재원(402-02) 10. 민간위탁사업비(402-03) 11. 공기관등에 대한 자본적 대행사업비(403-02)	민간이전지출 근거 (지방보조금 관리기준 참고) 1. 법률에 규정 2. 국고보조 재원(국가지정) 3. 용도 지정 기부금 4. 조례에 직접규정 5. 지자체가 권장하는 사업을 하는 공공기관 6. 시,도 정책 및 재정사정 7. 기타 8. 해당없음	입찰방식: 계약체결방법 (경쟁형태) 1. 일반경쟁 2. 제한경쟁 3. 지명경쟁 4. 수의계약 5. 법정위탁 6. 기타 ( ) 7. 해당없음	입찰방식: 계약기간 1. 1년 2. 2년 3. 3년 4. 4년 5. 5년 6. 기타 ( )년 7. 단기계약 (1년미만) 8. 해당없음	입찰방식: 낙찰자선정방법 1. 적격심사 2. 협상에의한계약 3. 최저가낙찰제 4. 규격가격분리 5. 2단계 경쟁입찰 6. 기타 ( ) 7. 해당없음	운영예산 산정: 운영예산 산정 1. 내부산정 (지자체 자체적으로 산정) 2. 외부산정 (외부전문기관위탁 산정) 3. 내·외부 모두 산정 4. 산정 無 5. 해당없음	운영예산 산정: 정산방법 1. 내부정산 (지자체 내부적으로 정산) 2. 외부정산 (외부전문기관위탁 정산) 3. 내·외부 모두 산정 4. 정산 無 5. 해당없음	성과평가 실시여부 1. 실시 2. 미실시 3. 향후 추진 4. 해당없음
8006	울산 동구	자율방재단 운영	3,000	안전총괄과	1	4	7	8	7	1	1	1
8007	울산 동구	청결하고 쾌적한 동구 버스승강장	1,980	교통행정과	1	1	1	1	2	1	1	1
8008	울산 동구	교통기초질서지키기운동 등	4,000	교통행정과	1	1	1	1	2	1	1	1
8009	울산 동구	교통질서 유지 및 사고예방 수신호활동	1,500	교통행정과	1	1	1	1	2	1	1	1
8010	울산 동구	하계자동차 무상점검	2,500	교통행정과	1	1	1	1	2	1	1	1
8011	울산 동구	안전캠페인	1,500	교통행정과	1	1	1	1	2	1	1	1
8012	울산 동구	주민역량강화사업	100,000	도시디자인과	1	2	6	4	7	1	1	3
8013	울산 북구	미래의 주인공 청소년 모의의회 체험	800	기획예산담당관	1	1	7	7	7	1	1	1
8014	울산 북구	주민총회 및 주민자치 역량강화 교육	5,000	주민소통담당관	1	4	7	2	7	1	1	2
8015	울산 북구	100년 호계역과 홈골의 나눔소리 축제	7,000	주민소통담당관	1	4	7	2	7	1	1	2
8016	울산 북구	미디어 라디오 방송실	3,000	주민소통담당관	1	4	7	2	7	1	1	2
8017	울산 북구	주민총회 및 주민자치 역량강화 교육	5,000	주민소통담당관	1	4	7	2	7	1	1	2
8018	울산 북구	농소3동 통통시장	4,500	주민소통담당관	1	4	7	2	7	1	1	2
8019	울산 북구	농소3안(안전,안심,안락)에 산다	1,500	주민소통담당관	1	4	7	2	7	1	1	2
8020	울산 북구	힐링 마을여행(걸어서 농소3동 속으로)	4,000	주민소통담당관	1	4	7	2	7	1	1	2
8021	울산 북구	주민총회 및 주민자치 역량강화 교육	5,000	주민소통담당관	1	4	7	2	7	1	1	2
8022	울산 북구	주민총회 및 주민자치 역량강화 교육	5,000	주민소통담당관	1	4	7	2	7	1	1	2
8023	울산 북구	아름다운 녹색마을 가꾸기	17,270	주민소통담당관	1	1	7	8	7	1	1	1
8024	울산 북구	북구 새마을운동 활력화 다짐대회	3,800	주민소통담당관	1	1	7	8	7	1	1	1
8025	울산 북구	이웃사랑 김장 담아주기	15,000	주민소통담당관	1	1	7	8	7	1	1	1
8026	울산 북구	새마을지도자 역량강화 '전국새마을지도자대회'	2,550	주민소통담당관	1	1	7	8	7	1	1	1
8027	울산 북구	꽃길꽃동산 만들기	4,620	주민소통담당관	1	1	7	8	7	1	1	1
8028	울산 북구	기초질서 지키기 및 학교폭력 예방 홍보	3,000	주민소통담당관	1	1	7	8	7	1	1	1
8029	울산 북구	영·호남 한마음 대회	4,040	주민소통담당관	1	1	7	8	7	1	1	1
8030	울산 북구	바르게살기운동 회원 역량강화	5,226	주민소통담당관	1	1	7	8	7	1	1	1
8031	울산 북구	전국 한마음전진대회 참가	1,285	주민소통담당관	1	1	7	8	7	1	1	1
8032	울산 북구	자유수호 통일염원 전적지 순례	1,385	주민소통담당관	1	1	7	8	7	1	1	1
8033	울산 북구	자유총연맹 회원 역량강화	600	주민소통담당관	1	1	7	8	7	1	1	1
8034	울산 북구	아름다운 꽃 공원 만들기	1,000	주민소통담당관	1	1	7	8	7	1	1	1
8035	울산 북구	북한이탈주민과 사랑나누기	4,600	주민소통담당관	1	1	7	8	7	1	1	1
8036	울산 북구	찾아가는 청소년 통일교실	2,800	주민소통담당관	1	1	7	8	7	1	1	1
8037	울산 북구	장애인과 함께하는 수영교실 및 사랑의 바다체험	3,000	주민소통담당관	1	1	7	8	7	1	1	1
8038	울산 북구	협약융자금 이차보전금	150,000	경제일자리담당관	1	4	7	8	7	1	1	2
8039	울산 북구	고용보조금	90,000	경제일자리담당관	1	4	7	8	7	1	1	2
8040	울산 북구	전기요금 지원금	45,000	경제일자리담당관	1	4	7	8	7	1	1	2
8041	울산 북구	판로개척 지원금	15,000	경제일자리담당관	1	4	7	8	7	1	1	2
8042	울산 북구	지역산업맞춤형 일자리창출사업	150,000	경제일자리담당관	1	2	6	1	7	1	1	2
8043	울산 북구	사회공헌활동 지원사업	61,200	경제일자리담당관	1	2	2	1	6	1	1	2
8044	울산 북구	(예비)사회적기업 인턴지원사업	92,500	경제일자리담당관	1	2	7	7	1	5	1	1
8045	울산 북구	든든한 이웃 만들기 사업	4,000	경제일자리담당관	1	4	6	1	6	1	1	1
8046	울산 북구	소소한 동네만들기 사업	48,000	경제일자리담당관	1	4	6	1	6	1	1	1
8047	울산 북구	통통한 마을만들기 사업	20,000	경제일자리담당관	1	4	6	1	6	1	1	1
8048	울산 북구	협동조합 사업개발비 지원	5,000	경제일자리담당관	1	4	7	1	1	4	1	1
8049	울산 북구	(예비)사회적기업 일자리창출사업	860,500	경제일자리담당관	1	2	7	1	1	5	1	1
8050	울산 북구	사회적기업 사회보험료 지원사업	30,000	경제일자리담당관	1	2	7	1	1	5	1	1
8051	울산 북구	거리공연 및 찾아가는 문화활동 지원	24,000	문화체육과	1	6	7	8	7	1	1	2
8052	울산 북구	효자 송도선생 효사상 고취 사생대회	2,430	문화체육과	1	6	7	8	7	1	1	2
8053	울산 북구	처용문화제 지원	20,000	문화체육과	1	6	7	8	7	1	1	2
8054	울산 북구	풍물·불매소리 경연대회	8,000	문화체육과	1	5	7	8	7	1	1	2
8055	울산 북구	청소년 충·효 백일장	6,400	문화체육과	1	5	7	8	7	1	1	2
8056	울산 북구	지역문화탐방 및 교류	10,000	문화체육과	1	5	7	8	7	1	1	2

순번	시군구	지출명 (사업명)	2021년예산 (단위:천원/1년간)	담당자 (공무원) 담당부서	민간이전 분류 (지방자치단체 세출예산 집행기준에 의거) 1. 민간경상사업보조(307-02) 2. 민간단체 법정운영비보조(307-03) 3. 민간행사사업보조(307-04) 4. 민간위탁금(307-05) 5. 사회복지시설 법정운영비보조(307-10) 6. 민간인위탁교육비(307-12) 7. 공기관등에대한경상적위탁사업비(308-11) 8. 민간자본사업보조,자체재원(402-01) 9. 민간자본사업보조,이전재원(402-02) 10. 민간위탁사업비(402-03) 11. 공기관등에 대한 자본적 대행사업비(403-02)	민간이전지출 근거 (지방보조금 관리기준 참고) 1. 법률에 규정 2. 국고보조 재원(국가지정) 3. 용도 지정 기부금 4. 조례에 직접규정 5. 지자체가 권장하는 사업을 하는 공공기관 6. 시,도 정책 및 재정사정 7. 기타 8. 해당없음	입찰방식 계약체결방법 (경쟁형태) 1. 일반경쟁 2. 제한경쟁 3. 지명경쟁 4. 수의계약 5. 법정위탁 6. 기타 ( ) 7. 해당없음	입찰방식 계약기간 1. 1년 2. 2년 3. 3년 4. 4년 5. 5년 6. 기타 ( )년 7. 단기계약 (1년미만) 8. 해당없음	입찰방식 낙찰자선정방법 1. 적격심사 2. 협상에의한계약 3. 최저가낙찰제 4. 규격가격분리 5. 2단계 경쟁입찰 6. 기타 ( ) 7. 해당없음	운영예산 산정 운영예산 산정 1. 내부산정 (지자체 자체적으로 산정) 2. 외부산정 (외부전문기관위탁 산정) 3. 내·외부 모두 산정 4. 산정 無 5. 해당없음	운영예산 산정 정산방법 1. 내부정산 (지자체 내부적으로 정산) 2. 외부정산 (외부전문기관위탁 정산) 3. 내·외부 모두 산정 4. 정산 無 5. 해당없음	성과평가 실시여부 1. 실시 2. 미실시 3. 향후 추진 4. 해당없음
8057	울산 북구	쇠부리 문화교실	14,400	문화체육과	1	5	7	8	7	1	1	2
8058	울산 북구	향토사 연구 및 북구문화원지 발간	10,000	문화체육과	1	5	7	8	7	1	1	2
8059	울산 북구	청소년 전통예술 전승캠프	8,000	문화체육과	1	5	7	8	7	1	1	2
8060	울산 북구	쇠부리소리보존회 활동지원	24,700	문화체육과	1	5	7	8	7	1	1	2
8061	울산 북구	울산쇠부리제철기술 복원사업	100,000	문화체육과	1	5	7	8	7	1	1	1
8062	울산 북구	문화가 있는 날 지자체 자유기획 프로그램 운영	110,000	문화체육과	1	6	7	8	7	1	1	2
8063	울산 북구	옛 이야기를 담은 북구스토리텔링	35,000	문화체육과	1	7	7	8	7	5	5	4
8064	울산 북구	시 지정 무형문화재 공개행사 지원	3,500	문화체육과	1	4	7	8	7	1	1	2
8065	울산 북구	지역문화유산 교육사업	40,000	문화체육과	1	2	7	8	7	5	1	2
8066	울산 북구	평생학습 프로그램 지원	12,000	문화체육과	1	6	6	1	1	1	1	1
8067	울산 북구	기본급	220,608	문화체육과	1	2	7	8	7	1	1	1
8068	울산 북구	시간외수당	13,248	문화체육과	1	2	7	8	7	1	1	1
8069	울산 북구	교통급식비	28,800	문화체육과	1	2	7	8	7	1	1	1
8070	울산 북구	명절휴가비	4,800	문화체육과	1	2	7	8	7	1	1	1
8071	울산 북구	피복비	1,600	문화체육과	1	2	7	8	7	1	1	1
8072	울산 북구	기본급	220,608	문화체육과	1	2	7	8	7	1	1	1
8073	울산 북구	시간외수당	13,248	문화체육과	1	2	7	8	7	1	1	1
8074	울산 북구	교통급식비	28,800	문화체육과	1	2	7	8	7	1	1	1
8075	울산 북구	명절휴가비	4,800	문화체육과	1	2	7	8	7	1	1	1
8076	울산 북구	피복비	1,600	문화체육과	1	2	7	8	7	1	1	1
8077	울산 북구	스포츠강좌이용권사업	99,205	문화체육과	1	2	7	8	7	1	4	2
8078	울산 북구	장애인스포츠강좌이용권 사업	9,600	문화체육과	1	2	7	8	7	1	4	2
8079	울산 북구	생활체육교실 운영	17,534	문화체육과	1	6	7	8	7	1	1	2
8080	울산 북구	장수체육대학 운영	3,960	문화체육과	1	6	7	8	7	1	1	2
8081	울산 북구	청소년 체련교실 운영	4,320	문화체육과	1	6	7	8	7	1	1	2
8082	울산 북구	어린이 체능교실 운영	4,320	문화체육과	1	6	7	8	7	1	1	2
8083	울산 북구	미등록 생활체육동호회 지원	2,600	문화체육과	1	4	7	8	7	1	1	1
8084	울산 북구	제23회 시민생활체육대축전 참가 지원	60,000	문화체육과	1	4	7	8	7	1	1	1
8085	울산 북구	시민생활체육대축전 운동용품	1,350	문화체육과	1	4	7	8	7	1	1	1
8086	울산 북구	시민생활체육대축전 훈련비	900	문화체육과	1	4	7	8	7	1	1	1
8087	울산 북구	시장배 및 각종 여성 축구대회	3,000	문화체육과	1	4	7	8	7	1	1	1
8088	울산 북구	전국대회 구대표 참가 지원	7,200	문화체육과	1	4	7	8	7	1	1	1
8089	울산 북구	생활체육 동호인 활동지원 및 육성	20,600	문화체육과	1	4	7	8	7	1	1	1
8090	울산 북구	제22회 기박산성 의병 추모제	20,000	관광해양개발과	1	1	7	8	7	1	1	4
8091	울산 북구	선진 어촌관광체험마을 견학	1,000	관광해양개발과	1	1	7	8	7	1	1	1
8092	울산 북구	어촌체험마을 활성화 지원	5,900	관광해양개발과	1	1	7	8	7	1	1	1
8093	울산 북구	수난구조활동(구암)	8,000	관광해양개발과	1	1	7	8	7	1	1	1
8094	울산 북구	인명수난구조활동(산하)	8,000	관광해양개발과	1	1	7	8	7	1	1	1
8095	울산 북구	작은도서관 독서·문화 프로그램	15,600	도서관과	1	1	7	8	7	1	1	1
8096	울산 북구	어르신과 함께하는 문화체험 여행	7,000	복지지원과	1	5	7	8	7	5	1	2
8097	울산 북구	합동위령제	3,300	복지지원과	1	1	7	7	7	1	1	1
8098	울산 북구	추모행사	3,000	복지지원과	1	1	7	7	7	1	1	1
8099	울산 북구	현충탑 참배	1,050	복지지원과	1	1	7	7	7	1	1	1
8100	울산 북구	전적지 순례행사	3,680	복지지원과	1	1	7	7	7	1	1	1
8101	울산 북구	회원 위로연 행사	4,000	복지지원과	1	1	7	7	7	1	1	1
8102	울산 북구	현충일 위문행사	4,900	복지지원과	1	1	7	7	7	1	1	1
8103	울산 북구	구급차 운행비	3,300	복지지원과	1	1	7	7	7	1	1	1
8104	울산 북구	현충탑 참배	1,050	복지지원과	1	1	7	7	7	1	1	1
8105	울산 북구	전적지 순례행사	2,000	복지지원과	1	1	7	7	7	1	1	1
8106	울산 북구	회원 위로연 행사	2,200	복지지원과	1	1	7	7	7	1	1	1
8107	울산 북구	현충일 위문행사	3,010	복지지원과	1	1	7	7	7	1	1	1

순번	시군구	지출명 (사업명)	2021년예산 (단위:천원/1년간)	담당자 (공무원) 담당부서	민간이전 분류 (지방자치단체 세출예산 집행기준에 의거) 1. 민간경상사업보조(307-02) 2. 민간단체 법정운영비보조(307-03) 3. 민간행사사업보조(307-04) 4. 민간위탁금(307-05) 5. 사회복지시설 법정운영비보조(307-10) 6. 민간인위탁교육비(307-12) 7. 공기관등에대한경상적위탁사업비(308-11) 8. 민간자본사업보조,자체재원(402-01) 9. 민간자본사업보조,이전재원(402-02) 10. 민간위탁사업비(402-03) 11. 공기관등에 대한 자본적 대행사업비(403-02)	민간이전지출 근거 (지방보조금 관리기준 참고) 1. 법률에 규정 2. 국고보조 재원(국가지정) 3. 용도 지정 기부금 4. 조례에 직접규정 5. 지자체가 권장하는 사업을 하는 공공기관 6. 시,도 정책 및 재정사정 7. 기타 8. 해당없음	입찰방식 계약체결방법 (경쟁형태) 1. 일반경쟁 2. 제한경쟁 3. 지명경쟁 4. 수의계약 5. 법정위탁 6. 기타 ( ) 7. 해당없음	입찰방식 계약기간 1. 1년 2. 2년 3. 3년 4. 4년 5. 5년 6. 기타 ( )년 7. 단기계약 (1년미만) 8. 해당없음	입찰방식 낙찰자선정방법 1. 적격심사 2. 협상에의한계약 3. 최저가낙찰제 4. 규격가격분리 5. 2단계 경쟁입찰 6. 기타 ( ) 7. 해당없음	운영예산 산정 운영예산 산정 1. 내부산정 (지자체 자체적으로 산정) 2. 외부산정 (외부전문기관위탁 산정) 3. 내·외부 모두 산정 4. 산정 無 5. 해당없음	운영예산 산정 정산방법 1. 내부정산 (지자체 내부적으로 정산) 2. 외부정산 (외부전문기관위탁 정산) 3. 내·외부 모두 산정 4. 정산 無 5. 해당없음	성과평가 실시여부 1. 실시 2. 미실시 3. 향후 추진 4. 해당없음
8108	울산 북구	영천호국원 지킴이 행사	600	복지지원과	1	1	7	7	7	1	1	1
8109	울산 북구	5.8 카네이션 행사	2,205	복지지원과	1	1	7	7	7	1	1	1
8110	울산 북구	현충탑 참배	1,050	복지지원과	1	1	7	7	7	1	1	1
8111	울산 북구	전적지 순례행사	4,784	복지지원과	1	1	7	7	7	1	1	1
8112	울산 북구	회원 위로연 행사	2,200	복지지원과	1	1	7	7	7	1	1	1
8113	울산 북구	현충일 위문행사	2,520	복지지원과	1	1	7	7	7	1	1	1
8114	울산 북구	안보결의대회 및 회원 정기총회	1,650	복지지원과	1	1	7	7	7	1	1	1
8115	울산 북구	현충탑 참배	1,050	복지지원과	1	1	7	7	7	1	1	1
8116	울산 북구	전적지 순례행사	3,980	복지지원과	1	1	7	7	7	1	1	1
8117	울산 북구	회원 위로연 행사	2,200	복지지원과	1	1	7	7	7	1	1	1
8118	울산 북구	현충일 위문행사	1,875	복지지원과	1	1	7	7	7	1	1	1
8119	울산 북구	안보결의대회	1,018	복지지원과	1	1	7	7	7	1	1	1
8120	울산 북구	현충탑 참배 및 현충시설 정화사업	1,050	복지지원과	1	1	7	7	7	1	1	1
8121	울산 북구	전적지 순례행사	2,010	복지지원과	1	1	7	7	7	1	1	1
8122	울산 북구	회원 위로연 행사	3,000	복지지원과	1	1	7	7	7	1	1	1
8123	울산 북구	현충일 위문행사	1,862	복지지원과	1	1	7	7	7	1	1	1
8124	울산 북구	6.25전쟁 기념행사	4,000	복지지원과	1	1	7	7	7	1	1	1
8125	울산 북구	호국영웅장 수여 기념식 및 위로연 행사	2,500	복지지원과	1	1	7	7	7	1	1	1
8126	울산 북구	구급차 운행비	2,400	복지지원과	1	1	7	7	7	1	1	1
8127	울산 북구	호국묘원 참배	1,460	복지지원과	1	1	7	7	7	1	1	1
8128	울산 북구	전적지 순례행사	2,000	복지지원과	1	1	7	7	7	1	1	1
8129	울산 북구	회원 위로연 행사	3,850	복지지원과	1	1	7	7	7	1	1	1
8130	울산 북구	현충일 위문행사	3,780	복지지원과	1	1	7	7	7	1	1	1
8131	울산 북구	고엽제 만남의 날 행사	2,000	복지지원과	1	1	7	7	7	1	1	1
8132	울산 북구	구급차 운행비	2,400	복지지원과	1	1	7	7	7	1	1	1
8133	울산 북구	현충탑 참배	1,050	복지지원과	1	1	7	7	7	1	1	1
8134	울산 북구	전적지 순례행사	2,500	복지지원과	1	1	7	7	7	1	1	1
8135	울산 북구	회원 위로연 행사	2,700	복지지원과	1	1	7	7	7	1	1	1
8136	울산 북구	현충일 위문행사	2,520	복지지원과	1	1	7	7	7	1	1	1
8137	울산 북구	전몰용사 추모제	2,000	복지지원과	1	1	7	7	7	1	1	1
8138	울산 북구	호국안보 순례행사	1,810	복지지원과	1	1	7	7	7	1	1	1
8139	울산 북구	회원 위로연 행사	1,050	복지지원과	1	1	7	7	7	1	1	1
8140	울산 북구	현충일 위문행사	238	복지지원과	1	1	7	7	7	1	1	1
8141	울산 북구	항일 유적지 순례 및 홍보사업	6,360	복지지원과	1	1	7	7	7	1	1	1
8142	울산 북구	박상진생가 및 일원 코스모스 꽃길 조성	6,000	복지지원과	1	1	7	7	7	1	1	1
8143	울산 북구	청소년 유해환경 감시활동 지원	3,500	가족정책과	1	6	7	1	7	1	1	4
8144	울산 북구	청소년 비행예방 선도활동	8,000	가족정책과	1	6	7	1	7	1	1	4
8145	울산 북구	농업인 재해안전 공제료 지원	56,000	농수산과	1	2	7	8	7	5	5	4
8146	울산 북구	농기계 종합보험료 지원	14,500	농수산과	1	2	7	8	7	5	5	4
8147	울산 북구	농기계 등화장치 부착 지원	4,000	농수산과	1	6	7	8	7	5	5	4
8148	울산 북구	청년농업인 영농정착 지원금	99,500	농수산과	1	2	7	8	7	5	5	4
8149	울산 북구	친환경 농자재 지원	7,000	농수산과	1	1	7	8	7	5	5	4
8150	울산 북구	벼 육묘지원	90,000	농수산과	1	6	7	8	7	5	5	4
8151	울산 북구	고품질 쌀생산 영농자재 지원	21,000	농수산과	1	6	7	8	7	5	5	4
8152	울산 북구	토양개량제 지원	31,108	농수산과	1	2	7	8	7	5	5	4
8153	울산 북구	텃밭상자 보급	4,000	농수산과	1	1	7	8	7	5	5	4
8154	울산 북구	유기질비료 지원	389,800	농수산과	1	2	7	8	7	5	5	4
8155	울산 북구	도시민 농어촌체험 투어	5,000	농수산과	1	8	7	8	7	5	5	4
8156	울산 북구	농산물 직거래 장터 운영	3,000	농수산과	1	8	7	8	7	5	5	4
8157	울산 북구	선진농업 현지 견학	2,000	농수산과	1	8	7	8	7	5	5	4
8158	울산 북구	농업경영인 가족전진대회 지원	2,000	농수산과	1	8	7	8	7	5	5	4

순번	시군구	지출명 (사업명)	2021년예산 (단위:천원/1년간)	담당자 (공무원) 담당부서	민간이전 분류 (지방자치단체 세출예산 집행기준에 의거) 1. 민간경상사업보조(307-02) 2. 민간단체 법정운영비보조(307-03) 3. 민간행사사업보조(307-04) 4. 민간위탁금(307-05) 5. 사회복지시설 법정운영비보조(307-10) 6. 민간인위탁교육비(307-12) 7. 공기관등에대한경상적위탁사업비(308-11) 8. 민간자본사업보조,자체재원(402-01) 9. 민간자본사업보조,이전재원(402-02) 10. 민간위탁사업비(402-03) 11. 공기관등에 대한 자본적 대행사업비(403-02)	민간이전지출 근거 (지방보조금 관리기준 참고) 1. 법률에 규정 2. 국고보조 재원(국가지정) 3. 용도 지정 기부금 4. 조례에 직접규정 5. 지자체가 권장하는 사업을 하는 공공기관 6. 시,도 정책 및 재정사정 7. 기타 8. 해당없음	입찰방식 계약체결방법 (경쟁형태) 1. 일반경쟁 2. 제한경쟁 3. 지명경쟁 4. 수의계약 5. 법정위탁 6. 기타 ( ) 7. 해당없음	입찰방식 계약기간 1. 1년 2. 2년 3. 3년 4. 4년 5. 5년 6. 기타 ( )년 7. 단기계약 (1년미만) 8. 해당없음	입찰방식 낙찰자선정방법 1. 적격심사 2. 협상에의한계약 3. 최저가낙찰제 4. 규격가격분리 5. 2단계 경쟁입찰 6. 기타 ( ) 7. 해당없음	운영예산 산정 운영예산 산정 1. 내부산정 (지자체 자체적으로 산정) 2. 외부산정 (외부전문기관위탁 산정) 3. 내·외부 모두 산정 4. 산정 無 5. 해당없음	운영예산 산정 정산방법 1. 내부정산 (지자체 내부적으로 정산) 2. 외부정산 (외부전문기관위탁 정산) 3. 내·외부 모두 산정 4. 정산 無 5. 해당없음	성과평가 실시여부 1. 실시 2. 미실시 3. 향후 추진 4. 해당없음
8159	울산 북구	농업인의 날 지원	5,000	농수산과	1	4	7	8	7	5	5	4
8160	울산 북구	농업인 안전기원제	6,000	농수산과	1	4	7	8	7	5	5	4
8161	울산 북구	천연염색사업 재료비 지원	3,000	농수산과	1	4	7	8	7	5	5	4
8162	울산 북구	농업용 자재 지원	40,000	농수산과	1	4	7	8	7	5	5	4
8163	울산 북구	학교 우유급식 지원	181,136	농수산과	1	2	7	8	7	5	5	4
8164	울산 북구	초등돌봄교실 과일간식 지원	68,400	농수산과	1	2	7	8	7	5	5	4
8165	울산 북구	어린이집 지원	20,000	농수산과	1	6	7	8	7	5	5	4
8166	울산 북구	로컬푸드 소형 포장필름 지원	37,600	농수산과	1	6	7	8	7	5	5	4
8167	울산 북구	생산단계 및 로컬푸드 농산물 안전성 검사	22,000	농수산과	1	6	7	8	7	5	5	4
8168	울산 북구	포장재 및 디자인 개발 지원	200,000	농수산과	1	6	7	8	7	5	5	4
8169	울산 북구	농산물 규격출하 포장재 지원	31,000	농수산과	1	6	7	8	7	5	5	4
8170	울산 북구	배 봉지 지원	8,000	농수산과	1	6	7	8	7	5	5	4
8171	울산 북구	농수산물 가공품 포장재 지원	20,000	농수산과	1	6	7	8	7	5	5	4
8172	울산 북구	농산물 수출 활성화 지원	21,600	농수산과	1	6	7	8	7	5	5	4
8173	울산 북구	학교급식 식재료 등 꾸러미사업 지원	20,000	농수산과	1	4	7	8	7	5	5	4
8174	울산 북구	축산환경개선제 지원	35,000	농수산과	1	6	7	8	7	1	1	3
8175	울산 북구	축산분뇨처리용 톱밥 지원	157,500	농수산과	1	6	7	8	7	1	1	3
8176	울산 북구	축산인 한마음 대회 지원	2,000	농수산과	1	6	7	8	7	1	1	3
8177	울산 북구	송아지 생산안정 사업	1,000	농수산과	1	6	7	8	7	1	1	3
8178	울산 북구	한우 인공수정료 지원	12,000	농수산과	1	6	7	8	7	1	1	3
8179	울산 북구	한우 종축등록 지원	5,400	농수산과	1	6	7	8	7	1	1	3
8180	울산 북구	울산한우 브랜드육 생산출하 지원	12,750	농수산과	1	6	7	8	7	1	1	3
8181	울산 북구	축사 전기배선 안전점검	5,250	농수산과	1	6	7	8	7	1	1	3
8182	울산 북구	축산농가 전문 도우미(헬퍼) 지원	2,400	농수산과	1	6	7	8	7	1	1	3
8183	울산 북구	울산한우 친자확인 사업	12,600	농수산과	1	6	7	8	7	1	1	3
8184	울산 북구	사료작물 종자대 지원	8,000	농수산과	1	2	7	8	7	1	1	3
8185	울산 북구	학생승마체험 사업	68,704	농수산과	1	2	7	8	7	1	1	3
8186	울산 북구	축산물 안전관리(HACCP) 인증비 지원	2,000	농수산과	1	6	7	8	7	1	1	3
8187	울산 북구	축산차량 GPS 단말기 상시 전원공급체계 구축	1,800	농수산과	1	2	7	8	7	1	1	3
8188	울산 북구	전업농가 구제역 예방백신 구입 지원	5,530	농수산과	1	2	7	8	7	1	1	3
8189	울산 북구	유기유실동물 입양비 지원	5,000	농수산과	1	2	7	8	7	1	1	3
8190	울산 북구	고품질 벼 건조 수수료 지원	53,250	농수산과	1	6	7	8	7	1	1	3
8191	울산 북구	공공비축 벼 매입용 톤백 지원	3,150	농수산과	1	6	7	8	7	1	1	3
8192	울산 북구	벼 수매 운송비 지원	14,977	농수산과	1	6	7	8	7	1	1	3
8193	울산 북구	울산지역 쌀 포장재 지원	37,976	농수산과	1	6	7	8	7	1	1	3
8194	울산 북구	GAP인증농가 검사비 지원	9,500	농수산과	1	2	7	8	7	1	1	3
8195	울산 북구	화훼 상토 지원	38,680	농수산과	1	6	7	8	7	1	1	3
8196	울산 북구	흑성병예방 과수원 공동방제지원	20,000	농수산과	1	6	7	8	7	1	1	3
8197	울산 북구	농작물 재해보험료 지원	323,200	농수산과	1	6	7	8	7	1	1	3
8198	울산 북구	가축 재해보험료 지원	82,000	농수산과	1	6	7	8	7	1	1	3
8199	울산 북구	대회참가 및 견학 지원	4,000	농수산과	1	8	7	8	7	5	5	4
8200	울산 북구	나잠어업인 잠수복 구입	14,400	농수산과	1	1	4	8	6	1	1	1
8201	울산 북구	나잠탈의장 시설유지비	8,400	농수산과	1	1	4	8	6	1	1	1
8202	울산 북구	어선원 재해보상보험료	71,764	농수산과	1	1	5	8	6	1	1	2
8203	울산 북구	어선 재해보상보험료	88,602	농수산과	1	1	5	8	6	1	1	2
8204	울산 북구	어업인 재해공제보험료	1,384	농수산과	1	1	5	8	6	1	1	2
8205	울산 북구	수산물 포장용기 제작	34,400	농수산과	1	4	4	8	6	1	1	1
8206	울산 북구	유해귀화식물 퇴치활동	550	환경위생과	1	1	7	8	7	1	1	1
8207	울산 북구	자연보호 환경정화활동	1,050	환경위생과	1	1	7	8	7	1	1	1
8208	울산 북구	소하천 수생식물 식재	3,000	환경위생과	1	1	7	8	7	1	1	1
8209	울산 북구	토종물고기 치어 방류	1,300	환경위생과	1	1	7	8	7	1	1	1

순번	시군구	지출명 (사업명)	2021년예산 (단위:천원/1년간)	담당자 (공무원) 담당부서	민간이전 분류 (지방자치단체 세출예산 집행기준에 의거) 1. 민간경상사업보조(307-02) 2. 민간단체 법정운영비보조(307-03) 3. 민간행사사업보조(307-04) 4. 민간위탁금(307-05) 5. 사회복지시설 법정운영비보조(307-10) 6. 민간인위탁교육비(307-12) 7. 공기관등에대한경상적위탁사업비(308-11) 8. 민간자본사업보조,자체재원(402-01) 9. 민간자본사업보조,이전재원(402-02) 10. 민간위탁사업비(402-03) 11. 공기관등에 대한 자본적 대행사업비(403-02)	민간이전지출 근거 (지방보조금 관리기준 참고) 1. 법률에 규정 2. 국고보조 재원(국가지정) 3. 용도 지정 기부금 4. 조례에 직접규정 5. 지자체가 권장하는 사업을 하는 공공기관 6. 시,도 정책 및 재정사정 7. 기타 8. 해당없음	입찰방식: 계약체결방법 (경쟁형태) 1. 일반경쟁 2. 제한경쟁 3. 지명경쟁 4. 수의계약 5. 법정위탁 6. 기타 ( ) 7. 해당없음	입찰방식: 계약기간 1. 1년 2. 2년 3. 3년 4. 4년 5. 5년 6. 기타 ( )년 7. 단기계약 (1년미만) 8. 해당없음	입찰방식: 낙찰자선정방법 1. 적격심사 2. 협상에의한계약 3. 최저가낙찰제 4. 규격가격분리 5. 2단계 경쟁입찰 6. 기타 ( ) 7. 해당없음	운영예산 산정: 운영예산 산정 1. 내부산정 (지자체 자체적으로 산정) 2. 외부산정 (외부전문기관위탁 산정) 3. 내·외부 모두 산정 4. 산정 無 5. 해당없음	운영예산 산정: 정산방법 1. 내부정산 (지자체 내부적으로 정산) 2. 외부정산 (외부전문기관위탁 정산) 3. 내·외부 모두 산정 4. 정산 無 5. 해당없음	성과평가 실시여부 1. 실시 2. 미실시 3. 향후 추진 4. 해당없음
8210	울산 북구	천곡천 꽃단지 조성사업	3,000	환경위생과	1	1	7	7	7	5	5	1
8211	울산 북구	웰빙라이프울산 음식문화 행사 지원	5,000	환경위생과	1	4	7	7	7	1	1	1
8212	울산 북구	안전마을 만들기 지원사업	50,000	안전정보과	1	6	7	8	7	5	1	4
8213	울산 북구	주민공모사업	30,000	도시과	1	1	6	1	1	1	1	4
8214	울산 북구	교통문화 선진화 활동 지원	3,000	교통행정과	1	4	7	8	7	5	5	4
8215	울산 북구	한센의 날 지원	4,000	보건소	1	1	7	8	7	3	3	4
8216	울산 북구	제18회 정기연주회	20,400	문화예술회관	1	6	7	8	7	1	1	4
8217	울산 북구	전국 합창 경연대회 참가	4,210	문화예술회관	1	6	7	8	7	1	1	4
8218	울산 북구	제13회 찾아가는 음악회	2,000	문화예술회관	1	6	7	8	7	1	1	4
8219	울산 북구	제10회 정기연주회	12,000	문화예술회관	1	6	7	8	7	1	1	4
8220	울산 북구	제9회 정기연주회	10,000	문화예술회관	1	6	7	8	7	1	1	4
8221	울산 북구	제8회 정기연주회	5,000	문화예술회관	1	6	7	8	7	1	1	4
8222	울산 울주군	의회를사랑하는사람들 울주군지회	1,800	기획예산실	1	1	7	7	7	1	1	1
8223	울산 울주군	의회를사랑하는사람들 울주군지회	700	기획예산실	1	1	7	7	7	1	1	1
8224	울산 울주군	의회를사랑하는사람들 울주군지회	2,000	기획예산실	1	1	7	7	7	1	1	1
8225	울산 울주군	역사문화체험학습 프로그램 운영	65,000	인재교육과	1	7	5	6	7	1	1	2
8226	울산 울주군	온가족 울주한바퀴	30,000	인재교육과	1	7	6	6	7	1	1	2
8227	울산 울주군	평생학습 체험대전	65,000	인재교육과	1	4	6	7	6	1	1	2
8228	울산 울주군	평생학습동아리 보조금 지원사업	30,000	인재교육과	1	4	6	7	1	1	1	2
8229	울산 울주군	울주 인성교실	8,000	인재교육과	1	1	7	8	7	1	1	4
8230	울산 울주군	지역사회보장협의체 사업지원	62,082	복지정책과	1	4	7	8	7	1	1	1
8231	울산 울주군	복지박람회 개최지원	95,000	복지정책과	1	4	7	8	7	1	1	1
8232	울산 울주군	보훈단체 및 국가유공자 지원	209,180	복지정책과	1	4	7	8	7	1	1	1
8233	울산 울주군	노인의날 및 경로의달 지원	8,650	노인장애인과	1	1	7	8	7	1	1	1
8234	울산 울주군	대한노인회 지원	13,500	노인장애인과	1	4	7	8	7	1	1	1
8235	울산 울주군	성평등 감수성up 울주여성아카데미	2,750	여성가족과	1	4	7	8	7	1	1	1
8236	울산 울주군	청소년 유해환경 정화캠페인	1,550	여성가족과	1	7	7	8	7	1	1	2
8237	울산 울주군	부모와 자녀가 함께 하는 가족캠프	4,000	여성가족과	1	7	7	8	7	1	1	2
8238	울산 울주군	청소년 자원봉사단 발대식 및 환경정화캠페인	1,200	여성가족과	1	7	7	8	7	1	1	2
8239	울산 울주군	청소년 문화유적 탐방	1,185	여성가족과	1	7	7	8	7	1	1	2
8240	울산 울주군	청소년 진로탐방	1,300	여성가족과	1	7	7	8	7	1	1	2
8241	울산 울주군	청소년 안보교육 및 국가정보원견학	1,780	여성가족과	1	7	7	8	7	1	1	2
8242	울산 울주군	울주문화원 문화사업 지원	98,000	문화체육과	1	1	5	8	7	1	1	1
8243	울산 울주군	여성합창단 육성 지원	46,000	문화체육과	1	7	6	8	7	1	1	1
8244	울산 울주군	전국만화페스티벌	13,000	문화체육과	1	7	6	8	7	1	1	1
8245	울산 울주군	문화재 유지관리	6,000	문화체육과	1	2	6	8	7	1	1	1
8246	울산 울주군	생생문화재 사업	154,510	문화체육과	1	2	6	8	7	1	1	1
8247	울산 울주군	지역문화유산교육사업	52,000	문화체육과	1	2	6	8	7	1	1	1
8248	울산 울주군	향교서원문화재활용사업	127,500	문화체육과	1	2	6	8	7	1	1	1
8249	울산 울주군	고택종갓집 활용사업	145,000	문화체육과	1	2	6	8	7	1	1	1
8250	울산 울주군	문화유산 보전지원	73,000	문화체육과	1	2	6	8	7	1	1	1
8251	울산 울주군	전통 제례행사 지원	39,900	문화체육과	1	2	6	8	7	1	1	1
8252	울산 울주군	울주군체육회 지원	6,300	문화체육과	1	1	5	8	7	1	1	1
8253	울산 울주군	체육청년 사회 첫걸음 지원	25,776	문화체육과	1	2	6	8	7	1	1	1
8254	울산 울주군	여자축구단 지원	45,000	문화체육과	1	7	6	8	7	1	1	1
8255	울산 울주군	생활체육교실 지원	20,286	문화체육과	1	7	6	8	7	1	1	1
8256	울산 울주군	어린이 체능교실 지원	4,320	문화체육과	1	7	6	8	7	1	1	1
8257	울산 울주군	청소년 체련교실 지원	4,320	문화체육과	1	7	6	8	7	1	1	1
8258	울산 울주군	장수체육대학 지원	3,960	문화체육과	1	7	6	8	7	1	1	1
8259	울산 울주군	생활체육지도자 배치	581,312	문화체육과	1	2	6	8	7	1	1	1
8260	울산 울주군	스포츠강좌이용권 지원	121,901	문화체육과	1	2	6	8	7	1	1	1

순번	시군구	지출명 (사업명)	2021년예산 (단위:천원/1년간)	담당자 (공무원)	민간이전 분류 (지방자치단체 세출예산 집행기준에 의거)	민간이전지출 근거 (지방보조금 관리기준 참고)	입찰방식			운영예산 산정		성과평가 실시여부
				담당부서	1. 민간경상사업보조(307-02) 2. 민간단체 법정운영비보조(307-03) 3. 민간행사사업보조(307-04) 4. 민간위탁금(307-05) 5. 사회복지시설 법정운영비보조(307-10) 6. 민간인위탁교육비(307-12) 7. 공기관등에대한경상적위탁사업비(308-11) 8. 민간자본사업보조,자체재원(402-01) 9. 민간자본사업보조,이전재원(402-02) 10. 민간위탁사업비(402-03) 11. 공기관등에 대한 자본적 대행사업비(403-02)	1. 법률에 규정 2. 국고보조 재원(국가지정) 3. 용도 지정 기부금 4. 조례에 직접규정 5. 지자체가 권장하는 사업을 하는 공공기관 6. 시,도 정책 및 재정사정 7. 기타 8. 해당없음	계약체결방법 (경쟁형태) 1. 일반경쟁 2. 제한경쟁 3. 지명경쟁 4. 수의계약 5. 법정위탁 6. 기타 ( ) 7. 해당없음	계약기간 1. 1년 2. 2년 3. 3년 4. 4년 5. 5년 6. 기타 ( )년 7. 단기계약 (1년미만) 8. 해당없음	낙찰자선정방법 1. 적격심사 2. 협상에의한계약 3. 최저가낙찰제 4. 규격가격분리 5. 2단계 경쟁입찰 6. 기타 ( ) 7. 해당없음	운영예산 산정 1. 내부산정 (지자체 자체적으로 산정) 2. 외부산정 (외부전문기관위탁 산정) 3. 내·외부 모두 산정 4. 산정 無 5. 해당없음	정산방법 1. 내부정산 (지자체 내부적으로 정산) 2. 외부정산 (외부전문기관위탁 정산) 3. 내·외부 모두 산정 4. 정산 無 5. 해당없음	1. 실시 2. 미실시 3. 향후 추진 4. 해당없음
8261	울산 울주군	장애인스포츠강좌이용권 지원	12,800	문화체육과	1	2	6	8	7	1	1	1
8262	울산 울주군	생활체육 활성화 지원	58,000	문화체육과	1	2	6	8	7	1	1	1
8263	울산 울주군	진하해양레저체험교실 운영	30,000	문화체육과	1	4	6	8	7	1	1	1
8264	울산 울주군	청소년 여름 해양캠프 운영	36,000	문화체육과	1	2	6	8	7	1	1	1
8265	울산 울주군	진하해수욕장 운영 및 관리	5,320	관광과	1	4	7	8	7	1	1	1
8266	울산 울주군	진하해수욕장 주변환경 정비 및 주차질서 계도	2,000	관광과	1	4	7	8	7	1	1	1
8267	울산 울주군	울주군 공예품 전시회	30,000	관광과	1	6	7	8	7	1	1	1
8268	울산 울주군	울주군 공예품 해외 전시회	30,000	관광과	1	6	7	8	7	1	1	1
8269	울산 울주군	전통옹기마을 6차산업 프로젝트	298,000	관광과	1	4	7	8	7	5	5	4
8270	울산 울주군	시장경영바우처지원사업	14,400	지역경제과	1	2	7	8	7	5	1	4
8271	울산 울주군	울주군 중소기업인의 밤	7,000	지역경제과	1	4	4	1	2	1	1	1
8272	울산 울주군	중소기업 발전전략 워크숍	16,000	지역경제과	1	4	4	1	2	1	1	1
8273	울산 울주군	기업제품 홍보지원	80,000	지역경제과	1	4	7	8	7	5	5	4
8274	울산 울주군	중소기업 재해대비 보험료 지원	28,000	지역경제과	1	4	7	8	7	5	5	4
8275	울산 울주군	후계농업경영인 워크숍 및 해외농업기술체험	44,400	농업정책과	1	1	7	8	7	1	1	4
8276	울산 울주군	농촌지도자 해외농업기술체험	27,000	농업정책과	1	1	7	8	7	1	1	4
8277	울산 울주군	생활개선회 워크숍	10,000	농업정책과	1	1	7	8	7	1	1	4
8278	울산 울주군	농업기계 등화장치 부착 지원	40,500	농업정책과	1	2	1	7	7	1	1	4
8279	울산 울주군	농촌관광주체육성지원	82,000	농업정책과	1	2	7	8	7	5	1	1
8280	울산 울주군	농촌관광주체육성지원	83,427	농업정책과	1	2	7	1	7	1	1	4
8281	울산 울주군	농촌관광주체육성지원	3,565	농업정책과	1	2	3	1	7	1	1	4
8282	울산 울주군	농업인재해안전공제료 지원	218,000	농업정책과	1	1	7	8	7	5	1	1
8283	울산 울주군	농업인재해안전공제료 지원	117,810	농업정책과	1	1	7	8	7	5	1	1
8284	울산 울주군	사회적농업 활성화 지원사업	120,000	농업정책과	1	2	3	5	7	1	1	1
8285	울산 울주군	친환경 농자재 지원	7,500	농업정책과	1	6	7	8	7	1	1	4
8286	울산 울주군	친환경 쌀 생산단지 조성	60,000	농업정책과	1	6	7	8	7	1	1	4
8287	울산 울주군	수도작 및 과수 농가 약제 지원	430,000	농업정책과	1	6	7	8	7	1	1	1
8288	울산 울주군	토양개량제 공급	369,212	농업정책과	1	2	7	8	7	1	1	4
8289	울산 울주군	유기질비료 지원	2,206	농업정책과	1	2	7	8	7	1	1	4
8290	울산 울주군	찰옥수수 재배단지 조성	22,500	농업정책과	1	1	7	8	7	1	1	1
8291	울산 울주군	벼 육묘용 농자재 지원	1,125	농업정책과	1	6	7	8	7	1	1	1
8292	울산 울주군	농산물 생산시설 장비 지원	30,000	농업정책과	1	6	7	8	7	1	1	4
8293	울산 울주군	공공비축 벼 매입용 톤백 지원	31,500	농업정책과	1	6	7	8	7	1	1	4
8294	울산 울주군	고품질 벼 건조수수료 지원	321,000	농업정책과	1	6	7	8	7	1	1	4
8295	울산 울주군	벼 수매 운송비 지원	78,376	농업정책과	1	6	7	8	7	1	1	4
8296	울산 울주군	울산쌀포장재 지원	62,126	농업정책과	1	6	7	8	7	1	1	4
8297	울산 울주군	GAP 인증농가 육성	63,700	농업정책과	1	2	7	8	7	1	1	4
8298	울산 울주군	농업용 드론 전문인력 육성	16,800	농업정책과	1	6	7	8	7	1	1	1
8299	울산 울주군	농업용 방제 드론 지원	5,000	농업정책과	1	6	7	8	7	1	1	4
8300	울산 울주군	청년창업농 영농정착 지원	223,000	농업정책과	1	2	7	8	7	1	1	1
8301	울산 울주군	농촌고용인력지원	80,000	농업정책과	1	2	7	8	7	1	1	4
8302	울산 울주군	도시농업 육성	36,230	농업정책과	1	6	7	8	7	1	1	4
8303	울산 울주군	도시농업공동체 육성	1,000	농업정책과	1	6	7	8	7	1	1	4
8304	울산 울주군	귀농·귀촌인 지원	191,000	농업정책과	1	2	7	8	7	1	1	1
8305	울산 울주군	농촌에서 미리 살아보기	6,000	농업정책과	1	2	7	8	7	1	1	4
8306	울산 울주군	지역특화품목 공동출하 지원	320,000	농업정책과	1	6	7	8	7	5	1	4
8307	울산 울주군	농산물직거래 및 홍보행사 운영	18,000	농업정책과	1	7	7	8	7	5	1	4
8308	울산 울주군	로컬푸드 농가 조직화 지원	12,000	농업정책과	1	7	7	8	7	5	1	4
8309	울산 울주군	로컬푸드 포장재 지원	22,000	농업정책과	1	6	7	8	7	5	1	4
8310	울산 울주군	농작물 재해보험료 지원	900,000	농업정책과	1	2	7	8	7	5	1	4
8311	울산 울주군	과수 인공수분용 화분 지원	50,000	농업정책과	1	7	7	8	7	5	1	4

순번	시군구	지출명 (사업명)	2021년예산 (단위:천원/1년간)	담당자 (공무원) 담당부서	민간이전 분류 (지방자치단체 세출예산 집행기준에 의거) 1. 민간경상사업보조(307-02) 2. 민간단체 법정운영비보조(307-03) 3. 민간행사사업보조(307-04) 4. 민간위탁금(307-05) 5. 사회복지시설 법정운영비보조(307-10) 6. 민간인위탁교육비(307-12) 7. 공기관등에대한경상적위탁사업비(308-11) 8. 민간자본사업보조,자체재원(402-01) 9. 민간자본사업보조,이전재원(402-02) 10. 민간위탁사업비(402-03) 11. 공기관등에 대한 자본적 대행사업비(403-02)	민간이전지출 근거 (지방보조금 관리기준 참고) 1. 법률에 규정 2. 국고보조 재원(국가지정) 3. 용도 지정 기부금 4. 조례에 직접규정 5. 지자체가 권장하는 사업을 하는 공공기관 6. 시,도 정책 및 재정사정 7. 기타 8. 해당없음	입찰방식 계약체결방법 (경쟁형태) 1. 일반경쟁 2. 제한경쟁 3. 지명경쟁 4. 수의계약 5. 법정위탁 6. 기타 ( ) 7. 해당없음	입찰방식 계약기간 1. 1년 2. 2년 3. 3년 4. 4년 5. 5년 6. 기타 ( )년 7. 단기계약 (1년미만) 8. 해당없음	입찰방식 낙찰자선정방법 1. 적격심사 2. 협상에의한계약 3. 최저가낙찰제 4. 규격가격분리 5. 2단계 경쟁입찰 6. 기타 ( ) 7. 해당없음	운영예산 산정 운영예산 산정 1. 내부산정 (지자체 자체적으로 산정) 2. 외부산정 (외부전문기관위탁 산정) 3. 내·외부 모두 산정 4. 산정 無 5. 해당없음	운영예산 산정 정산방법 1. 내부정산 (지자체 내부적으로 정산) 2. 외부정산 (외부전문기관위탁 정산) 3. 내·외부 모두 산정 4. 정산 無 5. 해당없음	성과평가 실시여부 1. 실시 2. 미실시 3. 향후 추진 4. 해당없음
8312	울산 울주군	폐과수원 정비지원	24,000	농업정책과	1	6	7	8	7	5	1	4
8313	울산 울주군	흑성병 방제 및 자가수분 증진제 지원	162,000	농업정책과	1	6	7	8	7	5	1	4
8314	울산 울주군	수출 배 봉지 지원사업	32,000	농업정책과	1	6	7	8	7	5	1	4
8315	울산 울주군	농산물 수출촉진자금 지원	177,000	농업정책과	1	6	7	8	7	5	1	4
8316	울산 울주군	수출 장려금 지원	240,000	농업정책과	1	7	7	8	7	5	1	4
8317	울산 울주군	수출농가지원	21,600	농업정책과	1	7	7	8	7	5	1	4
8318	울산 울주군	농특산물 홍보행사 지원	13,000	농업정책과	1	7	7	8	7	5	1	4
8319	울산 울주군	친환경 학교급식 식재료 생산기반 조성사업	50,000	농업정책과	1	4	7	8	7	5	5	4
8320	울산 울주군	초등돌봄교실 과일간식 지원	82,800	농업정책과	1	2	7	8	7	5	5	4
8321	울산 울주군	6차산업 관광 클러스터 지원사업	40,000	6차산업추진단	1	1	7	8	7	5	5	4
8322	울산 울주군	6차산업 인허가 컨설팅 지원사업	3,000	6차산업추진단	1	1	7	8	7	5	5	4
8323	울산 울주군	온라인 플랫폼 수수료 지원사업	5,000	6차산업추진단	1	1	7	8	7	5	5	4
8324	울산 울주군	축산농가악취제거제 지원	525,000	축수산과	1	6	7	8	7	1	1	4
8325	울산 울주군	가축분뇨처리 톱밥지원	635,112	축수산과	1	6	7	8	7	1	1	4
8326	울산 울주군	축사 환경개선제 지원	180,600	축수산과	1	6	7	8	7	1	1	4
8327	울산 울주군	조사료 이용 확대지원	770,000	축수산과	1	6	7	8	7	1	1	4
8328	울산 울주군	부존 사료자원 개발지원	777,175	축수산과	1	6	7	8	7	1	1	4
8329	울산 울주군	조사료생산용 사일리지제조 지원	1,350	축수산과	1	6	7	8	7	1	1	4
8330	울산 울주군	조사료생산용 종자구입 지원	525,333	축수산과	1	6	7	8	7	1	1	4
8331	울산 울주군	가축 개량 육성기반 구축	951,800	축수산과	1	6	7	8	7	1	1	4
8332	울산 울주군	학교우유 급식 지원사업	166,196	축수산과	1	2	7	8	7	1	1	4
8333	울산 울주군	계란 냉장차량 지원사업	30,000	축수산과	1	2	7	8	7	1	1	4
8334	울산 울주군	한우 브랜드 육성사업	322,250	축수산과	1	6	7	8	7	1	1	4
8335	울산 울주군	한우 브랜드 육성사업	20,000	축수산과	1	6	7	8	7	1	1	4
8336	울산 울주군	한우불고기특구 지원 사업	40,000	축수산과	1	4	7	8	7	1	1	4
8337	울산 울주군	어업정보교류및어업활성화지원	104,780	축수산과	1	6	7	8	7	1	1	4
8338	울산 울주군	환경친화형 배합사료지원	130,400	축수산과	1	6	7	8	7	1	1	4
8339	울산 울주군	수산물유통및가공시설지원	28,800	축수산과	1	6	7	8	7	1	1	4
8340	울산 울주군	청년어촌정착지원	10,800	축수산과	1	2	7	8	7	1	1	4
8341	울산 울주군	고수온 대응 지원	90,000	축수산과	1	2	7	8	7	1	1	4
8342	울산 울주군	가축질병예방	12,000	축수산과	1	6	5	1	7	1	1	4
8343	울산 울주군	구제역 및 예방약품 구입 지원	140,770	축수산과	1	6	5	1	7	1	1	4
8344	울산 울주군	구제역 및 AI 예방약품 구입 지원	116,000	축수산과	1	2	1	1	1	1	1	4
8345	울산 울주군	구제역 및 AI 예방약품 구입 지원	6,000	축수산과	1	2	7	8	7	1	1	4
8346	울산 울주군	구제역 및 AI 예방약품 구입 지원	38,610	축수산과	1	6	7	8	7	1	1	4
8347	울산 울주군	구제역 및 AI 예방약품 구입 지원	6,000	축수산과	1	2	7	8	7	1	1	4
8348	울산 울주군	재난안전체험 및 소방기술경연대회	10,000	안전총괄과	1	4	7	8	7	1	1	1
8349	울산 울주군	지역자율방재단 운영	40,000	안정총괄과	1	4	7	8	7	1	1	1
8350	울산 울주군	지역특성형 안전마을만들기 사업	50,000	안전총괄과	1	4	1	7	2	1	1	1
8351	울산 울주군	교통안전 캠페인 및 등하굣길 교통정리	5,000	교통정책과	1	1	4	1	7	1	1	1
8352	울산 울주군	어린이 교통안전 캠페인	2,000	교통정책과	1	1	4	1	7	1	1	1
8353	울산 울주군	해병대 울주군전우회 교통봉사 활동	5,000	교통정책과	1	1	4	1	7	1	1	1
8354	울산 울주군	해병대전우회 남울주지회 교통봉사 활동	5,000	교통정책과	1	1	4	1	7	1	1	1
8355	세종특별자치시	전의산단 공동직장어린이집 운영비 지원	120,000	산업입지과	1	1	7	8	7	1	1	1
8356	세종특별자치시	산업(농공)단지 입주기업체협의회 운영비	50,000	산업입지과	1	1	7	8	7	5	1	4
8357	세종특별자치시	농업마이스터대학과정 교육	22,500	지도기획과	1	1	7	8	7	5	5	4
8358	세종특별자치시	청년농업인 영농정착지원	176,000	지도기획과	1	2	7	8	7	5	5	4
8359	세종특별자치시	종균활용 발효식품 산업지원	40,000	지도기획과	1	2	7	8	7	5	5	4
8360	세종특별자치시	농업인학습단체 임원 리더십 향상교육	18,000	지도기획과	1	1	7	8	7	5	5	4
8361	세종특별자치시	읍면 농촌지도자회 활동	13,500	지도기획과	1	1	7	8	7	5	5	4
8362	세종특별자치시	전국농촌지도자 대회 참가	9,000	지도기획과	1	1	7	8	7	5	5	4

순번	시군구	지출명 (사업명)	2021년예산 (단위:천원/1년간)	담당자 (공무원) 담당부서	민간이전 분류 (지방자치단체 세출예산 집행기준에 의거) 1. 민간경상사업보조(307-02) 2. 민간단체 법정운영비보조(307-03) 3. 민간행사사업보조(307-04) 4. 민간위탁금(307-05) 5. 사회복지시설 법정운영비보조(307-10) 6. 민간인위탁교육비(307-12) 7. 공기관등에대한경상적위탁사업비(308-11) 8. 민간자본사업보조,자체재원(402-01) 9. 민간자본사업보조,이전재원(402-02) 10. 민간위탁사업비(402-03) 11. 공기관등에 대한 자본적 대행사업비(403-02)	민간이전지출 근거 (지방보조금 관리기준 참고) 1. 법률에 규정 2. 국고보조 재원(국가지정) 3. 용도 지정 기부금 4. 조례에 직접규정 5. 지자체가 권장하는 사업을 하는 공공기관 6. 시,도 정책 및 재정사정 7. 기타 8. 해당없음	입찰방식 계약체결방법 (경쟁형태) 1. 일반경쟁 2. 제한경쟁 3. 지명경쟁 4. 수의계약 5. 법정위탁 6. 기타 ( ) 7. 해당없음	입찰방식 계약기간 1. 1년 2. 2년 3. 3년 4. 4년 5. 5년 6. 기타 ( )년 7. 단기계약 (1년미만) 8. 해당없음	입찰방식 낙찰자선정방법 1. 적격심사 2. 협상에의한계약 3. 최저가낙찰제 4. 규격가격분리 5. 2단계 경쟁입찰 6. 기타 ( ) 7. 해당없음	운영예산 산정 운영예산 산정 1. 내부산정 (지자체 자체적으로 산정) 2. 외부산정 (외부전문기관위탁 산정) 3. 내·외부 모두 산정 4. 산정 無 5. 해당없음	운영예산 산정 정산방법 1. 내부정산 (지자체 내부적으로 정산) 2. 외부정산 (외부전문기관위탁 정산) 3. 내·외부 모두 산정 4. 정산 無 5. 해당없음	성과평가 실시여부 1. 실시 2. 미실시 3. 향후 추진 4. 해당없음
8363	세종특별자치시	농촌여성 교육활동지원	14,850	지도기획과	1	1	7	8	7	5	5	4
8364	세종특별자치시	도시농업 공동체 활성화 시범	20,000	미래농업과	1	1	7	8	7	5	5	4
8365	세종특별자치시	지역저출산 네트워크 구축사업 지원	39,496	여성가족과	1	2	7	1	7	5	5	4
8366	세종특별자치시	여성중심마을공동체활성화사업	20,000	여성가족과	1	4	7	8	7	1	1	1
8367	세종특별자치시	재난심리회복지원센터 운영	50,000	재난관리과	1	2	7	8	7	5	5	4
8368	세종특별자치시	아름다운 이야기할머니 사업 활동비 지원	141,624	문화예술과	1	2	7	8	7	5	1	3
8369	세종특별자치시	국악분야 예술강사 지원	41,600	문화예술과	1	2	7	8	7	5	1	4
8370	세종특별자치시	세종문화원 사업비	457,500	문화예술과	1	1	7	8	7	5	1	4
8371	세종특별자치시	장욱진화백 선양사업	22,000	문화예술과	1	6	7	8	7	1	1	1
8372	세종특별자치시	(구)연동면사무소 문화재상	28,000	문화예술과	1	2	7	8	7	5	5	4
8373	세종특별자치시	국어진흥 기반 조성	30,000	문화예술과	1	4	7	8	7	1	1	1
8374	세종특별자치시	문화콘텐츠산업 육성지원	20,000	문화예술과	1	7	7	8	7	1	1	1
8375	세종특별자치시	지역산업맞춤형 자치단체 지원사업	2,305	일자리정책과	1	2	7	8	7	5	5	4
8376	세종특별자치시	신중년 사회공헌활동지원	80,808	일자리정책과	1	2	7	8	7	5	5	4
8377	세종특별자치시	신중년 경력활용 지역서비스 일자리	713,646	일자리정책과	1	2	7	8	7	5	5	4
8378	세종특별자치시	외국인근로자 한국어 교육지원	9,900	일자리정책과	1	1	7	8	7	5	5	4
8379	세종특별자치시	대학일자리센터 운영 지원	50,000	일자리정책과	1	2	7	8	7	1	1	1
8380	세종특별자치시	공학교육혁신센터 지원	20,000	일자리정책과	1	2	7	8	7	1	1	1
8381	세종특별자치시	지역주도형 청년일자리사업	286,410	일자리정책과	1	2	7	2	7	1	1	1
8382	세종특별자치시	지역주도형 청년일자리사업	719,760	일자리정책과	1	2	7	2	7	1	1	1
8383	세종특별자치시	지역주도형 청년일자리사업	314,730	일자리정책과	1	2	7	2	7	1	1	1
8384	세종특별자치시	지역노사민정 협력활성화 지원사업	88,000	일자리정책과	1	2	7	8	7	1	1	1
8385	세종특별자치시	노사안정 화합지원	24,750	일자리정책과	1	4	7	8	7	1	1	1
8386	세종특별자치시	공정일터 인증제	40,500	일자리정책과	1	4	7	8	7	5	5	4
8387	세종특별자치시	노란우산공제 희망장려금 지원	240,000	기업지원과	1	6	6	8	6	1	1	1
8388	세종특별자치시	전통시장 상인조직 역량강화	9,600	기업지원과	1	1	7	8	7	5	1	1
8389	세종특별자치시	지역민영방송 전통시장 홍보	10,000	기업지원과	1	1	7	8	7	5	1	1
8390	세종특별자치시	창업보육 지원 사업	60,000	기업지원과	1	6	7	8	7	1	1	3
8391	세종특별자치시	품질경영지원	27,000	기업지원과	1	5	7	8	7	1	1	1
8392	세종특별자치시	기업인 활성화 사업	18,000	기업지원과	1	4	7	8	7	1	1	1
8393	세종특별자치시	여성기업인 역량강화 사업	10,000	기업지원과	1	6	7	8	7	1	1	1
8394	세종특별자치시	FTA활용 지원	20,000	기업지원과	1	6	5	8	7	1	1	1
8395	세종특별자치시	결핵관리운영 지원	3,000	보건의료과	1	1	7	8	7	5	5	4
8396	세종특별자치시	한센병 선도사업	7,000	보건의료과	1	1	7	8	7	5	5	4
8397	세종특별자치시	한센 간이양로시설 운영	72,636	보건의료과	1	2	7	8	7	5	5	4
8398	세종특별자치시	장애인 정보화교육	21,024	정보통계담당관	1	2	7	8	7	5	5	4
8399	세종특별자치시	수상안전사고 예방 및 인명구조활동	10,000	안전정책과	1	4	6	7	6	1	1	1
8400	세종특별자치시	자율방범대 순찰차 차량보험	10,000	안전정책과	1	4	7	8	7	1	1	1
8401	세종특별자치시	자율방범대 한마음대회	3,000	안전정책과	1	4	7	8	7	1	1	1
8402	세종특별자치시	자율방범대 직무역량강화 교육	2,000	안전정책과	1	4	7	8	7	1	1	1
8403	세종특별자치시	주민자치 특성화 프로그램 공모사업	80,000	참여공동체과	1	6	7	8	7	5	5	3
8404	세종특별자치시	청사진 프로젝트	831,550	참여공동체과	1	2	7	8	7	5	5	4
8405	세종특별자치시	사회적기업육성	1,421	참여공동체과	1	2	7	8	7	5	5	4
8406	세종특별자치시	사회적기업육성	121,000	참여공동체과	1	2	7	8	7	5	5	4
8407	세종특별자치시	사회보험료 및 사업개발비 등 사회적기업 육성	140,000	참여공동체과	1	2	7	8	7	5	5	4
8408	세종특별자치시	사회보험료 및 사업개발비 등 사회적기업 육성	114,000	참여공동체과	1	2	7	8	7	5	5	4
8409	세종특별자치시	마을기업 컨설팅 등 지원	240,000	참여공동체과	1	2	7	8	7	5	5	4
8410	세종특별자치시	사회서비스분야 사회적경제 육성 지원	100,000	참여공동체과	1	2	7	8	7	5	5	4
8411	세종특별자치시	청년공동체 활성화	32,000	참여공동체과	1	2	7	8	7	5	5	4
8412	세종특별자치시	마을공동체 지원 확대	180,000	참여공동체과	1	4	2	1	1	3	1	1
8413	세종특별자치시	축산물 안전포장재 등 지원	50,000	축산물분석과	1	6	7	8	7	1	1	3

순번	시군구	지출명 (사업명)	2021년예산 (단위:천원/1년간)	담당자 (공무원) 담당부서	민간이전 분류 (지방자치단체 세출예산 집행기준에 의거) 1. 민간경상사업보조(307-02) 2. 민간단체 법정운영비보조(307-03) 3. 민간행사사업보조(307-04) 4. 민간위탁금(307-05) 5. 사회복지시설 법정운영비보조(307-10) 6. 민간인위탁교육비(307-12) 7. 공기관등에대한경상적위탁사업비(308-11) 8. 민간자본사업보조,자체재원(402-01) 9. 민간자본사업보조,이전재원(402-02) 10. 민간위탁사업비(402-03) 11. 공기관등에 대한 자본적 대행사업비(403-02)	민간이전지출 근거 (지방보조금 관리기준 참고) 1. 법률에 규정 2. 국고보조 재원(국가지정) 3. 용도 지정 기부금 4. 조례에 직접규정 5. 지자체가 권장하는 사업을 하는 공공기관 6. 시,도 정책 및 재정사정 7. 기타 8. 해당없음	입찰방식 계약체결방법 (경쟁형태) 1. 일반경쟁 2. 제한경쟁 3. 지명경쟁 4. 수의계약 5. 법정위탁 6. 기타 ( ) 7. 해당없음	입찰방식 계약기간 1. 1년 2. 2년 3. 3년 4. 4년 5. 5년 6. 기타 ( )년 7. 단기계약 (1년미만) 8. 해당없음	입찰방식 낙찰자선정방법 1. 적격심사 2. 협상에의한계약 3. 최저가낙찰제 4. 규격가격분리 5. 2단계 경쟁입찰 6. 기타 ( ) 7. 해당없음	운영예산 산정 운영예산 산정 1. 내부산정 (지자체 자체적으로 산정) 2. 외부산정 (외부전문기관위탁 산정) 3. 내·외부 모두 산정 4. 산정 無 5. 해당없음	운영예산 산정 정산방법 1. 내부정산 (지자체 내부적으로 정산) 2. 외부정산 (외부전문기관위탁 정산) 3. 내·외부 모두 산정 4. 정산 無 5. 해당없음	성과평가 실시여부 1. 실시 2. 미실시 3. 향후 추진 4. 해당없음
8414	세종특별자치시	생산단계 축산물 HACCP 컨설팅	5,600	축산물분석과	1	2	7	8	7	2	1	4
8415	세종특별자치시	가축방역 가상훈련	15,000	질병예방과	1	2	7	8	7	2	1	4
8416	세종특별자치시	돼지 써코바이러스 백신지원	163,200	질병예방과	1	2	7	8	7	2	1	4
8417	세종특별자치시	가축방역 공동(광역) 방제단 운영	208,078	질병예방과	1	2	7	8	7	2	1	4
8418	세종특별자치시	가축위생방역지원본부 인건비 지원	160,200	질병예방과	1	2	7	8	7	2	1	4
8419	세종특별자치시	축사 구서방제 지원	20,000	질병예방과	1	6	7	8	7	1	1	3
8420	세종특별자치시	양돈 생식기호흡기증후군 예방약 지원	50,000	질병예방과	1	6	7	8	7	1	1	3
8421	세종특별자치시	양계 전염병 예방약 지원	120,000	질병예방과	1	6	7	8	7	1	1	3
8422	세종특별자치시	문화기반 청년 활동가 지원 사업	304,125	도시재생과	1	8	1	3	6	5	5	4
8423	세종특별자치시	경제포럼 운영	10,000	경제정책과	1	1	7	8	7	1	1	3
8424	세종특별자치시	세종BIZ 플러스 발간	5,000	경제정책과	1	1	7	8	7	1	1	3
8425	세종특별자치시	지역기업 임직원 역량강화 사업	6,000	경제정책과	1	1	7	8	7	1	1	3
8426	세종특별자치시	소비자보호활동	20,000	경제정책과	1	4	1	1	7	1	1	1
8427	세종특별자치시	생활과학교실 운영	60,000	경제정책과	1	2	7	1	7	1	1	2
8428	세종특별자치시	다부처공동기획연구지원	375,000	경제정책과	1	6	2	5	1	1	2	3
8429	세종특별자치시	템플스테이 플러스원 투어	10,000	관광문화재과	1	1	6	2	7	5	1	1
8430	세종특별자치시	무형문화재 공개행사 지원	14,000	관광문화재과	1	1	7	8	7	5	5	1
8431	세종특별자치시	무형문화재 전수교육관 활성화	20,000	관광문화재과	1	1	7	8	7	5	5	1
8432	세종특별자치시	문화재 돌봄사업	588,912	관광문화재과	1	2	6	3	6	1	1	1
8433	세종특별자치시	향교서원등 제향 및 전통보존사업	39,000	관광문화재과	1	4	6	8	6	1	1	1
8434	세종특별자치시	서원 전통문화프로그램 지원	12,000	관광문화재과	1	4	6	8	6	1	1	1
8435	세종특별자치시	석가탄신일 봉축대법회 지원	30,000	관광문화재과	1	1	6	8	6	1	1	1
8436	세종특별자치시	크리스마스조형물 설치 및 점등행사	30,000	관광문화재과	1	1	6	8	6	1	1	1
8437	세종특별자치시	임업후계자 교육	5,000	산림공원과	1	1	7	8	7	1	1	1
8438	세종특별자치시	임산물 상품화 지원	33,479	산림공원과	1	2	7	8	7	3	3	1
8439	세종특별자치시	유아숲교육 운영	76,500	산림공원과	1	2	7	8	7	1	1	4
8440	세종특별자치시	숲해설가 운영	76,500	산림공원과	1	2	7	8	7	1	1	4
8441	세종특별자치시	정원교실 운영	30,000	산림공원과	1	4	7	8	7	1	1	4
8442	세종특별자치시	학교폭력예방사업	25,000	교육지원과	1	4	7	8	7	5	5	4
8443	세종특별자치시	사립작은도서관활성화사업	167,000	교육지원과	1	4	7	8	7	5	5	4
8444	세종특별자치시	지역선도대학 육성사업	100,000	교육지원과	1	2	7	8	7	5	5	4
8445	세종특별자치시	비산업부문 사업장 온실가스 진단컨설팅	100,000	환경정책과	1	2	7	8	7	5	5	4
8446	세종특별자치시	기후변화교육센터 운영지원	18,000	환경정책과	1	2	7	8	7	5	5	4
8447	세종특별자치시	야생생물 구조활동	42,500	환경정책과	1	4	7	8	7	5	5	4
8448	세종특별자치시	유해야생동물 포획활동	38,000	환경정책과	1	4	7	8	7	5	5	4
8449	세종특별자치시	수생태계 보전사업	13,200	환경정책과	1	1	7	8	7	5	5	4
8450	세종특별자치시	부상야생동물 치료비	90,000	환경정책과	1	1	7	8	7	5	5	4
8451	세종특별자치시	생태계교란 생물 퇴치사업	20,000	환경정책과	1	1	7	8	7	5	5	4
8452	세종특별자치시	세종지속가능발전협의회 사업추진	60,000	환경정책과	1	4	7	8	7	5	5	4
8453	세종특별자치시	세종지속가능발전협의회 운영	67,500	환경정책과	1	4	7	8	7	5	5	4
8454	세종특별자치시	녹색구매지원센터 운영	200,000	환경정책과	1	1	7	8	7	5	5	4
8455	세종특별자치시	교통질서확립 봉사대	6,000	교통과	1	4	1	1	1	1	1	2
8456	세종특별자치시	행복도시 자전거순찰대 운영	5,000	교통과	1	4	7	8	7	1	1	1
8457	세종특별자치시	어린이보행안전지도 봉사지원	35,000	교통과	1	4	1	1	1	1	1	1
8458	세종특별자치시	대한노인회 운영지원	178,920	노인장애인과	1	1	7	8	7	1	1	1
8459	세종특별자치시	장애인 이동편의 지원	92,000	노인장애인과	1	1	7	8	7	1	1	4
8460	세종특별자치시	옥외광고 소비쿠폰 지원사업	14,074	경관디자인과	1	6	7	8	7	5	5	4
8461	세종특별자치시	자원봉사자보험료지원	16,818	복지정책과	1	1	7	8	7	1	1	4
8462	세종특별자치시	자원봉사 코디네이터 지원	90,000	복지정책과	1	1	7	8	7	1	1	4
8463	세종특별자치시	자원봉사센터 사업	130,000	복지정책과	1	1	7	8	7	1	1	4
8464	세종특별자치시	자원봉사센터 은퇴은행	5,500	복지정책과	1	1	7	8	7	1	1	4

순번	시군구	지출명 (사업명)	2021년예산 (단위:천원/1년간)	담당자 (공무원) 담당부서	민간이전 분류 (지방자치단체 세출예산 집행기준에 의거) 1. 민간경상사업보조(307-02) 2. 민간단체 법정운영비보조(307-03) 3. 민간행사사업보조(307-04) 4. 민간위탁금(307-05) 5. 사회복지시설 법정운영비보조(307-10) 6. 민간인위탁교육비(307-12) 7. 공기관등에대한경상적위탁사업비(308-11) 8. 민간자본사업보조,자체재원(402-01) 9. 민간자본사업보조,이전재원(402-02) 10. 민간위탁사업비(402-03) 11. 공기관등에 대한 자본적 대행사업비(403-02)	민간이전지출 근거 (지방보조금 관리기준 참고) 1. 법률에 규정 2. 국고보조 재원(국가지정) 3. 용도 지정 기부금 4. 조례에 직접규정 5. 지자체가 권장하는 사업을 하는 공공기관 6. 시,도 정책 및 재정사정 7. 기타 8. 해당없음	입찰방식 계약체결방법 (경쟁형태) 1. 일반경쟁 2. 제한경쟁 3. 지명경쟁 4. 수의계약 5. 법정위탁 6. 기타 ( ) 7. 해당없음	입찰방식 계약기간 1. 1년 2. 2년 3. 3년 4. 4년 5. 5년 6. 기타 ( )년 7. 단기계약 (1년미만) 8. 해당없음	입찰방식 낙찰자선정방법 1. 적격심사 2. 협상에의한계약 3. 최저가낙찰제 4. 규격가격분리 5. 2단계 경쟁입찰 6. 기타 ( ) 7. 해당없음	운영예산 산정 운영예산 산정 1. 내부산정 (지자체 자체적으로 산정) 2. 외부산정 (외부전문기관위탁 산정) 3. 내·외부 모두 산정 4. 산정 無 5. 해당없음	운영예산 산정 정산방법 1. 내부정산 (지자체 내부적으로 정산) 2. 외부정산 (외부전문기관위탁 정산) 3. 내·외부 모두 산정 4. 정산 無 5. 해당없음	성과평가 실시여부 1. 실시 2. 미실시 3. 향후 추진 4. 해당없음
8465	세종특별자치시	호국정신 함양사업	39,375	복지정책과	1	1	7	8	7	1	1	4
8466	세종특별자치시	농산물 포장재 지원	500,000	로컬푸드과	1	1	7	7	7	1	1	4
8467	세종특별자치시	농산물 수출 활성화	40,000	로컬푸드과	1	1	7	7	7	1	1	4
8468	세종특별자치시	농산물 공동선별 지원	11,500	로컬푸드과	1	4	7	7	7	1	1	4
8469	세종특별자치시	우리농산물 홍보판촉	68,000	로컬푸드과	1	7	7	7	7	1	1	4
8470	세종특별자치시	바른 식생활 교육 지원	260,000	로컬푸드과	1	1	7	7	7	1	1	4
8471	세종특별자치시	농식품 소비자 교육홍보 지원	20,000	로컬푸드과	1	1	7	7	7	1	1	4
8472	세종특별자치시	로컬푸드 운영지원	88,798	로컬푸드과	1	4	7	1	7	1	1	2
8473	세종특별자치시	초등 돌봄교실 과일간식 지원 시범사업	258,000	로컬푸드과	1	2	6	1	6	5	5	4
8474	세종특별자치시	수행기관연계협력확립	84,000	로컬푸드과	1	4	7	1	7	1	1	2
8475	세종특별자치시	체험마을리더 교육 지원	731	로컬푸드과	1	2	7	8	7	5	5	1
8476	세종특별자치시	농촌관광주체 육성 지원	1,722	로컬푸드과	1	2	7	8	7	5	5	1
8477	세종특별자치시	도농 교류 활성화	12,000	로컬푸드과	1	6	7	8	7	5	5	1
8478	세종특별자치시	사회적 농업 활성화 지원	180,000	로컬푸드과	1	2	7	8	7	5	5	1
8479	세종특별자치시	농촌공동체회사 우수사업 지원	75,000	로컬푸드과	1	6	7	3	7	5	5	1
8480	세종특별자치시	모범 이통장 국외연수	40,000	자치분권과	1	4	7	8	7	1	1	1
8481	세종특별자치시	범죄예방 활동사업	14,000	자치분권과	1	1	7	8	7	1	1	1
8482	세종특별자치시	범죄피해자 지원사업	20,000	자치분권과	1	1	7	8	7	1	1	1
8483	세종특별자치시	민주평화통일자문회의 평화통일사업	30,000	자치분권과	1	1	7	8	7	1	1	1
8484	세종특별자치시	통일교육 및 통일의식 확산사업	7,000	자치분권과	1	1	7	8	7	1	1	1
8485	세종특별자치시	이북5도 행사참가 등 지원	10,500	자치분권과	1	1	7	8	7	1	1	1
8486	세종특별자치시	사랑의 김장나누기	13,000	자치분권과	1	8	7	8	7	1	1	1
8487	세종특별자치시	새마을국제협력사업	25,000	자치분권과	1	1	7	8	7	1	1	1
8488	세종특별자치시	전국 새마을지도자 대회 참가	5,000	자치분권과	1	1	7	8	7	1	1	1
8489	세종특별자치시	새마을 국민교육	5,000	자치분권과	1	1	7	8	7	1	1	1
8490	세종특별자치시	바르게살기 건전생활문화운동	18,000	자치분권과	1	1	7	8	7	1	1	1
8491	세종특별자치시	적십자봉사회 자원봉사활동사업	22,000	자치분권과	1	1	7	8	7	1	1	1
8492	세종특별자치시	자유총연맹 국민교육	10,000	자치분권과	1	1	7	8	7	1	1	1
8493	세종특별자치시	자유총연맹 전국 고교생 토론대회 예선	2,700	자치분권과	1	1	7	8	7	1	1	1
8494	강원 춘천시	농업회의소 설립 및 운영비 지원	43,000	미래농업과	1	4	7	8	7	5	5	4
8495	강원 춘천시	숲해설가 양성교육 지원	16,000	산림과	1	1	7	8	7	5	5	4
8496	강원 춘천시	농식품 관련 아이디어 경진대회	200,000	안심농식품과	1	4	7	8	7	5	5	4
8497	강원 춘천시	벼 신품종 지역적응 시범단지 조성	8,000	안심농식품과	1	4	7	8	7	5	5	4
8498	강원 춘천시	토종벌 육성마을 1개소 지원	70,000	축산과	1	1	7	8	7	5	5	4
8499	강원 춘천시	토종꿀 포장재 지원	25,000	축산과	1	1	7	8	7	5	5	4
8500	강원 춘천시	전략작목 품질향상 지원	264,600	기술지원과	1	4	7	8	7	5	5	4
8501	강원 춘천시	배추 주산지 토양소독제 지원	60,000	기술지원과	1	4	7	8	7	5	5	4
8502	강원 춘천시	오미자 생산유통 지원	12,500	기술지원과	1	4	7	8	7	5	5	4
8503	강원 춘천시	민주화 운동 기념사업	15,000	행정지원과	1	4	7	8	7	5	5	4
8504	강원 춘천시	장애인 우수선수 육성지원	20,000	체육과	1	1	7	8	7	5	5	4
8505	강원 춘천시	원어민 1:1 화상영어 교육지원	300,000	대외협력담당관	1	4	7	8	7	5	5	4
8506	강원 춘천시	대학협력협의회 사무국 지원	300,000	대외협력담당관	1	5	7	8	7	5	5	4
8507	강원 춘천시	남북교류아카데미 수료생 활동지원	10,000	대외협력담당관	1	4	7	8	7	5	5	4
8508	강원 춘천시	지역상품전시회 지원	10,000	사회적경제과	1	1	7	8	7	5	5	4
8509	강원 춘천시	시내버스 운수종사자 서비스 교육 지원	6,000	대중교통과	1	1	7	8	7	5	5	4
8510	강원 춘천시	마을쓰레기 책임관리사업 지원	280,000	자원순환과	1	4	7	8	7	5	5	4
8511	강원 춘천시	춘천시민 녹색장터 운영	100,000	자원순환과	1	4	7	8	7	5	5	4
8512	강원 춘천시	우리역사 바로세우기	70	문화콘텐츠과	1	1	7	8	7	5	5	4
8513	강원 강릉시	외국인 유학생 강릉문화체험	5,000	시민소통홍보관	1	4	7	8	7	1	1	1
8514	강원 강릉시	중국 자매도시 초등학생 언어연수 및 문화탐방 지원사업	10,000	시민소통홍보관	1	4	7	8	7	1	1	1
8515	강원 강릉시	중국 자매도시 민간협력 지원	15,000	시민소통홍보관	1	4	7	8	7	1	1	1

순번	시군구	지출명 (사업명)	2021년예산 (단위:천원/1년간)	담당자 (공무원) 담당부서	민간이전 분류 (지방자치단체 세출예산 집행기준에 의거) 1. 민간경상사업보조(307-02) 2. 민간단체 법정운영비보조(307-03) 3. 민간행사사업보조(307-04) 4. 민간위탁금(307-05) 5. 사회복지시설 법정운영비보조(307-10) 6. 민간인위탁교육비(307-12) 7. 공기관등에대한경상적위탁사업비(308-11) 8. 민간자본사업보조,자체재원(402-01) 9. 민간자본사업보조,이전재원(402-02) 10. 민간위탁사업비(402-03) 11. 공기관등에 대한 자본적 대행사업비(403-02)	민간이전지출 근거 (지방보조금 관리기준 참고) 1. 법률에 규정 2. 국고보조 재원(국가지정) 3. 용도 지정 기부금 4. 조례에 직접규정 5. 지자체가 권장하는 사업을 하는 공공기관 6. 시,도 정책 및 재정사정 7. 기타 8. 해당없음	입찰방식 계약체결방법 (경쟁형태) 1. 일반경쟁 2. 제한경쟁 3. 지명경쟁 4. 수의계약 5. 법정위탁 6. 기타 ( ) 7. 해당없음	입찰방식 계약기간 1. 1년 2. 2년 3. 3년 4. 4년 5. 5년 6. 기타 ( )년 7. 단기계약 (1년미만) 8. 해당없음	입찰방식 낙찰자선정방법 1. 적격심사 2. 협상에의한계약 3. 최저가낙찰제 4. 규격가격분리 5. 2단계 경쟁입찰 6. 기타 ( ) 7. 해당없음	운영예산 산정 운영예산 산정 1. 내부산정 (지자체 자체적으로 산정) 2. 외부산정 (외부전문기관위탁 산정) 3. 내·외부 모두 산정 4. 산정 無 5. 해당없음	운영예산 산정 정산방법 1. 내부정산 (지자체 내부적으로 정산) 2. 외부정산 (외부전문기관위탁 정산) 3. 내·외부 모두 산정 4. 정산 無 5. 해당없음	성과평가 실시여부 1. 실시 2. 미실시 3. 향후 추진 4. 해당없음
8516	강원 강릉시	강원도 대학발전 육성사업	640,000	예산정책과	1	4	7	8	7	1	1	1
8517	강원 강릉시	지역발전 대학협력사업	60,000	예산정책과	1	4	7	8	7	1	1	1
8518	강원 강릉시	자원봉사자 보험료 지원	7,354	행정지원과	1	1	7	8	7	1	1	3
8519	강원 강릉시	자원봉사자 코디네이터 지원	59,078	행정지원과	1	1	7	8	7	1	1	3
8520	강원 강릉시	자원봉사센터 인센티브 지원사업	22,000	행정지원과	1	1	7	8	7	1	1	3
8521	강원 강릉시	자원봉사활동 증진사업	30,000	행정지원과	1	1	7	8	7	1	1	3
8522	강원 강릉시	이통장연합회 시민참여 캠페인	10,000	행정지원과	1	4	7	8	7	1	1	3
8523	강원 강릉시	새마을운동조직육성사업	51,600	행정지원과	1	1	7	8	7	1	1	3
8524	강원 강릉시	바르게살기운동 추진사업	26,100	행정지원과	1	1	7	8	7	1	1	3
8525	강원 강릉시	자유민주주의 수호 발전	14,000	행정지원과	1	1	7	8	7	1	1	3
8526	강원 강릉시	범죄예방활동지원 및 청소년선도활동	2,450	행정지원과	1	1	7	8	7	1	1	3
8527	강원 강릉시	아동성폭력예방 및 우범지역 야간순찰 방범활동	5,000	행정지원과	1	1	7	8	7	1	1	3
8528	강원 강릉시	민주평통 강릉시협의회 지원	26,000	행정지원과	1	1	7	8	7	1	1	3
8529	강원 강릉시	범죄피해자 지원센터 사업지원	30,000	행정지원과	1	1	7	8	7	1	1	3
8530	강원 강릉시	지역자율방재단 운영	23,000	재난안전과	1	1	7	8	7	1	1	4
8531	강원 강릉시	정보화마을 프로그램관리자 육성	90,576	정보산업과	1	6	7	8	7	1	1	1
8532	강원 강릉시	정보화마을 프로그램관리자 육성	23,340	정보산업과	1	6	7	8	7	1	1	1
8533	강원 강릉시	강원도형 정규직 일자리보조금 지원사업	198,000	일자리경제과	1	4	7	8	7	1	1	4
8534	강원 강릉시	어린이집통학차량 등하원 안전지원	300,000	일자리경제과	1	6	7	8	7	1	1	1
8535	강원 강릉시	지역노사민정 협력활성화지원	47,000	일자리경제과	1	6	7	8	7	1	1	4
8536	강원 강릉시	노동법률상담 지원	64,000	일자리경제과	1	6	7	8	7	1	1	4
8537	강원 강릉시	근로자종합복지관 운영비 지원	35,000	일자리경제과	1	4	7	8	7	1	1	4
8538	강원 강릉시	사회적기업 일자리창출 지원	800,000	일자리경제과	1	2	7	8	6	5	1	3
8539	강원 강릉시	사회적기업 사회보험료 지원	80,000	일자리경제과	1	2	7	8	6	5	1	3
8540	강원 강릉시	지역산업 맞춤형 일자리 창출 지원사업	324,000	일자리경제과	1	1	7	8	7	5	3	1
8541	강원 강릉시	청년일자리 지역정착지원사업	709,438	일자리경제과	1	2	7	8	7	5	1	3
8542	강원 강릉시	대학 일자리센터 지원사업	125,000	일자리경제과	1	7	7	8	7	5	1	1
8543	강원 강릉시	지역이주 청년정착 프로젝트	100,000	일자리경제과	1	1	7	8	7	5	5	4
8544	강원 강릉시	지역주도형 청년일자리사업	1,158	일자리경제과	1	2	7	8	7	5	5	4
8545	강원 강릉시	강릉시경제살리기협의회 운영	10,000	일자리경제과	1	4	7	8	7	1	1	4
8546	강원 강릉시	소상공인단체 운영 지원	24,000	일자리경제과	1	6	7	8	7	1	1	4
8547	강원 강릉시	2020년 강원도 공예품대전 입상작 상품화 개발	38,000	일자리경제과	1	6	7	8	7	1	1	4
8548	강원 강릉시	전통시장 경영현대화지원	14,000	일자리경제과	1	7	7	8	7	1	1	4
8549	강원 강릉시	전통시장 화재보험료 지원	8,100	일자리경제과	1	6	7	8	7	1	1	4
8550	강원 강릉시	전통시장 화재보험 공제사업 지원	12,588	일자리경제과	1	6	7	8	7	1	1	4
8551	강원 강릉시	전통시장 안전관리요원 배치	95,000	일자리경제과	1	6	7	8	7	1	1	4
8552	강원 강릉시	강원도 지식재산 권리화 지원 활성화사업	66,000	기업지원과	1	7	7	8	7	1	1	4
8553	강원 강릉시	노란우산공제 희망보조금 지원사업	2,779	기업지원과	1	7	7	8	7	1	1	4
8554	강원 강릉시	농공단지 입주기업 물류보조금 지원	80,000	기업지원과	1	4	7	8	7	3	3	3
8555	강원 강릉시	강릉지속가능발전협의회 의제실천사업	60,000	환경과	1	1	4	8	7	1	1	1
8556	강원 강릉시	생태관광지역지정.육성	86,000	환경과	1	2	7	7	7	1	1	1
8557	강원 강릉시	자전거 이용 활성화 교육	10,000	환경과	1	4	7	8	7	1	1	3
8558	강원 강릉시	오수처리시설 위탁관리 지원사업	13,104	환경과	1	4	7	1	7	1	1	4
8559	강원 강릉시	비산업부문 사업장 온실가스 진단.컨설팅지원	18,000	환경과	1	2	7	8	7	5	5	4
8560	강원 강릉시	쓰레기제로화 시민실천사업	50,000	자원순환과	1	5	7	8	7	1	1	1
8561	강원 강릉시	불법쓰레기 시민감시단 모니터링	25,000	자원순환과	1	5	7	8	7	1	1	1
8562	강원 강릉시	공동주택 보안등, 경관조명 전기료 지원	160,000	에너지과	1	4	7	8	7	1	1	4
8563	강원 강릉시	산양삼생산과정확인지원	3,800	산림과	1	2	7	8	7	5	1	4
8564	강원 강릉시	임산물상품화지원사업	1,394	산림과	1	2	7	8	7	5	1	4
8565	강원 강릉시	강릉예절원 전통예절교육 지원	5,000	문화예술과	1	4	4	1	7	1	1	1
8566	강원 강릉시	성균관유도회 유림 인성교육사업	8,000	문화예술과	1	4	4	1	7	1	1	1

순번	시군구	지출명 (사업명)	2021년예산 (단위:천원/1년간)	담당자 (공무원) 담당부서	민간이전 분류 (지방자치단체 세출예산 집행기준에 의거) 1. 민간경상사업보조(307-02) 2. 민간단체 법정운영비보조(307-03) 3. 민간행사사업보조(307-04) 4. 민간위탁금(307-05) 5. 사회복지시설 법정운영비보조(307-10) 6. 민간인위탁교육비(307-12) 7. 공기관등에대한경상적위탁사업비(308-11) 8. 민간자본사업보조,자체재원(402-01) 9. 민간자본사업보조,이전재원(402-02) 10. 민간위탁사업비(402-03) 11. 공기관등에 대한 자본적 대행사업비(403-02)	민간이전지출 근거 (지방보조금 관리기준 참고) 1. 법률에 규정 2. 국고보조 재원(국가지정) 3. 용도 지정 기부금 4. 조례에 직접규정 5. 지자체가 권장하는 사업을 하는 공공기관 6. 시,도 정책 및 재정사정 7. 기타 8. 해당없음	입찰방식 계약체결방법 (경쟁형태) 1. 일반경쟁 2. 제한경쟁 3. 지명경쟁 4. 수의계약 5. 법정위탁 6. 기타 ( ) 7. 해당없음	입찰방식 계약기간 1. 1년 2. 2년 3. 3년 4. 4년 5. 5년 6. 기타 ( )년 7. 단기계약 (1년미만) 8. 해당없음	입찰방식 낙찰자선정방법 1. 적격심사 2. 협상에의한계약 3. 최저가낙찰제 4. 규격가격분리 5. 2단계 경쟁입찰 6. 기타 ( ) 7. 해당없음	운영예산 산정 운영예산 산정 1. 내부산정 (지자체 자체적으로 산정) 2. 외부산정 (외부전문기관위탁 산정) 3. 내·외부 모두 산정 4. 산정 無 5. 해당없음	운영예산 산정 정산방법 1. 내부정산 (지자체 내부적으로 정산) 2. 외부정산 (외부전문기관위탁 정산) 3. 내·외부 모두 산정 4. 정산 無 5. 해당없음	성과평가 실시여부 1. 실시 2. 미실시 3. 향후 추진 4. 해당없음
8567	강원 강릉시	성균관청년유도회 청년유림지 발행	8,500	문화예술과	1	4	4	1	7	1	1	1
8568	강원 강릉시	강릉향교 홍보물 제작	5,000	문화예술과	1	4	4	1	7	1	1	1
8569	강원 강릉시	보물지정기념 책자제작	10,000	문화예술과	1	4	4	1	7	1	1	1
8570	강원 강릉시	화부산 기슭에서 울려 퍼지는 향교문화	50,000	문화예술과	1	1	4	1	7	1	1	1
8571	강원 강릉시	지역문화콘텐츠 연구사업	28,000	문화예술과	1	1	4	1	7	1	1	1
8572	강원 강릉시	임영문화예술교육사업	69,000	문화예술과	1	1	4	1	7	1	1	1
8573	강원 강릉시	지방문화원 사랑방 운영 지원	20,000	문화예술과	1	1	4	1	7	1	1	1
8574	강원 강릉시	강릉 바다아카데미	20,000	문화예술과	1	4	7	8	7	5	5	4
8575	강원 강릉시	문화가 있는 날 지자체 기획 프로그램	80,000	문화예술과	1	1	4	1	7	1	1	1
8576	강원 강릉시	사립박물관,미술관 지원	20,000	문화예술과	1	4	4	1	7	1	1	1
8577	강원 강릉시	율곡평생교육원 강좌운영	15,000	문화예술과	1	1	4	1	7	1	1	1
8578	강원 강릉시	율곡이이연구사업	300,000	문화예술과	1	1	4	1	7	1	1	1
8579	강원 강릉시	남북 문화예술 교류사업	50,000	문화예술과	1	1	4	1	7	1	1	1
8580	강원 강릉시	예술전용 독립극장 지원	50,000	문화예술과	1	6	4	1	7	4	1	1
8581	강원 강릉시	꿈의 오케스트라 강릉 지원 사업	80,000	문화예술과	1	4	7	1	7	1	1	2
8582	강원 강릉시	강원의 설화 애니메이션 콘텐츠 제작	22,000	문화예술과	1	6	4	1	7	4	1	4
8583	강원 강릉시	강릉국제영화제 지원	1,790	문화예술과	1	1	5	1	7	1	1	1
8584	강원 강릉시	생활예술 지원사업	140,000	문화예술과	1	1	6	1	7	1	1	1
8585	강원 강릉시	문학관 운영 프로그램 지원	15,000	문화예술과	1	1	7	6	7	1	1	4
8586	강원 강릉시	전통차 체험관 운영	15,000	문화예술과	1	1	7	6	7	1	1	4
8587	강원 강릉시	전통산사문화재 활용사업 프로그램 운영	40,000	문화예술과	1	1	6	1	7	5	1	4
8588	강원 강릉시	강릉문화재 야행 프로그램 운영	900,000	문화예술과	1	1	6	1	7	5	1	4
8589	강원 강릉시	고택종갓집 활용사업 프로그램 운영	190,000	문화예술과	1	1	6	1	7	5	1	4
8590	강원 강릉시	강릉시 민속관 운영	9,100	문화예술과	1	1	6	1	7	1	1	4
8591	강원 강릉시	강릉농악전수교육관 활성화	75,000	문화예술과	1	1	7	8	7	5	1	4
8592	강원 강릉시	강릉단오제전수교육관 활성화	40,000	문화예술과	1	1	7	8	7	5	1	4
8593	강원 강릉시	전국농악대회 공연 참가	20,000	문화예술과	1	1	7	6	7	5	1	4
8594	강원 강릉시	지역농악대 육성 지원	50,000	문화예술과	1	1	7	6	7	5	1	4
8595	강원 강릉시	강릉학산오독떼기 전승육성	11,000	문화예술과	1	1	7	6	7	5	1	4
8596	강원 강릉시	강릉사천하평답교놀이 전승육성	6,300	문화예술과	1	1	7	6	7	5	1	4
8597	강원 강릉시	무형문화재전승사업	15,000	문화예술과	1	1	7	6	7	5	1	4
8598	강원 강릉시	강릉 용연계곡-명승에서 우리를 잇다	200,000	문화예술과	1	2	7	8	7	5	1	4
8599	강원 강릉시	임당생활문화센터 활성화	16,200	문화예술과	1	6	7	8	7	1	1	4
8600	강원 강릉시	강릉단오제 전승교육사업	60,000	문화예술과	1	1	7	8	7	1	1	1
8601	강원 강릉시	강릉단오제 원형콘텐츠 구축사업	15,000	문화예술과	1	1	7	8	7	1	1	1
8602	강원 강릉시	강릉단오제 학습프로그램 보조	10,000	문화예술과	1	1	7	8	7	1	1	1
8603	강원 강릉시	강릉단오제 전통문화 방문교육 보조	20,000	문화예술과	1	1	7	8	7	1	1	1
8604	강원 강릉시	강릉단오제보존회 전승장비 지원	10,000	문화예술과	1	1	7	8	7	1	1	1
8605	강원 강릉시	강릉단오제보존회 전수단체(15개단체) 전승장비 지원	7,000	문화예술과	1	1	7	8	7	1	1	1
8606	강원 강릉시	웰컴투강릉추진협의회 사업보조	60,000	관광과	1	7	7	8	7	1	1	1
8607	강원 강릉시	강릉바우길 활성화 지원사업	68,000	관광과	1	7	7	8	7	1	1	1
8608	강원 강릉시	관광체험 프로그램 운영	48,000	관광과	1	7	7	8	7	1	1	1
8609	강원 강릉시	강릉농악	10,000	관광과	1	7	7	8	7	1	1	1
8610	강원 강릉시	관노가면극	10,000	관광과	1	7	7	8	7	1	1	1
8611	강원 강릉시	템플스테이 지원	18,000	관광과	1	7	7	8	7	1	1	1
8612	강원 강릉시	음악여행 버스킹 활성화	20,000	관광과	1	7	7	8	7	1	1	1
8613	강원 강릉시	강릉관광상설공연	100,000	관광과	1	7	7	8	7	1	1	1
8614	강원 강릉시	관광지홍보 길놀이공연 지원	14,000	관광과	1	7	7	8	7	1	1	1
8615	강원 강릉시	시나미 명주나들이 생활관광활성화 사업	100,000	관광과	1	2	7	8	7	1	1	1
8616	강원 강릉시	체육회 전문 지도자 배치사업	438,480	체육과	1	1	7	8	7	5	1	4
8617	강원 강릉시	체육회 전문 지도자 명절휴가비	15,000	체육과	1	1	7	8	7	5	1	4

순번	시군구	지출명 (사업명)	2021년예산 (단위:천원/1년간)	담당자 (공무원) 담당부서	민간이전 분류 (지방자치단체 세출예산 집행기준에 의거) 1. 민간경상사업보조(307-02) 2. 민간단체 법정운영비보조(307-03) 3. 민간행사사업보조(307-04) 4. 민간위탁금(307-05) 5. 사회복지시설 법정운영비보조(307-10) 6. 민간인위탁교육비(307-12) 7. 공기관등에대한경상적위탁사업비(308-11) 8. 민간자본사업보조,자체재원(402-01) 9. 민간자본사업보조,이전재원(402-02) 10. 민간위탁사업비(402-03) 11. 공기관등에 대한 자본적 대행사업비(403-02)	민간이전지출 근거 (지방보조금 관리기준 참고) 1. 법률에 규정 2. 국고보조 재원(국가지정) 3. 용도 지정 기부금 4. 조례에 직접규정 5. 지자체가 권장하는 사업을 하는 공공기관 6. 시,도 정책 및 재정사정 7. 기타 8. 해당없음	입찰방식 계약체결방법 (경쟁형태) 1. 일반경쟁 2. 제한경쟁 3. 지명경쟁 4. 수의계약 5. 법정위탁 6. 기타 ( ) 7. 해당없음	입찰방식 계약기간 1. 1년 2. 2년 3. 3년 4. 4년 5. 5년 6. 기타 ( )년 7. 단기계약 (1년미만) 8. 해당없음	입찰방식 낙찰자선정방법 1. 적격심사 2. 협상에의한계약 3. 최저가낙찰제 4. 규격가격분리 5. 2단계 경쟁입찰 6. 기타 ( ) 7. 해당없음	운영예산 산정 운영예산 산정 1. 내부산정 (지자체 자체적으로 산정) 2. 외부산정 (외부전문기관위탁 산정) 3. 내·외부 모두 산정 4. 산정 無 5. 해당없음	운영예산 산정 정산방법 1. 내부정산 (지자체 내부적으로 정산) 2. 외부정산 (외부전문기관위탁 정산) 3. 내·외부 모두 산정 4. 정산 無 5. 해당없음	성과평가 실시여부 1. 실시 2. 미실시 3. 향후 추진 4. 해당없음
8618	강원 강릉시	체육회 전문 지도자 급식비	23,400	체육과	1	1	7	8	7	5	1	4
8619	강원 강릉시	우수 선수 육성 및 학교팀 창단	50,000	체육과	1	4	7	8	7	5	1	4
8620	강원 강릉시	여자축구 활성화	20,000	체육과	1	4	7	8	7	5	1	4
8621	강원 강릉시	우수학교 육성비	20,000	체육과	1	4	7	8	7	5	1	4
8622	강원 강릉시	체육단체 워크숍	5,000	체육과	1	4	7	8	7	5	1	4
8623	강원 강릉시	제102회 전국체육대회	15,000	체육과	1	1	7	8	7	5	1	1
8624	강원 강릉시	제56회 강원도민체육대회 참가	290,000	체육과	1	1	7	8	7	5	1	1
8625	강원 강릉시	2021 강원도 소년체육대회 참가	30,000	체육과	1	1	7	8	7	5	1	1
8626	강원 강릉시	강릉시 리틀야구단 전국대회 참가	15,000	체육과	1	1	7	8	7	5	1	1
8627	강원 강릉시	제22회 강원도지사기 초·중 육상대회 참가	7,000	체육과	1	1	7	8	7	5	1	1
8628	강원 강릉시	제22회 강원도지사기 초·중 수영대회 참가	7,000	체육과	1	1	7	8	7	5	1	1
8629	강원 강릉시	제26회 강원도지사기 태권도대회 참가	2,000	체육과	1	1	7	8	7	5	1	1
8630	강원 강릉시	제25회 강원도지사기 볼링대회 참가	2,000	체육과	1	1	7	8	7	5	1	1
8631	강원 강릉시	제27회 강원도지사기 검도대회 참가	2,000	체육과	1	1	7	8	7	5	1	1
8632	강원 강릉시	2021 강원도지사기 골프대회 참가	2,000	체육과	1	1	7	8	7	5	1	1
8633	강원 강릉시	2021 강원도지사배 컬링대회 참가	2,000	체육과	1	1	7	8	7	5	1	1
8634	강원 강릉시	제30회 강원역전 마라톤 대회 참가	8,000	체육과	1	1	7	8	7	5	1	1
8635	강원 강릉시	전지훈련팀 지원	20,000	체육과	1	1	7	8	7	5	1	1
8636	강원 강릉시	기타 대회 지원	20,000	체육과	1	1	7	8	7	5	1	1
8637	강원 강릉시	생활체육 프로그램 활성화	46,000	체육과	1	4	7	8	7	5	1	4
8638	강원 강릉시	생활체육 지도자 배치 운영	233,856	체육과	1	2	7	8	7	5	1	4
8639	강원 강릉시	어르신 체육활동 지도자 배치	175,392	체육과	1	2	7	8	7	5	1	4
8640	강원 강릉시	생활체육교실 운영지원	20,000	체육과	1	4	7	8	7	5	1	4
8641	강원 강릉시	2021 강원도 어르신 생활체육대회	25,000	체육과	1	1	7	8	7	5	1	1
8642	강원 강릉시	제22회 강원도지사기 축구대회 참가	5,000	체육과	1	1	7	8	7	5	1	1
8643	강원 강릉시	제24회 강원도지사기 배구대회 참가	2,500	체육과	1	1	7	8	7	5	1	1
8644	강원 강릉시	제21회 강원도지사기 탁구대회 참가	2,500	체육과	1	1	7	8	7	5	1	1
8645	강원 강릉시	제22회 강원도지사기 테니스대회 참가	2,500	체육과	1	1	7	8	7	5	1	1
8646	강원 강릉시	제32회 강원도지사기 게이트볼대회 참가	2,500	체육과	1	1	7	8	7	5	1	1
8647	강원 강릉시	제22회 강원도지사기 배드민턴대회 참가	1,400	체육과	1	1	7	8	7	5	1	1
8648	강원 강릉시	제11회 강원도지사기 국학기공대회 참가	2,000	체육과	1	1	7	8	7	5	1	1
8649	강원 강릉시	제13회 강원도지사기 야구대회 참가	1,500	체육과	1	1	7	8	7	5	1	1
8650	강원 강릉시	제12회 강원도지사기 풋살대회 참가	1,500	체육과	1	1	7	8	7	5	1	1
8651	강원 강릉시	제22회 강원도지사기 족구대회 참가	1,500	체육과	1	1	7	8	7	5	1	1
8652	강원 강릉시	제5회 강원도지사기 농구대회 참가	1,200	체육과	1	1	7	8	7	5	1	1
8653	강원 강릉시	제4회 강원도지시기 복싱대회 참가	1,500	체육과	1	1	7	8	7	5	1	1
8654	강원 강릉시	제9회 강원도지사기 바둑대회 참가	1,500	체육과	1	1	7	8	7	5	1	1
8655	강원 강릉시	제11회 강원도지사기 자전거대회 참가	1,500	체육과	1	1	7	8	7	5	1	1
8656	강원 강릉시	제10회 강원도지사기 수영대회 참가	700	체육과	1	1	7	8	7	5	1	1
8657	강원 강릉시	제32회 강원도지사기 씨름왕대회 참가	1,000	체육과	1	1	7	8	7	5	1	1
8658	강원 강릉시	제27회 강원도지사기 생활체조대회 참가	1,000	체육과	1	1	7	8	7	5	1	1
8659	강원 강릉시	2021 강원도지사기 파크골프대회 참가	1,500	체육과	1	1	7	8	7	5	1	1
8660	강원 강릉시	2021 강원도지사기 합기도대회 참가	1,500	체육과	1	1	7	8	7	5	1	1
8661	강원 강릉시	기타 대회 지원	30,000	체육과	1	1	7	8	7	5	1	1
8662	강원 강릉시	체육 기자재	5,000	체육과	1	4	7	8	7	5	1	4
8663	강원 강릉시	장애인 생활체육교실 이동운영	8,000	체육과	1	4	7	8	7	5	1	4
8664	강원 강릉시	장애인 생활체육 프로그램 활성화	18,360	체육과	1	4	7	8	7	5	1	4
8665	강원 강릉시	장애인생활체육지도자 배치	175,392	체육과	1	2	7	8	7	5	1	1
8666	강원 강릉시	제41회 전국장애인체육대회 참가	7,000	체육과	1	1	7	8	7	5	1	1
8667	강원 강릉시	제14회 강원도 장애인생활체육대회	40,000	체육과	1	1	7	8	7	5	1	1
8668	강원 강릉시	기타 대회 지원	20,000	체육과	1	1	7	8	7	5	1	1

순번	시군구	지출명 (사업명)	2021년예산 (단위:천원/1년간)	담당자 (공무원) 담당부서	민간이전 분류 (지방자치단체 세출예산 집행기준에 의거) 1. 민간경상사업보조(307-02) 2. 민간단체 법정운영비보조(307-03) 3. 민간행사사업보조(307-04) 4. 민간위탁금(307-05) 5. 사회복지시설 법정운영비보조(307-10) 6. 민간인위탁교육비(307-12) 7. 공기관등에대한경상적위탁사업비(308-11) 8. 민간자본사업보조,자체재원(402-01) 9. 민간자본사업보조,이전재원(402-02) 10. 민간위탁사업비(402-03) 11. 공기관등에 대한 자본적 대행사업비(403-02)	민간이전지출 근거 (지방보조금 관리기준 참고) 1. 법률에 규정 2. 국고보조 재원(국가지정) 3. 용도 지정 기부금 4. 조례에 직접규정 5. 지자체가 권장하는 사업을 하는 공공기관 6. 시,도 정책 및 재정사정 7. 기타 8. 해당없음	입찰방식 계약체결방법 (경쟁형태) 1. 일반경쟁 2. 제한경쟁 3. 지명경쟁 4. 수의계약 5. 법정위탁 6. 기타 ( ) 7. 해당없음	입찰방식 계약기간 1. 1년 2. 2년 3. 3년 4. 4년 5. 5년 6. 기타 ( )년 7. 단기계약 (1년미만) 8. 해당없음	입찰방식 낙찰자선정방법 1. 적격심사 2. 협상에의한계약 3. 최저가낙찰제 4. 규격가격분리 5. 2단계 경쟁입찰 6. 기타 ( ) 7. 해당없음	운영예산 산정 운영예산 산정 1. 내부산정 (지자체 자체적으로 산정) 2. 외부산정 (외부전문기관위탁 산정) 3. 내·외부 모두 산정 4. 산정 無 5. 해당없음	운영예산 산정 정산방법 1. 내부정산 (지자체 내부적으로 정산) 2. 외부정산 (외부전문기관위탁 정산) 3. 내·외부 모두 산정 4. 정산 無 5. 해당없음	성과평가 실시여부 1. 실시 2. 미실시 3. 향후 추진 4. 해당없음
8669	강원 강릉시	수산인의 날 기념행사 지원	10,260	해양수산과	1	2	7	8	7	5	1	4
8670	강원 강릉시	사료구입비 지원	10,000	해양수산과	1	1	7	8	7	5	1	4
8671	강원 강릉시	우렁쉥이 종자 자립지원	29,400	해양수산과	1	1	7	8	7	5	1	4
8672	강원 강릉시	강원 명태산업 광역특구 통합 브랜드 홍보마케팅 지원	64,000	해양수산과	1	1	7	8	7	5	1	4
8673	강원 강릉시	작업장 운영 일부지원	150,000	해양수산과	1	1	7	8	7	5	5	4
8674	강원 강릉시	수산물 비대면(온라인)판매 활성화 지원	18,000	해양수산과	1	1	7	8	7	5	1	4
8675	강원 강릉시	수산물 상생 할인 지원	50,000	해양수산과	1	1	7	8	7	5	1	4
8676	강원 강릉시	수산업경영인 전국대회 행사참가 지원	10,000	해양수산과	1	1	7	8	7	5	1	4
8677	강원 강릉시	어선원 재해보상 보험료 지원	233,700	해양수산과	1	1	7	8	7	5	5	4
8678	강원 강릉시	어선 재해보상 보험료 지원	115,500	해양수산과	1	1	7	8	7	5	5	4
8679	강원 강릉시	어업용 면세유 일부지원	1,343	해양수산과	1	1	7	8	7	5	5	4
8680	강원 강릉시	영어자금 이차보전	36,488	해양수산과	1	1	7	8	7	5	5	4
8681	강원 강릉시	외국인어선원 고용안정 지원	40,000	해양수산과	1	1	7	8	7	5	5	4
8682	강원 강릉시	해양 예인어선 조난구조비 지원	10,797	해양수산과	1	1	7	8	7	5	5	4
8683	강원 강릉시	어촌체험휴양마을 사무장 채용	14,580	해양수산과	1	1	7	8	7	5	5	4
8684	강원 강릉시	읍면동 지역사회보장협의체 활성화	42,000	복지정책과	1	4	7	8	7	1	1	4
8685	강원 강릉시	장애인거주시설 공기청정기 렌탈지원	6,210	복지정책과	1	2	7	5	1	1	1	1
8686	강원 강릉시	장애인 고용촉진장려금 지원사업	398,000	복지정책과	1	2	7	8	7	1	1	1
8687	강원 강릉시	면 발전지원금	10,000	어르신복지과	1	4	7	8	7	1	1	1
8688	강원 강릉시	자연과 함께하는 리더십 캠프	4,200	여성청소년가족과	1	1	7	1	7	1	1	1
8689	강원 강릉시	주말해양캠프	10,000	여성청소년가족과	1	1	7	1	7	1	1	1
8690	강원 강릉시	전통성년례	4,000	여성청소년가족과	1	1	7	1	7	1	1	1
8691	강원 강릉시	교통안전 봉사단체 활동비 지원	9,000	교통과	1	6	7	7	7	5	1	4
8692	강원 강릉시	택시 서비스개선(통신,콜 관제비) 지원	132,819	교통과	1	1	7	1	1	1	1	4
8693	강원 강릉시	택시 카드수수료 지원	86,756	교통과	1	1	7	1	1	1	1	4
8694	강원 강릉시	택시 카드수수료 지원	26,026	교통과	1	1	7	1	1	1	1	4
8695	강원 강릉시	사업용차량 비상자동 제동장치 지원	21,500	교통과	1	6	7	8	7	5	1	4
8696	강원 강릉시	택시 안전격벽 설치	4,536	교통과	1	1	7	8	7	5	5	4
8697	강원 강릉시	노후택시 대차비용 지원	10,500	교통과	1	1	7	8	7	5	5	4
8698	강원 강릉시	강릉 스타관광사업체 공모사업	200,000	미래성장과	1	2	7	8	7	5	5	4
8699	강원 강릉시	도보여행자를 위한 도심 문화관광지도제작	100,000	미래성장과	1	4	7	8	7	1	1	2
8700	강원 강릉시	스마트시티 예비사업 2년차	435,000	국제대회추진과	1	2	6	8	6	1	2	3
8701	강원 강릉시	청년농업인 영농정착지원금	197,854	농정과	1	2	7	8	7	5	5	4
8702	강원 강릉시	외국인근로자 근로편익 개선	10,000	농정과	1	6	7	8	7	5	5	4
8703	강원 강릉시	농촌이주여성 화합 체험프로그램 지원	6,000	농정과	1	6	7	8	7	5	5	4
8704	강원 강릉시	농촌총각 결혼 지원	10,800	농정과	1	6	7	8	7	5	5	4
8705	강원 강릉시	농촌마을 공동급식 지원	8,000	농정과	1	6	7	8	7	5	5	4
8706	강원 강릉시	농촌체험휴양마을 맞춤형 현장체험 지원	15,000	농정과	1	4	7	8	7	5	5	4
8707	강원 강릉시	농촌체험휴양마을 보험가입 지원	7,518	농정과	1	2	7	8	7	5	5	4
8708	강원 강릉시	시군역량강화	38,000	농정과	1	2	7	8	7	5	5	4
8709	강원 강릉시	농촌체험휴양마을 역량강화 교육	3,120	농정과	1	2	7	8	7	5	5	4
8710	강원 강릉시	강원쌀 소비촉진지원	67,000	농정과	1	6	7	8	7	1	1	1
8711	강원 강릉시	학생승마체험(일반승마) 지원	129,920	동물정책과	1	2	7	8	7	1	1	4
8712	강원 강릉시	학생승마체험(생활승마) 지원	6,400	동물정책과	1	2	7	8	7	1	1	4
8713	강원 강릉시	써코백신지원	98,640	동물정책과	1	1	7	8	7	1	1	4
8714	강원 강릉시	축분수분조절제(톱밥,왕겨 등) 공급	100,000	동물정책과	1	1	7	8	7	1	1	1
8715	강원 강릉시	고능력 젖소정액지원	29,550	동물정책과	1	1	7	8	7	1	1	4
8716	강원 강릉시	고능력 젖소 정액 지원	12,000	동물정책과	1	1	7	8	7	1	1	1
8717	강원 강릉시	무상우유급식 지원	483,750	동물정책과	1	2	7	8	7	1	1	4
8718	강원 강릉시	축산농가 도우미 인력 지원	15,720	동물정책과	1	1	7	8	7	1	1	1
8719	강원 강릉시	축산농가 도우미 인력 지원	15,720	동물정책과	1	1	7	8	7	1	1	4

순번	시군구	지출명 (사업명)	2021년예산 (단위:천원/1년간)	담당자 (공무원) 담당부서	민간이전 분류 (지방자치단체 세출예산 집행기준에 의거) 1. 민간경상사업보조(307-02) 2. 민간단체 법정운영비보조(307-03) 3. 민간행사사업보조(307-04) 4. 민간위탁금(307-05) 5. 사회복지시설 법정운영비보조(307-10) 6. 민간인위탁교육비(307-12) 7. 공기관등에대한경상적위탁사업비(308-11) 8. 민간자본사업보조,자체재원(402-01) 9. 민간자본사업보조,이전재원(402-02) 10. 민간위탁사업비(402-03) 11. 공기관등에 대한 자본적 대행사업비(403-02)	민간이전지출 근거 (지방보조금 관리기준 참고) 1. 법률에 규정 2. 국고보조 재원(국가지정) 3. 용도 지정 기부금 4. 조례에 직접규정 5. 지자체가 권장하는 사업을 하는 공공기관 6. 시,도 정책 및 재정사정 7. 기타 8. 해당없음	입찰방식 계약체결방법 (경쟁형태) 1. 일반경쟁 2. 제한경쟁 3. 지명경쟁 4. 수의계약 5. 법정위탁 6. 기타 ( ) 7. 해당없음	입찰방식 계약기간 1. 1년 2. 2년 3. 3년 4. 4년 5. 5년 6. 기타 ( )년 7. 단기계약 (1년미만) 8. 해당없음	입찰방식 낙찰자선정방법 1. 적격심사 2. 협상에의한계약 3. 최저가낙찰제 4. 규격가격분리 5. 2단계 경쟁입찰 6. 기타 ( ) 7. 해당없음	운영예산 산정 운영예산 산정 1. 내부산정 (지자체 자체적으로 산정) 2. 외부산정 (외부전문기관위탁 산정) 3. 내·외부 모두 산정 4. 산정 無 5. 해당없음	운영예산 산정 정산방법 1. 내부정산 (지자체 내부적으로 정산) 2. 외부정산 (외부전문기관위탁 정산) 3. 내·외부 모두 산정 4. 정산 無 5. 해당없음	성과평가 실시여부 1. 실시 2. 미실시 3. 향후 추진 4. 해당없음
8720	강원 강릉시	모돈갱신 지원	24,000	동물정책과	1	1	7	8	7	1	1	4
8721	강원 강릉시	우수정액 지원	18,000	동물정책과	1	1	7	8	7	1	1	4
8722	강원 강릉시	축산물 HACCP컨설팅 지원	14,000	동물정책과	1	2	7	8	7	1	1	4
8723	강원 강릉시	HACCP 인증·유지 컨설팅 지원	5,600	동물정책과	1	1	7	8	7	1	1	4
8724	강원 강릉시	조사료생산용 종자구입비 지원	100,900	동물정책과	1	2	7	8	7	1	1	4
8725	강원 강릉시	사일리지 제조비 지원	187,810	동물정책과	1	2	7	8	7	1	1	4
8726	강원 강릉시	부존자원 조사료 사일리지 제조 비닐 지원	9,440	동물정책과	1	1	7	8	7	1	1	4
8727	강원 강릉시	강원한우 브랜드 지원	97,029	동물정책과	1	1	7	8	7	1	1	4
8728	강원 강릉시	양계농가 수분조절제(왕겨) 지원	6,000	동물정책과	1	1	7	8	7	1	1	4
8729	강원 강릉시	강릉팜 쇼핑몰 운영	19,800	유통지원과	1	1	7	8	7	1	1	3
8730	강원 강릉시	품목농업인연구회 활력화 사업	4,500	유통지원과	1	7	7	8	7	1	1	3
8731	강원 강릉시	농산물안전성검사	6,120	유통지원과	1	1	7	8	7	1	1	3
8732	강원 강릉시	식생활 교육지원	30,000	유통지원과	1	1	7	8	7	1	1	3
8733	강원 강릉시	로컬푸드사업 운영지원	8,000	유통지원과	1	1	7	8	7	1	1	3
8734	강원 강릉시	GAP인증농가안전성검사비지원	3,000	유통지원과	1	1	7	8	7	1	1	3
8735	강원 강릉시	로컬푸드 상품개발 및 홍보마케팅	100,000	유통지원과	1	2	7	8	7	1	1	3
8736	강원 강릉시	지역인재육성 역량강화 교육	50,000	유통지원과	1	2	7	8	7	1	1	3
8737	강원 강릉시	로컬푸드 인증센터 운영	50,000	유통지원과	1	2	7	8	7	1	1	3
8738	강원 강릉시	추진단 사무국 인건비	70,000	유통지원과	1	2	7	8	7	1	1	3
8739	강원 강릉시	도지사품질인증제 지원	9,890	유통지원과	1	1	7	8	7	1	1	3
8740	강원 강릉시	강릉한과 체험장운영 재료비 지원	12,000	유통지원과	1	1	7	8	7	1	1	3
8741	강원 강릉시	농특산물 포장재지원	85,000	유통지원과	1	1	7	8	7	1	1	3
8742	강원 강릉시	공동선별비	17,220	유통지원과	1	1	7	8	7	1	1	3
8743	강원 강릉시	수출농산물포장디자인 개선 및 포장재 제작	25,000	유통지원과	1	1	7	8	7	1	1	3
8744	강원 강릉시	벼 병해충 무인방제시범	28,000	기술보급과	1	6	7	8	7	1	1	4
8745	강원 강릉시	친환경단지 인증비 지원	52,000	기술보급과	1	6	7	8	7	1	1	4
8746	강원 강릉시	성덕동 건강위원회 사업운영	20,000	건강증진과	1	7	7	1	7	1	1	3
8747	강원 강릉시	사랑의 장기기증운동 지원	8,000	질병예방과	1	4	7	8	7	1	1	1
8748	강원 강릉시	우수 프로그램 지원사업	12,000	평생학습관	1	1	7	8	7	1	1	1
8749	강원 강릉시	성인문해교육 지원사업	17,500	평생학습관	1	2	7	8	7	1	1	1
8750	강원 강릉시	평생교육시설 지원사업	19,000	평생학습관	1	1	7	8	7	1	1	1
8751	강원 강릉시	우수동아리 지원 보조금	4,000	평생학습관	1	1	7	8	7	1	1	1
8752	강원 동해시	문화예술단체활동지원	173,000	문화교육과	1	4	7	8	7	1	1	1
8753	강원 동해시	온라인 컨텐츠제작지원사업	20,000	문화교육과	1	4	7	8	7	1	1	1
8754	강원 동해시	거리예술활성화사업	30,000	문화교육과	1	4	7	8	7	1	1	1
8755	강원 동해시	생활문화센터 운영 활성화 사업	16,200	문화교육과	1	4	7	8	7	1	1	1
8756	강원 동해시	동해 유교대학 운영	3,000	문화교육과	1	4	7	8	7	5	1	1
8757	강원 동해시	동해향교사업	17,500	문화교육과	1	4	7	8	7	5	1	1
8758	강원 동해시	동해문화원 사업활동지원	116,280	문화교육과	1	4	7	8	7	5	1	1
8759	강원 동해시	동해문화원 사랑방사업	20,000	문화교육과	1	4	7	8	7	5	1	1
8760	강원 동해시	지역특화문화행사지원	130,000	문화교육과	1	1	7	8	7	5	1	1
8761	강원 동해시	역사문화 고증 및 가치발굴	30,000	문화교육과	1	4	7	8	7	5	1	1
8762	강원 동해시	행복시민경제대학 운영지원	5,000	경제과	1	4	7	8	7	5	1	1
8763	강원 동해시	전통시장 화재보험 가입 지원사업	16,000	경제과	1	1	7	8	7	1	1	1
8764	강원 동해시	전통민속문화보존사업	10,000	경제과	1	7	7	8	7	1	1	3
8765	강원 동해시	근로자의행사지원	4,000	경제과	1	4	7	7	7	1	1	1
8766	강원 동해시	노동법률상담지원사업	66,000	경제과	1	1	7	7	7	1	1	1
8767	강원 동해시	노사민정한마음체육대회 지원	10,000	경제과	1	4	7	7	7	1	1	1
8768	강원 동해시	노사민정협력활성화사업	20,000	경제과	1	4	7	7	7	1	1	1
8769	강원 동해시	노사민정협의사무국운영지원	33,578	경제과	1	4	7	7	7	1	1	1
8770	강원 동해시	사회적기업일자리창출지원	150,000	경제과	1	1	7	7	7	1	1	1

순번	시군구	지출명 (사업명)	2021년예산 (단위:천원/1년간)	담당자 (공무원) 담당부서	민간이전 분류 (지방자치단체 세출예산 집행기준에 의거) 1. 민간경상사업보조(307-02) 2. 민간단체 법정운영비보조(307-03) 3. 민간행사사업보조(307-04) 4. 민간위탁금(307-05) 5. 사회복지시설 법정운영비보조(307-10) 6. 민간인위탁교육비(307-12) 7. 공기관등에대한경상적위탁사업비(308-11) 8. 민간자본사업보조,자체재원(402-01) 9. 민간자본사업보조,이전재원(402-02) 10. 민간위탁사업비(402-03) 11. 공기관등에 대한 자본적 대행사업비(403-02)	민간이전지출 근거 (지방보조금 관리기준 참고) 1. 법률에 규정 2. 국고보조 재원(국가지정) 3. 용도 지정 기부금 4. 조례에 직접규정 5. 지자체가 권장하는 사업을 하는 공공기관 6. 시,도 정책 및 재정사정 7. 기타 8. 해당없음	입찰방식 계약체결방법 (경쟁형태) 1. 일반경쟁 2. 제한경쟁 3. 지명경쟁 4. 수의계약 5. 법정위탁 6. 기타 ( ) 7. 해당없음	입찰방식 계약기간 1. 1년 2. 2년 3. 3년 4. 4년 5. 5년 6. 기타 ( )년 7. 단기계약 (1년미만) 8. 해당없음	입찰방식 낙찰자선정방법 1. 적격심사 2. 협상에의한계약 3. 최저가낙찰제 4. 규격가격분리 5. 2단계 경쟁입찰 6. 기타 ( ) 7. 해당없음	운영예산 산정 운영예산 산정 1. 내부산정 (지자체 자체적으로 산정) 2. 외부산정 (외부전문기관위탁 산정) 3. 내·외부 모두 산정 4. 산정 無 5. 해당없음	운영예산 산정 정산방법 1. 내부정산 (지자체 내부적으로 정산) 2. 외부정산 (외부전문기관위탁 정산) 3. 내·외부 모두 산정 4. 정산 無 5. 해당없음	성과평가 실시여부 1. 실시 2. 미실시 3. 향후 추진 4. 해당없음
8771	강원 동해시	우수 공예품 및 디자인 개발 지원	10,000	투자유치과	1	1	7	8	7	5	5	4
8772	강원 동해시	자매도시간 상호 교류	3,000	투자유치과	1	4	7	8	7	5	5	4
8773	강원 동해시	창업보육센터 입주업체 지원	77,000	투자유치과	1	4	7	8	7	5	5	4
8774	강원 동해시	전시민관광요원화 운동 추진	20,000	관광과	1	4	7	8	7	1	1	1
8775	강원 동해시	문화자원체험상품(템플스테이) 프로그램 운영	6,000	관광과	1	2	7	8	7	1	1	1
8776	강원 동해시	어업용 면세유 일부지원	620,000	해양수산과	1	6	7	8	7	5	5	4
8777	강원 동해시	해난사고 예인어선 조난구조비 지원	2,783	해양수산과	1	6	7	8	7	5	5	4
8778	강원 동해시	수산물 상생 할인지원	50,000	해양수산과	1	2	7	8	7	5	5	4
8779	강원 동해시	영어자금 이차보전	16,680	해양수산과	1	6	7	8	7	5	5	4
8780	강원 동해시	어선원 재해보상 보험료 지원	132,600	해양수산과	1	6	7	8	7	5	5	4
8781	강원 동해시	어선 재해보상 보험료 지원	66,000	해양수산과	1	6	7	8	7	5	5	4
8782	강원 동해시	외국인 어선원 고용안정 지원	40,000	해양수산과	1	6	7	8	7	5	5	4
8783	강원 동해시	해양환경(수중)정화	40,000	해양수산과	1	4	7	8	7	5	5	4
8784	강원 동해시	평생학습 우수동아리 지원사업	5,000	평생교육센터	1	6	7	8	7	5	5	4
8785	강원 동해시	평생교육기관우수프로그램지원	15,000	평생교육센터	1	6	7	8	7	5	5	4
8786	강원 동해시	동해시자원봉사센터 시책사업 지원	36,472	행정과	1	1	7	8	7	1	1	1
8787	강원 동해시	전국 통합 자원봉사보험 가입 서비스 지원	3,882	행정과	1	1	7	8	7	1	1	1
8788	강원 동해시	자원봉사센터 프로그램운영 인센티브 지원사업	36,000	행정과	1	1	7	8	7	1	1	1
8789	강원 동해시	강릉지역범죄피해자지원센터 시책사업	30,000	행정과	1	1	7	8	7	1	1	1
8790	강원 동해시	민주평화통일자문회의동해시협의회 시책사업	15,220	행정과	1	1	7	8	7	1	1	1
8791	강원 동해시	새마을운동 동해시지회 시책사업	21,090	행정과	1	1	7	8	7	1	1	1
8792	강원 동해시	바르게살기운동 동해시협의회 시책사업	7,600	행정과	1	1	7	8	7	1	1	1
8793	강원 동해시	적십자봉사회 동해지구협의회 시책사업	1,650	행정과	1	1	7	8	7	1	1	1
8794	강원 동해시	한국자유총연맹 동해시지회 시책사업	4,150	행정과	1	1	7	8	7	1	1	1
8795	강원 동해시	민족통일동해시협의회 시책사업	950	행정과	1	1	7	8	7	1	1	1
8796	강원 동해시	행복한 동해만들기 공모사업 추진	50,000	행정과	1	4	7	8	7	1	1	1
8797	강원 태백시	범죄피해자 지원센터 운영	30,000	소통감사담당관	1	1	7	8	7	1	1	1
8798	강원 태백시	국민·사회단체 활성화 지원	72,914	총무과	1	1	7	8	7	1	1	1
8799	강원 태백시	국가유공자 지원	12,485	주민생활지원과	1	6	7	8	7	1	1	1
8800	강원 태백시	지역 대학 육성 지원	200,000	평생교육과	1	4	7	8	7	5	5	4
8801	강원 태백시	태백 민속예술단 운영지원	3,270	문화관광과	1	1	7	8	6	1	1	4
8802	강원 태백시	통합 문화이용권 사업	247,000	문화관광과	1	1	7	8	7	5	5	4
8803	강원 태백시	시민초청 합창연주회	14,600	문화관광과	1	4	7	8	7	5	5	4
8804	강원 태백시	찾아가는 문화예술활동	34,000	문화관광과	1	1	7	8	1	1	1	1
8805	강원 태백시	강원의 설화 애니메이션 사업	22,000	문화관광과	1	1	7	8	7	1	1	4
8806	강원 태백시	학교체육활성화 지원	55,000	스포츠레저과	1	4	7	8	7	1	1	4
8807	강원 태백시	엘리트체육 활성화 지원	354,150	스포츠레저과	1	4	7	8	7	1	1	4
8808	강원 태백시	생활체육지도자 배치	216,410	스포츠레저과	1	1	7	8	7	1	1	4
8809	강원 태백시	어르신 체육활동 지원	186,146	스포츠레저과	1	1	7	8	7	1	1	4
8810	강원 태백시	생활체육 프로그램 운영	20,000	스포츠레저과	1	1	7	8	7	1	1	4
8811	강원 태백시	유소년 체육교실 운영	31,860	스포츠레저과	1	1	7	8	7	1	1	4
8812	강원 태백시	국민체력100 체력인증기관 운영	206,250	스포츠레저과	1	1	6	8	7	5	3	1
8813	강원 태백시	지역주도형 청년일자리사업	1,453	일자리경제과	1	1	7	8	7	5	5	4
8814	강원 태백시	지역주도형 청년일자리사업	45,000	일자리경제과	1	1	7	8	7	5	5	4
8815	강원 태백시	강원도형 사회보험료 지원사업	884,000	일자리경제과	1	4	7	8	7	5	5	4
8816	강원 태백시	지역산업맞춤형 일자리창출 지원사업	81,400	일자리경제과	1	1	7	8	7	5	5	4
8817	강원 태백시	사회적기업 일자리창출	80,000	일자리경제과	1	4	7	8	7	5	5	4
8818	강원 태백시	신중년 경력활용 지역서비스 일자리사업	759,768	일자리경제과	1	1	7	8	7	5	5	4
8819	강원 태백시	청장년 일자리 창출	90,000	일자리경제과	1	1	7	8	7	5	5	4
8820	강원 태백시	지역 노사민정 협력활성화	5,165	일자리경제과	1	1	7	8	7	5	5	4
8821	강원 태백시	노란우산공제 희망보조금 지원사업	601,200	일자리경제과	1	1	7	8	7	5	5	4

순번	시군구	지출명 (사업명)	2021년예산 (단위:천원/1년간)	담당자 (공무원) 담당부서	민간이전 분류 (지방자치단체 세출예산 집행기준에 의거) 1. 민간경상사업보조(307-02) 2. 민간단체 법정운영비보조(307-03) 3. 민간행사사업보조(307-04) 4. 민간위탁금(307-05) 5. 사회복지시설 법정운영비보조(307-10) 6. 민간인위탁교육비(307-12) 7. 공기관등에대한경상적위탁사업비(308-11) 8. 민간자본사업보조,자체재원(402-01) 9. 민간자본사업보조,이전재원(402-02) 10. 민간위탁사업비(402-03) 11. 공기관등에 대한 자본적 대행사업비(403-02)	민간이전지출 근거 (지방보조금 관리기준 참고) 1. 법률에 규정 2. 국고보조 재원(국가지정) 3. 용도 지정 기부금 4. 조례에 직접규정 5. 지자체가 권장하는 사업을 하는 공공기관 6. 시,도 정책 및 재정사정 7. 기타 8. 해당없음	입찰방식 계약체결방법 (경쟁형태) 1. 일반경쟁 2. 제한경쟁 3. 지명경쟁 4. 수의계약 5. 법정위탁 6. 기타 ( ) 7. 해당없음	입찰방식 계약기간 1. 1년 2. 2년 3. 3년 4. 4년 5. 5년 6. 기타 ( )년 7. 단기계약 (1년미만) 8. 해당없음	입찰방식 낙찰자선정방법 1. 적격심사 2. 협상에의한계약 3. 최저가낙찰제 4. 규격가격분리 5. 2단계 경쟁입찰 6. 기타 ( ) 7. 해당없음	운영예산 산정 운영예산 산정 1. 내부산정 (지자체 자체적으로 산정) 2. 외부산정 (외부전문기관위탁 산정) 3. 내·외부 모두 산정 4. 산정 無 5. 해당없음	운영예산 산정 정산방법 1. 내부정산 (지자체 내부적으로 정산) 2. 외부정산 (외부전문기관위탁 정산) 3. 내·외부 모두 산정 4. 정산 無 5. 해당없음	성과평가 실시여부 1. 실시 2. 미실시 3. 향후 추진 4. 해당없음
8822	강원 태백시	전통시장 이용 활성화	9,600	일자리경제과	1	1	7	8	7	5	5	4
8823	강원 태백시	전통시장 안전관리 지원	108,091	일자리경제과	1	1	7	8	7	5	5	4
8824	강원 태백시	지식재산 권리화 지원사업	66,000	일자리경제과	1	1	7	8	7	5	5	4
8825	강원 태백시	지식재산기반 창업촉진 사업	167,700	일자리경제과	1	1	7	8	7	5	5	4
8826	강원 태백시	중소기업 활성화 지원	16,000	일자리경제과	1	1	7	8	7	5	5	4
8827	강원 태백시	농촌체험휴양마을 사무장 지원	21,900	농업기술센터	1	1	7	8	7	1	1	3
8828	강원 태백시	농촌마을 공동체사업 지원	30,000	농업기술센터	1	1	7	8	7	1	1	3
8829	강원 태백시	청년농업인 영농 정착금 지원사업	21,715	농업기술센터	1	1	7	8	7	1	1	3
8830	강원 태백시	농촌마을 공동급식 지원	4,000	농업기술센터	1	6	7	8	7	1	1	3
8831	강원 태백시	농특산물 유통관리 운영	8,000	농업기술센터	1	4	7	8	7	1	1	3
8832	강원 태백시	초등 돌봄교실 과일간식 지원	18,000	농업기술센터	1	2	7	8	7	1	1	3
8833	강원 태백시	산란계농가 난좌구입 지원	6,000	농업기술센터	1	4	7	8	7	1	1	3
8834	강원 태백시	내수면 어업육성	1,400	농업기술센터	1	6	7	8	7	1	1	3
8835	강원 태백시	꿀벌사육농가 경영안정 지원	25,000	농업기술센터	1	4	7	8	7	1	1	3
8836	강원 태백시	축산농가 경영개선 지원사업	13,000	농업기술센터	1	4	7	8	7	1	1	3
8837	강원 태백시	토종벌 육성사업	1,500	농업기술센터	1	2	7	8	7	1	1	3
8838	강원 태백시	축산농가 톱밥 지원	72,000	농업기술센터	1	4	7	8	7	1	1	3
8839	강원 태백시	가축분뇨 이용 활성화 사업	40,000	농업기술센터	1	6	7	8	7	1	1	3
8840	강원 태백시	태백한우 명품화사업	33,800	농업기술센터	1	4	7	8	7	1	1	3
8841	강원 태백시	조사료 재배 생산비 지원	40,000	농업기술센터	1	4	7	8	7	1	1	3
8842	강원 태백시	조사료 생산기반확충 사업	11,820	농업기술센터	1	2	7	8	7	1	1	3
8843	강원 태백시	양돈명품화사업	2,250	농업기술센터	1	6	7	8	7	1	1	3
8844	강원 태백시	축산물 HACCP 컨설팅 지원	5,600	농업기술센터	1	2	7	8	7	1	1	3
8845	강원 태백시	축산농가 축산물작업장 HACCP 지원	13,500	농업기술센터	1	6	7	8	7	1	1	3
8846	강원 태백시	축산물이력제	6,240	농업기술센터	1	2	7	8	7	1	1	3
8847	강원 태백시	조사료 생산용 사일리지 제조지원	18,090	농업기술센터	1	2	7	8	7	1	1	3
8848	강원 태백시	가축 재해보험	57,500	농업기술센터	1	6	7	8	7	1	1	3
8849	강원 태백시	강원한우 통합브랜드 가치제고	21,847	농업기술센터	1	6	7	8	7	1	1	3
8850	강원 태백시	한우 품질고급화 사업	15,300	농업기술센터	1	6	7	8	7	1	1	3
8851	강원 태백시	대중교통시설 개선지원	4,474	민원교통과	1	6	7	8	7	1	1	1
8852	강원 태백시	황지 도시재생 현장지원센터 운영	20,000	도시재생과	1	6	7	8	7	1	1	1
8853	강원 태백시	장성 도시재생 뉴딜사업 지원	25,000	도시재생과	1	6	7	8	7	1	1	1
8854	강원 태백시	Eco job city 태백 도시재생 뉴딜사업	25,000	도시재생과	1	1	7	8	7	5	1	1
8855	강원 태백시	지역소방지원	2,550	재난관리과	1	4	7	8	7	5	5	2
8856	강원 태백시	환경단체 육성	9,934	환경과	1	1	7	8	7	1	1	4
8857	강원 태백시	기초지자체 컨설팅 활동 지원	12,000	환경과	1	1	7	8	7	5	5	4
8858	강원 태백시	어린이 통학차량의 LPG차 전환 지원 사업	60,000	환경과	1	1	7	8	7	1	1	4
8859	강원 태백시	운행경유차배출가스저감사업	80,000	환경과	1	1	7	8	7	5	5	4
8860	강원 태백시	운행경유차배출가스저감사업	38,000	환경과	1	2	7	8	7	5	5	4
8861	강원 태백시	운행경유차배출가스저감사업	33,000	환경과	1	2	7	8	7	5	5	4
8862	강원 태백시	운행경유차배출가스저감사업	165,000	환경과	1	2	7	8	7	5	5	4
8863	강원 태백시	소규모 사업장 방지시설 설치 지원	270,000	환경과	1	2	7	8	7	5	5	4
8864	강원 태백시	개인하수처리시설 지원사업	3,456	환경과	1	1	7	8	7	1	1	4
8865	강원 태백시	취약지 응급의료기관 운영지원	955,000	보건소	1	1	7	8	7	2	3	4
8866	강원 태백시	분만취약지 지원사업	500,000	보건소	1	1	7	8	7	2	1	4
8867	강원 태백시	건강플러스사업(통합건강증진)	52,000	보건소	1	6	1	1	1	1	1	1
8868	강원 태백시	호흡기 전담 클리닉 설치운영 지원	100,000	보건소	1	2	7	8	7	5	5	4
8869	강원 태백시	농촌자원활용 치유농업 육성 농장형	12,000	농업기술센터	1	6	7	8	7	1	1	3
8870	강원 태백시	농촌 어르신 복지 실천사업	5,000	농업기술센터	1	6	7	8	7	1	1	3
8871	강원 태백시	채소병해충방제	143,616	농업기술센터	1	1	7	8	7	3	3	2
8872	강원 태백시	농작물 병해충 방제 지원	315,000	농업기술센터	1	1	7	8	7	3	3	2

순번	시군구	지출명(사업명)	2021년예산(단위:천원/1년간)	담당자(공무원) 담당부서	민간이전 분류(지방자치단체 세출예산 집행기준에 의거) 1. 민간경상사업보조(307-02) 2. 민간단체 법정운영비보조(307-03) 3. 민간행사사업보조(307-04) 4. 민간위탁금(307-05) 5. 사회복지시설 법정운영비보조(307-10) 6. 민간인위탁교육비(307-12) 7. 공기관등에대한경상적위탁사업비(308-11) 8. 민간자본사업보조,자체재원(402-01) 9. 민간자본사업보조,이전재원(402-02) 10. 민간위탁사업비(402-03) 11. 공기관등에 대한 자본적 대행사업비(403-02)	민간이전지출 근거(지방보조금 관리기준 참고) 1. 법률에 규정 2. 국고보조 재원(국가지정) 3. 용도 지정 기부금 4. 조례에 직접규정 5. 지자체가 권장하는 사업을 하는 공공기관 6. 시,도 정책 및 재정사정 7. 기타 8. 해당없음	입찰방식 계약체결방법(경쟁형태) 1. 일반경쟁 2. 제한경쟁 3. 지명경쟁 4. 수의계약 5. 법정위탁 6. 기타 ( ) 7. 해당없음	입찰방식 계약기간 1. 1년 2. 2년 3. 3년 4. 4년 5. 5년 6. 기타 ( )년 7. 단기계약 (1년미만) 8. 해당없음	입찰방식 낙찰자선정방법 1. 적격심사 2. 협상에의한계약 3. 최저가낙찰제 4. 규격가격분리 5. 2단계 경쟁입찰 6. 기타 ( ) 7. 해당없음	운영예산 산정 1. 내부산정 (지자체 자체적으로 산정) 2. 외부산정 (외부전문기관위탁 산정) 3. 내·외부 모두 산정 4. 산정 無 5. 해당없음	정산방법 1. 내부정산 (지자체 내부적으로 정산) 2. 외부정산 (외부전문기관위탁 정산) 3. 내·외부 모두 산정 4. 정산 無 5. 해당없음	성과평가 실시여부 1. 실시 2. 미실시 3. 향후 추진 4. 해당없음
8873	강원 태백시	검역 병해충 확산 방지를 위한 종합 대응체계 구축	28,200	농업기술센터	1	1	7	8	7	3	3	2
8874	강원 태백시	힐링 및 항노화 상품개발	20,000	농업기술센터	1	6	7	8	7	1	1	3
8875	강원 태백시	약용작물 재배농가 육성지원	14,000	농업기술센터	1	6	7	8	7	1	1	3
8876	강원 속초시	노인복지기금 운영	9,051	가족지원과	1	1	7	8	7	5	1	4
8877	강원 속초시	속초행복교육지구 사업(아동 청소년을 위한 up dream)	14,000	교육청소년과	1	7	7	8	7	1	1	1
8878	강원 속초시	초등돌봄교실 과일간식지원 사업	23,400	교육청소년과	1	2	1	1	1	5	5	4
8879	강원 속초시	비산업부문 온실가스 진단컨설팅	14,000	환경위생과	1	1	7	8	7	5	1	4
8880	강원 속초시	의용소방대 지원	19,200	안전총괄과	1	4	7	8	7	5	5	4
8881	강원 속초시	자율방재 지원	29,215	안전총괄과	1	4	7	8	7	5	5	4
8882	강원 속초시	공동주택 지원	60,000	건축과	1	4	7	7	7	1	1	1
8883	강원 속초시	영구임대아파트 공동전기료 지원	35,000	건축과	1	4	7	7	7	1	1	1
8884	강원 속초시	택시요금 카드수수료 지원	40,454	교통과	1	1	7	8	7	1	1	1
8885	강원 속초시	택시요금 카드수수료 지원	86,688	교통과	1	1	7	8	7	1	1	1
8886	강원 속초시	노후택시 대차비용 지원사업	13,500	교통과	1	1	7	8	7	1	1	1
8887	강원 속초시	택시 카드결제 단말기 통신비 지원	79,464	교통과	1	1	7	8	7	1	1	1
8888	강원 속초시	안전한 보행환경 및 교통질서 운영	5,000	교통과	1	4	7	8	7	1	1	1
8889	강원 속초시	자생단체 산불예방활동 지원	7,023	공원녹지과	1	1	7	7	7	1	1	4
8890	강원 속초시	해양 예인어선 조난구조비 지원	8,392	해양수산과	1	1	7	8	7	5	1	2
8891	강원 속초시	어업용 면세유 일부 지원	1,088	해양수산과	1	1	7	8	7	5	1	2
8892	강원 속초시	외국인 선원 고용안정 지원	83,000	해양수산과	1	4	7	8	7	5	1	2
8893	강원 속초시	수산물 수출업체 물류비용 지원	50,000	해양수산과	1	4	7	8	7	5	1	2
8894	강원 속초시	수산물 상생 할인지원	50,000	해양수산과	1	1	7	8	7	5	1	2
8895	강원 속초시	수산물 비대면(온라인) 판매 활성화지원	18,250	해양수산과	1	1	7	8	7	5	1	2
8896	강원 속초시	어촌체험휴양마을 사무장채용지원	21,870	해양수산과	1	2	7	8	7	5	1	2
8897	강원 속초시	나잠어업인 잠수복지원	3,780	해양수산과	1	1	7	8	7	5	1	2
8898	강원 속초시	해난어업인 유가족 지원	800	해양수산과	1	4	7	8	7	5	1	2
8899	강원 속초시	강원 명태산업 광역특구 통합브랜드 홍보마케팅 지원	80,000	해양수산과	1	1	7	8	7	5	1	2
8900	강원 속초시	고수온 대응 지원	7,200	해양수산과	1	1	7	8	7	5	1	2
8901	강원 속초시	어항 내 공중화장실 관리	6,000	해양수산과	1	4	6	1	2	5	1	2
8902	강원 속초시	농업경영인회 영농폐기물 수거활동 지원	5,000	농업기술센터	1	4	7	8	7	5	5	4
8903	강원 속초시	농업인 선진농업기술 벤치마킹	8,400	농업기술센터	1	4	7	8	7	5	5	4
8904	강원 속초시	배추묘 생산공급 지원	5,000	농업기술센터	1	4	7	8	7	5	5	4
8905	강원 속초시	벼 예비못자리 설치 지원	5,000	농업기술센터	1	4	7	8	7	5	5	4
8906	강원 속초시	농촌지도자회 지원	4,000	농업기술센터	1	4	7	8	7	5	5	4
8907	강원 속초시	강원한우 통합브래드 가치제고	10,923	농업기술센터	1	1	7	8	7	5	5	4
8908	강원 속초시	양봉 경쟁력 세고 지원	40,000	농업기술센터	1	1	7	8	7	5	5	4
8909	강원 속초시	조사료 생산용 사일지지 제조지원	15,980	농업기술센터	1	1	7	8	7	5	5	4
8910	강원 속초시	지역 전략식품 육성사업	6,000	농업기술센터	1	4	7	8	7	5	5	4
8911	강원 속초시	우사수분조절제 지원사업	6,000	농업기술센터	1	4	7	8	7	5	5	4
8912	강원 속초시	고급육 생산 지원	3,000	농업기술센터	1	1	7	8	7	5	5	4
8913	강원 속초시	송아지 성장활성화 지원	6,000	농업기술센터	1	4	7	8	7	5	5	4
8914	강원 속초시	수입건초 지원사업	12,500	농업기술센터	1	4	7	8	7	5	5	4
8915	강원 속초시	어르신 반려견 입양사업	3,000	농업기술센터	1	1	7	8	7	5	5	4
8916	강원 속초시	취약지역 응급의료기관 운영 지원	127,500	보건소	1	2	7	8	7	5	1	4
8917	강원 홍천군	청소년인성교육	5,000	교육과	1	4	7	8	7	5	1	1
8918	강원 홍천군	효백일장및사생대회	4,000	교육과	1	4	7	8	7	5	1	1
8919	강원 홍천군	성년의 날 기념행사 지원	6,000	교육과	1	4	7	8	7	5	1	4
8920	강원 홍천군	평생학습 우수동아리 지원	10,000	교육과	1	4	7	8	7	5	5	4
8921	강원 홍천군	지역사회보장협의체 사업비	28,000	복지정책과	1	4	7	8	7	1	1	1
8922	강원 홍천군	호국정신 함양 전적지순례 지원	10,500	복지정책과	1	4	7	8	7	1	1	1
8923	강원 홍천군	6.25참전용사 돌보미지원	3,000	복지정책과	1	4	7	8	7	1	1	1

순번	시군구	지출명 (사업명)	2021년예산 (단위:천원/1년간)	담당자 (공무원) 담당부서	민간이전 분류 (지방자치단체 세출예산 집행기준에 의거) 1. 민간경상사업보조(307-02) 2. 민간단체 법정운영비보조(307-03) 3. 민간행사사업보조(307-04) 4. 민간위탁금(307-05) 5. 사회복지시설 법정운영비보조(307-10) 6. 민간인위탁교육비(307-12) 7. 공기관등에대한경상적위탁사업비(308-11) 8. 민간자본사업보조,자체재원(402-01) 9. 민간자본사업보조,이전재원(402-02) 10. 민간위탁사업비(402-03) 11. 공기관등에 대한 자본적 대행사업비(403-02)	민간이전지출 근거 (지방보조금 관리기준 참고) 1. 법률에 규정 2. 국고보조 재원(국가지정) 3. 용도 지정 기부금 4. 조례에 직접규정 5. 지자체가 권장하는 사업을 하는 공공기관 6. 시,도 정책 및 재정사정 7. 기타 8. 해당없음	입찰방식 계약체결방법 (경쟁형태) 1. 일반경쟁 2. 제한경쟁 3. 지명경쟁 4. 수의계약 5. 법정위탁 6. 기타 ( ) 7. 해당없음	입찰방식 계약기간 1. 1년 2. 2년 3. 3년 4. 4년 5. 5년 6. 기타 ( )년 7. 단기계약 (1년미만) 8. 해당없음	입찰방식 낙찰자선정방법 1. 적격심사 2. 협상에의한계약 3. 최저가낙찰제 4. 규격가격분리 5. 2단계 경쟁입찰 6. 기타 ( ) 7. 해당없음	운영예산 산정 운영예산 산정 1. 내부산정 (지자체 자체적으로 산정) 2. 외부산정 (외부전문기관위탁 산정) 3. 내·외부 모두 산정 4. 산정 無 5. 해당없음	운영예산 산정 정산방법 1. 내부정산 (지자체 내부적으로 정산) 2. 외부정산 (외부전문기관위탁 정산) 3. 내·외부 모두 산정 4. 정산 無 5. 해당없음	성과평가 실시여부 1. 실시 2. 미실시 3. 향후 추진 4. 해당없음
8924	강원 홍천군	고엽제후유증환자 돌보미 지원	3,800	복지정책과	1	4	7	8	7	1	1	1
8925	강원 홍천군	호국정신 함양 위로·격려 지원	8,750	복지정책과	1	4	7	8	7	1	1	1
8926	강원 홍천군	노인대학운영프로그램지원	4,200	행복나눔과	1	4	7	8	7	1	1	4
8927	강원 홍천군	노인행사 참여 지원	16,800	행복나눔과	1	4	7	8	7	1	1	4
8928	강원 홍천군	장애인고용촉진장려금 지원사업	106,000	행복나눔과	1	6	7	8	7	5	5	4
8929	강원 홍천군	중증장애인 거주시설 공기청정기 렌탈 지원	2,700	행복나눔과	1	1	7	1	7	1	1	4
8930	강원 홍천군	여성복지 및 사회참여행사 지원	1,500	행복나눔과	1	1	7	7	7	5	1	4
8931	강원 홍천군	강원도 지식재산 권리화지원	66,000	일자리경제과	1	7	7	8	7	1	1	1
8932	강원 홍천군	퀀텀닷 나노소재 기반연계 플랫폼 사업	75,000	일자리경제과	1	7	7	8	7	1	1	1
8933	강원 홍천군	생태교란 외래식물 및 불법엽구 제거	2,500	환경과	1	7	7	8	7	1	1	1
8934	강원 홍천군	불법엽구 수거	2,500	환경과	1	7	7	8	7	1	1	1
8935	강원 홍천군	개인하수처리시설 위탁관리 지원사업	48,370	환경과	1	4	7	8	7	5	5	4
8936	강원 홍천군	비산업부문 사업장 온실가스 진단컨설팅	3,000	환경과	1	2	7	8	7	5	5	4
8937	강원 홍천군	천연가스차량 연료비 지원	120,000	환경과	1	2	7	8	7	5	5	4
8938	강원 홍천군	비규제 악취저감시설 운영비 지원	15,600	환경과	1	4	7	8	7	5	5	4
8939	강원 홍천군	취약지역 응급의료기관 육성	175,000	보건소	1	2	7	8	7	5	2	4
8940	강원 홍천군	건강플러스 건강위원회 운영비	24,000	보건소	1	6	7	8	7	2	2	1
8941	강원 횡성군	물놀이 안전사고 예방 및 인명구조활동지원	2,000	안전건설과	1	4	7	8	7	1	1	1
8942	강원 횡성군	수리계시설 유지관리	40,000	안전건설과	1	1	7	8	7	5	1	1
8943	강원 횡성군	환경관련단체지원	5,000	환경관리과	1	4	7	1	7	1	1	1
8944	강원 횡성군	비산업부문 사업장 온실가스 진단컨설팅 지원	27,000	환경관리과	1	2	6	1	7	1	1	1
8945	강원 횡성군	2021년 민간단체 수질보전활동 지원사업	500	환경관리과	1	2	7	8	7	5	1	1
8946	강원 횡성군	중소기업 전시박람회 지원	24,000	기업경제과	1	4	7	8	7	5	5	4
8947	강원 횡성군	노란우산공제 희망보조금 지원	397,200	기업경제과	1	1	7	8	7	2	3	4
8948	강원 횡성군	농공단지 입주기업 물류비 지원	156,000	기업경제과	1	4	7	8	7	5	5	4
8949	강원 횡성군	횡성전통시장 공동마케팅사업	10,000	기업경제과	1	4	7	1	7	1	1	4
8950	강원 횡성군	내고향 주말장터	15,000	기업경제과	1	4	7	1	7	1	1	4
8951	강원 횡성군	민속장 관리요원 배치	21,870	기업경제과	1	4	7	1	7	1	1	4
8952	강원 횡성군	전통시장 안전요원 배치	17,496	기업경제과	1	6	7	1	7	1	1	4
8953	강원 횡성군	청년창업지원 컨설팅 및 교육비	20,000	기업경제과	1	4	7	8	7	5	5	4
8954	강원 횡성군	청년일자리 지역정착 지원사업	210,927	기업경제과	1	2	7	8	7	5	5	4
8955	강원 횡성군	강원도 정규직일자리보조금 지원사업	138,000	기업경제과	1	4	7	8	7	5	5	4
8956	강원 횡성군	사회적기업 육성 일자리창출 사업	140,000	기업경제과	1	2	7	8	7	5	5	4
8957	강원 횡성군	임산물 상품화 지원	49,479	산림녹지과	1	2	7	8	7	5	1	4
8958	강원 횡성군	산불예방 감시활동	46,500	산림녹지과	1	6	7	8	7	5	1	1
8959	강원 횡성군	시군역량강화	50,000	기획감사실	1	2	7	8	7	5	5	4
8960	강원 횡성군	농촌융복합산업육성 지원	14,000	농업지원과	1	4	7	8	7	5	1	1
8961	강원 횡성군	농어촌공동체활성화지원	87,840	농업지원과	1	4	7	8	7	5	1	1
8962	강원 횡성군	농촌관광 활력화 지원	28,000	농업지원과	1	4	7	8	7	5	1	4
8963	강원 횡성군	농촌관광 주체육성 지원	394,726	농업지원과	1	2	7	8	7	5	1	1
8964	강원 횡성군	농촌유학센터 지원	64,000	농업지원과	1	2	7	8	7	5	1	1
8965	강원 횡성군	농촌체험마을 보험지원	8,771	농업지원과	1	2	7	8	7	5	1	4
8966	강원 횡성군	사회적농업 활성화	60,000	농업지원과	1	2	7	8	7	5	1	1
8967	강원 횡성군	농업공동체회사 우수사업 지원	37,500	농업지원과	1	6	7	8	7	5	1	1
8968	강원 횡성군	고품질 쌀 생산	433,125	농업지원과	1	6	7	8	7	5	1	4
8969	강원 횡성군	고품질쌀 생산기반 지원	618,000	농업지원과	1	4	7	8	7	5	1	4
8970	강원 횡성군	고품질쌀 생산관리 지원	320,000	농업지원과	1	4	7	8	7	5	1	4
8971	강원 횡성군	농업재해복구 지원	619,082	농업지원과	1	1	7	8	7	5	1	4
8972	강원 횡성군	유통서비스 지원사업	650,000	농업지원과	1	4	7	8	7	1	1	1
8973	강원 횡성군	로컬푸드활성화 지원	50,000	농업지원과	1	4	7	8	7	1	1	1
8974	강원 횡성군	로컬푸드 육성	4,000	농업지원과	1	6	7	8	7	1	1	1

순번	시군구	지출명 (사업명)	2021년예산 (단위:천원/1년간)	담당자 (공무원) 담당부서	민간이전 분류 (지방자치단체 세출예산 집행기준에 의거) 1. 민간경상사업보조(307-02) 2. 민간단체 법정운영비보조(307-03) 3. 민간행사사업보조(307-04) 4. 민간위탁금(307-05) 5. 사회복지시설 법정운영비보조(307-10) 6. 민간인위탁교육비(307-12) 7. 공기관등에대한경상적위탁사업비(308-11) 8. 민간자본사업보조,자체재원(402-01) 9. 민간자본사업보조,이전재원(402-02) 10. 민간위탁사업비(402-03) 11. 공기관등에 대한 자본적 대행사업비(403-02)	민간이전지출 근거 (지방보조금 관리기준 참고) 1. 법률에 규정 2. 국고보조 재원(국가지정) 3. 용도 지정 기부금 4. 조례에 직접규정 5. 지자체가 권장하는 사업을 하는 공공기관 6. 시,도 정책 및 재정사정 7. 기타 8. 해당없음	입찰방식: 계약체결방법 (경쟁형태) 1. 일반경쟁 2. 제한경쟁 3. 지명경쟁 4. 수의계약 5. 법정위탁 6. 기타 ( ) 7. 해당없음	입찰방식: 계약기간 1. 1년 2. 2년 3. 3년 4. 4년 5. 5년 6. 기타 ( )년 7. 단기계약 (1년미만) 8. 해당없음	입찰방식: 낙찰자선정방법 1. 적격심사 2. 협상에의한계약 3. 최저가낙찰제 4. 규격가격분리 5. 2단계 경쟁입찰 6. 기타 ( ) 7. 해당없음	운영예산 산정: 운영예산 산정 1. 내부산정 (지자체 자체적으로 산정) 2. 외부산정 (외부전문기관위탁 산정) 3. 내·외부 모두 산정 4. 산정 無 5. 해당없음	운영예산 산정: 정산방법 1. 내부정산 (지자체 내부적으로 정산) 2. 외부정산 (외부전문기관위탁 정산) 3. 내·외부 모두 산정 4. 정산 無 5. 해당없음	성과평가 실시여부 1. 실시 2. 미실시 3. 향후 추진 4. 해당없음
8975	강원 횡성군	산지유통 활성화	35,090	농업지원과	1	6	7	8	7	1	1	1
8976	강원 횡성군	초등돌봄교실 과일간식 지원	38,400	농업지원과	1	2	2	7	1	1	1	1
8977	강원 횡성군	식생활교육 지원	50,000	농업지원과	1	4	7	8	7	1	1	1
8978	강원 횡성군	채소류 수급안정생산	191,360	농업지원과	1	6	7	7	7	1	1	1
8979	강원 횡성군	시설원예 경쟁력 제고	80,000	농업지원과	1	6	7	7	7	1	1	1
8980	강원 횡성군	농산물품질관리	10,000	농업지원과	1	6	7	7	7	1	1	1
8981	강원 횡성군	고품질 생산 및 경쟁력 제고	20,000	농업지원과	1	6	7	7	7	1	1	1
8982	강원 횡성군	인삼기반조성	18,000	농업지원과	1	6	7	7	7	1	1	1
8983	강원 횡성군	잎담배 재배농가 지원	10,000	농업지원과	1	6	7	7	7	1	1	1
8984	강원 횡성군	더덕명품화 지원	110,000	농업지원과	1	4	7	7	7	1	1	1
8985	강원 횡성군	청년농업인 육성 활성화	42,000	농업지원과	1	4	7	7	7	1	1	1
8986	강원 횡성군	친환경농업 기반조성사업	90,280	농업지원과	1	4	7	8	7	5	1	1
8987	강원 횡성군	토양개량제 지원	795,567	농업지원과	1	2	7	8	7	5	1	2
8988	강원 횡성군	유기농자재 지원	24,575	농업지원과	1	2	7	8	7	5	1	2
8989	강원 횡성군	친환경농자재 공급 지원	506,200	농업지원과	1	6	7	8	7	5	1	1
8990	강원 횡성군	친환경농업 활성화	72,000	농업지원과	1	4	7	8	7	5	1	1
8991	강원 횡성군	FTA대응 밭작물경쟁력제고	57,996	농업지원과	1	6	7	8	7	5	5	4
8992	강원 횡성군	강원잡곡 명품화	10,000	농업지원과	1	6	7	8	7	5	5	4
8993	강원 횡성군	강원감자 주산지 명품생산 지원	12,533	농업지원과	1	6	7	8	7	5	5	4
8994	강원 횡성군	밭작물 생산기반조성	590,000	농업지원과	1	4	7	8	7	1	5	4
8995	강원 횡성군	여성농업인센터 운영	144,000	농업지원과	1	6	7	8	7	5	1	2
8996	강원 횡성군	농업인단체 지원사업	34,200	농업지원과	1	4	7	8	7	5	1	2
8997	강원 횡성군	외국인 근로자 근로편익 개선사업	24,000	농업지원과	1	6	6	8	7	1	1	2
8998	강원 횡성군	농번기 마을공동급식 지원	67,334	농업지원과	1	4	7	8	7	5	1	1
8999	강원 횡성군	농촌공동아이돌봄센터 운영 지원	13,700	농업지원과	1	2	7	8	7	5	1	1
9000	강원 횡성군	농촌총각 결혼지원	10,800	농업지원과	1	4	6	8	7	1	1	2
9001	강원 횡성군	안보현장 견학 및 참배지원	8,000	행복나눔복지과	1	4	7	8	7	1	1	1
9002	강원 횡성군	사회복지시설 지원	18,000	행복나눔복지과	1	6	7	8	7	5	1	2
9003	강원 횡성군	횡성사랑 십시일반 사업운영	32,000	행복나눔복지과	1	4	7	8	7	1	1	4
9004	강원 횡성군	장애인종합상담실 운영	80,664	행복나눔복지과	1	6	7	8	7	5	1	4
9005	강원 횡성군	실버예술단	15,000	행복나눔복지과	1	6	7	8	7	1	1	1
9006	강원 횡성군	노인대학 운영 프로그램비 지원	72,000	행복나눔복지과	1	6	7	8	7	1	1	1
9007	강원 횡성군	효세탁소 운영	10,490	행복나눔복지과	1	7	7	8	7	1	1	1
9008	강원 횡성군	경로당 급식도우미 지원사업	263,693	행복나눔복지과	1	5	7	8	7	1	1	4
9009	강원 횡성군	재가노인 식사배달사업	202,800	행복나눔복지과	1	5	7	8	7	1	1	4
9010	강원 횡성군	경로당 순회 프로그램 관리자 인건비	15,812	행복나눔복지과	1	2	7	8	7	1	1	4
9011	강원 횡성군	경로당 운영비 지원	288,730	행복나눔복지과	1	2	7	8	7	1	1	4
9012	강원 횡성군	경로당 냉,난방비 지원	340,200	행복나눔복지과	1	2	7	8	7	1	1	4
9013	강원 횡성군	전국체전 출전지원	25,000	문화체육관광과	1	3	7	8	7	5	1	1
9014	강원 횡성군	강원도민체육대회 출전지원	8,000	문화체육관광과	1	3	7	8	7	5	1	1
9015	강원 횡성군	강원도민체육대회 출전지원	220,000	문화체육관광과	1	3	7	8	7	5	1	1
9016	강원 횡성군	도지사기 학생체육대회 출전지원	20,000	문화체육관광과	1	3	7	8	7	5	1	1
9017	강원 횡성군	학생 스포츠 클럽 및 체육대회 출전지원	12,000	문화체육관광과	1	3	7	8	7	5	1	1
9018	강원 횡성군	대학체육 육성지원	25,000	문화체육관광과	1	3	7	8	7	5	1	1
9019	강원 횡성군	종목별 협회(연합회) 운영	40,000	문화체육관광과	1	3	7	8	7	5	1	1
9020	강원 횡성군	횡성대표출전 전문체육선수 재해보상	68,000	문화체육관광과	1	3	7	8	7	5	1	1
9021	강원 횡성군	찾아가는 생활체육교실 운영	3,000	문화체육관광과	1	3	7	8	7	5	1	1
9022	강원 횡성군	바른청소년 생활체육교실 운영	72,000	문화체육관광과	1	3	7	8	7	5	1	1
9023	강원 횡성군	스포츠 클럽 리그제 운영	20,400	문화체육관광과	1	3	7	8	7	5	1	1
9024	강원 횡성군	볼링 클리닉 교실 운영	20,000	문화체육관광과	1	3	7	8	7	5	1	1
9025	강원 횡성군	체육회(일반) 운영	10,000	문화체육관광과	1	3	7	8	7	5	1	1

순번	시군구	지출명 (사업명)	2021년예산 (단위:천원/1년간)	담당자 (공무원) 담당부서	민간이전 분류 (지방자치단체 세출예산 집행기준에 의거) 1. 민간경상사업보조(307-02) 2. 민간단체 법정운영비보조(307-03) 3. 민간행사사업보조(307-04) 4. 민간위탁금(307-05) 5. 사회복지시설 법정운영비보조(307-10) 6. 민간인위탁교육비(307-12) 7. 공기관등에대한경상적위탁사업비(308-11) 8. 민간자본사업보조,자체재원(402-01) 9. 민간자본사업보조,이전재원(402-02) 10. 민간위탁사업비(402-03) 11. 공기관등에 대한 자본적 대행사업비(403-02)	민간이전지출 근거 (지방보조금 관리기준 참고) 1. 법률에 규정 2. 국고보조 재원(국가지정) 3. 용도 지정 기부금 4. 조례에 직접규정 5. 지자체가 권장하는 사업을 하는 공공기관 6. 시,도 정책 및 재정사정 7. 기타 8. 해당없음	입찰방식 계약체결방법 (경쟁형태) 1. 일반경쟁 2. 제한경쟁 3. 지명경쟁 4. 수의계약 5. 법정위탁 6. 기타 ( ) 7. 해당없음	입찰방식 계약기간 1. 1년 2. 2년 3. 3년 4. 4년 5. 5년 6. 기타 ( )년 7. 단기계약 (1년미만) 8. 해당없음	입찰방식 낙찰자선정방법 1. 적격심사 2. 협상에의한계약 3. 최저가낙찰제 4. 규격가격분리 5. 2단계 경쟁입찰 6. 기타 ( ) 7. 해당없음	운영예산 산정 운영예산 산정 1. 내부산정 (지자체 자체적으로 산정) 2. 외부산정 (외부전문기관위탁 산정) 3. 내·외부 모두 산정 4. 산정 無 5. 해당없음	운영예산 산정 정산방법 1. 내부정산 (지자체 내부적으로 정산) 2. 외부정산 (외부전문기관위탁 정산) 3. 내·외부 모두 산정 4. 정산 無 5. 해당없음	성과평가 실시여부 1. 실시 2. 미실시 3. 향후 추진 4. 해당없음
9026	강원 횡성군	여성생활체육활성화	10,380	문화체육관광과	1	3	7	8	7	5	1	1
9027	강원 횡성군	여성생활체육활성화	50,000	문화체육관광과	1	3	7	8	7	5	1	1
9028	강원 횡성군	각종 생활체육대회 군대표 출전	84,000	문화체육관광과	1	3	7	8	7	5	1	1
9029	강원 횡성군	어르신 체육활동 지원	55,000	문화체육관광과	1	2	7	8	7	5	1	1
9030	강원 횡성군	생활체육지도자 배치	58,464	문화체육관광과	1	2	7	8	7	5	1	1
9031	강원 횡성군	장애인생활체육지도자 배치	181,322	문화체육관광과	1	2	7	8	7	5	1	1
9032	강원 횡성군	생활체육교실 운영	29,232	문화체육관광과	1	3	7	8	7	5	1	1
9033	강원 횡성군	장애인스포츠바우처지원사업	20,000	문화체육관광과	1	3	7	8	7	5	1	1
9034	강원 횡성군	횡성군 장애인체육회 운영	4,480	문화체육관광과	1	3	7	8	7	5	1	1
9035	강원 횡성군	강원도 장애인체육대회 출전 지원	18,000	문화체육관광과	1	3	7	8	7	5	1	1
9036	강원 횡성군	각종 장애인체육대회 군대표 출전 지원	16,100	문화체육관광과	1	3	7	8	7	5	1	1
9037	강원 횡성군	장애인 스포츠 활성화 프로그램 운영	10,000	문화체육관광과	1	3	7	8	7	5	1	1
9038	강원 횡성군	장애인 체육대회 유치	20,000	문화체육관광과	1	3	7	8	7	5	1	1
9039	강원 횡성군	강원도어르신체육대회 출전지원	40,000	문화체육관광과	1	3	7	8	7	5	1	1
9040	강원 횡성군	유치 스포츠 대회 지원	25,000	문화체육관광과	1	3	7	8	7	5	1	1
9041	강원 횡성군	스포츠대회 유치 홍보 및 지원	71,000	문화체육관광과	1	3	7	8	7	5	1	1
9042	강원 횡성군	전지훈련팀 지원	15,000	문화체육관광과	1	3	7	8	7	5	1	1
9043	강원 횡성군	횡성한우배 전국축구대회	30,000	문화체육관광과	1	3	7	8	7	5	1	1
9044	강원 횡성군	횡성향교 유학강좌 지원	4,200	문화체육관광과	1	1	7	8	7	1	1	1
9045	강원 횡성군	도무형문화재 원형 공개행사	7,500	문화체육관광과	1	1	7	8	7	1	1	1
9046	강원 횡성군	강원의설화애니메이션 제작	22,000	문화체육관광과	1	7	7	8	7	1	1	1
9047	강원 횡성군	안흥찐빵 포장재 지원사업	40,000	문화체육관광과	1	4	7	8	7	5	5	4
9048	강원 횡성군	횡성미술협회전	5,000	문화체육관광과	1	4	7	8	7	5	1	1
9049	강원 횡성군	횡성문화원문화사업유지관리	73,000	문화체육관광과	1	4	7	8	7	5	1	1
9050	강원 횡성군	횡성문화원 문화학교운영	86,500	문화체육관광과	1	4	7	8	7	5	1	1
9051	강원 횡성군	지방문화원사랑방운영지원	20,000	문화체육관광과	1	4	7	8	7	5	1	2
9052	강원 횡성군	문화예술인사료집조사 및 발간	50,000	문화체육관광과	1	4	7	8	7	5	1	1
9053	강원 횡성군	찾아가는 문화활동 지원	34,000	문화체육관광과	1	4	7	8	7	5	1	2
9054	강원 횡성군	관내 문화예술단체지원	40,000	문화체육관광과	1	4	7	8	7	5	1	2
9055	강원 횡성군	청소년공부방 지원	20,000	교육복지과	1	4	7	8	7	5	1	1
9056	강원 횡성군	청소년 보호 및 지도관리	16,000	교육복지과	1	4	7	8	7	5	1	1
9057	강원 횡성군	횡성여성 문화의 날 운영	10,000	교육복지과	1	4	7	8	7	1	1	1
9058	강원 횡성군	어린이집지원	47,800	교육복지과	1	4	7	8	7	5	1	1
9059	강원 횡성군	어린이집 운영지원	77,680	교육복지과	1	4	7	8	7	5	1	1
9060	강원 횡성군	어린이집 보조인력 일자리지원	138,000	교육복지과	1	6	7	8	7	5	1	4
9061	강원 횡성군	대학발전육성사업 지원	320,000	교육복지과	1	2	7	8	7	5	1	1
9062	강원 횡성군	평생교육체제 공모 지원	50,000	교육복지과	1	1	7	8	7	5	1	1
9063	강원 횡성군	생활과학교실 운영	20,000	교육복지과	1	1	7	8	7	5	1	1
9064	강원 횡성군	소상공인 일반음식점 위생물품 위탁지원	59,250	보건소	1	4	7	8	7	5	1	1
9065	강원 횡성군	즉석판매제조가공업 외포장지 지원(추출가공)	7,000	보건소	1	4	7	8	7	5	1	1
9066	강원 횡성군	즉석판매제조가공업 외포장지 지원(임가공)	7,000	보건소	1	4	7	8	7	5	1	1
9067	강원 횡성군	지역사회 통합건강증진사업	36,000	보건소	1	2	7	8	7	5	1	2
9068	강원 횡성군	임신·출산 기초건강관리	90,000	보건소	1	2	7	8	7	5	3	2
9069	강원 횡성군	농촌지도자회 육성	2,500	농업기술센터	1	5	7	8	7	1	1	1
9070	강원 횡성군	농촌지도자 활력화지원	2,800	농업기술센터	1	6	7	8	7	1	1	1
9071	강원 횡성군	귀농창업 활성화지원	10,000	농업기술센터	1	2	7	8	7	1	1	1
9072	강원 횡성군	4-H회 단체지원	1,200	농업기술센터	1	5	7	8	7	5	1	1
9073	강원 횡성군	청년농업인 영농정착지원	180,964	농업기술센터	1	2	7	8	7	5	3	1
9074	강원 횡성군	생활개선회육성	2,500	농업기술센터	1	4	7	8	7	5	1	1
9075	강원 횡성군	신활력플러스사업추진단 운영지원	70,498	농업기술센터	1	2	7	8	7	5	1	1
9076	강원 횡성군	토종씨앗 전시 채종포 및 교육농장 운영	10,000	농업기술센터	1	4	7	8	7	5	1	2

순번	시군구	지출명 (사업명)	2021년예산 (단위:천원/1년간)	담당자 (공무원) 담당부서	민간이전 분류 (지방자치단체 세출예산 집행기준에 의거) 1. 민간경상사업보조(307-02) 2. 민간단체 법정운영비보조(307-03) 3. 민간행사사업보조(307-04) 4. 민간위탁금(307-05) 5. 사회복지시설 법정운영비보조(307-10) 6. 민간인위탁교육비(307-12) 7. 공기관등에대한경상적위탁사업비(308-11) 8. 민간자본사업보조,자체재원(402-01) 9. 민간자본사업보조,이전재원(402-02) 10. 민간위탁사업비(402-03) 11. 공기관등에 대한 자본적 대행사업비(403-02)	민간이전지출 근거 (지방보조금 관리기준 참고) 1. 법률에 규정 2. 국고보조 재원(국가지정) 3. 용도 지정 기부금 4. 조례에 직접규정 5. 지자체가 권장하는 사업을 하는 공공기관 6. 시,도 정책 및 재정사정 7. 기타 8. 해당없음	입찰방식 계약체결방법 (경쟁형태) 1. 일반경쟁 2. 제한경쟁 3. 지명경쟁 4. 수의계약 5. 법정위탁 6. 기타 ( ) 7. 해당없음	입찰방식 계약기간 1. 1년 2. 2년 3. 3년 4. 4년 5. 5년 6. 기타 ( )년 7. 단기계약 (1년미만) 8. 해당없음	입찰방식 낙찰자선정방법 1. 적격심사 2. 협상에의한계약 3. 최저가낙찰제 4. 규격가격분리 5. 2단계 경쟁입찰 6. 기타 ( ) 7. 해당없음	운영예산 산정 운영예산 산정 1. 내부산정 (지자체 자체적으로 산정) 2. 외부산정 (외부전문기관위탁 산정) 3. 내·외부 모두 산정 4. 산정 無 5. 해당없음	운영예산 산정 정산방법 1. 내부정산 (지자체 내부적으로 정산) 2. 외부정산 (외부전문기관위탁 정산) 3. 내·외부 모두 산정 4. 정산 無 5. 해당없음	성과평가 실시여부 1. 실시 2. 미실시 3. 향후 추진 4. 해당없음
9077	강원 횡성군	고품질 안전과실 생산	25,000	농업기술센터	1	1	7	8	7	5	5	4
9078	강원 영월군	범죄피해자지원센터 지원	15,000	기획혁신실	1	1	5	1	7	5	1	1
9079	강원 영월군	노인복지시설 운영지원	110,000	여성가족과	1	1	7	7	7	5	1	1
9080	강원 영월군	노인복지시설 운영지원	110,000	여성가족과	1	1	7	7	7	5	1	1
9081	강원 영월군	보육교직원 국내연수	8,000	여성가족과	1	4	7	8	7	1	1	1
9082	강원 영월군	개인하수처리시설 위탁관리비 지원	81,656	환경위생과	1	2	3	3	3	1	1	4
9083	강원 영월군	물놀이 안전관리사업	10,000	안전건설과	1	4	7	8	7	1	1	1
9084	강원 영월군	분만취약지 지원(산부인과 외래)	200,000	보건소	1	2	7	8	7	2	1	1
9085	강원 영월군	취약지역 응급의료기관 운영	871,244	보건소	1	2	7	8	7	2	3	1
9086	강원 영월군	보호자없는 병실운영 지원사업	273,460	보건소	1	5	7	8	7	2	1	1
9087	강원 영월군	의료취약지 의료안전망 지원(중환자실 운영)	200,000	보건소	1	5	7	8	7	2	1	1
9088	강원 영월군	보건의료복지 통합지원 구축사업	43,750	보건소	1	5	7	8	7	2	1	1
9089	강원 영월군	중동면 농촌중심지 활성화 사업	17,570	도시교통과	1	2	7	8	7	1	1	4
9090	강원 영월군	빈집정비사업	100,000	도시교통과	1	4	7	8	7	5	5	4
9091	강원 영월군	별총총마을 도시재생사업 도시재생센터 운영	137,500	도시교통과	1	2	7	1	7	1	1	4
9092	강원 영월군	덕포 도시재생사업 도시재생(현장)센터 운영	127,500	도시교통과	1	2	7	1	7	1	1	4
9093	강원 영월군	모범운전자연합회 지원	4,000	도시교통과	1	4	7	8	7	1	1	4
9094	강원 영월군	택시산업 발전	7,123	도시교통과	1	6	7	8	7	1	1	4
9095	강원 영월군	운수종사자 근로여건 개선지원	32,400	도시교통과	1	6	7	8	7	1	1	4
9096	강원 영월군	농촌 재능나눔 지원사업	37,000	농업축산과	1	4	7	7	7	1	1	4
9097	강원 영월군	농촌신활력플러스사업	1,400	농업축산과	1	1	7	7	7	5	5	4
9098	강원 영월군	농촌마을 공동급식 지원	12,000	농업축산과	1	4	7	7	7	1	1	4
9099	강원 영월군	귀농창업 지원	50,000	농업축산과	1	1	7	7	7	1	1	4
9100	강원 영월군	귀농인의 집 조성	30,000	농업축산과	1	1	7	7	7	1	1	4
9101	강원 영월군	귀농귀촌 유치	9,000	농업축산과	1	1	7	7	7	1	1	4
9102	강원 영월군	귀농귀촌 유치지원	35,000	농업축산과	1	1	7	7	7	1	1	4
9103	강원 영월군	양봉산업 육성(소초광) 지원	20,000	농업축산과	1	4	7	7	7	1	1	4
9104	강원 영월군	강원 토종꿀 명품 육성 지원	7,500	농업축산과	1	6	7	7	7	1	1	4
9105	강원 영월군	강원 양봉 브랜드 육성 지원	53,400	농업축산과	1	6	7	7	7	1	1	4
9106	강원 영월군	저항성 토종벌 구입 지원	4,500	농업축산과	1	2	7	7	7	1	1	4
9107	강원 영월군	축산농가 도우미 지원사업	22,008	농업축산과	1	6	7	7	7	1	1	4
9108	강원 영월군	조사료생산 지원사업	70,000	농업축산과	1	1	7	7	7	1	1	4
9109	강원 영월군	조사료 종자구입 지원사업	90,000	농업축산과	1	1	7	7	7	1	1	4
9110	강원 영월군	조사료경영체 사일리지 제조비 지원	499,500	농업축산과	1	1	7	7	7	1	1	4
9111	강원 영월군	조사료생산 지원사업	70,000	농업축산과	1	2	7	7	7	1	1	4
9112	강원 영월군	조사료 종자 구입비 지원	221,740	농업축산과	1	2	7	7	7	1	1	4
9113	강원 영월군	한우 번식우 사료비 지원사업	150,000	농업축산과	1	1	7	7	7	1	1	4
9114	강원 영월군	고급육생산 장려금 지원사업	100,000	농업축산과	1	1	7	7	7	1	1	4
9115	강원 영월군	한우스마트 가축헬스케어 서비스 지원사업	30,800	농업축산과	1	1	7	7	7	1	1	4
9116	강원 영월군	한우품질고급화 지원사업	37,000	농업축산과	1	1	7	7	7	1	1	4
9117	강원 영월군	송아지 생산 안정사업	5,500	농업축산과	1	1	7	7	7	1	1	4
9118	강원 영월군	청정양돈 경영선진화 지원사업	2,700	농업축산과	1	1	7	7	7	1	1	4
9119	강원 영월군	양계농가 환경개선 지원사업	4,500	농업축산과	1	1	7	7	7	1	1	4
9120	강원 영월군	토종돼지 출하 장려금 지원사업	20,000	농업축산과	1	1	7	7	7	1	1	4
9121	강원 영월군	축산 환경 개선제 지원사업	80,000	농업축산과	1	1	7	7	7	1	1	4
9122	강원 영월군	가축분뇨 이용 활성화 지원사업	37,500	농업축산과	1	1	7	7	7	1	1	4
9123	강원 영월군	영어자금이자보전	4,135	농업축산과	1	6	7	7	7	1	1	4
9124	강원 영월군	내수면양식장사료구입비지원	15,600	농업축산과	1	6	7	7	7	1	1	4
9125	강원 영월군	어업용 면세유 일부지원	31,775	농업축산과	1	6	7	7	7	1	1	4
9126	강원 영월군	학생 승마 체험 지원	33,600	농업축산과	1	2	7	7	7	1	1	4
9127	강원 영월군	가축방역사업(양돈농가 써코(PCV-2)백신 지원)	2,940	농업축산과	1	2	7	7	7	5	5	4

순번	시군구	지출명 (사업명)	2021년예산 (단위:천원/1년간)	담당자 (공무원) 담당부서	민간이전 분류 (지방자치단체 세출예산 집행기준에 의거) 1. 민간경상사업보조(307-02) 2. 민간단체 법정운영비보조(307-03) 3. 민간행사사업보조(307-04) 4. 민간위탁금(307-05) 5. 사회복지시설 법정운영비보조(307-10) 6. 민간인위탁교육비(307-12) 7. 공기관등에대한경상적위탁사업비(308-11) 8. 민간자본사업보조,자체재원(402-01) 9. 민간자본사업보조,이전재원(402-02) 10. 민간위탁사업비(402-03) 11. 공기관등에 대한 자본적 대행사업비(403-02)	민간이전지출 근거 (지방보조금 관리기준 참고) 1. 법률에 규정 2. 국고보조 재원(국가지정) 3. 용도 지정 기부금 4. 조례에 직접규정 5. 지자체가 권장하는 사업을 하는 공공기관 6. 시,도 정책 및 재정사정 7. 기타 8. 해당없음	입찰방식 계약체결방법 (경쟁형태) 1. 일반경쟁 2. 제한경쟁 3. 지명경쟁 4. 수의계약 5. 법정위탁 6. 기타 ( ) 7. 해당없음	입찰방식 계약기간 1. 1년 2. 2년 3. 3년 4. 4년 5. 5년 6. 기타 ( )년 7. 단기계약 (1년미만) 8. 해당없음	입찰방식 낙찰자선정방법 1. 적격심사 2. 협상에의한계약 3. 최저가낙찰제 4. 규격가격분리 5. 2단계 경쟁입찰 6. 기타 ( ) 7. 해당없음	운영예산 산정 운영예산 산정 1. 내부산정 (지자체 자체적으로 산정) 2. 외부산정 (외부전문기관위탁 산정) 3. 내·외부 모두 산정 4. 산정 無 5. 해당없음	운영예산 산정 정산방법 1. 내부정산 (지자체 내부적으로 정산) 2. 외부정산 (외부전문기관위탁 정산) 3. 내·외부 모두 산정 4. 정산 無 5. 해당없음	성과평가 실시여부 1. 실시 2. 미실시 3. 향후 추진 4. 해당없음
9128	강원 영월군	축산물 HACCP 컨설팅 지원	8,400	농업축산과	1	2	7	7	7	5	5	4
9129	강원 영월군	산양삼 생산과정 확인	3,800	산림녹지과	1	1	4	8	7	1	1	1
9130	강원 영월군	강원청정임산물 판로확대	6,000	산림녹지과	1	6	4	8	7	1	1	1
9131	강원 영월군	바르게살기운동 영월군협의회 사업비 지원	1,680	자치행정교육과	1	4	7	8	7	1	1	1
9132	강원 영월군	지역치안협의회 사업비 지원	15,000	자치행정교육과	1	4	7	8	7	1	1	1
9133	강원 영월군	자유총연맹 영월군지회 사업비 지원	10,700	자치행정교육과	1	4	7	8	7	1	1	1
9134	강원 영월군	민주평화통일자문회의 영월군협의회 사업비 지원	13,000	자치행정교육과	1	4	7	8	7	1	1	1
9135	강원 영월군	영월군 새마을회 다문화가정 사회적응 프로그램 지원	3,000	자치행정교육과	1	4	7	8	7	1	1	1
9136	강원 영월군	정보화마을 프로그램관리자 육성사업	15,096	자치행정교육과	1	6	7	8	7	1	1	1
9137	강원 영월군	정보화마을 프로그램관리자 육성사업	15,096	자치행정교육과	1	6	7	8	7	1	1	1
9138	강원 영월군	정보화마을 프로그램관리자 육성사업	15,096	자치행정교육과	1	6	7	8	7	1	1	1
9139	강원 평창군	범죄피해자 지원센터 지원	25,000	기획실	1	1	7	8	7	5	5	3
9140	강원 평창군	주민자치회 운영 지원	2,600	행정과	1	4	7	8	7	5	5	3
9141	강원 평창군	평창군 새마을회 사업지원	35,000	행정과	1	1	7	8	7	5	5	3
9142	강원 평창군	민주평통 평창군협의회 사업지원	5,000	행정과	1	1	7	8	7	5	5	3
9143	강원 평창군	평창군번영회 지역발전 사업지원	8,000	행정과	1	4	7	8	7	5	5	3
9144	강원 평창군	민족통일 평창군협의회 사업지원	4,000	행정과	1	5	7	8	7	5	5	3
9145	강원 평창군	바르게살기운동 평창군협의회 사업지원	12,500	행정과	1	1	7	8	7	5	5	3
9146	강원 평창군	한국자유총연맹 평창군지부 사업지원	4,500	행정과	1	1	7	8	7	5	5	3
9147	강원 평창군	자원봉사 프로그램 운영 인센티브 지원	22,000	행정과	1	4	7	8	7	5	5	3
9148	강원 평창군	자원봉사자 양성 및 프로그램 운영 지원	50,000	행정과	1	4	7	8	7	5	5	3
9149	강원 평창군	정보화마을 프로그램관리자 육성지원	45,288	행정과	1	1	7	8	7	5	5	3
9150	강원 평창군	2022년 평창평화포럼 개최지원	500,000	올림픽유산과	1	4	7	8	7	1	1	3
9151	강원 평창군	평화도시 사회혁신(리빙랩) 공모사업 지원	10,000	올림픽유산과	1	4	7	8	7	5	5	3
9152	강원 평창군	신남방 슬라이딩 선수육성 지원	779,000	올림픽유산과	1	4	7	8	7	1	1	3
9153	강원 평창군	재향군인회 기념사업 지원	4,000	복지정책과	1	1	7	8	7	5	5	3
9154	강원 평창군	청소년 나라사랑 교육지원	3,000	복지정책과	1	1	7	8	7	5	5	3
9155	강원 평창군	대한민국상이군경회 평창군지회 지원	2,100	복지정책과	1	1	7	8	7	5	5	3
9156	강원 평창군	대한민국전몰군경유족회 평창군지회 지원	1,400	복지정책과	1	1	7	8	7	5	5	3
9157	강원 평창군	대한민국전몰군경미망인회 평창군지회 지원	1,300	복지정책과	1	1	7	8	7	5	5	3
9158	강원 평창군	대한민국무공수훈자회 평창군지회 지원	1,400	복지정책과	1	1	7	8	7	5	5	3
9159	강원 평창군	대한민국6.25참전유공자회 평창군지회 지원	5,000	복지정책과	1	1	7	8	7	5	5	3
9160	강원 평창군	대한민국월남참전자회 평창군지회 지원	9,000	복지정책과	1	1	7	8	7	5	5	3
9161	강원 평창군	장사시설 주변지역 지원	10,008	가족복지과	1	3	7	8	7	5	5	3
9162	강원 평창군	청소년 동아리 지원	2,500	가족복지과	1	2	7	8	7	5	5	4
9163	강원 평창군	우수 학습동아리 공모지원	25,000	교육체육과	1	4	7	8	7	5	5	3
9164	강원 평창군	우수 프로그램 공모지원	35,000	교육체육과	1	4	7	8	7	5	5	3
9165	강원 평창군	강원문해자랑 대잔치 청춘만개 참가지원	6,000	교육체육과	1	4	7	8	7	5	5	3
9166	강원 평창군	문해교육사(3급) 양성과정 운영지원	15,000	교육체육과	1	4	7	8	7	5	5	3
9167	강원 평창군	도민체육대회 출전지원	200,000	교육체육과	1	4	7	8	7	5	5	3
9168	강원 평창군	평창FC 운영지원	300,000	교육체육과	1	4	7	8	7	5	5	3
9169	강원 평창군	도지사기 및 각종대회 출전지원	43,000	교육체육과	1	4	7	8	7	5	5	3
9170	강원 평창군	어르신 체육대회 출전지원	17,000	교육체육과	1	4	7	8	7	5	5	3
9171	강원 평창군	장애인 체육활동 지원	20,000	교육체육과	1	4	7	8	7	5	5	3
9172	강원 평창군	생활체육교실 운영지원	20,000	교육체육과	1	4	7	8	7	5	5	4
9173	강원 평창군	생활체육교실 운영지원	4,800	교육체육과	1	4	7	8	7	5	5	4
9174	강원 평창군	생활안전 자전거교실 운영지원	18,000	교육체육과	1	4	7	8	7	5	5	3
9175	강원 평창군	생활체육 동계 수영교실 운영지원	20,000	교육체육과	1	4	7	8	7	5	5	3
9176	강원 평창군	생활체육 유소년바둑교실 운영지원	46,400	교육체육과	1	4	7	8	7	5	5	3
9177	강원 평창군	전지훈련팀 유치 지원	130,000	교육체육과	1	4	7	8	7	5	5	3
9178	강원 평창군	문화자원 체험상품(월정사 템플스테이) 지원	6,000	문화관광과	1	6	7	8	7	5	5	4

순번	시군구	지출명 (사업명)	2021년예산 (단위:천원/1년간)	담당자 (공무원) 담당부서	민간이전 분류 (지방자치단체 세출예산 집행기준에 의거) 1. 민간경상사업보조(307-02) 2. 민간단체 법정운영비보조(307-03) 3. 민간행사사업보조(307-04) 4. 민간위탁금(307-05) 5. 사회복지시설 법정운영비보조(307-10) 6. 민간인위탁교육비(307-12) 7. 공기관등에대한경상적위탁사업비(308-11) 8. 민간자본사업보조,자체재원(402-01) 9. 민간자본사업보조,이전재원(402-02) 10. 민간위탁사업비(402-03) 11. 공기관등에 대한 자본적 대행사업비(403-02)	민간이전지출 근거 (지방보조금 관리기준 참고) 1. 법률에 규정 2. 국고보조 재원(국가지정) 3. 용도 지정 기부금 4. 조례에 직접규정 5. 지자체가 권장하는 사업을 하는 공공기관 6. 시,도 정책 및 재정사정 7. 기타 8. 해당없음	입찰방식 계약체결방법 (경쟁형태) 1. 일반경쟁 2. 제한경쟁 3. 지명경쟁 4. 수의계약 5. 법정위탁 6. 기타 ( ) 7. 해당없음	입찰방식 계약기간 1. 1년 2. 2년 3. 3년 4. 4년 5. 5년 6. 기타 ( )년 7. 단기계약 (1년미만) 8. 해당없음	입찰방식 낙찰자선정방법 1. 적격심사 2. 협상에의한계약 3. 최저가낙찰제 4. 규격가격분리 5. 2단계 경쟁입찰 6. 기타 ( ) 7. 해당없음	운영예산 산정 운영예산 산정 1. 내부산정 (지자체 자체적으로 산정) 2. 외부산정 (외부전문기관위탁 산정) 3. 내·외부 모두 산정 4. 산정 無 5. 해당없음	운영예산 산정 정산방법 1. 내부정산 (지자체 내부적으로 정산) 2. 외부정산 (외부전문기관위탁 정산) 3. 내·외부 모두 산정 4. 정산 無 5. 해당없음	성과평가 실시여부 1. 실시 2. 미실시 3. 향후 추진 4. 해당없음
9179	강원 평창군	관광협의회 활동지원	20,000	문화관광과	1	1	7	8	7	1	1	3
9180	강원 평창군	평창백일홍축제 행사지원	100,000	문화관광과	1	4	7	8	7	1	1	3
9181	강원 평창군	평창더위사냥축제 행사지원	100,000	문화관광과	1	4	7	8	7	1	1	3
9182	강원 평창군	설화애니메이션 컨텐츠 제작지원	22,000	문화관광과	1	6	7	8	7	1	1	4
9183	강원 평창군	이효석문화예술촌 문화프로그램 운영지원	65,000	문화관광과	1	4	7	8	7	5	5	3
9184	강원 평창군	생활문화센터 운영 활성화 지원	16,200	문화관광과	1	4	7	8	7	1	1	4
9185	강원 평창군	문예대학 지원	20,000	문화관광과	1	4	7	8	7	1	1	3
9186	강원 평창군	평창문학 발간지원	3,000	문화관광과	1	4	7	8	7	1	1	3
9187	강원 평창군	이효석 문학상 선발사업 지원	51,000	문화관광과	1	4	7	8	7	1	1	3
9188	강원 평창군	평창문화원 사랑방사업 지원	20,000	문화관광과	1	4	7	8	7	5	5	4
9189	강원 평창군	찾아가는 문화활동 지원	34,000	문화관광과	1	4	7	8	7	5	5	4
9190	강원 평창군	지역 생활예술 지원	40,000	문화관광과	1	4	7	8	7	1	1	4
9191	강원 평창군	문화학교 운영지원	52,000	문화관광과	1	4	7	8	7	1	1	3
9192	강원 평창군	평창문화원 활동지원	52,200	문화관광과	1	4	7	8	7	1	1	3
9193	강원 평창군	향토사 연구소 운영지원	13,000	문화관광과	1	4	7	8	7	1	1	3
9194	강원 평창군	문화원 합창단 지원	31,670	문화관광과	1	4	7	8	7	1	1	3
9195	강원 평창군	문화원 전통예술단 운영지원	70,770	문화관광과	1	4	7	8	7	1	1	3
9196	강원 평창군	읍·면지 발간 지원	50,000	문화관광과	1	4	7	8	7	1	1	3
9197	강원 평창군	인문학 자료 발간 지원	10,000	문화관광과	1	4	7	8	7	1	1	3
9198	강원 평창군	계촌클래식 거리축제 지원	100,000	문화관광과	1	4	7	8	7	1	1	3
9199	강원 평창군	전통민속놀이 지원	115,000	문화관광과	1	6	7	8	7	5	5	3
9200	강원 평창군	평창농악축제 지원	200,000	문화관광과	1	4	7	8	7	1	1	3
9201	강원 평창군	평창향교 충효교실 지원	5,000	문화관광과	1	7	7	8	7	1	1	3
9202	강원 평창군	도지정 무형문화재 육성 지원	75,000	문화관광과	1	7	7	8	7	1	1	3
9203	강원 평창군	도지정 무형문화재 공개행사 지원	20,500	문화관광과	1	6	7	8	7	1	1	4
9204	강원 평창군	평창아라리 시민극단 운영지원	20,000	문화관광과	1	7	7	8	7	1	1	3
9205	강원 평창군	박물관 운영 활성화 지원	60,000	문화관광과	1	6	7	8	7	1	1	4
9206	강원 평창군	오대산중대적멸보궁 안전경비원 배치지원	112,920	문화관광과	1	2	7	8	7	1	1	4
9207	강원 평창군	평창황병산사냥민속 마당극 지원	20,000	문화관광과	1	7	7	8	7	1	1	3
9208	강원 평창군	율곡군민대학 운영지원	10,000	문화관광과	1	7	7	8	7	1	1	3
9209	강원 평창군	평창관련 고문헌 번역 발간	30,000	문화관광과	1	7	7	8	7	1	1	3
9210	강원 평창군	월정사 팔각구층석탑 동별당보수 지원	1,043	문화관광과	1	2	7	8	7	1	1	4
9211	강원 평창군	평창둔전평농악 전수관 활성화 지원	12,500	문화관광과	1	4	7	8	7	5	5	4
9212	강원 평창군	한국담배인회 평창영월조합 사실조사 지원	3,360	일자리경제과	1	4	7	8	7	5	5	3
9213	강원 평창군	노란우산공제 희망보조금 지원	617,400	일자리경제과	1	6	7	8	7	5	5	4
9214	강원 평창군	청년일자리 지역정착 지원	209,817	일자리경제과	1	2	7	8	7	5	5	4
9215	강원 평창군	지역특산품을 활용한 청년창업 지원	135,000	일자리경제과	1	2	7	8	7	5	5	4
9216	강원 평창군	정규직 일자리 보조금 지원	24,000	일자리경제과	1	6	7	8	7	5	5	4
9217	강원 평창군	일자리창출사업 지원	320,000	일자리경제과	1	2	7	8	7	5	5	4
9218	강원 평창군	사회보험료 지원	20,000	일자리경제과	1	2	7	8	7	5	5	4
9219	강원 평창군	노사민정 한마음 체육대회 지원	2,700	일자리경제과	1	6	7	8	7	5	5	4
9220	강원 평창군	마을공동체 만들기 지원	20,000	일자리경제과	1	4	7	8	7	5	5	3
9221	강원 평창군	지속가능한 평창환경만들기사업 지원	54,000	환경위생과	1	4	7	8	7	1	1	3
9222	강원 평창군	비산업부문 사업장 온실가스 진단컨설팅 지원	10,000	환경위생과	1	2	7	8	7	5	5	4
9223	강원 평창군	생태관광지역 지정 및 육성 지원	86,000	환경위생과	1	2	7	8	7	5	1	4
9224	강원 평창군	산촌생태마을 운영매니저 지원	60,000	산림과	1	2	7	8	7	5	5	4
9225	강원 평창군	야생화 상품화 지원	45,000	산림과	1	2	7	8	7	5	5	3
9226	강원 평창군	평창산양삼 종묘·종자 지원	150,000	산림과	1	2	7	8	7	5	5	3
9227	강원 평창군	임산물 포장재 지원	53,440	산림과	1	2	7	8	7	5	5	4
9228	강원 평창군	산양삼 생산과정 운영지원	35,000	산림과	1	2	7	8	7	5	5	4
9229	강원 평창군	토양개량제 지원	20,024	산림과	1	2	7	8	7	5	5	4

순번	시군구	지출명 (사업명)	2021년예산 (단위:천원/1년간)	담당자 (공무원) 담당부서	민간이전 분류 (지방자치단체 세출예산 집행기준에 의거) 1. 민간경상사업보조(307-02) 2. 민간단체 법정운영비보조(307-03) 3. 민간행사사업보조(307-04) 4. 민간위탁금(307-05) 5. 사회복지시설 법정운영비보조(307-10) 6. 민간인위탁교육비(307-12) 7. 공기관등에대한경상적위탁사업비(308-11) 8. 민간자본사업보조,자체재원(402-01) 9. 민간자본사업보조,이전재원(402-02) 10. 민간위탁사업비(402-03) 11. 공기관등에 대한 자본적 대행사업비(403-02)	민간이전지출 근거 (지방보조금 관리기준 참고) 1. 법률에 규정 2. 국고보조 재원(국가지정) 3. 용도 지정 기부금 4. 조례에 직접규정 5. 지자체가 권장하는 사업을 하는 공공기관 6. 시,도 정책 및 재정사정 7. 기타 8. 해당없음	입찰방식 계약체결방법 (경쟁형태) 1. 일반경쟁 2. 제한경쟁 3. 지명경쟁 4. 수의계약 5. 법정위탁 6. 기타 ( ) 7. 해당없음	입찰방식 계약기간 1. 1년 2. 2년 3. 3년 4. 4년 5. 5년 6. 기타 ( )년 7. 단기계약 (1년미만) 8. 해당없음	입찰방식 낙찰자선정방법 1. 적격심사 2. 협상에의한계약 3. 최저가낙찰제 4. 규격가격분리 5. 2단계 경쟁입찰 6. 기타 ( ) 7. 해당없음	운영예산 산정 운영예산 산정 1. 내부산정 (지자체 자체적으로 산정) 2. 외부산정 (외부전문기관위탁 산정) 3. 내·외부 모두 산정 4. 산정 無 5. 해당없음	운영예산 산정 정산방법 1. 내부정산 (지자체 내부적으로 정산) 2. 외부정산 (외부전문기관위탁 정산) 3. 내·외부 모두 산정 4. 정산 無 5. 해당없음	성과평가 실시여부 1. 실시 2. 미실시 3. 향후 추진 4. 해당없음
9230	강원 평창군	유기질비료 지원	28,349	산림과	1	2	7	8	7	5	5	4
9231	강원 평창군	평창 산양삼 상품화 지원	30,000	산림과	1	6	7	8	7	5	5	3
9232	강원 평창군	자생단체 산불예방 활동지원	8,427	산림과	1	4	7	8	7	5	5	3
9233	강원 평창군	강원도의용소방대 한마음전진대회 참가	8,000	안전교통과	1	4	7	8	7	5	5	3
9234	강원 평창군	여객터미널 환경개선사업 지원	29,040	안전교통과	1	1	7	8	7	3	1	4
9235	강원 평창군	양수장 유지관리 지원	18,000	건설과	1	1	7	8	7	5	5	3
9236	강원 평창군	농·어업회의소 육성지원	103,000	농업축산과	1	4	7	8	7	1	1	3
9237	강원 평창군	사과 통합브랜드 포장재 지원	40,000	농업축산과	1	4	7	8	7	5	5	3
9238	강원 평창군	성장가능작목 포장재 지원	40,000	농업축산과	1	4	7	8	7	5	5	3
9239	강원 평창군	신전략작목 육성지원	42,000	농업축산과	1	4	7	8	7	5	5	3
9240	강원 평창군	평창산채 명품안정생산 지원	35,000	농업축산과	1	4	7	8	7	5	5	3
9241	강원 평창군	밭작물 공동경영체육성 운영지원	60,300	농업축산과	1	2	7	8	7	5	5	4
9242	강원 평창군	친환경인증 농산물포장재 지원	18,000	농업축산과	1	4	7	8	7	5	5	4
9243	강원 평창군	친환경농산물 포장재 지원	30,000	농업축산과	1	4	7	8	7	5	5	3
9244	강원 평창군	한우농가 도우미 지원	5,154	농업축산과	1	1	7	8	7	5	5	3
9245	강원 평창군	귀표부착비 지원	28,800	농업축산과	1	1	7	8	7	5	5	4
9246	강원 평창군	평창대관령한우 포장재 지원	170,000	농업축산과	1	1	7	8	7	5	5	3
9247	강원 평창군	평창대관령한우 홍보물 제작 및 광고 지원	50,000	농업축산과	1	1	7	8	7	5	5	3
9248	강원 평창군	외승체험비 지원	125,000	농업축산과	1	1	7	8	7	5	5	4
9249	강원 평창군	학생승마체험 지원	56,000	농업축산과	1	1	7	8	7	5	5	4
9250	강원 평창군	양계농가 환경개선 지원	1,500	농업축산과	1	1	7	8	7	5	5	4
9251	강원 평창군	승용마 조련강화 지원	12,000	농업축산과	1	1	7	8	7	5	5	4
9252	강원 평창군	학교 우유급식 지원	107,500	농업축산과	1	2	7	8	7	5	5	4
9253	강원 평창군	조사료 사일리지 제조비 지원	375,080	농업축산과	1	2	7	8	7	5	5	4
9254	강원 평창군	축산농가 도우미 지원	15,720	농업축산과	1	1	7	8	7	5	5	4
9255	강원 평창군	낙농산업 경영안정 지원	22,600	농업축산과	1	1	7	8	7	5	5	4
9256	강원 평창군	사일리지 발효제 구입지원	14,000	농업축산과	1	1	7	8	7	5	5	3
9257	강원 평창군	곤포 사일리지 생산용 필름·네트 지원	50,000	농업축산과	1	1	7	8	7	5	5	3
9258	강원 평창군	부숙촉진제 지원	35,000	농업축산과	1	1	7	8	7	5	5	4
9259	강원 평창군	가금질병관리 지원	12,000	농업축산과	1	1	7	8	7	5	5	4
9260	강원 평창군	축산물 HACCP컨설팅 지원	8,400	농업축산과	1	1	7	8	7	5	5	4
9261	강원 평창군	내수면 양식장 사료구입비 지원	35,000	농업축산과	1	1	7	8	7	5	5	4
9262	강원 평창군	수산물 비대면(온라인) 판매 활성화 지원	18,000	농업축산과	1	1	7	8	7	5	5	4
9263	강원 평창군	명태산업 광역특구 통합브랜드 홍보마케팅	64,000	농업축산과	1	1	7	8	7	5	5	4
9264	강원 평창군	수산물 직거래 판매장 운영 및 축제운영 지원	100,000	농업축산과	1	2	7	8	7	5	5	4
9265	강원 평창군	군수 품질인증 농가 포장재지원	90,000	유통산업과	1	6	7	8	7	5	5	3
9266	강원 평창군	도지사 품질인증제 지원	9,890	유통산업과	1	6	7	8	7	5	5	4
9267	강원 평창군	농특산물 전자상거래 활성화 지원	21,000	유통산업과	1	4	7	8	7	1	1	3
9268	강원 평창군	농업경영컨설팅 지원	30,000	유통산업과	1	4	7	8	7	5	5	4
9269	강원 평창군	초등 돌봄교실 과일간식지원 위탁금	36,400	유통산업과	1	2	7	8	7	5	5	4
9270	강원 평창군	로컬푸드 육성사업 운영지원	4,000	유통산업과	1	6	7	8	7	5	5	4
9271	강원 평창군	동절기 다겹보온이중하우스 지원	6,000	유통산업과	1	6	7	8	7	5	5	3
9272	강원 평창군	로컬푸드 직매장 홍보 지원	25,600	유통산업과	1	6	7	8	7	5	5	3
9273	강원 평창군	로컬푸드 기획생산출하 활성화 지원	15,000	유통산업과	1	6	7	8	7	5	5	3
9274	강원 평창군	농산물 안전성 검사비 및 친환경농자재 지원	170,000	유통산업과	1	2	7	8	7	5	5	4
9275	강원 평창군	기초지자체 식생활교육 지원	60,000	유통산업과	1	2	7	8	7	5	5	4
9276	강원 평창군	농식품바우처 시범사업	774,000	유통산업과	1	2	7	8	7	5	5	4
9277	강원 평창군	농촌 신활력플러스 사업 운영지원	1,410	유통산업과	1	2	7	8	7	5	5	3
9278	강원 평창군	절임배추 고품질화 지원	70,000	유통산업과	1	7	7	8	7	5	5	3
9279	강원 평창군	소규모 이벤트지원	35,000	유통산업과	1	4	7	8	7	1	1	3
9280	강원 평창군	농촌관광 홍보지원	150,000	유통산업과	1	4	7	8	7	5	5	3

순번	시군구	지출명 (사업명)	2021년예산 (단위:천원/1년간)	담당자 (공무원) 담당부서	민간이전 분류 (지방자치단체 세출예산 집행기준에 의거) 1. 민간경상사업보조(307-02) 2. 민간단체 법정운영비보조(307-03) 3. 민간행사사업보조(307-04) 4. 민간위탁금(307-05) 5. 사회복지시설 법정운영비보조(307-10) 6. 민간인위탁교육비(307-12) 7. 공기관등에대한경상적위탁사업비(308-11) 8. 민간자본사업보조,자체재원(402-01) 9. 민간자본사업보조,이전재원(402-02) 10. 민간위탁사업비(402-03) 11. 공기관등에 대한 자본적 대행사업비(403-02)	민간이전지출 근거 (지방보조금 관리기준 참고) 1. 법률에 규정 2. 국고보조 재원(국가지정) 3. 용도 지정 기부금 4. 조례에 직접규정 5. 지자체가 권장하는 사업을 하는 공공기관 6. 시,도 정책 및 재정사정 7. 기타 8. 해당없음	입찰방식 계약체결방법 (경쟁형태) 1. 일반경쟁 2. 제한경쟁 3. 지명경쟁 4. 수의계약 5. 법정위탁 6. 기타 ( ) 7. 해당없음	입찰방식 계약기간 1. 1년 2. 2년 3. 3년 4. 4년 5. 5년 6. 기타 ( )년 7. 단기계약 (1년미만) 8. 해당없음	입찰방식 낙찰자선정방법 1. 적격심사 2. 협상에의한계약 3. 최저가낙찰제 4. 규격가격분리 5. 2단계 경쟁입찰 6. 기타 ( ) 7. 해당없음	운영예산 산정 운영예산 산정 1. 내부산정 (지자체 자체적으로 산정) 2. 외부산정 (외부전문기관위탁 산정) 3. 내·외부 모두 산정 4. 산정 無 5. 해당없음	운영예산 산정 정산방법 1. 내부정산 (지자체 내부적으로 정산) 2. 외부정산 (외부전문기관위탁 정산) 3. 내·외부 모두 산정 4. 정산 無 5. 해당없음	성과평가 실시여부 1. 실시 2. 미실시 3. 향후 추진 4. 해당없음
9281	강원 평창군	평창그린투어 사업단 활성화 지원	60,000	유통산업과	1	4	7	8	7	5	5	3
9282	강원 평창군	농산어촌 체험마을 사무장지원	329,700	유통산업과	1	2	7	8	7	5	5	4
9283	강원 평창군	역량강화사업 지원	38,000	유통산업과	1	5	7	8	7	5	5	4
9284	강원 평창군	농촌마을 공동급식 지원	12,000	유통산업과	1	2	7	8	7	5	5	4
9285	강원 평창군	주민주도 마을만들기 지원	21,000	유통산업과	1	5	7	8	7	5	5	3
9286	강원 평창군	귀농, 귀촌 활성화 프로그램 운영지원	10,000	유통산업과	1	4	7	8	7	5	5	3
9287	강원 평창군	청년농업인 영농정착 지원	234,047	유통산업과	1	2	7	8	7	3	3	4
9288	강원 평창군	청년 취업농 지원	3,000	유통산업과	1	2	7	8	7	5	5	4
9289	강원 평창군	농촌고용인력 지원	80,000	유통산업과	1	2	7	8	7	5	5	4
9290	강원 평창군	강원도 한 달 살기 지원	33,000	유통산업과	1	2	7	8	7	5	5	4
9291	강원 평창군	농수산식품 수출 해외마케팅 지원	54,000	유통산업과	1	4	7	8	7	1	1	3
9292	강원 평창군	수출상품 포장디자인 개선사업	50,000	유통산업과	1	4	7	8	7	1	1	3
9293	강원 평창군	수출 유망업체 육성 지원	75,000	유통산업과	1	6	7	8	7	5	5	4
9294	강원 평창군	우수 강소농, 자율모임체 지원	8,000	기술지원과	1	2	7	8	7	5	5	4
9295	강원 평창군	제초제절감 우렁이공급 지원	10,000	기술지원과	1	1	7	8	7	5	5	3
9296	강원 평창군	청년4-H 공동과제포 운영지원	5,000	기술지원과	1	4	7	8	7	5	5	3
9297	강원 평창군	학생4-H 공동과제포 운영지원	4,000	기술지원과	1	4	7	8	7	5	5	3
9298	강원 평창군	청년4-H 맞춤형 과제 지원사업	10,000	기술지원과	1	4	7	8	7	5	5	3
9299	강원 평창군	농촌여성 전문인력 육성지원	8,000	기술지원과	1	1	7	8	7	5	5	3
9300	강원 평창군	농촌여성 능력개발 교육지원	6,000	기술지원과	1	1	7	8	7	5	5	3
9301	강원 평창군	청년농업인 기술 컨설팅 교육 및 운영지원	90,000	기술지원과	1	2	7	8	7	5	5	4
9302	강원 평창군	귀농창업 자금 지원	10,000	기술지원과	1	2	7	8	7	5	5	4
9303	강원 정선군	범죄피해자지원센터 운영비	25,000	기획관	1	1	7	8	7	1	1	1
9304	강원 정선군	정선군지방행정동우회 행정무료상담소 지원	4,000	총무행정관	1	1	7	8	7	1	3	3
9305	강원 정선군	자율방범연합대 직무경진대회 지원	15,000	총무행정관	1	4	7	8	7	1	3	3
9306	강원 정선군	정선군 치안협의회 범죄예방 사업비지원	20,000	총무행정관	1	4	7	8	7	1	3	3
9307	강원 정선군	자유총연맹 군민 안보의식 강화사업	13,410	총무행정관	1	1	7	8	7	1	3	3
9308	강원 정선군	바르게살기운동 국민화합.도덕성회복.문화시민 운동	18,440	총무행정관	1	1	7	8	7	1	3	3
9309	강원 정선군	번영연합회 지역사회발전과 공익을 위한 활동	30,000	총무행정관	1	1	7	8	7	1	3	3
9310	강원 정선군	민족통일 안보강연회	3,000	총무행정관	1	1	7	8	7	1	3	3
9311	강원 정선군	임계면 주민자치센터 프로그램	24,216	총무행정관	1	1	7	8	7	1	3	3
9312	강원 정선군	지역사회발전을 위한 새마을운동 추진	68,000	총무행정관	1	1	7	8	7	1	3	3
9313	강원 정선군	범죄예방자원봉사활동사업	15,000	총무행정관	1	1	7	8	7	1	3	3
9314	강원 정선군	정선군 자원봉사센터 자체사업	146,510	총무행정관	1	1	7	8	7	1	3	3
9315	강원 정선군	2021 청소년 통일지킴이 통일 마중물 연수	3,000	총무행정관	1	1	7	8	7	1	3	3
9316	강원 정선군	8.15 광복기념 평화통일기원 한마음 대장정	16,000	총무행정관	1	1	7	8	7	1	3	3
9317	강원 정선군	유관기관 및 사회단체 지도자 통일 워크숍	3,000	총무행정관	1	1	7	8	7	1	3	3
9318	강원 정선군	평화통일 기반조성 자문위원 역량강화	10,000	총무행정관	1	1	7	8	7	1	3	3
9319	강원 정선군	정보화마을 프로그램 관리자 육성	45,288	총무행정관	1	2	7	1	7	2	2	4
9320	강원 정선군	새일여성인턴제	117,800	여성청소년과	1	2	7	8	7	1	1	1
9321	강원 정선군	평생학습 우수프로그램 지원사업	50,000	여성청소년과	1	4	1	1	1	3	1	1
9322	강원 정선군	작은도서관 활성화 사업 지원	30,000	여성청소년과	1	1	7	1	7	1	1	1
9323	강원 정선군	진폐재해자 상담소 운영	83,400	복지과	1	4	7	8	7	5	1	4
9324	강원 정선군	진폐재해협회 특성화사업 지원	28,000	복지과	1	4	7	8	7	5	1	4
9325	강원 정선군	대한민국상이군경회 정선군지회	4,912	복지과	1	1	7	8	7	1	1	3
9326	강원 정선군	대한민국전몰군경유족회 정선군지회	4,388	복지과	1	1	7	8	7	1	1	3
9327	강원 정선군	대한민국전몰군경미망인회 정선군지회	2,424	복지과	1	1	7	8	7	1	1	3
9328	강원 정선군	대한민국무공수훈자회 정선군지회	2,984	복지과	1	1	7	8	7	1	1	3
9329	강원 정선군	대한민국6.25참전유공자회 정선군지회	480	복지과	1	1	7	8	7	1	1	3
9330	강원 정선군	대한민국고엽제전우회 정선군지회	19,000	복지과	1	1	7	8	7	1	1	3
9331	강원 정선군	대한민국월남참전자회 정선군지회	4,576	복지과	1	1	7	8	7	1	1	3

순번	시군구	지출명 (사업명)	2021년예산 (단위:천원/1년간)	담당자 (공무원) 담당부서	민간이전 분류 (지방자치단체 세출예산 집행기준에 의거) 1. 민간경상사업보조(307-02) 2. 민간단체 법정운영비보조(307-03) 3. 민간행사사업보조(307-04) 4. 민간위탁금(307-05) 5. 사회복지시설 법정운영비보조(307-10) 6. 민간인위탁교육비(307-12) 7. 공기관등에대한경상적위탁사업비(308-11) 8. 민간자본사업보조,자체재원(402-01) 9. 민간자본사업보조,이전재원(402-02) 10. 민간위탁사업비(402-03) 11. 공기관등에 대한 자본적 대행사업비(403-02)	민간이전지출 근거 (지방보조금 관리기준 참고) 1. 법률에 규정 2. 국고보조 재원(국가지정) 3. 용도 지정 기부금 4. 조례에 직접규정 5. 지자체가 권장하는 사업을 하는 공공기관 6. 시,도 정책 및 재정사정 7. 기타 8. 해당없음	입찰방식 계약체결방법 (경쟁형태) 1. 일반경쟁 2. 제한경쟁 3. 지명경쟁 4. 수의계약 5. 법정위탁 6. 기타 ( ) 7. 해당없음	입찰방식 계약기간 1. 1년 2. 2년 3. 3년 4. 4년 5. 5년 6. 기타 ( )년 7. 단기계약 (1년미만) 8. 해당없음	입찰방식 낙찰자선정방법 1. 적격심사 2. 협상에의한계약 3. 최저가낙찰제 4. 규격가격분리 5. 2단계 경쟁입찰 6. 기타 ( ) 7. 해당없음	운영예산 산정 운영예산 산정 1. 내부산정 (지자체 자체적으로 산정) 2. 외부산정 (외부전문기관위탁 산정) 3. 내·외부 모두 산정 4. 산정 無 5. 해당없음	운영예산 산정 정산방법 1. 내부정산 (지자체 내부적으로 정산) 2. 외부정산 (외부전문기관위탁 정산) 3. 내·외부 모두 산정 4. 정산 無 5. 해당없음	성과평가 실시여부 1. 실시 2. 미실시 3. 향후 추진 4. 해당없음
9332	강원 정선군	재향군인회 정선군지회	7,000	복지과	1	1	7	8	7	1	1	4
9333	강원 정선군	(사)강원도월남참전유공자전우회	5,000	복지과	1	1	7	8	7	1	1	3
9334	강원 정선군	노란우산공제 희망보조금 지원사업	572,400	경제과	1	4	7	8	7	1	1	4
9335	강원 정선군	정선 5일장 문화공연행사	60,000	경제과	1	4	7	8	7	1	1	4
9336	강원 정선군	전통시장 안전감시요원 배치	315,411	경제과	1	4	7	8	7	1	1	4
9337	강원 정선군	전통시장 주차환경개선사업	103,576	경제과	1	2	7	8	7	1	1	4
9338	강원 정선군	강원도형 사회보험료 지원	602,000	경제과	1	4	7	8	7	5	5	4
9339	강원 정선군	생계형 1인 자영업자 사회보험료 지원	94,000	경제과	1	4	7	8	7	5	5	4
9340	강원 정선군	정규직 일자리 지원사업	48,000	경제과	1	4	7	8	7	5	1	2
9341	강원 정선군	지역정착 지원형 사업	556,573	경제과	1	4	7	8	7	5	1	2
9342	강원 정선군	창업투자생태계조성형 사업	82,500	경제과	1	4	7	8	7	5	1	3
9343	강원 정선군	민간취업 연계형 사업	3,510	경제과	1	4	7	8	7	5	1	2
9344	강원 정선군	사회적기업 일자리 창출사업	347,000	경제과	1	2	7	8	7	5	5	4
9345	강원 정선군	사회적기업 육성	24,000	경제과	1	2	7	8	7	5	5	4
9346	강원 정선군	군 지정 마을공동체 육성사업	15,000	경제과	1	4	7	8	7	1	1	2
9347	강원 정선군	노사민정 한마음대회 지원	3,150	경제과	1	4	4	1	7	1	1	4
9348	강원 정선군	지역활성화를 위한 교육·문화·지역개발연구조사 사업	40,000	전략산업과	1	4	7	1	7	1	1	3
9349	강원 정선군	2021년 3·3주민운동 기념사업	25,000	전략산업과	1	4	7	1	7	1	1	4
9350	강원 정선군	야생화 6차 산업 R&D 육성	100,000	전략산업과	1	4	7	1	7	1	1	4
9351	강원 정선군	주민참여형 관광자원화 사업	400,000	전략산업과	1	4	7	1	7	1	1	3
9352	강원 정선군	발전소주변지역 기본지원금	6,600	전략산업과	1	1	7	8	7	5	2	4
9353	강원 정선군	교통비 및 물류보조금	108,000	전략산업과	1	4	7	8	7	1	1	4
9354	강원 정선군	정선문화원 문화사업비	137,840	문화관광과	1	1	7	8	7	1	1	3
9355	강원 정선군	지방문화원 사랑방운영 지원	20,000	문화관광과	1	1	7	8	7	1	1	3
9356	강원 정선군	폐교활용 문화예술 활동공간 운영	15,000	문화관광과	1	6	7	8	7	1	1	3
9357	강원 정선군	강원의 설화 애니메이션 콘텐츠 제작	22,000	문화관광과	1	1	7	7	7	1	1	4
9358	강원 정선군	지역문화 예술활동 활성화 사업 지원	128,500	문화관광과	1	1	4	8	7	1	1	3
9359	강원 정선군	찾아가는 문화활동 지원	34,000	문화관광과	1	1	4	8	7	1	1	4
9360	강원 정선군	그림바위 아트&골드 페스티벌 및 정선풍경 미술대전	30,000	문화관광과	1	1	7	8	7	1	1	3
9361	강원 정선군	요리보고 조리보고 시간여행 운영	117,500	문화관광과	1	1	4	7	7	1	1	4
9362	강원 정선군	문화예술 동아리 지원확대	27,000	문화관광과	1	1	4	8	7	1	1	3
9363	강원 정선군	지역 생활예술 지원	40,000	문화관광과	1	1	4	8	7	1	1	4
9364	강원 정선군	백복령을 품은 정선아리랑	60,000	문화관광과	1	1	4	7	7	1	1	4
9365	강원 정선군	우수선수 발굴 육성지원	20,000	문화관광과	1	1	7	8	7	3	3	3
9366	강원 정선군	어린이 바둑교실 운영	30,000	문화관광과	1	1	7	8	7	3	3	3
9367	강원 정선군	군수기(배) 체육대회 지원	56,500	문화관광과	1	1	7	8	7	3	3	3
9368	강원 정선군	도지사기(배)대회참가	95,000	문화관광과	1	1	7	8	7	3	3	3
9369	강원 정선군	도연합회장기 등 각종 대회 출전	94,500	문화관광과	1	1	7	8	7	3	3	3
9370	강원 정선군	도민 생활체육대회 참가	90,000	문화관광과	1	1	7	8	7	3	3	3
9371	강원 정선군	도민체육대회 참가	235,000	문화관광과	1	1	7	8	7	3	3	3
9372	강원 정선군	강원도 장애인생활체육대회 참가	12,000	문화관광과	1	1	7	8	7	3	3	3
9373	강원 정선군	군 동호인대회 지원	53,500	문화관광과	1	1	7	8	7	3	3	3
9374	강원 정선군	유소년 축구단 지원	27,000	문화관광과	1	1	7	8	7	3	3	3
9375	강원 정선군	장애인 동호인대회 지원	18,000	문화관광과	1	1	7	8	7	3	3	3
9376	강원 정선군	생활체육교실 및 프로그램 운영	20,000	문화관광과	1	1	7	8	7	3	3	3
9377	강원 정선군	생활체육지도자 배치사업	146,160	문화관광과	1	1	7	8	7	3	3	3
9378	강원 정선군	어르신체육활동 지원	116,928	문화관광과	1	1	7	8	7	3	3	3
9379	강원 정선군	정선 삼베 민속보존지원	45,000	문화관광과	1	5	7	8	7	1	1	3
9380	강원 정선군	낙동농악 및 북평농악 보전 및 전승	17,000	문화관광과	1	5	7	8	7	1	1	3
9381	강원 정선군	제29회 강원민속예술축제 참가	60,000	문화관광과	1	1	7	8	7	1	1	3
9382	강원 정선군	정선향교 문화재 활용사업	102,500	문화관광과	1	2	7	8	7	1	1	3

순번	시군구	지출명 (사업명)	2021년예산 (단위:천원/1년간)	담당자 (공무원)	민간이전 분류 (지방자치단체 세출예산 집행기준에 의거)	민간이전지출 근거 (지방보조금 관리기준 참고)	입찰방식			운영예산 산정		성과평가 실시여부
				담당부서	1. 민간경상사업보조(307-02) 2. 민간단체 법정운영비보조(307-03) 3. 민간행사사업보조(307-04) 4. 민간위탁금(307-05) 5. 사회복지시설 법정운영비보조(307-10) 6. 민간인위탁교육비(307-12) 7. 공기관등에대한경상적위탁사업비(308-11) 8. 민간자본사업보조,자체재원(402-01) 9. 민간자본사업보조,이전재원(402-02) 10. 민간위탁사업비(402-03) 11. 공기관등에 대한 자본적 대행사업비(403-02)	1. 법률에 규정 2. 국고보조 재원(국가지정) 3. 용도 지정 기부금 4. 조례에 직접규정 5. 지자체가 권장하는 사업을 하는 공공기관 6. 시,도 정책 및 재정사정 7. 기타 8. 해당없음	계약체결방법 (경쟁형태) 1. 일반경쟁 2. 제한경쟁 3. 지명경쟁 4. 수의계약 5. 법정위탁 6. 기타 ( ) 7. 해당없음	계약기간 1. 1년 2. 2년 3. 3년 4. 4년 5. 5년 6. 기타 ( )년 7. 단기계약 (1년미만) 8. 해당없음	낙찰자선정방법 1. 적격심사 2. 협상에의한계약 3. 최저가낙찰제 4. 규격가격분리 5. 2단계 경쟁입찰 6. 기타 ( ) 7. 해당없음	운영예산 산정 1. 내부산정 (지자체 자체적으로 산정) 2. 외부산정 (외부전문기관위탁 산정) 3. 내·외부 모두 산정 4. 산정 無 5. 해당없음	정산방법 1. 내부정산 (지자체 내부적으로 정산) 2. 외부정산 (외부전문기관위탁 정산) 3. 내·외부 모두 산정 4. 정산 無 5. 해당없음	1. 실시 2. 미실시 3. 향후 추진 4. 해당없음
9383	강원 정선군	정선향교 기로연 재연	2,700	문화관광과	1	1	7	8	7	1	1	3
9384	강원 정선군	정선향교 석전대제	8,000	문화관광과	1	1	7	8	7	1	1	3
9385	강원 정선군	정선아리랑제 읍면 참가보조	270,000	문화관광과	1	1	7	8	7	1	1	3
9386	강원 정선군	정선 향토문화 학술조사	17,000	문화관광과	1	1	7	8	7	1	1	3
9387	강원 정선군	정선아리리 창작가사 발표회	8,500	문화관광과	1	4	7	8	7	1	1	3
9388	강원 정선군	고랭지밭 흙탕물저감 호밀식재사업	4,896	환경과	1	6	7	7	7	5	1	4
9389	강원 정선군	지속가능한 지역발전을 위한 실천사업	34,672	환경과	1	4	7	1	7	1	1	1
9390	강원 정선군	환경보호국민운동본부 정선군지역본부	5,000	환경과	1	4	7	1	7	1	1	1
9391	강원 정선군	자연보호 정선군 협의회	5,000	환경과	1	4	7	1	7	1	1	1
9392	강원 정선군	NGO환경보호국민운동본부 정선군지회	3,000	환경과	1	4	7	1	7	1	1	1
9393	강원 정선군	동강할미꽃 보존연구회	3,000	환경과	1	4	7	1	7	1	1	1
9394	강원 정선군	비산업부문 사업장 온실가스 진단컨설팅	6,000	환경과	1	4	7	1	7	1	1	1
9395	강원 정선군	산촌마을운영매니저 활동비	37,300	산림과	1	2	7	8	7	5	1	4
9396	강원 정선군	강원청정임산물 판로확대	6,000	산림과	1	6	4	7	7	1	1	4
9397	강원 정선군	산양삼 생산과정확인 지원	5,700	산림과	1	1	7	8	7	1	1	4
9398	강원 정선군	임산물 상품화 지원	62,800	산림과	1	2	4	7	7	1	1	4
9399	강원 정선군	정선군 모범운전자회 활동비 지원	4,000	안전과	1	4	6	1	6	1	1	4
9400	강원 정선군	정선군택시 호출(콜) 운영수수료 지원	46,560	안전과	1	4	6	1	6	1	1	4
9401	강원 정선군	공동주택 전기요금 지원	21,000	도시과	1	4	7	8	7	1	1	4
9402	강원 정선군	농촌체험마을 사무장 지원	66,900	농업기술센터	1	2	7	8	7	1	1	4
9403	강원 정선군	농촌체험휴양마을 역량강화교육	2,880	농업기술센터	1	6	7	8	7	1	1	4
9404	강원 정선군	농촌지역 농번기 중식지원사업	80,000	농업기술센터	1	6	7	8	7	1	1	4
9405	강원 정선군	농촌공동아이돌봄센터(어린이집) 운영비	13,700	농업기술센터	1	2	7	8	7	1	1	4
9406	강원 정선군	사회적 농업 활성화 지원	60,000	농업기술센터	1	2	7	8	7	5	5	4
9407	강원 정선군	관정, 양수장 전기사용료 지원	10,000	농업기술센터	1	1	7	8	7	1	1	4
9408	강원 정선군	쌀 전업농 전국대회 참가	4,000	농업기술센터	1	1	7	8	7	1	1	4
9409	강원 정선군	유기질비료 지원	1,981	농업기술센터	1	1	7	8	7	1	1	4
9410	강원 정선군	친환경 농자재 공급	39,000	농업기술센터	1	1	7	8	7	1	1	4
9411	강원 정선군	친환경 농산물인증 포장재지원	15,000	농업기술센터	1	1	7	8	7	1	1	4
9412	강원 정선군	친환경 농자재 지원	90,000	농업기술센터	1	1	7	8	7	1	1	4
9413	강원 정선군	유기농업자재지원	15,975	농업기술센터	1	1	7	8	7	1	1	4
9414	강원 정선군	관행벼 제초용 우렁이 공급 지원사업	14,000	농업기술센터	1	1	7	8	7	1	1	4
9415	강원 정선군	토양개량제 지원	386,330	농업기술센터	1	1	7	8	7	1	1	4
9416	강원 정선군	맞춤형 화학비료 지원	100,000	농업기술센터	1	1	7	8	7	1	1	4
9417	강원 정선군	사과 신선도유지제 지원	40,000	농업기술센터	1	7	7	8	7	1	1	3
9418	강원 정선군	벼 병해충 방제약제 지원	27,000	농업기술센터	1	1	7	8	7	1	1	4
9419	강원 정선군	인삼친환경재배	3,000	농업기술센터	1	1	7	8	7	1	1	4
9420	강원 정선군	배추육묘 공급지원	16,200	농업기술센터	1	6	7	8	7	1	1	4
9421	강원 정선군	밭작물 육묘용 상토공급 지원	120,000	농업기술센터	1	6	7	8	7	1	1	4
9422	강원 정선군	고추 Y자형 지주대 및 부직포 공급 지원	50,000	농업기술센터	1	5	7	8	7	5	5	4
9423	강원 정선군	정선 찰옥수수 수매지원	45,000	농업기술센터	1	1	7	8	7	1	1	4
9424	강원 정선군	채소 무사마귀병 방제지원	600,000	농업기술센터	1	6	7	8	7	1	1	4
9425	강원 정선군	찰옥수수 명품화사업	6,500	농업기술센터	1	1	7	8	7	1	1	4
9426	강원 정선군	고추 병충해 예방약제 지원사업	70,000	농업기술센터	1	5	7	8	7	1	1	3
9427	강원 정선군	감자광역브랜드계열화지원	44,000	농업기술센터	1	5	7	8	7	1	1	4
9428	강원 정선군	홍보비	3,466	농업기술센터	1	5	7	8	7	1	1	4
9429	강원 정선군	황기 수매장려금 지원	70,000	농업기술센터	1	5	7	8	7	1	1	3
9430	강원 정선군	유황비료 지원	12,533	농업기술센터	1	5	7	8	7	1	1	4
9431	강원 정선군	감자계약재배농가 종자대지원	24,467	농업기술센터	1	5	7	8	7	1	1	4
9432	강원 정선군	강원감자 자조금 조성지원	9,100	농업기술센터	1	5	7	8	7	1	1	4
9433	강원 정선군	공동선별비	101,500	농업기술센터	1	2	7	8	7	1	1	3

순번	시군구	지출명 (사업명)	2021년예산 (단위:천원/1년간)	담당자 (공무원) 담당부서	민간이전 분류 (지방자치단체 세출예산 집행기준에 의거) 1. 민간경상사업보조(307-02) 2. 민간단체 법정운영비보조(307-03) 3. 민간행사사업보조(307-04) 4. 민간위탁금(307-05) 5. 사회복지시설 법정운영비보조(307-10) 6. 민간인위탁교육비(307-12) 7. 공기관등에대한경상적위탁사업비(308-11) 8. 민간자본사업보조,자체재원(402-01) 9. 민간자본사업보조,이전재원(402-02) 10. 민간위탁사업비(402-03) 11. 공기관등에 대한 자본적 대행사업비(403-02)	민간이전지출 근거 (지방보조금 관리기준 참고) 1. 법률에 규정 2. 국고보조 재원(국가지정) 3. 용도 지정 기부금 4. 조례에 직접규정 5. 지자체가 권장하는 사업을 하는 공공기관 6. 시,도 정책 및 재정사정 7. 기타 8. 해당없음	입찰방식 계약체결방법 (경쟁형태) 1. 일반경쟁 2. 제한경쟁 3. 지명경쟁 4. 수의계약 5. 법정위탁 6. 기타 ( ) 7. 해당없음	입찰방식 계약기간 1. 1년 2. 2년 3. 3년 4. 4년 5. 5년 6. 기타 ( )년 7. 단기계약 (1년미만) 8. 해당없음	입찰방식 낙찰자선정방법 1. 적격심사 2. 협상에의한계약 3. 최저가낙찰제 4. 규격가격분리 5. 2단계 경쟁입찰 6. 기타 ( ) 7. 해당없음	운영예산 산정 운영예산 산정 1. 내부산정 (지자체 자체적으로 산정) 2. 외부산정 (외부전문기관위탁 산정) 3. 내·외부 모두 산정 4. 산정 無 5. 해당없음	운영예산 산정 정산방법 1. 내부정산 (지자체 내부적으로 정산) 2. 외부정산 (외부전문기관위탁 정산) 3. 내·외부 모두 산정 4. 정산 無 5. 해당없음	성과평가 실시여부 1. 실시 2. 미실시 3. 향후 추진 4. 해당없음
9434	강원 정선군	로컬푸드사업 운영지원	4,000	농업기술센터	1	6	7	8	7	1	1	3
9435	강원 정선군	농특산물 직거래장터 운영	25,000	농업기술센터	1	7	7	8	7	1	1	3
9436	강원 정선군	홈쇼핑 판매행사	30,000	농업기술센터	1	7	7	8	7	1	1	3
9437	강원 정선군	농특산물 전자상거래 활성화 지원	10,000	농업기술센터	1	7	7	8	7	1	1	3
9438	강원 정선군	전통주 포장재 개선 및 품질관리 지원	4,000	농업기술센터	1	6	7	8	7	1	1	3
9439	강원 정선군	농특산물 소포장재 지원	550,000	농업기술센터	1	7	7	8	7	1	1	3
9440	강원 정선군	도지사 품질인증제 지원	9,890	농업기술센터	1	6	7	8	7	1	1	3
9441	강원 정선군	농특산물 택배비 지원	25,000	농업기술센터	1	7	7	8	7	1	1	3
9442	강원 정선군	통합브랜드 포장재 지원	57,820	농업기술센터	1	6	7	8	7	1	1	3
9443	강원 정선군	온라인 판로 지원	48,000	농업기술센터	1	7	7	8	7	5	5	4
9444	강원 정선군	학교우유급식비 지원	380,000	농업기술센터	1	2	7	8	7	1	1	4
9445	강원 정선군	공동방제단 운영비	165,907	농업기술센터	1	1	7	8	7	5	1	1
9446	강원 정선군	축산물 HACCP 컨설팅 지원	4,200	농업기술센터	1	1	7	8	7	5	5	4
9447	강원 정선군	한우 우량정액대 지원	60,000	농업기술센터	1	5	7	8	7	1	1	4
9448	강원 정선군	한우송아지 생산안정사업	10,000	농업기술센터	1	6	7	8	7	1	1	4
9449	강원 정선군	한우혈통등록비 지원	16,200	농업기술센터	1	6	7	8	7	1	1	3
9450	강원 정선군	품질고급화 거세 장려금	40,000	농업기술센터	1	5	7	8	7	1	1	3
9451	강원 정선군	조사료 운반비 지원	87,000	농업기술센터	1	5	7	8	7	1	1	4
9452	강원 정선군	종자구입비	35,060	농업기술센터	1	2	7	8	7	1	1	3
9453	강원 정선군	톱밥구입비 지원	230,000	농업기술센터	1	5	7	8	7	1	1	3
9454	강원 정선군	소귀표 부착비 지원	29,952	농업기술센터	1	2	7	8	7	5	1	4
9455	강원 정선군	사일리지 제조비	396,000	농업기술센터	1	2	7	8	7	1	1	4
9456	강원 정선군	소 배합사료 구입비 지원	250,000	농업기술센터	1	5	7	8	7	1	1	3
9457	강원 정선군	사일리지 제조비	95,000	농업기술센터	1	5	7	8	7	1	1	3
9458	강원 정선군	조사료재배확대사업	58,450	농업기술센터	1	6	7	8	7	1	1	4
9459	강원 정선군	한우 암소(선형심사, 유전능력평가)지원	26,000	농업기술센터	1	6	7	8	7	1	1	4
9460	강원 정선군	엘리트카우 지원	14,000	농업기술센터	1	6	7	8	7	1	1	4
9461	강원 정선군	정선아리랑제 축산물 홍보행사 지원	15,000	농업기술센터	1	4	7	8	7	5	1	1
9462	강원 정선군	한우 인공수정료 지원	87,500	농업기술센터	1	6	7	8	7	1	1	4
9463	강원 정선군	한우품질 고급화 장려금 지원	77,000	농업기술센터	1	5	7	8	7	1	1	3
9464	강원 정선군	한우 수정란 이식 지원	10,000	농업기술센터	1	6	7	8	7	1	1	3
9465	강원 정선군	축산분뇨 교반비 지원	15,000	농업기술센터	1	5	7	8	7	5	5	4
9466	강원 정선군	가축분뇨 액비활성화	75,000	농업기술센터	1	6	7	8	7	1	1	4
9467	강원 정선군	액화산소 구입	4,500	농업기술센터	1	5	7	8	7	1	1	3
9468	강원 정선군	농업인단체 중앙 및 도 단위 활동 참가지원	4,000	농업기술센터	1	6	7	8	7	1	1	4
9469	강원 정선군	농업인단체 중앙 및 도 단위 활동 참가지원	1,000	농업기술센터	1	6	7	8	7	1	1	4
9470	강원 정선군	청년농업인 영농정착지원	166,487	농업기술센터	1	2	7	8	7	1	1	4
9471	강원 정선군	귀농창업 활성화 지원	10,000	농업기술센터	1	2	7	8	7	1	1	4
9472	강원 정선군	청년 취업농 지원	15,000	농업기술센터	1	6	7	8	7	1	1	4
9473	강원 정선군	씨스트선충류 방제비	54,000	농업기술센터	1	2	7	8	7	1	1	4
9474	강원 정선군	찾아가는 부인과 운영지원	18,900	보건소	1	1	7	8	7	5	5	4
9475	강원 정선군	찾아가는 산부인과 운영지원	86,767	보건소	1	1	7	8	7	5	5	4
9476	강원 정선군	건강플러스마을 사업	24,000	보건소	1	6	7	8	7	1	1	3
9477	강원 정선군	개인하수처리시설 위탁관리 용역비 지원	12,000	상하수도사업소	1	8	7	8	7	5	5	4
9478	강원 정선군	지하수 수질검사 수수료 지원	2,678	상하수도사업소	1	7	7	8	7	5	5	4
9479	강원 철원군	2021년평생학습우수동아리공모사업	10,000	인재육성과	1	4	6	7	1	1	1	1
9480	강원 철원군	정보화마을 프로그램관리자 인건비	53,502	기획감사실	1	1	7	8	7	1	1	2
9481	강원 철원군	산양삼생산과정확인제도	1,520	녹색성장과	1	2	7	8	7	5	1	4
9482	강원 철원군	친환경임산물재배관리	3,558	녹색성장과	1	2	7	8	7	5	1	4
9483	강원 철원군	수행기관지원(노노케어)	630,000	주민생활지원과	1	1	7	8	7	1	1	1
9484	강원 철원군	축산물 소비촉진 홍보	20,000	축산과	1	4	7	8	7	1	1	3

순번	시군구	지출명 (사업명)	2021년예산 (단위:천원/1년간)	담당자 (공무원) 담당부서	민간이전 분류 (지방자치단체 세출예산 집행기준에 의거) 1. 민간경상사업보조(307-02) 2. 민간단체 법정운영비보조(307-03) 3. 민간행사사업보조(307-04) 4. 민간위탁금(307-05) 5. 사회복지시설 법정운영비보조(307-10) 6. 민간인위탁교육비(307-12) 7. 공기관등에대한경상적위탁사업비(308-11) 8. 민간자본사업보조,자체재원(402-01) 9. 민간자본사업보조,이전재원(402-02) 10. 민간위탁사업비(402-03) 11. 공기관등에 대한 자본적 대행사업비(403-02)	민간이전지출 근거 (지방보조금 관리기준 참고) 1. 법률에 규정 2. 국고보조 재원(국가지정) 3. 용도 지정 기부금 4. 조례에 직접규정 5. 지자체가 권장하는 사업을 하는 공공기관 6. 시,도 정책 및 재정사정 7. 기타 8. 해당없음	입찰방식 계약체결방법 (경쟁형태) 1. 일반경쟁 2. 제한경쟁 3. 지명경쟁 4. 수의계약 5. 법정위탁 6. 기타 ( ) 7. 해당없음	입찰방식 계약기간 1. 1년 2. 2년 3. 3년 4. 4년 5. 5년 6. 기타 ( )년 7. 단기계약 (1년미만) 8. 해당없음	입찰방식 낙찰자선정방법 1. 적격심사 2. 협상에의한계약 3. 최저가낙찰제 4. 규격가격분리 5. 2단계 경쟁입찰 6. 기타 ( ) 7. 해당없음	운영예산 산정 운영예산 산정 1. 내부산정 (지자체 자체적으로 산정) 2. 외부산정 (외부전문기관위탁 산정) 3. 내·외부 모두 산정 4. 산정 無 5. 해당없음	운영예산 산정 정산방법 1. 내부정산 (지자체 내부적으로 정산) 2. 외부정산 (외부전문기관위탁 정산) 3. 내·외부 모두 산정 4. 정산 無 5. 해당없음	성과평가 실시여부 1. 실시 2. 미실시 3. 향후 추진 4. 해당없음
9485	강원 철원군	한우송아지생산안정사업	1,000	축산과	1	2	7	8	7	1	1	3
9486	강원 철원군	우수정액공급 지원	45,000	축산과	1	4	7	8	7	1	1	3
9487	강원 철원군	한우능력검정비 지원	5,000	축산과	1	4	7	8	7	1	1	3
9488	강원 철원군	임신진단료 지원	20,000	축산과	1	4	7	8	7	1	1	3
9489	강원 철원군	거세시술료 지원	26,000	축산과	1	4	7	8	7	1	1	3
9490	강원 철원군	한우 인공수정료 지원	24,000	축산과	1	4	7	8	7	1	1	3
9491	강원 철원군	한우 종축등록비 지원	6,000	축산과	1	4	7	8	7	1	1	3
9492	강원 철원군	한우 암소검정비 지원	26,000	축산과	1	4	7	8	7	1	1	3
9493	강원 철원군	한우(보증종모우)정액 지원	9,000	축산과	1	4	7	8	7	1	1	3
9494	강원 철원군	한우 엘리트카우 다산(4산이상)장려금 지원	4,000	축산과	1	4	7	8	7	1	1	3
9495	강원 철원군	육성기 양질조사료 지원 시범사업	100,000	축산과	1	4	7	8	7	1	1	3
9496	강원 철원군	생산기반구축	41,760	축산과	1	4	7	8	7	1	1	3
9497	강원 철원군	유통,판매,마케팅	28,068	축산과	1	4	7	8	7	1	1	3
9498	강원 철원군	브랜드관리홍보	37,007	축산과	1	4	7	8	7	1	1	3
9499	강원 철원군	전문판매점 및 물류시스템 구축	27,383	축산과	1	4	7	8	7	1	1	3
9500	강원 철원군	한우 육성우 양질조사료 지원	240,000	축산과	1	4	7	8	7	1	1	3
9501	강원 철원군	한우 수정란 생산,이식사업	45,000	축산과	1	4	7	8	7	1	1	3
9502	강원 철원군	꿀벌사육농가 화분지원	40,000	축산과	1	4	7	8	7	1	1	3
9503	강원 철원군	양계농가 환경개선지원	66,000	축산과	1	4	7	8	7	1	1	3
9504	강원 철원군	양계농가 난좌(계란판)지원	20,000	축산과	1	4	7	8	7	1	1	3
9505	강원 철원군	양봉산물 정보제공	2,500	축산과	1	2	7	8	7	1	1	3
9506	강원 철원군	토종벌 육성	4,500	축산과	1	2	7	8	7	1	1	3
9507	강원 철원군	가축분뇨 퇴액비살포비 지원	433,500	축산과	1	2	7	8	7	1	1	1
9508	강원 철원군	학교우유급식지원사업	121,475	축산과	1	2	7	8	7	1	1	3
9509	강원 철원군	고능력 젖소정액 지원	60,000	축산과	1	4	7	8	7	1	1	3
9510	강원 철원군	젖소종축등록심사	25,500	축산과	1	4	7	8	7	1	1	3
9511	강원 철원군	체세포 감소제 지원	40,000	축산과	1	4	7	8	7	1	1	3
9512	강원 철원군	조사료 사일리지 제조비지원사업	209,360	축산과	1	4	7	8	7	1	1	3
9513	강원 철원군	조사료생산용 종자구입 지원	88,320	축산과	1	4	7	8	7	1	1	3
9514	강원 철원군	조사료 생산용 볏짚처리비 지원	48,000	축산과	1	4	7	8	7	1	1	3
9515	강원 철원군	축산농가 도우미지원사업	110,040	축산과	1	4	7	8	7	1	1	3
9516	강원 철원군	초등학생 우유 무상급식 지원	114,380	축산과	1	4	7	8	7	1	1	3
9517	강원 철원군	사일리지 비닐 지원	31,500	축산과	1	4	7	8	7	1	1	3
9518	강원 철원군	축산물유통센터 홍보지원	10,000	축산과	1	4	7	8	7	1	1	3
9519	강원 철원군	축산물유통센터 포장재 지원	15,000	축산과	1	4	7	8	7	1	1	3
9520	강원 철원군	HACCP컨설팅지원사업	16,800	축산과	1	2	7	8	7	1	1	3
9521	강원 철원군	쇠고기이력제	36,864	축산과	1	4	7	8	7	1	1	3
9522	강원 철원군	한우 송아지 소화기 면역증강제 지원	50,000	축산과	1	6	7	8	7	1	1	3
9523	강원 철원군	돼지소모성질환예방지도지원 컨설팅	18,000	축산과	1	2	7	8	7	1	1	3
9524	강원 철원군	돼지써코바이러스 백신지원	180,000	축산과	1	2	7	8	7	1	1	3
9525	강원 철원군	산란계농장 환경개선지원사업	19,200	축산과	1	2	7	8	7	1	1	3
9526	강원 철원군	가축폐사체 수거처리비 지원	112,200	축산과	1	2	7	8	7	1	1	3
9527	강원 철원군	하우스농가 맞춤형 액비지원	68,400	축산과	1	4	7	8	7	1	1	1
9528	강원 철원군	가축분뇨 이용활성화 지원	25,000	축산과	1	4	7	8	7	1	1	3
9529	강원 철원군	학생승마체험	49,280	축산과	1	4	7	8	7	1	1	3
9530	강원 철원군	유소년 승마단 창단운영 지원	20,000	축산과	1	4	7	8	7	1	1	3
9531	강원 철원군	승용마 조련 강화	12,000	축산과	1	4	7	8	7	1	1	3
9532	강원 철원군	어업용면세유 일부지원	2,767	축산과	1	4	7	8	7	1	1	3
9533	강원 철원군	철원군 포 훈련장 피해 구제 지원사업	25,000	평화지역발전과	1	4	7	8	7	1	1	1
9534	강원 철원군	취약지역 응급의료기관 운영지원	459,000	보건소	1	2	7	3	7	1	2	1
9535	강원 철원군	소아청소년과 운영비 지원	250,000	보건소	1	2	7	8	7	1	1	4

순번	시군구	지출명 (사업명)	2021년예산 (단위:천원/1년간)	담당자 (공무원) 담당부서	민간이전 분류 (지방자치단체 세출예산 집행기준에 의거) 1. 민간경상사업보조(307-02) 2. 민간단체 법정운영비보조(307-03) 3. 민간행사사업보조(307-04) 4. 민간위탁금(307-05) 5. 사회복지시설 법정운영비보조(307-10) 6. 민간인위탁교육비(307-12) 7. 공기관등에대한경상적위탁사업비(308-11) 8. 민간자본사업보조,자체재원(402-01) 9. 민간자본사업보조,이전재원(402-02) 10. 민간위탁사업비(402-03) 11. 공기관등에 대한 자본적 대행사업비(403-02)	민간이전지출 근거 (지방보조금 관리기준 참고) 1. 법률에 규정 2. 국고보조 재원(국가지정) 3. 용도 지정 기부금 4. 조례에 직접규정 5. 지자체가 권장하는 사업을 하는 공공기관 6. 시,도 정책 및 재정사정 7. 기타 8. 해당없음	입찰방식: 계약체결방법 (경쟁형태) 1. 일반경쟁 2. 제한경쟁 3. 지명경쟁 4. 수의계약 5. 법정위탁 6. 기타 ( ) 7. 해당없음	입찰방식: 계약기간 1. 1년 2. 2년 3. 3년 4. 4년 5. 5년 6. 기타 ( )년 7. 단기계약 (1년미만) 8. 해당없음	입찰방식: 낙찰자선정방법 1. 적격심사 2. 협상에의한계약 3. 최저가낙찰제 4. 규격가격분리 5. 2단계 경쟁입찰 6. 기타 ( ) 7. 해당없음	운영예산 산정: 운영예산 산정 1. 내부산정 (지자체 자체적으로 산정) 2. 외부산정 (외부전문기관위탁 산정) 3. 내·외부 모두 산정 4. 산정 無 5. 해당없음	운영예산 산정: 정산방법 1. 내부정산 (지자체 내부적으로 정산) 2. 외부정산 (외부전문기관위탁 정산) 3. 내·외부 모두 산정 4. 정산 無 5. 해당없음	성과평가 실시여부 1. 실시 2. 미실시 3. 향후 추진 4. 해당없음
9536	강원 철원군	분만취약지역 지원사업	656,200	보건소	1	2	7	8	7	1	2	1
9537	강원 철원군	군납 포장재 지원	13,127	농업유통과	1	6	7	8	7	1	1	4
9538	강원 철원군	전통주 포장재 개선 및 품질관리 지원	16,000	농업유통과	1	6	7	8	7	1	1	4
9539	강원 철원군	두루웰 포장재 지원사업	130,000	농업유통과	1	7	7	8	7	1	1	4
9540	강원 철원군	APC두루웰 포장재 지원사업	100,000	농업유통과	1	7	7	8	7	1	1	4
9541	강원 철원군	농촌인력중개센터 운영 지원	240,000	농업유통과	1	2	7	8	7	1	1	4
9542	강원 철원군	철원쌀 농특산물 교류 지원	10,000	농업유통과	1	7	7	8	7	1	1	4
9543	강원 철원군	농특산물 TV홈쇼핑 방송판매지원	30,000	농업유통과	1	7	7	8	7	1	1	4
9544	강원 철원군	농업인단체 농특산물 포장재 지원	75,000	농업유통과	1	7	7	8	7	1	1	4
9545	강원 철원군	중소형미곡처리장 포장재 지원	100,000	농업유통과	1	7	7	8	7	1	1	4
9546	강원 철원군	철원쌀 다변화 브랜드 육성 포장재 지원	40,000	농업유통과	1	7	7	8	7	1	1	4
9547	강원 철원군	강원쌀 소비촉진지원	60,000	농업유통과	1	6	7	8	7	1	1	4
9548	강원 철원군	강원쌀 소포장재 지원	24,500	농업유통과	1	6	7	8	7	1	1	4
9549	강원 철원군	로컬푸드사업 운영지원	4,000	농업유통과	1	6	7	8	7	1	1	4
9550	강원 철원군	농촌건강장수마을 육성	10,000	농업유통과	1	2	7	8	7	1	1	4
9551	강원 화천군	노인복지기금 민간경상사업보조	11,000	주민복지과	1	1	7	8	7	1	1	4
9552	강원 화천군	보훈단체 사업비 보조	109,554	주민복지과	1	1	7	8	7	1	1	1
9553	강원 화천군	새마을지도자 역량강화교육	4,000	주민복지과	1	4	7	8	7	1	1	1
9554	강원 화천군	새마을회 읍면지원사업비	13,200	주민복지과	1	4	7	8	7	1	1	1
9555	강원 화천군	새마을지도자 향토지 보급사업	34,560	주민복지과	1	4	7	8	7	1	1	1
9556	강원 화천군	문화학교 운영	98,300	문화체육과	1	1	7	8	7	1	1	1
9557	강원 화천군	화천문인협회 운영	8,000	문화체육과	1	1	7	8	7	1	1	1
9558	강원 화천군	지방문화원 사업활동비	50,030	문화체육과	1	1	7	8	7	1	1	1
9559	강원 화천군	지방문화원 사랑방 운영지원	20,000	문화체육과	1	1	7	8	7	1	1	1
9560	강원 화천군	설화 애니메이션 콘텐츠 제작	22,000	문화체육과	1	6	7	8	7	5	1	4
9561	강원 화천군	화천민속예술단 운영	54,750	문화체육과	1	1	7	8	7	1	1	3
9562	강원 화천군	낭천서예회 운영	13,000	문화체육과	1	1	7	8	7	1	1	3
9563	강원 화천군	낭천도예회 운영	14,000	문화체육과	1	1	7	8	7	1	1	3
9564	강원 화천군	화천야생화분재연구회 운영	8,500	문화체육과	1	1	7	8	7	1	1	3
9565	강원 화천군	야생화보존회 운영	4,000	문화체육과	1	1	7	8	7	1	1	3
9566	강원 화천군	화천농악보존회 운영	11,000	문화체육과	1	1	7	8	7	1	1	3
9567	강원 화천군	화천 혼성합창단 운영	14,200	문화체육과	1	1	7	8	7	1	1	3
9568	강원 화천군	화천미술인협회 운영	8,000	문화체육과	1	1	7	8	7	1	1	3
9569	강원 화천군	PLZ(Peace & Life Zon) 페스티벌	70,000	문화체육과	1	6	6	1	6	1	1	3
9570	강원 화천군	문화예술지원단체 보조	34,000	문화체육과	1	1	7	8	7	1	1	3
9571	강원 화천군	화천유소년축구교실 운영지원	23,000	문화체육과	1	1	7	8	7	5	1	1
9572	강원 화천군	생활체육지도자 교육 및 연수	5,000	문화체육과	1	1	7	8	7	5	1	1
9573	강원 화천군	화천군체육회 운영	736,000	문화체육과	1	1	7	8	7	5	1	1
9574	강원 화천군	도단위 체육대회 지원	627,000	문화체육과	1	1	7	8	7	5	1	1
9575	강원 화천군	전국단위 체육대회 지원	237,000	문화체육과	1	1	7	8	7	5	1	1
9576	강원 화천군	생활체육교실 운영지원	108,000	문화체육과	1	1	7	8	7	5	1	1
9577	강원 화천군	일반생활체육지도자 배치	175,392	문화체육과	1	1	7	8	7	5	1	1
9578	강원 화천군	어르신생활체육지도자 배치	204,990	문화체육과	1	1	7	8	7	5	1	1
9579	강원 화천군	전지훈련단 유치 및 지원 보조금	30,000	문화체육과	1	1	7	8	7	5	1	1
9580	강원 화천군	장애인생활체육지도자 배치	29,232	문화체육과	1	1	7	8	7	5	1	1
9581	강원 양구군	국토정중앙 알리미 아카데미	10,000	기획조정실	1	1	7	8	7	5	5	4
9582	강원 양구군	춘천지역 범죄피해자 지원센터	10,000	자치행정과	1	1	7	8	7	5	5	4
9583	강원 양구군	통일안보교육 및 홍보활동지원	12,400	자치행정과	1	4	7	8	7	1	1	1
9584	강원 양구군	4개군 이장체육대회 참가지원	12,000	자치행정과	1	4	7	8	7	1	1	4
9585	강원 양구군	국민운동단체 기능보강 지원	30,000	자치행정과	1	1	7	8	7	1	1	1
9586	강원 양구군	정보화마을 프로그램관리자 육성	15,096	자치행정과	1	7	7	8	7	5	5	4

순번	시군구	지출명 (사업명)	2021년예산 (단위:천원/1년간)	담당자 (공무원) 담당부서	민간이전 분류 (지방자치단체 세출예산 집행기준에 의거) 1. 민간경상사업보조(307-02) 2. 민간단체 법정운영비보조(307-03) 3. 민간행사사업보조(307-04) 4. 민간위탁금(307-05) 5. 사회복지시설 법정운영비보조(307-10) 6. 민간인위탁교육비(307-12) 7. 공기관등에대한경상적위탁사업비(308-11) 8. 민간자본사업보조,자체재원(402-01) 9. 민간자본사업보조,이전재원(402-02) 10. 민간위탁사업비(402-03) 11. 공기관등에 대한 자본적 대행사업비(403-02)	민간이전지출 근거 (지방보조금 관리기준 참고) 1. 법률에 규정 2. 국고보조 재원(국가지정) 3. 용도 지정 기부금 4. 조례에 직접규정 5. 지자체가 권장하는 사업을 하는 공공기관 6. 시,도 정책 및 재정사정 7. 기타 8. 해당없음	입찰방식: 계약체결방법 (경쟁형태) 1. 일반경쟁 2. 제한경쟁 3. 지명경쟁 4. 수의계약 5. 법정위탁 6. 기타 ( ) 7. 해당없음	입찰방식: 계약기간 1. 1년 2. 2년 3. 3년 4. 4년 5. 5년 6. 기타 ( )년 7. 단기계약 (1년미만) 8. 해당없음	입찰방식: 낙찰자선정방법 1. 적격심사 2. 협상에의한계약 3. 최저가낙찰제 4. 규격가격분리 5. 2단계 경쟁입찰 6. 기타 ( ) 7. 해당없음	운영예산 산정: 운영예산 산정 1. 내부산정 (지자체 자체적으로 산정) 2. 외부산정 (외부전문기관위탁 산정) 3. 내·외부 모두 산정 4. 산정 無 5. 해당없음	운영예산 산정: 정산방법 1. 내부정산 (지자체 내부적으로 정산) 2. 외부정산 (외부전문기관위탁 정산) 3. 내·외부 모두 산정 4. 정산 無 5. 해당없음	성과평가 실시여부 1. 실시 2. 미실시 3. 향후 추진 4. 해당없음
9587	강원 양구군	양구비전학급 안심귀가서비스 지원	3,000	교육생활지원과	1	4	7	8	7	1	1	1
9588	강원 양구군	초등돌봄교실 과일간식지원	26,000	교육생활지원과	1	2	7	8	7	5	5	4
9589	강원 양구군	방산면 주민대상 평생학습 운영	8,100	교육생활지원과	1	4	7	8	7	5	5	4
9590	강원 양구군	평생학습 동아리 운영	5,000	교육생활지원과	1	4	7	8	7	2	2	1
9591	강원 양구군	평생교육 발전포럼	10,000	교육생활지원과	1	4	4	7	6	3	2	1
9592	강원 양구군	사회단체 활동운영 지원	158,429	교육생활지원과	1	4	7	8	7	1	1	1
9593	강원 양구군	호국정신함양 보훈단체 사업비 지원	68,964	사회복지과	1	4	7	8	7	1	1	4
9594	강원 양구군	상이군경회 정복지원 사업	4,500	사회복지과	1	4	7	8	7	1	1	4
9595	강원 양구군	생활체육교실 용품지원	22,000	체육진흥과	1	6	7	8	7	1	1	4
9596	강원 양구군	일반생활체육지도자 배치	175,392	체육진흥과	1	2	7	8	7	5	1	1
9597	강원 양구군	어르신생활체육지도자 배치	146,160	체육진흥과	1	2	7	8	7	5	1	1
9598	강원 양구군	장애인생활체육지도자 배치	29,232	체육진흥과	1	2	7	8	7	5	1	1
9599	강원 양구군	생활체육교실 운영지원	20,000	체육진흥과	1	1	7	8	7	1	1	4
9600	강원 양구군	영유아 체육교실 운영	10,000	체육진흥과	1	1	7	8	7	5	5	4
9601	강원 양구군	방과후 생활체육 프로그램 운영	5,000	체육진흥과	1	1	7	8	7	5	5	4
9602	강원 양구군	청소년 축구클럽 육성	12,000	체육진흥과	1	1	7	8	7	5	5	4
9603	강원 양구군	청소년 스포츠클럽 육성	24,000	체육진흥과	1	1	7	8	7	1	1	1
9604	강원 양구군	우수체육종목육성	36,000	체육진흥과	1	1	7	8	7	1	1	1
9605	강원 양구군	체육우수선수육성지원금	42,000	체육진흥과	1	1	7	8	7	1	1	1
9606	강원 양구군	체육대회 우수자 포상	60,000	체육진흥과	1	1	7	8	7	1	1	1
9607	강원 양구군	생활체육교실 용품 등 지원	40,000	체육진흥과	1	1	7	8	7	1	1	1
9608	강원 양구군	건기왕 선발 프로그램운영	5,000	체육진흥과	1	1	7	8	7	1	1	1
9609	강원 양구군	동계빙상장 운영	15,000	체육진흥과	1	1	7	8	7	1	1	4
9610	강원 양구군	우수꿈나무 육성지원금	23,500	체육진흥과	1	1	7	8	7	1	1	1
9611	강원 양구군	전문스포츠지도사 자격증 취득지원	5,000	체육진흥과	1	1	7	8	7	1	1	4
9612	강원 양구군	공공스포츠클럽 운영지원	20,000	체육진흥과	1	1	7	8	7	1	1	4
9613	강원 양구군	문화원 사업지원	157,220	문화관광과	1	1	7	8	7	5	1	1
9614	강원 양구군	무형문화재 보호 육성	6,000	문화관광과	1	4	7	8	7	5	1	1
9615	강원 양구군	지방문화원 사랑방 운영지원	20,000	문화관광과	1	1	7	8	7	5	1	1
9616	강원 양구군	찾아가는 문화예술 활동	34,000	문화관광과	1	6	7	8	7	5	1	3
9617	강원 양구군	문화콘텐츠 제작	22,000	문화관광과	1	6	4	1	7	1	1	3
9618	강원 양구군	전통시장 안전관리 지원	3,780	전략산업과	1	6	7	8	7	1	1	4
9619	강원 양구군	전통시장 안전요원 배치사업	53,000	전략산업과	1	6	7	8	7	1	1	4
9620	강원 양구군	노란우산공제 희망보조금 지원	251,400	전략산업과	1	6	7	8	7	1	1	4
9621	강원 양구군	청년일자리 지역정착지원사업	194,398	전략산업과	1	2	7	8	7	5	5	4
9622	강원 양구군	정규직 일자리 보조금 지원	30,000	전략산업과	1	6	7	8	7	5	5	4
9623	강원 양구군	강원도형 사회보험료 지원	360,000	전략산업과	1	6	7	8	7	5	5	4
9624	강원 양구군	생계형 1인 자영업자 사회보험료 지원	88,000	전략산업과	1	6	7	8	7	5	5	4
9625	강원 양구군	취업취약계층 인턴채용 지원사업	70,000	전략산업과	1	4	7	8	7	5	5	4
9626	강원 양구군	양구군 마을공동체 지원사업	15,000	전략산업과	1	4	7	8	7	1	1	4
9627	강원 양구군	(예비)사회적기업 육성	32,000	전략산업과	1	2	7	8	7	5	5	4
9628	강원 양구군	농촌형 교통모델	150,000	평화지역발전과	1	1	1	3	7	1	1	1
9629	강원 양구군	dmz자연생태 숲 학교운영	20,000	생태산림과	1	4	5	8	7	1	1	1
9630	강원 양구군	생태관광지역 지정 및 육성	86,000	생태산림과	1	4	5	8	7	1	1	4
9631	강원 양구군	산촌생태마을 운영매니저	20,000	생태산림과	1	2	7	7	7	2	3	4
9632	강원 양구군	입업협의체 구성운영 및 임업인 교육추진	20,000	생태산림과	1	4	5	8	7	1	1	4
9633	강원 양구군	민간단체 산불예방활동 지원	75,000	생태산림과	1	4	7	8	7	1	1	4
9634	강원 양구군	귀농귀촌 유치지원	350,000	농업정책과	1	7	7	8	7	5	5	4
9635	강원 양구군	귀농 귀촌 유치 지원사업	4,500	농업정책과	1	7	7	8	7	5	5	4
9636	강원 양구군	귀농귀촌 창업지원	10,000	농업정책과	1	7	7	8	7	5	5	4
9637	강원 양구군	농업인력지원	160,000	농업정책과	1	7	7	8	7	5	5	4

순번	시군구	지출명 (사업명)	2021년예산 (단위:천원/1년간)	담당자 (공무원) 담당부서	민간이전 분류 (지방자치단체 세출예산 집행기준에 의거) 1. 민간경상사업보조(307-02) 2. 민간단체 법정운영비보조(307-03) 3. 민간행사사업보조(307-04) 4. 민간위탁금(307-05) 5. 사회복지시설 법정운영비보조(307-10) 6. 민간인위탁교육비(307-12) 7. 공기관등에대한경상적위탁사업비(308-11) 8. 민간자본사업보조,자체재원(402-01) 9. 민간자본사업보조,이전재원(402-02) 10. 민간위탁사업비(402-03) 11. 공기관등에 대한 자본적 대행사업비(403-02)	민간이전지출 근거 (지방보조금 관리기준 참고) 1. 법률에 규정 2. 국고보조 재원(국가지정) 3. 용도 지정 기부금 4. 조례에 직접규정 5. 지자체가 권장하는 사업을 하는 공공기관 6. 시,도 정책 및 재정사정 7. 기타 8. 해당없음	입찰방식 계약체결방법 (경쟁형태) 1. 일반경쟁 2. 제한경쟁 3. 지명경쟁 4. 수의계약 5. 법정위탁 6. 기타 ( ) 7. 해당없음	입찰방식 계약기간 1. 1년 2. 2년 3. 3년 4. 4년 5. 5년 6. 기타 ( )년 7. 단기계약 (1년미만) 8. 해당없음	입찰방식 낙찰자선정방법 1. 적격심사 2. 협상에의한계약 3. 최저가낙찰제 4. 규격가격분리 5. 2단계 경쟁입찰 6. 기타 ( ) 7. 해당없음	운영예산 산정 운영예산 산정 1. 내부산정 (지자체 자체적으로 산정) 2. 외부산정 (외부전문기관위탁 산정) 3. 내·외부 모두 산정 4. 산정 無 5. 해당없음	운영예산 산정 정산방법 1. 내부정산 (지자체 내부적으로 정산) 2. 외부정산 (외부전문기관위탁 정산) 3. 내·외부 모두 산정 4. 정산 無 5. 해당없음	성과평가 실시여부 1. 실시 2. 미실시 3. 향후 추진 4. 해당없음
9638	강원 양구군	농촌공동체회사 우수사업 지원	50,000	농업정책과	1	2	7	8	7	5	5	4
9639	강원 양구군	농촌마을공동급식지원	20,000	농업정책과	1	7	7	8	7	5	5	4
9640	강원 양구군	내수면 양식장 사료구입비 지원	1,000	농업정책과	1	6	7	8	7	5	5	4
9641	강원 양구군	청년농업인 경쟁력 제고사업	45,000	농업정책과	1	1	7	8	7	1	1	1
9642	강원 양구군	4-H 영농활동 지원사업	45,000	농업정책과	1	1	7	8	7	1	1	1
9643	강원 양구군	농촌체험휴양마을 사무장채용	132,600	농업정책과	1	2	7	8	7	1	1	1
9644	강원 양구군	농촌체험휴양마을 보험가입	4,400	농업정책과	1	2	7	8	7	1	1	1
9645	강원 양구군	농촌체험관광 네트워크 활성화	30,000	농업정책과	1	1	7	8	7	1	1	1
9646	강원 양구군	농촌유학센터 지원	32,000	농업정책과	1	2	7	8	7	1	1	1
9647	강원 양구군	농어촌민박 활성화 지원	25,200	농업정책과	1	1	7	8	7	1	1	1
9648	강원 양구군	농촌공동 아이돌봄센터	13,700	농업정책과	1	2	7	8	7	1	1	1
9649	강원 양구군	다양한 우리쌀 활용 기술교육	3,000	농업정책과	1	2	7	8	7	1	1	1
9650	강원 양구군	여성농업인센터 운영지원	144,000	농업정책과	1	1	7	8	7	1	1	1
9651	강원 양구군	여성농업인 복지바우처 지원	116,000	농업정책과	1	1	7	8	7	1	1	1
9652	강원 양구군	여성농업인 노동경감 지원	60,000	농업정책과	1	1	7	8	7	1	1	1
9653	강원 양구군	농촌총각 결혼지원	10,800	농업정책과	1	1	7	8	7	1	1	1
9654	강원 양구군	취약농가 영농도우미 지원	75,000	농업정책과	1	1	7	8	7	1	1	1
9655	강원 양구군	고령농업인 농작업비 지원	9,500	농업정책과	1	1	7	8	7	1	1	1
9656	강원 양구군	농업경영컨설팅지원	45,000	농업지원과	1	1	7	8	7	1	1	4
9657	강원 양구군	고품질사과 수출생산단지 조성	50,000	농업지원과	1	1	7	8	7	1	1	4
9658	강원 양구군	아스파라거스 소비시장(온오프라인) 확충	30,000	농업지원과	1	1	7	8	7	1	1	4
9659	강원 양구군	고품질쌀 생산	6,500	농업지원과	1	1	7	8	7	1	1	4
9660	강원 양구군	강원감자 주산지 명품생산	49,200	농업지원과	1	1	7	8	7	1	1	4
9661	강원 양구군	공동선별비 지원사업	43,840	유통정책	1	2	7	8	7	5	1	4
9662	강원 양구군	강원쌀 소비촉진 지원	18,500	유통정책	1	6	7	8	7	5	1	4
9663	강원 양구군	저출산 대책 운영 추진	688,000	보건소	1	4	4	5	1	2	2	3
9664	강원 인제군	인제군 자율방재단 운영 지원	28,000	안전교통과	1	4	7	8	7	1	1	1
9665	강원 인제군	가리산리 방재체험마을 운영지원	30,000	안전교통과	1	1	7	8	7	1	1	1
9666	강원 인제군	교통관리 및 캠페인활동 지원	5,500	안전교통과	1	1	7	8	7	1	1	1
9667	강원 인제군	재난봉사단체 지원	88,000	안전교통과	1	4	7	8	7	1	1	1
9668	강원 인제군	오대벼 햅쌀 및 친환경쌀 조기수매 차액지원	27,500	농업기술과	1	7	7	8	7	5	5	4
9669	강원 인제군	산물벼 건조수수료 및 운송비 지원	59,125	농업기술과	1	7	7	8	7	5	5	4
9670	강원 인제군	지역쌀 소비촉진 지원	120,000	농업기술과	1	7	7	8	7	5	5	4
9671	강원 인제군	하늘내린 오대쌀 택배비 지원	12,500	농업기술과	1	7	7	8	7	5	5	4
9672	강원 인제군	하늘내린 오대쌀 포장재 지원	30,000	농업기술과	1	7	7	8	7	5	5	4
9673	강원 인제군	농업경영컨설팅 지원	15,000	농업기술과	1	2	7	8	7	5	5	4
9674	강원 인제군	귀농귀촌 현장실습 지원	30,000	농업기술과	1	2	7	8	7	5	5	4
9675	강원 인제군	귀농창업 활성화 지원	10,000	농업기술과	1	2	7	8	7	5	5	4
9676	강원 인제군	식생활교육 지원	10,000	농업기술과	1	7	7	8	7	5	5	4
9677	강원 인제군	강원쌀 대량소비처 차액지원	30,000	농업기술과	1	6	7	8	7	5	5	4
9678	강원 인제군	강원쌀 소비촉진 지원	15,000	농업기술과	1	6	7	8	7	5	5	4
9679	강원 인제군	소규모수도시설 관리자 보조금	22,725	상하수도사업소	1	4	7	7	7	1	5	4
9680	강원 인제군	농촌개발 및 정책추진	4,000	농정과	1	7	7	8	7	1	1	1
9681	강원 인제군	농촌체험 휴양마을 활성화 지원	242,363	농정과	1	1	7	8	7	1	1	1
9682	강원 인제군	인제군 농산촌민박협의회 지원	60,000	농정과	1	4	7	8	7	1	1	1
9683	강원 인제군	농촌체험마을 사무장 채용 지원	267,960	농정과	1	1	7	8	7	1	1	1
9684	강원 인제군	농촌마을 경관조성 사업	200,000	농정과	1	1	7	8	7	1	1	1
9685	강원 인제군	농촌관광 공동 인프라 조성	306,000	농정과	1	1	7	8	7	1	1	1
9686	강원 인제군	농촌관광 공동 인프라 조성	48,000	농정과	1	1	7	8	7	1	1	1
9687	강원 인제군	농어촌 체험마을 사무장 채용지원	269,160	농정과	1	1	7	8	7	1	1	1
9688	강원 인제군	청년창업농 영농정착 지원	91,689	농정과	1	2	7	8	7	1	1	1

순번	시군구	지출명 (사업명)	2021년예산 (단위:천원/1년간)	담당자 (공무원) 담당부서	민간이전 분류 (지방자치단체 세출예산 집행기준에 의거) 1. 민간경상사업보조(307-02) 2. 민간단체 법정운영비보조(307-03) 3. 민간행사사업보조(307-04) 4. 민간위탁금(307-05) 5. 사회복지시설 법정운영비보조(307-10) 6. 민간인위탁교육비(307-12) 7. 공기관등에대한경상적위탁사업비(308-11) 8. 민간자본사업보조,자체재원(402-01) 9. 민간자본사업보조,이전재원(402-02) 10. 민간위탁사업비(402-03) 11. 공기관등에 대한 자본적 대행사업비(403-02)	민간이전지출 근거 (지방보조금 관리기준 참고) 1. 법률에 규정 2. 국고보조 재원(국가지정) 3. 용도 지정 기부금 4. 조례에 직접규정 5. 지자체가 권장하는 사업을 하는 공공기관 6. 시,도 정책 및 재정사정 7. 기타 8. 해당없음	입찰방식 계약체결방법 (경쟁형태) 1. 일반경쟁 2. 제한경쟁 3. 지명경쟁 4. 수의계약 5. 법정위탁 6. 기타 ( ) 7. 해당없음	입찰방식 계약기간 1. 1년 2. 2년 3. 3년 4. 4년 5. 5년 6. 기타 ( )년 7. 단기계약 (1년미만) 8. 해당없음	입찰방식 낙찰자선정방법 1. 적격심사 2. 협상에의한계약 3. 최저가낙찰제 4. 규격가격분리 5. 2단계 경쟁입찰 6. 기타 ( ) 7. 해당없음	운영예산 산정 운영예산 산정 1. 내부산정 (지자체 자체적으로 산정) 2. 외부산정 (외부전문기관위탁 산정) 3. 내·외부 모두 산정 4. 산정 無 5. 해당없음	운영예산 산정 정산방법 1. 내부정산 (지자체 내부적으로 정산) 2. 외부정산 (외부전문기관위탁 정산) 3. 내·외부 모두 산정 4. 정산 無 5. 해당없음	성과평가 실시여부 1. 실시 2. 미실시 3. 향후 추진 4. 해당없음
9689	강원 인제군	농촌지도자 우량종묘 지원사업	50,000	농정과	1	6	7	8	7	1	1	1
9690	강원 인제군	농업경영인 토종작물 보존사업	36,000	농정과	1	6	7	8	7	1	1	1
9691	강원 인제군	여성농업인 소득작물 재배사업	36,000	농정과	1	6	7	8	7	1	1	1
9692	강원 인제군	학교 4-H 단체지원	2,000	농정과	1	6	7	8	7	1	1	1
9693	강원 인제군	여성농업인센터 운영 지원	144,000	농정과	1	6	7	8	7	1	1	1
9694	강원 인제군	내수면 양식장 사료구입비 지원	10,000	농정과	1	4	7	8	7	1	1	1
9695	강원 인제군	어업용 면세유 일부 지원	92,005	농정과	1	4	7	8	7	1	1	1
9696	강원 인제군	수산물 비대면(온라인)판매 활성화 지원	18,000	농정과	1	4	7	8	7	1	1	1
9697	강원 인제군	수산물 상생 할인 지원	30,000	농정과	1	2	7	8	7	1	1	1
9698	강원 인제군	건강한 밥상(꾸러미) 택배비 지원	15,000	유통축산과	1	4	7	8	7	5	5	4
9699	강원 인제군	로컬푸드 사업 운영 지원	4,000	유통축산과	1	6	7	8	7	5	5	4
9700	강원 인제군	농산물 공동선별비 지원	215,600	유통축산과	1	1	7	8	7	5	5	4
9701	강원 인제군	학생 승마 체험	266,000	유통축산과	1	2	7	8	7	5	5	4
9702	강원 인제군	강원한우 통합브랜드 활성화	105,398	유통축산과	1	6	7	8	7	5	5	4
9703	강원 인제군	육성기 양질 조사료 지원	50,000	유통축산과	1	6	7	8	7	5	5	4
9704	강원 인제군	돼지 써코바이러스 백신 지원	10,000	유통축산과	1	1	7	8	7	5	5	4
9705	강원 인제군	축산농가 HACCP컨설팅 지원	6,000	유통축산과	1	1	7	8	7	5	5	4
9706	강원 인제군	가축폐사체 수거처리비 지원	2,000	유통축산과	1	1	7	8	7	5	5	4
9707	강원 인제군	분만취약지 의료기관 운영	200,000	건강증진과	1	1	7	1	6	5	1	1
9708	강원 인제군	생태관광지역 지정 및 육성	94,000	환경보호과	1	2	5	6	7	1	1	1
9709	강원 인제군	람사르습지도시 인증 프로그램 지원	160,000	환경보호과	1	4	7	8	7	1	1	4
9710	강원 인제군	2021년 지역 혁신리더 양성교육	150,000	기획예산담당관	1	4	4	8	7	1	2	3
9711	강원 인제군	금강~설악 국제 평화도시 조성	200,000	기획예산담당관	1	4	7	1	7	1	1	1
9712	강원 인제군	DMZ 평화의 길 운영	320,000	기획예산담당관	1	2	7	1	7	5	1	1
9713	강원 인제군	지방문화원활동지원	665,775	문화관광과	1	2	7	8	7	1	1	4
9714	강원 인제군	지방문화원사랑방지원	20,000	문화관광과	1	2	7	8	7	1	1	4
9715	강원 인제군	하추리문화마을조성	200,000	문화관광과	1	6	7	8	7	3	3	1
9716	강원 인제군	작은도서관 활성화 지원	30,000	문화관광과	1	4	7	8	7	1	1	4
9717	강원 인제군	문화콘텐츠산업 기반조성	22,000	문화관광과	1	6	7	8	7	1	1	4
9718	강원 인제군	찾아가는 문화활동	34,000	문화관광과	1	6	7	8	7	1	1	4
9719	강원 인제군	공립 박물관 미술관 운영 활성화	16,000	문화관광과	1	6	7	8	7	1	1	4
9720	강원 인제군	전통사찰 방재시스템 유지보수	9,600	문화관광과	1	1	6	1	7	1	1	4
9721	강원 인제군	관광콘텐츠 개발 공모선정자 지원	30,000	문화관광과	1	8	7	1	7	1	1	4
9722	강원 인제군	템플스테이	6,000	문화관광과	1	8	7	8	7	4	1	4
9723	강원 고성군	고성군재향군인회 사업보조	16,190	주민복지실	1	4	7	8	7	1	1	1
9724	강원 고성군	월남전참전전몰용사 위령제 지원	2,780	주민복지실	1	4	7	8	7	1	1	1
9725	강원 고성군	승모제 행사지원	2,000	주민복지실	1	1	7	8	7	1	1	1
9726	강원 고성군	한국청소년육성회 사업지원	4,500	주민복지실	1	4	7	8	7	1	1	1
9727	강원 고성군	법무부 법사랑위원회 사업 지원	7,555	주민복지실	1	4	7	8	7	1	1	1
9728	강원 고성군	행정동우회 운영 사업보조	2,400	자치행정과	1	1	7	8	7	1	1	1
9729	강원 고성군	새마을운동중앙회 고성군지회 사업보조	17,475	자치행정과	1	1	7	8	7	1	1	1
9730	강원 고성군	바르게살기운동 고성군협의회 사업보조	6,350	자치행정과	1	1	7	8	7	1	1	1
9731	강원 고성군	한국자유총연맹 고성군지회 사업보조	4,680	자치행정과	1	1	7	8	7	1	1	1
9732	강원 고성군	범죄피해자지원센터 사업보조	12,700	자치행정과	1	1	7	8	7	1	1	1
9733	강원 고성군	미수복고성군민회 사업보조	4,420	자치행정과	1	4	7	8	7	1	1	1
9734	강원 고성군	민주평통 통일활동 사업 보조	12,310	자치행정과	1	1	7	8	7	1	1	1
9735	강원 고성군	마을공동체 지원사업	50,000	자치행정과	1	4	7	8	7	1	1	1
9736	강원 고성군	자원봉사센터 사업보조	36,100	자치행정과	1	4	7	8	7	1	1	1
9737	강원 고성군	시군 자원봉사 코디네이터 육성	59,078	자치행정과	1	4	7	8	7	1	1	1
9738	강원 고성군	자원봉사 프로그램운영	22,000	자치행정과	1	4	7	8	7	1	1	1
9739	강원 고성군	전국 통합 자원봉사보험 가입서비스 지원	1,218	자치행정과	1	4	7	8	7	1	1	1

순번	시군구	지출명 (사업명)	2021년예산 (단위:천원/1년간)	담당자 (공무원) 담당부서	민간이전 분류 (지방자치단체 세출예산 집행기준에 의거) 1. 민간경상사업보조(307-02) 2. 민간단체 법정운영비보조(307-03) 3. 민간행사사업보조(307-04) 4. 민간위탁금(307-05) 5. 사회복지시설 법정운영비보조(307-10) 6. 민간인위탁교육비(307-12) 7. 공기관등에대한경상적위탁사업비(308-11) 8. 민간자본사업보조,자체재원(402-01) 9. 민간자본사업보조,이전재원(402-02) 10. 민간위탁사업비(402-03) 11. 공기관등에 대한 자본적 대행사업비(403-02)	민간이전지출 근거 (지방보조금 관리기준 참고) 1. 법률에 규정 2. 국고보조 재원(국가지정) 3. 용도 지정 기부금 4. 조례에 직접규정 5. 지자체가 권장하는 사업을 하는 공공기관 6. 시,도 정책 및 재정사정 7. 기타 8. 해당없음	입찰방식 계약체결방법 (경쟁형태) 1. 일반경쟁 2. 제한경쟁 3. 지명경쟁 4. 수의계약 5. 법정위탁 6. 기타 ( ) 7. 해당없음	계약기간 1. 1년 2. 2년 3. 3년 4. 4년 5. 5년 6. 기타 ( )년 7. 단기계약 (1년미만) 8. 해당없음	낙찰자선정방법 1. 적격심사 2. 협상에의한계약 3. 최저가낙찰제 4. 규격가격분리 5. 2단계 경쟁입찰 6. 기타 ( ) 7. 해당없음	운영예산 산정 운영예산 산정 1. 내부산정 (지자체 자체적으로 산정) 2. 외부산정 (외부전문기관위탁 산정) 3. 내·외부 모두 산정 4. 산정 無 5. 해당없음	정산방법 1. 내부정산 (지자체 내부적으로 정산) 2. 외부정산 (외부전문기관위탁 정산) 3. 내·외부 모두 산정 4. 정산 無 5. 해당없음	성과평가 실시여부 1. 실시 2. 미실시 3. 향후 추진 4. 해당없음
9740	강원 고성군	대학발전 육성사업	200,000	자치행정과	1	1	7	8	7	1	1	1
9741	강원 고성군	정보화마을 프로그램관리자 퇴직금	5,550	자치행정과	1	1	7	8	7	1	1	2
9742	강원 고성군	정보화마을 프로그램관리자 육성	45,288	자치행정과	1	1	7	8	7	1	1	2
9743	강원 고성군	노란우산공제 희망보조금 지원	405,600	경제투자과	1	4	7	8	7	1	1	1
9744	강원 고성군	정규직 일자리 보조금 지원	48,000	경제투자과	1	8	7	8	7	1	1	4
9745	강원 고성군	사회적기업 일자리 창출사업	30,000	경제투자과	1	8	7	8	7	1	1	4
9746	강원 고성군	강원도형 사회보험료 지원	562,000	경제투자과	1	8	7	8	7	1	1	4
9747	강원 고성군	창업투자생태계조성형「고성 평생살기」	195,000	경제투자과	1	8	7	8	7	1	1	4
9748	강원 고성군	청년일자리 지역정착지원사업	482,043	경제투자과	1	8	7	8	7	1	1	4
9749	강원 고성군	생계형 1인 자영업자 사회보험료 지원	72,000	경제투자과	1	8	7	8	7	1	1	4
9750	강원 고성군	고성, 평생살기 청년 창업 지원	225,000	경제투자과	1	8	7	8	7	1	1	4
9751	강원 고성군	청년창업자 임차료 지원	90,000	경제투자과	1	8	7	8	7	1	1	4
9752	강원 고성군	해양심층수제품 홍보물 제작비 지원	10,000	경제투자과	1	4	7	8	7	1	1	1
9753	강원 고성군	2021년도 유용미생물(EM) 발효액 보급사업	35,000	환경보호과	1	7	6	7	7	5	1	1
9754	강원 고성군	개인하수처리시설 관리 지원사업	51,646	환경보호과	1	6	6	1	7	1	1	4
9755	강원 고성군	문화자원 체험상품(템플스테이) 지원	12,000	관광과	1	1	7	8	7	1	1	4
9756	강원 고성군	걷기길 노선탐사 및 탐방객 안내	6,000	관광과	1	4	7	8	7	1	1	3
9757	강원 고성군	찾아가는 문화활동	34,000	문화체육과	1	1	7	8	7	1	1	1
9758	강원 고성군	강원의 설화 애니메이션 콘텐츠 제작	22,000	문화체육과	1	1	7	8	7	1	1	1
9759	강원 고성군	박물관 미술관 운영 활성화 지원사업	18,000	문화체육과	1	1	7	8	7	1	1	2
9760	강원 고성군	간성향교 충효교실 운영지원	3,600	문화체육과	1	1	7	8	7	1	1	2
9761	강원 고성군	문화원 지원사업	165,560	문화체육과	1	1	7	8	7	1	1	1
9762	강원 고성군	지방문화원 사랑방 사업	20,000	문화체육과	1	1	7	8	7	1	1	1
9763	강원 고성군	전수 교육관 활성화 지원	25,000	문화체육과	1	1	7	8	7	1	1	2
9764	강원 고성군	향교서원 문화재 활용사업	102,500	문화체육과	1	1	7	8	7	1	1	1
9765	강원 고성군	생생문화재 사업	50,000	문화체육과	1	1	7	8	7	1	1	1
9766	강원 고성군	생활체육 프로그램	20,000	문화체육과	1	1	7	8	7	1	1	1
9767	강원 고성군	사무국및생활체육지도자 재(보수)교육	5,400	문화체육과	1	1	7	8	7	1	1	1
9768	강원 고성군	전문체육 종목별 체육대회 출전	40,000	문화체육과	1	1	7	8	7	1	1	1
9769	강원 고성군	생활체육 종목별 체육대회 출전	60,000	문화체육과	1	1	7	8	7	1	1	1
9770	강원 고성군	어르신 생활체육대회 출전	25,000	문화체육과	1	1	7	8	7	1	1	1
9771	강원 고성군	제56회 강원도민체육대회 출전	230,000	문화체육과	1	1	7	8	7	1	1	1
9772	강원 고성군	장애인 생활체육 동아리 지원	4,000	문화체육과	1	1	7	8	7	1	1	1
9773	강원 고성군	각종 장애인 체육대회 출전	13,000	문화체육과	1	1	7	8	7	1	1	1
9774	강원 고성군	제13회 강원도 장애인체육대회 출전	20,000	문화체육과	1	1	7	8	7	1	1	1
9775	강원 고성군	2021년도 설악권 4개시군 장애인체육대회	10,000	문화체육과	1	1	7	8	7	1	1	1
9776	강원 고성군	내수면 양식장 사료구입비 지원	4,000	해양수산과	1	6	7	8	7	1	1	4
9777	강원 고성군	나잠어업인 해적생물 수매사업	30,000	해양수산과	1	7	7	8	7	5	1	4
9778	강원 고성군	어촌체험마을 사무장 채용 지원	14,580	해양수산과	1	6	7	8	7	5	1	4
9779	강원 고성군	금게작업 어선 지원	100,000	해양수산과	1	6	7	8	7	5	1	4
9780	강원 고성군	어업용 면세유 일부지원	1,694	해양수산과	1	6	7	8	7	1	1	4
9781	강원 고성군	어업용 면세유 일부지원	130,000	해양수산과	1	6	7	8	7	5	5	4
9782	강원 고성군	어선 재해보상 보험료 지원	164,000	해양수산과	1	6	7	8	7	1	1	4
9783	강원 고성군	어선원 재해보상 보험료 지원	277,700	해양수산과	1	6	7	8	7	1	1	4
9784	강원 고성군	청년어촌정착지원	66,000	해양수산과	1	2	7	8	7	5	1	4
9785	강원 고성군	어업지도선 운영비 지원	50,000	해양수산과	1	4	7	8	7	1	1	4
9786	강원 고성군	해양사고 조난어선 예인구조비 지원	9,373	해양수산과	1	6	7	8	7	1	1	4
9787	강원 고성군	해난어업인 유가족 지원	20,000	해양수산과	1	6	7	8	7	1	1	4
9788	강원 고성군	수산물 수출업체 물류비용 지원	10,000	해양수산과	1	6	7	8	7	5	5	4
9789	강원 고성군	수산물 비대면(온라인)판매 활성화	18,000	해양수산과	1	6	7	8	7	5	5	4
9790	강원 고성군	수산물 상생 할인지원	20,000	해양수산과	1	2	7	8	7	5	5	4

순번	시군구	지출명 (사업명)	2021년예산 (단위:천원/1년간)	담당자 (공무원)	민간이전 분류 (지방자치단체 세출예산 집행기준에 의거)	민간이전지출 근거 (지방보조금 관리기준 참고)	입찰방식			운영예산 산정		성과평가 실시여부
				담당부서	1. 민간경상사업보조(307-02) 2. 민간단체 법정운영비보조(307-03) 3. 민간행사사업보조(307-04) 4. 민간위탁금(307-05) 5. 사회복지시설 법정운영비보조(307-10) 6. 민간인위탁교육비(307-12) 7. 공기관등에대한경상적위탁사업비(308-11) 8. 민간자본사업보조,자체재원(402-01) 9. 민간자본사업보조,이전재원(402-02) 10. 민간위탁사업비(402-03) 11. 공기관등에 대한 자본적 대행사업비(403-02)	1. 법률에 규정 2. 국고보조 재원(국가지정) 3. 용도 지정 기부금 4. 조례에 직접규정 5. 지자체가 권장하는 사업을 하는 공공기관 6. 시,도 정책 및 재정사정 7. 기타 8. 해당없음	계약체결방법 (경쟁형태) 1. 일반경쟁 2. 제한경쟁 3. 지명경쟁 4. 수의계약 5. 법정위탁 6. 기타 ( ) 7. 해당없음	계약기간 1. 1년 2. 2년 3. 3년 4. 4년 5. 5년 6. 기타 ( )년 7. 단기계약 (1년미만) 8. 해당없음	낙찰자선정방법 1. 적격심사 2. 협상에의한계약 3. 최저가낙찰제 4. 규격가격분리 5. 2단계 경쟁입찰 6. 기타 ( ) 7. 해당없음	운영예산 산정 1. 내부산정 (지자체 자체적으로 산정) 2. 외부산정 (외부전문기관위탁 산정) 3. 내·외부 모두 산정 4. 산정 無 5. 해당없음	정산방법 1. 내부정산 (지자체 내부적으로 정산) 2. 외부정산 (외부전문기관위탁 정산) 3. 내·외부 모두 산정 4. 정산 無 5. 해당없음	1. 실시 2. 미실시 3. 향후 추진 4. 해당없음
9791	강원 고성군	항포구 환경개선비 지원사업	40,000	해양수산과	1	4	7	8	7	1	1	4
9792	강원 고성군	모범운전자 공익 활동지원	10,000	안전교통과	1	4	7	8	7	5	5	4
9793	강원 고성군	노후택시 조기 대차비용 지원	3,000	안전교통과	1	1	7	8	7	5	5	4
9794	강원 고성군	택시 안전격벽 설치	252	안전교통과	1	1	7	8	7	5	5	4
9795	강원 고성군	농촌체험휴양마을 보험 가입 지원	627	농업기술센터	1	1	7	8	7	5	5	4
9796	강원 고성군	농촌마을 공동급식 지원	4,000	농업기술센터	1	4	7	8	7	1	1	2
9797	강원 고성군	귀농귀촌 유치 지원사업	6,000	농업기술센터	1	1	7	8	7	5	5	4
9798	강원 고성군	청년농업인 창업기반 구축	22,000	농업기술센터	1	6	7	8	7	3	1	1
9799	강원 고성군	강원쌀 대량소비처 차액지원	270,000	농업기술센터	1	5	7	8	7	5	5	4
9800	강원 고성군	공동선별비	27,989	농업기술센터	1	2	7	8	7	5	5	4
9801	강원 고성군	군납 활성화 포장재 지원	6,301	농업기술센터	1	1	7	8	7	5	5	4
9802	강원 고성군	로컬푸드사업 운영 지원	4,000	농업기술센터	1	1	7	8	7	5	5	4
9803	강원 고성군	정부양곡관리 포장재 제작 지원	80,000	농업기술센터	1	2	7	8	7	5	5	4
9804	강원 고성군	고성칡소 규모화 사료보전	100,000	농업기술센터	1	1	7	8	7	1	1	3
9805	강원 고성군	학생승미체험	194,560	농업기술센터	1	2	7	8	7	1	1	3
9806	강원 고성군	친환경인증농산물 포장재지원	12,000	농업기술센터	1	1	7	8	7	5	1	2
9807	강원 고성군	친환경 농자재 공급	78,000	농업기술센터	1	1	7	8	7	5	1	2
9808	강원 고성군	귀농창업 활성화지원	10,000	농업기술센터	1	4	7	8	7	1	1	2
9809	강원 고성군	청년창업농 영농정착 지원사업	127,881	농업기술센터	1	2	7	8	7	3	1	1
9810	강원 고성군	강소농 우수경영체 모델화 지원사업	10,000	농업기술센터	1	2	7	8	7	3	1	1
9811	강원 고성군	농촌건강장수마을 경상사업보조	10,000	농업기술센터	1	6	7	8	7	5	5	4
9812	강원 양양군	문화체험 관광상품 지원	6,000	관광과	1	6	7	8	7	5	1	4
9813	강원 양양군	양양모범운전자회 지원	11,000	전략교통과	1	1	6	1	6	1	1	1
9814	강원 양양군	도무형문화재공개행사	11,000	문화체육과	1	6	7	8	7	1	1	4
9815	강원 양양군	전통문화 전승보존사업 지원	38,500	문화체육과	1	1	7	8	7	1	1	4
9816	강원 양양군	농악활성화지원	30,000	문화체육과	1	8	7	8	7	1	1	1
9817	강원 양양군	양양거말작은도서관자료구입 지원	1,250	문화체육과	1	7	7	8	7	1	1	1
9818	강원 양양군	의상작은도서관 자료구입지원	1,250	문화체육과	1	7	7	8	7	1	1	1
9819	강원 양양군	해누리글터 작은도서관 자료구입 지원	1,250	문화체육과	1	7	7	8	7	1	1	1
9820	강원 양양군	복골 작은도서관 자료구입지원	1,250	문화체육과	1	7	7	8	7	1	1	1
9821	강원 양양군	양양감리교회 작은도서관 자료구입 지원	1,250	문화체육과	1	7	7	8	7	1	1	1
9822	강원 양양군	어르신체육활동 지도자 배치	146,160	문화체육과	1	2	7	8	7	5	1	1
9823	강원 양양군	생활체육교실 운영	20,000	문화체육과	1	1	7	8	7	1	1	4
9824	강원 양양군	생활체육지도자 배치	175,392	문화체육과	1	1	7	8	7	1	1	4
9825	강원 양양군	장애인 생활체육지도자 배치	29,232	문화체육과	1	2	7	8	7	5	1	1
9826	강원 양양군	육상종목지원	30,000	문화체육과	1	1	7	8	7	5	1	1
9827	강원 양양군	체육꿈나무 육성지원	32,000	문화체육과	1	1	7	8	7	5	1	1
9828	강원 양양군	종목별연합회장기대회지원	29,200	문화체육과	1	1	7	8	7	5	1	1
9829	강원 양양군	각종생활체육대회지원	91,095	문화체육과	1	1	7	8	7	5	1	1
9830	강원 양양군	생활체육바둑교실운영사업	12,000	문화체육과	1	1	7	8	7	5	1	1
9831	강원 양양군	어업용 면세유 일부지원	703,706	해양수산과	1	6	7	8	7	5	5	4
9832	강원 양양군	여성어업인 작업물품 지원	16,800	해양수산과	1	6	7	8	7	5	5	4
9833	강원 양양군	대문어 매입방류	14,000	해양수산과	1	6	7	8	7	5	5	4
9834	강원 양양군	해양보호구역관리	6,000	해양수산과	1	2	7	8	7	5	5	4
9835	강원 양양군	어촌체험마을 사무장 채용지원	36,450	해양수산과	1	2	7	8	7	5	5	4
9836	강원 양양군	청년어업인 정착지원	10,800	해양수산과	1	2	7	8	7	5	5	4
9837	강원 양양군	어선재해보상 보험료 지원	60,500	해양수산과	1	6	7	8	7	5	5	4
9838	강원 양양군	어선원 재해보상 보험 지원	112,600	해양수산과	1	6	7	8	7	5	5	4
9839	강원 양양군	수산업경영인 전국대회 참가 지원	23,000	해양수산과	1	6	7	8	7	5	5	4
9840	강원 양양군	해양사고 예인어선 조난 구조비 지원	1,877	해양수산과	1	6	7	8	7	5	5	4
9841	강원 양양군	수산물 수출업체 촉진비 지원	20,000	해양수산과	1	6	7	8	7	5	5	4

순번	시군구	지출명 (사업명)	2021년예산 (단위:천원/1년간)	담당자 (공무원) 담당부서	민간이전 분류 (지방자치단체 세출예산 집행기준에 의거) 1. 민간경상사업보조(307-02) 2. 민간단체 법정운영비보조(307-03) 3. 민간행사사업보조(307-04) 4. 민간위탁금(307-05) 5. 사회복지시설 법정운영비보조(307-10) 6. 민간인위탁교육비(307-12) 7. 공기관등에대한경상적위탁사업비(308-11) 8. 민간자본사업보조,자체재원(402-01) 9. 민간자본사업보조,이전재원(402-02) 10. 민간위탁사업비(402-03) 11. 공기관등에 대한 자본적 대행사업비(403-02)	민간이전지출 근거 (지방보조금 관리기준 참고) 1. 법률에 규정 2. 국고보조 재원(국가지정) 3. 용도 지정 기부금 4. 조례에 직접규정 5. 지자체가 권장하는 사업을 하는 공공기관 6. 시,도 정책 및 재정사정 7. 기타 8. 해당없음	입찰방식 계약체결방법 (경쟁형태) 1. 일반경쟁 2. 제한경쟁 3. 지명경쟁 4. 수의계약 5. 법정위탁 6. 기타 ( ) 7. 해당없음	입찰방식 계약기간 1. 1년 2. 2년 3. 3년 4. 4년 5. 5년 6. 기타 ( )년 7. 단기계약 (1년미만) 8. 해당없음	입찰방식 낙찰자선정방법 1. 적격심사 2. 협상에의한계약 3. 최저가낙찰제 4. 규격가격분리 5. 2단계 경쟁입찰 6. 기타 ( ) 7. 해당없음	운영예산 산정 운영예산 산정 1. 내부산정 (지자체 자체적으로 산정) 2. 외부산정 (외부전문기관위탁 산정) 3. 내·외부 모두 산정 4. 산정 無 5. 해당없음	운영예산 산정 정산방법 1. 내부정산 (지자체 내부적으로 정산) 2. 외부정산 (외부전문기관위탁 정산) 3. 내·외부 모두 산정 4. 정산 無 5. 해당없음	성과평가 실시여부 1. 실시 2. 미실시 3. 향후 추진 4. 해당없음
9842	강원 양양군	수산물 비대면 판매활성화 지원	18,000	해양수산과	1	6	7	8	7	5	5	4
9843	강원 양양군	산촌생태마을 운영매니저	40,000	산림녹지과	1	2	1	1	1	1	1	1
9844	강원 양양군	산양삼 생산과정확인	3,800	산림녹지과	1	1	1	1	1	1	1	1
9845	강원 양양군	강원청정임산물 판로확대(우체국쇼핑몰 이용촉진) 지원사업	6,000	산림녹지과	1	1	1	1	1	1	1	1
9846	강원 양양군	농촌관광주체 육성지원	150,686	농업기술센터	1	2	7	8	7	5	3	1
9847	강원 양양군	농촌관광주체 육성 지원	8,820	농업기술센터	1	2	7	8	7	5	3	1
9848	강원 양양군	농촌관광 활력화 추진	25,200	농업기술센터	1	6	7	8	7	5	3	1
9849	강원 양양군	농촌마을 공동급식 지원	12,000	농업기술센터	1	6	7	8	7	5	3	1
9850	강원 양양군	한우(거세우)TMR사료 지원	200,000	농업기술센터	1	4	7	8	7	5	5	1
9851	강원 양양군	한우(비육)초음파진단 지원	29,700	농업기술센터	1	4	7	8	7	5	5	1
9852	강원 양양군	한우(암소)난소결찰술 지원	7,500	농업기술센터	1	4	7	8	7	5	5	1
9853	강원 양양군	한우(암소)번식검진 지원	32,000	농업기술센터	1	4	7	8	7	5	5	1
9854	강원 양양군	한우(수송아지)거세시술 지원	35,000	농업기술센터	1	4	7	8	7	5	5	1
9855	강원 양양군	소규모 한우사육농가 사료비 지원	10,000	농업기술센터	1	4	7	8	7	5	5	1
9856	강원 양양군	축산물이력관리지원	21,696	농업기술센터	1	2	7	1	7	1	1	1
9857	강원 양양군	축산분뇨처리시설(정화방류) 운영지원	200,000	농업기술센터	1	4	7	1	7	1	1	1
9858	강원 양양군	가축분뇨 액비살포비지원	60,000	농업기술센터	1	2	7	1	7	1	1	1
9859	강원 양양군	가축분뇨 퇴비살포비지원	20,000	농업기술센터	1	2	7	1	7	1	1	1
9860	강원 양양군	유기질비료(퇴비) 수분조절제 지원	5,000	농업기술센터	1	4	7	1	7	1	1	1
9861	강원 양양군	간이퇴비장 설치 지원사업	37,500	농업기술센터	1	4	7	1	7	1	1	1
9862	강원 양양군	축산분뇨처 수분조절(톱밥) 지원사업	48,000	농업기술센터	1	4	7	1	7	1	1	1
9863	강원 양양군	가축분뇨소멸처리발효제 지원사업	4,500	농업기술센터	1	6	7	1	7	1	1	1
9864	강원 양양군	부숙촉진 악취저감제 지원사업	5,000	농업기술센터	1	6	7	1	7	1	1	1
9865	강원 양양군	벼농사 제초용 왕우렁이 지원	33,600	농업기술센터	1	6	7	8	7	1	1	4
9866	강원 양양군	벼농사 파종상 비료단지 재료지원	20,000	농업기술센터	1	6	7	8	7	1	1	4
9867	강원 양양군	청년농업인 영농정착지원 사업	70,560	농업기술센터	1	1	7	8	7	5	1	1
9868	강원 양양군	농촌융복합산업 지역단위 네트워크	255,000	농업기술센터	1	2	7	8	7	3	1	3
9869	강원 양양군	농촌 신활력플러스사업	1,000	농업기술센터	1	2	7	8	2	3	3	3
9870	강원 양양군	작목별 맞춤형 안전관리 실천시범	7,500	농업기술센터	1	2	7	8	7	3	1	3
9871	강원 양양군	농촌건강장수마을 육성	10,000	농업기술센터	1	6	7	8	7	3	1	3
9872	강원 양양군	농촌 어르신 복지실천 시범	5,000	농업기술센터	1	6	7	8	7	3	1	3
9873	강원 양양군	전통주 제조업체 경영 컨설팅 지원	16,000	농업기술센터	1	6	7	8	7	3	1	3
9874	강원 양양군	산촌마을 소득작목 재배기반 조성	15,000	농업기술센터	1	7	7	8	7	1	1	3
9875	강원 양양군	사회적기업 사회보험료 지원	36,000	경제에너지과	1	2	7	8	7	5	5	4
9876	강원 양양군	사회적기업 일자리창출	40,000	경제에너지과	1	2	7	8	7	5	5	4
9877	강원 양양군	농공단지 입주기업 물류비 지원사업	104,000	경제에너지과	1	4	7	8	7	5	4	4
9878	강원 양양군	강원도 지식재산 권리화 지원	66,000	경제에너지과	1	4	7	8	7	5	4	4
9879	강원 양양군	생계형 1인 자영업자 사회보험료 지원	80,000	경제에너지과	1	6	7	8	7	5	5	4
9880	강원 양양군	지역주도형(강원도형) 청년일자리 지원	258,972	경제에너지과	1	2	7	8	7	5	5	4
9881	강원 양양군	정규직일자리보조금지원	78,000	경제에너지과	1	6	7	8	7	5	5	4
9882	강원 양양군	노란우산공제 지원사업	574,800	경제에너지과	1	1	7	8	7	5	1	4
9883	강원 양양군	전통시장 안전요원 배치지원	93,287	경제에너지과	1	1	7	8	7	1	1	4
9884	강원 양양군	전통시장 화재보험 가입지원	2,400	경제에너지과	1	1	7	8	7	1	1	4
9885	강원 양양군	전통시장 화재보험 공제사업 지원	2,376	경제에너지과	1	1	7	8	7	1	1	4
9886	강원 양양군	자원봉사센터 사업 지원	33,770	자치행정과	1	4	7	8	7	1	1	4
9887	강원 양양군	자원봉사 코디네이터 지원	59,078	자치행정과	1	1	7	8	7	1	1	4
9888	강원 양양군	시군 자원봉사 프로그램 운영	22,000	자치행정과	1	4	7	8	7	1	1	4
9889	강원 양양군	범죄피해자지원센터 사업비	15,230	자치행정과	1	1	7	8	7	1	1	4
9890	강원 양양군	민주평화통일자문회의양양군지회사업비	14,970	자치행정과	1	1	7	8	7	1	1	4
9891	강원 양양군	한국자유총연맹양양군군지회 사업비	6,903	자치행정과	1	1	7	8	7	1	1	4
9892	강원 양양군	법무부법사랑위원양양지구협의회 사업비	8,700	자치행정과	1	1	7	8	7	1	1	4

순번	시군구	지출명 (사업명)	2021년예산 (단위:천원/1년간)	담당자 (공무원)	민간이전 분류 (지방자치단체 세출예산 집행기준에 의거)	민간이전지출 근거 (지방보조금 관리기준 참고)	입찰방식			운영예산 산정		성과평가 실시여부
				담당부서	1. 민간경상사업보조(307-02) 2. 민간단체 법정운영비보조(307-03) 3. 민간행사사업보조(307-04) 4. 민간위탁금(307-05) 5. 사회복지시설 법정운영비보조(307-10) 6. 민간인위탁교육비(307-12) 7. 공기관등에대한경상적위탁사업비(308-11) 8. 민간자본사업보조,자체재원(402-01) 9. 민간자본사업보조,이전재원(402-02) 10. 민간위탁사업비(402-03) 11. 공기관등에 대한 자본적 대행사업비(403-02)	1. 법률에 규정 2. 국고보조 재원(국가지정) 3. 용도 지정 기부금 4. 조례에 직접규정 5. 지자체가 권장하는 사업을 하는 공공기관 6. 시,도 정책 및 재정사정 7. 기타 8. 해당없음	계약체결방법 (경쟁형태) 1. 일반경쟁 2. 제한경쟁 3. 지명경쟁 4. 수의계약 5. 법정위탁 6. 기타 ( ) 7. 해당없음	계약기간 1. 1년 2. 2년 3. 3년 4. 4년 5. 5년 6. 기타 ( )년 7. 단기계약 (1년미만) 8. 해당없음	낙찰자선정방법 1. 적격심사 2. 협상에의한계약 3. 최저가낙찰제 4. 규격가격분리 5. 2단계 경쟁입찰 6. 기타 ( ) 7. 해당없음	운영예산 산정 1. 내부산정 (지자체 자체적으로 산정) 2. 외부산정 (외부전문기관위탁 산정) 3. 내·외부 모두 산정 4. 산정 無 5. 해당없음	정산방법 1. 내부정산 (지자체 내부적으로 정산) 2. 외부정산 (외부전문기관위탁 정산) 3. 내·외부 모두 산정 4. 정산 無 5. 해당없음	1. 실시 2. 미실시 3. 향후 추진 4. 해당없음
9893	강원 양양군	남설악산악구조대 사업비	5,510	자치행정과	1	1	7	8	7	1	1	4
9894	강원 양양군	양양군재향군인회 사업비	7,800	자치행정과	1	4	7	8	7	1	1	4
9895	강원 양양군	바르게살기운동양양군협의회 사업비	9,490	자치행정과	1	1	7	8	7	1	1	4
9896	강원 양양군	양양군행정동우회 사업비	4,350	자치행정과	1	1	7	8	7	1	1	4
9897	강원 양양군	새마을지도자 활동 사업비	38,826	자치행정과	1	4	7	8	7	1	1	4
9898	강원 양양군	강원도 이통장 한마음대회 참가	5,000	자치행정과	1	4	7	8	7	5	5	4
9899	강원 양양군	2020년 초등돌봄교실 과일간식 지원 시범사업 보조금	15,200	자치행정과	1	2	6	1	1	5	5	4
9900	강원 양양군	정보화마을 프로그램관리자 육성	30,192	자치행정과	1	6	7	8	7	5	5	4
9901	강원 양양군	정보화마을 프로그램관리자 육성	3,700	자치행정과	1	6	7	8	7	5	5	4
9902	강원 양양군	보훈단체 사업비 지원 및 전적지 견학	15,350	복지과	1	1	7	8	7	1	1	4
9903	강원 양양군	장애인 사회참여행사지원	37,550	복지과	1	4	7	8	7	1	1	1
9904	강원 양양군	노인이해증진 및 효문화 정립	4,200	복지과	1	5	7	8	7	1	1	4
9905	강원 양양군	공동주택 보안등 전기료지원	25,000	허가민원실	1	7	7	8	7	1	1	2
9906	강원 양양군	개인하수처리시설 위탁관리 지원(환경공영제)	236,346	환경과	1	8	7	8	7	5	1	4
9907	충북 청주시	녹색청주협의회 운영	153,260	상생협력담당관	1	4	7	8	7	5	5	3
9908	충북 청주시	노사협력 지원 사업	23,280	상생협력담당관	1	1	7	8	7	5	5	3
9909	충북 청주시	지역노사민정활성화 지원사업	55,940	상생협력담당관	1	2	7	8	7	5	5	3
9910	충북 청주시	지역노사민정활성화 지원사업	6,790	상생협력담당관	1	1	7	8	7	5	5	3
9911	충북 청주시	지역대학 협력 및 육성사업	23,523	청년정책담당관	1	4	7	8	7	5	5	3
9912	충북 청주시	4차 산업혁명 혁신선도대학 지원	25,000	청년정책담당관	1	4	7	8	7	5	5	3
9913	충북 청주시	청년취업 지원사업	30,000	청년정책담당관	1	1	7	8	7	5	5	3
9914	충북 청주시	청년취업 지원사업	29,100	청년정책담당관	1	1	7	8	7	5	5	3
9915	충북 청주시	청년취업 지원사업	48,500	청년정책담당관	1	1	7	8	7	5	5	3
9916	충북 청주시	청주청년잡고(JOB GO) 청년일자리사업	345,648	청년정책담당관	1	2	7	8	7	5	5	3
9917	충북 청주시	청년과 문화 상생프로젝트	120,136	청년정책담당관	1	2	7	8	7	5	5	3
9918	충북 청주시	청주 포스트코로나대응형 청년일자리 지원사업	711,608	청년정책담당관	1	2	7	8	7	5	5	3
9919	충북 청주시	학교 밖 청소년 지원	165,633	청년정책담당관	1	2	7	8	7	5	5	3
9920	충북 청주시	학교 밖 청소년 지원	125,993	청년정책담당관	1	2	7	8	7	5	5	3
9921	충북 청주시	학교 밖 청소년 지원	44,520	청년정책담당관	1	4	7	8	7	5	5	3
9922	충북 청주시	학교 밖 청소년 지원	11,360	청년정책담당관	1	4	7	8	7	5	5	3
9923	충북 청주시	동반자프로그램운영지원	135,400	청년정책담당관	1	2	7	8	7	5	5	3
9924	충북 청주시	동반자프로그램운영지원	116,890	청년정책담당관	1	2	7	8	7	5	5	3
9925	충북 청주시	청소년유해환경감시단 운영	7,000	청년정책담당관	1	2	7	8	7	5	5	3
9926	충북 청주시	인터넷중독상담사배치사업운영	35,074	청년정책담당관	1	2	7	8	7	5	5	3
9927	충북 청주시	청소년 행사 지원	9,000	청년정책담당관	1	1	7	8	7	5	5	3
9928	충북 청주시	청소년 행사 지원	45,000	청년정책담당관	1	4	7	8	7	5	5	3
9929	충북 청주시	청소년 행사 지원	45,000	청년정책담당관	1	1	7	8	7	5	5	3
9930	충북 청주시	청소년수련시설 지도사배치 지원	13,364	청년정책담당관	1	1	7	8	7	5	5	3
9931	충북 청주시	청소년수련시설 지도사배치 지원	69,624	청년정책담당관	1	2	7	8	7	5	5	3
9932	충북 청주시	청소년수련시설 운영위원회 운영	4,000	청년정책담당관	1	2	7	8	7	5	5	3
9933	충북 청주시	지역청소년참여위원회 운영	2,800	청년정책담당관	1	2	7	8	7	5	5	3
9934	충북 청주시	청소년 동아리 활동지원	30,000	청년정책담당관	1	2	7	8	7	5	5	3
9935	충북 청주시	청소년공부방운영	9,215	청년정책담당관	1	4	7	8	7	5	5	3
9936	충북 청주시	청소년교류 지원	50,000	청년정책담당관	1	1	7	8	7	5	5	3
9937	충북 청주시	청소년 도전 청주사랑	18,430	청년정책담당관	1	1	7	8	7	5	5	3
9938	충북 청주시	학교 밖 청소년 수학여행	5,820	청년정책담당관	1	4	7	8	7	5	5	3
9939	충북 청주시	학교 밖 청소년 수학여행	5,820	청년정책담당관	1	4	7	8	7	5	5	3
9940	충북 청주시	학교 밖 청소년 인턴제	6,111	청년정책담당관	1	4	7	8	7	5	5	3
9941	충북 청주시	학교 밖 청소년 인턴제	6,111	청년정책담당관	1	4	7	8	7	5	5	3
9942	충북 청주시	학교밖 청소년 공동작업장 운영	24,250	청년정책담당관	1	4	7	8	7	5	5	3
9943	충북 청주시	청소년 문화의 날 운영	4,850	청년정책담당관	1	4	7	8	7	5	5	3

순번	시군구	지출명 (사업명)	2021년예산 (단위:천원/1년간)	담당자 (공무원) 담당부서	민간이전 분류 (지방자치단체 세출예산 집행기준에 의거) 1. 민간경상사업보조(307-02) 2. 민간단체 법정운영비보조(307-03) 3. 민간행사사업보조(307-04) 4. 민간위탁금(307-05) 5. 사회복지시설 법정운영비보조(307-10) 6. 민간인위탁교육비(307-12) 7. 공기관등에대한경상적위탁사업비(308-11) 8. 민간자본사업보조,자체재원(402-01) 9. 민간자본사업보조,이전재원(402-02) 10. 민간위탁사업비(402-03) 11. 공기관등에 대한 자본적 대행사업비(403-02)	민간이전지출 근거 (지방보조금 관리기준 참고) 1. 법률에 규정 2. 국고보조 재원(국가지정) 3. 용도 지정 기부금 4. 조례에 직접규정 5. 지자체가 권장하는 사업을 하는 공공기관 6. 시,도 정책 및 재정사정 7. 기타 8. 해당없음	입찰방식 계약체결방법 (경쟁형태) 1. 일반경쟁 2. 제한경쟁 3. 지명경쟁 4. 수의계약 5. 법정위탁 6. 기타 ( ) 7. 해당없음	계약기간 1. 1년 2. 2년 3. 3년 4. 4년 5. 5년 6. 기타 ( )년 7. 단기계약 (1년미만) 8. 해당없음	낙찰자선정방법 1. 적격심사 2. 협상에의한계약 3. 최저가낙찰제 4. 규격가격분리 5. 2단계 경쟁입찰 6. 기타 ( ) 7. 해당없음	운영예산 산정 운영예산 산정 1. 내부산정 (지자체 자체적으로 산정) 2. 외부산정 (외부전문기관위탁 산정) 3. 내·외부 모두 산정 4. 산정 無 5. 해당없음	정산방법 1. 내부정산 (지자체 내부적으로 정산) 2. 외부정산 (외부전문기관위탁 정산) 3. 내·외부 모두 산정 4. 정산 無 5. 해당없음	성과평가 실시여부 1. 실시 2. 미실시 3. 향후 추진 4. 해당없음
9944	충북 청주시	북한이탈주민 방과후 공부방 운영	5,327	자치행정과	1	1	7	8	7	5	5	3
9945	충북 청주시	지역공동체 제안 공모사업	20,000	자치행정과	1	4	7	8	7	5	5	3
9946	충북 청주시	정보화마을 프로그램관리자 육성	43,362	자치행정과	1	4	7	8	7	5	5	3
9947	충북 청주시	정보화마을 운영 활성화	24,000	자치행정과	1	4	7	8	7	5	5	3
9948	충북 청주시	민주평화통일자문회의청주시협의회 지원	67,900	자치행정과	1	1	7	8	7	5	5	3
9949	충북 청주시	청주시새마을회 지원	97,440	자치행정과	1	1	7	8	7	5	5	3
9950	충북 청주시	쾌적한 환경, 행복한 공동체 만들기	45,000	자치행정과	1	6	7	8	7	5	5	3
9951	충북 청주시	바르게살기운동청주시협의회 지원	47,307	자치행정과	1	1	7	8	7	5	5	3
9952	충북 청주시	한국자유총연맹청주시지회 지원	37,657	자치행정과	1	1	7	8	7	5	5	3
9953	충북 청주시	민족통일청주시협의회 지원	13,377	자치행정과	1	1	7	8	7	5	5	3
9954	충북 청주시	범죄피해자지원센터 지원	48,500	자치행정과	1	1	7	8	7	5	5	3
9955	충북 청주시	자원봉사센터 운영	109,062	자치행정과	1	1	7	8	7	5	5	3
9956	충북 청주시	자원봉사센터 활동 지원	126,000	자치행정과	1	1	7	8	7	5	5	3
9957	충북 청주시	자원봉사 활성화 지원	59,112	자치행정과	1	2	7	8	7	5	5	3
9958	충북 청주시	자원봉사센터 등록 자원봉사자 보험료 지원	34,172	자치행정과	1	2	7	8	7	5	5	3
9959	충북 청주시	청주시지역치안협의회 지원	210,000	자치행정과	1	6	7	8	7	5	5	3
9960	충북 청주시	재해없는 안전한 마을 만들기	99,520	안전정책과	1	1	7	8	7	5	5	3
9961	충북 청주시	지역자율방재단 운영	15,996	안전정책과	1	1	7	8	7	5	5	3
9962	충북 청주시	물가안정대책	14,900	경제정책과	1	4	7	8	7	5	5	3
9963	충북 청주시	전통시장 활성화	8,730	경제정책과	1	1	7	8	7	5	5	3
9964	충북 청주시	전통시장 시장매니저 지원	78,960	경제정책과	1	1	7	8	7	5	5	3
9965	충북 청주시	전통시장 시장매니저 지원	14,400	경제정책과	1	1	7	8	7	5	5	3
9966	충북 청주시	전통시장 및 상점가 배송도우미 운영	116,400	경제정책과	1	1	7	8	7	5	5	3
9967	충북 청주시	소상공인지원	9,700	경제정책과	1	1	7	8	7	5	5	3
9968	충북 청주시	소상공인지원	19,400	경제정책과	1	1	7	8	7	5	5	3
9969	충북 청주시	소상공인지원	156,000	경제정책과	1	1	7	8	7	5	5	3
9970	충북 청주시	중소유통공동도매물류센터 지원사업	12,895	경제정책과	1	1	7	8	7	5	5	3
9971	충북 청주시	신중년 사회공헌 사업	479,057	일자리정책과	1	2	7	8	7	5	5	3
9972	충북 청주시	신중년 경력형 일자리 사업	49,880	일자리정책과	1	2	7	8	7	5	5	3
9973	충북 청주시	신중년 경력형 일자리 사업	6,180	일자리정책과	1	2	7	8	7	5	5	3
9974	충북 청주시	신중년 경력형 일자리 사업	30,000	일자리정책과	1	2	7	8	7	5	5	3
9975	충북 청주시	지역산업맞춤형 일자리창출 지원사업	1,000	일자리정책과	1	2	7	8	7	5	5	3
9976	충북 청주시	창업기업 혁신성장 지원	20,000	일자리정책과	1	2	7	8	7	5	5	3
9977	충북 청주시	창업기업 혁신성장 지원	50,000	일자리정책과	1	2	7	8	7	5	5	3
9978	충북 청주시	창업기업 혁신성장 지원	20,000	일자리정책과	1	2	7	8	7	5	5	3
9979	충북 청주시	창업기업 혁신성장 지원	58,200	일자리정책과	1	6	7	8	7	5	5	3
9980	충북 청주시	사회적기업 활성화 지원	970	일자리정책과	1	5	7	8	7	5	5	3
9981	충북 청주시	(예비)사회적기업 육성사업	1,200	일자리정책과	1	1	7	8	7	5	5	3
9982	충북 청주시	(예비)사회적기업 전문인력지원사업	266,669	일자리정책과	1	1	7	8	7	5	5	3
9983	충북 청주시	사회적기업 사회보험료 지원	226,335	일자리정책과	1	1	7	8	7	5	5	3
9984	충북 청주시	사회적기업 사업개발비 지원 사업	572,861	일자리정책과	1	1	7	8	7	5	5	3
9985	충북 청주시	마을기업 육성사업	100,000	일자리정책과	1	2	7	8	7	5	5	3
9986	충북 청주시	중소기업 지원	39,920	기업지원과	1	4	7	8	7	5	5	3
9987	충북 청주시	중소기업 지원	29,100	기업지원과	1	4	7	8	7	5	5	3
9988	충북 청주시	중소기업 지원	9,312	기업지원과	1	4	7	8	7	5	5	3
9989	충북 청주시	국제통상 증대	48,500	기업지원과	1	4	7	8	7	5	5	3
9990	충북 청주시	국제통상 증대	92,150	기업지원과	1	4	7	8	7	5	5	3
9991	충북 청주시	국제통상 증대	48,500	기업지원과	1	4	7	8	7	5	5	3
9992	충북 청주시	국제통상 증대	48,500	기업지원과	1	4	7	8	7	5	5	3
9993	충북 청주시	보훈단체 운영 및 보조	24,500	복지정책과	1	4	7	8	7	5	5	3
9994	충북 청주시	보훈단체 운영 및 보조	93,120	복지정책과	1	4	7	8	7	5	5	3

순번	시군구	지출명 (사업명)	2021년예산 (단위:천원/1년간)	담당자 (공무원) 담당부서	민간이전 분류 (지방자치단체 세출예산 집행기준에 의거) 1. 민간경상사업보조(307-02) 2. 민간단체 법정운영비보조(307-03) 3. 민간행사사업보조(307-04) 4. 민간위탁금(307-05) 5. 사회복지시설 법정운영비보조(307-10) 6. 민간인위탁교육비(307-12) 7. 공기관등에대한경상적위탁사업비(308-11) 8. 민간자본사업보조,자체재원(402-01) 9. 민간자본사업보조,이전재원(402-02) 10. 민간위탁사업비(402-03) 11. 공기관등에 대한 자본적 대행사업비(403-02)	민간이전지출 근거 (지방보조금 관리기준 참고) 1. 법률에 규정 2. 국고보조 재원(국가지정) 3. 용도 지정 기부금 4. 조례에 직접규정 5. 지자체가 권장하는 사업을 하는 공공기관 6. 시,도 정책 및 재정사정 7. 기타 8. 해당없음	입찰방식 계약체결방법 (경쟁형태) 1. 일반경쟁 2. 제한경쟁 3. 지명경쟁 4. 수의계약 5. 법정위탁 6. 기타 ( ) 7. 해당없음	입찰방식 계약기간 1. 1년 2. 2년 3. 3년 4. 4년 5. 5년 6. 기타 ( )년 7. 단기계약 (1년미만) 8. 해당없음	입찰방식 낙찰자선정방법 1. 적격심사 2. 협상에의한계약 3. 최저가낙찰제 4. 규격가격분리 5. 2단계 경쟁입찰 6. 기타 ( ) 7. 해당없음	운영예산 산정 운영예산 산정 1. 내부산정 (지자체 자체적으로 산정) 2. 외부산정 (외부전문기관위탁 산정) 3. 내·외부 모두 산정 4. 산정 無 5. 해당없음	운영예산 산정 정산방법 1. 내부정산 (지자체 내부적으로 정산) 2. 외부정산 (외부전문기관위탁 정산) 3. 내·외부 모두 산정 4. 정산 無 5. 해당없음	성과평가 실시여부 1. 실시 2. 미실시 3. 향후 추진 4. 해당없음
9995	충북 청주시	보훈단체 운영 및 보조	9,700	복지정책과	1	4	7	8	7	5	5	3
9996	충북 청주시	보훈단체 운영 및 보조	133,860	복지정책과	1	4	7	8	7	5	5	3
9997	충북 청주시	보훈단체 운영 및 보조	3,880	복지정책과	1	4	7	8	7	5	5	3
9998	충북 청주시	보훈단체 운영 및 보조	4,850	복지정책과	1	4	7	8	7	5	5	3
9999	충북 청주시	보훈단체 운영 및 보조	30,000	복지정책과	1	4	7	8	7	5	5	3
10000	충북 청주시	보훈단체 운영 및 보조	16,490	복지정책과	1	4	7	8	7	5	5	3
10001	충북 청주시	보훈단체 운영 및 보조	16,490	복지정책과	1	4	7	8	7	5	5	3
10002	충북 청주시	보훈단체 운영 및 보조	14,550	복지정책과	1	4	7	8	7	5	5	3
10003	충북 청주시	보훈단체 운영 및 보조	16,490	복지정책과	1	4	7	8	7	5	5	3
10004	충북 청주시	보훈단체 운영 및 보조	16,490	복지정책과	1	4	7	8	7	5	5	3
10005	충북 청주시	보훈단체 운영 및 보조	16,490	복지정책과	1	4	7	8	7	5	5	3
10006	충북 청주시	보훈단체 운영 및 보조	16,490	복지정책과	1	4	7	8	7	5	5	3
10007	충북 청주시	보훈단체 운영 및 보조	14,550	복지정책과	1	4	7	8	7	5	5	3
10008	충북 청주시	보훈단체 운영 및 보조	9,700	복지정책과	1	4	7	8	7	5	5	3
10009	충북 청주시	보훈단체 운영 및 보조	16,490	복지정책과	1	4	7	8	7	5	5	3
10010	충북 청주시	지역사회보장협의체 운영	56,260	복지정책과	1	1	7	8	7	5	5	3
10011	충북 청주시	사회복지협의회 사업추진	9,700	복지정책과	1	4	7	8	7	5	5	3
10012	충북 청주시	사회복지협의회 사업지원	9,000	복지정책과	1	4	7	8	7	5	5	3
10013	충북 청주시	자활사업 활성화 추진사업	21,000	복지정책과	1	6	7	8	7	5	5	3
10014	충북 청주시	자활사업 활성화 추진사업	21,000	복지정책과	1	6	7	8	7	5	5	3
10015	충북 청주시	자활기금 운영	30,000	복지정책과	1	4	7	8	7	5	5	3
10016	충북 청주시	자활기금 운영	60,648	복지정책과	1	4	7	8	7	5	5	3
10017	충북 청주시	자활기금 운영	28,200	복지정책과	1	4	7	8	7	5	5	3
10018	충북 청주시	자활기금 운영	10,000	복지정책과	1	4	7	8	7	5	5	3
10019	충북 청주시	노인복지기금운용	90,000	노인복지과	1	4	7	8	7	5	5	3
10020	충북 청주시	새일센터 지정 운영	133,000	여성가족과	1	1	7	8	7	5	5	3
10021	충북 청주시	새일센터 지정 운영	94,000	여성가족과	1	1	7	8	7	5	5	3
10022	충북 청주시	새일센터 지정 운영	249,676	여성가족과	1	1	7	8	7	5	5	3
10023	충북 청주시	여성취업지원 기관 지원	12,000	여성가족과	1	1	7	8	7	5	5	3
10024	충북 청주시	징검다리여성창업지원사업	38,800	여성가족과	1	1	7	8	7	5	5	3
10025	충북 청주시	여성단체운영	4,850	여성가족과	1	4	7	8	7	5	5	3
10026	충북 청주시	시민알뜰센터운영	20,758	여성가족과	1	4	7	8	7	5	5	3
10027	충북 청주시	양성평등기금출연금운용	70,000	여성가족과	1	4	7	8	7	5	5	3
10028	충북 청주시	아동친화도시 조성	8,071	아동보육과	1	1	7	8	7	5	5	3
10029	충북 청주시	어린이급식관리지원센터 운영	1,470	위생정책과	1	1	7	8	7	5	5	3
10030	충북 청주시	어린이급식관리지원센터 운영	525,000	위생정책과	1	1	7	8	7	5	5	3
10031	충북 청주시	음식문화개선	70,000	위생정책과	1	4	7	8	7	5	5	3
10032	충북 청주시	공공급식관리지원센터 설치·운영	100,000	위생정책과	1	2	7	8	7	5	5	3
10033	충북 청주시	반찬등속 전시체험관 운영	24,250	위생정책과	1	4	7	8	7	5	5	3
10034	충북 청주시	음식문화개선사업	8,000	위생정책과	1	1	7	8	7	5	5	3
10035	충북 청주시	동아시아문화도시 교류협력사업	145,500	문화예술과	1	4	7	8	7	5	5	3
10036	충북 청주시	청원농기놀이 공연	6,790	문화예술과	1	4	7	8	7	5	5	3
10037	충북 청주시	현도두레농요 공연	7,760	문화예술과	1	4	7	8	7	5	5	3
10038	충북 청주시	청주 시민 국어문화학교	8,730	문화예술과	1	4	7	8	7	5	5	3
10039	충북 청주시	청주 시민과 함께하는 인문학 강좌	9,700	문화예술과	1	4	7	8	7	5	5	3
10040	충북 청주시	통합문화이용권사업	2,430	문화예술과	1	1	7	8	7	5	5	3
10041	충북 청주시	농촌우수마당극 큰잔치	30,600	문화예술과	1	4	7	8	7	5	5	3
10042	충북 청주시	전국 청소년민속예술축제 참가	32,000	문화예술과	1	4	7	8	7	5	5	3
10043	충북 청주시	푸른청주 푸른꿈키우기	24,250	문화예술과	1	4	7	8	7	5	5	3
10044	충북 청주시	세종 백일장	4,365	문화예술과	1	4	7	8	7	5	5	3
10045	충북 청주시	전국학생사생대회	4,365	문화예술과	1	4	7	8	7	5	5	3

순번	시군구	지출명 (사업명)	2021년예산 (단위:천원/1년간)	담당자 (공무원) 담당부서	민간이전 분류 (지방자치단체 세출예산 집행기준에 의거) 1. 민간경상사업보조(307-02) 2. 민간단체 법정운영비보조(307-03) 3. 민간행사사업보조(307-04) 4. 민간위탁금(307-05) 5. 사회복지시설 법정운영비보조(307-10) 6. 민간인위탁교육비(307-12) 7. 공기관등에대한경상적위탁사업비(308-11) 8. 민간자본사업보조,자체재원(402-01) 9. 민간자본사업보조,이전재원(402-02) 10. 민간위탁사업비(402-03) 11. 공기관등에 대한 자본적 대행사업비(403-02)	민간이전지출 근거 (지방보조금 관리기준 참고) 1. 법률에 규정 2. 국고보조 재원(국가지정) 3. 용도 지정 기부금 4. 조례에 직접규정 5. 지자체가 권장하는 사업을 하는 공공기관 6. 시,도 정책 및 재정사정 7. 기타 8. 해당없음	입찰방식 계약체결방법 (경쟁형태) 1. 일반경쟁 2. 제한경쟁 3. 지명경쟁 4. 수의계약 5. 법정위탁 6. 기타 ( ) 7. 해당없음	입찰방식 계약기간 1. 1년 2. 2년 3. 3년 4. 4년 5. 5년 6. 기타 ( )년 7. 단기계약 (1년미만) 8. 해당없음	입찰방식 낙찰자선정방법 1. 적격심사 2. 협상에의한계약 3. 최저가낙찰제 4. 규격가격분리 5. 2단계 경쟁입찰 6. 기타 ( ) 7. 해당없음	운영예산 산정 운영예산 산정 1. 내부산정 (지자체 자체적으로 산정) 2. 외부산정 (외부전문기관위탁 산정) 3. 내·외부 모두 산정 4. 산정 無 5. 해당없음	운영예산 산정 정산방법 1. 내부정산 (지자체 내부적으로 정산) 2. 외부정산 (외부전문기관위탁 정산) 3. 내·외부 모두 산정 4. 정산 無 5. 해당없음	성과평가 실시여부 1. 실시 2. 미실시 3. 향후 추진 4. 해당없음
10046	충북 청주시	전통민화체험	11,201	문화예술과	1	4	7	8	7	5	5	3
10047	충북 청주시	청주문화원 문화예술체험행사 지원	49,470	문화예술과	1	4	7	8	7	5	5	3
10048	충북 청주시	청소년문화학교 운영	15,520	문화예술과	1	4	7	8	7	5	5	3
10049	충북 청주시	청주예총 운영 지원	6,790	문화예술과	1	4	7	8	7	5	5	3
10050	충북 청주시	청주민예총 운영 지원	4,850	문화예술과	1	4	7	8	7	5	5	3
10051	충북 청주시	청주문화원 운영지원	24,250	문화예술과	1	4	7	8	7	5	5	3
10052	충북 청주시	청주문화원 운영지원	77,600	문화예술과	1	4	7	8	7	5	5	3
10053	충북 청주시	청주문화원 운영지원	9,700	문화예술과	1	4	7	8	7	5	5	3
10054	충북 청주시	청주문화원 운영지원	19,206	문화예술과	1	4	7	8	7	5	5	3
10055	충북 청주시	예술공장 두레 지원	3,298	문화예술과	1	4	7	8	7	5	5	3
10056	충북 청주시	무형문화재 전수교육관 활성화 사업	15,000	문화예술과	1	2	7	8	7	5	5	3
10057	충북 청주시	무형문화재 전수교육관 활성화 사업	17,500	문화예술과	1	2	7	8	7	5	5	3
10058	충북 청주시	향교 유지관리 사업	18,085	문화예술과	1	4	7	8	7	5	5	3
10059	충북 청주시	향교 유지관리 사업	12,766	문화예술과	1	4	7	8	7	5	5	3
10060	충북 청주시	향교서원 문화재 활용사업	200,000	문화예술과	1	2	7	8	7	5	5	3
10061	충북 청주시	향교서원 문화재 활용사업	195,000	문화예술과	1	2	7	8	7	5	5	3
10062	충북 청주시	전통산사 문화재 활용사업	62,500	문화예술과	1	2	7	8	7	5	5	3
10063	충북 청주시	생생문화재사업	72,500	문화예술과	1	2	7	8	7	5	5	3
10064	충북 청주시	생생문화재사업	65,000	문화예술과	1	2	7	8	7	5	5	3
10065	충북 청주시	지역문화유산 교육사업	52,000	문화예술과	1	2	7	8	7	5	5	3
10066	충북 청주시	문화유산 활용사업	32,190	문화예술과	1	4	7	8	7	5	5	3
10067	충북 청주시	무형문화재 공개행사 지원	18,800	문화예술과	1	4	7	8	7	5	5	3
10068	충북 청주시	반찬등속 전수교육 프로그램 운영	33,950	문화예술과	1	6	7	8	7	5	5	3
10069	충북 청주시	향교 도덕성회복 교육지원	9,000	문화예술과	1	4	7	8	7	5	5	3
10070	충북 청주시	향교 도덕성회복 교육지원	6,000	문화예술과	1	4	7	8	7	5	5	3
10071	충북 청주시	청주향교 서예한문교실	13,095	문화예술과	1	4	7	8	7	5	5	3
10072	충북 청주시	문의향교 도의선양 강연	3,880	문화예술과	1	4	7	8	7	5	5	3
10073	충북 청주시	성균관유도회 도의선양 강연	15,714	문화예술과	1	6	7	8	7	5	5	3
10074	충북 청주시	청주시 액터스 인력양성사업	73,720	문화예술과	1	4	7	8	7	5	5	3
10075	충북 청주시	박물관 · 미술관 활성화 지원사업	70,000	문화예술과	1	4	7	8	7	5	5	3
10076	충북 청주시	청주공예비엔날레 행사 추진	5,000	문화예술과	1	4	7	8	7	5	5	3
10077	충북 청주시	전문체육 육성 · 운영	450,000	체육교육과	1	1	7	8	7	5	5	3
10078	충북 청주시	전문체육 육성 · 운영	584,309	체육교육과	1	1	7	8	7	5	5	3
10079	충북 청주시	장애인 체육 활성화	39,770	체육교육과	1	1	7	8	7	5	5	3
10080	충북 청주시	장애인 체육 활성화	24,250	체육교육과	1	1	7	8	7	5	5	3
10081	충북 청주시	장애인 체육 활성화	6,790	체육교육과	1	1	7	8	7	5	5	3
10082	충북 청주시	장애인 체육 활성화	4,850	체육교육과	1	1	7	8	7	5	5	3
10083	충북 청주시	장애인 체육 활성화	4,850	체육교육과	1	1	7	8	7	5	5	3
10084	충북 청주시	장애인 체육 활성화	23,280	체육교육과	1	1	7	8	7	5	5	3
10085	충북 청주시	장애인 체육 활성화	48,500	체육교육과	1	1	7	8	7	5	5	3
10086	충북 청주시	장애인 체육 활성화	14,550	체육교육과	1	1	7	8	7	5	5	3
10087	충북 청주시	장애인 체육 활성화	14,550	체육교육과	1	1	7	8	7	5	5	3
10088	충북 청주시	장애인 체육 활성화	19,400	체육교육과	1	1	7	8	7	5	5	3
10089	충북 청주시	장애인 체육 활성화	3,880	체육교육과	1	1	7	8	7	5	5	3
10090	충북 청주시	장애인 체육 활성화	58,756	체육교육과	1	1	7	8	7	5	5	3
10091	충북 청주시	장애인생활체육지도자 배치	204,624	체육교육과	1	1	7	8	7	5	5	3
10092	충북 청주시	일반(전일제)생활체육지도자 배치	426,048	체육교육과	1	1	7	8	7	5	5	3
10093	충북 청주시	어르신전일제 생활체육지도자 배치	304,320	체육교육과	1	1	7	8	7	5	5	3
10094	충북 청주시	시군생활체육지도자 배치	30,468	체육교육과	1	1	7	8	7	5	5	3
10095	충북 청주시	생활체육 육성 지원	82,450	체육교육과	1	1	7	8	7	5	5	3
10096	충북 청주시	생활체육 육성 지원	25,220	체육교육과	1	1	7	8	7	5	5	3

순번	시군구	지출명 (사업명)	2021년예산 (단위:천원/1년간)	담당자 (공무원)	민간이전 분류 (지방자치단체 세출예산 집행기준에 의거)	민간이전지출 근거 (지방보조금 관리기준 참고)	입찰방식			운영예산 산정		성과평가 실시여부
				담당부서	1. 민간경상사업보조(307-02) 2. 민간단체 법정운영비보조(307-03) 3. 민간행사사업보조(307-04) 4. 민간위탁금(307-05) 5. 사회복지시설 법정운영비보조(307-10) 6. 민간인위탁교육비(307-12) 7. 공기관등에대한경상적위탁사업비(308-11) 8. 민간자본사업보조,자체재원(402-01) 9. 민간자본사업보조,이전재원(402-02) 10. 민간위탁사업비(402-03) 11. 공기관등에 대한 자본적 대행사업비(403-02)	1. 법률에 규정 2. 국고보조 재원(국가지정) 3. 용도 지정 기부금 4. 조례에 직접규정 5. 지자체가 권장하는 사업을 하는 공공기관 6. 시,도 정책 및 재정사정 7. 기타 8. 해당없음	계약체결방법 (경쟁형태) 1. 일반경쟁 2. 제한경쟁 3. 지명경쟁 4. 수의계약 5. 법정위탁 6. 기타 ( ) 7. 해당없음	계약기간 1. 1년 2. 2년 3. 3년 4. 4년 5. 5년 6. 기타 ( )년 7. 단기계약 (1년미만) 8. 해당없음	낙찰자선정방법 1. 적격심사 2. 협상에의한계약 3. 최저가낙찰제 4. 규격가격분리 5. 2단계 경쟁입찰 6. 기타 ( ) 7. 해당없음	운영예산 산정 1. 내부산정 (지자체 자체적으로 산정) 2. 외부산정 (외부전문기관위탁 산정) 3. 내·외부 모두 산정 4. 산정 無 5. 해당없음	정산방법 1. 내부정산 (지자체 내부적으로 정산) 2. 외부정산 (외부전문기관위탁 정산) 3. 내·외부 모두 산정 4. 정산 無 5. 해당없음	1. 실시 2. 미실시 3. 향후 추진 4. 해당없음
10097	충북 청주시	생활체육 육성 지원	9,700	체육교육과	1	1	7	8	7	5	5	3
10098	충북 청주시	생활체육 육성 지원	19,400	체육교육과	1	1	7	8	7	5	5	3
10099	충북 청주시	생활체육 육성 지원	1,940	체육교육과	1	1	7	8	7	5	5	3
10100	충북 청주시	생활체육 육성 지원	3,880	체육교육과	1	1	7	8	7	5	5	3
10101	충북 청주시	생활체육 육성 지원	6,790	체육교육과	1	1	7	8	7	5	5	3
10102	충북 청주시	생활체육 육성 지원	209,123	체육교육과	1	1	7	8	7	5	5	3
10103	충북 청주시	생활체육 육성 지원	2,910	체육교육과	1	1	7	8	7	5	5	3
10104	충북 청주시	생활체육 시민건강증진 사업	9,700	체육교육과	1	1	7	8	7	5	5	3
10105	충북 청주시	생활체육 시민건강증진 사업	349,200	체육교육과	1	1	7	8	7	5	5	3
10106	충북 청주시	생활체육 시민건강증진 사업	6,790	체육교육과	1	1	7	8	7	5	5	3
10107	충북 청주시	국민체력100 청주체력인증센터 운영	206,250	체육교육과	1	1	7	8	7	5	5	3
10108	충북 청주시	학교폭력 예방 프로그램	28,227	체육교육과	1	1	7	8	7	5	5	3
10109	충북 청주시	학교폭력 예방 프로그램	29,100	체육교육과	1	1	7	8	7	5	5	3
10110	충북 청주시	관광수용태세 개선 교육	5,646	관광정책과	1	1	7	8	7	5	5	3
10111	충북 청주시	청주 시티투어 운영	61,159	관광정책과	1	4	7	8	7	5	5	3
10112	충북 청주시	도시관광활성화	38,800	관광정책과	1	4	7	8	7	5	5	3
10113	충북 청주시	도시관광활성화	29,100	관광정책과	1	1	7	8	7	5	5	3
10114	충북 청주시	특수목적관광 활성화 지원	9,700	관광정책과	1	1	7	8	7	5	5	3
10115	충북 청주시	농업전문인력 및 전문경영체 육성	26,190	농업정책과	1	4	7	8	7	5	5	3
10116	충북 청주시	농업전문인력 및 전문경영체 육성	6,548	농업정책과	1	4	7	8	7	5	5	3
10117	충북 청주시	농업전문인력 및 전문경영체 육성	8,032	농업정책과	1	4	7	8	7	5	5	3
10118	충북 청주시	농업전문인력 및 전문경영체 육성	8,311	농업정책과	1	4	7	8	7	5	5	3
10119	충북 청주시	농업전문인력 및 전문경영체 육성	3,754	농업정책과	1	4	7	8	7	5	5	3
10120	충북 청주시	농업전문인력 및 전문경영체 육성	4,365	농업정책과	1	4	7	8	7	5	5	3
10121	충북 청주시	농업전문인력 및 전문경영체 육성	4,191	농업정책과	1	4	7	8	7	5	5	3
10122	충북 청주시	농업전문인력 및 전문경영체 육성	5,820	농업정책과	1	4	7	8	7	5	5	3
10123	충북 청주시	청년 농업인 영농정착 지원사업	530,500	농업정책과	1	1	7	8	7	5	5	3
10124	충북 청주시	청년 농업인 영농정착 지원사업	129,600	농업정책과	1	6	7	8	7	5	5	3
10125	충북 청주시	친환경 농업단지 조성	50,440	친환경농산과	1	4	7	8	7	5	5	3
10126	충북 청주시	친환경 왕우렁이 지원	436,500	친환경농산과	1	4	7	8	7	5	5	3
10127	충북 청주시	친환경농산물 생산자 단체 육성	2,328	친환경농산과	1	1	7	8	7	5	5	3
10128	충북 청주시	친환경농산물 생산자 단체 육성	3,880	친환경농산과	1	1	7	8	7	5	5	3
10129	충북 청주시	친환경 벼 예방자재 지원	438,828	친환경농산과	1	4	7	8	7	5	5	3
10130	충북 청주시	유기질비료 지원	2,122	친환경농산과	1	2	7	8	7	5	5	3
10131	충북 청주시	친환경 우렁이 종패 지원사업	535,500	친환경농산과	1	4	7	8	7	5	5	3
10132	충북 청주시	토양개량제 보조	1,093	친환경농산과	1	2	7	8	7	5	5	3
10133	충북 청주시	토양개량제 공동살포 지원	311,494	친환경농산과	1	2	7	8	7	5	5	3
10134	충북 청주시	유기농인증 확대를 위한 교육컨설팅 지원	33,240	친환경농산과	1	4	7	8	7	5	5	3
10135	충북 청주시	유기농업자재 지원사업	84,893	친환경농산과	1	2	7	8	7	5	5	3
10136	충북 청주시	유기가공식품 포장재 지원	60,670	친환경농산과	1	4	7	8	7	5	5	3
10137	충북 청주시	친환경 특수미 생산단지 육성	187,200	친환경농산과	1	4	7	8	7	5	5	3
10138	충북 청주시	고품질 쌀생산 지원	1,306	친환경농산과	1	4	7	8	7	5	5	3
10139	충북 청주시	고품질 쌀생산 지원	670,901	친환경농산과	1	4	7	8	7	5	5	3
10140	충북 청주시	고품질 쌀생산 지원	906,152	친환경농산과	1	4	7	8	7	5	5	3
10141	충북 청주시	쌀 전업농 연합회 사업지원	5,432	친환경농산과	1	4	7	8	7	5	5	3
10142	충북 청주시	쌀 전업농 연합회 사업지원	3,880	친환경농산과	1	4	7	8	7	5	5	3
10143	충북 청주시	쌀 전업농 연합회 사업지원	23,280	친환경농산과	1	4	7	8	7	5	5	3
10144	충북 청주시	쌀 전업농 연합회 사업지원	7,760	친환경농산과	1	4	7	8	7	5	5	3
10145	충북 청주시	논농업 필수 영농자재 지원	1,991	친환경농산과	1	4	7	8	7	5	5	3
10146	충북 청주시	농작업 안전사용 장비 지원	78,856	친환경농산과	1	4	7	8	7	5	5	3
10147	충북 청주시	고품질 쌀 생력재배 친환경 자재 공급지원	141,708	친환경농산과	1	4	7	8	7	5	5	3

순번	시군구	지출명 (사업명)	2021년예산 (단위:천원/1년간)	담당자 (공무원) 담당부서	민간이전 분류 (지방자치단체 세출예산 집행기준에 의거) 1. 민간경상사업보조(307-02) 2. 민간단체 법정운영비보조(307-03) 3. 민간행사사업보조(307-04) 4. 민간위탁금(307-05) 5. 사회복지시설 법정운영비보조(307-10) 6. 민간인위탁교육비(307-12) 7. 공기관등에대한경상적위탁사업비(308-11) 8. 민간자본사업보조,자체재원(402-01) 9. 민간자본사업보조,이전재원(402-02) 10. 민간위탁사업비(402-03) 11. 공기관등에 대한 자본적 대행사업비(403-02)	민간이전지출 근거 (지방보조금 관리기준 참고) 1. 법률에 규정 2. 국고보조 재원(국가지정) 3. 용도 지정 기부금 4. 조례에 직접규정 5. 지자체가 권장하는 사업을 하는 공공기관 6. 시,도 정책 및 재정사정 7. 기타 8. 해당없음	입찰방식 계약체결방법 (경쟁형태) 1. 일반경쟁 2. 제한경쟁 3. 지명경쟁 4. 수의계약 5. 법정위탁 6. 기타 ( ) 7. 해당없음	계약기간 1. 1년 2. 2년 3. 3년 4. 4년 5. 5년 6. 기타 ( )년 7. 단기계약 (1년미만) 8. 해당없음	낙찰자선정방법 1. 적격심사 2. 협상에의한계약 3. 최저가낙찰제 4. 규격가격분리 5. 2단계 경쟁입찰 6. 기타 ( ) 7. 해당없음	운영예산 산정 운영예산 산정 1. 내부산정 (지자체 자체적으로 산정) 2. 외부산정 (외부전문기관위탁 산정) 3. 내·외부 모두 산정 4. 산정 無 5. 해당없음	정산방법 1. 내부정산 (지자체 내부적으로 정산) 2. 외부정산 (외부전문기관위탁 정산) 3. 내·외부 모두 산정 4. 정산 無 5. 해당없음	성과평가 실시여부 1. 실시 2. 미실시 3. 향후 추진 4. 해당없음
10148	충북 청주시	농작업 대행서비스센터 지원	100,000	친환경농산과	1	6	7	8	7	5	5	3
10149	충북 청주시	뿌리 혹병 방제 지원	145,500	친환경농산과	1	4	7	8	7	5	5	3
10150	충북 청주시	시설원예육성 토양개량제 지원	213,400	친환경농산과	1	4	7	8	7	5	5	3
10151	충북 청주시	원예작물 보호제 지원	145,500	친환경농산과	1	4	7	8	7	5	5	3
10152	충북 청주시	고품질과실생산 과수보호제 지원	164,900	친환경농산과	1	4	7	8	7	5	5	3
10153	충북 청주시	고품질과실생산 토양개량제 지원	165,143	친환경농산과	1	4	7	8	7	5	5	3
10154	충북 청주시	과수농가 봉지 지원	107,234	친환경농산과	1	4	7	8	7	5	5	3
10155	충북 청주시	버섯농가육성 생산자재지원	97,000	친환경농산과	1	4	7	8	7	5	5	3
10156	충북 청주시	엽연초 생산자재 지원사업	38,800	친환경농산과	1	4	7	8	7	5	5	3
10157	충북 청주시	영농폐기물 수거용마대 지원사업	55,678	친환경농산과	1	4	7	8	7	5	5	3
10158	충북 청주시	인삼 생산자재 지원사업	194,000	친환경농산과	1	4	7	8	7	5	5	3
10159	충북 청주시	과실 품질향상 자재지원	39,500	친환경농산과	1	4	7	8	7	5	5	3
10160	충북 청주시	오디 생산비 절감 기자재 보급	6,825	친환경농산과	1	4	7	8	7	5	5	3
10161	충북 청주시	인삼 지력증진제 공급	47,100	친환경농산과	1	4	7	8	7	5	5	3
10162	충북 청주시	FTA 사업계획수립 지원	23,000	친환경농산과	1	4	7	8	7	5	5	3
10163	충북 청주시	농산물 포장재 지원	194,000	농식품유통과	1	6	7	8	7	5	5	3
10164	충북 청주시	품질고급화 규격출하 지원	97,000	농식품유통과	1	6	7	8	7	5	5	3
10165	충북 청주시	지역농산물 소비촉진 생산자 소비자 교육	45,000	농식품유통과	1	6	7	8	7	5	5	3
10166	충북 청주시	농산물 공동선별비 지원	32,015	농식품유통과	1	2	7	8	7	5	5	3
10167	충북 청주시	1도1대표 광역 직거래장터 운영지원	86,000	농식품유통과	1	6	7	8	7	5	5	3
10168	충북 청주시	농산물 대량소비 상생마케팅 판촉지원	60,000	농식품유통과	1	6	7	8	7	5	5	3
10169	충북 청주시	청원생명쌀 육성지원	530,978	농식품유통과	1	6	7	8	7	5	5	3
10170	충북 청주시	청원생명쌀 육성지원	55,290	농식품유통과	1	6	7	8	7	5	5	3
10171	충북 청주시	청원생명쌀 육성지원	28,858	농식품유통과	1	6	7	8	7	5	5	3
10172	충북 청주시	청원생명브랜드 육성지원	406,096	농식품유통과	1	6	7	8	7	5	5	3
10173	충북 청주시	청원생명브랜드 육성지원	97,000	농식품유통과	1	6	7	8	7	5	5	3
10174	충북 청주시	청원생명브랜드 육성지원	326,061	농식품유통과	1	6	7	8	7	5	5	3
10175	충북 청주시	청원생명브랜드 육성지원	79,540	농식품유통과	1	6	7	8	7	5	5	3
10176	충북 청주시	대형유통매장 청원생명쌀 입점 지원	100,000	농식품유통과	1	6	7	8	7	5	5	3
10177	충북 청주시	농산물 산지유통조직 마케팅 지원	12,000	농식품유통과	1	2	7	8	7	5	5	3
10178	충북 청주시	GAP시설 보완사업	1,750	농식품유통과	1	2	7	8	7	5	5	3
10179	충북 청주시	수출농식품 포장재 지원	44,800	농식품유통과	1	6	7	8	7	5	5	3
10180	충북 청주시	국내 식품전시회 참가 지원사업	24,000	농식품유통과	1	6	7	8	7	5	5	3
10181	충북 청주시	유기농식품 등 지자체 수출전략 상품 육성 지원	38,400	농식품유통과	1	6	7	8	7	5	5	3
10182	충북 청주시	초등 돌봄교실 과일간식 지원	226,900	농식품유통과	1	6	7	8	7	5	5	3
10183	충북 청주시	사회적농업 활성화 지원사업	60,000	농식품유통과	1	2	7	8	7	5	5	3
10184	충북 청주시	향토산업육성사업	144,000	농식품유통과	1	6	7	8	7	5	5	3
10185	충북 청주시	농촌체험한마당 참가지원	1,940	농식품유통과	1	6	7	8	7	5	5	3
10186	충북 청주시	농촌체험휴양마을 육성 사업	70,331	농식품유통과	1	6	7	8	7	5	5	3
10187	충북 청주시	역사·문화·농촌체험 특화사업	36,860	농식품유통과	1	6	7	8	7	5	5	3
10188	충북 청주시	역사·문화·농촌체험 특화사업	32,398	농식품유통과	1	6	7	8	7	5	5	3
10189	충북 청주시	역사·문화·농촌체험 특화사업	8,730	농식품유통과	1	6	7	8	7	5	5	3
10190	충북 청주시	역사·문화·농촌체험 특화사업	3,492	농식품유통과	1	6	7	8	7	5	5	3
10191	충북 청주시	유소년승마단 운영지원	20,000	축산과	1	1	7	8	7	5	5	3
10192	충북 청주시	토종벌 육성사업	29,500	축산과	1	1	7	8	7	5	5	3
10193	충북 청주시	한우 고급육 생산지원	47,500	축산과	1	1	7	8	7	5	5	3
10194	충북 청주시	양봉산업 경쟁력 강화	408,000	축산과	1	1	7	8	7	5	5	3
10195	충북 청주시	양봉산업 경쟁력 강화	82,500	축산과	1	1	7	8	7	5	5	3
10196	충북 청주시	한우암소 우수유전자 진단	15,520	축산과	1	4	7	8	7	5	5	3
10197	충북 청주시	모돈교체지원	99,910	축산과	1	1	7	8	7	5	5	3
10198	충북 청주시	양봉 개량벌통 지원사업	72,750	축산과	1	1	7	8	7	5	5	3

순번	시군구	지출명 (사업명)	2021년예산 (단위:천원/1년간)	담당자 (공무원) 담당부서	민간이전 분류 (지방자치단체 세출예산 집행기준에 의거) 1. 민간경상사업보조(307-02) 2. 민간단체 법정운영비보조(307-03) 3. 민간행사사업보조(307-04) 4. 민간위탁금(307-05) 5. 사회복지시설 법정운영비보조(307-10) 6. 민간인위탁교육비(307-12) 7. 공기관등에대한경상적위탁사업비(308-11) 8. 민간자본사업보조,자체재원(402-01) 9. 민간자본사업보조,이전재원(402-02) 10. 민간위탁사업비(402-03) 11. 공기관등에 대한 자본적 대행사업비(403-02)	민간이전지출 근거 (지방보조금 관리기준 참고) 1. 법률에 규정 2. 국고보조 재원(국가지정) 3. 용도 지정 기부금 4. 조례에 직접규정 5. 지자체가 권장하는 사업을 하는 공공기관 6. 시,도 정책 및 재정사정 7. 기타 8. 해당없음	입찰방식 계약체결방법 (경쟁형태) 1. 일반경쟁 2. 제한경쟁 3. 지명경쟁 4. 수의계약 5. 법정위탁 6. 기타 ( ) 7. 해당없음	입찰방식 계약기간 1. 1년 2. 2년 3. 3년 4. 4년 5. 5년 6. 기타 ( )년 7. 단기계약 (1년미만) 8. 해당없음	입찰방식 낙찰자선정방법 1. 적격심사 2. 협상에의한계약 3. 최저가낙찰제 4. 규격가격분리 5. 2단계 경쟁입찰 6. 기타 ( ) 7. 해당없음	운영예산 산정 운영예산 산정 1. 내부산정 (지자체 자체적으로 산정) 2. 외부산정 (외부전문기관위탁 산정) 3. 내·외부 모두 산정 4. 산정 無 5. 해당없음	운영예산 산정 정산방법 1. 내부정산 (지자체 내부적으로 정산) 2. 외부정산 (외부전문기관위탁 정산) 3. 내·외부 모두 산정 4. 정산 無 5. 해당없음	성과평가 실시여부 1. 실시 2. 미실시 3. 향후 추진 4. 해당없음
10199	충북 청주시	꿀생산 필수자재 지원	400,000	축산과	1	1	7	8	7	5	5	3
10200	충북 청주시	토종벌 육성사업	56,250	축산과	1	1	7	8	7	5	5	3
10201	충북 청주시	축산농가 곤충사료첨가제 지원	16,500	축산과	1	1	7	8	7	5	5	3
10202	충북 청주시	염소 거세 시술료 지원	10,438	축산과	1	1	7	8	7	5	5	3
10203	충북 청주시	축산물 HACCP 컨설팅 지원	26,600	축산과	1	1	7	8	7	5	5	3
10204	충북 청주시	축산물전문판매장 포장재지원	32,592	축산과	1	1	7	8	7	5	5	3
10205	충북 청주시	토종붕어 대량생산 지원	50,000	축산과	1	1	7	8	7	5	5	3
10206	충북 청주시	양식어업인 수산약품 및 양식장비 공급	4,200	축산과	1	1	7	8	7	5	5	3
10207	충북 청주시	내수면 양식장 수질 개선	9,000	축산과	1	1	7	8	7	5	5	3
10208	충북 청주시	친환경 미꾸라지 양어장 종자구입비 지원	8,234	축산과	1	1	7	8	7	5	5	3
10209	충북 청주시	낚시터 환경오염 개선	20,000	축산과	1	1	7	8	7	5	5	3
10210	충북 청주시	내수면 어로어업 지원	6,000	축산과	1	4	7	8	7	5	5	3
10211	충북 청주시	송어 발안난 구입비 지원	14,400	축산과	1	1	7	8	7	5	5	3
10212	충북 청주시	가축예방주사 및 기생충 구제	174,000	축산과	1	2	7	8	7	5	5	3
10213	충북 청주시	돼지소모성질환 지도지원사업	6,000	축산과	1	2	7	8	7	5	5	3
10214	충북 청주시	가금농가 질병관리 지원	12,000	축산과	1	2	7	8	7	5	5	3
10215	충북 청주시	닭 진드기 공동방제 지원사업	72,000	축산과	1	2	7	8	7	5	5	3
10216	충북 청주시	주요 가축전염병 방제	45,000	축산과	1	6	7	8	7	5	5	3
10217	충북 청주시	주요 가축전염병 방제	22,463	축산과	1	6	7	8	7	5	5	3
10218	충북 청주시	가축방역사업	13,095	축산과	1	4	7	8	7	5	5	3
10219	충북 청주시	가축방역사업	4,559	축산과	1	4	7	8	7	5	5	3
10220	충북 청주시	구제역 백신 지원	427,664	축산과	1	2	7	8	7	5	5	3
10221	충북 청주시	동물복지 인증 컨설팅 지원	7,000	축산과	1	4	7	8	7	5	5	3
10222	충북 청주시	퇴비 발효 촉진제 지원	18,000	축산과	1	4	7	8	7	5	5	3
10223	충북 청주시	액비저장조 분뇨발효제 지원	46,080	축산과	1	4	7	8	7	5	5	3
10224	충북 청주시	가축생균제 지원	150,000	축산과	1	4	7	8	7	5	5	3
10225	충북 청주시	혼합사료 포장재 지원	73,444	축산과	1	4	7	8	7	5	5	3
10226	충북 청주시	볏짚처리비(비닐) 지원	123,675	축산과	1	4	7	8	7	5	5	3
10227	충북 청주시	가축생균제 지원	259,960	축산과	1	4	7	8	7	5	5	3
10228	충북 청주시	가축분뇨처리 수분조절제 지원	436,500	축산과	1	4	7	8	7	5	5	3
10229	충북 청주시	젊음을 공유하는 길, 경제를 공유하는 길, 우암동	20,000	도시재생과	1	2	7	8	7	5	5	3
10230	충북 청주시	주거환경개선	29,100	도시재생과	1	1	7	8	7	5	5	3
10231	충북 청주시	청주국제공항 활성화 사업지원	20,000	교통정책과	1	7	7	8	7	5	5	3
10232	충북 청주시	시민안심택시 운영 지원	123,093	대중교통과	1	6	7	8	7	5	5	3
10233	충북 청주시	시민안심택시 운영 지원	224,536	대중교통과	1	6	7	8	7	5	5	3
10234	충북 청주시	공동주택 온라인 투표 지원사업	5,000	공동주택과	1	1	7	8	7	5	5	3
10235	충북 청주시	노후공동주택 지원사업 추진	67,200	공동주택과	1	1	7	8	7	5	5	3
10236	충북 청주시	어린이놀이시설 유지관리 지원	26,750	공동주택과	1	1	7	8	7	5	5	3
10237	충북 청주시	의료기관 결핵관리사업	35,650	상당보건소 건강증진과	1	1	7	8	7	5	5	3
10238	충북 청주시	시군결핵예방사업	35,680	서원보건소	1	1	7	8	7	5	5	3
10239	충북 청주시	의료기관 결핵관리사업	106,950	서원보건소	1	1	7	8	7	5	5	3
10240	충북 청주시	생물테러 이중감시체계 운영지원	3,840	서원보건소	1	2	7	8	7	5	5	3
10241	충북 청주시	치매안심요양병원 공공사업 지원	100,000	서원보건소	1	2	7	8	7	5	5	3
10242	충북 청주시	응급의료기관 지원	260,000	서원보건소	1	2	7	8	7	5	5	3
10243	충북 청주시	의료기관 결핵 관리사업	35,650	흥덕보건소	1	1	7	8	7	5	5	3
10244	충북 청주시	의료기관 결핵관리사업	52,850	청원보건소	1	1	7	8	7	5	5	3
10245	충북 청주시	생물테러 이중감시체계 운영	2,520	청원보건소	1	2	7	8	7	5	5	3
10246	충북 청주시	농촌지도자 육성지도	19,400	농업기술센터 지원기획과	1	2	7	8	7	5	5	3
10247	충북 청주시	농촌지도자 육성지도	19,400	농업기술센터 지원기획과	1	2	7	8	7	5	5	3
10248	충북 청주시	4-H육성지도	12,610	농업기술센터 지원기획과	1	2	7	8	7	5	5	3
10249	충북 청주시	4-H육성지도	29,100	농업기술센터 지원기획과	1	2	7	8	7	5	5	3

순번	시군구	지출명 (사업명)	2021년예산 (단위:천원/1년간)	담당자 (공무원) 담당부서	민간이전 분류 (지방자치단체 세출예산 집행기준에 의거) 1. 민간경상사업보조(307-02) 2. 민간단체 법정운영비보조(307-03) 3. 민간행사사업보조(307-04) 4. 민간위탁금(307-05) 5. 사회복지시설 법정운영비보조(307-10) 6. 민간인위탁교육비(307-12) 7. 공기관등에대한경상적위탁사업비(308-11) 8. 민간자본사업보조,자체재원(402-01) 9. 민간자본사업보조,이전재원(402-02) 10. 민간위탁사업비(402-03) 11. 공기관등에 대한 자본적 대행사업비(403-02)	민간이전지출 근거 (지방보조금 관리기준 참고) 1. 법률에 규정 2. 국고보조 재원(국가지정) 3. 용도 지정 기부금 4. 조례에 직접규정 5. 지자체가 권장하는 사업을 하는 공공기관 6. 시,도 정책 및 재정사정 7. 기타 8. 해당없음	입찰방식 계약체결방법 (경쟁형태) 1. 일반경쟁 2. 제한경쟁 3. 지명경쟁 4. 수의계약 5. 법정위탁 6. 기타 ( ) 7. 해당없음	계약기간 1. 1년 2. 2년 3. 3년 4. 4년 5. 5년 6. 기타 ( )년 7. 단기계약 (1년미만) 8. 해당없음	낙찰자선정방법 1. 적격심사 2. 협상에의한계약 3. 최저가낙찰제 4. 규격가격분리 5. 2단계 경쟁입찰 6. 기타 ( ) 7. 해당없음	운영예산 산정 운영예산 산정 1. 내부산정 (지자체 자체적으로 산정) 2. 외부산정 (외부전문기관위탁 산정) 3. 내·외부 모두 산정 4. 산정 無 5. 해당없음	정산방법 1. 내부정산 (지자체 내부적으로 정산) 2. 외부정산 (외부전문기관위탁 정산) 3. 내·외부 모두 산정 4. 정산 無 5. 해당없음	성과평가 실시여부 1. 실시 2. 미실시 3. 향후 추진 4. 해당없음
10250	충북 청주시	농업인학습단체육성	8,500	농업기술센터 지원기획과	1	2	7	8	7	5	5	3
10251	충북 청주시	농촌자원일반	24,250	농업기술센터 지원기획과	1	1	7	8	7	5	5	3
10252	충북 청주시	농촌자원일반	38,800	농업기술센터 지원기획과	1	1	7	8	7	5	5	3
10253	충북 청주시	생활개선회 도, 중앙 한마음 대회	11,640	농업기술센터 지원기획과	1	1	7	8	7	5	5	3
10254	충북 청주시	농업인 학습단체 교육운영 지원	2,400	농업기술센터 지원기획과	1	2	7	8	7	5	5	3
10255	충북 청주시	청년농업인 경쟁력 제고	45,000	농업기술센터 지원기획과	1	2	7	8	7	5	5	3
10256	충북 청주시	농촌지도사업 활력화지원	8,000	농업기술센터 지원기획과	1	2	7	8	7	5	5	3
10257	충북 청주시	농촌생활활력화 새기술보급	10,000	농업기술센터 지원기획과	1	1	7	8	7	5	5	3
10258	충북 청주시	원예작물기술보급	9,700	농업기술센터 기술보급과	1	6	7	8	7	5	5	3
10259	충북 청주시	축산경영기술보급	17,460	농업기술센터 기술보급과	1	6	7	8	7	5	5	3
10260	충북 청주시	농작물병해충 방제비 지원	61,740	농업기술센터 기술보급과	1	2	7	8	7	5	5	3
10261	충북 청주시	강소농 육성 지원	12,000	농업기술센터 기술보급과	1	2	7	8	7	5	5	3
10262	충북 청주시	새기술보급사업 확산	132,599	농업기술센터 기술보급과	1	6	7	8	7	5	5	3
10263	충북 청주시	새기술보급사업 확산	28,769	농업기술센터 기술보급과	1	6	7	8	7	5	5	3
10264	충북 청주시	과학영농서비스강화	20,370	농업기술센터 연구개발과	1	6	7	8	7	5	5	3
10265	충북 청주시	농촌생활 활력화 새기술 보급	14,000	농업기술센터 연구개발과	1	6	7	8	7	5	5	3
10266	충북 청주시	농촌생활 활력화 새기술 보급	10,500	농업기술센터 연구개발과	1	6	7	8	7	5	5	3
10267	충북 청주시	농산물 가공 창업 기술 지원	9,991	농업기술센터 연구개발과	1	6	7	8	7	5	5	3
10268	충북 청주시	유기농업 활성화 지원	19,400	농업기술센터 연구개발과	1	6	7	8	7	5	5	3
10269	충북 청주시	귀농창업활성화지원	50,000	농업기술센터 도시농업관	1	1	7	8	7	5	5	3
10270	충북 청주시	농촌체험관광지원	72,000	농업기술센터 도시농업관	1	1	7	8	7	5	5	3
10271	충북 청주시	소비자농업 지원	58,200	농업기술센터 도시농업관	1	1	7	8	7	5	5	3
10272	충북 청주시	품목농업인 연구회	9,700	농업기술센터 도시농업관	1	4	7	8	7	5	5	3
10273	충북 청주시	품목농업인 연구회	48,500	농업기술센터 도시농업관	1	4	7	8	7	5	5	3
10274	충북 청주시	댐주변 정비사업	270,000	도로사업본부 하천방재과	1	1	7	8	7	5	5	3
10275	충북 청주시	댐주변 정비사업	10,000	도로사업본부 하천방재과	1	1	7	8	7	5	5	3
10276	충북 청주시	수질오염물질배출사업장 관리	48,000	환경관리본부 환경정책과	1	2	7	8	7	5	5	3
10277	충북 청주시	주민지원사업 관리	10,600	환경관리본부 환경정책과	1	2	7	8	7	5	5	3
10278	충북 청주시	환경생태교육 활성화	97,000	환경관리본부 환경정책과	1	4	7	8	7	5	5	3
10279	충북 청주시	자연환경보전운동 지원	19,400	환경관리본부 환경정책과	1	4	7	8	7	5	5	3
10280	충북 청주시	자연환경보전운동 지원	9,312	환경관리본부 환경정책과	1	4	7	8	7	5	5	3
10281	충북 청주시	비산업부문사업장 온실가스 진단컨설팅	40,000	환경관리본부 기후대기과	1	2	7	8	7	5	5	3
10282	충북 청주시	작은도서관 육성	19,400	도서관평생학습본부 시립도서관	1	4	7	8	7	5	5	3
10283	충북 청주시	작은도서관 육성	49,470	도서관평생학습본부 시립도서관	1	4	7	8	7	5	5	3
10284	충북 청주시	작은도서관 육성	9,700	도서관평생학습본부 시립도서관	1	4	7	8	7	5	5	3
10285	충북 청주시	작은도서관 육성	4,850	도서관평생학습본부 시립도서관	1	4	7	8	7	5	5	3
10286	충북 청주시	작은도서관 육성	15,520	도서관평생학습본부 시립도서관	1	4	7	8	7	5	5	3
10287	충북 청주시	평생교육 운영	16,490	도서관평생학습본부 평생학습관	1	1	7	8	7	5	5	3
10288	충북 청주시	평생학습 공모사업 지원	38,800	도서관평생학습본부 평생학습관	1	1	7	8	7	5	5	3
10289	충북 청주시	평생학습 공모사업 지원	8,730	도서관평생학습본부 평생학습관	1	1	7	8	7	5	5	3
10290	충북 청주시	직지 국내 순회전	97,000	청주고인쇄박물관 학예연구실	1	5	7	8	7	5	5	3
10291	충북 청주시	반크 On-Off 직지세계화 캠페인	43,650	청주고인쇄박물관 학예연구실	1	5	7	8	7	5	5	3
10292	충북 청주시	찾아가는 직지홍보	9,700	청주고인쇄박물관 학예연구실	1	5	7	8	7	5	5	3
10293	충북 청주시	직지홍보 스팟광고	58,200	청주고인쇄박물관 학예연구실	1	5	7	8	7	5	5	3
10294	충북 청주시	직지소설문학상	35,890	청주고인쇄박물관 학예연구실	1	5	7	8	7	5	5	3
10295	충북 청주시	직지인형극	38,800	청주고인쇄박물관 학예연구실	1	5	7	8	7	5	5	3
10296	충북 청주시	직지 활자로드 규명	349,200	청주고인쇄박물관 학예연구실	1	6	7	8	7	5	5	3
10297	충북 청주시	어린이 직지문화학교	9,700	청주고인쇄박물관 학예연구실	1	5	7	8	7	5	5	3
10298	충북 청주시	직지대학	9,700	청주고인쇄박물관 학예연구실	1	5	7	8	7	5	5	3
10299	충북 청주시	청주시 1인 1책 펴내기 운동	164,900	청주고인쇄박물관 학예연구실	1	5	7	8	7	5	5	3
10300	충북 청주시	시민정원사 활성화 사업	20,000	푸른도시사업본부 공원조성과	1	1	7	8	7	5	5	3

순번	시군구	지출명 (사업명)	2021년예산 (단위:천원/1년간)	담당자 (공무원) 담당부서	민간이전 분류 (지방자치단체 세출예산 집행기준에 의거) 1. 민간경상사업보조(307-02) 2. 민간단체 법정운영비보조(307-03) 3. 민간행사사업보조(307-04) 4. 민간위탁금(307-05) 5. 사회복지시설 법정운영비보조(307-10) 6. 민간인위탁교육비(307-12) 7. 공기관등에대한경상적위탁사업비(308-11) 8. 민간자본사업보조,자체재원(402-01) 9. 민간자본사업보조,이전재원(402-02) 10. 민간위탁사업비(402-03) 11. 공기관등에 대한 자본적 대행사업비(403-02)	민간이전지출 근거 (지방보조금 관리기준 참고) 1. 법률에 규정 2. 국고보조 재원(국가지정) 3. 용도 지정 기부금 4. 조례에 직접규정 5. 지자체가 권장하는 사업을 하는 공공기관 6. 시,도 정책 및 재정사정 7. 기타 8. 해당없음	입찰방식 계약체결방법 (경쟁형태) 1. 일반경쟁 2. 제한경쟁 3. 지명경쟁 4. 수의계약 5. 법정위탁 6. 기타 ( ) 7. 해당없음	입찰방식 계약기간 1. 1년 2. 2년 3. 3년 4. 4년 5. 5년 6. 기타 ( )년 7. 단기계약 (1년미만) 8. 해당없음	입찰방식 낙찰자선정방법 1. 적격심사 2. 협상에의한계약 3. 최저가낙찰제 4. 규격가격분리 5. 2단계 경쟁입찰 6. 기타 ( ) 7. 해당없음	운영예산 산정 운영예산 산정 1. 내부산정 (지자체 자체적으로 산정) 2. 외부산정 (외부전문기관위탁 산정) 3. 내·외부 모두 산정 4. 산정 無 5. 해당없음	운영예산 산정 정산방법 1. 내부정산 (지자체 내부적으로 정산) 2. 외부정산 (외부전문기관위탁 정산) 3. 내·외부 모두 산정 4. 정산 無 5. 해당없음	성과평가 실시여부 1. 실시 2. 미실시 3. 향후 추진 4. 해당없음
10301	충북 청주시	친환경임산물재배관리	29,571	푸른도시사업본부 산림관리과	1	1	7	8	7	5	5	3
10302	충북 청주시	임산물상품화	20,500	푸른도시사업본부 산림관리과	1	1	7	8	7	5	5	3
10303	충북 청주시	임산물 유기질 비료지원	81,648	푸른도시사업본부 산림관리과	1	1	7	8	7	5	5	3
10304	충북 청주시	친환경임산물재배관리	43,436	푸른도시사업본부 산림관리과	1	1	7	8	7	5	5	3
10305	충북 청주시	시민,사회단체 재정지원	15,132	상당구 행정지원과	1	1	7	8	7	5	5	3
10306	충북 청주시	시민,사회단체 재정지원	15,132	상당구 행정지원과	1	1	7	8	7	5	5	3
10307	충북 청주시	시민,사회단체 재정지원	17,150	상당구 행정지원과	1	1	7	8	7	5	5	3
10308	충북 청주시	시민,사회단체 재정지원	4,074	상당구 행정지원과	1	1	7	8	7	5	5	3
10309	충북 청주시	시민,사회단체 재정지원	4,850	상당구 행정지원과	1	1	7	8	7	5	5	3
10310	충북 청주시	도시농촌직거래활성화사업	3,880	상당구 산업교통과	1	1	7	8	7	5	5	3
10311	충북 청주시	시민,사회단체 재정 지원	12,804	서원구 행정지원과	1	1	7	8	7	5	5	3
10312	충북 청주시	시민,사회단체 재정 지원	12,804	서원구 행정지원과	1	1	7	8	7	5	5	3
10313	충북 청주시	시민,사회단체 재정 지원	14,512	서원구 행정지원과	1	1	7	8	7	5	5	3
10314	충북 청주시	시민,사회단체 재정 지원	2,910	서원구 행정지원과	1	1	7	8	7	5	5	3
10315	충북 청주시	시민,사회단체 재정 지원	4,850	서원구 행정지원과	1	1	7	8	7	5	5	3
10316	충북 청주시	도시농촌 직거래 활성화사업	3,880	서원구 산업교통과	1	1	7	8	7	5	5	3
10317	충북 청주시	시민,사회단체 재정 지원	12,804	흥덕구 행정지원과	1	1	7	8	7	5	5	3
10318	충북 청주시	시민,사회단체 재정 지원	12,804	흥덕구 행정지원과	1	1	7	8	7	5	5	3
10319	충북 청주시	시민,사회단체 재정 지원	13,192	흥덕구 행정지원과	1	1	7	8	7	5	5	3
10320	충북 청주시	시민,사회단체 재정 지원	3,492	흥덕구 행정지원과	1	1	7	8	7	5	5	3
10321	충북 청주시	시민,사회단체 재정 지원	4,850	흥덕구 행정지원과	1	1	7	8	7	5	5	3
10322	충북 청주시	도시농촌직거래활성화사업	3,880	흥덕구 산업교통과	1	1	7	8	7	5	5	3
10323	충북 청주시	시민,사회단체 재정지원	9,312	청원구 행정지원과	1	1	7	8	7	5	5	3
10324	충북 청주시	시민,사회단체 재정지원	9,312	청원구 행정지원과	1	1	7	8	7	5	5	3
10325	충북 청주시	시민,사회단체 재정지원	10,554	청원구 행정지원과	1	1	7	8	7	5	5	3
10326	충북 청주시	시민,사회단체 재정지원	1,746	청원구 행정지원과	1	1	7	8	7	5	5	3
10327	충북 청주시	시민,사회단체 재정지원	4,850	청원구 행정지원과	1	1	7	8	7	5	5	3
10328	충북 청주시	도시농촌직거래활성화 사업	3,880	청원구 산업교통과	1	1	7	8	7	5	5	3
10329	충북 충주시	지역자율방재단 운영	2,400	안전총괄과	1	4	7	8	7	1	1	4
10330	충북 충주시	교통단체 지원 및 홍보	13,400	교통정책과	1	4	7	8	7	1	1	1
10331	충북 충주시	택시카드결제 수수료지원	340,000	교통정책과	1	1	7	8	7	1	1	4
10332	충북 충주시	공동주택내 보안등 전기요금 지원	120,000	건축과	1	4	7	8	7	5	5	4
10333	충북 충주시	영구임대아파트 공동 전기요금 지원	30,000	건축과	1	4	7	8	7	5	5	4
10334	충북 충주시	광고물재난방재단 활동지원	4,200	건축과	1	4	7	1	7	1	1	1
10335	충북 충주시	광고물재난방재단 활동지원	800	건축과	1	4	7	1	7	1	1	1
10336	충북 충주시	옥외광고소비쿠폰지원(업소간판제작설치)	36,000	건축과	1	6	7	8	7	5	5	4
10337	충북 충주시	도시재생 향교체험프로그램	20,000	도시재생과	1	1	7	8	7	1	1	3
10338	충북 충주시	교현안림동 도시재생 주민공모사업	40,000	도시재생과	1	1	7	8	7	1	1	3
10339	충북 충주시	성내성서동 도시재생 주민공모사업	42,600	도시재생과	1	1	7	8	7	1	1	3
10340	충북 충주시	지현동 도시재생주민공모사업	50,000	도시재생과	1	1	7	8	7	1	1	3
10341	충북 충주시	문화동 도시재생주민공모사업	38,500	도시재생과	1	1	7	8	7	1	1	3
10342	충북 충주시	소규모지원사업	50,000	도시재생과	1	2	7	8	7	5	5	4
10343	충북 충주시	농촌현장포럼	21,000	도시재생과	1	2	7	8	7	5	5	4
10344	충북 충주시	함께 가꾸는 마을만들기	18,000	도시재생과	1	4	7	8	7	5	5	4
10345	충북 충주시	수안보면 농촌중심지 활성화 사업 추진위원회 마을경영지원	6,000	도시재생과	1	2	7	8	7	5	5	4
10346	충북 충주시	수안보면 농촌중심지 활성화 사업 사무장채용지원	21,600	도시재생과	1	2	7	8	7	5	5	4
10347	충북 충주시	중앙탑면 기초생활거점육성 사업 추진위원회 마을경영지원	6,000	도시재생과	1	2	7	8	7	5	5	4
10348	충북 충주시	중앙탑면 기초생활거점육성 사업 사무장채용지원	21,600	도시재생과	1	2	7	8	7	5	5	4
10349	충북 충주시	그리실마을만들기사업 추진위원회 마을경영지원	6,000	도시재생과	1	4	7	8	7	5	5	4
10350	충북 충주시	안보마을만들기사업 추진위원회 마을경영지원	6,000	도시재생과	1	4	7	8	7	5	5	4
10351	충북 충주시	동량면 개천안마을 만들기사업 추진위원회 마을경영지원	6,000	도시재생과	1	4	7	8	7	5	5	4

순번	시군구	지출명 (사업명)	2021년예산 (단위:천원/1년간)	담당자 (공무원) 담당부서	민간이전 분류 (지방자치단체 세출예산 집행기준에 의거) 1. 민간경상사업보조(307-02) 2. 민간단체 법정운영비보조(307-03) 3. 민간행사사업보조(307-04) 4. 민간위탁금(307-05) 5. 사회복지시설 법정운영비보조(307-10) 6. 민간인위탁교육비(307-12) 7. 공기관등에대한경상적위탁사업비(308-11) 8. 민간자본사업보조,자체재원(402-01) 9. 민간자본사업보조,이전재원(402-02) 10. 민간위탁사업비(402-03) 11. 공기관등에 대한 자본적 대행사업비(403-02)	민간이전지출 근거 (지방보조금 관리기준 참고) 1. 법률에 규정 2. 국고보조 재원(국가지정) 3. 용도 지정 기부금 4. 조례에 직접규정 5. 지자체가 권장하는 사업을 하는 공공기관 6. 시,도 정책 및 재정사정 7. 기타 8. 해당없음	입찰방식 계약체결방법 (경쟁형태) 1. 일반경쟁 2. 제한경쟁 3. 지명경쟁 4. 수의계약 5. 법정위탁 6. 기타 ( ) 7. 해당없음	입찰방식 계약기간 1. 1년 2. 2년 3. 3년 4. 4년 5. 5년 6. 기타 ( )년 7. 단기계약 (1년미만) 8. 해당없음	입찰방식 낙찰자선정방법 1. 적격심사 2. 협상에의한계약 3. 최저가낙찰제 4. 규격가격분리 5. 2단계 경쟁입찰 6. 기타 ( ) 7. 해당없음	운영예산 산정 운영예산 산정 1. 내부산정 (지자체 자체적으로 산정) 2. 외부산정 (외부전문기관위탁 산정) 3. 내·외부 모두 산정 4. 산정 無 5. 해당없음	운영예산 산정 정산방법 1. 내부정산 (지자체 내부적으로 정산) 2. 외부정산 (외부전문기관위탁 정산) 3. 내·외부 모두 산정 4. 정산 無 5. 해당없음	성과평가 실시여부 1. 실시 2. 미실시 3. 향후 추진 4. 해당없음
10352	충북 충주시	동량면 용대마을 만들기사업 추진위원회 마을경영지원	6,000	도시재생과	1	4	7	8	7	5	5	4
10353	충북 충주시	중앙탑면 갈마마을 만들기사업 추진위원회 마을경영지원	6,000	도시재생과	1	4	7	8	7	5	5	4
10354	충북 충주시	신니면 방추마을 만들기사업 추진위원회 마을경영지원	6,000	도시재생과	1	4	7	8	7	5	5	4
10355	충북 충주시	대소원면 소용마을 만들기사업 추진위원회 마을경영지원	6,000	도시재생과	1	4	7	8	7	5	5	4
10356	충북 충주시	소태면 월촌마을 만들기사업 추진위원회 마을경영지원	6,000	도시재생과	1	4	7	8	7	5	5	4
10357	충북 충주시	소태면 오량마을 만들기사업 추진위원회 마을경영지원	6,000	도시재생과	1	4	7	8	7	5	5	4
10358	충북 충주시	산척면 농촌중심지 활성화사업 사무장채용지원	21,600	도시재생과	1	2	7	8	7	5	5	4
10359	충북 충주시	산척면 농촌중심지 활성화사업 마을경영지원	6,000	도시재생과	1	2	7	8	7	5	5	4
10360	충북 충주시	노은면 기초생활거점 육성사업 사무장채용지원	21,600	도시재생과	1	2	7	8	7	5	5	4
10361	충북 충주시	노은면 기초생활거점 육성사업 마을경영지원	6,000	도시재생과	1	2	7	8	7	5	5	4
10362	충북 충주시	덕해마을 만들기사업 마을경영지원	6,000	도시재생과	1	4	7	8	7	5	5	4
10363	충북 충주시	증촌마을 만들기사업 마을경영지원	6,000	도시재생과	1	4	7	8	7	5	5	4
10364	충북 충주시	사회맞춤형 산학협력 선도대학 육성(건국대)	30,000	신성장전략과	1	2	7	8	7	5	1	1
10365	충북 충주시	사회맞춤형 산학협력 선도대학 육성(교통대)	30,000	신성장전략과	1	2	7	8	7	5	1	1
10366	충북 충주시	창업보육센터 지원사업	40,000	신성장전략과	1	2	7	8	7	5	1	1
10367	충북 충주시	생활과학교실 운영사업	40,000	신성장전략과	1	2	7	8	7	5	1	1
10368	충북 충주시	충북거점 무한상상실 구축사업	50,000	신성장전략과	1	2	7	8	7	5	1	1
10369	충북 충주시	공학교육혁신센터 구축사업	20,000	신성장전략과	1	2	7	8	7	5	1	1
10370	충북 충주시	지역선도대학 육성사업	20,000	신성장전략과	1	2	7	8	7	5	1	1
10371	충북 충주시	충주시 청년바이오 스타트업 지원사업	30,000	바이오산업과	1	4	7	8	7	5	5	4
10372	충북 충주시	바이오 성장기반구축 지원사업	50,000	바이오산업과	1	4	7	8	7	5	5	4
10373	충북 충주시	현충시설 관리	4,800	복지정책과	1	4	7	8	7	5	5	4
10374	충북 충주시	생명의 전화 지원	7,540	복지정책과	1	4	7	8	7	5	5	4
10375	충북 충주시	보훈단체 역량강화	6,000	복지정책과	1	4	7	8	7	5	5	4
10376	충북 충주시	보훈단체 전적지 순례	20,600	복지정책과	1	4	7	8	7	5	5	4
10377	충북 충주시	국립현충원 환경정화 활동	1,000	복지정책과	1	4	7	8	7	5	5	4
10378	충북 충주시	국립현충원 참배	3,600	복지정책과	1	4	7	8	7	5	5	4
10379	충북 충주시	국립현충원 참배	1,800	복지정책과	1	4	7	8	7	5	5	4
10380	충북 충주시	6.25 첫 전승기념행사	3,000	복지정책과	1	4	7	8	7	5	5	4
10381	충북 충주시	호국안보결의 대회	2,700	복지정책과	1	4	7	8	7	5	5	4
10382	충북 충주시	전국 월남참전기념행사	3,000	복지정책과	1	4	7	8	7	5	5	4
10383	충북 충주시	생명사랑 걷기대회	1,620	복지정책과	1	4	7	8	7	5	5	4
10384	충북 충주시	항일운동 역사관 운영	19,000	복지정책과	1	4	7	8	7	5	5	4
10385	충북 충주시	충혼탑 참배 지원	3,480	복지정책과	1	4	7	8	7	5	5	4
10386	충북 충주시	장진호전투 영웅추모행사 지원	1,800	복지정책과	1	4	7	8	7	5	5	4
10387	충북 충주시	해외 독립운동발상지 방문	22,400	복지정책과	1	4	7	8	7	5	5	4
10388	충북 충주시	충북 합동 추모제 및 나라사랑교육 지원	1,000	복지정책과	1	4	7	8	7	5	5	4
10389	충북 충주시	고엽제의 날 충혼위령제 및 만남의 장 행사 지원	3,000	복지정책과	1	4	7	8	7	5	5	4
10390	충북 충주시	특수임무유공자회 전국 추모행사 참석 지원	1,000	복지정책과	1	4	7	8	7	5	5	4
10391	충북 충주시	새일센터 운영 지원	193,504	여성청소년과	1	2	7	8	7	1	1	1
10392	충북 충주시	새일여성인턴제 운영 지원	136,800	여성청소년과	1	2	7	8	7	1	1	1
10393	충북 충주시	직업교육훈련 지원	94,000	여성청소년과	1	2	7	8	7	1	1	1
10394	충북 충주시	경력단절여성 창업보육 사업지원	15,000	여성청소년과	1	2	7	8	7	1	1	1
10395	충북 충주시	향토음식거리 지원	16,095	위생과	1	6	7	8	7	5	1	1
10396	충북 충주시	음식문화개선추진협의회 개최지원	2,000	위생과	1	6	7	8	7	5	1	1
10397	충북 충주시	우수선수 육성	150,000	체육진흥과	1	1	7	8	7	5	1	1
10398	충북 충주시	전국 및 시도단위 개최 및 출전지원	50,000	체육진흥과	1	1	7	8	7	5	1	1
10399	충북 충주시	충청북도 시군대항 역전마라톤대회	12,000	체육진흥과	1	1	7	8	7	5	1	1
10400	충북 충주시	장애인체육회 종목별 강화훈련비 지원	15,000	체육진흥과	1	1	7	8	7	5	1	1
10401	충북 충주시	우수선수 훈련비 등 지원	20,000	체육진흥과	1	1	7	8	7	5	1	1
10402	충북 충주시	전국 및 도단위대회 출전 및 개최지원	17,000	체육진흥과	1	1	7	8	7	5	1	1

순번	시군구	지출명 (사업명)	2021년예산 (단위:천원/1년간)	담당자 (공무원) 담당부서	민간이전 분류 (지방자치단체 세출예산 집행기준에 의거) 1. 민간경상사업보조(307-02) 2. 민간단체 법정운영비보조(307-03) 3. 민간행사사업보조(307-04) 4. 민간위탁금(307-05) 5. 사회복지시설 법정운영비보조(307-10) 6. 민간인위탁교육비(307-12) 7. 공기관등에대한경상적위탁사업비(308-11) 8. 민간자본사업보조,자체재원(402-01) 9. 민간자본사업보조,이전재원(402-02) 10. 민간위탁사업비(402-03) 11. 공기관등에 대한 자본적 대행사업비(403-02)	민간이전지출 근거 (지방보조금 관리기준 참고) 1. 법률에 규정 2. 국고보조 재원(국가지정) 3. 용도 지정 기부금 4. 조례에 직접규정 5. 지자체가 권장하는 사업을 하는 공공기관 6. 시,도 정책 및 재정사정 7. 기타 8. 해당없음	입찰방식 계약체결방법 (경쟁형태) 1. 일반경쟁 2. 제한경쟁 3. 지명경쟁 4. 수의계약 5. 법정위탁 6. 기타 ( ) 7. 해당없음	입찰방식 계약기간 1. 1년 2. 2년 3. 3년 4. 4년 5. 5년 6. 기타 ( )년 7. 단기계약 (1년미만) 8. 해당없음	입찰방식 낙찰자선정방법 1. 적격심사 2. 협상에의한계약 3. 최저가낙찰제 4. 규격가격분리 5. 2단계 경쟁입찰 6. 기타 ( ) 7. 해당없음	운영예산 산정 운영예산 산정 1. 내부산정 (지자체 자체적으로 산정) 2. 외부산정 (외부전문기관위탁 산정) 3. 내·외부 모두 산정 4. 산정 無 5. 해당없음	운영예산 산정 정산방법 1. 내부정산 (지자체 내부적으로 정산) 2. 외부정산 (외부전문기관위탁 정산) 3. 내·외부 모두 산정 4. 정산 無 5. 해당없음	성과평가 실시여부 1. 실시 2. 미실시 3. 향후 추진 4. 해당없음
10403	충북 충주시	전국 장애인체육대회 출전	12,000	체육진흥과	1	1	7	8	7	5	1	1
10404	충북 충주시	전국 동계체전 출전	2,000	체육진흥과	1	1	7	8	7	5	1	1
10405	충북 충주시	충청북도 장애인 도민 체육대회 출전	34,000	체육진흥과	1	1	7	8	7	5	1	1
10406	충북 충주시	서울 휠체어 마라톤대회	1,000	체육진흥과	1	1	7	8	7	5	1	1
10407	충북 충주시	전국 장애인 학생체전 출전	3,000	체육진흥과	1	1	7	8	7	5	1	1
10408	충북 충주시	장애인 생활체육교실 운영	23,000	체육진흥과	1	1	7	8	7	5	1	1
10409	충북 충주시	장애인 생활체육 수영교실	26,000	체육진흥과	1	1	7	8	7	5	1	1
10410	충북 충주시	장애인 생활체육지도자 배치	279,964	체육진흥과	1	1	7	8	7	5	1	1
10411	충북 충주시	전국 축구 스토브리그	12,000	체육진흥과	1	1	7	8	7	5	1	1
10412	충북 충주시	충주시민축구단 운영지원	700,000	체육진흥과	1	1	7	8	7	5	1	1
10413	충북 충주시	충청북도 생활체육대회 출전지원	56,000	체육진흥과	1	1	7	8	7	1	1	1
10414	충북 충주시	어린이생활체육교실운영	8,000	체육진흥과	1	1	7	8	7	1	1	1
10415	충북 충주시	충북 어르신 생활체육대회 출전지원	10,000	체육진흥과	1	1	7	8	7	1	1	1
10416	충북 충주시	생활체육교실운영	169,832	체육진흥과	1	1	7	8	7	1	1	1
10417	충북 충주시	어르신 생활체육지도자배치	287,322	체육진흥과	1	1	7	8	7	1	1	1
10418	충북 충주시	일반생활체육지도자 배치	294,012	체육진흥과	1	1	7	8	7	1	1	1
10419	충북 충주시	청소년 생활체육 캠프운영	16,000	체육진흥과	1	1	7	8	7	1	1	1
10420	충북 충주시	여성 생활체육강좌	5,000	체육진흥과	1	1	7	8	7	1	1	1
10421	충북 충주시	장수체육대학 운영	6,000	체육진흥과	1	1	7	8	7	1	1	1
10422	충북 충주시	체육회 직원 워크숍 개최지원	2,700	체육진흥과	1	1	7	8	7	1	1	1
10423	충북 충주시	충북도민체전 출전	210,000	체육진흥과	1	1	7	8	7	5	1	1
10424	충북 충주시	체육대회 출전 지원	45,600	체육진흥과	1	1	7	8	7	5	1	1
10425	충북 충주시	세계무술연맹연차총회	60,000	체육진흥과	1	4	7	7	7	1	1	1
10426	충북 충주시	평생학습 우수프로그램 지원	30,000	평생학습과	1	1	7	8	7	1	1	1
10427	충북 충주시	충주시 평생학습 박람회	40,000	평생학습과	1	1	7	8	7	1	1	1
10428	충북 충주시	성인문해학교 운영지원	30,000	평생학습과	1	1	7	8	7	1	1	1
10429	충북 충주시	성인문해학교 운영지원	16,000	평생학습과	1	1	7	8	7	1	1	1
10430	충북 충주시	성인문해학교 운영지원	14,000	평생학습과	1	1	7	8	7	1	1	1
10431	충북 충주시	성인문해학교 운영지원	7,000	평생학습과	1	1	7	8	7	1	1	1
10432	충북 충주시	성인문해학교 운영지원	7,000	평생학습과	1	1	7	8	7	1	1	1
10433	충북 충주시	청소년공부방 운영비 지원	209,100	평생학습과	1	7	7	1	7	1	1	1
10434	충북 충주시	충주복숭아 명품화사업 기술교육	5,000	농정과	1	4	7	8	7	1	1	1
10435	충북 충주시	충주사과 명품화사업 기술교육	7,200	농정과	1	4	7	8	7	1	1	1
10436	충북 충주시	대학찰옥수수 판촉행사 지원	23,000	농정과	1	4	7	8	7	1	1	1
10437	충북 충주시	도시소비자 초청 판매행사 참여	12,000	농정과	1	4	7	8	7	1	1	1
10438	충북 충주시	충주복숭아 판촉행사 지원	45,000	농정과	1	4	7	8	7	1	1	1
10439	충북 충주시	충주 우수농특산품 나들이 행사	25,000	농정과	1	4	7	8	7	1	1	1
10440	충북 충주시	로컬푸드 소비촉진을 위한 생산자, 소비자 교육	6,000	농정과	1	4	7	8	7	1	1	1
10441	충북 충주시	농산물 상생마케팅 판촉 지원	72,000	농정과	1	4	7	1	7	1	1	1
10442	충북 충주시	명품농산물 TV홈쇼핑 홍보지원	240,000	농정과	1	4	7	8	7	1	1	1
10443	충북 충주시	명품농산물 TV홈쇼핑 홍보지원	17,000	농정과	1	6	7	8	7	1	1	1
10444	충북 충주시	수출농식품 포장재 제작지원	105,700	농정과	1	6	7	8	7	1	1	1
10445	충북 충주시	신선 농산물 수출물류비 지원	579,816	농정과	1	6	7	8	7	1	1	1
10446	충북 충주시	충주사과 수출 판촉행사	30,000	농정과	1	4	7	8	7	1	1	1
10447	충북 충주시	농산물 산지유통조직 마케팅 지원사업	14,000	농정과	1	2	7	8	7	1	1	1
10448	충북 충주시	공동선별비 지원사업	162,897	농정과	1	2	7	8	7	1	1	1
10449	충북 충주시	거점산지유통센터 출하농가 운송비 지원	14,000	농정과	1	4	7	8	7	1	1	1
10450	충북 충주시	통합마케팅 활성화	300,000	농정과	1	4	7	8	7	1	1	1
10451	충북 충주시	통합마케팅 활성화	12,000	농정과	1	4	7	8	7	1	1	1
10452	충북 충주시	통합마케팅 활성화	60,000	농정과	1	4	7	8	7	1	1	1
10453	충북 충주시	통합마케팅 활성화	100,000	농정과	1	4	7	8	7	1	1	1

순번	시군구	지출명 (사업명)	2021년예산 (단위:천원/1년간)	담당자 (공무원) 담당부서	민간이전 분류 (지방자치단체 세출예산 집행기준에 의거) 1. 민간경상사업보조(307-02) 2. 민간단체 법정운영비보조(307-03) 3. 민간행사사업보조(307-04) 4. 민간위탁금(307-05) 5. 사회복지시설 법정운영비보조(307-10) 6. 민간인위탁교육비(307-12) 7. 공기관등에대한경상적위탁사업비(308-11) 8. 민간자본사업보조,자체재원(402-01) 9. 민간자본사업보조,이전재원(402-02) 10. 민간위탁사업비(402-03) 11. 공기관등에 대한 자본적 대행사업비(403-02)	민간이전지출 근거 (지방보조금 관리기준 참고) 1. 법률에 규정 2. 국고보조 재원(국가지정) 3. 용도 지정 기부금 4. 조례에 직접규정 5. 지자체가 권장하는 사업을 하는 공공기관 6. 시,도 정책 및 재정사정 7. 기타 8. 해당없음	입찰방식 계약체결방법 (경쟁형태) 1. 일반경쟁 2. 제한경쟁 3. 지명경쟁 4. 수의계약 5. 법정위탁 6. 기타 ( ) 7. 해당없음	입찰방식 계약기간 1. 1년 2. 2년 3. 3년 4. 4년 5. 5년 6. 기타 ( )년 7. 단기계약 (1년미만) 8. 해당없음	입찰방식 낙찰자선정방법 1. 적격심사 2. 협상에의한계약 3. 최저가낙찰제 4. 규격가격분리 5. 2단계 경쟁입찰 6. 기타 ( ) 7. 해당없음	운영예산 산정 운영예산 산정 1. 내부산정 (지자체 자체적으로 산정) 2. 외부산정 (외부전문기관위탁 산정) 3. 내·외부 모두 산정 4. 산정 無 5. 해당없음	운영예산 산정 정산방법 1. 내부정산 (지자체 내부적으로 정산) 2. 외부정산 (외부전문기관위탁 정산) 3. 내·외부 모두 산정 4. 정산 無 5. 해당없음	성과평가 실시여부 1. 실시 2. 미실시 3. 향후 추진 4. 해당없음
10454	충북 충주시	통합마케팅 활성화	20,000	농정과	1	4	7	8	7	1	1	1
10455	충북 충주시	통합마케팅 활성화	20,000	농정과	1	4	7	8	7	1	1	1
10456	충북 충주시	초등돌봄교실 과일간식 지원사업	69,400	농정과	1	2	7	8	7	1	1	1
10457	충북 충주시	충북광역브랜드 공동사업	265,500	농정과	1	6	7	8	7	1	1	1
10458	충북 충주시	숲해설가 지원	9,000	산림정책과	1	6	7	8	7	5	5	4
10459	충북 충주시	농촌관광승마활성화	52,000	축수산과	1	2	7	8	7	5	1	1
10460	충북 충주시	농촌지도자 충주시연합회 육성지원	10,000	농업지원과	1	1	7	8	7	5	5	4
10461	충북 충주시	4-H연합회 육성 지원	10,000	농업지원과	1	1	7	8	7	5	5	4
10462	충북 충주시	청년농업인 경쟁력 제고 사업	45,000	농업지원과	1	2	7	8	7	5	5	4
10463	충북 충주시	귀농창업 활성화 지원	50,000	농업지원과	1	2	7	8	7	5	5	4
10464	충북 충주시	귀농협의회 네트워크 활동지원	10,000	농업지원과	1	2	7	8	7	5	5	4
10465	충북 충주시	귀농귀촌인 활성화 교육지원	12,000	농업지원과	1	2	7	8	7	5	5	4
10466	충북 충주시	귀농귀촌인 및 지역주민 융화교육 지원	6,000	농업지원과	1	6	7	8	7	5	5	4
10467	충북 충주시	치매환자 지원 프로그램 운영	100,000	보건과	1	2	7	8	7	5	5	4
10468	충북 충주시	의료관련감염병표본감시체계운영	20,000	감염병관리과	1	2	7	8	7	5	5	4
10469	충북 충주시	의료기관 결핵환자 관리지원	35,650	감염병관리과	1	2	7	8	7	5	1	3
10470	충북 충주시	지속가능발전사업	70,000	환경수자원과	1	2	4	1	7	1	1	1
10471	충북 충주시	외래식물퇴치 및 국토청결활동지원	5,000	환경수자원과	1	7	6	1	7	1	1	1
10472	충북 제천시	농업인학생 농번기 봉사활동	4,000	농업정책과	1	4	7	8	7	1	1	1
10473	충북 제천시	농업소식 홍보지 제작	6,000	농업정책과	1	4	7	8	7	1	1	1
10474	충북 제천시	여성농업인 교육지원사업	6,000	농업정책과	1	4	7	8	7	1	1	1
10475	충북 제천시	농업경영인(중앙,도) 행사지원	15,000	농업정책과	1	4	7	8	7	1	1	1
10476	충북 제천시	전농충청북도연맹 가족한마당 행사지원	10,500	농업정책과	1	4	7	8	7	1	1	1
10477	충북 제천시	여성농업인(중앙,도)행사지원	10,500	농업정책과	1	4	7	8	7	1	1	1
10478	충북 제천시	통일쌀 경작지 조성	8,000	농업정책과	1	4	7	8	7	1	1	1
10479	충북 제천시	농촌유학지원	58,000	농업정책과	1	2	7	8	7	3	3	1
10480	충북 제천시	농촌 공동아이돌봄센터 운영지원	27,400	농업정책과	1	8	7	8	7	5	5	4
10481	충북 제천시	농촌체험마을 사무장지원사업	80,378	농업정책과	1	2	7	8	7	3	3	1
10482	충북 제천시	농촌체험휴양마을 보험가입 지원사업	4,472	농업정책과	1	2	7	8	7	3	3	1
10483	충북 제천시	농촌민박 서비스 및 안전교육	2,940	농업정책과	1	6	7	8	7	3	3	1
10484	충북 제천시	지역단위 농촌관광 지원사업	120,000	농업정책과	1	2	7	8	7	1	1	1
10485	충북 제천시	청년 농업인 영농정착 지원사업 지원금	118,720	농업정책과	1	2	7	8	7	3	3	1
10486	충북 제천시	사회적농업 활성화지원사업	60,000	농업정책과	1	2	7	8	7	1	1	1
10487	충북 제천시	농촌 창업 청년농업인 정착지원	20,800	농업정책과	1	6	7	8	7	3	3	1
10488	충북 제천시	농업경영체 경영컨설팅지원사업	15,000	농업정책과	1	2	7	8	7	1	1	1
10489	충북 제천시	사회적 농업 거점농장 지원사업	200,000	농업정책과	1	2	7	8	7	1	1	1
10490	충북 제천시	친환경유기농박람회 행사참가지원	10,000	농업정책과	1	4	7	8	7	5	1	1
10491	충북 제천시	친환경농업육성 농업인연찬회교육	5,000	농업정책과	1	4	7	8	7	5	1	1
10492	충북 제천시	쌀전업농 전국대회 참석지원	6,000	농업정책과	1	4	7	8	7	5	1	1
10493	충북 제천시	농작업대행서비스센터운영	98,358	농업정책과	1	4	7	8	7	5	1	1
10494	충북 제천시	의림지뜰 친환경농업단지 조성 영농작업비	323,400	농업정책과	1	4	7	8	7	5	1	1
10495	충북 제천시	중증장애인자립생활지원센터 임차료 지원	12,000	노인장애인과	1	1	7	8	7	1	1	1
10496	충북 제천시	세하주간활동센터 임차료 지원	6,000	노인장애인과	1	1	7	8	7	1	1	1
10497	충북 제천시	공동주택관리지원	150,000	건축과	1	4	7	8	7	5	1	1
10498	충북 제천시	2021년 천연물산업 심포지엄	18,000	한방바이오과	1	5	7	8	7	1	1	1
10499	충북 제천시	건강관리체험관 및 한방의료관 운영	50,000	한방바이오과	1	5	7	8	7	1	1	1
10500	충북 제천시	시민을 위한 한방힐링캠프 운영	15,000	한방바이오과	1	7	7	8	7	1	1	1
10501	충북 제천시	헬스케어 천연물산업 육성사업	500,000	한방바이오과	1	5	7	8	7	1	1	1
10502	충북 제천시	천연물소재 활용 원료개발 지원사업	120,000	한방바이오과	1	2	1	3	7	1	1	1
10503	충북 제천시	한방엑스포공원 활성화 운영	25,000	한방바이오과	1	4	4	1	7	1	1	1
10504	충북 제천시	한방체험관광 활성화 지원사업	30,000	한방바이오과	1	4	4	1	7	1	1	1

순번	시군구	지출명 (사업명)	2021년예산 (단위:천원/1년간)	담당자 (공무원) 담당부서	민간이전 분류 (지방자치단체 세출예산 집행기준에 의거) 1. 민간경상사업보조(307-02) 2. 민간단체 법정운영비보조(307-03) 3. 민간행사사업보조(307-04) 4. 민간위탁금(307-05) 5. 사회복지시설 법정운영비보조(307-10) 6. 민간인위탁교육비(307-12) 7. 공기관등에대한경상적위탁사업비(308-11) 8. 민간자본사업보조,자체재원(402-01) 9. 민간자본사업보조,이전재원(402-02) 10. 민간위탁사업비(402-03) 11. 공기관등에 대한 자본적 대행사업비(403-02)	민간이전지출 근거 (지방보조금 관리기준 참고) 1. 법률에 규정 2. 국고보조 재원(국가지정) 3. 용도 지정 기부금 4. 조례에 직접규정 5. 지자체가 권장하는 사업을 하는 공공기관 6. 시,도 정책 및 재정사정 7. 기타 8. 해당없음	입찰방식 계약체결방법 (경쟁형태) 1. 일반경쟁 2. 제한경쟁 3. 지명경쟁 4. 수의계약 5. 법정위탁 6. 기타 ( ) 7. 해당없음	입찰방식 계약기간 1. 1년 2. 2년 3. 3년 4. 4년 5. 5년 6. 기타 ( )년 7. 단기계약 (1년미만) 8. 해당없음	입찰방식 낙찰자선정방법 1. 적격심사 2. 협상에의한계약 3. 최저가낙찰제 4. 규격가격분리 5. 2단계 경쟁입찰 6. 기타 ( ) 7. 해당없음	운영예산 산정 운영예산 산정 1. 내부산정 (지자체 자체적으로 산정) 2. 외부산정 (외부전문기관위탁 산정) 3. 내·외부 모두 산정 4. 산정 無 5. 해당없음	운영예산 산정 정산방법 1. 내부정산 (지자체 내부적으로 정산) 2. 외부정산 (외부전문기관위탁 정산) 3. 내·외부 모두 산정 4. 정산 無 5. 해당없음	성과평가 실시여부 1. 실시 2. 미실시 3. 향후 추진 4. 해당없음
10505	충북 제천시	한방엑스포 유통시장 홍보 이벤트	25,000	한방바이오과	1	4	4	1	7	1	1	1
10506	충북 제천시	한방천연물소재 연구개발 및 제품화 지원	168,000	한방바이오과	1	4	7	8	7	1	1	4
10507	충북 제천시	한방천연물제품 쇼핑몰 활성화 및 판로확대	182,000	한방바이오과	1	4	7	8	7	1	1	4
10508	충북 제천시	한방천연물산업 고부가가치화 및 경쟁력강화	140,000	한방바이오과	1	4	7	8	7	1	1	4
10509	충북 제천시	글로컬 한방천연물기업 수출역량 및 마케팅강화	182,000	한방바이오과	1	4	7	8	7	1	1	4
10510	충북 제천시	한방천연물산업 클러스터 거점화	28,000	한방바이오과	1	4	7	8	7	1	1	4
10511	충북 제천시	한방바이오 제천몰 홍보영상 제작 및 방송광고	50,000	한방바이오과	1	4	7	8	7	1	1	1
10512	충북 제천시	제천한방산업 운영 청년인턴 사업	34,113	한방바이오과	1	2	7	8	7	1	1	4
10513	충북 제천시	한방천연물제품 포장디자인 고급화 지원	100,000	한방바이오과	1	4	7	8	7	1	1	4
10514	충북 제천시	과수화상병 발생경감 약제방제 실험 시범	6,000	기술보급과	1	6	7	8	7	5	5	4
10515	충북 제천시	디지털 유통 플랫폼 운영사업	160,000	일자리경제과	1	7	7	8	7	5	5	4
10516	충북 제천시	지역정착지원형 청년일자리사업 청년활동가 지원	1,558	일자리경제과	1	2	7	8	7	5	1	1
10517	충북 제천시	지역공동체 제안사업	10,000	일자리경제과	1	6	7	8	7	5	1	1
10518	충북 제천시	중앙시장 문화센터 프로그램 운영	40,000	일자리경제과	1	1	7	8	7	1	1	4
10519	충북 제천시	전통시장 특판행사 및 홍보 등 지원	66,500	일자리경제과	1	1	7	8	7	1	1	4
10520	충북 제천시	시장경영바우처지원사업	60,000	일자리경제과	1	1	7	8	7	1	1	4
10521	충북 제천시	전통시장 러브투어 운영	220,000	일자리경제과	1	1	7	8	7	1	1	4
10522	충북 제천시	전통시장 배송서비스 지원	29,568	일자리경제과	1	1	7	8	7	1	1	4
10523	충북 제천시	전통시장 및 상점가 배송도우미 사업	23,509	일자리경제과	1	1	7	8	7	1	1	4
10524	충북 제천시	스포츠강좌 이용권 지원	140,400	체육진흥과	1	4	7	8	7	1	1	1
10525	충북 제천시	장애인스포츠강좌 이용권 지원	7,680	체육진흥과	1	4	7	8	7	1	1	1
10526	충북 제천시	전지훈련 인센티브	25,000	체육진흥과	1	4	7	8	7	1	1	1
10527	충북 제천시	제60회 도민체육대회 출전	260,000	체육진흥과	1	4	7	8	7	1	1	1
10528	충북 제천시	우수선수 육성 및 훈련비 지원	60,000	체육진흥과	1	4	7	8	7	1	1	1
10529	충북 제천시	생활체육프로그램 운영	25,000	체육진흥과	1	4	7	8	7	1	1	1
10530	충북 제천시	생활체육교실 운영	25,000	체육진흥과	1	4	7	8	7	1	1	1
10531	충북 제천시	장애인생활체육교실운영	35,000	체육진흥과	1	4	7	8	7	1	1	1
10532	충북 제천시	생활체육지도자 복리후생비	50,400	체육진흥과	1	4	7	8	7	1	1	1
10533	충북 제천시	장애인생활체육지도자 복리후생비	9,370	체육진흥과	1	4	7	8	7	1	1	1
10534	충북 제천시	초록길광장 자전거 교실 운영	38,000	체육진흥과	1	4	7	8	7	1	1	1
10535	충북 제천시	공공스포츠클럽 관리자 지원사업	30,000	체육진흥과	1	4	7	8	7	1	1	1
10536	충북 제천시	공공스포츠클럽 사무국 운영	30,000	체육진흥과	1	4	7	8	7	1	1	1
10537	충북 제천시	제천시체육회 장비보강 및 시설개선	7,000	체육진흥과	1	4	7	8	7	1	1	1
10538	충북 제천시	제천시체육회 가맹단체 장비보강	10,000	체육진흥과	1	4	7	8	7	1	1	1
10539	충북 제천시	전일제생활체육지도자배치	213,024	체육진흥과	1	2	7	8	7	1	1	1
10540	충북 제천시	어르신 전일제 생활체육지도자 배치	182,592	체육진흥과	1	2	7	8	7	1	1	1
10541	충북 제천시	충북종단 대장정	9,000	체육진흥과	1	4	7	8	7	1	1	1
10542	충북 제천시	장애인생활체육지도자 배치	87,696	체육진흥과	1	2	7	8	7	1	1	1
10543	충북 제천시	관내 대학생 장학금	550,000	홍보학습담당관	1	4	7	1	7	1	1	1
10544	충북 제천시	제천학강좌 운영	32,000	홍보학습담당관	1	4	7	1	7	1	1	1
10545	충북 제천시	해외배낭연수 지원	315,000	홍보학습담당관	1	4	7	1	7	1	1	1
10546	충북 제천시	청년 창업발굴 프로젝트	30,000	홍보학습담당관	1	4	7	1	7	1	1	1
10547	충북 제천시	대학생 현장실습 지원	160,000	홍보학습담당관	1	4	7	1	7	1	1	1
10548	충북 제천시	정진야학 사업지원	5,000	홍보학습담당관	1	4	7	1	7	1	1	1
10549	충북 제천시	제천향교 유학아카데미 운영지원	20,000	홍보학습담당관	1	4	7	1	7	1	1	1
10550	충북 제천시	치매안심요양병원 공공사업지원	100,000	보건위생과	1	2	1	1	7	5	1	1
10551	충북 제천시	자원봉사센터 직영사업운영	12,500	시민행복과	1	4	7	8	7	1	1	1
10552	충북 제천시	자원봉사 홍보서포터즈 운영	8,000	시민행복과	1	4	7	8	7	1	1	1
10553	충북 제천시	자원봉사 소식지 발행	5,000	시민행복과	1	4	7	8	7	1	1	1
10554	충북 제천시	전문자원봉사자 양성교육	6,000	시민행복과	1	4	7	8	7	1	1	1
10555	충북 제천시	우수자원봉사자 간병지원	3,000	시민행복과	1	4	7	8	7	1	1	1

순번	시군구	지출명 (사업명)	2021년예산 (단위:천원/1년간)	담당자 (공무원) 담당부서	민간이전 분류 (지방자치단체 세출예산 집행기준에 의거) 1. 민간경상사업보조(307-02) 2. 민간단체 법정운영비보조(307-03) 3. 민간행사사업보조(307-04) 4. 민간위탁금(307-05) 5. 사회복지시설 법정운영비보조(307-10) 6. 민간인위탁교육비(307-12) 7. 공기관등에대한경상적위탁사업비(308-11) 8. 민간자본사업보조,자체재원(402-01) 9. 민간자본사업보조,이전재원(402-02) 10. 민간위탁사업비(402-03) 11. 공기관등에 대한 자본적 대행사업비(403-02)	민간이전지출 근거 (지방보조금 관리기준 참고) 1. 법률에 규정 2. 국고보조 재원(국가지정) 3. 용도 지정 기부금 4. 조례에 직접규정 5. 지자체가 권장하는 사업을 하는 공공기관 6. 시,도 정책 및 재정사정 7. 기타 8. 해당없음	입찰방식 계약체결방법 (경쟁형태) 1. 일반경쟁 2. 제한경쟁 3. 지명경쟁 4. 수의계약 5. 법정위탁 6. 기타 ( ) 7. 해당없음	입찰방식 계약기간 1. 1년 2. 2년 3. 3년 4. 4년 5. 5년 6. 기타 ( )년 7. 단기계약 (1년미만) 8. 해당없음	입찰방식 낙찰자선정방법 1. 적격심사 2. 협상에의한계약 3. 최저가낙찰제 4. 규격가격분리 5. 2단계 경쟁입찰 6. 기타 ( ) 7. 해당없음	운영예산 산정 운영예산 산정 1. 내부산정 (지자체 자체적으로 산정) 2. 외부산정 (외부전문기관위탁 산정) 3. 내·외부 모두 산정 4. 산정 無 5. 해당없음	운영예산 산정 정산방법 1. 내부정산 (지자체 내부적으로 정산) 2. 외부정산 (외부전문기관위탁 정산) 3. 내·외부 모두 산정 4. 정산 無 5. 해당없음	성과평가 실시여부 1. 실시 2. 미실시 3. 향후 추진 4. 해당없음
10556	충북 제천시	사랑의밥차 재능나눔단체지원	3,000	시민행복과	1	4	7	8	7	1	1	1
10557	충북 제천시	자원봉사 코디네이터 지원사업	59,112	시민행복과	1	2	7	8	7	1	1	1
10558	충북 제천시	자원봉사 봉사활동지원	84,000	시민행복과	1	4	7	8	7	1	1	1
10559	충북 제천시	자원봉사자 보험료 지원	6,574	시민행복과	1	2	7	8	7	1	1	1
10560	충북 제천시	신중년 사회공헌활동 지원사업	28,913	시민행복과	1	2	7	8	7	1	1	1
10561	충북 제천시	읍면동 새마을봉사활동 지원	40,000	시민행복과	1	4	7	8	7	1	1	3
10562	충북 제천시	새마을과 동행하는 사랑 희망 꿈	20,000	시민행복과	1	4	7	8	7	1	1	3
10563	충북 제천시	사랑의 나눔텃밭 가꾸기	10,000	시민행복과	1	4	7	8	7	1	1	3
10564	충북 제천시	직장 새마을지도자 봉사활동 지원	3,000	시민행복과	1	4	7	8	7	1	1	3
10565	충북 제천시	새마을문고 도서구입	4,000	시민행복과	1	4	7	8	7	1	1	3
10566	충북 제천시	새마을문고 피서지 이동문고 운영	3,000	시민행복과	1	4	7	8	7	1	1	3
10567	충북 제천시	교통안전지킴이 봉사활동 지원	2,000	시민행복과	1	4	7	8	7	1	1	3
10568	충북 제천시	새마을 청소년봉사단 봉사활동 지원	3,500	시민행복과	1	4	7	8	7	1	1	3
10569	충북 제천시	사랑의 김장담그기 큰마당	25,000	시민행복과	1	4	7	8	7	1	1	3
10570	충북 제천시	전국새마을지도자 대회	12,000	시민행복과	1	4	7	8	7	1	1	3
10571	충북 제천시	읍면동남녀지도자 여비보상	7,560	시민행복과	1	4	7	8	7	1	1	3
10572	충북 제천시	사랑의 집짓기 및 집고쳐주기	10,000	시민행복과	1	4	7	8	7	1	1	3
10573	충북 제천시	쾌적한 환경, 행복한 공동체 만들기 사업	25,000	시민행복과	1	4	7	8	7	1	1	3
10574	충북 제천시	국가상징선양 운동실천	3,500	시민행복과	1	1	7	8	7	1	1	1
10575	충북 제천시	다문화가정 친정방문(초청) 사업	1,000	시민행복과	1	1	7	8	7	1	1	1
10576	충북 제천시	독거노인 급식배달봉사	3,500	시민행복과	1	1	7	8	7	1	1	1
10577	충북 제천시	안전문화정착운동 및 국토청결운동	5,000	시민행복과	1	1	7	8	7	1	1	1
10578	충북 제천시	바르게살기협의회 전국회원대회	4,000	시민행복과	1	1	7	8	7	1	1	1
10579	충북 제천시	바르게살기협의회 충북회원대회	5,000	시민행복과	1	1	7	8	7	1	1	1
10580	충북 제천시	일일부모, 자녀되기	5,000	시민행복과	1	1	7	8	7	1	1	1
10581	충북 제천시	바르게조직및지역활성화	2,000	시민행복과	1	1	7	8	7	1	1	1
10582	충북 제천시	바르게살기협의회 충청북도초중고학생 그림글짓기대회참가	1,000	시민행복과	1	1	7	8	7	1	1	1
10583	충북 제천시	마을공동체 만들기 공모사업	20,000	시민행복과	1	4	7	8	7	1	1	3
10584	충북 제천시	제8기 여성친화대학 운영	25,000	여성가족과	1	4	7	8	7	1	1	3
10585	충북 제천시	여성친화 동아리육성 공모사업	15,000	여성가족과	1	4	7	8	7	1	1	3
10586	충북 제천시	여성 창업 인큐베이팅 스쿨 - 굿 스타트	12,000	여성가족과	1	4	7	8	7	1	1	3
10587	충북 제천시	지역 여성청년 성평등리더 양성	6,000	여성가족과	1	4	7	8	7	5	5	4
10588	충북 제천시	FC신백아동축구단 운영 지원	7,000	여성가족과	1	5	7	8	7	1	1	1
10589	충북 제천시	진폐근로자 상담사업	6,400	시민보건과	1	4	7	8	7	1	1	1
10590	충북 제천시	의료기관 결핵관리사업	35,650	시민보건과	1	2	7	8	7	5	3	1
10591	충북 제천시	환경보전사업추진	36,000	자연환경과	1	1	7	8	7	5	5	4
10592	충북 제천시	비산업부문사업장 온실가스 진단컨설팅지원	30,000	자연환경과	1	1	7	8	7	5	5	4
10593	충북 제천시	야생동물 피해예방사업	81,696	자연환경과	1	1	7	8	7	5	5	4
10594	충북 제천시	제천문화원 문화학교 지원	10,500	문화예술과	1	4	7	7	7	1	1	1
10595	충북 제천시	청소년 현장체험 문화답사	3,500	문화예술과	1	4	7	7	7	1	1	1
10596	충북 제천시	공연과 함께하는 유적답사기행	4,000	문화예술과	1	4	7	7	7	1	1	1
10597	충북 제천시	제26회 충북민속예술축제 참가	25,000	문화예술과	1	4	7	8	7	1	1	1
10598	충북 제천시	유도회 충효인성교육	4,000	문화예술과	1	4	7	8	7	2	2	3
10599	충북 제천시	전통민속놀이 전승지원사업	2,000	문화예술과	1	4	7	8	7	1	1	1
10600	충북 제천시	의병묘소관리 및 성역화사업	14,000	문화예술과	1	4	7	8	7	2	2	3
10601	충북 제천시	청풍향교 충효인성교육	3,000	문화예술과	1	4	7	8	7	2	2	3
10602	충북 제천시	병산영당 학술세미나	10,000	문화예술과	1	4	7	8	7	2	2	3
10603	충북 제천시	내제문화 30집 발간 및 출판기념회	10,000	문화예술과	1	4	7	8	7	2	2	3
10604	충북 제천시	무형문화재 전승지원	10,800	문화예술과	1	4	7	8	7	2	3	2
10605	충북 제천시	향교유지관리사업	30,851	문화예술과	1	4	7	8	7	2	2	3
10606	충북 제천시	고택종갓집 활용사업	110,000	문화예술과	1	5	7	8	7	1	1	1

순번	시군구	지출명 (사업명)	2021년예산 (단위:천원/1년간)	담당자 (공무원) 담당부서	민간이전 분류 (지방자치단체 세출예산 집행기준에 의거) 1. 민간경상사업보조(307-02) 2. 민간단체 법정운영비보조(307-03) 3. 민간행사사업보조(307-04) 4. 민간위탁금(307-05) 5. 사회복지시설 법정운영비보조(307-10) 6. 민간인위탁교육비(307-12) 7. 공기관등에대한경상적위탁사업비(308-11) 8. 민간자본사업보조,자체재원(402-01) 9. 민간자본사업보조,이전재원(402-02) 10. 민간위탁사업비(402-03) 11. 공기관등에 대한 자본적 대행사업비(403-02)	민간이전지출 근거 (지방보조금 관리기준 참고) 1. 법률에 규정 2. 국고보조 재원(국가지정) 3. 용도 지정 기부금 4. 조례에 직접규정 5. 지자체가 권장하는 사업을 하는 공공기관 6. 시,도 정책 및 재정사정 7. 기타 8. 해당없음	입찰방식 계약체결방법 (경쟁형태) 1. 일반경쟁 2. 제한경쟁 3. 지명경쟁 4. 수의계약 5. 법정위탁 6. 기타 ( ) 7. 해당없음	입찰방식 계약기간 1. 1년 2. 2년 3. 3년 4. 4년 5. 5년 6. 기타 ( )년 7. 단기계약 (1년미만) 8. 해당없음	입찰방식 낙찰자선정방법 1. 적격심사 2. 협상에의한계약 3. 최저가낙찰제 4. 규격가격분리 5. 2단계 경쟁입찰 6. 기타 ( ) 7. 해당없음	운영예산 산정 운영예산 산정 1. 내부산정 (지자체 자체적으로 산정) 2. 외부산정 (외부전문기관위탁 산정) 3. 내·외부 모두 산정 4. 산정 無 5. 해당없음	운영예산 산정 정산방법 1. 내부정산 (지자체 내부적으로 정산) 2. 외부정산 (외부전문기관위탁 정산) 3. 내·외부 모두 산정 4. 정산 無 5. 해당없음	성과평가 실시여부 1. 실시 2. 미실시 3. 향후 추진 4. 해당없음
10607	충북 제천시	특색있는 전통공연 개최	40,000	문화예술과	1	4	7	8	7	1	1	4
10608	충북 제천시	자작문화학교 지원	8,000	문화예술과	1	4	7	8	7	5	1	4
10609	충북 제천시	제20호 제천예술지 발간	3,500	문화예술과	1	4	7	8	7	5	1	4
10610	충북 제천시	2021년 충북연극제 출전	10,000	문화예술과	1	4	7	8	7	5	1	4
10611	충북 제천시	통합문화이용권사업	518,960	문화예술과	1	2	7	1	7	2	2	1
10612	충북 제천시	GAP인증농가안전성검사비지원	8,000	유통축산과	1	2	7	8	7	5	5	4
10613	충북 제천시	초등돌봄교실 과일간식 지원	38,700	유통축산과	1	2	7	8	7	1	1	1
10614	충북 제천시	국제식품전시회 참가지원사업	4,000	유통축산과	1	6	7	8	7	5	5	4
10615	충북 제천시	우수약초 저장비 지원	10,000	유통축산과	1	4	7	8	7	5	5	4
10616	충북 제천시	GAP생산농가 세척건조가공비 지원	390,000	유통축산과	1	4	7	8	7	5	5	4
10617	충북 제천시	정보화마을 프로그램관리자 육성	34,944	정보통신과	1	6	7	8	7	5	5	4
10618	충북 제천시	제천시 지역자율방재단	27,000	안전정책과	1	1	7	8	7	1	1	1
10619	충북 제천시	금성면 문화체육행사 지원 소모품 구입	15,972	건설과	1	1	7	8	7	1	1	1
10620	충북 제천시	금성면 어버이날행사 지원 소모품 구입	8,700	건설과	1	1	7	8	7	1	1	1
10621	충북 제천시	금성면 노인회 체육활동 지원 소모품 구입	2,000	건설과	1	1	7	8	7	1	1	1
10622	충북 제천시	청풍면 지역특화 경쟁력강화 컨설팅 용역사업	40,000	건설과	1	8	7	8	7	1	1	1
10623	충북 제천시	청풍면 문화체육행사 지원사업 소모품 구입	10,000	건설과	1	1	7	8	7	1	1	1
10624	충북 제천시	덕산면 달집태우기 축제 지원 소모품 구입	2,000	건설과	1	1	7	8	7	1	1	1
10625	충북 제천시	한수면 월악산 산신제 지원 소모품 구입	6,000	건설과	1	1	7	8	7	1	1	1
10626	충북 제천시	한수면 어버이날 행사 지원 소모품 구입	5,000	건설과	1	1	7	8	7	1	1	1
10627	충북 제천시	백운면 어버이날 행사 지원 소모품 구입	5,000	건설과	1	1	7	8	7	1	1	1
10628	충북 제천시	백운면 문화체육행사 지원 소모품 구입	10,000	건설과	1	1	7	8	7	1	1	1
10629	충북 제천시	청년공동체 활성화 사업	8,000	기획예산과	1	4	7	8	7	5	5	4
10630	충북 제천시	기적의도서관	33,100	시립도서관	1	4	7	1	7	2	1	1
10631	충북 제천시	작은도서관	31,000	시립도서관	1	7	7	1	7	1	1	1
10632	충북 제천시	2020 2단계 행복마을 사업	60,000	도시재생과	1	6	7	8	7	5	5	4
10633	충북 보은군	제12회 한국전쟁민간인희생자 보은합동추모제	2,700	행정과	1	4	7	8	7	1	1	4
10634	충북 보은군	이장능력개발워크숍	23,734	행정과	1	4	7	8	7	1	1	1
10635	충북 보은군	중고생 통일교육	1,770	행정과	1	1	7	8	7	1	1	1
10636	충북 보은군	평화통일 염원 공연	6,000	행정과	1	1	7	8	7	1	1	1
10637	충북 보은군	민주평통자문위원 통일현장 체험	5,470	행정과	1	1	7	8	7	1	1	1
10638	충북 보은군	한문교실	7,557	행정과	1	1	7	8	7	1	1	1
10639	충북 보은군	자연정화활동	1,090	행정과	1	1	7	8	7	1	1	1
10640	충북 보은군	읍면민의 날 지원	135,000	행정과	1	4	7	8	7	1	1	1
10641	충북 보은군	새마을 읍면 사업비	23,397	행정과	1	4	7	1	7	3	3	1
10642	충북 보은군	대통령기 국민독서경진대회	500	행정과	1	4	7	7	7	3	3	1
10643	충북 보은군	행복마을 1단계 사업	15,000	행정과	1	6	7	7	7	5	5	3
10644	충북 보은군	행복마을 2단계 사업	30,000	행정과	1	6	7	7	7	5	1	1
10645	충북 보은군	국토대청결운동	2,178	행정과	1	1	7	7	7	1	1	1
10646	충북 보은군	응급처치교육 및 경연대회	3,820	행정과	1	6	7	7	7	1	1	1
10647	충북 보은군	참전유공자 및 가족 위안잔치	16,200	행정과	1	6	7	7	7	1	1	1
10648	충북 보은군	청소년 및 일반인 민주시민 교육	3,610	행정과	1	1	7	7	7	1	1	1
10649	충북 보은군	범죄피해자 보호지원	5,400	행정과	1	1	7	8	7	1	1	1
10650	충북 보은군	해병대전우회 야간방범순찰 및 수난구조 지원	5,000	행정과	1	6	7	7	7	1	1	1
10651	충북 보은군	특전동지회 보은지회 야간순찰활동 지원	3,000	행정과	1	6	7	7	7	1	1	1
10652	충북 보은군	쾌적한 환경 행복한 공동체 만들기	22,500	행정과	1	6	7	7	7	5	5	3
10653	충북 보은군	지역공동체 제안 공모사업	5,000	행정과	1	4	7	7	7	5	5	3
10654	충북 보은군	자원봉사자 코디네이터 지원	59,112	행정과	1	2	7	1	7	5	3	1
10655	충북 보은군	자원봉사 이어받기	16,200	행정과	1	1	7	7	7	1	1	1
10656	충북 보은군	자원봉사센터 봉사활동지원	84,000	행정과	1	6	7	1	7	5	3	1
10657	충북 보은군	대추축제참여 자원봉사 활동지원	6,000	행정과	1	1	7	7	7	1	1	1

순번	시군구	지출명 (사업명)	2021년예산 (단위:천원/1년간)	담당자 (공무원) 담당부서	민간이전 분류 (지방자치단체 세출예산 집행기준에 의거) 1. 민간경상사업보조(307-02) 2. 민간단체 법정운영비보조(307-03) 3. 민간행사사업보조(307-04) 4. 민간위탁금(307-05) 5. 사회복지시설 법정운영비보조(307-10) 6. 민간인위탁교육비(307-12) 7. 공기관등에대한경상적위탁사업비(308-11) 8. 민간자본사업보조,자체재원(402-01) 9. 민간자본사업보조,이전재원(402-02) 10. 민간위탁사업비(402-03) 11. 공기관등에 대한 자본적 대행사업비(403-02)	민간이전지출 근거 (지방보조금 관리기준 참고) 1. 법률에 규정 2. 국고보조 재원(국가지정) 3. 용도 지정 기부금 4. 조례에 직접규정 5. 지자체가 권장하는 사업을 하는 공공기관 6. 시,도 정책 및 재정사정 7. 기타 8. 해당없음	입찰방식 계약체결방법 (경쟁형태) 1. 일반경쟁 2. 제한경쟁 3. 지명경쟁 4. 수의계약 5. 법정위탁 6. 기타 ( ) 7. 해당없음	계약기간 1. 1년 2. 2년 3. 3년 4. 4년 5. 5년 6. 기타 ( )년 7. 단기계약 (1년미만) 8. 해당없음	낙찰자선정방법 1. 적격심사 2. 협상에의한계약 3. 최저가낙찰제 4. 규격가격분리 5. 2단계 경쟁입찰 6. 기타 ( ) 7. 해당없음	운영예산 산정 운영예산 산정 1. 내부산정 (지자체 자체적으로 산정) 2. 외부산정 (외부전문기관위탁 산정) 3. 내·외부 모두 산정 4. 산정 無 5. 해당없음	정산방법 1. 내부정산 (지자체 내부적으로 정산) 2. 외부정산 (외부전문기관위탁 정산) 3. 내·외부 모두 산정 4. 정산 無 5. 해당없음	성과평가 실시여부 1. 실시 2. 미실시 3. 향후 추진 4. 해당없음
10658	충북 보은군	성인문해교육단체 지원	8,000	행정과	1	4	7	8	7	1	1	1
10659	충북 보은군	정보화마을 운영 활성화사업	8,000	행정과	1	1	7	1	7	1	1	1
10660	충북 보은군	정보화마을 프로그램 관리자 인건비	17,472	행정과	1	1	7	1	7	1	1	1
10661	충북 보은군	국민연금	983	행정과	1	1	7	1	7	1	1	1
10662	충북 보은군	건강보험료	729	행정과	1	1	7	1	7	1	1	1
10663	충북 보은군	장기요양보험료	38	행정과	1	1	7	1	7	1	1	1
10664	충북 보은군	고용보험료	361	행정과	1	1	7	1	7	1	1	1
10665	충북 보은군	산재보험료	197	행정과	1	1	7	1	7	1	1	1
10666	충북 보은군	퇴직수당	1,820	행정과	1	1	7	1	7	1	1	1
10667	충북 보은군	역량강화 연찬회	6,000	주민복지과	1	4	7	8	7	1	1	1
10668	충북 보은군	사회복지협의회 운영 지원	9,000	주민복지과	1	4	7	8	7	1	1	3
10669	충북 보은군	지역사회보장협의체 역량강화 컨퍼런스	34,000	주민복지과	1	4	7	8	7	1	1	3
10670	충북 보은군	보은군 보훈회 사업 지원	9,240	주민복지과	1	4	7	8	7	1	1	1
10671	충북 보은군	상이군경회 사업 지원	10,515	주민복지과	1	4	7	8	7	1	1	1
10672	충북 보은군	전몰군경유족회 사업 지원	8,785	주민복지과	1	4	7	8	7	1	1	1
10673	충북 보은군	전몰군경미망인회 사업 지원	8,451	주민복지과	1	4	7	8	7	1	1	1
10674	충북 보은군	무공수훈자회 사업 지원	8,209	주민복지과	1	4	7	8	7	1	1	1
10675	충북 보은군	6.25참전유공자회 사업 지원	10,615	주민복지과	1	4	7	8	7	1	1	1
10676	충북 보은군	월남전참전자회 사업 지원	16,395	주민복지과	1	4	7	8	7	1	1	1
10677	충북 보은군	고엽제전우회 사업 지원	11,966	주민복지과	1	4	7	8	7	1	1	1
10678	충북 보은군	재향군인회 사업 지원	3,740	주민복지과	1	4	7	8	7	1	1	1
10679	충북 보은군	6.25참전경찰 국가유공자회 사업 지원	7,015	주민복지과	1	4	7	8	7	1	1	1
10680	충북 보은군	특수임무유공자회 사업 지원	4,724	주민복지과	1	4	7	8	7	1	1	1
10681	충북 보은군	다문화가족 한국예절교육	5,000	주민복지과	1	1	7	8	7	3	1	1
10682	충북 보은군	모범청소년 육성강화 캠프	7,000	주민복지과	1	1	7	8	7	1	1	1
10683	충북 보은군	노인복지대학 운영지원	279,465	주민복지과	1	4	7	8	7	1	1	1
10684	충북 보은군	강사료	36,000	주민복지과	1	4	7	8	7	1	1	1
10685	충북 보은군	재료비	15,000	주민복지과	1	4	7	8	7	1	1	1
10686	충북 보은군	전시회 및 발표회	1,000	주민복지과	1	4	7	8	7	1	1	1
10687	충북 보은군	수용비	3,760	주민복지과	1	4	7	8	7	1	1	1
10688	충북 보은군	장애인 국토순례행사 지원	4,500	주민복지과	1	5	7	8	7	5	1	1
10689	충북 보은군	농아인 선진지 견학 지원	3,000	주민복지과	1	5	7	8	7	5	1	1
10690	충북 보은군	교통사고줄이기 캠페인 및 거리질서 계도요원 보조	19,840	민원과	1	4	7	8	7	1	1	1
10691	충북 보은군	학교앞 어린이 교통계도 활동 지원	5,180	민원과	1	4	7	8	7	1	1	1
10692	충북 보은군	공용정류장 운영 보조금	41,180	민원과	1	7	7	8	7	1	1	4
10693	충북 보은군	환경보전활동 및 자연보호 캠페인 지원	1,800	환경위생과	1	6	7	7	7	1	1	3
10694	충북 보은군	음식문화개선추진협의회 개최 지원	2,000	환경위생과	1	1	7	1	7	1	1	2
10695	충북 보은군	전래놀이 한마당	1,500	문화관광과	1	4	7	8	7	1	1	1
10696	충북 보은군	내고장 역사 아카데미	2,400	문화관광과	1	4	7	8	7	1	1	1
10697	충북 보은군	한글사랑 백일장	1,500	문화관광과	1	4	7	8	7	1	1	1
10698	충북 보은군	한여름밤의 작은음악회	2,000	문화관광과	1	4	7	8	7	1	1	1
10699	충북 보은군	작품발표 전시회 및 송년 시 낭송회	5,600	문화관광과	1	4	7	8	7	1	1	1
10700	충북 보은군	세계유산답사	6,000	문화관광과	1	4	7	8	7	1	1	1
10701	충북 보은군	어르신 고전무용	5,000	문화관광과	1	4	7	8	7	1	1	1
10702	충북 보은군	보은문화원 문화학교 운영	91,000	문화관광과	1	4	7	8	7	1	1	1
10703	충북 보은군	보은미술협회 정기회원전	3,600	문화관광과	1	7	7	8	7	1	1	1
10704	충북 보은군	사우회 정기회원전	4,950	문화관광과	1	7	7	8	7	1	1	1
10705	충북 보은군	단오맞이 풍류한마당	9,000	문화관광과	1	7	7	8	7	1	1	1
10706	충북 보은군	실버악단 운영지원	4,500	문화관광과	1	7	7	8	7	1	1	1
10707	충북 보은군	온몸으로 느끼는 보은동학	2,250	문화관광과	1	7	7	8	7	1	1	1
10708	충북 보은군	보은음악협의회 운영지원	43,650	문화관광과	1	7	7	8	7	1	1	1

순번	시군구	지출명 (사업명)	2021년예산 (단위:천원/1년간)	담당자 (공무원) 담당부서	민간이전 분류 (지방자치단체 세출예산 집행기준에 의거) 1. 민간경상사업보조(307-02) 2. 민간단체 법정운영비보조(307-03) 3. 민간행사사업보조(307-04) 4. 민간위탁금(307-05) 5. 사회복지시설 법정운영비보조(307-10) 6. 민간인위탁교육비(307-12) 7. 공기관등에대한경상적위탁사업비(308-11) 8. 민간자본사업보조,자체재원(402-01) 9. 민간자본사업보조,이전재원(402-02) 10. 민간위탁사업비(402-03) 11. 공기관등에 대한 자본적 대행사업비(403-02)	민간이전지출 근거 (지방보조금 관리기준 참고) 1. 법률에 규정 2. 국고보조 재원(국가지정) 3. 용도 지정 기부금 4. 조례에 직접규정 5. 지자체가 권장하는 사업을 하는 공공기관 6. 시,도 정책 및 재정사정 7. 기타 8. 해당없음	입찰방식 계약체결방법 (경쟁형태) 1. 일반경쟁 2. 제한경쟁 3. 지명경쟁 4. 수의계약 5. 법정위탁 6. 기타 ( ) 7. 해당없음	입찰방식 계약기간 1. 1년 2. 2년 3. 3년 4. 4년 5. 5년 6. 기타 ( )년 7. 단기계약 (1년미만) 8. 해당없음	입찰방식 낙찰자선정방법 1. 적격심사 2. 협상에의한계약 3. 최저가낙찰제 4. 규격가격분리 5. 2단계 경쟁입찰 6. 기타 ( ) 7. 해당없음	운영예산 산정 운영예산 산정 1. 내부산정 (지자체 자체적으로 산정) 2. 외부산정 (외부전문기관위탁 산정) 3. 내·외부 모두 산정 4. 산정 無 5. 해당없음	운영예산 산정 정산방법 1. 내부정산 (지자체 내부적으로 정산) 2. 외부정산 (외부전문기관위탁 정산) 3. 내·외부 모두 산정 4. 정산 無 5. 해당없음	성과평가 실시여부 1. 실시 2. 미실시 3. 향후 추진 4. 해당없음
10709	충북 보은군	풍물연합회 운영지원	4,500	문화관광과	1	7	7	8	7	1	1	1
10710	충북 보은군	인문학 아카데미	2,250	문화관광과	1	7	7	8	7	1	1	1
10711	충북 보은군	서예 및 인성교육	4,500	문화관광과	1	7	7	8	7	1	1	1
10712	충북 보은군	그레이스합창단 운영지원	4,500	문화관광과	1	7	7	8	7	1	1	1
10713	충북 보은군	서예협회 정기회원전	4,320	문화관광과	1	7	7	8	7	1	1	1
10714	충북 보은군	예술인 네트워킹	4,770	문화관광과	1	7	7	8	7	1	1	1
10715	충북 보은군	먹그림작품 전시활동 지원	2,700	문화관광과	1	7	7	8	7	1	1	1
10716	충북 보은군	전통민속보존회 지원	13,500	문화관광과	1	7	7	8	7	1	1	1
10717	충북 보은군	보은장안농요 사진전시회	5,000	문화관광과	1	7	7	8	7	1	1	1
10718	충북 보은군	보은군 문학지 발간	12,000	문화관광과	1	7	7	8	7	1	1	1
10719	충북 보은군	역사현장기록사진 공모전	4,500	문화관광과	1	7	7	8	7	1	1	1
10720	충북 보은군	보은 소나무유스오케스트라 정기연주회	13,500	문화관광과	1	7	7	8	7	1	1	1
10721	충북 보은군	향교(보은, 회인) 석전대제	5,400	문화관광과	1	7	7	8	7	1	1	1
10722	충북 보은군	회인향교 사직대제	10,000	문화관광과	1	7	7	8	7	1	1	1
10723	충북 보은군	전통향교 문화전승보전(기로연)	7,200	문화관광과	1	7	7	8	7	1	1	1
10724	충북 보은군	유도회원 읍면순회 교육	9,000	문화관광과	1	7	7	8	7	1	1	1
10725	충북 보은군	충효교실 운영	6,300	문화관광과	1	7	7	8	7	1	1	1
10726	충북 보은군	도의선양추진대회	7,200	문화관광과	1	7	7	8	7	1	1	1
10727	충북 보은군	오장환 상	33,750	문화관광과	1	7	7	8	7	1	1	1
10728	충북 보은군	통합문화이용권 사업	173,637	문화관광과	1	2	7	8	7	1	1	1
10729	충북 보은군	제향비 지원	14,400	문화관광과	1	7	7	8	7	1	1	1
10730	충북 보은군	보은군 공예공방 공공운영비 지원	4,300	문화관광과	1	7	7	8	7	1	1	1
10731	충북 보은군	향토사 연구 지원사업	5,020	문화관광과	1	4	7	8	7	1	1	1
10732	충북 보은군	제3호 보은 송로주 공개행사 지원	1,800	문화관광과	1	4	7	8	7	1	1	1
10733	충북 보은군	제13호 야장 공개행사 지원	1,800	문화관광과	1	4	7	8	7	1	1	1
10734	충북 보은군	제21호 목불조각장 공개행사 지원	1,800	문화관광과	1	4	7	8	7	1	1	1
10735	충북 보은군	제3호 보은 각자장 공개행사 지원	1,800	문화관광과	1	4	7	8	7	1	1	1
10736	충북 보은군	생생문화재 사업	210,000	문화관광과	1	2	7	8	7	1	1	1
10737	충북 보은군	법주사 팔상전 등 중요목조문화재 감시인력 배치	180,952	문화관광과	1	2	7	8	7	1	1	1
10738	충북 보은군	보은향교 유지관리 지원	15,957	문화관광과	1	4	7	8	7	1	1	1
10739	충북 보은군	보은 회인향교 유지관리 지원	12,766	문화관광과	1	4	7	8	7	1	1	1
10740	충북 보은군	문화유산 활용사업	32,190	문화관광과	1	4	7	8	7	1	1	1
10741	충북 보은군	전통산사 문화재 활용사업	100,000	문화관광과	1	2	7	8	7	5	5	4
10742	충북 보은군	TV여행 "아름다운 충북" 방영	18,000	문화관광과	1	7	7	8	7	1	1	3
10743	충북 보은군	도서구입 지원	3,210	문화관광과	1	7	7	8	7	1	1	4
10744	충북 보은군	기본급	20,928	경제전략과	1	6	7	8	7	5	1	4
10745	충북 보은군	국민연금	942	경제전략과	1	6	7	8	7	5	1	4
10746	충북 보은군	건강보험	698	경제전략과	1	6	7	8	7	5	1	4
10747	충북 보은군	장기요양보험	72	경제전략과	1	6	7	8	7	5	1	4
10748	충북 보은군	고용보험	346	경제전략과	1	6	7	8	7	5	1	4
10749	충북 보은군	산재보험	189	경제전략과	1	6	7	8	7	5	1	4
10750	충북 보은군	홍보물	334	경제전략과	1	6	7	8	7	5	1	4
10751	충북 보은군	소상공인 희망장려금(노란우산공제) 지원	4,200	경제전략과	1	6	7	8	7	5	5	4
10752	충북 보은군	사회적기업 육성	217,333	경제전략과	1	2	7	8	7	5	1	1
10753	충북 보은군	사회적기업 사업개발비 지원사업	75,714	경제전략과	1	2	7	8	7	5	1	1
10754	충북 보은군	마을기업 육성사업	40,000	경제전략과	1	2	7	8	7	5	1	1
10755	충북 보은군	사회적기업 지역특화사업	30,000	경제전략과	1	2	7	8	7	5	1	1
10756	충북 보은군	지역정착지원형 청년일자리사업	35,200	경제전략과	1	2	7	8	7	5	1	1
10757	충북 보은군	기업 청년정착 일자리사업	26,300	경제전략과	1	2	7	8	7	5	1	1
10758	충북 보은군	농가도우미 지원	40,205	농정과	1	6	7	8	7	5	1	3
10759	충북 보은군	여성농어업인 행복바우처 사업	440,000	농정과	1	6	7	8	7	5	1	3

순번	시군구	지출명 (사업명)	2021년예산 (단위:천원/1년간)	담당자 (공무원) 담당부서	민간이전 분류 (지방자치단체 세출예산 집행기준에 의거) 1. 민간경상사업보조(307-02) 2. 민간단체 법정운영비보조(307-03) 3. 민간행사사업보조(307-04) 4. 민간위탁금(307-05) 5. 사회복지시설 법정운영비보조(307-10) 6. 민간인위탁교육비(307-12) 7. 공기관등에대한경상적위탁사업비(308-11) 8. 민간자본사업보조,자체재원(402-01) 9. 민간자본사업보조,이전재원(402-02) 10. 민간위탁사업비(402-03) 11. 공기관등에 대한 자본적 대행사업비(403-02)	민간이전지출 근거 (지방보조금 관리기준 참고) 1. 법률에 규정 2. 국고보조 재원(국가지정) 3. 용도 지정 기부금 4. 조례에 직접규정 5. 지자체가 권장하는 사업을 하는 공공기관 6. 시,도 정책 및 재정사정 7. 기타 8. 해당없음	입찰방식 계약체결방법 (경쟁형태) 1. 일반경쟁 2. 제한경쟁 3. 지명경쟁 4. 수의계약 5. 법정위탁 6. 기타 ( ) 7. 해당없음	입찰방식 계약기간 1. 1년 2. 2년 3. 3년 4. 4년 5. 5년 6. 기타 ( )년 7. 단기계약 (1년미만) 8. 해당없음	입찰방식 낙찰자선정방법 1. 적격심사 2. 협상에의한계약 3. 최저가낙찰제 4. 규격가격분리 5. 2단계 경쟁입찰 6. 기타 ( ) 7. 해당없음	운영예산 산정 운영예산 산정 1. 내부산정 (지자체 자체적으로 산정) 2. 외부산정 (외부전문기관위탁 산정) 3. 내·외부 모두 산정 4. 산정 無 5. 해당없음	운영예산 산정 정산방법 1. 내부정산 (지자체 내부적으로 정산) 2. 외부정산 (외부전문기관위탁 정산) 3. 내·외부 모두 산정 4. 정산 無 5. 해당없음	성과평가 실시여부 1. 실시 2. 미실시 3. 향후 추진 4. 해당없음
10760	충북 보은군	농촌공동체회사 우수사업 지원	37,750	농정과	1	2	7	8	7	1	1	3
10761	충북 보은군	사회적농업 활성화 지원	60,000	농정과	1	2	7	8	7	1	1	3
10762	충북 보은군	청년농업인 영농정착 지원사업	220,560	농정과	1	1	7	8	7	5	2	3
10763	충북 보은군	농촌 창업 청년농업인 정착 지원	82,400	농정과	1	1	7	8	7	5	1	3
10764	충북 보은군	전국 농업기술자협회 보은군지회 워크숍	2,500	농정과	1	5	7	8	7	1	1	3
10765	충북 보은군	여성농업인 역량강화교육	4,400	농정과	1	2	7	8	7	1	1	1
10766	충북 보은군	도농교류 페스티벌 참가	6,000	농정과	1	2	7	8	7	5	1	3
10767	충북 보은군	지역주민 및 귀농귀촌인 융화교육	33,000	농정과	1	2	7	8	7	5	1	3
10768	충북 보은군	농촌체험휴양마을 사무장 활동비 지원	90,426	농정과	1	2	7	8	7	5	1	3
10769	충북 보은군	농촌체험휴양마을 보험가입 지원	5,030	농정과	1	2	7	8	7	5	1	3
10770	충북 보은군	농촌체험휴양마을 체험기반 조성사업	4,500	농정과	1	2	7	8	7	5	1	3
10771	충북 보은군	친환경 인삼지력증진제 공급	40,295	농정과	1	4	7	8	7	1	1	3
10772	충북 보은군	전용비료	27,540	농정과	1	4	7	8	7	1	1	3
10773	충북 보은군	엽연초 육묘용 상토	2,552	농정과	1	4	7	8	7	1	1	3
10774	충북 보은군	엽연초 곁순 억제제	6,075	농정과	1	4	7	8	7	1	1	3
10775	충북 보은군	오이재배용 전용비료 지원	36,000	농정과	1	4	7	8	7	1	1	3
10776	충북 보은군	오이재배용 미량요소 지원	72,000	농정과	1	4	7	8	7	1	1	3
10777	충북 보은군	마늘전용비료 지원	45,600	농정과	1	4	7	8	7	1	1	3
10778	충북 보은군	연작장해 경감 비료 지원	64,600	농정과	1	4	7	8	7	1	1	3
10779	충북 보은군	마늘 피복자재(비닐, 부직포) 지원	21,960	농정과	1	4	7	8	7	1	1	3
10780	충북 보은군	양파재배용 전용비료 지원	3,600	농정과	1	4	7	8	7	1	1	3
10781	충북 보은군	배추재배용 전용비료 지원	100,200	농정과	1	4	7	8	7	1	1	3
10782	충북 보은군	과일봉지	85,050	농정과	1	4	7	8	7	1	1	3
10783	충북 보은군	고품질 고추생산(고추재배용 농업용 부직포) 지원	36,000	농정과	1	4	7	8	7	1	1	3
10784	충북 보은군	배추무사마귀병 방제약품 지원	60,000	농정과	1	4	7	8	7	1	1	3
10785	충북 보은군	시설재배농가 양액비료 지원	15,750	농정과	1	4	7	8	7	1	1	3
10786	충북 보은군	과수재배용 유기질비료 지원	175,313	농정과	1	4	7	8	7	1	1	3
10787	충북 보은군	과실 품질향상 비료 지원	113,400	농정과	1	4	7	8	7	1	1	3
10788	충북 보은군	과수 긴급병해충 방제지원	30,000	농정과	1	4	7	8	7	1	1	3
10789	충북 보은군	신선도 유지제	70,000	농정과	1	2	7	8	7	1	1	3
10790	충북 보은군	반사필름	91,000	농정과	1	2	7	8	7	1	1	3
10791	충북 보은군	농산물 잔류농약 검사비 지원	3,000	농정과	1	4	7	8	7	1	1	3
10792	충북 보은군	과수 교미교란제	32,400	농정과	1	4	7	8	7	1	1	3
10793	충북 보은군	마늘톤백	3,000	농정과	1	4	7	8	7	1	1	3
10794	충북 보은군	로컬푸드 직매장 포장재 제작지원	4,500	농정과	1	4	7	8	7	1	1	3
10795	충북 보은군	로컬푸드 직매장 활성화 교육 지원	1,500	농정과	1	4	7	8	7	1	1	3
10796	충북 보은군	초등돌봄교실 과일간식 지원	25,300	농정과	1	2	7	8	7	1	1	3
10797	충북 보은군	농산물 포장재 제작 지원	1,010	농정과	1	4	7	8	7	1	1	3
10798	충북 보은군	수출농식품 포장재 제작지원	22,400	농정과	1	2	7	8	7	1	1	3
10799	충북 보은군	명품농산물 TV홈쇼핑 마케팅 사업	17,000	농정과	1	4	7	8	7	1	1	3
10800	충북 보은군	지역농산물 소비촉진 생산자-소비자 교육	4,000	농정과	1	4	7	8	7	1	1	3
10801	충북 보은군	농산물 청풍명월장터 e-쇼핑몰 물류비 지원	13,300	농정과	1	4	7	8	7	1	1	3
10802	충북 보은군	못자리용 제품상토 공급	350,800	농정과	1	4	7	8	7	1	1	4
10803	충북 보은군	미량요소공급	25,200	농정과	1	4	7	8	7	3	1	4
10804	충북 보은군	우렁이종패공급	26,460	농정과	1	4	7	8	7	3	1	4
10805	충북 보은군	친환경병해충방제	17,600	농정과	1	4	7	8	7	3	1	4
10806	충북 보은군	토양개량제 지원	747,143	농정과	1	2	7	8	7	3	1	4
10807	충북 보은군	친환경 쌀 포장재 지원	3,000	농정과	1	4	7	8	7	1	1	4
10808	충북 보은군	유기질비료 지원	648,500	농정과	1	2	7	8	7	3	1	4
10809	충북 보은군	수도작 병해충 공동방제 지원	192,000	농정과	1	4	7	8	7	1	1	4
10810	충북 보은군	친환경 인증 필수영농자재 지원	64,080	농정과	1	4	7	8	7	1	1	4

순번	시군구	지출명 (사업명)	2021년예산 (단위:천원/1년간)	담당자 (공무원) 담당부서	민간이전 분류 (지방자치단체 세출예산 집행기준에 의거) 1. 민간경상사업보조(307-02) 2. 민간단체 법정운영비보조(307-03) 3. 민간행사사업보조(307-04) 4. 민간위탁금(307-05) 5. 사회복지시설 법정운영비보조(307-10) 6. 민간인위탁교육비(307-12) 7. 공기관등에대한경상적위탁사업비(308-11) 8. 민간자본사업보조,자체재원(402-01) 9. 민간자본사업보조,이전재원(402-02) 10. 민간위탁사업비(402-03) 11. 공기관등에 대한 자본적 대행사업비(403-02)	민간이전지출 근거 (지방보조금 관리기준 참고) 1. 법률에 규정 2. 국고보조 재원(국가지정) 3. 용도 지정 기부금 4. 조례에 직접규정 5. 지자체가 권장하는 사업을 하는 공공기관 6. 시,도 정책 및 재정사정 7. 기타 8. 해당없음	입찰방식 계약체결방법 (경쟁형태) 1. 일반경쟁 2. 제한경쟁 3. 지명경쟁 4. 수의계약 5. 법정위탁 6. 기타 ( ) 7. 해당없음	입찰방식 계약기간 1. 1년 2. 2년 3. 3년 4. 4년 5. 5년 6. 기타 ( )년 7. 단기계약 (1년미만) 8. 해당없음	입찰방식 낙찰자선정방법 1. 적격심사 2. 협상에의한계약 3. 최저가낙찰제 4. 규격가격분리 5. 2단계 경쟁입찰 6. 기타 ( ) 7. 해당없음	운영예산 산정 운영예산 산정 1. 내부산정 (지자체 자체적으로 산정) 2. 외부산정 (외부전문기관위탁 산정) 3. 내·외부 모두 산정 4. 산정 無 5. 해당없음	운영예산 산정 정산방법 1. 내부정산 (지자체 내부적으로 정산) 2. 외부정산 (외부전문기관위탁 정산) 3. 내·외부 모두 산정 4. 정산 無 5. 해당없음	성과평가 실시여부 1. 실시 2. 미실시 3. 향후 추진 4. 해당없음
10811	충북 보은군	친환경 농약통 지원	5,625	농정과	1	4	7	8	7	1	1	4
10812	충북 보은군	친환경 우렁이종패 지원사업	26,460	농정과	1	4	7	8	7	3	1	4
10813	충북 보은군	유기농 인증 확대를 위한 교육지원	8,300	농정과	1	4	7	8	7	3	1	4
10814	충북 보은군	농작업 안전사용 장비지원	15,413	농정과	1	4	7	8	7	3	1	4
10815	충북 보은군	친환경특수미생산단지 육성	43,200	농정과	1	4	7	8	7	1	1	4
10816	충북 보은군	유기농업자재지원	39,552	농정과	1	2	7	8	7	3	1	4
10817	충북 보은군	농업기계 등화장치 부착지원	24,000	농정과	1	2	7	8	7	3	1	4
10818	충북 보은군	고품질 쌀 생력재배 친환경 자재 공급	95,648	농정과	1	4	7	8	7	3	1	4
10819	충북 보은군	유기가공업체 포장재 지원	28,350	농정과	1	4	7	8	7	3	1	4
10820	충북 보은군	축산인 도우미 사업	10,000	축산과	1	5	7	8	7	1	1	1
10821	충북 보은군	고능력 암소 사료지원	135,000	축산과	1	5	7	8	7	1	1	1
10822	충북 보은군	송아지 생산안정 사업	25,500	축산과	1	6	7	8	7	1	1	1
10823	충북 보은군	한우경쟁력 강화(개량)사업	203,600	축산과	1	6	7	8	7	1	1	1
10824	충북 보은군	한우 컨설팅 지원	20,000	축산과	1	5	7	8	7	1	1	1
10825	충북 보은군	한우 친자검정지원	18,000	축산과	1	5	7	8	7	1	1	1
10826	충북 보은군	기초등록	6,000	축산과	1	5	7	8	7	1	1	1
10827	충북 보은군	혈통등록	18,000	축산과	1	5	7	8	7	1	1	1
10828	충북 보은군	고등등록	12,000	축산과	1	5	7	8	7	1	1	1
10829	충북 보은군	한우 고급육 생산지원	15,000	축산과	1	6	7	8	7	1	1	1
10830	충북 보은군	수정란이식 시술료 지원	3,600	축산과	1	4	7	8	7	1	1	1
10831	충북 보은군	가축생균제 공급	34,000	축산과	1	6	7	8	7	1	1	3
10832	충북 보은군	가축생균제 공급	80,000	축산과	1	4	7	8	7	1	1	3
10833	충북 보은군	고능력 돼지 액상정액 공급	15,750	축산과	1	6	7	8	7	1	1	3
10834	충북 보은군	유우군 능력검정 개량	35,000	축산과	1	6	7	8	7	1	1	3
10835	충북 보은군	양봉화분사료공급	108,000	축산과	1	4	7	8	7	1	1	3
10836	충북 보은군	벌통 및 소초광 지원	29,480	축산과	1	4	7	8	7	1	1	3
10837	충북 보은군	벌통 및 소초광 지원	50,050	축산과	1	4	7	8	7	1	1	3
10838	충북 보은군	꿀벌 생산량 향상	60,000	축산과	1	4	7	8	7	1	1	3
10839	충북 보은군	토종벌 육성	4,200	축산과	1	2	7	8	7	1	1	3
10840	충북 보은군	볏짚처리비(비닐) 지원	84,743	축산과	1	6	7	8	7	1	1	3
10841	충북 보은군	혼합사료 포장재 지원	30,520	축산과	1	6	7	8	7	1	1	3
10842	충북 보은군	액비저장조 가축분뇨 발효제 공급	9,360	축산과	1	6	7	8	7	1	1	3
10843	충북 보은군	퇴비 발효 촉진제 지원	14,400	축산과	1	6	7	8	7	1	1	3
10844	충북 보은군	퇴비살포비 지원	24,400	축산과	1	2	7	8	7	1	1	3
10845	충북 보은군	돼지 써코바이러스 백신 지원	33,600	축산과	1	2	7	8	7	1	1	1
10846	충북 보은군	젖소 번식장애 컨설팅 사업	15,000	축산과	1	4	1	1	1	1	1	3
10847	충북 보은군	구제역 백신 전업농 지원	127,230	축산과	1	2	2	1	6	1	1	3
10848	충북 보은군	구제역 백신 구입비 지원(전업농)	115,400	축산과	1	7	2	1	6	1	1	3
10849	충북 보은군	공동방제단 인건비	78,420	축산과	1	2	7	8	7	1	1	1
10850	충북 보은군	공동방제단 운영비	82,580	축산과	1	2	7	8	7	1	1	1
10851	충북 보은군	가금농가 질병관리 지원	6,000	축산과	1	4	1	1	1	2	1	3
10852	충북 보은군	닭 진드기 공동방제 지원사업	24,000	축산과	1	4	1	1	1	2	1	3
10853	충북 보은군	돼지 소모성질환 지도지원 사업	6,000	축산과	1	2	7	8	7	1	1	1
10854	충북 보은군	곤충매개성 질병 예방사업	13,375	축산과	1	4	1	1	1	1	1	3
10855	충북 보은군	한우협회 가축방역업무 공동실시 사업	15,000	축산과	1	5	7	8	7	1	1	1
10856	충북 보은군	축산물 HACCP 컨설팅 지원(생산단계)	9,800	축산과	1	2	1	1	1	2	1	3
10857	충북 보은군	대한민국 우수축산물 페스티벌 행사 지원	4,000	축산과	1	4	7	8	7	2	1	1
10858	충북 보은군	충북 축산물 페스티벌 행사 지원	4,000	축산과	1	4	7	8	7	2	1	1
10859	충북 보은군	축산물 포장재 지원	10,000	축산과	1	4	7	8	7	1	1	3
10860	충북 보은군	동물복지 인증 사업 확대	15,000	축산과	1	6	7	8	7	1	1	3
10861	충북 보은군	공동선별조직 판촉지원	15,300	산림녹지과	1	7	7	8	7	5	5	4

순번	시군구	지출명 (사업명)	2021년예산 (단위:천원/1년간)	담당자 (공무원) 담당부서	민간이전 분류 (지방자치단체 세출예산 집행기준에 의거) 1. 민간경상사업보조(307-02) 2. 민간단체 법정운영비보조(307-03) 3. 민간행사사업보조(307-04) 4. 민간위탁금(307-05) 5. 사회복지시설 법정운영비보조(307-10) 6. 민간인위탁교육비(307-12) 7. 공기관등에대한경상적위탁사업비(308-11) 8. 민간자본사업보조,자체재원(402-01) 9. 민간자본사업보조,이전재원(402-02) 10. 민간위탁사업비(402-03) 11. 공기관등에 대한 자본적 대행사업비(403-02)	민간이전지출 근거 (지방보조금 관리기준 참고) 1. 법률에 규정 2. 국고보조 재원(국가지정) 3. 용도 지정 기부금 4. 조례에 직접규정 5. 지자체가 권장하는 사업을 하는 공공기관 6. 시,도 정책 및 재정사정 7. 기타 8. 해당없음	입찰방식 계약체결방법 (경쟁형태) 1. 일반경쟁 2. 제한경쟁 3. 지명경쟁 4. 수의계약 5. 법정위탁 6. 기타 ( ) 7. 해당없음	입찰방식 계약기간 1. 1년 2. 2년 3. 3년 4. 4년 5. 5년 6. 기타 ( )년 7. 단기계약 (1년미만) 8. 해당없음	입찰방식 낙찰자선정방법 1. 적격심사 2. 협상에의한계약 3. 최저가낙찰제 4. 규격가격분리 5. 2단계 경쟁입찰 6. 기타 ( ) 7. 해당없음	운영예산 산정 운영예산 산정 1. 내부산정 (지자체 자체적으로 산정) 2. 외부산정 (외부전문기관위탁 산정) 3. 내·외부 모두 산정 4. 산정 無 5. 해당없음	운영예산 산정 정산방법 1. 내부정산 (지자체 내부적으로 정산) 2. 외부정산 (외부전문기관위탁 정산) 3. 내·외부 모두 산정 4. 정산 無 5. 해당없음	성과평가 실시여부 1. 실시 2. 미실시 3. 향후 추진 4. 해당없음
10862	충북 보은군	보은대추 해외 판촉행사지원	31,500	산림녹지과	1	7	7	8	7	5	5	4
10863	충북 보은군	보은대추 해외 박람회 참가 지원	10,800	산림녹지과	1	7	7	8	7	5	5	4
10864	충북 보은군	조신제 지원	7,000	산림녹지과	1	7	7	8	7	1	1	1
10865	충북 보은군	친환경인증농가 육성 지원	36,000	산림녹지과	1	7	7	8	7	3	1	2
10866	충북 보은군	GAP(농산물우수관리)인증농가 육성 지원	81,000	산림녹지과	1	7	7	8	7	3	1	2
10867	충북 보은군	부숙 유기질비료	20,740	산림녹지과	1	6	7	8	7	3	1	2
10868	충북 보은군	임산물 유기질 비료	127,283	산림녹지과	1	6	7	8	7	3	1	2
10869	충북 보은군	임산물 유기질비료 지원	195,648	산림녹지과	1	2	7	8	7	3	1	2
10870	충북 보은군	임산물 포장재 지원	475,000	산림녹지과	1	2	7	8	7	3	1	2
10871	충북 보은군	경광등 구입	3,000	안전건설과	1	4	7	8	7	5	5	4
10872	충북 보은군	경광봉 구입	900	안전건설과	1	4	7	8	7	5	5	4
10873	충북 보은군	안전띠 구입	500	안전건설과	1	4	7	8	7	5	5	4
10874	충북 보은군	메가폰 구입	200	안전건설과	1	4	7	8	7	5	5	4
10875	충북 보은군	방재단조직도 제작	500	안전건설과	1	4	7	8	7	5	5	4
10876	충북 보은군	차량용 자석스티커 구입	2,100	안전건설과	1	4	7	8	7	5	5	4
10877	충북 보은군	안전화 구입	22,750	안전건설과	1	4	7	8	7	5	5	4
10878	충북 보은군	조끼 구입	10,000	안전건설과	1	4	7	8	7	5	5	4
10879	충북 보은군	모자 구입	9,750	안전건설과	1	4	7	8	7	5	5	4
10880	충북 보은군	비료구입 등 지원	157,336	안전건설과	1	1	7	8	7	1	1	1
10881	충북 보은군	일반생활체육지도자 배치	152,160	스포츠산업과	1	1	7	8	7	5	5	4
10882	충북 보은군	어르신생활체육지도자 배치	152,160	스포츠산업과	1	1	7	8	7	5	5	4
10883	충북 보은군	2021 보은군 스포츠행사 추진지원팀 운영	22,500	스포츠산업과	1	1	7	8	7	5	5	4
10884	충북 보은군	2021년 장애인생활체육사업 지원	3,850	스포츠산업과	1	1	7	8	7	5	5	4
10885	충북 보은군	찾아가는생활체육서비스 차량유지비	4,500	스포츠산업과	1	1	7	8	7	5	5	4
10886	충북 보은군	2021 무료승마강습 지원	4,500	스포츠산업과	1	1	7	8	7	5	5	4
10887	충북 보은군	전지훈련 및 전국단위 대회 지원	45,000	스포츠산업과	1	1	7	8	7	1	1	1
10888	충북 보은군	육상 국가대표 후보선수단 전지훈련 지원	15,000	스포츠산업과	1	1	7	8	7	1	1	1
10889	충북 보은군	전지훈련 재활 및 지원프로그램	44,000	스포츠산업과	1	1	7	8	7	1	1	1
10890	충북 보은군	분만의료취약지(외래산부인과) 운영비	200,000	보건행정과	1	7	7	8	7	5	5	4
10891	충북 보은군	소아청소년 의료취약지 운영비	250,000	보건행정과	1	7	7	8	7	5	5	4
10892	충북 보은군	취약지 당직의료기관 운영지원	90,000	보건행정과	1	7	7	8	7	5	5	4
10893	충북 보은군	핵심농업인 친환경 농산물 생산 지원	15,400	농업기술센터	1	1	7	8	7	1	1	4
10894	충북 보은군	품목별농업인 연구회 소득기반 조성	20,000	농업기술센터	1	1	7	8	7	1	1	4
10895	충북 보은군	선도농가 현장실습교육	12,000	농업기술센터	1	1	7	8	7	1	1	4
10896	충북 보은군	작목별 맞춤형 안전관리 실천 시범	17,000	농업기술센터	1	1	7	8	7	1	1	1
10897	충북 보은군	농촌노인 사회적응력 강화 프로그램 시범	10,000	농업기술센터	1	1	7	8	7	1	1	1
10898	충북 보은군	여성농업인 능력개발 지원	10,000	농업기술센터	1	1	7	8	7	1	1	1
10899	충북 보은군	농식품 가공제품 포장디자인 개선 시범	10,500	농업기술센터	1	1	7	8	7	1	1	1
10900	충북 보은군	농촌 어르신 복지실천 시범	15,000	농업기술센터	1	1	7	8	7	1	1	1
10901	충북 보은군	농업활동 안전사고 예방 생활화	10,000	농업기술센터	1	1	7	8	7	1	1	1
10902	충북 보은군	생활원예 프로그램 운영 시범	9,000	농업기술센터	1	1	7	8	7	1	1	1
10903	충북 옥천군	정보화마을 프로그램관리자 지원	21,695	자치행정과	1	4	7	1	7	1	1	4
10904	충북 옥천군	민족통일 전국대회 및 충북도대회 참가 지원	1,400	자치행정과	1	1	7	8	7	1	1	1
10905	충북 옥천군	통일기원 안보현장 탐방 지원	1,300	자치행정과	1	1	7	8	7	5	5	4
10906	충북 옥천군	청소년 평화통일 현장견학 지원	2,480	자치행정과	1	1	7	8	7	1	1	1
10907	충북 옥천군	북한이탈주민 명절선물 나눔 지원	3,040	자치행정과	1	1	7	8	7	1	1	1
10908	충북 옥천군	북한이탈주민과 함께하는 문화탐방	1,880	자치행정과	1	1	7	8	7	1	1	1
10909	충북 옥천군	자문위원 평화통일 역사 현장견학 지원	3,740	자치행정과	1	1	7	8	7	1	1	1
10910	충북 옥천군	법질서확립운동 지원	550	자치행정과	1	1	7	8	7	1	1	1
10911	충북 옥천군	다문화가정 친정부모 만남사업 지원	1,500	자치행정과	1	1	7	8	7	1	1	1
10912	충북 옥천군	그림그리기 및 글짓기대회 지원	1,200	자치행정과	1	1	7	8	7	1	1	1

순번	시군구	지출명 (사업명)	2021년예산 (단위:천원/1년간)	담당자 (공무원)	민간이전 분류 (지방자치단체 세출예산 집행기준에 의거)	민간이전지출 근거 (지방보조금 관리기준 참고)	입찰방식			운영예산 산정		성과평가 실시여부
				담당부서	1. 민간경상사업보조(307-02) 2. 민간단체 법정운영비보조(307-03) 3. 민간행사사업보조(307-04) 4. 민간위탁금(307-05) 5. 사회복지시설 법정운영비보조(307-10) 6. 민간인위탁교육비(307-12) 7. 공기관등에대한경상적위탁사업비(308-11) 8. 민간자본사업보조,자체재원(402-01) 9. 민간자본사업보조,이전재원(402-02) 10. 민간위탁사업비(402-03) 11. 공기관등에 대한 자본적 대행사업비(403-02)	1. 법률에 규정 2. 국고보조 재원(국가지정) 3. 용도 지정 기부금 4. 조례에 직접규정 5. 지자체가 권장하는 사업을 하는 공공기관 6. 시,도 정책 및 재정사정 7. 기타 8. 해당없음	계약체결방법 (경쟁형태) 1. 일반경쟁 2. 제한경쟁 3. 지명경쟁 4. 수의계약 5. 법정위탁 6. 기타 ( ) 7. 해당없음	계약기간 1. 1년 2. 2년 3. 3년 4. 4년 5. 5년 6. 기타 ( )년 7. 단기계약 (1년미만) 8. 해당없음	낙찰자선정방법 1. 적격심사 2. 협상에의한계약 3. 최저가낙찰제 4. 규격가격분리 5. 2단계 경쟁입찰 6. 기타 ( ) 7. 해당없음	운영예산 산정 1. 내부산정 (지자체 자체적으로 산정) 2. 외부산정 (외부전문기관위탁 산정) 3. 내·외부 모두 산정 4. 산정 無 5. 해당없음	정산방법 1. 내부정산 (지자체 내부적으로 정산) 2. 외부정산 (외부전문기관위탁 정산) 3. 내·외부 모두 산정 4. 정산 無 5. 해당없음	1. 실시 2. 미실시 3. 향후 추진 4. 해당없음
10913	충북 옥천군	충북도내 학생 그림 및 글짓기대회 참가 지원	1,120	자치행정과	1	1	7	8	7	1	1	1
10914	충북 옥천군	바르게살기 전국회원대회 및 도대회 참가 지원	1,700	자치행정과	1	1	7	8	7	1	1	1
10915	충북 옥천군	범죄피해자 보호 지원	20,000	자치행정과	1	1	7	8	7	1	1	1
10916	충북 옥천군	6.25전쟁당시 음식재현 시식회 지원	1,900	자치행정과	1	1	7	8	7	1	1	1
10917	충북 옥천군	안보현장 견학 지원	1,300	자치행정과	1	1	7	8	7	1	1	1
10918	충북 옥천군	전국한마음자유수호결의대회 참가 지원	1,200	자치행정과	1	1	7	8	7	1	1	1
10919	충북 옥천군	적십자봉사회 세탁봉사	6,500	자치행정과	1	4	7	8	7	1	1	1
10920	충북 옥천군	적십자봉사회 김장봉사	4,570	자치행정과	1	4	7	8	7	1	1	1
10921	충북 옥천군	새마을 휴경지 경작사업 지원	2,500	자치행정과	1	4	7	8	7	1	1	1
10922	충북 옥천군	국토대청결운동 지원	3,159	자치행정과	1	4	7	8	7	1	1	1
10923	충북 옥천군	서훈지도자와 함께하는 새마을운동 지원	1,070	자치행정과	1	4	7	8	7	1	1	1
10924	충북 옥천군	피서지 새마을문고운영 지원	1,460	자치행정과	1	4	7	8	7	1	1	1
10925	충북 옥천군	사랑의 연탄나누기	1,630	자치행정과	1	4	7	8	7	1	1	1
10926	충북 옥천군	사랑의 효 편지쓰기 지원	950	자치행정과	1	4	7	8	7	1	1	1
10927	충북 옥천군	제40회 국민독서경진대회 지원	1,500	자치행정과	1	4	7	8	7	1	1	1
10928	충북 옥천군	100만그루 나무심기 지원	1,710	자치행정과	1	4	7	8	7	1	1	1
10929	충북 옥천군	사랑 나눔 김장 담그기	3,310	자치행정과	1	4	7	8	7	1	1	1
10930	충북 옥천군	쾌적한 환경 행복한 공동체 만들기 사업지원	22,500	자치행정과	1	4	7	8	7	1	1	1
10931	충북 옥천군	자원봉사자 코디네이터 지원	59,112	자치행정과	1	1	7	8	7	1	1	1
10932	충북 옥천군	자원봉사자 보험료 지원	2,310	자치행정과	1	1	7	8	7	1	1	1
10933	충북 옥천군	자원봉사센터 봉사활동 지원	84,000	자치행정과	1	1	7	8	7	1	1	1
10934	충북 옥천군	자원봉사활동비	45,400	자치행정과	1	4	7	8	7	1	1	1
10935	충북 옥천군	이동자원봉사센터	12,000	자치행정과	1	4	7	8	7	1	1	1
10936	충북 옥천군	자원봉사 우수프로그램 지원	14,760	자치행정과	1	4	7	8	7	1	1	1
10937	충북 옥천군	국제협력 및 국외봉사활동 지원	11,000	자치행정과	1	4	7	8	7	1	1	1
10938	충북 옥천군	옥천사랑 도전골든벨 지원	15,000	자치행정과	1	4	7	8	7	1	1	2
10939	충북 옥천군	주민자치센터 프로그램 경연대회 지원	2,400	자치행정과	1	4	7	8	7	1	1	2
10940	충북 옥천군	옥천군 지역치안협의회 치안정책 지원	15,000	자치행정과	1	4	7	8	7	1	1	1
10941	충북 옥천군	상이군경회 사업지원	5,800	복지정책과	1	1	7	8	7	1	1	4
10942	충북 옥천군	전몰군경유족회 사업지원	4,500	복지정책과	1	1	7	8	7	1	1	4
10943	충북 옥천군	전몰군경미망인회 사업지원	3,380	복지정책과	1	1	7	8	7	1	1	4
10944	충북 옥천군	무공수훈자회 사업지원	6,300	복지정책과	1	1	7	8	7	1	1	4
10945	충북 옥천군	고엽제전우회 사업지원	6,850	복지정책과	1	1	7	8	7	1	1	4
10946	충북 옥천군	보훈회관관리협의회 사업지원	2,840	복지정책과	1	1	7	8	7	1	1	4
10947	충북 옥천군	6.25참전유공자회 사업지원	7,000	복지정책과	1	1	7	8	7	1	1	4
10948	충북 옥천군	월남전참전자회 사업지원	8,850	복지정책과	1	1	7	8	7	1	1	4
10949	충북 옥천군	재향군인회 사업지원	5,100	복지정책과	1	1	7	8	7	1	1	4
10950	충북 옥천군	옥천 출신 독립운동가 학술대회 지원	6,000	복지정책과	1	1	7	8	7	1	1	4
10951	충북 옥천군	국가유공자 국외 전적지순례 지원	24,000	복지정책과	1	1	7	8	7	1	1	4
10952	충북 옥천군	자활사업 교육지원	10,000	복지정책과	1	4	7	8	7	5	1	4
10953	충북 옥천군	모범노인 선진지견학 지원	4,000	주민복지과	1	1	5	1	7	1	1	1
10954	충북 옥천군	경로당 월세 지원	20,640	주민복지과	1	4	5	1	7	1	1	1
10955	충북 옥천군	옥천풍물연합회 교육지원	7,500	문화관광과	1	1	7	8	7	3	3	1
10956	충북 옥천군	국악강습회 지원	2,500	문화관광과	1	1	7	8	7	3	3	1
10957	충북 옥천군	민요강습회 지원	2,500	문화관광과	1	1	7	8	7	3	3	1
10958	충북 옥천군	무용강습회 지원	1,500	문화관광과	1	1	7	8	7	3	3	1
10959	충북 옥천군	옥천향토사문화 제25집 발간 지원	3,000	문화관광과	1	1	7	8	7	3	3	1
10960	충북 옥천군	옥천예술 제18집 발간 지원	3,000	문화관광과	1	1	7	8	7	3	3	1
10961	충북 옥천군	옥천문단 제22집 발간 지원	3,000	문화관광과	1	1	7	8	7	3	3	1
10962	충북 옥천군	정순철합창단 지원	25,000	문화관광과	1	1	7	8	7	3	3	1
10963	충북 옥천군	문화원 문화학교 운영 지원	9,600	문화관광과	1	1	7	8	7	3	3	1

순번	시군구	지출명 (사업명)	2021년예산 (단위:천원/1년간)	담당자 (공무원) 담당부서	민간이전 분류 (지방자치단체 세출예산 집행기준에 의거) 1. 민간경상사업보조(307-02) 2. 민간단체 법정운영비보조(307-03) 3. 민간행사사업보조(307-04) 4. 민간위탁금(307-05) 5. 사회복지시설 법정운영비보조(307-10) 6. 민간인위탁교육비(307-12) 7. 공기관등에대한경상적위탁사업비(308-11) 8. 민간자본사업보조,자체재원(402-01) 9. 민간자본사업보조,이전재원(402-02) 10. 민간위탁사업비(402-03) 11. 공기관등에 대한 자본적 대행사업비(403-02)	민간이전지출 근거 (지방보조금 관리기준 참고) 1. 법률에 규정 2. 국고보조 재원(국가지정) 3. 용도 지정 기부금 4. 조례에 직접규정 5. 지자체가 권장하는 사업을 하는 공공기관 6. 시,도 정책 및 재정사정 7. 기타 8. 해당없음	입찰방식 계약체결방법 (경쟁형태) 1. 일반경쟁 2. 제한경쟁 3. 지명경쟁 4. 수의계약 5. 법정위탁 6. 기타 ( ) 7. 해당없음	입찰방식 계약기간 1. 1년 2. 2년 3. 3년 4. 4년 5. 5년 6. 기타 ( )년 7. 단기계약 (1년미만) 8. 해당없음	입찰방식 낙찰자선정방법 1. 적격심사 2. 협상에의한계약 3. 최저가낙찰제 4. 규격가격분리 5. 2단계 경쟁입찰 6. 기타 ( ) 7. 해당없음	운영예산 산정 운영예산 산정 1. 내부산정 (지자체 자체적으로 산정) 2. 외부산정 (외부전문기관위탁 산정) 3. 내·외부 모두 산정 4. 산정 無 5. 해당없음	운영예산 산정 정산방법 1. 내부정산 (지자체 내부적으로 정산) 2. 외부정산 (외부전문기관위탁 정산) 3. 내·외부 모두 산정 4. 정산 無 5. 해당없음	성과평가 실시여부 1. 실시 2. 미실시 3. 향후 추진 4. 해당없음
10964	충북 옥천군	향교 기로연 재연행사 지원	8,000	문화관광과	1	1	7	8	7	3	3	1
10965	충북 옥천군	전통문화 계승발전교육 지원	3,000	문화관광과	1	1	7	8	7	3	3	1
10966	충북 옥천군	충.효.예 교실운영 지원	2,000	문화관광과	1	1	7	8	7	3	3	1
10967	충북 옥천군	충북문화재단 기금지원사업	18,000	문화관광과	1	1	7	8	7	3	3	1
10968	충북 옥천군	한국민속예술축제 대표팀 참가 지원	75,000	문화관광과	1	1	7	8	7	3	3	1
10969	충북 옥천군	문화원 사업활동비 지원	36,000	문화관광과	1	1	7	8	7	3	3	1
10970	충북 옥천군	통합 문화이용권사업	289,394	문화관광과	1	1	7	8	7	3	3	2
10971	충북 옥천군	2020 공공미술프로젝트 지원	120,000	문화관광과	1	2	7	8	7	3	3	3
10972	충북 옥천군	박물관 활성화 지원	10,000	문화관광과	1	1	7	8	7	3	3	1
10973	충북 옥천군	향교 유지관리 지원	29,000	문화관광과	1	4	7	8	7	5	5	3
10974	충북 옥천군	생생문화재 사업 지원	100,000	문화관광과	1	2	7	8	7	5	5	3
10975	충북 옥천군	충북도 향토음식경연대회 참가지원	900	문화관광과	1	6	7	8	7	5	1	2
10976	충북 옥천군	음식문화개선추진협의회 개최 지원	2,000	문화관광과	1	1	5	7	7	2	1	2
10977	충북 옥천군	안전사고 예방활동 지원	7,000	안전건설과	1	4	7	8	7	5	5	4
10978	충북 옥천군	옥천군 자율방재단 운영 지원	10,000	안전건설과	1	4	7	8	7	5	5	4
10979	충북 옥천군	지역자율방재단 재난대응 특화훈련	2,000	안전건설과	1	4	7	8	7	5	5	4
10980	충북 옥천군	옥천묘목 향토산업 육성사업	483,000	산림녹지과	1	4	7	8	7	1	1	1
10981	충북 옥천군	옻특구 기반 조성	5,000	산림녹지과	1	4	7	8	7	1	1	1
10982	충북 옥천군	취약지 응급의료기관 운영지원	255,000	보건행정과	1	2	7	8	7	5	5	4
10983	충북 옥천군	농촌체험휴양마을 사무장지원	90,426	친환경농축산과	1	1	7	8	7	1	1	4
10984	충북 옥천군	농촌체험휴양마을 사무장지원	35,136	친환경농축산과	1	1	7	8	7	1	1	4
10985	충북 옥천군	농촌축제지원	10,000	친환경농축산과	1	2	7	8	7	5	1	2
10986	충북 옥천군	농촌고용인력지원사업	80,000	친환경농축산과	1	1	7	8	7	1	1	4
10987	충북 옥천군	농업경영인육성	11,000	친환경농축산과	1	4	7	8	7	1	1	2
10988	충북 옥천군	여성농업인 육성	15,000	친환경농축산과	1	1	7	8	7	1	1	2
10989	충북 옥천군	청년농업인 영농정착 지원사업	136,880	친환경농축산과	1	2	7	8	7	5	5	4
10990	충북 옥천군	농촌 창업 청년농업인 정착지원	55,200	친환경농축산과	1	6	7	8	7	5	5	4
10991	충북 옥천군	유기농인증확대를 위한 교육 지원	8,300	친환경농축산과	1	1	7	8	7	5	5	2
10992	충북 옥천군	친환경농산물 판매지원	38,000	친환경농축산과	1	4	7	8	7	5	5	1
10993	충북 옥천군	과실브랜드 육성지원	41,400	친환경농축산과	1	6	7	8	7	5	5	4
10994	충북 옥천군	농특산물 마케팅강화	30,000	친환경농축산과	1	4	7	8	7	5	5	4
10995	충북 옥천군	정부양곡운영관리	42,000	친환경농축산과	1	4	7	8	7	5	5	4
10996	충북 옥천군	국내 식품전시회 참가 지원사업	2,000	친환경농축산과	1	6	7	8	7	5	5	4
10997	충북 옥천군	명품농산물 TV홈쇼핑 마케팅사업	17,000	친환경농축산과	1	6	7	8	7	5	5	4
10998	충북 옥천군	농산물 청풍명월장터 e-쇼핑몰 물류비 지원	13,300	친환경농축산과	1	6	7	8	7	5	5	4
10999	충북 옥천군	농산물전자상거래활성화지원	30,000	친환경농축산과	1	4	7	8	7	5	5	4
11000	충북 옥천군	농특산물 수출	20,000	친환경농축산과	1	4	7	8	7	5	5	4
11001	충북 옥천군	지자체 수출전략상품 육성지원	20,000	친환경농축산과	1	6	7	8	7	5	5	4
11002	충북 옥천군	농산물산지유통센터 운영관리	40,000	친환경농축산과	1	4	7	8	7	5	5	4
11003	충북 옥천군	농산물 상생 마케팅 판촉 지원	16,667	친환경농축산과	1	6	7	8	7	5	5	4
11004	충북 옥천군	밭작물공동경영체 육성지원사업	22,500	친환경농축산과	1	2	7	8	7	5	5	4
11005	충북 옥천군	농산물 마케팅 지원	6,000	친환경농축산과	1	2	7	8	7	5	5	4
11006	충북 옥천군	농산물 공동선별비 지원	42,350	친환경농축산과	1	2	7	8	7	5	5	4
11007	충북 옥천군	한우 경쟁력 강화	178,387	친환경농축산과	1	1	7	8	7	5	1	1
11008	충북 옥천군	한우사육기반확대 및 등록지원	54,000	친환경농축산과	1	1	7	8	7	5	1	1
11009	충북 옥천군	송아지생산 안정제	6,300	친환경농축산과	1	1	7	8	7	5	1	1
11010	충북 옥천군	낙농헬퍼(도우미)지원	6,300	친환경농축산과	1	1	7	8	7	5	1	1
11011	충북 옥천군	공동방제단 운영비	82,580	친환경농축산과	1	2	7	8	7	5	5	4
11012	충북 옥천군	공동방제단 인건비	78,420	친환경농축산과	1	2	7	8	7	5	5	4
11013	충북 옥천군	축산물 HACCP컨설팅	9,800	친환경농축산과	1	2	7	8	7	5	5	4
11014	충북 옥천군	4-H 자연현장체험교육 지원	7,000	농촌활력과	1	1	7	8	7	5	5	4

순번	시군구	지출명 (사업명)	2021년예산 (단위:천원/1년간)	담당자 (공무원) 담당부서	민간이전 분류 (지방자치단체 세출예산 집행기준에 의거) 1. 민간경상사업보조(307-02) 2. 민간단체 법정운영비보조(307-03) 3. 민간행사사업보조(307-04) 4. 민간위탁금(307-05) 5. 사회복지시설 법정운영비보조(307-10) 6. 민간인위탁교육비(307-12) 7. 공기관등에대한경상적위탁사업비(308-11) 8. 민간자본사업보조,자체재원(402-01) 9. 민간자본사업보조,이전재원(402-02) 10. 민간위탁사업비(402-03) 11. 공기관등에 대한 자본적 대행사업비(403-02)	민간이전지출 근거 (지방보조금 관리기준 참고) 1. 법률에 규정 2. 국고보조 재원(국가지정) 3. 용도 지정 기부금 4. 조례에 직접규정 5. 지자체가 권장하는 사업을 하는 공공기관 6. 시,도 정책 및 재정사정 7. 기타 8. 해당없음	입찰방식 계약체결방법 (경쟁형태) 1. 일반경쟁 2. 제한경쟁 3. 지명경쟁 4. 수의계약 5. 법정위탁 6. 기타 ( ) 7. 해당없음	입찰방식 계약기간 1. 1년 2. 2년 3. 3년 4. 4년 5. 5년 6. 기타 ( )년 7. 단기계약 (1년미만) 8. 해당없음	입찰방식 낙찰자선정방법 1. 적격심사 2. 협상에의한계약 3. 최저가낙찰제 4. 규격가격분리 5. 2단계 경쟁입찰 6. 기타 ( ) 7. 해당없음	운영예산 산정 운영예산 산정 1. 내부산정 (지자체 자체적으로 산정) 2. 외부산정 (외부전문기관위탁 산정) 3. 내·외부 모두 산정 4. 산정 無 5. 해당없음	운영예산 산정 정산방법 1. 내부정산 (지자체 내부적으로 정산) 2. 외부정산 (외부전문기관위탁 정산) 3. 내·외부 모두 산정 4. 정산 無 5. 해당없음	성과평가 실시여부 1. 실시 2. 미실시 3. 향후 추진 4. 해당없음
11015	충북 옥천군	청년 4-H활력화 기반구축 지원	7,000	농촌활력과	1	1	7	8	7	5	5	4
11016	충북 옥천군	농업인단체협의회 운영지원	27,900	농촌활력과	1	1	7	8	7	5	5	4
11017	충북 옥천군	초등 돌봄교실 과일간식 지원(405명)	23,100	농촌활력과	1	2	7	8	7	5	5	4
11018	충북 옥천군	공공급식사업 포장재 제작 지원	24,000	농촌활력과	1	4	5	3	2	1	1	3
11019	충북 옥천군	어르신생활체육지도자배치	182,592	체육시설사업소	1	2	7	8	7	1	1	3
11020	충북 옥천군	일반생활체육지도자배치	213,024	체육시설사업소	1	2	7	8	7	1	1	3
11021	충북 옥천군	장애인생활체육 육성지원	6,000	체육시설사업소	1	1	7	8	7	1	1	3
11022	충북 옥천군	제60회 충북도민체육대회 출전 지원	210,000	체육시설사업소	1	1	7	8	7	1	1	3
11023	충북 옥천군	제30회 충청북도생활체육대회 출전 지원	43,000	체육시설사업소	1	1	7	8	7	1	1	3
11024	충북 옥천군	제14회 충청북도장애인도민체육대회 출전 지원	34,000	체육시설사업소	1	1	7	8	7	1	1	3
11025	충북 옥천군	제15회 충청북도 어르신생활체육대회 출전 지원	13,000	체육시설사업소	1	1	7	8	7	1	1	3
11026	충북 옥천군	영동~단양간 시군대항 역전마라톤대회 출전지원	12,000	체육시설사업소	1	1	7	8	7	1	1	3
11027	충북 옥천군	단양~영동간 시군대항 역전마라톤대회 출전지원	12,000	체육시설사업소	1	1	7	8	7	1	1	3
11028	충북 옥천군	제102회 전국체육대회 출전 지원	5,000	체육시설사업소	1	1	7	8	7	1	1	3
11029	충북 옥천군	전국 및 충북 소년체육대회 출전 지원	5,500	체육시설사업소	1	1	7	8	7	1	1	3
11030	충북 옥천군	종목별 생활체육대회 출전 지원	52,000	체육시설사업소	1	1	7	8	7	1	1	3
11031	충북 옥천군	장애인생활체육대회 출전 지원	4,000	체육시설사업소	1	1	7	8	7	1	1	3
11032	충북 옥천군	생활체육교실 운영 지원	22,000	체육시설사업소	1	1	7	8	7	1	1	3
11033	충북 옥천군	장애인생활체육지도자 배치 지원	58,464	체육시설사업소	1	2	7	8	7	1	1	3
11034	충북 옥천군	진로체험 플랫폼 운영	20,000	평생학습원	1	7	7	8	7	1	1	4
11035	충북 옥천군	마음을 여는 책읽기 사업 지원	4,000	평생학습원	1	1	6	1	6	1	1	4
11036	충북 옥천군	청년창업 소상공인 점포임차료 지원	30,000	경제과	1	4	7	8	7	5	5	4
11037	충북 옥천군	소상공인 희망장려금(노란우산공제) 지원	10,200	경제과	1	4	7	8	7	5	5	4
11038	충북 옥천군	지역공동체 제안 공모사업 지원	10,000	경제과	1	4	7	8	7	5	5	4
11039	충북 옥천군	행복마을사업	38,500	경제과	1	6	7	8	7	5	5	4
11040	충북 옥천군	사회적기업 사업개발비 지원사업	64,285	경제과	1	1	7	8	7	5	5	4
11041	충북 옥천군	(예비)사회적기업 전문인력지원사업	46,666	경제과	1	1	7	8	7	5	5	4
11042	충북 옥천군	(예비)사회적기업 일자리창출사업	160,000	경제과	1	1	7	8	7	5	5	4
11043	충북 옥천군	사회적기업 사회보험료 지원	24,000	경제과	1	1	7	8	7	5	5	4
11044	충북 옥천군	마을기업육성사업	10,000	경제과	1	1	7	8	7	5	5	4
11045	충북 옥천군	지역정착 지원형 청년일자리사업	519,301	경제과	1	4	7	8	7	5	5	4
11046	충북 영동군	행복마을사업 1단계	15,000	기획감사관	1	4	7	8	7	5	1	1
11047	충북 영동군	행복마을사업 2단계	18,000	기획감사관	1	4	7	8	7	5	1	1
11048	충북 영동군	영동군지역 안정사업	12,000	행정과	1	1	7	8	7	1	1	4
11049	충북 영동군	북한이탈주민 정착지원사업	2,500	행정과	1	7	7	8	7	1	1	4
11050	충북 영동군	정보화마을 관리자 제경비	6,680	행정과	1	6	7	8	7	5	1	4
11051	충북 영동군	정보화마을 프로그램관육성 인부임	33,600	행정과	1	6	7	8	7	5	1	4
11052	충북 영동군	주민자치센터 동아리대회 출전보조	5,000	행정과	1	1	7	8	7	1	1	1
11053	충북 영동군	주민자치센터 프로그램 발표회 참가보조	16,500	행정과	1	1	7	8	7	1	1	1
11054	충북 영동군	영동사랑도전골든벨행사	10,000	행정과	1	1	7	8	7	1	1	1
11055	충북 영동군	이장단 역량강화교육	14,000	행정과	1	1	7	8	7	1	1	1
11056	충북 영동군	민주평화통일자문회의 중고생 통일안보 견학	2,000	행정과	1	1	7	8	7	1	1	1
11057	충북 영동군	민주평화통일자문회의 통일문제 강연회	1,610	행정과	1	1	7	8	7	1	1	1
11058	충북 영동군	민주평화통일자문회의 8.15 광복절 기념의날 행사	2,000	행정과	1	1	7	8	7	1	1	1
11059	충북 영동군	쾌적한환경행복한공동체만들기 사업	21,500	행정과	1	1	7	8	7	1	1	1
11060	충북 영동군	새마을야시장운영	20,680	행정과	1	1	7	8	7	1	1	1
11061	충북 영동군	영동군새마을회 사업비	23,080	행정과	1	1	7	8	7	1	1	1
11062	충북 영동군	바르게살기운동 영동군협의회 사업비	10,000	행정과	1	1	7	8	7	1	1	1
11063	충북 영동군	한국자유총연맹 영동군지회 사업비	13,000	행정과	1	1	7	8	7	1	1	1
11064	충북 영동군	남북통일국민연합 영동군회 사업비	1,500	행정과	1	1	7	8	7	1	1	1
11065	충북 영동군	영동옥천범죄피해자지원센터 사업비	15,000	행정과	1	1	7	8	7	1	1	1

순번	시군구	지출명 (사업명)	2021년예산 (단위:천원/1년간)	담당자 (공무원) 담당부서	민간이전 분류 (지방자치단체 세출예산 집행기준에 의거) 1. 민간경상사업보조(307-02) 2. 민간단체 법정운영비보조(307-03) 3. 민간행사사업보조(307-04) 4. 민간위탁금(307-05) 5. 사회복지시설 법정운영비보조(307-10) 6. 민간인위탁교육비(307-12) 7. 공기관등에대한경상적위탁사업비(308-11) 8. 민간자본사업보조,자체재원(402-01) 9. 민간자본사업보조,이전재원(402-02) 10. 민간위탁사업비(402-03) 11. 공기관등에 대한 자본적 대행사업비(403-02)	민간이전지출 근거 (지방보조금 관리기준 참고) 1. 법률에 규정 2. 국고보조 재원(국가지정) 3. 용도 지정 기부금 4. 조례에 직접규정 5. 지자체가 권장하는 사업을 하는 공공기관 6. 시,도 정책 및 재정사정 7. 기타 8. 해당없음	입찰방식: 계약체결방법 (경쟁형태) 1. 일반경쟁 2. 제한경쟁 3. 지명경쟁 4. 수의계약 5. 법정위탁 6. 기타 ( ) 7. 해당없음	입찰방식: 계약기간 1. 1년 2. 2년 3. 3년 4. 4년 5. 5년 6. 기타 ( )년 7. 단기계약 (1년미만) 8. 해당없음	입찰방식: 낙찰자선정방법 1. 적격심사 2. 협상에의한계약 3. 최저가낙찰제 4. 규격가격분리 5. 2단계 경쟁입찰 6. 기타 ( ) 7. 해당없음	운영예산 산정: 운영예산 산정 1. 내부산정 (지자체 자체적으로 산정) 2. 외부산정 (외부전문기관위탁 산정) 3. 내·외부 모두 산정 4. 산정 無 5. 해당없음	운영예산 산정: 정산방법 1. 내부정산 (지자체 내부적으로 정산) 2. 외부정산 (외부전문기관위탁 정산) 3. 내·외부 모두 산정 4. 정산 無 5. 해당없음	성과평가 실시여부 1. 실시 2. 미실시 3. 향후 추진 4. 해당없음
11066	충북 영동군	대한적십자사봉사회 영동지구협의회 사업비	36,000	행정과	1	1	7	8	7	1	1	1
11067	충북 영동군	민족통일영동군협의회 사업비	2,000	행정과	1	1	7	8	7	1	1	1
11068	충북 영동군	자원봉사센터사업 지원	110,800	행정과	1	1	7	8	7	1	1	1
11069	충북 영동군	자원봉사센터 봉사활동지원	84,000	행정과	1	1	7	8	7	1	1	1
11070	충북 영동군	자원봉사센터 보험료지원	3,214	행정과	1	1	7	8	7	1	1	1
11071	충북 영동군	자원봉사자 코디네이터 지원	59,112	행정과	1	1	7	8	7	1	1	1
11072	충북 영동군	지방문화원 사업 활동비	38,000	국악문화체육과	1	4	7	8	7	1	1	1
11073	충북 영동군	문화학교지원	10,500	국악문화체육과	1	4	7	8	7	1	1	1
11074	충북 영동군	추풍령면지 발간	30,000	국악문화체육과	1	4	7	8	7	1	1	1
11075	충북 영동군	도덕성회복교육지원	12,000	국악문화체육과	1	1	7	8	7	1	1	1
11076	충북 영동군	영동예술지 발간	8,700	국악문화체육과	1	8	7	8	7	1	1	1
11077	충북 영동군	찾아가는문화공연	20,000	국악문화체육과	1	4	7	8	7	1	1	1
11078	충북 영동군	충북민속예술축제 참가지원	10,000	국악문화체육과	1	4	7	8	7	1	1	1
11079	충북 영동군	영동예총 특별사업비	24,000	국악문화체육과	1	4	7	8	7	1	1	1
11080	충북 영동군	영동담수회 회원전	2,000	국악문화체육과	1	4	7	8	7	1	1	1
11081	충북 영동군	영동서예연합회 전시회	4,000	국악문화체육과	1	4	7	8	7	1	1	1
11082	충북 영동군	전통문화 연등행사	7,000	국악문화체육과	1	4	7	8	7	1	1	1
11083	충북 영동군	금강수석회 회원전	2,500	국악문화체육과	1	4	7	8	7	1	1	1
11084	충북 영동군	문인화회 영동군지회 회원전	2,000	국악문화체육과	1	4	7	8	7	1	1	1
11085	충북 영동군	삼여회 회원전	2,000	국악문화체육과	1	4	7	8	7	1	1	1
11086	충북 영동군	환경미술협회 영동지회 회원전	2,000	국악문화체육과	1	4	7	8	7	1	1	1
11087	충북 영동군	미사랑 회원전	2,000	국악문화체육과	1	4	7	8	7	1	1	1
11088	충북 영동군	영동향교 교양강좌	12,000	국악문화체육과	1	4	7	8	7	1	1	1
11089	충북 영동군	향토사연구회 의식교육	3,000	국악문화체육과	1	4	7	8	7	1	1	1
11090	충북 영동군	난계민속풍물단 양성사업	6,400	국악문화체육과	1	4	7	8	7	1	1	1
11091	충북 영동군	일반생활체육지도자 배치	152,160	국악문화체육과	1	2	7	8	7	1	1	1
11092	충북 영동군	어르신생활체육지도자 배치	182,592	국악문화체육과	1	2	7	8	7	1	1	1
11093	충북 영동군	장애인 생활체육지도자 배치	58,464	국악문화체육과	1	2	7	8	7	1	1	1
11094	충북 영동군	생활체육교실운영	73,281	국악문화체육과	1	7	7	8	7	1	1	1
11095	충북 영동군	장애인 생활체육교실운영	10,500	국악문화체육과	1	7	7	8	7	1	1	1
11096	충북 영동군	국민체력인증센터 운영지원	206,250	국악문화체육과	1	2	7	8	7	1	1	1
11097	충북 영동군	전몰군경유족회영동군지회 행사 지원	7,651	주민복지과	1	4	7	8	7	5	5	4
11098	충북 영동군	6.25참전국가유공자영동군지회 행사 지원	11,140	주민복지과	1	4	7	8	7	5	5	4
11099	충북 영동군	대한고엽제전우회영동군지회 행사 지원	3,960	주민복지과	1	4	7	8	7	5	5	4
11100	충북 영동군	무공수훈자회영동군지회 행사 지원	8,398	주민복지과	1	4	7	8	7	5	5	4
11101	충북 영동군	상이군경회영동군지회 행사 지원	10,632	주민복지과	1	4	7	8	7	5	5	4
11102	충북 영동군	전몰군경미망인영동군지회 행사 지원	6,529	주민복지과	1	4	7	8	7	5	5	4
11103	충북 영동군	4·19혁명 이기태열사 추모식	3,000	주민복지과	1	4	7	8	7	5	5	4
11104	충북 영동군	광복회충북지부영동군분회 독립유공자 사적지 순례답사	1,700	주민복지과	1	4	7	8	7	5	5	4
11105	충북 영동군	월남참전유공전우회영동지부 행사 지원	7,310	주민복지과	1	4	7	8	7	5	5	4
11106	충북 영동군	재향군인회 청소년 및 임직원 안보강연	1,200	주민복지과	1	4	7	8	7	5	5	4
11107	충북 영동군	경로당현판 및 노인회기등 교체	3,800	주민복지과	1	4	7	8	7	1	1	1
11108	충북 영동군	경로당운영관리사 지원사업	29,610	주민복지과	1	4	7	8	7	1	1	1
11109	충북 영동군	교통지회운영	1,000	주민복지과	1	4	7	8	7	1	1	1
11110	충북 영동군	새일여성인턴	60,800	가족행복과	1	2	7	8	7	5	1	1
11111	충북 영동군	직업교육훈련비	94,000	가족행복과	1	2	7	8	7	5	1	1
11112	충북 영동군	여성지도자 교육	4,800	가족행복과	1	1	7	8	7	1	1	1
11113	충북 영동군	여성인재 양성 아카데미	8,215	가족행복과	1	4	7	8	7	1	1	1
11114	충북 영동군	초중 예절다도	3,220	가족행복과	1	4	7	8	7	1	1	1
11115	충북 영동군	마음챙김 건강챙김	3,460	가족행복과	1	4	7	8	7	1	1	1
11116	충북 영동군	가정폭력 가해자 교정치료 프로그램 운영	1,000	가족행복과	1	2	7	8	7	5	1	1

순번	시군구	지출명 (사업명)	2021년예산 (단위:천원/1년간)	담당자 (공무원) 담당부서	민간이전 분류 (지방자치단체 세출예산 집행기준에 의거) 1. 민간경상사업보조(307-02) 2. 민간단체 법정운영비보조(307-03) 3. 민간행사사업보조(307-04) 4. 민간위탁금(307-05) 5. 사회복지시설 법정운영비보조(307-10) 6. 민간인위탁교육비(307-12) 7. 공기관등에대한경상적위탁사업비(308-11) 8. 민간자본사업보조,자체재원(402-01) 9. 민간자본사업보조,이전재원(402-02) 10. 민간위탁사업비(402-03) 11. 공기관등에 대한 자본적 대행사업비(403-02)	민간이전지출 근거 (지방보조금 관리기준 참고) 1. 법률에 규정 2. 국고보조 재원(국가지정) 3. 용도 지정 기부금 4. 조례에 직접규정 5. 지자체가 권장하는 사업을 하는 공공기관 6. 시,도 정책 및 재정사정 7. 기타 8. 해당없음	입찰방식 계약체결방법 (경쟁형태) 1. 일반경쟁 2. 제한경쟁 3. 지명경쟁 4. 수의계약 5. 법정위탁 6. 기타 ( ) 7. 해당없음	입찰방식 계약기간 1. 1년 2. 2년 3. 3년 4. 4년 5. 5년 6. 기타 ( )년 7. 단기계약 (1년미만) 8. 해당없음	입찰방식 낙찰자선정방법 1. 적격심사 2. 협상에의한계약 3. 최저가낙찰제 4. 규격가격분리 5. 2단계 경쟁입찰 6. 기타 ( ) 7. 해당없음	운영예산 산정 운영예산 산정 1. 내부산정 (지자체 자체적으로 산정) 2. 외부산정 (외부전문기관위탁 산정) 3. 내·외부 모두 산정 4. 산정 無 5. 해당없음	운영예산 산정 정산방법 1. 내부정산 (지자체 내부적으로 정산) 2. 외부정산 (외부전문기관위탁 정산) 3. 내·외부 모두 산정 4. 정산 無 5. 해당없음	성과평가 실시여부 1. 실시 2. 미실시 3. 향후 추진 4. 해당없음
11117	충북 영동군	평생학습 동아리 운영	2,000	가족행복과	1	4	7	8	7	1	1	2
11118	충북 영동군	작은도서관 도서구입비 지원	8,040	가족행복과	1	2	7	8	7	1	1	2
11119	충북 영동군	음식문화개선 추진및 자율활동지원	1,400	가족행복과	1	6	7	8	7	1	1	1
11120	충북 영동군	음식문화개선 추진협의회 개최 지원	2,000	가족행복과	1	6	7	8	7	1	1	1
11121	충북 영동군	충북향토음식경연대회 참가업소 지원	1,200	가족행복과	1	4	7	8	7	1	1	4
11122	충북 영동군	우수시장박람회(충북)	1,800	경제과	1	4	7	8	7	1	1	1
11123	충북 영동군	전통시장 상인회 동아리 활동지원	6,000	경제과	1	4	7	8	7	1	1	1
11124	충북 영동군	전통시장 및 상점가 배송도우미 운영지원	23,509	경제과	1	4	7	8	7	1	1	1
11125	충북 영동군	전통시장 배송(차량)서비스 인건비 지원	10,480	경제과	1	4	7	8	7	1	1	1
11126	충북 영동군	소상공인 희망장려금 지원사업	6,600	경제과	1	6	7	8	7	3	1	1
11127	충북 영동군	지역정착지원형 청년일자리사업	50,400	경제과	1	2	7	8	7	1	1	4
11128	충북 영동군	마을기업 및 사회적기업 활성화 사업	20,364	경제과	1	2	7	8	7	1	1	4
11129	충북 영동군	중소기업 청년인턴사업	82,047	경제과	1	2	7	8	7	1	1	4
11130	충북 영동군	자영업체 청년근로자 지원사업	80,750	경제과	1	2	7	8	7	1	1	4
11131	충북 영동군	마을기업육성사업	30,000	경제과	1	2	7	8	7	1	1	4
11132	충북 영동군	(예비)사회적기업 일자리창출사업	171,999	경제과	1	2	7	8	7	1	1	4
11133	충북 영동군	사회적기업 사업개발비 지원사업	35,714	경제과	1	2	7	8	7	1	1	4
11134	충북 영동군	청년 창업지원사업	60,000	경제과	1	4	7	8	7	5	5	4
11135	충북 영동군	국내 전시,박람회 참가비 지원	3,000	경제과	1	4	7	8	7	1	1	1
11136	충북 영동군	청년창업농 영농정착지원	184,640	농정과	1	2	7	8	7	1	1	4
11137	충북 영동군	농촌 창업 청년농업인 정착지원	94,400	농정과	1	6	7	8	7	1	1	4
11138	충북 영동군	한여농 과제교육 지원	4,000	농정과	1	4	7	8	7	1	1	1
11139	충북 영동군	농업경영인 남부4군 연찬회 행사지원	1,000	농정과	1	4	7	8	7	1	1	1
11140	충북 영동군	농촌 공동아이돌봄센터 운영지원	13,700	농정과	1	2	7	8	7	5	5	4
11141	충북 영동군	농촌축제지원	10,000	농정과	1	2	7	8	7	1	1	4
11142	충북 영동군	농촌체험휴양마을 사무장채용지원	80,378	농정과	1	2	7	8	7	1	1	4
11143	충북 영동군	농촌체험휴양마을 사무장인건비 지원	43,920	농정과	1	4	7	8	7	1	1	1
11144	충북 영동군	농촌체험휴양마을 운영지원	16,000	농정과	1	4	7	8	7	1	1	1
11145	충북 영동군	도농교류 행사지원	6,000	농정과	1	4	7	8	7	1	1	1
11146	충북 영동군	농촌체험휴양마을 환경개선지원	20,000	농정과	1	4	7	8	7	5	5	4
11147	충북 영동군	블루베리축제 지원	10,000	농정과	1	4	7	8	7	1	1	1
11148	충북 영동군	농업인마을공동급식지원사업	36,000	농정과	1	4	7	8	7	1	1	1
11149	충북 영동군	한우 암소컨설팅 지원사업	12,500	농정과	1	4	7	8	7	1	1	1
11150	충북 영동군	송아지 친자검정확인 지원사업	9,000	농정과	1	4	7	8	7	1	1	1
11151	충북 영동군	한우 임신진단키트 지원사업	12,500	농정과	1	4	7	8	7	1	1	1
11152	충북 영동군	농촌공동체회사 우수사업지원	75,500	농정과	1	2	7	8	7	1	1	4
11153	충북 영동군	벼 육묘용 상토 공급지원 사업	101,500	농정과	1	4	7	8	7	1	1	1
11154	충북 영동군	벼 물바구미 공동방제지원 사업	49,000	농정과	1	4	7	8	7	1	1	1
11155	충북 영동군	벼 노력절감형 육묘상자 공급지원	10,000	농정과	1	4	7	8	7	1	1	1
11156	충북 영동군	유기질비료 지원	897,193	농정과	1	1	7	8	7	1	1	4
11157	충북 영동군	토양개량제 보조 공동살포비	94,284	농정과	1	1	7	8	7	1	1	4
11158	충북 영동군	유기농인증 확대를 위한 교육지원사업	4,100	농정과	1	6	7	8	7	1	1	4
11159	충북 영동군	친환경 충해관리용 유기농업자재 지원	40,000	농정과	1	4	7	8	7	1	1	1
11160	충북 영동군	포도 택배용 포장재 지원사업	30,000	농정과	1	4	7	8	7	1	1	1
11161	충북 영동군	명품농산물 tv홈쇼핑 마케팅 사업	17,000	농정과	1	4	7	8	7	1	1	1
11162	충북 영동군	지역농산물 소비촉진 생산자소비자교육	3,000	농정과	1	4	7	8	7	1	1	1
11163	충북 영동군	농산물 공동선별비 지원	68,048	농정과	1	1	7	8	7	1	1	4
11164	충북 영동군	과일통일포장재지원	2,500	농정과	1	4	7	8	7	1	1	1
11165	충북 영동군	농산물포장재지원	430,000	농정과	1	4	7	8	7	1	1	1
11166	충북 영동군	과일포장 완충재 지원사업	360,000	농정과	1	4	7	8	7	1	1	1
11167	충북 영동군	영동포도지리적표시운영	10,000	농정과	1	4	7	8	7	1	1	1

순번	시군구	지출명 (사업명)	2021년예산 (단위:천원/1년간)	담당자 (공무원) 담당부서	민간이전 분류 (지방자치단체 세출예산 집행기준에 의거) 1. 민간경상사업보조(307-02) 2. 민간단체 법정운영비보조(307-03) 3. 민간행사사업보조(307-04) 4. 민간위탁금(307-05) 5. 사회복지시설 법정운영비보조(307-10) 6. 민간인위탁교육비(307-12) 7. 공기관등에대한경상적위탁사업비(308-11) 8. 민간자본사업보조,자체재원(402-01) 9. 민간자본사업보조,이전재원(402-02) 10. 민간위탁사업비(402-03) 11. 공기관등에 대한 자본적 대행사업비(403-02)	민간이전지출 근거 (지방보조금 관리기준 참고) 1. 법률에 규정 2. 국고보조 재원(국가지정) 3. 용도 지정 기부금 4. 조례에 직접규정 5. 지자체가 권장하는 사업을 하는 공공기관 6. 시,도 정책 및 재정사정 7. 기타 8. 해당없음	입찰방식 계약체결방법 (경쟁형태) 1. 일반경쟁 2. 제한경쟁 3. 지명경쟁 4. 수의계약 5. 법정위탁 6. 기타 ( ) 7. 해당없음	입찰방식 계약기간 1. 1년 2. 2년 3. 3년 4. 4년 5. 5년 6. 기타 ( )년 7. 단기계약 (1년미만) 8. 해당없음	입찰방식 낙찰자선정방법 1. 적격심사 2. 협상에의한계약 3. 최저가낙찰제 4. 규격가격분리 5. 2단계 경쟁입찰 6. 기타 ( ) 7. 해당없음	운영예산 산정 운영예산 산정 1. 내부산정 (지자체 자체적으로 산정) 2. 외부산정 (외부전문기관위탁 산정) 3. 내·외부 모두 산정 4. 산정 無 5. 해당없음	운영예산 산정 정산방법 1. 내부정산 (지자체 내부적으로 정산) 2. 외부정산 (외부전문기관위탁 정산) 3. 내·외부 모두 산정 4. 정산 無 5. 해당없음	성과평가 실시여부 1. 실시 2. 미실시 3. 향후 추진 4. 해당없음
11168	충북 영동군	명품농산물 tv홈쇼핑 마케팅 사업	17,000	농정과	1	6	7	8	7	1	1	4
11169	충북 영동군	유기농식품 등 지자체 수출전략상품 육성지원	28,000	농정과	1	6	7	8	7	1	1	4
11170	충북 영동군	과실브랜드 육성지원	143,100	농정과	1	1	7	8	7	1	1	4
11171	충북 영동군	수출 농산물 자재 지원	56,000	농정과	1	4	7	8	7	1	1	1
11172	충북 영동군	과수원예농가 수정용 벌 지원	45,000	농정과	1	4	7	8	7	1	1	1
11173	충북 영동군	엽연초 생산자재지원	4,000	농정과	1	4	7	8	7	1	1	1
11174	충북 영동군	블루베리 재배용 피트모스 지원	45,000	농정과	1	4	7	8	7	1	1	1
11175	충북 영동군	과수 저온냉해 방지용 영양제 지원	50,000	농정과	1	4	7	8	7	1	1	1
11176	충북 영동군	명품수박단지조성	25,000	농정과	1	4	7	8	7	1	1	1
11177	충북 영동군	친환경인삼지력증진제공급	22,366	농정과	1	6	7	8	7	1	1	4
11178	충북 영동군	친환경시설원예작물토양환경개선사업	13,500	농정과	1	6	7	8	7	1	1	4
11179	충북 영동군	과실품질향상자재지원	41,350	농정과	1	6	7	8	7	1	1	4
11180	충북 영동군	초등돌봄교실 과일간식 지원사업	19,900	농정과	1	1	7	8	7	1	1	4
11181	충북 영동군	한우 암소컨설팅 지원사업	12,500	농정과	1	4	7	8	7	1	1	1
11182	충북 영동군	송아지 친자검정확인 지원사업	9,000	농정과	1	4	7	8	7	1	1	1
11183	충북 영동군	한우 임신진단키트 지원사업	12,500	농정과	1	4	7	8	7	1	1	1
11184	충북 영동군	한우 고급육 생산지원사업	5,000	농정과	1	6	7	8	7	1	1	4
11185	충북 영동군	고능력 돼지 액상정액 공급	18,750	농정과	1	6	7	8	7	1	1	4
11186	충북 영동군	양봉 설탕지원사업	40,000	농정과	1	4	7	8	7	1	1	1
11187	충북 영동군	양봉산업 경쟁력 강화	82,675	농정과	1	6	7	8	7	1	1	4
11188	충북 영동군	양봉농가 농약해독제 공급	2,050	농정과	1	6	7	8	7	1	1	4
11189	충북 영동군	토종벌 육성사업	3,600	농정과	1	1	7	8	7	1	1	4
11190	충북 영동군	축산환경개선제 지원사업	140,000	농정과	1	4	7	8	7	1	1	1
11191	충북 영동군	가축생균제 공급	16,000	농정과	1	6	7	8	7	1	1	4
11192	충북 영동군	액비저장조 분뇨발효제 공급	7,200	농정과	1	6	7	8	7	1	1	4
11193	충북 영동군	사일리지 제조비 지원	13,600	농정과	1	4	7	8	7	1	1	1
11194	충북 영동군	조사료 생산용 사일리지 제조 지원	30,310	농정과	1	1	7	8	7	1	1	4
11195	충북 영동군	조사료생산용 종자구입 지원	36,667	농정과	1	1	7	8	7	1	1	4
11196	충북 영동군	볏짚처리비(비닐)지원	6,379	농정과	1	6	7	8	7	1	1	4
11197	충북 영동군	AI예방 종이계란난좌 공급	13,000	농정과	1	4	7	8	7	1	1	1
11198	충북 영동군	돼지 써코바이러스 예방약	49,200	농정과	1	2	7	8	7	1	1	4
11199	충북 영동군	공동방제단 운영비	56,800	농정과	1	2	7	8	7	1	1	4
11200	충북 영동군	공동방제단 인건비	52,280	농정과	1	2	7	8	7	1	1	4
11201	충북 영동군	곤충매개성 질병 예방사업	5,350	농정과	1	6	7	8	7	1	1	4
11202	충북 영동군	소독약품 구입	7,200	농정과	1	6	7	8	7	1	1	4
11203	충북 영동군	축산물 HACCP 컨설팅 지원	9,800	농정과	1	1	7	8	7	1	1	4
11204	충북 영동군	구제역 예방 백신구입지원	124,073	농정과	1	1	7	8	7	1	1	4
11205	충북 영동군	자연보호영동군협의회	1,200	환경과	1	4	7	8	7	5	5	1
11206	충북 영동군	생활폐기물처리시스템 운영비 지원	447,000	환경과	1	4	7	8	7	5	5	4
11207	충북 영동군	심천리복지회관운영	6,800	환경과	1	1	7	1	7	1	1	1
11208	충북 영동군	충북환경연합 영동지부	1,200	환경과	1	4	7	8	7	5	5	1
11209	충북 영동군	임산물 토양개량 및 친환경비료 지원	50,871	산림과	1	6	7	8	7	1	1	1
11210	충북 영동군	산양삼 생산과정확인제도 지원	1,520	산림과	1	2	7	8	7	1	1	1
11211	충북 영동군	지리적표시 상품 유통관리 사업	1,600	산림과	1	4	7	8	7	1	1	4
11212	충북 영동군	영동임산물 TV 홈쇼핑 마케팅 지원사업	10,000	산림과	1	4	7	8	7	1	1	4
11213	충북 영동군	교통질서 계도요원 활동보조	13,000	건설교통과	1	4	7	8	7	1	3	1
11214	충북 영동군	녹색어머니회 교통질서 활동보조	4,000	건설교통과	1	4	7	8	7	1	3	1
11215	충북 영동군	수리시설물유지관리	50,000	건설교통과	1	7	7	8	7	5	1	1
11216	충북 영동군	일반농산어촌개발지역역량강화사업	420,000	건설교통과	1	1	7	8	7	1	1	4
11217	충북 영동군	농촌공동체활성화현장포험	35,000	건설교통과	1	4	7	8	7	1	1	4
11218	충북 영동군	마을간사지원	39,360	건설교통과	1	4	7	8	7	1	1	4

순번	시군구	지출명 (사업명)	2021년예산 (단위:천원/1년간)	담당자 (공무원)	민간이전 분류 (지방자치단체 세출예산 집행기준에 의거)	민간이전지출 근거 (지방보조금 관리기준 참고)	입찰방식			운영예산 산정		성과평가 실시여부
				담당부서	1. 민간경상사업보조(307-02) 2. 민간단체 법정운영비보조(307-03) 3. 민간행사사업보조(307-04) 4. 민간위탁금(307-05) 5. 사회복지시설 법정운영비보조(307-10) 6. 민간인위탁교육비(307-12) 7. 공기관등에대한경상적위탁사업비(308-11) 8. 민간자본사업보조,자체재원(402-01) 9. 민간자본사업보조,이전재원(402-02) 10. 민간위탁사업비(402-03) 11. 공기관등에 대한 자본적 대행사업비(403-02)	1. 법률에 규정 2. 국고보조 재원(국가지정) 3. 용도 지정 기부금 4. 조례에 직접규정 5. 지자체가 권장하는 사업을 하는 공공기관 6. 시,도 정책 및 재정사정 7. 기타 8. 해당없음	계약체결방법 (경쟁형태) 1. 일반경쟁 2. 제한경쟁 3. 지명경쟁 4. 수의계약 5. 법정위탁 6. 기타 ( ) 7. 해당없음	계약기간 1. 1년 2. 2년 3. 3년 4. 4년 5. 5년 6. 기타 ( )년 7. 단기계약 (1년미만) 8. 해당없음	낙찰자선정방법 1. 적격심사 2. 협상에의한계약 3. 최저가낙찰제 4. 규격가격분리 5. 2단계 경쟁입찰 6. 기타 ( ) 7. 해당없음	운영예산 산정 1. 내부산정 (지자체 자체적으로 산정) 2. 외부산정 (외부전문기관위탁 산정) 3. 내·외부 모두 산정 4. 산정 無 5. 해당없음	정산방법 1. 내부정산 (지자체 내부적으로 정산) 2. 외부정산 (외부전문기관위탁 정산) 3. 내·외부 모두 산정 4. 정산 無 5. 해당없음	1. 실시 2. 미실시 3. 향후 추진 4. 해당없음
11219	충북 영동군	중간지원조직지원	150,000	건설교통과	1	4	7	8	7	1	1	4
11220	충북 영동군	어린이 놀이시설 안전점검 지원	2,000	안전관리과	1	4	7	8	7	5	5	4
11221	충북 영동군	강소농 육성 모델농가 지원	12,000	농업기술센터	1	2	7	8	7	5	5	4
11222	충북 영동군	핵심농업인 친환경 농산물 생산지원	15,400	농업기술센터	1	1	7	8	7	5	5	4
11223	충북 영동군	4-H회 육성지원	12,000	농업기술센터	1	1	7	8	7	5	5	4
11224	충북 영동군	농촌지도자 육성지원	12,000	농업기술센터	1	1	7	8	7	5	5	4
11225	충북 영동군	학교4-H회 과제활동지원	12,000	농업기술센터	1	1	7	8	7	5	5	4
11226	충북 영동군	생활개선회 육성 지원	14,000	농업기술센터	1	4	7	8	7	5	5	4
11227	충북 영동군	농촌노인 사회적응력 강화 프로그램	10,000	농업기술센터	1	6	7	8	7	5	5	4
11228	충북 영동군	농촌어르신 복지실천 시범	50,000	농업기술센터	1	6	7	8	7	5	5	4
11229	충북 영동군	영동과일음식 홍보지원	20,000	농업기술센터	1	4	7	8	7	5	5	4
11230	충북 영동군	생활원예 프로그램 운영 시범	9,000	농업기술센터	1	1	7	8	7	5	5	4
11231	충북 영동군	영동군 고목 과수 보전 사업	15,000	농업기술센터	1	1	7	8	7	5	5	4
11232	충북 영동군	농작물병해충예방	147,000	농업기술센터	1	2	7	8	7	5	5	4
11233	충북 영동군	화상병방제비	68,000	농업기술센터	1	2	7	8	7	5	5	4
11234	충북 영동군	농가형 와인 포장재 지원	9,000	농업기술센터	1	4	7	8	7	5	5	4
11235	충북 영동군	영동와인 홍보마케팅 지원	30,000	농업기술센터	1	4	7	8	7	5	5	4
11236	충북 영동군	노근리사건희생자 유족회 운영지원	55,000	시설사업소	1	1	7	8	7	1	1	3
11237	충북 증평군	시군역량강화	170,000	미래기획실	1	2	7	8	7	5	5	4
11238	충북 증평군	농촌현장포럼	25,057	미래기획실	1	1	7	8	7	5	5	4
11239	충북 증평군	농촌 신활력 플러스	55,000	미래기획실	1	2	7	8	7	5	5	4
11240	충북 증평군	지역균형발전 역량강화	48,000	미래기획실	1	6	7	8	7	5	5	4
11241	충북 증평군	행복마을사업	32,000	미래기획실	1	6	7	8	7	5	5	4
11242	충북 증평군	작은 교육문화 공간 프로그램	25,000	미래기획실	1	6	7	8	7	5	5	4
11243	충북 증평군	행복교육지구 협력사업	50,000	미래기획실	1	6	7	8	7	5	5	4
11244	충북 증평군	작은도서관 지원	4,820	미래기획실	1	6	7	8	7	5	5	4
11245	충북 증평군	보강천 김득신 책방 운영	5,000	미래기획실	1	7	7	8	7	5	5	4
11246	충북 증평군	민주평화통일자문회의 운영	3,500	행정과	1	1	7	8	7	5	5	4
11247	충북 증평군	민간사회단체 지원	46,880	행정과	1	1	7	8	7	5	5	4
11248	충북 증평군	쾌적한 환경 행복한 공동체 만들기	22,500	행정과	1	1	7	8	7	5	5	4
11249	충북 증평군	북한이탈주민 정착지원사업	2,500	행정과	1	6	7	8	7	5	5	4
11250	충북 증평군	자원봉사 활성화	5,000	행정과	1	1	7	8	7	5	5	4
11251	충북 증평군	자원봉사보험 가입 서비스 지원	2,382	행정과	1	1	7	8	7	5	5	4
11252	충북 증평군	자원봉사 코디네이터 지원	59,112	행정과	1	1	7	8	7	5	5	4
11253	충북 증평군	자원봉사센터 봉사활동 지원	84,000	행정과	1	1	7	8	7	5	5	4
11254	충북 증평군	국·내외 자원봉사 우수사례 벤치마킹	12,000	행정과	1	1	7	8	7	5	5	4
11255	충북 증평군	지역공동체 제안 공모사업	5,000	행정과	1	6	7	8	7	5	5	4
11256	충북 증평군	사회적기업육성	53,333	행정과	1	1	7	8	7	5	5	4
11257	충북 증평군	사회적기업육성	21,333	행정과	1	1	7	8	7	5	5	4
11258	충북 증평군	사회적기업육성	30,000	행정과	1	1	7	8	7	5	5	4
11259	충북 증평군	마을기업 육성	80,000	행정과	1	2	7	8	7	5	5	4
11260	충북 증평군	정보화마을 프로그램관리자 육성	43,944	행정과	1	6	7	7	7	5	5	1
11261	충북 증평군	정보화마을 운영 활성화	16,000	행정과	1	6	7	7	7	5	5	1
11262	충북 증평군	영구임대아파트 공동전기요금 지원	5,000	민원과	1	4	7	8	7	5	5	4
11263	충북 증평군	증평문화원 사업지원	17,000	문화체육과	1	1	7	8	7	1	1	1
11264	충북 증평군	증평예총 사업지원	48,600	문화체육과	1	4	7	8	7	1	1	4
11265	충북 증평군	도덕성회복 교육지원	3,000	문화체육과	1	6	7	8	7	1	1	4
11266	충북 증평군	통합문화체육관광이용권	115,759	문화체육과	1	2	7	8	7	1	1	4
11267	충북 증평군	문화예술활동 지원사업	6,700	문화체육과	1	1	7	8	7	1	1	1
11268	충북 증평군	도깨비 동화마을 운영지원	10,000	문화체육과	1	4	7	8	7	1	1	4
11269	충북 증평군	문화재 활용사업	15,840	문화체육과	1	4	7	8	7	1	1	1

순번	시군구	지출명 (사업명)	2021년예산 (단위:천원/1년간)	담당자 (공무원)	민간이전 분류 (지방자치단체 세출예산 집행기준에 의거)	민간이전지출 근거 (지방보조금 관리기준 참고)	입찰방식			운영예산 산정		성과평가 실시여부
				담당부서	1. 민간경상사업보조(307-02) 2. 민간단체 법정운영비보조(307-03) 3. 민간행사사업보조(307-04) 4. 민간위탁금(307-05) 5. 사회복지시설 법정운영비보조(307-10) 6. 민간인위탁교육비(307-12) 7. 공기관등에대한경상적위탁사업비(308-11) 8. 민간자본사업보조,자체재원(402-01) 9. 민간자본사업보조,이전재원(402-02) 10. 민간위탁사업비(402-03) 11. 공기관등에 대한 자본적 대행사업비(403-02)	1. 법률에 규정 2. 국고보조 재원(국가지정) 3. 용도 지정 기부금 4. 조례에 직접규정 5. 지자체가 권장하는 사업을 하는 공공기관 6. 시,도 정책 및 재정사정 7. 기타 8. 해당없음	계약체결방법 (경쟁형태) 1. 일반경쟁 2. 제한경쟁 3. 지명경쟁 4. 수의계약 5. 법정위탁 6. 기타 ( ) 7. 해당없음	계약기간 1. 1년 2. 2년 3. 3년 4. 4년 5. 5년 6. 기타 ( )년 7. 단기계약 (1년미만) 8. 해당없음	낙찰자선정방법 1. 적격심사 2. 협상에의한계약 3. 최저가낙찰제 4. 규격가격분리 5. 2단계 경쟁입찰 6. 기타 ( ) 7. 해당없음	운영예산 산정 1. 내부산정 (지자체 자체적으로 산정) 2. 외부산정 (외부전문기관위탁 산정) 3. 내·외부 모두 산정 4. 산정 無 5. 해당없음	정산방법 1. 내부정산 (지자체 내부적으로 정산) 2. 외부정산 (외부전문기관위탁 정산) 3. 내·외부 모두 산정 4. 정산 無 5. 해당없음	1. 실시 2. 미실시 3. 향후 추진 4. 해당없음
11270	충북 증평군	무형문화재 공개행사 지원	1,800	문화체육과	1	1	7	8	7	1	1	1
11271	충북 증평군	일반생활체육지도자 배치	182,592	문화체육과	1	2	7	8	7	1	1	4
11272	충북 증평군	어르신생활체육지도자 배치	152,160	문화체육과	1	2	7	8	7	1	1	4
11273	충북 증평군	장애인생활체육지도자 배치	58,464	문화체육과	1	2	7	8	7	1	1	4
11274	충북 증평군	생활체육 활성화	71,753	문화체육과	1	4	7	8	7	1	1	4
11275	충북 증평군	생활체육교실 운영	32,200	문화체육과	1	4	7	8	7	1	1	4
11276	충북 증평군	증평체력인증센터 운영	206,250	문화체육과	1	2	7	8	7	1	1	4
11277	충북 증평군	지역체육진흥	60,000	문화체육과	1	4	7	8	7	1	1	4
11278	충북 증평군	민속체험박물관 교육프로그램 운영	42,000	문화체육과	1	4	7	8	7	1	1	4
11279	충북 증평군	증평인삼골축제	13,500	문화체육과	1	4	7	8	7	1	1	1
11280	충북 증평군	배송도우미 사업	23,509	경제과	1	6	7	8	7	5	1	4
11281	충북 증평군	화재공제 가입비 지원사업	4,640	경제과	1	6	7	8	7	5	1	4
11282	충북 증평군	소상공인 희망장려금 지원사업	7,200	경제과	1	6	7	8	7	5	5	4
11283	충북 증평군	생산적 일손봉사 지원사업	165,781	경제과	1	6	7	8	7	5	1	4
11284	충북 증평군	지역정착지원형 청년일자리사업	100,800	경제과	1	2	7	8	7	5	5	4
11285	충북 증평군	환경단체활동 지원	10,200	환경위생과	1	4	7	8	7	5	5	4
11286	충북 증평군	음식문화개선추진협의회 개최 지원	2,000	환경위생과	1	6	7	8	7	5	5	4
11287	충북 증평군	농촌재능나눔지원	35,000	농정과	1	7	7	8	7	5	5	4
11288	충북 증평군	농촌체험휴양마을 사무장 및 보험가입 지원	40,189	농정과	1	2	7	8	7	5	5	4
11289	충북 증평군	농촌축제 지원사업	10,000	농정과	1	2	7	8	7	5	5	4
11290	충북 증평군	귀농귀촌인과 원주민 융화교육 지원	3,000	농정과	1	2	7	8	7	5	5	4
11291	충북 증평군	청년농업인 영농정착지원	90,760	농정과	1	2	7	8	7	5	1	1
11292	충북 증평군	농촌 창업 청년농업인 정착지원	5,600	농정과	1	4	7	8	7	5	5	4
11293	충북 증평군	귀농귀촌 유치지원사업	33,000	농정과	1	2	7	8	7	5	5	4
11294	충북 증평군	농업경영인 및 여성농업인 지원	18,000	농정과	1	4	7	8	7	5	5	4
11295	충북 증평군	친환경농업전환농가지원	37,400	농정과	1	4	7	8	7	5	5	4
11296	충북 증평군	유기질비료 지원	239,597	농정과	1	2	7	8	7	5	5	4
11297	충북 증평군	유기질비료 지원사업	80,000	농정과	1	4	7	8	7	5	5	4
11298	충북 증평군	친환경상토지원사업	4,053	농정과	1	4	7	8	7	5	5	4
11299	충북 증평군	토양개량제 지원	137,957	농정과	1	2	7	8	7	5	5	4
11300	충북 증평군	유기농업자재 지원	9,648	농정과	1	2	7	8	7	5	5	4
11301	충북 증평군	친환경 우렁이 종패 지원사업	9,450	농정과	1	6	7	8	7	5	5	4
11302	충북 증평군	유기가공식품 포장재 지원	9,450	농정과	1	6	7	8	7	5	5	4
11303	충북 증평군	쌀품평회 및 쌀전업농대회 지원	8,000	농정과	1	4	7	8	7	5	5	4
11304	충북 증평군	육묘용 농자재 지원	102,102	농정과	1	4	7	8	7	5	5	4
11305	충북 증평군	논농업 필수 영농자재 지원	227,399	농정과	1	6	7	8	7	5	5	4
11306	충북 증평군	친환경특수미 생산단지 육성	22,709	농정과	1	6	7	8	7	5	5	4
11307	충북 증평군	농작업 안전사용 장비 지원	4,276	농정과	1	6	7	8	7	5	5	4
11308	충북 증평군	고품질쌀 생산자재 지원	5,000	농정과	1	4	7	8	7	5	5	4
11309	충북 증평군	고품질쌀 생력재배 친환경자재 공급	16,562	농정과	1	6	7	8	7	5	5	4
11310	충북 증평군	장뜰쌀 특화재배 육성	2,000	농정과	1	4	7	8	7	5	5	4
11311	충북 증평군	과수생산 자재지원	18,000	농정과	1	4	7	8	7	5	5	4
11312	충북 증평군	과실 품질향상 자재지원	3,750	농정과	1	6	7	8	7	5	5	4
11313	충북 증평군	과일품질향상자재지원	26,000	농정과	1	4	7	8	7	5	5	4
11314	충북 증평군	증평인삼 육성사업	15,000	농정과	1	4	7	8	7	5	5	4
11315	충북 증평군	인삼생산 자재지원	33,000	농정과	1	4	7	8	7	5	5	4
11316	충북 증평군	인삼 지력증진제 공급	15,839	농정과	1	6	7	8	7	5	5	4
11317	충북 증평군	고품질 고추생산 기반구축	15,000	농정과	1	4	7	8	7	5	5	4
11318	충북 증평군	엽연초생산 자재지원	10,000	농정과	1	4	7	8	7	5	5	4
11319	충북 증평군	농식품 수출물류비 지원	7,000	농정과	1	6	7	8	7	5	5	4
11320	충북 증평군	수출농식품 포장재 지원사업	2,380	농정과	1	6	7	8	7	5	5	4

순번	시군구	지출명 (사업명)	2021년예산 (단위:천원/1년간)	담당자 (공무원) 담당부서	민간이전 분류 (지방자치단체 세출예산 집행기준에 의거) 1. 민간경상사업보조(307-02) 2. 민간단체 법정운영비보조(307-03) 3. 민간행사사업보조(307-04) 4. 민간위탁금(307-05) 5. 사회복지시설 법정운영비보조(307-10) 6. 민간인위탁교육비(307-12) 7. 공기관등에대한경상적위탁사업비(308-11) 8. 민간자본사업보조,자체재원(402-01) 9. 민간자본사업보조,이전재원(402-02) 10. 민간위탁사업비(402-03) 11. 공기관등에 대한 자본적 대행사업비(403-02)	민간이전지출 근거 (지방보조금 관리기준 참고) 1. 법률에 규정 2. 국고보조 재원(국가지정) 3. 용도 지정 기부금 4. 조례에 직접규정 5. 지자체가 권장하는 사업을 하는 공공기관 6. 시,도 정책 및 재정사정 7. 기타 8. 해당없음	입찰방식 계약체결방법 (경쟁형태) 1. 일반경쟁 2. 제한경쟁 3. 지명경쟁 4. 수의계약 5. 법정위탁 6. 기타 ( ) 7. 해당없음	입찰방식 계약기간 1. 1년 2. 2년 3. 3년 4. 4년 5. 5년 6. 기타 ( )년 7. 단기계약 (1년미만) 8. 해당없음	입찰방식 낙찰자선정방법 1. 적격심사 2. 협상에의한계약 3. 최저가낙찰제 4. 규격가격분리 5. 2단계 경쟁입찰 6. 기타 ( ) 7. 해당없음	운영예산 산정 운영예산 산정 1. 내부산정 (지자체 자체적으로 산정) 2. 외부산정 (외부전문기관위탁 산정) 3. 내·외부 모두 산정 4. 산정 無 5. 해당없음	운영예산 산정 정산방법 1. 내부정산 (지자체 내부적으로 정산) 2. 외부정산 (외부전문기관위탁 정산) 3. 내·외부 모두 산정 4. 정산 無 5. 해당없음	성과평가 실시여부 1. 실시 2. 미실시 3. 향후 추진 4. 해당없음
11321	충북 증평군	지역농산물 소비촉진 생산자, 소비자 교육	7,000	농정과	1	6	7	8	7	5	5	4
11322	충북 증평군	유기농식품 등 지자체 수출전략상품 육성지원	20,400	농정과	1	6	7	8	7	5	5	4
11323	충북 증평군	기초지자체 식생활교육 지원사업	50,000	농정과	1	2	7	8	7	5	5	4
11324	충북 증평군	포장재 제작 지원	73,000	농정과	1	4	7	8	7	5	5	4
11325	충북 증평군	증평쌀 유통 활성화 지원	7,000	농정과	1	4	7	8	7	5	5	4
11326	충북 증평군	명품농산물 TV홈쇼핑 마케팅	17,000	농정과	1	6	7	8	7	5	5	4
11327	충북 증평군	농식품 모바일 마케팅지원 사업	15,000	농정과	1	6	7	8	7	5	5	4
11328	충북 증평군	국내 식품전시회 참가지원	4,000	농정과	1	6	7	8	7	5	5	4
11329	충북 증평군	한우 등록지원사업	11,360	농정과	1	4	7	8	7	5	5	4
11330	충북 증평군	양봉산업 경쟁력 강화	31,875	농정과	1	6	7	8	7	5	5	4
11331	충북 증평군	양봉산업 경쟁력 강화	9,350	농정과	1	6	7	8	7	5	5	4
11332	충북 증평군	우량종돈 개량사업	15,000	농정과	1	4	7	8	7	5	5	4
11333	충북 증평군	한돈 사료첨가제 지원	5,000	농정과	1	4	7	8	7	5	5	4
11334	충북 증평군	가축생균제 공급	10,000	농정과	1	6	7	8	7	5	5	4
11335	충북 증평군	양봉농가 설탕사료 지원	15,000	농정과	1	4	7	8	7	5	5	4
11336	충북 증평군	홍삼포크 활성화 지원	8,000	농정과	1	7	7	8	7	5	5	4
11337	충북 증평군	가축 예방주사 및 기생충 구제	73,200	농정과	1	2	7	8	7	5	5	4
11338	충북 증평군	구제역 예방백신 구입지원	45,411	농정과	1	2	7	8	7	5	5	4
11339	충북 증평군	곤충매개성 질병 예방사업	4,814	농정과	1	6	7	8	7	5	5	4
11340	충북 증평군	친환경 축산물 인증농가 난좌지원	3,000	농정과	1	4	7	8	7	5	5	4
11341	충북 증평군	친환경임산물재배관리	23,507	농정과	1	2	7	8	7	5	5	4
11342	충북 증평군	어린이놀이시설 관리 및 지원	5,000	안전총괄과	1	4	7	8	7	5	5	4
11343	충북 증평군	새뜰마을사업	40,000	건설과	1	1	7	8	7	5	5	4
11344	충북 증평군	한센병 관리사업	14,900	보건소	1	1	7	1	7	1	1	1
11345	충북 증평군	농촌 어르신 복지실천 시범	10,000	농업기술센터	1	6	7	8	7	5	5	4
11346	충북 증평군	농촌생활활력화 새기술보급	10,000	농업기술센터	1	6	7	8	7	5	5	4
11347	충북 증평군	농촌노인 여가문화 활성화	8,000	농업기술센터	1	1	7	8	7	5	5	4
11348	충북 진천군	생거진천 미래포럼	5,000	기획감사실	1	4	7	8	7	5	5	4
11349	충북 진천군	정보화마을 프로그램관리자 인건비	34,944	홍보미디어실	1	4	7	1	7	5	1	4
11350	충북 진천군	정보화마을 프로그램관리자 제경비	6,206	홍보미디어실	1	4	7	1	7	5	1	4
11351	충북 진천군	정보화마을 운영 활성화사업	16,000	홍보미디어실	1	4	7	1	7	5	1	4
11352	충북 진천군	진천군지역치안협의회 운영 지원	20,000	행정지원과	1	4	7	8	7	1	1	1
11353	충북 진천군	충청북도 이·통장 한마음 체육대회 참가	3,200	행정지원과	1	4	7	8	7	1	1	1
11354	충북 진천군	북한이탈주민 정착지원사업	10,000	행정지원과	1	1	7	8	7	5	1	1
11355	충북 진천군	우수자원봉사자 워크숍	20,000	행정지원과	1	2	7	8	7	1	1	1
11356	충북 진천군	자원봉사자 보험료 지원	4,422	행정지원과	1	2	7	8	7	1	1	1
11357	충북 진천군	자원봉사 코디네이터 지원	59,112	행정지원과	1	2	7	8	7	1	1	1
11358	충북 진천군	자원봉사센터 봉사활동 지원	104,000	행정지원과	1	2	7	8	7	1	1	1
11359	충북 진천군	군민과 함께하는 통일안보 교육	1,350	행정지원과	1	2	7	8	7	1	1	1
11360	충북 진천군	분단현장 견학	2,400	행정지원과	1	2	7	8	7	1	1	1
11361	충북 진천군	주민자치회 소식지 발행(진천읍)	10,000	행정지원과	1	4	7	8	7	1	1	1
11362	충북 진천군	주민자치프로그램 경진대회 참가(도,전국)	3,000	행정지원과	1	4	7	8	7	1	1	1
11363	충북 진천군	핵심지도자 워크숍 참가	1,200	행정지원과	1	2	7	8	7	1	1	1
11364	충북 진천군	알뜰도서 교환시장 운영	5,000	행정지원과	1	2	7	8	7	1	1	1
11365	충북 진천군	제41회 대통령기 국민독서경진대회	2,470	행정지원과	1	2	7	8	7	1	1	1
11366	충북 진천군	희망등불 나눔사업	7,500	행정지원과	1	2	7	8	7	1	1	1
11367	충북 진천군	전국새마을지도자 대회 참가	2,600	행정지원과	1	2	7	8	7	1	1	1
11368	충북 진천군	충북지도자 대회 참가	704	행정지원과	1	2	7	8	7	1	1	1
11369	충북 진천군	효 편지쓰기 운동	558	행정지원과	1	2	7	8	7	1	1	1
11370	충북 진천군	장한 어린이 문학기행	1,582	행정지원과	1	2	7	8	7	1	1	1
11371	충북 진천군	찾아가는 사랑의 효 나눔	5,080	행정지원과	1	2	7	8	7	1	1	1

순번	시군구	지출명 (사업명)	2021년예산 (단위:천원/1년간)	담당자 (공무원)	민간이전 분류 (지방자치단체 세출예산 집행기준에 의거)	민간이전지출 근거 (지방보조금 관리기준 참고)	입찰방식			운영예산 산정		성과평가 실시여부
				담당부서	1. 민간경상사업보조(307-02) 2. 민간단체 법정운영비보조(307-03) 3. 민간행사사업보조(307-04) 4. 민간위탁금(307-05) 5. 사회복지시설 법정운영비보조(307-10) 6. 민간인위탁교육비(307-12) 7. 공기관등에대한경상적위탁사업비(308-11) 8. 민간자본사업보조,자체재원(402-01) 9. 민간자본사업보조,이전재원(402-02) 10. 민간위탁사업비(402-03) 11. 공기관등에 대한 자본적 대행사업비(403-02)	1. 법률에 규정 2. 국고보조 재원(국가지정) 3. 용도 지정 기부금 4. 조례에 직접규정 5. 지자체가 권장하는 사업을 하는 공공기관 6. 시,도 정책 및 재정사정 7. 기타 8. 해당없음	계약체결방법 (경쟁형태) 1. 일반경쟁 2. 제한경쟁 3. 지명경쟁 4. 수의계약 5. 법정위탁 6. 기타 ( ) 7. 해당없음	계약기간 1. 1년 2. 2년 3. 3년 4. 4년 5. 5년 6. 기타 ( )년 7. 단기계약 (1년미만) 8. 해당없음	낙찰자선정방법 1. 적격심사 2. 협상에의한계약 3. 최저가낙찰제 4. 규격가격분리 5. 2단계 경쟁입찰 6. 기타 ( ) 7. 해당없음	운영예산 산정 1. 내부산정 (지자체 자체적으로 산정) 2. 외부산정 (외부전문기관위탁 산정) 3. 내·외부 모두 산정 4. 산정 無 5. 해당없음	정산방법 1. 내부정산 (지자체 내부적으로 정산) 2. 외부정산 (외부전문기관위탁 정산) 3. 내·외부 모두 산정 4. 정산 無 5. 해당없음	1. 실시 2. 미실시 3. 향후 추진 4. 해당없음
11372	충북 진천군	4대악 추방운동	2,400	행정지원과	1	2	7	8	7	1	1	1
11373	충북 진천군	함께하는 충북만들기 도내 초중고생 그림그리기 및 글짓기 대회	4,640	행정지원과	1	2	7	8	7	1	1	1
11374	충북 진천군	충북회원 한마음 갖기 운동 참가	2,340	행정지원과	1	2	7	8	7	1	1	1
11375	충북 진천군	전국바르게살기운동 회원대회 참가	1,200	행정지원과	1	2	7	8	7	1	1	1
11376	충북 진천군	안보교육장 탐방	1,350	행정지원과	1	2	7	8	7	1	1	1
11377	충북 진천군	6.25전쟁당시 음식재현 시식회	1,150	행정지원과	1	2	7	8	7	1	1	1
11378	충북 진천군	쾌적한 환경 행복한 공동체 만들기 사업	22,500	행정지원과	1	2	7	8	7	1	1	1
11379	충북 진천군	가족과 함께 케이크만들기 체험	3,580	행정지원과	1	4	7	8	7	1	1	1
11380	충북 진천군	화랑무 교재 제작	5,690	행정지원과	1	7	6	7	6	1	1	1
11381	충북 진천군	주민자치특성화 지원사업	20,000	행정지원과	1	4	7	8	7	1	1	1
11382	충북 진천군	양성평등주간 기념행사	8,000	여성가족과	1	1	7	8	7	1	1	1
11383	충북 진천군	여성단체 리더 역량강화 교육	7,000	여성가족과	1	1	7	8	7	1	1	1
11384	충북 진천군	여성단체 전회원 교육	5,500	여성가족과	1	1	7	8	7	1	1	1
11385	충북 진천군	가족사랑 명절음식나누기 사업	5,000	여성가족과	1	1	7	8	7	1	1	1
11386	충북 진천군	여성리더 가치향상 프로그램	5,000	여성가족과	1	1	7	8	7	1	1	1
11387	충북 진천군	카메라 불법촬영방지사업 지원	2,000	여성가족과	1	1	7	8	7	1	1	1
11388	충북 진천군	영유아대상 성인지감수성 증진확산 사업	11,000	여성가족과	1	4	7	8	7	5	5	4
11389	충북 진천군	아이와 함께 자라는 부모교육	5,500	여성가족과	1	4	7	8	7	5	5	4
11390	충북 진천군	청소년 정치참여 아카데미	6,000	여성가족과	1	1	6	8	7	1	1	1
11391	충북 진천군	전통시장 배송도우미 지원	47,018	경제과	1	2	7	1	7	1	1	4
11392	충북 진천군	시장경영바우처 사업	37,200	경제과	1	2	7	1	7	1	1	4
11393	충북 진천군	사회적기업 일자리창출사업	26,666	경제과	1	2	7	8	7	1	1	1
11394	충북 진천군	사회적기업 일자리창출사업	17,333	경제과	1	2	7	8	7	1	1	1
11395	충북 진천군	사회적기업 사회보험료 지원사업	24,000	경제과	1	2	7	8	7	1	1	1
11396	충북 진천군	사회적경제기업 사업개발비 지원사업	50,000	경제과	1	2	7	8	7	1	1	1
11397	충북 진천군	노란우산공제 희망장려금 지원	19,200	경제과	1	6	4	1	7	1	1	1
11398	충북 진천군	지역공동체 제안 공모사업	5,000	경제과	1	4	7	8	7	1	1	1
11399	충북 진천군	지역공동체 활성화 공모	10,000	경제과	1	4	7	8	7	1	1	1
11400	충북 진천군	청년공동체 활성화 사업	8,000	경제과	1	4	7	8	7	1	1	1
11401	충북 진천군	글로벌리더스 아카데미	16,000	경제과	1	7	7	8	7	1	1	3
11402	충북 진천군	산업단지 가로등 요금 지원	58,000	경제과	1	7	7	8	7	1	1	3
11403	충북 진천군	진천 농공단지	500	경제과	1	7	7	8	7	1	1	3
11404	충북 진천군	덕산 농공단지	600	경제과	1	7	7	8	7	1	1	3
11405	충북 진천군	초평 농공단지	2,000	경제과	1	7	7	8	7	1	1	3
11406	충북 진천군	문백 전기전자농공단지	2,000	경제과	1	7	7	8	7	1	1	3
11407	충북 진천군	이월 농공단지	3,000	경제과	1	7	7	8	7	1	1	3
11408	충북 진천군	이월 전기전자농공단지	7,900	경제과	1	7	7	8	7	1	1	3
11409	충북 진천군	광혜원 농공단지	6,000	경제과	1	7	7	8	7	1	1	3
11410	충북 진천군	진천문화원추진 사업지원	34,000	문화관광과	1	4	7	8	7	5	5	4
11411	충북 진천군	문화학교 운영	3,600	문화관광과	1	4	7	8	7	5	5	4
11412	충북 진천군	통합문화이용권 사업	231,516	문화관광과	1	2	7	8	7	5	5	4
11413	충북 진천군	읍면 민속예술단 육성	35,000	문화관광과	1	4	7	8	7	5	5	4
11414	충북 진천군	충북민속예술축제 참가	9,000	문화관광과	1	4	7	8	7	5	5	4
11415	충북 진천군	조명희 문학제	17,000	문화관광과	1	4	7	8	7	5	5	4
11416	충북 진천군	향토사연구개발비	17,000	문화관광과	1	4	7	8	7	5	5	4
11417	충북 진천군	도덕성회복 교육지원	6,000	문화관광과	1	4	7	8	7	5	5	4
11418	충북 진천군	향교 유도 진유청림 발간	5,000	문화관광과	1	4	7	8	7	5	5	4
11419	충북 진천군	무형문화재 공개행사 지원	8,000	문화관광과	1	1	7	8	7	5	5	4
11420	충북 진천군	생생문화재 사업	137,500	문화관광과	1	2	7	8	7	5	5	4
11421	충북 진천군	향교서원 문화재 활용	75,000	문화관광과	1	2	7	8	7	5	5	4
11422	충북 진천군	향교 유지관리 지원	15,957	문화관광과	1	4	7	8	7	5	5	4

순번	시군구	지출명 (사업명)	2021년예산 (단위:천원/1년간)	담당자 (공무원) 담당부서	민간이전 분류 (지방자치단체 세출예산 집행기준에 의거) 1. 민간경상사업보조(307-02) 2. 민간단체 법정운영비보조(307-03) 3. 민간행사사업보조(307-04) 4. 민간위탁금(307-05) 5. 사회복지시설 법정운영비보조(307-10) 6. 민간인위탁교육비(307-12) 7. 공기관등에대한경상적위탁사업비(308-11) 8. 민간자본사업보조,자체재원(402-01) 9. 민간자본사업보조,이전재원(402-02) 10. 민간위탁사업비(402-03) 11. 공기관등에 대한 자본적 대행사업비(403-02)	민간이전지출 근거 (지방보조금 관리기준 참고) 1. 법률에 규정 2. 국고보조 재원(국가지정) 3. 용도 지정 기부금 4. 조례에 직접규정 5. 지자체가 권장하는 사업을 하는 공공기관 6. 시,도 정책 및 재정사정 7. 기타 8. 해당없음	입찰방식 계약체결방법 (경쟁형태) 1. 일반경쟁 2. 제한경쟁 3. 지명경쟁 4. 수의계약 5. 법정위탁 6. 기타 ( ) 7. 해당없음	입찰방식 계약기간 1. 1년 2. 2년 3. 3년 4. 4년 5. 5년 6. 기타 ( )년 7. 단기계약 (1년미만) 8. 해당없음	입찰방식 낙찰자선정방법 1. 적격심사 2. 협상에의한계약 3. 최저가낙찰제 4. 규격가격분리 5. 2단계 경쟁입찰 6. 기타 ( ) 7. 해당없음	운영예산 산정 운영예산 산정 1. 내부산정 (지자체 자체적으로 산정) 2. 외부산정 (외부전문기관위탁 산정) 3. 내·외부 모두 산정 4. 산정 無 5. 해당없음	운영예산 산정 정산방법 1. 내부정산 (지자체 내부적으로 정산) 2. 외부정산 (외부전문기관위탁 정산) 3. 내·외부 모두 산정 4. 정산 無 5. 해당없음	성과평가 실시여부 1. 실시 2. 미실시 3. 향후 추진 4. 해당없음
11423	충북 진천군	평생학습 우수프로그램 공모사업	15,000	평생학습과	1	4	7	7	7	1	1	1
11424	충북 진천군	성인문해교육 지원사업	6,000	평생학습과	1	4	7	7	7	1	1	1
11425	충북 진천군	작은도서관 독서문화프로그램 지원	28,512	평생학습과	1	4	7	7	7	1	1	1
11426	충북 진천군	생거진천지속가능발전사업추진	7,700	환경과	1	4	7	8	7	1	1	1
11427	충북 진천군	비산업부문 온실가스진단컨설팅 지원사업	16,000	환경과	1	2	7	8	7	1	1	1
11428	충북 진천군	환경사랑실천 프로그램	10,000	환경과	1	7	7	8	7	1	1	1
11429	충북 진천군	야생동물보호 및 밀렵감시	5,000	환경과	1	7	7	8	7	1	1	1
11430	충북 진천군	생태계교란 야생동식물 퇴치사업	10,000	환경과	1	7	7	8	7	1	1	1
11431	충북 진천군	굴뚝자동측정기기 설치·운영관리비 지원사업	17,871	환경과	1	1	7	8	7	1	1	2
11432	충북 진천군	미용업소 친절서비스 및 능력향상 워크숍	4,000	식산업자원과	1	4	4	7	7	1	1	4
11433	충북 진천군	음식문화개선추진협의회 운영비	2,000	식산업자원과	1	6	7	8	7	3	1	4
11434	충북 진천군	자연보호 진천군협의회 지원	5,000	식산업자원과	1	4	4	1	7	5	1	1
11435	충북 진천군	백곡지환경보호 지원	2,000	식산업자원과	1	4	4	1	7	5	1	1
11436	충북 진천군	자원순환마을 교육프로그램 운영 및 홍보	20,000	식산업자원과	1	4	4	1	7	5	1	1
11437	충북 진천군	어린이놀이터 정기검사 수수료지원	13,552	안전총괄과	1	4	7	8	7	5	5	3
11438	충북 진천군	해병전우회 재난예방 및 인명구조 활동	5,000	안전총괄과	1	4	7	8	7	1	1	1
11439	충북 진천군	교통문화 질서확립	9,000	건설교통과	1	4	7	8	7	1	1	1
11440	충북 진천군	행복한 선진교통문화 정착	5,000	건설교통과	1	4	7	8	7	1	1	1
11441	충북 진천군	친환경임산물재배관리(토양개량제 4ha)	2,045	산림녹지과	1	1	7	8	7	3	1	4
11442	충북 진천군	친환경임산물재배관리(유기질비료 1,144포대)	3,433	산림녹지과	1	1	7	8	7	3	1	4
11443	충북 진천군	공동주택 전기료 지원	50,625	건축디자인과	1	4	7	8	7	5	5	4
11444	충북 진천군	노후 단독주택 지원	40,000	건축디자인과	1	4	7	8	7	5	5	4
11445	충북 진천군	한센병 관리사업 지원	18,300	보건행정과	1	1	7	1	7	2	2	1
11446	충북 진천군	헌혈장려 지원	5,000	보건행정과	1	4	7	8	7	5	5	4
11447	충북 진천군	청년농업인 영농정착지원사업 지원금	251,340	농업정책과	1	2	4	7	7	1	1	1
11448	충북 진천군	농촌창업 청년농업인 정착지원사업 지원금	109,600	농업정책과	1	6	4	7	7	1	1	1
11449	충북 진천군	여성농업인 역량강화교육	7,000	농업정책과	1	4	4	7	7	1	1	1
11450	충북 진천군	농촌체험휴양마을 사무장지원	30,142	농업정책과	1	2	4	7	7	1	1	1
11451	충북 진천군	농어촌 여름휴가 페스티벌 지원	5,400	농업정책과	1	5	4	7	7	1	1	1
11452	충북 진천군	농촌 공동아이돌봄센터 운영지원	13,700	농업정책과	1	2	4	7	7	1	1	1
11453	충북 진천군	벼육묘용 제조상토 공급	450,120	농업정책과	1	4	4	8	7	1	1	1
11454	충북 진천군	논농업필수 영농자재 지원	900,814	농업정책과	1	4	4	8	7	1	1	1
11455	충북 진천군	친환경특수미 생산단지 육성	172,800	농업정책과	1	4	4	8	7	1	1	1
11456	충북 진천군	고품질 쌀 생력재배 친환경자재 공급	92,022	농업정책과	1	4	4	8	7	1	1	1
11457	충북 진천군	유기질비료 지원	1,025	농업정책과	1	2	4	8	7	1	1	1
11458	충북 진천군	토양개량제 지원	340,780	농업정책과	1	2	4	8	7	1	1	1
11459	충북 진천군	토양개량제 공동살포비 지원	96,648	농업정책과	1	2	4	8	7	1	1	1
11460	충북 진천군	이삭거름 지원	168,640	농업정책과	1	4	4	8	7	1	1	1
11461	충북 진천군	농작업 대행서비스센터 운영 지원	98,358	농업정책과	1	4	4	8	7	1	1	1
11462	충북 진천군	농작업 대행서비스센터 지원사업	500,000	농업정책과	1	4	4	8	7	1	1	1
11463	충북 진천군	농업기계 등화장치 부착지원	21,000	농업정책과	1	2	4	8	7	1	1	1
11464	충북 진천군	친환경 추청벼 생산단지 지원	84,000	농업정책과	1	4	4	8	7	1	1	1
11465	충북 진천군	친환경 우렁이 종패지원	56,700	농업정책과	1	4	4	8	7	1	1	1
11466	충북 진천군	유기농업 자재 지원	20,740	농업정책과	1	2	4	8	7	1	1	1
11467	충북 진천군	유기농 인증 확대를 위한 교육지원	8,300	농업정책과	1	4	4	8	7	1	1	1
11468	충북 진천군	친환경유기농 무역박람회 참가	8,000	농업정책과	1	4	4	8	7	1	1	1
11469	충북 진천군	신소득작목육성사업	47,640	농업정책과	1	4	4	8	7	1	1	1
11470	충북 진천군	맞춤형유기질비료지원	343,590	농업정책과	1	4	4	8	7	1	1	1
11471	충북 진천군	시설원예작물 토양환경개선지원	65,000	농업정책과	1	6	4	8	7	1	1	1
11472	충북 진천군	오이품질개선사업	57,000	농업정책과	1	4	4	8	7	1	1	1
11473	충북 진천군	연초자재지원사업	33,600	농업정책과	1	4	4	8	7	1	1	1

순번	시군구	지출명 (사업명)	2021년예산 (단위:천원/1년간)	담당자 (공무원)	민간이전 분류 (지방자치단체 세출예산 집행기준에 의거)	민간이전지출 근거 (지방보조금 관리기준 참고)	입찰방식			운영예산 산정		성과평가 실시여부
				담당부서	1. 민간경상사업보조(307-02) 2. 민간단체 법정운영비보조(307-03) 3. 민간행사사업보조(307-04) 4. 민간위탁금(307-05) 5. 사회복지시설 법정운영비보조(307-10) 6. 민간인위탁교육비(307-12) 7. 공기관등에대한경상적위탁사업비(308-11) 8. 민간자본사업보조,자체재원(402-01) 9. 민간자본사업보조,이전재원(402-02) 10. 민간위탁사업비(402-03) 11. 공기관등에 대한 자본적 대행사업비(403-02)	1. 법률에 규정 2. 국고보조 재원(국가지정) 3. 용도 지정 기부금 4. 조례에 직접규정 5. 지자체가 권장하는 사업을 하는 공공기관 6. 시,도 정책 및 재정사정 7. 기타 8. 해당없음	계약체결방법 (경쟁형태) 1. 일반경쟁 2. 제한경쟁 3. 지명경쟁 4. 수의계약 5. 법정위탁 6. 기타 ( ) 7. 해당없음	계약기간 1. 1년 2. 2년 3. 3년 4. 4년 5. 5년 6. 기타 ( )년 7. 단기계약 (1년미만) 8. 해당없음	낙찰자선정방법 1. 적격심사 2. 협상에의한계약 3. 최저가낙찰제 4. 규격가격분리 5. 2단계 경쟁입찰 6. 기타 ( ) 7. 해당없음	운영예산 산정 1. 내부산정 (지자체 자체적으로 산정) 2. 외부산정 (외부전문기관위탁 산정) 3. 내·외부 모두 산정 4. 산정 無 5. 해당없음	정산방법 1. 내부정산 (지자체 내부적으로 정산) 2. 외부정산 (외부전문기관위탁 정산) 3. 내·외부 모두 산정 4. 정산 無 5. 해당없음	1. 실시 2. 미실시 3. 향후 추진 4. 해당없음
11474	충북 진천군	애호박인큐봉지지원	26,250	농업정책과	1	4	4	8	7	1	1	1
11475	충북 진천군	배추연작피해방지사업	3,900	농업정책과	1	4	4	8	7	1	1	1
11476	충북 진천군	과실 품질향상 자재 지원	8,600	농업정책과	1	6	4	8	7	1	1	1
11477	충북 진천군	인삼 지력증진제 공급	17,360	농업정책과	1	6	4	8	7	1	1	1
11478	충북 진천군	초등돌봄교실 과일간식 지원 시범	39,600	농업정책과	1	2	4	8	7	1	1	1
11479	충북 진천군	과수 영양제 지원	9,000	농업정책과	1	4	4	8	7	1	1	1
11480	충북 진천군	과수 봉지 구입비 지원	4,995	농업정책과	1	4	4	8	7	1	1	1
11481	충북 진천군	과수화상병 대체작목 육성 지원	1,950	농업정책과	1	6	4	8	7	1	1	1
11482	충북 진천군	오디생산비 절감 기자재 보급	13,300	농업정책과	1	6	4	8	7	1	1	1
11483	충북 진천군	수리시설(대형관정및펌프장) 유지관리비지원	6,300	농업정책과	1	1	7	8	7	5	5	4
11484	충북 진천군	수리계 수리시설 관리지원	7,690	농업정책과	1	1	7	8	7	5	5	4
11485	충북 진천군	3도3시군 농촌지도자·생활개선회 워크숍	5,000	농촌지원과	1	6	7	8	7	5	5	4
11486	충북 진천군	농업인학습단체 역량강화 활동지원(4-H)	4,000	농촌지원과	1	6	7	8	7	5	5	4
11487	충북 진천군	농업인학습단체 역량강화 활동지원(4-H)	3,000	농촌지원과	1	6	7	8	7	5	5	4
11488	충북 진천군	핵심농업인 친환경 농산물 생산지원	15,400	농촌지원과	1	6	7	8	7	5	5	4
11489	충북 진천군	품목별 농업인 연구회 소득기반 조성	20,000	농촌지원과	1	6	7	8	7	5	5	4
11490	충북 진천군	청년농업인 경쟁력 제고	45,000	농촌지원과	1	2	7	8	7	5	5	4
11491	충북 진천군	귀농창업 활성화 지원사업	20,000	농촌지원과	1	8	7	8	7	5	5	4
11492	충북 진천군	강소농육성지원사업	10,000	농촌지원과	1	2	7	8	7	5	5	4
11493	충북 진천군	전국 농촌지도자 대회	3,500	농촌지원과	1	6	7	8	7	5	5	4
11494	충북 진천군	농업인단체 선진농업기술연수 및 역량강화	8,000	농촌지원과	1	6	7	8	7	5	5	4
11495	충북 진천군	진천군4-H회 교육훈련활동 지원	2,700	농촌지원과	1	6	7	8	7	5	5	4
11496	충북 진천군	진천군4-H회 리더십 수련대회	10,000	농촌지원과	1	6	7	8	7	5	5	4
11497	충북 진천군	농업활동 안전사고 예방 생활화	6,000	농촌지원과	1	2	7	8	7	5	5	4
11498	충북 진천군	농촌 어르신 복지실천시범	10,000	농촌지원과	1	2	7	8	7	5	5	4
11499	충북 진천군	여성농업인 능력개발 지원	10,000	농촌지원과	1	6	7	8	7	5	5	4
11500	충북 진천군	생활개선회 도 한마음대회	3,000	농촌지원과	1	7	7	8	7	5	5	4
11501	충북 진천군	농작물 병해충 긴급방제	68,900	기술보급과	1	2	7	8	7	5	1	4
11502	충북 진천군	과수화상병 방제비 지원	7,535	기술보급과	1	2	7	8	7	5	1	4
11503	충북 진천군	농작물 병해충 방제비	16,170	기술보급과	1	2	7	8	7	5	1	4
11504	충북 진천군	1차공동방제	116,090	기술보급과	1	4	7	8	7	5	1	4
11505	충북 진천군	공동방제기 활용지원	78,750	기술보급과	1	4	7	8	7	5	1	4
11506	충북 진천군	방제운영비 지원	10,000	기술보급과	1	4	7	8	7	5	1	4
11507	충북 진천군	농업인 소규모 창업기술 컨설팅 지원	10,000	기술보급과	1	2	7	8	7	5	5	4
11508	충북 진천군	양봉 월동용 기능강화제 지원	61,600	축산유통과	1	1	7	8	7	5	5	4
11509	충북 진천군	양봉 포장재 지원사업	12,000	축산유통과	1	1	7	8	7	5	5	4
11510	충북 진천군	축사깔짚지원	133,700	축산유통과	1	4	7	8	7	5	1	2
11511	충북 진천군	악취저감제지원	15,000	축산유통과	1	4	7	8	7	5	1	2
11512	충북 진천군	양봉화분사료 공급	71,250	축산유통과	1	1	7	8	7	5	5	4
11513	충북 진천군	토종벌 육성사업	3,600	축산유통과	1	1	7	8	7	5	5	4
11514	충북 진천군	액비저장조 가축분뇨 발효제 공급	43,200	축산유통과	1	6	7	8	7	5	1	2
11515	충북 진천군	퇴비 발효 촉진제 지원	14,400	축산유통과	1	6	7	8	7	5	1	2
11516	충북 진천군	가축생균제공급	75,000	축산유통과	1	6	7	8	7	5	5	4
11517	충북 진천군	혼합사료 포장재 지원	14,980	축산유통과	1	6	7	8	7	5	5	4
11518	충북 진천군	토종붕어 대량생산	25,000	축산유통과	1	1	7	8	7	5	5	4
11519	충북 진천군	포장재 제작비	55,000	축산유통과	1	7	7	8	7	5	5	4
11520	충북 진천군	농산물수출농가육성지원	13,000	축산유통과	1	7	7	8	7	5	5	4
11521	충북 진천군	수출농식품 포장재 제작지원	37,450	축산유통과	1	7	7	8	7	5	5	4
11522	충북 진천군	지자체 수출전략상품 육성지원	24,000	축산유통과	1	7	7	8	7	5	5	4
11523	충북 진천군	농산물 공동선별비	65,774	축산유통과	1	7	7	8	7	5	5	4
11524	충북 진천군	생거진천 공동브랜드 포장재 지원	100,000	축산유통과	1	7	7	8	7	5	5	4

순번	시군구	지출명 (사업명)	2021년예산 (단위:천원/1년간)	담당자 (공무원)	민간이전 분류 (지방자치단체 세출예산 집행기준에 의거)	민간이전지출 근거 (지방보조금 관리기준 참고)	입찰방식			운영예산 산정		성과평가 실시여부
				담당부서	1. 민간경상사업보조(307-02) 2. 민간단체 법정운영비보조(307-03) 3. 민간행사사업보조(307-04) 4. 민간위탁금(307-05) 5. 사회복지시설 법정운영비보조(307-10) 6. 민간인위탁교육비(307-12) 7. 공기관등에대한경상적위탁사업비(308-11) 8. 민간자본사업보조,자체재원(402-01) 9. 민간자본사업보조,이전재원(402-02) 10. 민간위탁사업비(402-03) 11. 공기관등에 대한 자본적 대행사업비(403-02)	1. 법률에 규정 2. 국고보조 재원(국가지정) 3. 용도 지정 기부금 4. 조례에 직접규정 5. 지자체가 권장하는 사업을 하는 공공기관 6. 시,도 정책 및 재정사정 7. 기타 8. 해당없음	계약체결방법 (경쟁형태) 1. 일반경쟁 2. 제한경쟁 3. 지명경쟁 4. 수의계약 5. 법정위탁 6. 기타 ( ) 7. 해당없음	계약기간 1. 1년 2. 2년 3. 3년 4. 4년 5. 5년 6. 기타 ( )년 7. 단기계약 (1년미만) 8. 해당없음	낙찰자선정방법 1. 적격심사 2. 협상에의한계약 3. 최저가낙찰제 4. 규격가격분리 5. 2단계 경쟁입찰 6. 기타 ( ) 7. 해당없음	운영예산 산정 1. 내부산정 (지자체 자체적으로 산정) 2. 외부산정 (외부전문기관위탁 산정) 3. 내·외부 모두 산정 4. 산정 無 5. 해당없음	정산방법 1. 내부정산 (지자체 내부적으로 정산) 2. 외부정산 (외부전문기관위탁 정산) 3. 내·외부 모두 산정 4. 정산 無 5. 해당없음	1. 실시 2. 미실시 3. 향후 추진 4. 해당없음
11525	충북 진천군	농산물 소포장재 지원	50,000	축산유통과	1	7	7	8	7	5	1	2
11526	충북 진천군	신선농산물수출 공동선별비 지원	10,000	축산유통과	1	7	7	8	7	5	5	4
11527	충북 진천군	명품농산물 TV홈쇼핑 마케팅	17,000	축산유통과	1	7	7	8	7	5	5	4
11528	충북 진천군	국내식품전시회 참가지원	12,000	축산유통과	1	7	7	8	7	5	5	4
11529	충북 진천군	농특산물 홍보 및 브랜드 육성사업	35,000	축산유통과	1	7	7	8	7	5	5	4
11530	충북 진천군	농산물 대량소비 상생 마케팅 판촉 지원	30,000	축산유통과	1	7	7	8	7	1	1	3
11531	충북 진천군	국민체력100 체력인증센터운영지원	206,250	체육진흥지원단	1	1	7	8	7	1	1	1
11532	충북 진천군	전국 및 도단위 체육대회 참가	356,351	체육진흥지원단	1	1	7	8	7	1	1	1
11533	충북 진천군	체육진흥 지원	344,000	체육진흥지원단	1	1	7	8	7	1	1	1
11534	충북 진천군	생활체육 프로그램 운영	38,900	체육진흥지원단	1	1	7	8	7	1	1	1
11535	충북 진천군	진천군 학교체육육성 프로그램 운영	25,637	체육진흥지원단	1	1	7	8	7	1	1	1
11536	충북 진천군	전문 생활체육지도자 육성	60,336	체육진흥지원단	1	1	7	8	7	1	1	1
11537	충북 진천군	어르신 생활체육지도자 배치	152,160	체육진흥지원단	1	1	7	8	7	1	1	1
11538	충북 진천군	일반 생활체육지도자 배치	182,592	체육진흥지원단	1	1	7	8	7	1	1	1
11539	충북 진천군	관내 초·중교 체육우수학생 지원	25,000	체육진흥지원단	1	1	7	8	7	1	1	1
11540	충북 진천군	충북종단 대장정	9,000	체육진흥지원단	1	1	7	8	7	1	1	1
11541	충북 진천군	장애인 생활체육지도자 배치	116,928	체육진흥지원단	1	1	7	8	7	1	1	1
11542	충북 진천군	제60회 충북도민체육대회 자원봉사자 운영	71,000	체육진흥지원단	1	6	7	8	7	1	1	1
11543	충북 진천군	전국 및 도단위 체육대회참가	48,000	체육진흥지원단	1	1	7	8	7	1	1	1
11544	충북 진천군	장애인 전문체육선수 경기력 향상지원	40,000	체육진흥지원단	1	1	7	8	7	1	1	1
11545	충북 진천군	생활체육프로그램운영	13,000	체육진흥지원단	1	1	7	8	7	1	1	1
11546	충북 진천군	생산적 일손봉사 운영지원	367,724	통합일자리지원단	1	6	7	8	7	5	5	1
11547	충북 진천군	청년인건비	132,300	통합일자리지원단	1	2	7	8	7	5	5	4
11548	충북 진천군	주거·교통비	22,050	통합일자리지원단	1	2	7	8	7	5	5	4
11549	충북 진천군	청년인건비	51,840	통합일자리지원단	1	2	7	8	7	5	5	4
11550	충북 진천군	주거교통비	5,760	통합일자리지원단	1	2	7	8	7	5	5	4
11551	충북 진천군	새벽인력시장 구직자 급식지원	44,604	통합일자리지원단	1	6	7	8	7	5	5	4
11552	충북 진천군	외국인근로자 한국어교육 지원	10,000	통합일자리지원단	1	6	7	8	7	5	5	4
11553	충북 진천군	외국인근로자 지원	20,000	통합일자리지원단	1	6	7	8	7	5	5	4
11554	충북 괴산군	성인문해지원사업	100,000	미래전략담당관	1	1	7	8	7	5	5	4
11555	충북 괴산군	취약계층대상 평생교육 프로그램	48,000	미래전략담당관	1	1	7	8	7	5	5	4
11556	충북 괴산군	중원대 최고경영자과정 지원	20,000	미래전략담당관	1	1	7	8	7	5	5	4
11557	충북 괴산군	청년동아리 활동 지원	5,000	미래전략담당관	1	4	7	8	7	5	5	4
11558	충북 괴산군	도 주민자치프로그램경연대회 참가지원	3,000	행정과	1	4	7	8	7	1	1	1
11559	충북 괴산군	새마을단체 활동지원	27,875	행정과	1	1	7	8	7	1	1	1
11560	충북 괴산군	지구촌 공동체사업지원	20,000	행정과	1	1	7	8	7	1	1	1
11561	충북 괴산군	새마을도농교류사업지원	5,700	행정과	1	1	7	8	7	1	1	1
11562	충북 괴산군	새마을가족퀴즈대회	3,000	행정과	1	1	7	8	7	1	1	1
11563	충북 괴산군	국민독서경진대회 지원	2,000	행정과	1	1	7	8	7	1	1	1
11564	충북 괴산군	바르게살기운동 활동지원	17,035	행정과	1	1	7	8	7	1	1	1
11565	충북 괴산군	쾌적한 환경 행복한 공동체 만들기	32,000	행정과	1	1	7	8	7	1	1	1
11566	충북 괴산군	범국민 예의생활실천 활동지원	2,500	행정과	1	4	7	8	7	1	1	1
11567	충북 괴산군	남북통일운동 국민연합활동지원	3,300	행정과	1	1	7	8	7	1	1	1
11568	충북 괴산군	대한적십자봉사 활동지원	8,000	행정과	1	4	7	8	7	1	1	1
11569	충북 괴산군	민족통일괴산군협의회 활동지원	9,000	행정과	1	1	7	8	7	1	1	1
11570	충북 괴산군	범죄피해자지원센터 활동지원	8,000	행정과	1	1	7	8	7	1	1	1
11571	충북 괴산군	민주평화통일자문회의활동지원	25,900	행정과	1	4	7	8	7	1	1	1
11572	충북 괴산군	한국자유총연맹 사업비	8,720	행정과	1	1	7	8	7	1	1	1
11573	충북 괴산군	지역공동체 활성화 지원사업	50,000	행정과	1	4	7	8	7	1	1	1
11574	충북 괴산군	지역공동체 제안 공모사업	10,000	행정과	1	4	7	8	7	1	1	1
11575	충북 괴산군	자원봉사 코디네이터 지원	59,112	행정과	1	1	7	8	7	1	1	1

순번	시군구	지출명 (사업명)	2021년예산 (단위:천원/1년간)	담당자 (공무원) 담당부서	민간이전 분류 (지방자치단체 세출예산 집행기준에 의거) 1. 민간경상사업보조(307-02) 2. 민간단체 법정운영비보조(307-03) 3. 민간행사사업보조(307-04) 4. 민간위탁금(307-05) 5. 사회복지시설 법정운영비보조(307-10) 6. 민간인위탁교육비(307-12) 7. 공기관등에대한경상적위탁사업비(308-11) 8. 민간자본사업보조,자체재원(402-01) 9. 민간자본사업보조,이전재원(402-02) 10. 민간위탁사업비(402-03) 11. 공기관등에 대한 자본적 대행사업비(403-02)	민간이전지출 근거 (지방보조금 관리기준 참고) 1. 법률에 규정 2. 국고보조 재원(국가지정) 3. 용도 지정 기부금 4. 조례에 직접규정 5. 지자체가 권장하는 사업을 하는 공공기관 6. 시,도 정책 및 재정사정 7. 기타 8. 해당없음	입찰방식 계약체결방법 (경쟁형태) 1. 일반경쟁 2. 제한경쟁 3. 지명경쟁 4. 수의계약 5. 법정위탁 6. 기타 ( ) 7. 해당없음	입찰방식 계약기간 1. 1년 2. 2년 3. 3년 4. 4년 5. 5년 6. 기타 ( )년 7. 단기계약 (1년미만) 8. 해당없음	입찰방식 낙찰자선정방법 1. 적격심사 2. 협상에의한계약 3. 최저가낙찰제 4. 규격가격분리 5. 2단계 경쟁입찰 6. 기타 ( ) 7. 해당없음	운영예산 산정 운영예산 산정 1. 내부산정 (지자체 자체적으로 산정) 2. 외부산정 (외부전문기관위탁 산정) 3. 내·외부 모두 산정 4. 산정 無 5. 해당없음	운영예산 산정 정산방법 1. 내부정산 (지자체 내부적으로 정산) 2. 외부정산 (외부전문기관위탁 정산) 3. 내·외부 모두 산정 4. 정산 無 5. 해당없음	성과평가 실시여부 1. 실시 2. 미실시 3. 향후 추진 4. 해당없음
11576	충북 괴산군	자원봉사센터 보험료 지원	2,566	행정과	1	4	7	8	7	1	1	1
11577	충북 괴산군	자원봉사센터 활동비 지원	105,000	행정과	1	4	7	8	7	1	1	1
11578	충북 괴산군	고령친화산업연구개발센터 운영	50,000	주민복지과	1	1	7	4	7	1	1	4
11579	충북 괴산군	스마트 호신용품 지원	2,000	주민복지과	1	4	6	7	6	1	1	3
11580	충북 괴산군	여성 소모임 지원	10,000	주민복지과	1	4	7	8	7	1	1	3
11581	충북 괴산군	여성친화마을만들기 지원	10,000	주민복지과	1	4	7	6	7	5	5	4
11582	충북 괴산군	여성친화기업 행복직장 프로그램 지원	2,000	주민복지과	1	8	7	6	7	5	5	4
11583	충북 괴산군	여성단체협의회 지원	24,000	주민복지과	1	4	7	8	7	1	1	1
11584	충북 괴산군	교통안전 봉사대 운영	10,000	민원지적과	1	7	7	8	7	1	1	4
11585	충북 괴산군	분만취약지 지원사업	200,000	보건소	1	2	2	1	1	5	1	1
11586	충북 괴산군	취약지응급의료기관 운영지원	185,000	보건소	1	2	2	3	6	5	3	1
11587	충북 괴산군	호흡기전담클리닉 설치운영	100,000	보건소	1	2	2	6	6	5	1	3
11588	충북 괴산군	특산자원 융복합 기술지원	60,000	농업기술센터	1	1	7	8	7	5	5	4
11589	충북 괴산군	치유농업육성 시범	10,000	농업기술센터	1	1	7	8	7	5	5	4
11590	충북 괴산군	청년 농업인 영농정착 지원	219,400	농업기술센터	1	1	7	8	7	5	5	4
11591	충북 괴산군	지역활력화 작목기반 조성	18,000	농업기술센터	1	1	7	8	7	5	5	4
11592	충북 괴산군	신규농업인 현장실습 교육	54,000	농업기술센터	1	1	7	8	7	5	5	4
11593	충북 괴산군	도시민농촌유치지원	83,030	농업기술센터	1	1	7	8	7	5	5	4
11594	충북 괴산군	농촌어르신 복지생활 실천시범	17,500	농업기술센터	1	1	7	8	7	5	5	4
11595	충북 괴산군	농촌생활활력화 기술보급	17,500	농업기술센터	1	1	7	8	7	5	5	4
11596	충북 괴산군	농촌 창업 청년농업인 정착지원	104,800	농업기술센터	1	1	7	8	7	5	5	4
11597	충북 괴산군	귀농창업 활성화 지원	20,000	농업기술센터	1	1	7	8	7	5	5	4
11598	충북 괴산군	귀농귀촌인 유치지원	12,000	농업기술센터	1	1	7	8	7	5	5	4
11599	충북 괴산군	고품질 식량작물 기술보급	200,000	농업기술센터	1	1	7	8	7	5	5	4
11600	충북 괴산군	강소농 사업관리 및 평가지원	2,000	농업기술센터	1	1	7	8	7	5	5	4
11601	충북 괴산군	SNS활용 사과재배기술 컨설팅	10,000	농업기술센터	1	1	7	8	7	5	5	4
11602	충북 괴산군	4-H단체 지원	1,350	농업기술센터	1	1	7	8	7	5	5	4
11603	충북 음성군	음성군민 가족등반대회	14,360	자치행정과	1	4	7	8	7	5	1	1
11604	충북 음성군	청소년 평화누리 안보체험	1,585	자치행정과	1	4	7	8	7	5	1	1
11605	충북 음성군	자문위원 통일전문교육 연수	8,840	자치행정과	1	4	7	8	7	5	1	1
11606	충북 음성군	이장 선진지 견학	17,100	자치행정과	1	4	7	8	7	3	1	1
11607	충북 음성군	이장 체육대회	20,000	자치행정과	1	4	7	8	7	3	1	1
11608	충북 음성군	치안협의회 치안정책 지원사업	19,000	자치행정과	1	4	7	8	7	3	1	1
11609	충북 음성군	주민자치위원 워크숍	18,000	자치행정과	1	4	7	8	7	3	1	1
11610	충북 음성군	지역공동체 제안 공모사업	10,000	자치행정과	1	4	7	8	7	3	1	1
11611	충북 음성군	민주시민교육	4,855	자치행정과	1	1	7	8	7	3	1	1
11612	충북 음성군	지회 및 분회 봉사활동	13,040	자치행정과	1	1	7	8	7	3	1	1
11613	충북 음성군	새마을지도자 대회	6,745	자치행정과	1	1	7	8	7	3	1	1
11614	충북 음성군	알뜰도서 교환시장 운영	3,000	자치행정과	1	1	7	8	7	3	1	1
11615	충북 음성군	음성꿈나무 새마을어머니 되어주기	2,604	자치행정과	1	1	7	8	7	3	1	1
11616	충북 음성군	제41회 국민독서 경진대회	1,560	자치행정과	1	1	7	8	7	3	1	1
11617	충북 음성군	행복한 음성만들기 희망의 등불 달아주기	3,000	자치행정과	1	1	7	8	7	3	1	1
11618	충북 음성군	읍면 새마을회 운영 사업	32,400	자치행정과	1	1	7	8	7	3	1	1
11619	충북 음성군	우리의 소원 통일 송편 빚기 사업	3,000	자치행정과	1	1	7	8	7	5	5	4
11620	충북 음성군	쾌적한 환경 행복한 공동체 만들기	22,500	자치행정과	1	1	7	8	7	3	1	1
11621	충북 음성군	6.25 기념행사지원	15,000	자치행정과	1	1	7	8	7	3	1	1
11622	충북 음성군	안보활동사업	20,000	자치행정과	1	1	7	8	7	3	1	1
11623	충북 음성군	재향군인의 날 기념식	7,640	자치행정과	1	1	7	8	7	5	5	4
11624	충북 음성군	제21회 친절봉사대상 시상 및 친절운동	1,500	자치행정과	1	1	7	8	7	3	1	1
11625	충북 음성군	제25회 서로사랑하고 칭찬하기 편지글 공모	2,092	자치행정과	1	1	7	8	7	3	1	1
11626	충북 음성군	제23집 따뜻한 세상을 위하여 책자 발간	1,760	자치행정과	1	1	7	8	7	3	1	1

순번	시군구	지출명 (사업명)	2021년예산 (단위:천원/1년간)	담당자 (공무원) 담당부서	민간이전 분류 (지방자치단체 세출예산 집행기준에 의거) 1. 민간경상사업보조(307-02) 2. 민간단체 법정운영비보조(307-03) 3. 민간행사사업보조(307-04) 4. 민간위탁금(307-05) 5. 사회복지시설 법정운영비보조(307-10) 6. 민간인위탁교육비(307-12) 7. 공기관등에대한경상적위탁사업비(308-11) 8. 민간자본사업보조,자체재원(402-01) 9. 민간자본사업보조,이전재원(402-02) 10. 민간위탁사업비(402-03) 11. 공기관등에 대한 자본적 대행사업비(403-02)	민간이전지출 근거 (지방보조금 관리기준 참고) 1. 법률에 규정 2. 국고보조 재원(국가지정) 3. 용도 지정 기부금 4. 조례에 직접규정 5. 지자체가 권장하는 사업을 하는 공공기관 6. 시,도 정책 및 재정사정 7. 기타 8. 해당없음	입찰방식: 계약체결방법 (경쟁형태) 1. 일반경쟁 2. 제한경쟁 3. 지명경쟁 4. 수의계약 5. 법정위탁 6. 기타 ( ) 7. 해당없음	입찰방식: 계약기간 1. 1년 2. 2년 3. 3년 4. 4년 5. 5년 6. 기타 ( )년 7. 단기계약 (1년미만) 8. 해당없음	입찰방식: 낙찰자선정방법 1. 적격심사 2. 협상에의한계약 3. 최저가낙찰제 4. 규격가격분리 5. 2단계 경쟁입찰 6. 기타 ( ) 7. 해당없음	운영예산 산정: 운영예산 산정 1. 내부산정 (지자체 자체적으로 산정) 2. 외부산정 (외부전문기관위탁 산정) 3. 내·외부 모두 산정 4. 산정 無 5. 해당없음	운영예산 산정: 정산방법 1. 내부정산 (지자체 내부적으로 정산) 2. 외부정산 (외부전문기관위탁 정산) 3. 내·외부 모두 산정 4. 정산 無 5. 해당없음	성과평가 실시여부 1. 실시 2. 미실시 3. 향후 추진 4. 해당없음
11627	충북 음성군	2021년 가정사랑릴레이 캠페인	5,000	자치행정과	1	1	7	8	7	3	1	1
11628	충북 음성군	제23회 바르게살기 가족 한마음다짐대회	5,000	자치행정과	1	1	7	8	7	3	1	1
11629	충북 음성군	읍면 바르게살기운동위원회 운영 사업 보조	15,300	자치행정과	1	1	7	8	7	3	1	1
11630	충북 음성군	조직강화를 위한 "능력개발" 프로젝트	5,000	자치행정과	1	1	7	8	7	3	1	1
11631	충북 음성군	우리고장 음성사랑 실천10대 덕목 전개 사업	2,600	자치행정과	1	1	7	8	7	3	1	1
11632	충북 음성군	통일 안보현장견학	5,000	자치행정과	1	1	7	8	7	3	1	1
11633	충북 음성군	민족통일 전국대회	1,700	자치행정과	1	1	7	8	7	3	1	1
11634	충북 음성군	자율방범대 직무경진대회	10,000	자치행정과	1	4	7	8	7	3	1	1
11635	충북 음성군	북한이탈주민 정착 지원사업	10,000	자치행정과	1	1	7	8	7	3	1	1
11636	충북 음성군	토요영어학교	7,000	평생학습과	1	4	4	1	7	1	2	4
11637	충북 음성군	민관학연계 마을학교 공모사업	100,000	평생학습과	1	4	4	1	7	1	2	4
11638	충북 음성군	음성진로체험지원센터 지원	40,000	평생학습과	1	4	4	1	7	1	1	1
11639	충북 음성군	뉴라이프 아카데미	60,000	평생학습과	1	4	7	8	7	1	1	1
11640	충북 음성군	평생학습 동아리 지원	10,000	평생학습과	1	4	7	8	7	1	1	1
11641	충북 음성군	농촌재능나눔 지원	26,000	평생학습과	1	4	7	8	7	1	1	1
11642	충북 음성군	지역선도대학 육성사업	20,000	평생학습과	1	1	7	8	7	1	1	1
11643	충북 음성군	메이커스페이스 운영 지원	20,000	평생학습과	1	1	7	8	7	1	1	1
11644	충북 음성군	작은도서관 운영지원	33,000	평생학습과	1	1	6	8	6	1	1	1
11645	충북 음성군	작은도서관 도서구입비 지원	16,100	평생학습과	1	1	6	8	6	1	1	1
11646	충북 음성군	찾아가는 거리자유공연(버스킹)	30,000	문화체육과	1	1	7	8	7	5	5	4
11647	충북 음성군	제야의 타종	15,000	문화체육과	1	1	7	8	7	5	5	4
11648	충북 음성군	음성예술지 발간	3,000	문화체육과	1	1	7	8	7	5	5	4
11649	충북 음성군	가정의달 공예문화체험	3,000	문화체육과	1	1	7	8	7	5	5	4
11650	충북 음성군	음성공예협회 작품전시회	2,000	문화체육과	1	1	7	8	7	5	5	4
11651	충북 음성군	품바콘서트	7,000	문화체육과	1	1	7	8	7	5	5	4
11652	충북 음성군	음성문인협회 발간사업 및 시낭송	9,000	문화체육과	1	1	7	8	7	5	5	4
11653	충북 음성군	반기문 전국 백일장	20,000	문화체육과	1	1	7	8	7	5	5	4
11654	충북 음성군	반기문 시낭송대회	10,000	문화체육과	1	1	7	8	7	5	5	4
11655	충북 음성군	학생 및 실버 미술 실기대회	2,700	문화체육과	1	1	7	8	7	5	5	4
11656	충북 음성군	시골마을로 떠나는 미술체험	3,600	문화체육과	1	1	7	8	7	5	5	4
11657	충북 음성군	아름다운 음성전	2,100	문화체육과	1	1	7	8	7	5	5	4
11658	충북 음성군	한국미술협회 음성지부전	2,000	문화체육과	1	1	7	8	7	5	5	4
11659	충북 음성군	2021 가을음악회	20,000	문화체육과	1	1	7	8	7	5	5	4
11660	충북 음성군	음악협회(합창단) 정기공연	7,000	문화체육과	1	1	7	8	7	5	5	4
11661	충북 음성군	한여름밤의 음악회	15,000	문화체육과	1	1	7	8	7	5	5	4
11662	충북 음성군	사진협회 전시회 및 동호회	3,000	문화체육과	1	1	7	8	7	5	5	4
11663	충북 음성군	음성국악협회 정기공연	3,500	문화체육과	1	1	7	8	7	5	5	4
11664	충북 음성군	음성문화원 문화학교사업	5,000	문화체육과	1	1	7	8	7	5	5	4
11665	충북 음성군	음성문화원 예술진흥사업	37,000	문화체육과	1	1	7	8	7	5	5	4
11666	충북 음성군	세연음악회	7,000	문화체육과	1	1	7	8	7	5	5	4
11667	충북 음성군	ART in 철박물관	2,000	문화체육과	1	1	7	8	7	5	5	4
11668	충북 음성군	철문화 체험교실	3,000	문화체육과	1	1	7	8	7	5	5	4
11669	충북 음성군	시를 통한 인문학 캠페인	4,000	문화체육과	1	1	7	8	7	5	5	4
11670	충북 음성군	읍면 열린음악회	99,000	문화체육과	1	1	7	8	7	5	5	4
11671	충북 음성군	문화재단기금 지원사업	9,000	문화체육과	1	1	7	8	7	5	5	4
11672	충북 음성군	통합문화이용권 사업	405,154	문화체육과	1	5	7	8	7	5	5	4
11673	충북 음성군	음성예술인의 밤	5,000	문화체육과	1	1	7	8	7	5	5	4
11674	충북 음성군	음성연극협회 정기 공연	3,500	문화체육과	1	1	7	8	7	5	5	4
11675	충북 음성군	정월 대보름 맞이 군민안녕기원제	20,000	문화체육과	1	1	7	8	7	5	5	4
11676	충북 음성군	향교 유지관리비	15,000	문화체육과	1	1	7	8	7	5	5	4
11677	충북 음성군	춘추석전대제 행사	11,000	문화체육과	1	1	7	8	7	5	5	4

순번	시군구	지출명 (사업명)	2021년예산 (단위:천원/1년간)	담당자 (공무원) 담당부서	민간이전 분류 (지방자치단체 세출예산 집행기준에 의거) 1. 민간경상사업보조(307-02) 2. 민간단체 법정운영비보조(307-03) 3. 민간행사사업보조(307-04) 4. 민간위탁금(307-05) 5. 사회복지시설 법정운영비보조(307-10) 6. 민간인위탁교육비(307-12) 7. 공기관등에대한경상적위탁사업비(308-11) 8. 민간자본사업보조,자체재원(402-01) 9. 민간자본사업보조,이전재원(402-02) 10. 민간위탁사업비(402-03) 11. 공기관등에 대한 자본적 대행사업비(403-02)	민간이전지출 근거 (지방보조금 관리기준 참고) 1. 법률에 규정 2. 국고보조 재원(국가지정) 3. 용도 지정 기부금 4. 조례에 직접규정 5. 지자체가 권장하는 사업을 하는 공공기관 6. 시,도 정책 및 재정사정 7. 기타 8. 해당없음	입찰방식 계약체결방법 (경쟁형태) 1. 일반경쟁 2. 제한경쟁 3. 지명경쟁 4. 수의계약 5. 법정위탁 6. 기타 ( ) 7. 해당없음	입찰방식 계약기간 1. 1년 2. 2년 3. 3년 4. 4년 5. 5년 6. 기타 ( )년 7. 단기계약 (1년미만) 8. 해당없음	입찰방식 낙찰자선정방법 1. 적격심사 2. 협상에의한계약 3. 최저가낙찰제 4. 규격가격분리 5. 2단계 경쟁입찰 6. 기타 ( ) 7. 해당없음	운영예산 산정 운영예산 산정 1. 내부산정 (지자체 자체적으로 산정) 2. 외부산정 (외부전문기관위탁 산정) 3. 내·외부 모두 산정 4. 산정 無 5. 해당없음	운영예산 산정 정산방법 1. 내부정산 (지자체 내부적으로 정산) 2. 외부정산 (외부전문기관위탁 정산) 3. 내·외부 모두 산정 4. 정산 無 5. 해당없음	성과평가 실시여부 1. 실시 2. 미실시 3. 향후 추진 4. 해당없음
11678	충북 음성군	전통예절교육	8,000	문화체육과	1	1	7	8	7	5	5	4
11679	충북 음성군	전통민속문화 발굴 및 재현사업	20,000	문화체육과	1	5	7	8	7	5	5	4
11680	충북 음성군	전통민속놀이 재현	4,000	문화체육과	1	5	7	8	7	5	5	4
11681	충북 음성군	제27회 충북민속예술축제 참가	10,000	문화체육과	1	1	7	8	7	5	5	4
11682	충북 음성군	제14회 충북청소년민속예술제 참가	10,000	문화체육과	1	1	7	8	7	5	5	4
11683	충북 음성군	음성향악당 지원사업	5,000	문화체육과	1	1	7	8	7	5	5	4
11684	충북 음성군	향교 기로연 재연	3,500	문화체육과	1	1	7	8	7	5	5	4
11685	충북 음성군	도덕성회복 교육지원	6,000	문화체육과	1	1	7	8	7	5	5	4
11686	충북 음성군	유림대학 운영지원	13,000	문화체육과	1	1	7	8	7	5	5	4
11687	충북 음성군	음성 민속놀이 한마당	20,000	문화체육과	1	5	7	8	7	5	5	4
11688	충북 음성군	역사문화체험 프로그램	10,000	문화체육과	1	5	7	8	7	5	5	4
11689	충북 음성군	고문헌 및 근대기록물 사료조사사업	20,000	문화체육과	1	5	7	8	7	5	5	4
11690	충북 음성군	품바축제 쇼케이스 공연	28,000	문화체육과	1	4	7	8	7	5	5	4
11691	충북 음성군	품바뮤지컬 공연	50,000	문화체육과	1	4	7	8	7	5	5	4
11692	충북 음성군	제15회 반기문마라톤대회 후원금(농협)	15,000	문화체육과	1	1	7	8	7	5	5	4
11693	충북 음성군	제15회 반기문마라톤대회 농특산물 구입	37,000	문화체육과	1	1	7	8	7	5	5	4
11694	충북 음성군	2021 음성 전국사이클대회	90,000	문화체육과	1	1	7	8	7	5	5	4
11695	충북 음성군	제38회 음성군민체육대회	275,000	문화체육과	1	1	7	8	7	5	5	4
11696	충북 음성군	읍면 체육대회(5개 읍면)	100,000	문화체육과	1	1	7	8	7	5	5	4
11697	충북 음성군	제60회 충북도민체육대회 참가	190,000	문화체육과	1	1	7	8	7	5	5	4
11698	충북 음성군	시군대항 역전마라톤대회 참가	30,000	문화체육과	1	1	7	8	7	5	5	4
11699	충북 음성군	충북장애인체육대회 참가	40,000	문화체육과	1	1	7	8	7	5	5	4
11700	충북 음성군	장애인체육대회 개최 및 참가	15,000	문화체육과	1	1	7	8	7	5	5	4
11701	충북 음성군	제7회 음성군장애인체육대회 개최	20,000	문화체육과	1	1	7	8	7	5	5	4
11702	충북 음성군	장애인 체육교실사업	10,000	문화체육과	1	1	7	8	7	5	5	4
11703	충북 음성군	전국대회 참가	10,000	문화체육과	1	1	7	8	7	5	5	4
11704	충북 음성군	국무총리기 전국정구대회 유치	60,000	문화체육과	1	1	7	8	7	5	5	4
11705	충북 음성군	일반 생활체육지도자 배치	213,024	문화체육과	1	2	7	8	7	5	5	4
11706	충북 음성군	어르신 생활체육지도자 배치	182,592	문화체육과	1	2	7	8	7	5	5	4
11707	충북 음성군	생활체육교실 운영	46,000	문화체육과	1	1	7	8	7	5	5	4
11708	충북 음성군	생활체육 프로그램 운영	10,000	문화체육과	1	1	7	8	7	5	5	4
11709	충북 음성군	충북종단 대장정	9,000	문화체육과	1	2	7	8	7	5	5	4
11710	충북 음성군	장애인 생활체육지도자 배치	116,928	문화체육과	1	2	7	8	7	5	5	4
11711	충북 음성군	생활체육지도자 급식비	26,520	문화체육과	1	1	7	8	7	5	5	4
11712	충북 음성군	생활체육지도자 교육비	3,400	문화체육과	1	1	7	8	7	5	5	4
11713	충북 음성군	생활체육지도자 출장여비	40,800	문화체육과	1	1	7	8	7	5	5	4
11714	충북 음성군	생활체육지도자 명절휴가비	41,596	문화체육과	1	1	7	8	7	5	5	4
11715	충북 음성군	생활체육지도자 시간외수당	59,691	문화체육과	1	1	7	8	7	5	5	4
11716	충북 음성군	생활체육지도자 근속수당	4,450	문화체육과	1	1	7	8	7	5	5	4
11717	충북 음성군	종목별생활체육대회 개최	82,000	문화체육과	1	1	7	8	7	5	5	4
11718	충북 음성군	음성군 생활체육대회 개최	30,000	문화체육과	1	1	7	8	7	5	5	4
11719	충북 음성군	도단위 체육대회 개최	40,000	문화체육과	1	1	7	8	7	5	5	4
11720	충북 음성군	종목별생활체육대회 참가	31,000	문화체육과	1	1	7	8	7	5	5	4
11721	충북 음성군	충북씨름왕선발대회 참가	5,000	문화체육과	1	1	7	8	7	5	5	4
11722	충북 음성군	충북생활체육대회 참가	65,000	문화체육과	1	1	7	8	7	5	5	4
11723	충북 음성군	충북어르신생활체육대회 참가	20,000	문화체육과	1	1	7	8	7	5	5	4
11724	충북 음성군	음성군수배 전국 동호인 테니스대회 개최	22,000	문화체육과	1	1	7	8	7	5	5	4
11725	충북 음성군	흥미진진한 팩토리투어센터 운영	59,784	문화체육과	1	7	7	8	7	5	5	4
11726	충북 음성군	상인조직역량강화사업(음성시장, 무극시장)	46,560	경제과	1	4	7	1	7	1	1	4
11727	충북 음성군	시장경영바우처 지원사업(대소시장 시장매니저)	7,200	경제과	1	2	7	1	7	3	1	4
11728	충북 음성군	시장매니저 4대 보험료(대소시장)	2,640	경제과	1	2	7	1	7	3	1	4

순번	시군구	지출명 (사업명)	2021년예산 (단위:천원/1년간)	담당자 (공무원)	민간이전 분류 (지방자치단체 세출예산 집행기준에 의거)	민간이전지출 근거 (지방보조금 관리기준 참고)	입찰방식			운영예산 산정		성과평가 실시여부
				담당부서	1. 민간경상사업보조(307-02) 2. 민간단체 법정운영비보조(307-03) 3. 민간행사사업보조(307-04) 4. 민간위탁금(307-05) 5. 사회복지시설 법정운영비보조(307-10) 6. 민간인위탁교육비(307-12) 7. 공기관등에대한경상적위탁사업비(308-11) 8. 민간자본사업보조,자체재원(402-01) 9. 민간자본사업보조,이전재원(402-02) 10. 민간위탁사업비(402-03) 11. 공기관등에 대한 자본적 대행사업비(403-02)	1. 법률에 규정 2. 국고보조 재원(국가지정) 3. 용도 지정 기부금 4. 조례에 직접규정 5. 지자체가 권장하는 사업을 하는 공공기관 6. 시,도 정책 및 재정사정 7. 기타 8. 해당없음	계약체결방법 (경쟁형태) 1. 일반경쟁 2. 제한경쟁 3. 지명경쟁 4. 수의계약 5. 법정위탁 6. 기타 ( ) 7. 해당없음	계약기간 1. 1년 2. 2년 3. 3년 4. 4년 5. 5년 6. 기타 ( )년 7. 단기계약 (1년미만) 8. 해당없음	낙찰자선정방법 1. 적격심사 2. 협상에의한계약 3. 최저가낙찰제 4. 규격가격분리 5. 2단계 경쟁입찰 6. 기타 ( ) 7. 해당없음	운영예산 산정 1. 내부산정 (지자체 자체적으로 산정) 2. 외부산정 (외부전문기관위탁 산정) 3. 내·외부 모두 산정 4. 산정 無 5. 해당없음	정산방법 1. 내부정산 (지자체 내부적으로 정산) 2. 외부정산 (외부전문기관위탁 정산) 3. 내·외부 모두 산정 4. 정산 無 5. 해당없음	1. 실시 2. 미실시 3. 향후 추진 4. 해당없음
11729	충북 음성군	전통시장 배송도우미 운영 지원사업	23,509	경제과	1	4	7	1	7	3	1	4
11730	충북 음성군	지역·산업맞춤형 일자리 창출사업	108,600	경제과	1	2	7	8	7	1	1	4
11731	충북 음성군	사회적기업 일자리 창출사업 지원	133,333	경제과	1	2	7	8	7	1	1	4
11732	충북 음성군	(예비)사회적기업 전문인력 지원사업	40,000	경제과	1	2	7	8	7	1	1	4
11733	충북 음성군	(예비)사회적기업 사회보험료 지원사업	26,666	경제과	1	2	7	8	7	1	1	4
11734	충북 음성군	(예비)사회적기업 사업개발비 지원사업	21,428	경제과	1	2	7	8	7	1	1	4
11735	충북 음성군	볍씨침종소독약지원	16,900	농정과	1	1	7	8	7	5	5	4
11736	충북 음성군	벼 잡초 취약지 방제	140,000	농정과	1	1	7	8	7	5	5	4
11737	충북 음성군	벼 병해충방제	204,000	농정과	1	1	7	8	7	5	5	4
11738	충북 음성군	토양개량제 지원사업	676,337	농정과	1	1	7	8	7	5	5	4
11739	충북 음성군	벼 이삭비료 지원	91,560	농정과	1	1	7	8	7	5	5	4
11740	충북 음성군	못자리 조성용 상토지원	208,000	농정과	1	1	7	8	7	5	5	4
11741	충북 음성군	벼 공정육모장 영농자재지원	105,040	농정과	1	1	7	8	7	5	5	4
11742	충북 음성군	유기질비료지원사업	1,689	농정과	1	1	7	8	7	5	5	4
11743	충북 음성군	논농업필수영농자재지원	970,891	농정과	1	1	7	8	7	5	5	4
11744	충북 음성군	유기농업자재 지원사업	97,622	농정과	1	1	7	8	7	5	5	4
11745	충북 음성군	농작업 안전사용 장비지원사업	21,520	농정과	1	1	7	8	7	5	5	4
11746	충북 음성군	농업기계 등화장치 부착지원	22,000	농정과	1	1	7	8	7	5	5	4
11747	충북 음성군	고품질 쌀 생력재배 친환경자재 공급	93,786	농정과	1	1	7	8	7	5	5	4
11748	충북 음성군	친환경특수미생산단지 육성	43,200	농정과	1	1	7	8	7	5	5	4
11749	충북 음성군	과수 영농자재(저온피해예방 영양제 등) 지원사업	70,000	농정과	1	4	7	8	7	5	5	4
11750	충북 음성군	인삼 영농자재 지원	180,000	농정과	1	4	7	8	7	5	5	4
11751	충북 음성군	잎담배 영농자재 지원	41,000	농정과	1	4	7	8	7	5	5	4
11752	충북 음성군	FTA사업계획 수립지원	3,900	농정과	1	2	7	8	7	5	5	4
11753	충북 음성군	지자체와 농협협력사업	308,000	농정과	1	4	7	8	7	5	5	4
11754	충북 음성군	수출전략 농산물 해외마케팅 지원	100,000	농정과	1	1	7	8	7	5	5	4
11755	충북 음성군	음성청결고추 직거래장터 활성화 지원	10,000	농정과	1	1	7	8	7	5	5	4
11756	충북 음성군	햇사레 복숭아 판매촉진	50,000	농정과	1	1	7	8	7	5	5	4
11757	충북 음성군	다올찬 수박(쌀) 판매촉진	20,000	농정과	1	1	7	8	7	5	5	4
11758	충북 음성군	충청북도 청풍명월 장터 브랜드숍 운영	19,000	농정과	1	1	7	8	7	5	5	4
11759	충북 음성군	명품농산물 TV홈쇼핑 홍보지원	20,000	농정과	1	1	7	8	7	5	5	4
11760	충북 음성군	농산물 청풍명월장터 e-쇼핑몰 물류비 지원	12,600	농정과	1	1	7	8	7	5	5	4
11761	충북 음성군	농식품 모바일 마케팅 지원사업	17,000	농정과	1	1	7	8	7	5	5	4
11762	충북 음성군	음성명작페스티벌	148,400	농정과	1	1	7	8	7	5	5	4
11763	충북 음성군	농촌체험휴양마을 사무장 활동비 지원	33,143	농정과	1	1	7	8	7	1	1	1
11764	충북 음성군	귀농귀촌인 및 지역주민 융화교육	3,000	농정과	1	1	1	7	3	1	1	1
11765	충북 음성군	도시민 농촌유치 지원사업	28,000	농정과	1	1	1	7	3	1	1	1
11766	충북 음성군	가축생균제 공급	80,000	축산식품과	1	6	7	8	7	5	1	4
11767	충북 음성군	액비저장조 가축분뇨 발효제 공급	32,400	축산식품과	1	7	7	8	7	5	1	4
11768	충북 음성군	양봉 월동용 기능 강화제 공급 사업	75,000	축산식품과	1	7	7	7	7	1	1	4
11769	충북 음성군	학생 승마 체험	49,788	축산식품과	1	2	7	8	7	5	5	4
11770	충북 음성군	양봉산업 경쟁력 강화	135,430	축산식품과	1	6	7	7	7	1	1	4
11771	충북 음성군	한우 고급육 생산지원	17,500	축산식품과	1	6	7	8	7	5	1	1
11772	충북 음성군	가축분뇨 수분조절제 지원	200,000	축산식품과	1	7	7	8	7	5	1	1
11773	충북 음성군	가축분뇨 발효촉진제 지원	50,000	축산식품과	1	6	7	8	7	5	5	4
11774	충북 음성군	퇴비 발효 촉진제 지원	14,400	축산식품과	1	7	7	8	7	5	1	1
11775	충북 음성군	유소년 승마단 창단·운영 지원사업	80,000	축산식품과	1	2	7	8	7	5	5	4
11776	충북 음성군	돼지써코바이러스 백신지원사업	196,800	축산식품과	1	2	7	8	7	5	5	4
11777	충북 음성군	젖소 번식장애 컨설팅 사업	10,800	축산식품과	1	1	7	8	7	5	5	4
11778	충북 음성군	가금농가 질병관리 지원	6,000	축산식품과	1	2	7	8	7	5	5	4
11779	충북 음성군	닭 진드기 공동방제 지원사업	72,000	축산식품과	1	2	7	8	7	5	5	4

순번	시군구	지출명 (사업명)	2021년예산 (단위:천원/1년간)	담당자 (공무원) 담당부서	민간이전 분류 (지방자치단체 세출예산 집행기준에 의거) 1. 민간경상사업보조(307-02) 2. 민간단체 법정운영비보조(307-03) 3. 민간행사사업보조(307-04) 4. 민간위탁금(307-05) 5. 사회복지시설 법정운영비보조(307-10) 6. 민간인위탁교육비(307-12) 7. 공기관등에대한경상적위탁사업비(308-11) 8. 민간자본사업보조,자체재원(402-01) 9. 민간자본사업보조,이전재원(402-02) 10. 민간위탁사업비(402-03) 11. 공기관등에 대한 자본적 대행사업비(403-02)	민간이전지출 근거 (지방보조금 관리기준 참고) 1. 법률에 규정 2. 국고보조 재원(국가지정) 3. 용도 지정 기부금 4. 조례에 직접규정 5. 지자체가 권장하는 사업을 하는 공공기관 6. 시,도 정책 및 재정사정 7. 기타 8. 해당없음	입찰방식: 계약체결방법 (경쟁형태) 1. 일반경쟁 2. 제한경쟁 3. 지명경쟁 4. 수의계약 5. 법정위탁 6. 기타 ( ) 7. 해당없음	입찰방식: 계약기간 1. 1년 2. 2년 3. 3년 4. 4년 5. 5년 6. 기타 ( )년 7. 단기계약 (1년미만) 8. 해당없음	입찰방식: 낙찰자선정방법 1. 적격심사 2. 협상에의한계약 3. 최저가낙찰제 4. 규격가격분리 5. 2단계 경쟁입찰 6. 기타 ( ) 7. 해당없음	운영예산 산정: 운영예산 산정 1. 내부산정 (지자체 자체적으로 산정) 2. 외부산정 (외부전문기관위탁 산정) 3. 내·외부 모두 산정 4. 산정 無 5. 해당없음	운영예산 산정: 정산방법 1. 내부정산 (지자체 내부적으로 정산) 2. 외부정산 (외부전문기관위탁 정산) 3. 내·외부 모두 산정 4. 정산 無 5. 해당없음	성과평가 실시여부 1. 실시 2. 미실시 3. 향후 추진 4. 해당없음
11780	충북 음성군	구제역 백신 지원(전업농)	442,337	축산식품과	1	2	7	8	7	5	5	4
11781	충북 음성군	축산물 HACCP컨설팅 사업(생산단계)	16,800	축산식품과	1	2	7	7	7	1	1	4
11782	충북 음성군	음성 한우 브랜드화 사업	5,000	축산식품과	1	7	7	7	7	1	1	4
11783	충북 음성군	한금령 벌꿀 포장재 지원	14,000	축산식품과	1	7	7	7	7	1	1	4
11784	충북 음성군	로컬푸드 포장재 지원	25,000	축산식품과	1	4	7	7	7	1	1	4
11785	충북 음성군	로컬푸드 소비촉진 생산자, 소비자 협업 지원사업	18,000	축산식품과	1	4	7	7	7	1	1	4
11786	충북 음성군	과일간식지원	47,900	축산식품과	1	2	7	7	7	1	1	4
11787	충북 음성군	임산물생산기반조성	21,317	산림녹지과	1	2	7	8	7	5	5	4
11788	충북 음성군	비산업부문사업장 온실가스 진단컨설팅 지원	10,000	환경과	1	2	7	8	7	5	5	4
11789	충북 음성군	생태계교란 야생동물 퇴치	6,000	환경과	1	4	7	8	7	1	1	2
11790	충북 음성군	야생동물 보호 및 밀렵 밀거래 주민계도사업	6,700	환경과	1	4	7	8	7	1	1	2
11791	충북 음성군	굴뚝자동측정기기 설치운영관리비 지원사업	54,075	환경과	1	1	7	8	7	5	5	4
11792	충북 음성군	수질자동측정기기 설치운영관리비 지원사업	48,000	환경과	1	1	7	8	7	5	5	4
11793	충북 음성군	읍면수리시설계 운영비	30,000	균형개발과	1	1	7	8	7	5	5	4
11794	충북 음성군	음성군 경제(인) 포럼	17,000	기업지원과	1	4	7	8	7	1	1	1
11795	충북 음성군	중소기업 역량강화 지원사업	100,000	기업지원과	1	5	7	8	7	1	1	1
11796	충북 음성군	귀농창업 활성화 지원	20,000	지도기획과	1	2	7	8	7	5	5	4
11797	충북 음성군	4-H 야영교육행사 지원	12,000	지도기획과	1	4	7	8	7	5	5	4
11798	충북 음성군	학습단체 한마음결의대회 지원	5,000	지도기획과	1	4	7	8	7	5	5	4
11799	충북 음성군	도 농촌지도자대회 개최 지원	4,500	지도기획과	1	4	7	8	7	5	5	4
11800	충북 음성군	전국,도 4-H 경진대회 행사지원	4,000	지도기획과	1	4	7	8	7	5	5	4
11801	충북 음성군	작목별 맞춤형 안전관리 실천	15,000	지도기획과	1	2	7	8	7	5	5	4
11802	충북 음성군	농업활동 안전사고 예방 생활화	16,000	지도기획과	1	2	7	8	7	5	5	4
11803	충북 음성군	여성농업인 능력개발지원	10,000	지도기획과	1	2	7	8	7	5	5	4
11804	충북 음성군	농촌문화 체험농장 육성	7,000	지도기획과	1	2	7	8	7	5	5	4
11805	충북 음성군	우수생활개선회 정예화 육성 지원사업	10,500	지도기획과	1	4	7	8	7	5	5	4
11806	충북 음성군	생활개선 도, 중앙대회 참석	3,000	지도기획과	1	4	7	8	7	5	5	4
11807	충북 음성군	벼 병해충 공동방제비 지원	30,000	기술보급과	1	4	7	8	7	5	5	4
11808	충북 음성군	강소농 경영체 홍보 사업	6,000	기술보급과	1	2	7	8	7	5	5	4
11809	충북 단양군	단양군관광협의회 사업비 지원	100,000	관광정책과	1	4	7	8	7	1	1	4
11810	충북 단양군	단양군 통합방위협의회 운영지원사업	25,000	안전건설과	1	4	7	8	7	5	5	4
11811	충북 단양군	화재예방 및 홍보활동 추진	4,000	안전건설과	1	4	7	8	7	5	5	4
11812	충북 단양군	의용소방대 소방기술 경연대회	15,000	안전건설과	1	4	7	8	7	5	5	4
11813	충북 단양군	한국자유총연맹 관리지원	61,200	정책기획담당관	1	1	7	8	7	1	1	1
11814	충북 단양군	행복마을사업추진	99,000	정책기획담당관	1	6	7	8	7	5	5	4
11815	충북 단양군	4.19 60주년사 발간기념	10,000	주민복지과	1	4	7	8	7	5	5	4
11816	충북 단양군	무공수훈자회 장진호전투추모식 참가	1,400	주민복지과	1	1	7	8	7	5	5	4
11817	충북 단양군	택시 카드결제 수수료 지원	6,200	민원과	1	6	7	8	7	5	5	4
11818	충북 단양군	모범운전자 단양군지회사업 지원	12,700	민원과	1	1	7	8	7	5	5	4
11819	충북 단양군	단양구경시장 배송도우미 지원사업	23,280	지역경제과	1	1	4	1	7	1	1	1
11820	충북 단양군	상인조직 시장매니저 역량강화(단양)	2,910	지역경제과	1	1	4	7	7	1	1	1
11821	충북 단양군	전통시장 박람회 참가	5,000	지역경제과	1	1	4	7	7	1	1	1
11822	충북 단양군	상인회 시장매니저 지원(매포)	6,984	지역경제과	1	1	4	1	7	1	1	1
11823	충북 단양군	공예박람회 및 전시회 참가	4,000	지역경제과	1	4	4	1	7	1	1	1
11824	충북 단양군	소상공인 희망장려금 지원	6,000	지역경제과	1	6	4	1	7	1	1	4
11825	충북 단양군	지역업체 경쟁력 강화 지원사업	6,000	지역경제과	1	1	7	8	7	5	5	4
11826	충북 단양군	사회적기업 일자리 창출사업	20,000	지역경제과	1	2	7	8	7	5	5	4
11827	충북 단양군	사회적기업 일자리 창출사업	60,000	지역경제과	1	2	7	8	7	5	5	4
11828	충북 단양군	사회적기업 사회보험료 지원	9,333	지역경제과	1	2	7	8	7	5	5	4
11829	충북 단양군	사회적기업 사업개발비 지원	30,000	지역경제과	1	2	7	8	7	5	5	4
11830	충북 단양군	사회적기업 지역특화사업	10,000	지역경제과	1	2	7	8	7	5	5	4

순번	시군구	지출명 (사업명)	2021년예산 (단위:천원/1년간)	담당자 (공무원) 담당부서	민간이전 분류 (지방자치단체 세출예산 집행기준에 의거) 1. 민간경상사업보조(307-02) 2. 민간단체 법정운영비보조(307-03) 3. 민간행사사업보조(307-04) 4. 민간위탁금(307-05) 5. 사회복지시설 법정운영비보조(307-10) 6. 민간인위탁교육비(307-12) 7. 공기관등에대한경상적위탁사업비(308-11) 8. 민간자본사업보조,자체재원(402-01) 9. 민간자본사업보조,이전재원(402-02) 10. 민간위탁사업비(402-03) 11. 공기관등에 대한 자본적 대행사업비(403-02)	민간이전지출 근거 (지방보조금 관리기준 참고) 1. 법률에 규정 2. 국고보조 재원(국가지정) 3. 용도 지정 기부금 4. 조례에 직접규정 5. 지자체가 권장하는 사업을 하는 공공기관 6. 시,도 정책 및 재정사정 7. 기타 8. 해당없음	입찰방식 계약체결방법 (경쟁형태) 1. 일반경쟁 2. 제한경쟁 3. 지명경쟁 4. 수의계약 5. 법정위탁 6. 기타 ( ) 7. 해당없음	입찰방식 계약기간 1. 1년 2. 2년 3. 3년 4. 4년 5. 5년 6. 기타 ( )년 7. 단기계약 (1년미만) 8. 해당없음	입찰방식 낙찰자선정방법 1. 적격심사 2. 협상에의한계약 3. 최저가낙찰제 4. 규격가격분리 5. 2단계 경쟁입찰 6. 기타 ( ) 7. 해당없음	운영예산 산정 운영예산 산정 1. 내부산정 (지자체 자체적으로 산정) 2. 외부산정 (외부전문기관위탁 산정) 3. 내·외부 모두 산정 4. 산정 無 5. 해당없음	운영예산 산정 정산방법 1. 내부정산 (지자체 내부적으로 정산) 2. 외부정산 (외부전문기관위탁 정산) 3. 내·외부 모두 산정 4. 정산 無 5. 해당없음	성과평가 실시여부 1. 실시 2. 미실시 3. 향후 추진 4. 해당없음
11831	충북 단양군	마을기업 육성사업	80,000	지역경제과	1	2	7	8	7	5	5	4
11832	충북 단양군	지역산업 맞춤형 일자리 창출 지원사업	92,600	지역경제과	1	2	7	8	7	5	5	4
11833	충북 단양군	청년창업공간조성 지원(기타경비)	40,000	지역경제과	1	4	7	8	7	5	5	4
11834	충북 단양군	일+경험 청년일자리사업	190,350	지역경제과	1	2	7	8	7	5	5	4
11835	충북 단양군	지역정착지원형 청년일자리사업	195,300	지역경제과	1	2	7	8	7	5	5	4
11836	충북 단양군	지역공동체 제안 공모사업	10,000	지역경제과	1	4	7	8	7	5	5	4
11837	충북 단양군	지역업체 경쟁력 강화 지원사업	6,000	지역경제과	1	1	7	8	7	5	5	4
11838	충북 단양군	임산물 수액채취 자재지원	6,600	산림녹지과	1	4	7	8	7	5	1	4
11839	충북 단양군	농촌공동체회사 우수사업 지원	37,500	농업축산과	1	2	7	8	7	2	1	4
11840	충북 단양군	마을 공동급식소 지원	24,000	농업축산과	1	4	7	8	7	1	1	4
11841	충북 단양군	농업인 안전공제 가입 지원	44,688	농업축산과	1	2	7	8	7	2	1	4
11842	충북 단양군	농업경영인 단양군연합회 사업지원	12,000	농업축산과	1	4	7	8	7	1	1	4
11843	충북 단양군	여성농업인 단양군연합회 사업지원	5,000	농업축산과	1	4	7	8	7	1	1	4
11844	충북 단양군	농업경영인 농작물 미량요소 지원	30,000	농업축산과	1	4	7	8	7	1	1	4
11845	충북 단양군	농업경영인 농작물 영양제 공급 지원	15,000	농업축산과	1	4	7	8	7	1	1	4
11846	충북 단양군	청년농업인 영농정착 지원사업	99,991	농업축산과	1	2	7	8	7	2	1	4
11847	충북 단양군	농촌 창업 청년농업인 정착지원	50,400	농업축산과	1	2	7	8	7	2	1	4
11848	충북 단양군	농촌체험휴양마을 활성화	71,424	농업축산과	1	2	7	8	7	2	1	4
11849	충북 단양군	농촌체험휴양마을 사무장 채용지원	37,800	농업축산과	1	2	7	8	7	2	1	4
11850	충북 단양군	농촌체험휴양마을 보험 가입	4,988	농업축산과	1	2	7	8	7	2	1	4
11851	충북 단양군	농촌체험휴양마을 청년채용 인건비	32,897	농업축산과	1	2	7	8	7	2	1	4
11852	충북 단양군	벼 육묘(상토, 상자처리제) 지원	38,400	농업축산과	1	2	7	8	7	2	1	4
11853	충북 단양군	논 농업필수 영농자재 지원	66,600	농업축산과	1	2	7	8	7	2	1	4
11854	충북 단양군	농작업 안전사용 장비지원	10,700	농업축산과	1	2	7	8	7	2	1	4
11855	충북 단양군	친환경 특수미 생산단지 육성	14,400	농업축산과	1	2	7	8	7	2	1	4
11856	충북 단양군	고품질쌀 생력재배 친환경 자재 공급	5,292	농업축산과	1	2	7	8	7	2	1	4
11857	충북 단양군	친환경인증농가 영농자재 지원	400,000	농업축산과	1	2	7	8	7	2	1	4
11858	충북 단양군	친환경농산물 학교급식납품물류비 지원	8,800	농업축산과	1	2	7	8	7	2	1	4
11859	충북 단양군	학교급식 친환경쌀 포장재 지원	4,000	농업축산과	1	2	7	8	7	2	1	4
11860	충북 단양군	유기농업박람회 부스 운영 지원	6,000	농업축산과	1	2	7	8	7	2	1	4
11861	충북 단양군	토양개량제 지원	164,083	농업축산과	1	2	7	8	7	2	1	4
11862	충북 단양군	유기질비료 지원	2,166	농업축산과	1	2	7	8	7	2	1	4
11863	충북 단양군	친환경 우렁이 종패 지원	5,000	농업축산과	1	2	7	8	7	2	1	4
11864	충북 단양군	유기농 인증 확대를 위한 교육 지원	4,000	농업축산과	1	2	7	8	7	2	1	4
11865	충북 단양군	유기가공식품 포장재 지원	26,840	농업축산과	1	2	7	8	7	2	1	4
11866	충북 단양군	환경친화적 멀칭비닐 지원	20,340	농업축산과	1	2	7	8	7	2	1	4
11867	충북 단양군	수박 생산 영농자재 지원	275,650	농업축산과	1	2	7	8	7	2	1	4
11868	충북 단양군	고추 생산 영농자재 지원	255,000	농업축산과	1	2	7	8	7	2	1	4
11869	충북 단양군	마늘 생산 영농자재 지원	180,000	농업축산과	1	2	7	8	7	2	1	4
11870	충북 단양군	엽연초 생산 영농자재 지원	120,000	농업축산과	1	2	7	8	7	2	1	4
11871	충북 단양군	과수 생산 영농자재 지원	155,800	농업축산과	1	2	7	8	7	2	1	4
11872	충북 단양군	원예작물 연작장해 경감 토양개선제 지원	280,500	농업축산과	1	2	7	8	7	2	1	4
11873	충북 단양군	단고을 농산물 포장재 지원	180,000	농업축산과	1	2	7	8	7	2	1	4
11874	충북 단양군	과실 신선도유지제 지원	15,000	농업축산과	1	2	7	8	7	2	1	4
11875	충북 단양군	GAP 인증농가 영농자재 지원	60,000	농업축산과	1	2	7	8	7	2	1	4
11876	충북 단양군	단양마늘 지리적표시제 운영 지원	20,000	농업축산과	1	2	7	8	7	2	1	4
11877	충북 단양군	초등 돌봄교실 과일간식 지원	20,100	농업축산과	1	2	7	8	7	2	1	4
11878	충북 단양군	친환경분뇨 수분조절제 지원	81,000	농업축산과	1	2	7	8	7	2	1	4
11879	충북 단양군	축산생균제 공급	44,000	농업축산과	1	2	7	8	7	2	1	4
11880	충북 단양군	축수산물 포장재 지원	20,000	농업축산과	1	2	7	8	7	2	1	4
11881	충북 단양군	꿀벌 친환경 신소재 벌통 지원	30,000	농업축산과	1	2	7	8	7	2	1	4

순번	시군구	지출명 (사업명)	2021년예산 (단위:천원/1년간)	담당자 (공무원) 담당부서	민간이전 분류 (지방자치단체 세출예산 집행기준에 의거) 1. 민간경상사업보조(307-02) 2. 민간단체 법정운영비보조(307-03) 3. 민간행사사업보조(307-04) 4. 민간위탁금(307-05) 5. 사회복지시설 법정운영비보조(307-10) 6. 민간인위탁교육비(307-12) 7. 공기관등에대한경상적위탁사업비(308-11) 8. 민간자본사업보조,자체재원(402-01) 9. 민간자본사업보조,이전재원(402-02) 10. 민간위탁사업비(402-03) 11. 공기관등에 대한 자본적 대행사업비(403-02)	민간이전지출 근거 (지방보조금 관리기준 참고) 1. 법률에 규정 2. 국고보조 재원(국가지정) 3. 용도 지정 기부금 4. 조례에 직접규정 5. 지자체가 권장하는 사업을 하는 공공기관 6. 시,도 정책 및 재정사정 7. 기타 8. 해당없음	입찰방식 계약체결방법 (경쟁형태) 1. 일반경쟁 2. 제한경쟁 3. 지명경쟁 4. 수의계약 5. 법정위탁 6. 기타 ( ) 7. 해당없음	입찰방식 계약기간 1. 1년 2. 2년 3. 3년 4. 4년 5. 5년 6. 기타 ( )년 7. 단기계약 (1년미만) 8. 해당없음	입찰방식 낙찰자선정방법 1. 적격심사 2. 협상에의한계약 3. 최저가낙찰제 4. 규격가격분리 5. 2단계 경쟁입찰 6. 기타 ( ) 7. 해당없음	운영예산 산정 운영예산 산정 1. 내부산정 (지자체 자체적으로 산정) 2. 외부산정 (외부전문기관위탁 산정) 3. 내·외부 모두 산정 4. 산정 無 5. 해당없음	운영예산 산정 정산방법 1. 내부정산 (지자체 내부적으로 정산) 2. 외부정산 (외부전문기관위탁 정산) 3. 내·외부 모두 산정 4. 정산 無 5. 해당없음	성과평가 실시여부 1. 실시 2. 미실시 3. 향후 추진 4. 해당없음
11882	충북 단양군	가축생균제(보조사료) 지원	10,000	농업축산과	1	2	7	8	7	2	1	4
11883	충북 단양군	양봉화분사료 공급	28,875	농업축산과	1	2	7	8	7	2	1	4
11884	충북 단양군	벌집 및 벌통 지원사업	8,800	농업축산과	1	2	7	8	7	2	1	4
11885	충북 단양군	액비저장조 분뇨발효제 공급	720	농업축산과	1	2	7	8	7	2	1	4
11886	충북 단양군	조사료생산용 종자구입 지원	9,333	농업축산과	1	2	7	8	7	2	1	4
11887	충북 단양군	볏짚처리비(비닐) 지원	2,125	농업축산과	1	2	7	8	7	2	1	4
11888	충북 단양군	돈육품질 향상 지원	4,800	농업축산과	1	2	7	8	7	2	1	4
11889	충북 단양군	토종벌 육성사업	4,500	농업축산과	1	2	7	8	7	2	1	4
11890	충북 단양군	양봉산물 정보제공	3,500	농업축산과	1	2	7	8	7	2	1	4
11891	충북 단양군	말벌 퇴치장비 지원사업	900	농업축산과	1	2	7	8	7	2	1	4
11892	충북 단양군	학생 승마체험 지원	45,440	농업축산과	1	2	7	8	7	2	1	4
11893	충북 단양군	농촌관광 승마 활성화	39,294	농업축산과	1	2	7	8	7	2	1	4
11894	충북 단양군	양봉농가 농약해독제 공급	750	농업축산과	1	2	7	8	7	2	1	4
11895	충북 단양군	양식어업인 수산약품 및 양식장비 공급	1,400	농업축산과	1	2	7	8	7	2	1	4
11896	충북 단양군	토종붕어 종자보급 및 대량생산 방류	50,000	농업축산과	1	2	7	8	7	2	1	4
11897	충북 단양군	AI예방 계란난좌 지원	39,000	농업축산과	1	2	7	8	7	2	1	4
11898	충북 단양군	공동방제단 인건비 및 운영비 지원	109,227	농업축산과	1	2	7	8	7	2	1	4
11899	충북 단양군	축산물 HACCP컨설팅비용 지원	21,000	농업축산과	1	2	7	8	7	2	1	4
11900	충북 단양군	염소 흔들이병 예방약 공급	2,120	농업축산과	1	2	7	8	7	2	1	4
11901	충북 단양군	곤충매개성 질병 예방사업	4,813	농업축산과	1	2	7	8	7	2	1	4
11902	충북 단양군	단양예총 사업활동 지원	35,000	문화체육과	1	1	7	8	7	1	1	4
11903	충북 단양군	문화예술단체 육성지원	30,000	문화체육과	1	1	7	8	7	1	1	4
11904	충북 단양군	단양향교 사업비지원	4,000	문화체육과	1	1	7	8	7	1	1	4
11905	충북 단양군	영춘향교 사업비지원	4,000	문화체육과	1	1	7	8	7	1	1	4
11906	충북 단양군	단양문화원 사업활동 지원	33,700	문화체육과	1	1	7	8	7	1	1	4
11907	충북 단양군	통합문화이용권사업	120,960	문화체육과	1	1	7	8	7	1	1	1
11908	충북 단양군	박물관(천태중앙박물관) 활성화 지원사업	10,000	문화체육과	1	1	7	8	7	1	1	1
11909	충북 단양군	충북 향토문화 연구 및 학술대회 개최	20,000	문화체육과	1	1	7	8	7	1	1	1
11910	충북 단양군	우수학습동아리 지원	10,000	문화체육과	1	4	7	8	7	5	5	4
11911	충북 단양군	비정규학교 지원	10,000	문화체육과	1	1	7	8	7	5	5	4
11912	충북 단양군	평생학습박람회 참가단체 및 동아리 참가비 보조	15,000	문화체육과	1	4	7	8	7	5	5	4
11913	충북 단양군	여성폭력 상담소 운영	20,000	문화체육과	1	1	7	8	7	1	1	4
11914	충북 단양군	전일제 일반생활체육지도자 배치	181,008	문화체육과	1	1	7	8	7	3	2	4
11915	충북 단양군	어르신 생활체육지도자 배치	150,840	문화체육과	1	1	7	8	7	3	2	4
11916	충북 단양군	생활체육활성화	96,820	문화체육과	1	1	7	8	7	1	1	4
11917	충남 공주시	자율방재단 활동지원	30,000	시민안전과	1	1	7	8	7	1	1	4
11918	충남 공주시	인명구조활동 지원	8,000	시민안전과	1	1	7	8	7	1	1	4
11919	충남 공주시	주민자치 특성화사업	65,000	주민공동체과	1	4	7	8	7	1	1	1
11920	충남 공주시	주민자치 박람회	20,000	주민공동체과	1	4	7	8	7	1	1	1
11921	충남 공주시	마을교육자치회 운영지원 사업	70,000	주민공동체과	1	4	7	8	7	1	1	1
11922	충남 공주시	충남형 주민자치회 시범사업	30,000	주민공동체과	1	4	7	8	7	1	1	1
11923	충남 공주시	이통장 워크숍 개최	15,000	주민공동체과	1	4	7	8	7	1	1	1
11924	충남 공주시	충청남도 이통장 한마음체육대회 참가 지원	8,000	주민공동체과	1	4	7	8	7	1	1	1
11925	충남 공주시	이통장 한마음 체육대회	20,000	주민공동체과	1	4	7	8	7	1	1	1
11926	충남 공주시	새마을 이웃과 사랑나누기	31,000	주민공동체과	1	4	7	8	7	1	1	1
11927	충남 공주시	새마을 지도자 기본교육	20,000	주민공동체과	1	4	7	8	7	1	1	1
11928	충남 공주시	새마을운동 읍면동 새마을회 지원	32,000	주민공동체과	1	4	7	8	7	1	1	1
11929	충남 공주시	새마을 문화의식 운동지원	26,000	주민공동체과	1	4	7	8	7	1	1	1
11930	충남 공주시	새마을지도자 한마음대회	10,000	주민공동체과	1	4	7	8	7	1	1	1
11931	충남 공주시	새마을지도자 전국대회 및 도촉진대회	10,000	주민공동체과	1	4	7	8	7	1	1	1
11932	충남 공주시	도의새마을 교육	21,266	주민공동체과	1	4	7	8	7	1	1	1

순번	시군구	지출명 (사업명)	2021년예산 (단위:천원/1년간)	담당자 (공무원) 담당부서	민간이전 분류 (지방자치단체 세출예산 집행기준에 의거) 1. 민간경상사업보조(307-02) 2. 민간단체 법정운영비보조(307-03) 3. 민간행사사업보조(307-04) 4. 민간위탁금(307-05) 5. 사회복지시설 법정운영비보조(307-10) 6. 민간인위탁교육비(307-12) 7. 공기관등에대한경상적위탁사업비(308-11) 8. 민간자본사업보조,자체재원(402-01) 9. 민간자본사업보조,이전재원(402-02) 10. 민간위탁사업비(402-03) 11. 공기관등에 대한 자본적 대행사업비(403-02)	민간이전지출 근거 (지방보조금 관리기준 참고) 1. 법률에 규정 2. 국고보조 재원(국가지정) 3. 용도 지정 기부금 4. 조례에 직접규정 5. 지자체가 권장하는 사업을 하는 공공기관 6. 시,도 정책 및 재정사정 7. 기타 8. 해당없음	입찰방식 계약체결방법 (경쟁형태) 1. 일반경쟁 2. 제한경쟁 3. 지명경쟁 4. 수의계약 5. 법정위탁 6. 기타 ( ) 7. 해당없음	입찰방식 계약기간 1. 1년 2. 2년 3. 3년 4. 4년 5. 5년 6. 기타 ( )년 7. 단기계약 (1년미만) 8. 해당없음	입찰방식 낙찰자선정방법 1. 적격심사 2. 협상에의한계약 3. 최저가낙찰제 4. 규격가격분리 5. 2단계 경쟁입찰 6. 기타 ( ) 7. 해당없음	운영예산 산정 운영예산 산정 1. 내부산정 (지자체 자체적으로 산정) 2. 외부산정 (외부전문기관위탁 산정) 3. 내·외부 모두 산정 4. 산정 無 5. 해당없음	운영예산 산정 정산방법 1. 내부정산 (지자체 내부적으로 정산) 2. 외부정산 (외부전문기관위탁 정산) 3. 내·외부 모두 산정 4. 정산 無 5. 해당없음	성과평가 실시여부 1. 실시 2. 미실시 3. 향후 추진 4. 해당없음
11933	충남 공주시	바르게살기운동 읍면동 위원회 지원	10,200	주민공동체과	1	4	7	8	7	1	1	1
11934	충남 공주시	바르게살기운동 정신사업 활동지원	6,000	주민공동체과	1	4	7	8	7	1	1	1
11935	충남 공주시	바르게살기운동 공주시협의회 운영비	25,500	주민공동체과	1	4	7	8	7	1	1	1
11936	충남 공주시	한국자유총연맹 공주시지회 운영비	18,000	주민공동체과	1	4	7	8	7	1	1	1
11937	충남 공주시	자유수호 희생자 합동 위령베	3,000	주민공동체과	1	4	7	8	7	1	1	1
11938	충남 공주시	자유민주주의 신장활동과 통일안보교육	7,500	주민공동체과	1	4	7	8	7	1	1	1
11939	충남 공주시	민족통일협의회 전국대회 및 도대회 참가	3,000	주민공동체과	1	4	7	8	7	1	1	1
11940	충남 공주시	향군안보강좌 등	7,000	주민공동체과	1	4	7	8	7	1	1	1
11941	충남 공주시	재향군인회 날 기념식	4,000	주민공동체과	1	4	7	8	7	1	1	1
11942	충남 공주시	자율방범연합 체육대회	6,000	주민공동체과	1	4	7	8	7	1	1	1
11943	충남 공주시	충청남도 자율방범연합회 한마음대회 참가지원	3,000	주민공동체과	1	4	7	8	7	1	1	1
11944	충남 공주시	범죄예방활동지원	18,000	주민공동체과	1	4	7	8	7	1	1	1
11945	충남 공주시	범죄피해자지원사업	40,000	주민공동체과	1	4	7	8	7	1	1	1
11946	충남 공주시	청소년 안전지킴이 및 관광지 교통캠페인	3,000	주민공동체과	1	4	7	8	7	1	1	1
11947	충남 공주시	문화재 및 공원지역 안전순찰	3,000	주민공동체과	1	4	7	8	7	1	1	1
11948	충남 공주시	새들목섬 자연보호 및 방범순찰	3,000	주민공동체과	1	4	7	8	7	1	1	1
11949	충남 공주시	보호관찰 대상자 재범방지 사업	8,000	주민공동체과	1	4	7	8	7	1	1	1
11950	충남 공주시	3.1절 기념식	4,000	주민공동체과	1	4	7	8	7	1	1	1
11951	충남 공주시	3.1만세운동 재연 및 정신계승 활동	2,000	주민공동체과	1	4	7	8	7	1	1	1
11952	충남 공주시	적십자봉사회 한마음대회	5,000	주민공동체과	1	4	7	8	7	1	1	1
11953	충남 공주시	마을공동체 활성화 마중물사업	30,000	주민공동체과	1	2	7	8	7	1	1	1
11954	충남 공주시	마을공동체 사업화 지원사업	70,000	주민공동체과	1	2	7	8	7	1	1	1
11955	충남 공주시	액션그룹 조직 및 역량강화사업	1,080	주민공동체과	1	1	7	8	7	1	1	1
11956	충남 공주시	세대통합으로 이웃간의 연결 공동체 사업	20,000	주민공동체과	1	4	7	8	7	1	1	1
11957	충남 공주시	동병마을학교 공동체사업	20,000	주민공동체과	1	4	7	8	7	1	1	1
11958	충남 공주시	아낙네들의 나누미 공동체사업	20,000	주민공동체과	1	4	7	8	7	1	1	1
11959	충남 공주시	사회적기업 육성	270,000	주민공동체과	1	2	7	8	7	1	1	1
11960	충남 공주시	사회적기업 사업개발비	50,000	주민공동체과	1	2	7	8	7	1	1	1
11961	충남 공주시	마을기업지원	100,000	주민공동체과	1	2	7	8	7	1	1	1
11962	충남 공주시	예비마을기업지원	20,000	주민공동체과	1	2	7	8	7	1	1	1
11963	충남 공주시	사회적경제 청년도제 육성사업 지원	33,009	주민공동체과	1	2	7	8	7	1	1	1
11964	충남 공주시	공주시 사회적경제기업 일자리 사업	45,323	주민공동체과	1	2	7	8	7	1	1	1
11965	충남 공주시	생활과학교실 운영	20,000	평생교육과	1	4	7	1	7	1	1	1
11966	충남 공주시	마을주도형 늘품학교 운영	108,000	평생교육과	1	4	6	1	7	1	1	1
11967	충남 공주시	평생학습동아리 활성화	13,000	평생교육과	1	4	7	1	7	1	1	1
11968	충남 공주시	지역 평생교육프로그램 운영지원	164,500	평생교육과	1	4	7	1	7	1	1	1
11969	충남 공주시	평생교육 활성화 지원	18,000	평생교육과	1	4	7	1	7	1	1	1
11970	충남 공주시	주말행복배움터 운영	30,000	평생교육과	1	4	7	1	7	1	1	1
11971	충남 공주시	성인문해교육 지원사업	9,000	평생교육과	1	4	6	1	7	1	1	1
11972	충남 공주시	인성교육 지원사업	20,000	평생교육과	1	4	7	1	7	1	1	1
11973	충남 공주시	학습공동체 활성화	10,000	평생교육과	1	4	7	1	7	1	1	1
11974	충남 공주시	영화상영 지원	9,000	문화체육과	1	4	7	8	7	1	1	3
11975	충남 공주시	제27회 웅진전국사진공모전 및 제41회 회원전	20,000	문화체육과	1	4	7	8	7	1	1	3
11976	충남 공주시	문학, 예술지 발간 - 공주예술지	7,000	문화체육과	1	4	7	8	7	1	1	3
11977	충남 공주시	시민과함께하는 예술마당	60,000	문화체육과	1	4	7	8	7	1	1	3
11978	충남 공주시	시민과 함께하는 버스킹	20,000	문화체육과	1	4	7	8	7	1	1	3
11979	충남 공주시	웅진문학상	15,000	문화체육과	1	4	7	8	7	1	1	3
11980	충남 공주시	전국 청소년 트로트 가요제	3,000	문화체육과	1	4	7	8	7	1	1	3
11981	충남 공주시	학생미술실기대회, 전통공예교실	7,000	문화체육과	1	4	7	8	7	1	1	3
11982	충남 공주시	찾아가는 시화전	4,000	문화체육과	1	4	7	8	7	1	1	3
11983	충남 공주시	문학, 예술지 발간 - 공주문학지	4,000	문화체육과	1	4	7	8	7	1	1	3

순번	시군구	지출명 (사업명)	2021년예산 (단위:천원/1년간)	담당자 (공무원) 담당부서	민간이전 분류 (지방자치단체 세출예산 집행기준에 의거) 1. 민간경상사업보조(307-02) 2. 민간단체 법정운영비보조(307-03) 3. 민간행사사업보조(307-04) 4. 민간위탁금(307-05) 5. 사회복지시설 법정운영비보조(307-10) 6. 민간인위탁교육비(307-12) 7. 공기관등에대한경상적위탁사업비(308-11) 8. 민간자본사업보조,자체재원(402-01) 9. 민간자본사업보조,이전재원(402-02) 10. 민간위탁사업비(402-03) 11. 공기관등에 대한 자본적 대행사업비(403-02)	민간이전지출 근거 (지방보조금 관리기준 참고) 1. 법률에 규정 2. 국고보조 재원(국가지정) 3. 용도 지정 기부금 4. 조례에 직접규정 5. 지자체가 권장하는 사업을 하는 공공기관 6. 시,도 정책 및 재정사정 7. 기타 8. 해당없음	입찰방식 계약체결방법 (경쟁형태) 1. 일반경쟁 2. 제한경쟁 3. 지명경쟁 4. 수의계약 5. 법정위탁 6. 기타 ( ) 7. 해당없음	계약기간 1. 1년 2. 2년 3. 3년 4. 4년 5. 5년 6. 기타 ( )년 7. 단기계약 (1년미만) 8. 해당없음	낙찰자선정방법 1. 적격심사 2. 협상에의한계약 3. 최저가낙찰제 4. 규격가격분리 5. 2단계 경쟁입찰 6. 기타 ( ) 7. 해당없음	운영예산 산정 운영예산 산정 1. 내부산정 (지자체 자체적으로 산정) 2. 외부산정 (외부전문기관위탁 산정) 3. 내·외부 모두 산정 4. 산정 無 5. 해당없음	정산방법 1. 내부정산 (지자체 내부적으로 정산) 2. 외부정산 (외부전문기관위탁 정산) 3. 내·외부 모두 산정 4. 정산 無 5. 해당없음	성과평가 실시여부 1. 실시 2. 미실시 3. 향후 추진 4. 해당없음
11984	충남 공주시	제38회 사)한국미술협회 공주지부 정기전	5,000	문화체육과	1	4	7	8	7	1	1	3
11985	충남 공주시	2018 공주음악협회정기공연	8,000	문화체육과	1	4	7	8	7	1	1	3
11986	충남 공주시	연극협회 정기공연	8,000	문화체육과	1	4	7	8	7	1	1	3
11987	충남 공주시	국악협회 정기공연	5,000	문화체육과	1	4	7	8	7	1	1	3
11988	충남 공주시	무용협회 정기공연	15,000	문화체육과	1	4	7	8	7	1	1	3
11989	충남 공주시	원도심 두번째 이야기 감영길 드로잉전	4,000	문화체육과	1	4	7	8	7	1	1	3
11990	충남 공주시	도지사기 일반남녀 농악대회 참가	5,000	문화체육과	1	4	7	8	7	1	1	3
11991	충남 공주시	지역미술작가발굴전	10,000	문화체육과	1	4	7	8	7	1	1	3
11992	충남 공주시	청년예술인 창작활동지원사업	10,000	문화체육과	1	4	7	8	7	1	1	3
11993	충남 공주시	공예품 경진대회 개최 지원	30,000	문화체육과	1	4	7	8	7	1	1	3
11994	충남 공주시	공주전통공예사업	10,000	문화체육과	1	4	7	8	7	1	1	3
11995	충남 공주시	공예품 상품화 개발 지원금	40,000	문화체육과	1	4	7	8	7	1	1	3
11996	충남 공주시	찾아가는 문화활동	44,000	문화체육과	1	4	7	8	7	1	1	3
11997	충남 공주시	신년교례회 행사지원	4,000	문화체육과	1	4	7	8	7	1	1	3
11998	충남 공주시	공주문화원 운영지원(307-03)	165,000	문화체육과	1	4	7	8	7	1	1	3
11999	충남 공주시	우리조상알기사업	15,000	문화체육과	1	4	7	8	7	1	1	3
12000	충남 공주시	공주문화소식지 발간	35,000	문화체육과	1	4	7	8	7	1	1	3
12001	충남 공주시	문화유적 순례답사	10,000	문화체육과	1	4	7	8	7	1	1	3
12002	충남 공주시	문화예술인 정기공연	10,000	문화체육과	1	4	7	8	7	1	1	3
12003	충남 공주시	도지사배 민속대제전 참가	5,000	문화체육과	1	4	7	8	7	1	1	3
12004	충남 공주시	향토작가초대전	40,000	문화체육과	1	4	7	8	7	1	1	3
12005	충남 공주시	동아리 활동지원사업	40,000	문화체육과	1	4	7	8	7	1	1	3
12006	충남 공주시	문화가 있는 날	40,000	문화체육과	1	4	7	8	7	1	1	3
12007	충남 공주시	지방문화원 향토민속발굴사업	12,600	문화체육과	1	4	7	8	7	1	1	3
12008	충남 공주시	문화원사업활동비	69,950	문화체육과	1	4	7	8	7	1	1	3
12009	충남 공주시	문화원특성화사업	19,020	문화체육과	1	4	7	8	7	1	1	3
12010	충남 공주시	양서발간사업	20,000	문화체육과	1	4	7	8	7	1	1	3
12011	충남 공주시	근현대 구술채록사업	20,000	문화체육과	1	4	7	8	7	1	1	3
12012	충남 공주시	전국서예작가초대전	30,000	문화체육과	1	4	7	8	7	1	1	3
12013	충남 공주시	한국민속예술축제 및 전국청소년민속예술제	720,000	문화체육과	1	4	7	8	7	1	1	3
12014	충남 공주시	석가탄신일 행사지원	20,000	문화체육과	1	4	7	8	7	1	1	3
12015	충남 공주시	성탄행사지원	20,000	문화체육과	1	4	7	8	7	1	1	3
12016	충남 공주시	황새바위 성지문화제	20,000	문화체육과	1	4	7	8	7	1	1	3
12017	충남 공주시	금강미술대전	30,000	문화체육과	1	4	7	8	7	1	1	3
12018	충남 공주시	풍물강습 및 백제문화제 공연	3,000	문화체육과	1	4	7	8	7	1	1	3
12019	충남 공주시	향토문화연구지 발간	7,000	문화체육과	1	4	7	8	7	1	1	3
12020	충남 공주시	금강여성문학지 발간	2,000	문화체육과	1	4	7	8	7	1	1	3
12021	충남 공주시	공주여성문학지 발간	2,000	문화체육과	1	4	7	8	7	1	1	3
12022	충남 공주시	정월대보름행사	8,000	문화체육과	1	4	7	8	7	1	1	3
12023	충남 공주시	갑사괴목대신제	5,000	문화체육과	1	4	7	8	7	1	1	3
12024	충남 공주시	공주민속문화보급사업	40,000	문화체육과	1	4	7	8	7	1	1	3
12025	충남 공주시	얼씨구 신명나는 판소리공연	7,000	문화체육과	1	4	7	8	7	1	1	3
12026	충남 공주시	한국화전통미술제	7,000	문화체육과	1	4	7	8	7	1	1	3
12027	충남 공주시	백제서화공모대전	20,000	문화체육과	1	4	7	8	7	1	1	3
12028	충남 공주시	내포제 시조경창대회	16,000	문화체육과	1	4	7	8	7	1	1	3
12029	충남 공주시	바탕W회 미술작품전	5,600	문화체육과	1	4	7	8	7	1	1	3
12030	충남 공주시	공주문화도록 발간	10,400	문화체육과	1	4	7	8	7	1	1	3
12031	충남 공주시	공주아리랑 전수사업	24,000	문화체육과	1	4	7	8	7	1	1	3
12032	충남 공주시	가을, 계룡산에서의 춤	24,000	문화체육과	1	4	7	8	7	1	1	3
12033	충남 공주시	동학동 철화분청마을 문화행사	16,000	문화체육과	1	4	7	8	7	1	1	3
12034	충남 공주시	백제춤 보급사업	16,000	문화체육과	1	4	7	8	7	1	1	3

순번	시군구	지출명 (사업명)	2021년예산 (단위:천원/1년간)	담당자 (공무원) 담당부서	민간이전 분류 (지방자치단체 세출예산 집행기준에 의거) 1. 민간경상사업보조(307-02) 2. 민간단체 법정운영비보조(307-03) 3. 민간행사사업보조(307-04) 4. 민간위탁금(307-05) 5. 사회복지시설 법정운영비보조(307-10) 6. 민간인위탁교육비(307-12) 7. 공기관등에대한경상적위탁사업비(308-11) 8. 민간자본사업보조,자체재원(402-01) 9. 민간자본사업보조,이전재원(402-02) 10. 민간위탁사업비(402-03) 11. 공기관등에 대한 자본적 대행사업비(403-02)	민간이전지출 근거 (지방보조금 관리기준 참고) 1. 법률에 규정 2. 국고보조 재원(국가지정) 3. 용도 지정 기부금 4. 조례에 직접규정 5. 지자체가 권장하는 사업을 하는 공공기관 6. 시,도 정책 및 재정사정 7. 기타 8. 해당없음	입찰방식: 계약체결방법 (경쟁형태) 1. 일반경쟁 2. 제한경쟁 3. 지명경쟁 4. 수의계약 5. 법정위탁 6. 기타 ( ) 7. 해당없음	입찰방식: 계약기간 1. 1년 2. 2년 3. 3년 4. 4년 5. 5년 6. 기타 ( )년 7. 단기계약 (1년미만) 8. 해당없음	입찰방식: 낙찰자선정방법 1. 적격심사 2. 협상에의한계약 3. 최저가낙찰제 4. 규격가격분리 5. 2단계 경쟁입찰 6. 기타 ( ) 7. 해당없음	운영예산 산정: 운영예산 산정 1. 내부산정 (지자체 자체적으로 산정) 2. 외부산정 (외부전문기관위탁 산정) 3. 내·외부 모두 산정 4. 산정 無 5. 해당없음	운영예산 산정: 정산방법 1. 내부정산 (지자체 내부적으로 정산) 2. 외부정산 (외부전문기관위탁 정산) 3. 내·외부 모두 산정 4. 정산 無 5. 해당없음	성과평가 실시여부 1. 실시 2. 미실시 3. 향후 추진 4. 해당없음
12035	충남 공주시	대지의소리 공주의 울림	20,000	문화체육과	1	4	7	8	7	1	1	3
12036	충남 공주시	대한민국백제서화 국제교류전 및 한시대회	16,000	문화체육과	1	4	7	8	7	1	1	3
12037	충남 공주시	공공미술프로젝트	400,000	문화체육과	1	2	7	8	7	5	5	4
12038	충남 공주시	문화도시조성	600,000	문화체육과	1	4	7	1	7	1	1	2
12039	충남 공주시	풀꽃문학상	20,000	문화체육과	1	4	5	2	7	1	1	1
12040	충남 공주시	풀꽃문학제	40,000	문화체육과	1	4	5	2	7	1	1	1
12041	충남 공주시	시민과 함께하는 야외무대	75,000	문화체육과	1	1	1	1	1	1	1	1
12042	충남 공주시	지역 도자문화 국외 교류	7,000	문화체육과	1	4	7	8	7	5	5	4
12043	충남 공주시	공주시체육회 행사지원	1,681	문화체육과	1	4	7	7	7	1	1	1
12044	충남 공주시	공주시장애인체육회 행사지원	143,000	문화체육과	1	4	7	7	7	1	1	1
12045	충남 공주시	고도 주민협의회 활동 지원	17,000	문화재과	1	1	7	8	7	1	1	1
12046	충남 공주시	백제세계유산센터 통합 홍보프로그램	503,334	문화재과	1	2	4	7	7	2	3	4
12047	충남 공주시	마곡사 사진전 개최	30,000	문화재과	1	2	4	7	7	2	3	4
12048	충남 공주시	마곡사 스토리텔링 가이드북 제작	30,000	문화재과	1	2	4	7	7	2	3	4
12049	충남 공주시	마곡사 생태기행	28,000	문화재과	1	2	4	7	7	2	3	3
12050	충남 공주시	문화재 활용사업	69,000	문화재과	1	4	7	8	7	5	5	4
12051	충남 공주시	찾아가는 문화재안전학교 운영	10,000	문화재과	1	4	7	8	7	5	5	4
12052	충남 공주시	향교서원 문화재 활용사업	270,000	문화재과	1	2	6	7	1	1	1	1
12053	충남 공주시	향교서원 문화재 활용사업	90,000	문화재과	1	2	6	7	1	1	1	1
12054	충남 공주시	생생문화재 활용사업	62,500	문화재과	1	2	6	7	1	1	1	1
12055	충남 공주시	전통산사문화재 활용사업	50,000	문화재과	1	2	6	7	1	1	1	1
12056	충남 공주시	찾아가는 동학학교, 마을동학 운영	7,000	문화재과	1	4	7	8	7	1	1	3
12057	충남 공주시	2021년 세계유산 축전	500,000	문화재과	1	2	4	7	7	2	3	3
12058	충남 공주시	무형문화재 공개행사 등 지원	6,000	문화재과	1	1	7	8	7	5	5	4
12059	충남 공주시	전통제향 지원	29,000	문화재과	1	2	7	7	7	1	1	1
12060	충남 공주시	무령왕 추모제례	15,000	문화재과	1	4	7	8	7	1	1	1
12061	충남 공주시	하대리칠석제	6,000	문화재과	1	4	7	8	7	5	5	4
12062	충남 공주시	향교 전통문화전승보존	3,000	문화재과	1	4	7	7	7	1	1	1
12063	충남 공주시	서화작품 전시회	6,000	문화재과	1	4	7	8	7	5	5	4
12064	충남 공주시	전수교육관 활성화 사업	12,500	문화재과	1	2	7	8	7	5	5	4
12065	충남 공주시	공주 고마나루 웅진단 수신제	2,000	문화재과	1	1	7	8	7	5	5	4
12066	충남 공주시	마곡사 영규대사 추모 다례제	24,000	문화재과	1	4	7	7	7	1	1	1
12067	충남 공주시	(사)숙모회 제향비 지원	5,100	문화재과	1	4	7	8	7	5	5	4
12068	충남 공주시	마을제 지원사업	16,000	문화재과	1	4	7	8	7	5	5	4
12069	충남 공주시	지역문화유산교육사업	52,000	문화재과	1	2	4	6	7	1	1	3
12070	충남 공주시	자원봉사센터 운영	60,600	복지정책과	1	1	5	8	7	1	1	3
12071	충남 공주시	자원봉사 거점센터 운영	36,231	복지정책과	1	1	5	8	7	1	1	3
12072	충남 공주시	자원봉사코디네이터 지원육성	59,152	복지정책과	1	1	5	8	7	1	1	3
12073	충남 공주시	전국통합자원봉사보험가입서비스지원	9,842	복지정책과	1	1	5	8	7	1	1	3
12074	충남 공주시	1+3사랑나눔 자원봉사단 운영	8,000	복지정책과	1	1	5	8	7	1	1	3
12075	충남 공주시	행복마을 자원봉사 코디네이터 양성	29,576	복지정책과	1	1	5	8	7	1	1	3
12076	충남 공주시	공주시자원봉사센터 사업비	30,000	복지정책과	1	1	5	8	7	1	1	3
12077	충남 공주시	지방의제21	6,000	환경보호과	1	6	7	1	7	1	1	4
12078	충남 공주시	저탄소생활실천운동	19,800	환경보호과	1	2	7	1	7	4	1	4
12079	충남 공주시	도랑살리기사업 민간위탁교육	8,000	환경보호과	1	6	6	1	6	1	1	2
12080	충남 공주시	노사정화합 간담회 및 등반대회 행사	6,000	경제과	1	7	7	8	7	5	5	4
12081	충남 공주시	청년창업지원센터 운영활성화	130,000	경제과	1	1	7	8	7	5	5	4
12082	충남 공주시	소프트웨어 미래채움사업	250,000	경제과	1	1	7	8	7	5	5	4
12083	충남 공주시	공주시 청년상생고용 지원사업	169,956	경제과	1	1	7	8	7	5	5	4
12084	충남 공주시	공주시 관내기업 청년고용 지원사업	163,900	경제과	1	1	7	8	7	5	5	4
12085	충남 공주시	공주시 청년상생고용지원사업	3,000	경제과	1	1	7	8	7	5	5	4

순번	시군구	지출명 (사업명)	2021년예산 (단위:천원/1년간)	담당자 (공무원) 담당부서	민간이전 분류 (지방자치단체 세출예산 집행기준에 의거) 1. 민간경상사업보조(307-02) 2. 민간단체 법정운영비보조(307-03) 3. 민간행사사업보조(307-04) 4. 민간위탁금(307-05) 5. 사회복지시설 법정운영비보조(307-10) 6. 민간인위탁교육비(307-12) 7. 공기관등에대한경상적위탁사업비(308-11) 8. 민간자본사업보조,자체재원(402-01) 9. 민간자본사업보조,이전재원(402-02) 10. 민간위탁사업비(402-03) 11. 공기관등에 대한 자본적 대행사업비(403-02)	민간이전지출 근거 (지방보조금 관리기준 참고) 1. 법률에 규정 2. 국고보조 재원(국가지정) 3. 용도 지정 기부금 4. 조례에 직접규정 5. 지자체가 권장하는 사업을 하는 공공기관 6. 시,도 정책 및 재정사정 7. 기타 8. 해당없음	입찰방식 계약체결방법 (경쟁형태) 1. 일반경쟁 2. 제한경쟁 3. 지명경쟁 4. 수의계약 5. 법정위탁 6. 기타 ( ) 7. 해당없음	입찰방식 계약기간 1. 1년 2. 2년 3. 3년 4. 4년 5. 5년 6. 기타 ( )년 7. 단기계약 (1년미만) 8. 해당없음	입찰방식 낙찰자선정방법 1. 적격심사 2. 협상에의한계약 3. 최저가낙찰제 4. 규격가격분리 5. 2단계 경쟁입찰 6. 기타 ( ) 7. 해당없음	운영예산 산정 운영예산 산정 1. 내부산정 (지자체 자체적으로 산정) 2. 외부산정 (외부전문기관위탁 산정) 3. 내·외부 모두 산정 4. 산정 無 5. 해당없음	운영예산 산정 정산방법 1. 내부정산 (지자체 내부적으로 정산) 2. 외부정산 (외부전문기관위탁 정산) 3. 내·외부 모두 산정 4. 정산 無 5. 해당없음	성과평가 실시여부 1. 실시 2. 미실시 3. 향후 추진 4. 해당없음
12086	충남 공주시	공주시 관내기업 청년고용 지원사업	3,000	경제과	1	1	7	8	7	5	5	4
12087	충북 옥천군	전통시장경영혁신사업	20,000	경제과	1	2	7	8	7	1	1	4
12088	충북 옥천군	시장활성화구역 경영혁신사업	20,000	경제과	1	2	7	8	7	1	1	4
12089	충남 공주시	전국 우수시장 박람회 참가 지원	8,000	경제과	1	1	7	8	7	5	5	4
12090	충남 공주시	공주산성시장 밤마실 야시장	40,000	경제과	1	1	7	8	7	5	5	4
12091	충남 공주시	전통시장 경영혁신사업	20,000	경제과	1	1	7	8	7	5	5	4
12092	충남 공주시	시장활성화구역 경영혁신사업	20,000	경제과	1	1	7	8	7	5	5	4
12093	충남 공주시	주민주도 공모사업	80,000	도시정책과	1	2	7	8	7	5	5	4
12094	충남 공주시	옥룡동 주거지지원형 주민공모사업	160,000	도시정책과	1	2	7	8	7	5	5	4
12095	충남 공주시	친환경농업조직 활성화지원사업	7,840	농업정책과	1	6	7	8	7	5	5	4
12096	충남 공주시	과수 명품화 육성사업	55,000	농업정책과	1	6	7	8	7	5	5	4
12097	충남 공주시	유산균 토양발효농법 지원사업	30,000	농업정책과	1	6	7	8	7	5	5	4
12098	충남 공주시	원예작물 신소재-신농법 영농지원사업	43,500	농업정책과	1	6	7	8	7	5	5	4
12099	충남 공주시	이상기후 등 재해 대응능력 강화	21,000	농업정책과	1	6	7	8	7	5	5	4
12100	충남 공주시	화훼 생산기반 경쟁력강화사업	30,000	농업정책과	1	6	7	8	7	5	5	4
12101	충남 공주시	채소류생산안정지원사업	163,334	농업정책과	1	6	7	8	7	5	5	4
12102	충남 공주시	주요농산물 가격안정 지원사업	70,000	농업정책과	1	6	7	8	7	5	5	4
12103	충남 공주시	인삼생산농가 실명제 지원	4,600	농업정책과	1	6	7	8	7	5	5	4
12104	충남 공주시	시장유통 인삼 컬러박스 지원	5,390	농업정책과	1	6	7	8	7	5	5	4
12105	충남 공주시	인삼채굴전 안전성 검사비 지원	688	농업정책과	1	6	7	8	7	5	5	4
12106	충남 공주시	기후변화 대응 인삼생산자재 지원	65,415	농업정책과	1	6	7	8	7	5	5	4
12107	충남 공주시	시설원예 선충방재용 자재 지원사업	70,000	농업정책과	1	6	7	8	7	5	5	4
12108	충남 공주시	시설원예 재배농가 기능성필름 지원사업	80,000	농업정책과	1	6	7	8	7	5	5	4
12109	충남 공주시	시설원예 쿨네트 지원사업	20,000	농업정책과	1	6	7	8	7	5	5	4
12110	충남 공주시	기후변화대응 과실생산자재 지원	35,000	농업정책과	1	6	7	8	7	5	5	4
12111	충남 공주시	과수 재배농가 생산자재 지원	125,000	농업정책과	1	6	7	8	7	5	5	4
12112	충남 공주시	고품질 과실생산 착과봉지 지원	120,000	농업정책과	1	6	7	8	7	5	5	4
12113	충남 공주시	농촌 공동아이돌봄센터 운영 지원	13,700	농업정책과	1	1	7	8	7	5	5	4
12114	충남 공주시	농촌관광주체 육성 지원	52,000	농업정책과	1	1	7	8	7	5	5	4
12115	충남 공주시	여성농업인센터 운영 지원	171,000	농업정책과	1	1	7	8	7	5	5	4
12116	충남 공주시	농업경영인 농업연수비 지원	14,000	농업정책과	1	4	7	8	7	5	5	4
12117	충남 공주시	여성농업인 전국대회 참가비 지원	12,000	농업정책과	1	4	7	8	7	5	5	4
12118	충남 공주시	여성농업인 해외농업연수비 지원	7,000	농업정책과	1	4	7	8	7	5	5	4
12119	충남 공주시	여성농업인 역량강화 교육비 지원	3,000	농업정책과	1	4	7	8	7	5	5	4
12120	충남 공주시	농민회 봉사활동 및 교육비 지원	2,000	농업정책과	1	4	7	8	7	5	5	4
12121	충남 공주시	충남농민전진대회 참가비 지원	4,500	농업정책과	1	4	7	8	7	5	5	4
12122	충남 공주시	쌀전업농 전국대회 참가 및 선진지 견학	10,000	농업정책과	1	4	7	8	7	5	5	4
12123	충남 공주시	쌀전업농 해외연수비 지원	7,000	농업정책과	1	4	7	8	7	5	5	4
12124	충남 공주시	농업단체 역량강화 교육비 지원	4,000	농업정책과	1	4	7	8	7	5	5	4
12125	충남 공주시	농업경영인 화합대회 지원	10,000	농업정책과	1	4	7	8	7	5	5	4
12126	충남 공주시	청년 농산업창업지원	125,142	농촌진흥과	1	1	7	8	7	5	5	4
12127	충남 공주시	청년농업인 4-H회원 맞춤형 과제지원	5,000	농촌진흥과	1	4	7	8	7	5	5	4
12128	충남 공주시	4-H회 국제농업 연수지원	14,000	농촌진흥과	1	4	7	8	7	5	5	4
12129	충남 공주시	농촌지도자회 국제농업연찬	7,000	농촌진흥과	1	1	4	7	1	1	1	1
12130	충남 공주시	농촌지도자회 지역농산물 홍보	3,500	농촌진흥과	1	1	4	7	1	1	1	1
12131	충남 공주시	농촌지도자회 비전실천 역량강화 지원	6,000	농촌진흥과	1	1	4	7	1	1	1	1
12132	충남 공주시	품목농업인연구회 협업 경영실천 공모사업	56,000	농촌진흥과	1	1	1	7	1	1	1	1
12133	충남 공주시	품목농업인연구회 육성지원	4,000	농촌진흥과	1	1	4	7	1	1	1	1
12134	충남 공주시	품목농업인연구회 지식경영 실천	5,800	농촌진흥과	1	1	4	7	1	1	1	1
12135	충남 공주시	공주시품목농업인연구연합회 국제농업연수	7,000	농촌진흥과	1	1	4	7	1	1	1	1
12136	충남 공주시	농촌체험분야 국제농업연수 지원	14,000	농촌진흥과	1	4	7	8	7	5	5	4

순번	시군구	지출명 (사업명)	2021년예산 (단위:천원/1년간)	담당자 (공무원) 담당부서	민간이전 분류 (지방자치단체 세출예산 집행기준에 의거) 1. 민간경상사업보조(307-02) 2. 민간단체 법정운영비보조(307-03) 3. 민간행사사업보조(307-04) 4. 민간위탁금(307-05) 5. 사회복지시설 법정운영비보조(307-10) 6. 민간인위탁교육비(307-12) 7. 공기관등에대한경상적위탁사업비(308-11) 8. 민간자본사업보조,자체재원(402-01) 9. 민간자본사업보조,이전재원(402-02) 10. 민간위탁사업비(402-03) 11. 공기관등에 대한 자본적 대행사업비(403-02)	민간이전지출 근거 (지방보조금 관리기준 참고) 1. 법률에 규정 2. 국고보조 재원(국가지정) 3. 용도 지정 기부금 4. 조례에 직접규정 5. 지자체가 권장하는 사업을 하는 공공기관 6. 시,도 정책 및 재정사정 7. 기타 8. 해당없음	입찰방식: 계약체결방법 (경쟁형태) 1. 일반경쟁 2. 제한경쟁 3. 지명경쟁 4. 수의계약 5. 법정위탁 6. 기타 ( ) 7. 해당없음	입찰방식: 계약기간 1. 1년 2. 2년 3. 3년 4. 4년 5. 5년 6. 기타 ( )년 7. 단기계약 (1년미만) 8. 해당없음	입찰방식: 낙찰자선정방법 1. 적격심사 2. 협상에의한계약 3. 최저가낙찰제 4. 규격가격분리 5. 2단계 경쟁입찰 6. 기타 ( ) 7. 해당없음	운영예산 산정: 운영예산 산정 1. 내부산정 (지자체 자체적으로 산정) 2. 외부산정 (외부전문기관위탁 산정) 3. 내·외부 모두 산정 4. 산정 無 5. 해당없음	운영예산 산정: 정산방법 1. 내부정산 (지자체 내부적으로 정산) 2. 외부정산 (외부전문기관위탁 정산) 3. 내·외부 모두 산정 4. 정산 無 5. 해당없음	성과평가 실시여부 1. 실시 2. 미실시 3. 향후 추진 4. 해당없음
12137	충남 공주시	농촌체험휴양마을 보험가입 지원	8,007	농촌진흥과	1	2	7	8	7	5	5	4
12138	충남 공주시	농촌체험휴양마을 사무장 지원	105,531	농촌진흥과	1	2	7	8	7	5	5	4
12139	충남 공주시	농촌체험휴양마을 홍보행사 지원	5,100	농촌진흥과	1	2	7	8	7	5	5	4
12140	충남 공주시	농촌체험휴양마을 역량강화	4,320	농촌진흥과	1	2	7	8	7	5	5	4
12141	충남 공주시	농경문화자원 소득화 모델 구축사업	30,000	농촌진흥과	1	2	7	8	7	5	5	4
12142	충남 공주시	치유형 농촌체험농장(치유팜) 육성	29,750	농촌진흥과	1	2	7	8	7	5	5	4
12143	충남 공주시	농촌교육농장 육성	17,850	농촌진흥과	1	2	7	8	7	5	5	4
12144	충남 공주시	농촌축제지원	10,000	농촌진흥과	1	2	7	8	7	5	5	4
12145	충남 공주시	귀농귀촌분야 국제농업연찬	7,000	농촌진흥과	1	4	7	8	7	1	1	1
12146	충남 공주시	귀농인협의회 육성지원	10,000	농촌진흥과	1	4	7	8	7	1	1	1
12147	충남 공주시	귀농귀촌인 재능기부 활성화	4,250	농촌진흥과	1	6	7	8	7	1	1	1
12148	충남 공주시	귀농 초보농부 실천농장 운영	15,000	농촌진흥과	1	6	7	8	7	5	5	4
12149	충남 공주시	귀농창업 활성화지원사업	17,600	농촌진흥과	1	2	7	8	7	5	5	4
12150	충남 보령시	청년동아리활동 지원	1,500	기획감사실	1	4	7	8	7	5	5	4
12151	충남 보령시	지역발전을 위한 시민운동 지원	20,000	기획감사실	1	4	7	8	7	1	1	4
12152	충남 보령시	자유민주주의 안보현장 견학	2,400	홍보미디어실	1	4	7	8	7	1	1	1
12153	충남 보령시	자유민주주의 안보 교육	500	홍보미디어실	1	4	7	8	7	1	1	1
12154	충남 보령시	자유수호지도자 한마음 결의대회	800	홍보미디어실	1	4	7	8	7	1	1	1
12155	충남 보령시	정보화마을 활성화 지원	50,000	홍보미디어실	1	4	7	8	7	1	1	1
12156	충남 보령시	자원봉사단 및 센터운영	137,430	주민생활지원과	1	1	7	8	7	1	1	1
12157	충남 보령시	자체 자원봉사사업	88,000	주민생활지원과	1	1	7	8	7	1	1	1
12158	충남 보령시	자원봉사코디네이터 지원육성	59,152	주민생활지원과	1	1	7	8	7	1	1	1
12159	충남 보령시	자원봉사 참여자 보험료지원	9,054	주민생활지원과	1	1	7	8	7	1	1	1
12160	충남 보령시	국내선진 사회복지사업 벤치마킹	5,000	주민생활지원과	1	1	7	8	7	1	1	1
12161	충남 보령시	지역사회보장협의체 활성화사업	5,000	주민생활지원과	1	6	7	8	7	1	1	1
12162	충남 보령시	만세보령 연극학교	20,000	문화새마을과	1	7	7	1	7	1	1	1
12163	충남 보령시	보령예술지 발간	5,000	문화새마을과	1	7	7	1	7	1	1	1
12164	충남 보령시	보령 시민연합 필하모닉 오케스트라 교실	28,000	문화새마을과	1	7	6	1	7	1	1	1
12165	충남 보령시	공동주택 문화예술 행사 지원	20,000	문화새마을과	1	7	6	1	7	1	1	1
12166	충남 보령시	우리고장 역사문화알기	20,000	문화새마을과	1	1	5	8	7	1	1	4
12167	충남 보령시	보령의 마을지 발간	25,000	문화새마을과	1	1	5	8	7	1	1	4
12168	충남 보령시	문화학교	35,280	문화새마을과	1	1	5	8	7	1	1	4
12169	충남 보령시	지방문화원 활성화 및 향토문화 발굴육성	51,000	문화새마을과	1	1	5	8	7	1	1	4
12170	충남 보령시	근·현대 구술채록 사업	16,000	문화새마을과	1	1	5	8	7	1	1	4
12171	충남 보령시	통합문화이용권사업	457,900	문화새마을과	1	1	5	8	7	5	5	4
12172	충남 보령시	새마을문고 독서문화 운동	3,000	문화새마을과	1	4	7	8	7	1	1	4
12173	충남 보령시	청년봉사대 새마을 사업	15,000	문화새마을과	1	4	7	8	7	1	1	4
12174	충남 보령시	도의교실 운영	4,700	문화새마을과	1	4	1	1	1	1	1	4
12175	충남 보령시	도의새마을교육(사회단체)	23,220	문화새마을과	1	4	7	8	7	1	1	4
12176	충남 보령시	도의새마을교육 참가지원비	8,200	문화새마을과	1	4	7	8	7	1	1	4
12177	충남 보령시	충남정신발양사업	6,000	문화새마을과	1	4	1	1	1	1	1	4
12178	충남 보령시	충남인성교육사업 지원	7,200	문화새마을과	1	4	1	1	1	1	1	4
12179	충남 보령시	도시재생소규모주민공모사업	25,000	도시재생과	1	4	7	8	7	1	1	1
12180	충남 보령시	농촌현장포럼	40,000	도시재생과	1	4	7	8	7	1	1	4
12181	충남 보령시	해양항구 정화	5,000	해양정책과	1	4	7	8	7	5	5	4
12182	충남 보령시	도서민 여객선 운임지원	542,200	해양정책과	1	1	7	8	7	1	1	4
12183	충남 보령시	보령해양발전 방안마련 워크숍	2,000	해양정책과	1	4	7	8	7	5	5	4
12184	충남 보령시	75세이상 도서민 여객운임 무료화 사업	132,000	해양정책과	1	4	7	8	7	1	1	4
12185	충남 보령시	명절 귀성객 여객 운임지원	40,000	해양정책과	1	4	7	8	7	1	1	4
12186	충남 보령시	물놀이 취약지역 예방활동	5,000	해수욕장경영과	1	1	1	7	1	1	1	4
12187	충남 보령시	노인자살예방 멘토링	101,760	보건소	1	1	6	1	2	5	1	1

순번	시군구	지출명 (사업명)	2021년예산 (단위:천원/1년간)	담당자 (공무원) 담당부서	민간이전 분류 (지방자치단체 세출예산 집행기준에 의거) 1. 민간경상사업보조(307-02) 2. 민간단체 법정운영비보조(307-03) 3. 민간행사사업보조(307-04) 4. 민간위탁금(307-05) 5. 사회복지시설 법정운영비보조(307-10) 6. 민간인위탁교육비(307-12) 7. 공기관등에대한경상적위탁사업비(308-11) 8. 민간자본사업보조,자체재원(402-01) 9. 민간자본사업보조,이전재원(402-02) 10. 민간위탁사업비(402-03) 11. 공기관등에 대한 자본적 대행사업비(403-02)	민간이전지출 근거 (지방보조금 관리기준 참고) 1. 법률에 규정 2. 국고보조 재원(국가지정) 3. 용도 지정 기부금 4. 조례에 직접규정 5. 지자체가 권장하는 사업을 하는 공공기관 6. 시,도 정책 및 재정사정 7. 기타 8. 해당없음	입찰방식 계약체결방법 (경쟁형태) 1. 일반경쟁 2. 제한경쟁 3. 지명경쟁 4. 수의계약 5. 법정위탁 6. 기타 ( ) 7. 해당없음	입찰방식 계약기간 1. 1년 2. 2년 3. 3년 4. 4년 5. 5년 6. 기타 ( )년 7. 단기계약 (1년미만) 8. 해당없음	입찰방식 낙찰자선정방법 1. 적격심사 2. 협상에의한계약 3. 최저가낙찰제 4. 규격가격분리 5. 2단계 경쟁입찰 6. 기타 ( ) 7. 해당없음	운영예산 산정 운영예산 산정 1. 내부산정 (지자체 자체적으로 산정) 2. 외부산정 (외부전문기관위탁 산정) 3. 내·외부 모두 산정 4. 산정 無 5. 해당없음	운영예산 산정 정산방법 1. 내부정산 (지자체 내부적으로 정산) 2. 외부정산 (외부전문기관위탁 정산) 3. 내·외부 모두 산정 4. 정산 無 5. 해당없음	성과평가 실시여부 1. 실시 2. 미실시 3. 향후 추진 4. 해당없음
12188	충남 보령시	보령 청년브랜드 개발, 런칭	56,000	인력육성팀	1	4	7	8	7	5	5	4
12189	충남 보령시	드론 전문가 양성(주민참여)	35,000	인력육성팀	1	4	7	8	7	5	5	4
12190	충남 보령시	농촌지도자회 비전실천 역량강화 지원시범	6,000	인력육성팀	1	4	7	8	7	5	5	4
12191	충남 보령시	농촌지도자회 지역농산물 홍보지원	3,500	인력육성팀	1	4	7	8	7	5	5	4
12192	충남 보령시	청년농업인 농업전문자격 취득지원	24,800	인력육성팀	1	4	7	8	7	5	5	4
12193	충남 보령시	품목농업인연구회 지식경영 실천시범	7,000	인력육성팀	1	4	7	8	7	5	5	4
12194	충남 보령시	품목농업인연구회 농산물 판촉 품평회 시범	3,500	인력육성팀	1	4	7	8	7	5	5	4
12195	충남 보령시	농업인학습단체 역량강화 지원시범	5,000	인력육성팀	1	4	7	8	7	5	5	4
12196	충남 보령시	청년농업인 선진농업기술 교육	4,300	인력육성팀	1	4	7	8	7	5	5	4
12197	충남 보령시	귀농창업 활성화 지원사업	19,000	귀농지원팀	1	2	7	8	7	5	5	4
12198	충남 보령시	4-H 양성교육	1,700	인력육성팀	1	2	7	8	7	5	5	4
12199	충남 보령시	청년 농업인 영농정착 지원	202,857	귀농지원팀	1	2	7	8	7	5	5	4
12200	충남 보령시	농촌관광 전문인력양성 사업	6,000	생활자원팀	1	4	7	8	7	5	5	4
12201	충남 보령시	넝쿨강낭콩 지리적표시 포장 판매 지원	20,000	북부지구지소	1	4	7	8	7	5	5	4
12202	충남 보령시	생활개선회 능력개발 아카데미	10,000	생활자원팀	1	4	7	8	7	5	5	4
12203	충남 보령시	농촌여성리더 전국대회 참석	10,000	생활자원팀	1	4	7	8	7	5	5	4
12204	충남 보령시	농산물 가공 창업 보육 시범	20,000	생활자원팀	1	6	7	8	7	5	5	4
12205	충남 아산시	외암마을가꾸기	35,000	문화유산과	1	1	7	8	7	5	5	4
12206	충남 아산시	외암마을 주민교육	900	문화유산과	1	1	7	8	7	5	5	4
12207	충남 아산시	외암마을 초가이엉잇기	400,000	문화유산과	1	1	7	8	7	5	5	4
12208	충남 아산시	외암마을 재난방지 시스템 구축	35,000	문화유산과	1	1	7	8	7	5	5	4
12209	충남 아산시	용궁댁 초가잇기	8,500	문화유산과	1	1	7	8	7	5	5	4
12210	충남 아산시	무형문화재 전승장비 지원	3,600	문화유산과	1	1	7	8	7	5	5	4
12211	충남 아산시	향교석전대제	24,000	문화유산과	1	1	7	8	7	5	5	4
12212	충남 아산시	유림회기로연	8,000	문화유산과	1	1	7	8	7	5	5	4
12213	충남 아산시	숭모제제례비	4,000	문화유산과	1	1	7	8	7	5	5	4
12214	충남 아산시	향교 명륜대학등 전통문화교육	29,000	문화유산과	1	1	7	8	7	5	5	4
12215	충남 아산시	맹고불 추모제	5,000	문화유산과	1	1	7	8	7	5	5	4
12216	충남 아산시	동학농민위령제	8,000	문화유산과	1	1	7	8	7	5	5	4
12217	충남 아산시	아산시 유림회 유교문화권 탐방	5,000	문화유산과	1	1	7	8	7	5	5	4
12218	충남 아산시	이순신 연구논총 인쇄물 발간 지원	15,000	문화유산과	1	1	7	8	7	5	5	4
12219	충남 아산시	생생문화재사업	187,500	문화유산과	1	1	7	8	7	5	5	4
12220	충남 아산시	향교서원문화재활용사업	100,000	문화유산과	1	1	7	8	7	5	5	4
12221	충남 아산시	고택종갓집활용사업	400,000	문화유산과	1	1	7	8	7	5	5	4
12222	충남 아산시	전통산사문화재활용사업	25,000	문화유산과	1	1	7	8	7	5	5	4
12223	충남 아산시	농어촌빈집 정비사업	150,000	건축과	1	4	7	8	7	1	1	1
12224	충남 아산시	아산시 교통질서 계도 및 각종행사 교통근무지원	18,000	교통행정과	1	4	7	8	7	5	5	4
12225	충남 아산시	어린이 교통사고 예방 캠페인 및 교통안전 계도지원	5,000	교통행정과	1	4	7	8	7	5	5	4
12226	충남 아산시	응급의료기관 평가 결과에 따른 보조금 지원	80,000	질병예방과	1	2	5	1	7	5	5	4
12227	충남 아산시	의료관련감염병 예방관리 사업	7,000	질병예방과	1	2	5	1	7	5	5	4
12228	충남 아산시	의료기관 결핵환자 관리지원(민간의료기관)	35,650	질병예방과	1	2	5	1	7	5	5	4
12229	충남 아산시	음식점 좌식개선사업	54,000	위생과	1	4	7	8	7	5	5	4
12230	충남 아산시	벼 육묘 상자처리제 지원사업	450,000	농업기술과	1	4	7	8	7	5	5	4
12231	충남 아산시	아산맑은쌀 포장재 지원사업	27,000	농업기술과	1	4	7	8	7	5	5	4
12232	충남 아산시	즉석밥용(햇반) 원료곡 운송비 지원	91,800	농업기술과	1	4	7	8	7	5	5	4
12233	충남 아산시	벼 직파재배 종자철분코팅자재 및 피방제약제 지원사업	27,000	농업기술과	1	4	7	8	7	5	5	4
12234	충남 아산시	국화연구회 육성	13,500	농업기술과	1	4	7	8	7	5	5	4
12235	충남 아산시	도시텃밭 공원조성	20,000	농업기술과	1	4	7	8	7	5	5	4
12236	충남 아산시	대미 대만 배수출농가 봉지지원사업	33,750	농업기술과	1	4	7	8	7	5	5	4
12237	충남 아산시	포도봉지 지원사업	16,200	농업기술과	1	4	7	8	7	5	5	4
12238	충남 아산시	농작물 병해충 방제비	256,000	농업기술과	1	2	7	8	7	5	5	4

순번	시군구	지출명 (사업명)	2021년예산 (단위:천원/1년간)	담당자 (공무원) 담당부서	민간이전 분류 (지방자치단체 세출예산 집행기준에 의거) 1. 민간경상사업보조(307-02) 2. 민간단체 법정운영비보조(307-03) 3. 민간행사사업보조(307-04) 4. 민간위탁금(307-05) 5. 사회복지시설 법정운영비보조(307-10) 6. 민간인위탁교육비(307-12) 7. 공기관등에대한경상적위탁사업비(308-11) 8. 민간자본사업보조,자체재원(402-01) 9. 민간자본사업보조,이전재원(402-02) 10. 민간위탁사업비(402-03) 11. 공기관등에 대한 자본적 대행사업비(403-02)	민간이전지출 근거 (지방보조금 관리기준 참고) 1. 법률에 규정 2. 국고보조 재원(국가지정) 3. 용도 지정 기부금 4. 조례에 직접규정 5. 지자체가 권장하는 사업을 하는 공공기관 6. 시,도 정책 및 재정사정 7. 기타 8. 해당없음	입찰방식 계약체결방법 (경쟁형태) 1. 일반경쟁 2. 제한경쟁 3. 지명경쟁 4. 수의계약 5. 법정위탁 6. 기타 ( ) 7. 해당없음	입찰방식 계약기간 1. 1년 2. 2년 3. 3년 4. 4년 5. 5년 6. 기타 ( )년 7. 단기계약 (1년미만) 8. 해당없음	입찰방식 낙찰자선정방법 1. 적격심사 2. 협상에의한계약 3. 최저가낙찰제 4. 규격가격분리 5. 2단계 경쟁입찰 6. 기타 ( ) 7. 해당없음	운영예산 산정 운영예산 산정 1. 내부산정 (지자체 자체적으로 산정) 2. 외부산정 (외부전문기관위탁 산정) 3. 내·외부 모두 산정 4. 산정 無 5. 해당없음	운영예산 산정 정산방법 1. 내부정산 (지자체 내부적으로 정산) 2. 외부정산 (외부전문기관위탁 정산) 3. 내·외부 모두 산정 4. 정산 無 5. 해당없음	성과평가 실시여부 1. 실시 2. 미실시 3. 향후 추진 4. 해당없음
12239	충남 아산시	농작물 병해충 방제비	75,240	농업기술과	1	2	7	8	7	5	5	4
12240	충남 아산시	초등돌봄교실 과일간식지원 시범사업	104,000	농업기술과	1	2	7	8	7	5	5	4
12241	충남 아산시	과수명품화 육성사업	110,000	농업기술과	1	6	7	8	7	5	5	4
12242	충남 아산시	FTA기금 사업계획수립 및 관리비	10,000	농업기술과	1	2	7	8	7	5	5	4
12243	충남 아산시	과수농가 교육훈련 및 마케팅	5,000	농업기술과	1	2	7	8	7	5	5	4
12244	충남 아산시	버섯배지지원사업	27,000	농업기술과	1	2	7	8	7	5	5	4
12245	충남 아산시	시장유통 인삼컬러박스지원	735	농업기술과	1	2	7	8	7	5	5	4
12246	충남 아산시	인삼생산농가 실명제 스티커 지원	800	농업기술과	1	2	7	8	7	5	5	4
12247	충남 아산시	인삼채굴전 안전성 검사비 지원	1,376	농업기술과	1	2	7	8	7	5	5	4
12248	충남 아산시	친환경유기질비료 지원사업	40,800	농업기술과	1	4	7	8	7	5	5	4
12249	충남 아산시	도고쪽파 유박비료 지원	54,000	농업기술과	1	4	7	8	7	5	5	4
12250	충남 아산시	오이재배농가 액상비료지원	31,500	농업기술과	1	4	7	8	7	5	5	4
12251	충남 아산시	원예작물 고품질생산지원	72,000	농업기술과	1	4	7	8	7	5	5	4
12252	충남 아산시	무사마귀병 방제약제 지원	25,050	농업기술과	1	4	7	8	7	5	5	4
12253	충남 아산시	공동경영체 육성지원	31,500	농업기술과	1	2	7	8	7	5	5	4
12254	충남 아산시	환경친화적 신소재 영농지원	50,000	농업기술과	1	4	7	8	7	5	5	4
12255	충남 아산시	작은도서관운영지원	22,500	시립도서관	1	6	7	8	7	1	1	4
12256	충남 아산시	임업후계자 단체 지원	5,976	산림과	1	7	7	8	7	5	5	4
12257	충남 아산시	임업후계자 단체 지원	5,700	산림과	1	7	7	8	7	5	5	4
12258	충남 아산시	임업후계자 단체 지원	3,800	산림과	1	7	7	8	7	5	5	4
12259	충남 아산시	임업후계자 단체 지원	5,700	산림과	1	7	7	8	7	5	5	4
12260	충남 아산시	외부회계감사 비용 지원	6,000	주택과	1	1	1	7	2	1	1	1
12261	충남 아산시	영구임대아파트공동전기료지원	99,000	주택과	1	4	7	8	7	1	5	4
12262	충남 아산시	청년창업농 영농정착 지원사업	319,000	농촌자원과	1	2	7	8	7	5	5	4
12263	충남 아산시	학교 4-H프로젝트 활동지원	8,000	농촌자원과	1	6	7	8	7	5	5	4
12264	충남 아산시	농촌지도자회 비전실천 역량강화 지원	6,000	농촌자원과	1	6	7	8	7	5	5	4
12265	충남 아산시	농촌지도자회 지역농산물 홍보지원	3,500	농촌자원과	1	6	7	8	7	5	5	4
12266	충남 아산시	학교4-H 과제활동지원금	16,200	농촌자원과	1	6	7	8	7	5	5	4
12267	충남 아산시	농업인단체협의회 역량강화 교육	2,700	농촌자원과	1	6	7	8	7	5	5	4
12268	충남 아산시	아산시 농업경영인 역량강화 교육	10,800	농촌자원과	1	6	7	8	7	5	5	4
12269	충남 아산시	아산시품목별연구회 연찬교육	2,700	농촌자원과	1	6	7	8	7	5	5	4
12270	충남 아산시	여성농업인 역량강화교육	5,400	농촌자원과	1	6	7	8	7	5	5	4
12271	충남 아산시	농민회 영농지원사업	7,200	농촌자원과	1	6	7	8	7	5	5	4
12272	충남 아산시	농민회 농촌활동	2,700	농촌자원과	1	6	7	8	7	5	5	4
12273	충남 아산시	소비자 맞춤형 가공상품 개선시범	18,000	농촌자원과	1	2	7	8	7	5	5	4
12274	충남 아산시	농촌어르신 복지생활 실천 시범	50,000	농촌자원과	1	2	7	8	7	5	5	4
12275	충남 아산시	농업활동 안전사고 예방 생활화 시범	30,000	농촌자원과	1	2	7	8	7	5	5	4
12276	충남 아산시	자연보호 및 환경정화 사업	6,650	환경보전과	1	5	1	7	1	1	1	1
12277	충남 아산시	부상야생동물구조	20,000	환경보전과	1	5	1	1	1	1	1	1
12278	충남 아산시	환경정화 및 생태계복원 활동	10,000	환경보전과	1	5	1	7	1	1	1	1
12279	충남 아산시	유해야생동물 포획활동비	50,000	환경보전과	1	5	7	8	7	1	1	3
12280	충남 아산시	반딧불이 서식지 모니터링 및 체험프로그램 운영	6,000	환경보전과	1	6	1	1	1	1	1	2
12281	충남 아산시	생태계교란어종 퇴치사업	28,500	환경보전과	1	6	1	7	1	1	1	1
12282	충남 아산시	지역환경교육센터운영	40,000	환경보전과	1	6	5	3	7	2	1	3
12283	충남 아산시	학교급식지원센터 운영활성화사업	63,000	먹거리정책과	1	6	6	1	6	1	1	1
12284	충남 아산시	어린이집 친환경농산물 급식 지원	1,131	먹거리정책과	1	6	7	8	7	5	5	4
12285	충남 아산시	로컬푸드어린이집급식활성화차액지원	720,000	먹거리정책과	1	5	7	8	7	5	5	4
12286	충남 아산시	로컬푸드지역아동센터급식활성화차액지원	75,000	먹거리정책과	1	5	7	8	7	5	5	4
12287	충남 아산시	공공급식로컬푸드생산자가격보전	300,000	먹거리정책과	1	5	7	8	7	5	5	4
12288	충남 아산시	경로당 친환경 쌀 등 지원	225,000	먹거리정책과	1	5	7	8	7	5	5	4
12289	충남 아산시	친환경 급식용 쌀 포장재 지원	9,000	먹거리정책과	1	5	7	8	7	5	5	4

순번	시군구	지출명 (사업명)	2021년예산 (단위:천원/1년간)	담당자 (공무원) 담당부서	민간이전 분류 (지방자치단체 세출예산 집행기준에 의거) 1. 민간경상사업보조(307-02) 2. 민간단체 법정운영비보조(307-03) 3. 민간행사사업보조(307-04) 4. 민간위탁금(307-05) 5. 사회복지시설 법정운영비보조(307-10) 6. 민간인위탁교육비(307-12) 7. 공기관등에대한경상적위탁사업비(308-11) 8. 민간자본사업보조,자체재원(402-01) 9. 민간자본사업보조,이전재원(402-02) 10. 민간위탁사업비(402-03) 11. 공기관등에 대한 자본적 대행사업비(403-02)	민간이전지출 근거 (지방보조금 관리기준 참고) 1. 법률에 규정 2. 국고보조 재원(국가지정) 3. 용도 지정 기부금 4. 조례에 직접규정 5. 지자체가 권장하는 사업을 하는 공공기관 6. 시,도 정책 및 재정사정 7. 기타 8. 해당없음	입찰방식: 계약체결방법 (경쟁형태) 1. 일반경쟁 2. 제한경쟁 3. 지명경쟁 4. 수의계약 5. 법정위탁 6. 기타 ( ) 7. 해당없음	입찰방식: 계약기간 1. 1년 2. 2년 3. 3년 4. 4년 5. 5년 6. 기타 ( )년 7. 단기계약 (1년미만) 8. 해당없음	입찰방식: 낙찰자선정방법 1. 적격심사 2. 협상에의한계약 3. 최저가낙찰제 4. 규격가격분리 5. 2단계 경쟁입찰 6. 기타 ( ) 7. 해당없음	운영예산 산정: 운영예산 산정 1. 내부산정 (지자체 자체적으로 산정) 2. 외부산정 (외부전문기관위탁 산정) 3. 내·외부 모두 산정 4. 산정 無 5. 해당없음	운영예산 산정: 정산방법 1. 내부정산 (지자체 내부적으로 정산) 2. 외부정산 (외부전문기관위탁 정산) 3. 내·외부 모두 산정 4. 정산 無 5. 해당없음	성과평가 실시여부 1. 실시 2. 미실시 3. 향후 추진 4. 해당없음
12290	충남 아산시	양성평등기금 지원사업	40,000	여성가족과	1	4	7	8	1	5	1	1
12291	충남 아산시	자유민주주의 수호 활동 지원	3,150	자치행정과	1	1	7	8	7	1	1	1
12292	충남 아산시	호국보훈 활동 지원	5,148	자치행정과	1	1	7	8	7	1	1	1
12293	충남 아산시	범죄피해자 지원	52,200	자치행정과	1	1	7	8	7	1	1	1
12294	충남 아산시	의경 사기진작 지원	5,400	자치행정과	1	4	7	8	7	1	1	1
12295	충남 아산시	인도주의 사업 지원	10,000	자치행정과	1	4	7	8	7	1	1	1
12296	충남 아산시	평화통일 대비 아산시민 리더스 아카데미	9,000	자치행정과	1	1	7	8	7	1	1	1
12297	충남 아산시	아산재향경우회 안보견학 및 추모사업	4,500	자치행정과	1	1	7	8	7	1	1	1
12298	충남 아산시	평화통일자문위활동 지원	27,040	자치행정과	1	1	7	8	7	1	1	1
12299	충남 아산시	새마을운동활성화 특화사업 추진	88,875	자치행정과	1	4	7	8	7	1	1	1
12300	충남 아산시	아산시새마을회 반찬나누기	6,120	자치행정과	1	4	7	8	7	1	1	1
12301	충남 아산시	도의새마을회위탁교육지원	17,803	자치행정과	1	4	7	8	7	1	1	1
12302	충남 아산시	바르게살기운동 활성화 사업추진	13,500	자치행정과	1	4	7	8	7	1	1	1
12303	충남 아산시	중고교순회 전통예절교실 운영	3,600	자치행정과	1	4	7	8	7	1	1	1
12304	충남 아산시	충효예교실 운영(하계,동계)	20,000	자치행정과	1	4	7	8	7	1	1	1
12305	충남 아산시	충남인성교육사업추진	16,500	자치행정과	1	4	7	8	7	1	1	1
12306	충남 아산시	소쿠리 반찬나눔 사업(도민참여예산)	10,000	자치행정과	1	6	7	8	7	5	5	4
12307	충남 아산시	클린 선장, 클린 아산(도민참여예산)	5,000	자치행정과	1	6	7	8	7	5	5	4
12308	충남 아산시	보훈단체 지원	13,500	사회복지과	1	4	5	8	7	1	1	4
12309	충남 아산시	보훈단체 지원	4,500	사회복지과	1	4	5	8	7	1	1	4
12310	충남 아산시	보훈단체 지원	4,500	사회복지과	1	4	5	8	7	1	1	4
12311	충남 아산시	보훈단체 지원	4,500	사회복지과	1	4	5	8	7	1	1	4
12312	충남 아산시	보훈단체 지원	15,300	사회복지과	1	4	5	8	7	1	1	4
12313	충남 아산시	보훈단체 지원	4,500	사회복지과	1	4	5	8	7	1	1	4
12314	충남 아산시	보훈단체 지원	1,800	사회복지과	1	4	5	8	7	1	1	4
12315	충남 아산시	보훈단체 지원	12,600	사회복지과	1	4	5	8	7	1	1	4
12316	충남 아산시	보훈단체 지원	15,300	사회복지과	1	4	5	8	7	1	1	4
12317	충남 아산시	보훈단체 지원	1,800	사회복지과	1	4	5	8	7	1	1	4
12318	충남 아산시	농촌마을 공동급식 도우미 지원사업	102,000	농정과	1	6	7	8	7	5	1	3
12319	충남 아산시	농업회의소 운영	42,000	농정과	1	8	7	8	7	1	1	3
12320	충남 아산시	벼 병충해방제 약제 구입지원	219,000	농정과	1	4	6	8	7	1	1	1
12321	충남 아산시	부산물 퇴비 구입지원	500,000	농정과	1	4	6	8	7	1	1	1
12322	충남 아산시	보리,밀 재배지원	14,040	농정과	1	4	6	8	7	1	1	1
12323	충남 아산시	충남쌀 생산비 절감 지원	69,000	농정과	1	4	6	8	7	1	1	1
12324	충남 아산시	충남쌀 생산비 절감 지원	45,000	농정과	1	4	6	8	7	1	1	1
12325	충남 아산시	농작업지원단 육성 운영	322,000	농정과	1	4	6	8	7	1	1	1
12326	충남 아산시	밭 식량작물 특화단지 육성	47,000	농정과	1	4	6	8	7	1	1	1
12327	충남 아산시	친환경농업조직 활성화 지원	10,500	농정과	1	6	7	8	7	1	1	4
12328	충남 아산시	친환경 실천사업(초등학교)	20,000	농정과	1	6	7	8	7	1	1	4
12329	충남 아산시	친환경농산물 홍보 마케팅지원	26,400	농정과	1	6	7	8	7	1	1	4
12330	충남 아산시	친환경청년농부 교육훈련비 지원	15,300	농정과	1	6	7	8	7	1	1	4
12331	충남 아산시	유기농업자재 및 녹비작물 지원	62,500	농정과	1	2	7	8	7	1	1	4
12332	충남 아산시	친환경농업자재(수도작)지원	99,000	농정과	1	6	7	8	7	1	1	4
12333	충남 아산시	친환경농업자재(논두렁물막이판)지원	56,700	농정과	1	6	7	8	7	1	1	4
12334	충남 아산시	친환경 유기질비료 지원	128,250	농정과	1	6	7	8	7	1	1	4
12335	충남 아산시	친환경 수용성 규산질비료 지원	45,000	농정과	1	6	7	8	7	1	1	4
12336	충남 아산시	채소 친환경 영농자재 지원	13,500	농정과	1	6	7	8	7	1	1	4
12337	충남 아산시	벼 친환경 병충해 방제약 지원	27,000	농정과	1	6	7	8	7	1	1	4
12338	충남 아산시	양계농가 폭염피해예방지원	50,000	축수산과	1	1	7	8	7	5	5	4
12339	충남 아산시	육계농가 왕겨 지원사업	20,250	축수산과	1	1	7	8	7	5	5	4
12340	충남 아산시	축사낙뢰피해 방지시설 지원	2,500	축수산과	1	1	7	8	7	5	5	4

순번	시군구	지출명 (사업명)	2021년예산 (단위:천원/1년간)	담당자 (공무원)	민간이전 분류 (지방자치단체 세출예산 집행기준에 의거)	민간이전지출 근거 (지방보조금 관리기준 참고)	입찰방식			운영예산 산정		성과평가 실시여부
				담당부서	1. 민간경상사업보조(307-02) 2. 민간단체 법정운영비보조(307-03) 3. 민간행사사업보조(307-04) 4. 민간위탁금(307-05) 5. 사회복지시설 법정운영비보조(307-10) 6. 민간인위탁교육비(307-12) 7. 공기관등에대한경상적위탁사업비(308-11) 8. 민간자본사업보조,자체재원(402-01) 9. 민간자본사업보조,이전재원(402-02) 10. 민간위탁사업비(402-03) 11. 공기관등에 대한 자본적 대행사업비(403-02)	1. 법률에 규정 2. 국고보조 재원(국가지정) 3. 용도 지정 기부금 4. 조례에 직접규정 5. 지자체가 권장하는 사업을 하는 공공기관 6. 시,도 정책 및 재정사정 7. 기타 8. 해당없음	계약체결방법 (경쟁형태) 1. 일반경쟁 2. 제한경쟁 3. 지명경쟁 4. 수의계약 5. 법정위탁 6. 기타 ( ) 7. 해당없음	계약기간 1. 1년 2. 2년 3. 3년 4. 4년 5. 5년 6. 기타 ( )년 7. 단기계약 (1년미만) 8. 해당없음	낙찰자선정방법 1. 적격심사 2. 협상에의한계약 3. 최저가낙찰제 4. 규격가격분리 5. 2단계 경쟁입찰 6. 기타 ( ) 7. 해당없음	운영예산 산정 1. 내부산정 (지자체 자체적으로 산정) 2. 외부산정 (외부전문기관위탁 산정) 3. 내·외부 모두 산정 4. 산정 無 5. 해당없음	정산방법 1. 내부정산 (지자체 내부적으로 정산) 2. 외부정산 (외부전문기관위탁 정산) 3. 내·외부 모두 산정 4. 정산 無 5. 해당없음	1. 실시 2. 미실시 3. 향후 추진 4. 해당없음
12341	충남 아산시	축산농가 헬퍼(도우미)지원	65,430	축수산과	1	1	7	8	7	5	5	4
12342	충남 아산시	녹용 생산량증가 첨가제 지원사업	11,250	축수산과	1	1	7	8	7	5	5	4
12343	충남 아산시	축산농가 악취저감제 지원	190,000	축수산과	1	1	7	8	7	5	5	4
12344	충남 아산시	수분조절제 지원	47,100	축수산과	1	1	7	8	7	5	5	4
12345	충남 아산시	가축분뇨 수거비용 지원	85,000	축수산과	1	1	7	8	7	5	5	4
12346	충남 아산시	퇴비살포비 지원	40,000	축수산과	1	2	7	8	7	5	5	4
12347	충남 아산시	한우 유전체 분석 컨설팅 지원	3,200	축수산과	1	1	7	8	7	5	5	4
12348	충남 아산시	젖소 유전체 분석 지원	8,100	축수산과	1	1	7	8	7	5	5	4
12349	충남 아산시	한우광역브랜드육성	147,109	축수산과	1	1	7	8	7	5	5	4
12350	충남 아산시	한우 등록·심사비 지원	54,000	축수산과	1	1	7	8	7	5	5	4
12351	충남 아산시	수정란 이식사업(축산기술연구소 연계)	5,250	축수산과	1	1	7	8	7	5	5	4
12352	충남 아산시	한우 DNA 친자감별 검사 지원	9,600	축수산과	1	1	7	8	7	5	5	4
12353	충남 아산시	한우송아지 육성율 향상 지원	21,800	축수산과	1	1	7	8	7	5	5	4
12354	충남 아산시	우량 한우암소 다산장려금 지원	24,000	축수산과	1	1	7	8	7	5	5	4
12355	충남 아산시	한우 송아지 면역 강화제 지원	6,600	축수산과	1	1	7	8	7	5	5	4
12356	충남 아산시	젖소 고온면역증강제 지원	10,137	축수산과	1	1	7	8	7	5	5	4
12357	충남 아산시	젖소 위생원유 생산 지원	11,500	축수산과	1	1	7	8	7	5	5	4
12358	충남 아산시	젖소 번식우 생산성 향상 지원	34,000	축수산과	1	1	7	8	7	5	5	4
12359	충남 아산시	육우사육농가 육성 지원	14,000	축수산과	1	1	7	8	7	5	5	4
12360	충남 아산시	한우암소 로컬브랜드(아산맑은한우)지원	40,500	축수산과	1	1	7	8	7	5	5	4
12361	충남 아산시	학교우유급식 지원	393,007	축수산과	1	1	7	8	7	5	5	4
12362	충남 아산시	한우암소 로컬브랜드(아산맑은한우) 지원	40,500	축수산과	1	1	7	8	7	5	5	4
12363	충남 아산시	한우광역브랜드육성지원	88,000	축수산과	1	1	7	8	7	5	5	4
12364	충남 아산시	한우광역브랜드육성지원	12,600	축수산과	1	1	7	8	7	5	5	4
12365	충남 아산시	한우광역브랜드육성지원	38,568	축수산과	1	1	7	8	7	5	5	4
12366	충남 아산시	한우광역브랜드육성지원	2,400	축수산과	1	1	7	8	7	5	5	4
12367	충남 아산시	한우광역브랜드육성지원	5,541	축수산과	1	1	7	8	7	5	5	4
12368	충남 아산시	사료작물(춘,추파) 종자대 지원	131,271	축수산과	1	2	7	8	7	5	5	4
12369	충남 아산시	청보리 등 사일리지 제조운송비 지원	447,120	축수산과	1	2	7	8	7	5	5	4
12370	충남 아산시	동물복지 컨설팅 사업	14,000	축수산과	1	2	7	8	7	5	5	4
12371	충남 아산시	내수면 어장 환경개선	16,600	축수산과	1	1	7	8	7	5	5	4
12372	충남 아산시	동절기 제설작업 및 결빙도로 정비사업	17,000	도로과	1	4	7	8	7	5	5	4
12373	충남 서산시	시장경영바우처지원사업	47,200	일자리경제과	1	2	2	1	7	1	1	1
12374	충남 서산시	지역지식재산 창출 사업	200,000	일자리경제과	1	2	7	8	7	3	3	1
12375	충남 서산시	지역주도형청년일자리사업	539,984	일자리경제과	1	4	7	6	6	4	1	3
12376	충남 서산시	중소기업지원 청년일자리사업	433,606	일자리경제과	1	4	7	6	6	4	1	3
12377	충남 서산시	자동차산업 육성 청년일자리사업	192,658	일자리경제과	1	4	7	6	6	4	1	3
12378	충남 서산시	소비자 경제교육사업	2,000	일자리경제과	1	1	2	1	6	1	1	1
12379	충남 서산시	기업인 활동 지원 사업	19,000	기업지원과	1	4	7	8	7	5	5	4
12380	충남 서산시	산학협력 LINC+ 지원사업	30,000	기업지원과	1	1	7	8	7	5	5	4
12381	충남 서산시	모범운전자회 운영지원	12,000	교통과	1	1	7	8	7	1	1	1
12382	충남 서산시	자동차 무상점검 행사 지원	3,000	교통과	1	7	7	8	7	1	1	1
12383	충남 서산시	녹색어머니회 교통질서 활동 지원	3,500	교통과	1	6	7	8	7	1	1	2
12384	충남 서산시	택시 대폐차비 지원	33,000	교통과	1	1	7	8	7	1	1	1
12385	충남 서산시	브랜드택시 운영지원	96,390	교통과	1	4	7	8	7	1	1	1
12386	충남 서산시	숨은자원찾기 경진대회	112,000	자원순환과	1	4	7	8	7	1	1	1
12387	충남 서산시	재활용 활성화 사업	25,000	자원순환과	1	4	7	8	7	1	1	1
12388	충남 서산시	산불방지대책(자율감시단)	77,000	산림공원과	1	4	7	8	7	1	1	4
12389	충남 서산시	서산시 사회복지사 교육	20,000	사회복지과	1	1	7	8	7	1	1	3
12390	충남 서산시	서산시저소득보호관찰대상자 사회정착 지원	5,000	사회복지과	1	4	7	8	7	1	1	3
12391	충남 서산시	지역사회보장협의체 실무분과 사업비	12,000	사회복지과	1	4	7	8	7	1	1	1

순번	시군구	지출명 (사업명)	2021년예산 (단위:천원/1년간)	담당자 (공무원) 담당부서	민간이전 분류 (지방자치단체 세출예산 집행기준에 의거) 1. 민간경상사업보조(307-02) 2. 민간단체 법정운영비보조(307-03) 3. 민간행사사업보조(307-04) 4. 민간위탁금(307-05) 5. 사회복지시설 법정운영비보조(307-10) 6. 민간인위탁교육비(307-12) 7. 공기관등에대한경상적위탁사업비(308-11) 8. 민간자본사업보조,자체재원(402-01) 9. 민간자본사업보조,이전재원(402-02) 10. 민간위탁사업비(402-03) 11. 공기관등에 대한 자본적 대행사업비(403-02)	민간이전지출 근거 (지방보조금 관리기준 참고) 1. 법률에 규정 2. 국고보조 재원(국가지정) 3. 용도 지정 기부금 4. 조례에 직접규정 5. 지자체가 권장하는 사업을 하는 공공기관 6. 시,도 정책 및 재정사정 7. 기타 8. 해당없음	입찰방식 계약체결방법 (경쟁형태) 1. 일반경쟁 2. 제한경쟁 3. 지명경쟁 4. 수의계약 5. 법정위탁 6. 기타 ( ) 7. 해당없음	입찰방식 계약기간 1. 1년 2. 2년 3. 3년 4. 4년 5. 5년 6. 기타 ( )년 7. 단기계약 (1년미만) 8. 해당없음	입찰방식 낙찰자선정방법 1. 적격심사 2. 협상에의한계약 3. 최저가낙찰제 4. 규격가격분리 5. 2단계 경쟁입찰 6. 기타 ( ) 7. 해당없음	운영예산 산정 운영예산 산정 1. 내부산정 (지자체 자체적으로 산정) 2. 외부산정 (외부전문기관위탁 산정) 3. 내·외부 모두 산정 4. 산정 無 5. 해당없음	운영예산 산정 정산방법 1. 내부정산 (지자체 내부적으로 정산) 2. 외부정산 (외부전문기관위탁 정산) 3. 내·외부 모두 산정 4. 정산 無 5. 해당없음	성과평가 실시여부 1. 실시 2. 미실시 3. 향후 추진 4. 해당없음
12392	충남 서산시	지역사회보장협의체 운영 활성화 지원	5,000	사회복지과	1	4	7	8	7	1	1	1
12393	충남 서산시	어르신클럽 운영 활성화	24,000	경로장애인과	1	1	1	8	7	1	1	1
12394	충남 서산시	거주시설 종사자 인건비 부족분	528,318	경로장애인과	1	6	7	8	7	5	1	2
12395	충남 서산시	거주시설 중증장애인 보호자 수당	58,593	경로장애인과	1	1	7	8	7	5	1	2
12396	충남 서산시	도장애인의날행사참가비지원	5,000	경로장애인과	1	1	7	8	7	1	1	2
12397	충남 서산시	청소년 육성·보호·행사활동 등 지원	20,000	여성가족과	1	4	7	8	7	5	2	1
12398	충남 서산시	지역아동센터 운영비 지원	14,280	여성가족과	1	2	7	1	7	5	1	4
12399	충남 서산시	템플스테이 플러스원 투어	19,040	관광과	1	7	7	8	7	5	5	4
12400	충남 서산시	서산 관광사진 전국 공모전 및 전시회	22,000	관광과	1	7	7	8	7	5	5	4
12401	충남 서산시	생활관광 원도심 권역 공모사업	20,000	관광과	1	7	7	8	7	5	5	4
12402	충남 서산시	생활관광 운산 권역 공모사업	20,000	관광과	1	7	7	8	7	5	5	4
12403	충남 서산시	생활관광 대산 권역 공모사업	20,000	관광과	1	7	7	8	7	5	5	4
12404	충남 서산시	삼길포 상설프로그램	35,000	관광과	1	1	7	8	7	5	5	4
12405	충남 서산시	평생학습도시 활성화 사업	40,000	평생교육과	1	4	7	8	7	1	1	1
12406	충남 서산시	평생학습발표회 운영 및 지원	22,000	평생교육과	1	4	7	8	7	1	1	1
12407	충남 서산시	평생학습 동아리 지원	8,000	평생교육과	1	4	7	8	7	1	1	1
12408	충남 서산시	충남학 프로그램 운영	30,000	평생교육과	1	6	7	8	7	1	1	1
12409	충남 서산시	서산 행복교육지구 운영지원	72,000	평생교육과	1	4	7	8	7	1	1	1
12410	충남 서산시	서산행복교육지구 운영지원	50,000	평생교육과	1	4	7	8	7	1	1	1
12411	충남 서산시	도민체전 출전지원	500,000	체육진흥과	1	4	7	8	7	1	1	3
12412	충남 서산시	전국체전 출전지원	6,000	체육진흥과	1	4	7	8	7	1	1	3
12413	충남 서산시	도민체전 하반기 강화훈련비	67,000	체육진흥과	1	4	7	8	7	1	1	3
12414	충남 서산시	서산시민체육대회 읍면동 출전 지원	525,000	체육진흥과	1	4	7	8	7	1	1	3
12415	충남 서산시	재활 체육프로그램 운영	24,000	체육진흥과	1	4	7	8	7	1	1	3
12416	충남 서산시	도 장애인체육대회 출전 지원	220,000	체육진흥과	1	4	7	8	7	1	1	3
12417	충남 서산시	서산시장배 전국장애인탁구대회 개최	20,000	체육진흥과	1	4	7	8	7	1	1	3
12418	충남 서산시	서산시장배 전국어울림배드민턴대회 개최	20,000	체육진흥과	1	4	7	8	7	1	1	3
12419	충남 서산시	전국, 도, 기타대회 출전 및 개최	50,000	체육진흥과	1	4	7	8	7	1	1	3
12420	충남 서산시	서산시민체육대회(장애인부) 개최	25,000	체육진흥과	1	4	7	8	7	1	1	3
12421	충남 서산시	장애인생활체육지도자 배치사업	202,776	체육진흥과	1	4	7	8	7	1	1	3
12422	충남 서산시	장애인 생활체육지도자 처우개선비	45,653	체육진흥과	1	4	7	8	7	1	1	3
12423	충남 서산시	장애인 생활체육지도자 처우개선비	26,800	체육진흥과	1	4	7	8	7	1	1	3
12424	충남 서산시	3.1절 역전마라톤대회 출전 지원	15,000	체육진흥과	1	4	7	8	7	1	1	3
12425	충남 서산시	소년체전 출전 지원	6,000	체육진흥과	1	4	7	8	7	1	1	3
12426	충남 서산시	전국, 도, 기타대회 출전 및 개최	156,000	체육진흥과	1	4	7	8	7	1	1	3
12427	충남 서산시	체육인재육성사업 운영지원	376,520	체육진흥과	1	4	7	8	7	1	1	3
12428	충남 서산시	체육인재육성사업 운영지원	205,000	체육진흥과	1	4	7	8	7	1	1	3
12429	충남 서산시	서산마라톤대회 개최 지원	170,000	체육진흥과	1	4	7	8	7	1	1	3
12430	충남 서산시	서산시장기 생활체육대회 개최 지원	100,000	체육진흥과	1	4	7	8	7	1	1	3
12431	충남 서산시	도지사기 생활체육대회 개최 지원	20,000	체육진흥과	1	4	7	8	7	1	1	3
12432	충남 서산시	도민 생활체육대회 출전 지원	25,000	체육진흥과	1	4	7	8	7	1	1	3
12433	충남 서산시	서산시장배 전국동호인 배드민턴 대회 개최 지원	22,000	체육진흥과	1	4	7	8	7	1	1	3
12434	충남 서산시	서산시장배 전국동호인 테니스대회 개최 지원	22,000	체육진흥과	1	4	7	8	7	1	1	3
12435	충남 서산시	서산시장배 전국유소년 축구대회 개최 지원	22,000	체육진흥과	1	4	7	8	7	1	1	3
12436	충남 서산시	스포츠클럽 운영비	20,000	체육진흥과	1	4	7	8	7	1	1	3
12437	충남 서산시	수영스포츠클럽 운영비	20,000	체육진흥과	1	4	7	8	7	5	5	4
12438	충남 서산시	일반생활체육지도자 배치사업	289,680	체육진흥과	1	2	7	8	7	1	1	3
12439	충남 서산시	어르신생활체육지도자 배치사업	231,744	체육진흥과	1	2	7	8	7	1	1	3
12440	충남 서산시	생활체육지도자 처우개선비	140,111	체육진흥과	1	4	7	8	7	1	1	3
12441	충남 서산시	생활체육지도자 처우개선비	65,000	체육진흥과	1	4	7	8	7	1	1	3
12442	충남 서산시	생활체육프로그램 운영	53,600	체육진흥과	1	4	7	8	7	1	1	3

순번	시군구	지출명 (사업명)	2021년예산 (단위:천원/1년간)	담당자 (공무원) 담당부서	민간이전 분류 (지방자치단체 세출예산 집행기준에 의거) 1. 민간경상사업보조(307-02) 2. 민간단체 법정운영비보조(307-03) 3. 민간행사사업보조(307-04) 4. 민간위탁금(307-05) 5. 사회복지시설 법정운영비보조(307-10) 6. 민간인위탁교육비(307-12) 7. 공기관등에대한경상적위탁사업비(308-11) 8. 민간자본사업보조,자체재원(402-01) 9. 민간자본사업보조,이전재원(402-02) 10. 민간위탁사업비(402-03) 11. 공기관등에 대한 자본적 대행사업비(403-02)	민간이전지출 근거 (지방보조금 관리기준 참고) 1. 법률에 규정 2. 국고보조 재원(국가지정) 3. 용도 지정 기부금 4. 조례에 직접규정 5. 지자체가 권장하는 사업을 하는 공공기관 6. 시,도 정책 및 재정사정 7. 기타 8. 해당없음	입찰방식 계약체결방법 (경쟁형태) 1. 일반경쟁 2. 제한경쟁 3. 지명경쟁 4. 수의계약 5. 법정위탁 6. 기타 ( ) 7. 해당없음	입찰방식 계약기간 1. 1년 2. 2년 3. 3년 4. 4년 5. 5년 6. 기타 ( )년 7. 단기계약 (1년미만) 8. 해당없음	입찰방식 낙찰자선정방법 1. 적격심사 2. 협상에의한계약 3. 최저가낙찰제 4. 규격가격분리 5. 2단계 경쟁입찰 6. 기타 ( ) 7. 해당없음	운영예산 산정 운영예산 산정 1. 내부산정 (지자체 자체적으로 산정) 2. 외부산정 (외부전문기관위탁 산정) 3. 내·외부 모두 산정 4. 산정 無 5. 해당없음	운영예산 산정 정산방법 1. 내부정산 (지자체 내부적으로 정산) 2. 외부정산 (외부전문기관위탁 정산) 3. 내·외부 모두 산정 4. 정산 無 5. 해당없음	성과평가 실시여부 1. 실시 2. 미실시 3. 향후 추진 4. 해당없음
12443	충남 서산시	소규모 주민공모사업(활성화지역)	40,000	도시과	1	2	7	8	7	5	5	4
12444	충남 서산시	읍내동 도시재생 뉴딜사업	210,000	도시과	1	2	7	8	7	5	5	4
12445	충남 서산시	공동주택 관리비용 지원	300,000	주택과	1	1	6	8	1	1	1	1
12446	충남 서산시	어촌전통제례 육성지원	10,000	해양수산과	1	4	7	8	7	1	1	4
12447	충남 서산시	서산시 어업인 육성지원	32,400	해양수산과	1	4	7	7	7	1	1	1
12448	충남 서산시	어촌체험마을 사무장 채용지원	41,422	해양수산과	1	2	7	8	7	5	1	4
12449	충남 서산시	도서민 여객선 운임지원	13,000	해양수산과	1	2	7	8	7	5	1	4
12450	충남 서산시	도서민 생필품 운송비 지원	2,000	해양수산과	1	6	7	8	7	5	1	4
12451	충남 서산시	도서민 여객선(도선) 운임 지원 사업	6,000	해양수산과	1	6	7	8	7	5	1	4
12452	충남 서산시	도서지역 생활필수품 해상운송비 지원	5,200	해양수산과	1	2	7	8	7	5	1	4
12453	충남 서산시	75세 이상 도서민 여객운임 무료지원	3,600	해양수산과	1	6	7	8	7	5	1	4
12454	충남 서산시	도선(가야호) 유지관리	60,000	해양수산과	1	4	7	8	7	1	1	4
12455	충남 서산시	서산 대산항 중소기업 무역상담회	10,000	해양수산과	1	4	7	8	7	5	5	4
12456	충남 서산시	서산 대산항 해운항만산업 체험교실	5,000	해양수산과	1	4	7	8	7	5	5	4
12457	충남 서산시	서산 대산항 선사, 화주 초청 설명회	10,000	해양수산과	1	4	7	8	7	5	5	4
12458	충남 서산시	서산 대산항 정책세미나 개최	30,000	해양수산과	1	4	7	8	7	5	5	4
12459	충남 서산시	서산 대산항 경쟁력 향상 민관기업 협의체 운영	4,000	해양수산과	1	4	7	8	7	5	5	4
12460	충남 서산시	직원 자녀 위탁보육	9,918	자치행정과	1	4	7	8	7	5	1	1
12461	충남 서산시	도의새마을 위탁교육	13,896	자치행정과	1	1	7	8	7	1	1	1
12462	충남 서산시	충남 도의새마을운동 촉진대회	4,000	자치행정과	1	1	7	8	7	1	1	1
12463	충남 서산시	서산시 새마을운동 종합평가대회	1,500	자치행정과	1	1	7	8	7	1	1	1
12464	충남 서산시	새마을여인상 및 행복한 가정가꾸기 실천대회	1,500	자치행정과	1	1	7	8	7	1	1	1
12465	충남 서산시	새마을지도자 한마음대회	30,000	자치행정과	1	1	7	8	7	1	1	1
12466	충남 서산시	새마을의 날 기념 선진시민교육	3,000	자치행정과	1	1	7	8	7	1	1	1
12467	충남 서산시	녹색새마을운동	24,000	자치행정과	1	1	7	8	7	1	1	1
12468	충남 서산시	아름다운 고장만들기	24,000	자치행정과	1	1	7	8	7	1	1	1
12469	충남 서산시	새마을정신 국민독서경진대회	3,000	자치행정과	1	1	7	8	7	1	1	1
12470	충남 서산시	직장내 새마을정신 확산운동	5,000	자치행정과	1	1	7	8	7	1	1	1
12471	충남 서산시	전국 새마을지도자대회	4,000	자치행정과	1	1	7	8	7	1	1	1
12472	충남 서산시	사랑의 노인섬기기 고부한마음행사	2,000	자치행정과	1	1	7	8	7	1	1	1
12473	충남 서산시	찾아가는 희망행복드림사업	30,000	자치행정과	1	1	7	8	7	1	1	1
12474	충남 서산시	글로벌코리아 운동 추진	30,000	자치행정과	1	1	7	8	7	1	1	1
12475	충남 서산시	바르게살기운동 전국대회	4,000	자치행정과	1	1	7	8	7	1	1	1
12476	충남 서산시	바르게살기운동 충청남도대회	2,500	자치행정과	1	1	7	8	7	1	1	1
12477	충남 서산시	법질서확립 및 공정사회실천 대회	50,000	자치행정과	1	1	7	8	7	1	1	1
12478	충남 서산시	바르게살기운동 도의교실 운영	5,000	자치행정과	1	1	7	8	7	1	1	1
12479	충남 서산시	바르게살기운동 서산시협의회 한마음단합대회	20,000	자치행정과	1	1	7	8	7	1	1	1
12480	충남 서산시	자원봉사 활성화 지원사업	103,878	자치행정과	1	1	7	8	7	1	1	1
12481	충남 서산시	자원봉사센터 기간제 근로자 처우개선	2,400	자치행정과	1	1	7	8	7	1	1	1
12482	충남 서산시	전국통합자원봉사보험가입서비스지원	12,272	자치행정과	1	1	7	8	7	1	1	1
12483	충남 서산시	자원봉사 코디네이터 지원육성	59,150	자치행정과	1	1	7	8	7	1	1	1
12484	충남 서산시	행복마을 자원봉사 코디네이터 양성사업	59,152	자치행정과	1	1	7	8	7	1	1	1
12485	충남 서산시	자원봉사 거점캠프 운영	108,694	자치행정과	1	1	7	8	7	1	1	1
12486	충남 서산시	1+3사랑나눔 자원봉사단 운영	8,000	자치행정과	1	1	7	8	7	1	1	1
12487	충남 서산시	이동빨래차 운영지원	39,734	자치행정과	1	1	7	8	7	1	1	1
12488	충남 서산시	희망출동 1365사업	10,000	자치행정과	1	1	7	8	7	1	1	1
12489	충남 서산시	무료급식 지원사업	9,800	자치행정과	1	1	7	8	7	1	1	1
12490	충남 서산시	범죄예방활동지원사업	35,000	자치행정과	1	1	7	8	7	1	1	1
12491	충남 서산시	범죄피해자지원사업	60,000	자치행정과	1	1	7	8	7	1	1	1
12492	충남 서산시	통일기반조성 및 통일무지개운동 사업	30,000	자치행정과	1	1	7	8	7	1	1	1
12493	충남 서산시	자유민주주의 역량강화	25,000	자치행정과	1	1	7	8	7	1	1	1

순번	시군구	지출명 (사업명)	2021년예산 (단위:천원/1년간)	담당자 (공무원) 담당부서	민간이전 분류 (지방자치단체 세출예산 집행기준에 의거) 1. 민간경상사업보조(307-02) 2. 민간단체 법정운영비보조(307-03) 3. 민간행사사업보조(307-04) 4. 민간위탁금(307-05) 5. 사회복지시설 법정운영비보조(307-10) 6. 민간인위탁교육비(307-12) 7. 공기관등에대한경상적위탁사업비(308-11) 8. 민간자본사업보조,자체재원(402-01) 9. 민간자본사업보조,이전재원(402-02) 10. 민간위탁사업비(402-03) 11. 공기관등에 대한 자본적 대행사업비(403-02)	민간이전지출 근거 (지방보조금 관리기준 참고) 1. 법률에 규정 2. 국고보조 재원(국가지정) 3. 용도 지정 기부금 4. 조례에 직접규정 5. 지자체가 권장하는 사업을 하는 공공기관 6. 시,도 정책 및 재정사정 7. 기타 8. 해당없음	입찰방식 계약체결방법 (경쟁형태) 1. 일반경쟁 2. 제한경쟁 3. 지명경쟁 4. 수의계약 5. 법정위탁 6. 기타 ( ) 7. 해당없음	입찰방식 계약기간 1. 1년 2. 2년 3. 3년 4. 4년 5. 5년 6. 기타 ( )년 7. 단기계약 (1년미만) 8. 해당없음	입찰방식 낙찰자선정방법 1. 적격심사 2. 협상에의한계약 3. 최저가낙찰제 4. 규격가격분리 5. 2단계 경쟁입찰 6. 기타 ( ) 7. 해당없음	운영예산 산정 운영예산 산정 1. 내부산정 (지자체 자체적으로 산정) 2. 외부산정 (외부전문기관위탁 산정) 3. 내·외부 모두 산정 4. 산정 無 5. 해당없음	운영예산 산정 정산방법 1. 내부정산 (지자체 내부적으로 정산) 2. 외부정산 (외부전문기관위탁 정산) 3. 내·외부 모두 산정 4. 정산 無 5. 해당없음	성과평가 실시여부 1. 실시 2. 미실시 3. 향후 추진 4. 해당없음
12494	충남 서산시	호국정신의 함양 및 고취	9,000	자치행정과	1	1	7	8	7	1	1	1
12495	충남 서산시	통일교육 활성화	5,000	자치행정과	1	1	7	8	7	1	1	1
12496	충남 서산시	북한이탈주민 정착지원	20,000	자치행정과	1	1	7	8	7	1	1	1
12497	충남 서산시	각종 행사지원 및 질서유지활동	12,000	자치행정과	1	1	7	8	7	1	1	1
12498	충남 서산시	이통장 한마음체육대회 개최	30,000	자치행정과	1	4	7	8	7	1	1	1
12499	충남 서산시	충남도 이통장 한마음체육대회	6,000	자치행정과	1	4	7	8	7	1	1	1
12500	충남 서산시	자율방범대 컨테이너지원	14,000	자치행정과	1	4	7	8	7	1	1	1
12501	충남 서산시	비상통신 민간단체 지원	2,000	안전총괄과	1	4	7	1	7	1	1	1
12502	충남 서산시	물놀이 안전관리지역 인명구조대 지원	5,000	안전총괄과	1	4	7	1	7	1	1	1
12503	충남 서산시	주민자치 사례 경진대회 우수 자치회 사업지원	41,000	시민공동체과	1	4	7	8	7	1	1	1
12504	충남 서산시	주민자치회 우수 프로그램 경진대회	59,000	시민공동체과	1	4	7	8	7	1	1	1
12505	충남 서산시	주민참여형 공동체 활동 지원 사업	45,000	시민공동체과	1	4	7	8	7	1	1	1
12506	충남 서산시	주민총회 개최 지원	42,000	시민공동체과	1	4	7	8	7	1	1	1
12507	충남 서산시	구진 장터 플리마켓 운영	5,000	시민공동체과	1	4	7	8	7	1	1	1
12508	충남 서산시	공익활동 인큐베이팅 지원 사업	3,000	시민공동체과	1	4	7	8	7	1	1	1
12509	충남 서산시	시민사회 과제 해결 지원 사업	8,000	시민공동체과	1	4	7	8	7	1	1	1
12510	충남 서산시	주민자치회 사업	30,000	시민공동체과	1	6	7	8	7	1	1	1
12511	충남 서산시	사회적기업 협의회 운영 지원	4,000	시민공동체과	1	4	7	8	7	1	1	1
12512	충남 서산시	사회적경제기업 홍보물 제작 지원	10,000	시민공동체과	1	4	7	8	7	1	1	1
12513	충남 서산시	사회보험료 지원사업	45,333	시민공동체과	1	2	7	8	7	1	1	1
12514	충남 서산시	일자리창출사업	284,000	시민공동체과	1	2	7	8	7	1	1	1
12515	충남 서산시	사업개발비 지원사업	45,700	시민공동체과	1	2	7	8	7	1	1	1
12516	충남 서산시	사회적경제기업 청년도제 운영사업	44,250	시민공동체과	1	2	7	8	7	1	1	1
12517	충남 서산시	정보화마을 프로그램관리자 육성	43,362	정보통신과	1	4	7	8	7	1	1	1
12518	충남 서산시	정보화마을 Festa 행사 부스비	1,500	정보통신과	1	4	7	8	7	1	1	1
12519	충남 서산시	개방화 대응 과수원예농가 지원	55,000	농정과	1	6	4	7	7	1	1	1
12520	충남 서산시	농가 맞춤형 소형농기계 지원	50,000	농정과	1	6	7	8	7	1	1	1
12521	충남 서산시	농작업 보호장비 지원	46,000	농정과	1	6	7	8	7	1	1	1
12522	충남 서산시	농작업지원단 육성 운영	588,000	농정과	1	6	7	8	7	1	1	1
12523	충남 서산시	달래 토양환경개선 지원사업	70,000	농정과	1	4	7	8	7	1	1	1
12524	충남 서산시	대한민국 과일산업대전 참가 지원	10,000	농정과	1	4	4	7	7	1	1	1
12525	충남 서산시	딸기화분매개용 수정벌 지원사업	30,000	농정과	1	4	4	7	7	1	1	1
12526	충남 서산시	마늘 건조시설 지원사업	270,000	농정과	1	4	7	8	7	1	1	1
12527	충남 서산시	밭 식량작물 특화단지 육성	116,500	농정과	1	6	7	8	7	1	1	1
12528	충남 서산시	벼 못자리용 제조상토 지원	2,500	농정과	1	4	7	8	7	1	1	1
12529	충남 서산시	벼 육묘상자처리약제 지원	650,000	농정과	1	4	7	8	7	1	1	1
12530	충남 서산시	삼광벼 계약재배 장려금 지원	500,000	농정과	1	4	7	8	7	1	1	1
12531	충남 서산시	시장유통 인삼 컬러박스 지원사업	735	농정과	1	6	7	1	7	2	1	1
12532	충남 서산시	식량작물 생산비 절감 지원	75,000	농정과	1	6	7	8	7	1	1	1
12533	충남 서산시	쌀 전업농단체 육성지원	10,000	농정과	1	4	7	8	7	1	1	1
12534	충남 서산시	쌀 전업농단체 육성지원	3,000	농정과	1	4	7	8	7	1	1	1
12535	충남 서산시	원예작물 경쟁력 강화(원예작물 신소재 신농법 영농지원사업)	90,000	농정과	1	6	7	8	7	1	1	1
12536	충남 서산시	원예작물 경쟁력 강화(유산균 토양발효농법 지원사업)	50,000	농정과	1	1	7	1	7	2	1	1
12537	충남 서산시	원예특작용 병해충방제약제 지원사업	100,000	농정과	1	4	7	1	7	1	1	1
12538	충남 서산시	원예특작용 유기질비료지원사업	270,000	농정과	1	4	7	1	7	1	1	1
12539	충남 서산시	유기농 전국대회 참석 등 지원	3,000	농정과	1	4	7	8	7	1	1	1
12540	충남 서산시	유기농업자재 지원	26,000	농정과	1	2	7	8	7	1	1	1
12541	충남 서산시	유기질비료 지원	2,800	농정과	1	2	7	8	7	1	1	1
12542	충남 서산시	인삼 채굴전 안전성 검사비 지원	1,032	농정과	1	6	7	1	7	2	1	1
12543	충남 서산시	인삼산업 기반구축 지원(인삼농협조직 역량 강화)	12,000	농정과	1	6	7	1	7	2	1	1
12544	충남 서산시	인삼산업 기반구축 지원(충남인삼 해외 마케팅 강화)	50,000	농정과	1	6	7	1	7	2	1	1

순번	시군구	지출명 (사업명)	2021년예산 (단위:천원/1년간)	담당자 (공무원)	민간이전 분류 (지방자치단체 세출예산 집행기준에 의거)	민간이전지출 근거 (지방보조금 관리기준 참고)	입찰방식			운영예산 산정		성과평가 실시여부
				담당부서	1. 민간경상사업보조(307-02) 2. 민간단체 법정운영비보조(307-03) 3. 민간행사사업보조(307-04) 4. 민간위탁금(307-05) 5. 사회복지시설 법정운영비보조(307-10) 6. 민간인위탁교육비(307-12) 7. 공기관등에대한경상적위탁사업비(308-11) 8. 민간자본사업보조,자체재원(402-01) 9. 민간자본사업보조,이전재원(402-02) 10. 민간위탁사업비(402-03) 11. 공기관등에 대한 자본적 대행사업비(403-02)	1. 법률에 규정 2. 국고보조 재원(국가지정) 3. 용도 지정 기부금 4. 조례에 직접규정 5. 지자체가 권장하는 사업을 하는 공공기관 6. 시,도 정책 및 재정사정 7. 기타 8. 해당없음	계약체결방법 (경쟁형태) 1. 일반경쟁 2. 제한경쟁 3. 지명경쟁 4. 수의계약 5. 법정위탁 6. 기타 ( ) 7. 해당없음	계약기간 1. 1년 2. 2년 3. 3년 4. 4년 5. 5년 6. 기타 ( )년 7. 단기계약 (1년미만) 8. 해당없음	낙찰자선정방법 1. 적격심사 2. 협상에의한계약 3. 최저가낙찰제 4. 규격가격분리 5. 2단계 경쟁입찰 6. 기타 ( ) 7. 해당없음	운영예산 산정 1. 내부산정 (지자체 자체적으로 산정) 2. 외부산정 (외부전문기관위탁 산정) 3. 내·외부 모두 산정 4. 산정 無 5. 해당없음	정산방법 1. 내부정산 (지자체 내부적으로 정산) 2. 외부정산 (외부전문기관위탁 정산) 3. 내·외부 모두 산정 4. 정산 無 5. 해당없음	1. 실시 2. 미실시 3. 향후 추진 4. 해당없음
12545	충남 서산시	인삼생산농가 실명제 지원	800	농정과	1	6	7	1	7	2	1	1
12546	충남 서산시	초등돌봄교실 과일간식 지원사업	82,600	농정과	1	2	4	7	7	1	1	1
12547	충남 서산시	충남쌀 유전자분석비 지원	5,000	농정과	1	6	7	8	7	5	5	4
12548	충남 서산시	친환경농업 및 농산물 육성지원	60,000	농정과	1	4	7	8	7	1	1	1
12549	충남 서산시	친환경농업 유통 활성화(친환경농산물 홍보 마케팅지원)	18,000	농정과	1	6	7	8	7	1	1	1
12550	충남 서산시	친환경농업 유통 활성화(학교친환경농업 실천 지원)	48,000	농정과	1	6	7	8	7	1	1	1
12551	충남 서산시	친환경농업 인력 육성(친환경농업조직 활성화)	14,000	농정과	1	6	7	8	7	1	1	1
12552	충남 서산시	친환경농업 인프라 구축(친환경농업 사재지원)	64,050	농정과	1	6	7	8	7	1	1	1
12553	충남 서산시	친환경농업 청년농부	15,300	농정과	1	6	7	8	7	1	1	1
12554	충남 서산시	토양개량제 지원	2,249	농정과	1	2	7	8	7	1	1	1
12555	충남 서산시	화훼 재배환경 개선사업	5,000	농정과	1	4	7	8	7	1	1	1
12556	충남 서산시	화훼 재배환경 개선사업	50,000	농정과	1	4	7	8	7	1	1	1
12557	충남 서산시	화훼농가 지원 꽃 생활화 실천 사업	5,000	농정과	1	4	7	8	7	1	1	1
12558	충남 서산시	토종종자 실태조사 지원사업	10,000	농업지원과	1	4	7	8	7	5	5	1
12559	충남 서산시	귀농창업 활성화 지원	22,000	농업지원과	1	4	7	8	7	5	5	4
12560	충남 서산시	귀농귀촌인 재능기부 활성화	4,250	농업지원과	1	4	7	8	7	5	5	4
12561	충남 서산시	도시청년 초보농부 플랫폼 조성 운영	7,000	농업지원과	1	4	7	8	7	5	5	4
12562	충남 서산시	귀농귀촌협회 육성지원	5,000	농업지원과	1	4	7	8	7	5	5	4
12563	충남 서산시	농업인 품목별 연구회육성	8,000	농업지원과	1	4	7	8	7	5	5	4
12564	충남 서산시	특산자원융복합 가공상품 중간소재 가공시범	15,000	농업지원과	1	4	7	8	7	5	5	4
12565	충남 서산시	특산자원융복합 상품 포장디자인 및 브랜드 확산보급	20,000	농업지원과	1	4	7	8	7	5	5	4
12566	충남 서산시	작목별 맞춤형 안전관리 실천시범	10,000	농업지원과	1	4	7	8	7	5	5	4
12567	충남 서산시	라이스진저브레드 체험관광 콘텐츠 개발	20,000	농업지원과	1	4	7	8	7	5	5	4
12568	충남 서산시	농촌체험협의체 네트워크 시범	4,000	농업지원과	1	4	7	8	7	5	5	4
12569	충남 서산시	소비자 맞춤형 가공상품 개선시범	18,000	농업지원과	1	4	7	8	7	5	5	4
12570	충남 서산시	농촌체험농가 소비자 맞춤형 역량강화 지원	20,000	농업지원과	1	4	7	8	7	5	5	4
12571	충남 서산시	농촌지도자 육성	26,000	농업지원과	1	4	7	8	7	5	5	4
12572	충남 서산시	농촌지도자 활력화사업	15,000	농업지원과	1	4	7	8	7	5	5	4
12573	충남 서산시	농촌지도자회 비전실천 역량강화	6,000	농업지원과	1	4	7	8	7	5	5	4
12574	충남 서산시	농촌지도자회 지역농산물 홍보	3,500	농업지원과	1	4	7	8	7	5	5	4
12575	충남 서산시	농촌지도자회 청년농업인 후원결연	17,000	농업지원과	1	4	7	8	7	5	5	4
12576	충남 서산시	농촌지도자 양성교육	1,600	농업지원과	1	4	7	8	7	5	5	4
12577	충남 서산시	생활개선회 농촌생활기술연찬	24,000	농업지원과	1	4	7	8	7	5	5	4
12578	충남 서산시	생활개선회 푸른농촌만들기 사업	10,000	농업지원과	1	4	7	8	7	5	5	4
12579	충남 서산시	생활개선회 활력화 사업	15,000	농업지원과	1	4	7	8	7	5	5	4
12580	충남 서산시	생활개선회 농산물꾸러미 사업	12,000	농업지원과	1	4	7	8	7	5	5	4
12581	충남 서산시	생활개선회 학습동아리 육성	4,000	농업지원과	1	4	7	8	7	5	5	4
12582	충남 서산시	생활개선회 5대과제 실천 역량강화	6,800	농업지원과	1	4	7	8	7	5	5	4
12583	충남 서산시	생활개선회 자살예방 공감확산 후원결연	4,500	농업지원과	1	4	7	8	7	5	5	4
12584	충남 서산시	농업인학습단체 역량강화	5,000	농업지원과	1	4	7	8	7	5	5	4
12585	충남 서산시	청년농업인(4H) 활동지원	30,000	농업지원과	1	4	7	8	7	5	5	4
12586	충남 서산시	청년농업인 농업전문 자격취득 지원	5,000	농업지원과	1	4	7	8	7	5	5	4
12587	충남 서산시	영농승계 청년농업인 네트워크 역량강화	4,000	농업지원과	1	4	7	8	7	5	5	4
12588	충남 서산시	청년농업인 선진농업기술 온라인교육	4,300	농업지원과	1	4	7	8	7	5	5	4
12589	충남 서산시	4H 양성교육	1,700	농업지원과	1	4	7	8	7	5	5	4
12590	충남 서산시	품목농업인연구회 활력화 사업	10,000	농업지원과	1	4	7	8	7	5	5	4
12591	충남 서산시	품목농업인연구연합회 활동지원	2,000	농업지원과	1	4	7	8	7	5	5	4
12592	충남 서산시	품목별연구회 활성화 기반사업	70,000	농업지원과	1	4	7	8	7	5	5	4
12593	충남 서산시	품목농업인연구회 지식경영 실천시범	7,400	농업지원과	1	4	7	8	7	5	5	4
12594	충남 서산시	품목농업인연구회 품평회 홍보판촉 지원	3,700	농업지원과	1	4	7	8	7	5	5	4
12595	충남 서산시	품목별농업인연구모임체 육성	4,000	농업지원과	1	4	7	8	7	5	5	4

순번	시군구	지출명 (사업명)	2021년예산 (단위:천원/1년간)	담당자 (공무원) 담당부서	민간이전 분류 (지방자치단체 세출예산 집행기준에 의거) 1. 민간경상사업보조(307-02) 2. 민간단체 법정운영비보조(307-03) 3. 민간행사사업보조(307-04) 4. 민간위탁금(307-05) 5. 사회복지시설 법정운영비보조(307-10) 6. 민간인위탁교육비(307-12) 7. 공기관등에대한경상적위탁사업비(308-11) 8. 민간자본사업보조,자체재원(402-01) 9. 민간자본사업보조,이전재원(402-02) 10. 민간위탁사업비(402-03) 11. 공기관등에 대한 자본적 대행사업비(403-02)	민간이전지출 근거 (지방보조금 관리기준 참고) 1. 법률에 규정 2. 국고보조 재원(국가지정) 3. 용도 지정 기부금 4. 조례에 직접규정 5. 지자체가 권장하는 사업을 하는 공공기관 6. 시,도 정책 및 재정사정 7. 기타 8. 해당없음	입찰방식 계약체결방법 (경쟁형태) 1. 일반경쟁 2. 제한경쟁 3. 지명경쟁 4. 수의계약 5. 법정위탁 6. 기타 ( ) 7. 해당없음	입찰방식 계약기간 1. 1년 2. 2년 3. 3년 4. 4년 5. 5년 6. 기타 ( )년 7. 단기계약 (1년미만) 8. 해당없음	입찰방식 낙찰자선정방법 1. 적격심사 2. 협상에의한계약 3. 최저가낙찰제 4. 규격가격분리 5. 2단계 경쟁입찰 6. 기타 ( ) 7. 해당없음	운영예산 산정 운영예산 산정 1. 내부산정 (지자체 자체적으로 산정) 2. 외부산정 (외부전문기관위탁 산정) 3. 내·외부 모두 산정 4. 산정 無 5. 해당없음	운영예산 산정 정산방법 1. 내부정산 (지자체 내부적으로 정산) 2. 외부정산 (외부전문기관위탁 정산) 3. 내·외부 모두 산정 4. 정산 無 5. 해당없음	성과평가 실시여부 1. 실시 2. 미실시 3. 향후 추진 4. 해당없음
12596	충남 서산시	어린이급식관리지원센터 설치・운영	420,000	정신보건위생과	1	1	1	5	7	2	2	1
12597	충남 서산시	노인자살예방 멘토링사업	109,620	정신보건위생과	1	6	7	7	7	5	1	1
12598	충남 서산시	통합정신건강증진사업 지원	20,000	정신보건위생과	1	2	7	7	7	5	1	1
12599	충남 서산시	천문학자 류방택 현창사업 운영	7,000	문화시설사업소	1	4	7	8	7	5	5	4
12600	충남 서산시	해미읍성 활성화 전통문화프로그램 운영	80,000	문화시설사업소	1	4	7	8	7	5	5	4
12601	충남 서산시	독서동아리 운영지원 사업	22,000	서산시립도서관	1	4	7	8	7	1	1	1
12602	충남 서산시	사립작은도서관 독서문화프로그램 지원	16,000	서산시립도서관	1	4	7	8	7	1	1	1
12603	충남 계룡시	실버예능대회 지원	9,000	가족행복과	1	6	7	8	7	5	1	1
12604	충남 계룡시	여성지도자 리더십 향상지원	5,500	가족행복과	1	1	7	8	7	3	3	1
12605	충남 계룡시	어린이보호구역 교통사고 예방활동 지원	5,000	건설교통과	1	7	7	1	7	1	1	1
12606	충남 계룡시	브랜드택시지원	15,555	건설교통과	1	4	7	8	7	1	1	4
12607	충남 계룡시	택시 콜통신비 일부지원	14,640	건설교통과	1	4	7	8	7	1	1	4
12608	충남 계룡시	생활개선회 자치활동 지원	4,000	농업기술센터	1	4	7	8	7	1	1	3
12609	충남 계룡시	전통음식체험장 운영	7,000	농업기술센터	1	4	7	8	7	1	1	3
12610	충남 계룡시	농업인학습단체 중앙 및 도대회 등 참가	4,000	농업기술센터	1	4	7	8	7	1	1	3
12611	충남 계룡시	전통풍물놀이 계승	4,000	농업기술센터	1	4	7	8	7	1	1	3
12612	충남 계룡시	3대가 함께하는 가족사랑 체험사업	8,000	농업기술센터	1	4	7	8	7	1	1	3
12613	충남 계룡시	농업인학습단체 하계수련대회	12,800	농업기술센터	1	4	7	8	7	1	1	3
12614	충남 계룡시	품목농업인연구회 특성화 사업	4,800	농업기술센터	1	4	7	8	7	1	1	3
12615	충남 계룡시	계룡농산물 소비촉진 홍보지원 사업	800	농업기술센터	1	4	7	8	7	1	1	3
12616	충남 계룡시	품목농업인연구회 지식경영실천	5,000	농업기술센터	1	4	7	8	7	1	1	3
12617	충남 계룡시	학교4-H프로젝트 활동지원	2,000	농업기술센터	1	4	7	8	7	1	1	3
12618	충남 계룡시	농촌지도자회 지역농산물 홍보지원 시범	3,500	농업기술센터	1	4	7	8	7	1	1	3
12619	충남 계룡시	품목농업인연구회 홍보품평회 지원	2,500	농업기술센터	1	4	7	8	7	1	1	3
12620	충남 계룡시	농촌지도자회 비전실천 역량강화 지원시범	6,000	농업기술센터	1	4	7	8	7	1	1	3
12621	충남 계룡시	농업인학습단체 역량강화 지원	5,000	농업기술센터	1	4	7	8	7	1	1	3
12622	충남 계룡시	생활개선회 5대과제 실천역량강화	6,800	농업기술센터	1	4	7	8	7	1	1	3
12623	충남 계룡시	생활개선회 자살예방 공감확산 후원결연	4,500	농업기술센터	1	4	7	8	7	1	1	3
12624	충남 계룡시	농촌체험협의체 네트워크 시범	2,000	농업기술센터	1	4	7	8	7	1	1	3
12625	충남 계룡시	공동주택 지원사업(보안등 전기요금, 관리앱설치)	38,000	도시건축과	1	6	1	7	3	1	1	1
12626	충남 계룡시	전국실버합창경연대회 참가	3,000	문화체육과	1	6	7	8	7	1	1	1
12627	충남 계룡시	전국국악경연대회 참가	3,000	문화체육과	1	6	7	8	7	1	1	1
12628	충남 계룡시	도지사배 풍물경연대회 참가	3,000	문화체육과	1	6	7	8	7	1	1	1
12629	충남 계룡시	전국합창경연대회 참가	3,000	문화체육과	1	6	7	8	7	1	1	1
12630	충남 계룡시	도지사배 합창경연대회 참가	3,000	문화체육과	1	6	7	8	7	1	1	1
12631	충남 계룡시	도지사배 민속대제전 참가	3,600	문화체육과	1	6	7	8	7	1	1	1
12632	충남 계룡시	계룡문화 발간	5,000	문화체육과	1	6	7	8	7	1	1	1
12633	충남 계룡시	계룡시 엄사예술단 육성 지원	3,200	문화체육과	1	6	7	8	7	1	1	1
12634	충남 계룡시	사계 김장생 문학상 현상공모	9,000	문화체육과	1	6	7	8	7	1	1	1
12635	충남 계룡시	계룡 문학동인지 발간	2,520	문화체육과	1	6	7	8	7	1	1	1
12636	충남 계룡시	계룡미술작품 공모대회	4,780	문화체육과	1	6	7	8	7	1	1	1
12637	충남 계룡시	초중고 댄스경연대회	1,300	문화체육과	1	6	7	8	7	1	1	1
12638	충남 계룡시	무형문화재공개행사 지원	2,000	문화체육과	1	6	7	8	7	1	1	1
12639	충남 계룡시	생활체육교실운영	32,000	문화체육과	1	1	7	8	7	3	3	1
12640	충남 계룡시	생활체육프로그램운영	31,659	문화체육과	1	1	7	8	7	3	3	1
12641	충남 계룡시	생활체육지도자 배치(8명)	231,744	문화체육과	1	1	7	8	7	3	3	1
12642	충남 계룡시	생활체육지도자 처우개선비	50,192	문화체육과	1	1	7	8	7	3	3	1
12643	충남 계룡시	생활체육지도자 처우개선비	11,520	문화체육과	1	1	7	8	7	1	1	1
12644	충남 계룡시	체육청년 일자리	31,304	문화체육과	1	1	7	8	7	3	3	1
12645	충남 계룡시	학교체육육성	320,180	문화체육과	1	1	7	8	7	1	1	1
12646	충남 계룡시	도민체전 참가선수 강화 훈련비	134,330	문화체육과	1	1	7	8	7	1	1	1

순번	시군구	지출명 (사업명)	2021년예산 (단위:천원/1년간)	담당자 (공무원) 담당부서	민간이전 분류 (지방자치단체 세출예산 집행기준에 의거) 1. 민간경상사업보조(307-02) 2. 민간단체 법정운영비보조(307-03) 3. 민간행사사업보조(307-04) 4. 민간위탁금(307-05) 5. 사회복지시설 법정운영비보조(307-10) 6. 민간인위탁교육비(307-12) 7. 공기관등에대한경상적위탁사업비(308-11) 8. 민간자본사업보조,자체재원(402-01) 9. 민간자본사업보조,이전재원(402-02) 10. 민간위탁사업비(402-03) 11. 공기관등에 대한 자본적 대행사업비(403-02)	민간이전지출 근거 (지방보조금 관리기준 참고) 1. 법률에 규정 2. 국고보조 재원(국가지정) 3. 용도 지정 기부금 4. 조례에 직접규정 5. 지자체가 권장하는 사업을 하는 공공기관 6. 시,도 정책 및 재정사정 7. 기타 8. 해당없음	입찰방식 계약체결방법 (경쟁형태) 1. 일반경쟁 2. 제한경쟁 3. 지명경쟁 4. 수의계약 5. 법정위탁 6. 기타 ( ) 7. 해당없음	입찰방식 계약기간 1. 1년 2. 2년 3. 3년 4. 4년 5. 5년 6. 기타 ( )년 7. 단기계약 (1년미만) 8. 해당없음	입찰방식 낙찰자선정방법 1. 적격심사 2. 협상에의한계약 3. 최저가낙찰제 4. 규격가격분리 5. 2단계 경쟁입찰 6. 기타 ( ) 7. 해당없음	운영예산 산정 운영예산 산정 1. 내부산정 (지자체 자체적으로 산정) 2. 외부산정 (외부전문기관위탁 산정) 3. 내·외부 모두 산정 4. 산정 無 5. 해당없음	운영예산 산정 정산방법 1. 내부정산 (지자체 내부적으로 정산) 2. 외부정산 (외부전문기관위탁 정산) 3. 내·외부 모두 산정 4. 정산 無 5. 해당없음	성과평가 실시여부 1. 실시 2. 미실시 3. 향후 추진 4. 해당없음
12647	충남 계룡시	생활체육 종목별 대회참가 지원	32,000	문화체육과	1	1	7	8	7	1	1	1
12648	충남 계룡시	유소년체육동아리 육성지원	20,000	문화체육과	1	1	7	8	7	1	1	1
12649	충남 계룡시	우수선수 발굴 및 성적포상금	78,518	문화체육과	1	1	7	8	7	1	1	1
12650	충남 계룡시	충남 어르신생활체육대회 참가	17,000	문화체육과	1	1	7	8	7	1	1	1
12651	충남 계룡시	충청남도체육대회 참가	150,640	문화체육과	1	1	7	8	7	1	1	1
12652	충남 계룡시	장애인 생활체육지도자 배치	115,872	문화체육과	1	1	7	8	7	3	3	1
12653	충남 계룡시	장애인 생활체육지도자 처우개선비	25,308	문화체육과	1	1	7	8	7	3	3	1
12654	충남 계룡시	장애인 생활체육지도자 처우개선비	5,760	문화체육과	1	1	7	8	7	1	1	1
12655	충남 계룡시	장애인생활체육교실	3,000	문화체육과	1	1	7	8	7	1	1	1
12656	충남 계룡시	체력인증센터 운영	165,000	문화체육과	1	1	7	8	7	2	2	1
12657	충남 계룡시	충남장애인체육대회 참가	80,000	문화체육과	1	1	7	8	7	1	1	1
12658	충남 계룡시	국가유공자·유족 위문 및 보훈행사	3,500	사회복지과	1	1	7	7	7	1	1	1
12659	충남 계룡시	충남장애인 재활증진대회 참가	1,000	사회복지과	1	1	7	8	7	5	1	1
12660	충남 계룡시	충남장애인 기능경기대회 참가	1,000	사회복지과	1	1	7	8	7	5	1	1
12661	충남 계룡시	장애인 직업시설 방역장비 지원	4,000	사회복지과	1	1	7	8	7	5	1	1
12662	충남 계룡시	의용소방대 한마음경연대회 참가	7,500	안전총괄과	1	1	7	8	7	1	1	3
12663	충남 계룡시	전적지 순례	6,115	안전총괄과	1	4	7	8	7	1	1	3
12664	충남 계룡시	지역주도형 청년일자리사업	138,600	일자리경제과	1	2	7	8	7	1	1	4
12665	충남 계룡시	지역주도형 청년일자리사업	6,400	일자리경제과	1	2	7	8	7	1	1	4
12666	충남 계룡시	전통시장 및 상점가 활성화사업	7,200	일자리경제과	1	2	7	8	7	1	1	4
12667	충남 계룡시	사회적경제 청년도제 육성사업	33,008	일자리경제과	1	2	7	8	7	1	1	4
12668	충남 계룡시	중소기업 국내 개별 전시박람회 참가지원	2,000	일자리경제과	1	4	7	8	7	1	1	1
12669	충남 계룡시	계룡시 우수공예품 제조업체 지원	5,000	일자리경제과	1	4	7	8	7	1	1	1
12670	충남 계룡시	산업재산권 출원등록비 지원	4,000	일자리경제과	1	4	7	8	7	1	1	1
12671	충남 계룡시	도의새마을위탁교육	4,310	자치행정과	1	1	7	8	7	1	1	3
12672	충남 계룡시	녹색생활공동체사업	5,000	자치행정과	1	1	7	8	7	1	1	3
12673	충남 계룡시	김장담가주기	3,500	자치행정과	1	1	7	8	7	1	1	3
12674	충남 계룡시	엄마손맛 미역국배달서비스	15,000	자치행정과	1	1	7	8	7	1	1	3
12675	충남 계룡시	충남형주민자치회 시범사업(후속)	30,000	자치행정과	1	1	7	8	7	1	1	3
12676	충남 계룡시	주민세활용 주민자치회 특화 시범사업	12,000	자치행정과	1	1	7	8	7	1	1	3
12677	충남 계룡시	우수 평생학습동아리 지원	5,000	자치행정과	1	4	1	1	1	1	1	3
12678	충남 계룡시	학교폭력예방	19,000	자치행정과	1	4	1	1	1	1	1	3
12679	충남 계룡시	마을교육공동체 활성화	6,000	자치행정과	1	4	1	1	1	1	1	3
12680	충남 계룡시	경로위안행사 및 목욕봉사지원	3,000	자치행정과	1	1	7	8	7	1	1	1
12681	충남 계룡시	민주평화통일자문회의계룡시협의회 사업지원	20,000	자치행정과	1	1	7	8	7	1	1	3
12682	충남 계룡시	이통반장 사기진작	10,000	자치행정과	1	4	7	8	7	1	1	3
12683	충남 계룡시	계룡시 치안협의회 운영	22,000	자치행정과	1	4	7	8	7	1	1	3
12684	충남 계룡시	범죄피해자지원센터 운영	25,000	자치행정과	1	1	7	8	7	1	1	3
12685	충남 계룡시	그린스타트 네트워크운영	9,900	환경위생과	1	2	7	8	7	5	1	4
12686	충남 계룡시	식품접객업소 위생교육지원	2,000	환경위생과	1	7	7	8	7	1	1	1
12687	충남 계룡시	미용업소 위생교육지원	1,000	환경위생과	1	7	7	8	7	1	1	1
12688	충남 당진시	정책토론회, 포럼, 연찬회 등 개최지원	28,000	기획예산담당관	1	7	7	8	7	5	5	4
12689	충남 당진시	자전거 출퇴근 챌린지사업	2,200	지속가능발전담당관	1	6	7	1	7	1	1	1
12690	충남 당진시	근현대 구술채록사업	16,000	문화관광과	1	5	7	8	7	1	1	1
12691	충남 당진시	지방문화원활성화 및 향토문화 발굴	51,000	문화관광과	1	4	7	8	7	1	1	1
12692	충남 당진시	지역문화자원발굴사업	41,206	문화관광과	1	4	7	8	7	1	1	1
12693	충남 당진시	당진시 서예교실 운영	3,000	문화관광과	1	4	7	8	7	5	5	4
12694	충남 당진시	시도지정문화재 보수정비(필경사 초가이엉잇기)	6,000	문화관광과	1	4	7	8	7	5	5	4
12695	충남 당진시	시도지정문화재 보수정비	10,000	문화관광과	1	4	7	8	7	5	5	4
12696	충남 당진시	시도지정문화재 보수정비(송규섭가옥 초가이엉잇기)	7,000	문화관광과	1	4	7	8	7	5	5	4
12697	충남 당진시	합덕수리민속박물관 운영 및 시설관리	12,000	문화관광과	1	4	7	8	7	5	5	4

순번	시군구	지출명 (사업명)	2021년예산 (단위:천원/1년간)	담당자 (공무원)	민간이전 분류 (지방자치단체 세출예산 집행기준에 의거)	민간이전지출 근거 (지방보조금 관리기준 참고)	입찰방식			운영예산 산정		성과평가 실시여부
				담당부서	1. 민간경상사업보조(307-02) 2. 민간단체 법정운영비보조(307-03) 3. 민간행사사업보조(307-04) 4. 민간위탁금(307-05) 5. 사회복지시설 법정운영비보조(307-10) 6. 민간인위탁교육비(307-12) 7. 공기관등에대한경상적위탁사업비(308-11) 8. 민간자본사업보조,자체재원(402-01) 9. 민간자본사업보조,이전재원(402-02) 10. 민간위탁사업비(402-03) 11. 공기관등에 대한 자본적 대행사업비(403-02)	1. 법률에 규정 2. 국고보조 재원(국가지정) 3. 용도 지정 기부금 4. 조례에 직접규정 5. 지자체가 권장하는 사업을 하는 공공기관 6. 시,도 정책 및 재정사정 7. 기타 8. 해당없음	계약체결방법 (경쟁형태) 1. 일반경쟁 2. 제한경쟁 3. 지명경쟁 4. 수의계약 5. 법정위탁 6. 기타 ( ) 7. 해당없음	계약기간 1. 1년 2. 2년 3. 3년 4. 4년 5. 5년 6. 기타 ( )년 7. 단기계약 (1년미만) 8. 해당없음	낙찰자선정방법 1. 적격심사 2. 협상에의한계약 3. 최저가낙찰제 4. 규격가격분리 5. 2단계 경쟁입찰 6. 기타 ( ) 7. 해당없음	운영예산 산정 1. 내부산정 (지자체 자체적으로 산정) 2. 외부산정 (외부전문기관위탁 산정) 3. 내·외부 모두 산정 4. 산정 無 5. 해당없음	정산방법 1. 내부정산 (지자체 내부적으로 정산) 2. 외부정산 (외부전문기관위탁 정산) 3. 내·외부 모두 산정 4. 정산 無 5. 해당없음	1. 실시 2. 미실시 3. 향후 추진 4. 해당없음
12698	충남 당진시	합덕농촌테마공원 운영 및 시설 관리	10,000	문화관광과	1	4	7	8	7	5	5	4
12699	충남 당진시	지역 무형유산 활성화(줄다리기 전승단체 교류활동)	5,000	문화관광과	1	4	7	8	7	5	5	4
12700	충남 당진시	지역 무형유산 활성화(면천두견주 보존단체 전승지원)	8,000	문화관광과	1	1	7	8	7	5	5	4
12701	충남 당진시	지역 무형유산 활성화(스포츠줄다리기 대회 참가 및 교류)	5,000	문화관광과	1	4	7	8	7	5	5	4
12702	충남 당진시	생생문화재 사업(기지시줄다리기)	72,500	문화관광과	1	2	7	8	7	5	5	4
12703	충남 당진시	생생문화재 사업(면천읍성)	67,500	문화관광과	1	2	7	8	7	5	5	4
12704	충남 당진시	전수교육관 활성화 지원(기지시줄다리기)	72,500	문화관광과	1	2	7	8	7	5	5	4
12705	충남 당진시	김대건신부 탄생 200주년 기념행사 추진	40,000	문화관광과	1	4	7	8	7	5	5	4
12706	충남 당진시	김대건신부 탄생 200주년 기념행사 추진	20,000	문화관광과	1	4	7	8	7	5	5	4
12707	충남 당진시	전문평생교육지원	50,000	평생학습과	1	5	6	1	6	1	1	1
12708	충남 당진시	충남학 프로그램운영	20,000	평생학습과	1	5	6	1	6	1	1	1
12709	충남 당진시	우수학습동아리지원	30,000	평생학습과	1	5	6	1	6	1	1	1
12710	충남 당진시	마을방과후학교	19,300	평생학습과	1	4	7	8	7	1	1	2
12711	충남 당진시	청소년 마을자치프로젝트	13,000	평생학습과	1	4	7	8	7	1	1	4
12712	충남 당진시	청소년문화창의교육	10,000	평생학습과	1	1	7	8	7	1	1	4
12713	충남 당진시	나라사랑환경지킴 사업	4,000	사회복지과	1	1	7	8	7	1	1	1
12714	충남 당진시	노인복지증진	30,000	경로장애인과	1	1	7	8	7	1	1	1
12715	충남 당진시	소상공인 노란우산공제 가입장려금	180,000	경제과	1	1	7	8	7	1	1	1
12716	충남 당진시	전통시장 및 상점가 역량강화 지원사업	10,000	경제과	1	4	7	8	7	1	1	1
12717	충남 당진시	시장매니저	12,000	경제과	1	2	7	8	7	5	5	4
12718	충남 당진시	건전소비생활 사업	8,650	경제과	1	4	7	8	7	1	1	1
12719	충남 당진시	고령 아파트경비원 고용지원	30,000	경제과	1	4	7	8	7	5	5	4
12720	충남 당진시	일터혁신 간담회 및 컨설팅	20,000	경제과	1	4	7	8	7	1	1	1
12721	충남 당진시	당진시 외국인 근로자 긴급지원	5,000	경제과	1	4	7	8	7	5	5	4
12722	충남 당진시	산업인력양성 전문교육	100,000	경제과	1	4	7	8	7	5	5	4
12723	충남 당진시	신중년 재취업 특화 전문교육	25,000	경제과	1	4	7	8	7	5	5	4
12724	충남 당진시	경력단절여성 재취업 특화 과정 지원	30,000	경제과	1	4	7	8	7	5	5	4
12725	충남 당진시	청년 기회로 프로젝트	514,164	경제과	1	2	7	8	7	5	5	4
12726	충남 당진시	청년 지역제조업 상생 일자리사업	1,381	경제과	1	2	7	8	7	5	5	4
12727	충남 당진시	소상공인 전문기술인력 양성사업	755,040	경제과	1	2	7	8	7	5	5	4
12728	충남 당진시	자동차부품산업 위기 극복 일자리사업	486,048	경제과	1	2	7	8	7	5	5	4
12729	충남 당진시	노인복지코디네이터 양성사업	80,500	경제과	1	2	7	8	7	5	5	4
12730	충남 당진시	어린이집 통학코디네이터 양성사업	30,312	경제과	1	2	7	8	7	5	5	4
12731	충남 당진시	뿌리산업 위기 극복 청년일자리 지원사업	202,228	경제과	1	2	7	8	7	5	5	4
12732	충남 당진시	지속가능 선도기업 청년고용 지원사업	120,976	경제과	1	2	7	8	7	5	5	4
12733	충남 당진시	바이오식품산업 지역정착 유도 일자리지원사업	182,368	경제과	1	2	7	8	7	5	5	4
12734	충남 당진시	상공인 경영위기 극복지원 청년일자리사업	120,778	경제과	1	2	7	8	7	5	5	4
12735	충남 당진시	소재 부품 장비 분야 핵심인재양성 일자리사업	120,778	경제과	1	2	7	8	7	5	5	4
12736	충남 당진시	지역인재 우선채용 사업지원	40,000	경제과	1	4	7	8	7	1	1	1
12737	충남 당진시	기업경영조사 및 애로지원센터 지원	50,000	경제과	1	1	7	8	7	1	1	1
12738	충남 당진시	경제포럼 초찬세미나 지원	10,000	경제과	1	4	7	8	7	1	1	1
12739	충남 당진시	지역지식재산 창출 지원	40,000	경제과	1	2	7	8	7	5	5	4
12740	충남 당진시	중소기업지원센터 지원	100,000	경제과	1	4	7	8	7	5	5	4
12741	충남 당진시	창업보육센터 지원	10,000	경제과	1	4	7	8	7	1	1	1
12742	충남 당진시	공학기술교육혁신센터 지원	10,000	경제과	1	2	7	8	7	5	5	4
12743	충남 당진시	사회맞춤형 산학협력 선도대학 지원	100,000	경제과	1	2	7	8	7	5	5	4
12744	충남 당진시	지역산업맞춤형 인력양성사업 지원	60,000	경제과	1	2	7	8	7	5	5	4
12745	충남 당진시	당진시산업단지협의회 활성화 지원	20,000	경제과	1	4	7	8	7	1	1	1
12746	충남 당진시	비산업부문 온실가스 진단컨설팅	15,300	기후에너지과	1	2	7	1	7	5	1	1
12747	충남 당진시	기후환경 네트워크 사업지원	19,000	기후에너지과	1	5	7	1	7	1	1	1
12748	충남 당진시	당진시 송전선로 범시민 대책위원회 활동지원	30,000	기후에너지과	1	4	7	8	7	5	5	4

순번	시군구	지출명 (사업명)	2021년예산 (단위:천원/1년간)	담당자 (공무원) 담당부서	민간이전 분류 (지방자치단체 세출예산 집행기준에 의거) 1. 민간경상사업보조(307-02) 2. 민간단체 법정운영비보조(307-03) 3. 민간행사사업보조(307-04) 4. 민간위탁금(307-05) 5. 사회복지시설 법정운영비보조(307-10) 6. 민간인위탁교육비(307-12) 7. 공기관등에대한경상적위탁사업비(308-11) 8. 민간자본사업보조,자체재원(402-01) 9. 민간자본사업보조,이전재원(402-02) 10. 민간위탁사업비(402-03) 11. 공기관등에 대한 자본적 대행사업비(403-02)	민간이전지출 근거 (지방보조금 관리기준 참고) 1. 법률에 규정 2. 국고보조 재원(국가지정) 3. 용도 지정 기부금 4. 조례에 직접규정 5. 지자체가 권장하는 사업을 하는 공공기관 6. 시,도 정책 및 재정사정 7. 기타 8. 해당없음	입찰방식 계약체결방법 (경쟁형태) 1. 일반경쟁 2. 제한경쟁 3. 지명경쟁 4. 수의계약 5. 법정위탁 6. 기타 ( ) 7. 해당없음	입찰방식 계약기간 1. 1년 2. 2년 3. 3년 4. 4년 5. 5년 6. 기타 ( )년 7. 단기계약 (1년미만) 8. 해당없음	입찰방식 낙찰자선정방법 1. 적격심사 2. 협상에의한계약 3. 최저가낙찰제 4. 규격가격분리 5. 2단계 경쟁입찰 6. 기타 ( ) 7. 해당없음	운영예산 산정 운영예산 산정 1. 내부산정 (지자체 자체적으로 산정) 2. 외부산정 (외부전문기관위탁 산정) 3. 내·외부 모두 산정 4. 산정 無 5. 해당없음	운영예산 산정 정산방법 1. 내부정산 (지자체 내부적으로 정산) 2. 외부정산 (외부전문기관위탁 정산) 3. 내·외부 모두 산정 4. 정산 無 5. 해당없음	성과평가 실시여부 1. 실시 2. 미실시 3. 향후 추진 4. 해당없음
12749	충남 당진시	부곡1리 건강검진비 지원	77,490	기후에너지과	1	2	7	8	7	5	5	4
12750	충남 당진시	발전소주변지역 공공사회복지	30,000	기후에너지과	1	2	7	8	7	5	5	4
12751	충남 당진시	화력발전소주변지역 민간환경감시기구지원	297,000	기후에너지과	1	2	7	8	7	5	5	4
12752	충남 당진시	청년어촌정착지원금	12,000	항만수산과	1	2	7	8	7	5	5	4
12753	충남 당진시	해양레저스포츠체험교실	40,000	항만수산과	1	1	7	8	7	1	1	1
12754	충남 당진시	주민협의체도시재생활서화제안사업보조	20,000	도시재생과	1	1	7	8	7	5	5	4
12755	충남 당진시	당진1동 주민제안공모사업	30,000	도시재생과	1	2	7	8	7	5	5	4
12756	충남 당진시	주민제안 기획공모사업	10,000	도시재생과	1	2	7	8	7	5	5	4
12757	충남 당진시	당진2동 주민제안공모사업	30,000	도시재생과	1	2	7	8	7	5	5	4
12758	충남 당진시	주민제안 기획공모사업	10,000	도시재생과	1	2	7	8	7	5	5	4
12759	충남 당진시	당진2동 도시재생활성화사업 보조	10,000	도시재생과	1	2	7	8	7	5	5	4
12760	충남 당진시	의용소방대운영	20,000	안전총괄과	1	4	7	8	7	1	1	1
12761	충남 당진시	노인자살예방관리 멘토링사업	144,970	보건행정과	1	6	1	1	7	5	4	1
12762	충남 당진시	취약지 응급의료기관 운영지원사업	570,000	감염병관리과	1	2	7	1	7	1	3	1
12763	충남 당진시	지역 맞춤형 응급의료사업 운영	32,880	감염병관리과	1	4	3	1	7	1	1	3
12764	충남 당진시	의료관련 감염병 표본감시체계 운영	7,073	감염병관리과	1	2	7	8	7	1	5	4
12765	충남 당진시	식량작물 생산비 절감 지원	238,670	농업정책과	1	7	7	8	7	5	5	4
12766	충남 당진시	논 타작물 생산기반 지원	87,500	농업정책과	1	7	7	8	7	5	5	4
12767	충남 당진시	벼 공동방제 지원	300,000	농업정책과	1	7	7	8	7	5	5	4
12768	충남 당진시	논 이용 콩 재배단지 조성	27,000	농업정책과	1	7	7	8	7	5	5	4
12769	충남 당진시	밭식량작물공동경영체 육성(교육컨설팅)	27,000	농업정책과	1	2	7	8	7	5	5	4
12770	충남 당진시	학교친환경농업실천지원	20,000	농업정책과	1	7	7	8	7	5	5	4
12771	충남 당진시	친환경농업조직활성화지원	8,400	농업정책과	1	7	7	8	7	5	5	4
12772	충남 당진시	농촌인력(농작업지원단)육성운영사업	812,000	농업정책과	1	7	7	8	7	5	5	4
12773	충남 당진시	학교급식 친환경쌀 차액지원	260,000	농업정책과	1	7	7	8	7	5	5	4
12774	충남 당진시	학교급식 순회수집 차량운영지원	40,000	농업정책과	1	7	7	8	7	5	5	4
12775	충남 당진시	초등돌봄교실 과일간식 지원	72,000	농업정책과	1	2	7	8	7	5	5	4
12776	충남 당진시	마을공동급식 지원	21,000	농업정책과	1	7	7	8	7	5	5	4
12777	충남 당진시	농촌지도자회 비전실천 역량강화 지원시범	6,000	농촌진흥과	1	6	7	8	7	1	1	2
12778	충남 당진시	농업인학습단체 역량강화 지원	5,000	농촌진흥과	1	6	7	8	7	1	1	2
12779	충남 당진시	농촌지도자회 청년농업인 후원결연시범	17,000	농촌진흥과	1	6	7	8	7	1	1	2
12780	충남 당진시	농촌지도자회 농업정보 지원시범	59,400	농촌진흥과	1	6	7	8	7	1	1	2
12781	충남 당진시	농촌지도자회 읍면동 과제 활동지원 시범	11,400	농촌진흥과	1	6	7	8	7	1	1	1
12782	충남 당진시	농촌지도자 농업용 장비 자격증 취득 지원 시범	6,460	농촌진흥과	1	6	7	8	7	1	1	1
12783	충남 당진시	품목농업인연구회 품평회 홍보판촉 지원시범	3,700	농촌진흥과	1	6	7	8	7	1	1	2
12784	충남 당진시	학교4-H회 프로젝트 활동지원 시범	4,000	농촌진흥과	1	6	7	8	7	1	1	2
12785	충남 당진시	청년농업인 농업전문 자격취득지원	5,000	농촌진흥과	1	6	7	8	7	1	1	2
12786	충남 당진시	4-H 정보 지원	12,000	농촌진흥과	1	6	7	8	7	1	1	2
12787	충남 당진시	4-H연합회 육성활동지원	4,750	농촌진흥과	1	6	7	8	7	1	1	1
12788	충남 당진시	학교4-H회 과제활동 지원	8,000	농촌진흥과	1	6	7	8	7	1	1	1
12789	충남 당진시	4-H본부 활동지원	4,750	농촌진흥과	1	6	7	8	7	1	1	1
12790	충남 당진시	청년농업인 국제농업연수	40,000	농촌진흥과	1	6	7	8	7	1	1	1
12791	충남 당진시	4-H과제발표회	4,750	농촌진흥과	1	6	7	8	7	1	1	1
12792	충남 당진시	농촌체험협의체 네트워크 시범	4,000	농촌진흥과	1	6	7	8	7	5	1	1
12793	충남 당진시	농촌체험 연계 가치공감확산 시범	10,000	농촌진흥과	1	6	7	8	7	5	1	1
12794	충남 당진시	생활개선회 선진농업 농촌현장 연찬	12,350	농촌진흥과	1	6	7	8	7	5	1	1
12795	충남 당진시	생활개선회 실적발표회	5,700	농촌진흥과	1	6	7	8	7	5	1	1
12796	충남 당진시	농촌여성 학습동아리 육성 시범	4,000	농촌진흥과	1	6	7	8	7	5	1	1
12797	충남 당진시	생활개선회 농업 정보 지원	30,000	농촌진흥과	1	6	7	8	7	5	1	1
12798	충남 당진시	생활개선회 5대과제 실천 역량 강화 시범	6,800	농촌진흥과	1	6	7	8	7	5	1	1
12799	충남 당진시	생활개선회 자살예방 공감확산 후원 결연	4,500	농촌진흥과	1	6	7	8	7	5	1	1

순번	시군구	지출명 (사업명)	2021년예산 (단위:천원/1년간)	담당자 (공무원) 담당부서	민간이전 분류 (지방자치단체 세출예산 집행기준에 의거) 1. 민간경상사업보조(307-02) 2. 민간단체 법정운영비보조(307-03) 3. 민간행사사업보조(307-04) 4. 민간위탁금(307-05) 5. 사회복지시설 법정운영비보조(307-10) 6. 민간인위탁교육비(307-12) 7. 공기관등에대한경상적위탁사업비(308-11) 8. 민간자본사업보조,자체재원(402-01) 9. 민간자본사업보조,이전재원(402-02) 10. 민간위탁사업비(402-03) 11. 공기관등에 대한 자본적 대행사업비(403-02)	민간이전지출 근거 (지방보조금 관리기준 참고) 1. 법률에 규정 2. 국고보조 재원(국가지정) 3. 용도 지정 기부금 4. 조례에 직접규정 5. 지자체가 권장하는 사업을 하는 공공기관 6. 시,도 정책 및 재정사정 7. 기타 8. 해당없음	입찰방식 계약체결방법 (경쟁형태) 1. 일반경쟁 2. 제한경쟁 3. 지명경쟁 4. 수의계약 5. 법정위탁 6. 기타 ( ) 7. 해당없음	입찰방식 계약기간 1. 1년 2. 2년 3. 3년 4. 4년 5. 5년 6. 기타 ( )년 7. 단기계약 (1년미만) 8. 해당없음	입찰방식 낙찰자선정방법 1. 적격심사 2. 협상에의한계약 3. 최저가낙찰제 4. 규격가격분리 5. 2단계 경쟁입찰 6. 기타 ( ) 7. 해당없음	운영예산 산정 운영예산 산정 1. 내부산정 (지자체 자체적으로 산정) 2. 외부산정 (외부전문기관위탁 산정) 3. 내·외부 모두 산정 4. 산정 無 5. 해당없음	운영예산 산정 정산방법 1. 내부정산 (지자체 내부적으로 정산) 2. 외부정산 (외부전문기관위탁 정산) 3. 내·외부 모두 산정 4. 정산 無 5. 해당없음	성과평가 실시여부 1. 실시 2. 미실시 3. 향후 추진 4. 해당없음
12800	충남 당진시	농업활동 안전사고 예방 생활화 시범	30,000	농촌진흥과	1	6	7	8	7	5	1	1
12801	충남 당진시	농작업 안전모델 시범	17,000	농촌진흥과	1	6	7	8	7	5	1	1
12802	충남 당진시	농촌체험 팜투어 활성화지원	40,000	농촌진흥과	1	1	7	8	7	5	1	1
12803	충남 당진시	농촌체험휴양마을 홍보행사 지원	1,700	농촌진흥과	1	1	7	8	7	5	1	1
12804	충남 당진시	농어촌민박 안전점검비 지원	10,000	농촌진흥과	1	1	7	8	7	5	1	1
12805	충남 당진시	농촌체험마을 보험가입 지원	3,203	농촌진흥과	1	2	7	8	7	5	1	1
12806	충남 당진시	농촌체험휴양마을 역량강화사업	1,680	농촌진흥과	1	2	7	8	7	5	1	1
12807	충남 당진시	민원다발지역 악취탈취제 지원(축산악취저감)	55,000	축산지원과	1	6	7	8	7	5	5	1
12808	충남 당진시	공동자원화 악취저감 지원(축산악취저감)	100,000	축산지원과	1	6	7	8	7	5	5	1
12809	충남 당진시	가축분뇨 수거비용(축산악취저감)	190,000	축산지원과	1	6	7	8	7	5	5	1
12810	충남 당진시	수분조절제 지원(축산악취저감)	251,200	축산지원과	1	6	7	8	7	5	5	1
12811	충남 당진시	고품질 미생물 생산 극대화(축산악취저감)	58,904	축산지원과	1	6	7	8	7	5	5	1
12812	충남 당진시	한우 우량정액지원	80,000	축산지원과	1	6	7	8	7	5	5	1
12813	충남 당진시	한우 우량암소 검정지원	25,000	축산지원과	1	6	7	8	7	5	5	1
12814	충남 당진시	사료작물 곤포사일리지 지원	200,000	축산지원과	1	6	7	8	7	5	5	1
12815	충남 당진시	우유 소비촉진 홍보지원	10,000	축산지원과	1	6	7	8	7	5	5	1
12816	충남 당진시	젖소 우량정액 지원	32,000	축산지원과	1	6	7	8	7	5	5	1
12817	충남 당진시	한우 등록비 지원(한우개량)	67,800	축산지원과	1	6	7	8	7	5	5	1
12818	충남 당진시	한우 DNA 친자감별 검사 지원(한우개량)	4,650	축산지원과	1	6	7	8	7	5	5	1
12819	충남 당진시	한우 수정란 이식(한우개량)	9,000	축산지원과	1	6	7	8	7	5	5	1
12820	충남 당진시	송아지 설사예방제 지원(육성율 향상)	19,500	축산지원과	1	6	7	8	7	5	5	1
12821	충남 당진시	송아지 기능성블록 지원(육성률 향상)	17,600	축산지원과	1	6	7	8	7	5	5	1
12822	충남 당진시	한우 모기퇴치기 지원(육성률 향상)	29,750	축산지원과	1	6	7	8	7	5	5	1
12823	충남 당진시	한우 광역브랜드 육성	524,312	축산지원과	1	6	7	8	7	5	5	1
12824	충남 당진시	한우 유전체 분석(SNP)지원(한우개량)	4,800	축산지원과	1	6	7	8	7	5	5	1
12825	충남 당진시	한우 브랜드 품질고급화장려지원	172,800	축산지원과	1	6	7	8	7	5	5	1
12826	충남 당진시	젖소고온면역증강제 지원(고품질 축산물)	30,000	축산지원과	1	6	7	8	7	5	5	1
12827	충남 당진시	위생원유 생산지원(고품질 축산물)	34,000	축산지원과	1	6	7	8	7	5	5	1
12828	충남 당진시	육우사육농가 육성 지원(고품질 축산물)	86,000	축산지원과	1	6	7	8	7	5	5	1
12829	충남 당진시	고능력 젖소 개량 지원(고품질 축산물)	86,400	축산지원과	1	6	7	8	7	5	5	1
12830	충남 당진시	젖소 육성우 위탁관리비(고품질 축산물)	120,000	축산지원과	1	6	7	8	7	5	5	1
12831	충남 당진시	사료작물(춘추파) 종자대 지원	236,810	축산지원과	1	6	7	8	7	5	5	1
12832	충남 당진시	전문단지 조성용 종자구입지원	50,400	축산지원과	1	6	7	8	7	5	5	1
12833	충남 당진시	학생승마 활성화 사업	52,280	축산지원과	1	6	7	8	7	5	5	1
12834	충남 당진시	사슴농가 전용사료 지원	5,000	축산지원과	1	6	7	8	7	5	5	1
12835	충남 당진시	꿀벌 전용사료 지원	20,000	축산지원과	1	6	7	8	7	5	5	1
12836	충남 당진시	독서동아리 활성화 보조금 지원	5,000	시립도서관	1	4	7	8	7	1	1	2
12837	충남 당진시	충남형 온종일 돌봄사업 활성화 지원	60,000	여성가족과	1	6	7	8	7	5	5	4
12838	충남 당진시	귀농인의 집 조성사업	30,000	미래농업과	1	2	7	8	7	1	1	1
12839	충남 당진시	귀농창업활성화 지원	17,000	미래농업과	1	2	7	8	7	1	1	1
12840	충남 당진시	농업인 선도 실습농장 조성	7,400	미래농업과	1	6	7	8	7	1	1	1
12841	충남 당진시	도시민 참여형 아파트 다층식재 기술 시범	15,000	미래농업과	1	2	7	8	7	1	1	1
12842	충남 당진시	교통봉사차량 운영비	3,000	교통과	1	7	7	8	7	1	1	1
12843	충남 당진시	모범운전자 교통지도활동 근무복 및 장비 지원	15,000	교통과	1	7	7	8	7	1	1	1
12844	충남 금산군	충남형 온종일돌봄사업 활성화 지원	60,000	주민복지지원실	1	6	7	8	7	5	5	4
12845	충남 금산군	모범이장 선진지 벤치마킹 지원	6,500	자치행정과	1	4	7	8	7	1	1	1
12846	충남 금산군	지역주민 통일안보교육	7,500	자치행정과	1	1	7	8	7	1	1	1
12847	충남 금산군	청소년 평화공감 강연회	4,000	자치행정과	1	1	7	8	7	1	1	1
12848	충남 금산군	국가상징 홍보운동	4,000	자치행정과	1	1	7	8	7	1	1	1
12849	충남 금산군	주민자치센터 문화프로그램 경연대회	20,000	자치행정과	1	4	7	8	7	1	1	1
12850	충남 금산군	주민자치 특화공모사업	150,000	자치행정과	1	4	7	8	7	1	1	1

순번	시군구	지출명 (사업명)	2021년예산 (단위:천원/1년간)	담당자 (공무원) 담당부서	민간이전 분류 (지방자치단체 세출예산 집행기준에 의거) 1. 민간경상사업보조(307-02) 2. 민간단체 법정운영비보조(307-03) 3. 민간행사사업보조(307-04) 4. 민간위탁금(307-05) 5. 사회복지시설 법정운영비보조(307-10) 6. 민간인위탁교육비(307-12) 7. 공기관등에대한경상적위탁사업비(308-11) 8. 민간자본사업보조,자체재원(402-01) 9. 민간자본사업보조,이전재원(402-02) 10. 민간위탁사업비(402-03) 11. 공기관등에 대한 자본적 대행사업비(403-02)	민간이전지출 근거 (지방보조금 관리기준 참고) 1. 법률에 규정 2. 국고보조 재원(국가지정) 3. 용도 지정 기부금 4. 조례에 직접규정 5. 지자체가 권장하는 사업을 하는 공공기관 6. 시,도 정책 및 재정사정 7. 기타 8. 해당없음	입찰방식 계약체결방법 (경쟁형태) 1. 일반경쟁 2. 제한경쟁 3. 지명경쟁 4. 수의계약 5. 법정위탁 6. 기타 ( ) 7. 해당없음	입찰방식 계약기간 1. 1년 2. 2년 3. 3년 4. 4년 5. 5년 6. 기타 ( )년 7. 단기계약 (1년미만) 8. 해당없음	입찰방식 낙찰자선정방법 1. 적격심사 2. 협상에의한계약 3. 최저가낙찰제 4. 규격가격분리 5. 2단계 경쟁입찰 6. 기타 ( ) 7. 해당없음	운영예산 산정 운영예산 산정 1. 내부산정 (지자체 자체적으로 산정) 2. 외부산정 (외부전문기관위탁 산정) 3. 내·외부 모두 산정 4. 산정 無 5. 해당없음	운영예산 산정 정산방법 1. 내부정산 (지자체 내부적으로 정산) 2. 외부정산 (외부전문기관위탁 정산) 3. 내·외부 모두 산정 4. 정산 無 5. 해당없음	성과평가 실시여부 1. 실시 2. 미실시 3. 향후 추진 4. 해당없음
12851	충남 금산군	추부면 주민자치센터 운영	39,500	자치행정과	1	4	7	8	7	1	1	1
12852	충남 금산군	충남형 주민자치회 시범사업 후속지원	30,000	자치행정과	1	6	7	8	7	1	1	1
12853	충남 금산군	해맞이 행사지원	10,000	자치행정과	1	7	7	8	7	1	1	1
12854	충남 금산군	새해 새로운 만남 행사지원	8,000	자치행정과	1	7	7	8	7	1	1	1
12855	충남 금산군	새마을지도자 전국대회	3,500	자치행정과	1	1	7	8	7	1	1	1
12856	충남 금산군	새마을지도자 도의새마을촉진대회	3,000	자치행정과	1	1	7	8	7	1	1	1
12857	충남 금산군	새마을지도자 하계수련대회	10,000	자치행정과	1	1	7	8	7	1	1	1
12858	충남 금산군	새마을 며느리 봉사대 밑반찬 나눔	1,500	자치행정과	1	1	7	8	7	1	1	1
12859	충남 금산군	새마을지도자 3R 자원다시모으기	4,000	자치행정과	1	1	7	8	7	1	1	1
12860	충남 금산군	글로벌코리아 국제협력 사업	26,000	자치행정과	1	1	7	8	7	1	1	1
12861	충남 금산군	읍면 다목적 봉사사업 지원	20,000	자치행정과	1	1	7	8	7	1	1	1
12862	충남 금산군	따뜻한 마음나눔 집수리지원	1,200	자치행정과	1	4	7	8	7	1	1	1
12863	충남 금산군	마을사랑방 먹거리 지원사업	13,000	자치행정과	1	4	7	8	7	1	1	1
12864	충남 금산군	어르신과 함께하는 아름다운 동행 행사지원	4,500	자치행정과	1	4	7	8	7	1	1	1
12865	충남 금산군	아름다운 꽃길가꾸기 지원	4,500	자치행정과	1	4	7	8	7	1	1	1
12866	충남 금산군	새마을문고 문학기행 지원	2,000	자치행정과	1	1	7	8	7	1	1	1
12867	충남 금산군	바르게살기운동 전국대회	1,800	자치행정과	1	1	7	8	7	1	1	1
12868	충남 금산군	바르게살기운동 하계수련대회	8,000	자치행정과	1	1	7	8	7	1	1	1
12869	충남 금산군	바르게살기운동 어려운 이웃 김장 지원사업	3,000	자치행정과	1	1	7	8	7	1	1	1
12870	충남 금산군	바르게살기운동 충남 전진대회 지원	1,500	자치행정과	1	1	7	8	7	1	1	1
12871	충남 금산군	나라사랑 태극기 달기운동 지원	3,500	자치행정과	1	1	7	8	7	1	1	1
12872	충남 금산군	어려운이웃주거개선사업	2,200	자치행정과	1	1	7	8	7	1	1	1
12873	충남 금산군	바르게 읍면조직 활성화사업 지원	18,000	자치행정과	1	1	7	8	7	1	1	1
12874	충남 금산군	따뜻한 마음나눔 행사지원	3,000	자치행정과	1	1	7	8	7	1	1	1
12875	충남 금산군	바르게 여성도의교실 지원	3,000	자치행정과	1	1	7	8	7	1	1	1
12876	충남 금산군	자율방범 연합대 순찰활동지원	10,600	자치행정과	1	4	7	8	7	1	1	1
12877	충남 금산군	자율방범대 활성화 촉진대회	7,400	자치행정과	1	4	7	8	7	1	1	1
12878	충남 금산군	2군6면 자율방범 화합체육대회	2,000	자치행정과	1	4	7	8	7	1	1	1
12879	충남 금산군	자율방범대 충남도대회	3,000	자치행정과	1	4	7	8	7	1	1	1
12880	충남 금산군	자율방범대 선진견학 지원	5,000	자치행정과	1	4	7	8	7	1	1	1
12881	충남 금산군	여름철 물놀이 안전사고예방 활동지원	2,750	자치행정과	1	4	7	8	7	1	1	1
12882	충남 금산군	한국자유총연맹 안보전적지 견학지원	5,800	자치행정과	1	1	7	8	7	1	1	1
12883	충남 금산군	한국자유총연맹 청소년 통일 안보교육	1,200	자치행정과	1	1	7	8	7	1	1	1
12884	충남 금산군	한국자유총연맹 청년봉사단 불우이웃사랑 실천운동 지원	3,000	자치행정과	1	1	7	8	7	1	1	1
12885	충남 금산군	한국자유총연맹 자유수호 합동위령제 지원	5,000	자치행정과	1	1	7	8	7	1	1	1
12886	충남 금산군	한국자유총연맹 전국 나라사랑 스피치 대회 지원	1,000	자치행정과	1	1	7	8	7	1	1	1
12887	충남 금산군	한국자유총연맹 어머니 포순이 봉사단 지원	2,000	자치행정과	1	1	7	8	7	1	1	1
12888	충남 금산군	평양 민속예술단 초청공연 지원	8,000	자치행정과	1	1	7	8	7	1	1	1
12889	충남 금산군	민족통일협의회 통일연수 교육	3,000	자치행정과	1	1	7	8	7	1	1	1
12890	충남 금산군	민족통일협의회 안보현장 답사지원	2,500	자치행정과	1	1	7	8	7	1	1	1
12891	충남 금산군	통일문예전 및 안보강연회 지원	1,900	자치행정과	1	1	7	8	7	1	1	1
12892	충남 금산군	민족통일 충청남도 촉진대회 참가지원	1,500	자치행정과	1	1	7	8	7	1	1	1
12893	충남 금산군	민족통일 전국대회 참가지원	2,000	자치행정과	1	1	7	8	7	1	1	1
12894	충남 금산군	청소년 선도,보호활동 및 결연청소년 지원사업	4,100	자치행정과	1	1	7	8	7	1	1	1
12895	충남 금산군	청소년 보호관찰 활동 사업지원	1,000	자치행정과	1	1	7	8	7	1	1	1
12896	충남 금산군	자녀 안심하고 학교보내기 지원사업	1,400	자치행정과	1	1	7	8	7	1	1	1
12897	충남 금산군	푸른꿈 어머니봉사단 결연사업 지원	4,300	자치행정과	1	1	7	8	7	1	1	1
12898	충남 금산군	청소년 상담지도 활동 사업지원	2,700	자치행정과	1	1	7	8	7	1	1	1
12899	충남 금산군	법무보호대상자 복지지원	4,000	자치행정과	1	1	7	8	7	1	1	1
12900	충남 금산군	범죄피해자 보호 및 지원	20,000	자치행정과	1	1	7	8	7	1	1	1
12901	충남 금산군	보훈가족 가사돕기 지원	2,800	자치행정과	1	4	7	8	7	1	1	1

순번	시군구	지출명 (사업명)	2021년예산 (단위:천원/1년간)	담당자 (공무원)	민간이전 분류 (지방자치단체 세출예산 집행기준에 의거)	민간이전지출 근거 (지방보조금 관리기준 참고)	입찰방식			운영예산 산정		성과평가 실시여부
				담당부서	1. 민간경상사업보조(307-02) 2. 민간단체 법정운영비보조(307-03) 3. 민간행사사업보조(307-04) 4. 민간위탁금(307-05) 5. 사회복지시설 법정운영비보조(307-10) 6. 민간인위탁교육비(307-12) 7. 공기관등에대한경상적위탁사업비(308-11) 8. 민간자본사업보조,자체재원(402-01) 9. 민간자본사업보조,이전재원(402-02) 10. 민간위탁사업비(402-03) 11. 공기관등에 대한 자본적 대행사업비(403-02)	1. 법률에 규정 2. 국고보조 재원(국가지정) 3. 용도 지정 기부금 4. 조례에 직접규정 5. 지자체가 권장하는 사업을 하는 공공기관 6. 시,도 정책 및 재정사정 7. 기타 8. 해당없음	계약체결방법 (경쟁형태) 1. 일반경쟁 2. 제한경쟁 3. 지명경쟁 4. 수의계약 5. 법정위탁 6. 기타 ( ) 7. 해당없음	계약기간 1. 1년 2. 2년 3. 3년 4. 4년 5. 5년 6. 기타 ( )년 7. 단기계약 (1년미만) 8. 해당없음	낙찰자선정방법 1. 적격심사 2. 협상에의한계약 3. 최저가낙찰제 4. 규격가격분리 5. 2단계 경쟁입찰 6. 기타 ( ) 7. 해당없음	운영예산 산정 1. 내부산정 (지자체 자체적으로 산정) 2. 외부산정 (외부전문기관위탁 산정) 3. 내·외부 모두 산정 4. 산정 無 5. 해당없음	정산방법 1. 내부정산 (지자체 내부적으로 정산) 2. 외부정산 (외부전문기관위탁 정산) 3. 내·외부 모두 산정 4. 정산 無 5. 해당없음	1. 실시 2. 미실시 3. 향후 추진 4. 해당없음
12902	충남 금산군	재향군인의 날 행사	1,800	자치행정과	1	4	7	8	7	1	1	1
12903	충남 금산군	안보전적지 견학	6,000	자치행정과	1	4	7	8	7	1	1	1
12904	충남 금산군	찾아가는 경로잔치 행사지원	3,950	자치행정과	1	4	7	8	7	1	1	1
12905	충남 금산군	적십자 결연가정 문화탐방 지원	2,400	자치행정과	1	1	7	8	7	1	1	1
12906	충남 금산군	안전한 금산군지킴이 봉사활동	3,600	자치행정과	1	1	7	8	7	1	1	1
12907	충남 금산군	육백고지 전승탑 위령제 및 환경정화 활동 지원	2,000	자치행정과	1	1	7	8	7	1	1	1
12908	충남 금산군	충효예교실 지원	7,000	자치행정과	1	7	7	8	7	1	1	1
12909	충남 금산군	자치행정 우수사례 견학 및 군정홍보 활동	1,900	자치행정과	1	1	7	8	7	1	1	1
12910	충남 금산군	도의새마을 위탁교육	21,654	자치행정과	1	6	7	8	7	1	1	1
12911	충남 금산군	충남인성교육사업 지원	4,800	자치행정과	1	6	7	8	7	1	1	1
12912	충남 금산군	자원봉사 코디네이터 지원	59,152	자치행정과	1	2	7	8	7	1	1	1
12913	충남 금산군	1+3 사랑나눔 자원봉사 활동	8,000	자치행정과	1	6	7	8	7	1	1	1
12914	충남 금산군	읍면 자원봉사 거점캠프 운영	57,970	자치행정과	1	6	7	8	7	1	1	1
12915	충남 금산군	행복마을 자원봉사 코디네이터 양성	29,576	자치행정과	1	6	7	8	7	1	1	1
12916	충남 금산군	자원봉사자 대회	20,000	자치행정과	1	1	7	8	7	1	1	1
12917	충남 금산군	자원봉사 활동 보상	20,000	자치행정과	1	1	7	8	7	1	1	1
12918	충남 금산군	행복한 마을만들기 순회자원봉사 운영	15,000	자치행정과	1	1	7	8	7	1	1	1
12919	충남 금산군	자원봉사자 교육	10,000	자치행정과	1	1	7	8	7	1	1	1
12920	충남 금산군	자원봉사 우수프로그램 공모사업	5,000	자치행정과	1	1	7	8	7	1	1	1
12921	충남 금산군	가족자원봉사단 운영	5,000	자치행정과	1	1	7	8	7	1	1	1
12922	충남 금산군	찾아가는 노인정 전문자원봉사 운영	3,000	자치행정과	1	1	7	8	7	1	1	1
12923	충남 금산군	자원봉사 보험가입 서비스 지원	4,722	자치행정과	1	2	7	8	7	1	1	1
12924	충남 금산군	금강전통민속축제 지원	40,000	관광문화체육과	1	5	7	8	7	1	1	1
12925	충남 금산군	금산천봄꽃축제 지원	10,000	관광문화체육과	1	5	7	8	7	1	1	1
12926	충남 금산군	홍도화축제 지원	10,000	관광문화체육과	1	5	7	8	7	1	1	1
12927	충남 금산군	통합문화이용권 카드사업지원	231,000	관광문화체육과	1	2	7	8	7	1	1	1
12928	충남 금산군	주부풍물대회 참가지원	3,500	관광문화체육과	1	4	7	8	7	1	1	1
12929	충남 금산군	도지사기 일반 남여풍물대회 참가 지원	3,500	관광문화체육과	1	4	7	8	7	1	1	1
12930	충남 금산군	나아내주부풍물육성 지원	4,000	관광문화체육과	1	4	7	8	7	1	1	1
12931	충남 금산군	다문화가족 전통예절 교육	1,000	관광문화체육과	1	4	7	8	7	1	1	1
12932	충남 금산군	전통문화행사 지원	2,700	관광문화체육과	1	4	7	8	7	1	1	1
12933	충남 금산군	유림지도자 교육	2,600	관광문화체육과	1	4	7	8	7	1	1	1
12934	충남 금산군	바른글쓰기 교육 지원	1,000	관광문화체육과	1	4	7	8	7	1	1	1
12935	충남 금산군	금산 문학집 발간 지원	4,000	관광문화체육과	1	4	7	8	7	1	1	1
12936	충남 금산군	한국예술문화단체 총연합회 금산군지회 사업지원	37,000	관광문화체육과	1	4	7	8	7	1	1	1
12937	충남 금산군	금산인삼관광사진 공모전	20,000	관광문화체육과	1	4	7	8	7	1	1	1
12938	충남 금산군	한국춘란 보급사업	2,000	관광문화체육과	1	4	7	8	7	1	1	1
12939	충남 금산군	도지사배 민속대제전 지원	5,000	관광문화체육과	1	4	7	8	7	1	1	1
12940	충남 금산군	제야의 타종행사	20,000	관광문화체육과	1	4	7	8	7	1	1	1
12941	충남 금산군	지방문화원 사업활동 지원	55,000	관광문화체육과	1	7	7	8	7	1	1	1
12942	충남 금산군	문화소모임 활성화 지원	25,000	관광문화체육과	1	7	7	8	7	1	1	1
12943	충남 금산군	지역향토자료 발굴사업	30,000	관광문화체육과	1	7	7	8	7	1	1	1
12944	충남 금산군	금산문화예술제 개최지원	20,000	관광문화체육과	1	7	7	8	7	1	1	1
12945	충남 금산군	문화학교 운영지원	6,000	관광문화체육과	1	7	7	8	7	1	1	1
12946	충남 금산군	지방문화원 활성화 및 향토문화 발굴육성	85,000	관광문화체육과	1	7	7	8	7	1	1	1
12947	충남 금산군	근현대 구술채록사업	16,000	관광문화체육과	1	7	7	8	7	1	1	1
12948	충남 금산군	지역문화활동사업	68,000	관광문화체육과	1	1	7	8	7	1	1	1
12949	충남 금산군	이치대첩기념제 지원	30,000	관광문화체육과	1	4	7	8	7	1	1	1
12950	충남 금산군	홍범식군수 추모제향 지원	2,500	관광문화체육과	1	4	7	8	7	1	1	1
12951	충남 금산군	권종군수 추모제향 지원	2,500	관광문화체육과	1	4	7	8	7	1	1	1
12952	충남 금산군	전통향교 기로연 지원	5,000	관광문화체육과	1	4	7	8	7	1	1	1

순번	시군구	지출명 (사업명)	2021년예산 (단위:천원/1년간)	담당자 (공무원) 담당부서	민간이전 분류 (지방자치단체 세출예산 집행기준에 의거) 1. 민간경상사업보조(307-02) 2. 민간단체 법정운영비보조(307-03) 3. 민간행사사업보조(307-04) 4. 민간위탁금(307-05) 5. 사회복지시설 법정운영비보조(307-10) 6. 민간인위탁교육비(307-12) 7. 공기관등에대한경상적위탁사업비(308-11) 8. 민간자본사업보조,자체재원(402-01) 9. 민간자본사업보조,이전재원(402-02) 10. 민간위탁사업비(402-03) 11. 공기관등에 대한 자본적 대행사업비(403-02)	민간이전지출 근거 (지방보조금 관리기준 참고) 1. 법률에 규정 2. 국고보조 재원(국가지정) 3. 용도 지정 기부금 4. 조례에 직접규정 5. 지자체가 권장하는 사업을 하는 공공기관 6. 시,도 정책 및 재정사정 7. 기타 8. 해당없음	입찰방식 계약체결방법 (경쟁형태) 1. 일반경쟁 2. 제한경쟁 3. 지명경쟁 4. 수의계약 5. 법정위탁 6. 기타 ( ) 7. 해당없음	입찰방식 계약기간 1. 1년 2. 2년 3. 3년 4. 4년 5. 5년 6. 기타 ( )년 7. 단기계약 (1년미만) 8. 해당없음	입찰방식 낙찰자선정방법 1. 적격심사 2. 협상에의한계약 3. 최저가낙찰제 4. 규격가격분리 5. 2단계 경쟁입찰 6. 기타 ( ) 7. 해당없음	운영예산 산정 운영예산 산정 1. 내부산정 (지자체 자체적으로 산정) 2. 외부산정 (외부전문기관위탁 산정) 3. 내·외부 모두 산정 4. 산정 無 5. 해당없음	운영예산 산정 정산방법 1. 내부정산 (지자체 내부적으로 정산) 2. 외부정산 (외부전문기관위탁 정산) 3. 내·외부 모두 산정 4. 정산 無 5. 해당없음	성과평가 실시여부 1. 실시 2. 미실시 3. 향후 추진 4. 해당없음
12953	충남 금산군	전통향교 춘추계 석전대제 지원	12,000	관광문화체육과	1	4	7	8	7	1	1	1
12954	충남 금산군	전통사우 제향지원	6,500	관광문화체육과	1	4	7	8	7	1	1	1
12955	충남 금산군	요광리은행나무목신제 지원	8,000	관광문화체육과	1	4	7	8	7	1	1	1
12956	충남 금산군	보석사은행나무 대신제 지원	3,000	관광문화체육과	1	4	7	8	7	1	1	1
12957	충남 금산군	보석사은행나무 대신제 지원	10,000	관광문화체육과	1	4	7	8	7	1	1	1
12958	충남 금산군	생생문화재	50,000	관광문화체육과	1	4	7	8	7	1	1	1
12959	충남 금산군	생생문화재	50,000	관광문화체육과	1	4	7	8	7	1	1	1
12960	충남 금산군	향교서원문화재	65,000	관광문화체육과	1	4	7	8	7	1	1	1
12961	충남 금산군	물폐기농요 육성 지원	2,000	관광문화체육과	1	4	7	8	7	1	1	1
12962	충남 금산군	농바우끄시기 육성 지원	2,000	관광문화체육과	1	4	7	8	7	1	1	1
12963	충남 금산군	금산물페기농요 공개행사 지원	6,000	관광문화체육과	1	4	7	8	7	1	1	1
12964	충남 금산군	금산농바우끄시기 공개행사 지원	6,000	관광문화체육과	1	4	7	8	7	1	1	1
12965	충남 금산군	금산인삼백주 공개행사 지원	2,000	관광문화체육과	1	4	7	8	7	1	1	1
12966	충남 금산군	체육회장기 체육대회 개최지원	40,000	관광문화체육과	1	4	7	8	7	1	1	1
12967	충남 금산군	체육가맹단체장기 체육대회 개최지원	20,000	관광문화체육과	1	4	7	8	7	1	1	1
12968	충남 금산군	읍면체육대회 개최 지원	96,000	관광문화체육과	1	4	7	8	7	1	1	1
12969	충남 금산군	체육가맹단체 각종대회 참가 지원	8,000	관광문화체육과	1	4	7	8	7	1	1	1
12970	충남 금산군	생활체육교실 운영	10,000	관광문화체육과	1	4	7	8	7	1	1	1
12971	충남 금산군	유소년 스포츠축구클럽 운영	23,000	관광문화체육과	1	4	7	8	7	1	1	1
12972	충남 금산군	유소년 스포츠탁구클럽 운영	22,468	관광문화체육과	1	4	7	8	7	1	1	1
12973	충남 금산군	금산 JB스포츠클럽 운영 지원	20,000	관광문화체육과	1	4	7	8	7	1	1	1
12974	충남 금산군	충청남도 체육대회 출전 지원	210,000	관광문화체육과	1	4	7	8	7	1	1	1
12975	충남 금산군	충청남도 체육대회 우수선수 육성 지원	230,000	관광문화체육과	1	4	7	8	7	1	1	1
12976	충남 금산군	도 및 전국대회 각종 포상금	50,000	관광문화체육과	1	4	7	8	7	1	1	1
12977	충남 금산군	충청남도 어르신 생활체육대회 참가지원	20,000	관광문화체육과	1	4	7	8	7	1	1	1
12978	충남 금산군	전국 배드민턴대회 개최 지원	25,000	관광문화체육과	1	4	7	8	7	1	1	1
12979	충남 금산군	전국 동호인탁구대회 개최 지원	25,000	관광문화체육과	1	4	7	8	7	1	1	1
12980	충남 금산군	전국 이순테니스대회 개최 지원	15,000	관광문화체육과	1	4	7	8	7	1	1	1
12981	충남 금산군	각종 전국대회 유치 및 개최 지원	225,000	관광문화체육과	1	4	7	8	7	1	1	1
12982	충남 금산군	장애인 도민체전 출전보소	103,000	관광문화체육과	1	4	7	8	7	1	1	1
12983	충남 금산군	시각장애인 생활체육시설 지원	8,000	관광문화체육과	1	4	7	8	7	1	1	1
12984	충남 금산군	장애인 생활체육사업	15,000	관광문화체육과	1	4	7	8	7	1	1	1
12985	충남 금산군	금산인삼배 전국 장애인파크골프대회 개최 지원	4,000	관광문화체육과	1	4	7	8	7	1	1	1
12986	충남 금산군	장애인 각종 체육대회 참가 지원	10,000	관광문화체육과	1	4	7	8	7	1	1	1
12987	충남 금산군	장애인 종목별 가맹단체 운영 지원	15,000	관광문화체육과	1	4	7	8	7	1	1	1
12988	충남 금산군	장애학생 체육대회 참가 지원	1,500	관광문화체육과	1	4	7	8	7	1	1	1
12989	충남 금산군	전국 장애인 게이트볼대회 개최 지원	30,000	관광문화체육과	1	4	7	8	7	1	1	1
12990	충남 금산군	일반생활체육지도자 배치사업	144,840	관광문화체육과	1	4	7	8	7	1	1	1
12991	충남 금산군	어르신생활체육지도자 배치사업	86,904	관광문화체육과	1	4	7	8	7	1	1	1
12992	충남 금산군	유소년생활체육지도자 배치사업	28,968	관광문화체육과	1	4	7	8	7	1	1	1
12993	충남 금산군	생활체육지도자 처우개선비	60,384	관광문화체육과	1	4	7	8	7	1	1	1
12994	충남 금산군	장애인생활체육지도자 배치사업	115,872	관광문화체육과	1	4	7	8	7	1	1	1
12995	충남 금산군	장애인생활체육지도자 처우개선비	25,196	관광문화체육과	1	4	7	8	7	1	1	1
12996	충남 금산군	생활체육프로그램 운영	33,501	관광문화체육과	1	4	7	8	7	1	1	1
12997	충남 금산군	비단고을 마을학교 운영	62,900	교육가족과	1	7	7	8	7	1	1	4
12998	충남 금산군	모두가 하나 되는 마을축제 지원	14,000	교육가족과	1	7	7	8	7	1	1	4
12999	충남 금산군	마을교육공동체 성과나눔마당	28,000	교육가족과	1	7	7	8	7	1	1	4
13000	충남 금산군	양성평등주간 기념행사 지원	1,615	교육가족과	1	4	7	8	7	1	1	1
13001	충남 금산군	금산여성문화제 지원	15,000	교육가족과	1	4	7	8	7	1	1	1
13002	충남 금산군	충남 여성대회 참가 지원	2,000	교육가족과	1	4	7	8	7	1	1	1
13003	충남 금산군	여성리더 역량강화 교육	2,000	교육가족과	1	4	7	8	7	1	1	1

순번	시군구	지출명 (사업명)	2021년예산 (단위:천원/1년간)	담당자 (공무원)	민간이전 분류 (지방자치단체 세출예산 집행기준에 의거)	민간이전지출 근거 (지방보조금 관리기준 참고)	입찰방식			운영예산 산정		성과평가 실시여부
				담당부서	1. 민간경상사업보조(307-02) 2. 민간단체 법정운영비보조(307-03) 3. 민간행사사업보조(307-04) 4. 민간위탁금(307-05) 5. 사회복지시설 법정운영비보조(307-10) 6. 민간인위탁교육비(307-12) 7. 공기관등에대한경상적위탁사업비(308-11) 8. 민간자본사업보조,자체재원(402-01) 9. 민간자본사업보조,이전재원(402-02) 10. 민간위탁사업비(402-03) 11. 공기관등에 대한 자본적 대행사업비(403-02)	1. 법률에 규정 2. 국고보조 재원(국가지정) 3. 용도 지정 기부금 4. 조례에 직접규정 5. 지자체가 권장하는 사업을 하는 공공기관 6. 시,도 정책 및 재정사정 7. 기타 8. 해당없음	계약체결방법 (경쟁형태) 1. 일반경쟁 2. 제한경쟁 3. 지명경쟁 4. 수의계약 5. 법정위탁 6. 기타 ( ) 7. 해당없음	계약기간 1. 1년 2. 2년 3. 3년 4. 4년 5. 5년 6. 기타 ( )년 7. 단기계약 (1년미만) 8. 해당없음	낙찰자선정방법 1. 적격심사 2. 협상에의한계약 3. 최저가낙찰제 4. 규격가격분리 5. 2단계 경쟁입찰 6. 기타 ( ) 7. 해당없음	운영예산 산정 1. 내부산정 (지자체 자체적으로 산정) 2. 외부산정 (외부전문기관위탁 산정) 3. 내·외부 모두 산정 4. 산정 無 5. 해당없음	정산방법 1. 내부정산 (지자체 내부적으로 정산) 2. 외부정산 (외부전문기관위탁 정산) 3. 내·외부 모두 산정 4. 정산 無 5. 해당없음	1. 실시 2. 미실시 3. 향후 추진 4. 해당없음
13004	충남 금산군	플리마켓 운영	3,000	교육가족과	1	4	7	8	7	1	1	1
13005	충남 금산군	여성단체지도자 워크숍 지원	12,000	교육가족과	1	4	7	8	7	1	1	1
13006	충남 금산군	아동여성 폭력 예방 사업	15,000	교육가족과	1	4	7	8	7	1	1	1
13007	충남 금산군	작은도서관 프로그램 운영 지원	16,000	교육가족과	1	4	7	8	7	5	1	1
13008	충남 금산군	가시박 퇴치사업	23,000	환경자원과	1	7	7	8	7	1	1	4
13009	충남 금산군	자연보호 정화활동 지원	7,000	환경자원과	1	5	7	8	7	1	1	1
13010	충남 금산군	지역환경교육센터 지원	40,000	환경자원과	1	4	7	8	7	5	5	4
13011	충남 금산군	비산업부문 사업장 온실가스 진단컨설팅	9,000	환경자원과	1	4	7	8	7	5	5	4
13012	충남 금산군	찾아가는 환경교육 프로그램 운영	10,000	환경자원과	1	4	7	8	7	5	5	4
13013	충남 금산군	읍면농악 행사지원	153,000	농업유통과	1	4	7	8	7	1	1	1
13014	충남 금산군	전국으뜸농산물한마당 참여지원	3,000	농업유통과	1	8	7	8	7	1	1	1
13015	충남 금산군	여성농업인 우수 농특산물 홍보	3,000	농업유통과	1	8	7	8	7	1	1	1
13016	충남 금산군	비단뫼 농특산물공동브랜드 포장재 지원	21,000	농업유통과	1	4	7	8	7	1	1	1
13017	충남 금산군	통합마케팅조직 물류비 지원	100,000	농업유통과	1	1	7	8	7	1	1	1
13018	충남 금산군	농산물 마케팅 지원	4,800	농업유통과	1	2	7	8	7	1	1	1
13019	충남 금산군	공선출하 생산자조직 육성	91,200	농업유통과	1	1	7	8	7	1	1	1
13020	충남 금산군	통합마케팅 조직 육성	80,000	농업유통과	1	1	7	8	7	1	1	1
13021	충남 금산군	농어업회의소 설치운영 지원	35,700	농업유통과	1	6	7	8	7	5	1	4
13022	충남 금산군	농촌체험휴양마을 사무장 지원	136,260	농업유통과	1	1	7	8	7	1	1	1
13023	충남 금산군	농촌체험휴양마을 보험가입 지원	3,736	농업유통과	1	1	7	8	7	1	1	1
13024	충남 금산군	농촌축제지원	12,000	농업유통과	1	2	7	8	7	5	1	4
13025	충남 금산군	수출용 포장디자인 및 포장재 지원	12,000	농업유통과	1	1	7	8	7	1	1	1
13026	충남 금산군	농산물 비관세장벽 해소지원	11,000	농업유통과	1	1	7	8	7	1	1	1
13027	충남 금산군	농촌체험휴양마을 역량강화 교육	2,880	농업유통과	1	1	7	8	7	1	1	1
13028	충남 금산군	충남오감 포장재 지원	61,250	농업유통과	1	1	7	8	7	1	1	1
13029	충남 금산군	친환경 재질 포장재 공급 차액 지원	90,000	농업유통과	1	1	7	8	7	1	1	1
13030	충남 금산군	농업인의날 행사지원	30,000	농업유통과	1	8	7	8	7	1	1	1
13031	충남 금산군	농업경영인 영농수첩 제작	10,000	농업유통과	1	8	7	8	7	1	1	1
13032	충남 금산군	농업경영인 화합대회 지원	20,000	농업유통과	1	8	7	8	7	1	1	1
13033	충남 금산군	농업인단체 역량강화교육 지원	10,000	농업유통과	1	8	7	8	7	1	1	1
13034	충남 금산군	농촌마을 공동급식 도우미 지원	75,000	농업유통과	1	1	7	8	7	1	1	1
13035	충남 금산군	유기질비료지원사업	1,500	농업유통과	1	1	7	8	7	1	1	1
13036	충남 금산군	토양개량제공급(석회, 규산)	110,900	농업유통과	1	1	7	8	7	1	1	1
13037	충남 금산군	학교친환경농업실천지원	16,000	농업유통과	1	1	7	8	7	1	1	1
13038	충남 금산군	친환경농업조직활성화 지원	10,500	농업유통과	1	1	7	8	7	1	1	1
13039	충남 금산군	유기농업자재지원사업	13,000	농업유통과	1	1	7	8	7	1	1	1
13040	충남 금산군	친환경농산물 홍보 마케팅지원	9,000	농업유통과	1	1	7	8	7	1	1	1
13041	충남 금산군	친환경청년농부법인 교육훈련비지원	15,300	농업유통과	1	1	7	8	7	1	1	1
13042	충남 금산군	농약안전보관함 보급	16,000	농업유통과	1	1	7	8	7	1	1	1
13043	충남 금산군	깻잎 축제 홍보 마케팅 지원	20,000	농업유통과	1	7	7	8	7	1	1	4
13044	충남 금산군	생산자 소비자 신뢰구축 학교급식데이 운동 지원	10,000	농업유통과	1	6	7	8	7	1	1	1
13045	충남 금산군	로컬푸드 직매장 활성화 사업	8,000	농업유통과	1	6	7	8	7	1	1	1
13046	충남 금산군	직거래장터 운영 지원	10,000	농업유통과	1	6	7	8	7	1	1	1
13047	충남 금산군	초등돌봄교실 과일간식지원사업	20,000	농업유통과	1	6	7	8	7	1	1	1
13048	충남 금산군	양돈농가 고품질 정액 지원	45,000	농업유통과	1	1	7	8	7	1	1	1
13049	충남 금산군	젖소농가 고품질정액 지원	10,000	농업유통과	1	1	7	8	7	1	1	1
13050	충남 금산군	가금농가 면역증강제 지원	24,000	농업유통과	1	1	7	8	7	1	1	1
13051	충남 금산군	양봉농가 경영안정 지원	27,500	농업유통과	1	1	7	8	7	1	1	1
13052	충남 금산군	고품질 한우농가 육성지원	100,000	농업유통과	1	1	7	8	7	1	1	1
13053	충남 금산군	양계농가 폭염피해 예방지원	15,000	농업유통과	1	1	7	8	7	1	1	1
13054	충남 금산군	낙농도우미 지원사업	24,000	농업유통과	1	1	7	8	7	1	1	1

순번	시군구	지출명 (사업명)	2021년예산 (단위:천원/1년간)	담당자 (공무원) 담당부서	민간이전 분류 (지방자치단체 세출예산 집행기준에 의거) 1. 민간경상사업보조(307-02) 2. 민간단체 법정운영비보조(307-03) 3. 민간행사사업보조(307-04) 4. 민간위탁금(307-05) 5. 사회복지시설 법정운영비보조(307-10) 6. 민간인위탁교육비(307-12) 7. 공기관등에대한경상적위탁사업비(308-11) 8. 민간자본사업보조,자체재원(402-01) 9. 민간자본사업보조,이전재원(402-02) 10. 민간위탁사업비(402-03) 11. 공기관등에 대한 자본적 대행사업비(403-02)	민간이전지출 근거 (지방보조금 관리기준 참고) 1. 법률에 규정 2. 국고보조 재원(국가지정) 3. 용도 지정 기부금 4. 조례에 직접규정 5. 지자체가 권장하는 사업을 하는 공공기관 6. 시,도 정책 및 재정사정 7. 기타 8. 해당없음	입찰방식 계약체결방법 (경쟁형태) 1. 일반경쟁 2. 제한경쟁 3. 지명경쟁 4. 수의계약 5. 법정위탁 6. 기타 ( ) 7. 해당없음	입찰방식 계약기간 1. 1년 2. 2년 3. 3년 4. 4년 5. 5년 6. 기타 ( )년 7. 단기계약 (1년미만) 8. 해당없음	입찰방식 낙찰자선정방법 1. 적격심사 2. 협상에의한계약 3. 최저가낙찰제 4. 규격가격분리 5. 2단계 경쟁입찰 6. 기타 ( ) 7. 해당없음	운영예산 산정 운영예산 산정 1. 내부산정 (지자체 자체적으로 산정) 2. 외부산정 (외부전문기관위탁 산정) 3. 내·외부 모두 산정 4. 산정 無 5. 해당없음	운영예산 산정 정산방법 1. 내부정산 (지자체 내부적으로 정산) 2. 외부정산 (외부전문기관위탁 정산) 3. 내·외부 모두 산정 4. 정산 無 5. 해당없음	성과평가 실시여부 1. 실시 2. 미실시 3. 향후 추진 4. 해당없음
13055	충남 금산군	젖소 고온면역 증강제	29,137	농업유통과	1	1	7	8	7	1	1	1
13056	충남 금산군	젖소 위생원유 생산지원	5,000	농업유통과	1	1	7	8	7	1	1	1
13057	충남 금산군	젖소 번식우 생산성 향상 지원	5,000	농업유통과	1	1	7	8	7	1	1	1
13058	충남 금산군	조사료생산용 사일리지제조 지원	33,390	농업유통과	1	2	7	8	7	1	1	1
13059	충남 금산군	악취저감제 지원사업	40,000	농업유통과	1	1	7	8	7	1	1	1
13060	충남 금산군	가축분뇨 수거비용 지원	20,000	농업유통과	1	1	7	8	7	1	1	1
13061	충남 금산군	돼지써코바이러스 백신지원	84,000	농업유통과	1	2	7	8	7	1	1	1
13062	충남 금산군	돼지소모성질환 지도지원사업	30,000	농업유통과	1	2	7	8	7	1	1	1
13063	충남 금산군	가금질병 예방 난좌 지원	60,000	농업유통과	1	2	7	8	7	1	1	1
13064	충남 금산군	꿀벌사육농가 면역증강제 지원	15,000	농업유통과	1	2	7	8	7	1	1	1
13065	충남 금산군	생산단계 HACCP 컨설팅 지원	5,600	농업유통과	1	2	7	8	7	1	1	1
13066	충남 금산군	산양삼 생산과정 확인제도(품질검사) 지원	1,520	산림녹지과	1	2	7	8	7	1	1	3
13067	충남 금산군	인삼제품류 국정검사 안전성 지원 사업	69,487	인삼약초과	1	6	7	8	7	1	1	4
13068	충남 금산군	농촌자원복합산업화 지원사업 경상보조	128,000	인삼약초과	1	2	7	8	7	1	2	4
13069	충남 금산군	인삼채굴전 안전성 검사비 지원	12,384	인삼약초과	1	1	7	8	7	1	1	4
13070	충남 금산군	인삼 유통 규격화 박스 지원	14,700	인삼약초과	1	6	7	8	7	5	1	4
13071	충남 금산군	시장유통 인삼 컬러박스 지원	44,100	인삼약초과	1	1	7	8	7	1	1	4
13072	충남 금산군	인삼생산농가 실명제 지원	39,850	인삼약초과	1	1	7	8	7	1	1	4
13073	충남 금산군	약령시장회 약초포장재 지원사업	55,000	인삼약초과	1	1	7	8	7	5	1	1
13074	충남 금산군	금산 수삼센터 시장경영바우처지원	9,504	인삼약초과	1	7	7	8	7	5	1	4
13075	충남 금산군	세계중요농업유산 주민협의회 운영	75,000	인삼약초과	1	1	7	8	7	1	1	1
13076	충남 금산군	소비자단체 지원	1,850	지역경제과	1	1	7	8	7	1	1	1
13077	충남 금산군	사회보험료지원	4,000	지역경제과	1	2	7	8	7	1	3	1
13078	충남 금산군	사회적기업 인건비 및 보험료 지원	52,000	지역경제과	1	2	7	8	7	1	1	4
13079	충남 금산군	인삼약초분야 중소기업 청년일자리 인건비 지원	562,805	지역경제과	1	2	7	8	7	1	3	1
13080	충남 금산군	사회적경제기업육성 청년일자리 인건비 지원	140,700	지역경제과	1	2	7	8	7	1	1	4
13081	충남 금산군	어린이집 청년 보육도우미 지원사업 인건비 지원	32,063	지역경제과	1	2	7	8	7	5	5	4
13082	충남 금산군	중소기업 청년일자리 지원사업 인건비 지원	92,813	지역경제과	1	2	7	8	7	1	3	1
13083	충남 금산군	사회적경제 청년도제 육성(청년일자리)	49,513	지역경제과	1	2	7	8	7	1	3	1
13084	충남 금산군	기업인대회 지원	10,000	지역경제과	1	4	7	8	7	1	1	1
13085	충남 금산군	농공단지 통근버스 운행사업	217,392	지역경제과	1	1	7	8	7	1	3	3
13086	충남 금산군	소방의날 행사 및 경연대회 지원	8,000	안전총괄과	1	4	7	8	7	1	1	1
13087	충남 금산군	119 사랑의 봉사활동 지원	2,500	안전총괄과	1	4	7	8	7	1	1	1
13088	충남 금산군	산불예방 및 순찰활동 지원	3,000	안전총괄과	1	4	7	8	7	1	1	1
13089	충남 금산군	의용소방대 연합대 활동지원	1,500	안전총괄과	1	4	7	8	7	1	1	1
13090	충남 금산군	교통안전 지도사업 지원	3,500	건설교통과	1	1	7	8	7	1	1	4
13091	충남 금산군	색깔있는 마을만들기 역량강화 교육비	30,000	건설교통과	1	4	7	8	7	1	1	4
13092	충남 금산군	노인자살예방 멘토링 사업	76,190	보건소	1	6	7	8	7	1	1	1
13093	충남 금산군	4-H연합회 과제포 지원	5,000	농업기술센터	1	5	7	8	7	1	1	3
13094	충남 금산군	문화가 있는 지역 농산물 알림장터 추진	15,000	농업기술센터	1	5	7	8	7	1	1	1
13095	충남 금산군	품목농업인연구회 농산물 품평회 지원	10,000	농업기술센터	1	5	7	8	7	1	1	1
13096	충남 금산군	농촌지도자 성과보고회 지원	12,000	농업기술센터	1	5	7	8	7	1	1	1
13097	충남 금산군	4-H회원 역량강화육성 지원	10,000	농업기술센터	1	5	7	8	7	1	1	3
13098	충남 금산군	품목농업인연구회 품평회 홍보판촉지원 보상	3,900	농업기술센터	1	5	7	8	7	1	1	1
13099	충남 금산군	생활개선회 자살예방 공감확산 후원결의	4,500	농업기술센터	1	5	7	8	7	1	1	1
13100	충남 금산군	생활개선회 수련대회 추진	10,000	농업기술센터	1	5	7	8	7	1	1	1
13101	충남 금산군	생활개선회 실적발표회 추진	7,000	농업기술센터	1	5	7	8	7	1	1	1
13102	충남 금산군	생활개선회 공동과제포 운영	5,000	농업기술센터	1	5	7	8	7	1	1	1
13103	충남 금산군	학교4-H회 프로젝트활동지원	6,000	농업기술센터	1	6	7	8	7	1	1	3
13104	충남 금산군	인삼약초요리 만들어먹기 행사지원	10,000	농업기술센터	1	7	7	8	7	1	1	1
13105	충남 금산군	농작업 안전모델 시범	17,000	농업기술센터	1	6	7	8	7	1	1	3

순번	시군구	지출명 (사업명)	2021년예산 (단위:천원/1년간)	담당자 (공무원) 담당부서	민간이전 분류 (지방자치단체 세출예산 집행기준에 의거) 1. 민간경상사업보조(307-02) 2. 민간단체 법정운영비보조(307-03) 3. 민간행사사업보조(307-04) 4. 민간위탁금(307-05) 5. 사회복지시설 법정운영비보조(307-10) 6. 민간인위탁교육비(307-12) 7. 공기관등에대한경상적위탁사업비(308-11) 8. 민간자본사업보조,자체재원(402-01) 9. 민간자본사업보조,이전재원(402-02) 10. 민간위탁사업비(402-03) 11. 공기관등에 대한 자본적 대행사업비(403-02)	민간이전지출 근거 (지방보조금 관리기준 참고) 1. 법률에 규정 2. 국고보조 재원(국가지정) 3. 용도 지정 기부금 4. 조례에 직접규정 5. 지자체가 권장하는 사업을 하는 공공기관 6. 시,도 정책 및 재정사정 7. 기타 8. 해당없음	입찰방식 계약체결방법 (경쟁형태) 1. 일반경쟁 2. 제한경쟁 3. 지명경쟁 4. 수의계약 5. 법정위탁 6. 기타 ( ) 7. 해당없음	입찰방식 계약기간 1. 1년 2. 2년 3. 3년 4. 4년 5. 5년 6. 기타 ( )년 7. 단기계약 (1년미만) 8. 해당없음	입찰방식 낙찰자선정방법 1. 적격심사 2. 협상에의한계약 3. 최저가낙찰제 4. 규격가격분리 5. 2단계 경쟁입찰 6. 기타 ( ) 7. 해당없음	운영예산 산정 운영예산 산정 1. 내부산정 (지자체 자체적으로 산정) 2. 외부산정 (외부전문기관위탁 산정) 3. 내·외부 모두 산정 4. 산정 無 5. 해당없음	운영예산 산정 정산방법 1. 내부정산 (지자체 내부적으로 정산) 2. 외부정산 (외부전문기관위탁 정산) 3. 내·외부 모두 산정 4. 정산 無 5. 해당없음	성과평가 실시여부 1. 실시 2. 미실시 3. 향후 추진 4. 해당없음
13106	충남 금산군	농촌체험협의체 네트워크 구축 홈페이지 제작	6,000	농업기술센터	1	6	7	8	7	1	1	3
13107	충남 금산군	농업활동 안전사고 예방 생활화 시범	30,000	농업기술센터	1	6	7	8	7	1	1	3
13108	충남 금산군	농가공품 브랜드 포장재 지원사업	14,000	농업기술센터	1	5	7	8	7	1	1	3
13109	충남 금산군	귀농귀촌인 네트워크 활성화 지원	20,000	농업기술센터	1	2	7	8	7	1	1	3
13110	충남 금산군	귀농귀촌인 재능기부 활성화 지원	4,250	농업기술센터	1	6	7	8	7	1	1	3
13111	충남 부여군	청년 문화프로그램 지원사업	12,000	전략사업과	1	4	7	8	7	5	5	4
13112	충남 부여군	충남형 청년 갭이어 프로그램 사업	60,000	전략사업과	1	4	7	8	7	5	5	4
13113	충남 부여군	주민자치센터 기능지원(16개소)	228,000	공동체협력과	1	4	7	8	7	1	1	3
13114	충남 부여군	주민자치 특화사업 지원	11,400	공동체협력과	1	4	7	8	7	1	1	3
13115	충남 부여군	충남형주민자치회 시범사업 발굴 및 후속지원	60,000	공동체협력과	1	6	7	8	7	5	1	3
13116	충남 부여군	충남형주민자치회 시범사업 후속지원(20년 정리추경 삭감분)	45,000	공동체협력과	1	6	7	8	7	5	1	3
13117	충남 부여군	자연유산 민속행사 재현경비	2,000	문화재과	1	2	7	7	7	5	1	1
13118	충남 부여군	매월당 김시습 다례제등	72,000	문화재과	1	2	7	8	7	5	5	4
13119	충남 부여군	보부상 공문제 활성화 사업	140,000	문화재과	1	2	7	8	7	5	5	4
13120	충남 부여군	세계유산 주민역량강화사업	9,500	문화재과	1	2	7	8	7	5	5	4
13121	충남 부여군	무형문화재 전승지원금	40,800	문화재과	1	2	7	8	7	5	5	4
13122	충남 부여군	무형문화재 공개행사 등 지원	26,000	문화재과	1	2	7	8	7	5	5	4
13123	충남 부여군	생생문화재 사업	110,000	문화재과	1	2	7	8	7	5	5	4
13124	충남 부여군	생생문화재 사업	50,000	문화재과	1	2	7	8	7	5	5	4
13125	충남 부여군	전통산사 문화재 활용사업	50,000	문화재과	1	2	7	8	7	5	5	4
13126	충남 부여군	고택종갓집 활용사업	177,500	문화재과	1	2	7	8	7	5	5	4
13127	충남 부여군	작은도서관 자료구입 및 프로그램 지원	28,000	문화체육관광과	1	6	7	8	7	5	5	4
13128	충남 부여군	백제기악 미마지 전승지원	7,000	문화체육관광과	1	7	7	8	7	5	5	4
13129	충남 부여군	백제제례국악관현악단 지원사업	9,500	문화체육관광과	1	7	7	8	7	5	5	4
13130	충남 부여군	부여민예총 지원사업	9,500	문화체육관광과	1	7	7	8	7	5	5	4
13131	충남 부여군	생활문화센터 프로그램 운영	52,958	문화체육관광과	1	4	6	1	6	1	1	1
13132	충남 부여군	부여청소년오케스트라운영	66,500	문화체육관광과	1	4	6	1	6	1	1	1
13133	충남 부여군	지방문화원 활성화 및 향토문화 발굴육성사업	85,000	문화체육관광과	1	4	6	1	6	1	1	1
13134	충남 부여군	근현대 구술채록 사업	16,000	문화체육관광과	1	4	6	1	6	1	1	1
13135	충남 부여군	정산 김영학 조각관 운영 관리	25,650	문화체육관광과	1	4	6	1	6	1	1	1
13136	충남 부여군	유홍준교수 기증유물 전시회	76,000	문화체육관광과	1	4	6	1	6	1	1	1
13137	충남 부여군	합창단 지원사업	3,000	문화체육관광과	1	4	6	1	6	1	1	1
13138	충남 부여군	공공미술프로젝트	56,000	문화체육관광과	1	2	7	8	7	5	5	4
13139	충남 부여군	기획 문화예술 공연	100,000	문화체육관광과	1	5	7	8	7	1	1	1
13140	충남 부여군	2021년 템플스테이 플러스원 투어	9,520	문화체육관광과	1	6	7	8	7	5	5	4
13141	충남 부여군	명사와 함께하는 백제역사 문화탐방	30,000	문화체육관광과	1	7	7	8	7	5	5	1
13142	충남 부여군	백제문화를 만나는 명품 교과서 투어	15,000	문화체육관광과	1	7	7	8	7	5	5	1
13143	충남 부여군	일반 생활체육지도자 배치사업	144,840	문화체육관광과	1	2	7	8	7	5	5	4
13144	충남 부여군	생활체육프로그램 운영	59,481	문화체육관광과	1	2	7	8	7	5	5	4
13145	충남 부여군	어르신 생활체육지도자 배치사업	144,840	문화체육관광과	1	2	7	8	7	5	5	4
13146	충남 부여군	장애인 생활체육지도자 배치사업	115,872	문화체육관광과	1	2	7	8	7	5	5	4
13147	충남 부여군	생활체육지도자 처우개선비	77,344	문화체육관광과	1	2	7	8	7	5	5	4
13148	충남 부여군	장애인 생활체육지도자 처우개선비	26,996	문화체육관광과	1	2	7	8	7	5	5	4
13149	충남 부여군	생활체육지도자 활동지원비	26,400	문화체육관광과	1	6	7	8	7	5	5	4
13150	충남 부여군	동절기 어르신 체육 활성화 지원	11,552	문화체육관광과	1	4	7	8	7	5	5	4
13151	충남 부여군	학교 체육시설 사용료 지원	9,500	문화체육관광과	1	1	7	8	7	5	5	4
13152	충남 부여군	전국 마라톤대회 출전지원	5,700	문화체육관광과	1	4	7	8	7	5	5	4
13153	충남 부여군	주요농산물 가격안정제 지원사업	12,000	농정과	1	4	7	8	7	5	5	4
13154	충남 부여군	농어업회의소 설치운영 지원	35,700	농정과	1	4	7	8	7	5	5	4
13155	충남 부여군	농업인제안 공모사업 실시	38,000	농정과	1	4	7	8	7	5	5	4
13156	충남 부여군	부여군농민회 우리농업 지키는 농촌활동 등	3,325	농정과	1	1	7	8	7	5	5	4

순번	시군구	지출명 (사업명)	2021년예산 (단위:천원/1년간)	담당자 (공무원)	민간이전 분류 (지방자치단체 세출예산 집행기준에 의거)	민간이전지출 근거 (지방보조금 관리기준 참고)	입찰방식			운영예산 산정		성과평가 실시여부
				담당부서	1. 민간경상사업보조(307-02) 2. 민간단체 법정운영비보조(307-03) 3. 민간행사사업보조(307-04) 4. 민간위탁금(307-05) 5. 사회복지시설 법정운영비보조(307-10) 6. 민간인위탁교육비(307-12) 7. 공기관등에대한경상적위탁사업비(308-11) 8. 민간자본사업보조,자체재원(402-01) 9. 민간자본사업보조,이전재원(402-02) 10. 민간위탁사업비(402-03) 11. 공기관등에 대한 자본적 대행사업비(403-02)	1. 법률에 규정 2. 국고보조 재원(국가지정) 3. 용도 지정 기부금 4. 조례에 직접규정 5. 지자체가 권장하는 사업을 하는 공공기관 6. 시,도 정책 및 재정사정 7. 기타 8. 해당없음	계약체결방법 (경쟁형태) 1. 일반경쟁 2. 제한경쟁 3. 지명경쟁 4. 수의계약 5. 법정위탁 6. 기타 ( ) 7. 해당없음	계약기간 1. 1년 2. 2년 3. 3년 4. 4년 5. 5년 6. 기타 ( )년 7. 단기계약 (1년미만) 8. 해당없음	낙찰자선정방법 1. 적격심사 2. 협상에의한계약 3. 최저가낙찰제 4. 규격가격분리 5. 2단계 경쟁입찰 6. 기타 ( ) 7. 해당없음	운영예산 산정 1. 내부산정 (지자체 자체적으로 산정) 2. 외부산정 (외부전문기관위탁 산정) 3. 내·외부 모두 산정 4. 산정 無 5. 해당없음	정산방법 1. 내부정산 (지자체 내부적으로 정산) 2. 외부정산 (외부전문기관위탁 정산) 3. 내·외부 모두 산정 4. 정산 無 5. 해당없음	1. 실시 2. 미실시 3. 향후 추진 4. 해당없음
13157	충남 부여군	(사)한국쌀전업농부여군연합회 부여쌀 소비촉진 홍보활동 등	1,900	농정과	1	4	7	8	7	5	5	4
13158	충남 부여군	(사)한국친환경인증농산물생산자협의회 부여군지부 친환경농산물 재배기술 현장교육 등	1,900	농정과	1	4	7	8	7	5	5	4
13159	충남 부여군	한국유기농협회 부여군지부 유기농 재배기술 현장교육 등	950	농정과	1	4	7	8	7	5	5	4
13160	충남 부여군	(사)한국여성농업경영인부여군연합회 정통 장류 맥 잇기 사업	9,500	농정과	1	1	7	8	7	5	5	4
13161	충남 부여군	여성농민 건강지키기 사업	1,900	농정과	1	1	7	8	7	5	5	4
13162	충남 부여군	(사)한국농업경영인부여군연합회 친환경작물재배기술 현장교육 등	9,500	농정과	1	1	7	8	7	5	5	4
13163	충남 부여군	농업회의소 농업인 권익보호 활동 등	85,500	농정과	1	4	7	8	7	5	5	4
13164	충남 부여군	충남 쌀전업농대회 참가	9,500	농정과	1	4	7	8	7	5	5	4
13165	충남 부여군	충남 친환경인증농산물생산자 대회 참가	1,900	농정과	1	4	7	8	7	5	5	4
13166	충남 부여군	농업경영컨설팅 지원	40,000	농정과	1	2	7	8	7	5	5	4
13167	충남 부여군	농작업지원단 육성운영	504,000	농정과	1	4	7	8	7	5	5	4
13168	충남 부여군	여성농업인센터 운영 지원	126,000	농정과	1	4	7	8	7	5	5	4
13169	충남 부여군	농촌고용인력지원사업	80,000	농정과	1	4	7	8	7	5	5	4
13170	충남 부여군	식량작물공동경영체교육컨설팅지원	27,000	농정과	1	2	7	8	7	5	5	4
13171	충남 부여군	충남쌀유전자분석비지원	3,000	농정과	1	4	7	8	7	5	5	4
13172	충남 부여군	시설원예 연작장해방지 사업 개선 컨설팅	47,500	농정과	1	1	7	8	7	5	5	4
13173	충남 부여군	초등돌봄교실 과일간식지원사업	38,000	농정과	1	2	7	8	7	5	5	4
13174	충남 부여군	밭작물 공동경영체 육성사업(역량강화-1년차)	36,000	농정과	1	2	7	8	7	5	5	4
13175	충남 부여군	인삼농협조직 역량강화	12,000	농정과	1	1	7	8	7	5	5	4
13176	충남 부여군	충남인삼 마케팅 강화	50,000	농정과	1	1	7	8	7	5	5	4
13177	충남 부여군	굿뜨래 농식품 온라인마케팅 택배비 지원	47,500	굿뜨래경영과	1	5	2	1	1	3	1	1
13178	충남 부여군	농산물 공선출하 생산자조직 육성	396,800	굿뜨래경영과	1	6	7	8	7	1	1	1
13179	충남 부여군	농산물 통합마케팅조직 육성	208,000	굿뜨래경영과	1	6	7	8	7	1	1	1
13180	충남 부여군	수확 및 운송작업단 운영(멜론)	56,000	굿뜨래경영과	1	6	7	8	7	1	1	1
13181	충남 부여군	굿뜨래 농산물 포장화 지원	47,500	굿뜨래경영과	1	6	7	8	7	1	1	1
13182	충남 부여군	농특산물 TV홈쇼핑 지원	18,000	굿뜨래경영과	1	6	7	8	7	1	1	1
13183	충남 부여군	로컬푸드 직매장 활성화 사업	12,000	굿뜨래경영과	1	6	7	8	7	1	1	1
13184	충남 부여군	충남오감 유통활성화 자금조성 지원	32,000	굿뜨래경영과	1	6	7	8	7	1	1	1
13185	충남 부여군	굿뜨래 농산물(수박) 품질관리사 운영	33,250	굿뜨래경영과	1	6	7	8	7	1	1	1
13186	충남 부여군	굿뜨래 농산물(토마토) 품질관리사 운영	9,500	굿뜨래경영과	1	6	7	8	7	1	1	1
13187	충남 부여군	공동출하 확대(공동선별비) 지원	1,080	굿뜨래경영과	1	6	7	8	7	1	1	1
13188	충남 부여군	충남오감 통합구매 지원	345,000	굿뜨래경영과	1	6	7	8	7	1	1	1
13189	충남 부여군	농촌체험휴양마을 사무장 지원	75,600	굿뜨래경영과	1	2	7	8	7	1	1	1
13190	충남 부여군	농촌체험휴양마을 보험가입 지원	4,270	굿뜨래경영과	1	2	7	8	7	1	1	1
13191	충남 부여군	농촌체험휴양마을 역량강화	2,640	굿뜨래경영과	1	2	7	8	7	1	1	1
13192	충남 부여군	농촌마을 공동급식 도우미 지원	369,000	굿뜨래경영과	1	6	7	8	7	1	1	1
13193	충남 부여군	친환경로컬푸드 학교급식데이	9,000	굿뜨래경영과	1	6	7	8	7	1	1	1
13194	충남 부여군	굿뜨래 로컬푸드 소비확대 팸투어 지원사업	22,800	굿뜨래경영과	1	7	7	8	7	1	1	1
13195	충남 부여군	공공급식 로컬푸드 산지투어 지원사업	15,167	굿뜨래경영과	1	6	7	8	7	1	1	1
13196	충남 부여군	(사)부여군기업인협의회 활동 지원	7,600	경제교통과	1	4	7	8	7	1	1	1
13197	충남 부여군	사회적기업 일자리창출사업	141,333	경제교통과	1	4	1	1	1	1	1	1
13198	충남 부여군	부여 청년정착 상생고용사업	66,500	경제교통과	1	4	7	8	7	5	5	4
13199	충남 부여군	축제 청년코디네이터 운영사업	83,190	경제교통과	1	4	7	8	7	5	5	1
13200	충남 부여군	우수 중소기업 농업분야 일자리사업	50,515	경제교통과	1	4	7	8	7	5	5	1
13201	충남 부여군	청년 사회서비스 전문가 양성사업	21,060	경제교통과	1	4	7	8	7	5	5	1
13202	충남 부여군	장애청년 중증장애인 도움사업	10,280	경제교통과	1	4	7	8	7	5	5	1
13203	충남 부여군	사회적경제 청년도제육성사업	148,541	경제교통과	1	4	1	1	1	1	1	1
13204	충남 부여군	보행교통 지킴이 활동비 지원	8,550	경제교통과	1	4	7	8	7	1	1	1
13205	충남 부여군	일반경로당 운영지원(프로그램 운영비)	174,400	가족행복과	1	1	7	8	7	3	3	4
13206	충남 부여군	모범경로당 운영지원(프로그램 운영비)	59,500	가족행복과	1	1	7	8	7	3	3	4
13207	충남 부여군	경로당프로그램관리사 운영	101,678	가족행복과	1	1	7	8	7	3	3	4

순번	시군구	지출명 (사업명)	2021년예산 (단위:천원/1년간)	담당자 (공무원) 담당부서	민간이전 분류 (지방자치단체 세출예산 집행기준에 의거) 1. 민간경상사업보조(307-02) 2. 민간단체 법정운영비보조(307-03) 3. 민간행사사업보조(307-04) 4. 민간위탁금(307-05) 5. 사회복지시설 법정운영비보조(307-10) 6. 민간인위탁교육비(307-12) 7. 공기관등에대한경상적위탁사업비(308-11) 8. 민간자본사업보조,자체재원(402-01) 9. 민간자본사업보조,이전재원(402-02) 10. 민간위탁사업비(402-03) 11. 공기관등에 대한 자본적 대행사업비(403-02)	민간이전지출 근거 (지방보조금 관리기준 참고) 1. 법률에 규정 2. 국고보조 재원(국가지정) 3. 용도 지정 기부금 4. 조례에 직접규정 5. 지자체가 권장하는 사업을 하는 공공기관 6. 시,도 정책 및 재정사정 7. 기타 8. 해당없음	입찰방식 계약체결방법 (경쟁형태) 1. 일반경쟁 2. 제한경쟁 3. 지명경쟁 4. 수의계약 5. 법정위탁 6. 기타 ( ) 7. 해당없음	입찰방식 계약기간 1. 1년 2. 2년 3. 3년 4. 4년 5. 5년 6. 기타 ( )년 7. 단기계약 (1년미만) 8. 해당없음	입찰방식 낙찰자선정방법 1. 적격심사 2. 협상에의한계약 3. 최저가낙찰제 4. 규격가격분리 5. 2단계 경쟁입찰 6. 기타 ( ) 7. 해당없음	운영예산 산정 운영예산 산정 1. 내부산정 (지자체 자체적으로 산정) 2. 외부산정 (외부전문기관위탁 산정) 3. 내·외부 모두 산정 4. 산정 無 5. 해당없음	운영예산 산정 정산방법 1. 내부정산 (지자체 내부적으로 정산) 2. 외부정산 (외부전문기관위탁 정산) 3. 내·외부 모두 산정 4. 정산 無 5. 해당없음	성과평가 실시여부 1. 실시 2. 미실시 3. 향후 추진 4. 해당없음
13208	충남 부여군	노인여가프로그램 교구보급	3,400	가족행복과	1	1	7	8	7	3	3	4
13209	충남 부여군	웰다잉 및 노인인권교육	6,511	가족행복과	1	1	5	5	2	1	1	1
13210	충남 부여군	노인지도자 양성	1,850	가족행복과	1	1	7	8	7	3	3	4
13211	충남 부여군	경로당 신문보급비	11,100	가족행복과	1	1	7	8	7	3	3	4
13212	충남 부여군	독거노인 공동생활제 운영 지원	20,000	가족행복과	1	6	5	8	1	1	1	1
13213	충남 부여군	독거노인 공동생활제 구축 지원	17,050	가족행복과	1	6	7	8	7	5	5	4
13214	충남 부여군	무료경로식당 운영비 지원	53,088	가족행복과	1	6	1	3	1	1	1	2
13215	충남 부여군	저소득재가노인 밑반찬배달사업	116,481	가족행복과	1	6	1	3	1	1	1	2
13216	충남 부여군	어르신일자리마련지원(민간단체수행)	12,461	가족행복과	1	1	5	5	2	1	1	1
13217	충남 부여군	대한노인회부여군지회 사업 지원	10,200	가족행복과	1	4	5	5	2	1	1	1
13218	충남 부여군	대한노인회 읍면 분회 사업 지원	13,600	가족행복과	1	4	5	5	2	1	1	1
13219	충남 부여군	아름다운 모습 제작 지원	35,950	가족행복과	1	6	7	8	7	3	3	4
13220	충남 부여군	노인취업지원센터 활동비	2,400	가족행복과	1	1	5	5	2	1	1	1
13221	충남 부여군	대한노인회부설 부여노인대학	16,500	가족행복과	1	1	7	8	7	3	3	4
13222	충남 부여군	대한노인회부설 홍산,임천,세도노인대학	34,500	가족행복과	1	1	7	8	7	3	3	4
13223	충남 부여군	청소년유해환경감시단 활동 지원	1,800	가족행복과	1	2	7	8	7	5	1	2
13224	충남 부여군	청소년 공부방 참여자대상 지역배움터(학교 밖 교실) 운영 지원	20,000	가족행복과	1	6	7	8	7	5	1	2
13225	충남 부여군	비산업부문 사업장 온실가스 진단컨설팅	9,900	환경과	1	1	7	8	7	5	5	4
13226	충남 부여군	밤나무항공방제	127,000	산림녹지과	1	7	7	8	7	1	1	4
13227	충남 부여군	임산물 택배비 지원사업	60,000	산림녹지과	1	7	4	8	7	1	1	4
13228	충남 부여군	정신요양시설 기능보강사업 철거 및 폐기물 처리 용역	349,059	보건소	1	5	7	8	7	5	5	4
13229	충남 부여군	노인자살예방 멘토링 사업 지원	122,680	보건소	1	6	7	8	7	1	1	1
13230	충남 부여군	취약지역 응급의료기관 운영비 지원	270,000	보건소	1	1	5	8	7	5	2	4
13231	충남 부여군	분만취약지 지원사업	200,000	보건소	1	1	7	8	7	5	1	4
13232	충남 부여군	요양병원 치매치료 관리 지원사업	40,000	보건소	1	7	7	1	7	1	1	1
13233	충남 부여군	청년농업인 영농정착 지원	391,429	농업기술센터	1	2	7	8	7	5	5	4
13234	충남 부여군	농업인교육 실습농장 육성	7,400	농업기술센터	1	1	7	8	7	5	5	4
13235	충남 부여군	읍면농촌지도자회 활력화 사업	40,000	농업기술센터	1	4	7	8	7	5	5	4
13236	충남 부여군	아름다운 귀농마을 만들기 지원	24,000	농업기술센터	1	2	7	8	7	1	1	1
13237	충남 부여군	귀농창업활성화지원 사업	19,000	농업기술센터	1	2	7	8	7	1	1	1
13238	충남 부여군	축산물 HACCP 컨설팅	16,800	농업기술센터	1	4	7	8	7	5	1	2
13239	충남 부여군	공동방제단운영지원	267,218	농업기술센터	1	4	7	8	7	5	1	2
13240	충남 부여군	동물복지 컨설팅 사업	7,000	농업기술센터	1	2	7	8	7	5	5	4
13241	충남 부여군	축산물이력관리지원(귀표부착)	77,571	농업기술센터	1	2	7	8	7	5	5	4
13242	충남 서천군	노인고용장려금 지원	11,000	사회복지실	1	6	7	8	7	5	1	2
13243	충남 서천군	기업관련단체 지원사업	10,000	투자유치과	1	4	4	1	7	1	1	1
13244	충남 서천군	서천형 주민자치 특색지원사업	20,000	자치행정과	1	6	7	8	7	1	1	1
13245	충남 서천군	충남형 주민자치회 시범사업	120,000	자치행정과	1	6	7	8	7	5	1	1
13246	충남 서천군	자유학년제 진로체험운영 지원	30,000	자치행정과	1	1	7	8	7	5	1	1
13247	충남 서천군	대학중심 평생학습 활성화지원사업	20,000	자치행정과	1	1	7	8	7	5	1	1
13248	충남 서천군	군민제안우수프로그램 지원사업	25,000	자치행정과	1	1	7	8	7	5	1	1
13249	충남 서천군	북스타트 지원사업	21,000	자치행정과	1	1	7	8	7	5	1	1
13250	충남 서천군	생활과학교실 운영	20,000	자치행정과	1	1	7	8	7	5	1	1
13251	충남 서천군	평생학습 동아리 육성사업	1,000	자치행정과	1	1	7	8	7	5	1	1
13252	충남 서천군	성인문해교육 기관, 단체 지원사업	3,750	자치행정과	1	1	7	8	7	5	1	1
13253	충남 서천군	충남학 프로그램 운영	14,000	자치행정과	1	1	7	8	7	5	1	1
13254	충남 서천군	청소년 선도 및 범죄예방 순찰 활동	3,000	자치행정과	1	1	7	8	7	1	1	3
13255	충남 서천군	범죄피해자지원센터 사업	30,000	자치행정과	1	1	7	8	7	1	1	3
13256	충남 서천군	서천군새마을회 읍면협의회 사업	23,400	자치행정과	1	1	7	8	7	1	1	3
13257	충남 서천군	바르게살기운동 읍면 협의회 사업	10,400	자치행정과	1	1	7	8	7	1	1	3
13258	충남 서천군	민주평화통일자문회의 서천군협의회 사업	17,000	자치행정과	1	1	7	8	7	1	1	3

순번	시군구	지출명 (사업명)	2021년예산 (단위:천원/1년간)	담당자 (공무원)	민간이전 분류 (지방자치단체 세출예산 집행기준에 의거)	민간이전지출 근거 (지방보조금 관리기준 참고)	입찰방식			운영예산 산정		성과평가 실시여부
				담당부서	1. 민간경상사업보조(307-02) 2. 민간단체 법정운영비보조(307-03) 3. 민간행사사업보조(307-04) 4. 민간위탁금(307-05) 5. 사회복지시설 법정운영비보조(307-10) 6. 민간인위탁교육비(307-12) 7. 공기관등에대한경상적위탁사업비(308-11) 8. 민간자본사업보조,자체재원(402-01) 9. 민간자본사업보조,이전재원(402-02) 10. 민간위탁사업비(402-03) 11. 공기관등에 대한 자본적 대행사업비(403-02)	1. 법률에 규정 2. 국고보조 재원(국가지정) 3. 용도 지정 기부금 4. 조례에 직접규정 5. 지자체가 권장하는 사업을 하는 공공기관 6. 시,도 정책 및 재정사정 7. 기타 8. 해당없음	계약체결방법 (경쟁형태) 1. 일반경쟁 2. 제한경쟁 3. 지명경쟁 4. 수의계약 5. 법정위탁 6. 기타 ( ) 7. 해당없음	계약기간 1. 1년 2. 2년 3. 3년 4. 4년 5. 5년 6. 기타 ( )년 7. 단기계약 (1년미만) 8. 해당없음	낙찰자선정방법 1. 적격심사 2. 협상에의한계약 3. 최저가낙찰제 4. 규격가격분리 5. 2단계 경쟁입찰 6. 기타 ( ) 7. 해당없음	운영예산 산정 1. 내부산정 (지자체 자체적으로 산정) 2. 외부산정 (외부전문기관위탁 산정) 3. 내·외부 모두 산정 4. 산정 無 5. 해당없음	정산방법 1. 내부정산 (지자체 내부적으로 정산) 2. 외부정산 (외부전문기관위탁 정산) 3. 내·외부 모두 산정 4. 정산 無 5. 해당없음	1. 실시 2. 미실시 3. 향후 추진 4. 해당없음
13259	충남 서천군	대한적십자사봉사회 서천지구협의회 사업	7,200	자치행정과	1	1	7	8	7	1	1	3
13260	충남 서천군	서천군재향경우회 사업	1,600	자치행정과	1	1	7	8	7	1	1	3
13261	충남 서천군	서천군민도의교실운영	6,976	자치행정과	1	1	7	8	7	1	1	3
13262	충남 서천군	도의새마을위탁교육	17,713	자치행정과	1	1	7	8	7	1	1	3
13263	충남 서천군	충남인성교육사업지원	12,000	자치행정과	1	1	7	8	7	1	1	3
13264	충남 서천군	전통공예품 공모전	6,000	관광축제과	1	4	7	8	7	5	5	4
13265	충남 서천군	생활관광 프로그램 개발 및 운영	70,000	관광축제과	1	4	7	8	7	5	5	4
13266	충남 서천군	지역단위 농촌관광 사업 운영	90,000	관광축제과	1	2	7	8	7	5	5	4
13267	충남 서천군	유부도 클린봉사단 운영	5,000	관광축제과	1	1	7	8	7	5	5	4
13268	충남 서천군	생태관광페스티벌 참여	1,500	관광축제과	1	1	7	8	7	5	5	4
13269	충남 서천군	생태관광협의체 국내협력 실비 보상	1,000	관광축제과	1	1	7	8	7	5	5	4
13270	충남 서천군	자연유산 민속행사	45,000	문화진흥과	1	2	7	8	7	1	1	1
13271	충남 서천군	무형문화재지원사업	17,000	문화진흥과	1	5	7	8	7	1	1	1
13272	충남 서천군	무형문화재 공개행사 지원	16,000	문화진흥과	1	6	7	8	7	1	1	1
13273	충남 서천군	지역 명사 활용 콘텐츠 개발	20,000	문화진흥과	1	1	7	8	7	1	1	1
13274	충남 서천군	말랑말랑 마을이야기시니어연극운영	15,900	문화진흥과	1	1	7	8	7	1	1	1
13275	충남 서천군	2020년 근현대 구술채록사업	1,000	문화진흥과	1	1	7	8	7	1	1	1
13276	충남 서천군	미디어센터 운영 프로그램 강화사업	40,000	문화진흥과	1	8	7	1	7	1	3	3
13277	충남 서천군	서천군 생활영상 기록물 수집 및 보존	10,000	문화진흥과	1	8	7	8	7	5	5	4
13278	충남 서천군	모시스쿨 운영	30,000	문화진흥과	1	4	2	1	6	1	1	1
13279	충남 서천군	한산모시 종근 지원사업	25,000	문화진흥과	1	4	2	1	6	1	1	1
13280	충남 서천군	지역특화지원(한산소곡주 명품화)	20,000	문화진흥과	1	4	4	1	1	1	1	1
13281	충남 서천군	친환경농업조직활성화	11,900	농정과	1	4	7	8	7	1	1	1
13282	충남 서천군	충남쌀 유전자분석비 지원	1,250	농정과	1	4	7	8	7	1	1	1
13283	충남 서천군	식량작물공동(들녘)경영체육성지원사업	27,000	농정과	1	1	7	8	7	1	1	1
13284	충남 서천군	친환경청년농부법인 교육훈련비 지원	15,300	농정과	1	6	7	8	7	1	1	1
13285	충남 서천군	농기계등화장치 부착지원	15,000	농정과	1	2	7	8	7	1	1	1
13286	충남 서천군	충남쌀 유전자분석비 지원	1,250	농정과	1	6	7	8	7	1	1	1
13287	충남 서천군	농작업지원단 육성.운영	392,000	농정과	1	6	7	8	7	1	1	1
13288	충남 서천군	볏짚환원 지원	103,700	농정과	1	6	7	8	7	1	1	1
13289	충남 서천군	삼광벼 재배단지 공동방제	43,330	농정과	1	6	7	8	7	1	1	1
13290	충남 서천군	개방화 대응 과수원예농가 지원	7,000	농정과	1	6	4	8	6	1	1	1
13291	충남 서천군	원예작물 경쟁력 강화	35,000	농정과	1	6	4	8	6	1	1	1
13292	충남 서천군	토양개량제지원	1,421	농정과	1	2	4	8	6	1	1	1
13293	충남 서천군	유기질비료지원	977,500	농정과	1	2	4	8	6	1	1	1
13294	충남 서천군	농산물 판매 전시회 참가업체 지원	25,000	농정과	1	6	1	1	1	1	1	4
13295	충남 서천군	학교친환경농업 실천지원	48,000	농정과	1	6	1	1	1	1	1	4
13296	충남 서천군	친환경농산물 홍보마케팅 지원	22,200	농정과	1	6	1	1	1	1	1	4
13297	충남 서천군	농특산물 TV홈쇼핑 지원	18,000	농정과	1	6	1	1	1	1	1	4
13298	충남 서천군	수박 공선출하 비용 지원	25,000	농정과	1	6	1	1	1	1	1	4
13299	충남 서천군	블루베리 공선출하 비용 지원	10,000	농정과	1	6	1	1	1	1	1	4
13300	충남 서천군	공선출하 생산자조직 육성	36,800	농정과	1	6	1	1	1	1	1	4
13301	충남 서천군	로컬푸드직매장 활성화 사업	24,000	농정과	1	6	1	1	1	1	1	4
13302	충남 서천군	로컬푸드직매장 설치 및 기능보강사업	19,000	농정과	1	6	1	1	1	1	1	4
13303	충남 서천군	과채농가 경영개선 지원	30,000	농정과	1	6	1	1	1	1	1	4
13304	충남 서천군	친환경쌀 포장재 지원사업	30,000	농정과	1	6	1	1	1	1	1	4
13305	충남 서천군	서래야쌀 홍보마케팅 지원사업	75,000	농정과	1	6	1	1	1	1	1	4
13306	충남 서천군	대형유통통장소 서천군 농산물 대전 운영사업 지원	20,000	농정과	1	6	1	1	1	1	1	4
13307	충남 서천군	공동브랜드 포장재 지원	70,000	농정과	1	6	1	1	1	1	1	4
13308	충남 서천군	수출 농산물 포장재 지원	12,000	농정과	1	6	1	1	1	1	1	4
13309	충남 서천군	농산물 수출 선도조직 육성	10,000	농정과	1	6	1	1	1	1	1	4

순번	시군구	지출명 (사업명)	2021년예산 (단위:천원/1년간)	담당자 (공무원) 담당부서	민간이전 분류 (지방자치단체 세출예산 집행기준에 의거) 1. 민간경상사업보조(307-02) 2. 민간단체 법정운영비보조(307-03) 3. 민간행사사업보조(307-04) 4. 민간위탁금(307-05) 5. 사회복지시설 법정운영비보조(307-10) 6. 민간인위탁교육비(307-12) 7. 공기관등에대한경상적위탁사업비(308-11) 8. 민간자본사업보조,자체재원(402-01) 9. 민간자본사업보조,이전재원(402-02) 10. 민간위탁사업비(402-03) 11. 공기관등에 대한 자본적 대행사업비(403-02)	민간이전지출 근거 (지방보조금 관리기준 참고) 1. 법률에 규정 2. 국고보조 재원(국가지정) 3. 용도 지정 기부금 4. 조례에 직접규정 5. 지자체가 권장하는 사업을 하는 공공기관 6. 시,도 정책 및 재정사정 7. 기타 8. 해당없음	입찰방식 계약체결방법 (경쟁형태) 1. 일반경쟁 2. 제한경쟁 3. 지명경쟁 4. 수의계약 5. 법정위탁 6. 기타 ( ) 7. 해당없음	입찰방식 계약기간 1. 1년 2. 2년 3. 3년 4. 4년 5. 5년 6. 기타 ( )년 7. 단기계약 (1년미만) 8. 해당없음	입찰방식 낙찰자선정방법 1. 적격심사 2. 협상에의한계약 3. 최저가낙찰제 4. 규격가격분리 5. 2단계 경쟁입찰 6. 기타 ( ) 7. 해당없음	운영예산 산정 운영예산 산정 1. 내부산정 (지자체 자체적으로 산정) 2. 외부산정 (외부전문기관위탁 산정) 3. 내·외부 모두 산정 4. 산정 無 5. 해당없음	운영예산 산정 정산방법 1. 내부정산 (지자체 내부적으로 정산) 2. 외부정산 (외부전문기관위탁 정산) 3. 내·외부 모두 산정 4. 정산 無 5. 해당없음	성과평가 실시여부 1. 실시 2. 미실시 3. 향후 추진 4. 해당없음
13310	충남 서천군	농산물 비관세장벽 해소지원	18,000	농정과	1	6	1	1	1	1	1	4
13311	충남 서천군	농촌체험휴양마을 역량강화	3,120	농정과	1	6	1	1	1	1	1	4
13312	충남 서천군	농촌체험마을 홍보행사 지원	4,250	농정과	1	6	1	1	1	1	1	4
13313	충남 서천군	지역아동센터 친환경쌀지원	18,300	농정과	1	4	4	1	2	1	1	3
13314	충남 서천군	초등돌봄교실 과일간식지원	32,000	농정과	1	2	2	1	2	1	1	1
13315	충남 서천군	친환경임산물재배관리	27,748	산림축산과	1	1	1	1	1	1	1	1
13316	충남 서천군	사회적경제 공동마케팅 지원	90,000	지역경제과	1	4	7	8	7	5	5	4
13317	충남 서천군	지역산업맞춤형 일자리창출 지원사업	80,000	지역경제과	1	2	7	8	7	5	5	4
13318	충남 서천군	사회적경제 네트워크 조직 육성 및 협동화 사업	26,000	지역경제과	1	4	7	8	7	5	5	4
13319	충남 서천군	사회적기업 사업개발비 지원	21,418	지역경제과	1	2	7	8	7	5	5	4
13320	충남 서천군	사회적기업 사회보험료 지원	45,333	지역경제과	1	2	7	8	7	5	5	4
13321	충남 서천군	사회적기업 일자리창출 지원	366,667	지역경제과	1	2	7	8	7	5	5	4
13322	충남 서천군	청년들이 살기좋은 마을 만들기 사업	200,000	지역경제과	1	4	7	8	7	5	5	4
13323	충남 서천군	자연보호운동	3,000	환경보호과	1	1	7	8	7	5	1	1
13324	충남 서천군	야생동물보호사업	2,000	환경보호과	1	6	7	8	7	5	1	1
13325	충남 서천군	청년어촌정착지원	44,400	해양수산과	1	1	7	8	7	5	5	4
13326	충남 서천군	어선어업 정책보험료 지원	330,769	해양수산과	1	1	7	8	7	5	5	1
13327	충남 서천군	양식수산물 재해보험료 지원	39,300	해양수산과	1	1	7	8	7	5	5	4
13328	충남 서천군	수산물해외시장개척지원	1,456	해양수산과	1	1	1	1	1	1	1	4
13329	충남 서천군	수산물 소비촉진 지원	160,000	해양수산과	1	1	1	1	1	1	1	4
13330	충남 서천군	판교면 기초생활거점육성사업 추진위원회 및 사무장 활동비	27,600	건설과	1	2	7	8	7	5	5	4
13331	충남 서천군	취약지역 응급의료센터기관 운영비	1,110	보건행정과	1	2	5	1	7	1	2	1
13332	충남 서천군	자살예방사업 지원(멘토링)	81,000	건강증진과	1	6	6	1	1	1	1	1
13333	충남 서천군	지방농촌지도자 단체육성	2,000	인력육성팀	1	4	7	8	7	5	5	4
13334	충남 서천군	청년농업인4-H회원 국내우수농장 배낭연수	5,000	인력육성팀	1	4	7	8	7	5	5	4
13335	충남 서천군	청년농업인4-H회원 역량강화 활동 지원	3,500	인력육성팀	1	4	7	8	7	5	5	4
13336	충남 서천군	품목농업인연구회 경쟁력 강화 지원시범	14,000	인력육성팀	1	4	7	8	7	5	5	4
13337	충남 서천군	청년 농업인 영농 정착 지원	130,000	인력육성팀	1	2	7	8	7	5	5	4
13338	충남 서천군	농촌지도자회 지역농산물 홍보행사 운영	3,500	인력육성팀	1	4	7	8	7	5	5	4
13339	충남 서천군	품목농업인연구회 지식경영 실천 시범사업	6,000	인력육성팀	1	4	7	8	7	5	5	4
13340	충남 서천군	품목농업인연구회 품평회 홍보판촉지원	3,000	인력육성팀	1	4	7	8	7	5	5	4
13341	충남 서천군	생활개선회 6차산업 역량강화 활동	10,000	생활자원팀	1	1	7	8	7	5	5	4
13342	충남 서천군	농촌여성 전통규방공예기술 계승보급	4,000	생활자원팀	1	1	7	8	7	5	5	4
13343	충남 서천군	생활지도자(농촌여성리더) 양성교육	7,000	생활자원팀	1	2	7	8	7	5	5	4
13344	충남 서천군	청소년 진로체험 활성화지원 시범	20,000	생활자원팀	1	1	7	8	7	5	5	4
13345	충남 서천군	농촌체험연계 가치공감확산 시범	10,000	생활자원팀	1	1	7	8	7	5	5	4
13346	충남 서천군	농촌체험협의회 네트워크 시범	5,000	생활자원팀	1	1	7	8	7	5	5	4
13347	충남 서천군	생활개선회 5대과제 실천역량 강화시범	6,800	생활자원팀	1	1	7	8	7	5	5	4
13348	충남 서천군	생활개선회 자살예방 공감확산 후원결연시범	4,500	생활자원팀	1	1	7	8	7	5	5	4
13349	충남 서천군	농촌에서 미리 살아보기	19,200	귀농귀촌지원팀	1	2	7	8	7	5	5	4
13350	충남 서천군	귀농귀촌단체운영 및 소모임 육성	10,000	귀농귀촌지원팀	1	2	7	8	7	5	5	4
13351	충남 서천군	귀농귀촌인 창업활성화 지원	10,000	귀농귀촌지원팀	1	2	7	8	7	5	5	4
13352	충남 서천군	영농학습동아리 운영	10,000	귀농귀촌지원팀	1	2	7	8	7	5	5	4
13353	충남 서천군	귀농귀촌교감프로그램 운영	10,000	귀농귀촌지원팀	1	6	7	8	7	5	5	4
13354	충남 서천군	귀농귀촌인 재능기부 활성화	4,250	귀농귀촌지원팀	1	6	7	8	7	5	5	4
13355	충남 서천군	농작물 병해충 공공방제비 지원사업	114,800	기술보급과	1	6	7	8	7	5	5	4
13356	충남 서천군	흰잎마름병 및 줄무늬잎마름병 예방사업	100,420	기술보급과	1	2	7	8	7	5	5	4
13357	충남 서천군	흰잎마름병 및 줄무늬잎마름병 예방사업	445,280	기술보급과	1	6	7	8	7	5	5	4
13358	충남 서천군	과수 돌발병해충 방제비 지원사업	9,220	원예특작기술팀	1	1	7	8	7	5	5	4
13359	충남 서천군	과수 화상병 방제비 지원사업	780	원예특작기술팀	1	1	7	8	7	5	5	4
13360	충남 서천군	장애인 생활체육지도자 배치	173,808	체육사업소	1	4	7	8	7	1	1	1

순번	시군구	지출명 (사업명)	2021년예산 (단위:천원/1년간)	담당자 (공무원) 담당부서	민간이전 분류 (지방자치단체 세출예산 집행기준에 의거) 1. 민간경상사업보조(307-02) 2. 민간단체 법정운영비보조(307-03) 3. 민간행사사업보조(307-04) 4. 민간위탁금(307-05) 5. 사회복지시설 법정운영비보조(307-10) 6. 민간인위탁교육비(307-12) 7. 공기관등에대한경상적위탁사업비(308-11) 8. 민간자본사업보조,자체재원(402-01) 9. 민간자본사업보조,이전재원(402-02) 10. 민간위탁사업비(402-03) 11. 공기관등에 대한 자본적 대행사업비(403-02)	민간이전지출 근거 (지방보조금 관리기준 참고) 1. 법률에 규정 2. 국고보조 재원(국가지정) 3. 용도 지정 기부금 4. 조례에 직접규정 5. 지자체가 권장하는 사업을 하는 공공기관 6. 시,도 정책 및 재정사정 7. 기타 8. 해당없음	입찰방식 계약체결방법 (경쟁형태) 1. 일반경쟁 2. 제한경쟁 3. 지명경쟁 4. 수의계약 5. 법정위탁 6. 기타 ( ) 7. 해당없음	입찰방식 계약기간 1. 1년 2. 2년 3. 3년 4. 4년 5. 5년 6. 기타 ( )년 7. 단기계약 (1년미만) 8. 해당없음	입찰방식 낙찰자선정방법 1. 적격심사 2. 협상에의한계약 3. 최저가낙찰제 4. 규격가격분리 5. 2단계 경쟁입찰 6. 기타 ( ) 7. 해당없음	운영예산 산정 운영예산 산정 1. 내부산정 (지자체 자체적으로 산정) 2. 외부산정 (외부전문기관위탁 산정) 3. 내·외부 모두 산정 4. 산정 無 5. 해당없음	운영예산 산정 정산방법 1. 내부정산 (지자체 내부적으로 정산) 2. 외부정산 (외부전문기관위탁 정산) 3. 내·외부 모두 산정 4. 정산 無 5. 해당없음	성과평가 실시여부 1. 실시 2. 미실시 3. 향후 추진 4. 해당없음
13361	충남 서천군	장애인 생활체육지도자 처우개선비	36,354	체육사업소	1	4	7	8	7	1	1	1
13362	충남 서천군	장애인 체육지도자 처우개선비	49,500	체육사업소	1	4	7	8	7	1	1	1
13363	충남 서천군	장애인 스포츠강좌이용권 지원사업	8,000	체육사업소	1	4	7	8	7	1	1	1
13364	충남 서천군	장애인체육대회 참가지원	155,200	체육사업소	1	4	7	8	7	1	1	1
13365	충남 서천군	학생 생활체육교실사업 운영 지원	14,000	체육사업소	1	4	5	1	7	1	1	1
13366	충남 서천군	농어촌복합시설 요가교실 운영 지원	4,800	체육사업소	1	4	5	1	7	1	1	1
13367	충남 서천군	성인 생활체육교실사업 지원	15,400	체육사업소	1	4	5	1	7	1	1	1
13368	충남 서천군	일반생활체육지도자 배치사업	115,872	체육사업소	1	2	5	1	7	1	1	1
13369	충남 서천군	어르신생활체육지도자 배치사업	115,872	체육사업소	1	2	5	1	7	1	1	1
13370	충남 서천군	생활체육프로그램 운영	20,944	체육사업소	1	4	5	1	7	1	1	1
13371	충남 서천군	생활체육지도자 처우개선비	66,960	체육사업소	1	4	5	1	7	1	1	1
13372	충남 서천군	생활체육지도자 처우개선비	65,307	체육사업소	1	4	5	1	7	1	1	1
13373	충남 서천군	종목단체 체육교류 및 연수	11,400	체육사업소	1	4	5	1	7	1	1	1
13374	충남 서천군	읍면체육회장단 체육교류 및 연수	15,000	체육사업소	1	4	5	1	7	1	1	1
13375	충남 서천군	장항 학생수영장 프로그램 운영사업	30,000	체육사업소	1	4	5	1	7	1	1	1
13376	충남 서천군	학교체육시설개방사업	4,000	체육사업소	1	4	5	1	7	1	1	1
13377	충남 서천군	유소년 축구교실 운영지원	19,200	체육사업소	1	4	5	1	7	1	1	1
13378	충남 서천군	유소년 검도교실 운영지원	12,000	체육사업소	1	4	5	1	7	1	1	1
13379	충남 서천군	유소년 유도교실 운영지원	6,000	체육사업소	1	4	5	1	7	1	1	1
13380	충남 서천군	유소년 야구교실 운영지원	9,600	체육사업소	1	4	5	1	7	1	1	1
13381	충남 서천군	초중고 체육진흥사업 지원	40,000	체육사업소	1	4	5	1	7	1	1	1
13382	충남 서천군	학교체육팀(세팍타크로,족구) 육성지원(서천여고,장항고등학교)	6,000	체육사업소	1	4	5	1	7	1	1	1
13383	충남 서천군	찾아가는 학생체육교실 운영지원	15,000	체육사업소	1	4	5	1	7	1	1	1
13384	충남 서천군	도민체육대회 참가지원	274,100	체육사업소	1	4	5	1	7	1	1	1
13385	충남 서천군	경기력 향상 사업	233,000	체육사업소	1	4	5	1	7	1	1	1
13386	충남 청양군	충령사및충혼탑관리	5,000	복지정책과	1	4	7	8	7	1	1	1
13387	충남 청양군	장애인관련 기타행사	9,500	통합돌봄과	1	4	7	8	7	1	1	1
13388	충남 청양군	발달장애인 주간활동서비스 공간 기능보강	20,000	통합돌봄과	1	7	7	8	7	3	3	1
13389	충남 청양군	자원봉사센터 운영	293,294	통합돌봄과	1	6	7	8	7	2	1	1
13390	충남 청양군	자원봉사보험가입 서비스지원	3,742	통합돌봄과	1	2	7	8	7	2	1	1
13391	충남 청양군	1+3사랑나눔 자원봉사활동	8,000	통합돌봄과	1	6	7	8	7	1	1	1
13392	충남 청양군	청년네트워크 활성화지원	12,000	미래전략과	1	4	7	8	7	5	5	4
13393	충남 청양군	충남형 청년 갭이어 프로그램 사업	60,000	미래전략과	1	6	7	8	7	5	5	4
13394	충남 청양군	농공단지입주기업육성	40,000	미래전략과	1	4	7	8	7	5	5	4
13395	충남 청양군	통합방위협의회운영	10,000	안전재난과	1	1	7	8	7	1	1	1
13396	충남 청양군	지진안전 시설물 인증 지원사업	12,000	안전재난과	1	2	7	8	7	1	1	4
13397	충남 청양군	지역자율방재단 운영	7,000	안전재난과	1	4	7	8	7	1	1	1
13398	충남 청양군	지방문화원 운영비 지원	193,772	문화체육관광과	1	4	7	8	7	1	1	1
13399	충남 청양군	일반문화행사 지원사업	20,000	문화체육관광과	1	4	7	8	7	1	1	1
13400	충남 청양군	대회출전 지원사업	19,000	문화체육관광과	1	4	7	8	7	1	1	1
13401	충남 청양군	문화학교 운영	7,000	문화체육관광과	1	4	7	8	7	1	1	1
13402	충남 청양군	충청남도지사배 민속대제전 출전 지원사업	10,000	문화체육관광과	1	4	7	8	7	1	1	1
13403	충남 청양군	레저스포츠교실 운영	10,000	문화체육관광과	1	4	7	8	7	1	1	1
13404	충남 청양군	바둑교실 운영	5,000	문화체육관광과	1	4	7	8	7	1	1	1
13405	충남 청양군	생활체육 프로그램 운영	13,375	문화체육관광과	1	4	7	8	7	1	1	1
13406	충남 청양군	유소년스포츠 교실운영	10,000	문화체육관광과	1	4	7	8	7	1	1	1
13407	충남 청양군	어르신 생활체육지도자 배치사업	86,904	문화체육관광과	1	4	7	8	7	3	1	1
13408	충남 청양군	일반생활체육지도자 배치사업	115,872	문화체육관광과	1	4	7	8	7	3	1	1
13409	충남 청양군	생활체육 교실운영	30,000	문화체육관광과	1	4	7	8	7	1	1	1
13410	충남 청양군	생존수영 생활체육 프로그램 운영	12,000	문화체육관광과	1	4	7	8	7	1	1	1
13411	충남 청양군	도 어르신 생활체육대회 출전 지원사업	20,000	문화체육관광과	1	4	7	8	7	1	1	1

순번	시군구	지출명 (사업명)	2021년예산 (단위:천원/1년간)	담당자 (공무원) 담당부서	민간이전 분류 (지방자치단체 세출예산 집행기준에 의거) 1. 민간경상사업보조(307-02) 2. 민간단체 법정운영비보조(307-03) 3. 민간행사사업보조(307-04) 4. 민간위탁금(307-05) 5. 사회복지시설 법정운영비보조(307-10) 6. 민간인위탁교육비(307-12) 7. 공기관등에대한경상적위탁사업비(308-11) 8. 민간자본사업보조,자체재원(402-01) 9. 민간자본사업보조,이전재원(402-02) 10. 민간위탁사업비(402-03) 11. 공기관등에 대한 자본적 대행사업비(403-02)	민간이전지출 근거 (지방보조금 관리기준 참고) 1. 법률에 규정 2. 국고보조 재원(국가지정) 3. 용도 지정 기부금 4. 조례에 직접규정 5. 지자체가 권장하는 사업을 하는 공공기관 6. 시,도 정책 및 재정사정 7. 기타 8. 해당없음	입찰방식 계약체결방법 (경쟁형태) 1. 일반경쟁 2. 제한경쟁 3. 지명경쟁 4. 수의계약 5. 법정위탁 6. 기타 ( ) 7. 해당없음	입찰방식 계약기간 1. 1년 2. 2년 3. 3년 4. 4년 5. 5년 6. 기타 ( )년 7. 단기계약 (1년미만) 8. 해당없음	입찰방식 낙찰자선정방법 1. 적격심사 2. 협상에의한계약 3. 최저가낙찰제 4. 규격가격분리 5. 2단계 경쟁입찰 6. 기타 ( ) 7. 해당없음	운영예산 산정 운영예산 산정 1. 내부산정 (지자체 자체적으로 산정) 2. 외부산정 (외부전문기관위탁 산정) 3. 내·외부 모두 산정 4. 산정 無 5. 해당없음	운영예산 산정 정산방법 1. 내부정산 (지자체 내부적으로 정산) 2. 외부정산 (외부전문기관위탁 정산) 3. 내·외부 모두 산정 4. 정산 無 5. 해당없음	성과평가 실시여부 1. 실시 2. 미실시 3. 향후 추진 4. 해당없음
13412	충남 청양군	생활체육지도자 처우개선비 지원사업	48,632	문화체육관광과	1	4	7	8	7	3	1	1
13413	충남 청양군	읍면게이트볼장 체육행사 및 활동 지원사업	40,500	문화체육관광과	1	4	7	8	7	1	1	1
13414	충남 청양군	체육활동지원사업	18,000	문화체육관광과	1	4	7	8	7	1	1	1
13415	충남 청양군	청양군탁구협회(정산초) 지원사업	15,000	문화체육관광과	1	4	7	8	7	1	1	1
13416	충남 청양군	생활체육시설 내 프로그램 운영사업	20,000	문화체육관광과	1	4	7	8	7	3	1	1
13417	충남 청양군	3.1절기념 시군대항 마라톤대회 출전 지원사업	10,000	문화체육관광과	1	4	7	8	7	1	1	1
13418	충남 청양군	종목별 전국 및 도대회 출전비 지원사업	30,000	문화체육관광과	1	4	7	8	7	1	1	1
13419	충남 청양군	군수기 체육대회 개최 지원사업	52,000	문화체육관광과	1	4	7	8	7	1	1	1
13420	충남 청양군	충남도민체육대회 출전 지원사업	575,020	문화체육관광과	1	4	7	8	7	1	1	1
13421	충남 청양군	읍면체육회 행사 및 활동지원사업	210,000	문화체육관광과	1	4	7	8	7	1	1	1
13422	충남 청양군	청양군체육회 운영비 지원사업	92,600	문화체육관광과	1	4	7	8	7	1	1	1
13423	충남 청양군	장애인체육지도자 배치사업	144,840	문화체육관광과	1	4	7	8	7	3	1	1
13424	충남 청양군	장애인체육회 사무국 운영비 지원사업	65,000	문화체육관광과	1	4	7	8	7	3	1	1
13425	충남 청양군	공공체육시설 내 장애인프로그램운영 지원사업	4,000	문화체육관광과	1	4	7	8	7	3	1	1
13426	충남 청양군	장애인생활체육지도자 처우개선비 지원사업	30,175	문화체육관광과	1	4	7	8	7	3	1	1
13427	충남 청양군	전국 및 도단위 장애인 체육대회 출전비 지원사업	105,900	문화체육관광과	1	4	7	8	7	1	1	1
13428	충남 청양군	전통향교 문화기행 지원	4,000	문화체육관광과	1	4	7	8	7	1	1	1
13429	충남 청양군	전통향교 및 사당 운영 보조	17,500	문화체육관광과	1	4	7	8	7	1	1	1
13430	충남 청양군	청양군지속가능발전협의회 사업	39,880	환경보호과	1	4	7	8	7	1	1	1
13431	충남 청양군	비산업온실가스 컨설팅	9,000	환경보호과	1	2	7	8	7	1	1	1
13432	충남 청양군	부상야생동물 진료	1,650	환경보호과	1	1	7	8	7	1	1	1
13433	충남 청양군	야생동물피해예방시설설치사업	30,000	환경보호과	1	1	7	8	7	1	1	1
13434	충남 청양군	야생동물피해방지단 운영	35,000	환경보호과	1	1	7	8	7	1	1	1
13435	충남 청양군	야생동물폐사체처리지원	28,000	환경보호과	1	1	7	8	7	1	1	1
13436	충남 청양군	야생동물 구제단체 지원	5,000	환경보호과	1	1	7	8	7	1	1	1
13437	충남 청양군	농촌관광홍보	26,000	농촌공동체과	1	1	7	7	7	5	1	1
13438	충남 청양군	농촌마을 공동급식 도우미 지원	81,000	농촌공동체과	1	1	7	8	7	1	1	3
13439	충남 청양군	주민자치센터 운영	154,300	농촌공동체과	1	4	4	1	1	1	1	3
13440	충남 청양군	농촌체험휴양마을 역량강화	5,800	농촌공동체과	1	1	7	7	7	5	1	1
13441	충남 청양군	농촌체험휴양마을 사무장 활동비 지원	205,380	농촌공동체과	1	1	7	7	7	5	1	1
13442	충남 청양군	농촌체험휴양마을 보험가입 지원	8,008	농촌공동체과	1	1	7	7	7	5	1	1
13443	충남 청양군	가공유통 활성화	163,000	농촌공동체과	1	4	7	8	7	5	1	1
13444	충남 청양군	색깔있는 마을만들기사업	30,000	농촌공동체과	1	4	7	8	7	1	1	1
13445	충남 청양군	농촌 신활력 플러스사업	150,000	농촌공동체과	1	1	7	8	7	1	1	3
13446	충남 청양군	청양구기자 농촌융복합지구조성사업	850,000	농촌공동체과	1	2	7	8	7	5	1	4
13447	충남 청양군	농촌체험휴양마을 홍보마케팅 지원	30,000	농촌공동체과	1	1	7	7	7	5	1	1
13448	충남 청양군	농촌체험휴양마을 잡곡 생산단지 조성	35,000	농촌공동체과	1	1	7	7	7	5	1	1
13449	충남 청양군	토양개량제 지원	598,381	농업정책과	1	1	7	8	7	1	1	3
13450	충남 청양군	수도용 상토지원	770,000	농업정책과	1	1	7	8	7	1	1	3
13451	충남 청양군	선진농업인 육성	42,000	농업정책과	1	4	7	8	7	1	1	3
13452	충남 청양군	고향쌀 판매 지원	65,000	농업정책과	1	1	7	8	7	1	1	3
13453	충남 청양군	농산물 시장개척	85,000	농업정책과	1	6	7	8	7	3	1	1
13454	충남 청양군	농특산물 직거래 판촉지원	68,000	농업정책과	1	4	7	8	7	3	1	1
13455	충남 청양군	유기질비료 지원	644,934	농업정책과	1	1	7	8	7	1	1	3
13456	충남 청양군	명품 농특산물 판매지원	45,000	농업정책과	1	4	7	8	7	3	1	1
13457	충남 청양군	공동선별 출하 생산자조직 육성지원	62,400	농업정책과	1	6	7	8	7	3	1	1
13458	충남 청양군	농업인 단체 지원	53,000	농업정책과	1	4	7	8	7	1	1	3
13459	충남 청양군	충남오감사업지원	31,500	농업정책과	1	6	7	8	7	3	1	1
13460	충남 청양군	여성농업인센터 운영 지원	126,000	농업정책과	1	1	7	8	7	1	1	1
13461	충남 청양군	산지유통조직 육성	108,000	농업정책과	1	6	7	8	7	3	1	1
13462	충남 청양군	여성농어업인 행복바우처(카드) 지원	780,000	농업정책과	1	1	7	8	7	1	1	1

순번	시군구	지출명 (사업명)	2021년예산 (단위:천원/1년간)	담당자 (공무원) 담당부서	민간이전 분류 (지방자치단체 세출예산 집행기준에 의거) 1. 민간경상사업보조(307-02) 2. 민간단체 법정운영비보조(307-03) 3. 민간행사사업보조(307-04) 4. 민간위탁금(307-05) 5. 사회복지시설 법정운영비보조(307-10) 6. 민간인위탁교육비(307-12) 7. 공기관등에대한경상적위탁사업비(308-11) 8. 민간자본사업보조,자체재원(402-01) 9. 민간자본사업보조,이전재원(402-02) 10. 민간위탁사업비(402-03) 11. 공기관등에 대한 자본적 대행사업비(403-02)	민간이전지출 근거 (지방보조금 관리기준 참고) 1. 법률에 규정 2. 국고보조 재원(국가지정) 3. 용도 지정 기부금 4. 조례에 직접규정 5. 지자체가 권장하는 사업을 하는 공공기관 6. 시,도 정책 및 재정사정 7. 기타 8. 해당없음	입찰방식 계약체결방법 (경쟁형태) 1. 일반경쟁 2. 제한경쟁 3. 지명경쟁 4. 수의계약 5. 법정위탁 6. 기타 ( ) 7. 해당없음	입찰방식 계약기간 1. 1년 2. 2년 3. 3년 4. 4년 5. 5년 6. 기타 ( )년 7. 단기계약 (1년미만) 8. 해당없음	입찰방식 낙찰자선정방법 1. 적격심사 2. 협상에의한계약 3. 최저가낙찰제 4. 규격가격분리 5. 2단계 경쟁입찰 6. 기타 ( ) 7. 해당없음	운영예산 산정 운영예산 산정 1. 내부산정 (지자체 자체적으로 산정) 2. 외부산정 (외부전문기관위탁 산정) 3. 내·외부 모두 산정 4. 산정 無 5. 해당없음	운영예산 산정 정산방법 1. 내부정산 (지자체 내부적으로 정산) 2. 외부정산 (외부전문기관위탁 정산) 3. 내·외부 모두 산정 4. 정산 無 5. 해당없음	성과평가 실시여부 1. 실시 2. 미실시 3. 향후 추진 4. 해당없음
13463	충남 청양군	삼광벼 장려금 지원	200,000	농업정책과	1	1	7	8	7	1	1	3
13464	충남 청양군	농작업지원단 육성 운영	238,000	농업정책과	1	6	7	8	7	1	1	3
13465	충남 청양군	친환경농산물 홍보 마케팅지원	22,200	농업정책과	1	1	7	8	7	1	1	3
13466	충남 청양군	학교친환경농업 실천지원	64,000	농업정책과	1	1	7	8	7	1	1	3
13467	충남 청양군	공동브랜드 육성 지원	100,000	농업정책과	1	4	7	8	7	3	1	1
13468	충남 청양군	사회적 농업 활성화 지원	60,000	농업정책과	1	2	7	8	7	1	1	1
13469	충남 청양군	고품질쌀 생산을 위한 육묘 상자 처리제 지원	250,000	농업정책과	1	1	7	8	7	1	1	3
13470	충남 청양군	친환경 쌀 공급 물류비 지원	10,000	농업정책과	1	1	7	8	7	1	1	3
13471	충남 청양군	농업경영컨설팅 지원	15,000	농업정책과	1	1	7	8	7	1	1	1
13472	충남 청양군	밭작물공동경영체육성	36,000	농업정책과	1	2	7	8	7	5	5	4
13473	충남 청양군	채소류생산안정지원사업	37,334	농업정책과	1	6	7	8	7	3	1	3
13474	충남 청양군	산촌생태마을 운영매니저 지원	42,190	산림축산과	1	2	7	8	7	1	1	4
13475	충남 청양군	산양삼생산과정 확인제도 지원	2,280	산림축산과	1	2	7	8	7	1	1	4
13476	충남 청양군	한우개량 극대화 지원(수정란 이식사업)	8,250	산림축산과	1	6	7	8	7	1	1	1
13477	충남 청양군	한우개량 극대화 지원(한우유전체분석지원)	4,000	산림축산과	1	6	7	8	7	1	1	1
13478	충남 청양군	한우 육성률 향상 지원(송아지 설사예방제)	12,000	산림축산과	1	6	7	8	7	1	1	1
13479	충남 청양군	한우 육성률 향상 지원(송아지 기능성 블럭)	17,600	산림축산과	1	6	7	8	7	1	1	1
13480	충남 청양군	한우 육성률 향상 지원(송아지면역강화제 지원)	8,250	산림축산과	1	6	7	8	7	1	1	1
13481	충남 청양군	소 고급육 생산제 지원	50,000	산림축산과	1	4	7	8	7	1	1	1
13482	충남 청양군	양돈농가 모돈갱신지원	20,250	산림축산과	1	6	7	8	7	1	1	1
13483	충남 청양군	양돈농가 후보돈 전입 지원	60,000	산림축산과	1	4	7	8	7	1	1	1
13484	충남 청양군	양돈농가 축산환경(악취제거) 개선사업	62,500	산림축산과	1	4	7	8	7	1	1	1
13485	충남 청양군	고품질 축산물 생산(젖소 번식우 생산성 향상 지원)	2,000	산림축산과	1	6	7	8	7	1	1	1
13486	충남 청양군	고품질 축산물 생산(육우사육농가 육성지원)	14,000	산림축산과	1	6	7	8	7	1	1	1
13487	충남 청양군	고품질 축산물 생산(젖소 고온면역 증강제 지원)	2,588	산림축산과	1	6	7	8	7	1	1	1
13488	충남 청양군	고품질 축산물 생산(젖소 위생원유 생산 지원)	1,250	산림축산과	1	6	7	8	7	1	1	1
13489	충남 청양군	축산농가 헬퍼지원사업(젖소사육농가)	10,350	산림축산과	1	6	7	8	7	5	5	4
13490	충남 청양군	축산농가 헬퍼지원사업(한우사육농가)	350	산림축산과	1	6	7	8	7	5	5	4
13491	충남 청양군	양봉농가 육성지원	90,000	산림축산과	1	6	7	8	7	1	1	1
13492	충남 청양군	양봉농가 경영안정 지원	38,000	산림축산과	1	6	7	8	7	5	5	4
13493	충남 청양군	사료작물(춘,추파) 종자대 지원	49,000	산림축산과	1	2	7	8	7	2	1	1
13494	충남 청양군	청보리등 사일리지 제조비 지원	111,240	산림축산과	1	2	7	8	7	2	1	1
13495	충남 청양군	조사료 경영체 농지 임대료 지원	45,000	산림축산과	1	4	7	8	7	1	1	1
13496	충남 청양군	축산인 한마음대회	21,000	산림축산과	1	4	7	8	7	5	5	4
13497	충남 청양군	축산인 한마음 선진지 견학	15,750	산림축산과	1	4	7	8	7	5	5	4
13498	충남 청양군	청양 더 한우 브랜드 포장재 지원	10,000	산림축산과	1	4	7	8	7	5	5	4
13499	충남 청양군	축산물 브랜드 페스티벌 홍보 부스 운영	28,000	산림축산과	1	4	7	8	7	5	5	4
13500	충남 청양군	한우 광역브랜드 육성(전용사료)	248,000	산림축산과	1	6	7	8	7	1	1	1
13501	충남 청양군	한우 광역브랜드 육성(출하운송비)	13,300	산림축산과	1	6	7	8	7	1	1	1
13502	충남 청양군	한우 광역브랜드 육성(품질고급화장려금)	50,304	산림축산과	1	6	7	8	7	1	1	1
13503	충남 청양군	한우 광역브랜드 육성(브랜드유통판매장려금)	31,600	산림축산과	1	6	7	8	7	1	1	1
13504	충남 청양군	한우 광역브랜드 육성(생산성향상지원)	12,552	산림축산과	1	6	7	8	7	1	1	1
13505	충남 청양군	악취저감제(부숙촉진제) 지원	70,000	산림축산과	1	6	7	8	7	1	1	1
13506	충남 청양군	수분조절제 지원	78,500	산림축산과	1	6	7	8	7	1	1	1
13507	충남 청양군	가축분뇨 수거비용 지원	35,000	산림축산과	1	6	7	8	7	1	1	1
13508	충남 청양군	가축분뇨 수분조절제 지원	105,000	산림축산과	1	4	7	8	7	1	1	1
13509	충남 청양군	축산환경(악취제거) 개선사업	50,000	산림축산과	1	4	7	8	7	1	1	1
13510	충남 청양군	생산단계 HACCP 컨설팅 지원	5,600	산림축산과	1	2	7	8	7	2	1	2
13511	충남 청양군	축산물 소비홍보 지원	14,400	산림축산과	1	4	7	8	7	1	1	2
13512	충남 청양군	도의새마을 촉진대회 참석	4,000	행정지원과	1	1	7	8	7	5	5	1
13513	충남 청양군	재활용품모으기 경진대회	30,000	행정지원과	1	1	7	8	7	5	5	1

순번	시군구	지출명 (사업명)	2021년예산 (단위:천원/1년간)	담당자 (공무원) 담당부서	민간이전 분류 (지방자치단체 세출예산 집행기준에 의거) 1. 민간경상사업보조(307-02) 2. 민간단체 법정운영비보조(307-03) 3. 민간행사사업보조(307-04) 4. 민간위탁금(307-05) 5. 사회복지시설 법정운영비보조(307-10) 6. 민간인위탁교육비(307-12) 7. 공기관등에대한경상적위탁사업비(308-11) 8. 민간자본사업보조,자체재원(402-01) 9. 민간자본사업보조,이전재원(402-02) 10. 민간위탁사업비(402-03) 11. 공기관등에 대한 자본적 대행사업비(403-02)	민간이전지출 근거 (지방보조금 관리기준 참고) 1. 법률에 규정 2. 국고보조 재원(국가지정) 3. 용도 지정 기부금 4. 조례에 직접규정 5. 지자체가 권장하는 사업을 하는 공공기관 6. 시,도 정책 및 재정사정 7. 기타 8. 해당없음	입찰방식: 계약체결방법 (경쟁형태) 1. 일반경쟁 2. 제한경쟁 3. 지명경쟁 4. 수의계약 5. 법정위탁 6. 기타 ( ) 7. 해당없음	입찰방식: 계약기간 1. 1년 2. 2년 3. 3년 4. 4년 5. 5년 6. 기타 ( )년 7. 단기계약 (1년미만) 8. 해당없음	입찰방식: 낙찰자선정방법 1. 적격심사 2. 협상에의한계약 3. 최저가낙찰제 4. 규격가격분리 5. 2단계 경쟁입찰 6. 기타 ( ) 7. 해당없음	운영예산 산정: 운영예산 산정 1. 내부산정 (지자체 자체적으로 산정) 2. 외부산정 (외부전문기관위탁 산정) 3. 내·외부 모두 산정 4. 산정 無 5. 해당없음	운영예산 산정: 정산방법 1. 내부정산 (지자체 내부적으로 정산) 2. 외부정산 (외부전문기관위탁 정산) 3. 내·외부 모두 산정 4. 정산 無 5. 해당없음	성과평가 실시여부 1. 실시 2. 미실시 3. 향후 추진 4. 해당없음
13514	충남 청양군	전국 새마을지도자대회 참석	4,000	행정지원과	1	1	7	8	7	5	5	1
13515	충남 청양군	새마을지도자 수련대회	15,000	행정지원과	1	1	7	8	7	5	5	1
13516	충남 청양군	고부한마음 대행진 참석	1,500	행정지원과	1	1	7	8	7	5	5	1
13517	충남 청양군	도의여인상 시상식 참석	1,000	행정지원과	1	1	7	8	7	5	5	1
13518	충남 청양군	새마을 읍면 협의회 사업비	20,000	행정지원과	1	1	7	8	7	5	5	1
13519	충남 청양군	새마을 읍면 부녀회 사업비	14,000	행정지원과	1	1	7	8	7	5	5	1
13520	충남 청양군	새마을지회 사업비	5,000	행정지원과	1	1	7	8	7	5	5	1
13521	충남 청양군	직장공장 새마을협의회 사업비	3,000	행정지원과	1	1	7	8	7	5	5	1
13522	충남 청양군	새마을운동 해외봉사	30,000	행정지원과	1	1	7	8	7	5	5	1
13523	충남 청양군	도의새마을 위탁교육	33,839	행정지원과	1	6	7	8	7	5	5	1
13524	충남 청양군	여성(군민) 도의교실 운영	4,000	행정지원과	1	1	7	8	7	5	5	1
13525	충남 청양군	충남인성교육사업 지원(충효예교실)	11,200	행정지원과	1	6	7	8	7	5	5	1
13526	충남 청양군	바르게살기운동 전국회원대회 참석	3,500	행정지원과	1	1	7	8	7	5	5	1
13527	충남 청양군	바르게살기운동 충남전진대회 참석	1,500	행정지원과	1	1	7	8	7	5	5	1
13528	충남 청양군	청년봉사단 재능기부 사업	2,500	행정지원과	1	1	7	8	7	5	5	1
13529	충남 청양군	독거노인 및 소외된 가정 밑반찬 지원사업	4,000	행정지원과	1	1	7	8	7	5	5	1
13530	충남 청양군	바르게살기운동 읍면위원회 사업비	15,300	행정지원과	1	1	7	8	7	5	5	1
13531	충남 청양군	바르게살기운동 협의회 사업비	2,800	행정지원과	1	1	7	8	7	5	5	1
13532	충남 청양군	충남정신운동사업	14,000	행정지원과	1	4	7	8	7	5	5	1
13533	충남 청양군	도자율방범연합회 한마음체육대회 참석	3,000	행정지원과	1	4	7	8	7	5	5	1
13534	충남 청양군	자율방범대 교육지원	12,000	행정지원과	1	4	7	8	7	5	5	1
13535	충남 청양군	자율방범대 피복 및 단화구입 지원	15,000	행정지원과	1	4	7	8	7	5	5	1
13536	충남 청양군	적십자 봉사회 독거노인 및 소년소녀가장 지원사업	3,500	행정지원과	1	4	7	8	7	5	5	1
13537	충남 청양군	정보화마을 행사 참가비	3,000	행정지원과	1	7	7	8	7	5	1	3
13538	충남 청양군	행정동우회 사업비	4,000	행정지원과	1	4	7	8	7	5	5	4
13539	충남 청양군	사회단체 보조금 지원사업	22,500	행정지원과	1	4	7	8	7	1	1	1
13540	충남 청양군	이장 정례회의 운영	9,000	행정지원과	1	4	7	8	7	5	5	1
13541	충남 청양군	충남도 이장 한마음행사 참가	5,000	행정지원과	1	4	7	8	7	5	5	1
13542	충남 청양군	문해백일장	16,000	행정지원과	1	1	7	8	7	5	5	1
13543	충남 청양군	문해교실특별활동비지원	15,000	행정지원과	1	1	7	8	7	5	5	1
13544	충남 청양군	우수평생학습동아리	7,000	행정지원과	1	1	7	8	7	5	5	1
13545	충남 청양군	충남학프로그램	10,000	행정지원과	1	6	7	8	7	5	5	1
13546	충남 청양군	노인자살예방멘토링사업	52,060	보건사업과정신보건팀	1	6	7	8	7	1	1	1
13547	충남 청양군	농업인학습단체 육성 해외연수	45,000	농업기술센터	1	4	2	1	3	1	1	1
13548	충남 청양군	청년농업인 육성 워크숍	8,000	농업기술센터	1	4	7	8	7	1	1	3
13549	충남 청양군	청양 농업 최고경영자과정	80,000	농업기술센터	1	4	7	8	7	1	1	1
13550	충남 청양군	농업인역량강화 소형농기계 자격증반 운영	12,000	농업기술센터	1	4	4	1	1	1	1	1
13551	충남 청양군	청년농업인 농업전문 자격취득지원	5,000	농업기술센터	1	2	7	8	7	1	1	1
13552	충남 청양군	품목농업인연구협의회 6차산업화 지원	8,000	농업기술센터	1	4	7	8	7	1	1	1
13553	충남 청양군	농촌치유공정여행개발	30,000	농업기술센터	1	4	7	8	7	1	1	4
13554	충남 청양군	농촌어르신복지생활실천	30,000	농업기술센터	1	2	7	8	7	1	1	4
13555	충남 청양군	농업활동안전사고예방생활화	30,000	농업기술센터	1	2	7	8	7	1	1	4
13556	충남 청양군	농작업안전모델시범	17,000	농업기술센터	1	2	7	8	7	1	1	4
13557	충남 청양군	소비자맞춤형가공상품개선	18,000	농업기술센터	1	2	7	8	7	1	1	4
13558	충남 청양군	생활개선회 역량강화교육	15,000	농업기술센터	1	4	7	8	7	1	1	4
13559	충남 청양군	선도농가 현장실습 교육	30,000	농업기술센터	1	2	7	8	7	1	1	4
13560	충남 청양군	귀농귀촌박람회 참가	30,000	농업기술센터	1	2	7	8	7	1	1	4
13561	충남 청양군	지역맞춤형 예비 귀농귀촌인 교육	40,000	농업기술센터	1	2	7	8	7	1	1	4
13562	충남 청양군	청양군 귀농귀촌 학교	40,000	농업기술센터	1	2	7	8	7	1	1	4
13563	충남 청양군	귀농귀촌인 갈등관리 교육	20,000	농업기술센터	1	2	7	8	7	1	1	4
13564	충남 청양군	농촌에서 살아보기	9,000	농업기술센터	1	2	7	8	7	1	1	4

순번	시군구	지출명 (사업명)	2021년예산 (단위:천원/1년간)	담당자 (공무원) 담당부서	민간이전 분류 (지방자치단체 세출예산 집행기준에 의거) 1. 민간경상사업보조(307-02) 2. 민간단체 법정운영비보조(307-03) 3. 민간행사사업보조(307-04) 4. 민간위탁금(307-05) 5. 사회복지시설 법정운영비보조(307-10) 6. 민간인위탁교육비(307-12) 7. 공기관등에대한경상적위탁사업비(308-11) 8. 민간자본사업보조,자체재원(402-01) 9. 민간자본사업보조,이전재원(402-02) 10. 민간위탁사업비(402-03) 11. 공기관등에 대한 자본적 대행사업비(403-02)	민간이전지출 근거 (지방보조금 관리기준 참고) 1. 법률에 규정 2. 국고보조 재원(국가지정) 3. 용도 지정 기부금 4. 조례에 직접규정 5. 지자체가 권장하는 사업을 하는 공공기관 6. 시,도 정책 및 재정사정 7. 기타 8. 해당없음	입찰방식 계약체결방법 (경쟁형태) 1. 일반경쟁 2. 제한경쟁 3. 지명경쟁 4. 수의계약 5. 법정위탁 6. 기타 ( ) 7. 해당없음	입찰방식 계약기간 1. 1년 2. 2년 3. 3년 4. 4년 5. 5년 6. 기타 ( )년 7. 단기계약 (1년미만) 8. 해당없음	입찰방식 낙찰자선정방법 1. 적격심사 2. 협상에의한계약 3. 최저가낙찰제 4. 규격가격분리 5. 2단계 경쟁입찰 6. 기타 ( ) 7. 해당없음	운영예산 산정 운영예산 산정 1. 내부산정 (지자체 자체적으로 산정) 2. 외부산정 (외부전문기관위탁 산정) 3. 내·외부 모두 산정 4. 산정 無 5. 해당없음	운영예산 산정 정산방법 1. 내부정산 (지자체 내부적으로 정산) 2. 외부정산 (외부전문기관위탁 정산) 3. 내·외부 모두 산정 4. 정산 無 5. 해당없음	성과평가 실시여부 1. 실시 2. 미실시 3. 향후 추진 4. 해당없음
13565	충남 청양군	귀농인 창업과정 지원	22,000	농업기술센터	1	2	7	8	7	1	1	4
13566	충남 청양군	사회적경제 활성화	80,000	사회적경제과	1	4	7	7	7	1	1	4
13567	충남 청양군	사업개발비 지원사업	6,000	사회적경제과	1	2	7	7	7	1	1	4
13568	충남 청양군	마을기업 육성사업	80,000	사회적경제과	1	2	7	7	7	1	1	4
13569	충남 청양군	사회보험료 지원사업	4,534	사회적경제과	1	2	7	7	7	1	1	4
13570	충남 청양군	(예비) 마을기업 육성사업	10,000	사회적경제과	1	1	7	7	7	1	1	4
13571	충남 청양군	사회적경제기업 시설장비지원사업	12,000	사회적경제과	1	1	7	7	7	1	1	4
13572	충남 청양군	일자리 창출사업(충남형 사회적기업)	229,334	사회적경제과	1	2	7	7	7	1	1	4
13573	충남 청양군	교통서비스 향상 및 개선	10,000	사회적경제과	1	1	7	8	7	1	1	1
13574	충남 청양군	한국자유총연맹 청양군지회 사업비	13,459	기획감사실	1	4	7	8	7	1	1	1
13575	충남 홍성군	홍성학 대학강좌 운영	47,000	기획감사담당관	1	4	7	8	7	5	1	1
13576	충남 홍성군	혁신도시 유치활동	5,000	기획감사담당관	1	4	7	8	7	5	1	1
13577	충남 홍성군	마을학교 운영지원	31,200	기획감사담당관	1	1	7	8	7	1	1	4
13578	충남 홍성군	청년농양성 네트워크 시범활동	95,000	기획감사담당관	1	1	5	2	7	1	1	3
13579	충남 홍성군	청년농 양성단체 운영지원	104,000	기획감사담당관	1	1	5	2	7	1	1	3
13580	충남 홍성군	마을학교 파일럿 프로그램	20,000	기획감사담당관	1	8	7	8	7	1	1	4
13581	충남 홍성군	사회적농업 전문인력 양성 및 거버넌스 운영	13,000	기획감사담당관	1	1	7	8	7	1	1	4
13582	충남 홍성군	사회적농장 전환 컨설팅	60,000	기획감사담당관	1	1	7	8	7	1	1	4
13583	충남 홍성군	홍성형 사회적농업 브랜드화	69,800	기획감사담당관	1	1	7	8	7	1	1	4
13584	충남 홍성군	친환경농업생산자 조직화	59,000	기획감사담당관	1	8	7	8	7	5	5	4
13585	충남 홍성군	유기농교육거점 운영 홍보	50,000	기획감사담당관	1	1	7	8	7	1	1	3
13586	충남 홍성군	사회적농업 시범마을 조성(사회적 농업 기반조성)	60,000	기획감사담당관	1	1	7	2	7	1	1	4
13587	충남 홍성군	사회적 농업 시범마을 조성(돌봄치유형공간 개선 시범사업)	30,000	기획감사담당관	1	1	7	2	7	1	1	4
13588	충남 홍성군	장난감 및 도서대여 연회비	16,000	기획감사담당관	1	5	7	8	7	1	1	1
13589	충남 홍성군	청년사업 운영	40,000	기획감사담당관	1	5	7	8	7	1	1	3
13590	충남 홍성군	청년문화기획 프로젝트	25,000	기획감사담당관	1	5	7	8	7	5	5	3
13591	충남 홍성군	5인5색 청년 워크숍	15,000	기획감사담당관	1	5	7	8	7	5	5	3
13592	충남 홍성군	청년창업네트워크 구축	79,258	기획감사담당관	1	2	7	8	7	1	1	4
13593	충남 홍성군	청년있슈(ISSUE)마을 운영사업	73,000	기획감사담당관	1	2	7	8	7	1	1	4
13594	충남 홍성군	저출산 극복인식 개선	10,333	기획감사담당관	1	6	7	8	7	1	1	4
13595	충남 태안군	상이군경회 안보시설 탐방	2,000	복지증진과	1	4	7	8	7	5	5	4
13596	충남 태안군	전몰군경유족회 안보시설 탐방	2,000	복지증진과	1	4	7	8	7	5	5	4
13597	충남 태안군	전몰군경미망인회 안보시설 탐방	2,000	복지증진과	1	4	7	8	7	5	5	4
13598	충남 태안군	무공수훈자회 안보시설 탐방	2,000	복지증진과	1	4	7	8	7	5	5	4
13599	충남 태안군	고엽제전우회 안보시설 탐방	3,000	복지증진과	1	4	7	8	7	5	5	4
13600	충남 태안군	월남참전유공자회 안보시설 탐방	3,000	복지증진과	1	4	7	8	7	5	5	4
13601	충남 태안군	6.25 참전유공자회 안보시설 탐방	2,000	복지증진과	1	4	7	8	7	5	5	4
13602	충남 태안군	청소년 안보시설 탐방	5,000	복지증진과	1	4	7	8	7	5	5	4
13603	충남 태안군	6.25 참전유공자회 호국안보교육	3,000	복지증진과	1	4	7	8	7	5	5	4
13604	충남 태안군	특수임무유공자회 안보시설 탐방	2,000	복지증진과	1	4	7	8	7	5	5	4
13605	충남 태안군	장애인거주시설 공기청정기 렌탈 지원사업	1,800	복지증진과	1	2	7	8	7	5	5	4
13606	충남 태안군	현장출동 재해재난 봉사단 운영	2,850	복지증진과	1	5	7	8	7	5	5	4
13607	충남 태안군	찾아가는 군민교육	3,000	복지증진과	1	5	7	8	7	5	5	4
13608	충남 태안군	자원봉사 코디네이터 지원·육성	59,152	복지증진과	1	2	7	8	7	5	5	4
13609	충남 태안군	전국통합 자원봉사 보험가입서비스지원	4,534	복지증진과	1	2	7	8	7	5	5	4
13610	충남 태안군	행복마을 자원봉사 코디네이터 양성	160,261	복지증진과	1	6	7	8	7	5	5	4
13611	충남 태안군	읍면동 자원봉사 거점캠프 운영	57,970	복지증진과	1	6	7	8	7	5	5	4
13612	충남 태안군	시군 자원봉사센터 운영	96,900	복지증진과	1	6	7	8	7	5	5	4
13613	충남 태안군	1+3 사랑나눔 자원봉사 활동	8,000	복지증진과	1	6	7	8	7	5	5	4
13614	충남 태안군	자원봉사센터 비정규직 근무자 처우개선비	4,800	복지증진과	1	6	7	8	7	5	5	4
13615	충남 태안군	노인 고용장려금 지원	4,000	가족정책과	1	1	7	8	7	1	1	4

순번	시군구	지출명 (사업명)	2021년예산 (단위:천원/1년간)	담당자 (공무원) 담당부서	민간이전 분류 (지방자치단체 세출예산 집행기준에 의거) 1. 민간경상사업보조(307-02) 2. 민간단체 법정운영비보조(307-03) 3. 민간행사사업보조(307-04) 4. 민간위탁금(307-05) 5. 사회복지시설 법정운영비보조(307-10) 6. 민간인위탁교육비(307-12) 7. 공기관등에대한경상적위탁사업비(308-11) 8. 민간자본사업보조,자체재원(402-01) 9. 민간자본사업보조,이전재원(402-02) 10. 민간위탁사업비(402-03) 11. 공기관등에 대한 자본적 대행사업비(403-02)	민간이전지출 근거 (지방보조금 관리기준 참고) 1. 법률에 규정 2. 국고보조 재원(국가지정) 3. 용도 지정 기부금 4. 조례에 직접규정 5. 지자체가 권장하는 사업을 하는 공공기관 6. 시,도 정책 및 재정사정 7. 기타 8. 해당없음	입찰방식: 계약체결방법 (경쟁형태) 1. 일반경쟁 2. 제한경쟁 3. 지명경쟁 4. 수의계약 5. 법정위탁 6. 기타 ( ) 7. 해당없음	입찰방식: 계약기간 1. 1년 2. 2년 3. 3년 4. 4년 5. 5년 6. 기타 ( )년 7. 단기계약 (1년미만) 8. 해당없음	입찰방식: 낙찰자선정방법 1. 적격심사 2. 협상에의한계약 3. 최저가낙찰제 4. 규격가격분리 5. 2단계 경쟁입찰 6. 기타 ( ) 7. 해당없음	운영예산 산정: 운영예산 산정 1. 내부산정 (지자체 자체적으로 산정) 2. 외부산정 (외부전문기관위탁 산정) 3. 내·외부 모두 산정 4. 산정 無 5. 해당없음	운영예산 산정: 정산방법 1. 내부정산 (지자체 내부적으로 정산) 2. 외부정산 (외부전문기관위탁 정산) 3. 내·외부 모두 산정 4. 정산 無 5. 해당없음	성과평가 실시여부 1. 실시 2. 미실시 3. 향후 추진 4. 해당없음
13616	충남 태안군	여성지도자 역량강화를 위한 연수	1,800	가족정책과	1	4	7	8	7	5	5	4
13617	충남 태안군	여성자원봉사 활성화사업	6,400	가족정책과	1	4	7	8	7	5	5	4
13618	충남 태안군	여성주간기념 충청남도 여성대회 참가	3,500	가족정책과	1	4	7	8	7	5	5	4
13619	충남 태안군	청소년지킴이 사업	1,500	가족정책과	1	1	7	8	7	1	1	1
13620	충남 태안군	유해환경감시단 활동지원	1,800	가족정책과	1	2	7	8	7	5	5	4
13621	충남 태안군	충남형 온종일돌봄사업 활성화 지원	60,000	가족정책과	1	6	7	8	7	5	5	4
13622	충남 태안군	태안관광발전 전략포럼 및 관광실용화 교육	9,000	관광진흥과	1	4	7	8	7	5	5	1
13623	충남 태안군	태안관광서비스체질 개선 사업	40,000	관광진흥과	1	6	7	8	7	5	5	4
13624	충남 태안군	통합문화체육관광이용권 사업	225,400	문화예술과	1	2	7	8	7	5	5	4
13625	충남 태안군	근현대 구술채록사업	16,000	문화예술과	1	6	7	8	7	5	5	4
13626	충남 태안군	지방문화원 활성화 및 향토문화 발굴육성	85,000	문화예술과	1	6	7	8	7	5	5	4
13627	충남 태안군	지역문화학교운영	7,000	문화예술과	1	6	7	8	7	5	5	4
13628	충남 태안군	범군민 중앙대제 규정집 발간	3,000	문화예술과	1	6	7	8	7	5	5	4
13629	충남 태안군	문화가 있는 날	10,000	문화예술과	1	4	7	8	7	5	5	4
13630	충남 태안군	명륜서실	7,000	문화예술과	1	4	7	8	7	5	5	4
13631	충남 태안군	명륜교실	5,500	문화예술과	1	4	7	8	7	5	5	4
13632	충남 태안군	전통다도예절교실 운영	3,000	문화예술과	1	4	7	8	7	5	5	4
13633	충남 태안군	태안문학 제47집 발간	4,000	문화예술과	1	4	7	8	7	5	5	4
13634	충남 태안군	태안군민과 함께하는 문학기행	3,000	문화예술과	1	4	7	8	7	5	5	4
13635	충남 태안군	태안 향토문화지 발간	8,000	문화예술과	1	4	7	8	7	5	5	4
13636	충남 태안군	천연기념물 긴급구조 활동	3,150	문화예술과	1	4	7	8	7	5	5	4
13637	충남 태안군	야생동물 보호 및 관리 활동 지원	1,860	환경산림과	1	1	7	8	7	5	5	4
13638	충남 태안군	지역환경교육센터 운영지원	40,000	환경산림과	1	4	7	8	7	5	5	4
13639	충남 태안군	비산업부문 사업장 온실가스 진단컨설팅	10,800	환경산림과	1	2	7	8	7	5	5	4
13640	충남 태안군	환경의식 개선운동	9,000	환경산림과	1	7	7	8	7	5	5	4
13641	충남 태안군	산양삼생산과정 확인제도	760	환경산림과	1	2	7	8	7	5	5	4
13642	충남 태안군	사립수목원활성화 사업	29,500	환경산림과	1	2	7	8	7	5	5	4
13643	충남 태안군	농촌마을 공동급식 도우미 지원	48,000	농정과	1	1	7	8	7	5	5	4
13644	충남 태안군	농어촌육성정보지 보급 지원	90,000	농정과	1	1	7	8	7	5	5	4
13645	충남 태안군	여성농업인센터 운영	126,000	농정과	1	1	7	8	7	5	5	4
13646	충남 태안군	농촌체험휴양마을 보험가입 지원	5,338	농정과	1	2	7	8	7	5	5	4
13647	충남 태안군	농촌체험휴양마을 홍보행사 지원	3,400	농정과	1	1	7	8	7	5	5	4
13648	충남 태안군	농촌체험휴양마을 사무장 지원	58,428	농정과	1	2	7	8	7	5	5	4
13649	충남 태안군	농업경영인 신 영농현장 교육	4,700	농정과	1	4	7	8	7	5	5	4
13650	충남 태안군	여성농업인 워크숍	4,500	농정과	1	4	7	8	7	5	5	4
13651	충남 태안군	여성농업인 선진 농업현장 교육	4,500	농정과	1	4	7	8	7	5	5	4
13652	충남 태안군	벼 육묘용 상토 지원	1,010	농정과	1	4	7	8	7	5	5	4
13653	충남 태안군	벼 육묘상자 처리제 지원	390,000	농정과	1	4	7	8	7	5	5	4
13654	충남 태안군	친환경인증농가 친환경비료 지원	40,000	농정과	1	4	7	8	7	5	5	4
13655	충남 태안군	토양개량제 지원(공동살포비)	201,449	농정과	1	4	7	8	7	5	5	4
13656	충남 태안군	토양개량제 지원(규산)	448,852	농정과	1	4	7	8	7	5	5	4
13657	충남 태안군	토양개량제 지원(석회)	307,512	농정과	1	4	7	8	7	5	5	4
13658	충남 태안군	농약 안전사용 장비	32,000	농정과	1	4	7	8	7	5	5	4
13659	충남 태안군	종자콩 생산단지 지원	25,000	농정과	1	4	7	8	7	5	5	4
13660	충남 태안군	친환경 농업조직 활성화	10,500	농정과	1	4	7	8	7	5	5	4
13661	충남 태안군	학교친환경농업 실천지원	8,000	농정과	1	4	7	8	7	5	5	4
13662	충남 태안군	유기농업 자재 지원	21,000	농정과	1	4	7	8	7	5	5	4
13663	충남 태안군	친환경 농산물 홍보 마케팅 지원	9,000	농정과	1	4	7	8	7	5	5	4
13664	충남 태안군	한국 쌀전업농 신영농현장 교육	2,000	농정과	1	4	7	8	7	5	5	4
13665	충남 태안군	농약안전보급함 보급	18,000	농정과	1	4	7	8	7	5	5	4
13666	충남 태안군	밭 식량작물 특화단지 육성	133,660	농정과	1	4	7	8	7	5	5	4

순번	시군구	지출명 (사업명)	2021년예산 (단위:천원/1년간)	담당자 (공무원) 담당부서	민간이전 분류 (지방자치단체 세출예산 집행기준에 의거) 1. 민간경상사업보조(307-02) 2. 민간단체 법정운영비보조(307-03) 3. 민간행사사업보조(307-04) 4. 민간위탁금(307-05) 5. 사회복지시설 법정운영비보조(307-10) 6. 민간인위탁교육비(307-12) 7. 공기관등에대한경상적위탁사업비(308-11) 8. 민간자본사업보조,자체재원(402-01) 9. 민간자본사업보조,이전재원(402-02) 10. 민간위탁사업비(402-03) 11. 공기관등에 대한 자본적 대행사업비(403-02)	민간이전지출 근거 (지방보조금 관리기준 참고) 1. 법률에 규정 2. 국고보조 재원(국가지정) 3. 용도 지정 기부금 4. 조례에 직접규정 5. 지자체가 권장하는 사업을 하는 공공기관 6. 시,도 정책 및 재정사정 7. 기타 8. 해당없음	입찰방식 계약체결방법 (경쟁형태) 1. 일반경쟁 2. 제한경쟁 3. 지명경쟁 4. 수의계약 5. 법정위탁 6. 기타 ( ) 7. 해당없음	입찰방식 계약기간 1. 1년 2. 2년 3. 3년 4. 4년 5. 5년 6. 기타 ( )년 7. 단기계약 (1년미만) 8. 해당없음	입찰방식 낙찰자선정방법 1. 적격심사 2. 협상에의한계약 3. 최저가낙찰제 4. 규격가격분리 5. 2단계 경쟁입찰 6. 기타 ( ) 7. 해당없음	운영예산 산정 운영예산 산정 1. 내부산정 (지자체 자체적으로 산정) 2. 외부산정 (외부전문기관위탁 산정) 3. 내·외부 모두 산정 4. 산정 無 5. 해당없음	운영예산 산정 정산방법 1. 내부정산 (지자체 내부적으로 정산) 2. 외부정산 (외부전문기관위탁 정산) 3. 내·외부 모두 산정 4. 정산 無 5. 해당없음	성과평가 실시여부 1. 실시 2. 미실시 3. 향후 추진 4. 해당없음
13667	충남 태안군	정부양곡 포장재 지원비	80,000	농정과	1	2	7	8	7	5	5	4
13668	충남 태안군	충남쌀 유전자분석비 지원	1,250	농정과	1	4	7	8	7	5	5	4
13669	충남 태안군	식량작물 생산비 절감 지원	69,000	농정과	1	4	7	8	7	5	5	4
13670	충남 태안군	유기질 비료 지원	1,437	농정과	1	4	7	8	7	5	5	4
13671	충남 태안군	농작업 지원단 육성 지원	364,000	농정과	1	4	7	8	7	5	5	4
13672	충남 태안군	꽃소비 촉진 및 꽃문화운동 전개	6,000	농정과	1	4	7	8	7	5	5	4
13673	충남 태안군	화훼 포장박스 지원	85,000	농정과	1	4	7	8	7	5	5	4
13674	충남 태안군	화훼 토경재배 농가 유기질 비료 지원	15,000	농정과	1	4	7	8	7	5	5	4
13675	충남 태안군	달래 생산자재 지원	20,000	농정과	1	4	7	8	7	5	5	4
13676	충남 태안군	유산균 토양발효농법 지원사업	25,000	농정과	1	1	7	8	7	5	5	4
13677	충남 태안군	화훼농가 종묘 입식비 지원	300,000	농정과	1	6	7	8	7	5	5	4
13678	충남 태안군	가의도 우량종구 생산단지 지원	6,000	농정과	1	4	7	8	7	5	5	4
13679	충남 태안군	가의도 우량종구 지원	126,000	농정과	1	4	7	8	7	5	5	4
13680	충남 태안군	인삼 채굴전 안전성 검사비 지원	1,720	농정과	1	1	7	8	7	5	5	4
13681	충남 태안군	과수원예농가 유기질 비료 지원	20,000	농정과	1	1	7	8	7	5	5	4
13682	충남 태안군	과수 명품화 육성사업	20,000	농정과	1	1	7	8	7	5	5	4
13683	충남 태안군	초등돌봄교실 과일간식지원사업	40,000	농정과	1	2	7	8	7	5	5	4
13684	충남 태안군	공동상표 포장재 지원	80,000	농정과	1	4	7	8	7	5	5	4
13685	충남 태안군	우수 농특산물 포장재 지원	20,000	농정과	1	4	7	8	7	5	5	4
13686	충남 태안군	인터넷 쇼핑몰 택배비 지원	30,000	농정과	1	4	7	8	7	5	5	4
13687	충남 태안군	TV 홈쇼핑 택배비 지원	10,000	농정과	1	4	7	8	7	5	5	4
13688	충남 태안군	우수 농특산물 판촉지원	20,000	농정과	1	4	7	8	7	5	5	4
13689	충남 태안군	수출 농산물 포장재 지원	12,000	농정과	1	1	7	8	7	5	5	4
13690	충남 태안군	충남오감 포장재 지원	29,680	농정과	1	1	7	8	7	5	5	4
13691	충남 태안군	농특산물 TV 홈쇼핑 지원	9,000	농정과	1	1	7	8	7	5	5	4
13692	충남 태안군	농산물 수출 선도조직 육성	20,000	농정과	1	1	7	8	7	5	5	4
13693	충남 태안군	공선출하 생산자조직 육성	11,200	농정과	1	1	7	8	7	5	5	4
13694	충남 태안군	통합마케팅 조직 육성	40,000	농정과	1	1	7	8	7	5	5	4
13695	충남 태안군	산지유통센터 물류비 지원	60,000	농정과	1	4	7	8	7	5	5	4
13696	충남 태안군	사료작물 재배용 비료지원	70,000	농정과	1	4	7	8	7	5	5	4
13697	충남 태안군	사료작물(춘,추파) 종자대 지원	292,122	농정과	1	2	7	8	7	5	5	4
13698	충남 태안군	조사료 생산용 사일리지 제조	613,595	농정과	1	2	7	8	7	5	5	4
13699	충남 태안군	전문단지 조성용 사일리지 제조비 지원	234,000	농정과	1	2	7	8	7	5	5	4
13700	충남 태안군	전문단지 조성용 종자구입 지원	36,000	농정과	1	2	7	8	7	5	5	4
13701	충남 태안군	전문단지 조성용 퇴액비 지원	40,000	농정과	1	2	7	8	7	5	5	4
13702	충남 태안군	염소산업 육성사업(미네랄블록)	100	농정과	1	1	7	8	7	5	5	4
13703	충남 태안군	염소산업 육성사업(조사료)	350	농정과	1	1	7	8	7	5	5	4
13704	충남 태안군	염소산업 육성사업(영양제)	750	농정과	1	1	7	8	7	5	5	4
13705	충남 태안군	양계농가 육성사업(생산성향상)	2,950	농정과	1	1	7	8	7	5	5	4
13706	충남 태안군	양계농가 왕겨 지원	9,000	농정과	1	1	7	8	7	5	5	4
13707	충남 태안군	양계농가 폭염피해 예방지원	8,000	농정과	1	1	7	8	7	5	5	4
13708	충남 태안군	양돈농가 모돈갱신사업	11,250	농정과	1	1	7	8	7	5	5	4
13709	충남 태안군	한우농가 고급육 생산 지원	38,000	농정과	1	4	7	8	7	5	5	4
13710	충남 태안군	한우육질개선제 지원	36,000	농정과	1	4	7	8	7	5	5	4
13711	충남 태안군	소 사육농가 조사료구입 지원	100,000	농정과	1	4	7	8	7	5	5	4
13712	충남 태안군	양돈농가 우수정액 지원	3,500	농정과	1	1	7	8	7	5	5	4
13713	충남 태안군	젖소 사육농가 헬퍼 지원사업	42,000	농정과	1	4	7	8	7	5	5	4
13714	충남 태안군	고품질 안전축산물 생산(젖소 번식우 생산성 향상 지원)	3,500	농정과	1	1	7	8	7	5	5	4
13715	충남 태안군	고품질 안전축산물 생산(젖소 위생원유 생산 지원)	7,500	농정과	1	1	7	8	7	5	5	4
13716	충남 태안군	고품질 안전축산물 생산(젖소 고온면역 증강제 지원)	12,137	농정과	1	1	7	8	7	5	5	4
13717	충남 태안군	축산농가 악취저감 지원사업	55,000	농정과	1	1	7	8	7	5	5	4

순번	시군구	지출명 (사업명)	2021년예산 (단위:천원/1년간)	담당자 (공무원) 담당부서	민간이전 분류 (지방자치단체 세출예산 집행기준에 의거) 1. 민간경상사업보조(307-02) 2. 민간단체 법정운영비보조(307-03) 3. 민간행사사업보조(307-04) 4. 민간위탁금(307-05) 5. 사회복지시설 법정운영비보조(307-10) 6. 민간인위탁교육비(307-12) 7. 공기관등에대한경상적위탁사업비(308-11) 8. 민간자본사업보조,자체재원(402-01) 9. 민간자본사업보조,이전재원(402-02) 10. 민간위탁사업비(402-03) 11. 공기관등에 대한 자본적 대행사업비(403-02)	민간이전지출 근거 (지방보조금 관리기준 참고) 1. 법률에 규정 2. 국고보조 재원(국가지정) 3. 용도 지정 기부금 4. 조례에 직접규정 5. 지자체가 권장하는 사업을 하는 공공기관 6. 시,도 정책 및 재정사정 7. 기타 8. 해당없음	입찰방식 계약체결방법 (경쟁형태) 1. 일반경쟁 2. 제한경쟁 3. 지명경쟁 4. 수의계약 5. 법정위탁 6. 기타 ( ) 7. 해당없음	입찰방식 계약기간 1. 1년 2. 2년 3. 3년 4. 4년 5. 5년 6. 기타 ( )년 7. 단기계약 (1년미만) 8. 해당없음	입찰방식 낙찰자선정방법 1. 적격심사 2. 협상에의한계약 3. 최저가낙찰제 4. 규격가격분리 5. 2단계 경쟁입찰 6. 기타 ( ) 7. 해당없음	운영예산 산정 운영예산 산정 1. 내부산정 (지자체 자체적으로 산정) 2. 외부산정 (외부전문기관위탁 산정) 3. 내·외부 모두 산정 4. 산정 無 5. 해당없음	운영예산 산정 정산방법 1. 내부정산 (지자체 내부적으로 정산) 2. 외부정산 (외부전문기관위탁 정산) 3. 내·외부 모두 산정 4. 정산 無 5. 해당없음	성과평가 실시여부 1. 실시 2. 미실시 3. 향후 추진 4. 해당없음
13718	충남 태안군	학생승마 체험 지원	54,820	농정과	1	2	7	8	7	5	5	4
13719	충남 태안군	유소년 승마단 운영 지원	20,000	농정과	1	2	7	8	7	5	5	4
13720	충남 태안군	양봉농가 사료구입 지원	9,000	농정과	1	4	7	8	7	5	5	4
13721	충남 태안군	양봉농가 육성지원	14,500	농정과	1	1	7	8	7	5	5	4
13722	충남 태안군	양봉농가 경영안정 지원	5,500	농정과	1	1	7	8	7	5	5	4
13723	충남 태안군	곤충산업 육성사업(식용곤충 안전성 검사비용)	5,600	농정과	1	1	7	8	7	5	5	4
13724	충남 태안군	곤충산업 육성사업(곤충사료)	500	농정과	1	1	7	8	7	5	5	4
13725	충남 태안군	한우광역브랜드 육성	51,460	농정과	1	1	7	8	7	5	5	4
13726	충남 태안군	HACCP컨설팅 지원	11,200	농정과	1	2	7	8	7	5	5	4
13727	충남 태안군	퇴액비 살포비 지원	28,880	농정과	1	2	7	8	7	5	5	4
13728	충남 태안군	가축방역 공동방제단 지원	109,456	농정과	1	2	7	8	7	5	5	4
13729	충남 태안군	축산차량 GPS 상시 전원체계 구축	2,040	농정과	1	2	7	8	7	5	5	4
13730	충남 태안군	꿀벌사육농가 면역증강제 지원	9,000	농정과	1	1	7	8	7	5	5	4
13731	충남 태안군	한국수산업경영인 지도자 교육 지원	9,000	수산과	1	7	7	8	7	5	5	4
13732	충남 태안군	어촌지도자 리더십 교육 지원	9,000	수산과	1	7	7	8	7	5	5	4
13733	충남 태안군	선주연합회 리더십 교육 지원	9,000	수산과	1	7	7	8	7	5	5	4
13734	충남 태안군	한국수산종자산업충남협회 리더십교육지원	2,850	수산과	1	7	7	8	7	5	5	4
13735	충남 태안군	해파리 구제사업	15,000	수산과	1	2	7	8	7	5	5	4
13736	충남 태안군	어촌체험휴양마을 사무장 채용 지원사업	64,620	수산과	1	2	7	8	7	5	5	4
13737	충남 태안군	청년 어촌정착 지원사업	56,400	수산과	1	2	7	8	7	5	5	4
13738	충남 태안군	내항여객선 운임 보조지원	20,000	해양산업과	1	1	7	8	7	5	5	4
13739	충남 태안군	노인 등 도서민 여객선 운임 지원	5,400	해양산업과	1	4	7	8	7	5	5	4
13740	충남 태안군	모범운전자회 교통안내 활동지원	13,500	도시교통과	1	4	7	8	7	5	5	1
13741	충남 태안군	모범운전자회 순찰차 지원	7,500	도시교통과	1	4	7	8	7	5	5	4
13742	충남 태안군	모범운전자회 선진지 견학지원	7,000	도시교통과	1	4	7	8	7	5	5	1
13743	충남 태안군	노인자살예방 일대일 멘토링 사업	65,800	보건의료원	1	6	6	1	6	3	1	1
13744	충남 태안군	품목농업인연구회 지식경영 실천시범	7,400	농업기술센터	1	1	7	8	7	5	5	4
13745	충남 태안군	품목농업인연구회 품평회 홍보판촉 지원시범	3,700	농업기술센터	1	1	7	8	7	5	5	4
13746	충남 태안군	청년농업인 선진농업기술 교육	4,300	농업기술센터	1	1	7	8	7	5	5	4
13747	충남 태안군	강소농 자율실천 학습모임 육성지원	6,000	농업기술센터	1	1	7	8	7	5	5	4
13748	충남 태안군	농촌체험협의체 네트워크 시범	4,000	농업기술센터	1	1	7	8	7	5	5	4
13749	충남 태안군	농촌체험농장 프로그램 패키지 시범	30,000	농업기술센터	1	1	7	8	7	5	5	4
13750	충남 태안군	귀농창업 활성화 지원	20,000	농업기술센터	1	1	7	8	7	5	5	4
13751	충남 태안군	귀농귀촌 모임체 육성	25,000	농업기술센터	1	1	7	8	7	5	5	4
13752	충남 태안군	귀농귀촌 재능기부활성화	4,250	농업기술센터	1	1	7	8	7	5	5	4
13753	충남 태안군	농촌 어르신 복지생활 교육프로그램 운영	5,000	농업기술센터	1	1	7	8	7	5	5	4
13754	충남 태안군	주민지원협의체 운영 지원	7,000	환경관리센터	1	4	7	8	7	5	5	4
13755	경북 포항시	포항그린웨이 민간관리 리더 양성	2,000	그린웨이추진과	1	4	7	8	7	5	5	4
13756	경북 포항시	새마을 공동체 정신문화 사업	37,440	새마을체육과	1	1	7	8	7	1	1	1
13757	경북 포항시	읍면동 새마을운동사업	60,320	새마을체육과	1	1	7	8	7	1	1	1
13758	경북 포항시	읍면동 새마을지도자 연말종합평가 사업지원	10,800	새마을체육과	1	1	7	8	7	1	1	1
13759	경북 포항시	결혼이주여성 친정집 고쳐주기 사업	16,000	새마을체육과	1	1	7	8	7	1	1	1
13760	경북 포항시	새마을운동 국제교류사업	9,000	새마을체육과	1	1	7	8	7	1	1	1
13761	경북 포항시	사랑의 김장담가주기	28,000	새마을체육과	1	1	7	8	7	1	1	1
13762	경북 포항시	행복한 보금자리 만들기사업	30,000	새마을체육과	1	1	7	8	7	1	1	1
13763	경북 포항시	범도민 독서생활화사업	7,680	새마을체육과	1	1	7	8	7	1	1	1
13764	경북 포항시	바르게살기운동 추진 사업지원	63,000	새마을체육과	1	1	7	8	7	1	1	1
13765	경북 포항시	바르게살기운동 청년회 조직 활성화	5,000	새마을체육과	1	1	7	8	7	1	1	1
13766	경북 포항시	도지사기 종목별 생활체육대회 참가지원	40,500	새마을체육과	1	5	7	7	7	1	1	1
13767	경북 포항시	경북도민생활체육대회 참가지원	95,000	새마을체육과	1	5	7	7	7	1	1	1
13768	경북 포항시	일반생활체육지도자 배치	475,888	새마을체육과	1	2	7	1	7	1	1	1

순번	시군구	지출명 (사업명)	2021년예산 (단위:천원/1년간)	담당자 (공무원) 담당부서	민간이전 분류 (지방자치단체 세출예산 집행기준에 의거) 1. 민간경상사업보조(307-02) 2. 민간단체 법정운영비보조(307-03) 3. 민간행사사업보조(307-04) 4. 민간위탁금(307-05) 5. 사회복지시설 법정운영비보조(307-10) 6. 민간인위탁교육비(307-12) 7. 공기관등에대한경상적위탁사업비(308-11) 8. 민간자본사업보조,자체재원(402-01) 9. 민간자본사업보조,이전재원(402-02) 10. 민간위탁사업비(402-03) 11. 공기관등에 대한 자본적 대행사업비(403-02)	민간이전지출 근거 (지방보조금 관리기준 참고) 1. 법률에 규정 2. 국고보조 재원(국가지정) 3. 용도 지정 기부금 4. 조례에 직접규정 5. 지자체가 권장하는 사업을 하는 공공기관 6. 시,도 정책 및 재정사정 7. 기타 8. 해당없음	입찰방식 계약체결방법 (경쟁형태) 1. 일반경쟁 2. 제한경쟁 3. 지명경쟁 4. 수의계약 5. 법정위탁 6. 기타 ( ) 7. 해당없음	입찰방식 계약기간 1. 1년 2. 2년 3. 3년 4. 4년 5. 5년 6. 기타 ( )년 7. 단기계약 (1년미만) 8. 해당없음	입찰방식 낙찰자선정방법 1. 적격심사 2. 협상에의한계약 3. 최저가낙찰제 4. 규격가격분리 5. 2단계 경쟁입찰 6. 기타 ( ) 7. 해당없음	운영예산 산정 운영예산 산정 1. 내부산정 (지자체 자체적으로 산정) 2. 외부산정 (외부전문기관위탁 산정) 3. 내·외부 모두 산정 4. 산정 無 5. 해당없음	운영예산 산정 정산방법 1. 내부정산 (지자체 내부적으로 정산) 2. 외부정산 (외부전문기관위탁 정산) 3. 내·외부 모두 산정 4. 정산 無 5. 해당없음	성과평가 실시여부 1. 실시 2. 미실시 3. 향후 추진 4. 해당없음
13769	경북 포항시	생활체육교실 운영지원	159,400	새마을체육과	1	5	7	1	7	1	1	1
13770	경북 포항시	어르신생활체육지도자 배치	373,912	새마을체육과	1	2	7	1	7	1	1	1
13771	경북 포항시	생활체육지도자 교통비지원	31,200	새마을체육과	1	5	7	1	7	1	1	1
13772	경북 포항시	생활체육지도자 근속수당지원	13,760	새마을체육과	1	5	7	1	7	1	1	1
13773	경북 포항시	유소년생활체육지도자 배치	33,992	새마을체육과	1	2	7	1	7	1	1	1
13774	경북 포항시	경북장애인체육대회 참가지원	28,500	새마을체육과	1	5	7	1	7	1	1	1
13775	경북 포항시	장애인 생활체육지도자 배치	146,160	새마을체육과	1	5	7	1	7	1	1	1
13776	경북 포항시	장애인 생활체육지도자 교통비지원	6,000	새마을체육과	1	5	7	1	7	1	1	1
13777	경북 포항시	장애인 스포츠강좌 이용권 지원	8,320	새마을체육과	1	5	7	1	7	1	1	1
13778	경북 포항시	경기력향상지원비	800,000	새마을체육과	1	5	7	1	7	1	1	1
13779	경북 포항시	지방체육육성지원	700,000	새마을체육과	1	5	7	1	7	1	1	1
13780	경북 포항시	경사북도체육대회출전경비	24,000	새마을체육과	1	5	7	1	7	1	1	1
13781	경북 포항시	포항시읍면동스포츠왕중왕전	80,000	새마을체육과	1	5	7	1	7	1	1	1
13782	경북 포항시	포항시장기및교육장배초중고챔피언스리스	78,000	새마을체육과	1	5	7	1	7	1	1	1
13783	경북 포항시	스포츠를 통한 시정홍보	900,000	새마을체육과	1	4	5	1	7	5	1	1
13784	경북 포항시	포항스틸러스 시민서포터즈 지원	8,000	새마을체육과	1	4	6	1	7	5	1	1
13785	경북 포항시	GAP 인증 우수농산물 택배비 지원	75,000	농식품유통과	1	4	7	8	7	5	5	4
13786	경북 포항시	농업경영체 경영컨설팅지원	50,000	농식품유통과	1	4	7	8	7	5	5	4
13787	경북 포항시	농산물공동선별비 지원	128,000	농식품유통과	1	4	7	8	7	5	5	4
13788	경북 포항시	농산물유통구조개선 지원	191,200	농식품유통과	1	4	7	8	7	5	5	4
13789	경북 포항시	농산물마케팅 지원	3,000	농식품유통과	1	4	7	8	7	5	5	4
13790	경북 포항시	농산물산지유통기능활성화 지원	24,800	농식품유통과	1	4	7	8	7	5	5	4
13791	경북 포항시	과실브랜드육성 지원	27,200	농식품유통과	1	4	7	8	7	5	5	4
13792	경북 포항시	농업계고 졸업생 창업비용 지원	5,000	농식품유통과	1	4	7	8	7	5	5	4
13793	경북 포항시	정례 직거래장터 활성화지원	10,000	농식품유통과	1	1	7	8	7	1	1	4
13794	경북 포항시	농특산물 홈쇼핑 판로지원	15,000	농식품유통과	1	4	7	8	7	1	1	4
13795	경북 포항시	농식품산업 고정고객확보용 택배비	15,000	농식품유통과	1	4	7	8	7	5	5	4
13796	경북 포항시	수출농식품브랜드경쟁력제고	8,000	농식품유통과	1	4	7	8	7	5	5	4
13797	경북 포항시	해외판촉참가업체지원	22,500	농식품유통과	1	4	7	8	7	5	5	4
13798	경북 포항시	경북 우수농산물 해외 수출촉진 홍보	17,000	농식품유통과	1	4	7	8	7	5	5	4
13799	경북 포항시	포항특산물판매장지원	20,000	농식품유통과	1	4	7	8	7	5	5	4
13800	경북 포항시	바른밥상, 지속 가능한 식생활 공모 사업	4,000	농식품유통과	1	6	7	8	7	5	5	1
13801	경북 포항시	초등돌봄교실 과일간식지원사업	146,273	농식품유통과	1	4	7	8	7	5	5	4
13802	경북 포항시	공공급식 기획생산체계 구축지원	15,000	농식품유통과	1	4	7	8	7	5	5	4
13803	경북 포항시	우리쌀 사용 차액 지원	64,949	농식품유통과	1	4	7	8	7	1	1	4
13804	경북 포항시	고품질 포항쌀 택배비 지원	60,000	농식품유통과	1	4	7	8	7	1	1	4
13805	경북 포항시	포항시티투어 운영	27,000	관광산업과	1	4	7	8	7	1	1	4
13806	경북 포항시	동해안따라 특선음식 맛보기 여행상품 운영	70,000	관광산업과	1	4	7	8	7	1	1	4
13807	경북 포항시	관광분야 전문가 양성	50,000	관광산업과	1	4	7	8	7	1	1	4
13808	경북 포항시	경북관광 바다열차 지원	13,500	관광산업과	1	4	7	8	7	1	1	4
13809	경북 포항시	경북동해권관광진흥협의회 공동홍보사업	13,400	관광산업과	1	4	7	8	7	1	1	4
13810	경북 포항시	포항 영일만 관광특구 활성화 추진	7,000	관광산업과	1	4	7	8	7	1	1	4
13811	경북 포항시	청년농업인 경쟁력 제고지원	100,000	농촌지원과	1	2	7	8	7	1	1	1
13812	경북 포항시	행복한 농촌가정 육성 프로젝트 시범	5,000	농촌지원과	1	1	7	8	7	1	1	1
13813	경북 포항시	농촌관광문화연구회 도농교류행사 지원	6,300	농촌지원과	1	1	7	8	7	1	1	1
13814	경북 포항시	지역특화식품개발활성화시범	7,000	농촌지원과	1	1	7	8	7	1	1	1
13815	경북 포항시	형산강살리기 수중정화활동 및 형산강 수질탐사	6,000	환경정책과	1	4	6	1	6	1	1	1
13816	경북 포항시	형산강살리기 범시민 운동	4,000	환경정책과	1	4	6	1	6	1	1	1
13817	경북 포항시	환경캠페인 및 정화활동	1,500	환경정책과	1	4	6	1	6	1	1	1
13818	경북 포항시	마장지 생태환경가꾸기 문화행사	4,000	환경정책과	1	4	6	1	6	1	1	1
13819	경북 포항시	포항시 지속가능발전협의회 사업운영 지원	63,000	환경정책과	1	2	7	8	7	1	1	1

순번	시군구	지출명 (사업명)	2021년예산 (단위:천원/1년간)	담당자 (공무원) 담당부서	민간이전 분류 (지방자치단체 세출예산 집행기준에 의거) 1. 민간경상사업보조(307-02) 2. 민간단체 법정운영비보조(307-03) 3. 민간행사사업보조(307-04) 4. 민간위탁금(307-05) 5. 사회복지시설 법정운영비보조(307-10) 6. 민간인위탁교육비(307-12) 7. 공기관등에대한경상적위탁사업비(308-11) 8. 민간자본사업보조,자체재원(402-01) 9. 민간자본사업보조,이전재원(402-02) 10. 민간위탁사업비(402-03) 11. 공기관등에 대한 자본적 대행사업비(403-02)	민간이전지출 근거 (지방보조금 관리기준 참고) 1. 법률에 규정 2. 국고보조 재원(국가지정) 3. 용도 지정 기부금 4. 조례에 직접규정 5. 지자체가 권장하는 사업을 하는 공공기관 6. 시,도 정책 및 재정사정 7. 기타 8. 해당없음	입찰방식 계약체결방법 (경쟁형태) 1. 일반경쟁 2. 제한경쟁 3. 지명경쟁 4. 수의계약 5. 법정위탁 6. 기타 ( ) 7. 해당없음	계약기간 1. 1년 2. 2년 3. 3년 4. 4년 5. 5년 6. 기타 ( )년 7. 단기계약 (1년미만) 8. 해당없음	낙찰자선정방법 1. 적격심사 2. 협상에의한계약 3. 최저가낙찰제 4. 규격가격분리 5. 2단계 경쟁입찰 6. 기타 ( ) 7. 해당없음	운영예산 산정 운영예산 산정 1. 내부산정 (지자체 자체적으로 산정) 2. 외부산정 (외부전문기관위탁 산정) 3. 내·외부 모두 산정 4. 산정 無 5. 해당없음	정산방법 1. 내부정산 (지자체 내부적으로 정산) 2. 외부정산 (외부전문기관위탁 정산) 3. 내·외부 모두 산정 4. 정산 無 5. 해당없음	성과평가 실시여부 1. 실시 2. 미실시 3. 향후 추진 4. 해당없음
13820	경북 포항시	야생생물 관리 및 포획 활동	1,700	환경정책과	1	2	7	8	7	1	1	1
13821	경북 포항시	유해야생동물 피해방지단 활동	1,700	환경정책과	1	2	7	8	7	1	1	1
13822	경북 포항시	야생동물 불법수렵 감시활동	858,000	환경정책과	1	2	7	8	7	1	1	1
13823	경북 포항시	수확기 야생동물 피해방지활동	1,500	환경정책과	1	2	7	8	7	1	1	1
13824	경북 포항시	포항산단 생태복원협의회 지원	30,000	환경정책과	1	7	6	1	6	1	1	1
13825	경북 포항시	저탄소생활실천운동사업 지원	18,000	환경정책과	1	2	1	1	1	1	1	1
13826	경북 포항시	기후변화교육센터 운영지원	20,000	환경정책과	1	2	1	1	1	1	1	1
13827	경북 포항시	노후운행경유차 폐차 지원	8,000	환경정책과	1	2	7	8	7	1	1	1
13828	경북 포항시	재난구조 인명구조사업	5,200	안전총괄과	1	4	7	8	7	1	1	1
13829	경북 포항시	안전도시포항! 만들기 운동	3,150	안전총괄과	1	4	7	8	7	1	1	1
13830	경북 포항시	친환경농업인 연찬회	12,000	농업정책과	1	4	7	8	7	1	1	1
13831	경북 포항시	제15회 친환경농산물 홍보·직판행사	40,000	농업정책과	1	4	7	8	7	1	1	1
13832	경북 포항시	도 수산업경영인대회 지원	20,000	수산진흥과	1	7	7	8	7	1	1	4
13833	경북 포항시	외국인선원 숙소 지원	24,460	수산진흥과	1	1	7	8	7	1	1	4
13834	경북 포항시	외국인선원 도입비용 지원	19,740	수산진흥과	1	1	7	8	7	1	1	4
13835	경북 포항시	러시아 출어경비 지원	153,153	수산진흥과	1	7	7	8	7	5	5	4
13836	경북 포항시	수산물가공폐수 처리지원	52,488	수산진흥과	1	7	4	7	7	1	1	4
13837	경북 포항시	수산물 택배비 지원	50,000	수산진흥과	1	7	7	8	7	5	5	4
13838	경북 포항시	지역특화수산물 소비촉진	55,000	수산진흥과	1	1	2	7	2	1	1	4
13839	경북 포항시	수산물 해외규격인증 지원	32,000	수산진흥과	1	1	4	1	7	1	1	4
13840	경북 포항시	마을어장 관리사업	204,000	수산진흥과	1	1	1	7	1	1	1	4
13841	경북 포항시	영일만 어업피해 영향조사비 지원	240,000	수산진흥과	1	7	7	8	7	1	1	4
13842	경북 포항시	소형어선 안전관리 지원	32,088	수산진흥과	1	1	7	8	7	1	1	4
13843	경북 포항시	어촌체험휴양마을사무장채용지원	18,000	수산진흥과	1	1	7	8	7	1	1	4
13844	경북 포항시	외식업CEO과정 운영	30,000	식품산업과	1	7	7	8	7	5	5	4
13845	경북 포항시	안심접시안심집게시민 챌린지 운영	8,000	식품산업과	1	7	7	8	7	5	5	4
13846	경북 포항시	객실관리자 양성과정 운영	25,000	식품산업과	1	7	7	8	7	1	1	3
13847	경북 포항시	이동 음식1번지 외식업지구육성	5,000	식품산업과	1	4	7	8	7	1	1	3
13848	경북 포항시	설머리물회지구 육성	3,000	식품산업과	1	4	7	8	7	1	1	3
13849	경북 포항시	포항시 대표음식 요리아카데미 교육	9,000	식품산업과	1	7	7	8	7	1	1	3
13850	경북 포항시	외식업소 공동구매조직화 사업지원	10,000	식품산업과	1	7	7	8	7	5	5	4
13851	경북 경주시	지역사회건강조사	68,630	건강증진과	1	1	5	1	6	5	3	1
13852	경북 경주시	동해안따라 특선음식 맛보기 여행 상품 운영	136,666	관광컨벤션과	1	4	6	7	7	1	1	1
13853	경북 경주시	관광분야 전문가 양성	40,000	관광컨벤션과	1	4	7	7	7	1	1	1
13854	경북 경주시	경주관광 마케팅사업	20,000	관광컨벤션과	1	4	7	7	7	1	1	1
13855	경북 경주시	수학여행 숙박업소 문화해설사 활동비	12,000	관광컨벤션과	1	4	7	7	7	1	1	1
13856	경북 경주시	장애인관광객 유치사업	64,800	관광컨벤션과	1	4	7	2	7	1	1	1
13857	경북 경주시	기업체근로자 및 기업인지원사업	200,000	기업지원과	1	4	7	8	7	1	1	1
13858	경북 경주시	고품질 쌀 생산을 위한 공동방제 지원	950,000	농업기술과	1	6	7	8	7	1	1	3
13859	경북 경주시	농촌지도자과제활동지원	4,000	농업진흥과	1	4	7	8	7	5	5	4
13860	경북 경주시	도시민유치지원사업	68,500	농업진흥과	1	4	7	8	7	5	5	4
13861	경북 경주시	창농활성화 브랜드 개발	35,000	농업진흥과	1	4	7	8	7	5	5	4
13862	경북 경주시	농촌여성 일자리창출 전문기능교육	10,000	농업진흥과	1	4	7	8	7	5	5	4
13863	경북 경주시	청년농업인 경쟁력제고사업	45,000	농업진흥과	1	4	7	8	7	5	5	4
13864	경북 경주시	행복한 농촌가정육성 프로젝트 시범	5,000	농업진흥과	1	4	7	8	7	5	5	4
13865	경북 경주시	한국예총경주지회 지원	55,000	문화예술과	1	6	7	8	7	1	1	1
13866	경북 경주시	남산문화유적답사	13,000	문화예술과	1	6	7	8	7	1	1	1
13867	경북 경주시	유림명륜대학 운영	14,000	문화예술과	1	6	7	8	7	1	1	1
13868	경북 경주시	성인교육 강좌	4,000	문화예술과	1	6	7	8	7	1	1	1
13869	경북 경주시	시청 갤러리 운영	7,000	문화예술과	1	6	7	8	7	1	1	1
13870	경북 경주시	경주문학 발간	10,000	문화예술과	1	6	7	8	7	1	1	1

순번	시군구	지출명 (사업명)	2021년예산 (단위:천원/1년간)	담당자 (공무원) 담당부서	민간이전 분류 (지방자치단체 세출예산 집행기준에 의거) 1. 민간경상사업보조(307-02) 2. 민간단체 법정운영비보조(307-03) 3. 민간행사사업보조(307-04) 4. 민간위탁금(307-05) 5. 사회복지시설 법정운영비보조(307-10) 6. 민간인위탁교육비(307-12) 7. 공기관등에대한경상적위탁사업비(308-11) 8. 민간자본사업보조,자체재원(402-01) 9. 민간자본사업보조,이전재원(402-02) 10. 민간위탁사업비(402-03) 11. 공기관등에 대한 자본적 대행사업비(403-02)	민간이전지출 근거 (지방보조금 관리기준 참고) 1. 법률에 규정 2. 국고보조 재원(국가지정) 3. 용도 지정 기부금 4. 조례에 직접규정 5. 지자체가 권장하는 사업을 하는 공공기관 6. 시,도 정책 및 재정사정 7. 기타 8. 해당없음	입찰방식 계약체결방법 (경쟁형태) 1. 일반경쟁 2. 제한경쟁 3. 지명경쟁 4. 수의계약 5. 법정위탁 6. 기타 ( ) 7. 해당없음	입찰방식 계약기간 1. 1년 2. 2년 3. 3년 4. 4년 5. 5년 6. 기타 ( )년 7. 단기계약 (1년미만) 8. 해당없음	입찰방식 낙찰자선정방법 1. 적격심사 2. 협상에의한계약 3. 최저가낙찰제 4. 규격가격분리 5. 2단계 경쟁입찰 6. 기타 ( ) 7. 해당없음	운영예산 산정 운영예산 산정 1. 내부산정 (지자체 자체적으로 산정) 2. 외부산정 (외부전문기관위탁 산정) 3. 내·외부 모두 산정 4. 산정 無 5. 해당없음	운영예산 산정 정산방법 1. 내부정산 (지자체 내부적으로 정산) 2. 외부정산 (외부전문기관위탁 정산) 3. 내·외부 모두 산정 4. 정산 無 5. 해당없음	성과평가 실시여부 1. 실시 2. 미실시 3. 향후 추진 4. 해당없음
13871	경북 경주시	경주예술지발간	8,000	문화예술과	1	6	7	8	7	1	1	1
13872	경북 경주시	장월중선논문집 발간	8,000	문화예술과	1	6	7	8	7	1	1	1
13873	경북 경주시	가야금병창교육	18,000	문화예술과	1	6	7	8	7	1	1	1
13874	경북 경주시	향토연구지(비화원) 발간	10,000	문화예술과	1	6	7	8	7	1	1	1
13875	경북 경주시	신라문학대상 공모전	35,000	문화예술과	1	6	7	8	7	1	1	1
13876	경북 경주시	국악분야 예술강사지원사업	96,462	문화예술과	1	2	7	8	7	1	1	1
13877	경북 경주시	명륜교실 운영	160,000	문화예술과	1	6	7	8	7	1	1	1
13878	경북 경주시	한국도성문화강좌지원	17,000	문화예술과	1	6	7	8	7	1	1	1
13879	경북 경주시	원효성사제향대재	5,000	문화예술과	1	6	7	8	7	1	1	1
13880	경북 경주시	신라문화강좌	4,000	문화예술과	1	6	7	8	7	1	1	1
13881	경북 경주시	이차돈 제향대재	5,000	문화예술과	1	6	7	8	7	1	1	1
13882	경북 경주시	월명재	8,000	문화예술과	1	6	7	8	7	1	1	1
13883	경북 경주시	충담재	10,000	문화예술과	1	6	7	8	7	1	1	1
13884	경북 경주시	시민과 함께하는 문예대학	10,000	문화예술과	1	6	7	8	7	1	1	1
13885	경북 경주시	임란의사 추모행사(제24회)	10,000	문화예술과	1	6	7	8	7	1	1	1
13886	경북 경주시	전통혼례체험 프로그램 운영	45,000	문화예술과	1	6	7	8	7	1	1	1
13887	경북 경주시	경주향교 홍보영상 제작	5,000	문화예술과	1	6	7	8	7	1	1	1
13888	경북 경주시	문화콘텐츠발굴육성	80,000	문화예술과	1	6	7	8	7	1	1	1
13889	경북 경주시	통합문화이용권사업	877,300	문화예술과	1	2	7	8	7	5	1	4
13890	경북 경주시	문화재지킴이 활동비 지원	14,500	문화재과	1	6	7	8	7	1	1	4
13891	경북 경주시	각종행사 및 문화재관련지원	20,000	문화재과	1	4	7	8	7	1	1	4
13892	경북 경주시	세계유산 양동 역사마을 활용 프로그램	240,000	문화재과	1	2	7	1	7	1	1	3
13893	경북 경주시	세계유산 남산활용 프로그램	160,000	문화재과	1	2	7	8	7	5	5	4
13894	경북 경주시	무형문화재 전수교육관 활성화사업(세대공감, 문화공감)	25,000	문화재과	1	2	7	8	7	5	5	4
13895	경북 경주시	무형문화재 전수교육관 활성화사업(그리듯이 부르는 노래)	25,000	문화재과	1	2	7	8	7	5	5	4
13896	경북 경주시	무형문화재 전수교육관 활성화사업(손끝으로 꽃피우는 전통공예)	12,500	문화재과	1	2	7	1	7	1	1	3
13897	경북 경주시	2020 박물관 전문인력 양성 및 경주문화유산 강좌 운영사업	60,000	문화재과	1	4	7	8	7	1	1	1
13898	경북 경주시	지역문화유산방문교육	40,000	문화재과	1	2	7	1	7	1	1	3
13899	경북 경주시	전통산사 문화재 활용 사업	132,500	문화재과	1	2	7	1	7	1	1	3
13900	경북 경주시	생생문화재 사업	50,000	문화재과	1	2	7	8	7	5	5	4
13901	경북 경주시	생생문화재 사업	70,000	문화재과	1	2	7	1	7	1	1	3
13902	경북 경주시	상이군경회 구미복지회관 시설이용	12,000	복지정책과	1	1	7	8	7	1	1	1
13903	경북 경주시	지역사회보장협의체 운영	10,000	복지정책과	1	6	7	8	7	1	1	4
13904	경북 경주시	사회복지협의회 운영	7	복지정책과	1	6	7	8	7	1	1	4
13905	경북 경주시	산림소득활성화사업<도비>	3,500	산림경영과	1	2	7	8	7	5	1	3
13906	경북 경주시	유아숲프로그램지원<도비>	4,762	산림경영과	1	6	7	8	7	5	1	3
13907	경북 경주시	산양삼생산과정 확인제도	760	산림경영과	1	2	7	8	7	5	1	3
13908	경북 경주시	고도주민활동지원	60,000	왕경조성과	1	2	6	1	6	5	1	4
13909	경북 경주시	고도주민활동지원	40,000	왕경조성과	1	2	6	1	6	5	1	4
13910	경북 경주시	원전현장인력양성원 운영	700,000	원자력정책과	1	4	7	8	7	1	1	4
13911	경북 경주시	청년고용 우수 기업체 지원	178,000	일자리창출과	1	7	7	1	7	1	1	3
13912	경북 경주시	취업지원센터 활성화사업	200,000	일자리창출과	1	6	7	8	7	5	5	4
13913	경북 경주시	취업박람회 개최	70,000	일자리창출과	1	4	7	1	7	1	1	3
13914	경북 경주시	대학일자리센터 지원	175,000	일자리창출과	1	6	7	8	7	5	5	4
13915	경북 경주시	청년창업지원사업	210,000	일자리창출과	1	6	7	8	7	1	1	4
13916	경북 경주시	청년센터 운영	150,000	일자리창출과	1	6	7	8	7	1	1	4
13917	경북 경주시	청년창업기업 마케팅 지원사업	15,000	일자리창출과	1	6	7	8	7	1	1	4
13918	경북 경주시	지역주력산업 일자리창출 지원사업	110,200	일자리창출과	1	2	7	8	7	5	5	4
13919	경북 경주시	언택트분야 창업벤처기업 청년일자리 지원사업	432,100	일자리창출과	1	2	7	8	7	5	5	4
13920	경북 경주시	중소기업 신규 경력직 채용 건강검진비 지원	10,000	일자리창출과	1	7	7	8	7	1	1	1
13921	경북 경주시	전국 기능경기대회 참가자 지원	20,000	일자리창출과	1	7	7	8	7	1	1	1

순번	시군구	지출명 (사업명)	2021년예산 (단위:천원/1년간)	담당자 (공무원) 담당부서	민간이전 분류 (지방자치단체 세출예산 집행기준에 의거) 1. 민간경상사업보조(307-02) 2. 민간단체 법정운영비보조(307-03) 3. 민간행사사업보조(307-04) 4. 민간위탁금(307-05) 5. 사회복지시설 법정운영비보조(307-10) 6. 민간인위탁교육비(307-12) 7. 공기관등에대한경상적위탁사업비(308-11) 8. 민간자본사업보조,자체재원(402-01) 9. 민간자본사업보조,이전재원(402-02) 10. 민간위탁사업비(402-03) 11. 공기관등에 대한 자본적 대행사업비(403-02)	민간이전지출 근거 (지방보조금 관리기준 참고) 1. 법률에 규정 2. 국고보조 재원(국가지정) 3. 용도 지정 기부금 4. 조례에 직접규정 5. 지자체가 권장하는 사업을 하는 공공기관 6. 시,도 정책 및 재정사정 7. 기타 8. 해당없음	입찰방식 계약체결방법 (경쟁형태) 1. 일반경쟁 2. 제한경쟁 3. 지명경쟁 4. 수의계약 5. 법정위탁 6. 기타 ( ) 7. 해당없음	입찰방식 계약기간 1. 1년 2. 2년 3. 3년 4. 4년 5. 5년 6. 기타 ( )년 7. 단기계약 (1년미만) 8. 해당없음	입찰방식 낙찰자선정방법 1. 적격심사 2. 협상에의한계약 3. 최저가낙찰제 4. 규격가격분리 5. 2단계 경쟁입찰 6. 기타 ( ) 7. 해당없음	운영예산 산정 운영예산 산정 1. 내부산정 (지자체 자체적으로 산정) 2. 외부산정 (외부전문기관위탁 산정) 3. 내·외부 모두 산정 4. 산정 無 5. 해당없음	운영예산 산정 정산방법 1. 내부정산 (지자체 내부적으로 정산) 2. 외부정산 (외부전문기관위탁 정산) 3. 내·외부 모두 산정 4. 정산 無 5. 해당없음	성과평가 실시여부 1. 실시 2. 미실시 3. 향후 추진 4. 해당없음
13922	경북 경주시	취약여성 취업 지원	5,000	일자리창출과	1	7	7	8	7	1	1	1
13923	경북 경주시	중소기업 정규직프로젝트	420,000	일자리창출과	1	6	7	8	7	1	1	1
13924	경북 경주시	산학일체형 도제학교 지원	180,000	일자리창출과	1	6	7	8	7	1	1	4
13925	경북 경주시	1사-1청년 더채용지원	90,000	일자리창출과	1	6	7	8	7	1	1	4
13926	경북 경주시	사회적경제 활성화 지원	32,000	일자리창출과	1	1	7	8	7	1	1	4
13927	경북 경주시	사회적기업 일자리창출사업	894,000	일자리창출과	1	1	7	8	7	5	5	4
13928	경북 경주시	사회적기업 사업개발비 지원사업	100,000	일자리창출과	1	1	7	8	7	5	5	4
13929	경북 경주시	사회적기업 사회보험료 지원사업	99,693	일자리창출과	1	1	7	8	7	5	5	4
13930	경북 경주시	마을기업 육성사업	60,000	일자리창출과	1	2	7	8	7	5	5	2
13931	경북 경주시	사회적경제 청년일자리사업	903,000	일자리창출과	1	2	7	8	7	5	5	2
13932	경북 경주시	사회공헌활동 지원사업	621,338	일자리창출과	1	2	7	8	7	5	5	2
13933	경북 경주시	노사민정협의회 사무국 운영	40,000	일자리창출과	1	4	7	8	7	5	5	4
13934	경북 경주시	노동법 관련 교육	10,000	일자리창출과	1	4	7	8	7	5	5	4
13935	경북 경주시	경북 행복기업 산업안전 환경개선사업	80,000	일자리창출과	1	4	7	8	7	5	5	4
13936	경북 경주시	외국인근로자 상담센터 지원	128,000	일자리창출과	1	4	7	8	7	5	5	4
13937	경북 경주시	외국인유학생 치안 자원봉사대 지원	3,000	일자리창출과	1	4	7	8	7	5	5	4
13938	경북 경주시	외국인근로자 의료지원	8,000	일자리창출과	1	4	7	8	7	5	5	4
13939	경북 경주시	장애인 우수선수 육성지원	7,000	체육진흥과	1	4	7	8	7	1	1	1
13940	경북 경주시	장애인 경기단체 육성지원	6,000	체육진흥과	1	4	7	8	7	1	1	1
13941	경북 경주시	육상선수 동계훈련	6,300	체육진흥과	1	4	7	8	7	1	1	1
13942	경북 경주시	태권도 동계훈련 지원	20,000	체육진흥과	1	4	7	8	7	1	1	2
13943	경북 경주시	야구 동계훈련 지원	25,000	체육진흥과	1	4	7	8	7	1	1	2
13944	경북 경주시	축구 스토브리그 동계훈련지원	52,800	체육진흥과	1	4	7	8	7	1	1	2
13945	경북 경주시	장애인체육관 운영지원	75,830	체육진흥과	1	4	2	3	7	1	1	2
13946	경북 경주시	장애인스포츠강좌이용권지원	8,320	체육진흥과	1	4	7	8	7	1	1	1
13947	경북 경주시	시군생활체육지도자배치	204,624	체육진흥과	1	4	7	8	7	1	1	2
13948	경북 경주시	시군어르신 체육활동 지원	146,160	체육진흥과	1	4	7	8	7	1	1	2
13949	경북 경주시	시군생활체육지도자 교통비지원	14,400	체육진흥과	1	4	7	8	7	1	1	2
13950	경북 경주시	생활체육지도자장기근속수당지원	7,870	체육진흥과	1	4	7	8	7	1	1	2
13951	경북 경주시	장애인생활체육지도자 배치	146,160	체육진흥과	1	4	7	8	7	1	1	2
13952	경북 경주시	장애인생활체육지도자 교통비 지원	6,000	체육진흥과	1	4	7	8	7	1	1	2
13953	경북 경주시	생활체육교실 운영	38,400	체육진흥과	1	4	7	8	7	1	1	2
13954	경북 경주시	장애인생활체육교실 운영	4,000	체육진흥과	1	4	7	8	7	1	1	2
13955	경북 경주시	지역평생학습 활성화 사업	15,000	평생학습가족관	1	4	6	7	6	1	1	1
13956	경북 경주시	평생학습 경로당 사업	18,000	평생학습가족관	1	4	6	7	6	1	1	1
13957	경북 경주시	행복한 아이 행복한 부모 교육 지원	8,000	평생학습가족관	1	4	6	7	6	1	1	1
13958	경북 경주시	경주시민 배움교실 지원	5,000	평생학습가족관	1	1	6	7	6	1	1	1
13959	경북 경주시	성인문해학교 운영 지원	14,000	평생학습가족관	1	4	6	7	6	1	1	1
13960	경북 경주시	문해(한글)교실 운영 지원	26,400	평생학습가족관	1	4	6	7	6	1	1	1
13961	경북 경주시	어선(원)보험료지원	400,000	해양수산과	1	1	7	8	7	5	5	4
13962	경북 경주시	양식수산물재해보험료지원	3,500	해양수산과	1	1	7	8	7	5	5	4
13963	경북 경주시	어업인안전보험료지원	10,000	해양수산과	1	1	7	8	7	5	5	4
13964	경북 영천시	민간경상사업 임의보조	20,000	정책기획실	1	4	7	8	7	5	5	1
13965	경북 영천시	범죄피해자센터지원사업	13,500	총무과	1	6	7	8	7	5	1	1
13966	경북 영천시	평화통일안보역량강화및영천평화통일포럼	30,000	총무과	1	1	7	8	7	1	1	1
13967	경북 영천시	길거리기초질서지키기사업추진	5,000	총무과	1	1	7	8	7	1	1	1
13968	경북 영천시	민족통일단체교류및통일기반구축교육사업	4,400	총무과	1	1	7	8	7	1	1	1
13969	경북 영천시	이북5도민통일안보교육사업	3,200	총무과	1	1	7	8	7	1	1	1
13970	경북 영천시	올바른통일안보가치관확립교육사업	2,400	총무과	1	1	7	8	7	1	1	1
13971	경북 영천시	홀몸어르신문화탐방	3,200	총무과	1	1	7	8	7	1	1	1
13972	경북 영천시	한·일문화교류사업추진	2,100	총무과	1	4	7	8	7	1	1	1

순번	시군구	지출명 (사업명)	2021년예산 (단위:천원/1년간)	담당자 (공무원) 담당부서	민간이전 분류 (지방자치단체 세출예산 집행기준에 의거) 1. 민간경상사업보조(307-02) 2. 민간단체 법정운영비보조(307-03) 3. 민간행사사업보조(307-04) 4. 민간위탁금(307-05) 5. 사회복지시설 법정운영비보조(307-10) 6. 민간인위탁교육비(307-12) 7. 공기관등에대한경상적위탁사업비(308-11) 8. 민간자본사업보조,자체재원(402-01) 9. 민간자본사업보조,이전재원(402-02) 10. 민간위탁사업비(402-03) 11. 공기관등에 대한 자본적 대행사업비(403-02)	민간이전지출 근거 (지방보조금 관리기준 참고) 1. 법률에 규정 2. 국고보조 재원(국가지정) 3. 용도 지정 기부금 4. 조례에 직접규정 5. 지자체가 권장하는 사업을 하는 공공기관 6. 시,도 정책 및 재정사정 7. 기타 8. 해당없음	입찰방식 계약체결방법 (경쟁형태) 1. 일반경쟁 2. 제한경쟁 3. 지명경쟁 4. 수의계약 5. 법정위탁 6. 기타 ( ) 7. 해당없음	입찰방식 계약기간 1. 1년 2. 2년 3. 3년 4. 4년 5. 5년 6. 기타 ( )년 7. 단기계약 (1년미만) 8. 해당없음	입찰방식 낙찰자선정방법 1. 적격심사 2. 협상에의한계약 3. 최저가낙찰제 4. 규격가격분리 5. 2단계 경쟁입찰 6. 기타 ( ) 7. 해당없음	운영예산 산정 운영예산 산정 1. 내부산정 (지자체 자체적으로 산정) 2. 외부산정 (외부전문기관위탁 산정) 3. 내·외부 모두 산정 4. 산정 無 5. 해당없음	운영예산 산정 정산방법 1. 내부정산 (지자체 내부적으로 정산) 2. 외부정산 (외부전문기관위탁 정산) 3. 내·외부 모두 산정 4. 정산 無 5. 해당없음	성과평가 실시여부 1. 실시 2. 미실시 3. 향후 추진 4. 해당없음
13973	경북 영천시	한·중문화교류사업추진	1,400	총무과	1	4	7	8	7	1	1	1
13974	경북 영천시	지역발전과공익증진을위한사업추진	7,000	총무과	1	1	7	8	7	1	1	1
13975	경북 영천시	경상북도영어한마당행사지원	50,000	인구정책과	1	6	7	8	7	5	5	1
13976	경북 영천시	새마을지도자전진대회개최	20,000	새마을체육과	1	1	7	8	7	1	1	1
13977	경북 영천시	새마을부녀회합창단운영경비	6,400	새마을체육과	1	1	7	8	7	1	1	1
13978	경북 영천시	영천시새마을운동종합평가대회	5,000	새마을체육과	1	1	7	8	7	1	1	1
13979	경북 영천시	영천시알뜰도서교환시장개최	3,000	새마을체육과	1	1	7	8	7	1	1	1
13980	경북 영천시	새마을사랑의김장담가주기행사	6,200	새마을체육과	1	1	7	8	7	1	1	1
13981	경북 영천시	화목한가정만들기실천대회	6,400	새마을체육과	1	1	7	8	7	1	1	1
13982	경북 영천시	재활용자원모으기경진대회지원	6,000	새마을체육과	1	1	7	8	7	1	1	1
13983	경북 영천시	바르게살기선진의식실천함양대회	4,000	새마을체육과	1	1	7	8	7	1	1	1
13984	경북 영천시	시민과함께하는선진윤리의식교육	2,000	새마을체육과	1	1	7	8	7	1	1	1
13985	경북 영천시	다문화가족과더불어가는세상	3,000	새마을체육과	1	1	7	8	7	1	1	1
13986	경북 영천시	바르게살기운동건전생활실천 순회교육	1,650	새마을체육과	1	1	7	8	7	1	1	1
13987	경북 영천시	행복한보금자리만들기사업	24,000	새마을체육과	1	1	7	8	7	1	1	1
13988	경북 영천시	범도민 독서생활화추진	7,680	새마을체육과	1	1	7	8	7	1	1	1
13989	경북 영천시	바르게살기운동청년회조직활성화	5,000	새마을체육과	1	1	7	8	7	1	1	1
13990	경북 영천시	자연보호백일장개최	12,000	새마을체육과	1	1	7	8	7	1	1	1
13991	경북 영천시	자연보호자연환경정화활동(읍면동)	19,200	새마을체육과	1	1	7	8	7	1	1	1
13992	경북 영천시	자연보호명예지도원정기대회및단합대회	2,000	새마을체육과	1	1	7	8	7	1	1	1
13993	경북 영천시	맞춤형자원봉사자 프로그램운영지원	10,000	새마을체육과	1	1	7	8	7	1	1	1
13994	경북 영천시	시니어바둑리그참가지원	50,000	새마을체육과	1	1	7	8	7	1	1	1
13995	경북 영천시	전국체전참가지원	6,600	새마을체육과	1	1	7	8	7	1	1	1
13996	경북 영천시	도지사기태권도대회참가지원	2,400	새마을체육과	1	1	7	8	7	1	1	1
13997	경북 영천시	도지사기유도대회참가지원	2,400	새마을체육과	1	1	7	8	7	1	1	1
13998	경북 영천시	시군대항단축마라톤대회참가지원	1,500	새마을체육과	1	1	7	8	7	1	1	1
13999	경북 영천시	종목별체육대회참가지원	5,000	새마을체육과	1	1	7	8	7	1	1	1
14000	경북 영천시	대규모체육대회유치및준비활동지원	30,000	새마을체육과	1	1	7	8	7	1	1	1
14001	경북 영천시	전국체전성화봉송지원	18,000	새마을체육과	1	1	7	8	7	5	5	1
14002	경북 영천시	전국체전응원서포터즈운영	2,000	새마을체육과	1	1	7	8	7	5	5	1
14003	경북 영천시	경북도민체전선수훈련및참가지원	300,000	새마을체육과	1	1	7	8	7	1	1	1
14004	경북 영천시	경북도민체전취약종목집중육성	70,000	새마을체육과	1	1	7	8	7	1	1	1
14005	경북 영천시	경북도민체전우수선수및단체육성	70,000	새마을체육과	1	1	7	8	7	1	1	1
14006	경북 영천시	체육꿈나무및특기종목육성지원	100,000	새마을체육과	1	1	7	8	7	1	1	1
14007	경북 영천시	각종체육대회대비우수선수발굴육성지원	10,000	새마을체육과	1	1	7	8	7	1	1	1
14008	경북 영천시	전국소년체전참가지원	5,000	새마을체육과	1	1	7	8	7	1	1	1
14009	경북 영천시	영천유소년축구단육성지원	120,000	새마을체육과	1	1	7	8	7	1	1	1
14010	경북 영천시	리틀야구단육성지원	30,000	새마을체육과	1	1	7	8	7	1	1	1
14011	경북 영천시	여성축구단육성지원	8,000	새마을체육과	1	1	7	8	7	1	1	1
14012	경북 영천시	영천시체육회배구단육성지원	550,000	새마을체육과	1	1	7	8	7	5	5	1
14013	경북 영천시	경북도민생활체육대축전참가지원	70,000	새마을체육과	1	1	7	8	7	1	1	1
14014	경북 영천시	도지사기종목별생활체육대회(22개종목)참가지원	34,600	새마을체육과	1	1	7	8	7	1	1	1
14015	경북 영천시	경북어르신생활체육대회참가지원	20,000	새마을체육과	1	1	7	8	7	1	1	1
14016	경북 영천시	경북씨름왕선발대회참가지원	3,200	새마을체육과	1	1	7	8	7	1	1	1
14017	경북 영천시	종목별생활체육대회참가지원	13,000	새마을체육과	1	1	7	8	7	1	1	1
14018	경북 영천시	일반생활체육지도자배치	175,392	새마을체육과	1	1	7	8	7	1	1	1
14019	경북 영천시	어르신생활체육지도자배치	116,928	새마을체육과	1	1	7	8	7	1	1	1
14020	경북 영천시	생활체육지도자교통비지원	12,000	새마을체육과	1	1	7	8	7	1	1	1
14021	경북 영천시	생활체육지도자장기근속수당지원	5,640	새마을체육과	1	1	7	8	7	1	1	1
14022	경북 영천시	생활체육교실운영지원	31,200	새마을체육과	1	1	7	8	7	1	1	1
14023	경북 영천시	경북장애인체육대회참가지원	25,000	새마을체육과	1	1	7	8	7	1	1	1

순번	시군구	지출명 (사업명)	2021년예산 (단위:천원/1년간)	담당자 (공무원) 담당부서	민간이전 분류 (지방자치단체 세출예산 집행기준에 의거) 1. 민간경상사업보조(307-02) 2. 민간단체 법정운영비보조(307-03) 3. 민간행사사업보조(307-04) 4. 민간위탁금(307-05) 5. 사회복지시설 법정운영비보조(307-10) 6. 민간인위탁교육비(307-12) 7. 공기관등에대한경상적위탁사업비(308-11) 8. 민간자본사업보조,자체재원(402-01) 9. 민간자본사업보조,이전재원(402-02) 10. 민간위탁사업비(402-03) 11. 공기관등에 대한 자본적 대행사업비(403-02)	민간이전지출 근거 (지방보조금 관리기준 참고) 1. 법률에 규정 2. 국고보조 재원(국가지정) 3. 용도 지정 기부금 4. 조례에 직접규정 5. 지자체가 권장하는 사업을 하는 공공기관 6. 시,도 정책 및 재정사정 7. 기타 8. 해당없음	입찰방식 계약체결방법 (경쟁형태) 1. 일반경쟁 2. 제한경쟁 3. 지명경쟁 4. 수의계약 5. 법정위탁 6. 기타 ( ) 7. 해당없음	계약기간 1. 1년 2. 2년 3. 3년 4. 4년 5. 5년 6. 기타 ( )년 7. 단기계약 (1년미만) 8. 해당없음	낙찰자선정방법 1. 적격심사 2. 협상에의한계약 3. 최저가낙찰제 4. 규격가격분리 5. 2단계 경쟁입찰 6. 기타 ( ) 7. 해당없음	운영예산 산정 운영예산 산정 1. 내부산정 (지자체 자체적으로 산정) 2. 외부산정 (외부전문기관위탁 산정) 3. 내·외부 모두 산정 4. 산정 無 5. 해당없음	정산방법 1. 내부정산 (지자체 내부적으로 정산) 2. 외부정산 (외부전문기관위탁 정산) 3. 내·외부 모두 산정 4. 정산 無 5. 해당없음	성과평가 실시여부 1. 실시 2. 미실시 3. 향후 추진 4. 해당없음
14024	경북 영천시	장애인생활체육교실운영및대회개최지원	8,000	새마을체육과	1	1	7	8	7	1	1	1
14025	경북 영천시	전국장애인체육대회및학생체전출전및훈련지원	4,500	새마을체육과	1	1	7	8	7	1	1	1
14026	경북 영천시	장애인체육대회참가지원	5,000	새마을체육과	1	1	7	8	7	1	1	1
14027	경북 영천시	장애인생활체육지도자배치	58,464	새마을체육과	1	1	7	8	7	1	1	1
14028	경북 영천시	장애인생활체육지도자교통비지원	2,400	새마을체육과	1	1	7	8	7	1	1	1
14029	경북 영천시	청년일자리정책지원센터(일자리프로그램)운영지원	5,000	일자리노사과	1	6	7	8	7	1	3	1
14030	경북 영천시	영천사랑내일채움공제사업	60,000	일자리노사과	1	1	7	8	7	5	5	1
14031	경북 영천시	경북청년예비창업가육성사업	105,000	일자리노사과	1	6	7	8	7	5	3	1
14032	경북 영천시	중소기업정규직프로젝트	60,000	일자리노사과	1	6	7	8	7	5	3	1
14033	경북 영천시	1사1청년더채용릴레이운동	90,000	일자리노사과	1	6	7	8	7	5	3	1
14034	경북 영천시	도제학교버스임차료지원	50,000	일자리노사과	1	6	7	8	7	5	3	1
14035	경북 영천시	차세대자동차산업청년일자리창출사업	79,704	일자리노사과	1	2	7	8	7	5	5	1
14036	경북 영천시	로컬전통산업청년일자리창출사업	61,840	일자리노사과	1	2	7	8	7	5	5	1
14037	경북 영천시	우수모범기업청년인턴사업	352,898	일자리노사과	1	2	5	1	7	5	1	1
14038	경북 영천시	마을기업육성사업보조	50,000	일자리노사과	1	8	7	8	7	5	5	1
14039	경북 영천시	사회적기업 일자리창출사업지원	118,000	일자리노사과	1	8	7	8	7	5	5	1
14040	경북 영천시	예비사회적기업사업개발비지원	80,000	일자리노사과	1	8	7	8	7	5	5	1
14041	경북 영천시	사회적기업 지역특화사업	30,000	일자리노사과	1	8	7	8	7	5	5	1
14042	경북 영천시	사회적기업사회보험료지원	8,200	일자리노사과	1	8	7	8	7	5	5	1
14043	경북 영천시	경북형사회적경제청년일자리(인건비지원)	216,000	일자리노사과	1	8	7	8	7	5	5	1
14044	경북 영천시	영천공설시장 활성화마케팅사업	10,000	일자리노사과	1	1	6	8	7	1	1	1
14045	경북 영천시	영천공설시장 상인교육 및 상거래질서유지사업	6,400	일자리노사과	1	1	6	8	7	1	1	1
14046	경북 영천시	영천공설시장 배송서비스 지원 사업	17,520	일자리노사과	1	1	6	8	7	1	1	1
14047	경북 영천시	노사민정모범근로자 기업벤치마킹	46,000	일자리노사과	1	8	7	8	7	5	5	1
14048	경북 영천시	노동상담소운영	50,000	일자리노사과	1	8	7	8	7	5	5	1
14049	경북 영천시	외국인근로자상담센터 지원	40,000	일자리노사과	1	8	7	8	7	5	5	1
14050	경북 영천시	영천시취업지원센터 운영	200,000	일자리노사과	1	2	1	1	1	5	1	1
14051	경북 영천시	벤처기업집적시설입주기업역량강화사업	66,000	기업유치과	1	1	7	8	7	1	1	1
14052	경북 영천시	중소기업경쟁력강화지원	36,000	기업유치과	1	4	7	8	7	1	1	1
14053	경북 영천시	우수제품홍보지원	15,000	기업유치과	1	4	7	8	7	1	1	1
14054	경북 영천시	안전한기업일터조성지원	49,000	기업유치과	1	4	7	8	7	1	1	1
14055	경북 영천시	그린스타트실천홍보사업지원	12,000	환경보호과	1	2	7	8	7	5	5	1
14056	경북 영천시	지방문화원사업지원	35,000	문화예술과	1	4	7	8	7	1	1	1
14057	경북 영천시	영천문화원생활문화센터운영지원	35,500	문화예술과	1	4	7	8	7	1	1	1
14058	경북 영천시	영천시경계탐사지원	3,000	문화예술과	1	4	7	8	7	1	1	1
14059	경북 영천시	민속장기의진흥및보급확대	3,000	문화예술과	1	4	7	8	7	1	1	1
14060	경북 영천시	영천지부	6,000	문화예술과	1	4	7	8	7	1	1	1
14061	경북 영천시	신녕지부	2,000	문화예술과	1	4	7	8	7	1	1	1
14062	경북 영천시	시안미술관향토작가특별전	6,400	문화예술과	1	4	7	8	7	1	1	1
14063	경북 영천시	전국청소년미술실기대회	6,000	문화예술과	1	4	7	8	7	1	1	1
14064	경북 영천시	미술협회회원전	4,000	문화예술과	1	4	7	8	7	1	1	1
14065	경북 영천시	영호남미술교류전(영천시·나주시)	4,000	문화예술과	1	4	7	8	7	1	1	1
14066	경북 영천시	영천미술인및출향작가통합전	20,000	문화예술과	1	4	7	8	7	1	1	1
14067	경북 영천시	음악협회찾아가는음악회	15,000	문화예술과	1	4	7	8	7	1	1	1
14068	경북 영천시	사진작가협회회원전	3,000	문화예술과	1	4	7	8	7	1	1	1
14069	경북 영천시	국악·인문학음악콘서트	4,800	문화예술과	1	4	7	8	7	1	1	1
14070	경북 영천시	전국풍물·난타경연대회	15,000	문화예술과	1	4	7	8	7	1	1	1
14071	경북 영천시	문학영천발간사업	4,000	문화예술과	1	4	7	8	7	1	1	1
14072	경북 영천시	예총지발간사업	4,000	문화예술과	1	4	7	8	7	1	1	1
14073	경북 영천시	영천예술제개최	20,000	문화예술과	1	4	7	8	7	1	1	1
14074	경북 영천시	춤페스티벌공연	6,000	문화예술과	1	4	7	8	7	1	1	1

순번	시군구	지출명 (사업명)	2021년예산 (단위:천원/1년간)	담당자 (공무원) 담당부서	민간이전 분류 (지방자치단체 세출예산 집행기준에 의거) 1. 민간경상사업보조(307-02) 2. 민간단체 법정운영비보조(307-03) 3. 민간행사사업보조(307-04) 4. 민간위탁금(307-05) 5. 사회복지시설 법정운영비보조(307-10) 6. 민간인위탁교육비(307-12) 7. 공기관등에대한경상적위탁사업비(308-11) 8. 민간자본사업보조,자체재원(402-01) 9. 민간자본사업보조,이전재원(402-02) 10. 민간위탁사업비(402-03) 11. 공기관등에 대한 자본적 대행사업비(403-02)	민간이전지출 근거 (지방보조금 관리기준 참고) 1. 법률에 규정 2. 국고보조 재원(국가지정) 3. 용도 지정 기부금 4. 조례에 직접규정 5. 지자체가 권장하는 사업을 하는 공공기관 6. 시,도 정책 및 재정사정 7. 기타 8. 해당없음	입찰방식: 계약체결방법 (경쟁형태) 1. 일반경쟁 2. 제한경쟁 3. 지명경쟁 4. 수의계약 5. 법정위탁 6. 기타 ( ) 7. 해당없음	입찰방식: 계약기간 1. 1년 2. 2년 3. 3년 4. 4년 5. 5년 6. 기타 ( )년 7. 단기계약 (1년미만) 8. 해당없음	입찰방식: 낙찰자선정방법 1. 적격심사 2. 협상에의한계약 3. 최저가낙찰제 4. 규격가격분리 5. 2단계 경쟁입찰 6. 기타 ( ) 7. 해당없음	운영예산 산정: 운영예산 산정 1. 내부산정 (지자체 자체적으로 산정) 2. 외부산정 (외부전문기관위탁 산정) 3. 내·외부 모두 산정 4. 산정 無 5. 해당없음	운영예산 산정: 정산방법 1. 내부정산 (지자체 내부적으로 정산) 2. 외부정산 (외부전문기관위탁 정산) 3. 내·외부 모두 산정 4. 정산 無 5. 해당없음	성과평가 실시여부 1. 실시 2. 미실시 3. 향후 추진 4. 해당없음
14075	경북 영천시	우수공예업체상품개발장려금지원	5,200	문화예술과	1	4	7	8	7	1	1	1
14076	경북 영천시	노계박인로전국시낭송대회	4,000	문화예술과	1	4	7	8	7	1	1	1
14077	경북 영천시	차문화교육사업(다도회)	3,000	문화예술과	1	4	7	8	7	1	1	1
14078	경북 영천시	아리랑태무시범단운영지원	10,000	문화예술과	1	4	7	8	7	1	1	1
14079	경북 영천시	짚풀공예작품전시회	2,000	문화예술과	1	4	7	8	7	1	1	1
14080	경북 영천시	영천문화제개최	30,000	문화예술과	1	4	7	8	7	1	1	1
14081	경북 영천시	2021임란영천성수복대첩기념사업	60,000	문화예술과	1	4	7	8	7	1	1	1
14082	경북 영천시	전국·도단위민속경연대회참가지원	6,400	문화예술과	1	4	7	8	7	1	1	1
14083	경북 영천시	명주농악보존회육성지원	23,000	문화예술과	1	4	7	8	7	1	1	1
14084	경북 영천시	찾아가는역사박물관개최지원	50,000	문화예술과	1	4	7	8	7	1	1	1
14085	경북 영천시	영천시인성교육관강좌프로그램운영지원	80,000	문화예술과	1	4	7	8	7	5	5	1
14086	경북 영천시	임고서원제향비	3,000	문화예술과	1	4	7	8	7	1	1	1
14087	경북 영천시	도계서원제향비	2,000	문화예술과	1	4	7	8	7	1	1	1
14088	경북 영천시	고천서원제향비	3,000	문화예술과	1	4	7	8	7	1	1	1
14089	경북 영천시	창대서원제향비	2,000	문화예술과	1	4	7	8	7	1	1	1
14090	경북 영천시	숭열당제향비	2,000	문화예술과	1	4	7	8	7	1	1	1
14091	경북 영천시	도잠서원제향비	1,000	문화예술과	1	4	7	8	7	1	1	1
14092	경북 영천시	환구서원제향비	2,000	문화예술과	1	4	7	8	7	1	1	1
14093	경북 영천시	송곡서원제향비	2,200	문화예술과	1	4	7	8	7	1	1	1
14094	경북 영천시	동린각제향비	2,000	문화예술과	1	4	7	8	7	1	1	1
14095	경북 영천시	자양서당제향비	2,000	문화예술과	1	4	7	8	7	1	1	1
14096	경북 영천시	황보농장제향비	2,000	문화예술과	1	4	7	8	7	1	1	1
14097	경북 영천시	덕강서원제향비	2,000	문화예술과	1	4	7	8	7	1	1	1
14098	경북 영천시	고유유학문화연구·보급	3,200	문화예술과	1	4	7	8	7	1	1	1
14099	경북 영천시	선현유학문화창달과도덕사회구현	2,400	문화예술과	1	4	7	8	7	1	1	1
14100	경북 영천시	영천향교충효교실운영	3,000	문화예술과	1	4	7	8	7	1	1	1
14101	경북 영천시	신녕향교충효교실운영	4,000	문화예술과	1	4	7	8	7	1	1	1
14102	경북 영천시	영천불교연합회봉축법회및사업지원	20,000	문화예술과	1	4	7	8	7	1	1	1
14103	경북 영천시	영천크리스마스트리문화축제	20,000	문화예술과	1	4	7	8	7	1	1	1
14104	경북 영천시	국악분야 예술강사지원사업	45,638	문화예술과	1	4	7	8	7	1	1	1
14105	경북 영천시	통합문화이용권사업지원	550,500	문화예술과	1	2	7	8	7	5	1	1
14106	경북 영천시	명륜교실운영지원(영천향교)	170,000	문화예술과	1	4	7	8	7	1	1	1
14107	경북 영천시	영천문화원문화학교운영지원	30,000	문화예술과	1	4	7	8	7	1	1	1
14108	경북 영천시	영천문화원충효교실운영지원	5,000	문화예술과	1	4	7	8	7	1	1	1
14109	경북 영천시	시민과함께하는문화음악회개최지원	19,000	문화예술과	1	4	7	8	7	1	1	1
14110	경북 영천시	영천화산교회	10,000	문화예술과	1	4	7	8	7	1	1	1
14111	경북 영천시	영천포교당	10,000	문화예술과	1	4	7	8	7	1	1	1
14112	경북 영천시	영천향교	4,000	문화예술과	1	4	7	8	7	1	1	1
14113	경북 영천시	신녕향교	4,000	문화예술과	1	4	7	8	7	1	1	1
14114	경북 영천시	영천향교	2,940	문화예술과	1	4	7	8	7	1	1	1
14115	경북 영천시	신녕향교	2,940	문화예술과	1	4	7	8	7	1	1	1
14116	경북 영천시	영천향교	2,940	문화예술과	1	4	7	8	7	1	1	1
14117	경북 영천시	신녕향교	2,940	문화예술과	1	4	7	8	7	1	1	1
14118	경북 영천시	영천향교	1,710	문화예술과	1	4	7	8	7	1	1	1
14119	경북 영천시	신녕향교	1,710	문화예술과	1	4	7	8	7	1	1	1
14120	경북 영천시	시조명창교육및명인명창교육	11,500	문화예술과	1	4	7	8	7	1	1	1
14121	경북 영천시	전통공예가업청년승계자특별지원	25,516	문화예술과	1	4	7	8	7	1	1	1
14122	경북 영천시	지역미술관(시안)활성화지원	6,500	문화예술과	1	4	7	8	7	1	1	1
14123	경북 영천시	선비아카데미지원	5,000	문화예술과	1	4	7	8	7	1	1	1
14124	경북 영천시	하송리벽화마을사업지원	50,000	문화예술과	1	4	7	8	7	1	1	1
14125	경북 영천시	선비문화포럼	12,500	문화예술과	1	4	7	8	7	1	1	1

순번	시군구	지출명 (사업명)	2021년예산 (단위:천원/1년간)	담당자 (공무원) 담당부서	민간이전 분류 (지방자치단체 세출예산 집행기준에 의거) 1. 민간경상사업보조(307-02) 2. 민간단체 법정운영비보조(307-03) 3. 민간행사사업보조(307-04) 4. 민간위탁금(307-05) 5. 사회복지시설 법정운영비보조(307-10) 6. 민간인위탁교육비(307-12) 7. 공기관등에대한경상적위탁사업비(308-11) 8. 민간자본사업보조,자체재원(402-01) 9. 민간자본사업보조,이전재원(402-02) 10. 민간위탁사업비(402-03) 11. 공기관등에 대한 자본적 대행사업비(403-02)	민간이전지출 근거 (지방보조금 관리기준 참고) 1. 법률에 규정 2. 국고보조 재원(국가지정) 3. 용도 지정 기부금 4. 조례에 직접규정 5. 지자체가 권장하는 사업을 하는 공공기관 6. 시,도 정책 및 재정사정 7. 기타 8. 해당없음	입찰방식 계약체결방법 (경쟁형태) 1. 일반경쟁 2. 제한경쟁 3. 지명경쟁 4. 수의계약 5. 법정위탁 6. 기타 ( ) 7. 해당없음	입찰방식 계약기간 1. 1년 2. 2년 3. 3년 4. 4년 5. 5년 6. 기타 ( )년 7. 단기계약 (1년미만) 8. 해당없음	입찰방식 낙찰자선정방법 1. 적격심사 2. 협상에의한계약 3. 최저가낙찰제 4. 규격가격분리 5. 2단계 경쟁입찰 6. 기타 ( ) 7. 해당없음	운영예산 산정 운영예산 산정 1. 내부산정 (지자체 자체적으로 산정) 2. 외부산정 (외부전문기관위탁 산정) 3. 내·외부 모두 산정 4. 산정 無 5. 해당없음	운영예산 산정 정산방법 1. 내부정산 (지자체 내부적으로 정산) 2. 외부정산 (외부전문기관위탁 정산) 3. 내·외부 모두 산정 4. 정산 無 5. 해당없음	성과평가 실시여부 1. 실시 2. 미실시 3. 향후 추진 4. 해당없음
14126	경북 영천시	문화재지킴이봉사단 활동비	12,000	문화예술과	1	1	7	8	7	3	3	1
14127	경북 영천시	자연유산민속행사	1,000	문화예술과	1	1	7	8	7	3	3	1
14128	경북 영천시	무형문화재 공개행사비 지원	1,800	문화예술과	1	1	7	1	7	1	1	1
14129	경북 영천시	살아숨쉬는 향교서원사업	132,500	문화예술과	1	1	7	8	7	3	3	1
14130	경북 영천시	생생문화재사업	50,000	문화예술과	1	1	7	8	7	3	3	1
14131	경북 영천시	전통산사문화재활용사업	40,000	문화예술과	1	1	7	8	7	3	3	1
14132	경북 영천시	영천아리랑연구보존회경로당순회공연	10,000	문화예술과	1	4	7	8	7	1	1	1
14133	경북 영천시	영천아리랑전국경창대회지원	60,000	문화예술과	1	4	7	8	7	1	1	1
14134	경북 영천시	영천관광전국사진공모전	20,000	관광진흥과	1	4	7	1	7	1	1	1
14135	경북 영천시	충혼탑및봉안당유지관리	6,500	복지정책과	1	8	7	8	7	5	2	1
14136	경북 영천시	이원대열사추모사업(학술회등)	1,000	복지정책과	1	4	7	1	2	1	1	1
14137	경북 영천시	보훈단체협의회활동사업	3,000	복지정책과	1	8	7	8	7	5	2	1
14138	경북 영천시	한국전쟁전후민간인희생자유족회활동사업	4,000	복지정책과	1	4	7	1	2	1	1	1
14139	경북 영천시	사회복지시설종사자역량강화사업	4,500	사회복지과	1	6	7	8	7	5	5	1
14140	경북 영천시	다문화가족 공부방 운영	15,000	가족행복과	1	6	5	5	6	5	1	1
14141	경북 영천시	결혼이민자안정적정착지원	10,000	가족행복과	1	6	5	5	6	5	1	1
14142	경북 영천시	결혼이민여성교육지원	1,000	가족행복과	1	6	5	5	6	5	1	1
14143	경북 영천시	다문화가족 특화프로그램운영 지원	7,500	가족행복과	1	6	5	5	6	5	1	1
14144	경북 영천시	결혼이민여성이중언어강사일자리창출사업	32,770	가족행복과	1	6	5	5	6	5	1	1
14145	경북 영천시	다문화가족특성화사업	375,413	가족행복과	1	2	5	5	6	5	1	1
14146	경북 영천시	건강가정다문화가족지원센터통합운영서비스지원	351,380	가족행복과	1	2	5	5	6	5	1	1
14147	경북 영천시	여성역량강화교육	12,000	가족행복과	1	4	5	5	6	5	1	1
14148	경북 영천시	다문화가족방문지도사 활동지원	15,600	가족행복과	1	2	7	5	6	5	1	1
14149	경북 영천시	취약위기가족지원	104,240	가족행복과	1	2	5	5	6	5	1	1
14150	경북 영천시	청소년선도보호및활동지원	10,000	가족행복과	1	7	7	1	7	1	1	1
14151	경북 영천시	참여위원회운영	2,800	가족행복과	1	2	7	1	7	4	1	1
14152	경북 영천시	청소년내고장문화바로알기및체험활동	12,000	가족행복과	1	7	7	1	7	1	1	1
14153	경북 영천시	청소년동아리활동지원	18,750	가족행복과	1	2	1	1	7	4	1	1
14154	경북 영천시	청소년어울림마당지원	24,162	가족행복과	1	2	1	1	7	4	1	1
14155	경북 영천시	영천버스터미널	4,800	교통행정과	1	1	7	8	7	1	1	1
14156	경북 영천시	신녕·고경·북안버스터미널	8,640	교통행정과	1	1	7	8	7	1	1	1
14157	경북 영천시	교통사고줄이기캠페인 및 교통지도사업(모범운전자회)	10,000	교통행정과	1	4	7	8	7	1	1	1
14158	경북 영천시	교통안내지원사업(해병전우회)	8,000	교통행정과	1	4	7	8	7	1	1	1
14159	경북 영천시	선진교통문화정착 및 교통질서계도사업(특전동지회)	8,000	교통행정과	1	4	7	8	7	1	1	1
14160	경북 영천시	어린이교통안전지도 및 캠페인(녹색어머니회)	3,000	교통행정과	1	4	7	8	7	1	1	1
14161	경북 영천시	풍수해보험사업	6,000	안전재난하천과	1	2	7	1	7	5	5	1
14162	경북 영천시	자율방재단 방재훈련 활동지원	5,000	안전재난하천과	1	4	7	1	7	5	1	1
14163	경북 영천시	주요감염병표본감시의료기관지원	1,800	보건소	1	1	7	8	7	2	2	1
14164	경북 영천시	한센병관리사업비	7,500	보건소	1	7	7	1	7	5	5	1
14165	경북 영천시	민간의료기관 결핵환자 관리	35,650	보건소	1	2	7	1	7	2	2	1
14166	경북 영천시	좋은식단추진및음식문화개선사업지원	3,500	보건소	1	4	7	8	7	1	1	1
14167	경북 영천시	위생관련단체회원식품박람회등각종행사참가지원	2,000	보건소	1	4	7	8	7	1	1	1
14168	경북 영천시	정신재활시설운영비지원	112,000	보건소	1	1	7	8	7	5	1	1
14169	경북 영천시	정신재활시설종사자수당	3,360	보건소	1	1	7	8	7	5	1	1
14170	경북 영천시	정신재활시설입소자지원	330	보건소	1	1	7	8	7	5	1	1
14171	경북 영천시	농어촌지역사랑의공부방운영지원	16,000	농업기술센터	1	4	7	8	7	5	5	1
14172	경북 영천시	농어촌공동아이돌봄센터운영지원	13,700	농업기술센터	1	2	7	8	7	5	5	1
14173	경북 영천시	여성농업인행복바우처지원	120,000	농업기술센터	1	4	7	8	7	5	5	1
14174	경북 영천시	친환경고품질쌀단지지원	21,000	농업기술센터	1	4	7	8	7	5	5	1
14175	경북 영천시	친환경못자리용상토지원(일반못자리)	198,000	농업기술센터	1	4	7	8	7	5	5	1
14176	경북 영천시	벼육묘상병충해예방제지원(일반못자리)	50,000	농업기술센터	1	4	7	8	7	5	5	1

순번	시군구	지출명 (사업명)	2021년예산 (단위:천원/1년간)	담당자 (공무원) 담당부서	민간이전 분류 (지방자치단체 세출예산 집행기준에 의거) 1. 민간경상사업보조(307-02) 2. 민간단체 법정운영비보조(307-03) 3. 민간행사사업보조(307-04) 4. 민간위탁금(307-05) 5. 사회복지시설 법정운영비보조(307-10) 6. 민간인위탁교육비(307-12) 7. 공기관등에대한경상적위탁사업비(308-11) 8. 민간자본사업보조,자체재원(402-01) 9. 민간자본사업보조,이전재원(402-02) 10. 민간위탁사업비(402-03) 11. 공기관등에 대한 자본적 대행사업비(403-02)	민간이전지출 근거 (지방보조금 관리기준 참고) 1. 법률에 규정 2. 국고보조 재원(국가지정) 3. 용도 지정 기부금 4. 조례에 직접규정 5. 지자체가 권장하는 사업을 하는 공공기관 6. 시,도 정책 및 재정사정 7. 기타 8. 해당없음	입찰방식 계약체결방법 (경쟁형태) 1. 일반경쟁 2. 제한경쟁 3. 지명경쟁 4. 수의계약 5. 법정위탁 6. 기타 ( ) 7. 해당없음	입찰방식 계약기간 1. 1년 2. 2년 3. 3년 4. 4년 5. 5년 6. 기타 ( )년 7. 단기계약 (1년미만) 8. 해당없음	입찰방식 낙찰자선정방법 1. 적격심사 2. 협상에의한계약 3. 최저가낙찰제 4. 규격가격분리 5. 2단계 경쟁입찰 6. 기타 ( ) 7. 해당없음	운영예산 산정 운영예산 산정 1. 내부산정 (지자체 자체적으로 산정) 2. 외부산정 (외부전문기관위탁 산정) 3. 내·외부 모두 산정 4. 산정 無 5. 해당없음	운영예산 산정 정산방법 1. 내부정산 (지자체 내부적으로 정산) 2. 외부정산 (외부전문기관위탁 정산) 3. 내·외부 모두 산정 4. 정산 無 5. 해당없음	성과평가 실시여부 1. 실시 2. 미실시 3. 향후 추진 4. 해당없음
14177	경북 영천시	명품쌀재배단지조성지원	94,400	농업기술센터	1	6	7	8	7	5	5	1
14178	경북 영천시	농작업용얼음조끼지원	112,000	농업기술센터	1	4	7	8	7	5	5	1
14179	경북 영천시	농작물피해방지포획기지원	2,830	농업기술센터	1	6	7	8	7	5	5	1
14180	경북 영천시	별빛촌쌀소비촉진홍보사업추진	5,000	농업기술센터	1	4	7	8	7	5	5	1
14181	경북 영천시	별빛촌쌀포장재지원사업	32,000	농업기술센터	1	4	7	8	7	5	5	1
14182	경북 영천시	임산부친환경농산물꾸러미지원	149,760	농업기술센터	1	2	7	8	7	5	5	1
14183	경북 영천시	친환경농법종합지원사업	49,057	농업기술센터	1	2	7	8	7	5	5	1
14184	경북 영천시	토양개량제공급(2,843톤)	293,882	농업기술센터	1	2	7	8	7	5	5	1
14185	경북 영천시	친환경농업기능성(고품질)비료지원사업	70,200	농업기술센터	1	4	7	8	7	1	1	1
14186	경북 영천시	친환경농업부직포지원사업	70,000	농업기술센터	1	4	7	8	7	5	5	1
14187	경북 영천시	친환경벼우렁이농법지원사업	47,400	농업기술센터	1	1	7	8	7	1	1	1
14188	경북 영천시	친환경미생물비료지원사업	25,000	농업기술센터	1	6	7	8	7	1	1	1
14189	경북 영천시	유기농업자재지원(56ha)	32,902	농업기술센터	1	2	7	8	7	5	5	1
14190	경북 영천시	화분매개곤충공급지원	1,500	농업기술센터	1	1	7	8	7	1	1	1
14191	경북 영천시	애누에공동사육비지원	66,000	농업기술센터	1	4	7	8	7	5	5	1
14192	경북 영천시	잠종대지원사업	25,000	농업기술센터	1	4	7	8	7	5	5	1
14193	경북 영천시	6차산업경영체활성화지원	9,600	농업기술센터	1	6	7	8	7	1	1	1
14194	경북 영천시	대한민국식품명인브랜드경쟁력제고사업	16,000	농업기술센터	1	6	7	8	7	1	1	1
14195	경북 영천시	농식품국내판촉지원사업	17,500	농업기술센터	1	6	7	8	7	1	1	1
14196	경북 영천시	과일통합디자인포장재제작지원	800,000	농업기술센터	1	4	7	8	7	1	1	1
14197	경북 영천시	별빛촌장터운영위원회농특산물직거래사업운영지원	15,000	농업기술센터	1	4	7	8	7	1	1	1
14198	경북 영천시	농산물마케팅지원사업	3,540	농업기술센터	1	2	7	8	7	1	1	1
14199	경북 영천시	농산물유통구조개선지원사업	496,000	농업기술센터	1	4	7	8	7	1	1	1
14200	경북 영천시	농산물공동선별비지원사업	394,000	농업기술센터	1	2	7	8	7	1	1	1
14201	경북 영천시	농산물산지유통기능활성화지원	199,200	농업기술센터	1	4	7	8	7	1	1	1
14202	경북 영천시	과실브랜드육성지원사업	88,000	농업기술센터	1	4	7	8	7	1	1	1
14203	경북 영천시	초등돌봄교실과일간식지원	33,402	농업기술센터	1	2	7	8	7	5	5	1
14204	경북 영천시	신선농산물예비수출단지육성	36,000	농업기술센터	1	2	7	8	7	1	1	1
14205	경북 영천시	수출농식품브랜드경쟁력제고사업	4,000	농업기술센터	1	2	7	8	7	1	1	1
14206	경북 영천시	농식품국외판촉지원	30,000	농업기술센터	1	2	7	8	7	1	1	1
14207	경북 영천시	신선농산물수출경쟁력제고	44,400	농업기술센터	1	2	7	8	7	1	1	1
14208	경북 영천시	영천시포도발전협의회포도홍보사업	1,500	농업기술센터	1	5	7	8	7	1	1	1
14209	경북 영천시	경북사과홍보행사참가지원	4,000	농업기술센터	1	6	7	8	7	1	1	1
14210	경북 영천시	선진과수농업비교견학지원	2,250	농업기술센터	1	6	7	8	7	1	1	1
14211	경북 영천시	경북사과홍보행사시군부담금	20,000	농업기술센터	1	6	7	8	7	1	1	1
14212	경북 영천시	야생동물기피제지원사업	4,000	농업기술센터	1	4	7	8	7	1	1	1
14213	경북 영천시	영천포도홍보포장재지원사업	75,000	농업기술센터	1	4	7	8	7	1	1	1
14214	경북 영천시	과실장기저장제지원사업	100,000	농업기술센터	1	4	7	8	7	1	1	1
14215	경북 영천시	과수친환경해충방제지원사업	10,000	농업기술센터	1	4	7	8	7	1	1	1
14216	경북 영천시	과수반사필름지원사업	50,000	농업기술센터	1	4	7	8	7	1	1	1
14217	경북 영천시	적화제	840	농업기술센터	1	4	7	8	7	1	1	1
14218	경북 영천시	장기저장제	9,900	농업기술센터	1	4	7	8	7	1	1	1
14219	경북 영천시	농업용수처리기	42,000	농업기술센터	1	4	7	8	7	1	1	1
14220	경북 영천시	비파괴당도측정기	61,050	농업기술센터	1	4	7	8	7	1	1	1
14221	경북 영천시	신선도유지기	10,000	농업기술센터	1	4	7	8	7	1	1	1
14222	경북 영천시	저품위사과시장격리수매지원	102,000	농업기술센터	1	4	7	8	7	1	1	1
14223	경북 영천시	마늘유공비닐멀칭지원사업	300,000	농업기술센터	1	6	7	8	7	1	1	1
14224	경북 영천시	마늘흑색썩음균핵병방제사업	98,000	농업기술센터	1	6	7	8	7	1	1	1
14225	경북 영천시	마늘칼슘유황비료지원사업	70,000	농업기술센터	1	6	7	8	7	1	1	1
14226	경북 영천시	깐마늘포장재지원사업	9,000	농업기술센터	1	6	7	8	7	1	1	1
14227	경북 영천시	미나리포장재지원사업	10,000	농업기술센터	1	6	7	8	7	1	1	1

순번	시군구	지출명 (사업명)	2021년예산 (단위:천원/1년간)	담당자 (공무원) 담당부서	민간이전 분류 (지방자치단체 세출예산 집행기준에 의거) 1. 민간경상사업보조(307-02) 2. 민간단체 법정운영비보조(307-03) 3. 민간행사사업보조(307-04) 4. 민간위탁금(307-05) 5. 사회복지시설 법정운영비보조(307-10) 6. 민간인위탁교육비(307-12) 7. 공기관등에대한경상적위탁사업비(308-11) 8. 민간자본사업보조,자체재원(402-01) 9. 민간자본사업보조,이전재원(402-02) 10. 민간위탁사업비(402-03) 11. 공기관등에 대한 자본적 대행사업비(403-02)	민간이전지출 근거 (지방보조금 관리기준 참고) 1. 법률에 규정 2. 국고보조 재원(국가지정) 3. 용도 지정 기부금 4. 조례에 직접규정 5. 지자체가 권장하는 사업을 하는 공공기관 6. 시,도 정책 및 재정사정 7. 기타 8. 해당없음	입찰방식 계약체결방법 (경쟁형태) 1. 일반경쟁 2. 제한경쟁 3. 지명경쟁 4. 수의계약 5. 법정위탁 6. 기타 ( ) 7. 해당없음	입찰방식 계약기간 1. 1년 2. 2년 3. 3년 4. 4년 5. 5년 6. 기타 ( )년 7. 단기계약 (1년미만) 8. 해당없음	입찰방식 낙찰자선정방법 1. 적격심사 2. 협상에의한계약 3. 최저가낙찰제 4. 규격가격분리 5. 2단계 경쟁입찰 6. 기타 ( ) 7. 해당없음	운영예산 산정 운영예산 산정 1. 내부산정 (지자체 자체적으로 산정) 2. 외부산정 (외부전문기관위탁 산정) 3. 내·외부 모두 산정 4. 산정 無 5. 해당없음	운영예산 산정 정산방법 1. 내부정산 (지자체 내부적으로 정산) 2. 외부정산 (외부전문기관위탁 정산) 3. 내·외부 모두 산정 4. 정산 無 5. 해당없음	성과평가 실시여부 1. 실시 2. 미실시 3. 향후 추진 4. 해당없음
14228	경북 영천시	채소류생산안정지원사업	3,897	농업기술센터	1	2	7	8	7	1	1	1
14229	경북 영천시	약용작물자원화지원사업	150,000	농업기술센터	1	6	7	8	7	1	1	1
14230	경북 영천시	신활력플러스사업운영비	169,279	농업기술센터	1	2	7	8	7	1	2	1
14231	경북 영천시	별빛한방촌공동브랜드지원사업	10,000	농업기술센터	1	6	7	8	7	1	1	1
14232	경북 영천시	약용작물유통활성화지원사업	75,000	농업기술센터	1	6	7	8	7	1	1	1
14233	경북 영천시	제조가공시설한약재품질검사비지원사업	48,000	농업기술센터	1	6	7	8	7	1	1	1
14234	경북 영천시	한방진흥특구활성화사업	17,000	농업기술센터	1	6	7	8	7	1	1	1
14235	경북 영천시	와인포장재개발및시제품제작지원	20,000	농업기술센터	1	4	7	8	7	1	1	1
14236	경북 영천시	양조용포도품종 재배시범	90,000	농업기술센터	1	4	7	8	7	1	1	1
14237	경북 영천시	농촌융복합사업단운영	99,000	농업기술센터	1	2	7	8	7	1	1	1
14238	경북 영천시	영천파머스와인밸리네트워크구축	37,500	농업기술센터	1	2	7	8	7	1	1	1
14239	경북 영천시	영천와인주력상품개발시범	48,000	농업기술센터	1	2	7	8	7	1	1	1
14240	경북 영천시	영천포도고부가가치및연중체험상품개발	60,000	농업기술센터	1	2	7	8	7	1	1	1
14241	경북 영천시	소비자접점마케팅	122,000	농업기술센터	1	2	7	8	7	1	1	1
14242	경북 영천시	영천와인품질인증제도구축	14,000	농업기술센터	1	2	7	8	7	1	1	1
14243	경북 영천시	영천포도와인대중매체홍보	59,500	농업기술센터	1	2	7	8	7	1	1	1
14244	경북 영천시	한우사육농가깔짚지원	200,000	농업기술센터	1	4	6	1	6	4	1	1
14245	경북 영천시	한우자동목걸이구입지원	30,000	농업기술센터	1	4	6	1	6	4	1	1
14246	경북 영천시	한우미네랄블럭지원	40,000	농업기술센터	1	4	6	1	6	4	1	1
14247	경북 영천시	젖소착유라인세척제지원사업	10,000	농업기술센터	1	4	6	1	6	4	1	1
14248	경북 영천시	곤포사일리지비닐대지원사업	40,000	농업기술센터	1	4	6	1	6	4	1	1
14249	경북 영천시	한우등록비지원사업	36,000	농업기술센터	1	6	6	1	6	4	1	1
14250	경북 영천시	한우친자확인사업	6,400	농업기술센터	1	6	6	1	6	4	1	1
14251	경북 영천시	한우우군선형심사비	6,000	농업기술센터	1	6	6	1	6	4	1	1
14252	경북 영천시	우량한우암소장려금	800	농업기술센터	1	6	6	1	6	4	1	1
14253	경북 영천시	수정란구입비	6,500	농업기술센터	1	6	6	1	6	4	1	1
14254	경북 영천시	수정란이식수술료	2,730	농업기술센터	1	6	6	1	6	4	1	1
14255	경북 영천시	자돈폐사율감소지원사업	16,500	농업기술센터	1	6	6	1	6	4	1	1
14256	경북 영천시	돼지액상정액지원	63,000	농업기술센터	1	6	6	1	6	4	1	1
14257	경북 영천시	젖소능력개량사업	17,400	농업기술센터	1	6	6	1	6	4	1	1
14258	경북 영천시	조사료생산용종자구입	126,000	농업기술센터	1	2	6	1	6	4	1	1
14259	경북 영천시	계란난좌지원	22,000	농업기술센터	1	6	6	1	6	4	1	1
14260	경북 영천시	육계사깔짚지원	7,500	농업기술센터	1	6	6	1	6	4	1	1
14261	경북 영천시	면역강화용사료첨가제지원	177,450	농업기술센터	1	6	6	1	6	4	1	1
14262	경북 영천시	친환경축산물인증비지원	11,270	농업기술센터	1	6	6	1	6	4	1	1
14263	경북 영천시	친환경악취저감제지원(일반)	15,300	농업기술센터	1	6	6	1	6	4	1	1
14264	경북 영천시	퇴비부숙제지원	33,700	농업기술센터	1	6	6	1	6	4	1	1
14265	경북 영천시	돼지써코바이러스백신공급	336,241	농업기술센터	1	2	6	1	6	4	1	1
14266	경북 영천시	구제역백신(소전업농)	72,800	농업기술센터	1	2	6	1	6	4	1	1
14267	경북 영천시	구제역백신(돼지전업농)	881,190	농업기술센터	1	2	6	1	6	4	1	1
14268	경북 영천시	공동방제단운영지원	256,571	농업기술센터	1	2	6	1	6	4	1	1
14269	경북 영천시	돼지소모성질환지도사업	24,000	농업기술센터	1	2	6	1	6	4	1	1
14270	경북 영천시	닭 진드기 공동방제 지원	24,000	농업기술센터	1	2	6	1	6	4	1	1
14271	경북 영천시	축산물HACCP컨설팅(농장)사업	15,400	농업기술센터	1	6	6	1	6	4	1	1
14272	경북 영천시	쇠고기이력추적제업무인턴지원	24,996	농업기술센터	1	2	6	1	6	4	1	1
14273	경북 영천시	축산분야HACCP인증비지원	4,137	농업기술센터	1	6	6	1	6	4	1	1
14274	경북 영천시	영천별빛한우브랜드지원	300,000	농업기술센터	1	5	6	1	6	4	1	1
14275	경북 영천시	꿀벌화분지원	44,000	농업기술센터	1	6	6	1	6	4	1	1
14276	경북 영천시	토종벌종보전지원	6,400	농업기술센터	1	6	6	1	6	4	1	1
14277	경북 영천시	염소미네랄블럭지원사업	2,000	농업기술센터	1	4	6	1	6	4	1	1
14278	경북 영천시	마필산업활성화승마단체육성지원	10,000	농업기술센터	1	4	7	8	7	5	1	1

순번	시군구	지출명 (사업명)	2021년예산 (단위:천원/1년간)	담당자 (공무원) 담당부서	민간이전 분류 (지방자치단체 세출예산 집행기준에 의거) 1. 민간경상사업보조(307-02) 2. 민간단체 법정운영비보조(307-03) 3. 민간행사사업보조(307-04) 4. 민간위탁금(307-05) 5. 사회복지시설 법정운영비보조(307-10) 6. 민간인위탁교육비(307-12) 7. 공기관등에대한경상적위탁사업비(308-11) 8. 민간자본사업보조,자체재원(402-01) 9. 민간자본사업보조,이전재원(402-02) 10. 민간위탁사업비(402-03) 11. 공기관등에 대한 자본적 대행사업비(403-02)	민간이전지출 근거 (지방보조금 관리기준 참고) 1. 법률에 규정 2. 국고보조 재원(국가지정) 3. 용도 지정 기부금 4. 조례에 직접규정 5. 지자체가 권장하는 사업을 하는 공공기관 6. 시,도 정책 및 재정사정 7. 기타 8. 해당없음	입찰방식 계약체결방법 (경쟁형태) 1. 일반경쟁 2. 제한경쟁 3. 지명경쟁 4. 수의계약 5. 법정위탁 6. 기타 ( ) 7. 해당없음	입찰방식 계약기간 1. 1년 2. 2년 3. 3년 4. 4년 5. 5년 6. 기타 ( )년 7. 단기계약 (1년미만) 8. 해당없음	입찰방식 낙찰자선정방법 1. 적격심사 2. 협상에의한계약 3. 최저가낙찰제 4. 규격가격분리 5. 2단계 경쟁입찰 6. 기타 ( ) 7. 해당없음	운영예산 산정 운영예산 산정 1. 내부산정 (지자체 자체적으로 산정) 2. 외부산정 (외부전문기관위탁 산정) 3. 내·외부 모두 산정 4. 산정 無 5. 해당없음	운영예산 산정 정산방법 1. 내부정산 (지자체 내부적으로 정산) 2. 외부정산 (외부전문기관위탁 정산) 3. 내·외부 모두 산정 4. 정산 無 5. 해당없음	성과평가 실시여부 1. 실시 2. 미실시 3. 향후 추진 4. 해당없음
14279	경북 영천시	전문인력양성사업	37,141	농업기술센터	1	2	6	1	6	4	1	1
14280	경북 영천시	인건비	17,501	농업기술센터	1	1	7	8	7	1	1	1
14281	경북 영천시	4대보험료	2,844	농업기술센터	1	1	7	8	7	1	1	1
14282	경북 영천시	퇴직금	1,823	농업기술센터	1	1	7	8	7	1	1	1
14283	경북 영천시	농촌지도자 품목분과 교육지원	3,000	농업기술센터	1	4	7	8	7	1	1	1
14284	경북 영천시	농촌지도자 영호남자매결연 행사지원	3,500	농업기술센터	1	4	7	8	7	1	1	1
14285	경북 영천시	농촌지도자양성교육	1,600	농업기술센터	1	2	7	8	7	1	1	1
14286	경북 영천시	농촌지도자과제활동지원	4,000	농업기술센터	1	4	7	8	7	1	1	1
14287	경북 영천시	경북 농업경영인대회 참가지원	10,000	농업기술센터	1	4	7	8	7	1	1	1
14288	경북 영천시	농업경영인회 경영교육 사업지원	10,000	농업기술센터	1	4	7	8	7	1	1	1
14289	경북 영천시	신규창업농 및 읍면동이사 현지연찬교육	3,000	농업기술센터	1	4	7	8	7	1	1	1
14290	경북 영천시	전국 으뜸농산물 전시회 참가지원	3,000	농업기술센터	1	4	7	8	7	1	1	1
14291	경북 영천시	농업경영인간부 역량강화교육	3,000	농업기술센터	1	4	7	8	7	1	1	1
14292	경북 영천시	우수후계농업경영인 워크숍	10,000	농업기술센터	1	4	7	8	7	1	1	1
14293	경북 영천시	경북농특산물 직판행사 참가	3,000	농업기술센터	1	4	7	8	7	1	1	1
14294	경북 영천시	4-H본부 행사지원	2,000	농업기술센터	1	4	7	8	7	1	1	1
14295	경북 영천시	4-H 야영교육 지원	8,000	농업기술센터	1	4	7	8	7	1	1	1
14296	경북 영천시	학생4-H회원과제활동지원	3,000	농업기술센터	1	4	7	8	7	1	1	1
14297	경북 영천시	영농4-H회원과제활동지원	3,000	농업기술센터	1	4	7	8	7	1	1	1
14298	경북 영천시	청년농업인영농정착지원	639,458	농업기술센터	1	2	7	8	7	1	1	1
14299	경북 영천시	인건비	9,000	농업기술센터	1	2	7	8	7	1	1	1
14300	경북 영천시	복리후생비(건강검진비)	300	농업기술센터	1	2	7	8	7	1	1	1
14301	경북 영천시	청년농부육성지원사업	70,000	농업기술센터	1	4	7	8	7	1	1	1
14302	경북 영천시	여성농업인능력개발교육프로그램지원	20,000	농업기술센터	1	6	7	8	7	1	1	1
14303	경북 영천시	행복한농촌가정육성프로젝트	5,000	농업기술센터	1	6	7	8	7	1	1	1
14304	경북 영천시	농촌교육농장육성	35,000	농업기술센터	1	6	7	8	7	1	1	1
14305	경북 영천시	천연염색마케팅지원사업	20,000	농업기술센터	1	6	7	8	7	1	1	1
14306	경북 영천시	귀농귀촌새내기교육	10,000	농업기술센터	1	1	7	8	7	1	1	1
14307	경북 영천시	전원생활체험학교	30,000	농업기술센터	1	1	7	8	7	1	1	1
14308	경북 영천시	집짓기학교운영	30,000	농업기술센터	1	1	7	8	7	1	1	1
14309	경북 영천시	귀농인지역민화합한마당	15,000	농업기술센터	1	1	7	8	7	1	1	1
14310	경북 영천시	지역청소년육성사업	22,400	평생학습관	1	8	7	8	7	1	1	1
14311	경북 영천시	충효교실운영지원	2,000	평생학습관	1	8	7	8	7	1	1	1
14312	경북 영천시	성인문해교육프로그램지원	20,000	평생학습관	1	4	5	8	7	5	1	1
14313	경북 영천시	마을평생교육지도자양성사업	8,400	평생학습관	1	4	5	8	7	5	1	1
14314	경북 영천시	행복학습센터운영지원사업	20,000	평생학습관	1	4	5	8	7	5	1	1
14315	경북 김천시	김천시 건축문화상 개최	10,000	건축디자인과	1	4	5	8	7	5	5	4
14316	경북 김천시	분만취약지 분만산부인과 운영지원	225,000	보건행정과	1	1	7	8	7	1	1	1
14317	경북 김천시	의료기관결핵환자관리지원	35,650	보건행정과	1	1	7	8	7	5	5	1
14318	경북 김천시	한센간이양로시설운영지원	272,308	보건행정과	1	2	7	8	7	1	1	1
14319	경북 김천시	농업인단체지원	60,000	농업정책과	1	4	7	8	7	5	5	4
14320	경북 김천시	농작물 재해보험료 지원	534,191	농업정책과	1	1	7	8	7	5	5	4
14321	경북 김천시	농업인 안전보험료 지원	187,956	농업정책과	1	1	7	8	7	5	5	4
14322	경북 김천시	농촌체험휴양마을 협의회	4,000	농업정책과	1	1	7	8	7	5	5	4
14323	경북 김천시	여성농업인 행복바우처 지원	177,360	농업정책과	1	1	7	8	7	5	5	4
14324	경북 김천시	여성농업인 농작업편의장비 지원	8,750	농업정책과	1	1	7	8	7	5	5	4
14325	경북 김천시	청년농업인 영농정착지원	451,911	농업정책과	1	1	7	8	7	5	5	4
14326	경북 김천시	월급받는 청년농부제	18,600	농업정책과	1	1	7	8	7	5	5	4
14327	경북 김천시	청년농부육성지원	60,000	농업정책과	1	1	7	8	7	5	5	4
14328	경북 김천시	청년농업인커뮤니티활성화지원	20,000	농업정책과	1	1	7	8	7	5	5	4
14329	경북 김천시	사과 반사필름	50,000	농업정책과	1	1	7	8	7	5	5	4

순번	시군구	지출명 (사업명)	2021년예산 (단위:천원/1년간)	담당자 (공무원) 담당부서	민간이전 분류 (지방자치단체 세출예산 집행기준에 의거) 1. 민간경상사업보조(307-02) 2. 민간단체 법정운영비보조(307-03) 3. 민간행사사업보조(307-04) 4. 민간위탁금(307-05) 5. 사회복지시설 법정운영비보조(307-10) 6. 민간인위탁교육비(307-12) 7. 공기관등에대한경상적위탁사업비(308-11) 8. 민간자본사업보조,자체재원(402-01) 9. 민간자본사업보조,이전재원(402-02) 10. 민간위탁사업비(402-03) 11. 공기관등에 대한 자본적 대행사업비(403-02)	민간이전지출 근거 (지방보조금 관리기준 참고) 1. 법률에 규정 2. 국고보조 재원(국가지정) 3. 용도 지정 기부금 4. 조례에 직접규정 5. 지자체가 권장하는 사업을 하는 공공기관 6. 시,도 정책 및 재정사정 7. 기타 8. 해당없음	입찰방식 계약체결방법 (경쟁형태) 1. 일반경쟁 2. 제한경쟁 3. 지명경쟁 4. 수의계약 5. 법정위탁 6. 기타 ( ) 7. 해당없음	입찰방식 계약기간 1. 1년 2. 2년 3. 3년 4. 4년 5. 5년 6. 기타 ( )년 7. 단기계약 (1년미만) 8. 해당없음	입찰방식 낙찰자선정방법 1. 적격심사 2. 협상에의한계약 3. 최저가낙찰제 4. 규격가격분리 5. 2단계 경쟁입찰 6. 기타 ( ) 7. 해당없음	운영예산 산정 운영예산 산정 1. 내부산정 (지자체 자체적으로 산정) 2. 외부산정 (외부전문기관위탁 산정) 3. 내·외부 모두 산정 4. 산정 無 5. 해당없음	운영예산 산정 정산방법 1. 내부정산 (지자체 내부적으로 정산) 2. 외부정산 (외부전문기관위탁 정산) 3. 내·외부 모두 산정 4. 정산 無 5. 해당없음	성과평가 실시여부 1. 실시 2. 미실시 3. 향후 추진 4. 해당없음
14330	경북 김천시	사과봉지	15,000	농업정책과	1	1	7	8	7	5	5	4
14331	경북 김천시	배봉지	70,000	농업정책과	1	1	7	8	7	5	5	4
14332	경북 김천시	복숭아봉지	30,000	농업정책과	1	1	7	8	7	5	5	4
14333	경북 김천시	과수 미생물 제제	150,000	농업정책과	1	1	7	8	7	5	5	4
14334	경북 김천시	시설원예 수정률 향상 자재공급	5,000	농업정책과	1	1	7	8	7	5	5	4
14335	경북 김천시	과실 품질향상 자재 지원	50,000	농업정책과	1	1	7	8	7	5	5	4
14336	경북 김천시	저품위사과 시장격리 수매지원	54,500	농업정책과	1	1	7	8	7	5	5	4
14337	경북 김천시	과실생산유통지원사업관리비지원	88,800	농업정책과	1	1	7	8	7	5	5	4
14338	경북 김천시	채소류생산안정지원사업	96,485	농업정책과	1	1	7	8	7	5	5	4
14339	경북 김천시	화훼직거래활성화지원	17,500	농업정책과	1	1	7	8	7	5	5	4
14340	경북 김천시	유기질비료(가축분퇴비)지원	500,000	농업정책과	1	4	7	8	7	5	5	4
14341	경북 김천시	친환경농업용부직포지원	50,000	농업정책과	1	4	7	8	7	5	5	4
14342	경북 김천시	친환경농산물포장재지원	100,000	농업정책과	1	4	7	8	7	5	5	4
14343	경북 김천시	우수농산물상품성제고	300,000	농업정책과	1	4	7	8	7	5	5	4
14344	경북 김천시	친환경제초용우렁이지원	10,000	농업정책과	1	4	7	8	7	5	5	4
14345	경북 김천시	유기농업자재지원사업	26,300	농업정책과	1	1	7	8	7	5	5	4
14346	경북 김천시	임산부친환경농산물꾸러미지원	120,960	농업정책과	1	1	7	8	7	5	5	4
14347	경북 김천시	친환경농법종합지원	4,000	농업정책과	1	6	7	8	7	5	5	4
14348	경북 김천시	농촌인력중개센터운영지원	80,000	농업정책과	1	1	7	8	7	5	5	4
14349	경북 김천시	벼 육묘상토 지원	408,000	농업정책과	1	4	7	8	7	5	5	4
14350	경북 김천시	토양개량제공급	673,024	농업정책과	1	1	7	8	7	5	5	4
14351	경북 김천시	유기질비료지원사업	2,412	농업정책과	1	1	7	8	7	5	5	4
14352	경북 김천시	벼육묘농자재지원	27,625	농업정책과	1	6	7	8	7	5	5	4
14353	경북 김천시	명품쌀재배단지조성	59,000	농업정책과	1	6	7	8	7	5	5	4
14354	경북 김천시	어린이 자전거 운전면허 시험지원	5,000	도로철도과	1	4	7	7	6	2	3	1
14355	경북 김천시	SW융합클러스터 사업	140,000	미래혁신전략과	1	2	7	8	7	1	1	3
14356	경북 김천시	기업부설 연구소 R&D 과제 발굴 지원	50,000	미래혁신전략과	1	6	7	8	7	5	5	4
14357	경북 김천시	지역 ICT이노베이션스퀘어 조성사업	536,000	미래혁신전략과	1	2	7	8	7	5	5	4
14358	경북 김천시	산림사업시책추진	8,262	산림녹지과	1	1	7	8	7	5	5	4
14359	경북 김천시	산림사업시책추진	4,762	산림녹지과	1	1	1	1	1	1	1	2
14360	경북 김천시	임산물상품화지원	42,250	산림녹지과	1	1	7	8	7	5	5	4
14361	경북 김천시	산림비즈니스	27,000	산림녹지과	1	4	7	8	7	1	1	1
14362	경북 김천시	산촌생태마을운영매니저	21,166	산림녹지과	1	2	7	8	7	1	1	4
14363	경북 김천시	산림관광	35,000	산림녹지과	1	6	6	7	6	1	1	1
14364	경북 김천시	전국 김천 경제인 화합대회	25,000	서울사무소	1	4	1	1	1	1	1	1
14365	경북 김천시	성인문해교육 프로그램 지원사업	20,000	평생교육원	1	1	1	1	1	1	1	4
14366	경북 김천시	평생교육 활성화 지원	32,400	평생교육원	1	1	1	1	1	1	1	4
14367	경북 김천시	성인장애인 평생교육활성화 지원사업	10,000	평생교육원	1	1	1	1	1	1	1	4
14368	경북 김천시	사회복지관 사례관리사 운영지원	30,000	복지기획과	1	1	5	5	1	3	3	1
14369	경북 김천시	한우 인공수정료 지원	70,000	축산과	1	1	7	8	7	1	1	1
14370	경북 김천시	양봉차량 리프트게이트 지원	22,500	축산과	1	1	7	8	7	1	1	1
14371	경북 김천시	양봉급이용 사료 지원	15,000	축산과	1	1	7	8	7	1	1	1
14372	경북 김천시	계란난좌 지원	40,000	축산과	1	1	7	8	7	1	1	1
14373	경북 김천시	꿀벌화분 지원	44,000	축산과	1	1	7	8	7	1	1	1
14374	경북 김천시	토종벌 종보전 지원	9,600	축산과	1	1	7	8	7	1	1	1
14375	경북 김천시	양봉 벌통 지원	33,000	축산과	1	1	7	8	7	1	1	1
14376	경북 김천시	벌통 전기가온장치 지원	14,300	축산과	1	1	7	8	7	1	1	1
14377	경북 김천시	축사 화재예방자동소화장치 지원	6,250	축산과	1	1	7	8	7	1	1	1
14378	경북 김천시	가축 환기시설(송풍기) 지원	9,000	축산과	1	1	7	8	7	1	1	1
14379	경북 김천시	한우수정란이식사업(수정란 구입비)	10,000	축산과	1	1	7	8	7	1	1	1
14380	경북 김천시	한우수정란이식사업(수정란 이식비)	4,200	축산과	1	1	7	8	7	1	1	1

순번	시군구	지출명 (사업명)	2021년예산 (단위:천원/1년간)	담당자 (공무원) 담당부서	민간이전 분류 (지방자치단체 세출예산 집행기준에 의거) 1. 민간경상사업보조(307-02) 2. 민간단체 법정운영비보조(307-03) 3. 민간행사사업보조(307-04) 4. 민간위탁금(307-05) 5. 사회복지시설 법정운영비보조(307-10) 6. 민간인위탁교육비(307-12) 7. 공기관등에대한경상적위탁사업비(308-11) 8. 민간자본사업보조,자체재원(402-01) 9. 민간자본사업보조,이전재원(402-02) 10. 민간위탁사업비(402-03) 11. 공기관등에 대한 자본적 대행사업비(403-02)	민간이전지출 근거 (지방보조금 관리기준 참고) 1. 법률에 규정 2. 국고보조 재원(국가지정) 3. 용도 지정 기부금 4. 조례에 직접규정 5. 지자체가 권장하는 사업을 하는 공공기관 6. 시,도 정책 및 재정사정 7. 기타 8. 해당없음	입찰방식 계약체결방법 (경쟁형태) 1. 일반경쟁 2. 제한경쟁 3. 지명경쟁 4. 수의계약 5. 법정위탁 6. 기타 ( ) 7. 해당없음	입찰방식 계약기간 1. 1년 2. 2년 3. 3년 4. 4년 5. 5년 6. 기타 ( )년 7. 단기계약 (1년미만) 8. 해당없음	입찰방식 낙찰자선정방법 1. 적격심사 2. 협상에의한계약 3. 최저가낙찰제 4. 규격가격분리 5. 2단계 경쟁입찰 6. 기타 ( ) 7. 해당없음	운영예산 산정 운영예산 산정 1. 내부산정 (지자체 자체적으로 산정) 2. 외부산정 (외부전문기관위탁 산정) 3. 내·외부 모두 산정 4. 산정 無 5. 해당없음	운영예산 산정 정산방법 1. 내부정산 (지자체 내부적으로 정산) 2. 외부정산 (외부전문기관위탁 정산) 3. 내·외부 모두 정산 4. 정산 無 5. 해당없음	성과평가 실시여부 1. 실시 2. 미실시 3. 향후 추진 4. 해당없음
14381	경북 김천시	한우수정란이식사업(이식비 축기연)	2,100	축산과	1	1	7	8	7	1	1	1
14382	경북 김천시	경북한우암소능력개량사업(한우등록비)	75,000	축산과	1	1	7	8	7	1	1	1
14383	경북 김천시	경북한우암소능력개량사업(한우친자확인)	50,000	축산과	1	1	7	8	7	1	1	1
14384	경북 김천시	경북한우암소능력개량사업(한우우군선형심사)	12,000	축산과	1	1	7	8	7	1	1	1
14385	경북 김천시	경북한우암소능력개량사업(한우암소유전체분석)	120,000	축산과	1	1	7	8	7	1	1	1
14386	경북 김천시	돼지 액상정액 지원	4,950	축산과	1	1	7	8	7	1	1	1
14387	경북 김천시	젖소 능력검정 지원	12,000	축산과	1	1	7	8	7	1	1	1
14388	경북 김천시	젖소 능력 개량사업	17,690	축산과	1	1	7	8	7	1	1	1
14389	경북 김천시	낙농 헬퍼(도우미)지원사업	31,680	축산과	1	1	7	8	7	1	1	1
14390	경북 김천시	불량모돈 갱신사업	39,000	축산과	1	1	7	8	7	1	1	1
14391	경북 김천시	돼지액상정액지원	9,900	축산과	1	1	7	8	7	1	1	1
14392	경북 김천시	양식장내 기자재 지원	4,200	축산과	1	1	7	8	7	1	1	1
14393	경북 김천시	구제역백신구입비지원(전업농)	352,632	축산과	1	2	7	8	7	1	1	1
14394	경북 김천시	가축방역약품구입비(돼지써코바이러스백신지원)	117,638	축산과	1	2	7	8	7	1	1	1
14395	경북 김천시	돼지소모성질환지도사업	12,000	축산과	1	2	7	8	7	1	1	1
14396	경북 김천시	닭진드기공동방제지원사업	48,000	축산과	1	2	7	8	7	1	1	1
14397	경북 김천시	전국소독의날운영(공동방제단운영지원)	217,137	축산과	1	2	7	8	7	1	1	1
14398	경북 김천시	구제역백신접종원거리자동주사기지원	2,450	축산과	1	6	7	8	7	1	1	1
14399	경북 김천시	면역강화용 사료첨가제 지원	100,000	축산과	1	1	7	8	7	1	1	4
14400	경북 김천시	규산염제 지원	25,500	축산과	1	1	7	8	7	1	1	4
14401	경북 김천시	축분처리용 톱밥(왕겨) 지원	325,500	축산과	1	1	7	8	7	1	1	4
14402	경북 김천시	TMR사료 구입비 지원	10,500	축산과	1	1	7	8	7	1	1	4
14403	경북 김천시	육계사 깔짚 지원	30,920	축산과	1	1	7	8	7	1	1	4
14404	경북 김천시	한우브랜드육성지원	505,000	축산과	1	1	7	8	7	1	1	3
14405	경북 김천시	조사료생산장비 지원	15,000	축산과	1	1	7	8	7	1	1	4
14406	경북 김천시	면역강화용 사료첨가제 지원	142,500	축산과	1	1	7	8	7	1	1	4
14407	경북 김천시	친환경축산물 인증비 지원	4,410	축산과	1	1	7	8	7	1	1	4
14408	경북 김천시	학생승마체험지원	192,384	축산과	1	2	7	8	7	1	1	4
14409	경북 김천시	조사료생산용 사일리지 제조비 지원	64,800	축산과	1	2	7	8	7	1	1	4
14410	경북 김천시	조사료생산용 종자구입 지원	53,760	축산과	1	2	7	8	7	1	1	4
14411	경북 김천시	축산물 HACCP 컨설팅 사업(농장)	14,000	축산과	1	1	7	8	7	1	1	4
14412	경북 김천시	축산분야HACCP인증비 지원	630	축산과	1	1	7	8	7	1	1	4
14413	경북 김천시	축산물이력제업무인턴지원	24,996	축산과	1	1	7	8	7	1	1	4
14414	경북 김천시	고품질조사료 구입 물류비 지원	9,600	축산과	1	2	7	8	7	1	1	4
14415	경북 김천시	지례흑돼지 종모돈(종빈돈) 지원	16,000	축산과	1	1	7	8	7	1	1	4
14416	경북 김천시	승용마조련강화	12,000	축산과	1	2	7	8	7	1	1	4
14417	경북 김천시	경상북도 옥외광고디자인 공모전 출품 지원	5,000	원도심재생과	1	4	7	8	7	1	3	4
14418	경북 김천시	감호지구 주민공모사업 지원	3,600	원도심재생과	1	1	7	8	7	5	5	4
14419	경북 안동시	백두대간구곡문화자산탐방	35,000	공원녹지과	1	6	7	8	7	5	5	4
14420	경북 안동시	안동지역 독립운동가 발굴	37,000	사회복지과	1	4	7	1	7	1	1	1
14421	경북 안동시	사회복지사 보수교육비 지원	22,400	사회복지과	1	6	7	8	7	1	1	1
14422	경북 안동시	작은도서관 운영 지원	30,000	시립도서관	1	4	7	8	7	5	5	4
14423	경북 안동시	작은도서관 활성화 지원	18,000	시립도서관	1	4	7	8	7	5	5	4
14424	경북 안동시	한책읽기 운동본부 사업지원	10,000	시립도서관	1	4	7	8	7	5	5	4
14425	경북 안동시	비취약지역응급의료기관운영지원	175,000	보건위생과	1	2	7	8	7	5	5	4
14426	경북 안동시	한국한센복지협회 진료사업 보조	14,200	감염병대응과	1	1	7	8	7	5	1	1
14427	경북 안동시	에이즈퇴치연맹 에이즈퇴치사업 보조	5,000	감염병대응과	1	4	6	1	6	5	1	3
14428	경북 안동시	주요감염병표본감시의료기관지원	3,480	감염병대응과	1	2	7	8	7	5	1	1
14429	경북 안동시	생물테러 이중감시체계 운영지원	5,040	감염병대응과	1	2	6	1	6	5	1	3
14430	경북 안동시	의료기관결핵환자관리지원	71,300	감염병대응과	1	2	6	1	6	5	1	3
14431	경북 안동시	의료관련감염병감시체계참여병원지원	30,000	감염병대응과	1	2	7	8	7	5	1	3

순번	시군구	지출명 (사업명)	2021년예산 (단위:천원/1년간)	담당자 (공무원) 담당부서	민간이전 분류 (지방자치단체 세출예산 집행기준에 의거) 1. 민간경상사업보조(307-02) 2. 민간단체 법정운영비보조(307-03) 3. 민간행사사업보조(307-04) 4. 민간위탁금(307-05) 5. 사회복지시설 법정운영비보조(307-10) 6. 민간인위탁교육비(307-12) 7. 공기관등에대한경상적위탁사업비(308-11) 8. 민간자본사업보조,자체재원(402-01) 9. 민간자본사업보조,이전재원(402-02) 10. 민간위탁사업비(402-03) 11. 공기관등에 대한 자본적 대행사업비(403-02)	민간이전지출 근거 (지방보조금 관리기준 참고) 1. 법률에 규정 2. 국고보조 재원(국가지정) 3. 용도 지정 기부금 4. 조례에 직접규정 5. 지자체가 권장하는 사업을 하는 공공기관 6. 시,도 정책 및 재정사정 7. 기타 8. 해당없음	입찰방식 계약체결방법 (경쟁형태) 1. 일반경쟁 2. 제한경쟁 3. 지명경쟁 4. 수의계약 5. 법정위탁 6. 기타 ( ) 7. 해당없음	입찰방식 계약기간 1. 1년 2. 2년 3. 3년 4. 4년 5. 5년 6. 기타 ( )년 7. 단기계약 (1년미만) 8. 해당없음	입찰방식 낙찰자선정방법 1. 적격심사 2. 협상에의한계약 3. 최저가낙찰제 4. 규격가격분리 5. 2단계 경쟁입찰 6. 기타 ( ) 7. 해당없음	운영예산 산정 운영예산 산정 1. 내부산정 (지자체 자체적으로 산정) 2. 외부산정 (외부전문기관위탁 산정) 3. 내·외부 모두 산정 4. 산정 無 5. 해당없음	운영예산 산정 정산방법 1. 내부정산 (지자체 내부적으로 정산) 2. 외부정산 (외부전문기관위탁 정산) 3. 내·외부 모두 산정 4. 정산 無 5. 해당없음	성과평가 실시여부 1. 실시 2. 미실시 3. 향후 추진 4. 해당없음
14432	경북 안동시	농공단지 입주기업체 물류비용 지원	200,000	투자유치과	1	1	7	8	7	5	5	4
14433	경북 안동시	장애인기업 육성 지원	40,000	투자유치과	1	1	7	8	7	5	5	4
14434	경북 안동시	안동상공회의소(융합교류회) 회원사 교류상품 개발비 지원	25,000	투자유치과	1	1	7	8	7	5	5	4
14435	경북 안동시	창업보육센터 지원(3개대학)	115,000	투자유치과	1	1	7	8	7	5	5	4
14436	경북 안동시	산업집적지 경쟁력 강화사업	100,000	투자유치과	1	1	7	8	7	5	5	4
14437	경북 안동시	농업용 로봇 클러스터 기반조성 및 기업 육성지원	160,000	투자유치과	1	4	7	8	7	5	5	4
14438	경북 안동시	발달장애인 가족창업 특화사업 지원	150,000	투자유치과	1	1	7	8	7	5	5	4
14439	경북 안동시	경상북도 기업부설연구소 R&D 레벨업 사업	50,000	투자유치과	1	1	7	8	7	5	5	4
14440	경북 안동시	백신산업 육성 전문인력 양성 사업	80,000	투자유치과	1	1	7	8	7	5	5	4
14441	경북 안동시	차세대 프리미엄백신 공동개발 사업	500,000	투자유치과	1	1	7	8	7	5	5	4
14442	경북 안동시	경북 산업용헴프 규제자유특구 사업	4,000	투자유치과	1	1	7	8	7	5	5	4
14443	경북 안동시	중소기업 ICT융합기술 경쟁력강화사업(안동형일자리)	500,000	투자유치과	1	1	7	8	7	5	5	4
14444	경북 안동시	유연인쇄전자 기술개발사업	240,000	투자유치과	1	1	7	8	7	5	5	4
14445	경북 안동시	SW미래채움 사업	525,000	투자유치과	1	1	7	8	7	5	5	4
14446	경북 안동시	SW중심대학 육성 지원사업	100,000	투자유치과	1	1	7	8	7	5	5	4
14447	경북 안동시	SW서비스 개발사업	320,000	투자유치과	1	1	7	8	7	5	5	4
14448	경북 안동시	메이커스페이스 운영	100,000	투자유치과	1	1	7	8	7	5	5	4
14449	경북 안동시	시도민과함께하는 신도청기행	40,000	도시디자인과	1	7	7	8	7	5	1	1
14450	경북 안동시	신도청지역상생발전포럼	60,000	도시디자인과	1	7	7	8	7	5	1	1
14451	경북 안동시	자전거 무료대여사업	60,000	도시디자인과	1	4	7	8	7	5	1	4
14452	경북 안동시	산림소득활성화사업	3,500	산림과	1	6	7	8	7	5	5	3
14453	경북 안동시	홍고추 출하장려금 지원	70,500	유통특작과	1	6	7	8	7	1	1	1
14454	경북 안동시	주산지 양파 출하장려금 지원	30,000	유통특작과	1	6	7	8	7	1	1	1
14455	경북 안동시	안동 농산물 공동마케팅 지원	27,000	유통특작과	1	6	7	8	7	1	1	1
14456	경북 안동시	고속도로 직판장 운영비 지원	24,000	유통특작과	1	6	7	8	7	1	1	1
14457	경북 안동시	지리적단체표장 농산물(사과) 포장재 지원	100,000	유통특작과	1	6	7	8	7	1	1	1
14458	경북 안동시	지리적단체표장 농산물(산약) 포장재 지원	85,000	유통특작과	1	6	7	8	7	1	1	1
14459	경북 안동시	농산물 포장재 지원	300,000	유통특작과	1	6	7	8	7	1	1	1
14460	경북 안동시	명절 선물용 사과박스 지원	30,000	유통특작과	1	6	7	8	7	1	1	1
14461	경북 안동시	건고추 규격출하 포장재 지원	15,000	유통특작과	1	6	7	8	7	1	1	1
14462	경북 안동시	과실브랜드 육성 지원	36,000	유통특작과	1	6	7	8	7	1	1	1
14463	경북 안동시	농산물 산지유통기능 활성화 지원	199,000	유통특작과	1	6	7	8	7	1	1	1
14464	경북 안동시	농산물유통구조개선 지원사업	569,000	유통특작과	1	6	7	8	7	1	1	1
14465	경북 안동시	농산물 공동선별비 지원	60,000	유통특작과	1	2	7	8	7	1	1	1
14466	경북 안동시	산지유통마케팅지원	30,367	유통특작과	1	2	7	8	7	1	1	1
14467	경북 안동시	농산물 수출장려금 지원	720,000	유통특작과	1	4	7	8	7	1	1	1
14468	경북 안동시	수출농특산물 포장재 지원	60,000	유통특작과	1	4	7	8	7	1	1	1
14469	경북 안동시	수출채소류 포장재 지원	60,000	유통특작과	1	4	7	8	7	1	1	1
14470	경북 안동시	신선농산물 수출물류비 지원	615,385	유통특작과	1	4	7	8	7	1	1	1
14471	경북 안동시	농특산품가공업체 포장재 지원	50,000	유통특작과	1	4	7	8	7	1	1	1
14472	경북 안동시	과수경쟁력제고(농자재)	321,250	유통특작과	1	6	7	8	7	1	1	1
14473	경북 안동시	안동사과품질고급화지원(농자재 등)	1,846	유통특작과	1	6	7	8	7	1	1	1
14474	경북 안동시	과실생산비절감및품질제고지원(농자재)	117,330	유통특작과	1	6	7	8	7	1	1	1
14475	경북 안동시	저품위사과시장격리수매지원	319,000	유통특작과	1	6	7	8	7	1	1	1
14476	경북 안동시	과실생산유통지원사업관리비지원	45,000	유통특작과	1	6	7	8	7	1	1	1
14477	경북 안동시	채소특작 농자재 지원사업	1,399	유통특작과	1	6	7	8	7	1	1	1
14478	경북 안동시	채소류생산안정 지원사업	36,949	유통특작과	1	2	7	8	7	1	1	1
14479	경북 안동시	농촌지도자 한마음수련대회	13,500	농촌지원과	1	1	7	8	7	5	5	4
14480	경북 안동시	고령화 대응 농촌지도자 회원 생력화 시범	14,000	농촌지원과	1	1	7	8	7	5	5	4
14481	경북 안동시	소자본창업실행비	10,000	농촌지원과	1	1	7	8	7	5	5	4
14482	경북 안동시	농촌지도자 과제활동 지원	4,000	농촌지원과	1	1	7	8	7	5	5	4

순번	시군구	지출명 (사업명)	2021년예산 (단위:천원/1년간)	담당자 (공무원) 담당부서	민간이전 분류 (지방자치단체 세출예산 집행기준에 의거) 1. 민간경상사업보조(307-02) 2. 민간단체 법정운영비보조(307-03) 3. 민간행사사업보조(307-04) 4. 민간위탁금(307-05) 5. 사회복지시설 법정운영비보조(307-10) 6. 민간인위탁교육비(307-12) 7. 공기관등에대한경상적위탁사업비(308-11) 8. 민간자본사업보조,자체재원(402-01) 9. 민간자본사업보조,이전재원(402-02) 10. 민간위탁사업비(402-03) 11. 공기관등에 대한 자본적 대행사업비(403-02)	민간이전지출 근거 (지방보조금 관리기준 참고) 1. 법률에 규정 2. 국고보조 재원(국가지정) 3. 용도 지정 기부금 4. 조례에 직접규정 5. 지자체가 권장하는 사업을 하는 공공기관 6. 시,도 정책 및 재정사정 7. 기타 8. 해당없음	입찰방식 계약체결방법 (경쟁형태) 1. 일반경쟁 2. 제한경쟁 3. 지명경쟁 4. 수의계약 5. 법정위탁 6. 기타 ( ) 7. 해당없음	입찰방식 계약기간 1. 1년 2. 2년 3. 3년 4. 4년 5. 5년 6. 기타 ( )년 7. 단기계약 (1년미만) 8. 해당없음	입찰방식 낙찰자선정방법 1. 적격심사 2. 협상에의한계약 3. 최저가낙찰제 4. 규격가격분리 5. 2단계 경쟁입찰 6. 기타 ( ) 7. 해당없음	운영예산 산정 운영예산 산정 1. 내부산정 (지자체 자체적으로 산정) 2. 외부산정 (외부전문기관위탁 산정) 3. 내·외부 모두 산정 4. 산정 無 5. 해당없음	운영예산 산정 정산방법 1. 내부정산 (지자체 내부적으로 정산) 2. 외부정산 (외부전문기관위탁 정산) 3. 내·외부 모두 산정 4. 정산 無 5. 해당없음	성과평가 실시여부 1. 실시 2. 미실시 3. 향후 추진 4. 해당없음
14483	경북 안동시	4-H 야외 교육 지원	10,800	농촌지원과	1	1	7	8	7	5	5	4
14484	경북 안동시	청년농업인 4-H회원 활동지원	3,000	농촌지원과	1	1	7	8	7	5	5	4
14485	경북 안동시	학생4-H회원과제활동지원	3,000	농촌지원과	1	1	7	8	7	5	5	4
14486	경북 안동시	청년농업인 드론활용 병해충 방제단 운영시범	10,500	농촌지원과	1	1	7	8	7	5	5	4
14487	경북 안동시	비대면 농업체험키트 개발 운영시범	21,000	농촌지원과	1	4	7	8	7	5	5	4
14488	경북 안동시	농촌자원활용 체험프로그램 운영시범	8,000	농촌지원과	1	4	7	8	7	5	5	4
14489	경북 안동시	생활개선회 한마음 수련대회	13,500	농촌지원과	1	4	7	8	7	5	5	1
14490	경북 안동시	농촌여성조직체 전통문화 계승 시범	7,200	농촌지원과	1	4	7	8	7	5	5	1
14491	경북 안동시	농촌여성 지도자 교육	10,000	농촌지원과	1	4	7	8	7	5	5	1
14492	경북 안동시	농촌여성조직체 과제활동 지원	18,000	농촌지원과	1	4	7	8	7	5	5	1
14493	경북 안동시	인간존엄성을 위한 생활개선회원 전문교육	9,000	농촌지원과	1	4	7	8	7	5	5	1
14494	경북 안동시	농촌여성일자리창출전문자격취득교육	10,000	농촌지원과	1	6	7	8	7	5	5	1
14495	경북 안동시	행복한농촌가정육성프로젝트시범	5,000	농촌지원과	1	6	7	8	7	5	5	4
14496	경북 안동시	농작물 돌발병해충 방제	9,000	기술보급과	1	6	7	8	7	5	5	4
14497	경북 안동시	기상이변 긴급 수도작 병해충 공동방제 지원	150,000	기술보급과	1	6	7	8	7	5	5	4
14498	경북 안동시	정부보급종 생산포장 공동방제비 지원	60,000	기술보급과	1	6	7	8	7	5	5	4
14499	경북 안동시	농작물 긴급병해충 농작업 지원	40,000	기술보급과	1	6	7	8	7	5	5	4
14500	경북 안동시	안동생강 향토산업육성	490,000	기술보급과	1	6	7	8	7	5	5	4
14501	경북 안동시	한우 번식우 선도농가 육성 시범	20,000	기술보급과	1	4	7	8	7	5	5	4
14502	경북 안동시	안동마 직거래장터운영	10,000	미래농업과	1	4	7	8	7	5	5	4
14503	경북 안동시	농촌융복합산업 지역단위 네트워크 구축사업	120,000	미래농업과	1	2	7	8	7	5	5	4
14504	경북 안동시	안동지황고품질명품화사업	45,000	미래농업과	1	4	7	8	7	5	5	4
14505	경북 안동시	현장애로기술개발과제	160,000	미래농업과	1	4	7	8	7	5	5	4
14506	경북 안동시	자생난보존 활동 지원	4,500	미래농업과	1	4	7	8	7	5	5	4
14507	경북 안동시	농업경영인대회 지원	12,060	농정과	1	4	7	8	7	5	5	4
14508	경북 안동시	농업경영인 한마음대회 지원	24,930	농정과	1	4	7	8	7	5	5	4
14509	경북 안동시	농업경영인 자매도시 활성화 지원	4,050	농정과	1	4	7	8	7	5	5	4
14510	경북 안동시	한국여성농업인대회 지원	4,500	농정과	1	4	7	8	7	5	5	4
14511	경북 안동시	농민회 도농공감프로젝트 지원	9,900	농정과	1	4	7	8	7	5	5	4
14512	경북 안동시	전농 경북도연맹 전진대회 지원	4,050	농정과	1	4	7	8	7	5	5	4
14513	경북 안동시	여성농민회 도대회 지원	4,950	농정과	1	4	7	8	7	5	5	4
14514	경북 안동시	여성농민회 교육비 지원	10,000	농정과	1	4	7	8	7	5	5	4
14515	경북 안동시	새농민회 도대회 지원	22,500	농정과	1	4	7	8	7	5	5	4
14516	경북 안동시	농민회 농민아카데미 지원	7,000	농정과	1	4	7	8	7	5	5	4
14517	경북 안동시	농어촌지역 사랑의공부방지원	16,000	농정과	1	4	7	8	7	5	5	4
14518	경북 안동시	농촌보육정보센터 운영비지원	180,000	농정과	1	1	7	8	7	5	5	4
14519	경북 안동시	여성농업인센터 운영지원	120,000	농정과	1	1	7	8	7	5	5	4
14520	경북 안동시	여성농업인행복바우처지원	168,000	농정과	1	1	7	8	7	5	5	4
14521	경북 안동시	농업경영체컨설팅지원	15,000	농정과	1	4	7	8	7	5	5	4
14522	경북 안동시	청년농업인영농정착지원	501,279	농정과	1	2	7	8	7	5	5	4
14523	경북 안동시	청년농부 채용 인건비지원	27,000	농정과	1	2	7	8	7	5	5	4
14524	경북 안동시	안동브랜드쌀택배비	30,000	농정과	1	4	7	8	7	5	5	4
14525	경북 안동시	농촌인력지원센터운영지원	160,000	농정과	1	1	7	8	7	5	5	4
14526	경북 안동시	농촌인력지원센터지원	133,000	농정과	1	1	7	8	7	5	5	4
14527	경북 안동시	보리재배단지 생산지원사업	13,700	농정과	1	4	7	8	7	5	5	4
14528	경북 안동시	6차산업경영체활성화지원	12,000	농정과	1	6	7	8	7	5	5	4
14529	경북 안동시	친환경농산물 판로확대 택배 및 물류비 지원	50,000	농정과	1	4	7	8	7	5	5	4
14530	경북 안동시	친환경 농자재 지원	144,000	농정과	1	4	7	8	7	5	5	4
14531	경북 안동시	친환경농산물 포장재 지원	120,000	농정과	1	4	7	8	7	5	5	4
14532	경북 안동시	토양개량제 공급	953,927	농정과	1	1	7	8	7	5	5	4
14533	경북 안동시	유기질 비료지원사업	2,259	농정과	1	1	7	8	7	5	5	4

순번	시군구	지출명 (사업명)	2021년예산 (단위:천원/1년간)	담당자 (공무원) 담당부서	민간이전 분류 (지방자치단체 세출예산 집행기준에 의거) 1. 민간경상사업보조(307-02) 2. 민간단체 법정운영비보조(307-03) 3. 민간행사사업보조(307-04) 4. 민간위탁금(307-05) 5. 사회복지시설 법정운영비보조(307-10) 6. 민간인위탁교육비(307-12) 7. 공기관등에대한경상적위탁사업비(308-11) 8. 민간자본사업보조,자체재원(402-01) 9. 민간자본사업보조,이전재원(402-02) 10. 민간위탁사업비(402-03) 11. 공기관등에 대한 자본적 대행사업비(403-02)	민간이전지출 근거 (지방보조금 관리기준 참고) 1. 법률에 규정 2. 국고보조 재원(국가지정) 3. 용도 지정 기부금 4. 조례에 직접규정 5. 지자체가 권장하는 사업을 하는 공공기관 6. 시,도 정책 및 재정사정 7. 기타 8. 해당없음	입찰방식 계약체결방법 (경쟁형태) 1. 일반경쟁 2. 제한경쟁 3. 지명경쟁 4. 수의계약 5. 법정위탁 6. 기타 ( ) 7. 해당없음	입찰방식 계약기간 1. 1년 2. 2년 3. 3년 4. 4년 5. 5년 6. 기타 ( )년 7. 단기계약 (1년미만) 8. 해당없음	입찰방식 낙찰자선정방법 1. 적격심사 2. 협상에의한계약 3. 최저가낙찰제 4. 규격가격분리 5. 2단계 경쟁입찰 6. 기타 ( ) 7. 해당없음	운영예산 산정 운영예산 산정 1. 내부산정 (지자체 자체적으로 산정) 2. 외부산정 (외부전문기관위탁 산정) 3. 내·외부 모두 산정 4. 산정 無 5. 해당없음	운영예산 산정 정산방법 1. 내부정산 (지자체 내부적으로 정산) 2. 외부정산 (외부전문기관위탁 정산) 3. 내·외부 모두 산정 4. 정산 無 5. 해당없음	성과평가 실시여부 1. 실시 2. 미실시 3. 향후 추진 4. 해당없음
14534	경북 안동시	유기농업자재지원사업	6,260	농정과	1	1	7	8	7	5	5	4
14535	경북 안동시	친환경농산물 판로확대지원	22,852	농정과	1	4	7	8	7	5	5	4
14536	경북 안동시	서류작물 영양제 지원	12,500	농정과	1	4	7	8	7	5	5	4
14537	경북 안동시	친환경 벼 재배단지지원	35,000	농정과	1	4	7	8	7	5	5	4
14538	경북 안동시	임산부친환경농산물꾸러미지원	230,400	농정과	1	2	7	8	7	5	5	4
14539	경북 안동시	친환경농법종합지원사업	20,690	농정과	1	4	7	8	7	5	5	4
14540	경북 안동시	농촌체험휴양마을 사무장 채용 지원	146,569	농정과	1	2	7	8	7	5	5	4
14541	경북 안동시	농촌체험관광활성화(포럼지원)	9,750	농정과	1	6	7	8	7	5	5	4
14542	경북 안동시	국산밀생산단지교육컨설팅지원	25,000	농정과	1	4	7	8	7	5	5	4
14543	경북 안동시	경북친환경농산물서울시공공급식공급지원	50,000	농정과	1	4	7	8	7	5	5	4
14544	경북 안동시	유치원 친환경 농축산물 급식지원	218,500	농정과	1	4	7	8	7	5	5	4
14545	경북 안동시	식생활 교육 및 체험 지원사업	15,000	농정과	1	4	7	8	7	5	5	4
14546	경북 안동시	초등돌봄교실 과일간식 지원	63,327	농정과	1	1	7	8	7	5	5	4
14547	경북 안동시	친환경농축산물 학교급식 지원	1,767	농정과	1	4	7	8	7	5	5	4
14548	경북 안동시	경북친환경농산물서울시공공급식공급지원	50,000	농정과	1	4	7	8	7	5	5	4
14549	경북 안동시	충의역사체험장 교육프로그램지원	9,000	문화유산과	1	7	7	8	7	5	5	4
14550	경북 안동시	가송리 동제 및 풍물 육성지원사업	15,000	문화유산과	1	7	7	8	7	5	5	4
14551	경북 안동시	안동의 문화재 활용 및 홍보전시 개최	50,000	문화유산과	1	7	7	8	7	5	5	4
14552	경북 안동시	송간선생문집 번역발간	25,910	문화유산과	1	7	7	8	7	5	5	4
14553	경북 안동시	동제행사 지원	3,600	문화유산과	1	4	7	8	7	5	5	4
14554	경북 안동시	안동문화지킴이 활동책자 발간	14,000	문화유산과	1	1	7	8	7	5	5	4
14555	경북 안동시	문화재지킴이활동비 지원사업	10,300	문화유산과	1	1	7	8	7	5	5	4
14556	경북 안동시	지역문화유산교육사업	44,000	문화유산과	1	1	7	8	7	5	5	4
14557	경북 안동시	노국공주 선발대회 지원	3,000	문화유산과	1	1	7	8	7	5	5	4
14558	경북 안동시	하회별신굿탈놀이 정기공연 지원	3,000	문화유산과	1	1	7	8	7	5	5	4
14559	경북 안동시	저전동농요 교류공연 지원	5,000	문화유산과	1	1	7	8	7	5	5	4
14560	경북 안동시	전수교육관 활성화사업 지원(하회별신굿탈놀이)	87,500	문화유산과	1	2	7	8	7	5	5	4
14561	경북 안동시	전수교육관 활성화사업 지원(놋다리밟기)	7,500	문화유산과	1	2	7	8	7	5	5	4
14562	경북 안동시	전수교육관 활성화사업 지원(차전놀이)	25,000	문화유산과	1	2	7	8	7	5	5	4
14563	경북 안동시	안동차전놀이 공개시연	30,000	문화유산과	1	1	7	8	7	5	5	4
14564	경북 안동시	무형문화재 공개행사 지원	12,200	문화유산과	1	1	7	8	7	5	5	4
14565	경북 안동시	안동놋다리밟기 상설공연 지원	20,000	문화유산과	1	1	7	8	7	5	5	4
14566	경북 안동시	세계유산 축전	350,000	문화유산과	1	2	7	8	7	5	5	4
14567	경북 안동시	안동역사기록관 기반구축사업	390,000	문화유산과	1	4	7	8	7	5	5	4
14568	경북 안동시	유네스코 세계기록유산 발굴 및 활용사업	150,000	문화유산과	1	4	7	8	7	5	5	4
14569	경북 안동시	생생문화재사업	200,000	문화유산과	1	2	7	8	7	5	5	4
14570	경북 안동시	향교서원문화재활용사업(묵계서원)	120,000	문화유산과	1	2	7	8	7	5	5	4
14571	경북 안동시	향교서원문화재활용사업(도산서원)	50,000	문화유산과	1	2	7	8	7	5	5	4
14572	경북 안동시	향교서원문화재활용사업(병산서원)	50,000	문화유산과	1	2	7	8	7	5	5	4
14573	경북 안동시	문화재야행사업	290,000	문화유산과	1	2	7	8	7	5	5	4
14574	경북 안동시	고택종갓집활용사업	195,000	문화유산과	1	2	7	8	7	5	5	4
14575	경북 안동시	세계유산 홍보지원사업(글로벌 세계유산 탐방 외)	246,000	문화유산과	1	2	7	8	7	5	5	4
14576	경북 안동시	세계유산 홍보지원사업(전시용실감콘텐츠 제작 외)	400,000	문화유산과	1	2	7	8	7	5	5	4
14577	경북 안동시	세계유산 홍보 지원사업(하회마을)	163,000	문화유산과	1	2	7	8	7	5	5	4
14578	경북 안동시	세계유산활용프로그램 운영(하회마을)	240,000	문화유산과	1	2	7	8	7	5	5	4
14579	경북 안동시	세계유산활용프로그램 운영(봉정사)	160,000	문화유산과	1	2	7	8	7	5	5	4
14580	경북 안동시	세계유산활용프로그램 운영(유교책판)	90,000	문화유산과	1	2	7	8	7	5	5	4
14581	경북 안동시	세계기록유산 홍보지원사업(한국의 유교책판)	300,000	문화유산과	1	2	7	8	7	5	5	4
14582	경북 안동시	문화유산플랫폼 및 콘텐츠 제작	100,000	문화유산과	1	4	7	8	7	5	5	4
14583	경북 안동시	임하면 노산리 마을버스 운영비	10,000	안전재난과	1	1	7	1	7	5	5	4
14584	경북 안동시	임하면 노산리 복지회관 운영비	10,000	안전재난과	1	1	7	1	7	5	5	4

순번	시군구	지출명 (사업명)	2021년예산 (단위:천원/1년간)	담당자 (공무원) 담당부서	민간이전 분류 (지방자치단체 세출예산 집행기준에 의거) 1. 민간경상사업보조(307-02) 2. 민간단체 법정운영비보조(307-03) 3. 민간행사사업보조(307-04) 4. 민간위탁금(307-05) 5. 사회복지시설 법정운영비보조(307-10) 6. 민간인위탁교육비(307-12) 7. 공기관등에대한경상적위탁사업비(308-11) 8. 민간자본사업보조,자체재원(402-01) 9. 민간자본사업보조,이전재원(402-02) 10. 민간위탁사업비(402-03) 11. 공기관등에 대한 자본적 대행사업비(403-02)	민간이전지출 근거 (지방보조금 관리기준 참고) 1. 법률에 규정 2. 국고보조 재원(국가지정) 3. 용도 지정 기부금 4. 조례에 직접규정 5. 지자체가 권장하는 사업을 하는 공공기관 6. 시,도 정책 및 재정사정 7. 기타 8. 해당없음	입찰방식 계약체결방법 (경쟁형태) 1. 일반경쟁 2. 제한경쟁 3. 지명경쟁 4. 수의계약 5. 법정위탁 6. 기타 ( ) 7. 해당없음	입찰방식 계약기간 1. 1년 2. 2년 3. 3년 4. 4년 5. 5년 6. 기타 ( )년 7. 단기계약 (1년미만) 8. 해당없음	입찰방식 낙찰자선정방법 1. 적격심사 2. 협상에의한계약 3. 최저가낙찰제 4. 규격가격분리 5. 2단계 경쟁입찰 6. 기타 ( ) 7. 해당없음	운영예산 산정 운영예산 산정 1. 내부산정 (지자체 자체적으로 산정) 2. 외부산정 (외부전문기관위탁 산정) 3. 내·외부 모두 산정 4. 산정 無 5. 해당없음	운영예산 산정 정산방법 1. 내부정산 (지자체 내부적으로 정산) 2. 외부정산 (외부전문기관위탁 정산) 3. 내·외부 모두 산정 4. 정산 無 5. 해당없음	성과평가 실시여부 1. 실시 2. 미실시 3. 향후 추진 4. 해당없음
14585	경북 안동시	임하면 복지회관 운영비	50,000	안전재난과	1	1	7	1	7	5	5	4
14586	경북 안동시	임하면 주민자치위원회 운영비	5,200	안전재난과	1	1	7	1	7	5	5	4
14587	경북 안동시	길안면 길안종합문화복지관 운영비 지원	37,000	안전재난과	1	1	7	1	7	5	5	4
14588	경북 안동시	임동면 임동종합복지회관 운영비	170,000	안전재난과	1	1	7	1	7	5	5	4
14589	경북 안동시	임동면 임동어린이집 운영비	10,000	안전재난과	1	1	7	1	7	5	5	4
14590	경북 안동시	임동면 임동농산물수출물류센터 운영비	30,000	안전재난과	1	1	7	1	7	5	5	4
14591	경북 안동시	중구동 주민자치센터 프로그램 발표회 운영지원	5,000	안전재난과	1	1	7	1	7	5	5	4
14592	경북 안동시	중구동 새마을부녀회 떡국 나누기 지원	2,000	안전재난과	1	1	7	1	7	5	5	4
14593	경북 안동시	중구동 단체화합 한마당 행사 지원	3,000	안전재난과	1	1	7	1	7	5	5	4
14594	경북 안동시	중구동 저소득층 반찬지원사업	3,000	안전재난과	1	1	7	1	7	5	5	4
14595	경북 안동시	명륜동 새마을 부녀회 김장 담그기 행사지원	3,000	안전재난과	1	1	7	1	7	5	5	4
14596	경북 안동시	명륜동 새마을 위원회 취약계층 연탄나누기 사업지원	3,000	안전재난과	1	1	7	1	7	5	5	4
14597	경북 안동시	서구동 자율방범대 운영비 지원	4,000	안전재난과	1	1	7	1	7	5	5	4
14598	경북 안동시	여성지도자교육비	11,700	여성가족과	1	4	7	8	7	5	1	4
14599	경북 안동시	푸드뱅크지원사업	2,000	여성가족과	1	6	7	8	7	1	1	1
14600	경북 안동시	사각지대 통합지원	30,000	여성가족과	1	5	7	8	7	1	1	1
14601	경북 안동시	여성자원봉사회운영	20,000	평생교육과	1	7	7	8	7	1	1	4
14602	경북 안동시	행복학습센터 교육프로그램사업	45,000	평생교육과	1	4	7	8	7	1	1	1
14603	경북 안동시	무지개학교(다문화 어학강좌)운영	30,000	평생교육과	1	4	7	8	7	1	1	1
14604	경북 안동시	성인문해교육 지원사업	31,000	평생교육과	1	1	7	8	7	1	1	1
14605	경북 안동시	위탁 대안학교 지원	30,000	평생교육과	1	4	7	8	7	1	1	1
14606	경북 안동시	찾아가는 한글배달교실 운영	95,000	평생교육과	1	4	7	8	7	1	1	1
14607	경북 안동시	평생교육지도자 양성	13,500	평생교육과	1	4	7	8	7	1	1	1
14608	경북 안동시	평생교육지도자협의회 프로그램운영	15,000	평생교육과	1	4	7	8	7	1	1	1
14609	경북 안동시	국학아카데미교육	30,000	평생교육과	1	4	7	8	7	1	1	1
14610	경북 안동시	안동세계유산 서포터즈양성	36,000	평생교육과	1	4	7	8	7	1	1	1
14611	경북 안동시	장애인 평생학습프로그램 운영	20,000	평생교육과	1	4	7	8	7	1	1	1
14612	경북 안동시	길거리교실 운영	40,000	평생교육과	1	4	7	8	7	1	1	1
14613	경북 안동시	야간학교 교육과정 지원사업	14,000	평생교육과	1	4	7	8	7	1	1	1
14614	경북 안동시	산학협력 선도전문대학(LINC+)육성사업	30,000	평생교육과	1	4	7	8	7	1	1	2
14615	경북 안동시	창의융합형 공학인재양성지원	30,000	평생교육과	1	4	7	8	7	1	1	2
14616	경북 안동시	안동영어마을프로그램운영	1,050	평생교육과	1	4	7	8	7	1	1	2
14617	경북 안동시	사회맞춤형 산학협력 선도대학(LINC+)육성사업	100,000	평생교육과	1	4	7	8	7	1	1	2
14618	경북 안동시	BK21플러스 사업지원	20,000	평생교육과	1	4	7	8	7	1	1	2
14619	경북 안동시	안동시-제남시 장학생 교류지원	50,000	평생교육과	1	4	7	8	7	1	1	2
14620	경북 안동시	글로벌 문화리더양성과정 지원	24,300	평생교육과	1	4	7	8	7	1	1	2
14621	경북 안동시	안동학 교양강좌 개설지원	10,000	평생교육과	1	4	7	8	7	1	1	2
14622	경북 안동시	대학중점연구소 지원	50,000	평생교육과	1	4	7	8	7	1	1	2
14623	경북 안동시	전문대학 혁신지원사업	100,000	평생교육과	1	4	7	8	7	1	1	2
14624	경북 안동시	법사랑위원안동지구협의회청소년활동운영	20,000	평생교육과	1	4	7	8	7	1	1	1
14625	경북 안동시	초등학생영어체험학습지원	378,000	평생교육과	1	4	7	8	7	1	1	2
14626	경북 안동시	청소년유해환경감시단운영	5,000	평생교육과	1	1	7	8	7	1	1	1
14627	경북 안동시	성인문해교육프로그램지원	20,000	평생교육과	1	4	7	8	7	1	1	1
14628	경북 안동시	대학중심의 평생학습활성화 지원사업	15,000	평생교육과	1	4	7	8	7	1	1	1
14629	경북 안동시	명사초청 특강	75,000	평생교육과	1	4	7	8	7	1	1	1
14630	경북 안동시	청소년단체 청소년선도활동 지원	18,000	평생교육과	1	7	7	8	7	1	1	1
14631	경북 안동시	시군참여위원회운영	2,800	평생교육과	1	2	7	8	7	1	1	1
14632	경북 안동시	도민대학운영	60,000	평생교육과	1	4	7	8	7	1	1	1
14633	경북 안동시	국립대학지역맞춤형 인재육성사업지원	600,000	평생교육과	1	4	7	8	7	1	1	2
14634	경북 안동시	농어촌청소년육성재단협력사업지원	21,000	평생교육과	1	6	7	8	7	1	1	1
14635	경북 안동시	청소년진로탐방활동지원	7,000	평생교육과	1	6	7	8	7	1	1	1

순번	시군구	지출명 (사업명)	2021년예산 (단위:천원/1년간)	담당자 (공무원) 담당부서	민간이전 분류 (지방자치단체 세출예산 집행기준에 의거) 1. 민간경상사업보조(307-02) 2. 민간단체 법정운영비보조(307-03) 3. 민간행사사업보조(307-04) 4. 민간위탁금(307-05) 5. 사회복지시설 법정운영비보조(307-10) 6. 민간인위탁교육비(307-12) 7. 공기관등에대한경상적위탁사업비(308-11) 8. 민간자본사업보조,자체재원(402-01) 9. 민간자본사업보조,이전재원(402-02) 10. 민간위탁사업비(402-03) 11. 공기관등에 대한 자본적 대행사업비(403-02)	민간이전지출 근거 (지방보조금 관리기준 참고) 1. 법률에 규정 2. 국고보조 재원(국가지정) 3. 용도 지정 기부금 4. 조례에 직접규정 5. 지자체가 권장하는 사업을 하는 공공기관 6. 시,도 정책 및 재정사정 7. 기타 8. 해당없음	입찰방식 계약체결방법 (경쟁형태) 1. 일반경쟁 2. 제한경쟁 3. 지명경쟁 4. 수의계약 5. 법정위탁 6. 기타 ( ) 7. 해당없음	입찰방식 계약기간 1. 1년 2. 2년 3. 3년 4. 4년 5. 5년 6. 기타 ( )년 7. 단기계약 (1년미만) 8. 해당없음	입찰방식 낙찰자선정방법 1. 적격심사 2. 협상에의한계약 3. 최저가낙찰제 4. 규격가격분리 5. 2단계 경쟁입찰 6. 기타 ( ) 7. 해당없음	운영예산 산정 운영예산 산정 1. 내부산정 (지자체 자체적으로 산정) 2. 외부산정 (외부전문기관위탁 산정) 3. 내·외부 모두 산정 4. 산정 無 5. 해당없음	운영예산 산정 정산방법 1. 내부정산 (지자체 내부적으로 정산) 2. 외부정산 (외부전문기관위탁 정산) 3. 내·외부 모두 산정 4. 정산 無 5. 해당없음	성과평가 실시여부 1. 실시 2. 미실시 3. 향후 추진 4. 해당없음
14636	경북 안동시	청소년진로드림캠프활동지원	9,000	평생교육과	1	6	7	8	7	1	1	1
14637	경북 안동시	청소년대학탐방활동지원	6,000	평생교육과	1	6	7	8	7	1	1	1
14638	경북 안동시	28HAM기동대청소년보호및선도순찰활동	10,000	평생교육과	1	4	7	8	7	1	1	1
14639	경북 안동시	365청소년지원단청소년보호선도활동	10,000	평생교육과	1	4	7	8	7	1	1	1
14640	경북 안동시	학교폭력예방숲캠프프로그램운영비지원	15,000	평생교육과	1	4	7	8	7	1	1	1
14641	경북 안동시	학교폭력예방프로그램운영	10,000	평생교육과	1	4	7	8	7	1	1	1
14642	경북 안동시	입찰정보 무료지원 및 다수공급자계약 등록지원 사업	18,000	일자리경제과	1	1	7	1	7	1	1	2
14643	경북 안동시	지식재산창출지원	70,000	일자리경제과	1	1	7	1	7	1	1	2
14644	경북 안동시	용상시장 시장매니저 지원	20,952	일자리경제과	1	4	4	1	7	1	1	3
14645	경북 안동시	전통시장 연계관광상품 지원(투어버스)	55,000	일자리경제과	1	1	2	7	2	1	1	3
14646	경북 안동시	지방문화원활동사업 지원	40,000	전통문화예술과	1	4	7	1	1	1	1	1
14647	경북 안동시	전통농악육성	9,000	전통문화예술과	1	4	7	1	1	1	1	1
14648	경북 안동시	어르신 문화프로그램	5,000	전통문화예술과	1	4	7	1	1	1	1	1
14649	경북 안동시	향토대중화 사업	5,000	전통문화예술과	1	4	7	1	1	1	1	1
14650	경북 안동시	취타대 육성	10,000	전통문화예술과	1	4	7	1	1	1	1	1
14651	경북 안동시	마을지 발간	45,000	전통문화예술과	1	4	7	1	1	1	1	1
14652	경북 안동시	전통문화아카데미	24,300	전통문화예술과	1	4	7	1	1	1	1	1
14653	경북 안동시	한시교육운영 영가시집 발간	11,000	전통문화예술과	1	4	7	1	1	1	1	1
14654	경북 안동시	경북선비아카데미지원(교양)	8,000	전통문화예술과	1	4	7	1	1	1	1	1
14655	경북 안동시	도산별과 재현	78,000	전통문화예술과	1	4	7	1	1	1	1	1
14656	경북 안동시	충효교실 운영	5,000	전통문화예술과	1	4	7	1	1	1	1	1
14657	경북 안동시	문화원 문화학교 운영	8,700	전통문화예술과	1	4	7	1	1	1	1	1
14658	경북 안동시	유교문화인성교육사업	14,000	전통문화예술과	1	4	7	1	1	1	1	1
14659	경북 안동시	제10회 중국연변 이육사 문학제 지원	30,000	전통문화예술과	1	4	7	1	1	1	1	1
14660	경북 안동시	안동예술단체 활동보조	24,000	전통문화예술과	1	4	7	1	1	1	1	1
14661	경북 안동시	문화의 거리 활성화 사업	9,000	전통문화예술과	1	4	7	1	1	1	1	1
14662	경북 안동시	제42회 육사백일장	11,000	전통문화예술과	1	4	7	1	1	1	1	1
14663	경북 안동시	제34회 전국사진공모전	4,000	전통문화예술과	1	4	7	1	1	1	1	1
14664	경북 안동시	안동문학 제44집 발간	5,000	전통문화예술과	1	4	7	1	1	1	1	1
14665	경북 안동시	제30회 학생미술실기대회	5,000	전통문화예술과	1	4	7	1	1	1	1	1
14666	경북 안동시	안동미술협회전	18,000	전통문화예술과	1	4	7	1	1	1	1	1
14667	경북 안동시	예술안동지 발간	10,000	전통문화예술과	1	4	7	1	1	1	1	1
14668	경북 안동시	초파일 봉축탑 설치	25,000	전통문화예술과	1	4	7	1	1	1	1	1
14669	경북 안동시	성탄트리 설치 및 점등식	25,000	전통문화예술과	1	4	7	1	1	1	1	1
14670	경북 안동시	안동문화예술포럼 개최지원	15,000	전통문화예술과	1	4	7	1	1	1	1	1
14671	경북 안동시	대한민국연극제 개최	1,595	전통문화예술과	1	4	7	1	1	1	1	3
14672	경북 안동시	영남예술아카데미 운영지원	69,000	전통문화예술과	1	4	7	1	1	1	1	1
14673	경북 안동시	사찰음식교육	28,700	전통문화예술과	1	4	7	1	1	1	1	1
14674	경북 안동시	법룡사 지역문화사랑방 지원	11,000	전통문화예술과	1	4	7	1	1	1	1	1
14675	경북 안동시	해동사 지역문화사랑방 지원	12,000	전통문화예술과	1	4	7	1	1	1	1	1
14676	경북 안동시	안동교회 지역문화사랑방 지원	12,000	전통문화예술과	1	4	7	1	1	1	1	1
14677	경북 안동시	천주교 목성동 성당 지역문화사랑방 지원	9,000	전통문화예술과	1	4	7	1	1	1	1	1
14678	경북 안동시	대원사 지역문화사랑방 지원	10,000	전통문화예술과	1	4	7	1	1	1	1	1
14679	경북 안동시	소천권태호음악관 나리음악단 지원	38,500	전통문화예술과	1	4	7	1	1	1	1	1
14680	경북 안동시	제5차 GTGU 세계정신문화학술심포지엄	28,800	전통문화예술과	1	1	7	8	7	1	1	3
14681	경북 안동시	찾아가는 아리랑 아리얼수	8,000	전통문화예술과	1	1	7	8	7	1	1	3
14682	경북 안동시	제24회 향토서화전	8,000	전통문화예술과	1	1	7	8	7	1	1	1
14683	경북 안동시	문화예술단체(서예,문학,미술,사진,음악)행사 지원	120,000	전통문화예술과	1	1	7	8	7	1	1	1
14684	경북 안동시	제22회 경북북부사진동아리 연합전시회	7,000	전통문화예술과	1	1	7	8	7	1	1	1
14685	경북 안동시	국악분야 예술강사 지원	85,174	전통문화예술과	1	2	7	8	7	1	1	2
14686	경북 안동시	통합문화이용권사업	952,000	전통문화예술과	1	2	7	8	7	1	1	2

순번	시군구	지출명 (사업명)	2021년예산 (단위:천원/1년간)	담당자(공무원) 담당부서	민간이전 분류 (지방자치단체 세출예산 집행기준에 의거) 1. 민간경상사업보조(307-02) 2. 민간단체 법정운영비보조(307-03) 3. 민간행사사업보조(307-04) 4. 민간위탁금(307-05) 5. 사회복지시설 법정운영비보조(307-10) 6. 민간인위탁교육비(307-12) 7. 공기관등에대한경상적위탁사업비(308-11) 8. 민간자본사업보조,자체재원(402-01) 9. 민간자본사업보조,이전재원(402-02) 10. 민간위탁사업비(402-03) 11. 공기관등에 대한 자본적 대행사업비(403-02)	민간이전지출 근거 (지방보조금 관리기준 참고) 1. 법률에 규정 2. 국고보조 재원(국가지정) 3. 용도 지정 기부금 4. 조례에 직접규정 5. 지자체가 권장하는 사업을 하는 공공기관 6. 시,도 정책 및 재정사정 7. 기타 8. 해당없음	입찰방식 계약체결방법 (경쟁형태) 1. 일반경쟁 2. 제한경쟁 3. 지명경쟁 4. 수의계약 5. 법정위탁 6. 기타 ( ) 7. 해당없음	입찰방식 계약기간 1. 1년 2. 2년 3. 3년 4. 4년 5. 5년 6. 기타 ( )년 7. 단기계약 (1년미만) 8. 해당없음	입찰방식 낙찰자선정방법 1. 적격심사 2. 협상에의한계약 3. 최저가낙찰제 4. 규격가격분리 5. 2단계 경쟁입찰 6. 기타 ( ) 7. 해당없음	운영예산 산정 운영예산 산정 1. 내부산정 (지자체 자체적으로 산정) 2. 외부산정 (외부전문기관위탁 산정) 3. 내·외부 모두 산정 4. 산정 無 5. 해당없음	운영예산 산정 정산방법 1. 내부정산 (지자체 내부적으로 정산) 2. 외부정산 (외부전문기관위탁 정산) 3. 내·외부 모두 산정 4. 정산 無 5. 해당없음	성과평가 실시여부 1. 실시 2. 미실시 3. 향후 추진 4. 해당없음
14687	경북 안동시	전국 생활음악예술 경연대회	50,000	전통문화예술과	1	1	7	8	7	1	1	1
14688	경북 안동시	향토지역문화 발간 지원	40,000	전통문화예술과	1	1	7	8	7	1	1	1
14689	경북 안동시	야생화 문인화 교실 운영	18,500	전통문화예술과	1	1	7	8	7	1	1	1
14690	경북 안동시	경북북부권문화정보센터 운영	50,000	전통문화예술과	1	4	7	1	1	1	1	1
14691	경북 안동시	경북선비아카데미 운영지원(전문)	14,000	전통문화예술과	1	4	7	1	1	1	1	1
14692	경북 안동시	경북유림 신년교례회 지원	40,000	전통문화예술과	1	4	7	1	1	1	1	1
14693	경북 안동시	기로연 행사	7,450	전통문화예술과	1	4	7	1	1	1	1	1
14694	경북 안동시	명륜교실 운영	150,000	전통문화예술과	1	4	7	1	1	1	1	1
14695	경북 안동시	성균관유도회 읍면순회교육	10,000	전통문화예술과	1	4	7	1	1	1	1	1
14696	경북 안동시	세계청년유림대회 지원	57,000	전통문화예술과	1	4	7	1	1	1	1	1
14697	경북 안동시	시민아카데미 "논어"	7,000	전통문화예술과	1	4	7	1	1	1	1	1
14698	경북 안동시	전통의례시연운영보조	7,200	전통문화예술과	1	4	7	1	1	1	1	1
14699	경북 안동시	유교경전시민강좌	10,000	전통문화예술과	1	4	7	1	1	1	1	1
14700	경북 안동시	유교문화전승 및 윤리도덕 선양 교육	9,000	전통문화예술과	1	4	7	1	1	1	1	1
14701	경북 안동시	유림지도자 업무연찬	1,600	전통문화예술과	1	4	7	1	1	1	1	1
14702	경북 안동시	종가 전통음식 전승교육	12,400	전통문화예술과	1	4	7	1	1	1	1	1
14703	경북 안동시	처사의 삶 학술행사	8,000	전통문화예술과	1	4	7	1	1	1	1	1
14704	경북 안동시	춘계추계석전대제 행사	3,200	전통문화예술과	1	4	7	1	1	1	1	1
14705	경북 안동시	안동의 효열발간	9,000	전통문화예술과	1	4	7	1	1	1	1	1
14706	경북 안동시	예안유도회 사료집 발간 및 유덕선양교육	15,000	전통문화예술과	1	4	7	1	1	1	1	1
14707	경북 안동시	퇴계학자료총서 연구편 편찬발간	9,000	전통문화예술과	1	4	7	1	1	1	1	1
14708	경북 안동시	한국음양지리학회정신문화보전교육	5,400	전통문화예술과	1	4	7	1	1	1	1	1
14709	경북 안동시	한중유교 인문교류 지원	84,000	전통문화예술과	1	4	7	1	1	1	1	1
14710	경북 안동시	하이마스크 상설공연지원	130,000	전통문화예술과	1	4	7	8	7	1	1	1
14711	경북 안동시	예술영화 상영지원	20,000	전통문화예술과	1	4	7	8	7	1	1	1
14712	경북 안동시	전통직조기능인력양성사업	82,000	전통문화예술과	1	6	7	7	7	1	1	2
14713	경북 안동시	안동포디자인스쿨운영	30,000	전통문화예술과	1	6	7	7	7	1	1	2
14714	경북 안동시	지역생산우수한약재유통지원시설 품질검사비 지원	166,000	전통문화예술과	1	4	7	7	7	5	1	2
14715	경북 안동시	퇴계선생 선비정신 함양사업	40,000	전통문화예술과	1	4	7	8	7	5	5	4
14716	경북 안동시	한지축제	76,000	전통문화예술과	1	4	7	8	7	5	5	4
14717	경북 안동시	청소년 한지공예 프로그램 운영	10,800	전통문화예술과	1	4	7	8	7	5	5	4
14718	경북 안동시	옻민화와 천연역색 전문인력육성	40,000	전통문화예술과	1	4	7	8	7	5	5	4
14719	경북 안동시	역의세계 전국특강	7,000	전통문화예술과	1	4	7	8	7	5	5	4
14720	경북 안동시	공예체험프로그램 운영	7,200	전통문화예술과	1	4	7	8	7	5	5	4
14721	경북 안동시	안동작가 나들이전(온고지신전)	10,800	전통문화예술과	1	4	7	8	7	5	5	4
14722	경북 안동시	가족과 함께, 공예야 놀자	15,000	전통문화예술과	1	4	7	8	7	5	5	4
14723	경북 안동시	2020 국제교류 展	25,000	전통문화예술과	1	4	7	8	7	5	5	4
14724	경북 안동시	안동생활도자기 학교 운영	30,000	전통문화예술과	1	4	7	8	7	5	5	4
14725	경북 안동시	거경대학교 운영	27,000	전통문화예술과	1	4	7	8	7	5	5	4
14726	경북 안동시	도산서원 선비문화 체험연수 지원	4,375	전통문화예술과	1	4	7	8	7	5	5	4
14727	경북 안동시	퇴계학 국제학술 강연회	60,000	전통문화예술과	1	4	7	8	7	5	5	4
14728	경북 안동시	안동학 연구지원	90,000	전통문화예술과	1	4	7	8	7	5	5	4
14729	경북 안동시	안동의역사 인물 문집 100선 번역	225,000	전통문화예술과	1	4	7	8	7	5	5	4
14730	경북 안동시	역사인물 선양 학술대회	27,000	전통문화예술과	1	4	7	8	7	5	5	4
14731	경북 안동시	안동팔경 및 구곡문화 아카데미	30,150	전통문화예술과	1	4	7	8	7	5	5	4
14732	경북 안동시	문화특화지역 조성사업	750,000	전통문화예술과	1	1	7	8	7	5	5	4
14733	경북 안동시	수리시설 및 밭기반운영유지관리비	200,000	건설과	1	1	7	8	7	1	1	4
14734	경북 구미시	탄소분야 중점연구소 지원사업	100,000	신산업정책과	1	2	1	8	7	5	3	1
14735	경북 구미시	뿌리산업 특화단지 지원사업	15,000	신산업정책과	1	1	7	8	7	5	5	4
14736	경북 구미시	SW융합클러스터2.0사업	280,000	신산업정책과	1	2	6	5	6	1	3	1
14737	경북 구미시	지역SW서비스사업화지원사업	246,000	신산업정책과	1	2	6	5	6	1	3	1

순번	시군구	지출명 (사업명)	2021년예산 (단위:천원/1년간)	담당자 (공무원)	민간이전 분류 (지방자치단체 세출예산 집행기준에 의거)	민간이전지출 근거 (지방보조금 관리기준 참고)	입찰방식			운영예산 산정		성과평가 실시여부
				담당부서	1. 민간경상사업보조(307-02) 2. 민간단체 법정운영비보조(307-03) 3. 민간행사사업보조(307-04) 4. 민간위탁금(307-05) 5. 사회복지시설 법정운영비보조(307-10) 6. 민간인위탁교육비(307-12) 7. 공기관등에대한경상적위탁사업비(308-11) 8. 민간자본사업보조,자체재원(402-01) 9. 민간자본사업보조,이전재원(402-02) 10. 민간위탁사업비(402-03) 11. 공기관등에 대한 자본적 대행사업비(403-02)	1. 법률에 규정 2. 국고보조 재원(국가지정) 3. 용도 지정 기부금 4. 조례에 직접규정 5. 지자체가 권장하는 사업을 하는 공공기관 6. 시,도 정책 및 재정사정 7. 기타 8. 해당없음	계약체결방법 (경쟁형태) 1. 일반경쟁 2. 제한경쟁 3. 지명경쟁 4. 수의계약 5. 법정위탁 6. 기타 ( ) 7. 해당없음	계약기간 1. 1년 2. 2년 3. 3년 4. 4년 5. 5년 6. 기타 ( )년 7. 단기계약 (1년미만) 8. 해당없음	낙찰자선정방법 1. 적격심사 2. 협상에의한계약 3. 최저가낙찰제 4. 규격가격분리 5. 2단계 경쟁입찰 6. 기타 ( ) 7. 해당없음	운영예산 산정 1. 내부산정 (지자체 자체적으로 산정) 2. 외부산정 (외부전문기관위탁 산정) 3. 내·외부 모두 산정 4. 산정 無 5. 해당없음	정산방법 1. 내부정산 (지자체 내부적으로 정산) 2. 외부정산 (외부전문기관위탁 정산) 3. 내·외부 모두 산정 4. 정산 無 5. 해당없음	1. 실시 2. 미실시 3. 향후 추진 4. 해당없음
14738	경북 구미시	산학협력선도대학(LINC+)육성사업(경운대,국가직접지원)	100,000	신산업정책과	1	2	7	8	7	5	5	1
14739	경북 구미시	산학협력선도대학(LINC+)육성사업(구미대,국가직접지원)	50,000	신산업정책과	1	2	7	8	7	5	5	1
14740	경북 구미시	공학교육혁신센터 지원사업	30,000	신산업정책과	1	2	7	8	7	5	5	1
14741	경북 구미시	민군ICT분야 중점연구소지원사업	50,000	신산업정책과	1	2	7	8	7	5	5	1
14742	경북 구미시	Grand ICT연구센터 지원사업	40,000	신산업정책과	1	2	7	8	7	5	5	1
14743	경북 구미시	경북산학연융합촉진사업	400,000	신산업정책과	1	2	7	8	7	5	5	4
14744	경북 구미시	여성기업인 경쟁력강화 지원사업	8,000	기업지원과	1	4	7	7	7	5	1	1
14745	경북 구미시	중소기업 리더십 역량강화 사업	8,000	기업지원과	1	4	7	7	7	5	1	1
14746	경북 구미시	알리바바 온라인 플랫폼 입점 지원사업	60,000	기업지원과	1	8	7	7	7	1	1	4
14747	경북 구미시	경북서부지식재산센터 지원	50,000	기업지원과	1	2	7	7	7	1	1	1
14748	경북 구미시	벤처기업집적시설입주기업지원	66,000	기업지원과	1	1	7	7	7	1	1	1
14749	경북 구미시	모범근로자 국제선진노사문화 교류 참가	56,000	노동복지과	1	4	7	8	7	5	5	4
14750	경북 구미시	대학일자리센터 운영	229,174	일자리경제과	1	2	2	5	1	1	1	1
14751	경북 구미시	중소기업정규직프로젝트	990,000	일자리경제과	1	6	1	1	1	5	1	4
14752	경북 구미시	경북형대학일자리센터 운영	96,000	일자리경제과	1	2	2	5	1	1	1	1
14753	경북 구미시	1社-1청년더채용릴레이운동	90,000	일자리경제과	1	6	7	1	1	5	1	4
14754	경북 구미시	구미소비자정보센터	46,000	일자리경제과	1	4	7	8	7	1	1	1
14755	경북 구미시	구미새마을중앙시장 희망장난감도서관 운영	12,000	일자리경제과	1	1	4	1	7	5	1	1
14756	경북 구미시	한국민속예술축제참가지원	70,000	문화예술과	1	2	7	8	7	1	1	1
14757	경북 구미시	구미풍물전승보전	8,900	문화예술과	1	4	6	1	6	1	1	1
14758	경북 구미시	경북풍물대축제출전	7,200	문화예술과	1	4	6	1	6	1	1	1
14759	경북 구미시	구미문화원 시민문화강좌	12,960	문화예술과	1	4	6	1	6	1	1	1
14760	경북 구미시	원평공원 성탄트리탑설치	15,000	문화예술과	1	4	7	7	6	1	1	1
14761	경북 구미시	구미발전과 평안기원 연등축제	15,000	문화예술과	1	4	7	7	6	1	1	1
14762	경북 구미시	선산읍민 안녕기원제	2,520	문화예술과	1	4	7	7	6	1	1	1
14763	경북 구미시	통합문화이용권 사업	743,900	문화예술과	1	4	7	7	6	1	1	1
14764	경북 구미시	국악강사풀제운영지원	167,270	문화예술과	1	4	7	7	6	1	1	1
14765	경북 구미시	선비아카데미지원	16,500	문화예술과	1	4	6	1	6	1	1	1
14766	경북 구미시	문화학교 운영지원	12,000	문화예술과	1	4	6	1	6	1	1	1
14767	경북 구미시	예갤러리초대전	50,000	문화예술과	1	4	7	1	6	1	1	1
14768	경북 구미시	어르신문화학교	6,000	문화예술과	1	4	6	1	6	1	1	1
14769	경북 구미시	정수실버합창단	6,600	문화예술과	1	4	6	1	6	1	1	1
14770	경북 구미시	저소득장애아동및청소년문화예술역량강화지원	30,000	문화예술과	1	4	7	7	6	1	1	1
14771	경북 구미시	제22회 대한민국정수대전(미술,서예·문인화,사진)	260,000	문화예술과	1	4	7	1	7	1	1	4
14772	경북 구미시	향교기로연	5,145	문화예술과	1	6	7	8	7	1	1	1
14773	경북 구미시	향교석전대제	5,945	문화예술과	1	6	7	8	7	1	1	1
14774	경북 구미시	향교전통문화예절교육	4,745	문화예술과	1	6	7	8	7	1	1	1
14775	경북 구미시	유림지도자체험연수	1,545	문화예술과	1	6	7	8	7	1	1	1
14776	경북 구미시	여헌학당 시민문화 강좌	11,000	문화예술과	1	4	7	8	7	1	1	1
14777	경북 구미시	여헌학연구지원(학보발간)	3,000	문화예술과	1	4	7	8	7	1	1	1
14778	경북 구미시	금오서원 춘추계향사	3,600	문화예술과	1	4	7	8	7	1	1	1
14779	경북 구미시	문산서원 춘계향사	1,200	문화예술과	1	4	7	8	7	1	1	1
14780	경북 구미시	낙봉서원 춘계향사	1,200	문화예술과	1	4	7	8	7	1	1	1
14781	경북 구미시	동락서원 추계향사	1,200	문화예술과	1	4	7	8	7	1	1	1
14782	경북 구미시	월암서원 추계향사	1,200	문화예술과	1	4	7	8	7	1	1	1
14783	경북 구미시	구미발갱이들소리보존사업	24,000	문화예술과	1	6	7	8	7	1	1	1
14784	경북 구미시	전통혼례및가장행렬지원	5,400	문화예술과	1	4	7	8	7	1	1	1
14785	경북 구미시	채미정유계회지원	1,500	문화예술과	1	4	7	8	7	1	1	1
14786	경북 구미시	구미가정의례지도원 양성 및 심화교육	15,000	문화예술과	1	4	7	8	7	1	1	1
14787	경북 구미시	옥계서원 인성예절교육	13,000	문화예술과	1	6	7	8	7	1	1	1
14788	경북 구미시	지역유림(장의) 인성교실	6,400	문화예술과	1	4	7	8	7	1	1	1

순번	시군구	지출명 (사업명)	2021년예산 (단위:천원/1년간)	담당자 (공무원) 담당부서	민간이전 분류 (지방자치단체 세출예산 집행기준에 의거) 1. 민간경상사업보조(307-02) 2. 민간단체 법정운영비보조(307-03) 3. 민간행사사업보조(307-04) 4. 민간위탁금(307-05) 5. 사회복지시설 법정운영비보조(307-10) 6. 민간인위탁교육비(307-12) 7. 공기관등에대한경상적위탁사업비(308-11) 8. 민간자본사업보조,자체재원(402-01) 9. 민간자본사업보조,이전재원(402-02) 10. 민간위탁사업비(402-03) 11. 공기관등에 대한 자본적 대행사업비(403-02)	민간이전지출 근거 (지방보조금 관리기준 참고) 1. 법률에 규정 2. 국고보조 재원(국가지정) 3. 용도 지정 기부금 4. 조례에 직접규정 5. 지자체가 권장하는 사업을 하는 공공기관 6. 시,도 정책 및 재정사정 7. 기타 8. 해당없음	입찰방식 계약체결방법 (경쟁형태) 1. 일반경쟁 2. 제한경쟁 3. 지명경쟁 4. 수의계약 5. 법정위탁 6. 기타 ( ) 7. 해당없음	계약기간 1. 1년 2. 2년 3. 3년 4. 4년 5. 5년 6. 기타 ( )년 7. 단기계약 (1년미만) 8. 해당없음	낙찰자선정방법 1. 적격심사 2. 협상에의한계약 3. 최저가낙찰제 4. 규격가격분리 5. 2단계 경쟁입찰 6. 기타 ( ) 7. 해당없음	운영예산 산정 운영예산 산정 1. 내부산정 (지자체 자체적으로 산정) 2. 외부산정 (외부전문기관위탁 산정) 3. 내·외부 모두 산정 4. 산정 無 5. 해당없음	정산방법 1. 내부정산 (지자체 내부적으로 정산) 2. 외부정산 (외부전문기관위탁 정산) 3. 내·외부 모두 산정 4. 정산 無 5. 해당없음	성과평가 실시여부 1. 실시 2. 미실시 3. 향후 추진 4. 해당없음
14789	경북 구미시	무형문화재 전승교육	1,700	문화예술과	1	6	7	8	7	1	1	1
14790	경북 구미시	2021 동락서원나들이	80,000	문화예술과	1	2	7	8	7	5	5	4
14791	경북 구미시	선산향교 앤 선비	62,500	문화예술과	1	2	7	8	7	5	5	4
14792	경북 구미시	자연유산민속행사지원	1,000	문화예술과	1	2	7	8	7	1	1	1
14793	경북 구미시	천생산성보존사업	8,100	문화예술과	1	4	7	8	7	1	1	1
14794	경북 구미시	종갓집슬로우푸드여행 1박2일	90,000	문화예술과	1	2	7	8	7	5	5	4
14795	경북 구미시	지역문화유산교육사업	52,000	문화예술과	1	2	7	8	7	5	5	4
14796	경북 구미시	천년향의 문을 열다	25,000	문화예술과	1	2	7	8	7	5	5	4
14797	경북 구미시	지역선도대학 육성사업 지원	210,000	교육지원과	1	2	4	3	2	1	1	2
14798	경북 구미시	학교우유 급식사업	825,700	교육지원과	1	2	1	1	2	1	1	4
14799	경북 구미시	초등돌봄교실 과일간식 지원	136,515	교육지원과	1	2	1	1	2	1	1	4
14800	경북 구미시	청소년 선도보호 및 범죄예방 활동	64,000	교육지원과	1	1	7	8	7	1	1	3
14801	경북 구미시	새마을작은도서관 독서취미교양교실	10,240	새마을과	1	4	5	1	7	1	5	4
14802	경북 구미시	새마을여성합창단 대회 및 행사활동 지원	14,400	새마을과	1	4	5	1	7	1	5	4
14803	경북 구미시	읍면동 새마을지도자협의회 활성화추진	21,600	새마을과	1	4	5	1	7	1	5	4
14804	경북 구미시	읍면동 새마을부녀회 활성화추진	25,920	새마을과	1	4	5	1	7	1	5	4
14805	경북 구미시	새마을교통봉사대 교통계도활동지원	4,000	새마을과	1	4	5	1	7	1	5	4
14806	경북 구미시	사랑의 김장담그기사업	8,000	새마을과	1	4	5	1	7	1	5	4
14807	경북 구미시	자원재활용품수집 경진대회	3,200	새마을과	1	4	5	1	7	1	5	4
14808	경북 구미시	21세기 새마을운동 추진활성화	14,000	새마을과	1	4	5	1	7	1	5	4
14809	경북 구미시	21세기 새마을운동 추진운영지원	17,000	새마을과	1	4	5	1	5	1	5	4
14810	경북 구미시	범도민 독서생활화운동	7,680	새마을과	1	4	5	1	5	1	5	4
14811	경북 구미시	행복한 보금자리 만들기사업	30,000	새마을과	1	4	5	1	5	1	5	4
14812	경북 구미시	바른가정 만들기 사업	4,000	새마을과	1	4	5	1	7	1	5	4
14813	경북 구미시	여성회 지원사업	5,968	새마을과	1	4	5	1	7	1	5	4
14814	경북 구미시	신자연보호 및 녹색시민의식 확산운동	5,760	새마을과	1	4	5	1	7	1	5	4
14815	경북 구미시	바르게살기운동 활동지원	2,400	새마을과	1	4	5	1	7	1	5	4
14816	경북 구미시	자연보호운동 활동지원	4,000	새마을과	1	4	5	1	7	1	5	4
14817	경북 구미시	바르게살기운동 읍면동위원회 지원사업	21,600	새마을과	1	4	5	1	7	1	5	4
14818	경북 구미시	자연보호운동 교육 및 홍보사업	5,040	새마을과	1	4	5	1	7	1	5	4
14819	경북 구미시	바르게살기운동 건전생활실천교육	1,650	새마을과	1	4	5	1	7	1	5	4
14820	경북 구미시	바르게살기운동 청년회 조직활성화	5,000	새마을과	1	4	5	1	7	1	5	4
14821	경북 구미시	사회적기업등일자리창출사업	800,000	새마을과	1	2	7	8	7	5	5	4
14822	경북 구미시	사회적기업 사업개발비 지원사업	130,000	새마을과	1	2	7	8	7	5	5	4
14823	경북 구미시	마을기업육성사업	25,000	새마을과	1	2	7	8	7	5	5	4
14824	경북 구미시	사회적경제청년일자리	648,000	새마을과	1	2	7	8	7	5	5	4
14825	경북 구미시	사회적기업 사회보험료지원사업	13,600	새마을과	1	2	7	8	7	5	5	4
14826	경북 구미시	학교체육(초,중,고) 육성지원	263,500	체육진흥과	1	7	7	1	7	1	1	1
14827	경북 구미시	체육회 및 가맹경기단체 활성화 지원	273,000	체육진흥과	1	7	7	1	7	1	1	1
14828	경북 구미시	전문체육 육성지원	1,328	체육진흥과	1	7	7	1	7	1	1	1
14829	경북 구미시	구미시체육회 운영비	271,000	체육진흥과	1	7	7	1	7	1	1	1
14830	경북 구미시	가족사랑 스포츠교실 운영	54,000	체육진흥과	1	6	7	7	7	1	1	2
14831	경북 구미시	생활체육교실 운영	37,000	체육진흥과	1	6	7	7	7	1	1	2
14832	경북 구미시	국민체력100 구미체력인증센터 운영	206,250	체육진흥과	1	2	7	7	7	1	1	2
14833	경북 구미시	생활체육지도자배치	204,624	체육진흥과	1	6	7	7	7	1	1	2
14834	경북 구미시	생활체육지도자 교통비 지원(노인지도자 포함)	16,800	체육진흥과	1	6	7	7	7	1	1	2
14835	경북 구미시	생활체육지도자장기근속수당지원	4,860	체육진흥과	1	6	7	7	7	1	1	2
14836	경북 구미시	생활체육지도자(노인전담)배치	204,624	체육진흥과	1	6	7	7	7	1	1	2
14837	경북 구미시	장애인생활체육지도자배치	146,160	체육진흥과	1	2	7	7	7	1	1	2
14838	경북 구미시	장애인생활체육지도자교통비지원	6,000	체육진흥과	1	6	7	7	7	1	1	2
14839	경북 구미시	장애인스포츠강좌 이용권 지원	6,400	체육진흥과	1	2	7	7	7	1	1	2

순번	시군구	지출명 (사업명)	2021년예산 (단위:천원/1년간)	담당자 (공무원) 담당부서	민간이전 분류 (지방자치단체 세출예산 집행기준에 의거) 1. 민간경상사업보조(307-02) 2. 민간단체 법정운영비보조(307-03) 3. 민간행사사업보조(307-04) 4. 민간위탁금(307-05) 5. 사회복지시설 법정운영비보조(307-10) 6. 민간인위탁교육비(307-12) 7. 공기관등에대한경상적위탁사업비(308-11) 8. 민간자본사업보조,자체재원(402-01) 9. 민간자본사업보조,이전재원(402-02) 10. 민간위탁사업비(402-03) 11. 공기관등에 대한 자본적 대행사업비(403-02)	민간이전지출 근거 (지방보조금 관리기준 참고) 1. 법률에 규정 2. 국고보조 재원(국가지정) 3. 용도 지정 기부금 4. 조례에 직접규정 5. 지자체가 권장하는 사업을 하는 공공기관 6. 시,도 정책 및 재정사정 7. 기타 8. 해당없음	입찰방식 계약체결방법 (경쟁형태) 1. 일반경쟁 2. 제한경쟁 3. 지명경쟁 4. 수의계약 5. 법정위탁 6. 기타 ( ) 7. 해당없음	입찰방식 계약기간 1. 1년 2. 2년 3. 3년 4. 4년 5. 5년 6. 기타 ( )년 7. 단기계약 (1년미만) 8. 해당없음	입찰방식 낙찰자선정방법 1. 적격심사 2. 협상에의한계약 3. 최저가낙찰제 4. 규격가격분리 5. 2단계 경쟁입찰 6. 기타 ( ) 7. 해당없음	운영예산 산정 운영예산 산정 1. 내부산정 (지자체 자체적으로 산정) 2. 외부산정 (외부전문기관위탁 산정) 3. 내·외부 모두 산정 4. 산정 無 5. 해당없음	운영예산 산정 정산방법 1. 내부정산 (지자체 내부적으로 정산) 2. 외부정산 (외부전문기관위탁 정산) 3. 내·외부 모두 산정 4. 정산 無 5. 해당없음	성과평가 실시여부 1. 실시 2. 미실시 3. 향후 추진 4. 해당없음
14840	경북 구미시	시청운동선수단 육성 지원	4,083	체육진흥과	1	1	7	8	7	3	3	1
14841	경북 구미시	스포츠강좌이용권 사업	326,400	체육진흥과	1	1	7	7	7	3	3	1
14842	경북 구미시	구미재향경우회(국가안보관 확립 및 지역사회 봉사사업)	4,000	총무과	1	1	7	8	7	1	1	1
14843	경북 구미시	민주평화통일구미시협의회 운영비	14,020	총무과	1	1	7	8	7	1	1	1
14844	경북 구미시	한국자유총연맹구미시지회 운영비	21,380	총무과	1	1	7	8	7	1	1	1
14845	경북 구미시	북한이탈주민에 대한 인식개선 사업	20,000	총무과	1	6	7	8	7	1	1	1
14846	경북 구미시	자유민주주의 활성화연수 및 평가대회	7,000	총무과	1	1	7	8	7	1	1	1
14847	경북 구미시	읍면동분회 및 어머니포순이봉사단 활동사업	11,600	총무과	1	1	7	8	7	1	1	1
14848	경북 구미시	독도 수호 결의대회	8,600	총무과	1	1	7	8	7	1	1	1
14849	경북 구미시	시민 안보의식 개선 및 한마음대회	10,320	총무과	1	1	7	8	7	1	1	1
14850	경북 구미시	청소년 국토사랑탐방	10,400	총무과	1	1	7	8	7	1	1	1
14851	경북 구미시	북한이탈주민 송년 화합 한마당	5,000	총무과	1	1	7	8	7	1	1	1
14852	경북 구미시	북한이탈주민 명랑운동회	5,000	총무과	1	1	7	8	7	1	1	1
14853	경북 구미시	초등학생과 함께하는 통일 백일장	5,000	총무과	1	1	7	8	7	1	1	1
14854	경북 구미시	주민자치활성화 공모사업	50,000	총무과	1	4	7	8	7	5	5	4
14855	경북 구미시	의용소방대 소방기술 경연대회	11,200	안전재난과	1	4	7	8	7	1	1	3
14856	경북 구미시	정보화마을 프로그램관리자 인건비	35,002	정보통신과	1	4	7	8	7	1	1	1
14857	경북 구미시	정보화마을 활성화지원사업	10,000	정보통신과	1	4	7	8	7	1	1	1
14858	경북 구미시	우수정보화마을 청년지도자 인건비	22,500	정보통신과	1	2	7	8	7	1	1	1
14859	경북 구미시	호국용사 및 보훈단체,유족 전적지 순례	18,000	복지정책과	1	4	7	8	7	1	1	1
14860	경북 구미시	호국보훈 선양사업 지원	4,500	복지정책과	1	4	7	8	7	1	1	1
14861	경북 구미시	베트남 전적지 순례	18,000	복지정책과	1	4	7	8	7	1	1	1
14862	경북 구미시	고엽제전우회 보훈병원 치료 및 안보활동 지원	4,500	복지정책과	1	4	7	8	7	1	1	1
14863	경북 구미시	독도지킴이 및 안보활동 지원	3,600	복지정책과	1	4	7	8	7	1	1	1
14864	경북 구미시	보훈단체 국립현충원 등 참배 순례	5,100	복지정책과	1	4	7	8	7	1	1	1
14865	경북 구미시	베트남 참전 기념행사 참가	3,600	복지정책과	1	4	7	8	7	1	1	1
14866	경북 구미시	해외 안보문화 체험	18,000	복지정책과	1	4	7	8	7	1	1	1
14867	경북 구미시	6.25참전유공자회구미시지회 활동	5,400	복지정책과	1	4	7	8	7	1	1	1
14868	경북 구미시	무공수훈자회구미시지회 활동	5,000	복지정책과	1	4	7	8	7	1	1	1
14869	경북 구미시	구미시재향군인회 활동	5,000	복지정책과	1	4	7	8	7	1	1	1
14870	경북 구미시	여성역량강화사업 및 여성종합복지상담	16,000	복지정책과	1	4	7	8	7	1	1	1
14871	경북 구미시	도시재생사업 주민공모	50,000	도시재생과	1	1	7	8	7	5	5	4
14872	경북 구미시	도시재생사업 주민제안사업	35,000	도시재생과	1	1	7	8	7	5	5	4
14873	경북 구미시	작은행복 나눔장터 운영지원	4,200	도시재생과	1	1	7	8	7	5	5	4
14874	경북 구미시	영구임대아파트 공동전기료 지원	4,464	공동주택과	1	4	7	8	7	1	1	1
14875	경북 구미시	낙동강환경지킴이 활동	4,000	환경보전과	1	4	7	8	7	5	5	4
14876	경북 구미시	굴뚝자동측정기기 설치 및 운영관리비 지원사업	38,323	환경보전과	1	1	7	8	7	5	5	4
14877	경북 구미시	천연가스차량 연료비 보조금	76,000	환경보전과	1	2	7	8	7	5	5	4
14878	경북 구미시	노후경유차 조기폐차 지원	7,808	환경보전과	1	2	7	8	7	5	5	4
14879	경북 구미시	시민정원사 교육	40,000	공원녹지과	1	2	7	8	7	5	5	4
14880	경북 구미시	지역사회 교통질서계도 및 교통안전지도	11,200	교통정책과	1	4	6	1	6	1	1	1
14881	경북 구미시	코로나피해 여객터미널 경영안정화사업	200,000	대중교통과	1	1	7	8	7	5	5	4
14882	경북 구미시	터미널 관리비	14,000	대중교통과	1	8	7	8	7	5	5	4
14883	경북 구미시	정류장 관리비	22,000	대중교통과	1	8	7	8	7	5	5	4
14884	경북 구미시	전국체전 터미널(정류장) 화장실 청소용역	8,000	대중교통과	1	7	7	8	7	5	5	4
14885	경북 구미시	여성농업인 행복바우처 지원	114,000	농정과	1	4	7	8	7	5	5	1
14886	경북 구미시	청년농업인 영농정착지원(31명)	254,524	농정과	1	2	7	8	7	5	1	1
14887	경북 구미시	농작물재해보험	73,431	농정과	1	2	7	8	7	5	5	1
14888	경북 구미시	농업인안전재해보험	61,474	농정과	1	2	7	8	7	5	5	1
14889	경북 구미시	농촌체험휴양마을보험가입지원	1,656	농정과	1	2	7	8	7	5	1	1
14890	경북 구미시	농촌체험휴양마을 사무장 채용 지원	19,764	농정과	1	2	7	8	7	5	1	1

순번	시군구	지출명 (사업명)	2021년예산 (단위:천원/1년간)	담당자 (공무원) 담당부서	민간이전 분류 (지방자치단체 세출예산 집행기준에 의거) 1. 민간경상사업보조(307-02) 2. 민간단체 법정운영비보조(307-03) 3. 민간행사사업보조(307-04) 4. 민간위탁금(307-05) 5. 사회복지시설 법정운영비보조(307-10) 6. 민간인위탁교육비(307-12) 7. 공기관등에대한경상적위탁사업비(308-11) 8. 민간자본사업보조,자체재원(402-01) 9. 민간자본사업보조,이전재원(402-02) 10. 민간위탁사업비(402-03) 11. 공기관등에 대한 자본적 대행사업비(403-02)	민간이전지출 근거 (지방보조금 관리기준 참고) 1. 법률에 규정 2. 국고보조 재원(국가지정) 3. 용도 지정 기부금 4. 조례에 직접규정 5. 지자체가 권장하는 사업을 하는 공공기관 6. 시,도 정책 및 재정사정 7. 기타 8. 해당없음	입찰방식 계약체결방법 (경쟁형태) 1. 일반경쟁 2. 제한경쟁 3. 지명경쟁 4. 수의계약 5. 법정위탁 6. 기타 ( ) 7. 해당없음	입찰방식 계약기간 1. 1년 2. 2년 3. 3년 4. 4년 5. 5년 6. 기타 ( )년 7. 단기계약 (1년미만) 8. 해당없음	입찰방식 낙찰자선정방법 1. 적격심사 2. 협상에의한계약 3. 최저가낙찰제 4. 규격가격분리 5. 2단계 경쟁입찰 6. 기타 ( ) 7. 해당없음	운영예산 산정 운영예산 산정 1. 내부산정 (지자체 자체적으로 산정) 2. 외부산정 (외부전문기관위탁 산정) 3. 내·외부 모두 산정 4. 산정 無 5. 해당없음	운영예산 산정 정산방법 1. 내부정산 (지자체 내부적으로 정산) 2. 외부정산 (외부전문기관위탁 정산) 3. 내·외부 모두 산정 4. 정산 無 5. 해당없음	성과평가 실시여부 1. 실시 2. 미실시 3. 향후 추진 4. 해당없음
14891	경북 구미시	농어촌 지역사랑의 공부방지원	16,000	농정과	1	4	7	8	7	5	5	1
14892	경북 구미시	이동식 놀이교실 지원	129,200	농정과	1	1	7	8	7	5	5	4
14893	경북 구미시	볏짚환원사업	28,000	농정과	1	4	7	8	7	5	1	1
14894	경북 구미시	식량작물공동경영체컨설팅지원	27,000	농정과	1	2	7	8	7	5	1	1
14895	경북 구미시	농촌인력중개센터 운영 지원	80,000	농정과	1	2	7	8	7	5	5	1
14896	경북 구미시	농식품 국내판촉지원	15,000	유통과	1	4	7	8	7	5	5	4
14897	경북 구미시	농식품국외 판촉(박람회)지원	10,000	유통과	1	1	7	8	7	5	5	4
14898	경북 구미시	수출농식품브랜드경쟁력제고	4,000	유통과	1	1	7	8	7	5	5	4
14899	경북 구미시	식생활교육지원	48,000	유통과	1	2	7	8	7	5	5	4
14900	경북 구미시	6차산업경영체 경쟁력 강화지원	70,000	유통과	1	4	7	8	7	5	5	4
14901	경북 구미시	월급받는청년농부제	18,600	유통과	1	2	7	8	7	5	5	4
14902	경북 구미시	인건비 지원	18,000	유통과	1	2	7	8	7	5	5	4
14903	경북 구미시	정착지원비 지원	600	유통과	1	2	7	8	7	5	5	4
14904	경북 구미시	조사료 품질검사(채취) 지원	32,000	축산과	1	2	7	8	7	1	1	1
14905	경북 구미시	사료작물 종자구입비 지원(전문단지)	38,240	축산과	1	2	7	8	7	1	1	1
14906	경북 구미시	축산물이력제 업무인턴 지원	24,996	축산과	1	2	7	8	7	1	1	1
14907	경북 구미시	농촌관광승마 활성화사업	73,000	축산과	1	2	7	8	7	1	1	1
14908	경북 구미시	농촌관광승마 활성화사업(구미시승마장)	80,000	축산과	1	2	7	8	7	1	1	1
14909	경북 구미시	초중고 승마체험 지원	224,000	축산과	1	2	7	8	7	1	1	1
14910	경북 구미시	사회공익 승마체험(재활승마) 지원	14,280	축산과	1	2	7	8	7	1	1	1
14911	경북 구미시	사회공익 승마체험(생활승마) 지원	7,680	축산과	1	2	7	8	7	1	1	1
14912	경북 구미시	유소년승마단 창단비 지원	80,000	축산과	1	2	7	8	7	1	1	1
14913	경북 구미시	유소년승마단 운영비 지원	60,000	축산과	1	2	7	8	7	1	1	1
14914	경북 구미시	승용마 조련강화사업	12,000	축산과	1	2	7	8	7	1	1	1
14915	경북 구미시	낙농헬퍼(도우미)지원	10,800	축산과	1	2	7	8	7	1	1	1
14916	경북 구미시	돼지 써코바이러스 예방백신 지원사업	58,451	축산과	1	2	7	8	7	1	1	1
14917	경북 구미시	산림소득활성화 지원사업	3,500	산림과	1	2	7	8	7	5	5	4
14918	경북 구미시	유아숲프로그램지원	7,142	산림과	1	1	7	8	7	5	5	4
14919	경북 구미시	생물테러 이중감시체계 운영	7,560	구미보건소	1	8	7	8	7	5	5	4
14920	경북 구미시	한센환자관리 보조금	12,750	구미보건소	1	1	5	1	6	2	1	4
14921	경북 구미시	주요감염병 표본감시의료기관 지원	9,480	구미보건소	1	2	7	8	7	5	1	4
14922	경북 구미시	민간의료기관 결핵환자 관리	71,300	구미보건소	1	2	5	1	6	2	1	4
14923	경북 구미시	치매환자 지원프로그램 운영	110,000	구미보건소	1	2	5	1	7	1	2	1
14924	경북 구미시	응급의료기관운영지원	150,000	구미보건소	1	1	7	8	7	5	5	4
14925	경북 구미시	호흡기전담클리닉 설치운영 지원	400,000	구미보건소	1	2	7	8	7	5	5	4
14926	경북 구미시	의료관련 감염병 감시체계 참여병원 지원	20,000	구미보건소	1	2	7	8	7	5	5	4
14927	경북 구미시	대표농산물 씨감자 자체생산공급 차액지원	40,000	농업기술센터	1	6	7	8	7	5	5	4
14928	경북 구미시	청년농업인 4-H회원 활동지원	3,000	농업기술센터	1	4	7	8	7	5	5	4
14929	경북 구미시	학생 4-H회원 과제활동지원	3,000	농업기술센터	1	4	7	8	7	5	5	4
14930	경북 구미시	행복한농촌가정육성프로젝트시범	5,000	농업기술센터	1	1	7	8	7	5	5	4
14931	경북 영주시	영주시 지역발전전략 연구	15,000	기획예산실	1	4	7	8	7	1	1	1
14932	경북 영주시	영주시 정책자문위원회 워크숍	8,000	기획예산실	1	4	7	8	7	1	1	1
14933	경북 영주시	영주FM소출력방송국 지원	60,885	홍보전산실	1	1	7	1	7	1	1	1
14934	경북 영주시	한국자유총연맹 영주시지회 사업 보조	5,600	홍보전산실	1	1	7	1	7	1	1	1
14935	경북 영주시	민족통일 영주시협의회 사업 보조	4,000	홍보전산실	1	1	7	1	7	1	1	1
14936	경북 영주시	정보화마을 프로그램관리자 운영	21,501	홍보전산실	1	6	7	7	7	1	1	1
14937	경북 영주시	정보화마을 프로그램관리자 운영	21,501	홍보전산실	1	6	7	7	7	1	1	1
14938	경북 영주시	우수정보화마을 청년지도자 운영	26,500	홍보전산실	1	2	7	7	7	1	1	1
14939	경북 영주시	우수정보화마을 청년지도자 운영	26,500	홍보전산실	1	2	7	7	7	1	1	1
14940	경북 영주시	정보화마을활성화지원	5,000	홍보전산실	1	6	7	7	7	1	1	1
14941	경북 영주시	정보화마을활성화지원	5,000	홍보전산실	1	6	7	7	7	1	1	1

순번	시군구	지출명 (사업명)	2021년예산 (단위:천원/1년간)	담당자 (공무원)	민간이전 분류 (지방자치단체 세출예산 집행기준에 의거)	민간이전지출 근거 (지방보조금 관리기준 참고)	입찰방식			운영예산 산정		성과평가 실시여부
				담당부서	1. 민간경상사업보조(307-02) 2. 민간단체 법정운영비보조(307-03) 3. 민간행사사업보조(307-04) 4. 민간위탁금(307-05) 5. 사회복지시설 법정운영비보조(307-10) 6. 민간인위탁교육비(307-12) 7. 공기관등에대한경상적위탁사업비(308-11) 8. 민간자본사업보조,자체재원(402-01) 9. 민간자본사업보조,이전재원(402-02) 10. 민간위탁사업비(402-03) 11. 공기관등에 대한 자본적 대행사업비(403-02)	1. 법률에 규정 2. 국고보조 재원(국가지정) 3. 용도 지정 기부금 4. 조례에 직접규정 5. 지자체가 권장하는 사업을 하는 공공기관 6. 시,도 정책 및 재정사정 7. 기타 8. 해당없음	계약체결방법 (경쟁형태) 1. 일반경쟁 2. 제한경쟁 3. 지명경쟁 4. 수의계약 5. 법정위탁 6. 기타 ( ) 7. 해당없음	계약기간 1. 1년 2. 2년 3. 3년 4. 4년 5. 5년 6. 기타 ( )년 7. 단기계약 (1년미만) 8. 해당없음	낙찰자선정방법 1. 적격심사 2. 협상에의한계약 3. 최저가낙찰제 4. 규격가격분리 5. 2단계 경쟁입찰 6. 기타 ( ) 7. 해당없음	운영예산 산정 1. 내부산정 (지자체 자체적으로 산정) 2. 외부산정 (외부전문기관위탁 산정) 3. 내·외부 모두 산정 4. 산정 無 5. 해당없음	정산방법 1. 내부정산 (지자체 내부적으로 정산) 2. 외부정산 (외부전문기관위탁 정산) 3. 내·외부 모두 산정 4. 정산 無 5. 해당없음	1. 실시 2. 미실시 3. 향후 추진 4. 해당없음
14942	경북 영주시	정보화마을 페스타/축제/직거래장터 등 참가비	1,890	홍보전산실	1	7	7	7	7	1	1	1
14943	경북 영주시	정보화마을 페스타/축제/직거래장터 등 참가비	1,890	홍보전산실	1	7	7	7	7	1	1	1
14944	경북 영주시	정보화마을 전자상거래 택배비 지원	3,000	홍보전산실	1	7	7	7	7	1	1	1
14945	경북 영주시	정보화마을 전자상거래 택배비 지원	3,000	홍보전산실	1	7	7	7	7	1	1	1
14946	경북 영주시	전통시장 특판행사 및 홍보 지원	8,000	일자리경제과	1	4	4	7	7	1	1	4
14947	경북 영주시	호시탐탐 시장탐험대 운영 지원	20,000	일자리경제과	1	4	4	1	7	1	1	4
14948	경북 영주시	상인조직역량강화사업(시장매니저) 인건비 지원	9,600	일자리경제과	1	2	4	7	7	1	1	4
14949	경북 영주시	영주문화시장 주차환경개선사업	7,939	일자리경제과	1	2	4	7	7	1	1	4
14950	경북 영주시	건설기술 인력양성 지원사업	128,000	일자리경제과	1	1	7	8	7	5	5	4
14951	경북 영주시	취업지원센터 활성화사업	200,000	일자리경제과	1	6	7	8	7	5	5	4
14952	경북 영주시	사회적경제창업사관학교	50,000	일자리경제과	1	6	7	5	7	5	1	4
14953	경북 영주시	지역산업맞춤형일자리창출지원사업	100,500	일자리경제과	1	1	7	8	7	5	5	4
14954	경북 영주시	사회적기업 사업개발비 지원사업	70,000	일자리경제과	1	2	7	8	7	5	5	4
14955	경북 영주시	마을기업 육성사업	50,000	일자리경제과	1	2	7	8	7	5	5	4
14956	경북 영주시	사회적기업등 일자리창출지원사업	1,374	일자리경제과	1	2	7	8	7	5	5	4
14957	경북 영주시	사회적기업 사회보험료 지원사업	13,000	일자리경제과	1	2	7	8	7	5	5	4
14958	경북 영주시	사회적기업 지역특화사업	30,000	일자리경제과	1	2	7	8	7	5	5	4
14959	경북 영주시	경북형 사회적경제청년일자리 (지역주도형청년일자리)	645,000	일자리경제과	1	2	7	8	7	5	5	4
14960	경북 영주시	경북청년예비창업가 육성사업	105,000	일자리경제과	1	4	7	8	7	5	5	4
14961	경북 영주시	1사1청년더채용릴레이운동	90,000	일자리경제과	1	4	7	8	7	5	5	4
14962	경북 영주시	청년스타트업 지원	191,453	일자리경제과	1	4	7	8	7	5	5	4
14963	경북 영주시	담배판매인 지정 조사업무 대행사업비	5,000	일자리경제과	1	4	7	8	7	1	1	1
14964	경북 영주시	산업안전도시 실현을 위한 기업 안전컨설팅제 운영	20,000	투자유치과	1	4	7	8	7	5	5	4
14965	경북 영주시	원스탑 경영애로 지원사업	20,000	투자유치과	1	4	7	1	7	1	1	1
14966	경북 영주시	영주시 기업맞춤형 입찰정보시스템 운영 지원	12,000	투자유치과	1	4	7	1	7	1	1	1
14967	경북 영주시	노동법률상담소 활성화 지원	50,000	투자유치과	1	4	2	1	1	1	1	1
14968	경북 영주시	창업보육사업 지원	40,000	투자유치과	1	4	7	1	7	1	1	1
14969	경북 영주시	첨단베어링산업 발전 포럼 개최	25,000	첨단베어링산업지원단	1	1	7	8	7	5	5	3
14970	경북 영주시	과수수출농가 기자재 지원	70,000	유통지원과	1	7	7	7	7	1	1	4
14971	경북 영주시	영주 농산물 수출용포장재 지원사업	42,500	유통지원과	1	7	7	7	7	1	1	4
14972	경북 영주시	영주농산물유통센터 과실장기저장제(1-MCP)지원	14,875	유통지원과	1	7	7	8	7	5	1	1
14973	경북 영주시	영주농산물 1등 브랜드 프로젝트사업	355,500	유통지원과	1	4	7	8	7	5	1	1
14974	경북 영주시	GAP 약초 세척·건조·가공비 지원	60,000	유통지원과	1	4	7	8	7	1	1	3
14975	경북 영주시	농산물 공동선별비	38,000	유통지원과	1	2	7	8	7	5	1	1
14976	경북 영주시	농산물 마케팅 지원사업	2,040	유통지원과	1	2	7	8	7	5	1	1
14977	경북 영주시	농산물유통구조개선 지원	198	유통지원과	1	6	7	8	7	5	1	1
14978	경북 영주시	농산물 산지 유통기능 활성화지원	42,134	유통지원과	1	6	7	8	7	5	1	1
14979	경북 영주시	해외 영주홍보관 홍보 지원	100,000	유통지원과	1	7	7	7	7	1	1	4
14980	경북 영주시	해외시장 개척 홍보활동 지원	34,000	유통지원과	1	7	7	7	7	1	1	4
14981	경북 영주시	한-베 비즈니스 수출상담회 지원	17,000	유통지원과	1	7	7	7	7	1	1	4
14982	경북 영주시	경북 우수농산물 해외 수출촉진 홍보행사 지원	17,000	유통지원과	1	7	7	8	7	5	5	4
14983	경북 영주시	농식품 국외판촉지원	12,000	유통지원과	1	6	7	7	7	1	1	4
14984	경북 영주시	수출기업 해외 경제교류 확대 지원	20,000	유통지원과	1	7	7	7	7	1	1	4
14985	경북 영주시	해외 온라인 영주시 농특산품 판촉전 지원	20,000	유통지원과	1	7	7	7	7	1	1	4
14986	경북 영주시	영주생강, 애호박 공선농가 선별비 지원	30,222	유통지원과	1	7	7	8	7	5	1	1
14987	경북 영주시	경북사과 홍보행사	20,000	유통지원과	1	4	7	8	7	1	1	3
14988	경북 영주시	영주농특산물 홈쇼핑 판매 지원	68,000	유통지원과	1	4	7	8	7	1	1	3
14989	경북 영주시	농식품박람회 홍보판촉활동 지원	8,000	유통지원과	1	4	7	8	7	1	1	3
14990	경북 영주시	식품전시회 참가 지원	10,000	유통지원과	1	6	7	8	7	1	1	3
14991	경북 영주시	풍기인삼 포장재 제작 지원	57,800	유통지원과	1	4	7	8	7	1	1	3
14992	경북 영주시	영주시 우수농특산물 상표사용자 포장재 지원	63,750	유통지원과	1	4	7	8	7	1	1	3

순번	시군구	지출명 (사업명)	2021년예산 (단위:천원/1년간)	담당자(공무원) 담당부서	민간이전 분류 (지방자치단체 세출예산 집행기준에 의거) 1. 민간경상사업보조(307-02) 2. 민간단체 법정운영비보조(307-03) 3. 민간행사사업보조(307-04) 4. 민간위탁금(307-05) 5. 사회복지시설 법정운영비보조(307-10) 6. 민간인위탁교육비(307-12) 7. 공기관등에대한경상적위탁사업비(308-11) 8. 민간자본사업보조,자체재원(402-01) 9. 민간자본사업보조,이전재원(402-02) 10. 민간위탁사업비(402-03) 11. 공기관등에 대한 자본적 대행사업비(403-02)	민간이전지출 근거 (지방보조금 관리기준 참고) 1. 법률에 규정 2. 국고보조 재원(국가지정) 3. 용도 지정 기부금 4. 조례에 직접규정 5. 지자체가 권장하는 사업을 하는 공공기관 6. 시,도 정책 및 재정사정 7. 기타 8. 해당없음	입찰방식 계약체결방법 (경쟁형태) 1. 일반경쟁 2. 제한경쟁 3. 지명경쟁 4. 수의계약 5. 법정위탁 6. 기타 ( ) 7. 해당없음	입찰방식 계약기간 1. 1년 2. 2년 3. 3년 4. 4년 5. 5년 6. 기타 ( )년 7. 단기계약 (1년미만) 8. 해당없음	입찰방식 낙찰자선정방법 1. 적격심사 2. 협상에의한계약 3. 최저가낙찰제 4. 규격가격분리 5. 2단계 경쟁입찰 6. 기타 ( ) 7. 해당없음	운영예산 산정 운영예산 산정 1. 내부산정 (지자체 자체적으로 산정) 2. 외부산정 (외부전문기관위탁 산정) 3. 내·외부 모두 산정 4. 산정 無 5. 해당없음	운영예산 산정 정산방법 1. 내부정산 (지자체 내부적으로 정산) 2. 외부정산 (외부전문기관위탁 정산) 3. 내·외부 모두 산정 4. 정산 無 5. 해당없음	성과평가 실시여부 1. 실시 2. 미실시 3. 향후 추진 4. 해당없음
14993	경북 영주시	농특산물 공동(통합) 브랜드 포장재 지원	191,250	유통지원과	1	4	7	8	7	1	1	3
14994	경북 영주시	영주시 원예작물 브랜드 포장재 지원	17,000	유통지원과	1	4	7	8	7	1	1	3
14995	경북 영주시	영주시 고품질 고구마, 마 포장재 지원	30,000	유통지원과	1	4	7	8	7	1	1	3
14996	경북 영주시	소백산 붉은 여우 복숭아 포장재 제작 지원	12,500	유통지원과	1	4	7	8	7	1	1	3
14997	경북 영주시	풍기인삼 PB용 포장재 제작 지원	27,500	유통지원과	1	4	7	8	7	1	1	3
14998	경북 영주시	과실브랜드육성지원	36,000	유통지원과	1	2	7	8	7	1	1	3
14999	경북 영주시	영주쌀 택배용 포장재 제작 지원	12,750	유통지원과	1	4	7	8	7	1	1	3
15000	경북 영주시	홍삼간식 지원사업	102,765	유통지원과	1	7	7	8	7	1	1	3
15001	경북 영주시	초등돌봄교실 과일간식 지원	67,830	유통지원과	1	2	2	1	1	1	1	3
15002	경북 영주시	친환경농산물 학교급식 지원(농축산물)	1,020	유통지원과	1	4	7	3	7	1	1	3
15003	경북 영주시	친환경학교급식 운영지원	8,400	유통지원과	1	7	7	8	7	1	1	4
15004	경북 영주시	야생동물 구조활동 지원사업	5,600	환경보호과	1	1	7	8	7	1	1	1
15005	경북 영주시	그린스타트 실천 홍보사업 지원	12,000	환경보호과	1	2	7	8	7	1	1	1
15006	경북 영주시	시민에게 찾아가는 예쁜쓰레기 교실 운영	20,000	환경보호과	1	4	6	1	6	1	1	1
15007	경북 영주시	주차질서 민간순찰 계도활동 지원	3,600	교통행정과	1	8	7	8	7	1	1	3
15008	경북 영주시	선진교통문화 정착 및 교통질서 확립 지원사업	15,000	교통행정과	1	8	7	8	7	1	1	3
15009	경북 영주시	어린이 등하교 교통지도 및 계도활동 지원사업	3,000	교통행정과	1	8	7	8	7	1	1	3
15010	경북 영주시	교통안전 시민축구대회 지원사업	5,000	교통행정과	1	8	7	8	7	1	1	3
15011	경북 영주시	산림시책사업추진	3,500	산림녹지과	1	8	7	8	7	5	5	4
15012	경북 영주시	산림소득지원사업	20,000	산림녹지과	1	2	7	8	7	5	5	4
15013	경북 영주시	유아숲프로그램지원	15,000	산림녹지과	1	6	7	8	7	5	5	4
15014	경북 영주시	백두대간구곡문화자산탐방	35,000	산림녹지과	1	6	7	8	7	5	5	4
15015	경북 영주시	명륜학당 운영(한문, 서예교실 등)	18,000	문화예술과	1	7	7	8	7	1	1	1
15016	경북 영주시	경상북도 풍물경연대회 참가 농악단 지원	5,000	문화예술과	1	7	7	8	7	1	1	1
15017	경북 영주시	영주지역 사료집 발간사업	40,000	문화예술과	1	7	7	8	7	1	1	1
15018	경북 영주시	공예사업 육성지원	11,000	문화예술과	1	7	7	8	7	1	1	1
15019	경북 영주시	문화예술단체 동아리 활동지원	20,000	문화예술과	1	7	7	8	7	1	1	1
15020	경북 영주시	영주여성합창단 활동 사업 지원	25,000	문화예술과	1	7	7	8	7	1	1	1
15021	경북 영주시	영주문예대학지원사업	5,000	문화예술과	1	7	7	8	7	1	1	1
15022	경북 영주시	문화예술단체 사업지원	28,400	문화예술과	1	7	7	8	7	1	1	1
15023	경북 영주시	지역문화사랑방 운영 지원사업	15,000	문화예술과	1	7	7	8	7	1	1	1
15024	경북 영주시	국악분야 예술강사 지원사업	46,701	문화예술과	1	7	7	8	7	1	1	1
15025	경북 영주시	향교문화전승보전지원	41,020	문화예술과	1	7	7	8	7	1	1	1
15026	경북 영주시	문화학교 운영 지원	12,000	문화예술과	1	7	7	8	7	1	1	1
15027	경북 영주시	충효교실 운영	5,500	문화예술과	1	7	7	8	7	1	1	1
15028	경북 영주시	통합문화이용권 사업	426,510	문화예술과	1	7	7	8	7	1	1	1
15029	경북 영주시	회헌선생 전국휘호대회 및 한시백일장	60,000	문화예술과	1	7	7	8	7	1	1	1
15030	경북 영주시	경북선비아카데미운영	36,600	문화예술과	1	7	7	8	7	1	1	1
15031	경북 영주시	지방문화원사업 활동 지원	30,000	문화예술과	1	7	7	8	7	1	1	1
15032	경북 영주시	경북북부권문화정보센터 문화홍보사업지원	28,500	문화예술과	1	7	7	8	7	1	1	1
15033	경북 영주시	마당놀이 덴동어미 화전놀이 사업지원	250,000	문화예술과	1	7	7	8	7	1	1	1
15034	경북 영주시	2020 꿈의 오케스트라 지원	90,000	문화예술과	1	7	7	8	7	1	1	1
15035	경북 영주시	문화특화지역조성사업	750,000	문화예술과	1	7	7	8	7	1	1	1
15036	경북 영주시	금성대군 향사 지원	2,800	문화예술과	1	7	7	8	7	1	1	1
15037	경북 영주시	소수서원 향사 지원	2,800	문화예술과	1	7	7	8	7	1	1	1
15038	경북 영주시	의산서원 향사 지원	2,800	문화예술과	1	7	7	8	7	1	1	1
15039	경북 영주시	숭은전 향사 지원	2,000	문화예술과	1	7	7	8	7	1	1	1
15040	경북 영주시	천연기념물 보호 및 관리	8,400	문화예술과	1	7	7	8	7	1	1	1
15041	경북 영주시	배순정려비 동제 지원	1,000	문화예술과	1	7	7	8	7	1	1	1
15042	경북 영주시	금성대군 부인당 제례 지원	1,000	문화예술과	1	7	7	8	7	1	1	1
15043	경북 영주시	문화재지킴이활동비지원(지방행정동우회영주시분회)	10,000	문화예술과	1	7	7	8	7	1	1	1

순번	시군구	지출명 (사업명)	2021년예산 (단위:천원/1년간)	담당자 (공무원) 담당부서	민간이전 분류 (지방자치단체 세출예산 집행기준에 의거) 1. 민간경상사업보조(307-02) 2. 민간단체 법정운영비보조(307-03) 3. 민간행사사업보조(307-04) 4. 민간위탁금(307-05) 5. 사회복지시설 법정운영비보조(307-10) 6. 민간인위탁교육비(307-12) 7. 공기관등에대한경상적위탁사업비(308-11) 8. 민간자본사업보조,자체재원(402-01) 9. 민간자본사업보조,이전재원(402-02) 10. 민간위탁사업비(402-03) 11. 공기관등에 대한 자본적 대행사업비(403-02)	민간이전지출 근거 (지방보조금 관리기준 참고) 1. 법률에 규정 2. 국고보조 재원(국가지정) 3. 용도 지정 기부금 4. 조례에 직접규정 5. 지자체가 권장하는 사업을 하는 공공기관 6. 시,도 정책 및 재정사정 7. 기타 8. 해당없음	입찰방식: 계약체결방법 (경쟁형태) 1. 일반경쟁 2. 제한경쟁 3. 지명경쟁 4. 수의계약 5. 법정위탁 6. 기타 ( ) 7. 해당없음	입찰방식: 계약기간 1. 1년 2. 2년 3. 3년 4. 4년 5. 5년 6. 기타 ( )년 7. 단기계약 (1년미만) 8. 해당없음	입찰방식: 낙찰자선정방법 1. 적격심사 2. 협상에의한계약 3. 최저가낙찰제 4. 규격가격분리 5. 2단계 경쟁입찰 6. 기타 ( ) 7. 해당없음	운영예산 산정: 운영예산 산정 1. 내부산정 (지자체 자체적으로 산정) 2. 외부산정 (외부전문기관위탁 산정) 3. 내·외부 모두 산정 4. 산정 無 5. 해당없음	운영예산 산정: 정산방법 1. 내부정산 (지자체 내부적으로 정산) 2. 외부정산 (외부전문기관위탁 정산) 3. 내·외부 모두 산정 4. 정산 無 5. 해당없음	성과평가 실시여부 1. 실시 2. 미실시 3. 향후 추진 4. 해당없음
15044	경북 영주시	문화재지킴이활동비지원(영주문화유산보존회)	8,000	문화예술과	1	7	7	8	7	1	1	1
15045	경북 영주시	자연유산 민속행사(동제) 지원사업	3,000	문화예술과	1	2	7	8	7	1	1	1
15046	경북 영주시	서원향교활용사업(유네스코 세계유산 소수서원 스테이 프로그램)	57,500	문화예술과	1	2	7	8	7	1	1	1
15047	경북 영주시	서원향교활용사업(영주3향교, 선비도시의 동력이 되다)	80,000	문화예술과	1	2	7	8	7	1	1	1
15048	경북 영주시	순흥벽화고분생생사업(고분에서만나는고대인들)	55,000	문화예술과	1	2	7	8	7	1	1	1
15049	경북 영주시	전통산사(부석사) 문화재 활용사업	55,000	문화예술과	1	2	7	8	7	1	1	1
15050	경북 영주시	체험경북가족여행 및 축제관람단지원	10,000	관광진흥과	1	1	7	8	7	5	5	4
15051	경북 영주시	선비고을나들이 체험	9,000	관광진흥과	1	1	7	8	7	5	5	4
15052	경북 영주시	여행주간 특별프로그램운영	20,000	관광진흥과	1	4	7	8	7	1	1	4
15053	경북 영주시	관광종사자 역량강화교육	20,000	관광진흥과	1	1	7	8	7	1	1	4
15054	경북 영주시	청년선비해설가육성	15,000	관광진흥과	1	1	7	8	7	1	1	4
15055	경북 영주시	관광사업체 역량강화교육	20,000	관광진흥과	1	1	7	8	7	1	1	4
15056	경북 영주시	유네스코 세계유산 관광상품개발 및 운영	27,000	관광진흥과	1	1	7	8	7	1	1	4
15057	경북 영주시	소백산자락길 동무삼기 연중투어	15,300	관광진흥과	1	4	7	1	7	1	1	1
15058	경북 영주시	실업팀우수선수 스카우트 지원(우슈,복싱,육상)	30,000	체육진흥과	1	4	7	7	7	1	1	3
15059	경북 영주시	개발도상국 경륜훈련원 사이클훈련 지원	7,000	체육진흥과	1	4	7	7	7	1	1	3
15060	경북 영주시	전지훈련 유치 지원사업	25,000	체육진흥과	1	4	7	7	7	1	1	3
15061	경북 영주시	장애인 배드민턴교실 운영	10,000	체육진흥과	1	4	7	7	7	1	1	3
15062	경북 영주시	장애인단체 강습용 휠체어 구입	5,000	체육진흥과	1	4	7	7	7	1	1	3
15063	경북 영주시	제59회 경북도민체육대회 참가경비	29,000	체육진흥과	1	4	7	8	7	1	1	3
15064	경북 영주시	학교체육동아리 육성	45,000	체육진흥과	1	4	7	7	7	1	1	3
15065	경북 영주시	체육특기종목 육성 및 취약종목 육성	100,000	체육진흥과	1	4	7	7	7	1	1	3
15066	경북 영주시	영주스포츠선비 육성	28,500	체육진흥과	1	4	7	7	7	1	1	3
15067	경북 영주시	학교운동부 전임코치 활동비 지원	33,600	체육진흥과	1	4	7	7	7	1	1	3
15068	경북 영주시	영주FC축구단 훈련지원	40,000	체육진흥과	1	4	7	7	7	1	5	4
15069	경북 영주시	생활체육 종목별 육성지원사업	40,000	체육진흥과	1	4	7	7	7	1	1	3
15070	경북 영주시	문정 야외물놀이장 운영	125,000	체육진흥과	1	4	7	8	7	1	1	3
15071	경북 영주시	서천 얼음썰매장 운영	25,000	체육진흥과	1	4	7	7	7	1	1	3
15072	경북 영주시	시군어르신 생활체육지도자 배치	116,928	체육진흥과	1	2	7	7	7	1	1	3
15073	경북 영주시	시군생활체육지도자 배치	233,856	체육진흥과	1	2	7	7	7	1	1	3
15074	경북 영주시	시군장애인 생활체육지도자 배치	29,232	체육진흥과	1	2	7	7	7	1	1	3
15075	경북 영주시	실업팀(육상,복싱,우슈) 육성 지원	1,385	체육진흥과	1	4	7	7	7	1	1	3
15076	경북 영주시	생활체육지도자 교통비 지원	14,400	체육진흥과	1	4	7	7	7	1	1	3
15077	경북 영주시	장애인생활체육지도자 교통비 지원	1,200	체육진흥과	1	4	7	7	7	1	1	3
15078	경북 영주시	생활체육지도자 근속수당 지원	8,500	체육진흥과	1	4	7	7	7	1	1	3
15079	경북 영주시	다양한 세상 프로젝트	4,000	아동청소년과	1	1	7	8	7	1	1	1
15080	경북 영주시	여성단체 한마음대회	9,900	아동청소년과	1	4	7	8	7	1	1	1
15081	경북 영주시	여성단체 지역특화사업 추진	10,800	아동청소년과	1	4	7	8	7	1	1	1
15082	경북 영주시	여성지도자 역량강화 교육	10,000	아동청소년과	1	4	7	8	7	1	1	1
15083	경북 영주시	찾아가는 가족사랑의 날 운영	15,000	아동청소년과	1	5	7	8	7	1	1	1
15084	경북 영주시	너랑나랑 두근두근 프로젝트	12,000	아동청소년과	1	5	7	8	7	1	1	1
15085	경북 영주시	학교폭력근절을 위한 공감DREAM 스쿨 운영	10,000	아동청소년과	1	7	7	8	7	1	1	1
15086	경북 영주시	멘토멘티 이음프로그램	15,000	아동청소년과	1	5	7	8	7	1	1	1
15087	경북 영주시	청소년 토요프로그램 지원	10,000	아동청소년과	1	7	7	8	7	1	1	1
15088	경북 영주시	법무부법사랑위원회 청소년 선도활동행사	18,000	아동청소년과	1	7	7	8	7	1	1	1
15089	경북 영주시	청소년 지역사회 소통 프로그램 지원	10,000	아동청소년과	1	7	1	1	7	1	1	1
15090	경북 영주시	청소년비정규학교 운영	25,000	아동청소년과	1	6	7	8	7	1	1	1
15091	경북 영주시	학교폭력 예방 및 대책 활동 지원	1,100	아동청소년과	1	6	7	8	7	1	1	1
15092	경북 영주시	지역아동센터 경제교실	10,000	아동청소년과	1	4	6	1	1	1	1	3
15093	경북 영주시	노인의날 기념 읍면동 행사 지원	121,800	노인장애인과	1	1	7	1	7	1	1	1
15094	경북 영주시	노인신문구독료지원	15,600	노인장애인과	1	4	4	8	7	1	1	4

순번	시군구	지출명 (사업명)	2021년예산 (단위:천원/1년간)	담당자 (공무원) 담당부서	민간이전 분류 (지방자치단체 세출예산 집행기준에 의거) 1. 민간경상사업보조(307-02) 2. 민간단체 법정운영비보조(307-03) 3. 민간행사사업보조(307-04) 4. 민간위탁금(307-05) 5. 사회복지시설 법정운영비보조(307-10) 6. 민간인위탁교육비(307-12) 7. 공기관등에대한경상적위탁사업비(308-11) 8. 민간자본사업보조,자체재원(402-01) 9. 민간자본사업보조,이전재원(402-02) 10. 민간위탁사업비(402-03) 11. 공기관등에 대한 자본적 대행사업비(403-02)	민간이전지출 근거 (지방보조금 관리기준 참고) 1. 법률에 규정 2. 국고보조 재원(국가지정) 3. 용도 지정 기부금 4. 조례에 직접규정 5. 지자체가 권장하는 사업을 하는 공공기관 6. 시,도 정책 및 재정사정 7. 기타 8. 해당없음	입찰방식 계약체결방법 (경쟁형태) 1. 일반경쟁 2. 제한경쟁 3. 지명경쟁 4. 수의계약 5. 법정위탁 6. 기타 ( ) 7. 해당없음	입찰방식 계약기간 1. 1년 2. 2년 3. 3년 4. 4년 5. 5년 6. 기타 ( )년 7. 단기계약 (1년미만) 8. 해당없음	입찰방식 낙찰자선정방법 1. 적격심사 2. 협상에의한계약 3. 최저가낙찰제 4. 규격가격분리 5. 2단계 경쟁입찰 6. 기타 ( ) 7. 해당없음	운영예산 산정 운영예산 산정 1. 내부산정 (지자체 자체적으로 산정) 2. 외부산정 (외부전문기관위탁 산정) 3. 내·외부 모두 산정 4. 산정 無 5. 해당없음	운영예산 산정 정산방법 1. 내부정산 (지자체 내부적으로 정산) 2. 외부정산 (외부전문기관위탁 정산) 3. 내·외부 모두 산정 4. 정산 無 5. 해당없음	성과평가 실시여부 1. 실시 2. 미실시 3. 향후 추진 4. 해당없음
15095	경북 영주시	지역신문구독료지원	30,660	노인장애인과	1	4	4	8	7	1	1	4
15096	경북 영주시	새마을 실버아카데미 지원사업	4,190	새마을봉사과	1	1	7	1	7	1	1	1
15097	경북 영주시	읍면동 새마을단체 환경정화활동 등 지원	58,900	새마을봉사과	1	1	7	1	7	1	1	1
15098	경북 영주시	새마을교통봉사대 운영지원	2,000	새마을봉사과	1	1	7	1	7	1	1	1
15099	경북 영주시	바르게살기운동 주부대학 강좌 지원	4,000	새마을봉사과	1	1	7	1	7	1	1	1
15100	경북 영주시	바르게 학교폭력선도위원회 지원	2,000	새마을봉사과	1	1	7	1	7	1	1	1
15101	경북 영주시	바르게 여성회 봉사활동 지원사업	3,000	새마을봉사과	1	1	7	1	7	1	1	1
15102	경북 영주시	바르게살기협의회 국토대청결 등 지원	22,610	새마을봉사과	1	1	7	1	7	1	1	1
15103	경북 영주시	새마을운동 추진 운영 지원	31,000	새마을봉사과	1	1	7	1	7	1	1	1
15104	경북 영주시	행복한보금자리 만들기사업	24,000	새마을봉사과	1	1	7	1	7	1	1	1
15105	경북 영주시	범도민 독서생활화사업	7,680	새마을봉사과	1	1	7	1	7	1	1	1
15106	경북 영주시	바르게살기운동 활성화 추진 운영 지원	10,000	새마을봉사과	1	1	7	1	7	1	1	1
15107	경북 영주시	바르게살기운동 건전생활실천 순회 교육	1,650	새마을봉사과	1	1	7	1	7	1	1	1
15108	경북 영주시	바르게살기운동 청년회조직 활성화	5,000	새마을봉사과	1	1	7	1	7	1	1	1
15109	경북 영주시	자원봉사 마일리지제도 지원	2,000	새마을봉사과	1	1	5	3	7	1	1	1
15110	경북 영주시	자원봉사 전문봉사단 봉사활동 지원	5,000	새마을봉사과	1	1	5	3	7	1	1	1
15111	경북 영주시	자원봉사센터 소식지 발간 등 지원	2,000	새마을봉사과	1	1	5	3	7	1	1	1
15112	경북 영주시	자원봉사 아카데미 지원사업	4,000	새마을봉사과	1	1	5	3	7	1	1	1
15113	경북 영주시	시군자원봉사센터 자원봉사자 보험료 지원	7,148	새마을봉사과	1	2	5	3	7	1	1	1
15114	경북 영주시	시군자원봉사센터 코디네이터 지원	59,184	새마을봉사과	1	2	5	3	7	1	1	1
15115	경북 영주시	맞춤형 자원봉사프로그램 운영 지원	10,000	새마을봉사과	1	1	5	3	7	1	1	1
15116	경북 영주시	시군자원봉사센터 운영 지원	305,000	새마을봉사과	1	1	5	3	7	1	1	1
15117	경북 영주시	현대적 선비정신 실천과 인성교육추진사업	94,000	선비인재양성과	1	4	7	8	7	1	1	1
15118	경북 영주시	선비정신 확산 및 계승사업	30,000	선비인재양성과	1	7	7	1	7	1	1	1
15119	경북 영주시	선비인성진흥사업	20,000	선비인재양성과	1	7	7	1	7	1	1	1
15120	경북 영주시	지역선도대학 육성사업비 지원	20,000	선비인재양성과	1	2	7	7	7	1	1	1
15121	경북 영주시	초등학생 영어체험학습 지원	58,380	선비인재양성과	1	6	7	7	6	5	2	4
15122	경북 영주시	생산복지평생학습관 프로그램 운영 사업	10,000	선비인재양성과	1	1	7	8	7	5	5	4
15123	경북 영주시	마을단위 맞춤형 평생학습프로그램 사업	10,000	선비인재양성과	1	1	7	8	7	5	5	4
15124	경북 영주시	성인문해교육지원사업	30,000	선비인재양성과	1	1	7	8	7	5	5	4
15125	경북 영주시	성인문해교육 지원사업	20,000	선비인재양성과	1	1	7	8	7	5	5	4
15126	경북 영주시	행복학습센터 지정운영지원사업	20,000	선비인재양성과	1	1	7	8	7	5	5	4
15127	경북 영주시	도민대학운영	60,000	선비인재양성과	1	1	7	8	7	5	5	4
15128	경북 영주시	어린이 인성 인문강좌 및 발표회	23,000	선비인재양성과	1	1	7	8	7	1	1	1
15129	경북 영주시	도시재생	7,500	도시과	1	1	4	7	7	1	5	4
15130	경북 영주시	농업경영체 경영컨설팅지원	60,000	농정과수과	1	2	7	8	7	1	1	4
15131	경북 영주시	청년농업인 영농정착 지원	432,132	농정과수과	1	2	7	8	7	1	1	4
15132	경북 영주시	농촌유학센터 운영지원	74,000	농정과수과	1	2	7	8	7	1	1	4
15133	경북 영주시	농촌지역 사랑의 공부방 운영 지원	16,000	농정과수과	1	6	7	8	7	1	1	4
15134	경북 영주시	농가도우미 지원사업	15,120	농정과수과	1	6	7	8	7	1	1	4
15135	경북 영주시	농업계고졸업생 창업비용지원	10,000	농정과수과	1	6	7	8	7	1	1	4
15136	경북 영주시	농촌재능활동지원사업	30,000	농정과수과	1	6	7	8	7	1	1	4
15137	경북 영주시	청년농업인 커뮤니티 활성화 지원	20,000	농정과수과	1	6	7	8	7	1	1	4
15138	경북 영주시	여성농업인 농업지킴이 자질향상 프로그램운영	2,700	농정과수과	1	6	7	8	7	1	1	3
15139	경북 영주시	여성농업인 영주농업 희망찾기 지원	3,000	농정과수과	1	6	7	8	7	1	1	3
15140	경북 영주시	이웃사랑 농심나누기 행사	3,000	농정과수과	1	6	7	8	7	1	1	3
15141	경북 영주시	영주쌀 소비촉진 행사	3,200	농정과수과	1	6	7	8	7	1	1	3
15142	경북 영주시	도시민 농심가꾸기 지원	3,000	농정과수과	1	6	7	8	7	1	1	3
15143	경북 영주시	대학생 농촌봉사활동 행사지원	4,000	농정과수과	1	6	7	8	7	1	1	3
15144	경북 영주시	여성농업인 행복바우처 지원	96,000	농정과수과	1	6	7	8	7	1	1	4
15145	경북 영주시	지식서클 프로그램운영 보조	20,000	농정과수과	1	6	7	8	7	1	1	3

순번	시군구	지출명 (사업명)	2021년예산 (단위:천원/1년간)	담당자 (공무원) 담당부서	민간이전 분류 (지방자치단체 세출예산 집행기준에 의거) 1. 민간경상사업보조(307-02) 2. 민간단체 법정운영비보조(307-03) 3. 민간행사사업보조(307-04) 4. 민간위탁금(307-05) 5. 사회복지시설 법정운영비보조(307-10) 6. 민간인위탁교육비(307-12) 7. 공기관등에대한경상적위탁사업비(308-11) 8. 민간자본사업보조,자체재원(402-01) 9. 민간자본사업보조,이전재원(402-02) 10. 민간위탁사업비(402-03) 11. 공기관등에 대한 자본적 대행사업비(403-02)	민간이전지출 근거 (지방보조금 관리기준 참고) 1. 법률에 규정 2. 국고보조 재원(국가지정) 3. 용도 지정 기부금 4. 조례에 직접규정 5. 지자체가 권장하는 사업을 하는 공공기관 6. 시,도 정책 및 재정사정 7. 기타 8. 해당없음	입찰방식: 계약체결방법 (경쟁형태) 1. 일반경쟁 2. 제한경쟁 3. 지명경쟁 4. 수의계약 5. 법정위탁 6. 기타 ( ) 7. 해당없음	입찰방식: 계약기간 1. 1년 2. 2년 3. 3년 4. 4년 5. 5년 6. 기타 ( )년 7. 단기계약 (1년미만) 8. 해당없음	입찰방식: 낙찰자선정방법 1. 적격심사 2. 협상에의한계약 3. 최저가낙찰제 4. 규격가격분리 5. 2단계 경쟁입찰 6. 기타 ( ) 7. 해당없음	운영예산 산정: 운영예산 산정 1. 내부산정 (지자체 자체적으로 산정) 2. 외부산정 (외부전문기관위탁 산정) 3. 내·외부 모두 산정 4. 산정 無 5. 해당없음	운영예산 산정: 정산방법 1. 내부정산 (지자체 내부적으로 정산) 2. 외부정산 (외부전문기관위탁 정산) 3. 내·외부 모두 산정 4. 정산 無 5. 해당없음	성과평가 실시여부 1. 실시 2. 미실시 3. 향후 추진 4. 해당없음
15146	경북 영주시	지식서클 프로그램운영 보조	20,000	농정과수과	1	6	7	8	7	1	1	3
15147	경북 영주시	영주사과 공선회 지원사업	127,500	농정과수과	1	4	7	8	7	5	1	1
15148	경북 영주시	영주사과 유통물류비 지원사업	127,500	농정과수과	1	4	7	8	7	5	1	1
15149	경북 영주시	과실생산 유통지원 사업관리비	29,600	농정과수과	1	6	7	8	7	5	1	4
15150	경북 영주시	이주 도시민 멘토링 지정 운영	40,000	농정과수과	1	2	7	7	7	1	3	4
15151	경북 영주시	귀농귀촌인 재능기부 활동 지원	8,000	농정과수과	1	2	7	7	7	1	3	4
15152	경북 영주시	귀농귀촌연합회 육성지원	5,000	농정과수과	1	2	7	7	7	1	3	4
15153	경북 영주시	농촌체험휴양마을 사무장지원	39,420	농정과수과	1	6	7	8	7	1	1	4
15154	경북 영주시	농촌체험휴양마을 농촌관광투어	11,340	농정과수과	1	6	7	8	7	1	1	4
15155	경북 영주시	농촌B&B민박 관광자원화 지원	8,500	농정과수과	1	6	7	8	7	1	1	4
15156	경북 영주시	농촌체험휴양마을 사무장지원	149,328	농정과수과	1	6	7	8	7	1	1	4
15157	경북 영주시	농촌체험휴양마을 프로그램운영비	5,500	농정과수과	1	6	7	8	7	1	1	4
15158	경북 영주시	6차산업경영체활성화지원	9,600	농정과수과	1	6	7	8	7	1	1	4
15159	경북 영주시	농촌인력중개센터 운영지원	40,000	채소특작팀	1	2	7	8	7	5	5	4
15160	경북 영주시	한우개량사업	186,200	축산과	1	6	7	8	7	1	1	1
15161	경북 영주시	축산물이력제 인터 지원	24,996	축산과	1	6	7	8	7	5	5	4
15162	경북 영주시	축분운송 및 처리비 지원	11,500	축산과	1	5	7	8	7	5	5	4
15163	경북 영주시	공동방제단 운영	214,214	축산과	1	2	7	8	7	5	5	4
15164	경북 영주시	강소농 지원모델사업	10,000	농촌지도과	1	2	7	8	7	5	5	4
15165	경북 영주시	학교 4-H 특성화과제 육성지원	10,400	농촌지도과	1	4	7	8	7	5	5	4
15166	경북 영주시	농업인 학습단체육성(4-H)	2,400	농촌지도과	1	4	7	8	7	5	5	4
15167	경북 영주시	청년농업인 병해충 방제용 드론 교육지원	15,000	농촌지도과	1	4	7	8	7	5	5	4
15168	경북 영주시	농촌지도자 과제활동지원	4,000	농촌지도과	1	4	7	8	7	5	5	4
15169	경북 영주시	농식품 유통희망경영체 포장재 지원	7,000	농촌지도과	1	4	7	8	7	5	5	4
15170	경북 영주시	행복한 농촌가정 육성 프로젝트	5,000	농촌지도과	1	4	7	8	7	5	5	4
15171	경북 상주시	여성안심 호신술	2,700	가족복지과	1	7	7	8	7	1	1	4
15172	경북 상주시	여성 취미클럽 운영	28,800	가족복지과	1	7	7	8	7	1	1	4
15173	경북 상주시	경로당 안전관리 및 행복프로그램 운영 지원	9,900	가족복지과	1	6	1	1	2	1	1	2
15174	경북 상주시	과학 및 동물체험 한마당 지원	3,150	가족복지과	1	5	4	1	7	1	1	1
15175	경북 상주시	지역아동센터연합회 어울림한마당행사 지원	5,200	가족복지과	1	4	7	8	7	1	1	1
15176	경북 상주시	지역아동센터 종사자 역량강화 워크숍 행사지원	2,000	가족복지과	1	4	7	8	7	1	1	1
15177	경북 상주시	전문심리상담 프로그램 운영 지원	28,000	가족복지과	1	6	7	8	7	1	1	1
15178	경북 상주시	분만취약지운영비지원	500,000	건강증진과	1	2	7	8	7	5	3	1
15179	경북 상주시	치매안심요양병원지원	110,000	건강증진과	1	5	5	5	1	5	5	1
15180	경북 상주시	시장경영바우처지원	22,000	경제기업과	1	2	7	8	7	5	5	4
15181	경북 상주시	전통시장 화재공제 지원	20,248	경제기업과	1	6	7	8	7	5	5	4
15182	경북 상주시	지역상공인경쟁력강화사업	44,000	경제기업과	1	4	7	8	7	1	2	1
15183	경북 상주시	창업보육센터창업자지원	20,000	경제기업과	1	4	6	1	7	1	2	1
15184	경북 상주시	제9회 대한민국 어린이제품디자인 공모전	100,000	경제기업과	1	4	6	7	7	1	2	1
15185	경북 상주시	사회적기업 등 사업개발비지원사업	130,000	경제기업과	1	2	7	8	7	5	5	4
15186	경북 상주시	사회적기업 지역특화사업	30,000	경제기업과	1	2	7	8	7	5	5	4
15187	경북 상주시	경북형 사회적경제 청년일자리	387,000	경제기업과	1	2	7	8	7	5	5	4
15188	경북 상주시	사회적기업사회보험료지원사업	123,000	경제기업과	1	2	7	8	7	5	5	4
15189	경북 상주시	사회적기업 일자리창출사업	940,000	경제기업과	1	2	7	8	7	5	5	4
15190	경북 상주시	1사1청년더채용릴레이운동	90,000	경제기업과	1	2	7	8	7	5	5	4
15191	경북 상주시	청년근로자사랑채움사업	15,540	경제기업과	1	2	7	8	7	5	5	4
15192	경북 상주시	시민스포츠교실(생활체육)활성화사업	45,226	경제기업과	1	2	7	8	7	5	1	4
15193	경북 상주시	취업지원센터활성화사업	200,000	경제기업과	1	6	7	8	7	5	1	4
15194	경북 상주시	경북형 대학일자리센터지원	80,000	경제기업과	1	6	7	8	7	5	1	4
15195	경북 상주시	시민스포츠교실(생활체육)활성화사업	45,226	경제기업과	1	2	7	8	7	5	1	4
15196	경북 상주시	취업지원센터활성화사업	200,000	경제기업과	1	6	7	8	7	5	1	4

순번	시군구	지출명 (사업명)	2021년예산 (단위:천원/1년간)	담당자 (공무원) 담당부서	민간이전 분류 (지방자치단체 세출예산 집행기준에 의거) 1. 민간경상사업보조(307-02) 2. 민간단체 법정운영비보조(307-03) 3. 민간행사사업보조(307-04) 4. 민간위탁금(307-05) 5. 사회복지시설 법정운영비보조(307-10) 6. 민간인위탁교육비(307-12) 7. 공기관등에대한경상적위탁사업비(308-11) 8. 민간자본사업보조,자체재원(402-01) 9. 민간자본사업보조,이전재원(402-02) 10. 민간위탁사업비(402-03) 11. 공기관등에 대한 자본적 대행사업비(403-02)	민간이전지출 근거 (지방보조금 관리기준 참고) 1. 법률에 규정 2. 국고보조 재원(국가지정) 3. 용도 지정 기부금 4. 조례에 직접규정 5. 지자체가 권장하는 사업을 하는 공공기관 6. 시,도 정책 및 재정사정 7. 기타 8. 해당없음	입찰방식 계약체결방법 (경쟁형태) 1. 일반경쟁 2. 제한경쟁 3. 지명경쟁 4. 수의계약 5. 법정위탁 6. 기타 ( ) 7. 해당없음	입찰방식 계약기간 1. 1년 2. 2년 3. 3년 4. 4년 5. 5년 6. 기타 ( )년 7. 단기계약 (1년미만) 8. 해당없음	입찰방식 낙찰자선정방법 1. 적격심사 2. 협상에의한계약 3. 최저가낙찰제 4. 규격가격분리 5. 2단계 경쟁입찰 6. 기타 ( ) 7. 해당없음	운영예산 산정 운영예산 산정 1. 내부산정 (지자체 자체적으로 산정) 2. 외부산정 (외부전문기관위탁 산정) 3. 내·외부 모두 산정 4. 산정 無 5. 해당없음	운영예산 산정 정산방법 1. 내부정산 (지자체 내부적으로 정산) 2. 외부정산 (외부전문기관위탁 정산) 3. 내·외부 모두 산정 4. 정산 無 5. 해당없음	성과평가 실시여부 1. 실시 2. 미실시 3. 향후 추진 4. 해당없음
15197	경북 상주시	경북형 대학일자리센터지원	80,000	경제기업과	1	6	7	8	7	5	1	4
15198	경북 상주시	청년예비창업지원사업	90,000	경제기업과	1	6	7	8	7	5	1	4
15199	경북 상주시	청소년 민주시민 교육 및 시민안보의식 제고사업	13,300	공보감사담당관실	1	1	7	8	7	1	1	1
15200	경북 상주시	정보화마을 운영 활성화 지원	15,000	공보감사담당관실	1	5	7	8	7	5	1	4
15201	경북 상주시	정보화마을 프로그램관리자 육성비	66,834	공보감사담당관실	1	5	7	8	7	5	1	4
15202	경북 상주시	귀농창업 활성화 지원	10,000	농촌지원과	1	1	7	8	7	5	5	3
15203	경북 상주시	학생4-H회원 과제활동 지원	3,000	농촌지원과	1	1	7	8	7	5	5	3
15204	경북 상주시	행복한 농촌가정육성 프로젝트	5,000	농촌지원과	1	1	7	8	7	5	5	3
15205	경북 상주시	전통식문화 전승보전사업	45,000	미래농업과	1	1	7	8	7	5	5	3
15206	경북 상주시	생활지도자(농촌여성리더)양성교육	7,000	농촌지원과	1	1	7	8	7	5	5	3
15207	경북 상주시	농촌자원 복합산업화 지원	315,000	농업정책과	1	6	7	8	7	1	1	1
15208	경북 상주시	지역농업 CEO발전기반 구축 지원	384,000	농업정책과	1	6	7	8	7	1	1	1
15209	경북 상주시	청년농부참여형마을영농지원(유통복합형)	80,000	농업정책과	1	6	7	8	7	1	1	1
15210	경북 상주시	농촌 공동아이돌봄센터 운영 지원	27,400	농업정책과	1	2	7	8	7	1	1	1
15211	경북 상주시	결혼이민자 농가소득증진 지원	16,000	농업정책과	1	6	7	8	7	1	1	1
15212	경북 상주시	농업계고 졸업생 창업비용 지원	35,000	농업정책과	1	6	7	8	7	1	1	1
15213	경북 상주시	농촌마을공동급식지원	16,000	농업정책과	1	6	7	8	7	1	1	1
15214	경북 상주시	농촌보육 정보센터운영 지원	190,000	농업정책과	1	6	7	8	7	1	1	1
15215	경북 상주시	여성농업인 농작업 편의장비 지원	10,000	농업정책과	1	6	7	8	7	1	1	1
15216	경북 상주시	여성농업인 행복바우처 지원	168,000	농업정책과	1	6	7	8	7	1	1	1
15217	경북 상주시	밭작물공동경영체 육성지원	900,000	농업정책과	1	2	7	8	7	1	1	1
15218	경북 상주시	고추비가림재배시설 지원	56,960	농업정책과	1	2	7	8	7	1	1	1
15219	경북 상주시	시설원예현대화 지원	31,827	농업정책과	1	2	7	8	7	1	1	1
15220	경북 상주시	원예분야 ICT 융복합 지원	180,486	농업정책과	1	2	7	8	7	1	1	1
15221	경북 상주시	새소득작목육성	877,437	농업정책과	1	6	7	8	7	1	1	1
15222	경북 상주시	원예특작육성 지원사업	96,064	농업정책과	1	6	7	8	7	1	1	1
15223	경북 상주시	유기질비료 지원	2,878	농업정책과	1	2	7	8	7	1	1	1
15224	경북 상주시	토양개량제 지원	1,953	농업정책과	1	2	7	8	7	1	1	1
15225	경북 상주시	친환경 농법종합 지원	127,320	농업정책과	1	6	7	8	7	1	1	1
15226	경북 상주시	문화예술단체및행사지원	284,775	문화예술과	1	1	7	8	7	1	1	1
15227	경북 상주시	문화재유지관리및홍보	9,775	문화예술과	1	8	7	8	7	1	1	1
15228	경북 상주시	학교예술강사 지원	58,736	문화예술과	1	2	7	8	7	1	1	2
15229	경북 상주시	향교문화전승보전	26,870	문화예술과	1	6	7	8	7	1	1	2
15230	경북 상주시	문화학교운영	16,000	문화예술과	1	6	7	8	7	1	1	2
15231	경북 상주시	충효교실운영	5,000	문화예술과	1	6	7	8	7	1	1	2
15232	경북 상주시	전통문화 및 지역문화교육사업	60,000	문화예술과	1	6	7	8	7	1	1	2
15233	경북 상주시	문화재지킴이활동비지원	16,700	문화예술과	1	6	7	8	7	1	1	1
15234	경북 상주시	통합문화체육관광이용권	405,800	문화예술과	1	2	7	8	7	5	1	2
15235	경북 상주시	경북선비아카데미운영	15,700	문화예술과	1	6	7	8	7	1	1	2
15236	경북 상주시	명륜교실운영	150,000	문화예술과	1	6	7	8	7	1	1	2
15237	경북 상주시	세계유교문화축전개최 지원	150,000	문화예술과	1	4	7	8	7	1	1	1
15238	경북 상주시	호랑이와곶감공연 지원	18,000	문화예술과	1	1	7	8	7	1	1	1
15239	경북 상주시	상주취타대 지원	14,400	문화예술과	1	1	7	8	7	1	1	1
15240	경북 상주시	문화예술단체 및 행사지원	45,000	문화예술과	1	6	7	8	7	1	1	2
15241	경북 상주시	청소년 국악교실 지원	12,690	문화예술과	1	1	7	8	7	1	1	1
15242	경북 상주시	경북북부권문화정보센터문화홍보사업	28,500	문화예술과	1	6	7	8	7	1	1	2
15243	경북 상주시	경전암송대회	26,000	문화예술과	1	6	7	8	7	1	1	2
15244	경북 상주시	공공미술 프로젝트 사업	120,000	문화예술과	1	2	7	8	7	1	1	2
15245	경북 상주시	윤리도덕성회복을위한학술강연회	60,000	문화예술과	1	6	7	8	7	1	1	2
15246	경북 상주시	사회복지 역량강화사업	12,320	사회복지과	1	4	7	8	7	1	1	2
15247	경북 상주시	상주시 자원봉사 역량강화사업	20,000	사회복지과	1	1	4	1	3	1	1	3

순번	시군구	지출명 (사업명)	2021년예산 (단위:천원/1년간)	담당자 (공무원)	민간이전 분류 (지방자치단체 세출예산 집행기준에 의거)	민간이전지출 근거 (지방보조금 관리기준 참고)	입찰방식			운영예산 산정		성과평가 실시여부
				담당부서	1. 민간경상사업보조(307-02) 2. 민간단체 법정운영비보조(307-03) 3. 민간행사사업보조(307-04) 4. 민간위탁금(307-05) 5. 사회복지시설 법정운영비보조(307-10) 6. 민간인위탁교육비(307-12) 7. 공기관등에대한경상적위탁사업비(308-11) 8. 민간자본사업보조,자체재원(402-01) 9. 민간자본사업보조,이전재원(402-02) 10. 민간위탁사업비(402-03) 11. 공기관등에 대한 자본적 대행사업비(403-02)	1. 법률에 규정 2. 국고보조 재원(국가지정) 3. 용도 지정 기부금 4. 조례에 직접규정 5. 지자체가 권장하는 사업을 하는 공공기관 6. 시,도 정책 및 재정사정 7. 기타 8. 해당없음	계약체결방법 (경쟁형태) 1. 일반경쟁 2. 제한경쟁 3. 지명경쟁 4. 수의계약 5. 법정위탁 6. 기타 ( ) 7. 해당없음	계약기간 1. 1년 2. 2년 3. 3년 4. 4년 5. 5년 6. 기타 ( )년 7. 단기계약 (1년미만) 8. 해당없음	낙찰자선정방법 1. 적격심사 2. 협상에의한계약 3. 최저가낙찰제 4. 규격가격분리 5. 2단계 경쟁입찰 6. 기타 ( ) 7. 해당없음	운영예산 산정 1. 내부산정 (지자체 자체적으로 산정) 2. 외부산정 (외부전문기관위탁 산정) 3. 내·외부 모두 산정 4. 산정 無 5. 해당없음	정산방법 1. 내부정산 (지자체 내부적으로 정산) 2. 외부정산 (외부전문기관위탁 정산) 3. 내·외부 모두 산정 4. 정산 無 5. 해당없음	1. 실시 2. 미실시 3. 향후 추진 4. 해당없음
15248	경북 상주시	상주시 벽화 자원봉사	15,000	사회복지과	1	1	4	1	3	1	1	3
15249	경북 상주시	맞춤형 자원봉사프로그램 운영 지원	10,000	사회복지과	1	1	4	1	3	1	1	3
15250	경북 상주시	찾아가는 복지서비스 행복한 빨래터	19,800	사회복지과	1	4	7	8	7	1	1	2
15251	경북 상주시	산촌마을운영매니저	21,166	산림녹지과	1	7	7	8	7	5	5	4
15252	경북 상주시	산림시책사업추진(산림소득활성화)	3,500	산림녹지과	1	6	7	8	7	5	5	4
15253	경북 상주시	백두대간구곡문화자산탐방	35,000	산림녹지과	1	6	7	8	7	5	5	4
15254	경북 상주시	산양삼생산과정확인	3,800	산림녹지과	1	2	7	8	7	5	5	4
15255	경북 상주시	임산물상품화지원	292,702	산림녹지과	1	2	7	8	7	5	5	4
15256	경북 상주시	새마을 재능기부 봉사활동 지원	1,980	새마을체육과	1	4	7	8	7	1	1	1
15257	경북 상주시	바르게살기 여성회 봉사활동 지원	1,500	새마을체육과	1	1	7	8	7	1	1	1
15258	경북 상주시	새마을교통봉사대 활동 지원	9,900	새마을체육과	1	4	7	8	7	1	1	1
15259	경북 상주시	새마을지도자 읍면동협의회 활동 지원	28,560	새마을체육과	1	4	7	8	7	1	1	1
15260	경북 상주시	읍면동 새마을부녀회 활동 지원	28,560	새마을체육과	1	4	7	8	7	1	1	1
15261	경북 상주시	바르게살기운동 읍면동위원회 활동 지원	28,080	새마을체육과	1	1	7	8	7	1	1	1
15262	경북 상주시	청년회 어르신 나눔사랑 봉사활동 지원	4,950	새마을체육과	1	1	7	8	7	1	1	1
15263	경북 상주시	바르게살기운동 청년회조직 활성화	5,000	새마을체육과	1	1	7	8	7	1	1	1
15264	경북 상주시	유·청소년 및 생활체육 동호인 육성 지원	50,000	새마을체육과	1	4	7	8	7	1	1	1
15265	경북 상주시	도씨름왕 선발대회 출전 경비	4,000	새마을체육과	1	4	7	8	7	1	1	1
15266	경북 상주시	도민 생활체육대회 출전 경비	80,000	새마을체육과	1	4	7	8	7	1	1	1
15267	경북 상주시	도지사기 종목별 생활체육대회 출전 경비	60,000	새마을체육과	1	4	7	8	7	1	1	1
15268	경북 상주시	경북리그 지역 예선전 개최 및 본선 출전 경비(축구, 야구)	15,000	새마을체육과	1	4	7	8	7	1	1	1
15269	경북 상주시	경북 어르신 생활체육대회 출전 경비	28,500	새마을체육과	1	4	7	8	7	1	1	1
15270	경북 상주시	도민체육대회 강화훈련 및 출전 경비	250,000	새마을체육과	1	4	7	8	7	1	1	1
15271	경북 상주시	종목별 우수선수 육성 지원	300,000	새마을체육과	1	4	7	8	7	1	1	1
15272	경북 상주시	유소년축구 클럽팀 운영 지원	120,000	새마을체육과	1	4	7	8	7	5	5	4
15273	경북 상주시	장애인 우수선수 훈련비 및 장비 지원	7,000	새마을체육과	1	4	7	8	7	1	1	1
15274	경북 상주시	농촌여성 생활체조교실 운영	60,750	새마을체육과	1	4	7	8	7	1	1	1
15275	경북 상주시	자매도시 체육교류활동 지원 및 참가	10,000	새마을체육과	1	4	7	8	7	1	1	1
15276	경북 상주시	분회 게이트볼대회 지원	12,000	새마을체육과	1	4	7	8	7	1	1	1
15277	경북 상주시	명실상주 스포츠클럽 대회 개최 및 출전 지원	9,750	새마을체육과	1	4	7	8	7	1	1	1
15278	경북 상주시	상주시 리틀야구단 지원	20,000	새마을체육과	1	4	7	8	7	1	1	1
15279	경북 상주시	생활체육 일반지도자 배치사업	213,024	새마을체육과	1	4	7	8	7	1	1	3
15280	경북 상주시	생활체육 어르신지도자 배치사업	182,592	새마을체육과	1	4	7	8	7	1	1	3
15281	경북 상주시	스포츠강좌 이용권 지원	86,400	새마을체육과	1	1	7	8	7	5	5	4
15282	경북 상주시	생활체육 장애인지도자 배치사업	58,464	새마을체육과	1	4	7	8	7	1	1	1
15283	경북 상주시	생활체육 유소년지도자 배치사업	30,432	새마을체육과	1	4	7	8	7	1	1	3
15284	경북 상주시	생활체육지도자 교통비 지원	16,800	새마을체육과	1	4	7	8	7	1	1	3
15285	경북 상주시	생활체육 장애인지도자 교통비 지원	2,400	새마을체육과	1	4	7	8	7	1	1	1
15286	경북 상주시	생활체육교실 운영	45,600	새마을체육과	1	4	7	8	7	1	1	3
15287	경북 상주시	생활체육지도자 수당 지원	9,090	새마을체육과	1	4	7	8	7	1	1	3
15288	경북 상주시	농산물 공동선별비 지원	793,000	유통마케팅과	1	2	7	8	7	2	1	4
15289	경북 상주시	농산물 마케팅 지원사업	12,400	유통마케팅과	1	2	7	8	7	5	1	4
15290	경북 상주시	과실브랜드 육성사업	116,000	유통마케팅과	1	2	7	8	7	5	1	4
15291	경북 상주시	농산물 유통구조개선 지원	918,400	유통마케팅과	1	6	7	8	7	5	1	4
15292	경북 상주시	농산물 산지유통기능 활성화지원	157,600	유통마케팅과	1	6	7	8	7	5	1	4
15293	경북 상주시	초등돌봄교실 과일간식 지원	69,882	유통마케팅과	1	2	7	8	7	1	1	4
15294	경북 상주시	친환경 농산물 학교급식 지원	868,314	유통마케팅과	1	6	1	3	1	1	5	4
15295	경북 상주시	상주곶감 학교간식 지원사업	40,000	유통마케팅과	1	6	7	8	7	5	5	4
15296	경북 상주시	유치원 급식 지원	497,600	유통마케팅과	1	6	1	3	1	1	1	4
15297	경북 상주시	6차산업 경영체 활성화 지원	9,600	유통마케팅과	1	6	7	8	7	1	1	4
15298	경북 상주시	농산물우수관리(GAP)시설보완사업	64,000	유통마케팅과	1	2	7	8	7	1	1	4

순번	시군구	지출명 (사업명)	2021년예산 (단위:천원/1년간)	담당자 (공무원) 담당부서	민간이전 분류 (지방자치단체 세출예산 집행기준에 의거) 1. 민간경상사업보조(307-02) 2. 민간단체 법정운영비보조(307-03) 3. 민간행사사업보조(307-04) 4. 민간위탁금(307-05) 5. 사회복지시설 법정운영비보조(307-10) 6. 민간인위탁교육비(307-12) 7. 공기관등에대한경상적위탁사업비(308-11) 8. 민간자본사업보조,자체재원(402-01) 9. 민간자본사업보조,이전재원(402-02) 10. 민간위탁사업비(402-03) 11. 공기관등에 대한 자본적 대행사업비(403-02)	민간이전지출 근거 (지방보조금 관리기준 참고) 1. 법률에 규정 2. 국고보조 재원(국가지정) 3. 용도 지정 기부금 4. 조례에 직접규정 5. 지자체가 권장하는 사업을 하는 공공기관 6. 시,도 정책 및 재정사정 7. 기타 8. 해당없음	입찰방식 계약체결방법 (경쟁형태) 1. 일반경쟁 2. 제한경쟁 3. 지명경쟁 4. 수의계약 5. 법정위탁 6. 기타 ( ) 7. 해당없음	입찰방식 계약기간 1. 1년 2. 2년 3. 3년 4. 4년 5. 5년 6. 기타 ( )년 7. 단기계약 (1년미만) 8. 해당없음	입찰방식 낙찰자선정방법 1. 적격심사 2. 협상에의한계약 3. 최저가낙찰제 4. 규격가격분리 5. 2단계 경쟁입찰 6. 기타 ( ) 7. 해당없음	운영예산 산정 운영예산 산정 1. 내부산정 (지자체 자체적으로 산정) 2. 외부산정 (외부전문기관위탁 산정) 3. 내·외부 모두 산정 4. 산정 無 5. 해당없음	운영예산 산정 정산방법 1. 내부정산 (지자체 내부적으로 정산) 2. 외부정산 (외부전문기관위탁 정산) 3. 내·외부 모두 산정 4. 정산 無 5. 해당없음	성과평가 실시여부 1. 실시 2. 미실시 3. 향후 추진 4. 해당없음
15299	경북 상주시	대미배수출단지검역관통역비지원	6,750	유통마케팅과	1	6	7	8	7	1	1	4
15300	경북 상주시	대만수출사과질병예찰비지원	4,094	유통마케팅과	1	6	7	8	7	1	1	4
15301	경북 상주시	소규모수출지원	30,000	유통마케팅과	1	6	7	8	7	1	1	4
15302	경북 상주시	상주농특산품해외홍보관운영지원	200,000	유통마케팅과	1	6	7	8	7	1	1	4
15303	경북 상주시	상주곶감해외마케팅지원	50,000	유통마케팅과	1	6	7	8	7	1	1	4
15304	경북 상주시	대만수출사과해충교미교란제지원	5,000	유통마케팅과	1	6	7	8	7	1	1	4
15305	경북 상주시	수출농식품브랜드경쟁력제고	8,000	유통마케팅과	1	6	7	8	7	1	1	4
15306	경북 상주시	신선농산물수출경쟁력제고사업	540,000	유통마케팅과	1	6	7	8	7	1	1	4
15307	경북 상주시	신선농산물예비수출단지육성	144,000	유통마케팅과	1	6	7	8	7	1	1	4
15308	경북 상주시	평통 자문위원 안보연수 및 통일안보사업	28,000	총무과	1	1	7	8	7	1	1	1
15309	경북 상주시	청소년 통일교육 및 통일 홍보활동사업	12,000	총무과	1	1	7	8	7	1	1	1
15310	경북 상주시	사회복지, 치안협력 및 봉사활동사업	4,200	총무과	1	1	7	8	7	1	1	1
15311	경북 상주시	방범순찰 및 3대 반칙행위 근절사업	2,100	총무과	1	4	7	8	7	1	1	1
15312	경북 상주시	북한이탈주민 정착지원사업	4,900	총무과	1	4	7	8	7	1	1	1
15313	경북 상주시	시정발전자문 및 봉사활동사업	9,800	총무과	1	1	7	8	7	1	1	1
15314	경북 상주시	지역주민 안전망 구축을 위한 범죄예방활동	4,900	총무과	1	4	7	8	7	1	1	1
15315	경북 상주시	상주문경예천 범죄피해지원센터 지원사업	23,500	총무과	1	1	7	8	7	1	1	1
15316	경북 상주시	학부모 교육 및 청소년 교실 지원사업	2,500	총무과	1	7	4	7	1	1	1	4
15317	경북 상주시	청소년 진로 및 인성 체험교육 지원	10,000	총무과	1	6	4	7	1	1	1	4
15318	경북 상주시	후계 축산인 육성 지원	15,000	축산과	1	1	7	8	7	5	5	4
15319	경북 상주시	유전자원 앱 이용료 지원	7,500	축산과	1	1	7	8	7	5	5	4
15320	경북 상주시	한우 친자확인 사업	60,000	축산과	1	1	7	8	7	5	5	4
15321	경북 상주시	명실상감한우 브랜드 홍보활동비 지원	50,000	축산과	1	1	7	8	7	5	5	4
15322	경북 상주시	친환경 출하우 장려금 지원	35,000	축산과	1	1	7	8	7	5	5	4
15323	경북 상주시	한우 거세시술비 지원	50,000	축산과	1	1	7	8	7	5	5	4
15324	경북 상주시	한우 번식우 입식자금 이차보전 지원	48,000	축산과	1	1	7	8	7	5	5	4
15325	경북 상주시	소규모 한우농가 톱밥 지원	100,000	축산과	1	1	7	8	7	5	5	4
15326	경북 상주시	소규모 한우농가 개체잠금장치 지원	25,000	축산과	1	1	7	8	7	5	5	4
15327	경북 상주시	젖소 산유능력 검정사업 지원	10,938	축산과	1	1	7	8	7	5	5	4
15328	경북 상주시	한우암소능력개량 친자확인 지원	140,000	축산과	1	1	7	8	7	5	5	4
15329	경북 상주시	한우암소능력개량 등록비 지원	132,000	축산과	1	1	7	8	7	5	5	4
15330	경북 상주시	한우암소능력개량 선형심사비 지원	22,000	축산과	1	1	7	8	7	5	5	4
15331	경북 상주시	우량한우암소 장려금 지원	8,800	축산과	1	1	7	8	7	5	5	4
15332	경북 상주시	불량모돈 갱신사업	30,000	축산과	1	1	7	8	7	5	5	4
15333	경북 상주시	돼지액상정액 지원	11,700	축산과	1	1	7	8	7	5	5	4
15334	경북 상주시	계란난좌 지원	6,000	축산과	1	1	7	8	7	5	5	4
15335	경북 상주시	육계사 깔짚 지원	60,000	축산과	1	1	7	8	7	5	5	4
15336	경북 상주시	자돈폐사율 감소 지원(바닥깔판 지원)	3,300	축산과	1	1	7	8	7	5	5	4
15337	경북 상주시	양돈분만 위생개선 지원	3,900	축산과	1	1	7	8	7	5	5	4
15338	경북 상주시	축산물 이력제 인턴 지원	49,992	축산과	1	1	7	8	7	5	5	4
15339	경북 상주시	한우수정란 이식사업(수정란구입비)	15,000	축산과	1	1	7	8	7	5	5	4
15340	경북 상주시	한우수정란 이식사업(이식시술비)	9,450	축산과	1	1	7	8	7	5	5	4
15341	경북 상주시	한우암소 유전체 분석사업	100,000	축산과	1	1	7	8	7	5	5	4
15342	경북 상주시	TMR 사료공장 포장재 지원	60,000	축산과	1	1	7	8	7	5	5	4
15343	경북 상주시	사료작물 종자대 지원	132,720	축산과	1	1	7	8	7	5	5	4
15344	경북 상주시	전문단지 조성용 종자구입비 지원	25,440	축산과	1	1	7	8	7	5	5	4
15345	경북 상주시	전문단지 조성용 퇴액비 지원	75,600	축산과	1	1	7	8	7	5	5	4
15346	경북 상주시	축산물 HACCP 컨설팅 지원	14,000	축산과	1	1	7	8	7	5	5	4
15347	경북 상주시	가축분뇨 퇴액비살포비 지원	40,000	축산과	1	1	7	8	7	5	5	4
15348	경북 상주시	음수살포용 친환경 악취저감제 지원	6,500	축산과	1	1	7	8	7	5	5	4
15349	경북 상주시	고품질 액비생산시설(퇴비부숙제) 지원	85,200	축산과	1	1	7	8	7	5	5	4

순번	시군구	지출명 (사업명)	2021년예산 (단위:천원/1년간)	담당자 (공무원) 담당부서	민간이전 분류 (지방자치단체 세출예산 집행기준에 의거) 1. 민간경상사업보조(307-02) 2. 민간단체 법정운영비보조(307-03) 3. 민간행사사업보조(307-04) 4. 민간위탁금(307-05) 5. 사회복지시설 법정운영비보조(307-10) 6. 민간인위탁교육비(307-12) 7. 공기관등에대한경상적위탁사업비(308-11) 8. 민간자본사업보조,자체재원(402-01) 9. 민간자본사업보조,이전재원(402-02) 10. 민간위탁사업비(402-03) 11. 공기관등에 대한 자본적 대행사업비(403-02)	민간이전지출 근거 (지방보조금 관리기준 참고) 1. 법률에 규정 2. 국고보조 재원(국가지정) 3. 용도 지정 기부금 4. 조례에 직접규정 5. 지자체가 권장하는 사업을 하는 공공기관 6. 시,도 정책 및 재정사정 7. 기타 8. 해당없음	입찰방식 계약체결방법 (경쟁형태) 1. 일반경쟁 2. 제한경쟁 3. 지명경쟁 4. 수의계약 5. 법정위탁 6. 기타 ( ) 7. 해당없음	입찰방식 계약기간 1. 1년 2. 2년 3. 3년 4. 4년 5. 5년 6. 기타 ( )년 7. 단기계약 (1년미만) 8. 해당없음	입찰방식 낙찰자선정방법 1. 적격심사 2. 협상에의한계약 3. 최저가낙찰제 4. 규격가격분리 5. 2단계 경쟁입찰 6. 기타 ( ) 7. 해당없음	운영예산 산정 운영예산 산정 1. 내부산정 (지자체 자체적으로 산정) 2. 외부산정 (외부전문기관위탁 산정) 3. 내·외부 모두 산정 4. 산정 無 5. 해당없음	운영예산 산정 정산방법 1. 내부정산 (지자체 내부적으로 정산) 2. 외부정산 (외부전문기관위탁 정산) 3. 내·외부 모두 산정 4. 정산 無 5. 해당없음	성과평가 실시여부 1. 실시 2. 미실시 3. 향후 추진 4. 해당없음
15350	경북 상주시	면역강화용 사료첨가제 지원	229,800	축산과	1	1	7	8	7	5	5	4
15351	경북 상주시	수산물 유통가공업 활성화 지원	7,580	축산과	1	1	7	8	7	5	5	4
15352	경북 상주시	지역특화수산물 소비촉진 지원	6,440	축산과	1	1	7	8	7	5	5	4
15353	경북 상주시	가축방역 약품구입 지원(돼지호흡기 질병)	22,500	축산과	1	1	7	8	7	5	5	4
15354	경북 상주시	가축방역약품 구입 지원(돼지 써코바이러스)	117,416	축산과	1	1	7	8	7	5	5	4
15355	경북 상주시	축산차량등록제 지원(통신비)	65,340	축산과	1	1	7	8	7	5	5	4
15356	경북 상주시	구제역 백신 구입비 지원(전업농)	360,051	축산과	1	1	7	8	7	5	5	4
15357	경북 상주시	공동방제단 운영비 지원	373,125	축산과	1	1	7	8	7	5	5	4
15358	경북 상주시	거점소독시설 운영비 지원	30,000	축산과	1	1	7	8	7	5	5	4
15359	경북 상주시	국토대청결운동추진	1,980	환경관리과	1	1	7	8	7	1	1	1
15360	경북 문경시	산촌마을운영매니저	21,166	산림녹지과	1	2	7	8	7	5	5	4
15361	경북 문경시	임업인정보지보급지원	13,010	산림녹지과	1	2	7	8	7	5	5	4
15362	경북 문경시	산림소득활성화사업	3,500	산림녹지과	1	2	7	8	7	5	5	4
15363	경북 문경시	백두대간구곡문화자산 탐방지원	35,000	산림녹지과	1	2	7	8	7	5	5	4
15364	경북 문경시	교통질서 계도 및 예방활동	22,000	교통행정과	1	4	6	1	6	5	1	1
15365	경북 문경시	문경스탬프체험여행	10,000	관광진흥과	1	5	4	1	7	5	5	1
15366	경북 문경시	문경관광상품개발 전담여행사 지원 사업	20,000	관광진흥과	1	5	4	1	7	5	5	1
15367	경북 문경시	관광콘텐츠 제작 및 홍보설명회(팸투어)	50,000	관광진흥과	1	5	4	1	7	5	5	1
15368	경북 문경시	문경대표음식브랜드 개발	30,000	관광진흥과	1	5	4	1	7	5	5	1
15369	경북 문경시	주요 관광지 시티투어버스 운영	30,000	관광진흥과	1	5	4	1	7	5	5	1
15370	경북 문경시	발로뛰는 현장홍보	10,000	관광진흥과	1	5	4	1	7	5	5	1
15371	경북 문경시	선비이야기여행 서비스 역량강화 교육	55,000	관광진흥과	1	2	4	1	7	5	5	1
15372	경북 문경시	문경새재 합격의 길 명소화사업	80,000	관광진흥과	1	6	4	1	7	5	5	1
15373	경북 문경시	귀농귀촌 정보화사업	37,000	농촌개발과	1	1	7	8	7	5	5	4
15374	경북 문경시	귀농귀촌 소식지 발간	10,000	농촌개발과	1	1	7	8	7	5	5	4
15375	경북 문경시	귀농창업 연구회 활성화	7,000	농촌개발과	1	1	7	8	7	5	5	4
15376	경북 문경시	재능기부활동지원	8,000	농촌개발과	1	1	7	8	7	5	5	4
15377	경북 문경시	귀농귀촌 코디네이터 상담사업	6,400	농촌개발과	1	1	7	8	7	5	5	4
15378	경북 문경시	귀농귀촌 홍보 활성화 지원	8,000	농촌개발과	1	1	7	8	7	5	5	4
15379	경북 문경시	귀농인 보금자리 활성화지원	140,000	농촌개발과	1	1	7	8	7	5	5	4
15380	경북 문경시	귀농인 경영컨설팅(멘토멘티)지원	30,000	농촌개발과	1	1	7	8	7	5	5	4
15381	경북 문경시	석달 양민학살 위령제	5,000	산북면	1	7	7	8	7	1	1	4
15382	경북 문경시	국민보도연맹사건 위령제	2,000	총무과	1	4	7	8	7	5	5	4
15383	경북 문경시	통일안보사업	20,000	총무과	1	1	7	8	7	5	5	4
15384	경북 문경시	평화통일을 위한 대국민 의식 계도	9,600	총무과	1	4	7	8	7	5	5	4
15385	경북 문경시	남북통일을 위한 대국민 의식 교육	5,800	총무과	1	4	7	8	7	5	5	4
15386	경북 문경시	문경관광 홍보 및 환경정화 활동	10,000	총무과	1	4	7	8	7	5	5	4
15387	경북 문경시	청소년 선도 및 범죄예방활동	6,000	총무과	1	4	7	8	7	5	5	4
15388	경북 문경시	지역치안 선진지 벤치마킹	7,800	총무과	1	4	7	8	7	5	5	4
15389	경북 문경시	범죄피해자지원센터 운영	20,000	총무과	1	1	7	8	7	5	5	4
15390	경북 문경시	2018년 문경시 초등학생 영어체험학습 지원	98,760	총무과	1	4	7	8	7	5	5	4
15391	경북 문경시	문경시 농업경영인가족 한마음대회	20,000	농정과	1	4	7	8	7	1	1	4
15392	경북 문경시	으뜸농산물 전시행사 참가	10,000	농정과	1	4	7	8	7	1	1	4
15393	경북 문경시	농업경영인 도대회 참가	15,000	농정과	1	4	7	8	7	1	1	4
15394	경북 문경시	농업인의 날 기념행사	15,000	농정과	1	4	7	8	7	1	1	4
15395	경북 문경시	여성농업인 전국대회 참가	10,000	농정과	1	4	7	8	7	1	1	4
15396	경북 문경시	여성농업인 한마음 대회	10,000	농정과	1	4	7	8	7	1	1	4
15397	경북 문경시	농촌일손돕기 중개창구 지원	8,000	농정과	1	4	7	8	7	1	1	4
15398	경북 문경시	지역농산물 소비 촉진행사	5,000	농정과	1	4	7	8	7	1	1	4
15399	경북 문경시	농업인정보지보급	62,580	농정과	1	2	7	8	7	1	1	4
15400	경북 문경시	농촌체험휴양마을운영	96,624	농정과	1	2	7	8	7	1	1	4

순번	시군구	지출명 (사업명)	2021년예산 (단위:천원/1년간)	담당자 (공무원) 담당부서	민간이전 분류 (지방자치단체 세출예산 집행기준에 의거) 1. 민간경상사업보조(307-02) 2. 민간단체 법정운영비보조(307-03) 3. 민간행사사업보조(307-04) 4. 민간위탁금(307-05) 5. 사회복지시설 법정운영비보조(307-10) 6. 민간인위탁교육비(307-12) 7. 공기관등에대한경상적위탁사업비(308-11) 8. 민간자본사업보조,자체재원(402-01) 9. 민간자본사업보조,이전재원(402-02) 10. 민간위탁사업비(402-03) 11. 공기관등에 대한 자본적 대행사업비(403-02)	민간이전지출 근거 (지방보조금 관리기준 참고) 1. 법률에 규정 2. 국고보조 재원(국가지정) 3. 용도 지정 기부금 4. 조례에 직접규정 5. 지자체가 권장하는 사업을 하는 공공기관 6. 시,도 정책 및 재정사정 7. 기타 8. 해당없음	입찰방식 계약체결방법 (경쟁형태) 1. 일반경쟁 2. 제한경쟁 3. 지명경쟁 4. 수의계약 5. 법정위탁 6. 기타 ( ) 7. 해당없음	입찰방식 계약기간 1. 1년 2. 2년 3. 3년 4. 4년 5. 5년 6. 기타 ( )년 7. 단기계약 (1년미만) 8. 해당없음	입찰방식 낙찰자선정방법 1. 적격심사 2. 협상에의한계약 3. 최저가낙찰제 4. 규격가격분리 5. 2단계 경쟁입찰 6. 기타 ( ) 7. 해당없음	운영예산 산정 운영예산 산정 1. 내부산정 (지자체 자체적으로 산정) 2. 외부산정 (외부전문기관위탁 산정) 3. 내·외부 모두 산정 4. 산정 無 5. 해당없음	운영예산 산정 정산방법 1. 내부정산 (지자체 내부적으로 정산) 2. 외부정산 (외부전문기관위탁 정산) 3. 내·외부 모두 산정 4. 정산 無 5. 해당없음	성과평가 실시여부 1. 실시 2. 미실시 3. 향후 추진 4. 해당없음
15401	경북 문경시	농촌지역 사랑의 공부방 운영지원	16,000	농정과	1	6	7	8	7	1	1	4
15402	경북 문경시	농어촌보육여건개선사업	41,100	농정과	1	2	7	8	7	1	1	4
15403	경북 문경시	농촌체험관광활성화지원	6,000	농정과	1	2	7	8	7	1	1	4
15404	경북 문경시	쌀전농업 정보지 보급	17,280	농정과	1	4	7	8	7	1	1	4
15405	경북 문경시	친환경농산물 잔류농약 검사	25,200	농정과	1	6	7	8	7	1	1	4
15406	경북 문경시	농업환경보전 프로그램 사업	150,000	농정과	1	2	7	8	7	1	1	4
15407	경북 문경시	친환경농업 정보향상 사업	9,360	농정과	1	6	7	8	7	1	1	4
15408	경북 문경시	과실생산유통지원사업관리비지원	29,600	농정과	1	4	7	8	7	1	1	4
15409	경북 문경시	자활기금 운영	34,000	사회복지과	1	4	7	8	7	1	1	2
15410	경북 문경시	식품공중위생업소 육성	25,000	사회복지과	1	7	7	8	7	5	5	4
15411	경북 문경시	개인별 반찬용기 지원	30,000	사회복지과	1	6	7	8	7	5	5	4
15412	경북 문경시	영화 및 드라마 촬영 인센티브 지원사업	30,000	미래전략기획단	1	5	4	1	7	5	5	1
15413	경북 문경시	드라마 시나리오 작가 초청 로케이션 팸투어	10,000	미래전략기획단	1	5	4	1	7	5	5	1
15414	경북 문경시	사랑의 김장 담가주기 운동	17,000	새마을체육과	1	4	7	8	7	1	1	2
15415	경북 문경시	사랑의 연탄 보내기 운동	5,000	새마을체육과	1	4	7	8	7	1	1	2
15416	경북 문경시	독서생활화 운동 및 새마을환경안내소 운영	4,500	새마을체육과	1	4	7	8	7	1	1	2
15417	경북 문경시	찾아가는 새마을 전래놀이터 운영	5,000	새마을체육과	1	4	7	8	7	1	1	2
15418	경북 문경시	새마을공원관리사업	2,000	새마을체육과	1	4	7	8	7	1	1	2
15419	경북 문경시	새마을운동 활성화를 위한 선진지 견학	12,000	새마을체육과	1	4	7	8	7	1	1	2
15420	경북 문경시	새마을지도자 의식개혁교육	8,000	새마을체육과	1	4	7	8	7	1	1	2
15421	경북 문경시	새마을운동 해외 전문인력 양성사업	60,000	새마을체육과	1	1	7	8	7	1	1	2
15422	경북 문경시	취약계층 주거시설정비사업	28,000	새마을체육과	1	4	7	8	7	1	1	2
15423	경북 문경시	범도민 독서생활화 운동	9,000	새마을체육과	1	4	7	8	7	1	1	2
15424	경북 문경시	기초질서 및 안전문화운동 전개	3,000	새마을체육과	1	1	7	8	7	1	1	2
15425	경북 문경시	건강백세를 위한 하하하 운동	20,000	새마을체육과	1	1	7	8	7	1	1	2
15426	경북 문경시	사랑의 떡국 나누기 사업	3,000	새마을체육과	1	1	7	8	7	1	1	2
15427	경북 문경시	다자녀가정과 함께하는 사랑나누기 행사	3,000	새마을체육과	1	8	7	8	7	1	1	2
15428	경북 문경시	선진시민의식 함양을 위한 현장견학	12,000	새마을체육과	1	1	7	8	7	1	1	2
15429	경북 문경시	바르게살기운동 건전생활 실천교육	1,650	새마을체육과	1	1	7	8	7	1	1	2
15430	경북 문경시	바르게살기운동 청년회조직 활성화	5,000	새마을체육과	1	1	7	8	7	1	1	2
15431	경북 문경시	생활체육교실 운영	33,600	새마을체육과	1	7	7	8	7	1	1	2
15432	경북 문경시	시군 생활체육 지도자 배치	175,392	새마을체육과	1	7	7	8	7	1	1	2
15433	경북 문경시	생활체육지도자 교통비 지원	13,200	새마을체육과	1	7	7	8	7	1	1	2
15434	경북 문경시	시군 어르신 체육활동 지원	146,160	새마을체육과	1	7	7	8	7	1	1	2
15435	경북 문경시	생활체육 운영	296,000	새마을체육과	1	7	7	8	7	1	1	2
15436	경북 문경시	시군장애인생활체육지도자배치	29,232	새마을체육과	1	7	7	8	7	1	1	2
15437	경북 문경시	생활체육지도자 근속수당지원	7,800	새마을체육과	1	7	7	8	7	1	1	2
15438	경북 문경시	장애인생활체육지도자교통비지원	1,200	새마을체육과	1	7	7	8	7	1	1	2
15439	경북 문경시	각종 체육행사 출전지원	365,000	새마을체육과	1	7	7	8	7	1	1	2
15440	경북 문경시	엘리트체육 육성	134,000	새마을체육과	1	7	7	8	7	1	1	2
15441	경북 문경시	문경새재아리랑배 남녀9인제 배구대회	9,000	새마을체육과	1	7	7	8	7	1	1	2
15442	경북 문경시	서봉기 단축마라톤 대회	15,000	새마을체육과	1	7	7	8	7	1	1	2
15443	경북 문경시	새재기 생활체육 전국 소프트테니스 대회	25,000	새마을체육과	1	7	7	8	7	1	1	2
15444	경북 문경시	한국장년연맹회장배 전국 소프트테니스 대회	25,000	새마을체육과	1	7	7	8	7	1	1	2
15445	경북 문경시	문경 민간인 희생자 위령제	3,000	문경읍	1	7	7	8	7	1	1	4
15446	경북 문경시	광고물전시회 작품 출품보조	3,000	건축디자인과	1	1	7	1	7	1	1	3
15447	경북 문경시	농산물 유통구조개선지원	224,800	유통축산과	1	1	7	8	7	1	1	1
15448	경북 문경시	농산물 산지유통기능 활성화 지원	35,200	유통축산과	1	1	7	8	7	1	1	1
15449	경북 문경시	수출용사과 질병예찰	7,000	유통축산과	1	4	7	8	7	1	1	1
15450	경북 문경시	농식품 국외판촉 지원	10,000	유통축산과	1	4	7	8	7	1	1	1
15451	경북 문경시	우수농산물 해외판촉 지원	40,000	유통축산과	1	4	7	8	7	1	1	1

순번	시군구	지출명 (사업명)	2021년예산 (단위:천원/1년간)	담당자 (공무원) 담당부서	민간이전 분류 (지방자치단체 세출예산 집행기준에 의거) 1. 민간경상사업보조(307-02) 2. 민간단체 법정운영비보조(307-03) 3. 민간행사사업보조(307-04) 4. 민간위탁금(307-05) 5. 사회복지시설 법정운영비보조(307-10) 6. 민간인위탁교육비(307-12) 7. 공기관등에대한경상적위탁사업비(308-11) 8. 민간자본사업보조,자체재원(402-01) 9. 민간자본사업보조,이전재원(402-02) 10. 민간위탁사업비(402-03) 11. 공기관등에 대한 자본적 대행사업비(403-02)	민간이전지출 근거 (지방보조금 관리기준 참고) 1. 법률에 규정 2. 국고보조 재원(국가지정) 3. 용도 지정 기부금 4. 조례에 직접규정 5. 지자체가 권장하는 사업을 하는 공공기관 6. 시,도 정책 및 재정사정 7. 기타 8. 해당없음	입찰방식: 계약체결방법 (경쟁형태) 1. 일반경쟁 2. 제한경쟁 3. 지명경쟁 4. 수의계약 5. 법정위탁 6. 기타 ( ) 7. 해당없음	입찰방식: 계약기간 1. 1년 2. 2년 3. 3년 4. 4년 5. 5년 6. 기타 ( )년 7. 단기계약 (1년미만) 8. 해당없음	입찰방식: 낙찰자선정방법 1. 적격심사 2. 협상에의한계약 3. 최저가낙찰제 4. 규격가격분리 5. 2단계 경쟁입찰 6. 기타 ( ) 7. 해당없음	운영예산 산정: 운영예산 산정 1. 내부산정 (지자체 자체적으로 산정) 2. 외부산정 (외부전문기관위탁 산정) 3. 내·외부 모두 산정 4. 산정 無 5. 해당없음	운영예산 산정: 정산방법 1. 내부정산 (지자체 내부적으로 정산) 2. 외부정산 (외부전문기관위탁 정산) 3. 내·외부 모두 산정 4. 정산 無 5. 해당없음	성과평가 실시여부 1. 실시 2. 미실시 3. 향후 추진 4. 해당없음
15452	경북 문경시	농식품 국내판촉 지원	7,500	유통축산과	1	6	7	8	7	1	1	1
15453	경북 문경시	낙농헬퍼(도우미)지원사업	12,240	유통축산과	1	6	7	8	7	3	3	1
15454	경북 문경시	젖소유전능력개량사업	2,900	유통축산과	1	6	7	8	7	3	3	1
15455	경북 문경시	한우암소유전체분석사업	30,000	유통축산과	1	6	7	8	7	3	3	1
15456	경북 문경시	향토산업육성	310,000	유통축산과	1	2	5	6	6	2	2	1
15457	경북 문경시	공동방제단 인건비	104,560	유통축산과	1	2	7	1	7	5	5	4
15458	경북 문경시	공동방제단 운영비	111,220	유통축산과	1	2	7	1	7	5	5	4
15459	경북 문경시	축산물 이력제 업무인턴 지원	24,996	유통축산과	1	6	5	1	7	3	3	1
15460	경북 문경시	행복한 농촌가정육성 프로젝트 시범	5,000	기술지원과	1	4	7	8	7	5	5	4
15461	경북 문경시	학생4-H회원 과제활동 지원	3,000	기술지원과	1	4	7	8	7	5	5	4
15462	경북 문경시	청년농업인4-H회원 활동지원	3,000	기술지원과	1	4	7	8	7	5	5	4
15463	경북 문경시	농업용 중장비 자격취득 교육	42,000	기술지원과	1	4	7	8	7	5	5	4
15464	경북 문경시	문경돌리네습지 체험/교육 프로그램 운영지원	20,000	환경보호과	1	8	7	8	7	5	5	4
15465	경북 문경시	폐기물처리시설 주변 주민지원기금	492,620	환경보호과	1	1	7	8	7	1	1	4
15466	경북 문경시	야생동물 진료센터 운영	5,000	환경보호과	1	6	7	8	7	5	5	4
15467	경북 문경시	푸른문경21증진사업	37,000	환경보호과	1	4	7	8	7	5	5	1
15468	경북 문경시	자연보호 활동 지원	21,000	환경보호과	1	4	7	8	7	5	5	1
15469	경북 문경시	제10회 문경새재 전국휘호대회	30,000	문화예술과	1	4	7	8	7	1	1	1
15470	경북 문경시	문경향토사료 32집 발간	30,000	문화예술과	1	4	7	8	7	1	1	1
15471	경북 문경시	전통문화예술 지원사업	10,000	문화예술과	1	4	7	8	7	1	1	1
15472	경북 문경시	향토조사 연구사업 및 문화원 사업활동 지원	33,000	문화예술과	1	4	7	8	7	1	1	1
15473	경북 문경시	문화학교운영지원	12,000	문화예술과	1	4	7	8	7	1	1	1
15474	경북 문경시	충효교실운영지원	6,000	문화예술과	1	4	7	8	7	1	1	1
15475	경북 문경시	경북선비아카데미	5,500	문화예술과	1	4	7	8	7	1	1	1
15476	경북 문경시	숭위전(견훤왕) 향사봉행	2,000	문화예술과	1	4	7	8	7	1	1	1
15477	경북 문경시	충렬사(신길원현감) 향사봉행	2,000	문화예술과	1	4	7	8	7	1	1	1
15478	경북 문경시	시민명륜학교강좌	28,000	문화예술과	1	4	7	8	7	1	1	1
15479	경북 문경시	한시 기초교육	3,000	문화예술과	1	4	7	8	7	1	1	1
15480	경북 문경시	유림학술발표회	3,000	문화예술과	1	4	7	8	7	1	1	1
15481	경북 문경시	유림학술대회(강의)	3,000	문화예술과	1	4	7	8	7	1	1	1
15482	경북 문경시	자녀인성교육	3,000	문화예술과	1	4	7	8	7	1	1	1
15483	경북 문경시	선비과정교육	3,000	문화예술과	1	4	7	8	7	1	1	1
15484	경북 문경시	국조단군정신선양사업	3,000	문화예술과	1	4	7	8	7	1	1	1
15485	경북 문경시	문경유림대회	2,000	문화예술과	1	4	7	8	7	1	1	1
15486	경북 문경시	청년유도회 학술 강연	3,000	문화예술과	1	4	7	8	7	1	1	1
15487	경북 문경시	향교문화전승보전지원	22,720	문화예술과	1	4	7	8	7	1	1	1
15488	경북 문경시	소양서원 향사봉행	3,000	문화예술과	1	4	7	8	7	1	1	1
15489	경북 문경시	근암서원 향사봉행	3,000	문화예술과	1	4	7	8	7	1	1	1
15490	경북 문경시	충의사(신태식선생) 향사봉행	3,000	문화예술과	1	4	7	8	7	1	1	1
15491	경북 문경시	옥소영각 향사봉행	1,500	문화예술과	1	4	7	8	7	1	1	1
15492	경북 문경시	경북북부권문화정보센터 문화홍보사업지원	28,500	문화예술과	1	4	7	8	7	1	1	1
15493	경북 문경시	시민문화강좌	36,000	문화예술과	1	4	7	8	7	1	1	1
15494	경북 문경시	고 박정희 대통령 추도행사	6,000	문화예술과	1	4	7	8	7	1	1	1
15495	경북 문경시	고 박정희 대통령 탄신숭모제	6,000	문화예술과	1	4	7	8	7	1	1	1
15496	경북 문경시	국악분야 예술강사 지원	24,890	문화예술과	1	2	7	8	7	1	1	1
15497	경북 문경시	국학강좌 및 국학탐방	2,000	문화예술과	1	4	7	8	7	1	1	1
15498	경북 문경시	동거부부 전통혼인례 및 청소년 인성 교육	3,000	문화예술과	1	4	7	8	7	1	1	1
15499	경북 문경시	모전들소리 공연	10,000	문화예술과	1	4	7	8	7	1	1	1
15500	경북 문경시	문경문원 10집 발간	30,000	문화예술과	1	4	7	8	7	1	1	1
15501	경북 문경시	문경문학 15집 발간	5,000	문화예술과	1	4	7	8	7	1	1	1
15502	경북 문경시	문경새재문학지 발간 14집	3,000	문화예술과	1	4	7	8	7	1	1	1

순번	시군구	지출명 (사업명)	2021년예산 (단위:천원/1년간)	담당자 (공무원) 담당부서	민간이전 분류 (지방자치단체 세출예산 집행기준에 의거) 1. 민간경상사업보조(307-02) 2. 민간단체 법정운영비보조(307-03) 3. 민간행사사업보조(307-04) 4. 민간위탁금(307-05) 5. 사회복지시설 법정운영비보조(307-10) 6. 민간인위탁교육비(307-12) 7. 공기관등에대한경상적위탁사업비(308-11) 8. 민간자본사업보조,자체재원(402-01) 9. 민간자본사업보조,이전재원(402-02) 10. 민간위탁사업비(402-03) 11. 공기관등에 대한 자본적 대행사업비(403-02)	민간이전지출 근거 (지방보조금 관리기준 참고) 1. 법률에 규정 2. 국고보조 재원(국가지정) 3. 용도 지정 기부금 4. 조례에 직접규정 5. 지자체가 권장하는 사업을 하는 공공기관 6. 시,도 정책 및 재정사정 7. 기타 8. 해당없음	입찰방식 계약체결방법 (경쟁형태) 1. 일반경쟁 2. 제한경쟁 3. 지명경쟁 4. 수의계약 5. 법정위탁 6. 기타 ( ) 7. 해당없음	입찰방식 계약기간 1. 1년 2. 2년 3. 3년 4. 4년 5. 5년 6. 기타 ( )년 7. 단기계약 (1년미만) 8. 해당없음	입찰방식 낙찰자선정방법 1. 적격심사 2. 협상에의한계약 3. 최저가낙찰제 4. 규격가격분리 5. 2단계 경쟁입찰 6. 기타 ( ) 7. 해당없음	운영예산 산정 운영예산 산정 1. 내부산정 (지자체 자체적으로 산정) 2. 외부산정 (외부전문기관위탁 산정) 3. 내·외부 모두 산정 4. 산정 無 5. 해당없음	운영예산 산정 정산방법 1. 내부정산 (지자체 내부적으로 정산) 2. 외부정산 (외부전문기관위탁 정산) 3. 내·외부 모두 산정 4. 정산 無 5. 해당없음	성과평가 실시여부 1. 실시 2. 미실시 3. 향후 추진 4. 해당없음
15503	경북 문경시	문경새재전국시낭송대회	10,000	문화예술과	1	4	7	8	7	1	1	1
15504	경북 문경시	문경시민가요제 개최	20,000	문화예술과	1	4	7	8	7	1	1	1
15505	경북 문경시	문경예술제	25,000	문화예술과	1	4	7	8	7	1	1	1
15506	경북 문경시	문경예술지 발간	12,000	문화예술과	1	4	7	8	7	1	1	1
15507	경북 문경시	작가사상 제18호 발간	3,000	문화예술과	1	4	7	8	7	1	1	1
15508	경북 문경시	전통예절교육	2,500	문화예술과	1	4	7	8	7	1	1	1
15509	경북 문경시	한문교실 운영	1,000	문화예술과	1	4	7	8	7	1	1	1
15510	경북 문경시	문화재지킴이활동지원	9,100	문화예술과	1	7	7	1	6	1	1	3
15511	경북 문경시	근암서원 인문학 아카데미	22,000	문화예술과	1	7	7	8	7	5	5	4
15512	경북 문경시	근암서원 선비체험교실	30,000	문화예술과	1	7	7	8	7	5	5	4
15513	경북 문경시	문경 한자왕 선발대회	10,000	문화예술과	1	7	7	8	7	1	1	3
15514	경북 문경시	생생문화재 사업	100,000	문화예술과	1	7	7	1	6	1	1	3
15515	경북 문경시	지역문화유산교육사업	44,000	문화예술과	1	7	6	1	6	1	1	3
15516	경북 문경시	무형문화재 공개행사지원	24,400	문화예술과	1	7	7	8	7	1	1	3
15517	경북 문경시	무형문화재 전수관 활성화사업	37,500	문화예술과	1	7	6	1	6	1	1	3
15518	경북 문경시	전수교육관 문화예술교육사 배치	33,000	문화예술과	1	7	6	1	6	1	1	3
15519	경북 문경시	정보화마을 프로그램관리자 인건비지원(3명)	64,704	홍보전산과	1	7	7	8	7	3	1	1
15520	경북 문경시	정보화마을 리모델링사업	100,000	홍보전산과	1	7	7	8	7	3	1	1
15521	경북 문경시	정보화마을 Festa 2020 행사지원	3,000	홍보전산과	1	7	7	8	7	3	1	1
15522	경북 문경시	정보화마을 운영 홍보마케팅 등 지원	15,000	홍보전산과	1	7	7	8	7	3	1	1
15523	경북 문경시	한국자유총연맹 문경시지회 자유민주주의 체제수호 사업	17,000	홍보전산과	1	1	7	8	7	1	1	2
15524	경북 문경시	문경시 투자유치보조금	800,000	일자리경제과	1	4	7	8	7	3	3	4
15525	경북 문경시	중소기업 정규직 프로젝트	18,000	일자리경제과	1	6	7	8	7	5	5	4
15526	경북 문경시	문경창업보육센터 운영	40,000	일자리경제과	1	5	7	8	7	5	5	4
15527	경북 문경시	청년예비창업지원	100,000	일자리경제과	1	4	7	8	7	5	5	4
15528	경북 문경시	청년자립마을 활성화 지원사업	200,000	일자리경제과	1	6	7	8	7	5	5	4
15529	경북 문경시	청년지역정착지원플러스사업	60,800	일자리경제과	1	2	7	8	7	5	5	4
15530	경북 문경시	상권활성화 청년특공대	108,500	일자리경제과	1	2	7	8	7	5	5	4
15531	경북 문경시	사회적기업등 일자리창출사업	447,200	일자리경제과	1	1	7	8	7	5	5	4
15532	경북 문경시	사회적기업 지역특화사업	30,000	일자리경제과	1	1	7	8	7	5	5	4
15533	경북 문경시	사회적기업 사회보험료지원사업	15,000	일자리경제과	1	1	7	8	7	5	5	4
15534	경북 문경시	마을기업 육성사업	40,000	일자리경제과	1	2	7	8	7	5	5	4
15535	경북 문경시	경북형 사회적경제 청년일자리사업	206,400	일자리경제과	1	2	7	8	7	5	5	4
15536	경북 문경시	중소기업 정규직 프로젝트	18,000	일자리경제과	1	6	7	8	7	5	5	4
15537	경북 경산시	청소년 통일 안보교육 및 시민 선진의식 함양교육	3,000	기획예산과	1	8	7	8	7	5	5	4
15538	경북 경산시	반공위령제 제수비(와촌)	2,000	기획예산과	1	1	7	8	1	1	1	1
15539	경북 경산시	반공위령제 제수비(남산)	3,000	기획예산과	1	1	7	8	1	1	1	1
15540	경북 경산시	한국자유총연맹	7,000	기획예산과	1	1	7	8	1	1	1	1
15541	경북 경산시	자유수호 희생자 합동위령제 운영비	2,000	기획예산과	1	1	7	8	1	1	1	1
15542	경북 경산시	자유수호 제15회 영호남 교류 방문	2,000	기획예산과	1	1	7	8	1	1	1	1
15543	경북 경산시	자유민주 수호를 위한 안보교육	2,000	기획예산과	1	1	7	8	1	1	1	1
15544	경북 경산시	연맹창립 67주년 기념 및 안보의식 고취사업	1,000	기획예산과	1	1	7	8	1	1	1	1
15545	경북 경산시	K뷰티산업 국내외 마케팅 지원	600,000	전략사업추진단	1	7	7	8	7	4	4	1
15546	경북 경산시	패션테크 융복합산업단지 캠퍼스 조성사업	100,000	전략사업추진단	1	2	7	8	7	1	3	4
15547	경북 경산시	첨단 기능성 소재기반 시기능 보조기기 산업육성 사업	650,000	전략사업추진단	1	2	7	8	7	1	3	1
15548	경북 경산시	도심권역 청년창업·문화 거점 육성	600,000	전략사업추진단	1	4	6	4	6	1	1	3
15549	경북 경산시	하양권역 청년창업·문화 거점 육성	580,000	전략사업추진단	1	4	6	4	6	1	1	3
15550	경북 경산시	청색기술 선도연구센터	300,000	전략사업추진단	1	2	7	8	7	3	3	1
15551	경북 경산시	시민 주도의 친절·질서·청결운동	12,000	총무과	1	4	1	1	1	1	1	1
15552	경북 경산시	이통장연합회 연수대회 참가	2,000	총무과	1	4	4	1	1	1	1	1
15553	경북 경산시	주요 행사 질서관리 및 시민안녕을 위한 활동	25,000	총무과	1	4	4	1	1	1	1	1

순번	시군구	지출명 (사업명)	2021년예산 (단위:천원/1년간)	담당자 (공무원) 담당부서	민간이전 분류 (지방자치단체 세출예산 집행기준에 의거) 1. 민간경상사업보조(307-02) 2. 민간단체 법정운영비보조(307-03) 3. 민간행사사업보조(307-04) 4. 민간위탁금(307-05) 5. 사회복지시설 법정운영비보조(307-10) 6. 민간인위탁교육비(307-12) 7. 공기관등에대한경상적위탁사업비(308-11) 8. 민간자본사업보조,자체재원(402-01) 9. 민간자본사업보조,이전재원(402-02) 10. 민간위탁사업비(402-03) 11. 공기관등에 대한 자본적 대행사업비(403-02)	민간이전지출 근거 (지방보조금 관리기준 참고) 1. 법률에 규정 2. 국고보조 재원(국가지정) 3. 용도 지정 기부금 4. 조례에 직접규정 5. 지자체가 권장하는 사업을 하는 공공기관 6. 시,도 정책 및 재정사정 7. 기타 8. 해당없음	입찰방식 계약체결방법 (경쟁형태) 1. 일반경쟁 2. 제한경쟁 3. 지명경쟁 4. 수의계약 5. 법정위탁 6. 기타 ( ) 7. 해당없음	입찰방식 계약기간 1. 1년 2. 2년 3. 3년 4. 4년 5. 5년 6. 기타 ( )년 7. 단기계약 (1년미만) 8. 해당없음	입찰방식 낙찰자선정방법 1. 적격심사 2. 협상에의한계약 3. 최저가낙찰제 4. 규격가격분리 5. 2단계 경쟁입찰 6. 기타 ( ) 7. 해당없음	운영예산 산정 운영예산 산정 1. 내부산정 (지자체 자체적으로 산정) 2. 외부산정 (외부전문기관위탁 산정) 3. 내·외부 모두 산정 4. 산정 無 5. 해당없음	운영예산 산정 정산방법 1. 내부정산 (지자체 내부적으로 정산) 2. 외부정산 (외부전문기관위탁 정산) 3. 내·외부 모두 산정 4. 정산 無 5. 해당없음	성과평가 실시여부 1. 실시 2. 미실시 3. 향후 추진 4. 해당없음
15554	경북 경산시	평화통일 기반조성사업 지원	38,600	총무과	1	4	4	1	1	1	1	1
15555	경북 경산시	시정발전을 위한 생활현장 위해요소 순찰제 실시	10,000	총무과	1	4	4	1	1	1	1	1
15556	경북 경산시	2021년 경산시민과 함께하는 통일한마당 행사	5,000	총무과	1	4	4	1	1	1	1	1
15557	경북 경산시	야간방범 및 학교주변 안전순찰	6,000	총무과	1	4	4	1	1	1	1	1
15558	경북 경산시	평화통일을 위한 민족역량 배양	4,000	총무과	1	4	4	1	1	1	1	1
15559	경북 경산시	범죄 및 사고예방을 위한 치안보조 활동	3,000	총무과	1	4	4	1	1	1	1	1
15560	경북 경산시	경산지역 홀몸어르신을 위한 행복한 밥상 나눔 봉사	7,000	총무과	1	4	1	1	1	1	1	1
15561	경북 경산시	경산지역 민간인 희생사건 위령제 지원	1,500	총무과	1	4	4	1	1	1	1	1
15562	경북 경산시	관내초등학교 다문화학생 대상 스피치 대회	10,000	총무과	1	4	1	1	1	1	1	1
15563	경북 경산시	범죄피해자 지원센터 지원	14,000	총무과	1	4	4	1	1	1	1	1
15564	경북 경산시	김장 담그기 지원	8,000	새마을민원과	1	1	7	8	7	1	1	1
15565	경북 경산시	새마을지도자 타시군 비교 견학	3,000	새마을민원과	1	1	7	8	7	1	1	1
15566	경북 경산시	새마을문고 도서교환 및 대출시장 운영	4,000	새마을민원과	1	1	7	8	7	1	1	1
15567	경북 경산시	바르게살기위원 타시군 비교 견학	3,000	새마을민원과	1	1	7	8	7	1	1	1
15568	경북 경산시	새마을운동추진 운영지원	31,000	새마을민원과	1	1	7	8	7	1	1	1
15569	경북 경산시	범도민 독서생활화 사업	7,680	새마을민원과	1	1	7	8	7	1	1	1
15570	경북 경산시	바르게살기운동추진 운영지원	10,000	새마을민원과	1	1	7	8	7	1	1	1
15571	경북 경산시	바르게살기운동 건전생활 실천 교육	1,650	새마을민원과	1	1	7	8	7	1	1	1
15572	경북 경산시	바르게살기운동 청년회 조직 활성화	5,000	새마을민원과	1	1	7	8	7	1	1	1
15573	경북 경산시	정보화마을 프로그램 관리자 운영	17,501	정보통신과	1	1	7	8	7	1	1	1
15574	경북 경산시	정보화마을 프로그램 관리자 퇴직금	1,823	정보통신과	1	1	7	8	7	1	1	1
15575	경북 경산시	정보화마을 프로그램 관리자 4대보험	2,101	정보통신과	1	1	7	8	7	1	1	1
15576	경북 경산시	정보화마을 "Fasta"참가비	1,200	정보통신과	1	1	7	8	7	1	1	1
15577	경북 경산시	정보화마을 활성화 지원	5,000	정보통신과	1	1	7	8	7	1	1	1
15578	경북 경산시	공설시장 소식지 발간	2,000	일자리경제과	1	4	7	8	7	5	5	4
15579	경북 경산시	경산공설시장	1,000	일자리경제과	1	4	7	8	7	1	1	1
15580	경북 경산시	하양공설시장	1,000	일자리경제과	1	4	7	8	7	1	1	1
15581	경북 경산시	공설시장 방범활동	8,790	일자리경제과	1	4	7	8	7	1	1	1
15582	경북 경산시	경산공설시장	8,790	일자리경제과	1	4	7	8	7	1	1	1
15583	경북 경산시	상인조직 육성사업	14,842	일자리경제과	1	4	7	8	7	5	5	4
15584	경북 경산시	경산공설시장	10,080	일자리경제과	1	4	7	8	7	1	1	1
15585	경북 경산시	하양공설시장	4,762	일자리경제과	1	4	7	8	7	1	1	1
15586	경북 경산시	문화체험교실 운영	1,000	일자리경제과	1	4	7	8	7	1	1	1
15587	경북 경산시	전통시장 장보기 및 배송서비스 사업	3,772	일자리경제과	1	4	7	8	7	1	1	1
15588	경북 경산시	전통시장 화재공제지원사업	14,386	일자리경제과	1	4	7	8	7	1	1	1
15589	경북 경산시	소상공인 및 중소기업 지원	50,000	일자리경제과	1	1	7	8	7	5	5	4
15590	경북 경산시	산업재해예방 현장 기능인력 양성사업	20,000	일자리경제과	1	1	7	8	7	5	5	4
15591	경북 경산시	지식재산권 지원 사업	30,000	일자리경제과	1	1	7	8	7	5	5	4
15592	경북 경산시	중소기업 정규직프로젝트(중소기업인턴사원제)	270,000	일자리경제과	1	1	7	8	7	5	5	4
15593	경북 경산시	청년 예비창업가 육성 지원	255,000	일자리경제과	1	1	7	8	7	5	5	4
15594	경북 경산시	대학일자리센터 지원	275,000	일자리경제과	1	2	7	8	7	5	5	4
15595	경북 경산시	1社-1청년 더채용지원 사업	90,000	일자리경제과	1	1	7	8	7	5	5	4
15596	경북 경산시	경북형대학일자리센터	176,000	일자리경제과	1	1	7	8	7	5	5	4
15597	경북 경산시	SW중심대학육성지원사업	100,000	일자리경제과	1	2	7	8	7	5	5	4
15598	경북 경산시	청년지역일꾼 육성프로젝트	116,000	일자리경제과	1	1	7	8	7	5	5	4
15599	경북 경산시	조기취업형선도대학 육성지원	228,000	일자리경제과	1	2	7	8	7	5	5	4
15600	경북 경산시	자동차부품산업맞춤인재육성프로젝트	311,940	일자리경제과	1	1	7	8	7	5	5	4
15601	경북 경산시	고용위기산업 퇴직인력 재취업 및 스타트업 채용 지원	632,031	일자리경제과	1	1	7	8	7	5	5	4
15602	경북 경산시	사회적경제기업 혁신성장 패키지	30,000	일자리경제과	1	7	7	8	7	5	5	4
15603	경북 경산시	사회적기업 등 사업개발비 지원	70,000	일자리경제과	1	2	7	8	7	5	5	4
15604	경북 경산시	사회적기업 등 일자리창출사업	400,000	일자리경제과	1	2	7	8	7	5	5	4

순번	시군구	지출명 (사업명)	2021년예산 (단위:천원/1년간)	담당자 (공무원) 담당부서	민간이전 분류 (지방자치단체 세출예산 집행기준에 의거) 1. 민간경상사업보조(307-02) 2. 민간단체 법정운영비보조(307-03) 3. 민간행사사업보조(307-04) 4. 민간위탁금(307-05) 5. 사회복지시설 법정운영비보조(307-10) 6. 민간인위탁교육비(307-12) 7. 공기관등에대한경상적위탁사업비(308-11) 8. 민간자본사업보조,자체재원(402-01) 9. 민간자본사업보조,이전재원(402-02) 10. 민간위탁사업비(402-03) 11. 공기관등에 대한 자본적 대행사업비(403-02)	민간이전지출 근거 (지방보조금 관리기준 참고) 1. 법률에 규정 2. 국고보조 재원(국가지정) 3. 용도 지정 기부금 4. 조례에 직접규정 5. 지자체가 권장하는 사업을 하는 공공기관 6. 시,도 정책 및 재정사정 7. 기타 8. 해당없음	입찰방식 계약체결방법 (경쟁형태) 1. 일반경쟁 2. 제한경쟁 3. 지명경쟁 4. 수의계약 5. 법정위탁 6. 기타 ( ) 7. 해당없음	입찰방식 계약기간 1. 1년 2. 2년 3. 3년 4. 4년 5. 5년 6. 기타 ( )년 7. 단기계약 (1년미만) 8. 해당없음	입찰방식 낙찰자선정방법 1. 적격심사 2. 협상에의한계약 3. 최저가낙찰제 4. 규격가격분리 5. 2단계 경쟁입찰 6. 기타 ( ) 7. 해당없음	운영예산 산정 운영예산 산정 1. 내부산정 (지자체 자체적으로 산정) 2. 외부산정 (외부전문기관위탁 산정) 3. 내·외부 모두 산정 4. 산정 無 5. 해당없음	운영예산 산정 정산방법 1. 내부정산 (지자체 내부적으로 정산) 2. 외부정산 (외부전문기관위탁 정산) 3. 내·외부 모두 산정 4. 정산 無 5. 해당없음	성과평가 실시여부 1. 실시 2. 미실시 3. 향후 추진 4. 해당없음
15605	경북 경산시	사회적기업 사회보험료 지원사업	60,000	일자리경제과	1	2	7	8	7	5	5	4
15606	경북 경산시	마을기업 지원	20,000	일자리경제과	1	2	7	8	7	5	5	4
15607	경북 경산시	사회적경제 청년일자리사업	540,000	일자리경제과	1	2	7	8	7	5	5	4
15608	경북 경산시	국내개최 국제박람회 참가 지원(부스임차료)	20,000	중소기업벤처과	1	4	7	8	7	5	5	4
15609	경북 경산시	여성기업인 경영연수 지원	10,000	중소기업벤처과	1	4	7	8	7	5	5	4
15610	경북 경산시	벤처기업집적시설 입주기업 역량강화	198,000	중소기업벤처과	1	7	6	1	6	1	1	2
15611	경북 경산시	글로벌자동차전장부품기능안전기반SW창의인력양성	50,000	중소기업벤처과	1	2	7	8	7	5	5	4
15612	경북 경산시	외국인근로자 상담센터 운영지원	88,000	중소기업벤처과	1	4	4	1	7	1	1	4
15613	경북 경산시	노동법률상담소 운영지원	53,000	중소기업벤처과	1	4	4	1	7	1	1	4
15614	경북 경산시	교통질서 계도 및 교통캠페인	10,000	교통행정과	1	4	7	8	7	1	1	1
15615	경북 경산시	어린이 교통안전교육 지도 및 계몽활동	5,000	교통행정과	1	4	1	1	6	1	1	1
15616	경북 경산시	산양삼 생산과정 확인 지원	1,140	산림녹지과	1	1	7	8	7	5	5	4
15617	경북 경산시	임산물상품화 지원(포장박스 등)	75,000	산림녹지과	1	1	7	8	7	5	5	4
15618	경북 경산시	FTA대비 지역특화사업(택배비)	17,500	산림녹지과	1	1	7	8	7	5	5	4
15619	경북 경산시	유기질비료 지원	51,000	산림녹지과	1	1	7	8	7	5	5	4
15620	경북 경산시	산림소득활성화사업 지원	3,500	산림녹지과	1	1	7	8	7	5	5	4
15621	경북 경산시	산림환경 보호활동	4,000	산림녹지과	1	4	7	8	7	5	5	4
15622	경북 경산시	유아숲 프로그램 지원	4,762	산림녹지과	1	1	7	8	7	5	5	4
15623	경북 경산시	자연환경보전 및 정화활동	7,000	환경과	1	4	7	8	7	5	5	4
15624	경북 경산시	굴뚝원격감시체계 지원	9,936	환경과	1	2	7	8	7	5	5	4
15625	경북 경산시	천연가스자동차 연료비 지원	64,000	환경과	1	2	7	8	7	5	5	4
15626	경북 경산시	운행경유차 배출가스 저감사업(조기폐차)	1,952	환경과	1	2	7	8	7	5	5	4
15627	경북 경산시	저탄소생활 실천운동 사업지원	18,000	환경과	1	2	4	1	1	5	1	4
15628	경북 경산시	생태계 교란생물 퇴치사업	15,000	환경과	1	1	7	8	7	5	5	4
15629	경북 경산시	호국보훈의 달 보훈가족 위로사업	15,000	복지정책과	1	4	7	8	7	1	1	1
15630	경북 경산시	안보현장 견학 및 안보결의대회	5,000	복지정책과	1	4	7	8	7	1	1	1
15631	경북 경산시	경산코발트광산 합동위령제(코발트광산유족회)	5,000	복지정책과	1	4	7	8	7	1	1	1
15632	경북 경산시	항일대왕산 죽창의거 추모제(항일대왕산죽창의거유족회)	3,000	복지정책과	1	4	7	8	7	1	1	1
15633	경북 경산시	태평양전쟁희생자 위령제(태평양동지회)	2,500	복지정책과	1	4	7	8	7	1	1	1
15634	경북 경산시	전적지 순례 및 6.25 바로알리기 교육	11,000	복지정책과	1	4	7	8	7	1	1	1
15635	경북 경산시	보훈단체 전적지 순례	14,000	복지정책과	1	4	7	8	7	1	1	1
15636	경북 경산시	현충일 행사 제수비(전몰군경유족회)	2,000	복지정책과	1	4	7	8	7	1	1	1
15637	경북 경산시	열린아버지(어머니)학교 운영	10,000	여성가족과	1	4	5	5	1	1	1	1
15638	경북 경산시	취약위기 전문상담 지원	10,000	여성가족과	1	4	5	5	1	1	1	1
15639	경북 경산시	북한이탈주민 정착 지원	4,000	여성가족과	1	4	6	8	7	1	1	2
15640	경북 경산시	북한이탈주민에 대한 인식개선사업	10,000	여성가족과	1	4	6	8	6	5	5	4
15641	경북 경산시	지역문화사랑방 운영	39,000	문화관광과	1	6	7	8	7	1	1	4
15642	경북 경산시	시민화합 행복기원	40,000	문화관광과	1	4	4	7	3	1	1	1
15643	경북 경산시	경산문화원 사업비	200,420	문화관광과	1	4	4	7	3	1	1	1
15644	경북 경산시	전통농악 발전사업	22,000	문화관광과	1	4	7	8	7	1	1	1
15645	경북 경산시	유교문화 및 전통민속놀이 계승 발전사업	12,300	문화관광과	1	4	7	8	7	1	1	1
15646	경북 경산시	한국문인협회 문화교류	2,000	문화관광과	1	4	7	8	7	1	1	1
15647	경북 경산시	통합문화체육관광이용권 사업 지원	1,079	문화관광과	1	2	7	8	7	1	1	1
15648	경북 경산시	계정숲 별별이야기	36,000	문화관광과	1	4	7	8	7	1	1	4
15649	경북 경산시	한장군 추모제 봉행	8,000	문화관광과	1	4	7	8	7	1	1	1
15650	경북 경산시	원효성사 다례재 봉행	7,000	문화관광과	1	4	7	8	7	1	1	1
15651	경북 경산시	일연선사·설총 다례재 봉행	5,000	문화관광과	1	4	7	8	7	1	1	1
15652	경북 경산시	국악분야예술강사 지원	108,012	문화관광과	1	2	7	8	7	1	1	4
15653	경북 경산시	충효교실 운영 지원	5,000	문화관광과	1	4	7	8	7	1	1	4
15654	경북 경산시	문화학교 운영 지원	6,000	문화관광과	1	4	7	8	7	1	1	4
15655	경북 경산시	경북선비아카데미 지원	20,700	문화관광과	1	4	7	8	7	1	1	4

순번	시군구	지출명 (사업명)	2021년예산 (단위:천원/1년간)	담당자 (공무원) 담당부서	민간이전 분류 (지방자치단체 세출예산 집행기준에 의거) 1. 민간경상사업보조(307-02) 2. 민간단체 법정운영비보조(307-03) 3. 민간행사사업보조(307-04) 4. 민간위탁금(307-05) 5. 사회복지시설 법정운영비보조(307-10) 6. 민간인위탁교육비(307-12) 7. 공기관등에대한경상적위탁사업비(308-11) 8. 민간자본사업보조,자체재원(402-01) 9. 민간자본사업보조,이전재원(402-02) 10. 민간위탁사업비(402-03) 11. 공기관등에 대한 자본적 대행사업비(403-02)	민간이전지출 근거 (지방보조금 관리기준 참고) 1. 법률에 규정 2. 국고보조 재원(국가지정) 3. 용도 지정 기부금 4. 조례에 직접규정 5. 지자체가 권장하는 사업을 하는 공공기관 6. 시,도 정책 및 재정사정 7. 기타 8. 해당없음	입찰방식 계약체결방법 (경쟁형태) 1. 일반경쟁 2. 제한경쟁 3. 지명경쟁 4. 수의계약 5. 법정위탁 6. 기타 ( ) 7. 해당없음	입찰방식 계약기간 1. 1년 2. 2년 3. 3년 4. 4년 5. 5년 6. 기타 ( )년 7. 단기계약 (1년미만) 8. 해당없음	입찰방식 낙찰자선정방법 1. 적격심사 2. 협상에의한계약 3. 최저가낙찰제 4. 규격가격분리 5. 2단계 경쟁입찰 6. 기타 ( ) 7. 해당없음	운영예산 산정 운영예산 산정 1. 내부산정 (지자체 자체적으로 산정) 2. 외부산정 (외부전문기관위탁 산정) 3. 내·외부 모두 산정 4. 산정 無 5. 해당없음	운영예산 산정 정산방법 1. 내부정산 (지자체 내부적으로 정산) 2. 외부정산 (외부전문기관위탁 정산) 3. 내·외부 모두 산정 4. 정산 無 5. 해당없음	성과평가 실시여부 1. 실시 2. 미실시 3. 향후 추진 4. 해당없음
15656	경북 경산시	경산자인단오제 무형문화재 전승보전(여원무)	10,000	문화관광과	1	1	7	8	7	1	1	4
15657	경북 경산시	경산자인단오제 무형문화재 전승보전(팔광대)	10,000	문화관광과	1	1	7	8	7	1	1	4
15658	경북 경산시	계정들소리 무형문화재 전승보전	10,000	문화관광과	1	1	7	8	7	1	1	4
15659	경북 경산시	보인농악 무형문화재 전승보전	10,000	문화관광과	1	1	7	8	7	1	1	4
15660	경북 경산시	서원 등 제수비	16,000	문화관광과	1	4	7	8	7	5	1	4
15661	경북 경산시	사직제 제수비	10,000	문화관광과	1	4	7	8	7	5	1	4
15662	경북 경산시	경산향교 명륜교실 운영	15,000	문화관광과	1	4	7	8	7	5	1	4
15663	경북 경산시	경산향교 예절교실 운영	10,000	문화관광과	1	4	7	8	7	5	1	4
15664	경북 경산시	자인향교 교화사업(인성예절)	5,000	문화관광과	1	4	7	8	7	5	1	4
15665	경북 경산시	자인계정들소리 전수교육관 활성화 사업	32,500	문화관광과	1	8	7	8	7	1	1	4
15666	경북 경산시	문화재지킴이 활동비 지원	5,500	문화관광과	1	1	7	8	7	5	1	4
15667	경북 경산시	기로연 행사 시연	12,000	문화관광과	1	4	7	8	7	5	1	4
15668	경북 경산시	석전대제(춘추)	21,000	문화관광과	1	4	7	8	7	5	1	4
15669	경북 경산시	전통문화 예절 교육	9,000	문화관광과	1	4	7	8	7	5	1	4
15670	경북 경산시	유림지도자 업무 연찬	4,500	문화관광과	1	4	7	8	7	5	1	4
15671	경북 경산시	3040 희망잡고(Job Go) 아카데미 운영	100,000	평생학습과	1	4	7	8	7	1	1	1
15672	경북 경산시	우수학습 동아리 지원	9,000	평생학습과	1	4	7	8	7	1	1	1
15673	경북 경산시	우수 평생교육기관 프로그램 지원	9,000	평생학습과	1	4	7	8	7	1	1	1
15674	경북 경산시	성인문해교육 프로그램 지원	20,000	평생학습과	1	1	7	8	7	1	1	1
15675	경북 경산시	마을평생교육지도자 양성사업	8,400	평생학습과	1	1	7	8	7	1	1	1
15676	경북 경산시	국제 자작자동차 대회 지원	10,000	평생학습과	1	4	7	8	7	1	1	1
15677	경북 경산시	경산학 대학교양강좌 개설	75,000	평생학습과	1	4	7	8	7	1	1	1
15678	경북 경산시	청소년 진로 및 인성 체험교육	10,000	평생학습과	1	4	7	8	7	1	1	1
15679	경북 경산시	경북도민체육대회 출전 훈련비	183,000	체육진흥과	1	1	7	8	7	1	1	1
15680	경북 경산시	경북도민체육대회 장비대	80,000	체육진흥과	1	1	7	8	7	1	1	1
15681	경북 경산시	경북도민체육대회 출전 경비	300,000	체육진흥과	1	1	7	8	7	1	1	1
15682	경북 경산시	경북학생체육대회 출전 경비	5,000	체육진흥과	1	1	7	8	7	1	1	1
15683	경북 경산시	2021년 경북도민 생활체육대회 출전비	100,000	체육진흥과	1	4	7	8	7	1	1	1
15684	경북 경산시	도 및 전국단위 생활체육대회 출전비	60,000	체육진흥과	1	4	7	8	7	1	1	1
15685	경북 경산시	경북리그 축구대회	12,000	체육진흥과	1	4	7	8	7	1	1	1
15686	경북 경산시	예선리그 및 훈련	9,000	체육진흥과	1	4	7	8	7	1	1	1
15687	경북 경산시	본선리그 출전	3,000	체육진흥과	1	4	7	8	7	1	1	1
15688	경북 경산시	경북 씨름왕 선발대회 훈련 및 출전비	4,400	체육진흥과	1	4	7	8	7	1	1	1
15689	경북 경산시	훈련	2,400	체육진흥과	1	4	7	8	7	1	1	1
15690	경북 경산시	출전	2,000	체육진흥과	1	4	7	8	7	1	1	1
15691	경북 경산시	생활체육교실 운영	76,800	체육진흥과	1	4	7	8	7	1	1	1
15692	경북 경산시	지도자 여비	60,000	체육진흥과	1	4	7	8	7	1	1	1
15693	경북 경산시	운동용구 지원	12,000	체육진흥과	1	4	7	8	7	1	1	1
15694	경북 경산시	홍보 및 운영비	4,800	체육진흥과	1	4	7	8	7	1	1	1
15695	경북 경산시	일반 생활체육지도자 교통비 지원	7,200	체육진흥과	1	4	7	8	7	1	1	1
15696	경북 경산시	어르신 전담 생활체육지도자 교통비 지원	9,600	체육진흥과	1	4	7	8	7	1	1	1
15697	경북 경산시	장애인 생활체육지도자 교통비지원	2,400	체육진흥과	1	4	7	8	7	1	1	1
15698	경북 경산시	생활체육지도자 근속수당 지원	7,700	체육진흥과	1	4	7	8	7	1	1	1
15699	경북 경산시	일반 생활체육지도자 배치	175,392	체육진흥과	1	4	7	8	7	1	1	1
15700	경북 경산시	어르신 전담 생활체육지도자 배치	233,856	체육진흥과	1	4	7	8	7	1	1	1
15701	경북 경산시	장애인 생활체육지도자 배치	58,464	체육진흥과	1	4	7	8	7	1	1	1
15702	경북 경산시	어르신 생활체육대회 출전비	25,000	체육진흥과	1	4	7	8	7	1	1	1
15703	경북 경산시	어르신 게이트볼대회 출전비	2,000	체육진흥과	1	4	7	8	7	1	1	1
15704	경북 경산시	어르신 그라운드 골프대회 출전비	2,000	체육진흥과	1	4	7	8	7	1	1	1
15705	경북 경산시	어르신 파크골프대회 출전비	2,000	체육진흥과	1	4	7	8	7	1	1	1
15706	경북 경산시	경북장애인 생활체육 대제전 출전비	25,000	체육진흥과	1	4	7	8	7	1	1	1

순번	시군구	지출명 (사업명)	2021년예산 (단위:천원/1년간)	담당자 (공무원) 담당부서	민간이전 분류 (지방자치단체 세출예산 집행기준에 의거) 1. 민간경상사업보조(307-02) 2. 민간단체 법정운영비보조(307-03) 3. 민간행사사업보조(307-04) 4. 민간위탁금(307-05) 5. 사회복지시설 법정운영비보조(307-10) 6. 민간인위탁교육비(307-12) 7. 공기관등에대한경상적위탁사업비(308-11) 8. 민간자본사업보조,자체재원(402-01) 9. 민간자본사업보조,이전재원(402-02) 10. 민간위탁사업비(402-03) 11. 공기관등에 대한 자본적 대행사업비(403-02)	민간이전지출 근거 (지방보조금 관리기준 참고) 1. 법률에 규정 2. 국고보조 재원(국가지정) 3. 용도 지정 기부금 4. 조례에 직접규정 5. 지자체가 권장하는 사업을 하는 공공기관 6. 시,도 정책 및 재정사정 7. 기타 8. 해당없음	입찰방식 계약체결방법 (경쟁형태) 1. 일반경쟁 2. 제한경쟁 3. 지명경쟁 4. 수의계약 5. 법정위탁 6. 기타 ( ) 7. 해당없음	입찰방식 계약기간 1. 1년 2. 2년 3. 3년 4. 4년 5. 5년 6. 기타 ( )년 7. 단기계약 (1년미만) 8. 해당없음	입찰방식 낙찰자선정방법 1. 적격심사 2. 협상에의한계약 3. 최저가낙찰제 4. 규격가격분리 5. 2단계 경쟁입찰 6. 기타 ( ) 7. 해당없음	운영예산 산정 운영예산 산정 1. 내부산정 (지자체 자체적으로 산정) 2. 외부산정 (외부전문기관위탁 산정) 3. 내·외부 모두 산정 4. 산정 無 5. 해당없음	운영예산 산정 정산방법 1. 내부정산 (지자체 내부적으로 정산) 2. 외부정산 (외부전문기관위탁 정산) 3. 내·외부 모두 산정 4. 정산 無 5. 해당없음	성과평가 실시여부 1. 실시 2. 미실시 3. 향후 추진 4. 해당없음
15707	경북 경산시	종목별 장애인 체육대회 출전비	5,360	체육진흥과	1	4	7	8	7	1	1	1
15708	경북 경산시	경산체력인증센터 운영	206,250	체육진흥과	1	2	6	3	6	2	1	1
15709	경북 경산시	체육회 가맹단체 육성 지원	74,400	체육진흥과	1	1	7	8	7	1	1	1
15710	경북 경산시	도민체전대비 고등부선수 지도자수당	86,000	체육진흥과	1	1	7	8	7	1	1	1
15711	경북 경산시	도민체전대비 우수선수 및 우수단체 훈련비	342,000	체육진흥과	1	1	7	8	7	1	1	1
15712	경북 경산시	경산시 리틀야구단 전국대회 출전비	8,000	체육진흥과	1	4	7	8	7	1	1	3
15713	경북 경산시	경산시 리틀야구단 훈련비(하계, 동계)	8,000	체육진흥과	1	4	7	8	7	1	1	3
15714	경북 경산시	경산시 주니어야구단 전국대회 출전비	5,000	체육진흥과	1	4	7	8	7	1	1	3
15715	경북 경산시	경산FC U-15 축구단 운영비	180,000	체육진흥과	1	4	7	8	7	1	1	3
15716	경북 경산시	안전사고 예방활동 지원사업	3,000	안전총괄과	1	4	7	8	7	1	1	1
15717	경북 경산시	재난대비 무선통신 지원사업	2,000	안전총괄과	1	4	7	8	7	1	1	1
15718	경북 경산시	재난구조 지원사업	4,000	안전총괄과	1	4	7	8	7	1	1	1
15719	경북 경산시	안전문화정착을 위한 시민교육 홍보와 예방활동	4,000	안전총괄과	1	4	7	8	7	1	1	1
15720	경북 경산시	수난인명구조 지원사업	3,500	안전총괄과	1	4	7	8	7	1	1	1
15721	경북 경산시	지역자율방재단 지원	10,000	안전총괄과	1	1	7	8	7	3	1	1
15722	경북 경산시	영구임대주택 공동전기요금 지원사업	18,000	건축과	1	4	7	8	7	2	1	4
15723	경북 경산시	우수 옥외광고 창작품 발굴·보급 지원	4,500	건축과	1	4	7	7	7	1	1	3
15724	경북 경산시	대구대학교 정신건강상담센터 운영	199,000	건강증진과	1	4	7	8	7	5	1	1
15725	경북 경산시	희망의 집 운영	115,000	건강증진과	1	4	7	8	7	5	1	1
15726	경북 경산시	대구대학교 정신건강상담센터 종사자 수당	6,720	건강증진과	1	4	7	8	7	5	1	1
15727	경북 경산시	희망의 집 종사자 수당	3,360	건강증진과	1	4	7	8	7	5	1	1
15728	경북 경산시	희망의 집 입소자 지원비	300	건강증진과	1	4	7	8	7	5	1	1
15729	경북 경산시	비취약지역응급의료기관운영지원	115,000	식품의약과	1	1	7	8	7	5	5	4
15730	경북 경산시	경상북도 농특산물 직거래장터 행사	3,000	농정유통과	1	4	7	8	7	5	5	4
15731	경북 경산시	청년농업인 영농정착 지원	353,223	농정유통과	1	4	7	8	7	5	5	4
15732	경북 경산시	월급받는 청년농부제 사업	55,800	농정유통과	1	4	7	8	7	5	5	4
15733	경북 경산시	사회적농업 활성화 지원	60,000	농정유통과	1	4	7	8	7	5	5	4
15734	경북 경산시	여성농업인 행복바우처 지원	90,000	농정유통과	1	4	7	8	7	5	5	4
15735	경북 경산시	6차산업 경영체 활성화 지원	9,600	농정유통과	1	4	7	8	7	5	5	4
15736	경북 경산시	농촌체험관광 활성화 지원	5,000	농정유통과	1	4	7	8	7	5	5	4
15737	경북 경산시	경북 우수농산물 상표사용자 지원	10,000	농정유통과	1	4	7	8	7	5	5	4
15738	경북 경산시	농산물 공동선별비 지원	370,000	농정유통과	1	4	7	8	7	5	5	4
15739	경북 경산시	옹골찬 포장박스 지원사업	1,600	농정유통과	1	4	7	8	7	5	5	4
15740	경북 경산시	농산물 산지유통기능 활성화 지원	86,400	농정유통과	1	4	7	8	7	5	5	4
15741	경북 경산시	수출농식품 브랜드경쟁력 제고	4,000	농정유통과	1	4	7	8	7	5	5	4
15742	경북 경산시	우수 농특산물 홈쇼핑방송 지원	50,000	농정유통과	1	4	7	8	7	5	5	4
15743	경북 경산시	지역우수 농특산물 상품차별화(소포장)	300,000	농정유통과	1	4	7	8	7	5	5	4
15744	경북 경산시	거봉포도 소포장재 지원	50,000	농정유통과	1	4	7	8	7	5	5	4
15745	경북 경산시	경산복숭아영농조합 공동선별 포장재 지원	80,000	농정유통과	1	4	7	8	7	5	5	4
15746	경북 경산시	한우 인공수정 지원	60,000	축산진흥과	1	4	7	8	7	5	5	4
15747	경북 경산시	축산분뇨처리 수거비용 지원	120,000	축산진흥과	1	4	7	8	7	5	5	4
15748	경북 경산시	낙농헬퍼(도우미) 지원	30,240	축산진흥과	1	4	7	8	7	5	5	4
15749	경북 경산시	젖소능력 개량	8,700	축산진흥과	1	6	7	8	7	5	5	4
15750	경북 경산시	면역강화용 사료첨가제 지원	84,150	축산진흥과	1	6	7	8	7	5	5	4
15751	경북 경산시	한우 등록비 지원	30,000	축산진흥과	1	6	7	8	7	5	5	4
15752	경북 경산시	한우 친자확인비 지원	3,600	축산진흥과	1	6	7	8	7	5	5	4
15753	경북 경산시	한우 우군선형 심사비 지원	7,000	축산진흥과	1	6	7	8	7	5	5	4
15754	경북 경산시	우량 한우암소 장려금	600	축산진흥과	1	6	7	8	7	5	5	4
15755	경북 경산시	한우 수정란 구입비 지원	5,000	축산진흥과	1	6	7	8	7	5	5	4
15756	경북 경산시	한우 수정란 이식시술비 지원	2,100	축산진흥과	1	6	7	8	7	5	5	4
15757	경북 경산시	한우 수정란 이식시술비 지원(축산기술연구소 생산)	1,050	축산진흥과	1	6	7	8	7	5	5	4

순번	시군구	지출명 (사업명)	2021년예산 (단위:천원/1년간)	담당자 (공무원) 담당부서	민간이전 분류 (지방자치단체 세출예산 집행기준에 의거) 1. 민간경상사업보조(307-02) 2. 민간단체 법정운영비보조(307-03) 3. 민간행사사업보조(307-04) 4. 민간위탁금(307-05) 5. 사회복지시설 법정운영비보조(307-10) 6. 민간인위탁교육비(307-12) 7. 공기관등에대한경상적위탁사업비(308-11) 8. 민간자본사업보조,자체재원(402-01) 9. 민간자본사업보조,이전재원(402-02) 10. 민간위탁사업비(402-03) 11. 공기관등에 대한 자본적 대행사업비(403-02)	민간이전지출 근거 (지방보조금 관리기준 참고) 1. 법률에 규정 2. 국고보조 재원(국가지정) 3. 용도 지정 기부금 4. 조례에 직접규정 5. 지자체가 권장하는 사업을 하는 공공기관 6. 시,도 정책 및 재정사정 7. 기타 8. 해당없음	입찰방식 계약체결방법 (경쟁형태) 1. 일반경쟁 2. 제한경쟁 3. 지명경쟁 4. 수의계약 5. 법정위탁 6. 기타 ( ) 7. 해당없음	입찰방식 계약기간 1. 1년 2. 2년 3. 3년 4. 4년 5. 5년 6. 기타 ( )년 7. 단기계약 (1년미만) 8. 해당없음	입찰방식 낙찰자선정방법 1. 적격심사 2. 협상에의한계약 3. 최저가낙찰제 4. 규격가격분리 5. 2단계 경쟁입찰 6. 기타 ( ) 7. 해당없음	운영예산 산정 운영예산 산정 1. 내부산정 (지자체 자체적으로 산정) 2. 외부산정 (외부전문기관위탁 산정) 3. 내·외부 모두 산정 4. 산정 無 5. 해당없음	운영예산 산정 정산방법 1. 내부정산 (지자체 내부적으로 정산) 2. 외부정산 (외부전문기관위탁 정산) 3. 내·외부 모두 산정 4. 정산 無 5. 해당없음	성과평가 실시여부 1. 실시 2. 미실시 3. 향후 추진 4. 해당없음
15758	경북 경산시	조사료생산용 사일리지 제조비 지원	375,300	축산진흥과	1	2	7	8	7	5	5	4
15759	경북 경산시	학생승마체험(일반승마)	314,560	축산진흥과	1	2	7	8	7	5	5	4
15760	경북 경산시	학생승마체험(생활승마)	23,040	축산진흥과	1	2	7	8	7	5	5	4
15761	경북 경산시	학생승마체험(재활승마)	51,660	축산진흥과	1	2	7	8	7	5	5	4
15762	경북 경산시	농촌관광승마 활성화사업	21,600	축산진흥과	1	2	7	8	7	5	5	4
15763	경북 경산시	한우암소 유전체분석사업	105,000	축산진흥과	1	6	7	8	7	5	5	4
15764	경북 경산시	공동방제단 운영	158,494	축산진흥과	1	1	7	8	7	5	5	4
15765	경북 경산시	돼지 소모성질환 지도사업	12,000	축산진흥과	1	1	7	8	7	5	5	4
15766	경북 경산시	가금농가 질병관리 지원	12,000	축산진흥과	1	1	7	8	7	5	5	4
15767	경북 경산시	닭 진드기 공동방제 지원	24,000	축산진흥과	1	1	7	8	7	5	5	4
15768	경북 경산시	축산물 이력제 업무인턴 지원	24,996	축산진흥과	1	1	7	8	7	5	1	4
15769	경북 경산시	축산물HACCP컨설팅(농장) 사업	14,000	축산진흥과	1	2	7	8	7	5	5	4
15770	경북 경산시	친환경 농축산물 학교급식 지원	2,483	축산진흥과	1	6	7	8	7	5	5	4
15771	경북 경산시	친환경 농축산물 유치원 급식 지원	311,600	축산진흥과	1	6	7	8	7	5	5	4
15772	경북 경산시	초등돌봄교실 과일간식지원사업	66,520	축산진흥과	1	2	7	8	7	5	5	4
15773	경북 경산시	로컬푸드 직거래장터 포장재 제작비 지원	6,000	축산진흥과	1	4	7	8	7	5	5	4
15774	경북 경산시	농산물유통구조개선 지원	190,400	축산진흥과	1	6	7	8	7	5	5	4
15775	경북 경산시	농산물유통구조개선 지원(포장재)	90,400	축산진흥과	1	6	7	8	7	5	5	4
15776	경북 경산시	농산물 마케팅 지원사업	10,200	축산진흥과	1	2	7	8	7	5	5	4
15777	경북 경산시	과실브랜드육성사업	48,000	축산진흥과	1	2	7	8	7	5	5	4
15778	경북 경산시	4-H 교육 행사 지원	8,000	농촌진흥과	1	1	7	8	7	5	5	3
15779	경북 경산시	농촌지도자 과제활동 지원	4,000	농촌진흥과	1	1	7	8	7	5	5	3
15780	경북 경산시	품목농업인연구회 육성 지원	7,000	농촌진흥과	1	6	7	8	7	5	5	3
15781	경북 경산시	청년농업인 경쟁력 제고 지원	45,000	농촌진흥과	1	1	7	8	7	5	5	3
15782	경북 경산시	청년농업인4-H회원 과제활동 지원	3,000	농촌진흥과	1	1	7	8	7	5	5	3
15783	경북 경산시	학생4-H회원 과제활동 지원	3,000	농촌진흥과	1	1	7	8	7	5	5	3
15784	경북 경산시	행복한농촌가정육성 프로젝트 시범	5,000	농촌진흥과	1	4	7	8	7	5	5	3
15785	경북 경산시	농식품 가공 유통마케팅 지원사업	10,500	농촌진흥과	1	4	7	8	7	5	5	3
15786	경북 경산시	도시소비자 농촌체험 프로그램운영 시범사업	4,500	농촌진흥과	1	4	7	8	7	5	5	3
15787	경북 경산시	용성농협 퇴비공장 포장재 지원	12,500	기술지원과	1	4	7	8	7	1	1	1
15788	경북 경산시	친환경농가 포장재 지원	8,400	기술지원과	1	4	7	8	7	1	1	1
15789	경북 경산시	농촌인력지원센터 지원	133,000	기술지원과	1	6	7	8	7	1	1	1
15790	경북 경산시	농촌인력중개센터운영지원	80,000	기술지원과	1	2	7	8	7	1	1	1
15791	경북 경산시	농작물 긴급 병해충방제 농작업(약제) 지원	20,000	기술지원과	1	4	7	8	7	1	1	1
15792	경북 군위군	경로당순회프로그램	32,000	주민복지실	1	4	7	8	7	1	1	4
15793	경북 군위군	청소년선도 및 범죄예방활동	10,000	총무과	1	7	7	8	7	1	1	1
15794	경북 군위군	윤리도덕 선양사업(교육)	2,000	총무과	1	7	7	8	7	1	1	1
15795	경북 군위군	범죄피해자 지원	17,500	총무과	1	7	7	8	7	1	1	1
15796	경북 군위군	초중고생 통일교육	2,000	총무과	1	1	7	8	7	5	5	4
15797	경북 군위군	통일시대 시민교실	1,000	총무과	1	1	7	8	7	5	5	4
15798	경북 군위군	자문위원 안보현장 체험	2,000	총무과	1	1	7	8	7	5	5	4
15799	경북 군위군	초중고생 안보현장 체험	5,500	총무과	1	1	7	8	7	5	5	4
15800	경북 군위군	군민체전 전야제 무료일일찻집 통일홍보	1,000	총무과	1	1	7	8	7	5	5	4
15801	경북 군위군	대한적십자봉사회군위군지구협의회 지원	2,000	총무과	1	1	7	8	7	5	5	4
15802	경북 군위군	초등학생 영어체험학습 전문기관 위탁	111,500	총무과	1	4	7	8	7	2	1	1
15803	경북 군위군	중학생 영어체험학습 전문기관 위탁	35,680	총무과	1	4	7	8	7	2	1	1
15804	경북 군위군	성인문해교육프로그램 운영 및 지원	20,000	총무과	1	4	7	8	7	2	1	4
15805	경북 군위군	전통시장 화재공제 지원사업(자부담3,552천원)	5,328	경제과	1	1	7	8	7	5	5	4
15806	경북 군위군	사회적기업등 사업개발비 지원사업	20,000	경제과	1	2	7	8	7	5	5	4
15807	경북 군위군	마을기업 육성사업	30,000	경제과	1	2	7	8	7	5	5	4
15808	경북 군위군	사회적기업등 일자리창출사업	240,000	경제과	1	2	7	8	7	5	5	4

순번	시군구	지출명 (사업명)	2021년예산 (단위:천원/1년간)	담당자 (공무원) 담당부서	민간이전 분류 (지방자치단체 세출예산 집행기준에 의거) 1. 민간경상사업보조(307-02) 2. 민간단체 법정운영비보조(307-03) 3. 민간행사사업보조(307-04) 4. 민간위탁금(307-05) 5. 사회복지시설 법정운영비보조(307-10) 6. 민간인위탁교육비(307-12) 7. 공기관등에대한경상적위탁사업비(308-11) 8. 민간자본사업보조,자체재원(402-01) 9. 민간자본사업보조,이전재원(402-02) 10. 민간위탁사업비(402-03) 11. 공기관등에 대한 자본적 대행사업비(403-02)	민간이전지출 근거 (지방보조금 관리기준 참고) 1. 법률에 규정 2. 국고보조 재원(국가지정) 3. 용도 지정 기부금 4. 조례에 직접규정 5. 지자체가 권장하는 사업을 하는 공공기관 6. 시,도 정책 및 재정사정 7. 기타 8. 해당없음	입찰방식 계약체결방법 (경쟁형태) 1. 일반경쟁 2. 제한경쟁 3. 지명경쟁 4. 수의계약 5. 법정위탁 6. 기타 ( ) 7. 해당없음	입찰방식 계약기간 1. 1년 2. 2년 3. 3년 4. 4년 5. 5년 6. 기타 ( )년 7. 단기계약 (1년미만) 8. 해당없음	입찰방식 낙찰자선정방법 1. 적격심사 2. 협상에의한계약 3. 최저가낙찰제 4. 규격가격분리 5. 2단계 경쟁입찰 6. 기타 ( ) 7. 해당없음	운영예산 산정 운영예산 산정 1. 내부산정 (지자체 자체적으로 산정) 2. 외부산정 (외부전문기관위탁 산정) 3. 내·외부 모두 산정 4. 산정 無 5. 해당없음	운영예산 산정 정산방법 1. 내부정산 (지자체 내부적으로 정산) 2. 외부정산 (외부전문기관위탁 정산) 3. 내·외부 모두 산정 4. 정산 無 5. 해당없음	성과평가 실시여부 1. 실시 2. 미실시 3. 향후 추진 4. 해당없음
15809	경북 군위군	청년예비창업지원	45,000	경제과	1	6	7	8	7	5	5	4
15810	경북 군위군	경북형 사회적경제 청년일자리사업	108,000	경제과	1	2	7	8	7	5	5	4
15811	경북 군위군	새마을운동 4대공동체 운동	20,000	경제과	1	1	7	8	7	5	1	3
15812	경북 군위군	알뜰문고 교환시장 운영	1,000	경제과	1	1	7	8	7	5	1	3
15813	경북 군위군	새마을문고 독서경진대회	2,000	경제과	1	1	7	8	7	5	1	3
15814	경북 군위군	행복한 보금자리 만들기사업	18,000	경제과	1	1	7	8	7	5	1	3
15815	경북 군위군	범도민 독서생활화 사업	6,400	경제과	1	1	7	8	7	5	1	3
15816	경북 군위군	바르게살기운동 활성화추진 운영지원	10,000	경제과	1	1	7	8	7	5	1	3
15817	경북 군위군	바르게살기운동 건전생활 실천교육	1,650	경제과	1	1	7	8	7	5	1	3
15818	경북 군위군	바르게살기운동 청년회 조직 활성화	5,000	경제과	1	1	7	8	7	5	1	3
15819	경북 군위군	서원 향사 제물대	12,000	문화관광과	1	7	7	8	7	1	1	3
15820	경북 군위군	홍천뢰장군 및 홍경승선생 향사제물대	2,000	문화관광과	1	7	7	8	7	1	1	3
15821	경북 군위군	천신제지원	4,500	문화관광과	1	7	7	8	7	1	1	3
15822	경북 군위군	유도회 문화탐방	7,000	문화관광과	1	7	7	8	7	1	1	3
15823	경북 군위군	석가탄신일 및 성탄절 점등행사 등 지원	26,000	문화관광과	1	7	7	8	7	5	5	3
15824	경북 군위군	출향작가 및 향토작가 초대전 지원	9,500	문화관광과	1	7	7	8	7	1	1	3
15825	경북 군위군	문화원 문화교실운영 지원	10,000	문화관광과	1	7	7	8	7	1	1	3
15826	경북 군위군	생각마루도서관 도서구입 및 독서프로그램 지원	3,000	문화관광과	1	7	7	8	7	1	1	3
15827	경북 군위군	문화원 임원 및 향토사위원 선진지 문화탐방	5,000	문화관광과	1	7	7	8	7	1	1	3
15828	경북 군위군	문화원 문화유적 답사	10,000	문화관광과	1	7	7	8	7	1	1	3
15829	경북 군위군	문화원 동아리 활동지원	10,000	문화관광과	1	7	7	8	7	1	1	3
15830	경북 군위군	경상북도 풍물대축제 참가	4,000	문화관광과	1	7	7	8	7	1	1	3
15831	경북 군위군	문인협회 군위문학 발간	5,000	문화관광과	1	7	7	8	7	1	1	3
15832	경북 군위군	국악분야예술강사지원사업	10,150	문화관광과	1	7	7	8	7	1	1	3
15833	경북 군위군	충효교실 운영	5,000	문화관광과	1	7	7	8	7	1	1	3
15834	경북 군위군	문화학교 운영	6,000	문화관광과	1	7	7	8	7	1	1	3
15835	경북 군위군	향교문화전승보전	14,620	문화관광과	1	7	7	8	7	1	1	3
15836	경북 군위군	지역문화사랑방운영지원	24,200	문화관광과	1	7	7	8	7	1	1	3
15837	경북 군위군	통합문화이용권사업	118,800	문화관광과	1	7	7	8	7	1	1	3
15838	경북 군위군	경북선비아카데미지원	5,000	문화관광과	1	7	7	8	7	1	1	3
15839	경북 군위군	경북도민향가문학포럼개최지원	14,150	문화관광과	1	7	7	8	7	1	1	3
15840	경북 군위군	어린이 예능활동 지원사업	60,000	문화관광과	1	7	7	8	7	1	1	3
15841	경북 군위군	도민체육대회 참가	110,000	문화관광과	1	7	7	8	7	1	1	4
15842	경북 군위군	도민씨름왕선발대회 참가	3,000	문화관광과	1	7	7	8	7	1	1	4
15843	경북 군위군	도민생활체육대회 참가	50,000	문화관광과	1	7	7	8	7	1	1	4
15844	경북 군위군	도지사기 종목별 생활체육대회	30,000	문화관광과	1	7	7	8	7	1	1	4
15845	경북 군위군	동호인클럽 축구대회(경북리그)	5,000	문화관광과	1	7	7	8	7	1	1	4
15846	경북 군위군	장애인체육대회 참가	8,000	문화관광과	1	7	7	8	7	1	1	4
15847	경북 군위군	경북어르신생활체육대회 참가	7,000	문화관광과	1	7	7	8	7	1	1	4
15848	경북 군위군	어르신생활체육지도자 배치	58,464	문화관광과	1	2	7	8	7	1	1	4
15849	경북 군위군	일반생활체육지도자 배치	146,160	문화관광과	1	2	7	8	7	1	1	4
15850	경북 군위군	생활체육교실 운영	14,400	문화관광과	1	7	7	8	7	1	1	4
15851	경북 군위군	읍면게이트볼회 운영 및 출전비	10,000	문화관광과	1	7	7	8	7	1	1	4
15852	경북 군위군	생활체육지도자 교통비 지원	8,400	문화관광과	1	6	7	8	7	1	1	4
15853	경북 군위군	생활체육지도자 근속수당 지원	4,180	문화관광과	1	6	7	8	7	1	1	4
15854	경북 군위군	일연학연구지원	39,000	문화관광과	1	7	7	8	7	1	1	4
15855	경북 군위군	환경단체 환경보전사업	6,000	환경위생과	1	2	7	8	7	5	5	4
15856	경북 군위군	자연보호운동 활성화 지원	3,500	환경위생과	1	2	7	8	7	5	5	4
15857	경북 군위군	음식문화개선 등 선진지 견학	5,000	환경위생과	1	4	7	8	7	5	5	4
15858	경북 군위군	맛집 아카데미 운영(기초반,심화반)	30,000	환경위생과	1	4	7	8	7	5	5	4
15859	경북 군위군	헤어아카데미 운영	4,000	환경위생과	1	4	7	8	7	5	5	4

순번	시군구	지출명 (사업명)	2021년예산 (단위:천원/1년간)	담당자 (공무원) 담당부서	민간이전 분류 (지방자치단체 세출예산 집행기준에 의거) 1. 민간경상사업보조(307-02) 2. 민간단체 법정운영비보조(307-03) 3. 민간행사사업보조(307-04) 4. 민간위탁금(307-05) 5. 사회복지시설 법정운영비보조(307-10) 6. 민간인위탁교육비(307-12) 7. 공기관등에대한경상적위탁사업비(308-11) 8. 민간자본사업보조,자체재원(402-01) 9. 민간자본사업보조,이전재원(402-02) 10. 민간위탁사업비(402-03) 11. 공기관등에 대한 자본적 대행사업비(403-02)	민간이전지출 근거 (지방보조금 관리기준 참고) 1. 법률에 규정 2. 국고보조 재원(국가지정) 3. 용도 지정 기부금 4. 조례에 직접규정 5. 지자체가 권장하는 사업을 하는 공공기관 6. 시,도 정책 및 재정사정 7. 기타 8. 해당없음	입찰방식 계약체결방법 (경쟁형태) 1. 일반경쟁 2. 제한경쟁 3. 지명경쟁 4. 수의계약 5. 법정위탁 6. 기타 ( ) 7. 해당없음	입찰방식 계약기간 1. 1년 2. 2년 3. 3년 4. 4년 5. 5년 6. 기타 ( )년 7. 단기계약 (1년미만) 8. 해당없음	입찰방식 낙찰자선정방법 1. 적격심사 2. 협상에의한계약 3. 최저가낙찰제 4. 규격가격분리 5. 2단계 경쟁입찰 6. 기타 ( ) 7. 해당없음	운영예산 산정 운영예산 산정 1. 내부산정 (지자체 자체적으로 산정) 2. 외부산정 (외부전문기관위탁 산정) 3. 내·외부 모두 산정 4. 산정 無 5. 해당없음	운영예산 산정 정산방법 1. 내부정산 (지자체 내부적으로 정산) 2. 외부정산 (외부전문기관위탁 정산) 3. 내·외부 모두 산정 4. 정산 無 5. 해당없음	성과평가 실시여부 1. 실시 2. 미실시 3. 향후 추진 4. 해당없음
15860	경북 군위군	젖소능력개량사업 40두	2,320	산림축산과	1	6	7	8	7	5	5	4
15861	경북 군위군	낙농헬퍼(도우미)지원사업 80회	5,760	산림축산과	1	6	7	8	7	5	5	4
15862	경북 군위군	학생승마체험 163명	36,512	산림축산과	1	2	7	8	7	5	5	4
15863	경북 군위군	농촌축제지원사업	7,500	농정과	1	6	7	8	7	5	5	1
15864	경북 군위군	농촌체험휴양마을보험가입지원	2,040	농정과	1	6	7	8	7	5	5	1
15865	경북 군위군	농촌체험휴양마을 사무장활동비 지원	39,528	농정과	1	2	7	8	7	5	5	1
15866	경북 군위군	6차산업 경영체 활성화 지원사업	9,600	농정과	1	6	7	7	7	5	5	1
15867	경북 군위군	6차산업 경영체 경쟁력강화 지원사업	56,000	농정과	1	6	7	8	7	5	5	4
15868	경북 군위군	농작물 재해보험 확대 지원사업	588,074	농정과	1	4	7	8	7	5	5	1
15869	경북 군위군	교양강좌 및 취미교실 운영	10,000	농정과	1	4	7	8	7	5	1	1
15870	경북 군위군	여성농업인 난타팀 운영	3,000	농정과	1	4	7	8	7	5	1	1
15871	경북 군위군	여성농업인 전국대회 참석 지원	10,000	농정과	1	4	7	8	7	5	1	1
15872	경북 군위군	쌀전업농 도대회참석지원	5,000	농정과	1	4	7	8	7	5	1	1
15873	경북 군위군	해외 농산물 홍보 및 직판행사 운영비	30,000	농정과	1	4	7	8	7	5	5	1
15874	경북 군위군	관내학교급식 후식 지원	77,349	농정과	1	4	7	8	7	5	5	1
15875	경북 군위군	농식품 국내판촉지원	5,000	농정과	1	4	7	8	7	5	5	1
15876	경북 군위군	친환경농산물학교급식지원	104,485	농정과	1	4	7	8	7	5	5	1
15877	경북 군위군	과실브랜드육성지원	16,000	농정과	1	4	7	8	7	5	5	1
15878	경북 군위군	농산물유통구조개선지원	104,000	농정과	1	4	7	8	7	5	5	1
15879	경북 군위군	농산물산지유통기능활성화지원	49,600	농정과	1	4	7	8	7	5	5	1
15880	경북 군위군	초등돌봄교실 과일간식 지원사업	10,260	농정과	1	4	7	8	7	5	5	1
15881	경북 군위군	범죄및사고예방을위한 치안보조활동	3,000	안전관리과	1	4	7	8	7	1	1	1
15882	경북 군위군	소방의 날 행사 경비 지원	1,800	안전관리과	1	4	7	8	7	1	1	1
15883	경북 군위군	의용소방대 기술경연 체험활동비 지원	9,000	안전관리과	1	4	7	8	7	1	1	1
15884	경북 군위군	풍수해보험사업	8,000	안전관리과	1	1	7	8	7	1	1	1
15885	경북 군위군	군위군 도시재생 주민공모사업	20,000	지역활력과	1	7	7	8	7	1	1	4
15886	경북 군위군	통합신공항 홍보활동 추진	10,000	공항추진단	1	4	7	8	7	5	5	4
15887	경북 군위군	한센병관리사업	7,400	보건소	1	5	5	8	7	5	2	4
15888	경북 군위군	지방4-H단체육성	2,000	농업기술센터	1	4	7	8	7	5	1	4
15889	경북 군위군	농촌지도자 육성	3,000	농업기술센터	1	4	7	8	7	5	1	4
15890	경북 군위군	농업경영인회 육성	10,000	농업기술센터	1	4	7	8	7	5	1	4
15891	경북 군위군	농촌지도자과제활동지원	4,000	농업기술센터	1	6	7	8	7	5	1	4
15892	경북 군위군	청년농업인 영농정착지원	165,691	농업기술센터	1	2	7	8	7	5	1	4
15893	경북 군위군	청년농업인4-H회원 과제활동지원	3,000	농업기술센터	1	6	7	8	7	5	1	4
15894	경북 군위군	신규농업인 농산업 창업실행비 지원	10,000	농업기술센터	1	2	7	8	7	5	1	4
15895	경북 군위군	생활개선회육성지원	10,000	농업기술센터	1	1	7	8	7	5	1	4
15896	경북 군위군	우리음식연구회워크숍	5,000	농업기술센터	1	1	7	8	7	5	1	4
15897	경북 군위군	행복한농촌가정육성프로젝트	5,000	농업기술센터	1	1	7	8	7	5	1	4
15898	경북 군위군	정보화농업인회 육성 지원	5,000	농업기술센터	1	4	7	8	7	5	1	4
15899	경북 군위군	사이버 농업인 육성 지원	5,000	농업기술센터	1	4	7	8	7	5	1	4
15900	경북 군위군	강소농 자율모임체 육성 지원	10,000	농업기술센터	1	4	7	8	7	5	1	4
15901	경북 의성군	성인문해교육프로그램운영	110,000	총무과	1	1	7	1	7	1	1	1
15902	경북 의성군	의성사촌문화공간평생교육프로그램운여	57,000	총무과	1	4	7	1	7	1	1	1
15903	경북 의성군	초등학생영어체험학습지원	44,920	총무과	1	6	7	1	7	1	1	1
15904	경북 의성군	청소년진로및인성체험교육	19,500	총무과	1	6	7	1	7	1	1	1
15905	경북 의성군	범도민독서생활화사업	6,400	총무과	1	1	7	8	7	1	1	3
15906	경북 의성군	행복한보금자리만들기사업	18,000	총무과	1	1	7	8	7	1	1	3
15907	경북 의성군	바르게살기운동활성화추진운영지원	10,000	총무과	1	1	7	8	7	1	1	3
15908	경북 의성군	바르게살기운동청년조직활성화	5,000	총무과	1	1	7	8	7	1	1	3
15909	경북 의성군	민주의식및안보의식고양사업지원	20,000	총무과	1	1	7	8	7	1	1	3
15910	경북 의성군	새마을여성합창단지원	12,000	총무과	1	1	7	8	7	1	1	3

순번	시군구	지출명 (사업명)	2021년예산 (단위:천원/1년간)	담당자 (공무원) 담당부서	민간이전 분류 (지방자치단체 세출예산 집행기준에 의거) 1. 민간경상사업보조(307-02) 2. 민간단체 법정운영비보조(307-03) 3. 민간행사사업보조(307-04) 4. 민간위탁금(307-05) 5. 사회복지시설 법정운영비보조(307-10) 6. 민간인위탁교육비(307-12) 7. 공기관등에대한경상적위탁사업비(308-11) 8. 민간자본사업보조,자체재원(402-01) 9. 민간자본사업보조,이전재원(402-02) 10. 민간위탁사업비(402-03) 11. 공기관등에 대한 자본적 대행사업비(403-02)	민간이전지출 근거 (지방보조금 관리기준 참고) 1. 법률에 규정 2. 국고보조 재원(국가지정) 3. 용도 지정 기부금 4. 조례에 직접규정 5. 지자체가 권장하는 사업을 하는 공공기관 6. 시,도 정책 및 재정사정 7. 기타 8. 해당없음	입찰방식: 계약체결방법 (경쟁형태) 1. 일반경쟁 2. 제한경쟁 3. 지명경쟁 4. 수의계약 5. 법정위탁 6. 기타 ( ) 7. 해당없음	입찰방식: 계약기간 1. 1년 2. 2년 3. 3년 4. 4년 5. 5년 6. 기타 ( )년 7. 단기계약 (1년미만) 8. 해당없음	입찰방식: 낙찰자선정방법 1. 적격심사 2. 협상에의한계약 3. 최저가낙찰제 4. 규격가격분리 5. 2단계 경쟁입찰 6. 기타 ( ) 7. 해당없음	운영예산 산정: 운영예산 산정 1. 내부산정 (지자체 자체적으로 산정) 2. 외부산정 (외부전문기관위탁 산정) 3. 내·외부 모두 산정 4. 산정 無 5. 해당없음	운영예산 산정: 정산방법 1. 내부정산 (지자체 내부적으로 정산) 2. 외부정산 (외부전문기관위탁 정산) 3. 내·외부 모두 산정 4. 정산 無 5. 해당없음	성과평가 실시여부 1. 실시 2. 미실시 3. 향후 추진 4. 해당없음
15911	경북 의성군	새마을운동지원	50,000	총무과	1	1	7	8	7	1	1	3
15912	경북 의성군	민주평통통일대행사업	33,650	총무과	1	1	7	8	7	1	1	3
15913	경북 의성군	6.25안보교육및환경정비활동	10,000	복지과	1	4	7	8	7	1	1	1
15914	경북 의성군	향군읍면회장안보역량강화	7,000	복지과	1	4	7	8	7	1	1	1
15915	경북 의성군	장애인의날기념행사지원	20,000	복지과	1	1	7	8	7	1	1	4
15916	경북 의성군	노인문화교육사업지원	6,000	복지과	1	5	7	8	7	1	1	1
15917	경북 의성군	집수리전문봉사단활동지원	25,000	복지과	1	4	7	8	7	1	1	4
15918	경북 의성군	자원봉사활동지원	12,240	복지과	1	4	7	8	7	1	1	4
15919	경북 의성군	자원봉사자대회	10,000	복지과	1	4	7	8	7	1	1	4
15920	경북 의성군	지역사회보장역량강화지원	25,000	복지과	1	6	7	8	7	1	1	1
15921	경북 의성군	지역특화여성취업교육	9,000	복지과	1	4	7	8	7	1	1	4
15922	경북 의성군	보육교직원교육및견학지원	3,000	복지과	1	4	7	8	7	1	1	4
15923	경북 의성군	범죄피해자센터지원	23,000	복지과	1	4	7	8	7	1	1	1
15924	경북 의성군	청소년범죄예방지원	20,000	복지과	1	4	7	8	7	1	1	1
15925	경북 의성군	불우청소년선도지원	10,000	복지과	1	4	7	8	7	1	1	1
15926	경북 의성군	경북선비아카데미지원	10,000	관광문화과	1	6	7	8	7	1	1	1
15927	경북 의성군	향교및유림단체활동지원	35,000	관광문화과	1	4	7	8	7	1	1	1
15928	경북 의성군	향사비지원	10,500	관광문화과	1	4	7	8	7	1	1	1
15929	경북 의성군	3·1독립만세운동기념행사지원	10,000	관광문화과	1	4	7	8	7	1	1	1
15930	경북 의성군	3·1운동기념연합예배	3,000	관광문화과	1	4	7	8	7	1	1	1
15931	경북 의성군	전통연등행사지원	20,000	관광문화과	1	4	7	8	7	1	1	1
15932	경북 의성군	국악분야예술강사지원	27,894	관광문화과	1	6	7	8	7	1	1	1
15933	경북 의성군	통합문화이용권사업지원	311,800	관광문화과	1	2	7	8	7	1	1	1
15934	경북 의성군	문화특화지원조성사업	110,000	관광문화과	1	6	7	8	7	1	1	1
15935	경북 의성군	경북북부권문화정보센터문화홍보사업지원	28,500	관광문화과	1	6	7	8	7	1	1	1
15936	경북 의성군	유교문화교양강좌지원(충효교실)	5,000	관광문화과	1	6	7	8	7	1	1	1
15937	경북 의성군	유교문화교양강좌지원(문화학교)	11,000	관광문화과	1	6	7	8	7	1	1	1
15938	경북 의성군	지역문화사랑방운영(종교시설)지원	12,000	관광문화과	1	6	7	8	7	1	1	1
15939	경북 의성군	금성(탑리)버스터미널사진갤러리조성	15,000	관광문화과	1	6	7	8	7	5	5	4
15940	경북 의성군	지역문화학교운영지원	35,000	관광문화과	1	4	7	8	7	1	1	1
15941	경북 의성군	문소선비대학지원	7,000	관광문화과	1	4	7	8	7	1	1	1
15942	경북 의성군	생생문화재사업지원	50,000	관광문화과	1	2	7	8	7	1	1	1
15943	경북 의성군	향교서원문화재활용사업	50,000	관광문화과	1	2	7	8	7	1	1	1
15944	경북 의성군	문화재지킴이활동비지원	7,600	관광문화과	1	6	7	8	7	1	1	1
15945	경북 의성군	세계유교문화축전부담금	250,000	관광문화과	1	4	7	8	7	1	1	1
15946	경북 의성군	일반생활체육지도자배치	204,624	관광문화과	1	2	7	8	7	5	1	1
15947	경북 의성군	어르신생활체육지도자배치	116,928	관광문화과	1	2	7	8	7	5	1	1
15948	경북 의성군	시군장애인생활체육지도자배치(개금)	58,464	관광문화과	1	2	7	8	7	5	1	1
15949	경북 의성군	생활체육교실운영지원	28,800	관광문화과	1	6	7	8	7	5	1	1
15950	경북 의성군	시군생활체육지도자장기근속수당지원	7,900	관광문화과	1	6	7	8	7	5	1	1
15951	경북 의성군	시군생활체육지도자교통비지원	13,200	관광문화과	1	6	7	8	7	5	1	1
15952	경북 의성군	시군장애인생활체육지도자교통비지원	2,400	관광문화과	1	6	7	8	7	5	1	1
15953	경북 의성군	리틀야구단운영지원	20,000	관광문화과	1	4	7	8	7	5	1	1
15954	경북 의성군	경북도민체육대회출전지원	185,000	관광문화과	1	4	7	8	7	5	1	1
15955	경북 의성군	경북도민장애인체육대회출전지원	12,000	관광문화과	1	4	7	8	7	5	1	1
15956	경북 의성군	청년예비창업가육성사업	45,000	일자리창출과	1	6	7	8	7	3	1	1
15957	경북 의성군	중소기업인턴사원고용지원금	12,000	일자리창출과	1	1	7	8	7	3	1	4
15958	경북 의성군	사회적기업사업비발비지원사업	80,000	일자리창출과	1	2	7	8	7	5	1	4
15959	경북 의성군	사회적기업등일자리창출사업	424,000	일자리창출과	1	2	7	8	7	5	1	4
15960	경북 의성군	사회적기업사회보험료지원	51,000	일자리창출과	1	2	7	8	7	5	1	4
15961	경북 의성군	사회적기업지역특화사업	30,000	일자리창출과	1	2	7	8	7	5	1	4

순번	시군구	지출명 (사업명)	2021년예산 (단위:천원/1년간)	담당자 (공무원) 담당부서	민간이전 분류 (지방자치단체 세출예산 집행기준에 의거) 1. 민간경상사업보조(307-02) 2. 민간단체 법정운영비보조(307-03) 3. 민간행사사업보조(307-04) 4. 민간위탁금(307-05) 5. 사회복지시설 법정운영비보조(307-10) 6. 민간인위탁교육비(307-12) 7. 공기관등에대한경상적위탁사업비(308-11) 8. 민간자본사업보조,자체재원(402-01) 9. 민간자본사업보조,이전재원(402-02) 10. 민간위탁사업비(402-03) 11. 공기관등에 대한 자본적 대행사업비(403-02)	민간이전지출 근거 (지방보조금 관리기준 참고) 1. 법률에 규정 2. 국고보조 재원(국가지정) 3. 용도 지정 기부금 4. 조례에 직접규정 5. 지자체가 권장하는 사업을 하는 공공기관 6. 시,도 정책 및 재정사정 7. 기타 8. 해당없음	입찰방식 계약체결방법 (경쟁형태) 1. 일반경쟁 2. 제한경쟁 3. 지명경쟁 4. 수의계약 5. 법정위탁 6. 기타 ( ) 7. 해당없음	입찰방식 계약기간 1. 1년 2. 2년 3. 3년 4. 4년 5. 5년 6. 기타 ( )년 7. 단기계약 (1년미만) 8. 해당없음	입찰방식 낙찰자선정방법 1. 적격심사 2. 협상에의한계약 3. 최저가낙찰제 4. 규격가격분리 5. 2단계 경쟁입찰 6. 기타 ( ) 7. 해당없음	운영예산 산정 운영예산 산정 1. 내부산정 (지자체 자체적으로 산정) 2. 외부산정 (외부전문기관위탁 산정) 3. 내·외부 모두 산정 4. 산정 無 5. 해당없음	운영예산 산정 정산방법 1. 내부정산 (지자체 내부적으로 정산) 2. 외부정산 (외부전문기관위탁 정산) 3. 내·외부 모두 산정 4. 정산 無 5. 해당없음	성과평가 실시여부 1. 실시 2. 미실시 3. 향후 추진 4. 해당없음
15962	경북 의성군	마을기업육성사업	30,000	일자리창출과	1	2	7	8	7	5	1	4
15963	경북 의성군	사회적경제지속성장지원사업	20,000	일자리창출과	1	6	7	8	7	1	1	4
15964	경북 의성군	교통캠페인행사지원	10,000	일자리창출과	1	1	7	7	7	1	1	1
15965	경북 의성군	학생승마체험	111,160	일자리창출과	1	2	7	8	7	1	1	1
15966	경북 의성군	시장경영바우처지원사업	74,000	경제투자과	1	7	7	8	7	5	5	4
15967	경북 의성군	전통시장화재공제지원사업	21,632	경제투자과	1	1	7	8	7	1	5	4
15968	경북 의성군	전통시장활성화특강지원	4,500	경제투자과	1	1	7	8	7	1	5	4
15969	경북 의성군	지식재산창출지원	60,000	경제투자과	1	1	7	8	7	4	2	1
15970	경북 의성군	농촌체험관광활성화지원운영	90,000	농축산과	1	4	7	8	7	1	1	3
15971	경북 의성군	지역단위농촌관광시스템구축	90,000	농축산과	1	2	7	8	7	1	1	3
15972	경북 의성군	친환경자가퇴비생산지원	80,000	농축산과	1	4	7	8	7	1	1	3
15973	경북 의성군	새끼우렁이지원	40,000	농축산과	1	4	7	8	7	1	1	3
15974	경북 의성군	친환경농자재지원	120,000	농축산과	1	4	7	8	7	1	1	3
15975	경북 의성군	브랜드쌀종자대지원	176,400	농축산과	1	4	7	8	7	1	1	3
15976	경북 의성군	벼재배농가상토	849,600	농축산과	1	4	7	8	7	1	1	3
15977	경북 의성군	기능성쌀생산단지지원	67,500	농축산과	1	4	7	8	7	1	1	3
15978	경북 의성군	마늘사료가공용마늘수매지원	60,000	농축산과	1	4	7	8	7	1	1	3
15979	경북 의성군	양봉꿀벌화분지원	64,000	농축산과	1	4	7	8	7	1	1	3
15980	경북 의성군	양봉채밀기지원	11,000	농축산과	1	4	7	8	7	1	1	3
15981	경북 의성군	양봉벌통지원	45,000	농축산과	1	4	7	8	7	1	1	3
15982	경북 의성군	양봉산물저온저장고지원	18,000	농축산과	1	4	7	8	7	1	1	3
15983	경북 의성군	토종벌종보전지원	25,600	농축산과	1	4	7	8	7	1	1	3
15984	경북 의성군	양봉농가기자재지원	260,000	농축산과	1	4	7	8	7	1	1	3
15985	경북 의성군	벌통전기가온장치지원	25,480	농축산과	1	4	7	8	7	1	1	3
15986	경북 의성군	조사료생산종자구입지원	83,160	농축산과	1	2	7	8	7	1	1	3
15987	경북 의성군	조사료용생산사일리지제조비지원	43,200	농축산과	1	2	7	8	7	1	1	3
15988	경북 의성군	전문단지조성사일리지제조지원	108,000	농축산과	1	2	7	8	7	1	1	3
15989	경북 의성군	전문단지조성종자구입지원	8,160	농축산과	1	2	7	8	7	1	1	3
15990	경북 의성군	조사료전문단지육성	9,600	농축산과	1	4	7	8	7	1	1	3
15991	경북 의성군	가축분뇨발효제지원	70,400	농축산과	1	4	7	8	7	1	1	3
15992	경북 의성군	전문단지퇴액비지원	22,400	농축산과	1	2	7	8	7	1	1	3
15993	경북 의성군	젖소유전형질개량	2,900	농축산과	1	4	7	8	7	1	1	3
15994	경북 의성군	낙농헬퍼비(도우미)지원	4,320	농축산과	1	4	7	8	7	1	1	3
15995	경북 의성군	경북한우암소능력개량	76,800	농축산과	1	4	7	8	7	1	1	3
15996	경북 의성군	한우고능력정액지원	50,000	농축산과	1	4	7	8	7	1	1	3
15997	경북 의성군	한우번식기반지원	80,000	농축산과	1	4	7	8	7	1	1	3
15998	경북 의성군	젖소농가지원	20,000	농축산과	1	4	7	8	7	1	1	3
15999	경북 의성군	한우암소유전체분석사업	100,000	농축산과	1	4	7	8	7	1	1	3
16000	경북 의성군	축산농가왕겨지원사업	115,000	농축산과	1	4	7	8	7	1	1	3
16001	경북 의성군	젖소농가톱밥지원사업	15,000	농축산과	1	4	7	8	7	1	1	3
16002	경북 의성군	돼지액상정액지원	11,700	농축산과	1	4	7	8	7	1	1	3
16003	경북 의성군	양돈분만위생개선지원	23,400	농축산과	1	4	7	8	7	1	1	3
16004	경북 의성군	자돈폐사율감소지원	6,600	농축산과	1	4	7	8	7	1	1	3
16005	경북 의성군	불량모돈갱신사업	54,000	농축산과	1	4	7	8	7	1	1	3
16006	경북 의성군	육계사깔짚지원	25,000	농축산과	1	4	7	8	7	1	1	3
16007	경북 의성군	계란난좌지원	40,000	농축산과	1	4	7	8	7	1	1	3
16008	경북 의성군	양돈양계농가사육환경개선지원	100,000	농축산과	1	4	7	8	7	1	1	3
16009	경북 의성군	친환경악취저감제	40,900	농축산과	1	4	7	8	7	1	1	3
16010	경북 의성군	면역강화용사료첨가제지원	134,400	농축산과	1	4	7	8	7	1	1	3
16011	경북 의성군	퇴액비살포비지원	180,000	농축산과	1	2	7	8	7	1	1	3
16012	경북 의성군	깨끗한축산환경지원	375,000	농축산과	1	4	7	8	7	1	1	3

순번	시군구	지출명 (사업명)	2021년예산 (단위:천원/1년간)	담당자 (공무원) 담당부서	민간이전 분류 (지방자치단체 세출예산 집행기준에 의거) 1. 민간경상사업보조(307-02) 2. 민간단체 법정운영비보조(307-03) 3. 민간행사사업보조(307-04) 4. 민간위탁금(307-05) 5. 사회복지시설 법정운영비보조(307-10) 6. 민간인위탁교육비(307-12) 7. 공기관등에대한경상적위탁사업비(308-11) 8. 민간자본사업보조,자체재원(402-01) 9. 민간자본사업보조,이전재원(402-02) 10. 민간위탁사업비(402-03) 11. 공기관등에 대한 자본적 대행사업비(403-02)	민간이전지출 근거 (지방보조금 관리기준 참고) 1. 법률에 규정 2. 국고보조 재원(국가지정) 3. 용도 지정 기부금 4. 조례에 직접규정 5. 지자체가 권장하는 사업을 하는 공공기관 6. 시,도 정책 및 재정사정 7. 기타 8. 해당없음	입찰방식: 계약체결방법 (경쟁형태) 1. 일반경쟁 2. 제한경쟁 3. 지명경쟁 4. 수의계약 5. 법정위탁 6. 기타 ( ) 7. 해당없음	입찰방식: 계약기간 1. 1년 2. 2년 3. 3년 4. 4년 5. 5년 6. 기타 ( )년 7. 단기계약 (1년미만) 8. 해당없음	입찰방식: 낙찰자선정방법 1. 적격심사 2. 협상에의한계약 3. 최저가낙찰제 4. 규격가격분리 5. 2단계 경쟁입찰 6. 기타 ( ) 7. 해당없음	운영예산 산정: 운영예산 산정 1. 내부산정 (지자체 자체적으로 산정) 2. 외부산정 (외부전문기관위탁 산정) 3. 내·외부 모두 산정 4. 산정 無 5. 해당없음	운영예산 산정: 정산방법 1. 내부정산 (지자체 내부적으로 정산) 2. 외부정산 (외부전문기관위탁 정산) 3. 내·외부 모두 산정 4. 정산 無 5. 해당없음	성과평가 실시여부 1. 실시 2. 미실시 3. 향후 추진 4. 해당없음
16013	경북 의성군	친환경축산물인증비지원	11,270	농축산과	1	4	7	8	7	1	1	3
16014	경북 의성군	축산분야HACCP인증비지원	1,890	농축산과	1	4	7	8	7	1	1	3
16015	경북 의성군	가축방역약품구입비(돼지써코바이러스)	81,730	농축산과	1	2	7	8	7	1	1	3
16016	경북 의성군	가축방역약품구입비(구제역전업농)	412,083	농축산과	1	2	7	8	7	1	1	3
16017	경북 의성군	가금농가질병관리지원사업	18,000	농축산과	1	2	7	8	7	1	1	3
16018	경북 의성군	닭진드기공동방제지원사업	24,000	농축산과	1	2	7	8	7	1	1	3
16019	경북 의성군	축산물HACCP컨설팅(농장)사업	22,400	농축산과	1	2	7	8	7	1	1	3
16020	경북 의성군	전국소독의날운영	104,560	농축산과	1	4	7	8	7	1	1	3
16021	경북 의성군	전국소독의날운영	109,862	농축산과	1	4	7	8	7	1	1	3
16022	경북 의성군	축산물이력제업무인턴지원	24,996	농축산과	1	4	7	8	7	1	1	3
16023	경북 의성군	농산물공동선별비지원	18,000	원예산업과	1	6	7	8	7	1	1	4
16024	경북 의성군	농산물마케팅지원	3,000	원예산업과	1	6	7	8	7	1	1	4
16025	경북 의성군	농산물유통구조개선지원	160,800	원예산업과	1	6	7	8	7	1	1	4
16026	경북 의성군	농산물산지유통기능활성화지원	144,000	원예산업과	1	6	7	8	7	1	1	4
16027	경북 의성군	과실브랜드육성지원	16,000	원예산업과	1	6	7	8	7	1	1	4
16028	경북 의성군	농산물표준규격포장재지원	400,000	원예산업과	1	6	7	8	7	1	1	4
16029	경북 의성군	공동브랜드의성진포장재지원	200,000	원예산업과	1	6	7	8	7	1	1	4
16030	경북 의성군	원예농산물유통지원	500,000	원예산업과	1	6	7	8	7	1	1	4
16031	경북 의성군	경북우수농산물브랜드화	10,000	원예산업과	1	6	7	8	7	1	1	4
16032	경북 의성군	우수농식품수출포장재지원	50,000	원예산업과	1	4	7	8	7	1	1	2
16033	경북 의성군	농특산품온라인판매지원	200,000	원예산업과	1	4	7	8	7	1	1	2
16034	경북 의성군	수출농식품브랜드경쟁력제고	8,000	원예산업과	1	4	7	8	7	1	1	2
16035	경북 의성군	월급받는청년농부제	10,000	원예산업과	1	2	7	8	7	5	1	2
16036	경북 의성군	6차산업경영체활성화지원	12,000	원예산업과	1	6	7	8	7	5	1	2
16037	경북 의성군	산학협력육성사업	100,000	원예산업과	1	6	7	8	7	5	1	1
16038	경북 의성군	초등돌봄교실과일간식시범지원사업	14,763	원예산업과	1	1	7	8	7	1	1	1
16039	경북 의성군	과실장기저장제지원사업	182,000	원예산업과	1	6	7	8	7	1	1	4
16040	경북 의성군	친환경사과적화제지원사업	20,000	원예산업과	1	6	7	8	7	1	1	4
16041	경북 의성군	지품위사과시장격리수매지원	473,000	원예산업과	1	6	7	8	7	1	1	4
16042	경북 의성군	화훼직거래활성화지원	2,000	원예산업과	1	6	7	8	7	1	1	4
16043	경북 의성군	과실봉지지원	400,000	원예산업과	1	4	7	8	7	1	1	4
16044	경북 의성군	과수인공수분지원	150,000	원예산업과	1	4	7	8	7	1	1	4
16045	경북 의성군	과수수형개선자재지원	260,000	원예산업과	1	4	7	8	7	1	1	4
16046	경북 의성군	과실류고품질생산지원	60,000	원예산업과	1	4	7	8	7	1	1	4
16047	경북 의성군	자두품위개선자재지원	700,000	원예산업과	1	4	7	8	7	1	1	4
16048	경북 의성군	복숭아품위개선자재지원	350,000	원예산업과	1	4	7	8	7	1	1	4
16049	경북 의성군	채소류생산안정지원	315,997	원예산업과	1	6	7	8	7	1	1	4
16050	경북 의성군	의성마늘결속끈지원	40,000	원예산업과	1	4	7	8	7	1	1	4
16051	경북 의성군	고품질고추생산지원	310,000	원예산업과	1	4	7	8	7	1	1	4
16052	경북 의성군	고추생산농가지원	300,000	원예산업과	1	4	7	8	7	1	1	4
16053	경북 의성군	고품질생강생산지원	10,000	원예산업과	1	4	7	8	7	1	1	4
16054	경북 의성군	시설원예품질고급화지원	50,000	원예산업과	1	4	7	8	7	1	1	4
16055	경북 의성군	원예작물병해충방제지원	10,000	원예산업과	1	4	7	8	7	1	1	4
16056	경북 의성군	수난구조활동지원	2,500	안전건설과	1	4	7	8	7	1	1	2
16057	경북 의성군	안전지킴이단활동지원	18,000	안전건설과	1	4	7	8	7	1	1	1
16058	경북 의성군	주민자치회운영지원	40,000	지역재생과	1	4	7	8	7	5	5	4
16059	경북 의성군	행복마을자치사업	210,000	지역재생과	1	4	7	8	7	5	5	4
16060	경북 의성군	자연환경보전활동지원	20,000	환경과	1	4	7	1	7	1	1	3
16061	경북 의성군	산림소득활성화	3,500	산림과	1	1	7	8	7	1	2	4
16062	경북 의성군	취약지역응급의료기관운영지원	234,240	보건소	1	1	7	8	7	5	1	1
16063	경북 의성군	지역응급의료기관육성및운영지원	48,000	보건소	1	1	7	8	7	5	1	1

순번	시군구	지출명 (사업명)	2021년예산 (단위:천원/1년간)	담당자 (공무원) 담당부서	민간이전 분류 (지방자치단체 세출예산 집행기준에 의거) 1. 민간경상사업보조(307-02) 2. 민간단체 법정운영비보조(307-03) 3. 민간행사사업보조(307-04) 4. 민간위탁금(307-05) 5. 사회복지시설 법정운영비보조(307-10) 6. 민간인위탁교육비(307-12) 7. 공기관등에대한경상적위탁사업비(308-11) 8. 민간자본사업보조,자체재원(402-01) 9. 민간자본사업보조,이전재원(402-02) 10. 민간위탁사업비(402-03) 11. 공기관등에 대한 자본적 대행사업비(403-02)	민간이전지출 근거 (지방보조금 관리기준 참고) 1. 법률에 규정 2. 국고보조 재원(국가지정) 3. 용도 지정 기부금 4. 조례에 직접규정 5. 지자체가 권장하는 사업을 하는 공공기관 6. 시,도 정책 및 재정사정 7. 기타 8. 해당없음	입찰방식 계약체결방법 (경쟁형태) 1. 일반경쟁 2. 제한경쟁 3. 지명경쟁 4. 수의계약 5. 법정위탁 6. 기타 ( ) 7. 해당없음	입찰방식 계약기간 1. 1년 2. 2년 3. 3년 4. 4년 5. 5년 6. 기타 ( )년 7. 단기계약 (1년미만) 8. 해당없음	입찰방식 낙찰자선정방법 1. 적격심사 2. 협상에의한계약 3. 최저가낙찰제 4. 규격가격분리 5. 2단계 경쟁입찰 6. 기타 ( ) 7. 해당없음	운영예산 산정 운영예산 산정 1. 내부산정 (지자체 자체적으로 산정) 2. 외부산정 (외부전문기관위탁 산정) 3. 내·외부 모두 산정 4. 산정 無 5. 해당없음	운영예산 산정 정산방법 1. 내부정산 (지자체 내부적으로 정산) 2. 외부정산 (외부전문기관위탁 정산) 3. 내·외부 모두 산정 4. 정산 無 5. 해당없음	성과평가 실시여부 1. 실시 2. 미실시 3. 향후 추진 4. 해당없음
16064	경북 의성군	외래산부인과지원	36,000	보건소	1	1	7	8	7	5	1	1
16065	경북 의성군	농촌여성일자리창출전문자격취득교육	10,000	농업기술센터	1	1	7	8	7	1	1	4
16066	경북 의성군	행복한농촌가정육성프로젝트	5,000	농업기술센터	1	1	7	8	7	1	1	4
16067	경북 의성군	농촌지도자과제활동지원	4,000	농업기술센터	1	1	7	8	7	1	1	1
16068	경북 의성군	청년농업인4-H회원과제활동지원	3,000	농업기술센터	1	1	7	8	7	1	1	1
16069	경북 의성군	학생4-H회원과제활동지원	3,000	농업기술센터	1	1	7	8	7	1	1	1
16070	경북 의성군	여성농업인과제활동지원	10,000	농업기술센터	1	4	7	8	7	1	1	1
16071	경북 의성군	여성농업인리더십교육	3,000	농업기술센터	1	4	7	8	7	1	1	1
16072	경북 의성군	여성농업인한마음수련회	5,000	농업기술센터	1	4	7	8	7	1	1	1
16073	경북 의성군	농촌지도자가족한마음대회	30,000	농업기술센터	1	4	7	8	7	1	1	1
16074	경북 의성군	농업경영인회활성화지원	12,000	농업기술센터	1	4	7	8	7	1	1	1
16075	경북 의성군	농업경영인가족체육대회	20,000	농업기술센터	1	4	7	8	7	1	1	1
16076	경북 의성군	농민사관의성군연합회역량강화활동지원	5,000	농업기술센터	1	4	7	8	7	1	1	1
16077	경북 의성군	백진주벼생산단지조성	22,500	농업기술센터	1	4	7	8	7	1	1	1
16078	경북 의성군	귀농귀촌유치지원	230,000	농업기술센터	1	2	7	8	7	1	1	4
16079	경북 의성군	귀농창업활성화지원	20,000	농업기술센터	1	2	7	8	7	1	1	4
16080	경북 의성군	친환경자재생산시범	50,000	농업기술센터	1	4	7	8	7	5	5	4
16081	경북 의성군	조문국유물되찾기및박물관홍보	20,000	의성조문국박물관	1	4	7	8	7	1	1	1
16082	경북 청송군	자유총연맹안보의식고취함양지원사업	7,200	기획감사실	1	1	7	8	7	1	1	1
16083	경북 청송군	자유총연맹전국대회경비지원	4,000	기획감사실	1	1	7	8	7	1	1	1
16084	경북 청송군	자유총연맹활동지원	3,600	기획감사실	1	1	7	8	7	1	1	1
16085	경북 청송군	자유총연맹봉사활동선도사업	7,200	기획감사실	1	1	7	8	7	1	1	1
16086	경북 청송군	자유총연맹해외연수지원	10,000	기획감사실	1	1	7	8	7	1	1	1
16087	경북 청송군	이장연합회해외연수지원	25,000	총무과	1	4	7	8	7	1	1	1
16088	경북 청송군	이장연합회체육대회지원	27,000	총무과	1	4	7	8	7	1	1	1
16089	경북 청송군	이장연합회직무연수지원	30,000	총무과	1	4	7	8	7	1	1	1
16090	경북 청송군	우수이반장선진지견학	20,000	총무과	1	4	7	8	7	1	1	1
16091	경북 청송군	범죄예방활동단체지원	14,000	총무과	1	4	7	7	7	1	1	1
16092	경북 청송군	자율방범연합대사업지원	15,000	총무과	1	4	7	7	7	1	1	1
16093	경북 청송군	적십자봉사활성화사업	4,500	총무과	1	4	7	7	7	1	1	1
16094	경북 청송군	범죄피해자센터지원	17,500	총무과	1	4	7	7	7	1	1	1
16095	경북 청송군	정보화마을한마당행사참가지원	1,500	총무과	1	6	7	8	7	5	5	4
16096	경북 청송군	정보화마을프로그램관리자인건비	17,501	총무과	1	6	7	8	7	5	5	4
16097	경북 청송군	4대보험료및퇴직금	6,700	총무과	1	6	7	8	7	5	5	4
16098	경북 청송군	정보화마을활성화지원	5,000	총무과	1	6	7	8	7	5	5	4
16099	경북 청송군	자매도시간생활체육우호교류경비지원	12,000	총무과	1	7	7	8	7	1	1	3
16100	경북 청송군	민주평통자문위원해외연수경비지원	22,500	총무과	1	4	7	8	7	1	1	3
16101	경북 청송군	대군민안보교육지원	11,000	총무과	1	4	7	7	7	1	1	1
16102	경북 청송군	여성예비군소대안보활동지원	1,800	총무과	1	4	7	7	7	1	1	1
16103	경북 청송군	재난구호및교통봉사활동지원	4,500	총무과	1	4	7	7	7	1	1	1
16104	경북 청송군	보훈4단체충혼탑참배	3,500	사회복지과	1	4	7	1	7	1	1	1
16105	경북 청송군	보훈4단체안보전적지견학지원	8,000	사회복지과	1	4	7	1	7	1	1	2
16106	경북 청송군	전몰군경유족회대전현충원참배지원	5,000	사회복지과	1	4	7	1	7	1	1	2
16107	경북 청송군	6.25참전유공자회안보전적지견학지원	6,000	사회복지과	1	4	7	1	7	1	1	2
16108	경북 청송군	재향군인회여성회안보전적지견학지원	3,000	사회복지과	1	4	7	1	7	1	1	2
16109	경북 청송군	6.25바로알기안보교육	3,000	사회복지과	1	4	7	1	7	1	1	2
16110	경북 청송군	청송군안보단체연합회안보결의대회	1,800	사회복지과	1	4	7	1	7	1	1	2
16111	경북 청송군	재향군인회영호남교류지원	7,000	사회복지과	1	4	7	1	7	1	1	2
16112	경북 청송군	재향군인회안보견학지원	8,000	사회복지과	1	4	7	1	7	1	1	2
16113	경북 청송군	재향군인의날지원	2,000	사회복지과	1	4	7	1	7	1	1	2
16114	경북 청송군	월남참전전우회안보견학지원	8,000	사회복지과	1	4	7	1	7	1	1	2

순번	시군구	지출명 (사업명)	2021년예산 (단위:천원/1년간)	담당자 (공무원) 담당부서	민간이전 분류 (지방자치단체 세출예산 집행기준에 의거) 1. 민간경상사업보조(307-02) 2. 민간단체 법정운영비보조(307-03) 3. 민간행사사업보조(307-04) 4. 민간위탁금(307-05) 5. 사회복지시설 법정운영비보조(307-10) 6. 민간인위탁교육비(307-12) 7. 공기관등에대한경상적위탁사업비(308-11) 8. 민간자본사업보조,자체재원(402-01) 9. 민간자본사업보조,이전재원(402-02) 10. 민간위탁사업비(402-03) 11. 공기관등에 대한 자본적 대행사업비(403-02)	민간이전지출 근거 (지방보조금 관리기준 참고) 1. 법률에 규정 2. 국고보조 재원(국가지정) 3. 용도 지정 기부금 4. 조례에 직접규정 5. 지자체가 권장하는 사업을 하는 공공기관 6. 시,도 정책 및 재정사정 7. 기타 8. 해당없음	입찰방식: 계약체결방법 (경쟁형태) 1. 일반경쟁 2. 제한경쟁 3. 지명경쟁 4. 수의계약 5. 법정위탁 6. 기타 ( ) 7. 해당없음	입찰방식: 계약기간 1. 1년 2. 2년 3. 3년 4. 4년 5. 5년 6. 기타 ( )년 7. 단기계약 (1년미만) 8. 해당없음	입찰방식: 낙찰자선정방법 1. 적격심사 2. 협상에의한계약 3. 최저가낙찰제 4. 규격가격분리 5. 2단계 경쟁입찰 6. 기타 ( ) 7. 해당없음	운영예산 산정: 운영예산 산정 1. 내부산정 (지자체 자체적으로 산정) 2. 외부산정 (외부전문기관위탁 산정) 3. 내·외부 모두 산정 4. 산정 無 5. 해당없음	운영예산 산정: 정산방법 1. 내부정산 (지자체 내부적으로 정산) 2. 외부정산 (외부전문기관위탁 정산) 3. 내·외부 모두 산정 4. 정산 無 5. 해당없음	성과평가 실시여부 1. 실시 2. 미실시 3. 향후 추진 4. 해당없음
16115	경북 청송군	보훈단체해외전적지답사지원	10,000	사회복지과	1	4	7	1	7	1	1	2
16116	경북 청송군	재향군인회해외전적지답사지원	15,000	사회복지과	1	4	7	1	7	1	1	2
16117	경북 청송군	보훈가족한마음대회	20,000	사회복지과	1	4	7	1	7	1	1	2
16118	경북 청송군	상이군경회나라사랑안보견학	4,000	사회복지과	1	4	7	1	7	1	1	2
16119	경북 청송군	보훈단체협의회사랑방운영	2,400	사회복지과	1	4	7	1	7	1	1	2
16120	경북 청송군	의병유적지안보견학지원	5,000	사회복지과	1	4	7	1	7	1	1	2
16121	경북 청송군	의병선열추모제사업비지원	10,000	사회복지과	1	4	7	1	7	1	1	2
16122	경북 청송군	시각장애인흰지팡이날지원	5,000	사회복지과	1	6	7	8	7	5	5	4
16123	경북 청송군	안심케어주택지원사업	60,000	사회복지과	1	4	6	1	6	1	2	1
16124	경북 청송군	지역사회보장협의체사업지원	20,000	사회복지과	1	4	7	1	7	1	1	1
16125	경북 청송군	자원봉사단체리더역량강화워크숍	6,000	사회복지과	1	4	6	1	6	1	2	1
16126	경북 청송군	자원봉사자대회	10,000	사회복지과	1	4	6	1	6	1	2	1
16127	경북 청송군	시군자원봉사센터운영지원	30,000	사회복지과	1	4	6	1	6	1	2	1
16128	경북 청송군	노인회지회장기게이트볼대회지원	5,400	주민행복과	1	1	7	8	7	5	5	4
16129	경북 청송군	경로잔치사업지원	86,000	주민행복과	1	1	7	8	7	5	5	4
16130	경북 청송군	도,시군단위게이트볼대회참가지원	3,600	주민행복과	1	1	7	8	7	5	5	4
16131	경북 청송군	청송사과축제노인관련홍보부스운영지원	5,000	주민행복과	1	1	7	8	7	5	5	4
16132	경북 청송군	시군경로당지도자교육지원	4,050	주민행복과	1	1	7	8	7	5	5	4
16133	경북 청송군	학교폭력예방선도프로그램운영비지원	6,200	주민행복과	1	1	7	8	7	5	5	4
16134	경북 청송군	학교급식지원센터급식사업차량연료비지원	20,000	주민행복과	1	1	2	3	1	1	1	2
16135	경북 청송군	학교급식지원센터급식사업추진비지원	30,000	주민행복과	1	1	2	3	1	1	1	2
16136	경북 청송군	평생교육사업지원	41,000	주민행복과	1	1	7	8	7	1	1	2
16137	경북 청송군	초등돌봄교실과일간식지원사업	14,763	주민행복과	1	1	2	1	1	1	1	2
16138	경북 청송군	성인문해교육프로그램지원	37,000	주민행복과	1	1	7	1	7	1	1	2
16139	경북 청송군	친환경농산물학교급식지원	121,930	주민행복과	1	1	2	3	1	1	1	2
16140	경북 청송군	양성평등주간기념행사지원	15,000	주민행복과	1	6	7	8	7	1	1	4
16141	경북 청송군	범군민건강걷기대회및어린이대잔치사업비지원	30,000	주민행복과	1	1	7	8	7	1	1	3
16142	경북 청송군	다문화가족어울림한마당	13,000	주민행복과	1	4	7	8	7	1	1	3
16143	경북 청송군	지방문화원문화사업	60,000	문화체육과	1	1	7	8	7	1	1	1
16144	경북 청송군	청송문화지발간사업	18,000	문화체육과	1	4	7	8	7	1	1	1
16145	경북 청송군	문화교양교육및인문학교실지원사업	100,000	문화체육과	1	4	7	8	7	1	1	1
16146	경북 청송군	청송풍물교육지원사업	50,000	문화체육과	1	4	7	8	7	1	1	1
16147	경북 청송군	청송문화원합창단운영지원사업	70,000	문화체육과	1	4	7	8	7	1	1	1
16148	경북 청송군	농악대교육지원사업	20,000	문화체육과	1	4	7	8	7	1	1	1
16149	경북 청송군	서예교육지원사업	10,800	문화체육과	1	4	7	8	7	1	1	1
16150	경북 청송군	유묵교양서예교육지원사업	3,600	문화체육과	1	4	7	8	7	1	1	1
16151	경북 청송군	유림활동지원사업	6,300	문화체육과	1	4	7	8	7	1	1	1
16152	경북 청송군	독서회책자발간사업	2,700	문화체육과	1	4	7	8	7	1	1	1
16153	경북 청송군	예절인성교육지원사업	7,200	문화체육과	1	4	7	8	7	1	1	1
16154	경북 청송군	실천생활예절교육지원사업	9,200	문화체육과	1	4	7	8	7	1	1	1
16155	경북 청송군	전통문화교육지원사업	5,400	문화체육과	1	4	7	8	7	1	1	1
16156	경북 청송군	도덕성회복교육책자발간사업	4,500	문화체육과	1	4	7	8	7	1	1	1
16157	경북 청송군	청송예술제개최	10,000	문화체육과	1	4	7	8	7	1	1	1
16158	경북 청송군	국악협회찾아가는국악한마당	6,000	문화체육과	1	4	7	8	7	1	1	1
16159	경북 청송군	문인협회청송문예지발간	5,400	문화체육과	1	4	7	8	7	1	1	1
16160	경북 청송군	미술협회자매도시교류전	4,500	문화체육과	1	4	7	8	7	1	1	1
16161	경북 청송군	미술협회회원전및국내우수작가초대전	2,700	문화체육과	1	4	7	8	7	1	1	1
16162	경북 청송군	미술협회경북학생미술서예공모전	7,000	문화체육과	1	4	7	8	7	1	1	1
16163	경북 청송군	이오덕문학축제개최지원	10,000	문화체육과	1	4	7	8	7	1	1	1
16164	경북 청송군	서화예술전시회개최	11,700	문화체육과	1	4	7	8	7	1	1	1
16165	경북 청송군	전국한문경시대회참가지원	2,000	문화체육과	1	4	7	8	7	1	1	1

순번	시군구	지출명 (사업명)	2021년예산 (단위:천원/1년간)	담당자 (공무원) 담당부서	민간이전 분류 (지방자치단체 세출예산 집행기준에 의거) 1. 민간경상사업보조(307-02) 2. 민간단체 법정운영비보조(307-03) 3. 민간행사사업보조(307-04) 4. 민간위탁금(307-05) 5. 사회복지시설 법정운영비보조(307-10) 6. 민간인위탁교육비(307-12) 7. 공기관등에대한경상적위탁사업비(308-11) 8. 민간자본사업보조,자체재원(402-01) 9. 민간자본사업보조,이전재원(402-02) 10. 민간위탁사업비(402-03) 11. 공기관등에 대한 자본적 대행사업비(403-02)	민간이전지출 근거 (지방보조금 관리기준 참고) 1. 법률에 규정 2. 국고보조 재원(국가지정) 3. 용도 지정 기부금 4. 조례에 직접규정 5. 지자체가 권장하는 사업을 하는 공공기관 6. 시,도 정책 및 재정사정 7. 기타 8. 해당없음	입찰방식: 계약체결방법 (경쟁형태) 1. 일반경쟁 2. 제한경쟁 3. 지명경쟁 4. 수의계약 5. 법정위탁 6. 기타 ( ) 7. 해당없음	입찰방식: 계약기간 1. 1년 2. 2년 3. 3년 4. 4년 5. 5년 6. 기타 ( )년 7. 단기계약 (1년미만) 8. 해당없음	입찰방식: 낙찰자선정방법 1. 적격심사 2. 협상에의한계약 3. 최저가낙찰제 4. 규격가격분리 5. 2단계 경쟁입찰 6. 기타 ( ) 7. 해당없음	운영예산 산정: 운영예산 산정 1. 내부산정 (지자체 자체적으로 산정) 2. 외부산정 (외부전문기관위탁 산정) 3. 내·외부 모두 산정 4. 산정 無 5. 해당없음	운영예산 산정: 정산방법 1. 내부정산 (지자체 내부적으로 정산) 2. 외부정산 (외부전문기관위탁 정산) 3. 내·외부 모두 산정 4. 정산 無 5. 해당없음	성과평가 실시여부 1. 실시 2. 미실시 3. 향후 추진 4. 해당없음
16166	경북 청송군	서원춘향제지원	5,400	문화체육과	1	4	7	8	7	1	1	1
16167	경북 청송군	문화예술공연및전시회개최지원	80,000	문화체육과	1	4	7	8	7	1	1	1
16168	경북 청송군	청송문화예술인송년의밤지원	20,000	문화체육과	1	4	7	8	7	1	1	1
16169	경북 청송군	부처님오신날군민화합연등문화축제지원	15,000	문화체육과	1	4	7	8	7	1	1	1
16170	경북 청송군	유교문화실천교육지원	3,000	문화체육과	1	4	7	8	7	1	1	1
16171	경북 청송군	국악분야예술강사지원사업(문화예술교육활성화)	11,045	문화체육과	1	4	7	8	7	1	1	1
16172	경북 청송군	충효교실운영	5,000	문화체육과	1	2	7	8	7	1	1	1
16173	경북 청송군	향교문화전승보전(청송향교,진보향교)	36,000	문화체육과	1	4	7	8	7	1	1	1
16174	경북 청송군	경북선비아카데미지원	6,700	문화체육과	1	4	7	8	7	1	1	1
16175	경북 청송군	지역문화사랑방운영지원	30,000	문화체육과	1	4	7	8	7	1	1	1
16176	경북 청송군	지역한지수요활성화사업	25,000	문화체육과	1	4	7	8	7	1	1	1
16177	경북 청송군	천연기념물민속행사지원	3,000	문화체육과	1	2	7	8	7	1	1	4
16178	경북 청송군	생생문화재공모선정사업	77,500	문화체육과	1	2	7	8	7	1	1	1
16179	경북 청송군	향교서원문화재활용사업	65,000	문화체육과	1	2	7	8	7	1	1	1
16180	경북 청송군	교통봉사활동지원사업	9,300	문화체육과	1	6	6	8	1	1	1	1
16181	경북 청송군	제59회도민체육대회참가지원	160,000	문화체육과	1	4	5	8	7	1	1	1
16182	경북 청송군	제31회도민생활체육대축전참가지원	40,500	문화체육과	1	4	5	8	7	1	1	1
16183	경북 청송군	특성에맞는학교체육육성지원사업	30,000	문화체육과	1	4	5	8	7	1	1	1
16184	경북 청송군	체육특기생(전국및국제대회)훈련지원사업	25,000	문화체육과	1	4	5	8	7	1	1	1
16185	경북 청송군	군수기종목별체육대회개최지원	56,000	문화체육과	1	4	5	8	7	1	1	1
16186	경북 청송군	경북리그축구대회출전지원	4,500	문화체육과	1	4	5	8	7	1	1	1
16187	경북 청송군	OB축구출전지원	5,500	문화체육과	1	4	5	8	7	1	1	1
16188	경북 청송군	실버탁구단출전지원	3,000	문화체육과	1	4	5	8	7	1	1	1
16189	경북 청송군	경북어르신체육대회참가지원	25,000	문화체육과	1	4	5	8	7	1	1	1
16190	경북 청송군	각종생활체육종목전국대회참가지원	25,000	문화체육과	1	4	5	8	7	1	1	1
16191	경북 청송군	지사기종목별생활체육대회참가지원	27,000	문화체육과	1	4	5	8	7	1	1	1
16192	경북 청송군	어르신생활체육게이트볼대회참가지원	3,000	문화체육과	1	4	5	8	7	1	1	1
16193	경북 청송군	협회장기게이트볼대회지원	2,000	문화체육과	1	4	5	8	7	1	1	1
16194	경북 청송군	전국풋살대회참가지원	3,000	문화체육과	1	4	5	8	7	1	1	1
16195	경북 청송군	2021도씨름왕선발대회참가지원	5,000	문화체육과	1	4	5	8	7	1	1	1
16196	경북 청송군	체육회지도자활성화지원	7,000	문화체육과	1	4	5	8	7	1	1	1
16197	경북 청송군	우수동호회대회출전지원	10,000	문화체육과	1	4	5	8	7	1	1	1
16198	경북 청송군	체육회지도자연수지원	3,000	문화체육과	1	4	5	8	7	1	1	1
16199	경북 청송군	2021전국및도단위전지훈련유치지원금	30,000	문화체육과	1	4	5	8	7	1	1	1
16200	경북 청송군	읍면체육대회개최지원	40,000	문화체육과	1	4	5	8	7	1	1	1
16201	경북 청송군	군민체육대회출전지원	48,000	문화체육과	1	4	5	8	7	1	1	1
16202	경북 청송군	2021경상북도장애인체육대회참가지원	12,000	문화체육과	1	4	5	8	7	1	1	1
16203	경북 청송군	장애인생활체육프로그램운영	12,000	문화체육과	1	4	5	8	7	1	1	1
16204	경북 청송군	군생활체육지도자배치	116,928	문화체육과	1	2	5	8	7	1	1	1
16205	경북 청송군	어르신생활체육지도자배치	87,696	문화체육과	1	2	5	8	7	1	1	1
16206	경북 청송군	스포츠강좌이용권지원	19,200	문화체육과	1	2	7	8	7	5	5	4
16207	경북 청송군	장애인생활체육지도자배치	29,232	문화체육과	1	2	5	8	7	1	1	1
16208	경북 청송군	생활체육교실운영지원	16,800	문화체육과	1	4	5	8	7	1	1	1
16209	경북 청송군	생활체육지도자장기근속수당지원	6,540	문화체육과	1	2	5	8	7	1	1	1
16210	경북 청송군	생활체육지도자교통비지원	8,400	문화체육과	1	2	5	8	7	1	1	1
16211	경북 청송군	장애인생활체육지도자교통비지원	1,200	문화체육과	1	2	5	8	7	1	1	1
16212	경북 청송군	농촌미혼농업인국제결혼지원사업	10,000	농정과	1	7	7	8	7	1	1	4
16213	경북 청송군	방과후공부방특별활동지원사업	5,000	농정과	1	7	7	8	7	1	1	4
16214	경북 청송군	농업인의날지원	34,000	농정과	1	4	7	8	7	1	1	4
16215	경북 청송군	농업인단체역량강화및농산물홍보지원사업	9,000	농정과	1	4	7	8	7	1	1	4
16216	경북 청송군	농업경영인체육대회지원사업	20,000	농정과	1	4	7	8	7	1	1	4

순번	시군구	지출명 (사업명)	2021년예산 (단위:천원/1년간)	담당자 (공무원) 담당부서	민간이전 분류 (지방자치단체 세출예산 집행기준에 의거) 1. 민간경상사업보조(307-02) 2. 민간단체 법정운영비보조(307-03) 3. 민간행사사업보조(307-04) 4. 민간위탁금(307-05) 5. 사회복지시설 법정운영비보조(307-10) 6. 민간인위탁교육비(307-12) 7. 공기관등에대한경상적위탁사업비(308-11) 8. 민간자본사업보조,자체재원(402-01) 9. 민간자본사업보조,이전재원(402-02) 10. 민간위탁사업비(402-03) 11. 공기관등에 대한 자본적 대행사업비(403-02)	민간이전지출 근거 (지방보조금 관리기준 참고) 1. 법률에 규정 2. 국고보조 재원(국가지정) 3. 용도 지정 기부금 4. 조례에 직접규정 5. 지자체가 권장하는 사업을 하는 공공기관 6. 시,도 정책 및 재정사정 7. 기타 8. 해당없음	입찰방식 계약체결방법 (경쟁형태) 1. 일반경쟁 2. 제한경쟁 3. 지명경쟁 4. 수의계약 5. 법정위탁 6. 기타 ( ) 7. 해당없음	입찰방식 계약기간 1. 1년 2. 2년 3. 3년 4. 4년 5. 5년 6. 기타 ( )년 7. 단기계약 (1년미만) 8. 해당없음	입찰방식 낙찰자선정방법 1. 적격심사 2. 협상에의한계약 3. 최저가낙찰제 4. 규격가격분리 5. 2단계 경쟁입찰 6. 기타 ( ) 7. 해당없음	운영예산 산정 운영예산 산정 1. 내부산정 (지자체 자체적으로 산정) 2. 외부산정 (외부전문기관위탁 산정) 3. 내·외부 모두 산정 4. 산정 無 5. 해당없음	운영예산 산정 정산방법 1. 내부정산 (지자체 내부적으로 정산) 2. 외부정산 (외부전문기관위탁 정산) 3. 내·외부 모두 산정 4. 정산 無 5. 해당없음	성과평가 실시여부 1. 실시 2. 미실시 3. 향후 추진 4. 해당없음
16217	경북 청송군	으뜸농산물품평회참가지원사업	15,300	농정과	1	4	7	8	7	1	1	4
16218	경북 청송군	청송군농업발전활성화지원사업	15,000	농정과	1	4	7	8	7	1	1	4
16219	경북 청송군	농업경영인농산물직판및홍보지원사업	9,000	농정과	1	4	7	8	7	1	1	4
16220	경북 청송군	농특산물직거래장터참가지원사업	12,000	농정과	1	4	7	8	7	1	1	4
16221	경북 청송군	여성농업인농외소득활동지원	7,200	농정과	1	4	7	8	7	1	1	4
16222	경북 청송군	쌀소비촉진홍보및농산물시식회	4,500	농정과	1	2	7	8	7	1	1	4
16223	경북 청송군	한여농농산물직판행사지원	5,000	농정과	1	2	7	8	7	1	1	4
16224	경북 청송군	여성리더쉽교육지원	3,000	농정과	1	6	7	8	7	1	1	4
16225	경북 청송군	농업경영인도대회참가지원	13,500	농정과	1	6	7	8	7	1	1	4
16226	경북 청송군	대학생농촌봉사활동지원	5,000	농정과	1	6	7	8	7	1	1	4
16227	경북 청송군	통일벼시연회지원	2,000	농정과	1	6	7	8	7	1	1	4
16228	경북 청송군	여성농업경영인전국대회참가지원	5,000	농정과	1	6	7	8	7	1	1	4
16229	경북 청송군	시군교류사업지원	9,000	농정과	1	4	7	8	7	1	1	4
16230	경북 청송군	농민회도대회개최지원	80,000	농정과	1	4	7	8	7	1	1	4
16231	경북 청송군	농민회도대회참가지원	3,000	농정과	1	4	7	8	7	1	1	4
16232	경북 청송군	청년농업인영농정착지원	313,743	농정과	1	2	7	8	7	1	1	4
16233	경북 청송군	농촌체험마을관리지원사업	57,096	농정과	1	6	7	8	7	1	1	4
16234	경북 청송군	농촌체험휴양마을보험가입지원	2,208	농정과	1	6	7	8	7	1	1	4
16235	경북 청송군	사회적농업활성화지원	60,000	농정과	1	2	7	8	7	1	1	4
16236	경북 청송군	사회적농업거점농장지원	200,000	농정과	1	2	7	8	7	1	1	4
16237	경북 청송군	월급받는청년농부제사업	9,300	농정과	1	2	7	8	7	1	1	4
16238	경북 청송군	농촌체험관광활성화지원	7,500	농정과	1	6	7	8	7	1	1	4
16239	경북 청송군	청년농부육성지원	50,000	농정과	1	6	7	8	7	1	1	4
16240	경북 청송군	여성농업인행복바우처지원	54,000	농정과	1	6	7	8	7	1	1	4
16241	경북 청송군	농업계고졸업생창업비용지원	10,000	농정과	1	6	7	8	7	1	1	4
16242	경북 청송군	귀농귀촌정보센터운영	45,000	농정과	1	2	7	8	7	1	1	4
16243	경북 청송군	귀농귀촌정보센터사무실임차료	3,000	농정과	1	2	7	8	7	1	1	4
16244	경북 청송군	귀농인의집운영및유지보수비	10,000	농정과	1	2	7	8	7	1	1	4
16245	경북 청송군	농촌에서미리살아보기임시주거조성	60,000	농정과	1	2	7	8	7	1	1	4
16246	경북 청송군	도시민유치홍보사업	50,000	농정과	1	2	7	8	7	1	1	4
16247	경북 청송군	농촌에서미리살아보기지원	24,000	농정과	1	2	7	8	7	1	1	4
16248	경북 청송군	예비귀농귀촌인교육	8,000	농정과	1	2	7	8	7	1	1	4
16249	경북 청송군	정착귀농귀촌인심화교육	13,000	농정과	1	2	7	8	7	1	1	4
16250	경북 청송군	선진귀농지역현장학습	5,000	농정과	1	2	7	8	7	1	1	4
16251	경북 청송군	영농기술학습활동	5,000	농정과	1	2	7	8	7	1	1	4
16252	경북 청송군	마을단위찾아가는융화교육	17,000	농정과	1	2	7	8	7	1	1	4
16253	경북 청송군	도시민생산순회수집판매	2,000	농정과	1	2	7	8	7	1	1	4
16254	경북 청송군	도시민재능기부활동	9,000	농정과	1	2	7	8	7	1	1	4
16255	경북 청송군	귀농귀촌인일자리정보DB구축및연계	4,000	농정과	1	2	7	8	7	1	1	4
16256	경북 청송군	청송사과생산자조직역량강화사업지원	32,000	농정과	1	6	7	8	7	1	1	4
16257	경북 청송군	청송사과홍보지원	20,000	농정과	1	6	7	8	7	1	1	4
16258	경북 청송군	FTA대응방안강구사과조직단체연수지원	20,000	농정과	1	6	7	8	7	1	1	4
16259	경북 청송군	청송명품사과재조명및스토리텔링사업지원	80,000	농정과	1	6	7	8	7	1	1	4
16260	경북 청송군	과실생산유통지원사업관리비지원	44,400	농정과	1	6	7	8	7	1	1	4
16261	경북 청송군	청송고추생산자단체역량강화지원	5,000	농정과	1	8	7	8	7	5	5	4
16262	경북 청송군	신선농산물수출물류비지원	100,000	농정과	1	8	7	8	7	5	5	4
16263	경북 청송군	채소류생산안정지원	72,144	농정과	1	8	7	8	7	5	5	4
16264	경북 청송군	농특산물홍보및직거래지원	9,000	농정과	1	5	7	8	7	5	5	4
16265	경북 청송군	청송사과감시활동지원	8,000	농정과	1	5	7	8	7	5	5	4
16266	경북 청송군	위생업소감염병예방칸막이제작지원	30,000	종합민원과	1	7	7	8	7	1	1	1
16267	경북 청송군	경상북도식품박람회행사전시및시식등지원	10,000	종합민원과	1	7	7	8	7	1	1	1

순번	시군구	지출명 (사업명)	2021년예산 (단위:천원/1년간)	담당자 (공무원) 담당부서	민간이전 분류 (지방자치단체 세출예산 집행기준에 의거) 1. 민간경상사업보조(307-02) 2. 민간단체 법정운영비보조(307-03) 3. 민간행사사업보조(307-04) 4. 민간위탁금(307-05) 5. 사회복지시설 법정운영비보조(307-10) 6. 민간인위탁교육비(307-12) 7. 공기관등에대한경상적위탁사업비(308-11) 8. 민간자본사업보조,자체재원(402-01) 9. 민간자본사업보조,이전재원(402-02) 10. 민간위탁사업비(402-03) 11. 공기관등에 대한 자본적 대행사업비(403-02)	민간이전지출 근거 (지방보조금 관리기준 참고) 1. 법률에 규정 2. 국고보조 재원(국가지정) 3. 용도 지정 기부금 4. 조례에 직접규정 5. 지자체가 권장하는 사업을 하는 공공기관 6. 시,도 정책 및 재정사정 7. 기타 8. 해당없음	입찰방식 계약체결방법 (경쟁형태) 1. 일반경쟁 2. 제한경쟁 3. 지명경쟁 4. 수의계약 5. 법정위탁 6. 기타 ( ) 7. 해당없음	입찰방식 계약기간 1. 1년 2. 2년 3. 3년 4. 4년 5. 5년 6. 기타 ( )년 7. 단기계약 (1년미만) 8. 해당없음	입찰방식 낙찰자선정방법 1. 적격심사 2. 협상에의한계약 3. 최저가낙찰제 4. 규격가격분리 5. 2단계 경쟁입찰 6. 기타 ( ) 7. 해당없음	운영예산 산정 운영예산 산정 1. 내부산정 (지자체 자체적으로 산정) 2. 외부산정 (외부전문기관위탁 산정) 3. 내·외부 모두 산정 4. 산정 無 5. 해당없음	운영예산 산정 정산방법 1. 내부정산 (지자체 내부적으로 정산) 2. 외부정산 (외부전문기관위탁 정산) 3. 내·외부 모두 산정 4. 정산 無 5. 해당없음	성과평가 실시여부 1. 실시 2. 미실시 3. 향후 추진 4. 해당없음
16268	경북 청송군	어린이급식관리지원센터운영지원	105,000	종합민원과	1	2	1	5	1	3	3	1
16269	경북 청송군	임산물상품화지원	25,000	산림자원과	1	2	7	8	7	5	5	4
16270	경북 청송군	산림소득활성화사업	3,500	산림자원과	1	2	7	8	7	5	5	4
16271	경북 청송군	산촌생태마을매니저운영지원비	42,334	산림자원과	1	2	7	8	7	5	5	4
16272	경북 청송군	자연사랑연합그린스타트실천홍보지원	3,000	환경축산과	1	7	7	8	7	5	5	4
16273	경북 청송군	환경의날국립공원자연보호캠페인개최지원	3,000	환경축산과	1	7	7	8	7	5	5	4
16274	경북 청송군	진보면문화및체육행사지원(소각시설주민지원사업)	70,000	환경축산과	1	1	7	8	7	1	1	4
16275	경북 청송군	축산물신선도유지지원사업(축산기업조합)	10,000	환경축산과	1	4	7	8	7	5	5	4
16276	경북 청송군	다슬기체험홍보지원사업	20,000	환경축산과	1	4	7	8	7	5	5	4
16277	경북 청송군	청송군자율방재단교육활동사업	26,000	안전재난건설과	1	4	7	8	7	5	1	1
16278	경북 청송군	숨은자원모으기경진대회지원	10,000	새마을도시과	1	7	7	8	7	1	1	1
16279	경북 청송군	사랑의김장담그기사업	8,000	새마을도시과	1	7	7	8	7	1	1	1
16280	경북 청송군	새마을의날기념사업	10,000	새마을도시과	1	7	7	8	7	1	1	1
16281	경북 청송군	새마을지도자역량강화워크숍개최지원	20,000	새마을도시과	1	7	7	8	7	1	1	1
16282	경북 청송군	바르게살기운동하계수련대회지원	10,000	새마을도시과	1	7	7	8	7	1	1	1
16283	경북 청송군	피서지이동새마을문고운영지원	3,800	새마을도시과	1	7	7	8	7	1	1	1
16284	경북 청송군	고추장담그기사업	5,000	새마을도시과	1	7	7	8	7	1	1	1
16285	경북 청송군	행복한보금자리만들기사업	18,000	새마을도시과	1	7	7	8	7	1	1	1
16286	경북 청송군	범도민독서생활화사업	6,400	새마을도시과	1	7	7	8	7	1	1	1
16287	경북 청송군	건전생활실천순회교육지원	1,650	새마을도시과	1	7	7	8	7	1	1	1
16288	경북 청송군	사회적기업사업개발비지원	20,000	새마을도시과	1	2	7	8	7	5	5	4
16289	경북 청송군	사회적기업지역특화사업	20,000	새마을도시과	1	2	7	8	7	5	5	4
16290	경북 청송군	사회적기업일자리창출사업	113,800	새마을도시과	1	2	7	8	7	5	5	4
16291	경북 청송군	지역사회만성병조사감시체계구축연구용역	66,158	보건의료원	1	2	7	8	7	5	5	4
16292	경북 청송군	농촌지도역량강화대회지원	10,000	농업기술센터	1	1	7	8	7	1	1	1
16293	경북 청송군	농촌지도도농교류농특산물직판행사지원	4,500	농업기술센터	1	1	7	8	7	1	1	1
16294	경북 청송군	4-H역량강화대회지원	2,500	농업기술센터	1	1	7	8	7	1	1	1
16295	경북 청송군	소자본창업실행비	10,000	농업기술센터	1	1	7	8	7	1	1	1
16296	경북 청송군	농촌지도자과제활동지원	4,000	농업기술센터	1	1	7	8	7	1	1	1
16297	경북 청송군	6차산업경영체포장재개발지원	15,000	농업기술센터	1	1	7	8	7	1	1	1
16298	경북 청송군	생활개선효나눔사업	6,000	농업기술센터	1	1	7	8	7	1	1	1
16299	경북 청송군	생활개선수련대회개최지원	10,000	농업기술센터	1	1	7	8	7	1	1	1
16300	경북 청송군	행복한농촌가정육성프로젝트	5,000	농업기술센터	1	1	7	8	7	1	1	1
16301	경북 청송군	청송야송미술대전사업	30,000	종합시설관리사업소	1	5	7	8	7	1	1	1
16302	경북 청송군	강연회등작가와함께하는프로그램운영	60,000	종합시설관리사업소	1	4	7	8	7	1	1	1
16303	경북 청송군	객주문학학술포럼및청송문학상공모전개최	100,000	종합시설관리사업소	1	4	7	8	7	1	1	1
16304	경북 청송군	한중대표작가상호교류사업	40,000	종합시설관리사업소	1	4	7	8	7	1	1	1
16305	경북 청송군	군민운동장테니스장유지관리지원사업	5,000	종합시설관리사업소	1	5	7	8	7	1	1	1
16306	경북 영양군	안동대학교영어마을체험학습지원	47,500	총무과	1	1	7	7	7	1	1	4
16307	경북 영양군	대구경북영어마을 초등학생영어체험학습지원	37,112	총무과	1	1	7	7	7	1	1	4
16308	경북 영양군	친환경농축산물학교급식지원사업	102,206	총무과	1	1	7	7	7	1	1	4
16309	경북 영양군	자원봉사 코디네이터 지원 육성	58,184	총무과	1	4	7	8	7	1	1	1
16310	경북 영양군	전국 통합 자원봉사보험 가입 서비스 지원	1,019	총무과	1	4	7	8	7	1	1	1
16311	경북 영양군	새마을회 역량강화사업	7,560	총무과	1	4	7	8	7	1	1	1
16312	경북 영양군	새마을회 선진지견학	4,500	총무과	1	4	7	8	7	1	1	1
16313	경북 영양군	새마을회 하계수련대회	4,500	총무과	1	4	7	8	7	1	1	1
16314	경북 영양군	새마을회 피서지문고운영	2,000	총무과	1	4	7	8	7	1	1	1
16315	경북 영양군	새마을회 알뜰도서교환시장운영	2,000	총무과	1	4	7	8	7	1	1	1
16316	경북 영양군	새마을회 재활용품및헌옷모으기 경진대회	3,000	총무과	1	4	7	8	7	1	1	1
16317	경북 영양군	새마을회 읍면단체사업비 지원	12,000	총무과	1	4	7	8	7	1	1	1
16318	경북 영양군	새마을회 국민운동활성화사업	16,200	총무과	1	4	7	8	7	1	1	1

순번	시군구	지출명 (사업명)	2021년예산 (단위:천원/1년간)	담당자 (공무원) 담당부서	민간이전 분류 (지방자치단체 세출예산 집행기준에 의거) 1. 민간경상사업보조(307-02) 2. 민간단체 법정운영비보조(307-03) 3. 민간행사사업보조(307-04) 4. 민간위탁금(307-05) 5. 사회복지시설 법정운영비보조(307-10) 6. 민간인위탁교육비(307-12) 7. 공기관등에대한경상적위탁사업비(308-11) 8. 민간자본사업보조,자체재원(402-01) 9. 민간자본사업보조,이전재원(402-02) 10. 민간위탁사업비(402-03) 11. 공기관등에 대한 자본적 대행사업비(403-02)	민간이전지출 근거 (지방보조금 관리기준 참고) 1. 법률에 규정 2. 국고보조 재원(국가지정) 3. 용도 지정 기부금 4. 조례에 직접규정 5. 지자체가 권장하는 사업을 하는 공공기관 6. 시,도 정책 및 재정사정 7. 기타 8. 해당없음	입찰방식 계약체결방법 (경쟁형태) 1. 일반경쟁 2. 제한경쟁 3. 지명경쟁 4. 수의계약 5. 법정위탁 6. 기타 ( ) 7. 해당없음	입찰방식 계약기간 1. 1년 2. 2년 3. 3년 4. 4년 5. 5년 6. 기타 ( )년 7. 단기계약 (1년미만) 8. 해당없음	입찰방식 낙찰자선정방법 1. 적격심사 2. 협상에의한계약 3. 최저가낙찰제 4. 규격가격분리 5. 2단계 경쟁입찰 6. 기타 ( ) 7. 해당없음	운영예산 산정 운영예산 산정 1. 내부산정 (지자체 자체적으로 산정) 2. 외부산정 (외부전문기관위탁 산정) 3. 내·외부 모두 산정 4. 산정 無 5. 해당없음	운영예산 산정 정산방법 1. 내부정산 (지자체 내부적으로 정산) 2. 외부정산 (외부전문기관위탁 정산) 3. 내·외부 모두 산정 4. 정산 無 5. 해당없음	성과평가 실시여부 1. 실시 2. 미실시 3. 향후 추진 4. 해당없음
16319	경북 영양군	행복한보금자리만들기사업	18,000	총무과	1	4	7	8	7	1	1	1
16320	경북 영양군	범도민독서생활화추진	6,400	총무과	1	4	7	8	7	1	1	1
16321	경북 영양군	바르게살기운동사회운동활성화사업	16,000	총무과	1	4	7	8	7	1	1	1
16322	경북 영양군	바르게살기운동한마음결의대회	2,880	총무과	1	4	7	8	7	1	1	1
16323	경북 영양군	바르게살기운동국민화합전진대회	1,600	총무과	1	4	7	8	7	1	1	1
16324	경북 영양군	바르게살기운동녹색생활실천대회	1,440	총무과	1	4	7	8	7	1	1	1
16325	경북 영양군	바르게살기운동 읍면위원회 지원	3,600	총무과	1	4	7	8	7	1	1	1
16326	경북 영양군	바르게살기운동청년조직활성화사업	5,000	총무과	1	4	7	8	7	1	1	1
16327	경북 영양군	바르게살기운동건전생활실천교육	1,650	총무과	1	4	7	8	7	1	1	1
16328	경북 영양군	청년농업인4-H회원활동지원	3,000	농촌지도과	1	1	7	8	7	5	5	4
16329	경북 영양군	학생4-H회운과제활동지원	3,000	농촌지도과	1	1	7	8	7	5	5	4
16330	경북 영양군	4-H신문구독지원	720	농촌지도과	1	1	7	8	7	5	5	4
16331	경북 영양군	4-H야영및현장교육지원	15,000	농촌지도과	1	4	7	8	7	5	5	4
16332	경북 영양군	농업인대학농심체험사업지원	2,400	농촌지도과	1	4	7	8	7	5	5	4
16333	경북 영양군	소자본창업실행비	10,000	농촌지도과	1	2	7	8	7	5	5	4
16334	경북 영양군	농업인신문보급지원	21,500	농촌지도과	1	1	7	8	7	5	5	4
16335	경북 영양군	농촌지도자과제활동지원	4,000	농촌지도과	1	1	7	8	7	5	5	4
16336	경북 영양군	도시농촌체험사업지원	2,400	농촌지도과	1	4	7	8	7	5	5	4
16337	경북 영양군	농촌지도자신기술보급시범	9,600	농촌지도과	1	4	7	8	7	5	5	4
16338	경북 영양군	생활개선회원참사랑실천지원사업	10,000	농촌지도과	1	4	7	8	7	5	5	4
16339	경북 영양군	향토음식자원화지업사업	10,000	농촌지도과	1	4	7	8	7	5	5	4
16340	경북 영양군	행복한농촌가정육성시범	5,000	농촌지도과	1	1	7	8	7	5	5	4
16341	경북 영양군	생활개선회원신문보급료지원	13,200	농촌지도과	1	1	7	8	7	5	5	4
16342	경북 영양군	농촌체험농장사업장조성지원사업	16,800	농촌지도과	1	4	7	8	7	5	5	4
16343	경북 영양군	작목별맞춤형안전관리실천	15,000	농촌지도과	1	2	7	8	7	5	5	4
16344	경북 영양군	고추연구모임활성화교육지원	10,000	농업기술센터	1	4	7	8	7	5	5	4
16345	경북 영양군	영양군정보화농업인육성지원	5,000	기술보급과	1	4	7	8	7	5	5	4
16346	경북 영양군	네이버스마트스토어입점농가지원	15,000	기술보급과	1	4	7	8	7	5	5	4
16347	경북 영양군	민주평통군협의회 사업지원	25,000	총무과	1	4	7	8	7	5	5	4
16348	경북 영양군	범죄예방사업(법사랑위원회)	17,000	총무과	1	4	7	8	7	5	5	4
16349	경북 영양군	안보의식고취사업(재향군인회)	10,000	총무과	1	4	7	8	7	5	5	4
16350	경북 영양군	자율방범대 한마음 체육대회	10,000	총무과	1	4	7	8	7	5	5	4
16351	경북 영양군	호국안보나라사랑 전적지 체험 및 안보교육(여성재향 군인회)	3,000	총무과	1	4	7	8	7	5	5	4
16352	경북 영양군	교통및안전사고예방사업(해병대전우회)	3,000	총무과	1	4	7	8	7	5	5	4
16353	경북 영양군	어린이교통안전사고예방사업(녹색어머니회)	2,000	총무과	1	4	7	8	7	5	5	4
16354	경북 영양군	자유총연맹 자유슈호총력사업	5,000	기획예산과	1	1	7	8	7	1	1	3
16355	경북 영양군	범죄피해자센터사업비지원	8,000	기획예산과	1	6	7	8	7	1	1	4
16356	경북 영양군	범죄피해자센터운영비지원	4,500	기획예산과	1	6	7	8	7	1	1	4
16357	경북 영양군	벽산 김도현선생 숭모제 및 보훈선양사업 지원	7,000	주민복지과	1	1	7	1	7	5	1	4
16358	경북 영양군	지역사회보장협의체사업지원	17,000	주민복지과	1	1	7	8	7	1	1	4
16359	경북 영양군	전통시장 현대화 및 활성화사업 지원	19,764	지역경제과	1	1	7	8	7	5	5	4
16360	경북 영양군	영양시장 활성화를 위한 상인회 지원	10,000	지역경제과	1	8	7	8	7	5	5	4
16361	경북 영양군	입암상점가 활성화를 위한 상인회 지원	3,000	지역경제과	1	8	7	8	7	5	5	4
16362	경북 영양군	전통시장 장보기 및 배송서비스 지원	62,120	지역경제과	1	8	7	8	7	5	5	4
16363	경북 영양군	마을만들기 주민공모사업	80,000	지역경제과	1	7	7	8	7	5	5	4
16364	경북 영양군	장계향선양사업운영	9,000	문화시설사업소	1	4	7	8	7	5	5	4
16365	경북 영양군	전통음식육성사업	10,000	문화시설사업소	1	4	7	8	7	5	5	4
16366	경북 영양군	전통문화연구및발간지원사업	40,000	문화시설사업소	1	4	7	8	7	5	5	4
16367	경북 영양군	의용소방대 연합회 운영경비	4,800	건설안전과	1	4	7	8	7	1	1	4
16368	경북 영양군	영화문화아카데미 운영	9,000	문화관광과	1	4	7	8	7	1	1	4
16369	경북 영양군	영양관광투어지원	30,000	문화관광과	1	4	7	8	7	1	1	4

순번	시군구	지출명 (사업명)	2021년예산 (단위:천원/1년간)	담당자 (공무원) 담당부서	민간이전 분류 (지방자치단체 세출예산 집행기준에 의거) 1. 민간경상사업보조(307-02) 2. 민간단체 법정운영비보조(307-03) 3. 민간행사사업보조(307-04) 4. 민간위탁금(307-05) 5. 사회복지시설 법정운영비보조(307-10) 6. 민간인위탁교육비(307-12) 7. 공기관등에대한경상적위탁사업비(308-11) 8. 민간자본사업보조,자체재원(402-01) 9. 민간자본사업보조,이전재원(402-02) 10. 민간위탁사업비(402-03) 11. 공기관등에 대한 자본적 대행사업비(403-02)	민간이전지출 근거 (지방보조금 관리기준 참고) 1. 법률에 규정 2. 국고보조 재원(국가지정) 3. 용도 지정 기부금 4. 조례에 직접규정 5. 지자체가 권장하는 사업을 하는 공공기관 6. 시,도 정책 및 재정사정 7. 기타 8. 해당없음	입찰방식 계약체결방법 (경쟁형태) 1. 일반경쟁 2. 제한경쟁 3. 지명경쟁 4. 수의계약 5. 법정위탁 6. 기타 ( ) 7. 해당없음	입찰방식 계약기간 1. 1년 2. 2년 3. 3년 4. 4년 5. 5년 6. 기타 ( )년 7. 단기계약 (1년미만) 8. 해당없음	입찰방식 낙찰자선정방법 1. 적격심사 2. 협상에의한계약 3. 최저가낙찰제 4. 규격가격분리 5. 2단계 경쟁입찰 6. 기타 ( ) 7. 해당없음	운영예산 산정 운영예산 산정 1. 내부산정 (지자체 자체적으로 산정) 2. 외부산정 (외부전문기관위탁 산정) 3. 내·외부 모두 산정 4. 산정 無 5. 해당없음	운영예산 산정 정산방법 1. 내부정산 (지자체 내부적으로 정산) 2. 외부정산 (외부전문기관위탁 정산) 3. 내·외부 모두 산정 4. 정산 無 5. 해당없음	성과평가 실시여부 1. 실시 2. 미실시 3. 향후 추진 4. 해당없음
16370	경북 영양군	경북시티투어지원	5,000	문화관광과	1	4	7	8	7	1	1	4
16371	경북 영양군	영양관광사진 전국공모전	50,000	문화관광과	1	4	7	8	7	5	5	4
16372	경북 영양군	학교예술강사지원	5,672	문화관광과	1	4	7	8	7	1	1	1
16373	경북 영양군	충효교실운영지원	5,000	문화관광과	1	4	7	8	7	1	1	1
16374	경북 영양군	향교문화전승보전	12,330	문화관광과	1	4	7	8	7	1	1	1
16375	경북 영양군	전통민속놀이(원놀음)재연행사지원	58,000	문화관광과	1	4	7	8	7	1	1	1
16376	경북 영양군	경북선비아카데미운영지원	5,500	문화관광과	1	4	7	8	7	1	1	1
16377	경북 영양군	경상북도풍물대축제참가지원	3,240	문화관광과	1	4	7	8	7	1	1	1
16378	경북 영양군	색소폰동아리육성지원	5,400	문화관광과	1	4	7	8	7	1	1	1
16379	경북 영양군	서예교실	9,900	문화관광과	1	4	7	8	7	1	1	1
16380	경북 영양군	한시전승지원사업	2,000	문화관광과	1	4	7	8	7	1	1	1
16381	경북 영양군	영양문학집 발간	4,050	문화관광과	1	4	7	8	7	1	1	1
16382	경북 영양군	합창단 육성 지원	13,500	문화관광과	1	4	7	8	7	1	1	1
16383	경북 영양군	영양풍물단 육성지원	13,500	문화관광과	1	4	7	8	7	1	1	1
16384	경북 영양군	영양서예인 통합 전시회	7,200	문화관광과	1	4	7	8	7	1	1	1
16385	경북 영양군	시화전시 및 문학의 밤	1,620	문화관광과	1	4	7	8	7	1	1	1
16386	경북 영양군	일월산맥전	7,200	문화관광과	1	4	7	8	7	1	1	1
16387	경북 영양군	문화예술동아리 육성지원	10,800	문화관광과	1	4	7	8	7	1	1	1
16388	경북 영양군	유림교화사업지원	4,500	문화관광과	1	4	7	8	7	1	1	1
16389	경북 영양군	군민문화의식개혁사업지원	2,000	문화관광과	1	4	7	8	7	1	1	1
16390	경북 영양군	영산서원향사	3,600	문화관광과	1	4	7	8	7	1	1	1
16391	경북 영양군	옥녀봉장승제전승사업	2,000	문화관광과	1	4	7	8	7	1	1	1
16392	경북 영양군	석보병암장승제전승사업	1,000	문화관광과	1	4	7	8	7	1	1	1
16393	경북 영양군	통합문화체육관광이용권	99,300	문화관광과	1	4	7	8	7	1	1	1
16394	경북 영양군	지방문화원사업활동지원	45,000	문화관광과	1	1	7	8	7	1	1	1
16395	경북 영양군	경북북부권문화정보센터문화홍보사업지원	28,500	문화관광과	1	4	7	8	7	1	1	1
16396	경북 영양군	달맞이행사	15,000	문화관광과	1	4	7	8	7	1	1	1
16397	경북 영양군	한시백일장운영	20,000	문화관광과	1	4	7	8	7	1	1	1
16398	경북 영양군	영양문향골 문학캠프운영	7,200	문화관광과	1	4	7	8	7	1	1	1
16399	경북 영양군	오일도전국백일장	12,000	문화관광과	1	4	7	8	7	1	1	1
16400	경북 영양군	고택종갓집활용사업	170,000	문화관광과	1	2	7	8	7	1	1	4
16401	경북 영양군	문화재지킴이활동비지원사업	4,200	문화관광과	1	6	7	8	7	1	1	4
16402	경북 영양군	생활체육교실운영	14,400	문화관광과	1	1	7	8	7	1	1	4
16403	경북 영양군	생활체육지도자배치	116,928	문화관광과	1	1	7	8	7	1	1	4
16404	경북 영양군	우수선수육성	39,000	문화관광과	1	1	7	8	7	1	1	4
16405	경북 영양군	무료스케이트장운영	15,000	문화관광과	1	1	7	8	7	1	1	4
16406	경북 영양군	어르신(전담)체육활동지원	116,928	문화관광과	1	1	7	8	7	1	1	4
16407	경북 영양군	생활체육대회지원및운영	133,500	문화관광과	1	1	7	8	7	1	1	4
16408	경북 영양군	경북도민체육대회참가	170,000	문화관광과	1	1	7	8	7	1	1	4
16409	경북 영양군	체육회장기축구대회참가	10,800	문화관광과	1	1	7	8	7	1	1	4
16410	경북 영양군	경북장애인체육대회참가	10,400	문화관광과	1	1	7	8	7	1	1	4
16411	경북 영양군	도지사기생활체육대회참가	24,750	문화관광과	1	1	7	8	7	1	1	4
16412	경북 영양군	경북도민생활체육대회참가	40,000	문화관광과	1	1	7	8	7	1	1	4
16413	경북 영양군	체육회장기 종목별대회지원	32,000	문화관광과	1	1	7	8	7	1	1	4
16414	경북 영양군	생활체육지도자교통비지원	9,600	문화관광과	1	1	7	8	7	1	1	4
16415	경북 영양군	2020년 생활체육지도자 근속수당 지원	3,410	문화관광과	1	1	7	8	7	1	1	4
16416	경북 영양군	군민체육대회개최지원	270,000	문화관광과	1	1	7	8	7	1	1	4
16417	경북 영양군	가업승계우수농업인 정착지원사업	35,000	농업축산과	1	4	7	8	7	5	5	4
16418	경북 영양군	농촌체험휴양마을사무장채용지원	74,664	농업축산과	1	2	7	8	7	5	5	4
16419	경북 영양군	농촌체험휴양마을보험가입지원	3,312	농업축산과	1	2	7	8	7	5	5	4
16420	경북 영양군	청년농업인영농정착지원	175,565	농업축산과	1	2	7	8	7	5	5	4

순번	시군구	지출명 (사업명)	2021년예산 (단위:천원/1년간)	담당자 (공무원)	민간이전 분류 (지방자치단체 세출예산 집행기준에 의거)	민간이전지출 근거 (지방보조금 관리기준 참고)	입찰방식			운영예산 산정		성과평가 실시여부
				담당부서	1. 민간경상사업보조(307-02) 2. 민간단체 법정운영비보조(307-03) 3. 민간행사사업보조(307-04) 4. 민간위탁금(307-05) 5. 사회복지시설 법정운영비보조(307-10) 6. 민간인위탁교육비(307-12) 7. 공기관등에대한경상적위탁사업비(308-11) 8. 민간자본사업보조,자체재원(402-01) 9. 민간자본사업보조,이전재원(402-02) 10. 민간위탁사업비(402-03) 11. 공기관등에 대한 자본적 대행사업비(403-02)	1. 법률에 규정 2. 국고보조 재원(국가지정) 3. 용도 지정 기부금 4. 조례에 직접규정 5. 지자체가 권장하는 사업을 하는 공공기관 6. 시,도 정책 및 재정사정 7. 기타 8. 해당없음	계약체결방법 (경쟁형태) 1. 일반경쟁 2. 제한경쟁 3. 지명경쟁 4. 수의계약 5. 법정위탁 6. 기타 ( ) 7. 해당없음	계약기간 1. 1년 2. 2년 3. 3년 4. 4년 5. 5년 6. 기타 ( )년 7. 단기계약 (1년미만) 8. 해당없음	낙찰자선정방법 1. 적격심사 2. 협상에의한계약 3. 최저가낙찰제 4. 규격가격분리 5. 2단계 경쟁입찰 6. 기타 ( ) 7. 해당없음	운영예산 산정 1. 내부산정 (지자체 자체적으로 산정) 2. 외부산정 (외부전문기관위탁 산정) 3. 내·외부 모두 산정 4. 산정 無 5. 해당없음	정산방법 1. 내부정산 (지자체 내부적으로 정산) 2. 외부정산 (외부전문기관위탁 정산) 3. 내·외부 모두 산정 4. 정산 無 5. 해당없음	1. 실시 2. 미실시 3. 향후 추진 4. 해당없음
16421	경북 영양군	초보청년농부멘토링지원	15,000	농업축산과	1	1	7	8	7	5	5	4
16422	경북 영양군	청년경영실습임대농장 지원사업	12,400	농업축산과	1	1	7	8	7	5	5	4
16423	경북 영양군	여성농업인쌀소비촉진지원	8,000	농업축산과	1	4	7	8	7	5	5	4
16424	경북 영양군	농민회풍년기원제지원	5,000	농업축산과	1	4	7	8	7	5	5	4
16425	경북 영양군	여성농업인행복바우처지원	36,000	농업축산과	1	4	7	8	7	5	5	4
16426	경북 영양군	친환경농산물판로확대지원	9,992	농업축산과	1	1	7	8	7	5	5	4
16427	경북 영양군	사과홍보행사운영	20,000	농업축산과	1	4	7	8	7	5	5	4
16428	경북 영양군	저품위사과시장격리수매지원	120,500	농업축산과	1	4	7	8	7	5	5	4
16429	경북 영양군	경북한우암소능력개량사업	6,800	농업축산과	1	1	7	8	7	5	5	4
16430	경북 영양군	한우암소유전체분석사업	5,000	농업축산과	1	1	7	8	7	5	5	4
16431	경북 영양군	공동방제단운영지원	51,858	농업축산과	1	1	7	8	7	5	5	4
16432	경북 영양군	축산물이력제업무인턴지원	24,996	농업축산과	1	1	7	8	7	5	5	4
16433	경북 영덕군	초등학생영어체험학습 지원사업	38,620	자치행정과	1	6	7	8	7	1	1	4
16434	경북 영덕군	행복학습센터 운영지원사업	9,000	자치행정과	1	4	7	8	7	1	1	4
16435	경북 영덕군	군민 인권향상 및 보호 사업	1,700	자치행정과	1	4	7	8	7	1	1	4
16436	경북 영덕군	군민 통일안보의식 함양사업	1,700	자치행정과	1	4	7	8	7	1	1	4
16437	경북 영덕군	북한이탈주민지원 및 나라사랑사업	3,000	자치행정과	1	7	1	1	7	1	1	3
16438	경북 영덕군	민주평화통일자문회의 사업지원	12,600	자치행정과	1	1	5	1	7	1	1	3
16439	경북 영덕군	제59회 경북도민체육대회 출전경비 지원	220,000	시설체육사업소	1	4	7	8	7	1	1	3
16440	경북 영덕군	제31회 경북도민생활체육대회 출전	70,000	시설체육사업소	1	4	7	8	7	1	1	3
16441	경북 영덕군	제23회 경북 장애인생활체육대전 출전	14,000	시설체육사업소	1	4	7	8	7	1	1	3
16442	경북 영덕군	2021년 경북 어르신생활체육대회 출전	14,000	시설체육사업소	1	4	7	8	7	1	1	3
16443	경북 영덕군	2021년 경북도지사기 생활체육 종목별 대회출전	24,000	시설체육사업소	1	4	7	8	7	1	1	3
16444	경북 영덕군	2021년 전국 도종별육상대회 참가지원	2,400	시설체육사업소	1	4	7	8	7	1	1	3
16445	경북 영덕군	권역별 및 전국축구대회 출전지원	4,500	시설체육사업소	1	4	7	8	7	1	1	3
16446	경북 영덕군	동호인클럽 축구대회 경북리그 출전지원	3,000	시설체육사업소	1	4	7	8	7	1	1	3
16447	경북 영덕군	각종 전국 도단위 대회 출전 지원	14,000	시설체육사업소	1	4	7	8	7	1	1	3
16448	경북 영덕군	2021년 어르신 종목대회 참가 지원	5,000	시설체육사업소	1	4	7	8	7	1	1	3
16449	경북 영덕군	군기(축구)육성 지원	90,000	시설체육사업소	1	4	7	8	7	1	1	3
16450	경북 영덕군	체육특기교육성	4,000	시설체육사업소	1	4	7	8	7	1	1	3
16451	경북 영덕군	군체육회 가맹단체 지원	27,000	시설체육사업소	1	4	7	8	7	1	1	3
16452	경북 영덕군	기관단체화합 종목별 체육대회개최 지원	4,000	시설체육사업소	1	4	7	8	7	1	1	3
16453	경북 영덕군	읍면체육대회 개최 지원	25,000	시설체육사업소	1	4	7	8	7	1	1	3
16454	경북 영덕군	기초종목 육성 및 선수선발 지원	6,000	시설체육사업소	1	4	7	8	7	1	1	3
16455	경북 영덕군	제32회 영덕군수기 직장축구대회 개최	8,000	시설체육사업소	1	4	7	8	7	1	1	3
16456	경북 영덕군	제19회 영덕군수기 직장클럽 전국야구대회 개최	7,000	시설체육사업소	1	4	7	8	7	1	1	3
16457	경북 영덕군	제26회 영덕군수기 볼링대회 개최	4,000	시설체육사업소	1	4	7	8	7	1	1	3
16458	경북 영덕군	제10회 영덕군수기 동호인테니스대회 개최	7,000	시설체육사업소	1	4	7	8	7	1	1	3
16459	경북 영덕군	제15회 영덕군수기 출향인 골프대회 개최	9,000	시설체육사업소	1	4	7	8	7	1	1	3
16460	경북 영덕군	제11회 영덕군수기 배구대회 개최	4,000	시설체육사업소	1	4	7	8	7	1	1	3
16461	경북 영덕군	2021년 대게리그 축구대회 지원	5,000	시설체육사업소	1	4	7	8	7	1	1	3
16462	경북 영덕군	제3회 영덕군수배 배드민턴 대회 개최	4,000	시설체육사업소	1	4	7	8	7	1	1	3
16463	경북 영덕군	중학교 축구부 기숙사비 지원	24,000	시설체육사업소	1	4	7	8	7	1	1	3
16464	경북 영덕군	제7회 영덕대게배 전국족구대회 개최	30,000	시설체육사업소	1	4	7	8	7	1	1	3
16465	경북 영덕군	제6회 영덕군수배 전국오픈탁구대회 개최	23,000	시설체육사업소	1	4	7	8	7	1	1	3
16466	경북 영덕군	전지훈련팀 방문 및 유치 지원	50,000	시설체육사업소	1	4	7	8	7	1	1	3
16467	경북 영덕군	도 단위 생활체육대회 개최	20,000	시설체육사업소	1	4	7	8	7	1	1	3
16468	경북 영덕군	도 단위 학생축구대회 개최	5,000	시설체육사업소	1	4	7	8	7	1	1	3
16469	경북 영덕군	경상북도 축구 주말리그 개최	5,000	시설체육사업소	1	4	7	8	7	1	1	3
16470	경북 영덕군	경북 태권도 승품단 심사대회 개최	5,000	시설체육사업소	1	4	7	8	7	1	1	3
16471	경북 영덕군	2021년 60세이상 전국체육대회 개최	30,000	시설체육사업소	1	4	7	8	7	1	1	3

순번	시군구	지출명 (사업명)	2021년예산 (단위:천원/1년간)	담당자 (공무원) 담당부서	민간이전 분류 (지방자치단체 세출예산 집행기준에 의거) 1. 민간경상사업보조(307-02) 2. 민간단체 법정운영비보조(307-03) 3. 민간행사사업보조(307-04) 4. 민간위탁금(307-05) 5. 사회복지시설 법정운영비보조(307-10) 6. 민간인위탁교육비(307-12) 7. 공기관등에대한경상적위탁사업비(308-11) 8. 민간자본사업보조,자체재원(402-01) 9. 민간자본사업보조,이전재원(402-02) 10. 민간위탁사업비(402-03) 11. 공기관등에 대한 자본적 대행사업비(403-02)	민간이전지출 근거 (지방보조금 관리기준 참고) 1. 법률에 규정 2. 국고보조 재원(국가지정) 3. 용도 지정 기부금 4. 조례에 직접규정 5. 지자체가 권장하는 사업을 하는 공공기관 6. 시,도 정책 및 재정사정 7. 기타 8. 해당없음	입찰방식 계약체결방법 (경쟁형태) 1. 일반경쟁 2. 제한경쟁 3. 지명경쟁 4. 수의계약 5. 법정위탁 6. 기타 ( ) 7. 해당없음	입찰방식 계약기간 1. 1년 2. 2년 3. 3년 4. 4년 5. 5년 6. 기타 ( )년 7. 단기계약 (1년미만) 8. 해당없음	입찰방식 낙찰자선정방법 1. 적격심사 2. 협상에의한계약 3. 최저가낙찰제 4. 규격가격분리 5. 2단계 경쟁입찰 6. 기타 ( ) 7. 해당없음	운영예산 산정 운영예산 산정 1. 내부산정 (지자체 자체적으로 산정) 2. 외부산정 (외부전문기관위탁 산정) 3. 내·외부 모두 산정 4. 산정 無 5. 해당없음	운영예산 산정 정산방법 1. 내부정산 (지자체 내부적으로 정산) 2. 외부정산 (외부전문기관위탁 정산) 3. 내·외부 모두 산정 4. 정산 無 5. 해당없음	성과평가 실시여부 1. 실시 2. 미실시 3. 향후 추진 4. 해당없음
16472	경북 영덕군	전국단위 스포츠대회 유치	1,140	시설체육사업소	1	4	7	8	7	1	1	3
16473	경북 영덕군	제17회 블루O2 영덕 해변마라톤대회 개최	58,000	시설체육사업소	1	4	7	8	7	1	1	3
16474	경북 영덕군	생활체육교실 운영지원	24,000	시설체육사업소	1	2	7	8	7	5	1	3
16475	경북 영덕군	일반 생활체육지도자 배치	116,928	시설체육사업소	1	2	7	8	7	5	1	3
16476	경북 영덕군	어르신 생활체육지도자 배치	146,160	시설체육사업소	1	2	7	8	7	5	1	3
16477	경북 영덕군	생활체육지도자 교통비 지원	10,800	시설체육사업소	1	2	7	8	7	5	1	3
16478	경북 영덕군	생활체육지도자 장기근속수당지원	6,480	시설체육사업소	1	2	7	8	7	5	1	3
16479	경북 영덕군	지역응급의료기관지원	144,000	보건소	1	1	7	1	7	1	1	4
16480	경북 영덕군	취약지 당직의료기관 운영	120,000	보건소	1	2	7	1	7	2	2	4
16481	경북 영덕군	초고도취약지 응급실 운영지원	100,000	보건소	1	1	7	1	7	1	1	4
16482	경북 영덕군	초고도 취약지 응급실 운영지원	500,000	보건소	1	1	7	1	7	1	1	4
16483	경북 영덕군	의료취약지소아청소년과 운영비지원	250,000	보건소	1	2	7	1	7	2	2	4
16484	경북 영덕군	한센환자관리지원	7,300	보건소	1	1	7	1	7	1	1	4
16485	경북 영덕군	황금은어 발안란 방류사업	18,000	해양수산과	1	1	7	8	7	1	1	3
16486	경북 영덕군	소형어선 안전관리지원	27,000	해양수산과	1	1	6	7	7	5	1	4
16487	경북 영덕군	수산물 해외규격인증 지원사업	48,000	해양수산과	1	1	7	8	7	5	1	4
16488	경북 영덕군	해양쓰레기 집하장 내 정화사업	45,000	해양수산과	1	6	7	8	7	1	1	4
16489	경북 영덕군	등산로 유지관리	3,000	산림과	1	1	5	1	1	1	1	1
16490	경북 영덕군	산불예방관리	3,000	산림과	1	7	7	7	7	1	1	4
16491	경북 영덕군	산림보호 및 공익사업 지원	3,000	산림과	1	1	5	7	7	1	1	4
16492	경북 영덕군	산림소득활성화사업	3,500	산림과	1	1	5	7	7	5	5	4
16493	경북 영덕군	새마을사업 종합 평가대회	9,000	일자리경제과	1	4	7	8	7	5	5	4
16494	경북 영덕군	새마을사랑나눔사업	9,000	일자리경제과	1	4	7	8	7	5	5	4
16495	경북 영덕군	범도민독서생활화사업	6,400	일자리경제과	1	4	7	8	7	5	5	4
16496	경북 영덕군	새마을운동추진운영지원	31,000	일자리경제과	1	4	7	8	7	5	5	4
16497	경북 영덕군	행복한보금자리만들기사업	18,000	일자리경제과	1	4	7	8	7	5	5	4
16498	경북 영덕군	바르게살기운동활성화추진운영지원	10,000	일자리경제과	1	8	7	8	7	5	5	4
16499	경북 영덕군	바르게살기운동건전생활실천순회교육	1,650	일자리경제과	1	8	7	8	7	5	5	4
16500	경북 영덕군	바르게살기운동 청년회조직활성화 지원	5,000	일자리경제과	1	8	7	8	7	5	5	4
16501	경북 영덕군	농어촌버스 등 재정지원 및 관리	5,500	도시디자인과	1	1	7	8	7	1	1	4
16502	경북 영덕군	특별교통수단 운영보조	60,000	도시디자인과	1	4	7	8	7	1	1	4
16503	경북 영덕군	벽산김도현선생 추모 행사	8,100	주민복지과	1	4	7	8	7	1	1	1
16504	경북 영덕군	장사상륙작전 전승기념식 지원	31,350	주민복지과	1	4	7	8	7	1	1	1
16505	경북 영덕군	노인지도자 양성 역량강화사업	5,000	주민복지과	1	6	7	8	7	1	1	4
16506	경북 영덕군	경로당 지도자 교육지원	4,500	주민복지과	1	6	7	8	7	1	1	4
16507	경북 영덕군	노인복지회관 노래교실 운영	6,000	주민복지과	1	6	7	8	7	1	1	4
16508	경북 영덕군	영덕월월이청청공연지원	20,000	문화관광과	1	1	7	1	7	1	1	1
16509	경북 영덕군	전수교육관 활성화지원	15,000	문화관광과	1	2	7	1	7	5	5	1
16510	경북 영덕군	문화재지킴이활용비	4,200	문화관광과	1	5	7	1	7	5	3	2
16511	경북 영덕군	자연유산민속행사	2,000	문화관광과	1	2	7	1	7	5	3	2
16512	경북 영덕군	고택종갓집활용사업	400,000	문화관광과	1	2	7	1	7	5	3	2
16513	경북 영덕군	어등 보수 및 설치	7,000	문화관광과	1	7	7	1	7	1	1	2
16514	경북 청도군	장애인체육대회지원	30,500	문화체육시설사업소	1	4	7	8	7	5	5	4
16515	경북 청도군	향토우수선수육성및학교체육지원	40,000	문화체육시설사업소	1	4	7	8	7	5	5	4
16516	경북 청도군	경북도민체육대회참가지원	170,000	문화체육시설사업소	1	4	7	8	7	5	5	4
16517	경북 청도군	경북도민생활체육대회참가지원	50,000	문화체육시설사업소	1	4	7	8	7	5	5	4
16518	경북 청도군	전국단위(생활)체육대회참가지원	9,000	문화체육시설사업소	1	4	7	8	7	5	5	4
16519	경북 청도군	경북어르신생활체육대회지원	8,000	문화체육시설사업소	1	4	7	8	7	5	5	4
16520	경북 청도군	경북학생체육대회출전지원	2,000	문화체육시설사업소	1	4	7	8	7	5	5	4
16521	경북 청도군	경북씨름왕선발대회참가지원	5,000	문화체육시설사업소	1	4	7	8	7	5	5	4
16522	경북 청도군	도지사기(생활)체육대회참가지원	29,000	문화체육시설사업소	1	4	7	8	7	5	5	4

순번	시군구	지출명 (사업명)	2021년예산 (단위:천원/1년간)	담당자 (공무원) 담당부서	민간이전 분류 (지방자치단체 세출예산 집행기준에 의거) 1. 민간경상사업보조(307-02) 2. 민간단체 법정운영비보조(307-03) 3. 민간행사사업보조(307-04) 4. 민간위탁금(307-05) 5. 사회복지시설 법정운영비보조(307-10) 6. 민간인위탁교육비(307-12) 7. 공기관등에대한경상적위탁사업비(308-11) 8. 민간자본사업보조,자체재원(402-01) 9. 민간자본사업보조,이전재원(402-02) 10. 민간위탁사업비(402-03) 11. 공기관등에 대한 자본적 대행사업비(403-02)	민간이전지출 근거 (지방보조금 관리기준 참고) 1. 법률에 규정 2. 국고보조 재원(국가지정) 3. 용도 지정 기부금 4. 조례에 직접규정 5. 지자체가 권장하는 사업을 하는 공공기관 6. 시,도 정책 및 재정사정 7. 기타 8. 해당없음	입찰방식: 계약체결방법 (경쟁형태) 1. 일반경쟁 2. 제한경쟁 3. 지명경쟁 4. 수의계약 5. 법정위탁 6. 기타 ( ) 7. 해당없음	입찰방식: 계약기간 1. 1년 2. 2년 3. 3년 4. 4년 5. 5년 6. 기타 ( )년 7. 단기계약 (1년미만) 8. 해당없음	입찰방식: 낙찰자선정방법 1. 적격심사 2. 협상에의한계약 3. 최저가낙찰제 4. 규격가격분리 5. 2단계 경쟁입찰 6. 기타 ( ) 7. 해당없음	운영예산 산정: 운영예산 산정 1. 내부산정 (지자체 자체적으로 산정) 2. 외부산정 (외부전문기관위탁 산정) 3. 내·외부 모두 산정 4. 산정 無 5. 해당없음	운영예산 산정: 정산방법 1. 내부정산 (지자체 내부적으로 정산) 2. 외부정산 (외부전문기관위탁 정산) 3. 내·외부 모두 산정 4. 정산 無 5. 해당없음	성과평가 실시여부 1. 실시 2. 미실시 3. 향후 추진 4. 해당없음
16523	경북 청도군	리틀야구대회참가지원	5,000	문화체육시설사업소	1	4	7	8	7	5	5	4
16524	경북 청도군	어르신체육활동지원사업	87,696	문화체육시설사업소	1	2	7	8	7	5	5	4
16525	경북 청도군	생활체육지도자배치사업	116,928	문화체육시설사업소	1	2	7	8	7	5	5	4
16526	경북 청도군	생활체육지도자교통비지원	8,400	문화체육시설사업소	1	6	7	8	7	5	5	4
16527	경북 청도군	생활체육지도자장기근속수당지원	5,140	문화체육시설사업소	1	6	7	8	7	5	5	4
16528	경북 청도군	장애인생활체육지도자배치	29,232	문화체육시설사업소	1	2	7	8	7	5	5	4
16529	경북 청도군	장애인생활체육지도자교통비지원	1,200	문화체육시설사업소	1	6	7	8	7	5	5	4
16530	경북 청도군	위생업소위생교육	3,400	사회보장과	1	4	1	1	1	1	1	1
16531	경북 청도군	사회적기업사업개발비지원사업	70,000	경제산림과	1	2	7	8	7	5	5	4
16532	경북 청도군	사회적기업등일자리창출사업	273,000	경제산림과	1	2	7	8	7	5	5	4
16533	경북 청도군	마을기업육성사업	30,000	경제산림과	1	2	7	8	7	5	5	4
16534	경북 청도군	사회적기업지역특화사업	40,000	경제산림과	1	2	7	8	7	5	5	4
16535	경북 청도군	사회적경제청년일자리	172,800	경제산림과	1	2	7	8	7	5	5	4
16536	경북 청도군	도시청년시골파견제	52,500	경제산림과	1	6	7	8	7	2	2	3
16537	경북 청도군	1사-1청년더채용지원사업	70,000	경제산림과	1	6	7	8	7	2	2	3
16538	경북 청도군	청년마을일자리뉴딜사업	37,000	경제산림과	1	6	7	8	7	2	2	3
16539	경북 청도군	청도정착형청년일자리사업	73,716	경제산림과	1	6	7	8	7	5	5	4
16540	경북 청도군	청년예비창업지원사업	30,000	경제산림과	1	6	7	8	7	5	5	4
16541	경북 청도군	청년창업지역정착지원	52,000	경제산림과	1	6	7	8	7	5	5	4
16542	경북 청도군	임산물상품화지원	30,000	경제산림과	1	6	7	8	7	5	5	4
16543	경북 청도군	산촌생태마을운영매니저	21,166	경제산림과	1	6	7	8	7	5	5	4
16544	경북 청도군	산양삼생산과정확인제도	1,140	경제산림과	1	6	7	8	7	5	5	4
16545	경북 청도군	청도반시수확용고지가위지원사업	18,000	경제산림과	1	6	7	8	7	5	5	4
16546	경북 청도군	산림시책사업추진	3,500	경제산림과	1	6	7	8	7	5	5	4
16547	경북 청도군	농촌자원홍보행사지원	35,000	농촌지도과	1	4	7	8	7	1	1	3
16548	경북 청도군	여성농업인학습조직체운영지원	5,000	농촌지도과	1	4	7	8	7	1	1	3
16549	경북 청도군	여성농업인단체소득지원	20,000	농촌지도과	1	4	7	8	7	1	1	3
16550	경북 청도군	농산물가공소득향상시범	20,000	농촌지도과	1	4	7	8	7	1	1	3
16551	경북 청도군	청도반시마케팅지원	20,000	농촌지도과	1	4	7	8	7	1	1	3
16552	경북 청도군	유기농업자재지원	18,801	농업기술센터	1	2	7	8	7	1	1	3
16553	경북 청도군	자연농업단지조성	30,000	농업기술센터	1	4	7	8	7	1	1	3
16554	경북 청도군	친환경농업단지조성	30,000	농업기술센터	1	4	7	8	7	1	1	3
16555	경북 청도군	친환경농법종합지원사업	6,200	농업기술센터	1	4	7	8	7	1	1	3
16556	경북 청도군	저품위사과시장격리수매지원	15,500	농업기술센터	1	1	7	8	7	5	5	4
16557	경북 청도군	과실생산비절감및품질제고지원	49,828	농업기술센터	1	1	7	8	7	5	5	4
16558	경북 청도군	나노광물질기능성과실생산시범	14,000	농업기술센터	1	4	7	7	7	1	1	3
16559	경북 청도군	복숭아병해충방제지원	24,000	농업기술센터	1	4	7	7	7	1	1	3
16560	경북 청도군	과수친환경재배시범	15,000	농업기술센터	1	4	7	7	7	1	1	3
16561	경북 청도군	과수반사필름이용품질향상시범	30,000	농업기술센터	1	4	7	7	7	1	1	3
16562	경북 청도군	고품질복숭아생산시범	15,000	농업기술센터	1	4	7	7	7	1	1	3
16563	경북 청도군	과수농가농자재지원	30,000	농업기술센터	1	4	7	7	7	1	1	3
16564	경북 청도군	국악분야예술강사지원사업지원	18,061	문화관광과	1	4	7	8	7	1	1	2
16565	경북 청도군	문화학교운영지원	17,000	문화관광과	1	4	7	8	7	1	1	2
16566	경북 청도군	경북선비아카데미운영지원	5,500	문화관광과	1	4	7	8	7	5	5	2
16567	경북 청도군	충효교실운영지원	5,000	문화관광과	1	4	7	8	7	1	1	2
16568	경북 청도군	향교문화전승보전사업지원	14,800	문화관광과	1	4	7	8	7	1	1	2
16569	경북 청도군	이호우이영도시조문학제지원	80,000	문화관광과	1	4	7	8	7	1	1	2
16570	경북 청도군	전국청도관광사진공모전개최지원	80,000	문화관광과	1	4	7	8	7	1	1	2
16571	경북 청도군	지역문화교육사업	30,500	문화관광과	1	4	7	8	7	1	1	2
16572	경북 청도군	지역문화발굴사업지원	13,000	문화관광과	1	4	7	8	7	1	1	2
16573	경북 청도군	지역문화행사지원	41,000	문화관광과	1	4	7	8	7	1	1	2

순번	시군구	지출명 (사업명)	2021년예산 (단위:천원/1년간)	담당자 (공무원) 담당부서	민간이전 분류 (지방자치단체 세출예산 집행기준에 의거) 1. 민간경상사업보조(307-02) 2. 민간단체 법정운영비보조(307-03) 3. 민간행사사업보조(307-04) 4. 민간위탁금(307-05) 5. 사회복지시설 법정운영비보조(307-10) 6. 민간인위탁교육비(307-12) 7. 공기관등에대한경상적위탁사업비(308-11) 8. 민간자본사업보조,자체재원(402-01) 9. 민간자본사업보조,이전재원(402-02) 10. 민간위탁사업비(402-03) 11. 공기관등에 대한 자본적 대행사업비(403-02)	민간이전지출 근거 (지방보조금 관리기준 참고) 1. 법률에 규정 2. 국고보조 재원(국가지정) 3. 용도 지정 기부금 4. 조례에 직접규정 5. 지자체가 권장하는 사업을 하는 공공기관 6. 시,도 정책 및 재정사정 7. 기타 8. 해당없음	입찰방식 계약체결방법 (경쟁형태) 1. 일반경쟁 2. 제한경쟁 3. 지명경쟁 4. 수의계약 5. 법정위탁 6. 기타 ( ) 7. 해당없음	입찰방식 계약기간 1. 1년 2. 2년 3. 3년 4. 4년 5. 5년 6. 기타 ( )년 7. 단기계약 (1년미만) 8. 해당없음	입찰방식 낙찰자선정방법 1. 적격심사 2. 협상에의한계약 3. 최저가낙찰제 4. 규격가격분리 5. 2단계 경쟁입찰 6. 기타 ( ) 7. 해당없음	운영예산 산정 운영예산 산정 1. 내부산정 (지자체 자체적으로 산정) 2. 외부산정 (외부전문기관위탁 산정) 3. 내·외부 모두 산정 4. 산정 無 5. 해당없음	운영예산 산정 정산방법 1. 내부정산 (지자체 내부적으로 정산) 2. 외부정산 (외부전문기관위탁 정산) 3. 내·외부 모두 산정 4. 정산 無 5. 해당없음	성과평가 실시여부 1. 실시 2. 미실시 3. 향후 추진 4. 해당없음
16574	경북 청도군	청도예술제지원	20,000	문화관광과	1	4	7	8	7	1	1	2
16575	경북 청도군	청도예술지발간지원	10,000	문화관광과	1	4	7	8	7	1	1	2
16576	경북 청도군	청도예술인의날지원	5,000	문화관광과	1	4	7	8	7	1	1	2
16577	경북 청도군	청소년예술대전지원	10,000	문화관광과	1	4	7	8	7	1	1	2
16578	경북 청도군	국악전문예술단체공연지원	20,000	문화관광과	1	4	7	8	7	1	1	2
16579	경북 청도군	미술전문예술단체전시회지원	5,000	문화관광과	1	4	7	8	7	1	1	2
16580	경북 청도군	연극전문예술단체공연지원	5,000	문화관광과	1	4	7	8	7	1	1	2
16581	경북 청도군	음악전문예술단체공연지원	5,000	문화관광과	1	4	7	8	7	1	1	2
16582	경북 청도군	토요상설국악공연지원	10,500	문화관광과	1	4	7	8	7	1	1	2
16583	경북 청도군	문인단체문예집발간지원	5,000	문화관광과	1	4	7	8	7	1	1	2
16584	경북 청도군	문인단체문학교실지원	5,000	문화관광과	1	4	7	8	7	1	1	2
16585	경북 청도군	연예전문예술단체공연지원	5,000	문화관광과	1	4	7	8	7	1	1	2
16586	경북 청도군	사진전문예술단체전시회지원	5,000	문화관광과	1	4	7	8	7	5	5	2
16587	경북 청도군	유교문화계승사업지원	6,000	문화관광과	1	4	7	8	7	1	1	2
16588	경북 청도군	한시집발간지원	4,000	문화관광과	1	4	7	8	7	1	1	2
16589	경북 청도군	경전강학성독시연회지원	5,000	문화관광과	1	4	7	8	7	1	1	2
16590	경북 청도군	읍면풍물경연대회참가지원	45,000	문화관광과	1	4	7	8	7	1	1	2
16591	경북 청도군	시조의수도문학계간지발행	20,000	문화관광과	1	4	7	8	7	1	1	2
16592	경북 청도군	봉축기념탑점등식지원	20,000	문화관광과	1	4	7	8	7	1	1	2
16593	경북 청도군	크리스마스트리점등식지원	25,000	문화관광과	1	4	7	8	7	1	1	2
16594	경북 청도군	지역문화사랑방운영지원	800	문화관광과	1	4	7	8	7	5	5	4
16595	경북 청도군	생생문화재사업	50,000	문화관광과	1	2	7	8	7	5	5	4
16596	경북 청도군	전수교육관활성화사업	27,500	문화관광과	1	2	7	8	7	5	5	4
16597	경북 청도군	무형문화재육성전승보전	27,000	문화관광과	1	1	7	8	7	5	5	4
16598	경북 청도군	폐기물처리시설 주변지역 지원	7,500	환경과	1	4	7	8	7	1	1	1
16599	경북 청도군	여성농업인행복바우처지원	84,000	농정과	1	4	7	8	7	5	5	4
16600	경북 청도군	농촌체험관광활성화지원	12,000	농정과	1	4	7	8	7	5	5	4
16601	경북 청도군	귀농인농지임차료지원	15,000	농정과	1	4	7	8	7	5	5	4
16602	경북 청도군	귀농인재능기부활동지원	5,000	농정과	1	4	7	8	7	5	5	4
16603	경북 청도군	청년농업인영농정착지원	264,396	농정과	1	1	7	8	7	5	5	4
16604	경북 청도군	청년농부육성지원	40,000	농정과	1	4	7	8	7	5	5	4
16605	경북 청도군	경북형청년농부일자리지원	73,800	농정과	1	4	7	8	7	5	5	4
16606	경북 청도군	귀농귀촌유치지원	232,000	농정과	1	1	7	8	7	5	5	4
16607	경북 청도군	농산물공동선별비지원	14,000	농정과	1	4	7	8	7	5	5	4
16608	경북 청도군	과실브랜드육성지원	12,800	농정과	1	4	7	8	7	5	5	4
16609	경북 청도군	농식품국외판촉지원	6,000	농정과	1	4	7	8	7	5	5	4
16610	경북 청도군	초등돌봄과일간식지원	23,940	농정과	1	4	7	8	7	5	5	4
16611	경북 청도군	한우암소능력검정사업	77,200	농정과	1	1	7	8	7	5	5	4
16612	경북 청도군	조사료용사일리지제조지원	120,420	농정과	1	1	7	8	7	5	5	4
16613	경북 청도군	조사료생산용종자구입비지원	30,240	농정과	1	1	7	8	7	5	5	4
16614	경북 청도군	수출용포장재지원	75,000	농정과	1	1	7	8	7	5	5	4
16615	경북 청도군	축산농가기자재지원	71,060	농정과	1	1	7	8	7	5	5	4
16616	경북 청도군	불량모돈갱신사업	54,000	농정과	1	1	7	8	7	5	5	4
16617	경북 청도군	젖소유전형질개량사업	5,800	농정과	1	1	7	8	7	5	5	4
16618	경북 청도군	양계경쟁력강화	3,800	농정과	1	1	7	8	7	5	5	4
16619	경북 청도군	양봉경쟁력강화	78,550	농정과	1	1	7	8	7	5	5	4
16620	경북 청도군	면역강화용사료첨가제지원	62,850	농정과	1	1	7	8	7	5	5	4
16621	경북 청도군	고품질액비생산시설지원	59,400	농정과	1	1	7	8	7	5	5	4
16622	경북 청도군	한우수정란이식사업	6,730	농정과	1	1	7	8	7	5	5	4
16623	경북 청도군	가축전염병예방약품구입지원	112,012	농정과	1	1	7	8	7	5	5	4
16624	경북 청도군	구제역백신접종원거리자동주사기지원	8,575	농정과	1	6	7	8	7	5	5	4

순번	시군구	지출명 (사업명)	2021년예산 (단위:천원/1년간)	담당자 (공무원)	민간이전 분류 (지방자치단체 세출예산 집행기준에 의거)	민간이전지출 근거 (지방보조금 관리기준 참고)	입찰방식			운영예산 산정		성과평가 실시여부
				담당부서	1. 민간경상사업보조(307-02) 2. 민간단체 법정운영비보조(307-03) 3. 민간행사사업보조(307-04) 4. 민간위탁금(307-05) 5. 사회복지시설 법정운영비보조(307-10) 6. 민간인위탁교육비(307-12) 7. 공기관등에대한경상적위탁사업비(308-11) 8. 민간자본사업보조,자체재원(402-01) 9. 민간자본사업보조,이전재원(402-02) 10. 민간위탁사업비(402-03) 11. 공기관등에 대한 자본적 대행사업비(403-02)	1. 법률에 규정 2. 국고보조 재원(국가지정) 3. 용도 지정 기부금 4. 조례에 직접규정 5. 지자체가 권장하는 사업을 하는 공공기관 6. 시,도 정책 및 재정사정 7. 기타 8. 해당없음	계약체결방법 (경쟁형태) 1. 일반경쟁 2. 제한경쟁 3. 지명경쟁 4. 수의계약 5. 법정위탁 6. 기타 ( ) 7. 해당없음	계약기간 1. 1년 2. 2년 3. 3년 4. 4년 5. 5년 6. 기타 ( )년 7. 단기계약 (1년미만) 8. 해당없음	낙찰자선정방법 1. 적격심사 2. 협상에의한계약 3. 최저가낙찰제 4. 규격가격분리 5. 2단계 경쟁입찰 6. 기타 ( ) 7. 해당없음	운영예산 산정 1. 내부산정 (지자체 자체적으로 산정) 2. 외부산정 (외부전문기관위탁 산정) 3. 내·외부 모두 산정 4. 산정 無 5. 해당없음	정산방법 1. 내부정산 (지자체 내부적으로 정산) 2. 외부정산 (외부전문기관위탁 정산) 3. 내·외부 모두 산정 4. 정산 無 5. 해당없음	1. 실시 2. 미실시 3. 향후 추진 4. 해당없음
16625	경북 청도군	구제역백신구입비지원	231,645	농정과	1	1	7	8	7	5	5	4
16626	경북 청도군	공동방제단운영	159,852	농정과	1	1	7	8	7	5	5	4
16627	경북 청도군	방역인프라설치지원	36,000	농정과	1	1	7	8	7	5	5	4
16628	경북 청도군	소독시설지원	26,400	농정과	1	1	7	8	7	5	5	4
16629	경북 청도군	닭진드기공동방제지원사업	24,000	농정과	1	1	7	8	7	5	5	4
16630	경북 청도군	축산물이력제관리지원	51,840	농정과	1	1	7	8	7	5	5	4
16631	경북 청도군	축산물HACCP컨설팅	5,600	농정과	1	1	7	8	7	5	5	4
16632	경북 청도군	축산물유통활성화	24,996	농정과	1	1	7	8	7	5	5	4
16633	경북 고령군	재향경우회 고령군지회	1,350	총무과	1	4	7	8	7	1	1	4
16634	경북 고령군	새마을운동추진 지원	3,000	총무과	1	4	7	8	7	5	1	1
16635	경북 고령군	범도민독서생활화사업	6,400	총무과	1	4	7	8	7	5	1	1
16636	경북 고령군	피서지문고 운영	2,000	총무과	1	4	7	8	7	5	1	1
16637	경북 고령군	독서경진 고령군예선대회 개최	4,000	총무과	1	4	7	8	7	5	1	1
16638	경북 고령군	새마을청소년 동아리 운영	2,000	총무과	1	4	7	8	7	5	1	1
16639	경북 고령군	사랑의 김장담가주기 행사	3,000	총무과	1	4	7	8	7	5	1	1
16640	경북 고령군	자연보호 운동 전개	2,000	총무과	1	1	7	8	7	5	1	1
16641	경북 고령군	읍면 새마을 활동 지원	16,000	총무과	1	4	7	8	7	5	1	1
16642	경북 고령군	바르게살기 운동 사업추진	13,230	총무과	1	7	7	8	7	5	1	1
16643	경북 고령군	바르게살기운동 활성화 추진사업	3,200	총무과	1	7	7	8	7	5	1	1
16644	경북 고령군	바르게살기운동 건전생활실천교육	1,650	총무과	1	7	7	8	7	5	1	1
16645	경북 고령군	바르게살기운동청년회조직활성화사업	5,000	총무과	1	7	7	8	7	5	1	1
16646	경북 고령군	한국자유총연맹고령군지회	9,000	총무과	1	1	7	8	7	5	1	1
16647	경북 고령군	초등학생 영어 체험학습 지원	45,180	총무과	1	6	7	7	7	1	1	1
16648	경북 고령군	민주평화통일자문회의 고령군협의회	8,000	총무과	1	1	7	8	7	1	1	1
16649	경북 고령군	민족통일고령군협의회	5,000	총무과	1	1	7	8	7	1	1	1
16650	경북 고령군	법사랑위원 고령군지구협의회	2,000	총무과	1	1	7	8	7	1	1	1
16651	경북 고령군	고령군 녹색어머니회	1,350	총무과	1	1	7	8	7	1	1	1
16652	경북 고령군	고령군 한국전쟁 민간인희생자 위령사업 지원	4,000	총무과	1	4	7	8	7	1	1	1
16653	경북 고령군	행정동우회	5,000	총무과	1	1	7	8	7	1	1	1
16654	경북 고령군	재향경우회 고령군지회	1,350	총무과	1	4	7	8	7	1	1	4
16655	경북 고령군	상이군경회 전적지순례 등	2,500	주민복지과	1	4	7	8	7	1	1	1
16656	경북 고령군	전몰군경유족회 전적지순례 등	1,700	주민복지과	1	4	7	8	7	1	1	1
16657	경북 고령군	전몰군경 미망인회 전적지순례 등	3,100	주민복지과	1	4	7	8	7	1	1	1
16658	경북 고령군	6.25참전유공자 전적지순례 등	5,200	주민복지과	1	4	7	8	7	1	1	1
16659	경북 고령군	대한무공수훈자회 전적지순례 등	2,100	주민복지과	1	4	7	8	7	1	1	1
16660	경북 고령군	고엽제전우회 전적지순례 등	5,000	주민복지과	1	4	7	8	7	1	1	1
16661	경북 고령군	광복회 전적지순례 등	700	주민복지과	1	4	7	8	7	1	1	1
16662	경북 고령군	재향군인회 영호남교류행사	2,000	주민복지과	1	4	7	8	7	1	1	1
16663	경북 고령군	재향군인회 안보현장교육	2,000	주민복지과	1	4	7	8	7	1	1	1
16664	경북 고령군	재향군인회 향군의날 기념	2,000	주민복지과	1	4	7	8	7	1	1	1
16665	경북 고령군	월남참전자회 전적지순례 등	2,000	주민복지과	1	4	7	8	7	1	1	1
16666	경북 고령군	지체장애인협의회 고령군지회	5,500	주민복지과	1	1	7	8	7	1	1	4
16667	경북 고령군	YOYO클럽 활성화지원	1,500	주민복지과	1	6	2	1	1	5	1	4
16668	경북 고령군	버스 투어 사업	15,000	관광진흥과	1	4	5	7	7	1	1	1
16669	경북 고령군	고령알리기 팸투어	10,000	관광진흥과	1	1	5	1	7	1	1	1
16670	경북 고령군	유소년승마단운영지원	20,000	관광진흥과	1	2	7	8	7	1	1	1
16671	경북 고령군	동고령일반산업단지 운영지원	50,000	기업경제과	1	1	7	8	7	5	5	4
16672	경북 고령군	지방문화원 사업 활동지원	70,000	문화유산과	1	1	7	8	7	1	1	1
16673	경북 고령군	소년소녀합창단 육성	12,000	문화유산과	1	1	7	8	7	1	1	1
16674	경북 고령군	한문교실 운영 및 연극반 육성	6,000	문화유산과	1	1	7	8	7	1	1	1
16675	경북 고령군	관악단, 청소년 동아리 육성	22,000	문화유산과	1	1	7	8	7	1	1	1

순번	시군구	지출명 (사업명)	2021년예산 (단위:천원/1년간)	담당자 (공무원) 담당부서	민간이전 분류 (지방자치단체 세출예산 집행기준에 의거) 1. 민간경상사업보조(307-02) 2. 민간단체 법정운영비보조(307-03) 3. 민간행사사업보조(307-04) 4. 민간위탁금(307-05) 5. 사회복지시설 법정운영비보조(307-10) 6. 민간인위탁교육비(307-12) 7. 공기관등에대한경상적위탁사업비(308-11) 8. 민간자본사업보조,자체재원(402-01) 9. 민간자본사업보조,이전재원(402-02) 10. 민간위탁사업비(402-03) 11. 공기관등에 대한 자본적 대행사업비(403-02)	민간이전지출 근거 (지방보조금 관리기준 참고) 1. 법률에 규정 2. 국고보조 재원(국가지정) 3. 용도 지정 기부금 4. 조례에 직접규정 5. 지자체가 권장하는 사업을 하는 공공기관 6. 시,도 정책 및 재정사정 7. 기타 8. 해당없음	입찰방식 계약체결방법 (경쟁형태) 1. 일반경쟁 2. 제한경쟁 3. 지명경쟁 4. 수의계약 5. 법정위탁 6. 기타 ( ) 7. 해당없음	입찰방식 계약기간 1. 1년 2. 2년 3. 3년 4. 4년 5. 5년 6. 기타 ( )년 7. 단기계약 (1년미만) 8. 해당없음	입찰방식 낙찰자선정방법 1. 적격심사 2. 협상에의한계약 3. 최저가낙찰제 4. 규격가격분리 5. 2단계 경쟁입찰 6. 기타 ( ) 7. 해당없음	운영예산 산정 운영예산 산정 1. 내부산정 (지자체 자체적으로 산정) 2. 외부산정 (외부전문기관위탁 산정) 3. 내·외부 모두 산정 4. 산정 無 5. 해당없음	운영예산 산정 정산방법 1. 내부정산 (지자체 내부적으로 정산) 2. 외부정산 (외부전문기관위탁 정산) 3. 내·외부 모두 산정 4. 정산 無 5. 해당없음	성과평가 실시여부 1. 실시 2. 미실시 3. 향후 추진 4. 해당없음
16676	경북 고령군	우륵 청소년 가야금 연주단 운영	30,000	문화유산과	1	1	7	8	7	1	1	1
16677	경북 고령군	학교가야금반 육성	14,000	문화유산과	1	1	7	8	7	1	1	1
16678	경북 고령군	문화교실운영	48,000	문화유산과	1	1	7	8	7	1	1	1
16679	경북 고령군	고령문화 35집 발간	8,000	문화유산과	1	1	7	8	7	1	1	1
16680	경북 고령군	문화학교 운영	6,000	문화유산과	1	1	7	8	7	1	1	1
16681	경북 고령군	충효교실 운영	5,000	문화유산과	1	1	7	8	7	1	1	1
16682	경북 고령군	지역문화사랑방운영	18,000	문화유산과	1	1	7	8	7	1	1	1
16683	경북 고령군	대가야 다례문화 전승사업	46,000	문화유산과	1	7	7	7	7	1	1	1
16684	경북 고령군	학교예술강사 지원	13,229	문화유산과	1	2	7	8	7	5	1	1
16685	경북 고령군	통합문화체육관광이용권	161,900	문화유산과	1	2	7	8	7	5	1	1
16686	경북 고령군	문화재지킴이 활동비지원	3,400	문화유산과	1	2	7	8	7	5	1	1
16687	경북 고령군	다문화 특성화사업	102,788	여성청소년과	1	1	5	3	1	1	1	2
16688	경북 고령군	찾아가는 결혼이주여성 다이음사업	3,000	여성청소년과	1	2	5	3	1	1	1	2
16689	경북 고령군	결혼이민여성이중언어강사 일자리창출사업	38,300	여성청소년과	1	6	5	3	1	1	1	2
16690	경북 고령군	다문화가족공부방운영	11,000	여성청소년과	1	6	5	3	1	1	1	2
16691	경북 고령군	다문화가족특화프로그램운영지원	5,000	여성청소년과	1	6	5	3	1	1	1	2
16692	경북 고령군	고령군 마을평생교육지도자협의회	3,500	여성청소년과	1	4	6	1	6	1	1	2
16693	경북 고령군	인문학마을 만들기 사업	40,000	여성청소년과	1	4	7	8	7	5	5	4
16694	경북 고령군	한국스카우트 경북연맹 고령군지회	3,600	여성청소년과	1	7	7	8	7	1	1	1
16695	경북 고령군	체육활동 지원	257,500	여성청소년과	1	7	1	8	6	1	1	1
16696	경북 고령군	생활체육교실운영	19,200	여성청소년과	1	7	1	8	6	1	1	4
16697	경북 고령군	일반생활체육지도자 배치	116,928	여성청소년과	1	7	1	8	6	1	1	4
16698	경북 고령군	어르신생활체육지도자 배치	116,928	여성청소년과	1	7	1	8	6	1	1	4
16699	경북 고령군	생활체육지도자교통비지원	9,600	여성청소년과	1	7	1	8	6	1	1	4
16700	경북 고령군	생활체육지도자 장기근속수당지원	4,700	여성청소년과	1	7	1	8	6	1	1	4
16701	경북 고령군	취약지역 응급의료기관 운영 지원	325,000	보건행정과	1	1	7	7	7	5	2	1
16702	경북 고령군	공립요양병원 치매환자지원 프로그램 운영	90,000	보건행정과	1	1	7	7	7	5	1	1
16703	경북 고령군	농업회의소 운영지원	44,000	농업정책과	1	4	7	8	7	1	1	3
16704	경북 고령군	농촌체험관광 활성화지원	12,000	농업정책과	1	1	7	8	7	1	1	3
16705	경북 고령군	농촌체험휴양마을 사무장채용지원	79,056	농업정책과	1	1	7	8	7	1	1	3
16706	경북 고령군	농촌체험휴양마을 보험가입 지원	3,312	농업정책과	1	1	7	8	7	1	1	3
16707	경북 고령군	농촌관광협력단 운영비 지원	33,564	농업정책과	1	1	7	8	7	1	1	3
16708	경북 고령군	농가도우미 지원	20,160	농업정책과	1	1	7	8	7	1	1	3
16709	경북 고령군	여성농업인 행복 바우처 지원	48,000	농업정책과	1	1	7	8	7	1	1	3
16710	경북 고령군	청년농업인영농정착지원	195,304	농업정책과	1	1	7	8	7	1	1	3
16711	경북 고령군	농촌인력지원사업	49,500	농업정책과	1	7	7	8	7	1	1	3
16712	경북 고령군	벼 계약업체 쌀 택배비 지원	13,500	농업정책과	1	7	7	8	7	1	1	3
16713	경북 고령군	고령옥미 무농약 단지 조성	21,600	농업정책과	1	7	7	8	7	1	1	3
16714	경북 고령군	쌀브랜드 포장재 지원	20,000	농업정책과	1	7	7	8	7	1	1	3
16715	경북 고령군	관내 음식점 고령옥미 마케팅 지원	20,000	농업정책과	1	7	7	8	7	1	1	3
16716	경북 고령군	유기질비료 지원사업	776,000	농업정책과	1	2	7	8	7	1	1	3
16717	경북 고령군	토양개량제 공급	177,739	농업정책과	1	2	7	8	7	1	1	3
16718	경북 고령군	유기농업자재지원	24,460	농업정책과	1	2	7	8	7	1	1	3
16719	경북 고령군	농촌인력중개센터운영지원	80,000	농업정책과	1	2	7	8	7	1	1	3
16720	경북 고령군	친환경농산물 판로확대 지원	15,444	농업정책과	1	6	7	8	7	1	1	3
16721	경북 고령군	친환경농법종합지원	9,930	농업정책과	1	6	7	8	7	1	1	3
16722	경북 고령군	공공비축미곡 PP포대 지원	32,000	농업정책과	1	7	7	8	7	1	1	3
16723	경북 고령군	저품위사과시장격리수매지원	2,500	농업정책과	1	6	7	8	7	1	1	3
16724	경북 고령군	채소류생산안정지원	538,422	농업정책과	1	6	7	8	7	1	1	3
16725	경북 고령군	대가야체험축제 딸기수확체험 및 홍보시식회 지원	15,000	농업정책과	1	4	7	8	7	1	1	3
16726	경북 고령군	직거래장터 운영지원	3,000	농업정책과	1	4	7	8	7	1	1	3

순번	시군구	지출명 (사업명)	2021년예산 (단위:천원/1년간)	담당자 (공무원)	민간이전 분류 (지방자치단체 세출예산 집행기준에 의거)	민간이전지출 근거 (지방보조금 관리기준 참고)	입찰방식			운영예산 산정		성과평가 실시여부
				담당부서	1. 민간경상사업보조(307-02) 2. 민간단체 법정운영비보조(307-03) 3. 민간행사사업보조(307-04) 4. 민간위탁금(307-05) 5. 사회복지시설 법정운영비보조(307-10) 6. 민간인위탁교육비(307-12) 7. 공기관등에대한경상적위탁사업비(308-11) 8. 민간자본사업보조,자체재원(402-01) 9. 민간자본사업보조,이전재원(402-02) 10. 민간위탁사업비(402-03) 11. 공기관등에 대한 자본적 대행사업비(403-02)	1. 법률에 규정 2. 국고보조 재원(국가지정) 3. 용도 지정 기부금 4. 조례에 직접규정 5. 지자체가 권장하는 사업을 하는 공공기관 6. 시,도 정책 및 재정사정 7. 기타 8. 해당없음	계약체결방법 (경쟁형태) 1. 일반경쟁 2. 제한경쟁 3. 지명경쟁 4. 수의계약 5. 법정위탁 6. 기타 ( ) 7. 해당없음	계약기간 1. 1년 2. 2년 3. 3년 4. 4년 5. 5년 6. 기타 ( )년 7. 단기계약 (1년미만) 8. 해당없음	낙찰자선정방법 1. 적격심사 2. 협상에의한계약 3. 최저가낙찰제 4. 규격가격분리 5. 2단계 경쟁입찰 6. 기타 ( ) 7. 해당없음	운영예산 산정 1. 내부산정 (지자체 자체적으로 산정) 2. 외부산정 (외부전문기관위탁 산정) 3. 내·외부 모두 산정 4. 산정 無 5. 해당없음	정산방법 1. 내부정산 (지자체 내부적으로 정산) 2. 외부정산 (외부전문기관위탁 정산) 3. 내·외부 모두 산정 4. 정산 無 5. 해당없음	1. 실시 2. 미실시 3. 향후 추진 4. 해당없음
16727	경북 고령군	우수농특산물 홍보행사 지원	20,000	농업정책과	1	4	7	8	7	1	1	3
16728	경북 고령군	대가야체험축제 참가업체 시식비 지원	4,200	농업정책과	1	4	7	8	7	1	1	3
16729	경북 고령군	생산자단체 공동선별비 지원	30,000	농업정책과	1	4	7	8	7	1	1	3
16730	경북 고령군	작목전환 산지유통조직 육성지원	6,000	농업정책과	1	4	7	8	7	1	1	3
16731	경북 고령군	농협중앙회협력사업	100,000	농업정책과	1	4	7	8	7	1	1	3
16732	경북 고령군	농산물공동출하 확대사업	138,000	농업정책과	1	1	7	8	7	1	1	3
16733	경북 고령군	농산물 유통구조 개선지원	115,200	농업정책과	1	1	7	8	7	1	1	3
16734	경북 고령군	농식품 국내판촉 지원	5,000	농업정책과	1	4	7	8	7	1	1	3
16735	경북 고령군	농식품 국외판촉 지원	6,000	농업정책과	1	1	7	8	7	1	1	3
16736	경북 고령군	농산물마케팅지원	3,000	농업정책과	1	1	7	8	7	1	1	3
16737	경북 고령군	친환경농산물 학교급식지원	206,325	농업정책과	1	1	7	8	7	1	1	3
16738	경북 고령군	초등돌봄교실 과일간식 지원사업	18,981	농업정책과	1	1	7	8	7	1	1	3
16739	경북 고령군	귀농귀촌창업활성화지원	10,000	농업정책과	1	6	7	7	7	3	1	3
16740	경북 고령군	귀농인 시설하우스 임차료 지원	10,000	농업정책과	1	6	7	7	7	1	1	3
16741	경북 고령군	지역사회 협력네트워크 구축	4,500	군민안전과	1	5	6	1	7	1	1	1
16742	경북 고령군	정보화마을 프로그램관리자 육성	21,601	군민안전과	1	1	5	1	7	1	1	2
16743	경북 고령군	(사)전국모범운전자회 고령지회	855	민원과	1	1	7	8	7	1	1	2
16744	경북 성주군	작은결혼식지원사업	10,000	미래전략담당관	1	7	7	8	7	5	5	4
16745	경북 성주군	지역치안협의회지원	1,500	총무과	1	8	7	8	7	5	5	4
16746	경북 성주군	민주평화통일자문회의성주군협의회	16,900	총무과	1	4	7	8	7	5	5	4
16747	경북 성주군	성주군행정동우회 지원	5,000	총무과	1	4	7	8	7	5	5	4
16748	경북 성주군	초등학생영어체험학습운영지원	70,022	총무과	1	6	6	6	7	1	1	1
16749	경북 성주군	성인문해교육프로그램지원	20,000	총무과	1	5	7	8	7	5	1	4
16750	경북 성주군	정보화마을프로그램관리자운영	17,501	총무과	1	1	7	8	7	1	1	3
16751	경북 성주군	정보화마을프로그램관리자운영	4,100	총무과	1	1	7	8	7	1	1	3
16752	경북 성주군	정보화마을활성화지원	5,000	총무과	1	1	7	8	7	1	1	3
16753	경북 성주군	세계장태문화와의만남	200,000	문화진흥과	1	4	7	8	7	5	5	4
16754	경북 성주군	별고을어린이문화탐방사업지원	5,000	관광진흥과	1	4	7	8	7	5	5	4
16755	경북 성주군	랜선너머 별의별성주 언택트여행	40,000	관광진흥과	1	4	7	8	7	5	5	4
16756	경북 성주군	지방문화원사업지원	59,600	문화예술과	1	1	7	8	7	1	1	1
16757	경북 성주군	성주의인물학술대회개최및인물평전간행	45,000	문화예술과	1	1	7	8	7	1	1	1
16758	경북 성주군	성주향토사지발간	15,000	문화예술과	1	1	7	8	7	1	1	1
16759	경북 성주군	성주풍물큰잔치	12,000	문화예술과	1	1	7	8	7	1	1	1
16760	경북 성주군	서예교실	34,000	문화예술과	1	1	7	8	7	1	1	1
16761	경북 성주군	충효교실운영지원	5,000	문화예술과	1	1	7	8	7	1	1	1
16762	경북 성주군	문화학교운영지원	6,000	문화예술과	1	1	7	8	7	1	1	1
16763	경북 성주군	경북선비아카데미지원	8,000	문화예술과	1	1	7	8	7	1	1	1
16764	경북 성주군	성주역사인물선양전국휘회대회	50,000	문화예술과	1	1	7	8	7	1	1	1
16765	경북 성주군	통합문화이용권사업지원	168,900	문화예술과	1	1	7	8	7	1	1	1
16766	경북 성주군	성주군풍물활성화지원	22,000	문화예술과	1	1	7	8	7	1	1	1
16767	경북 성주군	국악분야예술강사지원사업	20,375	문화예술과	1	2	7	8	7	1	1	1
16768	경북 성주군	지역문화사랑방운영지원	16,000	문화예술과	1	1	7	8	7	1	1	1
16769	경북 성주군	문화가있는날지역특화프로그램	140,000	문화예술과	1	2	7	8	7	1	1	1
16770	경북 성주군	예술동아리공연	5,000	문화예술과	1	1	7	8	7	1	1	1
16771	경북 성주군	차박람회참가지원등	10,000	문화예술과	1	1	7	8	7	1	1	1
16772	경북 성주군	공예박람회참가지원등	10,000	문화예술과	1	1	7	8	7	1	1	1
16773	경북 성주군	문화특화지역조성사업	450,000	문화예술과	1	2	7	8	7	1	1	4
16774	경북 성주군	기로연	5,100	문화예술과	1	1	7	8	7	1	1	1
16775	경북 성주군	석전대제춘추	14,000	문화예술과	1	1	7	8	7	1	1	1
16776	경북 성주군	전통문화예절교육	2,400	문화예술과	1	1	7	8	7	1	1	1
16777	경북 성주군	유림지도자교육	1,800	문화예술과	1	1	7	8	7	1	1	1

순번	시군구	지출명 (사업명)	2021년예산 (단위:천원/1년간)	담당자 (공무원) 담당부서	민간이전 분류 (지방자치단체 세출예산 집행기준에 의거) 1. 민간경상사업보조(307-02) 2. 민간단체 법정운영비보조(307-03) 3. 민간행사사업보조(307-04) 4. 민간위탁금(307-05) 5. 사회복지시설 법정운영비보조(307-10) 6. 민간인위탁교육비(307-12) 7. 공기관등에대한경상적위탁사업비(308-11) 8. 민간자본사업보조,자체재원(402-01) 9. 민간자본사업보조,이전재원(402-02) 10. 민간위탁사업비(402-03) 11. 공기관등에 대한 자본적 대행사업비(403-02)	민간이전지출 근거 (지방보조금 관리기준 참고) 1. 법률에 규정 2. 국고보조 재원(국가지정) 3. 용도 지정 기부금 4. 조례에 직접규정 5. 지자체가 권장하는 사업을 하는 공공기관 6. 시,도 정책 및 재정사정 7. 기타 8. 해당없음	입찰방식 계약체결방법 (경쟁형태) 1. 일반경쟁 2. 제한경쟁 3. 지명경쟁 4. 수의계약 5. 법정위탁 6. 기타 ( ) 7. 해당없음	입찰방식 계약기간 1. 1년 2. 2년 3. 3년 4. 4년 5. 5년 6. 기타 ( )년 7. 단기계약 (1년미만) 8. 해당없음	입찰방식 낙찰자선정방법 1. 적격심사 2. 협상에의한계약 3. 최저가낙찰제 4. 규격가격분리 5. 2단계 경쟁입찰 6. 기타 ( ) 7. 해당없음	운영예산 산정 운영예산 산정 1. 내부산정 (지자체 자체적으로 산정) 2. 외부산정 (외부전문기관위탁 산정) 3. 내·외부 모두 산정 4. 산정 無 5. 해당없음	운영예산 산정 정산방법 1. 내부정산 (지자체 내부적으로 정산) 2. 외부정산 (외부전문기관위탁 정산) 3. 내·외부 모두 산정 4. 정산 無 5. 해당없음	성과평가 실시여부 1. 실시 2. 미실시 3. 향후 추진 4. 해당없음
16778	경북 성주군	심산추모전국경전암송대회	37,000	문화예술과	1	1	7	8	7	1	1	1
16779	경북 성주군	노인건강교실	2,000	문화예술과	1	1	7	8	7	1	1	1
16780	경북 성주군	심산김창숙선생추모다도시연	1,000	문화예술과	1	1	7	8	7	1	1	1
16781	경북 성주군	청소년인성교육	2,500	문화예술과	1	1	7	8	7	1	1	1
16782	경북 성주군	전통놀이체험	1,000	문화예술과	1	1	7	8	7	1	1	1
16783	경북 성주군	문화재지킴이활동비지원사업	3,300	문화예술과	1	1	7	8	7	1	1	1
16784	경북 성주군	생생문화재사업	50,000	문화예술과	1	2	7	8	7	1	1	1
16785	경북 성주군	향교서원문화재활용사업	82,500	문화예술과	1	2	7	8	7	1	1	1
16786	경북 성주군	고택종갓집활용사업	200,000	문화예술과	1	2	7	8	7	1	1	1
16787	경북 성주군	한개마을정비	151,000	문화예술과	1	2	7	7	7	1	1	1
16788	경북 성주군	경북사회복지사체육대회지원	2,000	주민복지과	1	4	7	8	7	1	1	4
16789	경북 성주군	이웃사촌복지센터 운영 지원	230,000	주민복지과	1	7	7	1	7	1	1	4
16790	경북 성주군	지역사회보장협의체 운영 지원	81,000	주민복지과	1	1	7	8	7	1	1	4
16791	경북 성주군	마을공동육아품앗이지원사업	5,000	가족지원과	1	7	7	8	7	5	5	4
16792	경북 성주군	청소년보호및방범활동	2,000	가족지원과	1	7	7	1	7	1	1	2
16793	경북 성주군	청소년결연사업	2,000	가족지원과	1	7	7	1	7	1	1	2
16794	경북 성주군	청소년현장체험및수련활동	2,000	가족지원과	1	7	7	1	7	1	1	2
16795	경북 성주군	청소년동아리지원	1,800	가족지원과	1	7	7	1	7	1	1	1
16796	경북 성주군	생태계보호및숲길조성사업	3,000	환경과	1	4	4	1	2	1	1	1
16797	경북 성주군	환경지도자회환경정화활동지원	30,000	환경과	1	4	4	1	2	1	1	1
16798	경북 성주군	참외저급과수매장운영비지원	500,000	농정과	1	4	7	8	7	1	1	3
16799	경북 성주군	성주참외맞춤형액비생산보급지원	200,000	농정과	1	4	7	8	7	1	1	3
16800	경북 성주군	수출농산물포장상자지원	8,000	농정과	1	4	7	8	7	1	1	3
16801	경북 성주군	수출농산물선도유지제지원	5,000	농정과	1	4	7	8	7	1	1	3
16802	경북 성주군	해외시장개척지원	60,000	농정과	1	4	7	8	7	1	1	3
16803	경북 성주군	농산물온라인경매물류비지원	50,000	농정과	1	4	7	8	7	1	1	3
16804	경북 성주군	지역특산물포장개선	30,000	농정과	1	4	7	8	7	1	1	3
16805	경북 성주군	오미자청포장재지원	5,000	농정과	1	4	7	8	7	1	1	3
16806	경북 성주군	농식품국외판촉지원	18,000	농정과	1	6	7	8	7	1	1	3
16807	경북 성주군	경북우수농산물브랜드화	10,000	농정과	1	6	7	8	7	1	1	3
16808	경북 성주군	참외저급과유통근절수매지원사업	1,650	농정과	1	6	7	8	7	1	1	3
16809	경북 성주군	수출농식품브랜드경쟁력제고	4,000	농정과	1	6	7	8	7	1	1	3
16810	경북 성주군	농산물유통구조개선지원	770,400	농정과	1	6	7	8	7	1	1	3
16811	경북 성주군	생산단계농산물안전성검사지원	8,750	농정과	1	6	7	8	7	1	1	3
16812	경북 성주군	GAP(농산물우수관리)활성화사업	18,000	농정과	1	4	7	8	7	1	1	3
16813	경북 성주군	농산물공동선별비지원	528,000	농정과	1	2	7	8	7	1	1	3
16814	경북 성주군	농식품국내판촉지원	12,500	농정과	1	6	7	8	7	1	1	3
16815	경북 성주군	전통식품브랜드경쟁력제고사업	49,000	농정과	1	6	7	8	7	1	1	3
16816	경북 성주군	친환경농산물학교급식지원	248,904	농정과	1	6	7	8	7	1	1	3
16817	경북 성주군	친환경농산물학교급식지원	67,735	농정과	1	4	7	8	7	1	1	3
16818	경북 성주군	초등돌봄교실 과일간식지원사업	21,090	농정과	1	2	7	8	7	1	1	3
16819	경북 성주군	양봉농가소초광지원	15,000	농정과	1	1	7	8	7	1	1	3
16820	경북 성주군	양봉농가꿀벌사료(설탕)지원	21,000	농정과	1	1	7	8	7	1	1	3
16821	경북 성주군	양돈농가악취저감용생균제지원	22,500	농정과	1	1	7	8	7	1	1	3
16822	경북 성주군	한우고급육생산을위한정액지원사업	50,000	농정과	1	1	7	8	7	1	1	3
16823	경북 성주군	볏짚처리(랩핑비닐구입비)지원	30,000	농정과	1	1	7	8	7	1	1	3
16824	경북 성주군	성신농장축산분뇨처리시설운영비(전기료)지원	15,000	농정과	1	1	7	8	7	1	1	3
16825	경북 성주군	성신농장축산분뇨처리시설운영비(약품구입비)지원	30,000	농정과	1	1	7	8	7	1	1	3
16826	경북 성주군	축산농가톱밥및왕겨지원	210,000	농정과	1	1	7	8	7	1	1	3
16827	경북 성주군	가축분뇨공동자원화톱밥공급지원	20,000	농정과	1	1	7	8	7	1	1	3
16828	경북 성주군	축산분뇨(양돈)자원화처리지원	100,000	농정과	1	1	7	8	7	1	1	3

순번	시군구	지출명 (사업명)	2021년예산 (단위:천원/1년간)	담당자(공무원) 담당부서	민간이전 분류 (지방자치단체 세출예산 집행기준에 의거) 1. 민간경상사업보조(307-02) 2. 민간단체 법정운영비보조(307-03) 3. 민간행사사업보조(307-04) 4. 민간위탁금(307-05) 5. 사회복지시설 법정운영비보조(307-10) 6. 민간인위탁교육비(307-12) 7. 공기관등에대한경상적위탁사업비(308-11) 8. 민간자본사업보조,자체재원(402-01) 9. 민간자본사업보조,이전재원(402-02) 10. 민간위탁사업비(402-03) 11. 공기관등에 대한 자본적 대행사업비(403-02)	민간이전지출 근거 (지방보조금 관리기준 참고) 1. 법률에 규정 2. 국고보조 재원(국가지정) 3. 용도 지정 기부금 4. 조례에 직접규정 5. 지자체가 권장하는 사업을 하는 공공기관 6. 시,도 정책 및 재정사정 7. 기타 8. 해당없음	입찰방식 계약체결방법 (경쟁형태) 1. 일반경쟁 2. 제한경쟁 3. 지명경쟁 4. 수의계약 5. 법정위탁 6. 기타 ( ) 7. 해당없음	입찰방식 계약기간 1. 1년 2. 2년 3. 3년 4. 4년 5. 5년 6. 기타 ( )년 7. 단기계약 (1년미만) 8. 해당없음	입찰방식 낙찰자선정방법 1. 적격심사 2. 협상에의한계약 3. 최저가낙찰제 4. 규격가격분리 5. 2단계 경쟁입찰 6. 기타 ( ) 7. 해당없음	운영예산 산정 운영예산 산정 1. 내부산정 (지자체 자체적으로 산정) 2. 외부산정 (외부전문기관위탁 산정) 3. 내·외부 모두 산정 4. 산정 無 5. 해당없음	운영예산 산정 정산방법 1. 내부정산 (지자체 내부적으로 정산) 2. 외부정산 (외부전문기관위탁 정산) 3. 내·외부 모두 산정 4. 정산 無 5. 해당없음	성과평가 실시여부 1. 실시 2. 미실시 3. 향후 추진 4. 해당없음
16829	경북 성주군	한우친자확인사업	8,000	농정과	1	1	7	8	7	1	1	3
16830	경북 성주군	한우등록비지원	21,000	농정과	1	1	7	8	7	1	1	3
16831	경북 성주군	한우우군선형심사비지원	3,500	농정과	1	1	7	8	7	1	1	3
16832	경북 성주군	우량한우암소장려금지원	2,000	농정과	1	1	7	8	7	1	1	3
16833	경북 성주군	한우수정란이식사업	5,680	농정과	1	1	7	8	7	1	1	3
16834	경북 성주군	면역강화용사료첨가제지원	73,500	농정과	1	1	7	8	7	1	1	3
16835	경북 성주군	친환경축산물인증비지원	3,920	농정과	1	1	7	8	7	1	1	3
16836	경북 성주군	친환경악취저감제지원	50,900	농정과	1	1	7	8	7	1	1	3
16837	경북 성주군	불량모돈갱신사업	60,000	농정과	1	1	7	8	7	1	1	3
16838	경북 성주군	계란난좌지원	19,200	농정과	1	1	7	8	7	1	1	3
16839	경북 성주군	육계사깔짚지원	3,750	농정과	1	1	7	8	7	1	1	3
16840	경북 성주군	자돈폐사율감소지원	3,300	농정과	1	1	7	8	7	1	1	3
16841	경북 성주군	꿀벌화분지원	64,000	농정과	1	1	7	8	7	1	1	3
16842	경북 성주군	양봉(개량)벌통지원	36,000	농정과	1	1	7	8	7	1	1	3
16843	경북 성주군	토종벌종보전지원	6,400	농정과	1	1	7	8	7	1	1	3
16844	경북 성주군	벌통전기가온장치지원	29,250	농정과	1	1	7	8	7	1	1	3
16845	경북 성주군	조사료생산용사일리지제조비지원	64,800	농정과	1	1	7	8	7	1	1	3
16846	경북 성주군	조사료생산용종자구입비지원	34,440	농정과	1	1	7	8	7	1	1	3
16847	경북 성주군	일반승마체험	58,016	농정과	1	1	7	8	7	1	1	3
16848	경북 성주군	사회공익승마체험	3,840	농정과	1	1	7	8	7	1	1	3
16849	경북 성주군	재활승마체험	11,340	농정과	1	1	7	8	7	1	1	3
16850	경북 성주군	돼지액상정액지원	18,000	농정과	1	1	7	8	7	1	1	3
16851	경북 성주군	벼재배농가상토지원	100,000	농정과	1	6	7	8	7	1	1	3
16852	경북 성주군	유기질비료지원사업	20,000	농정과	1	2	7	8	7	1	1	3
16853	경북 성주군	감자농가서리방지용부직포지원	10,000	농정과	1	7	7	8	7	1	1	3
16854	경북 성주군	유기농업자재지원사업	28,441	농정과	1	2	7	8	7	1	1	3
16855	경북 성주군	친환경농산물포장재지원사업	35,000	농정과	1	6	7	8	7	1	1	3
16856	경북 성주군	곤충국수및포장재개발	5,000	농정과	1	7	7	8	7	1	1	3
16857	경북 성주군	친환경농산물판로확대지원	6,260	농정과	1	6	7	8	7	1	1	3
16858	경북 성주군	토양개량제공급	217,792	농정과	1	2	7	8	7	1	1	3
16859	경북 성주군	유기질비료지원사업	2,001	농정과	1	2	7	8	7	1	1	3
16860	경북 성주군	벼육묘(대형)상토지원	6,000	농정과	1	6	7	8	7	1	1	3
16861	경북 성주군	벼육묘(소형)상토지원	7,500	농정과	1	6	7	8	7	1	1	3
16862	경북 성주군	벼육묘상처리제지원	26,250	농정과	1	6	7	8	7	1	1	3
16863	경북 성주군	벼육묘상 매트지원	1,513	농정과	1	6	7	8	7	1	1	3
16864	경북 성주군	명품쌀재배단지조성사업	35,400	농정과	1	6	7	8	7	1	1	3
16865	경북 성주군	친환경농법종합지원	7,570	농정과	1	6	7	8	7	1	1	3
16866	경북 성주군	참외농가토양환경개선지원사업	8,000	농정과	1	4	7	8	7	1	1	3
16867	경북 성주군	친환경농자재재료구입비지원사업	150,000	농정과	1	4	7	8	7	1	1	3
16868	경북 성주군	과수농가반사필름공급지원사업	30,000	농정과	1	7	7	8	7	1	1	3
16869	경북 성주군	과수농가착색봉지공급지원사업	20,000	농정과	1	7	7	8	7	1	1	3
16870	경북 성주군	과실생산비절감및품질제고지원	35,210	농정과	1	6	7	8	7	1	1	3
16871	경북 성주군	저품위사과시장격리수매지원	24,000	농정과	1	6	7	8	7	1	1	3
16872	경북 성주군	가축방역약품구입비	209,794	농정과	1	2	7	8	7	1	1	3
16873	경북 성주군	구제역백신구입비지원	26,488	농정과	1	2	7	8	7	1	1	3
16874	경북 성주군	구제역백신구입비지원	358,186	농정과	1	2	7	8	7	1	1	3
16875	경북 성주군	공동방제단운영	52,280	농정과	1	2	7	8	7	1	1	3
16876	경북 성주군	공동방제단운영	61,666	농정과	1	2	7	8	7	1	1	3
16877	경북 성주군	가금농가질병관리지원	18,000	농정과	1	2	7	8	7	1	1	3
16878	경북 성주군	닭진드기공동방제지원사업	24,000	농정과	1	2	7	8	7	1	1	3
16879	경북 성주군	가축전염병예방	8,000	농정과	1	2	7	8	7	1	1	3

순번	시군구	지출명 (사업명)	2021년예산 (단위:천원/1년간)	담당자 (공무원) 담당부서	민간이전 분류 (지방자치단체 세출예산 집행기준에 의거) 1. 민간경상사업보조(307-02) 2. 민간단체 법정운영비보조(307-03) 3. 민간행사사업보조(307-04) 4. 민간위탁금(307-05) 5. 사회복지시설 법정운영비보조(307-10) 6. 민간인위탁교육비(307-12) 7. 공기관등에대한경상적위탁사업비(308-11) 8. 민간자본사업보조,자체재원(402-01) 9. 민간자본사업보조,이전재원(402-02) 10. 민간위탁사업비(402-03) 11. 공기관등에 대한 자본적 대행사업비(403-02)	민간이전지출 근거 (지방보조금 관리기준 참고) 1. 법률에 규정 2. 국고보조 재원(국가지정) 3. 용도 지정 기부금 4. 조례에 직접규정 5. 지자체가 권장하는 사업을 하는 공공기관 6. 시,도 정책 및 재정사정 7. 기타 8. 해당없음	입찰방식 계약체결방법 (경쟁형태) 1. 일반경쟁 2. 제한경쟁 3. 지명경쟁 4. 수의계약 5. 법정위탁 6. 기타 ( ) 7. 해당없음	입찰방식 계약기간 1. 1년 2. 2년 3. 3년 4. 4년 5. 5년 6. 기타 ( )년 7. 단기계약 (1년미만) 8. 해당없음	입찰방식 낙찰자선정방법 1. 적격심사 2. 협상에의한계약 3. 최저가낙찰제 4. 규격가격분리 5. 2단계 경쟁입찰 6. 기타 ( ) 7. 해당없음	운영예산 산정 운영예산 산정 1. 내부산정 (지자체 자체적으로 산정) 2. 외부산정 (외부전문기관위탁 산정) 3. 내·외부 모두 산정 4. 산정 無 5. 해당없음	운영예산 산정 정산방법 1. 내부정산 (지자체 내부적으로 정산) 2. 외부정산 (외부전문기관위탁 정산) 3. 내·외부 모두 산정 4. 정산 無 5. 해당없음	성과평가 실시여부 1. 실시 2. 미실시 3. 향후 추진 4. 해당없음
16880	경북 성주군	축산물HACCP컨설팅지원	9,800	농정과	1	2	7	8	7	1	1	3
16881	경북 성주군	축산물HACCP컨설팅지원	5,600	농정과	1	2	7	8	7	1	1	3
16882	경북 성주군	축산물HACCP컨설팅지원	4,200	농정과	1	2	7	8	7	1	1	3
16883	경북 성주군	쇠고기이력추적제인턴지원	24,996	농정과	1	2	7	8	7	1	1	3
16884	경북 성주군	낙농지원사업	7,540	농정과	1	6	7	8	7	1	1	3
16885	경북 성주군	낙농지원사업	10,800	농정과	1	6	7	8	7	1	1	3
16886	경북 성주군	축산분야HACCP인증비지원	1,260	농정과	1	6	7	8	7	1	1	3
16887	경북 성주군	농업인의식전환교육	10,000	농정과	1	7	7	8	7	1	1	3
16888	경북 성주군	농민회원역량강화교육사업	1,500	농정과	1	7	7	8	7	1	1	3
16889	경북 성주군	농촌마을공동급식시설지원	16,000	농정과	1	6	7	8	7	1	1	3
16890	경북 성주군	농업경영체경영컨설팅지원	15,000	농정과	1	2	7	8	7	1	1	3
16891	경북 성주군	여성농업인농작업편의장비지원	5,000	농정과	1	6	7	8	7	1	1	3
16892	경북 성주군	농촌체험휴양마을보험가입지원	3,312	농정과	1	2	7	8	7	1	1	3
16893	경북 성주군	여성농업인행복바우처지원사업	84,000	농정과	1	6	7	8	7	1	1	3
16894	경북 성주군	청년농부육성지원	150,000	농정과	1	6	7	8	7	1	1	3
16895	경북 성주군	농촌체험관광활성화지원	5,000	농정과	1	2	7	8	7	1	1	3
16896	경북 성주군	청년농업인영농정착지원사업	451,927	농정과	1	2	7	8	7	1	1	3
16897	경북 성주군	초보청년농부멘토링지원	63,000	농정과	1	6	7	8	7	1	1	3
16898	경북 성주군	향토농업문화계승보전지원	18,000	농정과	1	6	7	8	7	1	1	3
16899	경북 성주군	참외가공상품및레시피개발	60,000	농정과	1	2	7	8	7	1	1	3
16900	경북 성주군	참외마케팅강화	112,000	농정과	1	2	7	8	7	1	1	3
16901	경북 성주군	6차산업확대	49,000	농정과	1	2	7	8	7	1	1	3
16902	경북 성주군	사업단네트워크강화	90,000	농정과	1	2	7	8	7	1	1	3
16903	경북 성주군	공동마케팅및매니저지원	9,200	기업경제과	1	2	7	8	7	5	5	4
16904	경북 성주군	사회적경제기업판로지원	30,000	기업경제과	1	6	6	1	7	5	1	3
16905	경북 성주군	사회적기업등일자리창출사업	320,000	기업경제과	1	2	6	1	7	5	1	3
16906	경북 성주군	사회적기업사업개발비지원사업	40,000	기업경제과	1	2	6	1	7	5	1	3
16907	경북 성주군	산학일체형도제학교지원	50,000	기업경제과	1	6	7	8	7	5	5	4
16908	경북 성주군	사회적기업지역특화사업	30,000	기업경제과	1	2	2	1	7	5	1	3
16909	경북 성주군	청년스타트업지원	144,490	기업경제과	1	6	7	8	7	5	5	4
16910	경북 성주군	청년스타트업지원	99,510	기업경제과	1	6	7	8	7	5	5	4
16911	경북 성주군	경북형사회적경제청년일자리사업	129,600	기업경제과	1	2	7	8	7	5	5	4
16912	경북 성주군	BE Flying 청년문화기획가 in 성주	211,767	기업경제과	1	2	6	1	7	5	1	1
16913	경북 성주군	경북청년예비창업가육성사업	30,000	기업경제과	1	6	7	8	7	5	5	4
16914	경북 성주군	생존에서기회로!포스트코로나맞춤형청년일자리	191,925	기업경제과	1	2	6	1	7	5	1	3
16915	경북 성주군	중소기업인위탁연수	5,000	기업경제과	1	4	7	8	7	5	5	4
16916	경북 성주군	모범운전자회교통안전활동지원	2,450	기업경제과	1	4	7	8	7	1	1	1
16917	경북 성주군	녹색어머니회교통안전사업지원	2,000	기업경제과	1	4	7	8	7	1	1	1
16918	경북 성주군	성주군새마을회단체활동지원	92,000	새마을녹지과	1	1	7	8	7	5	5	4
16919	경북 성주군	바르게살기운동성주군협의회단체활동지원	13,000	새마을녹지과	1	1	7	8	7	5	5	4
16920	경북 성주군	한국자유총연맹성주군지회단체활동지원	15,000	새마을녹지과	1	1	7	8	7	5	5	4
16921	경북 성주군	범도민독서생활화추진	6,400	새마을녹지과	1	1	7	8	7	5	5	4
16922	경북 성주군	바르게살기운동활성화추진운영지원	10,000	새마을녹지과	1	1	7	8	7	5	5	4
16923	경북 성주군	바르게살기운동건전생활실천순회교육	1,650	새마을녹지과	1	1	7	8	7	5	5	4
16924	경북 성주군	바르게살기운동청년조직활성화	5,000	새마을녹지과	1	1	7	8	7	5	5	4
16925	경북 성주군	범죄피해자지원센터	10,500	새마을녹지과	1	1	7	8	7	5	5	4
16926	경북 성주군	성주해병대전우회안전문화지도및자원봉사	15,000	새마을녹지과	1	7	7	8	7	5	5	4
16927	경북 성주군	민족통일성주군협의회 평화통일기반구축활동	2,000	새마을녹지과	1	7	7	8	7	5	5	4
16928	경북 성주군	사회단체협의회 지역발전활성화추진	20,000	새마을녹지과	1	7	7	8	7	5	5	4
16929	경북 성주군	백두대간구곡문화자산탐방	35,000	새마을녹지과	1	4	7	8	7	5	5	4
16930	경북 성주군	임산물소득사업	7,000	새마을녹지과	1	5	7	8	7	5	5	4

순번	시군구	지출명 (사업명)	2021년예산 (단위:천원/1년간)	담당자 (공무원) 담당부서	민간이전 분류 (지방자치단체 세출예산 집행기준에 의거) 1. 민간경상사업보조(307-02) 2. 민간단체 법정운영비보조(307-03) 3. 민간행사사업보조(307-04) 4. 민간위탁금(307-05) 5. 사회복지시설 법정운영비보조(307-10) 6. 민간인위탁교육비(307-12) 7. 공기관등에대한경상적위탁사업비(308-11) 8. 민간자본사업보조,자체재원(402-01) 9. 민간자본사업보조,이전재원(402-02) 10. 민간위탁사업비(402-03) 11. 공기관등에 대한 자본적 대행사업비(403-02)	민간이전지출 근거 (지방보조금 관리기준 참고) 1. 법률에 규정 2. 국고보조 재원(국가지정) 3. 용도 지정 기부금 4. 조례에 직접규정 5. 지자체가 권장하는 사업을 하는 공공기관 6. 시,도 정책 및 재정사정 7. 기타 8. 해당없음	입찰방식 계약체결방법 (경쟁형태) 1. 일반경쟁 2. 제한경쟁 3. 지명경쟁 4. 수의계약 5. 법정위탁 6. 기타 ( ) 7. 해당없음	입찰방식 계약기간 1. 1년 2. 2년 3. 3년 4. 4년 5. 5년 6. 기타 ( )년 7. 단기계약 (1년미만) 8. 해당없음	입찰방식 낙찰자선정방법 1. 적격심사 2. 협상에의한계약 3. 최저가낙찰제 4. 규격가격분리 5. 2단계 경쟁입찰 6. 기타 ( ) 7. 해당없음	운영예산 산정 운영예산 산정 1. 내부산정 (지자체 자체적으로 산정) 2. 외부산정 (외부전문기관위탁 산정) 3. 내·외부 모두 산정 4. 산정 無 5. 해당없음	운영예산 산정 정산방법 1. 내부정산 (지자체 내부적으로 정산) 2. 외부정산 (외부전문기관위탁 정산) 3. 내·외부 모두 산정 4. 정산 無 5. 해당없음	성과평가 실시여부 1. 실시 2. 미실시 3. 향후 추진 4. 해당없음
16931	경북 성주군	산림소득활성화사업	3,500	새마을녹지과	1	2	7	8	7	5	5	4
16932	경북 성주군	산림작물생산단지	74,180	새마을녹지과	1	2	7	8	7	5	5	4
16933	경북 성주군	산양삼생산과정확인지원	1,140	새마을녹지과	1	2	7	8	7	5	5	4
16934	경북 성주군	임산물상품화지원	25,000	새마을녹지과	1	2	7	8	7	5	5	4
16935	경북 성주군	유기질비료 지원	390	새마을녹지과	1	2	7	8	7	5	5	4
16936	경북 성주군	임산물 택배비 지원	10,000	새마을녹지과	1	6	7	8	7	5	5	4
16937	경북 성주군	안전골든벨 경상북도 어린이 퀴즈쇼 성주예선	10,000	건설안전과	1	5	6	1	6	1	1	1
16938	경북 성주군	외식업소맞춤형친절경영개선컨설팅	15,000	보건소	1	4	7	8	7	1	1	1
16939	경북 성주군	음식점위생등급제선진지견학	10,000	보건소	1	4	7	8	7	1	1	1
16940	경북 성주군	메뉴개발요리아카데미운영	10,000	보건소	1	4	7	8	7	1	1	1
16941	경북 성주군	취약지역응급의료기관운영지원	275,000	보건소	1	1	7	8	7	5	2	4
16942	경북 성주군	한센간이양로주택운영지원	31,598	보건소	1	2	7	8	7	5	1	4
16943	경북 성주군	농촌지도자회PLS대응홍보및역량강화활동지원	3,000	농업기술센터	1	2	7	8	7	1	1	4
16944	경북 성주군	농업경영인경영능력향상교육	20,000	농업기술센터	1	2	7	8	7	1	1	1
16945	경북 성주군	농업인학습단체리더양성대회	40,000	농업기술센터	1	2	7	8	7	1	1	4
16946	경북 성주군	청년농업인4-H회원과제활동지원	3,000	농업기술센터	1	2	7	8	7	1	1	4
16947	경북 성주군	학생4-H회원과제활동지원	3,000	농업기술센터	1	2	7	8	7	1	1	4
16948	경북 성주군	여성조직체육성	5,000	농업기술센터	1	1	7	8	7	1	1	1
16949	경북 성주군	행복한농촌가정육성프로젝트시범	5,000	농업기술센터	1	6	7	8	7	1	1	1
16950	경북 성주군	귀농인역량강화교육	8,000	농업기술센터	1	1	7	8	7	5	5	4
16951	경북 성주군	전문체육육성	6,000	체육시설사업소	1	4	7	8	7	5	5	4
16952	경북 성주군	전문체육육성	6,000	체육시설사업소	1	4	7	8	7	5	5	4
16953	경북 성주군	경북도민장애인체육대회출전경비	10,000	체육시설사업소	1	4	7	8	7	5	5	4
16954	경북 성주군	지역체육단체지원	28,000	체육시설사업소	1	4	7	8	7	5	5	4
16955	경북 성주군	지역체육단체지원	18,000	체육시설사업소	1	4	7	8	7	5	5	4
16956	경북 성주군	지역체육단체지원	52,000	체육시설사업소	1	4	7	8	7	5	5	4
16957	경북 성주군	지역체육단체지원	5,000	체육시설사업소	1	4	7	8	7	5	5	4
16958	경북 성주군	군민체육대회	250,000	체육시설사업소	1	4	7	8	7	5	5	4
16959	경북 성주군	경북도민체육대회 출전경비	170,000	체육시설사업소	1	4	7	8	7	5	5	4
16960	경북 성주군	생활체육교실운영	24,000	체육시설사업소	1	4	7	8	7	5	5	4
16961	경북 성주군	시군생활체육지도자배치	204,624	체육시설사업소	1	4	7	8	7	5	5	4
16962	경북 성주군	시군생활체육지도자배치	13,200	체육시설사업소	1	4	7	8	7	5	5	4
16963	경북 성주군	시군어르신체육활동지원	116,928	체육시설사업소	1	4	7	8	7	5	5	4
16964	경북 성주군	생활체육지도자수당지원	6,120	체육시설사업소	1	4	7	8	7	5	5	4
16965	경북 성주군	시군생활체육지도자교통비지원	13,200	체육시설사업소	1	4	7	8	7	5	5	4
16966	경북 성주군	생활체육육성	19,000	체육시설사업소	1	4	7	8	7	5	5	4
16967	경북 성주군	생활체육육성	5,400	체육시설사업소	1	4	7	8	7	5	5	4
16968	경북 성주군	생활체육육성	50,000	체육시설사업소	1	4	7	8	7	5	5	4
16969	경북 성주군	생활체육육성	6,000	체육시설사업소	1	4	7	8	7	5	5	4
16970	경북 성주군	생활체육육성	5,000	체육시설사업소	1	4	7	8	7	5	5	4
16971	경북 성주군	생활체육육성	5,000	체육시설사업소	1	4	7	8	7	5	5	4
16972	경북 성주군	생활체육육성	30,000	체육시설사업소	1	4	7	8	7	5	5	4
16973	경북 성주군	생활체육육성	4,500	체육시설사업소	1	4	7	8	7	5	5	4
16974	경북 성주군	생활체육육성	4,500	체육시설사업소	1	4	7	8	7	5	5	4
16975	경북 성주군	생활체육육성	14,000	체육시설사업소	1	4	7	8	7	5	5	4
16976	경북 성주군	생활체육육성	1,500	체육시설사업소	1	4	7	8	7	5	5	4
16977	경북 성주군	생활체육육성	3,000	체육시설사업소	1	4	7	8	7	5	5	4
16978	경북 성주군	성주참외배 전국테니스대회	12,000	체육시설사업소	1	4	7	8	7	5	5	4
16979	경북 성주군	성주참외배 전국정구대회	15,000	체육시설사업소	1	4	7	8	7	5	5	4
16980	경북 성주군	시군장애인생활체육지도자배치	29,232	체육시설사업소	1	4	7	8	7	5	5	4
16981	경북 성주군	시군장애인생활체육지도자배치	1,200	체육시설사업소	1	4	7	8	7	5	5	4

순번	시군구	지출명 (사업명)	2021년예산 (단위:천원/1년간)	담당자 (공무원) 담당부서	민간이전 분류 (지방자치단체 세출예산 집행기준에 의거) 1. 민간경상사업보조(307-02) 2. 민간단체 법정운영비보조(307-03) 3. 민간행사사업보조(307-04) 4. 민간위탁금(307-05) 5. 사회복지시설 법정운영비보조(307-10) 6. 민간인위탁교육비(307-12) 7. 공기관등에대한경상적위탁사업비(308-11) 8. 민간자본사업보조,자체재원(402-01) 9. 민간자본사업보조,이전재원(402-02) 10. 민간위탁사업비(402-03) 11. 공기관등에 대한 자본적 대행사업비(403-02)	민간이전지출 근거 (지방보조금 관리기준 참고) 1. 법률에 규정 2. 국고보조 재원(국가지정) 3. 용도 지정 기부금 4. 조례에 직접규정 5. 지자체가 권장하는 사업을 하는 공공기관 6. 시,도 정책 및 재정사정 7. 기타 8. 해당없음	입찰방식 계약체결방법 (경쟁형태) 1. 일반경쟁 2. 제한경쟁 3. 지명경쟁 4. 수의계약 5. 법정위탁 6. 기타 ( ) 7. 해당없음	입찰방식 계약기간 1. 1년 2. 2년 3. 3년 4. 4년 5. 5년 6. 기타 ( )년 7. 단기계약 (1년미만) 8. 해당없음	입찰방식 낙찰자선정방법 1. 적격심사 2. 협상에의한계약 3. 최저가낙찰제 4. 규격가격분리 5. 2단계 경쟁입찰 6. 기타 ( ) 7. 해당없음	운영예산 산정 운영예산 산정 1. 내부산정 (지자체 자체적으로 산정) 2. 외부산정 (외부전문기관위탁 산정) 3. 내·외부 모두 산정 4. 산정 無 5. 해당없음	운영예산 산정 정산방법 1. 내부정산 (지자체 내부적으로 정산) 2. 외부정산 (외부전문기관위탁 정산) 3. 내·외부 모두 산정 4. 정산 無 5. 해당없음	성과평가 실시여부 1. 실시 2. 미실시 3. 향후 추진 4. 해당없음
16982	경북 성주군	시군장애인생활체육지도자교통비지원	1,200	체육시설사업소	1	4	7	8	7	5	5	4
16983	경북 칠곡군	범죄피해자센터 지원	13,500	총무과	1	1	7	8	7	5	1	4
16984	경북 칠곡군	민주평통 평화통일을 위한 국토사랑탐방	1,200	총무과	1	1	7	8	7	1	1	1
16985	경북 칠곡군	민족통일 회원 연수대회	700	총무과	1	1	7	8	7	1	1	1
16986	경북 칠곡군	민족통일 경상북도대회	700	총무과	1	1	7	8	7	1	1	1
16987	경북 칠곡군	민족통일 전국대회	700	총무과	1	1	7	8	7	1	1	1
16988	경북 칠곡군	민주평화통일자문지원사업	3,640	총무과	1	1	7	8	7	1	1	1
16989	경북 칠곡군	정보화마을 활성화 지원	10,000	회계정보과	1	6	7	8	7	1	1	2
16990	경북 칠곡군	브랜드택시 지원	121,674	교통행정과	1	4	7	8	7	5	5	4
16991	경북 칠곡군	대통령기 국민독서 경진대회 군 예선	3,500	새마을체육과	1	1	7	8	7	1	1	1
16992	경북 칠곡군	피서지 새마을작은도서관 운영	3,000	새마을체육과	1	1	7	8	7	1	1	1
16993	경북 칠곡군	범도민독서 생활화사업	25,000	새마을체육과	1	1	7	8	7	1	1	1
16994	경북 칠곡군	행복한 보금자리 만들기 사업	24,000	새마을체육과	1	1	7	8	7	1	1	1
16995	경북 칠곡군	바르게살기운동 건전생활실천교육	3,000	새마을체육과	1	1	7	8	7	1	1	1
16996	경북 칠곡군	바르게살기운동 청년회조직 활성화	5,000	새마을체육과	1	1	7	8	7	1	1	1
16997	경북 칠곡군	농촌체험휴양마을 사무장지원사업	19,764	농업정책과	1	1	6	6	1	3	3	1
16998	경북 칠곡군	가축생균제 배양원료 구입비	39,600	농업정책과	1	7	7	8	7	5	5	4
16999	경북 칠곡군	친환경농업정보지 보급지원	2,880	농업정책과	1	4	7	8	7	5	5	4
17000	경북 칠곡군	농촌인력중개센터운영지원	4,000	농업정책과	1	1	7	8	7	5	5	4
17001	경북 칠곡군	친환경농산물 판로확대지원	7,724	농업정책과	1	1	7	8	7	5	5	4
17002	경북 칠곡군	쌀전업농정보지지급지원	6,120	농업정책과	1	4	7	8	7	5	5	4
17003	경북 칠곡군	화훼직거래활성화지원	22,500	농업정책과	1	6	7	8	7	3	3	1
17004	경북 칠곡군	농특산물 직거래장터 운영	36,000	농업정책과	1	4	7	8	7	3	3	1
17005	경북 칠곡군	칠곡군 공동브랜드 상표사용자 지원사업	20,000	농업정책과	1	4	7	8	7	3	3	1
17006	경북 칠곡군	농산물 포장박스 지원사업	600,000	농업정책과	1	4	7	8	7	3	3	1
17007	경북 칠곡군	경북 우수농산물 상표사용자 지원사업	10,000	농업정책과	1	6	7	8	7	3	3	1
17008	경북 칠곡군	과수생력화 장비지원사업	5,000	농업정책과	1	6	7	8	7	3	3	1
17009	경북 칠곡군	FTA대응 대체과수 명품화사업	26,500	농업정책과	1	6	7	8	7	3	3	1
17010	경북 칠곡군	농식품 국내 판촉지원사업	12,500	농업정책과	1	6	7	8	7	3	3	1
17011	경북 칠곡군	우수식재료 학교급식 현물지원사업	1,220	농업정책과	1	6	7	8	7	3	3	1
17012	경북 칠곡군	농산물 마케팅 지원	2,000	농업정책과	1	2	7	8	7	3	3	1
17013	경북 칠곡군	저품위사과 시장격리 수매지원	10,000	농업정책과	1	6	7	8	7	3	3	1
17014	경북 칠곡군	초등돌봄교실 과일간식 지원사업	63,042	농업정책과	1	2	7	8	7	3	3	1
17015	경북 칠곡군	유치원 친환경농축산물 현물지원	10,000	농업정책과	1	4	7	8	7	3	3	1
17016	경북 칠곡군	농산물 공동선별비 지원	137,000	농업정책과	1	2	7	8	7	3	3	1
17017	경북 칠곡군	한우 유혈거세비용지원	50,400	농업정책과	1	7	7	8	7	5	5	4
17018	경북 칠곡군	한우 고급육생산 우량정액대 지원	34,800	농업정책과	1	7	7	8	7	5	5	4
17019	경북 칠곡군	우유체세포 감소제 지원	12,000	농업정책과	1	7	7	8	7	5	5	4
17020	경북 칠곡군	육계농가 생균제 지원	24,000	농업정책과	1	7	7	8	7	5	5	4
17021	경북 칠곡군	브랜드 벌꿀 포장재 지원	19,800	농업정책과	1	7	7	8	7	5	5	4
17022	경북 칠곡군	꿀벌 소초광 지원	19,800	농업정책과	1	7	7	8	7	5	5	4
17023	경북 칠곡군	유기질비료 생산용 톱밥 지원	18,000	농업정책과	1	7	7	8	7	5	5	4
17024	경북 칠곡군	유기질비료 포장재 지원	21,600	농업정책과	1	7	7	8	7	5	5	4
17025	경북 칠곡군	부숙퇴비생산용 수분조절제 지원	105,000	농업정책과	1	7	7	8	7	5	5	4
17026	경북 칠곡군	조사료생산용 사일리지 제조	60,480	농업정책과	1	7	7	8	7	5	5	4
17027	경북 칠곡군	면역강화용 사료첨가제 지원	58,350	농업정책과	1	7	7	8	7	5	5	4
17028	경북 칠곡군	돼지액상정액지원	8,100	농업정책과	1	7	7	8	7	5	5	4
17029	경북 칠곡군	자돈폐사율 감소지원	330	농업정책과	1	7	7	8	7	5	5	4
17030	경북 칠곡군	한우암소능력검정사업	48,000	농업정책과	1	7	7	8	7	5	5	4
17031	경북 칠곡군	한우수정란이식사업	10,280	농업정책과	1	7	7	8	7	5	5	4
17032	경북 칠곡군	학교우유급식지원	339,500	농업정책과	1	7	7	8	7	5	5	4

순번	시군구	지출명 (사업명)	2021년예산 (단위:천원/1년간)	담당자 (공무원)	민간이전 분류 (지방자치단체 세출예산 집행기준에 의거)	민간이전지출 근거 (지방보조금 관리기준 참고)	입찰방식			운영예산 산정		성과평가 실시여부
				담당부서	1. 민간경상사업보조(307-02) 2. 민간단체 법정운영비보조(307-03) 3. 민간행사사업보조(307-04) 4. 민간위탁금(307-05) 5. 사회복지시설 법정운영비보조(307-10) 6. 민간인위탁교육비(307-12) 7. 공기관등에대한경상적위탁사업비(308-11) 8. 민간자본사업보조,자체재원(402-01) 9. 민간자본사업보조,이전재원(402-02) 10. 민간위탁사업비(402-03) 11. 공기관등에 대한 자본적 대행사업비(403-02)	1. 법률에 규정 2. 국고보조 재원(국가지정) 3. 용도 지정 기부금 4. 조례에 직접규정 5. 지자체가 권장하는 사업을 하는 공공기관 6. 시,도 정책 및 재정사정 7. 기타 8. 해당없음	계약체결방법 (경쟁형태) 1. 일반경쟁 2. 제한경쟁 3. 지명경쟁 4. 수의계약 5. 법정위탁 6. 기타 ( ) 7. 해당없음	계약기간 1. 1년 2. 2년 3. 3년 4. 4년 5. 5년 6. 기타 ( )년 7. 단기계약 (1년미만) 8. 해당없음	낙찰자선정방법 1. 적격심사 2. 협상에의한계약 3. 최저가낙찰제 4. 규격가격분리 5. 2단계 경쟁입찰 6. 기타 ( ) 7. 해당없음	운영예산 산정 1. 내부산정 (지자체 자체적으로 산정) 2. 외부산정 (외부전문기관위탁 산정) 3. 내·외부 모두 산정 4. 산정 無 5. 해당없음	정산방법 1. 내부정산 (지자체 내부적으로 정산) 2. 외부정산 (외부전문기관위탁 정산) 3. 내·외부 모두 산정 4. 정산 無 5. 해당없음	1. 실시 2. 미실시 3. 향후 추진 4. 해당없음
17033	경북 칠곡군	젖소유전형질 개량사업	7,540	농업정책과	1	7	7	8	7	5	5	4
17034	경북 칠곡군	불량모돈 갱신사업	24,000	농업정책과	1	7	7	8	7	5	5	4
17035	경북 칠곡군	계란난좌 지원사업	40,500	농업정책과	1	7	7	8	7	5	5	4
17036	경북 칠곡군	육계사 깔짚지원	12,500	농업정책과	1	7	7	8	7	5	5	4
17037	경북 칠곡군	꿀벌화분지원	36,000	농업정책과	1	7	7	8	7	5	5	4
17038	경북 칠곡군	토종벌 종 보전지원	12,800	농업정책과	1	7	7	8	7	5	5	4
17039	경북 칠곡군	학생승마지원	40,128	농업정책과	1	7	7	8	7	5	5	4
17040	경북 칠곡군	친환경악취저감제 지원	20,400	농업정책과	1	7	7	8	7	5	5	4
17041	경북 칠곡군	친환경축산물 인증비 지원	9,310	농업정책과	1	7	7	8	7	5	5	4
17042	경북 칠곡군	축사단열처리지원	5,000	농업정책과	1	7	7	8	7	5	5	4
17043	경북 칠곡군	조사료생산용 종자구입지원	19,320	농업정책과	1	7	7	8	7	5	5	4
17044	경북 칠곡군	퇴액비살포비 지원	40,000	농업정책과	1	7	7	8	7	5	5	4
17045	경북 칠곡군	수산전문지 보급	840	농업정책과	1	7	7	8	7	5	5	4
17046	경북 칠곡군	산란계 닭진드기 방제약품 구입지원	10,500	농업정책과	1	2	7	8	7	5	5	4
17047	경북 칠곡군	돼지 써코바이러스 백신지원	21,560	농업정책과	1	2	7	8	7	5	5	4
17048	경북 칠곡군	공동방제단 방역요원 인건비	52,280	농업정책과	1	2	7	8	7	5	5	4
17049	경북 칠곡군	공동방제단 운영비	52,584	농업정책과	1	2	7	8	7	5	5	4
17050	경북 칠곡군	닭 진드기 공동방제 지원사업	24,000	농업정책과	1	2	7	8	7	5	5	4
17051	경북 칠곡군	구제역 백신 구입비 지원	141,972	농업정책과	1	2	7	8	7	5	5	4
17052	경북 칠곡군	축산물이력제 업무 인턴지원	24,996	농업정책과	1	2	7	8	7	5	5	4
17053	경북 칠곡군	축산물 HACCP컨설팅(농장)사업	9,800	농업정책과	1	2	7	8	7	5	5	4
17054	경북 칠곡군	축산물 HACCP 인증비 지원	2,716	농업정책과	1	2	7	8	7	5	5	4
17055	경북 칠곡군	온실진단 및 청소년기후변화교육	6,000	환경관리과	1	2	7	7	7	5	5	4
17056	경북 칠곡군	야생동물 진료센터 운영	6,000	환경관리과	1	7	4	1	7	1	1	4
17057	경북 칠곡군	임업인정보지 보급지원	6,780	산림녹지과	1	1	7	8	7	1	1	4
17058	경북 칠곡군	산림소득활성화사업	3,500	산림녹지과	1	1	7	8	7	1	1	4
17059	경북 칠곡군	산양삼생산과정확인제도	1,140	산림녹지과	1	1	7	8	7	1	1	4
17060	경북 칠곡군	도시숲정원관리운영	192,000	산림녹지과	1	1	7	8	7	1	1	4
17061	경북 칠곡군	찾아가는 유아숲 프로그램 운영	9,524	산림녹지과	1	1	7	8	7	1	1	4
17062	경북 칠곡군	시민정원사 교육 운영지원	40,000	산림녹지과	1	1	7	8	7	1	1	4
17063	경북 칠곡군	농촌지도자회 육성지원	2,500	농업기술센터	1	4	7	8	7	1	1	4
17064	경북 칠곡군	4-H회 육성지원	1,000	농업기술센터	1	4	7	8	7	1	1	4
17065	경북 칠곡군	농업인신문 보급지원	19,400	농업기술센터	1	6	7	8	7	1	1	4
17066	경북 칠곡군	농촌지도자 과제활동지원	4,000	농업기술센터	1	6	7	8	7	1	1	1
17067	경북 칠곡군	4-H신문 보급 지원	660	농업기술센터	1	6	7	8	7	1	1	4
17068	경북 칠곡군	청년농업인 4-H회원 과제활동 지원	3,000	농업기술센터	1	6	7	8	7	1	1	1
17069	경북 칠곡군	생활개선회 육성지원	3,200	농업기술센터	1	4	7	8	7	1	1	1
17070	경북 칠곡군	생활개선회원 신문보급료 지원	18,000	농업기술센터	1	6	7	8	7	1	1	3
17071	경북 칠곡군	행복한 농촌가정 육성 프로젝트	5,000	농업기술센터	1	6	7	8	7	1	1	3
17072	경북 칠곡군	양봉브랜드 활성화 지원시범	21,000	농업기술센터	1	7	7	8	7	5	5	1
17073	경북 칠곡군	양봉브랜드 홍보마케팅 시범	40,000	농업기술센터	1	6	7	8	7	5	5	3
17074	경북 예천군	한자녀더갖기 사업활성화 지원	12,000	기획감사실	1	4	7	8	7	1	1	1
17075	경북 예천군	중증장애인 사회참여 역량강화	4,000	주민복지실	1	1	7	8	7	1	1	1
17076	경북 예천군	호국보훈 안보교육 지원	3,000	주민복지실	1	4	7	8	7	1	1	1
17077	경북 예천군	재향군인의 날 기념식 지원	3,000	주민복지실	1	4	7	8	7	1	1	1
17078	경북 예천군	6.25바로 알리기 및 현장교육 지원	3,000	주민복지실	1	4	7	8	7	1	1	1
17079	경북 예천군	월남전참전자회 활성화사업 지원	5,000	주민복지실	1	4	7	8	7	1	1	1
17080	경북 예천군	사회복지시설종사자 보수교육 지원	7,500	주민복지실	1	4	7	8	7	1	1	4
17081	경북 예천군	자원봉사 활성화	10,000	주민복지실	1	4	7	8	7	1	3	4
17082	경북 예천군	자원봉사 보험가입 서비스 지원	2,211	주민복지실	1	2	7	8	7	1	3	4
17083	경북 예천군	노인회 선진의식 함양교육	6,900	주민복지실	1	6	7	8	7	1	1	2

순번	시군구	지출명 (사업명)	2021년예산 (단위:천원/1년간)	담당자 (공무원) 담당부서	민간이전 분류 (지방자치단체 세출예산 집행기준에 의거) 1. 민간경상사업보조(307-02) 2. 민간단체 법정운영비보조(307-03) 3. 민간행사사업보조(307-04) 4. 민간위탁금(307-05) 5. 사회복지시설 법정운영비보조(307-10) 6. 민간인위탁교육비(307-12) 7. 공기관등에대한경상적위탁사업비(308-11) 8. 민간자본사업보조,자체재원(402-01) 9. 민간자본사업보조,이전재원(402-02) 10. 민간위탁사업비(402-03) 11. 공기관등에 대한 자본적 대행사업비(403-02)	민간이전지출 근거 (지방보조금 관리기준 참고) 1. 법률에 규정 2. 국고보조 재원(국가지정) 3. 용도 지정 기부금 4. 조례에 직접규정 5. 지자체가 권장하는 사업을 하는 공공기관 6. 시,도 정책 및 재정사정 7. 기타 8. 해당없음	입찰방식 계약체결방법 (경쟁형태) 1. 일반경쟁 2. 제한경쟁 3. 지명경쟁 4. 수의계약 5. 법정위탁 6. 기타 ( ) 7. 해당없음	입찰방식 계약기간 1. 1년 2. 2년 3. 3년 4. 4년 5. 5년 6. 기타 ( )년 7. 단기계약 (1년미만) 8. 해당없음	입찰방식 낙찰자선정방법 1. 적격심사 2. 협상에의한계약 3. 최저가낙찰제 4. 규격가격분리 5. 2단계 경쟁입찰 6. 기타 ( ) 7. 해당없음	운영예산 산정 운영예산 산정 1. 내부산정 (지자체 자체적으로 산정) 2. 외부산정 (외부전문기관위탁 산정) 3. 내·외부 모두 산정 4. 산정 無 5. 해당없음	운영예산 산정 정산방법 1. 내부정산 (지자체 내부적으로 정산) 2. 외부정산 (외부전문기관위탁 정산) 3. 내·외부 모두 산정 4. 정산 無 5. 해당없음	성과평가 실시여부 1. 실시 2. 미실시 3. 향후 추진 4. 해당없음
17084	경북 예천군	여성권익증진사업	10,000	주민복지실	1	4	7	8	7	1	1	4
17085	경북 예천군	향우회 군민의 날 지원	7,000	행정지원실	1	4	7	8	7	5	1	4
17086	경북 예천군	예천군통합방위협의회지원	15,000	행정지원실	1	4	7	8	7	1	1	1
17087	경북 예천군	예천군 적십자사봉사회 사업활성화 지원	10,000	행정지원실	1	4	7	1	7	1	1	1
17088	경북 예천군	민주평화통일 역량 강화	7,000	행정지원실	1	1	7	8	7	1	1	4
17089	경북 예천군	자율방범대역량강화	5,000	행정지원실	1	4	7	8	7	1	1	4
17090	경북 예천군	이장 역량강화	25,000	행정지원실	1	4	7	8	7	1	1	4
17091	경북 예천군	범죄피해자 지원활동 사업	17,500	행정지원실	1	1	7	8	7	1	1	4
17092	경북 예천군	정보화마을 농산물 직거래장터(Festa) 참가 지원	4,500	행정지원실	1	4	7	8	7	1	1	1
17093	경북 예천군	행복학습센터지원	50,000	행정지원실	1	4	7	8	7	5	5	4
17094	경북 예천군	행복학습센터 지원	20,000	행정지원실	1	4	7	8	7	5	5	4
17095	경북 예천군	성인문해교육 지원	20,000	행정지원실	1	4	7	8	7	5	5	4
17096	경북 예천군	노인교실 운영 지원	56,000	행정지원실	1	6	7	1	7	1	1	2
17097	경북 예천군	초등학생 영어체험학습 지원	96,000	행정지원실	1	6	7	8	7	5	5	4
17098	경북 예천군	중학생 영어체험학습 지원	60,000	행정지원실	1	4	7	8	7	5	5	4
17099	경북 예천군	재활용품수집(고철,헌옷모으기 등) 지원	5,000	새마을경제과	1	4	7	8	7	1	1	1
17100	경북 예천군	사랑의 김장 담가주기 지원	12,000	새마을경제과	1	4	7	8	7	1	1	1
17101	경북 예천군	군민 안보의식 강화사업 지원	7,000	새마을경제과	1	4	7	8	7	1	1	1
17102	경북 예천군	행복한 보금자리 만들기	45,000	새마을경제과	1	4	7	8	7	1	1	1
17103	경북 예천군	군민 독서 생활화 추진	6,400	새마을경제과	1	4	7	8	7	1	1	1
17104	경북 예천군	건전생활실천 순회교육 지원	1,650	새마을경제과	1	4	7	8	7	1	1	1
17105	경북 예천군	바르게살기운동 청년회 활성화 지원	5,000	새마을경제과	1	4	7	8	7	1	1	1
17106	경북 예천군	상인조직 역량강화(상설시장 매니저)	23,280	새마을경제과	1	7	7	1	7	1	1	1
17107	경북 예천군	예천천문우주센터 과학,문화융합 사업	66,667	새마을경제과	1	7	7	8	7	1	1	1
17108	경북 예천군	창업보육센터 보육기업 지원	20,000	새마을경제과	1	4	7	8	7	1	1	1
17109	경북 예천군	중소기업 인턴사원 고용지원금	6,000	새마을경제과	1	6	7	8	7	5	5	4
17110	경북 예천군	청년창업 지원	45,000	새마을경제과	1	6	7	8	7	5	1	4
17111	경북 예천군	경북형 사회적경제 청년일자리 지원	136,800	새마을경제과	1	2	7	8	7	5	5	4
17112	경북 예천군	사회적기업 사업개발비 지원	50,000	새마을경제과	1	2	7	8	7	5	5	4
17113	경북 예천군	사회적기업 일자리창출	261,000	새마을경제과	1	2	7	8	7	5	5	4
17114	경북 예천군	사회적경제 활성화 지원	30,000	새마을경제과	1	2	7	8	7	5	5	4
17115	경북 예천군	경북형 대학일자리센터 운영 지원	64,000	새마을경제과	1	5	7	8	7	5	5	4
17116	경북 예천군	위생업소 현장방문 친절교육	20,000	종합민원과	1	1	7	8	7	5	5	4
17117	경북 예천군	식중독예방 및 음식문화개선 사업	20,000	종합민원과	1	1	7	8	7	5	5	4
17118	경북 예천군	외식업소 영업주 선진외식 문화체험	10,000	종합민원과	1	1	7	8	7	5	5	4
17119	경북 예천군	음식문화 개선을 위한 음식점 안심접시 등 지원	30,000	종합민원과	1	1	7	8	7	5	5	4
17120	경북 예천군	식문화개선 식단전시회	10,000	종합민원과	1	1	7	8	7	5	5	4
17121	경북 예천군	미용 아카데미 운영	10,000	종합민원과	1	4	7	8	7	5	5	4
17122	경북 예천군	국악분야 예술강사 지원	19,852	문화관광과	1	4	7	8	7	5	5	1
17123	경북 예천군	충효교실운영 지원	5,000	문화관광과	1	4	7	8	7	5	5	1
17124	경북 예천군	문화학교 운영 지원	8,000	문화관광과	1	4	7	8	7	5	5	1
17125	경북 예천군	경북선비아카데미 지원	5,500	문화관광과	1	4	7	8	7	5	5	1
17126	경북 예천군	문화정보센터 문화홍보사업 지원	28,500	문화관광과	1	4	7	8	7	5	5	1
17127	경북 예천군	주민과 함께하는 문학아카데미 지원	20,000	문화관광과	1	4	7	8	7	5	5	1
17128	경북 예천군	제3회 예천국제스마트폰영화제 지원	200,000	문화관광과	1	4	7	8	7	5	5	1
17129	경북 예천군	제39회 대한민국연극제 개최 지원	525,000	문화관광과	1	4	7	8	7	5	5	1
17130	경북 예천군	한시 기초반 강의 운영 지원	3,000	문화관광과	1	4	7	8	7	5	5	1
17131	경북 예천군	예천문화원 사업활동비 지원	64,000	문화관광과	1	4	7	8	7	5	5	1
17132	경북 예천군	윤리선양 실천사업 지원	3,000	문화관광과	1	4	7	8	7	5	5	1
17133	경북 예천군	한시회 시집 발간 지원	3,000	문화관광과	1	4	7	8	7	5	5	1
17134	경북 예천군	그린실버관악합주단 활성화사업 지원	15,000	문화관광과	1	4	7	8	7	5	5	1

순번	시군구	지출명 (사업명)	2021년예산 (단위:천원/1년간)	담당자 (공무원)	민간이전 분류 (지방자치단체 세출예산 집행기준에 의거)	민간이전지출 근거 (지방보조금 관리기준 참고)	입찰방식			운영예산 산정		성과평가 실시여부
				담당부서	1. 민간경상사업보조(307-02) 2. 민간단체 법정운영비보조(307-03) 3. 민간행사사업보조(307-04) 4. 민간위탁금(307-05) 5. 사회복지시설 법정운영비보조(307-10) 6. 민간인위탁교육비(307-12) 7. 공기관등에대한경상적위탁사업비(308-11) 8. 민간자본사업보조,자체재원(402-01) 9. 민간자본사업보조,이전재원(402-02) 10. 민간위탁사업비(402-03) 11. 공기관등에 대한 자본적 대행사업비(403-02)	1. 법률에 규정 2. 국고보조 재원(국가지정) 3. 용도 지정 기부금 4. 조례에 직접규정 5. 지자체가 권장하는 사업을 하는 공공기관 6. 시,도 정책 및 재정사정 7. 기타 8. 해당없음	계약체결방법 (경쟁형태) 1. 일반경쟁 2. 제한경쟁 3. 지명경쟁 4. 수의계약 5. 법정위탁 6. 기타 ( ) 7. 해당없음	계약기간 1. 1년 2. 2년 3. 3년 4. 4년 5. 5년 6. 기타 ( )년 7. 단기계약 (1년미만) 8. 해당없음	낙찰자선정방법 1. 적격심사 2. 협상에의한계약 3. 최저가낙찰제 4. 규격가격분리 5. 2단계 경쟁입찰 6. 기타 ( ) 7. 해당없음	운영예산 산정 1. 내부산정 (지자체 자체적으로 산정) 2. 외부산정 (외부전문기관위탁 산정) 3. 내·외부 모두 산정 4. 산정 無 5. 해당없음	정산방법 1. 내부정산 (지자체 내부적으로 정산) 2. 외부정산 (외부전문기관위탁 정산) 3. 내·외부 모두 산정 4. 정산 無 5. 해당없음	1. 실시 2. 미실시 3. 향후 추진 4. 해당없음
17135	경북 예천군	예천문화원 문화교실 운영 지원	21,000	문화관광과	1	4	7	8	7	5	5	1
17136	경북 예천군	미협지부 및 미술작가회 활성화사업 지원	7,000	문화관광과	1	4	7	8	7	5	5	1
17137	경북 예천군	예천서예인연합회 활성화사업 지원	11,000	문화관광과	1	4	7	8	7	5	5	1
17138	경북 예천군	군청사 갤러리 전시 지원	25,000	문화관광과	1	4	7	8	7	5	5	1
17139	경북 예천군	예천 사진공모전 지원	15,000	문화관광과	1	4	7	8	7	5	5	1
17140	경북 예천군	우리 민요활동 지원	10,000	문화관광과	1	4	7	8	7	5	5	1
17141	경북 예천군	예천 봄꽃 축제	5,000	문화관광과	1	4	7	8	7	5	5	1
17142	경북 예천군	지역민과 함께하는 동행 공연 지원	25,000	문화관광과	1	4	7	8	7	5	5	1
17143	경북 예천군	여성합창단 지원	25,000	문화관광과	1	4	7	8	7	5	5	1
17144	경북 예천군	민예총 예천지부 전통공연 활성화사업 지원	3,000	문화관광과	1	4	7	8	7	5	5	1
17145	경북 예천군	한내 책자 발간 지원	5,000	문화관광과	1	4	7	8	7	5	5	1
17146	경북 예천군	흑응풍물단 전통문화 활성화사업 지원	5,000	문화관광과	1	4	7	8	7	5	5	1
17147	경북 예천군	창작공간예술인촌 활성화사업 지원	10,000	문화관광과	1	4	7	8	7	5	5	1
17148	경북 예천군	도 풍물경연대회 출연 참가 지원	2,000	문화관광과	1	4	7	8	7	5	5	1
17149	경북 예천군	제3회 내성천 문예현상공모 지원	20,000	문화관광과	1	4	7	8	7	5	5	1
17150	경북 예천군	인재향 예천의 인물 재조명 및 스토리텔링 지원	30,000	문화관광과	1	4	7	8	7	5	5	1
17151	경북 예천군	한국예총예천지회 운영비 지원	40,000	문화관광과	1	4	7	8	7	5	5	1
17152	경북 예천군	지역문화사랑방 운영 지원	30,000	문화관광과	1	4	7	8	7	5	5	1
17153	경북 예천군	종무활동 지원	55,000	문화관광과	1	4	7	8	7	5	5	1
17154	경북 예천군	휴휴페스티벌 및 그림학교 지원	12,000	문화관광과	1	4	7	8	7	5	5	1
17155	경북 예천군	통합문화이용권사업 지원	258,700	문화관광과	1	2	7	8	7	5	5	4
17156	경북 예천군	단샘글씨겨루기대회 지원	70,000	문화관광과	1	4	7	8	7	5	5	1
17157	경북 예천군	삼강주막 나루터축제 개최	150,000	문화관광과	1	4	7	8	7	5	5	1
17158	경북 예천군	신풍미술관 활성화 지원	6,500	문화관광과	1	4	7	8	7	5	5	1
17159	경북 예천군	작은도서관 도서구입 지원	10,000	문화관광과	1	4	7	8	7	5	5	1
17160	경북 예천군	학교내 마을도서관 운영 지원	6,000	문화관광과	1	4	7	8	7	5	5	1
17161	경북 예천군	전통 사찰음식 요리교육 운영지원	28,700	문화관광과	1	4	7	8	7	1	1	1
17162	경북 예천군	무형문화재 보유단체 지원	21,600	문화관광과	1	1	7	8	7	1	1	1
17163	경북 예천군	무형문화재 교육활동 지원	3,000	문화관광과	1	1	7	8	7	1	1	1
17164	경북 예천군	서원 향사비 지원	13,500	문화관광과	1	4	7	8	7	1	1	1
17165	경북 예천군	예천향교 경전반 교육지원	12,000	문화관광과	1	4	7	8	7	1	1	1
17166	경북 예천군	삼강주막 상설공연장 운영	25,000	문화관광과	1	4	7	8	7	1	1	1
17167	경북 예천군	기로연 지원	7,000	문화관광과	1	4	7	8	7	1	1	1
17168	경북 예천군	향교향사비 지원	6,000	문화관광과	1	4	7	8	7	1	1	1
17169	경북 예천군	유림도자 업무연찬	4,000	문화관광과	1	4	7	8	7	1	1	1
17170	경북 예천군	초정서예연구원 활성화지원사업 지원	30,000	문화관광과	1	4	7	1	7	1	1	1
17171	경북 예천군	농촌유학센터 운영 지원	80,000	농정과	1	6	7	8	7	5	5	4
17172	경북 예천군	농촌체험관광 활성화 지원	12,000	농정과	1	6	7	8	7	5	5	4
17173	경북 예천군	농업경영인 군연합회 육성 지원	22,000	농정과	1	6	7	8	7	5	5	4
17174	경북 예천군	예천군 농업경영인 역량강화	15,000	농정과	1	6	7	8	7	5	5	4
17175	경북 예천군	농업경영인 도대회 참가 지원	5,000	농정과	1	6	7	8	7	5	5	4
17176	경북 예천군	농업경영인 시군 교류행사 참가 지원	5,000	농정과	1	6	7	8	7	5	5	4
17177	경북 예천군	여성농업인 역량강화 지원	3,000	농정과	1	6	7	8	7	5	5	4
17178	경북 예천군	한여농 쌀소비 촉진 및 도농상생교류 지원	3,000	농정과	1	6	7	8	7	5	5	4
17179	경북 예천군	한여농 전국대회 참가 지원	4,000	농정과	1	6	7	8	7	5	5	4
17180	경북 예천군	한여농 핵심리더 역량강화 워크숍	1,000	농정과	1	6	7	8	7	5	5	4
17181	경북 예천군	미래농업청년경영인 역량강화	5,000	농정과	1	6	7	8	7	5	5	4
17182	경북 예천군	여성농업인 행복바우처 지원	96,000	농정과	1	6	7	8	7	5	5	4
17183	경북 예천군	귀농인 빈집수리비 지원	20,000	농정과	1	1	7	8	7	5	1	4
17184	경북 예천군	청년농부 육성지원	60,000	농정과	1	6	7	8	7	5	5	4
17185	경북 예천군	청년농업인 영농정착지원	392,706	농정과	1	6	7	8	7	5	5	4

순번	시군구	지출명 (사업명)	2021년예산 (단위:천원/1년간)	담당자 (공무원) 담당부서	민간이전 분류 (지방자치단체 세출예산 집행기준에 의거) 1. 민간경상사업보조(307-02) 2. 민간단체 법정운영비보조(307-03) 3. 민간행사사업보조(307-04) 4. 민간위탁금(307-05) 5. 사회복지시설 법정운영비보조(307-10) 6. 민간인위탁교육비(307-12) 7. 공기관등에대한경상적위탁사업비(308-11) 8. 민간자본사업보조,자체재원(402-01) 9. 민간자본사업보조,이전재원(402-02) 10. 민간위탁사업비(402-03) 11. 공기관등에 대한 자본적 대행사업비(403-02)	민간이전지출 근거 (지방보조금 관리기준 참고) 1. 법률에 규정 2. 국고보조 재원(국가지정) 3. 용도 지정 기부금 4. 조례에 직접규정 5. 지자체가 권장하는 사업을 하는 공공기관 6. 시,도 정책 및 재정사정 7. 기타 8. 해당없음	입찰방식 계약체결방법 (경쟁형태) 1. 일반경쟁 2. 제한경쟁 3. 지명경쟁 4. 수의계약 5. 법정위탁 6. 기타 ( ) 7. 해당없음	입찰방식 계약기간 1. 1년 2. 2년 3. 3년 4. 4년 5. 5년 6. 기타 ( )년 7. 단기계약 (1년미만) 8. 해당없음	입찰방식 낙찰자선정방법 1. 적격심사 2. 협상에의한계약 3. 최저가낙찰제 4. 규격가격분리 5. 2단계 경쟁입찰 6. 기타 ( ) 7. 해당없음	운영예산 산정 운영예산 산정 1. 내부산정 (지자체 자체적으로 산정) 2. 외부산정 (외부전문기관위탁 산정) 3. 내·외부 모두 산정 4. 산정 無 5. 해당없음	운영예산 산정 정산방법 1. 내부정산 (지자체 내부적으로 정산) 2. 외부정산 (외부전문기관위탁 정산) 3. 내·외부 모두 산정 4. 정산 無 5. 해당없음	성과평가 실시여부 1. 실시 2. 미실시 3. 향후 추진 4. 해당없음
17186	경북 예천군	예천 참깨들깨 지역전략 6차산업화	238,400	농정과	1	6	7	8	7	5	5	4
17187	경북 예천군	지역전략품 농업6차산업 발굴육성사업	40,500	농정과	1	6	7	8	7	5	5	4
17188	경북 예천군	국산 밀 생산단지 교육·컨설팅 지원	45,000	농정과	1	2	7	8	7	5	5	4
17189	경북 예천군	농산물 유통구조 개선 지원	149,600	농정과	1	6	7	8	7	5	5	4
17190	경북 예천군	농산물산지 유통기능 활성화 지원	49,600	농정과	1	6	7	8	7	5	5	4
17191	경북 예천군	농산물 공동 선별비 지원	24,000	농정과	1	2	7	8	7	5	5	4
17192	경북 예천군	농산물 마케팅 지원	3,000	농정과	1	2	7	8	7	5	5	4
17193	경북 예천군	과실브랜드 육성 지원	31,200	농정과	1	2	7	8	7	5	5	4
17194	경북 예천군	농산물 해외수출 홍보 지원	50,000	농정과	1	6	7	8	7	5	5	4
17195	경북 예천군	신선농산물 수출물류비 지원	105,770	농정과	1	6	7	8	7	5	5	4
17196	경북 예천군	수출사과 병해충 예찰 지원	14,500	농정과	1	6	7	8	7	5	5	4
17197	경북 예천군	농식품바우처시범 사업	1,359	농정과	1	1	7	8	7	5	1	4
17198	경북 예천군	저품위사과 유지저장	22,500	농정과	1	4	7	8	7	3	1	4
17199	경북 예천군	과실 생산유통지원사업 관리비 지원	29,600	농정과	1	4	7	8	7	3	1	4
17200	경북 예천군	저품위사과 시장격리 수매 지원	106,500	농정과	1	4	7	8	7	3	1	4
17201	경북 예천군	밭작물 칼슘유황 맞춤비료 지원	270,720	농정과	1	4	7	8	7	5	5	4
17202	경북 예천군	학교급식비지원	461,494	농정과	1	8	7	8	7	5	5	4
17203	경북 예천군	산림사업 시책추진	10,010	산림녹지과	1	8	7	8	7	5	5	4
17204	경북 예천군	산림소득활성화 사업	3,500	산림녹지과	1	8	7	8	7	5	5	4
17205	경북 예천군	축산물 판매촉진사업 지원	30,000	축산과	1	4	7	8	7	5	5	4
17206	경북 예천군	축산물이력제 업무인턴 지원	24,996	축산과	1	6	7	8	7	5	5	4
17207	경북 예천군	낙농헬퍼(도우미) 지원	7,200	축산과	1	6	7	8	7	5	5	4
17208	경북 예천군	공동방제단 인건비 지원	182,980	축산과	1	2	7	8	7	5	5	4
17209	경북 예천군	공동방제단 운영비 지원	185,342	축산과	1	2	7	8	7	5	5	4
17210	경북 예천군	교통지도 및 교통사고 예방활동 지원	15,000	건설교통과	1	4	7	8	7	1	1	1
17211	경북 예천군	수리계 수리시설 유지관리 지원	80,000	건설교통과	1	4	7	8	7	5	5	4
17212	경북 예천군	시도민과 함께하는 신도청기행	40,000	도시과	1	5	7	8	7	5	5	4
17213	경북 예천군	신도청지역 상생발전포럼	60,000	도시과	1	5	7	8	7	5	5	4
17214	경북 예천군	공동체활성화 지원사업	20,000	건축과	1	4	7	8	7	1	1	4
17215	경북 예천군	아마추어무선연맹 재난안전활동 사업 지원	5,000	안전재난과	1	4	7	8	7	1	1	1
17216	경북 예천군	안전모니터봉사단 재난안전활동 사업 지원	3,000	안전재난과	1	4	7	8	7	1	1	1
17217	경북 예천군	의용소방대 화재 및 재난예방 활동사업 지원	10,000	안전재난과	1	4	7	8	7	1	1	1
17218	경북 예천군	한천보트장 운영 지원	6,000	안전재난과	1	4	7	8	7	1	1	1
17219	경북 예천군	해병대 전우회 인명구조대 훈련,교통질서 등 재난 안전활동 지원	7,000	안전재난과	1	4	7	8	7	1	1	1
17220	경북 예천군	생활개선회 과제활동 지원	15,000	농업기술센터	1	4	7	8	7	5	5	4
17221	경북 예천군	농산물축제 전시체험전 지원	15,000	농업기술센터	1	4	7	8	7	5	5	4
17222	경북 예천군	4-H회 청소년의달 행사지원	10,000	농업기술센터	1	4	7	8	7	5	5	4
17223	경북 예천군	수공품연구회 과제교육	8,000	농업기술센터	1	4	7	8	7	5	5	4
17224	경북 예천군	농촌지도자 역량강화 한마음대회	15,000	농업기술센터	1	4	7	8	7	5	5	4
17225	경북 예천군	생활개선회 회원 신문 보급료 지원	20,700	농업기술센터	1	4	7	8	7	5	5	4
17226	경북 예천군	행복한 농촌가정육성 프로젝트 시범	5,000	농업기술센터	1	4	7	8	7	5	5	4
17227	경북 예천군	4-H신문 보급 지원	960	농업기술센터	1	4	7	8	7	5	5	4
17228	경북 예천군	청년농업인 4-H회원 과제활동 지원	3,000	농업기술센터	1	4	7	8	7	5	5	4
17229	경북 예천군	농업인신문 보급 지원	35,150	농업기술센터	1	4	7	8	7	5	5	4
17230	경북 예천군	농촌지도자 과제활동 지원	4,000	농업기술센터	1	4	7	8	7	5	5	4
17231	경북 예천군	농업CEO 양성교육(한국벤처농업대학) 수학경비 지원	4,800	농업기술센터	1	4	7	8	7	5	5	4
17232	경북 예천군	소자본 창업실행비 지원	20,000	농업기술센터	1	4	7	8	7	5	5	4
17233	경북 예천군	정부보급종 벼 채종단지 공동방제	120,000	농업기술센터	1	4	7	8	7	5	5	4
17234	경북 예천군	무인항공 이용 공동방제 지원	60,000	농업기술센터	1	4	7	8	7	5	5	4
17235	경북 예천군	경북 종별육상선수권대회 개최 지원	20,000	체육사업소	1	7	7	8	7	1	5	4
17236	경북 예천군	경북 소년체전 육상대회 개최 지원	20,000	체육사업소	1	7	7	8	7	1	5	4

순번	시군구	지출명 (사업명)	2021년예산 (단위:천원/1년간)	담당자 (공무원) 담당부서	민간이전 분류 (지방자치단체 세출예산 집행기준에 의거) 1. 민간경상사업보조(307-02) 2. 민간단체 법정운영비보조(307-03) 3. 민간행사사업보조(307-04) 4. 민간위탁금(307-05) 5. 사회복지시설 법정운영비보조(307-10) 6. 민간인위탁교육비(307-12) 7. 공기관등에대한경상적위탁사업비(308-11) 8. 민간자본사업보조,자체재원(402-01) 9. 민간자본사업보조,이전재원(402-02) 10. 민간위탁사업비(402-03) 11. 공기관등에 대한 자본적 대행사업비(403-02)	민간이전지출 근거 (지방보조금 관리기준 참고) 1. 법률에 규정 2. 국고보조 재원(국가지정) 3. 용도 지정 기부금 4. 조례에 직접규정 5. 지자체가 권장하는 사업을 하는 공공기관 6. 시,도 정책 및 재정사정 7. 기타 8. 해당없음	입찰방식 계약체결방법 (경쟁형태) 1. 일반경쟁 2. 제한경쟁 3. 지명경쟁 4. 수의계약 5. 법정위탁 6. 기타 ( ) 7. 해당없음	입찰방식 계약기간 1. 1년 2. 2년 3. 3년 4. 4년 5. 5년 6. 기타 ( )년 7. 단기계약 (1년미만) 8. 해당없음	입찰방식 낙찰자선정방법 1. 적격심사 2. 협상에의한계약 3. 최저가낙찰제 4. 규격가격분리 5. 2단계 경쟁입찰 6. 기타 ( ) 7. 해당없음	운영예산 산정 운영예산 산정 1. 내부산정 (지자체 자체적으로 산정) 2. 외부산정 (외부전문기관위탁 산정) 3. 내·외부 모두 산정 4. 산정 無 5. 해당없음	운영예산 산정 정산방법 1. 내부정산 (지자체 내부적으로 정산) 2. 외부정산 (외부전문기관위탁 정산) 3. 내·외부 모두 산정 4. 정산 無 5. 해당없음	성과평가 실시여부 1. 실시 2. 미실시 3. 향후 추진 4. 해당없음
17237	경북 예천군	도 교육감배 초·중 구간마라톤대회 개최 지원	20,000	체육사업소	1	7	7	8	7	1	1	1
17238	경북 예천군	각종 육상대회(아시아U20 등) 운영 및 전지훈련 유치 활동비	70,000	체육사업소	1	7	7	8	7	1	5	4
17239	경북 예천군	해외 스포츠마케팅 추진	20,000	체육사업소	1	7	7	8	7	1	5	4
17240	경북 예천군	대한육상연맹 예천육상교육센터 활성화 지원	120,000	체육사업소	1	7	7	8	7	5	5	4
17241	경북 예천군	한국중고육상연맹 활성화 사업 지원	23,000	체육사업소	1	7	7	8	7	1	5	4
17242	경북 예천군	생활체육 관련 각종회의 참가 지원	3,000	체육사업소	1	7	7	8	7	1	1	4
17243	경북 예천군	지자체 간 생활체육 교류전 지원	3,000	체육사업소	1	7	7	8	7	1	1	4
17244	경북 예천군	도 종합 생활체육대축전 참가 지원	80,000	체육사업소	1	7	7	8	7	1	1	4
17245	경북 예천군	도지사기 종목별 생활체육대회 출전비 지원	40,000	체육사업소	1	7	7	8	7	1	1	4
17246	경북 예천군	경북 어르신 생활체육대회 참가 지원	15,000	체육사업소	1	7	7	8	7	1	1	4
17247	경북 예천군	전국 및 도 단위 파크골프대회 참가 지원	5,000	체육사업소	1	7	7	8	7	1	1	4
17248	경북 예천군	북부지역 시군(8개지역) 파크골프대회 개최 지원	6,000	체육사업소	1	7	7	8	7	1	1	4
17249	경북 예천군	예천파크골프 활성화 사업 지원	25,000	체육사업소	1	7	7	8	7	1	1	4
17250	경북 예천군	각종 그라운드골프대회 참가 지원	3,000	체육사업소	1	7	7	8	7	1	1	4
17251	경북 예천군	생활체육 게이트볼대회 참가 지원	10,000	체육사업소	1	7	7	8	7	1	1	4
17252	경북 예천군	축구 경북리그 참가 지원	3,000	체육사업소	1	7	7	8	7	1	1	4
17253	경북 예천군	도 씨름왕 선발대회 참가 지원	3,000	체육사업소	1	7	7	8	7	1	1	4
17254	경북 예천군	자전거연맹 전국대회 출전 지원	3,000	체육사업소	1	7	7	8	7	1	1	4
17255	경북 예천군	도단위 탁구대회 개최 지원	20,000	체육사업소	1	7	7	8	7	1	1	4
17256	경북 예천군	2022 예천아시아U20육상경기선수권대회 조직위원회 지원	300,000	체육사업소	1	4	7	8	7	5	5	4
17257	경북 예천군	생활체육교실 운영 지원	19,200	체육사업소	1	7	7	8	7	3	3	1
17258	경북 예천군	생활체육지도자 배치 지원	204,624	체육사업소	1	2	7	8	7	3	3	1
17259	경북 예천군	어르신생활체육지도자 배치 지원	146,160	체육사업소	1	2	7	8	7	3	3	1
17260	경북 예천군	생활체육지도자 교통비 지원	14,400	체육사업소	1	7	7	8	7	3	3	1
17261	경북 예천군	생활체육지도자 장기근속수당 지원	7,220	체육사업소	1	7	7	8	7	3	3	1
17262	경북 예천군	장애인생활체육지도자 배치 지원	29,232	체육사업소	1	2	7	8	7	3	3	1
17263	경북 예천군	장애인 생활체육지도자 교통비 지원	1,200	체육사업소	1	7	7	8	7	3	3	1
17264	경북 예천군	학교양궁 육성 지원	72,000	체육사업소	1	4	7	8	7	1	1	4
17265	경북 예천군	양궁 우수선수 육성 지원	50,000	체육사업소	1	4	7	8	7	1	1	4
17266	경북 예천군	양궁대회 및 전지훈련 유치활동 지원	25,000	체육사업소	1	4	7	8	7	1	1	4
17267	경북 예천군	해외 스포츠마케팅 추진(양궁)	40,000	체육사업소	1	4	7	8	7	1	1	4
17268	경북 예천군	경상북도지사기 전국초중양궁대회 개최 지원	80,000	체육사업소	1	4	7	8	7	1	1	4
17269	경북 예천군	우수선수 육성 지도자 지원	54,000	체육사업소	1	4	7	8	7	1	1	4
17270	경북 예천군	우수선수 및 교기육성 지원	12,000	체육사업소	1	4	7	8	7	1	1	4
17271	경북 예천군	도민체전 출전비 지원	200,000	체육사업소	1	4	7	8	7	1	1	4
17272	경북 예천군	도민체전 대비 우수선수 육성 지원	20,000	체육사업소	1	4	7	8	7	1	1	4
17273	경북 예천군	장애인 휠체어마라톤대회 참가 지원	2,000	체육사업소	1	4	7	8	7	1	1	4
17274	경북 예천군	도 장애인 체육대회 참가 지원	12,000	체육사업소	1	4	7	8	7	1	1	4
17275	경북 예천군	전국 지체장애인 체육대회 참가 지원	3,000	체육사업소	1	4	7	8	7	1	1	4
17276	경북 예천군	궁도교실 운영 지원	3,000	체육사업소	1	4	7	8	7	1	1	4
17277	경북 예천군	궁도대회(전국 및 도 단위) 출전 지원	3,000	체육사업소	1	4	7	8	7	1	1	4
17278	경북 예천군	육상 우수선수 지원	20,000	체육사업소	1	4	7	8	7	1	1	4
17279	경북 예천군	읍면 체육회 활성화 사업	6,000	체육사업소	1	4	7	8	7	1	1	4
17280	경북 예천군	정회원 종목단체 각종 대회 참가 및 개최 지원	10,000	체육사업소	1	4	7	8	7	1	1	4
17281	경북 예천군	제59회 예천 군민체육대회 개최 지원	150,000	체육사업소	1	4	7	8	7	1	1	4
17282	경북 예천군	제59회 예천 군민체육대회 출전비 지원	140,000	체육사업소	1	4	7	8	7	1	1	4
17283	경북 예천군	시군 성화봉송운영 지원(전국체전)	9,000	체육사업소	1	4	7	8	7	1	1	4
17284	경북 예천군	전국체전 및 장애인체전(양궁경기) 개최 운영비 지원	40,000	체육사업소	1	4	7	8	7	1	1	4
17285	경북 봉화군	봉화국민체육센터 프로그램 운영 지원사업	446,311	봉화군시설관리사업소	1	4	7	8	7	5	5	4
17286	경북 봉화군	어린이등학교교통지도사업	1,800	도시교통과	1	4	7	8	7	1	1	1
17287	경북 봉화군	교통질서확립지원사업	3,600	도시교통과	1	4	7	8	7	1	1	1

순번	시군구	지출명 (사업명)	2021년예산 (단위:천원/1년간)	담당자 (공무원)	민간이전 분류 (지방자치단체 세출예산 집행기준에 의거)	민간이전지출 근거 (지방보조금 관리기준 참고)	입찰방식			운영예산 산정		성과평가 실시여부
				담당부서	1. 민간경상사업보조(307-02) 2. 민간단체 법정운영비보조(307-03) 3. 민간행사사업보조(307-04) 4. 민간위탁금(307-05) 5. 사회복지시설 법정운영비보조(307-10) 6. 민간인위탁교육비(307-12) 7. 공기관등에대한경상적위탁사업비(308-11) 8. 민간자본사업보조,자체재원(402-01) 9. 민간자본사업보조,이전재원(402-02) 10. 민간위탁사업비(402-03) 11. 공기관등에 대한 자본적 대행사업비(403-02)	1. 법률에 규정 2. 국고보조 재원(국가지정) 3. 용도 지정 기부금 4. 조례에 직접규정 5. 지자체가 권장하는 사업을 하는 공공기관 6. 시,도 정책 및 재정사정 7. 기타 8. 해당없음	계약체결방법 (경쟁형태) 1. 일반경쟁 2. 제한경쟁 3. 지명경쟁 4. 수의계약 5. 법정위탁 6. 기타 ( ) 7. 해당없음	계약기간 1. 1년 2. 2년 3. 3년 4. 4년 5. 5년 6. 기타 ( )년 7. 단기계약 (1년미만) 8. 해당없음	낙찰자선정방법 1. 적격심사 2. 협상에의한계약 3. 최저가낙찰제 4. 규격가격분리 5. 2단계 경쟁입찰 6. 기타 ( ) 7. 해당없음	운영예산 산정 1. 내부산정 (지자체 자체적으로 산정) 2. 외부산정 (외부전문기관위탁 산정) 3. 내·외부 모두 산정 4. 산정 無 5. 해당없음	정산방법 1. 내부정산 (지자체 내부적으로 정산) 2. 외부정산 (외부전문기관위탁 정산) 3. 내·외부 모두 산정 4. 정산 無 5. 해당없음	1. 실시 2. 미실시 3. 향후 추진 4. 해당없음
17288	경북 봉화군	지역행사교통지도지원사업	4,500	도시교통과	1	4	7	8	7	1	1	1
17289	경북 봉화군	신재생에너지 융복합지원사업	3,119	혁신전략사업단	1	2	6	1	6	5	2	1
17290	경북 봉화군	우수농산물택배비지원사업	200,000	유통특작과	1	7	7	7	7	1	1	1
17291	경북 봉화군	농산물유통구조개선지원	160,800	유통특작과	1	6	7	7	7	5	1	1
17292	경북 봉화군	농산물 산지유통기능활성화지원	91,200	유통특작과	1	6	7	7	7	5	1	1
17293	경북 봉화군	안정성검사비지원	15,000	유통특작과	1	2	7	7	7	5	1	1
17294	경북 봉화군	과실생산유통지원사업관리비지원	78,000	농업기술센터	1	4	7	8	7	5	5	3
17295	경북 봉화군	친환경농산물학교급식공급지원	50,000	유통특작과	1	4	7	8	7	1	1	1
17296	경북 봉화군	친환경농산물학교급식지원	191,070	유통특작과	1	6	7	8	7	1	1	1
17297	경북 봉화군	초등돌봄교실과일간식지원	26,562	유통특작과	1	2	4	1	1	1	1	1
17298	경북 봉화군	생활개선회신문우송료지원	16,800	유통특작과	1	6	7	8	7	1	1	1
17299	경북 봉화군	생활개선회하계수련대회	7,200	유통특작과	1	7	7	8	7	1	1	1
17300	경북 봉화군	행복한농촌가정육성프로젝트시범	5,000	유통특작과	1	6	7	8	7	1	1	1
17301	경북 봉화군	우수식품 접객업소 컨설팅	9,000	종합민원과	1	4	7	8	7	1	1	2
17302	경북 봉화군	선진음식문화개선발전 육성지원	11,200	종합민원과	1	4	7	8	7	1	1	2
17303	경북 봉화군	미용업소 교양교육지원	1,800	종합민원과	1	4	7	8	7	1	1	2
17304	경북 봉화군	군민체육대회행사지원	18,000	물야면사무소	1	4	7	8	7	1	1	1
17305	경북 봉화군	문화및주민화합행사지원	9,000	물야면사무소	1	4	7	8	7	1	1	1
17306	경북 봉화군	군민체육대회행사지원	18,000	법전면	1	4	7	8	7	5	5	4
17307	경북 봉화군	문화및주민화합행사지원	9,000	법전면	1	4	7	8	7	5	5	4
17308	경북 봉화군	군민체육대회 참가	18,000	춘양면	1	4	7	8	7	5	5	4
17309	경북 봉화군	문화 및 주민화합행사지원	10,000	춘양면	1	4	7	8	7	5	5	4
17310	경북 봉화군	군민체육대회참가지원	18,000	재산면	1	4	4	7	7	1	1	1
17311	경북 봉화군	문화 및 주민화합행사 지원	9,000	재산면	1	4	4	7	7	1	1	1
17312	경북 봉화군	군민체육대회 참가지원	18,000	상운면	1	4	7	8	7	1	1	1
17313	경북 봉화군	문화 및 주민화합 행사지원	9,000	상운면	1	4	7	8	7	1	1	1
17314	경북 울진군	범죄피해자센터 지원 및 운영비 지원	14,500	기획예산실	1	1	5	8	7	1	1	1
17315	경북 울진군	정보화마을 프로그램관리자 인부임	22,877	기획예산실	1	6	7	8	7	1	1	1
17316	경북 울진군	정보화마을 활성화	5,000	기획예산실	1	6	7	8	7	5	1	2
17317	경북 울진군	지역발전협의회	20,000	기획예산실	1	4	7	8	7	1	1	1
17318	경북 울진군	북한이탈주민 정착지원	2,500	행정지원과	1	4	7	8	7	5	5	1
17319	경북 울진군	울진부역혐의희생사건 위령제지원	7,000	행정지원과	1	4	7	8	7	5	5	1
17320	경북 울진군	민주평화통일관련 사업	15,000	행정지원과	1	1	7	8	7	5	5	1
17321	경북 울진군	군정발전을 위한 의견수렴 및 추진	30,000	행정지원과	1	4	7	8	7	5	5	1
17322	경북 울진군	자유민주주의 역량강화	7,000	행정지원과	1	1	7	8	7	5	5	1
17323	경북 울진군	미소친절홍보활동 및 찾아가는 친절교육	30,000	행정지원과	1	4	7	8	7	5	5	1
17324	경북 울진군	바르게살기운동 청년회조직활성화	5,000	행정지원과	1	1	7	8	7	5	5	1
17325	경북 울진군	초등학생 영어체험학습 지원	133,800	행정지원과	1	6	2	7	1	3	1	1
17326	경북 울진군	평생학습동아리 활성화 지원	5,000	행정지원과	1	4	2	7	1	1	1	1
17327	경북 울진군	문화활동지원	22,500	문화관광과	1	4	7	8	7	5	5	4
17328	경북 울진군	공공도서관 운영	58,190	문화관광과	1	4	7	8	7	5	5	4
17329	경북 울진군	공공도서관 개관시간 연장	109,776	문화관광과	1	4	7	8	7	5	5	4
17330	경북 울진군	문화예술활동 지원	102,000	문화관광과	1	4	7	8	7	5	5	4
17331	경북 울진군	학교예술강사지원	24,703	문화관광과	1	4	7	8	7	5	5	4
17332	경북 울진군	충효교실 운영	5,700	문화관광과	1	1	7	8	7	5	5	4
17333	경북 울진군	문화학교 운영지원	31,000	문화관광과	1	4	7	8	7	5	5	4
17334	경북 울진군	향교문화전승보전사업	27,120	문화관광과	1	1	7	8	7	5	5	4
17335	경북 울진군	통합문화이용권사업지원	364,500	문화관광과	1	4	7	8	7	5	5	4
17336	경북 울진군	경북선비아카데미 운영 지원	5,000	문화관광과	1	4	7	8	7	5	5	4
17337	경북 울진군	전통문화예술행사	134,500	문화관광과	1	4	7	8	7	5	5	4
17338	경북 울진군	전통문화및지역문화교육사업	18,000	문화관광과	1	1	7	8	7	5	5	4

순번	시군구	지출명 (사업명)	2021년예산 (단위:천원/1년간)	담당자 (공무원) 담당부서	민간이전 분류 (지방자치단체 세출예산 집행기준에 의거) 1. 민간경상사업보조(307-02) 2. 민간단체 법정운영비보조(307-03) 3. 민간행사사업보조(307-04) 4. 민간위탁금(307-05) 5. 사회복지시설 법정운영비보조(307-10) 6. 민간인위탁교육비(307-12) 7. 공기관등에대한경상적위탁사업비(308-11) 8. 민간자본사업보조,자체재원(402-01) 9. 민간자본사업보조,이전재원(402-02) 10. 민간위탁사업비(402-03) 11. 공기관등에 대한 자본적 대행사업비(403-02)	민간이전지출 근거 (지방보조금 관리기준 참고) 1. 법률에 규정 2. 국고보조 재원(국가지정) 3. 용도 지정 기부금 4. 조례에 직접규정 5. 지자체가 권장하는 사업을 하는 공공기관 6. 시,도 정책 및 재정사정 7. 기타 8. 해당없음	입찰방식 계약체결방법 (경쟁형태) 1. 일반경쟁 2. 제한경쟁 3. 지명경쟁 4. 수의계약 5. 법정위탁 6. 기타 ( ) 7. 해당없음	계약기간 1. 1년 2. 2년 3. 3년 4. 4년 5. 5년 6. 기타 ( )년 7. 단기계약 (1년미만) 8. 해당없음	낙찰자선정방법 1. 적격심사 2. 협상에의한계약 3. 최저가낙찰제 4. 규격가격분리 5. 2단계 경쟁입찰 6. 기타 ( ) 7. 해당없음	운영예산 산정 운영예산 산정 1. 내부산정 (지자체 자체적으로 산정) 2. 외부산정 (외부전문기관위탁 산정) 3. 내·외부 모두 산정 4. 산정 無 5. 해당없음	정산방법 1. 내부정산 (지자체 내부적으로 정산) 2. 외부정산 (외부전문기관위탁 정산) 3. 내·외부 모두 산정 4. 정산 無 5. 해당없음	성과평가 실시여부 1. 실시 2. 미실시 3. 향후 추진 4. 해당없음
17339	경북 울진군	관광상품개발	170,000	문화관광과	1	4	7	8	7	5	5	4
17340	경북 울진군	자연유산 민속행사 지원사업	2,000	문화관광과	1	1	7	8	7	5	5	4
17341	경북 울진군	사회적기업 사업개발비 지원사업	50,000	일자리경제과	1	1	1	1	6	5	3	1
17342	경북 울진군	마을기업육성사업	30,000	일자리경제과	1	1	1	1	6	5	3	1
17343	경북 울진군	사회적기업 사회보험료 지원사업	21,600	일자리경제과	1	1	6	1	6	5	1	1
17344	경북 울진군	사회적기업등일자리창출사업	79,314	일자리경제과	1	1	6	1	6	5	1	1
17345	경북 울진군	사회적기업 지역특화사업	30,000	일자리경제과	1	1	1	1	6	5	3	1
17346	경북 울진군	경북형 사회적경제 청년일자리사업	324,000	일자리경제과	1	1	6	1	6	5	1	1
17347	경북 울진군	대한민국 일자리 엑스포 홍보관 설치	10,000	일자리경제과	1	1	1	1	6	5	3	1
17348	경북 울진군	중소기업 정규직 프로젝트	12,000	일자리경제과	1	7	7	8	7	5	4	4
17349	경북 울진군	시장화장실 및 장옥관리	64,000	일자리경제과	1	4	7	8	7	1	1	1
17350	경북 울진군	시장화장실 및 장옥관리 재료비	14,400	일자리경제과	1	4	7	8	7	1	1	1
17351	경북 울진군	교통봉사단체 지원	10,000	일자리경제과	1	4	7	8	7	1	1	2
17352	경북 울진군	농촌보육정보센터 운영지원	9,000	미래농정과	1	6	7	8	7	1	1	4
17353	경북 울진군	농촌체험휴양마을보험가입지원	2,208	미래농정과	1	6	7	8	7	1	1	4
17354	경북 울진군	청년농업인 영농정착지원	116,191	미래농정과	1	2	7	8	7	1	1	4
17355	경북 울진군	농어촌공동아이돌봄센터 지원	13,700	미래농정과	1	2	7	8	7	1	1	4
17356	경북 울진군	농촌체험관광활성화지원	10,000	미래농정과	1	6	7	8	7	1	1	4
17357	경북 울진군	농촌인력지원단 운영	300,000	미래농정과	1	4	7	8	7	1	1	4
17358	경북 울진군	농촌인력지원센터 지원	150,000	미래농정과	1	4	7	8	7	1	1	4
17359	경북 울진군	초중고 학생승마체험	68,992	미래농정과	1	2	7	8	7	1	1	4
17360	경북 울진군	사회공익 승마체험	1,600	미래농정과	1	2	7	8	7	1	1	4
17361	경북 울진군	유소년승마단창단지원	39,000	미래농정과	1	4	7	8	7	1	1	4
17362	경북 울진군	말산업육성사업 지원	121,000	미래농정과	1	4	7	8	7	1	1	4
17363	경북 울진군	축산물이력제업무인턴지원	24,996	미래농정과	1	6	7	8	7	1	1	4
17364	경북 울진군	공동방제단 인건비	52,280	미래농정과	1	2	7	8	7	1	1	4
17365	경북 울진군	공동방제단 운영비	51,538	미래농정과	1	2	7	8	7	1	1	4
17366	경북 울진군	농특산물 직거래 및 대도시 직판 지원	30,000	미래농정과	1	6	7	8	7	1	1	4
17367	경북 울진군	경북동북지방행정협력회 소비지유통센터 직판행사 지원	30,000	미래농정과	1	6	7	8	7	1	1	4
17368	경북 울진군	친환경농산물 출하장려금 지원	70,000	미래농정과	1	6	7	8	7	1	1	4
17369	경북 울진군	공공급식기획생산체계구축지원	15,000	미래농정과	1	2	7	8	7	1	1	4
17370	경북 울진군	수산업경영인 대회 참가지원	60,000	해양수산과	1	7	7	8	7	5	5	4
17371	경북 울진군	어촌체험마을 사무장채용지원사업	29,610	해양수산과	1	1	7	8	7	5	5	4
17372	경북 울진군	어촌무형문화계승	15,000	해양수산과	1	1	7	8	7	5	5	4
17373	경북 울진군	잠수어업인진료비지원	5,000	해양수산과	1	4	7	8	7	5	5	4
17374	경북 울진군	외국인선원 숙소 운영비 지원	45,880	해양수산과	1	1	7	8	7	5	5	4
17375	경북 울진군	수산물 포장재 지원	30,000	해양수산과	1	1	7	8	7	5	5	4
17376	경북 울진군	청년어업인정착지원사업	34,400	해양수산과	1	1	7	8	7	5	5	4
17377	경북 울진군	경북대게 어업인 대회지원	10,000	해양수산과	1	7	7	8	7	5	5	4
17378	경북 울진군	경상북도 해양아카데미운영	100,000	해양수산과	1	1	7	8	7	5	5	4
17379	경북 울진군	러시아출어경비지원	18,018	해양수산과	1	1	7	8	7	5	5	4
17380	경북 울진군	미역채취 해녀인건비	50,000	해양수산과	1	1	7	8	7	5	5	4
17381	경북 울진군	방치폐기물수거지원	20,000	해양수산과	1	1	7	8	7	5	5	4
17382	경북 울진군	어선해난사고 구호지원	6,000	해양수산과	1	1	7	8	7	5	5	4
17383	경북 울진군	오징어집어등지원사업	70,000	해양수산과	1	1	7	8	7	5	5	4
17384	경북 울진군	수산물소비촉진지원사업	22,600	해양수산과	1	1	7	8	7	5	5	4
17385	경북 울진군	어선원및어선재해보상보험료지원	490,000	해양수산과	1	1	7	8	7	5	5	4
17386	경북 울진군	수산물포장테이프제작	30,000	해양수산과	1	1	7	8	7	5	5	4
17387	경북 울진군	어업인안전보험료지원	6,900	해양수산과	1	1	7	8	7	5	5	4
17388	경북 울진군	소형어선안전관리지원	26,586	해양수산과	1	1	7	8	7	5	5	4
17389	경북 울진군	어업용유류비지원	126,880	해양수산과	1	1	7	8	7	5	5	4

순번	시군구	지출명 (사업명)	2021년예산 (단위:천원/1년간)	담당자 (공무원) 담당부서	민간이전 분류 (지방자치단체 세출예산 집행기준에 의거) 1. 민간경상사업보조(307-02) 2. 민간단체 법정운영비보조(307-03) 3. 민간행사사업보조(307-04) 4. 민간위탁금(307-05) 5. 사회복지시설 법정운영비보조(307-10) 6. 민간인위탁교육비(307-12) 7. 공기관등에대한경상적위탁사업비(308-11) 8. 민간자본사업보조,자체재원(402-01) 9. 민간자본사업보조,이전재원(402-02) 10. 민간위탁사업비(402-03) 11. 공기관등에 대한 자본적 대행사업비(403-02)	민간이전지출 근거 (지방보조금 관리기준 참고) 1. 법률에 규정 2. 국고보조 재원(국가지정) 3. 용도 지정 기부금 4. 조례에 직접규정 5. 지자체가 권장하는 사업을 하는 공공기관 6. 시,도 정책 및 재정사정 7. 기타 8. 해당없음	입찰방식 계약체결방법 (경쟁형태) 1. 일반경쟁 2. 제한경쟁 3. 지명경쟁 4. 수의계약 5. 법정위탁 6. 기타 ( ) 7. 해당없음	입찰방식 계약기간 1. 1년 2. 2년 3. 3년 4. 4년 5. 5년 6. 기타 ( )년 7. 단기계약 (1년미만) 8. 해당없음	입찰방식 낙찰자선정방법 1. 적격심사 2. 협상에의한계약 3. 최저가낙찰제 4. 규격가격분리 5. 2단계 경쟁입찰 6. 기타 ( ) 7. 해당없음	운영예산 산정 운영예산 산정 1. 내부산정 (지자체 자체적으로 산정) 2. 외부산정 (외부전문기관위탁 산정) 3. 내·외부 모두 산정 4. 산정 無 5. 해당없음	운영예산 산정 정산방법 1. 내부정산 (지자체 내부적으로 정산) 2. 외부정산 (외부전문기관위탁 정산) 3. 내·외부 모두 산정 4. 정산 無 5. 해당없음	성과평가 실시여부 1. 실시 2. 미실시 3. 향후 추진 4. 해당없음
17390	경북 울진군	해양구조대 활동지원	10,000	안전원전과	1	5	7	8	7	1	1	4
17391	경북 울진군	어린이급식관리지원센터 설치 운영	118,600	환경위생과	1	2	7	1	2	2	2	1
17392	경북 울진군	생태관광지역지정육성	86,000	환경위생과	1	2	7	8	7	5	1	3
17393	경북 울진군	산양삼생산과정확인	3,800	산림힐링과	1	2	1	7	1	1	1	2
17394	경북 울진군	산림소득활성화사업	3,500	산림힐링과	1	2	7	7	1	4	1	2
17395	경북 울진군	울진금강송 보존 및 알리기	30,000	산림힐링과	1	2	7	8	7	1	1	4
17396	경북 울진군	행복한 보금자리 만들기 사업	18,000	도시새마을과	1	1	7	8	7	3	3	3
17397	경북 울진군	새마을운동 50주년기념 새마을활성화 사업	30,000	도시새마을과	1	1	7	8	7	3	3	3
17398	경북 울진군	클린농업농촌 마을가꾸기사업	50,000	농업기술센터	1	4	7	8	7	5	5	4
17399	경북 울진군	무인항공활용 병해충공동방제시범	450,000	농업기술센터	1	1	7	8	7	5	5	4
17400	경북 울진군	콩 이모작 안전재배시범	44,800	농업기술센터	1	4	7	8	7	5	5	4
17401	경북 울진군	기후변화대응 조생종벼 이모작시범	14,000	농업기술센터	1	4	7	8	7	5	5	4
17402	경북 울진군	농작물긴급병해충농작업지원	40,000	농업기술센터	1	1	7	8	7	5	5	4
17403	경북 울진군	울진군농업인한마음대회	45,000	농업기술센터	1	6	7	8	7	5	5	4
17404	경북 울진군	전국으뜸농산물한마당행사	7,000	농업기술센터	1	6	7	8	7	5	5	4
17405	경북 울진군	농업인단체 교류사업	1,200	농업기술센터	1	6	7	8	7	5	5	4
17406	경북 울진군	4-H연합회 교육	15,000	농업기술센터	1	1	7	8	7	5	5	4
17407	경북 울진군	경북농특산물직거래장터행사	3,000	농업기술센터	1	6	7	8	7	5	5	4
17408	경북 울진군	청년농업인4-H회원 활동지원	3,000	농업기술센터	1	1	7	8	7	5	5	4
17409	경북 울진군	학생4-H회원 과제활동지원	3,000	농업기술센터	1	1	7	8	7	5	5	4
17410	경북 울진군	행복한 농촌가정 육성 프로젝트	5,000	농업기술센터	1	7	7	8	7	5	5	4
17411	경북 울진군	행복한 농촌가정 육성 프로젝트	5,000	농업기술센터	1	7	7	8	7	5	5	4
17412	경북 울진군	전지훈련 등 지원 및 대회유치(축구,야구,배드민턴 등)	200,000	체육진흥사업소	1	1	7	8	7	5	5	4
17413	경북 울진군	학교체육특기종목 및 가맹경기단체 우수선수 육성	150,000	체육진흥사업소	1	1	7	8	7	5	5	4
17414	경북 울진군	종목별 경상북도민체육대회 참가	250,000	체육진흥사업소	1	1	7	8	7	5	5	4
17415	경북 울진군	아침건강 체조교실 지원	36,000	체육진흥사업소	1	1	7	8	7	5	5	4
17416	경북 울진군	경상북도 장애인 체육대회 참가	25,000	체육진흥사업소	1	1	7	8	7	5	5	4
17417	경북 울진군	경상북도 어르신 생활체육대회 참가	35,000	체육진흥사업소	1	1	7	8	7	5	5	4
17418	경북 울진군	경상북도지사기 생활체육종목별대회	40,000	체육진흥사업소	1	1	7	8	7	5	5	4
17419	경북 울진군	체육종목별 주니어클럽 육성 지원	90,000	체육진흥사업소	1	1	7	8	7	5	5	4
17420	경북 울진군	생활체육교실운영	35,000	체육진흥사업소	1	1	7	8	7	5	5	4
17421	경북 울진군	일반생활체육지도자 배치	176,526	체육진흥사업소	1	2	7	8	7	5	5	4
17422	경북 울진군	어르신생활지도자 배치	176,526	체육진흥사업소	1	2	7	8	7	5	5	4
17423	경북 울진군	생활체육지도자교통비지원	21,600	체육진흥사업소	1	1	7	8	7	5	5	4
17424	경북 울진군	생활체육지도자 장기근속수당 지원	3,840	체육진흥사업소	1	1	7	8	7	5	5	4
17425	경북 울릉군	한국자유총연맹울릉군지부사업비	6,000	기획감사실	1	4	7	8	7	1	1	1
17426	경북 울릉군	초등돌봄교실과일간식지원	9,063	기획감사실	1	2	4	7	7	5	1	4
17427	경북 울릉군	정보화마을프로그램관리자	21,910	총무과	1	6	7	8	7	5	1	4
17428	경북 울릉군	정보화마을활성화지원	5,000	총무과	1	6	7	8	7	5	1	4
17429	경북 울릉군	민주평통울릉군협의회사업비	26,000	총무과	1	1	7	1	7	3	3	1
17430	경북 울릉군	새마을운동울릉군지회사업비	20,000	총무과	1	1	7	8	7	1	1	1
17431	경북 울릉군	바르게살기울릉군협의회사업비	2,000	총무과	1	1	7	8	7	1	1	1
17432	경북 울릉군	행복한보금자리만들기사업	14,000	총무과	1	1	7	8	7	5	5	4
17433	경북 울릉군	범도민독서생활화사업	6,400	총무과	1	1	7	8	7	5	5	4
17434	경북 울릉군	바르게살기운동건전생활실천교육	1,650	총무과	1	1	7	8	7	5	5	4
17435	경북 울릉군	바르게살기운동청년회조직활성화	5,000	총무과	1	1	7	8	7	5	5	4
17436	경북 울릉군	6.25참전유공자회울릉군지회사업비	1,500	주민복지과	1	1	7	1	1	1	1	1
17437	경북 울릉군	울릉군재향군인회사업비	2,500	주민복지과	1	1	7	1	1	1	1	1
17438	경북 울릉군	대한노인회울릉군지회	25,000	주민복지과	1	1	5	1	7	1	1	1
17439	경북 울릉군	대한노인회울릉군지회일선지도자역량강화	15,000	주민복지과	1	1	5	1	7	1	1	1
17440	경북 울릉군	법사랑청소년현장교육	5,000	주민복지과	1	4	7	8	7	1	1	1

순번	시군구	지출명 (사업명)	2021년예산 (단위:천원/1년간)	담당자 (공무원) 담당부서	민간이전 분류 (지방자치단체 세출예산 집행기준에 의거) 1. 민간경상사업보조(307-02) 2. 민간단체 법정운영비보조(307-03) 3. 민간행사사업보조(307-04) 4. 민간위탁금(307-05) 5. 사회복지시설 법정운영비보조(307-10) 6. 민간인위탁교육비(307-12) 7. 공기관등에대한경상적위탁사업비(308-11) 8. 민간자본사업보조,자체재원(402-01) 9. 민간자본사업보조,이전재원(402-02) 10. 민간위탁사업비(402-03) 11. 공기관등에 대한 자본적 대행사업비(403-02)	민간이전지출 근거 (지방보조금 관리기준 참고) 1. 법률에 규정 2. 국고보조 재원(국가지정) 3. 용도 지정 기부금 4. 조례에 직접규정 5. 지자체가 권장하는 사업을 하는 공공기관 6. 시,도 정책 및 재정사정 7. 기타 8. 해당없음	입찰방식 계약체결방법 (경쟁형태) 1. 일반경쟁 2. 제한경쟁 3. 지명경쟁 4. 수의계약 5. 법정위탁 6. 기타 ( ) 7. 해당없음	입찰방식 계약기간 1. 1년 2. 2년 3. 3년 4. 4년 5. 5년 6. 기타 ( )년 7. 단기계약 (1년미만) 8. 해당없음	입찰방식 낙찰자선정방법 1. 적격심사 2. 협상에의한계약 3. 최저가낙찰제 4. 규격가격분리 5. 2단계 경쟁입찰 6. 기타 ( ) 7. 해당없음	운영예산 산정 운영예산 산정 1. 내부산정 (지자체 자체적으로 산정) 2. 외부산정 (외부전문기관위탁 산정) 3. 내·외부 모두 산정 4. 산정 無 5. 해당없음	운영예산 산정 정산방법 1. 내부정산 (지자체 내부적으로 정산) 2. 외부정산 (외부전문기관위탁 정산) 3. 내·외부 모두 산정 4. 정산 無 5. 해당없음	성과평가 실시여부 1. 실시 2. 미실시 3. 향후 추진 4. 해당없음
17441	경북 울릉군	여성자원봉사활동센터운영	3,000	주민복지과	1	7	7	8	7	1	1	1
17442	경북 울릉군	울릉군여성단체협의회	22,000	주민복지과	1	4	7	8	7	1	1	1
17443	경북 울릉군	농수산물내항화물수송운임지원	400,000	일자리경제교통과	1	1	7	8	7	5	1	4
17444	경북 울릉군	도서지역생활필수품해상운송비지원	1,210	일자리경제교통과	1	2	7	8	7	5	1	4
17445	경북 울릉군	사회적기업등일자리창출사업	187,400	일자리경제교통과	1	2	7	8	7	5	5	4
17446	경북 울릉군	마을기업육성사업	30,000	일자리경제교통과	1	2	7	8	7	5	5	4
17447	경북 울릉군	전국모범운전자회울릉군지회지원	2,400	일자리경제교통과	1	4	6	1	6	1	1	1
17448	경북 울릉군	생생문화재사업	40,000	관광문화체육과	1	8	7	8	7	5	5	4
17449	경북 울릉군	문화학교운영지원	6,000	관광문화체육과	1	8	7	8	7	5	5	4
17450	경북 울릉군	충효교실운영	5,000	관광문화체육과	1	8	7	8	7	5	5	4
17451	경북 울릉군	울릉문화원사업비	41,000	관광문화체육과	1	8	7	8	7	5	5	1
17452	경북 울릉군	지역문화사랑방운영지원	24,000	관광문화체육과	1	8	7	8	7	5	5	4
17453	경북 울릉군	독도문예대전개최지원	60,000	관광문화체육과	1	8	7	8	7	5	5	1
17454	경북 울릉군	독도팝스오케스트라사업비	2,000	관광문화체육과	1	8	7	8	7	5	5	1
17455	경북 울릉군	장흥농악단사업비	2,000	관광문화체육과	1	8	7	8	7	5	5	1
17456	경북 울릉군	섬울림합창단사업비	2,000	관광문화체육과	1	8	7	8	7	5	5	1
17457	경북 울릉군	색소폰문화봉사단사업비	2,000	관광문화체육과	1	8	7	8	7	5	5	1
17458	경북 울릉군	작은도서관독도문화프로그램	2,000	관광문화체육과	1	8	7	8	7	5	5	1
17459	경북 울릉군	시군어르신체육활동지원	146,160	관광문화체육과	1	1	5	8	7	1	1	4
17460	경북 울릉군	시군생활체육지도자배치사업	58,464	관광문화체육과	1	1	5	8	7	1	1	4
17461	경북 울릉군	생활체육교실운영	26,400	관광문화체육과	1	1	5	8	7	1	1	4
17462	경북 울릉군	생활체육리그대회	6,000	관광문화체육과	1	1	5	8	7	1	1	1
17463	경북 울릉군	경북도민체육대회	60,000	관광문화체육과	1	1	5	8	7	1	1	1
17464	경북 울릉군	울릉군체육회사업비	35,000	관광문화체육과	1	1	5	8	7	1	1	1
17465	경북 울릉군	면민체육대회	30,000	관광문화체육과	1	1	5	8	7	1	1	1
17466	경북 울릉군	스포츠댄스지원	2,000	관광문화체육과	1	1	5	8	7	1	1	1
17467	경북 울릉군	울릉군민체육대회	160,000	관광문화체육과	1	1	5	8	7	1	1	1
17468	경북 울릉군	도민생활체육대축전	60,000	관광문화체육과	1	1	5	8	7	1	1	1
17469	경북 울릉군	경북어르신생활체육대회참가	15,000	관광문화체육과	1	1	5	8	7	1	1	1
17470	경북 울릉군	시군생활체육지도자교통비지원	8,400	관광문화체육과	1	1	5	8	7	1	1	4
17471	경북 울릉군	생활체육지도자수당지원	19,000	관광문화체육과	1	1	5	8	7	1	1	1
17472	경북 울릉군	생활체육지도자장기근속수당지원	2,940	관광문화체육과	1	1	5	8	7	1	1	4
17473	경북 울릉군	의용소방대기술습득경연대회	7,000	안전건설과	1	4	7	8	7	1	1	1
17474	경북 울릉군	수난인명구조활동지원	6,000	안전건설과	1	4	7	8	7	1	1	1
17475	경북 울릉군	산악인명구조활동지원	6,000	안전건설과	1	4	7	8	7	1	1	1
17476	경북 울릉군	어업용유류비지원	63,440	해양수산과	1	4	7	8	7	1	1	4
17477	경북 울릉군	오징어부산물해상운송비지원	21,000	해양수산과	1	4	7	8	7	1	1	4
17478	경북 울릉군	잠수어업인진료비지원	1,000	해양수산과	1	4	7	8	7	1	1	4
17479	경북 울릉군	오징어내장수거처리비지원	40,000	해양수산과	1	4	7	8	7	1	1	1
17480	경북 울릉군	소형어선안전관리지원	27,000	해양수산과	1	4	7	8	7	1	1	4
17481	경북 울릉군	외국인선원숙소지원	49,532	해양수산과	1	5	7	8	7	1	1	4
17482	경북 울릉군	항포구수중정화활동	25,000	해양수산과	1	4	7	8	7	5	5	1
17483	경북 울릉군	저동항내정화작업	23,000	해양수산과	1	4	7	8	7	5	5	1
17484	경북 울릉군	도선적사노선손실보전보조금	5,000	해양수산과	1	4	7	8	7	1	1	1
17485	경북 울릉군	울릉군민여객선운임지원	4,720	해양수산과	1	4	7	8	7	1	1	4
17486	경북 울릉군	죽도서민여객운임지원	40,000	해양수산과	1	4	7	8	7	1	1	1
17487	경북 울릉군	울릉군민도선운임지원	1,000	해양수산과	1	4	7	8	7	1	1	1
17488	경북 울릉군	울릉군민차량화물선운임지원	200,000	해양수산과	1	4	7	8	7	1	1	1
17489	경북 울릉군	경북도민여객선운임지원	1,000	해양수산과	1	4	7	8	7	1	1	4
17490	경북 울릉군	농업인안전보험료지원	1,694	농업기술센터	1	4	7	8	7	5	5	4
17491	경북 울릉군	업무공간조성	20,000	농업기술센터	1	4	7	8	7	5	5	4

순번	시군구	지출명 (사업명)	2021년예산 (단위:천원/1년간)	담당자 (공무원) 담당부서	민간이전 분류 (지방자치단체 세출예산 집행기준에 의거) 1. 민간경상사업보조(307-02) 2. 민간단체 법정운영비보조(307-03) 3. 민간행사사업보조(307-04) 4. 민간위탁금(307-05) 5. 사회복지시설 법정운영비보조(307-10) 6. 민간인위탁교육비(307-12) 7. 공기관등에대한경상적위탁사업비(308-11) 8. 민간자본사업보조,자체재원(402-01) 9. 민간자본사업보조,이전재원(402-02) 10. 민간위탁사업비(402-03) 11. 공기관등에 대한 자본적 대행사업비(403-02)	민간이전지출 근거 (지방보조금 관리기준 참고) 1. 법률에 규정 2. 국고보조 재원(국가지정) 3. 용도 지정 기부금 4. 조례에 직접규정 5. 지자체가 권장하는 사업을 하는 공공기관 6. 시,도 정책 및 재정사정 7. 기타 8. 해당없음	입찰방식 계약체결방법 (경쟁형태) 1. 일반경쟁 2. 제한경쟁 3. 지명경쟁 4. 수의계약 5. 법정위탁 6. 기타 ( ) 7. 해당없음	입찰방식 계약기간 1. 1년 2. 2년 3. 3년 4. 4년 5. 5년 6. 기타 ( )년 7. 단기계약 (1년미만) 8. 해당없음	입찰방식 낙찰자선정방법 1. 적격심사 2. 협상에의한계약 3. 최저가낙찰제 4. 규격가격분리 5. 2단계 경쟁입찰 6. 기타 ( ) 7. 해당없음	운영예산 산정 운영예산 산정 1. 내부산정 (지자체 자체적으로 산정) 2. 외부산정 (외부전문기관위탁 산정) 3. 내·외부 모두 산정 4. 산정 無 5. 해당없음	운영예산 산정 정산방법 1. 내부정산 (지자체 내부적으로 정산) 2. 외부정산 (외부전문기관위탁 정산) 3. 내·외부 모두 산정 4. 정산 無 5. 해당없음	성과평가 실시여부 1. 실시 2. 미실시 3. 향후 추진 4. 해당없음
17492	경북 울릉군	6차산업연계청년창업지원	20,000	농업기술센터	1	4	7	8	7	5	5	4
17493	경북 울릉군	신활력플러스사업추진	500,000	농업기술센터	1	4	7	8	7	1	1	4
17494	경북 울릉군	신활력플러스추진위운영	20,000	농업기술센터	1	4	7	8	7	1	1	4
17495	경북 울릉군	친환경농산물인증추진비지원	8,310	농업기술센터	1	6	2	1	7	3	3	4
17496	경북 울릉군	농촌인력지원센터운영지원	123,000	농업기술센터	1	6	2	1	7	3	3	4
17497	경북 울릉군	농촌중개센터운영지원	80,000	농업기술센터	1	2	2	1	7	3	3	4
17498	경북 울릉군	4-H단체육성	700	농업기술센터	1	4	7	8	7	5	5	1
17499	경북 울릉군	농촌지도자울릉군연합회사업비	700	농업기술센터	1	4	7	8	7	5	5	1
17500	경북 울릉군	울릉군농업인단체협의회사업비	700	농업기술센터	1	4	7	8	7	5	5	1
17501	경북 울릉군	생활개선울릉군연합회사업비	1,400	농업기술센터	1	4	7	8	7	5	5	1
17502	경북 울릉군	한국여성농업인울릉군연합회사업비	1,400	농업기술센터	1	4	7	8	7	5	5	1
17503	경북 울릉군	농촌지도자공동과제활동지원	4,000	농업기술센터	1	7	7	8	7	5	5	4
17504	경북 울릉군	여성농업인행복바우처지원	6,000	농업기술센터	1	7	7	8	7	5	5	4
17505	경북 울릉군	조사료용종자구입비지원	2,100	농업기술센터	1	5	7	8	7	5	5	4
17506	경북 울릉군	육지한우송아지반입지원	30,000	농업기술센터	1	6	7	8	7	5	5	4
17507	경북 울릉군	톱밥제조시설운영장비지원	70,000	농업기술센터	1	6	7	8	7	5	5	4
17508	경북 울릉군	축산물이력제	1,004	농업기술센터	1	2	7	8	7	5	5	4
17509	경북 울릉군	축산물이력제업무인턴지원	24,996	농업기술센터	1	2	7	8	7	5	5	4
17510	경북 울릉군	전국소독의날운영소지원운영비	10,000	농업기술센터	1	2	7	8	7	5	5	4
17511	경북 울릉군	우산고로쇠부자재보조지원	30,000	농업기술센터	1	1	7	8	7	5	5	1
17512	경북 울릉군	수산물유통가공업활성화지원	64,400	농업기술센터	1	4	7	8	7	1	1	4
17513	경북 울릉군	수출농식품브랜드경쟁력제고사업	4,000	농업기술센터	1	4	7	8	7	1	1	4
17514	경북 울릉군	농식품국외판촉지원	6,000	농업기술센터	1	4	7	8	7	1	1	4
17515	경북 울릉군	농식품국내판촉지원	5,000	농업기술센터	1	4	7	8	7	1	1	4
17516	경북 울릉군	독도관련단체사업비지원	3,500	독도관리사무소	1	4	7	8	7	1	1	1
17517	경북 울릉군	독도거주민간인지원	12,000	독도관리사무소	1	4	7	8	7	1	1	4
17518	경남 창원시	민주평화통일자문회의 창원시협의회 사업	100,000	자치행정과	1	1	7	8	7	1	1	1
17519	경남 창원시	새마을회 읍면동사업	170,000	자치행정과	1	1	7	8	7	1	1	1
17520	경남 창원시	새마을회 새마을문고 도서구입비 등 지원	19,800	자치행정과	1	1	7	8	7	1	1	1
17521	경남 창원시	새마을회 교통봉사대 및 Y-SMU 대학생포럼사업	4,000	자치행정과	1	1	7	8	7	1	1	1
17522	경남 창원시	새마을회 사랑의 김장 담그기	8,550	자치행정과	1	1	7	8	7	1	1	1
17523	경남 창원시	새마을회 국제협력 교류사업	13,500	자치행정과	1	1	7	8	7	1	1	1
17524	경남 창원시	새마을회 사랑을 가꾸는 가족교실	4,500	자치행정과	1	1	7	8	7	1	1	1
17525	경남 창원시	바르게살기운동 창원시협의회 사업	108,000	자치행정과	1	1	7	8	7	1	1	1
17526	경남 창원시	바르게살기운동 생활환경개선사업	13,500	자치행정과	1	1	7	8	7	1	1	1
17527	경남 창원시	한국자유총연맹 창원시지회 사업	16,200	자치행정과	1	1	7	8	7	1	1	1
17528	경남 창원시	한국자유총연맹 포순이봉사단 활동비 지원	8,100	자치행정과	1	1	7	8	7	1	1	1
17529	경남 창원시	한국자유총연맹 북한이탈주민 정착 지원	9,000	자치행정과	1	1	7	8	7	1	1	1
17530	경남 창원시	범죄피해자 지원센터사업	54,000	자치행정과	1	1	7	8	7	1	1	1
17531	경남 창원시	법사랑위원 지역연합회 범죄예방활동사업	9,000	자치행정과	1	1	7	8	7	1	1	1
17532	경남 창원시	창원시이통장협의회 환경정화사업	18,000	자치행정과	1	4	7	8	7	1	1	1
17533	경남 창원시	재향경우회 지역치안질서 확립 방범보조활동	9,000	자치행정과	1	1	7	8	7	1	1	1
17534	경남 창원시	창원시민방범기동순찰대 방범순찰 및 청소년 선도 활동	2,700	자치행정과	1	4	7	8	7	1	1	1
17535	경남 창원시	해병대 진해전우회 방범순찰 활동	4,500	자치행정과	1	4	7	8	7	1	1	1
17536	경남 창원시	시민인권 보장 및 인권약자 지원활동 사업	18,000	자치행정과	1	4	6	1	6	5	5	4
17537	경남 창원시	민주평화통일자문회의 창원시협의회 운영비	66,000	자치행정과	1	1	7	8	7	1	1	1
17538	경남 창원시	창원시새마을회 운영비	150,000	자치행정과	1	1	7	8	7	1	1	1
17539	경남 창원시	바르게살기운동 창원시협의회 운영비	149,600	자치행정과	1	1	7	8	7	1	1	1
17540	경남 창원시	한국자유총연맹 창원시지회 운영비	87,000	자치행정과	1	1	7	8	7	1	1	1
17541	경남 창원시	북한이탈주민 정착지원을 위한 동읍송정어울림 건강지킴센터 사업	5,400	자치행정과	1	4	7	8	7	1	1	1
17542	경남 창원시	북한이탈주민 사회정착강화 지원사업	13,500	자치행정과	1	4	7	8	7	1	1	1

순번	시군구	지출명 (사업명)	2021년예산 (단위:천원/1년간)	담당자 (공무원) 담당부서	민간이전 분류 (지방자치단체 세출예산 집행기준에 의거) 1. 민간경상사업보조(307-02) 2. 민간단체 법정운영비보조(307-03) 3. 민간행사사업보조(307-04) 4. 민간위탁금(307-05) 5. 사회복지시설 법정운영비보조(307-10) 6. 민간인위탁교육비(307-12) 7. 공기관등에대한경상적위탁사업비(308-11) 8. 민간자본사업보조,자체재원(402-01) 9. 민간자본사업보조,이전재원(402-02) 10. 민간위탁사업비(402-03) 11. 공기관등에 대한 자본적 대행사업비(403-02)	민간이전지출 근거 (지방보조금 관리기준 참고) 1. 법률에 규정 2. 국고보조 재원(국가지정) 3. 용도 지정 기부금 4. 조례에 직접규정 5. 지자체가 권장하는 사업을 하는 공공기관 6. 시,도 정책 및 재정사정 7. 기타 8. 해당없음	입찰방식 계약체결방법 (경쟁형태) 1. 일반경쟁 2. 제한경쟁 3. 지명경쟁 4. 수의계약 5. 법정위탁 6. 기타 ( ) 7. 해당없음	입찰방식 계약기간 1. 1년 2. 2년 3. 3년 4. 4년 5. 5년 6. 기타 ( )년 7. 단기계약 (1년미만) 8. 해당없음	입찰방식 낙찰자선정방법 1. 적격심사 2. 협상에의한계약 3. 최저가낙찰제 4. 규격가격분리 5. 2단계 경쟁입찰 6. 기타 ( ) 7. 해당없음	운영예산 산정 운영예산 산정 1. 내부산정 (지자체 자체적으로 산정) 2. 외부산정 (외부전문기관위탁 산정) 3. 내·외부 모두 산정 4. 산정 無 5. 해당없음	운영예산 산정 정산방법 1. 내부정산 (지자체 내부적으로 정산) 2. 외부정산 (외부전문기관위탁 정산) 3. 내·외부 모두 산정 4. 정산 無 5. 해당없음	성과평가 실시여부 1. 실시 2. 미실시 3. 향후 추진 4. 해당없음
17543	경남 창원시	3.15의거 기념사업회 추모제 및 사업비	108,900	자치행정과	1	1	5	1	6	5	5	1
17544	경남 창원시	4.19혁명희생자유족회 신년 헌다례 및 제물대	3,600	자치행정과	1	1	5	1	6	5	5	1
17545	경남 창원시	부마민주영화제	16,200	자치행정과	1	1	5	1	6	5	5	1
17546	경남 창원시	부마민주항쟁 시민학술 강좌	9,000	자치행정과	1	1	5	1	6	5	5	1
17547	경남 창원시	부마민주음악제	15,300	자치행정과	1	1	5	1	6	5	5	1
17548	경남 창원시	부마민주항쟁 역사기록	18,000	자치행정과	1	1	5	1	6	5	5	1
17549	경남 창원시	부마민주항쟁 인식도조사	4,500	자치행정과	1	1	5	1	6	5	5	1
17550	경남 창원시	6월민주항쟁 34주년 기념식 등	10,800	자치행정과	1	1	5	1	6	5	5	1
17551	경남 창원시	민주화운동사 발간	36,000	자치행정과	1	1	5	1	6	5	5	1
17552	경남 창원시	남북교류 및 통일기반조성 사업	300,000	자치행정과	1	4	7	8	7	1	1	1
17553	경남 창원시	민족통일창원시협의회 통일준비를 위한 기반조성 사업	15,000	자치행정과	1	4	7	8	7	1	1	1
17554	경남 창원시	통일체험관 운영	15,000	자치행정과	1	4	7	8	7	1	1	1
17555	경남 창원시	우수 평생학습프로그램 및 동아리 지원사업	59,400	평생교육과	1	4	7	8	7	1	1	1
17556	경남 창원시	성인문해교육 지원사업	31,500	평생교육과	1	1	7	8	7	1	1	1
17557	경남 창원시	장애인 평생교육프로그램 지원사업	72,000	평생교육과	1	1	7	8	7	1	1	1
17558	경남 창원시	작은도서관 독서 프로그램 공모	30,000	평생교육과	1	4	7	8	7	1	1	4
17559	경남 창원시	운영평가 시상금	20,000	평생교육과	1	4	7	8	7	1	1	4
17560	경남 창원시	창원에서 행복하게 살아가기	2,700	경제살리기과	1	1	7	8	7	1	1	4
17561	경남 창원시	초등학생 경제교육 페스티벌	1,350	경제살리기과	1	1	7	8	7	1	1	4
17562	경남 창원시	안전한 소비생활 교육	3,600	경제살리기과	1	1	7	8	7	1	1	4
17563	경남 창원시	소비자피해구제 상담센터 운영	3,600	경제살리기과	1	1	7	8	7	1	1	4
17564	경남 창원시	이동소비자상담센터 운영	1,350	경제살리기과	1	1	7	8	7	1	1	4
17565	경남 창원시	어린이와 함께하는 경제교육	1,800	경제살리기과	1	1	7	8	7	1	1	4
17566	경남 창원시	특산물 포장지 제작비	17,100	경제살리기과	1	1	7	8	7	1	1	4
17567	경남 창원시	소상공인 소규모 경영환경개선 지원사업	800,000	경제살리기과	1	6	7	8	7	1	1	4
17568	경남 창원시	소상공인 민원콜센터 운영	152,000	경제살리기과	1	1	7	8	7	1	1	4
17569	경남 창원시	소상공인 현장상담 및 상인마인드 함양교육	30,000	경제살리기과	1	1	7	8	7	1	1	4
17570	경남 창원시	소상공인 역량강화 워크숍	9,000	경제살리기과	1	1	7	8	7	1	1	4
17571	경남 창원시	전통공예품 개발 장려금지원	47,200	경제살리기과	1	1	7	8	7	1	1	4
17572	경남 창원시	중앙동 맛집 셰프의 거리조성	200,000	경제살리기과	1	7	7	8	7	1	2	1
17573	경남 창원시	전통시장 상인연합회 친절교육 사업비	18,000	경제살리기과	1	5	7	8	7	5	5	4
17574	경남 창원시	시장경영바우처사업	40,800	경제살리기과	1	2	7	8	7	5	5	4
17575	경남 창원시	부림지하상가 사설주차장 이용보조	35,440	경제살리기과	1	2	7	8	7	5	5	4
17576	경남 창원시	상권활성화재단 사업비	172,800	경제살리기과	1	5	7	8	7	5	5	4
17577	경남 창원시	고객지원센터 유지보수	2,280	경제살리기과	1	5	7	8	7	5	5	4
17578	경남 창원시	청소년 노동인권 증진사업	13,500	경제살리기과	1	4	7	8	7	1	1	1
17579	경남 창원시	노사민정협력 활성화 사업 지원	27,000	경제살리기과	1	4	7	8	7	1	1	1
17580	경남 창원시	비정규직 노동자 지원사업	150,000	경제살리기과	1	4	7	8	7	1	1	1
17581	경남 창원시	한국노총 경남본부 동부지부 독서아카데미사업 지원	7,200	경제살리기과	1	4	7	8	7	1	1	1
17582	경남 창원시	외국인노동자 적응 지원	250,000	경제살리기과	1	4	7	8	7	1	1	1
17583	경남 창원시	저소득층 노후 보일러 부품 점검 및 교체수리	8,000	경제살리기과	1	1	7	8	7	1	2	1
17584	경남 창원시	마을회관 전기요금 및 운영비품 지원	1,400	경제살리기과	1	1	7	8	7	5	3	1
17585	경남 창원시	마을회관 전기요금 및 운영비품 지원	1,000	경제살리기과	1	1	7	8	7	5	3	1
17586	경남 창원시	마을회관 전기요금 및 운영비품 지원	1,000	경제살리기과	1	1	7	8	7	5	3	1
17587	경남 창원시	마을회관 전기요금 및 운영비품 지원	2,000	경제살리기과	1	1	7	8	7	5	3	1
17588	경남 창원시	마을회관 전기요금 및 운영비품 지원	5,300	경제살리기과	1	1	7	8	7	5	3	1
17589	경남 창원시	신중년 경력형 일자리사업 지원	976,710	일자리창출과	1	2	7	8	7	5	5	4
17590	경남 창원시	신중년 사회공헌사업	104,000	일자리창출과	1	2	7	8	7	5	5	4
17591	경남 창원시	유급휴가훈련 사업주 사회보험료 지원	159,000	일자리창출과	1	2	7	8	7	5	5	4
17592	경남 창원시	대학일자리센터 운영	107,900	일자리창출과	1	2	7	8	7	5	5	4
17593	경남 창원시	지역선도대학육성사업	100,000	일자리창출과	1	2	7	8	7	5	5	4

순번	시군구	지출명 (사업명)	2021년예산 (단위:천원/1년간)	담당자 (공무원) 담당부서	민간이전 분류 (지방자치단체 세출예산 집행기준에 의거) 1. 민간경상사업보조(307-02) 2. 민간단체 법정운영비보조(307-03) 3. 민간행사사업보조(307-04) 4. 민간위탁금(307-05) 5. 사회복지시설 법정운영비보조(307-10) 6. 민간인위탁교육비(307-12) 7. 공기관등에대한경상적위탁사업비(308-11) 8. 민간자본사업보조,자체재원(402-01) 9. 민간자본사업보조,이전재원(402-02) 10. 민간위탁사업비(402-03) 11. 공기관등에 대한 자본적 대행사업비(403-02)	민간이전지출 근거 (지방보조금 관리기준 참고) 1. 법률에 규정 2. 국고보조 재원(국가지정) 3. 용도 지정 기부금 4. 조례에 직접규정 5. 지자체가 권장하는 사업을 하는 공공기관 6. 시,도 정책 및 재정사정 7. 기타 8. 해당없음	입찰방식 계약체결방법 (경쟁형태) 1. 일반경쟁 2. 제한경쟁 3. 지명경쟁 4. 수의계약 5. 법정위탁 6. 기타 ( ) 7. 해당없음	입찰방식 계약기간 1. 1년 2. 2년 3. 3년 4. 4년 5. 5년 6. 기타 ( )년 7. 단기계약 (1년미만) 8. 해당없음	입찰방식 낙찰자선정방법 1. 적격심사 2. 협상에의한계약 3. 최저가낙찰제 4. 규격가격분리 5. 2단계 경쟁입찰 6. 기타 ( ) 7. 해당없음	운영예산 산정 운영예산 산정 1. 내부산정 (지자체 자체적으로 산정) 2. 외부산정 (외부전문기관위탁 산정) 3. 내·외부 모두 산정 4. 산정 無 5. 해당없음	운영예산 산정 정산방법 1. 내부정산 (지자체 내부적으로 정산) 2. 외부정산 (외부전문기관위탁 정산) 3. 내·외부 모두 산정 4. 정산 無 5. 해당없음	성과평가 실시여부 1. 실시 2. 미실시 3. 향후 추진 4. 해당없음
17594	경남 창원시	청년 해외인턴사업	112,000	일자리창출과	1	2	7	8	7	5	5	4
17595	경남 창원시	지역산업맞춤형 일자리창출 지원사업	972,000	일자리창출과	1	2	7	8	7	5	5	4
17596	경남 창원시	경남형 뉴딜일자리사업 대행사업비	205,000	일자리창출과	1	2	7	1	7	1	3	3
17597	경남 창원시	경남청년 장인 프로젝트사업 대행사업비	1,008	일자리창출과	1	2	7	2	7	1	3	3
17598	경남 창원시	사회적기업 일자리창출사업	1,949	일자리창출과	1	2	7	8	7	5	5	4
17599	경남 창원시	사회적경제기업 청년부흥프로젝트 사업	619,841	일자리창출과	1	2	7	8	7	5	5	4
17600	경남 창원시	사회적기업 사회보험료 지원	206,668	일자리창출과	1	2	7	8	7	5	5	4
17601	경남 창원시	사회적기업 사업개발비 지원	386,165	일자리창출과	1	2	7	8	7	5	5	4
17602	경남 창원시	마을기업육성사업 지원	110,000	일자리창출과	1	2	7	8	7	5	5	4
17603	경남 창원시	정보화마을 전자상거래 택배 등 지원	1,000	일자리창출과	1	6	7	8	7	5	5	4
17604	경남 창원시	정보화마을 홈페이지관련 이용료	1,000	일자리창출과	1	6	7	8	7	5	5	4
17605	경남 창원시	청년꿈터지원사업	54,000	일자리창출과	1	6	1	7	1	1	1	1
17606	경남 창원시	청년비전센터 운영	500,000	일자리창출과	1	6	1	3	1	1	1	1
17607	경남 창원시	경남FTA 활용지원센터 지원	20,000	투자유치단	1	5	7	8	7	1	1	1
17608	경남 창원시	민간주도 기업사랑운동 실천사업	27,000	전략산업과	1	7	6	7	6	1	1	1
17609	경남 창원시	산업재해 예방 컨설팅 지원	4,000	전략산업과	1	6	7	7	7	5	5	4
17610	경남 창원시	창업기업 신규 고용인력 보조금	120,000	전략산업과	1	6	7	8	7	5	5	4
17611	경남 창원시	창업기업 멘토링 지원	40,000	신성장산업과	1	4	7	8	7	5	5	4
17612	경남 창원시	지식재산창출지원사업	130,000	산업혁신과	1	2	7	8	7	1	1	1
17613	경남 창원시	안전문화교육 및 위해요소안전 예찰	2,160	시민안전과	1	6	7	1	7	1	1	1
17614	경남 창원시	시민안전문화운동 추진	2,160	시민안전과	1	6	7	1	7	1	1	1
17615	경남 창원시	생활안전 응급처치 교육	9,000	시민안전과	1	6	7	1	7	1	1	1
17616	경남 창원시	해외입국자 임시생활시설 청소용역	45,000	시민안전과	1	8	1	7	3	1	1	4
17617	경남 창원시	인증제를 통한 내진보강활성화	86,000	시민안전과	1	2	1	8	6	1	1	4
17618	경남 창원시	택시운수종사자 쉼터 운영	14,400	교통정책과	1	4	6	6	6	1	1	4
17619	경남 창원시	자전거이용 활성화	32,000	교통정책과	1	6	7	8	7	1	1	4
17620	경남 창원시	낙동강 녹색자전거길 무료대여소 운영	18,000	교통정책과	1	6	7	8	7	1	1	1
17621	경남 창원시	서비스 실천 우수 운수 종사자 선진지 견학	4,500	신교통추진단	1	4	7	8	7	5	5	4
17622	경남 창원시	창원향토자료전시관 기록자료 보전 지원	11,000	문화예술과	1	4	7	8	7	5	1	1
17623	경남 창원시	명승유적지 예술적 승화 및 재조명 사업	12,600	문화예술과	1	4	7	8	7	1	1	1
17624	경남 창원시	영상산업문화 활성화 지원 사업	80,000	문화예술과	1	4	7	8	7	1	1	1
17625	경남 창원시	경남문학관 창작교실 운영 등 지원	114,000	문화예술과	1	4	7	8	7	1	1	1
17626	경남 창원시	창원향교 기로연	4,500	문화예술과	1	4	7	8	7	5	1	1
17627	경남 창원시	마산향교 기로연	4,500	문화예술과	1	4	7	8	7	5	1	1
17628	경남 창원시	창원향교 성균관유도회 유림교육비	4,500	문화예술과	1	4	7	8	7	5	1	1
17629	경남 창원시	마산향교 성균관유도회 유림교육비	4,500	문화예술과	1	4	7	8	7	5	1	1
17630	경남 창원시	창원향교 생활유교 진흥 지원 사업	13,500	문화예술과	1	4	7	8	7	5	1	1
17631	경남 창원시	창원향교 사업비	4,500	문화예술과	1	4	7	8	7	5	1	1
17632	경남 창원시	마산향교 사업비	4,500	문화예술과	1	4	7	8	7	5	1	1
17633	경남 창원시	창원충효교실	12,000	문화예술과	1	4	7	8	7	5	1	1
17634	경남 창원시	마산충효교실	12,000	문화예술과	1	4	7	8	7	5	1	1
17635	경남 창원시	창원전통문화 계승사업	12,000	문화예술과	1	4	7	8	7	5	1	1
17636	경남 창원시	마산전통문화 계승사업	12,000	문화예술과	1	4	7	8	7	5	1	1
17637	경남 창원시	창원향교 석전대제 제례비	9,000	문화예술과	1	4	7	8	7	5	1	1
17638	경남 창원시	마산향교 석전대제 제례비	9,000	문화예술과	1	4	7	8	7	5	1	1
17639	경남 창원시	주자정동 석채례 봉행	9,000	문화예술과	1	4	7	8	7	5	1	1
17640	경남 창원시	삼원원주민 문화유적지 탐방	4,500	문화예술과	1	4	7	8	7	5	1	1
17641	경남 창원시	창원문화원 사업비	36,450	문화예술과	1	1	7	8	7	1	1	1
17642	경남 창원시	마산문화원 사업비	32,850	문화예술과	1	1	7	8	7	1	1	1
17643	경남 창원시	진해문화원 사업비	14,850	문화예술과	1	1	7	8	7	1	1	1
17644	경남 창원시	창원문화원 문화학교 운영	5,400	문화예술과	1	1	7	8	7	1	1	1

순번	시군구	지출명 (사업명)	2021년예산 (단위:천원/1년간)	담당자 (공무원) 담당부서	민간이전 분류 (지방자치단체 세출예산 집행기준에 의거) 1. 민간경상사업보조(307-02) 2. 민간단체 법정운영비보조(307-03) 3. 민간행사사업보조(307-04) 4. 민간위탁금(307-05) 5. 사회복지시설 법정운영비보조(307-10) 6. 민간인위탁교육비(307-12) 7. 공기관등에대한경상적위탁사업비(308-11) 8. 민간자본사업보조,자체재원(402-01) 9. 민간자본사업보조,이전재원(402-02) 10. 민간위탁사업비(402-03) 11. 공기관등에 대한 자본적 대행사업비(403-02)	민간이전지출 근거 (지방보조금 관리기준 참고) 1. 법률에 규정 2. 국고보조 재원(국가지정) 3. 용도 지정 기부금 4. 조례에 직접규정 5. 지자체가 권장하는 사업을 하는 공공기관 6. 시,도 정책 및 재정사정 7. 기타 8. 해당없음	입찰방식 계약체결방법 (경쟁형태) 1. 일반경쟁 2. 제한경쟁 3. 지명경쟁 4. 수의계약 5. 법정위탁 6. 기타 ( ) 7. 해당없음	입찰방식 계약기간 1. 1년 2. 2년 3. 3년 4. 4년 5. 5년 6. 기타 ( )년 7. 단기계약 (1년미만) 8. 해당없음	입찰방식 낙찰자선정방법 1. 적격심사 2. 협상에의한계약 3. 최저가낙찰제 4. 규격가격분리 5. 2단계 경쟁입찰 6. 기타 ( ) 7. 해당없음	운영예산 산정 운영예산 산정 1. 내부산정 (지자체 자체적으로 산정) 2. 외부산정 (외부전문기관위탁 산정) 3. 내·외부 모두 산정 4. 산정 無 5. 해당없음	운영예산 산정 정산방법 1. 내부정산 (지자체 내부적으로 정산) 2. 외부정산 (외부전문기관위탁 정산) 3. 내·외부 모두 산정 4. 정산 無 5. 해당없음	성과평가 실시여부 1. 실시 2. 미실시 3. 향후 추진 4. 해당없음
17645	경남 창원시	마산문화원 문화학교 운영	5,400	문화예술과	1	1	7	8	7	1	1	1
17646	경남 창원시	진해문화원 문화학교 운영	5,400	문화예술과	1	1	7	8	7	1	1	1
17647	경남 창원시	창원의 숨결 발간	4,050	문화예술과	1	1	7	8	7	1	1	1
17648	경남 창원시	진해 휘호대회	2,070	문화예술과	1	1	7	8	7	1	1	1
17649	경남 창원시	창원박물지 발간	2,430	문화예술과	1	1	7	8	7	1	1	1
17650	경남 창원시	연도여자상여소리 보존사업	3,150	문화예술과	1	1	7	8	7	1	1	1
17651	경남 창원시	진해문화대학	3,420	문화예술과	1	1	7	8	7	1	1	1
17652	경남 창원시	학생 전통민속놀이 경진대회	2,070	문화예술과	1	1	7	8	7	1	1	1
17653	경남 창원시	진해문화총서 발간	4,500	문화예술과	1	1	7	8	7	1	1	1
17654	경남 창원시	마산영화자료관 운영	7,200	문화예술과	1	1	7	8	7	1	1	1
17655	경남 창원시	지역 역사문화인물 연구사업	6,300	문화예술과	1	1	7	8	7	1	1	1
17656	경남 창원시	시민과 함께하는 문화가 있는 날	10,800	문화예술과	1	1	7	8	7	1	1	1
17657	경남 창원시	창원문화원 운영비	30,000	문화예술과	1	1	7	8	7	1	1	1
17658	경남 창원시	마산문화원 운영비	30,000	문화예술과	1	1	7	8	7	1	1	1
17659	경남 창원시	진해문화원 운영비	30,000	문화예술과	1	1	7	8	7	1	1	1
17660	경남 창원시	창원문화원 사무국장 인건비	26,000	문화예술과	1	1	7	8	7	1	1	1
17661	경남 창원시	마산문화원 사무국장 인건비	26,000	문화예술과	1	1	7	8	7	1	1	1
17662	경남 창원시	진해문화원 사무국장 인건비	26,000	문화예술과	1	1	7	8	7	1	1	1
17663	경남 창원시	비음산 창원진례산성 철쭉제례	4,500	문화예술과	1	1	7	8	7	1	1	1
17664	경남 창원시	창원문화원사 위탁운영	100,000	문화예술과	1	1	7	8	7	1	1	1
17665	경남 창원시	마산문화원사 위탁운영	75,600	문화예술과	1	1	7	8	7	1	1	1
17666	경남 창원시	창원문화원 문화행사 운영	5,500	문화예술과	1	1	7	8	7	1	1	1
17667	경남 창원시	마산문화원 문화행사 운영	5,500	문화예술과	1	1	7	8	7	1	1	1
17668	경남 창원시	진해문화원 문화행사 운영	5,500	문화예술과	1	1	7	8	7	1	1	1
17669	경남 창원시	창원문화원 향토사료 조사	10,000	문화예술과	1	1	7	8	7	1	1	1
17670	경남 창원시	마산문화원 향토사료 조사	10,000	문화예술과	1	1	7	8	7	1	1	1
17671	경남 창원시	진해문화원 향토사료 조사	10,000	문화예술과	1	1	7	8	7	1	1	1
17672	경남 창원시	고운 최치원과 월영대 학술발표 및 논문집 발간	12,600	문화예술과	1	1	7	8	7	1	1	1
17673	경남 창원시	우해이어보 학술비	12,600	문화예술과	1	1	7	8	7	1	1	1
17674	경남 창원시	미술관 체험학습 프로그램 운영지원	8,000	문화예술과	1	4	7	8	7	5	1	1
17675	경남 창원시	우수 예술단체 찾아가는 문화활동	28,350	문화예술과	1	6	7	8	7	5	5	4
17676	경남 창원시	남도시단 발간	1,620	문화예술과	1	4	7	8	7	1	1	1
17677	경남 창원시	동운문학 발간	1,620	문화예술과	1	4	7	8	7	1	1	1
17678	경남 창원시	마산문학 발간	3,420	문화예술과	1	4	7	8	7	1	1	1
17679	경남 창원시	시향 발간	2,430	문화예술과	1	4	7	8	7	1	1	1
17680	경남 창원시	진해문학 발간	2,430	문화예술과	1	4	7	8	7	1	1	1
17681	경남 창원시	창원문학 발간	2,880	문화예술과	1	4	7	8	7	1	1	1
17682	경남 창원시	청소년 연기자교실	2,430	문화예술과	1	4	7	8	7	1	1	1
17683	경남 창원시	마산·여수미술협회 합동전	3,600	문화예술과	1	4	7	8	7	1	1	1
17684	경남 창원시	한일 국제사진교류전 및 지역서클 합동전	4,500	문화예술과	1	4	7	8	7	1	1	1
17685	경남 창원시	합포문화강좌	9,000	문화예술과	1	4	7	8	7	1	1	1
17686	경남 창원시	문화학교 운영	6,300	문화예술과	1	4	7	8	7	1	1	1
17687	경남 창원시	문화예술전문자료관 운영	6,000	문화예술과	1	4	7	8	7	1	1	1
17688	경남 창원시	창원문화예술학교 운영비	30,000	문화예술과	1	4	7	8	7	1	1	1
17689	경남 창원시	창동예술소극장 운영	80,000	문화예술과	1	4	7	8	7	1	1	1
17690	경남 창원시	메세나사업지원	180,000	문화예술과	1	4	7	8	7	1	1	1
17691	경남 창원시	계간진해 발간	13,500	문화예술과	1	4	7	8	7	1	1	1
17692	경남 창원시	폐교활용 미술관 대부료	31,050	문화예술과	1	4	7	8	7	1	1	1
17693	경남 창원시	문화특화지역(문화도시)조성	700,000	문화예술과	1	2	5	3	1	1	3	1
17694	경남 창원시	문화가 있는 날 지자체 자유기획 프로그램 운영 지원	110,000	문화예술과	1	2	1	7	1	1	3	1
17695	경남 창원시	우수선수 훈련지원비	612,000	체육진흥과	1	1	7	8	7	1	1	1

순번	시군구	지출명 (사업명)	2021년예산 (단위:천원/1년간)	담당자 (공무원) 담당부서	민간이전 분류 (지방자치단체 세출예산 집행기준에 의거) 1. 민간경상사업보조(307-02) 2. 민간단체 법정운영비보조(307-03) 3. 민간행사사업보조(307-04) 4. 민간위탁금(307-05) 5. 사회복지시설 법정운영비보조(307-10) 6. 민간인위탁교육비(307-12) 7. 공기관등에대한경상적위탁사업비(308-11) 8. 민간자본사업보조,자체재원(402-01) 9. 민간자본사업보조,이전재원(402-02) 10. 민간위탁사업비(402-03) 11. 공기관등에 대한 자본적 대행사업비(403-02)	민간이전지출 근거 (지방보조금 관리기준 참고) 1. 법률에 규정 2. 국고보조 재원(국가지정) 3. 용도 지정 기부금 4. 조례에 직접규정 5. 지자체가 권장하는 사업을 하는 공공기관 6. 시,도 정책 및 재정사정 7. 기타 8. 해당없음	입찰방식 계약체결방법 (경쟁형태) 1. 일반경쟁 2. 제한경쟁 3. 지명경쟁 4. 수의계약 5. 법정위탁 6. 기타 ( ) 7. 해당없음	입찰방식 계약기간 1. 1년 2. 2년 3. 3년 4. 4년 5. 5년 6. 기타 ( )년 7. 단기계약 (1년미만) 8. 해당없음	입찰방식 낙찰자선정방법 1. 적격심사 2. 협상에의한계약 3. 최저가낙찰제 4. 규격가격분리 5. 2단계 경쟁입찰 6. 기타 ( ) 7. 해당없음	운영예산 산정 운영예산 산정 1. 내부산정 (지자체 자체적으로 산정) 2. 외부산정 (외부전문기관위탁 산정) 3. 내·외부 모두 산정 4. 산정 無 5. 해당없음	운영예산 산정 정산방법 1. 내부정산 (지자체 내부적으로 정산) 2. 외부정산 (외부전문기관위탁 정산) 3. 내·외부 모두 산정 4. 정산 無 5. 해당없음	성과평가 실시여부 1. 실시 2. 미실시 3. 향후 추진 4. 해당없음
17696	경남 창원시	가맹단체 육성 지원비	36,000	체육진흥과	1	1	7	8	7	1	1	1
17697	경남 창원시	야외생활체육교실 운영	45,000	체육진흥과	1	1	7	8	7	1	1	1
17698	경남 창원시	생활체육교실 운영	66,010	체육진흥과	1	1	7	8	7	1	1	1
17699	경남 창원시	생활체육프로그램 지원	59,193	체육진흥과	1	1	7	8	7	1	1	1
17700	경남 창원시	찾아가는 체육관 운영	27,000	체육진흥과	1	1	7	8	7	1	1	1
17701	경남 창원시	일반 생활체육지도자 배치사업	898,008	체육진흥과	1	1	7	8	7	1	1	1
17702	경남 창원시	어르신 생활체육지도자 배치사업	289,680	체육진흥과	1	1	7	8	7	1	1	1
17703	경남 창원시	장애인 체육동아리 지원	46,144	체육진흥과	1	1	7	8	7	1	1	1
17704	경남 창원시	체력인증센터 운영	206,250	체육진흥과	1	2	7	8	7	1	1	1
17705	경남 창원시	장애인생활체육지도자 배치사업	144,840	체육진흥과	1	1	7	8	7	1	1	1
17706	경남 창원시	장애인 생활체육교실 운영	9,000	체육진흥과	1	1	7	8	7	1	1	1
17707	경남 창원시	방문스포츠팀 유치 등 지원	30,000	체육진흥과	1	1	1	7	1	1	1	1
17708	경남 창원시	창원시관광협의회 사업 지원	28,200	관광과	1	4	7	8	7	1	1	4
17709	경남 창원시	창원에서 한 달 살기 사업	30,000	관광과	1	6	1	7	1	1	1	3
17710	경남 창원시	불모산영산재 공개 공연비 지원	9,800	문화유산육성과	1	1	7	7	7	1	1	1
17711	경남 창원시	마산농청놀이 공개 공연비 지원	9,800	문화유산육성과	1	1	7	7	7	1	1	1
17712	경남 창원시	매듭장 공개 공연비 지원	9,800	문화유산육성과	1	1	7	7	7	1	1	1
17713	경남 창원시	마산성신대제 공개 공연비 지원	9,800	문화유산육성과	1	1	7	7	7	1	1	1
17714	경남 창원시	광려산숯일소리 공개 공연비 지원	9,800	문화유산육성과	1	1	7	7	7	1	1	1
17715	경남 창원시	국가무형문화재(여창가곡) 공개 공연비 지원	14,400	문화유산육성과	1	1	7	7	7	1	1	1
17716	경남 창원시	국가무형문화재(아랫녘수륙재) 공개 공연비 지원	14,400	문화유산육성과	1	1	7	7	7	1	1	1
17717	경남 창원시	마산농청놀이 및 전통민속예술 공연비	7,200	문화유산육성과	1	1	7	7	7	1	1	1
17718	경남 창원시	가곡전수관 상설공연비	18,000	문화유산육성과	1	1	7	7	7	1	1	1
17719	경남 창원시	제12회 불교의식음악 학술대회비	6,300	문화유산육성과	1	1	7	7	7	1	1	1
17720	경남 창원시	무형문화재 공개시연 행사비	23,200	문화유산육성과	1	1	7	7	7	1	1	1
17721	경남 창원시	무형문화재 기능보유자 전승비	104,880	문화유산육성과	1	1	7	7	7	1	1	1
17722	경남 창원시	경남 자활가족 한마당 대회 지원	20,000	사회복지과	1	1	7	1	6	1	5	1
17723	경남 창원시	제8회 자활가족 한마당 대회 지원	35,000	사회복지과	1	1	7	1	6	1	5	1
17724	경남 창원시	자활전문가 민관 워크숍	10,000	사회복지과	1	1	7	1	6	1	5	1
17725	경남 창원시	자활사업 참여자 역량 강화 교육	20,000	사회복지과	1	1	7	1	6	1	5	1
17726	경남 창원시	지역자활센터 시설장비 구입비	180,000	사회복지과	1	1	7	1	6	1	5	1
17727	경남 창원시	창원보훈3단체 전적지 순례	20,700	사회복지과	1	4	7	1	6	1	5	1
17728	경남 창원시	마산보훈3단체 전적지 순례	15,300	사회복지과	1	4	7	1	6	1	5	1
17729	경남 창원시	진해보훈3단체 전적지 순례	10,800	사회복지과	1	4	7	1	6	1	5	1
17730	경남 창원시	무공수훈자회(창원,마산,진해) 전적지 순례	18,900	사회복지과	1	4	7	1	6	1	5	1
17731	경남 창원시	6.25참전유공자회 통합지회 전적지 순례	16,200	사회복지과	1	4	7	1	6	1	5	1
17732	경남 창원시	고엽제전우회 통합지회 전적지 순례	14,400	사회복지과	1	4	7	1	6	1	5	1
17733	경남 창원시	전몰군경유자녀회(창원) 전적지 순례	4,500	사회복지과	1	4	7	1	6	1	5	1
17734	경남 창원시	경남지부창원지회유자녀회 전적지 순례	2,250	사회복지과	1	4	7	1	6	1	5	1
17735	경남 창원시	전몰군경유자녀회(마산) 전적지 순례	4,500	사회복지과	1	4	7	1	6	1	5	1
17736	경남 창원시	전몰군경유자녀회(진해) 전적지 순례	2,250	사회복지과	1	4	7	1	6	1	5	1
17737	경남 창원시	월남참전자회 통합지회 전적지 순례	13,500	사회복지과	1	4	7	1	6	1	5	1
17738	경남 창원시	6.25참전경찰유공자회 창원시지회 전적지 순례	2,700	사회복지과	1	4	7	1	6	1	5	1
17739	경남 창원시	특수임무유공자회 통합지회 전적지 순례	4,500	사회복지과	1	4	7	1	6	1	5	1
17740	경남 창원시	창원시 재향군인회(통합) 전적지 순례	18,900	사회복지과	1	4	7	1	6	1	5	1
17741	경남 창원시	대한해외참전자전우회창원시지회 전적지 순례	2,700	사회복지과	1	4	7	1	6	1	5	1
17742	경남 창원시	광복회 창원시 통합지회 전적지 순례	4,500	사회복지과	1	4	7	1	6	1	5	1
17743	경남 창원시	전몰군경유족회 영천호국원지킴이사업	3,240	사회복지과	1	4	7	1	6	1	5	1
17744	경남 창원시	상이군경 재활치료 지원	49,500	사회복지과	1	4	7	1	6	1	5	1
17745	경남 창원시	괴암 김주석 독립운동 및 고문기록 자료 발간	6,300	사회복지과	1	4	7	1	6	1	5	1
17746	경남 창원시	6.25전몰군경유자녀회(창원) 호국영령위	3,600	사회복지과	1	4	7	1	6	1	5	1

순번	시군구	지출명 (사업명)	2021년예산 (단위:천원/1년간)	담당자 (공무원) 담당부서	민간이전 분류 (지방자치단체 세출예산 집행기준에 의거) 1. 민간경상사업보조(307-02) 2. 민간단체 법정운영비보조(307-03) 3. 민간행사사업보조(307-04) 4. 민간위탁금(307-05) 5. 사회복지시설 법정운영비보조(307-10) 6. 민간인위탁교육비(307-12) 7. 공기관등에대한경상적위탁사업비(308-11) 8. 민간자본사업보조,자체재원(402-01) 9. 민간자본사업보조,이전재원(402-02) 10. 민간위탁사업비(402-03) 11. 공기관등에 대한 자본적 대행사업비(403-02)	민간이전지출 근거 (지방보조금 관리기준 참고) 1. 법률에 규정 2. 국고보조 재원(국가지정) 3. 용도 지정 기부금 4. 조례에 직접규정 5. 지자체가 권장하는 사업을 하는 공공기관 6. 시,도 정책 및 재정사정 7. 기타 8. 해당없음	입찰방식 계약체결방법 (경쟁형태) 1. 일반경쟁 2. 제한경쟁 3. 지명경쟁 4. 수의계약 5. 법정위탁 6. 기타 ( ) 7. 해당없음	입찰방식 계약기간 1. 1년 2. 2년 3. 3년 4. 4년 5. 5년 6. 기타 ( )년 7. 단기계약 (1년미만) 8. 해당없음	입찰방식 낙찰자선정방법 1. 적격심사 2. 협상에의한계약 3. 최저가낙찰제 4. 규격가격분리 5. 2단계 경쟁입찰 6. 기타 ( ) 7. 해당없음	운영예산 산정 운영예산 산정 1. 내부산정 (지자체 자체적으로 산정) 2. 외부산정 (외부전문기관위탁 산정) 3. 내·외부 모두 산정 4. 산정 無 5. 해당없음	운영예산 산정 정산방법 1. 내부정산 (지자체 내부적으로 정산) 2. 외부정산 (외부전문기관위탁 정산) 3. 내·외부 모두 산정 4. 정산 無 5. 해당없음	성과평가 실시여부 1. 실시 2. 미실시 3. 향후 추진 4. 해당없음
17747	경남 창원시	고엽제전우회	10,350	사회복지과	1	4	7	1	6	1	5	1
17748	경남 창원시	대한해외참전자전우회창원시지회	2,700	사회복지과	1	4	7	1	6	1	5	1
17749	경남 창원시	세입보훈단체관리비지원	33,500	사회복지과	1	4	7	1	6	1	5	1
17750	경남 창원시	해병대진해전우회	1,800	사회복지과	1	4	7	1	6	1	5	1
17751	경남 창원시	특수임무유공자회 한국재난구조단 교육 및 수중정화활동	3,600	사회복지과	1	4	7	1	6	1	5	1
17752	경남 창원시	월남전참전자회 기념행사 및 사진전	6,300	사회복지과	1	4	7	1	6	1	5	1
17753	경남 창원시	저소득 집수리사업 및 전문기술 봉사활동	2,700	사회복지과	1	4	7	1	6	1	5	1
17754	경남 창원시	읍면동 및 시 자원봉사회 봉사 활동 사업비	16,200	사회복지과	1	4	7	1	6	1	5	1
17755	경남 창원시	관내 어르신 경로위안행사	1,800	사회복지과	1	4	7	1	6	1	5	1
17756	경남 창원시	소외계층가정 도우미사업	1,800	사회복지과	1	4	7	1	6	1	5	1
17757	경남 창원시	치안 활동 보조 및 사회봉사 활동	1,800	사회복지과	1	4	7	1	6	1	5	1
17758	경남 창원시	지역사회발전을 위한 봉사 활동	8,100	사회복지과	1	4	7	1	6	1	5	1
17759	경남 창원시	치안보조활동 및 사회복지시설 방문 봉사활동	1,800	사회복지과	1	4	7	1	6	1	5	1
17760	경남 창원시	지역사회 발전을 위한 봉사 활동	6,300	사회복지과	1	4	7	1	6	1	5	1
17761	경남 창원시	법무보호 복지대회 및 모범출소자 합동결혼식	7,830	사회복지과	1	4	7	1	6	1	5	1
17762	경남 창원시	사랑의 의료봉사활동	1,800	사회복지과	1	4	7	1	6	1	5	1
17763	경남 창원시	소외계층 노인 실버케어 및 환경개선사업	1,800	사회복지과	1	4	7	1	6	1	5	1
17764	경남 창원시	지역사회 불우이웃을 위한 이미용 봉사활동	1,800	사회복지과	1	4	7	1	6	1	5	1
17765	경남 창원시	소외어르신 위안공연 및 생신잔치	1,800	사회복지과	1	4	7	1	6	1	5	1
17766	경남 창원시	사랑의 자장면 나눔봉사활동	5,400	사회복지과	1	4	7	1	6	1	5	1
17767	경남 창원시	미용봉사	1,800	사회복지과	1	4	7	1	6	1	5	1
17768	경남 창원시	장애우들을 위한 공예 힐링프로그램	1,350	사회복지과	1	4	7	1	6	1	5	1
17769	경남 창원시	사랑의 김장담그기 사업	27,000	사회복지과	1	4	7	1	6	1	5	1
17770	경남 창원시	동자원봉사회 봉사활동사업	16,200	사회복지과	1	4	7	1	6	1	5	1
17771	경남 창원시	마산 읍면동복지패밀리 자원봉사회 봉사활동사업	35,100	사회복지과	1	4	7	1	6	1	5	1
17772	경남 창원시	장애인 어울마당 행사	2,700	사회복지과	1	4	7	1	6	1	5	1
17773	경남 창원시	말기암환자와 가족을 돌보는 생명사랑,사랑의 돌봄	4,275	사회복지과	1	4	7	1	6	1	5	1
17774	경남 창원시	어르신효발마사지	1,800	사회복지과	1	4	7	1	6	1	5	1
17775	경남 창원시	음악으로 하나되는 우리! 꿈꿈따 우리동네음악회	2,700	사회복지과	1	4	7	1	6	1	5	1
17776	경남 창원시	무료급식봉사	3,150	사회복지과	1	4	7	1	6	1	5	1
17777	경남 창원시	꽃예술 작품전시 및 나눔행사	1,800	사회복지과	1	4	7	1	6	1	5	1
17778	경남 창원시	바다환경 살리기 및 수중정화 활동	1,800	사회복지과	1	4	7	1	6	1	5	1
17779	경남 창원시	상담원양성교육	1,440	여성가족과	1	6	7	8	7	1	1	2
17780	경남 창원시	여성문화홍보단지원	9,000	여성가족과	1	6	7	8	7	1	1	2
17781	경남 창원시	양성평등주간 기념행사	37,000	여성가족과	1	1	7	8	7	1	1	2
17782	경남 창원시	학교 부적응 청소년을 위한 프로그램	1,350	보육청소년과	1	4	7	8	7	1	1	4
17783	경남 창원시	어린이 회의진행교실	1,800	보육청소년과	1	4	7	8	7	1	1	4
17784	경남 창원시	청소년지도위원 역량강화 워크숍, 활동 평가회	12,600	보육청소년과	1	4	7	8	7	1	1	4
17785	경남 창원시	청소년보호활동	8,100	보육청소년과	1	4	7	8	7	1	1	4
17786	경남 창원시	청소년유해환경감시단	5,668	보육청소년과	1	2	7	8	7	1	1	4
17787	경남 창원시	학교밖청소년 희망북돋음사업	10,000	보육청소년과	1	4	7	8	7	1	1	4
17788	경남 창원시	전통예절 및 효사상 고취	1,296	노인장애인과	1	1	6	8	7	1	1	1
17789	경남 창원시	농아여성 취미교실	900	노인장애인과	1	1	7	8	7	1	1	1
17790	경남 창원시	수어문화제	2,700	노인장애인과	1	1	7	8	7	1	1	1
17791	경남 창원시	시각장애인 컴퓨터 초보자교육	900	노인장애인과	1	1	7	8	7	1	1	1
17792	경남 창원시	장애인부모 성상담사 양성교육	900	노인장애인과	1	1	7	8	7	1	1	1
17793	경남 창원시	농아여성 능력계발교육	900	노인장애인과	1	1	7	8	7	1	1	1
17794	경남 창원시	수어문화제	2,700	노인장애인과	1	1	7	8	7	1	1	1
17795	경남 창원시	장애비장애청소년음악활동	900	노인장애인과	1	1	7	8	7	1	1	1
17796	경남 창원시	수어문화제	2,250	노인장애인과	1	1	7	8	7	1	1	1
17797	경남 창원시	여성 취미교실	900	노인장애인과	1	1	7	8	7	1	1	1

순번	시군구	지출명 (사업명)	2021년예산 (단위:천원/1년간)	담당자 (공무원) 담당부서	민간이전 분류 (지방자치단체 세출예산 집행기준에 의거) 1. 민간경상사업보조(307-02) 2. 민간단체 법정운영비보조(307-03) 3. 민간행사사업보조(307-04) 4. 민간위탁금(307-05) 5. 사회복지시설 법정운영비보조(307-10) 6. 민간인위탁교육비(307-12) 7. 공기관등에대한경상적위탁사업비(308-11) 8. 민간자본사업보조,자체재원(402-01) 9. 민간자본사업보조,이전재원(402-02) 10. 민간위탁사업비(402-03) 11. 공기관등에 대한 자본적 대행사업비(403-02)	민간이전지출 근거 (지방보조금 관리기준 참고) 1. 법률에 규정 2. 국고보조 재원(국가지정) 3. 용도 지정 기부금 4. 조례에 직접규정 5. 지자체가 권장하는 사업을 하는 공공기관 6. 시,도 정책 및 재정사정 7. 기타 8. 해당없음	입찰방식 계약체결방법 (경쟁형태) 1. 일반경쟁 2. 제한경쟁 3. 지명경쟁 4. 수의계약 5. 법정위탁 6. 기타 ( ) 7. 해당없음	입찰방식 계약기간 1. 1년 2. 2년 3. 3년 4. 4년 5. 5년 6. 기타 ( )년 7. 단기계약 (1년미만) 8. 해당없음	입찰방식 낙찰자선정방법 1. 적격심사 2. 협상에의한계약 3. 최저가낙찰제 4. 규격가격분리 5. 2단계 경쟁입찰 6. 기타 ( ) 7. 해당없음	운영예산 산정 운영예산 산정 1. 내부산정 (지자체 자체적으로 산정) 2. 외부산정 (외부전문기관위탁 산정) 3. 내·외부 모두 산정 4. 산정 無 5. 해당없음	운영예산 산정 정산방법 1. 내부정산 (지자체 내부적으로 정산) 2. 외부정산 (외부전문기관위탁 정산) 3. 내·외부 모두 산정 4. 정산 無 5. 해당없음	성과평가 실시여부 1. 실시 2. 미실시 3. 향후 추진 4. 해당없음
17798	경남 창원시	발달장애인 주말학교	1,350	노인장애인과	1	1	7	8	7	1	1	1
17799	경남 창원시	더부러함주단	9,360	노인장애인과	1	1	7	8	7	1	1	1
17800	경남 창원시	난타공연단 운영	6,300	노인장애인과	1	1	7	8	7	1	1	1
17801	경남 창원시	해양쓰레기 수거 및 수중 정화	10,800	해양정책과	1	4	7	8	7	5	1	1
17802	경남 창원시	연안어선 어업용 유류비 지원	350,000	수산과	1	6	7	8	7	1	1	2
17803	경남 창원시	어촌체험마을 사무장 채용 지원	21,870	수산과	1	2	7	8	7	1	1	2
17804	경남 창원시	우수수산업경영인 선진수산현장 해외벤치마킹 지원	18,000	수산과	1	6	7	8	7	1	3	1
17805	경남 창원시	우수자율관리공동체 선진수산현장 해외벤치마킹 지원	18,000	수산과	1	6	7	8	7	1	3	1
17806	경남 창원시	어촌계장협의회 선진수산현장 해외벤치마킹 지원	13,500	수산과	1	6	7	8	7	1	3	1
17807	경남 창원시	어선원 재해보상 보험료 지원	141,330	수산과	1	6	7	8	7	1	3	2
17808	경남 창원시	양식수산물 재해보험 지원	75,000	수산과	1	6	7	8	7	1	3	2
17809	경남 창원시	어업인 재해공제 보험료 지원	37,440	수산과	1	6	7	8	7	1	3	2
17810	경남 창원시	어선 재해보상 보험료 지원	176,430	수산과	1	6	7	8	7	1	3	2
17811	경남 창원시	연안어선 기관개방 검사비 지원	25,200	수산과	1	6	7	8	7	1	1	2
17812	경남 창원시	자율관리공동체 사무장 채용 지원	21,864	수산과	1	6	7	8	7	1	1	2
17813	경남 창원시	바닷길 800리 환경(수중)정화 사업	5,000	수산과	1	6	7	8	7	1	1	1
17814	경남 창원시	봉암갯벌 생태학습장 관리 및 마산만연안습지학교 운영	49,000	수산과	1	2	7	8	7	1	1	2
17815	경남 창원시	수산 박람회 참가 지원	1,800	수산과	1	6	7	8	7	1	3	1
17816	경남 창원시	수산물 소비촉진 지원	18,000	수산과	1	6	7	8	7	1	1	2
17817	경남 창원시	수출주력품종 시장개척 지원	20,000	수산과	1	6	7	8	7	1	1	2
17818	경남 창원시	수산물 유통활성 및 수출업체 지원	18,000	수산과	1	6	7	8	7	1	1	1
17819	경남 창원시	수산물 수출활성화(국제인증 등)지원	18,000	수산과	1	6	7	8	7	1	1	1
17820	경남 창원시	영세도선 운영보조	156,000	수산과	1	6	7	8	7	1	1	2
17821	경남 창원시	창원시지속가능발전협의회 사업비	76,000	환경정책과	1	4	7	8	7	1	1	1
17822	경남 창원시	으뜸마을만들기 사업	130,000	환경정책과	1	4	7	8	7	1	1	1
17823	경남 창원시	생태전문가와 함께하는 쏙쏙생태놀이	3,500	환경정책과	1	4	7	8	7	1	1	1
17824	경남 창원시	시원한 창원만들기 녹색커튼 작물재배 사업	2,000	환경정책과	1	4	7	8	7	1	1	1
17825	경남 창원시	용마산공원 등 꽃동산 조성	3,000	환경정책과	1	4	7	8	7	1	1	1
17826	경남 창원시	안민고개 만날재공원 꽃밭조성사업	2,000	환경정책과	1	4	7	8	7	1	1	1
17827	경남 창원시	도심하천과 마산만 연결하기	1,500	환경정책과	1	4	7	8	7	1	1	1
17828	경남 창원시	자연환경 정화활동	1,000	환경정책과	1	4	7	8	7	1	1	1
17829	경남 창원시	창원시 수계지역 정화활동 및 공단기업 대기환경개선실무교육	1,000	환경정책과	1	4	7	8	7	1	1	1
17830	경남 창원시	아름다운 진해가꾸기	3,500	환경정책과	1	4	7	8	7	1	1	1
17831	경남 창원시	야생동물 보호소 운영	10,000	환경정책과	1	4	7	8	7	1	1	1
17832	경남 창원시	기후변화대응교육센터 녹색생활실천사업	18,000	환경정책과	1	7	7	1	7	1	1	4
17833	경남 창원시	온실가스 컨설턴트 및 그린리더 활동지원	28,000	환경정책과	1	2	7	1	7	1	1	4
17834	경남 창원시	수질TMS 운영비 중소기업 지원	96,000	환경정책과	1	1	7	8	7	1	1	1
17835	경남 창원시	도랑살리기 사업 사후관리	55,800	환경정책과	1	4	7	8	7	1	1	1
17836	경남 창원시	마산만 수계 도랑살리기 사업	36,000	환경정책과	1	4	7	8	7	1	1	1
17837	경남 창원시	아금바리 및 폐자원나눔사업	9,000	자원순환과	1	4	7	8	7	1	1	4
17838	경남 창원시	소죽도찜질방 운영지원비	50,000	자원순환과	1	4	7	8	7	1	1	4
17839	경남 창원시	국내외 선진농업 기술분야 현장학습	18,000	농업정책과	1	4	7	7	7	1	1	1
17840	경남 창원시	창원시 농촌인력중개센터 운영	200,000	농업정책과	1	2	7	8	7	5	5	4
17841	경남 창원시	청년창업농 영농정착지원금 지원	280,000	농업정책과	1	2	7	8	7	5	5	4
17842	경남 창원시	청년농업인 취농인턴제 사업	12,000	농업정책과	1	6	7	8	7	5	5	4
17843	경남 창원시	청년 농업인 취농직불제 사업	48,000	농업정책과	1	6	7	8	7	5	5	4
17844	경남 창원시	최고농업경영자과정 교육비 보조	41,650	농업정책과	1	6	7	8	7	5	5	4
17845	경남 창원시	농번기 마을공동급식 지원	16,000	농업정책과	1	6	7	8	7	5	5	4
17846	경남 창원시	여성농업인센터 운영 지원	120,650	농업정책과	1	6	7	8	7	5	5	4
17847	경남 창원시	농작물재해 보험료 보조지원	464,000	농업정책과	1	2	7	8	7	3	3	1
17848	경남 창원시	공동농작업 대행료 지원	380,000	농업정책과	1	6	4	1	3	1	1	3

순번	시군구	지출명 (사업명)	2021년예산 (단위:천원/1년간)	담당자 (공무원) 담당부서	민간이전 분류 (지방자치단체 세출예산 집행기준에 의거) 1. 민간경상사업보조(307-02) 2. 민간단체 법정운영비보조(307-03) 3. 민간행사사업보조(307-04) 4. 민간위탁금(307-05) 5. 사회복지시설 법정운영비보조(307-10) 6. 민간인위탁교육비(307-12) 7. 공기관등에대한경상적위탁사업비(308-11) 8. 민간자본사업보조,자체재원(402-01) 9. 민간자본사업보조,이전재원(402-02) 10. 민간위탁사업비(402-03) 11. 공기관등에 대한 자본적 대행사업비(403-02)	민간이전지출 근거 (지방보조금 관리기준 참고) 1. 법률에 규정 2. 국고보조 재원(국가지정) 3. 용도 지정 기부금 4. 조례에 직접규정 5. 지자체가 권장하는 사업을 하는 공공기관 6. 시,도 정책 및 재정사정 7. 기타 8. 해당없음	입찰방식 계약체결방법 (경쟁형태) 1. 일반경쟁 2. 제한경쟁 3. 지명경쟁 4. 수의계약 5. 법정위탁 6. 기타 ( ) 7. 해당없음	입찰방식 계약기간 1. 1년 2. 2년 3. 3년 4. 4년 5. 5년 6. 기타 ( )년 7. 단기계약 (1년미만) 8. 해당없음	입찰방식 낙찰자선정방법 1. 적격심사 2. 협상에의한계약 3. 최저가낙찰제 4. 규격가격분리 5. 2단계 경쟁입찰 6. 기타 ( ) 7. 해당없음	운영예산 산정 운영예산 산정 1. 내부산정 (지자체 자체적으로 산정) 2. 외부산정 (외부전문기관위탁 산정) 3. 내·외부 모두 산정 4. 산정 無 5. 해당없음	운영예산 산정 정산방법 1. 내부정산 (지자체 내부적으로 정산) 2. 외부정산 (외부전문기관위탁 정산) 3. 내·외부 모두 산정 4. 정산 無 5. 해당없음	성과평가 실시여부 1. 실시 2. 미실시 3. 향후 추진 4. 해당없음
17849	경남 창원시	농촌체험휴양마을 인적역량강화 교육	1,200	농업정책과	1	2	7	8	7	5	5	3
17850	경남 창원시	농촌체험마을 보험가입 지원	1,600	농업정책과	1	2	7	8	7	5	5	3
17851	경남 창원시	농촌체험마을 사무장채용지원	40,800	농업정책과	1	2	7	8	7	5	5	3
17852	경남 창원시	농촌체험지도사 및 농촌해설가 교육	1,200	농업정책과	1	2	7	8	7	5	5	3
17853	경남 창원시	농경문화소득화 모델구축 시범사업	120,000	농업정책과	1	2	7	8	7	5	5	3
17854	경남 창원시	유망지역자원 관광상품화 시범	50,000	농업정책과	1	2	7	8	7	5	5	3
17855	경남 창원시	품목별 농업인 연구회 교육 지원	4,000	농업기술과	1	2	7	8	7	4	1	3
17856	경남 창원시	농촌지도자 품목별 선도농장 현장학습	5,000	농업기술과	1	1	7	8	7	4	1	3
17857	경남 창원시	공동과제포 운영 실천시범	10,000	농업기술과	1	1	7	8	7	4	1	3
17858	경남 창원시	시군4-H본부 교육 및 행사 지원	4,500	농업기술과	1	1	7	8	7	4	1	3
17859	경남 창원시	청년농업인 경쟁력 제고사업	45,000	농업기술과	1	1	7	8	7	4	1	3
17860	경남 창원시	청년4-H 과제교육지원	5,000	농업기술과	1	1	7	8	7	4	1	3
17861	경남 창원시	학교4-H회 과제 활동 지원	2,000	농업기술과	1	1	7	8	7	4	1	3
17862	경남 창원시	벼 육묘용 상토매트 및 상토지원	450,000	농업기술과	1	1	7	8	7	1	1	3
17863	경남 창원시	벼 병해충 종합방제육묘 상자처리제 지원	250,000	농업기술과	1	1	7	8	7	1	1	3
17864	경남 창원시	기능성쌀(특수미)재배 시범	5,000	농업기술과	1	1	7	8	7	4	1	3
17865	경남 창원시	벼 신품종(조기재배) 재배 육성 시범	5,000	농업기술과	1	1	7	8	7	4	1	3
17866	경남 창원시	향토산업육성 창원단감명품화사업단 지원	423,000	농업기술과	1	1	7	8	7	4	3	3
17867	경남 창원시	작목별 맞춤형 안전관리 실천시범	25,000	농업기술과	1	2	7	8	7	4	1	3
17868	경남 창원시	농촌어르신 복지실천 시범	5,000	농업기술과	1	1	7	8	7	4	1	3
17869	경남 창원시	농산물 소포장재 제작 지원	18,000	농산물유통과	1	4	7	8	7	5	5	4
17870	경남 창원시	수출탑 수상농가 인센티브	6,000	농산물유통과	1	4	7	8	7	5	5	4
17871	경남 창원시	창에그린 공동브랜드 포장재 지원	81,000	농산물유통과	1	4	7	8	7	1	1	2
17872	경남 창원시	창원몰 입점농가 포장재 제작 지원	10,000	농산물유통과	1	4	7	8	7	5	5	4
17873	경남 창원시	창원몰 입점상품 라이브커머스 홍보영상 제작 지원	4,500	농산물유통과	1	4	7	8	7	5	5	4
17874	경남 창원시	농산물 공동선별비 지원사업	102,000	농산물유통과	1	4	7	8	7	5	5	4
17875	경남 창원시	농산물 산지통합마케팅 지원사업	61,000	농산물유통과	1	4	7	8	7	5	5	4
17876	경남 창원시	공동선별출하 생산조직 육성사업	8,680	농산물유통과	1	7	7	8	7	5	5	4
17877	경남 창원시	농산물 통합마케팅조직 육성사업	58,800	농산물유통과	1	7	7	8	7	5	5	4
17878	경남 창원시	GAP인증 수수료 지원	4,000	농산물유통과	1	7	7	8	7	5	5	4
17879	경남 창원시	로컬푸드 직거래장터 활성화 지원사업	4,950	농산물유통과	1	7	7	8	7	5	5	4
17880	경남 창원시	학교과일간식지원	304,000	농산물유통과	1	7	7	8	7	5	5	4
17881	경남 창원시	지역우수농식품 TV홈쇼핑 지원	9,000	농산물유통과	1	7	7	8	7	5	5	4
17882	경남 창원시	GAP인증 안전성 검사비 지원	27,080	농산물유통과	1	7	7	8	7	5	5	4
17883	경남 창원시	농기계종합보험 가입 지원	14,000	농산물유통과	1	2	7	8	7	5	5	4
17884	경남 창원시	전국민속 소싸움대회 행사운영비 지원	52,100	축산과	1	4	7	8	7	5	5	4
17885	경남 창원시	한우 수정란 이식 지원	18,517	축산과	1	1	7	8	7	5	5	4
17886	경남 창원시	조사료 사일리지 제조운송비	108,000	축산과	1	2	7	8	7	5	5	4
17887	경남 창원시	낙농헬퍼 지원	30,000	축산과	1	1	7	8	7	5	5	4
17888	경남 창원시	교육형 학교텃밭 모델화 시범	20,000	도시농업과	1	1	7	8	7	5	5	4
17889	경남 창원시	도시민 참여형 공동체 정원 시범	40,000	도시농업과	1	1	7	8	7	5	5	4
17890	경남 창원시	365안심 병동사업	109,600	창원보건소 보건정책과	1	6	7	8	7	1	1	1
17891	경남 창원시	치매안심요양병원 공공사업 지원	100,000	창원보건소 보건정책과	1	2	7	8	7	1	3	1
17892	경남 창원시	건강위원회 운영비	5,000	창원보건소 건강증진과	1	7	7	8	7	1	1	1
17893	경남 창원시	365안심병동 사업	370,617	마산보건소 보건행정과	1	6	7	8	7	5	5	4
17894	경남 창원시	건강토론회 개최	1,500	마산보건소 보건행정과	1	6	7	8	7	1	1	1
17895	경남 창원시	건강위원회 운영비	17,000	마산보건소 보건행정과	1	6	7	8	7	1	1	1
17896	경남 창원시	의료급여 수급권자 건강검진비	29,640	마산보건소 보건행정과	1	2	7	8	7	5	5	4
17897	경남 창원시	365안심병동사업	425,170	진해보건소 보건행정과	1	6	7	8	7	3	1	1
17898	경남 창원시	건강위원회 운영비	8,000	진해보건소 보건행정과	1	6	7	8	7	1	1	1
17899	경남 창원시	성형목탄 환경개선사업	7,000	산림휴양과	1	2	7	8	7	5	5	4

순번	시군구	지출명 (사업명)	2021년예산 (단위:천원/1년간)	담당자 (공무원) 담당부서	민간이전 분류 (지방자치단체 세출예산 집행기준에 의거) 1. 민간경상사업보조(307-02) 2. 민간단체 법정운영비보조(307-03) 3. 민간행사사업보조(307-04) 4. 민간위탁금(307-05) 5. 사회복지시설 법정운영비보조(307-10) 6. 민간인위탁교육비(307-12) 7. 공기관등에대한경상적위탁사업비(308-11) 8. 민간자본사업보조,자체재원(402-01) 9. 민간자본사업보조,이전재원(402-02) 10. 민간위탁사업비(402-03) 11. 공기관등에 대한 자본적 대행사업비(403-02)	민간이전지출 근거 (지방보조금 관리기준 참고) 1. 법률에 규정 2. 국고보조 재원(국가지정) 3. 용도 지정 기부금 4. 조례에 직접규정 5. 지자체가 권장하는 사업을 하는 공공기관 6. 시,도 정책 및 재정사정 7. 기타 8. 해당없음	입찰방식 계약체결방법 (경쟁형태) 1. 일반경쟁 2. 제한경쟁 3. 지명경쟁 4. 수의계약 5. 법정위탁 6. 기타 ( ) 7. 해당없음	입찰방식 계약기간 1. 1년 2. 2년 3. 3년 4. 4년 5. 5년 6. 기타 ( )년 7. 단기계약 (1년미만) 8. 해당없음	입찰방식 낙찰자선정방법 1. 적격심사 2. 협상에의한계약 3. 최저가낙찰제 4. 규격가격분리 5. 2단계 경쟁입찰 6. 기타 ( ) 7. 해당없음	운영예산 산정 운영예산 산정 1. 내부산정 (지자체 자체적으로 산정) 2. 외부산정 (외부전문기관위탁 산정) 3. 내·외부 모두 산정 4. 산정 無 5. 해당없음	운영예산 산정 정산방법 1. 내부정산 (지자체 내부적으로 정산) 2. 외부정산 (외부전문기관위탁 정산) 3. 내·외부 모두 산정 4. 정산 無 5. 해당없음	성과평가 실시여부 1. 실시 2. 미실시 3. 향후 추진 4. 해당없음
17900	경남 창원시	외래어종 퇴치수매(블루길, 배스 등)	60,000	주남저수지과	1	1	7	8	7	5	5	4
17901	경남 창원시	주남저수지 생태탐방로 워킹챌린지 추진	15,000	주남저수지과	1	7	7	8	7	5	5	4
17902	경남 창원시	도 대표 생태관광지 육성 지원	35,000	주남저수지과	1	6	7	8	7	5	5	4
17903	경남 창원시	선진교통질서확립단체 활동지원	7,000	의창구 경제교통과	1	4	7	8	7	1	1	4
17904	경남 창원시	어린이 통학로 교통지도사업	2,000	의창구 경제교통과	1	4	7	8	7	5	5	4
17905	경남 창원시	선진교통 질서확립 단체활동지원	7,000	성산구 경제교통과	1	4	7	8	7	5	5	4
17906	경남 창원시	어린이 통학로 교통지도사업	2,000	성산구 경제교통과	1	4	7	8	7	5	5	4
17907	경남 창원시	동민의집 청소위탁비	22,000	성산구 중앙동	1	8	4	1	7	1	1	4
17908	경남 창원시	선진교통질서 확립 활동 보조	7,000	마산합포구 경제교통과	1	4	7	8	7	5	5	4
17909	경남 창원시	어린이 통학로 교통지도사업	2,000	마산합포구 경제교통과	1	8	7	8	7	5	5	4
17910	경남 창원시	선진교통질서확립단체(모범운전자회) 활동지원	7,000	마산회원구 경제교통과	1	4	7	8	7	1	1	1
17911	경남 창원시	어린이 통학로 교통지도사업	2,000	마산회원구 경제교통과	1	4	7	8	7	5	5	4
17912	경남 창원시	팔룡산 및 봉암수원지 환경지킴이 활동 지원	3,000	마산회원구 봉암동	1	4	7	8	7	1	1	1
17913	경남 창원시	군항제 연계 진해중앙시장 고객맞이 축제	9,000	진해구 경제교통과	1	4	7	8	7	5	5	1
17914	경남 창원시	선진교통질서확립단체 활동지원	7,000	진해구 경제교통과	1	4	4	1	6	1	1	1
17915	경남 창원시	어린이 통학로 교통지도사업	2,000	진해구 경제교통과	1	4	4	1	6	1	1	1
17916	경남 진주시	건강한 자조마을 만들기 사업	30,000	건강증진과	1	4	7	8	7	1	1	1
17917	경남 진주시	관광업계종사자(택시기사 등)문화관광강좌운영	20,000	관광진흥과	1	5	7	8	7	1	1	1
17918	경남 진주시	관광콘텐츠 개발사업 지원	200,000	관광진흥과	1	5	7	1	2	1	1	1
17919	경남 진주시	우수공예품 개발 장려금 지원	52,800	관광진흥과	1	5	1	1	6	1	1	1
17920	경남 진주시	국제 차,공예박람회 참가지원	7,000	관광진흥과	1	5	7	8	7	1	1	1
17921	경남 진주시	공예창작지원센터조성사업 지원	168,000	관광진흥과	1	5	7	8	7	1	1	1
17922	경남 진주시	수상레저스포츠 교육프로그램 운영지원	80,000	관광진흥과	1	2	7	7	7	1	1	1
17923	경남 진주시	진주남강유등축제 홍보활동 지원	30,000	관광진흥과	1	1	7	1	7	1	1	1
17924	경남 진주시	개천예술제 70주년 편찬사 기록물 영상제작	100,000	관광진흥과	1	1	7	1	7	1	1	1
17925	경남 진주시	최고농업경영자과정 교육비 지원	59,976	기술지원과	1	5	7	8	7	1	1	4
17926	경남 진주시	정보화농업 활성화 지원	3,000	기술지원과	1	1	7	8	7	1	1	4
17927	경남 진주시	KAI 하나로 공동근로복지기금 조성	70,000	기업유치단	1	1	7	8	7	1	1	1
17928	경남 진주시	이공분야 대학중점연구소 지원사업	30,000	기업유치단	1	1	7	8	7	1	1	1
17929	경남 진주시	창업기업 신규고용인력 보조금 지원	48,000	기업통상과	1	1	7	8	7	5	5	4
17930	경남 진주시	기업맞춤형 정보제공사업 지원	46,000	기업통상과	1	4	7	8	7	1	1	4
17931	경남 진주시	지역경제연구센터 사업 지원	64,000	기업통상과	1	4	7	8	7	1	1	4
17932	경남 진주시	2단계 공학교육혁신센터 지원사업	40,000	기업통상과	1	2	7	8	7	5	5	4
17933	경남 진주시	창업보육센터 지원	150,000	기업통상과	1	2	7	8	7	5	5	4
17934	경남 진주시	애로기술 지원사업	100,000	기업통상과	1	4	7	8	7	5	5	4
17935	경남 진주시	기술개발 장비사용료 지원사업	10,000	기업통상과	1	4	7	8	7	5	5	4
17936	경남 진주시	소재부품기업 공정혁신 기술고도화 지원사업	150,000	기업통상과	1	4	7	8	7	5	5	4
17937	경남 진주시	이공분야 대학중점연구소 지원사업	30,000	기업통상과	1	2	7	8	7	5	5	4
17938	경남 진주시	융합기술사업화 전문인력양성사업	30,000	기업통상과	1	2	7	8	7	5	5	4
17939	경남 진주시	지식재산 창출지원	110,000	기업통상과	1	5	7	8	7	5	5	4
17940	경남 진주시	산업재산권 권리화 등록 지원	15,000	기업통상과	1	4	7	8	7	5	5	4
17941	경남 진주시	특허기술 해외 출원·등록 비용 지원	8,000	기업통상과	1	4	7	8	7	5	5	4
17942	경남 진주시	지역기업 제품 및 포장디자인 개발 지원사업	85,000	기업통상과	1	4	7	8	7	1	1	4
17943	경남 진주시	특허기술 시제품 제작 지원	21,000	기업통상과	1	4	7	8	7	1	1	4
17944	경남 진주시	해외안테나숍 지원사업	40,000	기업통상과	1	4	7	7	7	1	1	1
17945	경남 진주시	국내외 섬유박람회 참가 부스비 지원(부스임차 등)	45,000	기업통상과	1	4	7	7	7	1	1	1
17946	경남 진주시	실크기업 브랜딩 및 e-커머스 사업화 지원	200,000	기업통상과	1	4	7	7	7	1	1	1
17947	경남 진주시	지역브랜드 상품개발	200,000	기업통상과	1	4	7	7	7	1	1	1
17948	경남 진주시	실크 복합소재 및 활용제품 개발사업	180,000	기업통상과	1	4	7	7	7	1	1	1
17949	경남 진주시	실크산업 온오프라인 플랫폼 개발사업	200,000	기업통상과	1	4	7	7	7	1	1	1
17950	경남 진주시	실크·바이오 항노화 기능성 제품 개발사업	100,000	기업통상과	1	4	7	7	7	1	1	1

순번	시군구	지출명 (사업명)	2021년예산 (단위:천원/1년간)	담당자 (공무원) 담당부서	민간이전 분류 (지방자치단체 세출예산 집행기준에 의거) 1. 민간경상사업보조(307-02) 2. 민간단체 법정운영비보조(307-03) 3. 민간행사사업보조(307-04) 4. 민간위탁금(307-05) 5. 사회복지시설 법정운영비보조(307-10) 6. 민간인위탁교육비(307-12) 7. 공기관등에대한경상적위탁사업비(308-11) 8. 민간자본사업보조,자체재원(402-01) 9. 민간자본사업보조,이전재원(402-02) 10. 민간위탁사업비(402-03) 11. 공기관등에 대한 자본적 대행사업비(403-02)	민간이전지출 근거 (지방보조금 관리기준 참고) 1. 법률에 규정 2. 국고보조 재원(국가지정) 3. 용도 지정 기부금 4. 조례에 직접규정 5. 지자체가 권장하는 사업을 하는 공공기관 6. 시,도 정책 및 재정사정 7. 기타 8. 해당없음	입찰방식 계약체결방법 (경쟁형태) 1. 일반경쟁 2. 제한경쟁 3. 지명경쟁 4. 수의계약 5. 법정위탁 6. 기타 ( ) 7. 해당없음	입찰방식 계약기간 1. 1년 2. 2년 3. 3년 4. 4년 5. 5년 6. 기타 ( )년 7. 단기계약 (1년미만) 8. 해당없음	입찰방식 낙찰자선정방법 1. 적격심사 2. 협상에의한계약 3. 최저가낙찰제 4. 규격가격분리 5. 2단계 경쟁입찰 6. 기타 ( ) 7. 해당없음	운영예산 산정 운영예산 산정 1. 내부산정 (지자체 자체적으로 산정) 2. 외부산정 (외부전문기관위탁 산정) 3. 내·외부 모두 산정 4. 산정 無 5. 해당없음	운영예산 산정 정산방법 1. 내부정산 (지자체 내부적으로 정산) 2. 외부정산 (외부전문기관위탁 정산) 3. 내·외부 모두 산정 4. 정산 無 5. 해당없음	성과평가 실시여부 1. 실시 2. 미실시 3. 향후 추진 4. 해당없음
17951	경남 진주시	천연실크활용 해수담수화 기초기술연구	50,000	기업통상과	1	4	7	7	7	1	1	1
17952	경남 진주시	항노화바이오 산업기업 지원	200,000	기업통상과	1	4	7	7	7	1	1	1
17953	경남 진주시	시군구 지역연고산업 육성사업	52,200	기업통상과	1	4	7	7	7	1	1	1
17954	경남 진주시	개별박람회 참가비지원	55,000	기업통상과	1	4	7	8	7	5	5	4
17955	경남 진주시	해외지사화 사업	40,000	기업통상과	1	4	7	8	7	5	5	4
17956	경남 진주시	해외마케팅 홍보물 제작지원	50,000	기업통상과	1	4	7	8	7	5	5	4
17957	경남 진주시	수출기업 통번역지원	5,000	기업통상과	1	4	7	8	7	5	5	4
17958	경남 진주시	수출기업 해외전략 설명회	10,000	기업통상과	1	4	7	8	7	5	5	4
17959	경남 진주시	경로당 활성화 사업	322,463	노인장애인과	1	1	5	1	7	3	3	1
17960	경남 진주시	한국신장장애인협회신장병예방홍보 및 건강증진	1,800	노인장애인과	1	1	7	8	1	1	1	1
17961	경남 진주시	경남농아인협회 진주지회 취미교실	4,500	노인장애인과	1	1	7	8	1	1	1	1
17962	경남 진주시	내일을여는멋진여성취미교실	4,000	노인장애인과	1	1	7	8	1	1	1	1
17963	경남 진주시	경남척수장애인협회 자조모임 활성화사업	4,000	노인장애인과	1	1	7	8	1	1	1	1
17964	경남 진주시	느티나무진주시장애인부모회 다도교실	4,000	노인장애인과	1	1	7	8	1	1	1	1
17965	경남 진주시	공동선별비 지원	453,000	농산물유통과	1	2	7	8	7	1	1	3
17966	경남 진주시	농산물 공동브랜드 포장재 제작비 지원	1,120	농산물유통과	1	4	7	8	7	1	1	3
17967	경남 진주시	농산물 공동브랜드 공동선별비 지원	1,400	농산물유통과	1	4	7	8	7	1	1	3
17968	경남 진주시	공공비축미곡 상차 인부임 차액 보전지원사업	24,000	농산물유통과	1	6	7	8	7	1	1	3
17969	경남 진주시	공공비축미곡 매입용 대형포대 지원사업	20,480	농산물유통과	1	6	7	8	7	1	1	3
17970	경남 진주시	양정분야 도비지원사업(통합쌀브랜드 포장재)	15,000	농산물유통과	1	6	7	8	7	1	1	3
17971	경남 진주시	농산물 마케팅비 지원	36,000	농산물유통과	1	2	7	8	7	1	1	3
17972	경남 진주시	공동선별,출하 생산조직 육성	7,000	농산물유통과	1	4	7	8	7	1	1	3
17973	경남 진주시	농산물 통합마케팅 조직 육성	91,000	농산물유통과	1	4	7	8	7	1	1	3
17974	경남 진주시	수출농단 국제표준인증 관리수수료 지원사업	6,500	농산물유통과	1	4	7	8	7	1	1	3
17975	경남 진주시	농산물수출 신시장개척 지원	100,000	농산물유통과	1	4	7	8	7	1	1	3
17976	경남 진주시	농산물수출 활성화 사업	1,000	농산물유통과	1	4	7	8	7	1	1	3
17977	경남 진주시	수출농산물 선별장 4대보험료 지원	300,000	농산물유통과	1	4	7	8	7	1	1	3
17978	경남 진주시	수출농단 양액재배 농업용수 수질개선사업	30,000	농산물유통과	1	4	7	8	7	1	1	3
17979	경남 진주시	수출농가 및 업체 물류비 지원	4,500	농산물유통과	1	4	7	8	7	1	1	3
17980	경남 진주시	농산물수출 촉진자금	1,500	농산물유통과	1	4	7	8	7	1	1	3
17981	경남 진주시	수출농업단지 청년일자리 지원사업	86,400	농산물유통과	1	2	7	8	7	1	1	3
17982	경남 진주시	GAP 안전성 분석지원사업	38,000	농산물유통과	1	2	7	8	7	1	1	3
17983	경남 진주시	GAP 인증수수료 지원사업	50,000	농산물유통과	1	1	7	8	7	1	1	3
17984	경남 진주시	로컬푸드 유통 활성화 지원	82,000	농산물유통과	1	4	7	8	7	1	1	3
17985	경남 진주시	식재료 공동구매 조직화지원	10,000	농산물유통과	1	2	7	8	7	1	1	3
17986	경남 진주시	로컬푸드 유통 기자재 지원	60,000	농산물유통과	1	4	7	8	7	1	1	3
17987	경남 진주시	초등돌봄교실 과일간식 지원 시범사업	120,600	농산물유통과	1	2	7	8	7	1	1	3
17988	경남 진주시	농촌 마을공동체식당 운영	1,378	농산물유통과	1	6	7	8	7	1	1	3
17989	경남 진주시	지역단위 푸드플랜 구축지원(안전품질관리)	98,900	농산물유통과	1	2	7	8	7	1	1	3
17990	경남 진주시	벼 병해충 공동방제 약제비 지원	9,667	농축산과	1	6	7	8	7	5	5	4
17991	경남 진주시	공동농작업 대행료 지원	1,320	농축산과	1	6	7	8	7	5	5	4
17992	경남 진주시	벼 육묘용 상토매트 공급	330,000	농축산과	1	6	7	8	7	5	5	4
17993	경남 진주시	우리밀 육성 지원	21,168	농축산과	1	6	7	8	7	5	5	4
17994	경남 진주시	벼 육묘용 상자처리제 지원	722,400	농축산과	1	6	7	8	7	5	5	4
17995	경남 진주시	고품질 잡곡 재배단지 조성	36,400	농축산과	1	6	7	8	7	5	5	4
17996	경남 진주시	정착촌 가축분뇨처리 전기료 지원	4,000	농축산과	1	6	7	8	7	5	5	4
17997	경남 진주시	고급육출하농가 장려금 지급	41,600	농축산과	1	4	7	8	7	5	5	4
17998	경남 진주시	한우거세 시술비	11,232	농축산과	1	4	7	8	7	5	5	4
17999	경남 진주시	한우 등록사업	27,000	농축산과	1	4	7	8	7	5	5	4
18000	경남 진주시	낙농헬퍼 지원사업	30,000	농축산과	1	1	7	8	7	5	5	4
18001	경남 진주시	조사료생산용 사일리지제조 지원사업	486,000	농축산과	1	2	7	8	7	5	5	4

순번	시군구	지출명 (사업명)	2021년예산 (단위:천원/1년간)	담당자 (공무원) 담당부서	민간이전 분류 (지방자치단체 세출예산 집행기준에 의거) 1. 민간경상사업보조(307-02) 2. 민간단체 법정운영비보조(307-03) 3. 민간행사사업보조(307-04) 4. 민간위탁금(307-05) 5. 사회복지시설 법정운영비보조(307-10) 6. 민간인위탁교육비(307-12) 7. 공기관등에대한경상적위탁사업비(308-11) 8. 민간자본사업보조,자체재원(402-01) 9. 민간자본사업보조,이전재원(402-02) 10. 민간위탁사업비(402-03) 11. 공기관등에 대한 자본적 대행사업비(403-02)	민간이전지출 근거 (지방보조금 관리기준 참고) 1. 법률에 규정 2. 국고보조 재원(국가지정) 3. 용도 지정 기부금 4. 조례에 직접규정 5. 지자체가 권장하는 사업을 하는 공공기관 6. 시,도 정책 및 재정사정 7. 기타 8. 해당없음	입찰방식: 계약체결방법 (경쟁형태) 1. 일반경쟁 2. 제한경쟁 3. 지명경쟁 4. 수의계약 5. 법정위탁 6. 기타 ( ) 7. 해당없음	입찰방식: 계약기간 1. 1년 2. 2년 3. 3년 4. 4년 5. 5년 6. 기타 ( )년 7. 단기계약 (1년미만) 8. 해당없음	입찰방식: 낙찰자선정방법 1. 적격심사 2. 협상에의한계약 3. 최저가낙찰제 4. 규격가격분리 5. 2단계 경쟁입찰 6. 기타 ( ) 7. 해당없음	운영예산 산정: 운영예산 산정 1. 내부산정 (지자체 자체적으로 산정) 2. 외부산정 (외부전문기관위탁 산정) 3. 내·외부 모두 산정 4. 산정 無 5. 해당없음	운영예산 산정: 정산방법 1. 내부정산 (지자체 내부적으로 정산) 2. 외부정산 (외부전문기관위탁 정산) 3. 내·외부 모두 산정 4. 정산 無 5. 해당없음	성과평가 실시여부 1. 실시 2. 미실시 3. 향후 추진 4. 해당없음
18002	경남 진주시	유우군 능력검정 사업	7,582	농축산과	1	1	7	8	7	5	5	4
18003	경남 진주시	젖소 능력 개량사업	7,806	농축산과	1	1	7	8	7	5	5	4
18004	경남 진주시	학교 우유급식	645,537	농축산과	1	1	7	8	7	5	5	4
18005	경남 진주시	쇠고기 이력제 귀표부착비	33,120	농축산과	1	2	7	8	7	5	5	4
18006	경남 진주시	투우 사료비 지원	75,000	농축산과	1	4	7	8	7	5	5	4
18007	경남 진주시	학생 승마체험비 지원	20,000	농축산과	1	4	7	8	7	5	5	4
18008	경남 진주시	가축재해보험 지원사업	90,000	농축산과	1	2	7	8	7	5	5	4
18009	경남 진주시	친환경 꿀벌사양 지원	7,800	농축산과	1	1	7	8	7	5	5	4
18010	경남 진주시	퇴액비살포비 지원	52,500	농축산과	1	2	7	8	7	5	5	4
18011	경남 진주시	송아지 생산성 향상사업	14,054	농축산과	1	6	7	8	7	5	5	4
18012	경남 진주시	우량암소 수정란 이식 지원사업	38,000	농축산과	1	2	7	8	7	5	5	4
18013	경남 진주시	축산농가 사료첨가제 지원사업	49,380	농축산과	1	6	7	8	7	5	5	4
18014	경남 진주시	한우헬퍼 지원사업	12,700	농축산과	1	6	7	8	7	5	5	4
18015	경남 진주시	친환경 축산물 인증 지원사업	2,000	농축산과	1	6	7	8	7	5	5	4
18016	경남 진주시	유기질비료 지원사업	4,429	농축산과	1	2	7	8	7	5	5	4
18017	경남 진주시	토양개량제 지원사업	487,576	농축산과	1	2	7	8	7	5	5	4
18018	경남 진주시	유기농업자재 지원사업	22,850	농축산과	1	2	7	8	7	5	5	4
18019	경남 진주시	친환경 생태농업단지 지원	175,000	농축산과	1	4	7	8	7	5	5	4
18020	경남 진주시	온새미로농산물 포장재 지원	40,000	농축산과	1	4	7	8	7	5	5	4
18021	경남 진주시	온새미로 농법 탄화물 재료지원	64,000	농축산과	1	4	7	8	7	5	5	4
18022	경남 진주시	온새미로 탄화물 가공 연료비 지원	24,000	농축산과	1	4	7	8	7	5	5	4
18023	경남 진주시	친환경 우렁이 농법 지원사업	100,000	농축산과	1	4	7	8	7	5	5	4
18024	경남 진주시	친환경 인증농가 농산물 포장재 지원사업	63,000	농축산과	1	4	7	8	7	5	5	4
18025	경남 진주시	친환경농업 유통활성화 지원	7,000	농축산과	1	6	7	8	7	5	5	4
18026	경남 진주시	경남 공익형 직불제(마을,단체)	105,000	농축산과	1	4	7	8	7	5	5	4
18027	경남 진주시	친환경농산물 물류비 지원	21,000	농축산과	1	6	7	8	7	5	5	4
18028	경남 진주시	공동방제단 운영	103,067	농축산과	1	2	7	8	7	5	5	4
18029	경남 진주시	돼지 써코바이러스 예방주사	102,000	농축산과	1	2	7	8	7	5	5	4
18030	경남 진주시	돼지 소모성질환 지도 지원	30,000	농축산과	1	2	7	8	7	5	5	4
18031	경남 진주시	가금농가 질병관리 지원	24,000	농축산과	1	2	7	8	7	5	5	4
18032	경남 진주시	축산농가 감염성 폐기물 처리	4,500	농축산과	1	6	7	8	7	5	5	4
18033	경남 진주시	공동방제단 운영	114,873	농축산과	1	2	7	8	7	5	5	4
18034	경남 진주시	유기동물 입양비용 지원	4,000	농축산과	1	2	7	8	7	5	5	4
18035	경남 진주시	닭 진드기 공동방제 지원사업	28,800	농축산과	1	2	7	8	7	5	5	4
18036	경남 진주시	AI 차단 위생난좌 지원사업	17,920	농축산과	1	6	7	8	7	5	5	4
18037	경남 진주시	개 중성화 수술비 지원	30,000	농축산과	1	1	7	8	7	5	5	4
18038	경남 진주시	구제역 백신 지원(전업농 구제역 백신)	206,845	농축산과	1	2	7	8	7	5	5	4
18039	경남 진주시	논개시장 장보기 및 배송서비스지원사업	19,008	도시재생과	1	2	7	1	6	1	1	4
18040	경남 진주시	청과시장 시장매니저지원사업	4,800	도시재생과	1	2	7	1	6	1	1	4
18041	경남 진주시	전통시장 화재공제 가입 점포공제로 지급	20,000	도시재생과	1	4	7	8	7	1	1	4
18042	경남 진주시	공예민속예술 네트워크 매거진발행	60,000	도시재생과	1	4	7	8	7	1	1	1
18043	경남 진주시	진주 아티스트 인 레지던스 사업 지원	40,000	도시재생과	1	4	7	8	7	1	1	1
18044	경남 진주시	UCLG 파일럿 도시 프로젝트 도시와 문화랩	10,000	도시재생과	1	4	7	8	7	5	5	4
18045	경남 진주시	민속예술 보급	25,000	도시재생과	1	4	7	8	7	1	1	1
18046	경남 진주시	교방예술 보급	25,000	도시재생과	1	4	7	8	7	1	1	1
18047	경남 진주시	융복합 민속예술공연 제작지원 사업	90,000	도시재생과	1	4	7	8	7	1	1	1
18048	경남 진주시	공예창업 공모사업	20,000	도시재생과	1	4	7	8	7	1	1	1
18049	경남 진주시	약탈문화재환수운동(연지사종반환) 보조	5,000	문화예술과	1	6	6	1	7	1	1	3
18050	경남 진주시	향교 소화전 관리비	2,400	문화예술과	1	6	6	1	7	1	1	3
18051	경남 진주시	법고창신 가호서원	200,000	문화예술과	1	2	6	1	7	1	1	3
18052	경남 진주시	경남유교대학	40,000	문화예술과	1	6	6	1	7	1	1	3

순번	시군구	지출명 (사업명)	2021년예산 (단위:천원/1년간)	담당자 (공무원) 담당부서	민간이전 분류 (지방자치단체 세출예산 집행기준에 의거) 1. 민간경상사업보조(307-02) 2. 민간단체 법정운영비보조(307-03) 3. 민간행사사업보조(307-04) 4. 민간위탁금(307-05) 5. 사회복지시설 법정운영비보조(307-10) 6. 민간인위탁교육비(307-12) 7. 공기관등에대한경상적위탁사업비(308-11) 8. 민간자본사업보조,자체재원(402-01) 9. 민간자본사업보조,이전재원(402-02) 10. 민간위탁사업비(402-03) 11. 공기관등에 대한 자본적 대행사업비(403-02)	민간이전지출 근거 (지방보조금 관리기준 참고) 1. 법률에 규정 2. 국고보조 재원(국가지정) 3. 용도 지정 기부금 4. 조례에 직접규정 5. 지자체가 권장하는 사업을 하는 공공기관 6. 시,도 정책 및 재정사정 7. 기타 8. 해당없음	입찰방식 계약체결방법 (경쟁형태) 1. 일반경쟁 2. 제한경쟁 3. 지명경쟁 4. 수의계약 5. 법정위탁 6. 기타 ( ) 7. 해당없음	입찰방식 계약기간 1. 1년 2. 2년 3. 3년 4. 4년 5. 5년 6. 기타 ( )년 7. 단기계약 (1년미만) 8. 해당없음	입찰방식 낙찰자선정방법 1. 적격심사 2. 협상에의한계약 3. 최저가낙찰제 4. 규격가격분리 5. 2단계 경쟁입찰 6. 기타 ( ) 7. 해당없음	운영예산 산정 운영예산 산정 1. 내부산정 (지자체 자체적으로 산정) 2. 외부산정 (외부전문기관위탁 산정) 3. 내·외부 모두 산정 4. 산정 無 5. 해당없음	운영예산 산정 정산방법 1. 내부정산 (지자체 내부적으로 정산) 2. 외부정산 (외부전문기관위탁 정산) 3. 내·외부 모두 산정 4. 정산 無 5. 해당없음	성과평가 실시여부 1. 실시 2. 미실시 3. 향후 추진 4. 해당없음
18053	경남 진주시	무형문화재 전승보호비	140,520	문화예술과	1	6	6	2	7	1	1	3
18054	경남 진주시	무형문화재 전승의상 및 물품구입비	10,000	문화예술과	1	6	6	1	7	1	1	3
18055	경남 진주시	공예(장도장) 보급	10,000	문화예술과	1	6	6	1	7	1	1	3
18056	경남 진주시	공예(두석장) 보급	10,000	문화예술과	1	6	6	1	7	1	1	3
18057	경남 진주시	무형문화재 공개시연행사	17,000	문화예술과	1	6	6	1	7	1	1	3
18058	경남 진주시	진주청년역사학교 운영	25,000	문화예술과	1	6	6	1	7	1	1	3
18059	경남 진주시	소년운동 기념 문화행사	10,000	문화예술과	1	6	6	1	7	1	1	3
18060	경남 진주시	지역문화유산 교육사업	48,000	문화예술과	1	6	7	1	7	1	1	3
18061	경남 진주시	읍면동 문화위원회 활성화 지원	26,100	문화예술과	1	1	6	6	6	5	5	3
18062	경남 진주시	문화학교 운영 지원	15,600	문화예술과	1	1	6	6	6	5	5	3
18063	경남 진주시	향토사료조사 지원	5,000	문화예술과	1	1	6	6	6	5	5	3
18064	경남 진주시	남명사상 청소년 순회교육	10,000	문화예술과	1	1	6	6	6	5	5	3
18065	경남 진주시	어린이.청소년 프로그램 운영 지원	22,000	문화예술과	1	1	6	6	6	5	5	3
18066	경남 진주시	전통문화 수제자 발굴 및 계승 지원	9,000	문화예술과	1	1	6	6	6	5	5	3
18067	경남 진주시	진주문화지 발간	10,000	문화예술과	1	1	6	6	6	5	5	3
18068	경남 진주시	365 안심병동사업	657,500	보건행정과	1	4	6	1	1	3	3	1
18069	경남 진주시	서부권 서민층 의료서비스 지원사업	75,000	보건행정과	1	6	7	8	7	5	5	4
18070	경남 진주시	사회복지정보센터 구축 및 활성화사업	50,000	복지정책과	1	6	7	8	7	1	1	1
18071	경남 진주시	친환경임산물재배관리	4,513	산림과	1	2	7	7	7	4	1	4
18072	경남 진주시	소규모도서관 지원사업	45,000	시립도서관	1	4	7	8	7	1	1	1
18073	경남 진주시	참진주여성대학 위탁교육	21,000	여성가족과	1	6	7	8	7	1	1	4
18074	경남 진주시	일제하 일본군위안부 피해자에 대한 기념사업ㅂ	1,200	여성가족과	1	1	7	8	7	1	1	4
18075	경남 진주시	평거지역 방범, 순찰 및 청소년선도, 교통 환경봉사	3,000	여성가족과	1	4	7	8	7	5	5	4
18076	경남 진주시	도동지역 방범, 순찰 및 청소년선도, 교통 환경봉사	3,000	여성가족과	1	4	7	8	7	5	5	4
18077	경남 진주시	천전지역 방범, 순찰 및 청소년선도, 교통 환경봉사	3,000	여성가족과	1	4	7	8	7	5	5	4
18078	경남 진주시	상봉지역 방범, 순찰 및 청소년선도, 교통 환경봉사	3,000	여성가족과	1	4	7	8	7	5	5	4
18079	경남 진주시	한국전통차보급 및 차문화 체험교실 운영	3,000	여성가족과	1	4	7	8	7	5	5	4
18080	경남 진주시	학생 등하굣길 교통안전 지도사업	5,000	여성가족과	1	4	7	8	7	5	5	4
18081	경남 진주시	사회적기업 육성 지원사업	400,000	일자리경제과	1	2	1	1	7	5	1	1
18082	경남 진주시	사회적경제 청년부흥프로젝트사업	345,600	일자리경제과	1	2	1	2	7	5	1	1
18083	경남 진주시	사회적기업 사회보험료 지원사업	31,413	일자리경제과	1	2	1	1	7	5	1	1
18084	경남 진주시	사회적기업 사업개발비 지원사업	124,978	일자리경제과	1	2	1	7	7	5	1	1
18085	경남 진주시	정보화마을 프로그램 관리자 육성	21,870	일자리경제과	1	2	4	1	7	5	1	1
18086	경남 진주시	지역주도형일자리사업	326,400	일자리경제과	1	2	7	2	7	5	1	4
18087	경남 진주시	경상대학교 대학일자리센터 운영	50,000	일자리경제과	1	2	7	1	1	5	1	1
18088	경남 진주시	경남과학기술대학교 대학일자리센터 운영	25,000	일자리경제과	1	2	7	1	1	5	1	1
18089	경남 진주시	전지훈련 육성비	209,500	체육진흥과	1	1	7	8	7	1	1	1
18090	경남 진주시	진주시 여자어린이 축구교실 운영지원	8,000	체육진흥과	1	1	7	8	7	1	1	1
18091	경남 진주시	조광래 축구교실 운영지원	20,000	체육진흥과	1	1	7	8	7	1	1	1
18092	경남 진주시	고봉우 축구교실 운영지원	12,000	체육진흥과	1	1	7	8	7	1	1	1
18093	경남 진주시	진주리틀야구단 운영지원	10,000	체육진흥과	1	1	7	8	7	1	1	1
18094	경남 진주시	생존수영교실 운영지원	30,000	체육진흥과	1	1	7	8	7	1	1	1
18095	경남 진주시	학교체육시설 이용클럽 사용료 지원	99,000	체육진흥과	1	1	7	8	7	1	1	1
18096	경남 진주시	장애인 체육동아리 지원	26,010	체육진흥과	1	1	7	8	7	1	1	1
18097	경남 진주시	생활체육교실 운영	41,208	체육진흥과	1	1	7	8	7	1	1	4
18098	경남 진주시	생활체육프로그램 운영	19,006	체육진흥과	1	1	7	8	7	1	1	4
18099	경남 진주시	생활체육 지도자 배치 지원	289,680	체육진흥과	1	1	7	8	7	1	1	4
18100	경남 진주시	어르신 전담 생활체육 지도자 배치 지원	144,840	체육진흥과	1	1	7	8	7	1	1	4
18101	경남 진주시	장애인 생활체육지도자 배치지원	111,044	체육진흥과	1	1	7	8	7	1	1	4
18102	경남 진주시	평생학습기관 단체,학습동아리 우수프로그램 공모사업	45,000	평생학습과	1	4	7	8	7	5	5	1
18103	경남 진주시	장애인 평생교육시설 지원	17,400	평생학습과	1	1	7	8	7	5	5	4

순번	시군구	지출명 (사업명)	2021년예산 (단위:천원/1년간)	담당자 (공무원) 담당부서	민간이전 분류 (지방자치단체 세출예산 집행기준에 의거) 1. 민간경상사업보조(307-02) 2. 민간단체 법정운영비보조(307-03) 3. 민간행사사업보조(307-04) 4. 민간위탁금(307-05) 5. 사회복지시설 법정운영비보조(307-10) 6. 민간인위탁교육비(307-12) 7. 공기관등에대한경상적위탁사업비(308-11) 8. 민간자본사업보조,자체재원(402-01) 9. 민간자본사업보조,이전재원(402-02) 10. 민간위탁사업비(402-03) 11. 공기관등에 대한 자본적 대행사업비(403-02)	민간이전지출 근거 (지방보조금 관리기준 참고) 1. 법률에 규정 2. 국고보조 재원(국가지정) 3. 용도 지정 기부금 4. 조례에 직접규정 5. 지자체가 권장하는 사업을 하는 공공기관 6. 시,도 정책 및 재정사정 7. 기타 8. 해당없음	입찰방식 계약체결방법 (경쟁형태) 1. 일반경쟁 2. 제한경쟁 3. 지명경쟁 4. 수의계약 5. 법정위탁 6. 기타 ( ) 7. 해당없음	입찰방식 계약기간 1. 1년 2. 2년 3. 3년 4. 4년 5. 5년 6. 기타 ( )년 7. 단기계약 (1년미만) 8. 해당없음	입찰방식 낙찰자선정방법 1. 적격심사 2. 협상에의한계약 3. 최저가낙찰제 4. 규격가격분리 5. 2단계 경쟁입찰 6. 기타 ( ) 7. 해당없음	운영예산 산정 운영예산 산정 1. 내부산정 (지자체 자체적으로 산정) 2. 외부산정 (외부전문기관위탁 산정) 3. 내·외부 모두 산정 4. 산정 無 5. 해당없음	운영예산 산정 정산방법 1. 내부정산 (지자체 내부적으로 정산) 2. 외부정산 (외부전문기관위탁 정산) 3. 내·외부 모두 산정 4. 정산 無 5. 해당없음	성과평가 실시여부 1. 실시 2. 미실시 3. 향후 추진 4. 해당없음
18104	경남 진주시	고령자 정보화교육장 운영	33,000	평생학습과	1	7	7	8	7	5	5	1
18105	경남 진주시	과학영재교육원 재정지원	60,000	평생학습과	1	1	7	1	7	1	1	3
18106	경남 진주시	두뇌한국(BK)21 플러스사업 지원	60,000	평생학습과	1	2	7	6	7	1	1	3
18107	경남 진주시	진주시-순천시 합동 정례회의	5,000	행정과	1	4	7	8	7	1	1	1
18108	경남 진주시	민주평화통일자문위원 활동지원	4,000	행정과	1	4	7	8	7	1	1	1
18109	경남 진주시	읍면동바르게살기위원회 단위사업추진	36,000	행정과	1	4	7	8	7	1	1	1
18110	경남 진주시	이웃사랑 실천운동	2,000	행정과	1	4	7	8	7	1	1	1
18111	경남 진주시	국민 화합 운동	1,400	행정과	1	4	7	8	7	1	1	1
18112	경남 진주시	바르게살기위원 교육 및 대회지원	11,000	행정과	1	4	7	8	7	1	1	1
18113	경남 진주시	법질서 확립 운동	3,000	행정과	1	4	7	8	7	1	1	1
18114	경남 진주시	자유총연맹진주시지회자유평화수호사업비	31,600	행정과	1	1	7	8	7	1	1	1
18115	경남 진주시	지방행정동우회 사업비	4,000	행정과	1	1	7	8	7	1	1	1
18116	경남 진주시	생태계교란생물 퇴치사업	20,000	환경관리과	1	1	7	8	7	5	1	1
18117	경남 진주시	진주시 지속가능발전협의회 사업 지원	50,000	환경관리과	1	1	7	8	7	5	1	1
18118	경남 진주시	야생동물보호활동	4,000	환경관리과	1	1	7	8	7	5	1	1
18119	경남 진주시	수확기 피해방지단 운영	35,840	환경관리과	1	1	7	8	7	5	1	1
18120	경남 진주시	포획틀(멧돼지, 조류) 설치운영	30,000	환경관리과	1	1	7	8	7	5	1	1
18121	경남 진주시	저탄소녹색사회 구현을 위한 자연보호운동	8,000	환경관리과	1	4	7	8	7	5	1	1
18122	경남 진주시	그린캠퍼스 조성활동	4,000	환경관리과	1	4	7	8	7	5	1	1
18123	경남 진주시	전국 청소년 환경사생대회	5,000	환경관리과	1	4	7	8	7	5	1	1
18124	경남 진주시	야생생물보호 사진전 및 서식지 예찰활동	1,000	환경관리과	1	4	7	8	7	5	1	1
18125	경남 진주시	남강변 환경정화활동	2,000	환경관리과	1	4	7	8	7	5	1	1
18126	경남 진주시	비산업부문 사업장 온실가스 진단컨설팅	14,000	환경관리과	1	1	7	8	7	5	1	1
18127	경남 진주시	천연가스차량 연료비 보조금	95,000	환경관리과	1	1	7	8	7	5	1	1
18128	경남 진주시	굴뚝 자동측정기기 설치 운영관리비 지원	24,630	환경관리과	1	2	7	8	6	5	2	2
18129	경남 진주시	굴뚝 자동측정기기 설치 운영관리비 지원	24,630	환경관리과	1	2	7	8	6	5	2	2
18130	경남 진주시	굴뚝 자동측정기기 설치 운영관리비 지원	24,630	환경관리과	1	2	7	8	6	5	2	2
18131	경남 진주시	남강 수중정화활동	7,000	환경관리과	1	1	7	8	7	1	1	4
18132	경남 진주시	상수원보호구역 주민지원사업	633,298	환경관리과	1	1	7	8	7	1	1	1
18133	경남 진주시	자전거 이용활성화	30,000	환경관리과	1	1	7	8	7	5	1	1
18134	경남 진주시	특별교통수단(휠체어 콜택시) 유료도로 통행료 지원	10,000	교통행정과	1	4	7	2	7	1	1	2
18135	경남 진주시	콜택시 운영비 지원	58,114	교통행정과	1	1	7	8	7	1	1	2
18136	경남 진주시	앱이용 마일리지 운영	10,000	교통행정과	1	1	7	8	7	1	1	2
18137	경남 진주시	택시요금카드결제수수료지원	569,835	교통행정과	1	1	7	8	7	1	1	2
18138	경남 진주시	전세버스 영상기록장치 장착 지원	60,753	교통행정과	1	1	7	8	7	1	1	2
18139	경남 진주시	전세버스 음주측정기 구입 지원	9,800	교통행정과	1	1	7	8	7	1	1	2
18140	경남 진주시	전세버스 발열체크기 구입 지원	1,955	교통행정과	1	1	7	8	7	1	1	2
18141	경남 진주시	범죄피해자 지원센터 '등불' 부담금	53,000	기획예산과	1	1	7	8	7	1	1	4
18142	경남 진주시	형평운동기념 지원사업	7,000	기획예산과	1	4	7	8	7	1	1	4
18143	경남 진주시	법무부 법사랑위원 진주지역연합회 사업 지원	30,000	기획예산과	1	4	7	8	7	1	1	4
18144	경남 통영시	신중년 경력형 일자리 사업	109,740	일자리정책과	1	2	7	8	7	5	5	4
18145	경남 통영시	지역지식재산 창출지원	50,000	일자리정책과	1	2	6	8	7	1	1	1
18146	경남 통영시	청년동아리 활동비 지원	10,000	일자리정책과	1	4	7	8	7	1	1	4
18147	경남 통영시	농작물 외래(돌발) 병해충 무인항공방제 지원	12,000	농업기술과	1	4	7	8	7	5	5	4
18148	경남 통영시	공동농작업 대행료 지원	48,000	농업기술과	1	4	7	8	7	5	5	4
18149	경남 통영시	농작물 재해보험료 지원	169,974	농업기술과	1	1	7	8	7	5	5	4
18150	경남 통영시	초등 돌봄교실 과일간식 지원	51,170	농업기술과	1	1	7	8	7	5	5	4
18151	경남 통영시	생활개선회원 한마음 공동체 활동지원	15,000	농업기술과	1	4	7	8	7	5	5	4
18152	경남 통영시	도시농업연구회 육성	10,000	농업기술과	1	4	7	8	7	5	5	4
18153	경남 통영시	지역농촌여성리더 양성 교육 지원	7,000	농업기술과	1	4	7	8	7	5	5	4
18154	경남 통영시	해양레저스포츠 교육프로그램 지원	57,000	관광과	1	2	7	8	7	1	1	1

순번	시군구	지출명 (사업명)	2021년예산 (단위:천원/1년간)	담당자 (공무원) 담당부서	민간이전 분류 (지방자치단체 세출예산 집행기준에 의거) 1. 민간경상사업보조(307-02) 2. 민간단체 법정운영비보조(307-03) 3. 민간행사사업보조(307-04) 4. 민간위탁금(307-05) 5. 사회복지시설 법정운영비보조(307-10) 6. 민간인위탁교육비(307-12) 7. 공기관등에대한경상적위탁사업비(308-11) 8. 민간자본사업보조,자체재원(402-01) 9. 민간자본사업보조,이전재원(402-02) 10. 민간위탁사업비(402-03) 11. 공기관등에 대한 자본적 대행사업비(403-02)	민간이전지출 근거 (지방보조금 관리기준 참고) 1. 법률에 규정 2. 국고보조 재원(국가지정) 3. 용도 지정 기부금 4. 조례에 직접규정 5. 지자체가 권장하는 사업을 하는 공공기관 6. 시,도 정책 및 재정사정 7. 기타 8. 해당없음	입찰방식 계약체결방법 (경쟁형태) 1. 일반경쟁 2. 제한경쟁 3. 지명경쟁 4. 수의계약 5. 법정위탁 6. 기타 ( ) 7. 해당없음	입찰방식 계약기간 1. 1년 2. 2년 3. 3년 4. 4년 5. 5년 6. 기타 ( )년 7. 단기계약 (1년미만) 8. 해당없음	입찰방식 낙찰자선정방법 1. 적격심사 2. 협상에의한계약 3. 최저가낙찰제 4. 규격가격분리 5. 2단계 경쟁입찰 6. 기타 ( ) 7. 해당없음	운영예산 산정 운영예산 산정 1. 내부산정 (지자체 자체적으로 산정) 2. 외부산정 (외부전문기관위탁 산정) 3. 내·외부 모두 산정 4. 산정 無 5. 해당없음	운영예산 산정 정산방법 1. 내부정산 (지자체 내부적으로 정산) 2. 외부정산 (외부전문기관위탁 정산) 3. 내·외부 모두 산정 4. 정산 無 5. 해당없음	성과평가 실시여부 1. 실시 2. 미실시 3. 향후 추진 4. 해당없음
18155	경남 통영시	유소년 요트팀 운영(운영 및 대회 참가)	20,000	관광과	1	7	7	8	7	1	1	1
18156	경남 통영시	경상남도요트협회 대회 참가 지원	50,000	관광과	1	7	7	8	7	1	1	1
18157	경남 통영시	해수욕장 인명구조활동 지원	20,000	관광과	1	1	7	8	7	5	5	4
18158	경남 통영시	양식수산물 재해보험 지원	900,000	어업진흥과	1	6	7	8	7	1	1	4
18159	경남 통영시	통영바다목장 불법어업 지도홍보 사업	20,000	어업진흥과	1	1	7	7	7	1	1	4
18160	경남 통영시	전통시장 활성화사업	10,872	지역경제과	1	2	7	8	7	2	1	4
18161	경남 통영시	청년창업 1번가 통영드림존 조성	30,000	지역경제과	1	4	7	8	7	5	5	4
18162	경남 통영시	청년창업 1번가 통영드림존 조성	15,000	지역경제과	1	4	7	8	7	5	5	4
18163	경남 통영시	청년창업 1번가 통영드림존 조성	75,000	지역경제과	1	4	7	8	7	5	5	4
18164	경남 통영시	소상공인 소규모 경영환경개선사업	120,000	지역경제과	1	4	7	8	7	5	5	4
18165	경남 통영시	수도발전소 도서전화사업	600	지역경제과	1	1	7	8	7	1	1	4
18166	경남 통영시	자가발전도서 유류비 지원(국도 외 2개소)	50,000	지역경제과	1	4	6	7	6	1	1	4
18167	경남 통영시	도서발전소 관리운영	777,047	지역경제과	1	1	7	8	7	1	1	4
18168	경남 통영시	LPG용기 검사비 지원	80,000	지역경제과	1	1	7	8	7	1	1	4
18169	경남 통영시	도서지역 생활필수품 해상운비 지원사업	104,000	지역경제과	1	1	7	8	7	1	1	4
18170	경남 통영시	천연가스생산기지 주변지역 지원사업	387,000	지역경제과	1	4	7	8	7	1	1	4
18171	경남 통영시	어업폐기물처리사업	11,500	해양개발과	1	6	7	1	7	1	1	3
18172	경남 통영시	도서민여객선운임지원사업	1,546	해양개발과	1	1	7	8	7	5	5	4
18173	경남 통영시	영세도선손실보조사업	1,120	해양개발과	1	1	7	8	7	5	5	4
18174	경남 통영시	통영시민여객선운임지원사업	689,652	해양개발과	1	1	7	8	7	5	5	4
18175	경남 통영시	365 안심병동 운영	438,300	건강치매정책과	1	5	7	7	7	5	1	4
18176	경남 통영시	공공보건의료 수행기관 운영지원	180,000	건강치매정책과	1	6	7	7	7	5	1	4
18177	경남 통영시	취약지역 응급의료기관 운영지원	215,000	건강치매정책과	1	2	7	7	7	5	2	1
18178	경남 통영시	달빛어린이병원 운영지원	60,000	건강치매정책과	1	7	7	7	7	5	1	4
18179	경남 통영시	주민자치특성화 공모사업	24,000	행정과	1	4	7	1	7	1	1	1
18180	경남 통영시	중앙동 주민자치회 주민세 환원사업	10,000	행정과	1	4	7	1	7	1	1	1
18181	경남 통영시	모범 이통장 연수지원사업	4,667	행정과	1	4	7	1	7	1	1	1
18182	경남 통영시	자율방범연합회 활동 지원	2,400	행정과	1	4	7	1	7	1	1	1
18183	경남 통영시	외국인 자율방범대 활동지원	1,800	행정과	1	4	7	1	7	1	1	1
18184	경남 통영시	민주평통 자문회의 지원	18,000	행정과	1	1	7	1	7	1	1	1
18185	경남 통영시	통영해경 재향경우회 안전활동 사업	2,000	행정과	1	4	7	1	7	1	1	1
18186	경남 통영시	재향경우회 아동 및 배움터 지킴이 사업	2,000	행정과	1	4	7	1	7	1	1	1
18187	경남 통영시	새마을부녀회 김장담그기 사업	22,500	행정과	1	4	7	1	7	1	1	1
18188	경남 통영시	피서지 새마을 작은도서관 운영	5,000	행정과	1	4	7	1	7	1	1	1
18189	경남 통영시	새마을지회 사랑의 집 고쳐주기 사업	22,500	행정과	1	4	7	1	7	1	1	1
18190	경남 통영시	새마을협의회 자원재활용품수집대회	2,500	행정과	1	4	7	1	7	1	1	1
18191	경남 통영시	새마을교통봉사대 국경일 차량용 태극기달기운동	1,000	행정과	1	4	7	1	7	1	1	1
18192	경남 통영시	Y-SUM포럼 에너지절약 실천교실	1,000	행정과	1	4	7	1	7	1	1	1
18193	경남 통영시	새마을지회 사업 지원	51,500	행정과	1	4	7	1	7	1	1	1
18194	경남 통영시	바르게살기운동 사업지원	30,500	행정과	1	4	7	1	7	1	1	1
18195	경남 통영시	한국자유총연맹 선진 국민의식 선도활동 사업	3,000	행정과	1	1	7	1	7	1	1	1
18196	경남 통영시	범죄피해자 지원사업	20,000	행정과	1	1	7	1	7	1	1	1
18197	경남 통영시	법무부 법사랑위원 청소년 선도 및 봉사활동 사업	20,000	행정과	1	4	7	1	7	1	1	1
18198	경남 통영시	재향군인회 격전지 견학 및 청소년 안보 체험교육	8,000	행정과	1	1	7	1	7	1	1	1
18199	경남 통영시	재향군인회 향토방위 지원 및 호국정신 함양	3,000	행정과	1	1	7	1	7	1	1	1
18200	경남 통영시	민족통일 역량 배양사업	10,000	행정과	1	1	7	1	7	1	1	1
18201	경남 통영시	통영발전시민협의회 시민운동 추진사업	8,000	행정과	1	4	7	1	7	1	1	1
18202	경남 통영시	발해 1300호 정신계몽을 위한 연구 및 홍보사업	2,500	행정과	1	4	7	1	7	1	1	1
18203	경남 통영시	3.1통영만세운동 순국선열 추모식	2,000	행정과	1	4	7	1	7	1	1	4
18204	경남 통영시	국제자매도시와의 홈스테이교류 사업보조	2,000	행정과	1	4	7	1	7	1	1	4
18205	경남 통영시	문화예술발전 워크숍	10,000	문화예술과	1	4	7	1	7	1	1	1

순번	시군구	지출명 (사업명)	2021년예산 (단위:천원/1년간)	담당자 (공무원) 담당부서	민간이전 분류 (지방자치단체 세출예산 집행기준에 의거) 1. 민간경상사업보조(307-02) 2. 민간단체 법정운영비보조(307-03) 3. 민간행사사업보조(307-04) 4. 민간위탁금(307-05) 5. 사회복지시설 법정운영비보조(307-10) 6. 민간인위탁교육비(307-12) 7. 공기관등에대한경상적위탁사업비(308-11) 8. 민간자본사업보조,자체재원(402-01) 9. 민간자본사업보조,이전재원(402-02) 10. 민간위탁사업비(402-03) 11. 공기관등에 대한 자본적 대행사업비(403-02)	민간이전지출 근거 (지방보조금 관리기준 참고) 1. 법률에 규정 2. 국고보조 재원(국가지정) 3. 용도 지정 기부금 4. 조례에 직접규정 5. 지자체가 권장하는 사업을 하는 공공기관 6. 시,도 정책 및 재정사정 7. 기타 8. 해당없음	입찰방식: 계약체결방법 (경쟁형태) 1. 일반경쟁 2. 제한경쟁 3. 지명경쟁 4. 수의계약 5. 법정위탁 6. 기타 ( ) 7. 해당없음	입찰방식: 계약기간 1. 1년 2. 2년 3. 3년 4. 4년 5. 5년 6. 기타 ( )년 7. 단기계약 (1년미만) 8. 해당없음	입찰방식: 낙찰자선정방법 1. 적격심사 2. 협상에의한계약 3. 최저가낙찰제 4. 규격가격분리 5. 2단계 경쟁입찰 6. 기타 ( ) 7. 해당없음	운영예산 산정: 운영예산 산정 1. 내부산정 (지자체 자체적으로 산정) 2. 외부산정 (외부전문기관위탁 산정) 3. 내·외부 모두 산정 4. 산정 無 5. 해당없음	운영예산 산정: 정산방법 1. 내부정산 (지자체 내부적으로 정산) 2. 외부정산 (외부전문기관위탁 정산) 3. 내·외부 모두 산정 4. 정산 無 5. 해당없음	성과평가 실시여부 1. 실시 2. 미실시 3. 향후 추진 4. 해당없음
18206	경남 통영시	문화학교 지원 사업	6,000	문화예술과	1	4	7	1	7	1	1	1
18207	경남 통영시	향토사료조사 지원	10,000	문화예술과	1	4	7	1	7	1	1	1
18208	경남 통영시	지방문화원 사업활동비	57,000	문화예술과	1	4	7	1	7	1	1	1
18209	경남 통영시	소통나눔 음악 사업지원	2,000	문화예술과	1	4	7	1	7	1	1	1
18210	경남 통영시	전국사진 공모전	3,000	문화예술과	1	4	7	1	7	1	1	1
18211	경남 통영시	통영문학 및 수향수필집 발간	6,000	문화예술과	1	4	7	1	7	1	1	1
18212	경남 통영시	유명예술인의 흔적을 찾아서	3,000	문화예술과	1	4	7	1	7	1	1	1
18213	경남 통영시	경남연극제 참가	8,000	문화예술과	1	4	7	1	7	1	1	1
18214	경남 통영시	경남청소년연극제 참가	2,000	문화예술과	1	4	7	1	7	1	1	1
18215	경남 통영시	경남메세나협회 매칭사업 지원	20,000	문화예술과	1	4	7	1	7	1	1	1
18216	경남 통영시	옻칠미술관 아카데미 강좌	15,000	문화예술과	1	4	7	1	7	1	1	1
18217	경남 통영시	크리스마스 성탄탑 설치보조	13,000	문화예술과	1	4	7	1	7	1	1	1
18218	경남 통영시	물목문학회 발간	2,000	문화예술과	1	4	7	1	7	1	1	1
18219	경남 통영시	시민교양강좌	10,000	문화예술과	1	4	7	1	7	1	1	1
18220	경남 통영시	향토사료발굴연구	10,000	문화예술과	1	4	7	1	7	1	1	1
18221	경남 통영시	사랑나눔 공연	6,000	문화예술과	1	4	7	1	7	1	1	1
18222	경남 통영시	블루웨이브 여성합창단 사업지원	5,000	문화예술과	1	4	7	1	7	1	1	1
18223	경남 통영시	공예품 개발장려금	12,000	문화예술과	1	7	7	1	7	1	1	1
18224	경남 통영시	2021년 통영예능전수교육관 활성화 사업(승전무)	40,000	문화예술과	1	7	7	1	7	1	1	2
18225	경남 통영시	2021년 통영예능전수교육관 활성화 사업(통영오광대)	25,000	문화예술과	1	7	7	1	7	1	1	2
18226	경남 통영시	2021년 통영예능전수교육관 활성화 사업(통영공예전수교육관)	15,000	문화예술과	1	7	7	1	7	1	1	2
18227	경남 통영시	지역문화유산교육사업 지원(해녀이야기)	44,000	문화예술과	1	7	7	1	7	1	1	2
18228	경남 통영시	향교 전통문화 계승사업 지원	13,500	문화예술과	1	7	7	1	6	1	1	2
18229	경남 통영시	충효교실 운영 지원	11,000	문화예술과	1	7	7	1	6	1	1	2
18230	경남 통영시	충무공 이순신장군 제례봉행비 지원	15,000	문화예술과	1	7	7	1	6	1	1	2
18231	경남 통영시	제승당 이순신장군 제례봉행비 지원	15,000	문화예술과	1	7	7	1	6	1	1	2
18232	경남 통영시	향교서원문화재 활용사업	60,000	문화예술과	1	7	7	1	6	1	1	2
18233	경남 통영시	활성화사업 지원	38,600	노인장애인복지과	1	1	7	8	7	1	1	1
18234	경남 통영시	장애인역량강화사업지원	5,000	노인장애인복지과	1	6	7	8	7	5	1	4
18235	경남 통영시	장애인역량강화사업지원	6,000	노인장애인복지과	1	6	7	8	7	5	1	4
18236	경남 통영시	장애인역량강화사업지원	4,000	노인장애인복지과	1	6	7	8	7	5	1	4
18237	경남 통영시	장애인역량강화사업지원	4,000	노인장애인복지과	1	6	7	8	7	5	1	4
18238	경남 통영시	장애인역량강화사업지원	4,000	노인장애인복지과	1	6	7	8	7	5	1	4
18239	경남 통영시	장애인역량강화사업지원	4,000	노인장애인복지과	1	6	7	8	7	5	1	4
18240	경남 통영시	재배시설 전문가 현장컨설팅	4,800	미래농업과	1	2	7	8	7	1	1	1
18241	경남 통영시	선도농가 현장실습교육	12,000	미래농업과	1	1	7	8	7	1	1	1
18242	경남 통영시	농촌체험휴양마을 사무장활동비 지원	38,880	미래농업과	1	1	7	8	7	1	1	1
18243	경남 통영시	귀농창업활성화 창업실행비 지원	10,000	미래농업과	1	1	7	8	7	1	1	1
18244	경남 통영시	휴경지복원화 시범사업 섬마을활성화프로그램	300,000	미래농업과	1	4	7	8	7	5	5	4
18245	경남 통영시	사회취약계층 환경성질환 예방사업	1,800	환경과	1	2	7	8	7	5	5	4
18246	경남 통영시	자연보호운동전개	6,500	환경과	1	1	7	8	7	1	1	4
18247	경남 통영시	정보화마을프로그램관리자육성	20,308	정보통신과	1	1	7	8	7	1	1	1
18248	경남 통영시	농업인재해 안전공제료 지원	57,917	농축산과	1	2	7	8	7	5	5	4
18249	경남 통영시	농어가도우미 지원사업	9,180	농축산과	1	6	7	8	7	5	5	4
18250	경남 통영시	농업인단체 행사지원	37,000	농축산과	1	6	7	8	7	5	5	4
18251	경남 통영시	농업인 학습단체 육성지원	25,000	농축산과	1	6	7	8	7	5	5	4
18252	경남 통영시	최고농업경영자과정 입학생 교육비 지원	4,000	농축산과	1	6	7	8	7	5	5	4
18253	경남 통영시	농번기마을공동급식지원	20,000	농축산과	1	6	7	8	7	5	5	4
18254	경남 통영시	농촌활성화사업지원	12,000	농축산과	1	6	7	8	7	5	5	4
18255	경남 통영시	농어촌이주여성 친정방문 지원	3,000	농축산과	1	6	7	8	7	5	5	4
18256	경남 통영시	농업인 학습단체 전문능력 배양지원	5,000	농축산과	1	6	7	8	7	5	5	4

순번	시군구	지출명 (사업명)	2021년예산 (단위:천원/1년간)	담당자 (공무원)	민간이전 분류 (지방자치단체 세출예산 집행기준에 의거)	민간이전지출 근거 (지방보조금 관리기준 참고)	입찰방식			운영예산 산정		성과평가 실시여부
				담당부서	1. 민간경상사업보조(307-02) 2. 민간단체 법정운영비보조(307-03) 3. 민간행사사업보조(307-04) 4. 민간위탁금(307-05) 5. 사회복지시설 법정운영비보조(307-10) 6. 민간인위탁교육비(307-12) 7. 공기관등에대한경상적위탁사업비(308-11) 8. 민간자본사업보조,자체재원(402-01) 9. 민간자본사업보조,이전재원(402-02) 10. 민간위탁사업비(402-03) 11. 공기관등에 대한 자본적 대행사업비(403-02)	1. 법률에 규정 2. 국고보조 재원(국가지정) 3. 용도 지정 기부금 4. 조례에 직접규정 5. 지자체가 권장하는 사업을 하는 공공기관 6. 시,도 정책 및 재정사정 7. 기타 8. 해당없음	계약체결방법 (경쟁형태) 1. 일반경쟁 2. 제한경쟁 3. 지명경쟁 4. 수의계약 5. 법정위탁 6. 기타 ( ) 7. 해당없음	계약기간 1. 1년 2. 2년 3. 3년 4. 4년 5. 5년 6. 기타 ( )년 7. 단기계약 (1년미만) 8. 해당없음	낙찰자선정방법 1. 적격심사 2. 협상에의한계약 3. 최저가낙찰제 4. 규격가격분리 5. 2단계 경쟁입찰 6. 기타 ( ) 7. 해당없음	운영예산 산정 1. 내부산정 (지자체 자체적으로 산정) 2. 외부산정 (외부전문기관위탁 산정) 3. 내·외부 모두 산정 4. 산정 無 5. 해당없음	정산방법 1. 내부정산 (지자체 내부적으로 정산) 2. 외부정산 (외부전문기관위탁 정산) 3. 내·외부 모두 산정 4. 정산 無 5. 해당없음	1. 실시 2. 미실시 3. 향후 추진 4. 해당없음
18257	경남 통영시	청년농업인 영농정착 지원	57,900	농축산과	1	2	7	8	7	5	5	4
18258	경남 통영시	농업신소득원 발굴 공동학습포장 지원	5,000	농축산과	1	6	7	8	7	5	5	4
18259	경남 통영시	청년농업인 취농직불제	24,000	농축산과	1	6	7	8	7	5	5	4
18260	경남 통영시	청년4-H회 과제교육 지원사업	2,000	농축산과	1	6	7	8	7	5	5	4
18261	경남 통영시	시군4-H본부 교육 지원사업	2,000	농축산과	1	6	7	8	7	5	5	4
18262	경남 통영시	지자체농협 협력사업	172,401	농축산과	1	4	7	8	7	5	5	4
18263	경남 통영시	GAP 인증농가 인센티브 지원사업	15,000	농축산과	1	1	7	8	7	5	5	4
18264	경남 통영시	로컬푸드 육성사업	12,000	농축산과	1	1	7	8	7	5	5	4
18265	경남 통영시	농업인단체 포장재 지원	15,000	농축산과	1	4	7	8	7	5	5	4
18266	경남 통영시	농산물 가공산업 선도농가 포장재 지원	15,000	농축산과	1	4	7	8	7	5	5	4
18267	경남 통영시	농산물 수출물류비 지원	156,000	농축산과	1	4	7	8	7	5	5	4
18268	경남 통영시	가축재해보험지원사업	8,250	농축산과	1	1	7	8	7	5	5	4
18269	경남 통영시	학생승마체험지원사업	94,640	농축산과	1	1	7	8	7	5	5	4
18270	경남 통영시	경남 칡소 명품화사업	6,000	농축산과	1	1	7	8	7	5	5	4
18271	경남 통영시	승용마 조련강화	24,000	농축산과	1	1	7	8	7	5	5	4
18272	경남 통영시	고급육 출하 장려금 지원사업	5,000	농축산과	1	1	7	8	7	5	5	4
18273	경남 통영시	한우헬퍼 지원사업	7,500	농축산과	1	1	7	8	7	5	5	4
18274	경남 통영시	송아지 생산성 향상사업	714	농축산과	1	1	7	8	7	5	5	4
18275	경남 통영시	축산농가 사료첨가제 지원사업	3,600	농축산과	1	1	7	8	7	5	5	4
18276	경남 통영시	학교우유급식 지원사업	280,681	농축산과	1	2	7	8	7	5	5	4
18277	경남 통영시	조사료용 종자구입 지원사업	16,800	농축산과	1	2	7	8	7	5	5	4
18278	경남 통영시	한우 등록비 지원사업	2,335	농축산과	1	1	7	8	7	5	5	4
18279	경남 통영시	구제역 및 AI 예방약품 구입지원	8,400	농축산과	1	1	7	8	7	5	5	4
18280	경남 통영시	구제역 및 AI 예방약품 구입지원	2,732	농축산과	1	1	7	8	7	5	5	4
18281	경남 통영시	구제역 및 AI 예방약품 구입지원	1,140	농축산과	1	1	7	8	7	5	5	4
18282	경남 통영시	안전관리인증 축산농가 및 영업장 지원	1,667	농축산과	1	1	7	8	7	5	5	4
18283	경남 통영시	축산물판매업소 위생시설개선 지원	12,000	농축산과	1	1	7	8	7	5	5	4
18284	경남 통영시	구제역 백신 지원(전업농 구제역 백신)	13,908	농축산과	1	1	7	8	7	5	5	4
18285	경남 사천시	전통시장 시장매니저 지원사업	5,000	지역경제과	1	2	7	8	7	5	5	3
18286	경남 사천시	전통시장 공중화장실 위탁관리	53,000	지역경제과	1	4	4	1	7	1	1	3
18287	경남 사천시	공예품 개발 지원	12,800	지역경제과	1	6	7	8	7	1	1	3
18288	경남 사천시	상공회의소 지원	122,000	지역경제과	1	1	7	8	7	1	1	3
18289	경남 사천시	지식재산 창출 지원	30,000	지역경제과	1	1	7	8	7	1	1	3
18290	경남 사천시	소상공인 소규모 경영환경개선사업 지원	140,000	지역경제과	1	6	7	8	7	5	1	3
18291	경남 사천시	협동조합 활성화 지원	15,000	지역경제과	1	4	7	8	7	1	1	3
18292	경남 사천시	전통시장 화재공제 지원사업	9,000	지역경제과	1	2	7	8	7	5	5	3
18293	경남 사천시	사회적기업 일자리창출 사업	208,000	지역경제과	1	2	7	8	7	1	1	3
18294	경남 사천시	사회적기업 사업개발비	65,000	지역경제과	1	2	7	8	7	1	1	3
18295	경남 사천시	사회적기업 사회보험료 지원 사업	5,333	지역경제과	1	2	7	8	7	1	1	3
18296	경남 사천시	취약지역 응급의료기관 기능격상	150,000	치매관리과	1	2	7	8	7	1	1	1
18297	경남 사천시	취약지역 응급의료기관 육성지원	172,850	치매관리과	1	2	7	8	7	1	2	1
18298	경남 사천시	공공보건의료 수행사업(잠수병)	300,000	치매관리과	1	6	7	8	7	1	1	1
18299	경남 사천시	365안심병동사업	1,046	치매관리과	1	6	7	8	7	1	1	1
18300	경남 사천시	2021년 시민안전봉사대 안전문화운동 활동전개사업	20,000	재난안전과	1	1	7	8	7	5	5	2
18301	경남 사천시	의용소방대 기술경연대회 등 활동지원	25,000	재난안전과	1	4	6	8	7	3	1	3
18302	경남 사천시	사천문화원 문화행사 지원	5,500	문화체육과	1	4	7	8	7	1	1	1
18303	경남 사천시	향토사료 조사 지원	10,000	문화체육과	1	4	7	8	7	1	1	1
18304	경남 사천시	구암제 개최 지원	55,000	문화체육과	1	4	7	8	7	1	1	1
18305	경남 사천시	경남민속예술축제 참가 지원	15,000	문화체육과	1	4	7	8	7	1	1	1
18306	경남 사천시	상황당 산성제 제례 지원	5,000	문화체육과	1	4	7	8	7	1	1	1
18307	경남 사천시	소명군총 위령제 지원	5,000	문화체육과	1	4	7	8	7	1	1	1

순번	시군구	지출명 (사업명)	2021년예산 (단위:천원/1년간)	담당자 (공무원) 담당부서	민간이전 분류 (지방자치단체 세출예산 집행기준에 의거) 1. 민간경상사업보조(307-02) 2. 민간단체 법정운영비보조(307-03) 3. 민간행사사업보조(307-04) 4. 민간위탁금(307-05) 5. 사회복지시설 법정운영비보조(307-10) 6. 민간인위탁교육비(307-12) 7. 공기관등에대한경상적위탁사업비(308-11) 8. 민간자본사업보조,자체재원(402-01) 9. 민간자본사업보조,이전재원(402-02) 10. 민간위탁사업비(402-03) 11. 공기관등에 대한 자본적 대행사업비(403-02)	민간이전지출 근거 (지방보조금 관리기준 참고) 1. 법률에 규정 2. 국고보조 재원(국가지정) 3. 용도 지정 기부금 4. 조례에 직접규정 5. 지자체가 권장하는 사업을 하는 공공기관 6. 시,도 정책 및 재정사정 7. 기타 8. 해당없음	입찰방식 계약체결방법 (경쟁형태) 1. 일반경쟁 2. 제한경쟁 3. 지명경쟁 4. 수의계약 5. 법정위탁 6. 기타 ( ) 7. 해당없음	계약기간 1. 1년 2. 2년 3. 3년 4. 4년 5. 5년 6. 기타 ( )년 7. 단기계약 (1년미만) 8. 해당없음	낙찰자선정방법 1. 적격심사 2. 협상에의한계약 3. 최저가낙찰제 4. 규격가격분리 5. 2단계 경쟁입찰 6. 기타 ( ) 7. 해당없음	운영예산 산정 운영예산 산정 1. 내부산정 (지자체 자체적으로 산정) 2. 외부산정 (외부전문기관위탁 산정) 3. 내·외부 모두 산정 4. 산정 無 5. 해당없음	정산방법 1. 내부정산 (지자체 내부적으로 정산) 2. 외부정산 (외부전문기관위탁 정산) 3. 내·외부 모두 산정 4. 정산 無 5. 해당없음	성과평가 실시여부 1. 실시 2. 미실시 3. 향후 추진 4. 해당없음
18308	경남 사천시	문화학교 운영 지원	20,000	문화체육과	1	4	7	8	7	1	1	1
18309	경남 사천시	경남어르신농악경연대회 참가 지원	2,000	문화체육과	1	4	7	8	7	1	1	1
18310	경남 사천시	사천사랑 "애" 음악회 경비 지원	10,000	문화체육과	1	4	7	8	7	1	1	1
18311	경남 사천시	사천예술제 경비 지원	30,000	문화체육과	1	4	7	8	7	1	1	1
18312	경남 사천시	한국예총 사천지회 문화기행 경비 지원	2,000	문화체육과	1	4	7	8	7	1	1	1
18313	경남 사천시	공연문화 확산 및 지역문화예술인 육성	27,000	문화체육과	1	4	7	8	7	1	1	1
18314	경남 사천시	힘내라!사천 문화예술진흥사업 지원	40,000	문화체육과	1	4	7	8	7	1	1	1
18315	경남 사천시	사천문학 발간경비 지원	3,000	문화체육과	1	4	7	8	7	1	1	1
18316	경남 사천시	시민과 함께하는 문화한마당 지원	4,000	문화체육과	1	4	7	8	7	1	1	1
18317	경남 사천시	전국 수궁가 경창대회 및 고수대회 경비지원	30,000	문화체육과	1	4	7	8	7	1	1	1
18318	경남 사천시	한국미술협회 사천시지부 정기전 경비 지원	6,000	문화체육과	1	4	7	8	7	1	1	1
18319	경남 사천시	한국미술협회 사천시지부 한려미술 초대전 지원	10,000	문화체육과	1	4	7	8	7	1	1	1
18320	경남 사천시	사천음악제 경비 지원	8,000	문화체육과	1	4	7	8	7	1	1	1
18321	경남 사천시	한국연극협회 사천지부 경남연극제 참가 지원	4,000	문화체육과	1	4	7	8	7	1	1	1
18322	경남 사천시	한국사진작가협회 사천시지부 전시회 지원	2,000	문화체육과	1	4	7	8	7	1	1	1
18323	경남 사천시	박재삼문학제 및 박재삼문학상 경비 지원	30,000	문화체육과	1	4	7	8	7	1	1	1
18324	경남 사천시	호연재 전통문화 전승사업	10,000	문화체육과	1	4	7	8	7	1	1	1
18325	경남 사천시	충효교실 운영	22,000	문화체육과	1	4	7	8	7	1	1	4
18326	경남 사천시	향교전통문화계승사업	27,000	문화체육과	1	4	7	8	7	1	1	4
18327	경남 사천시	향교서원문화재활용사업	205,000	문화체육과	1	4	7	8	7	1	1	4
18328	경남 사천시	향교석전대제제례비지원	12,000	문화체육과	1	4	7	8	7	1	1	4
18329	경남 사천시	향교사군자교실 운영	20,000	문화체육과	1	4	7	8	7	1	1	4
18330	경남 사천시	구계서원춘향제례비지원	3,000	문화체육과	1	4	7	8	7	1	1	4
18331	경남 사천시	구암총서발간	150,000	문화체육과	1	4	7	8	7	1	1	4
18332	경남 사천시	경백사춘향제례비지원	3,000	문화체육과	1	4	7	8	7	1	1	4
18333	경남 사천시	가산오광대천룡제제례비지원	2,400	문화체육과	1	4	7	8	7	1	1	4
18334	경남 사천시	향교기로연재현	6,000	문화체육과	1	4	7	8	7	1	1	4
18335	경남 사천시	작도정사 석채례 지원	3,000	문화체육과	1	4	7	8	7	1	1	4
18336	경남 사천시	안점봉화제 행사비 지원	3,000	문화체육과	1	4	7	8	7	1	1	4
18337	경남 사천시	용현면선진리성벚꽃축제	20,000	문화체육과	1	4	7	8	7	1	1	4
18338	경남 사천시	무형문화재전수교육관활성화사업	75,000	문화체육과	1	4	7	8	7	1	1	4
18339	경남 사천시	각종 체육행사(대회)육성 지원	20,000	문화체육과	1	4	7	8	7	5	1	4
18340	경남 사천시	도민체전 출전선수 훈련비 지원(일반부)	70,000	문화체육과	1	4	7	8	7	5	1	4
18341	경남 사천시	도민체전 육성종목별 훈련비 지원(고등부)	70,000	문화체육과	1	4	7	8	7	5	1	4
18342	경남 사천시	도민체전 출전장비 및 소모품 구입비	10,000	문화체육과	1	4	7	8	7	5	1	4
18343	경남 사천시	도민체전 출전경비 지원	170,000	문화체육과	1	4	7	8	7	5	1	4
18344	경남 사천시	도민체전 입상자 시상금 지원	12,000	문화체육과	1	4	7	8	7	5	1	4
18345	경남 사천시	도민체전 우수선수 육성비 지원	130,000	문화체육과	1	4	7	8	7	5	1	4
18346	경남 사천시	도민체전 경기력 향상 지원	20,000	문화체육과	1	4	7	8	7	5	1	4
18347	경남 사천시	전지훈련팀 유치경비 지원	20,000	문화체육과	1	4	7	8	7	5	1	4
18348	경남 사천시	경남 어르신 생활체육대회 출전경비 지원	20,000	문화체육과	1	4	7	8	7	5	1	4
18349	경남 사천시	도단위 생활체육대회 출전경비 지원	12,000	문화체육과	1	4	7	8	7	5	1	4
18350	경남 사천시	제31회 도 생활체육대회 출전경비 지원	100,000	문화체육과	1	4	7	8	7	5	1	4
18351	경남 사천시	생활체육 종목별 장비구입비 지원	5,000	문화체육과	1	4	7	8	7	5	1	4
18352	경남 사천시	생활체육지도자 활동비 지원(처우개선비)	43,200	문화체육과	1	4	7	8	7	5	1	4
18353	경남 사천시	생활체육가족 동계 스포츠 체험 경비지원	10,000	문화체육과	1	4	7	8	7	5	1	4
18354	경남 사천시	시군생활체육대회 지원	50,000	문화체육과	1	4	7	8	7	5	1	4
18355	경남 사천시	생활체육 프로그램 운영	14,411	문화체육과	1	4	7	8	7	5	1	4
18356	경남 사천시	장애인 생활체육지도자 활동비 지원	10,800	문화체육과	1	4	7	8	7	5	1	4
18357	경남 사천시	경남 농아인 체육대회 출전 경비	4,000	문화체육과	1	4	7	8	7	5	1	4
18358	경남 사천시	도 장애인 생활체육대회 출전 경비 지원	10,000	문화체육과	1	4	7	8	7	5	1	4

순번	시군구	지출명 (사업명)	2021년예산 (단위:천원/1년간)	담당자 (공무원) 담당부서	민간이전 분류 (지방자치단체 세출예산 집행기준에 의거) 1. 민간경상사업보조(307-02) 2. 민간단체 법정운영비보조(307-03) 3. 민간행사사업보조(307-04) 4. 민간위탁금(307-05) 5. 사회복지시설 법정운영비보조(307-10) 6. 민간인위탁교육비(307-12) 7. 공기관등에대한경상적위탁사업비(308-11) 8. 민간자본사업보조,자체재원(402-01) 9. 민간자본사업보조,이전재원(402-02) 10. 민간위탁사업비(402-03) 11. 공기관등에 대한 자본적 대행사업비(403-02)	민간이전지출 근거 (지방보조금 관리기준 참고) 1. 법률에 규정 2. 국고보조 재원(국가지정) 3. 용도 지정 기부금 4. 조례에 직접규정 5. 지자체가 권장하는 사업을 하는 공공기관 6. 시,도 정책 및 재정사정 7. 기타 8. 해당없음	입찰방식 계약체결방법 (경쟁형태) 1. 일반경쟁 2. 제한경쟁 3. 지명경쟁 4. 수의계약 5. 법정위탁 6. 기타 ( ) 7. 해당없음	입찰방식 계약기간 1. 1년 2. 2년 3. 3년 4. 4년 5. 5년 6. 기타 ( )년 7. 단기계약 (1년미만) 8. 해당없음	입찰방식 낙찰자선정방법 1. 적격심사 2. 협상에의한계약 3. 최저가낙찰제 4. 규격가격분리 5. 2단계 경쟁입찰 6. 기타 ( ) 7. 해당없음	운영예산 산정 운영예산 산정 1. 내부산정 (지자체 자체적으로 산정) 2. 외부산정 (외부전문기관위탁 산정) 3. 내·외부 모두 산정 4. 산정 無 5. 해당없음	운영예산 산정 정산방법 1. 내부정산 (지자체 내부적으로 정산) 2. 외부정산 (외부전문기관위탁 정산) 3. 내·외부 모두 산정 4. 정산 無 5. 해당없음	성과평가 실시여부 1. 실시 2. 미실시 3. 향후 추진 4. 해당없음
18359	경남 사천시	경남 농아인 볼링대회 출전 경비 지원	3,000	문화체육과	1	4	7	8	7	5	1	4
18360	경남 사천시	장애인 탁구대회 출전 경비 지원	1,000	문화체육과	1	4	7	8	7	5	1	4
18361	경남 사천시	장애인 싸이클대회 출전 경비 지원	1,000	문화체육과	1	4	7	8	7	5	1	4
18362	경남 사천시	뇌성마비 장애인축구단 운영 지원	10,000	문화체육과	1	4	7	8	7	5	1	4
18363	경남 사천시	시군 장애인 생활체육대회 출전 경비 지원	4,000	문화체육과	1	4	7	8	7	5	1	4
18364	경남 사천시	전국 농아인 게이트볼 대회 출전 경비 지원	1,500	문화체육과	1	4	7	8	7	5	1	4
18365	경남 사천시	자연환경보전사업지원	3,000	환경보호과	1	7	7	1	7	1	1	1
18366	경남 사천시	사천시지속가능발전협의회 실천사업 지원	22,000	환경보호과	1	7	7	1	7	1	1	1
18367	경남 사천시	수확기 야생동물 피해방지단 활동사업 지원	7,000	환경보호과	1	1	7	1	7	1	1	1
18368	경남 사천시	택시 통신비 및 문자서비스 지원	54,462	민원교통과	1	1	7	8	7	5	1	4
18369	경남 사천시	택시요금 카드결제 수수료 지원	100,000	민원교통과	1	1	7	8	7	5	1	4
18370	경남 사천시	곤양터미널 지원	12,000	민원교통과	1	1	7	8	7	1	1	4
18371	경남 사천시	마을가꾸기 소액사업	50,000	도시재생과	1	2	7	8	7	5	5	4
18372	경남 사천시	이통장가족 한마음대회 지원	20,000	행정과	1	4	7	8	7	1	1	4
18373	경남 사천시	이통장 연수 지원	20,000	행정과	1	4	7	8	7	1	1	4
18374	경남 사천시	주민자치프로그램 발표회 지원	15,000	행정과	1	4	7	8	7	1	1	4
18375	경남 사천시	자율방범대 운영 지원	14,000	행정과	1	4	7	8	7	1	1	4
18376	경남 사천시	바르게살기운동 한마음 대회 지원	12,000	행정과	1	1	7	7	7	1	1	1
18377	경남 사천시	바르게살기운동 법질서 캠페인 지원	4,000	행정과	1	1	7	7	7	1	1	1
18378	경남 사천시	새마을의 날 기념행사 및 새마을가족 다짐대회 지원	25,000	행정과	1	1	7	7	7	1	1	1
18379	경남 사천시	새마을문고 이동도서관 및 대통령기 독서경진대회 지원	19,000	행정과	1	1	7	7	7	1	1	1
18380	경남 사천시	새마을 공동체운동 지원사업	38,000	행정과	1	1	7	7	7	1	1	1
18381	경남 사천시	서부경남지역 범죄피해자지원센터 등불 사업비 지원	32,800	행정과	1	4	7	8	7	1	1	4
18382	경남 사천시	범죄피해자지원센터 사천지부 지원	5,000	행정과	1	4	7	8	7	1	1	4
18383	경남 사천시	재향군인회 안보다짐대회 지원	5,000	행정과	1	4	7	8	7	1	1	4
18384	경남 사천시	사천시 자율방범대 체육대회 및 자매결연 지원	10,000	행정과	1	4	7	8	7	1	1	4
18385	경남 사천시	민속문화체험행사 지원	20,000	행정과	1	4	7	8	7	1	1	4
18386	경남 사천시	해병대전우회 사천시연합회 지원	10,000	행정과	1	4	7	8	7	1	1	4
18387	경남 사천시	삼천포청년회의소 청소년 페스티벌	5,000	행정과	1	4	7	8	7	1	1	4
18388	경남 사천시	민족통일 사천시협의회 지원	3,000	행정과	1	4	7	8	7	1	1	4
18389	경남 사천시	북한이탈주민 사랑나눔행사 지원	5,000	행정과	1	4	7	8	7	1	1	4
18390	경남 사천시	민주평통사천시협의회 통일역량강화 지원	38,000	행정과	1	4	7	8	7	1	1	4
18391	경남 사천시	민간인 희생자 합동 위령제	5,500	행정과	1	1	7	7	7	1	1	1
18392	경남 사천시	사천 어린이 물놀이 페스티벌 지원	30,000	행정과	1	4	7	8	7	1	1	4
18393	경남 사천시	수출주력품종 시장개척 지원	6,250	해양수산과	1	6	7	8	7	5	5	4
18394	경남 사천시	수산물 소비촉진 지원사업	6,000	해양수산과	1	6	7	8	7	5	5	4
18395	경남 사천시	수산업경영인 어업유통정보지 구독료 지원	10,920	해양수산과	1	6	7	8	7	5	5	4
18396	경남 사천시	수산물 온라인 마케팅 지원	40,000	해양수산과	1	6	7	8	7	5	5	4
18397	경남 사천시	수산물 유통 활성화 지원	15,000	해양수산과	1	6	7	8	7	5	5	4
18398	경남 사천시	불가사리, 성게 구제사업	5,000	해양수산과	1	6	7	8	7	5	5	4
18399	경남 사천시	패각 친환경처리 지원	80,000	해양수산과	1	2	7	8	7	5	5	4
18400	경남 사천시	양식수산물 재해보험 지원	50,000	해양수산과	1	6	7	8	7	5	5	4
18401	경남 사천시	자율관리어업 사무장 채용지원	21,863	해양수산과	1	6	7	8	7	5	5	4
18402	경남 사천시	연안어선 어업용 유류비 지원	160,000	해양수산과	1	6	7	8	7	5	5	4
18403	경남 사천시	어선원 재해보상보험료 지원	292,400	해양수산과	1	6	7	8	7	5	5	4
18404	경남 사천시	어선 재해보상보험료 지원	108,270	해양수산과	1	6	7	8	7	5	5	4
18405	경남 사천시	어업인 재해공제 보험료 지원	32,400	해양수산과	1	6	7	8	7	5	5	4
18406	경남 사천시	연안어선 기관개방 검사비 지원	26,060	해양수산과	1	6	7	8	7	5	5	4
18407	경남 사천시	대체어장 자원동향조사 사업	18,228	해양수산과	1	2	7	8	7	5	5	4
18408	경남 사천시	어촌체험마을 사무장채용 지원	45,000	해양수산과	1	2	7	8	7	5	5	4
18409	경남 사천시	해양레저스포츠 교육프로그램 운영	40,000	해양수산과	1	2	7	8	7	5	5	4

순번	시군구	지출명 (사업명)	2021년예산 (단위:천원/1년간)	담당자 (공무원) 담당부서	민간이전 분류 (지방자치단체 세출예산 집행기준에 의거) 1. 민간경상사업보조(307-02) 2. 민간단체 법정운영비보조(307-03) 3. 민간행사사업보조(307-04) 4. 민간위탁금(307-05) 5. 사회복지시설 법정운영비보조(307-10) 6. 민간인위탁교육비(307-12) 7. 공기관등에대한경상적위탁사업비(308-11) 8. 민간자본사업보조,자체재원(402-01) 9. 민간자본사업보조,이전재원(402-02) 10. 민간위탁사업비(402-03) 11. 공기관등에 대한 자본적 대행사업비(403-02)	민간이전지출 근거 (지방보조금 관리기준 참고) 1. 법률에 규정 2. 국고보조 재원(국가지정) 3. 용도 지정 기부금 4. 조례에 직접규정 5. 지자체가 권장하는 사업을 하는 공공기관 6. 시,도 정책 및 재정사정 7. 기타 8. 해당없음	입찰방식 계약체결방법 (경쟁형태) 1. 일반경쟁 2. 제한경쟁 3. 지명경쟁 4. 수의계약 5. 법정위탁 6. 기타 ( ) 7. 해당없음	입찰방식 계약기간 1. 1년 2. 2년 3. 3년 4. 4년 5. 5년 6. 기타 ( )년 7. 단기계약 (1년미만) 8. 해당없음	입찰방식 낙찰자선정방법 1. 적격심사 2. 협상에의한계약 3. 최저가낙찰제 4. 규격가격분리 5. 2단계 경쟁입찰 6. 기타 ( ) 7. 해당없음	운영예산 산정 운영예산 산정 1. 내부산정 (지자체 자체적으로 산정) 2. 외부산정 (외부전문기관위탁 산정) 3. 내·외부 모두 산정 4. 산정 無 5. 해당없음	운영예산 산정 정산방법 1. 내부정산 (지자체 내부적으로 정산) 2. 외부정산 (외부전문기관위탁 정산) 3. 내·외부 모두 산정 4. 정산 無 5. 해당없음	성과평가 실시여부 1. 실시 2. 미실시 3. 향후 추진 4. 해당없음
18410	경남 사천시	성인문해 교육지원	5,000	평생학습센터	1	1	7	8	7	5	5	4
18411	경남 사천시	사립작은도서관 도서구입비 지원	34,000	평생학습센터	1	4	7	8	7	5	5	4
18412	경남 사천시	사립작은도서관 프로그램운영비 지원	11,600	평생학습센터	1	4	7	8	7	5	5	4
18413	경남 사천시	농업인 재해 안전공제료 지원	82,340	농축산과	1	2	7	8	7	5	5	4
18414	경남 사천시	농업인 학습단체 육성	46,000	농축산과	1	4	7	8	7	5	5	4
18415	경남 사천시	농업인단체 한마음 대회	30,000	농축산과	1	4	7	8	7	5	5	4
18416	경남 사천시	농번기 마을공동급식 지원	60,000	농축산과	1	6	7	8	7	5	5	4
18417	경남 사천시	여성농업인 바우처 지원	145,600	농축산과	1	6	7	8	7	5	5	4
18418	경남 사천시	귀농인 안정 정착지원	5,400	농축산과	1	6	7	8	7	5	5	4
18419	경남 사천시	청년농업인 영농정착 지원	210,900	농축산과	1	6	7	8	7	5	5	4
18420	경남 사천시	농촌지도자회 공동과제포 운영 실천시범	6,000	농축산과	1	6	7	8	7	5	5	4
18421	경남 사천시	청년 농업인 취농인턴제 사업	6,000	농축산과	1	6	7	8	7	5	5	4
18422	경남 사천시	청년 농업인 취농직불제	48,000	농축산과	1	6	7	8	7	5	5	4
18423	경남 사천시	조사료생산용 종자구입 지원	121,800	농축산과	1	2	7	8	7	5	5	4
18424	경남 사천시	가축분뇨 액비살포비 지원	190,000	농축산과	1	2	7	8	7	5	5	4
18425	경남 사천시	가축분뇨 퇴비 살포비 지원	22,450	농축산과	1	2	7	8	7	5	5	4
18426	경남 사천시	학생승마체험지원	93,264	농축산과	1	2	7	8	7	5	5	4
18427	경남 사천시	한우개량사업	10,000	농축산과	1	4	7	8	7	5	5	4
18428	경남 사천시	한우거세사업	8,316	농축산과	1	4	7	8	7	5	5	4
18429	경남 사천시	한우등록사업	26,145	농축산과	1	4	7	8	7	5	5	4
18430	경남 사천시	한우지예 고급육 생산장려금	31,300	농축산과	1	4	7	8	7	5	5	4
18431	경남 사천시	송아지 생산성 향상사업	11,718	농축산과	1	4	7	8	7	5	5	4
18432	경남 사천시	우량암소 생산기반 구축사업	9,000	농축산과	1	4	7	8	7	5	5	4
18433	경남 사천시	친환경 축산물 인증비 지원	2,000	농축산과	1	4	7	8	7	5	5	4
18434	경남 사천시	가축분뇨 수분조절재 지원	87,000	농축산과	1	4	7	8	7	5	5	4
18435	경남 사천시	축산농가 악취방지 개선	65,220	농축산과	1	4	7	8	7	5	5	4
18436	경남 사천시	유우군능력검정 지원	13,316	농축산과	1	4	7	8	7	5	5	4
18437	경남 사천시	능력개량 지원	15,594	농축산과	1	4	7	8	7	5	5	4
18438	경남 사천시	낙농헬퍼 지원사업	60,000	농축산과	1	4	7	8	7	5	5	4
18439	경남 사천시	한우헬퍼 지원	30,000	농축산과	1	4	7	8	7	5	5	4
18440	경남 사천시	구제역 예방백신 지원(전업농)	236,161	농축산과	1	2	7	8	7	5	5	4
18441	경남 사천시	축산물이력관리지원(쇠고기이력제 귀표부착비)	34,080	농축산과	1	2	7	8	7	5	5	4
18442	경남 사천시	축산물 수출촉진 지원	12,000	농축산과	1	6	7	8	7	5	5	4
18443	경남 사천시	체험관광시설 홍보물 제작 지원	10,000	관광진흥과	1	4	7	8	7	5	5	4
18444	경남 사천시	관광객 유치 팸투어 행사 경비	30,000	관광진흥과	1	4	7	8	7	5	5	4
18445	경남 사천시	사천시 자원봉사단체협의회 지원	14,000	주민생활지원과	1	4	7	8	1	1	1	2
18446	경남 사천시	유기농업자재 지원	10,000	미래농업과	1	2	7	8	7	5	5	4
18447	경남 사천시	임산부 친환경농산물 지원	24,000	미래농업과	1	2	7	8	7	5	5	4
18448	경남 사천시	시비효율 개선 친환경 농자재 시범	24,000	미래농업과	1	6	7	8	7	5	5	4
18449	경남 사천시	농촌어르신 복지생활 실천시범	50,000	미래농업과	1	6	7	8	7	5	5	4
18450	경남 사천시	생활개선회 육성	26,000	미래농업과	1	6	7	8	7	5	5	4
18451	경남 사천시	체험마을,교육농장 컨설팅	10,000	미래농업과	1	4	7	8	7	5	5	4
18452	경남 사천시	농촌축제지원	24,000	미래농업과	1	2	7	8	7	5	5	4
18453	경남 사천시	생활체육 자전거 교실	2,000	도로과	1	5	7	8	7	5	5	4
18454	경남 김해시	민주평통 통일시대 대비 국민대통합활동 사업	30,600	자치행정과	1	1	5	1	7	1	1	1
18455	경남 김해시	민주평통 통일맞이 하나-다섯운동 사업	18,000	자치행정과	1	1	5	1	7	1	1	1
18456	경남 김해시	새마을 군집기 교체사업	4,500	자치행정과	1	1	5	1	7	1	1	1
18457	경남 김해시	새마을 읍면동 마을가꾸기 사업	37,620	자치행정과	1	1	5	1	7	1	1	1
18458	경남 김해시	새마을 교통안전의식 확립운동 사업	1,600	자치행정과	1	1	5	1	7	1	1	1
18459	경남 김해시	새마을 깨끗한 버스정류장 만들기 사업	1,400	자치행정과	1	1	5	1	7	1	1	1
18460	경남 김해시	새마을 숨은자원 모으기 사업	2,400	자치행정과	1	1	5	1	7	1	1	1

순번	시군구	지출명 (사업명)	2021년예산 (단위:천원/1년간)	담당자 (공무원) 담당부서	민간이전 분류 (지방자치단체 세출예산 집행기준에 의거) 1. 민간경상사업보조(307-02) 2. 민간단체 법정운영비보조(307-03) 3. 민간행사사업보조(307-04) 4. 민간위탁금(307-05) 5. 사회복지시설 법정운영비보조(307-10) 6. 민간인위탁교육비(307-12) 7. 공기관등에대한경상적위탁사업비(308-11) 8. 민간자본사업보조,자체재원(402-01) 9. 민간자본사업보조,이전재원(402-02) 10. 민간위탁사업비(402-03) 11. 공기관등에 대한 자본적 대행사업비(403-02)	민간이전지출 근거 (지방보조금 관리기준 참고) 1. 법률에 규정 2. 국고보조 재원(국가지정) 3. 용도 지정 기부금 4. 조례에 직접규정 5. 지자체가 권장하는 사업을 하는 공공기관 6. 시,도 정책 및 재정사정 7. 기타 8. 해당없음	입찰방식 계약체결방법 (경쟁형태) 1. 일반경쟁 2. 제한경쟁 3. 지명경쟁 4. 수의계약 5. 법정위탁 6. 기타 ( ) 7. 해당없음	입찰방식 계약기간 1. 1년 2. 2년 3. 3년 4. 4년 5. 5년 6. 기타 ( )년 7. 단기계약 (1년미만) 8. 해당없음	입찰방식 낙찰자선정방법 1. 적격심사 2. 협상에의한계약 3. 최저가낙찰제 4. 규격가격분리 5. 2단계 경쟁입찰 6. 기타 ( ) 7. 해당없음	운영예산 산정 운영예산 산정 1. 내부산정 (지자체 자체적으로 산정) 2. 외부산정 (외부전문기관위탁 산정) 3. 내·외부 모두 산정 4. 산정 無 5. 해당없음	운영예산 산정 정산방법 1. 내부정산 (지자체 내부적으로 정산) 2. 외부정산 (외부전문기관위탁 정산) 3. 내·외부 모두 산정 4. 정산 無 5. 해당없음	성과평가 실시여부 1. 실시 2. 미실시 3. 향후 추진 4. 해당없음
18461	경남 김해시	새마을 맑고 푸른 김해가꾸기 사업	3,240	자치행정과	1	1	5	1	7	1	1	1
18462	경남 김해시	새마을 시민독서문화 진흥 사업	2,700	자치행정과	1	1	5	1	7	1	1	1
18463	경남 김해시	새마을 해외협력 사업	13,500	자치행정과	1	1	5	1	7	1	1	1
18464	경남 김해시	바르게살기 이웃과 지역사랑을 위한 읍면동위원회 사업	25,650	자치행정과	1	1	5	1	7	1	1	1
18465	경남 김해시	바르게살기 선진시민의식 확립운동 사업	2,800	자치행정과	1	1	5	1	7	1	1	1
18466	경남 김해시	바르게살기 법질서 확립 및 사회질서 확립 캠페인 사업	4,950	자치행정과	1	1	5	1	7	1	1	1
18467	경남 김해시	바르게살기 자연보호활동 및 청결친절운동 캠페인 사업	3,000	자치행정과	1	1	5	1	7	1	1	1
18468	경남 김해시	바르게살기 시민과 함께하는 지역사랑 나눔 및 영호남 문화교류 사업	9,000	자치행정과	1	1	5	1	7	1	1	1
18469	경남 김해시	한국자총 자유안보확립 읍면동 사업	5,130	자치행정과	1	1	5	1	7	1	1	1
18470	경남 김해시	한국자총 통일준비 청소년 민주시민교육 사업	800	자치행정과	1	1	5	1	7	1	1	1
18471	경남 김해시	한국자총 어머니 포순이봉사단 사업	1,900	자치행정과	1	1	5	1	7	1	1	1
18472	경남 김해시	한국자총 나라사랑 태극기 나눔 캠페인 사업	3,000	자치행정과	1	1	5	1	7	1	1	1
18473	경남 김해시	범죄피해자 지원센터 지원	36,000	자치행정과	1	1	5	1	7	1	1	1
18474	경남 김해시	법사랑위원 지역연합회 범죄예방활동사업 지원	3,000	자치행정과	1	1	5	1	7	1	1	1
18475	경남 김해시	모범이통장 및 읍면동협의회장 연수	4,712	자치행정과	1	4	5	1	7	1	1	1
18476	경남 김해시	남북교류협력사업 지원	60,000	자치행정과	1	4	1	1	1	1	1	1
18477	경남 김해시	평화통일교육사업 지원	40,000	자치행정과	1	4	1	1	1	1	1	1
18478	경남 김해시	교통봉사단체 사업비 지원	32,000	교통정책과	1	4	7	8	7	1	1	1
18479	경남 김해시	재향군인의 날 기념 안보현장 견학비 지원	9,000	총무과	1	4	7	8	7	5	5	4
18480	경남 김해시	귀농창업활성화 지원	10,000	농업기술과	1	2	7	8	7	1	1	1
18481	경남 김해시	외국인근로자 농업기술학교 운영	3,000	농업기술과	1	6	7	8	7	1	1	1
18482	경남 김해시	청년농업인 경쟁력 제고 사업	45,000	농업기술과	1	2	7	8	7	1	1	1
18483	경남 김해시	청년농업인 드론 공동방제단 운영 시범사업	30,000	농업기술과	1	6	7	8	7	5	5	4
18484	경남 김해시	농업인 학습단체 전문능력 배양지원	5,000	농업기술과	1	6	7	8	7	1	1	1
18485	경남 김해시	농업 신소득원 발굴 공동학습포장 운영지원	5,000	농업기술과	1	6	7	8	7	5	5	4
18486	경남 김해시	농촌지도자회 중앙대회 지원	5,000	농업기술과	1	6	7	8	7	1	1	1
18487	경남 김해시	영농활용 우수과제 현장적용 시범사업	20,000	농업기술과	1	6	7	8	7	1	1	1
18488	경남 김해시	학교4-H회 과제 활동 지원	4,000	농업기술과	1	6	7	8	7	1	1	1
18489	경남 김해시	청년4-H 과제 교육 지원	5,000	농업기술과	1	6	7	8	7	1	1	1
18490	경남 김해시	정보화농업 활성화 지원	3,000	농업기술과	1	6	7	8	7	1	1	1
18491	경남 김해시	강소농 육성지원	12,000	농업기술과	1	2	7	8	7	1	1	1
18492	경남 김해시	베리류 연구회 홍보활동 지원	6,000	농업기술과	1	4	4	1	7	1	1	1
18493	경남 김해시	복지텃밭 운영	4,000	농업기술과	1	4	7	8	7	1	1	2
18494	경남 김해시	우리쌀 소비촉진 홍보 행사	2,000	농업기술과	1	7	7	8	7	1	1	2
18495	경남 김해시	창업기업신규고용인력 보조금	45,000	투자유치과	1	1	7	8	7	1	1	1
18496	경남 김해시	기업체 모범근로자 경영정보 연수	12,150	투자유치과	1	4	6	1	6	3	1	1
18497	경남 김해시	기업 맞춤형 정보제공사업	23,760	투자유치과	1	4	6	1	6	3	1	1
18498	경남 김해시	기업-특성화고 인재 매칭 지원사업	3,000	투자유치과	1	4	6	1	6	3	1	1
18499	경남 김해시	여성기업인협의회 경영정보 연수지원	16,200	투자유치과	1	4	6	1	6	3	1	1
18500	경남 김해시	지역지식재산창출지원 보조금	108,000	투자유치과	1	2	5	1	6	3	3	1
18501	경남 김해시	문화특화지역(문화도시)조성사업	750,000	문화예술과	1	6	5	8	7	5	1	3
18502	경남 김해시	문화원 문화학교 운영	22,500	문화예술과	1	1	7	8	7	1	1	1
18503	경남 김해시	문화원 풍물단 운영	4,500	문화예술과	1	1	7	8	7	1	1	1
18504	경남 김해시	김해문학지 발간	9,000	문화예술과	1	1	7	8	7	1	1	1
18505	경남 김해시	김해문화원 사업활동 지원	72,650	문화예술과	1	1	7	8	7	1	1	1
18506	경남 김해시	향토사료조사지원	10,000	문화예술과	1	1	7	8	7	1	1	1
18507	경남 김해시	다례대학 운영	9,000	문화예술과	1	1	7	8	7	1	1	4
18508	경남 김해시	김해민속예술보존회 연례발표회 지원	12,100	문화예술과	1	1	7	8	7	1	1	1
18509	경남 김해시	김해석전놀이 연례발표회 지원	10,000	문화예술과	1	1	7	8	7	1	1	1
18510	경남 김해시	타지자체 문화예술분야 경연대회 및 국제행사 참가 지원	5,000	문화예술과	1	1	7	8	7	1	1	1
18511	경남 김해시	한국민속예술축제 참가지원	20,000	문화예술과	1	1	7	8	7	1	1	1

순번	시군구	지출명 (사업명)	2021년예산 (단위:천원/1년간)	담당자 (공무원) 담당부서	민간이전 분류 (지방자치단체 세출예산 집행기준에 의거) 1. 민간경상사업보조(307-02) 2. 민간단체 법정운영비보조(307-03) 3. 민간행사사업보조(307-04) 4. 민간위탁금(307-05) 5. 사회복지시설 법정운영비보조(307-10) 6. 민간인위탁교육비(307-12) 7. 공기관등에대한경상적위탁사업비(308-11) 8. 민간자본사업보조,자체재원(402-01) 9. 민간자본사업보조,이전재원(402-02) 10. 민간위탁사업비(402-03) 11. 공기관등에 대한 자본적 대행사업비(403-02)	민간이전지출 근거 (지방보조금 관리기준 참고) 1. 법률에 규정 2. 국고보조 재원(국가지정) 3. 용도 지정 기부금 4. 조례에 직접규정 5. 지자체가 권장하는 사업을 하는 공공기관 6. 시,도 정책 및 재정사정 7. 기타 8. 해당없음	입찰방식 계약체결방법 (경쟁형태) 1. 일반경쟁 2. 제한경쟁 3. 지명경쟁 4. 수의계약 5. 법정위탁 6. 기타 ( ) 7. 해당없음	입찰방식 계약기간 1. 1년 2. 2년 3. 3년 4. 4년 5. 5년 6. 기타 ( )년 7. 단기계약 (1년미만) 8. 해당없음	입찰방식 낙찰자선정방법 1. 적격심사 2. 협상에의한계약 3. 최저가낙찰제 4. 규격가격분리 5. 2단계 경쟁입찰 6. 기타 ( ) 7. 해당없음	운영예산 산정 운영예산 산정 1. 내부산정 (지자체 자체적으로 산정) 2. 외부산정 (외부전문기관위탁 산정) 3. 내·외부 모두 산정 4. 산정 無 5. 해당없음	운영예산 산정 정산방법 1. 내부정산 (지자체 내부적으로 정산) 2. 외부정산 (외부전문기관위탁 정산) 3. 내·외부 모두 산정 4. 정산 無 5. 해당없음	성과평가 실시여부 1. 실시 2. 미실시 3. 향후 추진 4. 해당없음
18512	경남 김해시	문화예술단체사업지원	20,000	문화예술과	1	1	7	8	7	1	1	1
18513	경남 김해시	전문예술법인 문화예술 사업지원	20,000	문화예술과	1	1	7	8	7	1	1	1
18514	경남 김해시	소규모 지역 문화예술 사업지원	15,000	문화예술과	1	1	7	8	7	1	1	1
18515	경남 김해시	소외계층을 위한 문화예술사업지원	13,500	문화예술과	1	1	7	8	7	1	1	1
18516	경남 김해시	청소년을 위한 문화예술 사업지원	4,000	문화예술과	1	1	7	8	7	1	1	1
18517	경남 김해시	여성 문화예술단체 사업지원	15,000	문화예술과	1	1	7	8	7	1	1	1
18518	경남 김해시	시민과 함께하는 문화예술 사업 지원	60,000	문화예술과	1	1	7	8	7	1	1	1
18519	경남 김해시	장르별 예술단체 사업지원	40,000	문화예술과	1	1	7	8	7	1	1	1
18520	경남 김해시	창의적인 문화예술 사업 지원	30,000	문화예술과	1	1	7	8	7	1	1	1
18521	경남 김해시	경남메세나협회 매칭사업 지원	50,000	문화예술과	1	1	7	8	7	1	1	1
18522	경남 김해시	꿈의 오케스트라 운영 지원	54,000	문화예술과	1	1	7	8	7	1	1	1
18523	경남 김해시	김해재즈콘서트	63,000	문화예술과	1	1	7	8	7	1	1	1
18524	경남 김해시	김해비엔날레 국제미술제	120,000	문화예술과	1	1	7	8	7	1	1	1
18525	경남 김해시	창작오페라 허왕후 제작 지원	50,000	문화예술과	1	1	7	8	7	1	1	1
18526	경남 김해시	우수예술단체 찾아가는문화활동	35,000	문화예술과	1	1	7	8	7	1	1	1
18527	경남 김해시	경남어린이 영상문화관	50,000	문화관광과	1	1	7	8	7	1	1	4
18528	경남 김해시	365안심병동사업	446,500	보건관리과	1	4	7	8	7	1	1	4
18529	경남 김해시	요양병원 CCTV설치 지원사업	2,000	보건관리과	1	4	7	8	7	5	5	4
18530	경남 김해시	김해찻사발 재현사업	18,000	가야사복원과	1	6	7	8	7	1	1	1
18531	경남 김해시	김해찻사발 재현품 전시회	9,000	가야사복원과	1	6	7	8	7	1	1	1
18532	경남 김해시	김해 가야토기 재현사업 및 전시회	18,000	가야사복원과	1	6	7	8	7	1	1	1
18533	경남 김해시	김해 가야토기 재현품 전시회	9,000	가야사복원과	1	6	7	8	7	1	1	1
18534	경남 김해시	청소년 육성사업	20,000	가야사복원과	1	6	7	8	7	1	1	1
18535	경남 김해시	수로왕 춘,추향 대제비	40,000	가야사복원과	1	6	7	8	7	1	1	1
18536	경남 김해시	향교 충효교실 운영	11,000	가야사복원과	1	6	7	8	7	1	1	1
18537	경남 김해시	향교 전통문화계승사업(유림교양강좌 등)	13,500	가야사복원과	1	6	7	8	7	1	1	1
18538	경남 김해시	도 무형문화재 기능보유자 전승교육비	30,600	가야사복원과	1	6	7	8	7	1	1	1
18539	경남 김해시	도 무형문화재 기능보유자 후보 전승교육비	10,800	가야사복원과	1	6	7	8	7	1	1	1
18540	경남 김해시	도 무형문화재 보유단체 전승교육비	14,400	가야사복원과	1	6	7	8	7	1	1	1
18541	경남 김해시	도 무형문화재 보유단체 공개행사비	8,400	가야사복원과	1	6	7	8	7	1	1	1
18542	경남 김해시	향교 춘,추향 제례비	12,000	가야사복원과	1	6	7	8	7	1	1	1
18543	경남 김해시	향교 유교 교육비 지원	9,500	가야사복원과	1	6	7	8	7	1	1	1
18544	경남 김해시	향교 여성 및 청년유도회 교육비 지원	7,700	가야사복원과	1	6	7	8	7	1	1	1
18545	경남 김해시	향교 기로연 개최비 지원	5,500	가야사복원과	1	6	7	8	7	1	1	1
18546	경남 김해시	향교 관리비 지원	9,500	가야사복원과	1	6	7	8	7	1	1	1
18547	경남 김해시	수로왕릉 숭선전 관리비 지원	10,000	가야사복원과	1	6	7	8	7	1	1	1
18548	경남 김해시	사충단 관리비 지원	9,000	가야사복원과	1	6	7	8	7	1	1	1
18549	경남 김해시	사충단 제례비	4,500	가야사복원과	1	6	7	8	7	1	1	1
18550	경남 김해시	산해정 관리비 지원	3,600	가야사복원과	1	6	7	8	7	1	1	1
18551	경남 김해시	산해정 제례비	1,440	가야사복원과	1	6	7	8	7	1	1	1
18552	경남 김해시	선조어서각 관리비 지원	2,400	가야사복원과	1	6	7	8	7	1	1	1
18553	경남 김해시	현충사 제례비	1,440	가야사복원과	1	6	7	8	7	1	1	1
18554	경남 김해시	월봉서원 관리비 지원	7,000	가야사복원과	1	6	7	8	7	1	1	1
18555	경남 김해시	월봉서원 향례비	1,440	가야사복원과	1	6	7	8	7	1	1	1
18556	경남 김해시	서강 김계금 일고책판 관리비 지원	3,000	가야사복원과	1	6	7	8	7	1	1	1
18557	경남 김해시	칠산재 제례비	1,440	가야사복원과	1	6	7	8	7	1	1	1
18558	경남 김해시	여의낭자 초혼 제례비	1,440	가야사복원과	1	6	7	8	7	1	1	1
18559	경남 김해시	취정재 제례비	1,440	가야사복원과	1	6	7	8	7	1	1	1
18560	경남 김해시	충의각 제례비	1,440	가야사복원과	1	6	7	8	7	1	1	1
18561	경남 김해시	전통서원 제례비 지원	7,200	가야사복원과	1	6	7	8	7	1	1	1
18562	경남 김해시	자연유산 민속행사(이팝나무 동제)지원	4,000	가야사복원과	1	2	7	8	7	1	1	1

순번	시군구	지출명 (사업명)	2021년예산 (단위:천원/1년간)	담당자 (공무원) 담당부서	민간이전 분류 (지방자치단체 세출예산 집행기준에 의거) 1. 민간경상사업보조(307-02) 2. 민간단체 법정운영비보조(307-03) 3. 민간행사사업보조(307-04) 4. 민간위탁금(307-05) 5. 사회복지시설 법정운영비보조(307-10) 6. 민간인위탁교육비(307-12) 7. 공기관등에대한경상적위탁사업비(308-11) 8. 민간자본사업보조,자체재원(402-01) 9. 민간자본사업보조,이전재원(402-02) 10. 민간위탁사업비(402-03) 11. 공기관등에 대한 자본적 대행사업비(403-02)	민간이전지출 근거 (지방보조금 관리기준 참고) 1. 법률에 규정 2. 국고보조 재원(국가지정) 3. 용도 지정 기부금 4. 조례에 직접규정 5. 지자체가 권장하는 사업을 하는 공공기관 6. 시,도 정책 및 재정사정 7. 기타 8. 해당없음	입찰방식: 계약체결방법 (경쟁형태) 1. 일반경쟁 2. 제한경쟁 3. 지명경쟁 4. 수의계약 5. 법정위탁 6. 기타 ( ) 7. 해당없음	입찰방식: 계약기간 1. 1년 2. 2년 3. 3년 4. 4년 5. 5년 6. 기타 ( )년 7. 단기계약 (1년미만) 8. 해당없음	입찰방식: 낙찰자선정방법 1. 적격심사 2. 협상에의한계약 3. 최저가낙찰제 4. 규격가격분리 5. 2단계 경쟁입찰 6. 기타 ( ) 7. 해당없음	운영예산 산정: 운영예산 산정 1. 내부산정 (지자체 자체적으로 산정) 2. 외부산정 (외부전문기관위탁 산정) 3. 내·외부 모두 산정 4. 산정 無 5. 해당없음	운영예산 산정: 정산방법 1. 내부정산 (지자체 내부적으로 정산) 2. 외부정산 (외부전문기관위탁 정산) 3. 내·외부 모두 산정 4. 정산 無 5. 해당없음	성과평가 실시여부 1. 실시 2. 미실시 3. 향후 추진 4. 해당없음
18563	경남 김해시	제27회 가야사국제학술회의	40,000	가야사복원과	1	6	7	1	7	1	1	1
18564	경남 김해시	지체장애인의날 참가	3,000	노인장애인과	1	1	7	8	7	5	1	1
18565	경남 김해시	전국장애인 종합예술제 참가	1,170	노인장애인과	1	1	7	8	7	5	1	1
18566	경남 김해시	경남장애인 기능경기대회 참가	1,400	노인장애인과	1	1	7	8	7	5	1	1
18567	경남 김해시	경남장애인 합동결혼식 참가	900	노인장애인과	1	1	7	8	7	5	1	1
18568	경남 김해시	시각장애인 흰 지팡이의 날 참가	3,000	노인장애인과	1	1	7	8	7	5	1	1
18569	경남 김해시	사랑의끈 연결운동 행사 참가	1,000	노인장애인과	1	1	7	8	7	5	1	1
18570	경남 김해시	공항소음 피해지역 주민지원사업	10,000	대중교통과	1	1	7	8	7	1	1	1
18571	경남 김해시	학생운동부(클럽) 창단 지원금	5,000	체육지원과	1	4	7	8	7	1	1	1
18572	경남 김해시	제60회 경상남도민체육대회 참가 지원	383,900	체육지원과	1	4	7	8	7	1	1	1
18573	경남 김해시	도민체전대비 우수선수 육성 지원	388,800	체육지원과	1	4	7	8	7	1	1	1
18574	경남 김해시	제50회 전국소년체육대회 참가 지원	4,500	체육지원과	1	4	7	8	7	1	1	1
18575	경남 김해시	전국대회 입상자 격려금 지원	36,000	체육지원과	1	4	7	8	7	1	1	1
18576	경남 김해시	엘리트체육 회원종목단체 지원	57,600	체육지원과	1	4	7	8	7	1	1	1
18577	경남 김해시	관내고등학교 교기종목 전국대회 참가 지원	10,000	체육지원과	1	4	7	8	7	1	1	1
18578	경남 김해시	2021년 김해시체육상 시상식 및 체육인의 밤 행사 지원	7,200	체육지원과	1	4	7	8	7	1	1	1
18579	경남 김해시	생활체육교실 운영	28,980	체육지원과	1	4	7	8	7	1	1	1
18580	경남 김해시	생활체육프로그램 운영	19,050	체육지원과	1	4	7	8	7	1	1	1
18581	경남 김해시	일반 생활체육지도자 기본급	300,168	체육지원과	1	4	7	8	7	1	1	1
18582	경남 김해시	어르신 생활체육지도자 기본급	163,728	체육지원과	1	4	7	8	7	1	1	1
18583	경남 김해시	생활체육지도자 교통비	20,400	체육지원과	1	4	7	8	7	1	1	1
18584	경남 김해시	생활체육지도자 급식비	26,520	체육지원과	1	4	7	8	7	1	1	1
18585	경남 김해시	생활체육지도자 명절휴가비	10,200	체육지원과	1	4	7	8	7	1	1	1
18586	경남 김해시	생활체육지도자 수업용품 구입	9,600	체육지원과	1	4	7	8	7	1	1	1
18587	경남 김해시	생활체육지도자 배치사업 홍보물 제작	4,000	체육지원과	1	4	7	8	7	1	1	1
18588	경남 김해시	지방소득세 특별징수분	2,463	체육지원과	1	4	7	8	7	1	1	1
18589	경남 김해시	종목별 경남 및 전국대회 참가 지원	17,820	체육지원과	1	4	7	8	7	1	1	1
18590	경남 김해시	경남 및 전국 게이트볼대회 참가 지원	4,500	체육지원과	1	4	7	8	7	1	1	1
18591	경남 김해시	장애인 생활체육지도자 기본급	81,864	체육지원과	1	4	7	8	7	1	1	1
18592	경남 김해시	장애인 생활체육지도자 교통비	3,600	체육지원과	1	4	7	8	7	1	1	1
18593	경남 김해시	장애인 생활체육지도자 급식비	4,680	체육지원과	1	4	7	8	7	1	1	1
18594	경남 김해시	장애인 생활체육지도자 명절휴가비	1,800	체육지원과	1	4	7	8	7	1	1	1
18595	경남 김해시	장애인 생활체육지도자 수업용품 구입	2,640	체육지원과	1	4	7	8	7	1	1	1
18596	경남 김해시	장애인 생활체육지도자 배치사업 홍보물 제작	1,100	체육지원과	1	4	7	8	7	1	1	1
18597	경남 김해시	농아인협회 대회 참가지원	6,750	체육지원과	1	4	7	8	7	1	1	1
18598	경남 김해시	지체장애인협회 대회 참가지원	3,600	체육지원과	1	4	7	8	7	1	1	1
18599	경남 김해시	제25회 시각장애인 체육대회 참가지원	2,700	체육지원과	1	4	7	8	7	1	1	1
18600	경남 김해시	가맹단체 대회 참가지원	8,550	체육지원과	1	4	7	8	7	1	1	1
18601	경남 김해시	제23회 경남 장애인생활체육대회 참가지원	18,000	체육지원과	1	4	7	8	7	1	1	1
18602	경남 김해시	제14회 전국 장애학생체육대회 참가지원	3,150	체육지원과	1	4	7	8	7	1	1	1
18603	경남 김해시	장애인 세계대회 참가지원	900	체육지원과	1	4	7	8	7	1	1	1
18604	경남 김해시	전국체전 및 세계선수권대회 입상자 포상금	3,000	체육지원과	1	4	7	8	7	1	1	1
18605	경남 김해시	장애인체육동아리 지원	31,262	체육지원과	1	4	7	8	7	1	1	1
18606	경남 김해시	유소년 축구교실 운영	20,000	체육지원과	1	4	7	8	7	5	5	4
18607	경남 김해시	유소년 하키교실 운영	5,000	체육지원과	1	4	7	8	7	5	5	4
18608	경남 김해시	경남하키협회 육성비 지원	72,000	체육지원과	1	4	7	7	7	1	1	1
18609	경남 김해시	소상공인 소비촉진행사	14,000	지역경제과	1	4	7	8	7	5	5	4
18610	경남 김해시	소상공인 상생 포럼	9,000	지역경제과	1	4	7	8	7	5	5	4
18611	경남 김해시	소상공인 민원콜센터	111,540	지역경제과	1	4	7	8	7	5	5	4
18612	경남 김해시	소상공인 온라인마케팅 코칭 서비스	8,000	지역경제과	1	4	7	8	7	5	5	4
18613	경남 김해시	수로왕길 상권활성화 지원	25,000	지역경제과	1	7	7	8	7	5	5	4

순번	시군구	지출명 (사업명)	2021년예산 (단위:천원/1년간)	담당자 (공무원) 담당부서	민간이전 분류 (지방자치단체 세출예산 집행기준에 의거) 1. 민간경상사업보조(307-02) 2. 민간단체 법정운영비보조(307-03) 3. 민간행사사업보조(307-04) 4. 민간위탁금(307-05) 5. 사회복지시설 법정운영비보조(307-10) 6. 민간인위탁교육비(307-12) 7. 공기관등에대한경상적위탁사업비(308-11) 8. 민간자본사업보조,자체재원(402-01) 9. 민간자본사업보조,이전재원(402-02) 10. 민간위탁사업비(402-03) 11. 공기관등에 대한 자본적 대행사업비(403-02)	민간이전지출 근거 (지방보조금 관리기준 참고) 1. 법률에 규정 2. 국고보조 재원(국가지정) 3. 용도 지정 기부금 4. 조례에 직접규정 5. 지자체가 권장하는 사업을 하는 공공기관 6. 시,도 정책 및 재정사정 7. 기타 8. 해당없음	입찰방식 계약체결방법 (경쟁형태) 1. 일반경쟁 2. 제한경쟁 3. 지명경쟁 4. 수의계약 5. 법정위탁 6. 기타 ( ) 7. 해당없음	입찰방식 계약기간 1. 1년 2. 2년 3. 3년 4. 4년 5. 5년 6. 기타 ( )년 7. 단기계약 (1년미만) 8. 해당없음	입찰방식 낙찰자선정방법 1. 적격심사 2. 협상에의한계약 3. 최저가낙찰제 4. 규격가격분리 5. 2단계 경쟁입찰 6. 기타 ( ) 7. 해당없음	운영예산 산정 운영예산 산정 1. 내부산정 (지자체 자체적으로 산정) 2. 외부산정 (외부전문기관위탁 산정) 3. 내·외부 모두 산정 4. 산정 無 5. 해당없음	운영예산 산정 정산방법 1. 내부정산 (지자체 내부적으로 정산) 2. 외부정산 (외부전문기관위탁 정산) 3. 내·외부 모두 산정 4. 정산 無 5. 해당없음	성과평가 실시여부 1. 실시 2. 미실시 3. 향후 추진 4. 해당없음
18614	경남 김해시	상권활성화 특화거리 홍보비 지원	8,100	지역경제과	1	4	7	8	7	5	5	4
18615	경남 김해시	김해사랑상품권 활성화 지원사업	90,000	지역경제과	1	7	7	1	7	1	1	1
18616	경남 김해시	도지정업체 우수공예품 개발장려비	48,000	지역경제과	1	6	7	8	7	5	5	4
18617	경남 김해시	시지정업체 우수공예품 개발장려비	40,500	지역경제과	1	6	7	8	7	5	5	4
18618	경남 김해시	부산국제 차공예 박람회 참가지원	4,500	지역경제과	1	6	7	8	7	5	5	4
18619	경남 김해시	세탁물분쟁조정위원회 지원	2,250	지역경제과	1	1	7	8	7	5	5	4
18620	경남 김해시	소비자교육 실시 지원	1,440	지역경제과	1	1	7	8	7	5	5	4
18621	경남 김해시	다문화가족, 중도입국청소년 및 외국인주민 사회적응지원 사업 운영	15,000	여성가족과	1	4	6	1	1	1	1	4
18622	경남 김해시	여성 창업 지원서비스 확대	2,000	여성가족과	1	6	7	8	7	5	5	4
18623	경남 김해시	여성의 사회활동 지원	13,572	여성가족과	1	4	1	7	1	1	1	1
18624	경남 김해시	외국인 근로자 복지 향상(한글교실 운영)	9,000	여성가족과	1	4	6	1	1	5	1	4
18625	경남 김해시	외국인 근로자 복지 향상(기술교육 지원)	10,000	여성가족과	1	4	6	1	1	5	1	4
18626	경남 김해시	양성평등기금지원사업	150,000	여성가족과	1	4	1	7	1	1	1	1
18627	경남 김해시	작은도서관과 함께하는 가족친화마을 조성사업	50,000	여성가족과	1	4	1	7	1	1	1	1
18628	경남 김해시	중도입국 외국인자녀 방문교육지원	82,000	여성가족과	1	4	7	8	7	1	1	4
18629	경남 김해시	KAI협력사 공동근로 복지기금 지원금	30,000	일자리정책과	1	2	7	8	7	1	1	1
18630	경남 김해시	지역·산업맞춤형 일자리창출 지원사업	127,060	일자리정책과	1	2	7	8	7	5	1	1
18631	경남 김해시	(예비)마을기업 육성사업	100,000	일자리정책과	1	2	7	8	7	5	1	2
18632	경남 김해시	사회적기업 일자리창출 사업	699,833	일자리정책과	1	2	7	8	7	5	1	2
18633	경남 김해시	(예비)사회적경제기업 사업개발비 지원	120,000	일자리정책과	1	2	7	8	7	5	1	2
18634	경남 김해시	사회적기업 창업 boom-up 사업	45,000	일자리정책과	1	4	7	8	7	1	1	1
18635	경남 김해시	사회적경제 청년부흥프로젝트 사업	223,200	일자리정책과	1	2	7	8	7	5	1	2
18636	경남 김해시	사회적기업 사회보험료 지원	17,333	일자리정책과	1	2	7	8	7	5	1	2
18637	경남 김해시	사회적기업 시군특화사업	30,000	일자리정책과	1	2	7	8	7	5	1	2
18638	경남 김해시	대학일자리센터 운영	75,000	일자리정책과	1	2	7	8	7	1	1	1
18639	경남 밀양시	농산물 대표브랜드관리	60,600	6차산업과	1	6	7	8	7	5	1	4
18640	경남 밀양시	농산물 수출활성화	591,400	6차산업과	1	4	4	8	7	5	1	1
18641	경남 밀양시	농산물 공동선별비 지원	1,169	6차산업과	1	1	7	8	7	5	1	1
18642	경남 밀양시	농산물마케팅지원	178,400	6차산업과	1	1	7	8	7	5	1	1
18643	경남 밀양시	지역푸드플랜 사업 활성화	15,000	6차산업과	1	2	7	8	7	5	5	4
18644	경남 밀양시	초등돌봄교실 과일간식 지원 시범	35,500	6차산업과	1	1	7	8	7	5	1	1
18645	경남 밀양시	6차산업활성화	232,000	6차산업과	1	4	7	8	7	1	1	4
18646	경남 밀양시	식재료 공동구매 조직화 지원	10,000	6차산업과	1	1	7	8	7	5	1	1
18647	경남 밀양시	농식품바우처 시범사업	969,000	6차산업과	1	1	7	8	7	5	5	4
18648	경남 밀양시	분만취약지 지원	500,000	건강증진과	1	2	7	8	7	5	1	1
18649	경남 밀양시	정보화마을 프로그램관리자 육성	42,248	공보전산담당관	1	6	4	1	1	1	1	1
18650	경남 밀양시	관광홍보	44,000	관광진흥과	1	4	7	8	7	5	5	4
18651	경남 밀양시	대중교통 운행관리	16,200	교통행정과	1	4	7	8	7	5	1	4
18652	경남 밀양시	농촌지도자회 육성	13,000	농업지원과	1	6	7	8	7	5	1	4
18653	경남 밀양시	여성농업인 육성	50,000	농업지원과	1	1	7	8	7	5	1	4
18654	경남 밀양시	학습단체육성(농촌지도자)	5,000	농업지원과	1	6	7	8	7	5	1	4
18655	경남 밀양시	농업인교육	10,000	농업지원과	1	6	7	8	7	5	1	4
18656	경남 밀양시	농촌 후계인력 육성	4,000	농업지원과	1	6	7	8	7	5	1	4
18657	경남 밀양시	농촌자원 도비시범	7,000	농업지원과	1	1	7	8	7	5	1	4
18658	경남 밀양시	생활기술 도비시범	73,160	농업지원과	1	1	7	8	7	5	1	4
18659	경남 밀양시	작목별 맞춤형 안전관리 실천 시범	10,000	농업지원과	1	1	7	8	7	5	1	4
18660	경남 밀양시	사이버 농업 마케팅 역량강화 지원	3,000	농업지원과	1	6	7	8	7	5	1	4
18661	경남 밀양시	농촌어르신 복지실천 시범	12,000	농업지원과	1	1	7	8	7	5	1	4
18662	경남 밀양시	귀농창업활성화 지원	10,000	농업지원과	1	6	7	8	7	5	1	4
18663	경남 밀양시	학습단체육성(4-H회)	8,000	농업지원과	1	6	7	8	7	5	1	4
18664	경남 밀양시	스마트팜 현장지원센터사업	6,000	농업지원과	1	2	7	8	7	5	1	4

순번	시군구	지출명 (사업명)	2021년예산 (단위:천원/1년간)	담당자 (공무원) 담당부서	민간이전 분류 (지방자치단체 세출예산 집행기준에 의거) 1. 민간경상사업보조(307-02) 2. 민간단체 법정운영비보조(307-03) 3. 민간행사사업보조(307-04) 4. 민간위탁금(307-05) 5. 사회복지시설 법정운영비보조(307-10) 6. 민간인위탁교육비(307-12) 7. 공기관등에대한경상적위탁사업비(308-11) 8. 민간자본사업보조,자체재원(402-01) 9. 민간자본사업보조,이전재원(402-02) 10. 민간위탁사업비(402-03) 11. 공기관등에 대한 자본적 대행사업비(403-02)	민간이전지출 근거 (지방보조금 관리기준 참고) 1. 법률에 규정 2. 국고보조 재원(국가지정) 3. 용도 지정 기부금 4. 조례에 직접규정 5. 지자체가 권장하는 사업을 하는 공공기관 6. 시,도 정책 및 재정사정 7. 기타 8. 해당없음	입찰방식 계약체결방법 (경쟁형태) 1. 일반경쟁 2. 제한경쟁 3. 지명경쟁 4. 수의계약 5. 법정위탁 6. 기타 ( ) 7. 해당없음	입찰방식 계약기간 1. 1년 2. 2년 3. 3년 4. 4년 5. 5년 6. 기타 ( )년 7. 단기계약 (1년미만) 8. 해당없음	입찰방식 낙찰자선정방법 1. 적격심사 2. 협상에의한계약 3. 최저가낙찰제 4. 규격가격분리 5. 2단계 경쟁입찰 6. 기타 ( ) 7. 해당없음	운영예산 산정 운영예산 산정 1. 내부산정 (지자체 자체적으로 산정) 2. 외부산정 (외부전문기관위탁 산정) 3. 내·외부 모두 산정 4. 산정 無 5. 해당없음	운영예산 산정 정산방법 1. 내부정산 (지자체 내부적으로 정산) 2. 외부정산 (외부전문기관위탁 정산) 3. 내·외부 모두 산정 4. 정산 無 5. 해당없음	성과평가 실시여부 1. 실시 2. 미실시 3. 향후 추진 4. 해당없음
18665	경남 밀양시	농촌관광주체 육성 지원(농어촌체험휴양마을 사무장지원)	58,822	농정과	1	1	7	8	7	5	1	4
18666	경남 밀양시	고품질쌀생산	127,200	농정과	1	4	7	8	7	1	1	4
18667	경남 밀양시	식량작물 매입 지원	157,500	농정과	1	4	1	7	3	1	1	4
18668	경남 밀양시	친환경농업육성	88,555	농정과	1	1	7	8	7	1	1	4
18669	경남 밀양시	최고농업경영자과정	84,000	농정과	1	6	7	8	7	1	1	2
18670	경남 밀양시	귀농귀촌 정착지원	10,800	농정과	1	6	7	8	7	5	1	1
18671	경남 밀양시	도농교류 지원	50,000	농정과	1	1	7	8	7	5	1	4
18672	경남 밀양시	농번기 마을공동급식	16,000	농정과	1	6	7	8	7	1	1	2
18673	경남 밀양시	유기농업자재 지원	27,183	농정과	1	2	7	8	7	1	1	4
18674	경남 밀양시	여성농업인육성	4,000	농정과	1	6	7	8	7	1	1	2
18675	경남 밀양시	토양 개량제	181,371	농정과	1	2	7	8	7	1	1	4
18676	경남 밀양시	유기질비료	2,395	농정과	1	2	7	8	7	1	1	4
18677	경남 밀양시	친환경농업단지지원	48,000	농정과	1	4	7	1	7	5	3	1
18678	경남 밀양시	농업경영컨설팅	28,000	농정과	1	6	7	8	7	1	1	1
18679	경남 밀양시	체험마을리더 교육지원	1,200	농정과	1	1	7	8	7	5	1	4
18680	경남 밀양시	농촌관광주체 육성 지원(농촌축제지원)	32,000	농정과	1	6	7	8	7	1	1	1
18681	경남 밀양시	여성농업인 바우처 지원	355,680	농정과	1	6	7	8	7	1	1	2
18682	경남 밀양시	쌀 생산 조정	146,800	농정과	1	4	7	8	7	1	1	4
18683	경남 밀양시	청년 농업인 영농정착 지원	549,400	농정과	1	2	7	8	7	5	1	1
18684	경남 밀양시	친환경농업 유통활성화 지원	3,500	농정과	1	1	7	8	7	1	1	4
18685	경남 밀양시	도시민 농촌유치 지원사업	65,000	농정과	1	2	7	8	7	5	1	1
18686	경남 밀양시	경남 공익형 직불제	63,000	농정과	1	1	7	8	7	1	1	4
18687	경남 밀양시	농촌체험지도사 및 마을해설가	1,200	농정과	1	1	7	8	7	5	1	4
18688	경남 밀양시	청년농업인 취농직불제	132,000	농정과	1	6	7	8	7	1	1	2
18689	경남 밀양시	벼 병해충 방제 지원	1,071	농정과	1	4	7	8	7	1	1	4
18690	경남 밀양시	청년농업인 취농인턴제	6,000	농정과	1	6	7	8	7	1	1	2
18691	경남 밀양시	가곡동 도시재생 뉴딜사업	20,000	도시재생과	1	6	7	8	7	5	5	4
18692	경남 밀양시	문화원 운영 및 활동지원	66,400	문화예술과	1	4	7	1	7	1	1	1
18693	경남 밀양시	공예품개발	43,200	문화예술과	1	4	7	1	7	1	1	1
18694	경남 밀양시	향교운영	29,500	문화예술과	1	4	7	1	7	5	1	4
18695	경남 밀양시	문화예술단체 보조	51,000	문화예술과	1	4	7	1	7	1	1	1
18696	경남 밀양시	무형문화재 보존	74,400	문화예술과	1	4	7	1	7	5	1	4
18697	경남 밀양시	제향 및 종교행사	65,000	문화예술과	1	4	7	1	7	5	1	4
18698	경남 밀양시	밀양아리랑 활성화	57,000	문화예술과	1	4	1	1	7	1	1	4
18699	경남 밀양시	문화재 야행 프로그램	360,000	문화예술과	1	1	7	1	7	5	1	4
18700	경남 밀양시	역사문화보전	20,000	문화예술과	1	1	7	1	7	5	1	4
18701	경남 밀양시	문화특화도시조성	750,000	문화예술과	1	7	7	8	7	1	1	1
18702	경남 밀양시	사립박물관운영지원	10,000	문화예술과	1	2	7	1	7	5	1	4
18703	경남 밀양시	고택.종갓집 문화재 활용사업	200,000	문화예술과	1	4	7	1	7	5	1	4
18704	경남 밀양시	밀양시 향토문화전자대전 편찬	500,000	문화예술과	1	4	7	1	7	5	1	4
18705	경남 밀양시	전수교육관 활성화	32,500	문화예술과	1	1	7	1	7	5	1	4
18706	경남 밀양시	2021 밀양아리랑 국제 요가대회	50,000	미래전략과	1	4	7	8	7	1	1	1
18707	경남 밀양시	제3회 밀양요가 전국 사진공모전	20,000	미래전략과	1	4	7	8	7	1	1	1
18708	경남 밀양시	2021 밀양아리랑 국제 요가콘퍼런스	100,000	미래전략과	1	4	7	8	7	1	1	1
18709	경남 밀양시	365안심병동	825,100	보건위생과	1	4	7	8	7	3	1	2
18710	경남 밀양시	응급의료기관육성	654,850	보건위생과	1	1	7	8	7	3	3	1
18711	경남 밀양시	청소년선도 보호	5,000	사회복지과	1	5	7	8	7	1	1	1
18712	경남 밀양시	청소년 유해환경업소 감시	5,000	사회복지과	1	5	7	8	7	1	1	1
18713	경남 밀양시	성매매.여성폭력 근절 및 예방	9,000	사회복지과	1	4	7	8	7	1	1	4
18714	경남 밀양시	청소년유해환경 감시단 지원	2,834	사회복지과	1	2	7	8	7	1	1	1
18715	경남 밀양시	여성단체	30,500	사회복지과	1	4	7	8	7	1	1	4

순번	시군구	지출명 (사업명)	2021년예산 (단위:천원/1년간)	담당자 (공무원) 담당부서	민간이전 분류 (지방자치단체 세출예산 집행기준에 의거) 1. 민간경상사업보조(307-02) 2. 민간단체 법정운영비보조(307-03) 3. 민간행사사업보조(307-04) 4. 민간위탁금(307-05) 5. 사회복지시설 법정운영비보조(307-10) 6. 민간인위탁교육비(307-12) 7. 공기관등에대한경상적위탁사업비(308-11) 8. 민간자본사업보조,자체재원(402-01) 9. 민간자본사업보조,이전재원(402-02) 10. 민간위탁사업비(402-03) 11. 공기관등에 대한 자본적 대행사업비(403-02)	민간이전지출 근거 (지방보조금 관리기준 참고) 1. 법률에 규정 2. 국고보조 재원(국가지정) 3. 용도 지정 기부금 4. 조례에 직접규정 5. 지자체가 권장하는 사업을 하는 공공기관 6. 시,도 정책 및 재정사정 7. 기타 8. 해당없음	입찰방식 계약체결방법 (경쟁형태) 1. 일반경쟁 2. 제한경쟁 3. 지명경쟁 4. 수의계약 5. 법정위탁 6. 기타 ( ) 7. 해당없음	입찰방식 계약기간 1. 1년 2. 2년 3. 3년 4. 4년 5. 5년 6. 기타 ( )년 7. 단기계약 (1년미만) 8. 해당없음	입찰방식 낙찰자선정방법 1. 적격심사 2. 협상에의한계약 3. 최저가낙찰제 4. 규격가격분리 5. 2단계 경쟁입찰 6. 기타 ( ) 7. 해당없음	운영예산 산정 운영예산 산정 1. 내부산정 (지자체 자체적으로 산정) 2. 외부산정 (외부전문기관위탁 산정) 3. 내·외부 모두 산정 4. 산정 無 5. 해당없음	운영예산 산정 정산방법 1. 내부정산 (지자체 내부적으로 정산) 2. 외부정산 (외부전문기관위탁 정산) 3. 내·외부 모두 산정 4. 정산 無 5. 해당없음	성과평가 실시여부 1. 실시 2. 미실시 3. 향후 추진 4. 해당없음
18716	경남 밀양시	경로당건립 및 시설지원	5,000	사회복지과	1	1	7	8	7	1	1	1
18717	경남 밀양시	장난감도서관 운영	5,000	사회복지과	1	1	7	8	7	5	5	4
18718	경남 밀양시	양성권익증진	12,900	사회복지과	1	4	7	8	7	5	5	4
18719	경남 밀양시	산림행정관리	718,000	산림녹지과	1	1	7	8	7	5	5	1
18720	경남 밀양시	전통시장 운영	17,600	일자리경제과	1	1	7	8	7	1	1	1
18721	경남 밀양시	사회적기업 사회보험료 지원	16,000	일자리경제과	1	1	2	1	1	1	1	2
18722	경남 밀양시	사회적기업육성(일자리창출)	300,000	일자리경제과	1	1	2	1	1	2	1	2
18723	경남 밀양시	마을기업육성	3,000	일자리경제과	1	1	2	1	1	2	1	1
18724	경남 밀양시	사회적기업 사업개발비	120,000	일자리경제과	1	1	2	1	1	2	1	2
18725	경남 밀양시	지역공동체 활성화 사업	50,000	일자리경제과	1	4	2	1	1	1	1	1
18726	경남 밀양시	경남사회적경제 청년부흥 프로젝트	43,200	일자리경제과	1	2	2	2	1	1	1	2
18727	경남 밀양시	청년장애인 어울림 일터 운영	71,108	일자리경제과	1	2	1	7	1	1	1	3
18728	경남 밀양시	전통시장 사설주차장 이용지원	15,000	일자리경제과	1	1	7	8	7	1	1	1
18729	경남 밀양시	산업(농공)단지 통근버스 임차 지원	215,000	일자리경제과	1	2	7	8	7	1	2	1
18730	경남 밀양시	전통시장 화재공제 지원	3,900	일자리경제과	1	1	7	8	7	1	1	1
18731	경남 밀양시	시장경영바우처 지원	12,054	일자리경제과	1	1	7	8	7	1	1	1
18732	경남 밀양시	지역산업 맞춤형 일자리 지원	80,000	일자리경제과	1	2	7	8	7	5	5	4
18733	경남 밀양시	국가유공자복지	14,000	주민생활지원과	1	8	7	8	7	1	1	4
18734	경남 밀양시	자원봉사활성화	84,460	주민생활지원과	1	1	7	8	7	1	1	4
18735	경남 밀양시	지역사회보장협의체운영	16,300	주민생활지원과	1	1	7	8	7	1	1	4
18736	경남 밀양시	사회복지사보수교육비	6,650	주민생활지원과	1	4	7	8	7	1	1	4
18737	경남 밀양시	찾아가는 복지서비스	5,000	주민생활지원과	1	1	7	8	7	1	1	4
18738	경남 밀양시	시군역량강화	100,000	지역개발과	1	4	7	8	7	5	5	4
18739	경남 밀양시	농촌 신활력 플러스사업	549,000	지역개발과	1	4	7	8	7	5	5	4
18740	경남 밀양시	생활체육교실	19,186	체육진흥과	1	7	7	8	7	1	1	1
18741	경남 밀양시	어르신생활체육지도자 배치	116,928	체육진흥과	1	7	7	8	7	1	1	1
18742	경남 밀양시	생활체육프로그램 지원	21,011	체육진흥과	1	7	7	8	7	1	1	1
18743	경남 밀양시	일반생활체육지도자 배치	204,624	체육진흥과	1	7	7	8	7	1	1	1
18744	경남 밀양시	스포츠 강좌이용권	91,076	체육진흥과	1	7	7	8	7	1	1	1
18745	경남 밀양시	도민체육 대회	196,000	체육진흥과	1	7	7	8	7	1	1	1
18746	경남 밀양시	도민 생활체육 대회	110,000	체육진흥과	1	7	7	8	7	1	1	1
18747	경남 밀양시	우수 선수 도민 체육대회 참가	130,000	체육진흥과	1	7	7	8	7	1	1	1
18748	경남 밀양시	장애인 체육 동아리 지원	7,094	체육진흥과	1	7	7	8	7	1	1	1
18749	경남 밀양시	경남 장애인체육대회 지원	8,000	체육진흥과	1	7	7	8	7	1	1	1
18750	경남 밀양시	도민체육대회 우수선수 육성	50,000	체육진흥과	1	7	7	8	7	1	1	1
18751	경남 밀양시	장애인 스포츠 강좌이용권	20,480	체육진흥과	1	7	7	8	7	1	1	1
18752	경남 밀양시	스포츠클럽 육성 지원	25,000	체육진흥과	1	7	7	8	7	1	1	1
18753	경남 밀양시	밀양 파크골프 강좌 지원	10,000	체육진흥과	1	7	7	8	7	1	1	1
18754	경남 밀양시	축산안정화	175,000	축산기술과	1	5	7	8	7	5	5	4
18755	경남 밀양시	학교우유급식	194,145	축산기술과	1	1	7	8	7	5	1	4
18756	경남 밀양시	고품질식량작물생산기술보급	131,436	축산기술과	1	5	7	8	7	5	1	4
18757	경남 밀양시	양봉산업육성	78,250	축산기술과	1	2	7	8	7	5	5	4
18758	경남 밀양시	축산물이력관리 지원(쇠고기 이력제 귀표부착비)	66,650	축산기술과	1	1	7	8	7	5	1	4
18759	경남 밀양시	공동방제단운영비	111,115	축산기술과	1	2	7	8	7	5	1	4
18760	경남 밀양시	구제역 및 AI 예방약품 구입 지원(차량무선인식장치(GPS) 통신료 지	29,700	축산기술과	1	2	7	8	7	5	1	4
18761	경남 밀양시	구제역 및 AI 예방약품 구입 지원(돼지소모성질환 지도사업)	24,000	축산기술과	1	2	7	8	7	5	1	4
18762	경남 밀양시	구제역 및 AI 예방약품 구입 지원(가금농가 질병관리 지원)	24,000	축산기술과	1	2	7	8	7	5	1	4
18763	경남 밀양시	유소년 승마단 창단운영 지원	20,000	축산기술과	1	2	7	8	7	5	5	4
18764	경남 밀양시	축산물 위생	10,875	축산기술과	1	5	7	8	7	5	1	4
18765	경남 밀양시	학생승마체험	129,920	축산기술과	1	2	7	8	7	5	5	4
18766	경남 밀양시	한우브랜드 육성	659,000	축산기술과	1	5	7	8	7	5	5	4

순번	시군구	지출명 (사업명)	2021년예산 (단위:천원/1년간)	담당자 (공무원) 담당부서	민간이전 분류 (지방자치단체 세출예산 집행기준에 의거) 1. 민간경상사업보조(307-02) 2. 민간단체 법정운영비보조(307-03) 3. 민간행사사업보조(307-04) 4. 민간위탁금(307-05) 5. 사회복지시설 법정운영비보조(307-10) 6. 민간인위탁교육비(307-12) 7. 공기관등에대한경상적위탁사업비(308-11) 8. 민간자본사업보조,자체재원(402-01) 9. 민간자본사업보조,이전재원(402-02) 10. 민간위탁사업비(402-03) 11. 공기관등에 대한 자본적 대행사업비(403-02)	민간이전지출 근거 (지방보조금 관리기준 참고) 1. 법률에 규정 2. 국고보조 재원(국가지정) 3. 용도 지정 기부금 4. 조례에 직접규정 5. 지자체가 권장하는 사업을 하는 공공기관 6. 시,도 정책 및 재정사정 7. 기타 8. 해당없음	입찰방식 계약체결방법 (경쟁형태) 1. 일반경쟁 2. 제한경쟁 3. 지명경쟁 4. 수의계약 5. 법정위탁 6. 기타 ( ) 7. 해당없음	입찰방식 계약기간 1. 1년 2. 2년 3. 3년 4. 4년 5. 5년 6. 기타 ( )년 7. 단기계약 (1년미만) 8. 해당없음	입찰방식 낙찰자선정방법 1. 적격심사 2. 협상에의한계약 3. 최저가낙찰제 4. 규격가격분리 5. 2단계 경쟁입찰 6. 기타 ( ) 7. 해당없음	운영예산 산정 운영예산 산정 1. 내부산정 (지자체 자체적으로 산정) 2. 외부산정 (외부전문기관위탁 산정) 3. 내·외부 모두 산정 4. 산정 無 5. 해당없음	운영예산 산정 정산방법 1. 내부정산 (지자체 내부적으로 정산) 2. 외부정산 (외부전문기관위탁 정산) 3. 내·외부 모두 산정 4. 정산 無 5. 해당없음	성과평가 실시여부 1. 실시 2. 미실시 3. 향후 추진 4. 해당없음
18767	경남 밀양시	가축분뇨액비살포비 지원	155,000	축산기술과	1	2	7	8	7	5	5	4
18768	경남 밀양시	조사료생산용 사일리지제조 지원	750,600	축산기술과	1	2	7	8	7	5	5	4
18769	경남 밀양시	조사료생산용 종자구입 지원	273,000	축산기술과	1	2	7	8	7	5	5	4
18770	경남 밀양시	조사료생산용 볏짚처리비 지원	50,000	축산기술과	1	5	7	8	7	5	5	4
18771	경남 밀양시	공동방제단운영비	100,193	축산기술과	1	2	7	8	7	5	1	4
18772	경남 밀양시	유기동물 입양비용 지원	3,000	축산기술과	1	2	7	8	7	5	1	4
18773	경남 밀양시	AI 차단 위생난좌 지원	82,660	축산기술과	1	5	7	8	7	5	1	4
18774	경남 밀양시	가축재해보험	106,500	축산기술과	1	2	7	8	7	5	5	4
18775	경남 밀양시	젖소능력개량	30,800	축산기술과	1	5	7	8	7	5	5	4
18776	경남 밀양시	한우 초음파 진단료	14,000	축산기술과	1	5	7	8	7	5	5	4
18777	경남 밀양시	축산헬퍼지원	41,000	축산기술과	1	5	7	8	7	5	5	4
18778	경남 밀양시	고품질 한우산업 육성사업	98,842	축산기술과	1	5	7	8	7	5	5	4
18779	경남 밀양시	경남 한우 공동브랜드 한우지예 육성	60,000	축산기술과	1	5	7	8	7	5	5	4
18780	경남 밀양시	가축분뇨수분조절재	573,500	축산기술과	1	5	7	8	7	5	5	4
18781	경남 밀양시	축산농가 악취방지 개선	301,250	축산기술과	1	5	7	8	7	5	5	4
18782	경남 밀양시	송아지 생산성 향상	20,034	축산기술과	1	5	7	8	7	5	5	4
18783	경남 밀양시	축산농가 사료첨가제	42,660	축산기술과	1	5	7	8	7	5	5	4
18784	경남 밀양시	구제역 및 AI 예방약품 구입지원	12,000	축산기술과	1	2	7	8	7	5	1	4
18785	경남 밀양시	구제역 백신 지원(전업농 구제역 백신)	256,040	축산기술과	1	1	7	8	7	5	1	4
18786	경남 밀양시	가축전염병 방역사업 지원(가축방역약품 구입)	144,000	축산기술과	1	2	7	8	7	5	1	4
18787	경남 밀양시	저소득계층 반려동물 진료비 지원	44,100	축산기술과	1	2	7	8	7	5	5	4
18788	경남 밀양시	축산물 HACCP컨설팅(농가) 지원	4,200	축산기술과	1	2	7	8	7	5	5	4
18789	경남 밀양시	마당개 중성화 수술비 지원	100,000	축산기술과	1	6	7	8	7	5	5	4
18790	경남 밀양시	반려동물 등록비용 지원 사업	12,000	축산기술과	1	6	7	8	7	5	5	4
18791	경남 밀양시	중소기업 관리 및 지원	85,000	투자유치과	1	4	7	1	7	1	1	2
18792	경남 밀양시	창업기업 신규고용인력지원	42,000	투자유치과	1	4	7	1	7	1	1	2
18793	경남 밀양시	산업단지 기숙사 임차지원	91,800	투자유치과	1	7	7	8	7	1	1	1
18794	경남 밀양시	성인문해교육	10,000	평생학습관	1	4	7	8	7	2	1	4
18795	경남 밀양시	평생학습기반 구축	16,000	평생학습관	1	4	7	8	7	2	1	4
18796	경남 밀양시	평생학습도시 조성	10,000	평생학습관	1	7	7	8	7	5	1	4
18797	경남 밀양시	사회단체운영	8,250	행정과	1	4	7	8	7	1	1	4
18798	경남 밀양시	민간단체활동	110,500	행정과	1	1	7	8	7	5	1	4
18799	경남 밀양시	환경관리	33,560	환경관리과	1	1	7	8	7	5	5	4
18800	경남 밀양시	맑은물관리	10,000	환경관리과	1	4	7	8	7	1	1	1
18801	경남 밀양시	환경시설인근주민	227,059	환경관리과	1	1	2	4	4	2	1	1
18802	경남 밀양시	비산업부문 사업장 온실가스 진단컨설팅	11,000	환경관리과	1	1	7	8	7	5	5	4
18803	경남 밀양시	생태관광지역 지정육성	46,000	환경관리과	1	1	7	8	7	5	5	4
18804	경남 거제시	거제관광 홍보 사업	12,600	관광과	1	4	7	8	7	1	1	1
18805	경남 거제시	영세도선 운영비 지원	120,000	관광과	1	1	7	8	7	5	5	4
18806	경남 거제시	교통질서 캠페인 및 교통지도	10,000	교통과	1	1	7	8	7	1	1	1
18807	경남 거제시	소랑 마을단위 특화개발사업	141,000	농업정책과	1	1	5	3	7	1	1	1
18808	경남 거제시	청년 농업인 취농직불제 지원	24,000	농업정책과	1	1	7	8	7	1	1	1
18809	경남 거제시	축사시설 환경개선사업	6,300	농업정책과	1	1	7	8	7	1	1	1
18810	경남 거제시	저온저장고(2대), 자동탈봉기(1대), 사료용해기(1대) 지원	7,475	농업정책과	1	1	7	8	7	1	1	1
18811	경남 거제시	면역증강제, 친환경 화분 지원	1,500	농업정책과	1	1	7	8	7	1	1	1
18812	경남 거제시	가축분뇨 수분조절재 지원	9,300	농업정책과	1	1	7	8	7	1	1	1
18813	경남 거제시	축산농가 악취방지 개선	11,070	농업정책과	1	1	7	8	7	1	1	1
18814	경남 거제시	송아지 생산성 향상사업	2,016	농업정책과	1	1	7	8	7	1	1	1
18815	경남 거제시	축사시설 환경개선사업	3,000	농업정책과	1	1	7	8	7	1	1	1
18816	경남 거제시	곤충 생산농가 육성 지원	2,430	농업정책과	1	1	7	8	7	1	1	1
18817	경남 거제시	가축분뇨 수분조절재 지원	9,300	농업정책과	1	1	7	8	7	1	1	1

순번	시군구	지출명 (사업명)	2021년예산 (단위:천원/1년간)	담당자 (공무원) 담당부서	민간이전 분류 (지방자치단체 세출예산 집행기준에 의거) 1. 민간경상사업보조(307-02) 2. 민간단체 법정운영비보조(307-03) 3. 민간행사사업보조(307-04) 4. 민간위탁금(307-05) 5. 사회복지시설 법정운영비보조(307-10) 6. 민간인위탁교육비(307-12) 7. 공기관등에대한경상적위탁사업비(308-11) 8. 민간자본사업보조,자체재원(402-01) 9. 민간자본사업보조,이전재원(402-02) 10. 민간위탁사업비(402-03) 11. 공기관등에 대한 자본적 대행사업비(403-02)	민간이전지출 근거 (지방보조금 관리기준 참고) 1. 법률에 규정 2. 국고보조 재원(국가지정) 3. 용도 지정 기부금 4. 조례에 직접규정 5. 지자체가 권장하는 사업을 하는 공공기관 6. 시,도 정책 및 재정사정 7. 기타 8. 해당없음	입찰방식 계약체결방법 (경쟁형태) 1. 일반경쟁 2. 제한경쟁 3. 지명경쟁 4. 수의계약 5. 법정위탁 6. 기타 ( ) 7. 해당없음	입찰방식 계약기간 1. 1년 2. 2년 3. 3년 4. 4년 5. 5년 6. 기타 ( )년 7. 단기계약 (1년미만) 8. 해당없음	입찰방식 낙찰자선정방법 1. 적격심사 2. 협상에의한계약 3. 최저가낙찰제 4. 규격가격분리 5. 2단계 경쟁입찰 6. 기타 ( ) 7. 해당없음	운영예산 산정 운영예산 산정 1. 내부산정 (지자체 자체적으로 산정) 2. 외부산정 (외부전문기관위탁 산정) 3. 내·외부 모두 산정 4. 산정 無 5. 해당없음	운영예산 산정 정산방법 1. 내부정산 (지자체 내부적으로 정산) 2. 외부정산 (외부전문기관위탁 정산) 3. 내·외부 모두 산정 4. 정산 無 5. 해당없음	성과평가 실시여부 1. 실시 2. 미실시 3. 향후 추진 4. 해당없음
18818	경남 거제시	고품질 꿀 안전생산 기술	10,000	농업정책과	1	1	7	8	7	1	1	1
18819	경남 거제시	축산농가 악취방지 개선	7,000	농업정책과	1	1	7	8	7	1	1	1
18820	경남 거제시	농축수 위탁 처리비(5톤)	12,000	농업정책과	1	1	7	8	7	1	1	1
18821	경남 거제시	귀농인 안정정착 지원	4,050	농업지원과	1	6	7	8	7	5	5	4
18822	경남 거제시	정보화농업 활성화 지원	3,000	농업지원과	1	6	7	8	7	5	5	4
18823	경남 거제시	공동농작업 대행료 지원(1,000ha)	120,000	농업지원과	1	6	7	8	7	5	5	4
18824	경남 거제시	고품질 쌀생산단지 조성	33,600	농업지원과	1	6	7	8	7	5	5	4
18825	경남 거제시	벼 육묘장 신축지원	300,000	농업지원과	1	2	7	8	7	5	5	4
18826	경남 거제시	벼 병해충 공동방제비 지원	20,000	농업지원과	1	6	7	8	7	5	5	4
18827	경남 거제시	무병묘 활용 고구마 품질향상 시범	8,000	농업지원과	1	6	7	8	7	5	5	4
18828	경남 거제시	고품질 정부보급종 구입비 지원	20,000	농업지원과	1	4	7	8	7	5	5	4
18829	경남 거제시	거제 농산물포장재 지원	14,000	농업지원과	1	4	7	8	7	5	5	4
18830	경남 거제시	재해대비 예비모 생산 지원	7,000	농업지원과	1	4	7	8	7	5	5	4
18831	경남 거제시	맥류(보리, 밀) 재배단지 조성	6,300	농업지원과	1	4	7	8	7	5	5	4
18832	경남 거제시	지역 소득작목(고구마)지원	25,000	농업지원과	1	6	7	8	7	5	5	4
18833	경남 거제시	청마꽃들 조성 및 관리 지원	20,000	농업지원과	1	4	7	8	7	5	5	4
18834	경남 거제시	맹종죽테마파크 활성화 지원	20,000	농업지원과	1	6	7	8	7	5	5	4
18835	경남 거제시	농·특산물 유통자재 지원	10,500	농업지원과	1	6	7	8	7	5	5	4
18836	경남 거제시	집하장 설치 지원	178,200	농업지원과	1	6	7	8	7	5	5	4
18837	경남 거제시	블루베리 다수확 용기재배 과원모델 시범	40,000	농업지원과	1	6	7	8	7	5	5	4
18838	경남 거제시	과수 수정용 꽃가루 지원	5,000	농업지원과	1	6	7	8	7	5	5	4
18839	경남 거제시	레몬 하우스시설 현대화 지원	45,000	농업지원과	1	6	7	8	7	5	5	4
18840	경남 거제시	시설하우스 연질강화필름 지원	4,368	농업지원과	1	6	7	8	7	5	5	4
18841	경남 거제시	지역대표과수 고품질 생력화 지원	42,000	농업지원과	1	6	7	8	7	5	5	4
18842	경남 거제시	과채류 수정벌 지원	2,500	농업지원과	1	6	7	8	7	5	5	4
18843	경남 거제시	지역 소득작목 시범육성	25,000	농업지원과	1	6	7	8	7	5	5	4
18844	경남 거제시	농촌체험공간 환경개선 시범	35,000	농업지원과	1	6	7	8	7	5	5	4
18845	경남 거제시	생활개선회원 한마음대회	2,800	농업지원과	1	4	7	8	7	5	5	4
18846	경남 거제시	공공급식 농산물수급 전문조직 육성	35,000	농업지원과	1	4	7	8	7	5	5	4
18847	경남 거제시	공공급식 활성화지원(농가시설지원)	25,000	농업지원과	1	4	7	8	7	5	5	4
18848	경남 거제시	찾아가는 행복장터(차량구입비 지원)	100,000	농업지원과	1	4	7	8	7	5	5	4
18849	경남 거제시	청년창업농정착지원	24,000	농업지원과	1	4	7	8	7	5	5	4
18850	경남 거제시	친환경농산물 유통 활성화	5,600	농업관광과	1	6	7	8	7	5	5	4
18851	경남 거제시	경남공익형직불제(마을)	66,000	농업관광과	1	6	7	8	7	5	5	4
18852	경남 거제시	등하굣길 안전한 스쿨존 만들기 및 학교폭력 예방 지도	4,000	도로과	1	4	7	8	7	5	1	1
18853	경남 거제시	거제시지정예술단 사업 지원	70,000	문화예술과	1	4	7	8	7	5	5	4
18854	경남 거제시	공연활동 지원	125,000	문화예술과	1	4	7	8	7	5	5	4
18855	경남 거제시	장애인 예술활동지원	12,000	문화예술과	1	4	7	8	7	5	5	4
18856	경남 거제시	청소년 문화예술활동지원	18,000	문화예술과	1	4	7	8	7	5	5	4
18857	경남 거제시	지방문화원 사업활동 지원	49,900	문화예술과	1	1	7	8	7	5	5	4
18858	경남 거제시	거제관련 문화예술콘텐츠 사업지원	60,000	문화예술과	1	5	7	8	7	5	5	4
18859	경남 거제시	사립박물관 체험학습 프로그램 운영 지원	15,000	문화예술과	1	1	7	8	7	5	5	4
18860	경남 거제시	문화행사 지원	5,500	문화예술과	1	1	7	8	7	5	5	4
18861	경남 거제시	향토사료 조사비 지원	10,000	문화예술과	1	1	7	8	7	5	5	4
18862	경남 거제시	향교 전통문화 계승사업 지원	12,000	문화예술과	1	4	7	8	7	5	5	4
18863	경남 거제시	향교 충효교실 운영 지원	12,000	문화예술과	1	4	7	8	7	5	5	4
18864	경남 거제시	거제향교 활동사업	12,000	문화예술과	1	4	7	8	7	5	5	4
18865	경남 거제시	거제박물관 기획전시 사업	10,000	문화예술과	1	1	7	8	7	5	5	4
18866	경남 거제시	해금강테마박물관 기획전시 사업	14,000	문화예술과	1	1	7	8	7	5	5	4
18867	경남 거제시	조선해양플랜트 아카데미 교육	15,000	미래전략과	1	1	7	7	7	1	1	1
18868	경남 거제시	어업인 재해공제 보험료 지원	44,880	바다자원과	1	4	7	8	7	5	5	4

순번	시군구	지출명 (사업명)	2021년예산 (단위:천원/1년간)	담당자 (공무원) 담당부서	민간이전 분류 (지방자치단체 세출예산 집행기준에 의거) 1. 민간경상사업보조(307-02) 2. 민간단체 법정운영비보조(307-03) 3. 민간행사사업보조(307-04) 4. 민간위탁금(307-05) 5. 사회복지시설 법정운영비보조(307-10) 6. 민간인위탁교육비(307-12) 7. 공기관등에대한경상적위탁사업비(308-11) 8. 민간자본사업보조,자체재원(402-01) 9. 민간자본사업보조,이전재원(402-02) 10. 민간위탁사업비(402-03) 11. 공기관등에 대한 자본적 대행사업비(403-02)	민간이전지출 근거 (지방보조금 관리기준 참고) 1. 법률에 규정 2. 국고보조 재원(국가지정) 3. 용도 지정 기부금 4. 조례에 직접규정 5. 지자체가 권장하는 사업을 하는 공공기관 6. 시,도 정책 및 재정사정 7. 기타 8. 해당없음	입찰방식: 계약체결방법 (경쟁형태) 1. 일반경쟁 2. 제한경쟁 3. 지명경쟁 4. 수의계약 5. 법정위탁 6. 기타 ( ) 7. 해당없음	입찰방식: 계약기간 1. 1년 2. 2년 3. 3년 4. 4년 5. 5년 6. 기타 ( )년 7. 단기계약 (1년미만) 8. 해당없음	입찰방식: 낙찰자선정방법 1. 적격심사 2. 협상에의한계약 3. 최저가낙찰제 4. 규격가격분리 5. 2단계 경쟁입찰 6. 기타 ( ) 7. 해당없음	운영예산 산정: 운영예산 산정 1. 내부산정 (지자체 자체적으로 산정) 2. 외부산정 (외부전문기관위탁 산정) 3. 내·외부 모두 산정 4. 산정 無 5. 해당없음	운영예산 산정: 정산방법 1. 내부정산 (지자체 내부적으로 정산) 2. 외부정산 (외부전문기관위탁 정산) 3. 내·외부 모두 산정 4. 정산 無 5. 해당없음	성과평가 실시여부 1. 실시 2. 미실시 3. 향후 추진 4. 해당없음
18869	경남 거제시	어선 재해보상 보험료 지원	151,570	바다자원과	1	4	7	8	7	5	5	4
18870	경남 거제시	외줄낚시 미끼용 활 새우 공급	11,000	바다자원과	1	1	7	8	7	5	5	4
18871	경남 거제시	연안어선 기관개방 검사비 지원	36,000	바다자원과	1	4	7	8	7	5	5	4
18872	경남 거제시	연안어선 안전설비 시범지원	8,000	바다자원과	1	4	7	8	7	5	5	4
18873	경남 거제시	수산업경영인 사무장 채용지원	21,870	바다자원과	1	6	7	8	7	5	5	4
18874	경남 거제시	자율관리어업 사무장 채용지원	43,080	바다자원과	1	6	7	8	7	5	5	4
18875	경남 거제시	양식수산물 재해보험 지원	412,000	바다자원과	1	6	7	8	7	5	5	4
18876	경남 거제시	양식 피낭류 껍질 친환경 처리지원	62,400	바다자원과	1	6	7	8	7	5	5	4
18877	경남 거제시	면역증강제 공급사업	90,000	바다자원과	1	6	7	8	7	5	5	4
18878	경남 거제시	수산물 소포장재 지원	30,000	바다자원과	1	4	7	8	7	5	5	4
18879	경남 거제시	수산물 수출 해외시장 개척	30,000	바다자원과	1	4	7	8	7	5	5	4
18880	경남 거제시	수산물 소비 촉진	22,800	바다자원과	1	6	7	8	7	5	5	4
18881	경남 거제시	수출주력품종 시장개척 지원	12,000	바다자원과	1	6	7	8	7	5	5	4
18882	경남 거제시	수산물 온라인 마케팅 지원	50,000	바다자원과	1	6	7	8	7	5	5	4
18883	경남 거제시	수산물 유통 활성화 지원	11,000	바다자원과	1	6	7	8	7	5	5	4
18884	경남 거제시	치안협의회 범죄예방활동 지원	35,000	행정과	1	4	7	8	7	1	1	1
18885	경남 거제시	지역사회 자율방범활동 및 시민안전 지원	2,800	행정과	1	4	7	8	7	1	1	1
18886	경남 거제시	고로쇠수액 판매촉진 지원사업	4,000	산림녹지과	1	7	7	8	7	5	5	4
18887	경남 거제시	소규모 사회적공동체 육성 사업	20,000	생활경제과	1	4	7	8	7	1	1	4
18888	경남 거제시	정보화마을 프로그램 관리자 인건비	42,236	생활경제과	1	2	7	8	7	5	5	4
18889	경남 거제시	산학협력 중심 전문대학 육성사업 지원	300,000	조선산업일자리과	1	4	1	1	7	1	1	1
18890	경남 거제시	지역지식재산 창출 지원	50,000	생활경제과	1	2	7	8	7	5	5	4
18891	경남 거제시	우수공예업체 개발 장려금	2,400	문화예술과	1	6	7	8	7	5	5	4
18892	경남 거제시	공예기능 인력 양성사업 지원	6,000	문화예술과	1	1	7	8	7	5	5	4
18893	경남 거제시	월남전 참전 제57주년 호국안보결의대회	1,800	생활지원과	1	1	7	8	7	1	1	1
18894	경남 거제시	보훈단체 전적지 순례비	47,600	생활지원과	1	1	7	8	7	1	1	1
18895	경남 거제시	거제시 유소년 축구교실 운영 지원	40,000	생활체육과	1	4	7	8	7	5	5	4
18896	경남 거제시	거제시 생활체육프로그램교실 운영 지원	7,000	생활체육과	1	4	7	8	7	5	5	4
18897	경남 거제시	장애인 체육동아리 사업	13,004	생활체육과	1	4	7	8	7	5	5	4
18898	경남 거제시	생활체육교실 운영	21,168	생활체육과	1	4	7	8	7	5	5	4
18899	경남 거제시	생활체육프로그램 지원	17,710	생활체육과	1	4	7	8	7	5	5	4
18900	경남 거제시	지역통합방위사업	16,800	시민안전과	1	1	7	8	7	5	5	4
18901	경남 거제시	시민의식 선진화 운동 추진	60,000	시정혁신담당관	1	4	7	8	7	5	5	4
18902	경남 거제시	청년동아리 보조금	45,000	시정혁신담당관	1	6	7	8	7	5	5	4
18903	경남 거제시	민간청년활동공간 지원	50,000	시정혁신담당관	1	6	7	8	7	5	5	4
18904	경남 거제시	거제에서 한달살아보기 운영지원	44,000	시정혁신담당관	1	6	7	8	7	5	5	4
18905	경남 거제시	청년리빙랩 프로젝트 공모사업	35,000	시정혁신담당관	1	6	7	8	7	5	5	4
18906	경남 거제시	청년프리마켓 지원	20,000	시정혁신담당관	1	6	7	8	7	5	5	4
18907	경남 거제시	여성사회참여 활성화 지원 사업	27,000	여성가족과	1	1	7	8	7	1	1	1
18908	경남 거제시	푸른 연구회 운영	20,000	평생교육과	1	6	7	8	7	5	5	4
18909	경남 거제시	지역위탁형 마을학교	100,000	평생교육과	1	6	7	8	7	5	5	4
18910	경남 거제시	작은도서관 문화 프로그램 운영지원	4,500	평생교육과	1	4	7	8	7	1	1	1
18911	경남 거제시	도민체육대회 참가선수 육성	30,000	생활체육과	1	4	7	8	7	5	5	4
18912	경남 거제시	전지훈련 유치 및 참가팀 지원 격려	5,000	생활체육과	1	4	7	8	7	5	5	4
18913	경남 거제시	거제시체육진흥사업	80,000	생활체육과	1	4	7	8	7	5	5	4
18914	경남 거제시	(사)통영, 거제, 고성범죄피해자지원센터 활동지원	21,500	생활지원과	1	1	7	8	7	1	1	1
18915	경남 거제시	러브하우스 주거개선사업	2,200	행정과	1	1	7	8	7	5	5	4
18916	경남 거제시	자원봉사자 연수	2,200	행정과	1	1	7	8	7	5	5	4
18917	경남 거제시	자원봉사 활성화 지원	12,000	행정과	1	1	7	8	7	5	5	4
18918	경남 거제시	문화활동비 지원	147,600	조선산업일자리과	1	4	6	7	7	5	1	1
18919	경남 거제시	주거비 지원	72,000	조선산업일자리과	1	4	6	7	7	5	1	1

순번	시군구	지출명 (사업명)	2021년예산 (단위:천원/1년간)	담당자 (공무원) 담당부서	민간이전 분류 (지방자치단체 세출예산 집행기준에 의거) 1. 민간경상사업보조(307-02) 2. 민간단체 법정운영비보조(307-03) 3. 민간행사사업보조(307-04) 4. 민간위탁금(307-05) 5. 사회복지시설 법정운영비보조(307-10) 6. 민간인위탁교육비(307-12) 7. 공기관등에대한경상적위탁사업비(308-11) 8. 민간자본사업보조,자체재원(402-01) 9. 민간자본사업보조,이전재원(402-02) 10. 민간위탁사업비(402-03) 11. 공기관등에 대한 자본적 대행사업비(403-02)	민간이전지출 근거 (지방보조금 관리기준 참고) 1. 법률에 규정 2. 국고보조 재원(국가지정) 3. 용도 지정 기부금 4. 조례에 직접규정 5. 지자체가 권장하는 사업을 하는 공공기관 6. 시,도 정책 및 재정사정 7. 기타 8. 해당없음	입찰방식 계약체결방법 (경쟁형태) 1. 일반경쟁 2. 제한경쟁 3. 지명경쟁 4. 수의계약 5. 법정위탁 6. 기타 ( ) 7. 해당없음	입찰방식 계약기간 1. 1년 2. 2년 3. 3년 4. 4년 5. 5년 6. 기타 ( )년 7. 단기계약 (1년미만) 8. 해당없음	입찰방식 낙찰자선정방법 1. 적격심사 2. 협상에의한계약 3. 최저가낙찰제 4. 규격가격분리 5. 2단계 경쟁입찰 6. 기타 ( ) 7. 해당없음	운영예산 산정 운영예산 산정 1. 내부산정 (지자체 자체적으로 산정) 2. 외부산정 (외부전문기관위탁 산정) 3. 내·외부 모두 산정 4. 산정 無 5. 해당없음	운영예산 산정 정산방법 1. 내부정산 (지자체 내부적으로 정산) 2. 외부정산 (외부전문기관위탁 정산) 3. 내·외부 모두 산정 4. 정산 無 5. 해당없음	성과평가 실시여부 1. 실시 2. 미실시 3. 향후 추진 4. 해당없음
18920	경남 거제시	청년센터 활용 청년활동 지원사업	3,000	조선산업일자리과	1	6	7	8	7	1	1	3
18921	경남 거제시	모범 노동자 문화체험연수 지원	20,000	조선산업일자리과	1	4	1	1	1	1	1	1
18922	경남 거제시	창업기업 신규고용인력 보조금 지원	12,000	조선산업일자리과	1	6	7	8	7	1	1	4
18923	경남 거제시	공동근로복지기금 조성	600,000	조선산업일자리과	1	6	7	8	7	1	1	3
18924	경남 거제시	어촌체험마을 홍보물 및 장비구입 지원	11,800	해양항만과	1	1	7	8	7	5	1	4
18925	경남 거제시	연안어선 어업용 유류비 지원	404,000	바다자원과	1	4	7	8	7	5	5	4
18926	경남 거제시	어선원 재해보험료 지원	118,900	바다자원과	1	4	7	8	7	5	5	4
18927	경남 거제시	민주평화통일 역량강화사업	40,000	행정과	1	1	7	8	7	1	1	1
18928	경남 거제시	청소년 선도 및 범죄예방 봉사활동	30,000	행정과	1	4	7	8	7	1	1	1
18929	경남 거제시	통일안보의식 강화 및 새터민 지원	2,800	시정혁신담당관	1	4	7	8	7	5	5	4
18930	경남 거제시	지역사회 치안협력 및 지원	2,450	행정과	1	4	7	8	7	5	5	4
18931	경남 거제시	통일준비 공감대 조성사업	3,500	시정혁신담당관	1	4	7	8	7	5	5	4
18932	경남 거제시	시민안전 강화 및 해양정화	7,000	행정과	1	4	7	8	7	5	5	4
18933	경남 거제시	지역사회 호국정신 함양사업	9,100	행정과	1	1	7	8	7	1	1	1
18934	경남 거제시	한국자유총연맹 지원사업	14,700	행정과	1	1	7	8	7	5	5	4
18935	경남 거제시	새마을운동 지원사업	47,200	행정과	1	1	7	8	7	5	5	4
18936	경남 거제시	바르게살기운동 지원사업	34,200	행정과	1	1	7	8	7	5	5	4
18937	경남 거제시	지방행정자문 및 명품관광도시 조성	4,900	행정과	1	4	7	8	7	1	1	1
18938	경남 거제시	청소년 선도 및 평생교육활동사업 지원	1,750	행정과	1	4	7	8	7	1	1	1
18939	경남 거제시	평화통일염원 거제사랑 시민걷기대회	2,500	시정혁신담당관	1	4	7	8	7	5	5	4
18940	경남 거제시	PEACE ROAD 거제시 통일대장정	3,000	시정혁신담당관	1	4	7	8	7	5	5	4
18941	경남 거제시	지역현안 문제 해결을 위한 민관협치 활성화 지원사업	10,000	행정과	1	4	7	8	7	5	5	4
18942	경남 거제시	이·통장 사기진작 및 역량강화 사업	20,000	행정과	1	1	7	8	7	5	5	4
18943	경남 거제시	주민자치 특화사업 추진	15,000	행정과	1	4	7	8	7	5	5	4
18944	경남 거제시	자원봉사 코디네이터 지원	12,000	행정과	1	1	7	8	7	5	5	4
18945	경남 거제시	자원봉사단체 자원봉사자 연수	5,000	행정과	1	1	7	8	7	5	5	4
18946	경남 거제시	UN지방의제21 추진 사업	38,000	환경과	1	4	7	8	7	5	5	4
18947	경남 거제시	환경보전 및 자연보호 의식 확산 사업	24,770	환경과	1	4	7	8	7	5	5	4
18948	경남 거제시	상수원보호구역 주민 케이블TV 및 정보이용료 지원	35,000	환경과	1	1	7	8	7	5	5	4
18949	경남 거제시	상수원보호구역 주민 공공요금 지원	50,000	환경과	1	1	7	8	7	5	5	4
18950	경남 양산시	웅상상공인연합회 지원	2,124	경제교통과	1	1	7	8	7	5	5	4
18951	경남 양산시	지역선도대학 육성	100,000	교육체육과	1	1	7	8	7	1	1	2
18952	경남 양산시	우수 평생학습 프로그램	10,000	교육체육과	1	1	2	1	1	3	1	1
18953	경남 양산시	우수 평생학습 동아리	10,000	교육체육과	1	1	2	1	1	3	1	1
18954	경남 양산시	행복학습센터 구축 지원	15,000	교육체육과	1	1	2	1	1	3	1	1
18955	경남 양산시	평생교육체제 지원사업	30,000	교육체육과	1	1	7	1	7	1	1	1
18956	경남 양산시	장애인평생교육시설 지원	15,000	교육체육과	1	4	7	8	7	1	1	1
18957	경남 양산시	학교체육 육성지원	975,000	교육체육과	1	1	7	8	7	1	1	1
18958	경남 양산시	생활체육대회 참가 지원	35,000	교육체육과	1	1	7	8	7	1	1	1
18959	경남 양산시	생활체육교실 운영	15,295	교육체육과	1	1	7	8	7	1	1	1
18960	경남 양산시	생활체육 프로그램 운영	11,750	교육체육과	1	1	7	8	7	1	1	1
18961	경남 양산시	생활체육시설 사용료 지원	50,000	교육체육과	1	1	7	8	7	1	1	1
18962	경남 양산시	한여름 밤 건강 체조교실 운영	35,000	교육체육과	1	1	7	8	7	1	1	1
18963	경남 양산시	일반 생활체육지도자 배치	144,840	교육체육과	1	1	7	8	7	1	1	1
18964	경남 양산시	어르신 생활체육 지도자 배치	173,808	교육체육과	1	1	7	8	7	1	1	1
18965	경남 양산시	생활체육지도자(일반, 어르신) 배치	101,034	교육체육과	1	1	7	8	7	1	1	1
18966	경남 양산시	장애인생활체육지도자 배치	134,136	교육체육과	1	1	7	8	7	1	1	1
18967	경남 양산시	어르신 체육활동 지원	7,200	교육체육과	1	1	7	8	7	1	1	1
18968	경남 양산시	장애인체육동아리 지원	33,320	교육체육과	1	1	7	8	7	1	1	1
18969	경남 양산시	장애인 생활체육교실 운영	23,800	교육체육과	1	1	7	8	7	1	1	1
18970	경남 양산시	장애인 체육활동 지원	53,684	교육체육과	1	1	7	8	7	1	1	1

순번	시군구	지출명 (사업명)	2021년예산 (단위:천원/1년간)	담당자 (공무원) 담당부서	민간이전 분류 (지방자치단체 세출예산 집행기준에 의거) 1. 민간경상사업보조(307-02) 2. 민간단체 법정운영비보조(307-03) 3. 민간행사사업보조(307-04) 4. 민간위탁금(307-05) 5. 사회복지시설 법정운영비보조(307-10) 6. 민간인위탁교육비(307-12) 7. 공기관등에대한경상적위탁사업비(308-11) 8. 민간자본사업보조,자체재원(402-01) 9. 민간자본사업보조,이전재원(402-02) 10. 민간위탁사업비(402-03) 11. 공기관등에 대한 자본적 대행사업비(403-02)	민간이전지출 근거 (지방보조금 관리기준 참고) 1. 법률에 규정 2. 국고보조 재원(국가지정) 3. 용도 지정 기부금 4. 조례에 직접규정 5. 지자체가 권장하는 사업을 하는 공공기관 6. 시,도 정책 및 재정사정 7. 기타 8. 해당없음	입찰방식 계약체결방법 (경쟁형태) 1. 일반경쟁 2. 제한경쟁 3. 지명경쟁 4. 수의계약 5. 법정위탁 6. 기타 ( ) 7. 해당없음	입찰방식 계약기간 1. 1년 2. 2년 3. 3년 4. 4년 5. 5년 6. 기타 ( )년 7. 단기계약 (1년미만) 8. 해당없음	입찰방식 낙찰자선정방법 1. 적격심사 2. 협상에의한계약 3. 최저가낙찰제 4. 규격가격분리 5. 2단계 경쟁입찰 6. 기타 ( ) 7. 해당없음	운영예산 산정 운영예산 산정 1. 내부산정 (지자체 자체적으로 산정) 2. 외부산정 (외부전문기관위탁 산정) 3. 내·외부 모두 산정 4. 산정 無 5. 해당없음	운영예산 산정 정산방법 1. 내부정산 (지자체 내부적으로 정산) 2. 외부정산 (외부전문기관위탁 정산) 3. 내·외부 모두 산정 4. 정산 無 5. 해당없음	성과평가 실시여부 1. 실시 2. 미실시 3. 향후 추진 4. 해당없음
18971	경남 양산시	전국 및 도 체육대회 참가 지원	306,000	교육체육과	1	1	7	8	7	1	1	1
18972	경남 양산시	방문 전지훈련단 유치	40,000	교육체육과	1	1	7	8	7	1	1	1
18973	경남 양산시	우수선수 육성 지원	54,000	교육체육과	1	1	7	8	7	1	1	1
18974	경남 양산시	교통이 보장되는 안전양산 조성	10,000	교통과	1	4	5	1	1	1	1	1
18975	경남 양산시	선진교통문화 정착을 위한 캠페인 및 교통지도	10,000	교통과	1	4	5	1	1	1	1	1
18976	경남 양산시	교통약자가 안전한 교통문화 조성	5,000	교통과	1	4	5	1	1	1	1	1
18977	경남 양산시	안심하고 보내는 등하굣길 조성	4,000	교통과	1	4	5	1	1	1	1	1
18978	경남 양산시	각종행사 시 안전교통질서 및 질서유지	5,600	교통과	1	4	5	1	1	1	1	1
18979	경남 양산시	청년농업인 영농정착 지원	53,100	농업기술과	1	2	7	8	7	5	5	4
18980	경남 양산시	청년농업인 육성 사업	60,000	농업기술과	1	6	7	8	7	5	5	4
18981	경남 양산시	귀농인 안정정착 지원	4,050	농업기술과	1	6	7	8	7	5	5	4
18982	경남 양산시	학교4-H회 과제활동 지원	4,000	농업기술과	1	6	7	8	7	5	5	4
18983	경남 양산시	청년4-H 과제교육 지원	4,000	농업기술과	1	6	7	8	7	5	5	4
18984	경남 양산시	4-H회 농업정보지 지원(4-H신문)	9,540	농업기술과	1	6	7	8	7	5	5	4
18985	경남 양산시	농업인 학습단체 전문능력 배양지원	4,000	농업기술과	1	6	7	8	7	5	5	4
18986	경남 양산시	농촌지도자 농업정보지 지원	13,980	농업기술과	1	6	7	8	7	5	5	4
18987	경남 양산시	신규농업인 현장실습교육	12,000	농업기술과	1	2	7	8	7	5	5	4
18988	경남 양산시	농업 신소득원 발굴 공동학습포장 운영지원	5,000	농업기술과	1	6	7	8	7	5	5	4
18989	경남 양산시	강소농 육성 지원	10,400	농업기술과	1	2	7	8	7	5	5	4
18990	경남 양산시	정보화 활성화 시범	3,000	농업기술과	1	6	7	8	7	5	5	4
18991	경남 양산시	시비효율 개선 친환경 농자재 시범	16,000	농업기술과	1	6	7	8	7	5	5	4
18992	경남 양산시	친환경 농산물 인증농가 농자재 지원	19,000	농업기술과	1	6	7	8	7	5	5	4
18993	경남 양산시	드론이용 공동방제(논)	12,000	농업기술과	1	6	7	8	7	5	5	4
18994	경남 양산시	삽량주쌀 포장재 지원 시범사업	2,400	농업기술과	1	6	7	8	7	5	5	4
18995	경남 양산시	신소득특화작목개발	5,200	농업기술과	1	6	7	8	7	5	5	4
18996	경남 양산시	지역특화작목경쟁력제고	8,000	농업기술과	1	6	7	8	7	5	5	4
18997	경남 양산시	딸기병해충방제생력화	13,200	농업기술과	1	6	7	8	7	5	5	4
18998	경남 양산시	드론이용공동방제(밭)	6,000	농업기술과	1	6	7	8	7	5	5	4
18999	경남 양산시	과실선도유지기술시범	4,000	농업기술과	1	6	7	8	7	5	5	4
19000	경남 양산시	고품질안전농산물생산시범	10,000	농업기술과	1	6	7	8	7	5	5	4
19001	경남 양산시	시설원예 에너지 절감 및 환경개선 시범	40,000	농업기술과	1	2	7	8	7	5	5	4
19002	경남 양산시	작목별 맞춤형 안전관리 실천 시범	10,000	농업기술과	1	2	7	8	7	5	5	4
19003	경남 양산시	농작업 재해예방 안전기술 능력배양	5,000	농업기술과	1	6	7	8	7	5	5	4
19004	경남 양산시	다목적 발효 배양기구 보급	6,500	농업기술과	1	6	7	8	7	5	5	4
19005	경남 양산시	생활개선회원 정보지 지원	16,800	농업기술과	1	6	7	8	7	5	5	4
19006	경남 양산시	농촌사원 융복합 전문능력 개발	4,000	농업기술과	1	6	7	8	7	5	5	4
19007	경남 양산시	농촌어르신 복지실천 시범	15,000	농업기술과	1	6	7	8	7	5	5	4
19008	경남 양산시	생활개선회원 한마음수련대회	10,000	농업기술과	1	6	7	8	7	5	5	4
19009	경남 양산시	화훼 고품질화 시범	38,880	농업기술과	1	6	7	8	7	5	5	4
19010	경남 양산시	여성농업인 바우처 지원	23,920	농정과	1	1	7	8	7	1	1	1
19011	경남 양산시	농번기 마을공동급식 지원	6,000	농정과	1	1	7	8	7	1	1	1
19012	경남 양산시	농업인 재해안전공제료 지원	29,512	농정과	1	2	7	8	7	1	1	1
19013	경남 양산시	농촌관광주체육성지원	41,400	농정과	1	2	7	8	7	1	1	1
19014	경남 양산시	체험마을리더 교육지원	1,440	농정과	1	2	7	8	7	1	1	1
19015	경남 양산시	농촌체험지도사 및 농촌마을해설사 양성사업	3,600	농정과	1	1	7	8	7	1	1	1
19016	경남 양산시	과수수정용꽃가루지원	2,250	농정과	1	2	7	8	7	1	1	1
19017	경남 양산시	유기질비료지원	510,581	농정과	1	2	7	8	7	5	1	1
19018	경남 양산시	토양개량제지원	48,115	농정과	1	2	7	8	7	5	1	1
19019	경남 양산시	농업용 드론 자격취득 지원	6,000	농정과	1	6	7	8	7	1	1	1
19020	경남 양산시	벼 육묘구입 지원사업	22,896	농정과	1	6	7	8	7	1	1	1
19021	경남 양산시	고품질쌀생산시범단지조성	11,200	농정과	1	6	7	8	7	1	1	1

순번	시군구	지출명 (사업명)	2021년예산 (단위:천원/1년간)	담당자 (공무원)	민간이전 분류 (지방자치단체 세출예산 집행기준에 의거)	민간이전지출 근거 (지방보조금 관리기준 참고)	입찰방식			운영예산 산정		성과평가 실시여부
				담당부서	1. 민간경상사업보조(307-02) 2. 민간단체 법정운영비보조(307-03) 3. 민간행사사업보조(307-04) 4. 민간위탁금(307-05) 5. 사회복지시설 법정운영비보조(307-10) 6. 민간인위탁교육비(307-12) 7. 공기관등에대한경상적위탁사업비(308-11) 8. 민간자본사업보조,자체재원(402-01) 9. 민간자본사업보조,이전재원(402-02) 10. 민간위탁사업비(402-03) 11. 공기관등에 대한 자본적 대행사업비(403-02)	1. 법률에 규정 2. 국고보조 재원(국가지정) 3. 용도 지정 기부금 4. 조례에 직접규정 5. 지자체가 권장하는 사업을 하는 공공기관 6. 시,도 정책 및 재정사정 7. 기타 8. 해당없음	계약체결방법 (경쟁형태) 1. 일반경쟁 2. 제한경쟁 3. 지명경쟁 4. 수의계약 5. 법정위탁 6. 기타 ( ) 7. 해당없음	계약기간 1. 1년 2. 2년 3. 3년 4. 4년 5. 5년 6. 기타 ( )년 7. 단기계약 (1년미만) 8. 해당없음	낙찰자선정방법 1. 적격심사 2. 협상에의한계약 3. 최저가낙찰제 4. 규격가격분리 5. 2단계 경쟁입찰 6. 기타 ( ) 7. 해당없음	운영예산 산정 1. 내부산정 (지자체 자체적으로 산정) 2. 외부산정 (외부전문기관위탁 산정) 3. 내·외부 모두 산정 4. 산정 無 5. 해당없음	정산방법 1. 내부정산 (지자체 내부적으로 정산) 2. 외부정산 (외부전문기관위탁 정산) 3. 내·외부 모두 산정 4. 정산 無 5. 해당없음	1. 실시 2. 미실시 3. 향후 추진 4. 해당없음
19022	경남 양산시	기능성쌀재배단지 조성	2,800	농정과	1	6	7	8	7	1	1	1
19023	경남 양산시	친환경인증수수료 지원	20,000	농정과	1	6	7	8	7	1	1	1
19024	경남 양산시	친환경농업 현장컨설팅 지원	1,600	농정과	1	6	7	8	7	1	1	1
19025	경남 양산시	유기농업자재 지원	12,048	농정과	1	6	7	8	7	1	1	1
19026	경남 양산시	친환경농업 유통활성화지원	5,604	농정과	1	6	7	8	7	1	1	1
19027	경남 양산시	농업유통 운영지원 추진	1,800	농정과	1	1	7	8	7	1	1	1
19028	경남 양산시	GAP 인증수수료 지원사업	5,000	농정과	1	1	7	8	7	1	1	1
19029	경남 양산시	GAP 안전성 분석사업	40,345	농정과	1	1	7	8	7	1	1	1
19030	경남 양산시	초등돌봄교실 과일간식 지원사업	96,720	농정과	1	1	7	8	7	1	1	1
19031	경남 양산시	내수면 노후어선 선체기관 교체지원	17,400	농정과	1	1	7	8	7	1	1	1
19032	경남 양산시	돼지경제능력검정경상지원사업	24,000	동물보호과	1	1	7	8	7	5	5	4
19033	경남 양산시	FTA대응 가축사육 기반조성	9,500	동물보호과	1	1	7	8	7	5	5	4
19034	경남 양산시	학교우유급식 지원	325,186	동물보호과	1	1	7	8	7	5	5	4
19035	경남 양산시	축산농가 사료첨가제 지원사업	54,000	동물보호과	1	1	7	8	7	5	5	4
19036	경남 양산시	축산농가악취방지개선사업	62,500	동물보호과	1	1	7	8	7	5	5	4
19037	경남 양산시	돼지 써코바이러스 백신지원	120,000	동물보호과	1	1	7	8	7	5	5	4
19038	경남 양산시	전업농 구제역 백신	205,150	동물보호과	1	1	7	8	7	5	5	4
19039	경남 양산시	가금농가 질병관리 지원	24,000	동물보호과	1	1	7	8	7	5	5	4
19040	경남 양산시	닭진드기 공동방제 지원사업	57,600	동물보호과	1	1	7	8	7	5	5	4
19041	경남 양산시	축산관계시설 출입차량 GPS통신료 지원	17,820	동물보호과	1	1	7	8	7	5	5	4
19042	경남 양산시	축산관련차량 GPS단말기 상시 전원공급체계 구축	3,000	동물보호과	1	1	7	8	7	5	5	4
19043	경남 양산시	조사료생산용 사일리지제조 지원	37,800	동물보호과	1	1	7	8	7	5	5	4
19044	경남 양산시	조사료생산용 종자구입	14,700	동물보호과	1	1	7	8	7	5	5	4
19045	경남 양산시	송아지 생산성 향상사업	4,200	동물보호과	1	6	7	8	7	5	5	4
19046	경남 양산시	가금생산성향상 및 AI차단 지원사업	9,500	동물보호과	1	6	7	8	7	5	5	4
19047	경남 양산시	친환경꿀벌사양지원사업	1,984	동물보호과	1	6	7	8	7	5	5	4
19048	경남 양산시	양봉산업구조개선사업	8,250	동물보호과	1	6	7	8	7	5	5	4
19049	경남 양산시	양봉보조사료 구입비 지원사업	3,042	동물보호과	1	6	7	8	7	5	5	4
19050	경남 양산시	낙농헬퍼지원사업	30,000	동물보호과	1	6	7	8	7	5	5	4
19051	경남 양산시	유우군 능력 검정사업	22,246	동물보호과	1	6	7	8	7	5	5	4
19052	경남 양산시	소 사육기반 조성사업	9,500	동물보호과	1	6	7	8	7	5	5	4
19053	경남 양산시	한우거세사업	288	동물보호과	1	6	7	8	7	5	5	4
19054	경남 양산시	한우등록사업	7,800	동물보호과	1	6	7	8	7	5	5	4
19055	경남 양산시	가축분뇨 수분조절재 지원사업	47,500	동물보호과	1	6	7	8	7	5	5	4
19056	경남 양산시	축산분뇨 퇴비화 유도사업	47,500	동물보호과	1	6	7	8	7	5	5	4
19057	경남 양산시	문화원 문화학교 운영	57,600	문화관광과	1	1	7	8	7	1	1	2
19058	경남 양산시	양산청소년오케스트라육성사업	30,500	문화관광과	1	1	7	8	7	1	1	2
19059	경남 양산시	양산문화 발간	7,200	문화관광과	1	1	7	8	7	1	1	2
19060	경남 양산시	향토사 연구자료책자 발간	8,000	문화관광과	1	1	7	8	7	1	1	2
19061	경남 양산시	다문화가족 전통혼례 지원	2,500	문화관광과	1	1	7	8	7	1	1	2
19062	경남 양산시	양산문화원 문화행사 지원	5,500	문화관광과	1	1	7	8	7	1	1	2
19063	경남 양산시	양산문화원 향토사료 조사	10,000	문화관광과	1	1	7	8	7	1	1	2
19064	경남 양산시	움직이는모래조각전시	20,000	문화관광과	1	1	7	8	7	1	1	2
19065	경남 양산시	우수예술단체 찾아가는 문화활동	34,000	문화관광과	1	1	7	8	7	1	1	2
19066	경남 양산시	무형문화재 보존 및 육성	9,450	문화관광과	1	6	7	8	7	3	3	1
19067	경남 양산시	무형문화재 보존 및 육성	7,000	문화관광과	1	6	7	8	7	3	3	1
19068	경남 양산시	향교운영	32,000	문화관광과	1	6	7	8	7	3	3	1
19069	경남 양산시	충효교실운영	13,000	문화관광과	1	6	7	8	7	3	3	1
19070	경남 양산시	세계유산 활용 프로그램 운영	240,000	문화관광과	1	2	7	8	7	3	3	1
19071	경남 양산시	지방기업고용보조금지원	72,000	미래산업과	1	4	7	8	7	5	5	4
19072	경남 양산시	스마트공장보급홍보사업	5,000	미래산업과	1	4	7	8	7	5	5	4

순번	시군구	지출명 (사업명)	2021년예산 (단위:천원/1년간)	담당자 (공무원) 담당부서	민간이전 분류 (지방자치단체 세출예산 집행기준에 의거) 1. 민간경상사업보조(307-02) 2. 민간단체 법정운영비보조(307-03) 3. 민간행사사업보조(307-04) 4. 민간위탁금(307-05) 5. 사회복지시설 법정운영비보조(307-10) 6. 민간인위탁교육비(307-12) 7. 공기관등에대한경상적위탁사업비(308-11) 8. 민간자본사업보조,자체재원(402-01) 9. 민간자본사업보조,이전재원(402-02) 10. 민간위탁사업비(402-03) 11. 공기관등에 대한 자본적 대행사업비(403-02)	민간이전지출 근거 (지방보조금 관리기준 참고) 1. 법률에 규정 2. 국고보조 재원(국가지정) 3. 용도 지정 기부금 4. 조례에 직접규정 5. 지자체가 권장하는 사업을 하는 공공기관 6. 시,도 정책 및 재정사정 7. 기타 8. 해당없음	입찰방식 계약체결방법 (경쟁형태) 1. 일반경쟁 2. 제한경쟁 3. 지명경쟁 4. 수의계약 5. 법정위탁 6. 기타 ( ) 7. 해당없음	입찰방식 계약기간 1. 1년 2. 2년 3. 3년 4. 4년 5. 5년 6. 기타 ( )년 7. 단기계약 (1년미만) 8. 해당없음	입찰방식 낙찰자선정방법 1. 적격심사 2. 협상에의한계약 3. 최저가낙찰제 4. 규격가격분리 5. 2단계 경쟁입찰 6. 기타 ( ) 7. 해당없음	운영예산 산정 운영예산 산정 1. 내부산정 (지자체 자체적으로 산정) 2. 외부산정 (외부전문기관위탁 산정) 3. 내·외부 모두 산정 4. 산정 無 5. 해당없음	운영예산 산정 정산방법 1. 내부정산 (지자체 내부적으로 정산) 2. 외부정산 (외부전문기관위탁 정산) 3. 내·외부 모두 산정 4. 정산 無 5. 해당없음	성과평가 실시여부 1. 실시 2. 미실시 3. 향후 추진 4. 해당없음
19073	경남 양산시	특허출원비용지원사업	25,000	미래산업과	1	4	7	8	7	5	5	4
19074	경남 양산시	전시회양산관공동부스지원	20,000	미래산업과	1	4	7	8	7	5	5	4
19075	경남 양산시	지식재산창출지원	150,000	미래산업과	1	2	7	8	7	5	5	4
19076	경남 양산시	중소기업인증수수료지원	5,000	미래산업과	1	4	7	8	7	5	5	4
19077	경남 양산시	중소기업통번역지원	5,000	미래산업과	1	4	7	8	7	5	5	4
19078	경남 양산시	중소기업해외물류비지원	20,000	미래산업과	1	4	7	8	7	5	5	4
19079	경남 양산시	기업홈페이지제작지원	15,000	미래산업과	1	4	7	8	7	5	5	4
19080	경남 양산시	기업카달로그제작지원	20,000	미래산업과	1	4	7	8	7	5	5	4
19081	경남 양산시	해외무역관지사화사업	20,000	미래산업과	1	4	7	8	7	5	5	4
19082	경남 양산시	중소기업해외시장개척활동지원	50,000	미래산업과	1	4	7	8	7	5	5	4
19083	경남 양산시	중소기업제품홈쇼핑판매지원	45,000	미래산업과	1	4	7	8	7	5	5	4
19084	경남 양산시	국내온라인마케팅비용지원	30,000	미래산업과	1	4	7	8	7	5	5	4
19085	경남 양산시	제조물책임보험료지원	10,000	미래산업과	1	4	7	8	7	5	5	4
19086	경남 양산시	비대면화상상담장구축운영	40,000	미래산업과	1	4	7	8	7	5	5	4
19087	경남 양산시	창업보육센터운영지원	47,500	미래산업과	1	4	7	8	7	5	5	4
19088	경남 양산시	창업보육센터임차료지원	20,000	미래산업과	1	4	7	8	7	5	5	4
19089	경남 양산시	초기창업패키지지원사업	210,000	미래산업과	1	4	7	8	7	5	5	4
19090	경남 양산시	중소기업기술개발장비이용료지원	10,000	미래산업과	1	4	7	8	7	5	5	4
19091	경남 양산시	중소기업R&BD/E지원센터운영지원	200,000	미래산업과	1	4	7	8	7	5	5	4
19092	경남 양산시	노동자직업능력향상교육	15,000	미래산업과	1	4	7	8	7	5	5	4
19093	경남 양산시	모범노동자문화탐방	14,250	미래산업과	1	4	7	8	7	5	5	4
19094	경남 양산시	산업평화정착을위한노사정세미나	10,000	미래산업과	1	4	7	8	7	5	5	4
19095	경남 양산시	근로자의날행사비지원	6,000	미래산업과	1	4	7	8	7	5	5	4
19096	경남 양산시	노동자체육대회지원	13,000	미래산업과	1	4	7	8	7	5	5	4
19097	경남 양산시	대표자및조합간부조사정수련교육	4,500	미래산업과	1	4	7	8	7	5	5	4
19098	경남 양산시	시민노동자역사평화기행지원	3,800	미래산업과	1	4	7	8	7	5	5	4
19099	경남 양산시	지역노사민정협력활성화지원	33,400	미래산업과	1	2	7	8	7	5	5	4
19100	경남 양산시	외국인주민지역사회적응지원사업	58,000	미래산업과	1	6	7	8	7	5	5	4
19101	경남 양산시	대리마을 버섯재배단지 운영비 지원	60,000	수질관리과	1	1	7	8	7	5	1	1
19102	경남 양산시	선리마을 공동이용시설물 운영비 지원	7,000	수질관리과	1	1	7	8	7	5	1	1
19103	경남 양산시	장선마을 시설 운영관리비 지원	15,000	수질관리과	1	1	7	8	7	5	1	1
19104	경남 양산시	태봉마을 공동이용시설물 운영비 지원	2,338	수질관리과	1	1	7	8	7	5	1	1
19105	경남 양산시	다목적회관 운영관리비 지원	43,100	수질관리과	1	1	7	8	7	5	1	1
19106	경남 양산시	댐주변지역지원사업	187,778	수질관리과	1	1	7	8	7	5	1	2
19107	경남 양산시	생활 속 환경실천운동 지원	3,400	수질관리과	1	4	7	8	7	5	1	2
19108	경남 양산시	자연보호활동 지원	2,200	수질관리과	1	4	7	8	7	5	1	2
19109	경남 양산시	폐기물관리	378,500	수질관리과	1	4	7	8	7	5	5	4
19110	경남 양산시	어곡공공폐수처리시설 운영	1,213	수질관리과	1	4	7	8	7	5	5	4
19111	경남 양산시	작은도서관 운영보조	4,590	시립도서관	1	4	7	8	7	5	5	4
19112	경남 양산시	의용소방대 소방활동 지원	5,000	안전총괄과	1	4	7	8	7	1	1	3
19113	경남 양산시	지역자율방재단 지원	9,000	안전총괄과	1	1	7	7	7	1	1	1
19114	경남 양산시	양성평등 사업지원	60,000	여성가족과	1	1	7	8	7	1	1	4
19115	경남 양산시	코로나19 안심식당 운영 활성화	60,000	위생과	1	4	7	8	7	5	5	4
19116	경남 양산시	일반음식점 주방 위생환경개선 지원	40,000	위생과	1	6	7	8	7	5	5	4
19117	경남 양산시	소비자보호	3,000	일자리경제과	1	1	7	7	7	1	1	1
19118	경남 양산시	산업용무인비행장치 전문인력 양성사업	30,000	일자리경제과	1	7	6	5	6	5	1	1
19119	경남 양산시	소상공인 민원지원센터 운영	32,730	일자리경제과	1	1	7	8	7	5	5	4
19120	경남 양산시	(예비)사회적기업 육성(일자리창출, 전문인력)	564,000	일자리경제과	1	2	7	1	7	5	1	1
19121	경남 양산시	사회적경제기업 사업개발비 지원사업	100,000	일자리경제과	1	2	7	7	7	5	1	1
19122	경남 양산시	사회적기업 사회보험료 지원사업	120,000	일자리경제과	1	2	7	8	7	5	1	1
19123	경남 양산시	경남사회적경제 청년부흥프로젝트사업	194,400	일자리경제과	1	2	7	2	7	5	1	1

순번	시군구	지출명 (사업명)	2021년예산 (단위:천원/1년간)	담당자 (공무원) 담당부서	민간이전 분류 (지방자치단체 세출예산 집행기준에 의거) 1. 민간경상사업보조(307-02) 2. 민간단체 법정운영비보조(307-03) 3. 민간행사사업보조(307-04) 4. 민간위탁금(307-05) 5. 사회복지시설 법정운영비보조(307-10) 6. 민간인위탁교육비(307-12) 7. 공기관등에대한경상적위탁사업비(308-11) 8. 민간자본사업보조,자체재원(402-01) 9. 민간자본사업보조,이전재원(402-02) 10. 민간위탁사업비(402-03) 11. 공기관등에 대한 자본적 대행사업비(403-02)	민간이전지출 근거 (지방보조금 관리기준 참고) 1. 법률에 규정 2. 국고보조 재원(국가지정) 3. 용도 지정 기부금 4. 조례에 직접규정 5. 지자체가 권장하는 사업을 하는 공공기관 6. 시,도 정책 및 재정사정 7. 기타 8. 해당없음	입찰방식: 계약체결방법 (경쟁형태) 1. 일반경쟁 2. 제한경쟁 3. 지명경쟁 4. 수의계약 5. 법정위탁 6. 기타 ( ) 7. 해당없음	입찰방식: 계약기간 1. 1년 2. 2년 3. 3년 4. 4년 5. 5년 6. 기타 ( )년 7. 단기계약 (1년미만) 8. 해당없음	입찰방식: 낙찰자선정방법 1. 적격심사 2. 협상에의한계약 3. 최저가낙찰제 4. 규격가격분리 5. 2단계 경쟁입찰 6. 기타 ( ) 7. 해당없음	운영예산 산정: 운영예산 산정 1. 내부산정 (지자체 자체적으로 산정) 2. 외부산정 (외부전문기관위탁 산정) 3. 내·외부 모두 산정 4. 산정 無 5. 해당없음	운영예산 산정: 정산방법 1. 내부정산 (지자체 내부적으로 정산) 2. 외부정산 (외부전문기관위탁 정산) 3. 내·외부 모두 산정 4. 정산 無 5. 해당없음	성과평가 실시여부 1. 실시 2. 미실시 3. 향후 추진 4. 해당없음
19124	경남 양산시	정보화마을 프로그램관리자 육성	21,776	일자리경제과	1	4	7	8	7	5	5	1
19125	경남 양산시	정보화마을 활성화 사업	7,000	일자리경제과	1	4	7	8	7	5	5	1
19126	경남 양산시	보훈단체 전적지 순례	35,000	주민생활지원과	1	4	7	8	7	1	1	1
19127	경남 양산시	읍면동지역사회보장협의체 운영지원	14,900	주민생활지원과	1	6	7	8	7	5	1	4
19128	경남 양산시	2021년 도시재생 시민아이디어 공모사업	20,000	지역재생과	1	1	6	7	6	1	1	3
19129	경남 양산시	범죄피해자지원센터 지원	21,948	행정과	1	1	7	8	7	1	1	4
19130	경남 양산시	새마을사업 추진보조금	25,900	행정과	1	1	7	8	7	1	1	4
19131	경남 양산시	바르게살기운동 양산시협의회 사업지원	21,280	행정과	1	1	7	8	7	1	1	4
19132	경남 양산시	한국자유총연맹 사업추진 보조금	1,800	행정과	1	1	7	8	7	1	1	4
19133	경남 양산시	이통장연합회 행정보조 사업 지원	4,992	행정과	1	4	7	8	7	1	1	4
19134	경남 양산시	자원봉사활동 활성화 지원	35,000	행정과	1	1	7	8	7	1	1	4
19135	경남 의령군	모범이장 및 읍면회장 연수 등 지원	28,000	행정과	1	4	7	8	7	1	1	1
19136	경남 의령군	주민자치회 특성화 사업	30,000	행정과	1	4	7	8	7	5	5	4
19137	경남 의령군	범죄피해자 지원보호 운영사업	10,000	행정과	1	1	7	8	7	1	1	1
19138	경남 의령군	새마을 효지킴이 운동전개	4,500	행정과	1	1	7	8	7	1	1	1
19139	경남 의령군	저탄소 녹색생활 지역공동체 활성화사업	2,600	행정과	1	1	7	8	7	1	1	1
19140	경남 의령군	에너지절약 캠페인	2,000	행정과	1	1	7	8	7	1	1	1
19141	경남 의령군	독서생활 문화운동	500	행정과	1	1	7	8	7	1	1	1
19142	경남 의령군	다문화가정 멘토링 사업	5,900	행정과	1	1	7	8	7	1	1	1
19143	경남 의령군	사랑의 김장담그기	6,000	행정과	1	1	7	8	7	1	1	1
19144	경남 의령군	나라사랑 태극기 보급	3,000	행정과	1	1	7	8	7	1	1	1
19145	경남 의령군	학생대상 통일현장 체험학습	8,000	행정과	1	1	7	8	7	1	1	1
19146	경남 의령군	통일 아카데미	12,000	행정과	1	1	7	8	7	1	1	1
19147	경남 의령군	법사랑위원 청소년선도활동	1,000	행정과	1	4	7	8	7	1	1	1
19148	경남 의령군	해병전우회 지역사회 봉사활동사업	2,000	행정과	1	4	7	8	7	1	1	1
19149	경남 의령군	의령-무안 합동위령제	1,000	행정과	1	1	7	8	7	1	1	1
19150	경남 의령군	어머니 포순이 봉사단	1,000	행정과	1	1	7	8	7	1	1	1
19151	경남 의령군	청소년 민주시민의식교육	2,000	행정과	1	1	7	8	7	1	1	1
19152	경남 의령군	효사랑 넘치는 의령군 만들기	1,000	행정과	1	1	7	8	7	1	1	1
19153	경남 의령군	민족통일 안보교육 및 현장순례	3,000	행정과	1	4	7	8	7	1	1	1
19154	경남 의령군	국민보도연맹사건 위령제 지원사업	4,000	행정과	1	1	7	8	7	1	1	1
19155	경남 의령군	행정민원 상담사업	5,000	행정과	1	1	7	8	7	1	1	1
19156	경남 의령군	쾌적한 지역사회 만들기 사업	2,100	행정과	1	1	7	8	7	1	1	1
19157	경남 의령군	정보화마을 활성화 지원	23,000	행정과	1	4	7	8	7	1	1	1
19158	경남 의령군	정보화마을 프로그램관리자 인건비	42,236	행정과	1	4	7	8	7	1	1	1
19159	경남 의령군	의병깃발 제작	15,000	문화관광과	1	4	7	8	7	1	1	4
19160	경남 의령군	우수예술단체 찾아가는 문화활동	190,000	문화관광과	1	4	7	8	7	1	1	4
19161	경남 의령군	도민예술단 시군순회 공연	25,000	문화관광과	1	4	7	8	7	1	1	4
19162	경남 의령군	지방문화원 사업활동비	43,300	문화관광과	1	1	7	8	7	1	1	4
19163	경남 의령군	문화원 향토사료 조사지원	25,000	문화관광과	1	1	7	8	7	1	1	4
19164	경남 의령군	문화원 문화행사 지원	19,400	문화관광과	1	1	7	8	7	1	1	4
19165	경남 의령군	노인 서실 운영 지원	24,000	문화관광과	1	1	7	8	7	1	1	4
19166	경남 의령군	지방문화원 어르신 문화프로그램 운영 지원	6,000	문화관광과	1	1	7	8	7	1	1	4
19167	경남 의령군	문화학교 운영 지원	19,300	문화관광과	1	1	7	8	7	1	1	4
19168	경남 의령군	한문학교 운영 지원	5,000	문화관광과	1	1	7	8	7	1	1	4
19169	경남 의령군	의령의 인물 학술세미나	30,000	문화관광과	1	1	7	8	7	1	1	4
19170	경남 의령군	의령의 언어와 문화 발간	20,000	문화관광과	1	1	7	8	7	1	1	4
19171	경남 의령군	전통민속놀이 및 오광대 전수	10,000	문화관광과	1	1	7	8	7	1	1	4
19172	경남 의령군	2021 경남민속예술축제 참가	20,000	문화관광과	1	1	7	8	7	1	1	4
19173	경남 의령군	일반생활체육지도자 인건비	213,805	문화관광과	1	4	7	8	7	1	1	1
19174	경남 의령군	어르신 생활체육지도자 인건비	140,910	문화관광과	1	4	7	8	7	1	1	4

순번	시군구	지출명 (사업명)	2021년예산 (단위:천원/1년간)	담당자 (공무원) 담당부서	민간이전 분류 (지방자치단체 세출예산 집행기준에 의거) 1. 민간경상사업보조(307-02) 2. 민간단체 법정운영비보조(307-03) 3. 민간행사사업보조(307-04) 4. 민간위탁금(307-05) 5. 사회복지시설 법정운영비보조(307-10) 6. 민간인위탁교육비(307-12) 7. 공기관등에대한경상적위탁사업비(308-11) 8. 민간자본사업보조,자체재원(402-01) 9. 민간자본사업보조,이전재원(402-02) 10. 민간위탁사업비(402-03) 11. 공기관등에 대한 자본적 대행사업비(403-02)	민간이전지출 근거 (지방보조금 관리기준 참고) 1. 법률에 규정 2. 국고보조 재원(국가지정) 3. 용도 지정 기부금 4. 조례에 직접규정 5. 지자체가 권장하는 사업을 하는 공공기관 6. 시,도 정책 및 재정사정 7. 기타 8. 해당없음	입찰방식 계약체결방법 (경쟁형태) 1. 일반경쟁 2. 제한경쟁 3. 지명경쟁 4. 수의계약 5. 법정위탁 6. 기타 ( ) 7. 해당없음	입찰방식 계약기간 1. 1년 2. 2년 3. 3년 4. 4년 5. 5년 6. 기타 ( )년 7. 단기계약 (1년미만) 8. 해당없음	입찰방식 낙찰자선정방법 1. 적격심사 2. 협상에의한계약 3. 최저가낙찰제 4. 규격가격분리 5. 2단계 경쟁입찰 6. 기타 ( ) 7. 해당없음	운영예산 산정 운영예산 산정 1. 내부산정 (지자체 자체적으로 산정) 2. 외부산정 (외부전문기관위탁 산정) 3. 내·외부 모두 산정 4. 산정 無 5. 해당없음	운영예산 산정 정산방법 1. 내부정산 (지자체 내부적으로 정산) 2. 외부정산 (외부전문기관위탁 정산) 3. 내·외부 모두 산정 4. 정산 無 5. 해당없음	성과평가 실시여부 1. 실시 2. 미실시 3. 향후 추진 4. 해당없음
19175	경남 의령군	생활체육교실 운영 지원	10,465	문화관광과	1	4	7	8	7	1	1	4
19176	경남 의령군	어린이 체능교실 운영	2,400	문화관광과	1	4	7	8	7	1	1	4
19177	경남 의령군	청소년 체련교실 운영	2,400	문화관광과	1	4	7	8	7	1	1	4
19178	경남 의령군	장수대학 운영	2,500	문화관광과	1	4	7	8	7	1	1	4
19179	경남 의령군	경남스포츠산업육성지원센터 의령거점센터 운영	196,500	문화관광과	1	4	7	8	7	1	1	4
19180	경남 의령군	향교 전통문화 계승사업	13,500	문화관광과	1	4	7	8	7	1	1	4
19181	경남 의령군	향교 충효교실 운영	11,000	문화관광과	1	4	7	8	7	1	1	4
19182	경남 의령군	의령큰줄땡기기 산재보험 및 고용보험료	200	문화관광과	1	7	7	8	7	1	1	1
19183	경남 의령군	의령큰줄땡기기 유네스코 공개행사 지원	2,000	문화관광과	1	7	7	8	7	1	1	1
19184	경남 의령군	무형문화재 기예능보유자 전승 교육	45,600	문화관광과	1	4	7	8	7	1	1	1
19185	경남 의령군	무형문화재 기예능보유자 후보 전승 교육	18,000	문화관광과	1	4	7	8	7	1	1	1
19186	경남 의령군	무형문화재 기예능보유단체 전승 교육	9,000	문화관광과	1	4	7	8	7	1	1	1
19187	경남 의령군	무형문화재 기예능보유단체 공개행사	4,200	문화관광과	1	4	7	8	7	1	1	1
19188	경남 의령군	무형문화재 기예능보유자 공개행사	2,200	문화관광과	1	4	7	8	7	1	1	1
19189	경남 의령군	의령군자연보호협의회 자연환경 보전활동	10,600	환경위생과	1	1	7	8	7	1	1	4
19190	경남 의령군	음식문화개선 등 물품비 지원	20,000	환경위생과	1	4	7	8	7	1	1	4
19191	경남 의령군	창업기업 신규고용인력 보조금 지원	6,000	일자리경제과	1	1	7	8	7	5	5	4
19192	경남 의령군	지식재산 창출지원사업	10,000	일자리경제과	1	4	7	8	7	1	1	4
19193	경남 의령군	시장경영바우처 지원사업	7,200	일자리경제과	1	2	7	8	7	1	1	1
19194	경남 의령군	의령전통시장 운영지원	8,000	일자리경제과	1	1	7	8	7	1	1	1
19195	경남 의령군	2021년 전통시장 지원사업	5,000	일자리경제과	1	1	7	8	7	1	1	1
19196	경남 의령군	신반전통시장 운영지원	9,000	일자리경제과	1	1	7	8	7	1	1	1
19197	경남 의령군	소상공인 소규모 경영환경개선사업	44,000	일자리경제과	1	4	7	8	7	1	1	1
19198	경남 의령군	발전소 주변지역 주민복지지원사업	12,900	일자리경제과	1	1	7	8	7	1	1	1
19199	경남 의령군	(예비)사회적기업 일자리창출 지원 사업	80,000	일자리경제과	1	1	7	8	7	5	1	1
19200	경남 의령군	사회적기업 사회보험료지원	1,333	일자리경제과	1	1	7	8	7	5	1	1
19201	경남 의령군	기초질서지키기 및 청소년 선도	6,000	일자리경제과	1	1	7	1	7	1	1	4
19202	경남 의령군	주부민방위대 운영	20,640	안전관리과	1	4	7	8	7	1	1	4
19203	경남 의령군	주부민방위기동대 안보결의 및 안전체험교육지원	2,500	안전관리과	1	4	7	8	7	1	1	4
19204	경남 의령군	유통장비 및 기자재 지원	8,074	산림휴양과	1	2	6	1	6	1	1	4
19205	경남 의령군	저장건조시설 지원	51,772	산림휴양과	1	2	6	1	6	1	1	4
19206	경남 의령군	가공장비 지원	1,360	산림휴양과	1	2	6	1	6	1	1	4
19207	경남 의령군	토양개량제 지원	8,620	산림휴양과	1	2	6	1	6	1	1	4
19208	경남 의령군	유기질비료 지원	35,100	산림휴양과	1	2	6	1	6	1	1	4
19209	경남 의령군	산림작물생산단지 공모사업	40,455	산림휴양과	1	2	6	1	6	1	1	4
19210	경남 의령군	산림작물생산단지 소액사업	18,494	산림휴양과	1	2	6	1	6	1	1	4
19211	경남 의령군	임산물 상품화 지원	25,238	산림휴양과	1	2	6	1	6	1	1	4
19212	경남 의령군	산림복합경영단지 공모사업(2019)	132,312	산림휴양과	1	2	6	3	6	1	1	4
19213	경남 의령군	산림복합경영단지 공모사업(2020)	88,208	산림휴양과	1	2	6	3	6	1	1	4
19214	경남 의령군	치매관리체계 구축	100,000	보건소	1	1	1	8	1	5	1	1
19215	경남 의령군	취약지역 응급의료기관 운영비 지원	400,000	보건소	1	2	7	8	7	5	1	1
19216	경남 의령군	지역 응급의료기관 육성	90,000	보건소	1	4	7	8	7	1	1	1
19217	경남 의령군	응급의료관리료 지원	20,000	보건소	1	4	7	8	7	1	1	1
19218	경남 의령군	365안심병동사업	103,200	보건소	1	2	7	8	7	5	1	1
19219	경남 의령군	공동브랜드 농산물 포장재비 지원	70,000	농업기술센터	1	1	7	8	7	1	1	2
19220	경남 의령군	공동브랜드 농산물 물류비 지원	280,000	농업기술센터	1	1	7	8	7	1	1	2
19221	경남 의령군	공동브랜드 고당도 수박 인센티브 지원	200,000	농업기술센터	1	1	7	8	7	1	1	2
19222	경남 의령군	양상추 공동출하회 포장재 지원(지자체 협력사업-동부농협)	30,000	농업기술센터	1	1	7	8	7	1	1	2
19223	경남 의령군	공동브랜드 농산물 판촉비 지원	49,000	농업기술센터	1	1	7	8	7	1	1	2
19224	경남 의령군	공동브랜드 농산물 출하처 수수료 지원	280,000	농업기술센터	1	1	7	8	7	1	1	2
19225	경남 의령군	공동브랜드 농산물 선별비 지원	210,000	농업기술센터	1	1	7	8	7	1	1	2

순번	시군구	지출명 (사업명)	2021년예산 (단위:천원/1년간)	담당자 (공무원) 담당부서	민간이전 분류 (지방자치단체 세출예산 집행기준에 의거) 1. 민간경상사업보조(307-02) 2. 민간단체 법정운영비보조(307-03) 3. 민간행사사업보조(307-04) 4. 민간위탁금(307-05) 5. 사회복지시설 법정운영비보조(307-10) 6. 민간인위탁교육비(307-12) 7. 공기관등에대한경상적위탁사업비(308-11) 8. 민간자본사업보조,자체재원(402-01) 9. 민간자본사업보조,이전재원(402-02) 10. 민간위탁사업비(402-03) 11. 공기관등에 대한 자본적 대행사업비(403-02)	민간이전지출 근거 (지방보조금 관리기준 참고) 1. 법률에 규정 2. 국고보조 재원(국가지정) 3. 용도 지정 기부금 4. 조례에 직접규정 5. 지자체가 권장하는 사업을 하는 공공기관 6. 시,도 정책 및 재정사정 7. 기타 8. 해당없음	입찰방식 계약체결방법 (경쟁형태) 1. 일반경쟁 2. 제한경쟁 3. 지명경쟁 4. 수의계약 5. 법정위탁 6. 기타 ( ) 7. 해당없음	입찰방식 계약기간 1. 1년 2. 2년 3. 3년 4. 4년 5. 5년 6. 기타 ( )년 7. 단기계약 (1년미만) 8. 해당없음	입찰방식 낙찰자선정방법 1. 적격심사 2. 협상에의한계약 3. 최저가낙찰제 4. 규격가격분리 5. 2단계 경쟁입찰 6. 기타 ( ) 7. 해당없음	운영예산 산정 운영예산 산정 1. 내부산정 (지자체 자체적으로 산정) 2. 외부산정 (외부전문기관위탁 산정) 3. 내·외부 모두 산정 4. 산정 無 5. 해당없음	운영예산 산정 정산방법 1. 내부정산 (지자체 내부적으로 정산) 2. 외부정산 (외부전문기관위탁 정산) 3. 내·외부 모두 산정 4. 정산 無 5. 해당없음	성과평가 실시여부 1. 실시 2. 미실시 3. 향후 추진 4. 해당없음
19226	경남 의령군	수출탑 수상농가 인센티브 지원	2,000	농업기술센터	1	8	7	8	7	5	5	4
19227	경남 의령군	수출농단 시설보완 사업	126,000	농업기술센터	1	8	7	8	7	5	5	4
19228	경남 의령군	농산물 수출물류비 지원	460,000	농업기술센터	1	8	7	8	7	5	5	4
19229	경남 의령군	수출 유망 농식품 가공상품화 지원	30,000	농업기술센터	1	8	7	8	7	5	5	4
19230	경남 의령군	수출분야 유공자 인센티브 지원	15,000	농업기술센터	1	8	7	8	7	5	5	4
19231	경남 의령군	직거래장터 개설 및 운영지원	40,000	농업기술센터	1	1	7	8	7	5	5	4
19232	경남 의령군	해외 마케팅 지원	20,000	농업기술센터	1	8	7	8	7	5	5	4
19233	경남 의령군	농촌융복합산업 활성화 맞춤형 지원	16,000	농업기술센터	1	1	7	8	7	5	5	4
19234	경남 의령군	농가형 가공제품 마케팅 기술지원	14,000	농업기술센터	1	4	7	8	7	5	5	4
19235	경남 의령군	한우거세사업	3,600	농업기술센터	1	6	7	8	7	1	1	4
19236	경남 의령군	한우등록사업	50,400	농업기술센터	1	6	7	8	7	1	1	4
19237	경남 의령군	한우암소 유전능력 평가사업	10,000	농업기술센터	1	6	7	1	7	1	1	4
19238	경남 의령군	송아지 생산성 향상사업	13,616	농업기술센터	1	6	7	8	7	1	1	4
19239	경남 의령군	우량암소 생산기반 구축사업	18,900	농업기술센터	1	6	7	8	7	1	1	4
19240	경남 의령군	토요애한우 브랜드 육성사업	150,000	농업기술센터	1	1	7	1	7	1	1	4
19241	경남 의령군	토요애한우 우수혈통관리사업	100,000	농업기술센터	1	1	7	8	7	1	1	4
19242	경남 의령군	한우 우수정액 지원사업	10,000	농업기술센터	1	1	7	8	7	1	1	4
19243	경남 의령군	한우 헬퍼 지원사업	5,000	농업기술센터	1	1	7	8	7	1	1	4
19244	경남 의령군	낙농 헬퍼 지원사업	15,000	농업기술센터	1	6	4	1	7	1	1	1
19245	경남 의령군	유우군 능력 검정사업	15,260	농업기술센터	1	2	4	1	7	1	1	1
19246	경남 의령군	젖소 능력 개량사업	15,312	농업기술센터	1	6	4	1	7	1	1	1
19247	경남 의령군	젖소 우수 정액지원	10,000	농업기술센터	1	1	4	1	7	1	1	1
19248	경남 의령군	학교우유급식 지원사업	84,710	농업기술센터	1	2	7	8	7	5	5	4
19249	경남 의령군	AI차단 위생난좌 지원사업	73,496	농업기술센터	1	6	7	8	7	5	5	4
19250	경남 의령군	면역증강제	12,000	농업기술센터	1	6	4	1	7	1	1	1
19251	경남 의령군	화분	6,000	농업기술센터	1	6	4	1	7	1	1	1
19252	경남 의령군	장원벌 종봉 지원사업	3,000	농업기술센터	1	1	4	1	7	1	1	1
19253	경남 의령군	강봉육성 양봉증식 지원사업	40,000	농업기술센터	1	1	4	1	7	1	1	1
19254	경남 의령군	양봉농가 소초광 지원사업	35,000	농업기술센터	1	1	4	1	7	1	1	1
19255	경남 의령군	우수싸움소 지원사업	120,000	농업기술센터	1	4	7	8	7	5	5	4
19256	경남 의령군	일반승마	54,880	농업기술센터	1	2	7	8	7	5	5	4
19257	경남 의령군	생활승마	4,160	농업기술센터	1	2	7	8	7	5	5	4
19258	경남 의령군	재활승마	5,040	농업기술센터	1	2	7	8	7	5	5	4
19259	경남 의령군	우수 축산물 인증 지원사업	10,000	농업기술센터	1	6	7	8	7	1	1	4
19260	경남 의령군	브랜드축산물 디자인, 포장개발 지원사업	3,250	농업기술센터	1	6	7	8	7	1	1	4
19261	경남 의령군	축산농가 사료첨가제 지원사업	28,962	농업기술센터	1	6	7	8	7	1	1	4
19262	경남 의령군	가축재해보험 지원사업	71,000	농업기술센터	1	1	7	8	7	5	5	4
19263	경남 의령군	조사료 생산기반 확충(원료구입)	200,000	농업기술센터	1	4	7	8	7	1	1	4
19264	경남 의령군	조사료 사일리지 제조비 지원사업	345,600	농업기술센터	1	2	7	8	7	5	5	4
19265	경남 의령군	조사료 생산용 종자구입 지원사업	126,000	농업기술센터	1	2	7	8	7	5	5	4
19266	경남 의령군	가축분뇨 액비살포비 지원사업	105,000	농업기술센터	1	2	7	8	7	1	1	4
19267	경남 의령군	가축분뇨 수분조절재 지원사업	260,000	농업기술센터	1	1	7	8	7	5	5	4
19268	경남 의령군	축산농가 악취방지 개선 지원사업	150,000	농업기술센터	1	1	7	8	7	5	5	4
19269	경남 의령군	가축분뇨 자연순환농업 지원사업	150,000	농업기술센터	1	1	7	8	7	5	5	4
19270	경남 의령군	가축분퇴비 발효부숙 촉진제 지원사업	30,000	농업기술센터	1	4	7	8	7	5	5	4
19271	경남 의령군	축산종합방역소 운영 지원	36,000	농업기술센터	1	6	7	1	7	1	1	2
19272	경남 의령군	전업농 구제역 백신	223,334	농업기술센터	1	2	7	8	7	5	5	4
19273	경남 의령군	돼지써코백신 지원	84,000	농업기술센터	1	2	7	8	7	5	5	4
19274	경남 의령군	농장 감염성 폐기물 처리	1,950	농업기술센터	1	6	7	8	7	5	5	4
19275	경남 의령군	동물 사체 랜더링 처리	4,250	농업기술센터	1	6	7	8	7	5	5	4
19276	경남 의령군	돼지소모성 질환 지도사업	12,000	농업기술센터	1	2	7	8	7	5	5	4

순번	시군구	지출명 (사업명)	2021년예산 (단위:천원/1년간)	담당자 (공무원) 담당부서	민간이전 분류 (지방자치단체 세출예산 집행기준에 의거) 1. 민간경상사업보조(307-02) 2. 민간단체 법정운영비보조(307-03) 3. 민간행사사업보조(307-04) 4. 민간위탁금(307-05) 5. 사회복지시설 법정운영비보조(307-10) 6. 민간인위탁교육비(307-12) 7. 공기관등에대한경상적위탁사업비(308-11) 8. 민간자본사업보조,자체재원(402-01) 9. 민간자본사업보조,이전재원(402-02) 10. 민간위탁사업비(402-03) 11. 공기관등에 대한 자본적 대행사업비(403-02)	민간이전지출 근거 (지방보조금 관리기준 참고) 1. 법률에 규정 2. 국고보조 재원(국가지정) 3. 용도 지정 기부금 4. 조례에 직접규정 5. 지자체가 권장하는 사업을 하는 공공기관 6. 시,도 정책 및 재정사정 7. 기타 8. 해당없음	입찰방식 계약체결방법 (경쟁형태) 1. 일반경쟁 2. 제한경쟁 3. 지명경쟁 4. 수의계약 5. 법정위탁 6. 기타 ( ) 7. 해당없음	입찰방식 계약기간 1. 1년 2. 2년 3. 3년 4. 4년 5. 5년 6. 기타 ( )년 7. 단기계약 (1년미만) 8. 해당없음	입찰방식 낙찰자선정방법 1. 적격심사 2. 협상에의한계약 3. 최저가낙찰제 4. 규격가격분리 5. 2단계 경쟁입찰 6. 기타 ( ) 7. 해당없음	운영예산 산정 운영예산 산정 1. 내부산정 (지자체 자체적으로 산정) 2. 외부산정 (외부전문기관위탁 산정) 3. 내·외부 모두 산정 4. 산정 無 5. 해당없음	운영예산 산정 정산방법 1. 내부정산 (지자체 내부적으로 정산) 2. 외부정산 (외부전문기관위탁 정산) 3. 내·외부 모두 산정 4. 정산 無 5. 해당없음	성과평가 실시여부 1. 실시 2. 미실시 3. 향후 추진 4. 해당없음
19277	경남 의령군	가금농가 질병관리 지원	36,000	농업기술센터	1	2	7	8	7	5	5	4
19278	경남 의령군	공동방제단 인건비 지원	103,067	농업기술센터	1	2	7	1	7	5	1	2
19279	경남 의령군	공동방제단 운영비 지원	116,531	농업기술센터	1	2	7	1	7	5	1	2
19280	경남 의령군	쇠고기 이력제 귀표부착비	42,480	농업기술센터	1	2	5	1	7	5	1	2
19281	경남 의령군	축산물 HACCP컨설팅 지원사업(농가)	11,200	농업기술센터	1	2	7	8	7	5	5	4
19282	경남 의령군	저소득계층 반려동물 진료비 지원	27,900	농업기술센터	1	6	7	8	7	5	5	4
19283	경남 의령군	반려동물 등록비용 지원	4,500	농업기술센터	1	6	7	8	7	5	5	4
19284	경남 의령군	식량작물 병해충 공동방제비 지원	3,200	농업정책과	1	6	7	8	7	5	5	4
19285	경남 의령군	토요애 작물(수박,양상추) 생산성 향상 자재지원	50,000	농업정책과	1	6	7	8	7	5	5	4
19286	경남 의령군	수박받침대 지원	20,000	농업정책과	1	6	7	8	7	5	5	4
19287	경남 의령군	농악단 운영지원	2,500	의령읍	1	8	7	8	7	1	1	4
19288	경남 의령군	농악단 운영지원	2,500	가례면	1	4	7	8	7	1	1	1
19289	경남 의령군	농악단 운영지원	2,500	칠곡면	1	4	7	8	7	1	1	1
19290	경남 의령군	농악단 운영지원	2,500	대의면	1	8	7	8	7	5	1	4
19291	경남 의령군	농악단 운영지원	2,500	화정면	1	4	7	8	7	1	1	1
19292	경남 의령군	읍면 체육대회	6,500	화정면	1	4	7	8	7	1	1	1
19293	경남 의령군	정월대보름 행사	1,000	화정면	1	4	7	8	7	1	1	1
19294	경남 의령군	홍의장군 축제	7,500	화정면	1	4	7	8	7	1	1	1
19295	경남 의령군	농악단 운영 지원	2,500	용덕면	1	1	7	8	7	1	1	4
19296	경남 의령군	읍면 체육대회	6,500	용덕면	1	1	7	8	7	1	1	4
19297	경남 의령군	정월대보름 행사	1,000	용덕면	1	1	7	8	7	1	1	4
19298	경남 의령군	홍의장군 축제	7,500	용덕면	1	1	7	8	7	1	1	4
19299	경남 의령군	농악단 운영지원	2,500	정곡면	1	4	7	8	7	5	5	4
19300	경남 의령군	읍면 체육대회	6,500	정곡면	1	4	7	8	7	5	5	4
19301	경남 의령군	정월대보름 행사	1,000	정곡면	1	4	7	8	7	5	5	4
19302	경남 의령군	홍의장군 축제	7,500	정곡면	1	4	7	8	7	5	5	4
19303	경남 의령군	6.25참전용사 추모제	2,000	지정면	1	4	7	8	7	1	1	1
19304	경남 의령군	농악단 운영지원	2,500	지정면	1	4	7	8	7	1	1	1
19305	경남 의령군	농악단 운영지원	2,500	낙서면	1	1	7	8	7	5	5	4
19306	경남 의령군	농악단 운영지원	2,500	부림면	1	4	7	8	7	1	1	1
19307	경남 의령군	농악단 운영지원	2,500	봉수면	1	4	7	8	7	1	1	1
19308	경남 의령군	농악단 운영지원	2,500	궁류면	1	8	7	8	7	5	1	4
19309	경남 의령군	농악단 운영지원	2,500	유곡면	1	4	7	8	7	1	1	1
19310	경남 의령군	읍면 체육대회	6,500	유곡면	1	4	7	8	7	1	1	1
19311	경남 의령군	정월대보름 행사	1,000	유곡면	1	4	7	8	7	1	1	1
19312	경남 의령군	홍의장군 축제	7,500	유곡면	1	4	7	8	7	1	1	1
19313	경남 의령군	귀농인 지역주민 초청행사 지원	5,000	농업기술센터 농업기술과	1	2	7	8	7	5	5	4
19314	경남 의령군	귀농창업 브랜드개발 지원	15,000	농업기술센터 농업기술과	1	2	7	8	7	5	5	4
19315	경남 의령군	귀농귀촌 연구회 지원	5,000	농업기술센터 농업기술과	1	2	7	8	7	5	5	4
19316	경남 의령군	귀농인의 집 조성지원	60,000	농업기술센터 농업기술과	1	2	7	8	7	5	5	4
19317	경남 의령군	의령에서 살아보기 프로그램 운영	10,000	농업기술센터 농업기술과	1	4	7	8	7	5	5	4
19318	경남 의령군	귀농인 안정 정착지원	2,700	농업기술센터 농업기술과	1	6	7	8	7	5	5	4
19319	경남 의령군	귀농창업 실행비 지급	10,000	농업기술센터 농업기술과	1	2	7	8	7	5	5	4
19320	경남 의령군	최고농업경영자과정 교육비 지원	9,996	농업기술센터 농업기술과	1	6	7	8	7	5	5	4
19321	경남 의령군	강소농 자율모임체 지원	6,000	농업기술센터 농업기술과	1	2	7	8	7	5	5	4
19322	경남 의령군	학교4-H 동아리 활동 지원	16,000	농업기술센터 농업기술과	1	6	7	8	7	5	5	4
19323	경남 의령군	4-H본부 교육지원	2,000	농업기술센터 농업기술과	1	6	7	8	7	5	5	4
19324	경남 의령군	청년4-H회 과제 교육 지원	5,000	농업기술센터 농업기술과	1	6	7	8	7	5	5	4
19325	경남 의령군	학교4-H회 과제 활동 지원	2,000	농업기술센터 농업기술과	1	6	7	8	7	5	5	4
19326	경남 의령군	정보화농업 활성화 지원	3,000	농업기술센터 농업기술과	1	6	7	8	7	5	5	4
19327	경남 의령군	농업인 학습단체 전문능력 배양지원	5,000	농업기술센터 농업기술과	1	6	7	8	7	5	5	4

순번	시군구	지출명 (사업명)	2021년예산 (단위:천원/1년간)	담당자 (공무원) 담당부서	민간이전 분류 (지방자치단체 세출예산 집행기준에 의거) 1. 민간경상사업보조(307-02) 2. 민간단체 법정운영비보조(307-03) 3. 민간행사사업보조(307-04) 4. 민간위탁금(307-05) 5. 사회복지시설 법정운영비보조(307-10) 6. 민간인위탁교육비(307-12) 7. 공기관등에대한경상적위탁사업비(308-11) 8. 민간자본사업보조,자체재원(402-01) 9. 민간자본사업보조,이전재원(402-02) 10. 민간위탁사업비(402-03) 11. 공기관등에 대한 자본적 대행사업비(403-02)	민간이전지출 근거 (지방보조금 관리기준 참고) 1. 법률에 규정 2. 국고보조 재원(국가지정) 3. 용도 지정 기부금 4. 조례에 직접규정 5. 지자체가 권장하는 사업을 하는 공공기관 6. 시,도 정책 및 재정사정 7. 기타 8. 해당없음	입찰방식 계약체결방법 (경쟁형태) 1. 일반경쟁 2. 제한경쟁 3. 지명경쟁 4. 수의계약 5. 법정위탁 6. 기타 ( ) 7. 해당없음	입찰방식 계약기간 1. 1년 2. 2년 3. 3년 4. 4년 5. 5년 6. 기타 ( )년 7. 단기계약 (1년미만) 8. 해당없음	입찰방식 낙찰자선정방법 1. 적격심사 2. 협상에의한계약 3. 최저가낙찰제 4. 규격가격분리 5. 2단계 경쟁입찰 6. 기타 ( ) 7. 해당없음	운영예산 산정 운영예산 산정 1. 내부산정 (지자체 자체적으로 산정) 2. 외부산정 (외부전문기관위탁 산정) 3. 내·외부 모두 산정 4. 산정 無 5. 해당없음	운영예산 산정 정산방법 1. 내부정산 (지자체 내부적으로 정산) 2. 외부정산 (외부전문기관위탁 정산) 3. 내·외부 모두 산정 4. 정산 無 5. 해당없음	성과평가 실시여부 1. 실시 2. 미실시 3. 향후 추진 4. 해당없음
19328	경남 의령군	농촌지도자 품목별 육성 지원	4,000	농업기술센터 농업기술과	1	6	7	8	7	5	5	4
19329	경남 의령군	농업신소득원 발굴 실증포장 운영시범	5,000	농업기술센터 농업기술과	1	6	7	8	7	5	5	4
19330	경남 의령군	우수품목별연구모임 활성화 지원	10,000	농업기술센터 농업기술과	1	4	7	8	7	5	5	4
19331	경남 의령군	품목별 농업인 연구모임체 육성	4,000	농업기술센터 농업기술과	1	2	7	8	7	5	5	4
19332	경남 의령군	도농교류 체험지원	4,000	농업기술센터 농업기술과	1	4	7	8	7	5	5	4
19333	경남 의령군	벤처농산업 온라인 판매망 구축 시범	16,000	농업기술센터 농업기술과	1	6	7	8	7	5	5	4
19334	경남 의령군	고품질 산초유 포장재 지원	25,000	농업기술센터 농업기술과	1	4	7	8	7	5	5	4
19335	경남 의령군	고품질 버섯 포장재 지원	45,000	농업기술센터 농업기술과	1	4	7	8	7	5	5	4
19336	경남 의령군	노후ICT기기점검 교체사업	9,000	농업기술센터 농업기술과	1	2	7	8	7	5	5	4
19337	경남 의령군	빅데이터 수집연계사업	1,500	농업기술센터 농업기술과	1	2	7	8	7	5	5	4
19338	경남 의령군	애호박 인큐베이터 포장지 지원	40,000	농업기술센터 농업기술과	1	4	7	8	7	5	5	4
19339	경남 의령군	시설과채류(멜론,토마토,딸기) 수정벌 지원	15,600	농업기술센터 농업기술과	1	4	7	8	7	5	5	4
19340	경남 의령군	감 생산농가 수정벌 지원사업	2,400	농업기술센터 농업기술과	1	4	7	8	7	5	5	4
19341	경남 의령군	시설과수 소포장 디자인 개발 지원	5,000	농업기술센터 농업기술과	1	4	7	8	7	5	5	4
19342	경남 의령군	농업기계보험 농가부담 보험료 지원	93,330	농업기술센터 농업기술과	1	6	7	8	7	5	5	4
19343	경남 의령군	독립유공자 묘지 안내판	1,200	사회복지과	1	4	7	8	7	1	1	1
19344	경남 의령군	읍면지역사회보장협의체 지역특화사업	10,900	사회복지과	1	1	7	8	7	1	1	1
19345	경남 의령군	읍면 자원봉사협의회 활동지원사업	11,700	사회복지과	1	1	7	8	7	1	1	1
19346	경남 의령군	자원봉사자 역량강화 및 활동 지원사업	3,000	사회복지과	1	1	7	8	7	1	1	1
19347	경남 의령군	재능기부연계 자원봉사자 활동 지원사업	3,000	사회복지과	1	1	7	8	7	1	1	1
19348	경남 의령군	장애인 편의증진 도모(업무용 장애인차량 운영비 지원)	4,000	주민행복과	1	1	7	8	7	1	1	4
19349	경남 의령군	독거노인중증장애인 응급안전알림서비스 운영	138,521	주민행복과	1	2	7	1	7	1	1	4
19350	경남 의령군	노인맞춤돌봄서비스 운영	1,657	주민행복과	1	2	7	1	7	1	1	4
19351	경남 의령군	ICT연계인공지능통합돌봄사업(AI스피커보급)	76,554	주민행복과	1	6	7	1	7	1	1	4
19352	경남 의령군	ICT연계인공지능통합돌봄사업(IOT센서보급)	28,453	주민행복과	1	6	7	1	7	1	1	4
19353	경남 의령군	대한노인회 정기총회 개최지원	5,000	주민행복과	1	4	7	8	7	5	5	4
19354	경남 의령군	경로식당 운영	87,507	주민행복과	1	6	7	1	7	1	1	4
19355	경남 의령군	예절학습당 운영	2,400	주민행복과	1	6	7	1	7	1	1	4
19356	경남 의령군	노인 여가선용 장려사업	16,500	주민행복과	1	6	7	1	7	1	1	4
19357	경남 의령군	장수사진 제작	3,000	주민행복과	1	4	7	1	7	1	1	1
19358	경남 의령군	여성단체협의회 봉사활동 지원	15,900	주민행복과	1	8	7	8	7	1	1	1
19359	경남 의령군	청소년 방과후 아카데미 운영	221,227	주민행복과	1	1	7	8	7	5	1	1
19360	경남 의령군	공공청소년 수련시설 지도자 인건비	22,404	주민행복과	1	2	7	8	7	5	1	1
19361	경남 의령군	공공청소년 수련시설 지도자 퇴직수당 지원	1,867	주민행복과	1	1	7	8	7	1	1	1
19362	경남 의령군	청소년 수련관 운영비	23,352	주민행복과	1	1	1	2	1	1	1	1
19363	경남 함안군	평생학습 동아리 지원	5,000	기획예산실	1	8	7	8	7	5	5	4
19364	경남 함안군	사회적기업 사회보험료 지원	29,333	혁신성장담당관	1	1	6	7	7	2	1	2
19365	경남 함안군	사회적기업 육성	246,667	혁신성장담당관	1	1	6	7	7	2	1	2
19366	경남 함안군	경남사회적경제 청년부흥프로젝트	57,600	혁신성장담당관	1	2	6	2	2	2	1	2
19367	경남 함안군	숨은자원 모으기 경진대회	5,000	행정과	1	4	7	8	7	1	1	1
19368	경남 함안군	사랑의 김장 담아드리기	5,000	행정과	1	4	7	8	7	1	1	1
19369	경남 함안군	국민독서경진 함안군 예선대회	3,000	행정과	1	4	7	8	7	1	1	1
19370	경남 함안군	내고장 명소가꾸기 운동	3,000	행정과	1	4	7	8	7	1	1	1
19371	경남 함안군	피서지 문고운영	1,000	행정과	1	4	7	8	7	1	1	1
19372	경남 함안군	도덕성 회복운동	4,000	행정과	1	4	7	8	7	1	1	1
19373	경남 함안군	사랑의 생신상 차려드리기	2,000	행정과	1	4	7	8	7	1	1	1
19374	경남 함안군	전국나라사랑 스피치대회	2,000	행정과	1	4	7	8	7	1	1	1
19375	경남 함안군	어머니 포순이 봉사단 운영	1,700	행정과	1	4	7	8	7	1	1	1
19376	경남 함안군	청소년 민주시민 교육	900	행정과	1	4	7	8	7	1	1	1
19377	경남 함안군	청소년 및 향군회원 안보교육 사업	3,000	행정과	1	4	7	8	7	1	1	1
19378	경남 함안군	방범취약지 야간순찰 및 거리질서 확립,자연정화활동	3,500	행정과	1	4	7	8	7	1	1	1

순번	시군구	지출명 (사업명)	2021년예산 (단위:천원/1년간)	담당자 (공무원) 담당부서	민간이전 분류 (지방자치단체 세출예산 집행기준에 의거) 1. 민간경상사업보조(307-02) 2. 민간단체 법정운영비보조(307-03) 3. 민간행사사업보조(307-04) 4. 민간위탁금(307-05) 5. 사회복지시설 법정운영비보조(307-10) 6. 민간인위탁교육비(307-12) 7. 공기관등에대한경상적위탁사업비(308-11) 8. 민간자본사업보조,자체재원(402-01) 9. 민간자본사업보조,이전재원(402-02) 10. 민간위탁사업비(402-03) 11. 공기관등에 대한 자본적 대행사업비(403-02)	민간이전지출 근거 (지방보조금 관리기준 참고) 1. 법률에 규정 2. 국고보조 재원(국가지정) 3. 용도 지정 기부금 4. 조례에 직접규정 5. 지자체가 권장하는 사업을 하는 공공기관 6. 시,도 정책 및 재정사정 7. 기타 8. 해당없음	입찰방식 계약체결방법 (경쟁형태) 1. 일반경쟁 2. 제한경쟁 3. 지명경쟁 4. 수의계약 5. 법정위탁 6. 기타 ( ) 7. 해당없음	입찰방식 계약기간 1. 1년 2. 2년 3. 3년 4. 4년 5. 5년 6. 기타 ( )년 7. 단기계약 (1년미만) 8. 해당없음	입찰방식 낙찰자선정방법 1. 적격심사 2. 협상에의한계약 3. 최저가낙찰제 4. 규격가격분리 5. 2단계 경쟁입찰 6. 기타 ( ) 7. 해당없음	운영예산 산정 운영예산 산정 1. 내부산정 (지자체 자체적으로 산정) 2. 외부산정 (외부전문기관위탁 산정) 3. 내·외부 모두 산정 4. 산정 無 5. 해당없음	운영예산 산정 정산방법 1. 내부정산 (지자체 내부적으로 정산) 2. 외부정산 (외부전문기관위탁 정산) 3. 내·외부 모두 산정 4. 정산 無 5. 해당없음	성과평가 실시여부 1. 실시 2. 미실시 3. 향후 추진 4. 해당없음
19379	경남 함안군	한국전쟁 경찰 승전기념 안보결의 및 환경정화활동	2,000	행정과	1	4	7	8	7	1	1	1
19380	경남 함안군	통일현장 체험학습	2,000	행정과	1	4	7	8	7	1	1	1
19381	경남 함안군	한국전쟁전후 함안지역 민간인희생자 합동추모제	2,000	행정과	1	4	7	8	7	1	1	1
19382	경남 함안군	범죄피해자 지원센터 운영	20,000	행정과	1	4	7	8	7	1	1	1
19383	경남 함안군	민주평통함안군협의회	60,000	행정과	1	4	7	8	7	1	1	1
19384	경남 함안군	모범이장 국내연수	40,000	행정과	1	4	7	8	7	1	1	1
19385	경남 함안군	자원봉사 활성화	2,200	행복나눔과	1	2	7	8	7	1	1	4
19386	경남 함안군	노인회(분회) 활성화 사업	12,000	주민복지과	1	6	7	8	7	5	5	4
19387	경남 함안군	건강가정 육성사업(부모교육)	2,000	주민복지과	1	6	7	8	7	1	1	4
19388	경남 함안군	여성단체협의회자원봉사활동비	2,500	주민복지과	1	6	7	8	7	1	1	4
19389	경남 함안군	보육시설 및 종사자 지원	7,000	주민복지과	1	4	7	8	7	1	1	1
19390	경남 함안군	환경보전을 위한 자연보호활동	4,000	환경과	1	1	7	8	7	5	5	4
19391	경남 함안군	조달청 다수공급자계약 등록 지원사업	2,000	경제기업과	1	6	7	8	7	1	1	1
19392	경남 함안군	근로자의 날 기념행사	3,000	경제기업과	1	6	7	8	7	1	1	1
19393	경남 함안군	중소기업 맞춤형 판로정보 제공 사업	20,000	경제기업과	1	4	1	1	1	1	3	1
19394	경남 함안군	국내외 국제 전시(박람)회 참가 지원	20,000	경제기업과	1	4	1	1	1	1	3	1
19395	경남 함안군	지역지식재산 창출 지원	20,000	경제기업과	1	4	1	1	1	1	3	1
19396	경남 함안군	창업기업 신규고용인력 보조금	246,000	경제기업과	1	4	1	1	1	1	3	1
19397	경남 함안군	해외지사화 참가업체 지원사업	10,000	경제기업과	1	4	1	1	1	1	3	1
19398	경남 함안군	함안 및 칠서 일반산업단지 통근버스 운행 지원	168,045	경제기업과	1	1	5	1	7	5	3	1
19399	경남 함안군	함안 및 칠서 일반산업단지 기숙사 임차비 지원	93,000	경제기업과	1	1	5	1	7	5	3	1
19400	경남 함안군	경제동향분석조사	50,000	경제기업과	1	7	7	1	7	1	1	3
19401	경남 함안군	착한가격업소 이용활성화 지원	4,800	경제기업과	1	7	7	1	7	1	1	3
19402	경남 함안군	소상공인 소규모 경영환경개선사업	40,000	경제기업과	1	7	7	1	7	1	1	3
19403	경남 함안군	전통시장 화재공제 지원사업	2,400	경제기업과	1	7	7	1	7	1	1	3
19404	경남 함안군	그린리더 육성교육	2,000	경제기업과	1	2	7	8	7	1	1	4
19405	경남 함안군	주민공모사업	20,000	도시건축과	1	8	7	8	7	5	5	4
19406	경남 함안군	호흡기 전담클리닉 설치운영 지원	100,000	보건행정과	1	2	7	1	7	5	1	4
19407	경남 함안군	취약지응급실 당직의료기관 지원	240,000	보건행정과	1	1	5	1	7	5	1	4
19408	경남 함안군	여성농업인 건강생활 문화교실 운영	5,000	농업정책과	1	7	7	8	7	1	1	1
19409	경남 함안군	재능나눔 힐링농업 행사 운영	4,000	농업정책과	1	7	7	8	7	1	1	1
19410	경남 함안군	농업경영인 지역리더 양성교육 운영	5,000	농업정책과	1	7	7	8	7	1	1	1
19411	경남 함안군	영호남 농업인 자매결연 교류사업	7,000	농업정책과	1	7	7	8	7	1	1	1
19412	경남 함안군	농민회 역량 강화 교육	2,000	농업정책과	1	7	7	8	7	1	1	1
19413	경남 함안군	농민회 우리농업지키는 여름농활	5,000	농업정책과	1	7	7	8	7	1	1	1
19414	경남 함안군	여성농민회 도시농촌 교류사업	4,000	농업정책과	1	7	7	8	7	1	1	1
19415	경남 함안군	농촌지도자 지역리더 양성교육	5,000	농업정책과	1	7	7	8	7	1	1	1
19416	경남 함안군	농업인 학습단체 전문능력 배양지원	16,000	농업정책과	1	7	7	8	7	1	1	1
19417	경남 함안군	농촌지도자회 농업 신소득원 발굴 실증포장 운영 시범	10,000	농업정책과	1	7	7	8	7	1	1	1
19418	경남 함안군	농촌지도자 품목별 육성지원	5,000	농업정책과	1	7	7	8	7	1	1	1
19419	경남 함안군	농촌지도자 양성교육	1,700	농업정책과	1	7	7	8	7	1	1	1
19420	경남 함안군	4-H본부 교육 지원	4,500	농업정책과	1	7	7	8	7	1	1	1
19421	경남 함안군	청년4-H 과제 교육 지원	6,000	농업정책과	1	7	7	8	7	1	1	1
19422	경남 함안군	학교4-H회 과제 활동 지원	2,000	농업정책과	1	7	7	8	7	1	1	1
19423	경남 함안군	여성농업인센터 운영지원	120,650	농업정책과	1	7	7	8	7	1	1	1
19424	경남 함안군	농어가도우미 지원	17,850	농업정책과	1	7	7	8	7	1	1	1
19425	경남 함안군	농번기 마을공동급식 지원	60,000	농업정책과	1	7	7	8	7	1	1	1
19426	경남 함안군	여성농업인 브라보바우처 지원	161,200	농업정책과	1	7	7	8	7	1	1	1
19427	경남 함안군	청년농업인 영농정착 지원사업	312,600	농업정책과	1	7	7	8	7	1	1	1
19428	경남 함안군	청년 농업인 취농직불제 사업	12,000	농업정책과	1	7	7	8	7	1	1	1
19429	경남 함안군	농촌재능나눔 활동지원	30,000	농업정책과	1	6	7	8	7	5	5	4

순번	시군구	지출명 (사업명)	2021년예산 (단위:천원/1년간)	담당자 (공무원)	민간이전 분류 (지방자치단체 세출예산 집행기준에 의거)	민간이전지출 근거 (지방보조금 관리기준 참고)	입찰방식			운영예산 산정		성과평가 실시여부
				담당부서	1. 민간경상사업보조(307-02) 2. 민간단체 법정운영비보조(307-03) 3. 민간행사사업보조(307-04) 4. 민간위탁금(307-05) 5. 사회복지시설 법정운영비보조(307-10) 6. 민간인위탁교육비(307-12) 7. 공기관등에대한경상적위탁사업비(308-11) 8. 민간자본사업보조,자체재원(402-01) 9. 민간자본사업보조,이전재원(402-02) 10. 민간위탁사업비(402-03) 11. 공기관등에 대한 자본적 대행사업비(403-02)	1. 법률에 규정 2. 국고보조 재원(국가지정) 3. 용도 지정 기부금 4. 조례에 직접규정 5. 지자체가 권장하는 사업을 하는 공공기관 6. 시,도 정책 및 재정사정 7. 기타 8. 해당없음	계약체결방법 (경쟁형태) 1. 일반경쟁 2. 제한경쟁 3. 지명경쟁 4. 수의계약 5. 법정위탁 6. 기타 ( ) 7. 해당없음	계약기간 1. 1년 2. 2년 3. 3년 4. 4년 5. 5년 6. 기타 ( )년 7. 단기계약 (1년미만) 8. 해당없음	낙찰자선정방법 1. 적격심사 2. 협상에의한계약 3. 최저가낙찰제 4. 규격가격분리 5. 2단계 경쟁입찰 6. 기타 ( ) 7. 해당없음	운영예산 산정 1. 내부산정 (지자체 자체적으로 산정) 2. 외부산정 (외부전문기관위탁 산정) 3. 내·외부 모두 산정 4. 산정 無 5. 해당없음	정산방법 1. 내부정산 (지자체 내부적으로 정산) 2. 외부정산 (외부전문기관위탁 정산) 3. 내·외부 모두 산정 4. 정산 無 5. 해당없음	1. 실시 2. 미실시 3. 향후 추진 4. 해당없음
19430	경남 함안군	정보화농업 활성화 시범사업	3,000	농업정책과	1	6	7	8	7	5	5	4
19431	경남 함안군	강소농 포장재 제작 및 지원	20,000	농업정책과	1	7	7	8	7	5	5	4
19432	경남 함안군	강소농 경영비 지원	20,000	농업정책과	1	7	7	8	7	5	5	4
19433	경남 함안군	농촌체험지도사 및 마을해설가 지원	2,400	농업정책과	1	7	7	8	7	1	1	4
19434	경남 함안군	귀농창업활성화 교육지원	10,000	농업정책과	1	7	7	8	7	5	5	4
19435	경남 함안군	농촌여성 리더 양성 연수	9,000	농업정책과	1	7	7	8	7	5	5	4
19436	경남 함안군	전통문화 계승교육	9,000	농업정책과	1	7	7	8	7	5	5	4
19437	경남 함안군	쌀소비 촉진 전통떡 만들기 체험교실 운영	6,000	농업정책과	1	7	7	8	7	5	5	4
19438	경남 함안군	도시 소비자와 커뮤니티	80,000	농업정책과	1	2	7	8	7	5	5	4
19439	경남 함안군	농촌여성농작업보조구지원	10,000	농업정책과	1	7	7	8	7	5	5	4
19440	경남 함안군	농작업안전사고예방보조구지원	30,000	농업정책과	1	7	7	8	7	5	5	4
19441	경남 함안군	작목별맞춤형안전관리실천시범	50,000	농업정책과	1	2	7	8	7	5	5	4
19442	경남 함안군	우수종자 차액지원	30,000	농축산과	1	4	7	8	7	5	5	4
19443	경남 함안군	벼 육묘용자재 지원사업	400,000	농축산과	1	4	7	8	7	5	5	4
19444	경남 함안군	벼 병해충 공동방제비 지원	1,230	농축산과	1	2	7	8	7	5	5	4
19445	경남 함안군	토양개량제지원	108,356	농축산과	1	2	7	8	7	1	1	1
19446	경남 함안군	유기질비료지원	2,504	농축산과	1	2	7	8	7	1	1	1
19447	경남 함안군	토종농산물증식포 운영	4,000	농축산과	1	1	7	8	7	1	1	1
19448	경남 함안군	송아지생산안정사업	15,000	농축산과	1	1	7	8	7	1	1	1
19449	경남 함안군	한우송아지 친자확인사업	42,000	농축산과	1	7	7	8	7	1	1	2
19450	경남 함안군	한우등록사업	32,640	농축산과	1	6	7	8	7	3	1	2
19451	경남 함안군	한우개량사업	10,000	농축산과	1	6	7	8	7	3	1	2
19452	경남 함안군	송아지생산성 향상사업	8,652	농축산과	1	6	7	8	7	1	1	1
19453	경남 함안군	한우 헬퍼지원사업	18,000	농축산과	1	6	7	8	7	1	1	1
19454	경남 함안군	우량암소 생산 기반구축사업	30,000	농축산과	1	6	7	8	7	1	1	1
19455	경남 함안군	위생원유 생산지원	20,000	농축산과	1	7	7	8	7	1	1	1
19456	경남 함안군	낙농헬퍼지원사업	60,000	농축산과	1	6	7	8	7	1	1	1
19457	경남 함안군	유우군 능력검정사업	30,772	농축산과	1	6	7	8	7	3	1	2
19458	경남 함안군	축산물브랜드 디자인 포장재지원사업	8,000	농축산과	1	6	7	8	7	1	1	1
19459	경남 함안군	축산농가 사료 첨가제지언	59,940	농축산과	1	6	7	8	7	1	1	1
19460	경남 함안군	위생난좌지원	65,600	농축산과	1	6	7	8	7	1	1	1
19461	경남 함안군	친환경 꿀벌 사양지원사업	48,000	농축산과	1	6	7	8	7	1	1	1
19462	경남 함안군	가축재해 보험지원	143,970	농축산과	1	6	7	8	7	1	1	1
19463	경남 함안군	조사료생산 확대사업(비닐 등)	45,000	농축산과	1	6	7	8	7	1	1	1
19464	경남 함안군	조사료생산용 종자구입 지원	105,000	농축산과	1	2	7	8	7	1	1	1
19465	경남 함안군	전문단지조성용 퇴액비 지원	7,500	농축산과	1	2	7	8	7	1	1	1
19466	경남 함안군	양돈 악취제거제 구입지원	100,000	농축산과	1	6	7	8	7	1	1	1
19467	경남 함안군	축사농가 악취제거제 구입지원	75,000	농축산과	1	6	7	8	7	1	1	1
19468	경남 함안군	가축분뇨 수분조절제 지원	90,000	농축산과	1	6	7	8	7	1	1	1
19469	경남 함안군	가축분뇨 액비살포비 지원	90,000	농축산과	1	2	7	8	7	1	1	1
19470	경남 함안군	축산종합방역소 운영지원	30,000	농축산과	1	4	7	8	7	1	1	1
19471	경남 함안군	돼지써코백신 구입지원	156,000	농축산과	1	2	7	8	7	1	1	1
19472	경남 함안군	가축질병 치료보험 지원	31,500	농축산과	1	4	7	8	7	1	1	1
19473	경남 함안군	전업농 구제역 백신 지원	308,818	농축산과	1	2	7	8	7	1	1	1
19474	경남 함안군	돼지소모성질환 지도지원	30,000	농축산과	1	2	7	8	7	1	1	1
19475	경남 함안군	가금농가 질병관리 지원	30,000	농축산과	1	2	7	8	7	1	1	1
19476	경남 함안군	소 이력추적제 지원	43,200	농축산과	1	2	7	8	7	1	1	1
19477	경남 함안군	작은도서관 문화행사비 지원	4,000	문화시설사업소	1	4	7	1	7	5	1	1
19478	경남 함안군	학생 승마체험(274명)	62,720	승마공원	1	2	7	8	7	1	1	1
19479	경남 함안군	유소년 승마단 창단 교육비	80,000	승마공원	1	2	7	8	7	1	1	1
19480	경남 함안군	유소년 승마단 운영 지원(가야초)	20,000	승마공원	1	2	7	8	7	1	1	1

순번	시군구	지출명 (사업명)	2021년예산 (단위:천원/1년간)	담당자 (공무원) 담당부서	민간이전 분류 (지방자치단체 세출예산 집행기준에 의거) 1. 민간경상사업보조(307-02) 2. 민간단체 법정운영비보조(307-03) 3. 민간행사사업보조(307-04) 4. 민간위탁금(307-05) 5. 사회복지시설 법정운영비보조(307-10) 6. 민간인위탁교육비(307-12) 7. 공기관등에대한경상적위탁사업비(308-11) 8. 민간자본사업보조,자체재원(402-01) 9. 민간자본사업보조,이전재원(402-02) 10. 민간위탁사업비(402-03) 11. 공기관등에 대한 자본적 대행사업비(403-02)	민간이전지출 근거 (지방보조금 관리기준 참고) 1. 법률에 규정 2. 국고보조 재원(국가지정) 3. 용도 지정 기부금 4. 조례에 직접규정 5. 지자체가 권장하는 사업을 하는 공공기관 6. 시,도 정책 및 재정사정 7. 기타 8. 해당없음	입찰방식 계약체결방법 (경쟁형태) 1. 일반경쟁 2. 제한경쟁 3. 지명경쟁 4. 수의계약 5. 법정위탁 6. 기타 ( ) 7. 해당없음	입찰방식 계약기간 1. 1년 2. 2년 3. 3년 4. 4년 5. 5년 6. 기타 ( )년 7. 단기계약 (1년미만) 8. 해당없음	입찰방식 낙찰자선정방법 1. 적격심사 2. 협상에의한계약 3. 최저가낙찰제 4. 규격가격분리 5. 2단계 경쟁입찰 6. 기타 ( ) 7. 해당없음	운영예산 산정 운영예산 산정 1. 내부산정 (지자체 자체적으로 산정) 2. 외부산정 (외부전문기관위탁 산정) 3. 내·외부 모두 산정 4. 산정 無 5. 해당없음	운영예산 산정 정산방법 1. 내부정산 (지자체 내부적으로 정산) 2. 외부정산 (외부전문기관위탁 정산) 3. 내·외부 모두 산정 4. 정산 無 5. 해당없음	성과평가 실시여부 1. 실시 2. 미실시 3. 향후 추진 4. 해당없음
19481	경남 함안군	외승로 이용료 지원	6,000	승마공원	1	2	7	8	7	1	1	1
19482	경남 창녕군	평화통일홍보 활동비	70,000	행정과	1	1	7	8	7	1	1	4
19483	경남 창녕군	이장협의회 육성	6,000	행정과	1	4	7	8	7	1	1	4
19484	경남 창녕군	한국전쟁전후 민간인 희생자 위령제	7,000	행정과	1	4	7	8	7	1	1	4
19485	경남 창녕군	밀양창녕범죄피해자지원센터 지원	20,000	행정과	1	1	7	8	7	1	1	4
19486	경남 창녕군	지역발전 조성 및 향토사업 등 지원	18,000	행정과	1	4	7	8	7	1	1	4
19487	경남 창녕군	법실서 확립 및 구호활동단체 등 지원	35,000	행정과	1	4	7	8	7	1	1	4
19488	경남 창녕군	군민 도덕성 및 정서 함양사업 등 지원	3,000	행정과	1	4	7	8	7	1	1	4
19489	경남 창녕군	통일대비 기반조성사업 등 지원	11,000	행정과	1	4	7	8	7	1	1	4
19490	경남 창녕군	창녕군 지방행정동우회 지원	2,000	행정과	1	1	7	8	7	1	1	4
19491	경남 창녕군	법무부 보호관찰위원 밀양창녕보호관찰소 협의회 지원	4,000	행정과	1	1	7	8	7	1	1	4
19492	경남 창녕군	새마을문고(도서 등)	10,000	행정과	1	1	7	8	7	1	1	4
19493	경남 창녕군	새마을문고 독서경진대회	3,000	행정과	1	1	7	8	7	1	1	4
19494	경남 창녕군	새마을문고 육성	15,000	행정과	1	1	7	8	7	1	1	4
19495	경남 창녕군	새마을운동 국제협력사업 지원	30,000	행정과	1	1	7	8	7	1	1	4
19496	경남 창녕군	국민운동단체 전국대회 등 지원	8,000	행정과	1	1	7	8	7	1	1	4
19497	경남 창녕군	바르게살기 핵심회원 교육지원	3,000	행정과	1	1	7	8	7	1	1	4
19498	경남 창녕군	한국자유총연맹 창녕군지회 안보현장 견학	5,000	행정과	1	1	7	8	7	1	1	4
19499	경남 창녕군	새마을운동 사업지 지원	33,600	행정과	1	1	7	8	7	1	1	4
19500	경남 창녕군	바르게살기운동 사업비 지원	20,800	행정과	1	1	7	8	7	1	1	4
19501	경남 창녕군	한국자유총연맹 사업비 지원	7,400	행정과	1	1	7	8	7	1	1	4
19502	경남 창녕군	새마을운동 홀몸노인 사랑잇기 사업지원	5,000	행정과	1	1	7	8	7	1	1	4
19503	경남 창녕군	어려운계층 군민위문 및 지원	37,000	주민복지과	1	1	5	8	7	5	1	1
19504	경남 창녕군	지역복지개선	6,000	주민복지과	1	1	1	7	7	1	1	1
19505	경남 창녕군	복지·일자리·보건 원스톱서비스	3,000	주민복지과	1	6	7	8	7	1	1	3
19506	경남 창녕군	보건복지전달체계 강화	83,000	주민복지과	1	2	7	8	7	1	1	3
19507	경남 창녕군	자원봉사센터 운영	2,200	주민복지과	1	6	7	8	7	5	1	1
19508	경남 창녕군	자원봉사활성화 추진	61,000	주민복지과	1	1	7	8	7	5	1	1
19509	경남 창녕군	보훈단체 안보견학	25,000	주민복지과	1	4	7	8	7	1	1	1
19510	경남 창녕군	전몰군경유족회 영천호국원 지킴이 활동	1,000	주민복지과	1	4	7	8	7	1	1	1
19511	경남 창녕군	전몰군경유족회 봉안관 위패관리	1,000	주민복지과	1	4	7	8	7	1	1	1
19512	경남 창녕군	전몰군경미망인회 국립묘지 참배	2,000	주민복지과	1	4	7	7	7	1	1	1
19513	경남 창녕군	무공수훈자(유족) 국립묘지 참배	2,000	주민복지과	1	4	7	7	7	1	1	1
19514	경남 창녕군	무공수훈자회 영웅들의 한마당 행사 참가	2,000	주민복지과	1	4	7	7	7	1	1	1
19515	경남 창녕군	월남전 참전자 미망인 국립묘지 참배	2,000	주민복지과	1	4	7	7	7	1	1	1
19516	경남 창녕군	고엽제의 날 위령제 및 만남의 장	3,000	주민복지과	1	4	7	7	7	1	1	1
19517	경남 창녕군	재향군인회 안보강연 및 안보견학	16,000	주민복지과	1	4	7	7	7	1	1	1
19518	경남 창녕군	재향군인회 안보계도활동	6,000	주민복지과	1	4	7	7	7	1	1	1
19519	경남 창녕군	6.25전몰군경자녀회 전적지 순례	2,500	주민복지과	1	4	7	7	7	1	1	1
19520	경남 창녕군	임진왜란 호국장령 추모제	4,000	주민복지과	1	4	7	7	7	1	1	1
19521	경남 창녕군	여성복지증진	10,000	노인여성아동과	1	7	7	8	7	5	1	1
19522	경남 창녕군	노인취업지원	54,800	노인여성아동과	1	1	7	8	7	1	1	4
19523	경남 창녕군	노인복지업무추진	19,200	노인여성아동과	1	6	7	8	7	1	1	4
19524	경남 창녕군	경로당 지원	150,000	노인여성아동과	1	4	7	8	7	1	1	2
19525	경남 창녕군	노인교육원 경로당회장 교육비 지원	13,000	노인여성아동과	1	4	7	8	7	1	1	2
19526	경남 창녕군	청소년 건전육성	70,000	노인여성아동과	1	8	5	1	7	1	1	2
19527	경남 창녕군	청소년 보호 및 선도	5,000	노인여성아동과	1	7	7	8	7	1	1	4
19528	경남 창녕군	청소년수련시설 운영 지원	299,426	노인여성아동과	1	7	7	8	7	1	1	4
19529	경남 창녕군	청소년지도사 배치지원	69,624	노인여성아동과	1	4	7	8	7	1	1	4
19530	경남 창녕군	지역청소년참여기구 운영	4,300	노인여성아동과	1	4	7	8	7	1	1	4
19531	경남 창녕군	아동위원활동지원	2,000	노인여성아동과	1	6	7	8	7	1	1	1

순번	시군구	지출명 (사업명)	2021년예산 (단위:천원/1년간)	담당자 (공무원) 담당부서	민간이전 분류 (지방자치단체 세출예산 집행기준에 의거) 1. 민간경상사업보조(307-02) 2. 민간단체 법정운영비보조(307-03) 3. 민간행사사업보조(307-04) 4. 민간위탁금(307-05) 5. 사회복지시설 법정운영비보조(307-10) 6. 민간인위탁교육비(307-12) 7. 공기관등에대한경상적위탁사업비(308-11) 8. 민간자본사업보조,자체재원(402-01) 9. 민간자본사업보조,이전재원(402-02) 10. 민간위탁사업비(402-03) 11. 공기관등에 대한 자본적 대행사업비(403-02)	민간이전지출 근거 (지방보조금 관리기준 참고) 1. 법률에 규정 2. 국고보조 재원(국가지정) 3. 용도 지정 기부금 4. 조례에 직접규정 5. 지자체가 권장하는 사업을 하는 공공기관 6. 시,도 정책 및 재정사정 7. 기타 8. 해당없음	입찰방식 계약체결방법 (경쟁형태) 1. 일반경쟁 2. 제한경쟁 3. 지명경쟁 4. 수의계약 5. 법정위탁 6. 기타 ( ) 7. 해당없음	입찰방식 계약기간 1. 1년 2. 2년 3. 3년 4. 4년 5. 5년 6. 기타 ( )년 7. 단기계약 (1년미만) 8. 해당없음	입찰방식 낙찰자선정방법 1. 적격심사 2. 협상에의한계약 3. 최저가낙찰제 4. 규격가격분리 5. 2단계 경쟁입찰 6. 기타 ( ) 7. 해당없음	운영예산 산정 운영예산 산정 1. 내부산정 (지자체 자체적으로 산정) 2. 외부산정 (외부전문기관위탁 산정) 3. 내·외부 모두 산정 4. 산정 無 5. 해당없음	운영예산 산정 정산방법 1. 내부정산 (지자체 내부적으로 정산) 2. 외부정산 (외부전문기관위탁 정산) 3. 내·외부 모두 산정 4. 정산 無 5. 해당없음	성과평가 실시여부 1. 실시 2. 미실시 3. 향후 추진 4. 해당없음
19532	경남 창녕군	창녕 낙동강 유채 축제	30,000	생태관광과	1	4	7	8	7	1	1	1
19533	경남 창녕군	부곡온천관광지 활성화	3,000	생태관광과	1	4	7	1	7	1	1	1
19534	경남 창녕군	생태관광지역 지정·육성	70,000	생태관광과	1	2	7	8	7	1	1	1
19535	경남 창녕군	마을미술 프로젝트 공모사업	150,000	생태관광과	1	2	7	8	7	1	2	1
19536	경남 창녕군	람사르습지도시 인증프로그램운영	160,000	생태관광과	1	2	7	8	7	1	1	1
19537	경남 창녕군	문화예술 활동지원	142,000	문화체육과	1	4	7	8	7	5	5	4
19538	경남 창녕군	전통민속문화활동 지원	109,000	문화체육과	1	4	7	8	7	5	5	4
19539	경남 창녕군	지방문화원 활동지원	52,000	문화체육과	1	1	7	8	7	5	5	4
19540	경남 창녕군	문화인프라 활동지원	41,000	문화체육과	1	1	7	8	7	5	5	4
19541	경남 창녕군	향교운영 지원	52,000	문화체육과	1	4	7	8	7	5	5	4
19542	경남 창녕군	시군 향교 충효교실 운영	22,000	문화체육과	1	4	7	8	7	5	5	4
19543	경남 창녕군	향교 전통문화 계승사업	27,000	문화체육과	1	4	7	8	7	5	5	4
19544	경남 창녕군	향교서원 문화재 활용사업	77,500	문화체육과	1	4	7	8	7	5	5	4
19545	경남 창녕군	3.1민속문화제 지원	160,000	문화체육과	1	4	7	8	7	5	5	4
19546	경남 창녕군	비사벌문화제 지원	260,000	문화체육과	1	4	7	8	7	5	5	4
19547	경남 창녕군	제41회 경상남도 민속예술축제 지원	10,000	문화체육과	1	4	7	8	7	5	5	4
19548	경남 창녕군	체육단체 지원	8,000	문화체육과	1	4	7	8	7	5	5	4
19549	경남 창녕군	꿈나무 육성지원	278,000	문화체육과	1	4	7	8	7	5	5	4
19550	경남 창녕군	일반 생활체육지도자 배치	185,328	문화체육과	1	4	7	8	7	5	5	4
19551	경남 창녕군	어르신 생활체육지도자 배치	219,816	문화체육과	1	4	7	8	7	5	5	4
19552	경남 창녕군	장애인생활체육지도자 배치	32,832	문화체육과	1	4	7	8	7	5	5	4
19553	경남 창녕군	생활체육대회 지원	8,000	문화체육과	1	4	7	8	7	5	5	4
19554	경남 창녕군	생활체육 프로그램 지원	9,792	문화체육과	1	4	7	8	7	5	5	4
19555	경남 창녕군	생활체육교실	19,112	문화체육과	1	4	7	8	7	5	5	4
19556	경남 창녕군	장애인 생활체육 지원	8,318	문화체육과	1	4	7	8	7	5	5	4
19557	경남 창녕군	전국규모 체육대회 유치 및 축구단 지원	1,880	문화체육과	1	4	7	8	7	5	5	4
19558	경남 창녕군	체육인의 밤 행사	50,000	문화체육과	1	4	7	8	7	5	5	4
19559	경남 창녕군	지방의제21 추진	15,000	환경위생과	1	4	7	8	7	5	5	4
19560	경남 창녕군	국토대청소활동	11,000	환경위생과	1	6	7	8	7	5	5	4
19561	경남 창녕군	생태계교란 외래동.식물퇴치사업	10,000	환경위생과	1	4	7	8	7	5	5	4
19562	경남 창녕군	부정·불량식품 홍보 및 단속	45,000	환경위생과	1	4	7	8	7	5	5	4
19563	경남 창녕군	장마분산센터 운영	4,000	우포따오기과	1	4	7	8	7	1	1	4
19564	경남 창녕군	시군역량강화사업(창녕군)	20,000	건설교통과	1	7	1	1	1	1	1	3
19565	경남 창녕군	교통질서 계도 및 확립	3,000	건설교통과	1	1	7	8	7	5	5	4
19566	경남 창녕군	정보화마을 활성화 지원	16,000	일자리경제과	1	4	7	8	7	5	5	1
19567	경남 창녕군	정보화마을 프로그램관리자 육성	43,139	일자리경제과	1	4	7	8	7	5	5	1
19568	경남 창녕군	지역산업맞춤형 공모 지원	70,000	일자리경제과	1	2	7	1	7	1	1	4
19569	경남 창녕군	사회적기업 일자리창출사업	17,333	일자리경제과	1	1	7	8	7	5	5	1
19570	경남 창녕군	경남 사회적경제 청년부흥 프로젝트사업	100,800	일자리경제과	1	6	7	8	7	5	5	1
19571	경남 창녕군	공예품 개발 지원	2,400	일자리경제과	1	6	7	8	7	1	1	4
19572	경남 창녕군	소상공인 지원	100,000	일자리경제과	1	3	7	8	7	1	1	1
19573	경남 창녕군	중소기업 육성지원	18,000	일자리경제과	1	4	7	8	7	5	5	4
19574	경남 창녕군	창업기업등 신규고용 인력보조금 지원사업	30,000	일자리경제과	1	4	7	8	7	5	5	4
19575	경남 창녕군	농업인단체 육성	74,000	농업정책과	1	4	7	8	7	5	1	1
19576	경남 창녕군	미곡종합처리장건조저장시설사업	324,000	농업정책과	1	5	4	7	2	1	1	3
19577	경남 창녕군	농번기 마을공동급식 지원사업	28,000	농업정책과	1	6	7	8	7	5	1	1
19578	경남 창녕군	여성농업인 바우처 지원사업	239,200	농업정책과	1	6	7	8	7	5	1	1
19579	경남 창녕군	농촌관광 주체육성지원	2,131	농업정책과	1	2	7	8	7	1	1	1
19580	경남 창녕군	체험마을리더 교육 지원	960	농업정책과	1	2	7	8	7	1	1	1
19581	경남 창녕군	농촌체험마을사무장채용	47,520	농업정책과	1	2	7	8	7	1	1	1
19582	경남 창녕군	귀농인 육성지원	176,000	농업정책과	1	4	7	8	7	5	5	4

순번	시군구	지출명 (사업명)	2021년예산 (단위:천원/1년간)	담당자 (공무원) 담당부서	민간이전 분류 (지방자치단체 세출예산 집행기준에 의거) 1. 민간경상사업보조(307-02) 2. 민간단체 법정운영비보조(307-03) 3. 민간행사사업보조(307-04) 4. 민간위탁금(307-05) 5. 사회복지시설 법정운영비보조(307-10) 6. 민간인위탁교육비(307-12) 7. 공기관등에대한경상적위탁사업비(308-11) 8. 민간자본사업보조,자체재원(402-01) 9. 민간자본사업보조,이전재원(402-02) 10. 민간위탁사업비(402-03) 11. 공기관등에 대한 자본적 대행사업비(403-02)	민간이전지출 근거 (지방보조금 관리기준 참고) 1. 법률에 규정 2. 국고보조 재원(국가지정) 3. 용도 지정 기부금 4. 조례에 직접규정 5. 지자체가 권장하는 사업을 하는 공공기관 6. 시,도 정책 및 재정사정 7. 기타 8. 해당없음	입찰방식 계약체결방법 (경쟁형태) 1. 일반경쟁 2. 제한경쟁 3. 지명경쟁 4. 수의계약 5. 법정위탁 6. 기타 ( ) 7. 해당없음	입찰방식 계약기간 1. 1년 2. 2년 3. 3년 4. 4년 5. 5년 6. 기타 ( )년 7. 단기계약 (1년미만) 8. 해당없음	입찰방식 낙찰자선정방법 1. 적격심사 2. 협상에의한계약 3. 최저가낙찰제 4. 규격가격분리 5. 2단계 경쟁입찰 6. 기타 ( ) 7. 해당없음	운영예산 산정 운영예산 산정 1. 내부산정 (지자체 자체적으로 산정) 2. 외부산정 (외부전문기관위탁 산정) 3. 내·외부 모두 산정 4. 산정 無 5. 해당없음	운영예산 산정 정산방법 1. 내부정산 (지자체 내부적으로 정산) 2. 외부정산 (외부전문기관위탁 정산) 3. 내·외부 모두 산정 4. 정산 無 5. 해당없음	성과평가 실시여부 1. 실시 2. 미실시 3. 향후 추진 4. 해당없음
19583	경남 창녕군	도시민농촌유치사업	24,000	농업정책과	1	2	7	8	7	5	5	4
19584	경남 창녕군	귀농인 안정정착 지원	13,500	농업정책과	1	4	7	8	7	5	5	4
19585	경남 창녕군	청년농업인 영농정착지원	404,200	농업정책과	1	2	7	8	7	5	5	4
19586	경남 창녕군	농촌체험지도사 양성지원	1,200	농업정책과	1	6	7	8	7	1	1	1
19587	경남 창녕군	청년어업인 영어정착지원사업	11,800	농업정책과	1	2	7	8	7	5	5	4
19588	경남 창녕군	청년농업인 취농직불제	180,000	농업정책과	1	2	7	8	7	5	5	4
19589	경남 창녕군	농촌고용인력지원사업	100,000	농업정책과	1	2	7	1	7	1	1	4
19590	경남 창녕군	벼 종자 구입비 지원	90,000	농업정책과	1	6	7	7	7	1	1	4
19591	경남 창녕군	쌀전업농 육성지원	3,000	농업정책과	1	4	7	8	7	5	5	4
19592	경남 창녕군	농업경영컨설팅	79,334	농업정책과	1	2	7	8	7	1	1	1
19593	경남 창녕군	친환경 쌀 생산단지	8,400	농업정책과	1	4	7	8	7	5	5	4
19594	경남 창녕군	친환경농업지구조성	82,000	농업정책과	1	4	7	8	7	5	5	4
19595	경남 창녕군	경남 공익형 직불제	120,000	농업정책과	1	6	7	8	7	5	5	4
19596	경남 창녕군	유기농업자재 지원	22,870	농업정책과	1	2	7	8	7	5	5	4
19597	경남 창녕군	유기질비료 지원	2,775	농업정책과	1	2	7	7	7	1	3	1
19598	경남 창녕군	토양개량제 지원	294,200	농업정책과	1	2	7	7	7	1	3	1
19599	경남 창녕군	토종농산물보존육성	14,000	농업정책과	1	6	7	7	7	1	3	1
19600	경남 창녕군	조사료생산용 사일리지제조 지원	243,000	농축산유통과	1	1	7	8	7	5	5	4
19601	경남 창녕군	한우개량사업	180,000	농축산유통과	1	1	7	8	7	5	5	4
19602	경남 창녕군	민속투우육성지원(자)	64,500	농축산유통과	1	1	7	8	7	5	5	4
19603	경남 창녕군	학교우유급식 지원	107,500	농축산유통과	1	1	7	8	7	5	5	4
19604	경남 창녕군	낙농헬퍼 지원사업	30,000	농축산유통과	1	1	7	8	7	5	5	4
19605	경남 창녕군	고품질 한우산업 육성	84,200	농축산유통과	1	1	7	8	7	5	5	4
19606	경남 창녕군	학생승마체험	42,240	농축산유통과	1	1	7	8	7	5	5	4
19607	경남 창녕군	유소년 승마단 창단운영 지원	20,000	농축산유통과	1	1	7	8	7	5	5	4
19608	경남 창녕군	한우농가 헬퍼 지원	8,500	농축산유통과	1	1	7	8	7	5	5	4
19609	경남 창녕군	우량암소 생산기반 구축	7,500	농축산유통과	1	1	7	8	7	5	5	4
19610	경남 창녕군	자체한우지원사업	42,300	농축산유통과	1	1	7	8	7	5	5	4
19611	경남 창녕군	가축전염병 방역사업 지원	138,000	농축산유통과	1	1	7	8	7	5	5	4
19612	경남 창녕군	구제역 및 AI 예방약품 구입 지원	24,000	농축산유통과	1	1	7	8	7	5	5	4
19613	경남 창녕군	공동방제단 운영	154,602	농축산유통과	1	1	7	8	7	5	5	4
19614	경남 창녕군	공동방제단 운영	137,154	농축산유통과	1	1	7	8	7	5	5	4
19615	경남 창녕군	구제역 및 AI 예방약품 구입지원(닭진드기 공동방제 지원사업)	28,800	농축산유통과	1	1	7	8	7	5	5	4
19616	경남 창녕군	구제역 및 AI 예방약품 구입 지원(돼지 소모성 질환 지도사업)	30,000	농축산유통과	1	1	7	8	7	5	5	4
19617	경남 창녕군	축산물위해 사전관리 기반조성 지원(축산물 HACCP컨설팅)	8,400	농축산유통과	1	1	7	8	7	5	5	4
19618	경남 창녕군	안전관리인증(HACCP) 축산농가 및 영업장 지원사업	3,000	농축산유통과	1	1	7	8	7	5	5	4
19619	경남 창녕군	축산물이력관리 지원(쇠고기 이력제 귀표부착비)	67,920	농축산유통과	1	1	7	8	7	5	5	4
19620	경남 창녕군	축산물 디자인 · 포장재 개발지원사업	6,500	농축산유통과	1	1	7	8	7	5	5	4
19621	경남 창녕군	구제역 및 AI 예방약품 구입 지원	29,700	농축산유통과	1	1	7	8	7	5	5	4
19622	경남 창녕군	축산관련차량 GPS 단말기 상시 전원공급체계 구축	6,000	농축산유통과	1	1	7	8	7	5	5	4
19623	경남 창녕군	구제역 백신 지원(전업농 구제역 백신)	398,440	농축산유통과	1	1	7	8	7	5	5	4
19624	경남 창녕군	유기·유실동물 관리수준 개선 지원(구조·구호비 지원)	3,000	농축산유통과	1	1	7	8	7	5	5	4
19625	경남 창녕군	자체방역사업 추진	40,650	농축산유통과	1	1	7	8	7	5	5	4
19626	경남 창녕군	가축분뇨액비살포비 지원	150,000	농축산유통과	1	2	7	8	7	5	5	4
19627	경남 창녕군	농축특산물포장재 지원	230,000	농축산유통과	1	4	7	8	7	5	5	4
19628	경남 창녕군	농산물 공선회 육성 지원	450,000	농축산유통과	1	2	7	8	7	5	5	4
19629	경남 창녕군	산지유통활성화 구축사업	112,000	농축산유통과	1	4	7	8	7	5	5	4
19630	경남 창녕군	산지통합마케팅 지원	18,000	농축산유통과	1	2	7	8	7	5	5	4
19631	경남 창녕군	공동선별비	162,000	농축산유통과	1	2	7	8	7	5	5	4
19632	경남 창녕군	수출농가·업체 시설지원	35,000	농축산유통과	1	4	7	8	7	5	5	4
19633	경남 창녕군	해외시장 개척 지원	15,000	농축산유통과	1	4	7	8	7	5	5	4

순번	시군구	지출명 (사업명)	2021년예산 (단위:천원/1년간)	담당자 (공무원) 담당부서	민간이전 분류 (지방자치단체 세출예산 집행기준에 의거) 1. 민간경상사업보조(307-02) 2. 민간단체 법정운영비보조(307-03) 3. 민간행사사업보조(307-04) 4. 민간위탁금(307-05) 5. 사회복지시설 법정운영비보조(307-10) 6. 민간인위탁교육비(307-12) 7. 공기관등에대한경상적위탁사업비(308-11) 8. 민간자본사업보조,자체재원(402-01) 9. 민간자본사업보조,이전재원(402-02) 10. 민간위탁사업비(402-03) 11. 공기관등에 대한 자본적 대행사업비(403-02)	민간이전지출 근거 (지방보조금 관리기준 참고) 1. 법률에 규정 2. 국고보조 재원(국가지정) 3. 용도 지정 기부금 4. 조례에 직접규정 5. 지자체가 권장하는 사업을 하는 공공기관 6. 시,도 정책 및 재정사정 7. 기타 8. 해당없음	입찰방식 계약체결방법 (경쟁형태) 1. 일반경쟁 2. 제한경쟁 3. 지명경쟁 4. 수의계약 5. 법정위탁 6. 기타 ( ) 7. 해당없음	입찰방식 계약기간 1. 1년 2. 2년 3. 3년 4. 4년 5. 5년 6. 기타 ( )년 7. 단기계약 (1년미만) 8. 해당없음	입찰방식 낙찰자선정방법 1. 적격심사 2. 협상에의한계약 3. 최저가낙찰제 4. 규격가격분리 5. 2단계 경쟁입찰 6. 기타 ( ) 7. 해당없음	운영예산 산정 운영예산 산정 1. 내부산정 (지자체 자체적으로 산정) 2. 외부산정 (외부전문기관위탁 산정) 3. 내·외부 모두 산정 4. 산정 無 5. 해당없음	운영예산 산정 정산방법 1. 내부정산 (지자체 내부적으로 정산) 2. 외부정산 (외부전문기관위탁 정산) 3. 내·외부 모두 산정 4. 정산 無 5. 해당없음	성과평가 실시여부 1. 실시 2. 미실시 3. 향후 추진 4. 해당없음
19634	경남 창녕군	수출농업단지 지역주도 청년일자리 지원	16,400	농축산유통과	1	2	7	8	7	5	5	4
19635	경남 창녕군	축제 박람회 참가 지원	3,000	농축산유통과	1	4	7	8	7	5	5	4
19636	경남 창녕군	특판행사 및 직판장 운영	10,000	농축산유통과	1	4	7	8	7	5	5	4
19637	경남 창녕군	공동체지원농업(CSA) 활성화 지원	35,000	농축산유통과	1	6	7	8	7	5	5	4
19638	경남 창녕군	국산 식재료 공동구매 조직화 사업	10,000	농축산유통과	1	1	7	8	7	5	5	4
19639	경남 창녕군	농촌융복합산업 활성화 맞춤형 지원사업	24,000	농축산유통과	1	6	7	8	7	5	5	4
19640	경남 창녕군	경남한우 공동브랜드 육성	65,000	농축산유통과	1	1	7	8	7	5	5	4
19641	경남 창녕군	농촌신활력플러스사업	150,000	농축산유통과	1	2	7	8	7	5	5	4
19642	경남 창녕군	농촌신활력플러스사업	67,200	농축산유통과	1	2	7	8	7	5	5	4
19643	경남 창녕군	학습단체 육성지원	77,100	기술지원과	1	4	7	8	7	5	5	4
19644	경남 창녕군	전문농업인 육성지원	39,000	기술지원과	1	6	7	8	7	5	5	4
19645	경남 창녕군	청년농업인 경쟁력 제고 사업	90,000	기술지원과	1	2	7	8	7	5	5	4
19646	경남 창녕군	귀농창업활성화 지원	10,000	기술지원과	1	2	7	8	7	5	5	4
19647	경남 창녕군	강소농 육성 지원	5,000	기술지원과	1	2	7	8	7	5	5	4
19648	경남 창녕군	농작업환경개선	30,000	기술지원과	1	6	7	8	7	5	5	4
19649	경남 창녕군	생활자원 기반조성 및 농촌여성 육성	65,000	기술지원과	1	4	7	8	7	5	5	4
19650	경남 창녕군	생활정보지원	11,000	기술지원과	1	6	7	8	7	5	5	4
19651	경남 창녕군	농작업 재해예방 안전기술 능력배양	5,000	기술지원과	1	6	7	8	7	5	5	4
19652	경남 창녕군	농촌어르신 복지실천	60,000	기술지원과	1	6	7	8	7	5	5	4
19653	경남 창녕군	농촌노인활력화지원	20,000	기술지원과	1	6	7	8	7	5	5	4
19654	경남 창녕군	작목별 맞춤형 안전관리 실천시범	50,000	기술지원과	1	6	7	8	7	5	5	4
19655	경남 창녕군	창녕향토음식경연대회	70,000	기술지원과	1	4	7	8	7	5	5	4
19656	경남 창녕군	농촌체험활동활성화	49,000	기술지원과	1	6	7	8	7	5	5	4
19657	경남 창녕군	채소류생산안정지원사업	1,309	기술지원과	1	6	7	8	7	5	5	4
19658	경남 창녕군	농산물 수급안정 지원사업	210,000	기술지원과	1	2	7	8	7	5	5	4
19659	경남 창녕군	스마트팜 권역별 현장지원센터 지원사업	21,200	기술지원과	1	2	7	8	7	5	5	4
19660	경남 창녕군	농산물품질고급화	3,000	기술지원과	1	6	7	8	7	5	5	4
19661	경남 창녕군	초등 돌봄교실 과일간식 지원사업	27,220	기술지원과	1	2	7	8	7	5	5	4
19662	경남 창녕군	365안심병동사업 운영비 지원	412,500	보건소 보건정책과	1	2	7	1	7	5	2	4
19663	경남 창녕군	취약지역 응급의료기관 운영비 지원	240,000	보건소 보건정책과	1	4	7	1	7	3	1	1
19664	경남 고성군	청년동아리 운영 지원사업	20,000	군정혁신담당관	1	4	7	8	7	5	5	4
19665	경남 고성군	사회적기업육성 일자리창출 지원	180,000	군정혁신담당관	1	2	7	8	7	5	5	4
19666	경남 고성군	사회적기업 육성 사회보험료지원	56,000	군정혁신담당관	1	2	7	8	7	5	5	4
19667	경남 고성군	주민공모사업 추진	50,000	군정혁신담당관	1	4	7	8	7	5	5	4
19668	경남 고성군	공동체활성화 사업 추진	31,440	군정혁신담당관	1	4	7	8	7	5	5	4
19669	경남 고성군	주민자치회 자치활동 지원	79,260	군정혁신담당관	1	4	7	8	7	5	5	4
19670	경남 고성군	상리면주민자치회 사랑의 꽃, 채소 나눔 하우스 육묘장 조성사업	25,000	군정혁신담당관	1	6	7	8	7	5	5	4
19671	경남 고성군	주민자치회 자치사업	150,000	군정혁신담당관	1	4	7	8	7	5	5	4
19672	경남 고성군	정보화마을 활성화 지원금	8,000	군정혁신담당관	1	1	7	8	7	5	5	4
19673	경남 고성군	자원봉사센터운영 및 봉사자 관리	2,000	주민생활과	1	7	7	7	7	1	1	4
19674	경남 고성군	자원봉사자역량강화및 활동지원	9,000	주민생활과	1	1	7	7	7	1	1	4
19675	경남 고성군	평생학습 우수동아리 육성 지원	15,000	교육청소년과	1	7	1	1	6	1	1	1
19676	경남 고성군	사무국장 인건비	31,000	문화관광과	1	4	7	8	7	1	1	1
19677	경남 고성군	운영비(사무원 2인 인건비 포함)	98,000	문화관광과	1	4	7	8	7	1	1	1
19678	경남 고성군	대한민국 행촌 서예대전	30,000	문화관광과	1	4	7	8	7	1	1	1
19679	경남 고성군	고성지킴이 행사 지원	15,000	문화관광과	1	4	7	8	7	1	1	1
19680	경남 고성군	소가야풍물단 풍물교실 지원	5,000	문화관광과	1	4	7	8	7	1	1	1
19681	경남 고성군	정월대보름 달집놀이 행사 지원	39,000	문화관광과	1	4	7	8	7	1	1	1
19682	경남 고성군	은정자동제	1,000	문화관광과	1	4	7	8	7	1	1	1
19683	경남 고성군	전승목당산제	2,000	문화관광과	1	4	7	8	7	1	1	1
19684	경남 고성군	고성 구전설화 자료발굴 채록사업	16,675	문화관광과	1	4	7	8	7	5	5	4

순번	시군구	지출명 (사업명)	2021년예산 (단위:천원/1년간)	담당자 (공무원) 담당부서	민간이전 분류 (지방자치단체 세출예산 집행기준에 의거) 1. 민간경상사업보조(307-02) 2. 민간단체 법정운영비보조(307-03) 3. 민간행사사업보조(307-04) 4. 민간위탁금(307-05) 5. 사회복지시설 법정운영비보조(307-10) 6. 민간인위탁교육비(307-12) 7. 공기관등에대한경상적위탁사업비(308-11) 8. 민간자본사업보조,자체재원(402-01) 9. 민간자본사업보조,이전재원(402-02) 10. 민간위탁사업비(402-03) 11. 공기관등에 대한 자본적 대행사업비(403-02)	민간이전지출 근거 (지방보조금 관리기준 참고) 1. 법률에 규정 2. 국고보조 재원(국가지정) 3. 용도 지정 기부금 4. 조례에 직접규정 5. 지자체가 권장하는 사업을 하는 공공기관 6. 시,도 정책 및 재정사정 7. 기타 8. 해당없음	입찰방식 계약체결방법 (경쟁형태) 1. 일반경쟁 2. 제한경쟁 3. 지명경쟁 4. 수의계약 5. 법정위탁 6. 기타 ( ) 7. 해당없음	입찰방식 계약기간 1. 1년 2. 2년 3. 3년 4. 4년 5. 5년 6. 기타 ( )년 7. 단기계약 (1년미만) 8. 해당없음	입찰방식 낙찰자선정방법 1. 적격심사 2. 협상에의한계약 3. 최저가낙찰제 4. 규격가격분리 5. 2단계 경쟁입찰 6. 기타 ( ) 7. 해당없음	운영예산 산정 운영예산 산정 1. 내부산정 (지자체 자체적으로 산정) 2. 외부산정 (외부전문기관위탁 산정) 3. 내·외부 모두 산정 4. 산정 無 5. 해당없음	운영예산 산정 정산방법 1. 내부정산 (지자체 내부적으로 정산) 2. 외부정산 (외부전문기관위탁 정산) 3. 내·외부 모두 산정 4. 정산 無 5. 해당없음	성과평가 실시여부 1. 실시 2. 미실시 3. 향후 추진 4. 해당없음
19685	경남 고성군	고성 서원 효열비 재실자료 수집사업	16,200	문화관광과	1	4	7	8	7	5	5	4
19686	경남 고성군	운영비	12,000	문화관광과	1	4	7	8	7	1	1	1
19687	경남 고성군	사무국 인건비	52,000	문화관광과	1	4	7	8	7	1	1	1
19688	경남 고성군	고성예술 13호 발간	5,000	문화관광과	1	4	7	8	7	1	1	1
19689	경남 고성군	고성시조문학 발간	5,000	문화관광과	1	4	7	8	7	1	1	1
19690	경남 고성군	실버합창단 운영	5,000	문화관광과	1	4	7	8	7	1	1	1
19691	경남 고성군	고성문학 37호 발간	5,000	문화관광과	1	4	7	8	7	1	1	1
19692	경남 고성군	문화가 있는 카페	10,000	문화관광과	1	4	7	8	7	1	1	1
19693	경남 고성군	예술인의 밤 행사 지원	10,000	문화관광과	1	4	7	8	7	1	1	1
19694	경남 고성군	길 위의 인문학	2,000	문화관광과	1	4	7	8	7	1	1	1
19695	경남 고성군	고성군 노래교실경연대회	5,000	문화관광과	1	4	7	8	7	1	1	1
19696	경남 고성군	백일장 및 미술사생대회 지원	12,000	문화관광과	1	4	7	8	7	1	1	1
19697	경남 고성군	사진협회 정기사진전	8,000	문화관광과	1	4	7	8	7	1	1	1
19698	경남 고성군	소가야시조 백일장	4,000	문화관광과	1	4	7	8	7	1	1	1
19699	경남 고성군	경남노래교실경연대회	37,000	문화관광과	1	4	7	8	7	1	1	1
19700	경남 고성군	제14회 경남고성 국제디카시페스티벌	20,000	문화관광과	1	4	7	8	7	1	1	1
19701	경남 고성군	운영비	28,000	문화관광과	1	4	7	8	7	1	1	1
19702	경남 고성군	읍면 농악 한마당 행사	98,000	문화관광과	1	4	7	8	7	1	1	1
19703	경남 고성군	정기공연	8,000	문화관광과	1	4	7	8	7	1	1	1
19704	경남 고성군	기획공연	33,000	문화관광과	1	4	7	8	7	1	1	1
19705	경남 고성군	정기공연	8,000	문화관광과	1	4	7	8	7	1	1	1
19706	경남 고성군	충효 강좌 운영	3,900	문화관광과	1	4	7	8	7	1	1	1
19707	경남 고성군	충효교실 운영지원	10,000	문화관광과	1	4	7	8	7	1	1	1
19708	경남 고성군	전통문화 계승사업	12,000	문화관광과	1	4	7	8	7	1	1	1
19709	경남 고성군	충효교육관 공공운영비 지원	10,000	문화관광과	1	4	7	8	7	1	1	1
19710	경남 고성군	석가탄신일 봉축행사	20,000	문화관광과	1	4	7	8	7	1	1	1
19711	경남 고성군	성탄절 점등행사	5,000	문화관광과	1	4	7	8	7	1	1	1
19712	경남 고성군	동양사상을 통한 마음교육사업	10,000	문화관광과	1	4	7	8	7	1	1	1
19713	경남 고성군	박물관·미술관 체험학습 프로그램 운영	7,600	문화관광과	1	4	7	8	7	1	1	1
19714	경남 고성군	방방곡곡 문화공감	93,630	문화관광과	1	4	7	8	7	1	1	1
19715	경남 고성군	사립작은도서관 운영	12,600	문화관광과	1	1	7	8	7	1	1	1
19716	경남 고성군	통합문화이용권사업	284,600	문화관광과	1	2	7	8	7	1	1	1
19717	경남 고성군	소규모사업장 방지시설 설치지원사업	415,800	환경과	1	2	7	8	7	1	1	4
19718	경남 고성군	운행차 배출가스 저감사업	1,034	환경과	1	2	7	8	7	1	1	4
19719	경남 고성군	자동차종합검사 지원	300,000	환경과	1	4	7	8	7	1	1	4
19720	경남 고성군	연근해어선감척	85,000	해양수산과	1	2	7	8	7	1	1	2
19721	경남 고성군	연안어선 어업용 유류비 지원	180,000	해양수산과	1	6	6	1	6	1	1	2
19722	경남 고성군	어선원 재해보상보험료 지원	45,000	해양수산과	1	6	6	1	6	1	1	2
19723	경남 고성군	수산특산물포장재지원사업	35,000	해양수산과	1	7	7	8	7	1	1	1
19724	경남 고성군	수산동물 질병예방 백신공급	60,000	해양수산과	1	6	7	8	7	1	1	2
19725	경남 고성군	양식장 방역제 구입 지원사업	13,500	해양수산과	1	7	7	8	7	1	1	1
19726	경남 고성군	친환경 부표 보급	10,500	해양수산과	1	2	6	8	7	1	1	2
19727	경남 고성군	어업인 재해보상보험료 지원	14,400	해양수산과	1	6	6	1	6	1	1	2
19728	경남 고성군	양식수산물 재해보험 지원	300,000	해양수산과	1	6	6	1	6	1	1	2
19729	경남 고성군	양식어업경영 지원사업	300,000	해양수산과	1	7	7	8	7	1	1	1
19730	경남 고성군	어선 재해보상보험료 지원	90,000	해양수산과	1	6	6	1	6	1	1	2
19731	경남 고성군	수출주력품종육성지원	80,000	해양수산과	1	6	7	8	7	1	1	2
19732	경남 고성군	경남 추천상품 수산물 활성화 지원	6,000	해양수산과	1	6	7	8	7	1	1	2
19733	경남 고성군	정치망 경영 지원사업	35,000	해양수산과	1	7	7	8	7	1	1	1
19734	경남 고성군	연안어선 기관개방검사비 지원	25,200	해양수산과	1	6	7	8	7	1	1	2
19735	경남 고성군	해양안전 지킴이 지원사업	72,000	해양수산과	1	6	7	8	7	5	5	4

순번	시군구	지출명 (사업명)	2021년예산 (단위:천원/1년간)	담당자 (공무원) 담당부서	민간이전 분류 (지방자치단체 세출예산 집행기준에 의거) 1. 민간경상사업보조(307-02) 2. 민간단체 법정운영비보조(307-03) 3. 민간행사사업보조(307-04) 4. 민간위탁금(307-05) 5. 사회복지시설 법정운영비보조(307-10) 6. 민간인위탁교육비(307-12) 7. 공기관등에대한경상적위탁사업비(308-11) 8. 민간자본사업보조,자체재원(402-01) 9. 민간자본사업보조,이전재원(402-02) 10. 민간위탁사업비(402-03) 11. 공기관등에 대한 자본적 대행사업비(403-02)	민간이전지출 근거 (지방보조금 관리기준 참고) 1. 법률에 규정 2. 국고보조 재원(국가지정) 3. 용도 지정 기부금 4. 조례에 직접규정 5. 지자체가 권장하는 사업을 하는 공공기관 6. 시,도 정책 및 재정사정 7. 기타 8. 해당없음	입찰방식 계약체결방법 (경쟁형태) 1. 일반경쟁 2. 제한경쟁 3. 지명경쟁 4. 수의계약 5. 법정위탁 6. 기타 ( ) 7. 해당없음	입찰방식 계약기간 1. 1년 2. 2년 3. 3년 4. 4년 5. 5년 6. 기타 ( )년 7. 단기계약 (1년미만) 8. 해당없음	입찰방식 낙찰자선정방법 1. 적격심사 2. 협상에의한계약 3. 최저가낙찰제 4. 규격가격분리 5. 2단계 경쟁입찰 6. 기타 ( ) 7. 해당없음	운영예산 산정 운영예산 산정 1. 내부산정 (지자체 자체적으로 산정) 2. 외부산정 (외부전문기관위탁 산정) 3. 내·외부 모두 산정 4. 산정 無 5. 해당없음	운영예산 산정 정산방법 1. 내부정산 (지자체 내부적으로 정산) 2. 외부정산 (외부전문기관위탁 정산) 3. 내·외부 모두 산정 4. 정산 無 5. 해당없음	성과평가 실시여부 1. 실시 2. 미실시 3. 향후 추진 4. 해당없음
19736	경남 고성군	수산물 온라인 마케팅 지원	40,000	해양수산과	1	6	7	8	7	5	5	4
19737	경남 고성군	수산물 유통 활성화 지원	20,000	해양수산과	1	6	7	8	7	1	1	2
19738	경남 고성군	수산물 가공공장 스마트화지원	30,000	해양수산과	1	6	7	8	7	1	1	2
19739	경남 고성군	수산물 상생할인지원	50,000	해양수산과	1	6	7	8	7	5	5	4
19740	경남 고성군	수산물 가정간편식 생산 설비 지원	72,000	해양수산과	1	6	7	8	7	5	5	4
19741	경남 고성군	불가사리 구제	64,000	해양수산과	1	7	7	8	7	1	1	2
19742	경남 고성군	해삼씨뿌림사업	106,875	해양수산과	1	6	7	8	7	1	1	2
19743	경남 고성군	마을앞바다 소득원조성 사업	80,000	해양수산과	1	6	7	8	7	1	1	2
19744	경남 고성군	유해생물구제사업(해파리구제)	30,000	해양수산과	1	2	7	8	7	1	1	2
19745	경남 고성군	면역증강제 공급사업	19,500	해양수산과	1	6	7	8	7	1	1	2
19746	경남 고성군	수산업경영인 유통정보지 지원사업	18,480	해양수산과	1	6	7	8	7	1	1	2
19747	경남 고성군	청년어촌정착지원	63,600	해양수산과	1	2	7	8	7	1	1	2
19748	경남 고성군	자율관리어업 사무장 채용 지원	21,864	해양수산과	1	6	7	8	7	1	1	2
19749	경남 고성군	여성어업인 바우처 지원	26,000	해양수산과	1	6	7	8	7	1	1	2
19750	경남 고성군	수산업경영인 사무장 채용 지원	21,870	해양수산과	1	6	7	8	7	1	1	2
19751	경남 고성군	어촌체험마을 사무장채용지원	43,740	해양수산과	1	6	7	8	7	1	1	2
19752	경남 고성군	고성통합CI 브랜드 홍보지원	6,000	해양수산과	1	7	7	8	7	1	1	1
19753	경남 고성군	어촌마을어장 소득화 시범사업	30,000	해양수산과	1	7	7	8	7	1	1	1
19754	경남 고성군	패각 친환경 처리지원	128,000	해양수산과	1	2	7	8	7	1	1	2
19755	경남 고성군	해양재난 해양오염 예방활동 지원	5,000	해양수산과	1	7	7	8	7	1	1	1
19756	경남 고성군	조경수 생산지원	5,400	녹지공원과	1	4	7	8	7	5	5	4
19757	경남 고성군	임산물 소득지원	4,100	녹지공원과	1	4	7	8	7	5	5	4
19758	경남 고성군	지역특화형 긴급 직업훈련 지원사업	2,000	일자리경제과	1	6	7	8	7	5	5	4
19759	경남 고성군	창업기업 고용인력 보조금 지원	9,000	일자리경제과	1	6	7	7	1	1	1	3
19760	경남 고성군	지역지식재산 창출 지원사업	20,000	일자리경제과	1	5	7	1	7	1	1	3
19761	경남 고성군	공공미술 프로젝트	415,222	도시교통과	1	2	1	7	6	5	3	3
19762	경남 고성군	특별교통수단 유료도로 통행료 지원	1,500	도시교통과	1	6	5	3	7	1	1	4
19763	경남 고성군	알뜰교통카드 사업	2,800	도시교통과	1	6	7	8	7	1	1	4
19764	경남 고성군	군내버스 교통카드 수수료 지원	72,530	도시교통과	1	6	7	8	7	1	1	4
19765	경남 고성군	택시요금 카드결제 수수료 지원	22,500	도시교통과	1	6	7	8	7	1	1	4
19766	경남 고성군	전세버스 장비구입 지원사업	14,091	도시교통과	1	6	7	7	7	1	1	4
19767	경남 고성군	농업인 재해안전공제료 지원	711,007	농업정책과	1	2	7	8	7	5	5	4
19768	경남 고성군	쌀 생산농가 벼 포대 지원	200,000	농업정책과	1	5	2	1	3	5	1	3
19769	경남 고성군	농촌체험지도사 및 마을해설가 교육 지원	3,600	농업정책과	1	2	7	8	7	5	5	4
19770	경남 고성군	품목별 농업인 연구모임체 육성	3,000	농업정책과	1	2	7	8	7	5	5	4
19771	경남 고성군	농촌지도자 품목별 육성지원	4,000	농업정책과	1	4	7	8	7	5	5	4
19772	경남 고성군	농업 신소득원 발굴 공동학습포장 운영지원	5,000	농업정책과	1	4	7	8	7	5	5	4
19773	경남 고성군	농업인 학습단체 교육운영지원	1,700	농업정책과	1	2	7	8	7	5	5	4
19774	경남 고성군	농업인 학습단체 전문능력 배양지원	5,000	농업정책과	1	4	7	8	7	5	5	4
19775	경남 고성군	학교 4-H 과제활동 지원	2,000	농업정책과	1	4	7	8	7	5	5	4
19776	경남 고성군	청년 4-H 과제 교육 지원	5,000	농업정책과	1	4	7	8	7	5	5	4
19777	경남 고성군	고성군 4-H 본부 교육 지원	2,000	농업정책과	1	4	7	8	7	5	5	4
19778	경남 고성군	최고농업경영자과정 지원	18,000	농업정책과	1	5	7	8	7	5	5	4
19779	경남 고성군	여성농업인센터 운영	114,950	농업정책과	1	4	7	8	7	5	5	4
19780	경남 고성군	여성농업인 문화복지 바우처 지원	161,200	농업정책과	1	4	7	8	7	5	5	4
19781	경남 고성군	선도농업단체 육성 및 지원	25,500	농업정책과	1	4	7	8	7	5	5	4
19782	경남 고성군	2021년 부산경남 농민가족 한마당 행사 개최	50,000	농업정책과	1	4	7	8	7	5	5	4
19783	경남 고성군	농업인의 날 행사 운영	80,000	농업정책과	1	4	7	8	7	5	5	4
19784	경남 고성군	청년농업인 영농정착지원	244,000	농업정책과	1	2	7	8	7	5	5	4
19785	경남 고성군	청년농업인 취농인턴제 지원	12,000	농업정책과	1	4	7	8	7	5	5	4
19786	경남 고성군	청년농업인 취농직불제 지원	48,000	농업정책과	1	4	7	8	7	5	5	4

순번	시군구	지출명 (사업명)	2021년예산 (단위:천원/1년간)	담당자 (공무원) 담당부서	민간이전 분류 (지방자치단체 세출예산 집행기준에 의거) 1. 민간경상사업보조(307-02) 2. 민간단체 법정운영비보조(307-03) 3. 민간행사사업보조(307-04) 4. 민간위탁금(307-05) 5. 사회복지시설 법정운영비보조(307-10) 6. 민간인위탁교육비(307-12) 7. 공기관등에대한경상적위탁사업비(308-11) 8. 민간자본사업보조,자체재원(402-01) 9. 민간자본사업보조,이전재원(402-02) 10. 민간위탁사업비(402-03) 11. 공기관등에 대한 자본적 대행사업비(403-02)	민간이전지출 근거 (지방보조금 관리기준 참고) 1. 법률에 규정 2. 국고보조 재원(국가지정) 3. 용도 지정 기부금 4. 조례에 직접규정 5. 지자체가 권장하는 사업을 하는 공공기관 6. 시,도 정책 및 재정사정 7. 기타 8. 해당없음	입찰방식 계약체결방법 (경쟁형태) 1. 일반경쟁 2. 제한경쟁 3. 지명경쟁 4. 수의계약 5. 법정위탁 6. 기타 ( ) 7. 해당없음	입찰방식 계약기간 1. 1년 2. 2년 3. 3년 4. 4년 5. 5년 6. 기타 ( )년 7. 단기계약 (1년미만) 8. 해당없음	입찰방식 낙찰자선정방법 1. 적격심사 2. 협상에의한계약 3. 최저가낙찰제 4. 규격가격분리 5. 2단계 경쟁입찰 6. 기타 ( ) 7. 해당없음	운영예산 산정 운영예산 산정 1. 내부산정 (지자체 자체적으로 산정) 2. 외부산정 (외부전문기관위탁 산정) 3. 내·외부 모두 산정 4. 산정 無 5. 해당없음	운영예산 산정 정산방법 1. 내부정산 (지자체 내부적으로 정산) 2. 외부정산 (외부전문기관위탁 정산) 3. 내·외부 모두 산정 4. 정산 無 5. 해당없음	성과평가 실시여부 1. 실시 2. 미실시 3. 향후 추진 4. 해당없음
19787	경남 고성군	귀농세대 정착지원	5,000	농업정책과	1	4	7	8	7	5	5	4
19788	경남 고성군	귀농인 안정정착 지원	5,400	농업정책과	1	4	7	8	7	5	5	4
19789	경남 고성군	농번기 마을공동급식 지원	38,000	농업정책과	1	4	7	8	7	5	5	4
19790	경남 고성군	농촌고용 인력지원	100,000	농업정책과	1	2	7	8	7	5	5	4
19791	경남 고성군	귀농귀촌 유치지원사업	40,000	농업정책과	1	2	7	8	7	5	5	4
19792	경남 고성군	강소농 육성지원	10,000	농업정책과	1	2	7	8	7	5	5	4
19793	경남 고성군	강소농 사업관리 및 평가 지원	8,000	농업정책과	1	2	7	8	7	5	5	4
19794	경남 고성군	정보화농업 활성화 지원	3,000	농업정책과	1	4	7	8	7	5	5	4
19795	경남 고성군	벤처농업육성 지원	11,000	농업정책과	1	4	7	8	7	5	5	4
19796	경남 고성군	체험마을리더 교육지원	960	농업정책과	1	2	7	8	7	5	5	4
19797	경남 고성군	농촌관광주체 육성지원	23,731	농업정책과	1	2	7	8	7	5	5	4
19798	경남 고성군	지역주도형 청년일자리 지원	10,800	농업정책과	1	2	7	8	7	5	5	4
19799	경남 고성군	고성 쌀 판로 개척 지원	300,000	농업정책과	1	7	7	8	7	5	5	4
19800	경남 고성군	농산물 포장재비 지원(공동브랜드)	150,000	농업정책과	1	7	7	8	7	5	5	4
19801	경남 고성군	농산물 포장재비 지원(공선포장재)	90,000	농업정책과	1	7	7	8	7	5	5	4
19802	경남 고성군	농기계보험농가부담보험료지원	41,210	농업정책과	1	4	7	8	7	5	5	4
19803	경남 고성군	친환경농업 벼 재배단지 조성	405,000	친환경농업과	1	7	7	8	7	5	5	4
19804	경남 고성군	생명환경 쌀 포장재 지원	43,200	친환경농업과	1	7	7	8	7	5	5	4
19805	경남 고성군	생명환경 쌀 포장재 지원	43,200	친환경농업과	1	7	7	8	7	5	5	4
19806	경남 고성군	벼 먹노린재 밀도경감 친환경 공동방제	10,000	친환경농업과	1	7	7	8	7	5	5	4
19807	경남 고성군	부산물퇴비 포장재 지원	27,000	친환경농업과	1	7	7	8	7	5	5	4
19808	경남 고성군	친환경농산물 유통활성화 지원	8,820	친환경농업과	1	6	7	8	7	5	5	4
19809	경남 고성군	유기농업자재 지원	125,000	친환경농업과	1	2	7	8	7	5	5	4
19810	경남 고성군	시비효율 개선 친환경 농자재 시범	16,000	친환경농업과	1	6	7	8	7	5	5	4
19811	경남 고성군	농업환경보전프로그램	103,000	친환경농업과	1	2	7	8	7	5	5	4
19812	경남 고성군	쌀 생산단체 지원	7,200	친환경농업과	1	4	7	8	7	5	5	4
19813	경남 고성군	벼 재배농가 개량물꼬 지원	9,000	친환경농업과	1	4	7	8	7	5	5	4
19814	경남 고성군	초등돌봄교실 과일간식 지원 시범	23,000	친환경농업과	1	7	7	8	7	5	5	4
19815	경남 고성군	가금 생산성 향상 및 AI차단 지원사업	3,000	축산과	1	6	4	1	2	2	1	3
19816	경남 고성군	가축분뇨 액비살포비 지원	120,000	축산과	1	2	7	8	7	2	1	3
19817	경남 고성군	축산농가 악취방지 개선	137,500	축산과	1	6	4	1	2	2	1	3
19818	경남 고성군	가축분뇨 수분조절재 지원	156,750	축산과	1	6	4	1	2	2	1	3
19819	경남 고성군	반려동물 등록비 지원	2,000	축산과	1	6	7	8	7	5	5	4
19820	경남 고성군	유익미생물 확대.공급용 발효시설 관리	47,700	축산과	1	7	7	8	7	1	1	4
19821	경남 고성군	축산물 수출촉진 지원	5,000	축산과	1	6	7	8	7	2	1	4
19822	경남 고성군	축산농가 사료첨가제 지원	27,252	축산과	1	6	7	8	7	2	1	4
19823	경남 고성군	청보리 재배용 종자구입 지원	15,950	축산과	1	4	7	8	7	1	1	4
19824	경남 고성군	조사료 동계작물 항공파종 지원	9,000	축산과	1	4	7	8	7	1	1	4
19825	경남 고성군	답리작 곤포사일리지 비닐 지원	15,000	축산과	1	4	7	8	7	1	1	4
19826	경남 고성군	섬유질사료 운반용 비닐구입 지원	22,500	축산과	1	4	7	8	7	1	1	4
19827	경남 고성군	정성한우 브랜드 사료 포장재 지원	27,000	축산과	1	4	7	8	7	1	1	4
19828	경남 고성군	고성 발효사료 생산 지원센터 부산물 지원	50,000	축산과	1	4	7	8	7	1	1	4
19829	경남 고성군	송아지 생산성 향상사업	12,096	축산과	1	6	7	8	7	1	1	4
19830	경남 고성군	낙농헬퍼 사업	60,000	축산과	1	6	7	8	7	1	1	4
19831	경남 고성군	토종벌 육성사업	7,800	축산과	1	2	7	8	7	2	1	4
19832	경남 고성군	꿀벌식량 지원사업	60,000	축산과	1	6	7	8	7	1	1	4
19833	경남 고성군	농촌융복합산업 활성화 맞춤형 지원	16,000	식품산업과	1	6	7	8	7	5	5	4
19834	경남 고성군	농촌교육농장육성시범	14,000	식품산업과	1	6	7	8	7	5	5	4
19835	경남 고성군	농촌체험공간환경개선시범	35,000	식품산업과	1	6	7	8	7	5	5	4
19836	경남 고성군	비대면 농업 체험키트 개발 시범	20,000	식품산업과	1	6	7	8	7	5	5	4
19837	경남 고성군	향토음식 소득화 품질향상 시범	30,000	식품산업과	1	6	7	8	7	5	5	4

순번	시군구	지출명 (사업명)	2021년예산 (단위:천원/1년간)	담당자 (공무원) 담당부서	민간이전 분류 (지방자치단체 세출예산 집행기준에 의거) 1. 민간경상사업보조(307-02) 2. 민간단체 법정운영비보조(307-03) 3. 민간행사사업보조(307-04) 4. 민간위탁금(307-05) 5. 사회복지시설 법정운영비보조(307-10) 6. 민간인위탁교육비(307-12) 7. 공기관등에대한경상적위탁사업비(308-11) 8. 민간자본사업보조,자체재원(402-01) 9. 민간자본사업보조,이전재원(402-02) 10. 민간위탁사업비(402-03) 11. 공기관등에 대한 자본적 대행사업비(403-02)	민간이전지출 근거 (지방보조금 관리기준 참고) 1. 법률에 규정 2. 국고보조 재원(국가지정) 3. 용도 지정 기부금 4. 조례에 직접규정 5. 지자체가 권장하는 사업을 하는 공공기관 6. 시,도 정책 및 재정사정 7. 기타 8. 해당없음	입찰방식 계약체결방법 (경쟁형태) 1. 일반경쟁 2. 제한경쟁 3. 지명경쟁 4. 수의계약 5. 법정위탁 6. 기타 ( ) 7. 해당없음	입찰방식 계약기간 1. 1년 2. 2년 3. 3년 4. 4년 5. 5년 6. 기타 ( )년 7. 단기계약 (1년미만) 8. 해당없음	입찰방식 낙찰자선정방법 1. 적격심사 2. 협상에의한계약 3. 최저가낙찰제 4. 규격가격분리 5. 2단계 경쟁입찰 6. 기타 ( ) 7. 해당없음	운영예산 산정 운영예산 산정 1. 내부산정 (지자체 자체적으로 산정) 2. 외부산정 (외부전문기관위탁 산정) 3. 내·외부 모두 산정 4. 산정 無 5. 해당없음	운영예산 산정 정산방법 1. 내부정산 (지자체 내부적으로 정산) 2. 외부정산 (외부전문기관위탁 정산) 3. 내·외부 모두 산정 4. 정산 無 5. 해당없음	성과평가 실시여부 1. 실시 2. 미실시 3. 향후 추진 4. 해당없음
19838	경남 고성군	365안심병동사업	335,400	보건소	1	6	7	8	7	5	3	1
19839	경남 고성군	365안심병동사업	224,200	보건소	1	6	7	8	7	5	3	1
19840	경남 고성군	취약지역 응급의료기관 운영비 지원	252,850	보건소	1	6	7	8	7	2	3	1
19841	경남 고성군	취약지역 응급의료기관 운영비 지원	100,000	보건소	1	6	7	8	7	2	3	1
19842	경남 남해군	범죄피해자 지원센터 남해군지부 지원	2,500	기획예산담당관	1	4	7	8	7	1	1	1
19843	경남 남해군	정보화마을 활성화 지원	8,000	행정과	1	6	7	1	7	5	1	4
19844	경남 남해군	정보화마을 프로그램관리자 육성지원	17,496	행정과	1	6	7	1	7	5	1	4
19845	경남 남해군	사회단체 지원	300,000	행정과	1	4	7	8	7	1	1	1
19846	경남 남해군	안보의식 고취 및 교육(남해군재향군인회)	11,088	주민복지과	1	4	7	8	7	5	5	4
19847	경남 남해군	참전경찰유공자 보훈활동(참전경찰유공자회 남해군지회)	1,000	주민복지과	1	1	7	8	7	5	5	4
19848	경남 남해군	자원봉사자 연수교육	2,200	주민복지과	1	6	7	8	7	5	5	4
19849	경남 남해군	자원봉사협의회 운영 활성화	9,100	주민복지과	1	1	7	8	7	5	5	4
19850	경남 남해군	여성단체협의회 활동지원	8,445	주민복지과	1	4	7	8	7	5	5	4
19851	경남 남해군	청년커뮤니티(동아리) 지원	49,500	청년혁신과	1	1	7	8	7	1	1	3
19852	경남 남해군	촌라이프 프로젝트 사업 운영	198,000	청년혁신과	1	1	7	8	7	1	1	1
19853	경남 남해군	자발적 유배프로젝트	48,000	청년혁신과	1	1	7	8	7	1	1	4
19854	경남 남해군	청년 리빙랩 프로그램 지원	80,000	청년혁신과	1	1	7	8	7	1	1	3
19855	경남 남해군	청년 아이디어 지원	30,000	청년혁신과	1	8	7	8	7	5	5	4
19856	경남 남해군	귀농 창업활성화 예비창업 실행비 지원	10,000	청년혁신과	1	1	7	8	7	1	1	3
19857	경남 남해군	귀농인 안정정착 지원(교육, 견학, 농기계 임차 등)	12,150	청년혁신과	1	1	7	8	7	1	1	4
19858	경남 남해군	평생학습 우수프로그램 공모 지원	4,200	청년혁신과	1	4	6	1	7	1	1	3
19859	경남 남해군	마을학교 운영 지원	145,480	청년혁신과	1	4	7	8	7	1	1	1
19860	경남 남해군	선현제례비(향교, 충렬사)	10,620	문화관광과	1	4	7	8	7	1	1	1
19861	경남 남해군	사우제례비(난곡사 외 4개소)	11,620	문화관광과	1	4	7	8	7	1	1	1
19862	경남 남해군	향교선비학당 운영	11,600	문화관광과	1	4	7	8	7	1	1	1
19863	경남 남해군	남해향교 충효교실 운영	11,000	문화관광과	1	6	7	8	7	1	1	1
19864	경남 남해군	남해향교 전통문화계승	13,500	문화관광과	1	6	7	8	7	1	1	1
19865	경남 남해군	남해 서불과차 국제 학술심포지엄	19,000	문화관광과	1	4	7	8	7	1	1	1
19866	경남 남해군	향교서원 문화재 활용사업	70,000	문화관광과	1	2	7	8	7	1	1	1
19867	경남 남해군	자연유산 민속행사 지원(물건, 가천제례)	7,000	문화관광과	1	2	7	8	7	1	1	1
19868	경남 남해군	가천다랑이논 보존 정비	39,530	문화관광과	1	4	7	8	7	1	1	1
19869	경남 남해군	선구줄끗기 공개행사	4,200	문화관광과	1	6	7	8	7	1	1	1
19870	경남 남해군	선구줄끗기 후보자 전승	12,000	문화관광과	1	1	7	8	7	1	1	1
19871	경남 남해군	선구줄끗기 보유단체 전승	10,200	문화관광과	1	1	7	8	7	1	1	1
19872	경남 남해군	선구줄끗기 대보름행사	9,000	문화관광과	1	4	7	8	7	1	1	1
19873	경남 남해군	사암연합회 봉축점등식 지원	16,000	문화관광과	1	4	7	8	7	1	1	1
19874	경남 남해군	전통사찰 불교문화 지원사업	12,000	문화관광과	1	4	7	8	7	1	1	1
19875	경남 남해군	생생문화재사업	50,000	문화관광과	1	2	7	8	7	1	1	1
19876	경남 남해군	고려대장경 판각 체험학교 운영	16,000	문화관광과	1	4	7	8	7	1	1	1
19877	경남 남해군	고려대장경판각지 기념법회 지원사업	16,000	문화관광과	1	4	7	8	7	1	1	1
19878	경남 남해군	우리지역 문화재 바로 알기 지원사업	50,000	문화관광과	1	6	7	8	7	5	5	4
19879	경남 남해군	화방사 전통산사 문화재 활용사업	50,000	문화관광과	1	2	7	8	7	5	5	4
19880	경남 남해군	청년잡고일자리잡고	33,750	지역활성과	1	7	1	2	6	1	1	4
19881	경남 남해군	사회적경제 청년부흥 프로젝트	33,751	지역활성과	1	7	1	2	6	1	1	4
19882	경남 남해군	어촌체험마을 사무장 채용 지원	87,480	해양수산과	1	2	7	8	7	5	1	4
19883	경남 남해군	어촌체험마을 홍보물 및 장비구입 지원	15,900	해양수산과	1	6	7	8	7	5	1	4
19884	경남 남해군	수산업경영인 사무장 채용 지원	21,870	해양수산과	1	6	7	8	7	5	1	4
19885	경남 남해군	청년어업인정착지원	67,200	해양수산과	1	1	7	8	7	1	1	2
19886	경남 남해군	대체어장 자원동향 조사	12,152	해양수산과	1	6	7	8	7	1	1	4
19887	경남 남해군	수산물 소비촉진 지원사업	16,800	해양수산과	1	6	7	8	7	5	1	4
19888	경남 남해군	양식어업인 재해보험료 지원	365,000	해양수산과	1	6	7	8	7	5	1	4

순번	시군구	지출명 (사업명)	2021년예산 (단위:천원/1년간)	담당자 (공무원) 담당부서	민간이전 분류 (지방자치단체 세출예산 집행기준에 의거) 1. 민간경상사업보조(307-02) 2. 민간단체 법정운영비보조(307-03) 3. 민간행사사업보조(307-04) 4. 민간위탁금(307-05) 5. 사회복지시설 법정운영비보조(307-10) 6. 민간인위탁교육비(307-12) 7. 공기관등에대한경상적위탁사업비(308-11) 8. 민간자본사업보조,자체재원(402-01) 9. 민간자본사업보조,이전재원(402-02) 10. 민간위탁사업비(402-03) 11. 공기관등에 대한 자본적 대행사업비(403-02)	민간이전지출 근거 (지방보조금 관리기준 참고) 1. 법률에 규정 2. 국고보조 재원(국가지정) 3. 용도 지정 기부금 4. 조례에 직접규정 5. 지자체가 권장하는 사업을 하는 공공기관 6. 시,도 정책 및 재정사정 7. 기타 8. 해당없음	입찰방식 계약체결방법 (경쟁형태) 1. 일반경쟁 2. 제한경쟁 3. 지명경쟁 4. 수의계약 5. 법정위탁 6. 기타 ( ) 7. 해당없음	입찰방식 계약기간 1. 1년 2. 2년 3. 3년 4. 4년 5. 5년 6. 기타 ( )년 7. 단기계약 (1년미만) 8. 해당없음	입찰방식 낙찰자선정방법 1. 적격심사 2. 협상에의한계약 3. 최저가낙찰제 4. 규격가격분리 5. 2단계 경쟁입찰 6. 기타 ( ) 7. 해당없음	운영예산 산정 운영예산 산정 1. 내부산정 (지자체 자체적으로 산정) 2. 외부산정 (외부전문기관위탁 산정) 3. 내·외부 모두 산정 4. 산정 無 5. 해당없음	운영예산 산정 정산방법 1. 내부정산 (지자체 내부적으로 정산) 2. 외부정산 (외부전문기관위탁 정산) 3. 내·외부 모두 산정 4. 정산 無 5. 해당없음	성과평가 실시여부 1. 실시 2. 미실시 3. 향후 추진 4. 해당없음
19889	경남 남해군	면역증강제 공급	85,500	해양수산과	1	6	7	8	7	5	1	4
19890	경남 남해군	경남추천상품(QC) 활성화 지원	18,000	해양수산과	1	6	7	8	7	5	1	4
19891	경남 남해군	수산물 브랜드 및 수출상품화 지원사업	44,400	해양수산과	1	6	7	8	7	5	1	4
19892	경남 남해군	친환경부표 공급	620,980	해양수산과	1	2	7	8	7	5	1	4
19893	경남 남해군	수산물 상생할인 지원사업	50,000	해양수산과	1	2	7	8	7	5	1	1
19894	경남 남해군	수산동물 예방 백신공급	86,000	해양수산과	1	2	7	8	7	5	1	1
19895	경남 남해군	불가사리 성게 구제 사업	110,667	해양수산과	1	1	7	8	7	1	1	4
19896	경남 남해군	패각 친환경 처리지원	560,000	해양수산과	1	2	7	8	7	1	1	4
19897	경남 남해군	자율관리어업공동체 사무장 채용지원	43,728	해양수산과	1	1	7	8	7	1	1	4
19898	경남 남해군	일반생활체육지도 배치	231,744	체육진흥과	1	1	7	8	7	1	1	2
19899	경남 남해군	어르신 생활체육지도자 배치	231,744	체육진흥과	1	1	7	8	7	1	1	2
19900	경남 남해군	장애인 생활체육지도자 배치 지원	72,420	체육진흥과	1	1	7	8	7	1	1	2
19901	경남 남해군	생활체육 육성 지원	33,952	체육진흥과	1	1	7	8	7	1	1	2
19902	경남 남해군	생활체육지도자 활동 지원	146,118	체육진흥과	1	1	7	8	7	1	1	2
19903	경남 남해군	경상남도 생활체육대축전 참가	148,500	체육진흥과	1	1	7	8	7	1	1	2
19904	경남 남해군	남중권생활체육교류	8,685	체육진흥과	1	1	7	8	7	1	1	2
19905	경남 남해군	전국 및 도 규모 체육대회 참가	43,000	체육진흥과	1	1	7	8	7	1	1	2
19906	경남 남해군	장애인생활체육	10,000	체육진흥과	1	1	7	8	7	1	1	2
19907	경남 남해군	초중고 체육 유망주	10,000	체육진흥과	1	1	7	8	7	1	1	2
19908	경남 남해군	전문체육(운동부)	220,000	체육진흥과	1	1	7	8	7	1	1	2
19909	경남 남해군	남해군 종목단체 육성	98,000	체육진흥과	1	1	7	8	7	1	1	2
19910	경남 남해군	장애인생활체육지도자 활동	14,955	체육진흥과	1	1	7	8	7	1	1	2
19911	경남 남해군	체육지도자 활동지원	35,542	체육진흥과	1	1	7	8	7	1	1	2
19912	경남 남해군	경상남도 장애인 생활체육대회 참가지원	15,000	체육진흥과	1	1	7	8	7	1	1	2
19913	경남 남해군	농아인 체육대회 지원	3,000	체육진흥과	1	1	7	8	7	1	1	2
19914	경남 남해군	장애인전문체육지원	2,000	체육진흥과	1	1	7	8	7	1	1	2
19915	경남 남해군	국제 및 전국대회 운영(구급차, 의료지원 등)	35,000	체육진흥과	1	1	7	8	7	1	1	2
19916	경남 남해군	제59회 경남도민체육대회 참가 지원	233,000	체육진흥과	1	1	7	8	7	1	1	2
19917	경남 남해군	경남도민체전 대비 동계훈련 지원	30,000	체육진흥과	1	1	7	8	7	1	1	2
19918	경남 남해군	스포츠마케팅 업무 및 전지훈련팀 지원	1,200	체육진흥과	1	1	7	8	7	1	1	2
19919	경남 남해군	우수선수 포상 및 전국 (소년, 장애인)체전 출전 지원	3,262	체육진흥과	1	1	7	8	7	1	1	2
19920	경남 남해군	우수체육활동지원	15,000	체육진흥과	1	1	7	8	7	1	1	2
19921	경남 남해군	레포츠자격증취득지원	9,000	체육진흥과	1	4	7	8	7	1	1	1
19922	경남 남해군	드론 국가자격증 취득 지원	25,000	체육진흥과	1	4	7	8	7	1	1	1
19923	경남 남해군	레포츠자격증취득지원	9,000	체육진흥과	1	4	7	8	7	1	1	1
19924	경남 남해군	드론 국가자격증 취득 지원	25,000	체육진흥과	1	4	7	8	7	1	1	1
19925	경남 남해군	도시재생 주민공모사업	100,000	도시건축과	1	2	7	8	7	5	5	4
19926	경남 남해군	환경보전 활동	1,000	환경녹지과	1	4	7	1	7	1	1	1
19927	경남 남해군	생태관광지역 지정 육성	86,000	환경녹지과	1	2	7	8	7	5	1	4
19928	경남 남해군	쿨루프 지원사업	11,250	환경녹지과	1	2	7	8	7	5	5	4
19929	경남 남해군	친환경임산물 재배관리(유기질비료) 지원	550	환경녹지과	1	2	7	8	5	5	1	4
19930	경남 남해군	친환경임산물 재배관리(유기질비료) 지원	4,500	환경녹지과	1	4	7	8	5	5	1	4
19931	경남 남해군	365안심병동	309,400	보건소	1	4	7	8	7	1	1	1
19932	경남 남해군	지역 응급의료기관 육성	240,000	보건소	1	4	7	8	7	1	1	1
19933	경남 남해군	치매안심요양병원 공공사업 지원	90,000	보건소	1	2	7	8	7	1	1	1
19934	경남 남해군	친절 위생수준 향상 및 음식문화개선	10,000	보건소	1	4	7	8	7	1	1	3
19935	경남 남해군	농어업회의소 육성지원	25,800	농축산과	1	4	7	8	7	5	5	4
19936	경남 남해군	농촌지도자회 공동학습포장 운영지원	5,000	농축산과	1	6	7	8	7	5	5	4
19937	경남 남해군	학교 4-H회 과제활동 지원	2,000	농축산과	1	4	7	8	7	5	5	4
19938	경남 남해군	우수 강소농 자율모임체 육성	6,000	농축산과	1	1	7	8	7	5	5	4
19939	경남 남해군	농촌지도자 육성지원	2,000	농축산과	1	1	7	8	7	5	5	4

순번	시군구	지출명 (사업명)	2021년예산 (단위:천원/1년간)	담당자 (공무원) 담당부서	민간이전 분류 (지방자치단체 세출예산 집행기준에 의거) 1. 민간경상사업보조(307-02) 2. 민간단체 법정운영비보조(307-03) 3. 민간행사사업보조(307-04) 4. 민간위탁금(307-05) 5. 사회복지시설 법정운영비보조(307-10) 6. 민간인위탁교육비(307-12) 7. 공기관등에대한경상적위탁사업비(308-11) 8. 민간자본사업보조,자체재원(402-01) 9. 민간자본사업보조,이전재원(402-02) 10. 민간위탁사업비(402-03) 11. 공기관등에 대한 자본적 대행사업비(403-02)	민간이전지출 근거 (지방보조금 관리기준 참고) 1. 법률에 규정 2. 국고보조 재원(국가지정) 3. 용도 지정 기부금 4. 조례에 직접규정 5. 지자체가 권장하는 사업을 하는 공공기관 6. 시,도 정책 및 재정사정 7. 기타 8. 해당없음	입찰방식 계약체결방법 (경쟁형태) 1. 일반경쟁 2. 제한경쟁 3. 지명경쟁 4. 수의계약 5. 법정위탁 6. 기타 ( ) 7. 해당없음	입찰방식 계약기간 1. 1년 2. 2년 3. 3년 4. 4년 5. 5년 6. 기타 ( )년 7. 단기계약 (1년미만) 8. 해당없음	입찰방식 낙찰자선정방법 1. 적격심사 2. 협상에의한계약 3. 최저가낙찰제 4. 규격가격분리 5. 2단계 경쟁입찰 6. 기타 ( ) 7. 해당없음	운영예산 산정 운영예산 산정 1. 내부산정 (지자체 자체적으로 산정) 2. 외부산정 (외부전문기관위탁 산정) 3. 내·외부 모두 산정 4. 산정 無 5. 해당없음	운영예산 산정 정산방법 1. 내부정산 (지자체 내부적으로 정산) 2. 외부정산 (외부전문기관위탁 정산) 3. 내·외부 모두 산정 4. 정산 無 5. 해당없음	성과평가 실시여부 1. 실시 2. 미실시 3. 향후 추진 4. 해당없음
19940	경남 남해군	학교 4-H회 과제교육 지원	1,000	농축산과	1	4	7	8	7	5	5	4
19941	경남 남해군	청년4-H회 과제교육	3,000	농축산과	1	4	7	8	7	5	5	4
19942	경남 남해군	남해군 4-H본부 운영 지원	1,000	농축산과	1	4	7	8	7	5	5	4
19943	경남 남해군	청년창업농 정착지원금	61,100	농축산과	1	1	7	8	7	5	5	4
19944	경남 남해군	청년농업인 취농직불제 사업	36,000	농축산과	1	6	7	8	7	5	5	4
19945	경남 남해군	남해한우 홍보 마케팅	20,000	농축산과	1	1	7	8	7	5	5	4
19946	경남 남해군	브랜드 축산물 디자인 포장재 지원(축협)	3,250	농축산과	1	5	7	8	7	5	5	4
19947	경남 남해군	한우 친자확인 이전	20,000	농축산과	1	5	7	8	7	5	5	4
19948	경남 남해군	한우 개량 종합 시스템 관리운영 지원	28,000	농축산과	1	1	7	8	7	5	5	4
19949	경남 남해군	축산물HACCP컨설팅	8,400	농축산과	1	1	7	8	7	5	5	4
19950	경남 남해군	축산물이력관리 지원	31,680	농축산과	1	5	7	8	7	5	5	4
19951	경남 남해군	한우 유전능력 평가	10,000	농축산과	1	5	7	8	7	5	5	4
19952	경남 남해군	한우 등록	56,000	농축산과	1	5	7	8	7	5	5	4
19953	경남 남해군	한우젖소개량 경상지원	76,000	농축산과	1	5	7	8	7	5	5	4
19954	경남 남해군	한우헬퍼	5,000	농축산과	1	1	7	8	7	5	5	4
19955	경남 남해군	우량암소 생산기반 구축사업	7,200	농축산과	1	5	7	8	7	5	5	4
19956	경남 남해군	낙농헬퍼 지원	30,000	농축산과	1	1	7	8	7	5	5	4
19957	경남 남해군	산유능력검정	3,791	농축산과	1	5	7	8	7	5	5	4
19958	경남 남해군	학생승마 체험 지원	33,600	농축산과	1	2	7	8	7	5	5	4
19959	경남 남해군	친환경꿀벌 사양지원	12,000	농축산과	1	1	7	8	7	5	5	4
19960	경남 남해군	조사료생산용 사일리지제조 지원	162,000	농축산과	1	2	7	8	7	5	5	4
19961	경남 남해군	조사료생산용 종자구입 지원	84,000	농축산과	1	5	7	8	7	5	5	4
19962	경남 남해군	공동방제단 운영	206,133	농축산과	1	1	7	8	7	5	5	4
19963	경남 남해군	공동방제단 운영	225,501	농축산과	1	1	7	8	7	5	5	4
19964	경남 남해군	가축 생산성 향상 약품 지원	80,000	농축산과	1	1	7	8	7	5	5	4
19965	경남 남해군	돼지소모성질환 지도지원	6,000	농축산과	1	1	7	8	7	5	5	4
19966	경남 남해군	가금생산성 향상 및 AI차단 지원	500	농축산과	1	1	7	8	7	5	5	4
19967	경남 남해군	돼지 써코바이러스 백신구입 지원	24,000	농축산과	1	1	7	8	7	5	5	4
19968	경남 남해군	구제역 백신 지원(전업농 구제역 백신)	32,941	농축산과	1	1	7	8	7	5	5	4
19969	경남 남해군	가금농가 질병관리 지원	6,000	농축산과	1	1	7	8	7	5	5	4
19970	경남 남해군	축산농가 사료첨가제 지원	11,754	농축산과	1	1	7	8	7	5	5	4
19971	경남 남해군	송아지 초유 면역증강제 지원	7,930	농축산과	1	1	7	8	7	5	5	4
19972	경남 남해군	가축분뇨 수분조절재 지원	61,750	농축산과	1	1	7	8	7	5	5	4
19973	경남 남해군	축산분뇨 악취 방지제 지원	50,000	농축산과	1	1	7	8	7	5	5	4
19974	경남 남해군	돈사 악취 저감제 지원	20,000	농축산과	1	1	7	8	7	5	5	4
19975	경남 남해군	공동선별.출하 생산조직 육성	7,560	유통지원과	1	2	7	8	7	5	5	4
19976	경남 남해군	농산물 통합마케팅조직 육성	35,840	유통지원과	1	2	7	8	7	5	5	4
19977	경남 남해군	통합브랜드 승인업체 포장재제작 지원	5,280	유통지원과	1	4	7	8	7	5	5	4
19978	경남 남해군	GAP 인증 농산물 포장재 제작 지원	7,920	유통지원과	1	4	7	8	7	5	5	4
19979	경남 남해군	수출 활성화 지원	20,000	유통지원과	1	4	7	8	7	5	5	4
19980	경남 남해군	초등돌봄교실 과일간식 지원	25,000	유통지원과	1	2	7	8	7	1	1	1
19981	경남 남해군	농업인 소규모 창업기술 지원	100,000	유통지원과	1	1	7	8	7	5	5	4
19982	경남 남해군	농촌융복합산업 활성화 맞춤형 지원	8,000	유통지원과	1	1	7	8	7	5	5	4
19983	경남 남해군	1인 가구시대 맞춤형 간편가공 상품화 시범	100,000	유통지원과	1	1	7	8	7	5	5	4
19984	경남 남해군	잼즙청 제품 품질향상 시범	50,000	유통지원과	1	1	7	8	7	5	5	4
19985	경남 남해군	남해군체험마을협의회 운영 지원	5,600	유통지원과	1	4	7	8	7	1	1	1
19986	경남 남해군	농촌체험휴양마을안전화재보험지원	7,000	유통지원과	1	2	7	8	7	1	1	4
19987	경남 남해군	농촌체험지도사 및 마을해설가 양성	12,000	유통지원과	1	2	7	8	7	1	1	4
19988	경남 남해군	농촌체험휴양마을 청년사무장 지원	5,400	유통지원과	1	2	7	8	7	1	1	4
19989	경남 남해군	정보화 농업인 활성화 지원	3,000	유통지원과	1	6	7	8	7	1	1	4
19990	경남 남해군	읍면생활개선회 및 전문연구회 과제교육	7,600	유통지원과	1	4	4	7	7	1	1	1

순번	시군구	지출명 (사업명)	2021년예산 (단위:천원/1년간)	담당자 (공무원) 담당부서	민간이전 분류 (지방자치단체 세출예산 집행기준에 의거) 1. 민간경상사업보조(307-02) 2. 민간단체 법정운영비보조(307-03) 3. 민간행사사업보조(307-04) 4. 민간위탁금(307-05) 5. 사회복지시설 법정운영비보조(307-10) 6. 민간인위탁교육비(307-12) 7. 공기관등에대한경상적위탁사업비(308-11) 8. 민간자본사업보조,자체재원(402-01) 9. 민간자본사업보조,이전재원(402-02) 10. 민간위탁사업비(402-03) 11. 공기관등에 대한 자본적 대행사업비(403-02)	민간이전지출 근거 (지방보조금 관리기준 참고) 1. 법률에 규정 2. 국고보조 재원(국가지정) 3. 용도 지정 기부금 4. 조례에 직접규정 5. 지자체가 권장하는 사업을 하는 공공기관 6. 시,도 정책 및 재정사정 7. 기타 8. 해당없음	입찰방식 계약체결방법 (경쟁형태) 1. 일반경쟁 2. 제한경쟁 3. 지명경쟁 4. 수의계약 5. 법정위탁 6. 기타 ( ) 7. 해당없음	계약기간 1. 1년 2. 2년 3. 3년 4. 4년 5. 5년 6. 기타 ( )년 7. 단기계약 (1년미만) 8. 해당없음	낙찰자선정방법 1. 적격심사 2. 협상에의한계약 3. 최저가낙찰제 4. 규격가격분리 5. 2단계 경쟁입찰 6. 기타 ( ) 7. 해당없음	운영예산 산정 운영예산 산정 1. 내부산정 (지자체 자체적으로 산정) 2. 외부산정 (외부전문기관위탁 산정) 3. 내·외부 모두 산정 4. 산정 無 5. 해당없음	정산방법 1. 내부정산 (지자체 내부적으로 정산) 2. 외부정산 (외부전문기관위탁 정산) 3. 내·외부 모두 산정 4. 정산 無 5. 해당없음	성과평가 실시여부 1. 실시 2. 미실시 3. 향후 추진 4. 해당없음
19991	경남 남해군	생활개선회 육성 지원	4,000	유통지원과	1	6	4	7	7	1	1	2
19992	경남 남해군	농번기 마을공동급식 지원	118,125	유통지원과	1	4	7	7	7	1	1	2
19993	경남 남해군	작목별 맞춤형 안전관리 실천시범(컨설팅)	7,500	유통지원과	1	2	4	7	7	1	1	2
19994	경남 남해군	벼 육묘용 상토지원사업(우량묘 확대보급)	212,563	농업기술과	1	4	7	8	7	5	5	4
19995	경남 남해군	소규모 농가 벼 상자모 지원(우량묘 확대보급)	75,810	농업기술과	1	4	7	8	7	5	5	4
19996	경남 남해군	밭작물 저장성 향상 시범사업	24,000	농업기술과	1	4	7	8	7	5	5	4
19997	경남 남해군	고품질 쌀 생산단지 조성사업	33,600	농업기술과	1	4	7	8	7	5	5	4
19998	경남 남해군	밥쌀용 쌀 재배단지 조성사업	11,250	농업기술과	1	4	7	8	7	5	5	4
19999	경남 남해군	기능성 쌀 생산단지 조성사업	2,800	농업기술과	1	4	7	8	7	5	5	4
20000	경남 남해군	공동농작업대행료지원	436,080	농업기술과	1	4	7	8	7	5	5	4
20001	경남 남해군	쌀전업농양성지원 사업	5,130	농업기술과	1	4	7	8	7	5	5	4
20002	경남 남해군	우리밀육성지원사업	1,260	농업기술과	1	4	7	8	7	5	5	4
20003	경남 남해군	마늘 멀칭용 분해필름 지원	43,200	농업기술과	1	4	7	8	7	5	5	4
20004	경남 하동군	범죄피해자지원센터 운영 지원	13,100	기획예산과	1	1	7	8	7	1	1	1
20005	경남 하동군	대한민국알프스 하동발전협의회	7,000	기획예산과	1	4	7	8	7	1	1	1
20006	경남 하동군	하동재향경우회 봄철, 여름피서철 방범활동 등	986	기획예산과	1	4	7	8	7	1	1	1
20007	경남 하동군	재향군인회 호국공원 관리, 참전유공자 가정지원	8,400	기획예산과	1	4	7	8	7	1	1	1
20008	경남 하동군	해병대전우회 방범활동, 수난구조 및 행사지원 교통정리	3,990	기획예산과	1	4	7	8	7	1	1	1
20009	경남 하동군	법무부법사랑위원회 범죄예방 홍보사업	3,150	기획예산과	1	1	7	8	7	1	1	1
20010	경남 하동군	자유총연맹 어머니 포순이 활동 지원	1,400	기획예산과	1	1	7	8	7	1	1	1
20011	경남 하동군	민족통일하동군협의회 민족통일기반조성사업	2,000	기획예산과	1	1	7	8	7	1	1	1
20012	경남 하동군	외국인명예경찰대 활동지원	2,100	기획예산과	1	4	7	8	7	1	1	1
20013	경남 하동군	사회봉사단체협의회 활성화사업	3,500	기획예산과	1	1	7	8	7	1	1	1
20014	경남 하동군	하동청소년, 가족봉사단 활동지원	5,600	기획예산과	1	1	7	8	7	1	1	1
20015	경남 하동군	하동군 재능기부봉사단 활동지원	3,500	기획예산과	1	1	7	8	7	1	1	1
20016	경남 하동군	자원봉사협의회 행복나눔 활성화사업	8,400	기획예산과	1	1	7	8	7	1	1	1
20017	경남 하동군	바르게살기 범국민 의식개혁 및 녹색생활 실천사업	7,000	기획예산과	1	1	7	8	7	1	1	1
20018	경남 하동군	손발마사지봉사단 손발마사지사업 지원	1,890	기획예산과	1	1	7	8	7	1	1	1
20019	경남 하동군	새마을 어려운가정 고추장담기 지원사업	8,540	기획예산과	1	4	7	8	7	1	1	1
20020	경남 하동군	새마을 독서 골든벨	3,500	기획예산과	1	4	7	8	7	1	1	1
20021	경남 하동군	영신원목욕탕운영비	5,400	주민행복과	1	6	6	8	7	1	1	2
20022	경남 하동군	자활사업 활성화 촉진	23,950	주민행복과	1	6	7	8	7	1	1	4
20023	경남 하동군	복지행복버스 운영지원	150,000	주민행복과	1	2	7	1	7	1	1	4
20024	경남 하동군	양성평등주간사업지원	32,840	주민행복과	1	1	7	8	7	1	1	4
20025	경남 하동군	여성지도자 워크샵 지원	10,000	주민행복과	1	4	7	8	7	1	1	4
20026	경남 하동군	지역문화예술 활동지원	227,100	문화체육과	1	4	7	8	7	1	1	4
20027	경남 하동군	개천대제 지원	9,000	문화체육과	1	4	7	8	7	1	1	4
20028	경남 하동군	전국 한시 백일장 개최	16,000	문화체육과	1	4	7	8	7	1	1	4
20029	경남 하동군	전통향교문화 전승발전	4,000	문화체육과	1	4	7	8	7	1	1	4
20030	경남 하동군	문화예술축제 지원	155,000	문화체육과	1	4	7	8	7	1	1	4
20031	경남 하동군	하동합창단 정기연주회 지원	13,000	문화체육과	1	4	7	8	7	1	1	4
20032	경남 하동군	전국시조 경창대회	8,000	문화체육과	1	4	7	8	7	1	1	4
20033	경남 하동군	지리산 섬진강권 문학행사	4,000	문화체육과	1	4	7	8	7	1	1	4
20034	경남 하동군	지방문화원 사업활동 지원	38,000	문화체육과	1	4	7	8	7	1	1	4
20035	경남 하동군	농어촌 공공도서관 운영	10,000	문화체육과	1	4	7	8	7	1	1	4
20036	경남 하동군	찾아가는 문화활동 지원	32,000	문화체육과	1	4	7	8	7	1	1	4
20037	경남 하동군	문화인프라 활동지원	15,500	문화체육과	1	4	7	8	7	1	1	4
20038	경남 하동군	문화학교 운영	6,000	문화체육과	1	4	7	8	7	1	1	4
20039	경남 하동군	작은 도서관 운영지원	40,000	문화체육과	1	4	7	8	7	1	1	4
20040	경남 하동군	독서문화진흥사업	7,000	문화체육과	1	4	7	8	7	1	1	4
20041	경남 하동군	북스타트 지원사업	6,000	문화체육과	1	4	7	8	7	1	1	4

순번	시군구	지출명 (사업명)	2021년예산 (단위:천원/1년간)	담당자 (공무원) 담당부서	민간이전 분류 (지방자치단체 세출예산 집행기준에 의거) 1. 민간경상사업보조(307-02) 2. 민간단체 법정운영비보조(307-03) 3. 민간행사사업보조(307-04) 4. 민간위탁금(307-05) 5. 사회복지시설 법정운영비보조(307-10) 6. 민간인위탁교육비(307-12) 7. 공기관등에대한경상적위탁사업비(308-11) 8. 민간자본사업보조,자체재원(402-01) 9. 민간자본사업보조,이전재원(402-02) 10. 민간위탁사업비(402-03) 11. 공기관등에 대한 자본적 대행사업비(403-02)	민간이전지출 근거 (지방보조금 관리기준 참고) 1. 법률에 규정 2. 국고보조 재원(국가지정) 3. 용도 지정 기부금 4. 조례에 직접규정 5. 지자체가 권장하는 사업을 하는 공공기관 6. 시,도 정책 및 재정사정 7. 기타 8. 해당없음	입찰방식 계약체결방법 (경쟁형태) 1. 일반경쟁 2. 제한경쟁 3. 지명경쟁 4. 수의계약 5. 법정위탁 6. 기타 ( ) 7. 해당없음	입찰방식 계약기간 1. 1년 2. 2년 3. 3년 4. 4년 5. 5년 6. 기타 ( )년 7. 단기계약 (1년미만) 8. 해당없음	입찰방식 낙찰자선정방법 1. 적격심사 2. 협상에의한계약 3. 최저가낙찰제 4. 규격가격분리 5. 2단계 경쟁입찰 6. 기타 ( ) 7. 해당없음	운영예산 산정 운영예산 산정 1. 내부산정 (지자체 자체적으로 산정) 2. 외부산정 (외부전문기관위탁 산정) 3. 내·외부 모두 산정 4. 산정 無 5. 해당없음	운영예산 산정 정산방법 1. 내부정산 (지자체 내부적으로 정산) 2. 외부정산 (외부전문기관위탁 정산) 3. 내·외부 모두 산정 4. 정산 無 5. 해당없음	성과평가 실시여부 1. 실시 2. 미실시 3. 향후 추진 4. 해당없음
20042	경남 하동군	경남도민예술단 순회공연지원	35,000	문화체육과	1	4	7	8	7	1	1	4
20043	경남 하동군	문화재 유지관리	46,000	문화체육과	1	4	7	8	7	1	1	4
20044	경남 하동군	이순신 프로젝트사업	7,000	문화체육과	1	4	7	8	7	1	1	4
20045	경남 하동군	자연유산 민속행사 지원	3,000	문화체육과	1	2	7	8	7	1	1	4
20046	경남 하동군	향교 서원 지원사업	24,500	문화체육과	1	4	7	8	7	1	1	4
20047	경남 하동군	판소리 기념관 운영 활성화	25,000	문화체육과	1	4	7	8	7	1	1	4
20048	경남 하동군	문화재 행정운영지원	10,500	문화체육과	1	4	7	8	7	1	1	4
20049	경남 하동군	생생문화재사업	50,000	문화체육과	1	2	7	8	7	1	1	4
20050	경남 하동군	향교서원문화재 활용사업	80,000	문화체육과	1	2	7	8	7	1	1	4
20051	경남 하동군	대회 및 전지훈련 유치	20,000	문화체육과	1	4	7	8	7	1	1	4
20052	경남 하동군	하동군체육회 경기단체 육성 지원	20,500	문화체육과	1	4	7	8	7	1	1	4
20053	경남 하동군	학교체육 육성	130,800	문화체육과	1	4	7	8	7	1	1	4
20054	경남 하동군	우수선수 발굴 육성	50,000	문화체육과	1	4	7	8	7	1	1	4
20055	경남 하동군	경남생활체육대전 출전 경비 지원	77,400	문화체육과	1	4	7	8	7	1	1	4
20056	경남 하동군	도민체육대회참가비 지원	143,200	문화체육과	1	4	7	8	7	1	1	4
20057	경남 하동군	전국 및 도단위 대회경비 지원	75,000	문화체육과	1	4	7	8	7	1	1	4
20058	경남 하동군	경남어르신체육대회 지원	8,000	문화체육과	1	4	7	8	7	1	1	4
20059	경남 하동군	장애인체육대회 지원	7,000	문화체육과	1	4	7	8	7	1	1	4
20060	경남 하동군	군단위 생활체육대회 지원	54,000	문화체육과	1	4	7	8	7	1	1	4
20061	경남 하동군	어르신체육활동 지원	222,548	문화체육과	1	2	7	8	7	1	1	4
20062	경남 하동군	전일제 생활체육지도자 지원	222,548	문화체육과	1	2	7	8	7	1	1	4
20063	경남 하동군	장애인 체육동아리 지원사업	7,094	문화체육과	1	4	7	8	7	1	1	4
20064	경남 하동군	하동녹차 홍보단 단복지원사업	7,000	특화산업과	1	7	7	8	7	1	1	1
20065	경남 하동군	농촌신활력플러스사업(지역개발)	1,002	특화산업과	1	7	7	8	7	5	5	4
20066	경남 하동군	자율관리어업 사무장 채용 지원	43,728	해양수산과	1	6	7	8	7	5	5	4
20067	경남 하동군	수산정책보험료 지원사업(어업인)	38,000	해양수산과	1	6	7	8	7	5	5	4
20068	경남 하동군	수산정책보험료 지원사업(어선재해보험)	30,000	해양수산과	1	6	7	8	7	5	5	4
20069	경남 하동군	수산정책보험료 지원사업(어선원)	5,000	해양수산과	1	6	7	8	7	5	5	4
20070	경남 하동군	연안어선 어업용 유류비 지원	40,000	해양수산과	1	6	7	8	7	5	5	4
20071	경남 하동군	여성어업인 바우처 사업	41,600	해양수산과	1	6	7	8	7	5	5	4
20072	경남 하동군	양식수산물 재해보험 지원사업	165,000	해양수산과	1	6	7	8	7	5	5	4
20073	경남 하동군	불가사리,성게 구제	10,000	해양수산과	1	6	7	8	7	5	5	4
20074	경남 하동군	한국수산업경영인하동군연합회 해양환경정화활동	6,650	해양수산과	1	4	2	1	1	1	1	1
20075	경남 하동군	한국수산업경영인하동군연합회 사무장채용지원	21,870	해양수산과	1	4	2	1	1	1	1	1
20076	경남 하동군	365안심병동사업 운영	309,400	보건정책과	1	6	7	1	7	1	2	1
20077	경남 하동군	응급의료기관 지원	84,000	보건정책과	1	4	7	1	7	1	1	1
20078	경남 하동군	취약지역 응급의료기관 운영지원	135,000	보건정책과	1	2	7	1	7	1	1	1
20079	경남 하동군	취약지역 응급의료기관 지원(적자보전)	100,000	보건정책과	1	6	7	1	7	1	1	1
20080	경남 하동군	분만취약지 지원사업	500,000	건강관리과	1	2	6	6	7	2	1	4
20081	경남 하동군	하동솔잎한우 혈통정보 확인사업	120,000	농축산과	1	4	7	8	7	1	1	1
20082	경남 하동군	돼지경제능력검정 경상지원	12,000	농축산과	1	2	7	8	7	1	1	1
20083	경남 하동군	학교우유 급식지원	121,368	농축산과	1	2	7	8	7	1	1	1
20084	경남 하동군	낙농 헬퍼 지원사업	30,000	농축산과	1	6	7	8	7	1	1	1
20085	경남 하동군	가축재해보험 지원	221,600	농축산과	1	6	7	8	7	1	1	1
20086	경남 하동군	농어가 도우미 지원	49,725	농축산과	1	6	7	8	7	1	1	1
20087	경남 하동군	농번기 마을공동 급식 지원	48,000	농축산과	1	6	7	8	7	1	1	1
20088	경남 하동군	농업인 재해안전공제료 지원	219,837	농축산과	1	6	7	8	7	1	1	1
20089	경남 하동군	여성농업인 바우처 지원사업	260,000	농축산과	1	6	7	8	7	1	1	1
20090	경남 하동군	농촌유학지원	38,000	농축산과	1	6	7	8	7	1	1	1
20091	경남 하동군	북천 꽃양귀비 마을 축제	70,000	농축산과	1	6	7	8	7	1	1	1
20092	경남 하동군	터널 내 작물재배	70,000	농축산과	1	6	7	8	7	1	1	1

순번	시군구	지출명 (사업명)	2021년예산 (단위:천원/1년간)	담당자 (공무원) 담당부서	민간이전 분류 (지방자치단체 세출예산 집행기준에 의거) 1. 민간경상사업보조(307-02) 2. 민간단체 법정운영비보조(307-03) 3. 민간행사사업보조(307-04) 4. 민간위탁금(307-05) 5. 사회복지시설 법정운영비보조(307-10) 6. 민간인위탁교육비(307-12) 7. 공기관등에대한경상적위탁사업비(308-11) 8. 민간자본사업보조,자체재원(402-01) 9. 민간자본사업보조,이전재원(402-02) 10. 민간위탁사업비(402-03) 11. 공기관등에 대한 자본적 대행사업비(403-02)	민간이전지출 근거 (지방보조금 관리기준 참고) 1. 법률에 규정 2. 국고보조 재원(국가지정) 3. 용도 지정 기부금 4. 조례에 직접규정 5. 지자체가 권장하는 사업을 하는 공공기관 6. 시,도 정책 및 재정사정 7. 기타 8. 해당없음	입찰방식 계약체결방법 (경쟁형태) 1. 일반경쟁 2. 제한경쟁 3. 지명경쟁 4. 수의계약 5. 법정위탁 6. 기타 ( ) 7. 해당없음	입찰방식 계약기간 1. 1년 2. 2년 3. 3년 4. 4년 5. 5년 6. 기타 ( )년 7. 단기계약 (1년미만) 8. 해당없음	입찰방식 낙찰자선정방법 1. 적격심사 2. 협상에의한계약 3. 최저가낙찰제 4. 규격가격분리 5. 2단계 경쟁입찰 6. 기타 ( ) 7. 해당없음	운영예산 산정 운영예산 산정 1. 내부산정 (지자체 자체적으로 산정) 2. 외부산정 (외부전문기관위탁 산정) 3. 내·외부 모두 산정 4. 산정 無 5. 해당없음	운영예산 산정 정산방법 1. 내부정산 (지자체 내부적으로 정산) 2. 외부정산 (외부전문기관위탁 정산) 3. 내·외부 모두 산정 4. 정산 無 5. 해당없음	성과평가 실시여부 1. 실시 2. 미실시 3. 향후 추진 4. 해당없음
20093	경남 하동군	공동방제단 재료비	115,703	농축산과	1	2	7	1	7	1	1	2
20094	경남 하동군	공동방제단 인건비	103,067	농축산과	1	2	7	1	7	1	1	2
20095	경남 하동군	구제역방역대책추진	56,000	농축산과	1	1	7	1	7	1	1	1
20096	경남 하동군	돼지소모성질환지도사업	6,000	농축산과	1	2	7	8	7	1	1	1
20097	경남 하동군	가금농가질병관리지원	6,000	농축산과	1	2	7	8	7	1	1	1
20098	경남 하동군	축산농가감염성폐기물처리사업	5,500	농축산과	1	6	7	1	7	1	1	2
20099	경남 하동군	가축전염병방역사업지원	84,000	농축산과	1	2	7	8	7	1	1	1
20100	경남 하동군	구제역백신지원(전업농구제역백신지원)	194,125	농축산과	1	2	7	1	7	1	1	2
20101	경남 하동군	축산물HACCP컨설팅지원사업	8,400	농축산과	1	2	7	8	7	1	1	1
20102	경남 하동군	쇠고기이력제 귀표 부착비	42,960	농축산과	1	2	7	1	7	1	1	2
20103	경남 하동군	축산물수출촉진지원사업	21,000	농축산과	1	6	7	1	7	1	1	2
20104	경남 하동군	동물복지축산농장 인증컨설팅지원사업	14,000	농축산과	1	2	7	8	7	1	1	1
20105	경남 하동군	농산물 수출 물류비 지원	13,500	농산물유통과	1	1	7	8	7	5	1	3
20106	경남 하동군	수출농가육성지원	82,000	농산물유통과	1	4	7	8	7	1	1	1
20107	경남 하동군	통합 마케팅 육성지원	49,000	농산물유통과	1	4	7	8	7	1	1	1
20108	경남 하동군	농산물 공동선별비지원사업	270,000	농산물유통과	1	2	7	8	7	1	1	3
20109	경남 하동군	산지통합마케팅지원사업	30,000	농산물유통과	1	2	7	8	7	1	1	3
20110	경남 하동군	농산물 소비 촉진 지원	28,000	농산물유통과	1	4	7	8	7	1	1	1
20111	경남 하동군	공동선별출하 생산조직 육성사업	8,400	농산물유통과	1	6	7	8	7	1	1	3
20112	경남 하동군	농산물 통합마케팅조직 육성사업	49,000	농산물유통과	1	6	7	8	7	1	1	3
20113	경남 하동군	농특산물 홈쇼핑 지원	44,100	농산물유통과	1	4	7	8	7	1	1	1
20114	경남 하동군	GAP 안전성 검사비 지원사업	62,000	농산물유통과	1	1	7	8	7	1	1	3
20115	경남 하동군	농산물우수관리(GAP)인증 수수료 지원	18,000	농산물유통과	1	1	7	8	7	1	1	3
20116	경남 하동군	지역우수농식품 TV 홈쇼핑 지원사업	40,000	농산물유통과	1	4	7	8	7	1	1	3
20117	경남 하동군	하동쌀 이용 막걸리 생산지원사업	14,000	농산물유통과	1	4	7	8	7	1	1	1
20118	경남 하동군	벤처농업 공동마케팅 지원	14,000	농산물유통과	1	4	7	8	7	1	1	1
20119	경남 하동군	공동체 지원농업 활성화 지원사업	35,000	농산물유통과	1	1	7	8	7	5	5	4
20120	경남 하동군	농촌총각행복가정이루기지원사업	16,000	농촌진흥과	1	4	1	8	7	1	1	1
20121	경남 하동군	4-H 육성지원	3,000	농촌진흥과	1	6	1	8	7	1	1	1
20122	경남 하동군	4-H 육성	6,000	농촌진흥과	1	8	1	8	7	1	1	1
20123	경남 하동군	농촌지도자육성	26,000	농촌진흥과	1	4	7	8	7	1	1	1
20124	경남 하동군	농촌지도자육성	4,000	농촌진흥과	1	4	7	8	7	1	1	1
20125	경남 하동군	농촌지도자육성	14,000	농촌진흥과	1	4	7	8	7	1	1	1
20126	경남 하동군	농촌지도자육성	5,000	농촌진흥과	1	4	7	8	7	1	1	1
20127	경남 하동군	학생4-H회원농촌체험활동지원	2,000	농촌진흥과	1	6	1	8	7	1	1	1
20128	경남 하동군	농업 신소득원 발굴 공동학습포장 운영 지원	5,000	농촌진흥과	1	6	7	8	7	1	1	1
20129	경남 하동군	휴경지 활용 소득화 선도 단체 육성 지원사업	5,000	농촌진흥과	1	4	7	8	7	1	1	1
20130	경남 하동군	시군4-H본부 교육지원	2,000	농촌진흥과	1	6	1	8	7	1	1	1
20131	경남 하동군	최고농업경영자과정 교육비지원	38,000	농촌진흥과	1	6	1	8	7	1	1	1
20132	경남 하동군	청년 농업인 취농인턴제 사업	6,000	농촌진흥과	1	6	1	8	7	1	1	1
20133	경남 하동군	청년 농업인 취농직불제 사업	60,000	농촌진흥과	1	6	1	8	7	1	1	1
20134	경남 하동군	농촌고용인력지원사업	200,000	농촌진흥과	1	2	1	8	7	1	1	1
20135	경남 하동군		14,000	농촌진흥과	1	2	1	8	7	1	1	1
20136	경남 하동군	정보화 농업 활성화 지원사업	3,000	농촌진흥과	1	6	1	8	7	1	1	1
20137	경남 하동군	농촌관광주체육성지원(사무장채용)	85,320	농촌진흥과	1	2	1	1	1	3	1	1
20138	경남 하동군	체험마을리더 교육지원	1,680	농촌진흥과	1	2	1	7	2	3	1	1
20139	경남 하동군	농촌체험지도사 및 마을해설사 양성사업	3,600	농촌진흥과	1	6	1	7	2	3	1	1
20140	경남 하동군	농촌관광주체육성지원(농촌체험휴양마을 보험가입)	5,858	농촌진흥과	1	2	7	8	2	3	1	1
20141	경남 하동군	농촌체험휴양마을활성화지원	25,000	농촌진흥과	1	6	1	1	1	1	1	1
20142	경남 하동군	농촌체험관광활성화사업	32,000	농촌진흥과	1	5	1	7	7	1	1	1
20143	경남 하동군	귀농인 영농기술 컨설팅 지원	5,000	농촌진흥과	1	1	7	7	1	1	1	1

순번	시군구	지출명 (사업명)	2021년예산 (단위:천원/1년간)	담당자 (공무원) 담당부서	민간이전 분류 (지방자치단체 세출예산 집행기준에 의거) 1. 민간경상사업보조(307-02) 2. 민간단체 법정운영비보조(307-03) 3. 민간행사사업보조(307-04) 4. 민간위탁금(307-05) 5. 사회복지시설 법정운영비보조(307-10) 6. 민간인위탁교육비(307-12) 7. 공기관등에대한경상적위탁사업비(308-11) 8. 민간자본사업보조,자체재원(402-01) 9. 민간자본사업보조,이전재원(402-02) 10. 민간위탁사업비(402-03) 11. 공기관등에 대한 자본적 대행사업비(403-02)	민간이전지출 근거 (지방보조금 관리기준 참고) 1. 법률에 규정 2. 국고보조 재원(국가지정) 3. 용도 지정 기부금 4. 조례에 직접규정 5. 지자체가 권장하는 사업을 하는 공공기관 6. 시,도 정책 및 재정사정 7. 기타 8. 해당없음	입찰방식: 계약체결방법 (경쟁형태) 1. 일반경쟁 2. 제한경쟁 3. 지명경쟁 4. 수의계약 5. 법정위탁 6. 기타 ( ) 7. 해당없음	입찰방식: 계약기간 1. 1년 2. 2년 3. 3년 4. 4년 5. 5년 6. 기타 ( )년 7. 단기계약 (1년미만) 8. 해당없음	입찰방식: 낙찰자선정방법 1. 적격심사 2. 협상에의한계약 3. 최저가낙찰제 4. 규격가격분리 5. 2단계 경쟁입찰 6. 기타 ( ) 7. 해당없음	운영예산 산정: 운영예산 산정 1. 내부산정 (지자체 자체적으로 산정) 2. 외부산정 (외부전문기관위탁 산정) 3. 내·외부 모두 산정 4. 산정 無 5. 해당없음	운영예산 산정: 정산방법 1. 내부정산 (지자체 내부적으로 정산) 2. 외부정산 (외부전문기관위탁 정산) 3. 내·외부 모두 산정 4. 정산 無 5. 해당없음	성과평가 실시여부 1. 실시 2. 미실시 3. 향후 추진 4. 해당없음
20144	경남 하동군	귀농창업활성화 지원	23,334	농촌진흥과	1	1	4	7	1	1	1	1
20145	경남 하동군	청년 농업인 영농정착 지원	212,400	농촌진흥과	1	1	7	7	1	1	1	1
20146	경남 하동군	귀농인 안정정착 지원	11,700	농촌진흥과	1	1	7	7	1	1	1	1
20147	경남 하동군	농기계보험 농가부담 보험료 지원	40,000	농촌진흥과	1	4	1	8	7	1	1	1
20148	경남 하동군	기능성 쌀 재배단지 조성사업	5,600	농업소득과	1	7	7	8	7	1	1	3
20149	경남 하동군	농작물재해보험 지원	1,900	농업소득과	1	1	7	8	7	1	1	3
20150	경남 하동군	드론활용 스마트 농업 구현	20,000	농업소득과	1	7	7	8	7	1	1	3
20151	경남 하동군	드론 교육 지원	55,000	농업소득과	1	7	7	8	7	1	1	3
20152	경남 하동군	청년농업인 드론 공동방제단 운영 시범	10,000	농업소득과	1	7	7	8	7	1	1	3
20153	경남 하동군	드론 활용 딸기하우스 차광도포 시범	40,000	농업소득과	1	2	7	8	7	1	1	3
20154	경남 하동군	드론 활용 배 인공수분 시범사업	40,000	농업소득과	1	2	7	8	7	1	1	3
20155	경남 하동군	하동군 모범운전자회 교통안내 및 캠페인 등	4,300	건설교통과	1	1	7	8	7	1	1	4
20156	경남 하동군	시외버스터미널 관리보조금	16,050	건설교통과	1	7	7	8	7	1	1	4
20157	경남 하동군	교통약자콜택시 이용 통행료 지원	2,000	건설교통과	1	4	4	8	7	1	1	4
20158	경남 하동군	여객 및 화물운송사업	7,559	건설교통과	1	7	7	8	7	1	1	4
20159	경남 산청군	소상공인 소규모 경영환경개선사업	176,000	경제전략과	1	1	7	8	7	5	5	4
20160	경남 산청군	창업기업고용보조금 지원	30,000	경제전략과	1	6	7	8	7	5	3	4
20161	경남 산청군	전통시장 화재공제지원사업	1,200	경제전략과	1	4	7	8	7	5	5	4
20162	경남 산청군	2021년 정보화마을 활성화	8,000	경제전략과	1	6	7	8	7	3	3	1
20163	경남 산청군	2021년 정보화마을 프로그램관리자육성지원	22,296	경제전략과	1	6	7	8	7	3	3	1
20164	경남 산청군	2021년 사회적기업 육성지원(일자리창출)	280,000	경제전략과	1	2	7	8	7	3	3	1
20165	경남 산청군	2021년 사회적기업 육성지원(사업개발)	30,000	경제전략과	1	2	7	8	7	3	3	1
20166	경남 산청군	신증설기업 보조금 지원	731,300	경제전략과	1	2	7	8	7	3	3	1
20167	경남 산청군	경남형한달살기 산청에 살어리랏다.	44,000	관광진흥과	1	6	7	8	7	1	1	4
20168	경남 산청군	학교4-H회 과제 교육 지원	2,000	농업진흥과	1	2	7	8	7	5	5	4
20169	경남 산청군	정보화농업 활성화지원	3,000	농업진흥과	1	2	7	8	7	5	5	4
20170	경남 산청군	귀농창업활성화지원	10,000	농업진흥과	1	2	7	8	7	5	5	4
20171	경남 산청군	청년농업인 경쟁력 제고사업	45,000	농업진흥과	1	2	7	8	7	5	5	4
20172	경남 산청군	농업용 드론조종인력 양성사업	8,000	농업진흥과	1	2	7	8	7	5	5	4
20173	경남 산청군	초등돌봄교실 과일간식 지원 시범사업	19,950	농업진흥과	1	2	7	8	7	5	5	4
20174	경남 산청군	채소특작사업지원	136,176	농업진흥과	1	2	7	8	7	5	5	4
20175	경남 산청군	농업정책 및 농림사업 추진(농번기농작업지원사업)	16,000	농축산과	1	4	7	8	7	5	5	4
20176	경남 산청군	농촌관광주체 육성지원(사무장활동비지원)	163,080	농축산과	1	2	7	8	7	5	5	4
20177	경남 산청군	농촌관광주체 육성지원(체험안전화재보험 가입지원)	9,585	농축산과	1	2	7	8	7	5	5	4
20178	경남 산청군	체험마을리더교육지원	2,400	농축산과	1	2	7	8	7	5	5	4
20179	경남 산청군	벼 병해충 공동방제 농작업 대행료 지원	140,000	농축산과	1	4	7	8	7	5	5	4
20180	경남 산청군	벼 병해충 농작업 지원	482,200	농축산과	1	4	7	8	7	5	5	4
20181	경남 산청군	낙농헬퍼지원사업	30,000	농축산과	1	6	7	8	7	5	5	4
20182	경남 산청군	한우 친자확인 지원사업	30,000	농축산과	1	4	7	8	7	5	5	4
20183	경남 산청군	한우개량 컨설팅사업	20,000	농축산과	1	4	7	8	7	5	5	4
20184	경남 산청군	한우 임신감정 지원사업	16,000	농축산과	1	4	7	8	7	5	5	4
20185	경남 산청군	예탁우 농가 담보권 설정 수수료 지원사업	3,600	농축산과	1	4	7	8	7	5	5	4
20186	경남 산청군	TMR사료 포장재 지원사업	20,000	농축산과	1	4	7	8	7	5	5	4
20187	경남 산청군	유기한우 포장재 지원사업	50,000	농축산과	1	4	7	8	7	5	5	4
20188	경남 산청군	벌꿀 포장재 지원사업	81,000	농축산과	1	4	7	8	7	5	5	4
20189	경남 산청군	유정란 생산농가 난좌 지원사업	6,000	농축산과	1	4	7	8	7	5	5	4
20190	경남 산청군	우량암소 생산기반 구축사업	11,400	농축산과	1	6	7	8	7	5	5	4
20191	경남 산청군	송아지 생산안정 지원사업	1,000	농축산과	1	2	7	8	7	5	5	4
20192	경남 산청군	유기농한우 유기사료 차액보전 지원사업	82,874	농축산과	1	4	7	8	7	5	5	4
20193	경남 산청군	가축재해보험 지원사업	310,000	농축산과	1	2	7	8	7	5	5	4
20194	경남 산청군	학생 승마체험 지원사업	40,320	농축산과	1	2	7	8	7	5	5	4

순번	시군구	지출명 (사업명)	2021년예산 (단위:천원/1년간)	담당자 (공무원) 담당부서	민간이전 분류 (지방자치단체 세출예산 집행기준에 의거) 1. 민간경상사업보조(307-02) 2. 민간단체 법정운영비보조(307-03) 3. 민간행사사업보조(307-04) 4. 민간위탁금(307-05) 5. 사회복지시설 법정운영비보조(307-10) 6. 민간인위탁교육비(307-12) 7. 공기관등에대한경상적위탁사업비(308-11) 8. 민간자본사업보조,자체재원(402-01) 9. 민간자본사업보조,이전재원(402-02) 10. 민간위탁사업비(402-03) 11. 공기관등에 대한 자본적 대행사업비(403-02)	민간이전지출 근거 (지방보조금 관리기준 참고) 1. 법률에 규정 2. 국고보조 재원(국가지정) 3. 용도 지정 기부금 4. 조례에 직접규정 5. 지자체가 권장하는 사업을 하는 공공기관 6. 시,도 정책 및 재정사정 7. 기타 8. 해당없음	입찰방식 계약체결방법 (경쟁형태) 1. 일반경쟁 2. 제한경쟁 3. 지명경쟁 4. 수의계약 5. 법정위탁 6. 기타 ( ) 7. 해당없음	입찰방식 계약기간 1. 1년 2. 2년 3. 3년 4. 4년 5. 5년 6. 기타 ( )년 7. 단기계약 (1년미만) 8. 해당없음	입찰방식 낙찰자선정방법 1. 적격심사 2. 협상에의한계약 3. 최저가낙찰제 4. 규격가격분리 5. 2단계 경쟁입찰 6. 기타 ( ) 7. 해당없음	운영예산 산정 운영예산 산정 1. 내부산정 (지자체 자체적으로 산정) 2. 외부산정 (외부전문기관위탁 산정) 3. 내·외부 모두 산정 4. 산정 無 5. 해당없음	운영예산 산정 정산방법 1. 내부정산 (지자체 내부적으로 정산) 2. 외부정산 (외부전문기관위탁 정산) 3. 내·외부 모두 산정 4. 정산 無 5. 해당없음	성과평가 실시여부 1. 실시 2. 미실시 3. 향후 추진 4. 해당없음
20195	경남 산청군	승마체험 지원사업	24,000	농축산과	1	4	7	8	7	5	5	4
20196	경남 산청군	조사료생산용 사일리지 제조비 지원사업	837,000	농축산과	1	2	7	8	7	5	5	4
20197	경남 산청군	곤충유통사업 지원	240,000	농축산과	1	2	7	8	7	5	5	4
20198	경남 산청군	가축분뇨액비살포비	297,500	농축산과	1	2	7	8	7	5	5	4
20199	경남 산청군	돼지써코바이러스백신지원	162,000	농축산과	1	2	7	8	7	5	5	4
20200	경남 산청군	차량무선인식장치통신료지원	16,989	농축산과	1	2	7	8	7	5	5	4
20201	경남 산청군	가금농장 질병관리 지원	12,000	농축산과	1	2	7	8	7	5	5	4
20202	경남 산청군	공동방제단운영비	128,833	농축산과	1	2	7	8	7	5	5	4
20203	경남 산청군	공동방제단 재료비	147,969	농축산과	1	2	7	8	7	5	5	4
20204	경남 산청군	닭 진드기 공동방제 지원	14,400	농축산과	1	2	7	8	7	5	5	4
20205	경남 산청군	전업농 구제역 백신	370,807	농축산과	1	2	7	8	7	5	5	4
20206	경남 산청군	귀농인의 집 조성사업	60,000	농축산과	1	2	7	8	7	5	5	4
20207	경남 산청군	최고농업경영자과정교육지원	21,658	농축산과	1	6	7	8	7	5	5	4
20208	경남 산청군	농번기 마을공동 급식사업	98,000	농축산과	1	6	7	8	7	5	5	4
20209	경남 산청군	청년농업인 영농정착 지원	172,800	농축산과	1	2	7	8	7	5	5	4
20210	경남 산청군	전통민속놀이 육성지원	5,000	문화체육과	1	4	7	8	7	5	5	4
20211	경남 산청군	산청문예지 발간	6,000	문화체육과	1	4	7	8	7	5	5	4
20212	경남 산청군	선비대학 운영	25,000	문화체육과	1	4	7	8	7	5	5	4
20213	경남 산청군	오부면지 편찬 발간비 지원	20,000	문화체육과	1	4	7	8	7	5	5	4
20214	경남 산청군	신안정사지 발간 지원	20,000	문화체육과	1	4	7	8	7	5	5	4
20215	경남 산청군	덕양전 춘추향제례	20,000	문화체육과	1	4	7	8	7	5	5	4
20216	경남 산청군	한국선비문화연구원 체험연수	1,000	문화체육과	1	4	7	8	7	5	5	4
20217	경남 산청군	향토사료조사 지원	18,000	문화체육과	1	4	7	8	7	5	5	4
20218	경남 산청군	문화학교 운영 지원	20,640	문화체육과	1	1	7	8	7	5	5	4
20219	경남 산청군	문화원 문화행사지원	10,000	문화체육과	1	4	7	8	7	5	5	4
20220	경남 산청군	문화원 분과위원회 운영 지원	68,000	문화체육과	1	1	7	8	7	5	5	4
20221	경남 산청군	전국한시백일장 지원	5,000	문화체육과	1	4	7	8	7	5	5	4
20222	경남 산청군	산청실버세대 문화이벤트	8,000	문화체육과	1	4	7	8	7	5	5	4
20223	경남 산청군	지방문화원 사업활동 지원	19,550	문화체육과	1	1	7	8	7	5	5	4
20224	경남 산청군	조선환여승람 산청군편 번역	15,000	문화체육과	1	4	7	8	7	5	5	4
20225	경남 산청군	산청·단성향교 춘추향제례지원	10,000	문화체육과	1	4	7	8	7	5	5	4
20226	경남 산청군	서원 제례 지원	5,000	문화체육과	1	4	7	8	7	5	5	4
20227	경남 산청군	사직단 제례 지원	1,000	문화체육과	1	4	7	8	7	5	5	4
20228	경남 산청군	단성향교 성년의 날 행사 지원	1,000	문화체육과	1	4	7	8	7	5	5	4
20229	경남 산청군	산청·단성향교 기로연 지원	6,000	문화체육과	1	4	7	8	7	5	5	4
20230	경남 산청군	전통문화계승사업 지원	1,500	문화체육과	1	4	7	8	7	5	5	4
20231	경남 산청군	산청·단성향교 충효교실 운영	22,000	문화체육과	1	4	7	8	7	5	5	4
20232	경남 산청군	산청·단성향교 전통문화 계승사업	27,000	문화체육과	1	4	7	8	7	5	5	4
20233	경남 산청군	무형문화재 전승지원	13,600	문화체육과	1	4	7	8	7	5	5	4
20234	경남 산청군	생생문화재사업	50,000	문화체육과	1	1	7	8	7	5	5	4
20235	경남 산청군	향교서원 문화재 활용사업	52,500	문화체육과	1	1	7	8	7	5	5	4
20236	경남 산청군	장애인체육동아리	9,458	문화체육과	1	1	7	8	7	5	5	4
20237	경남 산청군	생활체육대회 육성	30,000	문화체육과	1	1	7	8	7	5	5	4
20238	경남 산청군	일반생활체육지도자 배치	263,088	문화체육과	1	1	7	8	7	5	5	4
20239	경남 산청군	생활체육 교실 운영	9,660	문화체육과	1	1	7	8	7	5	5	4
20240	경남 산청군	생활체육 프로그램 운영	7,300	문화체육과	1	1	7	8	7	5	5	4
20241	경남 산청군	어르신생활체육지도자 배치	175,392	문화체육과	1	1	7	8	7	5	5	4
20242	경남 산청군	초중고 육성 지원사업	30,000	문화체육과	1	1	7	8	7	5	5	4
20243	경남 산청군	체육우수선수육성지원	11,000	문화체육과	1	1	7	8	7	5	5	4
20244	경남 산청군	학교생활체육시설 이용	6,000	문화체육과	1	1	7	8	7	5	5	4
20245	경남 산청군	학교체육육성지원	70,000	문화체육과	1	1	7	8	7	5	5	4

순번	시군구	지출명 (사업명)	2021년예산 (단위:천원/1년간)	담당자 (공무원) 담당부서	민간이전 분류 (지방자치단체 세출예산 집행기준에 의거) 1. 민간경상사업보조(307-02) 2. 민간단체 법정운영비보조(307-03) 3. 민간행사사업보조(307-04) 4. 민간위탁금(307-05) 5. 사회복지시설 법정운영비보조(307-10) 6. 민간인위탁교육비(307-12) 7. 공기관등에대한경상적위탁사업비(308-11) 8. 민간자본사업보조,자체재원(402-01) 9. 민간자본사업보조,이전재원(402-02) 10. 민간위탁사업비(402-03) 11. 공기관등에 대한 자본적 대행사업비(403-02)	민간이전지출 근거 (지방보조금 관리기준 참고) 1. 법률에 규정 2. 국고보조 재원(국가지정) 3. 용도 지정 기부금 4. 조례에 직접규정 5. 지자체가 권장하는 사업을 하는 공공기관 6. 시,도 정책 및 재정사정 7. 기타 8. 해당없음	입찰방식 계약체결방법 (경쟁형태) 1. 일반경쟁 2. 제한경쟁 3. 지명경쟁 4. 수의계약 5. 법정위탁 6. 기타 ( ) 7. 해당없음	입찰방식 계약기간 1. 1년 2. 2년 3. 3년 4. 4년 5. 5년 6. 기타 ( )년 7. 단기계약 (1년미만) 8. 해당없음	입찰방식 낙찰자선정방법 1. 적격심사 2. 협상에의한계약 3. 최저가낙찰제 4. 규격가격분리 5. 2단계 경쟁입찰 6. 기타 ( ) 7. 해당없음	운영예산 산정 운영예산 산정 1. 내부산정 (지자체 자체적으로 산정) 2. 외부산정 (외부전문기관위탁 산정) 3. 내·외부 모두 산정 4. 산정 無 5. 해당없음	운영예산 산정 정산방법 1. 내부정산 (지자체 내부적으로 정산) 2. 외부정산 (외부전문기관위탁 정산) 3. 내·외부 모두 산정 4. 정산 無 5. 해당없음	성과평가 실시여부 1. 실시 2. 미실시 3. 향후 추진 4. 해당없음
20246	경남 산청군	일반생활체육지도자 활동 지원	43,200	문화체육과	1	1	7	8	7	5	5	4
20247	경남 산청군	어르신생활체육지도자 활동 지원	28,800	문화체육과	1	1	7	8	7	5	5	4
20248	경남 산청군	벼 수매가격 보전사업	250,000	유통소득과	1	4	7	8	7	5	5	4
20249	경남 산청군	규격화 택배박스 제작	14,000	유통소득과	1	7	7	8	7	5	5	4
20250	경남 산청군	지역우수농식품 공영홈쇼핑 방송지원	40,000	유통소득과	1	7	7	8	7	5	5	4
20251	경남 산청군	농촌어르신 복지생활 실천시범	5,000	유통소득과	1	2	7	8	7	5	5	4
20252	경남 산청군	잼 즙 청 제품 품질향상 시범	50,000	유통소득과	1	6	7	8	7	5	5	4
20253	경남 산청군	농촌자원 역량개발 시범	10,000	유통소득과	1	6	7	8	7	5	5	4
20254	경남 산청군	농촌교육농장 육성 시범	7,000	유통소득과	1	6	7	8	7	5	5	4
20255	경남 산청군	농작업 재해예방 안전기술 능력배양	5,000	유통소득과	1	6	7	8	7	5	5	4
20256	경남 산청군	치유농업 육성 기술지원 시범	20,000	유통소득과	1	6	7	8	7	5	5	4
20257	경남 산청군	농촌체험공간 환경개선 시범	7,000	유통소득과	1	6	7	8	7	5	5	4
20258	경남 산청군	공동선별비	143,500	유통소득과	1	2	7	8	7	5	5	4
20259	경남 산청군	산지통합마케팅지원	24,000	유통소득과	1	2	7	8	7	5	5	4
20260	경남 산청군	공동선별,출하생산조직육성	7,280	유통소득과	1	6	7	8	7	5	5	4
20261	경남 산청군	농산물 통합마케팅조직육성	28,000	유통소득과	1	6	7	8	7	5	5	4
20262	경남 산청군	농촌융복합산업 활성화 맞춤형 지원	28,000	유통소득과	1	6	7	8	7	5	5	4
20263	경남 산청군	상이군경회산청군지회 사업지원	3,400	주민복지과	1	4	7	8	7	5	5	4
20264	경남 산청군	전몰군경유족회산청군지회 사업지원	3,200	주민복지과	1	4	7	8	7	5	5	4
20265	경남 산청군	전몰군경미망인산청군지회 사업지원	4,000	주민복지과	1	4	7	8	7	5	5	4
20266	경남 산청군	무공수훈자회산청군지회 사업지원	1,700	주민복지과	1	4	7	8	7	5	5	4
20267	경남 산청군	고엽제전우회산청군지회 사업지원	1,400	주민복지과	1	4	7	8	7	5	5	4
20268	경남 산청군	6.25참전유공자회산청군지회 사업지원	1,700	주민복지과	1	4	7	8	7	5	5	4
20269	경남 산청군	월남전참전유공자전우회산청군지회 사업지원	2,100	주민복지과	1	4	7	8	7	5	5	4
20270	경남 산청군	자원봉사자 연수보상	2,200	주민복지과	1	6	7	8	7	1	1	4
20271	경남 산청군	우리동네 그린존 만들기	900	주민복지과	1	4	7	8	7	1	1	4
20272	경남 산청군	범죄예방위원회 지원	5,000	행정교육과	1	4	7	8	7	1	1	1
20273	경남 산청군	민주평화통일자문회의 산청군협의회 지원	40,000	행정교육과	1	1	7	8	7	1	1	1
20274	경남 산청군	범죄피해자지원센터 부담금	20,000	행정교육과	1	4	7	8	7	1	1	1
20275	경남 산청군	새마을지도자 전국대회 참가	2,000	행정교육과	1	4	7	8	7	1	1	1
20276	경남 산청군	새마을 녹색생활실천 및 에너지절약 캠페인	650	행정교육과	1	4	7	8	7	1	1	1
20277	경남 산청군	새마을 사랑의 노인섬기기 및 일손돕기	1,350	행정교육과	1	4	7	8	7	1	1	1
20278	경남 산청군	바르게살기운동 경남회원대회 참가	2,200	행정교육과	1	1	7	8	7	1	1	1
20279	경남 산청군	바르게살기운동 한마음대회 참가	1,902	행정교육과	1	1	7	8	7	1	1	1
20280	경남 산청군	바르게살기운동 아름다운가정 시상식 및 강연회	4,480	행정교육과	1	1	7	8	7	1	1	1
20281	경남 산청군	전국 나라사랑 스피치대회 산청군 예선대회	1,800	행정교육과	1	1	7	8	7	1	1	1
20282	경남 산청군	자유수호자 한마음다짐대회 참가	1,400	행정교육과	1	1	7	8	7	1	1	1
20283	경남 산청군	자유총연맹 사랑의집 고쳐주기 사업 및 마을행복지킴이 운동	4,500	행정교육과	1	1	7	8	7	1	1	1
20284	경남 산청군	자유총연맹 안보교육 및 국토대청결운동	3,590	행정교육과	1	1	7	8	7	1	1	1
20285	경남 산청군	찾아가는 마을행정서비스 지원	3,000	행정교육과	1	1	7	8	7	1	1	1
20286	경남 산청군	산청함양사건 희생자 유족회 운영 지원 등	123,000	행정교육과	1	4	7	8	7	1	1	1
20287	경남 산청군	비산업부문 사업장 온실가스 진단컨설팅	4,000	환경위생과	1	2	7	8	7	5	5	4
20288	경남 산청군	환경관련 단체 육성	30,000	환경위생과	1	1	7	8	7	5	5	4
20289	경남 산청군	주민공모사업	50,000	도시교통과	1	2	7	8	7	1	1	4
20290	경남 함양군	지역 재난현장출동의료팀 운영지원	2,000	보건소	1	2	7	8	7	5	5	4
20291	경남 함양군	취약지 응급의료기관 지원	115,000	보건소	1	5	7	8	7	5	5	4
20292	경남 함양군	취약지역 응급의료기관 육성(추가) 사업	100,000	보건소	1	6	7	8	7	5	5	4
20293	경남 함양군	취약지역 응급의료기관 육성지원 사업	212,850	보건소	1	2	7	8	7	5	5	4
20294	경남 함양군	안심병동사업	309,400	보건소	1	6	7	1	7	3	1	1
20295	경남 함양군	한센간이양로주택운영 및 재가한센인생계비 지원	74,836	보건소	1	2	4	1	7	1	1	2
20296	경남 함양군	한센간이양로주택 기능보강	36,278	보건소	1	2	4	1	7	1	1	2

순번	시군구	지출명 (사업명)	2021년예산 (단위:천원/1년간)	담당자 (공무원) 담당부서	민간이전 분류 (지방자치단체 세출예산 집행기준에 의거) 1. 민간경상사업보조(307-02) 2. 민간단체 법정운영비보조(307-03) 3. 민간행사사업보조(307-04) 4. 민간위탁금(307-05) 5. 사회복지시설 법정운영비보조(307-10) 6. 민간인위탁교육비(307-12) 7. 공기관등에대한경상적위탁사업비(308-11) 8. 민간자본사업보조,자체재원(402-01) 9. 민간자본사업보조,이전재원(402-02) 10. 민간위탁사업비(402-03) 11. 공기관등에 대한 자본적 대행사업비(403-02)	민간이전지출 근거 (지방보조금 관리기준 참고) 1. 법률에 규정 2. 국고보조 재원(국가지정) 3. 용도 지정 기부금 4. 조례에 직접규정 5. 지자체가 권장하는 사업을 하는 공공기관 6. 시,도 정책 및 재정사정 7. 기타 8. 해당없음	입찰방식: 계약체결방법 (경쟁형태) 1. 일반경쟁 2. 제한경쟁 3. 지명경쟁 4. 수의계약 5. 법정위탁 6. 기타 ( ) 7. 해당없음	입찰방식: 계약기간 1. 1년 2. 2년 3. 3년 4. 4년 5. 5년 6. 기타 ( )년 7. 단기계약 (1년미만) 8. 해당없음	입찰방식: 낙찰자선정방법 1. 적격심사 2. 협상에의한계약 3. 최저가낙찰제 4. 규격가격분리 5. 2단계 경쟁입찰 6. 기타 ( ) 7. 해당없음	운영예산 산정: 운영예산 산정 1. 내부산정 (지자체 자체적으로 산정) 2. 외부산정 (외부전문기관위탁 산정) 3. 내·외부 모두 산정 4. 산정 無 5. 해당없음	운영예산 산정: 정산방법 1. 내부정산 (지자체 내부적으로 정산) 2. 외부정산 (외부전문기관위탁 정산) 3. 내·외부 모두 산정 4. 정산 無 5. 해당없음	성과평가 실시여부 1. 실시 2. 미실시 3. 향후 추진 4. 해당없음
20297	경남 함양군	경남공익형직불제	84,000	친환경농업과	1	6	7	8	7	1	1	4
20298	경남 함양군	벼병해충방제	159,600	친환경농업과	1	6	7	8	7	5	5	3
20299	경남 함양군	사과마이스터 대학 운영지원	7,000	친환경농업과	1	4	7	8	7	1	1	4
20300	경남 함양군	채소류안정생산지원(양파)	617,480	친환경농업과	1	2	5	8	7	2	1	1
20301	경남 함양군	농산물 산지통합마케팅 지원	78,000	농산물유통과	1	2	7	8	7	5	5	4
20302	경남 함양군	농산물공동선별비 지원	70,000	농산물유통과	1	2	7	8	7	5	5	4
20303	경남 함양군	수출농업단지 청년일자리 지원	10,100	농산물유통과	1	2	7	8	7	5	5	4
20304	경남 함양군	양곡 포장재 제작 지원	35,000	농산물유통과	1	2	7	8	7	5	5	4
20305	경남 함양군	체험마을리더 교육	960	농산물유통과	1	2	7	8	7	5	5	4
20306	경남 함양군	농촌체험휴양마을 보험가입비	4,793	농산물유통과	1	2	7	8	7	5	5	4
20307	경남 함양군	영농정착자금 지원	206,400	농산물유통과	1	2	7	8	7	5	5	4
20308	경남 함양군	작목별 맞춤형 안전관리 컨설팅	10,000	농산물유통과	1	4	7	8	7	5	5	4
20309	경남 함양군	작목별 농작업 안전장비 보급	10,000	농산물유통과	1	4	7	8	7	5	5	4
20310	경남 함양군	향토음식 육성사업	30,000	농산물유통과	1	4	7	8	7	5	5	4
20311	경남 함양군	기능성 음식특화 전문점 육성사업	90,000	농산물유통과	1	4	7	8	7	5	5	4
20312	경남 함양군	3대작목 특판행사 지원	45,000	농산물유통과	1	4	7	8	7	5	5	4
20313	경남 함양군	페이스샵 운영홍보	60,000	농산물유통과	1	4	7	8	7	5	5	4
20314	경남 함양군	유통채널 신규운영	40,000	농산물유통과	1	4	7	8	7	5	5	4
20315	경남 함양군	농산물 명품브랜드 육성	180,000	농산물유통과	1	4	7	8	7	5	5	4
20316	경남 함양군	해외마케팅 지원	160,000	농산물유통과	1	4	7	8	7	5	5	4
20317	경남 함양군	해외통관 및 인증등록 지원	100,000	농산물유통과	1	4	7	8	7	5	5	4
20318	경남 함양군	해외수출용 포장재 지원	150,000	농산물유통과	1	4	7	8	7	5	5	4
20319	경남 함양군	군수 품질인증 브랜드화 포장재 제작	200,000	농산물유통과	1	4	7	8	7	5	5	4
20320	경남 함양군	공공비축미 포대 지원	45,000	농산물유통과	1	4	7	8	7	5	5	4
20321	경남 함양군	농촌재능나눔활동 지원	5,000	농산물유통과	1	4	7	8	7	5	5	4
20322	경남 함양군	농촌교육농장 활성화 사업	35,000	농산물유통과	1	4	7	8	7	5	5	4
20323	경남 함양군	농번기 마을공동급식	28,000	농산물유통과	1	6	7	8	7	5	5	4
20324	경남 함양군	향토음식 소득화 품질향상 시범	15,000	농산물유통과	1	6	7	8	7	5	5	4
20325	경남 함양군	공동선별, 출하 생산조직 육성사업	8,120	농산물유통과	1	6	7	8	7	5	5	4
20326	경남 함양군	농산물 통합마케팅조직 육성	47,600	농산물유통과	1	6	7	8	7	5	5	4
20327	경남 함양군	해외신시장개척 마케팅비 지원사업	42,000	농산물유통과	1	6	7	8	7	5	5	4
20328	경남 함양군	최고농업 경영자과정 교육비 지원	11,662	농산물유통과	1	6	7	8	7	5	5	4
20329	경남 함양군	함양농산물 저당화 품질개선을 위한 연구 개발	20,000	농산물유통과	1	6	7	8	7	5	5	4
20330	경남 함양군	비대면 농업 체험키드 개발시범	20,000	농산물유통과	1	6	7	8	7	5	5	4
20331	경남 함양군	농촌융복합산업 활성화 맞춤형 지원	32,000	농산물유통과	1	6	7	8	7	5	5	4
20332	경남 함양군	농촌체험마을 사무장채용 지원	56,160	농산물유통과	1	6	7	8	7	5	5	4
20333	경남 함양군	농촌체험지도사 및 마을해설가 양성	3,600	농산물유통과	1	6	7	8	7	5	5	4
20334	경남 함양군	공동체지원농업 활성화 지원사업	28,000	농산물유통과	1	6	7	8	7	5	5	4
20335	경남 함양군	치유농업 육성 기술지원 시범사업	100,000	농산물유통과	1	6	7	8	7	5	5	4
20336	경남 함양군	학교4-H과제활동	2,000	농산물유통과	1	6	7	8	7	5	5	4
20337	경남 함양군	청년농업인 취농직불제	72,000	농산물유통과	1	6	7	8	7	5	5	4
20338	경남 함양군	농산어촌 유청소년 선진축구 체험사업 지원	25,000	체육청소년과	1	4	7	8	7	1	1	1
20339	경남 함양군	어르신 체육활동 지원	109,152	체육청소년과	1	2	7	8	7	1	1	1
20340	경남 함양군	전일제 생활체육지도자 지원	191,016	체육청소년과	1	2	7	8	7	1	1	1
20341	경남 함양군	생활체육교실 운영	12,096	체육청소년과	1	4	7	8	7	1	1	1
20342	경남 함양군	생활체육대회 육성	8,000	체육청소년과	1	4	7	8	7	1	1	1
20343	경남 함양군	장애인체육동아리 지원	1,652	체육청소년과	1	4	7	8	7	1	1	1
20344	경남 함양군	생활체육 프로그램 지원	9,792	체육청소년과	1	4	7	8	7	1	1	1
20345	경남 함양군	노인 바둑교실 운영	10,000	체육청소년과	1	4	7	8	7	1	1	1
20346	경남 함양군	방과후 바둑교실 운영	15,000	체육청소년과	1	4	7	8	7	1	1	1
20347	경남 함양군	여성바둑교실	10,000	체육청소년과	1	4	7	8	7	1	1	1

순번	시군구	지출명 (사업명)	2021년예산 (단위:천원/1년간)	담당자 (공무원) 담당부서	민간이전 분류 (지방자치단체 세출예산 집행기준에 의거) 1. 민간경상사업보조(307-02) 2. 민간단체 법정운영비보조(307-03) 3. 민간행사사업보조(307-04) 4. 민간위탁금(307-05) 5. 사회복지시설 법정운영비보조(307-10) 6. 민간인위탁교육비(307-12) 7. 공기관등에대한경상적위탁사업비(308-11) 8. 민간자본사업보조,자체재원(402-01) 9. 민간자본사업보조,이전재원(402-02) 10. 민간위탁사업비(402-03) 11. 공기관등에 대한 자본적 대행사업비(403-02)	민간이전지출 근거 (지방보조금 관리기준 참고) 1. 법률에 규정 2. 국고보조 재원(국가지정) 3. 용도 지정 기부금 4. 조례에 직접규정 5. 지자체가 권장하는 사업을 하는 공공기관 6. 시,도 정책 및 재정사정 7. 기타 8. 해당없음	입찰방식: 계약체결방법 (경쟁형태) 1. 일반경쟁 2. 제한경쟁 3. 지명경쟁 4. 수의계약 5. 법정위탁 6. 기타 ( ) 7. 해당없음	입찰방식: 계약기간 1. 1년 2. 2년 3. 3년 4. 4년 5. 5년 6. 기타 ( )년 7. 단기계약 (1년미만) 8. 해당없음	입찰방식: 낙찰자선정방법 1. 적격심사 2. 협상에의한계약 3. 최저가낙찰제 4. 규격가격분리 5. 2단계 경쟁입찰 6. 기타 ( ) 7. 해당없음	운영예산 산정: 운영예산 산정 1. 내부산정 (지자체 자체적으로 산정) 2. 외부산정 (외부전문기관위탁 산정) 3. 내·외부 모두 산정 4. 산정 無 5. 해당없음	운영예산 산정: 정산방법 1. 내부정산 (지자체 내부적으로 정산) 2. 외부정산 (외부전문기관위탁 정산) 3. 내·외부 모두 산정 4. 정산 無 5. 해당없음	성과평가 실시여부 1. 실시 2. 미실시 3. 향후 추진 4. 해당없음
20348	경남 함양군	학교체육 및 우수선수 선발육성	28,000	체육청소년과	1	4	7	8	7	1	1	1
20349	경남 함양군	함양스포츠클럽 운영지원	20,000	체육청소년과	1	2	7	8	7	1	1	1
20350	경남 함양군	희망내일키움통장사업 운영비	2,056	사회복지과	1	1	5	1	7	4	1	2
20351	경남 함양군	공예품 개발 장려사업	2,400	일자리경제과	1	1	7	8	7	5	5	4
20352	경남 함양군	사회적기업 일자리창출 지원	100,000	일자리경제과	1	2	7	8	7	5	5	4
20353	경남 함양군	소비자 절약센터 운영사업	10,000	일자리경제과	1	1	7	8	7	5	5	4
20354	경남 함양군	스마트공장 구축지원사업	18,000	일자리경제과	1	2	7	8	7	3	3	4
20355	경남 함양군	시장경영 지원사업	10,000	일자리경제과	1	1	7	8	7	5	5	4
20356	경남 함양군	지식재산 창출지원사업	80,000	일자리경제과	1	1	7	8	7	1	3	4
20357	경남 함양군	투자유치 박람회 지원	6,000	일자리경제과	1	1	7	8	7	5	5	4
20358	경남 함양군	함양문화원 문화학교 운영	70,000	문화관광과	1	4	7	8	7	1	1	3
20359	경남 함양군	함양문화 발간	15,000	문화관광과	1	4	7	8	7	1	1	3
20360	경남 함양군	함양문화원 70년사 발간	20,000	문화관광과	1	4	7	8	7	1	1	3
20361	경남 함양군	지방문화원 사업 활동비 및 유지비	196,000	문화관광과	1	1	7	8	7	1	1	1
20362	경남 함양군	무료 강습교실 운영	7,200	문화관광과	1	4	7	8	7	1	1	3
20363	경남 함양군	함양예총 사무국 운영	8,000	문화관광과	1	4	7	8	7	1	1	3
20364	경남 함양군	함양문화원 문화행사	5,500	문화관광과	1	6	7	8	7	1	1	3
20365	경남 함양군	향토사료 조사	10,000	문화관광과	1	6	7	8	7	1	1	3
20366	경남 함양군	어르신 전통미술(사군자)교술운영	5,500	문화관광과	1	7	7	7	7	1	1	3
20367	경남 함양군	읍면 농악대 지원	33,000	문화관광과	1	7	7	8	7	1	1	1
20368	경남 함양군	향교활성화 지원	49,000	문화관광과	1	6	7	8	7	5	1	1
20369	경남 함양군	함양 유교대학 운영	30,000	문화관광과	1	6	7	8	7	5	1	1
20370	경남 함양군	무형문화재 전승자 교육 지원	22,800	문화관광과	1	1	7	8	7	1	1	3
20371	경남 함양군	무형문화재 공개행사	4,400	문화관광과	1	1	7	8	7	1	1	3
20372	경남 함양군	도 노인의날행사참석	2,100	주민행복과	1	4	7	8	7	5	1	4
20373	경남 함양군	도 실버체육대회	6,000	주민행복과	1	4	7	8	7	5	1	4
20374	경남 함양군	인당마을 도시재생뉴딜 주민제안공모사업	20,000	안전도시과	1	2	7	8	7	5	5	4
20375	경남 함양군	의용소방대지원	63,000	안전도시과	1	4	7	8	7	1	1	4
20376	경남 함양군	지역자율방재단재해예방활동등을 위한 피복구입	7,300	안전도시과	1	4	7	8	7	1	1	4
20377	경남 함양군	브라보 행복택시 운영	216,000	건설교통과	1	1	7	8	7	1	1	1
20378	경남 함양군	시외버스터미널 운영지원	45,600	건설교통과	1	4	7	8	7	1	1	1
20379	경남 함양군	교통봉사활동단체 지원	5,000	건설교통과	1	4	7	8	7	1	1	2
20380	경남 함양군	산양삼식품산업 활성화	160,000	산삼엑스포과	1	1	7	8	7	1	1	2
20381	경남 함양군	농촌 신활력 플러스사업	529,000	산삼엑스포과	1	2	7	8	7	1	1	4
20382	경남 함양군	농촌 신활력 플러스사업	120,376	산삼엑스포과	1	2	7	8	7	1	1	2
20383	경남 거창군	한국전쟁전후 민간인 희생자 합동위령제 및 추모식	6,000	행정과	1	4	6	8	7	1	1	1
20384	경남 거창군	읍면 새마을운동 활성화 지원	30,000	행정과	1	4	7	8	7	1	1	1
20385	경남 거창군	범죄피해자 지원	5,000	행정과	1	1	7	8	7	1	1	1
20386	경남 거창군	범죄예방활동 및 역량강화	10,000	행정과	1	4	7	8	7	1	1	1
20387	경남 거창군	기업지원보조사업	49,000	미래전략과	1	4	7	8	7	1	1	1
20388	경남 거창군	창업기업 신규고용인력 보조금 지원	24,000	미래전략과	1	6	7	8	7	1	1	1
20389	경남 거창군	산업단지 기숙사 임차료 지원사업	250,000	미래전략과	1	2	7	8	7	1	1	1
20390	경남 거창군	산업단지 통근버스 임차료 지원사업	100,000	미래전략과	1	4	7	8	7	1	1	1
20391	경남 거창군	국내외 전시회 참가비 지원	50,000	미래전략과	1	4	7	8	7	5	5	4
20392	경남 거창군	문학지 등 발간지원	40,000	문화관광과	1	4	7	8	7	5	5	4
20393	경남 거창군	경남 민속예술축제 참가지원	10,000	문화관광과	1	4	7	8	7	5	5	4
20394	경남 거창군	기로연 재현(거창향교)	5,000	문화관광과	1	4	7	8	7	5	5	4
20395	경남 거창군	한문윤리 교실(거창향교)	20,000	문화관광과	1	4	7	8	7	5	5	4
20396	경남 거창군	춘/추기 석전대제 (거창향교)	10,000	문화관광과	1	4	7	8	7	5	5	4
20397	경남 거창군	전통 성년례(성균관청년유도회)	8,000	문화관광과	1	4	7	8	7	5	5	4
20398	경남 거창군	거창유학의 연원 전시회(성균관청년유도회)	2,000	문화관광과	1	4	7	8	7	5	5	4

순번	시군구	지출명 (사업명)	2021년예산 (단위:천원/1년간)	담당자 (공무원) 담당부서	민간이전 분류 (지방자치단체 세출예산 집행기준에 의거) 1. 민간경상사업보조(307-02) 2. 민간단체 법정운영비보조(307-03) 3. 민간행사사업보조(307-04) 4. 민간위탁금(307-05) 5. 사회복지시설 법정운영비보조(307-10) 6. 민간인위탁교육비(307-12) 7. 공기관등에대한경상적위탁사업비(308-11) 8. 민간자본사업보조,자체재원(402-01) 9. 민간자본사업보조,이전재원(402-02) 10. 민간위탁사업비(402-03) 11. 공기관등에 대한 자본적 대행사업비(403-02)	민간이전지출 근거 (지방보조금 관리기준 참고) 1. 법률에 규정 2. 국고보조 재원(국가지정) 3. 용도 지정 기부금 4. 조례에 직접규정 5. 지자체가 권장하는 사업을 하는 공공기관 6. 시,도 정책 및 재정사정 7. 기타 8. 해당없음	입찰방식 계약체결방법 (경쟁형태) 1. 일반경쟁 2. 제한경쟁 3. 지명경쟁 4. 수의계약 5. 법정위탁 6. 기타 ( ) 7. 해당없음	입찰방식 계약기간 1. 1년 2. 2년 3. 3년 4. 4년 5. 5년 6. 기타 ( )년 7. 단기계약 (1년미만) 8. 해당없음	입찰방식 낙찰자선정방법 1. 적격심사 2. 협상에의한계약 3. 최저가낙찰제 4. 규격가격분리 5. 2단계 경쟁입찰 6. 기타 ( ) 7. 해당없음	운영예산 산정 운영예산 산정 1. 내부산정 (지자체 자체적으로 산정) 2. 외부산정 (외부전문기관위탁 산정) 3. 내·외부 모두 산정 4. 산정 無 5. 해당없음	운영예산 산정 정산방법 1. 내부정산 (지자체 내부적으로 정산) 2. 외부정산 (외부전문기관위탁 정산) 3. 내·외부 모두 산정 4. 정산 無 5. 해당없음	성과평가 실시여부 1. 실시 2. 미실시 3. 향후 추진 4. 해당없음
20399	경남 거창군	전통 다도교실(성균관여성유도회)	4,000	문화관광과	1	4	7	8	7	5	5	4
20400	경남 거창군	예의생활실천 및 윤리도덕성회복교육(성균관유도회)	10,000	문화관광과	1	4	7	8	7	5	5	4
20401	경남 거창군	전통윤리 도덕성회복 교육(원학동유도회)	4,000	문화관광과	1	4	7	8	7	5	5	4
20402	경남 거창군	기로연 재현(원학동유도회)	3,000	문화관광과	1	4	7	8	7	5	5	4
20403	경남 거창군	향교 충효교실 운영	12,000	문화관광과	1	4	7	8	7	5	5	4
20404	경남 거창군	향교 전통문화 계승 지원	12,000	문화관광과	1	4	7	8	7	5	5	4
20405	경남 거창군	지역문화 활성화 지원사업	159,800	문화관광과	1	1	7	8	7	5	5	4
20406	경남 거창군	향토사료 조사 지원사업	10,000	문화관광과	1	1	7	8	7	5	5	4
20407	경남 거창군	문화원 문화행사 지원사업	5,500	문화관광과	1	1	7	8	7	5	5	4
20408	경남 거창군	문화바우처 지원	346,900	문화관광과	1	1	7	8	7	5	5	4
20409	경남 거창군	지역정체성 브랜드화 콘텐츠 공모	20,000	문화관광과	1	4	7	8	7	5	5	4
20410	경남 거창군	경남형 한 달 살이 사업	30,000	문화관광과	1	7	7	8	7	5	5	4
20411	경남 거창군	생생문화재사업	95,000	문화관광과	1	2	7	8	7	5	5	4
20412	경남 거창군	고택·종갓집 활용사업	200,000	문화관광과	1	2	7	8	7	5	5	4
20413	경남 거창군	무형문화재 전승교육비	36,000	문화관광과	1	6	7	8	7	5	5	4
20414	경남 거창군	무형문화재 공개 행사비	16,800	문화관광과	1	6	7	8	7	5	5	4
20415	경남 거창군	무형문화재 보유단체 전승활동비	60,000	문화관광과	1	4	7	8	7	5	5	4
20416	경남 거창군	무형문화재 보유단체 공개행사활동비	32,000	문화관광과	1	4	7	8	7	5	5	4
20417	경남 거창군	예절학습당 개설사업	2,400	행복나눔과	1	5	7	8	7	1	1	1
20418	경남 거창군	노인여가선용 장려사업	11,500	행복나눔과	1	5	7	8	7	1	1	1
20419	경남 거창군	정보화마을 프로그램관리자 육성사업	39,504	경제교통과	1	6	7	8	7	5	1	1
20420	경남 거창군	정보화마을 활성화 지원사업	30,300	경제교통과	1	6	7	8	7	5	1	1
20421	경남 거창군	자율방재단 운영 지원	8,380	안전총괄과	1	4	5	8	7	1	1	3
20422	경남 거창군	의용소방대 활동 지원	23,000	안전총괄과	1	4	5	8	7	1	1	3
20423	경남 거창군	자연환경	5,000	환경과	1	4	7	8	7	1	1	4
20424	경남 거창군	자연보호단체 사업지원	13,600	환경과	1	4	7	8	7	1	1	4
20425	경남 거창군	농업인주택 등의 설계비 지원사업	39,000	도시건축과	1	4	7	8	7	1	1	1
20426	경남 거창군	빈집정비사업	45,000	도시건축과	1	4	7	8	7	1	1	1
20427	경남 거창군	어린이 자전거 교실 운영	5,000	도시건축과	1	4	7	8	7	1	1	1
20428	경남 거창군	자전거 문화체험 투어	4,500	도시건축과	1	4	7	8	7	1	1	1
20429	경남 거창군	농업회의소 지원사업	54,000	농업축산과	1	4	7	8	7	1	1	1
20430	경남 거창군	사회적농업 활성화 지원사업	60,000	농업축산과	1	2	7	8	7	1	1	1
20431	경남 거창군	학습단체 육성	4,800	농업축산과	1	4	7	8	7	1	1	1
20432	경남 거창군	거창 영농4H 203050 육성(공동과제포 운영)	5,000	농업축산과	1	4	7	8	7	1	1	1
20433	경남 거창군	여성농업인센터운영	115,000	농업축산과	1	6	7	8	7	1	1	1
20434	경남 거창군	여성농업인 바우처 지원	244,400	농업축산과	1	6	7	8	7	1	1	1
20435	경남 거창군	학교4-H회 과제 활동 지원	2,000	농업축산과	1	6	7	8	7	1	1	1
20436	경남 거창군	청년농업인 영농정착 지원	224,000	농업축산과	1	2	7	8	7	1	1	1
20437	경남 거창군	농번기마을공동급식	380,600	농업축산과	1	6	7	8	7	1	1	1
20438	경남 거창군	최고농업경영자과정	6,000	농업축산과	1	6	7	8	7	1	1	1
20439	경남 거창군	쇠고기이력관리 지원	85,200	농업축산과	1	2	7	8	7	1	1	4
20440	경남 거창군	학생 승마체험 지원	91,680	농업축산과	1	2	7	8	7	1	1	4
20441	경남 거창군	한우 거세 시술비 지원	75,000	농업축산과	1	6	7	8	7	1	1	4
20442	경남 거창군	우량암소 생산기반 구축 지원	105,000	농업축산과	1	6	7	8	7	1	1	4
20443	경남 거창군	거창한우 애우 홍보	15,000	농업축산과	1	6	7	8	7	1	1	4
20444	경남 거창군	거창한우 애우 TMR 사료구입지원	200,000	농업축산과	1	6	7	8	7	1	1	4
20445	경남 거창군	축산물 HACCP컨설팅(농가)지원사업	3,780	농업축산과	1	1	7	8	7	5	5	4
20446	경남 거창군	농기계보험 농가부담 보험료 지원사업	56,670	농업축산과	1	6	7	8	7	5	1	1
20447	경남 거창군	토종씨앗 조사지원	15,000	농업기술과	1	6	7	8	7	5	5	4
20448	경남 거창군	공동농작업 대행료 지원	400,000	농업기술과	1	6	7	8	7	5	5	4
20449	경남 거창군	누에씨 안정생산비 지원	28,000	농업기술과	1	6	7	8	7	5	5	4

순번	시군구	지출명 (사업명)	2021년예산 (단위:천원/1년간)	담당자 (공무원) 담당부서	민간이전 분류 (지방자치단체 세출예산 집행기준에 의거) 1. 민간경상사업보조(307-02) 2. 민간단체 법정운영비보조(307-03) 3. 민간행사사업보조(307-04) 4. 민간위탁금(307-05) 5. 사회복지시설 법정운영비보조(307-10) 6. 민간인위탁교육비(307-12) 7. 공기관등에대한경상적위탁사업비(308-11) 8. 민간자본사업보조,자체재원(402-01) 9. 민간자본사업보조,이전재원(402-02) 10. 민간위탁사업비(402-03) 11. 공기관등에 대한 자본적 대행사업비(403-02)	민간이전지출 근거 (지방보조금 관리기준 참고) 1. 법률에 규정 2. 국고보조 재원(국가지정) 3. 용도 지정 기부금 4. 조례에 직접규정 5. 지자체가 권장하는 사업을 하는 공공기관 6. 시,도 정책 및 재정사정 7. 기타 8. 해당없음	입찰방식 계약체결방법 (경쟁형태) 1. 일반경쟁 2. 제한경쟁 3. 지명경쟁 4. 수의계약 5. 법정위탁 6. 기타 ( ) 7. 해당없음	입찰방식 계약기간 1. 1년 2. 2년 3. 3년 4. 4년 5. 5년 6. 기타 ( )년 7. 단기계약 (1년미만) 8. 해당없음	입찰방식 낙찰자선정방법 1. 적격심사 2. 협상에의한계약 3. 최저가낙찰제 4. 규격가격분리 5. 2단계 경쟁입찰 6. 기타 ( ) 7. 해당없음	운영예산 산정 운영예산 산정 1. 내부산정 (지자체 자체적으로 산정) 2. 외부산정 (외부전문기관위탁 산정) 3. 내·외부 모두 산정 4. 산정 無 5. 해당없음	운영예산 산정 정산방법 1. 내부정산 (지자체 내부적으로 정산) 2. 외부정산 (외부전문기관위탁 정산) 3. 내·외부 모두 산정 4. 정산 無 5. 해당없음	성과평가 실시여부 1. 실시 2. 미실시 3. 향후 추진 4. 해당없음
20450	경남 거창군	잡종대 지원	6,360	농업기술과	1	6	7	8	7	5	5	4
20451	경남 거창군	채소가격안정 지원	47,224	농업기술과	1	6	7	8	7	5	5	4
20452	경남 거창군	초등 돌봄교실 과일 간식지원	26,000	농업기술과	1	2	7	8	7	5	5	4
20453	경남 거창군	토양개량제 지원	757,023	농업기술과	1	2	7	8	7	5	5	4
20454	경남 거창군	경남 공익형 직불제 사업	84,000	농업기술과	1	1	7	8	7	5	5	4
20455	경남 거창군	유기질비료 지원	2,500	농업기술과	1	1	7	8	7	5	5	4
20456	경남 거창군	농업환경보전프로그램	110,000	농업기술과	1	1	7	8	7	5	5	4
20457	경남 거창군	임산부 친환경농산물 지원	115,200	농업기술과	1	1	7	8	7	5	5	4
20458	경남 거창군	마을만들기 소액사업 5개소	50,000	행복농촌과	1	7	7	8	7	5	5	4
20459	경남 거창군	산지농산물마케팅지원	101,120	행복농촌과	1	2	7	8	7	5	5	4
20460	경남 거창군	공동선별비지원	600,000	행복농촌과	1	2	7	8	7	5	5	4
20461	경남 거창군	지역우수농식품TV홈쇼핑지원	20,000	행복농촌과	1	4	7	8	7	5	5	4
20462	경남 거창군	마중물 창업 컨설팅	14,000	행복농촌과	1	7	7	8	7	5	5	4
20463	경남 거창군	마중물 박람회 부스 임차료 지원	12,000	행복농촌과	1	7	7	8	7	5	5	4
20464	경남 거창군	도시민 농어촌유치 지원사업	12,500	행복농촌과	1	2	7	8	7	1	1	3
20465	경남 거창군	귀농인 안정정착 지원	2,700	행복농촌과	1	6	7	8	7	1	1	4
20466	경남 거창군	분만산부인과 운영 경비	500,000	보건소	1	2	7	8	7	5	5	4
20467	경남 거창군	365안심 병동 사업	219,200	보건소	1	2	7	8	7	5	1	4
20468	경남 거창군	치매관리체계 구축	100,000	보건소	1	2	7	8	7	5	5	4
20469	경남 거창군	서부권 서민층 의료서비스 지원사업	17,000	보건소	1	2	7	8	7	5	5	4
20470	경남 거창군	청소년 우수선수 장려금 지원	20,000	체육시설사업소	1	4	7	8	7	1	1	1
20471	경남 거창군	청소년 체육아카데미 운영	22,300	체육시설사업소	1	4	7	8	7	1	1	1
20472	경남 거창군	우수선수 발굴 육성 지원	80,000	체육시설사업소	1	4	7	8	7	1	1	1
20473	경남 거창군	도민체전 상위입상전략	95,000	체육시설사업소	1	4	7	8	7	1	1	1
20474	경남 거창군	생활체육교실 운영	10,465	체육시설사업소	1	1	7	8	7	1	1	1
20475	경남 거창군	생활체육프로그램 운영	54,300	체육시설사업소	1	1	7	8	7	1	1	1
20476	경남 거창군	일반생활체육지도자 배치	173,808	체육시설사업소	1	1	7	8	7	1	1	1
20477	경남 거창군	어르신생활체육지도자 배치	144,840	체육시설사업소	1	1	7	8	7	1	1	1
20478	경남 거창군	생활체육지도자 배치(처우개선비)	44,500	체육시설사업소	1	1	7	8	7	1	1	1
20479	경남 거창군	장애인 체육동호회 육성	21,204	체육시설사업소	1	1	7	8	7	1	1	1
20480	경남 거창군	거창사건희생자 합동위령제 및 추모식	36,000	거창사건사업소	1	2	7	8	7	1	1	1
20481	경남 합천군	합천사랑운동 육성지원	20,000	기획감사관	1	4	7	8	7	1	1	4
20482	경남 합천군	풍물기초 및 사물놀이 강습	2,000	문화예술과	1	8	7	8	7	5	5	4
20483	경남 합천군	풍물연합회 시군 문화교류 행사	5,000	문화예술과	1	4	7	8	7	1	1	1
20484	경남 합천군	경남민속예술축제 참가 지원	5,000	문화예술과	1	4	7	8	7	1	1	1
20485	경남 합천군	밤마리오광대 전통문화계승사업	6,000	문화예술과	1	4	7	8	7	1	1	1
20486	경남 합천군	우수예술단체 찾아가는 문화활동	50,000	문화예술과	1	4	7	8	7	1	1	1
20487	경남 합천군	작은도서관 도서구입비	23,500	문화예술과	1	1	7	8	7	1	1	1
20488	경남 합천군	향토사료 조사 지원	10,000	문화예술과	1	1	7	8	7	1	1	1
20489	경남 합천군	문화원 문화행사 지원	5,500	문화예술과	1	1	7	8	7	1	1	1
20490	경남 합천군	향교 전통문화 계승사업	54,000	문화예술과	1	4	7	8	7	1	1	1
20491	경남 합천군	향교 충효교실 운영	44,000	문화예술과	1	4	7	8	7	1	1	1
20492	경남 합천군	경남체험학습 사업	5,000	문화예술과	1	8	7	8	7	1	1	1
20493	경남 합천군	어린이문학 공모전	25,000	문화예술과	1	4	7	8	7	1	1	1
20494	경남 합천군	문학강좌 교실 운영	10,000	문화예술과	1	8	7	8	7	1	1	1
20495	경남 합천군	향교 유도회 예절교실 운영	6,000	문화예술과	1	4	7	8	7	1	1	1
20496	경남 합천군	한시백일장 및 유림지도자 교육 개최	15,000	문화예술과	1	4	7	8	7	1	1	1
20497	경남 합천군	진사반 유교지도자 양성 교육	4,000	문화예술과	1	4	7	8	7	1	1	1
20498	경남 합천군	담수회 충효교실	5,000	문화예술과	1	4	7	8	7	1	1	1
20499	경남 합천군	용암서원 홍보지원	10,000	문화예술과	1	7	7	8	7	1	1	1
20500	경남 합천군	문화원 문화학교 운영지원	20,000	문화예술과	1	4	7	8	7	1	1	1

순번	시군구	지출명 (사업명)	2021년예산 (단위:천원/1년간)	담당자 (공무원) 담당부서	민간이전 분류 (지방자치단체 세출예산 집행기준에 의거) 1. 민간경상사업보조(307-02) 2. 민간단체 법정운영비보조(307-03) 3. 민간행사사업보조(307-04) 4. 민간위탁금(307-05) 5. 사회복지시설 법정운영비보조(307-10) 6. 민간인위탁교육비(307-12) 7. 공기관등에대한경상적위탁사업비(308-11) 8. 민간자본사업보조,자체재원(402-01) 9. 민간자본사업보조,이전재원(402-02) 10. 민간위탁사업비(402-03) 11. 공기관등에 대한 자본적 대행사업비(403-02)	민간이전지출 근거 (지방보조금 관리기준 참고) 1. 법률에 규정 2. 국고보조 재원(국가지정) 3. 용도 지정 기부금 4. 조례에 직접규정 5. 지자체가 권장하는 사업을 하는 공공기관 6. 시,도 정책 및 재정사정 7. 기타 8. 해당없음	입찰방식: 계약체결방법 (경쟁형태) 1. 일반경쟁 2. 제한경쟁 3. 지명경쟁 4. 수의계약 5. 법정위탁 6. 기타 ( ) 7. 해당없음	입찰방식: 계약기간 1. 1년 2. 2년 3. 3년 4. 4년 5. 5년 6. 기타 ( )년 7. 단기계약 (1년미만) 8. 해당없음	입찰방식: 낙찰자선정방법 1. 적격심사 2. 협상에의한계약 3. 최저가낙찰제 4. 규격가격분리 5. 2단계 경쟁입찰 6. 기타 ( ) 7. 해당없음	운영예산 산정: 운영예산 산정 1. 내부산정 (지자체 자체적으로 산정) 2. 외부산정 (외부전문기관위탁 산정) 3. 내·외부 모두 산정 4. 산정 無 5. 해당없음	운영예산 산정: 정산방법 1. 내부정산 (지자체 내부적으로 정산) 2. 외부정산 (외부전문기관위탁 정산) 3. 내·외부 모두 산정 4. 정산 無 5. 해당없음	성과평가 실시여부 1. 실시 2. 미실시 3. 향후 추진 4. 해당없음
20501	경남 합천군	향토사 연구	7,500	문화예술과	1	1	7	8	7	1	1	1
20502	경남 합천군	지역문헌 고찰 및 사료조사 지원	10,000	문화예술과	1	1	7	8	7	1	1	1
20503	경남 합천군	통합문화이용권(복권기금)사업	224,300	문화예술과	1	6	7	8	7	1	1	1
20504	경남 합천군	우수 학교동아리 육성 지원	48,000	문화예술과	1	1	7	7	7	1	2	4
20505	경남 합천군	경남형 한 달 살이 사업 운영	100,000	관광진흥과	1	6	7	8	7	5	5	4
20506	경남 합천군	생활체육 동호인 단체 전기요금 지원	27,000	체육시설과	1	4	7	8	7	1	1	2
20507	경남 합천군	경상남도 생활체육대축전 출전	130,000	체육시설과	1	4	7	8	7	1	1	1
20508	경남 합천군	노인생활체육 지원	25,000	체육시설과	1	4	7	8	7	1	1	1
20509	경남 합천군	체육꿈나무 육성지원	40,000	체육시설과	1	4	7	8	7	1	1	1
20510	경남 합천군	체육동호회 시설사용료 지원	8,160	체육시설과	1	4	7	8	7	1	1	1
20511	경남 합천군	일반생활체육지도자배치사업 급여	289,680	체육시설과	1	4	7	8	7	1	1	1
20512	경남 합천군	급식비	18,000	체육시설과	1	4	7	8	7	1	1	1
20513	경남 합천군	교통비	12,000	체육시설과	1	4	7	8	7	1	1	1
20514	경남 합천군	직책수당	3,600	체육시설과	1	4	7	8	7	1	1	1
20515	경남 합천군	명절수당	2,000	체육시설과	1	4	7	8	7	1	1	1
20516	경남 합천군	처우개선비	2,000	체육시설과	1	4	7	8	7	1	1	1
20517	경남 합천군	근속수당	18,000	체육시설과	1	4	7	8	7	1	1	1
20518	경남 합천군	어르신생활체육지도자 배치사업 급여	57,936	체육시설과	1	4	7	8	7	1	1	1
20519	경남 합천군	급식비	3,600	체육시설과	1	4	7	8	7	1	1	1
20520	경남 합천군	교통비	2,400	체육시설과	1	4	7	8	7	1	1	1
20521	경남 합천군	명절수당	400	체육시설과	1	4	7	8	7	1	1	1
20522	경남 합천군	처우개선비	400	체육시설과	1	4	7	8	7	1	1	1
20523	경남 합천군	근속수당	3,600	체육시설과	1	4	7	8	7	1	1	1
20524	경남 합천군	합천스포츠클럽 지원	20,000	체육시설과	1	4	7	8	7	1	1	1
20525	경남 합천군	제57회 춘계고등축구연맹전 유치분담금	350,000	체육시설과	1	4	7	8	7	1	1	1
20526	경남 합천군	전국여자축구선수권대회 유치분담금	290,000	체육시설과	1	4	7	8	7	1	1	1
20527	경남 합천군	제57회 추계고등축구연맹전 유치분담금	370,000	체육시설과	1	4	7	8	7	1	1	1
20528	경남 합천군	하찬석국수배 영재바둑대회 지원	120,000	체육시설과	1	4	7	8	7	1	1	1
20529	경남 합천군	경남도민체전출전 지원	280,000	체육시설과	1	4	7	8	7	1	1	1
20530	경남 합천군	군민체육대회 행사지원	30,000	체육시설과	1	4	7	8	7	1	1	1
20531	경남 합천군	읍면단위 체육행사 지원	174,000	체육시설과	1	4	7	8	7	1	1	1
20532	경남 합천군	협회별 체육행사 지원	60,000	체육시설과	1	4	7	8	7	1	1	1
20533	경남 합천군	유소년 체육 육성지도	40,000	체육시설과	1	4	7	8	7	1	1	1
20534	경남 합천군	합천FC U12 운영지원	60,000	체육시설과	1	4	7	8	7	1	1	1
20535	경남 합천군	대병FC 운영지원	25,000	체육시설과	1	4	7	8	7	1	1	1
20536	경남 합천군	합천FC U18 운영지원	200,000	체육시설과	1	4	7	8	7	1	1	1
20537	경남 합천군	야로베이스볼클럽 U15 운영지원	25,000	체육시설과	1	4	7	8	7	1	1	1
20538	경남 합천군	야로베이스볼클럽 운영지원	50,000	체육시설과	1	4	7	8	7	1	1	1
20539	경남 합천군	KB바둑리그 팀 출전 지원	340,000	체육시설과	1	4	7	8	7	1	1	1
20540	경남 합천군	장애인 체육동아리 지원	16,552	체육시설과	1	4	7	8	7	1	1	1
20541	경남 합천군	장애인 체육행사 지원	20,000	체육시설과	1	4	7	8	7	1	1	1
20542	경남 합천군	희망찬 합천만들기사업	3,000	행정과	1	4	7	8	7	1	1	1
20543	경남 합천군	자원순환사회 만들기 사업	5,000	행정과	1	4	7	8	7	1	1	1
20544	경남 합천군	읍면새마을협의회 및 부녀회 활성화지원사업	40,800	행정과	1	4	7	8	7	1	1	1
20545	경남 합천군	읍면협의회 사업지원	20,400	행정과	1	1	7	8	7	1	1	1
20546	경남 합천군	여성회 사업지원	2,000	행정과	1	1	7	8	7	1	1	1
20547	경남 합천군	캠페인 및 교육비	10,000	행정과	1	1	7	8	7	1	1	1
20548	경남 합천군	바르게살기운동 사계절 사랑의 드림사업	10,000	행정과	1	1	7	8	7	1	1	1
20549	경남 합천군	자유총연맹 홍보활동 지원	1,500	행정과	1	1	7	8	7	1	1	1
20550	경남 합천군	자원봉사활동 지원	2,500	행정과	1	4	7	8	7	1	1	1
20551	경남 합천군	통일대비 민주시민 안보교육	20,000	행정과	1	1	7	8	7	1	1	1

순번	시군구	지출명 (사업명)	2021년예산 (단위:천원/1년간)	담당자 (공무원) 담당부서	민간이전 분류 (지방자치단체 세출예산 집행기준에 의거) 1. 민간경상사업보조(307-02) 2. 민간단체 법정운영비보조(307-03) 3. 민간행사사업보조(307-04) 4. 민간위탁금(307-05) 5. 사회복지시설 법정운영비보조(307-10) 6. 민간인위탁교육비(307-12) 7. 공기관등에대한경상적위탁사업비(308-11) 8. 민간자본사업보조,자체재원(402-01) 9. 민간자본사업보조,이전재원(402-02) 10. 민간위탁사업비(402-03) 11. 공기관등에 대한 자본적 대행사업비(403-02)	민간이전지출 근거 (지방보조금 관리기준 참고) 1. 법률에 규정 2. 국고보조 재원(국가지정) 3. 용도 지정 기부금 4. 조례에 직접규정 5. 지자체가 권장하는 사업을 하는 공공기관 6. 시,도 정책 및 재정사정 7. 기타 8. 해당없음	입찰방식 계약체결방법 (경쟁형태) 1. 일반경쟁 2. 제한경쟁 3. 지명경쟁 4. 수의계약 5. 법정위탁 6. 기타 ( ) 7. 해당없음	입찰방식 계약기간 1. 1년 2. 2년 3. 3년 4. 4년 5. 5년 6. 기타 ( )년 7. 단기계약 (1년미만) 8. 해당없음	입찰방식 낙찰자선정방법 1. 적격심사 2. 협상에의한계약 3. 최저가낙찰제 4. 규격가격분리 5. 2단계 경쟁입찰 6. 기타 ( ) 7. 해당없음	운영예산 산정 운영예산 산정 1. 내부산정 (지자체 자체적으로 산정) 2. 외부산정 (외부전문기관위탁 산정) 3. 내·외부 모두 산정 4. 산정 無 5. 해당없음	운영예산 산정 정산방법 1. 내부정산 (지자체 내부적으로 정산) 2. 외부정산 (외부전문기관위탁 정산) 3. 내·외부 모두 산정 4. 정산 無 5. 해당없음	성과평가 실시여부 1. 실시 2. 미실시 3. 향후 추진 4. 해당없음
20552	경남 합천군	교류협의회 평화통일기원 합동연수	5,000	행정과	1	1	7	8	7	1	1	1
20553	경남 합천군	청소년 통일활동사업 지원	16,000	행정과	1	1	7	8	7	1	1	1
20554	경남 합천군	아름다운 합천 가꾸기	30,000	행정과	1	4	7	8	7	1	1	1
20555	경남 합천군	사랑의 집 고쳐주기 사업	20,000	행정과	1	4	7	8	7	1	1	1
20556	경남 합천군	새마을문고 사업 지원	15,000	행정과	1	4	7	8	7	1	1	1
20557	경남 합천군	법사랑위원합천지구협의회 범죄예방지원사업	25,000	행정과	1	4	7	8	7	1	1	1
20558	경남 합천군	(사)범죄피해자지원센터 범죄피해자보호 지원사업	7,000	행정과	1	4	7	8	7	1	1	1
20559	경남 합천군	국제교류사업 지원	25,000	행정과	1	4	7	8	7	1	1	1
20560	경남 합천군	시군 자원봉사자 연수	2,200	행정과	1	4	7	8	7	1	1	1
20561	경남 합천군	자원봉사 활성화 지원사업	7,500	행정과	1	4	7	8	7	1	1	1
20562	경남 합천군	어려운 노인 생신상 차려드리기	10,200	행정과	1	4	7	8	7	1	1	1
20563	경남 합천군	어려운 노인 김장나눔봉사	13,600	행정과	1	4	7	8	7	1	1	1
20564	경남 합천군	대한민국 상이군경회 합천군지회	6,000	주민복지과	1	4	7	8	7	1	1	2
20565	경남 합천군	대한민국 전몰군경유족회 합천군지회	6,000	주민복지과	1	4	7	8	7	1	1	2
20566	경남 합천군	대한민국 전몰군경미망인회 합천군지회	4,500	주민복지과	1	4	7	8	7	1	1	2
20567	경남 합천군	대한민국 무공수훈자회 합천군지회	1,800	주민복지과	1	4	7	8	7	1	1	2
20568	경남 합천군	대한민국 6.25참전유공자회 합천군지회	6,000	주민복지과	1	4	7	8	7	1	1	2
20569	경남 합천군	합천군 재향군인회	8,000	주민복지과	1	4	7	8	7	1	1	2
20570	경남 합천군	대한민국 고엽제전우회 합천군지회	2,000	주민복지과	1	4	7	8	7	1	1	2
20571	경남 합천군	대한민국 월남참전자회 합천군지회	3,600	주민복지과	1	4	7	8	7	1	1	2
20572	경남 합천군	경남참전경찰유공자회 합천군지회	2,500	주민복지과	1	4	7	8	7	1	1	2
20573	경남 합천군	고엽제전우회 만남의장 행사	3,000	주민복지과	1	4	7	8	7	1	1	2
20574	경남 합천군	호국원 지킴이 봉사활동	1,000	주민복지과	1	4	7	8	7	1	1	2
20575	경남 합천군	베트남 이주여성가정 위로연 개최 지원	1,000	주민복지과	1	4	7	8	7	1	1	2
20576	경남 합천군	원폭희생자 추모제	13,000	주민복지과	1	4	7	8	7	1	1	1
20577	경남 합천군	원폭피해자 복지증진대회	3,000	주민복지과	1	4	7	8	7	1	1	1
20578	경남 합천군	원폭피해자 진료비 청구 등 지원사업	30,000	주민복지과	1	4	7	8	7	1	1	1
20579	경남 합천군	발달장애인요양보호사 보조일자리사업	66,551	주민복지과	1	2	7	8	1	1	1	2
20580	경남 합천군	저소득 아동 프로그램 지원	5,000	노인아동여성과	1	4	7	8	7	1	1	4
20581	경남 합천군	지식재산 창출 지원사업	70,000	경제교통과	1	1	5	1	7	1	1	1
20582	경남 합천군	소상공인 민원콜센터 운영	69,900	경제교통과	1	1	7	8	7	5	5	4
20583	경남 합천군	공예품개발 장려비 지급	28,800	경제교통과	1	4	7	8	7	1	1	1
20584	경남 합천군	도자기 폐기물 처리비용	10,000	경제교통과	1	4	7	8	7	1	1	4
20585	경남 합천군	상인교육(12회) 및 매니저 관리	48,700	경제교통과	1	6	7	8	7	5	5	4
20586	경남 합천군	모범운전자회 각종행사 교통지원	3,000	경제교통과	1	7	6	7	6	1	1	4
20587	경남 합천군	항공스쿨 드론교육 활성화 지원	10,000	경제교통과	1	6	7	8	7	5	5	4
20588	경남 합천군	창업기업 신규고용인력 보조금 지원	9,000	경제교통과	1	6	7	8	7	5	5	4
20589	경남 합천군	정보화마을 활성화 지원	8,000	경제교통과	1	1	7	8	7	5	5	4
20590	경남 합천군	정보화마을 프로그램관리자 인건비	34,992	경제교통과	1	1	7	8	7	5	5	4
20591	경남 합천군	정보화마을 프로그램관리자 제경비	8,800	경제교통과	1	1	7	8	7	5	5	4
20592	경남 합천군	(예비)사회적기업 일자리창출사업	30,000	경제교통과	1	1	7	8	7	5	5	4
20593	경남 합천군	수리계시설 유지관리	120,000	건설과	1	4	7	8	7	1	1	4
20594	경남 합천군	지역자율방재단 활동비 지원	9,300	안전총괄과	1	4	7	8	7	1	1	1
20595	경남 합천군	아마추어무선연맹 활동비 지원	5,000	안전총괄과	1	4	7	8	7	1	1	4
20596	경남 합천군	의용소방대 활동지원	19,950	안전총괄과	1	4	7	1	7	1	1	3
20597	경남 합천군	의용소방대 부산경남 교류행사 지원	9,000	안전총괄과	1	4	7	1	7	1	1	3
20598	경남 합천군	의용소방대 기술경연대회 지원	15,000	안전총괄과	1	4	7	1	7	1	1	3
20599	경남 합천군	자연보호 합천군협의회 자연보호 활동 지원	6,000	환경위생과	1	1	7	8	7	5	1	1
20600	경남 합천군	야생생물관리협회 합천지회 야생생물 보호 및 관리활동 지원	6,000	환경위생과	1	1	7	8	7	5	1	1
20601	경남 합천군	주민참여형 휴피움사업	130,000	농정과	1	4	7	8	7	1	1	1
20602	경남 합천군	신활력 추진단 운영	130,000	농정과	1	4	7	8	7	1	1	1

순번	시군구	지출명 (사업명)	2021년예산 (단위:천원/1년간)	담당자 (공무원)	민간이전 분류 (지방자치단체 세출예산 집행기준에 의거)	민간이전지출 근거 (지방보조금 관리기준 참고)	입찰방식			운영예산 산정		성과평가 실시여부
				담당부서	1. 민간경상사업보조(307-02) 2. 민간단체 법정운영비보조(307-03) 3. 민간행사사업보조(307-04) 4. 민간위탁금(307-05) 5. 사회복지시설 법정운영비보조(307-10) 6. 민간인위탁교육비(307-12) 7. 공기관등에대한경상적위탁사업비(308-11) 8. 민간자본사업보조,자체재원(402-01) 9. 민간자본사업보조,이전재원(402-02) 10. 민간위탁사업비(402-03) 11. 공기관등에 대한 자본적 대행사업비(403-02)	1. 법률에 규정 2. 국고보조 재원(국가지정) 3. 용도 지정 기부금 4. 조례에 직접규정 5. 지자체가 권장하는 사업을 하는 공공기관 6. 시,도 정책 및 재정사정 7. 기타 8. 해당없음	계약체결방법 (경쟁형태) 1. 일반경쟁 2. 제한경쟁 3. 지명경쟁 4. 수의계약 5. 법정위탁 6. 기타 ( ) 7. 해당없음	계약기간 1. 1년 2. 2년 3. 3년 4. 4년 5. 5년 6. 기타 ( )년 7. 단기계약 (1년미만) 8. 해당없음	낙찰자선정방법 1. 적격심사 2. 협상에의한계약 3. 최저가낙찰제 4. 규격가격분리 5. 2단계 경쟁입찰 6. 기타 ( ) 7. 해당없음	운영예산 산정 1. 내부산정 (지자체 자체적으로 산정) 2. 외부산정 (외부전문기관위탁 산정) 3. 내·외부 모두 산정 4. 산정 無 5. 해당없음	정산방법 1. 내부정산 (지자체 내부적으로 정산) 2. 외부정산 (외부전문기관위탁 정산) 3. 내·외부 모두 산정 4. 정산 無 5. 해당없음	1. 실시 2. 미실시 3. 향후 추진 4. 해당없음
20603	경남 합천군	힐링마실 융복합 및 창업지원사업	204,000	농정과	1	4	7	8	7	1	1	1
20604	경남 합천군	도시민 유치 홍보행사추진	64,000	농정과	1	2	7	8	7	1	1	1
20605	경남 합천군	귀농인 중심 지역공동체 육성 및 활성화 지원	50,000	농정과	1	2	7	8	7	1	1	1
20606	경남 합천군	귀농인 공동학습포 운영	25,000	농정과	1	2	7	8	7	1	1	1
20607	경남 합천군	귀농귀촌인 공동농장 운영	20,000	농정과	1	2	7	8	7	1	1	1
20608	경남 합천군	귀농인의 집 운영	50,000	농정과	1	2	7	8	7	1	1	1
20609	경남 합천군	귀농인 안정 정착지원	9,450	농정과	1	6	7	8	7	1	1	1
20610	경남 합천군	창업실행비 지원	10,000	농정과	1	2	7	8	7	1	1	1
20611	경남 합천군	청년농업인 농업용드론 국가자격취득 지원	6,250	농정과	1	4	7	8	7	5	5	4
20612	경남 합천군	청년농업인 소통동아리 지원	6,000	농정과	1	4	7	8	7	5	5	4
20613	경남 합천군	농업경영컨설팅 지원사업	42,000	농정과	1	2	7	8	7	5	5	4
20614	경남 합천군	여성농업인센터 운영지원	114,950	농정과	1	4	7	8	7	5	5	4
20615	경남 합천군	여성농업인 능력개발 교육지원	2,000	농정과	1	4	7	8	7	5	5	4
20616	경남 합천군	여성농업인 도,중앙대회 지원	3,000	농정과	1	4	7	8	7	5	5	4
20617	경남 합천군	여성농업인 과제활동 지원	3,000	농정과	1	4	7	8	7	5	5	4
20618	경남 합천군	여성농업인 쌀소비촉진 행사지원	4,000	농정과	1	4	7	8	7	5	5	4
20619	경남 합천군	학교4-H회 과제활동 지원	2,000	농정과	1	6	7	8	7	5	5	4
20620	경남 합천군	청년4-H회 과제교육 지원	5,000	농정과	1	6	7	8	7	5	5	4
20621	경남 합천군	농촌지도자 품목별 육성 지원	4,000	농정과	1	6	7	8	7	5	5	4
20622	경남 합천군	농촌지도자 역량강화 지원	2,000	농정과	1	4	7	8	7	5	5	4
20623	경남 합천군	농촌지도자 한마음 다짐대회(격년제)	10,000	농정과	1	4	7	8	7	5	5	4
20624	경남 합천군	농촌지도자 경쟁력 강화 지원	40,000	농정과	1	4	7	8	7	5	5	4
20625	경남 합천군	농업경영인 능력개발 교육지원	5,100	농정과	1	4	7	8	7	5	5	4
20626	경남 합천군	농업경영인 역량강화 지원	5,000	농정과	1	4	7	8	7	5	5	4
20627	경남 합천군	한농연 합천.거창.함양.산청체육대회 지원	5,000	농정과	1	4	7	8	7	5	5	4
20628	경남 합천군	농업경영인 도.중앙대회 지원	10,000	농정과	1	4	7	8	7	5	5	4
20629	경남 합천군	후계농업경영인 맞춤형 영농기술지원	86,250	농정과	1	4	7	8	7	5	5	4
20630	경남 합천군	농촌지도자 양성교육	1,700	농정과	1	2	7	8	7	5	5	4
20631	경남 합천군	농업인 학습단체 전문능력 배양지원	5,000	농정과	1	4	7	8	7	5	5	4
20632	경남 합천군	농민회 가족 한마음대회	3,000	농정과	1	4	7	8	7	5	5	4
20633	경남 합천군	농민회 역량강화지원	5,000	농정과	1	4	7	8	7	5	5	4
20634	경남 합천군	여성농민회 역량강화지원	3,000	농정과	1	4	7	8	7	5	5	4
20635	경남 합천군	농촌지도자 농업정보지 지원(농업인신문)	18,420	농정과	1	6	7	8	7	5	5	4
20636	경남 합천군	4-H회 농업정보지 지원(4-H신문)	3,900	농정과	1	6	7	8	7	5	5	4
20637	경남 합천군	농업경영인 유통정보지 보급	92,712	농정과	1	6	7	8	7	5	5	4
20638	경남 합천군	청년 농업인 영농정착 지원	226,743	농정과	1	2	7	8	7	5	5	4
20639	경남 합천군	청년 농업인 취농인턴제	12,000	농정과	1	6	7	8	7	5	5	4
20640	경남 합천군	청년 농업인 취농직불제	72,000	농정과	1	6	7	8	7	5	5	4
20641	경남 합천군	농촌총각 국제결혼 지원	12,000	농정과	1	4	7	8	7	5	5	4
20642	경남 합천군	농업 신소득원 발굴 공동학습포장 운영지원	5,000	농정과	1	4	7	8	7	5	5	4
20643	경남 합천군	시군4-H본부 교육지원	2,000	농정과	1	6	7	8	7	5	5	4
20644	경남 합천군	한국4-H활동지원센터 교육프로그램 운영	10,000	농정과	1	4	7	8	7	5	5	4
20645	경남 합천군	농업인 재해안전공제료 지원사업	259,065	농정과	1	2	7	8	7	5	5	4
20646	경남 합천군	벼 가공료 지원	200,000	농정과	1	4	7	8	7	5	5	4
20647	경남 합천군	공공비축 산물벼 건조비 지원	50,000	농정과	1	4	7	8	7	5	5	4
20648	경남 합천군	해와인 브랜드쌀 잡곡류 물류비 지원	40,000	농정과	1	4	7	8	7	5	5	4
20649	경남 합천군	RPC 쌀잡곡 포장재 지원	4,600	농정과	1	4	7	8	7	5	5	4
20650	경남 합천군	6차산업 네트워크 구축지원	120,000	산림과	1	2	7	1	7	5	5	4
20651	경남 합천군	톱밥생산 판매 보조금지원	525,000	산림과	1	4	7	1	7	1	1	1
20652	경남 합천군	임산물(밤) 산지 순회수집 판매지원	24,000	산림과	1	4	7	1	7	1	1	1
20653	경남 합천군	가축재해보험 지원	362,250	축산과	1	2	7	8	7	5	1	4

순번	시군구	지출명 (사업명)	2021년예산 (단위:천원/1년간)	담당자 (공무원)	민간이전 분류 (지방자치단체 세출예산 집행기준에 의거)	민간이전지출 근거 (지방보조금 관리기준 참고)	입찰방식			운영예산 산정		성과평가 실시여부
				담당부서	1. 민간경상사업보조(307-02) 2. 민간단체 법정운영비보조(307-03) 3. 민간행사사업보조(307-04) 4. 민간위탁금(307-05) 5. 사회복지시설 법정운영비보조(307-10) 6. 민간인위탁교육비(307-12) 7. 공기관등에대한경상적위탁사업비(308-11) 8. 민간자본사업보조,자체재원(402-01) 9. 민간자본사업보조,이전재원(402-02) 10. 민간위탁사업비(402-03) 11. 공기관등에 대한 자본적 대행사업비(403-02)	1. 법률에 규정 2. 국고보조 재원(국가지정) 3. 용도 지정 기부금 4. 조례에 직접규정 5. 지자체가 권장하는 사업을 하는 공공기관 6. 시,도 정책 및 재정사정 7. 기타 8. 해당없음	계약체결방법 (경쟁형태) 1. 일반경쟁 2. 제한경쟁 3. 지명경쟁 4. 수의계약 5. 법정위탁 6. 기타 ( ) 7. 해당없음	계약기간 1. 1년 2. 2년 3. 3년 4. 4년 5. 5년 6. 기타 ( )년 7. 단기계약 (1년미만) 8. 해당없음	낙찰자선정방법 1. 적격심사 2. 협상에의한계약 3. 최저가낙찰제 4. 규격가격분리 5. 2단계 경쟁입찰 6. 기타 ( ) 7. 해당없음	운영예산 산정 1. 내부산정 (지자체 자체적으로 산정) 2. 외부산정 (외부전문기관위탁 산정) 3. 내·외부 모두 산정 4. 산정 無 5. 해당없음	정산방법 1. 내부정산 (지자체 내부적으로 정산) 2. 외부정산 (외부전문기관위탁 정산) 3. 내·외부 모두 산정 4. 정산 無 5. 해당없음	1. 실시 2. 미실시 3. 향후 추진 4. 해당없음
20654	경남 합천군	산란계 사육농가 난좌 지원	20,000	축산과	1	1	7	8	7	5	1	4
20655	경남 합천군	AI차단 위생난좌 지원	4,000	축산과	1	1	7	8	7	5	1	4
20656	경남 합천군	친환경 꿀벌사양 지원사업	22,400	축산과	1	1	7	8	7	5	1	4
20657	경남 합천군	합천 벌꿀 브랜드 육성사업	110,000	축산과	1	1	7	8	7	5	1	4
20658	경남 합천군	송아지 설사병 예방백신 지원	66,000	축산과	1	1	7	8	7	5	1	4
20659	경남 합천군	공동방제단 4대보험료 지원	25,920	축산과	1	1	7	8	7	5	1	4
20660	경남 합천군	돼지 써코바이러스 백신 지원	120,000	축산과	1	1	7	8	7	5	1	4
20661	경남 합천군	소 수송열 예방접종 지원	40,000	축산과	1	1	7	8	7	5	1	4
20662	경남 합천군	돼지 써코바이러스 백신 지원	212,400	축산과	1	1	7	8	7	5	1	4
20663	경남 합천군	전업농 구제역 백신	747,926	축산과	1	1	7	8	7	5	1	4
20664	경남 합천군	가축질병 치료보험	297,500	축산과	1	2	7	8	7	5	1	4
20665	경남 합천군	돼지소모성 질환 지도	36,000	축산과	1	1	7	8	7	5	1	4
20666	경남 합천군	가금농가 질병관리지원	42,000	축산과	1	1	7	8	7	5	1	4
20667	경남 합천군	공동방제단 운영	309,196	축산과	1	1	7	8	7	5	1	4
20668	경남 합천군	공동방제단 재료비	304,140	축산과	1	1	7	8	7	5	1	4
20669	경남 합천군	공동방제단 연차수당	11,000	축산과	1	1	7	8	7	5	1	4
20670	경남 합천군	저소득층 반려동물 진료비 지원	31,500	축산과	1	1	7	8	7	5	1	4
20671	경남 합천군	사료 포장지대 지원	50,000	축산과	1	6	7	8	7	5	5	4
20672	경남 합천군	조사료생산용 사일리지제조 지원	664,200	축산과	1	6	7	8	7	5	5	4
20673	경남 합천군	조사료생산용 종자구입 지원	245,700	축산과	1	6	7	8	7	5	5	4
20674	경남 합천군	한우 거세 시술비 지원	16,524	축산과	1	6	7	8	7	5	5	4
20675	경남 합천군	암소 유전능력 평가지원	10,000	축산과	1	6	7	8	7	5	5	4
20676	경남 합천군	경남 한우공동브랜드 장려금 지원	15,000	축산과	1	6	7	8	7	5	5	4
20677	경남 합천군	등록우 송아지 친자감별	180,000	축산과	1	6	7	8	7	5	5	4
20678	경남 합천군	수정란이식 한우개량	77,000	축산과	1	6	7	8	7	5	5	4
20679	경남 합천군	저능력우 도태 및 개량사업	500,000	축산과	1	6	7	8	7	5	5	4
20680	경남 합천군	소싸움대회 출전,홍보비 지원	10,000	축산과	1	6	7	8	7	5	5	4
20681	경남 합천군	암소코뚜레 장착사업	15,000	축산과	1	6	7	8	7	5	5	4
20682	경남 합천군	미경산우 암소비육 지원사업	24,000	축산과	1	6	7	8	7	5	5	4
20683	경남 합천군	우량암소 수정란이식 지원	152,000	축산과	1	6	7	8	7	5	5	4
20684	경남 합천군	송아지 생산성 향상	30,752	축산과	1	6	7	8	7	5	5	4
20685	경남 합천군	수출한우 출하운송비 지원	16,000	축산과	1	6	7	8	7	5	5	4
20686	경남 합천군	축산농가 사료첨가제 지원사업	75,168	축산과	1	6	7	8	7	5	5	4
20687	경남 합천군	한우 헬퍼 지원사업	12,500	축산과	1	6	7	8	7	5	5	4
20688	경남 합천군	우량암소 생산기반 구축사업	52,800	축산과	1	6	7	8	7	5	5	4
20689	경남 합천군	암송아지 제각 지원	16,000	축산과	1	6	7	8	7	5	5	4
20690	경남 합천군	암송아지 제각 지원	44,000	축산과	1	6	7	8	7	5	5	4
20691	경남 합천군	한우 임신진단 지원	41,100	축산과	1	6	7	8	7	5	5	4
20692	경남 합천군	한우 임신진단 지원	58,900	축산과	1	6	7	8	7	5	5	4
20693	경남 합천군	귀표부착	167,084	축산과	1	2	7	8	7	5	1	1
20694	경남 합천군	학교우유급식 지원	107,500	축산과	1	2	7	8	7	5	1	1
20695	경남 합천군	학교우유급식 확대 지원	90,000	축산과	1	5	7	8	7	5	1	1
20696	경남 합천군	축산농가 악취방지 개선 사업	192,500	축산과	1	6	7	8	7	5	1	1
20697	경남 합천군	축산농가 악취방지 개선 사업	100,000	축산과	1	5	7	8	7	5	1	1
20698	경남 합천군	가축분뇨 수분조절재 지원	256,500	축산과	1	6	7	8	7	5	1	1
20699	경남 합천군	가축분뇨 수분조절재 지원	142,500	축산과	1	5	7	8	7	5	1	1
20700	경남 합천군	액비살포비	395,000	축산과	1	2	7	8	7	5	1	1
20701	경남 합천군	양계농가 왕겨 지원	50,000	축산과	1	5	7	8	7	5	1	1
20702	경남 합천군	공동자원화시설 운영비 지원	540,000	축산과	1	5	7	8	7	5	1	1
20703	경남 합천군	퇴비 부숙 촉진제 지원사업	50,000	축산과	1	5	7	8	7	5	1	1
20704	경남 합천군	우수 축산물 인증 지원	9,000	축산과	1	6	7	8	7	5	1	1

순번	시군구	지출명 (사업명)	2021년예산 (단위:천원/1년간)	담당자 (공무원) 담당부서	민간이전 분류 (지방자치단체 세출예산 집행기준에 의거) 1. 민간경상사업보조(307-02) 2. 민간단체 법정운영비보조(307-03) 3. 민간행사사업보조(307-04) 4. 민간위탁금(307-05) 5. 사회복지시설 법정운영비보조(307-10) 6. 민간인위탁교육비(307-12) 7. 공기관등에대한경상적위탁사업비(308-11) 8. 민간자본사업보조,자체재원(402-01) 9. 민간자본사업보조,이전재원(402-02) 10. 민간위탁사업비(402-03) 11. 공기관등에 대한 자본적 대행사업비(403-02)	민간이전지출 근거 (지방보조금 관리기준 참고) 1. 법률에 규정 2. 국고보조 재원(국가지정) 3. 용도 지정 기부금 4. 조례에 직접규정 5. 지자체가 권장하는 사업을 하는 공공기관 6. 시,도 정책 및 재정사정 7. 기타 8. 해당없음	입찰방식 계약체결방법 (경쟁형태) 1. 일반경쟁 2. 제한경쟁 3. 지명경쟁 4. 수의계약 5. 법정위탁 6. 기타 ( ) 7. 해당없음	입찰방식 계약기간 1. 1년 2. 2년 3. 3년 4. 4년 5. 5년 6. 기타 ( )년 7. 단기계약 (1년미만) 8. 해당없음	입찰방식 낙찰자선정방법 1. 적격심사 2. 협상에의한계약 3. 최저가낙찰제 4. 규격가격분리 5. 2단계 경쟁입찰 6. 기타 ( ) 7. 해당없음	운영예산 산정 운영예산 산정 1. 내부산정 (지자체 자체적으로 산정) 2. 외부산정 (외부전문기관위탁 산정) 3. 내·외부 모두 산정 4. 산정 無 5. 해당없음	운영예산 산정 정산방법 1. 내부정산 (지자체 내부적으로 정산) 2. 외부정산 (외부전문기관위탁 정산) 3. 내·외부 모두 산정 4. 정산 無 5. 해당없음	성과평가 실시여부 1. 실시 2. 미실시 3. 향후 추진 4. 해당없음
20705	경남 합천군	축산물 출하 장려금 지원	971,000	축산과	1	5	7	8	7	5	1	1
20706	경남 합천군	사료 운송비 지원	945,000	축산과	1	5	7	8	7	5	1	1
20707	경남 합천군	친환경 축산물 인증 수수료 지원	63,000	축산과	1	5	7	8	7	5	1	1
20708	경남 합천군	농산물 산지공판장 출하 활성화 지원	700,000	농업유통과	1	4	7	8	7	1	1	4
20709	경남 합천군	대형유통거래 및 도매시장 출하수수료 지원	500,000	농업유통과	1	4	7	8	7	1	1	4
20710	경남 합천군	신선농산물 물류비 지원	280,000	농업유통과	1	4	7	8	7	1	1	4
20711	경남 합천군	공동선별 출하 생산조직 육성	7,560	농업유통과	1	2	7	8	7	1	1	4
20712	경남 합천군	농산물 통합 마케팅조직 육성	58,800	농업유통과	1	2	7	8	7	1	1	4
20713	경남 합천군	군 공동브랜드 해와인 직거래 택배비 지원	150,000	농업유통과	1	4	7	8	7	1	1	1
20714	경남 합천군	우수농특산물 직거래 지원	25,000	농업유통과	1	4	7	8	7	1	1	1
20715	경남 합천군	통합쇼핑몰 운영 활성화 지원	20,000	농업유통과	1	4	7	8	7	1	1	1
20716	경남 합천군	통합쇼핑몰 해와인 홍보	80,000	농업유통과	1	4	7	8	7	1	1	1
20717	경남 합천군	통합쇼핑몰 택배비 지원	60,000	농업유통과	1	4	7	8	7	1	1	1
20718	경남 합천군	농산물 산지 순회수집 취급수수료	30,000	농업유통과	1	4	7	8	7	1	1	1
20719	경남 합천군	정보화농업 활성화 지원	3,000	농업유통과	1	6	7	8	7	1	1	1
20720	경남 합천군	농산물 직매장 활성화 지원	65,000	농업유통과	1	4	7	8	7	1	1	1
20721	경남 합천군	수출물류비 지원	150,000	농업유통과	1	6	7	8	7	1	1	1
20722	경남 합천군	농산물 수출촉진 물류비 지원	450,000	농업유통과	1	4	7	8	7	1	1	1
20723	경남 합천군	생활개선회 특성화교육 지원	5,000	농업유통과	1	4	7	8	7	1	1	4
20724	경남 합천군	생활개선회 과제활동 지원	5,000	농업유통과	1	4	7	8	7	1	1	4
20725	경남 합천군	농촌체험지도사 및 마을해설사 교육 지원	1,200	농업유통과	1	1	7	8	7	1	1	4
20726	경남 합천군	농촌체험휴양마을 인적역량강화 지원	960	농업유통과	1	2	7	8	7	1	1	4
20727	경남 합천군	농촌체험휴양마을 안전화재보험 지원	2,131	농업유통과	1	2	7	8	7	1	1	4
20728	경남 합천군	농촌체험휴양마을 사무장 활동비 지원	19,440	농업유통과	1	2	7	8	7	1	1	4
20729	경남 합천군	농번기 마을공동급식 지원	54,000	농업유통과	1	1	7	8	7	1	1	4
20730	경남 합천군	농번기 마을공동급식 지원	34,000	농업유통과	1	4	7	8	7	1	1	4
20731	경남 합천군	농기계 종합보험료 지원	144,000	농업유통과	1	2	7	8	7	1	1	4
20732	경남 합천군	최고농업경영자과정 교육생 교육비지원	20,000	농업지도과	1	2	7	8	7	5	5	4
20733	경남 합천군	재해대비 예비모 육묘	7,000	농업지도과	1	6	4	1	7	1	1	1
20734	경남 합천군	우리밀 생산자위원회 활동지원	2,000	농업지도과	1	6	4	1	7	1	1	1
20735	경남 합천군	합천 명품쌀 가공 지원	90,000	농업지도과	1	6	4	1	7	1	1	1
20736	경남 합천군	벼 병해충 공동농작업 대행료 지원	210,000	농업지도과	1	6	4	1	7	1	1	1
20737	경남 합천군	벼 병해충 무인헬기 공동방제 농작업 대행료 지원	300,000	농업지도과	1	6	4	1	7	1	1	1
20738	경남 합천군	우리밀 육성 지원사업	75,600	농업지도과	1	6	4	1	7	1	1	1
20739	경남 합천군	농촌고용인력지원사업	300,000	농업지도과	1	2	4	1	7	1	1	1
20740	경남 합천군	농작물 병해충 광역방제기 공동방제 지원	50,000	농업지도과	1	6	4	1	7	1	1	1
20741	경남 합천군	식량작물공동(들녘)경영체육성 컨설팅	27,000	농업지도과	1	2	4	1	7	1	1	1
20742	경남 합천군	채소가격(마늘) 안정지원	79,077	농업지도과	1	6	4	1	7	1	1	1
20743	경남 합천군	마늘 주아이용 종구 생산공급체계 구축	150,000	농업지도과	1	6	4	1	7	1	1	1
20744	경남 합천군	친환경 인증수수료 지원	100,000	농업지도과	1	6	7	8	7	5	5	4
20745	경남 합천군	GAP 인증수수료 지원	7,000	농업지도과	1	6	7	8	7	5	5	4
20746	경남 합천군	유기질비료 지원	2,266	농업지도과	1	2	7	8	7	5	5	4
20747	경남 합천군	토양개량제 지원	435,431	농업지도과	1	2	7	8	7	5	5	4
20748	경남 합천군	토종농산물 증식포 지원	7,000	농업지도과	1	6	7	8	7	5	5	4
20749	경남 합천군	GAP 안전성 검사비 지원	15,000	농업지도과	1	2	7	8	7	5	5	4
20750	경남 합천군	GAP 인증수수료 지원	1,500	농업지도과	1	6	7	8	7	5	5	4
20751	경남 합천군	친환경농산물 유통활성화 지원	71,915	농업지도과	1	6	7	8	7	5	5	4
20752	경남 합천군	초등돌봄교실 과일간식 지원	24,000	농업지도과	1	2	7	8	7	5	5	4
20753	경남 합천군	경남 공익형직불(마을)	102,000	농업지도과	1	6	7	8	7	5	5	4
20754	경남 합천군	취약지역 응급의료센터, 기관 운영비 지원	295,000	보건소	1	8	7	8	7	2	1	1
20755	경남 합천군	분만취약지 산부인과 외래진료 지원사업	200,000	보건소	1	8	7	8	7	1	1	2

순번	시군구	지출명 (사업명)	2021년예산 (단위:천원/1년간)	담당자 (공무원) 담당부서	민간이전 분류 (지방자치단체 세출예산 집행기준에 의거) 1. 민간경상사업보조(307-02) 2. 민간단체 법정운영비보조(307-03) 3. 민간행사사업보조(307-04) 4. 민간위탁금(307-05) 5. 사회복지시설 법정운영비보조(307-10) 6. 민간인위탁교육비(307-12) 7. 공기관등에대한경상적위탁사업비(308-11) 8. 민간자본사업보조,자체재원(402-01) 9. 민간자본사업보조,이전재원(402-02) 10. 민간위탁사업비(402-03) 11. 공기관등에 대한 자본적 대행사업비(403-02)	민간이전지출 근거 (지방보조금 관리기준 참고) 1. 법률에 규정 2. 국고보조 재원(국가지정) 3. 용도 지정 기부금 4. 조례에 직접규정 5. 지자체가 권장하는 사업을 하는 공공기관 6. 시,도 정책 및 재정사정 7. 기타 8. 해당없음	입찰방식: 계약체결방법 (경쟁형태) 1. 일반경쟁 2. 제한경쟁 3. 지명경쟁 4. 수의계약 5. 법정위탁 6. 기타 ( ) 7. 해당없음	입찰방식: 계약기간 1. 1년 2. 2년 3. 3년 4. 4년 5. 5년 6. 기타 ( )년 7. 단기계약 (1년미만) 8. 해당없음	입찰방식: 낙찰자선정방법 1. 적격심사 2. 협상에의한계약 3. 최저가낙찰제 4. 규격가격분리 5. 2단계 경쟁입찰 6. 기타 ( ) 7. 해당없음	운영예산 산정: 운영예산 산정 1. 내부산정 (지자체 자체적으로 산정) 2. 외부산정 (외부전문기관위탁 산정) 3. 내·외부 모두 산정 4. 산정 無 5. 해당없음	운영예산 산정: 정산방법 1. 내부정산 (지자체 내부적으로 정산) 2. 외부정산 (외부전문기관위탁 정산) 3. 내·외부 모두 산정 4. 정산 無 5. 해당없음	성과평가 실시여부 1. 실시 2. 미실시 3. 향후 추진 4. 해당없음
20756	경남 합천군	365안심 병동사업	309,400	보건소		8	7	8	7	1	1	2
20757	경남 합천군	지역응급의료기관 운영비 추가 지원 사업	100,000	보건소	1	8	7	8	7	1	1	2
20758	경남 합천군	소아청소년과 의료취약지 지원	250,000	보건소	1	8	7	8	7	1	1	2
20759	경남 합천군	틀니, 가교 지원사업	150,000	보건소	1	4	7	1	2	1	1	2
20760	전북 전주시	전주시 지속가능 업무추진	65,000	미래전략혁신과	1	4	7	8	7	1	1	1
20761	전북 전주시	법무부 법사랑위원 전주지역연합회 지원	40,000	자치행정과	1	4	7	8	7	1	1	1
20762	전북 전주시	범죄피해자 지원센터 지원	70,000	자치행정과	1	4	7	8	7	1	1	1
20763	전북 전주시	주민참여자치 활성화 사업	13,680	자치행정과	1	4	7	8	7	1	1	1
20764	전북 전주시	아름다운약속 합동 결혼식	1,620	자치행정과	1	4	7	8	7	1	1	1
20765	전북 전주시	화재예방 진압활동 및 가족한마당	4,000	자치행정과	1	1	7	8	7	1	1	1
20766	전북 전주시	재난에 안전한 전주만들기 결의대회	3,600	자치행정과	1	1	7	8	7	1	1	1
20767	전북 전주시	민주평화통일자문회의 전주시협의회 지원	60,000	자치행정과	1	1	7	8	7	1	1	1
20768	전북 전주시	통일염원 한마음대회 및 통일음악회	3,000	자치행정과	1	4	7	8	7	1	1	1
20769	전북 전주시	안보문화 발전사업	5,000	자치행정과	1	4	7	8	7	1	1	1
20770	전북 전주시	전주시민과 함께하는 평화통일교육	4,500	자치행정과	1	4	7	8	7	1	1	1
20771	전북 전주시	주민자치위원 역량강화 및 마을공동체 활성화	7,000	자치행정과	1	4	7	8	7	1	1	1
20772	전북 전주시	청소년 범죄예방 결의대회 및 나눔행사	3,000	자치행정과	1	4	7	8	7	1	1	1
20773	전북 전주시	범죄예방, 준법의식 확산 캠페인 및 결의대회	3,000	자치행정과	1	4	7	8	7	1	1	1
20774	전북 전주시	학교폭력, 범죄예방 캠페인 및 한마음대회	4,000	자치행정과	1	4	7	8	7	1	1	1
20775	전북 전주시	학교폭력, 범죄예방 캠페인 및 한마음대회	4,000	자치행정과	1	4	7	8	7	1	1	1
20776	전북 전주시	6.25희생 무명애국지사 추모사업	20,000	자치행정과	1	4	7	8	7	1	1	1
20777	전북 전주시	전주시 새마을회 지원	45,000	자치행정과	1	1	7	8	7	1	1	1
20778	전북 전주시	바르게살기운동 전주시협의회 지원	29,520	자치행정과	1	1	7	8	7	1	1	1
20779	전북 전주시	한국자유총연맹 전주시지회 지원	9,500	자치행정과	1	1	7	8	7	1	1	1
20780	전북 전주시	내 어머니의 나라를 소개합니다	4,000	자치행정과	1	4	7	8	7	1	1	1
20781	전북 전주시	온열요법과 서금요법 봉사	4,500	자치행정과	1	4	7	8	7	1	1	1
20782	전북 전주시	사랑의 가위손 미용봉사	2,000	자치행정과	1	4	7	8	7	1	1	1
20783	전북 전주시	함께하면 더 커지는 행복 프로젝트	2,000	자치행정과	1	4	7	8	7	1	1	1
20784	전북 전주시	창조속에 변화하는 자원봉사자 워크샵	7,200	자치행정과	1	4	7	8	7	1	1	1
20785	전북 전주시	소외이웃을 위한 사랑愛 명절음식 나눔	4,000	자치행정과	1	4	7	8	7	1	1	1
20786	전북 전주시	행복듬뿍!사랑나눔!명절음식 나눔행사	4,000	자치행정과	1	4	7	8	7	1	1	1
20787	전북 전주시	사랑의 김장김치 및 밑반찬 나누기	5,000	자치행정과	1	4	7	8	7	1	1	1
20788	전북 전주시	귀반사와 엄지건강법을 통한 자원봉사	3,000	자치행정과	1	4	7	8	7	1	1	1
20789	전북 전주시	행복을 나누는 이미용 봉사	2,000	자치행정과	1	4	7	8	7	1	1	1
20790	전북 전주시	발마사지로 사랑을 나눠요	2,400	자치행정과	1	4	7	8	7	1	1	1
20791	전북 전주시	아중호수 수중정화, 장마철 침수지역 순찰활동	4,500	자치행정과	1	4	7	8	7	1	1	1
20792	전북 전주시	건강한 삶을 위한 발마사지 봉사	2,000	자치행정과	1	4	7	8	7	1	1	1
20793	전북 전주시	자원봉사센터 운영비 지원	75,000	자치행정과	1	1	7	8	7	1	1	4
20794	전북 전주시	전국 통합 자원봉사보험 가입 서비스 지원	53,862	자치행정과	1	1	7	8	7	1	1	4
20795	전북 전주시	자원봉사 코디네이터 지원·육성	58,966	자치행정과	1	1	7	8	7	1	1	4
20796	전북 전주시	희망나눔 가족봉사단 운영	3,000	자치행정과	1	1	7	8	7	1	1	4
20797	전북 전주시	찾아가는 맞춤형 재능봉사단 운영	5,000	자치행정과	1	1	7	8	7	1	1	4
20798	전북 전주시	자원봉사센터 운영	191,200	자치행정과	1	7	7	8	7	1	1	1
20799	전북 전주시	전주시 생활과학교실 운영	80,000	교육청소년과	1	1	7	8	7	5	5	4
20800	전북 전주시	세계한국학 전주비엔날레 지원	100,000	교육청소년과	1	4	7	8	7	3	1	1
20801	전북 전주시	성인문해교육기관 프로그램 지원	20,000	교육청소년과	1	1	1	1	1	1	1	4
20802	전북 전주시	교육도시 프로젝트 추진	12,000	교육청소년과	1	6	1	1	1	1	3	1
20803	전북 전주시	청소년 문화활동 지원	35,000	교육청소년과	1	6	7	8	7	3	1	1
20804	전북 전주시	전국 청소년 마술경연대회	20,000	교육청소년과	1	6	7	8	7	3	1	1
20805	전북 전주시	전주 비보이 그랑프리 개최	209,000	교육청소년과	1	6	7	8	7	3	1	1
20806	전북 전주시	비보이 문화학교 운영지원	47,800	교육청소년과	1	6	7	8	7	3	1	1

순번	시군구	지출명 (사업명)	2021년예산 (단위:천원/1년간)	담당자 (공무원) 담당부서	민간이전 분류 (지방자치단체 세출예산 집행기준에 의거) 1. 민간경상사업보조(307-02) 2. 민간단체 법정운영비보조(307-03) 3. 민간행사사업보조(307-04) 4. 민간위탁금(307-05) 5. 사회복지시설 법정운영비보조(307-10) 6. 민간인위탁교육비(307-12) 7. 공기관등에대한경상적위탁사업비(308-11) 8. 민간자본사업보조,자체재원(402-01) 9. 민간자본사업보조,이전재원(402-02) 10. 민간위탁사업비(402-03) 11. 공기관등에 대한 자본적 대행사업비(403-02)	민간이전지출 근거 (지방보조금 관리기준 참고) 1. 법률에 규정 2. 국고보조 재원(국가지정) 3. 용도 지정 기부금 4. 조례에 직접규정 5. 지자체가 권장하는 사업을 하는 공공기관 6. 시,도 정책 및 재정사정 7. 기타 8. 해당없음	입찰방식 계약체결방법 (경쟁형태) 1. 일반경쟁 2. 제한경쟁 3. 지명경쟁 4. 수의계약 5. 법정위탁 6. 기타 ( ) 7. 해당없음	입찰방식 계약기간 1. 1년 2. 2년 3. 3년 4. 4년 5. 5년 6. 기타 ( )년 7. 단기계약 (1년미만) 8. 해당없음	입찰방식 낙찰자선정방법 1. 적격심사 2. 협상에의한계약 3. 최저가낙찰제 4. 규격가격분리 5. 2단계 경쟁입찰 6. 기타 ( ) 7. 해당없음	운영예산 산정 운영예산 산정 1. 내부산정 (지자체 자체적으로 산정) 2. 외부산정 (외부전문기관위탁 산정) 3. 내·외부 모두 산정 4. 산정 無 5. 해당없음	운영예산 산정 정산방법 1. 내부정산 (지자체 내부적으로 정산) 2. 외부정산 (외부전문기관위탁 정산) 3. 내·외부 모두 산정 4. 정산 無 5. 해당없음	성과평가 실시여부 1. 실시 2. 미실시 3. 향후 추진 4. 해당없음
20807	전북 전주시	청소년방과후아카데미 운영	946,176	교육청소년과	1	2	7	8	7	3	1	4
20808	전북 전주시	청소년시설 종사자 역량강화 워크숍	5,000	교육청소년과	1	6	7	8	7	3	1	1
20809	전북 전주시	청소년 동아리 지원	20,000	교육청소년과	1	2	7	8	7	3	1	4
20810	전북 전주시	지역 청소년참여위원회 운영	2,800	교육청소년과	1	2	7	8	7	3	1	4
20811	전북 전주시	청소년 운영위원회 운영	10,000	교육청소년과	1	2	7	8	7	3	1	4
20812	전북 전주시	청소년 참여 활성화	26,000	교육청소년과	1	6	7	8	7	3	1	4
20813	전북 전주시	청소년유해환경 감시단 지원	8,250	교육청소년과	1	2	7	8	7	3	1	4
20814	전북 전주시	청소년 진로탐색 및 학교폭력예방교육	5,625	교육청소년과	1	6	7	8	7	3	1	4
20815	전북 전주시	지역사회 청소년통합지원체계 구축	97,470	교육청소년과	1	2	7	8	7	3	1	4
20816	전북 전주시	청소년 동반자 프로그램 운영	75,560	교육청소년과	1	2	7	8	7	3	1	4
20817	전북 전주시	청소년 특별지원	580	교육청소년과	1	2	7	8	7	3	1	4
20818	전북 전주시	인터넷 중독 전담상담사 배치	35,074	교육청소년과	1	2	7	8	7	3	1	4
20819	전북 전주시	학교 밖 청소년 지원	176,376	교육청소년과	1	2	1	3	6	3	1	4
20820	전북 전주시	학교 밖 청소년 급식 지원	20,000	교육청소년과	1	2	7	8	7	3	1	4
20821	전북 전주시	청소년 참여예산	5,000	교육청소년과	1	6	7	8	7	3	1	4
20822	전북 전주시	청소년지도사 배치지원	116,040	교육청소년과	1	2	7	8	7	3	1	4
20823	전북 전주시	청소년상담복지센터 운영 지원	216,982	교육청소년과	1	6	1	3	6	3	1	4
20824	전북 전주시	청소년 성문화센터 운영	175,298	교육청소년과	1	2	1	3	6	3	1	4
20825	전북 전주시	청소년쉼터 운영지원	782,322	교육청소년과	1	2	7	8	6	3	1	4
20826	전북 전주시	장애아동·청소년 성 인권교육	20,000	교육청소년과	1	2	1	1	6	3	1	4
20827	전북 전주시	청소년쉼터 종사자 특별수당	63,958	교육청소년과	1	6	7	8	7	3	1	4
20828	전북 전주시	행복을 이어주는 숲밧줄놀이	7,000	아호아이놀이과	1	6	7	8	7	5	5	4
20829	전북 전주시	거인의 숲 프로젝트	5,000	아호아이놀이과	1	6	7	8	7	5	5	4
20830	전북 전주시	취업연계 융복합 고급인력양성 지원	300,000	수소경제탄소산업과	1	1	7	8	7	1	1	1
20831	전북 전주시	금융산업 전문인력 양성사업	100,000	수소경제탄소산업과	1	4	5	5	7	1	1	4
20832	전북 전주시	창의융합형 공학인재양성 지원사업	10,000	수소경제탄소산업과	1	1	7	8	7	1	1	1
20833	전북 전주시	이공분야 중점연구소 지원사업	30,000	수소경제탄소산업과	1	1	7	8	7	1	1	1
20834	전북 전주시	지역 이공계 여성인재 진출촉진사업	10,000	수소경제탄소산업과	1	1	7	8	7	1	1	1
20835	전북 전주시	사회맞춤형 산학협력선도대학 육성사업	162,000	수소경제탄소산업과	1	1	7	8	7	1	1	1
20836	전북 전주시	지역혁신 선도연구센터 지원사업	200,000	수소경제탄소산업과	1	1	7	8	7	1	1	1
20837	전북 전주시	소재부품장비 혁신랩 기술개발사업	21,500	수소경제탄소산업과	1	1	7	8	7	5	5	4
20838	전북 전주시	벤처촉진지구 지원	700,000	수소경제탄소산업과	1	1	7	8	7	1	1	1
20839	전북 전주시	소공인 특화지원센터 운영	100,000	중소기업과	1	6	7	8	7	5	1	4
20840	전북 전주시	바이전주 브랜드 마케팅 및 판로확대	45,000	중소기업과	1	4	7	8	7	1	1	1
20841	전북 전주시	기업맞춤형 해외마케팅 지원	500,000	중소기업과	1	4	7	8	7	1	1	1
20842	전북 전주시	바이전주 우수상품 쇼핑몰 홍보	10,000	중소기업과	1	4	7	8	7	1	1	1
20843	전북 전주시	우수기업(인) 예우의 날 행사지원	9,000	중소기업과	1	4	7	8	7	1	1	1
20844	전북 전주시	글로벌 무역전문가 양성사업	20,000	중소기업과	1	5	7	8	7	1	1	1
20845	전북 전주시	기업 기살리기 근로자 화합한마당	60,000	중소기업과	1	4	7	8	7	1	1	1
20846	전북 전주시	여성기업 육성 마케팅 지원	30,000	중소기업과	1	4	7	8	7	1	1	1
20847	전북 전주시	청년취업 2000 사업	156,000	일자리청년정책과	1	6	7	8	7	5	5	4
20848	전북 전주시	4060 신중년 취업지원사업	226,800	일자리청년정책과	1	6	7	8	7	5	5	4
20849	전북 전주시	맞춤형 기술인력 교육지원	228,229	일자리청년정책과	1	6	7	8	7	5	5	4
20850	전북 전주시	초기창업패키지 사업	150,000	일자리청년정책과	1	2	6	6	6	4	1	1
20851	전북 전주시	대학일자리센터사업	20,000	일자리청년정책과	1	2	6	4	6	4	1	1
20852	전북 전주시	취업보장형 고교·전문대 통합교육 육성사업	30,000	일자리청년정책과	1	2	6	6	6	4	1	1
20853	전북 전주시	지역산업맞춤형 일자리창출 지원사업	485,000	일자리청년정책과	1	2	7	8	7	5	5	4
20854	전북 전주시	청년내일채움공제 지원	242,500	일자리청년정책과	1	6	6	1	6	4	1	1
20855	전북 전주시	지역주도형 청년일자리사업	3,672	일자리청년정책과	1	2	6	1	6	4	1	1
20856	전북 전주시	신중년 경력형 일자리 사업	191,000	일자리청년정책과	1	2	7	8	7	5	5	4
20857	전북 전주시	로컬 미디어 커머스 스튜디오	14,000	일자리청년정책과	1	4	6	7	6	1	1	1

순번	시군구	지출명 (사업명)	2021년예산 (단위:천원/1년간)	담당자 (공무원) 담당부서	민간이전 분류 (지방자치단체 세출예산 집행기준에 의거) 1. 민간경상사업보조(307-02) 2. 민간단체 법정운영비보조(307-03) 3. 민간행사사업보조(307-04) 4. 민간위탁금(307-05) 5. 사회복지시설 법정운영비보조(307-10) 6. 민간인위탁교육비(307-12) 7. 공기관등에대한경상적위탁사업비(308-11) 8. 민간자본사업보조,자체재원(402-01) 9. 민간자본사업보조,이전재원(402-02) 10. 민간위탁사업비(402-03) 11. 공기관등에 대한 자본적 대행사업비(403-02)	민간이전지출 근거 (지방보조금 관리기준 참고) 1. 법률에 규정 2. 국고보조 재원(국가지정) 3. 용도 지정 기부금 4. 조례에 직접규정 5. 지자체가 권장하는 사업을 하는 공공기관 6. 시,도 정책 및 재정사정 7. 기타 8. 해당없음	입찰방식 계약체결방법 (경쟁형태) 1. 일반경쟁 2. 제한경쟁 3. 지명경쟁 4. 수의계약 5. 법정위탁 6. 기타 ( ) 7. 해당없음	입찰방식 계약기간 1. 1년 2. 2년 3. 3년 4. 4년 5. 5년 6. 기타 ( )년 7. 단기계약 (1년미만) 8. 해당없음	입찰방식 낙찰자선정방법 1. 적격심사 2. 협상에의한계약 3. 최저가낙찰제 4. 규격가격분리 5. 2단계 경쟁입찰 6. 기타 ( ) 7. 해당없음	운영예산 산정 운영예산 산정 1. 내부산정 (지자체 자체적으로 산정) 2. 외부산정 (외부전문기관위탁 산정) 3. 내·외부 모두 산정 4. 산정 無 5. 해당없음	운영예산 산정 정산방법 1. 내부정산 (지자체 내부적으로 정산) 2. 외부정산 (외부전문기관위탁 정산) 3. 내·외부 모두 산정 4. 정산 無 5. 해당없음	성과평가 실시여부 1. 실시 2. 미실시 3. 향후 추진 4. 해당없음
20858	전북 전주시	사회적밸리구축 소셜벤처가게	12,000	일자리청년정책과	1	4	6	7	6	1	1	1
20859	전북 전주시	전주청년 천년도시농업	12,000	일자리청년정책과	1	4	6	7	6	1	1	1
20860	전북 전주시	전주청년창업가 온라인마케팅 교육	12,000	일자리청년정책과	1	4	6	7	6	1	1	1
20861	전북 전주시	브랜드 메이커스 지원	15,000	일자리청년정책과	1	4	6	7	6	1	1	1
20862	전북 전주시	한국여성소비자연합 소비자정보센터 소비자상담 지원	12,000	일자리청년정책과	1	4	6	1	6	4	1	1
20863	전북 전주시	소비자교육중앙회 소비자상담 지원	4,300	일자리청년정책과	1	4	6	1	6	4	1	1
20864	전북 전주시	찾아가는 소비자 서비스	4,000	일자리청년정책과	1	4	6	1	6	4	1	1
20865	전북 전주시	동네슈퍼 및 물류센터 경쟁력강화 지원	17,700	일자리청년정책과	1	1	6	1	6	1	1	1
20866	전북 전주시	중소유통물류센터 영업 활성화 지원사업	4,000	일자리청년정책과	1	1	6	1	6	1	1	1
20867	전북 전주시	소상공인(노란우산공제) 가입지원	174,720	일자리청년정책과	1	6	6	1	6	1	1	1
20868	전북 전주시	직능, 중소상공인 역량강화 및 경쟁력 강화 지원	3,000	일자리청년정책과	1	1	6	1	6	1	1	1
20869	전북 전주시	소상공인 힘내세요 행사지원	5,000	일자리청년정책과	1	1	6	1	6	1	1	1
20870	전북 전주시	전통시장 장엔정 장보기도우미 운영	408,096	일자리청년정책과	1	4	6	1	6	2	1	1
20871	전북 전주시	청년 갭이어	19,000	일자리청년정책과	1	6	6	6	6	4	1	4
20872	전북 전주시	지역청년 JOB소통 사업	16,000	일자리청년정책과	1	6	6	6	6	4	1	4
20873	전북 전주시	사랑의 PC보급 및 정보화소외계층 교육지원	2,500	스마트시티과	1	4	7	8	7	1	1	3
20874	전북 전주시	이재민 구호비 지원	4,000	생활복지과	1	1	7	8	7	5	5	4
20875	전북 전주시	보훈행사 및 단체지원	91,700	생활복지과	1	4	7	8	7	5	1	1
20876	전북 전주시	장애인거주시설 공기청정기 렌탈 지원	2,958	생활복지과	1	1	7	8	7	5	1	1
20877	전북 전주시	전주 경로국악 대공연	32,400	통합돌봄과	1	6	7	8	7	1	1	1
20878	전북 전주시	사회공헌활동 지원	153,000	통합돌봄과	1	2	6	8	1	3	1	1
20879	전북 전주시	여성단체 역량강화사업	14,200	여성가족과	1	1	7	3	7	3	3	3
20880	전북 전주시	여성친화기업 환경개선사업	25,000	여성가족과	1	1	7	3	7	3	3	3
20881	전북 전주시	여성취업인식 전환교육 및 기업체 네트워크 구축사업	10,000	여성가족과	1	1	7	3	7	3	3	3
20882	전북 전주시	새일센터 지정운영	637,458	여성가족과	1	1	7	3	7	3	3	3
20883	전북 전주시	새일센터 비정규직 처우개선	24,840	여성가족과	1	1	7	3	7	3	3	3
20884	전북 전주시	취업설계사 활동비	16,200	여성가족과	1	1	7	3	7	3	3	3
20885	전북 전주시	육아종합지원센터 운영	40,000	여성가족과	1	1	7	8	7	1	1	2
20886	전북 전주시	보육단체 보조금 선정지원	14,000	여성가족과	1	4	7	8	7	1	1	2
20887	전북 전주시	보육 종사자 역량강화사업	20,000	여성가족과	1	4	7	8	7	1	1	1
20888	전북 전주시	지역공동체와 함께하는 더불어 돌봄사업	28,000	여성가족과	1	1	7	8	7	1	1	3
20889	전북 전주시	방학중 돌봄교실 사업	12,000	여성가족과	1	1	7	8	7	1	1	3
20890	전북 전주시	지역아동센터 힐링프로젝트	3,000	여성가족과	1	8	7	8	7	5	1	1
20891	전북 전주시	시설 아이돌봄서비스 지원(한부모가족시설)	75,000	여성가족과	1	1	7	8	7	1	1	2
20892	전북 전주시	다문화가족단체 보조금 선정지원	12,000	여성가족과	1	4	7	8	7	1	1	1
20893	전북 전주시	옛도랑 복원사업	20,000	환경위생과	1	6	7	8	7	4	1	1
20894	전북 전주시	음식점 위생등급 평가지원사업	7,500	환경위생과	1	6	7	8	7	5	5	4
20895	전북 전주시	전북녹색환경지원센터 지원	60,000	환경위생과	1	1	7	8	7	3	5	4
20896	전북 전주시	환경단체보조금 지원	19,500	환경위생과	1	4	7	8	7	5	1	1
20897	전북 전주시	역사전통문화도시조성(전통문화 보존·계승 및 육성)	2,020	문화정책과	1	6	7	8	7	5	5	4
20898	전북 전주시	간재학 국제학술회의	22,000	문화정책과	1	6	7	8	7	1	1	4
20899	전북 전주시	작은미술관·박물관 문화사업	76,912	문화정책과	1	6	7	8	7	1	1	4
20900	전북 전주시	전주문화원 지원	90,000	문화정책과	1	6	7	8	7	1	1	4
20901	전북 전주시	전주전통공예 전국대전	45,000	문화정책과	1	6	7	8	7	1	1	1
20902	전북 전주시	통합문화체육관광이용권	2,910	문화정책과	1	1	7	8	7	1	1	4
20903	전북 전주시	한옥자원활용 야간상설공연	232,932	문화정책과	1	6	7	8	7	1	1	1
20904	전북 전주시	혼불문학사업	150,000	문화정책과	1	6	7	8	7	1	1	4
20905	전북 전주시	예술로 하나되는 미술교실	10,000	문화정책과	1	6	7	8	7	1	1	4
20906	전북 전주시	종합티켓판매소 운영	36,000	문화정책과	1	1	7	8	7	1	1	3
20907	전북 전주시	야호 예술학교	20,000	문화정책과	1	1	7	8	7	1	1	3
20908	전북 전주시	전통놀이 현대화체험 프로그램 운영 지원	17,500	문화정책과	1	1	7	8	7	1	1	3

순번	시군구	지출명 (사업명)	2021년예산 (단위:천원/1년간)	담당자 (공무원) 담당부서	민간이전 분류 (지방자치단체 세출예산 집행기준에 의거) 1. 민간경상사업보조(307-02) 2. 민간단체 법정운영비보조(307-03) 3. 민간행사사업보조(307-04) 4. 민간위탁금(307-05) 5. 사회복지시설 법정운영비보조(307-10) 6. 민간인위탁교육비(307-12) 7. 공기관등에대한경상적위탁사업비(308-11) 8. 민간자본사업보조,자체재원(402-01) 9. 민간자본사업보조,이전재원(402-02) 10. 민간위탁사업비(402-03) 11. 공기관등에 대한 자본적 대행사업비(403-02)	민간이전지출 근거 (지방보조금 관리기준 참고) 1. 법률에 규정 2. 국고보조 재원(국가지정) 3. 용도 지정 기부금 4. 조례에 직접규정 5. 지자체가 권장하는 사업을 하는 공공기관 6. 시,도 정책 및 재정사정 7. 기타 8. 해당없음	입찰방식 계약체결방법 (경쟁형태) 1. 일반경쟁 2. 제한경쟁 3. 지명경쟁 4. 수의계약 5. 법정위탁 6. 기타 ( ) 7. 해당없음	입찰방식 계약기간 1. 1년 2. 2년 3. 3년 4. 4년 5. 5년 6. 기타 ( )년 7. 단기계약 (1년미만) 8. 해당없음	입찰방식 낙찰자선정방법 1. 적격심사 2. 협상에의한계약 3. 최저가낙찰제 4. 규격가격분리 5. 2단계 경쟁입찰 6. 기타 ( ) 7. 해당없음	운영예산 산정 운영예산 산정 1. 내부산정 (지자체 자체적으로 산정) 2. 외부산정 (외부전문기관위탁 산정) 3. 내·외부 모두 산정 4. 산정 無 5. 해당없음	운영예산 산정 정산방법 1. 내부정산 (지자체 내부적으로 정산) 2. 외부정산 (외부전문기관위탁 정산) 3. 내·외부 모두 산정 4. 정산 無 5. 해당없음	성과평가 실시여부 1. 실시 2. 미실시 3. 향후 추진 4. 해당없음
20909	전북 전주시	예술인 유튜브 크리에이터 교육	12,000	문화정책과	1	1	7	8	7	1	1	3
20910	전북 전주시	공연예술연습공간 운영	104,000	문화정책과	1	1	7	8	7	1	1	4
20911	전북 전주시	길 문화축제	8,000	문화정책과	1	1	7	8	7	1	1	3
20912	전북 전주시	꽃심 이야기	7,000	문화정책과	1	1	7	8	7	1	1	3
20913	전북 전주시	대한민국 황실공예대전	10,000	문화정책과	1	6	7	8	7	1	1	1
20914	전북 전주시	문화예술진흥 프로그램 지원	100,000	문화정책과	1	1	7	8	7	5	5	4
20915	전북 전주시	생명·환경·나눔 페스티벌	5,000	문화정책과	1	1	7	8	7	1	1	3
20916	전북 전주시	석정문학제	9,500	문화정책과	1	1	7	8	7	1	1	3
20917	전북 전주시	시민국악교실	23,000	문화정책과	1	1	7	8	7	1	1	3
20918	전북 전주시	오정숙명창 추모음악회	12,000	문화정책과	1	1	7	8	7	1	1	3
20919	전북 전주시	우리소리 우리가락	27,000	문화정책과	1	1	7	8	7	1	1	3
20920	전북 전주시	전국 풍바 명인전	15,000	문화정책과	1	1	7	8	7	1	1	3
20921	전북 전주시	전주 포토 페스티벌	15,000	문화정책과	1	1	7	8	7	1	1	3
20922	전북 전주시	전주 국제 행위예술제	5,000	문화정책과	1	1	7	8	7	1	1	3
20923	전북 전주시	전주 단오	60,000	문화정책과	1	1	7	8	7	1	1	3
20924	전북 전주시	전주시 농악 경연대회	9,000	문화정책과	1	1	7	8	7	1	1	3
20925	전북 전주시	전주여 영원하라 콘서트	5,000	문화정책과	1	1	7	8	7	1	1	3
20926	전북 전주시	전주찬가 시극 페스티벌	8,700	문화정책과	1	1	7	8	7	1	1	3
20927	전북 전주시	전통 판각 강좌 지원	18,000	문화정책과	1	1	7	8	7	1	1	3
20928	전북 전주시	창암 전국 서화백일대상전	6,000	문화정책과	1	1	7	8	7	1	1	3
20929	전북 전주시	조선의 본향 전주를 찾다	3,000	문화정책과	1	1	7	8	7	1	1	3
20930	전북 전주시	초록바위진혼제	10,000	문화정책과	1	1	7	8	7	1	1	3
20931	전북 전주시	한국국악대제전 시조창 전국대회	15,000	문화정책과	1	1	7	8	7	1	1	3
20932	전북 전주시	한국서각협회전주지부 전시회	4,000	문화정책과	1	1	7	8	7	1	1	3
20933	전북 전주시	한옥마을과 함께하는 정가 대축제	11,500	문화정책과	1	1	7	8	7	1	1	3
20934	전북 전주시	한옥마을 촬영대회	20,000	문화정책과	1	1	7	8	7	1	1	3
20935	전북 전주시	가래여울 문화축제	6,000	문화정책과	1	1	7	8	7	1	1	3
20936	전북 전주시	지역민과 함께하는 천년전주농악	7,000	문화정책과	1	1	7	8	7	1	1	3
20937	전북 전주시	어르신을 위한 음악회	3,000	문화정책과	1	1	7	8	7	1	1	3
20938	전북 전주시	한국시낭송포럼 동서공감	3,000	문화정책과	1	1	7	8	7	1	1	3
20939	전북 전주시	동행전	6,000	문화정책과	1	1	7	8	7	1	1	3
20940	전북 전주시	전국전통가요제	3,000	문화정책과	1	1	7	8	7	1	1	3
20941	전북 전주시	마당축제 봄날은 간다	5,000	문화정책과	1	1	7	8	7	1	1	3
20942	전북 전주시	삼천 생태·환경문화축제	5,000	문화정책과	1	1	7	8	7	1	1	3
20943	전북 전주시	청소년 오케스트라 및 합창단 정기공연	5,000	문화정책과	1	1	7	8	7	1	1	3
20944	전북 전주시	전주시민과 함께하는 미술옥션	20,000	문화정책과	1	1	7	8	7	1	1	3
20945	전북 전주시	꽃심 전주 어린이 동요제	2,000	문화정책과	1	1	7	8	7	1	1	3
20946	전북 전주시	전북 풍경 음악회	8,000	문화정책과	1	1	7	8	7	1	1	3
20947	전북 전주시	문화가 살아있는 치유음악회	5,000	문화정책과	1	1	7	8	7	1	1	3
20948	전북 전주시	우리동네 돗자리 음악회	5,000	문화정책과	1	1	7	8	7	1	1	3
20949	전북 전주시	비대면 아트공연	18,000	문화정책과	1	1	7	8	7	1	1	3
20950	전북 전주시	우리동네 인물들	20,000	문화정책과	1	1	7	8	7	1	1	3
20951	전북 전주시	전주국제영화제 개최	3,180	문화정책과	1	4	7	8	7	1	1	1
20952	전북 전주시	영화(영상물) 촬영유치 지원	75,000	문화정책과	1	1	7	8	7	1	1	1
20953	전북 전주시	전주시민미디어센터 지원	40,000	문화정책과	1	4	7	8	7	1	1	1
20954	전북 전주시	전북독립영화제 개최 지원	35,000	문화정책과	1	4	7	8	7	1	1	1
20955	전북 전주시	전주프로젝트마켓 운영	122,700	문화정책과	1	4	7	8	7	1	1	1
20956	전북 전주시	한 달 안에 배우는 촬영기초워크숍	6,000	문화정책과	1	4	7	8	7	1	1	1
20957	전북 전주시	전북가족영화제	5,000	문화정책과	1	4	7	8	7	1	1	1
20958	전북 전주시	꽃심 어린이·청소년 영화제	5,000	문화정책과	1	4	7	8	7	1	1	1
20959	전북 전주시	국제슬로시티 전주 기반구축	110,000	관광산업과	1	4	7	8	7	1	1	2

순번	시군구	지출명 (사업명)	2021년예산 (단위:천원/1년간)	담당자 (공무원) 담당부서	민간이전 분류 (지방자치단체 세출예산 집행기준에 의거) 1. 민간경상사업보조(307-02) 2. 민간단체 법정운영비보조(307-03) 3. 민간행사사업보조(307-04) 4. 민간위탁금(307-05) 5. 사회복지시설 법정운영비보조(307-10) 6. 민간인위탁교육비(307-12) 7. 공기관등에대한경상적위탁사업비(308-11) 8. 민간자본사업보조,자체재원(402-01) 9. 민간자본사업보조,이전재원(402-02) 10. 민간위탁사업비(402-03) 11. 공기관등에 대한 자본적 대행사업비(403-02)	민간이전지출 근거 (지방보조금 관리기준 참고) 1. 법률에 규정 2. 국고보조 재원(국가지정) 3. 용도 지정 기부금 4. 조례에 직접규정 5. 지자체가 권장하는 사업을 하는 공공기관 6. 시,도 정책 및 재정사정 7. 기타 8. 해당없음	입찰방식 계약체결방법 (경쟁형태) 1. 일반경쟁 2. 제한경쟁 3. 지명경쟁 4. 수의계약 5. 법정위탁 6. 기타 ( ) 7. 해당없음	입찰방식 계약기간 1. 1년 2. 2년 3. 3년 4. 4년 5. 5년 6. 기타 ( )년 7. 단기계약 (1년미만) 8. 해당없음	입찰방식 낙찰자선정방법 1. 적격심사 2. 협상에의한계약 3. 최저가낙찰제 4. 규격가격분리 5. 2단계 경쟁입찰 6. 기타 ( ) 7. 해당없음	운영예산 산정 운영예산 산정 1. 내부산정 (지자체 자체적으로 산정) 2. 외부산정 (외부전문기관위탁 산정) 3. 내·외부 모두 산정 4. 산정 無 5. 해당없음	운영예산 산정 정산방법 1. 내부정산 (지자체 내부적으로 정산) 2. 외부정산 (외부전문기관위탁 정산) 3. 내·외부 모두 산정 4. 정산 無 5. 해당없음	성과평가 실시여부 1. 실시 2. 미실시 3. 향후 추진 4. 해당없음
20960	전북 전주시	역사전통문화도시조성	320,000	관광산업과	1	1	7	8	7	5	5	4
20961	전북 전주시	지역전략식품산업육성	400,000	관광산업과	1	1	7	8	7	1	3	1
20962	전북 전주시	글로벌 관광콘텐츠 육성	525,000	관광거점도시추진단	1	2	7	8	7	5	5	4
20963	전북 전주시	관광거점도시 연계사업 추진	50,000	관광거점도시추진단	1	2	7	8	7	5	5	4
20964	전북 전주시	관광거점도시 민관협력체계 구축	350,000	관광거점도시추진단	1	2	7	8	7	5	5	4
20965	전북 전주시	제례실행사업	10,000	전통문화유산과	1	6	7	8	7	1	1	3
20966	전북 전주시	향교 일요학교 운영	9,063	전통문화유산과	1	6	7	8	7	1	1	3
20967	전북 전주시	문화유산보존 활동지원	90,000	전통문화유산과	1	6	7	8	7	1	1	3
20968	전북 전주시	역사전통문화도시조성	850,000	전통문화유산과	1	2	7	8	7	1	1	3
20969	전북 전주시	전주문화재야행	475,000	전통문화유산과	1	2	7	8	7	1	1	1
20970	전북 전주시	생생문화재 사업에 따른 보조금 교부결정	50,000	전통문화유산과	1	2	7	8	7	1	1	3
20971	전북 전주시	생생문화재 사업 "풍패지향 전주, 태조어진을 뫼시다"	52,500	전통문화유산과	1	2	7	8	7	1	1	3
20972	전북 전주시	향교서원문화재 활용	75,000	전통문화유산과	1	2	7	8	7	1	1	3
20973	전북 전주시	전라감영 활용프로그램	468,000	전통문화유산과	1	6	7	8	7	1	1	3
20974	전북 전주시	후백제 역사규명 학술대회 홍보	60,000	전통문화유산과	1	6	7	8	7	1	1	3
20975	전북 전주시	전주한옥마을 선현문집 번역	100,000	전통문화유산과	1	6	7	8	7	1	1	3
20976	전북 전주시	전라감사계록 번역 및 출판	80,000	전통문화유산과	1	6	7	8	7	1	1	3
20977	전북 전주시	전라유학 재조명 및 활성화 학술세미나	20,000	전통문화유산과	1	6	7	8	7	5	5	4
20978	전북 전주시	문화유산 한중 국제 심포지엄 개최	20,000	전통문화유산과	1	6	7	8	7	5	5	4
20979	전북 전주시	전주한지문화축제	216,000	전통문화유산과	1	6	7	8	7	1	1	1
20980	전북 전주시	한옥마을 활성화 참여사업	50,000	한옥마을지원과	1	4	1	1	1	1	1	1
20981	전북 전주시	강암서예대전 지원	10,000	한옥마을지원과	1	4	7	8	7	1	1	1
20982	전북 전주시	서예국제학술대회	50,000	한옥마을지원과	1	4	7	8	7	1	1	1
20983	전북 전주시	체육단체 등 각종대회 지원	200,000	체육산업과	1	1	7	7	7	1	1	4
20984	전북 전주시	회원종목단체 운영지원	102,300	체육산업과	1	1	7	7	7	1	1	4
20985	전북 전주시	회원단체 역량강화 워크숍	15,550	체육산업과	1	1	7	7	7	1	1	4
20986	전북 전주시	체육발전 유공자 시상	17,100	체육산업과	1	1	7	7	7	1	1	4
20987	전북 전주시	국내 교류 활성화 사업	13,000	체육산업과	1	1	7	7	7	1	1	4
20988	전북 전주시	풋살 활성화 사업	30,000	체육산업과	1	1	7	7	7	1	1	4
20989	전북 전주시	일반 생활체육지도자 배치	337,120	체육산업과	1	1	7	7	7	1	1	4
20990	전북 전주시	어르신 생활체육지도자 배치	303,528	체육산업과	1	1	7	7	7	1	1	4
20991	전북 전주시	국민체력100 전주체력인증센터 운영	206,250	체육산업과	1	1	7	7	7	1	1	4
20992	전북 전주시	생활체육교실 운영	142,678	체육산업과	1	1	7	7	7	1	1	4
20993	전북 전주시	생활체육 동호인리그 운영	134,743	체육산업과	1	1	7	7	7	1	1	4
20994	전북 전주시	즐거운 주말리그	90,000	체육산업과	1	1	7	7	7	1	1	4
20995	전북 전주시	대학인프라 활용 생활체육프로그램 운영	45,000	체육산업과	1	1	7	7	7	1	1	4
20996	전북 전주시	전주시민체육대회	300,000	체육산업과	1	1	7	7	7	1	1	4
20997	전북 전주시	대통령배 씨름왕 시 선발대회	2,000	체육산업과	1	1	7	7	7	1	1	4
20998	전북 전주시	대통령배 씨름왕 도 선발대회 출전	3,000	체육산업과	1	1	7	7	7	1	1	4
20999	전북 전주시	도민생활체육대회 출전	95,500	체육산업과	1	1	7	7	7	1	1	4
21000	전북 전주시	전북 어르신 생활체육대회 출전	10,000	체육산업과	1	1	7	7	7	1	1	4
21001	전북 전주시	전북 여성생활체육대회 출전	20,000	체육산업과	1	1	7	7	7	1	1	4
21002	전북 전주시	생활체육광장 지도자 운영	304,000	체육산업과	1	1	7	7	7	1	1	4
21003	전북 전주시	생활체조 현장지도자 연수	9,500	체육산업과	1	1	7	7	7	1	1	4
21004	전북 전주시	생활체육 실버태극권 보급 및 양성	5,000	체육산업과	1	1	7	7	7	1	1	4
21005	전북 전주시	어머니 배구 교실	16,000	체육산업과	1	1	7	7	7	1	1	4
21006	전북 전주시	지역거점 스포츠클럽 운영지원	80,000	체육산업과	1	1	7	7	7	1	1	4
21007	전북 전주시	전주스포츠클럽운영	70,000	체육산업과	1	1	7	7	7	1	1	4
21008	전북 전주시	한바탕스포츠클럽운영	30,000	체육산업과	1	1	7	7	7	1	1	4
21009	전북 전주시	전북 어르신 생활체육대회 개최	20,000	체육산업과	1	1	7	7	7	1	1	4
21010	전북 전주시	장애인 체력인증센터 운영	30,000	체육산업과	1	1	7	8	7	1	1	1

순번	시군구	지출명 (사업명)	2021년예산 (단위:천원/1년간)	담당자 (공무원) 담당부서	민간이전 분류 (지방자치단체 세출예산 집행기준에 의거) 1. 민간경상사업보조(307-02) 2. 민간단체 법정운영비보조(307-03) 3. 민간행사사업보조(307-04) 4. 민간위탁금(307-05) 5. 사회복지시설 법정운영비보조(307-10) 6. 민간인위탁교육비(307-12) 7. 공기관등에대한경상적위탁사업비(308-11) 8. 민간자본사업보조,자체재원(402-01) 9. 민간자본사업보조,이전재원(402-02) 10. 민간위탁사업비(402-03) 11. 공기관등에 대한 자본적 대행사업비(403-02)	민간이전지출 근거 (지방보조금 관리기준 참고) 1. 법률에 규정 2. 국고보조 재원(국가지정) 3. 용도 지정 기부금 4. 조례에 직접규정 5. 지자체가 권장하는 사업을 하는 공공기관 6. 시,도 정책 및 재정사정 7. 기타 8. 해당없음	입찰방식 계약체결방법 (경쟁형태) 1. 일반경쟁 2. 제한경쟁 3. 지명경쟁 4. 수의계약 5. 법정위탁 6. 기타 ( ) 7. 해당없음	입찰방식 계약기간 1. 1년 2. 2년 3. 3년 4. 4년 5. 5년 6. 기타 ( )년 7. 단기계약 (1년미만) 8. 해당없음	입찰방식 낙찰자선정방법 1. 적격심사 2. 협상에의한계약 3. 최저가낙찰제 4. 규격가격분리 5. 2단계 경쟁입찰 6. 기타 ( ) 7. 해당없음	운영예산 산정 운영예산 산정 1. 내부산정 (지자체 자체적으로 산정) 2. 외부산정 (외부전문기관위탁 산정) 3. 내·외부 모두 산정 4. 산정 無 5. 해당없음	운영예산 산정 정산방법 1. 내부정산 (지자체 내부적으로 정산) 2. 외부정산 (외부전문기관위탁 정산) 3. 내·외부 모두 산정 4. 정산 無 5. 해당없음	성과평가 실시여부 1. 실시 2. 미실시 3. 향후 추진 4. 해당없음
21011	전북 전주시	유소년 축구교실 지원	44,480	체육산업과	1	4	7	8	7	1	1	1
21012	전북 전주시	전주시 I(아이)-리그 축구대회	44,000	체육산업과	1	4	7	8	7	1	1	1
21013	전북 전주시	전북역전마라톤대회 출전	7,000	체육산업과	1	4	7	8	7	1	1	1
21014	전북 전주시	우수선수 축구교실 운영	7,000	체육산업과	1	4	7	8	7	1	1	1
21015	전북 전주시	장애인체육대회 출전지원	48,000	체육산업과	1	4	7	8	7	1	1	1
21016	전북 전주시	리틀야구단 지원	15,000	체육산업과	1	4	7	8	7	1	1	1
21017	전북 전주시	리틀야구단 지원	15,000	체육산업과	1	4	7	8	7	1	1	1
21018	전북 전주시	전주시 장애인 생활체육교실	18,000	체육산업과	1	4	7	8	7	1	1	1
21019	전북 전주시	장애인 생활체육지도자 배치	268,736	체육산업과	1	4	7	8	7	1	1	1
21020	전북 전주시	전주시민축구단 지원	620,000	체육산업과	1	1	7	7	7	1	1	2
21021	전북 전주시	명품 태권도 시범공연	90,000	체육산업과	1	1	7	7	7	1	1	2
21022	전북 전주시	도민체육대회 출전	134,425	체육산업과	1	1	7	7	7	1	1	3
21023	전북 전주시	전국체전 등 출전지원	14,500	체육산업과	1	1	7	7	7	1	1	3
21024	전북 전주시	생태하천협의회 활동지원	35,180	걷고싶은도시과	1	4	7	8	7	1	1	4
21025	전북 전주시	공유경제 활성화 지원	10,000	사회연대지원과	1	4	6	1	7	1	1	1
21026	전북 전주시	사회혁신 활성화 지원	4,000	사회연대지원과	1	4	6	1	7	1	1	1
21027	전북 전주시	공정무역 활성화 지원	6,000	사회연대지원과	1	4	6	1	7	1	1	1
21028	전북 전주시	마을기업 육성	50,000	사회연대지원과	1	2	7	8	7	5	5	4
21029	전북 전주시	마을기업 고도화사업	40,000	사회연대지원과	1	6	7	8	7	5	5	4
21030	전북 전주시	사업개발비지원사업(사회적기업)	28,000	사회연대지원과	1	4	7	8	7	5	5	4
21031	전북 전주시	마을기업 사무장 지원사업	44,400	사회연대지원과	1	2	7	8	7	5	5	4
21032	전북 전주시	지역역량강화(원도심 공동체 활성화 계획 수립)	19,000	마을공동체과	1	1	7	8	7	5	5	4
21033	전북 전주시	지역역량강화	90,000	마을공동체과	1	4	7	8	7	1	1	1
21034	전북 전주시	소규모재생사업	36,000	마을공동체과	1	7	7	8	7	1	1	4
21035	전북 전주시	소규모재생사업	17,600	마을공동체과	1	7	7	8	7	1	1	4
21036	전북 전주시	소규모재생사업	72,000	마을공동체과	1	7	7	8	7	1	1	4
21037	전북 전주시	원도심 교육공동체사업	20,000	마을공동체과	1	1	7	1	7	1	1	4
21038	전북 전주시	온두레공동체 활성화 사업	317,000	마을공동체과	1	4	7	8	7	1	1	1
21039	전북 전주시	전주시 마을공동체 미디어 활성화 사업	20,000	마을공동체과	1	1	7	8	7	5	1	4
21040	전북 전주시	생생마을만들기	10,000	마을공동체과	1	4	7	8	7	1	1	1
21041	전북 전주시	도시재생 아카데미 및 지원센터 운영	34,000	도시재생과	1	6	7	8	7	1	1	1
21042	전북 전주시	서학동 예술마을 도시재생 뉴딜사업	260,000	도시재생과	1	2	7	8	7	5	5	4
21043	전북 전주시	용머리 여의주마을 도시재생 뉴딜사업	180,000	도시재생과	1	2	7	8	7	5	5	4
21044	전북 전주시	취약지역 개조(도시x도토리골 새뜰마을	40,000	도시재생과	1	2	7	8	7	5	5	4
21045	전북 전주시	전주역세권 도시재생 뉴딜사업	300,000	도시재생과	1	2	7	8	7	5	5	4
21046	전북 전주시	취약지역 개조	50,000	도시재생과	1	2	7	8	7	5	5	4
21047	전북 전주시	첫마중길 활성화 사업	90,000	도시재생과	1	4	7	1	7	4	1	1
21048	전북 전주시	선진교통문화 분위기 조성 지원	5,000	시민교통과	1	4	7	8	7	1	1	1
21049	전북 전주시	교통안전계도 및 즐겁고 안전한학교길 만들기 캠페인	3,000	교통안전과	1	4	1	1	1	1	1	1
21050	전북 전주시	교통사고 반으로 줄이기 캠페인	3,000	교통안전과	1	4	1	1	1	1	1	1
21051	전북 전주시	스쿨존 어린이 교통안전 캠페인	3,000	교통안전과	1	4	1	1	1	1	1	1
21052	전북 전주시	시민 무료 자전거 교실 운영	3,000	자전거정책과	1	1	7	7	1	1	1	1
21053	전북 전주시	중소농 농산물 안전유통 지원	11,340	먹거리정책과	1	6	7	8	7	5	5	4
21054	전북 전주시	도농상생 공공급식 안전성검사비 지원	19,500	먹거리정책과	1	6	7	8	7	1	1	4
21055	전북 전주시	로컬푸드 직매장 생산·소비 교류 활동 지원사업	20,000	먹거리정책과	1	6	7	8	7	5	5	4
21056	전북 전주시	친환경쌀 어린이 급식지원	92,124	먹거리정책과	1	6	7	1	7	1	1	4
21057	전북 전주시	학교 과일간식 지원사업	245,012	먹거리정책과	1	2	6	1	7	1	1	4
21058	전북 전주시	친환경농산물 인증비용지원	141,273	먹거리정책과	1	6	7	8	7	1	1	4
21059	전북 전주시	농촌자원 복합산업화지원(HACCP컨설팅)	5,600	먹거리정책과	1	6	7	8	7	5	5	4
21060	전북 전주시	마을경영체 경쟁력 강화사업	16,000	먹거리정책과	1	6	7	8	7	1	1	4
21061	전북 전주시	농촌융복합산업 지역단위 네트워크	120,000	먹거리정책과	1	6	7	8	7	1	1	3

순번	시군구	지출명 (사업명)	2021년예산 (단위:천원/1년간)	담당자 (공무원) 담당부서	민간이전 분류 (지방자치단체 세출예산 집행기준에 의거) 1. 민간경상사업보조(307-02) 2. 민간단체 법정운영비보조(307-03) 3. 민간행사사업보조(307-04) 4. 민간위탁금(307-05) 5. 사회복지시설 법정운영비보조(307-10) 6. 민간인위탁교육비(307-12) 7. 공기관등에대한경상적위탁사업비(308-11) 8. 민간자본사업보조,자체재원(402-01) 9. 민간자본사업보조,이전재원(402-02) 10. 민간위탁사업비(402-03) 11. 공기관등에 대한 자본적 대행사업비(403-02)	민간이전지출 근거 (지방보조금 관리기준 참고) 1. 법률에 규정 2. 국고보조 재원(국가지정) 3. 용도 지정 기부금 4. 조례에 직접규정 5. 지자체가 권장하는 사업을 하는 공공기관 6. 시,도 정책 및 재정사정 7. 기타 8. 해당없음	입찰방식 계약체결방법 (경쟁형태) 1. 일반경쟁 2. 제한경쟁 3. 지명경쟁 4. 수의계약 5. 법정위탁 6. 기타 ( ) 7. 해당없음	입찰방식 계약기간 1. 1년 2. 2년 3. 3년 4. 4년 5. 5년 6. 기타 ( )년 7. 단기계약 (1년미만) 8. 해당없음	입찰방식 낙찰자선정방법 1. 적격심사 2. 협상에의한계약 3. 최저가낙찰제 4. 규격가격분리 5. 2단계 경쟁입찰 6. 기타 ( ) 7. 해당없음	운영예산 산정 운영예산 산정 1. 내부산정 (지자체 자체적으로 산정) 2. 외부산정 (외부전문기관위탁 산정) 3. 내·외부 모두 산정 4. 산정 無 5. 해당없음	운영예산 산정 정산방법 1. 내부정산 (지자체 내부적으로 정산) 2. 외부정산 (외부전문기관위탁 정산) 3. 내·외부 모두 산정 4. 정산 無 5. 해당없음	성과평가 실시여부 1. 실시 2. 미실시 3. 향후 추진 4. 해당없음
21062	전북 전주시	토양개량제 지원	97,702	농업정책과	1	2	7	8	7	1	1	4
21063	전북 전주시	유기질 비료 지원	1,042	농업정책과	1	2	7	8	7	1	1	4
21064	전북 전주시	유기농업자재 지원	500	농업정책과	1	2	4	8	7	1	1	3
21065	전북 전주시	쌀 경쟁력 제고사업	183,400	농업정책과	1	6	7	8	7	3	1	2
21066	전북 전주시	벼 병해충 공동방제 지원	50,000	농업정책과	1	6	7	8	7	3	1	2
21067	전북 전주시	지역선도대학 육성사업	114,000	농업정책과	1	7	7	8	7	3	3	1
21068	전북 전주시	농촌고용인력지원	80,000	농업정책과	1	2	7	8	7	5	5	4
21069	전북 전주시	신선농산물수출물류비 지원	500,000	농업정책과	1	1	7	8	7	1	1	4
21070	전북 전주시	농특산물 인터넷판매 활성화	24,000	농업정책과	1	1	7	8	7	1	1	4
21071	전북 전주시	우리밀 소비촉진 지원	190,667	농업정책과	1	1	7	8	7	1	1	4
21072	전북 전주시	우수농산물 포장재 지원	50,000	농업정책과	1	6	1	8	3	1	1	4
21073	전북 전주시	농산물 공동출하 확대지원	356,220	농업정책과	1	2	7	8	7	1	1	4
21074	전북 전주시	산지통합 마케팅 지원	37,410	농업정책과	1	2	7	8	7	1	1	4
21075	전북 전주시	농촌자원 복합산업화지원	104,000	농업정책과	1	2	7	8	7	1	1	4
21076	전북 전주시	FTA 사업계획수립 지원	2,700	농업정책과	1	2	4	8	7	1	1	3
21077	전북 전주시	국산 밀 생산단지 경영체 육성 지원	27,000	농업정책과	1	2	7	8	7	1	1	4
21078	전북 전주시	농산물 우수관리(GAP)인증확대	66,540	농업정책과	1	1	7	8	7	1	1	4
21079	전북 전주시	식량작물공동경영체(들녘)육성사업	27,000	농업정책과	1	2	4	1	3	1	1	1
21080	전북 전주시	출산여성 농가도우미 지원	4,410	농업정책과	1	4	7	8	7	5	5	4
21081	전북 전주시	영농도우미 지원	5,250	농업정책과	1	1	7	8	7	5	5	4
21082	전북 전주시	농업경영컨설팅(컨설팅지원)	5,000	농업정책과	1	2	7	8	7	5	5	4
21083	전북 전주시	농번기 공동급식 지원	28,800	농업정책과	1	4	7	8	7	5	5	4
21084	전북 전주시	농업인 조직·교육훈련 지원	50,000	농업정책과	1	4	7	8	7	5	5	4
21085	전북 전주시	청년농업인 영농정착지원	206,930	농업정책과	1	2	7	8	7	5	5	4
21086	전북 전주시	청년농업인 생생동아리 지원	4,000	농업정책과	1	4	7	8	7	5	5	4
21087	전북 전주시	전북형 청년창업농 영농정착지원	32,000	농업정책과	1	4	7	8	7	5	5	4
21088	전북 전주시	청년창업농 영농기반 임차지원	5,115	농업정책과	1	4	7	8	7	5	5	4
21089	전북 전주시	청년창업농 정책자금 이차보전	3,900	농업정책과	1	4	7	8	7	5	5	4
21090	전북 전주시	청년농업인 명품브랜드 육성	17,500	농업정책과	1	4	7	8	7	5	5	4
21091	전북 전주시	농촌자원 복합산업화지원	100,000	농업정책과	1	1	7	8	7	3	3	4
21092	전북 전주시	농촌체험 휴양마을 보험가입비 지원	560	농업정책과	1	1	7	8	7	3	3	4
21093	전북 전주시	체험마을리더 교육 지원	240	농업정책과	1	1	7	8	7	3	3	4
21094	전북 전주시	농촌체험휴양마을 사무장 활동비 지원	16,200	농업정책과	1	1	7	8	7	3	3	4
21095	전북 전주시	농업인의 날 지원	22,000	농업기술과	1	4	7	8	7	1	1	1
21096	전북 전주시	농촌지도자 육성	14,000	농업기술과	1	4	7	8	7	1	1	1
21097	전북 전주시	생활개선회 육성	5,000	농업기술과	1	4	7	8	7	1	1	1
21098	전북 전주시	전주시 4-H본부 육성	14,500	농업기술과	1	4	7	8	7	1	1	1
21099	전북 전주시	농업인 조직 육성 지원	45,100	농업기술과	1	2	7	8	7	1	1	1
21100	전북 전주시	농업인 단체 선진농업 연수	35,000	농업기술과	1	4	7	8	7	1	1	1
21101	전북 전주시	여성농업인 조직 육성 지원	5,000	농업기술과	1	4	7	8	7	1	1	1
21102	전북 전주시	치유농업육성 시범	40,000	농업기술과	1	2	7	8	7	5	5	4
21103	전북 전주시	지역특화품목 소비촉진 지원	20,000	농업기술과	1	4	7	8	7	1	1	1
21104	전북 전주시	농작물 병해충 방제비 지원	97,600	농업기술과	1	2	7	8	7	1	1	1
21105	전북 전주시	강소농 육성 지원	12,000	농업기술과	1	2	7	8	7	1	1	1
21106	전북 전주시	전주농산물 홍보행사 지원	60,000	농업기술과	1	4	7	8	7	1	1	1
21107	전북 전주시	돌발해충 방제 신기술 보급	10,000	농업기술과	1	2	7	8	7	1	1	1
21108	전북 전주시	고품질 과수 안정생산 지원	136,000	농업기술과	1	4	7	8	7	5	5	4
21109	전북 전주시	지역활력화 작목 기반 조성	30,000	농업기술과	1	7	7	8	7	1	1	1
21110	전북 전주시	지역활력화 작목 기반 조성	190,000	농업기술과	1	6	7	8	7	1	1	1
21111	전북 전주시	도시농업 기반구축(스쿨팜) 사업	83,000	농업기술과	1	6	7	8	7	1	1	1
21112	전북 전주시	도시민 참여형 아파트 조경 다층식재 기술 시범	40,000	농업기술과	1	2	7	8	7	5	5	4

순번	시군구	지출명 (사업명)	2021년예산 (단위:천원/1년간)	담당자 (공무원)	민간이전 분류 (지방자치단체 세출예산 집행기준에 의거)	민간이전지출 근거 (지방보조금 관리기준 참고)	입찰방식			운영예산 산정		성과평가 실시여부
				담당부서	1. 민간경상사업보조(307-02) 2. 민간단체 법정운영비보조(307-03) 3. 민간행사사업보조(307-04) 4. 민간위탁금(307-05) 5. 사회복지시설 법정운영비보조(307-10) 6. 민간인위탁교육비(307-12) 7. 공기관등에대한경상적위탁사업비(308-11) 8. 민간자본사업보조,자체재원(402-01) 9. 민간자본사업보조,이전재원(402-02) 10. 민간위탁사업비(402-03) 11. 공기관등에 대한 자본적 대행사업비(403-02)	1. 법률에 규정 2. 국고보조 재원(국가지정) 3. 용도 지정 기부금 4. 조례에 직접규정 5. 지자체가 권장하는 사업을 하는 공공기관 6. 시,도 정책 및 재정사정 7. 기타 8. 해당없음	계약체결방법 (경쟁형태) 1. 일반경쟁 2. 제한경쟁 3. 지명경쟁 4. 수의계약 5. 법정위탁 6. 기타 ( ) 7. 해당없음	계약기간 1. 1년 2. 2년 3. 3년 4. 4년 5. 5년 6. 기타 ( )년 7. 단기계약 (1년미만) 8. 해당없음	낙찰자선정방법 1. 적격심사 2. 협상에의한계약 3. 최저가낙찰제 4. 규격가격분리 5. 2단계 경쟁입찰 6. 기타 ( ) 7. 해당없음	운영예산 산정 1. 내부산정 (지자체 자체적으로 산정) 2. 외부산정 (외부전문기관위탁 산정) 3. 내·외부 모두 산정 4. 산정 無 5. 해당없음	정산방법 1. 내부정산 (지자체 내부적으로 정산) 2. 외부정산 (외부전문기관위탁 정산) 3. 내·외부 모두 산정 4. 정산 無 5. 해당없음	1. 실시 2. 미실시 3. 향후 추진 4. 해당없음
21113	전북 전주시	도시농업 일자리플러스 지원	130,000	농업기술과	1	6	7	8	7	5	5	4
21114	전북 전주시	한우암소 유전형질 개량사업	3,000	동물복지과	1	1	7	8	7	1	1	4
21115	전북 전주시	친환경 축산물 소비촉진홍보	5,780	동물복지과	1	1	7	8	7	1	1	4
21116	전북 전주시	어업도우미 지원사업	1,200	동물복지과	1	1	7	8	7	5	5	4
21117	전북 전주시	조사료 사일리지 제조비 지원	321,002	동물복지과	1	1	7	8	7	1	1	4
21118	전북 전주시	고품질 축산물 생산지원	640	동물복지과	1	1	7	8	7	1	1	4
21119	전북 전주시	승용마 조련강화	4,000	동물복지과	1	1	7	8	7	1	1	4
21120	전북 전주시	축산환경개선 지도지원	800	동물복지과	1	1	7	8	7	5	5	4
21121	전북 전주시	한우 친자확인 검사 지원	500	동물복지과	1	1	7	8	7	5	5	4
21122	전북 전주시	초록정원사 양성	75,000	천만그루정원도시과	1	4	7	1	7	1	1	1
21123	전북 전주시	시민이 만들고 가꾸는 정원도시	63,000	천만그루정원도시과	1	4	7	1	7	1	1	1
21124	전북 전주시	천만그루정원도시 추진위원회 운영	47,000	천만그루정원도시과	1	1	7	1	7	1	1	1
21125	전북 전주시	생활폐기물 감량화 추진 및 재활용품 분리배출홍보	7,000	청소지원과	1	8	7	8	7	5	1	4
21126	전북 전주시	제로 플라스틱 사업	100,000	청소지원과	1	5	7	8	7	3	1	4
21127	전북 전주시	폐의류 수집운반처리 대행사업	24,000	청소지원과	1	4	7	8	7	3	5	4
21128	전북 전주시	사립작은도서관 운영지원	144,000	전주시립도서관	1	4	7	8	7	1	1	1
21129	전북 전주시	공공보건 의료사업	30,000	보건행정과	1	1	7	8	7	5	1	1
21130	전북 전주시	치매안심요양병원 공공사업 지원	100,000	보건행정과	1	1	7	8	7	5	1	1
21131	전북 전주시	지역의료기술 및 유치기반 강화사업	85,000	보건행정과	1	2	1	2	1	2	2	1
21132	전북 전주시	의료관련감염병 예방관리사업	24,000	감염병관리과	1	2	7	8	7	5	1	4
21133	전북 전주시	의료관련감염병 예방관리사업	10,000	감염병관리과	1	2	7	8	7	5	1	4
21134	전북 전주시	의료관련감염병 예방관리사업	10,000	감염병관리과	1	2	7	8	7	5	1	4
21135	전북 전주시	의료관련감염병 예방관리사업	10,000	감염병관리과	1	2	7	8	7	5	1	4
21136	전북 전주시	의료관련감염병 예방관리사업	10,000	감염병관리과	1	2	7	8	7	5	1	4
21137	전북 전주시	주요감염병 표본감시사업	720	감염병관리과	1	2	7	8	7	5	1	4
21138	전북 전주시	주요감염병 표본감시사업	720	감염병관리과	1	2	7	8	7	5	1	4
21139	전북 전주시	주요감염병 표본감시사업	720	감염병관리과	1	2	7	8	7	5	1	4
21140	전북 전주시	주요감염병 표본감시사업	3,000	감염병관리과	1	2	7	8	7	5	1	4
21141	전북 전주시	주요감염병 표본감시사업	3,000	감염병관리과	1	2	7	8	7	5	1	4
21142	전북 전주시	주요감염병 표본감시사업	3,000	감염병관리과	1	2	7	8	7	5	1	4
21143	전북 전주시	주요감염병 표본감시사업	1,320	감염병관리과	1	2	7	8	7	5	1	4
21144	전북 전주시	주요감염병 표본감시사업	1,440	감염병관리과	1	2	7	8	7	5	1	4
21145	전북 전주시	주요감염병 표본감시사업	360	감염병관리과	1	2	7	8	7	5	1	4
21146	전북 전주시	주요감염병 표본감시사업	360	감염병관리과	1	2	7	8	7	5	1	4
21147	전북 전주시	주요감염병 표본감시사업	360	감염병관리과	1	2	7	8	7	5	1	4
21148	전북 전주시	주요감염병 표본감시사업	360	감염병관리과	1	2	7	8	7	5	1	4
21149	전북 전주시	주요감염병 표본감시사업	360	감염병관리과	1	2	7	8	7	5	1	4
21150	전북 전주시	주요감염병 표본감시사업	360	감염병관리과	1	2	7	8	7	5	1	4
21151	전북 전주시	주요감염병 표본감시사업	360	감염병관리과	1	2	7	8	7	5	1	4
21152	전북 전주시	주요감염병 표본감시사업	360	감염병관리과	1	2	7	8	7	5	1	4
21153	전북 전주시	의료기관결핵환자관리지원	142,600	감염병관리과	1	1	7	8	7	5	1	4
21154	전북 전주시	의료기관결핵환자관리지원	71,300	감염병관리과	1	1	7	8	7	5	1	4
21155	전북 전주시	지역사회건강조사	68,130	건강증진과	1	1	6	1	6	2	2	4
21156	전북 전주시	풍남가요제	1,350	예술단운영사업소	1	4	7	8	1	1	1	3
21157	전북 전주시	유연문학 2호 출판	1,500	예술단운영사업소	1	4	7	8	1	1	1	3
21158	전북 전주시	시민을 위한 공연	1,500	예술단운영사업소	1	4	7	8	1	1	1	3
21159	전북 전주시	덕진문학 13호 출판	2,500	예술단운영사업소	1	4	7	8	1	1	1	3
21160	전북 전주시	"힐링"가을 문화여행	1,500	예술단운영사업소	1	4	7	8	1	1	1	3
21161	전북 전주시	열린음악회	1,500	예술단운영사업소	1	4	7	8	1	1	1	3
21162	전북 전주시	초등학생들의 필사 및 그리기를 통한 문학적 감성 기르기	2,000	예술단운영사업소	1	4	7	8	1	1	1	3
21163	전북 전주시	전라감영 군사무예대전	4,000	예술단운영사업소	1	4	7	8	1	1	1	3

순번	시군구	지출명 (사업명)	2021년예산 (단위:천원/1년간)	담당자 (공무원) 담당부서	민간이전 분류 (지방자치단체 세출예산 집행기준에 의거) 1. 민간경상사업보조(307-02) 2. 민간단체 법정운영비보조(307-03) 3. 민간행사사업보조(307-04) 4. 민간위탁금(307-05) 5. 사회복지시설 법정운영비보조(307-10) 6. 민간인위탁교육비(307-12) 7. 공기관등에대한경상적위탁사업비(308-11) 8. 민간자본사업보조,자체재원(402-01) 9. 민간자본사업보조,이전재원(402-02) 10. 민간위탁사업비(402-03) 11. 공기관등에 대한 자본적 대행사업비(403-02)	민간이전지출 근거 (지방보조금 관리기준 참고) 1. 법률에 규정 2. 국고보조 재원(국가지정) 3. 용도 지정 기부금 4. 조례에 직접규정 5. 지자체가 권장하는 사업을 하는 공공기관 6. 시,도 정책 및 재정사정 7. 기타 8. 해당없음	입찰방식 계약체결방법 (경쟁형태) 1. 일반경쟁 2. 제한경쟁 3. 지명경쟁 4. 수의계약 5. 법정위탁 6. 기타 ( ) 7. 해당없음	입찰방식 계약기간 1. 1년 2. 2년 3. 3년 4. 4년 5. 5년 6. 기타 ( )년 7. 단기계약 (1년미만) 8. 해당없음	입찰방식 낙찰자선정방법 1. 적격심사 2. 협상에의한계약 3. 최저가낙찰제 4. 규격가격분리 5. 2단계 경쟁입찰 6. 기타 ( ) 7. 해당없음	운영예산 산정 운영예산 산정 1. 내부산정 (지자체 자체적으로 산정) 2. 외부산정 (외부전문기관위탁 산정) 3. 내·외부 모두 산정 4. 산정 無 5. 해당없음	운영예산 산정 정산방법 1. 내부정산 (지자체 내부적으로 정산) 2. 외부정산 (외부전문기관위탁 정산) 3. 내·외부 모두 산정 4. 정산 無 5. 해당없음	성과평가 실시여부 1. 실시 2. 미실시 3. 향후 추진 4. 해당없음
21164	전북 전주시	삶이 묻는 질문들, 문학으로 답하다	2,500	예술단운영사업소	1	4	7	8	1	1	1	3
21165	전북 전주시	수필 문학의 비타민, 순수필 제5집 발간	2,000	예술단운영사업소	1	4	7	8	1	1	1	3
21166	전북 전주시	풍류 하모니 3	1,500	예술단운영사업소	1	4	7	8	1	1	1	3
21167	전북 전주시	전주시민을위한음악예술공연	1,500	예술단운영사업소	1	4	7	8	1	1	1	3
21168	전북 전주시	동인지발간	1,500	예술단운영사업소	1	4	7	8	1	1	1	3
21169	전북 전주시	은빛수필문학축제	1,500	예술단운영사업소	1	4	7	8	1	1	1	3
21170	전북 전주시	전주정신 계승을 위한 수필문학 축제	3,500	예술단운영사업소	1	4	7	8	1	1	1	3
21171	전북 전주시	꽃심,함께하는 힐링 전주	3,500	예술단운영사업소	1	4	7	8	1	1	1	3
21172	전북 전주시	전오회전시	1,500	예술단운영사업소	1	4	7	8	1	1	1	3
21173	전북 전주시	전북수필 발간 및 출판기념식	2,500	예술단운영사업소	1	4	7	8	1	1	1	3
21174	전북 전주시	해금으로 듣는 영화음악	2,300	예술단운영사업소	1	4	7	8	1	1	1	3
21175	전북 전주시	전주 시민과 함께하는 음악봉사	1,500	예술단운영사업소	1	4	7	8	1	1	1	3
21176	전북 전주시	Next Generation	1,500	예술단운영사업소	1	4	7	8	1	1	1	3
21177	전북 전주시	아우름브라스밴드 정기연주회	1,500	예술단운영사업소	1	4	7	8	1	1	1	3
21178	전북 전주시	전주트렘펫앙상블 정기연주회	2,000	예술단운영사업소	1	4	7	8	1	1	1	3
21179	전북 전주시	'청소년의 꿈'을 드립니다	3,500	예술단운영사업소	1	4	7	8	1	1	1	3
21180	전북 전주시	전주의 향기 사진전	2,500	예술단운영사업소	1	4	7	8	1	1	1	3
21181	전북 전주시	타악콘서트 타(打)톡(talk)	2,500	예술단운영사업소	1	4	7	8	1	1	1	3
21182	전북 전주시	문화공감 마중길 아라리요	1,500	예술단운영사업소	1	4	7	8	1	1	1	3
21183	전북 전주시	덕진공원 연꽃촬영회	5,000	예술단운영사업소	1	4	7	8	1	1	1	3
21184	전북 전주시	행촌수필 39호 발간 및 출판기념식	3,000	예술단운영사업소	1	4	7	8	1	1	1	3
21185	전북 전주시	시민에게 찾아가는 음악회	3,000	예술단운영사업소	1	4	7	8	1	1	1	3
21186	전북 전주시	전주시민 수필문학 저변 확대 사업	2,500	예술단운영사업소	1	4	7	8	1	1	1	3
21187	전북 전주시	가을맞이 가요페스티벌	1,350	예술단운영사업소	1	4	7	8	1	1	1	3
21188	전북 전주시	전주의 꿈, 문학이 희망이다	1,500	예술단운영사업소	1	4	7	8	1	1	1	3
21189	전북 전주시	청년작가 그룹 기반마련 전시회	2,000	예술단운영사업소	1	4	7	8	1	1	1	3
21190	전북 전주시	마한 백제 문화유적과 의병활동지 답사	3,500	예술단운영사업소	1	4	7	8	1	1	1	3
21191	전북 전주시	동인지(신문학 제13집) 발간	1,350	예술단운영사업소	1	4	7	8	1	1	1	3
21192	전북 전주시	행복한 라면음악회	1,500	예술단운영사업소	1	4	7	8	1	1	1	3
21193	전북 전주시	행복한삶을위한 문학치료	2,000	예술단운영사업소	1	4	7	8	1	1	1	3
21194	전북 전주시	효사랑 하모니카사랑	2,500	예술단운영사업소	1	4	7	8	1	1	1	3
21195	전북 전주시	위로와희망을주는 전통문화예술 공연	2,000	예술단운영사업소	1	4	7	8	1	1	1	3
21196	전북 전주시	시민공감 음악문화축제	3,500	예술단운영사업소	1	4	7	8	1	1	1	3
21197	전북 전주시	전주시민의 행복과 희망을 실은 합창공연	2,250	예술단운영사업소	1	4	7	8	1	1	1	3
21198	전북 전주시	혼불, 시처럼 읊다	5,000	예술단운영사업소	1	4	7	8	1	1	1	3
21199	전북 전주시	하나전, 하나된 세상 만들기	4,300	예술단운영사업소	1	4	7	8	1	1	1	3
21200	전북 전주시	신춘 묵향전	4,000	예술단운영사업소	1	4	7	8	1	1	1	3
21201	전북 전주시	전주 시민을 위한 문화공연	3,000	예술단운영사업소	1	4	7	8	1	1	1	3
21202	전북 전주시	세계를 기록하다, 비포어 코로나 19	4,000	예술단운영사업소	1	4	7	8	1	1	1	3
21203	전북 전주시	지역주민과 요양시설 환우를 위한 색소폰 연주회	2,500	예술단운영사업소	1	4	7	8	1	1	1	3
21204	전북 전주시	재미있는클래식	2,000	예술단운영사업소	1	4	7	8	1	1	1	3
21205	전북 전주시	전주역세권살리기콘서트	1,800	예술단운영사업소	1	4	7	8	1	1	1	3
21206	전북 전주시	아름다운선율째즈앙상블	2,000	예술단운영사업소	1	4	7	8	1	1	1	3
21207	전북 전주시	한옥마을 은행나무정 시낭송공연	2,800	예술단운영사업소	1	4	7	8	1	1	1	3
21208	전북 전주시	오케스트라로듣는한국가곡	1,500	예술단운영사업소	1	4	7	8	1	1	1	3
21209	전북 전주시	희망의소리 위문공연	1,500	예술단운영사업소	1	4	7	8	1	1	1	3
21210	전북 전주시	한중문화예술교류기반마련전시회	4,500	예술단운영사업소	1	4	7	8	1	1	1	3
21211	전북 전주시	도심속 피크닉 콘서트	3,750	예술단운영사업소	1	4	7	8	1	1	1	3
21212	전북 전주시	문화가 있는날 로비음악회	2,000	예술단운영사업소	1	4	7	8	1	1	1	3
21213	전북 전주시	제7회 정기연주회	1,500	예술단운영사업소	1	4	7	8	1	1	1	3
21214	전북 전주시	한국인이한국인답게3.1철학술시미나	2,000	예술단운영사업소	1	4	7	8	1	1	1	3

순번	시군구	지출명 (사업명)	2021년예산 (단위:천원/1년간)	담당자 (공무원) 담당부서	민간이전 분류 (지방자치단체 세출예산 집행기준에 의거) 1. 민간경상사업보조(307-02) 2. 민간단체 법정운영비보조(307-03) 3. 민간행사사업보조(307-04) 4. 민간위탁금(307-05) 5. 사회복지시설 법정운영비보조(307-10) 6. 민간인위탁교육비(307-12) 7. 공기관등에대한경상적위탁사업비(308-11) 8. 민간자본사업보조,자체재원(402-01) 9. 민간자본사업보조,이전재원(402-02) 10. 민간위탁사업비(402-03) 11. 공기관등에 대한 자본적 대행사업비(403-02)	민간이전지출 근거 (지방보조금 관리기준 참고) 1. 법률에 규정 2. 국고보조 재원(국가지정) 3. 용도 지정 기부금 4. 조례에 직접규정 5. 지자체가 권장하는 사업을 하는 공공기관 6. 시,도 정책 및 재정사정 7. 기타 8. 해당없음	입찰방식 계약체결방법 (경쟁형태) 1. 일반경쟁 2. 제한경쟁 3. 지명경쟁 4. 수의계약 5. 법정위탁 6. 기타 ( ) 7. 해당없음	계약기간 1. 1년 2. 2년 3. 3년 4. 4년 5. 5년 6. 기타 ( )년 7. 단기계약 (1년미만) 8. 해당없음	낙찰자선정방법 1. 적격심사 2. 협상에의한계약 3. 최저가낙찰제 4. 규격가격분리 5. 2단계 경쟁입찰 6. 기타 ( ) 7. 해당없음	운영예산 산정 운영예산 산정 1. 내부산정 (지자체 자체적으로 산정) 2. 외부산정 (외부전문기관위탁 산정) 3. 내·외부 모두 산정 4. 산정 無 5. 해당없음	정산방법 1. 내부정산 (지자체 내부적으로 정산) 2. 외부정산 (외부전문기관위탁 정산) 3. 내·외부 모두 산정 4. 정산 無 5. 해당없음	성과평가 실시여부 1. 실시 2. 미실시 3. 향후 추진 4. 해당없음
21215	전북 전주시	교과서를 나온 연극 no2 "구보씨의 하루"	1,500	예술단운영사업소	1	4	7	8	1	1	1	3
21216	전북 전주시	소리낭독극"심청"	1,500	예술단운영사업소	1	4	7	8	1	1	1	3
21217	전북 전주시	가을날의 뜨락음악회 스물다섯	4,050	예술단운영사업소	1	4	7	8	1	1	1	3
21218	전북 전주시	하니비의행복클래식	1,500	예술단운영사업소	1	4	7	8	1	1	1	3
21219	전북 전주시	전주시 창작가요제	1,500	예술단운영사업소	1	4	7	8	1	1	1	3
21220	전북 전주시	전북시.군 농악경연대회	2,700	예술단운영사업소	1	4	7	8	1	1	1	3
21221	전북 전주시	함께그려나가는꿈	3,000	예술단운영사업소	1	4	7	8	1	1	1	3
21222	전북 전주시	에듀아트카니발	1,500	예술단운영사업소	1	4	7	8	1	1	1	3
21223	전북 전주시	전주마중아트페스티발	1,500	예술단운영사업소	1	4	7	8	1	1	1	3
21224	전북 전주시	전주생활문화예술동호회	134,966	예술단운영사업소	1	5	1	6	1	1	1	1
21225	전북 전주시	전주생활문화예술동호회	72,670	예술단운영사업소	1	5	1	6	1	1	1	1
21226	전북 전주시	보육교사 힐링 캠프	10,000	완산 가족청소년과	1	4	7	8	7	5	1	3
21227	전북 전주시	보육교사 힐링 캠프	10,000	덕진 가족청소년과	1	4	7	8	7	5	1	2
21228	전북 군산시	민주평통협의회 통일활동 사업비 지원	35,800	행정지원과	1	4	7	8	7	1	1	1
21229	전북 군산시	군산시 이통장 직무능력 향상 워크숍	18,000	행정지원과	1	4	7	8	7	1	1	1
21230	전북 군산시	새마을의 날 기념식	3,000	행정지원과	1	1	7	8	7	1	1	1
21231	전북 군산시	바르게살기운동 전국회원대회 참가지원	2,080	행정지원과	1	1	7	8	7	1	1	1
21232	전북 군산시	바르게살기운동 영호남 전진대회 참가지원	1,400	행정지원과	1	1	7	8	7	1	1	1
21233	전북 군산시	바른가정만들기 범시민운동 전개 사업	2,560	행정지원과	1	1	7	8	7	1	1	1
21234	전북 군산시	민원봉사의 집 운영	5,000	행정지원과	1	4	7	8	7	1	1	1
21235	전북 군산시	새만금 마라톤대회 등 주요행사 참가자 보행 환경 개선사업	2,600	행정지원과	1	1	7	8	7	1	1	1
21236	전북 군산시	범죄피해자 보호 및 지원사업	38,000	행정지원과	1	1	7	8	7	1	1	1
21237	전북 군산시	국제결혼 이주여성(다문화가정) 합동결혼식	2,500	행정지원과	1	4	7	8	7	1	1	1
21238	전북 군산시	군산시 자율방범대 연합회 한마음대회	3,760	행정지원과	1	4	7	8	7	1	1	1
21239	전북 군산시	애국시민 의식전환 및 나라사랑 홍보사업	9,160	행정지원과	1	1	7	8	7	1	1	1
21240	전북 군산시	이북5도민 망향제 및 만남의 행사	3,500	행정지원과	1	4	7	8	7	1	1	1
21241	전북 군산시	군산시 새마을지도자 수련대회	5,000	행정지원과	1	1	7	8	7	1	1	1
21242	전북 군산시	더불어 행복한 공동체만들기 사업	20,800	행정지원과	1	1	7	8	7	1	1	1
21243	전북 군산시	보호관찰대상자 사회복귀 지원사업	25,800	행정지원과	1	4	7	8	7	1	1	1
21244	전북 군산시	주요행사 음료봉사 및 화목한 수레사업	1,640	행정지원과	1	1	7	8	7	1	1	1
21245	전북 군산시	평생학습 우수프로그램 지원사업	22,000	교육지원과	1	5	7	8	7	5	5	4
21246	전북 군산시	전북평생독서교육원 프로그램 운영	3,000	교육지원과	1	4	7	8	7	5	5	4
21247	전북 군산시	군산청학야학교 프로그램 운영	2,400	교육지원과	1	4	7	8	7	5	5	4
21248	전북 군산시	군산교육삼락회 프로그램 운영	5,650	교육지원과	1	4	7	8	7	5	5	4
21249	전북 군산시	정보화마을 프로그램관리자 지원사업	21,890	정보통신과	1	1	7	7	7	1	1	1
21250	전북 군산시	노인정보화교육	12,000	정보통신과	1	4	7	7	7	1	1	1
21251	전북 군산시	소비자생활 상담 및 경제교육	29,600	소상공인지원과	1	4	7	8	7	1	1	1
21252	전북 군산시	소비자 피해예방 홍보 등	29,710	소상공인지원과	1	4	7	8	7	1	1	1
21253	전북 군산시	소상공인 공제(노란우산공제) 가입지원	74,880	소상공인지원과	1	1	7	8	7	1	1	1
21254	전북 군산시	소상공인 역량강화사업	12,000	소상공인지원과	1	1	7	8	7	1	1	1
21255	전북 군산시	소상공인의 날 기념행사 지원	15,000	소상공인지원과	1	1	7	8	7	1	1	1
21256	전북 군산시	전통시장 장옌정 장보기 도우미 사업	204,048	소상공인지원과	1	1	7	8	7	1	1	1
21257	전북 군산시	전통시장 화재공제 지원사업	16,000	소상공인지원과	1	1	7	8	7	1	1	1
21258	전북 군산시	명산시장 체험형 시장	22,500	소상공인지원과	1	1	7	8	7	1	1	1
21259	전북 군산시	전통시장 와글와글 시장가요제	60,000	소상공인지원과	1	1	7	8	7	1	1	1
21260	전북 군산시	중소수퍼협동조합 지원사업	18,000	소상공인지원과	1	4	7	8	7	1	1	1
21261	전북 군산시	국내외 기업 투자보조금 지원	3,850	산업혁신과	1	1	7	8	7	3	3	4
21262	전북 군산시	산업단지 출퇴근버스 운행지원	311,477	산업혁신과	1	4	7	8	7	1	1	1
21263	전북 군산시	산업단지 내 근로자 숙소 지원	137,200	산업혁신과	1	4	7	8	7	1	1	1
21264	전북 군산시	새만금 군산CEO 경제포럼	20,000	산업혁신과	1	4	7	8	7	1	1	1
21265	전북 군산시	협력업체 물류비 지원 사업	1,060	산업혁신과	1	4	7	8	7	1	1	1

순번	시군구	지출명 (사업명)	2021년예산 (단위:천원/1년간)	담당자 (공무원) 담당부서	민간이전 분류 (지방자치단체 세출예산 집행기준에 의거) 1. 민간경상사업보조(307-02) 2. 민간단체 법정운영비보조(307-03) 3. 민간행사사업보조(307-04) 4. 민간위탁금(307-05) 5. 사회복지시설 법정운영비보조(307-10) 6. 민간인위탁교육비(307-12) 7. 공기관등에대한경상적위탁사업비(308-11) 8. 민간자본사업보조,자체재원(402-01) 9. 민간자본사업보조,이전재원(402-02) 10. 민간위탁사업비(402-03) 11. 공기관등에 대한 자본적 대행사업비(403-02)	민간이전지출 근거 (지방보조금 관리기준 참고) 1. 법률에 규정 2. 국고보조 재원(국가지정) 3. 용도 지정 기부금 4. 조례에 직접규정 5. 지자체가 권장하는 사업을 하는 공공기관 6. 시,도 정책 및 재정사정 7. 기타 8. 해당없음	입찰방식 계약체결방법 (경쟁형태) 1. 일반경쟁 2. 제한경쟁 3. 지명경쟁 4. 수의계약 5. 법정위탁 6. 기타 ( ) 7. 해당없음	입찰방식 계약기간 1. 1년 2. 2년 3. 3년 4. 4년 5. 5년 6. 기타 ( )년 7. 단기계약 (1년미만) 8. 해당없음	입찰방식 낙찰자선정방법 1. 적격심사 2. 협상에의한계약 3. 최저가낙찰제 4. 규격가격분리 5. 2단계 경쟁입찰 6. 기타 ( ) 7. 해당없음	운영예산 산정 운영예산 산정 1. 내부산정 (지자체 자체적으로 산정) 2. 외부산정 (외부전문기관위탁 산정) 3. 내·외부 모두 산정 4. 산정 無 5. 해당없음	운영예산 산정 정산방법 1. 내부정산 (지자체 내부적으로 정산) 2. 외부정산 (외부전문기관위탁 정산) 3. 내·외부 모두 산정 4. 정산 無 5. 해당없음	성과평가 실시여부 1. 실시 2. 미실시 3. 향후 추진 4. 해당없음
21266	전북 군산시	중소기업 행사 지원	20,000	산업혁신과	1	4	7	8	7	1	1	1
21267	전북 군산시	중소기업 국내외 박람회 참가지원	20,000	산업혁신과	1	4	7	8	7	1	1	1
21268	전북 군산시	전북자동차포럼	20,000	산업혁신과	1	4	7	8	7	1	1	1
21269	전북 군산시	조선해양기자재 상용화기술 역량 강화사업	30,000	산업혁신과	1	1	7	8	7	1	1	3
21270	전북 군산시	청년 노동활동가 양성	12,325	일자리정책과	1	4	7	8	7	5	5	4
21271	전북 군산시	청년 큐레이터 양성	12,325	일자리정책과	1	4	7	8	7	5	5	4
21272	전북 군산시	청년두레 타운카페 사업	10,060	일자리정책과	1	4	7	8	7	5	5	4
21273	전북 군산시	사회보험료 및 사업개발비 등 사회적기업 육성	86,000	일자리정책과	1	1	7	8	7	5	5	4
21274	전북 군산시	청년나래일자리지원사업	384,000	일자리정책과	1	4	7	8	7	5	5	4
21275	전북 군산시	사회적기업육성	120,000	일자리정책과	1	1	7	8	7	5	5	4
21276	전북 군산시	전북형 디지털 청년일자리 지원사업	360,000	일자리정책과	1	4	7	8	7	5	5	4
21277	전북 군산시	청년정책추진	215,000	일자리정책과	1	4	7	8	7	5	5	4
21278	전북 군산시	청년 사회문화서비스 기획가 양성	31,858	일자리정책과	1	4	7	8	7	5	5	4
21279	전북 군산시	4060 신중년 취업지원사업	140,138	일자리정책과	1	1	7	8	7	5	5	4
21280	전북 군산시	전북형 청년취업 지원사업	234,000	일자리정책과	1	4	7	8	7	5	5	4
21281	전북 군산시	전북형 청년취업 지원사업	213,401	일자리정책과	1	4	7	8	7	5	5	4
21282	전북 군산시	전북 청년내일채움공제	242,500	일자리정책과	1	4	7	8	7	5	5	4
21283	전북 군산시	창업 희망키움사업	815,360	일자리정책과	1	4	7	8	7	5	5	4
21284	전북 군산시	사회적기업육성	740,000	일자리정책과	1	1	7	8	7	5	5	4
21285	전북 군산시	사회적경제 청년 혁신가 지원사업	624,400	일자리정책과	1	1	7	8	7	5	5	4
21286	전북 군산시	맞춤형 기술인력 교육지원사업	314,010	일자리정책과	1	6	7	8	7	5	5	4
21287	전북 군산시	전북군산형일자리 사업 추진	635,000	일자리정책과	1	4	7	8	7	5	5	4
21288	전북 군산시	청년 사회문화서비스 기획가 양성	65,550	일자리정책과	1	4	7	8	7	5	5	4
21289	전북 군산시	노동조합 관리	137,300	일자리정책과	1	7	7	8	7	5	5	4
21290	전북 군산시	청년창업 특화단지 조성사업	50,000	일자리정책과	1	4	7	8	7	5	5	4
21291	전북 군산시	4060 신중년 취업지원사업	336,000	일자리정책과	1	1	7	8	7	5	5	4
21292	전북 군산시	미래형전기차산업연계 청년그린일자리사업	3,273	일자리정책과	1	4	7	8	7	5	5	4
21293	전북 군산시	만나보자 중소기업 청년연계사업	250,814	일자리정책과	1	4	7	8	7	5	5	4
21294	전북 군산시	창업 희망키움사업	79,146	일자리정책과	1	4	7	8	7	5	5	4
21295	전북 군산시	거점 직업훈련기관 지원사업	500,000	일자리정책과	1	1	7	8	7	5	5	4
21296	전북 군산시	전북 청년내일채움공제	140,650	일자리정책과	1	4	7	8	7	5	5	4
21297	전북 군산시	대형 해상풍력터빈 해상실증 기술개발	40,000	새만금에너지과	1	2	1	5	1	1	3	1
21298	전북 군산시	신재생에너지포럼	18,000	새만금에너지과	1	4	7	8	7	5	5	4
21299	전북 군산시	어촌체험 섬마을 작은축제	20,000	수산진흥과	1	1	7	8	7	5	5	4
21300	전북 군산시	군산시 만선풍어제(사회단체)	5,400	수산진흥과	1	1	7	8	7	5	5	4
21301	전북 군산시	군산시수협어촌계협의회 해상풍력 수산업상생방안	7,000	수산진흥과	1	1	7	8	7	5	5	4
21302	전북 군산시	수산업경영인 연수교육지원	10,000	수산진흥과	1	1	7	8	7	5	5	4
21303	전북 군산시	바다지킴이사업(사회단체)	4,300	수산진흥과	1	1	7	8	7	5	5	4
21304	전북 군산시	수상사고대비 대국민 체험행사지원	5,500	수산진흥과	1	1	7	8	7	5	5	4
21305	전북 군산시	김양식산업 선진지 및 대회 참가지원	6,200	수산진흥과	1	1	7	8	7	5	5	4
21306	전북 군산시	전북 자율관리어업 수산인대회 지원	3,000	수산진흥과	1	4	7	8	7	5	5	4
21307	전북 군산시	수산인 한마음 체육대회	6,600	수산진흥과	1	1	7	8	7	5	5	4
21308	전북 군산시	여성어업인 리더양성 역량강화 교육 및 전국대회 참석	3,920	수산진흥과	1	1	7	8	7	5	5	4
21309	전북 군산시	어촌체험마을 사무장 채용 지원사업	43,740	수산진흥과	1	1	7	8	7	5	5	4
21310	전북 군산시	어촌체험마을 시반시설 확충	21,000	수산진흥과	1	1	7	8	7	5	5	4
21311	전북 군산시	청년어업인 영어정착자금 지원	20,400	수산진흥과	1	1	7	8	7	5	5	4
21312	전북 군산시	어업도우미 지원사업	2,000	수산진흥과	1	1	7	8	7	5	5	4
21313	전북 군산시	김 활성처리제 지원	265,400	수산진흥과	1	6	7	8	7	5	5	4
21314	전북 군산시	친환경 부표보급	30,000	수산진흥과	1	2	5	1	7	5	1	4
21315	전북 군산시	물김 포대 구입 지원	84,000	수산진흥과	1	4	7	8	7	5	5	4
21316	전북 군산시	김 양식산업 육성(김 양식수산물 재해보험)	90,000	수산진흥과	1	4	7	8	7	5	5	4

순번	시군구	지출명 (사업명)	2021년예산 (단위:천원/1년간)	담당자 (공무원)	민간이전 분류 (지방자치단체 세출예산 집행기준에 의거)	민간이전지출 근거 (지방보조금 관리기준 참고)	입찰방식			운영예산 산정		성과평가 실시여부
				담당부서	1. 민간경상사업보조(307-02) 2. 민간단체 법정운영비보조(307-03) 3. 민간행사사업보조(307-04) 4. 민간위탁금(307-05) 5. 사회복지시설 법정운영비보조(307-10) 6. 민간인위탁교육비(307-12) 7. 공기관등에대한경상적위탁사업비(308-11) 8. 민간자본사업보조,자체재원(402-01) 9. 민간자본사업보조,이전재원(402-02) 10. 민간위탁사업비(402-03) 11. 공기관등에 대한 자본적 대행사업비(403-02)	1. 법률에 규정 2. 국고보조 재원(국가지정) 3. 용도 지정 기부금 4. 조례에 직접규정 5. 지자체가 권장하는 사업을 하는 공공기관 6. 시,도 정책 및 재정사정 7. 기타 8. 해당없음	계약체결방법 (경쟁형태) 1. 일반경쟁 2. 제한경쟁 3. 지명경쟁 4. 수의계약 5. 법정위탁 6. 기타 ( ) 7. 해당없음	계약기간 1. 1년 2. 2년 3. 3년 4. 4년 5. 5년 6. 기타 ( )년 7. 단기계약 (1년미만) 8. 해당없음	낙찰자선정방법 1. 적격심사 2. 협상에의한계약 3. 최저가낙찰제 4. 규격가격분리 5. 2단계 경쟁입찰 6. 기타 ( ) 7. 해당없음	운영예산 산정 1. 내부산정 (지자체 자체적으로 산정) 2. 외부산정 (외부전문기관위탁 산정) 3. 내·외부 모두 산정 4. 산정 無 5. 해당없음	정산방법 1. 내부정산 (지자체 내부적으로 정산) 2. 외부정산 (외부전문기관위탁 정산) 3. 내·외부 모두 산정 4. 정산 無 5. 해당없음	1. 실시 2. 미실시 3. 향후 추진 4. 해당없음
21317	전북 군산시	내수면 양식장소독제 지원	9,200	수산진흥과	1	4	7	8	7	5	5	4
21318	전북 군산시	패류양식어가 경영안정지원	66,670	수산진흥과	1	4	7	8	7	5	5	4
21319	전북 군산시	고수온 폭염 대응 지원	10,380	수산진흥과	1	2	7	8	7	5	5	4
21320	전북 군산시	어선원 보험료 지원	467,500	수산진흥과	1	1	7	8	7	5	5	4
21321	전북 군산시	어업인안전공제 보험료	18,000	수산진흥과	1	1	7	8	7	5	5	4
21322	전북 군산시	어선원보험료지원	295,000	수산진흥과	1	1	7	8	7	5	5	4
21323	전북 군산시	토산어종 보호	64,000	수산진흥과	1	1	7	8	7	5	5	4
21324	전북 군산시	대체어장 자원조사 유류비 지원	12,152	수산진흥과	1	2	7	8	7	5	5	4
21325	전북 군산시	국내외 박람회 참가 및 특산물 홍보 등	7,200	수산진흥과	1	1	7	8	7	5	5	4
21326	전북 군산시	수산업가치 및 소비촉진 제고	40,000	수산진흥과	1	1	7	8	7	5	5	4
21327	전북 군산시	4대종교 대화합의 합창제	4,000	문화예술과	1	4	7	8	7	5	5	4
21328	전북 군산시	국악상설공연 樂? 樂!	14,000	문화예술과	1	4	7	8	7	5	5	4
21329	전북 군산시	군산에서 도착한 이야기	2,400	문화예술과	1	4	7	8	7	5	5	4
21330	전북 군산시	군산 시민 미술제	7,400	문화예술과	1	4	7	8	7	5	5	4
21331	전북 군산시	군산 어르신 효콘서트	2,500	문화예술과	1	4	7	8	7	5	5	4
21332	전북 군산시	군산드림콰이어 창단10주년 기념음악회	4,500	문화예술과	1	4	7	8	7	5	5	4
21333	전북 군산시	군산예총 9개협회 지원사업	47,630	문화예술과	1	4	7	8	7	5	5	4
21334	전북 군산시	군산홍차여행	3,000	문화예술과	1	4	7	8	7	5	5	4
21335	전북 군산시	글로벌 엔터테이너를 활용한 군산공연문화유치와 예술인 발굴	11,000	문화예술과	1	4	7	8	7	5	5	4
21336	전북 군산시	뚜 스트링 콰르텟의 사계	4,300	문화예술과	1	4	7	8	7	5	5	4
21337	전북 군산시	벚꽃맞이 축제 풍물한마당	2,800	문화예술과	1	4	7	8	7	5	5	4
21338	전북 군산시	새만금 피아노 음악제	2,800	문화예술과	1	4	7	8	7	5	5	4
21339	전북 군산시	소담소리아트 감동콘서트7	3,120	문화예술과	1	4	7	8	7	5	5	4
21340	전북 군산시	시민과 함께하는 문학콘서트	3,000	문화예술과	1	4	7	8	7	5	5	4
21341	전북 군산시	시민과 함께하는 시낭송 및 문학강연	2,500	문화예술과	1	4	7	8	7	5	5	4
21342	전북 군산시	시민과 함께하는 희망음악회	3,000	문화예술과	1	4	7	8	7	5	5	4
21343	전북 군산시	시민을 위한 한여름밤의 문화공연	3,000	문화예술과	1	4	7	8	7	5	5	4
21344	전북 군산시	시민이 함께 만드는 제7회 정기연주회	3,000	문화예술과	1	4	7	8	7	5	5	4
21345	전북 군산시	악기로 하나된 우리가족	2,800	문화예술과	1	4	7	8	7	5	5	4
21346	전북 군산시	우리가락 우리예술 교육사업	14,600	문화예술과	1	4	7	8	7	5	5	4
21347	전북 군산시	월명서화학히 학술발표회 및 회원전	3,700	문화예술과	1	4	7	8	7	5	5	4
21348	전북 군산시	제2회 군산문학대축제	5,000	문화예술과	1	4	7	8	7	5	5	4
21349	전북 군산시	제3회 군산시민 및 학생 시낭송대회	3,000	문화예술과	1	4	7	8	7	5	5	4
21350	전북 군산시	제3회 행복나눔콘서트	4,200	문화예술과	1	4	7	8	7	5	5	4
21351	전북 군산시	제7회 군산시민 한마음 가요제	3,600	문화예술과	1	4	7	8	7	5	5	4
21352	전북 군산시	제7회 초청문학강연회	4,000	문화예술과	1	4	7	8	7	5	5	4
21353	전북 군산시	제8회 군산여류화가회 정기교류전	2,500	문화예술과	1	4	7	8	7	5	5	4
21354	전북 군산시	제10회 새만금 문화예술가요제	6,400	문화예술과	1	4	7	8	7	5	5	4
21355	전북 군산시	제10회 청묵회 서화작품 발표전시	2,000	문화예술과	1	4	7	8	7	5	5	4
21356	전북 군산시	제12회 군산여성위원회 정기전	2,160	문화예술과	1	4	7	8	7	5	5	4
21357	전북 군산시	제13회 군산 읍면동 농악경연대회	7,180	문화예술과	1	4	7	8	7	5	5	4
21358	전북 군산시	제14회 한국서가협회군산지부전	3,000	문화예술과	1	4	7	8	7	5	5	4
21359	전북 군산시	제15회 국풍우리문화예술제	2,800	문화예술과	1	4	7	8	7	5	5	4
21360	전북 군산시	제15회 군산구상작가회 정기전	2,500	문화예술과	1	4	7	8	7	5	5	4
21361	전북 군산시	제15회 예술상 시상식	2,500	문화예술과	1	4	7	8	7	5	5	4
21362	전북 군산시	제16회 환경미술협회정기전	2,500	문화예술과	1	4	7	8	7	5	5	4
21363	전북 군산시	제18회 도원회 회원전	2,000	문화예술과	1	4	7	8	7	5	5	4
21364	전북 군산시	제29회 새만금 벚꽃아가씨 선발대회	6,000	문화예술과	1	4	7	8	7	5	5	4
21365	전북 군산시	제31회 대한민국 새만금서예문인화대전	3,400	문화예술과	1	4	7	8	7	5	5	4
21366	전북 군산시	제31회 서예협회군산지부 회원전 및 깃발전	2,980	문화예술과	1	4	7	8	7	5	5	4
21367	전북 군산시	제36회 군산전국사진공모전	8,000	문화예술과	1	4	7	8	7	5	5	4

순번	시군구	지출명 (사업명)	2021년예산 (단위:천원/1년간)	담당자 (공무원) 담당부서	민간이전 분류 (지방자치단체 세출예산 집행기준에 의거) 1. 민간경상사업보조(307-02) 2. 민간단체 법정운영비보조(307-03) 3. 민간행사사업보조(307-04) 4. 민간위탁금(307-05) 5. 사회복지시설 법정운영비보조(307-10) 6. 민간인위탁교육비(307-12) 7. 공기관등에대한경상적위탁사업비(308-11) 8. 민간자본사업보조,자체재원(402-01) 9. 민간자본사업보조,이전재원(402-02) 10. 민간위탁사업비(402-03) 11. 공기관등에 대한 자본적 대행사업비(403-02)	민간이전지출 근거 (지방보조금 관리기준 참고) 1. 법률에 규정 2. 국고보조 재원(국가지정) 3. 용도 지정 기부금 4. 조례에 직접규정 5. 지자체가 권장하는 사업을 하는 공공기관 6. 시,도 정책 및 재정사정 7. 기타 8. 해당없음	입찰방식 계약체결방법 (경쟁형태) 1. 일반경쟁 2. 제한경쟁 3. 지명경쟁 4. 수의계약 5. 법정위탁 6. 기타 ( ) 7. 해당없음	입찰방식 계약기간 1. 1년 2. 2년 3. 3년 4. 4년 5. 5년 6. 기타 ( )년 7. 단기계약 (1년미만) 8. 해당없음	입찰방식 낙찰자선정방법 1. 적격심사 2. 협상에의한계약 3. 최저가낙찰제 4. 규격가격분리 5. 2단계 경쟁입찰 6. 기타 ( ) 7. 해당없음	운영예산 산정 운영예산 산정 1. 내부산정 (지자체 자체적으로 산정) 2. 외부산정 (외부전문기관위탁 산정) 3. 내·외부 모두 산정 4. 산정 無 5. 해당없음	운영예산 산정 정산방법 1. 내부정산 (지자체 내부적으로 정산) 2. 외부정산 (외부전문기관위탁 정산) 3. 내·외부 모두 산정 4. 정산 無 5. 해당없음	성과평가 실시여부 1. 실시 2. 미실시 3. 향후 추진 4. 해당없음
21368	전북 군산시	제40회 시군농악경연대회	4,300	문화예술과	1	4	7	8	7	5	5	4
21369	전북 군산시	찾아가는 행복열차 신바람나는 재래시장	5,000	문화예술과	1	4	7	8	7	5	5	4
21370	전북 군산시	청소년, 일반인 차겨루기대회	3,400	문화예술과	1	4	7	8	7	5	5	4
21371	전북 군산시	춤과 함께 떠나는 가을여행3	3,500	문화예술과	1	4	7	8	7	5	5	4
21372	전북 군산시	클래식 온트리오 정기연주회	4,000	문화예술과	1	4	7	8	7	5	5	4
21373	전북 군산시	토요상설공연	25,000	문화예술과	1	4	7	8	7	5	5	4
21374	전북 군산시	토요음악회와 함께하는 초청음악회	3,000	문화예술과	1	4	7	8	7	5	5	4
21375	전북 군산시	한여름밤의 별빛영화관	4,120	문화예술과	1	4	7	8	7	5	5	4
21376	전북 군산시	해설과 함께하는 어린이음악회	2,160	문화예술과	1	4	7	8	7	5	5	4
21377	전북 군산시	힘내라 군산! 코로나를 극복하자!	2,500	문화예술과	1	4	7	8	7	5	5	4
21378	전북 군산시	찾아가는 공연,창작 문화활동사업	19,600	문화예술과	1	4	7	8	7	5	5	4
21379	전북 군산시	길거리공연 활성화사업	20,000	문화예술과	1	4	7	8	7	5	5	4
21380	전북 군산시	문화학교 운영	8,000	문화정책계	1	4	6	1	6	1	1	1
21381	전북 군산시	시민문화교실	11,000	문화정책계	1	4	6	1	6	1	1	1
21382	전북 군산시	책자발간사업	8,200	문화정책계	1	4	6	1	6	1	1	1
21383	전북 군산시	우리고장향토문화역사탐방	6,700	문화정책계	1	4	6	1	6	1	1	1
21384	전북 군산시	우리고장향토사료조사	4,000	문화정책계	1	4	6	1	6	1	1	1
21385	전북 군산시	시민과 함께 떠나는 문화기행	7,600	문화정책계	1	4	6	1	6	1	1	1
21386	전북 군산시	군산의 향토문화 심포지엄	6,000	문화정책계	1	4	6	1	6	1	1	1
21387	전북 군산시	군산문화 34호	9,000	문화정책계	1	4	6	1	6	1	1	1
21388	전북 군산시	문화원강당리모델링	14,000	문화정책계	1	4	6	1	6	1	1	1
21389	전북 군산시	단군성묘제	3,080	문화정책계	1	4	6	1	6	1	1	1
21390	전북 군산시	옥구향교 윤리선양사업	1,300	문화정책계	1	4	6	1	6	1	1	1
21391	전북 군산시	옥구향교 기로연	2,180	문화정책계	1	4	6	1	6	1	1	1
21392	전북 군산시	임피향교 윤리선양사업	1,080	문화정책계	1	4	6	1	6	1	1	1
21393	전북 군산시	임피향교 기로연	2,180	문화정책계	1	4	6	1	6	1	1	1
21394	전북 군산시	비대면 안보문화공연 제작지원	5,000	문화예술과	1	4	7	8	7	1	1	2
21395	전북 군산시	단편영화 제작지원	3,000	문화예술과	1	4	7	8	7	1	1	2
21396	전북 군산시	향교서원문화재활용사업	147,500	문화예술과	1	7	7	8	7	1	1	1
21397	전북 군산시	전통산사문화재활용사업	50,000	문화예술과	1	7	7	8	7	1	1	1
21398	전북 군산시	무형문화재 공개행사 보조	2,500	문화예술과	1	4	7	8	7	1	1	1
21399	전북 군산시	무형문화재 공개행사 보조	3,400	문화예술과	1	4	7	8	7	1	1	1
21400	전북 군산시	군산새만금국제마라톤대회	600,000	체육진흥과	1	1	7	8	7	5	5	4
21401	전북 군산시	금석배 전국학생축구대회	740,000	체육진흥과	1	1	7	8	7	5	5	4
21402	전북 군산시	군산새만금전국인라인마라톤대회	220,000	체육진흥과	1	1	7	8	7	5	5	4
21403	전북 군산시	군산새만금철인3종경기대회	200,000	체육진흥과	1	1	7	8	7	5	5	4
21404	전북 군산시	프로경기 군산개최 지원	196,000	체육진흥과	1	1	7	8	7	5	5	4
21405	전북 군산시	군산오픈골프대회	100,000	체육진흥과	1	1	7	8	7	5	5	4
21406	전북 군산시	전국학생골프대회 개최지원	80,000	체육진흥과	1	1	7	8	7	5	5	4
21407	전북 군산시	새만금배 전국 태권도 대회	80,000	체육진흥과	1	1	7	8	7	5	5	4
21408	전북 군산시	전북태권도 우수선수 선발전(초등)	180,000	체육진흥과	1	1	7	8	7	5	5	4
21409	전북 군산시	전국종합탁구대회(초중고)	150,000	체육진흥과	1	1	7	8	7	5	5	4
21410	전북 군산시	전국조정선수권대회	110,000	체육진흥과	1	1	7	8	7	5	5	4
21411	전북 군산시	수상스키 웨이크보드대회	70,000	체육진흥과	1	1	7	8	7	5	5	4
21412	전북 군산시	전국댄스에어로빅 체조대회	40,000	체육진흥과	1	1	7	8	7	5	5	4
21413	전북 군산시	군산새만금배 전국배드민턴대회	30,000	체육진흥과	1	1	7	8	7	5	5	4
21414	전북 군산시	군산새만금전국걷기대회	30,000	체육진흥과	1	1	7	8	7	5	5	4
21415	전북 군산시	군산새만금기 전국공무원 야구대회	20,000	체육진흥과	1	1	7	8	7	5	5	4
21416	전북 군산시	육상팀 차량운영비	10,400	체육진흥과	1	1	7	8	7	5	5	4
21417	전북 군산시	전라북도조정협회 활성화지원	24,400	체육진흥과	1	1	7	8	7	5	5	4
21418	전북 군산시	전국스포츠클라이밍대회	120,000	체육진흥과	1	1	7	8	7	5	5	4

순번	시군구	지출명 (사업명)	2021년예산 (단위:천원/1년간)	담당자 (공무원) 담당부서	민간이전 분류 (지방자치단체 세출예산 집행기준에 의거) 1. 민간경상사업보조(307-02) 2. 민간단체 법정운영비보조(307-03) 3. 민간행사사업보조(307-04) 4. 민간위탁금(307-05) 5. 사회복지시설 법정운영비보조(307-10) 6. 민간인위탁교육비(307-12) 7. 공기관등에대한경상적위탁사업비(308-11) 8. 민간자본사업보조,자체재원(402-01) 9. 민간자본사업보조,이전재원(402-02) 10. 민간위탁사업비(402-03) 11. 공기관등에 대한 자본적 대행사업비(403-02)	민간이전지출 근거 (지방보조금 관리기준 참고) 1. 법률에 규정 2. 국고보조 재원(국가지정) 3. 용도 지정 기부금 4. 조례에 직접규정 5. 지자체가 권장하는 사업을 하는 공공기관 6. 시,도 정책 및 재정사정 7. 기타 8. 해당없음	입찰방식 계약체결방법 (경쟁형태) 1. 일반경쟁 2. 제한경쟁 3. 지명경쟁 4. 수의계약 5. 법정위탁 6. 기타 ( ) 7. 해당없음	입찰방식 계약기간 1. 1년 2. 2년 3. 3년 4. 4년 5. 5년 6. 기타 ( )년 7. 단기계약 (1년미만) 8. 해당없음	입찰방식 낙찰자선정방법 1. 적격심사 2. 협상에의한계약 3. 최저가낙찰제 4. 규격가격분리 5. 2단계 경쟁입찰 6. 기타 ( ) 7. 해당없음	운영예산 산정 운영예산 산정 1. 내부산정 (지자체 자체적으로 산정) 2. 외부산정 (외부전문기관위탁 산정) 3. 내·외부 모두 산정 4. 산정 無 5. 해당없음	운영예산 산정 정산방법 1. 내부정산 (지자체 내부적으로 정산) 2. 외부정산 (외부전문기관위탁 정산) 3. 내·외부 모두 산정 4. 정산 無 5. 해당없음	성과평가 실시여부 1. 실시 2. 미실시 3. 향후 추진 4. 해당없음
21419	전북 군산시	스포츠 힐링치료 건강교실 운영	10,000	체육진흥과	1	1	7	8	7	5	5	4
21420	전북 군산시	군산새만금기 전국공무원야구대회	20,000	체육진흥과	1	1	7	8	7	5	5	4
21421	전북 군산시	전북도민체육대회참가지원	196,000	체육진흥과	1	1	7	8	7	5	5	4
21422	전북 군산시	장애인체육회지원	64,680	체육진흥과	1	1	7	8	7	5	5	4
21423	전북 군산시	체육회지원	10,000	체육진흥과	1	1	7	8	7	5	5	4
21424	전북 군산시	생활체육교실운영	43,874	체육진흥과	1	1	7	8	7	5	5	4
21425	전북 군산시	일반생활체육지도자배치	233,856	체육진흥과	1	1	7	8	7	5	5	4
21426	전북 군산시	어르신생활체육지도자 배치	204,624	체육진흥과	1	1	7	8	7	5	5	4
21427	전북 군산시	유소년축구교실 운영	10,140	체육진흥과	1	1	7	8	7	5	5	4
21428	전북 군산시	생활체육 동호인리그 운영	75,033	체육진흥과	1	1	7	8	7	5	5	4
21429	전북 군산시	생활체육 광장지도자 사업	38,500	체육진흥과	1	1	7	8	7	5	5	4
21430	전북 군산시	생활체육 동호인리그 왕중왕전 참가지원	10,000	체육진흥과	1	1	7	8	7	5	5	4
21431	전북 군산시	전북 여성생활체육대회 참가지원	8,060	체육진흥과	1	1	7	8	7	5	5	4
21432	전북 군산시	전북 에어로빅스체육대회 참가지원	4,800	체육진흥과	1	1	7	8	7	5	5	4
21433	전북 군산시	군산서천 체육교류전	12,000	체육진흥과	1	1	7	8	7	5	5	4
21434	전북 군산시	실버대회 개최지원	40,000	체육진흥과	1	1	7	8	7	5	5	4
21435	전북 군산시	군산FC(U-15) 유소년 축구단 운영	132,000	체육진흥과	1	1	7	8	7	5	5	4
21436	전북 군산시	스포츠클럽 운영지원	30,000	체육진흥과	1	1	7	8	7	5	5	4
21437	전북 군산시	지역대회개최지원	388,600	체육진흥과	1	1	7	8	7	5	5	4
21438	전북 군산시	전국태권도대회개최지원	260,000	체육진흥과	1	1	7	8	7	5	5	4
21439	전북 군산시	짬뽕특화거리 입점업소 재정지원	72,000	위생행정과	1	4	7	8	7	1	1	4
21440	전북 군산시	보훈단체운영지원	47,090	복지정책과	1	4	7	8	7	1	1	1
21441	전북 군산시	군산 새만금 장애인 예술제	60,000	경로장애인과	1	1	7	1	1	3	5	4
21442	전북 군산시	자활지원사업	68,500	경로장애인과	1	4	7	8	7	5	5	4
21443	전북 군산시	전북녹색환경지원센터 연구사업 지원	30,000	환경정책과	1	5	7	8	7	1	1	1
21444	전북 군산시	군산시 지속가능발전협의회 활동지원	15,000	환경정책과	1	1	7	8	7	1	1	1
21445	전북 군산시	자연에 대한 시민의식 전환 및 환경보호사업	8,140	환경정책과	1	1	7	8	7	1	1	1
21446	전북 군산시	2021년 지역환경지킴이 활동 지원	7,000	환경정책과	1	7	7	8	7	1	1	1
21447	전북 군산시	비산업부문 사업장 온실가스 진단컨설팅	13,500	환경정책과	1	2	7	8	7	1	1	4
21448	전북 군산시	임산물상품화지원	5,500	산림녹지과	1	1	7	8	7	5	5	4
21449	전북 군산시	2021 전북아동청소년 안전체험 축제	9,600	안전총괄과	1	7	7	8	7	1	1	2
21450	전북 군산시	사회적 안전 취약계층을 위한 안전체험 교육	4,800	안전총괄과	1	7	7	8	7	1	1	2
21451	전북 군산시	군산시 자율방재단 운영비	6,600	안전총괄과	1	4	7	8	7	1	1	1
21452	전북 군산시	자전거대행진	3,000	건설과	1	4	7	8	7	5	5	4
21453	전북 군산시	녹색어머니회 봉사활동 지원	10,000	교통행정과	1	4	7	8	7	1	1	3
21454	전북 군산시	어린이 교통사고 zero화 운동지원	4,000	교통행정과	1	4	7	8	7	1	1	3
21455	전북 군산시	개인택시 봉사활동 지원	3,600	교통행정과	1	1	7	8	7	1	1	3
21456	전북 군산시	전국모범운전자 교통안전행사 지원	1,800	교통행정과	1	1	7	8	7	1	1	3
21457	전북 군산시	개인택시 교통사고 줄이기 결의대회	10,000	교통행정과	1	1	7	8	7	1	1	3
21458	전북 군산시	모범택시 봉사활동 지원	5,320	교통행정과	1	1	7	8	7	1	1	3
21459	전북 군산시	모범운전자 피복비 지원	21,200	교통행정과	1	1	7	8	7	1	1	3
21460	전북 군산시	모범운수종사자 교통안전체험시설 견학 및 토론회	1,800	교통행정과	1	1	7	8	7	1	1	3
21461	전북 군산시	모범운수종사자 교통안전체험시설 견학 및 토론회	1,800	교통행정과	1	1	7	8	7	1	1	3
21462	전북 군산시	정신재활시설운영	648,830	건강관리과	1	1	7	8	7	5	1	1
21463	전북 군산시	농업경영인 전북대회 참석	8,800	농업축산과	1	4	7	8	7	5	5	4
21464	전북 군산시	청년농 및 후계농 역량 강화교육	14,000	농업축산과	1	4	7	8	7	5	5	4
21465	전북 군산시	자매도시 농업인간 교류행사	7,300	농업축산과	1	4	7	8	7	5	5	4
21466	전북 군산시	전북 명품 큰장터 참여	5,800	농업축산과	1	4	7	8	7	5	5	4
21467	전북 군산시	군산시 농업경영인 가족체육대회	8,500	농업축산과	1	4	7	8	7	5	5	4
21468	전북 군산시	전북 농민회 민족농업전진대회 참석	3,800	농업축산과	1	4	7	8	7	5	5	4
21469	전북 군산시	여성농업경영인 전국대회 참석	2,700	농업축산과	1	4	7	8	7	5	5	4

순번	시군구	지출명 (사업명)	2021년예산 (단위:천원/1년간)	담당자 (공무원) 담당부서	민간이전 분류 (지방자치단체 세출예산 집행기준에 의거) 1. 민간경상사업보조(307-02) 2. 민간단체 법정운영비보조(307-03) 3. 민간행사사업보조(307-04) 4. 민간위탁금(307-05) 5. 사회복지시설 법정운영비보조(307-10) 6. 민간인위탁교육비(307-12) 7. 공기관등에대한경상적위탁사업비(308-11) 8. 민간자본사업보조,자체재원(402-01) 9. 민간자본사업보조,이전재원(402-02) 10. 민간위탁사업비(402-03) 11. 공기관등에 대한 자본적 대행사업비(403-02)	민간이전지출 근거 (지방보조금 관리기준 참고) 1. 법률에 규정 2. 국고보조 재원(국가지정) 3. 용도 지정 기부금 4. 조례에 직접규정 5. 지자체가 권장하는 사업을 하는 공공기관 6. 시,도 정책 및 재정사정 7. 기타 8. 해당없음	입찰방식 계약체결방법 (경쟁형태) 1. 일반경쟁 2. 제한경쟁 3. 지명경쟁 4. 수의계약 5. 법정위탁 6. 기타 ( ) 7. 해당없음	입찰방식 계약기간 1. 1년 2. 2년 3. 3년 4. 4년 5. 5년 6. 기타 ( )년 7. 단기계약 (1년미만) 8. 해당없음	입찰방식 낙찰자선정방법 1. 적격심사 2. 협상에의한계약 3. 최저가낙찰제 4. 규격가격분리 5. 2단계 경쟁입찰 6. 기타 ( ) 7. 해당없음	운영예산 산정 운영예산 산정 1. 내부산정 (지자체 자체적으로 산정) 2. 외부산정 (외부전문기관위탁 산정) 3. 내·외부 모두 산정 4. 산정 無 5. 해당없음	운영예산 산정 정산방법 1. 내부정산 (지자체 내부적으로 정산) 2. 외부정산 (외부전문기관위탁 정산) 3. 내·외부 모두 산정 4. 정산 無 5. 해당없음	성과평가 실시여부 1. 실시 2. 미실시 3. 향후 추진 4. 해당없음
21470	전북 군산시	여성농업인 신기술 교육	2,200	농업축산과	1	4	7	8	7	5	5	4
21471	전북 군산시	여성농업인 리더십 교육	3,000	농업축산과	1	4	7	8	7	5	5	4
21472	전북 군산시	여성 농산물 가공 양성 교육	2,600	농업축산과	1	4	7	8	7	5	5	4
21473	전북 군산시	전북 새농민 한마음 대회	19,000	농업축산과	1	4	7	8	7	5	5	4
21474	전북 군산시	청년농업인 생생동아리 지원	14,000	농업축산과	1	4	7	8	7	5	5	4
21475	전북 군산시	청년농업인 영농정착 지원	646,657	농업축산과	1	4	7	8	7	5	5	4
21476	전북 군산시	전북형 청년창업농 영농정착지원	48,000	농업축산과	1	4	7	8	7	5	5	4
21477	전북 군산시	청년창업농 영농기반 임차지원	20,000	농업축산과	1	4	7	8	7	5	5	4
21478	전북 군산시	시군역량강화	270,000	농업축산과	1	1	7	8	7	5	5	4
21479	전북 군산시	여성농업인 생생카드 지원	195,000	농업축산과	1	4	7	8	7	5	5	4
21480	전북 군산시	농번기 공동급식 지원	89,600	농업축산과	1	4	7	8	7	5	5	4
21481	전북 군산시	출산여성농가도우미 지원	8,820	농업축산과	1	4	7	8	7	5	5	4
21482	전북 군산시	영농도우미 지원	4,200	농업축산과	1	4	7	8	7	5	5	4
21483	전북 군산시	농업경영컨설팅 지원사업	15,000	농업축산과	1	1	7	8	7	5	5	4
21484	전북 군산시	마을경영체 경쟁력강화	16,000	농업축산과	1	1	7	8	7	5	5	4
21485	전북 군산시	농촌현장포럼	6,600	농업축산과	1	1	7	8	7	5	5	4
21486	전북 군산시	생생마을 만들기 기초단계 추진	14,000	농업축산과	1	1	7	8	7	5	5	4
21487	전북 군산시	예비 사회적농업 조직육성	60,000	농업축산과	1	1	7	8	7	5	5	4
21488	전북 군산시	친환경 농산물 인증비용	189,730	농업축산과	1	6	7	8	7	5	5	4
21489	전북 군산시	환경친화형 공동방재지원	230,400	농업축산과	1	6	7	8	7	5	5	4
21490	전북 군산시	친환경쌀생산단지조성사업	168,000	농업축산과	1	6	7	8	7	5	5	4
21491	전북 군산시	우렁이 공급지원사업	24,000	농업축산과	1	6	7	8	7	5	5	4
21492	전북 군산시	전북 축산인 한마음대회 참석	1,000	농업축산과	1	4	7	8	7	5	5	4
21493	전북 군산시	승용마 조련강화 지원	4,000	농업축산과	1	1	7	8	7	5	5	4
21494	전북 군산시	승마산업활성화지원	2,000	농업축산과	1	6	7	8	7	5	5	4
21495	전북 군산시	가축분뇨 퇴액비살포비	240,000	농업축산과	1	1	7	8	7	5	5	4
21496	전북 군산시	퇴비 발효촉진 지원사업	21,000	농업축산과	1	1	7	8	7	5	5	4
21497	전북 군산시	축산환경 개선사업(저감제)	15,080	농업축산과	1	1	7	8	7	5	5	4
21498	전북 군산시	산란계농장 난좌지원	11,760	농업축산과	1	1	7	8	7	5	5	4
21499	전북 군산시	닭진드기 공동방제 지원사업	24,000	농업축산과	1	1	7	8	7	5	5	4
21500	전북 군산시	자돈폐사율 감소 환경개선 지원	3,170	농업축산과	1	1	7	8	7	5	5	4
21501	전북 군산시	축산물 HACCP 컨설팅 지원	8,400	농업축산과	1	1	7	8	7	5	5	4
21502	전북 군산시	꿀벌사육농가 면역증강제 지원	14,400	농업축산과	1	1	7	8	7	5	5	4
21503	전북 군산시	가금농장 해충구제 지원	9,964	농업축산과	1	1	7	8	7	5	5	4
21504	전북 군산시	전국 농촌지도자 대회	6,000	농촌지원과	1	1	7	8	7	5	5	4
21505	전북 군산시	농업인학습단체 활력화 지원	10,000	농촌지원과	1	1	7	8	7	5	5	4
21506	전북 군산시	농업인학습단체 기후변화대응 현장교육	10,500	농촌지원과	1	1	7	8	7	5	5	4
21507	전북 군산시	4-H리더십 대양 수련회	8,720	농촌지원과	1	1	7	8	7	5	5	4
21508	전북 군산시	농촌지도자 한마음대회 지원	10,000	농촌지원과	1	1	7	8	7	5	5	4
21509	전북 군산시	농촌여성 안전향상 보조구지원	14,400	농촌지원과	1	1	7	8	7	5	5	4
21510	전북 군산시	세계여성농업인의날 기념행사	5,000	농촌지원과	1	1	7	8	7	5	5	4
21511	전북 군산시	여성농업인 한마음대회 지원	7,000	농촌지원과	1	1	7	8	7	5	5	4
21512	전북 군산시	도시민농촌유치지원	310,000	농촌지원과	1	1	7	8	7	5	5	4
21513	전북 군산시	귀농귀촌활성화지원	118,000	농촌지원과	1	4	7	8	7	5	5	4
21514	전북 군산시	귀농귀촌보금자리조성사업	80,000	농촌지원과	1	4	7	8	7	5	5	4
21515	전북 군산시	군산꽁당보리축제	268,000	농촌지원과	1	4	7	8	7	5	5	4
21516	전북 군산시	전라북도 시골마을 작은축제	32,000	농촌지원과	1	4	7	8	7	5	5	4
21517	전북 군산시	농기계 종합보험 지원	138,000	농촌지원과	1	1	7	8	7	5	5	4
21518	전북 정읍시	아이낳기 정읍시 운동본부 행사	10,000	성장전략실	1	6	7	8	7	5	5	3
21519	전북 정읍시	출향인 환영행사	30,000	총무과	1	4	7	8	7	5	5	3
21520	전북 정읍시	출향인 자녀 문화탐방	20,000	총무과	1	4	7	8	7	5	5	3

순번	시군구	지출명 (사업명)	2021년예산 (단위:천원/1년간)	담당자 (공무원)	민간이전 분류 (지방자치단체 세출예산 집행기준에 의거)	민간이전지출 근거 (지방보조금 관리기준 참고)	입찰방식			운영예산 산정		성과평가 실시여부
				담당부서	1. 민간경상사업보조(307-02) 2. 민간단체 법정운영비보조(307-03) 3. 민간행사사업보조(307-04) 4. 민간위탁금(307-05) 5. 사회복지시설 법정운영비보조(307-10) 6. 민간인위탁교육비(307-12) 7. 공기관등에대한경상적위탁사업비(308-11) 8. 민간자본사업보조,자체재원(402-01) 9. 민간자본사업보조,이전재원(402-02) 10. 민간위탁사업비(402-03) 11. 공기관등에 대한 자본적 대행사업비(403-02)	1. 법률에 규정 2. 국고보조 재원(국가지정) 3. 용도 지정 기부금 4. 조례에 직접규정 5. 지자체가 권장하는 사업을 하는 공공기관 6. 시,도 정책 및 재정사정 7. 기타 8. 해당없음	계약체결방법 (경쟁형태) 1. 일반경쟁 2. 제한경쟁 3. 지명경쟁 4. 수의계약 5. 법정위탁 6. 기타 ( ) 7. 해당없음	계약기간 1. 1년 2. 2년 3. 3년 4. 4년 5. 5년 6. 기타 ( )년 7. 단기계약 (1년미만) 8. 해당없음	낙찰자선정방법 1. 적격심사 2. 협상에의한계약 3. 최저가낙찰제 4. 규격가격분리 5. 2단계 경쟁입찰 6. 기타 ( ) 7. 해당없음	운영예산 산정 1. 내부산정 (지자체 자체적으로 산정) 2. 외부산정 (외부전문기관위탁 산정) 3. 내·외부 모두 산정 4. 산정 無 5. 해당없음	정산방법 1. 내부정산 (지자체 내부적으로 정산) 2. 외부정산 (외부전문기관위탁 정산) 3. 내·외부 모두 산정 4. 정산 無 5. 해당없음	1. 실시 2. 미실시 3. 향후 추진 4. 해당없음
21521	전북 정읍시	민주평통자문회의 평화통일활동사업 운영	20,500	총무과	1	4	7	8	7	5	5	3
21522	전북 정읍시	민주평통자문회의자문위원역량강화통일견학	59,500	총무과	1	4	7	8	7	5	5	3
21523	전북 정읍시	최덕수열사정신계승 33주년 정읍시민문화제	10,000	총무과	1	4	7	8	7	5	5	3
21524	전북 정읍시	범죄피해자지원사업	30,000	총무과	1	4	7	8	7	5	5	3
21525	전북 정읍시	정읍시민통일문화마당	6,300	총무과	1	1	7	8	7	5	5	3
21526	전북 정읍시	통일공감 시민강좌 아카데미	15,000	총무과	1	1	7	8	7	5	5	3
21527	전북 정읍시	행정동우회 자원봉사대 운영	8,780	총무과	1	4	7	8	7	5	5	3
21528	전북 정읍시	김치문화사랑운동(정읍시새마을회,지도자회)	10,000	총무과	1	1	7	8	7	5	5	3
21529	전북 정읍시	나라사랑 태극기 달기운동 및 캠페인(정읍시새마을회)	3,330	총무과	1	1	7	8	7	5	5	3
21530	전북 정읍시	새마을지도자 한마음대회(정읍시새마을회,지도자회)	10,000	총무과	1	1	7	8	7	5	5	3
21531	전북 정읍시	제21회 청소년 인문학 캠프(정읍시새마을회)	11,000	총무과	1	1	7	8	7	5	5	3
21532	전북 정읍시	국민독서경진대회(정읍시새마을회)	4,950	총무과	1	1	7	8	7	5	5	3
21533	전북 정읍시	사랑의 고추장 나누기(정읍시새마을회)	19,000	총무과	1	1	7	8	7	5	5	3
21534	전북 정읍시	전국새마을지도자대회(정읍시새마을회)	3,500	총무과	1	1	7	8	7	5	5	3
21535	전북 정읍시	귀성객 환영행사(정읍시 애향운동본부)	12,000	총무과	1	4	7	8	7	5	5	3
21536	전북 정읍시	자유수호 희생자 합동위령제(한국자유총연맹 정읍시지회)	1,600	총무과	1	1	7	8	7	5	5	3
21537	전북 정읍시	통일 안보현장 견학(한국자유총연맹 정읍시지회)	1,500	총무과	1	1	7	8	7	5	5	3
21538	전북 정읍시	한국자유총연맹 정읍시지회 연탄나눔 봉사	1,100	총무과	1	1	7	8	7	5	5	3
21539	전북 정읍시	바르게살기운동 정읍시협의회 행사 운영	7,300	총무과	1	1	7	8	7	5	5	3
21540	전북 정읍시	평생학습 동아리 지원사업	10,000	총무과	1	1	7	8	7	5	5	3
21541	전북 정읍시	성인문해교육 시화작품 전시회	6,000	총무과	1	1	7	8	7	5	5	3
21542	전북 정읍시	성인문해교육 지원사업(대흥리 마을공동체)	10,000	총무과	1	1	7	8	7	5	5	3
21543	전북 정읍시	성인문해교육 지원사업(정읍시 문해교육사 협의회)	10,000	총무과	1	1	7	8	7	5	5	3
21544	전북 정읍시	제9회 정읍사 문학상공모전	6,000	문화예술과	1	7	7	8	7	5	5	3
21545	전북 정읍시	제25회 정읍의 미	5,500	문화예술과	1	7	7	8	7	5	5	3
21546	전북 정읍시	제29회 정읍사전국서화대전	20,000	문화예술과	1	7	7	8	7	5	5	3
21547	전북 정읍시	2021 명인명무 출판	30,000	문화예술과	1	7	7	8	7	5	5	3
21548	전북 정읍시	제18회 장애인과 함께하는 열린음악회	20,000	문화예술과	1	7	7	8	7	5	5	3
21549	전북 정읍시	장애인전통문화체험 우리의 소리를 찾아서	5,550	문화예술과	1	7	7	8	7	5	5	3
21550	전북 정읍시	정읍시 장애인 어울림합창단	6,500	문화예술과	1	7	7	8	7	5	5	3
21551	전북 정읍시	메이플 문화예술 공연	6,300	문화예술과	1	7	7	8	7	5	5	3
21552	전북 정읍시	백송 이정희전통자수전	8,100	문화예술과	1	7	7	8	7	5	5	3
21553	전북 정읍시	제16회 정읍전국실버영화제	12,000	문화예술과	1	7	7	8	7	5	5	3
21554	전북 정읍시	정읍시 북부 권역 추억의 콩쿨대회	4,000	문화예술과	1	7	7	8	7	5	5	3
21555	전북 정읍시	제3회 정읍사 재현 문화축전	20,160	문화예술과	1	7	7	8	7	5	5	3
21556	전북 정읍시	정읍샘골문화예술단 썸머페스티벌	5,000	문화예술과	1	7	7	8	7	5	5	3
21557	전북 정읍시	정읍샘골문화예술단 내장산 단풍축제 한마당	5,000	문화예술과	1	7	7	8	7	5	5	3
21558	전북 정읍시	수필동인지 발행 및 수필문학강좌 운영	5,000	문화예술과	1	7	7	8	7	5	5	3
21559	전북 정읍시	웃찾사 청춘을 돌려다오 실버가요제	8,000	문화예술과	1	7	7	8	7	5	5	3
21560	전북 정읍시	어울굿한마당	4,000	문화예술과	1	7	7	8	7	5	5	3
21561	전북 정읍시	신태인농악단 활성화 지원	3,000	문화예술팀	1	7	7	8	7	5	5	3
21562	전북 정읍시	북면서원농악단 활성화 지원	3,000	문화예술팀	1	7	7	8	7	5	5	3
21563	전북 정읍시	대흥농악단 활성화 지원	3,000	문화예술팀	1	7	7	8	7	5	5	3
21564	전북 정읍시	소성농악단 활성화 지원	3,000	문화예술팀	1	7	7	8	7	5	5	3
21565	전북 정읍시	고부영주농악단 활성화 지원	3,000	문화예술팀	1	7	7	8	7	5	5	3
21566	전북 정읍시	영원농악단 활성화 지원	3,000	문화예술팀	1	7	7	8	7	5	5	3
21567	전북 정읍시	덕천황토현 농악단 활성화 지원	3,000	문화예술팀	1	7	7	8	7	5	5	3
21568	전북 정읍시	이평농악단 활성화 지원	3,000	문화예술팀	1	7	7	8	7	5	5	3
21569	전북 정읍시	태인태산농악단 활성화 지원	3,000	문화예술팀	1	7	7	8	7	5	5	3
21570	전북 정읍시	감곡농악단 활성화 지원	3,000	문화예술팀	1	7	7	8	7	5	5	3
21571	전북 정읍시	옹동농악단 활성화 지원	3,000	문화예술팀	1	7	7	8	7	5	5	3

순번	시군구	지출명 (사업명)	2021년예산 (단위:천원/1년간)	담당자 (공무원) 담당부서	민간이전 분류 (지방자치단체 세출예산 집행기준에 의거) 1. 민간경상사업보조(307-02) 2. 민간단체 법정운영비보조(307-03) 3. 민간행사사업보조(307-04) 4. 민간위탁금(307-05) 5. 사회복지시설 법정운영비보조(307-10) 6. 민간인위탁교육비(307-12) 7. 공기관등에대한경상적위탁사업비(308-11) 8. 민간자본사업보조,자체재원(402-01) 9. 민간자본사업보조,이전재원(402-02) 10. 민간위탁사업비(402-03) 11. 공기관등에 대한 자본적 대행사업비(403-02)	민간이전지출 근거 (지방보조금 관리기준 참고) 1. 법률에 규정 2. 국고보조 재원(국가지정) 3. 용도 지정 기부금 4. 조례에 직접규정 5. 지자체가 권장하는 사업을 하는 공공기관 6. 시,도 정책 및 재정사정 7. 기타 8. 해당없음	입찰방식 계약체결방법 (경쟁형태) 1. 일반경쟁 2. 제한경쟁 3. 지명경쟁 4. 수의계약 5. 법정위탁 6. 기타 ( ) 7. 해당없음	입찰방식 계약기간 1. 1년 2. 2년 3. 3년 4. 4년 5. 5년 6. 기타 ( )년 7. 단기계약 (1년미만) 8. 해당없음	입찰방식 낙찰자선정방법 1. 적격심사 2. 협상에의한계약 3. 최저가낙찰제 4. 규격가격분리 5. 2단계 경쟁입찰 6. 기타 ( ) 7. 해당없음	운영예산 산정 운영예산 산정 1. 내부산정 (지자체 자체적으로 산정) 2. 외부산정 (외부전문기관위탁 산정) 3. 내·외부 모두 산정 4. 산정 無 5. 해당없음	운영예산 산정 정산방법 1. 내부정산 (지자체 내부적으로 정산) 2. 외부정산 (외부전문기관위탁 정산) 3. 내·외부 모두 산정 4. 정산 無 5. 해당없음	성과평가 실시여부 1. 실시 2. 미실시 3. 향후 추진 4. 해당없음
21572	전북 정읍시	칠보태산풍류농악단 활성화 지원	3,000	문화예술팀	1	7	7	8	7	5	5	3
21573	전북 정읍시	산내산울림농악단 활성화 지원	3,000	문화예술팀	1	7	7	8	7	5	5	3
21574	전북 정읍시	산외농악단 활성화 지원	3,000	문화예술팀	1	7	7	8	7	5	5	3
21575	전북 정읍시	수성농악단 활성화 지원	3,000	문화예술팀	1	7	7	8	7	5	5	3
21576	전북 정읍시	장명동농악단 활성화 지원	3,000	문화예술팀	1	7	7	8	7	5	5	3
21577	전북 정읍시	상동농악단 활성화 지원	3,000	문화예술팀	1	7	7	8	7	5	5	3
21578	전북 정읍시	초산농악단 활성화 지원	3,000	문화예술팀	1	7	7	8	7	5	5	3
21579	전북 정읍시	연지농악단 활성화 지원	3,000	문화예술팀	1	7	7	8	7	5	5	3
21580	전북 정읍시	제23회 황토현 전국농악경연대회	40,000	문화예술팀	1	7	7	8	7	5	5	3
21581	전북 정읍시	전북 시군농악경연대회 출전경비 지원	5,000	문화예술팀	1	7	7	8	7	5	5	3
21582	전북 정읍시	제28회 전국농악명인대회	14,000	문화예술팀	1	7	7	8	7	5	5	3
21583	전북 정읍시	찾아가는 우도농악교습	10,000	문화예술팀	1	7	7	8	7	5	5	3
21584	전북 정읍시	제31회 정읍사 전국국악경연대회	25,200	문화예술팀	1	7	7	8	7	5	5	3
21585	전북 정읍시	정읍설장고 무료강습	4,000	문화예술팀	1	7	7	8	7	5	5	3
21586	전북 정읍시	장애인들의 멋과 흥	4,000	문화예술팀	1	7	7	8	7	5	5	3
21587	전북 정읍시	장애인사물놀이교육 지원사업(장애인국악교육원)	4,000	문화예술팀	1	7	7	8	7	5	5	3
21588	전북 정읍시	문화예술 향수기회 확대	3,000	문화예술팀	1	7	7	8	7	5	5	3
21589	전북 정읍시	제13회 동초제판소리 기획공연 "판"	10,000	문화예술팀	1	7	7	8	7	5	5	3
21590	전북 정읍시	제33회 전국 시조경창대회	12,500	문화예술팀	1	7	7	8	7	5	5	3
21591	전북 정읍시	창암이삼만 대한민국 서예술대전및학술대회	18,000	문화예술팀	1	7	7	8	7	5	5	3
21592	전북 정읍시	정읍학 8호 발간사업	4,050	문화예술팀	1	7	7	8	7	5	5	3
21593	전북 정읍시	제14회 전국한문경전성독 암송대회	15,000	문화예술팀	1	7	7	8	7	5	5	3
21594	전북 정읍시	제4회 정읍 박만순 전국판소리 경연대회	21,000	문화예술팀	1	7	7	8	7	5	5	3
21595	전북 정읍시	전통놀이 현대화체험 프로그램 운영	16,500	문화예술팀	1	7	7	8	7	5	5	3
21596	전북 정읍시	제29회 정읍 전국국악대경연	21,860	문화예술팀	1	7	7	8	7	5	5	3
21597	전북 정읍시	북면 원오류 당산제	3,000	문화예술과	1	7	7	8	7	5	5	3
21598	전북 정읍시	칠보 원백암 당산제	3,000	문화예술과	1	7	7	8	7	5	5	3
21599	전북 정읍시	진산마을 당산제	1,000	문화예술과	1	7	7	8	7	5	5	3
21600	전북 정읍시	제15회 산내 정월대보름 한마당	3,000	문화예술과	1	7	7	8	7	5	5	3
21601	전북 정읍시	산외면 정량골 당산굿	3,000	문화예술과	1	7	7	8	7	5	5	3
21602	전북 정읍시	제10회 영원면 정월대보름 한마당행사	3,000	문화예술과	1	7	7	8	7	5	5	3
21603	전북 정읍시	덕천면 정월대보름 행사	3,000	문화예술과	1	7	7	8	7	5	5	3
21604	전북 정읍시	정우 양지 당산제	3,000	문화예술과	1	7	7	8	7	5	5	3
21605	전북 정읍시	우령마을 당산제 및 지신밟기	3,000	문화예술과	1	7	7	8	7	5	5	3
21606	전북 정읍시	시민과 함께하는 대보름큰잔치	4,000	문화예술과	1	7	7	8	7	5	5	3
21607	전북 정읍시	불우헌 정극인 추모행사	2,000	문화예술과	1	7	7	8	7	5	5	3
21608	전북 정읍시	정우 천덕 당산제	3,000	문화예술과	1	7	7	8	7	5	5	3
21609	전북 정읍시	덕천면 황토현권역 정월대보름 행사	3,000	문화예술과	1	7	7	8	7	5	5	3
21610	전북 정읍시	입암면 정월대보름 당산제	3,000	문화예술과	1	7	7	8	7	5	5	3
21611	전북 정읍시	제24회 피향정 문화축제	25,000	문화예술과	1	7	7	8	7	5	5	3
21612	전북 정읍시	제21회 태산선비 문화제	10,000	문화예술과	1	7	7	8	7	5	5	3
21613	전북 정읍시	제22회 전국 한시공모전	10,000	문화예술과	1	4	7	8	7	5	5	3
21614	전북 정읍시	샘골공연단 운영	8,000	문화예술과	1	4	7	8	7	5	5	3
21615	전북 정읍시	문화학교 운영지원	6,000	문화예술과	1	4	7	8	7	5	5	3
21616	전북 정읍시	정읍문화원 사업비 지원	41,000	문화예술과	1	4	7	8	7	5	5	3
21617	전북 정읍시	정읍향토문화지 '샘고을'발간	10,000	문화예술과	1	4	7	8	7	5	5	3
21618	전북 정읍시	정읍역사극단 '메아리'운영	7,000	문화예술과	1	4	7	8	7	5	5	3
21619	전북 정읍시	정읍 향토사 발굴연구	50,000	문화예술과	1	4	7	8	7	5	5	3
21620	전북 정읍시	정읍 읍원정, 김운정 편액 번역 및 탁본	30,000	문화예술과	1	4	7	8	7	5	5	3
21621	전북 정읍시	태산선비문화 활성화 교육	25,000	문화예술과	1	4	7	8	7	5	5	3
21622	전북 정읍시	정읍시창작스튜디오 활성화사업	4,000	문화예술과	1	4	7	8	7	5	5	3

순번	시군구	지출명 (사업명)	2021년예산 (단위:천원/1년간)	담당자 (공무원) 담당부서	민간이전 분류 (지방자치단체 세출예산 집행기준에 의거) 1. 민간경상사업보조(307-02) 2. 민간단체 법정운영비보조(307-03) 3. 민간행사사업보조(307-04) 4. 민간위탁금(307-05) 5. 사회복지시설 법정운영비보조(307-10) 6. 민간인위탁교육비(307-12) 7. 공기관등에대한경상적위탁사업비(308-11) 8. 민간자본사업보조,자체재원(402-01) 9. 민간자본사업보조,이전재원(402-02) 10. 민간위탁사업비(402-03) 11. 공기관등에 대한 자본적 대행사업비(403-02)	민간이전지출 근거 (지방보조금 관리기준 참고) 1. 법률에 규정 2. 국고보조 재원(국가지정) 3. 용도 지정 기부금 4. 조례에 직접규정 5. 지자체가 권장하는 사업을 하는 공공기관 6. 시,도 정책 및 재정사정 7. 기타 8. 해당없음	입찰방식 계약체결방법 (경쟁형태) 1. 일반경쟁 2. 제한경쟁 3. 지명경쟁 4. 수의계약 5. 법정위탁 6. 기타 ( ) 7. 해당없음	입찰방식 계약기간 1. 1년 2. 2년 3. 3년 4. 4년 5. 5년 6. 기타 ( )년 7. 단기계약 (1년미만) 8. 해당없음	입찰방식 낙찰자선정방법 1. 적격심사 2. 협상에의한계약 3. 최저가낙찰제 4. 규격가격분리 5. 2단계 경쟁입찰 6. 기타 ( ) 7. 해당없음	운영예산 산정 운영예산 산정 1. 내부산정 (지자체 자체적으로 산정) 2. 외부산정 (외부전문기관위탁 산정) 3. 내·외부 모두 산정 4. 산정 無 5. 해당없음	운영예산 산정 정산방법 1. 내부정산 (지자체 내부적으로 정산) 2. 외부정산 (외부전문기관위탁 정산) 3. 내·외부 모두 산정 4. 정산 無 5. 해당없음	성과평가 실시여부 1. 실시 2. 미실시 3. 향후 추진 4. 해당없음
21623	전북 정읍시	시민과 함께하는 문화예술 전시	4,000	문화예술과	1	4	7	8	7	5	5	3
21624	전북 정읍시	2021년 송년음악회 및 예술인의 밤	6,000	문화예술과	1	4	7	8	7	5	5	3
21625	전북 정읍시	제6회 한가위 트로트가요제	16,200	문화예술과	1	4	7	8	7	5	5	3
21626	전북 정읍시	정읍예총문화예술공연단 기획공연	11,880	문화예술과	1	4	7	8	7	5	5	3
21627	전북 정읍시	제18회 단풍미인기 읍면동 농악경연대회	15,800	문화예술과	1	4	7	8	7	5	5	3
21628	전북 정읍시	시민과 함께하는 국악예술제	6,400	문화예술과	1	4	7	8	7	5	5	3
21629	전북 정읍시	제15회 상춘곡문학제	9,000	문화예술과	1	4	7	8	7	5	5	3
21630	전북 정읍시	선율따라 흐르는 퓨전여행	7,650	문화예술과	1	4	7	8	7	5	5	3
21631	전북 정읍시	2021년 게릴라 콘서트	8,000	문화예술과	1	4	7	8	7	5	5	3
21632	전북 정읍시	2021년 정읍(관광&창작)전국사진공모전	27,360	문화예술과	1	4	7	8	7	5	5	3
21633	전북 정읍시	2021년 정읍 전국단풍무용경연대회	7,200	문화예술과	1	4	7	8	7	5	5	3
21634	전북 정읍시	제19회 갑오동학 미술대전	21,735	문화예술과	1	4	7	8	7	5	5	3
21635	전북 정읍시	2021년 정읍미술전	2,970	문화예술과	1	4	7	8	7	5	5	3
21636	전북 정읍시	정읍시-중국서주시 미술교류전	3,000	문화예술과	1	4	7	8	7	5	5	3
21637	전북 정읍시	정읍내장문학지 발간	3,000	문화예술과	1	4	7	8	7	5	5	3
21638	전북 정읍시	정읍예총 문화예술교육	30,000	문화예술과	1	4	7	8	7	5	5	3
21639	전북 정읍시	국제민족음악교류제 및 정기연주회	20,000	문화예술과	1	4	7	8	7	5	5	3
21640	전북 정읍시	무성서원 세계문화유산 등재 기념 음악극 '상춘곡'	100,000	문화예술과	1	4	7	8	7	5	5	3
21641	전북 정읍시	수제천 상설공연	40,460	문화예술과	1	4	7	8	7	5	5	3
21642	전북 정읍시	수제천 연주교실 운영	35,060	문화예술과	1	4	7	8	7	5	5	3
21643	전북 정읍시	찾아가는 풍류음악회	30,000	문화예술과	1	4	7	8	7	5	5	3
21644	전북 정읍시	수제천 청소년연주단 운영	36,504	문화예술과	1	4	7	8	7	5	5	3
21645	전북 정읍시	무고 복원 및 수제천 전승실태 연구 학술세미나	58,500	문화예술과	1	4	7	8	7	5	5	3
21646	전북 정읍시	생활문화예술동호회 활성화사업	121,429	문화예술과	1	6	7	8	7	5	5	3
21647	전북 정읍시	마을GO생활문화GO 페스티벌	10,000	문화예술과	1	6	7	8	7	5	5	3
21648	전북 정읍시	통합문화이용권사업	771,700	문화예술과	1	1	7	8	7	5	5	3
21649	전북 정읍시	문화특화지역 조성사업(문화도시)	730,000	문화예술과	1	1	7	8	7	5	5	3
21650	전북 정읍시	정읍사 논총 발간사업	30,000	문화예술팀	1	7	7	8	7	5	5	3
21651	전북 정읍시	제례실행사업	30,000	문화예술과	1	1	7	8	7	5	5	3
21652	전북 정읍시	향교일요학교운영	18,125	문화예술과	1	1	7	8	7	5	5	3
21653	전북 정읍시	민족의식찾기대회	2,000	문화예술과	1	1	7	8	7	5	5	3
21654	전북 정읍시	충무공탄신제	2,000	문화예술과	1	1	7	8	7	5	5	3
21655	전북 정읍시	향교전통문화시연	6,600	문화예술과	1	1	7	8	7	5	5	3
21656	전북 정읍시	충무공추모제	1,500	문화예술과	1	1	7	8	7	5	5	3
21657	전북 정읍시	영주정사와 영학숙의 역사성규명 학술대회	20,000	문화예술과	1	1	7	8	7	5	5	3
21658	전북 정읍시	송우암선생추모제	1,500	문화예술과	1	1	7	8	7	5	5	3
21659	전북 정읍시	백운화상 기념제	1,800	문화예술과	1	1	7	8	7	5	5	3
21660	전북 정읍시	충민공백광언추모제	1,800	문화예술과	1	1	7	8	7	5	5	3
21661	전북 정읍시	정읍농악보존회 정기 발표회	10,000	문화예술과	1	1	7	8	7	5	5	3
21662	전북 정읍시	문화재지킴이 사업	18,400	문화예술과	1	1	7	8	7	5	5	3
21663	전북 정읍시	최치원의 사상과 현가루의 풍류를 찾아서	135,000	문화예술과	1	2	7	8	7	5	5	3
21664	전북 정읍시	고부향교에서 배우는 공평함과민주주의정신	57,500	문화예술과	1	2	7	8	7	5	5	3
21665	전북 정읍시	김명관고택의 향기를 찾아서	200,000	문화예술과	1	2	7	8	7	5	5	3
21666	전북 정읍시	다시 피는 녹두꽃	67,500	문화예술과	1	2	7	8	7	5	5	3
21667	전북 정읍시	무성서원 전통문화재현(춘,추향제)	3,000	문화예술과	1	1	7	8	7	5	5	3
21668	전북 정읍시	병오창의 기념제(무성서원)	1,500	문화예술과	1	1	7	8	7	5	5	3
21669	전북 정읍시	자원봉사대회	10,000	사회복지과	1	4	7	8	7	5	5	3
21670	전북 정읍시	재능나눔 기부축제	14,000	사회복지과	1	4	7	8	7	5	5	3
21671	전북 정읍시	자원봉사센터 교육 및 사업비	73,400	사회복지과	1	4	7	8	7	5	5	3
21672	전북 정읍시	희망나눔 가족봉사단 운영	3,000	사회복지과	1	1	7	8	7	5	5	3
21673	전북 정읍시	찾아가는 맞춤형 재능봉사단 운영	5,000	사회복지과	1	1	7	8	7	5	5	3

순번	시군구	지출명 (사업명)	2021년예산 (단위:천원/1년간)	담당자 (공무원) 담당부서	민간이전 분류 (지방자치단체 세출예산 집행기준에 의거) 1. 민간경상사업보조(307-02) 2. 민간단체 법정운영비보조(307-03) 3. 민간행사사업보조(307-04) 4. 민간위탁금(307-05) 5. 사회복지시설 법정운영비보조(307-10) 6. 민간인위탁교육비(307-12) 7. 공기관등에대한경상적위탁사업비(308-11) 8. 민간자본사업보조,자체재원(402-01) 9. 민간자본사업보조,이전재원(402-02) 10. 민간위탁사업비(402-03) 11. 공기관등에 대한 자본적 대행사업비(403-02)	민간이전지출 근거 (지방보조금 관리기준 참고) 1. 법률에 규정 2. 국고보조 재원(국가지정) 3. 용도 지정 기부금 4. 조례에 직접규정 5. 지자체가 권장하는 사업을 하는 공공기관 6. 시,도 정책 및 재정사정 7. 기타 8. 해당없음	입찰방식 계약체결방법 (경쟁형태) 1. 일반경쟁 2. 제한경쟁 3. 지명경쟁 4. 수의계약 5. 법정위탁 6. 기타 ( ) 7. 해당없음	입찰방식 계약기간 1. 1년 2. 2년 3. 3년 4. 4년 5. 5년 6. 기타 ( )년 7. 단기계약 (1년미만) 8. 해당없음	입찰방식 낙찰자선정방법 1. 적격심사 2. 협상에의한계약 3. 최저가낙찰제 4. 규격가격분리 5. 2단계 경쟁입찰 6. 기타 ( ) 7. 해당없음	운영예산 산정 운영예산 산정 1. 내부산정 (지자체 자체적으로 산정) 2. 외부산정 (외부전문기관위탁 산정) 3. 내·외부 모두 산정 4. 산정 無 5. 해당없음	운영예산 산정 정산방법 1. 내부정산 (지자체 내부적으로 정산) 2. 외부정산 (외부전문기관위탁 정산) 3. 내·외부 모두 산정 4. 정산 無 5. 해당없음	성과평가 실시여부 1. 실시 2. 미실시 3. 향후 추진 4. 해당없음
21674	전북 정읍시	통합자원봉사 보험가입서비스 지원	10,264	사회복지과	1	2	7	8	7	5	5	3
21675	전북 정읍시	자원봉사자 코디네이터 지원 육성	58,966	사회복지과	1	2	7	8	7	5	5	3
21676	전북 정읍시	자활실시기관 운영 지원	12,000	사회복지과	1	4	7	8	7	5	5	3
21677	전북 정읍시	양성평등기금 공모사업 지원	8,000	여성정책	1	4	7	8	7	5	5	3
21678	전북 정읍시	노인 사회참여활동 지원	8,000	노인정책팀	1	1	7	8	7	5	5	3
21679	전북 정읍시	감곡면 주민지원기금사업 지원	133,506	장사복지팀	1	6	7	8	7	5	5	3
21680	전북 정읍시	통사마을 주민지원기금사업 지원	150,000	장사복지팀	1	6	7	8	7	5	5	3
21681	전북 정읍시	청소년 리더십 아카데미	8,000	교육체육청소년과	1	4	7	8	7	5	5	3
21682	전북 정읍시	EQ 두이노 사업 지원	6,000	교육체육청소년과	1	4	7	8	7	5	5	3
21683	전북 정읍시	샘고을집강소 사업비	126,722	교육체육청소년과	1	1	7	8	7	5	5	3
21684	전북 정읍시	2021 전라북도민체육대회 출전	280,000	교육체육청소년과	1	1	7	8	7	5	5	3
21685	전북 정읍시	각종 체육대회 개최 및 출전	100,000	교육체육청소년과	1	1	7	8	7	5	5	3
21686	전북 정읍시	2021 전북어르신생활체육대회 출전	7,000	교육체육청소년과	1	1	7	8	7	5	5	3
21687	전북 정읍시	2021 전북여성생활체육대회 출전	7,000	교육체육청소년과	1	1	7	8	7	5	5	3
21688	전북 정읍시	2021 전북체조경연대회 출전	5,000	교육체육청소년과	1	1	7	8	7	5	5	3
21689	전북 정읍시	2021년 전라북도 유소년 축구대회 출전	3,500	교육체육청소년과	1	1	7	8	7	5	5	3
21690	전북 정읍시	제33회 전북역전마라톤대회 출전	7,228	교육체육청소년과	1	1	7	8	7	5	5	3
21691	전북 정읍시	2021 대통령배 씨름왕선발대회 출전	3,000	교육체육청소년과	1	1	7	8	7	5	5	3
21692	전북 정읍시	2021 대한체육회장기 전국생활체육 시군구 검도대회 출전	3,000	교육체육청소년과	1	1	7	8	7	5	5	3
21693	전북 정읍시	정읍중고등학교(특기자) 전국 검도대회 출전	6,000	교육체육청소년과	1	1	7	8	7	5	5	3
21694	전북 정읍시	제19회 문화체육관광부장관기 전국 여성 축구대회 출전	5,000	교육체육청소년과	1	1	7	8	7	5	5	3
21695	전북 정읍시	2021 전국게이트볼대회 출전 지원	5,000	교육체육청소년과	1	1	7	8	7	5	5	3
21696	전북 정읍시	2021 시민화합 한마음 체육대회 개최	66,000	교육체육청소년과	1	1	7	8	7	5	5	3
21697	전북 정읍시	2021 동호인리그 왕중왕전 개최	25,000	교육체육청소년과	1	1	7	8	7	5	5	3
21698	전북 정읍시	제127주년 정읍동학농민혁명기념 전국 남여 배구대회	53,000	교육체육청소년과	1	1	7	8	7	5	5	3
21699	전북 정읍시	제127주년 정읍동학농민혁명기념 전국 클럽 대항 볼링대회	14,000	교육체육청소년과	1	1	7	8	7	5	5	3
21700	전북 정읍시	제127주년 정읍동학농민혁명기념 전국 남·여 궁도대회	42,000	교육체육청소년과	1	1	7	8	7	5	5	3
21701	전북 정읍시	제127주년 정읍동학농민혁명기념 동호인 초청 족구대회	28,000	교육체육청소년과	1	1	7	8	7	5	5	3
21702	전북 정읍시	제127주년 정읍동학농민혁명기념 전국 축구대회	50,000	교육체육청소년과	1	1	7	8	7	5	5	3
21703	전북 정읍시	제127주년 정읍동학농민혁명기념 전국초청게이트볼 대회	60,000	교육체육청소년과	1	1	7	8	7	5	5	3
21704	전북 정읍시	제13회 정읍시장배 골프대회	9,000	교육체육청소년과	1	1	7	8	7	5	5	3
21705	전북 정읍시	제26회 정읍시장기 게이트볼 대회	7,180	교육체육청소년과	1	1	7	8	7	5	5	3
21706	전북 정읍시	제19회 정읍시장기 남여 배구대회	9,000	교육체육청소년과	1	1	7	8	7	5	5	3
21707	전북 정읍시	제18회 정읍시장배 당구대회	7,000	교육체육청소년과	1	1	7	8	7	5	5	3
21708	전북 정읍시	제3회 정읍시장배 전라북도 줄넘기대회	7,000	교육체육청소년과	1	1	7	8	7	5	5	3
21709	전북 정읍시	제3회 정읍시장배 생활체조대회	7,500	교육체육청소년과	1	1	7	8	7	5	5	3
21710	전북 정읍시	제10회 정읍시장배 전국 농구대회	4,200	교육체육청소년과	1	1	7	8	7	5	5	3
21711	전북 정읍시	제11회 정읍시장배 전국 단수로 수영대회	9,800	교육체육청소년과	1	1	7	8	7	5	5	3
21712	전북 정읍시	제13회 정읍시장배 바둑대회	8,000	교육체육청소년과	1	1	7	8	7	5	5	3
21713	전북 정읍시	제6회 정읍시장배 플로어볼 챔피언십 대회	5,000	교육체육청소년과	1	1	7	8	7	5	5	3
21714	전북 정읍시	제11회 정읍시장기 킥복싱대회	11,000	교육체육청소년과	1	1	7	8	7	5	5	3
21715	전북 정읍시	제21회 정읍시장배 태권도대회	6,300	교육체육청소년과	1	1	7	8	7	5	5	3
21716	전북 정읍시	제16회 정읍시장배 사격대회	4,500	교육체육청소년과	1	1	7	8	7	5	5	3
21717	전북 정읍시	제7회 정읍시장배 풋살대회	6,000	교육체육청소년과	1	1	7	8	7	5	5	3
21718	전북 정읍시	제9회 정읍시장배 그라운드골프 호남동호인 대회	6,000	교육체육청소년과	1	1	7	8	7	5	5	3
21719	전북 정읍시	제5회 정읍시장배 특공무술 대회	5,000	교육체육청소년과	1	1	7	8	7	5	5	3
21720	전북 정읍시	제8회 정읍시장배 유도대회	7,000	교육체육청소년과	1	1	7	8	7	5	5	3
21721	전북 정읍시	제19회 정읍시장배 전북 이순테니스 대회	5,500	교육체육청소년과	1	1	7	8	7	5	5	3
21722	전북 정읍시	제23회 정읍시장배 테니스대회	6,000	교육체육청소년과	1	1	7	8	7	5	5	3
21723	전북 정읍시	제21회 정읍시장배 탁구대회	8,260	교육체육청소년과	1	1	7	8	7	5	5	3
21724	전북 정읍시	제14회 정읍시장기 전북권 야구대회	8,500	교육체육청소년과	1	1	7	8	7	5	5	3

순번	시군구	지출명 (사업명)	2021년예산 (단위:천원/1년간)	담당자 (공무원) 담당부서	민간이전 분류 (지방자치단체 세출예산 집행기준에 의거) 1. 민간경상사업보조(307-02) 2. 민간단체 법정운영비보조(307-03) 3. 민간행사사업보조(307-04) 4. 민간위탁금(307-05) 5. 사회복지시설 법정운영비보조(307-10) 6. 민간인위탁교육비(307-12) 7. 공기관등에대한경상적위탁사업비(308-11) 8. 민간자본사업보조,자체재원(402-01) 9. 민간자본사업보조,이전재원(402-02) 10. 민간위탁사업비(402-03) 11. 공기관등에 대한 자본적 대행사업비(403-02)	민간이전지출 근거 (지방보조금 관리기준 참고) 1. 법률에 규정 2. 국고보조 재원(국가지정) 3. 용도 지정 기부금 4. 조례에 직접규정 5. 지자체가 권장하는 사업을 하는 공공기관 6. 시,도 정책 및 재정사정 7. 기타 8. 해당없음	입찰방식 계약체결방법 (경쟁형태) 1. 일반경쟁 2. 제한경쟁 3. 지명경쟁 4. 수의계약 5. 법정위탁 6. 기타 ( ) 7. 해당없음	입찰방식 계약기간 1. 1년 2. 2년 3. 3년 4. 4년 5. 5년 6. 기타 ( )년 7. 단기계약 (1년미만) 8. 해당없음	입찰방식 낙찰자선정방법 1. 적격심사 2. 협상에의한계약 3. 최저가낙찰제 4. 규격가격분리 5. 2단계 경쟁입찰 6. 기타 ( ) 7. 해당없음	운영예산 산정 운영예산 산정 1. 내부산정 (지자체 자체적으로 산정) 2. 외부산정 (외부전문기관위탁 산정) 3. 내·외부 모두 산정 4. 산정 無 5. 해당없음	운영예산 산정 정산방법 1. 내부정산 (지자체 내부적으로 정산) 2. 외부정산 (외부전문기관위탁 정산) 3. 내·외부 모두 산정 4. 정산 無 5. 해당없음	성과평가 실시여부 1. 실시 2. 미실시 3. 향후 추진 4. 해당없음
21725	전북 정읍시	제4회 정읍시장배 전국 복싱 페스티벌	10,000	교육체육청소년과	1	1	7	8	7	5	5	3
21726	전북 정읍시	제26회 정읍시장배 씨름왕 선발대회	5,000	교육체육청소년과	1	1	7	8	7	5	5	3
21727	전북 정읍시	제18회 정읍시장배 클럽대항 볼링대회	7,000	교육체육청소년과	1	1	7	8	7	5	5	3
21728	전북 정읍시	제5회 정읍시장배 전국 검도대회	30,000	교육체육청소년과	1	1	7	8	7	5	5	3
21729	전북 정읍시	2021 정읍시장배 전국 정대항 궁도대회	8,000	교육체육청소년과	1	1	7	8	7	5	5	3
21730	전북 정읍시	제25회 정읍시장배 동호인 초청 족구대회	6,000	교육체육청소년과	1	1	7	8	7	5	5	3
21731	전북 정읍시	제27회 정읍시장기 전국 배드민턴 대회	10,000	교육체육청소년과	1	1	7	8	7	5	5	3
21732	전북 정읍시	제23회 정읍시장기 클럽 직장 축구대회	12,000	교육체육청소년과	1	1	7	8	7	5	5	3
21733	전북 정읍시	제1회 정읍시장배 전국 파크골프대회	20,000	교육체육청소년과	1	1	7	8	7	5	5	3
21734	전북 정읍시	제1회 정읍시장배 주짓수 챔피언쉽	7,000	교육체육청소년과	1	1	7	8	7	5	5	3
21735	전북 정읍시	2021 무성서원 유네스코(UNESCO) 세계유산등재기념 배드민턴 대회	10,800	교육체육청소년과	1	1	7	8	7	5	5	3
21736	전북 정읍시	2021 전국 실버 족구대회	12,000	교육체육청소년과	1	1	7	8	7	5	5	3
21737	전북 정읍시	2021 정읍단풍미인컵 SBS 프로볼링대회	60,000	교육체육청소년과	1	1	7	8	7	5	5	3
21738	전북 정읍시	시민과 함께하는 한스벨리 페스티벌 및 사랑의 장학금 전달식	3,000	교육체육청소년과	1	1	7	8	7	5	5	3
21739	전북 정읍시	제3회 Best of korea 국악&댄스 콜라보 페스티벌	5,600	교육체육청소년과	1	1	7	8	7	5	5	3
21740	전북 정읍시	정읍시 체육인의 밤 행사	12,000	교육체육청소년과	1	1	7	8	7	5	5	3
21741	전북 정읍시	단풍미인씨름단 서포터즈 운영	11,500	교육체육청소년과	1	1	7	8	7	5	5	3
21742	전북 정읍시	단풍미인씨름단 달력 제작	8,800	교육체육청소년과	1	1	7	8	7	5	5	3
21743	전북 정읍시	전국 장애인 체육대회 출전	5,500	교육체육청소년과	1	1	7	8	7	5	5	3
21744	전북 정읍시	전국 장애인 종목별대회 출전	12,000	교육체육청소년과	1	1	7	8	7	5	5	3
21745	전북 정읍시	전국 장애인 사격대회 출전	3,600	교육체육청소년과	1	1	7	8	7	5	5	3
21746	전북 정읍시	각종 장애인 론볼대회 출전	3,600	교육체육청소년과	1	1	7	8	7	5	5	3
21747	전북 정읍시	각종 장애인 좌식배구대회 출전	8,000	교육체육청소년과	1	1	7	8	7	5	5	3
21748	전북 정읍시	전북 농아인 체육대회 출전	5,000	교육체육청소년과	1	1	7	8	7	5	5	3
21749	전북 정읍시	전북 지체장애인 체육대회 출전	6,000	교육체육청소년과	1	1	7	8	7	5	5	3
21750	전북 정읍시	서울국제휠체어마라톤대회 출전	1,800	교육체육청소년과	1	1	7	8	7	5	5	3
21751	전북 정읍시	2021 전라북도장애인체육대회 출전	22,500	교육체육청소년과	1	1	7	8	7	5	5	3
21752	전북 정읍시	정읍시장애인 생활 체육대회	19,000	교육체육청소년과	1	1	7	8	7	5	5	3
21753	전북 정읍시	제127주년 정읍동학농민혁명기념 전국 장애인 좌식배구대회	26,000	교육체육청소년과	1	1	7	8	7	5	5	3
21754	전북 정읍시	제127주년 정읍동학농민혁명기념 전국우수선수 초청 론볼대회	10,000	교육체육청소년과	1	1	7	8	7	5	5	3
21755	전북 정읍시	제127주년 정읍동학농민혁명기념 슐런 어울림 전국대회	5,000	교육체육청소년과	1	1	7	8	7	5	5	3
21756	전북 정읍시	제127주년 정읍동학농민혁명기념 전국 어울림 태권도 대회	10,000	교육체육청소년과	1	1	7	8	7	5	5	3
21757	전북 정읍시	제127주년 정읍동학농민혁명기념 전국 보치아 대회	6,000	교육체육청소년과	1	1	7	8	7	5	5	3
21758	전북 정읍시	제19회 꿈드래 장애인협회 한마음 체육대회 및 문화공연	16,000	교육체육청소년과	1	1	7	8	7	5	5	3
21759	전북 정읍시	장애인생활체육교실 운영	12,000	교육체육청소년과	1	1	7	8	7	5	5	3
21760	전북 정읍시	정읍시 장애인 체육인의 밤 행사	5,000	교육체육청소년과	1	1	7	8	7	5	5	3
21761	전북 정읍시	생활체육 광장지도자 사업	79,240	교육체육청소년과	1	1	7	8	7	5	5	3
21762	전북 정읍시	생활체육 동호인리그 운영	60,730	교육체육청소년과	1	1	7	8	7	5	5	3
21763	전북 정읍시	읍・면・동 생활체육교실 사업	66,622	교육체육청소년과	1	1	7	8	7	5	5	3
21764	전북 정읍시	유소년 축구교실 운영	10,140	교육체육청소년과	1	1	7	8	7	5	5	3
21765	전북 정읍시	일반・유소년 생활체육지도자 배치사업	233,856	교육체육청소년과	1	2	7	8	7	5	5	3
21766	전북 정읍시	일반・유소년 생활체육지도자 복리후생비	78,876	교육체육청소년과	1	1	7	8	7	5	5	3
21767	전북 정읍시	어르신 생활체육지도자 배치사업	204,624	교육체육청소년과	1	2	7	8	7	5	5	3
21768	전북 정읍시	어르신 생활체육지도자 복리후생비	60,917	교육체육청소년과	1	1	7	8	7	5	5	3
21769	전북 정읍시	장애인 생활체육지도자 배치사업	58,464	교육체육청소년과	1	2	7	8	7	5	5	3
21770	전북 정읍시	장애인 생활체육지도자 복리후생비	10,920	교육체육청소년과	1	1	7	8	7	5	5	3
21771	전북 정읍시	제58회 대통령기전국장사씨름대회	150,000	교육체육청소년과	1	1	7	8	7	5	5	3
21772	전북 정읍시	제127주년 동학농민혁명기념 정읍동학마라톤대회	148,210	교육체육청소년과	1	4	7	8	7	5	5	3
21773	전북 정읍시	제128주년 동학농민혁명기념 정읍동학마라톤대회 준비	15,000	교육체육청소년과	1	4	7	8	7	5	5	3
21774	전북 정읍시	전국 가을철 종별(대학·일반) 배드민턴 선수권 대회	110,000	교육체육청소년과	1	4	7	8	7	5	5	3
21775	전북 정읍시	제127주년 정읍동학농민혁명기념 전국 유소년 축구 페스티벌	150,000	교육체육청소년과	1	4	7	8	7	5	5	3

순번	시군구	지출명 (사업명)	2021년예산 (단위:천원/1년간)	담당자 (공무원)	민간이전 분류	민간이전지출 근거	입찰방식			운영예산 산정		성과평가 실시여부
				담당부서	(지방자치단체 세출예산 집행기준에 의거) 1. 민간경상사업보조(307-02) 2. 민간단체 법정운영비보조(307-03) 3. 민간행사사업보조(307-04) 4. 민간위탁금(307-05) 5. 사회복지시설 법정운영비보조(307-10) 6. 민간인위탁교육비(307-12) 7. 공기관등에대한경상적위탁사업비(308-11) 8. 민간자본사업보조,자체재원(402-01) 9. 민간자본사업보조,이전재원(402-02) 10. 민간위탁사업비(402-03) 11. 공기관등에 대한 자본적 대행사업비(403-02)	(지방보조금 관리기준 참고) 1. 법률에 규정 2. 국고보조 재원(국가지정) 3. 용도 지정 기부금 4. 조례에 직접규정 5. 지자체가 권장하는 사업을 하는 공공기관 6. 시,도 정책 및 재정사정 7. 기타 8. 해당없음	계약체결방법 (경쟁형태) 1. 일반경쟁 2. 제한경쟁 3. 지명경쟁 4. 수의계약 5. 법정위탁 6. 기타 ( ) 7. 해당없음	계약기간 1. 1년 2. 2년 3. 3년 4. 4년 5. 5년 6. 기타 ( )년 7. 단기계약 (1년미만) 8. 해당없음	낙찰자선정방법 1. 적격심사 2. 협상에의한계약 3. 최저가낙찰제 4. 규격가격분리 5. 2단계 경쟁입찰 6. 기타 ( ) 7. 해당없음	운영예산 산정 1. 내부산정 (지자체 자체적으로 산정) 2. 외부산정 (외부전문기관위탁 산정) 3. 내·외부 모두 산정 4. 산정 無 5. 해당없음	정산방법 1. 내부정산 (지자체 내부적으로 정산) 2. 외부정산 (외부전문기관위탁 정산) 3. 내·외부 모두 산정 4. 정산 無 5. 해당없음	1. 실시 2. 미실시 3. 향후 추진 4. 해당없음
21776	전북 정읍시	제127주년 정읍동학농민혁명기념 한국중등 축구연맹회장배 저학년 축구대회	210,000	교육체육청소년과	1	4	7	8	7	5	5	3
21777	전북 정읍시	2021년 문화체육관광부장관기 전국 초등학교 태권도대회	170,000	교육체육청소년과	1	4	7	8	7	5	5	3
21778	전북 정읍시	2021년 정향누리배 전국 남녀중고 배구대회	163,000	교육체육청소년과	1	4	7	8	7	5	5	3
21779	전북 정읍시	제1회 정읍시장배 전국 MTB대회	35,500	교육체육청소년과	1	4	7	8	7	5	5	3
21780	전북 정읍시	제1회 정읍시장배 전국 패러글라이딩 대회	9,500	교육체육청소년과	1	4	7	8	7	5	5	3
21781	전북 정읍시	2021년 전국 전지훈련 유치지원비	10,000	교육체육청소년과	1	4	7	8	7	5	5	3
21782	전북 정읍시	정보화마을 프로그램관리자 육성	43,540	정보통신과	1	6	7	8	7	5	5	3
21783	전북 정읍시	발전소 주변지역 기본지원사업	300	지역경제과	1	2	7	8	7	5	5	3
21784	전북 정읍시	소비자 교육 및 이동 소비자상담실 운영	1,750	지역경제과	1	1	7	8	7	5	5	3
21785	전북 정읍시	2021년 모범근로자 산업시찰	7,000	지역경제과	1	1	7	8	7	5	5	3
21786	전북 정읍시	소상공인공제(노란우산공제)가입 지원	30,000	지역경제과	1	1	7	8	7	5	5	3
21787	전북 정읍시	전통시장 활성화 문화공연	55,000	지역경제과	1	1	7	8	7	5	5	3
21788	전북 정읍시	전통시장 시장매니저 지원사업	9,600	지역경제과	1	1	7	8	7	5	5	3
21789	전북 정읍시	전통시장 장엔정 장보기 도우미	109,872	지역경제과	1	1	7	8	7	5	5	3
21790	전북 정읍시	전통시장 야시장 지원사업	50,000	지역경제과	1	1	7	8	7	5	5	3
21791	전북 정읍시	와글와글시장가요제	20,000	지역경제과	1	1	7	8	7	5	5	3
21792	전북 정읍시	전통시장 장보기 및 배송서비스 지원	64,152	지역경제과	1	1	7	8	7	5	5	3
21793	전북 정읍시	연지시장 대보름 방화제	2,200	지역경제과	1	1	7	8	7	5	5	3
21794	전북 정읍시	슈메이커 양성사업(수제화 아카데미)	240,000	지역경제과	1	1	7	8	7	5	5	3
21795	전북 정읍시	청년 취업지원사업	101,400	지역경제과	1	1	7	8	7	5	5	3
21796	전북 정읍시	신중년 취업지원사업	126,000	지역경제과	1	1	7	8	7	5	5	3
21797	전북 정읍시	청년 내일채움공제 지원	72,000	지역경제과	1	1	7	8	7	5	5	3
21798	전북 정읍시	민주노총 노동교실	1,400	지역경제과	1	6	7	8	7	5	5	3
21799	전북 정읍시	민주노총 노동자 체육대회	10,000	지역경제과	1	6	7	8	7	5	5	3
21800	전북 정읍시	한국노총 노동교실	2,000	지역경제과	1	6	7	8	7	5	5	3
21801	전북 정읍시	한국노총 근로자 체육대회	8,000	지역경제과	1	6	7	8	7	5	5	3
21802	전북 정읍시	농축산용 미생물 효능평가지원사업	1,450	첨단산업과	1	2	7	8	7	5	5	3
21803	전북 정읍시	지역특화 농생명산업 청년일자리사업	23,400	첨단산업과	1	2	7	8	7	5	5	3
21804	전북 정읍시	농생명 유망특화 R&D 개발지원사업	300,000	첨단산업과	1	7	7	8	7	5	5	3
21805	전북 정읍시	정읍시 생활과학교실 운영	30,000	첨단산업과	1	7	7	8	7	5	5	3
21806	전북 정읍시	정읍시 창의과학축전	20,000	첨단산업과	1	7	7	8	7	5	5	3
21807	전북 정읍시	별나라 여행축제	35,000	첨단산업과	1	7	7	8	7	5	5	3
21808	전북 정읍시	지식재산권 협력사	50,000	첨단산업과	1	4	7	8	7	5	5	3
21809	전북 정읍시	창업보육센터 지원사업	35,000	첨단산업과	1	4	7	8	7	5	5	3
21810	전북 정읍시	기업사랑 노사한마당	11,664	첨단산업과	1	7	7	8	7	5	5	3
21811	전북 정읍시	위기지역 도외 물품 수송 물류비 지원사업	100,000	첨단산업과	1	7	7	8	7	5	5	3
21812	전북 정읍시	맞춤형 기술인력 교육사업	115,416	첨단산업과	1	5	7	8	7	5	5	3
21813	전북 정읍시	청년&기업 동행 청년일자리사업	126,000	첨단산업과	1	2	7	8	7	5	5	3
21814	전북 정읍시	농촌재능나눔	36,000	공동체과	1	1	7	8	7	5	5	3
21815	전북 정읍시	아파트공동체 활성화사업	24,000	공동체과	1	4	7	8	7	5	5	3
21816	전북 정읍시	공동체 페스티벌	40,000	공동체과	1	4	7	8	7	5	5	3
21817	전북 정읍시	생생마을만들기 기초단계	25,000	공동체과	1	4	7	8	7	5	5	3
21818	전북 정읍시	도농교류 산촌마당캠프	4,000	공동체과	1	4	7	8	7	5	5	3
21819	전북 정읍시	추진위원회 운영	6,000	공동체과	1	7	7	8	7	5	5	4
21820	전북 정읍시	사무장 운영	21,900	공동체과	1	7	7	8	7	5	5	4
21821	전북 정읍시	추진위원회 운영	6,000	공동체과	1	7	7	8	7	5	5	4
21822	전북 정읍시	사무장 운영	21,900	공동체과	1	7	7	8	7	5	5	4
21823	전북 정읍시	추진위원회 운영	2,400	공동체과	1	7	7	8	7	5	5	4
21824	전북 정읍시	추진위원회 운영	2,400	공동체과	1	7	7	8	7	5	5	4
21825	전북 정읍시	추진위원회 운영	2,400	공동체과	1	7	7	8	7	5	5	4
21826	전북 정읍시	완료지구 홍보 및 컨설팅 지원	120,000	공동체과	1	7	7	8	7	5	5	4

순번	시군구	지출명 (사업명)	2021년예산 (단위:천원/1년간)	담당자 (공무원) 담당부서	민간이전 분류 (지방자치단체 세출예산 집행기준에 의거) 1. 민간경상사업보조(307-02) 2. 민간단체 법정운영비보조(307-03) 3. 민간행사사업보조(307-04) 4. 민간위탁금(307-05) 5. 사회복지시설 법정운영비보조(307-10) 6. 민간인위탁교육비(307-12) 7. 공기관등에대한경상적위탁사업비(308-11) 8. 민간자본사업보조,자체재원(402-01) 9. 민간자본사업보조,이전재원(402-02) 10. 민간위탁사업비(402-03) 11. 공기관등에 대한 자본적 대행사업비(403-02)	민간이전지출 근거 (지방보조금 관리기준 참고) 1. 법률에 규정 2. 국고보조 재원(국가지정) 3. 용도 지정 기부금 4. 조례에 직접규정 5. 지자체가 권장하는 사업을 하는 공공기관 6. 시,도 정책 및 재정사정 7. 기타 8. 해당없음	입찰방식 계약체결방법 (경쟁형태) 1. 일반경쟁 2. 제한경쟁 3. 지명경쟁 4. 수의계약 5. 법정위탁 6. 기타 ( ) 7. 해당없음	입찰방식 계약기간 1. 1년 2. 2년 3. 3년 4. 4년 5. 5년 6. 기타 ( )년 7. 단기계약 (1년미만) 8. 해당없음	입찰방식 낙찰자선정방법 1. 적격심사 2. 협상에의한계약 3. 최저가낙찰제 4. 규격가격분리 5. 2단계 경쟁입찰 6. 기타 ( ) 7. 해당없음	운영예산 산정 운영예산 산정 1. 내부산정 (지자체 자체적으로 산정) 2. 외부산정 (외부전문기관위탁 산정) 3. 내·외부 모두 산정 4. 산정 無 5. 해당없음	운영예산 산정 정산방법 1. 내부정산 (지자체 내부적으로 정산) 2. 외부정산 (외부전문기관위탁 정산) 3. 내·외부 모두 산정 4. 정산 無 5. 해당없음	성과평가 실시여부 1. 실시 2. 미실시 3. 향후 추진 4. 해당없음
21827	전북 정읍시	사회적기업 9주년 기념행사 및 포럼	3,000	공동체과	1	4	7	8	7	5	5	3
21828	전북 정읍시	(예비)사회적기업 일자리창출사업 지원	512,000	공동체과	1	2	7	8	7	5	5	3
21829	전북 정읍시	(예비)사회적기업 사업개발비 지원	30,000	공동체과	1	2	7	8	7	5	5	3
21830	전북 정읍시	사회적기업 사회보험료 지원	100,000	공동체과	1	2	7	8	7	5	5	3
21831	전북 정읍시	2021년 마을기업 사무장 지원사업	133,200	공동체과	1	6	7	8	7	5	5	3
21832	전북 정읍시	사회적경제 청년혁신가 지원	280,800	공동체과	1	2	7	8	7	5	5	3
21833	전북 정읍시	사회적경제 청년혁신가 지원	15,600	공동체과	1	2	7	8	7	5	5	3
21834	전북 정읍시	사회적경제 청년혁신가 지원	40,000	공동체과	1	2	7	8	7	5	5	3
21835	전북 정읍시	마을기업 경쟁력 강화를 위한 청년인턴 지원사업	70,470	공동체과	1	2	7	8	7	5	5	3
21836	전북 정읍시	정읍시공동체협회 전자상거래운영 청년일자리사업	22,300	공동체과	1	4	7	8	7	5	5	3
21837	전북 정읍시	비산업부문 온실가스 진단컨설팅	10,000	환경과	1	1	7	8	7	5	5	3
21838	전북 정읍시	국가생태관광지역 육성사업	86,000	환경과	1	2	7	8	7	5	5	3
21839	전북 정읍시	새뚱지킴이 및 환경운동	3,000	환경과	1	4	7	8	7	5	5	3
21840	전북 정읍시	야생조류 보호 및 구조구난	2,500	환경과	1	4	7	8	7	5	5	3
21841	전북 정읍시	환경감시 기동순찰대 운영 및 환경정화활동	3,000	환경과	1	4	7	8	7	5	5	3
21842	전북 정읍시	자연·환경 보호 사업	7,000	환경과	1	4	7	8	7	5	5	3
21843	전북 정읍시	정읍지속가능 발전협의회 운영	56,910	환경과	1	4	7	8	7	5	5	3
21844	전북 정읍시	옛도랑 복원사업	35,000	환경과	1	6	7	8	7	5	5	3
21845	전북 정읍시	임업후계자 선진지 견학	4,480	산림녹지과	1	1	7	8	7	5	5	3
21846	전북 정읍시	무궁화사랑 학생 백일장,사생실기 대회	3,000	산림녹지과	1	1	7	8	7	5	5	3
21847	전북 정읍시	시민정원 조성사업	67,500	산림녹지과	1	4	7	8	7	5	5	3
21848	전북 정읍시	우수 생태길 걷기 행사	10,000	산림녹지과	1	2	7	8	7	5	5	3
21849	전북 정읍시	도시재생 아카데미 운영	34,000	도시재생과	1	6	7	8	7	5	5	3
21850	전북 정읍시	도시재생뉴딜사업(공기업제안형) 주민참여 실천사업(문화예술)	100,000	도시재생과	1	1	7	8	7	5	5	3
21851	전북 정읍시	도시재생뉴딜사업(주거지지원형) 여성새로일하기센터 연계사업	30,000	도시재생과	1	1	7	8	7	5	5	3
21852	전북 정읍시	의용소방대 소방기술경연대회	11,000	안전총괄과	1	4	7	8	7	5	5	3
21853	전북 정읍시	전북 의용소방대 소방기술경연대회 참가비 지원	5,060	안전총괄과	1	4	7	8	7	5	5	3
21854	전북 정읍시	하동군 의용소방대 동서교류행사 지원	4,560	안전총괄과	1	4	7	8	7	5	5	3
21855	전북 정읍시	의용소방대 연합회원 워크숍 개최	3,600	안전총괄과	1	4	7	8	7	5	5	3
21856	전북 정읍시	지역자율방재단 재난예찰 및 복구활동 운영	4,500	안전총괄과	1	4	7	8	7	5	5	3
21857	전북 정읍시	해병대 전우회 재난재해대비 인명구조훈련	9,500	안전총괄과	1	4	7	8	7	5	5	3
21858	전북 정읍시	해양구조협회 인명구조요원 양성	3,480	안전총괄과	1	4	7	8	7	5	5	3
21859	전북 정읍시	시민을위한교통봉사활동지원(모범운전자회)	3,500	교통과	1	4	7	8	7	5	5	3
21860	전북 정읍시	내장산콜택시 관제센터 운영비 지원	120,000	교통과	1	4	7	8	7	5	5	3
21861	전북 정읍시	내장산콜택시 통신비 지원	29,700	교통과	1	4	7	8	7	5	5	3
21862	전북 정읍시	연합콜택시 관제센터 운영비 지원	40,000	교통과	1	4	7	8	7	5	5	3
21863	전북 정읍시	연합콜택시 통신비 지원	10,000	교통과	1	4	7	8	7	5	5	3
21864	전북 정읍시	공공보건의료기관 공공보건사업	15,000	보건위생과	1	1	7	8	7	5	5	3
21865	전북 정읍시	음식점 등 시설개설 지원	70,000	보건위생과	1	4	7	8	7	5	5	3
21866	전북 정읍시	호스피스를 통한 환우섬김	4,000	방문보건팀	1	4	7	8	7	5	5	3
21867	전북 정읍시	의료기관 결핵환자 관리지	35,650	건강증진과	1	2	7	8	7	5	5	3
21868	전북 정읍시	한센간이양로주택 운영비 지원	65,984	건강증진과	1	2	7	8	7	5	5	3
21869	전북 정읍시	의료관련감염병 표본감시체계 지원비	10,000	건강증진과	1	2	7	8	7	5	5	3
21870	전북 정읍시	치매안심요양병원 공공사업 지원	100,000	건강재활과	1	1	7	8	7	5	5	3
21871	전북 정읍시	정신재활시설 운영비	396,650	건강재활과	1	1	7	8	7	5	5	3
21872	전북 정읍시	정신재활시설 종사자 특별수당	9,000	건강재활과	1	1	7	8	7	5	5	3
21873	전북 정읍시	영농도우미 농가부담금 지원사업	12,600	농업정책과	1	6	7	8	7	5	5	3
21874	전북 정읍시	출산여성 농가도우미 지원사업	35,280	농업정책과	1	6	7	8	7	5	5	3
21875	전북 정읍시	농업경영컨설팅 지원	35,000	농업정책과	1	2	7	8	7	5	5	3
21876	전북 정읍시	여성농업인 생생카드지원사업	390,000	농업정책과	1	6	7	8	7	5	5	3
21877	전북 정읍시	농번기 공동급식 지원사업	144,000	농업정책과	1	6	7	8	7	5	5	3

순번	시군구	지출명 (사업명)	2021년예산 (단위:천원/1년간)	담당자 (공무원) 담당부서	민간이전 분류 (지방자치단체 세출예산 집행기준에 의거) 1. 민간경상사업보조(307-02) 2. 민간단체 법정운영비보조(307-03) 3. 민간행사사업보조(307-04) 4. 민간위탁금(307-05) 5. 사회복지시설 법정운영비보조(307-10) 6. 민간인위탁교육비(307-12) 7. 공기관등에대한경상적위탁사업비(308-11) 8. 민간자본사업보조,자체재원(402-01) 9. 민간자본사업보조,이전재원(402-02) 10. 민간위탁사업비(402-03) 11. 공기관등에 대한 자본적 대행사업비(403-02)	민간이전지출 근거 (지방보조금 관리기준 참고) 1. 법률에 규정 2. 국고보조 재원(국가지정) 3. 용도 지정 기부금 4. 조례에 직접규정 5. 지자체가 권장하는 사업을 하는 공공기관 6. 시,도 정책 및 재정사정 7. 기타 8. 해당없음	입찰방식: 계약체결방법 (경쟁형태) 1. 일반경쟁 2. 제한경쟁 3. 지명경쟁 4. 수의계약 5. 법정위탁 6. 기타 ( ) 7. 해당없음	입찰방식: 계약기간 1. 1년 2. 2년 3. 3년 4. 4년 5. 5년 6. 기타 ( )년 7. 단기계약 (1년미만) 8. 해당없음	입찰방식: 낙찰자선정방법 1. 적격심사 2. 협상에의한계약 3. 최저가낙찰제 4. 규격가격분리 5. 2단계 경쟁입찰 6. 기타 ( ) 7. 해당없음	운영예산 산정: 운영예산 산정 1. 내부산정 (지자체 자체적으로 산정) 2. 외부산정 (외부전문기관위탁 산정) 3. 내·외부 모두 산정 4. 산정 無 5. 해당없음	운영예산 산정: 정산방법 1. 내부정산 (지자체 내부적으로 정산) 2. 외부정산 (외부전문기관위탁 정산) 3. 내·외부 모두 산정 4. 정산 無 5. 해당없음	성과평가 실시여부 1. 실시 2. 미실시 3. 향후 추진 4. 해당없음
21878	전북 정읍시	농촌인력중개센터 운영 지원	160,000	농업정책과	1	2	7	8	7	5	5	3
21879	전북 정읍시	제26회농업인의날한마음대회(농민단체연합)	48,000	농업정책과	1	4	7	8	7	1	1	3
21880	전북 정읍시	농업인단체연합 품목별 선진지 견학(농민단체연합)	12,600	농업정책과	1	4	7	8	7	1	1	3
21881	전북 정읍시	제14회 한농연 가족한마당 행사(한농연)	15,050	농업정책과	1	4	7	8	7	1	1	3
21882	전북 정읍시	제16회한국농업경영인전라북도대회(한농연)	12,420	농업정책과	1	4	7	8	7	1	1	3
21883	전북 정읍시	제21회 도농어울림 한마음대회 (한농연)	3,110	농업정책과	1	4	7	8	7	1	1	3
21884	전북 정읍시	제18회 전북농특산물명품큰장터참가(한농연)	13,500	농업정책과	1	4	7	8	7	1	1	3
21885	전북 정읍시	제30회 전국으뜸농산물한마당행사(한농연)	9,000	농업정책과	1	4	7	8	7	1	1	3
21886	전북 정읍시	여성농업인 농부병 건강클리닉(한여농)	4,000	농업정책과	1	4	7	8	7	1	1	3
21887	전북 정읍시	한여농 품목별 선진지 견학(한여농)	13,860	농업정책과	1	4	7	8	7	1	1	3
21888	전북 정읍시	제11회 한국여성농업인 전국대회(한여농)	4,120	농업정책과	1	4	7	8	7	1	1	3
21889	전북 정읍시	정읍 농업인 영농발대식 풍년기원제(농민회)	14,990	농업정책과	1	4	7	8	7	1	1	3
21890	전북 정읍시	제32주년기념식및농민가족한마당행사(농민회)	18,540	농업정책과	1	4	7	8	7	1	1	3
21891	전북 정읍시	농업인 능력배양을 위한 교육 및 수련회(농민회)	7,700	농업정책과	1	4	7	8	7	1	1	3
21892	전북 정읍시	전농전북도연맹 민족농업전진대회(농민회)	3,150	농업정책과	1	4	7	8	7	1	1	3
21893	전북 정읍시	제22회전북여성농민한마당 행사(여성농민회)	5,100	농업정책과	1	4	7	8	7	1	1	3
21894	전북 정읍시	2021년 전국여성농민대회 참가(여성농민회)	1,740	농업정책과	1	4	7	8	7	1	1	3
21895	전북 정읍시	여성농민 활동가 양성 워크숍(여성농민회)	1,200	농업정책과	1	4	7	8	7	1	1	3
21896	전북 정읍시	새농민회 한마음 전진대회(새농민회)	1,452	농업정책과	1	4	7	8	7	1	1	3
21897	전북 정읍시	귀농인 초청 새농민회선진지견학(새농민회)	5,000	농업정책과	1	4	7	8	7	1	1	3
21898	전북 정읍시	고부 두승산 청정메밀축제	7,000	농업정책과	1	6	7	8	7	5	5	3
21899	전북 정읍시	마을경영체경쟁력 강화사업	88,000	농업정책과	1	6	7	8	7	5	5	3
21900	전북 정읍시	사무장 역량강화	2,640	농업정책과	1	2	7	8	7	5	5	3
21901	전북 정읍시	농어촌체험마을 사무장 활동비	151,200	농업정책과	1	2	7	8	7	5	5	3
21902	전북 정읍시	농어촌체험마을 보험가입 지원	5,361	농업정책과	1	2	7	8	7	5	5	3
21903	전북 정읍시	농촌관광 거점마을 운영 활성화 지원사업	50,000	농업정책과	1	6	7	8	7	5	5	3
21904	전북 정읍시	2021년 농촌축제지원사업	10,000	농업정책과	1	2	7	8	7	5	5	3
21905	전북 정읍시	귀농귀촌 활성화 지원사업	155,000	농업정책과	1	1	7	8	7	5	5	3
21906	전북 정읍시	귀농귀촌 유치 지원사업	200,000	농업정책과	1	1	7	8	7	5	5	3
21907	전북 정읍시	마을단위 찾아가는 융화교육사업	10,000	농업정책과	1	1	7	8	7	5	5	3
21908	전북 정읍시	친환경 희망농부 육성지원	5,400	농수산유통과	1	1	7	8	7	5	5	3
21909	전북 정읍시	친환경 농산물 품목다양화 육성지원	106,004	농수산유통과	1	1	7	8	7	5	5	3
21910	전북 정읍시	임산부 친환경농산물 꾸러미 지원	69,888	농수산유통과	1	1	7	8	7	5	5	3
21911	전북 정읍시	GAP 이력관리체계 구축	21,000	농수산유통과	1	1	7	8	7	5	5	3
21912	전북 정읍시	쌀전업농 전북회원 가족대회 및 유통마케팅 교육	35,000	농수산유통과	1	4	7	8	7	5	5	3
21913	전북 정읍시	식량작물공동(들녘)경영체 육성지원사업(교육컨설팅)	27,000	농수산유통과	1	1	7	8	7	5	5	3
21914	전북 정읍시	국산밀 생산단지 경영체 육성 교육, 컨설팅 지원	63,000	농수산유통과	1	1	7	8	7	5	5	3
21915	전북 정읍시	우리밀 소비촉진 지원사업	31,000	농수산유통과	1	1	7	8	7	5	5	3
21916	전북 정읍시	정읍시농특산품 홍보판매전 운영	45,000	농수산유통과	1	4	7	8	7	5	5	3
21917	전북 정읍시	신선농산물 수출 물류비 지원	170,000	농수산유통과	1	4	7	8	7	5	5	3
21918	전북 정읍시	농특산물 인터넷판매 활성화 사업	18,000	농수산유통과	1	1	7	8	7	5	5	3
21919	전북 정읍시	농산물 TV홈쇼핑 마케팅 지원사업	36,000	농수산유통과	1	1	7	8	7	5	5	3
21920	전북 정읍시	공선출하회육성 및 판매지원사업	240,000	농수산유통과	1	4	7	8	7	5	5	3
21921	전북 정읍시	생산자조직화 및 통합마케팅 활성화 지원	80,000	농수산유통과	1	4	7	8	7	5	5	3
21922	전북 정읍시	농산물 공동출하 확대지원 사업	120,980	농수산유통과	1	4	7	8	7	5	5	3
21923	전북 정읍시	농산물 마케팅 지원사업	6,780	농수산유통과	1	4	7	8	7	5	5	3
21924	전북 정읍시	농산물 공동작업 지원체계 확충사업	145,668	농수산유통과	1	4	7	8	7	5	5	3
21925	전북 정읍시	청년로컬사업단 운영	22,373	농수산유통과	1	2	7	8	7	5	5	3
21926	전북 정읍시	정읍시 힐링푸드센터 주민교육 재료비 지원	3,600	농수산유통과	1	4	7	8	7	5	5	3
21927	전북 정읍시	로컬푸드직매장 홍보 및 판촉행사 지원	16,000	농수산유통과	1	4	7	8	7	5	5	3
21928	전북 정읍시	고모네장터 로컬푸드직매장 활성화사업	40,000	농수산유통과	1	4	7	8	7	5	5	3

순번	시군구	지출명 (사업명)	2021년예산 (단위:천원/1년간)	담당자 (공무원) 담당부서	민간이전 분류 (지방자치단체 세출예산 집행기준에 의거) 1. 민간경상사업보조(307-02) 2. 민간단체 법정운영비보조(307-03) 3. 민간행사사업보조(307-04) 4. 민간위탁금(307-05) 5. 사회복지시설 법정운영비보조(307-10) 6. 민간인위탁교육비(307-12) 7. 공기관등에대한경상적위탁사업비(308-11) 8. 민간자본사업보조,자체재원(402-01) 9. 민간자본사업보조,이전재원(402-02) 10. 민간위탁사업비(402-03) 11. 공기관등에 대한 자본적 대행사업비(403-02)	민간이전지출 근거 (지방보조금 관리기준 참고) 1. 법률에 규정 2. 국고보조 재원(국가지정) 3. 용도 지정 기부금 4. 조례에 직접규정 5. 지자체가 권장하는 사업을 하는 공공기관 6. 시,도 정책 및 재정사정 7. 기타 8. 해당없음	입찰방식 계약체결방법 (경쟁형태) 1. 일반경쟁 2. 제한경쟁 3. 지명경쟁 4. 수의계약 5. 법정위탁 6. 기타 ( ) 7. 해당없음	입찰방식 계약기간 1. 1년 2. 2년 3. 3년 4. 4년 5. 5년 6. 기타 ( )년 7. 단기계약 (1년미만) 8. 해당없음	입찰방식 낙찰자선정방법 1. 적격심사 2. 협상에의한계약 3. 최저가낙찰제 4. 규격가격분리 5. 2단계 경쟁입찰 6. 기타 ( ) 7. 해당없음	운영예산 산정 운영예산 산정 1. 내부산정 (지자체 자체적으로 산정) 2. 외부산정 (외부전문기관위탁 산정) 3. 내·외부 모두 산정 4. 산정 無 5. 해당없음	운영예산 산정 정산방법 1. 내부정산 (지자체 내부적으로 정산) 2. 외부정산 (외부전문기관위탁 정산) 3. 내·외부 모두 산정 4. 정산 無 5. 해당없음	성과평가 실시여부 1. 실시 2. 미실시 3. 향후 추진 4. 해당없음
21929	전북 정읍시	농식품기업 HACCP 컨설팅 지원	5,600	농수산유통과	1	6	7	8	7	5	5	3
21930	전북 정읍시	종균활용 발효식품산업 지원	40,000	농수산유통과	1	2	7	8	7	5	5	3
21931	전북 정읍시	농산물 저온저장고 지원	135,000	농수산유통과	1	4	7	8	7	5	5	3
21932	전북 정읍시	원예작물 우량종묘 지원	120,000	농수산유통과	1	4	7	8	7	5	5	3
21933	전북 정읍시	과수원예작물 토양환경 개선자재 지원사업	60,000	농수산유통과	1	6	7	8	7	5	5	3
21934	전북 정읍시	시설원예 현대화 지원	262,150	농수산유통과	1	2	7	8	7	5	5	3
21935	전북 정읍시	학교 과일간식 지원	72,561	농수산유통과	1	2	7	8	7	5	5	3
21936	전북 정읍시	수산업경영인 대회 지원	2,000	농수산유통과	1	4	7	8	7	5	5	3
21937	전북 정읍시	지역정착 청년일자리	28,726	축산과	1	2	7	8	7	5	5	3
21938	전북 정읍시	축산환경개선 지도지원사업	35,600	축산과	1	6	7	8	7	5	5	3
21939	전북 정읍시	낙농도우미 지원사업	52,000	축산과	1	1	7	8	7	5	5	3
21940	전북 정읍시	양봉인 전국대회 지원	130,000	축산과	1	1	7	8	7	5	5	3
21941	전북 정읍시	품목생산자조직 경쟁력 제고 시범	15,000	기술지원과	1	2	7	8	7	5	5	3
21942	전북 정읍시	농업용 드론 전문 자격증반 육성지원	12,000	기술지원과	1	2	7	8	7	5	5	3
21943	전북 정읍시	강소농 경영개선 컨설팅	10,000	기술지원과	1	2	7	8	7	5	5	3
21944	전북 정읍시	청년농업인 영농정착 지원금	834,000	기술지원과	1	2	7	8	7	5	5	3
21945	전북 정읍시	전북형 청년창업농 영농정착 지원금	89,600	기술지원과	1	6	7	8	7	5	5	3
21946	전북 정읍시	청년창업농 영농기반 임차지원	24,296	기술지원과	1	6	7	8	7	5	5	3
21947	전북 정읍시	청년농업인 생생동아리 지원	6,000	기술지원과	1	6	7	8	7	5	5	3
21948	전북 정읍시	정읍시 4-H 연합회 수련교육 지원	12,600	기술지원과	1	5	7	8	7	5	5	3
21949	전북 정읍시	농촌지도자 전북연합회 한마음대회	30,000	기술지원과	1	4	7	8	7	5	5	3
21950	전북 정읍시	농촌지도자대회 참가지원	6,000	기술지원과	1	6	7	8	7	5	5	3
21951	전북 정읍시	농업인학습단체 기후변화 대응 현장교육	10,500	기술지원과	1	6	7	8	7	5	5	3
21952	전북 정읍시	전북 4-H연합회 경진대회 참가 지원	5,000	기술지원과	1	6	7	8	7	5	5	3
21953	전북 정읍시	농업인학습단체(생활개선회)활성화 지원	5,000	기술지원과	1	6	7	8	7	5	5	3
21954	전북 정읍시	신규농업인 현장실습교육 지원	36,000	기술지원과	1	2	7	8	7	5	5	3
21955	전북 정읍시	귀농창업 활성화 지원	28,000	기술지원과	1	2	7	8	7	5	5	3
21956	전북 정읍시	청년농업인 경쟁력제고 지원	45,000	기술지원과	1	2	7	8	7	5	5	3
21957	전북 정읍시	농촌여성 안전향상 보소구 지급	13,400	생활자원	1	6	7	8	7	5	5	3
21958	전북 정읍시	세계여성농업인의 날 행사지원	5,000	생활자원	1	6	7	8	7	5	5	3
21959	전북 정읍시	생활개선회 리더십 아카데미	3,500	생활자원	1	4	7	8	7	5	5	3
21960	전북 정읍시	원예활동 전문가 활용 도시농업 시범	50,000	자원개발과	1	2	7	8	7	5	5	3
21961	전북 정읍시	17회 단풍미인 씨없는 수박 품평회	10,000	자원개발과	1	6	7	8	7	5	5	3
21962	전북 정읍시	제17회 샘골녹향제	2,800	자원개발과	1	4	7	8	7	5	5	3
21963	전북 정읍시	제9회 성년의식 및 다례체험	2,500	자원개발과	1	4	7	8	7	5	5	3
21964	전북 정읍시	동학농민혁명 유적지 디지털 영상제작	29,000	동학농민혁명선양사업소	1	4	7	8	7	5	5	3
21965	전북 정읍시	동학농민혁명 미주지역 기념 및 추모제	29,160	동학농민혁명선양사업소	1	4	7	8	7	5	5	3
21966	전북 정읍시	시민과 함께하는 정읍지역 농민군 지도자 묘역 참배	2,340	동학농민혁명선양사업소	1	4	7	8	7	5	5	3
21967	전북 정읍시	역사의 길 걷기 체험	4,000	동학농민혁명선양사업소	1	4	7	8	7	5	5	3
21968	전북 정읍시	전봉준장군 순국 126주기 추모제	8,000	동학농민혁명선양사업소	1	4	7	8	7	5	5	3
21969	전북 정읍시	제14회 황토현전국청소년토론대회	20,000	동학농민혁명선양사업소	1	4	7	8	7	5	5	3
21970	전북 정읍시	제22기 전봉준 역사캠프	12,000	동학농민혁명선양사업소	1	4	7	8	7	5	5	3
21971	전북 정읍시	동학농민혁명대상 시상	15,000	동학농민혁명선양사업소	1	4	7	8	7	5	5	3
21972	전북 정읍시	제127주년 고부봉기 재현행사	45,000	동학농민혁명선양사업소	1	4	7	8	7	5	5	3
21973	전북 정읍시	제127주년 김개남장군 추모제	3,200	동학농민혁명선양사업소	1	4	7	8	7	5	5	3
21974	전북 정읍시	정충사 삼충신 추모제향 지원	3,000	동학농민혁명선양사업소	1	4	7	8	7	5	5	3
21975	전북 정읍시	공립작은도서관 운영지원	29,650	도서관사업소	1	4	7	8	7	5	5	3
21976	전북 정읍시	공립작은도서관 운영지원	323,290	도서관사업소	1	4	7	8	7	5	5	3
21977	전북 남원시	한국자유총연맹 남원시지회 사업지원	8,000	행정지원과	1	1	7	8	7	1	1	1
21978	전북 남원시	바르게살기운동 남원시협의회 사업지원	20,000	행정지원과	1	1	7	8	7	1	1	1
21979	전북 남원시	남원순창장수 범죄피해자지원센터 사업지원	16,000	행정지원과	1	1	7	8	7	1	1	1

순번	시군구	지출명 (사업명)	2021년예산 (단위:천원/1년간)	담당자 (공무원) 담당부서	민간이전 분류 (지방자치단체 세출예산 집행기준에 의거) 1. 민간경상사업보조(307-02) 2. 민간단체 법정운영비보조(307-03) 3. 민간행사사업보조(307-04) 4. 민간위탁금(307-05) 5. 사회복지시설 법정운영비보조(307-10) 6. 민간인위탁교육비(307-12) 7. 공기관등에대한경상적위탁사업비(308-11) 8. 민간자본사업보조,자체재원(402-01) 9. 민간자본사업보조,이전재원(402-02) 10. 민간위탁사업비(402-03) 11. 공기관등에 대한 자본적 대행사업비(403-02)	민간이전지출 근거 (지방보조금 관리기준 참고) 1. 법률에 규정 2. 국고보조 재원(국가지정) 3. 용도 지정 기부금 4. 조례에 직접규정 5. 지자체가 권장하는 사업을 하는 공공기관 6. 시,도 정책 및 재정사정 7. 기타 8. 해당없음	입찰방식: 계약체결방법 (경쟁형태) 1. 일반경쟁 2. 제한경쟁 3. 지명경쟁 4. 수의계약 5. 법정위탁 6. 기타 ( ) 7. 해당없음	입찰방식: 계약기간 1. 1년 2. 2년 3. 3년 4. 4년 5. 5년 6. 기타 ( )년 7. 단기계약 (1년미만) 8. 해당없음	입찰방식: 낙찰자선정방법 1. 적격심사 2. 협상에의한계약 3. 최저가낙찰제 4. 규격가격분리 5. 2단계 경쟁입찰 6. 기타 ( ) 7. 해당없음	운영예산 산정: 운영예산 산정 1. 내부산정 (지자체 자체적으로 산정) 2. 외부산정 (외부전문기관위탁 산정) 3. 내·외부 모두 산정 4. 산정 無 5. 해당없음	운영예산 산정: 정산방법 1. 내부정산 (지자체 내부적으로 정산) 2. 외부정산 (외부전문기관위탁 정산) 3. 내·외부 모두 산정 4. 정산 無 5. 해당없음	성과평가 실시여부 1. 실시 2. 미실시 3. 향후 추진 4. 해당없음
21980	전북 남원시	민주평화통일자문회의 남원시협의회 사업지원	45,200	행정지원과	1	1	7	8	7	1	1	1
21981	전북 남원시	남원시재향군인회 사업지원	10,000	행정지원과	1	1	7	8	7	1	1	1
21982	전북 남원시	대한적십자사봉사회 평생대학운영	8,000	행정지원과	1	4	7	8	7	1	1	1
21983	전북 남원시	시민소통애향운동사업 지원	30,000	행정지원과	1	4	7	8	7	1	1	1
21984	전북 남원시	남원시재향경우회 사업지원	6,360	행정지원과	1	1	7	8	7	1	1	1
21985	전북 남원시	우수 자원봉사프로그램 운영	25,000	행정지원과	1	1	1	1	1	1	1	1
21986	전북 남원시	희망나눔 가족봉사단 운영	3,000	행정지원과	1	1	1	1	1	1	1	1
21987	전북 남원시	찾아가는 맞춤형 재능봉사단 운영	5,000	행정지원과	1	1	1	1	1	1	1	1
21988	전북 남원시	새마을운동 남원시지회 지원	23,500	행정지원과	1	1	6	1	6	1	1	1
21989	전북 남원시	새마을지도자 남원시협의회 사업	18,000	행정지원과	1	1	6	1	6	1	1	1
21990	전북 남원시	새마을부녀회 사업	22,000	행정지원과	1	1	6	1	6	1	1	1
21991	전북 남원시	청년동아리 지원사업	10,000	기획실	1	4	7	8	7	5	5	4
21992	전북 남원시	청년연구 공모사업	10,000	기획실	1	4	7	8	7	5	5	4
21993	전북 남원시	청년나래 일자리지원사업	40,000	기획실	1	1	7	8	7	5	5	4
21994	전북 남원시	임산물 상품화 지원	200,000	산림녹지과	1	2	7	8	7	5	5	4
21995	전북 남원시	생활체육교실 운영	26,974	교육체육과	1	4	7	7	7	1	1	1
21996	전북 남원시	생활체육 일반 지도자 배치	175,392	교육체육과	1	4	7	7	7	1	1	1
21997	전북 남원시	생활체육 어르신 지도자 배치	175,392	교육체육과	1	4	7	7	7	1	1	1
21998	전북 남원시	생활체조교실 운영	63,670	교육체육과	1	4	7	7	7	1	1	1
21999	전북 남원시	한여름밤의 에어로빅스 체조광장운영	6,600	교육체육과	1	4	7	7	7	1	1	1
22000	전북 남원시	유소년 축구교실 운영	10,140	교육체육과	1	4	7	7	7	1	1	1
22001	전북 남원시	생활체육 동호인 주말리그	46,170	교육체육과	1	4	7	7	7	1	1	1
22002	전북 남원시	전북역전마라톤대회 출전지원	7,000	교육체육과	1	4	7	7	7	1	1	1
22003	전북 남원시	전북 어르신 생활체육대회 출전지원	6,000	교육체육과	1	4	7	7	7	1	1	1
22004	전북 남원시	전국 및 도단위 체육대회 지원	15,000	교육체육과	1	4	7	7	7	1	1	1
22005	전북 남원시	각종 장애인체육대회 지원	4,000	교육체육과	1	4	7	7	7	1	1	1
22006	전북 남원시	전라북도장애인체육대회 출전	20,000	교육체육과	1	4	7	7	7	1	1	1
22007	전북 남원시	전라북도민체육대회 출전	200,000	교육체육과	1	4	7	7	7	1	1	1
22008	전북 남원시	전북여성 생활체육대회 출전	12,000	교육체육과	1	4	7	7	7	1	1	1
22009	전북 남원시	거점 스포츠클럽 운영비	225,000	교육체육과	1	4	7	7	7	1	1	1
22010	전북 남원시	장애인생활체육종목별교실사업	6,000	교육체육과	1	4	7	7	7	1	1	1
22011	전북 남원시	전지훈련 유치지원 및 행사일반지원	150,000	교육체육과	1	4	7	7	7	1	1	1
22012	전북 남원시	춘향골 전국 동호인테니스 대회	15,000	교육체육과	1	4	7	7	7	1	1	1
22013	전북 남원시	전국 궁도대회	40,000	교육체육과	1	4	7	7	7	1	1	1
22014	전북 남원시	춘향배 전국 배드민턴대회	20,000	교육체육과	1	4	7	7	7	1	1	1
22015	전북 남원시	코리아 오픈 국제롤러경기대회	270,000	교육체육과	1	4	7	7	7	1	1	1
22016	전북 남원시	국제 바둑대회	20,000	교육체육과	1	4	7	7	7	1	1	1
22017	전북 남원시	춘향남원 전국 유소년 축구대회	60,000	교육체육과	1	4	7	7	7	1	1	1
22018	전북 남원시	전북 이순테니스 대회	7,000	교육체육과	1	4	7	7	7	1	1	1
22019	전북 남원시	남원씨름왕 선발대회	25,000	교육체육과	1	4	7	7	7	1	1	1
22020	전북 남원시	코리안비스트 킥복싱대회	10,000	교육체육과	1	4	7	7	7	1	1	1
22021	전북 남원시	춘향배 전국 유소년배구대회	35,000	교육체육과	1	4	7	7	7	1	1	1
22022	전북 남원시	남원 춘향 전국 마라톤대회	30,000	교육체육과	1	4	7	7	7	1	1	1
22023	전북 남원시	코리아오픈 국제 검도대회	40,000	교육체육과	1	4	7	7	7	1	1	1
22024	전북 남원시	남원춘향배 전국남녀 배구대회	30,000	교육체육과	1	4	7	7	7	1	1	1
22025	전북 남원시	시장기 골프대회	10,000	교육체육과	1	4	7	7	7	1	1	1
22026	전북 남원시	시장기 게이트볼대회	7,000	교육체육과	1	4	7	7	7	1	1	1
22027	전북 남원시	시장기 당구대회	5,000	교육체육과	1	4	7	7	7	1	1	1
22028	전북 남원시	시장기 배드민턴대회	8,000	교육체육과	1	4	7	7	7	1	1	1
22029	전북 남원시	시장기 수영대회	6,000	교육체육과	1	4	7	7	7	1	1	1
22030	전북 남원시	시장기 야구대회	7,000	교육체육과	1	4	7	7	7	1	1	1

순번	시군구	지출명 (사업명)	2021년예산 (단위:천원/1년간)	담당자 (공무원) 담당부서	민간이전 분류 (지방자치단체 세출예산 집행기준에 의거) 1. 민간경상사업보조(307-02) 2. 민간단체 법정운영비보조(307-03) 3. 민간행사사업보조(307-04) 4. 민간위탁금(307-05) 5. 사회복지시설 법정운영비보조(307-10) 6. 민간인위탁교육비(307-12) 7. 공기관등에대한경상적위탁사업비(308-11) 8. 민간자본사업보조,자체재원(402-01) 9. 민간자본사업보조,이전재원(402-02) 10. 민간위탁사업비(402-03) 11. 공기관등에 대한 자본적 대행사업비(403-02)	민간이전지출 근거 (지방보조금 관리기준 참고) 1. 법률에 규정 2. 국고보조 재원(국가지정) 3. 용도 지정 기부금 4. 조례에 직접규정 5. 지자체가 권장하는 사업을 하는 공공기관 6. 시,도 정책 및 재정사정 7. 기타 8. 해당없음	입찰방식 계약체결방법 (경쟁형태) 1. 일반경쟁 2. 제한경쟁 3. 지명경쟁 4. 수의계약 5. 법정위탁 6. 기타 ( ) 7. 해당없음	입찰방식 계약기간 1. 1년 2. 2년 3. 3년 4. 4년 5. 5년 6. 기타 ( )년 7. 단기계약 (1년미만) 8. 해당없음	입찰방식 낙찰자선정방법 1. 적격심사 2. 협상에의한계약 3. 최저가낙찰제 4. 규격가격분리 5. 2단계 경쟁입찰 6. 기타 ( ) 7. 해당없음	운영예산 산정 운영예산 산정 1. 내부산정 (지자체 자체적으로 산정) 2. 외부산정 (외부전문기관위탁 산정) 3. 내·외부 모두 산정 4. 산정 無 5. 해당없음	운영예산 산정 정산방법 1. 내부정산 (지자체 내부적으로 정산) 2. 외부정산 (외부전문기관위탁 정산) 3. 내·외부 모두 산정 4. 정산 無 5. 해당없음	성과평가 실시여부 1. 실시 2. 미실시 3. 향후 추진 4. 해당없음
22031	전북 남원시	시장기 실버야구대회	7,000	교육체육과	1	4	7	7	7	1	1	1
22032	전북 남원시	시장기 족구대회	8,000	교육체육과	1	4	7	7	7	1	1	1
22033	전북 남원시	시장기 축구대회	10,000	교육체육과	1	4	7	7	7	1	1	1
22034	전북 남원시	시장기 전국 탁구대회	20,000	교육체육과	1	4	7	7	7	1	1	1
22035	전북 남원시	시장기 태권도대회	9,000	교육체육과	1	4	7	7	7	1	1	1
22036	전북 남원시	시장기 풋살대회	5,000	교육체육과	1	4	7	7	7	1	1	1
22037	전북 남원시	시장기 전국 장애인탁구대회	30,000	교육체육과	1	4	7	7	7	1	1	1
22038	전북 남원시	시장기 전국좌식배구대회	6,000	교육체육과	1	4	7	7	7	1	1	1
22039	전북 남원시	남원시장애인체육대회	6,000	교육체육과	1	4	7	7	7	1	1	1
22040	전북 남원시	시장기 테니스대회	7,000	교육체육과	1	4	7	7	7	1	1	1
22041	전북 남원시	전국 동호인 스포츠클라이밍대회	20,000	교육체육과	1	4	7	7	7	1	1	1
22042	전북 남원시	전국 종별 태권도대회	230,000	교육체육과	1	4	7	7	7	1	1	1
22043	전북 남원시	남원시장기 볼링대회	7,000	교육체육과	1	4	7	7	7	1	1	1
22044	전북 남원시	전북 생활체조대회	25,000	교육체육과	1	4	7	7	7	1	1	1
22045	전북 남원시	시민체육화합 한마당	60,000	교육체육과	1	4	7	7	7	1	1	1
22046	전북 남원시	국민체력 100 남원인증센터 상시운영	215,050	교육체육과	1	4	7	7	7	1	1	1
22047	전북 남원시	국내외 박람회 참가지원	20,000	기업지원과	1	4	7	8	7	5	5	4
22048	전북 남원시	춘향제시민화합한마당	100,000	관광과	1	4	7	8	7	1	1	1
22049	전북 남원시	제22회 흥부골 남원농악 경연대회	20,000	관광과	1	4	7	8	7	1	1	1
22050	전북 남원시	제29회흥부제 백일장대회	3,000	관광과	1	4	7	8	7	1	1	1
22051	전북 남원시	제29회흥부제 그림그리기 대회	4,000	관광과	1	4	7	8	7	1	1	1
22052	전북 남원시	제29회독후감공모전	3,000	관광과	1	4	7	8	7	1	1	1
22053	전북 남원시	흥부제전통회혼례	4,000	관광과	1	4	7	8	7	1	1	1
22054	전북 남원시	제91회춘향제춘향그네체험	6,000	관광과	1	4	7	8	7	1	1	1
22055	전북 남원시	제91회춘향제춘향사랑백일장대회	3,000	관광과	1	4	7	8	7	1	1	1
22056	전북 남원시	제91회춘향제춘향그림그리기대회	4,000	관광과	1	4	7	8	7	1	1	1
22057	전북 남원시	제91회춘향가족힐링걷기대회	5,000	관광과	1	4	7	8	7	1	1	1
22058	전북 남원시	남원시관광협의회 사업	60,000	관광과	1	4	7	1	7	1	1	1
22059	전북 남원시	상설문화관광프로그램 운영	110,000	관광과	1	4	7	1	7	1	1	1
22060	전북 남원시	광한루원 전통혼례체험	17,200	관광과	1	4	7	1	7	1	1	1
22061	전북 남원시	춘향테마파크 상설공연 체험운영	80,000	관광과	1	4	7	1	7	1	1	1
22062	전북 남원시	대표관광지육성사업(SW)	420,000	관광과	1	4	7	1	7	1	1	1
22063	전북 남원시	관광설명회 및 세일즈콜	23,000	관광과	1	4	7	1	7	1	1	1
22064	전북 남원시	외래관광객유치 홍보관계자 팸투어	25,000	관광과	1	4	7	1	7	1	1	1
22065	전북 남원시	걷는만큼 보이는 남원산책	24,000	관광과	1	4	7	1	7	1	1	1
22066	전북 남원시	지리산권자치단체 체육대회	14,000	관광과	1	4	7	1	7	1	1	1
22067	전북 남원시	주민제안공모사업	80,000	시민소통실	1	4	7	8	7	5	5	4
22068	전북 남원시	남원시지역자율방재단운영비지원	15,000	안전재난과	1	1	7	8	7	1	1	4
22069	전북 남원시	안전교육체험부스 운영	13,500	안전재난과	1	1	7	8	7	5	5	4
22070	전북 남원시	청년농업인 경쟁력제고 사업	45,000	농촌진흥과	1	1	7	8	7	5	5	4
22071	전북 남원시	농업인학습단체 기후변화대응현장교육	10,500	농촌진흥과	1	1	7	8	7	5	5	4
22072	전북 남원시	농업인학습단체활력화 지원	10,000	농촌진흥과	1	1	7	8	7	5	5	4
22073	전북 남원시	농촌지도자 활성화	5,400	농촌진흥과	1	1	7	8	7	5	5	4
22074	전북 남원시	농촌지도자 대회참여 및 활동지원	6,000	농촌진흥과	1	1	7	8	7	5	5	4
22075	전북 남원시	청년 4-H 교육행사	6,000	농촌진흥과	1	1	7	8	7	5	5	4
22076	전북 남원시	4-H본부 교육행사	5,000	농촌진흥과	1	1	7	8	7	5	5	4
22077	전북 남원시	동부권 4-H본부한마음대회	30,000	농촌진흥과	1	1	7	8	7	5	5	4
22078	전북 남원시	농촌지도자,생활개선회새기술실천대회	25,000	농촌진흥과	1	1	7	8	7	5	5	4
22079	전북 남원시	전북 4-H경진 및 참여활동 지원	5,000	농촌진흥과	1	1	7	8	7	5	5	4
22080	전북 남원시	품목 생산자 조직경쟁력 제고시범	30,000	농촌진흥과	1	1	7	8	7	5	5	4
22081	전북 남원시	세계여성농업인의날 기념행사	5,000	농촌진흥과	1	1	7	8	7	5	5	4

순번	시군구	지출명 (사업명)	2021년예산 (단위:천원/1년간)	담당자 (공무원) 담당부서	민간이전 분류 (지방자치단체 세출예산 집행기준에 의거) 1. 민간경상사업보조(307-02) 2. 민간단체 법정운영비보조(307-03) 3. 민간행사사업보조(307-04) 4. 민간위탁금(307-05) 5. 사회복지시설 법정운영비보조(307-10) 6. 민간인위탁교육비(307-12) 7. 공기관등에대한경상적위탁사업비(308-11) 8. 민간자본사업보조,자체재원(402-01) 9. 민간자본사업보조,이전재원(402-02) 10. 민간위탁사업비(402-03) 11. 공기관등에 대한 자본적 대행사업비(403-02)	민간이전지출 근거 (지방보조금 관리기준 참고) 1. 법률에 규정 2. 국고보조 재원(국가지정) 3. 용도 지정 기부금 4. 조례에 직접규정 5. 지자체가 권장하는 사업을 하는 공공기관 6. 시,도 정책 및 재정사정 7. 기타 8. 해당없음	입찰방식: 계약체결방법 (경쟁형태) 1. 일반경쟁 2. 제한경쟁 3. 지명경쟁 4. 수의계약 5. 법정위탁 6. 기타 ( ) 7. 해당없음	입찰방식: 계약기간 1. 1년 2. 2년 3. 3년 4. 4년 5. 5년 6. 기타 ( )년 7. 단기계약 (1년미만) 8. 해당없음	입찰방식: 낙찰자선정방법 1. 적격심사 2. 협상에의한계약 3. 최저가낙찰제 4. 규격가격분리 5. 2단계 경쟁입찰 6. 기타 ( ) 7. 해당없음	운영예산 산정: 운영예산 산정 1. 내부산정 (지자체 자체적으로 산정) 2. 외부산정 (외부전문기관위탁 산정) 3. 내·외부 모두 산정 4. 산정 無 5. 해당없음	운영예산 산정: 정산방법 1. 내부정산 (지자체 내부적으로 정산) 2. 외부정산 (외부전문기관위탁 정산) 3. 내·외부 모두 산정 4. 정산 無 5. 해당없음	성과평가 실시여부 1. 실시 2. 미실시 3. 향후 추진 4. 해당없음
22082	전북 남원시	농촌여성 안전향상보조구 지원	15,400	농촌진흥과	1	1	7	8	7	5	5	4
22083	전북 남원시	농업인 재해안전마을육성 시범	15,000	농촌진흥과	1	1	7	8	7	5	5	4
22084	전북 남원시	농촌 어르신복지실천 시범	5,000	농촌진흥과	1	1	7	8	7	5	5	4
22085	전북 남원시	농작물 병해충방제비	81,400	현장지원과	1	1	7	8	7	5	5	4
22086	전북 김제시	제21회 모악문화제	5,000	문화홍보축제실	1	4	7	8	7	5	5	4
22087	전북 김제시	제45회 김제 예술제	5,265	문화홍보축제실	1	4	7	8	7	5	5	4
22088	전북 김제시	얼쑤! 우리가락 한마당	3,870	문화홍보축제실	1	4	7	8	7	5	5	4
22089	전북 김제시	시민대상 장구교실 운영	2,340	문화홍보축제실	1	4	7	8	7	5	5	4
22090	전북 김제시	제23회 대통령배 지평선축제 전국농악 경연대회	30,000	문화홍보축제실	1	4	7	8	7	5	5	4
22091	전북 김제시	제7회 벽고을 국악제 전통 국악 경연대회	10,000	문화홍보축제실	1	4	7	8	7	5	5	4
22092	전북 김제시	지평선축제 시화전	4,050	문화홍보축제실	1	4	7	8	7	5	5	4
22093	전북 김제시	김제문학 제27호 발간	6,120	문화홍보축제실	1	4	7	8	7	5	5	4
22094	전북 김제시	김제문협 제51주년 문학제	9,720	문화홍보축제실	1	4	7	8	7	5	5	4
22095	전북 김제시	제51회 김제 미술협회전	3,420	문화홍보축제실	1	4	7	8	7	5	5	4
22096	전북 김제시	제13회 아름다운 김제전	5,500	문화홍보축제실	1	4	7	8	7	5	5	4
22097	전북 김제시	2021년 한중 국제 미술교류전	10,000	문화홍보축제실	1	4	7	8	7	5	5	4
22098	전북 김제시	제22회 전국 벽골미술대전	12,740	문화홍보축제실	1	4	7	8	7	5	5	4
22099	전북 김제시	김제미술협회 미술강좌	3,096	문화홍보축제실	1	4	7	8	7	5	5	4
22100	전북 김제시	제8회 아리랑 전국 가요제	8,500	문화홍보축제실	1	4	7	8	7	5	5	4
22101	전북 김제시	제7회 김제아리랑 실버 가요제	3,000	문화홍보축제실	1	4	7	8	7	5	5	4
22102	전북 김제시	제10회 파이팅 김제시민을 위한 한여름밤의 콘서트	4,000	문화홍보축제실	1	4	7	8	7	5	5	4
22103	전북 김제시	제19회 가족사랑 음악회	7,614	문화홍보축제실	1	4	7	8	7	5	5	4
22104	전북 김제시	제51회 새만금 문화체험 음악회	2,430	문화홍보축제실	1	4	7	8	7	5	5	4
22105	전북 김제시	고 김천석 추모제사	1,170	문화홍보축제실	1	4	7	8	7	5	5	4
22106	전북 김제시	향교유림 전통문화사업(기로연)	7,290	문화홍보축제실	1	4	7	8	7	5	5	4
22107	전북 김제시	김제우도 벽골제 농악관 강사수당	12,000	문화홍보축제실	1	4	7	8	7	5	5	4
22108	전북 김제시	호남우도 김제농악관 강사수당	12,000	문화홍보축제실	1	4	7	8	7	5	5	4
22109	전북 김제시	다프 국제아트페어	6,000	문화홍보축제실	1	4	7	8	7	5	5	4
22110	전북 김제시	제23회 김제지평선 전국국악 경연대회	8,100	문화홍보축제실	1	4	7	8	7	5	5	4
22111	전북 김제시	김제시우회 시조 후계자양성 강사수당	6,840	문화홍보축제실	1	4	7	8	7	5	5	4
22112	전북 김제시	제24회 전국 시조경창대회	5,000	문화홍보축제실	1	4	7	8	7	5	5	4
22113	전북 김제시	전북 시군농악경연대회 참가 지원	4,050	문화홍보축제실	1	4	7	8	7	5	5	4
22114	전북 김제시	제3회 지평선축제 전국사진촬영대회	5,000	문화홍보축제실	1	4	7	8	7	5	5	4
22115	전북 김제시	입석줄다리기(정월대보름)행사	5,220	문화홍보축제실	1	4	7	8	7	5	5	4
22116	전북 김제시	모악산 숲속음악회	11,500	문화홍보축제실	1	4	7	8	7	5	5	4
22117	전북 김제시	찾아가는 행복나눔 문화행사	8,800	문화홍보축제실	1	4	7	8	7	5	5	4
22118	전북 김제시	2021년 청소년 나눔 작은 음악회	10,000	문화홍보축제실	1	4	7	8	7	5	5	4
22119	전북 김제시	행복이음 오케스트라	9,000	문화홍보축제실	1	4	7	8	7	5	5	4
22120	전북 김제시	문화원 사업비	31,500	문화홍보축제실	1	1	7	8	7	5	5	4
22121	전북 김제시	내고장 역사 문화재 교육 탐방	2,340	문화홍보축제실	1	1	7	8	7	5	5	4
22122	전북 김제시	성산문화(제33호)발간	6,120	문화홍보축제실	1	1	7	8	7	5	5	4
22123	전북 김제시	지평선 농촌 풍경그리기 대회	2,880	문화홍보축제실	1	1	7	8	7	5	5	4
22124	전북 김제시	문화학교(한문) 운영 지침	6,000	문화홍보축제실	1	1	7	8	7	5	5	4
22125	전북 김제시	김제 역사 문화재 교육	3,000	문화홍보축제실	1	1	7	8	7	5	5	4
22126	전북 김제시	역사 문화 교류 활성화	3,000	문화홍보축제실	1	1	7	8	7	5	5	4
22127	전북 김제시	향토문화전통사업	20,000	문화홍보축제실	1	1	7	8	7	5	5	4
22128	전북 김제시	문화원의 날 행사	7,000	문화홍보축제실	1	1	7	8	7	5	5	4
22129	전북 김제시	통합문화이용권 지원사업	742,800	문화홍보축제실	1	1	7	8	7	5	5	4
22130	전북 김제시	생활문화예술 동호회 활동지원	124,860	문화홍보축제실	1	4	7	8	7	5	5	4
22131	전북 김제시	2021년 김제지평선축제 기록관리 및 해외홍보마케팅	54,000	문화홍보축제실	1	4	7	8	7	5	5	4
22132	전북 김제시	전통문화 연등축제	8,100	문화홍보축제실	1	6	7	8	7	5	5	4

순번	시군구	지출명 (사업명)	2021년예산 (단위:천원/1년간)	담당자 (공무원) 담당부서	민간이전 분류 (지방자치단체 세출예산 집행기준에 의거) 1. 민간경상사업보조(307-02) 2. 민간단체 법정운영비보조(307-03) 3. 민간행사사업보조(307-04) 4. 민간위탁금(307-05) 5. 사회복지시설 법정운영비보조(307-10) 6. 민간인위탁교육비(307-12) 7. 공기관등에대한경상적위탁사업비(308-11) 8. 민간자본사업보조,자체재원(402-01) 9. 민간자본사업보조,이전재원(402-02) 10. 민간위탁사업비(402-03) 11. 공기관등에 대한 자본적 대행사업비(403-02)	민간이전지출 근거 (지방보조금 관리기준 참고) 1. 법률에 규정 2. 국고보조 재원(국가지정) 3. 용도 지정 기부금 4. 조례에 직접규정 5. 지자체가 권장하는 사업을 하는 공공기관 6. 시,도 정책 및 재정사정 7. 기타 8. 해당없음	입찰방식 계약체결방법 (경쟁형태) 1. 일반경쟁 2. 제한경쟁 3. 지명경쟁 4. 수의계약 5. 법정위탁 6. 기타 ( ) 7. 해당없음	입찰방식 계약기간 1. 1년 2. 2년 3. 3년 4. 4년 5. 5년 6. 기타 ( )년 7. 단기계약 (1년미만) 8. 해당없음	입찰방식 낙찰자선정방법 1. 적격심사 2. 협상에의한계약 3. 최저가낙찰제 4. 규격가격분리 5. 2단계 경쟁입찰 6. 기타 ( ) 7. 해당없음	운영예산 산정 운영예산 산정 1. 내부산정 (지자체 자체적으로 산정) 2. 외부산정 (외부전문기관위탁 산정) 3. 내·외부 모두 산정 4. 산정 無 5. 해당없음	운영예산 산정 정산방법 1. 내부정산 (지자체 내부적으로 정산) 2. 외부정산 (외부전문기관위탁 정산) 3. 내·외부 모두 산정 4. 정산 無 5. 해당없음	성과평가 실시여부 1. 실시 2. 미실시 3. 향후 추진 4. 해당없음
22133	전북 김제시	금영회 전통문화체험 사업	7,290	문화홍보축제실	1	6	7	8	7	5	5	4
22134	전북 김제시	김제동학농민혁명 기념 사업	8,100	문화홍보축제실	1	6	7	8	7	5	5	4
22135	전북 김제시	부거리 옹기가마 큰 불때기 행사	15,000	문화홍보축제실	1	6	7	8	7	5	5	4
22136	전북 김제시	2021년 향교 일요학교운영지원 사업	27,188	문화홍보축제실	1	6	7	8	7	5	5	4
22137	전북 김제시	제례실행사업비 지원	30,000	문화홍보축제실	1	6	7	8	7	5	5	4
22138	전북 김제시	2021년 박물관 문화지원 사업	10,000	문화홍보축제실	1	6	7	8	7	5	5	4
22139	전북 김제시	2021년 향교서원 문화재 활용 사업	70,000	문화홍보축제실	1	2	7	8	7	5	5	4
22140	전북 김제시	생생문화재 사업	50,000	문화홍보축제실	1	2	7	8	7	5	5	4
22141	전북 김제시	2021년 전통산사 문화재 활용 사업	62,500	문화홍보축제실	1	2	7	8	7	5	5	4
22142	전북 김제시	복지사각지대 맞춤형 서비스 제공 사업	236,488	경제진흥과	1	2	7	8	7	1	1	4
22143	전북 김제시	o청년 희망 UP 일자리 지원 사업	227,770	경제진흥과	1	2	7	8	7	5	5	4
22144	전북 김제시	o지역사회 온라인 서비스 청년일자리 사업	615,000	경제진흥과	1	2	7	8	7	5	5	4
22145	전북 김제시	전북 청년 내일채움공제 지원사업	97,000	경제진흥과	1	6	7	8	7	5	5	4
22146	전북 김제시	지역경제 활성화 결의대회 및 소상공인의 날 행사	10,700	경제진흥과	1	4	7	8	7	5	1	1
22147	전북 김제시	소상공인 정책홍보 및 지역업체 활성화를 위한 징게장터 발간	10,000	경제진흥과	1	4	7	8	7	5	1	1
22148	전북 김제시	마을기업 육성 사업	50,000	경제진흥과	1	1	7	8	7	1	1	4
22149	전북 김제시	마을기업 고도화 사업	20,000	경제진흥과	1	6	7	8	7	1	1	4
22150	전북 김제시	마을기업 사무장 지원 사업	66,600	경제진흥과	1	1	7	8	7	1	1	4
22151	전북 김제시	(예비)사회적기업 사업개발비 지원 사업	15,000	경제진흥과	1	1	7	8	7	1	1	4
22152	전북 김제시	사회적기업 사회보험료 지원 사업	20,000	경제진흥과	1	1	7	8	7	1	1	4
22153	전북 김제시	(예비)사회적기업 일자리창출 사업	254,000	경제진흥과	1	1	7	8	7	1	1	4
22154	전북 김제시	사회적경제 청년 혁신가 지원 사업	159,600	경제진흥과	1	1	7	8	7	1	1	4
22155	전북 김제시	사회적경제 청년 혁신가 인센티브 지원	10,000	경제진흥과	1	1	7	8	7	1	1	4
22156	전북 김제시	소상공인공제(노란우산공제) 가입 지원	24,000	경제진흥과	1	1	7	8	7	5	1	1
22157	전북 김제시	소상공인 빈점포 임대료 지원사업	40,000	경제진흥과	1	4	7	8	7	5	5	4
22158	전북 김제시	정보화마을 프로그램관리자 육성	87,563	경제진흥과	1	1	7	8	7	1	1	4
22159	전북 김제시	청년취업연계일자리 지원	89,492	투자유치과	1	2	7	8	7	1	1	3
22160	전북 김제시	청년취업연계일자리 4대보험료	12,000	투자유치과	1	4	7	8	7	1	1	3
22161	전북 김제시	기숙사 임차 지원사업	300,000	투자유치과	1	4	7	8	7	1	1	4
22162	전북 김제시	새만금 내부개발 및 미래비전 홍보	18,500	새만금해양과	1	4	7	8	6	1	1	1
22163	전북 김제시	새만금 김제몫 찾기 사업	20,000	새만금해양과	1	4	7	8	6	1	1	1
22164	전북 김제시	수산업경영인대회 참가 지원	1,500	새만금해양과	1	4	7	8	6	5	1	2
22165	전북 김제시	청년 어촌정착 지원	20,400	새만금해양과	1	2	7	8	6	5	1	2
22166	전북 김제시	수산 박람회 참가 지원	4,800	새만금해양과	1	6	7	8	6	5	1	2
22167	전북 김제시	수산업가치 및 소비촉진	32,000	새만금해양과	1	4	7	8	6	5	1	2
22168	전북 김제시	재해구호 교육비 등	3,500	주민복지과	1	6	5	8	7	1	1	4
22169	전북 김제시	양성평등기금 지원사업	17,500	여성가족과	1	1	7	8	7	5	5	4
22170	전북 김제시	노인회 사업 추진	10,000	여성가족과	1	4	7	8	7	5	5	4
22171	전북 김제시	시내버스 LED행선판 수리비 지원	12,300	교통행정과	1	7	7	8	7	1	1	1
22172	전북 김제시	공용버스터미널 냉난방 전기료 지원	5,450	교통행정과	1	7	7	8	7	1	1	1
22173	전북 김제시	공용버스터미널 화장실 소모품 지원	4,680	교통행정과	1	7	7	8	7	1	1	1
22174	전북 김제시	모범운전자회 교통봉사활동	3,000	교통행정과	1	1	7	8	7	1	1	1
22175	전북 김제시	2021년 어르신생활체육지도자 복리후생비	28,856	체육청소년과	1	4	7	8	7	1	1	1
22176	전북 김제시	2021년 일반생활체육지도자 복리후생비	28,856	체육청소년과	1	4	7	8	7	1	1	1
22177	전북 김제시	2021년 초.중.고 엘리트육성 훈련비지원	20,000	체육청소년과	1	4	7	8	7	1	1	1
22178	전북 김제시	제20회 김제 새만금 지평선 전국 마라톤대회	64,260	체육청소년과	1	4	7	8	7	1	1	1
22179	전북 김제시	2021년 시민운동장 생활체조교실 운영	5,000	체육청소년과	1	4	7	8	7	1	1	1
22180	전북 김제시	2021년 생활체육 광장운영	7,150	체육청소년과	1	4	7	8	7	1	1	1
22181	전북 김제시	2021년 전북체조 경연대회	3,500	체육청소년과	1	4	7	8	7	1	1	1
22182	전북 김제시	2021년 전북여성 생활체육대회	10,000	체육청소년과	1	4	7	8	7	1	1	1
22183	전북 김제시	2021년 체육인의 밤 행사	10,000	체육청소년과	1	4	7	8	7	1	1	1

순번	시군구	지출명 (사업명)	2021년예산 (단위:천원/1년간)	담당자 (공무원)	민간이전 분류 (지방자치단체 세출예산 집행기준에 의거)	민간이전지출 근거 (지방보조금 관리기준 참고)	입찰방식			운영예산 산정		성과평가 실시여부
				담당부서	1. 민간경상사업보조(307-02) 2. 민간단체 법정운영비보조(307-03) 3. 민간행사사업보조(307-04) 4. 민간위탁금(307-05) 5. 사회복지시설 법정운영비보조(307-10) 6. 민간인위탁교육비(307-12) 7. 공기관등에대한경상적위탁사업비(308-11) 8. 민간자본사업보조,자체재원(402-01) 9. 민간자본사업보조,이전재원(402-02) 10. 민간위탁사업비(402-03) 11. 공기관등에 대한 자본적 대행사업비(403-02)	1. 법률에 규정 2. 국고보조 재원(국가지정) 3. 용도 지정 기부금 4. 조례에 직접규정 5. 지자체가 권장하는 사업을 하는 공공기관 6. 시,도 정책 및 재정사정 7. 기타 8. 해당없음	계약체결방법 (경쟁형태) 1. 일반경쟁 2. 제한경쟁 3. 지명경쟁 4. 수의계약 5. 법정위탁 6. 기타 ( ) 7. 해당없음	계약기간 1. 1년 2. 2년 3. 3년 4. 4년 5. 5년 6. 기타 ( )년 7. 단기계약 (1년미만) 8. 해당없음	낙찰자선정방법 1. 적격심사 2. 협상에의한계약 3. 최저가낙찰제 4. 규격가격분리 5. 2단계 경쟁입찰 6. 기타 ( ) 7. 해당없음	운영예산 산정 1. 내부산정 (지자체 자체적으로 산정) 2. 외부산정 (외부전문기관위탁 산정) 3. 내·외부 모두 산정 4. 산정 無 5. 해당없음	정산방법 1. 내부정산 (지자체 내부적으로 정산) 2. 외부정산 (외부전문기관위탁 정산) 3. 내·외부 모두 산정 4. 정산 無 5. 해당없음	1. 실시 2. 미실시 3. 향후 추진 4. 해당없음
22184	전북 김제시	2021년 전북어르신 생활체육대회	6,000	체육청소년과	1	4	7	8	7	1	1	1
22185	전북 김제시	2021년 스키캠프교실 운영	5,000	체육청소년과	1	4	7	8	7	1	1	1
22186	전북 김제시	제18회 김제시장기 읍면동 어르신생활체육대회	17,700	체육청소년과	1	4	7	8	7	1	1	1
22187	전북 김제시	전국체전 및 소년체전 출전선수 격려	10,000	체육청소년과	1	4	7	8	7	1	1	1
22188	전북 김제시	읍면동체육회 체육행사 지원	57,000	체육청소년과	1	4	7	8	7	1	1	1
22189	전북 김제시	타 시도 전지훈련팀 유치 지원	81,000	체육청소년과	1	4	7	8	7	1	1	1
22190	전북 김제시	각종 대회 및 행사지원 추가	5,000	체육청소년과	1	4	7	8	7	1	1	1
22191	전북 김제시	2021년 시민가족레포츠교실	9,000	체육청소년과	1	4	7	8	7	1	1	1
22192	전북 김제시	제58회 전라북도 도민체육대회	200,000	체육청소년과	1	4	7	8	7	1	1	1
22193	전북 김제시	제7회 지평선배 국제 줄다리기대회	31,500	체육청소년과	1	4	7	8	7	1	1	1
22194	전북 김제시	2021년 종목단체 전국대회 및 각종대회 출전지원비	10,000	체육청소년과	1	4	7	8	7	1	1	1
22195	전북 김제시	제4회 전라북도 축구협회장배 시군대항 축구대회	20,000	체육청소년과	1	4	7	8	7	1	1	1
22196	전북 김제시	제3회 김제시장배 골프대회	10,000	체육청소년과	1	4	7	8	7	1	1	1
22197	전북 김제시	제11회 김제시장배 전북클럽대회 농구대회	3,870	체육청소년과	1	4	7	8	7	1	1	1
22198	전북 김제시	제3회 김제시장기 지평선배 당구대회	5,000	체육청소년과	1	4	7	8	7	1	1	1
22199	전북 김제시	제4회 청소영배 배드민턴대회	5,000	체육청소년과	1	4	7	8	7	1	1	1
22200	전북 김제시	제4회 김제지평선 배드민턴대회	5,000	체육청소년과	1	4	7	8	7	1	1	1
22201	전북 김제시	제23회 김제지평선축제맞이 아마추어 볼링대회	6,050	체육청소년과	1	4	7	8	7	1	1	1
22202	전북 김제시	제18회 김제시장배 생활체육 수영대회	5,000	체육청소년과	1	4	7	8	7	1	1	1
22203	전북 김제시	제15회 김제시장기 전북이순테니스대회	4,000	체육청소년과	1	4	7	8	7	1	1	1
22204	전북 김제시	제14회 김제시장배 동호인초청 전국 족구대회	6,480	체육청소년과	1	4	7	8	7	1	1	1
22205	전북 김제시	제1회 김제시장기 바둑대회	5,000	체육청소년과	1	4	7	8	7	1	1	1
22206	전북 김제시	제13회 새만금지평선배 전국 오픈 탁구대회	6,480	체육청소년과	1	4	7	8	7	1	1	1
22207	전북 김제시	제19회 전라북도지사기 시군대항 테니스대회	1,000	체육청소년과	1	4	7	8	7	1	1	1
22208	전북 김제시	제9회 김제시장배 동호인 테니스대회	1,000	체육청소년과	1	4	7	8	7	1	1	1
22209	전북 김제시	제24회 김제지평선배 전국동호인 테니스대회	9,810	체육청소년과	1	4	7	8	7	1	1	1
22210	전북 김제시	제15회 김제시장기 남여클럽 배구대회	4,410	체육청소년과	1	4	7	8	7	1	1	1
22211	전북 김제시	글로벌 지평선축제 성공기원 동호인초청 전국 족구대회	15,000	체육청소년과	1	4	7	8	7	1	1	1
22212	전북 김제시	제22회 한국중고연맹 회장기 전국하키대회	50,000	체육청소년과	1	4	7	8	7	1	1	1
22213	전북 김제시	제6회 김제시장기 전라북도 생활체육 유도대회	8,000	체육청소년과	1	4	7	8	7	1	1	1
22214	전북 김제시	2021년 새만금 지평선 전국 생활체육 유도대회	15,000	체육청소년과	1	4	7	8	7	1	1	1
22215	전북 김제시	제3회 김제시장기 클럽대항 풋살대회	7,000	체육청소년과	1	4	7	8	7	1	1	1
22216	전북 김제시	제12회 김제지평선배 전국 축구대회	26,400	체육청소년과	1	4	7	8	7	1	1	1
22217	전북 김제시	제15회 김제시장기 클럽대항 축구대회	13,770	체육청소년과	1	4	7	8	7	1	1	1
22218	전북 김제시	제17회 김제시장기 전국남녀궁도대회	28,350	체육청소년과	1	4	7	8	7	1	1	1
22219	전북 김제시	제3회 김제지평선축제 기념 전국댄스대회	10,000	체육청소년과	1	4	7	8	7	1	1	1
22220	전북 김제시	제5회 김제시장기 태권도대회	10,000	체육청소년과	1	4	7	8	7	1	1	1
22221	전북 김제시	제12회 김제시장기 사회인 야구대회	6,840	체육청소년과	1	4	7	8	7	1	1	1
22222	전북 김제시	2021년 게이트볼협회 대회참가비	3,000	체육청소년과	1	4	7	8	7	1	1	1
22223	전북 김제시	제16회 김제시장배 읍면동대항 게이트볼대회	3,500	체육청소년과	1	4	7	8	7	1	1	1
22224	전북 김제시	제3회 김제지평선축제 기념 전국 사회인 야구대회	20,000	체육청소년과	1	4	7	8	7	1	1	1
22225	전북 김제시	2021년 전북장애인 체육대회	18,000	체육청소년과	1	4	7	8	7	1	1	1
22226	전북 김제시	김제시 장애인 체육인의 밤 행사	3,000	체육청소년과	1	4	7	8	7	1	1	1
22227	전북 김제시	2021년 꿈드레장애인협회 한마음체육대회	3,000	체육청소년과	1	4	7	8	7	1	1	1
22228	전북 김제시	제4회 서귀포시 감귤배 전국 농아인게이트볼대회	3,000	체육청소년과	1	4	7	8	7	1	1	1
22229	전북 김제시	제40회 전북농아인 체육대회	5,000	체육청소년과	1	4	7	8	7	1	1	1
22230	전북 김제시	2021년 서울국제휠체어 마라톤대회	1,400	체육청소년과	1	4	7	8	7	1	1	1
22231	전북 김제시	2021년 전북지체장애인 체육대회	5,000	체육청소년과	1	4	7	8	7	1	1	1
22232	전북 김제시	생활체육교실 운영	19,174	체육청소년과	1	6	7	8	7	1	1	1
22233	전북 김제시	유소년 축구교실 운영	10,140	체육청소년과	1	6	7	8	7	1	1	1
22234	전북 김제시	생활체육지도자 활동지원(일반)	175,392	체육청소년과	1	2	7	8	7	1	1	1

순번	시군구	지출명 (사업명)	2021년예산 (단위:천원/1년간)	담당자 (공무원) 담당부서	민간이전 분류 (지방자치단체 세출예산 집행기준에 의거) 1. 민간경상사업보조(307-02) 2. 민간단체 법정운영비보조(307-03) 3. 민간행사사업보조(307-04) 4. 민간위탁금(307-05) 5. 사회복지시설 법정운영비보조(307-10) 6. 민간인위탁교육비(307-12) 7. 공기관등에대한경상적위탁사업비(308-11) 8. 민간자본사업보조,자체재원(402-01) 9. 민간자본사업보조,이전재원(402-02) 10. 민간위탁사업비(402-03) 11. 공기관등에 대한 자본적 대행사업비(403-02)	민간이전지출 근거 (지방보조금 관리기준 참고) 1. 법률에 규정 2. 국고보조 재원(국가지정) 3. 용도 지정 기부금 4. 조례에 직접규정 5. 지자체가 권장하는 사업을 하는 공공기관 6. 시,도 정책 및 재정사정 7. 기타 8. 해당없음	입찰방식 계약체결방법 (경쟁형태) 1. 일반경쟁 2. 제한경쟁 3. 지명경쟁 4. 수의계약 5. 법정위탁 6. 기타 ( ) 7. 해당없음	입찰방식 계약기간 1. 1년 2. 2년 3. 3년 4. 4년 5. 5년 6. 기타 ( )년 7. 단기계약 (1년미만) 8. 해당없음	입찰방식 낙찰자선정방법 1. 적격심사 2. 협상에의한계약 3. 최저가낙찰제 4. 규격가격분리 5. 2단계 경쟁입찰 6. 기타 ( ) 7. 해당없음	운영예산 산정 운영예산 산정 1. 내부산정 (지자체 자체적으로 산정) 2. 외부산정 (외부전문기관위탁 산정) 3. 내·외부 모두 산정 4. 산정 無 5. 해당없음	운영예산 산정 정산방법 1. 내부정산 (지자체 내부적으로 정산) 2. 외부정산 (외부전문기관위탁 정산) 3. 내·외부 모두 산정 4. 정산 無 5. 해당없음	성과평가 실시여부 1. 실시 2. 미실시 3. 향후 추진 4. 해당없음
22235	전북 김제시	생활체육지도자 배치(어르신)	175,392	체육청소년과	1	2	7	8	7	1	1	1
22236	전북 김제시	시.군 동호인리그 운영	39,773	체육청소년과	1	6	7	8	7	1	1	1
22237	전북 김제시	생활체육 광장지도자 운영	19,250	체육청소년과	1	6	7	8	7	1	1	1
22238	전북 김제시	생활체육지도자 활동지원(장애인)	58,464	체육청소년과	1	2	7	8	7	1	1	1
22239	전북 김제시	지평선 청소년오케스트라	9,000	체육청소년과	1	5	6	1	7	1	1	1
22240	전북 김제시	민주평화통일자문회의 통일역량강화 워크숍	26,000	자치행정과	1	1	7	8	7	1	1	1
22241	전북 김제시	김제시 이통장 한마음대회	35,000	자치행정과	1	1	7	8	7	1	1	1
22242	전북 김제시	행복한 공동체 만들기 운동	33,840	자치행정과	1	1	7	8	7	1	1	1
22243	전북 김제시	국민통합운동	8,100	자치행정과	1	1	7	8	7	1	1	1
22244	전북 김제시	자유민주주의 수호사업	9,000	자치행정과	1	1	7	8	7	1	1	1
22245	전북 김제시	범죄피해자 지원사업	38,000	자치행정과	1	1	7	8	7	1	1	1
22246	전북 김제시	범죄예방활동 및 기초질서지키기 운동	16,000	자치행정과	1	1	7	8	7	1	1	1
22247	전북 김제시	지역 농특산물 홍보 및 봉사	10,000	자치행정과	1	4	7	8	7	1	1	1
22248	전북 김제시	청소년 선도 및 기초질서 확립	2,430	자치행정과	1	4	7	8	7	1	1	1
22249	전북 김제시	참봉사로 아름다운 세상만들기	7,000	자치행정과	1	4	7	8	7	1	1	1
22250	전북 김제시	안전김제 실현,해병대전우회 봉사	6,318	자치행정과	1	4	7	8	7	1	1	1
22251	전북 김제시	북한이탈주민 안정적 정착 지원	4,600	자치행정과	1	4	7	8	7	1	1	1
22252	전북 김제시	내가 먼저 시민운동,시정홍보	3,060	자치행정과	1	4	7	8	7	1	1	1
22253	전북 김제시	자매결연도시 농특산물 홍보	5,000	자치행정과	1	4	7	8	7	1	1	1
22254	전북 김제시	보험료	4,836	자치행정과	1	2	7	8	7	1	1	1
22255	전북 김제시	자원봉사자 코디네이터 지원	58,966	자치행정과	1	2	7	8	7	1	1	1
22256	전북 김제시	시군 자원봉사센터 운영비 지원	50,000	자치행정과	1	2	7	8	7	1	1	1
22257	전북 김제시	희망나눔 가족봉사단 지원	3,000	자치행정과	1	2	7	8	7	1	1	1
22258	전북 김제시	찾아가는 맞춤형 재능봉사단 지원	5,000	자치행정과	1	2	7	8	7	1	1	1
22259	전북 김제시	o평생학습 우수동아리 공모 지원사업	15,390	인재양성과	1	4	7	8	7	1	1	1
22260	전북 김제시	o평생학습 우수프로그램 공모 지원사업	16,110	인재양성과	1	4	7	8	7	1	1	1
22261	전북 김제시	악취저감 미생물제 지원사업	175,200	환경과	1	6	7	8	7	5	5	4
22262	전북 김제시	의용소방대 기술경연대회 및 영호남 동서 교류행사	32,650	안전재난과	1	1	7	7	7	1	1	1
22263	전북 김제시	금산 백운동 소규모급수시설 전기료 지원	3,000	상하수도과	1	4	7	8	7	5	5	4
22264	전북 김제시	한센인 간이양로주택 운영	240,560	보건위생과	1	2	7	8	7	5	1	4
22265	전북 김제시	응급의료시설 운영 지원	340,000	보건위생과	1	4	7	8	7	5	5	4
22266	전북 김제시	정신재활시설 운영비	655,580	치매재활과	1	2	1	3	1	4	1	2
22267	전북 김제시	정신재활시설 종사자 특별수당	18,360	치매재활과	1	2	7	8	7	4	1	2
22268	전북 김제시	신활력플러스사업 운영	1,535	농업정책과	1	2	7	8	7	5	5	4
22269	전북 김제시	신활력플러스사업 추진단 운영	71,100	농업정책과	1	2	7	8	7	5	5	4
22270	전북 김제시	농번기 공동급식 지원사업	153,600	농업정책과	1	6	7	8	7	5	5	4
22271	전북 김제시	시군역량강화	300,000	농업정책과	1	6	7	8	7	5	5	4
22272	전북 김제시	농촌체험휴양마을 사무장 활동비,보험료	64,700	농업정책과	1	2	7	8	7	5	5	4
22273	전북 김제시	지역단위 농촌관광 사업(운영주체)	90,000	농업정책과	1	2	7	8	7	5	5	4
22274	전북 김제시	농촌체험휴양마을 리더교육 지원사업	3,120	농업정책과	1	6	7	8	7	5	5	4
22275	전북 김제시	농촌체험휴양마을 박람회 참가지원 사업	4,000	농업정책과	1	6	7	8	7	5	5	4
22276	전북 김제시	마을경영체 경쟁력 강화사업	32,000	농업정책과	1	6	7	8	7	5	5	4
22277	전북 김제시	농촌축제 지원	10,000	농업정책과	1	2	7	8	7	5	5	4
22278	전북 김제시	농촌관광 거점마을 운영활성화 지원	100,000	농업정책과	1	6	7	8	7	5	5	4
22279	전북 김제시	시군 마을만들기 중간지원조직 지원	170,000	농업정책과	1	6	7	8	7	5	5	4
22280	전북 김제시	생생마을 플러스 사업	20,000	농업정책과	1	6	7	8	7	5	5	4
22281	전북 김제시	친환경 희망농부 육성 지원사업	11,000	농업정책과	1	6	7	8	7	5	5	4
22282	전북 김제시	GAP 이력관리체계 구축 지원사업	21,000	농업정책과	1	2	7	8	7	5	5	4
22283	전북 김제시	친환경유기농 무역박람회 행사 지원	3,000	농업정책과	1	6	7	8	7	5	5	4
22284	전북 김제시	생태순환농업 활성화 시범사업 추진단 운영	50,000	농업정책과	1	6	7	8	7	5	5	4
22285	전북 김제시	o볏짚환원(지력증진)	353,000	농업정책과	1	6	7	8	7	5	5	4

순번	시군구	지출명 (사업명)	2021년예산 (단위:천원/1년간)	담당자 (공무원) 담당부서	민간이전 분류 (지방자치단체 세출예산 집행기준에 의거) 1. 민간경상사업보조(307-02) 2. 민간단체 법정운영비보조(307-03) 3. 민간행사사업보조(307-04) 4. 민간위탁금(307-05) 5. 사회복지시설 법정운영비보조(307-10) 6. 민간인위탁교육비(307-12) 7. 공기관등에대한경상적위탁사업비(308-11) 8. 민간자본사업보조,자체재원(402-01) 9. 민간자본사업보조,이전재원(402-02) 10. 민간위탁사업비(402-03) 11. 공기관등에 대한 자본적 대행사업비(403-02)	민간이전지출 근거 (지방보조금 관리기준 참고) 1. 법률에 규정 2. 국고보조 재원(국가지정) 3. 용도 지정 기부금 4. 조례에 직접규정 5. 지자체가 권장하는 사업을 하는 공공기관 6. 시,도 정책 및 재정사정 7. 기타 8. 해당없음	입찰방식 계약체결방법 (경쟁형태) 1. 일반경쟁 2. 제한경쟁 3. 지명경쟁 4. 수의계약 5. 법정위탁 6. 기타 ( ) 7. 해당없음	입찰방식 계약기간 1. 1년 2. 2년 3. 3년 4. 4년 5. 5년 6. 기타 ( )년 7. 단기계약 (1년미만) 8. 해당없음	입찰방식 낙찰자선정방법 1. 적격심사 2. 협상에의한계약 3. 최저가낙찰제 4. 규격가격분리 5. 2단계 경쟁입찰 6. 기타 ( ) 7. 해당없음	운영예산 산정 운영예산 산정 1. 내부산정 (지자체 자체적으로 산정) 2. 외부산정 (외부전문기관위탁 산정) 3. 내·외부 모두 산정 4. 산정 無 5. 해당없음	운영예산 산정 정산방법 1. 내부정산 (지자체 내부적으로 정산) 2. 외부정산 (외부전문기관위탁 정산) 3. 내·외부 모두 산정 4. 정산 無 5. 해당없음	성과평가 실시여부 1. 실시 2. 미실시 3. 향후 추진 4. 해당없음
22286	전북 김제시	o우량종자 채종포	77,000	농업정책과	1	6	7	8	7	5	5	4
22287	전북 김제시	한국농업신문 보급사업	15,768	농업정책과	1	6	7	8	7	5	5	4
22288	전북 김제시	전업농신문 보급사업	28,080	농업정책과	1	6	7	8	7	5	5	4
22289	전북 김제시	들녘경영체 교육컨설팅 지원	81,000	농업정책과	1	2	7	8	7	5	5	4
22290	전북 김제시	국산밀 생산단지 경영체 육성 교육 컨설팅 지원사업	81,000	농업정책과	1	2	7	8	7	5	5	4
22291	전북 김제시	논 타작물 단지화 교육 컨설팅 지원사업	189,000	농업정책과	1	2	7	8	7	5	5	4
22292	전북 김제시	농촌고용인력 지원사업	80,000	농업정책과	1	6	7	8	7	5	5	4
22293	전북 김제시	스마트팜 기술혁신 지원사업 등	200,000	농업정책과	1	2	7	8	7	5	5	4
22294	전북 김제시	초등돌봄교실 과일간식 지원사업	64,354	농업정책과	1	2	7	8	7	5	5	4
22295	전북 김제시	제주 소비지RPC 물류비 지원사업	100,000	먹거리유통과	1	7	2	8	7	3	1	1
22296	전북 김제시	쌀경쟁력제고사업(우수브랜드쌀 인센티브)	180,000	먹거리유통과	1	7	6	8	7	3	1	1
22297	전북 김제시	로컬푸드 직매장 생산·소비 교류활동 지원사업	40,000	먹거리유통과	1	1	7	8	7	1	1	1
22298	전북 김제시	중소농 농산물 안전·유통 지원사업	18,687	먹거리유통과	1	1	7	8	7	1	1	1
22299	전북 김제시	친환경쌀 급식 물류비 지원사업	34,000	먹거리유통과	1	6	7	8	7	1	1	2
22300	전북 김제시	임산부 친환경농산물 꾸러미 지원사업	43,392	먹거리유통과	1	2	7	8	7	1	1	2
22301	전북 김제시	향토산업육성사업	282,000	먹거리유통과	1	1	7	8	7	5	1	1
22302	전북 김제시	신선농산물 수출물류비 지원사업	480,000	먹거리유통과	1	1	7	8	7	5	1	4
22303	전북 김제시	농식품기업 HACCP 컨설팅 지원사업	7,000	먹거리유통과	1	1	4	8	7	5	1	3
22304	전북 김제시	우리밀 소비촉진 지원사업	28,000	먹거리유통과	1	1	7	8	7	5	1	4
22305	전북 김제시	지역향토자원 산업화 사업	16,000	먹거리유통과	1	1	7	8	7	5	1	1
22306	전북 김제시	쌀가공제품 소비촉진 지원사업	30,000	먹거리유통과	1	1	7	8	7	5	5	4
22307	전북 김제시	지평선몰 택배비 지원	15,000	먹거리유통과	1	4	7	8	7	5	1	1
22308	전북 김제시	전국 으뜸농산물 품평회 출품지원	8,000	먹거리유통과	1	4	7	8	7	5	1	1
22309	전북 김제시	농산물 TV홈쇼핑 마케팅 지원사업	36,000	먹거리유통과	1	1	7	8	7	5	5	4
22310	전북 김제시	농특산물 인터넷판매 활성화 사업	26,000	먹거리유통과	1	1	7	8	7	5	5	4
22311	전북 김제시	생산자 조직화 및 통합마케팅 활성화 지원사업	104,000	먹거리유통과	1	4	7	8	7	5	1	1
22312	전북 김제시	농산물 공동작업 지원체계 확충사업	240,000	먹거리유통과	1	1	7	8	7	5	1	1
22313	전북 김제시	농산물 공동출하 확대 지원사업	390,810	먹거리유통과	1	2	7	8	7	5	1	1
22314	전북 김제시	산지통합 마케팅 지원사업	10,100	먹거리유통과	1	2	7	8	7	5	1	1
22315	전북 김제시	원예농산물 공선조직 및 출하권 위임농가 물류비 지원사업	140,000	먹거리유통과	1	4	7	8	7	5	1	1
22316	전북 김제시	송아지 생산안정 사업	10,000	축산진흥과	1	6	7	8	7	5	5	4
22317	전북 김제시	고능력암소축군 조성사업	95,880	축산진흥과	1	6	7	8	7	5	5	4
22318	전북 김제시	낙농헬퍼 지원사업	7,000	축산진흥과	1	6	7	8	7	5	5	4
22319	전북 김제시	축산물 품질향상 지원	40,000	축산진흥과	1	6	7	8	7	5	5	4
22320	전북 김제시	폭염 스트레스완화제 지원	69,000	축산진흥과	1	6	7	8	7	5	5	4
22321	전북 김제시	재활승마 한마당 지원사업	29,050	축산진흥과	1	6	7	8	7	5	5	4
22322	전북 김제시	말 번식(교배) 지원	1,200	축산진흥과	1	6	7	8	7	5	5	4
22323	전북 김제시	보험료 지원	2,000	축산진흥과	1	6	7	8	7	5	5	4
22324	전북 김제시	학교우유 급식 사업	315,068	축산진흥과	1	2	7	8	7	5	5	4
22325	전북 김제시	학생 승마 활성화 지원사업	40,640	축산진흥과	1	2	7	8	7	5	5	4
22326	전북 김제시	말산업 전문인력 양성기관 지원사업	57,140	축산진흥과	1	2	7	8	7	5	5	4
22327	전북 김제시	한우 친자확인 검사 지원	80,000	축산진흥과	1	6	7	8	7	5	5	4
22328	전북 김제시	차량무선 인식장치 상시전원 공급체계구축 지원사업	25,200	축산진흥과	1	2	7	8	7	5	5	4
22329	전북 김제시	닭진드기 공동방제 지원사업	96,000	축산진흥과	1	2	7	8	7	1	5	4
22330	전북 김제시	닭 유해 해충 방제 지원	120,000	축산진흥과	1	6	7	8	7	1	5	4
22331	전북 김제시	돼지 유행성 설사 백신지원	35,000	축산진흥과	1	6	7	8	7	1	1	4
22332	전북 김제시	돼지 회장염 예방 백신지원	15,552	축산진흥과	1	6	7	8	7	1	1	4
22333	전북 김제시	돼지 부종병 예방 백신지원	61,248	축산진흥과	1	6	7	8	7	1	1	4
22334	전북 김제시	꿀벌사육농가 면역증강제 지원	25,200	축산진흥과	1	6	7	8	7	5	5	4
22335	전북 김제시	가금농장 해충구제 지원	102,761	축산진흥과	1	8	7	8	7	1	1	4
22336	전북 김제시	축산환경개선 사업(저감제)	56,250	축산진흥과	1	1	7	8	7	1	1	4

순번	시군구	지출명 (사업명)	2021년예산 (단위:천원/1년간)	담당자(공무원) 담당부서	민간이전 분류 (지방자치단체 세출예산 집행기준에 의거) 1. 민간경상사업보조(307-02) 2. 민간단체 법정운영비보조(307-03) 3. 민간행사사업보조(307-04) 4. 민간위탁금(307-05) 5. 사회복지시설 법정운영비보조(307-10) 6. 민간인위탁교육비(307-12) 7. 공기관등에대한경상적위탁사업비(308-11) 8. 민간자본사업보조,자체재원(402-01) 9. 민간자본사업보조,이전재원(402-02) 10. 민간위탁사업비(402-03) 11. 공기관등에 대한 자본적 대행사업비(403-02)	민간이전지출 근거 (지방보조금 관리기준 참고) 1. 법률에 규정 2. 국고보조 재원(국가지정) 3. 용도 지정 기부금 4. 조례에 직접규정 5. 지자체가 권장하는 사업을 하는 공공기관 6. 시,도 정책 및 재정사정 7. 기타 8. 해당없음	입찰방식 계약체결방법 (경쟁형태) 1. 일반경쟁 2. 제한경쟁 3. 지명경쟁 4. 수의계약 5. 법정위탁 6. 기타 ( ) 7. 해당없음	입찰방식 계약기간 1. 1년 2. 2년 3. 3년 4. 4년 5. 5년 6. 기타 ( )년 7. 단기계약 (1년미만) 8. 해당없음	입찰방식 낙찰자선정방법 1. 적격심사 2. 협상에의한계약 3. 최저가낙찰제 4. 규격가격분리 5. 2단계 경쟁입찰 6. 기타 ( ) 7. 해당없음	운영예산 산정 운영예산 산정 1. 내부산정 (지자체 자체적으로 산정) 2. 외부산정 (외부전문기관위탁 산정) 3. 내·외부 모두 산정 4. 산정 無 5. 해당없음	운영예산 산정 정산방법 1. 내부정산 (지자체 내부적으로 정산) 2. 외부정산 (외부전문기관위탁 정산) 3. 내·외부 모두 산정 4. 정산 無 5. 해당없음	성과평가 실시여부 1. 실시 2. 미실시 3. 향후 추진 4. 해당없음
22337	전북 김제시	축산환경개선 사업(효과분석)	50,000	축산진흥과	1	1	1	1	6	1	1	4
22338	전북 김제시	퇴비 발효촉진 지원사업	60,900	축산진흥과	1	1	7	8	7	1	1	4
22339	전북 김제시	품목생산자조직 육성	10,000	농촌지원과	1	4	7	8	7	5	5	1
22340	전북 김제시	한국농어민신문 보급지원	100,800	농촌지원과	1	4	7	8	7	5	5	1
22341	전북 김제시	한국농정신문 보급지원	45,300	농촌지원과	1	4	7	8	7	5	5	1
22342	전북 김제시	4-H 정보지 공급	15,300	농촌지원과	1	6	7	8	7	5	5	1
22343	전북 김제시	전북 4-H 경진 및 참여활동 지원	5,000	농촌지원과	1	6	7	8	7	5	5	1
22344	전북 김제시	농촌지도자 정보지 공급	44,400	농촌지원과	1	6	7	8	7	5	5	1
22345	전북 김제시	농촌지도자 활성화 지원	5,400	농촌지원과	1	6	7	8	7	5	5	1
22346	전북 김제시	농촌지도자대회	6,000	농촌지원과	1	6	7	8	7	5	5	1
22347	전북 김제시	김제 4-H본부 활성화 지원	2,430	농촌지원과	1	6	7	8	7	5	5	1
22348	전북 김제시	김제농민회 활성화 지원	11,430	농촌지원과	1	6	7	8	7	5	5	1
22349	전북 김제시	김제 농민 풍년기원 영농발대식 행사 지원	3,000	농촌지원과	1	6	7	8	7	5	5	1
22350	전북 김제시	김제농민회 결연시군 행사 지원	2,000	농촌지원과	1	6	7	8	7	5	5	1
22351	전북 김제시	김제시농업경영인 결연시군 행사 지원	3,000	농촌지원과	1	6	7	8	7	5	5	1
22352	전북 김제시	농업경영인 도-중앙대회 참가 행사 지원	10,000	농촌지원과	1	6	7	8	7	5	5	1
22353	전북 김제시	전북 농특축산물 명품 큰장터 참가	4,050	농촌지원과	1	6	7	8	7	5	5	1
22354	전북 김제시	농업경영인 활성화 지원	12,700	농촌지원과	1	6	7	8	7	5	5	1
22355	전북 김제시	농업인학습단체 활성화 지원	30,000	농촌지원과	1	6	7	8	7	5	5	1
22356	전북 김제시	농업인의 날 행사 지원	55,000	농촌지원과	1	4	7	8	7	5	5	1
22357	전북 김제시	여성농민회 활성화 지원	5,000	농촌지원과	1	6	7	8	7	5	5	1
22358	전북 김제시	여성농업경영인 활성화 지원	5,000	농촌지원과	1	6	7	8	7	5	5	1
22359	전북 김제시	청년농업인(4-H연합회) 활성화 사업	5,000	농촌지원과	1	6	7	8	7	5	5	1
22360	전북 김제시	청년농업인 영농 정착지원금 지급	1,112	농촌지원과	1	2	7	8	7	5	5	1
22361	전북 김제시	농업인 학습단체(생활개선,4-H) 활력화 지원	10,000	농촌지원과	1	6	7	8	7	5	5	1
22362	전북 김제시	농업인 학습단체 기후변화대응 현장교육	10,500	농촌지원과	1	6	7	8	7	5	5	1
22363	전북 김제시	전북형 청년창업농 영농 정착지원	80,000	농촌지원과	1	6	7	8	7	5	5	1
22364	전북 김제시	청년창업농 정책자금 이차보전	30,000	농촌지원과	1	6	7	8	7	5	5	1
22365	전북 김제시	청년창업농 영농기반 임차지원	30,179	농촌지원과	1	6	7	8	7	5	5	1
22366	전북 김제시	청년농업인 생생동아리 지원	22,000	농촌지원과	1	6	7	8	7	5	5	1
22367	전북 김제시	청년농업인 경쟁력 제고 사업	45,000	농촌지원과	1	6	7	8	7	5	5	1
22368	전북 김제시	생활개선 활성화를 위한 도농교류 체험학습 지원	4,000	농촌지원과	1	6	7	8	7	1	1	1
22369	전북 김제시	여성농업인 정보지 공급 지원	48,000	농촌지원과	1	6	7	8	7	1	1	1
22370	전북 김제시	세계여성인의 날 참가 지원	5,000	농촌지원과	1	6	7	8	7	1	1	1
22371	전북 김제시	농촌여성 안전향상 보조구 지원	16,400	농촌지원과	1	6	7	8	7	1	1	1
22372	전북 김제시	작목별 맞춤형 안전관리 전문가 컨설팅	7,500	농촌지원과	1	2	1	7	1	1	1	1
22373	전북 김제시	농업인 재해 안전마을 육성	10,000	농촌지원과	1	6	1	7	1	1	1	1
22374	전북 김제시	지평선팜합창단 학습 및 문화행사 지원	5,000	농촌지원과	1	6	7	8	7	5	5	1
22375	전북 김제시	사단법인 지평선팜합창단 학습 및 문화행사 지원	5,000	농촌지원과	1	6	7	8	7	5	5	1
22376	전북 김제시	귀농귀촌 활성화 지원	113,000	농촌지원과	1	6	7	1	7	1	3	1
22377	전북 김제시	귀농창업 활성화 지원	20,000	농촌지원과	1	2	7	1	7	1	3	1
22378	전북 김제시	귀농귀촌 유지 지원사업(귀농귀촌협의회)	130,000	농촌지원과	1	2	7	1	7	1	3	1
22379	전북 김제시	농업경영체 경영 컨설팅 지원	26,000	농촌지원과	1	1	7	8	7	1	1	1
22380	전북 김제시	종자생명산업특구 청년일자리 지원	121,104	기술보급과	1	2	7	8	7	1	1	3
22381	전북 김제시	맞춤형인력양성지원	84,000	기술보급과	1	4	1	1	1	1	1	3
22382	전북 김제시	토종 농작물 재배 활성화 지원	25,200	기술보급과	1	4	7	8	7	5	5	3
22383	전북 김제시	작은도서관 운영 지원	205,990	시립도서관	1	1	7	8	7	5	1	4
22384	전북 김제시	벽골제 제사	6,800	벽골제아리랑사업소	1	4	7	8	7	1	1	1
22385	전북 완주군	(사)완주군 새마을회 사업지원	52,000	행정지원과	1	1	7	8	7	1	1	1
22386	전북 완주군	완주 청년회의소 사업지원	8,000	행정지원과	1	1	7	8	7	1	1	1
22387	전북 완주군	새마을 기본과정 교육비	4,080	행정지원과	1	1	7	8	7	1	1	1

순번	시군구	지출명 (사업명)	2021년예산 (단위:천원/1년간)	담당자 (공무원) 담당부서	민간이전 분류 (지방자치단체 세출예산 집행기준에 의거) 1. 민간경상사업보조(307-02) 2. 민간단체 법정운영비보조(307-03) 3. 민간행사사업보조(307-04) 4. 민간위탁금(307-05) 5. 사회복지시설 법정운영비보조(307-10) 6. 민간인위탁교육비(307-12) 7. 공기관등에대한경상적위탁사업비(308-11) 8. 민간자본사업보조,자체재원(402-01) 9. 민간자본사업보조,이전재원(402-02) 10. 민간위탁사업비(402-03) 11. 공기관등에 대한 자본적 대행사업비(403-02)	민간이전지출 근거 (지방보조금 관리기준 참고) 1. 법률에 규정 2. 국고보조 재원(국가지정) 3. 용도 지정 기부금 4. 조례에 직접규정 5. 지자체가 권장하는 사업을 하는 공공기관 6. 시,도 정책 및 재정사정 7. 기타 8. 해당없음	입찰방식 계약체결방법 (경쟁형태) 1. 일반경쟁 2. 제한경쟁 3. 지명경쟁 4. 수의계약 5. 법정위탁 6. 기타 ( ) 7. 해당없음	입찰방식 계약기간 1. 1년 2. 2년 3. 3년 4. 4년 5. 5년 6. 기타 ( )년 7. 단기계약 (1년미만) 8. 해당없음	입찰방식 낙찰자선정방법 1. 적격심사 2. 협상에의한계약 3. 최저가낙찰제 4. 규격가격분리 5. 2단계 경쟁입찰 6. 기타 ( ) 7. 해당없음	운영예산 산정 운영예산 산정 1. 내부산정 (지자체 자체적으로 산정) 2. 외부산정 (외부전문기관위탁 산정) 3. 내·외부 모두 산정 4. 산정 無 5. 해당없음	운영예산 산정 정산방법 1. 내부정산 (지자체 내부적으로 정산) 2. 외부정산 (외부전문기관위탁 정산) 3. 내·외부 모두 산정 4. 정산 無 5. 해당없음	성과평가 실시여부 1. 실시 2. 미실시 3. 향후 추진 4. 해당없음
22388	전북 완주군	새마을 관리자과정 교육비	4,080	행정지원과	1	1	7	8	7	1	1	1
22389	전북 완주군	법사랑위원회 완주지구협의회 사업지원	16,000	행정지원과	1	1	7	8	7	1	1	1
22390	전북 완주군	(사)전주지역 범죄피해자 지원센터 사업지원	20,000	행정지원과	1	1	7	8	7	1	1	1
22391	전북 완주군	완주군 애향운동본부 사업지원	44,000	행정지원과	1	4	7	8	7	1	1	1
22392	전북 완주군	민주평화통일자문회의 완주군협의회 사업지원	15,000	행정지원과	1	1	7	8	7	1	1	1
22393	전북 완주군	바르게살기운동 완주군협의회 사업지원	16,000	행정지원과	1	1	7	8	7	1	1	1
22394	전북 완주군	한국자유총연맹 완주군지회 사업지원	6,400	행정지원과	1	1	7	8	7	1	1	1
22395	전북 완주군	민간협력사업 공모	20,000	행정지원과	1	4	7	8	7	1	1	1
22396	전북 완주군	법정사회단체 운영지원	81,000	행정지원과	1	1	7	8	7	1	1	2
22397	전북 완주군	(사)완주군 새마을회 사업지원	52,000	행정지원과	1	1	7	8	7	1	1	1
22398	전북 완주군	완주 청년회의소 사업지원	8,000	행정지원과	1	5	7	8	7	1	1	1
22399	전북 완주군	새마을 기본과정 교육비	4,080	행정지원과	1	1	7	8	7	1	1	1
22400	전북 완주군	새마을 관리자과정 교육비	4,080	행정지원과	1	1	7	8	7	1	1	1
22401	전북 완주군	법사랑위원회 완주지구협의회 사업지원	16,000	행정지원과	1	1	7	8	7	1	1	1
22402	전북 완주군	(사)전주지역 범죄피해자 지원센터 사업지원	20,000	행정지원과	1	1	7	8	7	1	1	1
22403	전북 완주군	완주군 애향운동본부 사업지원	44,000	행정지원과	1	5	7	8	7	1	1	1
22404	전북 완주군	민주평화통일자문회의 완주군협의회 사업지원	15,000	행정지원과	1	1	7	8	7	1	1	1
22405	전북 완주군	바르게살기운동 완주군협의회 사업지원	16,000	행정지원과	1	1	7	8	7	1	1	1
22406	전북 완주군	한국자유총연맹 완주군지회 사업지원	6,400	행정지원과	1	1	7	8	7	1	1	1
22407	전북 완주군	민간협력사업 공모	20,000	행정지원과	1	4	7	8	7	1	1	1
22408	전북 완주군	새터민 정착지원	5,000	행정지원과	1	4	7	8	7	1	1	1
22409	전북 완주군	농촌유학지원사업	98,000	교육아동복지과	1	2	7	8	7	1	1	1
22410	전북 완주군	아이낳기 좋은세상	5,000	교육아동복지과	1	6	1	1	1	1	1	1
22411	전북 완주군	여성단체 역량강화 사업	106,550	교육아동복지과	1	1	7	3	7	1	1	1
22412	전북 완주군	문화예술공연 제작 운영	100,000	문화관광과	1	4	1	1	1	1	1	3
22413	전북 완주군	통합문화 체육관광 이용권	509,100	문화관광과	1	2	7	8	7	5	1	1
22414	전북 완주군	고산향교 지원사업	20,200	문화관광과	1	2	7	8	7	5	1	1
22415	전북 완주군	고산향교 지원사업	19,063	문화관광과	1	2	7	8	7	5	1	1
22416	전북 완주군	무형문화재 전수활동 및 공개행사 지원	5,000	문화관광과	1	2	7	8	7	5	1	1
22417	전북 완주군	향토문화유산(전국 시조경창대회 지원)	5,000	문화관광과	1	2	7	8	7	5	1	1
22418	전북 완주군	향토문화유산(126주년 동학농민혁명 기념지원)	9,000	문화관광과	1	2	7	8	7	5	1	1
22419	전북 완주군	향토문화유산(송광사 나비채 어울림 음악회)	16,000	문화관광과	1	2	7	8	7	5	1	1
22420	전북 완주군	역사재조명사업(웅치·이치전투 홍보 및 교육사업)	16,000	문화관광과	1	2	7	8	7	5	1	1
22421	전북 완주군	향교서원 문화재 활용사업	102,500	문화관광과	1	2	1	1	1	5	1	3
22422	전북 완주군	전통산사 활용사업	50,000	문화관광과	1	2	1	1	1	5	1	3
22423	전북 완주군	지역문화유산 교육사업	44,000	문화관광과	1	2	1	1	1	5	1	3
22424	전북 완주군	생생문화재 사업	52,500	문화관광과	1	2	1	1	1	5	1	3
22425	전북 완주군	만경강 밤샘이 문화를 만나다. 동상이몽 프로젝트	19,500	문화관광과	1	1	7	8	7	1	1	3
22426	전북 완주군	주민 문화 충족을 위한 야외공연	20,000	문화관광과	1	1	7	8	7	1	1	3
22427	전북 완주군	문화예술단체 활성화 지원	40,000	문화관광과	1	1	7	8	7	1	1	3
22428	전북 완주군	권삼득 국악대제전	32,000	문화관광과	1	4	5	8	7	1	1	3
22429	전북 완주군	생활문화예술동호회 활성화 지원(보조인력지원 포함)	147,371	문화관광과	1	1	7	8	7	1	1	3
22430	전북 완주군	완주예총 사업비 지원	100,000	문화관광과	1	1	5	8	7	1	1	3
22431	전북 완주군	농악 경연대회 지원	20,000	문화관광과	1	4	7	8	7	1	1	3
22432	전북 완주군	완주문화원 사업비 지원	48,000	문화관광과	1	1	5	8	7	1	1	3
22433	전북 완주군	KTX연계 전북순환관광버스공동지원사업	2,500	문화관광과	1	4	2	7	1	1	1	1
22434	전북 완주군	관광사진 전국 공모전	30,000	문화관광과	1	4	4	7	7	1	1	3
22435	전북 완주군	1시군1대표 작은축제 지원	24,000	문화관광과	1	4	6	8	7	3	5	1
22436	전북 완주군	청년 취업지원	156,000	일자리경제과	1	2	7	8	7	5	1	4
22437	전북 완주군	신중년 취업지원	84,000	일자리경제과	1	2	7	8	7	5	1	4
22438	전북 완주군	전북 청년내일채움공제 지원	145,500	일자리경제과	1	4	7	8	7	5	1	4

순번	시군구	지출명 (사업명)	2021년예산 (단위:천원/1년간)	담당자 (공무원) 담당부서	민간이전 분류 (지방자치단체 세출예산 집행기준에 의거) 1. 민간경상사업보조(307-02) 2. 민간단체 법정운영비보조(307-03) 3. 민간행사사업보조(307-04) 4. 민간위탁금(307-05) 5. 사회복지시설 법정운영비보조(307-10) 6. 민간인위탁교육비(307-12) 7. 공기관등에대한경상적위탁사업비(308-11) 8. 민간자본사업보조,자체재원(402-01) 9. 민간자본사업보조,이전재원(402-02) 10. 민간위탁사업비(402-03) 11. 공기관등에 대한 자본적 대행사업비(403-02)	민간이전지출 근거 (지방보조금 관리기준 참고) 1. 법률에 규정 2. 국고보조 재원(국가지정) 3. 용도 지정 기부금 4. 조례에 직접규정 5. 지자체가 권장하는 사업을 하는 공공기관 6. 시,도 정책 및 재정사정 7. 기타 8. 해당없음	입찰방식 계약체결방법 (경쟁형태) 1. 일반경쟁 2. 제한경쟁 3. 지명경쟁 4. 수의계약 5. 법정위탁 6. 기타 ( ) 7. 해당없음	입찰방식 계약기간 1. 1년 2. 2년 3. 3년 4. 4년 5. 5년 6. 기타 ( )년 7. 단기계약 (1년미만) 8. 해당없음	입찰방식 낙찰자선정방법 1. 적격심사 2. 협상에의한계약 3. 최저가낙찰제 4. 규격가격분리 5. 2단계 경쟁입찰 6. 기타 ( ) 7. 해당없음	운영예산 산정 운영예산 산정 1. 내부산정 (지자체 자체적으로 산정) 2. 외부산정 (외부전문기관위탁 산정) 3. 내·외부 모두 산정 4. 산정 無 5. 해당없음	운영예산 산정 정산방법 1. 내부정산 (지자체 내부적으로 정산) 2. 외부정산 (외부전문기관위탁 정산) 3. 내·외부 모두 산정 4. 정산 無 5. 해당없음	성과평가 실시여부 1. 실시 2. 미실시 3. 향후 추진 4. 해당없음
22439	전북 완주군	지역노사민정협력활성화사업(근로자체육대회)	16,000	일자리경제과	1	4	7	8	7	5	1	4
22440	전북 완주군	지역노사민정협력활성화사업(노사정책 연수 및 산업시찰)	16,000	일자리경제과	1	4	7	8	7	5	1	4
22441	전북 완주군	지역노사민정협력활성화사업(근로자 노동법률사무소 운영)	30,000	일자리경제과	1	4	7	8	7	5	1	4
22442	전북 완주군	중소기업 국내외 박람회 등 참가지원	5,600	일자리경제과	1	6	7	8	7	5	1	4
22443	전북 완주군	소상공인공제(노란우산공제) 가입지원	21,000	일자리경제과	1	6	7	8	7	5	1	4
22444	전북 완주군	전통시장 장엔정 장보기 도우미 배치 운영	43,322	일자리경제과	1	6	7	8	7	5	5	4
22445	전북 완주군	전통시장 시장매니저 지원사업	4,800	일자리경제과	1	2	7	8	7	5	5	4
22446	전북 완주군	전통시장 화재공제 가입 지원	4,600	일자리경제과	1	6	7	8	7	5	5	4
22447	전북 완주군	전통시장 문화행사 지원	12,600	일자리경제과	1	6	7	8	7	5	5	4
22448	전북 완주군	소셜굿즈 육성사업	70,000	사회적경제과	1	4	7	8	7	5	1	4
22449	전북 완주군	사회적농업 활성화 지원	120,000	사회적경제과	1	1	7	8	7	1	1	4
22450	전북 완주군	일자리창출사업(사회적기업)	538,000	사회적경제과	1	2	7	8	7	5	1	4
22451	전북 완주군	사업개발비지원사업(사회적기업)	30,000	사회적경제과	1	2	7	8	7	5	1	4
22452	전북 완주군	사회보험료지원사업(사회적기업)	15,000	사회적경제과	1	2	7	8	7	5	1	4
22453	전북 완주군	지역특화사업	36,000	사회적경제과	1	2	7	8	7	5	1	4
22454	전북 완주군	아파트 르네상스 활동지원	104,800	사회적경제과	1	4	7	8	7	5	5	4
22455	전북 완주군	아파트공동체 네트워크 지원사업	16,000	사회적경제과	1	4	7	8	7	5	5	4
22456	전북 완주군	자립형 아파트 공동체 육성	32,000	사회적경제과	1	4	7	8	7	5	5	4
22457	전북 완주군	공동체 교류 활성화 사업	48,000	사회적경제과	1	4	7	8	7	5	5	4
22458	전북 완주군	특성화 아파트 공동체 육성 사업	48,000	사회적경제과	1	4	7	8	7	5	5	4
22459	전북 완주군	광역사무장지원사업	158,400	사회적경제과	1	4	7	8	7	1	1	4
22460	전북 완주군	마을기업 육성사업	10,000	사회적경제과	1	2	7	8	7	5	1	4
22461	전북 완주군	전북형 농촌관광거점마을 육성사업	130,000	사회적경제과	1	6	7	8	7	5	1	4
22462	전북 완주군	2021년테마가 있는 자연마을 조성사업	45,000	사회적경제과	1	6	7	8	7	5	5	4
22463	전북 완주군	마을로청년활동가 인큐베이팅	20,000	사회적경제과	1	7	7	8	7	5	5	4
22464	전북 완주군	정보화마을 프로그램관리자 육성	43,020	사회적경제과	1	1	7	8	7	5	1	4
22465	전북 완주군	농촌 관광주체 육성지원	123,600	사회적경제과	1	1	7	8	7	5	1	4
22466	전북 완주군	농촌 관광주체 육성지원	30,000	사회적경제과	1	2	7	8	7	5	1	4
22467	전북 완주군	체험마을 리더교육지원	2,640	사회적경제과	1	6	7	8	7	5	1	4
22468	전북 완주군	농촌체험휴양마을 박람회 참가지원 사업	5,896	사회적경제과	1	6	7	8	7	5	1	4
22469	전북 완주군	산촌마당캠프	12,000	사회적경제과	1	6	7	8	7	5	1	4
22470	전북 완주군	세계잼버리 농촌체험관광활성화	52,000	사회적경제과	1	6	7	8	7	5	5	4
22471	전북 완주군	청년창업공동체육성	25,000	사회적경제과	1	4	7	8	7	1	1	1
22472	전북 완주군	청년동아리활성화지원	8,000	사회적경제과	1	4	7	8	7	5	1	4
22473	전북 완주군	광역사무장지원사업	158,400	사회적경제과	1	4	7	8	7	1	1	4
22474	전북 완주군	우수농산물 어린이집 급식지원	56,525	먹거리정책과	1	1	4	3	7	1	1	1
22475	전북 완주군	소규모 가공창업장 판촉지원	20,000	먹거리정책과	1	6	7	8	7	1	1	1
22476	전북 완주군	농촌다원적 자원활용 사업 - 보존 협의체 운영	100,000	먹거리정책과	1	2	7	8	7	1	1	1
22477	전북 완주군	향토산업유성사업(조직화, 네트워크 등)	200,000	먹거리정책과	1	6	7	8	7	1	1	1
22478	전북 완주군	로컬푸드 직매장 모니터단 운영	10,000	먹거리정책과	1	4	7	8	7	5	1	1
22479	전북 완주군	건강한밥상 꾸러미 지원사업	48,000	먹거리정책과	1	4	7	8	7	5	1	1
22480	전북 완주군	농촌형 교통모델 순회수집차량 운영	24,000	먹거리정책과	1	1	7	8	7	5	1	1
22481	전북 완주군	마을경영체 경쟁력 강화사업	24,000	먹거리정책과	1	1	7	8	7	5	1	1
22482	전북 완주군	중소농 농산물 안전유통 지원사업	47,144	먹거리정책과	1	1	7	8	7	5	1	1
22483	전북 완주군	농촌융복합산업지구 조성사업(운영)	486,000	먹거리정책과	1	1	7	8	7	1	1	1
22484	전북 완주군	로컬푸드 직매장 생산·소비 교류활동 지원사업	70,000	먹거리정책과	1	1	7	8	7	5	1	1
22485	전북 완주군	완주신활력플러스w푸드테라피구축사업	702,000	먹거리정책과	1	2	7	8	7	5	1	1
22486	전북 완주군	완주신활력플러스추진단 운영	71,600	먹거리정책과	1	2	7	8	7	5	1	1
22487	전북 완주군	청년외식창업공동체 운영	150,000	먹거리정책과	1	2	7	8	7	5	1	1
22488	전북 완주군	자연보호활동 지원	5,600	환경과	1	4	7	8	7	5	5	4
22489	전북 완주군	만경강 수중정화활동 지원	8,000	환경과	1	5	4	1	7	5	5	2

순번	시군구	지출명 (사업명)	2021년예산 (단위:천원/1년간)	담당자 (공무원)	민간이전 분류 (지방자치단체 세출예산 집행기준에 의거)	민간이전지출 근거 (지방보조금 관리기준 참고)	입찰방식			운영예산 산정		성과평가 실시여부
				담당부서	1. 민간경상사업보조(307-02) 2. 민간단체 법정운영비보조(307-03) 3. 민간행사사업보조(307-04) 4. 민간위탁금(307-05) 5. 사회복지시설 법정운영비보조(307-10) 6. 민간인위탁교육비(307-12) 7. 공기관등에대한경상적위탁사업비(308-11) 8. 민간자본사업보조,자체재원(402-01) 9. 민간자본사업보조,이전재원(402-02) 10. 민간위탁사업비(402-03) 11. 공기관등에 대한 자본적 대행사업비(403-02)	1. 법률에 규정 2. 국고보조 재원(국가지정) 3. 용도 지정 기부금 4. 조례에 직접규정 5. 지자체가 권장하는 사업을 하는 공공기관 6. 시,도 정책 및 재정사정 7. 기타 8. 해당없음	계약체결방법 (경쟁형태) 1. 일반경쟁 2. 제한경쟁 3. 지명경쟁 4. 수의계약 5. 법정위탁 6. 기타 ( ) 7. 해당없음	계약기간 1. 1년 2. 2년 3. 3년 4. 4년 5. 5년 6. 기타 ( )년 7. 단기계약 (1년미만) 8. 해당없음	낙찰자선정방법 1. 적격심사 2. 협상에의한계약 3. 최저가낙찰제 4. 규격가격분리 5. 2단계 경쟁입찰 6. 기타 ( ) 7. 해당없음	운영예산 산정 1. 내부산정 (지자체 자체적으로 산정) 2. 외부산정 (외부전문기관위탁 산정) 3. 내·외부 모두 산정 4. 산정 無 5. 해당없음	정산방법 1. 내부정산 (지자체 내부적으로 정산) 2. 외부정산 (외부전문기관위탁 정산) 3. 내·외부 모두 산정 4. 정산 無 5. 해당없음	1. 실시 2. 미실시 3. 향후 추진 4. 해당없음
22490	전북 완주군	우리천 되살리기 네트워크 운영	16,000	환경과	1	4	7	1	1	1	1	4
22491	전북 완주군	경천 싱그랭이 에코빌 생태관광지 사업지원	50,000	환경과	1	4	7	8	7	5	5	4
22492	전북 완주군	농업인 한마음대회	4,000	농업축산과	1	7	7	8	7	5	1	1
22493	전북 완주군	완주새농민회 한마음대회	4,000	농업축산과	1	7	7	8	7	5	1	1
22494	전북 완주군	전북새농민회 한마음대회	1,600	농업축산과	1	7	7	8	7	5	1	1
22495	전북 완주군	농업기술자 워크숍	4,000	농업축산과	1	7	7	8	7	5	1	1
22496	전북 완주군	농업경영컨설팅 지원사업	35,000	농업축산과	1	1	7	1	7	1	1	2
22497	전북 완주군	농어업회의소 운영 지원	49,600	농업축산과	1	4	7	1	7	5	1	1
22498	전북 완주군	귀농귀촌지원센터 운영지원	32,282	농업축산과	1	4	1	1	6	1	1	3
22499	전북 완주군	귀농귀촌활성화 지원	194,000	농업축산과	1	6	1	1	6	1	1	3
22500	전북 완주군	완주체류형농업창업지원센터 활성화사업	70,000	농업축산과	1	4	1	1	6	1	1	4
22501	전북 완주군	두레농장 전담관리인 지원	72,000	농업축산과	1	4	2	1	6	1	1	3
22502	전북 완주군	두레농장 판로확대 및 활성화	20,000	농업축산과	1	4	2	1	6	1	1	3
22503	전북 완주군	두레농장 귀농 멘토링 지원	16,000	농업축산과	1	4	2	1	6	1	1	3
22504	전북 완주군	두레농장 역량강화사업 지원	20,000	농업축산과	1	4	2	1	6	1	1	3
22505	전북 완주군	도시민유치지원	100,000	농업축산과	1	2	1	1	6	1	1	3
22506	전북 완주군	GAP 이력관리체계 구축 지원사업	3,000	농업축산과	1	4	7	8	7	1	1	1
22507	전북 완주군	밭작물 공동경영체 육성(역량강화)	18,000	농업축산과	1	1	7	8	7	1	1	1
22508	전북 완주군	신선농산물 수출물류비 지원	200,000	농업축산과	1	7	7	1	7	3	1	1
22509	전북 완주군	농특산물 인터넷 판매 활성화 사업	12,000	농업축산과	1	7	7	1	7	3	1	1
22510	전북 완주군	생산자 조직화 및 통합마케팅 활성화 지원사업	80,000	농업축산과	1	4	7	1	7	3	1	1
22511	전북 완주군	농산물 공동출하 확대지원사업	159,536	농업축산과	1	1	7	1	7	3	1	1
22512	전북 완주군	산지통합마케팅지원사업	25,860	농업축산과	1	1	7	1	7	3	1	1
22513	전북 완주군	농산물 공동작업 지원체계 확충사업	200,531	농업축산과	1	4	7	1	7	3	1	1
22514	전북 완주군	농산물 수출 활성화 지원사업	20,000	농업축산과	1	1	7	1	7	1	1	1
22515	전북 완주군	양파출하물류비 지원사업	200,000	농업축산과	1	7	7	1	7	1	1	1
22516	전북 완주군	말 번식지원	800	농업축산과	1	1	7	8	7	5	5	4
22517	전북 완주군	승용마 조련 강화사업	16,000	농업축산과	1	1	7	8	7	5	5	4
22518	전북 완주군	승용마 조련지원	2,500	농업축산과	1	1	7	8	7	5	5	4
22519	전북 완주군	조사료 사일리지 제조비 지원	700,000	농업축산과	1	1	7	8	7	5	5	4
22520	전북 완주군	친환경 축산물 인증비 지원	12,512	농업축산과	1	1	7	8	7	5	5	4
22521	전북 완주군	돼지 소모성질환 지도지원	36,000	농업축산과	1	2	7	8	7	5	5	4
22522	전북 완주군	가금농가 질병관리지원	12,000	농업축산과	1	2	7	8	7	5	5	4
22523	전북 완주군	낚시터 환경개선 사업	12,000	농업축산과	1	2	7	8	7	5	1	4
22524	전북 완주군	토산 어종 보호사업	34,000	농업축산과	1	2	7	8	7	5	1	4
22525	전북 완주군	청년 어촌정착 지원사업	21,320	농업축산과	1	2	7	8	7	5	1	4
22526	전북 완주군	어업도우미 지원사업	10,000	농업축산과	1	2	7	8	7	5	1	4
22527	전북 완주군	축산분뇨 악취저감 지원	90,000	농업축산과	1	4	7	8	7	1	1	4
22528	전북 완주군	지역사회 안전을 위한 민간단체 지원	4,000	재난안전과	1	4	7	8	7	1	1	1
22529	전북 완주군	안전문화운동 추진체 지원	4,000	재난안전과	1	4	7	8	7	1	1	1
22530	전북 완주군	모범운전자 교통안내 및 교통캠페인 봉사활동 사업	2,400	도로교통과	1	4	7	1	7	1	1	1
22531	전북 완주군	녹색어머니회 교통안내 및 교통캠페인 봉사활동 사업	4,000	도로교통과	1	4	7	1	7	1	1	1
22532	전북 완주군	혁신도시형 공유경제 사회적협동조합 설립	20,000	공영개발과	1	4	1	1	1	1	1	1
22533	전북 완주군	혁신도시 힐링콘서트	10,000	공영개발과	1	4	1	1	1	1	1	1
22534	전북 완주군	전북혁신도시 사진 및 만경강 그림 전시회	10,000	공영개발과	1	4	1	1	1	1	1	1
22535	전북 완주군	공동주택 온라인투표 서비스 지원사업	2,000	건축과	1	4	7	8	7	5	5	4
22536	전북 완주군	공공보건의료기관 확충	22,200	건강증진과	1	2	7	8	7	2	2	1
22537	전북 완주군	일반학습단체 육성 농업경영인전라북도대회 개최	200,000	농촌지원과	1	7	7	8	7	5	5	4
22538	전북 완주군	일반학습단체 육성 4-H본부 도대회 참가	5,600	농촌지원과	1	7	7	8	7	5	5	4
22539	전북 완주군	학교 4-H회원 과제활동 지도	3,600	농촌지원과	1	6	7	8	7	5	5	4
22540	전북 완주군	농촌지도자 육성 농촌지도자대회 참여 및 활동지원	6,000	농촌지원과	1	6	7	8	7	5	5	4

순번	시군구	지출명 (사업명)	2021년예산 (단위:천원/1년간)	담당자 (공무원) 담당부서	민간이전 분류 (지방자치단체 세출예산 집행기준에 의거) 1. 민간경상사업보조(307-02) 2. 민간단체 법정운영비보조(307-03) 3. 민간행사사업보조(307-04) 4. 민간위탁금(307-05) 5. 사회복지시설 법정운영비보조(307-10) 6. 민간인위탁교육비(307-12) 7. 공기관등에대한경상적위탁사업비(308-11) 8. 민간자본사업보조,자체재원(402-01) 9. 민간자본사업보조,이전재원(402-02) 10. 민간위탁사업비(402-03) 11. 공기관등에 대한 자본적 대행사업비(403-02)	민간이전지출 근거 (지방보조금 관리기준 참고) 1. 법률에 규정 2. 국고보조 재원(국가지정) 3. 용도 지정 기부금 4. 조례에 직접규정 5. 지자체가 권장하는 사업을 하는 공공기관 6. 시,도 정책 및 재정사정 7. 기타 8. 해당없음	입찰방식 계약체결방법 (경쟁형태) 1. 일반경쟁 2. 제한경쟁 3. 지명경쟁 4. 수의계약 5. 법정위탁 6. 기타 ( ) 7. 해당없음	입찰방식 계약기간 1. 1년 2. 2년 3. 3년 4. 4년 5. 5년 6. 기타 ( )년 7. 단기계약 (1년미만) 8. 해당없음	입찰방식 낙찰자선정방법 1. 적격심사 2. 협상에의한계약 3. 최저가낙찰제 4. 규격가격분리 5. 2단계 경쟁입찰 6. 기타 ( ) 7. 해당없음	운영예산 산정 운영예산 산정 1. 내부산정 (지자체 자체적으로 산정) 2. 외부산정 (외부전문기관위탁 산정) 3. 내·외부 모두 산정 4. 산정 無 5. 해당없음	운영예산 산정 정산방법 1. 내부정산 (지자체 내부적으로 정산) 2. 외부정산 (외부전문기관위탁 정산) 3. 내·외부 모두 산정 4. 정산 無 5. 해당없음	성과평가 실시여부 1. 실시 2. 미실시 3. 향후 추진 4. 해당없음
22541	전북 완주군	전북 4-H 경진 및 참여활동 지원	5,000	농촌지원과	1	6	7	8	7	5	5	4
22542	전북 완주군	농가경영개선지원(귀농창업 활성화 지원)	28,000	농촌지원과	1	2	7	8	7	5	5	4
22543	전북 완주군	농업인학습단체 기후변화대응 현장교육	10,500	농촌지원과	1	6	7	8	7	5	5	4
22544	전북 완주군	청년농업인 영농정착 지원사업	439,725	농촌지원과	1	2	7	8	7	5	5	4
22545	전북 완주군	농업인학습단체(생활개선, 4-H) 활력화 지원	10,000	농촌지원과	1	6	7	8	7	5	5	4
22546	전북 완주군	농업용 드론 전문자격증반 육성지원	12,000	농촌지원과	1	6	7	8	7	5	5	4
22547	전북 완주군	청년 농업인 생생동아리 지원	8,000	농촌지원과	1	6	7	8	7	5	5	4
22548	전북 완주군	지역활력화작목기반조성(품목 생산자 조직 경쟁력 제고시범)	10,000	농촌지원과	1	6	7	8	7	5	5	4
22549	전북 완주군	전북형 청년창업농 영농정착지원 사업	61,000	농촌지원과	1	6	7	8	7	5	5	4
22550	전북 완주군	전북4-H본부 한마음대회 개최	50,000	농촌지원과	1	6	7	8	7	5	5	4
22551	전북 완주군	고령농 등을 위한 농작업 대행단 설치운영	50,000	농촌지원과	1	5	7	8	7	5	5	4
22552	전북 완주군	쌀 경쟁력 제고	54,000	기술보급과	1	6	7	8	7	5	1	4
22553	전북 완주군	못자리 상토공급	441,658	기술보급과	1	4	2	7	3	1	1	3
22554	전북 완주군	농작물 병해충 방제비(수도작)	200,000	기술보급과	1	4	7	8	7	5	1	4
22555	전북 완주군	우리밀 소비촉진 지원사업	48,000	기술보급과	1	6	7	8	7	5	1	4
22556	전북 완주군	벼 안전생산 방제지원사업	100,000	기술보급과	1	6	7	8	7	5	1	4
22557	전북 완주군	채소류 생산안정지원사업	254,100	기술보급과	1	6	7	8	7	5	1	4
22558	전북 완주군	수박 품질 향상 지원	29,500	기술보급과	1	7	7	8	7	5	1	4
22559	전북 완주군	농작물 병해충 방제비	51,600	기술보급과	1	2	7	8	7	5	1	4
22560	전북 완주군	돌발해충 방제 신기술 보급	10,000	기술보급과	1	4	7	8	7	5	1	4
22561	전북 완주군	초등돌봄 과일간식 지원사업	71,136	기술보급과	1	2	7	8	7	5	1	4
22562	전북 완주군	친환경농산물 유통소비 마케팅지원사업	104,400	기술보급과	1	6	7	8	7	5	1	4
22563	전북 완주군	독서회 운영지원	19,000	도서관평생학습사업소	1	4	7	8	7	1	1	1
22564	전북 완주군	평생학습 동아리 지원	15,000	도서관평생학습사업소	1	4	7	8	7	1	1	1
22565	전북 완주군	지역과 함께하는 평생교육	15,000	도서관평생학습사업소	1	4	7	8	7	1	1	1
22566	전북 진안군	전라북도평생교육활성화지원사업	16,250	행정지원과	1	5	7	8	7	1	1	1
22567	전북 진안군	평생학습기관 프로그램 지원사업	15,000	행정지원과	1	5	7	8	7	1	1	1
22568	전북 진안군	교육복지 네트워크 지원사업	40,000	행정지원과	1	5	7	8	7	1	1	1
22569	전북 진안군	대안교육기관 특성화 프로그램 지원사업	20,000	행정지원과	1	5	7	8	7	1	1	1
22570	전북 진안군	치유의 공감학교 지원사업	30,000	행정지원과	1	5	7	8	7	1	1	1
22571	전북 진안군	신년인사회	10,000	행정지원과	1	4	7	8	7	1	1	4
22572	전북 진안군	신년인사회(애향운동본부)	10,000	행정지원과	1	4	7	8	7	1	1	1
22573	전북 진안군	진안사랑 향토사랑 운동 및 환경정화활동	3,000	행정지원과	1	4	7	8	7	1	1	1
22574	전북 진안군	진안 특산물 홍보 및 국내 타지역 우수사례 발굴 워크숍	4,000	행정지원과	1	4	7	8	7	1	1	1
22575	전북 진안군	범죄피해자지원사업	20,000	행정지원과	1	4	7	8	7	1	1	1
22576	전북 진안군	범죄예방 한마음대회 및 유해환경개선사업	20,000	행정지원과	1	4	7	8	7	1	1	1
22577	전북 진안군	전국 진안군 향우회 만남의 날	50,000	행정지원과	1	4	7	8	7	1	1	1
22578	전북 진안군	통일기반조성사업	8,100	행정지원과	1	4	7	8	7	1	1	1
22579	전북 진안군	진안고원 환경정화 활동(행정동우회)	12,200	행정지원과	1	1	7	8	7	1	1	1
22580	전북 진안군	교통정리 봉사단운영	4,000	행정지원과	1	4	7	8	7	1	1	3
22581	전북 진안군	안보현장견학 및 체험교육	14,150	행정지원과	1	4	7	8	7	1	1	3
22582	전북 진안군	국민화합행사	3,110	행정지원과	1	4	7	8	7	1	1	3
22583	전북 진안군	재향군인의 날 행사 및 안보교육	4,390	행정지원과	1	4	7	8	7	1	1	3
22584	전북 진안군	더불어 행복한 교육	3,650	행정지원과	1	4	7	8	7	1	1	3
22585	전북 진안군	전국회원대회	4,500	행정지원과	1	4	7	8	7	1	1	3
22586	전북 진안군	어머니포순이봉사단 운영	4,650	행정지원과	1	4	7	8	7	1	1	3
22587	전북 진안군	통일안보현장견학	5,000	행정지원과	1	4	7	8	7	1	1	3
22588	전북 진안군	자유수호희생자합동위령제 및 추모음악회	10,600	행정지원과	1	4	7	8	7	1	1	3
22589	전북 진안군	열린통일민주시민안보교육	2,000	행정지원과	1	4	7	8	7	1	1	3
22590	전북 진안군	김장나눔행사	7,000	행정지원과	1	4	7	8	7	1	1	3
22591	전북 진안군	새마을지도자 수련대회	12,000	행정지원과	1	4	7	8	7	1	1	3

순번	시군구	지출명 (사업명)	2021년예산 (단위:천원/1년간)	담당자 (공무원) 담당부서	민간이전 분류 (지방자치단체 세출예산 집행기준에 의거) 1. 민간경상사업보조(307-02) 2. 민간단체 법정운영비보조(307-03) 3. 민간행사사업보조(307-04) 4. 민간위탁금(307-05) 5. 사회복지시설 법정운영비보조(307-10) 6. 민간인위탁교육비(307-12) 7. 공기관등에대한경상적위탁사업비(308-11) 8. 민간자본사업보조,자체재원(402-01) 9. 민간자본사업보조,이전재원(402-02) 10. 민간위탁사업비(402-03) 11. 공기관등에 대한 자본적 대행사업비(403-02)	민간이전지출 근거 (지방보조금 관리기준 참고) 1. 법률에 규정 2. 국고보조 재원(국가지정) 3. 용도 지정 기부금 4. 조례에 직접규정 5. 지자체가 권장하는 사업을 하는 공공기관 6. 시,도 정책 및 재정사정 7. 기타 8. 해당없음	입찰방식 계약체결방법 (경쟁형태) 1. 일반경쟁 2. 제한경쟁 3. 지명경쟁 4. 수의계약 5. 법정위탁 6. 기타 ( ) 7. 해당없음	입찰방식 계약기간 1. 1년 2. 2년 3. 3년 4. 4년 5. 5년 6. 기타 ( )년 7. 단기계약 (1년미만) 8. 해당없음	입찰방식 낙찰자선정방법 1. 적격심사 2. 협상에의한계약 3. 최저가낙찰제 4. 규격가격분리 5. 2단계 경쟁입찰 6. 기타 ( ) 7. 해당없음	운영예산 산정 운영예산 산정 1. 내부산정 (지자체 자체적으로 산정) 2. 외부산정 (외부전문기관위탁 산정) 3. 내·외부 모두 산정 4. 산정 無 5. 해당없음	운영예산 산정 정산방법 1. 내부정산 (지자체 내부적으로 정산) 2. 외부정산 (외부전문기관위탁 정산) 3. 내·외부 모두 산정 4. 정산 無 5. 해당없음	성과평가 실시여부 1. 실시 2. 미실시 3. 향후 추진 4. 해당없음
22592	전북 진안군	은빛문화축제	11,000	행정지원과	1	4	7	8	7	1	1	3
22593	전북 진안군	숨은자원 모으기 운동	8,500	행정지원과	1	4	7	8	7	1	1	3
22594	전북 진안군	사랑의 김장나누기	30,000	행정지원과	1	4	7	8	7	1	1	3
22595	전북 진안군	3NO 청결운동	4,250	행정지원과	1	4	7	8	7	1	1	3
22596	전북 진안군	문화공동체사업	6,000	행정지원과	1	4	7	8	7	1	1	3
22597	전북 진안군	호남의병창의 호국제전	4,000	사회복지과	1	4	7	8	7	1	1	1
22598	전북 진안군	상이군경회 사업 보조	8,448	사회복지과	1	1	7	8	7	1	1	1
22599	전북 진안군	고엽제전우회 사업 보조	15,720	사회복지과	1	1	7	8	7	1	1	1
22600	전북 진안군	무공수훈자회 사업비 보조	4,700	사회복지과	1	1	7	8	7	1	1	1
22601	전북 진안군	전몰군경유족회 사업비 보조	5,672	사회복지과	1	1	7	8	7	1	1	1
22602	전북 진안군	전몰군경 미망인회 사업비 보조	5,484	사회복지과	1	1	7	8	7	1	1	1
22603	전북 진안군	6.25참전유공자회 사업비 보조	7,490	사회복지과	1	1	7	8	7	1	1	1
22604	전북 진안군	월남참전자회사업비보조	10,660	사회복지과	1	1	7	8	7	1	1	1
22605	전북 진안군	태평양유족회 사업비보조	9,050	사회복지과	1	4	7	8	7	1	1	1
22606	전북 진안군	아이낳기 좋은세상운동본부 운영	5,000	여성가족과	1	6	7	8	7	5	1	4
22607	전북 진안군	한국 효도회 지원	4,000	여성가족과	1	1	7	8	7	1	1	1
22608	전북 진안군	전북노인복지 효문화연구원 지원	15,020	여성가족과	1	4	7	8	7	1	1	1
22609	전북 진안군	마을과 함께하는 중평굿 공연지원	5,000	문화체육과	1	4	7	8	7	1	1	1
22610	전북 진안군	좌도농악 육성지원	12,000	문화체육과	1	4	7	8	7	1	1	1
22611	전북 진안군	진안예술지발간	3,000	문화체육과	1	4	7	8	7	1	1	1
22612	전북 진안군	진안예술제	13,200	문화체육과	1	4	7	8	7	1	1	1
22613	전북 진안군	진안예술인의밤	6,000	문화체육과	1	4	7	8	7	1	1	1
22614	전북 진안군	(사)한국예총진안지회 운영비	28,755	문화체육과	1	4	7	8	7	1	1	1
22615	전북 진안군	문인협회 시낭송회	5,000	문화체육과	1	4	7	8	7	1	1	1
22616	전북 진안군	진안예찬 백일장대회	5,000	문화체육과	1	4	7	8	7	1	1	1
22617	전북 진안군	제62회 전북민속예술축제 지원	10,000	문화체육과	1	4	7	8	7	1	1	1
22618	전북 진안군	진안문화원(문화예술)교육	15,000	문화체육과	1	4	7	8	7	1	1	1
22619	전북 진안군	진안문화원 사업활동비	40,000	문화체육과	1	4	7	8	7	1	1	1
22620	전북 진안군	마이산신제봉행	7,000	문화체육과	1	4	7	8	7	1	1	1
22621	전북 진안군	웅치전적지 순국선열 추모제	3,000	문화체육과	1	4	7	8	7	1	1	1
22622	전북 진안군	횡단대제 봉행	3,000	문화체육과	1	4	7	8	7	1	1	1
22623	전북 진안군	작은도서관 문고지원	10,000	문화체육과	1	4	7	8	7	1	1	1
22624	전북 진안군	작은도서관 운영지원	171,150	문화체육과	1	4	7	8	7	1	1	1
22625	전북 진안군	찾아가는 미술체험관 등 운영	5,000	문화체육과	1	4	7	8	6	5	1	1
22626	전북 진안군	향토작가전시회	5,000	문화체육과	1	4	7	8	6	5	1	1
22627	전북 진안군	진안고을발간(20호)	4,000	문화체육과	1	4	7	8	6	5	1	1
22628	전북 진안군	창작공예공방 체험행사지원	5,000	문화체육과	1	4	7	8	6	5	1	1
22629	전북 진안군	현대서각교류전	6,000	문화체육과	1	4	7	8	6	5	1	1
22630	전북 진안군	저소득층 문화복지이용권	127,260	문화체육과	1	4	7	8	7	1	1	2
22631	전북 진안군	진안 미술사 발간	6,000	문화체육과	1	4	7	8	6	5	1	1
22632	전북 진안군	향교 청소년 인성교육	4,000	문화체육과	1	4	7	8	7	1	1	1
22633	전북 진안군	향교 유림 전통문화시연	10,000	문화체육과	1	4	7	8	7	1	1	1
22634	전북 진안군	향교 유도회 전통문화시연	6,000	문화체육과	1	4	7	8	7	1	1	1
22635	전북 진안군	고전연수강좌 운영	30,000	문화체육과	1	4	7	8	7	1	1	1
22636	전북 진안군	이산묘 제례실행비	5,000	문화체육과	1	4	7	8	7	1	1	1
22637	전북 진안군	전통놀이 전문지도사 양성 교육프로그램	10,000	문화체육과	1	4	7	8	7	1	1	4
22638	전북 진안군	향교일요학교 운영지원	18,125	문화체육과	1	4	7	8	7	1	1	4
22639	전북 진안군	제례실행사업비 지원	20,000	문화체육과	1	4	7	8	7	1	1	4
22640	전북 진안군	진안향교에서 배우는 조선왕조 리더십	55,000	문화체육과	1	4	7	8	7	1	1	4
22641	전북 진안군	진안고원음악회	7,000	문화체육과	1	4	7	8	7	1	1	3
22642	전북 진안군	진안마이싱어즈운영	12,000	문화체육과	1	4	7	8	7	1	1	3

순번	시군구	지출명 (사업명)	2021년예산 (단위:천원/1년간)	담당자 (공무원) 담당부서	민간이전 분류 (지방자치단체 세출예산 집행기준에 의거) 1. 민간경상사업보조(307-02) 2. 민간단체 법정운영비보조(307-03) 3. 민간행사사업보조(307-04) 4. 민간위탁금(307-05) 5. 사회복지시설 법정운영비보조(307-10) 6. 민간인위탁교육비(307-12) 7. 공기관등에대한경상적위탁사업비(308-11) 8. 민간자본사업보조,자체재원(402-01) 9. 민간자본사업보조,이전재원(402-02) 10. 민간위탁사업비(402-03) 11. 공기관등에 대한 자본적 대행사업비(403-02)	민간이전지출 근거 (지방보조금 관리기준 참고) 1. 법률에 규정 2. 국고보조 재원(국가지정) 3. 용도 지정 기부금 4. 조례에 직접규정 5. 지자체가 권장하는 사업을 하는 공공기관 6. 시,도 정책 및 재정사정 7. 기타 8. 해당없음	입찰방식 계약체결방법 (경쟁형태) 1. 일반경쟁 2. 제한경쟁 3. 지명경쟁 4. 수의계약 5. 법정위탁 6. 기타 ( ) 7. 해당없음	입찰방식 계약기간 1. 1년 2. 2년 3. 3년 4. 4년 5. 5년 6. 기타 ( )년 7. 단기계약 (1년미만) 8. 해당없음	입찰방식 낙찰자선정방법 1. 적격심사 2. 협상에의한계약 3. 최저가낙찰제 4. 규격가격분리 5. 2단계 경쟁입찰 6. 기타 ( ) 7. 해당없음	운영예산 산정 운영예산 산정 1. 내부산정 (지자체 자체적으로 산정) 2. 외부산정 (외부전문기관위탁 산정) 3. 내·외부 모두 산정 4. 산정 無 5. 해당없음	운영예산 산정 정산방법 1. 내부정산 (지자체 내부적으로 정산) 2. 외부정산 (외부전문기관위탁 정산) 3. 내·외부 모두 산정 4. 정산 無 5. 해당없음	성과평가 실시여부 1. 실시 2. 미실시 3. 향후 추진 4. 해당없음
22643	전북 진안군	진안어린이합창단운영	20,000	문화체육과	1	4	7	8	7	1	1	3
22644	전북 진안군	진안패밀리오케스트라운영	10,000	문화체육과	1	4	7	8	7	1	1	3
22645	전북 진안군	신명장터굿 지원 등	9,000	문화체육과	1	4	7	8	7	1	1	3
22646	전북 진안군	국악역사문화탐방	3,000	문화체육과	1	4	7	8	7	1	1	3
22647	전북 진안군	읍면 대동농악 한마당 행사	5,000	문화체육과	1	4	7	8	7	1	1	3
22648	전북 진안군	진안작은문학제 지원 등	4,500	문화체육과	1	4	7	8	7	1	1	3
22649	전북 진안군	문인협회 시화전	7,000	문화체육과	1	4	7	8	7	1	1	3
22650	전북 진안군	생활문화예술동호회 지원	150,200	문화체육과	1	4	7	8	7	1	1	4
22651	전북 진안군	생생문화재 사업	45,000	문화체육과	1	4	7	8	7	1	1	2
22652	전북 진안군	지역문화유산교육사업	48,000	문화체육과	1	4	7	8	7	1	1	2
22653	전북 진안군	교통약자(노인)효도관광	10,000	건설교통과	1	4	7	8	7	1	1	3
22654	전북 진안군	교통관련 종사자 교통선진지 견학	5,000	건설교통과	1	4	7	8	7	1	1	3
22655	전북 진안군	야생화군락지관리	2,100	환경과	1	1	7	8	7	1	1	1
22656	전북 진안군	자연정화활동	2,500	환경과	1	1	7	8	7	1	1	1
22657	전북 진안군	자연보호 읍면 지회 활성화 및 홍보교육	8,000	환경과	1	1	7	8	7	1	1	1
22658	전북 진안군	비산업부문 온실가스 진단컨설팅	9,500	환경과	1	1	7	8	7	5	1	1
22659	전북 진안군	동향면 환경순찰대 유류비지원	2,000	환경과	1	4	7	8	7	1	1	4
22660	전북 진안군	용담호 수질개선협의회 사업비	26,500	환경과	1	1	7	8	7	5	5	4
22661	전북 진안군	공공보건의료기관 공공보건사업	7,200	보건소	1	1	7	8	7	1	1	4
22662	전북 진안군	한센병 관리	2,921	보건소	1	1	5	1	7	1	1	1
22663	전북 무주군	자매결연단체 교류활동	4,000	자치행정과	1	4	7	8	7	1	1	3
22664	전북 무주군	무주군 지역치안협의회 지원	9,500	자치행정과	1	4	7	8	7	1	1	3
22665	전북 무주군	민주평통 자문회의 지원	31,500	자치행정과	1	4	7	8	7	1	1	4
22666	전북 무주군	정보화마을 프로그램관리자 육성	33,364	자치행정과	1	1	7	8	7	1	1	4
22667	전북 무주군	무주군교육발전협의회	19,892	자치행정과	1	8	7	8	7	1	1	1
22668	전북 무주군	생활과학교실 운영 지원사업	35,000	자치행정과	1	2	7	8	7	5	1	1
22669	전북 무주군	평생학습동아리 운영 지원	15,000	자치행정과	1	1	1	1	1	1	1	3
22670	전북 무주군	무주군애향운동본부 사회단체지원	48,500	자치행정과	1	4	7	8	7	1	1	1
22671	전북 무주군	무주군재향군인회 사회단체지원	8,100	자치행정과	1	1	7	8	7	1	1	1
22672	전북 무주군	무주군발전협의회 사회단체지원	7,000	자치행정과	1	4	7	8	7	1	1	1
22673	전북 무주군	한국자유총연맹무주군지회 사회단체지원	1,800	자치행정과	1	1	7	8	7	1	1	1
22674	전북 무주군	바르게살기운동무주군협의회 사회단체지원	9,000	자치행정과	1	1	7	8	7	1	1	1
22675	전북 무주군	새마을운동무주군지회 사회단체지원	23,400	자치행정과	1	1	7	8	7	1	1	1
22676	전북 무주군	무주군 행정동우회 사회단체지원	9,000	자치행정과	1	1	7	8	7	1	1	1
22677	전북 무주군	자원봉사센터 운영	107,529	자치행정과	1	5	7	8	7	5	5	1
22678	전북 무주군	시군자원봉사센터 운영비 지원	50,367	자치행정과	1	5	7	8	7	5	5	1
22679	전북 무주군	자원봉사 코디네이터 지원	88,040	자치행정과	1	5	7	8	7	5	5	1
22680	전북 무주군	희망나눔 가족봉사단 운영	3,000	자치행정과	1	5	7	8	7	5	5	1
22681	전북 무주군	찾아가는 맞춤형 재능봉사단 운영	5,000	자치행정과	1	5	7	8	7	5	5	1
22682	전북 무주군	국내외 관광협력체계 구축	56,905	관광진흥과	1	4	7	8	7	1	1	4
22683	전북 무주군	무주군지역사회보장협의체 운영	10,000	사회복지과	1	1	7	8	7	1	1	1
22684	전북 무주군	무주군사회복지협의회 운영	11,900	사회복지과	1	4	7	8	7	1	1	1
22685	전북 무주군	보훈행사 추진 및 보훈단체 지원	48,496	사회복지과	1	1	7	8	7	1	1	1
22686	전북 무주군	임산물상품화지원	20,000	산림녹지과	1	2	7	8	7	5	1	4
22687	전북 무주군	산촌생태마을운영매니저	63,600	산림녹지과	1	2	7	8	7	5	1	4
22688	전북 무주군	산양삼생산과정확인	760	산림녹지과	1	2	7	8	7	5	5	4
22689	전북 무주군	유휴산림자원의 자산화	250,000	산림녹지과	1	2	7	8	7	5	5	4
22690	전북 무주군	지역자율방재단 운영	34,000	안전재난과	1	4	7	8	7	1	1	1
22691	전북 무주군	옛 도랑 복원사업	40,000	환경위생과	1	1	7	8	7	5	5	4
22692	전북 무주군	환경단체 지원	4,000	환경위생과	1	1	7	8	7	5	5	1
22693	전북 무주군	전라도 천년 전북 1000리길 활성화 사업	10,000	환경위생과	1	6	7	8	7	5	5	4

순번	시군구	지출명 (사업명)	2021년예산 (단위:천원/1년간)	담당자 (공무원) 담당부서	민간이전 분류 (지방자치단체 세출예산 집행기준에 의거) 1. 민간경상사업보조(307-02) 2. 민간단체 법정운영비보조(307-03) 3. 민간행사사업보조(307-04) 4. 민간위탁금(307-05) 5. 사회복지시설 법정운영비보조(307-10) 6. 민간인위탁교육비(307-12) 7. 공기관등에대한경상적위탁사업비(308-11) 8. 민간자본사업보조,자체재원(402-01) 9. 민간자본사업보조,이전재원(402-02) 10. 민간위탁사업비(402-03) 11. 공기관등에 대한 자본적 대행사업비(403-02)	민간이전지출 근거 (지방보조금 관리기준 참고) 1. 법률에 규정 2. 국고보조 재원(국가지정) 3. 용도 지정 기부금 4. 조례에 직접규정 5. 지자체가 권장하는 사업을 하는 공공기관 6. 시,도 정책 및 재정사정 7. 기타 8. 해당없음	입찰방식 계약체결방법 (경쟁형태) 1. 일반경쟁 2. 제한경쟁 3. 지명경쟁 4. 수의계약 5. 법정위탁 6. 기타 ( ) 7. 해당없음	계약기간 1. 1년 2. 2년 3. 3년 4. 4년 5. 5년 6. 기타 ( )년 7. 단기계약 (1년미만) 8. 해당없음	낙찰자선정방법 1. 적격심사 2. 협상에의한계약 3. 최저가낙찰제 4. 규격가격분리 5. 2단계 경쟁입찰 6. 기타 ( ) 7. 해당없음	운영예산 산정 운영예산 산정 1. 내부산정 (지자체 자체적으로 산정) 2. 외부산정 (외부전문기관위탁 산정) 3. 내·외부 모두 산정 4. 산정 無 5. 해당없음	정산방법 1. 내부정산 (지자체 내부적으로 정산) 2. 외부정산 (외부전문기관위탁 정산) 3. 내·외부 모두 산정 4. 정산 無 5. 해당없음	성과평가 실시여부 1. 실시 2. 미실시 3. 향후 추진 4. 해당없음
22694	전북 무주군	야생동물 협회 지원	7,000	환경위생과	1	4	7	8	7	5	5	1
22695	전북 무주군	채종포(벼 · 감자)공동방제	12,000	기술연구과	1	4	7	8	7	5	5	4
22696	전북 무주군	농산물(곡류) 공동수확 작업 지원	6,142	기술연구과	1	4	7	8	7	5	5	4
22697	전북 무주군	농작물 병해충 방제비	102,000	기술연구과	1	2	7	8	7	5	5	4
22698	전북 무주군	돌발해충 방제 신기술 보급	10,000	기술연구과	1	4	7	8	7	5	5	4
22699	전북 무주군	기후변화 대응 돌발병해충 공동방제	100,000	기술연구과	1	4	7	8	7	5	5	4
22700	전북 무주군	벼 안전생산방제지원사업	40,000	기술연구과	1	4	7	8	7	5	5	4
22701	전북 무주군	사과 병해충 예찰방제 시범	140,800	기술연구과	1	4	7	8	7	1	1	4
22702	전북 무주군	기능성 반딧불 사과 생산	70,000	기술연구과	1	4	7	8	7	5	5	4
22703	전북 무주군	농촌일손돕기지원	208,000	농업정책과	1	4	7	8	7	1	1	4
22704	전북 무주군	농촌고용인력지원사업	160,000	농업정책과	1	2	7	8	7	1	1	4
22705	전북 무주군	외국인 계절근로자 근로환경 개선 및 편익지원사업	22,566	농업정책과	1	4	7	8	7	1	1	4
22706	전북 무주군	농업인단체지원	52,000	농업정책과	1	4	7	8	7	1	1	4
22707	전북 무주군	청년농업인 영농정착 지원사업	232,796	농업정책과	1	1	7	8	7	1	1	4
22708	전북 무주군	청년농업인 생생동아리 지원사업	4,000	농업정책과	1	6	7	8	7	1	1	4
22709	전북 무주군	청년창업농 영농기반 임차 지원사업	6,138	농업정책과	1	6	7	8	7	1	1	4
22710	전북 무주군	전북형 청년창업농 영농정착 지원사업	12,800	농업정책과	1	6	7	8	7	1	1	4
22711	전북 무주군	한국농어민신문 보급 지원	34,440	농업정책과	1	1	7	8	7	1	1	4
22712	전북 무주군	한국농정신문 보급 지원	26,700	농업정책과	1	1	7	8	7	1	1	4
22713	전북 무주군	한국농업신문 보급 지원	1,152	농업정책과	1	4	7	8	7	1	1	4
22714	전북 무주군	전업농신문 보급 지원	720	농업정책과	1	4	7	8	7	1	1	4
22715	전북 무주군	농업경영컨설팅 지원	30,000	농업정책과	1	1	7	8	7	1	1	4
22716	전북 무주군	농업인 안전보험 농가부담금 지원	384,000	농업정책과	1	1	7	8	7	1	1	4
22717	전북 무주군	영농도우미 농가부담금 지원	13,650	농업정책과	1	1	7	8	7	1	1	4
22718	전북 무주군	농번기 공동급식 지원	164,000	농업정책과	1	4	7	8	7	1	1	4
22719	전북 무주군	생생농업인 헬스케어 지원	217,000	농업정책과	1	4	7	8	7	1	1	4
22720	전북 무주군	출산여성 농가도우미 지원	22,050	농업정책과	1	1	7	8	7	1	1	4
22721	전북 무주군	여성농업인 생생카드 지원	240,500	농업정책과	1	1	7	8	7	1	1	4
22722	전북 무주군	여성농업인 농작업 편의장비 지원	80,000	농업정책과	1	4	7	8	7	1	1	4
22723	전북 무주군	쌀 경쟁력 제고사업	21,000	농업정책과	1	6	7	8	7	1	1	4
22724	전북 무주군	벼 육묘 지원	843,112	농업정책과	1	4	7	8	7	1	1	4
22725	전북 무주군	벼 육묘용 상토 지원	160,000	농업정책과	1	4	7	8	7	1	1	4
22726	전북 무주군	벼 무인 공동방제 지원	50,000	농업정책과	1	4	7	8	7	1	1	4
22727	전북 무주군	공공비축미곡매입 도우미 지원	19,200	농업정책과	1	4	7	8	7	1	1	4
22728	전북 무주군	농기계 종합보험 지원	51,000	농업정책과	1	6	7	8	7	1	1	4
22729	전북 무주군	잡초 방제용 자재(부직포, 차광막) 지원	80,000	농업정책과	1	4	7	8	7	1	1	4
22730	전북 무주군	멀칭비닐 지원	80,000	농업정책과	1	4	7	8	7	1	1	4
22731	전북 무주군	기능성 비료지원	300,000	농업정책과	1	4	7	8	7	1	1	4
22732	전북 무주군	토양개량제보조사업	201,938	농업정책과	1	2	7	8	7	1	1	4
22733	전북 무주군	유기농업자재지원	38,000	농업정책과	1	2	7	8	7	1	1	4
22734	전북 무주군	유기질비료지원사업	1,593	농업정책과	1	2	7	8	7	1	1	4
22735	전북 무주군	유기질비료 지원	100,000	농업정책과	1	4	7	8	7	1	1	4
22736	전북 무주군	친환경 인증농가 유박비료지원	100,000	농업정책과	1	4	7	8	7	1	1	4
22737	전북 무주군	환경친화형 농자재 지원사업	4,200	농업정책과	1	6	7	8	7	1	1	4
22738	전북 무주군	친환경우렁이농법지원	72,030	농업정책과	1	4	7	8	7	1	1	4
22739	전북 무주군	친환경 희망농부 육성지원	5,500	농업정책과	1	4	7	8	7	1	1	4
22740	전북 무주군	농업환경보전프로그램사업	90,000	농업정책과	1	2	7	8	7	1	1	4
22741	전북 무주군	반딧골연합회운영	3,200	농업정책과	1	4	7	8	7	1	1	4
22742	전북 무주군	친환경농산물 품목다양화 육성지원	40,000	농업정책과	1	6	7	8	7	1	1	4
22743	전북 무주군	임산부 친환경농산물 꾸러미 지원사업	10,752	농업정책과	1	2	7	8	7	1	1	4
22744	전북 무주군	밭작물공동경영체 지원	31,500	농업정책과	1	2	7	8	7	1	1	1

순번	시군구	지출명 (사업명)	2021년예산 (단위:천원/1년간)	담당자 (공무원) 담당부서	민간이전 분류 (지방자치단체 세출예산 집행기준에 의거) 1. 민간경상사업보조(307-02) 2. 민간단체 법정운영비보조(307-03) 3. 민간행사사업보조(307-04) 4. 민간위탁금(307-05) 5. 사회복지시설 법정운영비보조(307-10) 6. 민간인위탁교육비(307-12) 7. 공기관등에대한경상적위탁사업비(308-11) 8. 민간자본사업보조,자체재원(402-01) 9. 민간자본사업보조,이전재원(402-02) 10. 민간위탁사업비(402-03) 11. 공기관등에 대한 자본적 대행사업비(403-02)	민간이전지출 근거 (지방보조금 관리기준 참고) 1. 법률에 규정 2. 국고보조 재원(국가지정) 3. 용도 지정 기부금 4. 조례에 직접규정 5. 지자체가 권장하는 사업을 하는 공공기관 6. 시,도 정책 및 재정사정 7. 기타 8. 해당없음	입찰방식: 계약체결방법 (경쟁형태) 1. 일반경쟁 2. 제한경쟁 3. 지명경쟁 4. 수의계약 5. 법정위탁 6. 기타 ( ) 7. 해당없음	입찰방식: 계약기간 1. 1년 2. 2년 3. 3년 4. 4년 5. 5년 6. 기타 ( )년 7. 단기계약 (1년미만) 8. 해당없음	입찰방식: 낙찰자선정방법 1. 적격심사 2. 협상에의한계약 3. 최저가낙찰제 4. 규격가격분리 5. 2단계 경쟁입찰 6. 기타 ( ) 7. 해당없음	운영예산 산정: 운영예산 산정 1. 내부산정 (지자체 자체적으로 산정) 2. 외부산정 (외부전문기관위탁 산정) 3. 내·외부 모두 산정 4. 산정 無 5. 해당없음	운영예산 산정: 정산방법 1. 내부정산 (지자체 내부적으로 정산) 2. 외부정산 (외부전문기관위탁 정산) 3. 내·외부 모두 산정 4. 정산 無 5. 해당없음	성과평가 실시여부 1. 실시 2. 미실시 3. 향후 추진 4. 해당없음
22745	전북 무주군	제3단계 동부권발전사업	213,000	농업정책과	1	6	7	8	7	1	1	1
22746	전북 무주군	학교 과일간식 지원사업	23,314	농업정책과	1	2	2	8	7	1	1	2
22747	전북 무주군	축산인 한마음대회 지원	4,000	농업정책과	1	4	7	8	7	1	1	1
22748	전북 무주군	한우생산기반 구축	78,000	농업정책과	1	4	7	8	7	1	1	1
22749	전북 무주군	송아지생산안정제 지원	1,000	농업정책과	1	6	7	8	7	1	1	4
22750	전북 무주군	고능력 암소축군 조성	32,800	농업정책과	1	6	7	8	7	1	1	4
22751	전북 무주군	암소 유전형질 개량사업	27,000	농업정책과	1	6	7	8	7	1	1	4
22752	전북 무주군	한우 수정란이식사업	60,000	농업정책과	1	4	7	8	7	1	1	1
22753	전북 무주군	가축재해보험 농업인 부담금 지원	115,000	농업정책과	1	6	7	8	7	1	1	4
22754	전북 무주군	친환경 축사환경 개선	200,000	농업정책과	1	4	7	8	7	1	1	1
22755	전북 무주군	양봉사료지원	20,000	농업정책과	1	4	7	8	7	1	1	1
22756	전북 무주군	학교우유급식지원	70,782	농업정책과	1	2	7	8	7	1	1	4
22757	전북 무주군	풀사료 재배 및 부존자원 활용	18,000	농업정책과	1	2	7	8	7	1	1	4
22758	전북 무주군	축산환경 개선사업	7,540	농업정책과	1	6	7	8	7	1	1	4
22759	전북 무주군	퇴비발효촉진제지원	21,000	농업정책과	1	6	7	8	7	1	1	4
22760	전북 무주군	돼지써코바이러스 예방약품	21,600	농업정책과	1	2	7	8	7	5	1	2
22761	전북 무주군	가금농가 질병관리지원	12,000	농업정책과	1	2	7	8	7	5	1	2
22762	전북 무주군	공동방제단운영	104,863	농업정책과	1	2	7	8	7	5	1	2
22763	전북 무주군	젖소대사질병 예방약품 지원	6,120	농업정책과	1	6	7	8	7	5	1	2
22764	전북 무주군	돼지질병 예방약품지원	10,016	농업정책과	1	6	7	8	7	5	1	2
22765	전북 무주군	자돈폐사율감소환경개선지원	1,900	농업정책과	1	6	7	8	7	5	1	2
22766	전북 무주군	꿀벌사육농가 면역증강제 지원	14,400	농업정책과	1	6	7	8	7	5	5	4
22767	전북 무주군	산란계농장 난좌지원	2,940	농업정책과	1	6	7	8	7	5	1	2
22768	전북 무주군	체험마을 리더 교육 지원사업	3,840	농촌활력과	1	2	7	8	7	5	5	4
22769	전북 무주군	전북형 농촌관광 거점마을 육성사업	100,000	농촌활력과	1	6	7	8	7	5	5	4
22770	전북 무주군	세계 잼버리대회 농촌체험관광 조성사업	100,000	농촌활력과	1	6	7	8	7	5	5	4
22771	전북 무주군	농촌체험휴양마을 사무장 지원사업	58,320	농촌활력과	1	4	7	8	7	5	5	4
22772	전북 무주군	시군 지역역량 강화	330,000	농촌활력과	1	2	7	8	7	5	5	4
22773	전북 무주군	농촌체험휴양마을 박람회 참가 지원사업	4,000	농촌활력과	1	6	7	8	7	5	5	4
22774	전북 무주군	시군 마을만들기 중간지원조직 구축사업	210,000	농촌활력과	1	6	7	8	7	5	5	4
22775	전북 무주군	시군 농어촌 일자리플러스센터 지원사업	220,000	농촌활력과	1	6	7	8	7	5	5	4
22776	전북 무주군	생생마을만들기 기초단계 지원사업	20,000	농촌활력과	1	6	7	8	7	5	5	4
22777	전북 무주군	생생마을 플러스 사업	10,000	농촌활력과	1	6	7	8	7	5	5	4
22778	전북 무주군	도농교류 마을관광 활성화 지원사업	50,000	농촌활력과	1	4	7	8	7	5	5	4
22779	전북 무주군	농촌융복합산업활성화지원사업	185,347	농촌활력과	1	2	7	8	7	5	5	4
22780	전북 무주군	농촌과소화 대응 지원사업	131,080	농촌활력과	1	4	7	8	7	5	5	4
22781	전북 무주군	농촌다움 복원사업	30,000	농촌활력과	1	2	7	8	7	5	5	4
22782	전북 무주군	도농교류 산촌마당캠프 지원사업	4,000	농촌활력과	1	6	7	8	7	5	5	4
22783	전북 무주군	사회적농업 활성화 지원사업	60,000	농촌활력과	1	2	7	8	7	5	5	4
22784	전북 무주군	찾아가는 마을공동체 동아리 운영지원 사업	12,000	농촌활력과	1	4	7	8	7	5	5	4
22785	전북 무주군	도촌, 장내 마을만들기 자율개발사업	82,000	농촌활력과	1	2	7	8	7	5	5	4
22786	전북 무주군	창의사업	50,000	농촌활력과	1	4	7	8	7	5	5	4
22787	전북 무주군	마을경영체 경쟁력 강화사업	24,000	농촌활력과	1	1	7	8	7	5	5	4
22788	전북 무주군	친환경쌀 어린이 급식지원사업	23,293	농촌활력과	1	1	7	8	7	5	5	4
22789	전북 무주군	중소농 농산물 안전 유통 지원사업	9,752	농촌활력과	1	1	7	8	7	5	5	4
22790	전북 무주군	작은도서관 운영 지원	117,820	시설사업소	1	1	7	8	7	1	1	4
22791	전북 장수군	지역사회보장협의체 역량강화 교육	2,000	주민복지실	1	1	7	8	7	1	1	1
22792	전북 장수군	재해구호 전문인력 양성	3,500	주민복지실	1	1	7	8	7	5	1	1
22793	전북 장수군	상이군경회 사업 지원	1,580	주민복지실	1	4	7	8	7	1	1	1
22794	전북 장수군	전몰군경미망인회 사업 지원	2,900	주민복지실	1	4	7	8	7	1	1	1
22795	전북 장수군	전몰군경유족회 사업 지원	2,728	주민복지실	1	4	7	8	7	1	1	1

순번	시군구	지출명 (사업명)	2021년예산 (단위:천원/1년간)	담당자 (공무원) 담당부서	민간이전 분류 (지방자치단체 세출예산 집행기준에 의거) 1. 민간경상사업보조(307-02) 2. 민간단체 법정운영비보조(307-03) 3. 민간행사사업보조(307-04) 4. 민간위탁금(307-05) 5. 사회복지시설 법정운영비보조(307-10) 6. 민간인위탁교육비(307-12) 7. 공기관등에대한경상적위탁사업비(308-11) 8. 민간자본사업보조,자체재원(402-01) 9. 민간자본사업보조,이전재원(402-02) 10. 민간위탁사업비(402-03) 11. 공기관등에 대한 자본적 대행사업비(403-02)	민간이전지출 근거 (지방보조금 관리기준 참고) 1. 법률에 규정 2. 국고보조 재원(국가지정) 3. 용도 지정 기부금 4. 조례에 직접규정 5. 지자체가 권장하는 사업을 하는 공공기관 6. 시,도 정책 및 재정사정 7. 기타 8. 해당없음	입찰방식 계약체결방법 (경쟁형태) 1. 일반경쟁 2. 제한경쟁 3. 지명경쟁 4. 수의계약 5. 법정위탁 6. 기타 ( ) 7. 해당없음	입찰방식 계약기간 1. 1년 2. 2년 3. 3년 4. 4년 5. 5년 6. 기타 ( )년 7. 단기계약 (1년미만) 8. 해당없음	입찰방식 낙찰자선정방법 1. 적격심사 2. 협상에의한계약 3. 최저가낙찰제 4. 규격가격분리 5. 2단계 경쟁입찰 6. 기타 ( ) 7. 해당없음	운영예산 산정 운영예산 산정 1. 내부산정 (지자체 자체적으로 산정) 2. 외부산정 (외부전문기관위탁 산정) 3. 내·외부 모두 산정 4. 산정 無 5. 해당없음	운영예산 산정 정산방법 1. 내부정산 (지자체 내부적으로 정산) 2. 외부정산 (외부전문기관위탁 정산) 3. 내·외부 모두 산정 4. 정산 無 5. 해당없음	성과평가 실시여부 1. 실시 2. 미실시 3. 향후 추진 4. 해당없음
22796	전북 장수군	6.25참전유공자회 사업 지원	14,890	주민복지실	1	4	7	8	7	1	1	1
22797	전북 장수군	월남참전전우회 사업 지원	3,262	주민복지실	1	4	7	8	7	1	1	1
22798	전북 장수군	고엽제전우회 사업 지원	2,553	주민복지실	1	4	7	8	7	1	1	1
22799	전북 장수군	무공수훈자회 사업 지원	1,041	주민복지실	1	4	7	8	7	1	1	1
22800	전북 장수군	지체장애인협회 사업(국토순례) 지원	1,695	주민복지실	1	4	7	8	7	1	1	1
22801	전북 장수군	재향군인회 사업 지원	13,110	주민복지실	1	4	7	8	7	1	1	1
22802	전북 장수군	장애인연합회 사업(역량강화사업) 지원	4,420	주민복지실	1	4	7	8	7	1	1	1
22803	전북 장수군	대한노인회 사업 지원	4,600	주민복지실	1	1	7	8	7	1	1	1
22804	전북 장수군	장수군사회복지협의회 사업 지원	14,040	주민복지실	1	4	7	8	7	1	1	1
22805	전북 장수군	전통시장 매니저 지원사업	37,200	일자리경제과	1	1	7	8	7	5	5	4
22806	전북 장수군	전통시장 화재공제 지원사업	2,400	일자리경제과	1	4	7	8	7	3	3	4
22807	전북 장수군	소상공인공제(노란우산공제)가입지원	5,520	일자리경제과	1	6	7	8	7	3	3	4
22808	전북 장수군	청년취업 지원사업	31,200	일자리경제과	1	6	7	8	7	5	5	4
22809	전북 장수군	청년내일채움공제 지원	4,850	일자리경제과	1	6	7	8	7	5	5	4
22810	전북 장수군	신중년 취업지원사업	50,400	일자리경제과	1	6	7	8	7	5	5	4
22811	전북 장수군	특성화고 명장육성사업	36,000	일자리경제과	1	6	7	8	7	5	5	4
22812	전북 장수군	스타트창업 지원	2,400	일자리경제과	1	4	7	8	7	5	5	4
22813	전북 장수군	청년네트워크	3,000	일자리경제과	1	4	7	8	7	5	5	4
22814	전북 장수군	지역주도형 2유형 청년창업지원사업	24,000	일자리경제과	1	2	7	8	7	5	5	4
22815	전북 장수군	인건비 및 기타지원비	211,761	일자리경제과	1	2	7	8	7	5	5	4
22816	전북 장수군	마을기업 지정	50,000	일자리경제과	1	2	7	8	7	5	5	4
22817	전북 장수군	마을기업사무장 지원사업	22,200	일자리경제과	1	6	7	8	7	5	5	4
22818	전북 장수군	도고도화 마을기업 육성사업	20,000	일자리경제과	1	6	7	8	7	5	5	4
22819	전북 장수군	(예비)사회적기업 사업개발비	15,000	일자리경제과	1	2	7	8	7	5	5	4
22820	전북 장수군	(예비)사회적기업 일자리창출사업	60,000	일자리경제과	1	2	7	8	7	5	5	4
22821	전북 장수군	(예비)사회적기업 일자리창출사업	15,000	일자리경제과	1	2	7	8	7	5	5	4
22822	전북 장수군	사회적경제 청년혁신가 지원	86,400	일자리경제과	1	6	7	8	7	5	5	4
22823	전북 장수군	사회적경제 청년혁신가 지원	4,800	일자리경제과	1	6	7	8	7	5	5	4
22824	전북 장수군	사회적경제 청년혁신가 지원	10,000	일자리경제과	1	6	7	8	7	5	5	4
22825	전북 장수군	법사랑위원회 장수지구협의회 사업 지원	20,000	행정지원과	1	4	7	8	7	5	5	4
22826	전북 장수군	범죄피해자 지원센터 사업 지원	12,000	행정지원과	1	4	7	8	7	5	5	4
22827	전북 장수군	민주평통 자문회의 사업 지원	8,060	행정지원과	1	4	7	8	7	5	5	4
22828	전북 장수군	새마을운동 사업 지원	22,021	행정지원과	1	4	7	8	7	1	1	1
22829	전북 장수군	바르게살기운동 사업 지원	6,860	행정지원과	1	4	7	8	7	1	1	1
22830	전북 장수군	자유총연맹 사업 지원	5,182	행정지원과	1	4	7	8	7	1	1	1
22831	전북 장수군	자원봉사센터 직원 선진 견학	2,000	행정지원과	1	4	7	8	7	1	1	1
22832	전북 장수군	행복한 손놀이 홈패션 봉사활동 운영	5,000	행정지원과	1	4	7	8	7	1	1	4
22833	전북 장수군	자원봉사종합센터 사업 지원	29,578	행정지원과	1	4	7	8	7	1	1	4
22834	전북 장수군	찾아가는 맞춤형 재능봉사단 운영	5,000	행정지원과	1	4	7	8	7	1	1	4
22835	전북 장수군	희망나눔 가족봉사단 운영	3,000	행정지원과	1	4	7	8	7	1	1	4
22836	전북 장수군	생활과학 교실 운영	20,000	행정지원과	1	1	7	8	7	1	1	4
22837	전북 장수군	농촌유학센터 운영지원	18,000	행정지원과	1	1	7	8	7	1	1	4
22838	전북 장수군	평생교육 지원	15,000	행정지원과	1	1	7	8	7	1	1	4
22839	전북 장수군	전라북도 평생교육 활성화 지원	16,250	문화체육관광과	1	4	7	8	7	1	1	1
22840	전북 장수군	성인문해교육기관 프로그램 지원	30,000	문화체육관광과	1	1	7	8	7	1	1	1
22841	전북 장수군	한우랑사과랑축제 전국사진촬영대회	20,000	문화체육관광과	1	4	7	8	7	1	1	1
22842	전북 장수군	지방문화원 사업 지원	235,439	문화체육관광과	1	4	7	8	7	1	1	1
22843	전북 장수군	읍면 풍물단체 지원	22,400	문화체육관광과	1	4	7	8	7	1	1	1
22844	전북 장수군	깃절놀이 복원사업 지원	33,150	문화체육관광과	1	4	7	8	7	1	1	1
22845	전북 장수군	시군 농악 경연대회 참가 지원	10,000	문화체육관광과	1	4	7	8	7	1	1	1
22846	전북 장수군	생활문화예술동호회 활동지원	230,280	문화체육관광과	1	4	7	8	7	1	1	1

순번	시군구	지출명 (사업명)	2021년예산 (단위:천원/1년간)	담당자 (공무원) 담당부서	민간이전 분류 (지방자치단체 세출예산 집행기준에 의거) 1. 민간경상사업보조(307-02) 2. 민간단체 법정운영비보조(307-03) 3. 민간행사사업보조(307-04) 4. 민간위탁금(307-05) 5. 사회복지시설 법정운영비보조(307-10) 6. 민간인위탁교육비(307-12) 7. 공기관등에대한경상적위탁사업비(308-11) 8. 민간자본사업보조,자체재원(402-01) 9. 민간자본사업보조,이전재원(402-02) 10. 민간위탁사업비(402-03) 11. 공기관등에 대한 자본적 대행사업비(403-02)	민간이전지출 근거 (지방보조금 관리기준 참고) 1. 법률에 규정 2. 국고보조 재원(국가지정) 3. 용도 지정 기부금 4. 조례에 직접규정 5. 지자체가 권장하는 사업을 하는 공공기관 6. 시,도 정책 및 재정사정 7. 기타 8. 해당없음	입찰방식: 계약체결방법 (경쟁형태) 1. 일반경쟁 2. 제한경쟁 3. 지명경쟁 4. 수의계약 5. 법정위탁 6. 기타 ( ) 7. 해당없음	입찰방식: 계약기간 1. 1년 2. 2년 3. 3년 4. 4년 5. 5년 6. 기타 ( )년 7. 단기계약 (1년미만) 8. 해당없음	입찰방식: 낙찰자선정방법 1. 적격심사 2. 협상에의한계약 3. 최저가낙찰제 4. 규격가격분리 5. 2단계 경쟁입찰 6. 기타 ( ) 7. 해당없음	운영예산 산정: 운영예산 산정 1. 내부산정 (지자체 자체적으로 산정) 2. 외부산정 (외부전문기관위탁 산정) 3. 내·외부 모두 산정 4. 산정 無 5. 해당없음	운영예산 산정: 정산방법 1. 내부정산 (지자체 내부적으로 정산) 2. 외부정산 (외부전문기관위탁 정산) 3. 내·외부 모두 산정 4. 정산 無 5. 해당없음	성과평가 실시여부 1. 실시 2. 미실시 3. 향후 추진 4. 해당없음
22847	전북 장수군	논개님 발자취 순례사업	10,000	문화체육관광과	1	4	7	8	7	1	1	1
22848	전북 장수군	논개 충절무 무용단 설립 지원	70,000	문화체육관광과	1	4	7	8	7	1	1	3
22849	전북 장수군	장안문화예술촌 문화체험프로그램 운영	26,000	문화체육관광과	1	4	7	8	7	1	1	3
22850	전북 장수군	사립미술관 문화사업	22,304	문화체육관광과	1	4	7	8	7	1	1	3
22851	전북 장수군	향교 일요학교 운영	9,063	문화체육관광과	1	4	7	8	7	1	1	1
22852	전북 장수군	장수향교 제례실행사업비	10,000	문화체육관광과	1	4	7	8	7	1	1	1
22853	전북 장수군	향교 유림전통문화 시연(기로연) 지원	3,500	문화체육관광과	1	4	7	8	7	1	1	1
22854	전북 장수군	서원 제례 지원	7,000	문화체육관광과	1	4	7	8	7	1	1	1
22855	전북 장수군	충효 및 한자교실 운영 지원	20,000	문화체육관광과	1	4	7	8	7	1	1	1
22856	전북 장수군	생생문화재사업	137,500	문화체육관광과	1	1	7	8	7	1	1	1
22857	전북 장수군	지역문화유산 교육사업	52,000	문화체육관광과	1	1	7	8	7	1	1	1
22858	전북 장수군	향교서원문화재 활용사업	102,500	문화체육관광과	1	1	7	8	7	1	1	1
22859	전북 장수군	장수가야 문화유산 연구용역	80,000	문화체육관광과	1	1	7	8	7	1	1	1
22860	전북 장수군	반파국 문화유산 관광자원화 사업	180,000	문화체육관광과	1	1	7	8	7	1	1	1
22861	전북 장수군	체육활성화 프로그램 운영지원	55,850	문화체육관광과	1	4	7	8	7	1	1	1
22862	전북 장수군	전지훈련 유치 및 지원	30,000	문화체육관광과	1	4	7	8	7	1	1	1
22863	전북 장수군	학교 체육활성화 프로그램 운영	10,000	문화체육관광과	1	4	7	8	7	1	1	1
22864	전북 장수군	장애인체육활성화 프로그램 운영	10,000	문화체육관광과	1	4	7	8	7	1	1	1
22865	전북 장수군	일반생활체육지도자 배치	116,928	문화체육관광과	1	3	7	8	7	1	1	1
22866	전북 장수군	어르신생활체육지도자 배치	146,160	문화체육관광과	1	3	7	8	7	1	1	1
22867	전북 장수군	장애인생활체육지도자배치	24,468	문화체육관광과	1	3	7	8	7	1	1	1
22868	전북 장수군	장수군장애인탁구 실업팀 선수 지원	100,000	문화체육관광과	1	4	7	8	7	1	1	1
22869	전북 장수군	생활체육교실 운영	20,000	문화체육관광과	1	4	7	8	7	1	1	1
22870	전북 장수군	유소년 축구교실 지원	11,640	문화체육관광과	1	4	7	8	7	1	1	1
22871	전북 장수군	광장지도자 운영	11,550	문화체육관광과	1	4	7	8	7	1	1	1
22872	전북 장수군	생활체육 동호인리그 지원	42,022	문화체육관광과	1	4	7	8	7	1	1	1
22873	전북 장수군	임산물 상품화사업	50,000	산림과	1	2	7	8	7	1	1	4
22874	전북 장수군	산양삼생산과정확인	760	산림과	1	2	7	8	7	1	1	4
22875	전북 장수군	자연환경보호 지원사업	5,000	환경위생과	1	4	7	8	7	5	1	4
22876	전북 장수군	전라도 천년 전북 1000리길 걷기행사	18,000	환경위생과	1	4	7	8	7	5	1	4
22877	전북 장수군	장수군 생태관광지역협의체 육성 지원	15,000	환경위생과	1	4	7	8	7	5	1	4
22878	전북 장수군	수리계 유지관리	13,000	건설교통과	1	4	7	8	7	1	1	1
22879	전북 장수군	교통질서확립	4,560	건설교통과	1	4	7	8	7	1	1	1
22880	전북 장수군	교통질서확립	2,300	건설교통과	1	4	7	8	7	1	1	1
22881	전북 장수군	농촌소득사업 위탁수수료 지원	20,000	농업정책과	1	4	7	8	7	1	1	4
22882	전북 장수군	영농발대식 및 풍년농사기원제	3,000	농업정책과	1	4	7	8	7	1	1	4
22883	전북 장수군	농업인 역량강화 워크숍	7,000	농업정책과	1	4	7	8	7	1	1	4
22884	전북 장수군	농업전진대회 참가지원	3,000	농업정책과	1	4	7	8	7	1	1	4
22885	전북 장수군	자매결연지 농산물 교환 판매사업 지원	3,000	농업정책과	1	4	7	8	7	1	1	4
22886	전북 장수군	농번기 공동급식 지원	156,800	농업정책과	1	4	7	8	7	1	1	4
22887	전북 장수군	농촌인력중개센터 지원	160,000	농업정책과	1	2	7	8	7	1	1	4
22888	전북 장수군	마을경영체 경쟁력 강화사업	24,000	농업정책과	1	1	7	8	7	1	1	4
22889	전북 장수군	농촌축제 지원사업	32,000	농업정책과	1	1	7	8	7	1	1	4
22890	전북 장수군	체험마을 박람회 참가자 보상	4,000	농업정책과	1	4	7	8	7	5	1	2
22891	전북 장수군	장수몰 택배비 지원사업	40,000	농축산유통과	1	4	7	8	7	5	1	1
22892	전북 장수군	농특산물 인터넷 판매 활성화 사업	8,000	농축산유통과	1	4	7	8	7	5	1	1
22893	전북 장수군	농·축·특산물 홍보 및 판촉행사 지원	24,000	농축산유통과	1	4	7	8	7	5	1	1
22894	전북 장수군	중소농 농산물 안전유통 지원사업	7,267	농축산유통과	1	4	7	8	7	5	5	4
22895	전북 장수군	APC 운영활성화 공동선별 장려금 지원	350,000	농축산유통과	1	4	7	8	7	5	5	4
22896	전북 장수군	통합마케팅 운영활성화 공동선별비 지원	57,200	농축산유통과	1	4	7	8	7	5	5	4
22897	전북 장수군	통합마케팅 전문조직 육성	80,000	농축산유통과	1	4	7	8	7	5	5	4

순번	시군구	지출명 (사업명)	2021년예산 (단위:천원/1년간)	담당자 (공무원) 담당부서	민간이전 분류 (지방자치단체 세출예산 집행기준에 의거) 1. 민간경상사업보조(307-02) 2. 민간단체 법정운영비보조(307-03) 3. 민간행사사업보조(307-04) 4. 민간위탁금(307-05) 5. 사회복지시설 법정운영비보조(307-10) 6. 민간인위탁교육비(307-12) 7. 공기관등에대한경상적위탁사업비(308-11) 8. 민간자본사업보조,자체재원(402-01) 9. 민간자본사업보조,이전재원(402-02) 10. 민간위탁사업비(402-03) 11. 공기관등에 대한 자본적 대행사업비(403-02)	민간이전지출 근거 (지방보조금 관리기준 참고) 1. 법률에 규정 2. 국고보조 재원(국가지정) 3. 용도 지정 기부금 4. 조례에 직접규정 5. 지자체가 권장하는 사업을 하는 공공기관 6. 시,도 정책 및 재정사정 7. 기타 8. 해당없음	입찰방식 계약체결방법 (경쟁형태) 1. 일반경쟁 2. 제한경쟁 3. 지명경쟁 4. 수의계약 5. 법정위탁 6. 기타 ( ) 7. 해당없음	계약기간 1. 1년 2. 2년 3. 3년 4. 4년 5. 5년 6. 기타 ( )년 7. 단기계약 (1년미만) 8. 해당없음	낙찰자선정방법 1. 적격심사 2. 협상에의한계약 3. 최저가낙찰제 4. 규격가격분리 5. 2단계 경쟁입찰 6. 기타 ( ) 7. 해당없음	운영예산 산정 운영예산 산정 1. 내부산정 (지자체 자체적으로 산정) 2. 외부산정 (외부전문기관위탁 산정) 3. 내·외부 모두 산정 4. 산정 無 5. 해당없음	정산방법 1. 내부정산 (지자체 내부적으로 정산) 2. 외부정산 (외부전문기관위탁 정산) 3. 내·외부 모두 산정 4. 정산 無 5. 해당없음	성과평가 실시여부 1. 실시 2. 미실시 3. 향후 추진 4. 해당없음
22898	전북 장수군	농산물 공동수확 작업비 지원(양파)	60,996	농축산유통과	1	4	7	8	7	5	5	4
22899	전북 장수군	공동출하 공동선별비 지원	142,360	농축산유통과	1	2	7	8	7	5	5	4
22900	전북 장수군	농산물 마케팅 지원	12,100	농축산유통과	1	2	7	8	7	5	5	4
22901	전북 장수군	오미자 가공공장 홍보비 지원	16,000	농축산유통과	1	4	7	8	7	5	5	4
22902	전북 장수군	농특산물 수출전용 포장재 지원	30,000	농축산유통과	1	4	7	8	7	5	1	1
22903	전북 장수군	신선농산물 수출물류비 지원	186,667	농축산유통과	1	4	7	8	7	5	1	1
22904	전북 장수군	HACCP 사후관리 컨설팅 지원사업	5,600	농축산유통과	1	4	7	8	7	5	5	4
22905	전북 장수군	토양개량제 지원	150,448	농축산유통과	1	2	7	8	7	5	5	4
22906	전북 장수군	유기질비료 지원	2,065	농축산유통과	1	2	7	8	7	5	5	4
22907	전북 장수군	순환농업 활성화 퇴비살포 지원	400,000	농축산유통과	1	4	7	8	7	5	5	4
22908	전북 장수군	친환경 유기농자재 지원	117,000	농축산유통과	1	4	7	8	7	5	5	4
22909	전북 장수군	유기농업자재(녹비작물,유기자재) 지원	10,500	농축산유통과	1	2	7	8	7	5	5	4
22910	전북 장수군	환경친화형 농자재 지원	26,400	농축산유통과	1	5	7	8	7	5	5	4
22911	전북 장수군	친환경쌀 어린이집 급식지원사업	3,540	농축산유통과	1	5	7	8	7	5	5	1
22912	전북 장수군	친환경농산물 어린이집 급식지원	11,578	농축산유통과	1	4	7	8	7	5	5	1
22913	전북 장수군	임산부 친환경농산물 꾸러미 지원	14,208	농축산유통과	1	1	7	8	7	5	5	4
22914	전북 장수군	학교 논 조성	32,000	농축산유통과	1	5	7	8	7	5	5	4
22915	전북 장수군	소비자 맞춤형 농촌체험활동	11,840	농축산유통과	1	5	7	8	7	5	5	4
22916	전북 장수군	홍보마케팅 지원	8,654	농축산유통과	1	5	7	8	7	5	5	4
22917	전북 장수군	친환경 희망농부 육성지원	5,500	농축산유통과	1	4	7	8	7	5	5	4
22918	전북 장수군	GAP이력관리체계 구축지원	3,000	농축산유통과	1	4	7	8	7	5	5	4
22919	전북 장수군	GAP농산물 포장재 지원	57,000	농축산유통과	1	4	7	8	7	5	5	4
22920	전북 장수군	영세 고령농 육묘지원 사업	293,632	농축산유통과	1	4	7	8	7	5	5	4
22921	전북 장수군	장수쌀 택배비 지원사업	10,000	농축산유통과	1	4	7	8	7	5	5	4
22922	전북 장수군	암소 유전형질 개량사업	80,000	축산과	1	1	7	8	7	5	5	4
22923	전북 장수군	송아지생산안정제지원사업	8,000	축산과	1	1	7	8	7	5	5	4
22924	전북 장수군	고능력암소 축군 조성사업	60,360	축산과	1	1	7	8	7	5	5	4
22925	전북 장수군	고능력암소 축군 조성사업	6,000	축산과	1	1	7	8	7	5	5	4
22926	전북 장수군	고능력암소 축군 조성사업	20,400	축산과	1	1	7	8	7	5	5	4
22927	전북 장수군	낙농헬퍼 지원사업	1,000	축산과	1	4	7	8	7	5	5	4
22928	전북 장수군	축분수거 처리 및 운송비 지원	230,000	축산과	1	4	7	8	7	5	5	4
22929	전북 장수군	조사료포 퇴비공급 및 살포 지원사업	910,000	축산과	1	4	7	8	7	5	5	4
22930	전북 장수군	축산환경개선사업	15,080	축산과	1	4	7	8	7	5	5	4
22931	전북 장수군	냄새저감 컨설팅 지원사업	7,200	축산과	1	4	7	8	7	5	5	4
22932	전북 장수군	깨끗한 축산농장 사후점검	2,300	축산과	1	4	7	8	7	5	5	4
22933	전북 장수군	가금농가 질병관리 지원	12,000	축산과	1	2	7	8	7	1	1	4
22934	전북 장수군	공동방제단 운영	216,512	축산과	1	2	7	8	7	1	1	4
22935	전북 장수군	오리농가 동절기 난방비 지원	13,600	축산과	1	6	7	8	7	1	1	4
22936	전북 장수군	장수승마레저체험촌 대표관광지 육성사업	60,000	축산과	1	6	1	8	7	3	3	4
22937	전북 장수군	장수승마레저체험촌 대표관광지 육성사업	50,000	축산과	1	6	1	8	7	3	3	4
22938	전북 장수군	학생승마체험	78,336	축산과	1	2	1	8	7	3	3	4
22939	전북 장수군	말산업활성화 지원	4,500	축산과	1	6	1	8	7	3	3	4
22940	전북 장수군	양식장 소독제 지원사업	6,000	축산과	1	4	7	8	7	5	5	4
22941	전북 장수군	농업경영인 육성지원	7,000	농촌지원과	1	4	7	8	7	5	5	4
22942	전북 장수군	농업경영인 육성지원	10,000	농촌지원과	1	4	7	8	7	5	5	4
22943	전북 장수군	농업경영인 육성지원전북 농특축산물 명품 큰장터 참가	7,000	농촌지원과	1	4	7	8	7	5	5	4
22944	전북 장수군	농업경영인 육성지원농업경영인 역량강화 교육	3,000	농촌지원과	1	4	7	8	7	5	5	4
22945	전북 장수군	농업경영인 육성지원전라북도 도농어울림 한마당 행사 참가	3,000	농촌지원과	1	4	7	8	7	5	5	4
22946	전북 장수군	농업경영인 육성지원장수 농특산물 홍보장터	7,000	농촌지원과	1	4	7	8	7	5	5	4
22947	전북 장수군	농업경영인 육성지원수입개방화 대응 농업발전 심포지엄	10,000	농촌지원과	1	4	7	8	7	5	5	4
22948	전북 장수군	한국여성농업경영인 대회참가 지원	4,500	농촌지원과	1	4	7	8	7	5	5	4

순번	시군구	지출명 (사업명)	2021년예산 (단위:천원/1년간)	담당자 (공무원) 담당부서	민간이전 분류 (지방자치단체 세출예산 집행기준에 의거) 1. 민간경상사업보조(307-02) 2. 민간단체 법정운영비보조(307-03) 3. 민간행사사업보조(307-04) 4. 민간위탁금(307-05) 5. 사회복지시설 법정운영비보조(307-10) 6. 민간인위탁교육비(307-12) 7. 공기관등에대한경상적위탁사업비(308-11) 8. 민간자본사업보조,자체재원(402-01) 9. 민간자본사업보조,이전재원(402-02) 10. 민간위탁사업비(402-03) 11. 공기관등에 대한 자본적 대행사업비(403-02)	민간이전지출 근거 (지방보조금 관리기준 참고) 1. 법률에 규정 2. 국고보조 재원(국가지정) 3. 용도 지정 기부금 4. 조례에 직접규정 5. 지자체가 권장하는 사업을 하는 공공기관 6. 시,도 정책 및 재정사정 7. 기타 8. 해당없음	입찰방식 계약체결방법 (경쟁형태) 1. 일반경쟁 2. 제한경쟁 3. 지명경쟁 4. 수의계약 5. 법정위탁 6. 기타 ( ) 7. 해당없음	입찰방식 계약기간 1. 1년 2. 2년 3. 3년 4. 4년 5. 5년 6. 기타 ( )년 7. 단기계약 (1년미만) 8. 해당없음	입찰방식 낙찰자선정방법 1. 적격심사 2. 협상에의한계약 3. 최저가낙찰제 4. 규격가격분리 5. 2단계 경쟁입찰 6. 기타 ( ) 7. 해당없음	운영예산 산정 운영예산 산정 1. 내부산정 (지자체 자체적으로 산정) 2. 외부산정 (외부전문기관위탁 산정) 3. 내·외부 모두 산정 4. 산정 無 5. 해당없음	운영예산 산정 정산방법 1. 내부정산 (지자체 내부적으로 정산) 2. 외부정산 (외부전문기관위탁 정산) 3. 내·외부 모두 산정 4. 정산 無 5. 해당없음	성과평가 실시여부 1. 실시 2. 미실시 3. 향후 추진 4. 해당없음
22949	전북 장수군	농촌지도자 육성지원	7,000	농촌지원과	1	4	7	8	7	5	5	4
22950	전북 장수군	영농4-H활성화교육지원	1,800	농촌지원과	1	6	7	8	7	5	5	4
22951	전북 장수군	농촌지도자 활성화 지원	5,400	농촌지원과	1	6	7	8	7	5	5	4
22952	전북 장수군	농촌지도자대회 지원	6,000	농촌지원과	1	6	7	8	7	5	5	4
22953	전북 장수군	농업인학습단체(생활개선,4-H) 활력화 지원	10,000	농촌지원과	1	6	7	8	7	5	5	4
22954	전북 장수군	전북4-H경진 및 참여활동 지원	5,000	농촌지원과	1	6	7	8	7	5	5	4
22955	전북 장수군	농업인학습단체 기후변화대응 현장교육	10,500	농촌지원과	1	6	7	8	7	5	5	4
22956	전북 장수군	청년 농업인 경쟁력 제고 사업	45,000	농촌지원과	1	2	7	8	7	5	5	4
22957	전북 장수군	청년농업인 영농정착 지원	336,261	농촌지원과	1	2	7	8	7	5	5	4
22958	전북 장수군	청년농업인 생생동아리 지원	8,000	농촌지원과	1	6	7	8	7	5	5	4
22959	전북 장수군	전북형 청년창업농 영농정착 지원	41,600	농촌지원과	1	6	7	8	7	5	5	4
22960	전북 장수군	청년창업농 영농기반 임차지원	10,486	농촌지원과	1	6	7	8	7	5	5	4
22961	전북 장수군	장수형 청년창업농 영농정착 지원	18,000	농촌지원과	1	6	7	8	7	5	5	4
22962	전북 장수군	신규농업인(귀농귀촌) 현장 실습교육 지원	36,000	농촌지원과	1	2	7	8	7	5	5	4
22963	전북 장수군	읍면 생활개선회 소득작목 우수지역 현장교육	12,000	농촌지원과	1	4	7	8	7	5	5	4
22964	전북 장수군	지역활력화작목기반조성	6,600	농촌지원과	1	6	7	8	7	5	5	4
22965	전북 장수군	특산자원융복합기술지원사업	72,000	농촌지원과	1	2	7	8	7	5	5	4
22966	전북 장수군	중소기업 청년일자리 지원사업	92,000	농촌지원과	1	2	7	8	7	5	5	4
22967	전북 장수군	장수 레드푸드융복합 클러스터 구축사업	660,000	농촌지원과	1	6	7	8	7	5	5	4
22968	전북 장수군	드론 무인항공 교육비 지원	30,000	농촌지원과	1	4	7	8	7	5	5	4
22969	전북 장수군	농기계 안전운전 면허취득 지원	4,500	농촌지원과	1	4	7	8	7	5	5	4
22970	전북 장수군	사과품평회 참가지원	15,000	과수과	1	4	7	8	7	5	5	4
22971	전북 장수군	FTA사업계획수립 및 관리비 지원	2,900	과수과	1	2	7	8	7	5	5	4
22972	전북 장수군	농촌 신활력플러스사업 육성	695,000	과수과	1	8	7	8	7	5	5	4
22973	전북 장수군	농작물 병해충 확대지원	825,000	과수과	1	4	7	8	7	5	5	4
22974	전북 장수군	농작물병해충 방제비 지원	120,000	과수과	1	2	7	8	7	5	5	4
22975	전북 장수군	기후변화대응 돌발병해충 방제지원	90,000	과수과	1	1	7	8	7	5	5	4
22976	전북 장수군	벼 안전생산 방제지원	40,000	과수과	1	4	7	8	7	5	5	4
22977	전북 장수군	벼 병해충 항공방제비 지원	150,000	과수과	1	4	7	8	7	5	5	4
22978	전북 장수군	주민주도적 현장포럼	28,000	일자리경제실	1	6	7	8	7	1	1	4
22979	전북 장수군	생생마을만들기 기초단계	30,000	일자리경제실	1	6	7	8	7	1	1	4
22980	전북 장수군	마을만들기 중간지원조직 구축사업	170,000	일자리경제실	1	6	7	8	7	1	1	4
22981	전북 장수군	농촌청년현장활동가 육성사업	171,000	일자리경제실	1	6	7	8	7	1	1	4
22982	전북 장수군	도깨비권역 종합개발 운영관리지원	17,600	일자리경제실	1	6	7	8	7	1	1	4
22983	전북 장수군	시군역량강화	290,000	일자리경제실	1	2	7	8	7	1	1	4
22984	전북 장수군	이음마당 운영	6,500	일자리경제실	1	2	7	8	7	1	1	4
22985	전북 장수군	지역상생프로그램 운영	16,000	일자리경제실	1	2	7	8	7	1	1	4
22986	전북 장수군	재능기부 지원	4,000	일자리경제실	1	2	7	8	7	1	1	4
22987	전북 장수군	농산물직거래 장터 운영	3,000	일자리경제실	1	2	7	8	7	1	1	4
22988	전북 장수군	지역민과 함께하는 실용교육	8,000	일자리경제실	1	6	7	8	7	1	1	4
22989	전북 장수군	귀농소식지 발행	21,000	일자리경제실	1	6	7	8	7	1	1	4
22990	전북 장수군	도시와 농촌청년 공동 삼락캠프 운영	50,000	일자리경제실	1	6	7	8	7	1	1	4
22991	전북 장수군	문화예술인 생생마을 살아보기 사업	40,000	일자리경제실	1	6	7	8	7	1	1	4
22992	전북 임실군	임실군지속가능발전협의회 민관협력사업	18,000	기획감사실	1	1	7	8	7	1	1	1
22993	전북 임실군	새마을운동임실군지회지원	45,000	행정지원과	1	1	7	8	7	1	1	1
22994	전북 임실군	민주평통자문회의지원	13,000	행정지원과	1	1	7	8	7	1	1	1
22995	전북 임실군	바르게살기운동사업지원	20,000	행정지원과	1	1	7	8	7	1	1	1
22996	전북 임실군	한국자유총연맹임실군지회지원	8,000	행정지원과	1	1	7	8	7	1	1	1
22997	전북 임실군	임실군 주민자치프로그램 경연대회	5,600	행정지원과	1	1	7	8	7	1	1	1
22998	전북 임실군	주민자치협의회위원 선진지 견학	3,000	행정지원과	1	1	7	8	7	1	1	1
22999	전북 임실군	한국전쟁전후 민간인 희생자 합동 추모제 지원	6,800	행정지원과	1	1	7	8	7	1	1	1

순번	시군구	지출명 (사업명)	2021년예산 (단위:천원/1년간)	담당자 (공무원)	민간이전 분류 (지방자치단체 세출예산 집행기준에 의거)	민간이전지출 근거 (지방보조금 관리기준 참고)	입찰방식			운영예산 산정		성과평가 실시여부
				담당부서	1. 민간경상사업보조(307-02) 2. 민간단체 법정운영비보조(307-03) 3. 민간행사사업보조(307-04) 4. 민간위탁금(307-05) 5. 사회복지시설 법정운영비보조(307-10) 6. 민간인위탁교육비(307-12) 7. 공기관등에대한경상적위탁사업비(308-11) 8. 민간자본사업보조,자체재원(402-01) 9. 민간자본사업보조,이전재원(402-02) 10. 민간위탁사업비(402-03) 11. 공기관등에 대한 자본적 대행사업비(403-02)	1. 법률에 규정 2. 국고보조 재원(국가지정) 3. 용도 지정 기부금 4. 조례에 직접규정 5. 지자체가 권장하는 사업을 하는 공공기관 6. 시,도 정책 및 재정사정 7. 기타 8. 해당없음	계약체결방법 (경쟁형태) 1. 일반경쟁 2. 제한경쟁 3. 지명경쟁 4. 수의계약 5. 법정위탁 6. 기타 ( ) 7. 해당없음	계약기간 1. 1년 2. 2년 3. 3년 4. 4년 5. 5년 6. 기타 ( )년 7. 단기계약 (1년미만) 8. 해당없음	낙찰자선정방법 1. 적격심사 2. 협상에의한계약 3. 최저가낙찰제 4. 규격가격분리 5. 2단계 경쟁입찰 6. 기타 ( ) 7. 해당없음	운영예산 산정 1. 내부산정 (지자체 자체적으로 산정) 2. 외부산정 (외부전문기관위탁 산정) 3. 내·외부 모두 산정 4. 산정 無 5. 해당없음	정산방법 1. 내부정산 (지자체 내부적으로 정산) 2. 외부정산 (외부전문기관위탁 정산) 3. 내·외부 모두 산정 4. 정산 無 5. 해당없음	1. 실시 2. 미실시 3. 향후 추진 4. 해당없음
23000	전북 임실군	농촌유학 지원사업	90,000	행정지원과	1	2	7	8	7	5	1	3
23001	전북 임실군	옥정호가요제	5,000	문화체육과	1	4	7	8	7	5	5	4
23002	전북 임실군	임실문화원문화학교 운영	12,000	문화체육과	1	4	7	8	7	5	5	4
23003	전북 임실군	임실문화원문화유산발굴사업	30,000	문화체육과	1	4	7	8	7	5	5	4
23004	전북 임실군	임실문화원정기사업지원	38,000	문화체육과	1	4	7	8	7	5	5	4
23005	전북 임실군	필봉마을굿축제	90,000	문화체육과	1	4	7	8	7	5	5	4
23006	전북 임실군	필봉정월대보름굿	10,000	문화체육과	1	4	7	8	7	5	5	4
23007	전북 임실군	생활문화예술동호회지원	109,000	문화체육과	1	6	7	8	7	5	5	4
23008	전북 임실군	전북 도민체전 참가	242,000	문화체육과	1	4	7	8	7	1	1	3
23009	전북 임실군	전북 어르신생활체육대회 참가	10,000	문화체육과	1	4	7	8	7	1	1	3
23010	전북 임실군	전북 영성생활체육대회 참가	12,000	문화체육과	1	4	7	8	7	1	1	3
23011	전북 임실군	전북 역전마라톤대회 참가	10,000	문화체육과	1	4	7	8	7	1	1	3
23012	전북 임실군	전북 씨름왕선발대회 참가	2,000	문화체육과	1	4	7	8	7	1	1	3
23013	전북 임실군	임실군수배 임실N치즈장사 선발대회	5,000	문화체육과	1	4	7	8	7	1	1	3
23014	전북 임실군	임실N치즈배 테니스대회	20,000	문화체육과	1	4	7	8	7	1	1	3
23015	전북 임실군	임실N치즈배 배드민턴대회	30,000	문화체육과	1	4	7	8	7	1	1	3
23016	전북 임실군	임실N치즈배 족구대회	15,000	문화체육과	1	4	7	8	7	1	1	3
23017	전북 임실군	임실N치즈배 전국 가족사랑 걷기대회	5,000	문화체육과	1	4	7	8	7	1	1	3
23018	전북 임실군	임실N치즈배 탁구대회	20,000	문화체육과	1	4	7	8	7	1	1	3
23019	전북 임실군	임실군수배 체육대회	71,000	문화체육과	1	4	7	8	7	1	1	3
23020	전북 임실군	각종체육경기 참가 및 개최	77,000	문화체육과	1	4	7	8	7	1	1	3
23021	전북 임실군	문화체육관광부장관기 사격대회	20,000	문화체육과	1	4	7	8	7	1	1	3
23022	전북 임실군	전국 생활체육 사격대회	5,000	문화체육과	1	4	7	8	7	1	1	3
23023	전북 임실군	임실N치즈축제 기념 전국 남녀궁도대회	32,000	문화체육과	1	4	7	8	7	1	1	3
23024	전북 임실군	화랑기 시도대항 양궁대회	20,000	문화체육과	1	4	7	8	7	1	1	3
23025	전북 임실군	전국생활체육 양궁대회	20,000	문화체육과	1	4	7	8	7	1	1	3
23026	전북 임실군	임실군 체육인의 밤	10,000	문화체육과	1	4	7	8	7	1	1	3
23027	전북 임실군	양궁 후원사업	15,000	문화체육과	1	4	7	8	7	1	1	3
23028	전북 임실군	전북 체조 경연대회 참가	3,000	문화체육과	1	4	7	8	7	1	1	3
23029	전북 임실군	임실군민의 날 기념 체육대회	230,900	문화체육과	1	4	7	8	7	1	1	3
23030	전북 임실군	전북도민체전 장애인체육대회 참가	15,822	문화체육과	1	4	7	8	7	1	1	3
23031	전북 임실군	전국 장애인 사격대회 참가	8,090	문화체육과	1	4	7	8	7	1	1	3
23032	전북 임실군	임실군장애인 한마음 체육대회	5,385	문화체육과	1	4	7	8	7	1	1	3
23033	전북 임실군	지체장애인 체육대회 참가	4,380	문화체육과	1	4	7	8	7	1	1	3
23034	전북 임실군	통합문화이용권 사업지원	199,900	문화체육과	1	1	7	8	7	5	5	4
23035	전북 임실군	시조교실 운영	6,600	문화체육과	1	4	7	8	7	5	5	4
23036	전북 임실군	전국남녀시조가사가곡경창대회	16,500	문화체육과	1	4	7	8	7	5	5	4
23037	전북 임실군	향토사진작가초대전	4,000	문화체육과	1	4	7	8	7	5	5	4
23038	전북 임실군	서예전 개최	5,000	문화체육과	1	4	7	8	7	5	5	4
23039	전북 임실군	임실문학발간	4,800	문화체육과	1	4	7	8	7	5	5	4
23040	전북 임실군	임실군합창단 운영 및 합창대회 참가지원	16,250	문화체육과	1	4	7	8	7	5	5	4
23041	전북 임실군	forever 임실 음악축제	7,000	문화체육과	1	4	7	8	7	5	5	4
23042	전북 임실군	길거리음악회	16,800	문화체육과	1	4	7	8	7	5	5	4
23043	전북 임실군	임실실버합창문화제	7,000	문화체육과	1	4	7	8	7	5	5	4
23044	전북 임실군	봉숭아꽃축제	3,000	문화체육과	1	4	7	8	7	5	5	4
23045	전북 임실군	전국국악경연대회	25,000	문화체육과	1	4	7	8	7	5	5	4
23046	전북 임실군	한국미술협회 임실지부전	6,000	문화체육과	1	4	7	8	7	5	5	4
23047	전북 임실군	한국미술협회 교육전시 프로그램	10,000	문화체육과	1	4	7	8	7	5	5	4
23048	전북 임실군	임실예술제	13,000	문화체육과	1	4	7	8	7	5	5	4
23049	전북 임실군	예술인상 시상 및 예술인의밤	7,000	문화체육과	1	4	7	8	7	5	5	4
23050	전북 임실군	문화예술진흥사업	50,000	문화체육과	1	4	7	8	7	5	5	4

순번	시군구	지출명 (사업명)	2021년예산 (단위:천원/1년간)	담당자 (공무원) 담당부서	민간이전 분류 (지방자치단체 세출예산 집행기준에 의거) 1. 민간경상사업보조(307-02) 2. 민간단체 법정운영비보조(307-03) 3. 민간행사사업보조(307-04) 4. 민간위탁금(307-05) 5. 사회복지시설 법정운영비보조(307-10) 6. 민간인위탁교육비(307-12) 7. 공기관등에대한경상적위탁사업비(308-11) 8. 민간자본사업보조,자체재원(402-01) 9. 민간자본사업보조,이전재원(402-02) 10. 민간위탁사업비(402-03) 11. 공기관등에 대한 자본적 대행사업비(403-02)	민간이전지출 근거 (지방보조금 관리기준 참고) 1. 법률에 규정 2. 국고보조 재원(국가지정) 3. 용도 지정 기부금 4. 조례에 직접규정 5. 지자체가 권장하는 사업을 하는 공공기관 6. 시,도 정책 및 재정사정 7. 기타 8. 해당없음	입찰방식 계약체결방법 (경쟁형태) 1. 일반경쟁 2. 제한경쟁 3. 지명경쟁 4. 수의계약 5. 법정위탁 6. 기타 ( ) 7. 해당없음	입찰방식 계약기간 1. 1년 2. 2년 3. 3년 4. 4년 5. 5년 6. 기타 ( )년 7. 단기계약 (1년미만) 8. 해당없음	입찰방식 낙찰자선정방법 1. 적격심사 2. 협상에의한계약 3. 최저가낙찰제 4. 규격가격분리 5. 2단계 경쟁입찰 6. 기타 ( ) 7. 해당없음	운영예산 산정 운영예산 산정 1. 내부산정 (지자체 자체적으로 산정) 2. 외부산정 (외부전문기관위탁 산정) 3. 내·외부 모두 산정 4. 산정 無 5. 해당없음	운영예산 산정 정산방법 1. 내부정산 (지자체 내부적으로 정산) 2. 외부정산 (외부전문기관위탁 정산) 3. 내·외부 모두 산정 4. 정산 無 5. 해당없음	성과평가 실시여부 1. 실시 2. 미실시 3. 향후 추진 4. 해당없음
23051	전북 임실군	읍면농악단 운영지원	50,000	문화체육과	1	4	7	8	7	5	5	4
23052	전북 임실군	전북시군농악경연대회 참가	3,000	문화체육과	1	4	7	8	7	5	5	4
23053	전북 임실군	삶의놀이 너영나영	2,400	문화체육과	1	4	7	8	7	5	5	4
23054	전북 임실군	전수교육관 활성화 사업	70,000	문화체육과	1	2	7	8	7	5	5	4
23055	전북 임실군	한옥자원활용 야간상설공연	202,400	문화체육과	1	2	7	8	7	5	5	4
23056	전북 임실군	전통놀이 현대화 프로그램	16,500	문화체육과	1	4	7	8	7	5	5	4
23057	전북 임실군	공립 작은도서관 운영비 지원	88,170	문화체육과	1	6	7	8	7	5	5	4
23058	전북 임실군	단군제 지원	1,000	문화체육과	1	4	7	8	7	5	5	4
23059	전북 임실군	전통문화계승(기로연) 지원	3,000	문화체육과	1	4	7	8	7	5	5	4
23060	전북 임실군	제례실행사업비 지원	10,000	문화체육과	1	6	7	8	7	5	5	4
23061	전북 임실군	향교 일요학교 지원	9,063	문화체육과	1	6	7	8	7	5	5	4
23062	전북 임실군	향교서원 문화재 활용사업	105,000	문화체육과	1	2	7	8	7	5	5	4
23063	전북 임실군	임실치즈산업육성사업	438,860	관광치즈과	1	4	7	8	7	1	1	1
23064	전북 임실군	낙농도우미(헬퍼)지원	72,000	관광치즈과	1	4	7	8	7	1	1	1
23065	전북 임실군	제3기 동부권식품클러스터 육성사업	1,500	관광치즈과	1	6	7	8	7	1	1	1
23066	전북 임실군	소상공인공제 가입지원사업	7,920	경제교통과	1	6	7	8	7	5	5	4
23067	전북 임실군	전통시장 현장 택배도우미 운영	59,658	경제교통과	1	1	7	7	7	1	1	4
23068	전북 임실군	전북경제살리기 도민회의 사업 및 운영	10,000	경제교통과	1	4	7	7	7	1	1	1
23069	전북 임실군	전통시장 활성화	17,000	경제교통과	1	1	7	7	7	1	1	4
23070	전북 임실군	소비자고발센터 운영지원	27,500	경제교통과	1	4	7	7	7	1	1	1
23071	전북 임실군	전통시장 화재공제 지원사업	3,710	경제교통과	1	1	7	7	7	1	1	1
23072	전북 임실군	청년취업 지원사업	23,400	경제교통과	1	6	1	1	1	1	1	1
23073	전북 임실군	농업법인 청년일자리 사업	92,850	경제교통과	1	2	1	1	1	1	1	1
23074	전북 임실군	농업법인 청년일자리 사업	19,017	경제교통과	1	2	1	1	1	1	1	1
23075	전북 임실군	신중년 취업지원 사업	8,400	경제교통과	1	2	1	1	1	1	1	1
23076	전북 임실군	신중년 취업지원 사업	8,400	경제교통과	1	6	1	1	1	1	1	1
23077	전북 임실군	청년내일채움공제 지원사업	7,275	경제교통과	1	6	1	1	1	1	1	1
23078	전북 임실군	청년내일채움공제 지원사업	7,275	경제교통과	1	6	1	1	1	1	1	1
23079	전북 임실군	사회적경제혁신가 지원사업	101,760	경제교통과	1	2	1	1	1	1	1	1
23080	전북 임실군	사회적경제 청년혁신가 지원사업	67,840	경제교통과	1	2	1	1	1	1	1	1
23081	전북 임실군	버스터미널 냉온풍기 전기료 지원	6,000	경제교통과	1	4	7	8	7	5	5	4
23082	전북 임실군	교통관련 단체 지원사업	8,725	경제교통과	1	4	7	8	7	5	5	4
23083	전북 임실군	읍면지역사회보장협의체 특화사업지원	24,000	주민복지과	1	4	7	8	7	5	5	4
23084	전북 임실군	읍면지역사회보장협의체 활동지원	9,600	주민복지과	1	4	7	8	7	1	1	1
23085	전북 임실군	청소년문화축제	20,000	여성청소년과	1	1	6	1	1	1	1	1
23086	전북 임실군	임실군 환경단체 지원	10,000	환경보호과	1	4	7	8	7	1	1	1
23087	전북 임실군	임실군 환경단체 지원	10,000	환경보호과	1	4	7	8	7	1	1	1
23088	전북 임실군	민족농업전진대회	3,000	농업축산과	1	4	7	8	7	1	1	1
23089	전북 임실군	전북농업경영인 대회	11,000	농업축산과	1	4	7	8	7	1	1	1
23090	전북 임실군	전국으뜸농산물 전시판매행사	5,000	농업축산과	1	4	7	8	7	1	1	1
23091	전북 임실군	임실군 농업경영인 가족체육대회	12,000	농업축산과	1	4	7	8	7	1	1	1
23092	전북 임실군	도농어울림 한마당	5,000	농업축산과	1	4	7	8	7	1	1	1
23093	전북 임실군	전국여성농업인대회	4,000	농업축산과	1	4	7	8	7	1	1	1
23094	전북 임실군	인력지원센터운영	160,000	농업축산과	1	2	7	8	7	5	1	4
23095	전북 임실군	화재감시기 및 소화기 지원	5,000	농업축산과	1	7	7	8	7	1	1	4
23096	전북 임실군	여성농업인운영지원	114,000	농업축산과	1	4	7	7	7	5	5	4
23097	전북 임실군	농가도우미 지원	19,600	농업축산과	1	6	7	8	7	1	1	4
23098	전북 임실군	청년농업인 영농정착 지원	310,396	농업축산과	1	6	7	8	7	1	1	4
23099	전북 임실군	청년농업인 생생동아리 지원사업	6,000	농업축산과	1	6	7	8	7	1	1	4
23100	전북 임실군	여성농업인 농작업 편의장비 지원	21,500	농업축산과	1	6	7	8	7	1	1	4
23101	전북 임실군	전북형 청년 창업농 영농정착 지원	13,000	농업축산과	1	6	7	8	7	1	1	4

순번	시군구	지출명 (사업명)	2021년예산 (단위:천원/1년간)	담당자 (공무원) 담당부서	민간이전 분류 (지방자치단체 세출예산 집행기준에 의거) 1. 민간경상사업보조(307-02) 2. 민간단체 법정운영비보조(307-03) 3. 민간행사사업보조(307-04) 4. 민간위탁금(307-05) 5. 사회복지시설 법정운영비보조(307-10) 6. 민간인위탁교육비(307-12) 7. 공기관등에대한경상적위탁사업비(308-11) 8. 민간자본사업보조,자체재원(402-01) 9. 민간자본사업보조,이전재원(402-02) 10. 민간위탁사업비(402-03) 11. 공기관등에 대한 자본적 대행사업비(403-02)	민간이전지출 근거 (지방보조금 관리기준 참고) 1. 법률에 규정 2. 국고보조 재원(국가지정) 3. 용도 지정 기부금 4. 조례에 직접규정 5. 지자체가 권장하는 사업을 하는 공공기관 6. 시,도 정책 및 재정사정 7. 기타 8. 해당없음	입찰방식 계약체결방법 (경쟁형태) 1. 일반경쟁 2. 제한경쟁 3. 지명경쟁 4. 수의계약 5. 법정위탁 6. 기타 ( ) 7. 해당없음	입찰방식 계약기간 1. 1년 2. 2년 3. 3년 4. 4년 5. 5년 6. 기타 ( )년 7. 단기계약 (1년미만) 8. 해당없음	입찰방식 낙찰자선정방법 1. 적격심사 2. 협상에의한계약 3. 최저가낙찰제 4. 규격가격분리 5. 2단계 경쟁입찰 6. 기타 ( ) 7. 해당없음	운영예산 산정 운영예산 산정 1. 내부산정 (지자체 자체적으로 산정) 2. 외부산정 (외부전문기관위탁 산정) 3. 내·외부 모두 산정 4. 산정 無 5. 해당없음	운영예산 산정 정산방법 1. 내부정산 (지자체 내부적으로 정산) 2. 외부정산 (외부전문기관위탁 정산) 3. 내·외부 모두 산정 4. 정산 無 5. 해당없음	성과평가 실시여부 1. 실시 2. 미실시 3. 향후 추진 4. 해당없음
23102	전북 임실군	청년농업인 영농기반 임차지원	18,414	농업축산과	1	6	7	8	7	1	1	4
23103	전북 임실군	유기질비료 지원	1,686	농업축산과	1	1	7	8	7	1	1	4
23104	전북 임실군	토양개량제 지원	676,655	농업축산과	1	1	7	8	7	1	1	4
23105	전북 임실군	유기농업자재 지원	500	농업축산과	1	1	7	8	7	1	1	4
23106	전북 임실군	쌀경쟁력 제고사업	354,800	농업축산과	1	4	7	8	7	1	1	4
23107	전북 임실군	어업도우미 지원사업	800	농업축산과	1	1	7	8	7	1	1	4
23108	전북 임실군	임산부 친환경농산물 꾸러미 지원	22,272	농업축산과	1	1	7	8	7	1	1	4
23109	전북 임실군	채소류생산안정사업	95,400	농업축산과	1	6	7	8	7	1	1	1
23110	전북 임실군	학교과일간식 지원	30,496	농업축산과	1	2	7	8	7	1	1	1
23111	전북 임실군	FTA과수사업계획 수립 및 관리지원사업	2,700	농업축산과	1	2	7	8	7	1	1	1
23112	전북 임실군	축사 관정 지원사업	32,000	농업축산과	1	2	7	8	7	5	1	4
23113	전북 임실군	곤포사일리지첨가제 지원	16,000	농업축산과	1	2	7	8	7	5	1	4
23114	전북 임실군	조사료용 랩비닐 지원	58,240	농업축산과	1	2	7	8	7	5	1	4
23115	전북 임실군	조사료 재배 및 부존자원 활용	190,000	농업축산과	1	2	7	8	7	5	1	4
23116	전북 임실군	축산물 품질향상 지원	22,400	농업축산과	1	2	7	8	7	5	1	4
23117	전북 임실군	폭염 스트레스 완화제	24,000	농업축산과	1	2	7	8	7	5	1	4
23118	전북 임실군	가축 사양관리개선 지원	18,000	농업축산과	1	2	7	8	7	5	1	4
23119	전북 임실군	유실유기동물구조 및 보호비용 지원	2,100	농업축산과	1	2	7	8	7	5	1	4
23120	전북 임실군	가축분뇨 액비살포비 지원	80,000	농업축산과	1	2	7	8	7	5	1	4
23121	전북 임실군	가축분뇨 퇴비살포비 지원	40,000	농업축산과	1	2	7	8	7	5	1	4
23122	전북 임실군	축산환경개선사업	22,615	농업축산과	1	2	7	8	7	5	1	4
23123	전북 임실군	축산환경개선 지도지원사업	14,300	농업축산과	1	2	7	8	7	5	1	4
23124	전북 임실군	젖소 깔짚 지원	120,000	농업축산과	1	2	7	8	7	5	1	4
23125	전북 임실군	양돈깔짚지원(톱밥돈사)	168,000	농업축산과	1	2	7	8	7	5	1	4
23126	전북 임실군	종계농가 분뇨처리비 지원	6,400	농업축산과	1	2	7	8	7	5	1	4
23127	전북 임실군	양돈분뇨처리비(슬러리돈사)	40,020	농업축산과	1	2	7	8	7	5	1	4
23128	전북 임실군	젖소 정액지원	20,000	농업축산과	1	2	7	8	7	5	1	4
23129	전북 임실군	젖소 배합사료 첨가제 지원	20,000	농업축산과	1	2	7	8	7	5	1	4
23130	전북 임실군	비유기 속효성 첨가제 지원	30,000	농업축산과	1	2	7	8	7	5	1	4
23131	전북 임실군	한우1군정액 지원사업	100,000	농업축산과	1	2	7	8	7	5	1	4
23132	전북 임실군	퇴비발효촉진 지원	31,500	농업축산과	1	2	7	8	7	5	1	4
23133	전북 임실군	한우친자확인 검사비	27,500	농업축산과	1	2	7	8	7	5	1	4
23134	전북 임실군	시료채취비	27,500	농업축산과	1	2	7	8	7	5	1	4
23135	전북 임실군	오수개 육성사업	150,000	농업축산과	1	7	7	8	7	1	1	1
23136	전북 임실군	구제역 및 조류인플루엔자 소독약품 구입	40,000	농업축산과	1	7	7	8	7	1	1	1
23137	전북 임실군	소,염소 기생충 구제사업	32,000	농업축산과	1	7	7	8	7	1	1	1
23138	전북 임실군	돼지회장염백신 지원사업	32,000	농업축산과	1	7	7	8	7	1	1	1
23139	전북 임실군	닭감보로백신 지원사업	18,000	농업축산과	1	7	7	8	7	1	1	1
23140	전북 임실군	돼지위축성비염백신 지원사업	10,400	농업축산과	1	7	7	8	7	1	1	1
23141	전북 임실군	돼지써코바이러스백신 지원사업	116,400	농업축산과	1	2	7	8	7	5	3	4
23142	전북 임실군	돼지소모성질환 지도지원사업	30,000	농업축산과	1	2	7	8	7	5	3	4
23143	전북 임실군	젖소대사질병예방제지원	28,560	농업축산과	1	6	7	8	7	5	3	4
23144	전북 임실군	구제역 예방접종 연속주사기 지원사업	15,840	농업축산과	1	6	7	8	7	5	3	4
23145	전북 임실군	가금농가 질병관리 지원사업	30,000	농업축산과	1	2	7	8	7	5	3	4
23146	전북 임실군	돼지유행성설사 예방백신 지원	10,000	농업축산과	1	6	7	8	7	5	3	4
23147	전북 임실군	돼지회장염 예방백신 지원	4,608	농업축산과	1	6	7	8	7	5	3	4
23148	전북 임실군	돼지부종병 예방백신 지원	17,600	농업축산과	1	6	7	8	7	5	3	4
23149	전북 임실군	자돈폐사율감소 환경개선 지원사업	5,530	농업축산과	1	6	7	8	7	5	3	4
23150	전북 임실군	농장출입구 자동소독기 설치지원사업	10,000	농업축산과	1	6	7	8	7	5	3	4
23151	전북 임실군	꿀벌사육농가 면역증강제 지원사업	25,200	농업축산과	1	6	7	8	7	5	3	4
23152	전북 임실군	공동체활성화 전문인력 양성지원	20,000	농촌활력과	1	8	7	8	7	5	5	4

순번	시군구	지출명 (사업명)	2021년예산 (단위:천원/1년간)	담당자 (공무원) 담당부서	민간이전 분류 (지방자치단체 세출예산 집행기준에 의거) 1. 민간경상사업보조(307-02) 2. 민간단체 법정운영비보조(307-03) 3. 민간행사사업보조(307-04) 4. 민간위탁금(307-05) 5. 사회복지시설 법정운영비보조(307-10) 6. 민간인위탁교육비(307-12) 7. 공기관등에대한경상적위탁사업비(308-11) 8. 민간자본사업보조,자체재원(402-01) 9. 민간자본사업보조,이전재원(402-02) 10. 민간위탁사업비(402-03) 11. 공기관등에 대한 자본적 대행사업비(403-02)	민간이전지출 근거 (지방보조금 관리기준 참고) 1. 법률에 규정 2. 국고보조 재원(국가지정) 3. 용도 지정 기부금 4. 조례에 직접규정 5. 지자체가 권장하는 사업을 하는 공공기관 6. 시,도 정책 및 재정사정 7. 기타 8. 해당없음	입찰방식 계약체결방법 (경쟁형태) 1. 일반경쟁 2. 제한경쟁 3. 지명경쟁 4. 수의계약 5. 법정위탁 6. 기타 ( ) 7. 해당없음	입찰방식 계약기간 1. 1년 2. 2년 3. 3년 4. 4년 5. 5년 6. 기타 ( )년 7. 단기계약 (1년미만) 8. 해당없음	입찰방식 낙찰자선정방법 1. 적격심사 2. 협상에의한계약 3. 최저가낙찰제 4. 규격가격분리 5. 2단계 경쟁입찰 6. 기타 ( ) 7. 해당없음	운영예산 산정 운영예산 산정 1. 내부산정 (지자체 자체적으로 산정) 2. 외부산정 (외부전문기관위탁 산정) 3. 내·외부 모두 산정 4. 산정 無 5. 해당없음	운영예산 산정 정산방법 1. 내부정산 (지자체 내부적으로 정산) 2. 외부정산 (외부전문기관위탁 정산) 3. 내·외부 모두 산정 4. 정산 無 5. 해당없음	성과평가 실시여부 1. 실시 2. 미실시 3. 향후 추진 4. 해당없음
23153	전북 임실군	마을장터 홍보마케팅 지원사업	20,000	농촌활력과	1	8	7	8	7	5	5	4
23154	전북 임실군	마을공동체 슬로푸드 육성지원	20,000	농촌활력과	1	8	7	8	7	5	5	4
23155	전북 임실군	정보화마을 프로그램 관리자 육성	47,279	농촌활력과	1	1	4	1	1	1	1	1
23156	전북 임실군	농촌체험휴양마을 사무장 활동비	134,400	농촌활력과	1	8	7	8	7	5	5	4
23157	전북 임실군	농촌체험휴양마을 보험료 지원	7,391	농촌활력과	1	8	7	8	7	5	5	4
23158	전북 임실군	농촌체험 휴양마을 박람회 참가지원 사업	10,000	농촌활력과	1	8	7	8	7	5	5	4
23159	전북 임실군	체험마을 리더 교육 지원사업	3,600	농촌활력과	1	8	7	8	7	5	5	4
23160	전북 임실군	행복마을만들기(기초)	26,000	농촌활력과	1	8	7	8	7	5	5	4
23161	전북 임실군	행복마을만들기	280,000	농촌활력과	1	8	7	8	7	5	5	4
23162	전북 임실군	생생마을만들기	49,000	농촌활력과	1	8	7	8	7	5	5	4
23163	전북 임실군	생생마을만들기(중간지원조직)	491,600	농촌활력과	1	8	7	8	7	5	5	4
23164	전북 임실군	시군역량강화사업	420,000	농촌활력과	1	8	7	8	7	5	5	4
23165	전북 임실군	농촌신활력플러스사업	1,290	농촌활력과	1	8	7	8	7	5	5	4
23166	전북 임실군	사회적농업활성화지원	60,000	농촌활력과	1	8	7	8	7	5	5	4
23167	전북 임실군	농촌축제지원	18,000	농촌활력과	1	8	7	8	7	5	5	4
23168	전북 임실군	마을경영체 경쟁력 강화사업	16,000	농촌활력과	1	8	7	8	7	5	5	4
23169	전북 임실군	생생마을 플러스 사업	50,000	농촌활력과	1	8	7	8	7	5	5	4
23170	전북 임실군	임실순창 옻 발효식품 가치창조	400,000	농촌활력과	1	8	7	8	7	5	5	4
23171	전북 임실군	지역특화식품산업 고도화	250,000	농촌활력과	1	8	7	8	7	5	5	4
23172	전북 임실군	지역향토자원산업화사업	70,000	농촌활력과	1	8	7	8	7	5	5	4
23173	전북 임실군	오수관촌농협 선별장 상품화사업 지원	50,000	농촌활력과	1	8	7	8	7	5	5	4
23174	전북 임실군	임실군 농산물 유통활성화 사업	260,000	농촌활력과	1	8	7	8	7	5	5	4
23175	전북 임실군	농특산물 택배비 지원	80,000	농촌활력과	1	8	7	8	7	5	5	4
23176	전북 임실군	임실쌀 택배비 지원	273,000	농촌활력과	1	8	7	8	7	5	5	4
23177	전북 임실군	농특산물 판촉행사 참여단체 지원	20,000	농촌활력과	1	8	7	8	7	5	5	4
23178	전북 임실군	수출농산물 공동선별비 지원	15,000	농촌활력과	1	8	7	8	7	5	5	4
23179	전북 임실군	신선농산물 수출물류비 지원사업	10,000	농촌활력과	1	8	7	8	7	5	5	4
23180	전북 임실군	농업인 월급제 지원	280,000	농촌활력과	1	8	7	8	7	5	5	4
23181	전북 임실군	공공비축미곡 공사장비 지원	41,080	농촌활력과	1	8	7	8	7	5	5	4
23182	전북 임실군	판촉활성화	24,000	농촌활력과	1	8	7	8	7	5	5	4
23183	전북 임실군	생산자 조직화 및 통합마케팅 활성화 지원사업	80,000	농촌활력과	1	8	7	8	7	5	5	4
23184	전북 임실군	농산물 공동작업 지원체계 확충사업	77,436	농촌활력과	1	8	7	8	7	5	5	4
23185	전북 임실군	농산물 마케팅 지원사업	14,300	농촌활력과	1	8	7	8	7	5	5	4
23186	전북 임실군	농산물 공동출하 확대지원사업	240,800	농촌활력과	1	8	7	8	7	5	5	4
23187	전북 임실군	농산물 TV홈쇼핑 마케팅 지원	120,000	농촌활력과	1	8	7	8	7	5	5	4
23188	전북 임실군	GAP 토양/용수 안전성 분석지원	36,000	농촌활력과	1	8	7	8	7	5	5	4
23189	전북 임실군	GAP 이력관리제 구축지원	21,000	농촌활력과	1	8	7	8	7	5	5	4
23190	전북 임실군	귀농 교육훈련비 지원	3,000	농촌활력과	1	4	7	8	7	1	1	1
23191	전북 임실군	귀농귀촌 유치 지원사업	230,000	농촌활력과	1	2	7	8	7	5	3	1
23192	전북 임실군	귀농귀촌 활성화 지원	134,000	농촌활력과	1	6	7	8	7	5	3	1
23193	전북 임실군	임업후계자한마음대회	8,000	산림공원과	1	7	6	8	6	1	1	4
23194	전북 임실군	제 7회 한옥기능경기대회 지원	3,000	산림공원과	1	1	7	8	7	5	5	4
23195	전북 임실군	왕방산림휴양치유마을	43,000	산림공원과	1	1	7	8	7	5	5	4
23196	전북 임실군	의용소방대 지원	10,000	안전관리과	1	4	7	8	7	5	1	2
23197	전북 임실군	정신재활시설 종사자 특별수당	19,440	보건사업과	1	1	7	8	7	5	5	1
23198	전북 임실군	정신재활시설 운영비	732,710	보건사업과	1	1	7	8	7	5	5	1
23199	전북 임실군	농업인단체육성	11,000	농촌지원과	1	6	7	8	7	5	5	4
23200	전북 임실군	농업인단체육성	24,340	농촌지원과	1	6	7	8	7	5	5	4
23201	전북 임실군	농업인단체육성	39,000	농촌지원과	1	6	7	8	7	5	5	4
23202	전북 임실군	농업인단체육성	7,000	농촌지원과	1	6	7	8	7	5	5	4
23203	전북 임실군	농촌지도자 대회	5,000	농촌지원과	1	1	7	8	7	5	5	4

순번	시군구	지출명 (사업명)	2021년예산 (단위:천원/1년간)	담당자 (공무원) 담당부서	민간이전 분류 (지방자치단체 세출예산 집행기준에 의거) 1. 민간경상사업보조(307-02) 2. 민간단체 법정운영비보조(307-03) 3. 민간행사사업보조(307-04) 4. 민간위탁금(307-05) 5. 사회복지시설 법정운영비보조(307-10) 6. 민간인위탁교육비(307-12) 7. 공기관등에대한경상적위탁사업비(308-11) 8. 민간자본사업보조,자체재원(402-01) 9. 민간자본사업보조,이전재원(402-02) 10. 민간위탁사업비(402-03) 11. 공기관등에 대한 자본적 대행사업비(403-02)	민간이전지출 근거 (지방보조금 관리기준 참고) 1. 법률에 규정 2. 국고보조 재원(국가지정) 3. 용도 지정 기부금 4. 조례에 직접규정 5. 지자체가 권장하는 사업을 하는 공공기관 6. 시,도 정책 및 재정사정 7. 기타 8. 해당없음	입찰방식 계약체결방법 (경쟁형태) 1. 일반경쟁 2. 제한경쟁 3. 지명경쟁 4. 수의계약 5. 법정위탁 6. 기타 ( ) 7. 해당없음	입찰방식 계약기간 1. 1년 2. 2년 3. 3년 4. 4년 5. 5년 6. 기타 ( )년 7. 단기계약 (1년미만) 8. 해당없음	입찰방식 낙찰자선정방법 1. 적격심사 2. 협상에의한계약 3. 최저가낙찰제 4. 규격가격분리 5. 2단계 경쟁입찰 6. 기타 ( ) 7. 해당없음	운영예산 산정 운영예산 산정 1. 내부산정 (지자체 자체적으로 산정) 2. 외부산정 (외부전문기관위탁 산정) 3. 내·외부 모두 산정 4. 산정 無 5. 해당없음	운영예산 산정 정산방법 1. 내부정산 (지자체 내부적으로 정산) 2. 외부정산 (외부전문기관위탁 정산) 3. 내·외부 모두 산정 4. 정산 無 5. 해당없음	성과평가 실시여부 1. 실시 2. 미실시 3. 향후 추진 4. 해당없음
23204	전북 임실군	품목생산자조직경쟁력제고시범	20,000	농촌지원과	1	1	7	8	7	5	5	4
23205	전북 임실군	귀농창업 활성화 지원	15,000	농촌지원과	1	1	7	8	7	5	5	4
23206	전북 임실군	농업인학습단체 교육활동 지원	3,000	농촌지원과	1	1	7	8	7	5	5	4
23207	전북 임실군	농업인학습단체 기후변화대응 현장교육	10,500	농촌지원과	1	1	7	8	7	5	5	4
23208	전북 임실군	세계 여성농업인의 날 기념행사 지원	5,000	농촌지원과	1	1	7	8	7	5	5	4
23209	전북 임실군	사이버농업인 e-비즈니스 소득창출 지원	2,000	농촌지원과	1	1	7	8	7	5	5	4
23210	전북 순창군	해외 청소년 홈스테이추진	20,000	기획예산실	1	4	7	8	7	1	1	1
23211	전북 순창군	민주평통 통일기반 조성사업 지원	59,490	행정과	1	1	7	8	7	1	1	2
23212	전북 순창군	이장 한마음 체육대회 지원	25,000	행정과	1	4	7	8	7	1	1	2
23213	전북 순창군	평생학습동아리지원	5,000	행정과	1	4	7	8	7	1	1	2
23214	전북 순창군	정보화마을 프로그램관리자 운영(2개마을)	35,531	행정과	1	6	7	8	7	1	1	1
23215	전북 순창군	순창청년 리빙랩 프로젝트	15,000	행정과	1	4	7	8	7	1	1	1
23216	전북 순창군	청년 커뮤니티 활동 지원	7,000	행정과	1	4	7	8	7	1	1	1
23217	전북 순창군	재향군인회 사업지원	4,530	행정과	1	4	7	8	7	1	1	1
23218	전북 순창군	새마을운동 순창군지회 사업지원	23,000	행정과	1	4	7	8	7	1	1	1
23219	전북 순창군	한국자유총연맹 순창군지회 사업 지원	4,880	행정과	1	1	7	8	7	1	1	1
23220	전북 순창군	법사랑위원 순창군지구회 사업지원	20,000	행정과	1	1	7	8	7	1	1	1
23221	전북 순창군	민족통일 순창군협의회 사업 지원	1,440	행정과	1	1	7	8	7	1	1	1
23222	전북 순창군	바르게살기운동 순창군 협의회 사업지원	4,650	행정과	1	1	7	8	7	1	1	1
23223	전북 순창군	순창군 자율방범연합대 사업 지원	4,000	행정과	1	4	7	8	7	1	1	1
23224	전북 순창군	6.25전쟁 민간인 희생자 유족회 사업 지원	3,000	행정과	1	4	7	8	7	1	1	1
23225	전북 순창군	순창군 의용소방대연합회 사업 지원	10,200	행정과	1	4	7	8	7	1	1	1
23226	전북 순창군	범죄피해자 지원센터 사업비 지원	9,000	행정과	1	1	7	8	7	1	1	1
23227	전북 순창군	청년회의소 사업비 지원	5,000	행정과	1	1	7	8	7	1	1	1
23228	전북 순창군	지방문화원 사업지원	58,720	문화관광과	1	1	7	1	7	1	1	1
23229	전북 순창군	작은음악회	10,500	문화관광과	1	1	7	8	7	1	1	1
23230	전북 순창군	국악무료강습교실	25,000	문화관광과	1	1	7	1	7	1	1	1
23231	전북 순창군	순창국악원 각종행사 순회공연	7,200	문화관광과	1	1	7	7	7	1	1	1
23232	전북 순창군	5대명창 추모공연	9,000	문화관광과	1	1	7	7	7	1	1	1
23233	전북 순창군	시조 및 국악 읍면 순회 무료강습	6,000	문화관광과	1	1	7	1	7	1	1	1
23234	전북 순창군	제17회 전국남녀시조 경창대회	27,000	문화관광과	1	1	7	7	7	1	1	1
23235	전북 순창군	시조강습	5,400	문화관광과	1	1	7	1	7	1	1	1
23236	전북 순창군	제20회 옥천골 벚꽃축제	30,000	문화관광과	1	1	7	7	7	1	1	1
23237	전북 순창군	제26회 추령장승축제	8,000	문화관광과	1	1	7	7	7	1	1	1
23238	전북 순창군	국사봉철쭉제	8,000	문화관광과	1	1	7	7	7	1	1	1
23239	전북 순창군	읍면농악(풍물)보존육성	39,600	문화관광과	1	1	7	1	7	1	1	1
23240	전북 순창군	전라북도 시군 농악경연대회 연습 및 출전경비	5,000	문화관광과	1	1	7	1	7	1	1	1
23241	전북 순창군	옥천줄다리기	15,000	문화관광과	1	1	7	1	7	1	1	1
23242	전북 순창군	군민화합음악회	35,000	문화관광과	1	1	7	1	7	1	1	1
23243	전북 순창군	1시군 1대표 시골마을 작은축제	32,000	문화관광과	1	1	7	7	7	1	1	1
23244	전북 순창군	통합문화이용권 지원사업	153,000	문화관광과	1	1	7	1	7	1	1	1
23245	전북 순창군	제4353주년 개천절 기념 단군대제 봉행	5,600	문화관광과	1	1	7	7	7	1	1	1
23246	전북 순창군	제27회 삼인문화기념행사	5,200	문화관광과	1	1	7	7	7	1	1	1
23247	전북 순창군	생활문화예술동호회 활성화 사업	109,630	문화관광과	1	1	7	1	7	1	1	1
23248	전북 순창군	동호인 야외 상설공연	15,000	문화관광과	1	1	7	7	7	1	1	1
23249	전북 순창군	문학 창작교실 운영	2,000	문화관광과	1	1	7	1	7	1	1	1
23250	전북 순창군	장애인 의식 개선을 위한 학생 백일장	3,000	문화관광과	1	1	7	1	7	1	1	1
23251	전북 순창군	제4회 옥천향토문화사회 아카데미	5,000	문화관광과	1	1	7	7	7	1	1	1
23252	전북 순창군	옥천문화 13집 발간	9,000	문화관광과	1	1	7	1	7	1	1	1
23253	전북 순창군	순창문학 26호 발간	5,000	문화관광과	1	1	7	7	7	1	1	1
23254	전북 순창군	2021년 문화예술활동 창작 프로그램 지원사업	20,000	문화관광과	1	1	7	1	7	1	1	1

순번	시군구	지출명 (사업명)	2021년예산 (단위:천원/1년간)	담당자 (공무원) 담당부서	민간이전 분류 (지방자치단체 세출예산 집행기준에 의거) 1. 민간경상사업보조(307-02) 2. 민간단체 법정운영비보조(307-03) 3. 민간행사사업보조(307-04) 4. 민간위탁금(307-05) 5. 사회복지시설 법정운영비보조(307-10) 6. 민간인위탁교육비(307-12) 7. 공기관등에대한경상적위탁사업비(308-11) 8. 민간자본사업보조,자체재원(402-01) 9. 민간자본사업보조,이전재원(402-02) 10. 민간위탁사업비(402-03) 11. 공기관등에 대한 자본적 대행사업비(403-02)	민간이전지출 근거 (지방보조금 관리기준 참고) 1. 법률에 규정 2. 국고보조 재원(국가지정) 3. 용도 지정 기부금 4. 조례에 직접규정 5. 지자체가 권장하는 사업을 하는 공공기관 6. 시,도 정책 및 재정사정 7. 기타 8. 해당없음	입찰방식 계약체결방법 (경쟁형태) 1. 일반경쟁 2. 제한경쟁 3. 지명경쟁 4. 수의계약 5. 법정위탁 6. 기타 ( ) 7. 해당없음	입찰방식 계약기간 1. 1년 2. 2년 3. 3년 4. 4년 5. 5년 6. 기타 ( )년 7. 단기계약 (1년미만) 8. 해당없음	입찰방식 낙찰자선정방법 1. 적격심사 2. 협상에의한계약 3. 최저가낙찰제 4. 규격가격분리 5. 2단계 경쟁입찰 6. 기타 ( ) 7. 해당없음	운영예산 산정 운영예산 산정 1. 내부산정 (지자체 자체적으로 산정) 2. 외부산정 (외부전문기관위탁 산정) 3. 내·외부 모두 산정 4. 산정 無 5. 해당없음	운영예산 산정 정산방법 1. 내부정산 (지자체 내부적으로 정산) 2. 외부정산 (외부전문기관위탁 정산) 3. 내·외부 모두 산정 4. 정산 無 5. 해당없음	성과평가 실시여부 1. 실시 2. 미실시 3. 향후 추진 4. 해당없음
23255	전북 순창군	코레일 관광객 연계 유치 지원	20,000	문화관광과	1	4	4	1	7	1	1	1
23256	전북 순창군	강천산 연계가능 주변 관광지 코스화	30,000	문화관광과	1	7	4	1	7	1	1	1
23257	전북 순창군	우리영화만들자 지원사업	40,000	문화관광과	1	4	7	8	7	1	1	1
23258	전북 순창군	문화나들이 체험	20,000	문화관광과	1	1	7	8	7	1	1	1
23259	전북 순창군	순창향교 춘추계 석전대제	4,000	문화관광과	1	4	7	8	7	1	1	1
23260	전북 순창군	순창향교 전통예절학교 운영	10,000	문화관광과	1	4	7	8	7	1	1	1
23261	전북 순창군	템플스테이 및 인문학 강좌	9,000	문화관광과	1	4	7	8	7	1	1	1
23262	전북 순창군	민관군경 문화어울림 한마당	5,000	문화관광과	1	4	7	8	7	1	1	1
23263	전북 순창군	옥천사마대제 봉행	3,000	문화관광과	1	4	7	8	7	1	1	1
23264	전북 순창군	순창향교 유림 전통문화시연(기로연)	2,600	문화관광과	1	4	7	8	7	1	1	1
23265	전북 순창군	순창향교 일요학교 운영	9,063	문화관광과	1	4	7	8	7	1	1	1
23266	전북 순창군	순창향교 제례실행사업비	10,000	문화관광과	1	4	7	8	7	1	1	1
23267	전북 순창군	금과들소리 무형문화재 공개행사비(보유단체)	3,400	문화관광과	1	1	7	8	7	1	1	1
23268	전북 순창군	1시군 1교 전북농악 전승학교 지정운영	12,000	문화관광과	1	1	7	8	7	1	1	1
23269	전북 순창군	전통놀이 현대화 체험 프로그램	16,500	문화관광과	1	1	7	8	7	1	1	1
23270	전북 순창군	전통놀이 전문지도사 양성교육	10,000	문화관광과	1	1	7	8	7	1	1	1
23271	전북 순창군	순창향교 문화재 활용사업	50,000	문화관광과	1	1	7	8	7	1	1	1
23272	전북 순창군	생생문화재 사업	50,000	문화관광과	1	1	7	8	7	1	1	1
23273	전북 순창군	순창농요금과들소리 공개행사 초청공연 출연료 지원	25,000	문화관광과	1	1	7	8	7	1	1	1
23274	전북 순창군	순창농요금과들소리 보존육성	9,000	문화관광과	1	1	7	8	7	1	1	1
23275	전북 순창군	순창단오성황제 고증 복원 사업	70,000	문화관광과	1	1	7	8	7	1	1	1
23276	전북 순창군	전통시장 문화행사	7,000	경제교통과	1	4	7	8	7	1	1	1
23277	전북 순창군	전통시장 한마당 축제	12,000	경제교통과	1	4	7	8	7	1	1	1
23278	전북 순창군	소상공인 노란우산공제 가입지원	6,960	경제교통과	1	4	7	8	7	1	5	4
23279	전북 순창군	카드수수료지원	103,680	경제교통과	1	6	7	8	7	1	1	1
23280	전북 순창군	전북형 청년취업 지원사업	39,000	경제교통과	1	6	7	8	7	1	1	4
23281	전북 순창군	전북 청년내일채움공제 지원	4,800	경제교통과	1	6	7	8	7	1	1	4
23282	전북 순창군	전북 청년내일채움공제 운영기관 운영비	50	경제교통과	1	6	7	8	7	1	1	4
23283	전북 순창군	4060 신중년 취업지원사업	50,400	경제교통과	1	6	7	8	7	1	1	4
23284	전북 순창군	신중년 경력형 일자리사업	151,000	경제교통과	1	2	7	8	7	1	1	4
23285	전북 순창군	(예비)사회적기업 일자리창출 지원사업	124,000	경제교통과	1	2	7	8	7	1	1	4
23286	전북 순창군	(예비)사회적기업 사업개발비 지원사업	10,000	경제교통과	1	2	7	8	7	1	1	4
23287	전북 순창군	사회적기업 사회보험료 지원사업	15,000	경제교통과	1	2	7	8	7	1	1	4
23288	전북 순창군	사회적경제 청년혁신가 지원사업	169,000	경제교통과	1	2	7	8	7	1	1	4
23289	전북 순창군	마을기업 육성사업	30,000	경제교통과	1	2	7	8	7	1	1	4
23290	전북 순창군	마을기업사무장지원사업	66,600	경제교통과	1	6	7	8	7	1	1	4
23291	전북 순창군	지역산업 맞춤형 일자리창출 지원사업	65,000	경제교통과	1	2	6	1	7	1	1	1
23292	전북 순창군	교통약자(노인) 효도관광 지원사업	8,000	경제교통과	1	4	3	1	2	1	1	2
23293	전북 순창군	지역자율방재단 운영지원	65,465	안전재난과	1	1	7	8	7	1	1	1
23294	전북 순창군	수리계 수리시설 유지관리	9,170	건설과	1	4	7	8	7	1	1	4
23295	전북 순창군	농촌관광거점마을 운영활성화 지원사업	70,000	농촌개발과	1	2	6	5	6	1	1	4
23296	전북 순창군	권역 및 체험 휴양마을 광역사무장 지원사업	98,998	농촌개발과	1	2	7	8	7	1	1	4
23297	전북 순창군	지역역량강화사업	440,000	농촌개발과	1	2	7	8	7	1	1	4
23298	전북 순창군	마을만들기 중간지원조직 운영지원	120,000	농촌개발과	1	6	7	8	7	1	1	4
23299	전북 순창군	농촌체험휴양마을 사무장 활동비	74,440	농촌개발과	1	2	7	8	7	1	1	4
23300	전북 순창군	농촌체험휴양마을 보험료	5,361	농촌개발과	1	2	7	8	7	1	1	4
23301	전북 순창군	농촌체험휴양마을 박람회 참가지원 사업	5,000	농촌개발과	1	6	7	8	7	1	1	4
23302	전북 순창군	권역단위 종합개발 운영관리지원사업	17,600	농촌개발과	1	6	7	8	7	1	1	4
23303	전북 순창군	권역단위 종합개발 운영관리지원사업	37,200	농촌개발과	1	6	7	8	7	1	1	4
23304	전북 순창군	생생마을 플러스사업	20,000	농촌개발과	1	6	7	8	7	1	1	4
23305	전북 순창군	생생마을 플러스사업	10,000	농촌개발과	1	6	7	8	7	1	1	4

순번	시군구	지출명 (사업명)	2021년예산 (단위:천원/1년간)	담당자 (공무원) 담당부서	민간이전 분류 (지방자치단체 세출예산 집행기준에 의거) 1. 민간경상사업보조(307-02) 2. 민간단체 법정운영비보조(307-03) 3. 민간행사사업보조(307-04) 4. 민간위탁금(307-05) 5. 사회복지시설 법정운영비보조(307-10) 6. 민간인위탁교육비(307-12) 7. 공기관등에대한경상적위탁사업비(308-11) 8. 민간자본사업보조,자체재원(402-01) 9. 민간자본사업보조,이전재원(402-02) 10. 민간위탁사업비(402-03) 11. 공기관등에 대한 자본적 대행사업비(403-02)	민간이전지출 근거 (지방보조금 관리기준 참고) 1. 법률에 규정 2. 국고보조 재원(국가지정) 3. 용도 지정 기부금 4. 조례에 직접규정 5. 지자체가 권장하는 사업을 하는 공공기관 6. 시,도 정책 및 재정사정 7. 기타 8. 해당없음	입찰방식 계약체결방법 (경쟁형태) 1. 일반경쟁 2. 제한경쟁 3. 지명경쟁 4. 수의계약 5. 법정위탁 6. 기타 ( ) 7. 해당없음	입찰방식 계약기간 1. 1년 2. 2년 3. 3년 4. 4년 5. 5년 6. 기타 ( )년 7. 단기계약 (1년미만) 8. 해당없음	입찰방식 낙찰자선정방법 1. 적격심사 2. 협상에의한계약 3. 최저가낙찰제 4. 규격가격분리 5. 2단계 경쟁입찰 6. 기타 ( ) 7. 해당없음	운영예산 산정 운영예산 산정 1. 내부산정 (지자체 자체적으로 산정) 2. 외부산정 (외부전문기관위탁 산정) 3. 내·외부 모두 산정 4. 산정 無 5. 해당없음	운영예산 산정 정산방법 1. 내부정산 (지자체 내부적으로 정산) 2. 외부정산 (외부전문기관위탁 정산) 3. 내·외부 모두 산정 4. 정산 無 5. 해당없음	성과평가 실시여부 1. 실시 2. 미실시 3. 향후 추진 4. 해당없음
23306	전북 순창군	악취저감 미생물제 등 지원사업	3,200	환경수도과	1	6	7	8	7	5	5	4
23307	전북 순창군	전북1000리길 생태·문화 체험 걷기행사	15,000	환경수도과	1	6	7	8	7	5	5	4
23308	전북 순창군	섬진강 주변 하천정화사업	2,700	환경수도과	1	4	7	8	7	5	5	4
23309	전북 순창군	비산업부분 사업장 온실가스 진단 컨설팅	4,000	환경수도과	1	2	4	1	7	5	1	4
23310	전북 순창군	행복홀씨입양사업 보조사업	46,000	환경수도과최형근	1	2	6	6	6	1	1	4
23311	전북 순창군	한센병관리 위탁교육비(이동진료사업)	7,550	보건사업과	1	2	5	1	7	3	1	4
23312	전북 순창군	친환경벼 유통업체 물류비 지원	70,000	생명농업과	1	4	7	8	7	1	1	1
23313	전북 순창군	제초제 없는 마을 육성	55,000	생명농업과	1	4	7	8	7	1	1	1
23314	전북 순창군	악취저감 및 퇴비품질향상원료 구입지원	300,000	생명농업과	1	4	7	8	7	1	1	1
23315	전북 순창군	한국농업신문보급사업	4,176	생명농업과	1	6	7	8	7	1	1	1
23316	전북 순창군	GAP 이력관리체계 구축지원사업	21,000	생명농업과	1	6	7	8	7	1	1	1
23317	전북 순창군	GAP 농산물 포장재비 지원사업	112,400	생명농업과	1	6	7	8	7	1	1	1
23318	전북 순창군	친환경 희망농부 육성 지원사업	5,500	생명농업과	1	6	7	8	7	1	1	1
23319	전북 순창군	우량종자 채종포지원	12,000	생명농업과	1	6	7	8	7	1	1	1
23320	전북 순창군	토양개량제 지원	804,683	생명농업과	1	2	7	8	7	1	1	1
23321	전북 순창군	유기질비료 지원	1,311	생명농업과	1	2	7	8	7	1	1	1
23322	전북 순창군	유기농업자재 지원사업	15,500	생명농업과	1	2	7	8	7	1	1	1
23323	전북 순창군	펠릿(입상)퇴비 구입비 지원	100,000	생명농업과	1	4	7	8	7	1	1	1
23324	전북 순창군	농축산순환자원화센터 지역 유기질비료 추가지원	100,000	생명농업과	1	4	7	8	7	1	1	1
23325	전북 순창군	전업농신문 보급사업	1,360	생명농업과	1	6	7	8	7	1	1	1
23326	전북 순창군	환경친화형 농자재 지원사업	39,000	생명농업과	1	6	7	8	7	1	1	1
23327	전북 순창군	논 타작물 단지화 교육 컨설팅 지원	54,000	생명농업과	1	2	7	8	7	1	1	1
23328	전북 순창군	귀농청년 현장실습비 지원	80,000	농축산과	1	4	7	8	7	1	1	3
23329	전북 순창군	귀농귀촌 역량강화 지원	15,000	농축산과	1	4	7	8	7	1	1	3
23330	전북 순창군	귀농귀촌 재능나눔 사업	22,000	농축산과	1	4	7	8	7	1	1	3
23331	전북 순창군	귀농귀촌 선진지 견학	5,000	농축산과	1	4	7	8	7	1	1	3
23332	전북 순창군	도시민 농업농촌 체험 버스비	10,000	농축산과	1	4	7	8	7	1	1	3
23333	전북 순창군	순창에서 살아보기 체험 지원	42,000	농축산과	1	4	7	8	7	1	1	3
23334	전북 순창군	주택 및 농지 정보 구축	3,000	농축산과	1	1	7	8	7	1	1	3
23335	전북 순창군	마을환영회	7,500	농축산과	1	1	7	8	7	1	1	3
23336	전북 순창군	정책설명회	5,000	농축산과	1	1	7	8	7	1	1	3
23337	전북 순창군	귀농귀촌 동아리 활동 지원	10,000	농축산과	1	1	7	8	7	1	1	3
23338	전북 순창군	마을이장 간담회	5,500	농축산과	1	1	7	8	7	1	1	3
23339	전북 순창군	귀농귀촌인 멘토컨설팅	21,000	농축산과	1	1	7	8	7	1	1	3
23340	전북 순창군	귀농귀촌 유치지원 전담기구 운영	50,000	농축산과	1	1	7	8	7	1	1	3
23341	전북 순창군	도시와 농촌청년 공동 상락캠프 운영	50,000	농축산과	1	1	7	8	7	1	1	3
23342	전북 순창군	농업경영컨설팅	30,000	농축산과	1	2	7	8	7	1	1	3
23343	전북 순창군	출산여성 농가도우미 지원	44,100	농축산과	1	6	7	8	7	1	1	3
23344	전북 순창군	농번기 공동급식 지원사업	137,600	농축산과	1	6	7	8	7	1	1	3
23345	전북 순창군	여성농업인 생생카드 지원	273,000	농축산과	1	6	7	8	7	1	1	3
23346	전북 순창군	마을경영체 경쟁력 강화사업	32,000	농축산과	1	6	7	8	7	1	1	3
23347	전북 순창군	청년농업인 영농정착 지원사업	310,396	농축산과	1	2	7	8	7	1	1	3
23348	전북 순창군	청년농업인 생생동아리 지원	4,000	농축산과	1	6	7	8	7	1	1	3
23349	전북 순창군	전북형 청년창업농 영농정착 지원	13,000	농축산과	1	6	7	8	7	1	1	3
23350	전북 순창군	청년창업농 영농기반 임차지원	8,184	농축산과	1	6	7	8	7	1	1	3
23351	전북 순창군	청년농 명품 브랜드 육성	7,000	농축산과	1	6	7	8	7	1	1	3
23352	전북 순창군	모돈갱신지원사업	40,000	농축산과	1	7	7	8	7	1	1	3
23353	전북 순창군	낙우회 우수정액 지원사업	15,000	농축산과	1	7	7	8	7	1	1	3
23354	전북 순창군	양봉화분공급지원사업	72,000	농축산과	1	7	7	8	7	1	1	3
23355	전북 순창군	흑염소 건초 지원사업	49,500	농축산과	1	7	7	8	7	1	1	3
23356	전북 순창군	가축재해보험지원사업	132,500	농축산과	1	7	7	8	7	1	1	3

순번	시군구	지출명 (사업명)	2021년예산 (단위:천원/1년간)	담당자 (공무원) 담당부서	민간이전 분류 (지방자치단체 세출예산 집행기준에 의거) 1. 민간경상사업보조(307-02) 2. 민간단체 법정운영비보조(307-03) 3. 민간행사사업보조(307-04) 4. 민간위탁금(307-05) 5. 사회복지시설 법정운영비보조(307-10) 6. 민간인위탁교육비(307-12) 7. 공기관등에대한경상적위탁사업비(308-11) 8. 민간자본사업보조,자체재원(402-01) 9. 민간자본사업보조,이전재원(402-02) 10. 민간위탁사업비(402-03) 11. 공기관등에 대한 자본적 대행사업비(403-02)	민간이전지출 근거 (지방보조금 관리기준 참고) 1. 법률에 규정 2. 국고보조 재원(국가지정) 3. 용도 지정 기부금 4. 조례에 직접규정 5. 지자체가 권장하는 사업을 하는 공공기관 6. 시,도 정책 및 재정사정 7. 기타 8. 해당없음	입찰방식 계약체결방법 (경쟁형태) 1. 일반경쟁 2. 제한경쟁 3. 지명경쟁 4. 수의계약 5. 법정위탁 6. 기타 ( ) 7. 해당없음	입찰방식 계약기간 1. 1년 2. 2년 3. 3년 4. 4년 5. 5년 6. 기타 ( )년 7. 단기계약 (1년미만) 8. 해당없음	입찰방식 낙찰자선정방법 1. 적격심사 2. 협상에의한계약 3. 최저가낙찰제 4. 규격가격분리 5. 2단계 경쟁입찰 6. 기타 ( ) 7. 해당없음	운영예산 산정 운영예산 산정 1. 내부산정 (지자체 자체적으로 산정) 2. 외부산정 (외부전문기관위탁 산정) 3. 내·외부 모두 산정 4. 산정 無 5. 해당없음	운영예산 산정 정산방법 1. 내부정산 (지자체 내부적으로 정산) 2. 외부정산 (외부전문기관위탁 정산) 3. 내·외부 모두 산정 4. 정산 無 5. 해당없음	성과평가 실시여부 1. 실시 2. 미실시 3. 향후 추진 4. 해당없음
23357	전북 순창군	낙농헬퍼지원사업	6,000	농축산과	1	7	7	8	7	1	1	3
23358	전북 순창군	축산물 품질향상 지원사업	12,800	농축산과	1	7	7	8	7	1	1	3
23359	전북 순창군	가축 폭염 스트레스 완화제 지원사업	30,000	농축산과	1	7	7	8	7	1	1	3
23360	전북 순창군	양봉산물 정보제공사업	2,500	농축산과	1	7	7	8	7	1	1	3
23361	전북 순창군	가축사양관리개선 지원사업	10,000	농축산과	1	7	7	8	7	1	1	3
23362	전북 순창군	토종벌 육성사업	4,500	농축산과	1	7	7	8	7	1	1	3
23363	전북 순창군	친환경 축산농가 육성지원사업	50,000	농축산과	1	7	7	8	7	1	1	3
23364	전북 순창군	양돈농가 액비처리차액 보전사업	100,000	농축산과	1	7	7	8	7	1	1	3
23365	전북 순창군	송아지생산안정 지원사업	8,000	농축산과	1	7	7	8	7	1	1	3
23366	전북 순창군	암소유전형질개량사업	30,000	농축산과	1	7	7	8	7	1	1	3
23367	전북 순창군	고능력암소축군조성사업	38,360	농축산과	1	7	7	8	7	1	1	3
23368	전북 순창군	폐축사 지원사업	42,000	농축산과	1	7	7	8	7	1	1	3
23369	전북 순창군	조사료 종자구입 지원	120,500	농축산과	1	7	7	8	7	1	1	3
23370	전북 순창군	환경친화적 가축분뇨처리 지원사업	6,000	농축산과	1	7	7	8	7	1	1	3
23371	전북 순창군	가축분뇨 퇴액비 살포비 지원사업	200,000	농축산과	1	7	7	8	7	1	1	3
23372	전북 순창군	퇴비 발효촉진 지원사업	35,700	농축산과	1	7	7	8	7	1	1	3
23373	전북 순창군	축산환경개선사업	22,615	농축산과	1	7	7	8	7	1	1	3
23374	전북 순창군	축산환경개선 지도지원	8,800	농축산과	1	7	7	8	7	1	1	3
23375	전북 순창군	한우 친자확인 검사 지원사업	15,000	농축산과	1	7	7	8	7	1	1	3
23376	전북 순창군	내수면 양식장 미생물제재 지원사업	20,000	농축산과	1	7	7	8	7	1	1	3
23377	전북 순창군	내수면 양식장 수산물 포장재 지원사업	24,500	농축산과	1	7	7	8	7	1	1	3
23378	전북 순창군	내수면 양식장 소독제 지원	8,000	농축산과	1	7	7	8	7	1	1	3
23379	전북 순창군	승마산업활성화지원	4,500	농축산과	1	7	7	8	7	1	1	3
23380	전북 순창군	악취저감 친환경 미생물 확대 보급사업	50,000	축산방역	1	4	7	8	7	1	1	3
23381	전북 순창군	돼지 써코바이러스 예방약품 지원	76,000	축산방역	1	2	7	8	7	1	1	3
23382	전북 순창군	가금농가 질병관리 지원	90,000	축산방역	1	2	7	8	7	1	1	3
23383	전북 순창군	돼지유행성설사예방백신지원	10,000	축산방역	1	1	7	8	7	1	1	3
23384	전북 순창군	산란계농장 난좌지원	26,880	축산방역	1	1	7	8	7	1	1	3
23385	전북 순창군	돼지회장염 예방백신지원	2,520	축산방역	1	1	7	8	7	1	1	3
23386	전북 순창군	돼지부종병 예방백신지원	9,064	축산방역	1	1	7	8	7	1	1	3
23387	전북 순창군	송아지설사병 예방백신지원	8,743	축산방역	1	1	7	8	7	1	1	3
23388	전북 순창군	오리농가 동절기 난방비 지원	11,800	축산방역	1	1	7	8	7	1	1	3
23389	전북 순창군	꿀벌 사육농가 면역증강제 지원	31,500	축산방역	1	1	7	8	7	1	1	3
23390	전북 순창군	젖소대사질병예방제지원	13,600	축산방역	1	1	7	8	7	1	1	3
23391	전북 순창군	구제역 예방접종 연속주사기 지원	9,900	축산방역	1	1	7	8	7	1	1	3
23392	전북 순창군	닭진드기 공동방제지원	60,000	축산방역	1	2	7	8	7	1	1	3
23393	전북 순창군	초등돌봄교실 과일간식지원 사업	31,635	농축산과	1	2	7	8	7	1	1	3
23394	전북 순창군	우리밀 소비촉진 지원사업	7,000	농축산과	1	2	7	8	7	1	1	3
23395	전북 순창군	지역향토자원산업화사업	40,000	농축산과	1	1	7	8	7	1	1	3
23396	전북 순창군	지역단위네트워크구축지원사업	120,000	농축산과	1	2	7	8	7	1	1	3
23397	전북 순창군	순창군 농업인의 날 행사지원	30,000	농축산과	1	6	7	8	7	1	1	3
23398	전북 순창군	신선 농산물 수출 물류비 지원	100,000	농축산과	1	4	7	8	7	1	1	3
23399	전북 순창군	도시 소비자를 찾아가는 직거래 장터운영 지원사업	20,000	농축산과	1	4	7	8	7	1	1	3
23400	전북 순창군	농특산물 쇼핑몰 판매지원 사업	20,000	농축산과	1	4	7	8	7	1	1	3
23401	전북 순창군	학교급식 등 물류비 지원사업	20,000	농축산과	1	4	7	8	7	1	1	3
23402	전북 순창군	집중육성 품목 공동선별비 및 마케팅사업 지원	600,000	농축산과	1	4	7	8	7	1	1	3
23403	전북 순창군	생산자 조직화 및 통합마케팅 활성화 사업	80,000	농축산과	1	6	7	8	7	1	1	3
23404	전북 순창군	농산물 공동작업 지원체계 확충사업	33,036	농축산과	1	6	7	8	7	1	1	3
23405	전북 순창군	농특산물 인터넷 판매 활성화 사업	10,000	농축산과	1	4	7	8	7	1	1	3
23406	전북 순창군	농산물 TV홈쇼핑 지원사업	12,000	농축산과	1	4	7	8	7	1	1	3
23407	전북 순창군	산지통합마케팅 지원사업	4,480	농축산과	1	2	7	8	7	1	1	3

순번	시군구	지출명 (사업명)	2021년예산 (단위:천원/1년간)	담당자 (공무원) 담당부서	민간이전 분류 (지방자치단체 세출예산 집행기준에 의거) 1. 민간경상사업보조(307-02) 2. 민간단체 법정운영비보조(307-03) 3. 민간행사사업보조(307-04) 4. 민간위탁금(307-05) 5. 사회복지시설 법정운영비보조(307-10) 6. 민간인위탁교육비(307-12) 7. 공기관등에대한경상적위탁사업비(308-11) 8. 민간자본사업보조,자체재원(402-01) 9. 민간자본사업보조,이전재원(402-02) 10. 민간위탁사업비(402-03) 11. 공기관등에 대한 자본적 대행사업비(403-02)	민간이전지출 근거 (지방보조금 관리기준 참고) 1. 법률에 규정 2. 국고보조 재원(국가지정) 3. 용도 지정 기부금 4. 조례에 직접규정 5. 지자체가 권장하는 사업을 하는 공공기관 6. 시,도 정책 및 재정사정 7. 기타 8. 해당없음	입찰방식 계약체결방법 (경쟁형태) 1. 일반경쟁 2. 제한경쟁 3. 지명경쟁 4. 수의계약 5. 법정위탁 6. 기타 ( ) 7. 해당없음	입찰방식 계약기간 1. 1년 2. 2년 3. 3년 4. 4년 5. 5년 6. 기타 ( )년 7. 단기계약 (1년미만) 8. 해당없음	입찰방식 낙찰자선정방법 1. 적격심사 2. 협상에의한계약 3. 최저가낙찰제 4. 규격가격분리 5. 2단계 경쟁입찰 6. 기타 ( ) 7. 해당없음	운영예산 산정 운영예산 산정 1. 내부산정 (지자체 자체적으로 산정) 2. 외부산정 (외부전문기관위탁 산정) 3. 내·외부 모두 산정 4. 산정 無 5. 해당없음	운영예산 산정 정산방법 1. 내부정산 (지자체 내부적으로 정산) 2. 외부정산 (외부전문기관위탁 정산) 3. 내·외부 모두 산정 4. 정산 無 5. 해당없음	성과평가 실시여부 1. 실시 2. 미실시 3. 향후 추진 4. 해당없음
23408	전북 순창군	농산물 공동출하 확대(공동선별비)지원사업	18,040	농축산과	1	2	7	8	7	1	1	3
23409	전북 순창군	학교급식 유통 물류비 지원사업	20,000	농축산과	1	4	7	8	7	1	1	3
23410	전북 순창군	중소농 농산물 안전유통 지원사업	11,973	농축산과	1	6	7	8	7	1	1	3
23411	전북 순창군	농업인학습단체 특별 교육 지원	20,000	농업기술과	1	4	7	8	7	1	1	3
23412	전북 순창군	전북/동부권 4-H본부 한마음 대회 참가 지원	10,000	농업기술과	1	4	7	8	7	1	1	3
23413	전북 순창군	저비용 농자재 자가생산 및 활용 확대 사업	33,000	농업기술과	1	4	7	8	7	1	1	3
23414	전북 순창군	농촌지도자대회 참여활동지원	6,000	농업기술과	1	4	7	8	7	1	1	3
23415	전북 순창군	전북4-H 경진대회 참가 지원	5,000	농업기술과	1	4	7	8	7	1	1	3
23416	전북 순창군	농업인학습단체(생활개선, 4-H) 활력화 지원	10,000	농업기술과	1	4	7	8	7	1	1	3
23417	전북 순창군	신규농업인 영농정착지원 현장실습교육	48,000	농업기술과	1	2	7	8	7	1	1	3
23418	전북 순창군	귀농창업활성화 지원 컨설팅 및 실행 자금 지원	30,000	농업기술과	1	2	7	8	7	1	1	3
23419	전북 순창군	실증포장 조성 지원사업	12,000	농업기술과	1	7	7	8	7	1	1	3
23420	전북 순창군	품목 생산자 조직 경쟁력 제고	30,000	농업기술과	1	6	7	8	7	1	1	3
23421	전북 순창군	강소농 경영개선 정밀 컨설팅	6,000	농업기술과	1	2	7	8	7	1	1	3
23422	전북 순창군	농업인학습단체동아리활동지원	15,000	농업기술과	1	4	7	8	7	1	1	3
23423	전북 순창군	가정식발효소스보급사업	5,000	농업기술과	1	4	7	8	7	1	1	3
23424	전북 순창군	장류축제 경관조성용 국화 위탁재배	96,000	농업기술과	1	4	7	8	7	1	1	3
23425	전북 순창군	세계여성농업인의날 기념 행사 지원	5,000	농업기술과	1	4	7	8	7	1	1	3
23426	전북 순창군	농산물가공제품포장개선지원사업	100,000	농업기술과	1	4	7	8	7	1	1	3
23427	전북 순창군	비대면플랫폼 활용 치유농장 체계화 및 전문화 지원	20,000	농업기술과	1	1	7	8	7	1	1	3
23428	전북 순창군	고령화대비 은퇴자 대상 교육사업	112,500	건강장수사업소	1	5	6	1	6	1	1	1
23429	전북 순창군	바른식생활교육 힐링에듀사업	200,000	건강장수사업소	1	5	6	1	6	1	1	1
23430	전북 순창군	농촌자원 복합산업화지원	1,000	장류사업소	1	6	7	8	7	1	1	1
23431	전북 순창군	장건강 프로젝트	64,000	미생물산업사업소	1	2	7	1	7	5	3	4
23432	전북 순창군	발효미생물 전문인력 육성지원사업	164,890	미생물산업사업소	1	2	7	1	7	1	1	4
23433	전북 순창군	발효미생물산업 기술혁신 강화사업	100,000	미생물산업사업소	1	5	7	1	7	1	1	4
23434	전북 순창군	유소년 승마단 운영비 지원	20,000	체육진흥사업소	1	2	7	8	7	1	1	1
23435	전북 순창군	전국체전 및 소년체전 출전선수 지원	6,000	체육진흥사업소	1	4	7	8	7	1	1	1
23436	전북 순창군	순창군 유소년 축구단 운영비 지원	30,000	체육진흥사업소	1	4	7	8	7	1	1	1
23437	전북 순창군	순창군 유소년 야구단 운영비 지원	30,000	체육진흥사업소	1	4	7	8	7	1	1	1
23438	전북 순창군	순창군 유소년 댄스스포츠단 운영비 지원	20,000	체육진흥사업소	1	4	7	8	7	1	1	1
23439	전북 순창군	순창군 청소년 배구단 운영비 지원	10,000	체육진흥사업소	1	4	7	8	7	1	1	1
23440	전북 순창군	학교선수 및 동호인 용품지원 등	30,000	체육진흥사업소	1	4	7	8	7	1	1	1
23441	전북 순창군	체육회원단체 동호인 시설 사용료 지원	22,000	체육진흥사업소	1	4	7	8	7	1	1	1
23442	전북 순창군	읍면체육회 운영비 지원	22,000	체육진흥사업소	1	4	7	8	7	1	1	1
23443	전북 순창군	장애인 체육 활성화 사업	10,000	체육진흥사업소	1	4	7	8	7	1	1	1
23444	전북 순창군	순창군민 체조교실 운영	15,000	체육진흥사업소	1	4	7	8	7	1	1	1
23445	전북 순창군	전국 및 도 단위 체육대회지원	30,000	체육진흥사업소	1	4	7	8	7	1	1	1
23446	전북 순창군	전국 및 도단위 장애인체육대회 출전지원	28,000	체육진흥사업소	1	4	7	8	7	1	1	1
23447	전북 순창군	전라북도민체육대회 출전	180,000	체육진흥사업소	1	4	7	8	7	1	1	1
23448	전북 순창군	장애인 체육대회(도민체전)	17,000	체육진흥사업소	1	4	7	8	7	1	1	1
23449	전북 순창군	전북 역전 마라톤대회	10,000	체육진흥사업소	1	4	7	8	7	1	1	1
23450	전북 순창군	전북 씨름왕 선발대회	3,000	체육진흥사업소	1	4	7	8	7	1	1	1
23451	전북 순창군	전북 어르신 생활체육대회	10,000	체육진흥사업소	1	4	7	8	7	1	1	1
23452	전북 순창군	게이트볼대회 출전지원	13,000	체육진흥사업소	1	4	7	8	7	1	1	1
23453	전북 순창군	전북여성생활체육대회	10,000	체육진흥사업소	1	4	7	8	7	1	1	1
23454	전북 순창군	에어로빅스 체조 경연대회	3,000	체육진흥사업소	1	4	7	8	7	1	1	1
23455	전북 순창군	일반 생활체육 지도자 배치	116,928	체육진흥사업소	1	2	7	8	7	1	1	1
23456	전북 순창군	어르신 생활체육 지도자 배치	116,928	체육진흥사업소	1	2	7	8	7	1	1	1
23457	전북 순창군	장애인 생활체육 지도자 배치	58,464	체육진흥사업소	1	2	7	8	7	1	1	1
23458	전북 순창군	생활체육교실 운영	13,974	체육진흥사업소	1	6	7	8	7	1	1	1

순번	시군구	지출명 (사업명)	2021년예산 (단위:천원/1년간)	담당자 (공무원) 담당부서	민간이전 분류 (지방자치단체 세출예산 집행기준에 의거) 1. 민간경상사업보조(307-02) 2. 민간단체 법정운영비보조(307-03) 3. 민간행사사업보조(307-04) 4. 민간위탁금(307-05) 5. 사회복지시설 법정운영비보조(307-10) 6. 민간인위탁교육비(307-12) 7. 공기관등에대한경상적위탁사업비(308-11) 8. 민간자본사업보조,자체재원(402-01) 9. 민간자본사업보조,이전재원(402-02) 10. 민간위탁사업비(402-03) 11. 공기관등에 대한 자본적 대행사업비(403-02)	민간이전지출 근거 (지방보조금 관리기준 참고) 1. 법률에 규정 2. 국고보조 재원(국가지정) 3. 용도 지정 기부금 4. 조례에 직접규정 5. 지자체가 권장하는 사업을 하는 공공기관 6. 시,도 정책 및 재정사정 7. 기타 8. 해당없음	입찰방식 계약체결방법 (경쟁형태) 1. 일반경쟁 2. 제한경쟁 3. 지명경쟁 4. 수의계약 5. 법정위탁 6. 기타 ( ) 7. 해당없음	입찰방식 계약기간 1. 1년 2. 2년 3. 3년 4. 4년 5. 5년 6. 기타 ( )년 7. 단기계약 (1년미만) 8. 해당없음	입찰방식 낙찰자선정방법 1. 적격심사 2. 협상에의한계약 3. 최저가낙찰제 4. 규격가격분리 5. 2단계 경쟁입찰 6. 기타 ( ) 7. 해당없음	운영예산 산정 운영예산 산정 1. 내부산정 (지자체 자체적으로 산정) 2. 외부산정 (외부전문기관위탁 산정) 3. 내·외부 모두 산정 4. 산정 無 5. 해당없음	운영예산 산정 정산방법 1. 내부정산 (지자체 내부적으로 정산) 2. 외부정산 (외부전문기관위탁 정산) 3. 내·외부 모두 산정 4. 정산 無 5. 해당없음	성과평가 실시여부 1. 실시 2. 미실시 3. 향후 추진 4. 해당없음
23459	전북 순창군	유소년 축구교실 운영	10,140	체육진흥사업소	1	6	7	8	7	1	1	1
23460	전북 순창군	생활체육 동호인리그 운영	36,881	체육진흥사업소	1	6	7	8	7	1	1	1
23461	전북 순창군	생활체육 광장지도자 운영	11,550	체육진흥사업소	1	6	7	8	7	1	1	1
23462	전북 고창군	농번기 공동급식 지원사업	192,000	농생명지원과	1	2	7	8	7	5	5	4
23463	전북 고창군	농업인력지원센터 지원사업	160,000	농생명지원과	1	2	7	8	7	5	5	4
23464	전북 고창군	농업경영컨설팅	41,000	농생명지원과	1	2	7	8	7	5	5	4
23465	전북 고창군	쌀경쟁력제고사업	903,000	농생명지원과	1	6	7	8	7	5	5	4
23466	전북 고창군	우리밀 소비촉진 지원사업	16,000	농생명지원과	1	6	7	8	7	5	5	4
23467	전북 고창군	들녘경영체 교육컨설팅 지원	81,000	농생명지원과	1	2	7	8	7	5	5	4
23468	전북 고창군	농지 토양개량 사업	135,000	농생명지원과	1	5	7	8	7	5	5	4
23469	전북 고창군	친환경 희망농부 육성지원 사업	5,500	농생명지원과	1	6	7	8	7	5	5	4
23470	전북 고창군	농기계종합보험 지원	219,000	농생명지원과	1	6	7	8	7	5	5	4
23471	전북 고창군	초등돌봄 과일간식 지원 시범사업	38,988	농생명지원과	1	2	7	8	7	5	5	4
23472	전북 고창군	생생마을 플러스 지원사업	50,000	농어촌식품과	1	4	7	8	7	5	5	4
23473	전북 고창군	사회적 농업 활성화 지원사업	60,000	농어촌식품과	1	2	7	8	7	5	5	4
23474	전북 고창군	테마가 있는 자연마을 조성사업	50,000	농어촌식품과	1	4	7	8	7	5	5	4
23475	전북 고창군	농어촌체험휴양마을 지원사업	84,840	농어촌식품과	1	4	7	8	7	5	5	4
23476	전북 고창군	농어촌민박 서비스 안전교육	2,100	농어촌식품과	1	2	7	8	7	5	5	4
23477	전북 고창군	체험마을리더 교육지원사업	1,680	농어촌식품과	1	2	7	8	7	5	5	4
23478	전북 고창군	생생마을만들기 기초단계 지원사업	25,000	농어촌식품과	1	4	7	8	7	5	5	4
23479	전북 고창군	도농교류 산촌마당캠프 지원사업	12,000	농어촌식품과	1	4	7	8	7	5	5	4
23480	전북 고창군	농촌관광 거점마을 운영활성화 지원사업	100,000	농어촌식품과	1	4	7	8	7	5	5	4
23481	전북 고창군	농식품 명인 육성 지원사업	5,000	농어촌식품과	1	4	7	8	7	5	5	4
23482	전북 고창군	HACCP 컨설팅 지원사업	1,400	농어촌식품과	1	1	7	8	7	5	5	4
23483	전북 고창군	마을경영체 경쟁력 강화사업	64,000	농어촌식품과	1	1	7	8	7	5	5	4
23484	전북 고창군	고창 신활력 플러스 사업	710,000	농어촌식품과	1	1	7	8	7	5	5	4
23485	전북 고창군	식품산업 발전을 위한 제품개발 지원사업	25,000	농어촌식품과	1	4	7	8	7	5	5	4
23486	전북 고창군	지역특화 식품원료 산업화 지원사업	30,000	농어촌식품과	1	4	7	8	7	5	5	4
23487	전북 고창군	생산자 조직화 및 통합마케팅 활성화 지원	80,000	농어촌식품과	1	2	7	8	7	5	5	4
23488	전북 고창군	농산물 공동출하 확대 지원	189,880	농어촌식품과	1	2	7	8	7	5	5	4
23489	전북 고창군	농산물 공동작업 지원체계 확충	156,720	농어촌식품과	1	4	7	8	7	5	5	4
23490	전북 고창군	산지통합마케팅 지원	13,640	농어촌식품과	1	2	7	8	7	5	5	4
23491	전북 고창군	유통창구 일원화 구축 농산물 유통	500,000	농어촌식품과	1	4	7	8	7	5	5	4
23492	전북 고창군	농산물 통합마케팅 운영활성화	200,000	농어촌식품과	1	4	7	8	7	5	5	4
23493	전북 고창군	유통센터 출하농산물 산지운송비 지원	10,400	농어촌식품과	1	4	7	8	7	5	5	4
23494	전북 고창군	농특산물인터넷판매 활성화	16,000	농어촌식품과	1	4	7	8	7	5	5	4
23495	전북 고창군	고향사랑 직거래 택배비 지원	20,000	농어촌식품과	1	4	7	8	7	5	5	4
23496	전북 고창군	농산물 통합마케팅 참여농가 물류비 지원	80,000	농어촌식품과	1	4	7	8	7	5	5	4
23497	전북 고창군	GAP 이력관리체계 구축	21,000	농어촌식품과	1	4	7	8	7	5	5	4
23498	전북 고창군	고창상품직거래판촉지원	11,000	농어촌식품과	1	4	7	8	7	5	5	4
23499	전북 고창군	국내외 박람회 참가지원	16,000	농어촌식품과	1	4	7	8	7	5	5	4
23500	전북 고창군	해외바이어 육성지원사업	24,000	농어촌식품과	1	4	7	8	7	5	5	4
23501	전북 고창군	고창농특산품 국내외 포장디자인 개선지원	8,000	농어촌식품과	1	4	7	8	7	5	5	4
23502	전북 고창군	고창 농특산품 판로개척을 위한 디지털 브로셔 제작기원	10,000	농어촌식품과	1	4	7	8	7	5	5	4
23503	전북 고창군	신선농산물 수출물류비 지원	300,000	농어촌식품과	1	6	7	8	7	5	5	4
23504	전북 고창군	농산물TV홈쇼핑 마케팅지원사업	48,000	농어촌식품과	1	6	7	8	7	5	5	4
23505	전북 고창군	패류양식어가경영안정지원사업	179,928	해양수산과	1	1	7	8	7	5	5	4
23506	전북 고창군	풍어제지원	5,000	해양수산과	1	4	7	8	7	5	5	4
23507	전북 고창군	해양안전조업지원	5,400	해양수산과	1	4	7	8	7	5	5	4
23508	전북 고창군	어촌체험마을 사무장채용지원사업	65,610	해양수산과	1	1	7	8	7	5	5	4
23509	전북 고창군	가축분뇨 퇴액비살포비	600,000	축산과	1	2	7	8	7	1	1	3

순번	시군구	지출명 (사업명)	2021년예산 (단위:천원/1년간)	담당자 (공무원)	민간이전 분류	민간이전지출 근거	입찰방식			운영예산 산정		성과평가 실시여부
				담당부서	(지방자치단체 세출예산 집행기준에 의거) 1. 민간경상사업보조(307-02) 2. 민간단체 법정운영비보조(307-03) 3. 민간행사사업보조(307-04) 4. 민간위탁금(307-05) 5. 사회복지시설 법정운영비보조(307-10) 6. 민간인위탁교육비(307-12) 7. 공기관등에대한경상적위탁사업비(308-11) 8. 민간자본사업보조,자체재원(402-01) 9. 민간자본사업보조,이전재원(402-02) 10. 민간위탁사업비(402-03) 11. 공기관등에 대한 자본적 대행사업비(403-02)	(지방보조금 관리기준 참고) 1. 법률에 규정 2. 국고보조 재원(국가지정) 3. 용도 지정 기부금 4. 조례에 직접규정 5. 지자체가 권장하는 사업을 하는 공공기관 6. 시,도 정책 및 재정사정 7. 기타 8. 해당없음	계약체결방법 (경쟁형태) 1. 일반경쟁 2. 제한경쟁 3. 지명경쟁 4. 수의계약 5. 법정위탁 6. 기타 ( ) 7. 해당없음	계약기간 1. 1년 2. 2년 3. 3년 4. 4년 5. 5년 6. 기타 ( )년 7. 단기계약 (1년미만) 8. 해당없음	낙찰자선정방법 1. 적격심사 2. 협상에의한계약 3. 최저가낙찰제 4. 규격가격분리 5. 2단계 경쟁입찰 6. 기타 ( ) 7. 해당없음	운영예산 산정 1. 내부산정 (지자체 자체적으로 산정) 2. 외부산정 (외부전문기관위탁 산정) 3. 내·외부 모두 산정 4. 산정 無 5. 해당없음	정산방법 1. 내부정산 (지자체 내부적으로 정산) 2. 외부정산 (외부전문기관위탁 정산) 3. 내·외부 모두 산정 4. 정산 無 5. 해당없음	1. 실시 2. 미실시 3. 향후 추진 4. 해당없음
23510	전북 고창군	가축재해보험 농업인 부담금 지원	300,000	축산과	1	6	7	8	7	1	1	3
23511	전북 고창군	승마산업 활성화	6,600	축산과	1	1	7	8	7	1	1	3
23512	전북 고창군	축산냄새심각지역 냄새저감사업	30,160	축산과	1	6	7	8	7	1	1	3
23513	전북 고창군	축산환경개선 지도지원	7,400	축산과	1	6	7	8	7	1	1	3
23514	전북 고창군	축산환경개선 지도지원	8,200	축산과	1	6	7	8	7	1	1	3
23515	전북 고창군	퇴비 발효촉진 지원사업	37,800	축산과	1	6	7	8	7	1	1	3
23516	전북 고창군	고착슬러지 제거 및 냄새저감제 지원	100,000	축산과	1	6	7	8	7	1	1	3
23517	전북 고창군	돼지써코바이러스예방약품	200,400	축산과	1	2	7	8	7	1	1	3
23518	전북 고창군	가금농가 질병관리 지원	60,000	축산과	1	2	7	8	7	1	1	3
23519	전북 고창군	축산물 HACCP컨설팅	12,600	축산과	1	2	7	8	7	1	1	3
23520	전북 고창군	젖소 대사질병예방제 지원	71,400	축산과	1	4	7	8	7	1	1	3
23521	전북 고창군	돼지유행성설사 예방백신 지원	17,500	축산과	1	6	7	8	7	1	1	3
23522	전북 고창군	돼지회장염 예방백신지원	7,776	축산과	1	6	7	8	7	1	1	3
23523	전북 고창군	돼지부종병 예방백신 지원	29,568	축산과	1	6	7	8	7	1	1	3
23524	전북 고창군	자돈 폐사율 감소 환경개선 지원	10,190	축산과	1	6	7	8	7	5	5	4
23525	전북 고창군	오리농가 동절기 난방비 지원	62,800	축산과	1	6	7	8	7	5	5	4
23526	전북 고창군	닭 유해해충 방제 지원	14,400	축산과	1	4	7	8	7	1	1	3
23527	전북 고창군	가금농장 해충구제 지원	37,928	축산과	1	4	7	8	7	5	5	4
23528	전북 고창군	꿀벌사육농가 면역증강제 지원	36,000	축산과	1	4	7	8	7	5	5	4
23529	전북 고창군	전통시장 장엔정장보기도우미 운영	31,392	상생경제과	1	6	7	8	7	1	1	3
23530	전북 고창군	전통시장 한마당 축제 지원	10,000	상생경제과	1	6	7	8	7	1	1	3
23531	전북 고창군	전통시장 문화행사 개최지원	7,000	상생경제과	1	6	7	8	7	1	1	3
23532	전북 고창군	소상공인공제(노란우산공제)가입지원	18,000	상생경제과	1	2	7	8	7	3	3	4
23533	전북 고창군	농공단지 입주기업 육성	25,000	상생경제과	1	6	7	8	7	1	1	4
23534	전북 고창군	등하굣길 교통안전지킴이 및 교통캠페인	5,000	상생경제과	1	4	7	8	7	1	1	1
23535	전북 고창군	의용소방대 소방기술경연대회 및동서교류 행사 보조금 지원	18,000	재난안전과	1	4	7	8	7	5	5	4
23536	전북 고창군	해병대전우회 인명구조 및 질서유지활동 보조금 지원	4,500	재난안전과	1	4	7	8	7	5	5	4
23537	전북 고창군	마을사조사	28,000	문화예술과	1	4	7	8	7	1	1	2
23538	전북 고창군	통합문화체육관광이용권	378,500	문화예술과	1	4	7	7	7	1	1	1
23539	전북 고창군	고창문화원지원	217,000	문화예술과	1	4	7	8	7	3	3	4
23540	전북 고창군	고창문학상 지원	3,000	문화예술과	1	4	7	7	7	1	1	1
23541	전북 고창군	꽃무릇 시화전시 시낭송회	3,000	문화예술과	1	4	7	7	7	1	1	1
23542	전북 고창군	시군농악경연대회	4,000	문화예술과	1	4	7	7	7	1	1	1
23543	전북 고창군	고창미술작가 창작전시회	2,000	문화예술과	1	4	7	7	7	1	1	1
23544	전북 고창군	개천절 국조 단군 숭봉제	4,500	문화예술과	1	4	7	7	7	1	1	1
23545	전북 고창군	고창예술제 지원	9,000	문화예술과	1	4	7	7	7	1	1	1
23546	전북 고창군	고창오거리당산제	13,000	문화예술과	1	4	7	7	7	1	1	1
23547	전북 고창군	모양합창단 연주회	10,000	문화예술과	1	4	7	7	7	1	1	1
23548	전북 고창군	동백서화예술문화 전국공모대전	5,000	문화예술과	1	4	7	7	7	1	1	1
23549	전북 고창군	충현사 전통제향 지원사업	1,500	문화예술과	1	4	7	7	7	1	1	1
23550	전북 고창군	전국남녀시조경창대회	10,000	문화예술과	1	4	7	7	7	1	1	1
23551	전북 고창군	민속예술축제 참가지원	1,500	문화예술과	1	4	7	7	7	1	1	1
23552	전북 고창군	미당문학제	32,000	문화예술과	1	4	7	7	7	1	1	1
23553	전북 고창군	전국국악경연대회	3,000	문화예술과	1	4	7	7	7	1	1	1
23554	전북 고창군	정월대보름 민속놀이	1,500	문화예술과	1	4	7	7	7	1	1	1
23555	전북 고창군	민속큰잔치 민속놀이	20,000	문화예술과	1	4	7	7	7	1	1	1
23556	전북 고창군	선운문화제	35,000	문화예술과	1	4	7	7	7	1	1	1
23557	전북 고창군	품격있는 고창군 역사문화민속풍경 촬영대회	20,000	문화예술과	1	4	7	7	7	1	1	1
23558	전북 고창군	고창농악활성화 지원	50,000	문화예술과	1	4	7	7	7	1	1	1
23559	전북 고창군	한옥자원활용 야간상설공연	235,720	문화예술과	1	4	7	7	7	1	1	1
23560	전북 고창군	찾아가는 문화활동 지원	25,000	문화예술과	1	4	7	7	7	1	1	1

순번	시군구	지출명 (사업명)	2021년예산 (단위:천원/1년간)	담당자 (공무원) 담당부서	민간이전 분류 (지방자치단체 세출예산 집행기준에 의거) 1. 민간경상사업보조(307-02) 2. 민간단체 법정운영비보조(307-03) 3. 민간행사사업보조(307-04) 4. 민간위탁금(307-05) 5. 사회복지시설 법정운영비보조(307-10) 6. 민간인위탁교육비(307-12) 7. 공기관등에대한경상적위탁사업비(308-11) 8. 민간자본사업보조,자체재원(402-01) 9. 민간자본사업보조,이전재원(402-02) 10. 민간위탁사업비(402-03) 11. 공기관등에 대한 자본적 대행사업비(403-02)	민간이전지출 근거 (지방보조금 관리기준 참고) 1. 법률에 규정 2. 국고보조 재원(국가지정) 3. 용도 지정 기부금 4. 조례에 직접규정 5. 지자체가 권장하는 사업을 하는 공공기관 6. 시,도 정책 및 재정사정 7. 기타 8. 해당없음	입찰방식 계약체결방법 (경쟁형태) 1. 일반경쟁 2. 제한경쟁 3. 지명경쟁 4. 수의계약 5. 법정위탁 6. 기타 ( ) 7. 해당없음	입찰방식 계약기간 1. 1년 2. 2년 3. 3년 4. 4년 5. 5년 6. 기타 ( )년 7. 단기계약 (1년미만) 8. 해당없음	입찰방식 낙찰자선정방법 1. 적격심사 2. 협상에의한계약 3. 최저가낙찰제 4. 규격가격분리 5. 2단계 경쟁입찰 6. 기타 ( ) 7. 해당없음	운영예산 산정 운영예산 산정 1. 내부산정 (지자체 자체적으로 산정) 2. 외부산정 (외부전문기관위탁 산정) 3. 내·외부 모두 산정 4. 산정 無 5. 해당없음	운영예산 산정 정산방법 1. 내부정산 (지자체 내부적으로 정산) 2. 외부정산 (외부전문기관위탁 정산) 3. 내·외부 모두 산정 4. 정산 無 5. 해당없음	성과평가 실시여부 1. 실시 2. 미실시 3. 향후 추진 4. 해당없음
23561	전북 고창군	우리동네 예술문화 축제 지원	10,000	문화예술과	1	4	7	7	7	1	1	1
23562	전북 고창군	고창학 연구조사 소모임 지원사업	10,000	문화예술과	1	4	7	7	7	1	1	1
23563	전북 고창군	생활문화예술동호회 활성화 사업	110,120	문화예술과	1	4	7	7	7	1	1	1
23564	전북 고창군	전통놀이 현대화 체험 프로그램 지원사업	16,500	문화예술과	1	4	7	7	7	1	1	1
23565	전북 고창군	전통놀이 전문지도사 양성 교육 프로그램	10,000	문화예술과	1	4	7	7	7	1	1	1
23566	전북 고창군	어화둥둥 문화 치유교실 사업	25,000	문화예술과	1	4	7	7	7	1	1	1
23567	전북 고창군	전국농악경연대회 출전	3,000	문화예술과	1	4	7	7	7	1	1	1
23568	전북 고창군	고창굿 한마당행사 지원	9,000	문화예술과	1	4	7	7	7	1	1	1
23569	전북 고창군	문화예술기획 및 홍보 청년일자리	20,010	문화예술과	1	4	7	7	7	1	1	1
23570	전북 고창군	동학농민혁명학술대회	20,000	문화예술과	1	4	7	8	7	1	1	1
23571	전북 고창군	동학농민혁명 정신선양사업	10,000	문화예술과	1	4	7	8	7	1	1	1
23572	전북 고창군	동학농민혁명 전국기념대회 출전	7,000	문화예술과	1	4	7	8	7	1	1	1
23573	전북 고창군	동학농민혁명교육	10,000	문화예술과	1	4	7	8	7	1	1	1
23574	전북 고창군	동학농민혁명기념행사	30,000	문화예술과	1	4	7	8	7	1	1	1
23575	전북 고창군	전봉준장군탄생기념행사	10,000	문화예술과	1	4	7	8	7	1	1	1
23576	전북 고창군	녹두대상시상	15,000	문화예술과	1	4	7	8	7	1	1	1
23577	전북 고창군	성인문해교육기관 프로그램 지원	20,000	문화예술과	1	4	7	8	7	1	1	1
23578	전북 고창군	행복학습센터 운영지원	52,500	문화예술과	1	4	7	8	7	1	1	1
23579	전북 고창군	평생학습 동아리 지원사업 운영	15,000	문화예술과	1	4	7	8	7	1	1	1
23580	전북 고창군	작은도서관 운영비 지원	32,390	문화예술과	1	4	7	8	7	1	1	2
23581	전북 고창군	동리대상시상식	22,000	문화예술과	1	4	7	8	7	1	1	1
23582	전북 고창군	전국 어린이 판소리 왕중왕 대회지원	24,000	문화예술과	1	4	7	8	7	1	1	1
23583	전북 고창군	무장향교 600년사 출판물 제작	20,000	문화유산관광과	1	6	7	1	7	1	1	3
23584	전북 고창군	향교일요학교 운영	18,125	문화유산관광과	1	6	7	1	7	3	1	3
23585	전북 고창군	이재난고 번역 및 학술포럼 지원	90,000	문화유산관광과	1	6	7	1	7	3	1	3
23586	전북 고창군	2020 고창 문화재 야행 프로그램	360,000	문화유산관광과	1	2	7	1	7	3	1	3
23587	전북 고창군	제2회 무장읍성 축제	50,000	문화유산관광과	1	6	7	1	7	3	1	3
23588	전북 고창군	향교 전통문화 시연	39,000	문화유산관광과	1	6	7	1	7	3	1	3
23589	전북 고창군	생생문화재 사업	50,000	문화유산관광과	1	2	7	1	7	3	1	3
23590	전북 고창군	전통산사 문화재활용사업	77,500	문화유산관광과	1	2	7	1	7	3	1	3
23591	전북 고창군	지역문화유산 교육사업	44,000	문화유산관광과	1	2	7	1	7	3	1	3
23592	전북 고창군	무형문화재 전수교육관 활성화사업	75,000	문화유산관광과	1	2	7	8	7	5	1	3
23593	전북 고창군	고창읍성 체험프로그램운영	60,000	문화유산관광과	1	6	7	8	7	1	1	4
23594	전북 고창군	모양성등 만들기	60,000	문화유산관광과	1	6	7	8	7	1	1	4
23595	전북 고창군	고창읍성스토리투어운영	20,000	문화유산관광과	1	6	7	8	7	1	1	4
23596	전북 고창군	고창읍성대표관광지기획공연	100,000	문화유산관광과	1	6	7	8	7	1	1	4
23597	전북 고창군	KTX연계 전북 순환관광버스 운영	9,000	문화유산관광과	1	6	7	8	7	1	1	4
23598	전북 고창군	시간여행 이야기 꾼 육성	28,000	문화유산관광과	1	2	7	8	7	5	5	4
23599	전북 고창군	관광 아카데미 운영	20,000	문화유산관광과	1	2	7	8	7	5	5	4
23600	전북 고창군	꼭지점 카페 운영	20,000	문화유산관광과	1	2	7	8	7	5	5	4
23601	전북 고창군	시간여행 포럼	20,000	문화유산관광과	1	2	7	8	7	5	5	4
23602	전북 고창군	시간여행 체험프로그램 운영	15,000	문화유산관광과	1	2	7	8	7	5	5	4
23603	전북 고창군	팸 투어 운영	10,000	문화유산관광과	1	2	7	8	7	5	5	4
23604	전북 고창군	세계유산과 윤도가 함께하는 고인돌야행	60,000	문화유산관광과	1	2	7	8	7	5	1	3
23605	전북 고창군	고인돌유적 상시체험 운영	54,000	문화유산관광과	1	2	7	8	7	5	1	3
23606	전북 고창군	고인돌유적의 과거와 현재, 그리고 미래	40,000	문화유산관광과	1	2	7	8	7	5	1	3
23607	전북 고창군	고인돌 세계유산 반크 탐험대	100,000	문화유산관광과	1	2	7	8	7	5	1	3
23608	전북 고창군	6.25양민희생위령제	3,000	사회복지과	1	4	7	8	7	1	1	4
23609	전북 고창군	전몰군경미망인회	4,560	사회복지과	1	4	7	8	7	1	1	4
23610	전북 고창군	전몰군경유족회	10,700	사회복지과	1	4	7	8	7	1	1	4
23611	전북 고창군	상이군경회	11,700	사회복지과	1	4	7	8	7	1	1	4

순번	시군구	지출명 (사업명)	2021년예산 (단위:천원/1년간)	담당자 (공무원)	민간이전 분류 (지방자치단체 세출예산 집행기준에 의거)	민간이전지출 근거 (지방보조금 관리기준 참고)	입찰방식			운영예산 산정		성과평가 실시여부
				담당부서	1. 민간경상사업보조(307-02) 2. 민간단체 법정운영비보조(307-03) 3. 민간행사사업보조(307-04) 4. 민간위탁금(307-05) 5. 사회복지시설 법정운영비보조(307-10) 6. 민간인위탁교육비(307-12) 7. 공기관등에대한경상적위탁사업비(308-11) 8. 민간자본사업보조,자체재원(402-01) 9. 민간자본사업보조,이전재원(402-02) 10. 민간위탁사업비(402-03) 11. 공기관등에 대한 자본적 대행사업비(403-02)	1. 법률에 규정 2. 국고보조 재원(국가지정) 3. 용도 지정 기부금 4. 조례에 직접규정 5. 지자체가 권장하는 사업을 하는 공공기관 6. 시,도 정책 및 재정사정 7. 기타 8. 해당없음	계약체결방법 (경쟁형태) 1. 일반경쟁 2. 제한경쟁 3. 지명경쟁 4. 수의계약 5. 법정위탁 6. 기타 ( ) 7. 해당없음	계약기간 1. 1년 2. 2년 3. 3년 4. 4년 5. 5년 6. 기타 ( )년 7. 단기계약 (1년미만) 8. 해당없음	낙찰자선정방법 1. 적격심사 2. 협상에의한계약 3. 최저가낙찰제 4. 규격가격분리 5. 2단계 경쟁입찰 6. 기타 ( ) 7. 해당없음	운영예산 산정 1. 내부산정 (지자체 자체적으로 산정) 2. 외부산정 (외부전문기관위탁 산정) 3. 내·외부 모두 산정 4. 산정 無 5. 해당없음	정산방법 1. 내부정산 (지자체 내부적으로 정산) 2. 외부정산 (외부전문기관위탁 정산) 3. 내·외부 모두 산정 4. 정산 無 5. 해당없음	1. 실시 2. 미실시 3. 향후 추진 4. 해당없음
23612	전북 고창군	무공수훈자회	10,700	사회복지과	1	4	7	8	7	1	1	4
23613	전북 고창군	월남참전유공자회	11,700	사회복지과	1	4	7	8	7	1	1	4
23614	전북 고창군	고엽제전우회	11,700	사회복지과	1	4	7	8	7	1	1	4
23615	전북 고창군	6.25참전 유공자회	12,200	사회복지과	1	4	7	8	7	1	1	4
23616	전북 고창군	재향군인회	13,700	사회복지과	1	4	7	8	7	1	1	4
23617	전북 고창군	전몰군경미망인회 운영비	6,140	사회복지과	1	4	7	8	7	1	1	4
23618	전북 고창군	자원봉사축제의날	4,100	사회복지과	1	5	7	1	7	1	1	1
23619	전북 고창군	시군자원봉사센터운영비지원	58,000	사회복지과	1	4	7	1	7	1	1	1
23620	전북 고창군	충효의식개혁	2,000	사회복지과	1	4	7	8	7	1	1	4
23621	전북 고창군	재해구호전문인력양성지원	3,500	사회복지과	1	1	5	8	7	5	5	4
23622	전북 고창군	지체장애협회 지원	7,000	사회복지과	1	4	7	8	7	1	1	2
23623	전북 고창군	꿈드래장애인협회 지원	6,200	사회복지과	1	4	7	8	7	1	1	2
23624	전북 고창군	시각장애인협회 지원	4,000	사회복지과	1	4	7	8	7	1	1	2
23625	전북 고창군	농아장애인협회 지원	6,000	사회복지과	1	4	7	8	7	1	1	2
23626	전북 고창군	무료경로식당	5,000	사회복지과	1	4	7	8	7	1	1	4
23627	전북 고창군	어린이집 보육인 한마음대회	5,000	사회복지과	1	4	7	8	7	1	1	1
23628	전북 고창군	육아종합지원센터 부모교육 사업지원	30,000	사회복지과	1	6	7	8	7	1	1	1
23629	전북 고창군	고창군 기후환경네트워크 활동지원	8,000	생태환경과	1	2	7	8	7	1	1	2
23630	전북 고창군	지역환경교육센터지원	80,000	생태환경과	1	1	6	3	6	1	1	3
23631	전북 고창군	생태관광지역 지정 육성 사업	92,000	생태환경과	1	2	7	8	7	1	1	4
23632	전북 고창군	람사르습지도시 인증프로그램 운영사업	110,000	생태환경과	1	2	7	8	7	1	1	4
23633	전북 고창군	소규모 영세사업장 방지시설 지원	189,000	생태환경과	1	2	7	8	7	5	5	4
23634	전북 고창군	도랑살리기 운동	18,000	생태환경과	1	6	7	1	7	1	1	2
23635	전북 고창군	하천수질관리 핵심리더 육성	12,000	생태환경과	1	6	7	1	7	1	1	2
23636	전북 고창군	한센인의 날 행사 참가보조	2,500	보건소	1	8	7	8	7	1	1	2
23637	전북 고창군	공공보건의료기관 공공보건사업	15,000	보건소	1	1	7	7	7	3	3	1
23638	전북 고창군	취약지역 응급의료기관 운영지원	215,000	보건소	1	2	7	7	7	3	3	1
23639	전북 고창군	분만의료취약지 지원사업	500,000	보건소	1	2	5	5	7	2	2	1
23640	전북 고창군	생활개선고창군연합회 문화축제	10,000	농업기술센터	1	5	7	8	7	5	5	4
23641	전북 고창군	농촌지도자 활성화 지원	5,400	농업기술센터	1	5	7	8	7	5	5	4
23642	전북 고창군	농촌지도자대회 참여 및 활동지원	6,000	농업기술센터	1	5	7	8	7	5	5	4
23643	전북 고창군	농업인학습단체(생활개선,4-h) 활력화 지원	10,000	농업기술센터	1	1	7	8	7	5	5	4
23644	전북 고창군	농촌진흥사업 우수농업인 역량개발지원	6,400	농업기술센터	1	5	7	8	7	5	5	4
23645	전북 고창군	농업인의 날 행사 참가지원	25,000	농업기술센터	1	5	7	8	7	5	5	4
23646	전북 고창군	고창군 농업경영인연합회 활성화 대회	13,000	농업기술센터	1	5	7	8	7	5	5	4
23647	전북 고창군	농업경영인 농특산물 홍보지원	8,000	농업기술센터	1	5	7	8	7	5	5	4
23648	전북 고창군	한국 농업경영인 전국/도단위대회 및 교류행사	11,000	농업기술센터	1	5	7	8	7	5	5	4
23649	전북 고창군	고창군 농촌지도자연합회 활성화 대회	15,000	농업기술센터	1	5	7	8	7	5	5	4
23650	전북 고창군	여성 농촌지도자 역량강화 교육	8,000	농업기술센터	1	5	7	8	7	5	5	4
23651	전북 고창군	세계 여성농업인의 날 기념행사 지원	5,000	농업기술센터	1	5	7	8	7	5	5	4
23652	전북 고창군	귀농귀촌 농가주택수리비 지원사업	60,000	농업기술센터	1	6	7	8	7	5	5	4
23653	전북 고창군	청년농업인 경쟁력제고사업	45,000	농업기술센터	1	2	7	8	7	5	5	4
23654	전북 고창군	발효식품 가공업체 맞춤형 사업화지원	30,000	농업기술센터	1	2	7	8	7	1	1	4
23655	전북 고창군	농촌여성 안전향상 보조구 지원	11,000	농업기술센터	1	5	7	8	7	5	5	4
23656	전북 고창군	농업인재해 안전마을 육성	50,000	농업기술센터	1	2	7	8	7	5	5	4
23657	전북 고창군	토종농산물 재배활성화 사업	25,200	농업기술센터	1	2	7	8	7	5	5	4
23658	전북 고창군	쇼핑몰 판매상품 택배비 지원	20,000	농업기술센터	1	4	7	8	7	5	5	4
23659	전북 고창군	지역민과 함께하는 동아리 지원	5,000	농업기술센터	1	6	7	8	7	5	5	4
23660	전북 고창군	마을환영회 지원	28,000	농업기술센터	1	6	7	8	7	5	5	4
23661	전북 고창군	귀농창업활성화 창업실행비 지원	28,500	농업기술센터	1	6	7	8	7	5	5	4
23662	전북 고창군	청년농업인 영농정착 지원금	517,325	농업기술센터	1	2	7	8	7	5	5	4

순번	시군구	지출명 (사업명)	2021년예산 (단위:천원/1년간)	담당자 (공무원) 담당부서	민간이전 분류 (지방자치단체 세출예산 집행기준에 의거) 1. 민간경상사업보조(307-02) 2. 민간단체 법정운영비보조(307-03) 3. 민간행사사업보조(307-04) 4. 민간위탁금(307-05) 5. 사회복지시설 법정운영비보조(307-10) 6. 민간인위탁교육비(307-12) 7. 공기관등에대한경상적위탁사업비(308-11) 8. 민간자본사업보조,자체재원(402-01) 9. 민간자본사업보조,이전재원(402-02) 10. 민간위탁사업비(402-03) 11. 공기관등에 대한 자본적 대행사업비(403-02)	민간이전지출 근거 (지방보조금 관리기준 참고) 1. 법률에 규정 2. 국고보조 재원(국가지정) 3. 용도 지정 기부금 4. 조례에 직접규정 5. 지자체가 권장하는 사업을 하는 공공기관 6. 시,도 정책 및 재정사정 7. 기타 8. 해당없음	입찰방식 계약체결방법 (경쟁형태) 1. 일반경쟁 2. 제한경쟁 3. 지명경쟁 4. 수의계약 5. 법정위탁 6. 기타 ( ) 7. 해당없음	입찰방식 계약기간 1. 1년 2. 2년 3. 3년 4. 4년 5. 5년 6. 기타 ( )년 7. 단기계약 (1년미만) 8. 해당없음	입찰방식 낙찰자선정방법 1. 적격심사 2. 협상에의한계약 3. 최저가낙찰제 4. 규격가격분리 5. 2단계 경쟁입찰 6. 기타 ( ) 7. 해당없음	운영예산 산정 운영예산 산정 1. 내부산정 (지자체 자체적으로 산정) 2. 외부산정 (외부전문기관위탁 산정) 3. 내·외부 모두 산정 4. 산정 無 5. 해당없음	운영예산 산정 정산방법 1. 내부정산 (지자체 내부적으로 정산) 2. 외부정산 (외부전문기관위탁 정산) 3. 내·외부 모두 산정 4. 정산 無 5. 해당없음	성과평가 실시여부 1. 실시 2. 미실시 3. 향후 추진 4. 해당없음
23663	전북 고창군	청년농업인 생생동아리 지원사업	14,000	농업기술센터	1	4	7	8	7	5	5	4
23664	전북 고창군	청년창업농 영농기반 임차지원	15,857	농업기술센터	1	4	7	8	7	5	5	4
23665	전북 고창군	전북형 청년창업농 영농정착지원금	86,400	농업기술센터	1	4	7	8	7	5	5	4
23666	전북 고창군	농특산물 홍보 판매 및 추수감사제	100,000	농업기술센터	1	1	7	8	7	5	5	4
23667	전북 고창군	꿈나무체육지원	45,000	체육청소년사업소	1	4	7	8	7	5	5	4
23668	전북 부안군	매력부안 문화군민운동(친절,질서,청결) 지원	6,000	자치행정담당관	1	4	7	8	7	1	1	3
23669	전북 부안군	민주평화통일자문회의 부안군협의회 사업지원	24,000	자치행정담당관	1	1	7	8	7	1	1	1
23670	전북 부안군	정읍범죄피해자지원센터 사업지원	10,000	자치행정담당관	1	1	7	8	7	1	1	1
23671	전북 부안군	새마을운동 부안군지회 사업지원	23,000	자치행정담당관	1	1	7	8	7	1	1	1
23672	전북 부안군	바르게살기운동부안군협의회 사업지원	11,000	자치행정담당관	1	1	7	8	7	1	1	1
23673	전북 부안군	한국자유총연맹 부안군지회 사업지원	5,000	자치행정담당관	1	1	7	8	7	1	1	1
23674	전북 부안군	부안군애향운동본부 사업지원	12,000	자치행정담당관	1	4	7	8	7	1	1	1
23675	전북 부안군	부안군안보단체협의회 사업지원	2,000	자치행정담당관	1	4	7	8	7	1	1	1
23676	전북 부안군	부안군 행정동우회 사업지원	10,000	자치행정담당관	1	1	7	8	7	1	1	1
23677	전북 부안군	나눔실천 행복사업	25,000	자치행정담당관	1	1	7	8	7	1	1	1
23678	전북 부안군	자원봉사센터 활성화 사업	40,000	자치행정담당관	1	1	7	8	7	1	1	1
23679	전북 부안군	찾아가는 맞춤형 재능봉사단 운영	5,000	자치행정담당관	1	1	7	8	7	1	1	1
23680	전북 부안군	희망나눔 가족봉사단 운영	3,000	자치행정담당관	1	1	7	8	7	1	1	1
23681	전북 부안군	전국 통합 자원봉사보험 가입 서비스 지원	4,600	자치행정담당관	1	1	7	8	7	1	1	1
23682	전북 부안군	도서지역 생활필수품 해상운송비 지원사업	100,000	에너지팀	1	2	7	8	7	1	1	1
23683	전북 부안군	부안상설시장 장보기 도우미 지원사업	31,392	일자리경제팀	1	6	7	8	7	1	1	2
23684	전북 부안군	전통시장 화재공제 지원사업	7,000	일자리경제팀	1	6	7	8	7	1	1	2
23685	전북 부안군	전통시장 문화행사 지원	7,000	일자리경제팀	1	6	7	8	7	1	1	2
23686	전북 부안군	소상공인공제(노란우산공제) 가입 지원	16,920	일자리경제팀	1	5	7	8	7	1	1	2
23687	전북 부안군	청년취업 2000사업	85,800	일자리경제팀	1	6	7	8	7	1	1	2
23688	전북 부안군	부안군 창업 지원사업	100,000	일자리경제팀	1	2	7	8	7	1	3	2
23689	전북 부안군	전북형 신중년층 취업지원사업	42,000	일자리경제팀	1	6	7	8	7	1	1	2
23690	전북 부안군	농어촌 공동체 청년 인턴 지원 사업	224,084	일자리경제팀	1	2	7	8	7	1	1	2
23691	전북 부안군	부안사랑 산업 연계 청년 인턴 지원 사업	60,194	일자리경제팀	1	2	7	8	7	1	1	2
23692	전북 부안군	일취월장 청년전문인 양성 사업	7,350	일자리경제팀	1	2	7	8	7	1	1	2
23693	전북 부안군	생동하는 부안청년 창업지원사업	20,500	일자리경제팀	1	2	7	8	7	1	1	2
23694	전북 부안군	청년나래 일자리 지원사업	32,000	일자리경제팀	1	2	7	8	7	1	1	2
23695	전북 부안군	전북형 디지털 청년일자리 지원사업	72,000	일자리경제팀	1	2	7	8	7	1	1	2
23696	전북 부안군	뿌리기업 그린환경시스템 구축 지원사업	15,000	미래전략담당관	1	6	7	3	7	5	1	3
23697	전북 부안군	청년 커뮤니티 공익 활동 지원	20,000	인구청년정책팀	1	4	7	8	7	1	1	3
23698	전북 부안군	청년주택 임차보증금 이자지원 사업	36,000	인구청년정책팀	1	4	7	8	7	1	1	3
23699	전북 부안군	새만금 현안사업 관련 정책개발	7,500	새만금잼버리과	1	4	7	8	7	1	1	1
23700	전북 부안군	KTX 연계 전북순환 관광버스 운영	5,000	문화관광과	1	4	6	8	7	1	1	2
23701	전북 부안군	석정문학상 지원	40,000	문화관광과	1	1	7	8	7	1	1	1
23702	전북 부안군	통합 문화 이용권 사업	349,600	문화관광과	1	1	7	8	7	1	1	1
23703	전북 부안군	생활문화예술동호회 지원사업	83,110	문화관광과	1	1	7	8	7	1	1	1
23704	전북 부안군	문화기획자 양성지원	27,600	문화관광과	1	1	7	8	7	1	1	1
23705	전북 부안군	사립박물관 및 미술관 문화사업 지원	15,744	문화관광과	1	4	7	7	7	1	1	2
23706	전북 부안군	부안향제 줄풍류 복원사업	4,500	문화관광과	1	1	7	8	7	1	1	1
23707	전북 부안군	향교 일요학교 운영	9,266	동학인문TF	1	4	1	1	6	1	1	2
23708	전북 부안군	동학농민혁명 홍재일기 번역사업	50,000	동학인문TF	1	4	1	1	6	1	1	2
23709	전북 부안군	간재전집 번역사업	50,000	문화관광과	1	4	6	6	6	1	1	2
23710	전북 부안군	호남실학 재조명을 위한 선양사업	90,000	문화관광과	1	4	6	1	6	1	1	2
23711	전북 부안군	평생학습 동아리 지원사업 운영	10,000	교육청소년과	1	4	7	8	7	5	5	4
23712	전북 부안군	지역사회보장협의체 활성화 지원	1,000	사회복지과	1	1	7	8	7	5	5	4
23713	전북 부안군	재해구호 전문인력 양성 지원	3,500	사회복지과	1	1	1	7	1	1	1	1

순번	시군구	지출명 (사업명)	2021년예산 (단위:천원/1년간)	담당자 (공무원) 담당부서	민간이전 분류 (지방자치단체 세출예산 집행기준에 의거) 1. 민간경상사업보조(307-02) 2. 민간단체 법정운영비보조(307-03) 3. 민간행사사업보조(307-04) 4. 민간위탁금(307-05) 5. 사회복지시설 법정운영비보조(307-10) 6. 민간인위탁교육비(307-12) 7. 공기관등에대한경상적위탁사업비(308-11) 8. 민간자본사업보조,자체재원(402-01) 9. 민간자본사업보조,이전재원(402-02) 10. 민간위탁사업비(402-03) 11. 공기관등에 대한 자본적 대행사업비(403-02)	민간이전지출 근거 (지방보조금 관리기준 참고) 1. 법률에 규정 2. 국고보조 재원(국가지정) 3. 용도 지정 기부금 4. 조례에 직접규정 5. 지자체가 권장하는 사업을 하는 공공기관 6. 시,도 정책 및 재정사정 7. 기타 8. 해당없음	입찰방식 계약체결방법 (경쟁형태) 1. 일반경쟁 2. 제한경쟁 3. 지명경쟁 4. 수의계약 5. 법정위탁 6. 기타 ( ) 7. 해당없음	입찰방식 계약기간 1. 1년 2. 2년 3. 3년 4. 4년 5. 5년 6. 기타 ( )년 7. 단기계약 (1년미만) 8. 해당없음	입찰방식 낙찰자선정방법 1. 적격심사 2. 협상에의한계약 3. 최저가낙찰제 4. 규격가격분리 5. 2단계 경쟁입찰 6. 기타 ( ) 7. 해당없음	운영예산 산정 운영예산 산정 1. 내부산정 (지자체 자체적으로 산정) 2. 외부산정 (외부전문기관위탁 산정) 3. 내·외부 모두 산정 4. 산정 無 5. 해당없음	운영예산 산정 정산방법 1. 내부정산 (지자체 내부적으로 정산) 2. 외부정산 (외부전문기관위탁 정산) 3. 내·외부 모두 산정 4. 정산 無 5. 해당없음	성과평가 실시여부 1. 실시 2. 미실시 3. 향후 추진 4. 해당없음
23714	전북 부안군	경로효친 홍보사업	5,000	사회복지과	1	4	6	1	6	1	1	1
23715	전북 부안군	경로당 일선지도자 교육비 지원	11,600	사회복지과	1	4	7	7	7	1	1	4
23716	전북 부안군	보훈단체 전적지 순례	10,500	사회복지과	1	1	2	1	1	1	1	3
23717	전북 부안군	농업경영인 농특산물 판매 지원	12,000	농업정책과	1	4	7	8	7	1	1	4
23718	전북 부안군	쌀전업농 전국 쌀 출품대회 지원	2,000	농업정책과	1	4	7	8	7	1	1	1
23719	전북 부안군	전북 쌀의 날 행사 지원	4,000	농업정책과	1	4	7	8	7	1	1	1
23720	전북 부안군	전농 민족농업전진대회 참가 지원	5,000	농업정책과	1	4	7	8	7	1	1	1
23721	전북 부안군	한농연 전북대회 참가지원	13,000	농업정책과	1	4	7	8	7	1	1	1
23722	전북 부안군	한여농 전국대회 참가지원	3,000	농업정책과	1	4	7	8	7	1	1	1
23723	전북 부안군	한여농 화합한마당 행사지원	3,000	농업정책과	1	4	7	8	7	1	1	1
23724	전북 부안군	전북 새농민회 연찬회 참가 지원	5,000	농업정책과	1	4	7	8	7	1	1	1
23725	전북 부안군	한농연 화합한마당 행사 지원	5,000	농업정책과	1	4	7	8	7	1	1	1
23726	전북 부안군	출산여성 농가도우미 지원	26,460	농업정책과	1	6	7	8	7	1	1	4
23727	전북 부안군	부안여성농업인센터 운영지원	129,200	농업정책과	1	6	7	8	7	1	1	4
23728	전북 부안군	백산여성농업인센터 운영지원	129,200	농업정책과	1	6	7	8	7	1	1	4
23729	전북 부안군	농번기 공동급식 지원사업	137,600	농업정책과	1	6	7	8	7	1	1	4
23730	전북 부안군	여성농업인 생생카드 지원	299,000	농업정책과	1	6	7	8	7	1	1	4
23731	전북 부안군	영농도우미 농가부담금 지원	13,020	농업정책과	1	6	7	8	7	1	1	4
23732	전북 부안군	농촌고용인력지원사업	160,000	농업정책과	1	6	7	8	7	1	1	4
23733	전북 부안군	청년창업농 영농정착 지원금	594,924	농업정책과	1	1	7	8	7	1	1	4
23734	전북 부안군	청년농업인 생생동아리 지원사업	8,000	농업정책과	1	6	7	8	7	1	1	4
23735	전북 부안군	전북형 청년창업농 영농정착 지원금	73,600	농업정책과	1	6	7	8	7	1	1	4
23736	전북 부안군	청년창업농 영농기반 임차지원	17,647	농업정책과	1	1	7	8	7	1	1	4
23737	전북 부안군	신활력플러스사업 추진단 사무국 운영	85,200	농업정책과	1	1	7	8	7	1	1	1
23738	전북 부안군	신활력플러스사업 운영	1,560	농업정책과	1	1	7	8	7	1	1	4
23739	전북 부안군	우량종자 채종포단지 지원	32,000	농업정책과	1	6	7	8	7	1	1	1
23740	전북 부안군	우리밀 채종포 지원사업	10,000	농업정책과	1	1	7	8	7	1	1	1
23741	전북 부안군	친환경 희망농부 육성 지원	16,500	농업정책과	1	6	7	8	7	1	1	4
23742	전북 부안군	토양개량제 지원사업(공동살포)	413,720	농업정책과	1	1	7	8	7	1	1	4
23743	전북 부안군	GAP 이력관리체계 구축 지원사업	21,000	농업정책과	1	1	7	8	7	1	1	4
23744	전북 부안군	우리밀 소비촉진 지원사업	14,000	농업정책과	1	1	7	8	7	1	1	4
23745	전북 부안군	국산밀 생산단지 경영체 육성 교육컨설팅 지원사업	72,000	농업정책과	1	1	7	8	7	1	1	4
23746	전북 부안군	식량작물공동경영체 육성사업 교육컨설팅	108,000	농업정책과	1	1	7	8	7	1	1	4
23747	전북 부안군	중소농 농산물 안전·유통 지원사업	21,783	농업정책과	1	6	7	8	7	1	1	4
23748	전북 부안군	친환경농산물 어린이 급식지원	5,050	농업정책과	1	6	7	8	7	1	1	4
23749	전북 부안군	학교급식지원센터 활성화 지원	10,000	농업정책과	1	4	7	8	7	1	1	1
23750	전북 부안군	마을경영체 경쟁력 강화사업	32,000	농업정책과	1	6	7	8	7	1	1	4
23751	전북 부안군	부안군 농어촌체험관광 활성화 지원	20,000	농업정책과	1	4	7	8	7	1	1	1
23752	전북 부안군	농촌체험 휴양마을 보험가입 지원	5,360	농업정책과	1	6	7	8	7	1	1	4
23753	전북 부안군	농촌체험 휴양마을 사무장 지원	19,440	농업정책과	1	6	7	8	7	1	1	4
23754	전북 부안군	체험마을 리더 교육 지원	2,400	농업정책과	1	6	7	8	7	1	1	4
23755	전북 부안군	농촌체험 휴양마을 박람회 참가지원	4,000	농업정책과	1	6	7	8	7	1	1	4
23756	전북 부안군	축산인 한마음 대회 지원	5,000	축산유통과	1	1	7	8	7	5	5	4
23757	전북 부안군	폭염 및 정전대비 가축사육환경 개선 지원사업	48,000	축산유통과	1	1	7	8	7	5	5	4
23758	전북 부안군	축산환경개선 지도지원	10,900	축산유통과	1	1	7	8	7	5	5	4
23759	전북 부안군	동물복지 컨설팅 지원	14,000	축산유통과	1	1	7	8	7	5	5	4
23760	전북 부안군	돼지써코바이러스 예방약품	55,200	축산유통과	1	1	7	8	7	5	5	4
23761	전북 부안군	가금농가 질병관리 컨설팅 지원	60,000	축산유통과	1	1	7	8	7	5	5	4
23762	전북 부안군	젖소대사질병 예방제 지원	12,240	축산유통과	1	1	7	8	7	5	5	4
23763	전북 부안군	돼지 부종병 예방백신 지원	7,533	축산유통과	1	1	7	8	7	5	5	4
23764	전북 부안군	돼지 회장염 예방백신 지원	2,016	축산유통과	1	1	7	8	7	5	5	4

순번	시군구	지출명 (사업명)	2021년예산 (단위:천원/1년간)	담당자 (공무원) 담당부서	민간이전 분류 (지방자치단체 세출예산 집행기준에 의거) 1. 민간경상사업보조(307-02) 2. 민간단체 법정운영비보조(307-03) 3. 민간행사사업보조(307-04) 4. 민간위탁금(307-05) 5. 사회복지시설 법정운영비보조(307-10) 6. 민간인위탁교육비(307-12) 7. 공기관등에대한경상적위탁사업비(308-11) 8. 민간자본사업보조,자체재원(402-01) 9. 민간자본사업보조,이전재원(402-02) 10. 민간위탁사업비(402-03) 11. 공기관등에 대한 자본적 대행사업비(403-02)	민간이전지출 근거 (지방보조금 관리기준 참고) 1. 법률에 규정 2. 국고보조 재원(국가지정) 3. 용도 지정 기부금 4. 조례에 직접규정 5. 지자체가 권장하는 사업을 하는 공공기관 6. 시,도 정책 및 재정사정 7. 기타 8. 해당없음	입찰방식 계약체결방법 (경쟁형태) 1. 일반경쟁 2. 제한경쟁 3. 지명경쟁 4. 수의계약 5. 법정위탁 6. 기타 ( ) 7. 해당없음	입찰방식 계약기간 1. 1년 2. 2년 3. 3년 4. 4년 5. 5년 6. 기타 ( )년 7. 단기계약 (1년미만) 8. 해당없음	입찰방식 낙찰자선정방법 1. 적격심사 2. 협상에의한계약 3. 최저가낙찰제 4. 규격가격분리 5. 2단계 경쟁입찰 6. 기타 ( ) 7. 해당없음	운영예산 산정 운영예산 산정 1. 내부산정 (지자체 자체적으로 산정) 2. 외부산정 (외부전문기관위탁 산정) 3. 내·외부 모두 산정 4. 산정 無 5. 해당없음	운영예산 산정 정산방법 1. 내부정산 (지자체 내부적으로 정산) 2. 외부정산 (외부전문기관위탁 정산) 3. 내·외부 모두 산정 4. 정산 無 5. 해당없음	성과평가 실시여부 1. 실시 2. 미실시 3. 향후 추진 4. 해당없음
23765	전북 부안군	돼지유행성 설사 예방백신 지원	5,000	축산유통과	1	1	7	8	7	5	5	4
23766	전북 부안군	축산물 HACCP 컨설팅사업	12,600	축산유통과	1	1	7	8	7	5	5	4
23767	전북 부안군	돼지 소모성질환 지도 지원사업	6,000	축산유통과	1	1	7	8	7	5	5	4
23768	전북 부안군	AI 간이검사 현장진단비 지원	18,000	축산유통과	1	1	7	8	7	5	5	4
23769	전북 부안군	자돈 폐사율 감소 환경개선 지원	2,550	축산유통과	1	1	7	8	7	5	5	4
23770	전북 부안군	오리농가 동절기 난방비 지원	80,920	축산유통과	1	1	7	8	7	5	5	4
23771	전북 부안군	꿀벌사육농가 면역증강제 지원	21,600	축산유통과	1	1	7	8	7	5	5	4
23772	전북 부안군	채소류 생산안정제 지원	772,000	축산유통과	1	1	7	8	7	5	5	4
23773	전북 부안군	학교 과일간식 지원사업	37,734	축산유통과	1	1	7	8	7	5	5	4
23774	전북 부안군	산지통합마케팅 지원사업	29,120	축산유통과	1	1	7	8	7	5	5	4
23775	전북 부안군	생산자 조직화 및 통합마케팅 활성화 지원사업	104,000	축산유통과	1	1	7	8	7	5	5	4
23776	전북 부안군	농산물 공동작업 지원체계 확충사업	240,000	축산유통과	1	1	7	8	7	5	5	4
23777	전북 부안군	농특산물 인터넷 판매 활성화 사업	20,000	축산유통과	1	1	7	8	7	5	5	4
23778	전북 부안군	부안군 농특산물 전자상거래 택배비 지원	40,001	축산유통과	1	1	7	8	7	5	5	4
23779	전북 부안군	쇼핑몰 전자상거래 택배비 지원	12,000	축산유통과	1	1	7	8	7	5	5	4
23780	전북 부안군	전통식품 마케팅 활성화 사업	40,000	축산유통과	1	1	7	8	7	5	5	4
23781	전북 부안군	신선농산물 수출물류비 지원	50,000	축산유통과	1	1	7	8	7	5	5	4
23782	전북 부안군	농산물 공동출하 확대(공동선별비)지원사업	565,430	축산유통과	1	1	7	8	7	5	5	4
23783	전북 부안군	청년어업인 영어정착 지원	56,400	해양수산과	1	1	7	8	7	5	5	4
23784	전북 부안군	내수면 생태계 교란어종 구제사업	60,000	해양수산과	1	1	7	8	7	5	5	4
23785	전북 부안군	해파리구제 참여어선 지원	68,000	해양수산과	1	1	7	8	7	5	5	4
23786	전북 부안군	양식장 소독제 지원사업	28,000	해양수산과	1	1	7	8	7	5	5	4
23787	전북 부안군	김 활성 처리제 지원	145,000	해양수산과	1	1	7	8	7	5	5	4
23788	전북 부안군	우량 김 생산기반 조성	66,000	해양수산과	1	1	7	8	7	5	5	4
23789	전북 부안군	양식어장 해양환경 개선사업	94,500	해양수산과	1	1	7	8	7	5	5	4
23790	전북 부안군	수산업가치 및 소비촉진 제고	233,000	해양수산과	1	2	7	8	7	5	5	4
23791	전북 부안군	수산물 친환경 양식 인증 지원	6,000	해양수산과	1	4	7	8	7	5	5	4
23792	전북 부안군	마실길 홍보활동	1,000	환경과	1	1	7	8	7	1	1	4
23793	전북 부안군	환경보전 및 자연환경 정화활동	1,500	환경과	1	1	7	8	7	1	1	4
23794	전북 부안군	자연환경 보전활동 및 마실길 야생화 심기	2,000	환경과	1	1	7	8	7	1	1	4
23795	전북 부안군	도랑 살리기 운동 지원	24,000	환경과	1	1	7	8	7	1	1	4
23796	전북 부안군	유해 야생동물 구제활동 및 농작물 피해예방	1,000	환경과	1	1	7	8	7	1	1	4
23797	전북 부안군	불법밀렵행위 단속 및 야생동물보호	1,500	환경과	1	1	7	8	7	1	1	4
23798	전북 부안군	미생물제 지원사업	400,000	환경과	1	4	7	8	7	5	5	4
23799	전북 부안군	청년 챌린지숍 지원	40,000	도시공원과	1	1	6	7	1	5	5	4
23800	전북 부안군	선사문화권역단위 종합개발지구 운영관리지원사업	37,200	건설교통과	1	6	6	6	6	2	1	2
23801	전북 부안군	택시 신용카드 결제기 사용료 지원	11,550	건설교통과	1	6	7	8	7	1	1	4
23802	전북 부안군	택시요금 카드수수료 지원	42,000	건설교통과	1	6	7	8	7	1	1	4
23803	전북 부안군	생생마을만들기 기초단계	25,000	건설교통과	1	6	7	8	7	5	1	3
23804	전북 부안군	생생마을 플러스사업 운영 지원	6,350	건설교통과	1	6	7	8	7	5	1	3
23805	전북 부안군	농촌관광 활성화 지원사업(거점마을 운영활성화)	80,000	건설교통과	1	6	7	8	7	5	1	3
23806	전북 부안군	농어촌 일자리플러스센터 운영 지원	120,000	건설교통과	1	6	7	8	7	5	1	3
23807	전북 부안군	정보화마을 프로그램 관리자 지원	43,260	건설교통과	1	6	7	8	7	5	1	3
23808	전북 부안군	사회적경제 청년혁신가 지원사업	101,200	건설교통과	1	2	7	8	7	5	1	3
23809	전북 부안군	(예비)사회적기업 일자리창출 지원	5,000	건설교통과	1	2	7	8	7	5	1	3
23810	전북 부안군	마을기업 사무장 인건비 지원	38,400	건설교통과	1	6	7	8	7	5	1	3
23811	전북 부안군	마을기업 사무장 교통비·보험료 지원	6,000	건설교통과	1	6	7	8	7	5	1	3
23812	전북 부안군	해병대 부안군전우회 인명구조활동	3,800	안전총괄과	1	7	7	1	7	1	1	1
23813	전북 부안군	한국아마무선 부안군지부 재난통신장비 점검	1,200	안전총괄과	1	7	7	1	7	1	1	1
23814	전북 부안군	한국해양구조단 부안지역대 수상인명구조활동	2,300	안전총괄과	1	7	7	1	7	1	1	1
23815	전북 부안군	방재활동 장비 및 소모품 구입	6,500	안전총괄과	1	4	7	1	7	1	1	1

순번	시군구	지출명 (사업명)	2021년예산 (단위:천원/1년간)	담당자 (공무원) 담당부서	민간이전 분류 (지방자치단체 세출예산 집행기준에 의거) 1. 민간경상사업보조(307-02) 2. 민간단체 법정운영비보조(307-03) 3. 민간행사사업보조(307-04) 4. 민간위탁금(307-05) 5. 사회복지시설 법정운영비보조(307-10) 6. 민간인위탁교육비(307-12) 7. 공기관등에대한경상적위탁사업비(308-11) 8. 민간자본사업보조,자체재원(402-01) 9. 민간자본사업보조,이전재원(402-02) 10. 민간위탁사업비(402-03) 11. 공기관등에 대한 자본적 대행사업비(403-02)	민간이전지출 근거 (지방보조금 관리기준 참고) 1. 법률에 규정 2. 국고보조 재원(국가지정) 3. 용도 지정 기부금 4. 조례에 직접규정 5. 지자체가 권장하는 사업을 하는 공공기관 6. 시,도 정책 및 재정사정 7. 기타 8. 해당없음	입찰방식 계약체결방법 (경쟁형태) 1. 일반경쟁 2. 제한경쟁 3. 지명경쟁 4. 수의계약 5. 법정위탁 6. 기타 ( ) 7. 해당없음	입찰방식 계약기간 1. 1년 2. 2년 3. 3년 4. 4년 5. 5년 6. 기타 ( )년 7. 단기계약 (1년미만) 8. 해당없음	입찰방식 낙찰자선정방법 1. 적격심사 2. 협상에의한계약 3. 최저가낙찰제 4. 규격가격분리 5. 2단계 경쟁입찰 6. 기타 ( ) 7. 해당없음	운영예산 산정 운영예산 산정 1. 내부산정 (지자체 자체적으로 산정) 2. 외부산정 (외부전문기관위탁 산정) 3. 내·외부 모두 산정 4. 산정 無 5. 해당없음	운영예산 산정 정산방법 1. 내부정산 (지자체 내부적으로 정산) 2. 외부정산 (외부전문기관위탁 정산) 3. 내·외부 모두 산정 4. 정산 無 5. 해당없음	성과평가 실시여부 1. 실시 2. 미실시 3. 향후 추진 4. 해당없음
23816	전북 부안군	지역자율방재단 우수활동사례 경진대회 인센티브	20,000	안전총괄과	1	4	7	1	7	1	1	1
23817	전북 부안군	치매안심요양병원공공사업지원	100,000	보건소	1	2	7	5	7	5	5	1
23818	전북 부안군	4-H 학습단체 육성	2,400	농촌지원과	1	1	7	1	1	1	1	1
23819	전북 부안군	4-H회 하계수련회 지원	4,000	농촌지원과	1	1	7	1	1	1	1	1
23820	전북 부안군	4-H 본부 도시속 부안알림이단 운영	1,200	농촌지원과	1	1	7	1	1	1	1	1
23821	전북 부안군	농촌지도자대회 참여 및 활동지원	5,400	농촌지원과	1	1	7	1	1	1	1	1
23822	전북 부안군	농업인학습단체(생활개선, 4-H) 활력화 지원	10,000	농촌지원과	1	1	7	1	1	1	1	1
23823	전북 부안군	전북4-H경진 및 참여활동 지원	5,000	농촌지원과	1	1	7	1	1	1	1	1
23824	전북 부안군	농촌지도자 활성화 지원	6,000	농촌지원과	1	1	7	1	1	1	1	1
23825	전북 부안군	세계 여성농업인의 날 기념행사 지원	5,000	농촌지원과	1	2	7	8	7	5	5	4
23826	전북 부안군	귀농귀촌 지원센터 운영지원	10,000	농촌지원과	1	4	5	8	7	1	1	1
23827	전북 부안군	귀농귀촌 유치 지원사업	300,000	농촌지원과	1	2	5	8	7	3	3	1
23828	전북 부안군	귀농귀촌 활성화 지원사업	157,000	농촌지원과	1	2	5	8	7	3	3	1
23829	전북 부안군	부안아리울 오케스트라 운영지원	120,000	문화체육시설사업소	1	4	7	8	7	1	1	1
23830	전북 부안군	한국여자바둑리그 참가 지원	90,000	문화체육시설사업소	1	4	7	8	7	1	1	1
23831	전북 부안군	씨름왕 선발대회 출전지원	3,000	문화체육시설사업소	1	4	7	8	7	1	1	1
23832	전북 부안군	도지사기 게이트볼대회 출전지원	1,700	문화체육시설사업소	1	4	7	8	7	1	1	1
23833	전북 부안군	게이트볼 전국대회 출전지원	3,000	문화체육시설사업소	1	4	7	8	7	1	1	1
23834	전북 부안군	전북 역전마라톤대회 출전지원	6,000	문화체육시설사업소	1	4	7	8	7	1	1	1
23835	전북 부안군	생활체육 전국대회 출전지원	10,000	문화체육시설사업소	1	4	7	8	7	1	1	1
23836	전북 부안군	전문체육 전국대회 출전지원	10,000	문화체육시설사업소	1	4	7	8	7	1	1	1
23837	전북 부안군	도지사기 테니스대회 출전지원	2,000	문화체육시설사업소	1	4	7	8	7	1	1	1
23838	전북 부안군	전북 어르신생활체육대회 출전지원	10,000	문화체육시설사업소	1	4	7	8	7	1	1	1
23839	전북 부안군	전북 여성생활체육대회 출전지원	10,000	문화체육시설사업소	1	4	7	8	7	1	1	1
23840	전북 부안군	전북도민체육대회 출전지원	200,000	문화체육시설사업소	1	4	7	8	7	1	1	1
23841	전북 부안군	전북장애인 도민체육대회 출전지원	10,000	문화체육시설사업소	1	4	7	8	7	1	1	1
23842	전북 부안군	전국지체장애인 체육대회 출전지원	3,000	문화체육시설사업소	1	4	7	8	7	1	1	1
23843	전북 부안군	전북지체장애인 체육대회 출전지원	3,000	문화체육시설사업소	1	4	7	8	7	1	1	1
23844	전북 부안군	꿈드래장애인협회 체육대회 출전지원	3,000	문화체육시설사업소	1	4	7	8	7	1	1	1
23845	전북 부안군	전북농아인 체육대회 출전지원	3,500	문화체육시설사업소	1	4	7	8	7	1	1	1
23846	전북 부안군	장애인 종목별 대회 참가지원	12,000	문화체육시설사업소	1	4	7	8	7	1	1	1
23847	전북 부안군	장애인 전문체육대회 출전지원	3,000	문화체육시설사업소	1	4	7	8	7	1	1	1
23848	전북 부안군	어르신 생활체육지도자 배치	146,160	문화체육시설사업소	1	4	7	8	7	1	1	1
23849	전북 부안군	일반 생활체육지도자 배치	175,392	문화체육시설사업소	1	4	7	8	7	1	1	1
23850	전북 부안군	장애인 생활체육지도자 배치	58,464	문화체육시설사업소	1	4	7	8	7	1	1	1
23851	전북 부안군	생활체육지도자 배치사업 용품지원	2,500	문화체육시설사업소	1	4	7	8	7	1	1	1
23852	전북 부안군	국궁체험교실 운영	5,000	문화체육시설사업소	1	4	7	8	7	1	1	1
23853	전북 부안군	생활체육 광장지도자 운영	11,550	문화체육시설사업소	1	4	7	8	7	1	1	1
23854	전북 부안군	유소년 축구교실 운영	10,140	문화체육시설사업소	1	4	7	8	7	1	1	1
23855	전북 부안군	생활체육교실 운영	17,874	문화체육시설사업소	1	4	7	8	7	1	1	1
23856	전북 부안군	생활체육 동호인리그 운영	42,815	문화체육시설사업소	1	4	7	8	7	1	1	1
23857	전북 부안군	해양레저스포츠 교육프로그램 운영	30,000	문화체육시설사업소	1	2	7	8	7	1	1	1
23858	전라남도	제10기 김대중 민주평화아카데미 개최 지원	40,000	자치행정과	1	4	7	8	7	5	5	4
23859	전라남도	평화비전스쿨 운영 지원	25,000	자치행정과	1	4	7	8	7	5	5	4
23860	전라남도	2021년 대학생 프레젠테이션 대회	20,000	자치행정과	1	4	7	8	7	5	5	4
23861	전라남도	노벨평화상 수상 21주년 기념 학술회의 등 기념식 지원	20,000	자치행정과	1	4	7	8	7	5	5	4
23862	전라남도	김대중, 만델라 국제평화 컨퍼런스 개최	50,000	자치행정과	1	4	7	8	7	5	5	4
23863	전라남도	새마을운동 제창 51주년 기념행사	20,000	자치행정과	1	4	7	8	7	5	5	4
23864	전라남도	전남 우수농산물 알리기	45,000	자치행정과	1	4	7	8	7	5	5	4
23865	전라남도	전국 새마을지도자대회 참가 및 전남대회 개최	15,000	자치행정과	1	4	7	8	7	5	5	4
23866	전라남도	농촌사랑박람회 참가	4,000	자치행정과	1	4	7	8	7	5	5	4

순번	시군구	지출명 (사업명)	2021년예산 (단위:천원/1년간)	담당자 (공무원) 담당부서	민간이전 분류 (지방자치단체 세출예산 집행기준에 의거) 1. 민간경상사업보조(307-02) 2. 민간단체 법정운영비보조(307-03) 3. 민간행사사업보조(307-04) 4. 민간위탁금(307-05) 5. 사회복지시설 법정운영비보조(307-10) 6. 민간인위탁교육비(307-12) 7. 공기관등에대한경상적위탁사업비(308-11) 8. 민간자본사업보조,자체재원(402-01) 9. 민간자본사업보조,이전재원(402-02) 10. 민간위탁사업비(402-03) 11. 공기관등에 대한 자본적 대행사업비(403-02)	민간이전지출 근거 (지방보조금 관리기준 참고) 1. 법률에 규정 2. 국고보조 재원(국가지정) 3. 용도 지정 기부금 4. 조례에 직접규정 5. 지자체가 권장하는 사업을 하는 공공기관 6. 시,도 정책 및 재정사정 7. 기타 8. 해당없음	입찰방식 계약체결방법 (경쟁형태) 1. 일반경쟁 2. 제한경쟁 3. 지명경쟁 4. 수의계약 5. 법정위탁 6. 기타 ( ) 7. 해당없음	입찰방식 계약기간 1. 1년 2. 2년 3. 3년 4. 4년 5. 5년 6. 기타 ( )년 7. 단기계약 (1년미만) 8. 해당없음	입찰방식 낙찰자선정방법 1. 적격심사 2. 협상에의한계약 3. 최저가낙찰제 4. 규격가격분리 5. 2단계 경쟁입찰 6. 기타 ( ) 7. 해당없음	운영예산 산정 운영예산 산정 1. 내부산정 (지자체 자체적으로 산정) 2. 외부산정 (외부전문기관위탁 산정) 3. 내·외부 모두 산정 4. 산정 無 5. 해당없음	운영예산 산정 정산방법 1. 내부정산 (지자체 내부적으로 정산) 2. 외부정산 (외부전문기관위탁 정산) 3. 내·외부 모두 산정 4. 정산 無 5. 해당없음	성과평가 실시여부 1. 실시 2. 미실시 3. 향후 추진 4. 해당없음
23867	전라남도	깨끗한 전남만들기 범도민 운동	100,000	자치행정과	1	4	7	8	7	5	5	4
23868	전라남도	제41회 국민독서경진대회	10,000	자치행정과	1	4	7	8	7	5	5	4
23869	전라남도	평화통일 기반조성사업	200,000	자치행정과	1	4	7	8	7	5	5	4
23870	전라남도	통일교육 공모사업	30,000	자치행정과	1	4	7	8	7	5	5	4
23871	전라남도	전남지역 어린이, 청소년 DMZ 통일캠프 지원	4,000	자치행정과	1	4	7	8	7	5	5	4
23872	전라남도	민주평화통일자문회의 전남지역회의 지원	79,000	자치행정과	1	4	7	8	7	5	5	4
23873	전라남도	북한이탈주민 생활안정화 지원	10,000	자치행정과	1	4	7	8	7	5	5	4
23874	전라남도	북한이탈주민 취업활동 지원	10,000	자치행정과	1	4	7	8	7	5	5	4
23875	전라남도	북한이탈주민 사회적기업 창업 발굴 및 육성	20,000	자치행정과	1	4	7	8	7	5	5	4
23876	전라남도	민족통일전라남도대회 및 통일문예제전 지원	10,000	자치행정과	1	4	7	8	7	5	5	4
23877	전라남도	통일새싹 재능개발 지원	30,000	자치행정과	1	4	7	8	7	5	5	4
23878	전라남도	북한이탈주민 온전한 사립 지원 공모사업	30,000	자치행정과	1	4	7	8	7	5	5	4
23879	전라남도	북한이탈주민 생활밀착형 전문일터만들기 지원	70,000	자치행정과	1	4	7	8	7	5	5	4
23880	전라남도	북한이탈주민 전입장려금 지급	20,000	자치행정과	1	4	7	8	7	5	5	4
23881	전라남도	북한이탈주민 지역적응센터 운영 지원	225,000	자치행정과	1	2	7	8	7	5	5	4
23882	전라남도	일제강점기 여자근로정신대 피해자에 관한 교육 홍보	5,000	자치행정과	1	4	7	8	7	5	5	4
23883	전라남도	한국전쟁 전후 민간인희생자 합동위령제 지원	30,000	자치행정과	1	4	7	8	7	5	5	4
23884	전라남도	6월항쟁 기념사업	75,000	자치행정과	1	4	7	8	7	5	5	4
23885	전라남도	제5회 호남민족 민주열사 추모문화제	15,000	자치행정과	1	4	7	8	7	5	5	4
23886	전라남도	5.18시설물 주변 환경정비	15,000	자치행정과	1	4	7	8	7	5	5	4
23887	전라남도	도내 5.18역사의 현장 순례	30,000	자치행정과	1	4	7	8	7	5	5	4
23888	전라남도	제21회 5.18마라톤대회 지원	25,000	자치행정과	1	4	7	8	7	5	5	4
23889	전라남도	5.18바로알리기 지원	10,000	자치행정과	1	4	7	8	7	5	5	4
23890	전라남도	제41주년 5.18민주화운동 기념행사	100,000	자치행정과	1	4	7	8	7	5	5	4
23891	전라남도	전남 5.18역사해설사 양성	20,000	자치행정과	1	4	7	8	7	5	5	4
23892	전남 완도군	TMR사료포장재 지원사업	20,000	농업축산과	1	5	7	8	7	4	3	1
23893	전남 완도군	수출판로개척 홍보 및 마케팅 지원사업	56,000	수산경영과	1	4	7	8	7	5	5	4
23894	전남 완도군	지자체연계마케팅 지원사업	96,000	수산경영과	1	2	7	8	7	5	5	4
23895	전남 완도군	수산물 판로개척 지원사업	120,000	수산경영과	1	2	7	8	7	5	5	4
23896	전남 완도군	tv홈쇼핑 방송판매 수수료 등 지원	12,800	수산경영과	1	2	7	8	7	5	5	4
23897	전남 완도군	수산동물 질병예방 백신공급	1,273	수산경영과	1	2	7	8	7	5	5	4
23898	전남 완도군	수산물생산유통기반구축	400,000	수산경영과	1	6	7	8	7	5	5	4
23899	전남 완도군	ASC 인증 심사비 지원사업	128,000	수산경영과	1	6	7	8	7	5	5	4
23900	전남 완도군	보훈단체 사업 지원	45,000	주민복지과	1	1	7	1	7	1	1	1
23901	전남 완도군	장애인탐방 프로그램운영	40,000	주민복지과	1	6	5	1	7	5	1	1
23902	전남 완도군	발달장애인 사회참여프로그램 지원	9,000	주민복지과	1	6	5	1	7	5	1	1
23903	전남 완도군	기부식품 제공사업	30,000	주민복지과	1	2	7	8	7	5	1	3
23904	전남 완도군	노인회 지원 사업	78,600	주민복지과	1	4	7	8	7	1	1	1
23905	전남 완도군	경로당순회프로그램	44,499	주민복지과	1	4	5	8	7	1	1	1
23906	전남 완도군	찾아가는 노인대학 운영	15,100	주민복지과	1	2	5	8	7	5	1	1
23907	전남 완도군	경로당순회프로그램관리자 인건비	29,399	주민복지과	1	2	5	8	7	5	1	1
23908	전남 완도군	해조류 유래 코로나-19 억제 효과 선행 연구지원	190,000	해양치유담당관	1	4	7	8	7	1	2	4
23909	전남 완도군	해양바이오산업 육성 심포지원 지원	50,000	해양치유담당관	1	4	7	8	1	1	1	4
23910	전남 완도군	2021 완도군 취약지 쓰레기 수거 지원사업 및 꽃길조성	12,000	환경산림과	1	4	7	8	7	5	5	4
23911	전남 완도군	임업후계자 대회 지원	1,600	환경산림과	1	1	7	8	7	1	1	4
23912	전남 완도군	어업인교육 및 후계인력관리	200,000	해양정책과	1	6	7	7	7	5	5	4
23913	전남 완도군	무인도 해양쓰레기 수거처리사업	30,000	해양정책과	1	7	7	7	7	5	5	4
23914	전남 완도군	불가사리 구제사업	30,000	해양정책과	1	7	7	7	7	5	5	4
23915	전남 완도군	수산경영 대학과정	141,266	해양정책과	1	2	7	7	7	5	5	4
23916	전남 완도군	바다지킴이 365기동대 운영사업	100,000	해양정책과	1	7	7	7	7	5	5	4
23917	전남 완도군	해양보호구역 관리사업	117,143	해양정책과	1	2	7	7	7	5	5	4

순번	시군구	지출명 (사업명)	2021년예산 (단위:천원/1년간)	담당자 (공무원) 담당부서	민간이전 분류 (지방자치단체 세출예산 집행기준에 의거) 1. 민간경상사업보조(307-02) 2. 민간단체 법정운영비보조(307-03) 3. 민간행사사업보조(307-04) 4. 민간위탁금(307-05) 5. 사회복지시설 법정운영비보조(307-10) 6. 민간인위탁교육비(307-12) 7. 공기관등에대한경상적위탁사업비(308-11) 8. 민간자본사업보조,자체재원(402-01) 9. 민간자본사업보조,이전재원(402-02) 10. 민간위탁사업비(402-03) 11. 공기관등에 대한 자본적 대행사업비(403-02)	민간이전지출 근거 (지방보조금 관리기준 참고) 1. 법률에 규정 2. 국고보조 재원(국가지정) 3. 용도 지정 기부금 4. 조례에 직접규정 5. 지자체가 권장하는 사업을 하는 공공기관 6. 시,도 정책 및 재정사정 7. 기타 8. 해당없음	입찰방식 계약체결방법 (경쟁형태) 1. 일반경쟁 2. 제한경쟁 3. 지명경쟁 4. 수의계약 5. 법정위탁 6. 기타 ( ) 7. 해당없음	입찰방식 계약기간 1. 1년 2. 2년 3. 3년 4. 4년 5. 5년 6. 기타 ( )년 7. 단기계약 (1년미만) 8. 해당없음	입찰방식 낙찰자선정방법 1. 적격심사 2. 협상에의한계약 3. 최저가낙찰제 4. 규격가격분리 5. 2단계 경쟁입찰 6. 기타 ( ) 7. 해당없음	운영예산 산정 운영예산 산정 1. 내부산정 (지자체 자체적으로 산정) 2. 외부산정 (외부전문기관위탁 산정) 3. 내·외부 모두 산정 4. 산정 無 5. 해당없음	운영예산 산정 정산방법 1. 내부정산 (지자체 내부적으로 정산) 2. 외부정산 (외부전문기관위탁 정산) 3. 내·외부 모두 산정 4. 정산 無 5. 해당없음	성과평가 실시여부 1. 실시 2. 미실시 3. 향후 추진 4. 해당없음
23918	전남 완도군	섬주민운임지원	409,200	해양정책과	1	2	7	7	7	5	5	4
23919	전남 완도군	어촌6차산업화지원-어촌체험마을	43,080	해양정책과	1	2	7	1	7	5	5	4
23920	전남 완도군	섬주민 생필품 지원	120,000	해양정책과	1	6	7	8	7	5	5	4
23921	전남 완도군	귀어가 지원	85,000	해양정책과	1	6	7	8	7	5	5	4
23922	전남 완도군	청년어촌정착지원	134,000	해양정책과	1	2	7	8	7	5	5	4
23923	전남 완도군	양식어장 청년고용지원	52,800	해양정책과	1	6	7	8	7	5	5	4
23924	전남 완도군	전복 먹이용 해조류 저장공급사업	250,000	해양정책과	1	7	7	8	7	5	5	4
23925	전남 완도군	어업인복지지원	124,800	해양정책과	1	2	7	8	7	5	5	4
23926	전남 완도군	도서지역 생활필수품 해상운송비 지원사업	531,000	해양정책과	1	2	7	8	7	5	5	4
23927	전남 완도군	신규어업인 멘토링 지원사업	20,000	해양정책과	1	6	7	8	7	5	5	4
23928	전남 완도군	완도군농업인단체 활동지원사업	8,000	농업기술센터	1	4	7	8	7	5	5	4
23929	전남 완도군	완도군농업인학습단체 육성사업	8,000	농업기술센터	1	4	7	8	7	5	5	4
23930	전남 완도군	벼 병해충 공동방제 사업	160,000	농업기술센터	1	4	7	8	7	5	5	4
23931	전남 완도군	농작물병해충방제비 지원	100,000	농업기술센터	1	2	7	8	7	5	5	4
23932	전남 완도군	청소년건전육성	58,400	여성가족과	1	2	7	4	7	3	1	1
23933	전남 완도군	꿈사다리 공부방 사업	52,716	여성가족과	1	2	7	8	7	3	1	1
23934	전남 완도군	꿈키움 드림 오케스트라 지원사업	48,000	여성가족과	1	2	7	8	7	3	1	1
23935	전남 완도군	여성단체연계 농특산물 판매촉진사업	2,750	여성가족과	1	2	7	8	7	3	1	1
23936	전남 완도군	농촌유학 지원사업	44,000	여성가족과	1	2	7	8	7	3	1	1
23937	전남 완도군	전일제 생활체육지도자 배치	116,928	체육진흥과	1	2	7	8	7	5	5	4
23938	전남 완도군	노인전담 생활체육지도자 급여	29,232	체육진흥과	1	2	7	8	7	5	5	4
23939	전남 완도군	군 우수선수 관리 및 육성지원	20,000	체육진흥과	1	1	7	8	7	5	5	4
23940	전남 완도군	유소년 체육 활성화 지원	12,000	체육진흥과	1	1	7	8	7	5	5	4
23941	전남 완도군	생활체육교실 사업 지원	8,000	체육진흥과	1	1	7	8	7	5	5	4
23942	전남 완도군	완도군장애인체육회 운영비	10,000	체육진흥과	1	6	7	8	7	5	5	4
23943	전남 완도군	완도군 장애인체육회 사무국장 인건비	24,000	체육진흥과	1	2	7	8	7	5	5	4
23944	전남 목포시	도 무형문화재 공개행사	7,600	도시문화재과	1	4	7	8	7	1	1	4
23945	전남 목포시	이매방 전통춤 전수관 운영지원	6,900	도시문화재과	1	4	7	8	7	1	1	1
23946	전남 목포시	민속연 만들기 및 날리기 체험	1,000	도시문화재과	1	4	7	8	7	1	1	1
23947	전남 목포시	전통문화 강강술래 전승교육 및 공연	10,000	도시문화재과	1	4	7	8	7	1	1	1
23948	전남 목포시	시민과 함께하는 연등문화 축제	18,000	도시문화재과	1	4	7	8	7	1	1	1
23949	전남 목포시	천연기념물 보호 및 관리	6,000	도시문화재과	1	4	7	8	7	1	1	1
23950	전남 목포시	목포문화재지킴이 활동사업	5,000	도시문화재과	1	4	7	8	7	1	1	1
23951	전남 목포시	근대 1축 3백 체험행사	2,500	도시문화재과	1	4	7	8	7	1	1	1
23952	전남 목포시	유달산 민속문화 발굴 및 복원	5,000	도시문화재과	1	4	7	8	7	1	1	1
23953	전남 목포시	옥단이와 함께하는 근대역사여행	45,000	도시문화재과	1	2	7	8	7	1	1	1
23954	전남 목포시	목포 개항장 시간여행	45,000	도시문화재과	1	2	7	8	7	1	1	1
23955	전남 목포시	비산업부문 사업장 온실가스 진단 컨설팅	24,880	환경보호과	1	2	7	8	7	3	3	4
23956	전남 목포시	환경교육사업	20,000	환경보호과	1	4	7	8	7	3	3	1
23957	전남 목포시	푸른목포가꾸기사업	21,500	환경보호과	1	4	7	8	7	3	3	1
23958	전남 목포시	목포문화원 사업활동비 지원	31,500	문화예술과	1	6	7	8	7	1	1	1
23959	전남 목포시	목포문화원 문화학교 운영	5,400	문화예술과	1	6	7	8	7	1	1	1
23960	전남 목포시	목포시민을 위한 동양고전 강좌	4,000	문화예술과	1	6	7	8	7	1	1	1
23961	전남 목포시	목포문화재단 계간지 "예향" 발간	11,000	문화예술과	1	4	7	8	7	1	1	1
23962	전남 목포시	목포문화재단 문화교육 사랑방 운영	9,000	문화예술과	1	4	7	8	7	1	1	1
23963	전남 목포시	문화가 있는 날 "예향문화나들이" 사업	9,000	문화예술과	1	4	7	8	7	1	1	1
23964	전남 목포시	2021년 문화의 날 기념행사	9,000	문화예술과	1	4	7	8	7	1	1	1
23965	전남 목포시	목포문화재단 문학목포 발간	6,000	문화예술과	1	4	7	8	7	1	1	1
23966	전남 목포시	목포인권영화제 개최	15,000	문화예술과	1	4	7	8	7	1	1	1
23967	전남 목포시	예비문화도시 추진사업	150,000	문화예술과	1	4	7	8	7	1	1	1
23968	전남 목포시	시립도서관 개관시간 연장	106,518	문화예술과	1	2	7	8	7	5	3	3

순번	시군구	지출명 (사업명)	2021년예산 (단위:천원/1년간)	담당자 (공무원)	민간이전 분류 (지방자치단체 세출예산 집행기준에 의거)	민간이전지출 근거 (지방보조금 관리기준 참고)	입찰방식			운영예산 산정		성과평가 실시여부
				담당부서	1. 민간경상사업보조(307-02) 2. 민간단체 법정운영비보조(307-03) 3. 민간행사사업보조(307-04) 4. 민간위탁금(307-05) 5. 사회복지시설 법정운영비보조(307-10) 6. 민간인위탁교육비(307-12) 7. 공기관등에대한경상적위탁사업비(308-11) 8. 민간자본사업보조,자체재원(402-01) 9. 민간자본사업보조,이전재원(402-02) 10. 민간위탁사업비(402-03) 11. 공기관등에 대한 자본적 대행사업비(403-02)	1. 법률에 규정 2. 국고보조 재원(국가지정) 3. 용도 지정 기부금 4. 조례에 직접규정 5. 지자체가 권장하는 사업을 하는 공공기관 6. 시,도 정책 및 재정사정 7. 기타 8. 해당없음	계약체결방법 (경쟁형태) 1. 일반경쟁 2. 제한경쟁 3. 지명경쟁 4. 수의계약 5. 법정위탁 6. 기타 ( ) 7. 해당없음	계약기간 1. 1년 2. 2년 3. 3년 4. 4년 5. 5년 6. 기타 ( )년 7. 단기계약 (1년미만) 8. 해당없음	낙찰자선정방법 1. 적격심사 2. 협상에의한계약 3. 최저가낙찰제 4. 규격가격분리 5. 2단계 경쟁입찰 6. 기타 ( ) 7. 해당없음	운영예산 산정 1. 내부산정 (지자체 자체적으로 산정) 2. 외부산정 (외부전문기관위탁 산정) 3. 내·외부 모두 산정 4. 산정 無 5. 해당없음	정산방법 1. 내부정산 (지자체 내부적으로 정산) 2. 외부정산 (외부전문기관위탁 정산) 3. 내·외부 모두 산정 4. 정산 無 5. 해당없음	1. 실시 2. 미실시 3. 향후 추진 4. 해당없음
23969	전남 목포시	시립도서관 문화학교 운영	5,000	문화예술과	1	4	7	8	7	1	1	3
23970	전남 목포시	작은도서관 활성화 사업	133,212	문화예술과	1	4	7	8	7	1	1	1
23971	전남 목포시	서거12주기 및 김대중 평화캠프 행사개최 지원	9,000	문화예술과	1	4	7	8	7	1	1	1
23972	전남 목포시	국악분야 예술강사지원사업	136,634	문화예술과	1	2	7	8	7	5	5	4
23973	전남 목포시	제19회 전남 동.서 문화교류전 아름다운동행	2,500	문화예술과	1	1	7	8	7	1	1	1
23974	전남 목포시	목포-청주 예술교류전 개최	8,000	문화예술과	1	1	7	8	7	1	1	1
23975	전남 목포시	제61회 목포예술제 개최	16,000	문화예술과	1	1	7	8	7	1	1	1
23976	전남 목포시	찾아가는 토요예술행사	5,000	문화예술과	1	1	7	8	7	1	1	1
23977	전남 목포시	노을공원에서 만나요	1,500	문화예술과	1	1	7	8	7	1	1	1
23978	전남 목포시	해넘이 송년 한마당	1,500	문화예술과	1	1	7	8	7	1	1	1
23979	전남 목포시	김영자화백 탄생 100주년 기념 전시회	10,000	문화예술과	1	1	7	8	7	1	1	1
23980	전남 목포시	제8회 국도1호선 독립영화제	6,000	문화예술과	1	1	7	8	7	1	1	1
23981	전남 목포시	제33회 전국국악경연대회 개최	31,000	문화예술과	1	1	7	8	7	1	1	1
23982	전남 목포시	제43회 남도국악제 참가	3,500	문화예술과	1	1	7	8	7	1	1	1
23983	전남 목포시	무용공연 "목포 춤 나들이"	1,500	문화예술과	1	1	7	8	7	1	1	1
23984	전남 목포시	제61회 목포예술제 전국무용경연대회	7,000	문화예술과	1	1	7	8	7	1	1	1
23985	전남 목포시	제39회 목포연극제 개최	2,000	문화예술과	1	1	7	8	7	1	1	1
23986	전남 목포시	제61회 목포학생연극경연대회 개최	2,000	문화예술과	1	1	7	8	7	1	1	1
23987	전남 목포시	제39회 전남연극제 참가	3,000	문화예술과	1	1	7	8	7	1	1	1
23988	전남 목포시	제31회 전남청소년연극제 참가	3,000	문화예술과	1	1	7	8	7	1	1	1
23989	전남 목포시	제35회 미술인의 밤 및 시상식	2,000	문화예술과	1	1	7	8	7	1	1	1
23990	전남 목포시	목포-영주 미술교류전 및 세미나	6,500	문화예술과	1	1	7	8	7	1	1	1
23991	전남 목포시	유달산시민사생대회	5,000	문화예술과	1	1	7	8	7	1	1	1
23992	전남 목포시	전국학생 바다사생대회	9,000	문화예술과	1	1	7	8	7	1	1	1
23993	전남 목포시	국도1호선 목포-익산-세종 평화미술교류전	20,000	문화예술과	1	1	7	8	7	1	1	1
23994	전남 목포시	학생음악회	1,500	문화예술과	1	1	7	8	7	1	1	1
23995	전남 목포시	제47회 목포음악협회 정기연주회	1,000	문화예술과	1	1	7	8	7	1	1	1
23996	전남 목포시	관광목포 예술의 향기여행	4,000	문화예술과	1	1	7	8	7	1	1	1
23997	전남 목포시	만수무강! 실버인생 파이팅	1,000	문화예술과	1	1	7	8	7	1	1	1
23998	전남 목포시	목포시민 노래자랑	2,000	문화예술과	1	1	7	8	7	1	1	1
23999	전남 목포시	목포전국사진촬영대회 개최	14,000	문화예술과	1	1	7	8	7	1	1	1
24000	전남 목포시	목포 사진 축전(동.서화합 교류전)	2,500	문화예술과	1	1	7	8	7	1	1	1
24001	전남 목포시	제20회 전국학생(초.중.고) 서예공모대회 개최	4,500	문화예술과	1	1	7	8	7	1	1	1
24002	전남 목포시	제26회 목포서협전-동서교류전	1,000	문화예술과	1	1	7	8	7	1	1	1
24003	전남 목포시	제31회 도민합창경연대회참가	500	문화예술과	1	1	7	8	7	1	1	1
24004	전남 목포시	제31회 도민합창경연대회참가	500	문화예술과	1	1	7	8	7	1	1	1
24005	전남 목포시	창립 35주년 기념 제21회 전라남도수석인연합회원전	2,000	문화예술과	1	1	7	8	7	1	1	1
24006	전남 목포시	전라남도수석인 총연합회 회원전	1,200	문화예술과	1	1	7	8	7	1	1	1
24007	전남 목포시	남도판소리한마당	3,600	문화예술과	1	1	7	8	7	1	1	1
24008	전남 목포시	2021 김대중평화문화제	5,800	문화예술과	1	1	7	8	7	1	1	1
24009	전남 목포시	제7회 대한민국평화서예대전개최	1,800	문화예술과	1	1	7	8	7	1	1	1
24010	전남 목포시	2020 PAR '예술이 나들이갑니다'	2,000	문화예술과	1	1	7	8	7	1	1	1
24011	전남 목포시	2021 목포열린음악회	3,000	문화예술과	1	1	7	8	7	1	1	1
24012	전남 목포시	삼목회-청주자연미술협회교류전	3,000	문화예술과	1	1	7	8	7	1	1	1
24013	전남 목포시	제12회 환경미협전 '자연과사람'	2,700	문화예술과	1	1	7	8	7	1	1	1
24014	전남 목포시	한여름밤의 댄스 페스티벌	4,000	문화예술과	1	1	7	8	7	1	1	1
24015	전남 목포시	해설이있는 무용공연	4,000	문화예술과	1	1	7	8	7	1	1	1
24016	전남 목포시	목포남성합창단 제26회 정기연주회	1,800	문화예술과	1	1	7	8	7	1	1	1
24017	전남 목포시	석고마임 퍼포먼스	2,000	문화예술과	1	1	7	8	7	1	1	1
24018	전남 목포시	디사이플챔버오케스트라 정기연주회	3,600	문화예술과	1	1	7	8	7	1	1	1
24019	전남 목포시	목포여성작가 정기회원전	3,000	문화예술과	1	1	7	8	7	1	1	1

순번	시군구	지출명 (사업명)	2021년예산 (단위:천원/1년간)	담당자 (공무원) 담당부서	민간이전 분류 (지방자치단체 세출예산 집행기준에 의거) 1. 민간경상사업보조(307-02) 2. 민간단체 법정운영비보조(307-03) 3. 민간행사사업보조(307-04) 4. 민간위탁금(307-05) 5. 사회복지시설 법정운영비보조(307-10) 6. 민간인위탁교육비(307-12) 7. 공기관등에대한경상적위탁사업비(308-11) 8. 민간자본사업보조,자체재원(402-01) 9. 민간자본사업보조,이전재원(402-02) 10. 민간위탁사업비(402-03) 11. 공기관등에 대한 자본적 대행사업비(403-02)	민간이전지출 근거 (지방보조금 관리기준 참고) 1. 법률에 규정 2. 국고보조 재원(국가지정) 3. 용도 지정 기부금 4. 조례에 직접규정 5. 지자체가 권장하는 사업을 하는 공공기관 6. 시,도 정책 및 재정사정 7. 기타 8. 해당없음	입찰방식 계약체결방법 (경쟁형태) 1. 일반경쟁 2. 제한경쟁 3. 지명경쟁 4. 수의계약 5. 법정위탁 6. 기타 ( ) 7. 해당없음	입찰방식 계약기간 1. 1년 2. 2년 3. 3년 4. 4년 5. 5년 6. 기타 ( )년 7. 단기계약 (1년미만) 8. 해당없음	입찰방식 낙찰자선정방법 1. 적격심사 2. 협상에의한계약 3. 최저가낙찰제 4. 규격가격분리 5. 2단계 경쟁입찰 6. 기타 ( ) 7. 해당없음	운영예산 산정 운영예산 산정 1. 내부산정 (지자체 자체적으로 산정) 2. 외부산정 (외부전문기관위탁 산정) 3. 내·외부 모두 산정 4. 산정 無 5. 해당없음	운영예산 산정 정산방법 1. 내부정산 (지자체 내부적으로 정산) 2. 외부정산 (외부전문기관위탁 정산) 3. 내·외부 모두 산정 4. 정산 無 5. 해당없음	성과평가 실시여부 1. 실시 2. 미실시 3. 향후 추진 4. 해당없음
24020	전남 목포시	국민인형극장	1,500	문화예술과	1	1	7	8	7	1	1	1
24021	전남 목포시	어르신을 위한 무용 공연	1,350	문화예술과	1	1	7	8	7	1	1	1
24022	전남 목포시	플라멩코 정기공연	1,350	문화예술과	1	1	7	8	7	1	1	1
24023	전남 목포시	제8회 목포 명인명창 국악향연	8,000	문화예술과	1	1	7	8	7	1	1	1
24024	전남 목포시	제15회 한중서화국제교류전	15,000	문화예술과	1	1	7	8	7	1	1	1
24025	전남 목포시	제15회 대한민국남농미술대전	36,000	문화예술과	1	1	7	8	7	1	1	1
24026	전남 목포시	2021 난영가요제	60,000	문화예술과	1	1	7	8	7	1	1	1
24027	전남 목포시	제16회 우봉이매방춤 전국무용경연대회 개최	16,000	문화예술과	1	1	7	8	7	1	1	1
24028	전남 목포시	제65회 호남예술제 개최	8,100	문화예술과	1	1	7	8	7	1	1	1
24029	전남 목포시	제14회 코리아모던아트페어스페셜 개최(2019 KOMAS)	9,000	문화예술과	1	1	7	8	7	1	1	1
24030	전남 목포시	2021 목포항구음악회	45,000	문화예술과	1	1	7	8	7	1	1	1
24031	전남 목포시	목포필묵회-경산 서화 교류전	2,700	문화예술과	1	1	7	8	7	1	1	1
24032	전남 목포시	제9회 심미포토사진전 개최	2,700	문화예술과	1	1	7	8	7	1	1	1
24033	전남 목포시	젊은 춤 작가전	3,000	문화예술과	1	1	7	8	7	1	1	1
24034	전남 목포시	제6회 평화통일전국무용경연대회	6,000	문화예술과	1	1	7	8	7	1	1	1
24035	전남 목포시	제7회 한국춘란엽예품 전시회	3,000	문화예술과	1	1	7	8	7	1	1	1
24036	전남 목포시	새기고 만지고 느끼는 전통서각	2,000	문화예술과	1	1	7	8	7	1	1	1
24037	전남 목포시	오거리문화예술협회 정기회원전 및 공연개최	1,800	문화예술과	1	1	7	8	7	1	1	1
24038	전남 목포시	문화가 있는 콘서트	1,800	문화예술과	1	1	7	8	7	1	1	1
24039	전남 목포시	시문학회 목판시화 및 깃발시화 전시	3,000	문화예술과	1	1	7	8	7	1	1	1
24040	전남 목포시	문화예술회관 데크 시판화	2,000	문화예술과	1	1	7	8	7	1	1	1
24041	전남 목포시	제6회 인성나눔 교육공모전 및 전국그림그리기 대회	2,000	문화예술과	1	1	7	8	7	1	1	1
24042	전남 목포시	상동뜨락음악회	4,000	문화예술과	1	1	7	8	7	1	1	1
24043	전남 목포시	부흥동어울마당축제	4,000	문화예술과	1	1	7	8	7	1	1	1
24044	전남 목포시	하당동 푸른숲 행복마을 음악회	4,000	문화예술과	1	1	7	8	7	1	1	1
24045	전남 목포시	연산푸른음악회	7,000	문화예술과	1	1	7	8	7	1	1	1
24046	전남 목포시	신흥동 벚꽃나들이 축제 및 작은음악회	4,000	문화예술과	1	1	7	8	7	1	1	1
24047	전남 목포시	삼향동풍년문화축제	4,000	문화예술과	1	1	7	8	7	1	1	1
24048	전남 목포시	북항노을축제	7,000	문화예술과	1	1	7	8	7	1	1	1
24049	전남 목포시	목포예총 경상운영비	29,960	문화예술과	1	1	7	8	7	1	1	1
24050	전남 목포시	문화예술활동 및 각종 회원 전시전 육성 지원	150,000	문화예술과	1	1	7	8	7	1	1	1
24051	전남 목포시	신선미술관 운영지원	22,000	문화예술과	1	1	7	8	7	1	1	4
24052	전남 목포시	갓바위미술관 운영지원	22,000	문화예술과	1	1	7	8	7	1	1	4
24053	전남 목포시	경훈미술관 운영지원	22,000	문화예술과	1	1	7	8	7	1	1	4
24054	전남 목포시	지방의료원 정보화 지원	40,000	보건위생과	1	2	7	8	7	1	1	4
24055	전남 목포시	공공보건의료 협력체계 구축	365,000	보건위생과	1	2	7	8	7	1	1	4
24056	전남 목포시	지역관광추진조직(DMO)육성지원사업	100,000	관광거점도시추진단	1	2	7	8	7	5	5	4
24057	전남 목포시	공동주택수목전지및 부산물처리	50,000	건축행정과	1	4	7	8	7	5	1	4
24058	전남 목포시	공동주택보안등전기료지원	100,000	건축행정과	1	8	7	8	7	5	1	4
24059	전남 목포시	공동주택전자투표비용지원	8,500	건축행정과	1	8	7	8	7	5	1	4
24060	전남 목포시	2021 학교 밖 생활과학교실 운영 사업	10,000	교육체육과	1	4	7	8	7	3	3	1
24061	전남 목포시	초등학교 안과검진 사업	10,000	교육체육과	1	4	7	8	7	3	3	1
24062	전남 목포시	중국어 체험마을	18,000	교육체육과	1	4	7	8	7	3	3	1
24063	전남 목포시	2021 전남 창의도전 페스티벌	20,000	교육체육과	1	4	7	8	7	3	3	1
24064	전남 목포시	목포교육사랑여성모임 활동 지원	10,000	교육체육과	1	4	7	8	7	3	3	1
24065	전남 목포시	목포유초중고등학교 운영위원연합회 활동 지원	10,000	교육체육과	1	4	7	8	7	3	3	1
24066	전남 목포시	목포국학원 활동 지원	3,000	교육체육과	1	4	7	8	7	3	3	1
24067	전남 목포시	시체육회 (국제 및 전국) 대회개최	117,500	교육체육과	1	4	7	8	7	3	3	1
24068	전남 목포시	목포아시아육상투척경기대회 겸 목포전국육상투척경기대회 개최	55,000	교육체육과	1	4	7	8	7	3	3	1
24069	전남 목포시	6.15 공동선언 국민화합 전국생활체육축구대회	13,000	교육체육과	1	4	7	8	7	3	3	1
24070	전남 목포시	목포유달산 봄축제 기념 전국배드민턴대회	18,000	교육체육과	1	4	7	8	7	3	3	1

순번	시군구	지출명 (사업명)	2021년예산 (단위:천원/1년간)	담당자 (공무원) 담당부서	민간이전 분류 (지방자치단체 세출예산 집행기준에 의거) 1. 민간경상사업보조(307-02) 2. 민간단체 법정운영비보조(307-03) 3. 민간행사사업보조(307-04) 4. 민간위탁금(307-05) 5. 사회복지시설 법정운영비보조(307-10) 6. 민간인위탁교육비(307-12) 7. 공기관등에대한경상적위탁사업비(308-11) 8. 민간자본사업보조,자체재원(402-01) 9. 민간자본사업보조,이전재원(402-02) 10. 민간위탁사업비(402-03) 11. 공기관등에 대한 자본적 대행사업비(403-02)	민간이전지출 근거 (지방보조금 관리기준 참고) 1. 법률에 규정 2. 국고보조 재원(국가지정) 3. 용도 지정 기부금 4. 조례에 직접규정 5. 지자체가 권장하는 사업을 하는 공공기관 6. 시,도 정책 및 재정사정 7. 기타 8. 해당없음	입찰방식 계약체결방법 (경쟁형태) 1. 일반경쟁 2. 제한경쟁 3. 지명경쟁 4. 수의계약 5. 법정위탁 6. 기타 ( ) 7. 해당없음	입찰방식 계약기간 1. 1년 2. 2년 3. 3년 4. 4년 5. 5년 6. 기타 ( )년 7. 단기계약 (1년미만) 8. 해당없음	입찰방식 낙찰자선정방법 1. 적격심사 2. 협상에의한계약 3. 최저가낙찰제 4. 규격가격분리 5. 2단계 경쟁입찰 6. 기타 ( ) 7. 해당없음	운영예산 산정 운영예산 산정 1. 내부산정 (지자체 자체적으로 산정) 2. 외부산정 (외부전문기관위탁 산정) 3. 내·외부 모두 산정 4. 산정 無 5. 해당없음	운영예산 산정 정산방법 1. 내부정산 (지자체 내부적으로 정산) 2. 외부정산 (외부전문기관위탁 정산) 3. 내·외부 모두 산정 4. 정산 無 5. 해당없음	성과평가 실시여부 1. 실시 2. 미실시 3. 향후 추진 4. 해당없음
24071	전남 목포시	갓바위배 전국당구대회 개최	30,000	교육체육과	1	4	7	8	7	3	3	1
24072	전남 목포시	목포시협회장배 전남(전국단위규모) 보디빌딩 대회	1,500	교육체육과	1	4	7	8	7	5	5	4
24073	전남 목포시	시체육회 (목포시장기·배) 대회개최	156,000	교육체육과	1	4	7	8	7	3	3	1
24074	전남 목포시	목포시장기 교육장배 초·중학교 축구대회	15,000	교육체육과	1	4	7	8	7	3	3	1
24075	전남 목포시	목포시장배 전국스포츠클라이밍대회 개최	15,000	교육체육과	1	4	7	8	7	3	3	1
24076	전남 목포시	목포시장배 전남소프트테니스(정구)대회 개최	5,000	교육체육과	1	4	7	8	7	3	3	1
24077	전남 목포시	목포시장배 전국유도대회 개최	9,000	교육체육과	1	4	7	8	7	3	3	1
24078	전남 목포시	목포시장기 검도대회 개최	7,000	교육체육과	1	4	7	8	7	3	3	1
24079	전남 목포시	목포시장배 바둑대회 개최	6,000	교육체육과	1	4	7	8	7	3	3	1
24080	전남 목포시	목포시장배 태권도대회 개최	9,000	교육체육과	1	4	7	8	7	3	3	1
24081	전남 목포시	목포시장기 야구대회 개최	5,000	교육체육과	1	4	7	8	7	3	3	1
24082	전남 목포시	목포시장기 동호인테니스대회 개최	10,000	교육체육과	1	4	7	8	7	3	3	1
24083	전남 목포시	목포시장배 전국파크골프대회 개최	9,000	교육체육과	1	4	7	8	7	3	3	1
24084	전남 목포시	목포시장배 종합체육대회 개최	55,000	교육체육과	1	4	7	8	7	3	3	1
24085	전남 목포시	목포시장배 전국댄스스포츠대회 개최	5,000	교육체육과	1	4	7	8	7	3	3	1
24086	전남 목포시	목포시장배 조손가정돕기우에타이국제전	5,000	교육체육과	1	4	7	8	7	3	3	1
24087	전남 목포시	목포시장기 육상대회 개최	1,000	교육체육과	1	4	7	8	7	5	5	4
24088	전남 목포시	시체육회 (협회장기 외) 대회개최	130,500	교육체육과	1	4	7	8	7	3	3	1
24089	전남 목포시	목포시 I-League(유·청소년 축구대회) 개최	27,000	교육체육과	1	4	7	8	7	3	3	1
24090	전남 목포시	5.18 민중항쟁 기념 축구대회 개최	5,000	교육체육과	1	4	7	8	7	3	3	1
24091	전남 목포시	목포유달산배 전남·광주 생활체육테니스대회 개최	5,000	교육체육과	1	4	7	8	7	3	3	1
24092	전남 목포시	목포시 유·초·중·고등학교 운영위원 연합회장기 한마음 배구대회	3,000	교육체육과	1	4	7	8	7	3	3	1
24093	전남 목포시	목포유달산배 및 협회장기 배구대회 개최	7,000	교육체육과	1	4	7	8	7	3	3	1
24094	전남 목포시	시니어 및 신인부 한마음 배드민턴 대회 개최	10,000	교육체육과	1	4	7	8	7	3	3	1
24095	전남 목포시	유달산배 전국오픈탁구대회 개최	4,000	교육체육과	1	4	7	8	7	3	3	1
24096	전남 목포시	전태홍 추모배 파크골프 대회 개최	4,000	교육체육과	1	4	7	8	7	3	3	1
24097	전남 목포시	유달산배 전남우수클럽초청 족구대회 개최	2,000	교육체육과	1	4	7	8	7	3	3	1
24098	전남 목포시	한국 라켓볼복식선수권대회 개최	2,000	교육체육과	1	4	7	8	7	3	3	1
24099	전남 목포시	목포시체육회장배 축구대회 개최	12,000	교육체육과	1	4	7	8	7	3	3	1
24100	전남 목포시	유달기 축구대회 개최	4,500	교육체육과	1	4	7	8	7	3	3	1
24101	전남 목포시	목포시체육회장배 탁구대회 개최	2,000	교육체육과	1	4	7	8	7	3	3	1
24102	전남 목포시	목포시협회장배 줄넘기대회 개최	1,500	교육체육과	1	4	7	8	7	3	3	1
24103	전남 목포시	전남서남부 15개시군 게이트볼대회 개최	8,000	교육체육과	1	4	7	8	7	3	3	1
24104	전남 목포시	전남서남부 16개정 친선 남여궁도대회 개최	4,500	교육체육과	1	4	7	8	7	3	3	1
24105	전남 목포시	목포시당구연맹 정기평가전 개최	1,500	교육체육과	1	4	7	8	7	3	3	1
24106	전남 목포시	목포시 종별 학생(초·중·고) 볼링대회 개최	5,000	교육체육과	1	4	7	8	7	3	3	1
24107	전남 목포시	목포시국학기공협회장배 국학기공대회 개최	1,500	교육체육과	1	4	7	8	7	3	3	1
24108	전남 목포시	목포시낚시협회장배 낚시대회 개최	1,000	교육체육과	1	4	7	8	7	3	3	1
24109	전남 목포시	목포시농구협회장배 농구대회 개최	3,500	교육체육과	1	4	7	8	7	3	3	1
24110	전남 목포시	실버힐링레크리에이션축제 개최	1,500	교육체육과	1	4	7	8	7	3	3	1
24111	전남 목포시	목포시배구협회 클럽리그전 개최	5,000	교육체육과	1	4	7	8	7	3	3	1
24112	전남 목포시	목포시벨리댄스연맹 벨리댄스대회 개최	1,500	교육체육과	1	4	7	8	7	3	3	1
24113	전남 목포시	목포유달산신제 개최	2,000	교육체육과	1	4	7	8	7	3	3	1
24114	전남 목포시	목포시 밀리터리서바이벌 페스티벌 개최	2,000	교육체육과	1	4	7	8	7	3	3	1
24115	전남 목포시	목포시협회장배 소프트테니스대회 개최	1,500	교육체육과	1	4	7	8	7	3	3	1
24116	전남 목포시	목포시요가협회장배 아사나대회 개최	500	교육체육과	1	4	7	8	7	3	3	1
24117	전남 목포시	목포시협회장기 체조대회 개최	1,500	교육체육과	1	4	7	8	7	3	3	1
24118	전남 목포시	목포시협회장기 합기도대회 개최	1,000	교육체육과	1	4	7	8	7	3	3	1
24119	전남 목포시	시체육회 대회출전	285,000	교육체육과	1	4	7	8	7	3	3	1
24120	전남 목포시	전라남도체육대회 출전	168,000	교육체육과	1	4	7	8	7	3	3	1
24121	전남 목포시	전라남도민 생활체육대축전 출전	80,000	교육체육과	1	4	7	8	7	3	3	1

순번	시군구	지출명 (사업명)	2021년예산 (단위:천원/1년간)	담당자 (공무원) 담당부서	민간이전 분류 (지방자치단체 세출예산 집행기준에 의거) 1. 민간경상사업보조(307-02) 2. 민간단체 법정운영비보조(307-03) 3. 민간행사사업보조(307-04) 4. 민간위탁금(307-05) 5. 사회복지시설 법정운영비보조(307-10) 6. 민간인위탁교육비(307-12) 7. 공기관등에대한경상적위탁사업비(308-11) 8. 민간자본사업보조,자체재원(402-01) 9. 민간자본사업보조,이전재원(402-02) 10. 민간위탁사업비(402-03) 11. 공기관등에 대한 자본적 대행사업비(403-02)	민간이전지출 근거 (지방보조금 관리기준 참고) 1. 법률에 규정 2. 국고보조 재원(국가지정) 3. 용도 지정 기부금 4. 조례에 직접규정 5. 지자체가 권장하는 사업을 하는 공공기관 6. 시,도 정책 및 재정사정 7. 기타 8. 해당없음	입찰방식: 계약체결방법 (경쟁형태) 1. 일반경쟁 2. 제한경쟁 3. 지명경쟁 4. 수의계약 5. 법정위탁 6. 기타 ( ) 7. 해당없음	입찰방식: 계약기간 1. 1년 2. 2년 3. 3년 4. 4년 5. 5년 6. 기타 ( )년 7. 단기계약 (1년미만) 8. 해당없음	입찰방식: 낙찰자선정방법 1. 적격심사 2. 협상에의한계약 3. 최저가낙찰제 4. 규격가격분리 5. 2단계 경쟁입찰 6. 기타 ( ) 7. 해당없음	운영예산 산정: 운영예산 산정 1. 내부산정 (지자체 자체적으로 산정) 2. 외부산정 (외부전문기관위탁 산정) 3. 내·외부 모두 산정 4. 산정 無 5. 해당없음	운영예산 산정: 정산방법 1. 내부정산 (지자체 내부적으로 정산) 2. 외부정산 (외부전문기관위탁 정산) 3. 내·외부 모두 산정 4. 정산 無 5. 해당없음	성과평가 실시여부 1. 실시 2. 미실시 3. 향후 추진 4. 해당없음
24122	전남 목포시	전라남도 어르신생활체육대축전 출전	10,000	교육체육과	1	4	7	8	7	3	3	1
24123	전남 목포시	전라남도 어린이생활체육대축전 출전	1,000	교육체육과	1	4	7	8	7	3	3	1
24124	전남 목포시	영·호남 자매도시 초청 친선생활체육대회 출전	15,000	교육체육과	1	4	7	8	7	3	3	1
24125	전남 목포시	실버축구 출전비	3,000	교육체육과	1	4	7	8	7	3	3	1
24126	전남 목포시	여성축구 출전비	3,000	교육체육과	1	4	7	8	7	3	3	1
24127	전남 목포시	어르신게이트볼대회 출전비	5,000	교육체육과	1	4	7	8	7	3	3	1
24128	전남 목포시	기타 각종대회 개최 및 출전	100,000	교육체육과	1	4	7	8	7	5	5	4
24129	전남 목포시	각종대회 개최 및 출전비	100,000	교육체육과	1	4	7	8	7	3	3	1
24130	전남 목포시	장애인체육회 대회 개최	45,000	교육체육과	1	4	7	8	7	3	3	1
24131	전남 목포시	영산강배 전국장애인조정대회 개최	5,000	교육체육과	1	4	7	8	7	3	3	1
24132	전남 목포시	목포시장기 장애인생활체육대회 개최	25,000	교육체육과	1	4	7	8	7	3	3	1
24133	전남 목포시	목포시장기 제·호·영 장애인파크골프 친선교류전 개최	5,000	교육체육과	1	4	7	8	7	3	3	1
24134	전남 목포시	영호남 친선교류대회 개최	10,000	교육체육과	1	4	7	8	7	3	3	1
24135	전남 목포시	장애인체육회 대회출전	138,000	교육체육과	1	4	7	8	7	5	5	4
24136	전남 목포시	전라남도 장애인체육대회 출전	90,000	교육체육과	1	4	7	8	7	3	3	1
24137	전남 목포시	전라남도 장애인생활체육대회 출전	10,000	교육체육과	1	4	7	8	7	3	3	1
24138	전남 목포시	전라남도 시각장애인체육대회 출전	3,500	교육체육과	1	4	7	8	7	3	3	1
24139	전남 목포시	전라남도 농아인체육대회 출전	5,000	교육체육과	1	4	7	8	7	3	3	1
24140	전남 목포시	서울 국제휠체어마라톤대회 출전	2,500	교육체육과	1	4	7	8	7	3	3	1
24141	전남 목포시	전국 장애인게이트볼대회 출전	2,000	교육체육과	1	4	7	8	7	3	3	1
24142	전남 목포시	가맹단체별 전국 장애인체육대회 출전	15,000	교육체육과	1	4	7	8	7	3	3	1
24143	전남 목포시	종목별 장애인생활체육대회 개최 및 출전	10,000	교육체육과	1	4	7	8	7	3	3	1
24144	전남 목포시	체육인의 밤 연말 표창 및 행사운영비	5,000	교육체육과	1	4	7	8	7	3	3	1
24145	전남 목포시	장애인체육인의 밤 연말 표창 및 행사운영비	5,000	교육체육과	1	4	7	8	7	3	3	1
24146	전남 목포시	생활체육교실 운영	23,000	교육체육과	1	4	7	8	7	3	3	1
24147	전남 목포시	생활체육 만남의 광장교실 운영	60,200	교육체육과	1	4	7	8	7	3	3	1
24148	전남 목포시	장애인 생활체육 건강증진사업	10,000	교육체육과	1	4	7	8	7	3	3	1
24149	전남 목포시	여학생 축구교실 운영	8,000	교육체육과	1	4	7	8	7	5	5	4
24150	전남 목포시	일반 생활체육지도자 배치 지원	87,696	교육체육과	1	2	7	8	7	3	3	1
24151	전남 목포시	어르신 생활체육지도자 배치 지원	160,776	교육체육과	1	2	7	8	7	3	3	1
24152	전남 목포시	장애인 생활체육지도자 배치 지원	58,464	교육체육과	1	2	7	8	7	3	3	1
24153	전남 목포시	김대중마라톤대회 개최	30,000	교육체육과	1	4	7	8	7	3	3	1
24154	전남 목포시	국민체력인증센터 운영 지원	41,250	교육체육과	1	2	7	8	7	3	3	1
24155	전남 목포시	동·하계 전지훈련 유치비	25,000	교육체육과	1	4	7	8	7	3	3	1
24156	전남 목포시	동·하계 전지훈련팀 인센티브 지원	20,000	교육체육과	1	4	7	8	7	3	3	1
24157	전남 목포시	자전거 이용 활성화 사업	6,300	건설과	1	1	4	1	1	1	1	1
24158	전남 목포시	상이군경회 호국순례	4,500	사회복지과	1	4	7	8	7	1	1	1
24159	전남 목포시	상이군경회 회원정기총회	3,780	사회복지과	1	4	7	8	7	1	1	1
24160	전남 목포시	전몰군경유족회 호국순례	3,330	사회복지과	1	4	7	8	7	1	1	1
24161	전남 목포시	전몰군경미망인회 호국순례	3,330	사회복지과	1	4	7	8	7	1	1	1
24162	전남 목포시	무공수훈자회 호국순례	2,700	사회복지과	1	4	7	8	7	1	1	1
24163	전남 목포시	무공수훈자회 보훈의 달 위로행사	800	사회복지과	1	4	7	8	7	1	1	1
24164	전남 목포시	무공수훈자회 중추절맞이 유가족 위로행사	800	사회복지과	1	4	7	8	7	1	1	1
24165	전남 목포시	고엽제전우회 창립 제21주년 기념행사	2,610	사회복지과	1	4	7	8	7	1	1	1
24166	전남 목포시	고엽제전우회 호국순례	5,400	사회복지과	1	4	7	8	7	1	1	1
24167	전남 목포시	고엽제전우회 환자후송차량 지원	3,600	사회복지과	1	4	7	8	7	1	1	1
24168	전남 목포시	6.25참전유공자회 호국순례	4,000	사회복지과	1	4	7	8	7	1	1	1
24169	전남 목포시	특수임무유공자회 호국순례	1,440	사회복지과	1	4	7	8	7	1	1	1
24170	전남 목포시	특수임무유공자회 목포항만일대 바다수중폐기물 정화활동	3,240	사회복지과	1	4	7	8	7	1	1	1
24171	전남 목포시	월남전참전자회 호국순례	3,240	사회복지과	1	4	7	8	7	1	1	1
24172	전남 목포시	월남전참전자회 다문화가족 결연행사	6,300	사회복지과	1	4	7	8	7	1	1	1

순번	시군구	지출명 (사업명)	2021년예산 (단위:천원/1년간)	담당자 (공무원)	민간이전 분류 (지방자치단체 세출예산 집행기준에 의거)	민간이전지출 근거 (지방보조금 관리기준 참고)	입찰방식			운영예산 산정		성과평가 실시여부
				담당부서	1. 민간경상사업보조(307-02) 2. 민간단체 법정운영비보조(307-03) 3. 민간행사사업보조(307-04) 4. 민간위탁금(307-05) 5. 사회복지시설 법정운영비보조(307-10) 6. 민간인위탁교육비(307-12) 7. 공기관등에대한경상적위탁사업비(308-11) 8. 민간자본사업보조,자체재원(402-01) 9. 민간자본사업보조,이전재원(402-02) 10. 민간위탁사업비(402-03) 11. 공기관등에 대한 자본적 대행사업비(403-02)	1. 법률에 규정 2. 국고보조 재원(국가지정) 3. 용도 지정 기부금 4. 조례에 직접규정 5. 지자체가 권장하는 사업을 하는 공공기관 6. 시,도 정책 및 재정사정 7. 기타 8. 해당없음	계약체결방법 (경쟁형태) 1. 일반경쟁 2. 제한경쟁 3. 지명경쟁 4. 수의계약 5. 법정위탁 6. 기타 ( ) 7. 해당없음	계약기간 1. 1년 2. 2년 3. 3년 4. 4년 5. 5년 6. 기타 ( )년 7. 단기계약 (1년미만) 8. 해당없음	낙찰자선정방법 1. 적격심사 2. 협상에의한계약 3. 최저가낙찰제 4. 규격가격분리 5. 2단계 경쟁입찰 6. 기타 ( ) 7. 해당없음	운영예산 산정 1. 내부산정 (지자체 자체적으로 산정) 2. 외부산정 (외부전문기관위탁 산정) 3. 내·외부 모두 산정 4. 산정 無 5. 해당없음	정산방법 1. 내부정산 (지자체 내부적으로 정산) 2. 외부정산 (외부전문기관위탁 정산) 3. 내·외부 모두 산정 4. 정산 無 5. 해당없음	1. 실시 2. 미실시 3. 향후 추진 4. 해당없음
24173	전남 목포시	4.19민주혁명회 나라사랑웅변대회	4,500	사회복지과	1	4	7	8	7	1	1	1
24174	전남 목포시	(사)5.18민주화운동부상자회(홍보물 배포)	1,890	사회복지과	1	4	7	8	7	1	1	1
24175	전남 목포시	(사)5.18구속부상자회 목포지회(평화통일 전진대회)	4,500	사회복지과	1	4	7	8	7	1	1	1
24176	전남 목포시	2021 보훈가족 행복나눔 열린음악회	2,000	사회복지과	1	4	7	8	7	1	1	1
24177	전남 목포시	축산물이력추적제 라벨지 지원사업	6,000	농업정책과	1	1	7	8	7	5	1	4
24178	전남 목포시	한우 등록 지원사업(60두)	420	농업정책과	1	1	7	8	7	5	1	4
24179	전남 목포시	축산물이력관리 지원(140두)	1,344	농업정책과	1	2	7	8	7	5	1	4
24180	전남 목포시	학교우유급식 지원사업	549,202	농업정책과	1	2	7	8	7	5	1	4
24181	전남 목포시	여성농어업인 행복바우처 지원	234,000	농업정책과	1	6	7	8	7	1	1	4
24182	전남 목포시	친환경 농자재지원	20,000	농업정책과	1	5	7	8	7	1	1	1
24183	전남 목포시	벼 못자리용 상토지원	7,000	농업정책과	1	5	7	8	7	1	1	1
24184	전남 목포시	유기질비료 지원(996톤)	81,492	농업정책과	1	2	7	8	7	1	1	4
24185	전남 목포시	토양개량제 공급(40톤)	10,300	농업정책과	1	2	7	8	7	1	1	4
24186	전남 목포시	유기질 비료 추가지원	42,500	농업정책과	1	6	7	8	7	1	1	4
24187	전남 목포시	전통시장 시장매니저 지원사업	8,160	농업정책과	1	2	7	8	7	2	2	4
24188	전남 목포시	시설원예 연작장해경감제 지원사업(1ha)	1,800	농업정책과	1	6	7	8	7	1	1	4
24189	전남 목포시	농촌여성 영농생활정보지 구독지원	4,920	농업정책과	1	6	4	1	5	5	3	2
24190	전남 목포시	농촌지도자회 신문 구독 지원	20,400	농업정책과	1	6	7	8	7	4	1	2
24191	전남 목포시	농촌여성 영농생활정보지 구독지원	5,100	농업정책과	1	6	4	1	5	5	3	2
24192	전남 목포시	농촌지도자회 육성사업 지원	2,400	농업정책과	1	4	7	8	7	1	1	2
24193	전남 목포시	로컬푸드 직매장 안전성 검사비 지원	24,310	농업정책과	1	6	7	8	7	1	1	4
24194	전남 목포시	어업자원관리 공동체 지원(자율관리어업공동체 도우미 지원) 사업	18,000	수산진흥과	1	1	7	8	7	1	1	1
24195	전남 목포시	수산물 소포장재 등 지원사업	54,000	수산진흥과	1	6	7	8	7	5	1	4
24196	전남 목포시	생물테러대비 지정감시 의료기관 운영비	2,520	건강증진과	1	2	6	1	6	5	1	4
24197	전남 목포시	의료관련감염병 표본감시체계 운영지원	28,000	건강증진과	1	2	6	1	6	5	1	4
24198	전남 목포시	의료기관 결핵환자 관리지원	105,987	건강증진과	1	2	7	8	7	1	1	4
24199	전남 목포시	의료기관 결핵환자 관리지원	105,987	건강증진과	1	2	7	8	7	1	1	4
24200	전남 목포시	의료기관 결핵환자 관리지원	105,987	건강증진과	1	2	7	8	7	1	1	4
24201	전남 목포시	사회적기업 일자리창출 사업(일반인력)	246,739	일자리청년정책과	1	7	4	1	7	1	1	1
24202	전남 목포시	사회적기업 육성(전문인력)	103,800	일자리청년정책과	1	7	4	1	7	1	1	1
24203	전남 목포시	사회적기업 사업개발비 지원	123,135	일자리청년정책과	1	7	4	1	7	1	1	1
24204	전남 목포시	사회적경제기업 시설장비구입비 지원	103,872	일자리청년정책과	1	7	4	1	7	1	1	1
24205	전남 목포시	사회적기업 사회보험료 지원	21,428	일자리청년정책과	1	7	4	1	7	1	1	1
24206	전남 목포시	사회적경제기업 고도화지원사업	27,200	일자리청년정책과	1	7	4	1	7	1	1	1
24207	전남 목포시	사회적기업 지역특화사업	25,440	일자리청년정책과	1	7	4	1	7	1	1	1
24208	전남 목포시	목포시 구인·구직 만남의 날	15,000	일자리청년정책과	1	7	4	1	7	1	1	1
24209	전남 목포시	소비자상담실 운영	17,280	지역경제과	1	1	7	8	7	1	1	1
24210	전남 목포시	목포시소상공인연합회 소상공인 경쟁력 강화 사업	30,000	지역경제과	1	4	7	8	7	1	1	1
24211	전남 목포시	산업단지 입주기업 기숙사 임차지원	54,500	지역경제과	1	2	7	8	7	1	1	1
24212	전남 목포시	노사민정 협력 활성화 사업	14,000	지역경제과	1	2	7	8	7	1	1	1
24213	전남 목포시	중소기업 융합교류회 국내외 정보교류활동지원	3,000	지역경제과	1	1	7	8	7	1	1	1
24214	전남 목포시	중소기업 산업재산권 출원등록 지원	10,000	지역경제과	1	4	7	8	7	1	1	1
24215	전남 목포시	수출업체지원	18,000	지역경제과	1	4	7	8	7	1	1	2
24216	전남 목포시	섬 주민 생필품 물류비 지원	12,500	해양항만과	1	6	7	8	7	1	1	4
24217	전남 목포시	도서지역 생활필수품 해상운송비 지원	20,000	해양항만과	1	2	7	8	7	1	1	4
24218	전남 목포시	목포항 국내외 홍보 마케팅	40,000	해양항만과	1	6	7	8	7	1	1	4
24219	전남 목포시	주민공모사업 추진	100,000	도시재생과	1	1	7	8	7	5	5	4
24220	전남 목포시	프로그램사업 지원	100,000	도시재생과	1	1	7	8	7	5	5	4
24221	전남 목포시	프로젝트팀 운영	15,000	도시재생과	1	1	7	8	7	5	5	4
24222	전남 목포시	마을 유지관리(마을관리 협동조합) 지원	20,000	도시재생과	1	1	7	8	7	5	5	4
24223	전남 여수시	영호남 장애인 문화체육 친선교류전	4,000	체육지원과	1	4	7	8	7	5	5	4

순번	시군구	지출명 (사업명)	2021년예산 (단위:천원/1년간)	담당자 (공무원)	민간이전 분류 (지방자치단체 세출예산 집행기준에 의거)	민간이전지출 근거 (지방보조금 관리기준 참고)	입찰방식			운영예산 산정		성과평가 실시여부
				담당부서	1. 민간경상사업보조(307-02) 2. 민간단체 법정운영비보조(307-03) 3. 민간행사사업보조(307-04) 4. 민간위탁금(307-05) 5. 사회복지시설 법정운영비보조(307-10) 6. 민간인위탁교육비(307-12) 7. 공기관등에대한경상적위탁사업비(308-11) 8. 민간자본사업보조,자체재원(402-01) 9. 민간자본사업보조,이전재원(402-02) 10. 민간위탁사업비(402-03) 11. 공기관등에 대한 자본적 대행사업비(403-02)	1. 법률에 규정 2. 국고보조 재원(국가지정) 3. 용도 지정 기부금 4. 조례에 직접규정 5. 지자체가 권장하는 사업을 하는 공공기관 6. 시,도 정책 및 재정사정 7. 기타 8. 해당없음	계약체결방법 (경쟁형태) 1. 일반경쟁 2. 제한경쟁 3. 지명경쟁 4. 수의계약 5. 법정위탁 6. 기타 ( ) 7. 해당없음	계약기간 1. 1년 2. 2년 3. 3년 4. 4년 5. 5년 6. 기타 ( )년 7. 단기계약 (1년미만) 8. 해당없음	낙찰자선정방법 1. 적격심사 2. 협상에의한계약 3. 최저가낙찰제 4. 규격가격분리 5. 2단계 경쟁입찰 6. 기타 ( ) 7. 해당없음	운영예산 산정 1. 내부산정 (지자체 자체적으로 산정) 2. 외부산정 (외부전문기관위탁 산정) 3. 내·외부 모두 산정 4. 산정 無 5. 해당없음	정산방법 1. 내부정산 (지자체 내부적으로 정산) 2. 외부정산 (외부전문기관위탁 정산) 3. 내·외부 모두 산정 4. 정산 無 5. 해당없음	1. 실시 2. 미실시 3. 향후 추진 4. 해당없음
24224	전남 여수시	시장기 장애인게이트볼대회	3,000	체육지원과	1	4	7	8	7	5	5	4
24225	전남 여수시	지역산업맞춤형 일자리창출지원 사업	500,000	산업지원과	1	2	6	1	6	3	1	3
24226	전남 여수시	여수산단 공동발전사업 추진	85,000	산업지원과	1	4	7	7	7	1	1	1
24227	전남 여수시	노사민정협력 활성화사업	40,000	산업지원과	1	4	5	1	7	1	1	1
24228	전남 여수시	여수지구촌사랑나눔회 해외의료봉사	30,000	투자박람회과	1	4	7	8	7	1	1	1
24229	전남 여수시	한중자매도시 국제친선탁구대회 출전	7,500	투자박람회과	1	4	7	8	7	1	1	1
24230	전남 여수시	한중일국제교류도시 바둑대회	5,000	투자박람회과	1	4	7	8	7	1	1	1
24231	전남 여수시	고령층 정보화 교육	7,000	정보통신과	1	4	7	8	7	5	5	1
24232	전남 여수시	장애인 정보화 교육	7,000	정보통신과	1	4	7	8	7	5	5	1
24233	전남 여수시	정보화마을 운영사업 지원	10,000	정보통신과	1	1	7	8	7	5	5	1
24234	전남 여수시	정보화마을 프로그램관리자 육성	54,804	정보통신과	1	1	7	8	7	5	5	1
24235	전남 여수시	여수 관광 홍보 프로그램 제작 지원	290,000	관광과	1	7	7	8	7	1	1	3
24236	전남 여수시	여수 365 아일랜드 청년유람단	20,250	관광과	1	7	7	8	7	1	1	3
24237	전남 여수시	찾아가는 여수관광 아카데미	20,000	관광과	1	7	7	8	7	1	1	1
24238	전남 여수시	여수문화원 운영지원	78,300	문화예술과	1	4	7	8	7	1	1	3
24239	전남 여수시	여수문화원 운영지원	10,000	문화예술과	1	4	7	8	7	1	1	3
24240	전남 여수시	학교예술강사 지원	128,098	문화예술과	1	2	7	8	7	1	1	3
24241	전남 여수시	전남 민속예술 축제	20,000	문화예술과	1	6	7	8	7	1	1	3
24242	전남 여수시	여수향교 제향	10,000	문화예술과	1	4	7	8	7	1	1	3
24243	전남 여수시	돌산향교 제향	10,000	문화예술과	1	4	7	8	7	1	1	3
24244	전남 여수시	충민사 제향	6,000	문화예술과	1	4	7	8	7	1	1	3
24245	전남 여수시	오충사 제향	6,000	문화예술과	1	4	7	8	7	1	1	3
24246	전남 여수시	삼황묘 제향	6,000	문화예술과	1	4	7	8	7	1	1	3
24247	전남 여수시	귤은선생 제향	1,500	문화예술과	1	4	7	8	7	1	1	3
24248	전남 여수시	이대원장군 제향	2,000	문화예술과	1	4	7	8	7	1	1	3
24249	전남 여수시	이충무공 탄신제, 휘신제 제향	10,000	문화예술과	1	4	7	8	7	1	1	3
24250	전남 여수시	서산사 제향	1,500	문화예술과	1	4	7	8	7	1	1	3
24251	전남 여수시	돌산읍 군내리 성황당 당제 및 농악행사	1,500	문화예술과	1	4	7	8	7	5	5	3
24252	전남 여수시	고락산 산신제	1,500	문화예술과	1	4	7	8	7	5	5	3
24253	전남 여수시	쌍봉동 당산제	2,500	문화예술과	1	4	7	8	7	5	5	3
24254	전남 여수시	전남 동서 예술문화 교류 행사	5,000	문화예술과	1	4	7	8	7	1	1	3
24255	전남 여수시	남도 국악제	5,000	문화예술과	1	4	7	8	7	1	1	3
24256	전남 여수시	여수 진남 전국 국악경연대회	60,000	문화예술과	1	4	7	8	7	1	1	3
24257	전남 여수시	광양만권 가족콘서트	25,000	문화예술과	1	7	7	8	7	1	1	3
24258	전남 여수시	도민 합창경연대회	3,000	문화예술과	1	4	7	8	7	1	1	3
24259	전남 여수시	전국장애인 합창대회 참가지원	4,000	문화예술과	1	4	7	8	7	5	5	3
24260	전남 여수시	사물놀이 등 국악육성사업	10,000	문화예술과	1	4	7	8	7	1	1	3
24261	전남 여수시	청소년 육성 지원	15,000	문화예술과	1	4	7	8	7	1	1	3
24262	전남 여수시	소외지역 청소년 오케스트라 악기 교육	3,000	문화예술과	1	4	7	8	7	5	5	3
24263	전남 여수시	시가 있는 장독대 조성	7,000	문화예술과	1	4	7	8	7	1	1	3
24264	전남 여수시	여수 100년의 영상기록	3,000	문화예술과	1	4	7	8	7	1	1	3
24265	전남 여수시	전남 무용제 참가	3,000	문화예술과	1	4	7	8	7	1	1	3
24266	전남 여수시	장애인과 함께하는 "아름다운 소풍"	4,500	문화예술과	1	4	7	8	7	5	5	3
24267	전남 여수시	향기 넘치는 역사교실	3,000	문화예술과	1	4	7	8	7	5	5	3
24268	전남 여수시	찾아가는 문화공연 제공	10,000	문화예술과	1	4	7	8	7	1	1	3
24269	전남 여수시	해양문학상 공모 및 작품집 발행	30,000	문화예술과	1	4	7	8	7	1	1	3
24270	전남 여수시	영호남(여수,마산) 미술교류전	4,000	문화예술과	1	4	7	8	7	1	1	3
24271	전남 여수시	문화예술 심포지엄	10,000	문화예술과	1	4	7	8	7	1	1	3
24272	전남 여수시	전남 연극제 참가	5,000	문화예술과	1	4	7	8	7	1	1	3
24273	전남 여수시	전남 청소년 연극제 참가	5,000	문화예술과	1	4	7	8	7	1	1	3
24274	전남 여수시	여수 학생 서예 문인화 공모전	3,000	문화예술과	1	4	7	8	7	5	5	3

순번	시군구	지출명 (사업명)	2021년예산 (단위:천원/1년간)	담당자 (공무원) 담당부서	민간이전 분류 (지방자치단체 세출예산 집행기준에 의거) 1. 민간경상사업보조(307-02) 2. 민간단체 법정운영비보조(307-03) 3. 민간행사사업보조(307-04) 4. 민간위탁금(307-05) 5. 사회복지시설 법정운영비보조(307-10) 6. 민간인위탁교육비(307-12) 7. 공기관등에대한경상적위탁사업비(308-11) 8. 민간자본사업보조,자체재원(402-01) 9. 민간자본사업보조,이전재원(402-02) 10. 민간위탁사업비(402-03) 11. 공기관등에 대한 자본적 대행사업비(403-02)	민간이전지출 근거 (지방보조금 관리기준 참고) 1. 법률에 규정 2. 국고보조 재원(국가지정) 3. 용도 지정 기부금 4. 조례에 직접규정 5. 지자체가 권장하는 사업을 하는 공공기관 6. 시,도 정책 및 재정사정 7. 기타 8. 해당없음	입찰방식 계약체결방법 (경쟁형태) 1. 일반경쟁 2. 제한경쟁 3. 지명경쟁 4. 수의계약 5. 법정위탁 6. 기타 ( ) 7. 해당없음	입찰방식 계약기간 1. 1년 2. 2년 3. 3년 4. 4년 5. 5년 6. 기타 ( )년 7. 단기계약 (1년미만) 8. 해당없음	입찰방식 낙찰자선정방법 1. 적격심사 2. 협상에의한계약 3. 최저가낙찰제 4. 규격가격분리 5. 2단계 경쟁입찰 6. 기타 ( ) 7. 해당없음	운영예산 산정 운영예산 산정 1. 내부산정 (지자체 자체적으로 산정) 2. 외부산정 (외부전문기관위탁 산정) 3. 내·외부 모두 산정 4. 산정 無 5. 해당없음	운영예산 산정 정산방법 1. 내부정산 (지자체 내부적으로 정산) 2. 외부정산 (외부전문기관위탁 정산) 3. 내·외부 모두 산정 4. 정산 無 5. 해당없음	성과평가 실시여부 1. 실시 2. 미실시 3. 향후 추진 4. 해당없음
24275	전남 여수시	여수 사진 전국 공모전	10,000	문화예술과	1	4	7	8	7	1	1	3
24276	전남 여수시	여수수필지 발간	3,000	문화예술과	1	4	7	8	7	5	5	3
24277	전남 여수시	여수예총지 발간	10,000	문화예술과	1	4	7	8	7	1	1	3
24278	전남 여수시	여수 문학집 발간	6,000	문화예술과	1	4	7	8	7	1	1	3
24279	전남 여수시	종합문예지 여수작가 발간	4,000	문화예술과	1	4	7	8	7	1	1	3
24280	전남 여수시	문화콘텐츠사업 추진	11,000	문화예술과	1	7	7	8	7	5	5	3
24281	전남 여수시	문화콘텐츠사업 추진	350,000	문화예술과	1	7	7	8	7	5	5	3
24282	전남 여수시	문화콘텐츠사업 추진	23,000	문화예술과	1	7	7	8	7	5	5	3
24283	전남 여수시	전통공예품 육성	15,000	문화예술과	1	7	1	1	2	1	1	3
24284	전남 여수시	전통공예품 육성	2,700	문화예술과	1	7	1	1	2	1	1	3
24285	전남 여수시	무형문화재 전수보조금	48,000	문화예술과	1	7	7	8	7	5	5	4
24286	전남 여수시	여수미술관 운영 지원	22,000	문화예술과	1	1	7	8	7	5	5	4
24287	전남 여수시	맞춤형 산업인력 양성사업	276,734	교육지원과	1	4	7	8	7	1	1	1
24288	전남 여수시	평생학습 우수동아리 지원	40,000	교육지원과	1	4	7	8	7	1	1	1
24289	전남 여수시	평생학습 우수프로그램 지원	52,500	교육지원과	1	4	7	8	7	1	1	1
24290	전남 여수시	여수아카데미 시민교양강좌	40,000	교육지원과	1	4	7	8	7	1	1	1
24291	전남 여수시	성인문해 교육기관·단체 지원	20,100	교육지원과	1	1	7	8	7	1	1	4
24292	전남 여수시	생활과학교실 운영	60,000	교육지원과	1	1	7	8	7	1	1	4
24293	전남 여수시	작은도서관 조성 및 운영 지원	247,500	시립도서관	1	4	7	8	7	1	1	4
24294	전남 여수시	노인단체 지원	20,000	노인장애인과	1	4	7	8	7	1	1	2
24295	전남 여수시	노인단체 지원	13,000	노인장애인과	1	4	7	8	7	1	1	2
24296	전남 여수시	노인단체 지원	4,000	노인장애인과	1	4	7	8	7	1	1	2
24297	전남 여수시	노인단체 지원	6,000	노인장애인과	1	4	7	8	7	1	1	2
24298	전남 여수시	노인단체 지원	3,000	노인장애인과	1	4	7	8	7	1	1	2
24299	전남 여수시	노인단체 지원	3,000	노인장애인과	1	4	7	8	7	1	1	2
24300	전남 여수시	노인단체 지원	3,000	노인장애인과	1	4	7	8	7	1	1	2
24301	전남 여수시	노인단체 지원	5,000	노인장애인과	1	4	7	8	7	1	1	2
24302	전남 여수시	노인단체 지원	5,000	노인장애인과	1	4	7	8	7	1	1	2
24303	전남 여수시	노인 약물 오남용 방지 교육	1,000	노인장애인과	1	4	7	8	7	1	1	2
24304	전남 여수시	영락공원 주변마을 지원사업	4,800	노인장애인과	1	4	7	1	7	1	1	4
24305	전남 여수시	영락공원 주변마을 지원사업	2,100	노인장애인과	1	4	7	1	7	1	1	4
24306	전남 여수시	장애인단체지원	3,000	노인장애인과	1	1	7	8	7	1	1	1
24307	전남 여수시	장애인단체지원	3,500	노인장애인과	1	1	7	8	7	1	1	1
24308	전남 여수시	장애인단체지원	1,500	노인장애인과	1	1	7	8	7	1	1	1
24309	전남 여수시	장애인단체지원	2,000	노인장애인과	1	1	7	8	7	1	1	1
24310	전남 여수시	장애인단체지원	2,000	노인장애인과	1	1	7	8	7	1	1	1
24311	전남 여수시	장애인단체지원	2,000	노인장애인과	1	1	7	8	7	1	1	1
24312	전남 여수시	장애인단체지원	9,000	노인장애인과	1	1	7	8	7	1	1	1
24313	전남 여수시	장애인단체지원	2,000	노인장애인과	1	1	7	8	7	1	1	1
24314	전남 여수시	장애인단체지원	3,600	노인장애인과	1	1	7	8	7	1	1	1
24315	전남 여수시	장애인단체지원	5,000	노인장애인과	1	1	7	8	7	1	1	1
24316	전남 여수시	장애인단체지원	1,800	노인장애인과	1	1	7	8	7	1	1	1
24317	전남 여수시	장애인단체지원	2,000	노인장애인과	1	1	7	8	7	1	1	1
24318	전남 여수시	장애인단체지원	1,350	노인장애인과	1	1	7	8	7	1	1	1
24319	전남 여수시	장애인현장체험지원	7,000	노인장애인과	1	1	7	8	7	1	1	1
24320	전남 여수시	장애인현장체험지원	3,000	노인장애인과	1	1	7	8	7	1	1	1
24321	전남 여수시	장애인현장체험지원	3,000	노인장애인과	1	1	7	8	7	1	1	1
24322	전남 여수시	장애인현장체험지원	3,000	노인장애인과	1	1	7	8	7	1	1	1
24323	전남 여수시	장애인현장체험지원	3,000	노인장애인과	1	1	7	8	7	1	1	1
24324	전남 여수시	장애인단체지원	3,000	노인장애인과	1	1	7	8	7	1	1	1
24325	전남 여수시	시각장애인 등반 체험 지원	6,300	노인장애인과	1	1	7	8	7	1	1	1

순번	시군구	지출명 (사업명)	2021년예산 (단위:천원/1년간)	담당자 (공무원) 담당부서	민간이전 분류 (지방자치단체 세출예산 집행기준에 의거) 1. 민간경상사업보조(307-02) 2. 민간단체 법정운영비보조(307-03) 3. 민간행사사업보조(307-04) 4. 민간위탁금(307-05) 5. 사회복지시설 법정운영비보조(307-10) 6. 민간인위탁교육비(307-12) 7. 공기관등에대한경상적위탁사업비(308-11) 8. 민간자본사업보조,자체재원(402-01) 9. 민간자본사업보조,이전재원(402-02) 10. 민간위탁사업비(402-03) 11. 공기관등에 대한 자본적 대행사업비(403-02)	민간이전지출 근거 (지방보조금 관리기준 참고) 1. 법률에 규정 2. 국고보조 재원(국가지정) 3. 용도 지정 기부금 4. 조례에 직접규정 5. 지자체가 권장하는 사업을 하는 공공기관 6. 시,도 정책 및 재정사정 7. 기타 8. 해당없음	입찰방식 계약체결방법 (경쟁형태) 1. 일반경쟁 2. 제한경쟁 3. 지명경쟁 4. 수의계약 5. 법정위탁 6. 기타 ( ) 7. 해당없음	계약기간 1. 1년 2. 2년 3. 3년 4. 4년 5. 5년 6. 기타 ( )년 7. 단기계약 (1년미만) 8. 해당없음	낙찰자선정방법 1. 적격심사 2. 협상에의한계약 3. 최저가낙찰제 4. 규격가격분리 5. 2단계 경쟁입찰 6. 기타 ( ) 7. 해당없음	운영예산 산정 운영예산 산정 1. 내부산정 (지자체 자체적으로 산정) 2. 외부산정 (외부전문기관위탁 산정) 3. 내·외부 모두 산정 4. 산정 無 5. 해당없음	정산방법 1. 내부정산 (지자체 내부적으로 정산) 2. 외부정산 (외부전문기관위탁 정산) 3. 내·외부 모두 산정 4. 정산 無 5. 해당없음	성과평가 실시여부 1. 실시 2. 미실시 3. 향후 추진 4. 해당없음
24326	전남 여수시	장애인단체지원	60,000	노인장애인과	1	1	7	8	7	1	1	1
24327	전남 여수시	환경단체 운영 및 행사지원	18,000	기후생태과	1	4	7	8	7	5	5	4
24328	전남 여수시	환경정책사업 보조	90,000	기후생태과	1	1	7	8	7	5	5	4
24329	전남 여수시	환경정책사업 보조	30,000	기후생태과	1	4	7	8	7	5	5	4
24330	전남 여수시	기후변화대응 역량 제고	8,000	기후생태과	1	1	7	8	7	5	5	4
24331	전남 여수시	기후변화대응 역량 제고	30,000	기후생태과	1	1	7	8	7	5	5	4
24332	전남 여수시	비산업부문 사업장 온실가스 진단 컨설팅	25,780	기후생태과	1	2	7	8	7	5	5	4
24333	전남 여수시	COP28남해안남중권 유치위원회 지원	360,000	기후생태과	1	4	7	8	7	5	5	4
24334	전남 여수시	자연보호협의회 사업 보조	3,600	기후생태과	1	1	7	8	7	5	5	4
24335	전남 여수시	전남청년 근속장려금 지원사업	513,000	인구일자리과	1	6	7	8	7	5	5	4
24336	전남 여수시	청년일자리창출	60,000	인구일자리과	1	6	7	8	7	5	5	4
24337	전남 여수시	청년도전 창업 지원사업	190,000	인구일자리과	1	6	7	8	7	5	5	4
24338	전남 여수시	청년 희망학교 운영	80,000	인구일자리과	1	6	7	8	7	5	5	4
24339	전남 여수시	지역주도형 청년일자리사업	37,000	인구일자리과	1	6	7	8	7	5	5	4
24340	전남 여수시	사회적기업 육성	20,000	인구일자리과	1	7	7	8	7	5	5	4
24341	전남 여수시	사회적기업 사업개발비	143,400	인구일자리과	1	2	7	8	7	5	5	4
24342	전남 여수시	사회적기업 일자리창출사업	1,006	인구일자리과	1	2	7	8	7	5	5	4
24343	전남 여수시	마을공동체 만들기 육성	147,000	인구일자리과	1	6	7	8	7	5	5	4
24344	전남 여수시	전남형 4050 희망일자리장려금지원	40,000	인구일자리과	1	1	7	8	7	5	5	4
24345	전남 여수시	신중년 사회공헌 사업	235,440	인구일자리과	1	2	7	1	6	1	1	1
24346	전남 여수시	신중년 경력형 일자리 사업	693,958	인구일자리과	1	2	7	1	6	1	1	1
24347	전남 여수시	신중년 잡매칭 지원사업	100,000	인구일자리과	1	4	7	1	6	1	1	1
24348	전남 여수시	친환경부표보급지원	714,000	어업생산과	1	2	6	7	6	1	1	2
24349	전남 여수시	친환경에너지보급(해수열 히트펌프)	560,000	어업생산과	1	2	5	1	7	5	3	4
24350	전남 여수시	양식어장 자동화 시설장비 지원	80,000	어업생산과	1	6	7	8	7	5	5	4
24351	전남 여수시	인공어초사업(해삼서식기반조성)	205,000	어업생산과	1	1	5	1	7	3	3	1
24352	전남 여수시	꼬막종자 대량생산기반 구축	70,000	어업생산과	1	1	1	7	3	1	1	1
24353	전남 여수시	유망양식품종 종자공급	100,000	어업생산과	1	1	4	7	2	1	1	4
24354	전남 여수시	자율관리어업 육성	660,000	어업생산과	1	1	1	7	3	3	3	4
24355	전남 여수시	자율관리어업공동체 도우미 지원	200,000	어업생산과	1	1	7	8	7	3	3	4
24356	전남 여수시	양식산업 청년창업육성	96,000	어업생산과	1	1	7	8	7	3	3	4
24357	전남 여수시	패각 친환경처리 지원	340,000	어업생산과	1	2	7	1	7	1	1	2
24358	전남 여수시	불가사리 구제	30,000	어업생산과	1	6	7	7	7	1	1	1
24359	전남 여수시	해양환경보전관리	11,700	어업생산과	1	1	7	7	7	1	1	1
24360	전남 여수시	수산동물 예방백신 공급	672,970	어업생산과	1	2	6	7	7	1	1	2
24361	전남 여수시	적조피해 예방지원(가두리 현대화)	568,800	어업생산과	1	6	7	8	7	5	5	4
24362	전남 여수시	고수온 대응 지원사업	30,000	어업생산과	1	2	6	7	6	1	1	2
24363	전남 여수시	만성리해수욕장 개장기간 선박이전 지원	5,000	해양항만레저과	1	4	7	8	7	1	1	1
24364	전남 여수시	어촌체험마을 사무장 채용 지원	45,600	해양항만레저과	1	1	7	8	7	1	1	4
24365	전남 여수시	해양레저스포츠 체험 프로그램 운영 지원	260,000	해양항만레저과	1	2	7	8	7	5	1	4
24366	전남 여수시	방과 후 해양레저스포츠 프로그램 지원	45,000	해양항만레저과	1	4	7	8	7	1	1	1
24367	전남 여수시	해수욕장 안전요원 실무교육 프로그램	4,000	해양항만레저과	1	4	7	8	7	1	1	1
24368	전남 여수시	도서 자가발전용 유류대 지원	49,100	섬자원개발과	1	1	7	8	7	1	1	4
24369	전남 여수시	농촌에서 미리 살아보기	48,000	농촌진흥과	1	2	7	8	7	5	5	4
24370	전남 여수시	여수 옥수수 농촌융복합산업화 사업	290,000	특산품육성과	1	1	7	8	7	5	5	4
24371	전남 여수시	생물테러 지정감시 의료기관 운영비 지원	2,520	보건행정과	1	2	7	8	7	5	2	4
24372	전남 여수시	의료관련감염병 표본감시체계 운영	30,000	보건행정과	1	2	7	8	7	5	2	2
24373	전남 여수시	자원봉사센터 기능 강화	3,000	사회복지과	1	4	7	8	7	1	1	3
24374	전남 순천시	지속가능발전협의회 운영	70,000	기획예산실	1	4	7	8	7	5	5	3
24375	전남 순천시	전남 청년 퍼스트펭귄 육성 사업	100,000	기획예산실	1	2	7	8	7	5	5	3
24376	전남 순천시	북한이탈주민지원	1,800	총무과	1	2	7	8	7	5	5	3

순번	시군구	지출명 (사업명)	2021년예산 (단위:천원/1년간)	담당자 (공무원) 담당부서	민간이전 분류 (지방자치단체 세출예산 집행기준에 의거) 1. 민간경상사업보조(307-02) 2. 민간단체 법정운영비보조(307-03) 3. 민간행사사업보조(307-04) 4. 민간위탁금(307-05) 5. 사회복지시설 법정운영비보조(307-10) 6. 민간인위탁교육비(307-12) 7. 공기관등에대한경상적위탁사업비(308-11) 8. 민간자본사업보조,자체재원(402-01) 9. 민간자본사업보조,이전재원(402-02) 10. 민간위탁사업비(402-03) 11. 공기관등에 대한 자본적 대행사업비(403-02)	민간이전지출 근거 (지방보조금 관리기준 참고) 1. 법률에 규정 2. 국고보조 재원(국가지정) 3. 용도 지정 기부금 4. 조례에 직접규정 5. 지자체가 권장하는 사업을 하는 공공기관 6. 시,도 정책 및 재정사정 7. 기타 8. 해당없음	입찰방식 계약체결방법 (경쟁형태) 1. 일반경쟁 2. 제한경쟁 3. 지명경쟁 4. 수의계약 5. 법정위탁 6. 기타 ( ) 7. 해당없음	입찰방식 계약기간 1. 1년 2. 2년 3. 3년 4. 4년 5. 5년 6. 기타 ( )년 7. 단기계약 (1년미만) 8. 해당없음	입찰방식 낙찰자선정방법 1. 적격심사 2. 협상에의한계약 3. 최저가낙찰제 4. 규격가격분리 5. 2단계 경쟁입찰 6. 기타 ( ) 7. 해당없음	운영예산 산정 운영예산 산정 1. 내부산정 (지자체 자체적으로 산정) 2. 외부산정 (외부전문기관위탁 산정) 3. 내·외부 모두 산정 4. 산정 無 5. 해당없음	운영예산 산정 정산방법 1. 내부정산 (지자체 내부적으로 정산) 2. 외부정산 (외부전문기관위탁 정산) 3. 내·외부 모두 산정 4. 정산 無 5. 해당없음	성과평가 실시여부 1. 실시 2. 미실시 3. 향후 추진 4. 해당없음
24377	전남 순천시	민주평통 순천시협의회 지원	5,200	자치혁신과	1	1	7	8	7	5	5	3
24378	전남 순천시	여순사건 특별법 재정지원	36,000	자치혁신과	1	4	7	8	7	5	5	3
24379	전남 순천시	살기 좋은 마을만들기 사업	429,000	자치혁신과	1	4	7	8	7	5	5	3
24380	전남 순천시	산업구조고도화를 위한 산학협력지원	7,500	투자일자리과	1	4	7	8	7	5	5	3
24381	전남 순천시	지역산업 맞춤형 일자리 창출 지원	969,000	투자일자리과	1	2	7	8	7	5	5	3
24382	전남 순천시	전남 청년 마을로 일자리사업	780,000	투자일자리과	1	2	7	8	7	5	5	3
24383	전남 순천시	지역동행 일자리창출사업	100,000	투자일자리과	1	6	7	8	7	5	5	3
24384	전남 순천시	전남 청년 일자리카페 운영	70,000	일자리경제국	1	6	7	8	7	5	5	3
24385	전남 순천시	전남 청년 농수산유통 활동가 육성사업	290,000	투자일자리과	1	2	7	8	7	5	5	3
24386	전남 순천시	글로벌웹툰센터 운영	100,000	투자일자리과	1	1	7	8	7	5	5	3
24387	전남 순천시	지역주도 지역정착지원형 청년 작은거인 더드림 프로젝트	2,996	투자일자리과	1	2	7	8	7	5	5	3
24388	전남 순천시	지역주도 지역정착지원형 청년친화 강소기업 일자리 지원사업	249,180	투자일자리과	1	2	7	8	7	5	5	3
24389	전남 순천시	지역주도 지역정착지원형 청년 회사로 프로젝트	722,793	투자일자리과	1	2	7	8	7	5	5	3
24390	전남 순천시	지역주도 지역정착지원형 선취업 후교육 청년일자리사업	328,932	투자일자리과	1	2	7	8	7	5	5	3
24391	전남 순천시	지역주도창업투자생태계조성형 산업단지출퇴근을위한청년클린카	108,000	투자일자리과	1	2	7	8	7	5	5	3
24392	전남 순천시	순천형 청년 맥가이버 정착지원	300,000	투자일자리과	1	6	7	8	7	5	5	3
24393	전남 순천시	콘텐츠 리쇼어링 프로젝트 사업	6,653	투자일자리과	1	2	7	8	7	5	5	3
24394	전남 순천시	중소기업 근속 장려보조금	302,000	투자일자리과	1	4	7	8	7	5	5	3
24395	전남 순천시	산업평화조성 및 자생력 증대	94,000	투자일자리과	1	4	7	8	7	5	5	3
24396	전남 순천시	지역 노사민정 협력 활성화	90,000	투자일자리과	1	4	7	8	7	5	5	3
24397	전남 순천시	강소기업육성 사업	240,000	투자일자리과	1	6	7	8	7	5	5	3
24398	전남 순천시	2020 일자리 우수기업 인증 사업	40,000	투자일자리과	1	6	7	8	7	5	5	3
24399	전남 순천시	농공단지 맞춤형 특화지원(도비 직접지원)	13,500	투자일자리과	1	6	7	8	7	5	5	3
24400	전남 순천시	뿌리산업 선도기업 육성(도비 직접지원)	200,000	투자일자리과	1	1	7	8	7	5	5	3
24401	전남 순천시	청년 활동 및 참여 확대	120,000	일자리경제국	1	6	7	8	7	5	5	3
24402	전남 순천시	영세상인 보호 육성	7,440	지역경제과	1	4	7	8	7	5	5	3
24403	전남 순천시	소상공인 지원	30,000	지역경제과	1	4	7	8	7	5	5	3
24404	전남 순천시	직영시장 유지관리	11,080	지역경제과	1	4	7	8	7	5	5	3
24405	전남 순천시	사회적기업 육성(사회적기업 일자리창출 지원)	2,345	지역경제과	1	2	7	8	7	5	5	3
24406	전남 순천시	사회적기업 육성(전문인력 지원사업)	226,636	지역경제과	1	2	7	8	7	5	5	3
24407	전남 순천시	사회적기업 육성(사회보험료 지원)	36,540	지역경제과	1	2	7	8	7	5	5	3
24408	전남 순천시	사회적기업 육성(사회적기업 사업개발비 지원)	170,000	지역경제과	1	2	7	8	7	5	5	3
24409	전남 순천시	사회적기업육성(시군 특화사업)	50,000	지역경제과	1	2	7	8	7	5	5	3
24410	전남 순천시	마을기업 육성(행안부형)	240,000	지역경제과	1	2	7	8	7	5	5	3
24411	전남 순천시	마을기업 육성(지역특화형)	350,000	지역경제과	1	2	7	8	7	5	5	3
24412	전남 순천시	마을기업 육성(전남형 예비)	80,000	지역경제과	1	6	7	8	7	5	5	3
24413	전남 순천시	마을기업 육성(순천형)	48,000	지역경제과	1	6	7	8	7	5	5	3
24414	전남 순천시	발전소 주변지역 소득증대(기본지원)	26,000	지역경제과	1	2	7	8	7	5	5	3
24415	전남 순천시	도시재생 뉴딜사업(일반근린형)	175,000	도시재생과	1	2	7	8	7	5	5	3
24416	전남 순천시	지역기반형 콘텐츠코리아랩 운영 지원	500,000	문화예술과	1	2	7	8	7	5	5	3
24417	전남 순천시	문화특화지역(문화도시) 조성 사업	750,000	문화예술과	1	2	7	8	7	5	5	3
24418	전남 순천시	문화가 있는 날 지자체 자유기획 프로그램 운영 지원사업	180,000	문화예술과	1	2	7	8	7	5	5	3
24419	전남 순천시	문화도시 조성사업	2,500	문화예술과	1	2	7	8	7	5	5	3
24420	전남 순천시	문화의 거리 지원	80,000	문화예술과	1	4	7	8	7	5	5	3
24421	전남 순천시	등록사립미술관 운영지원	22,000	문화예술과	1	1	7	8	7	5	5	3
24422	전남 순천시	민속 문화행사 지원 및 보존	47,000	문화예술과	1	4	7	8	7	5	5	3
24423	전남 순천시	학교예술강사 지원	178,708	문화예술과	1	2	7	8	7	5	5	3
24424	전남 순천시	남도문예르네상스 시군 지원 사업	20,000	문화예술과	1	1	7	8	7	5	5	3
24425	전남 순천시	문화재 보존관리	5,000	문화예술과	1	4	7	8	7	5	5	3
24426	전남 순천시	전통 문화 육성	36,200	문화예술과	1	4	7	8	7	5	5	3
24427	전남 순천시	도 무형문화재 공개행사비	8,150	문화예술과	1	4	7	8	7	5	5	3

순번	시군구	지출명 (사업명)	2021년예산 (단위:천원/1년간)	담당자 (공무원) 담당부서	민간이전 분류 (지방자치단체 세출예산 집행기준에 의거) 1. 민간경상사업보조(307-02) 2. 민간단체 법정운영비보조(307-03) 3. 민간행사사업보조(307-04) 4. 민간위탁금(307-05) 5. 사회복지시설 법정운영비보조(307-10) 6. 민간인위탁교육비(307-12) 7. 공기관등에대한경상적위탁사업비(308-11) 8. 민간자본사업보조,자체재원(402-01) 9. 민간자본사업보조,이전재원(402-02) 10. 민간위탁사업비(402-03) 11. 공기관등에 대한 자본적 대행사업비(403-02)	민간이전지출 근거 (지방보조금 관리기준 참고) 1. 법률에 규정 2. 국고보조 재원(국가지정) 3. 용도 지정 기부금 4. 조례에 직접규정 5. 지자체가 권장하는 사업을 하는 공공기관 6. 시,도 정책 및 재정사정 7. 기타 8. 해당없음	입찰방식 계약체결방법 (경쟁형태) 1. 일반경쟁 2. 제한경쟁 3. 지명경쟁 4. 수의계약 5. 법정위탁 6. 기타 ( ) 7. 해당없음	입찰방식 계약기간 1. 1년 2. 2년 3. 3년 4. 4년 5. 5년 6. 기타 ( )년 7. 단기계약 (1년미만) 8. 해당없음	입찰방식 낙찰자선정방법 1. 적격심사 2. 협상에의한계약 3. 최저가낙찰제 4. 규격가격분리 5. 2단계 경쟁입찰 6. 기타 ( ) 7. 해당없음	운영예산 산정 운영예산 산정 1. 내부산정 (지자체 자체적으로 산정) 2. 외부산정 (외부전문기관위탁 산정) 3. 내·외부 모두 산정 4. 산정 無 5. 해당없음	운영예산 산정 정산방법 1. 내부정산 (지자체 내부적으로 정산) 2. 외부정산 (외부전문기관위탁 정산) 3. 내·외부 모두 산정 4. 정산 無 5. 해당없음	성과평가 실시여부 1. 실시 2. 미실시 3. 향후 추진 4. 해당없음
24428	전남 순천시	도 무형문화재 보존전승비	32,400	문화예술과	1	4	7	8	7	5	5	3
24429	전남 순천시	평생학습 프로그램 공모	38,000	평생교육과	1	4	7	8	7	5	5	3
24430	전남 순천시	한글작문교실 운영	11,680	평생교육과	1	2	7	8	7	5	5	3
24431	전남 순천시	선비문화체험 학습관 운영	34,800	평생교육과	1	6	7	8	7	5	5	3
24432	전남 순천시	순천 관광기념품 개발	24,000	관광과	1	7	7	8	7	5	5	3
24433	전남 순천시	대표음식문화조성	10,000	관광과	1	7	7	8	7	5	5	3
24434	전남 순천시	체육지원	20,000	체육진흥과	1	1	7	8	7	5	5	3
24435	전남 순천시	생활체육광장 사업	9,600	체육진흥과	1	2	7	8	7	5	5	3
24436	전남 순천시	스포츠클럽 육성사업	60,000	체육진흥과	1	2	7	8	7	5	5	3
24437	전남 순천시	일반생활체육지도자 배치	301,158	체육진흥과	1	2	7	8	7	5	5	3
24438	전남 순천시	어르신생활체육지도자 배치	378,762	체육진흥과	1	2	7	8	7	5	5	3
24439	전남 순천시	장애인생활체육지도자 배치	97,918	체육진흥과	1	2	7	8	7	5	5	3
24440	전남 순천시	농어촌 공중목욕장 운영지원 및 기능보강	60,000	노인장애인과	1	4	7	8	7	5	5	3
24441	전남 순천시	사회복지 기념주간 행사	7,000	사회복지과	1	4	7	8	7	5	5	3
24442	전남 순천시	취약계층 여성보호정책 강화	5,000	여성가족과	1	7	7	8	7	5	5	3
24443	전남 순천시	여성단체 연계 농·특산물 판매 촉진	3,852	여성가족과	1	6	7	8	7	5	5	3
24444	전남 순천시	여성친화도시 조성	13,000	여성가족과	1	6	7	8	7	5	5	3
24445	전남 순천시	청소년 보호 및 육성	40,800	아동청소년과	1	6	7	8	7	5	5	3
24446	전남 순천시	청소년 유해환경 감시단 운영	2,600	아동청소년과	1	2	7	8	7	5	5	3
24447	전남 순천시	청소년 어울림마당 운영	24,000	아동청소년과	1	2	7	8	7	5	5	3
24448	전남 순천시	청소년 동아리 활동 지원	10,000	아동청소년과	1	2	7	8	7	5	5	3
24449	전남 순천시	안전문화구축	12,000	안전총괄과	1	1	7	8	7	5	5	3
24450	전남 순천시	시민무인공영자전거 온누리운영	7,200	도로과	1	4	7	8	7	5	5	3
24451	전남 순천시	선진교통문화 정착을 위한 민간단체 보조	4,800	교통과	1	5	7	8	7	5	5	3
24452	전남 순천시	미용예술경연대회	10,000	보건위생과	1	4	7	8	7	5	5	3
24453	전남 순천시	한센양로자 의료비 지원	5,000	감염병관리과	1	6	7	8	7	5	5	3
24454	전남 순천시	농촌(고용)인력지원센터 지원	210,000	농업정책과	1	1	7	8	7	5	5	3
24455	전남 순천시	농촌공동아이돌봄센터 운영비 및 시설비 지원	165,700	농업정책과	1	2	7	8	7	5	5	3
24456	전남 순천시	농촌마을 공동급식 지원	348,800	농업정책과	1	6	7	8	7	5	5	3
24457	전남 순천시	농업경영컨설팅	15,000	농업정책과	1	1	7	8	7	5	5	3
24458	전남 순천시	농업인 조직 운영	7,420	농업정책과	1	4	7	8	7	5	5	3
24459	전남 순천시	농업인 학습단체 지원	9,500	농업정책과	1	4	7	8	7	5	5	3
24460	전남 순천시	체험마을리더 교육 지원	2,880	농업정책과	1	1	7	8	7	5	5	3
24461	전남 순천시	농촌관광 활성화사업	83,900	농업정책과	1	1	7	8	7	5	5	3
24462	전남 순천시	신규농업인 현장실습교육	60,000	농업정책과	1	2	7	8	7	5	5	3
24463	전남 순천시	전남(순천)에서 먼저 살아보기	30,000	농업정책과	1	6	7	8	7	5	5	3
24464	전남 순천시	청년 농업인 영농정착 지원사업	370,000	농업정책과	1	2	7	8	7	5	5	3
24465	전남 순천시	청년농업인 연구동아리 지원사업	6,250	농업정책과	1	6	7	8	7	5	5	3
24466	전남 순천시	도시농업육성	16,000	농업정책과	1	4	7	8	7	5	5	3
24467	전남 순천시	도심 자투리 텃밭 조성 지원	16,000	농업정책과	1	4	7	8	7	5	5	3
24468	전남 순천시	여성농업인 능력개발	12,000	농업정책과	1	6	7	8	7	5	5	3
24469	전남 순천시	임산부 친환경농산물 꾸러미 지원	518,400	친환경농업과	1	2	7	8	7	5	5	3
24470	전남 순천시	농업환경보전 프로그램	30,000	친환경농업과	1	8	7	8	7	5	5	3
24471	전남 순천시	초등돌봄교실 과일간식 지원	132,592	친환경농업과	1	2	7	8	7	5	5	3
24472	전남 순천시	과수 통합마케팅 운영지원	69,600	친환경농업과	1	2	7	8	7	5	5	3
24473	전남 순천시	매실가공품 지원사업	51,600	친환경농업과	1	4	7	8	7	5	5	3
24474	전남 순천시	TV 홈쇼핑 방송판매 지원	20,000	농식품유통과	1	1	7	8	7	5	5	3
24475	전남 순천시	농산물 온라인 쇼핑몰 상세페이지 제작	36,000	농식품유통과	1	1	7	8	7	5	5	3
24476	전남 순천시	로컬푸드 직거래 시스템 지원	15,000	농식품유통과	1	1	7	8	7	5	5	3
24477	전남 순천시	로컬푸드 활성화 사업	253,000	농식품유통과	1	1	7	8	7	5	5	3
24478	전남 순천시	로컬푸드 출하농가 포장재비 지원사업	25,500	농식품유통과	1	1	7	8	7	5	5	3

순번	시군구	지출명 (사업명)	2021년예산 (단위:천원/1년간)	담당자 (공무원) 담당부서	민간이전 분류 (지방자치단체 세출예산 집행기준에 의거) 1. 민간경상사업보조(307-02) 2. 민간단체 법정운영비보조(307-03) 3. 민간행사사업보조(307-04) 4. 민간위탁금(307-05) 5. 사회복지시설 법정운영비보조(307-10) 6. 민간인위탁교육비(307-12) 7. 공기관등에대한경상적위탁사업비(308-11) 8. 민간자본사업보조,자체재원(402-01) 9. 민간자본사업보조,이전재원(402-02) 10. 민간위탁사업비(402-03) 11. 공기관등에 대한 자본적 대행사업비(403-02)	민간이전지출 근거 (지방보조금 관리기준 참고) 1. 법률에 규정 2. 국고보조 재원(국가지정) 3. 용도 지정 기부금 4. 조례에 직접규정 5. 지자체가 권장하는 사업을 하는 공공기관 6. 시,도 정책 및 재정사정 7. 기타 8. 해당없음	입찰방식 계약체결방법 (경쟁형태) 1. 일반경쟁 2. 제한경쟁 3. 지명경쟁 4. 수의계약 5. 법정위탁 6. 기타 ( ) 7. 해당없음	입찰방식 계약기간 1. 1년 2. 2년 3. 3년 4. 4년 5. 5년 6. 기타 ( )년 7. 단기계약 (1년미만) 8. 해당없음	입찰방식 낙찰자선정방법 1. 적격심사 2. 협상에의한계약 3. 최저가낙찰제 4. 규격가격분리 5. 2단계 경쟁입찰 6. 기타 ( ) 7. 해당없음	운영예산 산정 운영예산 산정 1. 내부산정 (지자체 자체적으로 산정) 2. 외부산정 (외부전문기관위탁 산정) 3. 내·외부 모두 산정 4. 산정 無 5. 해당없음	운영예산 산정 정산방법 1. 내부정산 (지자체 내부적으로 정산) 2. 외부정산 (외부전문기관위탁 정산) 3. 내·외부 모두 산정 4. 정산 無 5. 해당없음	성과평가 실시여부 1. 실시 2. 미실시 3. 향후 추진 4. 해당없음
24479	전남 순천시	지역단위 푸드플랜 구축지원	110,850	농식품유통과	1	2	7	8	7	5	5	3
24480	전남 순천시	농작물 검역, 돌발병해충 방제 지원	100,000	기술보급과	1	6	7	8	7	5	5	3
24481	전남 순천시	이상고온에 따른 돌발 병해충 방제	27,700	기술보급과	1	4	7	8	7	5	5	3
24482	전남 순천시	농작물 병해충 방제비	50,000	기술보급과	1	2	7	8	7	5	5	3
24483	전남 순천시	자원의 절약 및 재활용촉진사업 민간단체 지원	51,100	청소자원과	1	4	7	8	7	5	5	3
24484	전남 순천시	음식물류폐기물 안정적 처리	2,801	청소자원과	1	4	7	8	7	5	5	3
24485	전남 순천시	유네스코 생물권보전지역 관리지원	20,000	생태환경과	1	4	7	8	7	5	5	3
24486	전남 순천시	주암다목적댐 주변지역지원사업	453,496	생태환경과	1	1	7	8	7	5	5	3
24487	전남 순천시	저탄소생활 실천운동 추진(시민환경 교육 등)	32,000	생태환경과	1	2	7	8	7	5	5	3
24488	전남 순천시	주암호,상사호 수계 주민 지원	465,120	생태환경과	1	1	7	8	7	5	5	3
24489	전남 순천시	전문 임업인 임업신문 보급사업	14,455	산림과	1	6	7	8	7	5	5	3
24490	전남 순천시	정원산업 발전기반 조성	112,000	정원산업과	1	6	7	8	7	5	5	3
24491	전남 순천시	순천만보전관리	160,000	순천만보전과	1	4	7	8	7	5	5	3
24492	전남 순천시	생태관광지역지정육성(순천만 생태관광사업)	83,000	순천만보전과	1	2	7	8	7	5	5	3
24493	전남 순천시	람사르습지도시 지원 및 발굴	50,000	순천만보전과	1	4	7	8	7	5	5	3
24494	전남 순천시	어선원 보험료 지원 사업	9,600	순천만보전과	1	5	7	8	7	5	5	3
24495	전남 순천시	어촌체험휴양마을 사무장 채용 지원사업	21,540	순천만보전과	1	1	7	8	7	5	5	3
24496	전남 순천시	어선재해보험료 지원사업	2,800	순천만보전과	1	5	7	8	7	5	5	3
24497	전남 순천시	낙안백중놀이 및 기마장군 재현	96,000	낙안읍성지원사업소	1	4	7	8	7	5	5	3
24498	전남 순천시	노인사회참여, 노인인력 활용확대	262,794	노인장애인과	1	1	7	8	7	5	5	3
24499	전남 순천시	9988쉼터(독거노인 공동거주제)운영	233,296	노인장애인과	1	4	7	8	7	5	5	3
24500	전남 광양시	진폐근로자지원사업	3,000	건강증진과	1	4	7	7	7	5	5	1
24501	전남 광양시	관광협의회 및 관광협업센터 운영지원	30,000	관광과	1	6	7	8	7	5	5	4
24502	전남 광양시	TV홈쇼핑 방송판매 지원	15,000	농산물마케팅과	1	4	7	8	7	5	5	4
24503	전남 광양시	농특산물 통신판매 지원	20,000	농산물마케팅과	1	4	7	8	7	5	5	4
24504	전남 광양시	광양농산물 홈쇼핑 지자체 협력사업	65,000	농산물마케팅과	1	4	7	8	7	5	5	4
24505	전남 광양시	쌀 택배비 지원	15,000	농산물마케팅과	1	2	7	8	7	5	5	4
24506	전남 광양시	광양쌀 홍보용 샘플쌀 제작 지원	3,900	농산물마케팅과	1	2	7	8	7	5	5	4
24507	전남 광양시	농촌체험휴양마을 사무장 채용 지원	106,560	농산물마케팅과	1	2	7	8	7	5	5	4
24508	전남 광양시	농촌체험휴양마을 운영매니저 채용 지원	35,520	농산물마케팅과	1	2	7	8	7	5	5	4
24509	전남 광양시	농촌체험휴양마을 홍보관 운영	6,000	농산물마케팅과	1	2	7	8	7	5	5	4
24510	전남 광양시	농촌체험휴양마을 역량강화 사업	2,880	농산물마케팅과	1	2	7	8	7	5	5	4
24511	전남 광양시	농촌체험휴양마을 보험가입(체험가입, 화재보험) 지원	4,805	농산물마케팅과	1	2	7	8	7	5	5	4
24512	전남 광양시	도지사품질인증제품 디자인 제작지원	5,000	농산물마케팅과	1	2	7	8	7	5	5	4
24513	전남 광양시	농산물 통합물류비 지자체 협력 사업	80,000	농산물마케팅과	1	4	7	8	7	5	5	4
24514	전남 광양시	공동선별비 지원	142,000	농산물마케팅과	1	2	7	8	7	5	5	4
24515	전남 광양시	농산물 마케팅 지원	13,800	농산물마케팅과	1	2	7	8	7	5	5	4
24516	전남 광양시	농특산물 해외시장 판촉지원 보조	15,000	농산물마케팅과	1	4	7	8	7	5	5	4
24517	전남 광양시	우수 농식품 해외 전자상거래 입점 지원	10,000	농산물마케팅과	1	4	7	8	7	5	5	4
24518	전남 광양시	귀농인 직거래장터 운영	5,000	농업지원과	1	1	6	1	7	3	1	1
24519	전남 광양시	귀농인 모임체 육성	15,000	농업지원과	1	1	6	1	7	3	1	1
24520	전남 광양시	귀농인 소규모 창업 지원사업	5,000	농업지원과	1	1	6	1	7	3	1	1
24521	전남 광양시	귀농귀촌 체험마을 어울림행사지원	3,600	농업지원과	1	1	6	1	7	3	1	1
24522	전남 광양시	귀농귀촌체험마을 활성화 프로그램 운영 지원	10,000	농업지원과	1	1	6	1	7	3	1	1
24523	전남 광양시	청년창업농장 조성사업	25,000	농업지원과	1	6	6	1	7	5	1	1
24524	전남 광양시	청년농업인 영농정착금 지원	180,300	농업지원과	1	1	6	1	7	5	1	1
24525	전남 광양시	행복바우처 지원사업	850,000	농업지원과	1	4	6	1	7	3	1	1
24526	전남 광양시	농업인의날 기념 농업인 한마음대회	50,000	농업지원과	1	4	6	1	7	3	1	1
24527	전남 광양시	한농연 활성화 농산물 직거래장터	20,000	농업지원과	1	4	6	1	7	3	1	1
24528	전남 광양시	한여농 활성화 농산물 직거래장터 운영	3,000	농업지원과	1	4	6	1	7	3	1	1
24529	전남 광양시	한농연 활성화 교류사업 지원	20,000	농업지원과	1	4	6	1	7	3	1	1

순번	시군구	지출명 (사업명)	2021년예산 (단위:천원/1년간)	담당자 (공무원) 담당부서	민간이전 분류 (지방자치단체 세출예산 집행기준에 의거) 1. 민간경상사업보조(307-02) 2. 민간단체 법정운영비보조(307-03) 3. 민간행사사업보조(307-04) 4. 민간위탁금(307-05) 5. 사회복지시설 법정운영비보조(307-10) 6. 민간인위탁교육비(307-12) 7. 공기관등에대한경상적위탁사업비(308-11) 8. 민간자본사업보조,자체재원(402-01) 9. 민간자본사업보조,이전재원(402-02) 10. 민간위탁사업비(402-03) 11. 공기관등에 대한 자본적 대행사업비(403-02)	민간이전지출 근거 (지방보조금 관리기준 참고) 1. 법률에 규정 2. 국고보조 재원(국가지정) 3. 용도 지정 기부금 4. 조례에 직접규정 5. 지자체가 권장하는 사업을 하는 공공기관 6. 시,도 정책 및 재정사정 7. 기타 8. 해당없음	입찰방식 계약체결방법 (경쟁형태) 1. 일반경쟁 2. 제한경쟁 3. 지명경쟁 4. 수의계약 5. 법정위탁 6. 기타 ( ) 7. 해당없음	입찰방식 계약기간 1. 1년 2. 2년 3. 3년 4. 4년 5. 5년 6. 기타 ( )년 7. 단기계약 (1년미만) 8. 해당없음	입찰방식 낙찰자선정방법 1. 적격심사 2. 협상에의한계약 3. 최저가낙찰제 4. 규격가격분리 5. 2단계 경쟁입찰 6. 기타 ( ) 7. 해당없음	운영예산 산정 운영예산 산정 1. 내부산정 (지자체 자체적으로 산정) 2. 외부산정 (외부전문기관위탁 산정) 3. 내·외부 모두 산정 4. 산정 無 5. 해당없음	운영예산 산정 정산방법 1. 내부정산 (지자체 내부적으로 정산) 2. 외부정산 (외부전문기관위탁 정산) 3. 내·외부 모두 산정 4. 정산 無 5. 해당없음	성과평가 실시여부 1. 실시 2. 미실시 3. 향후 추진 4. 해당없음
24530	전남 광양시	한여농 활성화를 위한 교류사업 지원	10,000	농업지원과	1	4	6	1	7	3	1	1
24531	전남 광양시	농업인단체 해외 선진지 견학	20,000	농업지원과	1	4	6	1	7	3	1	1
24532	전남 광양시	농가도우미지원	7,698	농업지원과	1	4	4	1	7	3	1	1
24533	전남 광양시	농번기 마을 공동급식 지원	91,560	농업지원과	1	4	4	1	7	3	1	1
24534	전남 광양시	농가도우미 지원	7,698	농업지원과	1	4	4	1	7	3	1	1
24535	전남 광양시	친환경유기농업자재 지원	80,150	농업지원과	1	2	7	8	7	1	1	4
24536	전남 광양시	새끼우렁이 공급 지원	79,000	농업지원과	1	1	7	8	7	1	1	4
24537	전남 광양시	유기농 쌀 재배단지 소포장재 지원	9,000	농업지원과	1	4	7	8	7	1	1	4
24538	전남 광양시	토양개량제 지원	206,950	농업지원과	1	2	7	8	7	1	1	4
24539	전남 광양시	유기질비료 지원	2,550	농업지원과	1	2	7	8	7	1	1	4
24540	전남 광양시	유기질비료 포장재 지원	40,000	농업지원과	1	4	7	8	7	1	1	4
24541	전남 광양시	축산농가 도우미 지원	4,000	농업지원과	1	4	7	8	7	1	1	4
24542	전남 광양시	축산물 이력제 지원	8,669	농업지원과	1	6	7	8	7	1	1	4
24543	전남 광양시	포장재 제작비 지원	50,000	농업지원과	1	2	7	8	7	5	5	4
24544	전남 광양시	매실전정지원사업	70,000	매실원예과	1	4	7	8	7	5	5	4
24545	전남 광양시	광양매실 시장선점 직거래장터운영	30,000	매실원예과	1	4	7	8	7	5	5	4
24546	전남 광양시	가공용 매실 수매지원	16,000	매실원예과	1	4	7	8	7	5	5	4
24547	전남 광양시	초등돌봄교실과일간식지원시범사업	69,478	매실원예과	1	2	7	8	7	5	5	4
24548	전남 광양시	원예작물연작장해경감제지원	23,400	매실원예과	1	6	7	8	7	5	5	4
24549	전남 광양시	시설하우스생석회공급시범사업	3,096	매실원예과	1	6	7	8	7	5	5	4
24550	전남 광양시	애호박인큐지원	150,000	매실원예과	1	4	7	8	7	5	5	4
24551	전남 광양시	수정벌 이용 수박 생력화 재배 지원사업	40,000	매실원예과	1	4	7	8	7	5	5	4
24552	전남 광양시	농특산물직거래용 포장재지원	80,000	매실원예과	1	4	7	8	7	5	5	4
24553	전남 광양시	농산물 수출물류비 지원	150,000	매실원예과	1	6	7	8	7	5	5	4
24554	전남 광양시	수출농산물 포장재지원	60,000	매실원예과	1	4	7	8	7	5	5	4
24555	전남 광양시	예술인의 날 행사	6,000	문화예술과	1	4	7	8	7	1	1	3
24556	전남 광양시	광양예술지 발간	5,000	문화예술과	1	4	7	8	7	1	1	3
24557	전남 광양시	시민과 함께하는 가을 향연	16,000	문화예술과	1	4	7	8	7	1	1	3
24558	전남 광양시	국악교실 운영	8,000	문화예술과	1	4	7	8	7	1	1	3
24559	전남 광양시	남도국악제 출전	4,500	문화예술과	1	4	7	8	7	1	1	3
24560	전남 광양시	광양미협정기전	4,000	문화예술과	1	4	7	8	7	1	1	3
24561	전남 광양시	전국 섬진강 미술대전	50,000	문화예술과	1	4	7	8	7	1	1	3
24562	전남 광양시	전남 연극제 참가 및 정기공연	18,000	문화예술과	1	4	7	8	7	1	1	3
24563	전남 광양시	광양시 연극교실 운영	10,000	문화예술과	1	4	7	8	7	1	1	3
24564	전남 광양시	광양 청소년 연극제	8,000	문화예술과	1	4	7	8	7	1	1	3
24565	전남 광양시	전남 청소년연극제 참가	8,000	문화예술과	1	4	7	8	7	1	1	3
24566	전남 광양시	광양문학 발간	7,000	문화예술과	1	4	7	8	7	1	1	3
24567	전남 광양시	청소년 문예학교 백일장 및 문학강좌	5,000	문화예술과	1	4	7	8	7	1	1	3
24568	전남 광양시	광양 시민과 함께하는 시화전	6,000	문화예술과	1	4	7	8	7	1	1	3
24569	전남 광양시	숲속음악회	7,000	문화예술과	1	4	7	8	7	1	1	3
24570	전남 광양시	광양만 실버가요제	22,000	문화예술과	1	4	7	8	7	1	1	3
24571	전남 광양시	문화교실운영	4,000	문화예술과	1	4	7	8	7	1	1	3
24572	전남 광양시	광양읍성 문화제	6,500	문화예술과	1	4	7	8	7	1	1	3
24573	전남 광양시	정월대보름 세시풍속놀이	7,000	문화예술과	1	4	7	8	7	1	1	3
24574	전남 광양시	문화탐방사업	6,000	문화예술과	1	4	7	8	7	1	1	3
24575	전남 광양시	백운문화지발간	9,000	문화예술과	1	4	7	8	7	1	1	3
24576	전남 광양시	백운문예제	2,000	문화예술과	1	4	7	8	7	1	1	3
24577	전남 광양시	팔월한가위 세시풍속놀이	5,500	문화예술과	1	4	7	8	7	1	1	3
24578	전남 광양시	광양서예동호인 초대전	2,500	문화예술과	1	4	7	8	7	1	1	3
24579	전남 광양시	광양의 유배 역사서 제작	10,000	문화예술과	1	4	7	8	7	1	1	3
24580	전남 광양시	무형문화재 공개행사(궁시장)	2,000	문화예술과	1	6	7	8	7	1	1	3

순번	시군구	지출명 (사업명)	2021년예산 (단위:천원/1년간)	담당자 (공무원) 담당부서	민간이전 분류 (지방자치단체 세출예산 집행기준에 의거) 1. 민간경상사업보조(307-02) 2. 민간단체 법정운영비보조(307-03) 3. 민간행사사업보조(307-04) 4. 민간위탁금(307-05) 5. 사회복지시설 법정운영비보조(307-10) 6. 민간인위탁교육비(307-12) 7. 공기관등에대한경상적위탁사업비(308-11) 8. 민간자본사업보조,자체재원(402-01) 9. 민간자본사업보조,이전재원(402-02) 10. 민간위탁사업비(402-03) 11. 공기관등에 대한 자본적 대행사업비(403-02)	민간이전지출 근거 (지방보조금 관리기준 참고) 1. 법률에 규정 2. 국고보조 재원(국가지정) 3. 용도 지정 기부금 4. 조례에 직접규정 5. 지자체가 권장하는 사업을 하는 공공기관 6. 시,도 정책 및 재정사정 7. 기타 8. 해당없음	입찰방식 계약체결방법 (경쟁형태) 1. 일반경쟁 2. 제한경쟁 3. 지명경쟁 4. 수의계약 5. 법정위탁 6. 기타 ( ) 7. 해당없음	입찰방식 계약기간 1. 1년 2. 2년 3. 3년 4. 4년 5. 5년 6. 기타 ( )년 7. 단기계약 (1년미만) 8. 해당없음	입찰방식 낙찰자선정방법 1. 적격심사 2. 협상에의한계약 3. 최저가낙찰제 4. 규격가격분리 5. 2단계 경쟁입찰 6. 기타 ( ) 7. 해당없음	운영예산 산정 운영예산 산정 1. 내부산정 (지자체 자체적으로 산정) 2. 외부산정 (외부전문기관위탁 산정) 3. 내·외부 모두 산정 4. 산정 無 5. 해당없음	운영예산 산정 정산방법 1. 내부정산 (지자체 내부적으로 정산) 2. 외부정산 (외부전문기관위탁 정산) 3. 내·외부 모두 산정 4. 정산 無 5. 해당없음	성과평가 실시여부 1. 실시 2. 미실시 3. 향후 추진 4. 해당없음
24581	전남 광양시	무형문화재 공개행사(진월전어잡이소리)	3,900	문화예술과	1	6	7	8	7	1	1	3
24582	전남 광양시	광양의 문화유산 바로알기(장도, 궁시)	10,000	문화예술과	1	8	7	8	7	1	1	3
24583	전남 광양시	무형문화재 전승지원금(궁시장)	16,200	문화예술과	1	6	7	8	7	5	5	4
24584	전남 광양시	무형문화재 전승지원금(진월전어잡이소리)	6,000	문화예술과	1	6	7	8	7	5	5	4
24585	전남 광양시	생생문화재 사업	100,000	문화예술과	1	8	7	8	7	1	1	1
24586	전남 광양시	전수교육관 활성화 사업	22,500	문화예술과	1	8	7	8	7	1	1	1
24587	전남 광양시	광양만 선샤인 가요제	42,000	문화예술과	1	4	7	8	7	1	1	3
24588	전남 광양시	광양시 청소년관현악단 정기연주회 및 수시연주회	30,000	문화예술과	1	4	7	8	7	1	1	3
24589	전남 광양시	광양만권 화합의 가족콘서트	50,000	문화예술과	1	4	7	8	7	1	1	3
24590	전남 광양시	광영가야산문화제	25,000	문화예술과	1	4	7	8	7	1	1	3
24591	전남 광양시	전국윤동주 시낭송대회	20,000	문화예술과	1	4	7	8	7	1	1	3
24592	전남 광양시	윤동주 청소년 백일장 및 사생대회	15,000	문화예술과	1	4	7	8	7	1	1	3
24593	전남 광양시	광양벚꽃문화제	10,000	문화예술과	1	4	7	8	7	1	1	3
24594	전남 광양시	구봉산 불빛 문화축제	10,000	문화예술과	1	4	7	8	7	1	1	3
24595	전남 광양시	옥룡사지 동백숲 문화행사	10,000	문화예술과	1	4	7	8	7	1	1	3
24596	전남 광양시	시민과 함께하는 열린음악회(오케스트라)	9,000	문화예술과	1	4	7	8	7	1	1	3
24597	전남 광양시	관악협회 봄,가을 연주여행	5,000	문화예술과	1	4	7	8	7	1	1	3
24598	전남 광양시	난연합전시회	4,000	문화예술과	1	4	7	8	7	1	1	3
24599	전남 광양시	광양시민의 날 기념 분재전시회	4,000	문화예술과	1	4	7	8	7	1	1	3
24600	전남 광양시	광양시민과 함께하는 선샤인 화합의 음악회	4,000	문화예술과	1	4	7	8	7	1	1	3
24601	전남 광양시	한국서각협회 광양지부전	3,000	문화예술과	1	4	7	8	7	1	1	3
24602	전남 광양시	광양시 실버차밍댄스 공연	3,000	문화예술과	1	4	7	8	7	1	1	3
24603	전남 광양시	시울림 문학동인지 연간집 발간	2,000	문화예술과	1	4	7	8	7	1	1	3
24604	전남 광양시	광양 여성작가회 정기전	2,000	문화예술과	1	4	7	8	7	1	1	3
24605	전남 광양시	형제의병장 제례사업	2,000	문화예술과	1	4	7	8	7	1	1	3
24606	전남 광양시	광양시민과 함께하는 열린음악회	2,000	문화예술과	1	4	7	8	7	1	1	3
24607	전남 광양시	한국화에 빠지다	2,000	문화예술과	1	4	7	8	7	1	1	3
24608	전남 광양시	입목서회 전시회	1,000	문화예술과	1	4	7	8	7	1	1	3
24609	전남 광양시	통합문화이용권사업	417,500	문화예술과	1	2	7	8	7	1	1	3
24610	전남 광양시	춘추기 석전대제	8,000	문화예술과	1	4	7	8	7	1	1	3
24611	전남 광양시	봉양사 석채례 봉행	2,000	문화예술과	1	4	7	8	7	1	1	3
24612	전남 광양시	유림대학 운영	36,000	문화예술과	1	4	7	8	7	1	1	3
24613	전남 광양시	기로연 행사	4,000	문화예술과	1	4	7	8	7	1	1	3
24614	전남 광양시	여성유도회 지원사업	10,000	문화예술과	1	4	7	8	7	1	1	3
24615	전남 광양시	향교 환경정비 및 관리	4,000	문화예술과	1	4	7	8	7	1	1	3
24616	전남 광양시	태인문화제 용지큰줄다리기 재연	5,000	문화예술과	1	4	7	8	7	1	1	3
24617	전남 광양시	광양 농악한마당	10,000	문화예술과	1	4	7	8	7	1	1	3
24618	전남 광양시	진월전어잡이소리 시연	5,000	문화예술과	1	4	7	8	7	1	1	3
24619	전남 광양시	광영집돌림농악 전승 교육	5,000	문화예술과	1	4	7	8	7	1	1	3
24620	전남 광양시	읍면동 정월대보름 행사	8,400	문화예술과	1	4	7	8	7	1	1	3
24621	전남 광양시	전국시조경창대회	5,000	문화예술과	1	4	7	8	7	1	1	3
24622	전남 광양시	읍면동 풍물단 지원비	12,000	문화예술과	1	4	7	8	7	1	1	3
24623	전남 광양시	문화도시조성사업	750,000	문화예술과	1	2	7	8	7	1	1	3
24624	전남 광양시	광양시공립노인전문요양병원 공공보건 사업	100,000	보건행정과	1	2	7	8	7	5	2	1
24625	전남 광양시	광양시공립노인전문요양병원 운영비 지원	240,000	보건행정과	1	4	7	8	7	1	5	4
24626	전남 광양시	특성별 지역아동센터 운영비 지원	3,000	여성가족과	1	2	7	1	7	1	1	1
24627	전남 광양시	급식도우미지원	42,228	여성가족과	1	2	7	1	7	1	1	1
24628	전남 광양시	재활용장터 광양보물섬 운영	20,000	자원순환과	1	4	7	8	7	1	1	3
24629	전남 광양시	정보화마을 FESTA 운영	3,000	정보통신과	1	4	7	8	7	2	2	1
24630	전남 광양시	정보화마을 특산품 택배비 지원	7,000	정보통신과	1	4	7	8	7	2	2	1
24631	전남 광양시	소상공인 노란우산공제 희망장려금	27,000	지역경제과	1	4	7	8	7	5	5	4

순번	시군구	지출명 (사업명)	2021년예산 (단위:천원/1년간)	담당자 (공무원) 담당부서	민간이전 분류 (지방자치단체 세출예산 집행기준에 의거) 1. 민간경상사업보조(307-02) 2. 민간단체 법정운영비보조(307-03) 3. 민간행사사업보조(307-04) 4. 민간위탁금(307-05) 5. 사회복지시설 법정운영비보조(307-10) 6. 민간인위탁교육비(307-12) 7. 공기관등에대한경상적위탁사업비(308-11) 8. 민간자본사업보조,자체재원(402-01) 9. 민간자본사업보조,이전재원(402-02) 10. 민간위탁사업비(402-03) 11. 공기관등에 대한 자본적 대행사업비(403-02)	민간이전지출 근거 (지방보조금 관리기준 참고) 1. 법률에 규정 2. 국고보조 재원(국가지정) 3. 용도 지정 기부금 4. 조례에 직접규정 5. 지자체가 권장하는 사업을 하는 공공기관 6. 시,도 정책 및 재정사정 7. 기타 8. 해당없음	입찰방식 계약체결방법 (경쟁형태) 1. 일반경쟁 2. 제한경쟁 3. 지명경쟁 4. 수의계약 5. 법정위탁 6. 기타 ( ) 7. 해당없음	입찰방식 계약기간 1. 1년 2. 2년 3. 3년 4. 4년 5. 5년 6. 기타 ( )년 7. 단기계약 (1년미만) 8. 해당없음	입찰방식 낙찰자선정방법 1. 적격심사 2. 협상에의한계약 3. 최저가낙찰제 4. 규격가격분리 5. 2단계 경쟁입찰 6. 기타 ( ) 7. 해당없음	운영예산 산정 운영예산 산정 1. 내부산정 (지자체 자체적으로 산정) 2. 외부산정 (외부전문기관위탁 산정) 3. 내·외부 모두 산정 4. 산정 無 5. 해당없음	운영예산 산정 정산방법 1. 내부정산 (지자체 내부적으로 정산) 2. 외부정산 (외부전문기관위탁 정산) 3. 내·외부 모두 산정 4. 정산 無 5. 해당없음	성과평가 실시여부 1. 실시 2. 미실시 3. 향후 추진 4. 해당없음
24632	전남 광양시	광양경제포럼	12,000	지역경제과	1	4	7	8	7	5	5	4
24633	전남 광양시	지역경제 활성화운동 사업지원	9,000	지역경제과	1	4	7	8	7	5	5	4
24634	전남 광양시	전남형 강소기업 육성사업	240,000	지역경제과	1	1	7	8	7	5	5	4
24635	전남 광양시	뿌리산업 선도기업 육성사업	322,000	지역경제과	1	1	7	8	7	5	5	4
24636	전남 광양시	산업평화실현 노사민정 한마음대회	30,000	지역경제과	1	1	7	8	7	5	5	4
24637	전남 광양시	근로자 가족 화합행사	20,000	지역경제과	1	1	7	8	7	5	5	4
24638	전남 광양시	노동상담소 운영	64,000	지역경제과	1	1	7	8	7	5	5	4
24639	전남 광양시	모범 근로자 국내 선진지 견학	12,000	지역경제과	1	1	7	8	7	5	5	4
24640	전남 광양시	장기근속 모범근로자 선진 노사문화체험 해외연수	20,000	지역경제과	1	1	7	8	7	5	5	4
24641	전남 광양시	플랜트건설 근로자 화합행사	5,000	지역경제과	1	1	7	8	7	5	5	4
24642	전남 광양시	체육인행사 및 전국대회 유치활동 지원	10,000	체육과	1	1	7	7	7	1	1	1
24643	전남 광양시	제60회전라남도체육대회 참가 지원	270,000	체육과	1	1	7	7	7	1	1	1
24644	전남 광양시	제50회 전국소년체전 출전 선수단 지원	5,000	체육과	1	1	7	7	7	1	1	1
24645	전남 광양시	제102회 전국체육대회 출전 선수단 지원	7,500	체육과	1	1	7	7	7	1	1	1
24646	전남 광양시	전국체전 및 소년체전 선수단 격려	7,500	체육과	1	1	7	7	7	1	1	1
24647	전남 광양시	전국체전 참가 자매종목 지원(4종목)	1,500	체육과	1	1	7	7	7	1	1	1
24648	전남 광양시	전국체육활동 지원	6,000	체육과	1	1	7	7	7	1	1	1
24649	전남 광양시	학교체육발전 간담회	2,000	체육과	1	1	7	7	7	1	1	1
24650	전남 광양시	전국대회 입상자 격려	5,000	체육과	1	1	7	7	7	1	1	1
24651	전남 광양시	선수발굴 여비	2,000	체육과	1	1	7	7	7	1	1	1
24652	전남 광양시	전남체전 참가 선수단 훈련비 지원	24,000	체육과	1	1	7	7	7	1	1	1
24653	전남 광양시	성적우수자 성과금	6,000	체육과	1	1	7	7	7	1	1	1
24654	전남 광양시	제19회 광양시장배 전국 테니스대회	25,000	체육과	1	1	7	7	7	1	1	1
24655	전남 광양시	제19회 광양시장기 볼링대회	8,000	체육과	1	1	7	7	7	1	1	1
24656	전남 광양시	제15회 광양시장기 바둑대회	8,000	체육과	1	1	7	7	7	1	1	1
24657	전남 광양시	제13회 광양시장기 정구대회	8,000	체육과	1	1	7	7	7	1	1	1
24658	전남 광양시	제11회 광양시장기 검도대회	8,000	체육과	1	1	7	7	7	1	1	1
24659	전남 광양시	제18회 광양시장기 태권도대회	8,000	체육과	1	1	7	7	7	1	1	1
24660	전남 광양시	종목별 대회지원(11개종목)	13,000	체육과	1	1	7	7	7	1	1	1
24661	전남 광양시	소규모 체육행사	5,000	체육과	1	1	7	7	7	1	1	1
24662	전남 광양시	제18회 광양만 직장인 축구대회	15,000	체육과	1	1	7	7	7	1	1	1
24663	전남 광양시	생활체육 종목단체 지원	60,000	체육과	1	1	7	7	7	1	1	1
24664	전남 광양시	생활체육지도자 신종목 보급연수회 개최	3,500	체육과	1	1	7	7	7	1	1	1
24665	전남 광양시	생활체육활성화 지원	9,000	체육과	1	1	7	7	7	1	1	1
24666	전남 광양시	숲돌이 축구교실 운영	5,000	체육과	1	1	7	7	7	1	1	1
24667	전남 광양시	생활체육 활동지원	3,000	체육과	1	1	7	7	7	1	1	1
24668	전남 광양시	어린이 체능교실	9,000	체육과	1	1	7	7	7	1	1	1
24669	전남 광양시	청소년 체련교실	5,500	체육과	1	1	7	7	7	1	1	1
24670	전남 광양시	여성생활체육강좌	4,000	체육과	1	1	7	7	7	1	1	1
24671	전남 광양시	장수체육대학	9,000	체육과	1	1	7	7	7	1	1	1
24672	전남 광양시	생활체육교실 운영	20,000	체육과	1	1	7	7	7	1	1	1
24673	전남 광양시	생활체육광장 운영 지원	14,000	체육과	1	1	7	7	7	1	1	1
24674	전남 광양시	시니어전담생활체육지도자 양성	2,000	체육과	1	1	7	7	7	1	1	1
24675	전남 광양시	생활체육지도자 배치사업	161,340	체육과	1	1	7	7	7	1	1	1
24676	전남 광양시	유소년생활체육지도자 배치사업	21,500	체육과	1	1	7	7	7	1	1	1
24677	전남 광양시	어르신전담지도자 배치사업	193,608	체육과	1	1	7	7	7	1	1	1
24678	전남 광양시	스포츠강좌이용권지원사업	81,666	체육과	1	1	7	7	7	1	1	1
24679	전남 광양시	공공스포츠크럽 운영	15,000	체육과	1	1	7	7	7	1	1	1
24680	전남 광양시	장애인공공스포츠클럽운영	15,000	체육과	1	1	7	7	7	1	1	1
24681	전남 광양시	과양시장기 전국 그라운드골프대회	15,000	체육과	1	1	7	7	7	1	1	1
24682	전남 광양시	제16회 광양시장기 게이트볼대회	5,000	체육과	1	1	7	7	7	1	1	1

순번	시군구	지출명 (사업명)	2021년예산 (단위:천원/1년간)	담당자 (공무원) 담당부서	민간이전 분류 (지방자치단체 세출예산 집행기준에 의거) 1. 민간경상사업보조(307-02) 2. 민간단체 법정운영비보조(307-03) 3. 민간행사사업보조(307-04) 4. 민간위탁금(307-05) 5. 사회복지시설 법정운영비보조(307-10) 6. 민간인위탁교육비(307-12) 7. 공기관등에대한경상적위탁사업비(308-11) 8. 민간자본사업보조,자체재원(402-01) 9. 민간자본사업보조,이전재원(402-02) 10. 민간위탁사업비(402-03) 11. 공기관등에 대한 자본적 대행사업비(403-02)	민간이전지출 근거 (지방보조금 관리기준 참고) 1. 법률에 규정 2. 국고보조 재원(국가지정) 3. 용도 지정 기부금 4. 조례에 직접규정 5. 지자체가 권장하는 사업을 하는 공공기관 6. 시,도 정책 및 재정사정 7. 기타 8. 해당없음	입찰방식 계약체결방법 (경쟁형태) 1. 일반경쟁 2. 제한경쟁 3. 지명경쟁 4. 수의계약 5. 법정위탁 6. 기타 ( ) 7. 해당없음	입찰방식 계약기간 1. 1년 2. 2년 3. 3년 4. 4년 5. 5년 6. 기타 ( )년 7. 단기계약 (1년미만) 8. 해당없음	입찰방식 낙찰자선정방법 1. 적격심사 2. 협상에의한계약 3. 최저가낙찰제 4. 규격가격분리 5. 2단계 경쟁입찰 6. 기타 ( ) 7. 해당없음	운영예산 산정 운영예산 산정 1. 내부산정 (지자체 자체적으로 산정) 2. 외부산정 (외부전문기관위탁 산정) 3. 내·외부 모두 산정 4. 산정 無 5. 해당없음	운영예산 산정 정산방법 1. 내부정산 (지자체 내부적으로 정산) 2. 외부정산 (외부전문기관위탁 정산) 3. 내·외부 모두 산정 4. 정산 無 5. 해당없음	성과평가 실시여부 1. 실시 2. 미실시 3. 향후 추진 4. 해당없음
24683	전남 광양시	제15회 광양시장배 수영대회	5,000	체육과	1	1	7	7	7	1	1	1
24684	전남 광양시	제18회 광양시장기 배드민턴대회	8,000	체육과	1	1	7	7	7	1	1	1
24685	전남 광양시	제20회 광양시장기 축구대회	8,000	체육과	1	1	7	7	7	1	1	1
24686	전남 광양시	제19회 광양시장기 족구대회	8,000	체육과	1	1	7	7	7	1	1	1
24687	전남 광양시	제7회 광양시장배 탁구대회	8,000	체육과	1	1	7	7	7	1	1	1
24688	전남 광양시	제12회 광양시장배 체조경연대회	5,000	체육과	1	1	7	7	7	1	1	1
24689	전남 광양시	제10회 광양시의회 의장기 배구대회	8,000	체육과	1	1	7	7	7	1	1	1
24690	전남 광양시	백운산 기와 숲체험 건강 등산행사	11,000	체육과	1	1	7	7	7	1	1	1
24691	전남 광양시	어르신 건강체조 어울마당	15,000	체육과	1	1	7	7	7	1	1	1
24692	전남 광양시	전남동부권 7개시군 게이트볼대회	6,000	체육과	1	1	7	7	7	1	1	1
24693	전남 광양시	제14회 생활체육 야구동호인 연중리그	7,000	체육과	1	1	7	7	7	1	1	1
24694	전남 광양시	제24회 어린이 및 제10회 청소년 풋살대회	6,000	체육과	1	1	7	7	7	1	1	1
24695	전남 광양시	제20회 광양시게이트볼 협회장배 대회	2,500	체육과	1	1	7	7	7	1	1	1
24696	전남 광양시	광양시 그라운드골프동호인 친선대회	3,000	체육과	1	1	7	7	7	1	1	1
24697	전남 광양시	숏돌이 축구대회	2,000	체육과	1	1	7	7	7	1	1	1
24698	전남 광양시	광양 선샤인배 전국 댄스스포츠대회	15,000	체육과	1	1	7	7	7	1	1	1
24699	전남 광양시	제5회 전라남도 어린이생활체육 대축전	16,000	체육과	1	1	7	7	7	1	1	1
24700	전남 광양시	제9회 전라남도지사배 생활체육 등반대회	10,000	체육과	1	1	7	7	7	1	1	1
24701	전남 광양시	광양시청소년 3대3 농구대회	3,000	체육과	1	1	7	7	7	1	1	1
24702	전남 광양시	제12회 전남협회장기 그라운드골프대회	5,000	체육과	1	1	7	7	7	1	1	1
24703	전남 광양시	전국생활체육대축전 참가	3,000	체육과	1	1	7	7	7	1	1	1
24704	전남 광양시	제24회 영호남(광양.하동)생활체육한마음축제 지원	5,000	체육과	1	1	7	7	7	1	1	1
24705	전남 광양시	제33회 전라남도생활체육대축전 참가	70,000	체육과	1	1	7	7	7	1	1	1
24706	전남 광양시	제16회 전라남도 어르신생활체육대회 참가	15,000	체육과	1	1	7	7	7	1	1	1
24707	전남 광양시	남해안남중권 9개군 생활체육교류행사 지원	10,000	체육과	1	1	7	7	7	1	1	1
24708	전남 광양시	대통령배 전국씨름왕 전라남도선발대회 참가	8,800	체육과	1	1	7	7	7	1	1	1
24709	전남 광양시	제17회 전라남도지사기 축구대회 참가	3,500	체육과	1	1	7	7	7	1	1	1
24710	전남 광양시	제30회 전라남도지사기 게이트볼대회 참가	2,000	체육과	1	1	7	7	7	1	1	1
24711	전남 광양시	전라남도 어린이 생활체육대축전 참가	2,000	체육과	1	1	7	7	7	1	1	1
24712	전남 광양시	장애인 종목별 체육대회 참가 지원	8,000	체육과	1	1	7	7	7	1	1	1
24713	전남 광양시	장애인 생활체육지도자 배치사업	124,172	체육과	1	1	7	7	7	1	1	1
24714	전남 광양시	장애인스포츠강좌이용권 지원사업	14,720	체육과	1	1	7	7	7	1	1	1
24715	전남 광양시	광양시 장애인체육대회 개최	12,000	체육과	1	1	7	7	7	1	1	1
24716	전남 광양시	전라남도 생활체육 장애인 배드민턴대회 개최	5,000	체육과	1	1	7	7	7	1	1	1
24717	전남 광양시	제28회 전라남도 장애인체육대회 참가	45,000	체육과	1	1	7	7	7	1	1	1
24718	전남 광양시	전라남도 농아인체육대회 참가	5,000	체육과	1	1	7	7	7	1	1	1
24719	전남 광양시	전라남도 시각장애인체육대회 참가	6,000	체육과	1	1	7	7	7	1	1	1
24720	전남 광양시	제5회 전라남도 장애인생활체육대회 참가	15,000	체육과	1	1	7	7	7	1	1	1
24721	전남 광양시	재첩 유통포대 제작 보급	7,000	철강항만과	1	5	7	8	7	1	1	1
24722	전남 광양시	어선 재해보험료 지원사업	3,000	철강항만과	1	5	7	8	7	1	1	2
24723	전남 광양시	어업인 안전보험료 지원사업	1,500	철강항만과	1	5	7	8	7	1	1	2
24724	전남 광양시	광양기후환경네트워크 사업비 지원	49,200	환경과	1	2	7	8	7	5	5	1
24725	전남 광양시	수변구역 직접지원사업	388,800	환경과	1	1	7	8	7	1	1	4
24726	전남 광양시	하천 해양 수중정화사업	9,500	환경과	1	4	6	7	6	1	1	1
24727	전남 담양군	범죄 피해자 지원 및 홍보	10,000	지속가능경영기획실	1	1	7	8	7	5	5	4
24728	전남 담양군	통일 환경조성 행사운영	35,000	자치행정과	1	4	7	8	7	5	5	4
24729	전남 담양군	마을자치회 시범운영 지원사업	20,000	자치행정과	1	4	7	8	7	5	5	4
24730	전남 담양군	마을자치회 선도마을 지원사업	20,000	자치행정과	1	4	7	8	7	5	5	4
24731	전남 담양군	주민세 활용 주민자치 특화사업	120,000	자치행정과	1	4	7	8	7	5	5	4
24732	전남 담양군	호국안보의식 고취 및 민주시민의식 함양	3,000	자치행정과	1	1	7	8	7	5	5	4
24733	전남 담양군	민족통일 전국 및 전남대회참석	2,250	자치행정과	1	4	7	8	7	5	5	4

순번	시군구	지출명 (사업명)	2021년예산 (단위:천원/1년간)	담당자 (공무원)	민간이전 분류 (지방자치단체 세출예산 집행기준에 의거)	민간이전지출 근거 (지방보조금 관리기준 참고)	입찰방식			운영예산 산정		성과평가 실시여부
				담당부서	1. 민간경상사업보조(307-02) 2. 민간단체 법정운영비보조(307-03) 3. 민간행사사업보조(307-04) 4. 민간위탁금(307-05) 5. 사회복지시설 법정운영비보조(307-10) 6. 민간인위탁교육비(307-12) 7. 공기관등에대한경상적위탁사업비(308-11) 8. 민간자본사업보조,자체재원(402-01) 9. 민간자본사업보조,이전재원(402-02) 10. 민간위탁사업비(402-03) 11. 공기관등에 대한 자본적 대행사업비(403-02)	1. 법률에 규정 2. 국고보조 재원(국가지정) 3. 용도 지정 기부금 4. 조례에 직접규정 5. 지자체가 권장하는 사업을 하는 공공기관 6. 시,도 정책 및 재정사정 7. 기타 8. 해당없음	계약체결방법 (경쟁형태) 1. 일반경쟁 2. 제한경쟁 3. 지명경쟁 4. 수의계약 5. 법정위탁 6. 기타 ( ) 7. 해당없음	계약기간 1. 1년 2. 2년 3. 3년 4. 4년 5. 5년 6. 기타 ( )년 7. 단기계약 (1년미만) 8. 해당없음	낙찰자선정방법 1. 적격심사 2. 협상에의한계약 3. 최저가낙찰제 4. 규격가격분리 5. 2단계 경쟁입찰 6. 기타 ( ) 7. 해당없음	운영예산 산정 1. 내부산정 (지자체 자체적으로 산정) 2. 외부산정 (외부전문기관위탁 산정) 3. 내·외부 모두 산정 4. 산정 無 5. 해당없음	정산방법 1. 내부정산 (지자체 내부적으로 정산) 2. 외부정산 (외부전문기관위탁 정산) 3. 내·외부 모두 산정 4. 정산 無 5. 해당없음	1. 실시 2. 미실시 3. 향후 추진 4. 해당없음
24734	전남 담양군	군정홍보 및 교통정리 등 봉사활동	3,500	자치행정과	1	4	7	8	7	5	5	4
24735	전남 담양군	내 고장 가꾸기 사업	5,000	자치행정과	1	1	7	8	7	5	5	4
24736	전남 담양군	아름다운 지역만들기 및 자연정화활동	15,000	자치행정과	1	1	7	8	7	5	5	4
24737	전남 담양군	학교·성폭력교육 및 선도활동	2,000	자치행정과	1	4	7	8	7	5	5	4
24738	전남 담양군	경찰충혼탑관리 및 위령제	2,000	자치행정과	1	1	7	8	7	5	5	4
24739	전남 담양군	군민 준법질서 지키기 계도	4,000	자치행정과	1	1	7	8	7	5	5	4
24740	전남 담양군	관내초등생 청와대 및 국회방문	8,000	자치행정과	1	4	7	8	7	5	5	4
24741	전남 담양군	담양군 관내 깨끗한거리 조성사업	3,000	자치행정과	1	4	7	8	7	5	5	4
24742	전남 담양군	다문화가정과 함께하는 다도교육	2,000	자치행정과	1	4	7	8	7	5	5	4
24743	전남 담양군	생일상차려드리기 및 독거노인 나들이봉사	3,500	자치행정과	1	1	7	8	7	5	5	4
24744	전남 담양군	깨끗한 마을 만들기 등	42,000	자치행정과	1	1	7	8	7	5	5	4
24745	전남 담양군	사랑의 김장담아주기 등	15,000	자치행정과	1	1	7	8	7	5	5	4
24746	전남 담양군	제7회 평화통일골든벨 개최	2,500	자치행정과	1	4	7	8	7	5	5	4
24747	전남 담양군	한국전쟁전후 민간인희생자 합동위령제	5,000	자치행정과	1	4	7	8	7	5	5	4
24748	전남 담양군	적십자 사랑의 빵 나눔	2,000	자치행정과	1	4	7	8	7	5	5	4
24749	전남 담양군	범죄발생 취약지역 방범,교통질서계도	2,950	자치행정과	1	4	7	8	7	5	5	4
24750	전남 담양군	5.18민중항쟁 40주년 기념사업	5,000	자치행정과	1	1	7	8	7	5	5	4
24751	전남 담양군	공공도서관 평생교육 프로그램 지원	20,000	자치행정과	1	4	7	8	7	5	5	4
24752	전남 담양군	행복학습센터 운영	40,000	자치행정과	1	4	7	8	7	5	5	4
24753	전남 담양군	평생학습동아리 운영	10,000	자치행정과	1	4	7	8	7	5	5	4
24754	전남 담양군	담양공공도서관 인문학 문해교실 지원사업	15,000	자치행정과	1	4	7	8	7	5	5	4
24755	전남 담양군	청소년 인성개발 교육활동	4,000	자치행정과	1	4	7	8	7	5	5	4
24756	전남 담양군	청소년 폭력예방 선도활동	4,000	자치행정과	1	4	7	8	7	5	5	4
24757	전남 담양군	청소년 유해업소 계도활동	2,000	자치행정과	1	4	7	8	7	5	5	4
24758	전남 담양군	취약청소년 성장발달 활동지원	2,000	자치행정과	1	4	7	8	7	5	5	4
24759	전남 담양군	영산강 하천정원 조성사업(담양읍)	30,000	자치행정과	1	4	7	8	7	5	5	4
24760	전남 담양군	찾아오는 관광금성만들기(금성면)	16,000	자치행정과	1	4	7	8	7	5	5	4
24761	전남 담양군	수북 가치 재발견	17,000	자치행정과	1	4	7	8	7	5	5	4
24762	전남 담양군	지역사회복지인대회 지원	5,000	주민행복과	1	4	7	1	7	1	1	1
24763	전남 담양군	사회복지사협회 워크숍 지원	5,000	주민행복과	1	4	7	1	7	1	1	1
24764	전남 담양군	자원봉사단체 지원(독거노인 나들이봉사 등)	7,800	주민행복과	1	4	7	1	7	1	1	4
24765	전남 담양군	자원봉사자의 날 기념식 및 워크숍	8,000	주민행복과	1	4	7	1	7	1	1	4
24766	전남 담양군	자원봉사대축제(김장,밑반찬) 재료비 지원	40,000	주민행복과	1	4	7	1	7	1	1	4
24767	전남 담양군	직능별,기능별 자원봉사단 운영	4,830	주민행복과	1	4	7	1	7	1	1	4
24768	전남 담양군	푸드뱅크센터 운영	40,280	주민행복과	1	6	7	7	7	1	2	2
24769	전남 담양군	전라남도 장애인 기능경기대회 참가 지원	2,000	주민행복과	1	1	7	8	7	1	1	2
24770	전남 담양군	장애인거주시설 공기청정기 렌탈지원	2,880	주민행복과	1	1	7	8	7	1	1	2
24771	전남 담양군	안보의식 함양사업(6·25행사개최 등)	9,500	주민행복과	1	4	7	7	7	1	1	1
24772	전남 담양군	보훈단체 호국순례 및 자체사업	30,200	주민행복과	1	4	7	7	7	1	1	1
24773	전남 담양군	보훈단체 안보현장 견학 및 안보강좌사업	7,000	주민행복과	1	4	7	7	7	1	1	1
24774	전남 담양군	시니어합창단 경연대회	5,000	주민행복과	1	5	5	5	7	1	1	2
24775	전남 담양군	공중목욕장 운영비	20,000	주민행복과	1	5	7	8	7	5	5	4
24776	전남 담양군	노인복지관 프로그램지원	28,000	주민행복과	1	6	5	5	7	1	1	2
24777	전남 담양군	노인요양시설종사자 역량강화 워크숍 지원	2,000	주민행복과	1	4	4	7	7	1	1	2
24778	전남 담양군	여성단체 특색사업비 지원	5,000	주민행복과	1	4	7	1	7	1	1	1
24779	전남 담양군	여성단체를 통한 농특산물 직거래장터 운영	2,200	주민행복과	1	4	7	1	7	5	1	1
24780	전남 담양군	어린이집 연합회지원(보육교사연수대회, 의무교육)	24,000	주민행복과	1	4	5	1	7	3	2	1
24781	전남 담양군	어린이집 안전공제 가입비 지원	8,000	주민행복과	1	4	5	1	7	2	5	1
24782	전남 담양군	아동복지시설 안전공제 지원사업	3,300	주민행복과	1	4	7	1	7	1	1	4
24783	전남 담양군	지역아동센터 역량강화 워크숍	3,600	주민행복과	1	4	7	1	7	1	1	4
24784	전남 담양군	청년도우미지원	51,858	주민행복과	1	4	7	1	7	1	1	4

순번	시군구	지출명 (사업명)	2021년예산 (단위:천원/1년간)	담당자 (공무원) 담당부서	민간이전 분류 (지방자치단체 세출예산 집행기준에 의거) 1. 민간경상사업보조(307-02) 2. 민간단체 법정운영비보조(307-03) 3. 민간행사사업보조(307-04) 4. 민간위탁금(307-05) 5. 사회복지시설 법정운영비보조(307-10) 6. 민간인위탁교육비(307-12) 7. 공기관등에대한경상적위탁사업비(308-11) 8. 민간자본사업보조,자체재원(402-01) 9. 민간자본사업보조,이전재원(402-02) 10. 민간위탁사업비(402-03) 11. 공기관등에 대한 자본적 대행사업비(403-02)	민간이전지출 근거 (지방보조금 관리기준 참고) 1. 법률에 규정 2. 국고보조 재원(국가지정) 3. 용도 지정 기부금 4. 조례에 직접규정 5. 지자체가 권장하는 사업을 하는 공공기관 6. 시,도 정책 및 재정사정 7. 기타 8. 해당없음	입찰방식 계약체결방법 (경쟁형태) 1. 일반경쟁 2. 제한경쟁 3. 지명경쟁 4. 수의계약 5. 법정위탁 6. 기타 ( ) 7. 해당없음	입찰방식 계약기간 1. 1년 2. 2년 3. 3년 4. 4년 5. 5년 6. 기타 ( )년 7. 단기계약 (1년미만) 8. 해당없음	입찰방식 낙찰자선정방법 1. 적격심사 2. 협상에의한계약 3. 최저가낙찰제 4. 규격가격분리 5. 2단계 경쟁입찰 6. 기타 ( ) 7. 해당없음	운영예산 산정 운영예산 산정 1. 내부산정 (지자체 자체적으로 산정) 2. 외부산정 (외부전문기관위탁 산정) 3. 내·외부 모두 산정 4. 산정 無 5. 해당없음	운영예산 산정 정산방법 1. 내부정산 (지자체 내부적으로 정산) 2. 외부정산 (외부전문기관위탁 정산) 3. 내·외부 모두 산정 4. 정산 無 5. 해당없음	성과평가 실시여부 1. 실시 2. 미실시 3. 향후 추진 4. 해당없음
24785	전남 담양군	동절기 조손가족 부식지원	9,540	주민행복과	1	4	7	1	7	3	1	4
24786	전남 담양군	드림스타트 멘토링 프로그램 운영	2,100	주민행복과	1	5	7	1	7	3	1	4
24787	전남 담양군	전통세시풍속(당산제) 육성 지원	8,000	문화체육과	1	4	7	1	7	1	1	1
24788	전남 담양군	읍면 문화교실 운영	50,000	문화체육과	1	4	7	1	7	1	1	1
24789	전남 담양군	담양미술협회 회원전	5,000	문화체육과	1	4	7	1	7	1	1	1
24790	전남 담양군	담양여성합창단 육성	8,800	문화체육과	1	4	7	1	7	1	1	1
24791	전남 담양군	대금연주단 운영지원	8,000	문화체육과	1	4	7	1	7	1	1	1
24792	전남 담양군	담양 서예문인 활동지원	5,000	문화체육과	1	4	7	1	7	1	1	1
24793	전남 담양군	담양수채화협회 수채화교실	5,000	문화체육과	1	4	7	1	7	1	1	1
24794	전남 담양군	군민 창작극 예술교육	4,000	문화체육과	1	4	7	1	7	1	1	1
24795	전남 담양군	담양소리전수관 국악교실	15,000	문화체육과	1	4	7	1	7	1	1	1
24796	전남 담양군	전통공예문화 창작활동 지원	5,000	문화체육과	1	4	7	1	7	1	1	1
24797	전남 담양군	국악분야 예술강사지원	41,140	문화체육과	1	4	7	8	7	5	5	4
24798	전남 담양군	담양문화아카데미운영	15,000	문화체육과	1	4	5	1	7	1	1	1
24799	전남 담양군	담양군사 편찬사업	210,000	문화체육과	1	4	5	1	7	1	1	1
24800	전남 담양군	담양문화원 70년사 발간	50,000	문화체육과	1	4	5	1	7	1	1	1
24801	전남 담양군	문인협회 문학지 발간	5,000	문화체육과	1	4	5	1	7	1	1	1
24802	전남 담양군	한우리 건강난타 문화교실	6,000	문화체육과	1	4	5	1	7	1	1	1
24803	전남 담양군	통합문화이용권 사업 지원	220,000	문화체육과	1	2	7	1	7	5	1	1
24804	전남 담양군	해동문화예술촌 프로그램 운영	150,000	문화체육과	1	4	5	1	7	1	1	1
24805	전남 담양군	문화도시 예비사업 추진	200,000	문화체육과	1	4	5	1	7	1	1	1
24806	전남 담양군	담빛길 사업 추진	150,000	문화체육과	1	4	5	1	7	1	1	1
24807	전남 담양군	스포츠강좌 및 스포츠용품 지원	39,680	문화체육과	1	1	5	1	7	1	1	4
24808	전남 담양군	담양군 생활체육단체 활성화 지원	40,000	문화체육과	1	4	5	1	7	1	1	4
24809	전남 담양군	담양군체육회 체육활동 지원	12,000	문화체육과	1	4	5	1	7	1	1	4
24810	전남 담양군	담양군 학교체육시설 사용료 지원	30,000	문화체육과	1	4	5	1	7	1	1	4
24811	전남 담양군	담양궁도협회 활쏘기체험교실 지원	10,000	문화체육과	1	4	5	1	7	1	1	4
24812	전남 담양군	군민 자전거 안전교실 운영	10,000	문화체육과	1	4	5	1	7	1	1	4
24813	전남 담양군	창평향교 은행나무 학교	50,000	문화체육과	1	2	4	1	6	1	1	1
24814	전남 담양군	생태도시 담양, 문화재로 소통하다	50,000	문화체육과	1	2	4	1	6	1	1	1
24815	전남 담양군	문화재와 함께하는 의병로드투어	50,000	문화체육과	1	2	4	1	6	1	1	1
24816	전남 담양군	봉안리 은행나무 민속행사 지원	2,900	문화체육과	1	2	4	7	6	1	1	1
24817	전남 담양군	대치리느티나무 민속행사 지원	2,900	문화체육과	1	2	4	7	6	1	1	1
24818	전남 담양군	채상장 전수교육관 활성화 사업	25,000	문화체육과	1	2	4	1	6	1	1	1
24819	전남 담양군	봉안리정미소 문화예술공간 교육 프로그램 운영	20,000	문화체육과	1	2	4	1	6	2	1	1
24820	전남 담양군	채상장 전수교육관 지원	6,000	문화체육과	1	4	4	1	6	1	1	1
24821	전남 담양군	우도농악 전수교육관 지원	4,800	문화체육과	1	4	4	1	6	1	1	1
24822	전남 담양군	담양학총서1(관방제 및 관방제림)	20,000	문화체육과	1	4	4	1	6	1	1	1
24823	전남 담양군	창평학구당 교양 강좌 지원	3,000	문화체육과	1	4	4	1	6	1	1	1
24824	전남 담양군	남도 농악명인 추모제 지원	3,000	문화체육과	1	4	4	7	6	1	1	1
24825	전남 담양군	담양 역사자료(지석묘) 조사 지원	6,000	문화체육과	1	4	4	1	6	1	1	1
24826	전남 담양군	담양 고문서 소장처 기초조사(담양,무정,금성,용면)	20,000	문화체육과	1	4	4	1	6	1	1	1
24827	전남 담양군	담양과 5.18 광주민주화운동(구술,녹취,책자발간)	40,000	문화체육과	1	4	4	1	6	1	1	1
24828	전남 담양군	오늘의 가사문학 계간지 발간	65,000	문화체육과	1	4	7	6	7	1	1	1
24829	전남 담양군	제22회 전국 가사문학제	35,000	문화체육과	1	4	7	6	7	1	1	1
24830	전남 담양군	제3회 전국 청소년 랩 페스티벌	45,000	문화체육과	1	4	7	6	7	1	1	1
24831	전남 담양군	한국가사시 100인선 발간	25,000	문화체육과	1	4	7	6	7	1	1	1
24832	전남 담양군	뚝방길 마실가기사업(담양읍)	80,000	문화체육과	1	4	7	1	7	1	1	1
24833	전남 담양군	일반음식점 주방시설개선사업	30,000	녹색관광과	1	4	7	8	7	5	5	4
24834	전남 담양군	일반음식점 화장실 개보수 지원	45,000	녹색관광과	1	4	7	8	7	5	5	4
24835	전남 담양군	소규모 식품제조가공업소 환경개선	25,000	녹색관광과	1	4	7	8	7	5	5	4

순번	시군구	지출명 (사업명)	2021년예산 (단위:천원/1년간)	담당자 (공무원) 담당부서	민간이전 분류 (지방자치단체 세출예산 집행기준에 의거) 1. 민간경상사업보조(307-02) 2. 민간단체 법정운영비보조(307-03) 3. 민간행사사업보조(307-04) 4. 민간위탁금(307-05) 5. 사회복지시설 법정운영비보조(307-10) 6. 민간인위탁교육비(307-12) 7. 공기관등에대한경상적위탁사업비(308-11) 8. 민간자본사업보조,자체재원(402-01) 9. 민간자본사업보조,이전재원(402-02) 10. 민간위탁사업비(402-03) 11. 공기관등에 대한 자본적 대행사업비(403-02)	민간이전지출 근거 (지방보조금 관리기준 참고) 1. 법률에 규정 2. 국고보조 재원(국가지정) 3. 용도 지정 기부금 4. 조례에 직접규정 5. 지자체가 권장하는 사업을 하는 공공기관 6. 시,도 정책 및 재정사정 7. 기타 8. 해당없음	입찰방식 계약체결방법 (경쟁형태) 1. 일반경쟁 2. 제한경쟁 3. 지명경쟁 4. 수의계약 5. 법정위탁 6. 기타 ( ) 7. 해당없음	입찰방식 계약기간 1. 1년 2. 2년 3. 3년 4. 4년 5. 5년 6. 기타 ( )년 7. 단기계약 (1년미만) 8. 해당없음	입찰방식 낙찰자선정방법 1. 적격심사 2. 협상에의한계약 3. 최저가낙찰제 4. 규격가격분리 5. 2단계 경쟁입찰 6. 기타 ( ) 7. 해당없음	운영예산 산정 운영예산 산정 1. 내부산정 (지자체 자체적으로 산정) 2. 외부산정 (외부전문기관위탁 산정) 3. 내·외부 모두 산정 4. 산정 無 5. 해당없음	운영예산 산정 정산방법 1. 내부정산 (지자체 내부적으로 정산) 2. 외부정산 (외부전문기관위탁 정산) 3. 내·외부 모두 산정 4. 정산 無 5. 해당없음	성과평가 실시여부 1. 실시 2. 미실시 3. 향후 추진 4. 해당없음
24836	전남 담양군	직접주민지원사업	26,868	생태환경과	1	1	7	8	7	2	1	1
24837	전남 담양군	동복댐 주변지역 주민지원사업(학자금 등)	15,627	생태환경과	1	1	7	8	7	2	1	1
24838	전남 담양군	생태도시 담양21협의회 운영	12,000	생태환경과	1	4	7	8	7	1	3	2
24839	전남 담양군	군민 의식개혁 및 환경보전 홍보 계도	1,000	생태환경과	1	4	7	8	7	3	3	4
24840	전남 담양군	비산업부문 온실가스 진단컨설팅	15,000	생태환경과	1	2	4	1	7	1	1	1
24841	전남 담양군	지방의제21관련 사업 지원	6,500	생태환경과	1	4	7	8	7	1	3	2
24842	전남 담양군	담양군 상인협의회 지원	44,000	풀뿌리경제과	1	4	7	8	7	5	5	4
24843	전남 담양군	소상공인 점포임대료 지원	45,000	풀뿌리경제과	1	4	7	8	7	5	5	4
24844	전남 담양군	담양군공예인협회 회원 공예대전 참가지원	3,000	풀뿌리경제과	1	4	7	8	7	5	5	4
24845	전남 담양군	담양군공예인협회 작품전시 및 체험활동 지원	2,000	풀뿌리경제과	1	4	7	8	7	5	5	4
24846	전남 담양군	사회적기업 인건비 지원	517,637	풀뿌리경제과	1	2	7	8	7	5	5	4
24847	전남 담양군	사회적기업 사업개발비 지원	41,100	풀뿌리경제과	1	2	7	8	7	5	5	4
24848	전남 담양군	사회적기업 사회보험료 지원	31,680	풀뿌리경제과	1	2	7	8	7	5	5	4
24849	전남 담양군	고용유지금 및 취업장려금 지급	800	풀뿌리경제과	1	2	7	8	7	5	5	4
24850	전남 담양군	소상공인 비즈니스 구조개선 지원단 운영	237,080	풀뿌리경제과	1	2	7	8	7	5	5	4
24851	전남 담양군	교육비지원사업	10,000	풀뿌리경제과	1	4	7	8	7	5	5	4
24852	전남 담양군	전남청년구직활동수당지원사업	63,000	풀뿌리경제과	1	6	6	3	6	2	1	3
24853	전남 담양군	풀뿌리공동체 디딤돌사업 디딤단계(15개소)	50,000	풀뿌리경제과	1	4	7	8	7	5	5	4
24854	전남 담양군	풀뿌리공동체 디딤돌사업 돋움단계(새싹단계)	35,000	풀뿌리경제과	1	4	7	8	7	5	5	4
24855	전남 담양군	담양군 모범운전자회 교통 기초질서 지키기 운동 전개	3,500	풀뿌리경제과	1	7	6	1	6	1	1	4
24856	전남 담양군	고소득 농업인육성 맞춤형 역량강화 컨설팅 지원	48,000	친환경농정과	1	4	7	8	7	5	5	4
24857	전남 담양군	담양군 농업회의소 활성화 지원	70,000	친환경농정과	1	4	7	8	7	5	5	4
24858	전남 담양군	한국농업경영인연합회 지원	25,000	친환경농정과	1	4	7	8	7	5	5	4
24859	전남 담양군	전국농민회총연맹 담양군 농민회 지원	13,000	친환경농정과	1	4	7	8	7	5	5	4
24860	전남 담양군	한국새농민중앙회 담양군분회 지원	3,000	친환경농정과	1	4	7	8	7	5	5	4
24861	전남 담양군	농가도우미 지원사업	15,627	친환경농정과	1	1	7	8	7	5	5	4
24862	전남 담양군	농업분야 외국인근로자 보험료 지원사업	10,000	친환경농정과	1	2	7	8	7	5	5	4
24863	전남 담양군	청년농업인 영농정착 지원금	343,271	친환경농정과	1	2	7	8	7	5	5	4
24864	전남 담양군	청년농업인 연구동아리 지원사업	6,250	친환경농정과	1	2	7	8	7	5	5	4
24865	전남 담양군	청년농업인을 위한 문화쉼터 조성사업	16,000	친환경농정과	1	2	7	8	7	5	5	4
24866	전남 담양군	맞춤형 일자리 '희망택시' 운영	10,000	친환경농정과	1	4	7	8	7	5	5	4
24867	전남 담양군	농촌고용인력지원사업	100,000	친환경농정과	1	2	7	8	7	5	5	4
24868	전남 담양군	농어촌민박 활성화 지원	20,000	친환경유통과	1	6	7	8	7	5	5	4
24869	전남 담양군	농어촌민박 소방안전시설 지원	24,500	친환경유통과	1	6	7	8	7	5	5	4
24870	전남 담양군	친환경농산물 잔류농약검사 지원	28,800	친환경농정과	1	6	7	8	7	5	5	4
24871	전남 담양군	친환경농산물 전시홍보 지원	3,000	친환경농정과	1	6	7	8	7	5	5	4
24872	전남 담양군	초등돌봄교실 과일간식 지원사업	22,401	친환경유통과	1	2	7	8	7	5	5	4
24873	전남 담양군	농업환경보전프로그램	100,000	친환경농정과	1	2	7	8	7	5	5	4
24874	전남 담양군	시설하우스 내 객토 지원	10,000	친환경농정과	1	4	7	8	7	5	5	4
24875	전남 담양군	과수농가 톱밥지원사업	67,000	친환경농정과	1	4	7	8	7	5	5	4
24876	전남 담양군	시설하우스 육묘·양액상토 지원	200,000	친환경농정과	1	4	7	8	7	5	5	4
24877	전남 담양군	고추 재배농가 묘목구입비 지원사업(대덕면)	20,000	친환경농정과	1	4	7	8	7	5	5	4
24878	전남 담양군	포도 비가림시설 지원사업	100,000	친환경농정과	1	4	7	8	7	5	5	4
24879	전남 담양군	지역원예·양봉 연계 지원사업(수정용 벌 공급)	180,000	친환경농정과	1	4	7	8	7	5	5	4
24880	전남 담양군	친환경농가 농자재 지원	50,000	친환경농정과	1	4	7	8	7	5	5	4
24881	전남 담양군	유기농업자재지원(51ha)	26,846	친환경농정과	1	2	7	8	7	5	5	4
24882	전남 담양군	시설원예 연작장해 경감제 지원	9,000	친환경농정과	1	6	7	8	7	5	5	4
24883	전남 담양군	새끼우렁이 공급(1,250ha)	120,600	친환경농정과	1	4	7	8	7	5	5	4
24884	전남 담양군	친환경쌀 생산단지 유기질비료 지원	438,000	친환경농정과	1	4	7	8	7	5	5	4
24885	전남 담양군	수도용 상토 공급 지원	300,000	친환경농정과	1	4	7	8	7	5	5	4
24886	전남 담양군	고품질 조기햅쌀 조성사업	33,660	친환경농정과	1	4	7	8	7	5	5	4

순번	시군구	지출명 (사업명)	2021년예산 (단위:천원/1년간)	담당자 (공무원) 담당부서	민간이전 분류 (지방자치단체 세출예산 집행기준에 의거) 1. 민간경상사업보조(307-02) 2. 민간단체 법정운영비보조(307-03) 3. 민간행사사업보조(307-04) 4. 민간위탁금(307-05) 5. 사회복지시설 법정운영비보조(307-10) 6. 민간인위탁교육비(307-12) 7. 공기관등에대한경상적위탁사업비(308-11) 8. 민간자본사업보조,자체재원(402-01) 9. 민간자본사업보조,이전재원(402-02) 10. 민간위탁사업비(402-03) 11. 공기관등에 대한 자본적 대행사업비(403-02)	민간이전지출 근거 (지방보조금 관리기준 참고) 1. 법률에 규정 2. 국고보조 재원(국가지정) 3. 용도 지정 기부금 4. 조례에 직접규정 5. 지자체가 권장하는 사업을 하는 공공기관 6. 시,도 정책 및 재정사정 7. 기타 8. 해당없음	입찰방식 계약체결방법 (경쟁형태) 1. 일반경쟁 2. 제한경쟁 3. 지명경쟁 4. 수의계약 5. 법정위탁 6. 기타 ( ) 7. 해당없음	입찰방식 계약기간 1. 1년 2. 2년 3. 3년 4. 4년 5. 5년 6. 기타 ( )년 7. 단기계약 (1년미만) 8. 해당없음	입찰방식 낙찰자선정방법 1. 적격심사 2. 협상에의한계약 3. 최저가낙찰제 4. 규격가격분리 5. 2단계 경쟁입찰 6. 기타 ( ) 7. 해당없음	운영예산 산정 운영예산 산정 1. 내부산정 (지자체 자체적으로 산정) 2. 외부산정 (외부전문기관위탁 산정) 3. 내·외부 모두 산정 4. 산정 無 5. 해당없음	운영예산 산정 정산방법 1. 내부정산 (지자체 내부적으로 정산) 2. 외부정산 (외부전문기관위탁 정산) 3. 내·외부 모두 산정 4. 정산 無 5. 해당없음	성과평가 실시여부 1. 실시 2. 미실시 3. 향후 추진 4. 해당없음
24887	전남 담양군	영세고령농가 육묘지원	252,450	친환경농정과	1	4	7	8	7	5	5	4
24888	전남 담양군	친환경쌀 생산단지 병해충 방제비 지원	228,000	친환경농정과	1	4	7	8	7	5	5	4
24889	전남 담양군	영세고령농가 병해충 방제비 지원	60,000	친환경농정과	1	4	7	8	7	5	5	4
24890	전남 담양군	친환경단지 영세고령농가 예초비 지원	25,600	친환경농정과	1	4	7	8	7	5	5	4
24891	전남 담양군	토양개량제 공급	497,392	친환경농정과	1	2	7	8	7	5	5	4
24892	전남 담양군	토양개량제 살포비 지원	138,826	친환경농정과	1	2	7	8	7	5	5	4
24893	전남 담양군	유기질비료지원사업	741,683	친환경농정과	1	2	7	8	7	5	5	4
24894	전남 담양군	가축분뇨 액비살포비 지원	360,000	친환경농정과	1	2	7	8	7	5	5	4
24895	전남 담양군	가축분뇨 퇴비살포비 지원	160,000	친환경농정과	1	2	7	8	7	5	5	4
24896	전남 담양군	가축사육농가 수분조절제 지원	50,000	친환경농정과	1	4	7	8	7	5	5	4
24897	전남 담양군	육견농가 사육환경 개선지원	5,000	친환경농정과	1	4	7	8	7	5	5	4
24898	전남 담양군	빈 축사 정비 지원	75,000	친환경농정과	1	4	7	8	7	5	5	4
24899	전남 담양군	젖소 미생물제제 지원	5,000	친환경농정과	1	4	7	8	7	5	5	4
24900	전남 담양군	축산(가금류)악취저감제 공급사업	21,000	친환경농정과	1	6	7	8	7	5	5	4
24901	전남 담양군	축산(양돈)악취저감제 공급사업	18,000	친환경농정과	1	6	7	8	7	5	5	4
24902	전남 담양군	축산(한우,젖소)악취저감제 공급사업	5,000	친환경농정과	1	6	7	8	7	5	5	4
24903	전남 담양군	학교우유 급식지원	180,000	친환경농정과	1	2	7	8	7	5	5	4
24904	전남 담양군	곤충 사료첨가제 지원사업	28,000	친환경농정과	1	6	7	8	7	5	5	4
24905	전남 담양군	가금류 칼슘첨가제 지원사업	20,160	친환경농정과	1	6	7	8	7	5	5	4
24906	전남 담양군	양봉산업 육성지원	70,000	친환경농정과	1	6	7	8	7	5	5	4
24907	전남 담양군	양봉산업 육성지원	70,000	친환경농정과	1	4	7	8	7	5	5	4
24908	전남 담양군	청결위생농업 실천농가 맞춤형 지원사업	30,000	친환경농정과	1	4	7	8	7	5	5	4
24909	전남 담양군	학생승마체험사업 지원	52,320	친환경농정과	1	2	7	8	7	5	5	4
24910	전남 담양군	조사료생산용 사일리지 제조지원	579,311	친환경농정과	1	2	7	8	7	5	5	4
24911	전남 담양군	조사료 종자구입 지원	81,360	친환경농정과	1	2	7	8	7	5	5	4
24912	전남 담양군	전문단지조성용 사일리지 제조지원	699,840	친환경농정과	1	2	7	8	7	5	5	4
24913	전남 담양군	전문단지조성용 종자구입 지원	85,560	친환경농정과	1	2	7	8	7	5	5	4
24914	전남 담양군	전문단지조성용 입모중파종 지원	40,920	친환경농정과	1	2	7	8	7	5	5	4
24915	전남 담양군	전문단지조성용 퇴액비 지원	406,800	친환경농정과	1	2	7	8	7	5	5	4
24916	전남 담양군	한우 고급육생산 품질개선 사업	40,000	친환경농정과	1	4	7	8	7	5	5	4
24917	전남 담양군	한우등록사업	21,000	친환경농정과	1	4	7	8	7	5	5	4
24918	전남 담양군	여성축산인 선진지 견학	7,000	친환경농정과	1	4	7	8	7	5	5	4
24919	전남 담양군	젖소농가 사양관리 컨설팅	15,000	친환경농정과	1	4	7	8	7	5	5	4
24920	전남 담양군	쇠고기이력추적제 귀표장착비 지원사업	58,728	친환경농정과	1	2	7	8	7	5	5	4
24921	전남 담양군	낙농환경(질병)개선 지원	26,600	친환경농정과	1	6	7	8	7	5	5	4
24922	전남 담양군	양돈 생산성 향상지원	23,100	친환경농정과	1	6	7	8	7	5	5	4
24923	전남 담양군	축산물 HACCP 컨설팅 지원	9,800	친환경농정과	1	2	7	8	7	5	5	4
24924	전남 담양군	돼지써코백신 지원사업	54,000	친환경농정과	1	2	7	8	7	5	5	4
24925	전남 담양군	가금농가 질병관리 지원사업	6,000	친환경농정과	1	2	7	8	7	5	5	4
24926	전남 담양군	소 전업농가 구제역 예방백신 지원사업	103,170	친환경농정과	1	2	7	8	7	5	5	4
24927	전남 담양군	돼지 전업농가 구제역 예방백신 지원사업	170,000	친환경농정과	1	2	7	8	7	5	5	4
24928	전남 담양군	공동방제단 인건비	77,300	친환경농정과	1	2	7	8	7	5	5	4
24929	전남 담양군	공동방제단 운영비	82,570	친환경농정과	1	2	7	8	7	5	5	4
24930	전남 담양군	구제역 예방접종 원거리 자동연속주사기 지원	4,900	친환경농정과	1	6	7	8	7	5	5	4
24931	전남 담양군	오리농가 면역기능개선제 지원	26,460	친환경농정과	1	4	7	8	7	5	5	4
24932	전남 담양군	고품질 쌀 및 친환경 쌀 택배비	132,000	친환경유통과	1	4	7	8	7	5	5	4
24933	전남 담양군	서울시 공공급식 물류비 지원	40,000	친환경유통과	1	4	7	8	7	5	5	4
24934	전남 담양군	서울시 등 학교 및 공공급식 납품 식재료 안전성 검사비	40,000	친환경유통과	1	4	7	8	7	5	5	4
24935	전남 담양군	서울시 임산부 친환경농산물 꾸러미 공급사업 물류비 지원	50,000	친환경유통과	1	4	7	8	7	5	5	4
24936	전남 담양군	서울시 학교급식 Non-GMO 가공식품 공급 물류비 지원	40,000	친환경유통과	1	4	7	8	7	5	5	4
24937	전남 담양군	친환경 및 GAP인증 농산물 택배비 지원	20,000	친환경유통과	1	4	7	8	7	5	5	4

순번	시군구	지출명 (사업명)	2021년예산 (단위:천원/1년간)	담당자 (공무원) 담당부서	민간이전 분류 (지방자치단체 세출예산 집행기준에 의거) 1. 민간경상사업보조(307-02) 2. 민간단체 법정운영비보조(307-03) 3. 민간행사사업보조(307-04) 4. 민간위탁금(307-05) 5. 사회복지시설 법정운영비보조(307-10) 6. 민간인위탁교육비(307-12) 7. 공기관등에대한경상적위탁사업비(308-11) 8. 민간자본사업보조,자체재원(402-01) 9. 민간자본사업보조,이전재원(402-02) 10. 민간위탁사업비(402-03) 11. 공기관등에 대한 자본적 대행사업비(403-02)	민간이전지출 근거 (지방보조금 관리기준 참고) 1. 법률에 규정 2. 국고보조 재원(국가지정) 3. 용도 지정 기부금 4. 조례에 직접규정 5. 지자체가 권장하는 사업을 하는 공공기관 6. 시,도 정책 및 재정사정 7. 기타 8. 해당없음	입찰방식 계약체결방법 (경쟁형태) 1. 일반경쟁 2. 제한경쟁 3. 지명경쟁 4. 수의계약 5. 법정위탁 6. 기타 ( ) 7. 해당없음	입찰방식 계약기간 1. 1년 2. 2년 3. 3년 4. 4년 5. 5년 6. 기타 ( )년 7. 단기계약 (1년미만) 8. 해당없음	입찰방식 낙찰자선정방법 1. 적격심사 2. 협상에의한계약 3. 최저가낙찰제 4. 규격가격분리 5. 2단계 경쟁입찰 6. 기타 ( ) 7. 해당없음	운영예산 산정 운영예산 산정 1. 내부산정 (지자체 자체적으로 산정) 2. 외부산정 (외부전문기관위탁 산정) 3. 내·외부 모두 산정 4. 산정 無 5. 해당없음	운영예산 산정 정산방법 1. 내부정산 (지자체 내부적으로 정산) 2. 외부정산 (외부전문기관위탁 정산) 3. 내·외부 모두 산정 4. 정산 無 5. 해당없음	성과평가 실시여부 1. 실시 2. 미실시 3. 향후 추진 4. 해당없음
24938	전남 담양군	제주도 학교급식 친환경쌀 해상운송비 지원	40,000	친환경유통과	1	4	7	8	7	5	5	4
24939	전남 담양군	농산물 수출 물류비 지원	30,000	친환경유통과	1	4	7	8	7	5	5	4
24940	전남 담양군	고등학교 학교급식 간식 지원	26,000	친환경유통과	1	4	7	8	7	5	5	4
24941	전남 담양군	농특산물 포장재 디자인 개발 보급	50,000	친환경유통과	1	4	7	8	7	5	5	4
24942	전남 담양군	로컬푸드 직매장 출하농산물 홍보용 포장재 지원	25,000	친환경유통과	1	4	7	8	7	5	5	4
24943	전남 담양군	농촌체험 그린투어 지원	20,000	친환경유통과	1	4	7	8	7	5	5	4
24944	전남 담양군	국내외 박람회 참가 지원	21,000	친환경유통과	1	4	7	8	7	5	5	4
24945	전남 담양군	TV 홈쇼핑 방송판매 지원	60,000	친환경유통과	1	4	7	8	7	5	5	4
24946	전남 담양군	관내 농특산물 온라인 판매확대 지원	100,000	친환경유통과	1	4	7	8	7	5	5	4
24947	전남 담양군	자가품질검사비 지원사업	15,000	친환경유통과	1	4	7	8	7	5	5	4
24948	전남 담양군	어린이집 친환경농산물 식재료 지원	51,000	친환경유통과	1	4	7	8	7	5	5	4
24949	전남 담양군	농산물 통합물류비 지원	100,000	친환경유통과	1	4	7	8	7	5	5	4
24950	전남 담양군	도지사 품질인증제품 자가품질검사비 지원	10,000	친환경유통과	1	4	7	8	7	5	5	4
24951	전남 담양군	GAP인증 안전성 검사비 지원	65,000	친환경유통과	1	1	7	8	7	5	5	4
24952	전남 담양군	GAP인증 신청 수수료 지원	12,232	친환경유통과	1	1	7	8	7	5	5	4
24953	전남 담양군	농촌체험휴양마을 사무장 채용지원	56,700	친환경유통과	1	2	7	8	7	5	5	4
24954	전남 담양군	농촌체험휴양마을 운영매니저 지원	18,900	친환경유통과	1	4	7	8	7	5	5	4
24955	전남 담양군	농촌체험휴양마을 운영지원	3,000	친환경유통과	1	4	7	8	7	5	5	4
24956	전남 담양군	농촌체험휴양마을 역량강화 교육	2,640	친환경유통과	1	2	7	8	7	5	5	4
24957	전남 담양군	농촌체험휴양마을 안전화재보험 가입비 지원	6,102	친환경유통과	1	2	7	8	7	5	5	4
24958	전남 담양군	농촌축제지원	10,000	친환경유통과	1	2	7	8	7	5	5	4
24959	전남 담양군	영세고령농가 공공비축미 포장재 지원	7,000	친환경유통과	1	2	7	8	7	5	5	4
24960	전남 담양군	공공비축미 톤백 포장재 지원	20,000	친환경유통과	1	4	7	8	7	5	5	4
24961	전남 담양군	외국인근로자 담양문화 체험 행사	10,000	투자유치과	1	4	7	8	7	5	5	4
24962	전남 담양군	1인창조기업비즈니스센터 운영지원	15,000	투자유치과	1	4	7	8	7	5	5	4
24963	전남 담양군	입주기업 창업역량강화 지원	15,000	투자유치과	1	4	7	8	7	5	5	4
24964	전남 담양군	임산물상품화지원	39,500	산림정원과	1	2	7	8	7	5	1	4
24965	전남 담양군	벼 병해충 방제비	33,000	농업기술센터	1	1	7	8	7	5	5	4
24966	전남 담양군	딸기 병해충 방제비	7,000	농업기술센터	1	1	7	8	7	5	5	4
24967	전남 담양군	담양 저지방한우 브랜드 육성 네트워크 역량강화	30,000	농업기술센터	1	1	7	8	7	5	5	4
24968	전남 담양군	담양 저지방한우 브랜드 육성 연구개발	150,000	농업기술센터	1	1	7	8	7	5	5	4
24969	전남 담양군	담양 저지방한우 브랜드 육성 홍보 및 마케팅	200,000	농업기술센터	1	1	7	8	7	5	5	4
24970	전남 담양군	젖소 우량정액 공급	10,000	농업기술센터	1	1	7	8	7	5	5	4
24971	전남 담양군	한돈 우량정액 공급	15,000	농업기술센터	1	1	7	8	7	5	5	4
24972	전남 담양군	우량핵군 한우 수정란 이식	25,000	농업기술센터	1	1	7	8	7	5	5	4
24973	전남 담양군	젖소 이용 한우 수정란 이식	10,000	농업기술센터	1	1	7	8	7	5	5	4
24974	전남 담양군	한우 고등등록 선형심사비 지원	5,000	농업기술센터	1	1	7	8	7	5	5	4
24975	전남 담양군	농업활동 안전사고 예방 생활화사업	30,000	농업기술센터	1	1	7	8	7	5	5	4
24976	전남 담양군	강소농 자율학습모임 지원 사업	8,000	농업기술센터	1	1	7	8	7	5	5	4
24977	전남 담양군	귀농귀촌인 모임체 육성지원	10,000	농업기술센터	1	1	7	8	7	5	5	4
24978	전남 담양군	귀농인 시설하우스 임차료 지원	10,000	농업기술센터	1	1	7	8	7	5	5	4
24979	전남 담양군	귀농귀촌인 지역재능기부활동	5,000	농업기술센터	1	1	7	8	7	5	5	4
24980	전남 담양군	농촌에서 미리살아보기 사업	20,000	농업기술센터	1	1	7	8	7	5	5	4
24981	전남 담양군	귀농농업창업활성화지원	10,000	농업기술센터	1	1	7	8	7	5	5	4
24982	전남 담양군	귀농귀촌 자율학습모임 지원사업	4,000	농업기술센터	1	1	7	8	7	5	5	4
24983	전남 담양군	청년농업인 경쟁력 제고사업	45,000	농업기술센터	1	1	7	8	7	5	5	4
24984	전남 담양군	한국대나무발전협회 학술대회 및 총회 개최	13,000	대나무자원연구소	1	4	7	8	7	1	1	1
24985	전남 담양군	국내외 홍보 행사운영 및 WBO 가입유지 협회비 납부	12,000	대나무자원연구소	1	4	7	8	7	1	1	1
24986	전남 담양군	담양 죽로차 홍보행사 참가 등	3,600	대나무자원연구소	1	4	7	8	7	1	1	1
24987	전남 담양군	죽로차 포장재 제작(틴케이스,차포장지 등)	3,000	대나무자원연구소	1	4	7	8	7	1	1	1
24988	전남 담양군	죽로차 판매 촉진을 위한 홍보	1,000	대나무자원연구소	1	4	7	8	7	1	1	1

순번	시군구	지출명 (사업명)	2021년예산 (단위:천원/1년간)	담당자 (공무원) 담당부서	민간이전 분류 (지방자치단체 세출예산 집행기준에 의거) 1. 민간경상사업보조(307-02) 2. 민간단체 법정운영비보조(307-03) 3. 민간행사사업보조(307-04) 4. 민간위탁금(307-05) 5. 사회복지시설 법정운영비보조(307-10) 6. 민간인위탁교육비(307-12) 7. 공기관등에대한경상적위탁사업비(308-11) 8. 민간자본사업보조,자체재원(402-01) 9. 민간자본사업보조,이전재원(402-02) 10. 민간위탁사업비(402-03) 11. 공기관등에 대한 자본적 대행사업비(403-02)	민간이전지출 근거 (지방보조금 관리기준 참고) 1. 법률에 규정 2. 국고보조 재원(국가지정) 3. 용도 지정 기부금 4. 조례에 직접규정 5. 지자체가 권장하는 사업을 하는 공공기관 6. 시,도 정책 및 재정사정 7. 기타 8. 해당없음	입찰방식 계약체결방법 (경쟁형태) 1. 일반경쟁 2. 제한경쟁 3. 지명경쟁 4. 수의계약 5. 법정위탁 6. 기타 ( ) 7. 해당없음	계약기간 1. 1년 2. 2년 3. 3년 4. 4년 5. 5년 6. 기타 ( )년 7. 단기계약 (1년미만) 8. 해당없음	낙찰자선정방법 1. 적격심사 2. 협상에의한계약 3. 최저가낙찰제 4. 규격가격분리 5. 2단계 경쟁입찰 6. 기타 ( ) 7. 해당없음	운영예산 산정 운영예산 산정 1. 내부산정 (지자체 자체적으로 산정) 2. 외부산정 (외부전문기관위탁 산정) 3. 내·외부 모두 산정 4. 산정 無 5. 해당없음	정산방법 1. 내부정산 (지자체 내부적으로 정산) 2. 외부정산 (외부전문기관위탁 정산) 3. 내·외부 모두 산정 4. 정산 無 5. 해당없음	성과평가 실시여부 1. 실시 2. 미실시 3. 향후 추진 4. 해당없음
24989	전남 담양군	대나무공예품 생산 마을공동체 운영	10,000	대나무자원연구소	1	4	7	8	7	5	5	4
24990	전남 곡성군	학교기업 연계 협력 사업비(공모선정)	10,000	기획실	1	1	4	3	7	1	1	4
24991	전남 곡성군	범죄피해자 구조사업	5,900	기획실	1	4	4	1	7	1	1	4
24992	전남 곡성군	대중교통 서비스 개선사업(택시운전원 제복)	7,800	민원실	1	4	7	8	7	5	5	4
24993	전남 곡성군	공용버스터미널 공공요금 지원	5,280	민원실	1	4	7	8	7	5	5	4
24994	전남 곡성군	교통안전지도 및 캠페인 사업 보조금 지원	3,000	민원실	1	4	7	8	7	5	5	4
24995	전남 곡성군	한국자유총연맹 곡성군지부 활동지원	6,200	행정과	1	1	7	8	7	1	1	1
24996	전남 곡성군	곡성군재향군인회 활동 지원	15,900	행정과	1	1	7	8	7	1	1	1
24997	전남 곡성군	민주평화통일자문회의 곡성군협의회 활동 지원	30,000	행정과	1	1	7	8	7	1	1	1
24998	전남 곡성군	곡성군 새마을회 활동 지원	43,990	행정과	1	1	7	8	7	1	1	1
24999	전남 곡성군	바르게살기운동 곡성군협의회 활동 지원	11,820	행정과	1	4	7	8	7	1	1	1
25000	전남 곡성군	(사)해병대전우회 곡성지회 활동 지원	6,360	행정과	1	4	7	8	7	1	1	1
25001	전남 곡성군	119동우회 자연보호 활동 등 지원	2,670	행정과	1	4	7	8	7	1	1	1
25002	전남 곡성군	곡성 6.25 참전경찰 국가유공자회 활동 지원	3,280	행정과	1	4	7	8	7	1	1	1
25003	전남 곡성군	법무부범죄예방위원 곡성지구 협의회 활동 지원	4,540	행정과	1	4	7	8	7	1	1	1
25004	전남 곡성군	지방행정동우회 곡성군분회 활동 지원	5,000	행정과	1	1	7	8	7	1	1	1
25005	전남 곡성군	대한민국 재향곡성경우회 활동 지원	3,680	행정과	1	4	7	8	7	1	1	1
25006	전남 곡성군	곡성교육희망연대 활동 지원	3,400	행정과	1	4	7	8	7	1	1	1
25007	전남 곡성군	대한적십자사 곡성군지구협의회 활동 지원	2,200	행정과	1	4	7	8	7	1	1	1
25008	전남 곡성군	녹색어머니회 활동지원	3,000	행정과	1	4	7	8	7	1	1	1
25009	전남 곡성군	정보화마을 프로그램관리자 보험료 및 퇴직금	3,540	행정과	1	6	6	1	7	3	3	1
25010	전남 곡성군	정보화마을 프로그램관리자 육성 프로그램관리자 인건비	17,235	행정과	1	6	6	1	7	3	3	1
25011	전남 곡성군	문해강사 능력향상 교육 운영	5,000	행정과	1	1	7	8	7	5	5	4
25012	전남 곡성군	주민참여 한마당 행사지원(11개 읍면)	255,000	행정과	1	4	7	8	7	1	1	4
25013	전남 곡성군	주민자치센터 지역공동체 형성 프로그램	12,000	행정과	1	4	7	8	7	5	5	4
25014	전남 곡성군	자치계획수립 및 주민총회 운영	3,000	행정과	1	4	7	8	7	5	5	4
25015	전남 곡성군	농촌유학사업 지원	38,000	행정과	1	4	7	8	7	5	5	4
25016	전남 곡성군	농촌유학센터 활성화 지원	8,400	행정과	1	4	7	8	7	5	5	4
25017	전남 곡성군	기숙사 전입학생 프로그램 지원	30,000	미래혁신과	1	4	7	8	7	1	1	1
25018	전남 곡성군	청춘작당 시즌3 프로그램 운영	235,000	미래혁신과	1	4	7	8	7	1	1	1
25019	전남 곡성군	곡성군 청년 커뮤니티 활성화 지원사업	20,000	미래혁신과	1	4	7	8	7	1	1	1
25020	전남 곡성군	노인회지회 현안사업(전남복지재단 매칭)	1,300	주민복지과	1	8	7	8	7	5	1	4
25021	전남 곡성군	노인회지회 차량유지비 지원	3,600	주민복지과	1	8	7	8	7	1	1	4
25022	전남 곡성군	경로당 공동작업장	6,000	주민복지과	1	6	7	8	7	1	1	4
25023	전남 곡성군	여성단체 특색사업 추진	15,000	주민복지과	1	4	7	8	7	1	1	1
25024	전남 곡성군	여성 지역발전 의식함양 워크숍	19,000	주민복지과	1	4	7	8	7	1	1	1
25025	전남 곡성군	저소득층 조손가족 동절기 부식비 지원	6,390	주민복지과	1	6	7	8	7	5	1	4
25026	전남 곡성군	보육교직원 역량강화 교육지원	6,000	주민복지과	1	4	5	1	7	5	1	4
25027	전남 곡성군	어린이집 안전공제회 보험료 지원	5,000	주민복지과	1	4	5	1	7	5	1	4
25028	전남 곡성군	보존식 기자재 지원	3,500	주민복지과	1	2	5	1	7	5	1	4
25029	전남 곡성군	지역아동센터 종사자 연수 지원	1,500	주민복지과	1	4	5	8	7	5	1	4
25030	전남 곡성군	지역아동센터 연합 한마당 행사	5,000	주민복지과	1	4	5	8	7	5	1	4
25031	전남 곡성군	장애인 전용주차구역 정비사업(지체편의시설센터)	8,000	주민복지과	1	1	7	8	7	5	5	4
25032	전남 곡성군	월남참전자회 곡성군지회	2,600	주민복지과	1	4	7	8	7	5	5	4
25033	전남 곡성군	6.25참전유공자회 곡성군지회	3,230	주민복지과	1	4	7	8	7	5	5	4
25034	전남 곡성군	고엽제전우회 곡성군지회	2,600	주민복지과	1	4	7	8	7	5	5	4
25035	전남 곡성군	무공수훈자회 곡성군지회	2,600	주민복지과	1	4	7	8	7	5	5	4
25036	전남 곡성군	전몰군경미망인회 곡성군지회	2,600	주민복지과	1	4	7	8	7	5	5	4
25037	전남 곡성군	전몰군경유족회 곡성군지회	4,000	주민복지과	1	4	7	8	7	5	5	4
25038	전남 곡성군	상이군경회 곡성군지회	6,840	주민복지과	1	4	7	8	7	5	5	4
25039	전남 곡성군	대한노인회 곡성군지회	6,000	주민복지과	1	8	7	8	7	5	1	4

순번	시군구	지출명 (사업명)	2021년예산 (단위:천원/1년간)	담당자 (공무원) 담당부서	민간이전 분류 (지방자치단체 세출예산 집행기준에 의거) 1. 민간경상사업보조(307-02) 2. 민간단체 법정운영비보조(307-03) 3. 민간행사사업보조(307-04) 4. 민간위탁금(307-05) 5. 사회복지시설 법정운영비보조(307-10) 6. 민간인위탁교육비(307-12) 7. 공기관등에대한경상적위탁사업비(308-11) 8. 민간자본사업보조,자체재원(402-01) 9. 민간자본사업보조,이전재원(402-02) 10. 민간위탁사업비(402-03) 11. 공기관등에 대한 자본적 대행사업비(403-02)	민간이전지출 근거 (지방보조금 관리기준 참고) 1. 법률에 규정 2. 국고보조 재원(국가지정) 3. 용도 지정 기부금 4. 조례에 직접규정 5. 지자체가 권장하는 사업을 하는 공공기관 6. 시,도 정책 및 재정사정 7. 기타 8. 해당없음	입찰방식: 계약체결방법 (경쟁형태) 1. 일반경쟁 2. 제한경쟁 3. 지명경쟁 4. 수의계약 5. 법정위탁 6. 기타 ( ) 7. 해당없음	입찰방식: 계약기간 1. 1년 2. 2년 3. 3년 4. 4년 5. 5년 6. 기타 ( )년 7. 단기계약 (1년미만) 8. 해당없음	입찰방식: 낙찰자선정방법 1. 적격심사 2. 협상에의한계약 3. 최저가낙찰제 4. 규격가격분리 5. 2단계 경쟁입찰 6. 기타 ( ) 7. 해당없음	운영예산 산정: 운영예산 산정 1. 내부산정 (지자체 자체적으로 산정) 2. 외부산정 (외부전문기관위탁 산정) 3. 내·외부 모두 산정 4. 산정 無 5. 해당없음	운영예산 산정: 정산방법 1. 내부정산 (지자체 내부적으로 정산) 2. 외부정산 (외부전문기관위탁 정산) 3. 내·외부 모두 산정 4. 정산 無 5. 해당없음	성과평가 실시여부 1. 실시 2. 미실시 3. 향후 추진 4. 해당없음
25040	전남 곡성군	(사)한국농업경영인 곡성군연합회 지원	38,500	농정과	1	4	7	8	7	1	1	1
25041	전남 곡성군	전국농민회총연맹 곡성군농민회 지원	9,000	농정과	1	4	7	8	7	1	1	1
25042	전남 곡성군	(사)한국쌀전업농 곡성군연합회 지원	2,900	농정과	1	4	7	8	7	1	1	1
25043	전남 곡성군	(사)한국친환경농업 곡성군연합회 지원	2,900	농정과	1	4	7	8	7	1	1	1
25044	전남 곡성군	농가도우미 지원	26,939	농정과	1	6	7	8	7	5	1	4
25045	전남 곡성군	농촌인력지원센터 운영 지원	160,000	농정과	1	1	7	8	7	5	1	4
25046	전남 곡성군	유기농업자재 지원	131,728	농정과	1	6	7	8	7	1	1	4
25047	전남 곡성군	임산부 친환경농산물 꾸러미 지원	69,120	농정과	1	6	7	8	7	1	1	4
25048	전남 곡성군	토양개량제 지원	412,967	농정과	1	6	7	8	7	1	1	4
25049	전남 곡성군	토양개량제 공동살포 지원	114,238	농정과	1	6	7	8	7	1	1	4
25050	전남 곡성군	유기질비료 지원사업	1,712	농정과	1	6	7	8	7	1	1	4
25051	전남 곡성군	들녘경영체 육성사업 지원(컨설팅)	27,000	농정과	1	6	7	8	7	4	4	4
25052	전남 곡성군	멜론농가 유통 물류비 지원	25,000	농정과	1	4	7	8	7	1	1	1
25053	전남 곡성군	농산물 통합마케팅 유통출하 지원	100,000	농정과	1	4	7	8	7	1	1	1
25054	전남 곡성군	농산물 공동선별비 지원	100,000	농정과	1	2	7	8	7	1	1	3
25055	전남 곡성군	농산물 마케팅 지원	16,000	농정과	1	2	7	8	7	1	1	3
25056	전남 곡성군	곡성 농특산물 판매 및 홍보 택배료	34,000	농정과	1	6	7	8	7	1	1	3
25057	전남 곡성군	전남쌀 평생고객 확보사업 택배비 지원	90,000	농정과	1	6	7	8	7	1	1	3
25058	전남 곡성군	농산물 온라인 판매 확대 지원사업	10,000	농정과	1	6	7	8	7	1	1	3
25059	전남 곡성군	국제식품박람회 지원	10,000	농정과	1	6	7	8	7	1	1	3
25060	전남 곡성군	여성농업인 행복바우처 지원	540,000	농정과	1	4	7	8	7	1	1	1
25061	전남 곡성군	청년농업인 영농정착 지원	255,314	농정과	1	2	7	8	7	1	1	1
25062	전남 곡성군	사회적농업 활성화 지원	60,000	농정과	1	2	7	8	7	1	1	1
25063	전남 곡성군	청년농업인 연구동아리 지원사업	3,125	농정과	1	4	7	8	7	1	1	1
25064	전남 곡성군	수도권 지역 귀농학교 운영	10,000	농정과	1	4	7	8	7	1	1	1
25065	전남 곡성군	아름다운 귀농귀촌 마을만들기 지원	20,000	농정과	1	4	7	8	7	1	1	1
25066	전남 곡성군	선도농가 현장실습 지원	72,000	농정과	1	4	7	8	7	1	1	1
25067	전남 곡성군	귀농창업 활성화 지원사업(창업실행비)	10,000	농정과	1	4	7	8	7	1	1	1
25068	전남 곡성군	귀농귀촌 유치지원 프로그램 운영	210,000	농정과	1	2	7	8	7	1	1	1
25069	전남 곡성군	석곡흑돼지 특화 업소 육성 사업	40,000	문화체육과	1	4	7	8	7	5	5	1
25070	전남 곡성군	제46회 전남민속예술축제 참가지원	23,000	문화체육과	1	4	7	8	7	1	1	1
25071	전남 곡성군	남도음악제 참가 및 국악행사 개최 지원	20,000	문화체육과	1	4	7	8	7	1	1	1
25072	전남 곡성군	곡성문학 작품집 발간 지원	7,000	문화체육과	1	4	7	8	7	1	1	1
25073	전남 곡성군	도깨비 콘텐츠 개발 지원	30,000	문화체육과	1	4	7	8	7	1	1	1
25074	전남 곡성군	읍면 청소년 농악 육성 및 행사 지원	45,000	문화체육과	1	4	7	8	7	1	1	1
25075	전남 곡성군	동악한시집 발간지원	4,500	문화체육과	1	4	7	8	7	1	1	1
25076	전남 곡성군	찾아가는 주민참여 문화활동 지원	24,300	문화체육과	1	4	7	8	7	1	1	1
25077	전남 곡성군	곡성서화예술인 작품전시회 지원	20,000	문화체육과	1	4	7	8	7	1	1	1
25078	전남 곡성군	다도·제다 교육 지원	30,000	문화체육과	1	4	7	8	7	1	1	1
25079	전남 곡성군	찾아가는 문화활동 사업	2,000	문화체육과	1	4	7	8	7	1	1	1
25080	전남 곡성군	곡성향교 서예활동	13,750	문화체육과	1	4	7	8	7	1	1	1
25081	전남 곡성군	곡성군 합창단 단원복 지원	11,550	문화체육과	1	4	7	8	7	1	1	1
25082	전남 곡성군	국악분야 예술강사지원사업	9,538	문화체육과	1	4	7	8	7	1	1	1
25083	전남 곡성군	통합 문화이용권사업	167,000	문화체육과	1	4	7	8	7	1	1	1
25084	전남 곡성군	작은도서관 독서문화 프로그램 운영 지원	28,000	문화체육과	1	1	7	8	7	1	1	1
25085	전남 곡성군	곡성군 합창단 운영 지원	17,000	문화체육과	1	4	7	8	7	1	1	1
25086	전남 곡성군	세시풍속놀이 지원	13,000	문화체육과	1	4	7	8	7	1	1	1
25087	전남 곡성군	무형문화재 전승자 행사 지원	2,400	문화체육과	1	1	7	8	7	5	1	1
25088	전남 곡성군	죽동농악 전승지원금	24,600	문화체육과	1	1	7	8	7	5	1	1
25089	전남 곡성군	초고장 전승지원금	12,000	문화체육과	1	1	7	8	7	5	1	1
25090	전남 곡성군	죽동농악 공개행사 지원	4,250	문화체육과	1	1	7	8	7	5	1	1

순번	시군구	지출명 (사업명)	2021년예산 (단위:천원/1년간)	담당자 (공무원)	민간이전 분류 (지방자치단체 세출예산 집행기준에 의거)	민간이전지출 근거 (지방보조금 관리기준 참고)	입찰방식			운영예산 산정		성과평가 실시여부
				담당부서	1. 민간경상사업보조(307-02) 2. 민간단체 법정운영비보조(307-03) 3. 민간행사사업보조(307-04) 4. 민간위탁금(307-05) 5. 사회복지시설 법정운영비보조(307-10) 6. 민간인위탁교육비(307-12) 7. 공기관등에대한경상적위탁사업비(308-11) 8. 민간자본사업보조,자체재원(402-01) 9. 민간자본사업보조,이전재원(402-02) 10. 민간위탁사업비(402-03) 11. 공기관등에 대한 자본적 대행사업비(403-02)	1. 법률에 규정 2. 국고보조 재원(국가지정) 3. 용도 지정 기부금 4. 조례에 직접규정 5. 지자체가 권장하는 사업을 하는 공공기관 6. 시,도 정책 및 재정사정 7. 기타 8. 해당없음	계약체결방법 (경쟁형태) 1. 일반경쟁 2. 제한경쟁 3. 지명경쟁 4. 수의계약 5. 법정위탁 6. 기타 ( ) 7. 해당없음	계약기간 1. 1년 2. 2년 3. 3년 4. 4년 5. 5년 6. 기타 ( )년 7. 단기계약 (1년미만) 8. 해당없음	낙찰자선정방법 1. 적격심사 2. 협상에의한계약 3. 최저가낙찰제 4. 규격가격분리 5. 2단계 경쟁입찰 6. 기타 ( ) 7. 해당없음	운영예산 산정 1. 내부산정 (지자체 자체적으로 산정) 2. 외부산정 (외부전문기관위탁 산정) 3. 내·외부 모두 산정 4. 산정 無 5. 해당없음	정산방법 1. 내부정산 (지자체 내부적으로 정산) 2. 외부정산 (외부전문기관위탁 정산) 3. 내·외부 모두 산정 4. 정산 無 5. 해당없음	1. 실시 2. 미실시 3. 향후 추진 4. 해당없음
25091	전남 곡성군	초고장 공개행사 지원	1,900	문화체육과	1	1	7	8	7	5	1	1
25092	전남 곡성군	생생문화재 사업	50,000	문화체육과	1	1	7	8	7	5	1	1
25093	전남 곡성군	향교서원에서 신나게 놀자	77,500	문화체육과	1	1	7	8	7	5	1	1
25094	전남 곡성군	생활체육지도자 명절휴가비	29,232	문화체육과	1	4	7	8	7	1	1	3
25095	전남 곡성군	곡성군체육회 휴일근무수당	22,800	문화체육과	1	4	7	8	7	1	1	3
25096	전남 곡성군	곡성군민체육센터(수영장) 운영비	120,000	문화체육과	1	4	7	8	7	1	1	3
25097	전남 곡성군	곡성군체육회 직원 및 지도자 체육교실 운영 출장 지원	36,000	문화체육과	1	4	7	8	7	1	1	3
25098	전남 곡성군	곡성군 생활체육단체 활성화 지원	20,000	문화체육과	1	4	7	8	7	1	1	3
25099	전남 곡성군	학교시설 개방매니저 파트타임 인건비	14,400	문화체육과	1	4	7	8	7	1	1	3
25100	전남 곡성군	생활체육동호회 학교체육관 임대료 지원	31,050	문화체육과	1	7	7	8	7	1	1	3
25101	전남 곡성군	생활체육동호회 탁구장 임대료 지원	6,000	문화체육과	1	7	7	8	7	1	1	3
25102	전남 곡성군	전지훈련팀 지원	10,000	문화체육과	1	7	7	8	7	1	1	3
25103	전남 곡성군	학교체육 우수선수 지원	23,610	문화체육과	1	4	7	8	7	1	1	3
25104	전남 곡성군	동호인 생활체육 등 육성지원	22,344	문화체육과	1	4	7	8	7	1	1	3
25105	전남 곡성군	초,중,고등부 볼링팀 육성지원	49,000	문화체육과	1	4	7	8	7	1	1	3
25106	전남 곡성군	관내 대학교 볼링팀 육성지원	16,000	문화체육과	1	4	7	8	7	1	1	3
25107	전남 곡성군	유해야생동물 피해예방 전기목책기 설치	30,000	환경축산과	1	1	7	8	7	1	1	2
25108	전남 곡성군	야생동물 피해 예방 사업	36,620	환경축산과	1	2	7	8	7	1	1	2
25109	전남 곡성군	축산물 HACCP 컨설팅 지원사업	9,800	환경축산과	1	2	5	7	7	1	1	1
25110	전남 곡성군	승용마 조련강화 지원사업	24,000	환경축산과	1	2	7	8	7	1	1	1
25111	전남 곡성군	귀표 부착비 지원	32,302	환경축산과	1	2	7	8	7	3	3	1
25112	전남 곡성군	구제역 백신접종 원거리 자동연속주사기 지원	4,900	환경축산과	1	6	7	8	7	3	3	1
25113	전남 곡성군	돼지 써코(PCV-2) 백신 지원	42,000	환경축산과	1	2	7	8	7	3	3	1
25114	전남 곡성군	전업농 구제역 백신 지원	264,720	환경축산과	1	2	7	8	7	3	3	1
25115	전남 곡성군	공동방제단 운영비	86,162	환경축산과	1	2	7	8	7	3	3	1
25116	전남 곡성군	공동방제단 운영 인건비	77,300	환경축산과	1	2	7	8	7	3	3	1
25117	전남 곡성군	가금농가 질병관리 지원	6,000	환경축산과	1	2	7	8	7	3	3	1
25118	전남 곡성군	전통시장 박람회 참가지원	1,000	도시경제과	1	7	7	8	7	5	5	4
25119	전남 곡성군	소상공인 노란우산 가입 장려금 지원	6,000	도시경제과	1	7	7	8	7	5	5	4
25120	전남 곡성군	착한가격업소 지원	10,000	도시경제과	1	4	7	8	7	5	5	4
25121	전남 곡성군	소상공인 공동체 육성지원	25,000	도시경제과	1	4	7	8	7	5	5	4
25122	전남 곡성군	청년상인 프로젝트 지원	20,000	도시경제과	1	4	7	8	7	5	5	4
25123	전남 곡성군	중소기업제품 판매전 참가지원	3,000	도시경제과	1	4	7	8	7	5	5	4
25124	전남 곡성군	청년일자리 및 창업 지원	60,000	도시경제과	1	4	7	8	7	5	5	4
25125	전남 곡성군	지역 인재 채용 지원사업	36,000	도시경제과	1	4	7	8	7	5	5	4
25126	전남 곡성군	전남형 4050 희망일자리 장려금 지원사업	16,000	도시경제과	1	4	7	8	7	5	5	4
25127	전남 곡성군	전남 청년 마을로사업(1유형)	200,000	도시경제과	1	2	7	8	7	5	5	4
25128	전남 곡성군	사회적기업 일자리창출사업(일반인력)	103,738	도시경제과	1	4	7	8	7	5	5	4
25129	전남 곡성군	사회적기업 일자리창출사업(전문인력)	38,980	도시경제과	1	4	7	8	7	5	5	4
25130	전남 곡성군	사회적기업 사업개발비	20,500	도시경제과	1	4	7	8	7	5	5	4
25131	전남 곡성군	사회적기업 사회보험료	5,280	도시경제과	1	4	7	8	7	5	5	4
25132	전남 곡성군	군 마을공동체 주민공모사업	10,000	도시경제과	1	4	7	8	7	5	5	4
25133	전남 곡성군	도 마을공동체 공모사업	128,000	도시경제과	1	4	7	8	7	5	5	4
25134	전남 곡성군	농촌지도자회 대회 참석	5,000	농촌지원과	1	4	7	8	7	5	5	4
25135	전남 곡성군	4-H회 지역사랑실천 봉사활동 지원	3,000	농촌지원과	1	4	7	8	7	5	5	4
25136	전남 곡성군	곡성군4-H연합회 역량강화 교육	6,000	농촌지원과	1	4	7	8	7	5	5	4
25137	전남 곡성군	농업인 한마음대회 추진	11,000	농촌지원과	1	4	7	8	7	5	5	4
25138	전남 곡성군	한국생활개선곡성군연합회 사업비 지원	10,000	농촌지원과	1	4	7	8	7	5	5	4
25139	전남 곡성군	농업인 건강관리실 운영비 지원	6,400	농촌지원과	1	1	7	8	7	5	5	4
25140	전남 곡성군	작목별 맞춤형 안전관리 실천시범	17,500	농촌지원과	1	2	7	8	7	5	5	4
25141	전남 곡성군	농경문화소득화모델 구축	50,000	농촌지원과	1	2	7	8	7	5	5	4

순번	시군구	지출명 (사업명)	2021년예산 (단위:천원/1년간)	담당자 (공무원) 담당부서	민간이전 분류 (지방자치단체 세출예산 집행기준에 의거) 1. 민간경상사업보조(307-02) 2. 민간단체 법정운영비보조(307-03) 3. 민간행사사업보조(307-04) 4. 민간위탁금(307-05) 5. 사회복지시설 법정운영비보조(307-10) 6. 민간인위탁교육비(307-12) 7. 공기관등에대한경상적위탁사업비(308-11) 8. 민간자본사업보조,자체재원(402-01) 9. 민간자본사업보조,이전재원(402-02) 10. 민간위탁사업비(402-03) 11. 공기관등에 대한 자본적 대행사업비(403-02)	민간이전지출 근거 (지방보조금 관리기준 참고) 1. 법률에 규정 2. 국고보조 재원(국가지정) 3. 용도 지정 기부금 4. 조례에 직접규정 5. 지자체가 권장하는 사업을 하는 공공기관 6. 시,도 정책 및 재정사정 7. 기타 8. 해당없음	입찰방식 계약체결방법 (경쟁형태) 1. 일반경쟁 2. 제한경쟁 3. 지명경쟁 4. 수의계약 5. 법정위탁 6. 기타 ( ) 7. 해당없음	계약기간 1. 1년 2. 2년 3. 3년 4. 4년 5. 5년 6. 기타 ( )년 7. 단기계약 (1년미만) 8. 해당없음	낙찰자선정방법 1. 적격심사 2. 협상에의한계약 3. 최저가낙찰제 4. 규격가격분리 5. 2단계 경쟁입찰 6. 기타 ( ) 7. 해당없음	운영예산 산정 운영예산 산정 1. 내부산정 (지자체 자체적으로 산정) 2. 외부산정 (외부전문기관위탁 산정) 3. 내·외부 모두 산정 4. 산정 無 5. 해당없음	정산방법 1. 내부정산 (지자체 내부적으로 정산) 2. 외부정산 (외부전문기관위탁 정산) 3. 내·외부 모두 산정 4. 정산 無 5. 해당없음	성과평가 실시여부 1. 실시 2. 미실시 3. 향후 추진 4. 해당없음
25142	전남 곡성군	매실 공동선별 활성화사업	15,000	농촌지원과	1	4	7	8	7	5	5	4
25143	전남 곡성군	과수 통합마케팅 운영 지원	32,000	농촌지원과	1	6	7	8	7	5	5	4
25144	전남 곡성군	초등돌봄교실 과일간식 지원	15,593	농촌지원과	1	2	7	8	7	5	5	4
25145	전남 곡성군	농촌체험휴양마을 홍보관 운영 지원	6,000	농촌지원과	1	6	7	8	7	5	5	4
25146	전남 곡성군	농촌체험휴양마을 역량강화 지원	3,600	농촌지원과	1	2	7	8	7	5	5	4
25147	전남 곡성군	농촌체험휴양마을 보험 가입 지원	6,939	농촌지원과	1	2	7	8	7	5	5	4
25148	전남 곡성군	농촌체험휴양마을 사무장 채용지원	200,880	농촌지원과	1	2	7	8	7	5	5	4
25149	전남 곡성군	농촌체험휴양마을 운영매니저 지원	28,800	농촌지원과	1	6	7	8	7	5	5	4
25150	전남 곡성군	지역단위 농촌관광 시스템 구축	90,000	농촌지원과	1	2	7	8	7	5	5	4
25151	전남 곡성군	지역응급의료기관 응급실 운영지원	230,000	보건과	1	1	7	8	7	5	2	4
25152	전남 곡성군	공립요양병원 공공지원프로그램 운영	100,000	보건과	1	2	5	1	7	1	1	1
25153	전남 구례군	문화관광해설인력 타시군 비교답사	3,000	문화관광실	1	4	7	8	7	1	1	1
25154	전남 구례군	관광홍보 팸투어	10,000	문화관광실	1	4	7	8	7	1	1	1
25155	전남 구례군	관광구례 사진공모전	25,000	문화관광실	1	4	7	8	7	1	1	1
25156	전남 구례군	군 축제추진위원 우수 시군 벤치마킹	3,000	문화관광실	1	4	7	8	7	1	1	1
25157	전남 구례군	문화예술육성	80,000	문화관광실	1	1	7	8	7	1	1	1
25158	전남 구례군	국악분야 예술강사지원	10,340	문화관광실	1	2	7	8	7	1	1	1
25159	전남 구례군	지방문화원 지원	85,000	문화관광실	1	1	7	8	7	1	1	1
25160	전남 구례군	매천황현 기념사업추진	6,000	문화관광실	1	1	7	8	7	1	1	1
25161	전남 구례군	동편제 판소리전수관 운영관리	8,000	문화관광실	1	1	7	8	7	1	1	1
25162	전남 구례군	호남 여성농악 운영지원	10,000	문화관광실	1	1	7	8	7	1	1	1
25163	전남 구례군	문화예술 사회단체 지원	15,500	문화관광실	1	1	7	8	7	1	1	1
25164	전남 구례군	공공미술(문화뉴딜) 프로젝트 사업	120,000	문화관광실	1	1	7	8	7	1	1	1
25165	전남 구례군	평화공감 자문위원 워크숍	36,000	총무과	1	1	4	7	2	1	1	1
25166	전남 구례군	남북교류협력 통일쌀 경작지원	6,000	총무과	1	4	7	8	7	1	1	1
25167	전남 구례군	이장단 선진지 견학	20,000	총무과	1	4	7	8	7	5	5	4
25168	전남 구례군	구례군새마을회 사업비 지원	45,200	총무과	1	1	7	8	7	1	1	1
25169	전남 구례군	바르게살기운동구례군협의회 사업비 지원	13,790	총무과	1	1	7	8	7	1	1	1
25170	전남 구례군	한국자유총연맹구례군지회 사업비 지원	7,500	총무과	1	1	7	8	7	1	1	1
25171	전남 구례군	여순사건구례유족회 사업비 지원	3,000	총무과	1	1	7	8	7	1	1	1
25172	전남 구례군	5·28유족회 사업비 지원	1,500	총무과	1	1	7	8	7	1	1	1
25173	전남 구례군	6.25참전유공자 사업비 지원	2,000	주민복지과	1	1	7	8	7	1	1	3
25174	전남 구례군	고엽제전우회 사업비 지원	4,000	주민복지과	1	1	7	8	7	1	1	3
25175	전남 구례군	월남참전자회 사업비 지원	5,000	주민복지과	1	1	7	8	7	1	1	3
25176	전남 구례군	구례6.25참전경찰국가유공자회 사업비 지원	5,000	주민복지과	1	1	7	8	7	1	1	3
25177	전남 구례군	구례군재향군인회 사업비 지원	6,000	주민복지과	1	1	7	8	7	1	1	3
25178	전남 구례군	자원봉사단체 활성화 지원	13,300	주민복지과	1	6	7	7	7	1	1	4
25179	전남 구례군	직능별.기능별 자원봉사단체지원	3,670	주민복지과	1	6	7	7	7	1	1	4
25180	전남 구례군	노인일자리사업	3,095	주민복지과	1	1	5	1	1	1	1	1
25181	전남 구례군	노인복지기금 시군지회 지원사업	1,200	주민복지과	1	1	7	8	7	1	1	4
25182	전남 구례군	대한노인회지회 사업비 지원	17,000	주민복지과	1	1	7	8	7	1	1	4
25183	전남 구례군	노인전문교육원 교육비	3,000	주민복지과	1	1	7	8	7	1	1	4
25184	전남 구례군	대한노인회 차량유지비 지원	5,000	주민복지과	1	1	7	8	7	1	1	4
25185	전남 구례군	실버음악단 사업비 지원	3,000	주민복지과	1	4	7	8	7	1	1	4
25186	전남 구례군	실버음악단 음향장비 지원	15,000	주민복지과	1	4	7	8	7	1	1	4
25187	전남 구례군	시니어 합창단 운영지원	5,000	주민복지과	1	6	7	8	7	1	1	4
25188	전남 구례군	독거노인응급안전서비스	117,960	주민복지과	1	2	1	1	1	5	5	1
25189	전남 구례군	노인맞춤돌봄서비스	1,522	주민복지과	1	2	1	1	1	5	5	1
25190	전남 구례군	기부식품제공(기초푸드뱅크 운영)	30,000	평생교육과	1	6	7	8	7	5	1	4
25191	전남 구례군	여성단체를 통한 지역특산품 판매촉진	5,000	평생교육과	1	6	7	8	7	5	1	1
25192	전남 구례군	저소득 조손가족 동절기 부식비 지원	4,140	평생교육과	1	6	7	8	7	5	1	4

순번	시군구	지출명 (사업명)	2021년예산 (단위:천원/1년간)	담당자 (공무원) 담당부서	민간이전 분류 (지방자치단체 세출예산 집행기준에 의거) 1. 민간경상사업보조(307-02) 2. 민간단체 법정운영비보조(307-03) 3. 민간행사사업보조(307-04) 4. 민간위탁금(307-05) 5. 사회복지시설 법정운영비보조(307-10) 6. 민간인위탁교육비(307-12) 7. 공기관등에대한경상적위탁사업비(308-11) 8. 민간자본사업보조,자체재원(402-01) 9. 민간자본사업보조,이전재원(402-02) 10. 민간위탁사업비(402-03) 11. 공기관등에 대한 자본적 대행사업비(403-02)	민간이전지출 근거 (지방보조금 관리기준 참고) 1. 법률에 규정 2. 국고보조 재원(국가지정) 3. 용도 지정 기부금 4. 조례에 직접규정 5. 지자체가 권장하는 사업을 하는 공공기관 6. 시,도 정책 및 재정사정 7. 기타 8. 해당없음	입찰방식 계약체결방법 (경쟁형태) 1. 일반경쟁 2. 제한경쟁 3. 지명경쟁 4. 수의계약 5. 법정위탁 6. 기타 ( ) 7. 해당없음	입찰방식 계약기간 1. 1년 2. 2년 3. 3년 4. 4년 5. 5년 6. 기타 ( )년 7. 단기계약 (1년미만) 8. 해당없음	입찰방식 낙찰자선정방법 1. 적격심사 2. 협상에의한계약 3. 최저가낙찰제 4. 규격가격분리 5. 2단계 경쟁입찰 6. 기타 ( ) 7. 해당없음	운영예산 산정 운영예산 산정 1. 내부산정 (지자체 자체적으로 산정) 2. 외부산정 (외부전문기관위탁 산정) 3. 내·외부 모두 산정 4. 산정 無 5. 해당없음	운영예산 산정 정산방법 1. 내부정산 (지자체 내부적으로 정산) 2. 외부정산 (외부전문기관위탁 정산) 3. 내·외부 모두 산정 4. 정산 無 5. 해당없음	성과평가 실시여부 1. 실시 2. 미실시 3. 향후 추진 4. 해당없음
25193	전남 구례군	꿈사다리 공부방 사업	25,930	평생교육과	1	2	7	8	7	5	1	1
25194	전남 구례군	꿈키움 드림오케스트라 운영 지원	48,000	평생교육과	1	2	6	1	6	5	1	1
25195	전남 구례군	구례군체육회 사무국장 수당 지원	21,600	스포츠산업과	1	1	7	8	7	1	1	1
25196	전남 구례군	우수체육팀 육성지원	40,000	스포츠산업과	1	1	7	8	7	1	1	1
25197	전남 구례군	구례노고단 스포츠클럽 운영지원	20,000	스포츠산업과	1	2	7	8	7	1	1	1
25198	전남 구례군	군민 생활체육 활성화 지원사업	8,400	스포츠산업과	1	1	7	8	7	1	1	1
25199	전남 구례군	생활체육지도자 명절 상여금	7,200	스포츠산업과	1	1	7	8	7	1	1	1
25200	전남 구례군	구례읍 체육대회 개최	18,000	스포츠산업과	1	1	7	8	7	1	1	1
25201	전남 구례군	문척면 체육대회 개최	8,500	스포츠산업과	1	1	7	8	7	1	1	1
25202	전남 구례군	간전면 체육대회 개최	8,500	스포츠산업과	1	1	7	8	7	1	1	1
25203	전남 구례군	토지면 체육대회 개최	9,000	스포츠산업과	1	1	7	8	7	1	1	1
25204	전남 구례군	마산면 체육대회 개최	9,000	스포츠산업과	1	1	7	8	7	1	1	1
25205	전남 구례군	광의면 체육대회 개최	9,000	스포츠산업과	1	1	7	8	7	1	1	1
25206	전남 구례군	용방면 체육대회 개최	8,500	스포츠산업과	1	1	7	8	7	1	1	1
25207	전남 구례군	산동면 체육대회 개최	9,500	스포츠산업과	1	1	7	8	7	1	1	1
25208	전남 구례군	군민건강 꽃길 걷기대회 개최	15,000	스포츠산업과	1	1	7	8	7	1	1	1
25209	전남 구례군	군 협회장기 동호인 게이트볼대회 개최	5,000	스포츠산업과	1	1	7	8	7	1	1	1
25210	전남 구례군	전남 동부지역 게이트볼대회 개최	5,000	스포츠산업과	1	1	7	8	7	1	1	1
25211	전남 구례군	영호남 그라운드 골프대회 개최	8,000	스포츠산업과	1	1	7	8	7	1	1	1
25212	전남 구례군	산사랑 등산대회 개최	4,000	스포츠산업과	1	1	7	8	7	1	1	1
25213	전남 구례군	구례군협회장기 바둑대회 개최	3,000	스포츠산업과	1	1	7	8	7	1	1	1
25214	전남 구례군	군 협회장기 읍면 및 직장 배구대회 개최	5,000	스포츠산업과	1	1	7	8	7	1	1	1
25215	전남 구례군	군 볼링대표선수 선발전 개최	1,000	스포츠산업과	1	1	7	8	7	1	1	1
25216	전남 구례군	군 협회장기 볼링대회 개최	3,000	스포츠산업과	1	1	7	8	7	1	1	1
25217	전남 구례군	실버라지볼 생활체육 탁구대회 개최	3,000	스포츠산업과	1	1	7	8	7	1	1	1
25218	전남 구례군	한마음 생활체육대회 개최	15,000	스포츠산업과	1	1	7	8	7	1	1	1
25219	전남 구례군	구례구ㅠㄴ수영연맹회장배 한마음 수영대회 개최	2,000	스포츠산업과	1	1	7	8	7	1	1	1
25220	전남 구례군	전국 씨름왕 구례군 선발대회 개최	4,000	스포츠산업과	1	1	7	8	7	1	1	1
25221	전남 구례군	군 협회장배 초중학교 씨름대회 개최	2,000	스포츠산업과	1	1	7	8	7	1	1	1
25222	전남 구례군	군민건강 자전거타기대회 개최	3,000	스포츠산업과	1	1	7	8	7	1	1	1
25223	전남 구례군	영호남 한마음 장기대회 개최	2,000	스포츠산업과	1	1	7	8	7	1	1	1
25224	전남 구례군	군 협회장기 족구대회 개최	5,000	스포츠산업과	1	1	7	8	7	1	1	1
25225	전남 구례군	축구사랑회장기대회 개최	4,000	스포츠산업과	1	1	7	8	7	1	1	1
25226	전남 구례군	군 협회장기 축구대회 개최	6,000	스포츠산업과	1	1	7	8	7	1	1	1
25227	전남 구례군	군 협회장기 탁구대회	5,000	스포츠산업과	1	1	7	8	7	1	1	1
25228	전남 구례군	노고단배 테니스대회 개최	7,000	스포츠산업과	1	1	7	8	7	1	1	1
25229	전남 구례군	군 협회장기 패러글라이딩 대회 개최	3,000	스포츠산업과	1	1	7	8	7	1	1	1
25230	전남 구례군	군 협회장기 당구대회 개최	2,000	스포츠산업과	1	1	7	8	7	1	1	1
25231	전남 구례군	군 협회장기 골프대회 개최	5,000	스포츠산업과	1	1	7	8	7	1	1	1
25232	전남 구례군	지리산달리기 대회 개최	5,000	스포츠산업과	1	1	7	8	7	1	1	1
25233	전남 구례군	군 협회장기 한궁대회 개최	2,000	스포츠산업과	1	1	7	8	7	1	1	1
25234	전남 구례군	영호남축구대회 개최	3,000	스포츠산업과	1	1	7	8	7	1	1	1
25235	전남 구례군	읍면청년체육대회 개최	8,000	스포츠산업과	1	1	7	8	7	1	1	1
25236	전남 구례군	구례군체육회 체육인의밤 행사 개최	10,000	스포츠산업과	1	1	7	8	7	1	1	1
25237	전남 구례군	거제시 생활체육 교류전 개최	22,000	스포츠산업과	1	1	7	8	7	1	1	1
25238	전남 구례군	전남 체육대회 참가	130,000	스포츠산업과	1	1	7	8	7	1	1	1
25239	전남 구례군	전남 생활체육대축전 참가	90,000	스포츠산업과	1	1	7	8	7	1	1	1
25240	전남 구례군	전남 장애인체육대회 참가	15,000	스포츠산업과	1	1	7	8	7	1	1	1
25241	전남 구례군	전남 어르신생활체육대회 참가	15,000	스포츠산업과	1	1	7	8	7	1	1	1
25242	전남 구례군	전남 장애인생활체육대회 참가	5,000	스포츠산업과	1	1	7	8	7	1	1	1
25243	전남 구례군	전국소년체전 및 전국체전 참가	5,000	스포츠산업과	1	1	7	8	7	1	1	1

순번	시군구	지출명 (사업명)	2021년예산 (단위:천원/1년간)	담당자 (공무원) 담당부서	민간이전 분류 (지방자치단체 세출예산 집행기준에 의거) 1. 민간경상사업보조(307-02) 2. 민간단체 법정운영비보조(307-03) 3. 민간행사사업보조(307-04) 4. 민간위탁금(307-05) 5. 사회복지시설 법정운영비보조(307-10) 6. 민간인위탁교육비(307-12) 7. 공기관등에대한경상적위탁사업비(308-11) 8. 민간자본사업보조,자체재원(402-01) 9. 민간자본사업보조,이전재원(402-02) 10. 민간위탁사업비(402-03) 11. 공기관등에 대한 자본적 대행사업비(403-02)	민간이전지출 근거 (지방보조금 관리기준 참고) 1. 법률에 규정 2. 국고보조 재원(국가지정) 3. 용도 지정 기부금 4. 조례에 직접규정 5. 지자체가 권장하는 사업을 하는 공공기관 6. 시,도 정책 및 재정사정 7. 기타 8. 해당없음	입찰방식 계약체결방법 (경쟁형태) 1. 일반경쟁 2. 제한경쟁 3. 지명경쟁 4. 수의계약 5. 법정위탁 6. 기타 ( ) 7. 해당없음	입찰방식 계약기간 1. 1년 2. 2년 3. 3년 4. 4년 5. 5년 6. 기타 ( )년 7. 단기계약 (1년미만) 8. 해당없음	입찰방식 낙찰자선정방법 1. 적격심사 2. 협상에의한계약 3. 최저가낙찰제 4. 규격가격분리 5. 2단계 경쟁입찰 6. 기타 ( ) 7. 해당없음	운영예산 산정 운영예산 산정 1. 내부산정 (지자체 자체적으로 산정) 2. 외부산정 (외부전문기관위탁 산정) 3. 내·외부 모두 산정 4. 산정 無 5. 해당없음	운영예산 산정 정산방법 1. 내부정산 (지자체 내부적으로 정산) 2. 외부정산 (외부전문기관위탁 정산) 3. 내·외부 모두 산정 4. 정산 無 5. 해당없음	성과평가 실시여부 1. 실시 2. 미실시 3. 향후 추진 4. 해당없음
25244	전남 구례군	도지사기 골프대회 참가	2,000	스포츠산업과	1	1	7	8	7	1	1	1
25245	전남 구례군	전국 씨름왕 전남 선발대회 참가	4,000	스포츠산업과	1	1	7	8	7	1	1	1
25246	전남 구례군	도지사기 축구대회 참가	4,000	스포츠산업과	1	1	7	8	7	1	1	1
25247	전남 구례군	도의장기 생활체육 축구대회 참가	2,100	스포츠산업과	1	1	7	8	7	1	1	1
25248	전남 구례군	도지사기 게이트볼대회 참가	1,000	스포츠산업과	1	1	7	8	7	1	1	1
25249	전남 구례군	동부시군 게이트볼대회 참가	2,000	스포츠산업과	1	1	7	8	7	1	1	1
25250	전남 구례군	연합회장기 게이트볼 대회 참가	1,000	스포츠산업과	1	1	7	8	7	1	1	1
25251	전남 구례군	노인체육문화행사(게이트볼대회)참가	1,500	스포츠산업과	1	1	7	8	7	1	1	1
25252	전남 구례군	도지사기 궁도대회 참가	2,000	스포츠산업과	1	1	7	8	7	1	1	1
25253	전남 구례군	연합회장기 그라운드골프대회 참가	1,800	스포츠산업과	1	1	7	8	7	1	1	1
25254	전남 구례군	도지사기 그라운드골프대회 참가	1,500	스포츠산업과	1	1	7	8	7	1	1	1
25255	전남 구례군	도지사기 배구대회 참가	1,500	스포츠산업과	1	1	7	8	7	1	1	1
25256	전남 구례군	연합회장기 배구대회 참가	1,500	스포츠산업과	1	1	7	8	7	1	1	1
25257	전남 구례군	도지사기 바둑대회 참가	1,200	스포츠산업과	1	1	7	8	7	1	1	1
25258	전남 구례군	도지사기 배드민턴대회 참가	1,000	스포츠산업과	1	1	7	8	7	1	1	1
25259	전남 구례군	연합회장기 배드민턴대회 참가	1,400	스포츠산업과	1	1	7	8	7	1	1	1
25260	전남 구례군	도지사기 수영대회 참가	1,000	스포츠산업과	1	1	7	8	7	1	1	1
25261	전남 구례군	연합회장기 수영대회 참가	1,000	스포츠산업과	1	1	7	8	7	1	1	1
25262	전남 구례군	연합회장기 축구대회 참가	2,100	스포츠산업과	1	1	7	8	7	1	1	1
25263	전남 구례군	도지사기 테니스대회 참가	1,000	스포츠산업과	1	1	7	8	7	1	1	1
25264	전남 구례군	도지사기 야구대회 참가	1,000	스포츠산업과	1	1	7	8	7	1	1	1
25265	전남 구례군	연합회장기 야구대회 참가	2,000	스포츠산업과	1	1	7	8	7	1	1	1
25266	전남 구례군	각종대회 참가 지원	10,000	스포츠산업과	1	1	7	8	7	1	1	1
25267	전남 구례군	재경향우회 골프대회 참가	3,000	스포츠산업과	1	1	7	8	7	1	1	1
25268	전남 구례군	전남어린이생활체육대축전 참가	2,000	스포츠산업과	1	1	7	8	7	1	1	1
25269	전남 구례군	도지사기 생활체조 경연대회 참가	1,000	스포츠산업과	1	1	7	8	7	1	1	1
25270	전남 구례군	도지사기 합기도대회 참가	1,000	스포츠산업과	1	1	7	8	7	1	1	1
25271	전남 구례군	도지사기 정구대회 참가	1,000	스포츠산업과	1	1	7	8	7	1	1	1
25272	전남 구례군	실버축구전국대회참가	1,000	스포츠산업과	1	1	7	8	7	1	1	1
25273	전남 구례군	구례전국여자천하장사 씨름대회 개최	125,000	스포츠산업과	1	1	7	8	7	1	1	1
25274	전남 구례군	전국남여궁도대회 개최	35,000	스포츠산업과	1	1	7	8	7	1	1	1
25275	전남 구례군	전남 시군 배드민턴대회	10,000	스포츠산업과	1	1	7	8	7	1	1	1
25276	전남 구례군	일반생활체육지도자 배치	102,312	스포츠산업과	1	1	7	8	7	1	1	1
25277	전남 구례군	일반생활체육지도자 교통보조비	16,800	스포츠산업과	1	1	7	8	7	1	1	1
25278	전남 구례군	어르신생활체육지도자 배치	73,080	스포츠산업과	1	1	7	8	7	1	1	1
25279	전남 구례군	어르신생활체육지도자교통보조비	12,000	스포츠산업과	1	1	7	8	7	1	1	1
25280	전남 구례군	전지훈련팀 지원	70,000	스포츠산업과	1	4	7	8	7	1	1	1
25281	전남 구례군	전지훈련팀 유치활동비 지원	20,000	스포츠산업과	1	4	7	8	7	1	1	1
25282	전남 구례군	전지훈련팀 스토브리그전지원	60,000	스포츠산업과	1	4	7	8	7	1	1	1
25283	전남 구례군	지리산나들이장터 포장재 지원사업	8,000	경제활력과	1	4	7	8	7	5	5	4
25284	전남 구례군	시장경영바우처지원사업	15,400	경제활력과	1	1	7	8	7	5	5	4
25285	전남 구례군	전남 청년 근속장려금 지원사업	77,000	경제활력과	1	6	7	8	7	5	5	4
25286	전남 구례군	전남형 4050일자리장려금 지원사업	24,000	경제활력과	1	6	7	8	7	5	5	4
25287	전남 구례군	청년부부 결혼축하금 지원사업	52,000	경제활력과	1	6	7	8	7	5	5	4
25288	전남 구례군	신중년 경력활용 지역서비스 일자리	207,536	경제활력과	1	2	7	8	7	5	5	4
25289	전남 구례군	사회적기업 육성	161,368	경제활력과	1	6	7	8	7	5	5	4
25290	전남 구례군	사업개발비 지원	20,500	경제활력과	1	2	7	8	7	5	5	4
25291	전남 구례군	(예비)사회적기업 사회보험료	5,280	경제활력과	1	6	7	8	7	5	5	4
25292	전남 구례군	주민공모사업 추진	40,000	안전도시과	1	7	7	8	7	1	1	3
25293	전남 구례군	산촌생태마을운영매니저	41,238	산림소득과	1	2	7	8	7	5	5	4
25294	전남 구례군	고로쇠 약수홍보 등	3,000	산림소득과	1	4	7	8	7	5	5	4

순번	시군구	지출명 (사업명)	2021년예산 (단위:천원/1년간)	담당자 (공무원) 담당부서	민간이전 분류 (지방자치단체 세출예산 집행기준에 의거) 1. 민간경상사업보조(307-02) 2. 민간단체 법정운영비보조(307-03) 3. 민간행사사업보조(307-04) 4. 민간위탁금(307-05) 5. 사회복지시설 법정운영비보조(307-10) 6. 민간인위탁교육비(307-12) 7. 공기관등에대한경상적위탁사업비(308-11) 8. 민간자본사업보조,자체재원(402-01) 9. 민간자본사업보조,이전재원(402-02) 10. 민간위탁사업비(402-03) 11. 공기관등에 대한 자본적 대행사업비(403-02)	민간이전지출 근거 (지방보조금 관리기준 참고) 1. 법률에 규정 2. 국고보조 재원(국가지정) 3. 용도 지정 기부금 4. 조례에 직접규정 5. 지자체가 권장하는 사업을 하는 공공기관 6. 시,도 정책 및 재정사정 7. 기타 8. 해당없음	입찰방식 계약체결방법 (경쟁형태) 1. 일반경쟁 2. 제한경쟁 3. 지명경쟁 4. 수의계약 5. 법정위탁 6. 기타 ( ) 7. 해당없음	입찰방식 계약기간 1. 1년 2. 2년 3. 3년 4. 4년 5. 5년 6. 기타 ( )년 7. 단기계약 (1년미만) 8. 해당없음	입찰방식 낙찰자선정방법 1. 적격심사 2. 협상에의한계약 3. 최저가낙찰제 4. 규격가격분리 5. 2단계 경쟁입찰 6. 기타 ( ) 7. 해당없음	운영예산 산정 운영예산 산정 1. 내부산정 (지자체 자체적으로 산정) 2. 외부산정 (외부전문기관위탁 산정) 3. 내·외부 모두 산정 4. 산정 無 5. 해당없음	운영예산 산정 정산방법 1. 내부정산 (지자체 내부적으로 정산) 2. 외부정산 (외부전문기관위탁 정산) 3. 내·외부 모두 산정 4. 정산 無 5. 해당없음	성과평가 실시여부 1. 실시 2. 미실시 3. 향후 추진 4. 해당없음
25295	전남 구례군	비산업부문 온실가스 진단컨설팅	3,000	환경교통과	1	2	7	8	7	2	1	4
25296	전남 구례군	구례농부 크리에이터 양성지원	10,000	농업기술센터	1	1	7	8	7	5	5	4
25297	전남 구례군	강소농 경영개선 디자인 마케팅 지원	20,000	농업기술센터	1	1	7	8	7	5	5	4
25298	전남 구례군	농촌형 사회적 일자리 창출	15,000	농업기술센터	1	1	7	8	7	5	5	4
25299	전남 구례군	지역민과의 융화활 프로그램 운영	15,000	농업기술센터	1	1	7	8	7	5	5	4
25300	전남 구례군	귀농창업 실행 지원	20,000	농업기술센터	1	1	7	8	7	5	5	4
25301	전남 구례군	친환경단지 공동방제단 작업비 지원	72,000	농업기술센터	1	1	7	8	7	5	5	4
25302	전남 구례군	농작물 검역 돌발병해충 방제 지원	100,000	농업기술센터	1	1	7	8	7	5	5	4
25303	전남 구례군	고령농업인 과수 전정지원단 운영	27,000	농업기술센터	1	1	7	8	7	5	5	4
25304	전남 보성군	평생대학프로그램 운영	20,000	총무과	1	4	7	8	7	1	1	1
25305	전남 보성군	한국전쟁전후 민간인희생자 위령제	10,000	총무과	1	4	7	8	7	5	1	4
25306	전남 보성군	자매결연도시 결연사업 지원	5,000	총무과	1	4	7	8	7	5	1	4
25307	전남 보성군	범죄피해자 지원센터 운영지원	10,000	총무과	1	4	7	8	7	5	1	4
25308	전남 보성군	새마을문고 육성사업지원	6,000	총무과	1	4	7	8	7	5	1	4
25309	전남 보성군	새마을지도자대회 참가지원	4,000	총무과	1	4	7	8	7	5	1	4
25310	전남 보성군	새마을의날 행사지원	2,000	총무과	1	4	7	8	7	5	1	4
25311	전남 보성군	청소년 통일현장 견학	9,000	총무과	1	4	7	8	7	5	1	4
25312	전남 보성군	자문위원 통일안보 연수	48,000	총무과	1	4	7	8	7	5	1	4
25313	전남 보성군	뉴 평통 운동 행사지원	5,200	총무과	1	4	7	8	7	5	1	4
25314	전남 보성군	친절군민 의식개혁 활동지원	10,000	총무과	1	4	7	8	7	5	1	4
25315	전남 보성군	소외계층 문화교류사업 지원	5,000	총무과	1	4	7	8	7	5	1	4
25316	전남 보성군	안전사고예방 및 자연정화캠페인 지원	7,000	총무과	1	4	7	8	7	5	1	4
25317	전남 보성군	민족통일협의회 경북 칠곡군협의회 교류행사 지원	3,000	총무과	1	4	7	8	7	5	1	4
25318	전남 보성군	우범지역 야간 순찰활동 지원	3,000	총무과	1	4	7	8	7	5	1	4
25319	전남 보성군	기초질서활동 지원	2,000	총무과	1	4	7	8	7	5	1	4
25320	전남 보성군	사회단체협의회 환경정화활동 지원	3,000	총무과	1	4	7	8	7	5	1	4
25321	전남 보성군	사회단체 활성화를 위한 체험활동	10,000	총무과	1	4	7	8	7	5	1	4
25322	전남 보성군	해상구조활동 지원	3,000	총무과	1	4	7	8	7	5	1	4
25323	전남 보성군	국토청결운동 및 교통질서 캠페인 지원	4,500	총무과	1	4	7	8	7	5	1	4
25324	전남 보성군	호국 순례행사 지원	2,000	총무과	1	4	7	8	7	5	1	4
25325	전남 보성군	나라사랑 교육 청소년체험행사	2,000	총무과	1	4	7	8	7	5	1	4
25326	전남 보성군	제71주년 6.25행사 기념식	2,500	총무과	1	4	7	8	7	5	1	4
25327	전남 보성군	정보화마을 프로그램관리자 보험료, 퇴직금	7,500	총무과	1	7	7	1	7	1	1	4
25328	전남 보성군	정보화마을 프로그램관리자 인건비	34,992	총무과	1	7	7	1	7	2	2	4
25329	전남 화순군	(사)광주전남범죄피해자 지원센터 운영비 지원	20,000	기획감사실	1	1	7	8	7	1	1	1
25330	전남 화순군	4050희망일자리 장려금	8,000	일자리정책실	1	6	7	8	7	4	1	4
25331	전남 화순군	전남 청년 마을로 프로젝트	305,700	일자리정책실	1	2	7	8	7	4	3	4
25332	전남 화순군	전남 청년 창직전문가 양성사업	105,600	일자리정책실	1	2	7	8	7	4	3	4
25333	전남 화순군	사회적기업 일자리창출 지원사업	150,000	일자리정책실	1	2	7	8	7	4	1	4
25334	전남 화순군	농산물 수출물류비 지원사업	20,000	일자리정책실	1	1	7	8	7	5	5	4
25335	전남 화순군	전통시장 체험학습(토요장터)운영	35,000	일자리정책실	1	1	7	8	7	1	1	4
25336	전남 화순군	줄기세포 유래 바이오신약 소재개발 및 상용화 지원	1,380	일자리정책실	1	4	7	8	7	5	3	3
25337	전남 화순군	바이오헬스케어 스타트업 기술사업화 지원	400,000	일자리정책실	1	4	7	8	7	5	1	3
25338	전남 화순군	혁신형 의사과학자 공동연구사업	450,000	일자리정책실	1	2	7	8	7	5	1	3
25339	전남 화순군	백신특구활성화 워크숍 개최	20,000	일자리정책실	1	4	7	8	7	5	1	3
25340	전남 화순군	국제 노화 심포지엄 개최	30,000	일자리정책실	1	4	7	8	7	5	1	3
25341	전남 화순군	2021 화순국제백신포럼 개최	400,000	일자리정책실	1	4	7	8	7	5	3	3
25342	전남 화순군	발전소주변지역 기본지원사업	24,400	일자리정책실	1	1	7	8	7	5	5	4
25343	전남 화순군	발달장애인사회참여프로그램(자조모임)지원	10,000	사회복지과	1	1	7	8	7	5	1	4
25344	전남 화순군	장애인 공감과 치유탐방 프로그램 운영	40,000	사회복지과	1	1	7	8	7	5	1	4
25345	전남 화순군	지체장애인 편의시설지원센터 운영비 지원	52,400	사회복지과	1	1	7	8	7	5	1	4

순번	시군구	지출명 (사업명)	2021년예산 (단위:천원/1년간)	담당자 (공무원) 담당부서	민간이전 분류 (지방자치단체 세출예산 집행기준에 의거) 1. 민간경상사업보조(307-02) 2. 민간단체 법정운영비보조(307-03) 3. 민간행사사업보조(307-04) 4. 민간위탁금(307-05) 5. 사회복지시설 법정운영비보조(307-10) 6. 민간인위탁교육비(307-12) 7. 공기관등에대한경상적위탁사업비(308-11) 8. 민간자본사업보조,자체재원(402-01) 9. 민간자본사업보조,이전재원(402-02) 10. 민간위탁사업비(402-03) 11. 공기관등에 대한 자본적 대행사업비(403-02)	민간이전지출 근거 (지방보조금 관리기준 참고) 1. 법률에 규정 2. 국고보조 재원(국가지정) 3. 용도 지정 기부금 4. 조례에 직접규정 5. 지자체가 권장하는 사업을 하는 공공기관 6. 시,도 정책 및 재정사정 7. 기타 8. 해당없음	입찰방식 계약체결방법 (경쟁형태) 1. 일반경쟁 2. 제한경쟁 3. 지명경쟁 4. 수의계약 5. 법정위탁 6. 기타 ( ) 7. 해당없음	입찰방식 계약기간 1. 1년 2. 2년 3. 3년 4. 4년 5. 5년 6. 기타 ( )년 7. 단기계약 (1년미만) 8. 해당없음	입찰방식 낙찰자선정방법 1. 적격심사 2. 협상에의한계약 3. 최저가낙찰제 4. 규격가격분리 5. 2단계 경쟁입찰 6. 기타 ( ) 7. 해당없음	운영예산 산정 운영예산 산정 1. 내부산정 (지자체 자체적으로 산정) 2. 외부산정 (외부전문기관위탁 산정) 3. 내·외부 모두 산정 4. 산정 無 5. 해당없음	운영예산 산정 정산방법 1. 내부정산 (지자체 내부적으로 정산) 2. 외부정산 (외부전문기관위탁 정산) 3. 내·외부 모두 산정 4. 정산 無 5. 해당없음	성과평가 실시여부 1. 실시 2. 미실시 3. 향후 추진 4. 해당없음
25346	전남 화순군	경로당 노인건강 프로그램 운영	80,000	가정활력과	1	7	7	8	7	1	1	4
25347	전남 화순군	시니어합창단 운영	5,000	가정활력과	1	6	7	8	7	1	1	4
25348	전남 화순군	새일여성인턴	98,800	가정활력과	1	2	7	8	7	1	1	1
25349	전남 화순군	새일센터 사업관리 및 사후관리	8,520	가정활력과	1	2	7	8	7	1	1	4
25350	전남 화순군	꿈사다리공부방사업	77,790	가정활력과	1	6	7	1	7	5	3	4
25351	전남 화순군	전국체육대회 출전선수 지원	13,000	스포츠산업과	1	1	7	8	7	1	1	1
25352	전남 화순군	전국체육대회 출전선수 격려	3,000	스포츠산업과	1	1	7	8	7	1	1	1
25353	전남 화순군	전국소년체전 출전선수 지원	13,000	스포츠산업과	1	1	7	8	7	1	1	1
25354	전남 화순군	전국소년체전 출전선수 격려	3,000	스포츠산업과	1	1	7	8	7	1	1	1
25355	전남 화순군	전라남도체육대회 출전	200,000	스포츠산업과	1	1	7	8	7	1	1	1
25356	전남 화순군	전라남도 어르신 생활체육대회 출전	30,000	스포츠산업과	1	1	7	8	7	1	1	1
25357	전남 화순군	전라남도 어린이생활체육대축전 출전	3,000	스포츠산업과	1	1	7	8	7	1	1	1
25358	전남 화순군	전국 지체장애인체육대회 출전	3,000	스포츠산업과	1	1	7	8	7	1	1	1
25359	전남 화순군	전국 지체장애인 파크골프대회 출전	1,000	스포츠산업과	1	1	7	8	7	1	1	1
25360	전남 화순군	서울 국제휠체어 마라톤대회 출전	1,000	스포츠산업과	1	1	7	8	7	1	1	1
25361	전남 화순군	전라남도 장애인체육대회 출전	30,000	스포츠산업과	1	1	7	8	7	1	1	1
25362	전남 화순군	전라남도 장애인생활체육대회 출전	8,000	스포츠산업과	1	1	7	8	7	1	1	1
25363	전남 화순군	각종대회 출전선수 위문 격려	5,000	스포츠산업과	1	1	7	8	7	1	1	1
25364	전남 화순군	생활체육 종목별 전국대회 출전	20,000	스포츠산업과	1	1	7	8	7	1	1	1
25365	전남 화순군	생활체육 종목별 도대회 출전	30,000	스포츠산업과	1	1	7	8	7	1	1	1
25366	전남 화순군	각종 대회유치 개최에 따른 장비임차 및 운영	10,000	스포츠산업과	1	1	7	8	7	1	1	1
25367	전남 화순군	엘리트 전국 및 도단위 각종대회 출전선수 지원	20,000	스포츠산업과	1	1	7	8	7	1	1	1
25368	전남 화순군	엘리트 전국단위대회 입상자 장려금 지원	5,000	스포츠산업과	1	1	7	8	7	1	1	1
25369	전남 화순군	엘리트체육 전지훈련 지원	10,000	스포츠산업과	1	1	7	8	7	1	1	1
25370	전남 화순군	화순 체육영재 육성 지원	30,000	스포츠산업과	1	1	7	8	7	1	1	1
25371	전남 화순군	체육단체 및 동호인 운영비 지원	50,000	스포츠산업과	1	1	7	8	7	1	1	1
25372	전남 화순군	화순군 어린이축구교실 운영	30,000	스포츠산업과	1	1	7	8	7	1	1	1
25373	전남 화순군	화순군 청소년 축구교실 운영	10,000	스포츠산업과	1	1	7	8	7	1	1	1
25374	전남 화순군	궁도장 관리 운영	24,000	스포츠산업과	1	1	7	8	7	1	1	1
25375	전남 화순군	전남체육회 복싱팀 시범 운영	50,000	스포츠산업과	1	1	7	8	7	1	1	1
25376	전남 화순군	생활체육지도자 복리후생비 지원	51,480	스포츠산업과	1	1	7	8	7	1	1	1
25377	전남 화순군	생활체육지도자 명절휴가비(설, 추석)	13,000	스포츠산업과	1	1	7	8	7	1	1	1
25378	전남 화순군	생활체육지도자 활동비 지원	19,300	스포츠산업과	1	1	7	8	7	1	1	1
25379	전남 화순군	생활체육지도자 연수 및 워크숍	15,000	스포츠산업과	1	1	7	8	7	1	1	1
25380	전남 화순군	어린이 체능교실	2,200	스포츠산업과	1	1	7	8	7	1	1	1
25381	전남 화순군	청소년 체능교실	2,200	스포츠산업과	1	1	7	8	7	1	1	1
25382	전남 화순군	여성생활체육교실	3,000	스포츠산업과	1	1	7	8	7	1	1	1
25383	전남 화순군	생활체육프로그램 운영 지원	7,000	스포츠산업과	1	1	7	8	7	1	1	1
25384	전남 화순군	광장수업 운영	7,800	스포츠산업과	1	1	7	8	7	1	1	1
25385	전남 화순군	생활체육교실 운영(생활체육활성화)	9,000	스포츠산업과	1	1	7	8	7	1	1	1
25386	전남 화순군	일반 생활체육지도자 배치사업	115,872	스포츠산업과	1	1	7	8	7	1	1	1
25387	전남 화순군	어르신 생활체육지도자 배치사업	260,712	스포츠산업과	1	1	7	8	7	1	1	1
25388	전남 화순군	농업경영컨설팅 지원	60,000	농업정책과	1	2	7	7	7	2	2	1
25389	전남 화순군	농가도우미 지원	23,440	농업정책과	1	6	7	8	7	5	1	1
25390	전남 화순군	여성농어업인 행복바우처 지원	563,940	농업정책과	1	4	1	3	2	1	1	1
25391	전남 화순군	농번기 마을공동급식 지원	178,760	농업정책과	1	6	7	1	7	1	1	4
25392	전남 화순군	농촌체험휴양마을 운영매니저 지원	9,720	농업정책과	1	6	7	8	7	1	1	2
25393	전남 화순군	농촌체험휴양마을 시군홍보관 운영	3,000	농업정책과	1	6	7	8	7	1	1	2
25394	전남 화순군	농촌체험휴양마을 역량강화 교육	2,640	농업정책과	1	2	7	8	7	1	1	2
25395	전남 화순군	농촌체험휴양마을 사무장 지원	55,080	농업정책과	1	2	7	8	7	1	1	2
25396	전남 화순군	농촌체험휴양마을 안전화재보험 가입지원	5,333	농업정책과	1	2	7	8	7	1	1	2

순번	시군구	지출명 (사업명)	2021년예산 (단위:천원/1년간)	담당자 (공무원)	민간이전 분류 (지방자치단체 세출예산 집행기준에 의거)	민간이전지출 근거 (지방보조금 관리기준 참고)	입찰방식			운영예산 산정		성과평가 실시여부
				담당부서	1. 민간경상사업보조(307-02) 2. 민간단체 법정운영비보조(307-03) 3. 민간행사사업보조(307-04) 4. 민간위탁금(307-05) 5. 사회복지시설 법정운영비보조(307-10) 6. 민간인위탁교육비(307-12) 7. 공기관등에대한경상적위탁사업비(308-11) 8. 민간자본사업보조,자체재원(402-01) 9. 민간자본사업보조,이전재원(402-02) 10. 민간위탁사업비(402-03) 11. 공기관등에 대한 자본적 대행사업비(403-02)	1. 법률에 규정 2. 국고보조 재원(국가지정) 3. 용도 지정 기부금 4. 조례에 직접규정 5. 지자체가 권장하는 사업을 하는 공공기관 6. 시,도 정책 및 재정사정 7. 기타 8. 해당없음	계약체결방법 (경쟁형태) 1. 일반경쟁 2. 제한경쟁 3. 지명경쟁 4. 수의계약 5. 법정위탁 6. 기타 ( ) 7. 해당없음	계약기간 1. 1년 2. 2년 3. 3년 4. 4년 5. 5년 6. 기타 ( )년 7. 단기계약 (1년미만) 8. 해당없음	낙찰자선정방법 1. 적격심사 2. 협상에의한계약 3. 최저가낙찰제 4. 규격가격분리 5. 2단계 경쟁입찰 6. 기타 ( ) 7. 해당없음	운영예산 산정 1. 내부산정 (지자체 자체적으로 산정) 2. 외부산정 (외부전문기관위탁 산정) 3. 내·외부 모두 산정 4. 산정 無 5. 해당없음	정산방법 1. 내부정산 (지자체 내부적으로 정산) 2. 외부정산 (외부전문기관위탁 정산) 3. 내·외부 모두 산정 4. 정산 無 5. 해당없음	1. 실시 2. 미실시 3. 향후 추진 4. 해당없음
25397	전남 화순군	농촌민박 서비스 안전교육	1,186	농업정책과	1	2	7	8	7	1	1	2
25398	전남 화순군	농촌축제 지원	12,000	농업정책과	1	2	7	8	7	5	1	1
25399	전남 화순군	농촌유학 지원	18,000	농업정책과	1	2	7	8	7	5	1	1
25400	전남 화순군	농어촌민박 시설점검 지원	4,800	농업정책과	1	7	7	8	7	1	1	2
25401	전남 화순군	청년농업인 영농정착 지원	350,310	농업정책과	1	2	7	8	7	5	1	1
25402	전남 화순군	들녘경영체 교육컨설팅 지원	81,000	농업정책과	1	2	7	8	7	1	1	1
25403	전남 화순군	한약초 경쟁력제고 지원(유박퇴비 지원)	50,000	농업정책과	1	1	6	6	6	1	1	1
25404	전남 화순군	복숭아 병해충 방제약품 지원	120,000	농업정책과	1	1	6	6	6	1	1	1
25405	전남 화순군	시설원예 연작장해 경감제 지원	1,800	농업정책과	1	1	6	6	6	1	1	2
25406	전남 화순군	과수통합마케팅 운영 지원	20,800	농업정책과	1	1	6	6	6	1	1	2
25407	전남 화순군	초등돌봄교실 과일간식 지원	28,215	농업정책과	1	2	6	6	6	1	1	2
25408	전남 화순군	소규모 시설하우스 농가 전기안전진단비 지원	41,160	농업정책과	1	4	6	6	6	1	1	2
25409	전남 화순군	친환경 해충퇴치장비 지원	12,000	농업정책과	1	4	4	1	7	5	1	1
25410	전남 화순군	한우파출지원	20,000	농업정책과	1	4	4	1	7	5	1	1
25411	전남 화순군	축사 깔짚 지원	80,000	농업정책과	1	4	4	1	7	5	1	1
25412	전남 화순군	낙농파출지원	24,000	농업정책과	1	4	4	1	7	5	1	1
25413	전남 화순군	양돈분뇨 처리비 지원	76,688	농업정책과	1	4	4	1	7	5	1	1
25414	전남 화순군	우수 종봉 보급	7,500	농업정책과	1	4	4	1	7	5	1	1
25415	전남 화순군	조사료생산용 사일리지제조 지원	108,000	농업정책과	1	4	4	1	7	5	1	1
25416	전남 화순군	전문단지조성용 사일리지제조 지원	54,000	농업정책과	1	4	4	1	7	5	1	1
25417	전남 화순군	전문단지조성용 퇴액비 지원	50,000	농업정책과	1	4	4	1	7	5	1	1
25418	전남 화순군	공동방제단 운영비	86,854	농업정책과	1	1	7	8	7	5	1	4
25419	전남 화순군	공동방제단 인건비	77,300	농업정책과	1	1	7	8	7	5	1	4
25420	전남 화순군	구제역 백신접종 원거리 자동연속주사기 지원	4,900	농업정책과	1	6	7	8	7	5	1	4
25421	전남 화순군	흑염소농가 조사료 구입비 지원	30,000	농업정책과	1	7	7	8	7	5	1	4
25422	전남 화순군	축산물 HACCP 컨설팅	19,880	농업정책과	1	1	7	8	7	5	1	4
25423	전남 화순군	돼지 소모성질환 지도 지원	24,000	농업정책과	1	1	7	8	7	5	1	4
25424	전남 화순군	돼지 써코바이러스 백신 지원	72,000	농업정책과	1	1	7	8	7	5	1	4
25425	전남 화순군	가금농가 질병관리 지원	6,000	농업정책과	1	1	7	8	7	5	1	4
25426	전남 화순군	경로당 공동급식 지원	173,824	농업정책과	1	7	7	8	7	1	1	1
25427	전남 화순군	전남쌀 평생고객확보 택배비 지원	90,000	농업정책과	1	6	7	8	7	1	1	1
25428	전남 화순군	농산물 마케팅 지원	9,642	농업정책과	1	2	7	8	1	1	1	4
25429	전남 화순군	농산물 안전성 검사	50,000	농업정책과	1	2	1	7	7	1	1	4
25430	전남 화순군	온라인 판매 확대지원	7,500	농업정책과	1	6	7	8	7	1	1	1
25431	전남 화순군	공동브랜드 농산물 포장재 지원	300,000	농업정책과	1	4	7	8	7	1	1	1
25432	전남 화순군	화순쌀 포장재 지원	20,000	농업정책과	1	7	7	8	7	1	1	1
25433	전남 화순군	건고추 포장재 지원	30,000	농업정책과	1	7	7	8	7	1	1	1
25434	전남 화순군	로컬푸드 농산물 포장재 지원	30,000	농업정책과	1	4	1	7	7	1	1	4
25435	전남 화순군	의료관광 활성화 지원	10	보건소	1	4	1	7	1	1	1	4
25436	전남 화순군	의료기관 결핵환자 관리지원	71,300	보건소	1	2	7	8	7	5	5	4
25437	전남 화순군	진폐환자 의료비지원	15,000	보건소	1	4	5	8	7	5	5	1
25438	전남 화순군	여성농업인 학습단체육성	45,500	농업기술센터	1	4	7	8	7	5	5	1
25439	전남 화순군	귀농귀촌 유치지원사업	163,000	농업기술센터	1	2	7	8	7	5	5	1
25440	전남 화순군	귀농창업활성화 지원사업	10,000	농업기술센터	1	2	7	8	7	5	5	1
25441	전남 화순군	강소농 경영체 지원	42,000	농업기술센터	1	4	7	8	7	5	5	1
25442	전남 화순군	전국제일의 1시군 1특화작목 육성 사업	28,000	농업기술센터	1	6	7	8	7	5	5	1
25443	전남 화순군	농업활동 안전사고 예방생활화	10,000	농업기술센터	1	6	7	8	7	5	5	1
25444	전남 강진군	이북5도민 망향제례 친선도모	2,700	총무과	1	4	7	8	7	1	1	4
25445	전남 강진군	탈북민 정착을 위한 멘토링 지원	3,000	총무과	1	4	7	8	7	1	1	4
25446	전남 강진군	한국자유총연맹 강진군지회 총괄사업비	10,670	총무과	1	1	7	8	7	1	1	4
25447	전남 강진군	바르게살기운동 강진군협의회 총괄사업비	17,180	총무과	1	1	7	8	7	1	1	4

순번	시군구	지출명 (사업명)	2021년예산 (단위:천원/1년간)	담당자 (공무원) 담당부서	민간이전 분류 (지방자치단체 세출예산 집행기준에 의거) 1. 민간경상사업보조(307-02) 2. 민간단체 법정운영비보조(307-03) 3. 민간행사사업보조(307-04) 4. 민간위탁금(307-05) 5. 사회복지시설 법정운영비보조(307-10) 6. 민간인위탁교육비(307-12) 7. 공기관등에대한경상적위탁사업비(308-11) 8. 민간자본사업보조,자체재원(402-01) 9. 민간자본사업보조,이전재원(402-02) 10. 민간위탁사업비(402-03) 11. 공기관등에 대한 자본적 대행사업비(403-02)	민간이전지출 근거 (지방보조금 관리기준 참고) 1. 법률에 규정 2. 국고보조 재원(국가지정) 3. 용도 지정 기부금 4. 조례에 직접규정 5. 지자체가 권장하는 사업을 하는 공공기관 6. 시,도 정책 및 재정사정 7. 기타 8. 해당없음	입찰방식 계약체결방법 (경쟁형태) 1. 일반경쟁 2. 제한경쟁 3. 지명경쟁 4. 수의계약 5. 법정위탁 6. 기타 ( ) 7. 해당없음	입찰방식 계약기간 1. 1년 2. 2년 3. 3년 4. 4년 5. 5년 6. 기타 ( )년 7. 단기계약 (1년미만) 8. 해당없음	입찰방식 낙찰자선정방법 1. 적격심사 2. 협상에의한계약 3. 최저가낙찰제 4. 규격가격분리 5. 2단계 경쟁입찰 6. 기타 ( ) 7. 해당없음	운영예산 산정 운영예산 산정 1. 내부산정 (지자체 자체적으로 산정) 2. 외부산정 (외부전문기관위탁 산정) 3. 내·외부 모두 산정 4. 산정 無 5. 해당없음	운영예산 산정 정산방법 1. 내부정산 (지자체 내부적으로 정산) 2. 외부정산 (외부전문기관위탁 정산) 3. 내·외부 모두 산정 4. 정산 無 5. 해당없음	성과평가 실시여부 1. 실시 2. 미실시 3. 향후 추진 4. 해당없음
25448	전남 강진군	민주평통 자문위원 통일연수 참가	50,000	총무과	1	1	7	8	7	1	1	4
25449	전남 강진군	민주평통 통일강연회 개최	1,000	총무과	1	1	7	8	7	1	1	4
25450	전남 강진군	청소년 통일 준비 캠프	1,500	총무과	1	1	7	8	7	1	1	4
25451	전남 강진군	청소년 통일공감 문화사업	1,000	총무과	1	1	7	8	7	1	1	4
25452	전남 강진군	민주평통 자매결연 합동 정례회의	10,000	총무과	1	1	7	8	7	1	1	4
25453	전남 강진군	제20기 출범식	1,500	총무과	1	1	7	8	7	1	1	4
25454	전남 강진군	평생학습 우수 프로그램 지원	10,000	총무과	1	4	7	8	7	1	1	4
25455	전남 강진군	평생학습 우수 동아리 지원	5,000	총무과	1	4	7	8	7	1	1	4
25456	전남 강진군	강진군 새마을회 지원	73,000	총무과	1	4	7	8	7	1	1	2
25457	전남 강진군	청자촌 신규 입주업체 지원	60,000	고려청자박물관	1	4	7	8	7	5	5	4
25458	전남 강진군	농어촌체험휴양마을 사무장 채용지원	34,020	친환경농업과	1	4	6	7	7	1	1	1
25459	전남 강진군	농촌공동체회사 우수지원사업	26,250	친환경농업과	1	4	6	7	7	1	1	1
25460	전남 강진군	벼 포장재 지원사업	350,000	친환경농업과	1	4	6	7	7	1	1	1
25461	전남 강진군	찾아가는 어머니 한글교실 운영	160,000	친환경농업과	1	4	6	7	7	1	1	1
25462	전남 강진군	농촌봉사활동 지원 등	8,000	친환경농업과	1	4	6	7	7	1	1	1
25463	전남 강진군	농촌체험마을 홍보관 운영지원	5,000	친환경농업과	1	4	6	7	7	1	1	1
25464	전남 강진군	농촌체험마을 역량강화 사업	2,880	친환경농업과	1	4	6	7	7	1	1	1
25465	전남 강진군	농촌체험마을 안전화재보험 가입지원	3,360	친환경농업과	1	4	6	7	7	1	1	1
25466	전남 강진군	농촌유학 지원사업	40,000	친환경농업과	1	4	6	7	7	1	1	1
25467	전남 강진군	농번기 마을 공동급식 지원사업	148,022	친환경농업과	1	4	6	7	7	1	1	1
25468	전남 강진군	농번기 마을 공동급식비 추가 지원사업	24,250	친환경농업과	1	4	6	7	7	1	1	1
25469	전남 강진군	농번기 마을 공동급식 확대 지원	47,142	친환경농업과	1	4	6	7	7	1	1	1
25470	전남 강진군	농촌인력지원센터 지원사업	30,000	친환경농업과	1	4	6	7	7	1	1	1
25471	전남 강진군	들녘경영체(교육컨설팅) 지원사업	81,000	친환경농업과	1	4	6	7	7	1	1	1
25472	전남 강진군	마늘흑색썩음균핵병 방제 지원사업	30,000	친환경농업과	1	4	6	7	7	1	1	1
25473	전남 강진군	우량 마늘종구 구입 지원사업	120,000	친환경농업과	1	4	6	7	7	1	1	1
25474	전남 강진군	양파 종자 구입 지원사업	60,000	친환경농업과	1	4	6	7	7	1	1	1
25475	전남 강진군	시설원예 연작장해 예방	39,600	친환경농업과	1	6	6	7	7	1	1	1
25476	전남 강진군	차 문화 학술대회 개최	15,000	친환경농업과	1	4	6	7	7	1	1	1
25477	전남 강진군	세계차 품평대회 지원	5,000	친환경농업과	1	4	6	7	7	1	1	1
25478	전남 강진군	야생 수제차 품평대회 지원	33,500	친환경농업과	1	4	6	7	7	1	1	1
25479	전남 강진군	플라워 강진관광 화훼 체험프로그램 운영 등	8,000	친환경농업과	1	4	6	7	7	1	1	1
25480	전남 강진군	과수통합마케팅 지원사업	16,000	친환경농업과	1	6	6	7	7	1	1	1
25481	전남 강진군	농특산물 포장재(용기) 지원사업	100,000	친환경농업과	1	4	6	7	7	1	1	1
25482	전남 강진군	청자골 우리꽃 화훼 포장재 지원사업	30,000	친환경농업과	1	4	6	7	7	1	1	1
25483	전남 강진군	명품쌀 홍보 및 마케팅	10,000	친환경농업과	1	4	6	7	7	1	1	1
25484	전남 강진군	학교급식 관계자 초청행사	15,000	친환경농업과	1	4	6	7	7	1	1	1
25485	전남 강진군	강진쌀 포장재 지원사업	20,000	친환경농업과	1	4	6	7	7	1	1	1
25486	전남 강진군	전남쌀 평생고객확보 택배비 지원사업	156,000	친환경농업과	1	4	6	7	7	1	1	1
25487	전남 강진군	팜파티 행사비 지원	20,000	친환경농업과	1	4	6	7	7	1	1	1
25488	전남 강진군	초록믿음 직거래 지원센터 홍보판촉 운영비	20,000	친환경농업과	1	4	6	7	7	1	1	1
25489	전남 강진군	초록믿음 직거래 지원센터 참여농어업인 육성사업	60,000	친환경농업과	1	4	6	7	7	1	1	1
25490	전남 강진군	직거래 참여 농어업인 택배용 포장재 등 지원	90,000	친환경농업과	1	4	6	7	7	1	1	1
25491	전남 강진군	농산물 소분작업을 위한 포장재 지원사업	20,000	친환경농업과	1	4	6	7	7	1	1	1
25492	전남 강진군	농산물 안전성 검사비 지원사업	70,000	친환경농업과	1	4	6	7	7	1	1	1
25493	전남 강진군	로컬푸드 참여 농가 교육 및 역량강화 지원	10,000	친환경농업과	1	4	6	7	7	1	1	1
25494	전남 강진군	공공급식 생산농산물 수집 일자리 지원	45,000	친환경농업과	1	4	6	7	7	1	1	1
25495	전남 강진군	수출상품 초기 마케팅 지원	20,000	친환경농업과	1	4	6	7	7	1	1	1
25496	전남 강진군	gap 인증농가 포장재 지원	30,000	친환경농업과	1	4	6	7	7	1	1	1
25497	전남 강진군	gap 인증농가 안전성 수수료 지원	3,000	친환경농업과	1	4	6	7	7	1	1	1
25498	전남 강진군	gap 인증농가 안전성 검사비 지원	9,000	친환경농업과	1	4	6	7	7	1	1	1

순번	시군구	지출명 (사업명)	2021년예산 (단위:천원/1년간)	담당자 (공무원)	민간이전 분류 (지방자치단체 세출예산 집행기준에 의거)	민간이전지출 근거 (지방보조금 관리기준 참고)	입찰방식			운영예산 산정		성과평가 실시여부
				담당부서	1. 민간경상사업보조(307-02) 2. 민간단체 법정운영비보조(307-03) 3. 민간행사사업보조(307-04) 4. 민간위탁금(307-05) 5. 사회복지시설 법정운영비보조(307-10) 6. 민간인위탁교육비(307-12) 7. 공기관등에대한경상적위탁사업비(308-11) 8. 민간자본사업보조,자체재원(402-01) 9. 민간자본사업보조,이전재원(402-02) 10. 민간위탁사업비(402-03) 11. 공기관등에 대한 자본적 대행사업비(403-02)	1. 법률에 규정 2. 국고보조 재원(국가지정) 3. 용도 지정 기부금 4. 조례에 직접규정 5. 지자체가 권장하는 사업을 하는 공공기관 6. 시,도 정책 및 재정사정 7. 기타 8. 해당없음	계약체결방법 (경쟁형태) 1. 일반경쟁 2. 제한경쟁 3. 지명경쟁 4. 수의계약 5. 법정위탁 6. 기타 ( ) 7. 해당없음	계약기간 1. 1년 2. 2년 3. 3년 4. 4년 5. 5년 6. 기타 ( )년 7. 단기계약 (1년미만) 8. 해당없음	낙찰자선정방법 1. 적격심사 2. 협상에의한계약 3. 최저가낙찰제 4. 규격가격분리 5. 2단계 경쟁입찰 6. 기타 ( ) 7. 해당없음	운영예산 산정 1. 내부산정 (지자체 자체적으로 산정) 2. 외부산정 (외부전문기관위탁 산정) 3. 내·외부 모두 산정 4. 산정 無 5. 해당없음	정산방법 1. 내부정산 (지자체 내부적으로 정산) 2. 외부정산 (외부전문기관위탁 정산) 3. 내·외부 모두 산정 4. 정산 無 5. 해당없음	1. 실시 2. 미실시 3. 향후 추진 4. 해당없음
25499	전남 강진군	도지사 품질인증 디자인제작 지원	10,000	친환경농업과	1	6	6	7	7	1	1	1
25500	전남 강진군	도지사 품질인증 자가품질검사비 지원	3,000	친환경농업과	1	6	6	7	7	1	1	1
25501	전남 강진군	유기가공식품 인증확대	2,400	친환경농업과	1	4	6	7	7	1	1	1
25502	전남 강진군	강진 먹거리 상표등록 등 지원	10,000	친환경농업과	1	4	6	7	7	1	1	1
25503	전남 강진군	유기가공식품 인증 확대	4,000	친환경농업과	1	4	6	7	7	1	1	1
25504	전남 강진군	떡 브랜드 마케팅 지원	20,000	친환경농업과	1	4	6	7	7	1	1	1
25505	전남 강진군	농산물 포장재(용기)지원사업	42,000	친환경농업과	1	4	6	7	7	1	1	1
25506	전남 강진군	강진 묵은지 산업화 사업	80,000	친환경농업과	1	4	6	7	7	1	1	1
25507	전남 강진군	쌀귀리 가공식품 육성	3,010	친환경농업과	1	4	6	7	7	1	1	1
25508	전남 강진군	노인장기요양기관 복지증진사업 지원	2,000	주민복지실	1	4	7	8	7	1	1	3
25509	전남 강진군	노인일자리사업 추진	1,332	주민복지실	1	2	2	1	1	3	3	3
25510	전남 강진군	여성이 살기좋은 지역만들기	40,000	주민복지실	1	7	7	7	7	1	1	3
25511	전남 강진군	여성단체 육성 및 지원	34,000	주민복지실	1	7	7	7	7	1	1	3
25512	전남 강진군	여성단체를 통한 지역특산품 판로촉진	9,728	주민복지실	1	7	7	7	7	1	1	3
25513	전남 강진군	공동육아나눔터 운영지원	53,828	주민복지실	1	2	6	1	1	2	3	1
25514	전남 강진군	맘스카페(공동육아카페) 운영	43,200	주민복지실	1	1	6	1	1	2	3	1
25515	전남 강진군	아이사랑 장난감도서관 운영	30,000	주민복지실	1	1	6	1	1	2	3	1
25516	전남 강진군	맘 편한 야간돌봄터 운영	26,000	주민복지실	1	1	6	1	1	2	3	1
25517	전남 강진군	꿈키움드림오케스트라	48,000	주민복지실	1	6	7	8	7	5	5	4
25518	전남 강진군	꿈사다리공부방 지원사업	52,716	주민복지실	1	6	7	8	7	5	5	4
25519	전남 강진군	모범청소년표창 및 저소득 청소년 지원	2,700	주민복지실	1	4	6	7	1	1	1	1
25520	전남 강진군	자원봉사 활성화지원	10,000	주민복지실	1	7	7	8	7	1	1	1
25521	전남 강진군	희망복지 일반	60,000	주민복지실	1	7	5	8	7	1	1	3
25522	전남 강진군	청년단체 프로그램 지원	15,000	일자리창출과	1	6	7	8	7	1	1	3
25523	전남 강진군	청년마을로 프로젝트사업	100,000	일자리창출과	1	2	7	1	7	2	2	3
25524	전남 강진군	전남청년근속장려금	13,750	일자리창출과	1	6	7	8	7	2	1	3
25525	전남 강진군	청년일자리카페운영사업	30,000	일자리창출과	1	6	4	1	7	2	1	3
25526	전남 강진군	박물관 안내 및 해설	11,760	다산박물관	1	7	7	8	7	1	1	2
25527	전남 강진군	다산실학연구원 연구사업	75,000	다산박물관	1	7	7	8	7	1	1	2
25528	전남 강진군	농업인 학습단체 육성	16,000	농업기술센터	1	1	7	8	7	5	5	4
25529	전남 강진군	귀농인 지원사업	20,000	농업기술센터	1	5	7	8	7	5	5	4
25530	전남 강진군	지방 농촌지도자회 육성	3,000	농업기술센터	1	1	7	8	7	5	5	4
25531	전남 강진군	4-H회원 시범영농 지원사업	2,000	농업기술센터	1	1	7	8	7	5	5	4
25532	전남 강진군	생산적 연구단체 육성	44,000	농업기술센터	1	4	7	8	7	5	5	4
25533	전남 강진군	강소농육성교육	4,000	농업기술센터	1	1	7	8	7	5	5	4
25534	전남 강진군	귀농귀촌 유치지원사업	80,000	농업기술센터	1	4	7	8	7	5	5	4
25535	전남 강진군	후계농업경영인회 육성	5,000	농업기술센터	1	1	7	8	7	5	5	4
25536	전남 강진군	작목별 맞춤형 안전관리 실천시범	10,000	농업기술센터	1	2	7	8	7	5	5	4
25537	전남 강진군	농산업창업지원센터운영	20,000	농업기술센터	1	1	7	8	7	5	5	4
25538	전남 강진군	체류형 귀농사관 학교 운영	70,000	농업기술센터	1	4	7	8	7	5	5	4
25539	전남 강진군	귀농 창업활성화 지원사업	30,000	농업기술센터	1	2	7	8	7	5	5	4
25540	전남 강진군	농촌 어르신 복지 실천시범	10,000	농업기술센터	1	2	7	8	7	5	5	4
25541	전남 강진군	고품질 쌀 생산 시범	137,000	농업기술센터	1	4	7	8	7	5	5	4
25542	전남 강진군	고품질 한우 생산 기술보급	35,000	농업기술센터	1	1	7	8	7	5	5	4
25543	전남 강진군	자율관리어업 공동체 도우미 지원사업	18,000	해양산림과	1	1	7	8	7	5	5	4
25544	전남 강진군	불가사리 구제사업	18,668	해양산림과	1	1	7	8	7	5	5	4
25545	전남 강진군	해파리 구제사업	5,000	해양산림과	1	1	7	8	7	5	5	4
25546	전남 강진군	친환경부표 보급지원	70,000	해양산림과	1	2	7	8	7	5	5	4
25547	전남 강진군	연안어선 미끼 지원사업	131,400	해양산림과	1	1	7	8	7	5	5	4
25548	전남 강진군	패류 양식 산업	300,000	해양산림과	1	1	7	8	7	5	5	4
25549	전남 강진군	패류 모패장 조성사업	160,000	해양산림과	1	1	7	8	7	5	5	4

순번	시군구	지출명 (사업명)	2021년예산 (단위:천원/1년간)	담당자 (공무원) 담당부서	민간이전 분류 (지방자치단체 세출예산 집행기준에 의거) 1. 민간경상사업보조(307-02) 2. 민간단체 법정운영비보조(307-03) 3. 민간행사사업보조(307-04) 4. 민간위탁금(307-05) 5. 사회복지시설 법정운영비보조(307-10) 6. 민간인위탁교육비(307-12) 7. 공기관등에대한경상적위탁사업비(308-11) 8. 민간자본사업보조,자체재원(402-01) 9. 민간자본사업보조,이전재원(402-02) 10. 민간위탁사업비(402-03) 11. 공기관등에 대한 자본적 대행사업비(403-02)	민간이전지출 근거 (지방보조금 관리기준 참고) 1. 법률에 규정 2. 국고보조 재원(국가지정) 3. 용도 지정 기부금 4. 조례에 직접규정 5. 지자체가 권장하는 사업을 하는 공공기관 6. 시,도 정책 및 재정사정 7. 기타 8. 해당없음	입찰방식 계약체결방법 (경쟁형태) 1. 일반경쟁 2. 제한경쟁 3. 지명경쟁 4. 수의계약 5. 법정위탁 6. 기타 ( ) 7. 해당없음	입찰방식 계약기간 1. 1년 2. 2년 3. 3년 4. 4년 5. 5년 6. 기타 ( )년 7. 단기계약 (1년미만) 8. 해당없음	입찰방식 낙찰자선정방법 1. 적격심사 2. 협상에의한계약 3. 최저가낙찰제 4. 규격가격분리 5. 2단계 경쟁입찰 6. 기타 ( ) 7. 해당없음	운영예산 산정 운영예산 산정 1. 내부산정 (지자체 자체적으로 산정) 2. 외부산정 (외부전문기관위탁 산정) 3. 내·외부 모두 산정 4. 산정 無 5. 해당없음	운영예산 산정 정산방법 1. 내부정산 (지자체 내부적으로 정산) 2. 외부정산 (외부전문기관위탁 정산) 3. 내·외부 모두 산정 4. 정산 無 5. 해당없음	성과평가 실시여부 1. 실시 2. 미실시 3. 향후 추진 4. 해당없음
25550	전남 강진군	어촌체험마을 사무장 지원사업	56,260	해양산림과	1	6	7	8	7	5	5	4
25551	전남 강진군	해양구조단 인명구조장비 구입지원	10,000	해양산림과	1	4	7	8	7	5	5	4
25552	전남 강진군	우수수산물 포장재 지원	46,000	해양산림과	1	4	7	8	7	5	5	4
25553	전남 강진군	수산물 발효식품 포장용기 제작 지원	9,000	해양산림과	1	4	7	8	7	5	5	4
25554	전남 강진군	수산물 소포장 등 지원사업	24,000	해양산림과	1	6	7	8	7	5	5	4
25555	전남 강진군	수산물 직거래 택배비 지원사업	10,000	해양산림과	1	6	7	8	7	5	5	4
25556	전남 강진군	임산물상품화지원	50,000	해양산림과	1	2	7	8	7	5	5	4
25557	전남 해남군	관광숙박업 침구류 청결사업 지원	30,000	관광과	1	4	7	8	7	5	5	4
25558	전남 해남군	템플스테이 운영 지원	6,000	관광과	1	4	7	8	7	1	1	1
25559	전남 해남군	학교4-H회 과제 활동지원	21,000	농업교육	1	1	7	8	7	5	5	4
25560	전남 해남군	귀농 창업 홍보지원	20,000	농업교육	1	1	7	8	7	5	5	4
25561	전남 해남군	청년 농업인 영농정착 지원 사업	553,401	농업교육	1	1	7	8	7	5	5	4
25562	전남 해남군	전남 육성 우량품종 이용 고품질 쌀 브랜드화	100,000	식량작물	1	1	7	8	7	5	5	4
25563	전남 해남군	외래품종 대체 벼 신품종 종자 조기 확대 보급사업	10,500	식량작물	1	1	7	8	7	5	5	4
25564	전남 해남군	식량작물 수출생산단지 조성 시범	35,000	식량작물	1	1	7	8	7	5	5	4
25565	전남 해남군	맥류 기능성품종 증식포 운영	14,000	식량작물	1	1	7	8	7	5	5	4
25566	전남 해남군	맥류 붉은곰팡이병 방제 시범	11,213	식량작물	1	1	7	8	7	5	5	4
25567	전남 해남군	고구마 우량종자 생산 시범	52,500	식량작물	1	1	7	8	7	5	5	4
25568	전남 해남군	봄감자 조기재배 시범	14,000	식량작물	1	1	7	8	7	5	5	4
25569	전남 해남군	가공용 콩 생산단지 조성	14,000	식량작물	1	1	7	8	7	5	5	4
25570	전남 해남군	본답 초기 벼 병해충 방제비 지원	960,000	식량작물	1	1	7	8	7	5	5	4
25571	전남 해남군	벼 병해충 공동방제비 지원	446,670	식량작물	1	1	7	8	7	5	5	4
25572	전남 해남군	벼 병해충 공동방제비 지원	24,570	식량작물	1	1	7	8	7	5	5	4
25573	전남 해남군	기능성 배추 재배단지 조성	8,400	원예작물	1	1	7	8	7	5	5	4
25574	전남 해남군	마늘 우량종구 생산시범	72,000	원예작물	1	1	7	8	7	5	5	4
25575	전남 해남군	고구마 가공식품 개발 R&D	35,000	식량작물	1	1	7	8	7	5	5	4
25576	전남 해남군	간이 비가림 시설 이용 감초 재배	28,000	특화작목	1	1	7	8	7	5	5	4
25577	전남 해남군	신소득 하늘마 재배 시범	7,000	특화작목	1	1	7	8	7	5	5	4
25578	전남 해남군	참두릅 정아삽 촉성재배 시범	7,000	특화작목	1	1	7	8	7	5	5	4
25579	전남 해남군	땅두릅 노지재배 시범	7,000	특화작목	1	1	7	8	7	5	5	4
25580	전남 해남군	인삼 연작피해지 토양개량 시범	42,000	특화작목	1	1	7	8	7	5	5	4
25581	전남 해남군	간척지 적합 하계 사료작물 단지조성	8,400	특화작목	1	1	7	8	7	5	5	4
25582	전남 해남군	농촌체험마을 사무장 인건비 지원	17,280	농정과	1	2	7	8	7	1	1	3
25583	전남 해남군	농업경영컨설팅 지원사업	15,000	농정과	1	2	4	8	7	1	1	3
25584	전남 해남군	농가도우미 지원	38,484	농정과	1	6	7	8	7	1	1	3
25585	전남 해남군	농번기 마을공동급식 지원사업	126,440	농정과	1	6	7	8	7	1	1	3
25586	전남 해남군	여성농어업인 행복바우처 지원	1,233	농정과	1	6	7	8	7	1	1	3
25587	전남 해남군	농촌고용인력지원사업	80,000	농정과	1	2	7	8	7	1	1	3
25588	전남 해남군	농업인 의식 선진화 지원	20,000	농정과	1	7	7	8	7	1	1	3
25589	전남 해남군	친환경 벼 포트육묘상자 지원	31,000	농정과	1	7	7	8	7	1	1	3
25590	전남 해남군	대규모 친환경쌀 생산유통단지 조성	110,000	농정과	1	7	7	8	7	1	1	3
25591	전남 해남군	새끼우렁이 공급	594,000	농정과	1	6	7	8	7	1	1	3
25592	전남 해남군	친환경농자재(유기농업자재) 지원사업	243,821	농정과	1	2	7	8	7	1	1	3
25593	전남 해남군	과수채소 무농약 인증농가 농작물재해보험료 지원	57,000	농정과	1	7	7	8	7	1	1	3
25594	전남 해남군	친환경 재배단지 돌발병해충 방제자재 지원	180,000	농정과	1	7	7	8	7	1	1	3
25595	전남 해남군	유기질비료 지원사업	850,000	농정과	1	7	7	8	7	1	1	3
25596	전남 해남군	유기질비료 지원사업	4,197	농정과	1	2	7	8	7	1	1	3
25597	전남 해남군	토양개량제 지원사업	1,440	농정과	1	2	7	8	7	1	1	3
25598	전남 해남군	토양개량제 공동살포비 지원	627,444	농정과	1	2	7	8	7	1	1	3
25599	전남 해남군	기능성 맥류 맞춤형 비료지원	93,750	농정과	1	7	7	8	7	1	1	3
25600	전남 해남군	못자리 상토공급지원	1,215	농정과	1	7	7	8	7	1	1	3

순번	시군구	지출명 (사업명)	2021년예산 (단위:천원/1년간)	담당자 (공무원) 담당부서	민간이전 분류 (지방자치단체 세출예산 집행기준에 의거) 1. 민간경상사업보조(307-02) 2. 민간단체 법정운영비보조(307-03) 3. 민간행사사업보조(307-04) 4. 민간위탁금(307-05) 5. 사회복지시설 법정운영비보조(307-10) 6. 민간인위탁교육비(307-12) 7. 공기관등에대한경상적위탁사업비(308-11) 8. 민간자본사업보조,자체재원(402-01) 9. 민간자본사업보조,이전재원(402-02) 10. 민간위탁사업비(402-03) 11. 공기관등에 대한 자본적 대행사업비(403-02)	민간이전지출 근거 (지방보조금 관리기준 참고) 1. 법률에 규정 2. 국고보조 재원(국가지정) 3. 용도 지정 기부금 4. 조례에 직접규정 5. 지자체가 권장하는 사업을 하는 공공기관 6. 시,도 정책 및 재정사정 7. 기타 8. 해당없음	입찰방식 계약체결방법 (경쟁형태) 1. 일반경쟁 2. 제한경쟁 3. 지명경쟁 4. 수의계약 5. 법정위탁 6. 기타 ( ) 7. 해당없음	입찰방식 계약기간 1. 1년 2. 2년 3. 3년 4. 4년 5. 5년 6. 기타 ( )년 7. 단기계약 (1년미만) 8. 해당없음	입찰방식 낙찰자선정방법 1. 적격심사 2. 협상에의한계약 3. 최저가낙찰제 4. 규격가격분리 5. 2단계 경쟁입찰 6. 기타 ( ) 7. 해당없음	운영예산 산정 운영예산 산정 1. 내부산정 (지자체 자체적으로 산정) 2. 외부산정 (외부전문기관위탁 산정) 3. 내·외부 모두 산정 4. 산정 無 5. 해당없음	운영예산 산정 정산방법 1. 내부정산 (지자체 내부적으로 정산) 2. 외부정산 (외부전문기관위탁 정산) 3. 내·외부 모두 산정 4. 정산 無 5. 해당없음	성과평가 실시여부 1. 실시 2. 미실시 3. 향후 추진 4. 해당없음
25601	전남 해남군	고구마 굼벵이 피해예방 약제지원	74,250	농정과	1	7	7	8	7	1	1	3
25602	전남 해남군	논두렁 개량 지원	15,000	농정과	1	7	7	8	7	1	1	3
25603	전남 해남군	고품질 초당옥수수 생산지원	58,000	농정과	1	7	7	8	7	1	1	3
25604	전남 해남군	들녘경영체 교육컨설팅 지원사업	270,000	농정과	1	2	4	8	7	1	1	3
25605	전남 해남군	국산밀 생산단지 교육 컨설팅 지원	171,000	농정과	1	2	4	8	7	1	1	3
25606	전남 해남군	개량물꼬 지원사업	50,508	농정과	1	6	7	8	7	1	1	3
25607	전남 해남군	특수농기계 자격증 취득 지원	45,000	농정과	1	7	7	8	7	1	1	3
25608	전남 해남군	객토지원	225,000	농정과	1	7	7	8	7	1	1	3
25609	전남 해남군	화훼절화용 팩 구입	10,800	농정과	1	7	7	8	7	1	1	3
25610	전남 해남군	시설원예 연작장해 예방	41,400	농정과	1	7	7	8	7	1	1	3
25611	전남 해남군	방호박시설 냉해예방 지원	45,000	농정과	1	7	7	8	7	1	1	3
25612	전남 해남군	지자체 협력사업(노지채소 친환경자재 및 칼슘유황 비료)	220,000	농정과	1	7	7	8	7	1	1	3
25613	전남 해남군	토양환경개선제(PLS 잔류농약 방제약제)지원	24,000	농정과	1	7	7	8	7	1	1	3
25614	전남 해남군	마늘,양파 연작피해 예방약제 시원	216,000	농정과	1	7	7	8	7	1	1	3
25615	전남 해남군	고추 탄저병 등 병해예방 부직포 지원	126,000	농정과	1	7	7	8	7	1	1	3
25616	전남 해남군	참다래 꽃가루 지원	28,350	농정과	1	7	7	8	7	1	1	3
25617	전남 해남군	과수통합마케팅 운영지원	20,800	농정과	1	6	7	8	7	1	1	3
25618	전남 해남군	학교 과일간식 지원사업	46,726	농정과	1	2	1	1	1	5	5	4
25619	전남 해남군	버섯 배지, 종균 구입 지원	250,000	농정과	1	7	7	8	7	1	1	3
25620	전남 해남군	고추 수확작업기 지원	35,000	농정과	1	7	7	8	7	1	1	3
25621	전남 해남군	딸기 자가수분 증진제 지원	17,000	농정과	1	7	7	8	7	1	1	3
25622	전남 해남군	엽연초 생산 농자재 지원	67,620	농정과	1	7	7	8	7	1	1	3
25623	전남 해남군	삼호학당 강의지원	27,000	문화예술	1	1	7	1	7	1	1	3
25624	전남 해남군	국악협회 읍면 분회지원	10,000	문화예술	1	1	7	1	7	1	1	3
25625	전남 해남군	문학지 발간사업	9,000	문화예술	1	1	7	1	7	1	1	3
25626	전남 해남군	해남문화원 향토문화계승발전사업	50,000	문화예술	1	1	7	1	7	1	1	3
25627	전남 해남군	해남향교 성년 작명례	3,000	문화예술	1	1	7	1	7	1	1	3
25628	전남 해남군	땅끝해남 민속장기대회	3,000	문화예술	1	1	7	1	7	1	1	3
25629	전남 해남군	청소년 해남예술 아카데미운영	30,000	문화예술	1	1	7	1	7	1	1	3
25630	전남 해남군	우수영남자들소리와 풍물교육	10,000	문화예술	1	1	7	1	7	1	1	3
25631	전남 해남군	대표풍물단 조직 및 운영	50,000	문화예술	1	1	7	1	7	1	1	3
25632	전남 해남군	옥천 면지 편찬 지원	50,000	문화예술	1	1	7	1	7	1	1	3
25633	전남 해남군	통합문화이용권 사업	480,000	문화예술	1	2	7	1	7	1	1	3
25634	전남 해남군	계곡방춘서원 삼상사 추모대제	3,000	문화예술	1	1	7	1	7	1	1	3
25635	전남 해남군	마을전통민속잔치 육성지원	20,000	문화예술	1	1	7	1	7	1	1	3
25636	전남 해남군	향교도덕성 회복운동	3,000	문화예술	1	1	7	1	7	1	1	3
25637	전남 해남군	향교기로연	3,000	문화예술	1	1	7	1	7	1	1	3
25638	전남 해남군	학교예술강사 지원	39,402	문화예술	1	1	7	1	7	1	1	3
25639	전남 해남군	해남 유생학 개론	155,000	문화예술과	1	2	7	8	7	5	5	4
25640	전남 해남군	문화재! 우리들의 놀이터	80,000	문화예술과	1	2	7	8	7	5	5	4
25641	전남 해남군	강강술래보존회 활동지원	42,000	문화예술과	1	4	7	8	7	5	5	4
25642	전남 해남군	세계유산 대흥사의 4인4색	106,000	문화예술과	1	2	7	8	7	5	5	4
25643	전남 해남군	임업소득 배가 지원사업	305,900	산림녹지과	1	4	7	8	7	5	5	4
25644	전남 해남군	친환경 임산물 재배관리	77,000	산림녹지과	1	2	7	8	7	5	5	4
25645	전남 해남군	임산물 상품화 지원	7,500	산림녹지과	1	2	7	8	7	5	5	4
25646	전남 해남군	지역사회 위기가정 사례관리사업	5,000	주민복지과	1	2	7	1	7	5	1	4
25647	전남 해남군	노인종합복지관 기능보강사업	66,000	주민복지과	1	2	1	1	5	5	1	4
25648	전남 해남군	노인의 날 및 경로의달 기념행사	200,000	주민복지과	1	2	7	1	7	5	1	4
25649	전남 해남군	마을경로당 정기순회 클린서비스	58,900	주민복지과	1	2	7	1	7	5	1	4
25650	전남 해남군	경로당 긴급 개보수사업	100,000	주민복지과	1	2	7	1	7	5	1	4
25651	전남 해남군	경로당 고효율에너지지원사업	120,000	주민복지과	1	2	7	1	7	5	1	4

순번	시군구	지출명 (사업명)	2021년예산 (단위:천원/1년간)	담당자 (공무원)	민간이전 분류 (지방자치단체 세출예산 집행기준에 의거)	민간이전지출 근거 (지방보조금 관리기준 참고)	입찰방식			운영예산 산정		성과평가 실시여부
				담당부서	1. 민간경상사업보조(307-02) 2. 민간단체 법정운영비보조(307-03) 3. 민간행사사업보조(307-04) 4. 민간위탁금(307-05) 5. 사회복지시설 법정운영비보조(307-10) 6. 민간인위탁교육비(307-12) 7. 공기관등에대한경상적위탁사업비(308-11) 8. 민간자본사업보조,자체재원(402-01) 9. 민간자본사업보조,이전재원(402-02) 10. 민간위탁사업비(402-03) 11. 공기관등에 대한 자본적 대행사업비(403-02)	1. 법률에 규정 2. 국고보조 재원(국가지정) 3. 용도 지정 기부금 4. 조례에 직접규정 5. 지자체가 권장하는 사업을 하는 공공기관 6. 시,도 정책 및 재정사정 7. 기타 8. 해당없음	계약체결방법 (경쟁형태) 1. 일반경쟁 2. 제한경쟁 3. 지명경쟁 4. 수의계약 5. 법정위탁 6. 기타 ( ) 7. 해당없음	계약기간 1. 1년 2. 2년 3. 3년 4. 4년 5. 5년 6. 기타 ( )년 7. 단기계약 (1년미만) 8. 해당없음	낙찰자선정방법 1. 적격심사 2. 협상에의한계약 3. 최저가낙찰제 4. 규격가격분리 5. 2단계 경쟁입찰 6. 기타 ( ) 7. 해당없음	운영예산 산정 1. 내부산정 (지자체 자체적으로 산정) 2. 외부산정 (외부전문기관위탁 산정) 3. 내·외부 모두 산정 4. 산정 無 5. 해당없음	정산방법 1. 내부정산 (지자체 내부적으로 정산) 2. 외부정산 (외부전문기관위탁 정산) 3. 내·외부 모두 산정 4. 정산 無 5. 해당없음	1. 실시 2. 미실시 3. 향후 추진 4. 해당없음
25652	전남 해남군	노인회 중식비 지원	153,600	주민복지과	1	2	7	1	7	5	1	4
25653	전남 해남군	청소년 체험활동 지원	4,000	주민복지과	1	2	7	1	7	5	1	4
25654	전남 해남군	청소년 선도보호 및 범죄예방사업	3,000	주민복지과	1	2	7	1	7	5	1	4
25655	전남 해남군	청소년의 달 행사지원	4,000	주민복지과	1	2	7	1	7	5	1	4
25656	전남 해남군	청소년 예절교실 지원	5,000	주민복지과	1	2	7	1	7	5	1	4
25657	전남 해남군	청소년 5대5 축구대회 지원	5,000	주민복지과	1	2	7	1	7	5	1	4
25658	전남 해남군	학교폭력예방 부모역할 교육	6,000	주민복지과	1	2	7	1	7	5	1	4
25659	전남 해남군	청소년 방과후 아카데미 운영	14,000	주민복지과	1	2	7	1	7	5	1	4
25660	전남 해남군	청소년어울림마당 지원	4,000	주민복지과	1	2	7	1	7	5	1	4
25661	전남 해남군	청소년 휴카페 운영	25,000	주민복지과	1	2	7	1	7	5	1	4
25662	전남 해남군	청소년 동아리 활동지원	7,500	주민복지과	1	2	7	1	7	5	1	4
25663	전남 해남군	청소년 방과후 아카데미운영	338,184	주민복지과	1	2	7	1	7	5	1	4
25664	전남 해남군	청소년 어울림마당 지원	24,000	주민복지과	1	2	7	1	7	5	1	4
25665	전남 해남군	아동복지시설 종사자 마음방역 사업 추진	14,000	주민복지과	1	2	7	1	7	5	1	4
25666	전남 해남군	지역아동센터 운영지원	166,600	주민복지과	1	2	7	1	7	5	1	4
25667	전남 해남군	꿈사다리 공부방 운영지원	129,648	주민복지과	1	2	7	1	7	5	1	4
25668	전남 해남군	꿈키움 드림오케스트라 운영	48,000	주민복지과	1	2	7	1	7	5	1	4
25669	전남 해남군	어업활동지원사업	36,000	해양수산과	1	2	7	8	7	2	1	1
25670	전남 해남군	청년어촌정착지원	160,000	해양수산과	1	2	7	8	7	1	1	4
25671	전남 해남군	도선운영비 지원	64,000	해양수산과	1	1	7	8	7	1	1	4
25672	전남 해남군	친환경수산물 인증수수료 지원	23,000	해양수산과	1	1	7	8	7	1	1	4
25673	전남 해남군	김 활성처리제 지원	307,179	해양수산과	1	6	2	1	1	2	1	4
25674	전남 해남군	친환경 인증 물김손실 보전	65,680	해양수산과	1	1	7	8	7	1	1	4
25675	전남 해남군	물김과잉생산처리비 지원	50,000	해양수산과	1	1	7	8	7	1	1	4
25676	전남 해남군	슈퍼다시마 종사지원	30,000	해양수산과	1	1	7	8	7	1	1	4
25677	전남 해남군	김 종자영양제 및 질병예방지원	10,000	해양수산과	1	1	7	8	7	1	1	4
25678	전남 해남군	전복양식장 소독제 지원	50,000	해양수산과	1	1	7	8	7	1	1	4
25679	전남 해남군	전복종묘친환경 사료공급	48,000	해양수산과	1	1	7	8	7	1	1	4
25680	전남 해남군	어업미끼(게) 구입지원	80,000	해양수산과	1	1	7	8	7	1	1	4
25681	전남 해남군	어류양식장 소독제 지원	40,000	해양수산과	1	1	7	8	7	1	1	4
25682	전남 해남군	새우양식장 미생물제 공급	20,000	해양수산과	1	1	7	8	7	1	1	4
25683	전남 해남군	수산동물예방백신공급	105,552	해양수산과	1	1	7	8	7	1	1	4
25684	전남 해남군	유망양식품종 종자공급 사업	15,000	해양수산과	1	6	7	8	7	1	1	4
25685	전남 해남군	고수온 대응 지원사업	48,400	해양수산과	1	2	7	8	7	1	1	4
25686	전남 해남군	전복 종자생산 파판(쉘터)지원	200,000	해양수산과	1	1	7	8	7	1	1	4
25687	전남 해남군	내수면 양식장 미생물제 공급사업	100,000	해양수산과	1	5	7	7	7	1	1	4
25688	전남 해남군	해삼 씨뿌림 사업	155,250	해양수산과	1	6	2	7	1	1	1	1
25689	전남 해남군	자율관리어업 공동체 도우미 지원사업	144,000	해양수산과	1	6	7	8	7	1	1	4
25690	전남 해남군	낙지 목장 산란장 조성	120,000	해양수산과	1	2	2	7	1	2	3	1
25691	전남 해남군	수산물 디자인개발 및 포장재 지원	30,000	해양수산과	1	1	7	8	7	1	1	1
25692	전남 해남군	수산물 소포장재 등 지원사업	48,000	해양수산과	1	1	7	8	7	1	1	1
25693	전남 해남군	TV홈쇼핑 방송판매 수수료 등 지원사업	38,400	해양수산과	1	1	7	8	7	1	1	1
25694	전남 해남군	수산물 직판행사 추진	20,000	해양수산과	1	1	7	8	7	1	1	1
25695	전남 해남군	수산물 직거래 택배비 지원 사업	21,000	해양수산과	1	1	7	8	7	1	1	1
25696	전남 해남군	전복출하용 규격화 바구니	40,000	해양수산과	1	1	7	8	7	1	1	1
25697	전남 해남군	해남김 브랜드 개발 및 포장재 지원	800,000	해양수산과	1	1	7	8	7	1	1	1
25698	전남 해남군	지역주도형 청년일자리사업	462,100	인구정책과	1	2	7	8	7	5	5	4
25699	전남 해남군	해남형 청년 창업 지원	425,000	인구정책과	1	6	7	8	7	5	5	4
25700	전남 해남군	청년 농수산유통 활동가 육성	143,839	인구정책과	1	6	7	8	7	3	3	3
25701	전남 해남군	청년 일자리카페	70,000	인구정책과	1	6	7	8	7	5	5	4
25702	전남 해남군	4050희망일자리 장려금 지원	32,000	인구정책과	1	6	7	8	7	5	5	4

순번	시군구	지출명 (사업명)	2021년예산 (단위:천원/1년간)	담당자 (공무원) 담당부서	민간이전 분류 (지방자치단체 세출예산 집행기준에 의거) 1. 민간경상사업보조(307-02) 2. 민간단체 법정운영비보조(307-03) 3. 민간행사사업보조(307-04) 4. 민간위탁금(307-05) 5. 사회복지시설 법정운영비보조(307-10) 6. 민간인위탁교육비(307-12) 7. 공기관등에대한경상적위탁사업비(308-11) 8. 민간자본사업보조,자체재원(402-01) 9. 민간자본사업보조,이전재원(402-02) 10. 민간위탁사업비(402-03) 11. 공기관등에 대한 자본적 대행사업비(403-02)	민간이전지출 근거 (지방보조금 관리기준 참고) 1. 법률에 규정 2. 국고보조 재원(국가지정) 3. 용도 지정 기부금 4. 조례에 직접규정 5. 지자체가 권장하는 사업을 하는 공공기관 6. 시,도 정책 및 재정사정 7. 기타 8. 해당없음	입찰방식 계약체결방법 (경쟁형태) 1. 일반경쟁 2. 제한경쟁 3. 지명경쟁 4. 수의계약 5. 법정위탁 6. 기타 ( ) 7. 해당없음	입찰방식 계약기간 1. 1년 2. 2년 3. 3년 4. 4년 5. 5년 6. 기타 ( )년 7. 단기계약 (1년미만) 8. 해당없음	입찰방식 낙찰자선정방법 1. 적격심사 2. 협상에의한계약 3. 최저가낙찰제 4. 규격가격분리 5. 2단계 경쟁입찰 6. 기타 ( ) 7. 해당없음	운영예산 산정 운영예산 산정 1. 내부산정 (지자체 자체적으로 산정) 2. 외부산정 (외부전문기관위탁 산정) 3. 내·외부 모두 산정 4. 산정 無 5. 해당없음	운영예산 산정 정산방법 1. 내부정산 (지자체 내부적으로 정산) 2. 외부정산 (외부전문기관위탁 정산) 3. 내·외부 모두 산정 4. 정산 無 5. 해당없음	성과평가 실시여부 1. 실시 2. 미실시 3. 향후 추진 4. 해당없음
25703	전남 해남군	신중년 일사천리 취업지원	173,680	인구정책과	1	2	7	8	7	3	3	3
25704	전남 해남군	조사료 일반단지 사일리지 제조 지원	1,482	축산사업소	1	2	7	8	7	1	1	1
25705	전남 해남군	논 타작물 사일리지 제조 지원	680,400	축산사업소	1	2	7	8	7	1	1	1
25706	전남 해남군	조사료 전문단지 사일리지 제조 지원	367,416	축산사업소	1	2	7	8	7	1	1	1
25707	전남 해남군	전문단지 퇴액비 지원	78,800	축산사업소	1	2	7	8	7	1	1	1
25708	전남 해남군	가축분뇨 퇴액비살포비 지원	630,060	축산사업소	1	2	7	8	7	1	1	1
25709	전남 해남군	축산농장 악취저감제 공급	156,000	축산사업소	1	6	7	8	7	1	1	1
25710	전남 해남군	한우 미네랄블럭 지원	100,000	축산사업소	1	1	7	8	7	5	5	4
25711	전남 해남군	땅끝해남명품한우 사료 포장재 지원	160,000	축산사업소	1	1	7	8	7	1	1	1
25712	전남 해남군	송아지 귀표장착비 지원	133,924	축산사업소	1	2	7	8	7	1	1	1
25713	전남 해남군	꿀벌산업 육성 지원사업	170,000	축산사업소	1	2	7	8	7	1	1	1
25714	전남 해남군	낙농 환경(질병) 개선 지원	33,000	축산사업소	1	2	7	8	7	1	1	1
25715	전남 해남군	돼지써코바이러스 백신지원	121,200	축산사업소	1	2	7	8	7	1	1	1
25716	전남 해남군	구제역 예방백신 지원	335,350	축산사업소	1	2	7	8	7	1	1	1
25717	전남 해남군	한우 구충제 지원	41,800	축산사업소	1	1	7	8	7	5	5	4
25718	전남 해남군	젖소 구충제 지원	10,285	축산사업소	1	1	7	8	7	5	5	4
25719	전남 해남군	닭IB백신 지원	40,000	축산사업소	1	1	7	8	7	1	1	1
25720	전남 해남군	축산물 HACCP 컨설팅 지원	4,200	축산사업소	1	2	7	8	7	1	1	1
25721	전남 해남군	통합방위협의회	12,000	안전도시과	1	4	7	8	7	1	1	3
25722	전남 해남군	물류공동이용 지원	150,000	유통지원과	1	4	7	8	7	5	1	4
25723	전남 해남군	농산물 안전성 강화를 위한 농약보관함 지원	15,000	유통지원과	1	4	7	8	7	5	1	4
25724	전남 해남군	고구마 지리적표시 품질관리 지원	30,000	유통지원과	1	4	7	8	7	5	1	4
25725	전남 해남군	고구마 브랜드 포장재 지원	75,000	유통지원과	1	4	7	8	7	5	1	4
25726	전남 해남군	겨울배추 지리적표시 품질관리 지원	8,000	유통지원과	1	4	7	8	7	5	1	4
25727	전남 해남군	겨울배추 브랜드 포장재 지원	40,000	유통지원과	1	4	7	8	7	5	1	4
25728	전남 해남군	양념채소 포장재 지원	40,000	유통지원과	1	4	7	8	7	5	1	4
25729	전남 해남군	농산물 수출 포장재 지원	15,000	유통지원과	1	4	7	8	7	5	1	4
25730	전남 해남군	고품질 브랜드쌀 매입장려금	368,300	유통지원과	1	1	7	8	7	5	1	4
25731	전남 해남군	군 브랜드 땅끝햇살 쌀 출하장려금	420,000	유통지원과	1	1	7	8	7	5	1	4
25732	전남 해남군	친환경쌀 홍보용 시식미 지원	28,600	유통지원과	1	1	7	8	7	5	1	4
25733	전남 해남군	친환경쌀 포장재 제작 지원	55,450	유통지원과	1	1	7	8	7	5	1	4
25734	전남 해남군	정부양곡 보관창고 개보수 지원	50,000	유통지원과	1	1	7	8	7	5	1	4
25735	전남 해남군	전남쌀 평생고객 확보 물류비 지원	240,000	유통지원과	1	1	7	8	7	5	1	4
25736	전남 해남군	전남쌀 홍보시식용 샘플제작비 지원	41,730	유통지원과	1	1	7	8	7	5	1	4
25737	전남 해남군	양곡 매입용 톤백포장재 지원	384,000	유통지원과	1	1	7	8	7	5	1	4
25738	전남 해남군	양곡 매입용 톤백 포장재 지원	384,000	유통지원과	1	1	7	8	7	5	1	4
25739	전남 해남군	농산물 디자인 개발 및 포장재 지원	150,000	유통지원과	1	1	7	8	7	5	1	4
25740	전남 해남군	농수특산물 직거래 활성화 지원	10,000	유통지원과	1	1	7	8	7	5	1	4
25741	전남 해남군	그린투어행사	20,000	유통지원과	1	1	7	8	7	5	1	4
25742	전남 해남군	절임배추 박스 지원	600,000	유통지원과	1	6	7	8	7	5	1	4
25743	전남 해남군	도지사 품질인증 제품 디자인 제작 지원	35,000	유통지원과	1	6	7	8	7	5	1	4
25744	전남 해남군	유기가공식품 인증비 지원사업	2,400	유통지원과	1	6	7	8	7	5	1	4
25745	전남 해남군	땅끝해남 청정마늘 융복합사업	70,600	유통지원과	1	6	7	8	7	5	1	4
25746	전남 해남군	아름답고 깨끗한 해남가꾸기 사업	5,700	환경교통과	1	4	7	8	7	1	1	1
25747	전남 해남군	비산업부문 온실가스 진단컨설팅 지원	4,000	환경교통과	1	2	7	8	7	5	5	4
25748	전남 해남군	교통사고 예방활동 지원	6,000	환경교통과	1	7	7	8	7	1	1	1
25749	전남 영암군	천연염색 체험 프로그램	20,000	투자경제과	1	4	7	8	7	1	1	1
25750	전남 영암군	투자기업 이행보증보험증권 수수료 지원	20,000	투자경제과	1	4	7	8	7	1	1	1
25751	전남 영암군	전남 서남권 근로자 건강센터 지원	100,000	투자경제과	1	2	7	8	7	1	1	2
25752	전남 영암군	중소형 선박 공동건조 기반 구축사업	760,000	투자경제과	1	2	7	8	7	1	2	1
25753	전남 영암군	청년 근속장려금 지원사업	491,500	투자경제과	1	6	7	8	7	1	1	2

순번	시군구	지출명 (사업명)	2021년예산 (단위:천원/1년간)	담당자 (공무원) 담당부서	민간이전 분류 (지방자치단체 세출예산 집행기준에 의거) 1. 민간경상사업보조(307-02) 2. 민간단체 법정운영비보조(307-03) 3. 민간행사사업보조(307-04) 4. 민간위탁금(307-05) 5. 사회복지시설 법정운영비보조(307-10) 6. 민간인위탁교육비(307-12) 7. 공기관등에대한경상적위탁사업비(308-11) 8. 민간자본사업보조,자체재원(402-01) 9. 민간자본사업보조,이전재원(402-02) 10. 민간위탁사업비(402-03) 11. 공기관등에 대한 자본적 대행사업비(403-02)	민간이전지출 근거 (지방보조금 관리기준 참고) 1. 법률에 규정 2. 국고보조 재원(국가지정) 3. 용도 지정 기부금 4. 조례에 직접규정 5. 지자체가 권장하는 사업을 하는 공공기관 6. 시,도 정책 및 재정사정 7. 기타 8. 해당없음	입찰방식 계약체결방법 (경쟁형태) 1. 일반경쟁 2. 제한경쟁 3. 지명경쟁 4. 수의계약 5. 법정위탁 6. 기타 ( ) 7. 해당없음	입찰방식 계약기간 1. 1년 2. 2년 3. 3년 4. 4년 5. 5년 6. 기타 ( )년 7. 단기계약 (1년미만) 8. 해당없음	입찰방식 낙찰자선정방법 1. 적격심사 2. 협상에의한계약 3. 최저가낙찰제 4. 규격가격분리 5. 2단계 경쟁입찰 6. 기타 ( ) 7. 해당없음	운영예산 산정 운영예산 산정 1. 내부산정 (지자체 자체적으로 산정) 2. 외부산정 (외부전문기관위탁 산정) 3. 내·외부 모두 산정 4. 산정 無 5. 해당없음	운영예산 산정 정산방법 1. 내부정산 (지자체 내부적으로 정산) 2. 외부정산 (외부전문기관위탁 정산) 3. 내·외부 모두 산정 4. 정산 無 5. 해당없음	성과평가 실시여부 1. 실시 2. 미실시 3. 향후 추진 4. 해당없음
25754	전남 영암군	사회적기업일자리창출사업지원	138,317	투자경제과	1	2	7	8	7	1	1	2
25755	전남 영암군	사회적기업 사업개발지원	20,500	투자경제과	1	2	7	8	7	1	1	2
25756	전남 영암군	산업단지 고용환경개선사업	213,000	투자경제과	1	2	7	8	7	1	1	2
25757	전남 영암군	전남 청년마을로 프로젝트	1,380	투자경제과	1	2	7	8	7	1	1	2
25758	전남 영암군	전남 청년 일자리카페 사업	100,000	투자경제과	1	6	7	8	7	1	1	2
25759	전남 영암군	전남 동행 일자리 지원사업	200,000	투자경제과	1	6	7	8	7	1	1	2
25760	전남 영암군	전남형 4050 희망일자리장려금 지원	80,000	투자경제과	1	6	7	8	7	1	1	2
25761	전남 영암군	전남 청년 구직활동수당 지원사업	72,000	투자경제과	1	6	7	8	7	1	1	2
25762	전남 영암군	지역주도형 청년일자리사업	386,110	투자경제과	1	2	7	8	7	1	1	2
25763	전남 영암군	신중년 일자리 활성화 프로젝트	503,876	투자경제과	1	2	7	8	7	1	1	2
25764	전남 영암군	조기 취업형 계약학과 지원	38,750	투자경제과	1	6	7	8	7	1	1	2
25765	전남 영암군	전남형 예비마을기업 육성사업 지원	20,000	투자경제과	1	6	7	8	7	1	1	2
25766	전남 영암군	마을공동체 활동지원사업	38,000	투자경제과	1	6	7	8	7	1	1	2
25767	전남 영암군	장애인거주시설 운영지원	1,083	주민복지과	1	2	7	8	7	1	1	1
25768	전남 영암군	장애인거주시설 지원	28,080	주민복지과	1	1	7	8	7	1	1	1
25769	전남 영암군	장애인직업재활시설 지원	356,110	주민복지과	1	1	7	8	7	1	1	1
25770	전남 영암군	장애인수어통역센터 운영지원	151,000	주민복지과	1	1	7	8	7	1	1	1
25771	전남 영암군	장애인편의증진기술지원센터 운영지원	50,975	주민복지과	1	1	7	8	7	1	1	1
25772	전남 영암군	장애인생활이동지원센터 지원	204,902	주민복지과	1	1	7	8	7	1	1	1
25773	전남 영암군	장애인 이용시설 종사자 특별수당	19,440	주민복지과	1	1	7	8	7	1	1	1
25774	전남 영암군	자원봉사 활성화 지원	11,500	주민복지과	1	1	1	1	1	1	1	1
25775	전남 영암군	어려운 이웃보듬이 지원	4,000	주민복지과	1	1	1	1	1	1	1	1
25776	전남 영암군	지역자활센터 종사자 특별수당	6,480	주민복지과	1	1	7	8	7	1	1	1
25777	전남 영암군	자활사례관리 운영비	30,728	주민복지과	1	1	7	8	7	1	1	1
25778	전남 영암군	재향군인회 사랑의 나눔봉사(빨래방 운영)지원	3,000	주민복지과	1	1	7	8	7	1	1	1
25779	전남 영암군	고령운전자 운전면허증 반납 인센티브	4,000	안전총괄과	1	6	7	8	7	5	5	4
25780	전남 영암군	2021 군내버스 외부광고	4,250	안전총괄과	1	6	7	8	7	5	5	4
25781	전남 영암군	버스터미널 냉난방기 지원	12,500	건설교통과	1	4	7	8	7	1	1	1
25782	전남 영암군	교통기초질서 및 교통사고 예방캠페인	7,000	건설교통과	1	1	7	7	7	4	1	1
25783	전남 영암군	떫은감 염료추출 염색체험 지원	20,000	산림해양과	1	4	7	8	7	5	1	4
25784	전남 영암군	대봉감 택배비 지원	25,000	산림해양과	1	4	7	8	7	5	1	4
25785	전남 영암군	병해충 예방을 위한 약재 지원	183,000	산림해양과	1	4	7	8	7	5	1	4
25786	전남 영암군	대봉감 농가 재해보험료 지원	360,000	산림해양과	1	4	7	8	7	5	1	4
25787	전남 영암군	수산물 소포장재 등 지원사업	6,000	산림해양과	1	5	7	8	6	1	1	1
25788	전남 영암군	외래어종 퇴치 수매사업	120,000	산림해양과	1	5	7	8	6	1	1	1
25789	전남 영암군	청년어촌정착 지원사업	20,000	산림해양과	1	2	7	8	6	1	1	1
25790	전남 영암군	영암새로일하기 지원센터	486,320	여성가족과	1	2	7	8	7	5	1	4
25791	전남 영암군	문화 예술활동 지원	110,000	문화관광과	1	8	7	8	7	5	5	4
25792	전남 영암군	전통문화 계승 발전	59,400	문화관광과	1	8	7	8	7	5	5	4
25793	전남 영암군	문화학교 운영	50,000	문화관광과	1	8	7	8	7	5	5	4
25794	전남 영암군	지정문화재 유지관리	30,000	문화관광과	1	8	7	8	7	5	5	4
25795	전남 영암군	국악분야 예술강사 지원	54,546	문화관광과	1	8	7	8	7	5	5	4
25796	전남 영암군	문화유산 계승 발전	100	문화관광과	1	8	7	8	7	5	5	4
25797	전남 영암군	문화이용권사업	230,000	문화관광과	1	8	7	8	7	5	5	4
25798	전남 영암군	가야금산조기념관운영활성화	15,000	문화관광과	1	8	7	8	7	5	5	4
25799	전남 영암군	문화재방재시설 유지관리지원	45,000	문화관광과	1	8	7	8	7	5	5	4
25800	전남 영암군	작은도서관 협력체계 구축	35,700	문화관광과	1	4	1	8	2	1	1	1
25801	전남 영암군	등록사립미술관 운영 지원	71,000	문화관광과	1	8	7	8	7	5	5	4
25802	전남 영암군	남도에서 한 달 여행하기	17,000	문화관광과	1	8	7	8	7	5	5	4
25803	전남 영암군	향교서원문화재 활용사업	65,000	문화관광과	1	8	7	8	7	5	5	4
25804	전남 영암군	고택종갓집 활용사업	60,000	문화관광과	1	8	7	8	7	5	5	4

순번	시군구	지출명 (사업명)	2021년예산 (단위:천원/1년간)	담당자 (공무원) 담당부서	민간이전 분류 (지방자치단체 세출예산 집행기준에 의거) 1. 민간경상사업보조(307-02) 2. 민간단체 법정운영비보조(307-03) 3. 민간행사사업보조(307-04) 4. 민간위탁금(307-05) 5. 사회복지시설 법정운영비보조(307-10) 6. 민간인위탁교육비(307-12) 7. 공기관등에대한경상적위탁사업비(308-11) 8. 민간자본사업보조,자체재원(402-01) 9. 민간자본사업보조,이전재원(402-02) 10. 민간위탁사업비(402-03) 11. 공기관등에 대한 자본적 대행사업비(403-02)	민간이전지출 근거 (지방보조금 관리기준 참고) 1. 법률에 규정 2. 국고보조 재원(국가지정) 3. 용도 지정 기부금 4. 조례에 직접규정 5. 지자체가 권장하는 사업을 하는 공공기관 6. 시,도 정책 및 재정사정 7. 기타 8. 해당없음	입찰방식 계약체결방법 (경쟁형태) 1. 일반경쟁 2. 제한경쟁 3. 지명경쟁 4. 수의계약 5. 법정위탁 6. 기타 ( ) 7. 해당없음	입찰방식 계약기간 1. 1년 2. 2년 3. 3년 4. 4년 5. 5년 6. 기타 ( )년 7. 단기계약 (1년미만) 8. 해당없음	입찰방식 낙찰자선정방법 1. 적격심사 2. 협상에의한계약 3. 최저가낙찰제 4. 규격가격분리 5. 2단계 경쟁입찰 6. 기타 ( ) 7. 해당없음	운영예산 산정 운영예산 산정 1. 내부산정 (지자체 자체적으로 산정) 2. 외부산정 (외부전문기관위탁 산정) 3. 내·외부 모두 산정 4. 산정 無 5. 해당없음	운영예산 산정 정산방법 1. 내부정산 (지자체 내부적으로 정산) 2. 외부정산 (외부전문기관위탁 정산) 3. 내·외부 모두 산정 4. 정산 無 5. 해당없음	성과평가 실시여부 1. 실시 2. 미실시 3. 향후 추진 4. 해당없음
25805	전남 영암군	생생문화재 사업	65,000	문화관광과	1	8	7	8	7	5	5	4
25806	전남 영암군	세계유산 등재	40,000	문화관광과	1	8	7	8	7	5	5	4
25807	전남 영암군	청년 동아리 지원사업	5,000	기획감사실	1	4	7	8	7	5	5	4
25808	전남 영암군	주민지원사업(직접지원)	124,200	환경보전과	1	2	7	8	7	5	5	4
25809	전남 영암군	기후환경 네트워크 활동지원	2,200	환경보전과	1	2	7	8	7	5	5	4
25810	전남 영암군	야생동물 피해예방시설 지원	23,840	환경보전과	1	2	7	8	7	5	5	4
25811	전남 영암군	유해야생동물 포획단 보험료 지원사업	9,708	환경보전과	1	6	7	8	7	5	5	4
25812	전남 영암군	가금류 사료첨가제 지원	72,000	축산과	1	6	7	8	7	1	1	3
25813	전남 영암군	양돈생산성 향상 지원	100,800	축산과	1	6	7	8	7	1	1	3
25814	전남 영암군	축사 이전비용 지원	60,000	축산과	1	7	7	8	7	1	1	3
25815	전남 영암군	가축 재해보험 가입지원	180,000	축산과	1	6	7	8	7	1	1	3
25816	전남 영암군	한우경진대회 출품축 보상금 지원	3,500	축산과	1	4	7	8	7	1	1	3
25817	전남 영암군	한우 면역증강제 지원	40,000	축산과	1	4	7	8	7	1	1	3
25818	전남 영암군	한우농가 헬퍼(도우미) 지원	30,000	축산과	1	4	7	8	7	1	1	3
25819	전남 영암군	곤충용 톱밥 지원	21,000	축산과	1	4	7	8	7	1	1	3
25820	전남 영암군	한우등록 지원	106,000	축산과	1	6	7	8	7	1	1	3
25821	전남 영암군	학생승마체험 지원	82,320	축산과	1	2	7	8	7	1	1	3
25822	전남 영암군	사슴 인공수정 지원	15,120	축산과	1	6	7	8	7	1	1	3
25823	전남 영암군	토종벌 육성 지원	6,000	축산과	1	2	7	8	7	1	1	3
25824	전남 영암군	한우 송아지브랜드 육성지원	400,000	축산과	1	4	7	8	7	1	1	3
25825	전남 영암군	조사료 생산 볏짚 비닐대 지원	35,100	축산과	1	4	7	8	7	1	1	3
25826	전남 영암군	조사료생산용 종자구입 지원	211,536	축산과	1	2	7	8	7	1	1	3
25827	전남 영암군	전문단지조성용 사일리지제조 지원	1,926	축산과	1	2	7	8	7	1	1	3
25828	전남 영암군	전문단지조성용 종자구입 지원	188,220	축산과	1	2	7	8	7	1	1	3
25829	전남 영암군	가축 기생충 구제 지원	21,000	축산과	1	7	7	8	7	1	1	3
25830	전남 영암군	돼지 써코바이러스 백신 지원	111,600	축산과	1	2	7	8	7	1	1	3
25831	전남 영암군	구제역 백신 지원(전업농)	726,604	축산과	1	2	7	8	7	1	1	3
25832	전남 영암군	가금농가 질병관리 지원	168,000	축산과	1	2	7	8	7	1	1	3
25833	전남 영암군	돼지 소모성질환 지도지원	24,000	축산과	1	2	7	8	7	1	1	3
25834	전남 영암군	구제역 예방접종 원거리 자동연속주사기	14,700	축산과	1	6	7	8	7	1	1	3
25835	전남 영암군	소규모 한우농가 진료비 지원	42,500	축산과	1	6	7	8	7	1	1	3
25836	전남 영암군	퇴비살포비 지원	60,000	축산과	1	2	7	8	7	1	1	3
25837	전남 영암군	축산농장 악취저감제 공급(한우·젖소)	52,500	축산과	1	6	7	8	7	1	1	3
25838	전남 영암군	축산농장 악취저감제 공급(양돈)	191,000	축산과	1	6	7	8	7	1	1	3
25839	전남 영암군	축산농장 악취저감제 공급(가금)	316,000	축산과	1	6	7	8	7	1	1	3
25840	전남 영암군	닭진드기 공동방제 지원	48,672	축산과	1	2	7	8	7	1	1	3
25841	전남 영암군	동물복지축산 컨설팅 지원	14,000	축산과	1	2	7	8	7	1	1	3
25842	전남 영암군	낙농환경(질병)개선 지원	31,500	축산과	1	6	7	8	7	1	1	3
25843	전남 영암군	축산물 HACCP 컨설팅 지원	18,200	축산과	1	2	7	8	7	1	1	3
25844	전남 영암군	축산물이력관리 지원	78,702	축산과	1	2	7	8	7	1	1	3
25845	전남 영암군	학교우유급식 지원	204,576	축산과	1	2	7	8	7	1	1	3
25846	전남 영암군	야생화 된 유기견(들개) 구조·포획·보호	10,000	축산과	1	2	7	8	7	1	1	3
25847	전남 영암군	유기동물 인도적처리 및 폐기물처리	15,000	축산과	1	2	7	8	7	1	1	3
25848	전남 영암군	유기동물 진료 및 치료	4,000	축산과	1	1	7	8	7	1	1	3
25849	전남 영암군	생활체육활성화지원	122,000	홍보체육과	1	4	7	7	7	3	3	1
25850	전남 영암군	국민체력인증100지원사업	206,250	홍보체육과	1	2	7	8	7	5	5	4
25851	전남 영암군	체육회지원	90,320	홍보체육과	1	4	7	7	7	3	3	1
25852	전남 영암군	각종 체육대회 참가 및 개최지원	141,085	홍보체육과	1	4	7	7	7	3	3	1
25853	전남 영암군	스포츠강좌이용권지원사업	59,520	홍보체육과	1	2	7	7	7	3	3	1
25854	전남 영암군	장애인스포츠강좌이용권	5,760	홍보체육과	1	2	7	7	7	3	3	1
25855	전남 영암군	각종 운동부 동하계 전지훈련 유치추진	20,000	홍보체육과	1	4	7	7	7	3	3	1

순번	시군구	지출명 (사업명)	2021년예산 (단위:천원/1년간)	담당자 (공무원) 담당부서	민간이전 분류 (지방자치단체 세출예산 집행기준에 의거) 1. 민간경상사업보조(307-02) 2. 민간단체 법정운영비보조(307-03) 3. 민간행사사업보조(307-04) 4. 민간위탁금(307-05) 5. 사회복지시설 법정운영비보조(307-10) 6. 민간인위탁교육비(307-12) 7. 공기관등에대한경상적위탁사업비(308-11) 8. 민간자본사업보조,자체재원(402-01) 9. 민간자본사업보조,이전재원(402-02) 10. 민간위탁사업비(402-03) 11. 공기관등에 대한 자본적 대행사업비(403-02)	민간이전지출 근거 (지방보조금 관리기준 참고) 1. 법률에 규정 2. 국고보조 재원(국가지정) 3. 용도 지정 기부금 4. 조례에 직접규정 5. 지자체가 권장하는 사업을 하는 공공기관 6. 시,도 정책 및 재정사정 7. 기타 8. 해당없음	입찰방식 계약체결방법 (경쟁형태) 1. 일반경쟁 2. 제한경쟁 3. 지명경쟁 4. 수의계약 5. 법정위탁 6. 기타 ( ) 7. 해당없음	입찰방식 계약기간 1. 1년 2. 2년 3. 3년 4. 4년 5. 5년 6. 기타 ( )년 7. 단기계약 (1년미만) 8. 해당없음	입찰방식 낙찰자선정방법 1. 적격심사 2. 협상에의한계약 3. 최저가낙찰제 4. 규격가격분리 5. 2단계 경쟁입찰 6. 기타 ( ) 7. 해당없음	운영예산 산정 운영예산 산정 1. 내부산정 (지자체 자체적으로 산정) 2. 외부산정 (외부전문기관위탁 산정) 3. 내·외부 모두 산정 4. 산정 無 5. 해당없음	운영예산 산정 정산방법 1. 내부정산 (지자체 내부적으로 정산) 2. 외부정산 (외부전문기관위탁 정산) 3. 내·외부 모두 산정 4. 정산 無 5. 해당없음	성과평가 실시여부 1. 실시 2. 미실시 3. 향후 추진 4. 해당없음
25856	전남 영암군	일반생활체육지도자배치	146,160	홍보체육과	1	4	7	7	7	3	3	1
25857	전남 영암군	어르신생활체육지도자	175,392	홍보체육과	1	4	7	7	7	3	3	1
25858	전남 영암군	농산어촌체험마을 사무장채용 지원	75,600	친환경농업과	1	2	7	8	7	1	1	4
25859	전남 영암군	농업경영컨설팅	16,000	친환경농업과	1	2	7	8	7	1	1	4
25860	전남 영암군	농촌체험휴양마을 운영매니저 채용 지원	58,320	친환경농업과	1	6	7	8	7	1	1	4
25861	전남 영암군	농촌체험마을 역량강화	28,800	친환경농업과	1	2	7	8	7	1	1	4
25862	전남 영암군	청년 농업인 영농정착지원	529,854	친환경농업과	1	2	7	8	7	1	1	4
25863	전남 영암군	농어촌민박 소방안전시설 지원	35,000	친환경농업과	1	6	7	8	7	1	1	4
25864	전남 영암군	농촌고용인력 지원사업	24,000	친환경농업과	1	2	7	8	7	1	1	4
25865	전남 영암군	농가도우미지원	19,532	친환경농업과	1	6	7	8	7	1	1	4
25866	전남 영암군	여성농업인 행복바우처 지원	1,017	친환경농업과	1	6	7	8	7	1	1	4
25867	전남 영암군	토종농산물 육성	95,000	친환경농업과	1	6	7	8	7	1	1	4
25868	전남 영암군	논 타작물 단지화 교육·컨설팅 지원	27,000	친환경농업과	1	2	7	8	7	1	1	4
25869	전남 영암군	고구마 재배지 토양개량 지원	10,000	친환경농업과	1	4	7	8	7	1	1	4
25870	전남 영암군	농작물 재해보험료지원	2,590	친환경농업과	1	6	7	8	7	1	1	4
25871	전남 영암군	식량작물공동(들녘)경영체 교육컨설팅 지원	54,000	친환경농업과	1	2	7	8	7	1	1	4
25872	전남 영암군	국산 밀 생산단지 교육·컨설팅 지원	27,000	친환경농업과	1	2	7	8	7	1	1	4
25873	전남 영암군	친환경비료(토양개량제)지원	1,190	친환경농업과	1	2	7	8	7	1	1	4
25874	전남 영암군	친환경비료(유기질)지원	1,894	친환경농업과	1	2	7	8	7	1	1	4
25875	전남 영암군	유기농 종합보험 지원	11,979	친환경농업과	1	6	7	8	7	1	1	4
25876	전남 영암군	토양개량제 공동살포비 지원	250,354	친환경농업과	1	2	7	8	7	1	1	4
25877	전남 영암군	전남쌀 평생고객 확보 택배비 지원	66,000	친환경농업과	1	4	7	8	7	1	1	4
25878	전남 영암군	농산물 품질관리	17,800	친환경농업과	1	6	7	8	7	1	1	4
25879	전남 영암군	친환경쌀 브랜드 홍보용 샘플쌀 제작	33,000	친환경농업과	1	6	7	8	7	1	1	4
25880	전남 영암군	영암쌀 판매촉진	52,500	친환경농업과	1	4	7	8	7	1	1	4
25881	전남 영암군	꾸러미 지원사업	70,000	친환경농업과	1	4	7	8	7	1	1	4
25882	전남 영암군	로컬푸드 활성화사업	60,000	친환경농업과	1	4	7	8	7	1	1	4
25883	전남 영암군	농산물 온라인 판매 확대	30,500	친환경농업과	1	6	7	8	7	1	1	4
25884	전남 영암군	농산물 택배비 지원	49,500	친환경농업과	1	4	7	8	7	1	1	4
25885	전남 영암군	농산물 TV 홈쇼핑 방송판매 지원	20,000	친환경농업과	1	6	7	8	7	1	1	4
25886	전남 영암군	친환경농산물 학교급식	901,554	친환경농업과	1	6	7	8	7	1	1	4
25887	전남 영암군	학교급식 친환경농산물 식재료 지원	17,000	친환경농업과	1	4	7	8	7	1	1	4
25888	전남 영암군	학교급식 Non-GMO 식재료 지원	90,000	친환경농업과	1	6	7	8	7	1	1	4
25889	전남 영암군	GAP인증농가 안전성 검사비 지원	75,000	친환경농업과	1	2	7	8	7	1	1	4
25890	전남 영암군	식품박람회 지원	10,000	친환경농업과	1	2	7	8	7	1	1	4
25891	전남 영암군	농산물 공동출하 확대지원	27,800	친환경농업과	1	2	7	8	7	1	1	4
25892	전남 영암군	농산물마케팅지원사업	10,800	친환경농업과	1	2	7	8	7	1	1	4
25893	전남 영암군	벼 수송보관용기 및 포장재 지원	90,240	친환경농업과	1	4	7	8	7	1	1	4
25894	전남 영암군	도지사 품질인증 제품 디자인 제작 지원	50,000	친환경농업과	1	6	7	8	7	1	1	4
25895	전남 영암군	농식품업체 경쟁력 강화사업	60,000	친환경농업과	1	4	7	8	7	1	1	4
25896	전남 영암군	무화과생산기반확충지원	24,500	친환경농업과	1	4	7	8	7	1	1	4
25897	전남 영암군	고품질 과수생산단지지원	13,000	친환경농업과	1	4	7	8	7	1	1	4
25898	전남 영암군	과수통합마케팅운영지원	88,000	친환경농업과	1	6	7	8	7	1	1	4
25899	전남 영암군	초등돌봄교실 과일간식 지원사업	27,474	친환경농업과	1	2	7	8	7	1	1	4
25900	전남 영암군	배 과원정비 지원	30,000	친환경농업과	1	4	7	8	7	1	1	4
25901	전남 영암군	원예작물 연작장해 경감제지원	90,000	친환경농업과	1	6	7	8	7	1	1	4
25902	전남 영암군	수출농산물 물류비 지원	30,000	친환경농업과	1	6	7	8	7	1	1	4
25903	전남 영암군	노지채소 수급안정 지원	50,000	친환경농업과	1	2	7	8	7	1	1	4
25904	전남 영암군	병해충 방제비 지원	44,000	농업기술센터	1	2	7	8	7	5	5	4
25905	전남 영암군	배 결실안정 인공수분지원	80,000	농업기술센터	1	7	7	8	7	5	5	4
25906	전남 영암군	농촌어르신 복지생활 실천시범	50,000	농업기술센터	1	6	7	8	7	5	5	4

순번	시군구	지출명 (사업명)	2021년예산 (단위:천원/1년간)	담당자 (공무원)	민간이전 분류 (지방자치단체 세출예산 집행기준에 의거)	민간이전지출 근거 (지방보조금 관리기준 참고)	입찰방식			운영예산 산정		성과평가 실시여부
				담당부서	1. 민간경상사업보조(307-02) 2. 민간단체 법정운영비보조(307-03) 3. 민간행사사업보조(307-04) 4. 민간위탁금(307-05) 5. 사회복지시설 법정운영비보조(307-10) 6. 민간인위탁교육비(307-12) 7. 공기관등에대한경상적위탁사업비(308-11) 8. 민간자본사업보조,자체재원(402-01) 9. 민간자본사업보조,이전재원(402-02) 10. 민간위탁사업비(402-03) 11. 공기관등에 대한 자본적 대행사업비(403-02)	1. 법률에 규정 2. 국고보조 재원(국가지정) 3. 용도 지정 기부금 4. 조례에 직접규정 5. 지자체가 권장하는 사업을 하는 공공기관 6. 시,도 정책 및 재정사정 7. 기타 8. 해당없음	계약체결방법 (경쟁형태) 1. 일반경쟁 2. 제한경쟁 3. 지명경쟁 4. 수의계약 5. 법정위탁 6. 기타 ( ) 7. 해당없음	계약기간 1. 1년 2. 2년 3. 3년 4. 4년 5. 5년 6. 기타 ( )년 7. 단기계약 (1년미만) 8. 해당없음	낙찰자선정방법 1. 적격심사 2. 협상에의한계약 3. 최저가낙찰제 4. 규격가격분리 5. 2단계 경쟁입찰 6. 기타 ( ) 7. 해당없음	운영예산 산정 1. 내부산정 (지자체 자체적으로 산정) 2. 외부산정 (외부전문기관위탁 산정) 3. 내·외부 모두 산정 4. 산정 無 5. 해당없음	정산방법 1. 내부정산 (지자체 내부적으로 정산) 2. 외부정산 (외부전문기관위탁 정산) 3. 내·외부 모두 산정 4. 정산 無 5. 해당없음	1. 실시 2. 미실시 3. 향후 추진 4. 해당없음
25907	전남 영암군	농산물 가공 고품질 상품화 시범	30,000	농업기술센터	1	6	7	8	7	5	5	4
25908	전남 영암군	농촌지도자회 읍면전략작목 육성시범	10,000	농업기술센터	1	6	7	8	7	5	5	4
25909	전남 영암군	여성농업인단체 우량종자	11,000	농업기술센터	1	6	7	8	7	5	5	4
25910	전남 영암군	농촌지도자 활성화 교육	5,000	농업기술센터	1	6	7	8	7	5	5	4
25911	전남 영암군	4-H회 고품질 벼재배 학습포 조성	2,000	농업기술센터	1	6	7	8	7	5	5	4
25912	전남 영암군	4-H양성교육	1,040	농업기술센터	1	2	7	8	7	5	5	4
25913	전남 영암군	농촌지도자회 양성교육	1,600	농업기술센터	1	2	7	8	7	5	5	4
25914	전남 영암군	4-H 중앙대회 참여 및 교육 지원	10,000	농업기술센터	1	6	7	8	7	5	5	4
25915	전남 영암군	전국 생활개선회 중앙대회	5,000	농업기술센터	1	6	7	8	7	5	5	4
25916	전남 영암군	귀농귀촌 정책지원	56,000	농업기술센터	1	2	7	8	7	5	5	4
25917	전남 영암군	귀농귀촌 박람회 참가 지원	10,000	농업기술센터	1	2	7	8	7	5	5	4
25918	전남 영암군	귀농귀촌 정착지원	15,000	농업기술센터	1	7	7	8	7	5	5	4
25919	전남 영암군	농촌청년 사업가 양성사업	30,000	농업기술센터	1	4	7	8	7	5	5	4
25920	전남 무안군	조사료 제조운송비 지원사업	918,000	축산과	1	2	7	8	7	5	5	4
25921	전남 무안군	조사료생산용 종자수입 지원사업	146,448	축산과	1	2	7	8	7	5	5	4
25922	전남 무안군	꿀벌산업육성 지원사업	32,500	축산과	1	1	7	8	7	5	5	4
25923	전남 무안군	한우등록사업	77,945	축산과	1	6	7	8	7	5	5	4
25924	전남 무안군	친환경꿀벌 기자재 지원사업	116,750	축산과	1	1	7	8	7	5	5	4
25925	전남 무안군	흑염소 축산기자재 지원사업	35,600	축산과	1	1	7	8	7	5	5	4
25926	전남 무안군	친환경 우량한우 생산기반 확충사업	224,000	축산과	1	1	7	8	7	5	5	4
25927	전남 무안군	유전 형질개량 지원사업	60,000	축산과	1	1	7	8	7	5	5	4
25928	전남 무안군	근친번식 예방 종모염소 지원사업	30,000	축산과	1	1	7	8	7	5	5	4
25929	전남 무안군	곤충농가 육성 지원사업	14,000	축산과	1	1	7	8	7	5	5	4
25930	전남 무안군	한우 송아지브랜드 육성사업	400,000	축산과	1	6	7	8	7	5	5	4
25931	전남 무안군	친환경 해충퇴치 기자재 지원사업	20,000	축산과	1	1	7	8	7	5	5	4
25932	전남 무안군	노후 축사 슬레이트 지붕 철거 지원사업	75,000	축산과	1	1	7	8	7	5	5	4
25933	전남 무안군	친환경 해충퇴치 장비 지원사업	20,000	축산과	1	1	7	8	7	5	5	4
25934	전남 무안군	학생 승마체험 사업	60,480	축산과	1	2	7	8	7	5	5	4
25935	전남 무안군	액비살포비 지원사업	140,000	축산과	1	2	7	8	7	5	5	4
25936	전남 무안군	축산 악취저감제 공급사업(가금)	178,500	축산과	1	6	7	8	7	5	5	4
25937	전남 무안군	축산 악취저감제 공급사업(돼지)	300,000	축산과	1	6	7	8	7	5	5	4
25938	전남 무안군	축산 악취저감제 공급사업(한우)	42,500	축산과	1	6	7	8	7	5	5	4
25939	전남 무안군	모돈번식장애개선제	140,000	축산과	1	1	7	8	7	5	5	4
25940	전남 무안군	양돈생산성 향상 지원사업	140,000	축산과	1	6	7	8	7	5	5	4
25941	전남 무안군	돼지미생물제 지원	100,000	축산과	1	1	7	8	7	5	5	4
25942	전남 무안군	축산물이력관리지원	104,403	축산과	1	2	7	8	7	5	5	4
25943	전남 무안군	동물복지형 가금류 생산성향상 지원	100,000	축산과	1	1	7	8	7	5	5	4
25944	전남 무안군	곤충사료첨가제 지원사업	8,000	축산과	1	6	7	8	7	5	5	4
25945	전남 무안군	가금류 사료첨가제 지원사업	86,400	축산과	1	6	7	8	7	5	5	4
25946	전남 무안군	동물복지축산 컨설팅 지원사업	21,000	축산과	1	2	7	8	7	5	5	4
25947	전남 무안군	공동방제단 운영 지원사업	250,842	축산과	1	2	7	8	7	5	5	4
25948	전남 무안군	돼지 소모성질환 컨설팅 지원사업	18,000	축산과	1	2	7	8	7	5	5	4
25949	전남 무안군	가금농가 질병관리 지원사업	18,000	축산과	1	2	7	8	7	5	5	4
25950	전남 무안군	돼지써코백신 지원사업	324,000	축산과	1	2	7	8	7	5	5	4
25951	전남 무안군	소규모 한우농가 진료비 지원사업	47,500	축산과	1	6	7	8	7	5	5	4
25952	전남 무안군	게이트볼대회 및 한궁대회 행사 참가	5,000	주민생활과	1	4	7	8	7	1	1	1
25953	전남 무안군	벼 육묘용상토지원	793,884	친환경농업과	1	4	7	8	7	1	1	1
25954	전남 무안군	식량작물들녘경영체사업	81,000	친환경농업과	1	2	7	8	7	5	1	1
25955	전남 무안군	마늘 우량종구 생산 공급 시범	24,000	친환경농업과	1	4	7	8	7	5	5	4
25956	전남 무안군	양파 국산 종자 지원	90,000	친환경농업과	1	4	7	8	7	5	5	4
25957	전남 무안군	신품종 마늘 우량종구 생산단지 조성	35,000	친환경농업과	1	4	7	8	7	5	5	4

순번	시군구	지출명 (사업명)	2021년예산 (단위:천원/1년간)	담당자 (공무원)	민간이전 분류 (지방자치단체 세출예산 집행기준에 의거)	민간이전지출 근거 (지방보조금 관리기준 참고)	입찰방식			운영예산 산정		성과평가 실시여부
				담당부서	1. 민간경상사업보조(307-02) 2. 민간단체 법정운영비보조(307-03) 3. 민간행사사업보조(307-04) 4. 민간위탁금(307-05) 5. 사회복지시설 법정운영비보조(307-10) 6. 민간인위탁교육비(307-12) 7. 공기관등에대한경상적위탁사업비(308-11) 8. 민간자본사업보조,자체재원(402-01) 9. 민간자본사업보조,이전재원(402-02) 10. 민간위탁사업비(402-03) 11. 공기관등에 대한 자본적 대행사업비(403-02)	1. 법률에 규정 2. 국고보조 재원(국가지정) 3. 용도 지정 기부금 4. 조례에 직접규정 5. 지자체가 권장하는 사업을 하는 공공기관 6. 시,도 정책 및 재정사정 7. 기타 8. 해당없음	계약체결방법 (경쟁형태) 1. 일반경쟁 2. 제한경쟁 3. 지명경쟁 4. 수의계약 5. 법정위탁 6. 기타 ( ) 7. 해당없음	계약기간 1. 1년 2. 2년 3. 3년 4. 4년 5. 5년 6. 기타 ( )년 7. 단기계약 (1년미만) 8. 해당없음	낙찰자선정방법 1. 적격심사 2. 협상에의한계약 3. 최저가낙찰제 4. 규격가격분리 5. 2단계 경쟁입찰 6. 기타 ( ) 7. 해당없음	운영예산 산정 1. 내부산정 (지자체 자체적으로 산정) 2. 외부산정 (외부전문기관위탁 산정) 3. 내·외부 모두 산정 4. 산정 無 5. 해당없음	정산방법 1. 내부정산 (지자체 내부적으로 정산) 2. 외부정산 (외부전문기관위탁 정산) 3. 내·외부 모두 산정 4. 정산 無 5. 해당없음	1. 실시 2. 미실시 3. 향후 추진 4. 해당없음
25958	전남 무안군	과수통합마케팅 운영지원	24,800	친환경농업과	1	6	7	8	7	5	1	1
25959	전남 무안군	잎담배 경작농가 지원	35,000	친환경농업과	1	5	7	8	7	1	1	1
25960	전남 무안군	원예작물분야 특화작목 육성	300,000	친환경농업과	1	5	7	8	7	1	1	1
25961	전남 무안군	벼 친환경 재배단지 돌발 병해충 긴급 방제비 지원	100,000	친환경농업과	1	7	7	8	7	1	1	1
25962	전남 무안군	유기질비료 지원	2,024	친환경농업과	1	2	7	8	7	5	5	1
25963	전남 무안군	토양개량제 지원	771,588	친환경농업과	1	2	7	8	7	5	5	1
25964	전남 무안군	야생동물 기동포획단 지원	14,000	환경과	1	6	7	8	7	5	5	4
25965	전남 무안군	그린리더 활동지원	14,400	환경과	1	2	7	8	7	5	5	4
25966	전남 무안군	운행경유차 배출가스 저감사업	880,000	환경과	1	2	7	8	7	5	5	4
25967	전남 무안군	4-H회농업기술정보 제공지원 사업	6,900	농촌지원과	1	6	7	8	7	5	5	4
25968	전남 무안군	농촌청년사업가 양성 공모사업	20,000	농촌지원과	1	6	7	8	7	5	5	4
25969	전남 무안군	4-H 중앙대회 참여 및 교육 지원	13,000	농촌지원과	1	6	7	8	7	5	5	4
25970	전남 무안군	청년농업인 경쟁력 제고사업	45,000	농촌지원과	1	2	7	8	7	5	5	4
25971	전남 무안군	농촌지도자회 신문우송료 지원	36,000	농촌지원과	1	6	7	8	7	5	5	4
25972	전남 무안군	농촌지도자회 영농달력 제작 지원	2,000	농촌지원과	1	1	7	8	7	5	5	4
25973	전남 무안군	학교 4-H회 과제활동 지원	8,000	농촌지원과	1	1	7	8	7	5	5	4
25974	전남 무안군	여성농업인 중앙 및 도 한마음대회 참석	13,000	농촌지원과	1	1	3	1	1	1	1	1
25975	전남 무안군	사랑의 김장김치 나눔행사	1,500	농촌지원과	1	6	3	1	1	1	1	1
25976	전남 무안군	농촌여성 영농생활 정보지 구독지원	23,820	농촌지원과	1	6	3	1	1	1	1	1
25977	전남 무안군	귀농창업활성화지원사업	12,500	농촌지원과	1	2	7	8	7	5	5	4
25978	전남 무안군	귀농인 모임체 활성화지원	10,000	농촌지원과	1	2	7	8	7	5	5	4
25979	전남 무안군	주민건강증진 체육교실 운영	24,000	체육시설사업소	1	1	7	8	7	1	1	1
25980	전남 무안군	생활체육 동호인클럽 학교체육시설 사용료 지원	30,240	체육시설사업소	1	1	7	8	7	1	1	1
25981	전남 무안군	생활체육 동호인클럽 운영 활성화 지원	20,160	체육시설사업소	1	1	7	8	7	1	1	1
25982	전남 무안군	체육지도자 역량강화 연수	4,000	체육시설사업소	1	1	7	8	7	1	1	1
25983	전남 무안군	주민생활체조 프로그램 운영지원	10,000	체육시설사업소	1	1	7	8	7	1	1	1
25984	전남 무안군	일반생활체육지도자배치	151,160	체육시설사업소	1	1	7	8	7	1	1	1
25985	전남 무안군	일반생활체육지도자운영지원	20,000	체육시설사업소	1	1	7	8	7	1	1	1
25986	전남 무안군	어르신생활체육지도자배치	151,160	체육시설사업소	1	1	7	8	7	1	1	1
25987	전남 무안군	어르신생활체육지도자운영지원	20,000	체육시설사업소	1	1	7	8	7	1	1	1
25988	전남 무안군	제59회 전라남도 체육대회 참가지원	140,000	체육시설사업소	1	1	7	8	7	1	1	1
25989	전남 무안군	전라남도 체육대회 우수선수 영입 및 훈련비지원	20,000	체육시설사업소	1	1	7	8	7	1	1	1
25990	전남 무안군	제15회 전라남도 어르신생활체육대회 참가지원	15,000	체육시설사업소	1	1	7	8	7	1	1	1
25991	전남 무안군	청소년 및 유소년 클럽대항 생활체육대회 참가지원	45,000	체육시설사업소	1	1	7	8	7	1	1	1
25992	전남 무안군	전라남도도지사기 및 시군대항 종목별대회 참가지원	50,000	체육시설사업소	1	1	7	8	7	1	1	1
25993	전남 무안군	체육청년 사회 첫걸음 지원	31,304	체육시설사업소	1	1	7	8	7	1	1	1
25994	전남 무안군	전지훈련팀, 전국대회 등 유치 지원	5,000	체육시설사업소	1	1	7	8	7	1	1	1
25995	전남 무안군	제28회 전라남도장애인체육대회 참가지원	35,000	체육시설사업소	1	1	7	8	7	1	1	1
25996	전남 무안군	제20회 전남농아인체육대회 참가지원	7,500	체육시설사업소	1	1	7	8	7	1	1	1
25997	전남 무안군	제15회 전남시각장애인체육대회 참가 지원	7,500	체육시설사업소	1	1	7	8	7	1	1	1
25998	전남 무안군	장애인생활체육지도자 배치	30,232	체육시설사업소	1	1	7	8	7	1	1	1
25999	전남 무안군	장애인생활체육지도자운영지원	4,000	체육시설사업소	1	1	7	8	7	1	1	1
26000	전남 무안군	안보전적지 순례 초중고 안보견학	14,900	안전총괄과	1	1	7	8	7	1	1	1
26001	전남 무안군	지역별 자연재해예방 활동 보조	15,000	안전총괄과	1	4	7	8	7	1	1	1
26002	전남 무안군	건설기계지원단 사업	8,000	안전총괄과	1	4	7	7	7	1	1	1
26003	전남 무안군	변영회 운영사업 지원	25,000	자치행정과	1	4	7	7	7	1	1	1
26004	전남 무안군	무안시승격추진위원회 활동지원	25,000	자치행정과	1	4	7	7	7	1	1	1
26005	전남 무안군	민주평통자문회의 운영	94,000	자치행정과	1	1	7	8	7	5	5	4
26006	전남 무안군	행정동우회 사업지원	4,500	자치행정과	1	1	7	8	7	5	5	4
26007	전남 무안군	정보화마을 프로그램관리자 육성	69,843	자치행정과	1	6	7	8	7	5	3	1
26008	전남 무안군	사회단체육성지원	145,000	자치행정과	1	4	7	8	7	1	1	1

순번	시군구	지출명 (사업명)	2021년예산 (단위:천원/1년간)	담당자 (공무원) 담당부서	민간이전 분류 (지방자치단체 세출예산 집행기준에 의거) 1. 민간경상사업보조(307-02) 2. 민간단체 법정운영비보조(307-03) 3. 민간행사사업보조(307-04) 4. 민간위탁금(307-05) 5. 사회복지시설 법정운영비보조(307-10) 6. 민간인위탁교육비(307-12) 7. 공기관등에대한경상적위탁사업비(308-11) 8. 민간자본사업보조,자체재원(402-01) 9. 민간자본사업보조,이전재원(402-02) 10. 민간위탁사업비(402-03) 11. 공기관등에 대한 자본적 대행사업비(403-02)	민간이전지출 근거 (지방보조금 관리기준 참고) 1. 법률에 규정 2. 국고보조 재원(국가지정) 3. 용도 지정 기부금 4. 조례에 직접규정 5. 지자체가 권장하는 사업을 하는 공공기관 6. 시,도 정책 및 재정사정 7. 기타 8. 해당없음	입찰방식 계약체결방법 (경쟁형태) 1. 일반경쟁 2. 제한경쟁 3. 지명경쟁 4. 수의계약 5. 법정위탁 6. 기타 ( ) 7. 해당없음	입찰방식 계약기간 1. 1년 2. 2년 3. 3년 4. 4년 5. 5년 6. 기타 ( )년 7. 단기계약 (1년미만) 8. 해당없음	입찰방식 낙찰자선정방법 1. 적격심사 2. 협상에의한계약 3. 최저가낙찰제 4. 규격가격분리 5. 2단계 경쟁입찰 6. 기타 ( ) 7. 해당없음	운영예산 산정 운영예산 산정 1. 내부산정 (지자체 자체적으로 산정) 2. 외부산정 (외부전문기관위탁 산정) 3. 내·외부 모두 산정 4. 산정 無 5. 해당없음	운영예산 산정 정산방법 1. 내부정산 (지자체 내부적으로 정산) 2. 외부정산 (외부전문기관위탁 정산) 3. 내·외부 모두 산정 4. 정산 無 5. 해당없음	성과평가 실시여부 1. 실시 2. 미실시 3. 향후 추진 4. 해당없음
26009	전남 무안군	우수 평생학습 지원사업	20,000	자치행정과	1	4	7	7	7	1	1	1
26010	전남 무안군	수산정책보험료지원	33,666	해양수산과	1	1	7	8	7	5	1	4
26011	전남 무안군	김 양식어장 활성처리제 공급	85,334	해양수산과	1	1	1	7	1	1	1	4
26012	전남 무안군	김 양식 기자재 지원	177,480	해양수산과	1	1	7	7	7	1	1	4
26013	전남 무안군	친환경 부표 보급 지원	286,650	해양수산과	1	1	7	7	7	5	1	4
26014	전남 무안군	고수온 대응 지원	60,800	해양수산과	1	1	7	7	7	5	1	4
26015	전남 무안군	도서정주여건개선사업	31,886	해양수산과	1	1	7	8	7	1	1	2
26016	전남 함평군	주민제안공모사업	20,000	미래전략실	1	1	7	8	7	1	1	1
26017	전남 함평군	농공단지 기업맞춤형 특화지원사업	55,000	미래전략실	1	7	7	8	7	5	5	4
26018	전남 함평군	함평군새마을회 사업비	31,207	총무과	1	1	7	8	7	1	1	1
26019	전남 함평군	바르게살기운동 함평군협의회 사업비	2,200	총무과	1	1	7	8	7	1	1	1
26020	전남 함평군	한국자유총연맹 함평군지회 사업비	1,100	총무과	1	1	7	8	7	1	1	1
26021	전남 함평군	범죄피해자지원센터 보조금	15,000	총무과	1	1	7	8	7	1	1	3
26022	전남 함평군	민족통일의식 사업	2,600	총무과	1	1	7	8	7	1	1	3
26023	전남 함평군	통일지도자교육	1,500	총무과	1	1	7	8	7	1	1	3
26024	전남 함평군	군민의식 함양	7,000	총무과	1	1	7	8	7	1	1	3
26025	전남 함평군	청소년 선도 및 범죄예방	2,500	총무과	1	1	7	8	7	1	1	3
26026	전남 함평군	정보화마을 프로그램 관리자 인부임	22,463	총무과	1	1	7	8	7	1	1	4
26027	전남 함평군	함평전통시장 매니저 지원사업	7,200	일자리경제과	1	2	7	8	7	4	1	1
26028	전남 함평군	소상공인 지원	24,300	일자리경제과	1	1	7	8	7	1	1	1
26029	전남 함평군	골목경제 회복지원사업	40,000	일자리경제과	1	2	7	8	7	5	5	4
26030	전남 함평군	신선농산물 수출물류비 지원사업	100,000	일자리경제과	1	6	7	8	7	1	4	3
26031	전남 함평군	전남 청년 근속장려금 지원사업	61,750	일자리경제과	1	6	7	7	7	5	1	1
26032	전남 함평군	전남 청년 마을로 프로젝트	625,331	일자리경제과	1	2	7	2	7	5	1	1
26033	전남 함평군	전남 청년 일자리카페 운영사업	50,000	일자리경제과	1	6	5	1	7	2	1	1
26034	전남 함평군	전남형 4050 희망일자리 장려금 지원사업	27,200	일자리경제과	1	6	7	7	7	5	1	1
26035	전남 함평군	전남형 블루이코노미 인턴지원 시범사업	37,275	일자리경제과	1	2	7	7	7	5	1	1
26036	전남 함평군	사회적기업 사업개발비 지원	41,100	일자리경제과	1	2	7	7	7	5	1	1
26037	전남 함평군	사회적기업 일자리창출사업 지원	476,981	일자리경제과	1	2	7	7	7	5	1	1
26038	전남 함평군	사회적기업 사회보험료 지원	5,280	일자리경제과	1	2	7	7	7	5	1	1
26039	전남 함평군	마을공동체 활성화 공모사업	250,000	일자리경제과	1	6	7	7	7	5	1	1
26040	전남 함평군	교통안전홍보 및 캠페인활동 지원사업 추진	18,005	일자리경제과	1	4	1	1	1	1	1	1
26041	전남 함평군	함평군 농악단 운영 지원	24,000	문화관광체육과	1	4	7	8	7	1	1	3
26042	전남 함평군	문화학교 운영 지원	10,000	문화관광체육과	1	4	7	8	7	1	1	3
26043	전남 함평군	족보은행 사업	10,000	문화관광체육과	1	4	7	8	7	1	1	3
26044	전남 함평군	학교예술강사 지원	7,578	문화관광체육과	1	2	7	8	7	1	1	4
26045	전남 함평군	합창단 정기연주회 개최	9,900	문화관광체육과	1	4	7	8	7	1	1	3
26046	전남 함평군	남도국악제준비 및 참가지원사업	14,250	문화관광체육과	1	4	7	8	7	1	1	3
26047	전남 함평군	전남민속예술축제준비 지원사업	6,750	문화관광체육과	1	6	7	8	7	1	1	4
26048	전남 함평군	향토문화책자발간 및 유적답사 지원	18,000	문화관광체육과	1	4	7	8	7	1	1	3
26049	전남 함평군	전국 호남가 국악경연대회	9,950	문화관광체육과	1	4	7	8	7	1	1	3
26050	전남 함평군	기산영수제개최사업	4,000	문화관광체육과	1	4	7	8	7	1	1	3
26051	전남 함평군	함평문학발간사업	5,000	문화관광체육과	1	4	7	8	7	1	1	3
26052	전남 함평군	도농문화예술텃밭가꾸기사업	14,000	문화관광체육과	1	4	7	8	7	1	1	3
26053	전남 함평군	함평천지문화예술축제개최 지원	5,000	문화관광체육과	1	4	7	8	7	1	1	3
26054	전남 함평군	함평서예협회전	10,000	문화관광체육과	1	4	7	8	7	1	1	3
26055	전남 함평군	나르다예술단정기발표회개최 및 준비지원	12,000	문화관광체육과	1	4	7	8	7	1	1	3
26056	전남 함평군	실버사진동호회전	3,000	문화관광체육과	1	4	7	8	7	1	1	3
26057	전남 함평군	문인화동호회전	3,000	문화관광체육과	1	4	7	8	7	1	1	3
26058	전남 함평군	도 단위이상 합창경연대회 참가지원	5,000	문화관광체육과	1	4	7	8	7	1	1	3
26059	전남 함평군	문학동인 자미 선시회 개최	3,000	문화관광체육과	1	4	7	8	7	1	1	3

순번	시군구	지출명 (사업명)	2021년예산 (단위:천원/1년간)	담당자 (공무원) 담당부서	민간이전 분류 (지방자치단체 세출예산 집행기준에 의거) 1. 민간경상사업보조(307-02) 2. 민간단체 법정운영비보조(307-03) 3. 민간행사사업보조(307-04) 4. 민간위탁금(307-05) 5. 사회복지시설 법정운영비보조(307-10) 6. 민간인위탁교육비(307-12) 7. 공기관등에대한경상적위탁사업비(308-11) 8. 민간자본사업보조,자체재원(402-01) 9. 민간자본사업보조,이전재원(402-02) 10. 민간위탁사업비(402-03) 11. 공기관등에 대한 자본적 대행사업비(403-02)	민간이전지출 근거 (지방보조금 관리기준 참고) 1. 법률에 규정 2. 국고보조 재원(국가지정) 3. 용도 지정 기부금 4. 조례에 직접규정 5. 지자체가 권장하는 사업을 하는 공공기관 6. 시,도 정책 및 재정사정 7. 기타 8. 해당없음	입찰방식 계약체결방법 (경쟁형태) 1. 일반경쟁 2. 제한경쟁 3. 지명경쟁 4. 수의계약 5. 법정위탁 6. 기타 ( ) 7. 해당없음	계약기간 1. 1년 2. 2년 3. 3년 4. 4년 5. 5년 6. 기타 ( )년 7. 단기계약 (1년미만) 8. 해당없음	낙찰자선정방법 1. 적격심사 2. 협상에의한계약 3. 최저가낙찰제 4. 규격가격분리 5. 2단계 경쟁입찰 6. 기타 ( ) 7. 해당없음	운영예산 산정 운영예산 산정 1. 내부산정 (지자체 자체적으로 산정) 2. 외부산정 (외부전문기관위탁 산정) 3. 내·외부 모두 산정 4. 산정 無 5. 해당없음	정산방법 1. 내부정산 (지자체 내부적으로 정산) 2. 외부정산 (외부전문기관위탁 정산) 3. 내·외부 모두 산정 4. 정산 無 5. 해당없음	성과평가 실시여부 1. 실시 2. 미실시 3. 향후 추진 4. 해당없음
26060	전남 함평군	함평군미술인 협회 전시회 개최	9,000	문화관광체육과	1	4	7	8	7	1	1	3
26061	전남 함평군	제3회 함평실버가요제 개최	10,000	문화관광체육과	1	4	7	8	7	1	1	3
26062	전남 함평군	제5회 영산강 시·서·화 문화축제	10,000	문화관광체육과	1	4	7	8	7	1	1	3
26063	전남 함평군	함평문학 통사 발간 사업	25,000	문화관광체육과	1	4	7	8	7	1	1	3
26064	전남 함평군	함평군공예인협회전 지원	2,500	문화관광체육과	1	4	7	8	7	1	1	3
26065	전남 함평군	맑은바람과 함께 사업 지원	2,500	문화관광체육과	1	4	7	8	7	1	1	3
26066	전남 함평군	함평군색소폰협회 지원	9,000	문화관광체육과	1	4	7	8	7	1	1	3
26067	전남 함평군	군 체육회 가맹단체별 육성지원	25,000	문화관광체육과	1	4	7	8	7	1	1	1
26068	전남 함평군	생활체육대축전 등 참가 가맹경기단체 지원	6,000	문화관광체육과	1	4	7	8	7	1	1	1
26069	전남 함평군	전국체육대회 도대표 참가 자매결연 경기단체 지원	3,000	문화관광체육과	1	4	7	8	7	1	1	1
26070	전남 함평군	군체육회 주관 도단위이상 각종행사 및 회의참가	9,240	문화관광체육과	1	4	7	8	7	1	1	1
26071	전남 함평군	에어로빅 보급 강사료 지원	4,800	문화관광체육과	1	4	7	8	7	1	1	1
26072	전남 함평군	생활체육 어린이 스키교실 운영 지원	8,000	문화관광체육과	1	4	7	8	7	1	1	1
26073	전남 함평군	생활체조 보급 운영 지원	32,400	문화관광체육과	1	4	7	8	7	1	1	1
26074	전남 함평군	세대별 생활체육프로그램 운영	15,000	문화관광체육과	1	4	7	8	7	1	1	1
26075	전남 함평군	생활체육지도자 군단위 체육행사 참가 출장 국내여비 지원	14,400	문화관광체육과	1	4	7	8	7	1	1	1
26076	전남 함평군	생활체육지도자 도단위 체육행사 참가 출장 국내여비	5,040	문화관광체육과	1	4	7	8	7	1	1	1
26077	전남 함평군	생활체육지도자 복리후생비 지원	14,400	문화관광체육과	1	4	7	8	7	1	1	1
26078	전남 함평군	생활체육교실 운영	8,100	문화관광체육과	1	4	7	8	7	1	1	1
26079	전남 함평군	일반 생활체육지도자 배치사업	175,392	문화관광체육과	1	4	7	8	7	1	1	1
26080	전남 함평군	어르신전담 생활체육지도자 배치사업	175,392	문화관광체육과	1	4	7	8	7	1	1	1
26081	전남 함평군	함평문화유산알기운동	9,700	문화관광체육과	1	4	7	8	7	1	1	3
26082	전남 함평군	함평군 곤충생태학교 운영	20,000	문화관광체육과	1	4	7	8	7	1	1	3
26083	전남 함평군	민간환경단체 지원	30,000	환경상하수도과	1	4	7	8	7	1	1	4
26084	전남 함평군	농업경영컨설팅 지원	15,000	친환경농산과	1	2	7	8	7	5	1	4
26085	전남 함평군	농가도우미지원	23,090	친환경농산과	1	4	7	8	7	5	1	4
26086	전남 함평군	농업인 마을 공동급식 지원	117,720	친환경농산과	1	4	7	8	7	5	1	4
26087	전남 함평군	농촌인력지원센터 지원사업	160,000	친환경농산과	1	2	5	8	7	5	1	4
26088	전남 함평군	농촌공동아이돌봄센터 지원	41,100	친환경농산과	1	2	7	8	7	5	1	4
26089	전남 함평군	청년농업인 영농정착지원	266,551	친환경농산과	1	2	7	8	7	5	1	4
26090	전남 함평군	청년농업인 연구동아리 지원	3,125	친환경농산과	1	6	7	8	7	5	1	3
26091	전남 함평군	농촌체험마을 홍보관 운영	3,000	친환경농산과	1	6	7	8	7	5	1	3
26092	전남 함평군	농촌체험마을 육성지원	34,560	친환경농산과	1	2	7	8	7	5	1	4
26093	전남 함평군	농촌체험마을 리더 교육지원	480	친환경농산과	1	2	7	8	7	5	1	4
26094	전남 함평군	농어촌민박 소방안전시설 지원	7,000	친환경농산과	1	6	7	8	7	5	1	3
26095	전남 함평군	농축산순환자원화 센터 활성화	210,000	친환경농산과	1	7	7	8	7	1	1	1
26096	전남 함평군	친환경 과수농가 제초매트 지원사업	15,000	친환경농산과	1	7	7	8	7	1	1	4
26097	전남 함평군	토양개량제 공급지원	720,727	친환경농산과	1	2	7	8	7	1	1	4
26098	전남 함평군	토양개량제 공급지원	192,934	친환경농산과	1	2	7	8	7	1	1	4
26099	전남 함평군	유기질비료 지원	2,774	친환경농산과	1	2	7	8	7	1	1	4
26100	전남 함평군	유기농업자재 지원	113,135	친환경농산과	1	2	7	8	7	1	1	4
26101	전남 함평군	친환경농산물 잔류농약검사 지원	30,430	친환경농산과	1	6	7	8	7	1	1	4
26102	전남 함평군	임산부 친환경농산물 지원	23,040	친환경농산과	1	2	7	8	7	5	1	4
26103	전남 함평군	농업환경보전 프로그램 지원	120,000	친환경농산과	1	2	7	8	7	1	1	4
26104	전남 함평군	전남에서 먼저 살아보기	20,000	친환경농산과	1	6	7	8	7	5	5	4
26105	전남 함평군	귀농귀촌 유치지원사업	62,000	친환경농산과	1	2	7	8	7	5	5	4
26106	전남 함평군	논 타작물 단지화 조성사업	27,000	친환경농산과	1	2	7	8	7	5	1	4
26107	전남 함평군	국산 밀 생산단지 교육컨설팅 지원	45,000	친환경농산과	1	2	7	8	7	5	1	4
26108	전남 함평군	원예작물 연작장해 경감제 지원사업	330,750	친환경농산과	1	1	7	8	7	5	1	4
26109	전남 함평군	시설원예 및 단호박 종묘대 지원	675,000	친환경농산과	1	4	7	8	7	5	1	4
26110	전남 함평군	초등 돌봄교실 과일간식 지원사업	30,428	친환경농산과	1	2	7	8	7	5	1	4

순번	시군구	지출명 (사업명)	2021년예산 (단위:천원/1년간)	담당자 (공무원) 담당부서	민간이전 분류 (지방자치단체 세출예산 집행기준에 의거) 1. 민간경상사업보조(307-02) 2. 민간단체 법정운영비보조(307-03) 3. 민간행사사업보조(307-04) 4. 민간위탁금(307-05) 5. 사회복지시설 법정운영비보조(307-10) 6. 민간인위탁교육비(307-12) 7. 공기관등에대한경상적위탁사업비(308-11) 8. 민간자본사업보조,자체재원(402-01) 9. 민간자본사업보조,이전재원(402-02) 10. 민간위탁사업비(402-03) 11. 공기관등에 대한 자본적 대행사업비(403-02)	민간이전지출 근거 (지방보조금 관리기준 참고) 1. 법률에 규정 2. 국고보조 재원(국가지정) 3. 용도 지정 기부금 4. 조례에 직접규정 5. 지자체가 권장하는 사업을 하는 공공기관 6. 시,도 정책 및 재정사정 7. 기타 8. 해당없음	입찰방식 계약체결방법 (경쟁형태) 1. 일반경쟁 2. 제한경쟁 3. 지명경쟁 4. 수의계약 5. 법정위탁 6. 기타 ( ) 7. 해당없음	입찰방식 계약기간 1. 1년 2. 2년 3. 3년 4. 4년 5. 5년 6. 기타 ( )년 7. 단기계약 (1년미만) 8. 해당없음	입찰방식 낙찰자선정방법 1. 적격심사 2. 협상에의한계약 3. 최저가낙찰제 4. 규격가격분리 5. 2단계 경쟁입찰 6. 기타 ( ) 7. 해당없음	운영예산 산정 운영예산 산정 1. 내부산정 (지자체 자체적으로 산정) 2. 외부산정 (외부전문기관위탁 산정) 3. 내·외부 모두 산정 4. 산정 無 5. 해당없음	운영예산 산정 정산방법 1. 내부정산 (지자체 내부적으로 정산) 2. 외부정산 (외부전문기관위탁 정산) 3. 내·외부 모두 산정 4. 정산 無 5. 해당없음	성과평가 실시여부 1. 실시 2. 미실시 3. 향후 추진 4. 해당없음
26111	전남 함평군	과수 통합마케팅 운영 지원사업	8,000	친환경농산과	1	2	7	8	7	5	1	4
26112	전남 함평군	산지통합마케팅지원사업	13,200	친환경농산과	1	2	7	8	7	5	5	4
26113	전남 함평군	농산물 공동선별비 지원사업	133,798	친환경농산과	1	2	7	8	7	5	5	4
26114	전남 함평군	학교급식 친환경농산물 식재료 지원	466,539	친환경농산과	1	4	7	8	7	1	1	2
26115	전남 함평군	학교급식 Non-GMO 식재료 지원사업	33,333	친환경농산과	1	4	7	8	7	1	1	2
26116	전남 함평군	고품질브랜드 나비쌀육성 종자대 지원	12,600	친환경농산과	1	4	7	8	7	1	1	1
26117	전남 함평군	통합RPC 시식용 샘플(포장재 포함) 제작	14,100	친환경농산과	1	6	7	8	7	1	1	1
26118	전남 함평군	농특산물 평생고객확보 택배비 지원	150,000	친환경농산과	1	5	7	8	7	1	1	1
26119	전남 함평군	전남쌀 평생고객확보 택배비 지원	97,500	친환경농산과	1	6	7	8	7	1	1	1
26120	전남 함평군	톤백매입용 대형포장재 구입비 지원사업	22,400	친환경농산과	1	1	7	8	7	1	1	3
26121	전남 함평군	통합RPC 시식용 샘플(포장재 포함) 제작	40,000	친환경농산과	1	4	7	8	7	1	1	1
26122	전남 함평군	남도장터 온라인 판매 확대 지원	15,000	친환경농산과	1	6	7	1	7	1	1	1
26123	전남 함평군	로컬푸드직매장설치 지원	30,000	친환경농산과	1	4	7	8	7	1	1	1
26124	전남 함평군	로컬푸드 직매장 출하농산물 안전성 검사 지원	4,003	친환경농산과	1	6	7	8	7	1	1	1
26125	전남 함평군	TV 홈쇼핑 방송판매 지원사업	10,000	친환경농산과	1	6	7	1	7	1	1	1
26126	전남 함평군	농특산물 온라인 마케팅 지원사업	20,000	친환경농산과	1	4	7	1	7	1	1	1
26127	전남 함평군	공공비축미곡 톤백기반구축사업	4,000	친환경농산과	1	6	7	8	7	1	1	4
26128	전남 함평군	상이군경회 함평군지회 사업비 지원	9,650	주민복지과	1	4	7	8	7	1	1	1
26129	전남 함평군	전몰군경유족회함평군지회 사업비 지원	8,300	주민복지과	1	4	7	8	7	1	1	1
26130	전남 함평군	전몰군경미망인회함평군지회 사업비 지원	7,800	주민복지과	1	4	7	8	7	1	1	1
26131	전남 함평군	무공수훈자회함평군지회 사업비 지원	7,584	주민복지과	1	4	7	8	7	1	1	1
26132	전남 함평군	무공수훈자부설유족회함평군지회 사업비 지원	1,680	주민복지과	1	4	7	8	7	1	1	1
26133	전남 함평군	월남참전자회함평군지회 사업비 지원	7,770	주민복지과	1	4	7	8	7	1	1	1
26134	전남 함평군	고엽제전우회함평군지회 사업비 지원	9,080	주민복지과	1	4	7	8	7	1	1	1
26135	전남 함평군	6.25참전유공자회함평군지회 사업비 지원	4,945	주민복지과	1	4	7	8	7	1	1	1
26136	전남 함평군	함평군재향군인회 사업비 지원	6,100	주민복지과	1	4	7	8	7	1	1	1
26137	전남 함평군	5·18기념행사 지원	10,000	주민복지과	1	7	7	8	7	1	1	1
26138	전남 함평군	함평사건 민간인희생자 위령사업 지원	9,000	주민복지과	1	4	7	8	7	1	1	1
26139	전남 함평군	2021년 자원봉사자 활동 지원	4,100	주민복지과	1	4	7	1	7	1	1	1
26140	전남 함평군	2021년 자원봉사자 활동 지원	4,700	주민복지과	1	4	7	1	7	1	1	1
26141	전남 함평군	2021년 자원봉사자 활동 지원	1,800	주민복지과	1	4	7	1	7	1	1	1
26142	전남 함평군	2021년 자원봉사자 활동 지원	1,800	주민복지과	1	4	7	1	7	1	1	1
26143	전남 함평군	2021년 자원봉사자 활동 지원	1,800	주민복지과	1	4	7	1	7	1	1	1
26144	전남 함평군	2021년 자원봉사자 활동 지원	1,800	주민복지과	1	4	7	1	7	1	1	1
26145	전남 함평군	2021년 자원봉사자 활동 지원	1,800	주민복지과	1	4	7	1	7	1	1	1
26146	전남 함평군	2021년 자원봉사자 활동 지원	1,800	주민복지과	1	4	7	1	7	1	1	1
26147	전남 함평군	2021년 자원봉사자 활동 지원	1,800	주민복지과	1	4	7	1	7	1	1	1
26148	전남 함평군	2021년 자원봉사자 활동 지원	1,800	주민복지과	1	4	7	1	7	1	1	1
26149	전남 함평군	여성단체를 통한 지역특산물 판로 촉진	3,192	가족행복과	1	7	7	8	7	1	1	1
26150	전남 함평군	여성단체 활성화 지원사업	5,000	가족행복과	1	7	7	8	7	1	1	1
26151	전남 함평군	꿈사다리공부방사업 지원	64,822	가족행복과	1	2	7	8	7	1	1	1
26152	전남 함평군	낙농 전문 파출요원 지원	36,000	축수산과	1	4	7	8	7	1	1	3
26153	전남 함평군	낙농가 볏짚절단기 구입 지원	9,000	축수산과	1	4	7	8	7	1	1	3
26154	전남 함평군	초유은행설치 지원	20,000	축수산과	1	4	7	8	7	1	1	3
26155	전남 함평군	낙농 환경(질병) 개선 지원	37,800	축수산과	1	6	7	8	7	1	1	4
26156	전남 함평군	벌꿀산업 전자상거래 등 택배비 지원	10,000	축수산과	1	4	7	8	7	1	1	3
26157	전남 함평군	벌꿀 화분채집기 지원	10,000	축수산과	1	4	7	8	7	1	1	3
26158	전남 함평군	축산 의료폐기물 수거 지원	10,000	축수산과	1	4	7	8	7	1	1	3
26159	전남 함평군	축사 전기안전관리 지원	10,000	축수산과	1	4	7	8	7	1	1	3
26160	전남 함평군	축사 폐건축 기자재 처리 지원	10,000	축수산과	1	4	7	8	7	1	1	3
26161	전남 함평군	생태축산 관광단지 조성 컨설팅	25,000	축수산과	1	4	7	8	7	1	1	3

순번	시군구	지출명 (사업명)	2021년예산 (단위:천원/1년간)	담당자 (공무원) 담당부서	민간이전 분류 (지방자치단체 세출예산 집행기준에 의거) 1. 민간경상사업보조(307-02) 2. 민간단체 법정운영비보조(307-03) 3. 민간행사사업보조(307-04) 4. 민간위탁금(307-05) 5. 사회복지시설 법정운영비보조(307-10) 6. 민간인위탁교육비(307-12) 7. 공기관등에대한경상적위탁사업비(308-11) 8. 민간자본사업보조,자체재원(402-01) 9. 민간자본사업보조,이전재원(402-02) 10. 민간위탁사업비(402-03) 11. 공기관등에 대한 자본적 대행사업비(403-02)	민간이전지출 근거 (지방보조금 관리기준 참고) 1. 법률에 규정 2. 국고보조 재원(국가지정) 3. 용도 지정 기부금 4. 조례에 직접규정 5. 지자체가 권장하는 사업을 하는 공공기관 6. 시,도 정책 및 재정사정 7. 기타 8. 해당없음	입찰방식 계약체결방법 (경쟁형태) 1. 일반경쟁 2. 제한경쟁 3. 지명경쟁 4. 수의계약 5. 법정위탁 6. 기타 ( ) 7. 해당없음	계약기간 1. 1년 2. 2년 3. 3년 4. 4년 5. 5년 6. 기타 ( )년 7. 단기계약 (1년미만) 8. 해당없음	낙찰자선정방법 1. 적격심사 2. 협상에의한계약 3. 최저가낙찰제 4. 규격가격분리 5. 2단계 경쟁입찰 6. 기타 ( ) 7. 해당없음	운영예산 산정 운영예산 산정 1. 내부산정 (지자체 자체적으로 산정) 2. 외부산정 (외부전문기관위탁 산정) 3. 내·외부 모두 산정 4. 산정 無 5. 해당없음	정산방법 1. 내부정산 (지자체 내부적으로 정산) 2. 외부정산 (외부전문기관위탁 정산) 3. 내·외부 모두 산정 4. 정산 無 5. 해당없음	성과평가 실시여부 1. 실시 2. 미실시 3. 향후 추진 4. 해당없음
26162	전남 함평군	양돈생산성 향상 지원	75,600	축수산과	1	6	7	8	7	1	1	4
26163	전남 함평군	사슴 인공수정 지원	20,160	축수산과	1	6	7	8	7	1	1	4
26164	전남 함평군	곤충사료첨가제 지원	28,800	축수산과	1	6	7	8	7	1	1	4
26165	전남 함평군	염소 고온스트레스완화제 지원	17,500	축수산과	1	6	7	8	7	1	1	4
26166	전남 함평군	친환경 축산환경개선제 공급 지원	30,000	축수산과	1	4	7	8	7	1	1	3
26167	전남 함평군	학교우유급식 지원	219,158	축수산과	1	2	7	8	7	1	1	4
26168	전남 함평군	길고양이 중성화 수술비 지원	15,000	축수산과	1	2	7	8	7	1	1	4
26169	전남 함평군	가축분뇨 액비살포비 지원	120,000	축수산과	1	2	7	8	7	1	1	4
26170	전남 함평군	가축분뇨 액비 발효제 및 악취탈취제 지원	15,000	축수산과	1	4	7	8	7	1	1	3
26171	전남 함평군	축산농장 악취저감제 지원	427,500	축수산과	1	6	7	8	7	1	1	4
26172	전남 함평군	돼지 써코바이러스 백신 지원	141,600	축수산과	1	2	7	8	7	1	1	4
26173	전남 함평군	축산차량 GPS 통신료 지원	41,106	축수산과	1	2	7	8	7	1	1	4
26174	전남 함평군	가금농가 질병관리 지원	36,000	축수산과	1	2	7	8	7	1	1	4
26175	전남 함평군	구제역 예방접종 원거리 자동연속주사기 지원	6,860	축수산과	1	6	7	8	7	1	1	4
26176	전남 함평군	소 구제역(전업농) 예방백신 지원	131,100	축수산과	1	2	7	8	7	1	1	4
26177	전남 함평군	돼지소모성질환 지도 지원	18,000	축수산과	1	2	7	8	7	1	1	4
26178	전남 함평군	친환경 천적이용 해충구제 지원	52,800	축수산과	1	6	7	8	7	1	1	4
26179	전남 함평군	친환경 청보리 사료제조용 발효제 지원	38,600	축수산과	1	4	7	8	7	1	1	3
26180	전남 함평군	조사료 전문단지 퇴액비 지원	164,000	축수산과	1	2	7	8	7	1	1	4
26181	전남 함평군	조사료 전문단지 종자대 지원	326,700	축수산과	1	2	7	8	7	1	1	4
26182	전남 함평군	함평천지한우 명품 브랜드 육성 지원	100,000	축수산과	1	4	7	8	7	1	1	3
26183	전남 함평군	한우사육농가 헬퍼 요원 지원	30,000	축수산과	1	4	7	8	7	1	1	3
26184	전남 함평군	우량암소 생산번식 및 사양관리 지원	10,000	축수산과	1	4	7	8	7	1	1	3
26185	전남 함평군	함평천지한우 육질등급향상 지원	30,000	축수산과	1	4	7	8	7	1	1	3
26186	전남 함평군	함평천지한우 소비촉진 행상 추진	4,650	축수산과	1	4	7	8	7	1	1	3
26187	전남 함평군	한우 등록사업	59,500	축수산과	1	6	7	8	7	1	1	4
26188	전남 함평군	함평천지한우 우량정액 지원	120,000	축수산과	1	4	7	8	7	1	1	3
26189	전남 함평군	우량한우 수정란 이식 지원	56,000	축수산과	1	4	7	8	7	1	1	3
26190	전남 함평군	한우 선형심사 지원	5,000	축수산과	1	4	7	8	7	1	1	3
26191	전남 함평군	한우 천자확인 지원	20,000	축수산과	1	4	7	8	7	1	1	3
26192	전남 함평군	불법어업단속 유류비 지원	3,386	축수산과	1	4	7	8	7	1	1	3
26193	전남 함평군	어선 재해보험료 지원	4,000	축수산과	1	6	7	8	7	1	1	4
26194	전남 함평군	어선원 재해보험료 지원	5,000	축수산과	1	6	7	8	7	1	1	4
26195	전남 함평군	어업인 안전보험료 지원	1,667	축수산과	1	6	7	8	7	1	1	4
26196	전남 함평군	청년어촌정착 지원	10,000	축수산과	1	2	7	8	7	1	1	4
26197	전남 함평군	수산물 지자체 연계 마케팅 지원	28,000	축수산과	1	2	7	8	7	1	1	4
26198	전남 함평군	어촌체험마을 사무장 채용 지원	21,540	축수산과	1	2	7	8	7	1	1	4
26199	전남 함평군	도시숲 및 가로수 관리	8,916	산림공원과	1	6	7	8	7	5	5	4
26200	전남 함평군	등산로 정비	12,228	산림공원과	1	6	7	8	7	5	5	4
26201	전남 함평군	대한민국 난명품 대제전	60,000	산림공원과	1	4	7	8	7	1	1	1
26202	전남 함평군	행복충전건강대학 지원사업	27,000	보건소	1	4	6	1	6	1	1	1
26203	전남 함평군	분만취약지 지원사업	200,000	보건소	1	2	7	8	7	5	2	1
26204	전남 함평군	치매안심요양병원 공공사업 지원	100,000	보건소	1	2	7	8	7	5	2	1
26205	전남 함평군	생활개선회 육성	3,000	영농지원과	1	4	7	8	7	5	5	4
26206	전남 함평군	한국여성농업인 육성	3,000	영농지원과	1	4	7	8	7	5	5	4
26207	전남 함평군	한국여성농업인 군대회 개최 지원	3,000	영농지원과	1	4	7	8	7	5	5	4
26208	전남 함평군	유망소득작목 육성지원	30,000	영농지원과	1	1	7	8	7	5	5	4
26209	전남 함평군	농업경영인 농업정보 및 소식지 책자발간 지원	17,500	영농지원과	1	1	7	8	7	5	5	4
26210	전남 함평군	농업경영인 군대회 개최 지원	11,000	영농지원과	1	1	7	8	7	5	5	4
26211	전남 함평군	농촌지도자회 육성	3,000	영농지원과	1	4	7	8	7	5	5	4
26212	전남 함평군	지방 4-H회(본부, 영농)지원	4,000	영농지원과	1	4	7	8	7	5	5	4

순번	시군구	지출명 (사업명)	2021년예산 (단위:천원/1년간)	담당자 (공무원)	민간이전 분류 (지방자치단체 세출예산 집행기준에 의거)	민간이전지출 근거 (지방보조금 관리기준 참고)	입찰방식			운영예산 산정		성과평가 실시여부
				담당부서	1. 민간경상사업보조(307-02) 2. 민간단체 법정운영비보조(307-03) 3. 민간행사사업보조(307-04) 4. 민간위탁금(307-05) 5. 사회복지시설 법정운영비보조(307-10) 6. 민간인위탁교육비(307-12) 7. 공기관등에대한경상적위탁사업비(308-11) 8. 민간자본사업보조,자체재원(402-01) 9. 민간자본사업보조,이전재원(402-02) 10. 민간위탁사업비(402-03) 11. 공기관등에 대한 자본적 대행사업비(403-02)	1. 법률에 규정 2. 국고보조 재원(국가지정) 3. 용도 지정 기부금 4. 조례에 직접규정 5. 지자체가 권장하는 사업을 하는 공공기관 6. 시,도 정책 및 재정사정 7. 기타 8. 해당없음	계약체결방법 (경쟁형태) 1. 일반경쟁 2. 제한경쟁 3. 지명경쟁 4. 수의계약 5. 법정위탁 6. 기타 ( ) 7. 해당없음	계약기간 1. 1년 2. 2년 3. 3년 4. 4년 5. 5년 6. 기타 ( )년 7. 단기계약 (1년미만) 8. 해당없음	낙찰자선정방법 1. 적격심사 2. 협상에의한계약 3. 최저가낙찰제 4. 규격가격분리 5. 2단계 경쟁입찰 6. 기타 ( ) 7. 해당없음	운영예산 산정 1. 내부산정 (지자체 자체적으로 산정) 2. 외부산정 (외부전문기관위탁 산정) 3. 내·외부 모두 산정 4. 산정 無 5. 해당없음	정산방법 1. 내부정산 (지자체 내부적으로 정산) 2. 외부정산 (외부전문기관위탁 정산) 3. 내·외부 모두 산정 4. 정산 無 5. 해당없음	1. 실시 2. 미실시 3. 향후 추진 4. 해당없음
26213	전남 함평군	우수 4-H회 과제활동지원	3,000	영농지원과	1	4	7	8	7	5	5	4
26214	전남 함평군	학교4-H회 육성지원	10,000	영농지원과	1	6	7	8	7	5	5	4
26215	전남 함평군	농작물 병해충 방제지원	180,000	기술보급과	1	2	7	8	7	5	5	4
26216	전남 영광군	청년 고용창출 장려금 지원	18,000	인구일자리정책실	1	4	7	8	7	5	5	4
26217	전남 영광군	지역실업자 직업훈련	20,000	인구일자리정책실	1	4	7	8	7	5	5	4
26218	전남 영광군	영광형 청년 일자리 장려금 지원사업	100,000	인구일자리정책실	1	4	7	8	7	5	5	4
26219	전남 영광군	전남 청년 근속장려금 지원사업	70,000	인구일자리정책실	1	6	7	8	7	5	5	4
26220	전남 영광군	전남 4050 희망일자리 장려금 지원사업	16,000	인구일자리정책실	1	6	7	8	7	5	5	4
26221	전남 영광군	청년센터 운영인력 지원사업	26,400	인구일자리정책실	1	6	1	1	1	1	1	2
26222	전남 영광군	청년센터 프로그램 관리자 육성사업	30,800	인구일자리정책실	1	2	1	1	1	1	1	2
26223	전남 영광군	청년센터 운영사업	170,360	인구일자리정책실	1	4	1	1	1	1	1	3
26224	전남 영광군	청년협의체 정책의제 발굴사업	10,000	인구일자리정책실	1	4	7	1	7	1	1	3
26225	전남 영광군	(예비)사회적기업 일자리창출	142,718	인구일자리정책실	1	1	7	8	7	5	5	4
26226	전남 영광군	사회적기업사회보험료	5,280	인구일자리정책실	1	1	7	8	7	5	5	4
26227	전남 영광군	(예비)사회적기업 사업개발비지원	30,700	인구일자리정책실	1	1	7	8	7	5	5	4
26228	전남 영광군	마을공동체활동지원	146,000	인구일자리정책실	1	2	7	8	7	5	5	4
26229	전남 영광군	예비 사회적경제기업가 창업지원	15,000	인구일자리정책실	1	2	7	8	7	5	5	4
26230	전남 영광군	빈집정비	78,500	종합민원실	1	7	7	8	7	5	5	4
26231	전남 영광군	공영버스터미널 냉난방비 지원	5,000	안전관리과	1	1	7	8	7	1	1	2
26232	전남 영광군	교통 지킴이 활동지원	15,000	안전관리과	1	4	7	8	7	1	1	2
26233	전남 영광군	한빛원전 인접지역 환경방사능 분석 지원	140,000	안전관리과	1	6	7	8	7	5	1	4
26234	전남 영광군	6.25기념사업	10,000	사회복지과	1	4	7	8	7	1	1	4
26235	전남 영광군	보훈단체 호국순례	19,000	사회복지과	1	4	7	8	7	1	1	4
26236	전남 영광군	전문자원봉사지원	8,270	사회복지과	1	7	6	8	7	1	1	4
26237	전남 영광군	재능나눔봉사단 운영지원	20,000	사회복지과	1	8	7	7	7	1	1	4
26238	전남 영광군	영광군푸드마켓 운영	50,000	사회복지과	1	8	7	8	7	5	1	1
26239	전남 영광군	지적장애인 잔치 한마당	4,000	사회복지과	1	7	7	8	7	1	1	4
26240	전남 영광군	장애인 공감과 치유 탐방	95,000	사회복지과	1	6	7	1	7	3	3	1
26241	전남 영광군	장애인 수어교실운여	5,000	사회복지과	1	6	7	1	7	3	3	1
26242	전남 영광군	여성장애인 세상밖으로	40,000	사회복지과	1	6	7	1	7	3	3	1
26243	전남 영광군	발달장애인 사회참여프로그램	10,000	사회복지과	1	6	7	1	7	3	3	1
26244	전남 영광군	독거노인건강안전알리미사업	16,038	노인가정과	1	5	6	8	7	5	1	1
26245	전남 영광군	효문화장려지원	2,000	노인가정과	1	5	6	1	7	5	1	1
26246	전남 영광군	무료급식 지원	233,620	노인가정과	1	2	6	1	6	5	1	1
26247	전남 영광군	대한노인회 지원	63,000	노인가정과	1	1	7	8	7	1	1	1
26248	전남 영광군	노인여가복지시설 지원	34,245	노인가정과	1	6	7	1	7	1	1	4
26249	전남 영광군	여성 사회참여 활성화 지원	20,000	노인가정과	1	4	7	8	7	5	1	4
26250	전남 영광군	여성 인권보호 및 복지 증진사업	10,000	노인가정과	1	4	7	8	7	5	1	4
26251	전남 영광군	가정폭력 상담소 운영지원	126,382	노인가정과	1	1	7	8	7	5	1	4
26252	전남 영광군	가정폭력 피해자 의료비 지원	1,054	노인가정과	1	1	7	8	7	5	1	4
26253	전남 영광군	가정폭력 피해 재발방지 지원사업	2,750	노인가정과	1	6	7	8	7	5	1	4
26254	전남 영광군	한부모 가족 지원	9,270	노인가정과	1	6	7	8	7	5	1	4
26255	전남 영광군	찾아가는 결혼이주여성 다이음	3,000	노인가정과	1	1	5	8	1	5	1	4
26256	전남 영광군	아동복지 지원	1,500	노인가정과	1	4	7	7	7	1	1	4
26257	전남 영광군	꿈사다리 공부방 운영	77,790	노인가정과	1	6	7	8	7	5	1	4
26258	전남 영광군	꿈키움 드림오케스트라 운영	48,000	노인가정과	1	6	1	7	1	5	1	4
26259	전남 영광군	4차산업 청소년 기술교육 지원	70,000	노인가정과	1	6	1	7	1	5	1	4
26260	전남 영광군	도서자가발전소 관리운영	1,119	투자경제과	1	1	7	8	7	5	5	4
26261	전남 영광군	수산경제신문 보급	18,600	해양수산과	1	6	7	1	7	1	1	4
26262	전남 영광군	섬주민 생필품 구입지원	40,000	해양수산과	1	6	7	8	7	5	5	4
26263	전남 영광군	도서지역 생필품 해상운송비 지원사업	10,100	해양수산과	1	2	7	8	7	5	5	4

순번	시군구	지출명 (사업명)	2021년예산 (단위:천원/1년간)	담당자 (공무원) 담당부서	민간이전 분류 (지방자치단체 세출예산 집행기준에 의거) 1. 민간경상사업보조(307-02) 2. 민간단체 법정운영비보조(307-03) 3. 민간행사사업보조(307-04) 4. 민간위탁금(307-05) 5. 사회복지시설 법정운영비보조(307-10) 6. 민간인위탁교육비(307-12) 7. 공기관등에대한경상적위탁사업비(308-11) 8. 민간자본사업보조,자체재원(402-01) 9. 민간자본사업보조,이전재원(402-02) 10. 민간위탁사업비(402-03) 11. 공기관등에 대한 자본적 대행사업비(403-02)	민간이전지출 근거 (지방보조금 관리기준 참고) 1. 법률에 규정 2. 국고보조 재원(국가지정) 3. 용도 지정 기부금 4. 조례에 직접규정 5. 지자체가 권장하는 사업을 하는 공공기관 6. 시,도 정책 및 재정사정 7. 기타 8. 해당없음	입찰방식 계약체결방법 (경쟁형태) 1. 일반경쟁 2. 제한경쟁 3. 지명경쟁 4. 수의계약 5. 법정위탁 6. 기타 ( ) 7. 해당없음	입찰방식 계약기간 1. 1년 2. 2년 3. 3년 4. 4년 5. 5년 6. 기타 ( )년 7. 단기계약 (1년미만) 8. 해당없음	입찰방식 낙찰자선정방법 1. 적격심사 2. 협상에의한계약 3. 최저가낙찰제 4. 규격가격분리 5. 2단계 경쟁입찰 6. 기타 ( ) 7. 해당없음	운영예산 산정 운영예산 산정 1. 내부산정 (지자체 자체적으로 산정) 2. 외부산정 (외부전문기관위탁 산정) 3. 내·외부 모두 산정 4. 산정 無 5. 해당없음	운영예산 산정 정산방법 1. 내부정산 (지자체 내부적으로 정산) 2. 외부정산 (외부전문기관위탁 정산) 3. 내·외부 모두 산정 4. 정산 無 5. 해당없음	성과평가 실시여부 1. 실시 2. 미실시 3. 향후 추진 4. 해당없음
26264	전남 영광군	영광굴비 명품화 홍보	50,000	해양수산과	1	6	7	8	7	5	5	4
26265	전남 영광군	수산물 소포장재 등 지원	300,000	해양수산과	1	6	7	8	7	5	5	4
26266	전남 영광군	수산물품질관리사 채용 지원	12,000	해양수산과	1	6	7	8	7	5	5	4
26267	전남 영광군	TV 홈쇼핑 방송판매 수수료 등 지원	44,800	해양수산과	1	6	7	8	7	5	5	4
26268	전남 영광군	수출업체 물류비 지원	10,000	해양수산과	1	6	7	8	7	5	5	4
26269	전남 영광군	수산물 직거래 택배비 지원	50,000	해양수산과	1	6	7	8	7	5	5	4
26270	전남 영광군	천일염 포장재 지원	325,500	해양수산과	1	2	7	8	7	5	5	4
26271	전남 영광군	친환경 염전 바닥재 개선	480,000	해양수산과	1	2	7	8	7	5	5	4
26272	전남 영광군	e-모빌리티산업 생태계 육성 기업 역량 강화	400,000	이모빌리티산업과	1	7	7	8	7	5	5	1
26273	전남 영광군	모싯잎송편 지리적표시품 활력화 지원	16,500	농업기술센터	1	4	7	8	7	1	1	3
26274	전남 영광군	모싯잎송편 지리적표시품 가공 및 품질관리 지원	25,000	농업기술센터	1	4	7	8	7	1	1	3
26275	전남 영광군	모싯잎송편 가공업체 HACCP 인증 컨설팅 지원	16,500	농업기술센터	1	4	7	8	7	1	1	3
26276	전남 영광군	생활개선회 과제활동 지원	24,000	농업기술센터	1	4	7	8	7	1	1	3
26277	전남 영광군	농촌여성 영농생활 정보지 구독 지원	17,580	농업기술센터	1	6	7	8	7	1	1	3
26278	전남 영광군	GAP 실천단지 육성	30,000	농업기술센터	1	2	7	8	7	5	5	4
26279	전남 영광군	한센간이양로주택 운영 지원	34,785	보건소	1	2	7	8	7	5	5	1
26280	전남 영광군	공공스포츠클럽 지원	460,000	스포츠산업과	1	5	7	8	7	5	5	4
26281	전남 영광군	일반및어르신,장애인생활체육지도자 지원	432,016	스포츠산업과	1	1	7	8	7	5	5	4
26282	전남 영광군	전남체전종목 육성 지원	165,000	스포츠산업과	1	1	7	8	7	5	5	4
26283	전남 영광군	어르신 생활체육 프로그램 운영 지원	3,000	스포츠산업과	1	5	7	8	7	5	5	4
26284	전남 영광군	장애인 생활체육 프로그램 운영 지원	2,000	스포츠산업과	1	5	7	8	7	5	5	4
26285	전남 영광군	노인경로식당 무료급식 지원	60,000	홍농읍	1	1	6	7	6	1	1	4
26286	전남 장성군	(사)광주전남범죄피해자지원센터 지원	10,000	기획실	1	1	7	1	7	1	1	1
26287	전남 장성군	보호관찰자 교정사업 지원	3,000	기획실	1	1	7	8	7	5	5	4
26288	전남 장성군	정보화마을 프로그램 관리자 육성 지원	21,870	소통정보실	1	1	7	7	7	5	1	3
26289	전남 장성군	읍·면민의 날 행사 지원	100,000	총무과	1	7	7	8	7	1	1	4
26290	전남 장성군	모범이장 국외 선진지 견학	42,000	총무과	1	7	7	8	7	5	5	4
26291	전남 장성군	이장 단합 한마음체육대회	18,000	총무과	1	7	7	8	7	5	5	4
26292	전남 장성군	한국전쟁 민간인 희생자 위령제	5,000	총무과	1	1	7	8	7	5	1	4
26293	전남 장성군	자문위원 통일역량강화 연수	10,000	총무과	1	1	7	8	7	1	1	4
26294	전남 장성군	평화통일 운동(노란꽃잔치 기간 중)	1,200	총무과	1	1	7	8	7	1	1	4
26295	전남 장성군	새마을 중앙회 국민교육	14,000	총무과	1	1	7	8	7	5	1	4
26296	전남 장성군	전국 새마을지도자 대회	3,000	총무과	1	1	7	8	7	5	1	4
26297	전남 장성군	전남 새마을지도자 한마음 다짐대회	1,200	총무과	1	1	7	8	7	5	1	4
26298	전남 장성군	전남 새마을부녀회 한마음 어울마당	1,500	총무과	1	1	7	8	7	5	1	4
26299	전남 장성군	나라사랑 국기 보급(중앙본부장려사업)	3,000	총무과	1	1	7	8	7	5	1	4
26300	전남 장성군	법질서지키기 캠페인 활동	2,600	총무과	1	1	7	8	7	5	1	4
26301	전남 장성군	주민자치센터 주민참여 프로그램 공모	10,000	총무과	1	4	7	8	7	5	1	4
26302	전남 장성군	장애인 행사 참석	12,000	주민복지과	1	1	7	8	7	1	1	1
26303	전남 장성군	장애인 공감과 치유 탐방 프로그램	40,000	주민복지과	1	1	7	8	7	1	1	1
26304	전남 장성군	나라사랑 교육 및 안보현장 견학 등	17,600	주민복지과	1	4	7	8	7	1	1	1
26305	전남 장성군	자원봉사활동 지원 및 보훈복지사업비	13,600	주민복지과	1	4	7	8	7	1	1	1
26306	전남 장성군	경로당프로그램 관리자 활동비	2,000	주민복지과	1	1	7	8	7	3	1	1
26307	전남 장성군	경로당프로그램 관리자 인건비 추가지원	10,375	주민복지과	1	1	7	8	7	3	1	1
26308	전남 장성군	경로당 프로그램관리자	29,399	주민복지과	1	4	7	8	7	3	1	1
26309	전남 장성군	경로당 공동작업장 운영 지원	10,000	주민복지과	1	4	1	1	7	3	1	1
26310	전남 장성군	농어촌 공중목욕장 운영비	20,000	주민복지과	1	1	1	2	1	1	1	3
26311	전남 장성군	여성단체를 통한 지역특산품 판매	4,250	주민복지과	1	1	7	7	7	1	1	1
26312	전남 장성군	저소득 조손가족 동절기 부식비 지원	14,400	주민복지과	1	6	7	7	7	1	1	1
26313	전남 장성군	지역아동센터 종사자 교육지원	5,000	주민복지과	1	4	7	8	7	1	1	1
26314	전남 장성군	꿈사다리 공부방 지원	77,788	주민복지과	1	1	7	7	7	1	1	1

순번	시군구	지출명 (사업명)	2021년예산 (단위:천원/1년간)	담당자 (공무원) 담당부서	민간이전 분류 (지방자치단체 세출예산 집행기준에 의거) 1. 민간경상사업보조(307-02) 2. 민간단체 법정운영비보조(307-03) 3. 민간행사사업보조(307-04) 4. 민간위탁금(307-05) 5. 사회복지시설 법정운영비보조(307-10) 6. 민간인위탁교육비(307-12) 7. 공기관등에대한경상적위탁사업비(308-11) 8. 민간자본사업보조,자체재원(402-01) 9. 민간자본사업보조,이전재원(402-02) 10. 민간위탁사업비(402-03) 11. 공기관등에 대한 자본적 대행사업비(403-02)	민간이전지출 근거 (지방보조금 관리기준 참고) 1. 법률에 규정 2. 국고보조 재원(국가지정) 3. 용도 지정 기부금 4. 조례에 직접규정 5. 지자체가 권장하는 사업을 하는 공공기관 6. 시,도 정책 및 재정사정 7. 기타 8. 해당없음	입찰방식: 계약체결방법 (경쟁형태) 1. 일반경쟁 2. 제한경쟁 3. 지명경쟁 4. 수의계약 5. 법정위탁 6. 기타 ( ) 7. 해당없음	입찰방식: 계약기간 1. 1년 2. 2년 3. 3년 4. 4년 5. 5년 6. 기타 ( )년 7. 단기계약 (1년미만) 8. 해당없음	입찰방식: 낙찰자선정방법 1. 적격심사 2. 협상에의한계약 3. 최저가낙찰제 4. 규격가격분리 5. 2단계 경쟁입찰 6. 기타 ( ) 7. 해당없음	운영예산 산정: 운영예산 산정 1. 내부산정 (지자체 자체적으로 산정) 2. 외부산정 (외부전문기관위탁 산정) 3. 내·외부 모두 산정 4. 산정 無 5. 해당없음	운영예산 산정: 정산방법 1. 내부정산 (지자체 내부적으로 정산) 2. 외부정산 (외부전문기관위탁 정산) 3. 내·외부 모두 산정 4. 정산 無 5. 해당없음	성과평가 실시여부 1. 실시 2. 미실시 3. 향후 추진 4. 해당없음
26315	전남 장성군	보육교직원 교육 훈련비 지원	20,000	주민복지과	1	1	7	7	7	1	1	1
26316	전남 장성군	상근 및 비상근 직원 교육 훈련비	8,000	주민복지과	1	4	5	2	7	1	1	1
26317	전남 장성군	자원봉사 우수프로그램 지원	22,500	주민복지과	1	1	6	1	7	1	1	2
26318	전남 장성군	자원봉사활동비 지원	5,000	주민복지과	1	1	7	1	7	3	1	2
26319	전남 장성군	기능별 직능별 전문봉사단(우수프로그램) 지원	3,870	주민복지과	1	1	6	1	7	3	1	2
26320	전남 장성군	국악연수사업	40,000	문화관광과	1	4	7	8	7	5	1	1
26321	전남 장성군	문화학교 운영	12,600	문화관광과	1	4	7	8	7	5	1	1
26322	전남 장성군	장성문학 발간	9,000	문화관광과	1	4	7	8	7	5	1	1
26323	전남 장성군	장성예술지 발간	5,000	문화관광과	1	4	7	8	7	5	1	1
26324	전남 장성군	문화원사업활동비	44,000	문화관광과	1	4	7	8	7	5	1	1
26325	전남 장성군	문화예절교실 운영	2,000	문화관광과	1	4	7	8	7	5	1	1
26326	전남 장성군	국악분야 예술강사 지원사업	32,850	문화관광과	1	7	7	8	7	5	1	1
26327	전남 장성군	전통문화교실 운영	16,000	문화관광과	1	4	7	8	7	5	1	1
26328	전남 장성군	청렴, 절의, 의기 찾아 떠나는 선비문화 체험여행	95,000	문화관광과	1	7	7	8	7	5	1	1
26329	전남 장성군	하늘 감동 엄동설한 청개구리	65,000	문화관광과	1	2	7	8	7	5	1	1
26330	전남 장성군	문무불여장성 문화유산 바로알기	44,000	문화관광과	1	2	7	8	7	5	1	1
26331	전남 장성군	일반 생활체육지도자 배치	146,160	문화관광과	1	2	7	8	7	5	1	1
26332	전남 장성군	어르신생활체육지도자 배치	146,160	문화관광과	1	2	7	8	7	5	1	1
26333	전남 장성군	전라남도 체육대회 참가	226,000	문화관광과	1	6	7	8	7	5	1	1
26334	전남 장성군	전라남도지사기 종목별 체육대회 참가	12,500	문화관광과	1	6	7	8	7	5	1	1
26335	전남 장성군	전국 그라운드골프대회 참가	3,000	문화관광과	1	7	7	8	7	5	1	1
26336	전남 장성군	종목별 장애인 체육대회 참가	4,500	문화관광과	1	7	7	8	7	5	1	1
26337	전남 장성군	전라남도 체육대회 우수선수 발굴비	20,000	문화관광과	1	7	7	8	7	5	1	1
26338	전남 장성군	청소년 축구교실 운영	6,000	문화관광과	1	7	7	8	7	5	1	1
26339	전남 장성군	장애인 체육용품 지원	5,000	문화관광과	1	7	7	8	7	5	1	1
26340	전남 장성군	비산업부문사업장 온실가스 진단컨설팅 지원	2,600	환경위생과	1	2	7	8	7	5	1	1
26341	전남 장성군	위생업소 영업자 벤치마킹	4,000	환경위생과	1	4	7	8	7	1	1	1
26342	전남 장성군	식품위생업소 위생용품 지원	50,000	환경위생과	1	4	7	8	7	1	1	1
26343	전남 장성군	축제 및 경연대회 참가비 지원	4,000	환경위생과	1	4	7	8	7	1	1	1
26344	전남 장성군	남도음식문화큰잔치 운영 지원	4,000	환경위생과	1	4	7	8	7	1	1	1
26345	전남 장성군	공중위생업소 위생용품 지원	21,000	환경위생과	1	4	7	8	7	1	1	1
26346	전남 장성군	안전 예방활동 지원	11,000	안전건설과	1	5	2	1	1	1	1	1
26347	전남 장성군	방재단 방재활동 피복 및 안전장비 구입	4,175	안전건설과	1	4	7	1	7	5	1	4
26348	전남 장성군	방재활동 유류비 지급	740	안전건설과	1	4	7	1	7	5	1	4
26349	전남 장성군	소상공인 지원	150,000	경제교통과	1	4	7	8	7	5	5	4
26350	전남 장성군	신규 마을기업	50,000	경제교통과	1	2	7	7	7	5	3	1
26351	전남 장성군	재지정 마을기업	30,000	경제교통과	1	2	7	7	7	5	3	1
26352	전남 장성군	예비마을기업	20,000	경제교통과	1	2	7	7	7	5	3	1
26353	전남 장성군	사회적기업 사업개발비	30,700	경제교통과	1	2	7	7	7	5	3	1
26354	전남 장성군	사회적기업 일자리창출사업	304,085	경제교통과	1	2	7	7	7	5	3	1
26355	전남 장성군	사회적기업 사회보험료 지원	5,280	경제교통과	1	2	7	7	7	5	3	1
26356	전남 장성군	전남형 청년근속장려금지원사업 보조금	71,000	경제교통과	1	4	7	8	7	5	5	4
26357	전남 장성군	청년활동가 인건비	337,490	경제교통과	1	2	7	8	7	5	5	4
26358	전남 장성군	전남형 4050 지원사업 지원금	24,000	경제교통과	1	4	7	8	7	5	5	4
26359	전남 장성군	새일 여성 인턴 지원	6,000	경제교통과	1	1	7	8	7	5	5	4
26360	전남 장성군	새일 여성 인턴 지원	102,600	경제교통과	1	1	7	8	7	5	5	4
26361	전남 장성군	마을공동체 육성 지원	80,000	경제교통과	1	2	7	7	7	5	3	1
26362	전남 장성군	교통지도 캠페인 활동 지원	6,000	경제교통과	1	1	7	8	7	1	1	1
26363	전남 장성군	학교앞 어린이 교통질서 계도 지원	2,000	경제교통과	1	1	7	8	7	1	1	1
26364	전남 장성군	도 임업후계자 대회 참석 지원	4,500	산림편백과	1	4	7	8	7	5	5	4
26365	전남 장성군	중앙 임업후계자 대회 참석 지원	3,000	산림편백과	1	4	7	8	7	5	5	4

순번	시군구	지출명 (사업명)	2021년예산 (단위:천원/1년간)	담당자 (공무원) 담당부서	민간이전 분류 (지방자치단체 세출예산 집행기준에 의거) 1. 민간경상사업보조(307-02) 2. 민간단체 법정운영비보조(307-03) 3. 민간행사사업보조(307-04) 4. 민간위탁금(307-05) 5. 사회복지시설 법정운영비보조(307-10) 6. 민간인위탁교육비(307-12) 7. 공기관등에대한경상적위탁사업비(308-11) 8. 민간자본사업보조,자체재원(402-01) 9. 민간자본사업보조,이전재원(402-02) 10. 민간위탁사업비(402-03) 11. 공기관등에 대한 자본적 대행사업비(403-02)	민간이전지출 근거 (지방보조금 관리기준 참고) 1. 법률에 규정 2. 국고보조 재원(국가지정) 3. 용도 지정 기부금 4. 조례에 직접규정 5. 지자체가 권장하는 사업을 하는 공공기관 6. 시,도 정책 및 재정사정 7. 기타 8. 해당없음	입찰방식 계약체결방법 (경쟁형태) 1. 일반경쟁 2. 제한경쟁 3. 지명경쟁 4. 수의계약 5. 법정위탁 6. 기타 ( ) 7. 해당없음	입찰방식 계약기간 1. 1년 2. 2년 3. 3년 4. 4년 5. 5년 6. 기타 ( )년 7. 단기계약 (1년미만) 8. 해당없음	입찰방식 낙찰자선정방법 1. 적격심사 2. 협상에의한계약 3. 최저가낙찰제 4. 규격가격분리 5. 2단계 경쟁입찰 6. 기타 ( ) 7. 해당없음	운영예산 산정 운영예산 산정 1. 내부산정 (지자체 자체적으로 산정) 2. 외부산정 (외부전문기관위탁 산정) 3. 내·외부 모두 산정 4. 산정 無 5. 해당없음	운영예산 산정 정산방법 1. 내부정산 (지자체 내부적으로 정산) 2. 외부정산 (외부전문기관위탁 정산) 3. 내·외부 모두 산정 4. 정산 無 5. 해당없음	성과평가 실시여부 1. 실시 2. 미실시 3. 향후 추진 4. 해당없음
26366	전남 장성군	임산물 포장재 지원	212,500	산림편백과	1	2	7	8	7	5	5	4
26367	전남 장성군	공립요양병원 공공지원 프로그램 운영	100,000	보건소	1	2	5	1	1	2	1	1
26368	전남 장성군	호흡기 전담 클리닉 설치 운영	100,000	보건소	1	8	7	8	7	5	5	4
26369	전남 장성군	농촌체험마을 안전.화재보험 가입 지원	5,338	농업축산과	1	1	7	8	7	5	5	4
26370	전남 장성군	농어촌민박 소방시설 지원	10,500	농업축산과	1	6	7	8	7	5	5	4
26371	전남 장성군	주민주도형 농촌관광 콘텐츠개발 지원	20,000	농업축산과	1	4	7	8	7	5	5	4
26372	전남 장성군	농촌체험마을 홍보관 운영 지원	3,000	농업축산과	1	1	7	8	7	5	5	4
26373	전남 장성군	사무장채용 인건비 지원	17,280	농업축산과	1	1	7	8	7	5	5	4
26374	전남 장성군	경관보전 유채단지 조성	25,000	농업축산과	1	4	7	8	7	5	5	4
26375	전남 장성군	마을공동급식 지원	170,040	농업축산과	1	6	7	8	7	5	5	4
26376	전남 장성군	여성농업인센터 운영	123,500	농업축산과	1	1	7	8	7	5	5	4
26377	전남 장성군	농촌인력지원센터 운영	160,000	농업축산과	1	1	7	8	7	5	5	4
26378	전남 장성군	사회적농업 활성화 지원	50,000	농업축산과	1	1	7	8	7	5	5	4
26379	전남 장성군	농가도우미 지원	57,600	농업축산과	1	1	7	8	7	5	5	4
26380	전남 장성군	농촌재능나눔 활동지원	25,000	농업축산과	1	4	7	8	7	5	5	4
26381	전남 장성군	들녘경영체육성(교육컨설팅)	27,000	농업축산과	1	2	7	8	7	5	5	4
26382	전남 장성군	농업환경보전 프로그램	105,000	농업축산과	1	2	7	8	7	5	5	4
26383	전남 장성군	친환경쌀 무농약 생산단지 지원	168,000	농업축산과	1	7	7	8	7	5	5	4
26384	전남 장성군	친환경농자재(유기농업자재) 지원사업	121,390	농업축산과	1	2	7	8	7	5	5	4
26385	전남 장성군	친환경농자재(녹비종자) 지원사업	1,036	농업축산과	1	2	7	8	7	5	5	4
26386	전남 장성군	친환경농자재(녹비종자) 지원사업	622	농업축산과	1	7	7	8	7	5	5	4
26387	전남 장성군	쌀 전업농업인 전국대회 참가	2,000	농업축산과	1	4	7	8	7	5	5	4
26388	전남 장성군	조사료 제조 및 운송비 지원	931,176	농업축산과	1	2	7	8	7	5	5	4
26389	전남 장성군	조사료 제조 및 운송비 지원	48,600	농업축산과	1	2	7	8	7	5	5	4
26390	전남 장성군	조사료생산용 종자구입 지원	71,568	농업축산과	1	2	7	8	7	5	5	4
26391	전남 장성군	한우농가 조사료 구입비 지원	184,500	농업축산과	1	4	7	8	7	5	5	4
26392	전남 장성군	사슴인공수정료 지원사업	11,760	농업축산과	1	6	7	8	7	5	5	4
26393	전남 장성군	가금류 칼슘첨가제 지원	24,000	농업축산과	1	6	7	8	7	5	5	4
26394	전남 장성군	돼지분뇨 악취저감제 지원	84,000	농업축산과	1	4	7	8	7	5	5	4
26395	전남 장성군	소 사육농가 대체모유 공급지원	40,000	농업축산과	1	4	7	8	7	5	5	4
26396	전남 장성군	가축분뇨 수분조절제 지원	100,100	농업축산과	1	6	7	8	7	5	5	4
26397	전남 장성군	소 인공수정용 우량정액 공급	120,000	농업축산과	1	4	7	8	7	5	5	4
26398	전남 장성군	소 인공수정용 우량정액 공급	18,000	농업축산과	1	4	7	8	7	5	5	4
26399	전남 장성군	축산농가 도우미(헬퍼)지원사업	30,000	농업축산과	1	4	7	8	7	5	5	4
26400	전남 장성군	한우 등록사업	44,100	농업축산과	1	6	7	8	7	5	5	4
26401	전남 장성군	양돈 생산성 향상사업	23,800	농업축산과	1	6	7	8	7	5	5	4
26402	전남 장성군	한우 송아지 브랜드 육성사업	200,000	농업축산과	1	6	7	8	7	5	5	4
26403	전남 장성군	꿀벌 기자재 지원	88,000	농업축산과	1	4	7	8	7	5	5	4
26404	전남 장성군	양봉산업육성	35,000	농업축산과	1	6	7	8	7	5	5	4
26405	전남 장성군	국내육성 품종을 활용한 양봉산물 생산	7,000	농업축산과	1	6	7	8	7	5	5	4
26406	전남 장성군	학교 우유급식 지원	203,323	농업축산과	1	2	7	8	7	5	5	4
26407	전남 장성군	액비살포비 지원	160,000	농업축산과	1	2	7	8	7	5	5	4
26408	전남 장성군	축산 악취저감제 공급(한우)	17,500	농업축산과	1	6	7	8	7	5	5	4
26409	전남 장성군	축산 악취저감제 공급(양돈)	114,000	농업축산과	1	6	7	8	7	5	5	4
26410	전남 장성군	축산 악취저감제 공급(닭오리)	21,000	농업축산과	1	6	7	8	7	5	5	4
26411	전남 장성군	낙농환경(질병) 개선지원	26,600	농업축산과	1	6	7	8	7	5	5	4
26412	전남 장성군	구제역 예방백신 구입비 지원	310,990	농업축산과	1	2	7	8	7	5	5	4
26413	전남 장성군	돼지 써코바이러스 백신지원	51,600	농업축산과	1	2	7	8	7	5	5	4
26414	전남 장성군	친환경천적이용 해충구제 지원	25,200	농업축산과	1	6	7	8	7	5	5	4
26415	전남 장성군	농산물전문생산단지(수출단지) 육성	36,000	원예소득과	1	6	7	8	7	5	5	4
26416	전남 장성군	무농약 딸기 생산 상품성 향상 시범	14,000	원예소득과	1	4	7	8	7	5	5	4

순번	시군구	지출명 (사업명)	2021년예산 (단위:천원/1년간)	담당자 (공무원) 담당부서	민간이전 분류 (지방자치단체 세출예산 집행기준에 의거) 1. 민간경상사업보조(307-02) 2. 민간단체 법정운영비보조(307-03) 3. 민간행사사업보조(307-04) 4. 민간위탁금(307-05) 5. 사회복지시설 법정운영비보조(307-10) 6. 민간인위탁교육비(307-12) 7. 공기관등에대한경상적위탁사업비(308-11) 8. 민간자본사업보조,자체재원(402-01) 9. 민간자본사업보조,이전재원(402-02) 10. 민간위탁사업비(402-03) 11. 공기관등에 대한 자본적 대행사업비(403-02)	민간이전지출 근거 (지방보조금 관리기준 참고) 1. 법률에 규정 2. 국고보조 재원(국가지정) 3. 용도 지정 기부금 4. 조례에 직접규정 5. 지자체가 권장하는 사업을 하는 공공기관 6. 시,도 정책 및 재정사정 7. 기타 8. 해당없음	입찰방식 계약체결방법 (경쟁형태) 1. 일반경쟁 2. 제한경쟁 3. 지명경쟁 4. 수의계약 5. 법정위탁 6. 기타 ( ) 7. 해당없음	입찰방식 계약기간 1. 1년 2. 2년 3. 3년 4. 4년 5. 5년 6. 기타 ( )년 7. 단기계약 (1년미만) 8. 해당없음	입찰방식 낙찰자선정방법 1. 적격심사 2. 협상에의한계약 3. 최저가낙찰제 4. 규격가격분리 5. 2단계 경쟁입찰 6. 기타 ( ) 7. 해당없음	운영예산 산정 운영예산 산정 1. 내부산정 (지자체 자체적으로 산정) 2. 외부산정 (외부전문기관위탁 산정) 3. 내·외부 모두 산정 4. 산정 無 5. 해당없음	운영예산 산정 정산방법 1. 내부정산 (지자체 내부적으로 정산) 2. 외부정산 (외부전문기관위탁 정산) 3. 내·외부 모두 산정 4. 정산 無 5. 해당없음	성과평가 실시여부 1. 실시 2. 미실시 3. 향후 추진 4. 해당없음
26417	전남 장성군	사과원 반사필름 지원	50,000	원예소득과	1	4	7	8	7	5	5	4
26418	전남 장성군	시민정원사 참여 정원 조성 및 유지관리	5,000	원예소득과	1	4	7	8	7	5	5	4
26419	전남 장성군	농가 조직화 및 경영체 컨설팅 운영	22,500	농식품유통과	1	1	7	8	7	5	5	4
26420	전남 장성군	사업단 운영 및 액션그룹 육성 지원	400,000	농식품유통과	1	1	7	8	7	5	5	4
26421	전남 장성군	액션그룹 편백여행 컨텐츠 개발지원	300,000	농식품유통과	1	1	7	8	7	5	5	4
26422	전남 장성군	장성편백여행사 육성	50,000	농식품유통과	1	1	7	8	7	5	5	4
26423	전남 장성군	친환경쌀 홍보용 샘플제작지원	6,000	농식품유통과	1	4	7	8	7	5	5	4
26424	전남 장성군	전남쌀 평생고객 택배비지원	1,500	농식품유통과	1	4	7	8	7	5	5	4
26425	전남 장성군	농산물 온라인 판매 확대 지원	25,000	농식품유통과	1	4	7	8	7	5	5	4
26426	전남 장성군	농산물 수출물류비지원	24,000	농식품유통과	1	4	7	8	7	5	5	4
26427	전남 장성군	농산물 공동출하 확대지원	127,304	농식품유통과	1	4	7	8	7	5	5	4
26428	전남 장성군	TV홈쇼핑 방송판매 지원	10,000	농식품유통과	1	4	7	8	7	5	5	4
26429	전남 장성군	농산물 공동브랜드 포장재 지원	200,000	농식품유통과	1	4	7	8	7	5	5	4
26430	전남 장성군	장성군 통합마케팅 활성화사업	80,000	농식품유통과	1	4	7	8	7	5	5	4
26431	전남 장성군	장성군 통합마케팅 활성화사업	130,000	농식품유통과	1	4	7	8	7	5	5	4
26432	전남 장성군	과수 통합마케팅 운영 지원	69,467	농식품유통과	1	4	7	8	7	5	5	4
26433	전남 장성군	농산물 마케팅 지원사업	6,936	농식품유통과	1	4	7	8	7	5	5	4
26434	전남 장성군	로컬푸드 직매장 출하농가 포장재비 지원	13,684	농식품유통과	1	4	7	8	7	5	5	4
26435	전남 장성군	농산물 안전성 검사	50,000	농식품유통과	1	4	7	8	7	5	5	4
26436	전남 장성군	초등돌봄교실 과일간식 지원사업	19,836	농식품유통과	1	1	7	8	7	5	5	4
26437	전남 장성군	먹거리사업단 운영	115,000	농식품유통과	1	4	7	8	7	5	5	4
26438	전남 장성군	농가조직화 교육	15,000	농식품유통과	1	4	7	8	7	5	5	4
26439	전남 장성군	아로니아 동결건조분말 가공비 지원	4,000	농식품유통과	1	4	7	8	7	5	5	4
26440	전남 장성군	도지사품질인증제품 디자인제작 지원사업	10,000	농식품유통과	1	4	7	8	7	5	5	4
26441	전남 장성군	유기가공식품 인증비용 지원	2,400	농식품유통과	1	4	7	8	7	5	5	4
26442	전남 장성군	도지사품질인증제품 자가품질검사비 지원	5,000	농식품유통과	1	4	7	8	7	5	5	4
26443	전남 장성군	도·중앙 농촌지도자대회 참석 지원	4,000	농촌활력과	1	4	7	8	7	5	5	4
26444	전남 장성군	4-H본부 국제교환훈련 지원	8,250	농촌활력과	1	4	7	8	7	5	5	4
26445	전남 장성군	학교 4-H 과제활동 지원	4,000	농촌활력과	1	6	7	8	7	5	5	4
26446	전남 장성군	4-H워크샵 및 역량강화 교육행사 지원	2,000	농촌활력과	1	6	7	8	7	5	5	4
26447	전남 장성군	농업경영인 대회 참가지원	4,000	농촌활력과	1	4	7	8	7	5	5	4
26448	전남 장성군	여성농업인 대회 참가지원	3,000	농촌활력과	1	4	7	8	7	5	5	4
26449	전남 장성군	농업경영인 연찬 및 교육	4,000	농촌활력과	1	4	7	8	7	5	5	4
26450	전남 장성군	청년농업인 경쟁력 제고	90,000	농촌활력과	1	2	7	8	7	5	5	4
26451	전남 장성군	2018년도 대상자 영농정착 지원금	59,600	농촌활력과	1	2	7	8	7	5	5	4
26452	전남 장성군	2019년도 대상자 영농정착 지원금	158,700	농촌활력과	1	2	7	8	7	5	5	4
26453	전남 장성군	2020년도 대상자 영농정착 지원금	218,700	농촌활력과	1	2	7	8	7	5	5	4
26454	전남 장성군	2021년도 대상자 영농정착 지원금	100,000	농촌활력과	1	2	7	8	7	5	5	4
26455	전남 장성군	강소농 우수자율모임체 공동사업 지원	3,000	농촌활력과	1	2	7	8	7	5	5	4
26456	전남 장성군	귀농창업 활성화 지원	40,000	농촌활력과	1	2	7	8	7	5	5	4
26457	전남 장성군	따뜻한 귀농귀촌 마을 만들기	10,000	농촌활력과	1	4	7	8	7	5	5	4
26458	전남 장성군	귀농인 모임체 육성	10,000	농촌활력과	1	2	7	8	7	5	5	4
26459	전남 장성군	마을단위 찾아가는 융화교육	5,000	농촌활력과	1	2	7	8	7	5	5	4
26460	전남 장성군	생활개선회원 대회(중앙·도단위)	5,000	농촌활력과	1	4	7	8	7	5	5	4
26461	전남 장성군	여성농업인 학습단체 육성 지원	1,500	농촌활력과	1	6	7	8	7	5	5	4
26462	전남 장성군	부모와 함께하는 학교폭력예방 프로그램 운영	2,000	평생교육센터	1	7	1	6	1	1	1	1
26463	전남 장성군	청소년 예절교실 운영	2,000	평생교육센터	1	7	7	8	7	5	5	4
26464	전남 장성군	청소년 올바른 민주시민 체험	3,000	평생교육센터	1	7	7	8	7	5	5	4
26465	전남 장성군	청소년 범죄예방 프로그램 지원	2,000	평생교육센터	1	7	7	8	7	5	5	4
26466	전남 진도군	투자기업 입지보조금	142,000	일자리투자과	1	4	7	8	7	5	5	4
26467	전남 진도군	청년동아리 활동 지원	7,500	일자리투자과	1	1	7	8	7	5	5	4

순번	시군구	지출명 (사업명)	2021년예산 (단위:천원/1년간)	담당자 (공무원) 담당부서	민간이전 분류 (지방자치단체 세출예산 집행기준에 의거) 1. 민간경상사업보조(307-02) 2. 민간단체 법정운영비보조(307-03) 3. 민간행사사업보조(307-04) 4. 민간위탁금(307-05) 5. 사회복지시설 법정운영비보조(307-10) 6. 민간인위탁교육비(307-12) 7. 공기관등에대한경상적위탁사업비(308-11) 8. 민간자본사업보조,자체재원(402-01) 9. 민간자본사업보조,이전재원(402-02) 10. 민간위탁사업비(402-03) 11. 공기관등에 대한 자본적 대행사업비(403-02)	민간이전지출 근거 (지방보조금 관리기준 참고) 1. 법률에 규정 2. 국고보조 재원(국가지정) 3. 용도 지정 기부금 4. 조례에 직접규정 5. 지자체가 권장하는 사업을 하는 공공기관 6. 시,도 정책 및 재정사정 7. 기타 8. 해당없음	입찰방식 계약체결방법 (경쟁형태) 1. 일반경쟁 2. 제한경쟁 3. 지명경쟁 4. 수의계약 5. 법정위탁 6. 기타 ( ) 7. 해당없음	입찰방식 계약기간 1. 1년 2. 2년 3. 3년 4. 4년 5. 5년 6. 기타 ( )년 7. 단기계약 (1년미만) 8. 해당없음	입찰방식 낙찰자선정방법 1. 적격심사 2. 협상에의한계약 3. 최저가낙찰제 4. 규격가격분리 5. 2단계 경쟁입찰 6. 기타 ( ) 7. 해당없음	운영예산 산정 운영예산 산정 1. 내부산정 (지자체 자체적으로 산정) 2. 외부산정 (외부전문기관위탁 산정) 3. 내·외부 모두 산정 4. 산정 無 5. 해당없음	운영예산 산정 정산방법 1. 내부정산 (지자체 내부적으로 정산) 2. 외부정산 (외부전문기관위탁 정산) 3. 내·외부 모두 산정 4. 정산 無 5. 해당없음	성과평가 실시여부 1. 실시 2. 미실시 3. 향후 추진 4. 해당없음
26468	전남 진도군	청년 공동체 활성화 지원	9,000	일자리투자과	1	1	7	8	7	5	5	4
26469	전남 진도군	4050 희망일자리장려금	40,000	일자리투자과	1	6	7	8	7	5	5	4
26470	전남 진도군	전남 청년 근속장려금	50,000	일자리투자과	1	6	7	8	7	5	5	4
26471	전남 진도군	사회적경제기업 청년 매니저 운영	39,160	일자리투자과	1	2	7	8	7	5	5	4
26472	전남 진도군	청년 온라인 비즈니스 관리자 지원사업	141,000	일자리투자과	1	2	7	8	7	5	5	4
26473	전남 진도군	신중년 사회공헌활동 지원사업	32,975	일자리투자과	1	2	7	1	7	1	1	1
26474	전남 진도군	마을공동체 공모사업	124,000	일자리투자과	1	6	7	8	7	1	1	1
26475	전남 진도군	다문화가정 우리글 이름갖기 지원사업	9,039	행정과	1	4	7	8	7	5	5	4
26476	전남 진도군	행복나눔 봉사활동	10,000	행정과	1	4	7	8	7	5	5	4
26477	전남 진도군	진도군새마을회 사업 보조	18,000	행정과	1	1	7	8	7	5	5	4
26478	전남 진도군	정보화마을 프로그램관리자 육성사업	63,546	행정과	1	2	7	8	7	5	5	4
26479	전남 진도군	정보화마을 운영비 보조	10,800	행정과	1	5	7	8	7	5	5	4
26480	전남 진도군	효실천운동	5,600	주민복지과	1	4	1	1	1	1	1	3
26481	전남 진도군	관광진흥협의회 운영비	171,000	관광과	1	4	7	8	7	5	5	4
26482	전남 진도군	문화학교 운영	10,000	문화예술체육과	1	4	7	8	7	1	1	3
26483	전남 진도군	고전국역사업 지원	20,000	문화예술체육과	1	4	7	8	7	1	1	3
26484	전남 진도군	진도문화지 발간 지원	20,000	문화예술체육과	1	4	7	8	7	1	1	3
26485	전남 진도군	향토사 자료수집 정리	6,000	문화예술체육과	1	4	7	8	7	1	1	3
26486	전남 진도군	전통 교육기관(향교,서당)자료 정리	20,000	문화예술체육과	1	4	7	8	7	1	1	3
26487	전남 진도군	진도 문인작가 기록화 사업	10,000	문화예술체육과	1	4	7	8	7	1	1	3
26488	전남 진도군	진도군 향토사료 기록화 사업	20,000	문화예술체육과	1	4	7	8	7	1	1	3
26489	전남 진도군	진도아리랑시네마 운영 보조	50,000	문화예술체육과	1	4	7	8	7	1	1	3
26490	전남 진도군	등록사립미술관 운영보조	66,000	문화예술체육과	1	4	7	8	7	1	1	3
26491	전남 진도군	석전대제 봉행식 개최 지원	6,000	문화예술체육과	1	4	7	8	7	1	1	3
26492	전남 진도군	전라남도 국악제 참가 지원	7,000	문화예술체육과	1	4	7	8	7	1	1	3
26493	전남 진도군	도민 합창대회 참가 지원	4,500	문화예술체육과	1	4	7	8	7	1	1	3
26494	전남 진도군	제46회 전남민속문화예술축제 참가 지원	20,000	문화예술체육과	1	4	7	8	7	1	1	3
26495	전남 진도군	문화예술단체 활동 및 문화예술사업 지원	10,000	문화예술체육과	1	4	7	8	7	1	1	3
26496	전남 진도군	진도예술아카데미 운영 지원	30,000	문화예술체육과	1	4	7	8	7	1	1	3
26497	전남 진도군	찾아가는 서화체험장 운영 지원	6,000	문화예술체육과	1	4	7	8	7	1	1	3
26498	전남 진도군	국악분야 예술강사 지원사업	9,806	문화예술체육과	1	4	7	8	7	1	1	3
26499	전남 진도군	문화유산 기록화사업 추진	30,000	문화예술체육과	1	4	7	8	7	1	1	3
26500	전남 진도군	국악협회 전수관 운영 보조	5,000	문화예술체육과	1	4	7	8	7	1	1	3
26501	전남 진도군	진도 해창민속전수관 운영 보조	5,000	문화예술체육과	1	4	7	8	7	1	1	3
26502	전남 진도군	고군 민속전수관 운영 보조	5,000	문화예술체육과	1	4	7	8	7	1	1	3
26503	전남 진도군	의신 민속전수관 운영 보조	5,000	문화예술체육과	1	4	7	8	7	1	1	3
26504	전남 진도군	임회 민속전수관 운영 보조	5,000	문화예술체육과	1	4	7	8	7	1	1	3
26505	전남 진도군	지산 민속전수관 운영 보조	5,000	문화예술체육과	1	4	7	8	7	1	1	3
26506	전남 진도군	소포 민속전수관 운영 보조	5,000	문화예술체육과	1	4	7	8	7	1	1	3
26507	전남 진도군	빗기내 민속전수관 운영 보조	5,000	문화예술체육과	1	4	7	8	7	1	1	3
26508	전남 진도군	군내 민속전수관 운영 보조	5,000	문화예술체육과	1	4	7	8	7	1	1	3
26509	전남 진도군	문화재청 생생문화재사업	50,000	문화예술체육과	1	4	7	8	7	1	1	3
26510	전남 진도군	전국체전 및 소년체전 단체 지원금	2,000	문화예술체육과	1	4	7	8	7	1	1	3
26511	전남 진도군	전국 및 전남 게이트볼대회 출전	5,000	문화예술체육과	1	4	7	8	7	1	1	3
26512	전남 진도군	전국 및 전남 궁도대회 출전	4,000	문화예술체육과	1	4	7	8	7	1	1	3
26513	전남 진도군	전국 및 전남 족구대회 출전	2,000	문화예술체육과	1	4	7	8	7	1	1	3
26514	전남 진도군	전국 및 전남 축구대회 출전	5,000	문화예술체육과	1	4	7	8	7	1	1	3
26515	전남 진도군	제16회 전라남도지사기 태권도대회 출전	1,000	문화예술체육과	1	4	7	8	7	1	1	3
26516	전남 진도군	제16회 전라남도지사기 배구대회 출전	1,500	문화예술체육과	1	4	7	8	7	1	1	3
26517	전남 진도군	제3회 전라남도지사배 자전거대행진 출전	1,000	문화예술체육과	1	4	7	8	7	1	1	3
26518	전남 진도군	제15회 전라남도지사기 탁구대회 출전	1,000	문화예술체육과	1	4	7	8	7	1	1	3

순번	시군구	지출명 (사업명)	2021년예산 (단위:천원/1년간)	담당자 (공무원) 담당부서	민간이전 분류 (지방자치단체 세출예산 집행기준에 의거) 1. 민간경상사업보조(307-02) 2. 민간단체 법정운영비보조(307-03) 3. 민간행사사업보조(307-04) 4. 민간위탁금(307-05) 5. 사회복지시설 법정운영비보조(307-10) 6. 민간인위탁교육비(307-12) 7. 공기관등에대한경상적위탁사업비(308-11) 8. 민간자본사업보조,자체재원(402-01) 9. 민간자본사업보조,이전재원(402-02) 10. 민간위탁사업비(402-03) 11. 공기관등에 대한 자본적 대행사업비(403-02)	민간이전지출 근거 (지방보조금 관리기준 참고) 1. 법률에 규정 2. 국고보조 재원(국가지정) 3. 용도 지정 기부금 4. 조례에 직접규정 5. 지자체가 권장하는 사업을 하는 공공기관 6. 시,도 정책 및 재정사정 7. 기타 8. 해당없음	입찰방식 계약체결방법 (경쟁형태) 1. 일반경쟁 2. 제한경쟁 3. 지명경쟁 4. 수의계약 5. 법정위탁 6. 기타 ( ) 7. 해당없음	입찰방식 계약기간 1. 1년 2. 2년 3. 3년 4. 4년 5. 5년 6. 기타 ( )년 7. 단기계약 (1년미만) 8. 해당없음	입찰방식 낙찰자선정방법 1. 적격심사 2. 협상에의한계약 3. 최저가낙찰제 4. 규격가격분리 5. 2단계 경쟁입찰 6. 기타 ( ) 7. 해당없음	운영예산 산정 운영예산 산정 1. 내부산정 (지자체 자체적으로 산정) 2. 외부산정 (외부전문기관위탁 산정) 3. 내·외부 모두 산정 4. 산정 無 5. 해당없음	운영예산 산정 정산방법 1. 내부정산 (지자체 내부적으로 정산) 2. 외부정산 (외부전문기관위탁 정산) 3. 내·외부 모두 산정 4. 정산 無 5. 해당없음	성과평가 실시여부 1. 실시 2. 미실시 3. 향후 추진 4. 해당없음
26519	전남 진도군	제25회 전라남도지사기 볼링대회 출전	1,000	문화예술체육과	1	4	7	8	7	1	1	3
26520	전남 진도군	`21 대통령기 전국 씨름왕 전남선발대회 출전	1,000	문화예술체육과	1	4	7	8	7	1	1	3
26521	전남 진도군	제13회 전국여자천하장사 씨름대회 출전	1,000	문화예술체육과	1	4	7	8	7	1	1	3
26522	전남 진도군	제5회 대한민국족구협회장기 출전	1,000	문화예술체육과	1	4	7	8	7	1	1	3
26523	전남 진도군	전국 및 전라남도 풋살대회 출전	1,000	문화예술체육과	1	4	7	8	7	1	1	3
26524	전남 진도군	제22회 전라남도연합회장기 게이트볼대회 출전	2,500	문화예술체육과	1	4	7	8	7	1	1	3
26525	전남 진도군	제15회 전라남도지사기 게이트볼대회 출전	2,500	문화예술체육과	1	4	7	8	7	1	1	3
26526	전남 진도군	읍면 게이트볼장 운영비	33,750	문화예술체육과	1	4	7	8	7	1	1	3
26527	전남 진도군	체육동호회 공공체육시설 사용료 지원	15,000	문화예술체육과	1	4	7	8	7	1	1	3
26528	전남 진도군	스포츠공정위원회 운영비	3,000	문화예술체육과	1	4	7	8	7	1	1	3
26529	전남 진도군	제60회 전라남도체육대회 출전	140,000	문화예술체육과	1	4	7	8	7	1	1	3
26530	전남 진도군	제29회 전라남도 장애인체육대회 출전	35,000	문화예술체육과	1	4	7	8	7	1	1	3
26531	전남 진도군	제21회 전남 농아인체육대회 출전	6,000	문화예술체육과	1	4	7	8	7	1	1	3
26532	전남 진도군	제16회 전남 시각장애인체육대회 출전	5,000	문화예술체육과	1	4	7	8	7	1	1	3
26533	전남 진도군	우수선수 육성지원	30,000	문화예술체육과	1	4	7	8	7	1	1	3
26534	전남 진도군	생활체육지도자 배치 인건비	116,928	문화예술체육과	1	4	7	8	7	1	1	3
26535	전남 진도군	어르신생활체육지도자 배치 인건비	87,696	문화예술체육과	1	4	7	8	7	1	1	3
26536	전남 진도군	생활체육교실 운영	8,000	문화예술체육과	1	4	7	8	7	1	1	3
26537	전남 진도군	어린이 체능교실 운영	2,000	문화예술체육과	1	4	7	8	7	1	1	3
26538	전남 진도군	청소년 체련교실 운영	2,000	문화예술체육과	1	4	7	8	7	1	1	3
26539	전남 진도군	여성생활체육 강좌	2,000	문화예술체육과	1	4	7	8	7	1	1	3
26540	전남 진도군	장수체육대학 운영	2,000	문화예술체육과	1	4	7	8	7	1	1	3
26541	전남 진도군	작은도서관 운영비 지원	14,880	문화예술체육과	1	4	7	8	7	1	1	3
26542	전남 진도군	체험마을사무장지원	19,440	지역개발과	1	2	7	8	7	1	1	4
26543	전남 진도군	체험마을사무장지원	19,440	지역개발과	1	2	7	8	7	1	1	4
26544	전남 진도군	도서지역 생활필수품 해상운송비 지원	115,000	진도항만개발과	1	1	7	8	7	1	1	4
26545	전남 진도군	일반 여객항로 결손금 지원	558,000	진도항만개발과	1	1	7	8	7	1	1	4
26546	전남 진도군	내항 여객선 운임지원	260,000	진도항만개발과	1	1	7	8	7	1	1	4
26547	전남 진도군	섬 주민 차량운임 지원	256,000	진도항만개발과	1	1	7	8	7	1	1	4
26548	전남 진도군	어촌체험마을 운영지원	37,452	진도항만개발과	1	1	7	8	7	1	1	4
26549	전남 진도군	청년점포 챌린지 숍 임차료	8,000	경제마케팅과	1	4	7	8	7	1	1	4
26550	전남 진도군	청년점포 챌린지 숍 임차료	9,000	경제마케팅과	1	4	7	8	7	1	1	4
26551	전남 진도군	도서 자가발전 유류대 지원	1,600	경제마케팅과	1	1	7	7	7	1	3	4
26552	전남 진도군	마른김 협회 포장재 지원사업	150,000	경제마케팅과	1	1	7	8	7	1	1	4
26553	전남 진도군	농산물 수출 물류비 지원사업	120,000	경제마케팅과	1	1	7	8	7	1	1	4
26554	전남 진도군	GAP 인증 신청 수수료 지원사업	4,200	경제마케팅과	1	1	7	8	7	1	1	4
26555	전남 진도군	도지사품질인증 제품 디자인 제작 지원사업	5,000	경제마케팅과	1	1	7	8	7	1	1	4
26556	전남 진도군	진도쌀 판매에 따른 택배비 지원 사업	15,000	경제마케팅과	1	1	7	8	7	1	1	4
26557	전남 진도군	진도아리랑 농수산물 택배비 지원	30,000	경제마케팅과	1	4	7	8	7	1	1	4
26558	전남 진도군	농산물 포장재 제작 지원사업	200,000	경제마케팅과	1	4	7	8	7	1	1	4
26559	전남 진도군	수출 전용 포장재 지원사업	60,000	경제마케팅과	1	4	7	8	7	1	1	4
26560	전남 진도군	군수품질인증 안전성 검사비	15,000	경제마케팅과	1	4	7	8	7	1	1	4
26561	전남 진도군	지리적표시제 사후관리사업	30,000	경제마케팅과	1	4	7	8	7	1	1	4
26562	전남 진도군	원예농산물 물류비 지원	24,000	경제마케팅과	1	4	7	8	7	1	1	4
26563	전남 진도군	유소년 승마단 운영 지원사업	20,000	진도개축산과	1	2	7	8	7	5	5	4
26564	전남 진도군	축산농가 미네랄블록 지원사업	10,000	진도개축산과	1	1	7	8	7	5	5	4
26565	전남 진도군	축산농가 왕겨(톱밥) 지원사업	50,000	진도개축산과	1	1	7	8	7	5	5	4
26566	전남 진도군	양봉농가화분 지원 사업	13,500	진도개축산과	1	1	7	8	7	5	5	4
26567	전남 진도군	양봉농가 벌통지원 사업	11,000	진도개축산과	1	1	7	8	7	5	5	4
26568	전남 진도군	가금류 칼슘첨가제 지원 사업	9,600	진도개축산과	1	1	7	8	7	5	5	4
26569	전남 진도군	미생물제구입 지원사업	30,000	진도개축산과	1	1	7	8	7	5	5	4

순번	시군구	지출명 (사업명)	2021년예산 (단위:천원/1년간)	담당자 (공무원)	민간이전 분류 (지방자치단체 세출예산 집행기준에 의거)	민간이전지출 근거 (지방보조금 관리기준 참고)	입찰방식			운영예산 산정		성과평가 실시여부
				담당부서	1. 민간경상사업보조(307-02) 2. 민간단체 법정운영비보조(307-03) 3. 민간행사사업보조(307-04) 4. 민간위탁금(307-05) 5. 사회복지시설 법정운영비보조(307-10) 6. 민간인위탁교육비(307-12) 7. 공기관등에대한경상적위탁사업비(308-11) 8. 민간자본사업보조,자체재원(402-01) 9. 민간자본사업보조,이전재원(402-02) 10. 민간위탁사업비(402-03) 11. 공기관등에 대한 자본적 대행사업비(403-02)	1. 법률에 규정 2. 국고보조 재원(국가지정) 3. 용도 지정 기부금 4. 조례에 직접규정 5. 지자체가 권장하는 사업을 하는 공공기관 6. 시,도 정책 및 재정사정 7. 기타 8. 해당없음	계약체결방법 (경쟁형태) 1. 일반경쟁 2. 제한경쟁 3. 지명경쟁 4. 수의계약 5. 법정위탁 6. 기타 ( ) 7. 해당없음	계약기간 1. 1년 2. 2년 3. 3년 4. 4년 5. 5년 6. 기타 ( )년 7. 단기계약 (1년미만) 8. 해당없음	낙찰자선정방법 1. 적격심사 2. 협상에의한계약 3. 최저가낙찰제 4. 규격가격분리 5. 2단계 경쟁입찰 6. 기타 ( ) 7. 해당없음	운영예산 산정 1. 내부산정 (지자체 자체적으로 산정) 2. 외부산정 (외부전문기관위탁 산정) 3. 내·외부 모두 산정 4. 산정 無 5. 해당없음	정산방법 1. 내부정산 (지자체 내부적으로 정산) 2. 외부정산 (외부전문기관위탁 정산) 3. 내·외부 모두 산정 4. 정산 無 5. 해당없음	1. 실시 2. 미실시 3. 향후 추진 4. 해당없음
26570	전남 진도군	비산업부문 온실가스 진단컨설팅 지원	6,000	환경산림과	1	2	7	8	7	5	5	4
26571	전남 진도군	청정임산물 이용 증진	104,510	환경산림과	1	2	7	8	7	5	5	4
26572	전남 진도군	공립요양병원 치매환자 지원	123,450	보건소	1	2	7	8	7	5	3	4
26573	전남 진도군	진도군노인전문요양병원 의사 인건비	156,000	보건소	1	4	7	8	7	1	1	1
26574	전남 진도군	민간병원 인공신장실 인건비 지원	100,500	보건소	1	4	7	8	7	1	1	3
26575	전남 진도군	민간병원 응급실 인건비 지원	22,200	보건소	1	4	7	8	7	1	1	3
26576	전남 진도군	소규모 치유농업 프로그램 개발 및 시범운영	14,000	농업기술센터	1	1	7	8	7	5	5	4
26577	전남 진도군	농산물 직거래확대 팜파티 마케팅 지원	8,000	농업기술센터	1	1	7	8	7	5	5	4
26578	전남 진도군	청년농업인 경쟁력 제고사업	45,000	농업기술센터	1	1	7	8	7	5	5	4
26579	전남 진도군	강소농지원 모델 사업	10,000	농업기술센터	1	1	7	8	7	5	5	4
26580	전남 진도군	청년농업인 컨설팅 지원	2,850	농업기술센터	1	1	7	8	7	5	5	4
26581	전남 진도군	관상산림식물 보존전시회 지원사업	10,000	농업기술센터	1	1	7	8	7	5	5	4
26582	전남 진도군	농촌지도자회 활성화 지원	2,000	농업기술센터	1	1	7	8	7	5	5	4
26583	전남 진도군	도시민 현장학습 체험농장 조성 운영	10,000	농업기술센터	1	1	7	8	7	5	5	4
26584	전남 진도군	귀농인 농지 및 주택 취등록세 지원	18,000	농업기술센터	1	1	7	8	7	5	5	4
26585	전남 진도군	귀농귀촌연합회 운영 지원	5,000	농업기술센터	1	1	7	8	7	5	5	4
26586	전남 진도군	귀농창업 활성화 지원	25,000	농업기술센터	1	1	7	8	7	5	5	4
26587	전남 진도군	귀농인 이사비 지원	10,000	농업기술센터	1	1	7	8	7	5	5	4
26588	전남 진도군	귀농인 영농자재 지원	60,000	농업기술센터	1	1	7	8	7	5	5	4
26589	전남 진도군	귀농인 농가주택 수리비 지원	40,000	농업기술센터	1	1	7	8	7	5	5	4
26590	전남 진도군	진도선발 흑미 증식단지 조성사업	28,000	농업기술센터	1	1	7	8	7	5	5	4
26591	전남 진도군	고품질쌀 생산 농가실증 시범	14,000	농업기술센터	1	1	7	8	7	5	5	4
26592	전남 진도군	진도 명품 브랜드쌀 생산단지 조성	182,000	농업기술센터	1	1	7	8	7	5	5	4
26593	전남 진도군	벼 보급종 차액지원	50,000	농업기술센터	1	1	7	8	7	5	5	4
26594	전남 진도군	드론활용 노동력 절감 벼 재배단지 육성	20,000	농업기술센터	1	1	7	8	7	5	5	4
26595	전남 신안군	청년어업인 영어정착지원	130,000	기획홍보실	1	2	7	8	7	5	5	4
26596	전남 신안군	어업인복지지원사업	12,000	기획홍보실	1	2	7	8	7	5	5	4
26597	전남 신안군	귀어가 주택수리비 지원사업	10,000	기획홍보실	1	2	7	8	7	5	5	4
26598	전남 신안군	귀농창업활성화 지원사업 창업실행비	20,000	기획홍보실	1	2	7	8	7	5	5	4
26599	전남 신안군	매그넘작가초청 신안 서정사진 촬영	50,000	문화관광과	1	7	6	5	7	1	1	3
26600	전남 신안군	관광상품 홍보물 제작	40,000	문화관광과	1	4	7	8	7	1	1	1
26601	전남 신안군	홍도 관광객쉼터 및 농수특산물판매장 임차개보수	10,000	문화관광과	1	4	7	8	7	1	1	1
26602	전남 신안군	신안 관광영상물 홍보비 지원	28,800	문화관광과	1	4	7	8	7	1	1	1
26603	전남 신안군	관광협의회 관광홍보 자원봉사 활동지원	10,000	문화관광과	1	4	7	8	7	1	1	1
26604	전남 신안군	문화관광 해설인력 양성	20,000	문화관광과	1	4	7	8	7	1	1	1
26605	전남 신안군	문화관광 해설인력 활동지원	100,000	문화관광과	1	4	7	8	7	1	1	1
26606	전남 신안군	관광협의회 회원 역량강화 워크숍	20,000	문화관광과	1	4	7	8	7	1	1	1
26607	전남 신안군	증도슬로시티운영위원회 보조사업	10,000	문화관광과	1	4	7	8	7	1	1	3
26608	전남 신안군	기점소악도 가꾸기 사업 사무장 인건비	15,000	문화관광과	1	4	6	8	6	1	1	3
26609	전남 신안군	지도향교 석전제 및 삼사제례지원	10,000	문화관광과	1	4	7	8	7	1	1	1
26610	전남 신안군	지도향교 기로연지원	2,000	문화관광과	1	4	7	8	7	1	1	1
26611	전남 신안군	지도향교 충효교실 운영	3,000	문화관광과	1	4	7	8	7	1	1	1
26612	전남 신안군	두류단, 화산단 제례지원	4,000	문화관광과	1	4	7	8	7	1	1	1
26613	전남 신안군	문화원 문화활동사업	70,000	문화관광과	1	4	7	8	7	1	1	1
26614	전남 신안군	문화원 찾아가는 문화활동	120,000	문화관광과	1	4	7	8	7	1	1	1
26615	전남 신안군	하의3도농민항쟁 추모제	5,000	문화관광과	1	4	7	8	7	1	1	1
26616	전남 신안군	김환기 문화제	5,000	문화관광과	1	4	7	8	7	1	1	1
26617	전남 신안군	김대중대통령서거추모 영호남평화콘서트	24,000	문화관광과	1	4	7	8	7	1	1	1
26618	전남 신안군	신안미술협회 사생대회 및 전시회	20,000	문화관광과	1	4	7	8	7	1	1	1
26619	전남 신안군	박득순미술관 미술행사 지원	22,000	문화관광과	1	4	7	8	7	1	1	1
26620	전남 신안군	신안1004문인협회 지원	5,000	문화관광과	1	4	7	8	7	1	1	1

순번	시군구	지출명 (사업명)	2021년예산 (단위:천원/1년간)	담당자 (공무원) 담당부서	민간이전 분류 (지방자치단체 세출예산 집행기준에 의거) 1. 민간경상사업보조(307-02) 2. 민간단체 법정운영비보조(307-03) 3. 민간행사사업보조(307-04) 4. 민간위탁금(307-05) 5. 사회복지시설 법정운영비보조(307-10) 6. 민간인위탁교육비(307-12) 7. 공기관등에대한경상적위탁사업비(308-11) 8. 민간자본사업보조,자체재원(402-01) 9. 민간자본사업보조,이전재원(402-02) 10. 민간위탁사업비(402-03) 11. 공기관등에 대한 자본적 대행사업비(403-02)	민간이전지출 근거 (지방보조금 관리기준 참고) 1. 법률에 규정 2. 국고보조 재원(국가지정) 3. 용도 지정 기부금 4. 조례에 직접규정 5. 지자체가 권장하는 사업을 하는 공공기관 6. 시,도 정책 및 재정사정 7. 기타 8. 해당없음	입찰방식 계약체결방법 (경쟁형태) 1. 일반경쟁 2. 제한경쟁 3. 지명경쟁 4. 수의계약 5. 법정위탁 6. 기타 ( ) 7. 해당없음	입찰방식 계약기간 1. 1년 2. 2년 3. 3년 4. 4년 5. 5년 6. 기타 ( )년 7. 단기계약 (1년미만) 8. 해당없음	입찰방식 낙찰자선정방법 1. 적격심사 2. 협상에의한계약 3. 최저가낙찰제 4. 규격가격분리 5. 2단계 경쟁입찰 6. 기타 ( ) 7. 해당없음	운영예산 산정 운영예산 산정 1. 내부산정 (지자체 자체적으로 산정) 2. 외부산정 (외부전문기관위탁 산정) 3. 내·외부 모두 산정 4. 산정 無 5. 해당없음	운영예산 산정 정산방법 1. 내부정산 (지자체 내부적으로 정산) 2. 외부정산 (외부전문기관위탁 정산) 3. 내·외부 모두 산정 4. 정산 無 5. 해당없음	성과평가 실시여부 1. 실시 2. 미실시 3. 향후 추진 4. 해당없음
26621	전남 신안군	지역문화재지킴이 활동지원	10,000	문화관광과	1	4	7	8	7	1	1	1
26622	전남 신안군	압해민요합창단 공연지원	5,000	문화관광과	1	4	7	8	7	1	1	1
26623	전남 신안군	문순득국제페스티벌	70,000	문화관광과	1	4	7	8	7	1	1	1
26624	전남 신안군	최하림 10주기 문학제	20,000	문화관광과	1	4	7	8	7	1	1	1
26625	전남 신안군	국악분야 예술강사 지원사업	30,822	문화관광과	1	4	7	8	7	1	1	1
26626	전남 신안군	김대중대통령서거 추모제 및 평화캠프	70,000	문화관광과	1	4	7	8	7	1	1	1
26627	전남 신안군	도지정 무형문화재 전수비지원	76,200	문화관광과	1	4	7	8	7	1	1	1
26628	전남 신안군	도지정 무형문화재 공개행사	14,500	문화관광과	1	4	7	8	7	1	1	1
26629	전남 신안군	전남민속예술축제 참가	32,000	문화관광과	1	4	7	8	7	1	1	1
26630	전남 신안군	전남민속예술축제 참가	25,000	문화관광과	1	4	7	8	7	1	1	1
26631	전남 신안군	신안군 지속가능발전 사업 지원	15,600	세계유산과	1	1	7	8	7	5	1	1
26632	전남 신안군	신안군 학생대상 생태체험교육지원	30,000	세계유산과	1	1	5	5	1	1	1	1
26633	전남 신안군	생태관광지역 육성사업	80,000	세계유산과	1	1	7	8	7	5	5	4
26634	전남 신안군	환경친화적 전기차 이자지원	10,000	세계유산과	1	4	7	8	7	5	5	4
26635	전남 신안군	이장단체 상해보험 가입	34,986	행정지원과	1	4	7	8	7	5	1	4
26636	전남 신안군	자문위원 통일안보연수	40,000	행정지원과	1	4	7	8	7	5	5	4
26637	전남 신안군	새마을사업	40,000	행정지원과	1	4	7	8	7	5	5	4
26638	전남 신안군	새마을사업	8,000	행정지원과	1	4	7	8	7	5	5	4
26639	전남 신안군	새마을사업	12,950	행정지원과	1	4	7	8	7	5	5	4
26640	전남 신안군	새마을사업	3,000	행정지원과	1	4	7	8	7	5	5	4
26641	전남 신안군	새마을사업	3,000	행정지원과	1	4	7	8	7	5	5	4
26642	전남 신안군	새마을사업	3,000	행정지원과	1	4	7	8	7	5	5	4
26643	전남 신안군	새마을사업	4,500	행정지원과	1	4	7	8	7	5	5	4
26644	전남 신안군	바르게살기 전국대회 참가 지원	1,000	행정지원과	1	4	7	8	7	5	5	4
26645	전남 신안군	바르게살기 사랑의 연탄나누기 행사	1,000	행정지원과	1	4	7	8	7	5	5	4
26646	전남 신안군	자유총연맹 청소년 등 안보교육	4,000	행정지원과	1	4	7	8	7	5	5	4
26647	전남 신안군	자유총연맹 나라사랑 태극기 달아주기	1,000	행정지원과	1	4	7	8	7	5	5	4
26648	전남 신안군	자유총연맹 안보현장 견학	5,600	행정지원과	1	4	7	8	7	5	5	4
26649	전남 신안군	재향군인회 격전지 시찰	5,000	행정지원과	1	4	7	8	7	5	5	4
26650	전남 신안군	향군의날 행사 및 안보포럼	6,000	행정지원과	1	4	7	8	7	5	5	4
26651	전남 신안군	범죄피해자 지원 사업	15,000	행정지원과	1	4	7	8	7	5	5	4
26652	전남 신안군	범죄예방 강화 및 청소년 지킴 활동 사업	15,000	행정지원과	1	4	7	8	7	5	5	4
26653	전남 신안군	정보화마을 프로그램관리자 육성	38,924	행정지원과	1	1	7	8	7	5	5	4
26654	전남 신안군	일반생활체육지도자 배치	204,624	행정지원과	1	2	7	8	7	1	1	1
26655	전남 신안군	어르신생활체육지도자배치	263,088	행정지원과	1	2	7	8	7	1	1	1
26656	전남 신안군	생활체육지도자 출장여비 지원	57,000	행정지원과	1	4	7	8	7	1	1	1
26657	전남 신안군	생활체육지도자 교육연수비 지원	5,000	행정지원과	1	4	7	8	7	1	1	1
26658	전남 신안군	생활체육지도자 활동지원	47,000	행정지원과	1	4	7	8	7	1	1	1
26659	전남 신안군	전라남도 체육대회 참가 지원	160,000	행정지원과	1	4	7	8	7	1	1	1
26660	전남 신안군	각종 체육대회 참가 및 개최 지원	160,000	행정지원과	1	4	7	8	7	1	1	1
26661	전남 신안군	자매결연 시군 교류 친선대회 참가 및 개최 지원	10,000	행정지원과	1	4	7	8	7	1	1	1
26662	전남 신안군	군 대표선수 용품 지원	30,000	행정지원과	1	4	7	8	7	1	1	1
26663	전남 신안군	군 대표선수 전지훈련 지원	35,000	행정지원과	1	4	7	8	7	1	1	1
26664	전남 신안군	군 대표선수 평시훈련 지원	30,000	행정지원과	1	4	7	8	7	1	1	1
26665	전남 신안군	성적 우수 대표선수 포상지원	50,000	행정지원과	1	4	7	8	7	1	1	1
26666	전남 신안군	우수선수 육성관리 임원 등 활동지원	60,000	행정지원과	1	4	7	8	7	1	1	1
26667	전남 신안군	꿈나무 유소년 및 청소년 육성 지원	20,000	행정지원과	1	4	7	8	7	1	1	1
26668	전남 신안군	유소년 축구교실 운영 지원	15,000	행정지원과	1	4	7	8	7	1	1	1
26669	전남 신안군	전국 단위 대회 참가 임원 선수단 지원	10,000	행정지원과	1	4	7	8	7	1	1	1
26670	전남 신안군	생활체육교실 운영 지원	30,000	행정지원과	1	4	7	8	7	1	1	1
26671	전남 신안군	생활체육 지도자 교육 활동 지원	25,000	행정지원과	1	4	7	8	7	1	1	1

순번	시군구	지출명 (사업명)	2021년예산 (단위:천원/1년간)	담당자 (공무원) 담당부서	민간이전 분류 (지방자치단체 세출예산 집행기준에 의거) 1. 민간경상사업보조(307-02) 2. 민간단체 법정운영비보조(307-03) 3. 민간행사사업보조(307-04) 4. 민간위탁금(307-05) 5. 사회복지시설 법정운영비보조(307-10) 6. 민간인위탁교육비(307-12) 7. 공기관등에대한경상적위탁사업비(308-11) 8. 민간자본사업보조,자체재원(402-01) 9. 민간자본사업보조,이전재원(402-02) 10. 민간위탁사업비(402-03) 11. 공기관등에 대한 자본적 대행사업비(403-02)	민간이전지출 근거 (지방보조금 관리기준 참고) 1. 법률에 규정 2. 국고보조 재원(국가지정) 3. 용도 지정 기부금 4. 조례에 직접규정 5. 지자체가 권장하는 사업을 하는 공공기관 6. 시,도 정책 및 재정사정 7. 기타 8. 해당없음	입찰방식: 계약체결방법 (경쟁형태) 1. 일반경쟁 2. 제한경쟁 3. 지명경쟁 4. 수의계약 5. 법정위탁 6. 기타 ( ) 7. 해당없음	입찰방식: 계약기간 1. 1년 2. 2년 3. 3년 4. 4년 5. 5년 6. 기타 ( )년 7. 단기계약 (1년미만) 8. 해당없음	입찰방식: 낙찰자선정방법 1. 적격심사 2. 협상에의한계약 3. 최저가낙찰제 4. 규격가격분리 5. 2단계 경쟁입찰 6. 기타 ( ) 7. 해당없음	운영예산 산정: 운영예산 산정 1. 내부산정 (지자체 자체적으로 산정) 2. 외부산정 (외부전문기관위탁 산정) 3. 내·외부 모두 산정 4. 산정 無 5. 해당없음	운영예산 산정: 정산방법 1. 내부정산 (지자체 내부적으로 정산) 2. 외부정산 (외부전문기관위탁 정산) 3. 내·외부 모두 산정 4. 정산 無 5. 해당없음	성과평가 실시여부 1. 실시 2. 미실시 3. 향후 추진 4. 해당없음
26672	전남 신안군	읍면 체육동호회 활동 지원	80,000	행정지원과	1	4	7	8	7	1	1	1
26673	전남 신안군	읍면 체육동호회 창단 지원	10,000	행정지원과	1	4	7	8	7	1	1	1
26674	전남 신안군	읍면 체육동호회 교류전(리그대회) 지원	60,000	행정지원과	1	4	7	8	7	1	1	1
26675	전남 신안군	범군민 체육활성화 운동 지원	20,000	행정지원과	1	4	7	8	7	1	1	1
26676	전남 신안군	읍면 체육회 활성화 지원	80,000	행정지원과	1	4	7	8	7	1	1	1
26677	전남 신안군	각종 체육행사 유치 지원	10,000	행정지원과	1	4	7	8	7	1	1	1
26678	전남 신안군	신안군 전지훈련 유치 지원	10,000	행정지원과	1	4	7	8	7	1	1	1
26679	전남 신안군	시군 교류 전지훈련 참가 지원	10,000	행정지원과	1	4	7	8	7	1	1	1
26680	전남 신안군	신안체력인증센터 운영 지원	206,250	행정지원과	1	2	7	8	7	1	1	1
26681	전남 신안군	전라남도 장애인 체육대회 참가 지원	26,000	행정지원과	1	4	7	8	7	1	1	1
26682	전남 신안군	각종 장애인 체육대회 참가 지원	4,800	행정지원과	1	4	7	8	7	1	1	1
26683	전남 신안군	소형어선노후기관교체지원사업 이자지원	18,000	해양수산과	1	8	4	7	1	5	1	3
26684	전남 신안군	어촌체험마을 사무장 채용지원사업	21,000	해양수산과	1	2	1	1	1	5	1	1
26685	전남 신안군	수산동물질병 예방백신공급사업	22,596	해양자원과	1	1	7	8	7	5	1	3
26686	전남 신안군	축제식 새우양식장 토양개량제 지원	40,000	해양자원과	1	4	7	8	7	5	1	3
26687	전남 신안군	새우양식장 환경개선제 지원	200,000	해양자원과	1	4	7	8	7	5	1	3
26688	전남 신안군	수산일자리 양식학교 인건비 지원	224,000	해양자원과	1	4	7	8	7	5	1	3
26689	전남 신안군	김 채취망 톤백 지원	25,000	해양자원과	1	4	7	8	7	5	1	3
26690	전남 신안군	섬주민 생필품 운송비 지원	9,000	경제에너지과	1	1	6	1	7	5	5	4
26691	전남 신안군	도서지역 생활필수품 해상운송비 지원	335,985	경제에너지과	1	2	6	1	7	5	5	4
26692	전남 신안군	1004섬 청년창업 지원사업	185,000	경제에너지과	1	5	7	1	7	2	2	4
26693	전남 신안군	사회적기업 일자리창출사업(일반)	103,738	경제에너지과	1	2	7	8	7	1	1	4
26694	전남 신안군	사회적기업 사업개발비 지원	30,700	경제에너지과	1	2	7	8	7	1	1	4
26695	전남 신안군	사회적기업 사회보험료지원사업	5,280	경제에너지과	1	2	7	8	7	1	1	4
26696	전남 신안군	전남형 예비마을기업 육성사업	50,000	경제에너지과	1	4	7	8	7	1	1	4
26697	전남 신안군	마을행복공동체 활동지원사업	45,000	경제에너지과	1	4	7	8	7	1	1	4
26698	전남 신안군	농업경영인군연합회육성지원	40,000	농촌진흥과	1	4	7	8	7	5	5	4
26699	전남 신안군	농촌지도자군연합회육성지원	65,000	농촌진흥과	1	4	7	8	7	5	5	4
26700	전남 신안군	신안군4-H군연합회육성지원	20,000	농촌진흥과	1	4	7	8	7	5	5	4
26701	전남 신안군	신안군 4-H본부 육성지원	20,000	농촌진흥과	1	4	7	8	7	5	5	4
26702	전남 신안군	생활개선군연합회육성지원	45,000	농촌진흥과	1	4	7	8	7	5	5	4
26703	전남 신안군	우리군 농산물 공동 포장재 제작 지원	20,000	기술보급과	1	4	7	8	7	5	5	4
26704	전남 신안군	품목생산자조직 경영, 마케팅, 컨설팅 등 지원	12,000	기술보급과	1	4	7	8	7	5	5	4
26705	전남 신안군	농번기 마을공동 급식 지원	62,130	친환경농업과	1	6	7	8	7	1	1	4
26706	전남 신안군	농촌인력지원센터 지원사업	60,000	친환경농업과	1	6	7	8	7	1	1	4
26707	전남 신안군	농업종합자금 이자 지원	200,000	친환경농업과	1	6	7	8	7	2	1	4
26708	전남 신안군	논벼 재배농가 왕우렁이 공급사업	59,340	친환경농업과	1	6	7	8	7	1	1	3
26709	전남 신안군	친환경RPC 물류비 지원	48,000	친환경농업과	1	4	7	8	7	5	5	4
26710	전남 신안군	군 특화작물 포장재지원	100,000	친환경농업과	1	4	7	8	7	5	5	4
26711	전남 신안군	톤백수매 기반구축사업	19,200	친환경농업과	1	6	7	8	7	5	5	4
26712	전남 신안군	유기가공 인증비용 지원	1,600	친환경농업과	1	6	7	8	7	5	5	4
26713	전남 신안군	신안쌀 평생고객 확보 택배비 지원	9,000	친환경농업과	1	6	7	8	7	5	5	4
26714	전남 신안군	학교급식친환경농산물 안전성 검사비	16,250	친환경농업과	1	2	7	8	7	5	5	4
26715	전남 신안군	신안쌀 브랜드 홍보용 샘플쌀 제작지원	12,000	친환경농업과	1	6	7	8	7	5	5	4
26716	전남 신안군	농산물 마케팅 지원	12,000	친환경농업과	1	2	7	8	7	5	5	4
26717	전남 신안군	농산물 온라인 판매확대지원	4,500	친환경농업과	1	6	7	8	7	5	5	4
26718	전남 신안군	TV 홈쇼핑 방송판매지원	10,000	친환경농업과	1	6	7	8	7	5	5	4
26719	전남 신안군	도지사 품질인증제품 자가품질검사비 지원	4,000	친환경농업과	1	6	7	8	7	5	5	4
26720	전남 신안군	도지사 품질인증제품 디자인 제작지원	20,000	친환경농업과	1	6	7	8	7	5	5	4
26721	전남 신안군	조사료제조운송비	842,400	친환경농업과	1	2	7	8	7	5	5	4
26722	전남 신안군	초중고학생승마체험	48,960	친환경농업과	1	2	7	8	7	5	5	4

순번	시군구	지출명 (사업명)	2021년예산 (단위:천원/1년간)	담당자 (공무원) 담당부서	민간이전 분류 (지방자치단체 세출예산 집행기준에 의거) 1. 민간경상사업보조(307-02) 2. 민간단체 법정운영비보조(307-03) 3. 민간행사사업보조(307-04) 4. 민간위탁금(307-05) 5. 사회복지시설 법정운영비보조(307-10) 6. 민간인위탁교육비(307-12) 7. 공기관등에대한경상적위탁사업비(308-11) 8. 민간자본사업보조,자체재원(402-01) 9. 민간자본사업보조,이전재원(402-02) 10. 민간위탁사업비(402-03) 11. 공기관등에 대한 자본적 대행사업비(403-02)	민간이전지출 근거 (지방보조금 관리기준 참고) 1. 법률에 규정 2. 국고보조 재원(국가지정) 3. 용도 지정 기부금 4. 조례에 직접규정 5. 지자체가 권장하는 사업을 하는 공공기관 6. 시,도 정책 및 재정사정 7. 기타 8. 해당없음	입찰방식 계약체결방법 (경쟁형태) 1. 일반경쟁 2. 제한경쟁 3. 지명경쟁 4. 수의계약 5. 법정위탁 6. 기타 ( ) 7. 해당없음	입찰방식 계약기간 1. 1년 2. 2년 3. 3년 4. 4년 5. 5년 6. 기타 ( )년 7. 단기계약 (1년미만) 8. 해당없음	입찰방식 낙찰자선정방법 1. 적격심사 2. 협상에의한계약 3. 최저가낙찰제 4. 규격가격분리 5. 2단계 경쟁입찰 6. 기타 ( ) 7. 해당없음	운영예산 산정 운영예산 산정 1. 내부산정 (지자체 자체적으로 산정) 2. 외부산정 (외부전문기관위탁 산정) 3. 내·외부 모두 산정 4. 산정 無 5. 해당없음	운영예산 산정 정산방법 1. 내부정산 (지자체 내부적으로 정산) 2. 외부정산 (외부전문기관위탁 정산) 3. 내·외부 모두 산정 4. 정산 無 5. 해당없음	성과평가 실시여부 1. 실시 2. 미실시 3. 향후 추진 4. 해당없음
26723	전남 신안군	농촌관광승마 활성화	66,000	친환경농업과	1	2	7	8	7	5	5	4
26724	전남 신안군	학교우유급식지원	182,694	친환경농업과	1	2	7	8	7	5	5	4
26725	전남 신안군	양돈 생산성향상	33,250	친환경농업과	1	6	7	8	7	5	5	4
26726	전남 신안군	가금류 칼슘첨가제 지원	4,800	친환경농업과	1	6	7	8	7	5	5	4
26727	전남 신안군	돼지써코바이러스	51,600	친환경농업과	1	2	7	8	7	1	1	3
26728	전남 신안군	축산물HACCP컨설팅지원	10,500	친환경농업과	1	2	5	7	7	1	3	3
26729	전남 신안군	돼지소모성질환지도지원	24,000	친환경농업과	1	2	7	8	7	1	1	3
26730	전남 신안군	닭진드기공동방제지원	8,958	친환경농업과	1	2	7	8	7	1	1	3
26731	전남 신안군	치매환자지원프로그램운영	100,000	보건소	1	2	5	6	6	5	2	1
26732	전남 신안군	신안군 청소년 지도사배치지원 사업	10,000	대광개발사업소	1	1	7	8	7	5	5	4
26733	전남 신안군	흑산공항건설대책위원회 활동지원	35,000	흑산공항지원단	1	4	7	1	7	1	1	1
26734	전남 신안군	가축사육비용지원	3,600	흑산공항지원단	1	4	7	1	7	1	1	1
26735	전남 신안군	코인 빨래방 유지관리	12,000	흑산공항지원단	1	4	7	5	7	1	1	1
26736	전남 신안군	염전바닥재개선	396,000	천일염사업단	1	2	7	8	7	5	5	4
26737	전남 신안군	신안천일염 생산자 한마음 큰잔치 지원	25,000	천일염사업단	1	4	7	8	7	5	5	4
26738	전남 신안군	천일염 포장재 지원	60,000	천일염사업단	1	2	7	8	7	5	5	4
26739	제주 서귀포시	지역공동체 활성화 사업 지원	50,000	마을활력과	1	2	7	8	7	5	5	4
26740	제주 서귀포시	마을기업 육성사업	80,000	마을활력과	1	2	5	8	7	5	5	4
26741	제주 서귀포시	농촌신활력플러스사업	669,000	마을활력과	1	2	5	8	7	5	5	4
26742	제주 서귀포시	농촌체험휴양마을 사무장 활동비 지원	228,384	마을활력과	1	2	7	8	7	5	5	4
26743	제주 서귀포시	농촌체험휴양마을 보험가입 지원	5,585	마을활력과	1	2	7	8	7	5	5	4
26744	제주 서귀포시	도시민농촌유치지원사업	230,000	마을활력과	1	2	7	8	7	1	1	1
26745	제주 서귀포시	우수 동아리 활동지원	5,000	평생교육지원과	1	4	7	8	7	5	5	4
26746	제주 서귀포시	비정규학교 운영 지원	70,000	평생교육지원과	1	1	7	8	7	5	5	4
26747	제주 서귀포시	비정규학교 성인문해교육지원	10,000	평생교육지원과	1	4	7	8	7	5	5	4
26748	제주 서귀포시	비정규학교 성인,결혼이주민 학력보완 교육지원	23,000	평생교육지원과	1	4	7	8	7	5	5	4
26749	제주 서귀포시	정보화마을 프로그램관리자 육성	165,627	정보화지원과	1	4	6	1	7	1	1	1
26750	제주 서귀포시	정보화마을 정보센터 유지관리비 지원	36,000	정보화지원과	1	4	6	1	7	1	1	1
26751	제주 서귀포시	장애인거주시설 공기청정기 렌탈 지원	2,140	노인장애인과	1	1	4	1	7	1	1	1
26752	제주 서귀포시	청소년의 달 성년식 행사	3,000	여성가족과	1	1	7	8	7	5	5	4
26753	제주 서귀포시	지역아동센터 운영비 지원	1,931	여성가족과	1	2	7	8	7	5	1	1
26754	제주 서귀포시	특성별 지역아동센터 운영비 지원	72,110	여성가족과	1	2	7	8	7	5	1	1
26755	제주 서귀포시	청소년의 달 성년식 행사	3,000	여성가족과	1	1	7	8	7	5	5	4
26756	제주 서귀포시	지역아동센터 운영비 지원	1,931	여성가족과	1	2	7	8	7	5	1	1
26757	제주 서귀포시	특성별 지역아동센터 운영비 지원	72,110	여성가족과	1	2	7	8	7	5	1	1
26758	제주 서귀포시	제과 봉사활동 지원	5,000	위생관리과	1	4	7	8	7	5	5	4
26759	제주 서귀포시	음식문화개선을 위한 위생용품 등 지원	20,000	위생관리과	1	4	7	8	7	5	5	4
26760	제주 서귀포시	미용 봉사활동 지원	5,000	위생관리과	1	4	7	8	7	5	5	4
26761	제주 서귀포시	미용 기술 세미나 지원	5,000	위생관리과	1	4	7	8	7	5	5	4
26762	제주 서귀포시	이용 봉사활동 지원	3,000	위생관리과	1	4	7	8	7	5	5	4
26763	제주 서귀포시	문화예술 창작활동 및 생활문화예술 활동지원사업	15,000	문화예술과	1	4	7	8	7	5	5	4
26764	제주 서귀포시	서귀포문화원 문화지 발간	12,000	문화예술과	1	6	7	8	7	1	1	1
26765	제주 서귀포시	서귀포문화원 향토자료발간	22,000	문화예술과	1	6	7	8	7	1	1	1
26766	제주 서귀포시	서귀포문화원 문화동아리 지원사업	8,000	문화예술과	1	6	7	8	7	1	1	1
26767	제주 서귀포시	서귀포문화원 문화대학 운영	18,000	문화예술과	1	6	7	8	7	1	1	1
26768	제주 서귀포시	서귀포문화원 문화학교 운영지원	15,500	문화예술과	1	6	7	8	7	1	1	1
26769	제주 서귀포시	문화의 집 운영	30,000	문화예술과	1	4	7	8	7	1	1	1
26770	제주 서귀포시	제주올레 아카데미 운영	3,000	관광진흥과	1	7	1	1	1	1	1	3
26771	제주 서귀포시	생활체육육성 및 각종 스포츠대회 참가 지원	98,200	체육진흥과	1	1	7	8	7	1	1	1
26772	제주 서귀포시	유소년 체육 육성사업	15,000	체육진흥과	1	1	7	8	7	1	1	1
26773	제주 서귀포시	우수선수 육성지원	76,000	체육진흥과	1	1	7	8	7	1	1	1

순번	시군구	지출명 (사업명)	2021년예산 (단위:천원/1년간)	담당자 (공무원) 담당부서	민간이전 분류 (지방자치단체 세출예산 집행기준에 의거) 1. 민간경상사업보조(307-02) 2. 민간단체 법정운영비보조(307-03) 3. 민간행사사업보조(307-04) 4. 민간위탁금(307-05) 5. 사회복지시설 법정운영비보조(307-10) 6. 민간인위탁교육비(307-12) 7. 공기관등에대한경상적위탁사업비(308-11) 8. 민간자본사업보조,자체재원(402-01) 9. 민간자본사업보조,이전재원(402-02) 10. 민간위탁사업비(402-03) 11. 공기관등에 대한 자본적 대행사업비(403-02)	민간이전지출 근거 (지방보조금 관리기준 참고) 1. 법률에 규정 2. 국고보조 재원(국가지정) 3. 용도 지정 기부금 4. 조례에 직접규정 5. 지자체가 권장하는 사업을 하는 공공기관 6. 시,도 정책 및 재정사정 7. 기타 8. 해당없음	입찰방식 계약체결방법 (경쟁형태) 1. 일반경쟁 2. 제한경쟁 3. 지명경쟁 4. 수의계약 5. 법정위탁 6. 기타 ( ) 7. 해당없음	입찰방식 계약기간 1. 1년 2. 2년 3. 3년 4. 4년 5. 5년 6. 기타 ( )년 7. 단기계약 (1년미만) 8. 해당없음	입찰방식 낙찰자선정방법 1. 적격심사 2. 협상에의한계약 3. 최저가낙찰제 4. 규격가격분리 5. 2단계 경쟁입찰 6. 기타 ( ) 7. 해당없음	운영예산 산정 운영예산 산정 1. 내부산정 (지자체 자체적으로 산정) 2. 외부산정 (외부전문기관위탁 산정) 3. 내·외부 모두 산정 4. 산정 無 5. 해당없음	운영예산 산정 정산방법 1. 내부정산 (지자체 내부적으로 정산) 2. 외부정산 (외부전문기관위탁 정산) 3. 내·외부 모두 산정 4. 정산 無 5. 해당없음	성과평가 실시여부 1. 실시 2. 미실시 3. 향후 추진 4. 해당없음
26774	제주 서귀포시	엘리트체육 육성지원	16,000	체육진흥과	1	1	7	8	7	1	1	1
26775	제주 서귀포시	국내외 체육관련 교류사업	20,000	체육진흥과	1	1	7	8	7	1	1	1
26776	제주 서귀포시	찾아가는 생활체육서비스 운영	10,000	체육진흥과	1	1	7	8	7	1	1	1
26777	제주 서귀포시	읍면동 체육 프로그램 활성화 지원	84,000	체육진흥과	1	1	7	8	7	1	1	1
26778	제주 서귀포시	생활체육지도자 활동지원	874,088	체육진흥과	1	2	7	8	7	1	1	1
26779	제주 서귀포시	스포츠클럽관리자지원	30,000	체육진흥과	1	2	7	8	7	1	1	1
26780	제주 서귀포시	서귀포시장애인체육회 종목별 생활체육대회 참가 지원	20,000	체육진흥과	1	1	7	8	7	5	5	4
26781	제주 서귀포시	장애인생활체육지도자 활동지원	33,940	체육진흥과	1	2	7	8	7	5	5	4
26782	제주 서귀포시	2021년 한국여자 바둑리그 참가	45,000	체육진흥과	1	4	7	8	7	1	1	1
26783	제주 서귀포시	전지훈련단 운동지원(재활)프로그램 운영	95,000	체육진흥과	1	4	7	8	7	1	1	1
26784	제주 서귀포시	서귀포시 스포츠 서포터즈 운영	7,000	체육진흥과	1	4	7	8	7	1	1	1
26785	제주 서귀포시	2021 제주유나이티드 축구교실 운영	50,000	체육진흥과	1	4	7	8	7	1	1	1
26786	제주 서귀포시	책읽는서귀포시 독서문화저변확대	27,000	도서관운영사무소	1	1	7	8	7	1	1	1
26787	제주 서귀포시	지역경제활성화 상공인 역량강화사업	25,000	경제일자리과	1	4	7	8	7	1	1	1
26788	제주 서귀포시	서귀포시 소상공인 연합회 활성화 지원사업	10,000	경제일자리과	1	4	7	8	7	1	1	1
26789	제주 서귀포시	사회적기업 재정지원사업	1,222	경제일자리과	1	4	7	8	7	1	1	1
26790	제주 서귀포시	사회적기업 사업개발	320,000	경제일자리과	1	4	7	8	7	1	1	1
26791	제주 서귀포시	사회적기업 사회보험료	13,334	경제일자리과	1	4	7	8	7	1	1	4
26792	제주 서귀포시	사회적기업 육성	78,000	경제일자리과	1	4	7	8	7	1	1	4
26793	제주 서귀포시	환경기초시설 등 주변마을 지원사업	15,000	경제일자리과	1	4	4	8	7	1	1	4
26794	제주 서귀포시	전국 우수시장 박람회 홍보 전시관 운영	7,200	경제일자리과	1	4	7	8	7	1	1	1
26795	제주 서귀포시	서귀포매일올레시장 시장매니저사업	4,800	경제일자리과	1	2	7	8	7	3	3	1
26796	제주 서귀포시	생활과학교실 운영지원	50,000	경제일자리과	1	2	7	8	7	1	1	1
26797	제주 서귀포시	청장년 일자리 지원 프로그램 운영	40,000	경제일자리과	1	4	7	8	7	5	1	1
26798	제주 서귀포시	2021년 중장년 기술창업센터 운영	15,000	경제일자리과	1	2	7	8	7	5	1	3
26799	제주 서귀포시	초기창업패키지	300,000	경제일자리과	1	2	7	8	1	1	1	1
26800	제주 서귀포시	국제자매교류도시 및 해외 무역활동비 지원	6,300	경제일자리과	1	1	7	8	7	1	1	4
26801	제주 서귀포시	수출상품 샘플 국제특송비(EMS) 지원	7,200	경제일자리과	1	1	7	8	7	1	1	4
26802	제주 서귀포시	연탄사용가구 수송비 지원	166,500	경제일자리과	1	1	7	8	7	1	1	1
26803	제주 서귀포시	도서지역(가파도) 생활필수품 해상운송비 지원	11,880	경제일자리과	1	1	7	8	7	1	1	1
26804	제주 서귀포시	도서지역(마라도) 생활필수품 해상운송비 지원	28,600	경제일자리과	1	1	7	8	7	1	1	1
26805	제주 서귀포시	GAP 안정성 검사비 지원	60,000	감귤농정과	1	2	7	8	7	1	1	1
26806	제주 서귀포시	친환경비료(유기질) 지원사업	4,953	감귤농정과	1	2	7	8	7	1	1	1
26807	제주 서귀포시	친환경비료(폐광어 발효액비 등) 지원사업	130,000	감귤농정과	1	7	7	8	7	1	1	1
26808	제주 서귀포시	친환경 농자재 지원사업	360,000	감귤농정과	1	2	7	8	7	1	1	1
26809	제주 서귀포시	강정천상류지역 제초제미사용실천농가지원	120,000	감귤농정과	1	7	7	8	7	1	1	1
26810	제주 서귀포시	한국농업경영인 서귀포시연합회 농산물 홍보	5,000	감귤농정과	1	7	7	8	7	1	1	1
26811	제주 서귀포시	한국농업경영인서귀포시연합회회원대회 및 워크숍개최, 교류사업	12,000	감귤농정과	1	7	7	8	7	1	1	1
26812	제주 서귀포시	한국여성농업경영인 서귀포시연합회 전국대회 참가 지원	8,000	감귤농정과	1	7	7	8	7	1	1	1
26813	제주 서귀포시	한국여성농업경영인 서귀포시연합회 회원워크숍지원 및 교양강좌	3,000	감귤농정과	1	7	7	8	7	1	1	1
26814	제주 서귀포시	서귀포시농민회 어린이 벼키우기 체험활동 지원	5,000	감귤농정과	1	7	7	8	7	1	1	1
26815	제주 서귀포시	서귀포시여성농민회 여성농민한마당 지원	5,000	감귤농정과	1	7	7	8	7	1	1	1
26816	제주 서귀포시	농업경영컨설팅 지원	15,000	감귤농정과	1	1	7	8	7	5	1	2
26817	제주 서귀포시	농업인 안전재해보험 지원	420,000	감귤농정과	1	1	7	8	7	1	1	2
26818	제주 서귀포시	청년창업농 영농정착 지원금	728,228	감귤농정과	1	2	7	8	7	1	1	4
26819	제주 서귀포시	출산농어가도우미 지원	100,000	감귤농정과	1	4	7	8	7	1	1	3
26820	제주 서귀포시	농촌유학 지원사업	64,000	감귤농정과	1	2	7	8	7	1	1	1
26821	제주 서귀포시	임산부 친환경농산물 지원	311,820	감귤농정과	1	2	7	8	7	1	1	3
26822	제주 서귀포시	노지한라봉 봉지피복 지원사업	40,000	감귤농정과	1	4	7	8	7	1	1	3
26823	제주 서귀포시	감귤원 방풍수 정비사업	80,000	감귤농정과	1	6	7	8	7	1	1	1
26824	제주 서귀포시	감귤 명인 활용 억대농가 육성 전략사업	150,000	감귤농정과	1	4	7	8	7	1	1	3

순번	시군구	지출명 (사업명)	2021년예산 (단위:천원/1년간)	담당자(공무원) 담당부서	민간이전 분류 (지방자치단체 세출예산 집행기준에 의거) 1. 민간경상사업보조(307-02) 2. 민간단체 법정운영비보조(307-03) 3. 민간행사사업보조(307-04) 4. 민간위탁금(307-05) 5. 사회복지시설 법정운영비보조(307-10) 6. 민간인위탁교육비(307-12) 7. 공기관등에대한경상적위탁사업비(308-11) 8. 민간자본사업보조,자체재원(402-01) 9. 민간자본사업보조,이전재원(402-02) 10. 민간위탁사업비(402-03) 11. 공기관등에 대한 자본적 대행사업비(403-02)	민간이전지출 근거 (지방보조금 관리기준 참고) 1. 법률에 규정 2. 국고보조 재원(국가지정) 3. 용도 지정 기부금 4. 조례에 직접규정 5. 지자체가 권장하는 사업을 하는 공공기관 6. 시,도 정책 및 재정사정 7. 기타 8. 해당없음	입찰방식 계약체결방법 (경쟁형태) 1. 일반경쟁 2. 제한경쟁 3. 지명경쟁 4. 수의계약 5. 법정위탁 6. 기타 ( ) 7. 해당없음	입찰방식 계약기간 1. 1년 2. 2년 3. 3년 4. 4년 5. 5년 6. 기타 ( )년 7. 단기계약 (1년미만) 8. 해당없음	입찰방식 낙찰자선정방법 1. 적격심사 2. 협상에의한계약 3. 최저가낙찰제 4. 규격가격분리 5. 2단계 경쟁입찰 6. 기타 ( ) 7. 해당없음	운영예산 산정 운영예산 산정 1. 내부산정 (지자체 자체적으로 산정) 2. 외부산정 (외부전문기관위탁 산정) 3. 내·외부 모두 산정 4. 산정 無 5. 해당없음	운영예산 산정 정산방법 1. 내부정산 (지자체 내부적으로 정산) 2. 외부정산 (외부전문기관위탁 정산) 3. 내·외부 모두 산정 4. 정산 無 5. 해당없음	성과평가 실시여부 1. 실시 2. 미실시 3. 향후 추진 4. 해당없음
26825	제주 서귀포시	고품질감귤 3년생 대묘 공급 지원	210,000	감귤농정과	1	6	7	8	7	1	1	3
26826	제주 서귀포시	제주월동무 가공 및 브랜드 육성사업	643,000	감귤농정과	1	2	7	8	6	1	1	1
26827	제주 서귀포시	농특산물 마케팅 지원사업	150,000	감귤농정과	1	4	7	8	6	1	1	1
26828	제주 서귀포시	태양열 토양소독용 비닐지원	100,000	감귤농정과	1	5	7	8	7	5	5	4
26829	제주 서귀포시	시설과채류 경쟁력 강화(수정벌) 지원	45,000	감귤농정과	1	5	7	8	7	5	5	4
26830	제주 서귀포시	수출용 화훼종구(묘) 구입지원	100,000	감귤농정과	1	5	7	8	7	5	5	4
26831	제주 서귀포시	토양개량제 공급 지원	914,285	감귤농정과	1	2	7	8	7	5	5	4
26832	제주 서귀포시	토양개량제 공동살포 대행비	120,000	감귤농정과	1	2	7	8	7	5	5	4
26833	제주 서귀포시	밭작물 토양소독제 지원사업	400,000	감귤농정과	1	5	7	8	7	5	5	4
26834	제주 서귀포시	감자 종서 구입비 지원사업	200,000	감귤농정과	1	5	7	8	7	5	5	4
26835	제주 서귀포시	드론 이용 농약방제 대행비 지원	70,000	감귤농정과	1	5	7	8	7	5	5	4
26836	제주 서귀포시	식량작물 공동(들녘)경영체 교육컨설팅 지원	54,000	감귤농정과	1	2	7	8	7	5	5	4
26837	제주 서귀포시	월동채소 재해예방용 방풍망 피복재배 지원	500,000	감귤농정과	1	5	7	8	7	5	5	4
26838	제주 서귀포시	감귤 수출 활성화(인센티브) 지원	60,000	감귤농정과	1	4	7	8	7	1	1	1
26839	제주 서귀포시	브랜드 참여조직 경쟁력 강화 지원	10,000	감귤농정과	1	4	7	8	7	1	1	1
26840	제주 서귀포시	고품질 브랜드 감귤(군납)출하 포장재 지원	50,000	감귤농정과	1	4	7	8	7	1	1	1
26841	제주 서귀포시	농업인 단체 활성화 지원	70,000	감귤농정과	1	4	7	7	7	1	1	1
26842	제주 서귀포시	우수감귤 판촉홍보 지원	10,000	감귤농정과	1	4	7	7	7	1	1	1
26843	제주 서귀포시	초등돌봄교실 과일간식 지원	80,000	감귤농정과	1	2	7	7	7	1	1	1
26844	제주 서귀포시	대천,중문,예래지역 감귤유통 시설장비 지원 사업	80,000	감귤농정과	1	4	1	7	3	1	1	1
26845	제주 서귀포시	항내 쓰레기 처리비용지원	31,500	해양수산과	1	4	1	1	6	1	1	3
26846	제주 서귀포시	성산포항 예인선 운영 보조	60,000	해양수산과	1	4	1	1	6	1	1	3
26847	제주 서귀포시	성산포항 판매장 정비 지원	10,000	해양수산과	1	4	7	8	7	5	5	4
26848	제주 서귀포시	내항여객선운임지원(2개도서)	56,000	해양수산과	1	1	1	1	6	1	1	3
26849	제주 서귀포시	여객선 유류비 지원	9,000	해양수산과	1	4	1	1	6	1	1	3
26850	제주 서귀포시	해녀 탈의장 운영비	70,000	해양수산과	1	4	7	8	7	1	1	3
26851	제주 서귀포시	어촌계 가입비	9,000	해양수산과	1	4	7	8	7	1	1	3
26852	제주 서귀포시	어촌체험마을 사무장 지원사업	43,740	해양수산과	1	4	7	8	7	1	1	3
26853	제주 서귀포시	한우(흑우) 개량지원	200,000	축산과	1	1	7	8	7	5	5	4
26854	제주 서귀포시	한우등록	25,000	축산과	1	1	7	8	7	5	5	4
26855	제주 서귀포시	한우 도외 출하 운송비 지원	18,000	축산과	1	1	7	8	7	5	5	4
26856	제주 서귀포시	가축재해 보험료 지원	17,500	축산과	1	1	7	8	7	5	5	4
26857	제주 서귀포시	축산재해 폐사가축 랜더링 처리비 지원	5,000	축산과	1	1	7	8	7	5	5	4
26858	제주 서귀포시	감귤박 사료자원화 지원	50,000	축산과	1	1	7	8	7	5	5	4
26859	제주 서귀포시	FTA대응 조사료곤포사일리지 비닐랩지원	10,000	축산과	1	1	7	8	7	5	5	4
26860	제주 서귀포시	조사료생산 사일리지제조비 지원	1,818	축산과	1	2	7	8	7	5	5	4
26861	제주 서귀포시	조사료생산 종자구입비 지원	279,600	축산과	1	2	7	8	7	5	5	4
26862	제주 서귀포시	흑한우 생산 인공수정 지원	12,000	축산과	1	1	7	8	7	5	5	4
26863	제주 서귀포시	돼지써코바이러스 예방백신지원	286,200	축산과	1	2	7	8	7	5	5	4
26864	제주 서귀포시	구제역 예방백신지원	576,149	축산과	1	2	7	8	7	5	5	4
26865	제주 서귀포시	돼지 소모성질환 지도 지원	42,000	축산과	1	2	7	8	7	5	5	4
26866	제주 서귀포시	거점 및 통제초소 운영	50,000	축산과	1	2	7	8	7	5	5	4
26867	제주 서귀포시	전국 일제소독의 날 운영	95,780	축산과	1	2	7	8	7	5	5	4
26868	제주 서귀포시	폐사축 랜더링 공동처리비 지원	20,000	축산과	1	1	7	8	7	5	5	4
26869	제주 서귀포시	가축방역 가상방역훈련	20,000	축산과	1	2	7	8	7	5	5	4
26870	제주 서귀포시	학교우유급식	245,972	축산과	1	2	7	8	7	5	5	4
26871	제주 서귀포시	제주산 축산물 소비촉진 홍보지원	9,000	축산과	1	1	7	8	7	5	5	4
26872	제주 서귀포시	축산물 HACCP 컨설팅 지원	32,480	축산과	1	2	7	8	7	5	5	4
26873	제주 서귀포시	쇠고기 이력제 지원	25,208	축산과	1	2	7	8	7	5	5	4
26874	제주 서귀포시	동물복지 축산농장 컨설팅 지원	14,000	축산과	1	2	7	8	7	5	5	4
26875	제주 서귀포시	동일2리 환경기초시설설치주변마을 지원	10,000	축산과	1	1	7	8	7	5	5	4

순번	시군구	지출명 (사업명)	2021년예산 (단위:천원/1년간)	담당자 (공무원) 담당부서	민간이전 분류 (지방자치단체 세출예산 집행기준에 의거) 1. 민간경상사업보조(307-02) 2. 민간단체 법정운영비보조(307-03) 3. 민간행사사업보조(307-04) 4. 민간위탁금(307-05) 5. 사회복지시설 법정운영비보조(307-10) 6. 민간인위탁교육비(307-12) 7. 공기관등에대한경상적위탁사업비(308-11) 8. 민간자본사업보조,자체재원(402-01) 9. 민간자본사업보조,이전재원(402-02) 10. 민간위탁사업비(402-03) 11. 공기관등에 대한 자본적 대행사업비(403-02)	민간이전지출 근거 (지방보조금 관리기준 참고) 1. 법률에 규정 2. 국고보조 재원(국가지정) 3. 용도 지정 기부금 4. 조례에 직접규정 5. 지자체가 권장하는 사업을 하는 공공기관 6. 시,도 정책 및 재정사정 7. 기타 8. 해당없음	입찰방식 계약체결방법 (경쟁형태) 1. 일반경쟁 2. 제한경쟁 3. 지명경쟁 4. 수의계약 5. 법정위탁 6. 기타 ( ) 7. 해당없음	입찰방식 계약기간 1. 1년 2. 2년 3. 3년 4. 4년 5. 5년 6. 기타 ( )년 7. 단기계약 (1년미만) 8. 해당없음	입찰방식 낙찰자선정방법 1. 적격심사 2. 협상에의한계약 3. 최저가낙찰제 4. 규격가격분리 5. 2단계 경쟁입찰 6. 기타 ( ) 7. 해당없음	운영예산 산정 운영예산 산정 1. 내부산정 (지자체 자체적으로 산정) 2. 외부산정 (외부전문기관위탁 산정) 3. 내·외부 모두 산정 4. 산정 無 5. 해당없음	운영예산 산정 정산방법 1. 내부정산 (지자체 내부적으로 정산) 2. 외부정산 (외부전문기관위탁 정산) 3. 내·외부 모두 산정 4. 정산 無 5. 해당없음	성과평가 실시여부 1. 실시 2. 미실시 3. 향후 추진 4. 해당없음
26876	제주 서귀포시	액비살포비 지원	270,000	축산과	1	1	7	8	7	5	5	4
26877	제주 서귀포시	축산환경개선	120,000	축산과	1	1	7	8	7	5	5	4
26878	제주 서귀포시	젖소 능력검정	1,400	축산과	1	1	7	8	7	5	5	4
26879	제주 서귀포시	제주산 우수벌꿀 포장재 지원	62,700	축산과	1	1	7	8	7	5	5	4
26880	제주 서귀포시	종봉 생산용 화분 구입	51,820	축산과	1	1	7	8	7	5	5	4
26881	제주 서귀포시	양봉 전면 소초광 지원	54,250	축산과	1	1	7	8	7	5	5	4
26882	제주 서귀포시	벌통 구입 지원	35,750	축산과	1	1	7	8	7	5	5	4
26883	제주 서귀포시	제주마생산장려금지원	13,000	축산과	1	1	7	8	7	5	5	4
26884	제주 서귀포시	경주마 경매용 X-ray 검사비지원	50,000	축산과	1	1	7	8	7	5	5	4
26885	제주 서귀포시	학생승마체험 지원	152,800	축산과	1	2	7	8	7	5	5	4
26886	제주 서귀포시	유소년 승마단 지원	40,000	축산과	1	2	7	8	7	5	5	4
26887	제주 서귀포시	농촌관광 승마활성화	104,000	축산과	1	2	7	8	7	5	5	4
26888	제주 서귀포시	승용마 조련강화	32,000	축산과	1	2	7	8	7	5	5	4
26889	제주 서귀포시	생태관광지역 지정·육성사업	86,000	녹색환경과	1	4	7	8	7	5	5	4
26890	제주 서귀포시	람사르 습지도시 인증프로그램 지원	110,000	녹색환경과	1	1	7	8	7	5	5	4
26891	제주 서귀포시	하논분화구 복원·보전사업 지원	10,000	녹색환경과	1	4	7	8	7	5	5	4
26892	제주 서귀포시	야생생물관리협회 서귀포지회 지원사업	12,000	녹색환경과	1	4	5	1	7	1	1	1
26893	제주 서귀포시	야생생물관리협회 동부지회 지원사업	3,000	녹색환경과	1	4	5	1	7	1	1	1
26894	제주 서귀포시	생태계 교란 생물 퇴치사업	40,000	녹색환경과	1	1	7	8	7	5	5	4
26895	제주 서귀포시	저탄소생활 실천운동	70,000	녹색환경과	1	1	7	8	7	5	1	1
26896	제주 서귀포시	자연보호사업 추진	1,000	녹색환경과	1	4	7	8	7	1	1	1
26897	제주 서귀포시	지속가능발전 실천사업 지원	35,000	녹색환경과	1	1	7	8	7	5	1	1
26898	제주 서귀포시	읍면 환경기초시설 설치지역 소규모 사업비 지원	15,000	생활환경과	1	4	4	7	7	1	1	3
26899	제주 서귀포시	남부광역환경관리센터 주민협의체 지원	8,000	생활환경과	1	4	4	7	7	1	1	3
26900	제주 서귀포시	환경기초시설 설치지역 소규모 사업지원	55,000	생활환경과	1	4	4	7	7	1	1	3
26901	제주 서귀포시	민간안전봉사단체 안전문화운동 사업 지원	3,000	안전총괄과	1	1	7	7	7	1	1	3
26902	제주 서귀포시	지역자율방재단 운영	21,800	안전총괄과	1	4	7	7	7	1	1	3
26903	제주 서귀포시	안전문화운동 서귀포시협의회 안전문화운동 사업지원	6,300	안전총괄과	1	1	7	7	7	1	1	3
26904	제주 서귀포시	시민이 주도하는 안전문화운동 확산사업 지원	10,000	안전총괄과	1	1	7	7	7	1	1	3
26905	제주 서귀포시	안전취약계층 소화기 등 보급사업	10,000	안전총괄과	1	4	7	7	7	1	1	3
26906	제주 서귀포시	민방위 시범마을 사업	7,000	안전총괄과	1	1	7	7	7	1	1	3
26907	제주 서귀포시	공동주택 관리비용 지원사업	5,000	건축과	1	1	7	8	7	1	1	1
26908	제주 서귀포시	청소년 희망교통 지원사업	500,000	교통행정과	1	6	7	8	7	5	5	4
26909	제주 서귀포시	마라도 청정자연환경보호특구 지정 차량운행 제한	23,500	교통행정과	1	4	4	1	7	1	1	1
26910	제주 서귀포시	학교통학 버스운행 지원사업	6,000	교통행정과	1	1	7	8	7	1	1	1
26911	제주 서귀포시	의료관련감염병 표본감시체계 운여	10,000	서귀포보건소	1	7	5	8	7	5	1	4
26912	제주 서귀포시	주민자치위원회 활동지원	3,000	대정읍	1	4	7	8	7	1	1	1
26913	제주 서귀포시	노인회 민속경기대회 참가지원	1,000	대정읍	1	4	7	8	7	1	1	1
26914	제주 서귀포시	하모3리 거리박물관(벽화) 만들기 사업	80,000	대정읍	1	4	1	7	3	1	1	1
26915	제주 서귀포시	자생단체 등 주민공동체 활동지원	100,000	대정읍	1	4	7	8	7	1	1	1
26916	제주 서귀포시	대한노인회 서귀포시지회장기 민속경기대회 참가 지원	1,000	남원읍	1	1	7	8	7	1	1	3
26917	제주 서귀포시	남원읍재향군인회 호국보훈의달 기념 국가유공자 초청 위문잔치	5,000	남원읍	1	1	7	8	7	1	1	3
26918	제주 서귀포시	환경기초시설(공설묘지) 주변마을 운영비 지원	10,000	남원읍	1	4	7	8	7	1	1	3
26919	제주 서귀포시	자생단체 등 주민공동체 활동지원	95,000	남원읍	1	7	7	8	7	1	1	3
26920	제주 서귀포시	남원읍찾아가는 민속문화 프로그램 운영	27,000	남원읍	1	1	7	8	7	1	1	3
26921	제주 서귀포시	노후 우체통 교체사업	28,600	남원읍	1	7	7	8	7	1	1	3
26922	제주 서귀포시	마을과 주민이 함께 만드는 공동체미디어	27,000	남원읍	1	7	7	8	7	1	1	3
26923	제주 서귀포시	자연 속 건강학교	36,000	남원읍	1	7	7	8	7	1	1	3
26924	제주 서귀포시	주ㅠ민이 행복한 헬스팩토리 운영	41,400	남원읍	1	7	7	8	7	1	1	3
26925	제주 서귀포시	주민자치위원회 활동지원	3,000	남원읍	1	1	7	8	7	1	1	3
26926	제주 서귀포시	주민자치위원회 활동지원	3,000	성산읍	1	4	7	8	7	1	1	1

순번	시군구	지출명 (사업명)	2021년예산 (단위:천원/1년간)	담당자 (공무원) 담당부서	민간이전 분류 (지방자치단체 세출예산 집행기준에 의거) 1. 민간경상사업보조(307-02) 2. 민간단체 법정운영비보조(307-03) 3. 민간행사사업보조(307-04) 4. 민간위탁금(307-05) 5. 사회복지시설 법정운영비보조(307-10) 6. 민간인위탁교육비(307-12) 7. 공기관등에대한경상적위탁사업비(308-11) 8. 민간자본사업보조,자체재원(402-01) 9. 민간자본사업보조,이전재원(402-02) 10. 민간위탁사업비(402-03) 11. 공기관등에 대한 자본적 대행사업비(403-02)	민간이전지출 근거 (지방보조금 관리기준 참고) 1. 법률에 규정 2. 국고보조 재원(국가지정) 3. 용도 지정 기부금 4. 조례에 직접규정 5. 지자체가 권장하는 사업을 하는 공공기관 6. 시,도 정책 및 재정사정 7. 기타 8. 해당없음	입찰방식 계약체결방법 (경쟁형태) 1. 일반경쟁 2. 제한경쟁 3. 지명경쟁 4. 수의계약 5. 법정위탁 6. 기타 ( ) 7. 해당없음	입찰방식 계약기간 1. 1년 2. 2년 3. 3년 4. 4년 5. 5년 6. 기타 ( )년 7. 단기계약 (1년미만) 8. 해당없음	입찰방식 낙찰자선정방법 1. 적격심사 2. 협상에의한계약 3. 최저가낙찰제 4. 규격가격분리 5. 2단계 경쟁입찰 6. 기타 ( ) 7. 해당없음	운영예산 산정 운영예산 산정 1. 내부산정 (지자체 자체적으로 산정) 2. 외부산정 (외부전문기관위탁 산정) 3. 내·외부 모두 산정 4. 산정 無 5. 해당없음	운영예산 산정 정산방법 1. 내부정산 (지자체 내부적으로 정산) 2. 외부정산 (외부전문기관위탁 정산) 3. 내·외부 모두 산정 4. 정산 無 5. 해당없음	성과평가 실시여부 1. 실시 2. 미실시 3. 향후 추진 4. 해당없음
26927	제주 서귀포시	노인민속경기대회 참가지원	1,000	성산읍	1	4	7	8	7	1	1	1
26928	제주 서귀포시	마을별 특색이 살아있는 명품꽃길 조성	100,000	성산읍	1	4	7	8	7	1	1	4
26929	제주 서귀포시	환경기초시설(공설묘지)주변지역 지원사업비	9,000	성산읍	1	4	7	8	7	1	1	1
26930	제주 서귀포시	어버이날 경로잔치	14,000	성산읍	1	4	7	8	7	1	1	1
26931	제주 서귀포시	자생단체 등 주민공동체 활동지원	55,000	성산읍	1	4	7	8	7	1	1	1
26932	제주 서귀포시	고성리마을, '역사와 사람을 담다'마을지발행	40,000	성산읍	1	1	7	8	7	1	1	4
26933	제주 서귀포시	고독사 예방을 위한 IOT활용 안심LED센서등 모니터링	4,000	안덕면	1	4	7	8	7	5	5	4
26934	제주 서귀포시	자생단체등 주민공동체 활동지원	133,500	안덕면	1	4	7	8	7	5	5	4
26935	제주 서귀포시	상천리 역사·문화 기록물 발간사업	40,000	안덕면	1	7	7	8	7	5	5	4
26936	제주 서귀포시	청소년 인성예절 선도사업	11,500	안덕면	1	7	7	8	7	5	5	4
26937	제주 서귀포시	내고장 전통문화 전승 보전사업	4,500	안덕면	1	7	7	8	7	5	5	4
26938	제주 서귀포시	노인 민속경기대회 참가지원	1,000	안덕면	1	4	7	8	7	5	5	4
26939	제주 서귀포시	주민자치위원회 활동지원 사업	3,000	안덕면	1	4	7	8	7	5	5	4
26940	제주 서귀포시	안덕면 수국 꽃길자원 연계수눌음 헌혈 문화 확산사업	30,000	안덕면	1	7	7	8	7	5	5	4
26941	제주 서귀포시	안덕면 자연생태지킴이 프로그램 사업	25,000	안덕면	1	7	7	8	7	5	5	4
26942	제주 서귀포시	주민자치위원회 활동지원	3,000	표선면	1	4	7	8	7	1	1	4
26943	제주 서귀포시	노인민속경기대회 참가지원	1,000	표선면	1	1	7	8	7	1	1	4
26944	제주 서귀포시	표선면 청소년 아카데미 운영사업	18,000	표선면	1	4	7	8	7	1	1	4
26945	제주 서귀포시	표선면 문화예술틔움 프로젝트	18,000	표선면	1	4	7	8	7	1	1	4
26946	제주 서귀포시	표선면 생기충전 활력UP프로젝트	28,000	표선면	1	4	7	8	7	1	1	4
26947	제주 서귀포시	고치글라 어울령 만들기	41,000	표선면	1	4	7	8	7	1	1	4
26948	제주 서귀포시	세화리 어르신 구술자서전 프로젝트	40,000	표선면	1	4	7	8	7	1	1	4
26949	제주 서귀포시	자생단체 등 주민공동체 활동지원	61,500	표선면	1	4	7	8	7	1	1	4
26950	제주 서귀포시	면정발전을 위한 면민 대토론회 개최	15,000	표선면	1	4	7	8	7	1	1	4
26951	제주 서귀포시	주민자치위원회 활동 지원	3,000	송산동	1	4	7	8	7	1	1	3
26952	제주 서귀포시	노인 민속경기대회 참가지원	1,000	송산동	1	4	7	8	7	1	1	3
26953	제주 서귀포시	자생단체 등 주민공동체 활동지원	26,000	송산동	1	4	7	8	7	1	1	3
26954	제주 서귀포시	주민자치위원회 활동지원	3,000	정방동	1	4	7	8	7	1	1	3
26955	제주 서귀포시	노인회 민속경기대회 참가 지원	1,000	정방동	1	4	7	8	7	1	1	3
26956	제주 서귀포시	명동로 상권활성화를 위한 소규모 문화공연	20,000	정방동	1	4	7	8	7	1	1	3
26957	제주 서귀포시	자생단체 등 주민공동체 활동지원	15,000	정방동	1	4	7	8	7	1	1	3
26958	제주 서귀포시	주민자치위원회 활동지원	3,000	중앙동	1	4	7	8	7	5	1	1
26959	제주 서귀포시	노인 민속경기대회 참가지원	1,000	중앙동	1	4	7	8	7	5	1	1
26960	제주 서귀포시	자생단체 등 주민공동체 활동지원	20,000	중앙동	1	4	7	8	7	5	1	1
26961	제주 서귀포시	주민자치위원회 활동 지원	3,000	천지동	1	4	7	8	7	1	1	3
26962	제주 서귀포시	노인회 민속경기대회 참가지원	1,000	천지동	1	7	7	8	7	1	1	3
26963	제주 서귀포시	천지동 하늘·땅 공부방 운영사업	9,000	천지동	1	7	7	8	7	1	1	3
26964	제주 서귀포시	친환경 EM비누 만들기 체험교실 운영	2,000	천지동	1	7	7	8	7	1	1	3
26965	제주 서귀포시	자생단체등 주민공동체 활동지원	16,000	천지동	1	7	7	8	7	1	1	3
26966	제주 서귀포시	주민자치위원회 활동 지원	3,000	효돈동	1	4	7	8	7	1	1	1
26967	제주 서귀포시	노인의날 민속경기대회 참가 지원	1,000	효돈동	1	4	7	8	7	1	1	1
26968	제주 서귀포시	테마가 있는 하효항 속 꽃섬 만들기	10,000	효돈동	1	4	7	8	7	1	1	1
26969	제주 서귀포시	자생단체 등 주민공동체 활동지원	18,000	효돈동	1	4	7	8	7	1	1	1
26970	제주 서귀포시	주민자치위원회 활동지원	3,000	영천동	1	4	7	8	7	1	1	3
26971	제주 서귀포시	노인민속경기대회 참가지원	1,000	영천동	1	7	7	8	7	1	1	3
26972	제주 서귀포시	청소년과 가족이 함께하는 현장체험학습	15,000	영천동	1	7	7	8	7	1	1	3
26973	제주 서귀포시	자생단체 등 주민공동체 지원	37,500	영천동	1	7	7	8	7	1	1	3
26974	제주 서귀포시	주민자치위원회 활동 지원	3,000	동홍동	1	4	7	8	7	1	1	1
26975	제주 서귀포시	노인 민속경기대회 참가 지원	1,000	동홍동	1	4	7	8	7	1	1	1
26976	제주 서귀포시	어린이 주민자치위원회 운영	6,000	동홍동	1	4	7	8	7	1	1	1
26977	제주 서귀포시	자생단체 등 주민공동체 활동지원	69,500	동홍동	1	4	7	8	7	1	1	1

순번	시군구	지출명 (사업명)	2021년예산 (단위:천원/1년간)	담당자 (공무원)	민간이전 분류 (지방자치단체 세출예산 집행기준에 의거)	민간이전지출 근거 (지방보조금 관리기준 참고)	입찰방식			운영예산 산정		성과평가 실시여부
				담당부서	1. 민간경상사업보조(307-02) 2. 민간단체 법정운영비보조(307-03) 3. 민간행사사업보조(307-04) 4. 민간위탁금(307-05) 5. 사회복지시설 법정운영비보조(307-10) 6. 민간인위탁교육비(307-12) 7. 공기관등에대한경상적위탁사업비(308-11) 8. 민간자본사업보조,자체재원(402-01) 9. 민간자본사업보조,이전재원(402-02) 10. 민간위탁사업비(402-03) 11. 공기관등에 대한 자본적 대행사업비(403-02)	1. 법률에 규정 2. 국고보조 재원(국가지정) 3. 용도 지정 기부금 4. 조례에 직접규정 5. 지자체가 권장하는 사업을 하는 공공기관 6. 시,도 정책 및 재정사정 7. 기타 8. 해당없음	계약체결방법 (경쟁형태) 1. 일반경쟁 2. 제한경쟁 3. 지명경쟁 4. 수의계약 5. 법정위탁 6. 기타 ( ) 7. 해당없음	계약기간 1. 1년 2. 2년 3. 3년 4. 4년 5. 5년 6. 기타 ( )년 7. 단기계약 (1년미만) 8. 해당없음	낙찰자선정방법 1. 적격심사 2. 협상에의한계약 3. 최저가낙찰제 4. 규격가격분리 5. 2단계 경쟁입찰 6. 기타 ( ) 7. 해당없음	운영예산 산정 1. 내부산정 (지자체 자체적으로 산정) 2. 외부산정 (외부전문기관위탁 산정) 3. 내·외부 모두 산정 4. 산정 無 5. 해당없음	정산방법 1. 내부정산 (지자체 내부적으로 정산) 2. 외부정산 (외부전문기관위탁 정산) 3. 내·외부 모두 산정 4. 정산 無 5. 해당없음	1. 실시 2. 미실시 3. 향후 추진 4. 해당없음
26978	제주 서귀포시	국화분재교실	20,000	서홍동	1	4	7	8	7	1	1	4
26979	제주 서귀포시	자생단체등 주민공동체 활동지원	30,000	서홍동	1	4	7	8	7	1	1	4
26980	제주 서귀포시	주민자치위원회 활동지원	3,000	서홍동	1	4	7	8	7	1	1	4
26981	제주 서귀포시	서홍동 탐방프로그램 운영	6,300	서홍동	1	4	7	8	7	1	1	4
26982	제주 서귀포시	친환경 상설 EM비누 체험장 운영	5,000	서홍동	1	4	7	8	7	1	1	4
26983	제주 서귀포시	서홍동 문화유산 책자 발간	18,200	서홍동	1	4	7	8	7	1	1	4
26984	제주 서귀포시	노인 민속경기대회 참가지원	1,000	서홍동	1	4	7	8	7	1	1	4
26985	제주 서귀포시	양봉육성사업	10,000	서홍동	1	4	7	8	7	1	1	4
26986	제주 서귀포시	경로당 프로그램 운영지원	4,000	서홍동	1	4	7	8	7	1	1	4
26987	제주 서귀포시	행복한 동행 축하꾸러미 지원사업	27,000	대륜동	1	4	7	8	7	1	1	4
26988	제주 서귀포시	주민자치위원회 활동지원	3,000	대륜동	1	4	7	8	7	1	1	4
26989	제주 서귀포시	노인민속경기 참가지원	1,000	대륜동	1	4	7	8	7	1	1	4
26990	제주 서귀포시	어버이날기념어르신야외문화체험지원	11,000	대륜동	1	4	7	8	7	1	1	4
26991	제주 서귀포시	청소년인성캠프운영	15,000	대륜동	1	4	7	8	7	1	1	4
26992	제주 서귀포시	자생단체등주민공동체활동지원	21,000	대륜동	1	4	7	8	7	1	1	4
26993	제주 서귀포시	주민자치위원회 활동지원	3,000	대천동	1	4	7	8	7	1	1	3
26994	제주 서귀포시	노인 민속경기대회 참가 지원	1,000	대천동	1	4	7	8	7	1	1	3
26995	제주 서귀포시	주민참여형 생활환경교실 운영	14,400	대천동	1	4	7	8	7	1	1	3
26996	제주 서귀포시	강정천 초록농장 조성사업	9,000	대천동	1	4	7	8	7	1	1	3
26997	제주 서귀포시	대천12경 영상물 제작 및 홍보	22,500	대천동	1	4	7	8	7	1	1	3
26998	제주 서귀포시	도순마을 향토지 제작	28,000	대천동	1	4	7	8	7	1	1	3
26999	제주 서귀포시	노인이어서 더 행복한 대천동' 프로그램 운영	4,500	대천동	1	4	7	8	7	1	1	3
27000	제주 서귀포시	친환경 "에코그린 나눔지기"	8,100	대천동	1	4	7	8	7	1	1	3
27001	제주 서귀포시	자생단체등 주민공동체 활동지원	25,000	대천동	1	4	7	8	7	1	1	3
27002	제주 서귀포시	주민참여예산	6,300	중문동	1	4	7	8	7	1	1	4
27003	제주 서귀포시	문화 및 체육행사 지원	7,000	중문동	1	4	7	8	7	1	1	4
27004	제주 서귀포시	소규모주민숙원 및 지역개발사업	21,000	중문동	1	4	7	8	7	1	1	4
27005	제주 서귀포시	노인회민속경기대회참가지원	1,000	중문동	1	1	7	8	7	1	1	4
27006	제주 서귀포시	어버이날 맞이 경로당 문화체험 지원	6,000	중문동	1	1	7	8	7	1	1	4
27007	제주 서귀포시	주민자치위원회 활동지원	3,000	중문동	1	4	7	8	7	1	1	4
27008	제주 서귀포시	주민자치위원회 활동 지원	3,000	예래동	1	4	7	8	7	1	1	4
27009	제주 서귀포시	노인민속경기대회 참가 지원	1,000	예래동	1	4	7	8	7	1	1	4
27010	제주 서귀포시	동난드르 마을 유래집 제작사업	18,900	예래동	1	4	7	8	7	1	1	4
27011	제주 서귀포시	행복가득! 사랑의 주택 개보수 사업	45,000	예래동	1	4	7	8	7	1	1	4
27012	제주 서귀포시	취약계층 가구 방역사업	12,000	예래동	1	4	7	8	7	1	1	4
27013	제주 서귀포시	자생단체등 주민공동체 활동지원	34,000	예래동	1	4	7	8	7	1	1	4

chapter

2

민간단체법정운영비보조 (307-03)

2021년 전국 지방자치단체 민간단체법정운영비보조(307-03) 운영 현황

순번	시군구	지출명 (사업명)	2021년예산 (단위:천원/1년간)	담당자 (공무원) 담당부서	민간이전 분류 (지방자치단체 세출예산 집행기준에 의거) 1. 민간경상사업보조(307-02) 2. 민간단체 법정운영비보조(307-03) 3. 민간행사사업보조(307-04) 4. 민간위탁금(307-05) 5. 사회복지시설 법정운영비보조(307-10) 6. 민간인위탁교육비(307-12) 7. 공기관등에대한경상적위탁사업비(308-11) 8. 민간자본사업보조,자체재원(402-01) 9. 민간자본사업보조,이전재원(402-02) 10. 민간위탁사업비(402-03) 11. 공기관등에 대한 자본적 대행사업비(403-02)	민간이전지출 근거 (지방보조금 관리기준 참고) 1. 법률에 규정 2. 국고보조 재원(국가지정) 3. 용도 지정 기부금 4. 조례에 직접규정 5. 지자체가 권장하는 사업을 하는 공공기관 6. 시,도 정책 및 재정사정 7. 기타 8. 해당없음	입찰방식 계약체결방법 (경쟁형태) 1. 일반경쟁 2. 제한경쟁 3. 지명경쟁 4. 수의계약 5. 법정위탁 6. 기타 ( ) 7. 해당없음	입찰방식 계약기간 1. 1년 2. 2년 3. 3년 4. 4년 5. 5년 6. 기타 ( )년 7. 단기계약 (1년미만) 8. 해당없음	입찰방식 낙찰자선정방법 1. 적격심사 2. 협상에의한계약 3. 최저가낙찰제 4. 규격가격분리 5. 2단계 경쟁입찰 6. 기타 ( ) 7. 해당없음	운영예산 산정 운영예산 산정 1. 내부산정 (지자체 자체적으로 산정) 2. 외부산정 (외부전문기관위탁 산정) 3. 내·외부 모두 산정 4. 산정 無 5. 해당없음	운영예산 산정 정산방법 1. 내부정산 (지자체 내부적으로 정산) 2. 외부정산 (외부전문기관위탁 정산) 3. 내·외부 모두 산정 4. 정산 無 5. 해당없음	성과평가 실시여부 1. 실시 2. 미실시 3. 향후 추진 4. 해당없음
1	서울 종로구	생활체육단체 육성 및 지원	89,799	건강도시과	2	1	7	8	7	1	1	1
2	서울 종로구	종로구관광협의회 운영 지원	54,480	관광과	2	4	7	8	7	5	5	4
3	서울 종로구	종로구관광협의회 운영 지원	16,600	관광과	2	4	7	8	7	5	5	4
4	서울 종로구	「효사랑」실천 사업	93,230	어르신가족과	2	1	7	8	7	1	1	1
5	서울 종로구	대한노인회 종로구지회 지원	3,760	어르신가족과	2	1	7	8	7	5	5	4
6	서울 종로구	여성복지시설 및 단체 지원	17,265	어르신가족과	2	4	7	8	7	5	5	4
7	서울 중구	안보 및 공익활동 지원	10,000	생활안전담당관	2	1	7	8	7	1	1	1
8	서울 중구	행정협력 단체 등 활동지원	90,000	동정부과	2	1	7	8	7	1	1	1
9	서울 중구	생활체육 육성 지원	55,200	동정부과	2	1	7	8	7	1	1	4
10	서울 중구	중구문화원 활성화 운영 지원	75,000	문화관광과	2	1	5	8	7	1	1	2
11	서울 중구	국가유공자등예우및지원	58,125	복지지원과	2	4	7	8	7	1	1	1
12	서울 중구	대한노인회중구지회 활성화 사업	76,310	사회복지과	2	1	7	8	7	1	1	1
13	서울 중구	장애인자립생활지원센터 운영 지원	3,600	사회복지과	2	1	6	8	7	1	1	1
14	서울 중구	장애인단체 지원	35,160	사회복지과	2	1	6	8	7	1	1	1
15	서울 중구	저탄소 녹색성장 사업	4,000	환경과	2	1	7	8	7	1	1	1
16	서울 중구	동행정 지원단체 활동지원	2,400	소공동	2	1	7	8	7	1	1	1
17	서울 중구	동행정 협력활동 지원	6,600	회현동	2	1	7	8	7	1	1	1
18	서울 중구	작은도서관 운영	2,400	회현동	2	1	7	8	7	1	1	1
19	서울 중구	동 자치협력단체 지원	6,600	명동	2	1	7	8	7	1	1	4
20	서울 중구	동행정 협력활동 지원	6,600	필동	2	1	7	8	7	1	1	4
21	서울 중구	작은도서관 운영지원	2,400	필동	2	1	7	8	7	1	1	4
22	서울 중구	동행정 협력활동 지원	6,600	장충동	2	7	7	8	7	5	5	4
23	서울 중구	동행정 협력활동 지원	9,000	광희동	2	1	7	8	6	1	1	1
24	서울 중구	을지로동 행정 협력활동 지원	5,400	을지로동	2	4	7	8	7	5	1	1
25	서울 중구	작은도서관운영	2,400	신당동	2	1	6	8	6	1	1	1
26	서울 중구	동행정 협력활동 지원	6,600	신당동	2	4	6	8	6	1	1	1
27	서울 중구	작은도서관 운영 지원	2,400	다산동	2	4	7	8	7	1	1	1
28	서울 중구	사회단체 협력 지원	6,600	다산동	2	4	7	8	7	1	1	1
29	서울 중구	동행정 협력활동 지원	10,000	약수동	2	4	7	8	7	1	1	1
30	서울 중구	비영리민간단체 활동 지원	6,600	청구동	2	1	7	8	7	1	1	1
31	서울 중구	작은도서관 운영 개선	2,400	청구동	2	4	7	8	7	1	1	1
32	서울 중구	동행정 협력활동 지원	7,800	신당5동	2	4	7	8	7	1	1	1
33	서울 중구	비영리 민간단체 활동지원	5,400	동화동	2	1	7	8	7	1	1	1
34	서울 중구	작은도서관 운영 지원	2,400	동화동	2	1	7	8	7	1	1	1
35	서울 중구	작은도서관 운영지원	2,400	황학동	2	4	7	8	7	1	1	1
36	서울 중구	행정협력단체 활동지원	6,600	황학동	2	4	7	8	7	1	1	1
37	서울 중구	비영리 민간단체 활동지원	6,600	중림동	2	1	7	8	7	1	1	1
38	서울 용산구	공익단체 활동 지원	91,112	자치행정과	2	1	7	8	7	1	1	1
39	서울 용산구	보훈대상자 및 보훈단체 지원	157,000	복지정책과	2	1	7	8	7	1	1	1
40	서울 용산구	장애인자립생활센터 지원	37,000	사회복지과	2	1	6	1	1	3	1	1
41	서울 용산구	문화원 육성	32,500	문화체육과	2	1	7	8	1	1	1	2
42	서울 용산구	문화원 육성	150,375	문화체육과	2	1	7	8	1	1	1	2
43	서울 용산구	문화원 육성	3,600	문화체육과	2	1	7	8	1	1	1	2
44	서울 용산구	용산구 체육회 운영	16,800	문화체육과	2	4	7	8	1	1	1	1
45	서울 용산구	사회단체 운영 활성화	3,000	안전재난과	2	1	7	8	7	1	1	4
46	서울 성동구	민간단체 지원	62,080	자치행정과	2	1	7	8	7	1	1	1
47	서울 성동구	민주평통 사업 지원	9,440	자치행정과	2	1	7	8	7	5	1	1
48	서울 성동구	지방문화원 육성지원	70,008	문화체육과	2	1	5	8	7	1	1	4
49	서울 성동구	국가유공자 위문 및 보훈단체 지원	130,680	복지정책과	2	1	7	8	7	1	1	4

순번	시군구	지출명 (사업명)	2021년예산 (단위:천원/1년간)	담당자 (공무원) 담당부서	민간이전 분류 (지방자치단체 세출예산 집행기준에 의거) 1. 민간경상사업보조(307-02) 2. 민간단체 법정운영비보조(307-03) 3. 민간행사사업보조(307-04) 4. 민간위탁금(307-05) 5. 사회복지시설 법정운영비보조(307-10) 6. 민간인위탁교육비(307-12) 7. 공기관등에대한경상적위탁사업비(308-11) 8. 민간자본사업보조,자체재원(402-01) 9. 민간자본사업보조,이전재원(402-02) 10. 민간위탁사업비(402-03) 11. 공기관등에 대한 자본적 대행사업비(403-02)	민간이전지출 근거 (지방보조금 관리기준 참고) 1. 법률에 규정 2. 국고보조 재원(국가지정) 3. 용도 지정 기부금 4. 조례에 직접규정 5. 지자체가 권장하는 사업을 하는 공공기관 6. 시,도 정책 및 재정사정 7. 기타 8. 해당없음	입찰방식: 계약체결방법 (경쟁형태) 1. 일반경쟁 2. 제한경쟁 3. 지명경쟁 4. 수의계약 5. 법정위탁 6. 기타 ( ) 7. 해당없음	입찰방식: 계약기간 1. 1년 2. 2년 3. 3년 4. 4년 5. 5년 6. 기타 ( )년 7. 단기계약 (1년미만) 8. 해당없음	입찰방식: 낙찰자선정방법 1. 적격심사 2. 협상에의한계약 3. 최저가낙찰제 4. 규격가격분리 5. 2단계 경쟁입찰 6. 기타 ( ) 7. 해당없음	운영예산 산정: 운영예산 산정 1. 내부산정 (지자체 자체적으로 산정) 2. 외부산정 (외부전문기관위탁 산정) 3. 내·외부 모두 산정 4. 산정 無 5. 해당없음	운영예산 산정: 정산방법 1. 내부정산 (지자체 내부적으로 정산) 2. 외부정산 (외부전문기관위탁 정산) 3. 내·외부 모두 산정 4. 정산 無 5. 해당없음	성과평가 실시여부 1. 실시 2. 미실시 3. 향후 추진 4. 해당없음
50	서울 성동구	수요자 중심 지역사회보장협의체 운영	89,925	복지정책과	2	4	7	8	7	1	1	1
51	서울 광진구	민주평화통일자문회의 광진구협의회 운영 지원	9,600	자치행정과	2	2	7	8	7	1	1	2
52	서울 광진구	새마을회 운영비	59,448	자치행정과	2	1	6	1	1	1	1	3
53	서울 광진구	새마을봉사자 상해보험료	3,135	자치행정과	2	4	6	1	1	1	1	3
54	서울 광진구	새마을방역봉사대 운영	19,800	자치행정과	2	4	6	1	1	1	1	3
55	서울 광진구	바르게살기운동협의회 운영비 보조	7,800	자치행정과	2	1	6	1	1	1	1	3
56	서울 광진구	자유총연맹 운영비 보조	4,800	자치행정과	2	1	6	1	1	1	1	3
57	서울 광진구	재향군인회 운영비 보조	4,800	자치행정과	2	1	7	8	7	5	5	4
58	서울 광진구	국가보훈대상자 예우 및 지원	116,200	복지정책과	2	1	7	8	7	1	1	1
59	서울 광진구	지역사회보장협의체운영내실화	107,779	복지정책과	2	1	7	8	7	1	1	1
60	서울 동대문구	민주평화통일자문회의 구협의회	41,000	자치행정과	2	1	7	8	7	1	1	1
61	서울 동대문구	사회단체 운영비	83,910	자치행정과	2	1	7	8	7	1	1	1
62	서울 동대문구	문화원 인건비	50,000	문화관광과	2	1	7	7	7	1	1	4
63	서울 동대문구	장애인단체 운영비 지원	41,693	어르신장애인복지과	2	4	7	8	7	1	1	2
64	서울 동대문구	보훈단체 운영 지원	153,840	복지정책과	2	1	7	8	7	1	1	4
65	서울 동대문구	민관협력체계구축지원	43,845	복지정책과	2	1	7	8	7	1	1	4
66	서울 중랑구	민간단체 활동 지원	84,600	행정지원과	2	1	7	8	7	1	1	1
67	서울 중랑구	민주평화통일자문회의 지원	3,600	마을협치과	2	1	7	8	7	1	1	4
68	서울 중랑구	작은 도서관 운영	33,828	문화관광과	2	1	7	8	7	1	1	4
69	서울 중랑구	지역사회보장협의체 운영	36,305	복지정책과	2	4	7	8	7	5	1	2
70	서울 중랑구	국가유공자 및 보훈단체 지원	149,570	복지정책과	2	1	7	8	7	1	1	2
71	서울 중랑구	장애인 체육활동지원	66,400	장애인복지과	2	8	7	8	7	5	5	4
72	서울 성북구	지역사회보장협의체운영	38,167	복지정책과	2	1	7	8	7	1	1	1
73	서울 성북구	보훈대상자 지원	132,750	복지정책과	2	4	7	8	7	5	5	4
74	서울 성북구	대한노인회성북구지회	126,488	어르신복지과	2	1	7	8	7	5	5	4
75	서울 성북구	성북구체육회 지원	43,200	문화체육과	2	1	7	8	7	1	1	1
76	서울 성북구	장애인체육회 지원	73,400	문화체육과	2	1	7	8	7	1	1	1
77	서울 성북구	사회단체 지원	80,400	자치행정과	2	1	7	8	7	5	5	4
78	서울 성북구	민주평통 자문회의 지원	10,000	자치행정과	2	1	7	8	7	1	1	1
79	서울 강북구	민간에 대한 지원	17,440	자치행정과	2	1	7	8	7	1	1	1
80	서울 강북구	민간단체 육성 지원	162,670	자치행정과	2	1	7	8	7	1	1	1
81	서울 강북구	문화원 운영 지원	78,000	문화관광체육과	2	4	7	8	7	1	1	1
82	서울 강북구	생활체육활동 지원	64,052	문화관광체육과	2	1	7	8	7	1	1	1
83	서울 강북구	장애인 생활체육활동 지원	18,820	문화관광체육과	2	1	7	8	7	1	1	1
84	서울 강북구	민관 네트워크 구축 및 협의체 운영	106,816	복지정책과	2	1	7	8	7	1	1	2
85	서울 강북구	보훈단체 지원 및 관리	147,522	복지정책과	2	1	7	8	7	1	1	4
86	서울 강북구	장애인단체 지원	83,866	생활보장과	2	4	7	1	7	1	1	1
87	서울 노원구	새마을운동 법정운영비 보조	32,200	자치안전과	2	1	7	8	7	1	1	4
88	서울 노원구	바르게살기운동 법정운영비 보조	14,250	자치안전과	2	1	7	8	7	1	1	4
89	서울 노원구	자유총연맹 법정운영비 보조	14,500	자치안전과	2	1	7	8	7	1	1	4
90	서울 노원구	재향군인회 활성화 및 지원	30,000	자치안전과	2	1	7	8	7	1	1	4
91	서울 은평구	민간단체 지원	72,200	자치안전과	2	4	7	8	7	1	1	1
92	서울 은평구	은평문화원 지원	65,000	문화관광과	2	1	7	8	7	1	1	4
93	서울 은평구	작은도서관 운영비 지원	90,000	문화관광과	2	4	7	8	7	1	1	1
94	서울 은평구	소외계층 건강증진	47,620	생활체육과	2	1	7	8	7	1	1	1
95	서울 은평구	은평구체육회 지원	70,686	생활체육과	2	1	7	8	7	1	1	1
96	서울 은평구	보훈단체지원	135,000	복지정책과	2	1	7	8	7	1	1	1
97	서울 은평구	지역사회보장협의체 운영	107,506	복지정책과	2	4	7	8	7	1	1	4
98	서울 은평구	서부범죄피해자 지원센터 지원	45,000	복지정책과	2	4	7	8	7	1	1	4
99	서울 은평구	전통시장 배송센터 설립 및 운영	23,520	일자리경제과	2	1	7	8	7	1	1	3
100	서울 서대문구	민주평화통일자문회의 운영지원	5,600	자치행정과	2	1	7	8	7	5	5	4

순번	시군구	지출명 (사업명)	2021년예산 (단위:천원/1년간)	담당자 (공무원) 담당부서	민간이전 분류 (지방자치단체 세출예산 집행기준에 의거) 1. 민간경상사업보조(307-02) 2. 민간단체 법정운영비보조(307-03) 3. 민간행사사업보조(307-04) 4. 민간위탁금(307-05) 5. 사회복지시설 법정운영비보조(307-10) 6. 민간인위탁교육비(307-12) 7. 공기관등에대한경상적위탁사업비(308-11) 8. 민간자본사업보조,자체재원(402-01) 9. 민간자본사업보조,이전재원(402-02) 10. 민간위탁사업비(402-03) 11. 공기관등에 대한 자본적 대행사업비(403-02)	민간이전지출 근거 (지방보조금 관리기준 참고) 1. 법률에 규정 2. 국고보조 재원(국가지정) 3. 용도 지정 기부금 4. 조례에 직접규정 5. 지자체가 권장하는 사업을 하는 공공기관 6. 시,도 정책 및 재정사정 7. 기타 8. 해당없음	입찰방식 계약체결방법 (경쟁형태) 1. 일반경쟁 2. 제한경쟁 3. 지명경쟁 4. 수의계약 5. 법정위탁 6. 기타 ( ) 7. 해당없음	입찰방식 계약기간 1. 1년 2. 2년 3. 3년 4. 4년 5. 5년 6. 기타 ( )년 7. 단기계약 (1년미만) 8. 해당없음	입찰방식 낙찰자선정방법 1. 적격심사 2. 협상에의한계약 3. 최저가낙찰제 4. 규격가격분리 5. 2단계 경쟁입찰 6. 기타 ( ) 7. 해당없음	운영예산 산정 운영예산 산정 1. 내부산정 (지자체 자체적으로 산정) 2. 외부산정 (외부전문기관위탁 산정) 3. 내·외부 모두 산정 4. 산정 無 5. 해당없음	운영예산 산정 정산방법 1. 내부정산 (지자체 내부적으로 정산) 2. 외부정산 (외부전문기관위탁 정산) 3. 내·외부 모두 산정 4. 정산 無 5. 해당없음	성과평가 실시여부 1. 실시 2. 미실시 3. 향후 추진 4. 해당없음
101	서울 서대문구	민관협력 공익단체 운영지원	51,700	자치행정과	2	1	7	8	7	5	5	4
102	서울 서대문구	민관협력 공익단체 운영지원	8,400	자치행정과	2	1	7	8	7	5	5	4
103	서울 서대문구	민관협력 공익단체 운영지원	8,400	자치행정과	2	1	7	8	7	5	5	4
104	서울 서대문구	보훈단체운영 지원	10,000	복지정책과	2	4	7	8	7	1	1	1
105	서울 서대문구	보훈단체운영 지원	15,000	복지정책과	2	4	7	8	7	1	1	1
106	서울 서대문구	보훈단체운영 지원	14,000	복지정책과	2	4	7	8	7	1	1	1
107	서울 서대문구	보훈단체운영 지원	14,000	복지정책과	2	4	7	8	7	1	1	1
108	서울 서대문구	보훈단체운영 지원	16,000	복지정책과	2	4	7	8	7	1	1	1
109	서울 서대문구	보훈단체운영 지원	16,000	복지정책과	2	4	7	8	7	1	1	1
110	서울 서대문구	보훈단체운영 지원	13,000	복지정책과	2	4	7	8	7	1	1	1
111	서울 서대문구	보훈단체운영 지원	11,000	복지정책과	2	4	7	8	7	1	1	1
112	서울 서대문구	보훈단체운영 지원	10,000	복지정책과	2	4	7	8	7	1	1	1
113	서울 서대문구	서부지역범죄피해자 지원센터 지원	45,000	복지정책과	2	4	7	8	7	1	1	1
114	서울 서대문구	상근간사 운영 기간제근로자	39,386	복지정책과	2	1	7	8	7	1	1	1
115	서울 서대문구	서대문햇살아래장애인자립생활센터 임대료 등 지원	37,200	사회복지과	2	7	7	1	7	1	1	1
116	서울 서대문구	장애인자립생활센터 임대료 등 지원	16,800	사회복지과	2	7	7	1	7	1	1	1
117	서울 서대문구	서울장애인부모연대 서대문지회 운영비 지원	6,000	사회복지과	2	7	7	1	7	1	1	1
118	서울 서대문구	서대문구체육회 운영지원	24,000	문화체육과	2	1	7	8	7	1	1	1
119	서울 서대문구	장애인체육회 운영 지원	21,600	문화체육과	2	1	7	8	7	1	1	1
120	서울 마포구	국민운동지원 단체 활성화	74,360	자치행정과	2	1	1	1	1	1	1	1
121	서울 마포구	국민운동지원 단체 활성화	74,360	자치행정과	2	1	1	1	1	1	1	1
122	서울 마포구	민주평통 운영 지원	15,600	자치행정과	2	1	7	1	7	1	1	1
123	서울 마포구	마포관광협의회 운영지원	40,000	관광과	2	4	7	8	7	1	1	3
124	서울 마포구	마포형 청년취업인턴사업	251,500	일자리지원과	2	6	6	7	7	1	1	4
125	서울 마포구	마포문화원 지원	104,200	문화예술과	2	1	7	8	7	5	1	4
126	서울 마포구	마포구장애인체육회 지원	51,947	생활체육과	2	1	7	8	7	5	5	4
127	서울 마포구	마포구체육단체 지원	140,616	생활체육과	2	1	7	8	7	5	5	4
128	서울 마포구	서울서부범죄피해자지원센터 지원	45,000	복지정책과	2	4	7	8	7	1	1	1
129	서울 마포구	지역사회보장협의체 운영 지원	49,899	복지정책과	2	1	7	8	7	1	1	1
130	서울 마포구	보훈단체 지원	25,800	복지정책과	2	1	7	8	7	1	1	4
131	서울 마포구	장애인복지단체 지원	11,250	노인장애인과	2	1	2	7	1	1	1	1
132	서울 양천구	양천문화원 행사 지원	119,972	문화체육과	2	1	7	8	7	1	1	4
133	서울 양천구	양천구체육회 운영 지원	64,600	문화체육과	2	4	7	8	7	1	1	2
134	서울 양천구	보훈가족 지원	272,150	복지정책과	2	1	5	8	7	1	1	2
135	서울 양천구	노인회지회 지원	34,980	어르신복지과	2	5	7	8	7	1	1	4
136	서울 양천구	장애인단체연합회 운영 지원	9,600	자립지원과	2	1	7	8	7	1	1	1
137	서울 양천구	자립생활센터 운영 지원	39,600	자립지원과	2	1	7	8	7	1	1	1
138	서울 강서구	통일안보 사업 추진	21,000	행정지원과	2	1	7	7	7	5	5	4
139	서울 강서구	주민자치 지역사회 봉사활동 지원	54,340	자치행정과	2	4	7	8	7	1	1	1
140	서울 강서구	문화원 운영	30,000	문화체육과	2	4	5	1	7	1	1	1
141	서울 강서구	생활체육활동 활성화	106,110	문화체육과	2	1	7	8	7	1	1	1
142	서울 강서구	생활체육활동 활성화	27,000	문화체육과	2	1	7	8	7	1	1	1
143	서울 강서구	삶의 질 향상을 위한 구민교육	13,200	교육청소년과	2	1	7	8	7	5	5	4
144	서울 강서구	작은도서관 운영	194,400	교육청소년과	2	4	6	6	1	1	1	1
145	서울 강서구	복지지원서비스 지원	41,888	복지정책과	2	1	5	1	7	3	3	1
146	서울 강서구	장애인 사회참여활동 지원	24,000	장애인복지과	2	1	7	8	7	1	1	1
147	서울 강서구	장애인 사회참여활동 지원	9,200	장애인복지과	2	1	7	8	7	1	1	1
148	서울 강서구	장애인자립생활센터 지원	96,000	장애인복지과	2	1	6	1	1	1	1	1
149	서울 강서구	어르신 일반 지원	50,000	어르신복지과	2	4	7	8	7	1	1	1
150	서울 강서구	자율방재단 운영	35,000	안전관리과	2	1	7	8	7	1	1	1
151	서울 구로구	구로구체육회	88,400	체육진흥과	2	4	7	8	7	5	5	1

순번	시군구	지출명 (사업명)	2021년예산 (단위:천원/1년간)	담당자 (공무원) 담당부서	민간이전 분류 (지방자치단체 세출예산 집행기준에 의거) 1. 민간경상사업보조(307-02) 2. 민간단체 법정운영비보조(307-03) 3. 민간행사사업보조(307-04) 4. 민간위탁금(307-05) 5. 사회복지시설 법정운영비보조(307-10) 6. 민간인위탁교육비(307-12) 7. 공기관등에대한경상적위탁사업비(308-11) 8. 민간자본사업보조,자체재원(402-01) 9. 민간자본사업보조,이전재원(402-02) 10. 민간위탁사업비(402-03) 11. 공기관등에 대한 자본적 대행사업비(403-02)	민간이전지출 근거 (지방보조금 관리기준 참고) 1. 법률에 규정 2. 국고보조 재원(국가지정) 3. 용도 지정 기부금 4. 조례에 직접규정 5. 지자체가 권장하는 사업을 하는 공공기관 6. 시,도 정책 및 재정사정 7. 기타 8. 해당없음	입찰방식 계약체결방법 (경쟁형태) 1. 일반경쟁 2. 제한경쟁 3. 지명경쟁 4. 수의계약 5. 법정위탁 6. 기타 ( ) 7. 해당없음	입찰방식 계약기간 1. 1년 2. 2년 3. 3년 4. 4년 5. 5년 6. 기타 ( )년 7. 단기계약 (1년미만) 8. 해당없음	입찰방식 낙찰자선정방법 1. 적격심사 2. 협상에의한계약 3. 최저가낙찰제 4. 규격가격분리 5. 2단계 경쟁입찰 6. 기타 ( ) 7. 해당없음	운영예산 산정 운영예산 산정 1. 내부산정 (지자체 자체적으로 산정) 2. 외부산정 (외부전문기관위탁 산정) 3. 내·외부 모두 산정 4. 산정 無 5. 해당없음	운영예산 산정 정산방법 1. 내부정산 (지자체 내부적으로 정산) 2. 외부정산 (외부전문기관위탁 정산) 3. 내·외부 모두 산정 4. 정산 無 5. 해당없음	성과평가 실시여부 1. 실시 2. 미실시 3. 향후 추진 4. 해당없음
152	서울 구로구	구로구장애인체육회	32,000	체육진흥과	2	4	7	8	7	5	5	1
153	서울 구로구	구로스포츠클럽	30,000	체육진흥과	2	4	6	3	6	5	5	1
154	서울 구로구	국민운동단체 보조금지원	85,590	자치행정과	2	1	7	8	7	1	1	1
155	서울 구로구	지역사회보장협의체 운영	36,305	복지정책과	2	1	7	1	7	1	1	2
156	서울 구로구	보훈단체 법정운영비 지원	153,400	복지정책과	2	1	7	8	7	1	1	4
157	서울 금천구	경로우대 확산	35,201	어르신장애인과	2	1	7	8	7	1	1	1
158	서울 금천구	금천문화원 운영지원	171,000	문화체육과	2	1	7	8	7	1	1	4
159	서울 금천구	금천구체육회 운영지원	106,600	문화체육과	2	4	7	8	7	1	1	4
160	서울 금천구	금천구장애인체육회 운영지원	43,600	문화체육과	2	4	7	8	7	1	1	4
161	서울 금천구	금천구체육회 운영지원	106,600	문화체육과	2	4	7	8	7	1	1	4
162	서울 금천구	금천구장애인체육회 운영지원	43,600	문화체육과	2	4	7	8	7	1	1	4
163	서울 영등포구	대한노인회 영등포구지회 운영지원	45,610	어르신복지과	2	1	7	8	7	3	3	4
164	서울 영등포구	사회단체 보조금 지원	84,074	자치행정과	2	1	7	8	6	1	1	1
165	서울 영등포구	문화원 육성 지원	277,309	문화체육과	2	1	6	3	7	1	1	1
166	서울 영등포구	영등포구체육회 육성 지원	117,639	문화체육과	2	1	6	1	7	1	1	1
167	서울 영등포구	영등포구 장애인체육회 육성 지원	46,221	문화체육과	2	1	6	1	7	1	1	1
168	서울 동작구	2021년 보훈회관 운영비보조금 교부	51,783	복지정책과	2	1	7	8	7	5	5	4
169	서울 동작구	2021년 보훈단체 운영비보조금 교부	47,680	복지정책과	2	1	7	8	7	5	5	4
170	서울 동작구	장애인단체총연합회 사무실 운영 지원	34,320	어르신장애인과	2	1	7	6	1	1	1	1
171	서울 동작구	민주평통 동작구협의회 운영비 지원	2,160	자치행정과	2	4	7	8	7	5	5	4
172	서울 동작구	공익단체 지원 및 관리	48,200	자치행정과	2	1	7	8	7	5	5	4
173	서울 동작구	동작구재향군인회 운영비 지원	7,200	자치행정과	2	4	7	8	7	5	5	4
174	서울 동작구	생활체육활동지원	78,831	체육문화과	2	4	7	8	7	5	5	4
175	서울 관악구	국민운동단체사업 지원	60,000	자치행정과	2	1	7	8	7	1	1	4
176	서울 관악구	범죄피해자보호지원	6,000	자치행정과	2	1	7	8	7	1	1	4
177	서울 관악구	관악공동체라디오 지원	22,000	홍보과	2	1	7	8	7	1	1	1
178	서울 관악구	장애인단체연합회운영지원	40,000	장애인복지과	2	1	7	8	7	1	1	1
179	서울 관악구	중증장애인자립센터지원	100,000	장애인복지과	2	1	7	8	7	1	1	1
180	서울 관악구	장애인편의증진기술지원센터운영	117,728	장애인복지과	2	1	7	8	7	1	1	1
181	서울 관악구	노인지회 운영지원	80,582	노인청소년과	2	1	7	8	7	1	1	1
182	서울 관악구	장애인체육회 운영지원	45,700	문화관광체육과	2	1	7	8	7	1	1	1
183	서울 관악구	관악구체육회 운영지원	117,400	문화관광체육과	2	1	7	8	7	1	1	1
184	서울 관악구	관악문화원 운영 지원	72,750	문화관광체육과	2	1	7	8	7	1	1	4
185	서울 서초구	대한노인회서초구지회 지원	31,700	어르신행복과	2	1	5	8	7	1	1	1
186	서울 서초구	민주평통 서초구협의회 지원	50,000	자치행정과	2	1	7	8	7	1	1	1
187	서울 서초구	한국범죄피해자지원중앙센터 지원	40,000	자치행정과	2	1	7	8	7	1	1	1
188	서울 송파구	새마을문고 운영 지원	47,800	교육협력과	2	5	7	1	7	1	1	2
189	서울 송파구	송파구 체육회 지원	55,000	문화체육과	2	4	7	8	7	1	1	1
190	서울 송파구	송파구장애인체육회 지원	52,300	문화체육과	2	4	7	8	7	1	1	1
191	서울 송파구	민간 공익활동 단체 지원	106,000	자치행정과	2	1	7	8	7	1	1	1
192	서울 송파구	민주평화통일 자문회의 지원 및 통일사업 추진	9,000	자치행정과	2	4	7	8	7	1	1	2
193	서울 송파구	국가유공자 보훈 선양사업 지원	177,500	복지정책과	2	4	7	8	7	1	1	4
194	서울 송파구	보훈회관 및 미입주단체 운영 지원	8,000	복지정책과	2	4	7	8	7	1	1	4
195	서울 송파구	장애인단체 지원	59,200	장애인복지과	2	1	7	1	1	1	1	1
196	서울 강동구	민주평통강동구협의회 운영비	8,000	자치안전과	2	4	7	8	7	1	1	1
197	서울 강동구	바르게살기운동	4,500	자치안전과	2	1	7	8	7	1	1	1
198	서울 강동구	새마을지회	31,000	자치안전과	2	1	7	8	7	1	1	1
199	서울 강동구	자유총연맹	10,500	자치안전과	2	1	7	8	7	1	1	1
200	서울 강동구	재향군인회	6,000	자치안전과	2	4	7	8	7	1	1	1
201	서울 강동구	대한노인회 강동구지회 운영지원	15,000	어르신복지과	2	1	5	8	7	1	1	1
202	서울 강동구	노인회활성화 및 여가문화사업지원	10,960	어르신복지과	2	1	7	8	7	5	5	4

순번	시군구	지출명 (사업명)	2021년예산 (단위:천원/1년간)	담당자 (공무원) 담당부서	민간이전 분류 (지방자치단체 세출예산 집행기준에 의거) 1. 민간경상사업보조(307-02) 2. 민간단체 법정운영비보조(307-03) 3. 민간행사사업보조(307-04) 4. 민간위탁금(307-05) 5. 사회복지시설 법정운영비보조(307-10) 6. 민간인위탁교육비(307-12) 7. 공기관등에대한경상적위탁사업비(308-11) 8. 민간자본사업보조,자체재원(402-01) 9. 민간자본사업보조,이전재원(402-02) 10. 민간위탁사업비(402-03) 11. 공기관등에 대한 자본적 대행사업비(403-02)	민간이전지출 근거 (지방보조금 관리기준 참고) 1. 법률에 규정 2. 국고보조 재원(국가지정) 3. 용도 지정 기부금 4. 조례에 직접규정 5. 지자체가 권장하는 사업을 하는 공공기관 6. 시,도 정책 및 재정사정 7. 기타 8. 해당없음	입찰방식 계약체결방법 (경쟁형태) 1. 일반경쟁 2. 제한경쟁 3. 지명경쟁 4. 수의계약 5. 법정위탁 6. 기타 ( ) 7. 해당없음	계약기간 1. 1년 2. 2년 3. 3년 4. 4년 5. 5년 6. 기타 ( )년 7. 단기계약 (1년미만) 8. 해당없음	낙찰자선정방법 1. 적격심사 2. 협상에의한계약 3. 최저가낙찰제 4. 규격가격분리 5. 2단계 경쟁입찰 6. 기타 ( ) 7. 해당없음	운영예산 산정 운영예산 산정 1. 내부산정 (지자체 자체적으로 산정) 2. 외부산정 (외부전문기관위탁 산정) 3. 내·외부 모두 산정 4. 산정 無 5. 해당없음	정산방법 1. 내부정산 (지자체 내부적으로 정산) 2. 외부정산 (외부전문기관위탁 정산) 3. 내·외부 모두 산정 4. 정산 無 5. 해당없음	성과평가 실시여부 1. 실시 2. 미실시 3. 향후 추진 4. 해당없음
203	서울 강동구	강동구체육회 운영 지원	82,080	생활체육과	2	1	6	1	7	1	1	1
204	서울 강동구	강동구장애인체육회 운영지원	15,000	생활체육과	2	1	6	1	7	1	1	1
205	서울 강동구	지역사회보장협의체 활성화 사업	36,305	복지정책과	2	4	5	8	7	1	1	1
206	서울 강동구	장애인연합회 운영지원	15,600	장애인복지과	2	1	7	8	7	1	1	1
207	경기 수원시	민주평화통일자문회의 운영	108,000	자치행정과	2	1	7	8	7	1	1	1
208	경기 수원시	범죄피해자지원센터 운영	800	자치행정과	2	1	7	8	7	1	1	1
209	경기 수원시	수원시새마을회 운영	156,681	자치행정과	2	4	7	8	7	1	1	1
210	경기 수원시	바르게살기운동수원시협의회 운영	21,870	자치행정과	2	4	7	8	7	1	1	1
211	경기 수원시	한국자유총연맹수원시지회 운영	21,870	자치행정과	2	4	7	8	7	1	1	1
212	경기 수원시	수원시재향군인회 운영	29,640	자치행정과	2	4	7	8	7	1	1	1
213	경기 수원시	수원시 소상공인연합회 운영비	29,070	지역경제과	2	4	7	8	7	5	5	4
214	경기 수원시	소비자교육중앙회 수원시지회 상담실 운영	43,006	지역경제과	2	4	7	8	7	1	1	1
215	경기 수원시	한국여성소비자연합 수원시지부 상담실 운영	16,481	지역경제과	2	4	7	8	7	1	1	1
216	경기 수원시	노사민정사무국운영	201,359	노동정책과	2	1	7	8	7	1	1	1
217	경기 수원시	이동노동자 쉼터 운영	199,600	노동정책과	2	6	7	8	7	1	1	2
218	경기 수원시	사회복지협의회 운영	149,502	복지협력과	2	4	7	8	7	1	1	1
219	경기 수원시	한국예총 수원지부 운영	30,800	문화예술과	2	1	7	8	7	1	1	3
220	경기 수원시	민예총 수원지부 운영	21,600	문화예술과	2	1	7	8	7	1	1	3
221	경기 수원시	아마추어 예술단체 연습실 운영	26,000	문화예술과	2	1	7	8	7	1	1	3
222	경기 수원시	아마추어 풍물단체 연습실 운영	19,600	문화예술과	2	1	7	8	7	1	1	3
223	경기 수원시	수원문화원 운영	324,350	문화예술과	2	1	5	1	1	1	1	1
224	경기 수원시	수원시체육회 운영	30,294	체육진흥과	2	1	7	8	7	1	1	3
225	경기 수원시	수원시장애인체육회 운영	589,610	체육진흥과	2	1	7	8	7	1	1	3
226	경기 수원시	새마을문고 운영 지원	28,800	장안구 행정지원과	2	4	7	8	7	1	1	1
227	경기 수원시	새마을문고 운영	21,600	권선구 행정지원과	2	4	7	8	7	1	1	1
228	경기 수원시	새마을문고 운영	18,000	팔달구 행정지원과	2	4	7	8	7	5	5	4
229	경기 수원시	새마을문고 운영	18,000	영통구 행정지원과	2	4	7	8	7	5	5	4
230	경기 성남시	자율방재단 운영 인건비 지원	27,382	재난안전관	2	1	7	8	7	1	1	1
231	경기 성남시	자율방재단 사무실 운영비 지원	23,060	재난안전관	2	1	7	8	7	1	1	1
232	경기 성남시	자율방재단 교육·훈련·활동 등 지원	145,280	재난안전관	2	1	7	8	7	1	1	1
233	경기 성남시	2021년 자율방재단 역량강화 지원	20,000	재난안전관	2	1	7	8	7	1	1	1
234	경기 성남시	국민운동단체 등 사무국운영	303,683	자치행정과	2	1	7	8	7	1	1	1
235	경기 성남시	지역 노사민정 협의회 사무국 운영	4,440	고용노동과	2	1	7	8	7	1	1	1
236	경기 성남시	보훈단체 인건비	249,780	복지정책과	2	7	7	8	7	1	1	1
237	경기 성남시	보훈단체 운영비	276,700	복지정책과	2	7	7	8	7	1	1	1
238	경기 성남시	사회복지시설종사자 복리후생비	15,000	복지정책과	2	1	7	8	7	1	1	2
239	경기 성남시	노숙인 자활시설 운영	428,340	복지정책과	2	1	7	8	7	1	1	2
240	경기 성남시	노숙인보호 및 지원	58,700	복지정책과	2	1	7	8	7	1	1	2
241	경기 성남시	노숙인 자활사업	330,231	복지정책과	2	1	7	8	7	1	1	2
242	경기 성남시	노숙인 무료급식소 운영 지원	13,000	복지정책과	2	1	7	8	7	1	1	2
243	경기 성남시	노숙인 무료급식소 운영지원	156,844	복지정책과	2	1	7	8	7	1	1	2
244	경기 성남시	성남시 지역사회보장협의체 운영	345,093	복지정책과	2	1	7	8	7	1	1	4
245	경기 성남시	성남시 사회복지협의회 지원	131,278	복지정책과	2	1	7	8	7	1	1	2
246	경기 성남시	시군 지역사회보장협의체 활성화 지원 사업	50,000	복지정책과	2	6	7	8	7	5	5	4
247	경기 성남시	성남시 사회복지협의회 지원	131,278	복지정책과	2	1	7	8	7	1	1	2
248	경기 성남시	장애인연합회 운영지원	99,241	장애인복지과	2	1	7	8	7	1	1	4
249	경기 성남시	지체장애인협회 운영지원	172,248	장애인복지과	2	1	7	8	7	1	1	4
250	경기 성남시	시각장애인협회 운영지원	67,073	장애인복지과	2	1	7	8	7	1	1	4
251	경기 성남시	농아인협회 운영지원	65,787	장애인복지과	2	1	7	8	7	1	1	4
252	경기 성남시	신장장애인협회 운영지원	67,292	장애인복지과	2	1	7	8	7	1	1	4
253	경기 성남시	장애인정보화협회 운영지원	69,346	장애인복지과	2	1	7	8	7	1	1	4

순번	시군구	지출명 (사업명)	2021년예산 (단위:천원/1년간)	담당자 (공무원) 담당부서	민간이전 분류 (지방자치단체 세출예산 집행기준에 의거) 1. 민간경상사업보조(307-02) 2. 민간단체 법정운영비보조(307-03) 3. 민간행사사업보조(307-04) 4. 민간위탁금(307-05) 5. 사회복지시설 법정운영비보조(307-10) 6. 민간인위탁교육비(307-12) 7. 공기관등에대한경상적위탁사업비(308-11) 8. 민간자본사업보조,자체재원(402-01) 9. 민간자본사업보조,이전재원(402-02) 10. 민간위탁사업비(402-03) 11. 공기관등에 대한 자본적 대행사업비(403-02)	민간이전지출 근거 (지방보조금 관리기준 참고) 1. 법률에 규정 2. 국고보조 재원(국가지정) 3. 용도 지정 기부금 4. 조례에 직접규정 5. 지자체가 권장하는 사업을 하는 공공기관 6. 시,도 정책 및 재정사정 7. 기타 8. 해당없음	입찰방식 계약체결방법 (경쟁형태) 1. 일반경쟁 2. 제한경쟁 3. 지명경쟁 4. 수의계약 5. 법정위탁 6. 기타 ( ) 7. 해당없음	입찰방식 계약기간 1. 1년 2. 2년 3. 3년 4. 4년 5. 5년 6. 기타 ( )년 7. 단기계약 (1년미만) 8. 해당없음	입찰방식 낙찰자선정방법 1. 적격심사 2. 협상에의한계약 3. 최저가낙찰제 4. 규격가격분리 5. 2단계 경쟁입찰 6. 기타 ( ) 7. 해당없음	운영예산 산정 운영예산 산정 1. 내부산정 (지자체 자체적으로 산정) 2. 외부산정 (외부전문기관위탁 산정) 3. 내·외부 모두 산정 4. 산정 無 5. 해당없음	운영예산 산정 정산방법 1. 내부정산 (지자체 내부적으로 정산) 2. 외부정산 (외부전문기관위탁 정산) 3. 내·외부 모두 산정 4. 정산 無 5. 해당없음	성과평가 실시여부 1. 실시 2. 미실시 3. 향후 추진 4. 해당없음
254	경기 성남시	신체장애인복지회 운영지원	70,156	장애인복지과	2	1	7	8	7	1	1	4
255	경기 성남시	장애인부모회 운영지원	34,971	장애인복지과	2	1	7	8	7	1	1	4
256	경기 성남시	장애인단체사무실(제일프라자)운영비	110,572	장애인복지과	2	1	7	8	7	1	1	4
257	경기 성남시	365어르신돌봄센터 운영	220,000	노인복지과	2	6	7	8	7	5	1	4
258	경기 성남시	노인회지회 운영지원	419,143	노인복지과	2	1	7	8	7	1	1	1
259	경기 성남시	여성단체 지원 활성화	32,500	여성가족과	2	4	7	8	7	5	5	4
260	경기 성남시	여성단체 지원 활성화	36,780	여성가족과	2	4	7	8	7	5	5	4
261	경기 성남시	여성단체 지원 활성화	35,006	여성가족과	2	4	7	8	7	5	5	4
262	경기 성남시	청소년지도협의회 지원	63,220	교육청소년과	2	1	7	8	7	1	1	1
263	경기 성남시	성남예총 사무실 임대료	26,410	문화예술과	2	1	7	8	7	5	1	1
264	경기 성남시	성남예총 사무국 운영비	118,122	문화예술과	2	1	7	8	7	5	1	1
265	경기 성남시	성남민예총 사무실 임대료	16,200	문화예술과	2	1	7	8	7	5	1	1
266	경기 성남시	성남민예총 사무실 운영비	113,726	문화예술과	2	1	7	8	7	5	1	1
267	경기 성남시	성남시 여성합창단 운영비	7,200	문화예술과	2	1	7	8	7	5	1	1
268	경기 성남시	성남예총 9개 예술단체운영비	81,000	문화예술과	2	1	7	8	7	5	1	1
269	경기 성남시	성남문화원 사무국운영비	247,070	문화예술과	2	1	1	8	1	1	1	1
270	경기 성남시	성남시민프로축구단 운영지원	10,000	체육진흥과	2	6	7	8	7	5	5	4
271	경기 성남시	성남시체육회 운영	16,969	체육진흥과	2	6	7	8	7	5	5	4
272	경기 성남시	성남시체육회 운영	100,000	체육진흥과	2	6	7	8	7	5	5	4
273	경기 성남시	성남시체육회 운영	40,000	체육진흥과	2	6	7	8	7	5	5	4
274	경기 성남시	성남시체육회 운영	59,350	체육진흥과	2	6	7	8	7	5	5	4
275	경기 성남시	종목단체 지원	288,885	체육진흥과	2	6	7	8	7	5	5	4
276	경기 성남시	종목단체 지원	101,115	체육진흥과	2	6	7	8	7	5	5	4
277	경기 성남시	장애인체육회 운영	519,239	체육진흥과	2	6	7	8	7	5	5	4
278	경기 성남시	장애인체육회 운영	60,500	체육진흥과	2	6	7	8	7	5	5	4
279	경기 성남시	장애인체육회 운영	15,000	체육진흥과	2	6	7	8	7	5	5	4
280	경기 성남시	장애인 가맹단체 지원	20,200	체육진흥과	2	6	7	8	7	5	5	4
281	경기 성남시	장애인 가맹단체 지원	19,920	체육진흥과	2	6	7	8	7	5	5	4
282	경기 성남시	성남시 지속가능발전협의회 추진 운영비	125,457	환경정책과	2	1	7	8	7	5	5	4
283	경기 성남시	환경보전활동 공모지원사업	15,000	환경정책과	2	1	7	8	7	5	5	4
284	경기 성남시	금빛로 전선지중화사업	28,500	도시균형발전과	2	5	7	8	7	5	5	4
285	경기 성남시	공립 작은도서관 사업비 지원	163,100	도서관지원과	2	4	7	8	7	1	1	1
286	경기 성남시	공립 작은도서관 운영비 지원	2,000	도서관지원과	2	4	7	8	7	1	1	1
287	경기 성남시	공립 작은도서관 운영비 지원	97,860	도서관지원과	2	4	7	8	7	1	1	1
288	경기 성남시	공립 작은도서관 냉난방비 지원	2,100	도서관지원과	2	4	7	8	7	1	1	1
289	경기 의정부시	의정부시봉사회관 운영비	20,000	자치행정과	2	1	7	8	7	1	1	1
290	경기 의정부시	한국자유총연맹 운영비	73,288	자치행정과	2	1	7	8	7	1	1	1
291	경기 의정부시	민주평화통일자문회의 운영비	9,900	자치행정과	2	1	7	8	7	1	1	1
292	경기 의정부시	새마을회 운영비	111,763	자치행정과	2	1	7	8	7	1	1	1
293	경기 의정부시	바르게살기운동 운영비	74,868	자치행정과	2	1	7	8	7	1	1	1
294	경기 의정부시	소비자고발센터 운영 지원	11,600	지역경제과	2	4	7	8	7	5	1	4
295	경기 의정부시	사회복지협의회 사회복지정보센터 운영	7,000	복지정책과	2	1	7	8	7	1	1	4
296	경기 의정부시	시군사회복지협의회 사회복지정보센터 운영	35,000	복지정책과	2	1	7	8	7	1	1	4
297	경기 의정부시	지역사회보장협의체 운영비 지원	120,806	복지정책과	2	1	7	8	7	1	1	4
298	경기 의정부시	시군 지역사회보장협의체 활성화 지원 사업	50,000	복지정책과	2	1	7	8	7	1	1	4
299	경기 의정부시	광복회 운영비 지원	33,110	복지정책과	2	4	7	8	7	1	1	1
300	경기 의정부시	전몰군경유족회 운영비 지원	29,110	복지정책과	2	4	7	8	7	1	1	1
301	경기 의정부시	전몰군경미망인회 운영비 지원	29,110	복지정책과	2	4	7	8	7	1	1	1
302	경기 의정부시	상이군경회 운영비 지원	33,110	복지정책과	2	4	7	8	7	1	1	1
303	경기 의정부시	무공수훈자회 운영비 지원	33,110	복지정책과	2	4	7	8	7	1	1	1
304	경기 의정부시	6·25참전유공자회 운영비 지원	29,110	복지정책과	2	4	7	8	7	1	1	1

순번	시군구	지출명 (사업명)	2021년예산 (단위:천원/1년간)	담당자 (공무원) 담당부서	민간이전 분류 (지방자치단체 세출예산 집행기준에 의거) 1. 민간경상사업보조(307-02) 2. 민간단체 법정운영비보조(307-03) 3. 민간행사사업보조(307-04) 4. 민간위탁금(307-05) 5. 사회복지시설 법정운영비보조(307-10) 6. 민간인위탁교육비(307-12) 7. 공기관등에대한경상적위탁사업비(308-11) 8. 민간자본사업보조,자체재원(402-01) 9. 민간자본사업보조,이전재원(402-02) 10. 민간위탁사업비(402-03) 11. 공기관등에 대한 자본적 대행사업비(403-02)	민간이전지출 근거 (지방보조금 관리기준 참고) 1. 법률에 규정 2. 국고보조 재원(국가지정) 3. 용도 지정 기부금 4. 조례에 직접규정 5. 지자체가 권장하는 사업을 하는 공공기관 6. 시,도 정책 및 재정사정 7. 기타 8. 해당없음	입찰방식 계약체결방법 (경쟁형태) 1. 일반경쟁 2. 제한경쟁 3. 지명경쟁 4. 수의계약 5. 법정위탁 6. 기타 ( ) 7. 해당없음	입찰방식 계약기간 1. 1년 2. 2년 3. 3년 4. 4년 5. 5년 6. 기타 ( )년 7. 단기계약 (1년미만) 8. 해당없음	입찰방식 낙찰자선정방법 1. 적격심사 2. 협상에의한계약 3. 최저가낙찰제 4. 규격가격분리 5. 2단계 경쟁입찰 6. 기타 ( ) 7. 해당없음	운영예산 산정 운영예산 산정 1. 내부산정 (지자체 자체적으로 산정) 2. 외부산정 (외부전문기관위탁 산정) 3. 내·외부 모두 산정 4. 산정 無 5. 해당없음	운영예산 산정 정산방법 1. 내부정산 (지자체 내부적으로 정산) 2. 외부정산 (외부전문기관위탁 정산) 3. 내·외부 모두 산정 4. 정산 無 5. 해당없음	성과평가 실시여부 1. 실시 2. 미실시 3. 향후 추진 4. 해당없음
305	경기 의정부시	고엽제전우회 운영비 지원	34,660	복지정책과	2	4	7	8	7	1	1	1
306	경기 의정부시	특수임무유공자회 운영비 지원	29,110	복지정책과	2	4	7	8	7	1	1	1
307	경기 의정부시	월남전참전회 운영비 지원	29,110	복지정책과	2	4	7	8	7	1	1	1
308	경기 의정부시	재향군인회 운영비 지원	29,110	복지정책과	2	4	7	8	7	1	1	1
309	경기 의정부시	대한노인회 의정부시지회 운영비	196,510	노인장애인과	2	1	7	8	7	1	1	1
310	경기 의정부시	중증장애인자립생활센터 지원	163,873	노인장애인과	2	2	7	8	7	1	1	4
311	경기 의정부시	중증장애인자립생활지원센터 지원	163,873	노인장애인과	2	6	7	8	7	1	1	4
312	경기 의정부시	여성단체협의회(여성자원활동센터) 운영	11,700	여성가족과	2	1	7	8	7	1	1	1
313	경기 의정부시	청소년지도협의회 활성화 운영 지원	23,483	교육청소년과	2	1	7	8	7	5	5	4
314	경기 의정부시	백영수 미술관 운영 지원	26,000	문화관광과	2	4	7	8	7	1	1	3
315	경기 의정부시	문화학교 운영비	100,000	문화관광과	2	7	7	8	7	1	1	3
316	경기 의정부시	지방문화원 운영비	280,997	문화관광과	2	7	7	8	7	1	1	3
317	경기 의정부시	체육회 활성화 지원	866,144	체육과	2	1	5	8	7	1	1	1
318	경기 의정부시	공공스포츠클럽 운영 지원	43,200	체육과	2	4	7	8	7	1	1	1
319	경기 의정부시	장애인체육회 활성화 지원	245,373	체육과	2	1	5	8	7	1	1	1
320	경기 의정부시	어린이급식관리지원센터 운영	945,000	위생과	2	1	6	8	7	3	3	1
321	경기 의정부시	지속가능발전협의회 운영	134,845	환경관리과	2	1	7	8	7	1	1	1
322	경기 안양시	노사민정협의회 사무국 운영	103,584	기업경제과	2	8	7	8	7	5	5	4
323	경기 안양시	소상공인연합회 운영비	26,400	기업경제과	2	8	7	8	7	5	5	4
324	경기 안양시	한국자유총연맹 안양시지회 운영비	23,200	자치행정과	2	8	7	8	7	5	5	4
325	경기 안양시	자유총연맹동분회 목적사업 업무추진 및 조직관리 운영비	26,400	자치행정과	2	8	7	8	7	5	5	4
326	경기 안양시	민주평통 안양시협의회 운영비	22,000	자치행정과	2	8	7	8	7	5	5	4
327	경기 안양시	바르게살기운동안양시협의회 운영비	39,444	자치행정과	2	8	7	8	7	5	5	4
328	경기 안양시	바르게살기운동안양시협의회 동 운영비	55,800	자치행정과	2	8	7	8	7	5	5	4
329	경기 안양시	안양시새마을회 운영비	78,757	자치행정과	2	8	7	8	7	5	5	4
330	경기 안양시	각 동 새마을단체 조직운영비	111,600	자치행정과	2	8	7	8	7	5	5	4
331	경기 안양시	재향군인회 운영비	22,200	자치행정과	2	8	7	8	7	5	5	4
332	경기 안양시	체육회 육성 지원	736,500	체육과	2	8	7	8	7	5	5	4
333	경기 안양시	장애인체육회 육성 지원	216,850	체육과	2	8	7	8	7	5	5	4
334	경기 안양시	지역스포츠클럽 지원	401,890	체육과	2	8	7	8	7	5	5	4
335	경기 안양시	사회복지정보센터 운영 지원	35,000	복지정책과	2	8	7	8	7	5	5	4
336	경기 안양시	지역사회보장협의체 운영	146,821	복지정책과	2	8	7	8	7	5	5	4
337	경기 안양시	시 지역사회보장협의체 활성화 지원	50,000	복지정책과	2	8	7	8	7	5	5	4
338	경기 안양시	기부 및 나눔문화사업 지원	64,823	복지정책과	2	8	7	8	7	5	5	4
339	경기 안양시	보훈단체 운영비 지원	211,804	복지정책과	2	8	7	8	7	5	5	4
340	경기 안양시	한국예총 안양지회 운영비 지원	63,560	문화관광과	2	8	7	8	7	5	5	4
341	경기 안양시	안양문화원 운영지원	323,489	문화관광과	2	8	7	8	7	5	5	4
342	경기 안양시	노인회지회 운영	156,804	노인복지과	2	8	7	8	7	5	5	4
343	경기 안양시	경로당전담관리자 배치	62,289	노인복지과	2	8	7	8	7	5	5	4
344	경기 안양시	장애인단체 운영	229,506	장애인복지과	2	8	7	8	7	5	5	4
345	경기 안양시	장애인자립생활센터 지원	163,873	장애인복지과	2	8	7	8	7	5	5	4
346	경기 안양시	장애인자립생활센터 지원	163,873	장애인복지과	2	8	7	8	7	5	5	4
347	경기 안양시	안양시여성단체협의회 운영	27,334	여성가족과	2	8	7	8	7	5	5	4
348	경기 안양시	안양시 지속가능발전협의회 운영지원	98,650	환경정책과	2	8	7	8	7	5	5	4
349	경기 안양시	성인문해교육기관 운영비 지원	6,900	평생교육과	2	8	7	8	7	5	5	4
350	경기 광명시	광명시 지속가능발전협의회 운영비 지원	281,726	정책기획과	2	1	7	8	7	1	1	1
351	경기 광명시	민주평화통일자문회의 광명시협의회 운영 지원	6,752	자치분권과	2	1	7	8	7	1	1	1
352	경기 광명시	바르게살기운동 광명시협의회 운영 지원	24,372	자치분권과	2	1	7	8	7	1	1	1
353	경기 광명시	새마을운동광명시지회 운영 지원	54,991	자치분권과	2	1	7	8	7	1	1	1
354	경기 광명시	한국자유총연맹 광명시지회 운영 지원	22,343	자치분권과	2	1	7	8	7	1	1	1
355	경기 광명시	사립박물관 지원사업	20,000	문화관광과	2	1	7	8	7	1	1	3

순번	시군구	지출명 (사업명)	2021년예산 (단위:천원/1년간)	담당자 (공무원)	민간이전 분류	민간이전지출 근거	입찰방식			운영예산 산정		성과평가 실시여부
				담당부서	(지방자치단체 세출예산 집행기준에 의거) 1. 민간경상사업보조(307-02) 2. 민간단체 법정운영비보조(307-03) 3. 민간행사사업보조(307-04) 4. 민간위탁금(307-05) 5. 사회복지시설 법정운영비보조(307-10) 6. 민간인위탁교육비(307-12) 7. 공기관등에대한경상적위탁사업비(308-11) 8. 민간자본사업보조,자체재원(402-01) 9. 민간자본사업보조,이전재원(402-02) 10. 민간위탁사업비(402-03) 11. 공기관등에 대한 자본적 대행사업비(403-02)	(지방보조금 관리기준 참고) 1. 법률에 규정 2. 국고보조 재원(국가지정) 3. 용도 지정 기부금 4. 조례에 직접규정 5. 지자체가 권장하는 사업을 하는 공공기관 6. 시,도 정책 및 재정사정 7. 기타 8. 해당없음	계약체결방법 (경쟁형태) 1. 일반경쟁 2. 제한경쟁 3. 지명경쟁 4. 수의계약 5. 법정위탁 6. 기타 ( ) 7. 해당없음	계약기간 1. 1년 2. 2년 3. 3년 4. 4년 5. 5년 6. 기타 ( )년 7. 단기계약 (1년미만) 8. 해당없음	낙찰자선정방법 1. 적격심사 2. 협상에의한계약 3. 최저가낙찰제 4. 규격가격분리 5. 2단계 경쟁입찰 6. 기타 ( ) 7. 해당없음	운영예산 산정 1. 내부산정 (지자체 자체적으로 산정) 2. 외부산정 (외부전문기관위탁 산정) 3. 내·외부 모두 산정 4. 산정 無 5. 해당없음	정산방법 1. 내부정산 (지자체 내부적으로 정산) 2. 외부정산 (외부전문기관위탁 정산) 3. 내·외부 모두 산정 4. 정산 無 5. 해당없음	1. 실시 2. 미실시 3. 향후 추진 4. 해당없음
356	경기 광명시	한국예총광명지회 사무실 운영비 및 인건비	85,505	문화관광과	2	1	7	8	7	1	1	2
357	경기 광명시	광명심포니오케스트라 사무실임대료	7,014	문화관광과	2	1	7	8	7	1	1	2
358	경기 광명시	GK오페라단 사무실임대료	2,933	문화관광과	2	1	7	8	7	1	1	2
359	경기 광명시	체육회 인력운영비(7명)	337,505	체육진흥과	2	1	7	8	7	5	5	4
360	경기 광명시	체육회 운영비	60,000	체육진흥과	2	1	7	8	7	5	5	4
361	경기 광명시	체육회장 업무추진비	24,000	체육진흥과	2	1	7	8	7	5	5	4
362	경기 광명시	장애인체육회 인력운영비	146,715	체육진흥과	2	1	7	8	7	5	5	4
363	경기 광명시	장애인체육회 운영비	28,000	체육진흥과	2	1	7	8	7	5	5	4
364	경기 광명시	중증장애인자립생활지원센터 운영	155,489	장애인복지과	2	1	7	8	7	1	1	1
365	경기 광명시	중증장애인자립생활지원센터 운영	30,000	장애인복지과	2	1	7	8	7	1	1	1
366	경기 광명시	장애인체험홈 운영	80,000	장애인복지과	2	1	7	8	7	1	1	1
367	경기 광명시	장애인복지단체 사무실 운영비	94,120	장애인복지과	2	8	7	8	7	5	1	1
368	경기 광명시	광명시여성단체협의회 운영비	23,643	여성가족과	2	1	6	8	7	5	1	1
369	경기 평택시	지역사회보장협의체 운영지원	71,903	복지정책과	2	4	7	7	7	1	1	1
370	경기 평택시	사회복지협의회 운영비 및 임차료 지원	71,400	복지정책과	2	1	7	8	7	5	5	4
371	경기 평택시	보훈단체 운영비 지원	324,280	복지정책과	2	1	7	8	7	5	5	4
372	경기 평택시	재향군인회 운영비 지원	33,230	복지정책과	2	1	7	8	7	5	5	4
373	경기 평택시	평택,안성범죄피해자지원센터 운영	8,400	자치협력과	2	1	7	8	7	1	1	1
374	경기 평택시	민주평화통일자문회의 운영비 지원	12,900	자치협력과	2	1	7	8	7	1	1	1
375	경기 평택시	바르게살기운동 운영비	25,950	자치협력과	2	1	7	8	7	1	1	1
376	경기 평택시	자유총연맹 운영비	34,850	자치협력과	2	1	7	8	7	1	1	1
377	경기 평택시	새마을회 운영비	62,240	자치협력과	2	1	7	8	7	1	1	1
378	경기 평택시	새마을회 읍면동사업비	69,000	자치협력과	2	1	7	8	7	1	1	1
379	경기 평택시	새마을 교육부담금	18,823	자치협력과	2	1	7	8	7	1	1	1
380	경기 평택시	사랑의 고추장 담가주기	4,000	자치협력과	2	1	7	8	7	1	1	1
381	경기 평택시	영세동거부부 합동결혼식	5,000	자치협력과	2	1	7	8	7	1	1	1
382	경기 평택시	사랑의 김장 담가주기	22,000	자치협력과	2	1	7	8	7	1	1	1
383	경기 평택시	평택시 Y-SMU 포럼	5,000	자치협력과	2	1	7	8	7	1	1	1
384	경기 평택시	새마을의 날 기념식	10,000	자치협력과	2	1	7	8	7	1	1	1
385	경기 평택시	전국 새마을지도자 대회	5,000	자치협력과	2	1	7	8	7	1	1	1
386	경기 평택시	자율방재단 운영 지원	35,443	안전총괄과	2	4	7	8	7	1	1	1
387	경기 평택시	자율방재단 차량 보험료 및 유지관리비 지원	5,000	안전총괄과	2	4	7	8	7	1	1	1
388	경기 평택시	장애인체육회 인건비	140,419	체육진흥과	2	1	7	8	7	1	1	3
389	경기 평택시	장애인체육회 운영비	32,800	체육진흥과	2	1	7	8	7	1	1	3
390	경기 평택시	체육회인건비	555,002	체육진흥과	2	1	7	8	7	1	1	1
391	경기 평택시	체육회운영비	98,218	체육진흥과	2	1	7	8	7	1	1	1
392	경기 평택시	체육회활동비	24,000	체육진흥과	2	1	7	8	7	1	1	1
393	경기 동두천시	지방문화원 육성	88,964	문화체육과	2	1	7	8	7	1	1	1
394	경기 동두천시	문화예술단체 육성 지원	81,649	문화체육과	2	1	7	8	7	1	1	1
395	경기 동두천시	시 무형문화재 전승활동 지원	9,600	문화체육과	2	4	7	8	7	1	1	1
396	경기 동두천시	시 체육회 육성지원	215,519	문화체육과	2	1	7	8	7	1	1	1
397	경기 동두천시	시 체육회 운영지원	17,000	문화체육과	2	1	7	8	7	1	1	1
398	경기 동두천시	시 체육회 워크숍 지원	2,000	문화체육과	2	1	7	8	7	1	1	1
399	경기 동두천시	생활체육지도자 운영	28,200	문화체육과	2	1	7	8	7	1	1	1
400	경기 동두천시	일반생활체육지도자 배치	116,928	문화체육과	2	1	7	8	7	1	1	1
401	경기 동두천시	어르신생활체육지도자 배치	146,160	문화체육과	2	1	7	8	7	1	1	1
402	경기 동두천시	생활체육지도자 처우개선	10,737	문화체육과	2	1	7	8	7	1	1	1
403	경기 동두천시	성인문해교육기관 운영지원	5,700	평생교육원	2	4	7	8	7	1	1	3
404	경기 동두천시	장애인야학 평생교육사 인건비 지원	32,000	평생교육원	2	4	7	8	7	1	1	3
405	경기 동두천시	차량 유류비, 공기청정기 관리비 등 지원	6,700	평생교육원	2	4	7	8	7	1	1	3
406	경기 동두천시	건물 임차료 차액분 지원	8,946	평생교육원	2	4	7	8	7	1	1	3

순번	시군구	지출명 (사업명)	2021년예산 (단위:천원/1년간)	담당자 (공무원) 담당부서	민간이전 분류 (지방자치단체 세출예산 집행기준에 의거) 1. 민간경상사업보조(307-02) 2. 민간단체 법정운영비보조(307-03) 3. 민간행사사업보조(307-04) 4. 민간위탁금(307-05) 5. 사회복지시설 법정운영비보조(307-10) 6. 민간인위탁교육비(307-12) 7. 공기관등에대한경상적위탁사업비(308-11) 8. 민간자본사업보조,자체재원(402-01) 9. 민간자본사업보조,이전재원(402-02) 10. 민간위탁사업비(402-03) 11. 공기관등에 대한 자본적 대행사업비(403-02)	민간이전지출 근거 (지방보조금 관리기준 참고) 1. 법률에 규정 2. 국고보조 재원(국가지정) 3. 용도 지정 기부금 4. 조례에 직접규정 5. 지자체가 권장하는 사업을 하는 공공기관 6. 시,도 정책 및 재정사정 7. 기타 8. 해당없음	입찰방식: 계약체결방법 (경쟁형태) 1. 일반경쟁 2. 제한경쟁 3. 지명경쟁 4. 수의계약 5. 법정위탁 6. 기타 ( ) 7. 해당없음	입찰방식: 계약기간 1. 1년 2. 2년 3. 3년 4. 4년 5. 5년 6. 기타 ( )년 7. 단기계약 (1년미만) 8. 해당없음	입찰방식: 낙찰자선정방법 1. 적격심사 2. 협상에의한계약 3. 최저가낙찰제 4. 규격가격분리 5. 2단계 경쟁입찰 6. 기타 ( ) 7. 해당없음	운영예산 산정: 운영예산 산정 1. 내부산정 (지자체 자체적으로 산정) 2. 외부산정 (외부전문기관위탁 산정) 3. 내·외부 모두 산정 4. 산정 無 5. 해당없음	운영예산 산정: 정산방법 1. 내부정산 (지자체 내부적으로 정산) 2. 외부정산 (외부전문기관위탁 정산) 3. 내·외부 모두 산정 4. 정산 無 5. 해당없음	성과평가 실시여부 1. 실시 2. 미실시 3. 향후 추진 4. 해당없음
407	경기 동두천시	응급실 운영비 지원	380,000	보건소	2	4	7	8	7	3	3	1
408	경기 동두천시	새마을운동동두천시지회	50,400	자치행정과	2	1	7	7	7	1	1	3
409	경기 동두천시	민주평화통일자문회의 운영지원	750	자치행정과	2	1	7	8	7	1	1	1
410	경기 동두천시	한국자유총연맹 운영지원	20,800	자치행정과	2	1	7	8	7	1	1	1
411	경기 동두천시	바르게살기운동 운영지원	23,280	자치행정과	2	1	7	8	7	1	1	1
412	경기 안산시	안산 예총 운영비	55,000	문화예술과	2	1	7	8	7	1	1	1
413	경기 안산시	안산 민예총 운영비	30,000	문화예술과	2	1	7	8	7	1	1	1
414	경기 안산시	체육단체 육성 지원	1,012,802	체육진흥과	2	4	7	8	7	1	1	3
415	경기 안산시	일반생활체육지도자 배치	146,160	체육진흥과	2	4	7	8	7	1	1	3
416	경기 안산시	어르신생활체육지도자 배치	263,088	체육진흥과	2	4	7	8	7	1	1	3
417	경기 안산시	시민프로축구단 육성	36,000	체육진흥과	2	4	7	8	7	1	1	3
418	경기 안산시	장애인체육회운영	430,065	체육진흥과	2	4	7	8	7	1	1	3
419	경기 안산시	장애인생활체육지도자 배치 지원	182,550	체육진흥과	2	4	7	8	7	1	1	3
420	경기 안산시	일반생활체육지도자 배치	6,000	체육진흥과	2	4	7	8	7	1	1	3
421	경기 안산시	어르신생활체육지도자 배치	10,800	체육진흥과	2	4	7	8	7	1	1	3
422	경기 안산시	사회복지협의회 운영	40,000	복지정책과	2	1	7	8	7	1	1	1
423	경기 안산시	지역사회보장협의체 운영	100,000	복지정책과	2	1	7	8	7	1	1	1
424	경기 안산시	노인지회운영비(상록구)	89,880	노인복지과	2	1	6	8	7	1	1	1
425	경기 안산시	노인지회운영비(단원구)	90,740	노인복지과	2	1	6	8	7	1	1	1
426	경기 안산시	노사민정협의회 사무국 운영	145,000	일자리정책과	2	4	7	8	7	5	5	1
427	경기 안산시	장애인단체 및 행사지원	645,368	장애인복지과	2	1	7	8	7	1	1	1
428	경기 안산시	중증장애인자립생활센터 지원	155,489	장애인복지과	2	1	7	8	7	5	1	1
429	경기 안산시	시군장애인편의증진기술지원센터운영	75,000	장애인복지과	2	1	7	8	7	1	1	1
430	경기 안산시	장애인편의시설 현장조사요원 운영	48,895	장애인복지과	2	5	7	8	7	1	1	1
431	경기 안산시	건강가정 및 다문화가족 지원센터 운영	294,080	여성보육과	2	2	1	5	1	1	1	1
432	경기 안산시	건강가정 및 다문화가족 지원센터 운영	4,000	여성보육과	2	4	7	7	7	1	1	1
433	경기 안산시	지방의제21사업추진	132,000	환경정책과	2	4	7	1	7	1	1	1
434	경기 안산시	지역자율방재단 운영 및 지원	55,000	시민안전과	2	4	7	8	7	1	1	1
435	경기 안산시	통일안보지원	45,000	자치행정과	2	1	7	8	7	1	1	1
436	경기 안산시	새마을회 사업지원	48,500	자치행정과	2	4	7	7	7	1	1	1
437	경기 안산시	바르게살기운동협의회 사업지원	43,500	자치행정과	2	1	7	7	7	1	1	1
438	경기 안산시	청소년지도사배치지원	25,968	교육청소년과	2	2	7	8	7	1	1	1
439	경기 안산시	청소년지도사배치지원	25,968	교육청소년과	2	2	7	8	7	1	1	1
440	경기 안산시	청소년지도사배치지원	25,968	교육청소년과	2	2	7	8	7	1	1	1
441	경기 안산시	청소년지도사배치지원	25,968	교육청소년과	2	2	7	8	7	1	1	1
442	경기 안산시	청소년지도사배치지원	25,968	교육청소년과	2	2	7	8	7	1	1	1
443	경기 안산시	청소년지도사배치지원	25,968	교육청소년과	2	2	7	8	7	1	1	1
444	경기 고양시	지역자율방재단 운영	29,900	재난대응과	2	4	5	3	1	1	1	1
445	경기 고양시	고양컨벤션뷰로 운영 지원	426,307	전략산업과	2	4	5	8	7	1	1	4
446	경기 고양시	장애인단체 운영지원	342,000	장애인복지과	2	6	7	1	7	1	1	3
447	경기 고양시	장애인 정보화협회 교육 운영 지원	6,700	장애인복지과	2	6	7	1	7	1	1	3
448	경기 고양시	지적장애인자립지원센터운영	154,000	장애인복지과	2	6	7	1	7	1	1	3
449	경기 고양시	장애인자립생활센터 운영	879,365	장애인복지과	2	6	7	1	7	1	1	3
450	경기 고양시	장애인자립생활 체험홈 운영	520,000	장애인복지과	2	6	7	1	7	1	1	3
451	경기 고양시	고양시체육회 운영지원	926,452	체육정책과	2	1	7	8	7	1	1	1
452	경기 고양시	일반생활체육지도자 지원	215,861	체육정책과	2	2	7	8	7	1	1	1
453	경기 고양시	어르신생활체육지도자 지원	215,861	체육정책과	2	2	7	8	7	1	1	1
454	경기 고양시	고양시장애인체육회 운영 지원	329,267	체육정책과	2	1	7	8	7	1	1	1
455	경기 고양시	장애인생활체육지도자 지원	248,639	체육정책과	2	2	7	8	7	1	1	1
456	경기 고양시	고양시새마을회 지원	129,945	주민자치과	2	1	7	8	7	1	1	1
457	경기 고양시	바르게살기운동 고양시협의회 지원	53,144	주민자치과	2	1	7	8	7	1	1	1

순번	시군구	지출명 (사업명)	2021년예산 (단위:천원/1년간)	담당자 (공무원) 담당부서	민간이전 분류 (지방자치단체 세출예산 집행기준에 의거) 1. 민간경상사업보조(307-02) 2. 민간단체 법정운영비보조(307-03) 3. 민간행사사업보조(307-04) 4. 민간위탁금(307-05) 5. 사회복지시설 법정운영비보조(307-10) 6. 민간인위탁교육비(307-12) 7. 공기관등에대한경상적위탁사업비(308-11) 8. 민간자본사업보조,자체재원(402-01) 9. 민간자본사업보조,이전재원(402-02) 10. 민간위탁사업비(402-03) 11. 공기관등에 대한 자본적 대행사업비(403-02)	민간이전지출 근거 (지방보조금 관리기준 참고) 1. 법률에 규정 2. 국고보조 재원(국가지정) 3. 용도 지정 기부금 4. 조례에 직접규정 5. 지자체가 권장하는 사업을 하는 공공기관 6. 시,도 정책 및 재정사정 7. 기타 8. 해당없음	입찰방식: 계약체결방법 (경쟁형태) 1. 일반경쟁 2. 제한경쟁 3. 지명경쟁 4. 수의계약 5. 법정위탁 6. 기타 ( ) 7. 해당없음	입찰방식: 계약기간 1. 1년 2. 2년 3. 3년 4. 4년 5. 5년 6. 기타 ( )년 7. 단기계약 (1년미만) 8. 해당없음	입찰방식: 낙찰자선정방법 1. 적격심사 2. 협상에의한계약 3. 최저가낙찰제 4. 규격가격분리 5. 2단계 경쟁입찰 6. 기타 ( ) 7. 해당없음	운영예산 산정: 운영예산 산정 1. 내부산정 (지자체 자체적으로 산정) 2. 외부산정 (외부전문기관위탁 산정) 3. 내·외부 모두 산정 4. 산정 無 5. 해당없음	운영예산 산정: 정산방법 1. 내부정산 (지자체 내부적으로 정산) 2. 외부정산 (외부전문기관위탁 정산) 3. 내·외부 모두 산정 4. 정산 無 5. 해당없음	성과평가 실시여부 1. 실시 2. 미실시 3. 향후 추진 4. 해당없음
458	경기 고양시	자유총연맹 고양시지부 지원	52,344	주민자치과	2	1	7	8	7	1	1	1
459	경기 고양시	민주평통 고양시협의회 지원	23,100	주민자치과	2	1	7	8	7	1	1	1
460	경기 고양시	고양여성인력개발센터 운영	255,000	여성가족과	2	1	6	8	7	5	1	2
461	경기 과천시	지속가능발전	113,148	기획감사담당관	2	4	7	8	7	1	1	1
462	경기 과천시	자유총연맹과천시지회 운영비	21,756	기획감사담당관실	2	1	7	8	7	5	5	4
463	경기 과천시	과천시새마을회 운영지원	42,000	자치행정과	2	1	7	8	7	5	5	4
464	경기 과천시	바르게살기과천시협의회	25,700	자치행정과	2	1	7	8	7	1	1	1
465	경기 과천시	과천예총 운영비	62,000	문화체육과	2	4	7	8	7	1	1	4
466	경기 과천시	체육회 사무국운영	473,590	문화체육과	2	5	7	8	7	1	1	3
467	경기 과천시	장애인체육회 운영	60,743	문화체육과	2	5	7	8	7	1	1	3
468	경기 과천시	소비자단체 운영	22,926	일자리경제과	2	1	7	8	7	1	1	1
469	경기 과천시	장애인 자립 생활지원센터 운영	147,409	사회복지과	2	2	7	8	7	1	1	2
470	경기 과천시	지체장애인협회	21,850	사회복지과	2	6	7	8	7	1	1	2
471	경기 과천시	농아인협회	21,850	사회복지과	2	6	7	8	7	1	1	2
472	경기 과천시	장애인복지회	21,850	사회복지과	2	6	7	8	7	1	1	2
473	경기 과천시	시각장애인연합회	22,850	사회복지과	2	6	7	8	7	1	1	2
474	경기 과천시	신체장애인복지회	21,850	사회복지과	2	6	7	8	7	1	1	2
475	경기 과천시	상이군경회	26,850	사회복지과	2	1	7	8	7	1	1	1
476	경기 과천시	전몰군경유족회	23,625	사회복지과	2	1	7	8	7	1	1	1
477	경기 과천시	전몰군경미망인회	22,850	사회복지과	2	1	7	8	7	1	1	1
478	경기 과천시	무공수훈자회	24,041	사회복지과	2	1	7	8	7	1	1	1
479	경기 과천시	6.25참전유공자회	22,790	사회복지과	2	1	7	8	7	1	1	1
480	경기 과천시	월남참전유공전우회	22,638	사회복지과	2	1	7	8	7	1	1	1
481	경기 과천시	고엽제전우회	25,532	사회복지과	2	1	7	8	7	1	1	1
482	경기 과천시	재향군인회	20,757	사회복지과	2	1	7	8	7	1	1	1
483	경기 과천시	특수임무수행자회	7,000	사회복지과	2	1	7	8	7	1	1	1
484	경기 과천시	대한노인회 과천시지회 운영비 지원	88,000	사회복지과	2	4	7	8	7	1	1	2
485	경기 구리시	새마을 단체운영비	83,531	소통공보담당관	2	1	1	1	1	1	1	1
486	경기 구리시	바르게살기운동 단체운영비	57,266	소통공보담당관	2	1	1	1	1	1	1	1
487	경기 구리시	자유총연맹 단체운영비	68,920	소통공보담당관	2	1	1	1	1	1	1	1
488	경기 구리시	민주평통 단체운영비	9,430	소통공보담당관	2	1	7	1	7	1	1	1
489	경기 구리시	범죄피해자지원센터 단체운영비	5,580	소통공보담당관	2	1	7	1	7	1	1	1
490	경기 구리시	적십자 단체운영비	30,886	소통공보담당관	2	1	7	1	7	1	1	1
491	경기 구리시	10개 보훈단체 운영비	222,426	복지정책과	2	4	7	7	7	1	1	4
492	경기 구리시	노인단체 지방보조금 지원	74,249	노인장애인복지과	2	1	7	8	7	1	1	4
493	경기 구리시	사회봉사활동지원	6,000	노인장애인복지과	2	1	7	8	7	1	1	4
494	경기 구리시	장애인단체 지원	306,585	노인장애인복지과	2	1	7	8	7	5	1	1
495	경기 구리시	(사)경기도여성단체협의회구리시지회 운영비	11,714	여성가족과	2	1	5	8	7	5	1	1
496	경기 구리시	구리시체육회 사무국 운영비	283,314	평생학습과	2	1	7	8	7	5	5	4
497	경기 구리시	구리시 장애인체육회 사무국 운영비 지원	144,359	평생학습과	2	1	7	8	7	5	5	4
498	경기 구리시	구리시체육회 생활체육지도자 운영지원	53,325	평생학습과	2	6	7	1	7	1	1	1
499	경기 구리시	한국예총 구리지회 단체운영비	34,368	문화예술과	2	1	7	8	7	1	1	1
500	경기 구리시	구리문화원 단체운영비	158,567	문화예술과	2	1	7	8	7	1	1	1
501	경기 남양주시	정신건강복지센터	22,976	치매건강과	2	8	6	5	5	4	5	4
502	경기 남양주시	통합문화체육관광이용권	184,290	문화예술과	2	8	7	5	5	1	5	4
503	경기 남양주시	슬레이트 처리 및 개량 지원	462,780	기후에너지과	2	8	7	5	1	4	5	4
504	경기 남양주시	지역사회건강조사 조사분석 위탁운영	69,042	건강증진과	2	8	6	6	6	1	5	4
505	경기 남양주시	고혈압 당뇨병 등록관리사업	580,000	건강증진과	2	8	1	6	2	1	5	4
506	경기 남양주시	경기도 마을공동체 사업	210,000	자치행정과	2	8	7	5	5	4	5	4
507	경기 남양주시	경기 행복마을관리소 설치 운영	357,930	자치행정과	2	8	7	5	5	4	5	4
508	경기 남양주시	일반생활체육지도자운영지원	204,624	체육과	2	8	7	1	1	2	5	4

순번	시군구	지출명 (사업명)	2021년예산 (단위:천원/1년간)	담당자 (공무원) 담당부서	민간이전 분류 (지방자치단체 세출예산 집행기준에 의거) 1. 민간경상사업보조(307-02) 2. 민간단체 법정운영비보조(307-03) 3. 민간행사사업보조(307-04) 4. 민간위탁금(307-05) 5. 사회복지시설 법정운영비보조(307-10) 6. 민간인위탁교육비(307-12) 7. 공기관등에대한경상적위탁사업비(308-11) 8. 민간자본사업보조,자체재원(402-01) 9. 민간자본사업보조,이전재원(402-02) 10. 민간위탁사업비(402-03) 11. 공기관등에 대한 자본적 대행사업비(403-02)	민간이전지출 근거 (지방보조금 관리기준 참고) 1. 법률에 규정 2. 국고보조 재원(국가지정) 3. 용도 지정 기부금 4. 조례에 직접규정 5. 지자체가 권장하는 사업을 하는 공공기관 6. 시,도 정책 및 재정사정 7. 기타 8. 해당없음	입찰방식 계약체결방법 (경쟁형태) 1. 일반경쟁 2. 제한경쟁 3. 지명경쟁 4. 수의계약 5. 법정위탁 6. 기타 ( ) 7. 해당없음	입찰방식 계약기간 1. 1년 2. 2년 3. 3년 4. 4년 5. 5년 6. 기타 ( )년 7. 단기계약 (1년미만) 8. 해당없음	입찰방식 낙찰자선정방법 1. 적격심사 2. 협상에의한계약 3. 최저가낙찰제 4. 규격가격분리 5. 2단계 경쟁입찰 6. 기타 ( ) 7. 해당없음	운영예산 산정 운영예산 산정 1. 내부산정 (지자체 자체적으로 산정) 2. 외부산정 (외부전문기관위탁 산정) 3. 내·외부 모두 산정 4. 산정 無 5. 해당없음	운영예산 산정 정산방법 1. 내부정산 (지자체 내부적으로 정산) 2. 외부정산 (외부전문기관위탁 정산) 3. 내·외부 모두 산정 4. 정산 無 5. 해당없음	성과평가 실시여부 1. 실시 2. 미실시 3. 향후 추진 4. 해당없음
509	경기 남양주시	어르신생활체육지도자운영지원	204,624	체육과	2	8	7	1	1	2	5	4
510	경기 남양주시	장애인생활체육지도자운영지원	116,928	체육과	2	8	7	1	1	2	5	4
511	경기 남양주시	신중년 경력형 일자리사업	326,878	일자리복지과	2	8	7	5	5	4	5	4
512	경기 남양주시	청년행복일터사업	627,185	일자리복지과	2	8	7	5	1	4	5	4
513	경기 남양주시	청년행복일터사업	3,000	일자리복지과	2	8	7	5	1	4	5	4
514	경기 남양주시	청년일드림사업	20,052	일자리복지과	2	8	7	5	1	4	5	4
515	경기 남양주시	사회적기업 일자리 창출사업	508,970	일자리복지과	2	8	7	5	5	4	5	4
516	경기 남양주시	사회적기업 사업개발비 지원	113,544	일자리복지과	2	8	7	5	5	4	5	4
517	경기 남양주시	마을기업 육성	50,000	일자리복지과	2	8	7	5	5	4	5	4
518	경기 남양주시	사회적기업 사회보험료 지원	54,358	일자리복지과	2	8	7	5	5	4	5	4
519	경기 남양주시	창업지원센터(별내) 확대 운영	30,000	일자리복지과	2	8	7	5	5	4	5	4
520	경기 남양주시	자활근로사업	24,330	일자리복지과	2	8	7	4	1	4	5	4
521	경기 남양주시	지역자활센터운영	238,052	일자리복지과	2	8	7	4	1	4	5	4
522	경기 남양주시	자활근로	28,990	일자리복지과	2	8	7	4	1	4	5	4
523	경기 남양주시	통장사례관리자 운영	71,482	일자리복지과	2	8	7	4	1	4	5	4
524	경기 남양주시	지역자율형 사회서비스 투자사업	1,250	일자리복지과	2	8	7	5	2	2	5	4
525	경기 남양주시	지역자율형 사회서비스 투자사업	160,000	일자리복지과	2	8	7	5	2	2	5	4
526	경기 남양주시	호흡기전담클리닉 설치 운영 지원	300,000	풍양 보건정책과	2	8	7	5	5	4	5	4
527	경기 남양주시	지역사회 통합돌봄 선도사업	14,601	복지정책과	2	1	1	1	1	1	5	4
528	경기 남양주시	자원봉사 코디네이터 지원·육성	59,076	복지정책과	2	1	7	1	1	4	5	4
529	경기 오산시	오산천살리기지역협의회 운영	139,773	생태하천과	2	4	5	1	7	1	1	1
530	경기 오산시	지역자율방재단 운영 지원	6,560	안전정책과	2	1	7	8	7	1	1	1
531	경기 오산시	오산문화원 및 향토연구소 운영	225,254	문화예술과	2	1	7	1	7	1	1	1
532	경기 오산시	(사)한국예총오산지회 사무실 운영비	113,282	문화예술과	2	4	7	8	7	5	5	1
533	경기 오산시	오산시소상공인연합회운영	30,000	지역경제과	2	4	7	8	7	1	1	4
534	경기 오산시	소비자고발센터운영	58,451	지역경제과	2	4	7	8	7	1	1	4
535	경기 오산시	대한민국 상이군경회 오산시지회 운영비보조	38,316	희망복지과	2	7	7	8	7	1	1	1
536	경기 오산시	대한민국 전몰군경유족회 오산시지회 운영비보조	22,098	희망복지과	2	7	7	8	7	1	1	1
537	경기 오산시	대한민국 전몰군경미망인회 오산시지회 운영비보조	21,323	희망복지과	2	7	7	8	7	1	1	1
538	경기 오산시	대한민국 무공수훈자회 오산시지회 운영비보조	20,344	희망복지과	2	7	7	8	7	1	1	1
539	경기 오산시	대한민국 6.25참전유공자회 오산시지회 운영비보조	20,987	희망복지과	2	7	7	8	7	1	1	1
540	경기 오산시	대한민국 고엽제전우회 오산시지회 운영비보조	24,432	희망복지과	2	7	7	8	7	1	1	1
541	경기 오산시	대한민국 특수임무유공자회 오산시지회 운영비보조	24,105	희망복지과	2	7	7	8	7	1	1	1
542	경기 오산시	대한민국 월남전참전자회 오산시지회 운영비보조	22,679	희망복지과	2	7	7	8	7	1	1	1
543	경기 오산시	여성단체협의회오산시지회	18,500	가족보육과	2	4	6	1	1	1	1	1
544	경기 오산시	오산시 지속가능발전협의회 운영 지원	179,490	환경과	2	4	7	8	7	1	1	1
545	경기 오산시	자연보호 오산시협의회 운영 지원	107,600	환경과	2	4	7	8	7	1	1	1
546	경기 군포시	군포지속가능발전협의회 운영비	141,451	환경과	2	4	5	1	7	1	1	1
547	경기 군포시	지역사회보장협의체 운영	15,000	복지정책과	2	4	7	8	7	1	1	4
548	경기 군포시	지역사회보장협의체 운영	120,320	복지정책과	2	4	7	8	7	1	1	4
549	경기 군포시	사무국 인건비	35,000	복지정책과	2	4	7	8	7	1	1	4
550	경기 군포시	사무국 인건비	41,970	복지정책과	2	4	7	8	7	1	1	4
551	경기 군포시	광복회	21,688	복지정책과	2	4	7	8	7	5	5	4
552	경기 군포시	상이군경회	27,170	복지정책과	2	4	7	8	7	5	5	4
553	경기 군포시	전몰군경유족회	23,570	복지정책과	2	4	7	8	7	5	5	4
554	경기 군포시	전몰군경미망인회	23,570	복지정책과	2	4	7	8	7	5	5	4
555	경기 군포시	무공수훈자회	23,570	복지정책과	2	4	7	8	7	5	5	4
556	경기 군포시	6.25 참전유공자회	30,108	복지정책과	2	4	7	8	7	5	5	4
557	경기 군포시	고엽제전우회	24,990	복지정책과	2	4	7	8	7	5	5	4
558	경기 군포시	특수임무유공자회	21,688	복지정책과	2	4	7	8	7	5	5	4
559	경기 군포시	월남전참전자회	21,688	복지정책과	2	4	7	8	7	5	5	4

순번	시군구	지출명 (사업명)	2021년예산 (단위:천원/1년간)	담당자 (공무원) 담당부서	민간이전 분류 (지방자치단체 세출예산 집행기준에 의거) 1. 민간경상사업보조(307-02) 2. 민간단체 법정운영비보조(307-03) 3. 민간행사사업보조(307-04) 4. 민간위탁금(307-05) 5. 사회복지시설 법정운영비보조(307-10) 6. 민간인위탁교육비(307-12) 7. 공기관등에대한경상적위탁사업비(308-11) 8. 민간자본사업보조,자체재원(402-01) 9. 민간자본사업보조,이전재원(402-02) 10. 민간위탁사업비(402-03) 11. 공기관등에 대한 자본적 대행사업비(403-02)	민간이전지출 근거 (지방보조금 관리기준 참고) 1. 법률에 규정 2. 국고보조 재원(국가지정) 3. 용도 지정 기부금 4. 조례에 직접규정 5. 지자체가 권장하는 사업을 하는 공공기관 6. 시,도 정책 및 재정사정 7. 기타 8. 해당없음	입찰방식: 계약체결방법 (경쟁형태) 1. 일반경쟁 2. 제한경쟁 3. 지명경쟁 4. 수의계약 5. 법정위탁 6. 기타 ( ) 7. 해당없음	입찰방식: 계약기간 1. 1년 2. 2년 3. 3년 4. 4년 5. 5년 6. 기타 ( )년 7. 단기계약 (1년미만) 8. 해당없음	입찰방식: 낙찰자선정방법 1. 적격심사 2. 협상에의한계약 3. 최저가낙찰제 4. 규격가격분리 5. 2단계 경쟁입찰 6. 기타 ( ) 7. 해당없음	운영예산 산정: 운영예산 산정 1. 내부산정 (지자체 자체적으로 산정) 2. 외부산정 (외부전문기관위탁 산정) 3. 내·외부 모두 산정 4. 산정 無 5. 해당없음	운영예산 산정: 정산방법 1. 내부정산 (지자체 내부적으로 정산) 2. 외부정산 (외부전문기관위탁 정산) 3. 내·외부 모두 산정 4. 정산 無 5. 해당없음	성과평가 실시여부 1. 실시 2. 미실시 3. 향후 추진 4. 해당없음
560	경기 군포시	재향군인회	25,216	복지정책과	2	4	7	8	7	5	5	4
561	경기 군포시	대한노인회 군포시지회 운영비	70,912	사회복지과	2	4	7	8	7	1	1	1
562	경기 군포시	중증장애인 자립생활센터 지원	181,196	사회복지과	2	4	7	8	7	1	1	4
563	경기 군포시	체육회 사무국 운영지원	256,009	교육체육과	2	1	7	8	7	1	1	1
564	경기 군포시	생활체육지도자 활동보조금	82,014	교육체육과	2	1	7	8	7	1	1	1
565	경기 군포시	생활체육지도자 활동보조금 법정부담금	15,600	교육체육과	2	1	7	8	7	1	1	1
566	경기 군포시	장애인체육회 사무국 운영지원	115,646	교육체육과	2	7	7	8	7	1	1	1
567	경기 군포시	장애인생활체육지도자 활동보조금	29,102	교육체육과	2	7	7	8	7	1	1	1
568	경기 군포시	장애인생활체육지도자 활동보조금 법정부담금	5,600	교육체육과	2	7	7	8	7	1	1	1
569	경기 군포시	(사)한국예총 군포지회 운영비	62,000	문화예술과	2	8	7	8	7	1	1	3
570	경기 군포시	(사)군포시 새마을회 운영비	116,760	자치분권과	2	1	7	8	7	1	1	1
571	경기 군포시	(사)바르게살기운동 군포시협의회 운영비	28,800	자치분권과	2	1	7	8	7	1	1	1
572	경기 군포시	한국자유총연맹 군포시지회 운영비	28,800	자치분권과	2	1	7	8	7	1	1	1
573	경기 군포시	민주평통자문회의 군포시협의회 운영비	10,000	자치분권과	2	4	7	8	7	1	1	1
574	경기 하남시	소비자 상담센터 운영 등 지원	43,200	일자리경제과	2	1	7	8	7	1	1	1
575	경기 하남시	하남예총 운영	65,083	문화체육과	2	1	5	1	7	1	1	1
576	경기 하남시	하남문화원운영	118,687	문화체육과	2	1	5	1	1	1	1	1
577	경기 하남시	하남문화원인력배치	11,985	문화체육과	2	7	4	1	1	1	1	1
578	경기 하남시	단체운영비	23,020	복지정책과	2	1	7	8	7	1	1	4
579	경기 하남시	단체운영비	22,170	복지정책과	2	1	7	8	7	1	1	4
580	경기 하남시	단체운영비	20,490	복지정책과	2	1	7	8	7	1	1	4
581	경기 하남시	단체운영비	22,310	복지정책과	2	1	7	8	7	1	1	4
582	경기 하남시	단체운영비	19,725	복지정책과	2	1	7	8	7	1	1	4
583	경기 하남시	단체운영비	38,350	복지정책과	2	1	7	8	7	1	1	4
584	경기 하남시	단체운영비	24,235	복지정책과	2	1	7	8	7	1	1	4
585	경기 하남시	단체운영비	24,845	복지정책과	2	1	7	8	7	1	1	4
586	경기 하남시	단체운영비	20,420	복지정책과	2	1	7	8	7	1	1	4
587	경기 하남시	단체운영비	4,000	복지정책과	2	1	7	8	7	1	1	4
588	경기 하남시	지역사회보장협의체 운영지원	105,600	복지정책과	2	4	7	8	7	1	1	4
589	경기 하남시	시군 및 읍면동 지역사회보장협의체 활성화 지원사업	50,000	복지정책과	2	4	7	8	7	1	1	4
590	경기 하남시	사회복지협의회 운영	111,390	복지정책과	2	1	7	8	7	1	1	4
591	경기 하남시	노인회지회 운영 지원	107,018	노인장애인복지과	2	1	5	8	7	1	1	1
592	경기 하남시	장애인무료법률상담센터 운영	20,924	노인장애인복지과	2	1	4	1	1	1	1	1
593	경기 하남시	농아인협회 운영	20,924	노인장애인복지과	2	1	4	1	1	1	1	1
594	경기 하남시	시각장애인연합회 운영	20,924	노인장애인복지과	2	1	4	1	1	1	1	1
595	경기 하남시	지체장애인협회 운영	20,924	노인장애인복지과	2	1	4	1	1	1	1	1
596	경기 하남시	지적발달장애인복지협회 운영	20,924	노인장애인복지과	2	1	4	1	1	1	1	1
597	경기 하남시	장애인정보화협회 운영	20,924	노인장애인복지과	2	1	4	1	1	1	1	1
598	경기 하남시	신체장애인복지회 운영	16,924	노인장애인복지과	2	1	4	1	1	1	1	1
599	경기 하남시	산재장애인복지협회 운영	15,124	노인장애인복지과	2	1	4	1	1	1	1	1
600	경기 하남시	장애인복지회 운영	20,924	노인장애인복지과	2	1	4	1	1	1	1	1
601	경기 하남시	장애인부모회 운영	20,924	노인장애인복지과	2	1	4	1	1	1	1	1
602	경기 하남시	교통장애인협회 운영	15,724	노인장애인복지과	2	1	4	1	1	1	1	1
603	경기 하남시	장애인연합회 운영	23,924	노인장애인복지과	2	1	4	1	1	1	1	1
604	경기 하남시	시군 장애인편의시설 기술지원센터 운영 지원	75,000	노인장애인복지과	2	1	6	8	7	5	1	4
605	경기 하남시	중증장애인자립생활센터 지원	167,473	노인장애인복지과	2	6	4	1	1	1	1	1
606	경기 하남시	새마을운동 하남시지회 운영비	66,263	자치행정과	2	1	7	8	7	1	1	1
607	경기 하남시	바르게살기운동 하남시협의회 운영비	30,156	자치행정과	2	1	7	8	7	1	1	1
608	경기 하남시	한국자유총연맹 하남시지회 운영비	18,309	자치행정과	2	1	7	8	7	1	1	1
609	경기 하남시	새마을운동 하남시지회 각동 협의회 운영비	25,200	자치행정과	2	1	7	8	7	1	1	1
610	경기 하남시	새마을운동 하남시지회 각동 부녀회 운영비	25,200	자치행정과	2	1	7	8	7	1	1	1

순번	시군구	지출명 (사업명)	2021년예산 (단위:천원/1년간)	담당자 (공무원) 담당부서	민간이전 분류 (지방자치단체 세출예산 집행기준에 의거) 1. 민간경상사업보조(307-02) 2. 민간단체 법정운영비보조(307-03) 3. 민간행사사업보조(307-04) 4. 민간위탁금(307-05) 5. 사회복지시설 법정운영비보조(307-10) 6. 민간인위탁교육비(307-12) 7. 공기관등에대한경상적위탁사업비(308-11) 8. 민간자본사업보조,자체재원(402-01) 9. 민간자본사업보조,이전재원(402-02) 10. 민간위탁사업비(402-03) 11. 공기관등에 대한 자본적 대행사업비(403-02)	민간이전지출 근거 (지방보조금 관리기준 참고) 1. 법률에 규정 2. 국고보조 재원(국가지정) 3. 용도 지정 기부금 4. 조례에 직접규정 5. 지자체가 권장하는 사업을 하는 공공기관 6. 시,도 정책 및 재정사정 7. 기타 8. 해당없음	입찰방식 계약체결방법 (경쟁형태) 1. 일반경쟁 2. 제한경쟁 3. 지명경쟁 4. 수의계약 5. 법정위탁 6. 기타 ( ) 7. 해당없음	입찰방식 계약기간 1. 1년 2. 2년 3. 3년 4. 4년 5. 5년 6. 기타 ( )년 7. 단기계약 (1년미만) 8. 해당없음	입찰방식 낙찰자선정방법 1. 적격심사 2. 협상에의한계약 3. 최저가낙찰제 4. 규격가격분리 5. 2단계 경쟁입찰 6. 기타 ( ) 7. 해당없음	운영예산 산정 운영예산 산정 1. 내부산정 (지자체 자체적으로 산정) 2. 외부산정 (외부전문기관위탁 산정) 3. 내·외부 모두 산정 4. 산정 無 5. 해당없음	운영예산 산정 정산방법 1. 내부정산 (지자체 내부적으로 정산) 2. 외부정산 (외부전문기관위탁 정산) 3. 내·외부 모두 산정 4. 정산 無 5. 해당없음	성과평가 실시여부 1. 실시 2. 미실시 3. 향후 추진 4. 해당없음
611	경기 하남시	바르게살기운동 하남시협의회 각동 위원회 운영비	25,200	자치행정과	2	1	7	8	7	1	1	1
612	경기 하남시	민주평통자문회의 운영비	17,215	자치행정과	2	1	7	8	7	1	1	1
613	경기 하남시	하남시 재향군인회 운영비	4,326	자치행정과	2	1	7	8	7	1	1	1
614	경기 용인시	소상공인 연합회 운영비	6,600	일자리정책과	2	1	7	8	7	1	1	4
615	경기 용인시	장애인체육가맹단체 지원	14,000	체육진흥과	2	7	7	8	7	1	1	1
616	경기 용인시	공공스포츠클럽 육성지원	30,000	체육진흥과	2	4	5	3	7	1	1	1
617	경기 용인시	사)경기도여성단체협의회 용인시지회 운영비	32,130	여성가족과	2	1	7	8	7	1	1	1
618	경기 용인시	충렬서원 운영비	33,000	문화예술과	2	4	7	8	7	1	1	4
619	경기 용인시	양지학교 운영비	34,200	문화예술과	2	4	7	8	7	1	1	4
620	경기 용인시	관광협의회 운영지원	35,172	관 광 과	2	4	7	7	7	1	1	1
621	경기 용인시	심곡서원 운영비	35,400	문화예술과	2	4	7	8	7	1	1	4
622	경기 용인시	용인향교 운영비	36,200	문화예술과	2	4	7	8	7	1	1	4
623	경기 용인시	사립 박물관 및 미술관 시설운영 지원	45,763	문화예술과	2	1	7	8	7	1	1	4
624	경기 용인시	느티나무도서관 운영지원	50,000	도서관정책과	2	6	7	8	7	1	1	4
625	경기 용인시	민간소비자보호센터 상담지원	50,300	일자리정책과	2	1	7	8	7	1	1	4
626	경기 용인시	체육회 종목단체 지원	50,400	체육진흥과	2	7	7	8	7	1	1	1
627	경기 용인시	장애인자립생활지원센터 체험홈 운영지원	80,000	장애인복지과	2	1	2	5	1	1	1	4
628	경기 용인시	용인예총 운영지원	93,327	문화예술과	2	4	7	8	7	5	5	4
629	경기 용인시	용인문화원 사무국 운영비	170,886	문화예술과	2	1	7	8	7	5	5	4
630	경기 용인시	노사민정협의회 사무국 운영	175,584	기업지원과	2	4	7	7	7	1	1	4
631	경기 용인시	장애인편의시설 시군지원센터 운영	257,339	장애인복지과	2	1	2	3	1	1	1	4
632	경기 용인시	용인시장애인체육회 운영비	324,625	체육진흥과	2	7	7	8	7	1	1	1
633	경기 용인시	장애인자립생활지원센터 운영	491,619	장애인복지과	2	1	7	8	7	1	1	4
634	경기 용인시	장애인복지단체지원	607,131	장애인복지과	2	1	7	8	7	1	1	3
635	경기 용인시	체육회 지원	962,000	체육진흥과	2	7	7	8	7	1	1	1
636	경기 파주시	자율방재단 지원	22,800	안전총괄과	2	1	7	8	7	1	1	1
637	경기 파주시	엘리트 체육 육성지원	466,048	체육과	2	1	7	7	7	1	1	4
638	경기 파주시	장애인체육 육성 지원	256,848	체육과	2	4	7	7	7	1	1	4
639	경기 파주시	파주시새마을회 운영	101,437	민원봉사과	2	1	7	8	7	1	1	1
640	경기 파주시	바르게살기운동 파주시협의회 운영	30,886	민원봉사과	2	1	7	8	7	1	1	1
641	경기 파주시	한국자유총연맹 파주시지회 운영	59,994	민원봉사과	2	1	7	8	7	1	1	1
642	경기 파주시	대한적십자사 봉사회 파주지구협의회 운영	15,600	민원봉사과	2	1	7	8	7	1	1	1
643	경기 파주시	파주문화원 운영	270,524	문화예술과	2	1	7	8	7	1	1	1
644	경기 파주시	천연기념물 보호시설 운영	39,929	문화예술과	2	1	1	1	7	1	1	4
645	경기 파주시	예총 파주지부	63,000	문화예술과	2	1	7	8	7	5	5	1
646	경기 파주시	교하아트센터	29,129	문화예술과	2	1	7	8	7	5	5	1
647	경기 파주시	북한이탈주민단체지원	81,581	평화협력과	2	1	7	8	7	5	1	1
648	경기 파주시	주요행사 지원	35,570	자치행정과	2	1	7	8	7	1	1	1
649	경기 이천시	지속가능발전협의회 운영비 지원	296,057	기획예산담당관	2	4	7	8	7	1	1	1
650	경기 이천시	새마을운동이천시지회 운영비	80,000	자치행정과	2	7	7	8	7	1	1	1
651	경기 이천시	새마을문고이천시지부 운영비	13,000	자치행정과	2	7	7	8	7	1	1	1
652	경기 이천시	바르게살기운동 이천시협의회 운영비	18,000	자치행정과	2	1	7	8	7	1	1	1
653	경기 이천시	민주평화통일자문회의 이천시협의회 운영비	16,800	자치행정과	2	1	7	8	7	1	1	1
654	경기 이천시	한국자유총연맹 경기이천시지회 운영비	25,560	자치행정과	2	1	7	8	7	1	1	1
655	경기 이천시	범죄피해자 보호 및 지원	15,000	교육청소년과	2	1	7	8	7	1	1	1
656	경기 이천시	상이군경회 이천시지회 지원	21,300	복지정책과	2	4	7	8	7	1	1	1
657	경기 이천시	전몰군경유족회 이천시지회 지원	19,800	복지정책과	2	4	7	8	7	1	1	1
658	경기 이천시	전몰군경미망인회 이천시지회 지원	19,400	복지정책과	2	4	7	8	7	1	1	1
659	경기 이천시	무공수훈자회 이천시지회 지원	19,900	복지정책과	2	4	7	8	7	1	1	1
660	경기 이천시	6.25참전유공자회 이천시지회 지원	17,500	복지정책과	2	4	7	8	7	1	1	1
661	경기 이천시	고엽제전우회 이천시지회 지원	17,600	복지정책과	2	4	7	8	7	1	1	1

순번	시군구	지출명 (사업명)	2021년예산 (단위:천원/1년간)	담당자 (공무원) 담당부서	민간이전 분류 (지방자치단체 세출예산 집행기준에 의거) 1. 민간경상사업보조(307-02) 2. 민간단체 법정운영비보조(307-03) 3. 민간행사사업보조(307-04) 4. 민간위탁금(307-05) 5. 사회복지시설 법정운영비보조(307-10) 6. 민간인위탁교육비(307-12) 7. 공기관등에대한경상적위탁사업비(308-11) 8. 민간자본사업보조,자체재원(402-01) 9. 민간자본사업보조,이전재원(402-02) 10. 민간위탁사업비(402-03) 11. 공기관등에 대한 자본적 대행사업비(403-02)	민간이전지출 근거 (지방보조금 관리기준 참고) 1. 법률에 규정 2. 국고보조 재원(국가지정) 3. 용도 지정 기부금 4. 조례에 직접규정 5. 지자체가 권장하는 사업을 하는 공공기관 6. 시,도 정책 및 재정사정 7. 기타 8. 해당없음	입찰방식 계약체결방법 (경쟁형태) 1. 일반경쟁 2. 제한경쟁 3. 지명경쟁 4. 수의계약 5. 법정위탁 6. 기타 ( ) 7. 해당없음	입찰방식 계약기간 1. 1년 2. 2년 3. 3년 4. 4년 5. 5년 6. 기타 ( )년 7. 단기계약 (1년미만) 8. 해당없음	입찰방식 낙찰자선정방법 1. 적격심사 2. 협상에의한계약 3. 최저가낙찰제 4. 규격가격분리 5. 2단계 경쟁입찰 6. 기타 ( ) 7. 해당없음	운영예산 산정 운영예산 산정 1. 내부산정 (지자체 자체적으로 산정) 2. 외부산정 (외부전문기관위탁 산정) 3. 내·외부 모두 산정 4. 산정 無 5. 해당없음	운영예산 산정 정산방법 1. 내부정산 (지자체 내부적으로 정산) 2. 외부정산 (외부전문기관위탁 정산) 3. 내·외부 모두 산정 4. 정산 無 5. 해당없음	성과평가 실시여부 1. 실시 2. 미실시 3. 향후 추진 4. 해당없음
662	경기 이천시	월남전참전자회 이천시지회 지원	15,900	복지정책과	2	4	7	8	7	1	1	1
663	경기 이천시	특수임무유공자회 이천시지회 지원	9,300	복지정책과	2	4	7	8	7	1	1	1
664	경기 이천시	광복회 이천시지회 지원	8,300	복지정책과	2	4	7	8	7	1	1	1
665	경기 이천시	대한노인회 이천시지회 사무국 지원	54,480	노인장애인과	2	1	7	8	7	1	1	1
666	경기 이천시	대한노인회 및 노인회분회 운영비 지원	123,787	노인장애인과	2	1	7	8	7	1	1	1
667	경기 이천시	노인의날 행사	20,000	노인장애인과	2	1	7	8	7	1	1	1
668	경기 이천시	시니어클럽 운영	474,374	노인장애인과	2	1	2	5	1	1	1	4
669	경기 이천시	(사)한국지체장애인 경기도협회 이천시지회 운영비지원	46,328	노인장애인과	2	1	7	8	7	1	1	1
670	경기 이천시	(사)신체장애인복지회 이천시지회 운영비지원	3,000	노인장애인과	2	1	7	8	7	1	1	1
671	경기 이천시	(사)경기도농아인협회 이천시지회 운영비지원	6,000	노인장애인과	2	1	7	8	7	1	1	1
672	경기 이천시	(사)한국시각장애인연합회 이천시지회 운영비지원	10,854	노인장애인과	2	1	7	8	7	1	1	1
673	경기 이천시	(사)경기장애인정보화협회 이천시지회 운영비지원	18,200	노인장애인과	2	1	7	8	7	1	1	1
674	경기 이천시	(사)한국장애인부모회 이천시지회 운영비지원	6,524	노인장애인과	2	1	7	8	7	1	1	1
675	경기 이천시	(사)경기도장애인복지회 이천시지회 운영비지원	5,000	노인장애인과	2	1	7	8	7	1	1	1
676	경기 이천시	이천시장애인복지시설연합회 운영비지원	2,000	노인장애인과	2	1	7	8	7	1	1	1
677	경기 이천시	중증장애인자립생활센터 지원	327,746	노인장애인과	2	1	7	8	7	5	5	3
678	경기 이천시	이천향교 운영비 지원	58,295	문예관광과	2	1	7	8	7	1	1	1
679	경기 이천시	이천문화원 운영비	218,814	문예관광과	2	1	7	8	7	1	1	1
680	경기 이천시	이천예총 운영비	78,338	문예관광과	2	1	7	8	7	5	5	1
681	경기 이천시	이천나드리 체험관광사업 지원	349,374	문예관광과	2	4	7	8	7	1	1	2
682	경기 이천시	작은도서관 운영비 지원	40,040	도서관과	2	1	2	1	1	1	1	1
683	경기 이천시	작은도서관 운영비 지원	54,600	도서관과	2	1	2	1	1	1	1	1
684	경기 이천시	작은도서관 냉난방비 지원	12,260	도서관과	2	1	2	1	1	1	1	1
685	경기 이천시	노사민정 사무국 사업지원	45,920	기업지원과	2	4	7	8	7	1	1	1
686	경기 이천시	소비자교육중앙회 이천시지부 사업지원	29,035	일자리정책과	2	5	7	8	7	1	1	2
687	경기 이천시	지역자율방재단 운영비 지원	8,000	안전총괄과	2	1	7	8	7	5	5	4
688	경기 이천시	이천재향군인회 운영비 지원	12,000	안전총괄과	2	1	7	8	7	1	1	4
689	경기 이천시	체육회 육성지원	312,330	체육지원센터	2	1	7	8	7	1	1	1
690	경기 이천시	장애인체육회 육성지원	133,560	체육지원센터	2	4	7	8	7	1	1	1
691	경기 시흥시	시흥시 노사민정협의회 운영 지원	123,697	기업지원과	2	4	7	8	7	1	2	1
692	경기 시흥시	시흥문화원 운영 지원	136,834	문화예술과	2	1	7	8	7	1	1	2
693	경기 시흥시	시흥예총 운영비	101,590	문화예술과	2	4	7	8	7	1	1	1
694	경기 시흥시	시흥시민축구단 운영 지원	800,000	체육진흥과	2	4	7	8	7	1	1	1
695	경기 시흥시	장애인체육회 육성지원	214,505	체육진흥과	2	6	7	8	7	1	1	1
696	경기 시흥시	체육회 육성 지원금	346,350	체육진흥과	2	6	7	8	7	1	1	1
697	경기 시흥시	보훈단체 운영	359,740	복지정책과	2	1	7	1	7	1	1	4
698	경기 시흥시	사회복지협의회 운영	47,180	복지정책과	2	1	7	8	7	1	1	1
699	경기 시흥시	지역사회보장협의체 운영	38,000	복지정책과	2	4	7	8	7	1	1	3
700	경기 시흥시	지역사회보장협의체 운영	46,391	복지정책과	2	4	7	8	7	1	1	3
701	경기 시흥시	노인회 운영 지원	136,390	노인복지과	2	1	5	8	1	1	1	1
702	경기 시흥시	장애인 자립생활지원센터 운영	491,619	장애인복지과	2	1	7	8	7	1	1	1
703	경기 시흥시	장애인단체 운영비 지원	224,356	장애인복지과	2	1	2	1	1	1	1	1
704	경기 시흥시	중증장애인자립생활센터 체험홈 설치 운영지원	80,000	장애인복지과	2	1	7	8	7	1	1	4
705	경기 시흥시	여성단체 운영 지원	45,000	여성가족과	2	1	7	8	7	1	1	3
706	경기 시흥시	민간단체 법정운영비 지원	121,039	주민자치과	2	1	7	8	7	1	1	1
707	경기 시흥시	민주평통 시흥시협의회 법정운영비	13,548	주민자치과	2	1	7	8	7	1	1	1
708	경기 시흥시	청년고용 인건비 지원	1,048,814	청년청소년과	2	2	7	8	7	1	1	4
709	경기 여주시	여주시 새마을회운영지원	90,800	시민소통담당관	2	1	7	8	7	1	1	1
710	경기 여주시	바르게살기운동여주시협의회 운영지원	43,200	시민소통담당관	2	1	7	8	7	1	1	1
711	경기 여주시	한국자유총연맹여주시지회운영지원	35,920	시민소통담당관	2	1	7	8	7	1	1	1
712	경기 여주시	민주평화통일자문회의 여주시협의회운영지원	18,000	시민소통담당관	2	1	7	8	7	1	1	1

순번	시군구	지출명 (사업명)	2021년예산 (단위:천원/1년간)	담당자 (공무원) 담당부서	민간이전 분류 (지방자치단체 세출예산 집행기준에 의거) 1. 민간경상사업보조(307-02) 2. 민간단체 법정운영비보조(307-03) 3. 민간행사사업보조(307-04) 4. 민간위탁금(307-05) 5. 사회복지시설 법정운영비보조(307-10) 6. 민간인위탁교육비(307-12) 7. 공기관등에대한경상적위탁사업비(308-11) 8. 민간자본사업보조,자체재원(402-01) 9. 민간자본사업보조,이전재원(402-02) 10. 민간위탁사업비(402-03) 11. 공기관등에 대한 자본적 대행사업비(403-02)	민간이전지출 근거 (지방보조금 관리기준 참고) 1. 법률에 규정 2. 국고보조 재원(국가지정) 3. 용도 지정 기부금 4. 조례에 직접규정 5. 지자체가 권장하는 사업을 하는 공공기관 6. 시,도 정책 및 재정사정 7. 기타 8. 해당없음	입찰방식 계약체결방법 (경쟁형태) 1. 일반경쟁 2. 제한경쟁 3. 지명경쟁 4. 수의계약 5. 법정위탁 6. 기타 ( ) 7. 해당없음	입찰방식 계약기간 1. 1년 2. 2년 3. 3년 4. 4년 5. 5년 6. 기타 ( )년 7. 단기계약 (1년미만) 8. 해당없음	입찰방식 낙찰자선정방법 1. 적격심사 2. 협상에의한계약 3. 최저가낙찰제 4. 규격가격분리 5. 2단계 경쟁입찰 6. 기타 ( ) 7. 해당없음	운영예산 산정 운영예산 산정 1. 내부산정 (지자체 자체적으로 산정) 2. 외부산정 (외부전문기관위탁 산정) 3. 내·외부 모두 산정 4. 산정 無 5. 해당없음	운영예산 산정 정산방법 1. 내부정산 (지자체 내부적으로 정산) 2. 외부정산 (외부전문기관위탁 정산) 3. 내·외부 모두 산정 4. 정산 無 5. 해당없음	성과평가 실시여부 1. 실시 2. 미실시 3. 향후 추진 4. 해당없음
713	경기 여주시	여주시재향군인회운영지원	23,660	시민소통담당관	2	1	7	8	7	1	1	1
714	경기 여주시	보훈단체 운영비지원	38,438	복지행정과	2	4	7	8	7	5	5	4
715	경기 여주시	보훈단체 운영비지원	14,142	복지행정과	2	4	7	8	7	5	5	4
716	경기 여주시	보훈단체 운영비지원	18,718	복지행정과	2	4	7	8	7	5	5	4
717	경기 여주시	보훈단체 운영비지원	14,122	복지행정과	2	4	7	8	7	5	5	4
718	경기 여주시	보훈단체 운영비지원	32,862	복지행정과	2	4	7	8	7	5	5	4
719	경기 여주시	보훈단체 운영비지원	33,846	복지행정과	2	4	7	8	7	5	5	4
720	경기 여주시	보훈단체 운영비지원	35,192	복지행정과	2	4	7	8	7	5	5	4
721	경기 여주시	보훈단체 운영비지원	20,058	복지행정과	2	4	7	8	7	5	5	4
722	경기 여주시	장애인단체 연합회 사무실 운영지원	41,534	사회복지과	2	1	7	8	7	5	1	4
723	경기 여주시	장애인단체 지원	36,000	사회복지과	2	1	7	8	7	5	1	4
724	경기 여주시	통합행정인력 지원	19,051	사회복지과	2	1	7	8	7	5	1	4
725	경기 여주시	중증장애인자립생활센터 지원	163,873	사회복지과	2	1	7	8	7	5	1	4
726	경기 여주시	중증장애인 자립생활 체험홈 운영비 지원	80,000	사회복지과	2	1	7	8	7	5	1	4
727	경기 여주시	사립박물관·미술관 운영비 지원	30,323	문화예술과	2	1	1	7	1	1	1	1
728	경기 여주시	(사)경기민예총여주지부지원사업	84,170	문화예술과	2	1	7	7	7	1	1	1
729	경기 여주시	여주도자기사업협동조합 인건비 운영비	30,360	관광체육과	2	5	4	1	7	1	1	4
730	경기 여주시	여주시체육회 사무국 운영비	407,335	관광체육과	2	1	7	8	7	5	1	1
731	경기 여주시	여주시장애인체육회 사무국 운영비	120,087	관광체육과	2	1	7	8	7	5	1	1
732	경기 김포시	장애인평생교육시설 지원	72,000	교육청소년과	2	4	7	8	7	5	1	1
733	경기 김포시	김포시자율방재단 운영	74,407	안전총괄과	2	1	7	8	7	1	1	1
734	경기 김포시	김포시 하천살리기추진단 운영	11,000	안전총괄과	2	1	7	8	7	1	1	1
735	경기 김포시	김포시여성단체협의회 운영지원	13,000	여성가족과	2	7	7	8	7	1	1	4
736	경기 김포시	김포시 새마을회 지원	87,600	주민협치담당관	2	4	7	8	7	5	5	4
737	경기 김포시	바르게살기운동 김포시협의회 지원	45,747	주민협치담당관	2	4	7	8	7	5	5	4
738	경기 김포시	한국자유총연맹 김포시지회 지원	30,730	주민협치담당관	2	1	7	8	7	5	5	4
739	경기 김포시	김포지속가능발전협의회 지원	138,530	주민협치담당관	2	4	7	8	7	5	5	4
740	경기 김포시	체육회 육성지원	551,290	체육과	2	1	7	8	7	1	1	1
741	경기 김포시	가맹단체 공유재산 임대료	21,374	체육과	2	1	7	8	7	1	1	1
742	경기 김포시	장애인체육회 육성지원	230,319	체육과	2	1	7	8	7	1	1	1
743	경기 김포시	자연보호김포시협의회 운영비	6,767	환경과	2	4	7	8	7	1	1	1
744	경기 김포시	민주평화통일자문회의 지원	11,572	행정과	2	4	7	8	7	1	1	1
745	경기 화성시	화성시장애인체육회 운영	188,288	체육진흥과	2	1	7	8	7	3	1	1
746	경기 화성시	화성시체육회운영	1,024,401	체육진흥과	2	1	7	8	7	3	1	1
747	경기 화성시	화성시노사민정협의회사무국 운영	231,145	일자리정책과	2	4	7	8	7	1	1	1
748	경기 화성시	한국예총 화성시지회 운영비	63,800	문화예술과	2	4	7	8	7	1	1	1
749	경기 화성시	민예총 화성시지부 운영비	37,800	문화예술과	2	4	7	8	7	1	1	1
750	경기 화성시	지역사회보장협의체 운영비	142,700	복지정책과	2	1	7	8	7	1	1	1
751	경기 화성시	한국농아인협회 화성시지회 운영	28,280	장애인복지과	2	4	7	8	7	5	2	4
752	경기 화성시	한국지체장애인협회 화성시지회 운영	63,600	장애인복지과	2	4	7	8	7	5	2	4
753	경기 화성시	경기도장애인복지회 화성시지회 운영	60,600	장애인복지과	2	4	7	8	7	5	2	4
754	경기 화성시	경기도시각장애인연합회 화성시지회 운영	60,600	장애인복지과	2	4	7	8	7	5	2	4
755	경기 화성시	한국장애인연맹 화성시지회 운영	60,600	장애인복지과	2	4	7	8	7	5	2	4
756	경기 화성시	한국장애인부모회 화성시지부 운영	29,980	장애인복지과	2	4	7	8	7	5	2	4
757	경기 화성시	경기도뇌병변장애인인권협회 화성시지회 운영	27,980	장애인복지과	2	4	7	8	7	5	2	4
758	경기 화성시	한국신장애인경기협회 화성시지회 운영	27,980	장애인복지과	2	4	7	8	7	5	2	4
759	경기 화성시	대한노인회 화성시지회 운영지원	100,106	노인복지과	2	1	7	8	7	5	5	4
760	경기 화성시	장애인 평생교육 프로그램 운영	32,000	평생학습과	2	1	7	8	7	5	5	4
761	경기 광주시	민주평화통일 자문회의	9,960	행정지원과	2	4	7	8	7	1	1	1
762	경기 광주시	새마을운동 광주시지회	95,000	자치행정과	2	1	7	8	7	1	1	1
763	경기 광주시	바르게살기운동광주시협의회	26,735	자치행정과	2	1	7	8	7	1	1	1

순번	시군구	지출명 (사업명)	2021년예산 (단위:천원/1년간)	담당자 (공무원) 담당부서	민간이전 분류 (지방자치단체 세출예산 집행기준에 의거) 1. 민간경상사업보조(307-02) 2. 민간단체 법정운영비보조(307-03) 3. 민간행사사업보조(307-04) 4. 민간위탁금(307-05) 5. 사회복지시설 법정운영비보조(307-10) 6. 민간인위탁교육비(307-12) 7. 공기관등에대한경상적위탁사업비(308-11) 8. 민간자본사업보조,자체재원(402-01) 9. 민간자본사업보조,이전재원(402-02) 10. 민간위탁사업비(402-03) 11. 공기관등에 대한 자본적 대행사업비(403-02)	민간이전지출 근거 (지방보조금 관리기준 참고) 1. 법률에 규정 2. 국고보조 재원(국가지정) 3. 용도 지정 기부금 4. 조례에 직접규정 5. 지자체가 권장하는 사업을 하는 공공기관 6. 시,도 정책 및 재정사정 7. 기타 8. 해당없음	입찰방식 계약체결방법 (경쟁형태) 1. 일반경쟁 2. 제한경쟁 3. 지명경쟁 4. 수의계약 5. 법정위탁 6. 기타 ( ) 7. 해당없음	입찰방식 계약기간 1. 1년 2. 2년 3. 3년 4. 4년 5. 5년 6. 기타 ( )년 7. 단기계약 (1년미만) 8. 해당없음	입찰방식 낙찰자선정방법 1. 적격심사 2. 협상에의한계약 3. 최저가낙찰제 4. 규격가격분리 5. 2단계 경쟁입찰 6. 기타 ( ) 7. 해당없음	운영예산 산정 운영예산 산정 1. 내부산정 (지자체 자체적으로 산정) 2. 외부산정 (외부전문기관위탁 산정) 3. 내·외부 모두 산정 4. 산정 無 5. 해당없음	운영예산 산정 정산방법 1. 내부정산 (지자체 내부적으로 정산) 2. 외부정산 (외부전문기관위탁 정산) 3. 내·외부 모두 산정 4. 정산 無 5. 해당없음	성과평가 실시여부 1. 실시 2. 미실시 3. 향후 추진 4. 해당없음
764	경기 광주시	자율방재단 운영비 지원	20,000	안전총괄과	2	4	7	8	7	5	5	1
765	경기 광주시	농민단체협의회 사무실 운영지원	21,600	농업정책과	2	1	7	8	7	5	5	4
766	경기 양주시	지회 운영비	75,200	자치행정과	2	1	7	8	7	1	1	3
767	경기 양주시	조직운영 활성화	53,400	자치행정과	2	1	7	8	7	1	1	3
768	경기 양주시	협의회 조직운영	52,400	자치행정과	2	1	7	8	7	1	1	3
769	경기 양주시	경기북부범죄피해자지원센터 운영지원	10,000	자치행정과	2	1	7	8	7	1	1	3
770	경기 양주시	조직운영 활성화	20,400	자치행정과	2	1	7	8	7	1	1	3
771	경기 양주시	의용소방대 지원	3,000	안전건설과	2	1	7	8	7	5	5	4
772	경기 양주시	양주시체육회 육성 지원	241,137	체육청소년과	2	1	7	8	7	1	1	4
773	경기 양주시	종목별 생활체육 가맹단체 육성 지원	37,000	체육청소년과	2	4	7	8	7	1	1	4
774	경기 양주시	일반생활체육지도자 배치	189,365	체육청소년과	2	2	7	8	7	1	1	4
775	경기 양주시	어르신생활체육지도자 배치	148,356	체육청소년과	2	2	7	8	7	1	1	4
776	경기 양주시	양주시 장애인체육회 육성 지원	180,000	체육청소년과	2	1	7	8	7	1	1	4
777	경기 양주시	양주시 장애인생활체육클럽 육성지원	16,000	체육청소년과	2	4	7	8	7	1	1	4
778	경기 양주시	장애인생활체육지도자 배치지원	217,184	체육청소년과	2	2	7	8	7	1	1	4
779	경기 양주시	양주시민축구단 지원	680,000	체육청소년과	2	4	7	8	7	1	1	4
780	경기 양주시	대한민국상이군경회 지원	30,300	사회복지과	2	1	7	8	7	1	1	1
781	경기 양주시	대한민국전몰군경유족회 지원	30,300	사회복지과	2	1	7	8	7	1	1	1
782	경기 양주시	대한민국전몰군경미망인회 지원	30,300	사회복지과	2	1	7	8	7	1	1	1
783	경기 양주시	대한민국무공수훈자회 지원	30,300	사회복지과	2	1	7	8	7	1	1	1
784	경기 양주시	대한민국6.25참전유공자회 지원	30,300	사회복지과	2	1	7	8	7	1	1	1
785	경기 양주시	대한민국고엽제전우회 지원	30,300	사회복지과	2	1	7	8	7	1	1	1
786	경기 양주시	대한민국특수임무유공자회 지원	35,000	사회복지과	2	1	7	8	7	1	1	1
787	경기 양주시	대한민국월남전참전자회 지원	30,300	사회복지과	2	1	7	8	7	1	1	1
788	경기 양주시	노인단체 활동지원	173,552	사회복지과	2	1	7	8	7	1	1	1
789	경기 양주시	푸드코디네이터 인건비	61,284	사회복지과	2	1	7	8	7	1	1	1
790	경기 양주시	스쿨푸드존 운영지원	3,000	사회복지과	2	1	7	8	7	1	1	1
791	경기 양주시	양주시 장애인종합복지관 운영	16,349	복지지원과	2	1	6	5	1	1	3	4
792	경기 양주시	양주예총 활동지원	44,400	문화관광과	2	4	7	8	7	1	1	3
793	경기 포천시	(사)포천시새마을회 지원	81,233	자치행정과	2	1	7	8	7	1	1	4
794	경기 포천시	바르게살기운동 포천시협의회 지원	34,510	자치행정과	2	1	7	8	7	1	1	4
795	경기 포천시	경기북부범죄피해자지원센터 지원	5,000	자치행정과	2	1	7	8	7	1	1	4
796	경기 포천시	대한적십자사봉사회 포천지구협의회 지원	8,400	자치행정과	2	1	7	8	7	1	1	4
797	경기 포천시	자원봉사센터 운영비 지원	429,899	자치행정과	2	1	7	8	7	1	1	4
798	경기 포천시	대한민국6.25참전유공자회 포천시지회	25,460	시민복지과	2	1	7	8	7	1	1	1
799	경기 포천시	대한민국고엽제전우회 경기지부 포천시지회	27,260	시민복지과	2	1	7	8	7	1	1	1
800	경기 포천시	대한민국무공수훈자회 포천시지회	26,960	시민복지과	2	1	7	8	7	1	1	1
801	경기 포천시	대한민국상이군경회포천시지회	27,260	시민복지과	2	1	7	8	7	1	1	1
802	경기 포천시	대한민국월남전참전자회 포천시지회	27,260	시민복지과	2	1	7	8	7	1	1	1
803	경기 포천시	대한민국전몰군경미망인회 포천시지회	25,460	시민복지과	2	1	7	8	7	1	1	1
804	경기 포천시	대한민국전몰군경유족회 포천시지회	25,460	시민복지과	2	1	7	8	7	1	1	1
805	경기 포천시	대한민국특수임무유공자회 포천시지회	27,260	시민복지과	2	1	7	8	7	1	1	1
806	경기 포천시	포천시 재향군인회	25,460	시민복지과	2	1	7	8	7	1	1	1
807	경기 포천시	지역사회보장협의체 운영	130,654	시민복지과	2	1	7	8	7	1	1	1
808	경기 포천시	시군 지역사회보장협의체 활성화지원사업	50,000	시민복지과	2	1	7	8	7	1	1	1
809	경기 포천시	어르신말벗친구운영	4,000	여성가족과	2	6	5	8	7	5	1	4
810	경기 포천시	여성단체협의회운영	2,000	여성가족과	2	6	5	8	7	5	1	4
811	경기 포천시	대한노인회포천시지회 인건비	92,049	노인장애인과	2	1	7	8	7	1	1	1
812	경기 포천시	대한노인회포천시지회 운영비	15,600	노인장애인과	2	1	7	8	7	1	1	1
813	경기 포천시	장애인 재활작업장 운영	3,000	노인장애인과	2	1	7	8	7	1	1	2
814	경기 포천시	사무실 임차료 지원	6,000	노인장애인과	2	1	7	8	7	1	1	2

순번	시군구	지출명 (사업명)	2021년예산 (단위:천원/1년간)	담당자 (공무원) 담당부서	민간이전 분류 (지방자치단체 세출예산 집행기준에 의거) 1. 민간경상사업보조(307-02) 2. 민간단체 법정운영비보조(307-03) 3. 민간행사사업보조(307-04) 4. 민간위탁금(307-05) 5. 사회복지시설 법정운영비보조(307-10) 6. 민간인위탁교육비(307-12) 7. 공기관등에대한경상적위탁사업비(308-11) 8. 민간자본사업보조,자체재원(402-01) 9. 민간자본사업보조,이전재원(402-02) 10. 민간위탁사업비(402-03) 11. 공기관등에 대한 자본적 대행사업비(403-02)	민간이전지출 근거 (지방보조금 관리기준 참고) 1. 법률에 규정 2. 국고보조 재원(국가지정) 3. 용도 지정 기부금 4. 조례에 직접규정 5. 지자체가 권장하는 사업을 하는 공공기관 6. 시,도 정책 및 재정사정 7. 기타 8. 해당없음	입찰방식 계약체결방법 (경쟁형태) 1. 일반경쟁 2. 제한경쟁 3. 지명경쟁 4. 수의계약 5. 법정위탁 6. 기타 ( ) 7. 해당없음	입찰방식 계약기간 1. 1년 2. 2년 3. 3년 4. 4년 5. 5년 6. 기타 ( )년 7. 단기계약 (1년미만) 8. 해당없음	입찰방식 낙찰자선정방법 1. 적격심사 2. 협상에의한계약 3. 최저가낙찰제 4. 규격가격분리 5. 2단계 경쟁입찰 6. 기타 ( ) 7. 해당없음	운영예산 산정 운영예산 산정 1. 내부산정 (지자체 자체적으로 산정) 2. 외부산정 (외부전문기관위탁 산정) 3. 내·외부 모두 산정 4. 산정 無 5. 해당없음	운영예산 산정 정산방법 1. 내부정산 (지자체 내부적으로 정산) 2. 외부정산 (외부전문기관위탁 정산) 3. 내·외부 모두 산정 4. 정산 無 5. 해당없음	성과평가 실시여부 1. 실시 2. 미실시 3. 향후 추진 4. 해당없음
815	경기 포천시	사)경기도장애인정보화협회 포천시지회 교육장 공공운영비	3,400	노인장애인과	2	1	7	8	7	1	1	2
816	경기 포천시	사)한국교통장애인협회 포천시지회 사회교실(보호작업장) 운영관리	3,000	노인장애인과	2	1	7	8	7	1	1	2
817	경기 포천시	장애인총연합회 사무실 운영비	6,300	노인장애인과	2	1	7	8	7	1	1	2
818	경기 포천시	장애인단체 경기도 행사 참여버스 지원	3,500	노인장애인과	2	1	7	8	7	1	1	2
819	경기 포천시	장애인총연합회 사무실부지 대부료	7,500	노인장애인과	2	1	7	8	7	1	1	2
820	경기 포천시	사)경기도신체장애인복지회 포천시지부 장애인 재활작업장 운영	3,000	노인장애인과	2	1	7	8	7	1	1	2
821	경기 포천시	사)한국장애인부모회 포천시지부 장애인 재활작업장 운영	3,000	노인장애인과	2	1	7	8	7	1	1	2
822	경기 포천시	사)경기도시각장애인연합회포천시지회 사무실 임차료 지원	6,000	노인장애인과	2	1	7	8	7	1	1	2
823	경기 포천시	사)한국농아인협회경기도협회포천시지회 사무실 임차료 지원	6,000	노인장애인과	2	1	7	8	7	1	1	2
824	경기 포천시	사무국장 인건비	36,000	문화체육과	2	4	7	8	7	5	5	4
825	경기 포천시	문화원 경상운영비	125,782	문화체육과	2	4	7	8	7	5	5	4
826	경기 포천시	포천예총 경상운영비	70,474	문화체육과	2	4	7	8	7	5	5	4
827	경기 포천시	체육회 인건비 및 운영비	550,046	문화체육과	2	4	7	8	7	5	5	4
828	경기 포천시	장애인체육회 인건비 및 운영비	304,663	문화체육과	2	4	7	8	7	5	5	4
829	경기 포천시	포천시민축구단 운영비 지원	750,000	문화체육과	2	4	7	8	7	5	5	4
830	경기 포천시	포천시협의회 사무실 운영	18,000	평화기반조성과	2	1	7	8	7	5	5	4
831	경기 포천시	사회단체 육성	4,320	친환경농업과	2	1	7	8	7	1	1	1
832	경기 포천시	사회단체 육성	2,160	친환경농업과	2	1	7	8	7	1	1	1
833	경기 포천시	자율방재단 운영	30,800	안전총괄과	2	1	7	8	7	1	1	1
834	경기 연천군	체육회 육성지원	488,289	문화체육과	2	4	7	8	7	5	5	4
835	경기 연천군	생활체육교실 상설운영	39,000	문화체육과	2	4	7	8	7	5	5	4
836	경기 연천군	한국예총 연천지회 운영비	25,000	문화체육과	2	7	7	8	7	5	5	4
837	경기 연천군	문화원(향토사료관)운영비	58,500	문화체육과	2	4	7	8	7	5	5	4
838	경기 연천군	보훈단체 지원	171,000	복지정책과	2	4	7	8	7	1	1	4
839	경기 연천군	지속가능발전협의회 지원	35,600	환경보호과	2	1	7	8	7	5	5	4
840	경기 연천군	자연보호협의회 지원	1,200	환경보호과	2	1	7	8	7	5	5	4
841	경기 연천군	노인회지회 보조금지원	94,532	사회복지과	2	4	7	8	7	1	1	1
842	경기 연천군	한국농아인협회 연천군지부 운영 지원	3,000	사회복지과	2	1	7	8	7	5	5	4
843	경기 연천군	장애인편의시설기술지원센터 운영지원	13,000	사회복지과	2	1	7	8	7	5	5	4
844	경기 연천군	장애인보장구 수리지원센터 지원	34,190	사회복지과	2	1	7	8	7	5	5	4
845	경기 연천군	장애인편의시설 기술지원센터 운영 지원	75,000	사회복지과	2	1	7	8	7	5	5	4
846	경기 연천군	중증장애인자립생활센터 지원	163,873	사회복지과	2	1	7	8	7	5	5	4
847	경기 연천군	장애인자립생활센터 체험홈 설치 운영 지원	280,000	사회복지과	2	1	7	8	7	5	5	4
848	경기 연천군	여성단체협의회 운영비 지원	16,262	사회복지과	2	7	7	8	7	1	1	4
849	경기 연천군	한국자유총연맹 사업비 및 운영비 지원	16,000	기획감사담당관	2	1	7	8	7	1	1	1
850	경기 연천군	민주평화통일자문회의 연천군협의회 지원	3,000	행정담당관	2	1	7	8	7	1	1	1
851	경기 연천군	바르게살기운동협의회 지원	17,000	행정담당관	2	1	7	8	7	1	1	1
852	경기 연천군	새마을지회 지원	63,400	행정담당관	2	1	7	8	7	1	1	1
853	경기 연천군	경기북부지역범죄피해자 지원센터 지원	5,000	행정담당관	2	1	7	8	7	1	1	1
854	경기 연천군	대한적십자사 활동지원	6,000	행정담당관	2	1	7	8	7	1	1	1
855	경기 양평군	체육육성	15,831	교육체육과	2	1	7	8	7	1	1	1
856	경기 양평군	양평문화원 운영지원	362,534	문화관광과	2	4	5	3	7	1	1	1
857	경기 양평군	양평예총 운영비	45,702	문화관광과	2	4	7	8	7	1	1	1
858	경기 양평군	인공신장실 의료기관 지원 사업	200,000	보건정책과	2	1	7	8	7	5	5	4
859	경기 양평군	양평행복나눔 지원	10,000	복지정책과	2	4	7	8	7	1	1	1
860	경기 양평군	종합자원봉사센터 운영비	366,831	소통협력담당관	2	4	7	8	7	1	1	1
861	경기 양평군	양평군 새마을회 읍면 지원	28,800	소통협력담당관	2	1	7	8	7	1	1	1
862	경기 양평군	바르게살기운동 양평군협의회 지회 지원	26,900	소통협력담당관	2	1	7	8	7	1	1	1
863	경기 양평군	한국자유총연맹 양평군지부 지회 지원	26,000	소통협력담당관	2	1	7	8	7	1	1	1
864	경기 양평군	양평군 재향군인회 운영비 지원	25,050	소통협력담당관	2	1	7	8	7	1	1	1
865	경기 양평군	양평군 새마을회 지회 지원	23,000	소통협력담당관	2	1	7	8	7	1	1	1

순번	시군구	지출명 (사업명)	2021년예산 (단위:천원/1년간)	담당자 (공무원) 담당부서	민간이전 분류 (지방자치단체 세출예산 집행기준에 의거) 1. 민간경상사업보조(307-02) 2. 민간단체 법정운영비보조(307-03) 3. 민간행사사업보조(307-04) 4. 민간위탁금(307-05) 5. 사회복지시설 법정운영비보조(307-10) 6. 민간인위탁교육비(307-12) 7. 공기관등에대한경상적위탁사업비(308-11) 8. 민간자본사업보조,자체재원(402-01) 9. 민간자본사업보조,이전재원(402-02) 10. 민간위탁사업비(402-03) 11. 공기관등에 대한 자본적 대행사업비(403-02)	민간이전지출 근거 (지방보조금 관리기준 참고) 1. 법률에 규정 2. 국고보조 재원(국가지정) 3. 용도 지정 기부금 4. 조례에 직접규정 5. 지자체가 권장하는 사업을 하는 공공기관 6. 시,도 정책 및 재정사정 7. 기타 8. 해당없음	입찰방식 계약체결방법 (경쟁형태) 1. 일반경쟁 2. 제한경쟁 3. 지명경쟁 4. 수의계약 5. 법정위탁 6. 기타 ( ) 7. 해당없음	계약기간 1. 1년 2. 2년 3. 3년 4. 4년 5. 5년 6. 기타 ( )년 7. 단기계약 (1년미만) 8. 해당없음	낙찰자선정방법 1. 적격심사 2. 협상에의한계약 3. 최저가낙찰제 4. 규격가격분리 5. 2단계 경쟁입찰 6. 기타 ( ) 7. 해당없음	운영예산 산정 운영예산 산정 1. 내부산정 (지자체 자체적으로 산정) 2. 외부산정 (외부전문기관위탁 산정) 3. 내·외부 모두 산정 4. 산정 無 5. 해당없음	정산방법 1. 내부정산 (지자체 내부적으로 정산) 2. 외부정산 (외부전문기관위탁 정산) 3. 내·외부 모두 산정 4. 정산 無 5. 해당없음	성과평가 실시여부 1. 실시 2. 미실시 3. 향후 추진 4. 해당없음
866	경기 양평군	바르게살기운동 양평군협의회 읍면 지원	20,400	소통협력담당관	2	1	7	8	7	1	1	1
867	경기 양평군	한국자유총연맹 양평군지부 읍면 분회 지원	15,600	소통협력담당관	2	1	7	8	7	1	1	1
868	경기 양평군	범죄예방지원센터 지원	10,000	소통협력담당관	2	1	7	8	7	1	1	1
869	경기 양평군	지역자율방재단 운영	20,000	안전총괄과	2	4	7	8	7	5	5	4
870	경기 양평군	중증장애인 자립생활센터 지원	166,273	주민복지과	2	4	1	1	1	1	1	4
871	경기 양평군	중증장애인 자립생활 체험홈 운영비	120,000	주민복지과	2	4	1	1	1	1	1	4
872	경기 양평군	중증장애인 자립생활 체험홈 설치비	100,000	주민복지과	2	4	1	8	1	1	1	4
873	경기 양평군	어린이날 행사	55,000	주민복지과	2	4	1	1	1	1	2	4
874	경기 양평군	(사)양평농촌나드리사업	160,000	친환경농업과	2	5	7	8	7	1	1	3
875	경기 양평군	평화통일 기반조성을 위한 통일활동 운영비	8,000	행정담당관	2	4	7	8	7	1	1	1
876	경기 양평군	지속가능발전협의회 사무국 운영비 지원	108,677	환경과	2	5	7	8	7	1	1	4
877	인천광역시	보훈단체 운영비 보조	337,517	보훈과	2	4	7	8	7	1	1	2
878	인천광역시	보훈회관 관리운영	60,000	보훈과	2	4	7	8	7	1	1	2
879	인천광역시	상이군경 복지회관 관리운영	143,000	보훈과	2	4	7	8	7	1	1	2
880	인천광역시	송도컨벤시아 2단계 BTL 임대료	12,358	미디어문화과	2	6	7	8	7	5	5	4
881	인천광역시	지역공동모금회 지원	96,000	복지정책과	2	1	7	8	7	1	1	1
882	인천광역시	사회복지협의회 지원	960,752	복지정책과	2	1	7	8	7	1	1	1
883	인천광역시	협의회 직원 종사자 복지점수(처우개선)	2,550	복지정책과	2	1	7	8	7	1	1	1
884	인천광역시	협의회 직원 종사자 건강검진비(처우개선)	2,000	복지정책과	2	1	7	8	7	1	1	1
885	인천광역시	연합회 운영비	172,000	문화예술과	2	4	7	8	7	1	1	1
886	인천광역시	문화원연합회 운영비	129,487	문화예술과	2	4	7	8	7	1	1	1
887	인천광역시	(사)대한노인회인천시연합회 운영	254,605	노인정책과	2	4	7	8	7	1	1	4
888	인천광역시	인천지속가능발전협의회 운영지원	252,613	환경기후정책과	2	4	7	8	7	5	1	2
889	인천광역시	인천관광협의회 운영경비	10,000	관광진흥과	2	4	7	8	7	5	5	4
890	인천광역시	민주평화통일자문회의 운영지원	88,700	남북교류협력담당관	2	1	7	8	2	1	1	4
891	인천광역시	황해도민 교류사업 지원	11,000	남북교류협력담당관	2	4	6	1	7	1	1	1
892	인천광역시	통일안보 강화사업 지원	12,000	남북교류협력담당관	2	4	6	1	7	1	1	1
893	인천광역시	통일한마음 체육대회	30,000	남북교류협력담당관	2	4	6	1	7	1	1	1
894	인천광역시	북한이탈주민 지역적응센터 지원	497,000	남북교류협력담당관	2	1	6	1	7	1	1	1
895	인천광역시	평화도시 조성사업	300,000	남북교류협력담당관	2	4	6	1	6	1	1	1
896	인천광역시	지역통일교육센터 평화통일교육지원	20,000	남북교류협력담당관	2	4	6	1	7	1	1	1
897	인천광역시	체육회사무처 운영	34,064	체육진흥과	2	1	7	8	7	1	3	3
898	인천광역시	장애인체육회 행정운영경비	1,376	체육진흥과	2	4	7	8	7	1	1	1
899	인천광역시	하천살리기 추진단 운영보조	39,200	수질환경과	2	4	5	8	7	1	1	1
900	인천광역시	인천광역시소상공인연합회(법정단체) 운영비 지원	83,000	소상공인정책과	2	1	7	8	7	1	1	4
901	인천광역시	여성단체경비지원	20,000	여성정책과	2	4	7	8	7	1	1	4
902	인천 중구	중구문화원 사무국장 인건비	31,503	문화관광과	2	1	7	8	7	1	1	3
903	인천 중구	중구문화원인건비, 운영비지원	113,232	문화관광과	2	1	7	8	7	1	1	3
904	인천 중구	보훈단체 운영비 지원	125,600	복지과	2	1	7	8	7	1	1	1
905	인천 중구	대한노인회 중구지회	86,550	어르신장애인과	2	7	7	8	7	1	1	2
906	인천 중구	인천중구새마을회 운영비	9,600	총무과	2	1	7	8	7	1	1	1
907	인천 중구	바르게살기운동중구협의회 운영비	17,100	총무과	2	1	7	8	7	1	1	1
908	인천 중구	한국자유총연맹중구지회 운영비	13,540	총무과	2	1	7	8	7	1	1	1
909	인천 중구	민주평화통일자문회의 중구협의회 운영비	1,200	총무과	2	1	7	8	7	1	1	1
910	인천 동구	자원봉사코디네이터 지원 육성	59,334	주민자치과	2	4	7	8	7	1	1	4
911	인천 동구	자원봉사 상해보험 지원	4,456	주민자치과	2	4	7	8	7	1	1	4
912	인천 동구	민간단체법정운영비보조	24,752	주민자치과	2	1	7	8	7	1	1	4
913	인천 동구	지역사회보장협의체 운영	68,678	복지정책과	2	1	7	8	7	1	1	4
914	인천 동구	보훈단체 보조금 지원	125,000	복지정책과	2	1	7	8	7	1	1	1
915	인천 동구	재향군인회 보조금 지원	20,000	복지정책과	2	1	7	8	7	1	1	1
916	인천 미추홀구	학산지속가능발전협의회 지원	64,900	기획예산실	2	4	7	8	7	1	1	1

순번	시군구	지출명 (사업명)	2021년예산 (단위:천원/1년간)	담당자 (공무원)	민간이전 분류 (지방자치단체 세출예산 집행기준에 의거)	민간이전지출 근거 (지방보조금 관리기준 참고)	입찰방식			운영예산 산정		성과평가 실시여부
				담당부서	1. 민간경상사업보조(307-02) 2. 민간단체 법정운영비보조(307-03) 3. 민간행사사업보조(307-04) 4. 민간위탁금(307-05) 5. 사회복지시설 법정운영비보조(307-10) 6. 민간인위탁교육비(307-12) 7. 공기관등에대한경상적위탁사업비(308-11) 8. 민간자본사업보조,자체재원(402-01) 9. 민간자본사업보조,이전재원(402-02) 10. 민간위탁사업비(402-03) 11. 공기관등에 대한 자본적 대행사업비(403-02)	1. 법률에 규정 2. 국고보조 재원(국가지정) 3. 용도 지정 기부금 4. 조례에 직접규정 5. 지자체가 권장하는 사업을 하는 공공기관 6. 시,도 정책 및 재정사정 7. 기타 8. 해당없음	계약체결방법 (경쟁형태) 1. 일반경쟁 2. 제한경쟁 3. 지명경쟁 4. 수의계약 5. 법정위탁 6. 기타 ( ) 7. 해당없음	계약기간 1. 1년 2. 2년 3. 3년 4. 4년 5. 5년 6. 기타 ( )년 7. 단기계약 (1년미만) 8. 해당없음	낙찰자선정방법 1. 적격심사 2. 협상에의한계약 3. 최저가낙찰제 4. 규격가격분리 5. 2단계 경쟁입찰 6. 기타 ( ) 7. 해당없음	운영예산 산정 1. 내부산정 (지자체 자체적으로 산정) 2. 외부산정 (외부전문기관위탁 산정) 3. 내·외부 모두 산정 4. 산정 無 5. 해당없음	정산방법 1. 내부정산 (지자체 내부적으로 정산) 2. 외부정산 (외부전문기관위탁 정산) 3. 내·외부 모두 산정 4. 정산 無 5. 해당없음	1. 실시 2. 미실시 3. 향후 추진 4. 해당없음
917	인천 미추홀구	민주평화통일자문회 운영비	3,240	총무과	2	1	7	8	7	1	1	4
918	인천 미추홀구	미추홀구새마을회운영비지원	12,000	시민공동체과	2	1	7	8	7	1	1	1
919	인천 미추홀구	바르게살기운동협의회운영비지원	12,000	시민공동체과	2	1	7	8	7	1	1	1
920	인천 미추홀구	한국자유총연맹미추홀구지회운영비지원	12,000	시민공동체과	2	1	7	8	7	1	1	1
921	인천 미추홀구	자원봉사센터운영	476,861	시민공동체과	2	1	7	8	7	1	1	1
922	인천 미추홀구	학산문화원 운영	526,461	문화예술과	2	1	7	8	7	1	1	1
923	인천 미추홀구	광복회 미추홀구지회 보조금 지원	18,420	복지정책과	2	1	7	8	7	5	1	1
924	인천 미추홀구	상이군경회 미추홀구지회 보조금 지원	31,160	복지정책과	2	1	7	8	7	5	1	1
925	인천 미추홀구	전몰군경유족회 미추홀구지회 보조금 지원	25,960	복지정책과	2	1	7	8	7	5	1	1
926	인천 미추홀구	전몰군경미망인회 미추홀구지회 보조금 지원	28,600	복지정책과	2	1	7	8	7	5	1	1
927	인천 미추홀구	무공수훈자회 미추홀구지회 보조금 지원	26,960	복지정책과	2	1	7	8	7	5	1	1
928	인천 미추홀구	특수임무유공자회 미추홀구지회 보조금 지원	19,930	복지정책과	2	1	7	8	7	5	1	1
929	인천 미추홀구	고엽제전우회 미추홀구지회 보조금 지원	36,310	복지정책과	2	1	7	8	7	5	1	1
930	인천 미추홀구	6.25참전유공자회 미추홀구지회 보조금 지원	36,480	복지정책과	2	1	7	8	7	5	1	1
931	인천 미추홀구	월남전참전자회 미추홀구지회 보조금 지원	21,840	복지정책과	2	1	7	8	7	5	1	1
932	인천 미추홀구	미추홀구 재향군인회 보조금 지원	24,160	복지정책과	2	1	7	8	7	5	1	1
933	인천 미추홀구	미추홀구지역사회보장협의체 운영	94,000	복지정책과	2	1	7	8	7	1	1	1
934	인천 미추홀구	대한노인회 인천미추홀구지회 교육비 지원	3,600	노인장애인복지과	2	4	7	8	7	1	1	1
935	인천 미추홀구	대한노인회 인천미추홀구지회 운영 지원	46,200	노인장애인복지과	2	4	7	8	7	1	1	1
936	인천 미추홀구	사회질서계도사업	6,000	노인장애인복지과	2	4	7	8	7	1	1	1
937	인천 미추홀구	노인의날 행사지원	4,800	노인장애인복지과	2	4	7	8	7	1	1	1
938	인천 미추홀구	도시재생지원센터 운영	200,000	도시재생과	2	1	7	8	7	1	1	1
939	인천 연수구	민주평화통일자문회의 및 국민운동단체 운영지원	42,000	총무과	2	1	7	7	7	1	1	1
940	인천 연수구	연수문화원 사업활동 지원	41,199	문화체육과	2	4	7	8	7	1	1	1
941	인천 연수구	연수문화원 인건비	251,747	문화체육과	2	4	7	8	7	1	1	1
942	인천 연수구	연수구체육회 운영지원	101,500	문화체육과	2	4	7	8	7	1	1	3
943	인천 연수구	국가 유공 및 보훈단체 지원	219,109	복지정책과	2	4	7	8	7	5	5	4
944	인천 연수구	지역사회보장협의체 운영	49,991	복지정책과	2	1	1	1	1	1	1	1
945	인천 연수구	민간사회단체의공익사업지원	25,144	노인장애인과	2	1	7	7	7	1	1	1
946	광주 북구	보훈단체운영비	105,300	복지정책과	2	1	7	8	1	3	1	1
947	광주 북구	북구체육회운영	41,500	체육관광과	2	1	7	8	7	5	1	1
948	광주 북구	북구장애인체육회운영지원	41,293	체육관광과	2	1	7	8	7	5	1	1
949	광주 광산구	지방문화원 지원	125,940	문화예술과	2	1	7	8	7	1	1	1
950	광주 광산구	광산구체육회 운영지원	56,000	생활체육과	2	1	7	8	7	5	5	1
951	대구광역시	전통시장진흥재단 운영 지원	300,000	민생경제과	2	1	7	8	1	1	1	1
952	대구광역시	1372 소비자상담전화 지원사업	72,000	민생경제과	2	1	5	1	7	1	1	1
953	대구광역시	2021 한국국제축산박람회 지원	120,000	농산유통과	2	8	7	8	7	5	5	4
954	대구광역시	대구컨벤션뷰로 운영비	1,043,000	국제통상과	2	1	7	8	7	1	1	1
955	대구광역시	민주평통 대구지역회의 운영지원	20,000	자치행정과	2	4	7	8	7	1	1	1
956	대구광역시	대구자유총연맹 조직,운영지원	96,000	자치행정과	2	1	7	8	7	1	1	1
957	대구광역시	새마을운동 조직 운영 지원	50,000	자치행정과	2	1	7	8	7	1	1	1
958	대구광역시	제2새마을운동추진 운영 지원	120,000	자치행정과	2	1	7	8	7	1	1	1
959	대구광역시	바르게살기운동 조직 운영 지원	46,000	자치행정과	2	1	7	8	7	1	1	1
960	대구광역시	구군 바르게살기운동 조직 운영 지원	77,000	자치행정과	2	1	7	8	7	1	1	1
961	대구광역시	광복회 운영	28,500	복지정책과	2	1	6	8	7	1	1	4
962	대구광역시	상이군경회 및 복지회관 운영	150,000	복지정책과	2	1	6	8	7	1	1	4
963	대구광역시	전몰군경유족회 운영	19,000	복지정책과	2	1	6	8	7	1	1	4
964	대구광역시	전몰군경 미망인회 운영	19,000	복지정책과	2	1	6	8	7	1	1	4
965	대구광역시	무공수훈자회 운영	19,000	복지정책과	2	1	6	8	7	1	1	4
966	대구광역시	4.19민주혁명회 운영	11,000	복지정책과	2	1	6	8	7	1	1	4
967	대구광역시	6.25참전유공자회 운영	17,000	복지정책과	2	1	6	8	7	1	1	4

순번	시군구	지출명 (사업명)	2021년예산 (단위:천원/1년간)	담당자 (공무원) 담당부서	민간이전 분류 (지방자치단체 세출예산 집행기준에 의거) 1. 민간경상사업보조(307-02) 2. 민간단체 법정운영비보조(307-03) 3. 민간행사사업보조(307-04) 4. 민간위탁금(307-05) 5. 사회복지시설 법정운영비보조(307-10) 6. 민간인위탁교육비(307-12) 7. 공기관등에대한경상적위탁사업비(308-11) 8. 민간자본사업보조,자체재원(402-01) 9. 민간자본사업보조,이전재원(402-02) 10. 민간위탁사업비(402-03) 11. 공기관등에 대한 자본적 대행사업비(403-02)	민간이전지출 근거 (지방보조금 관리기준 참고) 1. 법률에 규정 2. 국고보조 재원(국가지정) 3. 용도 지정 기부금 4. 조례에 직접규정 5. 지자체가 권장하는 사업을 하는 공공기관 6. 시,도 정책 및 재정사정 7. 기타 8. 해당없음	입찰방식 계약체결방법 (경쟁형태) 1. 일반경쟁 2. 제한경쟁 3. 지명경쟁 4. 수의계약 5. 법정위탁 6. 기타 ( ) 7. 해당없음	입찰방식 계약기간 1. 1년 2. 2년 3. 3년 4. 4년 5. 5년 6. 기타 ( )년 7. 단기계약 (1년미만) 8. 해당없음	입찰방식 낙찰자선정방법 1. 적격심사 2. 협상에의한계약 3. 최저가낙찰제 4. 규격가격분리 5. 2단계 경쟁입찰 6. 기타 ( ) 7. 해당없음	운영예산 산정 운영예산 산정 1. 내부산정 (지자체 자체적으로 산정) 2. 외부산정 (외부전문기관위탁 산정) 3. 내·외부 모두 산정 4. 산정 無 5. 해당없음	운영예산 산정 정산방법 1. 내부정산 (지자체 내부적으로 정산) 2. 외부정산 (외부전문기관위탁 정산) 3. 내·외부 모두 산정 4. 정산 無 5. 해당없음	성과평가 실시여부 1. 실시 2. 미실시 3. 향후 추진 4. 해당없음
968	대구광역시	고엽제 전우회 운영	34,000	복지정책과	2	1	6	8	7	1	1	4
969	대구광역시	특수임무유공자회 운영	19,000	복지정책과	2	1	6	8	7	1	1	4
970	대구광역시	월남전참전자회 운영	24,500	복지정책과	2	1	6	8	7	1	1	4
971	대구광역시	4.19혁명 공로자회 운영	7,000	복지정책과	2	1	6	8	7	1	1	4
972	대구광역시	노인회시연합회지원	408,628	어르신복지과	2	1	7	8	7	1	1	4
973	대구광역시	한국예총대구광역시연합회운영	100,000	문화예술정책과	2	1	7	8	7	1	1	1
974	대구광역시	한국민예총대구지회운영	25,000	문화예술정책과	2	1	7	8	7	1	1	1
975	대구광역시	대구광역시문화원연합회 운영	65,000	문화예술정책과	2	1	7	8	7	1	1	1
976	대구광역시	대구광역시체육회 인건비 및 행정보조비	24,050	체육진흥과	2	1	7	8	7	1	1	1
977	대구광역시	대구시민프로축구단 운영비 지원	7,000	체육진흥과	2	4	7	8	7	1	1	1
978	대구광역시	장애인체육회 운영	1,080,212	체육진흥과	2	4	7	8	7	1	1	1
979	대구광역시	대구지속가능발전협의회 운영비	125,000	환경정책과	2	4	7	8	7	1	1	1
980	대구광역시	지원협의체 사무실 운영비 등	108,660	자원순환과	2	4	7	8	7	1	1	4
981	대구광역시	마을회관및경로당운영지원금	158,400	자원순환과	2	4	7	8	7	1	1	4
982	대구광역시	교통연수원 운영 지원	1,350	교통정책과	2	4	7	8	7	1	1	1
983	대구 중구	국민운동단체활성화	17,000	행정지원과	2	4	7	8	7	1	1	1
984	대구 중구	국민운동단체활성화	9,000	행정지원과	2	4	7	8	7	1	1	1
985	대구 중구	국민운동단체활성화	8,000	행정지원과	2	4	7	8	7	1	1	1
986	대구 중구	보훈단체및유가족지원	68,500	복지정책과	2	1	7	8	7	1	1	1
987	대구 중구	노인단체지원	27,000	복지정책과	2	1	7	8	7	1	1	4
988	대구 중구	지역사회보장협의체운영	17,900	생활지원과	2	4	7	8	7	1	1	1
989	대구 중구	장애인단체지원	8,000	생활지원과	2	1	7	1	7	3	3	1
990	대구 중구	지방문화원사업지원	74,857	문화교육과	2	1	7	8	7	1	3	1
991	대구 중구	구·군생활체육활성화	45,800	문화교육과	2	5	7	7	6	1	1	1
992	대구 동구	국민운동단체 보조	27,000	행정지원과	2	1	6	8	7	1	1	1
993	대구 동구	국민운동단체 보조	15,000	행정지원과	2	1	6	8	7	1	1	1
994	대구 동구	국민운동단체 보조	12,000	행정지원과	2	1	6	8	7	1	1	1
995	대구 동구	새마을문고 운영	26,000	행정지원과	2	1	6	8	7	1	1	1
996	대구 동구	지방문화원 운영	60,209	문화체육과	2	1	5	8	7	1	1	1
997	대구 동구	사립 도서관 운영 지원	64,000	문화체육과	2	1	7	8	7	5	5	4
998	대구 동구	대구광역시동구체육회 지원	24,000	문화체육과	2	4	7	8	7	1	1	1
999	대구 동구	대구광역시동구체육회 지원	27,000	문화체육과	2	4	7	8	7	1	1	1
1000	대구 동구	대구광역시동구체육회 지원	25,000	문화체육과	2	4	7	8	7	1	1	1
1001	대구 동구	국립행사추진및위문	76,500	복지정책과	2	4	7	8	7	3	3	2
1002	대구 동구	자원봉사활성화 시책사업	201,818	복지정책과	2	1	7	8	7	1	1	4
1003	대구 동구	자원봉사활성화 시책사업	24,000	복지정책과	2	1	7	8	7	1	1	4
1004	대구 동구	자원봉사활성화 시책사업	9,600	복지정책과	2	1	7	8	7	1	1	4
1005	대구 동구	자원봉사 코디네이터 지원육성	58,948	복지정책과	2	2	7	8	7	5	1	4
1006	대구 동구	대한노인회 동구지회 지원	30,000	어르신장애인과	2	1	7	8	7	1	1	1
1007	대구 서구	서구새마을회 운영비	38,000	총무과	2	1	7	8	7	1	1	1
1008	대구 서구	바르게살기운동서구협의회 운영비	17,200	총무과	2	1	7	8	7	1	1	1
1009	대구 서구	새마을문고서구지부 운영비	13,700	총무과	2	1	7	8	7	1	1	1
1010	대구 서구	자유민주주의 역량강화 국민운동 전개	10,700	문화홍보과	2	1	7	1	7	1	1	1
1011	대구 서구	무형문화재 전수실 운영	11,000	문화홍보과	2	1	7	1	7	1	1	1
1012	대구 서구	단체 법정운영비	4,450	복지정책과	2	1	1	1	6	3	3	1
1013	대구 서구	단체 법정운영비	11,680	복지정책과	2	1	1	1	6	3	3	1
1014	대구 서구	단체 법정운영비	4,700	복지정책과	2	1	1	1	6	3	3	1
1015	대구 서구	단체 법정운영비	8,700	복지정책과	2	1	1	1	6	3	3	1
1016	대구 서구	단체 법정운영비	9,120	복지정책과	2	1	1	1	6	3	3	1
1017	대구 서구	단체 법정운영비	9,400	복지정책과	2	1	1	1	6	3	3	1
1018	대구 서구	단체 법정운영비	4,800	복지정책과	2	1	1	1	6	3	3	1

순번	시군구	지출명 (사업명)	2021년예산 (단위:천원/1년간)	담당자 (공무원) 담당부서	민간이전 분류 (지방자치단체 세출예산 집행기준에 의거) 1. 민간경상사업보조(307-02) 2. 민간단체 법정운영비보조(307-03) 3. 민간행사사업보조(307-04) 4. 민간위탁금(307-05) 5. 사회복지시설 법정운영비보조(307-10) 6. 민간인위탁교육비(307-12) 7. 공기관등에대한경상적위탁사업비(308-11) 8. 민간자본사업보조,자체재원(402-01) 9. 민간자본사업보조,이전재원(402-02) 10. 민간위탁사업비(402-03) 11. 공기관등에 대한 자본적 대행사업비(403-02)	민간이전지출 근거 (지방보조금 관리기준 참고) 1. 법률에 규정 2. 국고보조 재원(국가지정) 3. 용도 지정 기부금 4. 조례에 직접규정 5. 지자체가 권장하는 사업을 하는 공공기관 6. 시,도 정책 및 재정사정 7. 기타 8. 해당없음	입찰방식 계약체결방법 (경쟁형태) 1. 일반경쟁 2. 제한경쟁 3. 지명경쟁 4. 수의계약 5. 법정위탁 6. 기타 ( ) 7. 해당없음	입찰방식 계약기간 1. 1년 2. 2년 3. 3년 4. 4년 5. 5년 6. 기타 ( )년 7. 단기계약 (1년미만) 8. 해당없음	입찰방식 낙찰자선정방법 1. 적격심사 2. 협상에의한계약 3. 최저가낙찰제 4. 규격가격분리 5. 2단계 경쟁입찰 6. 기타 ( ) 7. 해당없음	운영예산 산정 운영예산 산정 1. 내부산정 (지자체 자체적으로 산정) 2. 외부산정 (외부전문기관위탁 산정) 3. 내·외부 모두 산정 4. 산정 無 5. 해당없음	운영예산 산정 정산방법 1. 내부정산 (지자체 내부적으로 정산) 2. 외부정산 (외부전문기관위탁 정산) 3. 내·외부 모두 산정 4. 정산 無 5. 해당없음	성과평가 실시여부 1. 실시 2. 미실시 3. 향후 추진 4. 해당없음
1019	대구 서구	단체 법정운영비	5,400	복지정책과	2	1	1	1	6	3	3	1
1020	대구 서구	단체 법정운영비	2,920	복지정책과	2	1	1	1	6	3	3	1
1021	대구 서구	단체 법정운영비	4,000	복지정책과	2	1	1	1	6	3	3	1
1022	대구 서구	자원봉사센터 운영	80,401	복지정책과	2	4	7	8	7	1	1	1
1023	대구 서구	자원봉사자 코디네이터 지원	70,308	복지정책과	2	2	7	8	7	1	1	1
1024	대구 서구	노인복지활동지원	41,670	사회복지과	2	4	7	8	7	1	1	2
1025	대구 남구	새마을운동 조직 법정운영비 보조	32,400	행정지원과	2	4	7	8	7	1	1	4
1026	대구 남구	바르게살기운동 조직 법정운영비 보조	18,700	행정지원과	2	4	7	8	7	1	1	4
1027	대구 남구	자유총연맹 조직 법정운영비 보조	16,500	행정지원과	2	4	7	8	7	1	1	4
1028	대구 남구	남구자원봉사센터 운영비	142,524	행정지원과	2	4	7	8	7	1	1	4
1029	대구 남구	남구체육회 육성지원	56,150	평생교육홍보과	2	1	7	8	7	1	1	1
1030	대구 남구	남구문화원 사무국장 및 간사 인건비	60,109	문화관광과	2	1	7	8	7	1	1	2
1031	대구 남구	상이군경회 운영 지원	15,500	행복정책과	2	4	7	8	7	1	1	1
1032	대구 남구	전몰군경유족회 운영 지원	11,500	행복정책과	2	4	7	8	7	1	1	1
1033	대구 남구	전몰군경미망인회 운영 지원	9,500	행복정책과	2	4	7	8	7	1	1	1
1034	대구 남구	무공수훈자회 운영 지원	12,000	행복정책과	2	4	7	8	7	1	1	1
1035	대구 남구	광복회 운영 지원	5,000	행복정책과	2	4	7	8	7	1	1	1
1036	대구 남구	고엽제전우회 운영 지원	9,000	행복정책과	2	4	7	8	7	1	1	1
1037	대구 남구	6.25참전유공자회 운영 지원	11,500	행복정책과	2	4	7	8	7	1	1	1
1038	대구 남구	월남전참전자회 운영 지원	8,000	행복정책과	2	4	7	8	7	1	1	1
1039	대구 남구	특수임무유공자회 운영 지원	4,000	행복정책과	2	4	7	8	7	1	1	1
1040	대구 남구	재향군인회 운영지원	7,500	행복정책과	2	4	7	8	7	1	1	1
1041	대구 남구	대한노인회 대구남구지회 운영	24,100	복지지원과	2	1	7	8	7	1	1	2
1042	대구 남구	정신재활시설 운영비	915,054	건강증진과	2	1	7	8	7	1	1	4
1043	대구 북구	북구새마을회운영비	29,200	총무과	2	1	7	8	7	1	1	4
1044	대구 북구	바르게살기운동 북구협의회 운영비	15,000	총무과	2	1	7	8	7	1	1	4
1045	대구 북구	자유총연맹북구지회 운영비	15,000	총무과	2	1	7	8	7	1	1	4
1046	대구 북구	보훈단체 운영비 지원	81,500	복시정책과	2	1	7	8	7	1	1	1
1047	대구 북구	대한노인회북구지회지원	70,800	가족복지과	2	1	7	8	7	1	1	4
1048	대구 북구	문화원 운영지원	60,107	문화예술과	2	1	7	8	7	5	5	4
1049	대구 북구	문화원 운영비지원	18,000	문화예술과	2	4	7	8	7	5	5	4
1050	대구 북구	사립공공도서관 지원	120,000	문화예술과	2	1	7	8	7	5	5	4
1051	대구 북구	북구체육회 운영지원	44,100	체육진흥과	2	6	7	8	7	5	5	4
1052	대구 북구	생활체육지도자 처우개선	25,000	체육진흥과	2	6	7	8	7	5	5	4
1053	대구 수성구	사립 전문도서관 지원	35,000	문화예술과	2	6	7	8	7	1	1	1
1054	대구 수성구	수성문화원 운영비 지원	21,238	문화예술과	2	1	7	8	7	1	1	1
1055	대구 수성구	수성문화원 사무국장 및 간사 인건비	60,207	문화예술과	2	1	7	8	7	1	1	1
1056	대구 수성구	보훈단체운영비	19,500	복지정책과	2	1	7	8	7	1	1	1
1057	대구 수성구	보훈단체운영비	14,000	복지정책과	2	1	7	8	7	1	1	1
1058	대구 수성구	보훈단체운영비	12,500	복지정책과	2	1	7	8	7	1	1	1
1059	대구 수성구	보훈단체운영비	12,500	복지정책과	2	1	7	8	7	1	1	1
1060	대구 수성구	보훈단체운영비	14,000	복지정책과	2	1	7	8	7	1	1	1
1061	대구 수성구	보훈단체운영비	8,220	복지정책과	2	1	7	8	7	1	1	1
1062	대구 수성구	보훈단체운영비	7,200	복지정책과	2	1	7	8	7	1	1	1
1063	대구 수성구	보훈단체운영비	7,500	복지정책과	2	1	7	8	7	1	1	1
1064	대구 수성구	보훈단체운영비	13,500	복지정책과	2	1	7	8	7	1	1	1
1065	대구 수성구	보훈단체운영비	7,000	복지정책과	2	1	7	8	7	1	1	1
1066	대구 수성구	수성구노인회 운영	111,325	복지정책과	2	1	7	8	7	1	1	1
1067	대구 수성구	장애인단체 지원	14,400	복지정책과	2	1	7	8	7	1	1	4
1068	대구 수성구	국민운동단체 운영비 지원	64,093	행성지원과	2	1	7	8	7	1	1	1
1069	대구 달서구	한국자유총연맹달서구지회 운영 지원	15,000	총무과	2	1	6	6	7	1	1	1

순번	시군구	지출명 (사업명)	2021년예산 (단위:천원/1년간)	담당자 (공무원) 담당부서	민간이전 분류 (지방자치단체 세출예산 집행기준에 의거) 1. 민간경상사업보조(307-02) 2. 민간단체 법정운영비보조(307-03) 3. 민간행사사업보조(307-04) 4. 민간위탁금(307-05) 5. 사회복지시설 법정운영비보조(307-10) 6. 민간인위탁교육비(307-12) 7. 공기관등에대한경상적위탁사업비(308-11) 8. 민간자본사업보조,자체재원(402-01) 9. 민간자본사업보조,이전재원(402-02) 10. 민간위탁사업비(402-03) 11. 공기관등에 대한 자본적 대행사업비(403-02)	민간이전지출 근거 (지방보조금 관리기준 참고) 1. 법률에 규정 2. 국고보조 재원(국가지정) 3. 용도 지정 기부금 4. 조례에 직접규정 5. 지자체가 권장하는 사업을 하는 공공기관 6. 시,도 정책 및 재정사정 7. 기타 8. 해당없음	입찰방식 계약체결방법 (경쟁형태) 1. 일반경쟁 2. 제한경쟁 3. 지명경쟁 4. 수의계약 5. 법정위탁 6. 기타 ( ) 7. 해당없음	입찰방식 계약기간 1. 1년 2. 2년 3. 3년 4. 4년 5. 5년 6. 기타 ( )년 7. 단기계약 (1년미만) 8. 해당없음	입찰방식 낙찰자선정방법 1. 적격심사 2. 협상에의한계약 3. 최저가낙찰제 4. 규격가격분리 5. 2단계 경쟁입찰 6. 기타 ( ) 7. 해당없음	운영예산 산정 운영예산 산정 1. 내부산정 (지자체 자체적으로 산정) 2. 외부산정 (외부전문기관위탁 산정) 3. 내·외부 모두 산정 4. 산정 無 5. 해당없음	운영예산 산정 정산방법 1. 내부정산 (지자체 내부적으로 정산) 2. 외부정산 (외부전문기관위탁 정산) 3. 내·외부 모두 산정 4. 정산 無 5. 해당없음	성과평가 실시여부 1. 실시 2. 미실시 3. 향후 추진 4. 해당없음
1070	대구 달서구	달서구 새마을회 운영 지원	26,250	총무과	2	1	6	6	7	1	1	1
1071	대구 달서구	새마을문고 달서구지부 운영 지원	15,000	총무과	2	1	6	6	7	1	1	1
1072	대구 달서구	바르게살기운동 달서구협의회 운영 지원	15,000	총무과	2	1	6	6	7	1	1	1
1073	대구 달서구	대한노인회달서구지회 운영	41,720	어르신장애인과	2	4	7	8	7	1	1	1
1074	대구 달서구	경로당 순회프로그램 관리자 배치	30,000	어르신장애인과	2	4	7	8	7	1	1	1
1075	대구 달서구	체육회 육성	43,000	문화체육관광과	2	1	7	1	7	1	1	1
1076	대구 달서구	공공스포츠클럽 운영	50,000	문화체육관광과	2	1	7	3	1	1	1	1
1077	대구 달서구	지방문화원 운영비 지원	76,689	문화체육관광과	2	1	7	1	7	1	1	1
1078	대구 달성군	달성군새마을회 운영비	42,000	자치행정과	2	1	5	8	7	5	1	1
1079	대구 달성군	바르게살기운동달성군협의회 운영비	10,800	자치행정과	2	1	5	8	7	5	1	1
1080	대구 달성군	한국자유총연맹달성군지회 운영비	9,300	자치행정과	2	1	5	8	7	5	1	1
1081	대구 달성군	보훈단체 운영비	155,040	복지정책과	2	1	7	8	7	1	1	1
1082	대구 달성군	(사)대한노인회 달성군지회 운영지원	106,908	복지정책과	2	1	7	8	7	1	1	1
1083	대구 달성군	지역사회보장협의체운영지원	88,244	희망지원과	2	1	7	8	7	5	5	4
1084	대구 달성군	장애인단체 사무실 운영지원	12,000	희망지원과	2	4	7	8	7	1	1	1
1085	대구 달성군	장애인 문화사업지원	6,000	희망지원과	2	4	7	8	7	1	1	1
1086	대구 달성군	달성문화원 사무국장 및 간사 인건비	55,000	문화체육과	2	4	5	8	7	1	1	4
1087	대구 달성군	현풍향교 운영비	38,000	문화체육과	2	4	7	8	7	1	1	4
1088	대구 달성군	민속예술단체 운영비	9,500	문화체육과	2	4	7	8	7	1	1	4
1089	대구 달성군	체육회 사무국장 급여 등	29,600	문화체육과	2	4	7	8	7	1	1	1
1090	대구 달성군	생활체육지도자 근속수당 등	45,540	문화체육과	2	4	7	8	7	1	1	1
1091	대구 달성군	체육회 운영비 지원	103,345	문화체육과	2	4	7	8	7	1	1	1
1092	대구 달성군	일반생활체육지도자 배치	204,624	문화체육과	2	4	7	8	7	1	1	1
1093	대구 달성군	어르신생활체육지도자 배치	175,392	문화체육과	2	4	7	8	7	1	1	1
1094	대구 달성군	사립공공도서관 운영비 지원	47,000	교육청소년과	2	1	7	8	7	1	1	1
1095	대전광역시	대전창조경제혁신센터운영	1,032,000	기업창업지원과	2	2	7	8	7	1	1	4
1096	대전광역시	농업경영인 정보센터 운영	25,000	농생명정책과	2	1	7	8	7	1	1	1
1097	대전광역시	민주평화통일자문회의 대전지역회의 운영	11,000	자치분권과	2	1	7	8	7	1	1	4
1098	대전광역시	새마을회 운영지원	52,080	자치분권과	2	1	7	8	7	1	1	1
1099	대전광역시	바르게살기 운영지원	52,248	자치분권과	2	1	7	8	7	1	1	1
1100	대전광역시	자유총연맹 운영지원	60,000	자치분권과	2	1	7	8	7	1	1	1
1101	대전광역시	문화원연합회 운영 지원	71,000	문화예술정책과	2	4	7	8	7	1	1	1
1102	대전광역시	대전예총 운영지원	64,000	문화예술정책과	2	1	7	8	7	1	1	1
1103	대전광역시	대전민예총 운영지원	36,000	문화예술정책과	2	1	7	8	7	1	1	1
1104	대전광역시	체육회 운영지원	3,883	체육진흥과	2	1	7	8	7	1	1	1
1105	대전광역시	장애인체육회 운영지원	1,013,210	체육진흥과	2	4	7	8	7	1	1	1
1106	대전광역시	북한이탈주민 지역적응센터 운영	181,000	가족돌봄과	2	2	5	3	1	5	1	3
1107	대전 동구	(사)새마을동구지회 운영	54,729	자치분권과	2	1	1	1	1	1	1	1
1108	대전 동구	바르게살기동구협의회 운영	16,763	자치분권과	2	1	1	1	1	1	1	1
1109	대전 동구	한국자유총연맹 대전동구지회 운영	14,114	자치분권과	2	1	1	1	1	1	1	1
1110	대전 동구	민주평화통일자문회의 대전동구협의회 운영	36,000	자치분권과	2	1	1	1	1	1	1	1
1111	대전 동구	자원봉사코디네이터 육성	58,768	자치분권과	2	1	6	1	1	1	1	1
1112	대전 동구	동구문화원 운영	65,406	관광문화체육과	2	6	7	8	7	1	1	1
1113	대전 동구	문화원 사무국장 인건비	30,000	관광문화체육과	2	6	7	8	7	1	1	1
1114	대전 동구	문화원 사무원 인건비	25,000	관광문화체육과	2	6	7	8	7	1	1	1
1115	대전 동구	동구체육회 운영	62,512	관광문화체육과	2	1	7	8	7	1	1	4
1116	대전 동구	지역사회보장협의체 운영	44,400	복지정책과	2	6	7	8	7	5	5	4
1117	대전 동구	보훈선양사업	84,530	복지정책과	2	1	7	8	7	1	1	2
1118	대전 동구	대전노인회 동구지회 운영	58,361	복지정책과	2	1	7	7	7	1	1	1
1119	대전 동구	주거환경개선사업 주민대표회의 운영	19,200	혁신도시과	2	1	7	1	7	1	1	1
1120	대전 동구	한국자유총연맹 중구지회 운영비	16,053	총무과	2	1	7	8	7	1	1	1

순번	시군구	지출명 (사업명)	2021년예산 (단위:천원/1년간)	담당자 (공무원) 담당부서	민간이전 분류 (지방자치단체 세출예산 집행기준에 의거) 1. 민간경상사업보조(307-02) 2. 민간단체 법정운영비보조(307-03) 3. 민간행사사업보조(307-04) 4. 민간위탁금(307-05) 5. 사회복지시설 법정운영비보조(307-10) 6. 민간인위탁교육비(307-12) 7. 공기관등에대한경상적위탁사업비(308-11) 8. 민간자본사업보조,자체재원(402-01) 9. 민간자본사업보조,이전재원(402-02) 10. 민간위탁사업비(402-03) 11. 공기관등에 대한 자본적 대행사업비(403-02)	민간이전지출 근거 (지방보조금 관리기준 참고) 1. 법률에 규정 2. 국고보조 재원(국가지정) 3. 용도 지정 기부금 4. 조례에 직접규정 5. 지자체가 권장하는 사업을 하는 공공기관 6. 시,도 정책 및 재정사정 7. 기타 8. 해당없음	입찰방식 계약체결방법 (경쟁형태) 1. 일반경쟁 2. 제한경쟁 3. 지명경쟁 4. 수의계약 5. 법정위탁 6. 기타 ( ) 7. 해당없음	입찰방식 계약기간 1. 1년 2. 2년 3. 3년 4. 4년 5. 5년 6. 기타 ( )년 7. 단기계약 (1년미만) 8. 해당없음	입찰방식 낙찰자선정방법 1. 적격심사 2. 협상에의한계약 3. 최저가낙찰제 4. 규격가격분리 5. 2단계 경쟁입찰 6. 기타 ( ) 7. 해당없음	운영예산 산정 1. 내부산정 (지자체 자체적으로 산정) 2. 외부산정 (외부전문기관위탁 산정) 3. 내·외부 모두 산정 4. 산정 無 5. 해당없음	정산방법 1. 내부정산 (지자체 내부적으로 정산) 2. 외부정산 (외부전문기관위탁 정산) 3. 내·외부 모두 산정 4. 정산 無 5. 해당없음	성과평가 실시여부 1. 실시 2. 미실시 3. 향후 추진 4. 해당없음
1121	대전 동구	새마을운동 중구지회 운영비	52,714	총무과	2	1	7	8	7	1	1	1
1122	대전 동구	바르게살기운동 중구협의회 운영비	26,760	총무과	2	1	7	8	7	1	1	1
1123	대전 동구	민주평화통일자문회의 중구협의회 운영비	3,600	총무과	2	1	7	8	7	1	1	1
1124	대전 동구	문화원 사무원 인건비	18,000	문화체육과	2	4	7	8	7	1	1	4
1125	대전 동구	문화원관리 운영	30,000	문화체육과	2	4	7	8	7	1	1	4
1126	대전 동구	중구체육회 운영	53,519	문화체육과	2	1	7	7	7	1	1	1
1127	대전 동구	중구체육회 운영지원	26,052	문화체육과	2	1	7	7	7	1	1	1
1128	대전 동구	6.25참전유공자회 운영비	11,210	복지정책과	2	1	7	8	7	1	1	2
1129	대전 동구	고엽제전우회 운영비	4,980	복지정책과	2	1	7	8	7	1	1	2
1130	대전 동구	광복회 운영비	1,888	복지정책과	2	1	7	8	7	1	1	2
1131	대전 동구	무공수훈자회 운영비	4,440	복지정책과	2	1	7	8	7	1	1	2
1132	대전 동구	상이군경회 운영회	11,290	복지정책과	2	1	7	8	7	1	1	2
1133	대전 동구	월남전참전자회 운영비	2,060	복지정책과	2	1	7	8	7	1	1	2
1134	대전 동구	특수임무유공자회 운영비	900	복지정책과	2	1	7	8	7	1	1	2
1135	대전 동구	전몰군경미망인회 운영비	9,960	복지정책과	2	1	7	8	7	1	1	2
1136	대전 동구	전몰군경유족회 운영비	10,080	복지정책과	2	1	7	8	7	1	1	2
1137	대전 동구	재향군인회 운영비	10,000	복지정책과	2	1	7	8	7	1	1	2
1138	대전 동구	대한노인회 중구지회 운영비	84,986	복지정책과	2	1	7	8	7	5	1	2
1139	대전 동구	농촌체험휴양마을 사무장 채용 지원	21,600	경제기업과	2	2	7	8	7	5	5	4
1140	대전 대덕구	문화원사무국장인건비	30,000	문화관광체육과	2	1	7	8	7	1	1	2
1141	대전 대덕구	문화원사무원인건비	25,000	문화관광체육과	2	1	7	8	7	1	1	2
1142	대전 대덕구	체육회운영	65,420	문화관광체육과	2	1	7	8	7	1	1	2
1143	대전 대덕구	체육회운영	53,465	문화관광체육과	2	1	7	8	7	1	1	2
1144	대전 대덕구	대덕구장애인체육회운영비지원	47,952	문화관광체육과	2	1	7	8	7	1	1	2
1145	대전 대덕구	노인단체지원	64,316	사회복지과	2	4	7	1	7	1	1	4
1146	부산 서구	대한노인회 공익활동사업 지원	24,000	복지정책과	2	1	5	8	7	1	1	4
1147	부산 서구	보훈관리 및 지원	20,350	복지정책과	2	1	7	8	7	1	1	1
1148	부산 서구	지역사회보장협의체 사무국 운영	42,000	복지정책과	2	4	7	8	7	1	1	4
1149	부산 서구	장애인작업장운영비 지원	8,000	생활지원과	2	6	7	8	7	1	1	1
1150	부산 서구	서구 문화원 육성지원	163,513	문화관광과	2	5	7	8	7	1	1	1
1151	부산 서구	서구체육회 운영 지원	66,000	문화관광과	2	6	7	8	7	1	1	1
1152	부산 서구	전일제 생활체육지도자 처우개선	7,800	문화관광과	2	6	7	8	7	1	1	1
1153	부산 서구	주민 활동 지원	28,000	총무과	2	1	7	8	7	1	1	1
1154	부산 서구	국민운동단체활성화 지원	74,000	총무과	2	1	7	1	7	1	1	1
1155	부산 동구	동구체육회 운영 지원	55,000	문화체육관광과	2	1	7	8	7	5	1	1
1156	부산 동구	동구체육회 운영 지원	29,213	문화체육관광과	2	1	7	8	7	1	1	1
1157	부산 동구	6.25참전 유공자회 운영비	5,000	복지지원과	2	1	7	8	1	1	1	3
1158	부산 동구	고엽제전우회 운영비	3,000	복지지원과	2	1	7	8	1	1	1	3
1159	부산 동구	월남전 참전자회 운영비	2,400	복지지원과	2	1	7	8	1	1	1	3
1160	부산 동구	광복회 운영비	1,000	복지지원과	2	1	7	8	1	1	1	3
1161	부산 동구	상이군경회 동구지회 운영비	5,100	복지지원과	2	1	7	8	1	1	1	3
1162	부산 동구	전몰군경유족회 운영비	5,000	복지지원과	2	1	7	8	1	1	1	3
1163	부산 동구	전몰군경미망인회 운영비	3,000	복지지원과	2	1	7	8	1	1	1	3
1164	부산 동구	무공수훈자회 운영비	5,100	복지지원과	2	1	7	8	1	1	1	3
1165	부산 동구	특수임무수행자회 중부연합지회 운영비	1,000	복지지원과	2	1	7	8	1	1	1	3
1166	부산 동구	재향군인회 운영비	1,000	복지지원과	2	1	7	8	1	1	1	3
1167	부산 영도구	새마을운동 영도구지회 운영비	35,400	행정지원과	2	1	7	7	7	1	1	1
1168	부산 영도구	사무보조 인력지원	28,000	행정지원과	2	1	7	7	7	1	1	1
1169	부산 영도구	바르게살기운동 영도구협의회 운영비	12,500	행정지원과	2	1	7	8	7	1	1	1
1170	부산 영도구	한국자유총연맹 영도구지회 운영비	28,000	행정지원과	2	1	7	8	7	1	1	1
1171	부산 영도구	구·군 체육회 지원	55,000	행정지원과	2	1	7	8	7	1	1	4

순번	시군구	지출명 (사업명)	2021년예산 (단위:천원/1년간)	담당자 (공무원) 담당부서	민간이전 분류 (지방자치단체 세출예산 집행기준에 의거) 1. 민간경상사업보조(307-02) 2. 민간단체 법정운영비보조(307-03) 3. 민간행사사업보조(307-04) 4. 민간위탁금(307-05) 5. 사회복지시설 법정운영비보조(307-10) 6. 민간인위탁교육비(307-12) 7. 공기관등에대한경상적위탁사업비(308-11) 8. 민간자본사업보조,자체재원(402-01) 9. 민간자본사업보조,이전재원(402-02) 10. 민간위탁사업비(402-03) 11. 공기관등에 대한 자본적 대행사업비(403-02)	민간이전지출 근거 (지방보조금 관리기준 참고) 1. 법률에 규정 2. 국고보조 재원(국가지정) 3. 용도 지정 기부금 4. 조례에 직접규정 5. 지자체가 권장하는 사업을 하는 공공기관 6. 시,도 정책 및 재정사정 7. 기타 8. 해당없음	입찰방식 계약체결방법 (경쟁형태) 1. 일반경쟁 2. 제한경쟁 3. 지명경쟁 4. 수의계약 5. 법정위탁 6. 기타 ( ) 7. 해당없음	입찰방식 계약기간 1. 1년 2. 2년 3. 3년 4. 4년 5. 5년 6. 기타 ( )년 7. 단기계약 (1년미만) 8. 해당없음	입찰방식 낙찰자선정방법 1. 적격심사 2. 협상에의한계약 3. 최저가낙찰제 4. 규격가격분리 5. 2단계 경쟁입찰 6. 기타 ( ) 7. 해당없음	운영예산 산정 운영예산 산정 1. 내부산정 (지자체 자체적으로 산정) 2. 외부산정 (외부전문기관위탁 산정) 3. 내·외부 모두 산정 4. 산정 無 5. 해당없음	운영예산 산정 정산방법 1. 내부정산 (지자체 내부적으로 정산) 2. 외부정산 (외부전문기관위탁 정산) 3. 내·외부 모두 산정 4. 정산 無 5. 해당없음	성과평가 실시여부 1. 실시 2. 미실시 3. 향후 추진 4. 해당없음
1172	부산 영도구	영도구 체육회 운영금 지원	30,000	행정지원과	2	1	7	8	7	1	1	4
1173	부산 영도구	사립유치원 난방비 지급	3,500	평생교육과	2	1	7	8	7	1	1	4
1174	부산 영도구	재향군인회 운영비 지원	2,000	복지정책과	2	1	7	8	7	1	1	1
1175	부산 영도구	상이군경회 운영비 지원	6,000	복지정책과	2	1	7	8	7	1	1	1
1176	부산 영도구	전몰군경유족회 운영비 지원	6,000	복지정책과	2	1	7	8	7	1	1	1
1177	부산 영도구	전몰군경미망인회 운영비 지원	4,800	복지정책과	2	1	7	8	7	1	1	1
1178	부산 영도구	무공수훈자회 운영비 지원	6,000	복지정책과	2	1	7	8	7	1	1	1
1179	부산 영도구	고엽제전우회 운영비 지원	5,000	복지정책과	2	1	7	8	7	1	1	1
1180	부산 영도구	6.25참전유공자회 운영비 지원	5,000	복지정책과	2	1	7	8	7	1	1	1
1181	부산 영도구	월남전 참전자회 운영비 지원	5,000	복지정책과	2	1	7	8	7	1	1	1
1182	부산 영도구	광복회 운영비 지원	1,500	복지정책과	2	1	7	8	7	1	1	1
1183	부산 영도구	특수임무유공자회 운영비 지원	3,000	복지정책과	2	1	7	8	7	1	1	1
1184	부산 영도구	대한노인회 사무국 직원 활동비 지원	24,000	복지사업과	2	1	7	8	7	5	1	1
1185	부산 진구	새마을운동부산진구지회	35,000	행정자치과	2	1	7	8	7	5	5	4
1186	부산 진구	바르게살기운동부산진구협의회	11,500	행정자치과	2	1	7	8	7	5	5	4
1187	부산 진구	민주평화통일자문회의부산진구협의회	5,000	행정자치과	2	1	7	8	7	5	5	4
1188	부산 진구	한국자유총연맹부산진구지회	28,000	행정자치과	2	1	7	8	7	5	5	4
1189	부산 진구	새마을운동 구지회 사무보조 인건비	28,000	행정자치과	2	1	7	8	7	5	5	4
1190	부산 진구	체육회 지원	77,480	문화체육과	2	1	7	8	7	1	1	1
1191	부산 진구	상이군경회	20,000	희망복지과	2	4	7	8	7	1	1	4
1192	부산 진구	전몰군경유족회	15,000	희망복지과	2	4	7	8	7	1	1	4
1193	부산 진구	전몰군경미망인회	15,000	희망복지과	2	4	7	8	7	1	1	4
1194	부산 진구	무공수훈자회	15,000	희망복지과	2	4	7	8	7	1	1	4
1195	부산 진구	고엽제전우회	12,000	희망복지과	2	4	7	8	7	1	1	4
1196	부산 진구	6.25참전유공자회	20,000	희망복지과	2	4	7	8	7	1	1	4
1197	부산 진구	특수임무유공자회	5,000	희망복지과	2	4	7	8	7	1	1	4
1198	부산 진구	광복회	5,000	희망복지과	2	4	7	8	7	1	1	4
1199	부산 진구	월남전참전자회	15,000	희망복지과	2	4	7	8	7	1	1	4
1200	부산 진구	재향군인회	12,000	희망복지과	2	4	7	8	7	1	1	4
1201	부산 진구	대한노인회 부산진구지회 사무국 직원인건비	35,216	노인장애인복지과	2	1	7	8	7	1	1	1
1202	부산 진구	부산진구 장애인단체 운영비 지원	5,000	노인장애인복지과	2	5	7	8	7	5	1	1
1203	부산 동래구	체육회 운영	50,000	총무과	2	7	7	8	7	1	1	1
1204	부산 동래구	생활체육지도자 처우개선	12,480	총무과	2	7	7	8	7	1	1	1
1205	부산 동래구	자원봉사센터 일반 운영비	51,467	총무과	2	1	5	3	7	1	1	4
1206	부산 동래구	자원봉사코디네이터 지원육성	60,156	총무과	2	2	5	3	7	1	1	4
1207	부산 동래구	자원봉사센터 청년실업해소 실무자 지원	25,896	총무과	2	1	5	3	7	1	1	4
1208	부산 동래구	새마을지회 운영비 지원	34,024	총무과	2	1	7	8	7	1	1	1
1209	부산 동래구	새마을지회 사무보조인력 인건비 지원	24,000	총무과	2	1	7	8	7	1	1	1
1210	부산 동래구	바르게협의회 운영비 지원	6,600	총무과	2	1	7	8	7	1	1	1
1211	부산 동래구	자유총연맹지회 운영비 지원	24,000	총무과	2	1	7	8	7	1	1	1
1212	부산 동래구	문화원운영지원	55,000	문화관광과	2	1	7	8	7	1	1	1
1213	부산 동래구	보훈단체 운영비 지원	47,860	복지정책과	2	1	7	8	7	1	1	1
1214	부산 동래구	지역사회보장협의체 사무국 운영	39,000	복지정책과	2	1	5	8	7	1	1	4
1215	부산 동래구	대한노인회동래구지회 운영비 지원	4,000	주민복지과	2	1	7	8	7	1	1	1
1216	부산 동래구	대한노인회동래구지회 운영 활성화 지원	24,000	주민복지과	2	1	7	8	7	1	1	4
1217	부산 남구	동 바르게살기운동 지원	20,820	행정지원과	2	1	7	7	7	1	1	1
1218	부산 남구	민주평화통일 자문회의 부산남구협의회 운영비 지원	6,000	행정지원과	2	1	4	1	1	1	1	1
1219	부산 남구	새마을단체지원	46,000	행정지원과	2	1	7	8	7	1	1	1
1220	부산 남구	자유총연맹 단체지원	20,600	행정지원과	2	1	7	8	7	1	1	1
1221	부산 남구	지방문화원 운영·활동 지원	57,000	문화관광체육과	2	1	7	8	7	1	1	2
1222	부산 남구	남구체육회 운영 지원	39,500	문화관광체육과	2	1	7	8	7	1	1	1

순번	시군구	지출명 (사업명)	2021년예산 (단위:천원/1년간)	담당자 (공무원) 담당부서	민간이전 분류 (지방자치단체 세출예산 집행기준에 의거) 1. 민간경상사업보조(307-02) 2. 민간단체 법정운영비보조(307-03) 3. 민간행사사업보조(307-04) 4. 민간위탁금(307-05) 5. 사회복지시설 법정운영비보조(307-10) 6. 민간인위탁교육비(307-12) 7. 공기관등에대한경상적위탁사업비(308-11) 8. 민간자본사업보조,자체재원(402-01) 9. 민간자본사업보조,이전재원(402-02) 10. 민간위탁사업비(402-03) 11. 공기관등에 대한 자본적 대행사업비(403-02)	민간이전지출 근거 (지방보조금 관리기준 참고) 1. 법률에 규정 2. 국고보조 재원(국가지정) 3. 용도 지정 기부금 4. 조례에 직접규정 5. 지자체가 권장하는 사업을 하는 공공기관 6. 시,도 정책 및 재정사정 7. 기타 8. 해당없음	입찰방식 계약체결방법 (경쟁형태) 1. 일반경쟁 2. 제한경쟁 3. 지명경쟁 4. 수의계약 5. 법정위탁 6. 기타 ( ) 7. 해당없음	입찰방식 계약기간 1. 1년 2. 2년 3. 3년 4. 4년 5. 5년 6. 기타 ( )년 7. 단기계약 (1년미만) 8. 해당없음	입찰방식 낙찰자선정방법 1. 적격심사 2. 협상에의한계약 3. 최저가낙찰제 4. 규격가격분리 5. 2단계 경쟁입찰 6. 기타 ( ) 7. 해당없음	운영예산 산정 운영예산 산정 1. 내부산정 (지자체 자체적으로 산정) 2. 외부산정 (외부전문기관위탁 산정) 3. 내·외부 모두 산정 4. 산정 無 5. 해당없음	운영예산 산정 정산방법 1. 내부정산 (지자체 내부적으로 정산) 2. 외부정산 (외부전문기관위탁 정산) 3. 내·외부 모두 산정 4. 정산 無 5. 해당없음	성과평가 실시여부 1. 실시 2. 미실시 3. 향후 추진 4. 해당없음
1223	부산 남구	남구체육회 지원	21,600	문화관광체육과	2	1	7	8	7	1	1	1
1224	부산 남구	일반생활체육지도자 배치	101,388	문화관광체육과	2	1	7	8	7	1	1	1
1225	부산 남구	어르신생활체육지도자 배치	28,968	문화관광체육과	2	1	7	8	7	1	1	1
1226	부산 남구	보훈단체 공익사업 지원	49,940	복지정책과	2	4	7	8	7	1	1	1
1227	부산 남구	정신재활시설 운영	7,911	건강증진과	2	2	7	8	7	1	1	4
1228	부산 북구	바르게살기운동 구협의회 운영비	14,000	행정지원과	2	1	7	8	7	1	1	1
1229	부산 북구	한국자유총연맹 구지회 운영비	2,400	행정지원과	2	1	7	8	7	1	1	1
1230	부산 북구	한국자유총연맹 구지회 사무국장 인건비	28,000	행정지원과	2	1	7	8	7	1	1	1
1231	부산 북구	보훈단체 법정운영비 지원	30,500	복지정책과	2	1	7	1	7	1	1	1
1232	부산 북구	대한노인회 북구지회 운영 활성화	24,000	주민복지과	2	6	7	8	7	5	5	4
1233	부산 북구	대한노인회 북구지회 운영비 지원	13,539	주민복지과	2	6	7	8	7	5	5	4
1234	부산 해운대구	국민운동단체 공익활동 사업 및 운영 지원	212,832	소통협력과	2	1	7	8	7	1	1	1
1235	부산 해운대구	전일제생활체육지도자 배치	173,808	소통협력과	2	2	5	1	7	2	3	1
1236	부산 해운대구	어르신체육활동지도자배치	144,840	소통협력과	2	2	5	1	7	2	3	1
1237	부산 해운대구	체육회지원	106,914	소통협력과	2	1	5	1	7	2	3	1
1238	부산 해운대구	해운대문화원 운영지원	174,632	관광문화과	2	1	7	8	7	1	1	1
1239	부산 해운대구	보훈단체 공익활동 운영비 지원	42,500	복지정책과	2	1	7	8	7	1	1	1
1240	부산 사하구	새마을지회 사무보조인력 인건비 지원	28,000	총무과	2	4	7	8	7	4	1	1
1241	부산 사하구	새마을운동 활성화 지원	39,832	총무과	2	4	7	8	7	4	1	1
1242	부산 사하구	바르게살기운동 활성화 지원	14,500	총무과	2	1	7	8	7	4	1	1
1243	부산 사하구	자유총연맹 육성 지원	28,000	총무과	2	1	7	8	7	4	1	1
1244	부산 사하구	사하문화원 지원	46,000	문화관광과	2	1	7	8	7	1	1	1
1245	부산 사하구	지역사회보장협의체 사무국 운영	57,000	복지정책과	2	1	7	8	7	1	1	1
1246	부산 사하구	보훈단체 지원	47,500	복지정책과	2	1	7	8	7	1	1	1
1247	부산 사하구	노인복지증진 활동 지원	23,000	복지사업과	2	1	7	8	7	5	5	4
1248	부산 금정구	새마을지회 사무보조인력 인건비,운영비	28,000	총무과	2	1	7	8	7	1	1	1
1249	부산 금정구	한국자유총연맹 사무국장 인건비	28,000	총무과	2	1	7	8	7	1	1	1
1250	부산 금정구	사회단체 공익활동 운영비	40,075	총무과	2	1	7	8	7	1	1	1
1251	부산 금정구	구 체육회 보조	55,000	총무과	2	1	7	8	7	5	1	1
1252	부산 금정구	생활체육지도자 휴일근무수당	1,958	총무과	2	1	7	8	7	5	1	1
1253	부산 금정구	생활체육지도자 시간외 근무수당	14,045	총무과	2	1	7	8	7	5	1	1
1254	부산 금정구	생활체육지도자 국내여비	15,360	총무과	2	1	7	8	7	5	1	1
1255	부산 금정구	생활체육지도자 급량비	12,480	총무과	2	1	7	8	7	5	1	1
1256	부산 금정구	지방문화원 운영비 지원	50,000	문화관광과	2	1	4	1	6	3	1	4
1257	부산 금정구	지방문화원 운영비지원	16,000	문화관광과	2	1	4	1	6	3	1	4
1258	부산 금정구	성인문해교육기관 운영비지원	5,000	평생교육과	2	4	7	8	7	1	1	4
1259	부산 금정구	보훈단체 공익활동 운영비	37,850	사회복지과	2	1	7	8	7	1	1	1
1260	부산 금정구	지역사회보장협의체 사무국 전담인력 인건비	36,000	사회복지과	2	1	7	8	7	1	1	1
1261	부산 금정구	지역사회보장협의체 사무국 운영비	3,600	사회복지과	2	1	7	8	7	1	1	1
1262	부산 금정구	노인단체 공익활동 운영비	24,000	사회복지과	2	7	7	8	7	1	1	2
1263	부산 금정구	경로회관 운영비	13,100	사회복지과	2	7	7	8	7	1	1	1
1264	부산 금정구	정신재활시설 인건비	320,282	건강증진과	2	6	7	8	7	5	5	4
1265	부산 금정구	정신재활시설 종사자 복지포인트	700	건강증진과	2	6	7	8	7	5	5	4
1266	부산 강서구	통일기반조성사업	6,000	총무과	2	1	7	8	7	3	1	1
1267	부산 강서구	바르게살기운동 강서구협의회 운영비	10,000	총무과	2	1	7	8	7	3	1	1
1268	부산 강서구	새마을운동 육성	24,000	총무과	2	1	7	8	7	1	1	1
1269	부산 강서구	국가안보확립 및 자유수호	28,000	총무과	2	1	7	8	7	1	1	1
1270	부산 강서구	강서문화원 활동육성지원	74,952	문화체육과	2	1	7	8	7	1	1	1
1271	부산 강서구	강서문화원사업지원	14,280	문화체육과	2	1	7	8	7	1	1	1
1272	부산 강서구	작은도서관 지원	3,000	문화체육과	2	1	7	8	7	1	1	1
1273	부산 강서구	구 체육회 지원	43,500	문화체육과	2	1	7	5	7	5	5	4

순번	시군구	지출명 (사업명)	2021년예산 (단위:천원/1년간)	담당자(공무원) 담당부서	민간이전 분류 (지방자치단체 세출예산 집행기준에 의거) 1. 민간경상사업보조(307-02) 2. 민간단체 법정운영비보조(307-03) 3. 민간행사사업보조(307-04) 4. 민간위탁금(307-05) 5. 사회복지시설 법정운영비보조(307-10) 6. 민간인위탁교육비(307-12) 7. 공기관등에대한경상적위탁사업비(308-11) 8. 민간자본사업보조,자체재원(402-01) 9. 민간자본사업보조,이전재원(402-02) 10. 민간위탁사업비(402-03) 11. 공기관등에 대한 자본적 대행사업비(403-02)	민간이전지출 근거 (지방보조금 관리기준 참고) 1. 법률에 규정 2. 국고보조 재원(국가지정) 3. 용도 지정 기부금 4. 조례에 직접규정 5. 지자체가 권장하는 사업을 하는 공공기관 6. 시,도 정책 및 재정사정 7. 기타 8. 해당없음	입찰방식 계약체결방법 (경쟁형태) 1. 일반경쟁 2. 제한경쟁 3. 지명경쟁 4. 수의계약 5. 법정위탁 6. 기타 ( ) 7. 해당없음	입찰방식 계약기간 1. 1년 2. 2년 3. 3년 4. 4년 5. 5년 6. 기타 ( )년 7. 단기계약 (1년미만) 8. 해당없음	입찰방식 낙찰자선정방법 1. 적격심사 2. 협상에의한계약 3. 최저가낙찰제 4. 규격가격분리 5. 2단계 경쟁입찰 6. 기타 ( ) 7. 해당없음	운영예산 산정 운영예산 산정 1. 내부산정 (지자체 자체적으로 산정) 2. 외부산정 (외부전문기관위탁 산정) 3. 내·외부 모두 산정 4. 산정 無 5. 해당없음	운영예산 산정 정산방법 1. 내부정산 (지자체 내부적으로 정산) 2. 외부정산 (외부전문기관위탁 정산) 3. 내·외부 모두 산정 4. 정산 無 5. 해당없음	성과평가 실시여부 1. 실시 2. 미실시 3. 향후 추진 4. 해당없음
1274	부산 강서구	구 체육회 지원	55,483	문화체육과	2	1	7	5	7	5	5	4
1275	부산 강서구	생활체육지도자 복리후생비 지원	12,480	문화체육과	2	1	7	5	7	5	5	4
1276	부산 강서구	어르신 생활체육지도자 배치	86,904	문화체육과	2	2	7	5	7	5	5	4
1277	부산 강서구	일반 생활체육지도자 배치	144,840	문화체육과	2	2	7	5	7	5	5	4
1278	부산 강서구	생활체육교실 운영	16,667	문화체육과	2	1	7	5	7	5	5	4
1279	부산 강서구	보훈단체 지원	73,900	주민복지과	2	1	7	1	7	1	1	1
1280	부산 강서구	대한 노인회 운영	12,000	생활지원과	2	1	7	8	7	5	1	1
1281	부산 강서구	대한 노인회 운영	24,000	생활지원과	2	1	7	8	7	5	1	1
1282	부산 연제구	연제문화원 일반문화사업 지원	55,440	문화체육과	2	1	7	8	7	1	1	4
1283	부산 연제구	구 체육회 지원	42,700	문화체육과	2	1	7	8	7	1	1	2
1284	부산 연제구	대한노인회 운영지원	22,800	복지정책과	2	1	7	8	7	1	1	4
1285	부산 연제구	지역사회보장협의체 사무국 운영비	6,000	복지정책과	2	1	7	8	7	1	1	4
1286	부산 연제구	지역사회보장협의체 사무국 전담인력 인건비	36,000	복지정책과	2	1	7	8	7	1	1	4
1287	부산 연제구	사회복지협의회 운영지원	86,600	복지정책과	2	1	7	8	7	1	1	4
1288	부산 연제구	보훈단체 보훈활동 사업 지원	38,224	복지정책과	2	1	7	8	7	1	1	4
1289	부산 연제구	민주평화통일 역량 강화	6,000	자치지원과	2	1	7	8	7	1	1	1
1290	부산 연제구	새마을운동 추진	33,000	자치지원과	2	1	7	8	7	1	1	2
1291	부산 연제구	새마을운동 구지회 사무보조 인건비 지원	28,000	자치지원과	2	1	7	8	7	1	1	2
1292	부산 연제구	바르게살기운동 활성화	12,000	자치지원과	2	1	7	8	7	1	1	2
1293	부산 연제구	한국자유총연맹 구지회 사무국장 인건비 지원	28,000	자치지원과	2	1	7	8	7	1	1	2
1294	부산 수영구	수영구새마을회 운영비 지원	34,000	총무과	2	1	7	8	7	5	1	1
1295	부산 수영구	바르게살기운동 수영구협의회 운영비 지원	8,400	총무과	2	1	7	8	7	5	1	4
1296	부산 수영구	새마을회 사무보조인력 인건비 지원	28,000	총무과	2	1	7	8	7	1	1	1
1297	부산 수영구	한국자유총연맹 수영구지회 사무국장 인건비 지원	28,000	총무과	2	1	7	8	7	5	1	4
1298	부산 수영구	수영문화원 운영비 지원	95,016	문화관광과	2	1	5	8	7	5	1	4
1299	부산 수영구	지역사회보장협의체 사무국 운영비 지원	79,300	복지정책과	2	1	7	8	7	5	5	4
1300	부산 수영구	보훈업무 추진	76,000	복지정책과	2	1	7	8	7	3	1	1
1301	부산 수영구	경로당 관리 및 노인시책 추진	4,422	가족행복과	2	1	7	8	6	1	1	4
1302	부산 수영구	대한노인회 구군지회 운영 활성화 지원	24,000	가족행복과	2	1	7	8	6	1	1	4
1303	부산 수영구	장애인 정책 지원	4,100	가족행복과	2	1	7	8	6	1	1	1
1304	부산 사상구	국민운동단체 운영비 지원	49,680	자치행정과	2	1	7	8	7	1	1	1
1305	부산 사상구	새마을운동 사상구지회 사무보조인력 지원	28,000	자치행정과	2	1	7	8	7	1	1	1
1306	부산 사상구	한국자유총연맹 사상구지회 운영비 지원	28,000	자치행정과	2	1	7	8	7	1	1	1
1307	부산 사상구	사상구체육회 지원	55,000	문화체육과	2	1	7	8	7	1	1	1
1308	부산 사상구	사상구체육회 운영 지원	41,920	문화체육과	2	1	7	8	7	1	1	1
1309	부산 사상구	사상문화원 운영 지원	16,000	문화체육과	2	4	7	8	7	1	1	1
1310	부산 사상구	사상문화원 운영 지원	56,500	문화체육과	2	4	7	8	7	1	1	1
1311	부산 사상구	보훈단체 운영비 지원	77,366	복지정책과	2	4	7	8	7	1	1	1
1312	부산 사상구	대한노인회지회 운영 지원	24,000	노인장애인복지과	2	1	7	8	7	5	1	1
1313	부산 사상구	장애인 지역법인 근로작업장 지원	39,962	노인장애인복지과	2	1	7	8	7	5	5	4
1314	부산 사상구	정신재활시설 운영비 지원	452,291	건강증진과	2	6	7	8	7	5	5	4
1315	부산 사상구	신생아 청각선별검사 홍보 등	200	건강증진과	2	2	7	8	7	5	2	4
1316	부산 기장군	사회단체 지원	9,000	행정지원과	2	1	4	1	7	1	1	1
1317	부산 기장군	한국자유총연맹 기장군지회 지원	28,000	행정지원과	2	1	4	1	7	1	1	1
1318	부산 기장군	바르게살기운동 기장군협의회 지원	28,000	행정지원과	2	1	4	1	7	1	1	1
1319	부산 기장군	새마을 기장군지회 지원	28,000	행정지원과	2	1	4	1	7	1	1	1
1320	부산 기장군	새마을 기장군지회 지원	37,000	행정지원과	2	1	4	1	7	1	1	1
1321	부산 기장군	작은도서관 조성 및 운영	150,000	도서관과	2	4	7	8	7	1	1	4
1322	부산 기장군	보훈단체 및 회원 지원	50,140	복지정책과	2	1	7	8	7	1	1	1
1323	부산 기장군	노인복지업무 운영	114,200	행복나눔과	2	1	7	8	7	1	1	4
1324	부산 기장군	장애인지역법인 근로작업장지원	20,000	행복나눔과	2	1	7	8	7	1	1	4

순번	시군구	지출명 (사업명)	2021년예산 (단위:천원/1년간)	담당자 (공무원) 담당부서	민간이전 분류 (지방자치단체 세출예산 집행기준에 의거) 1. 민간경상사업보조(307-02) 2. 민간단체 법정운영비보조(307-03) 3. 민간행사사업보조(307-04) 4. 민간위탁금(307-05) 5. 사회복지시설 법정운영비보조(307-10) 6. 민간인위탁교육비(307-12) 7. 공기관등에대한경상적위탁사업비(308-11) 8. 민간자본사업보조,자체재원(402-01) 9. 민간자본사업보조,이전재원(402-02) 10. 민간위탁사업비(402-03) 11. 공기관등에 대한 자본적 대행사업비(403-02)	민간이전지출 근거 (지방보조금 관리기준 참고) 1. 법률에 규정 2. 국고보조 재원(국가지정) 3. 용도 지정 기부금 4. 조례에 직접규정 5. 지자체가 권장하는 사업을 하는 공공기관 6. 시,도 정책 및 재정사정 7. 기타 8. 해당없음	입찰방식 계약체결방법 (경쟁형태) 1. 일반경쟁 2. 제한경쟁 3. 지명경쟁 4. 수의계약 5. 법정위탁 6. 기타 ( ) 7. 해당없음	입찰방식 계약기간 1. 1년 2. 2년 3. 3년 4. 4년 5. 5년 6. 기타 ( )년 7. 단기계약 (1년미만) 8. 해당없음	입찰방식 낙찰자선정방법 1. 적격심사 2. 협상에의한계약 3. 최저가낙찰제 4. 규격가격분리 5. 2단계 경쟁입찰 6. 기타 ( ) 7. 해당없음	운영예산 산정 운영예산 산정 1. 내부산정 (지자체 자체적으로 산정) 2. 외부산정 (외부전문기관위탁 산정) 3. 내·외부 모두 산정 4. 산정 無 5. 해당없음	운영예산 산정 정산방법 1. 내부정산 (지자체 내부적으로 정산) 2. 외부정산 (외부전문기관위탁 정산) 3. 내·외부 모두 산정 4. 정산 無 5. 해당없음	성과평가 실시여부 1. 실시 2. 미실시 3. 향후 추진 4. 해당없음
1325	부산 기장군	장애인 부모회 운영	10,000	행복나눔과	2	1	7	8	7	1	1	1
1326	부산 기장군	장애인협회 운영	7,500	행복나눔과	2	1	7	8	7	1	1	1
1327	부산 기장군	지방 문화원 사업활동 및 운영비 지원	5,000	문화관광과	2	4	5	8	7	1	1	4
1328	부산 기장군	지방 문화원 사업활동 및 운영비 지원	141,534	문화관광과	2	4	5	8	7	1	1	4
1329	부산 기장군	기장군체육회 지원	85,000	문화관광과	2	4	7	8	7	5	1	2
1330	울산광역시	한국예총울산광역시연합회 운영비	85,000	문화예술과	2	4	7	8	7	5	5	4
1331	울산광역시	한국민예총울산광역시연합회 운영비	50,000	문화예술과	2	4	7	8	7	5	5	4
1332	울산광역시	문화원연합회 운영비	82,000	문화예술과	2	4	7	8	7	5	5	4
1333	울산광역시	(사)울산범죄피해자지원센터 운영비	60,000	인권담당관	2	4	7	8	7	1	1	2
1334	울산광역시	소비자센터 파견상담원 인건비	30,805	중소벤처기업과	2	2	6	1	6	3	3	1
1335	울산광역시	시 체육회 운영비	3,238,933	체육지원과	2	1	7	8	7	5	5	4
1336	울산광역시	장애인체육회 운영비	968,863	체육지원과	2	4	7	8	7	5	5	4
1337	울산광역시	여성 사회참여활동 활동지원	25,500	여성가족청소년과	2	1	7	8	7	1	1	4
1338	울산광역시	민주평통울산지역회의 사무실 운영비	25,000	시민소통협력과	2	4	7	8	7	1	1	4
1339	울산광역시	이북5도사무소 운영비	39,600	시민소통협력과	2	4	7	8	7	1	1	4
1340	울산광역시	북한이탈주민 지역적응센터 운영비	141,000	시민소통협력과	2	4	7	8	7	1	1	4
1341	울산광역시	울산광역시새마을회 운영비	56,000	시민소통협력과	2	4	7	8	7	1	1	1
1342	울산광역시	바르게살기운동울산광역시협의회 운영비	50,000	시민소통협력과	2	1	7	8	7	1	1	1
1343	울산광역시	한국자유총연맹울산광역시지부 운영비	50,000	시민소통협력과	2	4	7	8	7	1	1	1
1344	울산 중구	울산중구새마을회 지회운영비	52,776	주민소통과	2	1	7	8	7	5	5	4
1345	울산 중구	바르게살기운동 울산중구협의회 구협의회 운영비	30,102	주민소통과	2	1	7	8	7	5	5	4
1346	울산 중구	한구자유총연맹 울산중구지회 운영비	26,075	주민소통과	2	1	7	8	7	5	5	4
1347	울산 중구	민주평화통일자문회의 울산중구협의회 운영비	16,000	주민소통과	2	1	7	8	7	5	5	4
1348	울산 중구	문화원 운영비	40,292	문화관광과	2	4	7	8	7	1	1	1
1349	울산 중구	문화원 사무국장 인건비	41,168	문화관광과	2	4	7	8	7	1	1	1
1350	울산 중구	문화원 직원 인건비	77,734	문화관광과	2	4	7	8	7	1	1	1
1351	울산 중구	문화원 퇴직적립금 및 4대보험료	23,067	문화관광과	2	4	7	8	7	1	1	1
1352	울산 중구	성인문해교육지원	23,200	혁신교육과	2	4	7	8	7	5	5	4
1353	울산 중구	호국보훈안보단체운영비	99,000	복지지원과	2	4	7	8	7	1	1	1
1354	울산 중구	지적장애인복지협회 중구지부 운영비	6,300	노인장애인과	2	1	7	8	7	1	1	1
1355	울산 중구	지체장애인협회 중구지회 운영비	28,000	노인장애인과	2	1	7	8	7	1	1	1
1356	울산 중구	중구노인지회 운영비	64,121	노인장애인과	2	4	7	8	7	5	5	1
1357	울산 중구	(사)자연보호울산중앙연맹중구협의회 운영비	1,680	환경위생과	2	1	1	1	1	1	1	2
1358	울산 동구	새마을회 운영비	43,180	자치행정과	2	1	7	8	7	1	1	1
1359	울산 동구	바르게살기운동 협의회 운영비	34,390	자치행정과	2	1	7	8	7	1	1	1
1360	울산 동구	민주평화통일 자문회의 운영비	20,510	자치행정과	2	1	7	8	7	1	1	1
1361	울산 동구	한국자유총연맹 운영비	23,748	자치행정과	2	1	7	8	7	1	1	1
1362	울산 동구	문화원 운영비 및 인건비	63,049	문화체육과	2	6	6	1	6	1	1	1
1363	울산 동구	울산광역시동구체육회 운영비	40,000	문화체육과	2	1	7	8	6	1	1	1
1364	울산 동구	공공스포츠클럽 운영지원	20,000	문화체육과	2	2	7	8	6	1	1	1
1365	울산 동구	나잠탈의장 운영비 지원사업	7,200	경제진흥과	2	4	7	8	7	1	1	1
1366	울산 동구	노인회관 관리운영	9,600	사회복지과	2	1	7	8	7	1	1	1
1367	울산 동구	노인지회 운영지원	27,000	사회복지과	2	1	7	8	7	1	1	1
1368	울산 동구	노인지회 운영지원	70,339	사회복지과	2	1	7	8	7	1	1	1
1369	울산 동구	울산광역시지체장애인협회동구지회 운영비	30,265	사회복지과	2	1	5	1	7	1	1	1
1370	울산 동구	울산광역시지적발달장애인복지협회동구지부 운영비	10,330	사회복지과	2	1	5	1	7	1	1	1
1371	울산 동구	한국시각장애인여성연합울산동구지회 운영비	10,330	사회복지과	2	1	5	1	7	1	1	1
1372	울산 동구	울산뇌병변장애인인권협회동구지회 운영비	8,000	사회복지과	2	1	5	1	7	1	1	1
1373	울산 북구	사무국 운영비	30,000	주민소통담당관	2	4	7	8	7	1	1	1
1374	울산 북구	사무국 운영비	23,000	주민소통담당관	2	1	7	8	7	1	1	1
1375	울산 북구	사무국 운영비	16,000	주민소통담당관	2	1	7	8	7	1	1	1

순번	시군구	지출명 (사업명)	2021년예산 (단위:천원/1년간)	담당자 (공무원) 담당부서	민간이전 분류 (지방자치단체 세출예산 집행기준에 의거) 1. 민간경상사업보조(307-02) 2. 민간단체 법정운영비보조(307-03) 3. 민간행사사업보조(307-04) 4. 민간위탁금(307-05) 5. 사회복지시설 법정운영비보조(307-10) 6. 민간인위탁교육비(307-12) 7. 공기관등에대한경상적위탁사업비(308-11) 8. 민간자본사업보조,자체재원(402-01) 9. 민간자본사업보조,이전재원(402-02) 10. 민간위탁사업비(402-03) 11. 공기관등에 대한 자본적 대행사업비(403-02)	민간이전지출 근거 (지방보조금 관리기준 참고) 1. 법률에 규정 2. 국고보조 재원(국가지정) 3. 용도 지정 기부금 4. 조례에 직접규정 5. 지자체가 권장하는 사업을 하는 공공기관 6. 시,도 정책 및 재정사정 7. 기타 8. 해당없음	입찰방식 계약체결방법 (경쟁형태) 1. 일반경쟁 2. 제한경쟁 3. 지명경쟁 4. 수의계약 5. 법정위탁 6. 기타 ( ) 7. 해당없음	입찰방식 계약기간 1. 1년 2. 2년 3. 3년 4. 4년 5. 5년 6. 기타 ( )년 7. 단기계약 (1년미만) 8. 해당없음	입찰방식 낙찰자선정방법 1. 적격심사 2. 협상에의한계약 3. 최저가낙찰제 4. 규격가격분리 5. 2단계 경쟁입찰 6. 기타 ( ) 7. 해당없음	운영예산 산정 운영예산 산정 1. 내부산정 (지자체 자체적으로 산정) 2. 외부산정 (외부전문기관위탁 산정) 3. 내·외부 모두 산정 4. 산정 無 5. 해당없음	운영예산 산정 정산방법 1. 내부정산 (지자체 내부적으로 정산) 2. 외부정산 (외부전문기관위탁 정산) 3. 내·외부 모두 산정 4. 정산 無 5. 해당없음	성과평가 실시여부 1. 실시 2. 미실시 3. 향후 추진 4. 해당없음
1376	울산 북구	사무국 운영비	16,000	주민소통담당관	2	1	7	8	7	1	1	1
1377	울산 북구	문화원 운영	80,939	문화체육과	2	5	7	8	7	1	1	2
1378	울산 북구	북구 체육회 운영비	130,810	문화체육과	2	1	7	8	7	1	1	1
1379	울산 북구	작은도서관 운영비 지원	101,400	도서관과	2	1	7	8	7	1	1	1
1380	울산 북구	사무실 운영비	14,400	복지지원과	2	1	7	7	7	1	1	1
1381	울산 북구	사무실 운영비	13,400	복지지원과	2	1	7	7	7	1	1	1
1382	울산 북구	사무실 운영비	13,400	복지지원과	2	1	7	7	7	1	1	1
1383	울산 북구	사무실 운영비	13,400	복지지원과	2	1	7	7	7	1	1	1
1384	울산 북구	사무실 운영비	14,200	복지지원과	2	1	7	7	7	1	1	1
1385	울산 북구	사무실 운영비	13,400	복지지원과	2	1	7	7	7	1	1	1
1386	울산 북구	사무실 운영비	11,850	복지지원과	2	1	7	7	7	1	1	1
1387	울산 북구	사무실 운영비	8,340	복지지원과	2	1	7	7	7	1	1	1
1388	울산 북구	대한노인회 북구지회 운영비	108,368	사회복지과	2	6	7	7	7	1	1	4
1389	울산 북구	지체장애인협회 북구지회 운영비	27,000	사회복지과	2	4	1	3	1	1	1	2
1390	울산 북구	지적발달장애인복지협회 북구지부 운영비	8,000	사회복지과	2	1	7	8	7	1	1	1
1391	울산 북구	농아인협회 북구지회 운영비	3,600	사회복지과	2	1	7	8	7	1	1	1
1392	울산 북구	북구 농업경영인 연합회 운영비	12,000	농수산과	2	4	7	8	7	5	5	4
1393	울산 북구	자연보호협의회 단체 운영비	1,500	환경위생과	2	1	7	8	7	4	4	1
1394	울산 울주군	지역사회보장협의체 운영	109,020	복지정책과	2	4	7	8	7	1	1	1
1395	울산 울주군	보훈단체 및 국가유공자 지원	210,834	복지정책과	2	4	7	8	7	1	1	1
1396	울산 울주군	대한노인회 울주군지회 운영지원	103,610	노인장애인과	2	4	7	8	7	1	1	4
1397	울산 울주군	지체장애인협회 울주군지회 운영비 지원	35,491	노인장애인과	2	1	7	8	7	1	1	1
1398	울산 울주군	지적장애인복지협회 울주군지부 운영비지원	10,800	노인장애인과	2	1	7	8	7	1	1	1
1399	울산 울주군	농아인협회 울주군지회 운영비 지원	14,112	노인장애인과	2	1	7	8	7	1	1	1
1400	울산 울주군	청소년 선도지도회 운영비	6,491	여성가족과	2	7	7	8	7	1	1	2
1401	울산 울주군	울주문화원 운영 지원	128,036	문화체육과	2	1	5	8	7	1	1	1
1402	울산 울주군	울주군체육회 지원	238,881	문화체육과	2	1	5	8	7	1	1	1
1403	울산 울주군	후계농업경영인 사무실 운영 지원	36,838	농업정책과	2	1	7	8	7	1	1	1
1404	울산 울주군	농촌지도자 사무실 운영 지원	3,000	농업정책과	2	1	7	8	7	1	1	1
1405	세종특별자치시	각종대회 참가 지원	90,000	체육진흥과	2	1	7	8	7	1	1	1
1406	세종특별자치시	회원종목(체육)단체 활동 지원	128,000	체육진흥과	2	1	7	8	7	1	1	1
1407	세종특별자치시	세종스포츠토토 여자축구단 운영 지원	400,000	체육진흥과	2	1	7	8	7	1	1	1
1408	세종특별자치시	체육유공자 선진지 시찰 및 연수회	20,000	체육진흥과	2	1	7	8	7	1	1	1
1409	세종특별자치시	전국종합체육대회 참가	1,165,000	체육진흥과	2	1	7	8	7	1	1	1
1410	세종특별자치시	전국 생활체육대축전	150,000	체육진흥과	2	1	7	8	7	1	1	1
1411	세종특별자치시	체육꿈나무 육성	120,000	체육진흥과	2	1	7	8	7	1	1	1
1412	세종특별자치시	엘리트 팀 창단 및 육성	40,000	체육진흥과	2	1	7	8	7	1	1	1
1413	세종특별자치시	스포츠 국제 교류	20,000	체육진흥과	2	1	7	8	7	1	1	1
1414	세종특별자치시	생활체육 및 유소년프로그램 운영	180,000	체육진흥과	2	1	7	8	7	1	1	1
1415	세종특별자치시	공공스포츠클럽 육성지원	83,664	체육진흥과	2	1	7	8	7	1	1	1
1416	세종특별자치시	읍면동 게이트볼장 운영	31,200	체육진흥과	2	1	7	8	7	1	1	1
1417	세종특별자치시	각종 어르신대회 개최 및 참가지원	30,000	체육진흥과	2	1	7	8	7	1	1	1
1418	세종특별자치시	국민체력인증센터 운영 및 국민체력인증 기반구축	227,000	체육진흥과	2	1	7	8	7	1	1	1
1419	세종특별자치시	장애인경기단체 및 선수육성	150,000	체육진흥과	2	1	7	8	7	1	1	1
1420	세종특별자치시	GKL휠체어펜싱팀 육성 지원	15,000	체육진흥과	2	1	7	8	7	1	1	1
1421	세종특별자치시	장애인 생활체육 프로그램 운영	30,000	체육진흥과	2	1	7	8	7	1	1	1
1422	세종특별자치시	장애인체육 유공자 해외연수	20,000	체육진흥과	2	1	7	8	7	1	1	1
1423	세종특별자치시	장애인 실업팀 지원	370,000	체육진흥과	2	1	7	8	7	1	1	1
1424	세종특별자치시	지역자율방재단 운영	41,200	재난관리과	2	1	7	8	7	1	1	1
1425	세종특별자치시	한국예총 세종시연합회 운영	30,000	문화예술과	2	1	7	8	7	5	1	4
1426	세종특별자치시	한국민예총 세종지회 운영	30,000	문화예술과	2	1	7	8	7	5	5	4

순번	시군구	지출명 (사업명)	2021년예산 (단위:천원/1년간)	담당자 (공무원) 담당부서	민간이전 분류 (지방자치단체 세출예산 집행기준에 의거) 1. 민간경상사업보조(307-02) 2. 민간단체 법정운영비보조(307-03) 3. 민간행사사업보조(307-04) 4. 민간위탁금(307-05) 5. 사회복지시설 법정운영비보조(307-10) 6. 민간인위탁교육비(307-12) 7. 공기관등에대한경상적위탁사업비(308-11) 8. 민간자본사업보조,자체재원(402-01) 9. 민간자본사업보조,이전재원(402-02) 10. 민간위탁사업비(402-03) 11. 공기관등에 대한 자본적 대행사업비(403-02)	민간이전지출 근거 (지방보조금 관리기준 참고) 1. 법률에 규정 2. 국고보조 재원(국가지정) 3. 용도 지정 기부금 4. 조례에 직접규정 5. 지자체가 권장하는 사업을 하는 공공기관 6. 시,도 정책 및 재정사정 7. 기타 8. 해당없음	입찰방식 계약체결방법 (경쟁형태) 1. 일반경쟁 2. 제한경쟁 3. 지명경쟁 4. 수의계약 5. 법정위탁 6. 기타 ( ) 7. 해당없음	입찰방식 계약기간 1. 1년 2. 2년 3. 3년 4. 4년 5. 5년 6. 기타 ( )년 7. 단기계약 (1년미만) 8. 해당없음	입찰방식 낙찰자선정방법 1. 적격심사 2. 협상에의한계약 3. 최저가낙찰제 4. 규격가격분리 5. 2단계 경쟁입찰 6. 기타 ( ) 7. 해당없음	운영예산 산정 운영예산 산정 1. 내부산정 (지자체 자체적으로 산정) 2. 외부산정 (외부전문기관위탁 산정) 3. 내·외부 모두 산정 4. 산정 無 5. 해당없음	운영예산 산정 정산방법 1. 내부정산 (지자체 내부적으로 정산) 2. 외부정산 (외부전문기관위탁 정산) 3. 내·외부 모두 산정 4. 정산 無 5. 해당없음	성과평가 실시여부 1. 실시 2. 미실시 3. 향후 추진 4. 해당없음
1427	세종특별자치시	세종문화원 운영	206,000	문화예술과	2	1	7	8	7	5	1	4
1428	세종특별자치시	대한노인회 운영지원	239,500	노인장애인과	2	1	7	8	7	1	1	1
1429	세종특별자치시	장애인단체 육성 지원	448,000	노인장애인과	2	1	7	8	7	1	1	1
1430	세종특별자치시	자원봉사센터 운영비 지원	396,257	복지정책과	2	1	7	8	7	1	1	4
1431	세종특별자치시	재향군인회 법정운영비 지원	19,000	복지정책과	2	1	7	8	7	1	1	4
1432	세종특별자치시	보훈단체 운영	186,000	복지정책과	2	1	7	8	7	1	1	4
1433	세종특별자치시	농촌관광주체 육성 지원	59,292	로컬푸드과	2	2	7	8	7	5	5	1
1434	세종특별자치시	민주평통사무국 운영비	13,000	자치분권과	2	1	7	8	7	1	1	1
1435	세종특별자치시	이북5도 세종시사무소 운영비	37,589	자치분권과	2	1	7	8	7	1	1	1
1436	세종특별자치시	새마을회 운영비	84,070	자치분권과	2	1	7	8	7	1	1	1
1437	세종특별자치시	바르게살기 협의회 운영	98,945	자치분권과	2	1	7	8	7	1	1	1
1438	세종특별자치시	한국자유총연맹 지부 운영비	90,527	자치분권과	2	1	7	8	7	1	1	1
1439	강원 춘천시	자전거플랫폼 운영 보조	50,000	도시재생과	2	4	7	8	7	5	5	4
1440	강원 강릉시	자원봉사센터 운영	366,000	행정지원과	2	1	7	8	7	1	1	3
1441	강원 강릉시	새마을운동강릉시지회 운영비 지원	32,600	행정지원과	2	1	7	8	7	1	1	3
1442	강원 강릉시	바르게살기운동강릉시협의회 운영비 지원	24,000	행정지원과	2	1	7	8	7	1	1	3
1443	강원 강릉시	한국자유총연맹강릉시지회 운영비 지원	16,240	행정지원과	2	1	7	8	7	1	1	3
1444	강원 강릉시	민주평통 강릉시협의회 운영지원	5,000	행정지원과	2	1	7	8	7	1	1	3
1445	강원 강릉시	범죄피해지원센터 운영지원	11,000	행정지원과	2	1	7	8	7	1	1	3
1446	강원 강릉시	강릉지속가능발전협의회 관리운영비	95,000	환경과	2	1	4	8	7	1	1	2
1447	강원 강릉시	강릉향교 충효교육원 운영	20,000	문화예술과	2	4	4	1	7	1	1	1
1448	강원 강릉시	강릉문화원 운영	320,000	문화예술과	2	1	4	1	7	1	1	1
1449	강원 강릉시	예맥아트센터운영	40,000	문화예술과	2	1	4	1	7	1	1	1
1450	강원 강릉시	율곡평생교육원 인건비 지원	16,000	문화예술과	2	1	4	1	7	1	1	1
1451	강원 강릉시	강릉예총 운영비	1033-64000	문화예술과	2	1	6	1	7	1	1	1
1452	강원 강릉시	강릉민예총 운영비	20,000	문화예술과	2	1	6	1	7	1	1	1
1453	강원 강릉시	사단법인 강릉국제영화제 운영비	1,010,000	문화예술과	2	1	5	1	7	1	1	1
1454	강원 강릉시	강릉농악보존회 지원	70,000	문화예술과	2	1	7	6	7	5	1	4
1455	강원 강릉시	강릉단오제보존회 지원	70,000	문화예술과	2	1	7	8	7	1	1	1
1456	강원 강릉시	강릉시체육회 사무국 인건비	471,096	체육과	2	4	7	8	7	5	1	4
1457	강원 강릉시	강릉시체육회 사무국 운영	20,400	체육과	2	4	7	8	7	5	1	4
1458	강원 강릉시	위원회 운영수당	2,520	체육과	2	4	7	8	7	5	1	4
1459	강원 강릉시	행정장비 구입비	5,000	체육과	2	4	7	8	7	5	1	4
1460	강원 강릉시	체육회 차량 임차 및 유지관리	19,000	체육과	2	4	7	8	7	5	1	4
1461	강원 강릉시	체육회 시설 사용료	17,000	체육과	2	4	7	8	7	5	1	4
1462	강원 강릉시	홈페이지 유지 보수비	1,800	체육과	2	4	7	8	7	5	1	4
1463	강원 강릉시	강릉시체육회 업무활동비	21,600	체육과	2	4	7	8	7	5	1	4
1464	강원 강릉시	스포츠클럽 사무국 인건비	30,000	체육과	2	1	7	8	7	5	1	4
1465	강원 강릉시	스포츠클럽 사무국 운영비	20,000	체육과	2	1	7	8	7	5	1	4
1466	강원 강릉시	예산회계 문서시스템 구축비	60,000	체육과	2	4	7	8	7	5	1	4
1467	강원 강릉시	장애인체육회 사무국 인건비	143,021	체육과	2	4	7	8	7	5	1	4
1468	강원 강릉시	장애인체육회 사무국 운영	9,600	체육과	2	4	7	8	7	5	1	4
1469	강원 강릉시	행정장비 구입	2,000	체육과	2	4	7	8	7	5	1	4
1470	강원 강릉시	장애인체육회 업무활동비	14,400	체육과	2	4	7	8	7	5	1	4
1471	강원 강릉시	차량임차 및 유지관리	17,000	체육과	2	4	7	8	7	5	1	4
1472	강원 강릉시	장애인체육회 시설 사용료	13,400	체육과	2	4	7	8	7	5	1	4
1473	강원 강릉시	위원회 운영수당	2,800	체육과	2	4	7	8	7	5	1	4
1474	강원 강릉시	장애인체육회 워크숍	2,000	체육과	2	4	7	8	7	5	1	4
1475	강원 강릉시	장애인체육회 의무 교육	600	체육과	2	4	7	8	7	5	1	4
1476	강원 강릉시	대한민국상이군경회 강릉시지부 운영	16,000	복지정책과	2	1	7	8	7	5	5	1
1477	강원 강릉시	대한민국전몰군경유족회강릉시지부 운영	16,000	복지정책과	2	1	7	8	7	5	5	1

순번	시군구	지출명 (사업명)	2021년예산 (단위:천원/1년간)	담당자 (공무원) 담당부서	민간이전 분류 (지방자치단체 세출예산 집행기준에 의거) 1. 민간경상사업보조(307-02) 2. 민간단체 법정운영비보조(307-03) 3. 민간행사사업보조(307-04) 4. 민간위탁금(307-05) 5. 사회복지시설 법정운영비보조(307-10) 6. 민간인위탁교육비(307-12) 7. 공기관등에대한경상적위탁사업비(308-11) 8. 민간자본사업보조,자체재원(402-01) 9. 민간자본사업보조,이전재원(402-02) 10. 민간위탁사업비(402-03) 11. 공기관등에 대한 자본적 대행사업비(403-02)	민간이전지출 근거 (지방보조금 관리기준 참고) 1. 법률에 규정 2. 국고보조 재원(국가지정) 3. 용도 지정 기부금 4. 조례에 직접규정 5. 지자체가 권장하는 사업을 하는 공공기관 6. 시,도 정책 및 재정사정 7. 기타 8. 해당없음	입찰방식: 계약체결방법 (경쟁형태) 1. 일반경쟁 2. 제한경쟁 3. 지명경쟁 4. 수의계약 5. 법정위탁 6. 기타 ( ) 7. 해당없음	입찰방식: 계약기간 1. 1년 2. 2년 3. 3년 4. 4년 5. 5년 6. 기타 ( )년 7. 단기계약 (1년미만) 8. 해당없음	입찰방식: 낙찰자선정방법 1. 적격심사 2. 협상에의한계약 3. 최저가낙찰제 4. 규격가격분리 5. 2단계 경쟁입찰 6. 기타 ( ) 7. 해당없음	운영예산 산정: 운영예산 산정 1. 내부산정 (지자체 자체적으로 산정) 2. 외부산정 (외부전문기관위탁 산정) 3. 내·외부 모두 산정 4. 산정 無 5. 해당없음	운영예산 산정: 정산방법 1. 내부정산 (지자체 내부적으로 정산) 2. 외부정산 (외부전문기관위탁 정산) 3. 내·외부 모두 산정 4. 정산 無 5. 해당없음	성과평가 실시여부 1. 실시 2. 미실시 3. 향후 추진 4. 해당없음
1478	강원 강릉시	대한민국전몰군경미망인강릉지회 운영	16,000	복지정책과	2	1	7	8	7	5	5	1
1479	강원 강릉시	대한민국무공수훈자회강릉시지회 운영	16,000	복지정책과	2	1	7	8	7	5	5	1
1480	강원 강릉시	대한민국고엽제전우회강릉시지회 운영	18,000	복지정책과	2	1	7	8	7	5	5	1
1481	강원 강릉시	광복회영동연합지회 운영	16,000	복지정책과	2	1	7	8	7	5	5	1
1482	강원 강릉시	대한민국특수임무유공자회 강릉평창지회 운영	16,000	복지정책과	2	1	7	8	7	5	5	1
1483	강원 강릉시	강릉시재향군인회 운영	16,000	복지정책과	2	1	7	8	7	5	5	1
1484	강원 강릉시	6.25참전유공자회강릉시지회 운영	16,000	복지정책과	2	1	7	8	7	5	5	1
1485	강원 강릉시	대한민국월남참전자회강릉시지회 운영	16,000	복지정책과	2	1	7	8	7	5	5	1
1486	강원 강릉시	장애인단체 운영비 지원	31,000	복지정책과	2	6	7	8	7	1	1	3
1487	강원 강릉시	강릉시 여성단체협의회 운영비 지원	30,240	여성청소년가족과	2	4	7	8	7	1	1	2
1488	강원 동해시	동해예총민예총운영지원	55,500	문화교육과	2	1	7	8	7	1	1	1
1489	강원 동해시	동해문화원 사업활동지원	219,140	문화교육과	2	4	7	8	7	5	1	1
1490	강원 동해시	소비자 상담센터운영	20,000	경제과	2	1	7	8	7	1	1	1
1491	강원 동해시	동쪽바다중앙시장 안전감시요원 배치사업	98,958	경제과	2	1	7	8	7	1	1	1
1492	강원 동해시	자원봉사센터 운영비	229,662	행정과	2	1	7	8	7	1	1	1
1493	강원 동해시	자원봉사 코디네이터 지원육성	59,112	행정과	2	1	7	8	7	1	1	1
1494	강원 동해시	강릉지역범죄피해자지원센센터 운영	10,000	행정과	2	1	7	8	7	1	1	1
1495	강원 동해시	민주평화통일자문회의동해시협의회 운영	6,600	행정과	2	1	7	8	7	1	1	1
1496	강원 동해시	새마을운동 동해시지회 운영	57,574	행정과	2	1	7	8	7	1	1	1
1497	강원 동해시	바르게살기운동 동해시협의회 운영	26,190	행정과	2	1	7	8	7	1	1	1
1498	강원 동해시	한국자유총연맹 동해시지회 운영	18,564	행정과	2	1	7	8	7	1	1	1
1499	강원 동해시	동해시재향군인회 운영	16,680	행정과	2	1	7	8	7	1	1	1
1500	강원 태백시	국민·사회단체 활성화 지원	78,484	총무과	2	1	7	8	7	1	1	1
1501	강원 태백시	국가유공자 지원	95,808	주민생활지원과	2	6	7	8	7	1	1	1
1502	강원 태백시	사회복지사업 운영 활성화	17,348	사회복지과	2	1	7	8	7	5	1	4
1503	강원 태백시	노인회 지회 운영	83,659	사회복지과	2	1	7	8	7	1	1	2
1504	강원 태백시	100세시대,어르신일자리사업	2,400	사회복지과	2	1	7	8	7	5	1	4
1505	강원 태백시	문화예술활동 활성화	47,716	문화관광과	2	8	7	8	7	1	1	4
1506	강원 태백시	체육회 운영 지원	311,454	스포츠레저과	2	1	7	8	7	1	1	4
1507	강원 태백시	환경단체 육성	31,491	환경과	2	1	7	8	7	1	1	4
1508	강원 속초시	양성평등 실현 확산을 위한 여성단체 운영 활성화사업	31,200	가족지원과	2	1	7	8	7	1	1	4
1509	강원 속초시	대한노인회 속초시지회 운영 지원	76,857	가족지원과	2	1	7	8	7	1	1	4
1510	강원 속초시	자율방재 지원	18,785	안전총괄과	2	4	7	8	7	5	5	4
1511	강원 홍천군	지역사회보장협의체 운영	60,000	복지정책과	2	1	7	8	7	1	1	1
1512	강원 홍천군	보훈단체 운영비 지원	131,232	복지정책과	2	4	7	8	7	1	1	1
1513	강원 홍천군	노인회 지원	137,450	행복나눔과	2	1	7	8	7	1	1	4
1514	강원 홍천군	여성복지 및 사회참여행사 지원	29,257	행복나눔과	2	1	7	7	7	5	1	4
1515	강원 홍천군	노란우산 희망보조금 지원	872,400	일자리경제과	2	4	7	1	7	3	1	1
1516	강원 횡성군	지회운영	20,000	행복나눔복지과	2	1	7	8	7	1	1	1
1517	강원 횡성군	지회운영	20,000	행복나눔복지과	2	1	7	8	7	1	1	1
1518	강원 횡성군	지회운영	20,000	행복나눔복지과	2	1	7	8	7	1	1	1
1519	강원 횡성군	지회운영	24,766	행복나눔복지과	2	1	7	8	7	1	1	1
1520	강원 횡성군	지회운영	23,960	행복나눔복지과	2	1	7	8	7	1	1	1
1521	강원 횡성군	지회운영	25,700	행복나눔복지과	2	1	7	8	7	1	1	1
1522	강원 횡성군	지회운영	26,670	행복나눔복지과	2	1	7	8	7	1	1	1
1523	강원 횡성군	장애인 지역사회재활시설 지원	87,000	행복나눔복지과	2	1	7	5	7	5	1	3
1524	강원 횡성군	대한노인회 횡성군지회 운영	132,374	행복나눔복지과	2	4	7	8	7	1	1	4
1525	강원 횡성군	체육회(일반) 운영	255,843	문화체육관광과	2	1	7	8	7	5	1	1
1526	강원 횡성군	체육회(일반) 운영	72,000	문화체육관광과	2	1	7	8	7	5	1	1
1527	강원 횡성군	체육회(일반) 운영	16,800	문화체육관광과	2	1	7	8	7	5	1	1
1528	강원 횡성군	횡성군민 자전거 대행진	10,800	문화체육관광과	2	1	7	8	7	5	1	1

순번	시군구	지출명 (사업명)	2021년예산 (단위:천원/1년간)	담당자 (공무원) 담당부서	민간이전 분류 (지방자치단체 세출예산 집행기준에 의거) 1. 민간경상사업보조(307-02) 2. 민간단체 법정운영비보조(307-03) 3. 민간행사사업보조(307-04) 4. 민간위탁금(307-05) 5. 사회복지시설 법정운영비보조(307-10) 6. 민간인위탁교육비(307-12) 7. 공기관등에대한경상적위탁사업비(308-11) 8. 민간자본사업보조,자체재원(402-01) 9. 민간자본사업보조,이전재원(402-02) 10. 민간위탁사업비(402-03) 11. 공기관등에 대한 자본적 대행사업비(403-02)	민간이전지출 근거 (지방보조금 관리기준 참고) 1. 법률에 규정 2. 국고보조 재원(국가지정) 3. 용도 지정 기부금 4. 조례에 직접규정 5. 지자체가 권장하는 사업을 하는 공공기관 6. 시,도 정책 및 재정사정 7. 기타 8. 해당없음	입찰방식 계약체결방법 (경쟁형태) 1. 일반경쟁 2. 제한경쟁 3. 지명경쟁 4. 수의계약 5. 법정위탁 6. 기타 ( ) 7. 해당없음	입찰방식 계약기간 1. 1년 2. 2년 3. 3년 4. 4년 5. 5년 6. 기타 ( )년 7. 단기계약 (1년미만) 8. 해당없음	입찰방식 낙찰자선정방법 1. 적격심사 2. 협상에의한계약 3. 최저가낙찰제 4. 규격가격분리 5. 2단계 경쟁입찰 6. 기타 ( ) 7. 해당없음	운영예산 산정 운영예산 산정 1. 내부산정 (지자체 자체적으로 산정) 2. 외부산정 (외부전문기관위탁 산정) 3. 내·외부 모두 산정 4. 산정 無 5. 해당없음	운영예산 산정 정산방법 1. 내부정산 (지자체 내부적으로 정산) 2. 외부정산 (외부전문기관위탁 정산) 3. 내·외부 모두 산정 4. 정산 無 5. 해당없음	성과평가 실시여부 1. 실시 2. 미실시 3. 향후 추진 4. 해당없음
1529	강원 횡성군	장애인 생활체육동아리 지원	140,379	문화체육관광과	2	1	7	8	7	5	1	1
1530	강원 횡성군	횡성문화원경상운영	207,840	문화체육관광과	2	4	7	8	7	5	1	1
1531	강원 영월군	범죄피해자지원센터 지원	10,000	기획혁신실	2	1	5	1	7	5	1	1
1532	강원 영월군	영월군 통합콜 운영비 지원	30,528	도시교통과	2	4	7	8	7	1	1	4
1533	강원 영월군	바르게살기 영월군협의회 운영비 지원	39,532	자치행정교육과	2	4	7	8	7	1	1	1
1534	강원 영월군	자유총연맹 영월군지회 운영비 지원	21,600	자치행정교육과	2	4	7	8	7	1	1	1
1535	강원 영월군	민주평화통일자문회의 영월군협의회 운영비 지원	11,000	자치행정교육과	2	4	7	8	7	1	1	1
1536	강원 영월군	영월군새마을회 운영비 지원	69,100	자치행정교육과	2	4	7	8	7	1	1	1
1537	강원 평창군	평창군새마을회 운영지원	67,000	행정과	2	1	7	8	7	5	5	3
1538	강원 평창군	민주평통 평창군협의회 운영지원	15,000	행정과	2	1	7	8	7	5	5	3
1539	강원 평창군	바르게살기운동 평창군협의회 운영지원	36,800	행정과	2	1	7	8	7	5	5	3
1540	강원 평창군	한국자유총연맹 평창군지부 운영지원	14,000	행정과	2	1	7	8	7	5	5	3
1541	강원 평창군	자원봉사센터 운영지원	252,883	행정과	2	1	7	8	7	5	5	3
1542	강원 평창군	대한민국상이군경회 평창군지회 운영지원	18,200	복지정책과	2	1	7	8	7	5	5	3
1543	강원 평창군	대한민국전몰군경유족회 평창군지회 운영지원	15,000	복지정책과	2	1	7	8	7	5	5	3
1544	강원 평창군	대한민국전몰군경미망인회 평창군지회 운영 지원	15,000	복지정책과	2	1	7	8	7	5	5	3
1545	강원 평창군	대한민국무공수훈자회 평창군지회 운영지원	15,000	복지정책과	2	1	7	8	7	5	5	3
1546	강원 평창군	대한민국6.25참전유공자회 평창군지회 운영 지원	16,000	복지정책과	2	1	7	8	7	5	5	3
1547	강원 평창군	대한민국월남참전자회 평창군지회 운영지원	4,500	복지정책과	2	1	7	8	7	5	5	3
1548	강원 평창군	평창군재향군인회 운영지원	20,000	복지정책과	2	1	7	8	7	5	5	3
1549	강원 평창군	대한민국고엽제전우회 영평정연합 운영지원	3,000	복지정책과	2	1	7	8	7	5	5	3
1550	강원 평창군	대한노인회 평창군지회 운영지원	110,000	가족복지과	2	1	7	8	7	5	5	3
1551	강원 평창군	체육회 운영지원	271,500	교육체육과	2	4	7	8	7	5	5	3
1552	강원 평창군	전문체육지도자 육성지원	315,508	교육체육과	2	4	7	8	7	5	5	3
1553	강원 평창군	2022년 평창국제청소년 동계대회 지원	77,760	교육체육과	2	4	7	8	7	5	5	3
1554	강원 평창군	생활체육지도자 활동지원	212,592	교육체육과	2	4	7	8	7	5	5	4
1555	강원 평창군	어르신 체육활동 지원	67,664	교육체육과	2	4	7	8	7	5	5	4
1556	강원 평창군	장애인 체육지도자 활동지원	4,000	교육체육과	2	4	7	8	7	5	5	3
1557	강원 평창군	관광협의회 사무국 운영지원	125,813	문화관광과	2	1	7	8	7	1	1	3
1558	강원 평창군	평창예총 운영지원	32,000	문화관광과	2	4	7	8	7	1	1	3
1559	강원 평창군	평창문화원 운영지원	307,321	문화관광과	2	1	7	8	7	1	1	3
1560	강원 평창군	지속가능발전협의회 운영지원	46,000	환경위생과	2	4	7	8	7	1	1	3
1561	강원 평창군	지역자율방재단 활동비 지원	3,000	건설과	2	4	7	8	7	5	5	3
1562	강원 정선군	자유총연맹 운영비	12,530	총무행정관	2	1	7	8	7	1	3	3
1563	강원 정선군	바르게살기운동 운영비	16,400	총무행정관	2	1	7	8	7	1	3	3
1564	강원 정선군	(사)정선군새마을회 운영	73,552	총무행정관	2	1	7	8	7	1	3	3
1565	강원 정선군	정선군 자원봉사센터 운영지원	209,613	총무행정관	2	1	7	8	7	1	3	3
1566	강원 정선군	민주평통 운영비	10,800	총무행정관	2	1	7	8	7	1	3	3
1567	강원 정선군	정선군여성단체협의회 운영비 지원	23,300	여성청소년과	2	1	7	8	7	5	1	3
1568	강원 정선군	작은도서관 운영 지원	39,000	여성청소년과	2	1	7	1	7	1	1	1
1569	강원 정선군	대한민국상이군경회 정선군지회	7,702	복지과	2	1	7	8	7	1	1	3
1570	강원 정선군	대한민국전몰군경유족회 정선군지회	7,860	복지과	2	1	7	8	7	1	1	3
1571	강원 정선군	대한민국전몰군경미망인회 정선군지회	7,363	복지과	2	1	7	8	7	1	1	3
1572	강원 정선군	대한민국무공수훈자회 정선군지회	7,246	복지과	2	1	7	8	7	1	1	3
1573	강원 정선군	대한민국6.25참전유공자회 정선군지회	11,500	복지과	2	1	7	8	7	1	1	3
1574	강원 정선군	대한민국고엽제전우회 정선군지회	9,586	복지과	2	1	7	8	7	1	1	3
1575	강원 정선군	대한민국월남참전자회 정선군지회	1,950	복지과	2	1	7	8	7	1	1	3
1576	강원 정선군	정선문화원 운영비	258,644	문화관광과	2	1	7	8	7	1	1	3
1577	강원 정선군	엘리트체육지도자 인건비	97,007	문화관광과	2	1	7	8	7	3	3	3
1578	강원 정선군	엘리트체육지도자 복리후생비	25,062	문화관광과	2	1	7	8	7	3	3	3
1579	강원 정선군	군 체육회 운영	301,881	문화관광과	2	1	7	8	7	3	3	3

순번	시군구	지출명 (사업명)	2021년예산 (단위:천원/1년간)	담당자(공무원) 담당부서	민간이전 분류 (지방자치단체 세출예산 집행기준에 의거) 1. 민간경상사업보조(307-02) 2. 민간단체 법정운영비보조(307-03) 3. 민간행사사업보조(307-04) 4. 민간위탁금(307-05) 5. 사회복지시설 법정운영비보조(307-10) 6. 민간인위탁교육비(307-12) 7. 공기관등에대한경상적위탁사업비(308-11) 8. 민간자본사업보조,자체재원(402-01) 9. 민간자본사업보조,이전재원(402-02) 10. 민간위탁사업비(402-03) 11. 공기관등에 대한 자본적 대행사업비(403-02)	민간이전지출 근거 (지방보조금 관리기준 참고) 1. 법률에 규정 2. 국고보조 재원(국가지정) 3. 용도 지정 기부금 4. 조례에 직접규정 5. 지자체가 권장하는 사업을 하는 공공기관 6. 시,도 정책 및 재정사정 7. 기타 8. 해당없음	입찰방식: 계약체결방법 (경쟁형태) 1. 일반경쟁 2. 제한경쟁 3. 지명경쟁 4. 수의계약 5. 법정위탁 6. 기타 ( ) 7. 해당없음	입찰방식: 계약기간 1. 1년 2. 2년 3. 3년 4. 4년 5. 5년 6. 기타 ( )년 7. 단기계약 (1년미만) 8. 해당없음	입찰방식: 낙찰자선정방법 1. 적격심사 2. 협상에의한계약 3. 최저가낙찰제 4. 규격가격분리 5. 2단계 경쟁입찰 6. 기타 ( ) 7. 해당없음	운영예산 산정: 운영예산 산정 1. 내부산정 (지자체 자체적으로 산정) 2. 외부산정 (외부전문기관위탁 산정) 3. 내·외부 모두 산정 4. 산정 無 5. 해당없음	운영예산 산정: 정산방법 1. 내부정산 (지자체 내부적으로 정산) 2. 외부정산 (외부전문기관위탁 정산) 3. 내·외부 모두 산정 4. 정산 無 5. 해당없음	성과평가 실시여부 1. 실시 2. 미실시 3. 향후 추진 4. 해당없음
1580	강원 정선군	생활체육지도자 복리후생비 지원	59,406	문화관광과	2	1	7	8	7	3	3	3
1581	강원 정선군	보존회 차량유지비 지원	4,000	문화관광과	2	4	7	8	7	1	1	3
1582	강원 정선군	정선군지속가능발전협의회 운영비	34,500	환경과	2	4	7	1	7	1	1	1
1583	강원 철원군	새마을회 단체운영비 지원	89,514	주민생활지원과	2	1	7	8	7	1	1	1
1584	강원 철원군	무공수훈자회	7,800	주민생활지원과	2	1	7	8	7	1	1	1
1585	강원 철원군	상이군경회	7,800	주민생활지원과	2	1	7	8	7	1	1	1
1586	강원 철원군	전몰군경미망인회	7,800	주민생활지원과	2	1	7	8	7	1	1	1
1587	강원 철원군	전몰군경유족회	7,800	주민생활지원과	2	1	7	8	7	1	1	1
1588	강원 철원군	6.25참전전우회	31,320	주민생활지원과	2	1	7	8	7	1	1	1
1589	강원 철원군	특수임무수행자회	31,320	주민생활지원과	2	1	7	8	7	1	1	1
1590	강원 철원군	고엽제전우회	7,800	주민생활지원과	2	1	7	8	7	1	1	1
1591	강원 철원군	월남전 참전자회	7,800	주민생활지원과	2	1	7	8	7	1	1	1
1592	강원 철원군	재향군인회	12,000	주민생활지원과	2	1	7	8	7	1	1	1
1593	강원 철원군	대한노인회 운영	102,000	주민생활지원과	2	1	7	8	7	1	1	1
1594	강원 화천군	지방보조금 지원	146,270	주민복지과	2	1	7	8	7	1	1	4
1595	강원 화천군	지적장애인자립지원센터운영	101,970	주민복지과	2	1	7	8	7	3	1	1
1596	강원 화천군	보훈단체 운영비 보조	209,100	주민복지과	2	1	7	8	7	1	1	1
1597	강원 화천군	새마을회 운영비 지원	104,551	주민복지과	2	1	5	8	7	1	1	1
1598	강원 화천군	지방문화원 운영비 보조	135,470	문화체육과	2	1	7	8	7	1	1	1
1599	강원 양구군	바르게살기운동양구군협의회 운영비 지원	23,800	자치행정과	2	1	7	8	7	1	1	1
1600	강원 양구군	한국자유총연맹양구군지회 운영비 지원	17,410	자치행정과	2	1	7	8	7	1	1	1
1601	강원 양구군	사회단체 활동운영 지원	48,456	교육생활지원과	2	1	7	8	7	1	1	4
1602	강원 양구군	호국정신함양 보훈단체 운영비 지원	73,226	사회복지과	2	1	7	8	7	1	1	4
1603	강원 양구군	체육회 인건비	311,546	체육진흥과	2	1	7	8	7	1	1	1
1604	강원 양구군	체육회 사무국운영	58,720	체육진흥과	2	1	7	8	7	1	1	1
1605	강원 양구군	문화원 사업지원	121,627	문화관광과	2	1	7	8	7	5	1	1
1606	강원 인제군	인제군 보훈단체 지원	116,000	주민복지과	2	1	7	8	7	5	5	4
1607	강원 인제군	작은도서관 운영비 지원	24,000	문화관광과	2	4	7	8	7	1	1	4
1608	강원 고성군	고성군재향군인회 운영보조	43,960	주민복지실	2	4	7	8	7	1	1	1
1609	강원 고성군	대한민국상이군경회 고성군지회 운영지원	13,000	주민복지실	2	4	7	8	7	1	1	1
1610	강원 고성군	대한민국전몰군경유족회 고성군지회 운영지원	13,000	주민복지실	2	4	7	8	7	1	1	1
1611	강원 고성군	대한민국전몰군경미망인회 고성군지회 운영지원	13,000	주민복지실	2	4	7	8	7	1	1	1
1612	강원 고성군	대한민국고엽제전우회 고성군지회 운영지원	13,000	주민복지실	2	4	7	8	7	1	1	1
1613	강원 고성군	대한민국특수임무유공자회 강원도지부 고성인제지회 운영지원	13,000	주민복지실	2	4	7	8	7	1	1	1
1614	강원 고성군	대한민국6.25참전국가유공자회 고성군지회 운영지원	13,000	주민복지실	2	4	7	8	7	1	1	1
1615	강원 고성군	대한민국무공수훈자회 고성군지회 운영지원	13,000	주민복지실	2	4	7	8	7	1	1	1
1616	강원 고성군	대한민국월남전참전자회 고성군지회 운영지원	13,000	주민복지실	2	4	7	8	7	1	1	1
1617	강원 고성군	대한노인회 고성군지회 운영비 분회 운영비	97,160	주민복지실	2	4	7	8	7	1	1	1
1618	강원 고성군	새마을운동중앙회 고성군지회 운영보조	34,382	자치행정과	2	1	7	8	7	1	1	1
1619	강원 고성군	바르게살기운동 고성군협의회 운영보조	21,250	자치행정과	2	1	7	8	7	1	1	1
1620	강원 고성군	한국자유총연맹 고성군지회 운영보조	22,420	자치행정과	2	1	7	8	7	1	1	1
1621	강원 고성군	범죄피해자지원센터 운영보조	12,300	자치행정과	2	1	7	8	7	1	1	1
1622	강원 고성군	과일간식	19,000	자치행정과	2	2	7	8	7	1	1	1
1623	강원 고성군	자원봉사센터 운영보조	145,000	자치행정과	2	4	7	8	7	1	1	1
1624	강원 고성군	간성향교 운영지원 사업	20,560	문화체육과	2	1	7	8	7	1	1	2
1625	강원 고성군	문화원 운영비	170,967	문화체육과	2	1	7	8	7	1	1	2
1626	강원 고성군	왕곡마을 시설유지관리요원 인건비	18,000	문화체육과	2	1	7	8	7	1	1	2
1627	강원 고성군	왕곡마을 사무용품 구입등 운영비	2,000	문화체육과	2	1	7	8	7	1	1	2
1628	강원 고성군	왕곡마을 문화재 활용 프로그램 운영요원 인건비	15,600	문화체육과	2	1	7	8	7	1	1	2
1629	강원 고성군	문화재 안전경비원 배치 및 활용	141,150	문화체육과	2	1	7	8	7	1	1	2
1630	강원 고성군	생활체육지도자 배치	233,856	문화체육과	2	1	7	8	7	1	1	1

순번	시군구	지출명 (사업명)	2021년예산 (단위:천원/1년간)	담당자 (공무원) 담당부서	민간이전 분류 (지방자치단체 세출예산 집행기준에 의거) 1. 민간경상사업보조(307-02) 2. 민간단체 법정운영비보조(307-03) 3. 민간행사사업보조(307-04) 4. 민간위탁금(307-05) 5. 사회복지시설 법정운영비보조(307-10) 6. 민간인위탁교육비(307-12) 7. 공기관등에대한경상적위탁사업비(308-11) 8. 민간자본사업보조,자체재원(402-01) 9. 민간자본사업보조,이전재원(402-02) 10. 민간위탁사업비(402-03) 11. 공기관등에 대한 자본적 대행사업비(403-02)	민간이전지출 근거 (지방보조금 관리기준 참고) 1. 법률에 규정 2. 국고보조 재원(국가지정) 3. 용도 지정 기부금 4. 조례에 직접규정 5. 지자체가 권장하는 사업을 하는 공공기관 6. 시,도 정책 및 재정사정 7. 기타 8. 해당없음	입찰방식: 계약체결방법 (경쟁형태) 1. 일반경쟁 2. 제한경쟁 3. 지명경쟁 4. 수의계약 5. 법정위탁 6. 기타 ( ) 7. 해당없음	입찰방식: 계약기간 1. 1년 2. 2년 3. 3년 4. 4년 5. 5년 6. 기타 ( )년 7. 단기계약 (1년미만) 8. 해당없음	입찰방식: 낙찰자선정방법 1. 적격심사 2. 협상에의한계약 3. 최저가낙찰제 4. 규격가격분리 5. 2단계 경쟁입찰 6. 기타 ( ) 7. 해당없음	운영예산 산정: 운영예산 산정 1. 내부산정 (지자체 자체적으로 산정) 2. 외부산정 (외부전문기관위탁 산정) 3. 내·외부 모두 산정 4. 산정 無 5. 해당없음	운영예산 산정: 정산방법 1. 내부정산 (지자체 내부적으로 정산) 2. 외부정산 (외부전문기관위탁 정산) 3. 내·외부 모두 산정 4. 정산 無 5. 해당없음	성과평가 실시여부 1. 실시 2. 미실시 3. 향후 추진 4. 해당없음
1631	강원 고성군	어르신 체육활동 지원	58,464	문화체육과	2	1	7	8	7	1	1	1
1632	강원 고성군	장애인생활체육지도자 배치	87,696	문화체육과	2	1	7	8	7	1	1	1
1633	강원 고성군	고성군체육회 사무국 운영비	45,605	문화체육과	2	1	7	8	7	1	1	1
1634	강원 고성군	고성군체육회 사무국 인건비	348,306	문화체육과	2	1	7	8	7	1	1	1
1635	강원 고성군	생활체육지도자 각종수당	141,455	문화체육과	2	1	7	8	7	1	1	1
1636	강원 고성군	복지포인트 지원	9,500	문화체육과	2	1	7	8	7	1	1	1
1637	강원 고성군	외국인선원숙소 운영비 지원	52,110	해양수산과	2	6	7	8	7	5	1	4
1638	강원 고성군	외국인 어선원 고용안정 지원	130,000	해양수산과	2	6	7	8	7	5	1	4
1639	강원 고성군	선원노동조합 복지회관 운영비 지원	17,000	해양수산과	2	6	7	8	7	5	1	4
1640	강원 고성군	거진기관장협회 사무실 운영비 지원	6,000	해양수산과	2	6	7	8	7	5	1	4
1641	강원 고성군	거진나잠협회 사무실 운영비 지원	5,400	해양수산과	2	6	7	8	7	5	1	4
1642	강원 고성군	어항내 수중환경 정화활동 경비지원	3,600	해양수산과	2	4	7	8	7	1	1	4
1643	강원 양양군	지방문화원 인건비지원	175,523	문화체육과	2	4	7	8	7	1	1	1
1644	강원 양양군	양양예총 인건비지원	80,833	문화체육과	2	4	7	8	7	1	1	1
1645	강원 양양군	양양군체육회 인건비 지원	435,557	문화체육과	2	1	7	7	7	1	1	4
1646	강원 양양군	생활체육지도자처우개선	100,220	문화체육과	2	1	7	7	7	1	1	4
1647	강원 양양군	수산물상생할인지원	100,000	해양수산과	2	2	7	8	7	5	5	4
1648	강원 양양군	양양군자원봉사센터 운영비 및 인건비	177,589	자치행정과	2	4	7	8	7	1	1	4
1649	강원 양양군	범죄피해자지원센터 운영비 및 인건비	12,000	자치행정과	2	1	7	8	7	1	1	4
1650	강원 양양군	양양군민주평통 운영비 및 인건비	9,800	자치행정과	2	1	7	8	7	1	1	4
1651	강원 양양군	한국자유총연맹양양군군지회 운영비 및 인건비	33,677	자치행정과	2	1	7	8	7	1	1	4
1652	강원 양양군	양양군재향군인회 운영비 및 인건비	18,000	자치행정과	2	4	7	8	7	1	1	4
1653	강원 양양군	바르게살기운동양양군협의회 운영비 및 인건비	31,997	자치행정과	2	1	7	8	7	1	1	4
1654	강원 양양군	양양군새마을지회 운영비 및 인건비	37,993	자치행정과	2	4	7	8	7	1	1	4
1655	강원 양양군	보훈단체 운영비 지원	170,944	복지과	2	1	7	8	7	1	1	4
1656	충북 청주시	녹색청주협의회 운영	273,378	상생협력담당관	2	4	7	8	7	5	5	3
1657	충북 청주시	노사협력 지원 사업	82,364	상생협력담당관	2	4	7	8	7	5	5	3
1658	충북 청주시	민주평화통일자문회의청주시협의회 지원	9,600	자치행정과	2	1	7	8	7	5	5	3
1659	충북 청주시	청주시새마을회 지원	109,258	자치행정과	2	1	7	8	7	5	5	3
1660	충북 청주시	바르게살기운동청주시협의회 지원	55,516	자치행정과	2	1	7	8	7	5	5	3
1661	충북 청주시	한국자유총연맹청주시지회 지원	56,526	자치행정과	2	1	7	8	7	5	5	3
1662	충북 청주시	자원봉사센터 운영	623,723	자치행정과	2	1	7	8	7	5	5	3
1663	충북 청주시	보훈단체 운영 및 보조	17,876	복지정책과	2	4	7	8	7	5	5	3
1664	충북 청주시	보훈단체 운영 및 보조	17,876	복지정책과	2	4	7	8	7	5	5	3
1665	충북 청주시	보훈단체 운영 및 보조	22,995	복지정책과	2	4	7	8	7	5	5	3
1666	충북 청주시	보훈단체 운영 및 보조	17,876	복지정책과	2	4	7	8	7	5	5	3
1667	충북 청주시	보훈단체 운영 및 보조	17,876	복지정책과	2	4	7	8	7	5	5	3
1668	충북 청주시	보훈단체 운영 및 보조	20,995	복지정책과	2	4	7	8	7	5	5	3
1669	충북 청주시	보훈단체 운영 및 보조	20,995	복지정책과	2	4	7	8	7	5	5	3
1670	충북 청주시	보훈단체 운영 및 보조	22,995	복지정책과	2	4	7	8	7	5	5	3
1671	충북 청주시	보훈단체 운영 및 보조	20,995	복지정책과	2	4	7	8	7	5	5	3
1672	충북 청주시	보훈단체 운영 및 보조	20,995	복지정책과	2	4	7	8	7	5	5	3
1673	충북 청주시	보훈단체 운영 및 보조	100,000	복지정책과	2	4	7	8	7	5	5	3
1674	충북 청주시	지역사회보장협의체 운영	106,394	복지정책과	2	1	7	8	7	5	5	3
1675	충북 청주시	사회복지협의회 사업추진	177,400	복지정책과	2	4	7	8	7	5	5	3
1676	충북 청주시	여성단체운영	39,120	여성가족과	2	4	7	8	7	5	5	3
1677	충북 청주시	청주예총 운영 지원	113,252	문화예술과	2	1	7	8	7	5	5	3
1678	충북 청주시	청주민예총 운영 지원	59,148	문화예술과	2	1	7	8	7	5	5	3
1679	충북 청주시	청주문화원 운영지원	137,720	문화예술과	2	1	7	8	7	5	5	3
1680	충북 청주시	전문체육 육성 · 운영	1,040,090	체육교육과	2	1	7	8	7	5	5	3
1681	충북 청주시	장애인 체육 활성화	474,537	체육교육과	2	1	7	8	7	5	5	3

순번	시군구	지출명 (사업명)	2021년예산 (단위:천원/1년간)	담당자 (공무원) 담당부서	민간이전 분류 (지방자치단체 세출예산 집행기준에 의거) 1. 민간경상사업보조(307-02) 2. 민간단체 법정운영비보조(307-03) 3. 민간행사사업보조(307-04) 4. 민간위탁금(307-05) 5. 사회복지시설 법정운영비보조(307-10) 6. 민간인위탁교육비(307-12) 7. 공기관등에대한경상적위탁사업비(308-11) 8. 민간자본사업보조,자체재원(402-01) 9. 민간자본사업보조,이전재원(402-02) 10. 민간위탁사업비(402-03) 11. 공기관등에 대한 자본적 대행사업비(403-02)	민간이전지출 근거 (지방보조금 관리기준 참고) 1. 법률에 규정 2. 국고보조 재원(국가지정) 3. 용도 지정 기부금 4. 조례에 직접규정 5. 지자체가 권장하는 사업을 하는 공공기관 6. 시,도 정책 및 재정사정 7. 기타 8. 해당없음	입찰방식: 계약체결방법 (경쟁형태) 1. 일반경쟁 2. 제한경쟁 3. 지명경쟁 4. 수의계약 5. 법정위탁 6. 기타 ( ) 7. 해당없음	입찰방식: 계약기간 1. 1년 2. 2년 3. 3년 4. 4년 5. 5년 6. 기타 ( )년 7. 단기계약 (1년미만) 8. 해당없음	입찰방식: 낙찰자선정방법 1. 적격심사 2. 협상에의한계약 3. 최저가낙찰제 4. 규격가격분리 5. 2단계 경쟁입찰 6. 기타 ( ) 7. 해당없음	운영예산 산정: 운영예산 산정 1. 내부산정 (지자체 자체적으로 산정) 2. 외부산정 (외부전문기관위탁 산정) 3. 내·외부 모두 산정 4. 산정 無 5. 해당없음	운영예산 산정: 정산방법 1. 내부정산 (지자체 내부적으로 정산) 2. 외부정산 (외부전문기관위탁 정산) 3. 내·외부 모두 산정 4. 정산 無 5. 해당없음	성과평가 실시여부 1. 실시 2. 미실시 3. 향후 추진 4. 해당없음
1682	충북 청주시	청주시 관광협의회 운영	25,000	관광정책과	2	1	7	8	7	5	5	3
1683	충북 청주시	(사)세계직지문화협회 운영지원	107,448	청주고인쇄박물관 학예연구실	2	6	7	8	7	5	5	3
1684	충북 충주시	마을관리협동조합 운영	20,000	도시재생과	2	1	7	8	7	5	5	4
1685	충북 충주시	지역사회보장협의체 운영	159,600	복지정책과	2	1	7	8	7	1	1	1
1686	충북 충주시	보훈단체 운영지원	11,000	복지정책과	2	1	7	8	7	5	5	4
1687	충북 충주시	보훈단체 운영지원	12,000	복지정책과	2	1	7	8	7	5	5	4
1688	충북 충주시	보훈단체 운영지원	12,000	복지정책과	2	1	7	8	7	5	5	4
1689	충북 충주시	보훈단체 운영지원	12,000	복지정책과	2	1	7	8	7	5	5	4
1690	충북 충주시	보훈단체 운영지원	12,000	복지정책과	2	1	7	8	7	5	5	4
1691	충북 충주시	보훈단체 운영지원	12,000	복지정책과	2	1	7	8	7	5	5	4
1692	충북 충주시	보훈단체 운영지원	12,000	복지정책과	2	1	7	8	7	5	5	4
1693	충북 충주시	보훈단체 운영지원	12,000	복지정책과	2	1	7	8	7	5	5	4
1694	충북 충주시	보훈단체 운영지원	10,000	복지정책과	2	1	7	8	7	5	5	4
1695	충북 충주시	보훈단체 운영지원	82,190	복지정책과	2	1	7	8	7	5	5	4
1696	충북 충주시	장애인체육회 운영 지원	134,007	체육진흥과	2	1	7	8	7	5	1	1
1697	충북 충주시	충주시 체육회 운영지원	243,239	체육진흥과	2	1	7	8	7	1	1	1
1698	충북 충주시	국민체력100 충주체력인증센터 운영	230,600	체육진흥과	2	1	7	2	7	1	1	1
1699	충북 충주시	충주시 스포츠클럽 운영지원	30,000	체육진흥과	2	1	7	8	7	1	1	1
1700	충북 충주시	세계무술연맹지원	502,318	체육진흥과	2	1	7	7	7	1	1	1
1701	충북 충주시	유네스코국제무예센터지원	877,000	체육진흥과	2	1	7	7	7	1	1	1
1702	충북 충주시	한국택견협회 운영비 지원	155,000	체육진흥과	2	1	7	8	7	1	1	1
1703	충북 제천시	농민단체협의회 운영비지원	32,500	농업정책과	2	4	7	8	7	1	1	1
1704	충북 제천시	농민회 운영비지원	3,000	농업정책과	2	4	7	8	7	1	1	1
1705	충북 제천시	농업경영인연합회 운영비지원	3,000	농업정책과	2	4	7	8	7	1	1	1
1706	충북 제천시	여성농업인연합회 운영비지원	3,000	농업정책과	2	4	7	8	7	1	1	1
1707	충북 제천시	지역사회보장협의체 운영	215,000	사회복지과	2	4	7	8	7	1	1	4
1708	충북 제천시	보훈관리및지원	150,100	사회복지과	2	2	7	8	7	1	1	2
1709	충북 제천시	대한노인회 시지회 사무국 운영지원	29,928	노인장애인과	2	1	5	8	7	1	1	1
1710	충북 제천시	대한노인회 시지회 사무국 운영지원	57,950	노인장애인과	2	1	5	8	7	1	1	1
1711	충북 제천시	사)충북시각장애인복지연합회 단체운영비	7,000	노인장애인과	2	1	5	7	7	1	1	1
1712	충북 제천시	사)한국농아인협회 제천시지부 운영지원	4,846	노인장애인과	2	1	5	7	7	1	1	1
1713	충북 제천시	사)충북지체장애인협회 제천시지회 운영지원	41,000	노인장애인과	2	1	5	7	7	1	1	1
1714	충북 제천시	사)충북지적장애인협회 제천시지부 운영지원	6,600	노인장애인과	2	1	5	7	7	1	1	1
1715	충북 제천시	사)충북장애인단체연합회 제천시지부 운영지원	36,700	노인장애인과	2	1	5	7	7	1	1	3
1716	충북 제천시	제천시 관광협의회 운영	70,000	관광미식과	2	4	7	8	7	1	1	1
1717	충북 제천시	노사관리	45,300	일자리경제과	2	1	7	8	7	1	1	1
1718	충북 제천시	장애인 체육회 운영	177,000	체육진흥과	2	4	7	8	7	1	1	1
1719	충북 제천시	체육회운영	447,000	체육진흥과	2	4	7	8	7	1	1	1
1720	충북 제천시	자원봉사센터 운영비 지원	229,385	시민행복과	2	4	7	8	7	1	1	1
1721	충북 제천시	제천시 새마을회 운영비 지원	110,000	시민행복과	2	4	7	8	7	1	1	3
1722	충북 제천시	바르게살기협의회 운영비 지원	36,380	시민행복과	2	1	7	8	7	1	1	1
1723	충북 제천시	여성단체협의회 운영비	32,100	여성가족과	2	1	7	8	7	1	1	3
1724	충북 제천시	청소년쉼터운영지원	224,236	여성가족과	2	1	1	3	2	1	1	1
1725	충북 제천시	새로일하기센터운여	493,876	여성가족과	2	2	7	8	7	5	5	4
1726	충북 제천시	사회복지시설종사자 대우수당	251,360	여성가족과	2	2	7	8	7	4	1	1
1727	충북 제천시	지방의제21 지원사업	103,600	자연환경과	2	1	7	8	7	5	5	4
1728	충북 제천시	지방문화원 운영비	79,844	문화예술과	2	1	1	3	2	3	1	1
1729	충북 제천시	지적박물관 운영	12,000	문화예술과	2	4	7	8	7	2	2	3
1730	충북 제천시	(사)한국예총 제천지회 운영비	38,000	문화예술과	2	4	7	8	7	5	1	4
1731	충북 제천시	(사)충북민예총 제천단양지부	30,500	문화예술과	2	4	7	8	7	5	1	4
1732	충북 제천시	제천시 지역자율방재단	28,516	안전정책과	2	1	7	8	7	1	1	1

순번	시군구	지출명 (사업명)	2021년예산 (단위:천원/1년간)	담당자 (공무원) 담당부서	민간이전 분류 (지방자치단체 세출예산 집행기준에 의거) 1. 민간경상사업보조(307-02) 2. 민간단체 법정운영비보조(307-03) 3. 민간행사사업보조(307-04) 4. 민간위탁금(307-05) 5. 사회복지시설 법정운영비보조(307-10) 6. 민간인위탁교육비(307-12) 7. 공기관등에대한경상적위탁사업비(308-11) 8. 민간자본사업보조,자체재원(402-01) 9. 민간자본사업보조,이전재원(402-02) 10. 민간위탁사업비(402-03) 11. 공기관등에 대한 자본적 대행사업비(403-02)	민간이전지출 근거 (지방보조금 관리기준 참고) 1. 법률에 규정 2. 국고보조 재원(국가지정) 3. 용도 지정 기부금 4. 조례에 직접규정 5. 지자체가 권장하는 사업을 하는 공공기관 6. 시,도 정책 및 재정사정 7. 기타 8. 해당없음	입찰방식 계약체결방법 (경쟁형태) 1. 일반경쟁 2. 제한경쟁 3. 지명경쟁 4. 수의계약 5. 법정위탁 6. 기타 ( ) 7. 해당없음	입찰방식 계약기간 1. 1년 2. 2년 3. 3년 4. 4년 5. 5년 6. 기타 ( )년 7. 단기계약 (1년미만) 8. 해당없음	입찰방식 낙찰자선정방법 1. 적격심사 2. 협상에의한계약 3. 최저가낙찰제 4. 규격가격분리 5. 2단계 경쟁입찰 6. 기타 ( ) 7. 해당없음	운영예산 산정 운영예산 산정 1. 내부산정 (지자체 자체적으로 산정) 2. 외부산정 (외부전문기관위탁 산정) 3. 내·외부 모두 산정 4. 산정 無 5. 해당없음	운영예산 산정 정산방법 1. 내부정산 (지자체 내부적으로 정산) 2. 외부정산 (외부전문기관위탁 정산) 3. 내·외부 모두 산정 4. 정산 無 5. 해당없음	성과평가 실시여부 1. 실시 2. 미실시 3. 향후 추진 4. 해당없음
1733	충북 보은군	운영비	2,400	행정과	2	1	7	8	7	1	1	1
1734	충북 보은군	복리후생비	7,200	행정과	2	1	7	8	7	1	1	1
1735	충북 보은군	새마을회 운영비 및 인건비	47,480	행정과	2	1	7	1	7	3	3	1
1736	충북 보은군	인건비	16,200	행정과	2	1	7	1	7	1	1	1
1737	충북 보은군	운영비	6,993	행정과	2	1	7	1	7	1	1	1
1738	충북 보은군	간사수당	15,600	행정과	2	1	7	1	7	1	1	1
1739	충북 보은군	운영비	2,400	행정과	2	1	7	1	7	1	1	1
1740	충북 보은군	자원봉사센터 운영비	83,500	행정과	2	1	7	1	7	1	1	1
1741	충북 보은군	지역사회보장협의체 운영 지원	85,474	주민복지과	2	4	7	8	7	1	1	1
1742	충북 보은군	보은군 보훈회 운영 지원	29,001	주민복지과	2	4	7	8	7	1	1	1
1743	충북 보은군	상이군경회 운영 지원	3,850	주민복지과	2	4	7	8	7	1	1	1
1744	충북 보은군	전몰군경유족회 운영 지원	2,568	주민복지과	2	4	7	8	7	1	1	1
1745	충북 보은군	전몰군경미망인회 운영 지원	2,420	주민복지과	2	4	7	8	7	1	1	1
1746	충북 보은군	무공수훈자회 운영 지원	1,792	주민복지과	2	4	7	8	7	1	1	1
1747	충북 보은군	6.25참전유공자회 운영 지원	4,500	주민복지과	2	4	7	8	7	1	1	1
1748	충북 보은군	월남전참전전우회 운영 지원	6,672	주민복지과	2	4	7	8	7	1	1	1
1749	충북 보은군	고엽제전우회 운영 지원	8,100	주민복지과	2	4	7	8	7	1	1	1
1750	충북 보은군	재향군인회 운영 지원	9,800	주민복지과	2	4	7	8	7	1	1	1
1751	충북 보은군	보은군여성단체협의회 운영 지원	19,230	주민복지과	2	2	7	8	7	3	1	1
1752	충북 보은군	경로당운영 전담인력 지원	33,475	주민복지과	2	6	7	8	7	1	1	1
1753	충북 보은군	노인회 등 운영지원	82,691	주민복지과	2	4	7	8	7	1	1	1
1754	충북 보은군	경로당회장 교육비 지원	7,200	주민복지과	2	4	7	8	7	1	1	1
1755	충북 보은군	노인회 사무국 운영 지원	29,928	주민복지과	2	4	7	8	7	1	1	1
1756	충북 보은군	장애인회관 운영 지원	36,190	주민복지과	2	5	7	8	7	5	1	1
1757	충북 보은군	장애인 리프트차량 운영 지원	29,250	주민복지과	2	5	7	8	7	5	1	1
1758	충북 보은군	기초푸드뱅크 운영비	41,437	주민복지과	2	1	7	8	7	5	5	1
1759	충북 보은군	인부임	24,894	문화관광과	2	4	7	8	7	1	1	1
1760	충북 보은군	상여금	8,298	문화관광과	2	4	7	8	7	1	1	1
1761	충북 보은군	퇴직금	2,766	문화관광과	2	4	7	8	7	1	1	1
1762	충북 보은군	시간외수당	2,988	문화관광과	2	4	7	8	7	1	1	1
1763	충북 보은군	국민건강보험	1,107	문화관광과	2	4	7	8	7	1	1	1
1764	충북 보은군	장기요양보험	57	문화관광과	2	4	7	8	7	1	1	1
1765	충북 보은군	고용보험	548	문화관광과	2	4	7	8	7	1	1	1
1766	충북 보은군	산재보험	299	문화관광과	2	4	7	8	7	1	1	1
1767	충북 보은군	인부임	16,181	문화관광과	2	4	7	8	7	1	1	1
1768	충북 보은군	상여금	5,394	문화관광과	2	4	7	8	7	1	1	1
1769	충북 보은군	퇴직금	1,798	문화관광과	2	4	7	8	7	1	1	1
1770	충북 보은군	시간외수당	1,944	문화관광과	2	4	7	8	7	1	1	1
1771	충북 보은군	국민연금	971	문화관광과	2	4	7	8	7	1	1	1
1772	충북 보은군	건강보험	720	문화관광과	2	4	7	8	7	1	1	1
1773	충북 보은군	장기요양보험	37	문화관광과	2	4	7	8	7	1	1	1
1774	충북 보은군	고용보험	356	문화관광과	2	4	7	8	7	1	1	1
1775	충북 보은군	산재보험	195	문화관광과	2	4	7	8	7	1	1	1
1776	충북 보은군	보은문화원 운영비	5,000	문화관광과	2	4	7	8	7	1	1	1
1777	충북 보은군	농업경영인연합회 운영지원	17,000	농정과	2	1	7	8	7	1	1	3
1778	충북 보은군	공공요금 및 사무용품	3,000	안전건설과	2	1	7	1	7	1	1	1
1779	충북 보은군	인력운영비	12,000	안전건설과	2	1	7	1	7	1	1	1
1780	충북 보은군	인건비	26,340	스포츠산업과	2	1	7	8	7	5	5	4
1781	충북 보은군	국민연금	1,186	스포츠산업과	2	1	7	8	7	5	5	4
1782	충북 보은군	건강보험	879	스포츠산업과	2	1	7	8	7	5	5	4
1783	충북 보은군	장기요양보험	46	스포츠산업과	2	1	7	8	7	5	5	4

순번	시군구	지출명 (사업명)	2021년예산 (단위:천원/1년간)	담당자 (공무원) 담당부서	민간이전 분류 (지방자치단체 세출예산 집행기준에 의거) 1. 민간경상사업보조(307-02) 2. 민간단체 법정운영비보조(307-03) 3. 민간행사사업보조(307-04) 4. 민간위탁금(307-05) 5. 사회복지시설 법정운영비보조(307-10) 6. 민간인위탁교육비(307-12) 7. 공기관등에대한경상적위탁사업비(308-11) 8. 민간자본사업보조,자체재원(402-01) 9. 민간자본사업보조,이전재원(402-02) 10. 민간위탁사업비(402-03) 11. 공기관등에 대한 자본적 대행사업비(403-02)	민간이전지출 근거 (지방보조금 관리기준 참고) 1. 법률에 규정 2. 국고보조 재원(국가지정) 3. 용도 지정 기부금 4. 조례에 직접규정 5. 지자체가 권장하는 사업을 하는 공공기관 6. 시,도 정책 및 재정사정 7. 기타 8. 해당없음	입찰방식 계약체결방법 (경쟁형태) 1. 일반경쟁 2. 제한경쟁 3. 지명경쟁 4. 수의계약 5. 법정위탁 6. 기타 ( ) 7. 해당없음	입찰방식 계약기간 1. 1년 2. 2년 3. 3년 4. 4년 5. 5년 6. 기타 ( )년 7. 단기계약 (1년미만) 8. 해당없음	입찰방식 낙찰자선정방법 1. 적격심사 2. 협상에의한계약 3. 최저가낙찰제 4. 규격가격분리 5. 2단계 경쟁입찰 6. 기타 ( ) 7. 해당없음	운영예산 산정 운영예산 산정 1. 내부산정 (지자체 자체적으로 산정) 2. 외부산정 (외부전문기관위탁 산정) 3. 내·외부 모두 산정 4. 산정 無 5. 해당없음	운영예산 산정 정산방법 1. 내부정산 (지자체 내부적으로 정산) 2. 외부정산 (외부전문기관위탁 정산) 3. 내·외부 모두 산정 4. 정산 無 5. 해당없음	성과평가 실시여부 1. 실시 2. 미실시 3. 향후 추진 4. 해당없음
1784	충북 보은군	산재보험	238	스포츠산업과	2	1	7	8	7	5	5	4
1785	충북 보은군	고용보험	435	스포츠산업과	2	1	7	8	7	5	5	4
1786	충북 보은군	퇴직금	2,195	스포츠산업과	2	1	7	8	7	5	5	4
1787	충북 보은군	인건비	78,012	스포츠산업과	2	1	7	8	7	5	5	4
1788	충북 보은군	상여금	26,004	스포츠산업과	2	1	7	8	7	5	5	4
1789	충북 보은군	국민연금	4,681	스포츠산업과	2	1	7	8	7	5	5	4
1790	충북 보은군	건강보험	3,469	스포츠산업과	2	1	7	8	7	5	5	4
1791	충북 보은군	장기요양보험	178	스포츠산업과	2	1	7	8	7	5	5	4
1792	충북 보은군	산재보험	937	스포츠산업과	2	1	7	8	7	5	5	4
1793	충북 보은군	고용보험	1,717	스포츠산업과	2	1	7	8	7	5	5	4
1794	충북 보은군	퇴직금	8,668	스포츠산업과	2	1	7	8	7	5	5	4
1795	충북 보은군	인건비	60,444	스포츠산업과	2	1	7	8	7	5	5	4
1796	충북 보은군	상여금	20,148	스포츠산업과	2	1	7	8	7	5	5	4
1797	충북 보은군	국민연금	3,627	스포츠산업과	2	1	7	8	7	5	5	4
1798	충북 보은군	건강보험	2,688	스포츠산업과	2	1	7	8	7	5	5	4
1799	충북 보은군	장기요양보험	138	스포츠산업과	2	1	7	8	7	5	5	4
1800	충북 보은군	산재보험	726	스포츠산업과	2	1	7	8	7	5	5	4
1801	충북 보은군	고용보험	1,330	스포츠산업과	2	1	7	8	7	5	5	4
1802	충북 보은군	퇴직금	6,716	스포츠산업과	2	1	7	8	7	5	5	4
1803	충북 보은군	정기총회개최	3,000	스포츠산업과	2	1	7	8	7	5	5	4
1804	충북 보은군	사무국공공요금	7,800	스포츠산업과	2	1	7	8	7	5	5	4
1805	충북 보은군	일반운영비	6,000	스포츠산업과	2	1	7	8	7	5	5	4
1806	충북 보은군	사무용품비	2,000	스포츠산업과	2	1	7	8	7	5	5	4
1807	충북 보은군	행정봉투구입비	400	스포츠산업과	2	1	7	8	7	5	5	4
1808	충북 보은군	사무실비품유지보수비	7,000	스포츠산업과	2	1	7	8	7	5	5	4
1809	충북 보은군	교육여비	3,400	스포츠산업과	2	1	7	8	7	5	5	4
1810	충북 보은군	출장여비	30,600	스포츠산업과	2	1	7	8	7	5	5	4
1811	충북 보은군	정수기소독비	300	스포츠산업과	2	1	7	8	7	5	5	4
1812	충북 보은군	회원단체회비	300	스포츠산업과	2	1	7	8	7	5	5	4
1813	충북 보은군	재정보험가입비	300	스포츠산업과	2	1	7	8	7	5	5	4
1814	충북 보은군	퇴직연금의무가입	600	스포츠산업과	2	1	7	8	7	5	5	4
1815	충북 보은군	시간외근무수당	1,854	스포츠산업과	2	1	7	8	7	5	5	4
1816	충북 보은군	시간외근무수당	3,329	스포츠산업과	2	1	7	8	7	5	5	4
1817	충북 보은군	시간외근무수당	21,060	스포츠산업과	2	1	7	8	7	5	5	4
1818	충북 보은군	정액급식비	14,280	스포츠산업과	2	1	7	8	7	5	5	4
1819	충북 보은군	5년이상 8년미만	2,400	스포츠산업과	2	1	7	8	7	5	5	4
1820	충북 보은군	8년이상 11년미만	3,840	스포츠산업과	2	1	7	8	7	5	5	4
1821	충북 보은군	11년이상 14년미만	1,200	스포츠산업과	2	1	7	8	7	5	5	4
1822	충북 보은군	4년이상 17년미만	1,440	스포츠산업과	2	1	7	8	7	5	5	4
1823	충북 보은군	17년이상 20년미만	3,360	스포츠산업과	2	1	7	8	7	5	5	4
1824	충북 보은군	20년이상	1,920	스포츠산업과	2	1	7	8	7	5	5	4
1825	충북 보은군	민간회장업무추진비	12,000	스포츠산업과	2	1	7	8	7	5	5	4
1826	충북 보은군	사무국장업무추진비	2,400	스포츠산업과	2	1	7	8	7	5	5	4
1827	충북 보은군	정산보험료	500	스포츠산업과	2	1	7	8	7	5	5	4
1828	충북 보은군	차량유지비	4,500	스포츠산업과	2	1	7	8	7	5	5	4
1829	충북 보은군	인건비	26,004	스포츠산업과	2	1	7	8	7	5	5	4
1830	충북 보은군	상여금	8,668	스포츠산업과	2	1	7	8	7	5	5	4
1831	충북 보은군	퇴직금	2,890	스포츠산업과	2	1	7	8	7	5	5	4
1832	충북 보은군	국민연금	1,561	스포츠산업과	2	1	7	8	7	5	5	4
1833	충북 보은군	건강보험	1,157	스포츠산업과	2	1	7	8	7	5	5	4
1834	충북 보은군	장기요양보험	60	스포츠산업과	2	1	7	8	7	5	5	4

순번	시군구	지출명 (사업명)	2021년예산 (단위:천원/1년간)	담당자 (공무원) 담당부서	민간이전 분류 (지방자치단체 세출예산 집행기준에 의거) 1. 민간경상사업보조(307-02) 2. 민간단체 법정운영비보조(307-03) 3. 민간행사사업보조(307-04) 4. 민간위탁금(307-05) 5. 사회복지시설 법정운영비보조(307-10) 6. 민간인위탁교육비(307-12) 7. 공기관등에대한경상적위탁사업비(308-11) 8. 민간자본사업보조,자체재원(402-01) 9. 민간자본사업보조,이전재원(402-02) 10. 민간위탁사업비(402-03) 11. 공기관등에 대한 자본적 대행사업비(403-02)	민간이전지출 근거 (지방보조금 관리기준 참고) 1. 법률에 규정 2. 국고보조 재원(국가지정) 3. 용도 지정 기부금 4. 조례에 직접규정 5. 지자체가 권장하는 사업을 하는 공공기관 6. 시,도 정책 및 재정사정 7. 기타 8. 해당없음	입찰방식 계약체결방법 (경쟁형태) 1. 일반경쟁 2. 제한경쟁 3. 지명경쟁 4. 수의계약 5. 법정위탁 6. 기타 ( ) 7. 해당없음	입찰방식 계약기간 1. 1년 2. 2년 3. 3년 4. 4년 5. 5년 6. 기타 ( )년 7. 단기계약 (1년미만) 8. 해당없음	입찰방식 낙찰자선정방법 1. 적격심사 2. 협상에의한계약 3. 최저가낙찰제 4. 규격가격분리 5. 2단계 경쟁입찰 6. 기타 ( ) 7. 해당없음	운영예산 산정 운영예산 산정 1. 내부산정 (지자체 자체적으로 산정) 2. 외부산정 (외부전문기관위탁 산정) 3. 내·외부 모두 산정 4. 산정 無 5. 해당없음	운영예산 산정 정산방법 1. 내부정산 (지자체 내부적으로 정산) 2. 외부정산 (외부전문기관위탁 정산) 3. 내·외부 모두 산정 4. 정산 無 5. 해당없음	성과평가 실시여부 1. 실시 2. 미실시 3. 향후 추진 4. 해당없음
1835	충북 보은군	산재보험	313	스포츠산업과	2	1	7	8	7	5	5	4
1836	충북 보은군	고용보험	573	스포츠산업과	2	1	7	8	7	5	5	4
1837	충북 보은군	출장여비	1,800	스포츠산업과	2	1	7	8	7	5	5	4
1838	충북 보은군	근속수당	960	스포츠산업과	2	1	7	8	7	5	5	4
1839	충북 보은군	사무국장 업무추진비	2,400	스포츠산업과	2	1	7	8	7	5	5	4
1840	충북 보은군	정액급식비	840	스포츠산업과	2	1	7	8	7	5	5	4
1841	충북 보은군	인건비	17,736	스포츠산업과	2	1	7	8	7	5	5	4
1842	충북 보은군	상여금	5,912	스포츠산업과	2	1	7	8	7	5	5	4
1843	충북 보은군	퇴직금	1,971	스포츠산업과	2	1	7	8	7	5	5	4
1844	충북 보은군	국민연금	1,065	스포츠산업과	2	1	7	8	7	5	5	4
1845	충북 보은군	건강보험	789	스포츠산업과	2	1	7	8	7	5	5	4
1846	충북 보은군	장기요양보험	41	스포츠산업과	2	1	7	8	7	5	5	4
1847	충북 보은군	산재보험	213	스포츠산업과	2	1	7	8	7	5	5	4
1848	충북 보은군	고용보험	391	스포츠산업과	2	1	7	8	7	5	5	4
1849	충북 보은군	근속수당	600	스포츠산업과	2	1	7	8	7	5	5	4
1850	충북 보은군	출장여비	1,800	스포츠산업과	2	1	7	8	7	5	5	4
1851	충북 보은군	정액급식비	840	스포츠산업과	2	1	7	8	7	5	5	4
1852	충북 보은군	지도자 근속수당	800	스포츠산업과	2	1	7	8	7	5	5	4
1853	충북 보은군	지도자출장여비	5,400	스포츠산업과	2	1	7	8	7	5	5	4
1854	충북 보은군	교육여비	1,000	스포츠산업과	2	1	7	8	7	5	5	4
1855	충북 보은군	지도자정액급식비	2,520	스포츠산업과	2	1	7	8	7	5	5	4
1856	충북 보은군	사무용품비	2,000	스포츠산업과	2	1	7	8	7	5	5	4
1857	충북 보은군	정기총회 회의서류 유인	1,000	스포츠산업과	2	1	7	8	7	5	5	4
1858	충북 보은군	정기총회 급식비	500	스포츠산업과	2	1	7	8	7	5	5	4
1859	충북 보은군	임시총회 급식비	500	스포츠산업과	2	1	7	8	7	5	5	4
1860	충북 보은군	공공요금	3,000	스포츠산업과	2	1	7	8	7	5	5	4
1861	충북 보은군	일반수용비	2,000	스포츠산업과	2	1	7	8	7	5	5	4
1862	충북 보은군	시간외근무수당	1,236	스포츠산업과	2	1	7	8	7	5	5	4
1863	충북 보은군	시간외근무수당	4,012	스포츠산업과	2	1	7	8	7	5	5	4
1864	충북 보은군	장애인체육회보 제작	8,500	스포츠산업과	2	1	7	8	7	5	5	4
1865	충북 보은군	운동물품구입	400	스포츠산업과	2	1	7	8	7	5	5	4
1866	충북 보은군	휠체어 소모품 정비	400	스포츠산업과	2	1	7	8	7	5	5	4
1867	충북 보은군	인건비	30,000	스포츠산업과	2	1	7	8	7	5	5	4
1868	충북 보은군	퇴직금	2,500	스포츠산업과	2	1	7	8	7	5	5	4
1869	충북 보은군	국민연금	1,350	스포츠산업과	2	1	7	8	7	5	5	4
1870	충북 보은군	건강보험	1,001	스포츠산업과	2	1	7	8	7	5	5	4
1871	충북 보은군	장기요양보험	52	스포츠산업과	2	1	7	8	7	5	5	4
1872	충북 보은군	산재보험	270	스포츠산업과	2	1	7	8	7	5	5	4
1873	충북 보은군	고용보험	495	스포츠산업과	2	1	7	8	7	5	5	4
1874	충북 보은군	정액급식비	840	스포츠산업과	2	1	7	8	7	5	5	4
1875	충북 보은군	시간외근무수당	1,854	스포츠산업과	2	1	7	8	7	5	5	4
1876	충북 보은군	출장여비	1,800	스포츠산업과	2	1	7	8	7	5	5	4
1877	충북 보은군	인건비	24,000	스포츠산업과	2	1	7	8	7	5	5	4
1878	충북 보은군	퇴직금	2,000	스포츠산업과	2	1	7	8	7	5	5	4
1879	충북 보은군	국민연금	1,080	스포츠산업과	2	1	7	8	7	5	5	4
1880	충북 보은군	건강보험	801	스포츠산업과	2	1	7	8	7	5	5	4
1881	충북 보은군	장기요양보험	42	스포츠산업과	2	1	7	8	7	5	5	4
1882	충북 보은군	산재보험	216	스포츠산업과	2	1	7	8	7	5	5	4
1883	충북 보은군	고용보험	396	스포츠산업과	2	1	7	8	7	5	5	4
1884	충북 보은군	정액급식비	840	스포츠산업과	2	1	7	8	7	5	5	4
1885	충북 보은군	시간외수당	1,505	스포츠산업과	2	1	7	8	7	5	5	4

순번	시군구	지출명 (사업명)	2021년예산 (단위:천원/1년간)	담당자 (공무원) 담당부서	민간이전 분류 (지방자치단체 세출예산 집행기준에 의거) 1. 민간경상사업보조(307-02) 2. 민간단체 법정운영비보조(307-03) 3. 민간행사사업보조(307-04) 4. 민간위탁금(307-05) 5. 사회복지시설 법정운영비보조(307-10) 6. 민간인위탁교육비(307-12) 7. 공기관등에대한경상적위탁사업비(308-11) 8. 민간자본사업보조,자체재원(402-01) 9. 민간자본사업보조,이전재원(402-02) 10. 민간위탁사업비(402-03) 11. 공기관등에 대한 자본적 대행사업비(403-02)	민간이전지출 근거 (지방보조금 관리기준 참고) 1. 법률에 규정 2. 국고보조 재원(국가지정) 3. 용도 지정 기부금 4. 조례에 직접규정 5. 지자체가 권장하는 사업을 하는 공공기관 6. 시,도 정책 및 재정사정 7. 기타 8. 해당없음	입찰방식 계약체결방법 (경쟁형태) 1. 일반경쟁 2. 제한경쟁 3. 지명경쟁 4. 수의계약 5. 법정위탁 6. 기타 ( ) 7. 해당없음	입찰방식 계약기간 1. 1년 2. 2년 3. 3년 4. 4년 5. 5년 6. 기타 ( )년 7. 단기계약 (1년미만) 8. 해당없음	입찰방식 낙찰자선정방법 1. 적격심사 2. 협상에의한계약 3. 최저가낙찰제 4. 규격가격분리 5. 2단계 경쟁입찰 6. 기타 ( ) 7. 해당없음	운영예산 산정 운영예산 산정 1. 내부산정 (지자체 자체적으로 산정) 2. 외부산정 (외부전문기관위탁 산정) 3. 내·외부 모두 산정 4. 산정 無 5. 해당없음	운영예산 산정 정산방법 1. 내부정산 (지자체 내부적으로 정산) 2. 외부정산 (외부전문기관위탁 정산) 3. 내·외부 모두 산정 4. 정산 無 5. 해당없음	성과평가 실시여부 1. 실시 2. 미실시 3. 향후 추진 4. 해당없음
1886	충북 보은군	출장여비	1,800	스포츠산업과	2	1	7	8	7	5	5	4
1887	충북 보은군	인건비	8,000	스포츠산업과	2	1	7	8	7	5	5	4
1888	충북 보은군	인건비	15,000	스포츠산업과	2	1	7	8	7	5	5	4
1889	충북 보은군	퇴직금	4,000	스포츠산업과	2	1	7	8	7	5	5	4
1890	충북 보은군	국민연금	2,160	스포츠산업과	2	1	7	8	7	5	5	4
1891	충북 보은군	건강보험	1,601	스포츠산업과	2	1	7	8	7	5	5	4
1892	충북 보은군	장기요양보험	83	스포츠산업과	2	1	7	8	7	5	5	4
1893	충북 보은군	고용보험	792	스포츠산업과	2	1	7	8	7	5	5	4
1894	충북 보은군	산재보험	432	스포츠산업과	2	1	7	8	7	5	5	4
1895	충북 보은군	정액급식비	1,680	스포츠산업과	2	1	7	8	7	5	5	4
1896	충북 보은군	시간외근무수당	3,009	스포츠산업과	2	1	7	8	7	5	5	4
1897	충북 보은군	출장여비	3,600	스포츠산업과	2	1	7	8	7	5	5	4
1898	충북 보은군	배드민턴	16,800	스포츠산업과	2	1	7	8	7	5	5	4
1899	충북 보은군	줌바댄스	10,080	스포츠산업과	2	1	7	8	7	5	5	4
1900	충북 보은군	전국스포츠클럽협회비	600	스포츠산업과	2	1	7	8	7	5	5	4
1901	충북 보은군	회계감사수당	300	스포츠산업과	2	1	7	8	7	5	5	4
1902	충북 보은군	세무기장료	1,980	스포츠산업과	2	1	7	8	7	5	5	4
1903	충북 보은군	법인세무조정료	1,100	스포츠산업과	2	1	7	8	7	5	5	4
1904	충북 보은군	스포츠클럽사무국 및 클럽하우스 운영비	2,400	스포츠산업과	2	1	7	8	7	5	5	4
1905	충북 보은군	기타운영비	500	스포츠산업과	2	1	7	8	7	5	5	4
1906	충북 보은군	홍보비 및 인쇄물제작비	2,000	스포츠산업과	2	1	7	8	7	5	5	4
1907	충북 보은군	종목별 운동용품 구입	2,000	스포츠산업과	2	1	7	8	7	5	5	4
1908	충북 보은군	회의비	1,000	스포츠산업과	2	1	7	8	7	5	5	4
1909	충북 보은군	기타 공공요금	2,400	스포츠산업과	2	1	7	8	7	5	5	4
1910	충북 보은군	법인세 및 지방세	2,000	스포츠산업과	2	1	7	8	7	5	5	4
1911	충북 보은군	야간조명사용료	1,500	스포츠산업과	2	1	7	8	7	5	5	4
1912	충북 보은군	보험료	2,500	스포츠산업과	2	1	7	8	7	5	5	4
1913	충북 보은군	스포츠클럽사무국임차료	1,400	스포츠산업과	2	1	7	8	7	5	5	4
1914	충북 보은군	복합기	1,584	스포츠산업과	2	1	7	8	7	5	5	4
1915	충북 보은군	사무기기임차료	2,520	스포츠산업과	2	1	7	8	7	5	5	4
1916	충북 보은군	인건비	14,436	스포츠산업과	2	1	7	8	7	5	5	4
1917	충북 보은군	퇴직적립금	1,203	스포츠산업과	2	1	7	8	7	5	5	4
1918	충북 옥천군	민주평통 옥천군협의회 운영지원	7,200	자치행정과	2	1	7	8	7	1	1	1
1919	충북 옥천군	바르게살기운동 옥천군협의회 운영지원	25,480	자치행정과	2	1	7	8	7	1	1	1
1920	충북 옥천군	자유총연맹 옥천군지회 운영지원	21,630	자치행정과	2	1	7	8	7	1	1	1
1921	충북 옥천군	옥천군새마을회 운영지원	54,710	자치행정과	2	1	7	8	7	1	1	1
1922	충북 옥천군	자원봉사센터 사무요원 인건비	120,746	자치행정과	2	1	7	8	7	1	1	1
1923	충북 옥천군	자원봉사센터 운영비	31,140	자치행정과	2	1	7	8	7	1	1	1
1924	충북 옥천군	자원봉사센터 차량운영비 지원	8,000	자치행정과	2	1	7	8	7	1	1	1
1925	충북 옥천군	상이군경회 운영지원	7,000	복지정책과	2	1	7	8	7	1	1	4
1926	충북 옥천군	전몰군경유족회 운영지원	7,100	복지정책과	2	1	7	8	7	1	1	4
1927	충북 옥천군	전몰군경미망인회 운영지원	7,100	복지정책과	2	1	7	8	7	1	1	4
1928	충북 옥천군	무공수훈자회 운영지원	6,800	복지정책과	2	1	7	8	7	1	1	4
1929	충북 옥천군	고엽제전우회 운영지원	12,900	복지정책과	2	1	7	8	7	1	1	4
1930	충북 옥천군	6.25참전유공자회 운영지원	10,600	복지정책과	2	1	7	8	7	1	1	4
1931	충북 옥천군	월남전참전자회 운영지원	8,000	복지정책과	2	1	7	8	7	1	1	4
1932	충북 옥천군	재향군인회 운영지원	7,400	복지정책과	2	1	7	8	7	1	1	4
1933	충북 옥천군	지역사회보장협의체 운영비 지원	94,452	복지정책과	2	1	7	8	7	1	1	4
1934	충북 옥천군	사회복지협의회 운영비 지원	33,248	복지정책과	2	1	7	8	7	1	1	4
1935	충북 옥천군	여성단체협의회 운영지원	19,680	복지정책과	2	1	7	8	7	1	1	4
1936	충북 옥천군	대한노인회 옥천군지회 운영비 지원	29,928	주민복지과	2	1	5	1	7	1	1	1

순번	시군구	지출명 (사업명)	2021년예산 (단위:천원/1년간)	담당자 (공무원) 담당부서	민간이전 분류 (지방자치단체 세출예산 집행기준에 의거) 1. 민간경상사업보조(307-02) 2. 민간단체 법정운영비보조(307-03) 3. 민간행사사업보조(307-04) 4. 민간위탁금(307-05) 5. 사회복지시설 법정운영비보조(307-10) 6. 민간인위탁교육비(307-12) 7. 공기관등에대한경상적위탁사업비(308-11) 8. 민간자본사업보조,자체재원(402-01) 9. 민간자본사업보조,이전재원(402-02) 10. 민간위탁사업비(402-03) 11. 공기관등에 대한 자본적 대행사업비(403-02)	민간이전지출 근거 (지방보조금 관리기준 참고) 1. 법률에 규정 2. 국고보조 재원(국가지정) 3. 용도 지정 기부금 4. 조례에 직접규정 5. 지자체가 권장하는 사업을 하는 공공기관 6. 시,도 정책 및 재정사정 7. 기타 8. 해당없음	입찰방식 계약체결방법 (경쟁형태) 1. 일반경쟁 2. 제한경쟁 3. 지명경쟁 4. 수의계약 5. 법정위탁 6. 기타 ( ) 7. 해당없음	입찰방식 계약기간 1. 1년 2. 2년 3. 3년 4. 4년 5. 5년 6. 기타 ( )년 7. 단기계약 (1년미만) 8. 해당없음	입찰방식 낙찰자선정방법 1. 적격심사 2. 협상에의한계약 3. 최저가낙찰제 4. 규격가격분리 5. 2단계 경쟁입찰 6. 기타 ( ) 7. 해당없음	운영예산 산정 운영예산 산정 1. 내부산정 (지자체 자체적으로 산정) 2. 외부산정 (외부전문기관위탁 산정) 3. 내·외부 모두 산정 4. 산정 無 5. 해당없음	운영예산 산정 정산방법 1. 내부정산 (지자체 내부적으로 정산) 2. 외부정산 (외부전문기관위탁 정산) 3. 내·외부 모두 산정 4. 정산 無 5. 해당없음	성과평가 실시여부 1. 실시 2. 미실시 3. 향후 추진 4. 해당없음
1937	충북 옥천군	대한노인회 옥천군지회 운영지원	59,972	주민복지과	2	1	5	1	7	1	1	1
1938	충북 옥천군	경로당 냉난방비 지원	692,700	주민복지과	2	1	5	1	7	1	1	1
1939	충북 옥천군	옥천문화원 운영비 지원	33,000	문화관광과	2	1	7	8	7	3	3	1
1940	충북 옥천군	(사)한국예총 옥천지부 운영비 지원	25,000	문화관광과	2	1	7	8	7	3	3	1
1941	충북 옥천군	(사)충북민예총 옥천지부 운영비 지원	7,000	문화관광과	2	1	7	8	7	3	3	1
1942	충북 옥천군	문화원사무국장 인건비	30,000	문화관광과	2	1	7	8	7	3	3	1
1943	충북 옥천군	어린이 급식관리지원센터 운영지원	118,600	문화관광과	2	2	5	3	6	4	3	3
1944	충북 옥천군	농업인학습단체활동 및 도농연대 농심나누기 행사지원	4,000	농촌활력과	2	1	7	8	7	5	5	4
1945	충북 옥천군	장애인체육회 사무국 운영지원	97,622	체육시설사업소	2	1	7	8	7	1	1	3
1946	충북 옥천군	옥천군체육회 사무국 운영지원	214,980	체육시설사업소	2	1	7	8	7	1	1	3
1947	충북 옥천군	안남배바우 작은도서관 운영지원	42,000	평생학습원	2	1	6	1	6	1	1	4
1948	충북 영동군	민주평화통일자문회의 영동군협의회 운영비	8,200	행정과	2	1	7	8	7	1	1	1
1949	충북 영동군	영동군새마을회 운영비	45,150	행정과	2	1	7	8	7	1	1	1
1950	충북 영동군	바르게살기운동 영동군협의회 운영비	29,460	행정과	2	1	7	8	7	1	1	1
1951	충북 영동군	한국자유총연맹 영동군지회 운영비	8,500	행정과	2	1	7	8	7	1	1	1
1952	충북 영동군	자원봉사센터 인건비	110,000	행정과	2	1	7	8	7	1	1	1
1953	충북 영동군	자원봉사센터 인건비	41,600	행정과	2	1	7	8	7	1	1	1
1954	충북 영동군	지방문화원 사무국장 인건비	40,733	국악문화체육과	2	1	7	8	7	1	1	1
1955	충북 영동군	영동문화원 운영비 지원	47,496	국악문화체육과	2	1	7	8	7	1	1	1
1956	충북 영동군	영동예총 운영비지원	33,580	국악문화체육과	2	1	7	8	7	1	1	1
1957	충북 영동군	영동군체육회 사무국 운영	343,350	국악문화체육과	2	1	7	8	7	1	1	1
1958	충북 영동군	장애인체육회 사무국운영	66,835	국악문화체육과	2	1	7	8	7	1	1	1
1959	충북 영동군	전몰군경유족회영동군지회 운영비 지원	10,247	주민복지과	2	4	7	8	7	5	5	4
1960	충북 영동군	6.25참전국가유공자영동군지회 운영비 지원	16,318	주민복지과	2	4	7	8	7	5	5	4
1961	충북 영동군	대한고엽제전우회영동군지회 운영비 지원	15,262	주민복지과	2	4	7	8	7	5	5	4
1962	충북 영동군	무공수훈자회영동군지회 운영비 지원	8,522	주민복지과	2	4	7	8	7	5	5	4
1963	충북 영동군	상이군경회영동군지회 운영비 지원	11,043	주민복지과	2	4	7	8	7	5	5	4
1964	충북 영동군	전몰군경미망인영동군지회 운영비 지원	9,454	주민복지과	2	4	7	8	7	5	5	4
1965	충북 영동군	월남참전 영동군지회 운영비 지원	4,400	주민복지과	2	4	7	8	7	5	5	4
1966	충북 영동군	광복회 영동군분회 운영비 지원	1,000	주민복지과	2	4	7	8	7	5	5	4
1967	충북 영동군	영동군 재향군인회 운영비 지원	10,600	주민복지과	2	4	7	8	7	5	5	4
1968	충북 영동군	장애인협의회 운영비	35,300	주민복지과	2	4	7	8	7	1	1	1
1969	충북 영동군	시각장애인가스차단기지원사업	1,200	주민복지과	2	6	7	7	7	1	1	3
1970	충북 영동군	취업상담사 인건비	145,680	가족행복과	2	2	7	8	7	5	1	1
1971	충북 영동군	사업관리 및 사후관리	31,000	가족행복과	2	2	7	8	7	5	1	1
1972	충북 영동군	성과운영비	14,724	가족행복과	2	2	7	8	7	5	1	1
1973	충북 영동군	여성취업지원기관 종사자 처우개선비 지원	8,400	가족행복과	2	6	7	8	7	5	1	4
1974	충북 영동군	성폭력상담소 운영지원	123,816	가족행복과	2	2	7	8	7	5	1	1
1975	충북 영동군	여성폭력 관련시설 운영비 지원	6,000	가족행복과	2	6	7	8	7	5	1	4
1976	충북 영동군	어린이급식관리지원센터 운영	105,000	가족행복과	2	2	6	2	1	1	1	1
1977	충북 영동군	시장매니저 지원	7,200	경제과	2	4	7	8	7	1	1	1
1978	충북 영동군	소상공인연합회 운영비 보조	33,360	경제과	2	1	7	8	7	1	1	1
1979	충북 증평군	민주평화통일자문회의 운영	6,000	행정과	2	1	7	8	7	5	5	4
1980	충북 증평군	민간사회단체 지원	87,032	행정과	2	1	7	8	7	5	5	4
1981	충북 증평군	자원봉사 활성화	139,501	행정과	2	1	7	8	7	5	5	4
1982	충북 증평군	장애인단체 운영 지원	76,725	생활지원과	2	1	7	8	7	1	1	1
1983	충북 증평군	보훈단체 지원	78,306	생활지원과	2	1	7	8	7	5	5	4
1984	충북 증평군	노인회관 운영	67,760	사회복지과	2	4	7	8	7	1	1	1
1985	충북 증평군	여성의 사회참여활동 지원	26,860	사회복지과	2	4	7	8	7	1	1	1
1986	충북 증평군	증평문화원 운영지원	76,574	문화체육과	2	1	7	8	7	1	1	1
1987	충북 증평군	증평예총 운영지원	27,728	문화체육과	2	4	7	8	7	1	1	4

순번	시군구	지출명 (사업명)	2021년예산 (단위:천원/1년간)	담당자 (공무원) 담당부서	민간이전 분류 (지방자치단체 세출예산 집행기준에 의거) 1. 민간경상사업보조(307-02) 2. 민간단체 법정운영비보조(307-03) 3. 민간행사사업보조(307-04) 4. 민간위탁금(307-05) 5. 사회복지시설 법정운영비보조(307-10) 6. 민간인위탁교육비(307-12) 7. 공기관등에대한경상적위탁사업비(308-11) 8. 민간자본사업보조,자체재원(402-01) 9. 민간자본사업보조,이전재원(402-02) 10. 민간위탁사업비(402-03) 11. 공기관등에 대한 자본적 대행사업비(403-02)	민간이전지출 근거 (지방보조금 관리기준 참고) 1. 법률에 규정 2. 국고보조 재원(국가지정) 3. 용도 지정 기부금 4. 조례에 직접규정 5. 지자체가 권장하는 사업을 하는 공공기관 6. 시,도 정책 및 재정사정 7. 기타 8. 해당없음	입찰방식: 계약체결방법 (경쟁형태) 1. 일반경쟁 2. 제한경쟁 3. 지명경쟁 4. 수의계약 5. 법정위탁 6. 기타 ( ) 7. 해당없음	입찰방식: 계약기간 1. 1년 2. 2년 3. 3년 4. 4년 5. 5년 6. 기타 ( )년 7. 단기계약 (1년미만) 8. 해당없음	입찰방식: 낙찰자선정방법 1. 적격심사 2. 협상에의한계약 3. 최저가낙찰제 4. 규격가격분리 5. 2단계 경쟁입찰 6. 기타 ( ) 7. 해당없음	운영예산 산정: 운영예산 산정 1. 내부산정 (지자체 자체적으로 산정) 2. 외부산정 (외부전문기관위탁 산정) 3. 내·외부 모두 산정 4. 산정 無 5. 해당없음	운영예산 산정: 정산방법 1. 내부정산 (지자체 내부적으로 정산) 2. 외부정산 (외부전문기관위탁 정산) 3. 내·외부 모두 산정 4. 정산 無 5. 해당없음	성과평가 실시여부 1. 실시 2. 미실시 3. 향후 추진 4. 해당없음
1988	충북 증평군	체육회 운영지원	231,165	문화체육과	2	4	7	8	7	1	1	4
1989	충북 증평군	장애인체육회 운영지원	89,808	문화체육과	2	4	7	8	7	1	1	4
1990	충북 증평군	한국여성소비자연합증평지부 운영	7,682	경제과	2	4	7	8	7	1	1	1
1991	충북 증평군	지역자율방재단 운영	3,220	안전총괄과	2	4	7	8	7	5	5	4
1992	충북 증평군	정신질환자 사회복귀시설 운영	110,803	보건소	2	1	7	8	7	3	3	1
1993	충북 진천군	사무원 복리후생비	7,800	행정지원과	2	1	7	8	7	1	1	1
1994	충북 진천군	자원봉사센터 운영	244,030	행정지원과	2	2	7	8	7	1	1	1
1995	충북 진천군	새마을회 운영비	63,390	행정지원과	2	2	7	8	7	1	1	1
1996	충북 진천군	바르게살기운동 협의회 운영비	19,788	행정지원과	2	2	7	8	7	1	1	1
1997	충북 진천군	한국자유총연맹 진천군지회 운영비	23,760	행정지원과	2	2	7	8	7	1	1	1
1998	충북 진천군	상이군경회진천군지회 운영비	29,152	주민복지과	2	4	7	8	7	1	1	1
1999	충북 진천군	전몰군경유족회진천군지회 운영비	11,312	주민복지과	2	4	7	8	7	1	1	1
2000	충북 진천군	전몰군경미망인회진천군지회 운영비	11,312	주민복지과	2	4	7	8	7	1	1	1
2001	충북 진천군	무공수훈자회진천군지회 운영비	11,312	주민복지과	2	4	7	8	7	1	1	1
2002	충북 진천군	고엽제전우회진천군지회 운영비	17,500	주민복지과	2	4	7	8	7	1	1	1
2003	충북 진천군	6.25참전유공자회진천군지회 운영비	16,082	주민복지과	2	4	7	8	7	1	1	1
2004	충북 진천군	월남전참전자회진천군지회 운영비	14,575	주민복지과	2	4	7	8	7	1	1	1
2005	충북 진천군	진천군재향군인회 운영비	11,500	주민복지과	2	4	7	8	7	1	1	1
2006	충북 진천군	광복회 청주·진천연합지회 운영비	650	주민복지과	2	4	7	8	7	1	1	1
2007	충북 진천군	지체장애인 협회 운영비	34,340	주민복지과	2	1	7	8	7	1	1	1
2008	충북 진천군	진천군 여성단체협의회 운영비	27,520	여성가족과	2	1	7	8	7	1	1	1
2009	충북 진천군	소비자보호센터 운영비	5,000	경제과	2	1	5	8	7	1	1	1
2010	충북 진천군	문화원 운영비	113,915	문화관광과	2	1	7	8	7	5	5	4
2011	충북 진천군	문화원 사무국장 인건비	35,200	문화관광과	2	1	7	8	7	5	5	4
2012	충북 진천군	문화의 집 운영비	96,300	문화관광과	2	1	7	8	7	5	5	4
2013	충북 진천군	진천예총 운영비	71,440	문화관광과	2	1	7	8	7	5	5	4
2014	충북 진천군	진천용몽리 농요보존회 운영비	5,400	문화관광과	2	1	7	8	7	5	5	4
2015	충북 진천군	농업인단체 운영비	11,700	농촌지원과	2	6	7	8	7	5	5	4
2016	충북 진천군	체육회 운영비	222,344	체육진흥지원단	2	1	7	8	7	1	1	1
2017	충북 진천군	사무국 운영비	55,545	체육진흥지원단	2	1	7	8	7	1	1	1
2018	충북 진천군	장애인체육회 운영비	168,670	체육진흥지원단	2	1	7	8	7	1	1	1
2019	충북 진천군	충북외국인이주노동자 지원센터 운영비지원	10,000	통합일자리지원단	2	6	7	8	7	5	5	4
2020	충북 괴산군	새마을단체법정운영비 지원	60,184	행정과	2	1	7	8	7	1	1	1
2021	충북 괴산군	바르게살기법정운영비 지원	29,026	행정과	2	1	7	8	7	1	1	1
2022	충북 괴산군	한국자유총연맹 운영비	11,600	행정과	2	1	7	8	7	1	1	1
2023	충북 괴산군	자원봉사센터 운영비 지원	148,000	행정과	2	1	7	8	7	1	1	1
2024	충북 괴산군	괴산군지역사회보장협의체	52,023	주민복지과	2	4	7	8	7	1	1	2
2025	충북 괴산군	장애인단체지원	78,092	주민복지과	2	5	7	8	7	3	3	1
2026	충북 괴산군	여성단체협의회 운영지원	28,901	주민복지과	2	7	7	8	7	1	1	4
2027	충북 음성군	민주평통협의회 운영비 보조	7,200	자치행정과	2	4	7	8	7	5	1	1
2028	충북 음성군	자유총연맹 운영비 보조	34,710	자치행정과	2	1	7	8	7	3	1	1
2029	충북 음성군	음성군 새마을회 운영비 보조	69,130	자치행정과	2	1	7	8	7	3	1	1
2030	충북 음성군	재향군인회 운영비 보조	16,800	자치행정과	2	1	7	8	7	3	1	1
2031	충북 음성군	바르게살기운동음성군협의회 운영비 보조	27,808	자치행정과	2	1	7	8	7	3	1	1
2032	충북 음성군	음성문화원 운영비 지원	62,658	문화체육과	2	1	7	8	7	5	5	4
2033	충북 음성군	음성예총 운영비 지원	74,945	문화체육과	2	1	7	8	7	5	5	4
2034	충북 음성군	음성품바축제 상설조직 운영비	27,524	문화체육과	2	1	7	8	7	5	5	4
2035	충북 음성군	음성군체육회 운영	363,277	문화체육과	2	1	7	8	7	5	5	4
2036	충북 음성군	음성명작페스티벌 사업단 운영비 지원	105,483	농정과	2	1	7	8	7	5	5	4
2037	충북 단양군	단양군관광협의회 운영비 지원	58,878	관광정책과	2	4	7	8	7	1	1	4
2038	충북 단양군	읍면 방위협의회 운영지원사업	14,000	안전건설과	2	4	7	8	7	5	5	4

순번	시군구	지출명 (사업명)	2021년예산 (단위:천원/1년간)	담당자 (공무원) 담당부서	민간이전 분류 (지방자치단체 세출예산 집행기준에 의거) 1. 민간경상사업보조(307-02) 2. 민간단체 법정운영비보조(307-03) 3. 민간행사사업보조(307-04) 4. 민간위탁금(307-05) 5. 사회복지시설 법정운영비보조(307-10) 6. 민간인위탁교육비(307-12) 7. 공기관등에대한경상적위탁사업비(308-11) 8. 민간자본사업보조,자체재원(402-01) 9. 민간자본사업보조,이전재원(402-02) 10. 민간위탁사업비(402-03) 11. 공기관등에 대한 자본적 대행사업비(403-02)	민간이전지출 근거 (지방보조금 관리기준 참고) 1. 법률에 규정 2. 국고보조 재원(국가지정) 3. 용도 지정 기부금 4. 조례에 직접규정 5. 지자체가 권장하는 사업을 하는 공공기관 6. 시,도 정책 및 재정사정 7. 기타 8. 해당없음	입찰방식: 계약체결방법 (경쟁형태) 1. 일반경쟁 2. 제한경쟁 3. 지명경쟁 4. 수의계약 5. 법정위탁 6. 기타 ( ) 7. 해당없음	입찰방식: 계약기간 1. 1년 2. 2년 3. 3년 4. 4년 5. 5년 6. 기타 ( )년 7. 단기계약 (1년미만) 8. 해당없음	입찰방식: 낙찰자선정방법 1. 적격심사 2. 협상에의한계약 3. 최저가낙찰제 4. 규격가격분리 5. 2단계 경쟁입찰 6. 기타 ( ) 7. 해당없음	운영예산 산정: 운영예산 산정 1. 내부산정 (지자체 자체적으로 산정) 2. 외부산정 (외부전문기관위탁 산정) 3. 내·외부 모두 산정 4. 산정 無 5. 해당없음	운영예산 산정: 정산방법 1. 내부정산 (지자체 내부적으로 정산) 2. 외부정산 (외부전문기관위탁 정산) 3. 내·외부 모두 산정 4. 정산 無 5. 해당없음	성과평가 실시여부 1. 실시 2. 미실시 3. 향후 추진 4. 해당없음
2039	충북 단양군	단양군자율방재단 운영 및 재난재해 예방복구활동 참여	19,680	안전건설과	2	4	7	8	7	5	5	4
2040	충북 단양군	소비자상담센터 운영지원	7,500	지역경제과	2	7	4	1	7	1	1	1
2041	충북 단양군	단양군 농업인단체 협의회 운영지원	35,000	농업축산과	2	4	7	8	7	1	1	4
2042	충북 단양군	단양문화원 운영비 지원	71,360	문화체육과	2	1	7	8	7	1	1	4
2043	충북 단양군	단양예총 운영비 지원	29,400	문화체육과	2	1	7	8	7	1	1	4
2044	충북 단양군	단양군체육회운영	216,228	문화체육과	2	1	7	8	7	1	1	4
2045	충남 공주시	자율방재단 활동지원	27,500	시민안전과	2	1	7	8	7	1	1	4
2046	충남 공주시	공주시 새마을회 운영비	75,000	주민공동체과	2	4	7	8	7	1	1	1
2047	충남 공주시	바르게살기운동 전국 및 충남대회 등 참가	10,000	주민공동체과	2	4	7	8	7	1	1	1
2048	충남 공주시	공주시 재향군인회 운영비	22,000	주민공동체과	2	4	7	8	7	1	1	1
2049	충남 공주시	적십자봉사회 공주봉사관 운영	5,000	주민공동체과	2	4	7	8	7	1	1	1
2050	충남 공주시	사립박물관 및 사립미술관 운영비 지원	21,650	문화체육과	2	4	7	8	7	1	1	1
2051	충남 공주시	공주시체육회 운영지원	316,701	문화체육과	2	4	7	7	7	1	1	1
2052	충남 공주시	공주시 장애인체육회 운영지원	95,000	문화체육과	2	4	7	7	7	1	1	1
2053	충남 공주시	공주시자원봉사센터 인건비	185,000	복지정책과	2	1	5	8	7	1	1	3
2054	충남 공주시	여성단체활동 운영지원	44,000	여성가족과	2	4	4	3	7	1	1	3
2055	충남 공주시	지방의제21	56,000	환경보호과	2	6	7	1	7	1	1	4
2056	충북 옥천군	공주시 소상공인연합회 운영비	20,000	경제과	2	2	7	8	7	1	1	4
2057	충남 공주시	공주시 소상공인연합회 운영비	20,000	경제과	2	1	7	8	7	5	5	4
2058	충남 보령시	한국자유총연맹보령시지회 운영	26,890	홍보미디어실	2	1	7	8	7	1	1	1
2059	충남 보령시	자원봉사단 및 센터운영	117,283	주민생활지원과	2	1	7	8	7	1	1	1
2060	충남 보령시	자원봉사센터운영	243,413	주민생활지원과	2	1	7	8	7	1	1	1
2061	충남 보령시	자원봉사센터 근무자 처우개선	3,000	주민생활지원과	2	1	7	8	7	1	1	1
2062	충남 보령시	한국예총보령지회 운영	106,263	문화새마을과	2	7	7	1	7	1	1	1
2063	충남 보령시	보령문화원 운영비	25,500	문화새마을과	2	1	5	8	7	1	1	4
2064	충남 보령시	보령문화원 인건비	87,382	문화새마을과	2	1	5	8	7	1	1	4
2065	충남 보령시	새마을운동보령시지회 운영	113,825	문화새마을과	2	4	7	8	7	1	1	4
2066	충남 보령시	바르게살기운동보령시협의회 운영	61,280	문화새마을과	2	4	7	8	7	1	1	4
2067	충남 아산시	작은도서관운영지원	22,000	시립도서관	2	6	7	8	7	1	1	4
2068	충남 아산시	산촌마을운영매니저	21,090	산림과	2	1	7	8	7	5	5	4
2069	충남 아산시	야생생물관리협회 운영지원비	9,600	환경보전과	2	1	7	8	7	1	1	1
2070	충남 아산시	여성단체협의회 운영 지원	9,600	여성가족과	2	1	7	8	7	1	1	1
2071	충남 아산시	한국자유총연맹아산시지회 운영지원	15,000	자치행정과	2	1	7	8	7	1	1	1
2072	충남 아산시	범죄피해자 지원단체 운영지원	15,000	자치행정과	2	1	7	8	7	1	1	1
2073	충남 아산시	아산시재향군인회 운영지원	15,000	자치행정과	2	1	7	8	7	1	1	1
2074	충남 아산시	평화통일자문위 사무실 운영비	10,500	자치행정과	2	1	7	8	7	1	1	1
2075	충남 아산시	북한이탈주민정착지원센터 운영	42,300	자치행정과	2	1	7	8	7	1	1	1
2076	충남 아산시	새마을지회 운영지원	84,270	자치행정과	2	1	7	8	7	1	1	1
2077	충남 아산시	바르게살기운동 아산시협의회 운영지원	33,000	자치행정과	2	1	7	8	7	1	1	1
2078	충남 아산시	보훈단체 지원	13,500	사회복지과	2	4	5	8	7	1	1	4
2079	충남 아산시	보훈단체 지원	10,000	사회복지과	2	4	5	8	7	1	1	4
2080	충남 아산시	보훈단체 지원	10,000	사회복지과	2	4	5	8	7	1	1	4
2081	충남 아산시	보훈단체 지원	10,000	사회복지과	2	4	5	8	7	1	1	4
2082	충남 아산시	보훈단체 지원	4,000	사회복지과	2	4	5	8	7	1	1	4
2083	충남 아산시	보훈단체 지원	12,500	사회복지과	2	4	5	8	7	1	1	4
2084	충남 아산시	보훈단체 지원	9,500	사회복지과	2	4	5	8	7	1	1	4
2085	충남 아산시	보훈단체 지원	11,000	사회복지과	2	4	5	8	7	1	1	4
2086	충남 아산시	보훈단체 지원	12,500	사회복지과	2	4	5	8	7	1	1	4
2087	충남 아산시	보훈단체 지원	50,500	사회복지과	2	4	5	8	7	1	1	4
2088	충남 서산시	소비자 상담센터 운영지원	30,124	일자리경제과	2	1	2	1	6	1	1	1
2089	충남 서산시	서산시 사회복지협의회 운영지원	52,020	사회복지과	2	1	7	8	7	1	1	3

순번	시군구	지출명 (사업명)	2021년예산 (단위:천원/1년간)	담당자 (공무원) 담당부서	민간이전 분류 (지방자치단체 세출예산 집행기준에 의거) 1. 민간경상사업보조(307-02) 2. 민간단체 법정운영비보조(307-03) 3. 민간행사사업보조(307-04) 4. 민간위탁금(307-05) 5. 사회복지시설 법정운영비보조(307-10) 6. 민간인위탁교육비(307-12) 7. 공기관등에대한경상적위탁사업비(308-11) 8. 민간자본사업보조,자체재원(402-01) 9. 민간자본사업보조,이전재원(402-02) 10. 민간위탁사업비(402-03) 11. 공기관등에 대한 자본적 대행사업비(403-02)	민간이전지출 근거 (지방보조금 관리기준 참고) 1. 법률에 규정 2. 국고보조 재원(국가지정) 3. 용도 지정 기부금 4. 조례에 직접규정 5. 지자체가 권장하는 사업을 하는 공공기관 6. 시,도 정책 및 재정사정 7. 기타 8. 해당없음	입찰방식 계약체결방법 (경쟁형태) 1. 일반경쟁 2. 제한경쟁 3. 지명경쟁 4. 수의계약 5. 법정위탁 6. 기타 ( ) 7. 해당없음	입찰방식 계약기간 1. 1년 2. 2년 3. 3년 4. 4년 5. 5년 6. 기타 ( )년 7. 단기계약 (1년미만) 8. 해당없음	입찰방식 낙찰자선정방법 1. 적격심사 2. 협상에의한계약 3. 최저가낙찰제 4. 규격가격분리 5. 2단계 경쟁입찰 6. 기타 ( ) 7. 해당없음	운영예산 산정 운영예산 산정 1. 내부산정 (지자체 자체적으로 산정) 2. 외부산정 (외부전문기관위탁 산정) 3. 내·외부 모두 산정 4. 산정 無 5. 해당없음	운영예산 산정 정산방법 1. 내부정산 (지자체 내부적으로 정산) 2. 외부정산 (외부전문기관위탁 정산) 3. 내·외부 모두 산정 4. 정산 無 5. 해당없음	성과평가 실시여부 1. 실시 2. 미실시 3. 향후 추진 4. 해당없음
2090	충남 서산시	서산시 보훈회관 및 보훈단체 운영비	282,022	사회복지과	2	1	7	8	7	1	1	3
2091	충남 서산시	지역사회보장협의체 운영비	53,760	사회복지과	2	4	7	8	7	1	1	1
2092	충남 서산시	노인회지회 운영지원	86,720	경로장애인과	2	4	7	8	7	1	1	2
2093	충남 서산시	노인회지회 운영지원	31,000	경로장애인과	2	4	7	8	7	1	1	2
2094	충남 서산시	노인회지회 종사자 후생복지 지원	800	경로장애인과	2	4	7	8	7	1	1	1
2095	충남 서산시	노인회지회 분회 운영지원	54,000	경로장애인과	2	4	7	8	7	1	1	1
2096	충남 서산시	장애인편의증진기술지원센터 운영비 지원	61,270	경로장애인과	2	1	7	8	7	1	1	2
2097	충남 서산시	장애인종합상담실운영비지원	123,425	경로장애인과	2	1	7	8	7	1	1	2
2098	충남 서산시	서산시여성단체협의회 운영비	33,950	여성가족과	2	1	7	1	7	1	1	1
2099	충남 서산시	장애인체육회 운영 지원	87,833	체육진흥과	2	4	7	8	7	1	1	3
2100	충남 서산시	장애인체육회종사자 후생복지 지원	1,100	체육진흥과	2	4	7	8	7	1	1	3
2101	충남 서산시	장애인체육회 운영 지원	33,700	체육진흥과	2	4	7	8	7	1	1	3
2102	충남 서산시	서산시 체육회 운영지원	199,762	체육진흥과	2	4	7	8	7	1	1	3
2103	충남 서산시	서산시 체육회 종사자 후생복지 지원	1,600	체육진흥과	2	4	7	8	7	5	5	4
2104	충남 서산시	서산시 체육회 운영지원(사무운영비)	47,600	체육진흥과	2	4	7	8	7	1	1	3
2105	충남 서산시	서산시새마을회 운영지원	81,603	자치행정과	2	1	7	8	7	1	1	1
2106	충남 서산시	서산시새마을회 종사자 후생복지 지원	800	자치행정과	2	1	7	8	7	1	1	1
2107	충남 서산시	서산시 새마을회관 외벽누수 보수공사 환경개선사업	130,000	자치행정과	2	1	7	8	7	1	1	1
2108	충남 서산시	바르게살기운동 서산시협의회 운영지원	30,404	자치행정과	2	1	7	8	7	1	1	1
2109	충남 서산시	바르게살기운동 서산시협의회 종사자 후생복지 지원	700	자치행정과	2	1	7	8	7	1	1	1
2110	충남 서산시	(사)서산시자원봉사센터 운영지원	279,898	자치행정과	2	1	7	8	7	1	1	1
2111	충남 서산시	(사)서산시자원봉사센터 운영지원	150,582	자치행정과	2	1	7	8	7	1	1	1
2112	충남 서산시	(사)서산시자원봉사센터 종사자 후생복지 지원	3,700	자치행정과	2	1	7	8	7	1	1	1
2113	충남 서산시	민주평화통일자문회의 서산협의회 운영비	14,400	자치행정과	2	1	7	8	7	1	1	1
2114	충남 서산시	한국자유총연맹 서산시지회 운영	17,600	자치행정과	2	1	7	8	7	1	1	1
2115	충남 서산시	재향군인회 서산시지회 운영	32,208	자치행정과	2	1	7	8	7	1	1	1
2116	충남 서산시	사립작은도서관 운영지원	40,000	서산시립도서관	2	4	7	8	7	1	1	1
2117	충남 계룡시	경로당 냉난방비 및 양곡비 지원	78,404	가족행복과	2	1	7	8	7	5	1	4
2118	충남 계룡시	경로당 운영비 지원	110,280	가족행복과	2	1	7	8	7	5	1	1
2119	충남 계룡시	다문화가정협회 운영	7,200	가족행복과	2	1	7	8	7	3	3	1
2120	충남 계룡시	여성단체협의회 운영	6,000	가족행복과	2	1	7	8	7	3	3	1
2121	충남 계룡시	계룡예총 운영지원	27,490	문화체육과	2	4	7	8	7	1	1	1
2122	충남 계룡시	체육회 인건비	131,009	문화체육과	2	1	7	8	7	1	1	1
2123	충남 계룡시	체육회 운영비	50,000	문화체육과	2	1	7	8	7	1	1	1
2124	충남 계룡시	장애인체육회 인건비	79,037	문화체육과	2	1	7	8	7	1	1	1
2125	충남 계룡시	장애인체육회 운영비	25,660	문화체육과	2	1	7	8	7	1	1	1
2126	충남 계룡시	보훈단체 운영 지원	105,136	사회복지과	2	1	7	1	7	1	1	1
2127	충남 계룡시	장애인부모회 가족지원비	1,000	사회복지과	2	1	7	8	7	5	1	1
2128	충남 계룡시	재향군인회 운영비	10,000	안전총괄과	2	4	7	8	7	1	1	3
2129	충남 계룡시	사회적기업 일자리창출사업	57,333	일자리경제과	2	2	7	8	7	1	1	4
2130	충남 계룡시	새마을운동계룡시지회 운영비	41,700	자치행정과	2	1	7	8	7	1	1	3
2131	충남 계룡시	한국자유총연맹 계룡시지회 운영	6,400	자치행정과	2	1	7	8	7	1	1	3
2132	충남 계룡시	민주평화통일자문회의계룡시협의회 운영지원	12,000	자치행정과	2	1	7	8	7	1	1	3
2133	충남 당진시	지속가능발전협의회 운영	146,200	지속가능발전담당관	2	4	7	1	7	1	1	1
2134	충남 당진시	당진문화원 운영비 보조	127,056	문화관광과	2	1	7	8	7	1	1	1
2135	충남 당진시	사립미술관 및 박물관 운영지원	10,000	문화관광과	2	1	2	7	1	1	1	1
2136	충남 당진시	한국예총당진지회 운영지원	35,000	문화관광과	2	1	7	8	7	5	5	4
2137	충남 당진시	지역 무형유산 활성화(기지시줄다리기 사무국 운영비)	40,000	문화관광과	2	4	7	8	7	5	5	4
2138	충남 당진시	보훈9개단체 운영비 및 간사지원 보조금	207,540	사회복지과	2	1	7	8	7	1	1	1
2139	충남 당진시	소비자피해예방 사업	22,442	경제과	2	4	7	8	7	1	1	1
2140	충남 당진시	당진항포럼및지역항만산업육성지원	10,000	항만수산과	2	4	7	8	7	1	1	1

순번	시군구	지출명 (사업명)	2021년예산 (단위:천원/1년간)	담당자 (공무원) 담당부서	민간이전 분류 (지방자치단체 세출예산 집행기준에 의거) 1. 민간경상사업보조(307-02) 2. 민간단체 법정운영비보조(307-03) 3. 민간행사사업보조(307-04) 4. 민간위탁금(307-05) 5. 사회복지시설 법정운영비보조(307-10) 6. 민간인위탁교육비(307-12) 7. 공기관등에대한경상적위탁사업비(308-11) 8. 민간자본사업보조,자체재원(402-01) 9. 민간자본사업보조,이전재원(402-02) 10. 민간위탁사업비(402-03) 11. 공기관등에 대한 자본적 대행사업비(403-02)	민간이전지출 근거 (지방보조금 관리기준 참고) 1. 법률에 규정 2. 국고보조 재원(국가지정) 3. 용도 지정 기부금 4. 조례에 직접규정 5. 지자체가 권장하는 사업을 하는 공공기관 6. 시,도 정책 및 재정사정 7. 기타 8. 해당없음	입찰방식 계약체결방법 (경쟁형태) 1. 일반경쟁 2. 제한경쟁 3. 지명경쟁 4. 수의계약 5. 법정위탁 6. 기타 ( ) 7. 해당없음	입찰방식 계약기간 1. 1년 2. 2년 3. 3년 4. 4년 5. 5년 6. 기타 ( )년 7. 단기계약 (1년미만) 8. 해당없음	입찰방식 낙찰자선정방법 1. 적격심사 2. 협상에의한계약 3. 최저가낙찰제 4. 규격가격분리 5. 2단계 경쟁입찰 6. 기타 ( ) 7. 해당없음	운영예산 산정 운영예산 산정 1. 내부산정 (지자체 자체적으로 산정) 2. 외부산정 (외부전문기관위탁 산정) 3. 내·외부 모두 산정 4. 산정 無 5. 해당없음	운영예산 산정 정산방법 1. 내부정산 (지자체 내부적으로 정산) 2. 외부정산 (외부전문기관위탁 정산) 3. 내·외부 모두 산정 4. 정산 無 5. 해당없음	성과평가 실시여부 1. 실시 2. 미실시 3. 향후 추진 4. 해당없음
2141	충남 당진시	지역자율방재단 운영유지관리	9,000	안전총괄과	2	4	7	8	7	1	1	3
2142	충남 당진시	재향군인회 운영및지원	20,400	안전총괄과	2	4	7	8	7	1	1	1
2143	충남 당진시	농촌체험마을 사무장 활동비 지원	56,160	농촌진흥과	2	2	7	8	7	5	1	1
2144	충남 당진시	여성단체협의회 운영비	43,100	여성가족과	2	1	7	8	7	1	1	1
2145	충남 금산군	광복회지회 운영지원	2,000	주민복지지원실	2	4	7	8	7	1	1	4
2146	충남 금산군	상이군경회 운영지원	12,610	주민복지지원실	2	4	7	8	7	1	1	4
2147	충남 금산군	전몰군경유족회 운영지원	11,070	주민복지지원실	2	4	7	8	7	1	1	4
2148	충남 금산군	전몰군경미망인회 운영지원	17,150	주민복지지원실	2	4	7	8	7	1	1	4
2149	충남 금산군	무공수훈자회 운영지원	10,614	주민복지지원실	2	4	7	8	7	1	1	4
2150	충남 금산군	고엽제전우회 운영지원	11,470	주민복지지원실	2	4	7	8	7	1	1	4
2151	충남 금산군	6.25참전유공자회 운영지원	10,510	주민복지지원실	2	4	7	8	7	1	1	4
2152	충남 금산군	월남참전자회 운영지원	10,390	주민복지지원실	2	4	7	8	7	1	1	4
2153	충남 금산군	장애우평등학교 운영지원	10,000	주민복지지원실	2	4	7	8	7	1	1	1
2154	충남 금산군	새터공동체 운영지원	5,000	주민복지지원실	2	4	7	8	7	1	1	1
2155	충남 금산군	푸드뱅크 사업지원	35,000	주민복지지원실	2	8	7	8	7	1	1	4
2156	충남 금산군	지역사회보장협의체 운영	50,000	주민복지지원실	2	8	7	8	7	1	1	4
2157	충남 금산군	지역사회보장협의체 운영 활성화 지원	5,000	주민복지지원실	2	8	7	8	7	1	1	4
2158	충남 금산군	대한노인회 지원	108,100	주민복지지원실	2	1	7	8	7	1	1	4
2159	충남 금산군	대한노인회 읍면분회운영 지원	30,000	주민복지지원실	2	1	7	8	7	1	1	4
2160	충남 금산군	민주평화통일자문회의 운영	13,000	자치행정과	2	1	7	8	7	1	1	1
2161	충남 금산군	금산군새마을회 운영지원	37,100	자치행정과	2	1	7	8	7	1	1	1
2162	충남 금산군	바르게살기운동 운영지원	31,020	자치행정과	2	1	7	8	7	1	1	1
2163	충남 금산군	한국자유총연맹 운영지원	21,580	자치행정과	2	1	7	8	7	1	1	1
2164	충남 금산군	적십자금산지구 운영지원	5,900	자치행정과	2	1	7	8	7	1	1	1
2165	충남 금산군	재향군인회 운영지원	5,910	자치행정과	2	4	7	8	7	1	1	1
2166	충남 금산군	자원봉사센터 운영 등	87,550	자치행정과	2	6	7	8	7	1	1	1
2167	충남 금산군	자원봉사센터 근무자 처우개선	1,800	자치행정과	2	1	7	8	7	1	1	1
2168	충남 금산군	자원봉사센터 운영지원	12,000	자치행정과	2	1	7	8	7	1	1	1
2169	충남 금산군	한국예술문화단체 총연합회 금산군지회 운영지원	23,800	관광문화체육과	2	4	7	8	7	1	1	1
2170	충남 금산군	지방문화원 운영지원	161,492	관광문화체육과	2	7	7	8	7	1	1	1
2171	충남 금산군	금산군체육회 운영지원	329,873	관광문화체육과	2	4	7	8	7	1	1	1
2172	충남 금산군	금산군 장애인체육회 운영지원	101,639	관광문화체육과	2	4	7	8	7	1	1	1
2173	충남 금산군	체육가맹단체 운영지원	44,100	관광문화체육과	2	4	7	8	7	1	1	1
2174	충남 금산군	여성단체협의회 운영지원	22,000	교육가족과	2	4	7	8	7	1	1	1
2175	충남 금산군	청소년상담복지센터 운영 지원	63,000	교육가족과	2	1	7	8	7	1	1	4
2176	충남 금산군	소비자상담 센터운영	9,350	지역경제과	2	1	7	8	7	1	1	1
2177	충남 금산군	브랜드콜택시 운영지원	50,500	건설교통과	2	4	7	8	7	1	1	4
2178	충남 금산군	브랜드택시 통신료 등 지원사업	18,190	건설교통과	2	6	7	8	7	1	1	4
2179	충남 금산군	의료취약지역 응급실 운영	240,000	보건소	2	2	7	8	7	1	3	4
2180	충남 부여군	예총 경상운영비	28,500	문화체육관광과	2	7	7	8	7	5	5	4
2181	충남 부여군	지방문화원 운영비 등	190,000	문화체육관광과	2	4	6	1	6	1	1	1
2182	충남 부여군	부여군체육회 사무국 운영비	30,000	문화체육관광과	2	4	7	8	7	5	5	4
2183	충남 부여군	부여군체육회 사무국 인건비	240,540	문화체육관광과	2	4	7	8	7	5	5	4
2184	충남 부여군	부여군장애인체육회 사무국 운영비	54,240	문화체육관광과	2	4	7	8	7	5	5	4
2185	충남 부여군	부여군장애인체육회 사무국 인건비	98,676	문화체육관광과	2	4	7	8	7	5	5	4
2186	충남 부여군	소비자보호센터	18,600	경제교통과	2	4	7	8	7	1	1	1
2187	충남 부여군	사회적기업 사회보험료 지원	4,000	경제교통과	2	4	1	1	1	1	1	1
2188	충남 부여군	협동조합 활성화 기반조성사업	16,000	경제교통과	2	4	1	1	1	1	1	1
2189	충남 부여군	부여형 마을기업 발굴사업	16,000	경제교통과	2	4	1	1	1	1	1	1
2190	충남 부여군	사회적경제 네트워크 조직 육성사업	26,000	경제교통과	2	4	1	1	1	1	1	1
2191	충남 부여군	보훈단체운영비	154,970	사회복지과	2	4	7	8	7	1	1	1

순번	시군구	지출명 (사업명)	2021년예산 (단위:천원/1년간)	담당자 (공무원) 담당부서	민간이전 분류 (지방자치단체 세출예산 집행기준에 의거) 1. 민간경상사업보조(307-02) 2. 민간단체 법정운영비보조(307-03) 3. 민간행사사업보조(307-04) 4. 민간위탁금(307-05) 5. 사회복지시설 법정운영비보조(307-10) 6. 민간인위탁교육비(307-12) 7. 공기관등에대한경상적위탁사업비(308-11) 8. 민간자본사업보조,자체재원(402-01) 9. 민간자본사업보조,이전재원(402-02) 10. 민간위탁사업비(402-03) 11. 공기관등에 대한 자본적 대행사업비(403-02)	민간이전지출 근거 (지방보조금 관리기준 참고) 1. 법률에 규정 2. 국고보조 재원(국가지정) 3. 용도 지정 기부금 4. 조례에 직접규정 5. 지자체가 권장하는 사업을 하는 공공기관 6. 시,도 정책 및 재정사정 7. 기타 8. 해당없음	입찰방식 계약체결방법 (경쟁형태) 1. 일반경쟁 2. 제한경쟁 3. 지명경쟁 4. 수의계약 5. 법정위탁 6. 기타 ( ) 7. 해당없음	입찰방식 계약기간 1. 1년 2. 2년 3. 3년 4. 4년 5. 5년 6. 기타 ( )년 7. 단기계약 (1년미만) 8. 해당없음	입찰방식 낙찰자선정방법 1. 적격심사 2. 협상에의한계약 3. 최저가낙찰제 4. 규격가격분리 5. 2단계 경쟁입찰 6. 기타 ( ) 7. 해당없음	운영예산 산정 운영예산 산정 1. 내부산정 (지자체 자체적으로 산정) 2. 외부산정 (외부전문기관위탁 산정) 3. 내·외부 모두 산정 4. 산정 無 5. 해당없음	운영예산 산정 정산방법 1. 내부정산 (지자체 내부적으로 정산) 2. 외부정산 (외부전문기관위탁 정산) 3. 내·외부 모두 산정 4. 정산 無 5. 해당없음	성과평가 실시여부 1. 실시 2. 미실시 3. 향후 추진 4. 해당없음
2192	충남 부여군	부여군 지역사회보장협의체 운영비	50,000	사회복지과	2	1	7	8	7	1	1	1
2193	충남 서천군	대한민국상이군경회 서천군지회 운영비	15,000	사회복지실	2	4	7	8	7	3	1	1
2194	충남 서천군	대한민국전몰군경유족회 서천군지회 운영비	14,000	사회복지실	2	4	7	8	7	3	1	1
2195	충남 서천군	대한민국전몰군경미망인회 서천군지회 운영비	14,000	사회복지실	2	4	7	8	7	3	1	1
2196	충남 서천군	대한민국무공수훈자회 서천군지회 운영비	14,000	사회복지실	2	4	7	8	7	3	1	1
2197	충남 서천군	대한민국6.25참전유공자회 서천군지회 운영비	15,000	사회복지실	2	4	7	8	7	3	1	1
2198	충남 서천군	대한민국고엽제전우회 서천군지회 운영비	16,000	사회복지실	2	4	7	8	7	3	1	1
2199	충남 서천군	대한민국월남참전자회 서천군지회 운영비	13,000	사회복지실	2	4	7	8	7	3	1	1
2200	충남 서천군	대한민국특수임무유공자회 서천군지회 운영비	10,000	사회복지실	2	4	7	8	7	3	1	1
2201	충남 서천군	서천군보훈단체협의회 운영비	5,000	사회복지실	2	4	7	8	7	3	1	1
2202	충남 서천군	대한노인회운영비지원	84,130	사회복지실	2	6	7	8	7	5	1	1
2203	충남 서천군	노인회관 운영관리	14,880	사회복지실	2	6	7	8	7	5	1	1
2204	충남 서천군	범죄피해자지원센터 운영	20,000	자치행정과	2	1	7	8	7	1	1	3
2205	충남 서천군	서천군새마을회 운영	50,000	자치행정과	2	1	7	8	7	1	1	3
2206	충남 서천군	바르게살기운동 서천군협의회 운영	29,000	자치행정과	2	1	7	8	7	1	1	3
2207	충남 서천군	민주평화통일자문회의 서천군협의회 운영	13,000	자치행정과	2	1	7	8	7	1	1	3
2208	충남 서천군	서천군재향군인회 운영	14,000	자치행정과	2	1	7	8	7	1	1	3
2209	충남 서천군	한국자유총연맹 서천군지회 운영	9,000	자치행정과	2	1	7	8	7	1	1	3
2210	충남 서천군	서천군재향경우회 운영	1,400	자치행정과	2	1	7	8	7	1	1	3
2211	충남 서천군	서천군교육삼락회 운영	3,000	자치행정과	2	1	7	8	7	1	1	3
2212	충남 서천군	서천문화원 사무국장 인건비 및 운영비	140,000	문화진흥과	2	1	7	8	7	1	1	1
2213	충남 서천군	서천예총 운영비 지원	28,000	문화진흥과	2	1	7	8	7	1	1	1
2214	충남 서천군	서천민예총 운영비 지원	12,000	문화진흥과	2	1	7	8	7	1	1	1
2215	충남 서천군	서천군립합창단 운영비 지원	20,000	문화진흥과	2	1	7	8	7	1	1	1
2216	충남 서천군	서천군립전통무용단 운영비 지원	20,000	문화진흥과	2	1	7	8	7	1	1	1
2217	충남 서천군	농촌체험휴양마을 사무장채용지원	43,200	농정과	2	6	1	1	1	1	1	4
2218	충남 서천군	농촌체험휴양마을 사무장 활동비 지원	144,180	농정과	2	6	1	1	1	1	1	4
2219	충남 서천군	농촌체험휴양마을 보험가입 지원	5,338	농정과	2	6	1	1	1	1	1	4
2220	충남 서천군	서천군 여성농업인지원센터 운영지원	171,000	농정과	2	1	7	8	7	1	1	1
2221	충남 서천군	소비자 고발센터 운영	14,400	지역경제과	2	1	7	8	7	5	1	1
2222	충남 서천군	서천군지속가능발전협의회	78,000	환경보호과	2	4	7	8	7	1	1	4
2223	충남 서천군	어촌체험휴양마을사무장채용지원	43,080	해양수산과	2	1	7	8	7	5	5	4
2224	충남 서천군	귀어귀촌지원센터 지원	28,173	해양수산과	2	1	7	8	7	5	5	1
2225	충남 서천군	서천군 장애인 체육회 운영	113,780	체육사업소	2	4	7	8	7	1	1	1
2226	충남 서천군	서천군체육회 운영비지원	154,654	체육사업소	2	4	5	1	7	1	1	1
2227	충남 청양군	보훈단체 운영비	114,000	복지정책과	2	4	7	8	7	1	1	1
2228	충남 청양군	사회복지협의회 운영비	59,990	복지정책과	2	4	7	8	7	1	1	1
2229	충남 청양군	대한노인회 청양군지회 운영지원	73,830	통합돌봄과	2	4	7	1	7	1	1	1
2230	충남 청양군	비정규직종사자 처우개선비	3,000	통합돌봄과	2	6	7	8	7	1	1	1
2231	충남 청양군	청양군체육회 사무국 인건비 지원사업	270,008	문화체육관광과	2	4	7	8	7	1	1	1
2232	충남 청양군	장애인체육회 사무국 인건비 지원사업	139,100	문화체육관광과	2	4	7	8	7	1	1	1
2233	충남 청양군	청양군지속가능발전협의회 운영비	34,320	환경보호과	2	4	7	8	7	1	1	1
2234	충남 청양군	도농교류활성화	23,200	농촌공동체과	2	1	7	7	7	5	1	1
2235	충남 청양군	새마을지회 운영관리비	40,000	행정지원과	2	1	7	8	7	5	5	1
2236	충남 청양군	바르게살기운동 협의회 운영관리비	29,550	행정지원과	2	1	7	8	7	5	5	1
2237	충남 청양군	민주평통자문회의 운영비	32,000	행정지원과	2	1	7	8	7	5	5	4
2238	충남 청양군	사회단체 보조금 지원사업	38,000	행정지원과	2	4	7	8	7	1	1	1
2239	충남 청양군	한국자유총연맹 청양군지회 운영비	25,840	기획감사실	2	1	7	8	7	1	1	1
2240	충남 홍성군	사회적농업 전문인력 양성 및 거버넌스 운영	30,000	기획감사담당관	2	1	7	8	7	1	1	4
2241	충남 태안군	사회복지협의회 운영비 지원	40,400	복지증진과	2	4	7	8	7	5	5	4
2242	충남 태안군	보훈단체협의회 운영	15,000	복지증진과	2	4	7	8	7	5	5	4

순번	시군구	지출명 (사업명)	2021년예산 (단위:천원/1년간)	담당자 (공무원) 담당부서	민간이전 분류 (지방자치단체 세출예산 집행기준에 의거) 1. 민간경상사업보조(307-02) 2. 민간단체 법정운영비보조(307-03) 3. 민간행사사업보조(307-04) 4. 민간위탁금(307-05) 5. 사회복지시설 법정운영비보조(307-10) 6. 민간인위탁교육비(307-12) 7. 공기관등에대한경상적위탁사업비(308-11) 8. 민간자본사업보조,자체재원(402-01) 9. 민간자본사업보조,이전재원(402-02) 10. 민간위탁사업비(402-03) 11. 공기관등에 대한 자본적 대행사업비(403-02)	민간이전지출 근거 (지방보조금 관리기준 참고) 1. 법률에 규정 2. 국고보조 재원(국가지정) 3. 용도 지정 기부금 4. 조례에 직접규정 5. 지자체가 권장하는 사업을 하는 공공기관 6. 시,도 정책 및 재정사정 7. 기타 8. 해당없음	입찰방식: 계약체결방법 (경쟁형태) 1. 일반경쟁 2. 제한경쟁 3. 지명경쟁 4. 수의계약 5. 법정위탁 6. 기타 ( ) 7. 해당없음	입찰방식: 계약기간 1. 1년 2. 2년 3. 3년 4. 4년 5. 5년 6. 기타 ( )년 7. 단기계약 (1년미만) 8. 해당없음	입찰방식: 낙찰자선정방법 1. 적격심사 2. 협상에의한계약 3. 최저가낙찰제 4. 규격가격분리 5. 2단계 경쟁입찰 6. 기타 ( ) 7. 해당없음	운영예산 산정: 운영예산 산정 1. 내부산정 (지자체 자체적으로 산정) 2. 외부산정 (외부전문기관위탁 산정) 3. 내·외부 모두 산정 4. 산정 無 5. 해당없음	운영예산 산정: 정산방법 1. 내부정산 (지자체 내부적으로 정산) 2. 외부정산 (외부전문기관위탁 정산) 3. 내·외부 모두 산정 4. 정산 無 5. 해당없음	성과평가 실시여부 1. 실시 2. 미실시 3. 향후 추진 4. 해당없음
2243	충남 태안군	상이군경회 운영	15,000	복지증진과	2	4	7	8	7	5	5	4
2244	충남 태안군	전몰군경유족회 운영	13,000	복지증진과	2	4	7	8	7	5	5	4
2245	충남 태안군	전몰군경미망인회 운영	13,000	복지증진과	2	4	7	8	7	5	5	4
2246	충남 태안군	무공수훈자회 운영	13,000	복지증진과	2	4	7	8	7	5	5	4
2247	충남 태안군	고엽제전우회 운영	22,000	복지증진과	2	4	7	8	7	5	5	4
2248	충남 태안군	월남참전자유공자회 운영	16,000	복지증진과	2	4	7	8	7	5	5	4
2249	충남 태안군	6.25 참전유공자회 운영	25,000	복지증진과	2	4	7	8	7	5	5	4
2250	충남 태안군	특수임무유공자회 운영	13,000	복지증진과	2	4	7	8	7	5	5	4
2251	충남 태안군	재향군인회 운영	5,000	복지증진과	2	4	7	8	7	5	5	4
2252	충남 태안군	태안군 지역사회보장협의체 운영	51,900	복지증진과	2	4	7	8	7	5	5	4
2253	충남 태안군	지체장애인협회 운영	49,000	복지증진과	2	1	7	8	7	5	5	4
2254	충남 태안군	장애인생활이동지원센터 운영	350,000	복지증진과	2	1	7	8	7	5	5	4
2255	충남 태안군	수어통역센터 운영	203,000	복지증진과	2	1	7	8	7	5	5	4
2256	충남 태안군	장애인편의시설지원센터 운영	56,000	복지증진과	2	1	7	8	7	5	5	4
2257	충남 태안군	(사)대한노인회 태안군지회 운영	95,000	가족정책과	2	1	7	8	7	5	5	4
2258	충남 태안군	태안군 관광발전협의회 운영 지원	21,400	관광진흥과	2	4	7	8	7	5	5	1
2259	충남 태안군	태안문화원 운영비 지원	210,609	문화예술과	2	1	7	8	7	5	5	4
2260	충남 태안군	태안예총 운영비 지원	39,137	문화예술과	2	4	7	8	7	5	5	4
2261	충남 태안군	태안군지속가능발전협의회 운영지원	34,000	환경산림과	2	4	7	8	7	5	5	4
2262	경북 포항시	상이군경회경북지부 포항시지회 운영비	21,000	주민복지과	2	1	7	8	7	1	1	2
2263	경북 포항시	광복회경북지부 포항시지회 운영비	8,000	주민복지과	2	1	7	8	7	1	1	2
2264	경북 포항시	전몰군경유족회경북지부 포항시지회 운영비	15,000	주민복지과	2	1	7	8	7	1	1	2
2265	경북 포항시	전몰군경미망인회경북지부 포항시지회 운영비	15,000	주민복지과	2	1	7	8	7	1	1	2
2266	경북 포항시	무공수훈자회경북지부 포항시지회 운영비	15,000	주민복지과	2	1	7	8	7	1	1	2
2267	경북 포항시	고엽제전우회경북지부 포항시지회 운영비	17,500	주민복지과	2	1	7	8	7	1	1	2
2268	경북 포항시	6.25참전유공자회경북지부 포항시지회 운영비	17,000	주민복지과	2	1	7	8	7	1	1	2
2269	경북 포항시	특수임무유공자회경북지부 포항시지회 운영비	10,000	주민복지과	2	1	7	8	7	1	1	2
2270	경북 포항시	월남전참전자회경북지부 포항시지회 운영비	11,500	주민복지과	2	1	7	8	7	1	1	2
2271	경북 포항시	포항시재향군인회 운영비	20,000	주민복지과	2	1	7	8	7	1	1	2
2272	경북 포항시	새마을운동 추진 운영지원	16,000	새마을체육과	2	1	7	8	7	1	1	1
2273	경북 포항시	바르게살기운동 활성화 추진 운영지원	50,000	새마을체육과	2	1	7	8	7	1	1	1
2274	경북 포항시	장애인체육회 운영비	192,000	새마을체육과	2	5	7	1	7	1	1	1
2275	경북 포항시	포항시체육회운영비	2,340,000	새마을체육과	2	5	7	1	7	1	1	1
2276	경북 포항시	(사)포항시GAP인증자협의회 운영비	6,000	농식품유통과	2	4	7	8	7	5	5	4
2277	경북 포항시	지역자율방재단 운영지원	30,000	안전총괄과	2	1	7	8	7	1	1	1
2278	경북 포항시	정신재활시설운영	236,000	건강관리과	2	1	7	8	7	5	5	4
2279	경북 포항시	정신재활시설 종사자 수당	8,400	건강관리과	2	1	7	8	7	5	5	4
2280	경북 포항시	정신재활시설입소자 지원	120	건강관리과	2	1	7	8	7	5	5	4
2281	경북 경주시	자유수호 통일대비 역량강화 및 지회운영	15,000	공보관	2	1	7	8	7	1	1	1
2282	경북 경주시	읍면동 분회 및 여성회 운영	14,000	공보관	2	1	7	8	7	1	1	1
2283	경북 경주시	어머니 포순이 봉사단 운영	3,000	공보관	2	1	7	8	7	1	1	1
2284	경북 경주시	경주문화원 운영비	175,000	문화예술과	2	1	7	8	7	1	1	1
2285	경북 경주시	향토사료관 운영비	15,000	문화예술과	2	1	7	8	7	1	1	1
2286	경북 경주시	국가유공자등 단체지원	200,000	복지정책과	2	4	7	8	7	1	1	1
2287	경북 경주시	사회복지협의회 운영	90,000	복지정책과	2	6	7	8	7	1	1	4
2288	경북 경주시	지역사회보장협의체 운영지원	50,000	복지정책과	2	6	7	8	7	1	1	4
2289	경북 경주시	방폐장민간환경감시기구 지원	325,400	원자력정책과	2	1	5	8	7	5	2	4
2290	경북 경주시	민간환경감시기구 인건비	473,600	원자력정책과	2	1	5	8	7	5	2	4
2291	경북 경주시	민간환경감시기구 운영비	89,000	원자력정책과	2	1	5	8	7	5	2	4
2292	경북 경주시	장애인단체관리 및 기초재활교육센터 운영지원	130,000	장애인여성복지과	2	7	7	8	7	5	5	4
2293	경북 경주시	경주시체육회 운영	305,000	체육진흥과	2	1	7	8	7	1	1	1

순번	시군구	지출명 (사업명)	2021년예산 (단위:천원/1년간)	담당자 (공무원)	민간이전 분류 (지방자치단체 세출예산 집행기준에 의거)	민간이전지출 근거 (지방보조금 관리기준 참고)	입찰방식			운영예산 산정		성과평가 실시여부
				담당부서	1. 민간경상사업보조(307-02) 2. 민간단체 법정운영비보조(307-03) 3. 민간행사사업보조(307-04) 4. 민간위탁금(307-05) 5. 사회복지시설 법정운영비보조(307-10) 6. 민간인위탁교육비(307-12) 7. 공기관등에대한경상적위탁사업비(308-11) 8. 민간자본사업보조,자체재원(402-01) 9. 민간자본사업보조,이전재원(402-02) 10. 민간위탁사업비(402-03) 11. 공기관등에 대한 자본적 대행사업비(403-02)	1. 법률에 규정 2. 국고보조 재원(국가지정) 3. 용도 지정 기부금 4. 조례에 직접규정 5. 지자체가 권장하는 사업을 하는 공공기관 6. 시,도 정책 및 재정사정 7. 기타 8. 해당없음	계약체결방법 (경쟁형태) 1. 일반경쟁 2. 제한경쟁 3. 지명경쟁 4. 수의계약 5. 법정위탁 6. 기타 ( ) 7. 해당없음	계약기간 1. 1년 2. 2년 3. 3년 4. 4년 5. 5년 6. 기타 ( )년 7. 단기계약 (1년미만) 8. 해당없음	낙찰자선정방법 1. 적격심사 2. 협상에의한계약 3. 최저가낙찰제 4. 규격가격분리 5. 2단계 경쟁입찰 6. 기타 ( ) 7. 해당없음	운영예산 산정 1. 내부산정 (지자체 자체적으로 산정) 2. 외부산정 (외부전문기관위탁 산정) 3. 내·외부 모두 산정 4. 산정 無 5. 해당없음	정산방법 1. 내부정산 (지자체 내부적으로 정산) 2. 외부정산 (외부전문기관위탁 정산) 3. 내·외부 모두 산정 4. 정산 無 5. 해당없음	1. 실시 2. 미실시 3. 향후 추진 4. 해당없음
2294	경북 경주시	경주시 장애인체육회 운영	100,000	체육진흥과	2	4	7	8	7	1	1	2
2295	경북 경주시	성인문해학교 임차료 지원	30,000	평생학습가족관	2	4	6	7	6	1	1	1
2296	경북 영천시	민간단체법정운영비 임의보조	20,000	정책기획실	2	1	7	8	7	5	5	1
2297	경북 영천시	한국자유총연맹영천시지회운영비	30,000	총무과	2	1	7	8	7	1	1	1
2298	경북 영천시	민주평통영천시협의회 운영비	10,000	총무과	2	1	7	8	7	1	1	1
2299	경북 영천시	영천시새마을회새마을운동활성화운영추진	80,000	새마을체육과	2	1	7	8	7	1	1	1
2300	경북 영천시	바르게살기운동영천시협의회운영추진	45,000	새마을체육과	2	1	7	8	7	1	1	1
2301	경북 영천시	21C새마을운동추진 운영지원	31,000	새마을체육과	2	1	7	8	7	1	1	1
2302	경북 영천시	바르게살기운동활성화추진 운영지원	10,000	새마을체육과	2	1	7	8	7	1	1	1
2303	경북 영천시	자연보호영천시협의회 운영지원	17,000	새마을체육과	2	1	7	8	7	1	1	1
2304	경북 영천시	사무국인건비	116,000	새마을체육과	2	1	7	8	7	1	1	1
2305	경북 영천시	사무국운영비	80,000	새마을체육과	2	1	7	8	7	1	1	1
2306	경북 영천시	생활체육지도자 처우개선지원	54,000	새마을체육과	2	1	7	8	7	1	1	1
2307	경북 영천시	소비자고발센터 운영비지원	3,000	일자리노사과	2	1	7	1	7	5	1	1
2308	경북 영천시	한국예총영천지부활동운영비	40,000	문화예술과	2	4	7	8	7	1	1	1
2309	경북 영천시	영천문화원활동운영비	110,000	문화예술과	2	4	7	8	7	1	1	1
2310	경북 영천시	상이군경회운영비지원	15,000	복지정책과	2	8	7	8	7	5	2	1
2311	경북 영천시	전몰군경유족회운영비지원	15,000	복지정책과	2	8	7	8	7	5	2	1
2312	경북 영천시	전몰군경미망인회운영비지원	15,000	복지정책과	2	8	7	8	7	5	2	1
2313	경북 영천시	무공수훈자회운영비지원	15,000	복지정책과	2	8	7	8	7	5	2	1
2314	경북 영천시	6.25참전유공자회 운영비 지원	17,800	복지정책과	2	8	7	8	7	5	2	1
2315	경북 영천시	고엽제전우회운영비지원	15,000	복지정책과	2	8	7	8	7	5	2	1
2316	경북 영천시	월남전참전자회운영비지원	15,000	복지정책과	2	8	7	8	7	5	2	1
2317	경북 영천시	특수임무유공자회운영비지원	10,000	복지정책과	2	8	7	8	7	5	2	1
2318	경북 영천시	광복회운영비지원	3,000	복지정책과	2	1	7	1	2	1	1	1
2319	경북 영천시	재향군인회운영비지원	18,000	복지정책과	2	8	7	8	7	5	2	1
2320	경북 영천시	노인회영천시지회운영비지원	70,890	사회복지과	2	6	7	8	7	1	1	1
2321	경북 영천시	자율방재단 운영비지원	21,665	안전재난하천과	2	4	7	1	7	5	1	1
2322	경북 영천시	농촌체험휴양마을사무장채용지원	19,764	농업기술센터	2	2	7	8	7	1	1	1
2323	경북 영천시	마을평생지도자협의회 운영비지원	2,000	평생학습관	2	4	5	8	7	5	1	1
2324	경북 김천시	장애인단체행사및재활	66,000	사회복지과	2	4	4	8	7	3	3	2
2325	경북 김천시	노인여가활동 지원	152,826	사회복지과	2	4	7	8	7	1	1	1
2326	경북 안동시	보훈단체운영비지원	202,000	사회복지과	2	1	7	8	7	1	1	1
2327	경북 안동시	농업인회관 유지 관리	45,000	농정과	2	4	7	8	7	5	5	4
2328	경북 안동시	안동태사묘 운영지원	5,000	문화유산과	2	1	7	8	7	5	5	4
2329	경북 안동시	안동차전놀이보존회 운영보조	50,000	문화유산과	2	1	7	8	7	5	5	4
2330	경북 안동시	하회별신굿탈놀이보존회 운영보조	50,000	문화유산과	2	1	7	8	7	5	5	4
2331	경북 안동시	저전동농요전수관 운영비	3,000	문화유산과	2	1	7	8	7	5	5	4
2332	경북 안동시	놋다리밟기전수관 운영비	3,000	문화유산과	2	1	7	8	7	5	5	4
2333	경북 안동시	자율방재단 운영지원	25,000	안전재난과	2	4	7	8	7	1	1	2
2334	경북 안동시	공동육아나눔터운영	107,656	여성가족과	2	4	7	5	7	1	1	1
2335	경북 안동시	공동육아나눔터운영	72,000	여성가족과	2	4	7	5	7	5	1	1
2336	경북 안동시	마리스타학교 운영비	48,000	평생교육과	2	1	7	8	7	1	1	1
2337	경북 안동시	안동청소년문화센터운영비지원	150,000	평생교육과	2	1	7	8	7	1	1	1
2338	경북 안동시	안동문화원 운영비	177,000	전통문화예술과	2	1	7	1	1	1	1	1
2339	경북 안동시	정월대보름 달맞이행사	40,000	전통문화예술과	2	4	7	1	1	1	1	1
2340	경북 안동시	제10회 안동사투리 경연대회	15,000	전통문화예술과	2	4	7	1	1	1	1	1
2341	경북 안동시	문화공원 열린음악회 개최	20,000	전통문화예술과	2	4	7	1	1	1	1	1
2342	경북 안동시	양로연 행사	25,000	전통문화예술과	2	4	7	1	1	1	1	1
2343	경북 안동시	제24회전국내방가사경창대회	12,000	전통문화예술과	2	4	7	1	1	1	1	1
2344	경북 안동시	여성민속한마당 행사	93,000	전통문화예술과	2	4	7	1	1	1	1	1

순번	시군구	지출명 (사업명)	2021년예산 (단위:천원/1년간)	담당자 (공무원)	민간이전 분류 (지방자치단체 세출예산 집행기준에 의거)	민간이전지출 근거 (지방보조금 관리기준 참고)	입찰방식			운영예산 산정		성과평가 실시여부
				담당부서	1. 민간경상사업보조(307-02) 2. 민간단체 법정운영비보조(307-03) 3. 민간행사사업보조(307-04) 4. 민간위탁금(307-05) 5. 사회복지시설 법정운영비보조(307-10) 6. 민간인위탁교육비(307-12) 7. 공기관등에대한경상적위탁사업비(308-11) 8. 민간자본사업보조,자체재원(402-01) 9. 민간자본사업보조,이전재원(402-02) 10. 민간위탁사업비(402-03) 11. 공기관등에 대한 자본적 대행사업비(403-02)	1. 법률에 규정 2. 국고보조 재원(국가지정) 3. 용도 지정 기부금 4. 조례에 직접규정 5. 지자체가 권장하는 사업을 하는 공공기관 6. 시,도 정책 및 재정사정 7. 기타 8. 해당없음	계약체결방법 (경쟁형태) 1. 일반경쟁 2. 제한경쟁 3. 지명경쟁 4. 수의계약 5. 법정위탁 6. 기타 ( ) 7. 해당없음	계약기간 1. 1년 2. 2년 3. 3년 4. 4년 5. 5년 6. 기타 ( )년 7. 단기계약 (1년미만) 8. 해당없음	낙찰자선정방법 1. 적격심사 2. 협상에의한계약 3. 최저가낙찰제 4. 규격가격분리 5. 2단계 경쟁입찰 6. 기타 ( ) 7. 해당없음	운영예산 산정 1. 내부산정 (지자체 자체적으로 산정) 2. 외부산정 (외부전문기관위탁 산정) 3. 내·외부 모두 산정 4. 산정 無 5. 해당없음	정산방법 1. 내부정산 (지자체 내부적으로 정산) 2. 외부정산 (외부전문기관위탁 정산) 3. 내·외부 모두 산정 4. 정산 無 5. 해당없음	1. 실시 2. 미실시 3. 향후 추진 4. 해당없음
2345	경북 안동시	제17회 이육사문학축전	16,000	전통문화예술과	2	4	7	1	1	1	1	1
2346	경북 안동시	안동 문화스토리텔링 창작 공연사업	12,600	전통문화예술과	2	4	7	1	1	1	1	1
2347	경북 안동시	청춘음악극 "실버뮤지컬" 공연 지원	20,000	전통문화예술과	2	4	7	1	1	1	1	1
2348	경북 안동시	퓨전창작 국악소리극 "옥동 효자원님"	54,000	전통문화예술과	2	4	7	1	1	1	1	1
2349	경북 안동시	뮤지컬 왕의나라 공연지원	667,000	전통문화예술과	2	4	7	1	1	1	3	1
2350	경북 안동시	실경수상 뮤지컬 이육사 공연지원	333,000	전통문화예술과	2	4	7	1	1	1	3	1
2351	경북 안동시	국악뮤지컬 퇴계연가 상설공연 지원	90,000	전통문화예술과	2	4	7	1	1	1	3	1
2352	경북 안동시	뮤지컬 안동웅부전 공연지원	167,000	전통문화예술과	2	4	7	1	1	1	3	1
2353	경북 안동시	뮤지컬 원이엄마 제작지원	108,500	전통문화예술과	2	4	7	1	1	1	3	1
2354	경북 안동시	오페라 현모이가 지원	100,000	전통문화예술과	2	4	7	1	1	1	3	1
2355	경북 안동시	고전오페라 산책	43,400	전통문화예술과	2	4	7	1	1	1	3	1
2356	경북 안동시	청소년 인성함양 뮤지컬 공연	30,000	전통문화예술과	2	4	7	1	1	1	3	1
2357	경북 안동시	예총안동시지부 운영비	100,000	전통문화예술과	2	1	7	1	1	1	1	1
2358	경북 구미시	경북창조경제혁신센터 운영비	161,000	신산업정책과	2	1	5	1	7	1	1	1
2359	경북 구미시	지역산업연계형 대학특성화학과 혁신지원사업	400,000	신산업정책과	2	2	7	8	7	5	5	1
2360	경북 구미시	노사민정 사무국 운영	76,770	노동복지과	2	1	7	8	7	5	5	4
2361	경북 구미시	구미문화원 운영비	131,000	문화예술과	2	1	6	1	6	1	1	1
2362	경북 구미시	구미예총 운영비	48,440	문화예술과	2	1	7	1	7	1	1	1
2363	경북 구미시	구미시새마을회 운영비	80,520	새마을과	2	4	5	1	7	1	5	4
2364	경북 구미시	바르게살기운동구미시협의회 운영비	12,621	새마을과	2	4	5	1	7	1	5	4
2365	경북 구미시	자연보호구미시협의회 운영비	12,000	새마을과	2	4	5	1	7	1	5	4
2366	경북 구미시	바르게살기운동 활성화 추진 운영지원	10,000	새마을과	2	4	5	1	7	1	5	4
2367	경북 구미시	장애인체육회 운영비	84,050	체육진흥과	2	6	7	7	7	1	1	2
2368	경북 구미시	사회복지협의회 운영비	32,232	복지정책과	2	1	7	8	7	1	1	1
2369	경북 구미시	지역사회보장협의체 운영비	124,130	복지정책과	2	1	5	1	7	1	1	2
2370	경북 구미시	대한민국상이군경회구미시지회 운영비	15,000	복지정책과	2	1	7	8	7	1	1	1
2371	경북 구미시	대한민국전몰군경유족회구미시지회 운영비	15,000	복지정책과	2	1	7	8	7	1	1	1
2372	경북 구미시	대한민국전몰군경미망인회구미시지회 운영비	15,000	복지정책과	2	1	7	8	7	1	1	1
2373	경북 구미시	대한민국무공수훈자회구미시지회 운영비	10,000	복지정책과	2	1	7	8	7	1	1	1
2374	경북 구미시	대한민국고엽제전우회구미시지회 운영비	15,000	복지정책과	2	1	7	8	7	1	1	1
2375	경북 구미시	대한민국월남전참전자회구미시지회 운영비	15,000	복지정책과	2	1	7	8	7	1	1	1
2376	경북 구미시	대한민국6.25참전유공자회구미시지회 운영비	15,000	복지정책과	2	1	7	8	7	1	1	1
2377	경북 구미시	대한민국특수임무유공자회구미시지회 운영비	15,000	복지정책과	2	1	7	8	7	1	1	1
2378	경북 구미시	대한민국광복회구미김천지회 운영비	8,440	복지정책과	2	1	7	8	7	1	1	1
2379	경북 구미시	구미시재향군인회 운영비	17,000	복지정책과	2	1	7	8	7	1	1	1
2380	경북 구미시	구미시여성단체협의회 운영비지원	10,000	복지정책과	2	1	7	8	7	5	5	4
2381	경북 구미시	(사)대한노인회구미시지회운영비	30,644	노인장애인과	2	7	6	1	1	1	1	2
2382	경북 영주시	한국자유총연맹 영주시지회 운영비	32,686	홍보전산실	2	1	7	1	7	1	1	1
2383	경북 영주시	가축분뇨공공처리시설 운영비지원	573,910	환경보호과	2	1	7	8	7	5	5	4
2384	경북 영주시	한국예총 영주지회 운영 지원	40,000	문화예술과	2	7	7	8	7	1	1	1
2385	경북 영주시	지방문화원 운영비 지원	130,000	문화예술과	2	7	7	8	7	1	1	1
2386	경북 영주시	관광협의회 사무국운영	80,000	관광진흥과	2	1	7	8	7	1	1	4
2387	경북 영주시	영주시체육회 운영	221,178	체육진흥과	2	1	7	7	7	1	1	3
2388	경북 영주시	영주스포츠클럽 운영	35,000	체육진흥과	2	1	7	7	7	1	1	3
2389	경북 영주시	상이군경회 영주시지회 운영비 보조	17,200	복지정책과	2	4	7	8	7	1	1	1
2390	경북 영주시	전몰군경유족회 영주시지회 운영비 지원	17,200	복지정책과	2	4	7	8	7	1	1	1
2391	경북 영주시	전몰군경미망인회 영주시지회 운영비 지원	17,200	복지정책과	2	4	7	8	7	1	1	1
2392	경북 영주시	무공수훈자회 영주시지회 운영비 지원	17,200	복지정책과	2	4	7	8	7	1	1	1
2393	경북 영주시	광복회 영주봉화연합지회 운영비 지원	6,300	복지정책과	2	4	7	8	7	1	1	1
2394	경북 영주시	6.25참전유공자회 영주시지회 운영비 지원	18,000	복지정책과	2	4	7	8	7	1	1	1
2395	경북 영주시	월남전참전자회 영주시지회 운영비 지원	12,000	복지정책과	2	4	7	8	7	1	1	1

순번	시군구	지출명 (사업명)	2021년예산 (단위:천원/1년간)	담당자 (공무원) 담당부서	민간이전 분류 (지방자치단체 세출예산 집행기준에 의거) 1. 민간경상사업보조(307-02) 2. 민간단체 법정운영비보조(307-03) 3. 민간행사사업보조(307-04) 4. 민간위탁금(307-05) 5. 사회복지시설 법정운영비보조(307-10) 6. 민간인위탁교육비(307-12) 7. 공기관등에대한경상적위탁사업비(308-11) 8. 민간자본사업보조,자체재원(402-01) 9. 민간자본사업보조,이전재원(402-02) 10. 민간위탁사업비(402-03) 11. 공기관등에 대한 자본적 대행사업비(403-02)	민간이전지출 근거 (지방보조금 관리기준 참고) 1. 법률에 규정 2. 국고보조 재원(국가지정) 3. 용도 지정 기부금 4. 조례에 직접규정 5. 지자체가 권장하는 사업을 하는 공공기관 6. 시,도 정책 및 재정사정 7. 기타 8. 해당없음	입찰방식 계약체결방법 (경쟁형태) 1. 일반경쟁 2. 제한경쟁 3. 지명경쟁 4. 수의계약 5. 법정위탁 6. 기타 ( ) 7. 해당없음	입찰방식 계약기간 1. 1년 2. 2년 3. 3년 4. 4년 5. 5년 6. 기타 ( )년 7. 단기계약 (1년미만) 8. 해당없음	입찰방식 낙찰자선정방법 1. 적격심사 2. 협상에의한계약 3. 최저가낙찰제 4. 규격가격분리 5. 2단계 경쟁입찰 6. 기타 ( ) 7. 해당없음	운영예산 산정 운영예산 산정 1. 내부산정 (지자체 자체적으로 산정) 2. 외부산정 (외부전문기관위탁 산정) 3. 내·외부 모두 산정 4. 산정 無 5. 해당없음	운영예산 산정 정산방법 1. 내부정산 (지자체 내부적으로 정산) 2. 외부정산 (외부전문기관위탁 정산) 3. 내·외부 모두 산정 4. 정산 無 5. 해당없음	성과평가 실시여부 1. 실시 2. 미실시 3. 향후 추진 4. 해당없음
2396	경북 영주시	고엽제전우회 영주시지회 운영비 지원	10,500	복지정책과	2	4	7	8	7	1	1	1
2397	경북 영주시	특수임무유공자회 영주지회 운영비 지원	3,100	복지정책과	2	4	7	8	7	1	1	1
2398	경북 영주시	영주시재향군인회 운영비 지원	24,000	복지정책과	2	4	7	8	7	1	1	1
2399	경북 영주시	영주시새마을회 운영비	100,000	새마을봉사과	2	1	7	1	7	1	1	1
2400	경북 영주시	바르게살기운동영주시협의회 운영비	33,000	새마을봉사과	2	1	7	1	7	1	1	1
2401	경북 상주시	한국자유총연맹 시지회 운영비 지원	20,000	공보감사담당관실	2	1	7	8	7	1	1	1
2402	경북 상주시	정보화마을 운영활성화사업 지원	3,600	공보감사담당관실	2	5	7	8	7	1	1	1
2403	경북 상주시	유해 야생동물 포획시설 설치 지원	11,880	농업정책과	2	2	7	8	7	1	1	1
2404	경북 상주시	중소형 농기계공급	289,733	농업정책과	2	6	7	8	7	1	1	1
2405	경북 상주시	농업기계화사업 육성	240,000	농업정책과	2	6	7	8	7	1	1	1
2406	경북 상주시	문화예술단체및행사지원	40,000	문화예술과	2	1	7	8	7	1	1	1
2407	경북 상주시	지방문화원운영 지원	110,000	문화예술과	2	6	7	8	7	1	1	2
2408	경북 상주시	취약지역 응급의료기관 운영 지원	375,000	보건위생과	2	2	7	8	7	5	5	4
2409	경북 상주시	보훈단체지원	125,740	사회복지과	2	1	7	8	7	1	1	2
2410	경북 상주시	자원봉사센터 운영비 지원	331,300	사회복지과	2	1	7	1	7	1	1	3
2411	경북 상주시	지역사회보장협의체 운영비 지원	50,000	사회복지과	2	6	7	8	7	1	1	2
2412	경북 상주시	새마을운동추진 운영 지원	31,000	새마을체육과	2	4	7	8	7	1	1	1
2413	경북 상주시	새마을회 인건비 지원	70,000	새마을체육과	2	4	7	8	7	1	1	1
2414	경북 상주시	바르게살기운동 상주시협의회 사무국 인건비 지원	39,198	새마을체육과	2	1	7	8	7	1	1	1
2415	경북 상주시	바르게살기운동 활성화추진 운영 지원	10,000	새마을체육과	2	1	7	8	7	1	1	1
2416	경북 상주시	상주시체육회 운영경비 지원	210,000	새마을체육과	2	1	7	8	7	1	1	1
2417	경북 상주시	장애인체육관 운영	82,000	새마을체육과	2	4	7	8	7	1	1	1
2418	경북 상주시	명실상주 스포츠클럽 운영	33,000	새마을체육과	2	1	7	8	7	1	1	1
2419	경북 상주시	민주평화통일자문회의 상주시협의회 운영비	15,000	총무과	2	1	7	8	7	1	1	1
2420	경북 문경시	취약지역응급의료기관운영지원	390,000	보건사업과	2	2	7	7	7	5	2	1
2421	경북 문경시	민주평화통일자문회의문경시협의회 운영비	19,000	총무과	2	1	7	8	7	5	5	4
2422	경북 문경시	광복회 운영비	5,000	사회복지과	2	1	7	8	7	1	1	4
2423	경북 문경시	고엽제전우회 운영비	22,000	사회복지과	2	1	7	8	7	1	1	4
2424	경북 문경시	상이군경회 운영비	22,000	사회복지과	2	1	7	8	7	1	1	4
2425	경북 문경시	전몰군경유족회 운영비	22,000	사회복지과	2	1	7	8	7	1	1	4
2426	경북 문경시	전몰군경미망인회 운영비	22,000	사회복지과	2	1	7	8	7	1	1	4
2427	경북 문경시	무공수훈자회 운영비	22,000	사회복지과	2	1	7	8	7	1	1	4
2428	경북 문경시	6.25참전유공자회 운영비	22,000	사회복지과	2	1	7	8	7	1	1	4
2429	경북 문경시	월남참전자회 운영비	22,000	사회복지과	2	1	7	8	7	1	1	4
2430	경북 문경시	재향군인회 운영비	31,200	사회복지과	2	4	7	8	7	1	1	4
2431	경북 문경시	새마을회 운영비	93,200	새마을체육과	2	4	7	8	7	1	1	2
2432	경북 문경시	새마을운동 추진 운영비 지원	35,000	새마을체육과	2	4	7	8	7	1	1	2
2433	경북 문경시	바르게살기운동협의회 운영비	62,000	새마을체육과	2	1	7	8	7	1	1	2
2434	경북 문경시	바르게살기운동 운영비 지원	10,000	새마을체육과	2	1	7	8	7	1	1	2
2435	경북 문경시	문경시체육회 운영비 지원	374,000	새마을체육과	2	7	7	8	7	1	1	2
2436	경북 문경시	자연보호문경시협의회 운영비	5,000	환경보호과	2	4	7	8	7	5	5	1
2437	경북 문경시	예총 문경시지회 운영지원	62,864	문화예술과	2	1	7	8	7	1	1	1
2438	경북 문경시	한국자유총연맹 문경시지회 운영비	11,000	홍보전산과	2	1	7	8	7	1	1	2
2439	경북 문경시	사회적기업등 사업개발비사업	80,000	일자리경제과	2	1	7	8	7	5	5	4
2440	경북 경산시	한국자유총연맹	34,000	기획예산과	2	1	7	8	1	1	1	1
2441	경북 경산시	경산시지회 운영비	25,000	기획예산과	2	1	7	8	1	1	1	1
2442	경북 경산시	읍면동분회 운영비(15개 읍면동)	9,000	기획예산과	2	1	7	8	1	1	1	1
2443	경북 경산시	민주평화통일자문회의 경산시협의회 운영비 지원	10,000	총무과	2	4	4	1	1	1	1	1
2444	경북 경산시	새마을운동 경산시지회	103,584	새마을민원과	2	1	7	8	7	1	1	1
2445	경북 경산시	시지회 운영비	54,984	새마을민원과	2	1	7	8	7	1	1	1
2446	경북 경산시	읍면동새마을지도자협의회 운영(15개 읍면동)	22,500	새마을민원과	2	1	7	8	7	1	1	1

순번	시군구	지출명 (사업명)	2021년예산 (단위:천원/1년간)	담당자 (공무원) 담당부서	민간이전 분류 (지방자치단체 세출예산 집행기준에 의거) 1. 민간경상사업보조(307-02) 2. 민간단체 법정운영비보조(307-03) 3. 민간행사사업보조(307-04) 4. 민간위탁금(307-05) 5. 사회복지시설 법정운영비보조(307-10) 6. 민간인위탁교육비(307-12) 7. 공기관등에대한경상적위탁사업비(308-11) 8. 민간자본사업보조,자체재원(402-01) 9. 민간자본사업보조,이전재원(402-02) 10. 민간위탁사업비(402-03) 11. 공기관등에 대한 자본적 대행사업비(403-02)	민간이전지출 근거 (지방보조금 관리기준 참고) 1. 법률에 규정 2. 국고보조 재원(국가지정) 3. 용도 지정 기부금 4. 조례에 직접규정 5. 지자체가 권장하는 사업을 하는 공공기관 6. 시,도 정책 및 재정사정 7. 기타 8. 해당없음	입찰방식 계약체결방법 (경쟁형태) 1. 일반경쟁 2. 제한경쟁 3. 지명경쟁 4. 수의계약 5. 법정위탁 6. 기타 ( ) 7. 해당없음	계약기간 1. 1년 2. 2년 3. 3년 4. 4년 5. 5년 6. 기타 ( )년 7. 단기계약 (1년미만) 8. 해당없음	낙찰자선정방법 1. 적격심사 2. 협상에의한계약 3. 최저가낙찰제 4. 규격가격분리 5. 2단계 경쟁입찰 6. 기타 ( ) 7. 해당없음	운영예산 산정 운영예산 산정 1. 내부산정 (지자체 자체적으로 산정) 2. 외부산정 (외부전문기관위탁 산정) 3. 내·외부 모두 산정 4. 산정 無 5. 해당없음	정산방법 1. 내부정산 (지자체 내부적으로 정산) 2. 외부정산 (외부전문기관위탁 정산) 3. 내·외부 모두 산정 4. 정산 無 5. 해당없음	성과평가 실시여부 1. 실시 2. 미실시 3. 향후 추진 4. 해당없음
2447	경북 경산시	읍면동새마을부녀회 운영(15개 읍면동)	22,500	새마을민원과	2	1	7	8	7	1	1	1
2448	경북 경산시	새마을문고 시 지부 운영	3,600	새마을민원과	2	1	7	8	7	1	1	1
2449	경북 경산시	바르게살기운동 경산시협의회	62,400	새마을민원과	2	1	7	8	7	1	1	1
2450	경북 경산시	시협의회 운영비	39,900	새마을민원과	2	1	7	8	7	1	1	1
2451	경북 경산시	읍면동위원회 운영(15개 읍면동)	22,500	새마을민원과	2	1	7	8	7	1	1	1
2452	경북 경산시	자연보호중앙연맹 경산시협의회 운영비	17,000	환경과	2	1	7	1	7	1	1	1
2453	경북 경산시	상이군경회 시지회 운영비	15,000	복지정책과	2	1	7	8	7	1	1	1
2454	경북 경산시	전몰군경유족회 시지회 운영비	15,000	복지정책과	2	1	7	8	7	1	1	1
2455	경북 경산시	전몰군경미망인회 시지회 운영비	15,000	복지정책과	2	1	7	8	7	1	1	1
2456	경북 경산시	광복회 경산청도연합지회 운영비	10,000	복지정책과	2	1	7	8	7	1	1	1
2457	경북 경산시	무공수훈자회 시지회 운영비	15,000	복지정책과	2	1	7	8	7	1	1	1
2458	경북 경산시	고엽제전우회 시지회 운영비	15,000	복지정책과	2	1	7	8	7	1	1	1
2459	경북 경산시	6.25참전유공자회 시지회 운영비	17,000	복지정책과	2	1	7	8	7	1	1	1
2460	경북 경산시	월남전참전자회 시지회 운영비	15,000	복지정책과	2	1	7	8	7	1	1	1
2461	경북 경산시	재향군인회 시지회 운영비	15,000	복지정책과	2	1	7	8	7	1	1	1
2462	경북 경산시	경산문화원 운영지원	119,054	문화관광과	2	4	7	8	7	1	1	1
2463	경북 경산시	한국예총경산지회 운영지원	74,319	문화관광과	2	4	7	8	7	1	1	1
2464	경북 경산시	경산자인단오제 전수교육관 운영지원	25,301	문화관광과	2	1	7	8	7	1	1	4
2465	경북 경산시	계정들소리 전수교육관 운영지원	18,700	문화관광과	2	1	7	8	7	1	1	4
2466	경북 경산시	경산시태권도스포츠클럽 운영 지원	20,000	체육진흥과	2	2	5	5	6	1	1	1
2467	경북 경산시	경산시체육회 운영비	270,000	체육진흥과	2	1	7	8	7	1	1	1
2468	경북 군위군	보훈 및 안보단체 운영	93,500	주민복지실	2	4	7	8	7	5	1	1
2469	경북 군위군	대한노인회 군위군지회 운영지원	45,000	주민복지실	2	4	5	8	7	1	1	4
2470	경북 군위군	노인회 읍면분회 운영보조금	28,800	주민복지실	2	4	5	8	7	1	1	4
2471	경북 군위군	민주평통운영비 지원	12,000	총무과	2	1	7	8	7	5	5	4
2472	경북 군위군	군위군새마을회운영지원	30,000	경제과	2	1	7	8	7	5	1	3
2473	경북 군위군	읍면새마을지도자협의회 운영지원	13,600	경제과	2	1	7	8	7	5	1	3
2474	경북 군위군	읍면새마을부녀회 운영지원	13,600	경제과	2	1	7	8	7	5	1	3
2475	경북 군위군	바르게살기운동군위군협의회 운영지원	18,000	경제과	2	1	7	8	7	5	1	3
2476	경북 군위군	읍면 바르게살기운동위원회 운영지원	13,600	경제과	2	1	7	8	7	5	1	3
2477	경북 군위군	새마을운동추진 운영지원	31,000	경제과	2	1	7	8	7	5	1	3
2478	경북 군위군	지방문화원 운영비 지원	90,000	문화관광과	2	7	7	8	7	1	1	3
2479	경북 군위군	군위군체육회 운영비	59,000	문화관광과	2	1	7	8	7	1	1	4
2480	경북 군위군	어린이급식관리지원센터운영지원	105,000	환경위생과	2	1	7	8	7	2	2	1
2481	경북 의성군	새마을운동추진운영지원	31,000	총무과	2	1	7	8	7	1	1	3
2482	경북 의성군	한국자유총연맹의성군지회운영비지원	38,000	총무과	2	1	7	8	7	1	1	3
2483	경북 의성군	군읍면새마을회운영지원	91,000	총무과	2	1	7	8	7	1	1	3
2484	경북 의성군	바르게살기협의회운영지원	40,000	총무과	2	1	7	8	7	1	1	3
2485	경북 의성군	민주평통운영비지원	9,000	총무과	2	1	7	8	7	1	1	3
2486	경북 의성군	상이군경회운영지원	17,000	복지과	2	1	7	8	7	1	1	1
2487	경북 의성군	전몰군경유족회운영지원	17,000	복지과	2	1	7	8	7	1	1	1
2488	경북 의성군	전몰군경미망인회운영지원	17,000	복지과	2	1	7	8	7	1	1	1
2489	경북 의성군	무공수훈자회운영지원	17,000	복지과	2	1	7	8	7	1	1	1
2490	경북 의성군	광복회운영지원	8,000	복지과	2	1	7	8	7	1	1	1
2491	경북 의성군	고엽제전우회운영지원	17,000	복지과	2	1	7	8	7	1	1	1
2492	경북 의성군	월남전참전자회운영지원	17,000	복지과	2	1	7	8	7	1	1	1
2493	경북 의성군	6.25참전유공자회운영지원	21,000	복지과	2	1	7	8	7	1	1	1
2494	경북 의성군	재향군인회운영지원	27,000	복지과	2	1	7	8	7	1	1	1
2495	경북 의성군	대한노인회의성군지회운영지원	35,000	복지과	2	4	7	8	7	1	1	1
2496	경북 의성군	의성문화원운영지원	167,000	관광문화과	2	4	7	8	7	1	1	1
2497	경북 의성군	지역스포츠클럽운영지원	50,000	관광문화과	2	4	7	8	7	5	1	1

순번	시군구	지출명 (사업명)	2021년예산 (단위:천원/1년간)	담당자 (공무원) 담당부서	민간이전 분류 (지방자치단체 세출예산 집행기준에 의거) 1. 민간경상사업보조(307-02) 2. 민간단체 법정운영비보조(307-03) 3. 민간행사사업보조(307-04) 4. 민간위탁금(307-05) 5. 사회복지시설 법정운영비보조(307-10) 6. 민간인위탁교육비(307-12) 7. 공기관등에대한경상적위탁사업비(308-11) 8. 민간자본사업보조,자체재원(402-01) 9. 민간자본사업보조,이전재원(402-02) 10. 민간위탁사업비(402-03) 11. 공기관등에 대한 자본적 대행사업비(403-02)	민간이전지출 근거 (지방보조금 관리기준 참고) 1. 법률에 규정 2. 국고보조 재원(국가지정) 3. 용도 지정 기부금 4. 조례에 직접규정 5. 지자체가 권장하는 사업을 하는 공공기관 6. 시,도 정책 및 재정사정 7. 기타 8. 해당없음	입찰방식 계약체결방법 (경쟁형태) 1. 일반경쟁 2. 제한경쟁 3. 지명경쟁 4. 수의계약 5. 법정위탁 6. 기타 ( ) 7. 해당없음	입찰방식 계약기간 1. 1년 2. 2년 3. 3년 4. 4년 5. 5년 6. 기타 ( )년 7. 단기계약 (1년미만) 8. 해당없음	입찰방식 낙찰자선정방법 1. 적격심사 2. 협상에의한계약 3. 최저가낙찰제 4. 규격가격분리 5. 2단계 경쟁입찰 6. 기타 ( ) 7. 해당없음	운영예산 산정 운영예산 산정 1. 내부산정 (지자체 자체적으로 산정) 2. 외부산정 (외부전문기관위탁 산정) 3. 내·외부 모두 산정 4. 산정 無 5. 해당없음	운영예산 산정 정산방법 1. 내부정산 (지자체 내부적으로 정산) 2. 외부정산 (외부전문기관위탁 정산) 3. 내·외부 모두 산정 4. 정산 無 5. 해당없음	성과평가 실시여부 1. 실시 2. 미실시 3. 향후 추진 4. 해당없음
2498	경북 의성군	의성군체육회법정운영비지원	110,800	관광문화과	2	4	7	8	7	5	1	1
2499	경북 의성군	농촌체험휴양마을사무장채용지원	54,690	농축산과	2	2	7	8	7	1	1	3
2500	경북 의성군	어린이급식관리지원센터설치운영	118,600	보건소	2	2	7	8	7	1	2	1
2501	경북 청송군	자유총연맹운영비지원	25,000	기획감사실	2	1	7	8	7	1	1	1
2502	경북 청송군	민주평통운영경비지원	20,000	총무과	2	4	7	8	7	1	1	3
2503	경북 청송군	보훈4단체운영비지원	60,000	사회복지과	2	4	7	1	7	1	1	2
2504	경북 청송군	6.25참전유공자회운영비지원	16,000	사회복지과	2	4	7	1	7	1	1	2
2505	경북 청송군	월남참전자회운영비지원	15,000	사회복지과	2	4	7	1	7	1	1	2
2506	경북 청송군	고엽제전우회운영비지원	15,000	사회복지과	2	4	7	1	7	1	1	2
2507	경북 청송군	재향군인회운영비지원	15,000	사회복지과	2	4	7	1	7	1	1	2
2508	경북 청송군	지역사회보장협의체운영지원	4,000	사회복지과	2	4	7	1	7	1	1	1
2509	경북 청송군	한국예총청송지부운영지원	3,500	문화체육과	2	1	7	8	7	1	1	1
2510	경북 청송군	경북시군문화원운영비지원	240,000	문화체육과	2	4	7	8	7	1	1	1
2511	경북 청송군	청송군체육회운영비	151,400	문화체육과	2	4	5	8	7	1	1	1
2512	경북 청송군	농촌보육정보센터운영지원	90,000	농정과	2	6	7	8	7	1	1	4
2513	경북 청송군	농촌공동아이돌봄센터운영비지원	13,700	농정과	2	6	7	8	7	1	1	4
2514	경북 청송군	청송군자율방재단지원	30,000	안전재난건설과	2	4	7	8	7	5	1	1
2515	경북 청송군	청송군새마을조직운영비지원	60,000	새마을도시과	2	4	7	8	7	1	1	1
2516	경북 청송군	바르게살기운동청송군협의회조직운영비지원	20,000	새마을도시과	2	4	7	8	7	1	1	1
2517	경북 청송군	새마을운동추진운영지원	31,000	새마을도시과	2	7	7	8	7	1	1	1
2518	경북 청송군	바르게살기운동활성화추진운영지원	10,000	새마을도시과	2	4	7	8	7	1	1	1
2519	경북 청송군	바르게살기운동청년회조직활성화	5,000	새마을도시과	2	7	7	8	7	1	1	1
2520	경북 영양군	자원봉사센터운영지원	169,563	총무과	2	4	7	8	7	1	1	1
2521	경북 영양군	새마을운동추진운영지원	71,000	총무과	2	4	7	8	7	1	1	1
2522	경북 영양군	바르게살기운동활성화추진운영지원	28,000	총무과	2	4	7	8	7	1	1	1
2523	경북 영양군	재향군인회 운영지원	18,000	총무과	2	4	7	8	7	5	5	4
2524	경북 영양군	민주평통군협의회 운영지원	6,000	총무과	2	4	7	8	7	5	5	4
2525	경북 영양군	자유총연맹 운영지원	18,000	기획예산과	2	1	7	8	7	1	1	3
2526	경북 영양군	보훈단체 및 6.25참전유공자 전적지순례사업 지원	10,600	주민복지과	2	1	7	1	7	5	1	4
2527	경북 영양군	무공수훈자회 영양군지회 운영비	103,100	주민복지과	2	1	7	1	7	5	1	4
2528	경북 영양군	전몰군경유족회 영양군지회 운영비	14,600	주민복지과	2	1	7	1	7	5	1	4
2529	경북 영양군	전몰군경미망인회 영양군지회 운영비	14,600	주민복지과	2	1	7	1	7	5	1	4
2530	경북 영양군	상이군경회 영양군지회 운영비	14,600	주민복지과	2	1	7	1	7	5	1	4
2531	경북 영양군	6.25참전유공자회 영양군지회 운영비	14,800	주민복지과	2	1	7	1	7	5	1	4
2532	경북 영양군	대한민국고엽제전우회 영양군지회 운영비	14,200	주민복지과	2	1	7	1	7	5	1	4
2533	경북 영양군	월남참전전우회 영양군지회 운영비	14,200	주민복지과	2	1	7	1	7	5	1	4
2534	경북 영양군	전몰군경 유자녀회 영양군지회 운영비	1,500	주민복지과	2	1	7	1	7	5	1	4
2535	경북 영양군	대한노인회영양군지회 운영지원	45,000	주민복지과	2	1	7	1	7	5	1	4
2536	경북 영양군	지역사회보장협의체운영지원	49,400	주민복지과	2	1	7	8	7	1	1	4
2537	경북 영양군	영양문화원 인건비	46,000	문화관광과	2	1	7	8	7	1	1	1
2538	경북 영양군	경북시군문화원운영비지원	86,000	문화관광과	2	1	7	8	7	1	1	1
2539	경북 영양군	영양군체육회운영비지원	80,000	문화관광과	2	1	7	8	7	1	1	4
2540	경북 영양군	농업경영인 사무실 운영 경비 지원	9,000	농업축산과	2	4	7	8	7	5	5	4
2541	경북 영덕군	민주평화통일자문회의 활동 운영비 지원	12,000	자치행정과	2	1	5	1	7	1	1	3
2542	경북 영덕군	군체육회 운영비 지원	89,200	시설체육사업소	2	1	7	8	7	1	1	3
2543	경북 영덕군	범죄피해자지원센터지원	12,500	정책기획담당관	2	4	7	8	7	3	1	3
2544	경북 영덕군	영덕군새마을회 운영지원	10,800	일자리경제과	2	1	7	8	7	5	5	4
2545	경북 영덕군	한국자유총연맹 영덕군지회 운영지원	10,800	일자리경제과	2	1	7	8	7	5	5	4
2546	경북 영덕군	바르게살기운동 영덕군협의회 운영지원	18,000	일자리경제과	2	1	7	8	7	5	5	4
2547	경북 영덕군	상이군경회 영덕지회	13,500	주민복지과	2	1	7	8	7	1	1	1
2548	경북 영덕군	전몰군경유족회 영덕지회	13,500	주민복지과	2	1	7	8	7	1	1	1

순번	시군구	지출명 (사업명)	2021년예산 (단위:천원/1년간)	담당자 (공무원) 담당부서	민간이전 분류 (지방자치단체 세출예산 집행기준에 의거) 1. 민간경상사업보조(307-02) 2. 민간단체 법정운영비보조(307-03) 3. 민간행사사업보조(307-04) 4. 민간위탁금(307-05) 5. 사회복지시설 법정운영비보조(307-10) 6. 민간인위탁교육비(307-12) 7. 공기관등에대한경상적위탁사업비(308-11) 8. 민간자본사업보조,자체재원(402-01) 9. 민간자본사업보조,이전재원(402-02) 10. 민간위탁사업비(402-03) 11. 공기관등에 대한 자본적 대행사업비(403-02)	민간이전지출 근거 (지방보조금 관리기준 참고) 1. 법률에 규정 2. 국고보조 재원(국가지정) 3. 용도 지정 기부금 4. 조례에 직접규정 5. 지자체가 권장하는 사업을 하는 공공기관 6. 시,도 정책 및 재정사정 7. 기타 8. 해당없음	입찰방식 계약체결방법 (경쟁형태) 1. 일반경쟁 2. 제한경쟁 3. 지명경쟁 4. 수의계약 5. 법정위탁 6. 기타 ( ) 7. 해당없음	입찰방식 계약기간 1. 1년 2. 2년 3. 3년 4. 4년 5. 5년 6. 기타 ( )년 7. 단기계약 (1년미만) 8. 해당없음	입찰방식 낙찰자선정방법 1. 적격심사 2. 협상에의한계약 3. 최저가낙찰제 4. 규격가격분리 5. 2단계 경쟁입찰 6. 기타 ( ) 7. 해당없음	운영예산 산정 운영예산 산정 1. 내부산정 (지자체 자체적으로 산정) 2. 외부산정 (외부전문기관위탁 산정) 3. 내·외부 모두 산정 4. 산정 無 5. 해당없음	운영예산 산정 정산방법 1. 내부정산 (지자체 내부적으로 정산) 2. 외부정산 (외부전문기관위탁 정산) 3. 내·외부 모두 산정 4. 정산 無 5. 해당없음	성과평가 실시여부 1. 실시 2. 미실시 3. 향후 추진 4. 해당없음
2549	경북 영덕군	전몰군경미망인회 영덕지회	13,500	주민복지과	2	1	7	8	7	1	1	1
2550	경북 영덕군	무공수훈자회 영덕지회	13,500	주민복지과	2	1	7	8	7	1	1	1
2551	경북 영덕군	6.25참전유공자회 영덕지회	13,500	주민복지과	2	1	7	8	7	1	1	1
2552	경북 영덕군	엽제전우회 영덕지회	13,500	주민복지과	2	1	7	8	7	1	1	1
2553	경북 영덕군	월남전참전자회 영덕지회	13,500	주민복지과	2	1	7	8	7	1	1	1
2554	경북 영덕군	광복회 영덕지회	6,300	주민복지과	2	1	7	8	7	1	1	1
2555	경북 영덕군	영덕군 재향군인회 운영비 지원	16,200	주민복지과	2	1	7	8	7	1	1	1
2556	경북 영덕군	장애인연합회 운영비 지원	5,000	주민복지과	2	6	7	8	7	1	1	1
2557	경북 영덕군	지역사회보장협의체(인건비,운영비)지원	105,000	주민복지과	2	1	7	8	7	1	1	1
2558	경북 영덕군	(사)대한노인회 영덕군지회 운영비 지원	66,000	주민복지과	2	6	7	8	7	1	1	4
2559	경북 영덕군	경로당 프로그램 관리사 지원	32,000	주민복지과	2	6	7	8	7	1	1	4
2560	경북 영덕군	노인취업지원센터 관리사 활동비	2,400	주민복지과	2	6	7	8	7	1	1	4
2561	경북 영덕군	자원봉사활동 사업비	4,500	주민복지과	2	7	6	7	6	3	3	1
2562	경북 청도군	청도군체육회운영비보소	80,000	문화체육시설사업소	2	1	7	8	7	5	5	4
2563	경북 청도군	노인단체지원	45,000	사회보장과	2	1	5	1	7	1	1	4
2564	경북 청도군	장애인단체지원	38,000	주민복지과	2	1	7	8	7	1	1	2
2565	경북 청도군	장애인단체지원	13,000	주민복지과	2	1	7	8	7	1	1	2
2566	경북 청도군	장애인단체지원	13,000	주민복지과	2	1	7	8	7	1	1	2
2567	경북 청도군	장애인단체지원	13,000	주민복지과	2	1	7	8	7	1	1	2
2568	경북 청도군	장애인단체지원	8,000	주민복지과	2	1	7	8	7	1	1	2
2569	경북 청도군	장애인단체지원	2,000	주민복지과	2	1	7	8	7	1	1	2
2570	경북 청도군	장애인단체지원	2,000	주민복지과	2	1	7	8	7	1	1	2
2571	경북 청도군	장애인단체지원	2,000	주민복지과	2	1	7	8	7	1	1	2
2572	경북 청도군	복지기획운영	4,000	주민복지과	2	1	7	8	7	1	1	2
2573	경북 청도군	복지기획운영	3,000	주민복지과	2	1	7	8	7	1	1	2
2574	경북 청도군	보훈단체지원	11,000	주민복지과	2	1	7	8	7	1	1	1
2575	경북 청도군	보훈단체지원	11,000	주민복지과	2	1	7	8	7	1	1	1
2576	경북 청도군	보훈단체지원	12,000	주민복지과	2	1	7	8	7	1	1	1
2577	경북 청도군	보훈단체지원	11,000	주민복지과	2	1	7	8	7	1	1	1
2578	경북 청도군	보훈단체지원	17,000	주민복지과	2	1	7	8	7	1	1	1
2579	경북 청도군	보훈단체지원	7,000	주민복지과	2	1	7	8	7	1	1	1
2580	경북 청도군	보훈단체지원	7,000	주민복지과	2	1	7	8	7	1	1	1
2581	경북 청도군	한국자유총연맹청도군지부운영비보조	20,000	기획예산담당관	2	1	7	8	7	1	1	4
2582	경북 청도군	문화원운영지원	110,000	문화관광과	2	1	7	8	7	1	1	2
2583	경북 청도군	예총운영지원	19,000	문화관광과	2	1	7	8	7	1	1	2
2584	경북 고령군	새마을운동 추신 운영비	28,000	총무과	2	4	7	8	7	5	1	1
2585	경북 고령군	새마을운동중앙회 고령군지회	57,000	총무과	2	1	7	8	7	5	1	1
2586	경북 고령군	바르게살기운동 고령군지회	15,036	총무과	2	1	7	8	7	5	1	1
2587	경북 고령군	바르게살기운동 활성화추진 운영비	6,800	총무과	2	7	7	8	7	5	1	1
2588	경북 고령군	한국자유총연맹고령군지회	7,538	총무과	2	1	7	8	7	5	1	1
2589	경북 고령군	상이군경회 고령군지회 운영비	11,000	주민복지과	2	4	7	8	7	1	1	1
2590	경북 고령군	전몰군경유족회 고령군지회 운영비	9,000	주민복지과	2	4	7	8	7	1	1	1
2591	경북 고령군	전몰군경 미망인회 고령군지회 운영비	10,000	주민복지과	2	4	7	8	7	1	1	1
2592	경북 고령군	대한무공수훈자회 고령군지회 운영비	8,500	주민복지과	2	4	7	8	7	1	1	1
2593	경북 고령군	6.25참전유공자 고령군지회 운영비	11,000	주민복지과	2	4	7	8	7	1	1	1
2594	경북 고령군	고엽제전우회 고령군지회 운영비	7,000	주민복지과	2	4	7	8	7	1	1	1
2595	경북 고령군	재향군인회 고령군지회 운영비	14,000	주민복지과	2	4	7	8	7	1	1	1
2596	경북 고령군	광복회 고령성주칠곡연합회 운영비	1,500	주민복지과	2	4	7	8	7	1	1	1
2597	경북 고령군	월남참전자회 고령군지회 운영비	5,000	주민복지과	2	4	7	8	7	1	1	1
2598	경북 고령군	지체장애인협의회 고령군지회 운영	5,000	주민복지과	2	1	7	8	7	1	1	4
2599	경북 고령군	지체장애인편의시설센터 운영	110,000	주민복지과	2	1	7	8	7	1	1	4

순번	시군구	지출명 (사업명)	2021년예산 (단위:천원/1년간)	담당자 (공무원) 담당부서	민간이전 분류 (지방자치단체 세출예산 집행기준에 의거) 1. 민간경상사업보조(307-02) 2. 민간단체 법정운영비보조(307-03) 3. 민간행사사업보조(307-04) 4. 민간위탁금(307-05) 5. 사회복지시설 법정운영비보조(307-10) 6. 민간인위탁교육비(307-12) 7. 공기관등에대한경상적위탁사업비(308-11) 8. 민간자본사업보조,자체재원(402-01) 9. 민간자본사업보조,이전재원(402-02) 10. 민간위탁사업비(402-03) 11. 공기관등에 대한 자본적 대행사업비(403-02)	민간이전지출 근거 (지방보조금 관리기준 참고) 1. 법률에 규정 2. 국고보조 재원(국가지정) 3. 용도 지정 기부금 4. 조례에 직접규정 5. 지자체가 권장하는 사업을 하는 공공기관 6. 시,도 정책 및 재정사정 7. 기타 8. 해당없음	입찰방식 계약체결방법 (경쟁형태) 1. 일반경쟁 2. 제한경쟁 3. 지명경쟁 4. 수의계약 5. 법정위탁 6. 기타 ( ) 7. 해당없음	입찰방식 계약기간 1. 1년 2. 2년 3. 3년 4. 4년 5. 5년 6. 기타 ( )년 7. 단기계약 (1년미만) 8. 해당없음	입찰방식 낙찰자선정방법 1. 적격심사 2. 협상에의한계약 3. 최저가낙찰제 4. 규격가격분리 5. 2단계 경쟁입찰 6. 기타 ( ) 7. 해당없음	운영예산 산정 운영예산 산정 1. 내부산정 (지자체 자체적으로 산정) 2. 외부산정 (외부전문기관위탁 산정) 3. 내·외부 모두 산정 4. 산정 無 5. 해당없음	운영예산 산정 정산방법 1. 내부정산 (지자체 내부적으로 정산) 2. 외부정산 (외부전문기관위탁 정산) 3. 내·외부 모두 산정 4. 정산 無 5. 해당없음	성과평가 실시여부 1. 실시 2. 미실시 3. 향후 추진 4. 해당없음
2600	경북 고령군	장애인정보화지원센터 운영	75,000	주민복지과	2	1	7	8	7	1	1	4
2601	경북 고령군	교통사고 예방 상담센터 운영	120,000	주민복지과	2	1	7	8	7	1	1	4
2602	경북 고령군	지체장애인여성자립지원센터 운영	65,000	주민복지과	2	1	7	8	7	1	1	4
2603	경북 고령군	시군장애인권익옹호센터 지원	50,000	주민복지과	2	1	7	8	7	1	1	4
2604	경북 고령군	시군지체장애인민원상담센터 운영	50,000	주민복지과	2	1	7	8	7	1	1	4
2605	경북 고령군	대한노인회고령군지회운영비지원	8,000	주민복지과	2	4	7	8	7	1	1	4
2606	경북 고령군	대한노인회고령군지회사무국장인건비	25,091	주민복지과	2	4	7	8	7	1	1	4
2607	경북 고령군	경로당프로그램관리자인건비지원	26,137	주민복지과	2	4	7	8	7	1	1	4
2608	경북 고령군	노인대학원인건비지원	22,939	주민복지과	2	4	7	8	7	1	1	4
2609	경북 고령군	고령군 관광협의회 운영 지원	340,000	관광진흥과	2	4	5	7	7	1	1	1
2610	경북 고령군	고령문화원 운영지원	199,234	문화유산과	2	1	7	8	7	1	1	1
2611	경북 고령군	한국BBS 고령군지회	1,800	여성청소년과	2	7	7	8	7	1	1	1
2612	경북 고령군	체육활동 지원	173,100	여성청소년과	2	7	1	8	6	1	1	4
2613	경북 성주군	민주평화통일자문회의성주군협의회	13,400	총무과	2	4	7	8	7	5	5	4
2614	경북 성주군	문화원운영비	140,000	문화예술과	2	1	7	8	7	1	1	1
2615	경북 성주군	상이군경회성주군지회	14,300	주민복지과	2	4	7	8	7	1	1	4
2616	경북 성주군	전몰군경유족회성주군지회	12,300	주민복지과	2	4	7	8	7	1	1	4
2617	경북 성주군	전몰군경미망인회성주군지회	12,300	주민복지과	2	4	7	8	7	1	1	4
2618	경북 성주군	무공수훈자회성주군지회	12,300	주민복지과	2	4	7	8	7	1	1	4
2619	경북 성주군	6.25참전유공자회성주군지회	14,300	주민복지과	2	4	7	8	7	1	1	4
2620	경북 성주군	고엽제전우회성주군지회	12,300	주민복지과	2	4	7	8	7	1	1	4
2621	경북 성주군	성주군재향군인회	12,300	주민복지과	2	4	7	8	7	1	1	4
2622	경북 성주군	월남참전자회성주군지회	12,300	주민복지과	2	4	7	8	7	1	1	4
2623	경북 성주군	광복회칠곡성주고령지회	3,300	주민복지과	2	4	7	8	7	1	1	4
2624	경북 성주군	군노인회관 운영비	269,750	가족지원과	2	1	5	8	7	5	5	4
2625	경북 성주군	성주군장애인협회운영비지원	4,000	가족지원과	2	1	5	8	7	1	1	2
2626	경북 성주군	성주군새마을회법정운영비	80,000	새마을녹지과	2	1	7	8	7	5	5	4
2627	경북 성주군	바르게살기운동성주군협의회법정운영비	59,800	새마을녹지과	2	1	7	8	7	5	5	4
2628	경북 성주군	한국자유총연맹성주군지회법정운영비	26,000	새마을녹지과	2	1	7	8	7	5	5	4
2629	경북 성주군	새마을운동추진운영지원	31,000	새마을녹지과	2	1	7	8	7	5	5	4
2630	경북 성주군	지역체육단체지원	70,000	체육시설사업소	2	4	7	8	7	5	5	4
2631	경북 칠곡군	민주평통 칠곡군협의회 운영비	17,000	총무과	2	1	7	8	7	1	1	1
2632	경북 칠곡군	정보화마을 프로그램관리자 운영	43,461	회계정보과	2	6	7	8	7	1	1	2
2633	경북 칠곡군	광복회 운영비	9,000	사회복지과	2	4	7	1	7	4	1	4
2634	경북 칠곡군	상이군경회 운영비	16,000	사회복지과	2	4	7	1	7	4	1	4
2635	경북 칠곡군	전몰군경유족회 운영비	13,000	사회복지과	2	4	7	1	7	4	1	4
2636	경북 칠곡군	전몰군경미망인회 운영비	13,000	사회복지과	2	4	7	1	7	4	1	4
2637	경북 칠곡군	무공수훈자회 운영비	13,000	사회복지과	2	4	7	1	7	4	1	4
2638	경북 칠곡군	고엽제전우회 운영비	13,000	사회복지과	2	4	7	1	7	4	1	4
2639	경북 칠곡군	6.25참전유공자회 운영비	16,000	사회복지과	2	4	7	1	7	4	1	4
2640	경북 칠곡군	월남전참전유공자회 운영비	16,000	사회복지과	2	4	7	1	7	4	1	4
2641	경북 칠곡군	특수임무유공자회 운영비	9,000	사회복지과	2	4	7	1	7	4	1	4
2642	경북 칠곡군	재향군인회 운영비	9,000	사회복지과	2	4	7	1	7	4	1	4
2643	경북 칠곡군	대한노인회지회 취업지원센터 운영	6,000	사회복지과	2	1	7	8	7	1	1	4
2644	경북 칠곡군	차량관리비	3,000	사회복지과	2	1	7	8	7	1	1	4
2645	경북 칠곡군	대한노인회지회 운영비 지원	34,944	사회복지과	2	1	7	8	7	1	1	4
2646	경북 칠곡군	지역사회복지협의체 운영지원	44,000	주민생활지원과	2	4	5	8	7	1	1	1
2647	경북 칠곡군	새마을운동추진 운영지원	105,000	새마을체육과	2	1	7	8	7	1	1	1
2648	경북 칠곡군	바르게살기운동 활성화 추진 운영 지원	47,100	새마을체육과	2	1	7	8	7	1	1	1
2649	경북 칠곡군	자연보호칠곡군협의회 운영비 지원	5,400	새마을체육과	2	1	7	8	7	1	1	2
2650	경북 칠곡군	칠곡군 도시재생 지원센터 운영지원	152,000	도시계획과	2	1	7	8	7	1	1	3

순번	시군구	지출명 (사업명)	2021년예산 (단위:천원/1년간)	담당자 (공무원) 담당부서	민간이전 분류 (지방자치단체 세출예산 집행기준에 의거) 1. 민간경상사업보조(307-02) 2. 민간단체 법정운영비보조(307-03) 3. 민간행사사업보조(307-04) 4. 민간위탁금(307-05) 5. 사회복지시설 법정운영비보조(307-10) 6. 민간인위탁교육비(307-12) 7. 공기관등에대한경상적위탁사업비(308-11) 8. 민간자본사업보조,자체재원(402-01) 9. 민간자본사업보조,이전재원(402-02) 10. 민간위탁사업비(402-03) 11. 공기관등에 대한 자본적 대행사업비(403-02)	민간이전지출 근거 (지방보조금 관리기준 참고) 1. 법률에 규정 2. 국고보조 재원(국가지정) 3. 용도 지정 기부금 4. 조례에 직접규정 5. 지자체가 권장하는 사업을 하는 공공기관 6. 시,도 정책 및 재정사정 7. 기타 8. 해당없음	입찰방식 계약체결방법 (경쟁형태) 1. 일반경쟁 2. 제한경쟁 3. 지명경쟁 4. 수의계약 5. 법정위탁 6. 기타 ( ) 7. 해당없음	입찰방식 계약기간 1. 1년 2. 2년 3. 3년 4. 4년 5. 5년 6. 기타 ( )년 7. 단기계약 (1년미만) 8. 해당없음	입찰방식 낙찰자선정방법 1. 적격심사 2. 협상에의한계약 3. 최저가낙찰제 4. 규격가격분리 5. 2단계 경쟁입찰 6. 기타 ( ) 7. 해당없음	운영예산 산정 운영예산 산정 1. 내부산정 (지자체 자체적으로 산정) 2. 외부산정 (외부전문기관위탁 산정) 3. 내·외부 모두 산정 4. 산정 無 5. 해당없음	운영예산 산정 정산방법 1. 내부정산 (지자체 내부적으로 정산) 2. 외부정산 (외부전문기관위탁 정산) 3. 내·외부 모두 산정 4. 정산 無 5. 해당없음	성과평가 실시여부 1. 실시 2. 미실시 3. 향후 추진 4. 해당없음
2651	경북 예천군	장애인단체 사무실 임차료 지원	14,400	주민복지실	2	1	7	8	7	1	1	1
2652	경북 예천군	상이군경회 운영비 지원	15,000	주민복지실	2	1	7	8	7	1	1	1
2653	경북 예천군	전몰군경유족회 운영비 지원	15,000	주민복지실	2	1	7	8	7	1	1	1
2654	경북 예천군	전몰군경미망인회 운영비 지원	15,000	주민복지실	2	1	7	8	7	1	1	1
2655	경북 예천군	무공수훈자회 운영비 지원	15,000	주민복지실	2	1	7	8	7	1	1	1
2656	경북 예천군	6.25참전유공자회 운영비 지원	15,000	주민복지실	2	1	7	8	7	1	1	1
2657	경북 예천군	월남전참전자회 운영비 지원	15,000	주민복지실	2	1	7	8	7	1	1	1
2658	경북 예천군	재향군인회 운영비 지원	15,000	주민복지실	2	1	7	8	7	1	1	1
2659	경북 예천군	광복회 운영비 지원	5,000	주민복지실	2	1	7	8	7	1	1	1
2660	경북 예천군	대한노인회 예천군지회 운영비 지원	58,000	주민복지실	2	1	7	8	7	1	1	2
2661	경북 예천군	경로당 순회 프로그램 관리 지원	27,000	주민복지실	2	5	7	8	7	1	1	2
2662	경북 예천군	민주평화통일자문회의운영비지원	15,000	행정지원실	2	1	7	8	7	1	1	4
2663	경북 예천군	정보화마을 프로그램관리자 운영비 지원	63,372	행정지원실	2	1	7	8	7	1	1	1
2664	경북 예천군	예천군새마을회 운영비 지원	85,000	새마을경제과	2	1	7	8	7	1	1	1
2665	경북 예천군	바르게살기운동 예천군협의회 운영비 지원	37,000	새마을경제과	2	1	7	8	7	1	1	1
2666	경북 예천군	한국자유총연맹 예천군협의회 운영비 지원	30,000	새마을경제과	2	1	7	8	7	1	1	1
2667	경북 예천군	21C 새마을운동 추진 운영 지원	31,000	새마을경제과	2	1	7	8	7	1	1	1
2668	경북 예천군	바르게살기운동협의회 운영 지원	10,000	새마을경제과	2	1	7	8	7	1	1	1
2669	경북 예천군	예천문화원 운영비 지원	88,000	문화관광과	2	4	7	8	7	5	5	1
2670	경북 예천군	한국예총예천지회 활성화사업	20,000	문화관광과	2	4	7	8	7	5	5	1
2671	경북 예천군	민예총 예천지부 운영비 지원	5,000	문화관광과	2	4	7	8	7	5	5	1
2672	경북 예천군	우형문화재 전수교육관 운영비 지원	10,000	문화관광과	2	1	7	8	7	1	1	1
2673	경북 예천군	용문사 유물전시관 운영비 지원	60,000	문화관광과	2	1	7	1	7	1	1	1
2674	경북 예천군	농촌 공동아이돌봄센터 운영 지원	41,100	농정과	2	6	7	8	7	5	5	4
2675	경북 예천군	취약지역응급의료기관운영지원	325,000	보건소	2	2	5	1	7	2	2	1
2676	경북 예천군	분만취약지 지원사업	500,000	보건소	2	2	7	8	7	5	1	4
2677	경북 예천군	생활체육지도자 피복비 지원	7,800	체육사업소	2	7	7	8	7	1	1	4
2678	경북 예천군	경북양궁협회 운영비 지원	20,000	체육사업소	2	4	7	8	7	1	1	4
2679	경북 예천군	체육회 운영비 지원	67,000	체육사업소	2	4	7	8	7	1	1	4
2680	경북 예천군	체육회 사무국 인건비	111,060	체육사업소	2	4	7	8	7	1	1	4
2681	경북 봉화군	봉화군 도시재생지원센터 운영비 지원	118,963	도시교통과	2	1	5	1	7	1	1	1
2682	경북 울진군	민주평통 운영 보조	5,000	행정지원과	2	1	7	8	7	5	5	1
2683	경북 울진군	자유총연맹 운영 보조	8,000	행정지원과	2	1	7	8	7	5	5	1
2684	경북 울진군	바르게살기운동단체 운영비지원	40,000	행정지원과	2	1	7	8	7	5	5	1
2685	경북 울진군	바르게살기운동 활성화추진 운영지원	10,000	행정지원과	2	1	7	8	7	5	5	1
2686	경북 울진군	지역사회보장협의체 운영지원	143,858	복지정책과	2	4	5	8	7	1	1	4
2687	경북 울진군	전국 통합 자원봉사보험가입서비스 지원	2,934	복지정책과	2	4	5	8	7	1	1	4
2688	경북 울진군	자원봉사 코디네이터 육성	59,184	복지정책과	2	4	5	8	7	1	1	4
2689	경북 울진군	자원봉사센터운영지원	565,316	복지정책과	2	4	5	8	7	1	1	4
2690	경북 울진군	맞춤형자원봉사프로그램운영지원	10,000	복지정책과	2	4	5	8	7	1	1	4
2691	경북 울진군	기초푸드뱅크운영지원	6,550	복지정책과	2	1	7	7	7	1	1	2
2692	경북 울진군	보훈단체지원	14,000	사회복지과	2	1	7	8	7	1	1	1
2693	경북 울진군	보훈단체지원	14,000	사회복지과	2	1	7	8	7	1	1	1
2694	경북 울진군	보훈단체지원	14,000	사회복지과	2	1	7	8	7	1	1	1
2695	경북 울진군	보훈단체지원	14,000	사회복지과	2	1	7	8	7	1	1	1
2696	경북 울진군	보훈단체지원	13,000	사회복지과	2	1	7	8	7	1	1	1
2697	경북 울진군	보훈단체지원	13,000	사회복지과	2	1	7	8	7	1	1	1
2698	경북 울진군	보훈단체지원	13,000	사회복지과	2	1	7	8	7	1	1	1
2699	경북 울진군	보훈단체지원	8,000	사회복지과	2	1	7	8	7	1	1	1
2700	경북 울진군	보훈단체지원	15,000	사회복지과	2	1	7	8	7	1	1	1
2701	경북 울진군	문화활동지원	178,127	문화관광과	2	4	7	8	7	5	5	4

순번	시군구	지출명 (사업명)	2021년예산 (단위:천원/1년간)	담당자 (공무원) 담당부서	민간이전 분류 (지방자치단체 세출예산 집행기준에 의거) 1. 민간경상사업보조(307-02) 2. 민간단체 법정운영비보조(307-03) 3. 민간행사사업보조(307-04) 4. 민간위탁금(307-05) 5. 사회복지시설 법정운영비보조(307-10) 6. 민간인위탁교육비(307-12) 7. 공기관등에대한경상적위탁사업비(308-11) 8. 민간자본사업보조,자체재원(402-01) 9. 민간자본사업보조,이전재원(402-02) 10. 민간위탁사업비(402-03) 11. 공기관등에 대한 자본적 대행사업비(403-02)	민간이전지출 근거 (지방보조금 관리기준 참고) 1. 법률에 규정 2. 국고보조 재원(국가지정) 3. 용도 지정 기부금 4. 조례에 직접규정 5. 지자체가 권장하는 사업을 하는 공공기관 6. 시,도 정책 및 재정사정 7. 기타 8. 해당없음	입찰방식 계약체결방법 (경쟁형태) 1. 일반경쟁 2. 제한경쟁 3. 지명경쟁 4. 수의계약 5. 법정위탁 6. 기타 ( ) 7. 해당없음	입찰방식 계약기간 1. 1년 2. 2년 3. 3년 4. 4년 5. 5년 6. 기타 ( )년 7. 단기계약 (1년미만) 8. 해당없음	입찰방식 낙찰자선정방법 1. 적격심사 2. 협상에의한계약 3. 최저가낙찰제 4. 규격가격분리 5. 2단계 경쟁입찰 6. 기타 ( ) 7. 해당없음	운영예산 산정 운영예산 산정 1. 내부산정 (지자체 자체적으로 산정) 2. 외부산정 (외부전문기관위탁 산정) 3. 내·외부 모두 산정 4. 산정 無 5. 해당없음	운영예산 산정 정산방법 1. 내부정산 (지자체 내부적으로 정산) 2. 외부정산 (외부전문기관위탁 정산) 3. 내·외부 모두 산정 4. 정산 無 5. 해당없음	성과평가 실시여부 1. 실시 2. 미실시 3. 향후 추진 4. 해당없음
2702	경북 울진군	공공도서관 운영	743,920	문화관광과	2	4	7	8	7	5	5	4
2703	경북 울진군	작은도서관 운영	377,916	문화관광과	2	4	7	8	7	5	5	4
2704	경북 울진군	문화예술활동 지원	15,000	문화관광과	2	4	7	8	7	5	5	4
2705	경북 울진군	울진군 축제발전위원회 운영	99,856	문화관광과	2	4	7	8	7	5	5	4
2706	경북 울진군	민간환경감시기구 인건비	544,050	안전원전과	2	1	7	8	7	5	3	1
2707	경북 울진군	민간환경감시기구 운영비	174,000	안전원전과	2	1	7	8	7	5	3	1
2708	경북 울진군	울진군 새마을회 운영비 지원	65,000	도시새마을과	2	1	7	8	7	3	3	3
2709	경북 울진군	체육회 운영비	195,000	체육진흥사업소	2	1	7	8	7	5	5	4
2710	경북 울릉군	한국자유총연맹울릉군지부운영비	19,000	기획감사실	2	1	7	8	7	1	1	1
2711	경북 울릉군	민주평통울릉군협의회운영비	13,000	총무과	2	1	7	1	7	3	3	1
2712	경북 울릉군	새마을운동울릉군지회운영비	100,000	총무과	2	4	7	8	7	1	1	1
2713	경북 울릉군	바르게살기울릉군협의회운영비	19,000	총무과	2	4	7	8	7	1	1	1
2714	경북 울릉군	자연보호협의회운영비	1,500	총무과	2	1	7	8	7	1	1	1
2715	경북 울릉군	새마을운동추진운영지원	31,000	총무과	2	1	7	8	7	5	5	4
2716	경북 울릉군	바르게살기운동활성화추진운영지원	10,000	총무과	2	1	7	8	7	5	5	4
2717	경북 울릉군	지역사회보장협의체운영지원	30,000	주민복지과	2	1	7	8	7	1	1	3
2718	경북 울릉군	상이군경회울릉군지회	3,000	주민복지과	2	1	7	1	1	1	1	1
2719	경북 울릉군	무공수훈자회울릉군지회	1,000	주민복지과	2	1	7	1	1	1	1	1
2720	경북 울릉군	6.25참전유공자회울릉군지회	2,500	주민복지과	2	1	7	1	1	1	1	1
2721	경북 울릉군	울릉군재향군인회	4,000	주민복지과	2	1	7	1	1	1	1	1
2722	경북 울릉군	월남전참전자회울릉군지회	1,000	주민복지과	2	1	7	1	1	1	1	1
2723	경북 울릉군	전몰군경유족회울릉군지회	1,000	주민복지과	2	1	7	1	1	1	1	1
2724	경북 울릉군	전몰군경미망인회울릉군지회	1,000	주민복지과	2	1	7	1	1	1	1	1
2725	경북 울릉군	대한노인회울릉군지회	37,400	주민복지과	2	1	5	1	7	1	1	1
2726	경북 울릉군	울릉문화원운영비	90,000	관광문화체육과	2	8	7	8	7	5	5	4
2727	경북 울릉군	울릉군체육회운영비	70,000	관광문화체육과	2	1	5	8	7	1	1	1
2728	경남 창원시	3.15의거 기념사업회 운영	79,800	자치행정과	2	1	5	1	6	5	5	1
2729	경남 창원시	4.19민주혁명회 경남지부 운영	12,600	자치행정과	2	1	5	1	6	5	5	1
2730	경남 창원시	4.19혁명희생자유족회 경남지부 운영	12,600	자치행정과	2	1	5	1	6	5	5	1
2731	경남 창원시	창원향토학교 운영비	4,530	평생교육과	2	1	7	8	7	1	1	1
2732	경남 창원시	장애인 평생교육시설 지원사업	288,000	평생교육과	2	1	7	8	7	1	1	1
2733	경남 창원시	사립작은도서관 사업 지원	104,280	평생교육과	2	4	7	8	7	1	1	1
2734	경남 창원시	사립작은도서관 도서구입비 지원	16,800	평생교육과	2	4	7	8	7	1	1	4
2735	경남 창원시	상권활성화재단 운영비	187,200	경제살리기과	2	5	7	8	7	5	5	4
2736	경남 창원시	노사민정협의회 사무국 운영	114,000	경제살리기과	2	4	7	8	7	1	1	1
2737	경남 창원시	정보화마을 프로그램관리자 인건비	21,726	일자리창출과	2	6	7	8	7	5	5	4
2738	경남 창원시	자율방재단 사무실 운영	12,000	시민안전과	2	1	7	8	7	1	1	1
2739	경남 창원시	사립미술관 지원	5,000	문화예술과	2	1	7	8	7	5	1	1
2740	경남 창원시	창원예총 운영비	35,000	문화예술과	2	1	7	8	7	1	1	1
2741	경남 창원시	마산예총 운영비	35,000	문화예술과	2	1	7	8	7	1	1	1
2742	경남 창원시	진해예총 운영비	35,000	문화예술과	2	1	7	8	7	1	1	1
2743	경남 창원시	경남민예총 창원지부 운영비	15,000	문화예술과	2	4	7	8	7	1	1	1
2744	경남 창원시	경남민예총 마산지부 운영비	20,000	문화예술과	2	4	7	8	7	1	1	1
2745	경남 창원시	생활체육지도자 활동지원	339,330	체육진흥과	2	1	7	8	7	1	1	1
2746	경남 창원시	창원시 장애인체육회 사무국 인건비	358,884	체육진흥과	2	1	7	8	7	1	1	1
2747	경남 창원시	창원시 장애인체육회 사무국 운영비	77,000	체육진흥과	2	1	7	8	7	1	1	1
2748	경남 창원시	장애인 생활체육지도자 활동지원	40,900	체육진흥과	2	1	7	8	7	1	1	1
2749	경남 창원시	도민프로축구단 경남FC 지원	285,000	체육진흥과	2	1	7	8	7	1	1	1
2750	경남 창원시	창원시관광협의회 사무실 임차료	2,503	관광과	2	4	7	8	7	1	1	4
2751	경남 창원시	창원시관광협의회 운영비	8,820	관광과	2	4	7	8	7	1	1	4
2752	경남 창원시	창원시관광협의회 인건비	34,571	관광과	2	4	7	8	7	1	1	4

순번	시군구	지출명 (사업명)	2021년예산 (단위:천원/1년간)	담당자 (공무원) 담당부서	민간이전 분류 (지방자치단체 세출예산 집행기준에 의거) 1. 민간경상사업보조(307-02) 2. 민간단체 법정운영비보조(307-03) 3. 민간행사사업보조(307-04) 4. 민간위탁금(307-05) 5. 사회복지시설 법정운영비보조(307-10) 6. 민간인위탁교육비(307-12) 7. 공기관등에대한경상적위탁사업비(308-11) 8. 민간자본사업보조,자체재원(402-01) 9. 민간자본사업보조,이전재원(402-02) 10. 민간위탁사업비(402-03) 11. 공기관등에 대한 자본적 대행사업비(403-02)	민간이전지출 근거 (지방보조금 관리기준 참고) 1. 법률에 규정 2. 국고보조 재원(국가지정) 3. 용도 지정 기부금 4. 조례에 직접규정 5. 지자체가 권장하는 사업을 하는 공공기관 6. 시,도 정책 및 재정사정 7. 기타 8. 해당없음	입찰방식 계약체결방법 (경쟁형태) 1. 일반경쟁 2. 제한경쟁 3. 지명경쟁 4. 수의계약 5. 법정위탁 6. 기타 ( ) 7. 해당없음	입찰방식 계약기간 1. 1년 2. 2년 3. 3년 4. 4년 5. 5년 6. 기타 ( )년 7. 단기계약 (1년미만) 8. 해당없음	입찰방식 낙찰자선정방법 1. 적격심사 2. 협상에의한계약 3. 최저가낙찰제 4. 규격가격분리 5. 2단계 경쟁입찰 6. 기타 ( ) 7. 해당없음	운영예산 산정 운영예산 산정 1. 내부산정 (지자체 자체적으로 산정) 2. 외부산정 (외부전문기관위탁 산정) 3. 내·외부 모두 산정 4. 산정 無 5. 해당없음	운영예산 산정 정산방법 1. 내부정산 (지자체 내부적으로 정산) 2. 외부정산 (외부전문기관위탁 정산) 3. 내·외부 모두 산정 4. 정산 無 5. 해당없음	성과평가 실시여부 1. 실시 2. 미실시 3. 향후 추진 4. 해당없음
2753	경남 창원시	마산농청놀이 전수교육관 운영비	3,800	문화유산육성과	2	1	7	7	7	1	1	1
2754	경남 창원시	아랫녘수륙재 전수교육관 운영비	4,000	문화유산육성과	2	1	7	7	7	1	1	1
2755	경남 창원시	마산성신대제 보존전승 운영비	6,000	문화유산육성과	2	1	7	7	7	1	1	1
2756	경남 창원시	가곡전수관 운영비	40,000	문화유산육성과	2	1	7	7	7	1	1	1
2757	경남 창원시	불모산영산재 보존전승 운영비	4,000	문화유산육성과	2	1	7	7	7	1	1	1
2758	경남 창원시	광려산숯일소리 전수교육관 운영비	3,600	문화유산육성과	2	1	7	7	7	1	1	1
2759	경남 창원시	매듭장 전수교육관 운영비	3,600	문화유산육성과	2	1	7	7	7	1	1	1
2760	경남 창원시	도무형문화재 전수교육관 공연장비 구입비	3,315	문화유산육성과	2	1	7	7	7	1	1	1
2761	경남 창원시	상이군경회 운영	67,500	사회복지과	2	4	7	1	6	1	5	1
2762	경남 창원시	전몰군경유족회 운영	51,000	사회복지과	2	4	7	1	6	1	5	1
2763	경남 창원시	전몰군경미망인회 운영	55,500	사회복지과	2	4	7	1	6	1	5	1
2764	경남 창원시	광복회 창원시 통합지회 운영	26,000	사회복지과	2	4	7	1	6	1	5	1
2765	경남 창원시	무공수훈자회 운영	46,075	사회복지과	2	4	7	1	6	1	5	1
2766	경남 창원시	6.25참전유공자회 통합지회 운영	56,000	사회복지과	2	4	7	1	6	1	5	1
2767	경남 창원시	고엽제전우회 통합지회 운영	47,000	사회복지과	2	4	7	1	6	1	5	1
2768	경남 창원시	월남전참전자회 통합지회 운영	38,000	사회복지과	2	4	7	1	6	1	5	1
2769	경남 창원시	특수임무유공자회 통합지회 운영	31,350	사회복지과	2	4	7	1	6	1	5	1
2770	경남 창원시	창원시사회복지사협회 운영비	30,000	사회복지과	2	1	7	1	6	1	5	1
2771	경남 창원시	지역사회보장협의체 사무국 인건비 및 운영비	85,155	사회복지과	2	1	7	8	7	5	5	4
2772	경남 창원시	지역사회보장협의체 회의수당 및 분과위원보상 등	17,100	사회복지과	2	1	7	8	7	5	5	4
2773	경남 창원시	여성단체협의회 운영	13,000	여성가족과	2	4	7	8	7	1	1	2
2774	경남 창원시	노인회지회 운영	198,000	노인장애인과	2	1	7	8	7	1	1	1
2775	경남 창원시	지회(마산,진해) 건물 유지관리	22,000	노인장애인과	2	1	7	8	7	1	1	1
2776	경남 창원시	장애인단체 운영비 보조	507,400	노인장애인과	2	1	7	8	7	1	1	1
2777	경남 창원시	장애인자립생활센터 운영	370,956	노인장애인과	2	2	7	8	7	1	1	2
2778	경남 창원시	장애인자립생활지원센터 운영	510,000	노인장애인과	2	6	7	8	7	1	1	2
2779	경남 창원시	장애인 가족지원센터 운영	273,000	노인장애인과	2	6	7	8	7	1	1	2
2780	경남 창원시	발달장애인 자립지원센터 운영	88,000	노인장애인과	2	6	7	8	7	1	1	2
2781	경남 창원시	장애인인권센터 운영	450,000	노인장애인과	2	6	7	8	7	1	1	2
2782	경남 창원시	창원시지속가능발전협의회 운영비	169,000	환경정책과	2	1	7	8	7	1	1	1
2783	경남 창원시	경남녹색환경지원센터 운영지원	100,000	환경정책과	2	1	7	8	7	1	1	1
2784	경남 진주시	한국실크연구원 운영비 지원	550,000	기업통상과	2	5	7	7	7	2	1	1
2785	경남 진주시	장애인총연합회운영비	35,179	노인장애인과	2	1	7	8	1	1	1	1
2786	경남 진주시	지체장애인협회진주지회운영비	33,399	노인장애인과	2	1	7	8	1	1	1	1
2787	경남 진주시	시가장애인협회진주지회운영비	29,799	노인장애인과	2	1	7	8	1	1	1	1
2788	경남 진주시	농아인협회진주지회운영비	32,199	노인장애인과	2	1	7	8	1	1	1	1
2789	경남 진주시	신장장애인협회진주지부운영비	30,999	노인장애인과	2	1	7	8	1	1	1	1
2790	경남 진주시	내일을여는멋진여성진주지회운영비	29,799	노인장애인과	2	1	7	8	1	1	1	1
2791	경남 진주시	느티나무진주시장애인부모회운영비	29,799	노인장애인과	2	1	7	8	1	1	1	1
2792	경남 진주시	척수장애인협회운영비	29,799	노인장애인과	2	1	7	8	1	1	1	1
2793	경남 진주시	경남진주시뇌병변장애인인권협회운영비	32,199	노인장애인과	2	1	7	8	1	1	1	1
2794	경남 진주시	지적발달장애인복지협회진주시지부운영비	28,599	노인장애인과	2	1	7	8	1	1	1	1
2795	경남 진주시	한국장애인부모회진주지부운영비	28,599	노인장애인과	2	1	7	8	1	1	1	1
2796	경남 진주시	경남내부기관장애인예방재활협회	28,599	노인장애인과	2	1	7	8	1	1	1	1
2797	경남 진주시	향교 관리 운영비	14,100	문화예술과	2	6	6	1	7	1	1	3
2798	경남 진주시	문화예술단체 지원	12,000	문화예술과	2	6	6	6	6	5	5	3
2799	경남 진주시	대한민국상이군경회 진주시지회 운영	18,000	복지정책과	2	1	7	8	7	1	1	1
2800	경남 진주시	대한민국전몰군경미망인회 진주시지회 운영	18,000	복지정책과	2	1	7	8	7	1	1	1
2801	경남 진주시	대한민국전몰군경유족회 진주시지회 운영	18,000	복지정책과	2	1	7	8	7	1	1	1
2802	경남 진주시	대한민국무공수훈자회 진주시지회 운영	16,500	복지정책과	2	1	7	8	7	1	1	1
2803	경남 진주시	대한민국6.25참전유공자회 진주시지회 운영	15,500	복지정책과	2	1	7	8	7	1	1	1

순번	시군구	지출명 (사업명)	2021년예산 (단위:천원/1년간)	담당자 (공무원) 담당부서	민간이전 분류 (지방자치단체 세출예산 집행기준에 의거) 1. 민간경상사업보조(307-02) 2. 민간단체 법정운영비보조(307-03) 3. 민간행사사업보조(307-04) 4. 민간위탁금(307-05) 5. 사회복지시설 법정운영비보조(307-10) 6. 민간인위탁교육비(307-12) 7. 공기관등에대한경상적위탁사업비(308-11) 8. 민간자본사업보조,자체재원(402-01) 9. 민간자본사업보조,이전재원(402-02) 10. 민간위탁사업비(402-03) 11. 공기관등에 대한 자본적 대행사업비(403-02)	민간이전지출 근거 (지방보조금 관리기준 참고) 1. 법률에 규정 2. 국고보조 재원(국가지정) 3. 용도 지정 기부금 4. 조례에 직접규정 5. 지자체가 권장하는 사업을 하는 공공기관 6. 시,도 정책 및 재정사정 7. 기타 8. 해당없음	입찰방식 계약체결방법 (경쟁형태) 1. 일반경쟁 2. 제한경쟁 3. 지명경쟁 4. 수의계약 5. 법정위탁 6. 기타 ( ) 7. 해당없음	입찰방식 계약기간 1. 1년 2. 2년 3. 3년 4. 4년 5. 5년 6. 기타 ( )년 7. 단기계약 (1년미만) 8. 해당없음	입찰방식 낙찰자선정방법 1. 적격심사 2. 협상에의한계약 3. 최저가낙찰제 4. 규격가격분리 5. 2단계 경쟁입찰 6. 기타 ( ) 7. 해당없음	운영예산 산정 운영예산 산정 1. 내부산정 (지자체 자체적으로 산정) 2. 외부산정 (외부전문기관위탁 산정) 3. 내·외부 모두 산정 4. 산정 無 5. 해당없음	운영예산 산정 정산방법 1. 내부정산 (지자체 내부적으로 정산) 2. 외부정산 (외부전문기관위탁 정산) 3. 내·외부 모두 산정 4. 정산 無 5. 해당없음	성과평가 실시여부 1. 실시 2. 미실시 3. 향후 추진 4. 해당없음
2804	경남 진주시	대한민국고엽제전우회 진주시지회 운영	18,000	복지정책과	2	1	7	8	7	1	1	1
2805	경남 진주시	대한민국월남전참전자회 진주시지회 운영	15,500	복지정책과	2	1	7	8	7	1	1	1
2806	경남 진주시	광복회경남서부연합지회 운영	6,500	복지정책과	2	1	7	8	7	1	1	1
2807	경남 진주시	대한민국특수임무유공자회 경남서부연합지회 운영	4,500	복지정책과	2	1	7	8	7	1	1	1
2808	경남 진주시	지역사회보장협의체 운영비	38,100	복지정책과	2	6	7	8	7	1	1	1
2809	경남 진주시	진주시사회복지협의회 운영비	6,000	복지정책과	2	6	7	8	7	1	1	1
2810	경남 진주시	소규모도서관 지원사업	24,000	시립도서관	2	1	7	8	7	1	1	1
2811	경남 진주시	장애인 평생교육시설 지원	42,600	평생학습과	2	1	7	8	7	5	5	4
2812	경남 진주시	바르게살기운동 진주시협의회 운영비	26,000	행정과	2	4	7	8	7	1	1	1
2813	경남 진주시	민주평통 운영비	13,560	행정과	2	4	7	8	7	1	1	1
2814	경남 진주시	자유총연맹 진주시지회 운영비	26,000	행정과	2	1	7	8	7	1	1	1
2815	경남 진주시	진주시재향군인회 운영비	5,000	행정과	2	1	7	8	7	1	1	1
2816	경남 진주시	진주시 지속가능발전협의회 운영비	90,000	환경관리과	2	1	7	8	7	5	1	1
2817	경남 진주시	범죄피해자 지원센터 '등불' 운영비	7,000	기획예산과	2	1	7	8	7	1	1	4
2818	경남 통영시	서민생활 안정 및 시민 권익증진 소비자상담실 운영	6,000	지역경제과	2	7	7	8	7	5	5	4
2819	경남 통영시	민주평화통일자문회의 운영 보조	13,000	행정과	2	1	7	1	7	1	1	1
2820	경남 통영시	새마을지회 운영 보조	44,000	행정과	2	4	7	1	7	1	1	1
2821	경남 통영시	바르게살기운동 운영 보조	22,000	행정과	2	4	7	1	7	1	1	1
2822	경남 통영시	한국자유총연맹 운영 보조	12,000	행정과	2	1	7	1	7	1	1	1
2823	경남 통영시	범죄피해자지원센터 운영 보조	20,000	행정과	2	1	7	1	7	1	1	1
2824	경남 통영시	재향군인회 운영 보조	10,000	행정과	2	1	7	1	7	1	1	1
2825	경남 통영시	통영예총사무실 운영비	55,000	문화예술과	2	4	7	1	7	1	1	1
2826	경남 통영시	남망갤러리 운영비	24,000	문화예술과	2	4	7	1	7	1	1	1
2827	경남 통영시	옻칠미술관 운영비	15,000	문화예술과	2	4	7	1	7	1	1	1
2828	경남 통영시	전혁림미술관 운영비	7,000	문화예술과	2	4	7	1	7	1	1	1
2829	경남 통영시	통영전통공예관 운영보조	34,754	문화예술과	2	1	7	1	7	1	1	1
2830	경남 통영시	통영공예전수교육관 운영 보조	6,000	문화예술과	2	7	7	1	6	1	1	2
2831	경남 통영시	통영무형문화재보존협회 운영 보조	12,000	문화예술과	2	7	7	1	6	1	1	2
2832	경남 통영시	향교관리운영비	5,000	문화예술과	2	7	7	1	6	1	1	2
2833	경남 통영시	노인복지회관 종사자 급여 외 11개	328,167	노인장애인복지과	2	1	7	8	7	1	1	1
2834	경남 통영시	(사)경남지체장애인협회통영시지회 운영비 지원	13,500	노인장애인복지과	2	6	7	8	7	5	1	4
2835	경남 통영시	(사)한국농아인협회통영시지부 운영비 지원	8,000	노인장애인복지과	2	6	7	8	7	5	1	4
2836	경남 통영시	(사)경남시각장애인복지연합회통영시지회 운영비 지원	8,000	노인장애인복지과	2	6	7	8	7	5	1	4
2837	경남 통영시	(사)한국여성장애인연합통영여성장애인연대 운영비 지원	4,000	노인장애인복지과	2	6	7	8	7	5	1	4
2838	경남 통영시	통영시지속가능발전협의회 운영	196,796	환경과	2	1	7	8	7	1	1	4
2839	경남 통영시	국가유공자 및 유족 보훈사업	151,600	주민생활복지과	2	4	7	8	7	1	1	4
2840	경남 사천시	사천YWCA 소비자 상담실 운영비 지원	6,500	지역경제과	2	6	7	8	7	1	1	3
2841	경남 사천시	사천문화원 운영비 지원	33,000	문화체육과	2	4	7	8	7	1	1	1
2842	경남 사천시	사천문화원 상근인력 인건비 지원	100,000	문화체육과	2	4	7	8	7	1	1	1
2843	경남 사천시	지방문화원 사업활동비	32,000	문화체육과	2	4	7	8	7	1	1	1
2844	경남 사천시	한국예총 사천지회 운영비 지원	50,000	문화체육과	2	4	7	8	7	1	1	1
2845	경남 사천시	삼천포설치미술제 경비지원	8,000	문화체육과	2	4	7	8	7	1	1	1
2846	경남 사천시	소리누리 전통 국악 예술단 공연 경비지원	4,000	문화체육과	2	4	7	8	7	1	1	1
2847	경남 사천시	마루문학 발간경비 지원	3,000	문화체육과	2	4	7	8	7	1	1	1
2848	경남 사천시	한국서예협회 사천지부 회원전 경비 지원	4,000	문화체육과	2	4	7	8	7	1	1	1
2849	경남 사천시	사천여성합창단 예술활동 경비 지원	12,000	문화체육과	2	4	7	8	7	1	1	1
2850	경남 사천시	한국전통예악총연합회 사천지부 시조창 강습회 경비 지원	4,000	문화체육과	2	4	7	8	7	1	1	1
2851	경남 사천시	한국문인화협회 사천지부 전시회 경비 지원	5,000	문화체육과	2	4	7	8	7	1	1	1
2852	경남 사천시	사천남성합창단 예술활동 경비 지원	8,000	문화체육과	2	4	7	8	7	1	1	1
2853	경남 사천시	자유새 공연 경비 지원	13,000	문화체육과	2	4	7	8	7	1	1	1
2854	경남 사천시	비토별주부 판소리 수궁가 지원	2,000	문화체육과	2	4	7	8	7	1	1	1

순번	시군구	지출명 (사업명)	2021년예산 (단위:천원/1년간)	담당자 (공무원) 담당부서	민간이전 분류 (지방자치단체 세출예산 집행기준에 의거) 1. 민간경상사업보조(307-02) 2. 민간단체 법정운영비보조(307-03) 3. 민간행사사업보조(307-04) 4. 민간위탁금(307-05) 5. 사회복지시설 법정운영비보조(307-10) 6. 민간인위탁교육비(307-12) 7. 공기관등에대한경상적위탁사업비(308-11) 8. 민간자본사업보조,자체재원(402-01) 9. 민간자본사업보조,이전재원(402-02) 10. 민간위탁사업비(402-03) 11. 공기관등에 대한 자본적 대행사업비(403-02)	민간이전지출 근거 (지방보조금 관리기준 참고) 1. 법률에 규정 2. 국고보조 재원(국가지정) 3. 용도 지정 기부금 4. 조례에 직접규정 5. 지자체가 권장하는 사업을 하는 공공기관 6. 시,도 정책 및 재정사정 7. 기타 8. 해당없음	입찰방식 계약체결방법 (경쟁형태) 1. 일반경쟁 2. 제한경쟁 3. 지명경쟁 4. 수의계약 5. 법정위탁 6. 기타 ( ) 7. 해당없음	입찰방식 계약기간 1. 1년 2. 2년 3. 3년 4. 4년 5. 5년 6. 기타 ( )년 7. 단기계약 (1년미만) 8. 해당없음	입찰방식 낙찰자선정방법 1. 적격심사 2. 협상에의한계약 3. 최저가낙찰제 4. 규격가격분리 5. 2단계 경쟁입찰 6. 기타 ( ) 7. 해당없음	운영예산 산정 운영예산 산정 1. 내부산정 (지자체 자체적으로 산정) 2. 외부산정 (외부전문기관위탁 산정) 3. 내·외부 모두 산정 4. 산정 無 5. 해당없음	운영예산 산정 정산방법 1. 내부정산 (지자체 내부적으로 정산) 2. 외부정산 (외부전문기관위탁 정산) 3. 내·외부 모두 산정 4. 정산 無 5. 해당없음	성과평가 실시여부 1. 실시 2. 미실시 3. 향후 추진 4. 해당없음
2855	경남 사천시	고려 안종(왕욱) 추모 귀룡제 경비 지원	4,000	문화체육과	2	4	7	8	7	1	1	1
2856	경남 사천시	공예협회 정기회원전 경비 지원	4,000	문화체육과	2	4	7	8	7	1	1	1
2857	경남 사천시	와룡조목회 분재·야생화 전시	2,000	문화체육과	2	4	7	8	7	1	1	1
2858	경남 사천시	열린문화마당 지원	50,000	문화체육과	2	4	7	8	7	1	1	1
2859	경남 사천시	찾아가는 아동극 공연 지원	4,000	문화체육과	2	4	7	8	7	1	1	1
2860	경남 사천시	사천판소리고법 정기 발표회 지원	2,000	문화체육과	2	4	7	8	7	1	1	1
2861	경남 사천시	박물관 및 미술관 체험학습 프로그램 운영지원	7,000	문화체육과	2	4	7	8	7	1	1	1
2862	경남 사천시	우수예술단체 찾아가는 문화활동	17,000	문화체육과	2	4	7	8	7	1	1	1
2863	경남 사천시	문화예술 공모사업 매칭비 및 경남메세나 협회 지원	20,000	문화체육과	2	4	7	8	7	1	1	1
2864	경남 사천시	향교운영비지원	60,000	문화체육과	2	4	7	8	7	1	1	4
2865	경남 사천시	사천무형문화재전수교육관 운영비 지원	50,000	문화체육과	2	4	7	8	7	1	1	4
2866	경남 사천시	도지정무형문화재전수교육관 운영비 지원	20,000	문화체육과	2	4	7	8	7	1	1	4
2867	경남 사천시	사천시체육회 인건비 지원	277,057	문화체육과	2	4	7	8	7	5	1	4
2868	경남 사천시	사천시체육회 운영비 지원	30,000	문화체육과	2	4	7	8	7	5	1	4
2869	경남 사천시	생활체육교실 운영	15,154	문화체육과	2	4	7	8	7	5	1	4
2870	경남 사천시	장애인 체육동아리 활동 지원	5,912	문화체육과	2	4	7	8	7	5	1	4
2871	경남 사천시	일반 생활체육지도자 배치	144,840	문화체육과	2	4	7	8	7	5	1	4
2872	경남 사천시	어르신 생활체육지도자 배치	173,808	문화체육과	2	4	7	8	7	5	1	4
2873	경남 사천시	유소년 생활체육지도자 배치	28,968	문화체육과	2	4	7	8	7	5	1	4
2874	경남 사천시	장애인 생활체육지도자 배치	86,904	문화체육과	2	4	7	8	7	5	1	4
2875	경남 사천시	사천시 장애인체육회 인건비 지원	46,833	문화체육과	2	4	7	8	7	5	1	4
2876	경남 사천시	사천시 장애인체육회 운영비 지원	10,000	문화체육과	2	4	7	8	7	5	1	4
2877	경남 사천시	사천시체육회 인건비 지원	277,057	문화체육과	2	4	7	8	7	5	1	4
2878	경남 사천시	사천시체육회 운영비 지원	30,000	문화체육과	2	4	7	8	7	5	1	4
2879	경남 사천시	한국자유총연맹 사천시지회 6.25참전 유공자보훈위안잔치 지원	2,000	행정과	2	1	7	8	7	1	1	4
2880	경남 사천시	민주평화통일자문회의 사천시협의회 운영 지원	19,000	행정과	2	4	7	8	7	1	1	4
2881	경남 사천시	사천시새마을회 운영 지원	110,000	행정과	2	1	7	7	7	1	1	1
2882	경남 사천시	바르게살기운동 사천시협의회 운영 지원	60,000	행정과	2	1	7	7	7	1	1	1
2883	경남 사천시	한국자유총연맹 사천시지회 운영 지원	42,020	행정과	2	1	7	8	7	1	1	4
2884	경남 사천시	서부경남지역 범죄피해자지원센터 등불 운영 지원	7,000	행정과	2	4	7	8	7	1	1	4
2885	경남 사천시	사천시재향군인회 운영 지원	10,000	행정과	2	4	7	8	7	1	1	4
2886	경남 사천시	보훈단체 운영비 지원	83,000	주민생활지원과	2	4	7	8	7	1	1	1
2887	경남 김해시	민주평통 김해시협의회 운영비	11,000	자치행정과	2	1	5	1	7	1	1	1
2888	경남 김해시	새마을운동 김해시지회 운영비	46,514	자치행정과	2	1	5	1	7	1	1	1
2889	경남 김해시	바르게살기운동 김해시협의회 운영비	33,277	자치행정과	2	1	5	1	7	1	1	1
2890	경남 김해시	한국자유총연맹 김해시지회 운영비	25,030	자치행정과	2	1	5	1	7	1	1	1
2891	경남 김해시	김해시 재향군인회 운영비	18,000	총무과	2	4	7	8	7	5	5	4
2892	경남 김해시	문화원 공연장 전기요금	14,400	문화예술과	2	1	7	8	7	1	1	1
2893	경남 김해시	문화원 인건비	119,053	문화예술과	2	1	7	8	7	1	1	1
2894	경남 김해시	김해민속예술보존회 지원	15,720	문화예술과	2	1	7	8	7	1	1	1
2895	경남 김해시	김해예총 지원	40,580	문화예술과	2	1	7	8	7	1	1	1
2896	경남 김해시	김해민예총 지원	8,400	문화예술과	2	1	7	8	7	1	1	1
2897	경남 김해시	지역예술단체 창작활동공간 임차료 지원	3,600	문화예술과	2	1	7	8	7	1	1	1
2898	경남 김해시	가야문화축제제전위원회 사무국	183,951	문화관광과	2	1	7	8	7	1	1	4
2899	경남 김해시	장애인 자립생활지원센터 도비 지원	170,000	노인장애인과	2	1	4	3	1	1	1	1
2900	경남 김해시	장애인 자립생활지원센터 시비 지원	373,035	노인장애인과	2	1	4	3	1	1	1	1
2901	경남 김해시	장애인인권센터 지원	160,000	노인장애인과	2	1	7	8	7	5	1	1
2902	경남 김해시	경남지체장애인협회 김해시지회 운영 지원	11,640	노인장애인과	2	1	7	8	7	5	1	1
2903	경남 김해시	경남농아인협회 김해시지부 운영 지원	5,900	노인장애인과	2	1	7	8	7	5	1	1
2904	경남 김해시	경남신체장애인복지회 김해시지부 운영 지원	2,880	노인장애인과	2	1	7	8	7	5	1	1
2905	경남 김해시	경남시각장애인복지연합회 김해지회 운영 지원	5,100	노인장애인과	2	1	7	8	7	5	1	1

순번	시군구	지출명 (사업명)	2021년예산 (단위:천원/1년간)	담당자 (공무원) 담당부서	민간이전 분류 (지방자치단체 세출예산 집행기준에 의거) 1. 민간경상사업보조(307-02) 2. 민간단체 법정운영비보조(307-03) 3. 민간행사사업보조(307-04) 4. 민간위탁금(307-05) 5. 사회복지시설 법정운영비보조(307-10) 6. 민간인위탁교육비(307-12) 7. 공기관등에대한경상적위탁사업비(308-11) 8. 민간자본사업보조,자체재원(402-01) 9. 민간자본사업보조,이전재원(402-02) 10. 민간위탁사업비(402-03) 11. 공기관등에 대한 자본적 대행사업비(403-02)	민간이전지출 근거 (지방보조금 관리기준 참고) 1. 법률에 규정 2. 국고보조 재원(국가지정) 3. 용도 지정 기부금 4. 조례에 직접규정 5. 지자체가 권장하는 사업을 하는 공공기관 6. 시,도 정책 및 재정사정 7. 기타 8. 해당없음	입찰방식 계약체결방법 (경쟁형태) 1. 일반경쟁 2. 제한경쟁 3. 지명경쟁 4. 수의계약 5. 법정위탁 6. 기타 ( ) 7. 해당없음	계약기간 1. 1년 2. 2년 3. 3년 4. 4년 5. 5년 6. 기타 ( )년 7. 단기계약 (1년미만) 8. 해당없음	낙찰자선정방법 1. 적격심사 2. 협상에의한계약 3. 최저가낙찰제 4. 규격가격분리 5. 2단계 경쟁입찰 6. 기타 ( ) 7. 해당없음	운영예산 산정 운영예산 산정 1. 내부산정 (지자체 자체적으로 산정) 2. 외부산정 (외부전문기관위탁 산정) 3. 내·외부 모두 산정 4. 산정 無 5. 해당없음	정산방법 1. 내부정산 (지자체 내부적으로 정산) 2. 외부정산 (외부전문기관위탁 정산) 3. 내·외부 모두 산정 4. 정산 無 5. 해당없음	성과평가 실시여부 1. 실시 2. 미실시 3. 향후 추진 4. 해당없음
2906	경남 김해시	경남척수장애인협회 김해시지회 운영 지원	11,000	노인장애인과	2	1	7	8	7	5	1	1
2907	경남 김해시	지적장애인 자립지원센터 지원	115,762	노인장애인과	2	1	7	8	7	1	1	1
2908	경남 김해시	장애인가족지원센터 운영	104,000	노인장애인과	2	1	2	3	1	1	1	1
2909	경남 김해시	체육회 사무국 운영비	68,000	체육지원과	2	4	7	8	7	1	1	1
2910	경남 김해시	체육회 사무국 차량운영비	20,000	체육지원과	2	4	7	8	7	1	1	1
2911	경남 김해시	체육회 사무실 임차료	40,000	체육지원과	2	4	7	8	7	1	1	1
2912	경남 김해시	체육회 및 회원단체 사무실 전기료	25,300	체육지원과	2	4	7	8	7	1	1	1
2913	경남 김해시	체육회 사무국 직원 인건비	451,889	체육지원과	2	4	7	8	7	1	1	1
2914	경남 김해시	체육회 버스운전원 인건비	35,600	체육지원과	2	4	7	8	7	1	1	1
2915	경남 김해시	체육회 엘리트코치 인건비	554,299	체육지원과	2	4	7	8	7	1	1	1
2916	경남 김해시	체육회 사무국 직원 복리후생비	10,326	체육지원과	2	4	7	8	7	1	1	1
2917	경남 김해시	김해시장애인체육회 사무국 인건비	76,515	체육지원과	2	4	7	8	7	1	1	1
2918	경남 김해시	김해시장애인체육회 사무국 운영비	15,755	체육지원과	2	4	7	8	7	1	1	1
2919	경남 김해시	김해시장애인체육회 사무국 직원 복리후생비	1,770	체육지원과	2	4	7	8	7	1	1	1
2920	경남 김해시	대도시형 스포츠클럽 매칭비	72,747	체육지원과	2	4	7	8	7	1	1	1
2921	경남 김해시	학교연계형 스포츠클럽 매칭비	20,000	체육지원과	2	4	7	8	7	1	1	1
2922	경남 김해시	김해YMCA 소비자상담센터 운영	9,500	지역경제과	2	1	7	8	7	5	5	4
2923	경남 김해시	김해YWCA 소비자상담센터 운영	9,500	지역경제과	2	1	7	8	7	5	5	4
2924	경남 김해시	새일센터 지정운영	554,832	여성가족과	2	1	7	8	7	5	5	4
2925	경남 김해시	새일여성인턴 취업장려금 지급	27,600	여성가족과	2	6	7	8	7	5	5	4
2926	경남 김해시	여성 창업 지원서비스 확대	30,000	여성가족과	2	6	7	8	7	5	5	4
2927	경남 김해시	여성인력개발센터 운영	265,000	여성가족과	2	1	7	8	7	5	5	4
2928	경남 김해시	여성인력개발센터 운영	9,240	여성가족과	2	1	7	8	7	5	5	4
2929	경남 밀양시	농산물 유통관리	5,000	6차산업과	2	4	7	8	7	5	1	4
2930	경남 밀양시	새마을운동 읍면동협의회 운영비	1,200	가곡동	2	4	7	8	7	1	1	1
2931	경남 밀양시	새마을운동 읍면동부녀회 운영비	1,200	가곡동	2	4	7	8	7	1	1	1
2932	경남 밀양시	바르게살기운동 읍면동협의회 운영비	1,200	가곡동	2	4	7	8	7	1	1	1
2933	경남 밀양시	새마을운동 읍면동협의회 운영비	1,200	교동	2	4	7	8	7	1	1	1
2934	경남 밀양시	새마을운동 읍면동부녀회 운영비	1,200	교동	2	4	7	8	7	1	1	1
2935	경남 밀양시	바르게살기운동 읍면동협의회 운영비	1,200	교동	2	4	7	8	7	1	1	1
2936	경남 밀양시	새마을운동 읍면동협의회 운영비	1,200	내이동	2	4	7	8	7	1	1	1
2937	경남 밀양시	새마을운동 읍면동부녀회 운영비	1,200	내이동	2	4	7	8	7	1	1	1
2938	경남 밀양시	바르게살기운동 읍면동협의회 운영비	1,200	내이동	2	4	7	8	7	1	1	1
2939	경남 밀양시	새마을운동 읍면동협의회 운영비	1,200	내일동	2	4	7	8	7	1	1	1
2940	경남 밀양시	새마을운동 읍면동부녀회 운영비	1,200	내일동	2	4	7	8	7	1	1	1
2941	경남 밀양시	바르게살기운동 읍면동협의회 운영비	1,200	내일동	2	4	7	8	7	1	1	1
2942	경남 밀양시	새마을운동 읍면동협의회 운영비	1,200	단장면	2	4	7	8	7	1	1	1
2943	경남 밀양시	새마을운동 읍면동부녀회 운영비	1,200	단장면	2	4	7	8	7	1	1	1
2944	경남 밀양시	바르게살기운동 읍면동협의회 운영비	1,200	단장면	2	4	7	8	7	1	1	1
2945	경남 밀양시	주민행정	1,200	무안면	2	4	7	8	7	1	1	1
2946	경남 밀양시	주민행정	1,200	무안면	2	4	7	8	7	1	1	1
2947	경남 밀양시	주민행정	1,200	무안면	2	1	7	8	7	1	1	1
2948	경남 밀양시	문화원 운영 및 활동지원	54,660	문화예술과	2	1	7	1	7	1	1	1
2949	경남 밀양시	문화예술단체 보조	55,780	문화예술과	2	1	7	1	7	1	1	1
2950	경남 밀양시	사립박물관운영지원	8,000	문화예술과	2	4	7	1	7	5	1	1
2951	경남 밀양시	문화원 운영 및 활동지원	5,500	문화예술과	2	1	7	1	7	1	1	1
2952	경남 밀양시	새마을운동 읍면동협의회 운영비	1,200	부북면	2	1	7	8	7	1	1	1
2953	경남 밀양시	새마을운동 읍면동부녀회 운영비	1,200	부북면	2	1	7	8	7	1	1	1
2954	경남 밀양시	바르게살기운동 읍면동협의회 운영비	1,200	부북면	2	1	7	8	7	1	1	1
2955	경남 밀양시	장애인단체	56,600	사회복지과	2	1	7	8	7	5	5	4
2956	경남 밀양시	노인단체 지원	77,725	사회복지과	2	1	7	8	7	1	1	1

순번	시군구	지출명 (사업명)	2021년예산 (단위:천원/1년간)	담당자 (공무원) 담당부서	민간이전 분류 (지방자치단체 세출예산 집행기준에 의거) 1. 민간경상사업보조(307-02) 2. 민간단체 법정운영비보조(307-03) 3. 민간행사사업보조(307-04) 4. 민간위탁금(307-05) 5. 사회복지시설 법정운영비보조(307-10) 6. 민간인위탁교육비(307-12) 7. 공기관등에대한경상적위탁사업비(308-11) 8. 민간자본사업보조,자체재원(402-01) 9. 민간자본사업보조,이전재원(402-02) 10. 민간위탁사업비(402-03) 11. 공기관등에 대한 자본적 대행사업비(403-02)	민간이전지출 근거 (지방보조금 관리기준 참고) 1. 법률에 규정 2. 국고보조 재원(국가지정) 3. 용도 지정 기부금 4. 조례에 직접규정 5. 지자체가 권장하는 사업을 하는 공공기관 6. 시,도 정책 및 재정사정 7. 기타 8. 해당없음	입찰방식 계약체결방법 (경쟁형태) 1. 일반경쟁 2. 제한경쟁 3. 지명경쟁 4. 수의계약 5. 법정위탁 6. 기타 ( ) 7. 해당없음	입찰방식 계약기간 1. 1년 2. 2년 3. 3년 4. 4년 5. 5년 6. 기타 ( )년 7. 단기계약 (1년미만) 8. 해당없음	입찰방식 낙찰자선정방법 1. 적격심사 2. 협상에의한계약 3. 최저가낙찰제 4. 규격가격분리 5. 2단계 경쟁입찰 6. 기타 ( ) 7. 해당없음	운영예산 산정 운영예산 산정 1. 내부산정 (지자체 자체적으로 산정) 2. 외부산정 (외부전문기관위탁 산정) 3. 내·외부 모두 산정 4. 산정 無 5. 해당없음	운영예산 산정 정산방법 1. 내부정산 (지자체 내부적으로 정산) 2. 외부정산 (외부전문기관위탁 정산) 3. 내·외부 모두 산정 4. 정산 無 5. 해당없음	성과평가 실시여부 1. 실시 2. 미실시 3. 향후 추진 4. 해당없음
2957	경남 밀양시	새마을운동 읍면동협의회 운영비	1,200	산내면	2	4	7	8	7	1	1	1
2958	경남 밀양시	새마을운동 읍면동부녀회 운영비	1,200	산내면	2	4	7	8	7	1	1	1
2959	경남 밀양시	바르게살기운동 읍면동협의회 운영비	1,200	산내면	2	4	7	8	7	1	1	1
2960	경남 밀양시	새마을운동 읍면동협의회 운영비	1,200	산외면	2	4	7	8	7	1	1	1
2961	경남 밀양시	새마을운동 읍면동부녀회 운영비	1,200	산외면	2	4	7	8	7	1	1	1
2962	경남 밀양시	바르게살기운동 읍면동협의회 운영비	1,200	산외면	2	4	7	8	7	1	1	1
2963	경남 밀양시	새마을운동 읍면동협의회 운영비	1,200	삼랑진읍	2	4	7	8	7	1	1	1
2964	경남 밀양시	새마을운동 읍면동부녀회 운영비	1,200	삼랑진읍	2	4	7	8	7	1	1	1
2965	경남 밀양시	바르게살기운동 읍면동협의회 운영비	1,200	삼랑진읍	2	4	7	8	7	1	1	1
2966	경남 밀양시	새마을운동 읍면동협의회 운영비	1,200	삼문동	2	4	7	8	7	1	1	1
2967	경남 밀양시	새마을운동 읍면동부녀회 운영비	1,200	삼문동	2	4	7	8	7	1	1	1
2968	경남 밀양시	바르게살기운동 읍면동협의회 운영비	1,200	삼문동	2	4	7	8	7	1	1	1
2969	경남 밀양시	새마을운동 읍면동협의회 운영비	1,200	상남면	2	4	7	8	7	1	1	1
2970	경남 밀양시	새마을운동 읍면동부녀회 운영비	1,200	상남면	2	4	7	8	7	1	1	1
2971	경남 밀양시	바르게살기운동 읍면동협의회 운영비	1,200	상남면	2	4	7	8	7	1	1	1
2972	경남 밀양시	새마을운동 읍면동협의회 운영비	1,200	상동면	2	4	7	8	7	1	1	1
2973	경남 밀양시	새마을운동 읍면동부녀회 운영비	1,200	상동면	2	4	7	8	7	1	1	1
2974	경남 밀양시	바르게살기운동 읍면동협의회 운영비	1,200	상동면	2	4	7	8	7	1	1	1
2975	경남 밀양시	국가유공자복지	98,000	주민생활지원과	2	1	7	8	7	1	1	4
2976	경남 밀양시	새마을운동 읍면동협의회 운영비	1,200	청도면	2	4	7	8	7	1	1	1
2977	경남 밀양시	새마을운동 읍면동부녀회 운영비	1,200	청도면	2	4	7	8	7	1	1	1
2978	경남 밀양시	바르게살기운동 읍면동협의회 운영비	1,200	청도면	2	4	7	8	7	1	1	1
2979	경남 밀양시	체육회 운영 지원	192,336	체육진흥과	2	7	7	8	7	1	1	1
2980	경남 밀양시	새마을운동 읍면동협의회 운영비	1,200	초동면	2	4	7	8	7	1	1	1
2981	경남 밀양시	새마을운동 읍면동부녀회 운영비	1,200	초동면	2	4	7	8	7	1	1	1
2982	경남 밀양시	바르게살기운동 읍면동협의회 운영비	1,200	초동면	2	4	7	8	7	1	1	1
2983	경남 밀양시	농공단지 시설지원	25,000	투자유치과	2	1	7	8	7	1	1	2
2984	경남 밀양시	평생학습기반 구축	64,000	평생학습관	2	4	7	8	7	2	1	4
2985	경남 밀양시	새마을운동 읍면동협의회 운영비	1,200	하남읍	2	4	7	8	7	1	1	1
2986	경남 밀양시	새마을운동 읍면동부녀회 운영비	1,200	하남읍	2	4	7	8	7	1	1	1
2987	경남 밀양시	바르게살기운동 읍면동협의회 운영비	1,200	하남읍	2	4	7	8	7	1	1	1
2988	경남 밀양시	사회단체운영	78,000	행정과	2	4	7	8	7	1	1	4
2989	경남 밀양시	민간단체활동	41,200	행정과	2	4	7	8	7	5	1	4
2990	경남 밀양시	환경관리	30,440	환경관리과	2	4	7	8	7	5	5	4
2991	경남 밀양시	생태관광지역 지정육성	40,000	환경관리과	2	1	7	8	7	5	5	4
2992	경남 거제시	(사)대한노인회 거제시지회 운영	66,850	노인장애인과	2	4	4	1	1	1	1	1
2993	경남 거제시	(사)대한노인회 거제시지회 분회운영	29,640	노인장애인과	2	4	4	1	1	1	1	1
2994	경남 거제시	경남지체장애인협회 거제시지회 운영지원	50,000	노인장애인과	2	1	7	8	7	1	1	1
2995	경남 거제시	경남시각장애인복지연합회 거제시지회 운영 지원	27,240	노인장애인과	2	1	7	8	7	1	1	1
2996	경남 거제시	경남농아인협회 거제시지부 운영지원	14,000	노인장애인과	2	1	7	8	7	1	1	1
2997	경남 거제시	한국신장장애인경남협회 거제시지부 운영지원	14,000	노인장애인과	2	1	7	8	7	1	1	1
2998	경남 거제시	경남신체장애인복지회 거제시지부 운영지원	18,550	노인장애인과	2	1	7	8	7	1	1	1
2999	경남 거제시	거제시장애인부모회 운영지원	14,000	노인장애인과	2	1	7	8	7	1	1	1
3000	경남 거제시	거제시여성장애인연대 운영지원	13,500	노인장애인과	2	1	7	8	7	1	1	1
3001	경남 거제시	거제시장애인연맹 운영지원	14,000	노인장애인과	2	1	7	8	7	1	1	1
3002	경남 거제시	느티나무장애인부모회 운영지원	5,000	노인장애인과	2	1	7	8	7	1	1	1
3003	경남 거제시	거제시장애인단체총연합회 운영지원	8,000	노인장애인과	2	1	7	8	7	1	1	1
3004	경남 거제시	경남지적발달장애인복지협회 거제시지부 운영지원	5,000	노인장애인과	2	1	7	8	7	1	1	1
3005	경남 거제시	거제시지정예술단 운영지원	30,000	문화예술과	2	4	7	8	7	5	5	4
3006	경남 거제시	한국문화예술단체 운영지원	35,000	문화예술과	2	4	7	8	7	5	5	4
3007	경남 거제시	지방문화원 법정 운영비	62,420	문화예술과	2	1	7	8	7	5	5	4

순번	시군구	지출명 (사업명)	2021년예산 (단위:천원/1년간)	담당자 (공무원) 담당부서	민간이전 분류 (지방자치단체 세출예산 집행기준에 의거) 1. 민간경상사업보조(307-02) 2. 민간단체 법정운영비보조(307-03) 3. 민간행사사업보조(307-04) 4. 민간위탁금(307-05) 5. 사회복지시설 법정운영비보조(307-10) 6. 민간인위탁교육비(307-12) 7. 공기관등에대한경상적위탁사업비(308-11) 8. 민간자본사업보조,자체재원(402-01) 9. 민간자본사업보조,이전재원(402-02) 10. 민간위탁사업비(402-03) 11. 공기관등에 대한 자본적 대행사업비(403-02)	민간이전지출 근거 (지방보조금 관리기준 참고) 1. 법률에 규정 2. 국고보조 재원(국가지정) 3. 용도 지정 기부금 4. 조례에 직접규정 5. 지자체가 권장하는 사업을 하는 공공기관 6. 시,도 정책 및 재정사정 7. 기타 8. 해당없음	입찰방식 계약체결방법 (경쟁형태) 1. 일반경쟁 2. 제한경쟁 3. 지명경쟁 4. 수의계약 5. 법정위탁 6. 기타 ( ) 7. 해당없음	계약기간 1. 1년 2. 2년 3. 3년 4. 4년 5. 5년 6. 기타 ( )년 7. 단기계약 (1년미만) 8. 해당없음	낙찰자선정방법 1. 적격심사 2. 협상에의한계약 3. 최저가낙찰제 4. 규격가격분리 5. 2단계 경쟁입찰 6. 기타 ( ) 7. 해당없음	운영예산 산정 운영예산 산정 1. 내부산정 (지자체 자체적으로 산정) 2. 외부산정 (외부전문기관위탁 산정) 3. 내·외부 모두 산정 4. 산정 無 5. 해당없음	정산방법 1. 내부정산 (지자체 내부적으로 정산) 2. 외부정산 (외부전문기관위탁 정산) 3. 내·외부 모두 산정 4. 정산 無 5. 해당없음	성과평가 실시여부 1. 실시 2. 미실시 3. 향후 추진 4. 해당없음
3008	경남 거제시	전통민속예술단체 운영	10,000	문화예술과	2	4	7	8	7	5	5	4
3009	경남 거제시	거제민속박물관 운영	9,000	문화예술과	2	1	7	8	7	5	5	4
3010	경남 거제시	거제박물관 운영	22,000	문화예술과	2	1	7	8	7	5	5	4
3011	경남 거제시	해금강테마박물관 운영	17,000	문화예술과	2	1	7	8	7	5	5	4
3012	경남 거제시	대한민국상이군경회 거제시지회	16,500	생활지원과	2	1	7	8	7	1	1	1
3013	경남 거제시	대한민국전몰군경유족회 거제시지회	16,500	생활지원과	2	1	7	8	7	1	1	1
3014	경남 거제시	대한민국전몰군경미망인회 거제시지회	16,500	생활지원과	2	1	7	8	7	1	1	1
3015	경남 거제시	대한민국무공수훈자회 거제시지회	16,500	생활지원과	2	1	7	8	7	1	1	1
3016	경남 거제시	대한민국고엽제전우회 거제시지회	16,500	생활지원과	2	1	7	8	7	1	1	1
3017	경남 거제시	대한민국월남전참전자회 거제시지회	16,500	생활지원과	2	1	7	8	7	1	1	1
3018	경남 거제시	대한민국6·25참전유공자회 거제시지회	20,500	생활지원과	2	1	7	8	7	1	1	1
3019	경남 거제시	대한민국특수임무유공자회 거제시지회	6,000	생활지원과	2	1	7	8	7	1	1	1
3020	경남 거제시	거제시민축구단 운영 지원	500,000	생활체육과	2	4	7	8	7	5	5	4
3021	경남 거제시	거제시스포츠클럽 운영 지원	30,000	생활체육과	2	4	7	8	7	5	5	4
3022	경남 거제시	거제시 체육회 운영비 지원	362,769	생활체육과	2	4	7	8	7	5	5	4
3023	경남 거제시	거제시 장애인체육회 운영비 지원	63,684	생활체육과	2	4	7	8	7	5	5	4
3024	경남 거제시	거제시 지역사회보장협의체 운영	44,656	생활지원과	2	1	7	8	7	1	1	4
3025	경남 거제시	(사)통영, 거제, 고성범죄피해자지원센터 운영지원	11,000	생활지원과	2	1	7	8	7	1	1	1
3026	경남 거제시	거제시협의회 조직관리 및 운영	24,500	행정과	2	1	7	8	7	1	1	1
3027	경남 거제시	새마을운동 거제시지회 조직관리 및 지회운영	52,000	행정과	2	1	7	8	7	5	5	4
3028	경남 거제시	바르게살기운동 거제시협의회 조직관리 및 협의회 운영	26,000	행정과	2	1	7	8	7	5	5	4
3029	경남 거제시	한국자유총연맹 거제시지회 조직관리 및 지회운영	26,000	행정과	2	1	7	8	7	5	5	4
3030	경남 거제시	재향군인회 운영	10,000	행정과	2	1	7	8	7	1	1	1
3031	경남 거제시	UN지방의제21 추진 운영	46,000	환경과	2	1	7	8	7	5	5	4
3032	경남 거제시	환경보전 및 자연보호 의식 확산 운영	8,400	환경과	2	1	7	8	7	5	5	4
3033	경남 양산시	장애인평생교육시설 지원	45,000	교육체육과	2	4	7	8	7	1	1	1
3034	경남 양산시	체육회 사무국 운영	400,456	교육체육과	2	1	7	8	7	1	1	1
3035	경남 양산시	장애인체육회 사무국 운영	211,455	교육체육과	2	1	7	8	7	1	1	1
3036	경남 양산시	장애인체육회 사무국 운영	5,750	교육체육과	2	1	7	8	7	1	1	1
3037	경남 양산시	양산삽량문화축전 지원	151,672	문화관광과	2	4	5	8	7	1	1	1
3038	경남 양산시	문화원 운영비	77,600	문화관광과	2	1	7	8	7	1	1	2
3039	경남 양산시	무형문화재 전수관 운영	18,016	문화관광과	2	6	7	8	7	3	3	1
3040	경남 양산시	무형문화재 전수관 운영	12,000	문화관광과	2	6	7	8	7	3	3	1
3041	경남 양산시	향교운영	34,200	문화관광과	2	6	7	8	7	3	3	1
3042	경남 양산시	장애인 단체 지원	196,950	사회복지과	2	1	7	8	7	5	5	4
3043	경남 양산시	작은도서관 운영보조	118,560	시립도서관	2	4	7	8	7	5	5	4
3044	경남 양산시	소비자보호	9,000	일자리경제과	2	1	7	7	7	1	1	1
3045	경남 양산시	양산항일독립운동기념사업회 운영비	20,000	주민생활지원과	2	4	7	8	7	1	1	1
3046	경남 양산시	보훈단체 운영비	110,500	주민생활지원과	2	4	7	8	7	1	1	1
3047	경남 양산시	지역사회보장협의체 운영 활성화 지원	78,008	주민생활지원과	2	6	7	8	7	5	1	4
3048	경남 양산시	범죄피해자지원센터 지원	30,748	행정과	2	1	7	8	7	1	1	4
3049	경남 양산시	민주평통양산시협의회 운영비	16,650	행정과	2	1	7	8	7	1	1	4
3050	경남 양산시	양산시 새마을회 운영비	54,880	행정과	2	1	7	8	7	1	1	4
3051	경남 양산시	바르게살기운동 양산시협의회 운영비	23,000	행정과	2	1	7	8	7	1	1	4
3052	경남 양산시	한국자유총연맹 양산시지회 운영비	21,200	행정과	2	1	7	8	7	1	1	4
3053	경남 의령군	새마을운동 의령군지회 운영	39,144	행정과	2	1	7	8	7	1	1	1
3054	경남 의령군	바르게살기운동 의령군협의회 운영	42,194	행정과	2	1	7	8	7	1	1	1
3055	경남 의령군	자유총연맹 의령군지회 운영비	31,744	행정과	2	1	7	8	7	1	1	1
3056	경남 의령군	민주평화통일자문회 의령군협의회 운영	22,600	행정과	2	1	7	8	7	1	1	1
3057	경남 의령군	의령문학 제25호 발간	8,000	문화관광과	2	4	7	8	7	1	1	4
3058	경남 의령군	의령합창단 운영 지원	12,000	문화관광과	2	4	7	8	7	1	1	4

순번	시군구	지출명 (사업명)	2021년예산 (단위:천원/1년간)	담당자 (공무원) 담당부서	민간이전 분류 (지방자치단체 세출예산 집행기준에 의거) 1. 민간경상사업보조(307-02) 2. 민간단체 법정운영비보조(307-03) 3. 민간행사사업보조(307-04) 4. 민간위탁금(307-05) 5. 사회복지시설 법정운영비보조(307-10) 6. 민간인위탁교육비(307-12) 7. 공기관등에대한경상적위탁사업비(308-11) 8. 민간자본사업보조,자체재원(402-01) 9. 민간자본사업보조,이전재원(402-02) 10. 민간위탁사업비(402-03) 11. 공기관등에 대한 자본적 대행사업비(403-02)	민간이전지출 근거 (지방보조금 관리기준 참고) 1. 법률에 규정 2. 국고보조 재원(국가지정) 3. 용도 지정 기부금 4. 조례에 직접규정 5. 지자체가 권장하는 사업을 하는 공공기관 6. 시,도 정책 및 재정사정 7. 기타 8. 해당없음	입찰방식 계약체결방법 (경쟁형태) 1. 일반경쟁 2. 제한경쟁 3. 지명경쟁 4. 수의계약 5. 법정위탁 6. 기타 ( ) 7. 해당없음	입찰방식 계약기간 1. 1년 2. 2년 3. 3년 4. 4년 5. 5년 6. 기타 ( )년 7. 단기계약 (1년미만) 8. 해당없음	입찰방식 낙찰자선정방법 1. 적격심사 2. 협상에의한계약 3. 최저가낙찰제 4. 규격가격분리 5. 2단계 경쟁입찰 6. 기타 ( ) 7. 해당없음	운영예산 산정 운영예산 산정 1. 내부산정 (지자체 자체적으로 산정) 2. 외부산정 (외부전문기관위탁 산정) 3. 내·외부 모두 산정 4. 산정 無 5. 해당없음	운영예산 산정 정산방법 1. 내부정산 (지자체 내부적으로 정산) 2. 외부정산 (외부전문기관위탁 정산) 3. 내·외부 모두 산정 4. 정산 無 5. 해당없음	성과평가 실시여부 1. 실시 2. 미실시 3. 향후 추진 4. 해당없음
3059	경남 의령군	공예품 개발사업 장려금	4,400	문화관광과	2	6	7	8	7	1	1	4
3060	경남 의령군	작은도서관 도서 구입	6,000	문화관광과	2	4	7	8	7	1	1	4
3061	경남 의령군	지방문화원 운영	132,000	문화관광과	2	1	7	8	7	1	1	4
3062	경남 의령군	의령군체육회 운영	176,317	문화관광과	2	1	7	8	7	1	1	1
3063	경남 의령군	의령군 게이트볼협회 운영	14,000	문화관광과	2	4	7	8	7	1	1	1
3064	경남 의령군	의령군 그라운드골프협회 운영	10,000	문화관광과	2	4	7	8	7	1	1	1
3065	경남 의령군	산림톱밥 생산판매 보조	250,000	산림휴양과	2	1	5	1	7	1	3	4
3066	경남 의령군	무공수훈자회 운영 지원	11,000	사회복지과	2	4	7	8	7	1	1	1
3067	경남 의령군	재향군인회 운영 지원	9,000	사회복지과	2	4	7	8	7	1	1	1
3068	경남 의령군	전몰군경 미망인회 운영 지원	10,000	사회복지과	2	4	7	8	7	1	1	1
3069	경남 의령군	전몰군경 유족회 운영 지원	10,000	사회복지과	2	4	7	8	7	1	1	1
3070	경남 의령군	6.25참전 유공자회 운영 지원	10,000	사회복지과	2	4	7	8	7	1	1	1
3071	경남 의령군	상이군경회 운영 지원	10,000	사회복지과	2	4	7	8	7	1	1	1
3072	경남 의령군	고엽제전우회 운영 지원	11,600	사회복지과	2	4	7	8	7	1	1	1
3073	경남 의령군	월남참전자회 운영 지원	11,600	사회복지과	2	4	7	8	7	1	1	1
3074	경남 의령군	지역사회보장협의체 간사인건비	30,000	사회복지과	2	1	7	8	7	1	1	2
3075	경남 의령군	지역사회보장협의체 운영비	4,800	사회복지과	2	1	7	8	7	1	1	2
3076	경남 의령군	장애인 편의증진 도모(지체장애인협회 운영 지원)	20,000	주민행복과	2	1	7	8	7	1	1	4
3077	경남 의령군	장애인 편의증진 도모(시각장애인연합회 운영 지원)	4,700	주민행복과	2	1	7	8	7	1	1	4
3078	경남 의령군	장애인 편의증진 도모(농아인협회 운영 지원)	3,000	주민행복과	2	1	7	8	7	1	1	4
3079	경남 의령군	노인회지회 운영	76,730	주민행복과	2	4	7	1	7	1	1	1
3080	경남 의령군	노인회 읍면분회 운영	15,600	주민행복과	2	4	7	1	7	1	1	1
3081	경남 함안군	새마을운동 함안군지회 및 읍면 운영비	57,000	행정과	2	4	7	8	7	1	1	1
3082	경남 함안군	바르게살기운동 함안군협의회 운영비	30,000	행정과	2	4	7	8	7	1	1	1
3083	경남 함안군	한국자유총연맹 함안군지회 운영비	20,000	행정과	2	4	7	8	7	1	1	1
3084	경남 함안군	함안군 재향군인회 운영비	27,000	행정과	2	4	7	8	7	1	1	1
3085	경남 함안군	정보화마을 활성화 지원 사업	16,000	행정과	2	4	7	8	7	5	5	4
3086	경남 함안군	보훈관리	112,000	행복나눔과	2	1	7	8	7	1	1	2
3087	경남 함안군	대한노인회 함안군지회 운영비	96,946	주민복지과	2	4	7	8	7	1	1	4
3088	경남 함안군	장애인 시설 단체 보조	48,200	주민복지과	2	7	7	8	7	1	1	1
3089	경남 창녕군	새마을운동 운영비 지원	50,000	행정과	2	1	7	8	7	1	1	4
3090	경남 창녕군	바르게살기운동 운영비 지원	34,300	행정과	2	1	7	8	7	1	1	4
3091	경남 창녕군	한국자유총연맹 운영비 지원	26,630	행정과	2	1	7	8	7	1	1	4
3092	경남 창녕군	장애인단체 지원	22,500	주민복지과	2	1	5	5	7	1	1	1
3093	경남 창녕군	지역사회보장협의체 운영 지원	78,000	주민복지과	2	1	7	8	7	1	1	1
3094	경남 창녕군	상이군경회 창녕군지회 운영비	12,000	주민복지과	2	1	7	1	7	1	1	1
3095	경남 창녕군	전몰군경유족회 창녕군지회 운영비	12,000	주민복지과	2	1	7	1	7	1	1	1
3096	경남 창녕군	전몰군경미망인회 창녕군지회 운영비	12,000	주민복지과	2	1	7	1	7	1	1	1
3097	경남 창녕군	무공수훈자회 창녕군지회 운영비	13,000	주민복지과	2	1	7	1	7	1	1	1
3098	경남 창녕군	고엽제전우회 창녕군 지회 운영비	9,000	주민복지과	2	1	7	1	7	1	1	1
3099	경남 창녕군	6.25참전유공자회 창녕군지회	12,000	주민복지과	2	1	7	1	7	1	1	1
3100	경남 창녕군	월남전 참전자회 창녕군지회 운영비	9,000	주민복지과	2	1	7	1	7	1	1	1
3101	경남 창녕군	창녕군재향군인회 운영비	6,000	주민복지과	2	1	7	1	7	1	1	1
3102	경남 창녕군	노인복지업무추진	81,720	노인여성아동과	2	4	7	8	7	1	1	2
3103	경남 창녕군	생태관광지역 지정·육성	59,744	생태관광과	2	2	7	8	7	1	1	1
3104	경남 창녕군	전통민속문화활동 지원	10,000	문화체육과	2	4	7	8	7	5	5	4
3105	경남 창녕군	지방문화원 활동지원	127,000	문화체육과	2	1	7	8	7	5	5	4
3106	경남 창녕군	체육단체 지원	200,000	문화체육과	2	1	7	8	7	5	5	4
3107	경남 고성군	보훈단체지원	97,800	주민생활과	2	6	7	8	7	1	1	4
3108	경남 고성군	지역사회협의체운영	57,000	주민생활과	2	4	7	8	7	1	1	4
3109	경남 고성군	지역사회협의체운영	30,000	주민생활과	2	4	7	8	7	1	1	4

순번	시군구	지출명 (사업명)	2021년예산 (단위:천원/1년간)	담당자 (공무원) 담당부서	민간이전 분류 (지방자치단체 세출예산 집행기준에 의거) 1. 민간경상사업보조(307-02) 2. 민간단체 법정운영비보조(307-03) 3. 민간행사사업보조(307-04) 4. 민간위탁금(307-05) 5. 사회복지시설 법정운영비보조(307-10) 6. 민간인위탁교육비(307-12) 7. 공기관등에대한경상적위탁사업비(308-11) 8. 민간자본사업보조,자체재원(402-01) 9. 민간자본사업보조,이전재원(402-02) 10. 민간위탁사업비(402-03) 11. 공기관등에 대한 자본적 대행사업비(403-02)	민간이전지출 근거 (지방보조금 관리기준 참고) 1. 법률에 규정 2. 국고보조 재원(국가지정) 3. 용도 지정 기부금 4. 조례에 직접규정 5. 지자체가 권장하는 사업을 하는 공공기관 6. 시,도 정책 및 재정사정 7. 기타 8. 해당없음	입찰방식 계약체결방법 (경쟁형태) 1. 일반경쟁 2. 제한경쟁 3. 지명경쟁 4. 수의계약 5. 법정위탁 6. 기타 ( ) 7. 해당없음	입찰방식 계약기간 1. 1년 2. 2년 3. 3년 4. 4년 5. 5년 6. 기타 ( )년 7. 단기계약 (1년미만) 8. 해당없음	입찰방식 낙찰자선정방법 1. 적격심사 2. 협상에의한계약 3. 최저가낙찰제 4. 규격가격분리 5. 2단계 경쟁입찰 6. 기타 ( ) 7. 해당없음	운영예산 산정 운영예산 산정 1. 내부산정 (지자체 자체적으로 산정) 2. 외부산정 (외부전문기관위탁 산정) 3. 내·외부 모두 산정 4. 산정 無 5. 해당없음	운영예산 산정 정산방법 1. 내부정산 (지자체 내부적으로 정산) 2. 외부정산 (외부전문기관위탁 정산) 3. 내·외부 모두 산정 4. 정산 無 5. 해당없음	성과평가 실시여부 1. 실시 2. 미실시 3. 향후 추진 4. 해당없음
3110	경남 고성군	사회복지정보센터 운영	50,000	주민생활과	2	4	7	8	7	1	1	4
3111	경남 고성군	노인회지회 운영비지원	196,710	복지지원과	2	1	7	8	7	1	1	1
3112	경남 고성군	장애인단체 지원	34,260	복지지원과	2	7	7	8	7	1	1	2
3113	경남 고성군	무형문화재전수교육관(고성오광대)관리운영지원	44,000	문화관광과	2	7	7	8	7	1	1	1
3114	경남 고성군	무형문화재전수교육관(고성농요)관리운영지원	14,300	문화관광과	2	7	7	8	7	1	1	1
3115	경남 고성군	고성향교 운영지원	10,340	문화관광과	2	7	7	8	7	1	1	1
3116	경남 남해군	범죄피해자 지원 및 지원센터 등불 운영	20,000	기획예산담당관	2	4	7	8	7	1	1	1
3117	경남 남해군	상이군경회 남해군지회	10,000	주민복지과	2	1	7	8	7	5	5	4
3118	경남 남해군	전몰군경유족회 남해군지회	10,000	주민복지과	2	1	7	8	7	5	5	4
3119	경남 남해군	전몰군경미망인회 남해군지회	10,000	주민복지과	2	1	7	8	7	5	5	4
3120	경남 남해군	무공수훈자회 남해군지회	10,000	주민복지과	2	1	7	8	7	5	5	4
3121	경남 남해군	6.25참전유공자회 남해군지회	12,000	주민복지과	2	1	7	8	7	5	5	4
3122	경남 남해군	고엽제전우회 남해군지회	10,000	주민복지과	2	1	7	8	7	5	5	4
3123	경남 남해군	보훈단체 운영 지원(월남전참전자회 남해군지회)	10,500	주민복지과	2	1	7	8	7	5	5	4
3124	경남 남해군	보훈단체 운영 지원(독립유공자 단체운영)	1,000	주민복지과	2	1	7	8	7	5	5	4
3125	경남 남해군	보훈단체 운영 지원(남해군재향군인회 단체 운영)	7,000	주민복지과	2	1	7	8	7	5	5	4
3126	경남 남해군	경로당활성화	42,900	주민복지과	2	4	4	1	7	1	1	1
3127	경남 남해군	대한노인회활성화	63,096	주민복지과	2	4	6	1	6	3	1	1
3128	경남 남해군	노인회분회운영지원	4,800	주민복지과	2	7	6	1	6	3	1	2
3129	경남 남해군	지역사회보장협의체 운영비	8,000	주민복지과	2	1	7	8	7	5	5	4
3130	경남 남해군	지역사회보장협의체 상근직원 인건비	45,000	주민복지과	2	1	7	8	7	5	5	4
3131	경남 남해군	장애인민원상담실 운영	3,600	주민복지과	2	1	7	8	7	5	5	4
3132	경남 남해군	장애인체육회 운영	70,000	체육진흥과	2	1	7	8	7	1	1	2
3133	경남 남해군	체육회 운영 지원	179,316	체육진흥과	2	1	7	8	7	1	1	2
3134	경남 하동군	범죄피해자지원센터 운영비 지원	6,900	기획예산과	2	1	7	8	7	1	1	1
3135	경남 하동군	새마을운동하동군지회 운영비,읍면활성화	61,440	기획예산과	2	1	7	8	7	3	1	1
3136	경남 하동군	새마을문고 운영비 지원	9,450	기획예산과	2	1	7	8	7	1	1	1
3137	경남 하동군	바르게살기운동 운영비,읍면활성화	38,600	기획예산과	2	1	7	8	7	1	1	1
3138	경남 하동군	자유총연맹 하동군지회 운영비 지원	25,771	기획예산과	2	1	7	8	7	1	1	1
3139	경남 하동군	재향군인회 조직활성화 및 사무국 운영	14,000	기획예산과	2	1	7	8	7	1	1	1
3140	경남 하동군	보훈단체 보조금	12,200	주민행복과	2	1	7	8	7	1	1	3
3141	경남 하동군	보훈단체 보조금	10,200	주민행복과	2	1	7	8	7	1	1	3
3142	경남 하동군	보훈단체 보조금	10,200	주민행복과	2	1	7	8	7	1	1	3
3143	경남 하동군	보훈단체 보조금	10,000	주민행복과	2	1	7	8	7	1	1	3
3144	경남 하동군	보훈단체 보조금	10,000	주민행복과	2	1	7	8	7	1	1	3
3145	경남 하동군	보훈단체 보조금	3,000	주민행복과	2	1	7	8	7	1	1	3
3146	경남 하동군	보훈단체 보조금	12,500	주민행복과	2	1	7	8	7	1	1	3
3147	경남 하동군	보훈단체 보조금	9,000	주민행복과	2	1	7	8	7	1	1	3
3148	경남 하동군	보훈단체 보조금	1,500	주민행복과	2	1	7	8	7	1	1	3
3149	경남 하동군	장애인복지단체보조금	31,617	주민행복과	2	4	7	8	7	1	1	4
3150	경남 하동군	노인회 운영 지원	90,372	주민행복과	2	4	7	8	7	1	1	3
3151	경남 하동군	지역사회보장협의체 운영	83,300	주민행복과	2	2	7	1	7	1	1	1
3152	경남 하동군	문화예술단체 보조금	87,500	문화체육과	2	4	7	8	7	1	1	4
3153	경남 하동군	게이트볼장 운영비	15,600	문화체육과	2	4	7	8	7	1	1	4
3154	경남 하동군	그라운드 골프장 운영비	5,000	문화체육과	2	4	7	8	7	1	1	4
3155	경남 하동군	하동군 게이트볼 연합회 사무실 운영비	5,000	문화체육과	2	4	7	8	7	1	1	4
3156	경남 하동군	파크골프장 운영비	5,000	문화체육과	2	4	7	8	7	1	1	4
3157	경남 하동군	농업경영인육성	12,000	농촌진흥과	2	1	7	8	7	1	1	1
3158	경남 산청군	돼지소모성질환 지도지원사업	42,000	농축산과	2	2	7	8	7	5	5	4
3159	경남 산청군	지방문화원 운영 지원	93,000	문화체육과	2	1	7	8	7	5	5	4
3160	경남 산청군	산청군체육회 사무국 운영지원	142,700	문화체육과	2	1	7	8	7	5	5	4

순번	시군구	지출명 (사업명)	2021년예산 (단위:천원/1년간)	담당자 (공무원) 담당부서	민간이전 분류 (지방자치단체 세출예산 집행기준에 의거) 1. 민간경상사업보조(307-02) 2. 민간단체 법정운영비보조(307-03) 3. 민간행사사업보조(307-04) 4. 민간위탁금(307-05) 5. 사회복지시설 법정운영비보조(307-10) 6. 민간인위탁교육비(307-12) 7. 공기관등에대한경상적위탁사업비(308-11) 8. 민간자본사업보조,자체재원(402-01) 9. 민간자본사업보조,이전재원(402-02) 10. 민간위탁사업비(402-03) 11. 공기관등에 대한 자본적 대행사업비(403-02)	민간이전지출 근거 (지방보조금 관리기준 참고) 1. 법률에 규정 2. 국고보조 재원(국가지정) 3. 용도 지정 기부금 4. 조례에 직접규정 5. 지자체가 권장하는 사업을 하는 공공기관 6. 시,도 정책 및 재정사정 7. 기타 8. 해당없음	입찰방식: 계약체결방법 (경쟁형태) 1. 일반경쟁 2. 제한경쟁 3. 지명경쟁 4. 수의계약 5. 법정위탁 6. 기타 ( ) 7. 해당없음	입찰방식: 계약기간 1. 1년 2. 2년 3. 3년 4. 4년 5. 5년 6. 기타 ( )년 7. 단기계약 (1년미만) 8. 해당없음	입찰방식: 낙찰자선정방법 1. 적격심사 2. 협상에의한계약 3. 최저가낙찰제 4. 규격가격분리 5. 2단계 경쟁입찰 6. 기타 ( ) 7. 해당없음	운영예산 산정: 운영예산 산정 1. 내부산정 (지자체 자체적으로 산정) 2. 외부산정 (외부전문기관위탁 산정) 3. 내·외부 모두 산정 4. 산정 無 5. 해당없음	운영예산 산정: 정산방법 1. 내부정산 (지자체 내부적으로 정산) 2. 외부정산 (외부전문기관위탁 정산) 3. 내·외부 모두 산정 4. 정산 無 5. 해당없음	성과평가 실시여부 1. 실시 2. 미실시 3. 향후 추진 4. 해당없음
3161	경남 산청군	장애인단체지원	12,300	복지지원과	2	1	7	8	7	5	5	4
3162	경남 산청군	대한노인회 산청군지회 운영	75,000	복지지원과	2	1	7	8	7	5	5	4
3163	경남 산청군	상이군경회산청군지회 운영	10,500	주민복지과	2	4	7	8	7	5	5	4
3164	경남 산청군	전몰군경유족회산청군지회 운영	10,500	주민복지과	2	4	7	8	7	5	5	4
3165	경남 산청군	전몰군경미망인회산청군지회 운영	10,500	주민복지과	2	4	7	8	7	5	5	4
3166	경남 산청군	무공수훈자회산청군지회 운영	9,500	주민복지과	2	4	7	8	7	5	5	4
3167	경남 산청군	고엽제전우회산청군지회 운영	9,500	주민복지과	2	4	7	8	7	5	5	4
3168	경남 산청군	6.25참전유공자회산청군지회 운영	11,300	주민복지과	2	4	7	8	7	5	5	4
3169	경남 산청군	월남참전유공자전우회산청군지회 운영	11,300	주민복지과	2	4	7	8	7	5	5	4
3170	경남 산청군	광복회경남북부연합지회 운영	1,000	주민복지과	2	4	7	8	7	5	5	4
3171	경남 산청군	산청군새마을회 운영	69,735	행정교육과	2	4	7	8	7	1	1	1
3172	경남 산청군	바르게살기운동산청군협의회 운영	27,000	행정교육과	2	1	7	8	7	1	1	1
3173	경남 산청군	한국자유총연맹산청군지회 운영	17,000	행정교육과	2	1	7	8	7	1	1	1
3174	경남 산청군	산청군재향군인회 운영비	6,400	행정교육과	2	1	7	8	7	1	1	1
3175	경남 산청군	환경관련 단체 육성	10,000	환경위생과	2	1	7	8	7	5	5	4
3176	경남 함양군	함양군체육회 사무국 운영비	120,000	체육청소년과	2	4	7	8	7	1	1	1
3177	경남 함양군	함양군체육회 지도자 교통비 지원	26,400	체육청소년과	2	4	7	8	7	1	1	1
3178	경남 함양군	함양군체육회 직원 처우개선비	37,400	체육청소년과	2	4	7	8	7	1	1	1
3179	경남 함양군	보훈단체관리	184,040	사회복지과	2	4	7	8	7	5	1	4
3180	경남 함양군	노인회 운영비	13,000	주민행복과	2	4	7	8	7	1	1	4
3181	경남 거창군	새마을회 운영비	23,000	행정과	2	1	7	8	7	1	1	1
3182	경남 거창군	바르게살기협의회 운영비	38,000	행정과	2	1	7	8	7	1	1	1
3183	경남 거창군	자유총연맹 운영비	20,600	행정과	2	1	7	8	7	1	1	1
3184	경남 거창군	민주평통 운영비	26,400	행정과	2	1	7	8	7	1	1	1
3185	경남 거창군	범죄피해자 지원센터 운영비	15,000	행정과	2	1	7	8	7	1	1	1
3186	경남 거창군	아림예술제 사무국 운영	22,000	문화관광과	2	1	7	8	7	5	5	4
3187	경남 거창군	한국예총 거창지부 운영	22,000	문화관광과	2	1	7	8	7	5	5	4
3188	경남 거창군	문회원 운영 지원사업	178,000	문화관광과	2	1	7	8	7	5	5	4
3189	경남 거창군	거창군사회복지협의회 운영	12,000	복지정책과	2	1	7	8	7	1	1	1
3190	경남 거창군	보훈단체 법정운영비 보조사업	107,000	복지정책과	2	1	7	7	7	1	1	1
3191	경남 거창군	지역사회보장협의체 운영 지원	46,000	복지정책과	2	1	7	8	7	1	1	1
3192	경남 거창군	대한노인회 거창군지회 운영	91,782	행복나눔과	2	3	7	8	7	1	1	1
3193	경남 거창군	지체장애인협회 지회 운영	25,850	행복나눔과	2	7	7	8	7	1	1	4
3194	경남 거창군	시각장애인복지연합회운영	8,000	행복나눔과	2	7	7	8	7	1	1	4
3195	경남 거창군	농아인협회 운영	6,600	행복나눔과	2	7	7	8	7	1	1	4
3196	경남 거창군	장애인부모회 운영	8,000	행복나눔과	2	7	7	8	7	1	1	4
3197	경남 거창군	척수장애인협회지회 운영	3,700	행복나눔과	2	7	7	8	7	1	1	4
3198	경남 거창군	도시재생주민협의체 활성화 사업	5,000	도시재생담당	2	7	7	8	7	1	1	1
3199	경남 거창군	응급의료 고도취약지역지원	120,000	보건소	2	2	7	8	7	5	5	4
3200	경남 거창군	체육회 사무국 운영비	165,891	체육시설사업소	2	1	7	8	7	1	1	1
3201	경남 거창군	거창사건희생자 유족회 사무실 운영지원	40,000	거창사건사업소	2	2	7	8	7	1	1	1
3202	경남 합천군	한의학박물관 운영지원	15,000	문화예술과	2	1	7	8	7	1	1	1
3203	경남 합천군	합천예총 운영지원	40,000	문화예술과	2	4	7	8	7	1	1	1
3204	경남 합천군	문화원 운영비	50,000	문화예술과	2	1	7	8	7	1	1	1
3205	경남 합천군	합천군관광협의회 활성화	50,000	관광진흥과	2	4	7	8	7	5	5	4
3206	경남 합천군	체육회 운영보조	150,000	체육시설과	2	4	7	8	7	1	1	1
3207	경남 합천군	새마을운동합천군지회 운영비 지원	45,000	행정과	2	4	7	8	7	1	1	1
3208	경남 합천군	바르게살기운동합천군협의회 운영비 지원	24,000	행정과	2	1	7	8	7	1	1	1
3209	경남 합천군	한국자유총연맹 합천군지회 운영비 지원	24,000	행정과	2	1	7	8	7	1	1	1
3210	경남 합천군	민주평통 합천군협의회 운영비 지원	12,000	행정과	2	1	7	8	7	1	1	1
3211	경남 합천군	(사)범죄피해자지원센터 운영비 지원	8,000	행정과	2	4	7	8	7	1	1	1

순번	시군구	지출명 (사업명)	2021년예산 (단위:천원/1년간)	담당자 (공무원) 담당부서	민간이전 분류 (지방자치단체 세출예산 집행기준에 의거) 1. 민간경상사업보조(307-02) 2. 민간단체 법정운영비보조(307-03) 3. 민간행사사업보조(307-04) 4. 민간위탁금(307-05) 5. 사회복지시설 법정운영비보조(307-10) 6. 민간인위탁교육비(307-12) 7. 공기관등에대한경상적위탁사업비(308-11) 8. 민간자본사업보조,자체재원(402-01) 9. 민간자본사업보조,이전재원(402-02) 10. 민간위탁사업비(402-03) 11. 공기관등에 대한 자본적 대행사업비(403-02)	민간이전지출 근거 (지방보조금 관리기준 참고) 1. 법률에 규정 2. 국고보조 재원(국가지정) 3. 용도 지정 기부금 4. 조례에 직접규정 5. 지자체가 권장하는 사업을 하는 공공기관 6. 시,도 정책 및 재정사정 7. 기타 8. 해당없음	입찰방식 계약체결방법 (경쟁형태) 1. 일반경쟁 2. 제한경쟁 3. 지명경쟁 4. 수의계약 5. 법정위탁 6. 기타 ( ) 7. 해당없음	입찰방식 계약기간 1. 1년 2. 2년 3. 3년 4. 4년 5. 5년 6. 기타 ( )년 7. 단기계약 (1년미만) 8. 해당없음	입찰방식 낙찰자선정방법 1. 적격심사 2. 협상에의한계약 3. 최저가낙찰제 4. 규격가격분리 5. 2단계 경쟁입찰 6. 기타 ( ) 7. 해당없음	운영예산 산정 운영예산 산정 1. 내부산정 (지자체 자체적으로 산정) 2. 외부산정 (외부전문기관위탁 산정) 3. 내·외부 모두 산정 4. 산정 無 5. 해당없음	운영예산 산정 정산방법 1. 내부정산 (지자체 내부적으로 정산) 2. 외부정산 (외부전문기관위탁 정산) 3. 내·외부 모두 산정 4. 정산 無 5. 해당없음	성과평가 실시여부 1. 실시 2. 미실시 3. 향후 추진 4. 해당없음
3212	경남 합천군	대한민국 상이군경회 합천군지회	11,200	주민복지과	2	1	7	8	7	1	1	2
3213	경남 합천군	대한민국 전몰군경유족회 합천군지회	11,200	주민복지과	2	1	7	8	7	1	1	2
3214	경남 합천군	대한민국 전몰군경미망인회 합천군지회	11,200	주민복지과	2	1	7	8	7	1	1	2
3215	경남 합천군	대한민국 무공수훈자회 합천군지회	12,200	주민복지과	2	1	7	8	7	1	1	2
3216	경남 합천군	대한민국 6.25참전유공자회 합천군지회	11,200	주민복지과	2	1	7	8	7	1	1	2
3217	경남 합천군	대한민국 고엽제전우회 합천군지회	11,200	주민복지과	2	1	7	8	7	1	1	2
3218	경남 합천군	합천군 재향군인회	10,000	주민복지과	2	1	7	8	7	1	1	2
3219	경남 합천군	대한민국 월남참전자회 합천군지회	10,200	주민복지과	2	1	7	8	7	1	1	2
3220	경남 합천군	광복회 경남북부연합지회	1,000	주민복지과	2	1	7	8	7	1	1	2
3221	경남 합천군	합천군지역사회보장협의체 운영 지원	38,000	주민복지과	2	1	7	8	7	1	1	1
3222	경남 합천군	장애인단체 지원	17,000	주민복지과	2	1	7	8	1	1	1	3
3223	경남 합천군	노인회 지원	91,695	노인아동여성과	2	4	7	8	7	1	1	1
3224	경남 합천군	한국4-H활동지원센터 운영	15,000	농정과	2	1	7	8	7	5	5	4
3225	전북 전주시	전주시 지속가능 업무추진	280,000	미래전략혁신과	2	4	7	8	7	1	1	1
3226	전북 전주시	전주시 새마을회 지원	30,600	자치행정과	2	1	7	8	7	1	1	1
3227	전북 전주시	바르게살기운동 전주시협의회 지원	28,800	자치행정과	2	1	7	8	7	1	1	1
3228	전북 전주시	한국자유총연맹 전주시지회 지원	19,532	자치행정과	2	1	7	8	7	1	1	1
3229	전북 전주시	자원봉사센터 운영	920,018	자치행정과	2	7	7	8	7	1	1	1
3230	전북 전주시	수소충전소 운영비 지원	130,000	수소경제탄소산업과	2	2	7	8	7	1	1	4
3231	전북 전주시	보훈행사 및 단체지원	319,000	생활복지과	2	4	7	8	7	5	1	1
3232	전북 전주시	노인행사 및 단체 지원	78,100	통합돌봄과	2	1	7	8	7	1	1	1
3233	전북 전주시	여성인력개발센터 운영지원	340,000	여성가족과	2	1	7	3	7	3	3	3
3234	전북 전주시	전주시 여성단체협의회 운영지원	23,000	여성가족과	2	1	7	3	7	3	3	3
3235	전북 전주시	전주문화원 지원	89,000	문화정책과	2	1	7	8	7	1	1	4
3236	전북 전주시	전주예총 운영지원	40,000	문화정책과	2	1	7	8	7	1	1	3
3237	전북 전주시	전주민예총 운영지원	15,000	문화정책과	2	1	7	8	7	1	1	3
3238	전북 전주시	영화(영상물) 촬영유치 지원	369,420	문화정책과	2	4	7	8	7	1	1	1
3239	전북 전주시	전주시민미디어센터 지원	57,000	문화정책과	2	1	7	8	7	1	1	1
3240	전북 전주시	전주시체육회 운영 지원	826,149	체육산업과	2	1	7	7	7	1	1	4
3241	전북 전주시	전주시체육회 운영 지원	10,000	체육산업과	2	1	7	7	7	1	1	4
3242	전북 전주시	전주시장애인체육회 운영 지원	304,079	체육산업과	2	4	7	8	7	1	1	1
3243	전북 전주시	생태하천협의회 운영지원	69,549	걷고싶은도시과	2	4	7	8	7	1	1	4
3244	전북 전주시	천만그루정원도시 추진위원회 운영	90,000	천만그루정원도시과	2	1	7	1	7	1	1	1
3245	전북 전주시	공립작은도서관 운영	731,520	전주시립도서관	2	4	7	8	7	1	1	1
3246	전북 군산시	군산시 새마을회 운영비	17,400	행정지원과	2	1	7	8	7	1	1	1
3247	전북 군산시	민주평통협의회 운영비	10,860	행정지원과	2	4	7	8	7	1	1	1
3248	전북 군산시	한국자유총연맹 군산시지회 운영	10,160	행정지원과	2	1	7	8	7	1	1	1
3249	전북 군산시	바르게살기운동 군산시지회 운영	2,400	행정지원과	2	1	7	8	7	1	1	1
3250	전북 군산시	노동조합 관리	30,000	일자리정책과	2	7	7	8	7	5	5	4
3251	전북 군산시	군산예총 경상운영비	62,000	문화예술과	2	4	7	8	7	5	5	4
3252	전북 군산시	문화원 운영비	70,800	문화정책계	2	4	6	1	6	1	1	1
3253	전북 군산시	장애인체육회지원	114,000	체육진흥과	2	1	7	8	7	5	5	4
3254	전북 군산시	체육회지원	264,000	체육진흥과	2	1	7	8	7	5	5	4
3255	전북 군산시	보훈단체운영지원	97,620	복지정책과	2	1	7	8	7	1	1	1
3256	전북 군산시	지역사회보장협의체운영	69,960	복지정책과	2	4	7	8	7	1	1	1
3257	전북 군산시	여성단체협의회운영지원	18,120	여성가족과	2	4	7	8	7	1	1	1
3258	전북 군산시	군산시 지속가능발전협의회 운영비 지원	5,000	환경정책과	2	1	7	8	7	1	1	1
3259	전북 군산시	자연보호군산시협의회 운영비 지원	5,000	환경정책과	2	1	7	8	7	1	1	1
3260	전북 군산시	한국농업경영인군산시연합회 단체 운영비	6,000	농업축산과	2	4	7	8	7	5	5	4
3261	전북 군산시	군산시 농민회 단체 운영비	3,700	농업축산과	2	4	7	8	7	5	5	4
3262	전북 정읍시	새마을운동 조직운영 및 국민행복을 위한 공동체 활성화 사업	34,120	총무과	2	1	7	8	7	5	5	3

순번	시군구	지출명 (사업명)	2021년예산 (단위:천원/1년간)	담당자 (공무원)	민간이전 분류 (지방자치단체 세출예산 집행기준에 의거)	민간이전지출 근거 (지방보조금 관리기준 참고)	입찰방식			운영예산 산정		성과평가 실시여부
				담당부서	1. 민간경상사업보조(307-02) 2. 민간단체 법정운영비보조(307-03) 3. 민간행사사업보조(307-04) 4. 민간위탁금(307-05) 5. 사회복지시설 법정운영비보조(307-10) 6. 민간인위탁교육비(307-12) 7. 공기관등에대한경상적위탁사업비(308-11) 8. 민간자본사업보조,자체재원(402-01) 9. 민간자본사업보조,이전재원(402-02) 10. 민간위탁사업비(402-03) 11. 공기관등에 대한 자본적 대행사업비(403-02)	1. 법률에 규정 2. 국고보조 재원(국가지정) 3. 용도 지정 기부금 4. 조례에 직접규정 5. 지자체가 권장하는 사업을 하는 공공기관 6. 시,도 정책 및 재정사정 7. 기타 8. 해당없음	계약체결방법 (경쟁형태) 1. 일반경쟁 2. 제한경쟁 3. 지명경쟁 4. 수의계약 5. 법정위탁 6. 기타 ( ) 7. 해당없음	계약기간 1. 1년 2. 2년 3. 3년 4. 4년 5. 5년 6. 기타 ( )년 7. 단기계약 (1년미만) 8. 해당없음	낙찰자선정방법 1. 적격심사 2. 협상에의한계약 3. 최저가낙찰제 4. 규격가격분리 5. 2단계 경쟁입찰 6. 기타 ( ) 7. 해당없음	운영예산 산정 1. 내부산정 (지자체 자체적으로 산정) 2. 외부산정 (외부전문기관위탁 산정) 3. 내·외부 모두 산정 4. 산정 無 5. 해당없음	정산방법 1. 내부정산 (지자체 내부적으로 정산) 2. 외부정산 (외부전문기관위탁 정산) 3. 내·외부 모두 산정 4. 정산 無 5. 해당없음	1. 실시 2. 미실시 3. 향후 추진 4. 해당없음
3263	전북 정읍시	한국자유총연맹 정읍시지회 단체조직 관리 및 운영비	11,460	총무과	2	1	7	8	7	5	5	3
3264	전북 정읍시	바르게살기운동 정읍시협의회 운영	17,580	총무과	2	1	7	8	7	5	5	3
3265	전북 정읍시	정읍문화원 운영비	134,000	문화예술과	2	4	7	8	7	5	5	3
3266	전북 정읍시	정읍예총 운영비	45,000	문화예술과	2	4	7	8	7	5	5	3
3267	전북 정읍시	수제천보존회 운영비 지원	84,000	문화예술과	2	4	7	8	7	5	5	3
3268	전북 정읍시	정읍사문화제 제전위원회 운영비	40,000	문화예술팀	2	7	7	8	7	5	5	3
3269	전북 정읍시	자원봉사센터 운영비	69,700	사회복지과	2	4	7	8	7	5	5	3
3270	전북 정읍시	자원봉사센터 인건비 지원	249,022	사회복지과	2	4	7	8	7	5	5	3
3271	전북 정읍시	정읍시체육회 운영 지원	221,089	교육체육청소년과	2	1	7	8	7	5	5	3
3272	전북 정읍시	정읍시 장애인체육회 운영 지원	95,280	교육체육청소년과	2	1	7	8	7	5	5	3
3273	전북 정읍시	정읍스포츠클럽 운영 지원	28,080	교육체육청소년과	2	1	7	8	7	5	5	3
3274	전북 정읍시	소비자상담센터 운영비	27,270	지역경제과	2	1	7	8	7	5	5	3
3275	전북 정읍시	정읍지속가능 발전협의회 운영 및 조직관리	82,220	환경과	2	4	7	8	7	5	5	3
3276	전북 정읍시	자연보호정읍시협의회 운영 및 조직관리	34,270	환경과	2	4	7	8	7	5	5	3
3277	전북 정읍시	지역자율방재단 운영비	3,500	안전총괄과	2	4	7	8	7	5	5	3
3278	전북 정읍시	귀농귀촌지원센터 운영비 지원	56,640	농업정책과	2	1	7	8	7	5	5	3
3279	전북 남원시	한국자유총연맹 남원시지회 법정운영비보조	11,400	행정지원과	2	1	7	8	7	1	1	1
3280	전북 남원시	바르게살기운동 남원시협의회 법정운영비보조	11,400	행정지원과	2	1	7	8	7	1	1	1
3281	전북 남원시	남원순창장수 범죄피해자지원센터 법정운영비보조	8,000	행정지원과	2	1	7	8	7	1	1	1
3282	전북 남원시	민주평화통일자문회의 남원시협의회 법정운영비보조	17,800	행정지원과	2	1	7	8	7	1	1	1
3283	전북 남원시	남원시재향군인회 법정운영비 보조	8,900	행정지원과	2	1	7	8	7	1	1	1
3284	전북 남원시	남원시 체육회 운영지원	295,905	교육체육과	2	4	7	7	7	1	1	1
3285	전북 남원시	장애인 체육회 운영지원	61,500	교육체육과	2	4	7	7	7	1	1	1
3286	전북 남원시	전일제 장애인 체육지도자 배치	66,464	교육체육과	2	4	7	7	7	1	1	1
3287	전북 남원시	춘향제 사무국 운영	110,221	관광과	2	4	7	8	7	1	1	1
3288	전북 남원시	남원시관광협의회 운영비	73,500	관광과	2	4	7	1	7	1	1	1
3289	전북 김제시	김제예총 운영비	42,464	문화홍보축제실	2	1	7	8	7	5	5	4
3290	전북 김제시	김제시 생활문화예술 동호회 간사 인건비	24,054	문화홍보축제실	2	1	7	8	7	5	5	4
3291	전북 김제시	문화원 운영비	6,842	문화홍보축제실	2	1	7	8	7	5	5	4
3292	전북 김제시	문화원 과장 인건비	26,000	문화홍보축제실	2	1	7	8	7	5	5	4
3293	전북 김제시	문화원 사무국장 인건비	32,000	문화홍보축제실	2	1	7	8	7	5	5	4
3294	전북 김제시	소비상담센터 운영비	18,750	경제진흥과	2	1	7	8	7	5	1	1
3295	전북 김제시	보훈단체 운영	13,308	주민복지과	2	1	7	8	7	1	1	1
3296	전북 김제시	보훈단체 운영	16,000	주민복지과	2	1	7	8	7	1	1	1
3297	전북 김제시	보훈단체 운영	16,025	주민복지과	2	1	7	8	7	1	1	1
3298	전북 김제시	보훈단체 운영	19,800	주민복지과	2	1	7	8	7	1	1	1
3299	전북 김제시	보훈단체 운영	14,000	주민복지과	2	1	7	8	7	1	1	1
3300	전북 김제시	보훈단체 운영	22,000	주민복지과	2	1	7	8	7	1	1	1
3301	전북 김제시	보훈단체 운영	13,700	주민복지과	2	1	7	8	7	1	1	1
3302	전북 김제시	사회복지협의회 운영	95,317	주민복지과	2	1	7	8	7	1	1	1
3303	전북 김제시	맞춤형 토탈 심부름센터 운영	90,185	주민복지과	2	1	7	8	7	1	1	1
3304	전북 김제시	지역사회보장협의체 운영비	47,963	주민복지과	2	4	7	8	7	1	1	1
3305	전북 김제시	지체장애인협회 사무실 운영비	3,898	주민복지과	2	1	7	8	7	1	1	1
3306	전북 김제시	꿈드래장애인협회 사무실 운영비	4,000	주민복지과	2	1	7	8	7	1	1	1
3307	전북 김제시	교통장애인협회 사무실 운영비	3,420	주민복지과	2	1	7	8	7	1	1	1
3308	전북 김제시	시각장애인협회 사무실 운영비	4,000	주민복지과	2	1	7	8	7	1	1	1
3309	전북 김제시	시각장애인협회 간사 인건비	20,000	주민복지과	2	1	7	8	7	1	1	1
3310	전북 김제시	시각장애인협회 차량 운영비	2,585	주민복지과	2	1	7	8	7	1	1	1
3311	전북 김제시	농아인협의회 사무실 운영비	3,600	주민복지과	2	1	7	8	7	1	1	1
3312	전북 김제시	신장장애인협회 사무실 운영비	3,800	주민복지과	2	1	7	8	7	1	1	1
3313	전북 김제시	한국신체장애인복지회 사무실 운영비	3,180	주민복지과	2	1	7	8	7	1	1	1

순번	시군구	지출명 (사업명)	2021년예산 (단위:천원/1년간)	담당자 (공무원) 담당부서	민간이전 분류 (지방자치단체 세출예산 집행기준에 의거) 1. 민간경상사업보조(307-02) 2. 민간단체 법정운영비보조(307-03) 3. 민간행사사업보조(307-04) 4. 민간위탁금(307-05) 5. 사회복지시설 법정운영비보조(307-10) 6. 민간인위탁교육비(307-12) 7. 공기관등에대한경상적위탁사업비(308-11) 8. 민간자본사업보조,자체재원(402-01) 9. 민간자본사업보조,이전재원(402-02) 10. 민간위탁사업비(402-03) 11. 공기관등에 대한 자본적 대행사업비(403-02)	민간이전지출 근거 (지방보조금 관리기준 참고) 1. 법률에 규정 2. 국고보조 재원(국가지정) 3. 용도 지정 기부금 4. 조례에 직접규정 5. 지자체가 권장하는 사업을 하는 공공기관 6. 시,도 정책 및 재정사정 7. 기타 8. 해당없음	입찰방식 계약체결방법 (경쟁형태) 1. 일반경쟁 2. 제한경쟁 3. 지명경쟁 4. 수의계약 5. 법정위탁 6. 기타 ( ) 7. 해당없음	입찰방식 계약기간 1. 1년 2. 2년 3. 3년 4. 4년 5. 5년 6. 기타 ( )년 7. 단기계약 (1년미만) 8. 해당없음	입찰방식 낙찰자선정방법 1. 적격심사 2. 협상에의한계약 3. 최저가낙찰제 4. 규격가격분리 5. 2단계 경쟁입찰 6. 기타 ( ) 7. 해당없음	운영예산 산정 운영예산 산정 1. 내부산정 (지자체 자체적으로 산정) 2. 외부산정 (외부전문기관위탁 산정) 3. 내·외부 모두 산정 4. 산정 無 5. 해당없음	운영예산 산정 정산방법 1. 내부정산 (지자체 내부적으로 정산) 2. 외부정산 (외부전문기관위탁 정산) 3. 내·외부 모두 산정 4. 정산 無 5. 해당없음	성과평가 실시여부 1. 실시 2. 미실시 3. 향후 추진 4. 해당없음
3314	전북 김제시	여성단체협의회 운영	11,000	여성가족과	2	1	7	8	7	5	5	4
3315	전북 김제시	(사)대한노인회 김제시지회 운영	71,651	여성가족과	2	4	7	8	7	5	5	4
3316	전북 김제시	공용버스터미널 간이정류소 운영	18,981	교통행정과	2	7	7	8	7	1	1	1
3317	전북 김제시	2021년 김제시체육회 사무실 운영비	35,000	체육청소년과	2	4	7	8	7	1	1	1
3318	전북 김제시	2021년 김제시체육회 직원 인건비	157,537	체육청소년과	2	4	7	8	7	1	1	1
3319	전북 김제시	2021년 김제시체육회 초과근무수당	5,000	체육청소년과	2	4	7	8	7	1	1	1
3320	전북 김제시	2021년 김제시 장애인체육회 사무실 운영비	5,000	체육청소년과	2	4	7	8	7	1	1	1
3321	전북 김제시	2021년 김제시 장애인체육회 직원 급여	77,550	체육청소년과	2	4	7	8	7	1	1	1
3322	전북 김제시	2021년 김제시 장애인체육회 초과근무수당	1,000	체육청소년과	2	4	7	8	7	1	1	1
3323	전북 김제시	민주평화 통일 자문회의	6,300	자치행정과	2	1	7	8	7	1	1	1
3324	전북 김제시	김제시새마을회 운영	25,000	자치행정과	2	1	7	8	7	1	1	1
3325	전북 김제시	새마을이동도서관 운영	15,152	자치행정과	2	1	7	8	7	1	1	1
3326	전북 김제시	바르게살기운영협의회 사무국 운영	7,745	자치행정과	2	1	7	8	7	1	1	1
3327	전북 김제시	자유총연맹 사무국 운영	7,480	자치행정과	2	1	7	8	7	1	1	1
3328	전북 김제시	재향군인회 사무국 운영	8,081	자치행정과	2	1	7	8	7	1	1	1
3329	전북 완주군	법정사회단체 운영지원	81,000	행정지원과	2	1	7	8	7	1	1	2
3330	전북 완주군	완주군 여성단체활동지원	80,000	교육아동복지과	2	1	7	3	7	1	1	1
3331	전북 완주군	완주예총 법정운영비 지원	35,000	문화관광과	2	1	5	8	7	1	1	3
3332	전북 완주군	완주문화원 운영비	130,000	문화관광과	2	1	5	8	7	1	1	3
3333	전북 완주군	소비자상담센터	15,000	일자리경제과	2	6	7	8	7	5	1	4
3334	전북 진안군	민주평통 진안군협의회 운영비	11,400	행정지원과	2	4	7	8	7	1	1	1
3335	전북 진안군	진안군 재향군인회 운영지원	19,980	행정지원과	2	4	7	8	7	1	1	3
3336	전북 진안군	바르게살기운동 진안군협의회 운영지원	27,630	행정지원과	2	4	7	8	7	1	1	3
3337	전북 진안군	자유총연맹 진안군지회 운영지원	22,290	행정지원과	2	4	7	8	7	1	1	3
3338	전북 진안군	새마을운동 진안군지회 운영지원	34,480	행정지원과	2	4	7	8	7	1	1	3
3339	전북 진안군	지역사회보장협의체	47,874	사회복지과	2	1	7	8	7	1	1	2
3340	전북 진안군	(사)자원봉사센터 운영비 지원	249,330	사회복지과	2	1	6	8	7	1	1	1
3341	전북 진안군	(사)자원봉사센터 운영비 지원	58,966	사회복지과	2	2	6	8	7	5	1	4
3342	전북 진안군	상이군경회 운영지원	29,341	사회복지과	2	1	7	8	7	1	1	1
3343	전북 진안군	전몰군경유족회 운영지원	1,926	사회복지과	2	1	7	8	7	1	1	1
3344	전북 진안군	전몰군경미망인회 운영지원	1,030	사회복지과	2	1	7	8	7	1	1	1
3345	전북 진안군	무공수훈자회 운영지원	20,800	사회복지과	2	1	7	8	7	1	1	1
3346	전북 진안군	6.25참전유공자회 운영지원	20,710	사회복지과	2	1	7	8	7	1	1	1
3347	전북 진안군	고엽제전우회 운영지원	6,460	사회복지과	2	1	7	8	7	1	1	1
3348	전북 진안군	월남참전자회 운영지원	25,200	사회복지과	2	1	7	8	7	1	1	1
3349	전북 진안군	농아인협회지원	1,920	사회복지과	2	4	7	8	7	1	1	1
3350	전북 진안군	꿈드래장애인협회 지원	30,917	사회복지과	2	1	7	8	7	1	1	1
3351	전북 진안군	지체장애인협회 지원	26,569	사회복지과	2	4	7	8	7	1	1	1
3352	전북 진안군	비영리민간단체 보듬 지원	17,460	사회복지과	2	4	7	8	7	5	5	4
3353	전북 진안군	노인회 운영비 지원	35,559	여성가족과	2	4	7	8	7	1	1	1
3354	전북 진안군	노인회 분회(읍면) 지원	58,320	여성가족과	2	4	7	8	7	1	1	1
3355	전북 진안군	시니어클럽 운영	290,000	여성가족과	2	2	7	8	7	1	1	1
3356	전북 진안군	시니어클럽 종사자 특별수당	7,200	여성가족과	2	2	7	8	7	1	1	1
3357	전북 진안군	진안문화원 운영	72,150	문화체육과	2	4	7	8	7	1	1	1
3358	전북 진안군	자연보호진안군협의회 운영비	21,880	환경과	2	1	7	8	7	1	1	1
3359	전북 진안군	용담호 수질개선협의회 운영	38,974	환경과	2	1	7	8	7	5	5	4
3360	전북 진안군	옛도랑 복원사업	30,000	환경과	2	1	7	8	7	5	5	4
3361	전북 무주군	민주평통 자문회의 사무실 운영경비	3,600	자치행정과	2	4	7	8	7	1	1	4
3362	전북 무주군	무주군재향군인회 사회단체지원	6,586	자치행정과	2	1	7	8	7	1	1	1
3363	전북 무주군	한국자유총연맹무주군지회 사회단체지원	12,335	자치행정과	2	1	7	8	7	1	1	1
3364	전북 무주군	바르게살기운동무주군협의회 사회단체지원	14,120	자치행정과	2	1	7	8	7	1	1	1

순번	시군구	지출명 (사업명)	2021년예산 (단위:천원/1년간)	담당자 (공무원) 담당부서	민간이전 분류 (지방자치단체 세출예산 집행기준에 의거) 1. 민간경상사업보조(307-02) 2. 민간단체 법정운영비보조(307-03) 3. 민간행사사업보조(307-04) 4. 민간위탁금(307-05) 5. 사회복지시설 법정운영비보조(307-10) 6. 민간인위탁교육비(307-12) 7. 공기관등에대한경상적위탁사업비(308-11) 8. 민간자본사업보조,자체재원(402-01) 9. 민간자본사업보조,이전재원(402-02) 10. 민간위탁사업비(402-03) 11. 공기관등에 대한 자본적 대행사업비(403-02)	민간이전지출 근거 (지방보조금 관리기준 참고) 1. 법률에 규정 2. 국고보조 재원(국가지정) 3. 용도 지정 기부금 4. 조례에 직접규정 5. 지자체가 권장하는 사업을 하는 공공기관 6. 시,도 정책 및 재정사정 7. 기타 8. 해당없음	입찰방식: 계약체결방법 (경쟁형태) 1. 일반경쟁 2. 제한경쟁 3. 지명경쟁 4. 수의계약 5. 법정위탁 6. 기타 ( ) 7. 해당없음	입찰방식: 계약기간 1. 1년 2. 2년 3. 3년 4. 4년 5. 5년 6. 기타 ( )년 7. 단기계약 (1년미만) 8. 해당없음	입찰방식: 낙찰자선정방법 1. 적격심사 2. 협상에의한계약 3. 최저가낙찰제 4. 규격가격분리 5. 2단계 경쟁입찰 6. 기타 ( ) 7. 해당없음	운영예산 산정: 운영예산 산정 1. 내부산정 (지자체 자체적으로 산정) 2. 외부산정 (외부전문기관위탁 산정) 3. 내·외부 모두 산정 4. 산정 無 5. 해당없음	운영예산 산정: 정산방법 1. 내부정산 (지자체 내부적으로 정산) 2. 외부정산 (외부전문기관위탁 정산) 3. 내·외부 모두 산정 4. 정산 無 5. 해당없음	성과평가 실시여부 1. 실시 2. 미실시 3. 향후 추진 4. 해당없음
3365	전북 무주군	새마을운동무주군지회 사회단체지원	23,043	자치행정과	2	1	7	8	7	1	1	1
3366	전북 무주군	자원봉사센터 운영	89,089	자치행정과	2	5	7	8	7	5	5	1
3367	전북 무주군	국내외 관광협력체계 구축	48,617	관광진흥과	2	4	7	8	7	1	1	4
3368	전북 무주군	무주군지역사회보장협의체 운영	63,030	사회복지과	2	1	7	8	7	1	1	1
3369	전북 무주군	무주군사회복지협의회 운영	11,040	사회복지과	2	4	7	8	7	1	1	1
3370	전북 무주군	보훈행사 추진 및 보훈단체 지원	77,421	사회복지과	2	1	7	8	7	1	1	1
3371	전북 무주군	장애인 단체 지원	44,703	사회복지과	2	1	5	8	7	5	3	1
3372	전북 무주군	노인회 운영 지원	110,190	사회복지과	2	1	5	8	7	1	1	3
3373	전북 장수군	전담직원 인건비	31,824	주민복지실	2	1	7	8	7	1	1	1
3374	전북 장수군	지역사회보장협의체 운영비	6,920	주민복지실	2	1	7	8	7	1	1	1
3375	전북 장수군	상이군경회 운영 지원	9,050	주민복지실	2	1	7	8	7	1	1	1
3376	전북 장수군	전몰군경미망인회 운영 지원	7,390	주민복지실	2	1	7	8	7	1	1	1
3377	전북 장수군	전몰군경유족회 운영 지원	7,250	주민복지실	2	1	7	8	7	1	1	1
3378	전북 장수군	6.25참전유공자회 운영 지원	14,720	주민복지실	2	1	7	8	7	1	1	1
3379	전북 장수군	월남참전전우회 운영 지원	8,580	주민복지실	2	1	7	8	7	1	1	1
3380	전북 장수군	고엽제전우회 운영 지원	7,440	주민복지실	2	1	7	8	7	1	1	1
3381	전북 장수군	무공수훈자회 운영 지원	9,481	주민복지실	2	1	7	8	7	1	1	1
3382	전북 장수군	지체장애인협회 운영 지원	30,146	주민복지실	2	4	7	8	7	1	1	1
3383	전북 장수군	대한노인회 운영 지원	24,550	주민복지실	2	1	7	8	7	1	1	1
3384	전북 장수군	장애인연합회 운영 지원	27,138	주민복지실	2	4	7	8	7	1	1	1
3385	전북 장수군	장수군 척수장애인협회 운영 지원	6,100	주민복지실	2	4	7	8	7	1	1	1
3386	전북 장수군	재향군인회 운영 지원	15,840	주민복지실	2	1	7	8	7	1	1	1
3387	전북 장수군	노인회 활성화 지원 사업	149,280	주민복지실	2	1	7	8	7	1	1	1
3388	전북 장수군	대한노인회 장수군지회 운영비 지원	28,249	주민복지실	2	1	7	8	7	1	1	1
3389	전북 장수군	경로당 회장 역량강화 교육 지원	6,900	주민복지실	2	1	7	8	7	1	1	1
3390	전북 장수군	노인 지도자 교육 지원	5,000	주민복지실	2	1	7	8	7	1	1	1
3391	전북 장수군	소비자고발센터 운영비 지원	36,572	일자리경제과	2	1	7	8	7	5	5	4
3392	전북 장수군	민주평통 자문회의 운영 지원	7,000	행정지원과	2	4	7	8	7	5	5	4
3393	전북 장수군	범죄피해자지원센터 운영 지원	8,000	행정지원과	2	4	7	8	7	5	5	4
3394	전북 장수군	새마을운동 운영 지원	36,882	행정지원과	2	4	7	8	7	1	1	1
3395	전북 장수군	바르게살기운동 운영 지원	25,997	행정지원과	2	4	7	8	7	1	1	1
3396	전북 장수군	자유총연맹 운영 지원	32,344	행정지원과	2	4	7	8	7	1	1	1
3397	전북 장수군	자원봉사센터 운영비	164,285	행정지원과	2	4	7	8	7	1	1	1
3398	전북 장수군	임대료, 공공요금 등	44,452	행정지원과	2	4	7	8	7	1	1	1
3399	전북 장수군	자원봉사 코디네이터 지원	58,966	행정지원과	2	2	7	8	7	1	1	4
3400	전북 장수군	자원봉사센터 운영 지원	20,422	행정지원과	2	4	7	8	7	1	1	4
3401	전북 장수군	자원봉사자 보험료 지원	1,610	행정지원과	2	2	7	8	7	1	1	4
3402	전북 장수군	문화원 인건비	90,133	문화체육관광과	2	4	7	8	7	1	1	1
3403	전북 장수군	문화원 운영지원	49,858	문화체육관광과	2	4	7	8	7	1	1	1
3404	전북 장수군	체육회운영비 지원	257,229	문화체육관광과	2	1	7	8	7	1	1	1
3405	전북 장수군	장애인체육회운영비 지원	127,604	문화체육관광과	2	1	7	8	7	1	1	1
3406	전북 장수군	공공스포츠클럽 운영지원	98,025	문화체육관광과	2	2	7	8	7	1	1	1
3407	전북 장수군	장수 신활력플러스사업단 운영	72,500	과수과	2	1	7	8	7	5	5	4
3408	전북 임실군	임실군지속가능발전협의회 운영	36,000	기획감사실	2	1	7	8	7	1	1	1
3409	전북 임실군	새마을운동임실군지회지원	24,000	행정지원과	2	1	7	8	7	1	1	1
3410	전북 임실군	민주평통자문회의지원	7,000	행정지원과	2	1	7	8	7	1	1	1
3411	전북 임실군	바르게살기운동사업지원	15,000	행정지원과	2	1	7	8	7	1	1	1
3412	전북 임실군	한국자유총연맹임실군지회지원	20,000	행정지원과	2	1	7	8	7	1	1	1
3413	전북 임실군	임실문화원경상운영비	122,000	문화체육과	2	4	7	8	7	5	5	4
3414	전북 임실군	임실군체육회 운영 지원	254,132	문화체육과	2	4	7	8	7	1	1	3
3415	전북 임실군	전라북도사격연맹 운영 지원	7,200	문화체육과	2	4	7	8	7	1	1	3

순번	시군구	지출명 (사업명)	2021년예산 (단위:천원/1년간)	담당자 (공무원) 담당부서	민간이전 분류 (지방자치단체 세출예산 집행기준에 의거) 1. 민간경상사업보조(307-02) 2. 민간단체 법정운영비보조(307-03) 3. 민간행사사업보조(307-04) 4. 민간위탁금(307-05) 5. 사회복지시설 법정운영비보조(307-10) 6. 민간인위탁교육비(307-12) 7. 공기관등에대한경상적위탁사업비(308-11) 8. 민간자본사업보조,자체재원(402-01) 9. 민간자본사업보조,이전재원(402-02) 10. 민간위탁사업비(402-03) 11. 공기관등에 대한 자본적 대행사업비(403-02)	민간이전지출 근거 (지방보조금 관리기준 참고) 1. 법률에 규정 2. 국고보조 재원(국가지정) 3. 용도 지정 기부금 4. 조례에 직접규정 5. 지자체가 권장하는 사업을 하는 공공기관 6. 시,도 정책 및 재정사정 7. 기타 8. 해당없음	입찰방식 계약체결방법 (경쟁형태) 1. 일반경쟁 2. 제한경쟁 3. 지명경쟁 4. 수의계약 5. 법정위탁 6. 기타 ( ) 7. 해당없음	계약기간 1. 1년 2. 2년 3. 3년 4. 4년 5. 5년 6. 기타 ( )년 7. 단기계약 (1년미만) 8. 해당없음	낙찰자선정방법 1. 적격심사 2. 협상에의한계약 3. 최저가낙찰제 4. 규격가격분리 5. 2단계 경쟁입찰 6. 기타 ( ) 7. 해당없음	운영예산 산정 운영예산 산정 1. 내부산정 (지자체 자체적으로 산정) 2. 외부산정 (외부전문기관위탁 산정) 3. 내·외부 모두 산정 4. 산정 無 5. 해당없음	정산방법 1. 내부정산 (지자체 내부적으로 정산) 2. 외부정산 (외부전문기관위탁 정산) 3. 내·외부 모두 산정 4. 정산 無 5. 해당없음	성과평가 실시여부 1. 실시 2. 미실시 3. 향후 추진 4. 해당없음
3416	전북 임실군	임실군장애인체육회 운영 지원	32,742	문화체육과	2	4	7	8	7	1	1	3
3417	전북 임실군	한국예총 임실지회 운영비	25,000	문화체육과	2	4	7	8	7	5	5	4
3418	전북 임실군	상이군경회 운영지원	7,500	주민복지과	2	1	7	8	7	1	1	4
3419	전북 임실군	무공수훈자회 운영지원	7,500	주민복지과	2	1	7	8	7	1	1	4
3420	전북 임실군	전몰군경유족회 운영지원	7,500	주민복지과	2	1	7	8	7	1	1	4
3421	전북 임실군	전몰군경미망인회 운영지원	7,500	주민복지과	2	1	7	8	7	1	1	4
3422	전북 임실군	광복회 운영지원	7,200	주민복지과	2	1	7	8	7	1	1	4
3423	전북 임실군	6.25참전유공자회 운영지원	11,000	주민복지과	2	1	7	8	7	1	1	4
3424	전북 임실군	월남참전자회 운영지원	5,000	주민복지과	2	1	7	8	7	1	1	4
3425	전북 임실군	고엽제전우회 운영지원	5,000	주민복지과	2	1	7	8	7	1	1	4
3426	전북 임실군	재향군인회 운영지원	3,000	주민복지과	2	1	7	8	7	1	1	4
3427	전북 임실군	지역사회보장협의체 운영	48,000	주민복지과	2	4	7	8	7	1	1	1
3428	전북 임실군	한국농업경영인 임실군연합회 운영지원	11,400	농업축산과	2	4	7	8	7	1	1	1
3429	전북 임실군	(사)임실군 귀농귀촌지원센터운영지원	70,000	농촌활력과	2	4	7	8	7	1	1	1
3430	전북 순창군	새마을조직 운영비	33,000	행정과	2	4	7	8	7	1	1	1
3431	전북 순창군	한국자유총연맹 순창군지회 운영비 지원	3,400	행정과	2	1	7	8	7	1	1	1
3432	전북 순창군	바르게살기운동순창군협의회 운영비 지원	3,200	행정과	2	1	7	8	7	1	1	1
3433	전북 순창군	범죄피해자 지원센터 운영비 지원	6,000	행정과	2	1	7	8	7	1	1	1
3434	전북 순창군	재향군인회 순창군지회 운영비 지원	9,300	행정과	2	4	7	8	7	1	1	1
3435	전북 순창군	장애인연합회운영비	24,740	주민복지과	2	4	7	1	7	3	3	1
3436	전북 순창군	문화원 운영비	87,470	문화관광과	2	1	7	1	7	1	1	1
3437	전북 순창군	국악원 운영비	16,000	문화관광과	2	1	7	1	7	1	1	1
3438	전북 순창군	소비자상담센터 운영 지원	12,000	경제교통과	2	1	7	8	7	1	1	1
3439	전북 순창군	소비자상담센터 운영 지원	12,000	경제교통과	2	1	7	8	7	1	1	1
3440	전북 순창군	순창군체육회 사무국 운영지원	217,702	체육진흥사업소	2	4	7	8	7	1	1	1
3441	전북 순창군	순창군장애인체육회 사무국 운영지원	29,371	체육진흥사업소	2	4	7	8	7	1	1	1
3442	전북 고창군	여성농업인센터운영 지원사업	114,000	농생명지원과	2	6	7	8	7	5	5	4
3443	전북 고창군	농촌보육여건개선사업	143,500	농생명지원과	2	2	7	8	7	5	5	4
3444	전북 고창군	한국여성소비자연합 고창군지부 소비자상담센터 운영비 보조	23,000	상생경제과	2	1	7	8	7	1	1	2
3445	전북 고창군	오거리당산보존회 운영비 보조	5,000	문화예술과	2	4	7	7	7	1	1	1
3446	전북 고창군	한국예술문화단체 고창지회 운영비 보조	27,000	문화예술과	2	4	7	7	7	1	1	1
3447	전북 고창군	자원봉사센터운영비보조	110,000	사회복지과	2	4	7	1	7	1	1	1
3448	전북 고창군	자원봉사코디네이터인건비지원	58,966	사회복지과	2	2	7	1	7	1	1	1
3449	전북 고창군	자원봉사자보험료지원	3,570	사회복지과	2	2	7	1	7	1	1	1
3450	전북 고창군	장애인생활이동지원센터운영	143,654	사회복지과	2	4	7	8	7	1	1	2
3451	전북 고창군	장애인수어통역센터운영지원	120,607	사회복지과	2	4	7	8	7	1	1	2
3452	전북 고창군	대한노인회 지원	149,280	사회복지과	2	1	7	8	7	1	1	4
3453	전북 고창군	대한노인회지회 지원사업	44,800	사회복지과	2	1	7	8	7	1	1	4
3454	전북 고창군	여성취업상담사 인건비	57,952	사회복지과	2	2	7	8	7	5	5	4
3455	전북 고창군	여성취업상담사 비정규직처우개선	5,520	사회복지과	2	2	7	8	7	5	5	4
3456	전북 고창군	여성취업상담사 활동여비	3,600	사회복지과	2	2	7	8	7	5	5	4
3457	전북 고창군	고창군체육회운영지원	191,050	체육청소년사업소	2	1	6	1	6	3	3	1
3458	전북 고창군	고창군장애인체육회운영지원	99,797	체육청소년사업소	2	1	6	1	6	3	3	1
3459	전북 부안군	민주평화통일자문회의 부안군협의회 운영지원	30,000	자치행정담당관	2	1	7	8	7	1	1	1
3460	전북 부안군	정읍범죄피해자지원센터 운영지원	10,000	자치행정담당관	2	1	7	8	7	1	1	1
3461	전북 부안군	새마을운동 부안군지회 운영지원	31,000	자치행정담당관	2	1	7	8	7	1	1	1
3462	전북 부안군	바르게살기운동부안군협의회 운영지원	12,000	자치행정담당관	2	1	7	8	7	1	1	1
3463	전북 부안군	한국자유총연맹 부안군지회 운영지원	6,000	자치행정담당관	2	1	7	8	7	1	1	1
3464	전북 부안군	부안군자원봉사센터 운영비 지원	156,819	자치행정담당관	2	1	7	8	7	1	1	1
3465	전북 부안군	자원봉사자 운영 지원	10,000	자치행정담당관	2	1	7	8	7	1	1	1
3466	전북 부안군	자원봉사자 코디네이터 지원 육성	58,966	자치행정담당관	2	1	7	8	7	1	1	1

순번	시군구	지출명 (사업명)	2021년예산 (단위:천원/1년간)	담당자 (공무원) 담당부서	민간이전 분류 (지방자치단체 세출예산 집행기준에 의거) 1. 민간경상사업보조(307-02) 2. 민간단체 법정운영비보조(307-03) 3. 민간행사사업보조(307-04) 4. 민간위탁금(307-05) 5. 사회복지시설 법정운영비보조(307-10) 6. 민간인위탁교육비(307-12) 7. 공기관등에대한경상적위탁사업비(308-11) 8. 민간자본사업보조,자체재원(402-01) 9. 민간자본사업보조,이전재원(402-02) 10. 민간위탁사업비(402-03) 11. 공기관등에 대한 자본적 대행사업비(403-02)	민간이전지출 근거 (지방보조금 관리기준 참고) 1. 법률에 규정 2. 국고보조 재원(국가지정) 3. 용도 지정 기부금 4. 조례에 직접규정 5. 지자체가 권장하는 사업을 하는 공공기관 6. 시,도 정책 및 재정사정 7. 기타 8. 해당없음	입찰방식 계약체결방법 (경쟁형태) 1. 일반경쟁 2. 제한경쟁 3. 지명경쟁 4. 수의계약 5. 법정위탁 6. 기타 ( ) 7. 해당없음	입찰방식 계약기간 1. 1년 2. 2년 3. 3년 4. 4년 5. 5년 6. 기타 ( )년 7. 단기계약 (1년미만) 8. 해당없음	입찰방식 낙찰자선정방법 1. 적격심사 2. 협상에의한계약 3. 최저가낙찰제 4. 규격가격분리 5. 2단계 경쟁입찰 6. 기타 ( ) 7. 해당없음	운영예산 산정 운영예산 산정 1. 내부산정 (지자체 자체적으로 산정) 2. 외부산정 (외부전문기관위탁 산정) 3. 내·외부 모두 산정 4. 산정 無 5. 해당없음	운영예산 산정 정산방법 1. 내부정산 (지자체 내부적으로 정산) 2. 외부정산 (외부전문기관위탁 정산) 3. 내·외부 모두 산정 4. 정산 無 5. 해당없음	성과평가 실시여부 1. 실시 2. 미실시 3. 향후 추진 4. 해당없음
3467	전북 부안군	소비자정보센터 운영	26,000	일자리경제팀	2	1	7	7	7	1	1	2
3468	전북 부안군	문화원 문화학교 운영	11,000	문화관광과	2	1	7	8	7	1	1	1
3469	전북 부안군	문화원사업	37,000	문화관광과	2	1	7	8	7	1	1	1
3470	전북 부안군	문화원 사무국 운영	120,000	문화관광과	2	1	7	8	7	1	1	1
3471	전북 부안군	문화예술단체(예총) 교류지원사업	27,000	문화관광과	2	1	7	8	7	1	1	1
3472	전북 부안군	향교문화전승 보전사업(기로연)	3,000	동학인문TF	2	4	1	1	6	1	1	2
3473	전북 부안군	계양서원 제례지원	1,500	동학인문TF	2	4	1	1	6	1	1	2
3474	전북 부안군	문묘석전대제 제례 지원	10,000	동학인문TF	2	4	1	1	6	1	1	2
3475	전북 부안군	제127주년 동학농민혁명 백산대회 기념식	30,000	동학인문TF	2	4	1	1	6	1	1	2
3476	전북 부안군	부안 동학농민혁명 학술대회	18,000	동학인문TF	2	4	1	1	6	1	1	2
3477	전북 부안군	군노인회 서예교실 운영	5,000	사회복지과	2	4	7	7	7	1	1	4
3478	전북 부안군	군노인회 자원봉사단 운영	2,000	사회복지과	2	4	7	7	7	1	1	4
3479	전북 부안군	군노인회 노인대학 운영	10,000	사회복지과	2	4	7	7	7	1	1	4
3480	전북 부안군	군노인회 향토문화노인대학 운영	5,000	사회복지과	2	4	7	7	7	1	1	4
3481	전북 부안군	대한노인회 부안군지회 분회 지원	23,400	사회복지과	2	4	7	7	7	1	1	4
3482	전북 부안군	대한노인회 부안군지회 운영비 지원	30,000	사회복지과	2	4	7	7	7	1	1	4
3483	전북 부안군	노인회 활성화 지원사업	149,280	사회복지과	2	4	7	7	7	1	1	4
3484	전북 부안군	장애인연합회 운영	17,400	사회복지과	2	1	2	1	1	1	1	3
3485	전북 부안군	지체장애인협회 운영	7,000	사회복지과	2	1	2	1	1	1	1	3
3486	전북 부안군	시각장애인협회 운영	5,000	사회복지과	2	1	2	1	1	1	1	3
3487	전북 부안군	농아인협회 운영	5,000	사회복지과	2	1	2	1	1	1	1	3
3488	전북 부안군	신장장애인협회 운영	5,000	사회복지과	2	1	2	1	1	1	1	3
3489	전북 부안군	지적장애인협회 운영	10,000	사회복지과	2	1	2	1	1	1	1	3
3490	전북 부안군	6.25 참전 유공자회 부안군지회 운영	16,000	사회복지과	2	1	2	1	1	1	1	3
3491	전북 부안군	월남전 참전자회 운영	13,000	사회복지과	2	1	2	1	1	1	1	3
3492	전북 부안군	상이군경회 부안군지회 운영	14,000	사회복지과	2	1	2	1	1	1	1	3
3493	전북 부안군	전몰군경 유족회 부안군지회 운영	13,000	사회복지과	2	1	2	1	1	1	1	3
3494	전북 부안군	전몰군경 미망인회 부안군지회 운영	13,000	사회복지과	2	1	2	1	1	1	1	3
3495	전북 부안군	무공수훈자회 부안군지회 운영	13,000	사회복지과	2	1	2	1	1	1	1	3
3496	전북 부안군	부안재향군인회 운영	5,000	사회복지과	2	1	2	1	1	1	1	3
3497	전북 부안군	고엽제전우회 부안군지회 운영 및 차량유류비	18,800	사회복지과	2	1	2	1	1	1	1	3
3498	전북 부안군	현충일 추념 행사	10,000	사회복지과	2	1	2	7	1	1	1	3
3499	전북 부안군	자율방재단 운영비 지원	12,000	안전총괄과	2	4	7	1	7	1	1	1
3500	전북 부안군	부안군체육회 지원	189,980	문화체육시설사업소	2	4	7	8	7	1	1	1
3501	전북 부안군	부안군장애인체육회 지원	104,580	문화체육시설사업소	2	4	7	8	7	1	1	1
3502	전북 부안군	부안새만금공공스포츠클럽 운영	30,400	문화체육시설사업소	2	2	7	8	7	1	1	1
3503	전라남도	전라남도 새마을회 운영비	50,000	자치행정과	2	1	7	8	7	5	5	4
3504	전라남도	민주평화통일자문회의 전남지역회의 운영	12,000	자치행정과	2	1	7	8	7	5	5	4
3505	전남 완도군	보훈단체 운영비지원	131,600	주민복지과	2	1	7	1	7	1	1	1
3506	전남 완도군	장애인단체 운영비지원	24,000	주민복지과	2	1	7	8	7	1	1	1
3507	전남 완도군	대한노인회 운영비지원	80,000	주민복지과	2	7	7	8	7	1	1	1
3508	전남 완도군	노인회 활성화지원	38,387	주민복지과	2	2	7	8	7	5	1	1
3509	전남 완도군	완도군체육회 운영비	61,800	체육진흥과	2	2	7	8	7	5	5	4
3510	전남 목포시	푸른목포가꾸기사업	25,000	환경보호과	2	4	7	8	7	3	3	1
3511	전남 목포시	목포문화원 운영보조금	90,000	문화예술과	2	6	7	8	7	1	1	1
3512	전남 목포시	문화재단 운영비	267,084	문화예술과	2	4	7	8	7	1	1	1
3513	전남 목포시	목포시체육회 운영비 보조	224,000	교육체육과	2	4	7	8	7	3	3	1
3514	전남 목포시	목포시장애인체육회 운영비 보조	110,000	교육체육과	2	4	7	8	7	3	3	1
3515	전남 목포시	전라남도체육대회 출전 우수선수 육성지원	66,000	교육체육과	2	4	7	8	7	5	5	4
3516	전남 목포시	전라남도체육대회 출전 우수선수 육성 지원비	40,000	교육체육과	2	4	7	8	7	3	3	1
3517	전남 목포시	전라남도체육대회 출전팀 경기력 향상비	13,000	교육체육과	2	4	7	8	7	3	3	1

순번	시군구	지출명 (사업명)	2021년예산 (단위:천원/1년간)	담당자 (공무원) 담당부서	민간이전 분류 (지방자치단체 세출예산 집행기준에 의거) 1. 민간경상사업보조(307-02) 2. 민간단체 법정운영비보조(307-03) 3. 민간행사사업보조(307-04) 4. 민간위탁금(307-05) 5. 사회복지시설 법정운영비보조(307-10) 6. 민간인위탁교육비(307-12) 7. 공기관등에대한경상적위탁사업비(308-11) 8. 민간자본사업보조,자체재원(402-01) 9. 민간자본사업보조,이전재원(402-02) 10. 민간위탁사업비(402-03) 11. 공기관등에 대한 자본적 대행사업비(403-02)	민간이전지출 근거 (지방보조금 관리기준 참고) 1. 법률에 규정 2. 국고보조 재원(국가지정) 3. 용도 지정 기부금 4. 조례에 직접규정 5. 지자체가 권장하는 사업을 하는 공공기관 6. 시,도 정책 및 재정사정 7. 기타 8. 해당없음	입찰방식 계약체결방법 (경쟁형태) 1. 일반경쟁 2. 제한경쟁 3. 지명경쟁 4. 수의계약 5. 법정위탁 6. 기타 ( ) 7. 해당없음	입찰방식 계약기간 1. 1년 2. 2년 3. 3년 4. 4년 5. 5년 6. 기타 ( )년 7. 단기계약 (1년미만) 8. 해당없음	입찰방식 낙찰자선정방법 1. 적격심사 2. 협상에의한계약 3. 최저가낙찰제 4. 규격가격분리 5. 2단계 경쟁입찰 6. 기타 ( ) 7. 해당없음	운영예산 산정 운영예산 산정 1. 내부산정 (지자체 자체적으로 산정) 2. 외부산정 (외부전문기관위탁 산정) 3. 내·외부 모두 산정 4. 산정 無 5. 해당없음	운영예산 산정 정산방법 1. 내부정산 (지자체 내부적으로 정산) 2. 외부정산 (외부전문기관위탁 정산) 3. 내·외부 모두 산정 4. 정산 無 5. 해당없음	성과평가 실시여부 1. 실시 2. 미실시 3. 향후 추진 4. 해당없음
3518	전남 목포시	전라남도체육대회 출전종목 육성학교 지원비	9,000	교육체육과	2	4	7	8	7	3	3	1
3519	전남 목포시	시대표 우수선수 및 지도자 지원비	4,000	교육체육과	2	4	7	8	7	3	3	1
3520	전남 목포시	체육진흥사업 지원비	40,000	교육체육과	2	4	7	8	7	3	3	1
3521	전남 목포시	전라남도 장애인체육대회 출전 우수선수 육성 지원	28,000	교육체육과	2	4	7	8	7	5	5	4
3522	전남 목포시	종목별 경기력 향상 지원	18,000	교육체육과	2	4	7	8	7	3	3	1
3523	전남 목포시	전라남도장애인체육대회 상위입상팀 지원	10,000	교육체육과	2	4	7	8	7	3	3	1
3524	전남 목포시	보훈단체 운영보조금(8개단체)	105,600	사회복지과	2	4	7	8	7	1	1	1
3525	전남 목포시	목포시 소상공인연합회 콜센터 운영	32,000	지역경제과	2	4	7	8	7	1	1	1
3526	전남 여수시	오천산단 공동 폐수처리시설 관리 지원	349,200	산업지원과	2	4	7	8	7	1	1	4
3527	전남 여수시	노사민정협의회 사무국 운영경비	96,104	산업지원과	2	4	5	8	7	1	1	1
3528	전남 여수시	수소연료전지차 충전소 운영비 지원	50,000	산업지원과	2	1	7	8	7	1	1	1
3529	전남 여수시	(사)여수시관광협의회 사무국 운영 지원	86,149	관광과	2	1	7	8	7	1	1	1
3530	전남 여수시	여수문화원 운영지원	95,000	문화예술과	2	1	7	8	7	1	1	3
3531	전남 여수시	각종 문화예술 행사	33,500	문화예술과	2	1	7	8	7	1	1	3
3532	전남 여수시	각종 문화예술 행사	12,000	문화예술과	2	1	7	8	7	1	1	3
3533	전남 여수시	문화콘텐츠사업 추진	52,000	문화예술과	2	7	7	8	7	5	5	3
3534	전남 여수시	노인단체 지원	26,400	노인장애인과	2	1	7	8	7	1	1	2
3535	전남 여수시	노인단체 지원	5,300	노인장애인과	2	1	7	8	7	1	1	2
3536	전남 여수시	노인단체 지원	4,860	노인장애인과	2	4	7	8	7	1	1	2
3537	전남 여수시	장애인단체지원	12,000	노인장애인과	2	1	7	8	7	1	1	1
3538	전남 여수시	장애인단체지원	12,000	노인장애인과	2	1	7	8	7	1	1	1
3539	전남 여수시	장애인단체지원	6,600	노인장애인과	2	1	7	8	7	1	1	1
3540	전남 여수시	장애인단체지원	14,000	노인장애인과	2	1	7	8	7	1	1	1
3541	전남 여수시	환경정책사업 보조	10,000	기후생태과	2	1	7	8	7	5	5	4
3542	전남 여수시	환경정책사업 보조	81,000	기후생태과	2	1	7	8	7	5	5	4
3543	전남 여수시	어촌체험마을 체험장 수리비 지원	24,000	해양항만레저과	2	1	7	8	7	1	1	3
3544	전남 여수시	대한민국 무공수훈자회 지원	1,300	사회복지과	2	4	7	8	7	1	1	3
3545	전남 여수시	대한민국 고엽제전우회 여수시지회 지원	3,500	사회복지과	2	4	7	8	7	1	1	3
3546	전남 여수시	대한민국 6.25 참전유공자회 지원	13,000	사회복지과	2	4	7	8	7	1	1	3
3547	전남 여수시	대한민국 특수임무유공자회 지원	3,000	사회복지과	2	4	7	8	7	1	1	3
3548	전남 여수시	대한민국 월남전참전자회 지원	12,000	사회복지과	2	4	7	8	7	1	1	3
3549	전남 여수시	대한민국 무공수훈자회 지원	13,000	사회복지과	2	4	7	8	7	1	1	3
3550	전남 여수시	대한민국 상이군경회 여수시지회 지원	15,800	사회복지과	2	4	7	8	7	1	1	3
3551	전남 여수시	대한민국 전몰군경유족회 여수시지회 지원	13,000	사회복지과	2	4	7	8	7	1	1	3
3552	전남 여수시	대한민국 전몰군경미망인회 여수시지회 지원	13,000	사회복지과	2	4	7	8	7	1	1	3
3553	전남 여수시	대한민국 고엽제전우회 여수시지회 지원	13,000	사회복지과	2	4	7	8	7	1	1	3
3554	전남 여수시	광복회 전라남도지부 동부연합지회 지원	1,930	사회복지과	2	4	7	8	7	1	1	3
3555	전남 여수시	지역사회보장협의체 운영 지원	105,739	사회복지과	2	1	7	8	7	1	1	1
3556	전남 여수시	사회복지협의회 운영 지원	40,000	사회복지과	2	4	7	8	7	1	1	1
3557	전남 순천시	민간단체 보조금 지원	123,400	자치혁신과	2	4	7	8	7	5	5	3
3558	전남 순천시	시민사회단체 협력지원	106,200	자치혁신과	2	4	7	8	7	5	5	3
3559	전남 순천시	(사)순천시 자원봉사센터 운영	520,180	자치혁신과	2	4	7	8	7	5	5	3
3560	전남 순천시	전남영상위원회 운영	158,000	문화예술과	2	4	7	8	7	5	5	3
3561	전남 순천시	문화예술 행사	654,500	문화예술과	2	4	7	8	7	5	5	3
3562	전남 순천시	보훈가족 및 보훈단체 지원	3,459,892	사회복지과	2	4	7	8	7	5	5	3
3563	전남 순천시	순천예총 운영	35,000	문화예술과	2	4	7	8	7	5	5	3
3564	전남 순천시	지역사회보장협의체운영	93,884	사회복지과	2	4	7	8	7	5	5	3
3565	전남 순천시	사회복지협의회 운영	40,000	사회복지과	2	1	7	8	7	5	5	3
3566	전남 광양시	관광협의회 및 관광협업센터 운영지원	60,000	관광과	2	6	7	8	7	5	5	4
3567	전남 광양시	한국농업경영인광양시연합회 운영비	9,910	농업지원과	2	4	6	1	7	3	1	1
3568	전남 광양시	광양예총 법정운영비	35,000	문화예술과	2	4	7	8	7	1	1	3

순번	시군구	지출명 (사업명)	2021년예산 (단위:천원/1년간)	담당자 (공무원) 담당부서	민간이전 분류 (지방자치단체 세출예산 집행기준에 의거) 1. 민간경상사업보조(307-02) 2. 민간단체 법정운영비보조(307-03) 3. 민간행사사업보조(307-04) 4. 민간위탁금(307-05) 5. 사회복지시설 법정운영비보조(307-10) 6. 민간인위탁교육비(307-12) 7. 공기관등에대한경상적위탁사업비(308-11) 8. 민간자본사업보조,자체재원(402-01) 9. 민간자본사업보조,이전재원(402-02) 10. 민간위탁사업비(402-03) 11. 공기관등에 대한 자본적 대행사업비(403-02)	민간이전지출 근거 (지방보조금 관리기준 참고) 1. 법률에 규정 2. 국고보조 재원(국가지정) 3. 용도 지정 기부금 4. 조례에 직접규정 5. 지자체가 권장하는 사업을 하는 공공기관 6. 시,도 정책 및 재정사정 7. 기타 8. 해당없음	입찰방식 계약체결방법 (경쟁형태) 1. 일반경쟁 2. 제한경쟁 3. 지명경쟁 4. 수의계약 5. 법정위탁 6. 기타 ( ) 7. 해당없음	입찰방식 계약기간 1. 1년 2. 2년 3. 3년 4. 4년 5. 5년 6. 기타 ( )년 7. 단기계약 (1년미만) 8. 해당없음	입찰방식 낙찰자선정방법 1. 적격심사 2. 협상에의한계약 3. 최저가낙찰제 4. 규격가격분리 5. 2단계 경쟁입찰 6. 기타 ( ) 7. 해당없음	운영예산 산정 운영예산 산정 1. 내부산정 (지자체 자체적으로 산정) 2. 외부산정 (외부전문기관위탁 산정) 3. 내·외부 모두 산정 4. 산정 無 5. 해당없음	운영예산 산정 정산방법 1. 내부정산 (지자체 내부적으로 정산) 2. 외부정산 (외부전문기관위탁 정산) 3. 내·외부 모두 산정 4. 정산 無 5. 해당없음	성과평가 실시여부 1. 실시 2. 미실시 3. 향후 추진 4. 해당없음
3569	전남 광양시	광양문화원 법정운영비	71,000	문화예술과	2	4	7	8	7	1	1	3
3570	전남 광양시	정보화마을 프로그램관리자 마을채용 지원사업	108,452	정보통신과	2	1	7	8	7	3	3	1
3571	전남 광양시	광양시체육회법정운영비	113,200	체육과	2	1	7	7	7	1	1	1
3572	전남 광양시	광양시 장애인체육회 법정운영비	62,000	체육과	2	1	7	7	7	1	1	1
3573	전남 광양시	광양기후환경네트워크 운영비 지원	45,000	환경과	2	1	7	8	7	1	1	4
3574	전남 담양군	민주평통담양군협의회 운영비	8,400	자치행정과	2	1	7	8	7	5	5	4
3575	전남 담양군	한국자유총연맹 전남담양군지회 운영비	26,000	자치행정과	2	1	7	8	7	5	5	4
3576	전남 담양군	담양군새마을회 운영비	60,000	자치행정과	2	1	7	8	7	5	5	4
3577	전남 담양군	바르게살기운동담양군협의회 운영비	24,000	자치행정과	2	1	7	8	7	5	5	4
3578	전남 담양군	지체장애인협회 운영비 지원	28,000	주민행복과	2	1	7	8	7	1	1	2
3579	전남 담양군	시각장애인협회 운영비 지원	16,000	주민행복과	2	1	7	8	7	1	1	2
3580	전남 담양군	농아인협회 운영비 지원	4,070	주민행복과	2	1	7	8	7	1	1	2
3581	전남 담양군	상이군경회 운영비	12,500	주민행복과	2	4	7	7	7	1	1	4
3582	전남 담양군	전몰군경유족회 운영비	9,000	주민행복과	2	4	7	7	7	1	1	4
3583	전남 담양군	전몰군경미망인회 운영비	9,000	주민행복과	2	4	7	7	7	1	1	4
3584	전남 담양군	무공수훈자회 운영비	9,000	주민행복과	2	4	7	7	7	1	1	4
3585	전남 담양군	고엽제전우회 운영비	10,000	주민행복과	2	4	7	7	7	1	1	4
3586	전남 담양군	6.25참전유공자회 운영비	15,000	주민행복과	2	4	7	7	7	1	1	4
3587	전남 담양군	월남전참전자회 운영비	10,000	주민행복과	2	4	7	7	7	1	1	4
3588	전남 담양군	재향군인회 운영비	12,000	주민행복과	2	4	7	7	7	1	1	4
3589	전남 담양군	담양문화원 운영 지원	84,600	문화체육과	2	4	5	1	7	1	1	1
3590	전남 담양군	사무국장 급여 및 사무실 운영관리비	37,180	문화체육과	2	4	5	1	7	1	1	1
3591	전남 담양군	담양체육회 운영지원	158,064	문화체육과	2	4	5	1	7	1	1	4
3592	전남 곡성군	범죄피해자 구조사업 운영비	4,100	기획실	2	4	4	1	7	1	1	4
3593	전남 곡성군	곡성군 새마을회 운영 지원	51,080	행정과	2	1	7	8	7	1	1	1
3594	전남 곡성군	한국자유총연맹 곡성군지회 운영 지원	21,636	행정과	2	1	7	8	7	1	1	1
3595	전남 곡성군	바르게살기운동 곡성군협의회 운영 지원	32,000	행정과	2	1	7	8	7	1	1	1
3596	전남 곡성군	민주평화통일자문회의 곡성군협의회 운영 지원	11,600	행정과	2	1	7	8	7	1	1	1
3597	전남 곡성군	곡성군 재향군인회 운영 지원	19,140	행정과	2	1	7	8	7	1	1	1
3598	전남 곡성군	군노인회지회 활성화지원	33,888	주민복지과	2	6	7	8	7	5	1	4
3599	전남 곡성군	경로당 순회프로그램관리자 배치	39,399	주민복지과	2	6	7	8	7	5	1	4
3600	전남 곡성군	곡성군 지체장애인단체 운영비 지원	51,500	주민복지과	2	1	7	8	7	5	5	4
3601	전남 곡성군	곡성군 시각장애인단체 운영비 지원	6,600	주민복지과	2	1	7	8	7	5	5	4
3602	전남 곡성군	대한민국 상이군경회 곡성군지회 운영비	33,756	주민복지과	2	4	7	8	7	5	5	4
3603	전남 곡성군	월남참전 국가유공자 전우회 곡성군지회 운영비	11,576	주민복지과	2	4	7	8	7	5	5	4
3604	전남 곡성군	대한민국 고엽제전우회 곡성군지부 운영비	10,037	주민복지과	2	4	7	8	7	5	5	4
3605	전남 곡성군	대한민국 6.25 참전유공자회 곡성군지회 운영비	11,750	주민복지과	2	4	7	8	7	5	5	4
3606	전남 곡성군	대한민국 무공수훈자회 곡성군지회 운영비	12,176	주민복지과	2	4	7	8	7	5	5	4
3607	전남 곡성군	전몰군경미망인회 곡성군지회 운영비	11,656	주민복지과	2	4	7	8	7	5	5	4
3608	전남 곡성군	대한민국 전몰군경유족회 곡성군지회 운영비	11,900	주민복지과	2	4	7	8	7	5	5	4
3609	전남 곡성군	대한노인회 곡성군지회 운영비	65,160	주민복지과	2	8	7	8	7	5	1	4
3610	전남 곡성군	지방문화원 운영 사업비	58,000	문화체육과	2	1	7	8	7	1	1	1
3611	전남 곡성군	곡성문화원 프로그램 운영사업비 지원	16,000	문화체육과	2	1	7	8	7	1	1	1
3612	전남 곡성군	지방문화원 사무국장 인건비	32,000	문화체육과	2	1	7	8	7	1	1	1
3613	전남 곡성군	지방문화원 상근인력 인건비	23,000	문화체육과	2	1	7	8	7	1	1	1
3614	전남 곡성군	작은도서관 시설 운영 지원	42,000	문화체육과	2	1	7	8	7	1	1	1
3615	전남 곡성군	곡성군체육회 운영비지원	25,000	문화체육과	2	4	7	8	7	1	1	3
3616	전남 곡성군	곡성군체육회 사무국장 인건비	27,240	문화체육과	2	4	7	8	7	1	1	3
3617	전남 곡성군	곡성군체육회 사무국장 명절휴가비	2,740	문화체육과	2	4	7	8	7	1	1	3
3618	전남 곡성군	곡성군체육회 사무국장 대외활동비	2,400	문화체육과	2	4	7	8	7	1	1	3
3619	전남 곡성군	곡성군체육회 사무국장 4대 보험료	4,524	문화체육과	2	4	7	8	7	1	1	3

순번	시군구	지출명 (사업명)	2021년예산 (단위:천원/1년간)	담당자 (공무원)	민간이전 분류 (지방자치단체 세출예산 집행기준에 의거)	민간이전지출 근거 (지방보조금 관리기준 참고)	입찰방식			운영예산 산정		성과평가 실시여부
				담당부서	1. 민간경상사업보조(307-02) 2. 민간단체 법정운영비보조(307-03) 3. 민간행사사업보조(307-04) 4. 민간위탁금(307-05) 5. 사회복지시설 법정운영비보조(307-10) 6. 민간인위탁교육비(307-12) 7. 공기관등에대한경상적위탁사업비(308-11) 8. 민간자본사업보조,자체재원(402-01) 9. 민간자본사업보조,이전재원(402-02) 10. 민간위탁사업비(402-03) 11. 공기관등에 대한 자본적 대행사업비(403-02)	1. 법률에 규정 2. 국고보조 재원(국가지정) 3. 용도 지정 기부금 4. 조례에 직접규정 5. 지자체가 권장하는 사업을 하는 공공기관 6. 시,도 정책 및 재정사정 7. 기타 8. 해당없음	계약체결방법 (경쟁형태) 1. 일반경쟁 2. 제한경쟁 3. 지명경쟁 4. 수의계약 5. 법정위탁 6. 기타 ( ) 7. 해당없음	계약기간 1. 1년 2. 2년 3. 3년 4. 4년 5. 5년 6. 기타 ( )년 7. 단기계약 (1년미만) 8. 해당없음	낙찰자선정방법 1. 적격심사 2. 협상에의한계약 3. 최저가낙찰제 4. 규격가격분리 5. 2단계 경쟁입찰 6. 기타 ( ) 7. 해당없음	운영예산 산정 1. 내부산정 (지자체 자체적으로 산정) 2. 외부산정 (외부전문기관위탁 산정) 3. 내·외부 모두 산정 4. 산정 無 5. 해당없음	정산방법 1. 내부정산 (지자체 내부적으로 정산) 2. 외부정산 (외부전문기관위탁 정산) 3. 내·외부 모두 산정 4. 정산 無 5. 해당없음	1. 실시 2. 미실시 3. 향후 추진 4. 해당없음
3620	전남 곡성군	곡성군체육회 사무국장 퇴직금	2,268	문화체육과	2	4	7	8	7	1	1	3
3621	전남 곡성군	곡성스포츠클럽 운영비	13,875	문화체육과	2	5	7	8	7	1	1	3
3622	전남 곡성군	곡성스포츠클럽 인건비	79,212	문화체육과	2	5	7	8	7	1	1	3
3623	전남 곡성군	곡성스포츠클럽 지도자 4대보험료	8,394	문화체육과	2	5	7	8	7	1	1	3
3624	전남 곡성군	곡성스포츠클럽 지도자 퇴직금	6,906	문화체육과	2	5	7	8	7	1	1	3
3625	전남 곡성군	일반생활체육지도자 배치	175,392	문화체육과	2	2	7	8	7	2	3	3
3626	전남 곡성군	어르신생활체육지도자 배치	175,392	문화체육과	2	2	7	8	7	2	3	3
3627	전남 구례군	지방문화원 지원	45,600	문화관광실	2	1	7	8	7	1	1	1
3628	전남 구례군	민주평통 구례군협의회 운영비	12,000	총무과	2	1	7	8	7	1	1	1
3629	전남 구례군	전남 동부지역 범죄피해자지원센터 운영비	10,000	총무과	2	4	7	8	7	1	1	1
3630	전남 구례군	구례군새마을회 운영비 지원	35,000	총무과	2	2	7	8	7	1	1	1
3631	전남 구례군	바르게살기운동구례군협의회 운영비 지원	8,350	총무과	2	2	7	8	7	1	1	1
3632	전남 구례군	한국자유총연맹구례군지회 운영비 지원	25,800	총무과	2	2	7	8	7	1	1	1
3633	전남 구례군	상이군경회 운영비 지원	13,200	주민복지과	2	1	7	8	7	1	1	3
3634	전남 구례군	무공수훈자회 운영비 지원	11,200	주민복지과	2	1	7	8	7	1	1	3
3635	전남 구례군	전몰군경유족회 운영비 지원	11,200	주민복지과	2	1	7	8	7	1	1	3
3636	전남 구례군	전몰군경미망인회 운영비 지원	11,200	주민복지과	2	1	7	8	7	1	1	3
3637	전남 구례군	6.25참전유공자회 운영비 지원	8,000	주민복지과	2	1	7	8	7	1	1	3
3638	전남 구례군	고엽제전우회 운영비 지원	7,900	주민복지과	2	1	7	8	7	1	1	3
3639	전남 구례군	월남전참전자회 운영비 지원	4,900	주민복지과	2	1	7	8	7	1	1	3
3640	전남 구례군	구례군재향군인회 운영비 지원	10,000	주민복지과	2	1	7	8	7	1	1	3
3641	전남 구례군	지체장애인협회 구례군지회 운영	21,600	주민복지과	2	1	7	8	7	1	1	4
3642	전남 구례군	대한노인회 운영비지원	22,600	주민복지과	2	1	7	8	7	1	1	4
3643	전남 구례군	노인취업지원센터 활동비 지원	1,200	주민복지과	2	1	7	8	7	1	1	4
3644	전남 구례군	시군 노인회 활성화 지원	29,135	주민복지과	2	1	7	8	7	1	1	4
3645	전남 구례군	지역사회보장협의체 운영	32,976	주민복지과	2	4	7	8	7	1	1	4
3646	전남 구례군	구례군체육회 운영비 지원	27,000	스포츠산업과	2	1	7	8	7	1	2	1
3647	전남 보성군	보성군새마을회 운영비보조	69,000	총무과	2	1	7	8	7	5	1	4
3648	전남 보성군	민주평화통일자문회의 보성군협의회 운영비보조	6,000	총무과	2	1	7	8	7	5	1	4
3649	전남 보성군	보성군재향군인회 운영비보조	30,000	총무과	2	1	7	8	7	5	1	4
3650	전남 보성군	바르게살기보성군협의회 운영비보조	30,000	총무과	2	1	7	8	7	5	1	4
3651	전남 보성군	한국자유총연맹보성군지회 운영비보조	40,000	총무과	2	1	7	8	7	5	1	4
3652	전남 화순군	중증장애인자립생활센터 운영	153,000	사회복지과	2	1	7	8	7	5	1	4
3653	전남 화순군	지역사회보장협의체 운영비	41,304	사회복지과	2	1	7	8	7	1	1	4
3654	전남 화순군	시군노인회 활성화 지원사업	40,014	가정활력과	2	4	7	8	7	1	1	4
3655	전남 화순군	노인회 운영지원	80,700	가정활력과	2	4	7	8	7	1	1	4
3656	전남 화순군	화순군체육회 운영 지원	50,000	스포츠산업과	2	1	7	8	7	1	1	1
3657	전남 화순군	화순군체육회 사무국 인건비	162,000	스포츠산업과	2	1	7	8	7	1	1	1
3658	전남 화순군	화순군체육회 사무실 임차료	12,000	스포츠산업과	2	1	7	8	7	1	1	1
3659	전남 화순군	화순군체육회 차량 렌트 및 차량운영비	9,000	스포츠산업과	2	1	7	8	7	1	1	1
3660	전남 강진군	한국자유총연맹 강진군지회 운영비	31,193	총무과	2	1	7	8	7	1	1	4
3661	전남 강진군	바르게살기운동 강진군협의회 운영지원	28,473	총무과	2	1	7	8	7	1	1	4
3662	전남 강진군	민주평통 사무보조 인건비	7,200	총무과	2	1	7	8	7	1	1	4
3663	전남 강진군	민주평통 사무실 임대료	3,000	총무과	2	1	7	8	7	1	1	4
3664	전남 강진군	장애인단체 운영비 등 지원	35,000	주민복지실	2	6	7	8	7	5	5	4
3665	전남 강진군	보훈단체지원	94,430	주민복지실	2	6	7	8	7	1	1	4
3666	전남 강진군	강진군지회 급여 및 퇴직적립금 지원	23,693	주민복지실	2	4	7	8	7	1	1	3
3667	전남 강진군	강진군지회 4대보험료 지원	3,000	주민복지실	2	4	7	8	7	1	1	3
3668	전남 강진군	강진군지회 활성화 지원	4,200	주민복지실	2	4	7	8	7	1	1	3
3669	전남 강진군	강진군지회 운영비 지원	5,000	주민복지실	2	4	7	8	7	1	1	3
3670	전남 강진군	지역사회보장협의체운영활성화	1,000	주민복지실	2	4	5	8	7	1	1	3

순번	시군구	지출명 (사업명)	2021년예산 (단위:천원/1년간)	담당자 (공무원) 담당부서	민간이전 분류 (지방자치단체 세출예산 집행기준에 의거) 1. 민간경상사업보조(307-02) 2. 민간단체 법정운영비보조(307-03) 3. 민간행사사업보조(307-04) 4. 민간위탁금(307-05) 5. 사회복지시설 법정운영비보조(307-10) 6. 민간인위탁교육비(307-12) 7. 공기관등에대한경상적위탁사업비(308-11) 8. 민간자본사업보조,자체재원(402-01) 9. 민간자본사업보조,이전재원(402-02) 10. 민간위탁사업비(402-03) 11. 공기관등에 대한 자본적 대행사업비(403-02)	민간이전지출 근거 (지방보조금 관리기준 참고) 1. 법률에 규정 2. 국고보조 재원(국가지정) 3. 용도 지정 기부금 4. 조례에 직접규정 5. 지자체가 권장하는 사업을 하는 공공기관 6. 시,도 정책 및 재정사정 7. 기타 8. 해당없음	입찰방식 계약체결방법 (경쟁형태) 1. 일반경쟁 2. 제한경쟁 3. 지명경쟁 4. 수의계약 5. 법정위탁 6. 기타 ( ) 7. 해당없음	입찰방식 계약기간 1. 1년 2. 2년 3. 3년 4. 4년 5. 5년 6. 기타 ( )년 7. 단기계약 (1년미만) 8. 해당없음	입찰방식 낙찰자선정방법 1. 적격심사 2. 협상에의한계약 3. 최저가낙찰제 4. 규격가격분리 5. 2단계 경쟁입찰 6. 기타 ( ) 7. 해당없음	운영예산 산정 운영예산 산정 1. 내부산정 (지자체 자체적으로 산정) 2. 외부산정 (외부전문기관위탁 산정) 3. 내·외부 모두 산정 4. 산정 無 5. 해당없음	운영예산 산정 정산방법 1. 내부정산 (지자체 내부적으로 정산) 2. 외부정산 (외부전문기관위탁 정산) 3. 내·외부 모두 산정 4. 정산 無 5. 해당없음	성과평가 실시여부 1. 실시 2. 미실시 3. 향후 추진 4. 해당없음
3671	전남 강진군	지역사회보장협의체 상근직원지원	38,040	주민복지실	2	4	5	8	7	1	1	3
3672	전남 해남군	해남문화원 운영지원	90,695	문화예술	2	4	7	1	7	1	1	3
3673	전남 해남군	한국예총 해남지회 운영지원	70,656	문화예술	2	4	7	1	7	1	1	3
3674	전남 해남군	해남예술지 발간	10,000	문화예술	2	4	7	1	7	1	1	3
3675	전남 해남군	상이군경회해남군지회 운영비	14,000	주민복지과	2	2	7	1	7	5	1	4
3676	전남 해남군	전몰군경유족회해남군지회 운영비	14,000	주민복지과	2	2	7	1	7	5	1	4
3677	전남 해남군	무공수훈자회해남군지회 운영비	14,000	주민복지과	2	2	7	1	7	5	1	4
3678	전남 해남군	전몰군경미망인회해남군지회 운영비	14,000	주민복지과	2	2	7	1	7	5	1	4
3679	전남 해남군	6.25참전유공자회해남군지회 운영비	14,000	주민복지과	2	2	7	1	7	5	1	4
3680	전남 해남군	월남전참전자회해남군지회 운영비	14,000	주민복지과	2	2	7	1	7	5	1	4
3681	전남 해남군	고엽제전우회해남군지회 운영비	17,000	주민복지과	2	2	7	1	7	5	1	4
3682	전남 해남군	재향군인회 운영비	4,600	주민복지과	2	2	7	1	7	5	1	4
3683	전남 해남군	시각장애인협회 운영비	12,000	주민복지과	2	2	7	1	7	5	1	4
3684	전남 해남군	농아인협회 운영비	9,000	주민복지과	2	2	7	1	7	5	1	4
3685	전남 해남군	지체장애인협회 운영비	30,000	주민복지과	2	2	7	1	7	5	1	4
3686	전남 해남군	군지역사회보장협의체운영	38,948	주민복지과	2	1	7	8	7	5	1	4
3687	전남 해남군	땅끝보듬자리 운영비 지원	200,000	주민복지과	2	4	7	1	1	1	1	1
3688	전남 해남군	노인교실(대학)운영	63,000	주민복지과	2	2	7	1	7	5	1	4
3689	전남 해남군	대한노인회 해남군지회 활성화 지원	55,122	주민복지과	2	2	7	1	7	5	1	4
3690	전남 해남군	대한노인회 해남군지회 운영비	77,144	주민복지과	2	2	7	1	7	5	1	4
3691	전남 해남군	공공산후조리원 지원사업	204,000	인구정책과	2	6	7	8	7	5	1	4
3692	전남 해남군	분만산부인과 지원사업	500,000	인구정책과	2	2	7	8	7	5	1	4
3693	전남 영암군	장애인문화협회 영암군지회 운영지원	13,000	주민복지과	2	1	7	8	7	1	1	1
3694	전남 영암군	지체장애인협회 영암군지회 운영지원	25,000	주민복지과	2	1	7	8	7	1	1	1
3695	전남 영암군	시각장애인 영암군지회 운영지원	10,000	주민복지과	2	1	7	8	7	1	1	1
3696	전남 영암군	장애인교통문화총연합회 운영지원	10,000	주민복지과	2	1	7	8	7	1	1	1
3697	전남 영암군	농아인협회영암군지회운영지원	3,000	주민복지과	2	1	7	8	7	1	1	1
3698	전남 영암군	지역사회보장협의체 운영	53,040	주민복지과	2	1	7	8	7	1	1	4
3699	전남 영암군	대한상이군경회 영암군지회 운영비	21,000	주민복지과	2	1	7	8	7	1	1	1
3700	전남 영암군	전몰군경유족회 영암군지회 운영비	13,000	주민복지과	2	1	7	8	7	1	1	1
3701	전남 영암군	전몰군경미망인회 영암군지회 운영비	13,000	주민복지과	2	1	7	8	7	1	1	1
3702	전남 영암군	무공수훈자회 영암군지회 운영비	13,000	주민복지과	2	1	7	8	7	1	1	1
3703	전남 영암군	6·25참전유공자회 영암군지회 운영비	13,000	주민복지과	2	1	7	8	7	1	1	1
3704	전남 영암군	월남전참전자회 영암군지회 운영비	13,000	주민복지과	2	1	7	8	7	1	1	1
3705	전남 영암군	고엽제전우회 영암군지회 운영비	17,000	주민복지과	2	1	7	8	7	1	1	1
3706	전남 영암군	재향군인회 영암군지회 운영비	13,000	주민복지과	2	1	7	8	7	1	1	1
3707	전남 영암군	지방문화원 사업 활동 지원	120,000	문화관광과	2	4	7	8	7	5	5	4
3708	전남 영암군	체육회지원	78,085	홍보체육과	2	4	7	7	7	3	3	1
3709	전남 무안군	대한노인회무안군지회 운영	45,000	주민생활과	2	1	7	8	7	1	1	1
3710	전남 무안군	푸른무안21협의회 활동지원	26,676	환경과	2	4	7	8	7	5	5	4
3711	전남 무안군	무안군체육회 사무실 운영비	132,400	체육시설사업소	2	1	7	8	7	1	1	1
3712	전남 무안군	무안군장애인체육회 사무실 운영비	66,013	체육시설사업소	2	1	7	8	7	1	1	1
3713	전남 무안군	보훈관리및지원	64,300	사회복지과	2	1	7	7	7	1	1	4
3714	전남 무안군	장애인 편의 제공 지원	139,200	사회복지과	2	1	7	8	7	5	1	1
3715	전남 무안군	재향군인회 운영비지원	18,000	안전총괄과	2	1	7	8	7	1	1	1
3716	전남 무안군	민주평통자문회의 운영	16,600	자치행정과	2	1	7	8	7	5	5	4
3717	전남 무안군	사회단체운영비보조	97,000	자치행정과	2	4	7	8	7	1	1	1
3718	전남 함평군	함평군새마을회 운영비	55,000	총무과	2	1	7	8	7	1	1	1
3719	전남 함평군	바르게살기운동 함평군협의회 운영비	8,100	총무과	2	1	7	8	7	1	1	1
3720	전남 함평군	한국자유총연맹 함평군지회 운영비	8,100	총무과	2	1	7	8	7	1	1	1
3721	전남 함평군	민주평통 함평군협의회 운영비	8,000	총무과	2	1	7	8	7	1	1	1

순번	시군구	지출명 (사업명)	2021년예산 (단위:천원/1년간)	담당자 (공무원) 담당부서	민간이전 분류 (지방자치단체 세출예산 집행기준에 의거) 1. 민간경상사업보조(307-02) 2. 민간단체 법정운영비보조(307-03) 3. 민간행사사업보조(307-04) 4. 민간위탁금(307-05) 5. 사회복지시설 법정운영비보조(307-10) 6. 민간인위탁교육비(307-12) 7. 공기관등에대한경상적위탁사업비(308-11) 8. 민간자본사업보조,자체재원(402-01) 9. 민간자본사업보조,이전재원(402-02) 10. 민간위탁사업비(402-03) 11. 공기관등에 대한 자본적 대행사업비(403-02)	민간이전지출 근거 (지방보조금 관리기준 참고) 1. 법률에 규정 2. 국고보조 재원(국가지정) 3. 용도 지정 기부금 4. 조례에 직접규정 5. 지자체가 권장하는 사업을 하는 공공기관 6. 시,도 정책 및 재정사정 7. 기타 8. 해당없음	입찰방식 계약체결방법 (경쟁형태) 1. 일반경쟁 2. 제한경쟁 3. 지명경쟁 4. 수의계약 5. 법정위탁 6. 기타 ( ) 7. 해당없음	입찰방식 계약기간 1. 1년 2. 2년 3. 3년 4. 4년 5. 5년 6. 기타 ( )년 7. 단기계약 (1년미만) 8. 해당없음	입찰방식 낙찰자선정방법 1. 적격심사 2. 협상에의한계약 3. 최저가낙찰제 4. 규격가격분리 5. 2단계 경쟁입찰 6. 기타 ( ) 7. 해당없음	운영예산 산정 운영예산 산정 1. 내부산정 (지자체 자체적으로 산정) 2. 외부산정 (외부전문기관위탁 산정) 3. 내·외부 모두 산정 4. 산정 無 5. 해당없음	운영예산 산정 정산방법 1. 내부정산 (지자체 내부적으로 정산) 2. 외부정산 (외부전문기관위탁 정산) 3. 내·외부 모두 산정 4. 정산 無 5. 해당없음	성과평가 실시여부 1. 실시 2. 미실시 3. 향후 추진 4. 해당없음
3722	전남 함평군	한국예술문화단체총연합회함평지회 운영 지원	23,600	문화관광체육과	2	4	7	8	7	1	1	3
3723	전남 함평군	함평향교 사무국장 인건비	21,600	문화관광체육과	2	4	7	8	7	1	1	3
3724	전남 함평군	함평향교 건물 등 시설물 유지 관리 및 보험료	5,000	문화관광체육과	2	4	7	8	7	1	1	3
3725	전남 함평군	함평문화원 운영 지원	65,000	문화관광체육과	2	4	7	8	7	1	1	3
3726	전남 함평군	군체육회 운영지원	69,889	문화관광체육과	2	4	7	8	7	1	1	1
3727	전남 함평군	상이군경회함평군지회 운영비	5,160	주민복지과	2	4	7	8	7	1	1	1
3728	전남 함평군	전몰군경유족회함평군지회 운영비	5,160	주민복지과	2	4	7	8	7	1	1	1
3729	전남 함평군	전몰군경미망인회함평군지회 운영비	5,160	주민복지과	2	4	7	8	7	1	1	1
3730	전남 함평군	무공수훈자회함평군지회 운영비	5,160	주민복지과	2	4	7	8	7	1	1	1
3731	전남 함평군	월남참전자회함평군지회 운영비	5,160	주민복지과	2	4	7	8	7	1	1	1
3732	전남 함평군	고엽제전우회함평군지회 운영비	5,160	주민복지과	2	4	7	8	7	1	1	1
3733	전남 함평군	6.25참전유공자회함평군지회 운영비	5,560	주민복지과	2	4	7	8	7	1	1	1
3734	전남 함평군	함평군 재향군인회 운영비	5,160	주민복지과	2	4	7	8	7	1	1	1
3735	전남 함평군	시군사회복지협의회 운영지원	40,000	주민복지과	2	6	7	1	7	1	1	4
3736	전남 함평군	지역사회보장협의체 운영	29,304	주민복지과	2	6	7	1	7	1	1	4
3737	전남 함평군	노인회 운영	74,735	가족행복과	2	4	7	1	7	1	1	4
3738	전남 함평군	시군노인회활성화지원	36,915	가족행복과	2	6	7	1	7	1	1	4
3739	전남 영광군	한빛원자력발전소 민간환경안전감시기구 관리운영	1,258,444	안전관리과	2	1	7	8	7	5	1	4
3740	전남 영광군	보훈단체 운영 보조금	105,000	사회복지과	2	4	7	8	7	1	1	4
3741	전남 영광군	사회복지협의회 운영지원	40,000	사회복지과	2	6	7	8	7	1	1	4
3742	전남 영광군	영광군체육회, 장애인체육회 운영비 지원	115,104	스포츠산업과	2	1	7	8	7	5	5	4
3743	전남 장성군	민주평통 운영비 지원	6,000	총무과	2	1	7	8	7	1	1	4
3744	전남 장성군	장성군새마을회 조직운영	62,400	총무과	2	1	7	8	7	5	1	4
3745	전남 장성군	바르게살기운동 전남장성군협의회 조직운영	34,700	총무과	2	1	7	8	7	5	1	4
3746	전남 장성군	한국자유총연맹 장성군지회 조직운영	18,600	총무과	2	1	7	8	7	5	1	4
3747	전남 장성군	장성군사회복지협의회 운영비	40,000	주민복지과	2	1	7	8	7	1	1	1
3748	전남 장성군	보훈단체 운영지원	68,800	주민복지과	2	4	7	8	7	1	1	1
3749	전남 장성군	노인회 운영비 지원	87,533	주민복지과	2	1	7	8	7	3	1	1
3750	전남 장성군	노인회운영 활성화지원	33,336	주민복지과	2	1	7	8	7	3	1	1
3751	전남 장성군	문화원 운영비	60,000	문화관광과	2	4	7	8	7	5	1	1
3752	전남 장성군	장성예총 운영비	28,800	문화관광과	2	1	7	8	7	5	1	1
3753	전남 장성군	체육회 운영비(차량 유지관리비 등) 지원	25,000	문화관광과	2	1	7	8	7	1	1	1
3754	전남 장성군	체육회 사무실 임대료 지원	6,000	문화관광과	2	1	7	8	7	1	1	1
3755	전남 장성군	체육회 사무국장 활동비 등	25,200	문화관광과	2	1	7	8	7	1	1	1
3756	전남 장성군	체육회 간사 활동비 등	21,600	문화관광과	2	1	7	8	7	1	1	1
3757	전남 장성군	체육회 사무국 교통비 및 급량비 지급	28,800	문화관광과	2	1	7	8	7	1	1	1
3758	전남 장성군	체육회 생활체육지도자 경력수당 지급	7,800	문화관광과	2	1	7	8	7	1	1	1
3759	전남 장성군	체육회 사무국 명절휴가비 지급	12,000	문화관광과	2	1	7	8	7	1	1	1
3760	전남 장성군	그린장성21추진협의회 운영비 지원	15,000	환경위생과	2	4	7	8	7	1	1	1
3761	전남 장성군	자율방재단 방재활동 운영지원	840	안전건설과	2	4	7	1	7	5	1	4
3762	전남 진도군	한국자유총연맹 진도군 지회 운영 보조	11,000	행정과	2	1	7	8	7	5	5	4
3763	전남 진도군	바르게살기운동 진도군협의회 운영 보조	25,000	행정과	2	1	7	8	7	5	5	4
3764	전남 진도군	진도군새마을회 운영 보조	30,000	행정과	2	1	7	8	7	5	5	4
3765	전남 진도군	진도군재향군인회 운영보조	1,200	행정과	2	1	7	8	7	5	5	4
3766	전남 진도군	민주평화통일 자문회의 진도군협의회 운영보조	9,000	행정과	2	1	7	8	7	5	5	4
3767	전남 진도군	보훈단체 운영보조금	77,000	주민복지과	2	1	1	1	7	3	1	1
3768	전남 진도군	보훈회관 임차료	12,000	주민복지과	2	1	1	1	7	3	1	1
3769	전남 진도군	장애인 통합사무실 운영지원	1,000	주민복지과	2	4	7	8	7	1	1	2
3770	전남 진도군	지체 장애인단체 운영지원	40,000	주민복지과	2	4	7	8	7	1	1	2
3771	전남 진도군	시각 장애인단체 운영지원	6,000	주민복지과	2	4	7	8	7	1	1	2
3772	전남 진도군	농아 장애인단체 운영지원	6,000	주민복지과	2	4	7	8	7	1	1	2

순번	시군구	지출명 (사업명)	2021년예산 (단위:천원/1년간)	담당자 (공무원) 담당부서	민간이전 분류 (지방자치단체 세출예산 집행기준에 의거) 1. 민간경상사업보조(307-02) 2. 민간단체 법정운영비보조(307-03) 3. 민간행사사업보조(307-04) 4. 민간위탁금(307-05) 5. 사회복지시설 법정운영비보조(307-10) 6. 민간인위탁교육비(307-12) 7. 공기관등에대한경상적위탁사업비(308-11) 8. 민간자본사업보조,자체재원(402-01) 9. 민간자본사업보조,이전재원(402-02) 10. 민간위탁사업비(402-03) 11. 공기관등에 대한 자본적 대행사업비(403-02)	민간이전지출 근거 (지방보조금 관리기준 참고) 1. 법률에 규정 2. 국고보조 재원(국가지정) 3. 용도 지정 기부금 4. 조례에 직접규정 5. 지자체가 권장하는 사업을 하는 공공기관 6. 시,도 정책 및 재정사정 7. 기타 8. 해당없음	입찰방식 계약체결방법 (경쟁형태) 1. 일반경쟁 2. 제한경쟁 3. 지명경쟁 4. 수의계약 5. 법정위탁 6. 기타 ( ) 7. 해당없음	입찰방식 계약기간 1. 1년 2. 2년 3. 3년 4. 4년 5. 5년 6. 기타 ( )년 7. 단기계약 (1년미만) 8. 해당없음	입찰방식 낙찰자선정방법 1. 적격심사 2. 협상에의한계약 3. 최저가낙찰제 4. 규격가격분리 5. 2단계 경쟁입찰 6. 기타 ( ) 7. 해당없음	운영예산 산정 운영예산 산정 1. 내부산정 (지자체 자체적으로 산정) 2. 외부산정 (외부전문기관위탁 산정) 3. 내·외부 모두 산정 4. 산정 無 5. 해당없음	운영예산 산정 정산방법 1. 내부정산 (지자체 내부적으로 정산) 2. 외부정산 (외부전문기관위탁 정산) 3. 내·외부 모두 산정 4. 정산 無 5. 해당없음	성과평가 실시여부 1. 실시 2. 미실시 3. 향후 추진 4. 해당없음
3773	전남 진도군	신체장애인복지회 운영지원	4,000	주민복지과	2	4	7	8	7	1	1	2
3774	전남 진도군	산업재해장애인협회 운영지원	4,000	주민복지과	2	4	7	8	7	1	1	2
3775	전남 진도군	진도군 노인회 운영지원	116,545	주민복지과	2	4	7	1	1	1	1	3
3776	전남 진도군	시군 노인회 활성화 지원	31,897	주민복지과	2	6	7	1	1	1	1	3
3777	전남 진도군	관광진흥협의회 운영비	127,183	관광과	2	4	7	8	7	5	5	4
3778	전남 진도군	문화원 운영보조	94,983	문화예술체육과	2	4	7	8	7	1	1	3
3779	전남 진도군	문화원 학고도서관 운영보조	35,987	문화예술체육과	2	4	7	8	7	1	1	3
3780	전남 진도군	향토사 연구보조 인건비 지원	29,123	문화예술체육과	2	4	7	8	7	1	1	3
3781	전남 진도군	한국예총 진도지회 운영비 지원	66,433	문화예술체육과	2	4	7	8	7	1	1	3
3782	전남 진도군	진도 여성 합창단 운영보조	16,800	문화예술체육과	2	4	7	8	7	1	1	3
3783	전남 진도군	진도군체육회 운영 보조	109,400	문화예술체육과	2	4	7	8	7	1	1	3
3784	전남 진도군	진도아리랑 스포츠클럽 운영보조	187,200	문화예술체육과	2	4	7	8	7	1	1	3
3785	전남 신안군	신안군지역사회보장협의체 전담인력 인건비	38,040	주민복지과	2	4	7	7	7	1	1	4
3786	전남 신안군	신안군지역사회보장협의체 운영비	20,000	주민복지과	2	4	7	7	7	1	1	4
3787	전남 신안군	농아인협회 신안군지부 운영비 지원	10,000	주민복지과	2	1	7	8	7	1	1	4
3788	전남 신안군	지체장애인협회 신안군지회 운영비 지원	42,000	주민복지과	2	1	7	8	7	1	1	4
3789	전남 신안군	시각장애인협회 신안군지회 운영비 지원	5,000	주민복지과	2	1	7	8	7	1	1	4
3790	전남 신안군	대한노인회 신안군지회 운영비 지원	100,050	주민복지과	2	4	7	8	7	1	1	3
3791	전남 신안군	노인회활성화지원	41,158	주민복지과	2	6	7	8	7	1	1	3
3792	전남 신안군	경로당순회프로그램시군관리자배치지원	9,500	주민복지과	2	4	7	8	7	1	1	3
3793	전남 신안군	사무실 인건비 및 운영비 지원	8,000	주민복지과	2	1	7	8	7	1	1	4
3794	전남 신안군	보훈단체 사무실 임차료 지원	4,000	주민복지과	2	1	7	8	7	1	1	4
3795	전남 신안군	사무실 인건비 및 운영비 지원	8,000	주민복지과	2	1	7	8	7	1	1	4
3796	전남 신안군	사무실 인건비 및 운영비 지원	8,000	주민복지과	2	1	7	8	7	1	1	4
3797	전남 신안군	사무실 인건비 및 운영비 지원	8,000	주민복지과	2	1	7	8	7	1	1	4
3798	전남 신안군	사무실 인건비 및 운영비 지원	8,000	주민복지과	2	1	7	8	7	1	1	4
3799	전남 신안군	사무실 인건비 및 운영비 지원	8,000	주민복지과	2	1	7	8	7	1	1	4
3800	전남 신안군	사무실 인건비 및 운영비 지원	8,000	주민복지과	2	1	7	8	7	1	1	4
3801	전남 신안군	협의회 업무용 차량 운영 유지비	18,000	문화관광과	2	4	7	8	7	1	1	1
3802	전남 신안군	관광협의회 인건비	358,120	문화관광과	2	4	7	8	7	1	1	1
3803	전남 신안군	관광협의회 운영비	14,920	문화관광과	2	4	7	8	7	1	1	1
3804	전남 신안군	신안군관광협의회 여비	29,400	문화관광과	2	4	7	8	7	1	1	1
3805	전남 신안군	신안군관광협의회 임원회의 참석수당	37,000	문화관광과	2	4	7	8	7	1	1	1
3806	전남 신안군	신안군관광협의회 인사위원회 참석수당	1,200	문화관광과	2	4	7	8	7	1	1	1
3807	전남 신안군	관광협의회 정기총회	9,720	문화관광과	2	4	7	8	7	1	1	1
3808	전남 신안군	신안문화원 직원 인건비	111,830	문화관광과	2	4	7	8	7	1	1	1
3809	전남 신안군	신안문화원 직원 퇴직적립금	5,600	문화관광과	2	4	7	8	7	1	1	1
3810	전남 신안군	신안문화원 직원 수당	17,310	문화관광과	2	4	7	8	7	1	1	1
3811	전남 신안군	신안문화원 사무국 운영비	73,950	문화관광과	2	4	7	8	7	1	1	1
3812	전남 신안군	신안군 지속가능발전협의회 운영비	114,920	세계유산과	2	1	7	8	7	5	1	1
3813	전남 신안군	민주평화통일자문회의 운영비	20,000	행정지원과	2	4	7	8	7	5	5	4
3814	전남 신안군	새마을회 운영비	45,000	행정지원과	2	4	7	8	7	5	5	4
3815	전남 신안군	읍면 새마을협의회 운영비	14,500	행정지원과	2	4	7	8	7	5	5	4
3816	전남 신안군	읍면 새마을부녀회 운영비	14,500	행정지원과	2	4	7	8	7	5	5	4
3817	전남 신안군	읍면 새마을문고회 운영비	7,000	행정지원과	2	4	7	8	7	5	5	4
3818	전남 신안군	바르게살기협의회 운영비	25,000	행정지원과	2	4	7	8	7	5	5	4
3819	전남 신안군	자유총연맹 운영비	58,080	행정지원과	2	4	7	8	7	5	5	4
3820	전남 신안군	재향군인회 운영비	11,000	행정지원과	2	4	7	8	7	5	5	4
3821	전남 신안군	신안군 체육회 운영경비	97,424	행정지원과	2	1	7	8	7	1	1	1
3822	전남 신안군	신안군 체육회 인건비	198,334	행정지원과	2	1	7	8	7	1	1	1
3823	전남 신안군	신안군 체육회 출장여비	12,000	행정지원과	2	1	7	8	7	1	1	1

순번	시군구	지출명 (사업명)	2021년예산 (단위:천원/1년간)	담당자 (공무원) 담당부서	민간이전 분류 (지방자치단체 세출예산 집행기준에 의거) 1. 민간경상사업보조(307-02) 2. 민간단체 법정운영비보조(307-03) 3. 민간행사사업보조(307-04) 4. 민간위탁금(307-05) 5. 사회복지시설 법정운영비보조(307-10) 6. 민간인위탁교육비(307-12) 7. 공기관등에대한경상적위탁사업비(308-11) 8. 민간자본사업보조,자체재원(402-01) 9. 민간자본사업보조,이전재원(402-02) 10. 민간위탁사업비(402-03) 11. 공기관등에 대한 자본적 대행사업비(403-02)	민간이전지출 근거 (지방보조금 관리기준 참고) 1. 법률에 규정 2. 국고보조 재원(국가지정) 3. 용도 지정 기부금 4. 조례에 직접규정 5. 지자체가 권장하는 사업을 하는 공공기관 6. 시,도 정책 및 재정사정 7. 기타 8. 해당없음	입찰방식 계약체결방법 (경쟁형태) 1. 일반경쟁 2. 제한경쟁 3. 지명경쟁 4. 수의계약 5. 법정위탁 6. 기타 ( ) 7. 해당없음	입찰방식 계약기간 1. 1년 2. 2년 3. 3년 4. 4년 5. 5년 6. 기타 ( )년 7. 단기계약 (1년미만) 8. 해당없음	입찰방식 낙찰자선정방법 1. 적격심사 2. 협상에의한계약 3. 최저가낙찰제 4. 규격가격분리 5. 2단계 경쟁입찰 6. 기타 ( ) 7. 해당없음	운영예산 산정 운영예산 산정 1. 내부산정 (지자체 자체적으로 산정) 2. 외부산정 (외부전문기관위탁 산정) 3. 내·외부 모두 산정 4. 산정 無 5. 해당없음	운영예산 산정 정산방법 1. 내부정산 (지자체 내부적으로 정산) 2. 외부정산 (외부전문기관위탁 정산) 3. 내·외부 모두 산정 4. 정산 無 5. 해당없음	성과평가 실시여부 1. 실시 2. 미실시 3. 향후 추진 4. 해당없음
3824	전남 신안군	신안군 체육회 휴일근무수당	11,000	행정지원과	2	1	7	8	7	1	1	1
3825	전남 신안군	도서자가발전소 운영비 및 유류대 지원	40,000	경제에너지과	2	1	7	8	7	1	1	4
3826	전남 신안군	소상공인 단체 운영지원	7,780	경제에너지과	2	4	7	1	7	5	5	4
3827	전남 신안군	어린이급식관리지원센터 운영	210,000	맛예술문화과	2	2	7	8	7	5	5	4
3828	전남 신안군	농촌체험휴양마을 사무장채용 지원	85,680	친환경농업과	2	6	7	8	7	1	1	4
3829	전남 신안군	농촌체험휴양마을 홍보관 운영지원	3,000	친환경농업과	2	6	7	8	7	1	1	4
3830	전남 신안군	농촌체험휴양마을 안전화재보험 가입지원	3,600	친환경농업과	2	6	7	8	7	1	1	4
3831	전남 신안군	농촌체험휴양마을 역량강화사업	2,880	친환경농업과	2	6	7	8	7	1	1	4
3832	제주 서귀포시	지역사회보장협의체 운영	140,621	주민복지과	2	1	7	8	7	5	5	4
3833	제주 서귀포시	보훈단체 운영지원	245,000	주민복지과	2	1	7	8	7	5	5	4
3834	제주 서귀포시	서귀포시 재향군인회 운영지원	44,000	주민복지과	2	1	7	8	7	5	5	4
3835	제주 서귀포시	대한노인회서귀포시지회 운영비	195,000	노인장애인과	2	1	7	8	7	1	1	1
3836	제주 서귀포시	대한노인회 읍면동분회 운영비	60,720	노인장애인과	2	1	7	8	7	1	1	1
3837	제주 서귀포시	지체장애인협회 운영	55,760	노인장애인과	2	1	7	8	7	1	1	1
3838	제주 서귀포시	신장장애인협회 운영	55,390	노인장애인과	2	1	7	8	7	1	1	1
3839	제주 서귀포시	시각장애인연합회 운영	55,510	노인장애인과	2	1	7	8	7	1	1	1
3840	제주 서귀포시	지적발달장애인복지협회 운영	55,390	노인장애인과	2	1	7	8	7	1	1	1
3841	제주 서귀포시	농아인협회 운영	55,390	노인장애인과	2	1	7	8	7	1	1	1
3842	제주 서귀포시	장애인부모회 운영	55,390	노인장애인과	2	1	7	8	7	1	1	1
3843	제주 서귀포시	서귀포시장애인자립생활센터 운영	156,666	노인장애인과	2	2	5	8	7	1	1	1
3844	제주 서귀포시	서귀포문화원 운영지원	183,071	문화예술과	2	4	5	8	7	1	1	1
3845	제주 서귀포시	(사)한국예총 서귀포지회 운영지원	50,715	문화예술과	2	4	6	1	6	1	1	1
3846	제주 서귀포시	서귀포시체육회 운영비	1,157,029	체육진흥과	2	1	7	8	7	1	3	1
3847	제주 서귀포시	스포츠클럽 운영비	187,200	체육진흥과	2	1	7	8	7	1	3	1
3848	제주 서귀포시	서귀포시장애인체육회 운영비 지원	291,036	체육진흥과	2	1	7	8	7	1	3	1
3849	제주 서귀포시	작은도서관 운영지원	180,000	도서관운영사무소	2	4	7	8	7	1	1	1
3850	제주 서귀포시	한국농업경영인 사무국 운영지원	25,000	감귤농정과	2	4	7	8	7	1	1	4
3851	제주 서귀포시	한국여성농업경영인 사무국 운영지원	20,000	감귤농정과	2	4	7	8	7	1	1	4
3852	제주 서귀포시	여성농어업인센터 운영 지원	399,140	감귤농정과	2	6	7	8	7	1	1	1
3853	제주 서귀포시	서귀포시지속가능발전협의회 지원	47,490	녹색환경과	2	1	7	8	7	5	1	1
3854	제주 서귀포시	자연보호중앙연맹서귀포시협의회 지원	11,400	녹색환경과	2	1	7	8	7	5	1	1
3855	제주 서귀포시	리 운영비 지원	244,200	대정읍	2	4	7	8	7	1	1	1
3856	제주 서귀포시	리운영비 지원	184,000	남원읍	2	1	7	8	7	1	1	3
3857	제주 서귀포시	리운영비지원	152,400	성산읍	2	4	7	8	7	1	1	1
3858	제주 서귀포시	리운영비 지원	134,400	안덕면	2	4	7	8	7	5	5	4
3859	제주 서귀포시	리 운영비 지원	110,400	표선면	2	4	7	8	7	1	1	4
3860	제주 서귀포시	통 운영비 지원	24,000	송산동	2	4	7	8	7	1	1	3
3861	제주 서귀포시	통운영비 지원	10,200	천지동	2	4	7	8	7	1	1	3
3862	제주 서귀포시	통운영비 지원	24,000	효돈동	2	4	7	8	7	1	1	1
3863	제주 서귀포시	통운영비 지원	13,200	영천동	2	4	7	8	7	1	1	3
3864	제주 서귀포시	통운영비 지원	12,000	동홍동	2	4	7	8	7	1	1	1
3865	제주 서귀포시	통 운영비	12,000	서홍동	2	4	7	8	7	1	1	4
3866	제주 서귀포시	통운영비지원	50,400	대륜동	2	4	7	8	7	1	1	4
3867	제주 서귀포시	통운영비 지원	43,200	대천동	2	4	7	8	7	1	1	3
3868	제주 서귀포시	통운영비 지원	46,200	중문동	2	4	7	8	7	1	1	4
3869	제주 서귀포시	통운영비 지원	52,200	예래동	2	4	7	8	7	1	1	4
3870	제주 서귀포시	동 종합체육대회	16,000	예래동	2	4	7	8	7	1	1	4

chapter

3

민간행사사업보조 (307-04)

2021년 전국 지방자치단체 민간행사사업보조(307-04) 운영 현황

순번	시군구	지출명 (사업명)	2021년예산 (단위:천원/1년간)	담당자 (공무원) 담당부서	민간이전 분류 (지방자치단체 세출예산 집행기준에 의거) 1. 민간경상사업보조(307-02) 2. 민간단체 법정운영비보조(307-03) 3. 민간행사사업보조(307-04) 4. 민간위탁금(307-05) 5. 사회복지시설 법정운영비보조(307-10) 6. 민간인위탁교육비(307-12) 7. 공기관등에대한경상적위탁사업비(308-11) 8. 민간자본사업보조,자체재원(402-01) 9. 민간자본사업보조,이전재원(402-02) 10. 민간위탁사업비(402-03) 11. 공기관등에 대한 자본적 대행사업비(403-02)	민간이전지출 근거 (지방보조금 관리기준 참고) 1. 법률에 규정 2. 국고보조 재원(국가지정) 3. 용도 지정 기부금 4. 조례에 직접규정 5. 지자체가 권장하는 사업을 하는 공공기관 6. 시,도 정책 및 재정사정 7. 기타 8. 해당없음	입찰방식: 계약체결방법 (경쟁형태) 1. 일반경쟁 2. 제한경쟁 3. 지명경쟁 4. 수의계약 5. 법정위탁 6. 기타 ( ) 7. 해당없음	입찰방식: 계약기간 1. 1년 2. 2년 3. 3년 4. 4년 5. 5년 6. 기타 ( )년 7. 단기계약 (1년미만) 8. 해당없음	입찰방식: 낙찰자선정방법 1. 적격심사 2. 협상에의한계약 3. 최저가낙찰제 4. 규격가격분리 5. 2단계 경쟁입찰 6. 기타 ( ) 7. 해당없음	운영예산 산정: 운영예산 산정 1. 내부산정 (지자체 자체적으로 산정) 2. 외부산정 (외부전문기관위탁 산정) 3. 내·외부 모두 산정 4. 산정 無 5. 해당없음	운영예산 산정: 정산방법 1. 내부정산 (지자체 내부적으로 정산) 2. 외부정산 (외부전문기관위탁 정산) 3. 내·외부 모두 산정 4. 정산 無 5. 해당없음	성과평가 실시여부 1. 실시 2. 미실시 3. 향후 추진 4. 해당없음
1	서울 종로구	생활체육대회 개최 및 지원	90,100	건강도시과	3	1	7	8	7	1	1	1
2	서울 종로구	생활체육대회 개최 및 지원	72,500	건강도시과	3	1	7	8	7	1	1	1
3	서울 종로구	생활체육대회 개최 및 지원	4,000	건강도시과	3	1	7	8	7	1	1	1
4	서울 종로구	생활체육대회 개최 및 지원	5,000	건강도시과	3	1	7	8	7	1	1	1
5	서울 종로구	생활체육대회 개최 및 지원	21,000	건강도시과	3	1	7	8	7	1	1	1
6	서울 종로구	생활체육대회 개최 및 지원	25,000	건강도시과	3	1	7	8	7	1	1	1
7	서울 종로구	생활체육단체 육성 및 지원	26,000	건강도시과	3	1	7	8	7	1	1	1
8	서울 종로구	생활체육단체 육성 및 지원	10,000	건강도시과	3	1	7	8	7	1	1	1
9	서울 종로구	희망으로 한걸음 나눔 걷기대회	8,000	건강도시과	3	1	7	8	7	1	1	1
10	서울 종로구	청계관광특구 육의전 체험 축제	80,000	관광과	3	1	7	8	7	5	5	4
11	서울 종로구	단종비 정순왕후 추모행사	28,800	관광과	3	5	7	8	7	5	5	4
12	서울 종로구	경로행사 지원 및 위문	2,000	어르신가족과	3	1	7	8	7	1	1	1
13	서울 종로구	경로행사 지원 및 위문	9,000	어르신가족과	3	1	7	8	7	1	1	1
14	서울 종로구	여성복지시설 및 단체 지원	8,760	어르신가족과	3	4	7	8	7	5	5	4
15	서울 중구	평화통일기원 행사 개최	40,000	동정부과	3	1	7	8	7	1	1	1
16	서울 중구	장애인 체육대회 지원	10,000	동정부과	3	5	7	8	7	1	1	2
17	서울 중구	중구문화원 활성화 운영 지원	17,000	문화관광과	3	1	5	8	7	1	1	2
18	서울 중구	생생문화재사업 운영 지원	157,500	문화관광과	3	1	7	8	7	1	1	2
19	서울 중구	작은도서관 독서문화진흥사업 지원	9,540	문화관광과	3	1	7	8	7	1	1	4
20	서울 중구	국가유공자위안행사	53,000	복지지원과	3	4	6	8	7	1	1	1
21	서울 중구	노인행사 운영	12,000	사회복지과	3	1	7	8	7	5	5	4
22	서울 중구	장애인 행사 지원	36,800	사회복지과	3	1	7	8	7	1	1	1
23	서울 용산구	전통시장 활성화 이벤트사업 지원	20,000	일자리경제과	3	6	7	8	7	1	1	4
24	서울 용산구	보훈대상자 및 보훈단체 지원	27,000	복지정책과	3	1	7	8	7	1	1	1
25	서울 용산구	장애인 단체 및 시설지원	10,000	사회복지과	3	1	6	1	6	1	1	1
26	서울 용산구	용산구 어르신의 날 행사 지원	290,000	어르신청소년과	3	1	7	7	7	1	1	1
27	서울 용산구	어린이집 보육행사	70,000	여성가족과	3	7	7	8	7	5	5	4
28	서울 용산구	문화원 육성	5,000	문화체육과	3	1	7	8	1	1	1	1
29	서울 용산구	문화원 육성	3,000	문화체육과	3	1	7	8	1	1	1	1
30	서울 용산구	용산예술인 초대전	12,500	문화체육과	3	1	7	8	1	1	1	1
31	서울 용산구	문화재 관리	53,000	문화체육과	3	4	7	8	1	1	1	1
32	서울 용산구	남이장군사당제 지원	40,000	문화체육과	3	4	7	8	1	1	1	1
33	서울 용산구	이태원 지구촌 축제	265,000	문화체육과	3	1	7	8	1	1	2	1
34	서울 용산구	생활체육교실 운영	4,000	문화체육과	3	4	7	8	1	1	1	1
35	서울 용산구	여성축구교실	1,000	문화체육과	3	4	7	8	1	1	1	2
36	서울 용산구	용산구청장기 배드민턴대회 개최	8,500	문화체육과	3	4	7	8	1	1	1	1
37	서울 용산구	용산구청장배 농구대회 개최	6,000	문화체육과	3	4	7	8	1	1	1	1
38	서울 용산구	용산구청장기 게이트볼대회 개최	7,500	문화체육과	3	4	7	8	1	1	1	1
39	서울 용산구	용산구청장배 탁구대회 개최	9,000	문화체육과	3	4	7	8	1	1	1	1
40	서울 용산구	용산구청장배 태권도 대회개최	9,000	문화체육과	3	4	7	8	1	1	1	1

순번	시군구	지출명 (사업명)	2021년예산 (단위:천원/1년간)	담당자 (공무원) 담당부서	민간이전 분류 (지방자치단체 세출예산 집행기준에 의거) 1. 민간경상사업보조(307-02) 2. 민간단체 법정운영비보조(307-03) 3. 민간행사사업보조(307-04) 4. 민간위탁금(307-05) 5. 사회복지시설 법정운영비보조(307-10) 6. 민간인위탁교육비(307-12) 7. 공기관등에대한경상적위탁사업비(308-11) 8. 민간자본사업보조,자체재원(402-01) 9. 민간자본사업보조,이전재원(402-02) 10. 민간위탁사업비(402-03) 11. 공기관등에 대한 자본적 대행사업비(403-02)	민간이전지출 근거 (지방보조금 관리기준 참고) 1. 법률에 규정 2. 국고보조 재원(국가지정) 3. 용도 지정 기부금 4. 조례에 직접규정 5. 지자체가 권장하는 사업을 하는 공공기관 6. 시,도 정책 및 재정사정 7. 기타 8. 해당없음	입찰방식 계약체결방법 (경쟁형태) 1. 일반경쟁 2. 제한경쟁 3. 지명경쟁 4. 수의계약 5. 법정위탁 6. 기타 ( ) 7. 해당없음	입찰방식 계약기간 1. 1년 2. 2년 3. 3년 4. 4년 5. 5년 6. 기타 ( )년 7. 단기계약 (1년미만) 8. 해당없음	입찰방식 낙찰자선정방법 1. 적격심사 2. 협상에의한계약 3. 최저가낙찰제 4. 규격가격분리 5. 2단계 경쟁입찰 6. 기타 ( ) 7. 해당없음	운영예산 산정 운영예산 산정 1. 내부산정 (지자체 자체적으로 산정) 2. 외부산정 (외부전문기관위탁 산정) 3. 내·외부 모두 산정 4. 산정 無 5. 해당없음	운영예산 산정 정산방법 1. 내부정산 (지자체 내부적으로 정산) 2. 외부정산 (외부전문기관위탁 정산) 3. 내·외부 모두 산정 4. 정산 無 5. 해당없음	성과평가 실시여부 1. 실시 2. 미실시 3. 향후 추진 4. 해당없음
41	서울 용산구	용산구청장배 수영대회 개최	6,000	문화체육과	3	4	7	8	1	1	1	1
42	서울 용산구	용산구청장기 족구대회 개최	9,000	문화체육과	3	4	7	8	1	1	1	1
43	서울 용산구	용산구청장기 축구대회 개최	12,500	문화체육과	3	4	7	8	1	1	1	1
44	서울 용산구	용산구청장배 청소년 풋살대회 개최	13,500	문화체육과	3	4	7	8	1	1	1	1
45	서울 용산구	용산구청장배 국학기공대회 개최	6,000	문화체육과	3	4	7	8	1	1	1	1
46	서울 용산구	생활체육육성대회 지원	50,000	문화체육과	3	4	7	8	1	1	1	1
47	서울 용산구	구민체육대회개최	250,000	문화체육과	3	4	7	8	1	1	1	1
48	서울 용산구	서울시민체육대회 참가지원	10,000	문화체육과	3	4	7	8	1	1	1	1
49	서울 용산구	두텁바위 마을 운동회	12,000	문화체육과	3	4	7	8	1	1	1	1
50	서울 용산구	대학생 재능봉사캠프 운영	2,400	인재양성과	3	6	7	7	7	3	3	1
51	서울 성동구	중요 무형문화재 발표	9,000	문화체육과	3	7	7	8	7	1	1	4
52	서울 성동구	장애인 생활체육 활성화	4,400	문화체육과	3	4	7	8	7	1	1	4
53	서울 성동구	경기소리축제	5,000	문화체육과	3	7	7	8	7	1	1	2
54	서울 성동구	장애인 체육대회 개최 및 참가 지원	13,200	문화체육과	3	4	7	8	7	1	1	4
55	서울 성동구	연합회장기대회 등 생활체육 활성화	94,000	문화체육과	3	4	7	8	7	1	1	4
56	서울 성동구	서울시민생활체육대회 참가지원	27,000	문화체육과	3	4	7	8	7	1	1	4
57	서울 성동구	서울시장기 및 연합회장기대회 참가지원	11,592	문화체육과	3	4	7	8	7	1	1	4
58	서울 성동구	전국 및 기타대회 참가 지원	8,400	문화체육과	3	4	7	8	7	1	1	4
59	서울 성동구	성동구상공회 운영	5,150	지역경제과	3	1	7	8	7	1	1	1
60	서울 성동구	전통시장 및 상점가 활성화 행사	36,000	지역경제과	3	8	7	8	7	5	5	4
61	서울 성동구	사회복지의 날 기념 행사	8,500	복지정책과	3	4	7	8	7	1	1	1
62	서울 성동구	성동구청장배 어르신 프로그램 발표회	5,000	어르신장애인복지과	3	1	5	8	7	1	1	4
63	서울 성동구	장애인의 날 기념행사 지원	10,000	어르신장애인복지과	3	1	6	8	6	1	1	4
64	서울 성동구	장애인 하계수련회 지원	8,000	어르신장애인복지과	3	1	6	8	6	1	1	4
65	서울 성동구	장애인 이동보조기기 수리기능대회	12,000	어르신장애인복지과	3	6	5	5	1	1	1	4
66	서울 광진구	경로행사 등 개최 및 지원	10,000	어르신복지과	3	1	7	8	7	1	1	1
67	서울 광진구	노인회유지관리 및 행사지원	10,000	어르신복지과	3	1	7	8	7	1	1	1
68	서울 광진구	국가보훈대상자 예우 및 지원	44,890	복지정책과	3	1	7	8	7	1	1	1
69	서울 광진구	저소득주민문화생사지원	3,000	복지정책과	3	7	1	1	1	1	1	1
70	서울 동대문구	동민속놀이행사 지원	42,120	자치행정과	3	4	7	8	7	5	5	4
71	서울 동대문구	청소년 효행교실 문화탐방 지원	5,000	아동청소년과	3	7	7	1	6	1	1	1
72	서울 동대문구	저소득 청소년 직업체험 학습지원	4,000	아동청소년과	3	7	6	6	6	1	1	1
73	서울 동대문구	서울약령시 한방문화축제	40,000	경제진흥과	3	4	7	8	7	5	5	4
74	서울 동대문구	문화,예술 등 활동사업	48,100	문화관광과	3	4	7	7	6	1	1	1
75	서울 동대문구	배봉산 새해 해맞이 복떡국 행사	20,000	문화관광과	3	4	7	7	7	1	1	4
76	서울 동대문구	세종대왕 전통예술경연대회	20,000	문화관광과	3	4	7	7	7	1	1	4
77	서울 동대문구	청룡문화제	40,000	문화관광과	3	4	7	7	7	1	1	4
78	서울 동대문구	한가위 구민한마음 민속큰잔치	33,600	문화관광과	3	4	7	7	7	1	1	4
79	서울 동대문구	지역문화예술동아리 상설공연사업	8,000	문화관광과	3	1	7	7	7	1	1	4
80	서울 동대문구	지역전통문화행사 지원	25,500	문화관광과	3	4	7	7	7	1	1	1
81	서울 동대문구	서울약령시 보제향제례	3,000	경제진흥과	3	4	7	8	7	5	5	4
82	서울 동대문구	경로의 달 행사 지원	63,500	어르신장애인복지과	3	7	7	8	7	1	1	1

순번	시군구	지출명 (사업명)	2021년예산 (단위:천원/1년간)	담당자 (공무원)	민간이전 분류 (지방자치단체 세출예산 집행기준에 의거)	민간이전지출 근거 (지방보조금 관리기준 참고)	입찰방식			운영예산 산정		성과평가 실시여부
				담당부서	1. 민간경상사업보조(307-02) 2. 민간단체 법정운영비보조(307-03) 3. 민간행사사업보조(307-04) 4. 민간위탁금(307-05) 5. 사회복지시설 법정운영비보조(307-10) 6. 민간인위탁교육비(307-12) 7. 공기관등에대한경상적위탁사업비(308-11) 8. 민간자본사업보조,자체재원(402-01) 9. 민간자본사업보조,이전재원(402-02) 10. 민간위탁사업비(402-03) 11. 공기관등에 대한 자본적 대행사업비(403-02)	1. 법률에 규정 2. 국고보조 재원(국가지정) 3. 용도 지정 기부금 4. 조례에 직접규정 5. 지자체가 권장하는 사업을 하는 공공기관 6. 시,도 정책 및 재정사정 7. 기타 8. 해당없음	계약체결방법 (경쟁형태) 1. 일반경쟁 2. 제한경쟁 3. 지명경쟁 4. 수의계약 5. 법정위탁 6. 기타 ( ) 7. 해당없음	계약기간 1. 1년 2. 2년 3. 3년 4. 4년 5. 5년 6. 기타 ( )년 7. 단기계약 (1년미만) 8. 해당없음	낙찰자선정방법 1. 적격심사 2. 협상에의한계약 3. 최저가낙찰제 4. 규격가격분리 5. 2단계 경쟁입찰 6. 기타 ( ) 7. 해당없음	운영예산 산정 1. 내부산정 (지자체 자체적으로 산정) 2. 외부산정 (외부전문기관위탁 산정) 3. 내·외부 모두 산정 4. 산정 無 5. 해당없음	정산방법 1. 내부정산 (지자체 내부적으로 정산) 2. 외부정산 (외부전문기관위탁 정산) 3. 내·외부 모두 산정 4. 정산 無 5. 해당없음	1. 실시 2. 미실시 3. 향후 추진 4. 해당없음
83	서울 중랑구	민속놀이 전승행사 지원	48,000	마을협치과	3	6	7	8	7	1	1	4
84	서울 중랑구	국가유공자 및 보훈단체 지원	19,000	복지정책과	3	1	7	8	7	1	1	2
85	서울 중랑구	경로의 달 위문행사	78,500	어르신복지과	3	1	7	8	7	1	1	1
86	서울 중랑구	장애아통합시설 운영지원	6,700	여성가족과	3	4	7	8	7	5	5	4
87	서울 중랑구	어린이집 행사지원 및 운영 지도관리	47,000	여성가족과	3	4	7	8	7	1	1	1
88	서울 중랑구	지역아동센터 운영 지원	8,000	여성가족과	3	4	7	8	7	5	5	4
89	서울 중랑구	지역사회 통합건강증진사업	1,000	건강증진과	3	4	7	8	7	5	1	4
90	서울 성북구	어린이집 연합회 행사지원	20,000	여성가족과	3	8	7	8	7	5	5	4
91	서울 성북구	전통시장 한마당 행사추진	30,000	일자리경제과	3	7	1	1	1	1	1	1
92	서울 강북구	오패산 산신제	1,500	문화관광체육과	3	1	7	8	7	1	1	1
93	서울 강북구	문화원 운영 지원	51,550	문화관광체육과	3	4	7	8	7	1	1	1
94	서울 강북구	모두의 학교·평생학습관 운영	2,500	교육지원과	3	1	7	8	7	1	1	1
95	서울 강북구	독서문화 진흥사업 운영	10,750	교육지원과	3	4	7	8	7	1	1	1
96	서울 강북구	사회복지의 날 기념행사	18,000	복지정책과	3	4	7	8	7	1	1	1
97	서울 강북구	장애인단체 지원	30,360	생활보장과	3	6	7	7	7	1	1	1
98	서울 강북구	어린이집 격려 지원	15,700	여성가족과	3	4	7	8	7	1	1	1
99	서울 강북구	자매결연지 청소년 교류캠프 운영	21,330	청소년과	3	1	6	7	6	1	1	1
100	서울 강북구	청소년 국제교류 활성화 사업	15,520	청소년과	3	1	6	7	6	1	1	1
101	서울 강북구	청소년 문화축제 운영	13,500	청소년과	3	2	2	7	6	1	1	1
102	서울 강북구	청소년 어울림마당 운영	24,000	청소년과	3	2	2	7	6	1	1	1
103	서울 강북구	청소년 동아리 활동 지원	13,750	청소년과	3	2	2	7	6	1	1	1
104	서울 은평구	주민자치사업	87,000	자치안전과	3	4	7	8	7	1	1	1
105	서울 은평구	찾아가는 음악회	5,000	문화관광과	3	1	7	8	7	1	1	4
106	서울 은평구	종교행사 지원	102,000	문화관광과	3	1	7	8	7	1	1	4
107	서울 은평구	문화예술단체 육성 및 지원	80,000	문화관광과	3	1	7	8	7	1	1	4
108	서울 은평구	은평문화원 지원	29,000	문화관광과	3	1	7	8	7	1	1	4
109	서울 은평구	소외계층 건강증진	61,600	생활체육과	3	4	7	8	7	1	1	3
110	서울 은평구	구민한마음 걷기대회	9,500	생활체육과	3	4	7	8	7	1	1	3
111	서울 은평구	종목별 각종 체육대회	275,200	생활체육과	3	4	7	8	7	1	1	3
112	서울 은평구	시민생활체육대회 참가지원	20,000	생활체육과	3	6	7	8	7	1	1	1
113	서울 은평구	구민 체육대회	195,000	생활체육과	3	4	7	8	7	1	1	1
114	서울 은평구	보훈단체지원	4,500	복지정책과	3	1	7	8	7	1	1	1
115	서울 은평구	사회복지의 날 기념행사	10,000	복지정책과	3	5	7	8	7	1	1	4
116	서울 은평구	영유아 한마음축제	15,000	보육지원과	3	4	7	8	7	5	5	4
117	서울 은평구	영유아를 위한 자동차 극장 행사	41,100	보육지원과	3	4	7	8	7	5	5	4
118	서울 은평구	어르신 건강증진	7,000	어르신복지과	3	7	7	8	7	1	1	4
119	서울 서대문구	동 축제 지원	20,000	자치행정과	3	4	7	8	7	3	3	1
120	서울 서대문구	동 축제 지원	20,000	자치행정과	3	4	7	8	7	3	3	1
121	서울 서대문구	동 축제 지원	15,000	자치행정과	3	4	7	8	7	3	3	1
122	서울 서대문구	동 축제 지원	15,000	자치행정과	3	4	7	8	7	3	3	1
123	서울 서대문구	동 축제 지원	15,000	자치행정과	3	4	7	8	7	3	3	1
124	서울 서대문구	동 축제 지원	5,000	자치행정과	3	4	7	8	7	3	3	1

순번	시군구	지출명 (사업명)	2021년예산 (단위:천원/1년간)	담당자 (공무원)	민간이전 분류 (지방자치단체 세출예산 집행기준에 의거)	민간이전지출 근거 (지방보조금 관리기준 참고)	입찰방식			운영예산 산정		성과평가 실시여부
				담당부서	1. 민간경상사업보조(307-02) 2. 민간단체 법정운영비보조(307-03) 3. 민간행사사업보조(307-04) 4. 민간위탁금(307-05) 5. 사회복지시설 법정운영비보조(307-10) 6. 민간인위탁교육비(307-12) 7. 공기관등에대한경상적위탁사업비(308-11) 8. 민간자본사업보조,자체재원(402-01) 9. 민간자본사업보조,이전재원(402-02) 10. 민간위탁사업비(402-03) 11. 공기관등에 대한 자본적 대행사업비(403-02)	1. 법률에 규정 2. 국고보조 재원(국가지정) 3. 용도 지정 기부금 4. 조례에 직접규정 5. 지자체가 권장하는 사업을 하는 공공기관 6. 시,도 정책 및 재정사정 7. 기타 8. 해당없음	계약체결방법 (경쟁형태) 1. 일반경쟁 2. 제한경쟁 3. 지명경쟁 4. 수의계약 5. 법정위탁 6. 기타 ( ) 7. 해당없음	계약기간 1. 1년 2. 2년 3. 3년 4. 4년 5. 5년 6. 기타 ( )년 7. 단기계약 (1년미만) 8. 해당없음	낙찰자선정방법 1. 적격심사 2. 협상에의한계약 3. 최저가낙찰제 4. 규격가격분리 5. 2단계 경쟁입찰 6. 기타 ( ) 7. 해당없음	운영예산 산정 1. 내부산정 (지자체 자체적으로 산정) 2. 외부산정 (외부전문기관위탁 산정) 3. 내·외부 모두 산정 4. 산정 無 5. 해당없음	정산방법 1. 내부정산 (지자체 내부적으로 정산) 2. 외부정산 (외부전문기관위탁 정산) 3. 내·외부 모두 산정 4. 정산 無 5. 해당없음	1. 실시 2. 미실시 3. 향후 추진 4. 해당없음
125	서울 서대문구	동 축제 지원	5,000	자치행정과	3	4	7	8	7	3	3	1
126	서울 서대문구	동 축제 지원	15,000	자치행정과	3	4	7	8	7	3	3	1
127	서울 서대문구	전통시장 시장경영바우처	1,778	일자리경제과	3	1	7	8	7	3	1	4
128	서울 서대문구	사회복지의 날 기념행사	8,000	복지정책과	3	1	7	8	7	1	1	1
129	서울 서대문구	장애인 한가족 한마당 행사	24,000	사회복지과	3	1	7	7	7	1	1	1
130	서울 서대문구	장애인 나들이 지원	32,000	사회복지과	3	7	7	7	7	1	1	1
131	서울 서대문구	장애인과 비장애인 화합잔치	24,000	사회복지과	3	7	7	7	7	1	1	1
132	서울 서대문구	장애인 휠체어 마라톤 대회	6,000	사회복지과	3	7	7	7	7	1	1	1
133	서울 서대문구	장애인 인식개선 체험 행사	3,000	사회복지과	3	7	7	7	7	1	1	1
134	서울 서대문구	장애인 문화탐방 행사	2,500	사회복지과	3	7	7	7	7	1	1	1
135	서울 서대문구	장애인 한마음 체육대회	7,000	사회복지과	3	7	7	7	7	1	1	1
136	서울 서대문구	장애인 보치아 운동 지원	1,610	사회복지과	3	7	7	7	7	1	1	1
137	서울 서대문구	장애인 인권영화제 개최	1,690	사회복지과	3	7	7	7	7	1	1	1
138	서울 서대문구	장애인 정책 관련 토론회 개최	1,700	사회복지과	3	7	7	7	7	1	1	1
139	서울 서대문구	장애인 음악회 행사 지원	2,800	사회복지과	3	7	7	7	7	1	1	1
140	서울 서대문구	장기요양기관 종사자 한마당 행사	11,000	어르신복지과	3	4	6	7	1	1	3	1
141	서울 서대문구	어린이집 종사자 한마음행사	5,000	여성가족과	3	4	7	8	7	1	1	1
142	서울 서대문구	어린이집 종사자 한마음행사	4,000	여성가족과	3	4	7	8	7	1	1	1
143	서울 서대문구	어린이집 종사자 한마음행사	2,000	여성가족과	3	4	7	8	7	1	1	1
144	서울 서대문구	보육아동 한마음행사	12,500	여성가족과	3	4	7	8	7	1	1	1
145	서울 서대문구	보육아동 한마음행사	5,000	여성가족과	3	4	7	8	7	1	1	1
146	서울 서대문구	보육아동 한마음행사	4,000	여성가족과	3	4	7	8	7	1	1	1
147	서울 서대문구	보육아동 한마음행사	2,000	여성가족과	3	4	7	8	7	1	1	1
148	서울 서대문구	보육아동 한마음행사	1,500	여성가족과	3	4	7	8	7	1	1	1
149	서울 서대문구	보육종사자 및 부모운영위원 워크숍	8,000	여성가족과	3	4	7	8	7	1	1	1
150	서울 서대문구	보육포럼	4,500	여성가족과	3	4	7	8	7	1	1	1
151	서울 서대문구	어린이집 보육교직원 연수지원	21,450	여성가족과	3	4	7	8	7	1	1	1
152	서울 서대문구	김장나누기	30,000	여성가족과	3	4	7	8	7	1	1	1
153	서울 서대문구	청소년어울림마당 행사 지원	24,000	아동청소년과	3	2	7	8	7	5	5	4
154	서울 서대문구	청소년 모의유엔 운영	25,000	아동청소년과	3	7	7	8	7	5	5	4
155	서울 서대문구	어린이날 민간행사 보조	20,000	아동청소년과	3	7	7	8	7	1	1	4
156	서울 서대문구	서대문독립민주축제	150,000	문화체육과	3	4	7	8	7	1	1	1
157	서울 서대문구	홍제천 생명의 축제 지원	32,000	문화체육과	3	4	7	8	7	1	1	1
158	서울 서대문구	안산 해맞이 행사 지원	10,000	문화체육과	3	4	7	8	7	1	1	1
159	서울 서대문구	백련사 산사음악회 지원	30,000	문화체육과	3	4	7	8	7	1	1	1
160	서울 서대문구	봉원사 연꽃축제 지원	25,000	문화체육과	3	4	7	8	7	1	1	1
161	서울 서대문구	조계종 연합 연등행사 지원	25,000	문화체육과	3	4	7	8	7	1	1	1
162	서울 서대문구	백련사 연등축제 지원	10,000	문화체육과	3	4	7	8	7	1	1	1
163	서울 서대문구	서대문문화원 문화사업	20,000	문화체육과	3	4	7	8	7	1	1	1
164	서울 서대문구	서대문 예술마을 만들기	35,000	문화체육과	3	4	7	8	7	1	1	1
165	서울 서대문구	서대문 문화재 야행 행사운영	140,000	문화체육과	3	4	7	8	7	5	5	4
166	서울 서대문구	장애인 생활체육교실 지원	25,740	문화체육과	3	1	7	8	7	1	1	1

순번	시군구	지출명 (사업명)	2021년예산 (단위:천원/1년간)	담당자 (공무원)	민간이전 분류 (지방자치단체 세출예산 집행기준에 의거)	민간이전지출 근거 (지방보조금 관리기준 참고)	입찰방식			운영예산 산정		성과평가 실시여부
				담당부서	1. 민간경상사업보조(307-02) 2. 민간단체 법정운영비보조(307-03) 3. 민간행사사업보조(307-04) 4. 민간위탁금(307-05) 5. 사회복지시설 법정운영비보조(307-10) 6. 민간인위탁교육비(307-12) 7. 공기관등에대한경상적위탁사업비(308-11) 8. 민간자본사업보조,자체재원(402-01) 9. 민간자본사업보조,이전재원(402-02) 10. 민간위탁사업비(402-03) 11. 공기관등에 대한 자본적 대행사업비(403-02)	1. 법률에 규정 2. 국고보조 재원(국가지정) 3. 용도 지정 기부금 4. 조례에 직접규정 5. 지자체가 권장하는 사업을 하는 공공기관 6. 시,도 정책 및 재정사정 7. 기타 8. 해당없음	계약체결방법 (경쟁형태) 1. 일반경쟁 2. 제한경쟁 3. 지명경쟁 4. 수의계약 5. 법정위탁 6. 기타 ( ) 7. 해당없음	계약기간 1. 1년 2. 2년 3. 3년 4. 4년 5. 5년 6. 기타 ( )년 7. 단기계약 (1년미만) 8. 해당없음	낙찰자선정방법 1. 적격심사 2. 협상에의한계약 3. 최저가낙찰제 4. 규격가격분리 5. 2단계 경쟁입찰 6. 기타 ( ) 7. 해당없음	운영예산 산정 1. 내부산정 (지자체 자체적으로 산정) 2. 외부산정 (외부전문기관위탁 산정) 3. 내·외부 모두 산정 4. 산정 無 5. 해당없음	정산방법 1. 내부정산 (지자체 내부적으로 정산) 2. 외부정산 (외부전문기관위탁 정산) 3. 내·외부 모두 산정 4. 정산 無 5. 해당없음	1. 실시 2. 미실시 3. 향후 추진 4. 해당없음
167	서울 서대문구	생활체육대회 지원	90,000	문화체육과	3	1	7	8	7	1	1	1
168	서울 서대문구	연합회장기(배) 지원	30,000	문화체육과	3	1	7	8	7	1	1	1
169	서울 서대문구	전국 및 기타대회 지원	16,000	문화체육과	3	1	7	8	7	1	1	1
170	서울 서대문구	라인댄스 한마당	15,000	문화체육과	3	1	7	8	7	1	1	1
171	서울 서대문구	생활체육 활성화 지원	5,000	문화체육과	3	1	7	8	7	1	1	1
172	서울 서대문구	서울시민생활체육대회 및 서울시장기대회 지원	18,000	문화체육과	3	1	7	8	7	1	1	1
173	서울 서대문구	시장기 장애인 생활체육대회 지원	3,000	문화체육과	3	1	7	8	7	1	1	1
174	서울 서대문구	장애인종목별체육대회 지원	5,000	문화체육과	3	1	7	8	7	1	1	1
175	서울 마포구	지역 문화예술 사업 지원	190,000	문화예술과	3	4	7	8	7	5	5	4
176	서울 마포구	향토문화 지원	108,000	문화예술과	3	1	6	7	7	5	1	4
177	서울 마포구	종목별 생활체육대회 개최 및 지원	98,000	생활체육과	3	1	7	8	7	5	5	4
178	서울 마포구	지역사회보장협의체 운영 지원	41,100	복지정책과	3	1	7	8	7	5	1	1
179	서울 마포구	보훈대상자 지원	16,000	복지정책과	3	1	7	8	7	1	1	4
180	서울 마포구	보훈단체 지원	40,063	복지정책과	3	1	7	8	7	1	1	4
181	서울 마포구	장애인 한마음축제 지원	35,000	노인장애인과	3	1	4	7	1	1	1	1
182	서울 마포구	민관협력 아동보호사업 지원	50,000	아동청년과	3	7	6	1	6	1	1	3
183	서울 마포구	청소년 역사유적 탐방 운영	40,000	아동청년과	3	4	5	1	7	1	1	1
184	서울 양천구	양천문화원 행사 지원	77,550	문화체육과	3	1	7	8	7	1	1	4
185	서울 양천구	지역문화 예술단체 활동지원	77,000	문화체육과	3	1	7	8	7	1	1	4
186	서울 양천구	구청장기,연합회장기 및 기타대회 지원	226,500	문화체육과	3	4	7	8	7	1	1	2
187	서울 양천구	각종 체육활동 지원	20,000	문화체육과	3	6	7	8	7	1	1	2
188	서울 양천구	양천구 장애인체육회 운영지원	4,000	문화체육과	3	4	7	8	7	1	1	2
189	서울 양천구	목동로데오거리 활성화	15,000	일자리경제과	3	7	7	7	7	1	1	3
190	서울 양천구	노인회지회 지원	8,000	어르신복지과	3	5	7	8	7	1	1	4
191	서울 양천구	시니어클럽 운영 지원	10,000	어르신복지과	3	4	7	8	7	1	1	3
192	서울 양천구	어르신 여가활동	35,000	어르신복지과	3	4	7	8	7	1	1	3
193	서울 양천구	4060 중장년층 인생이모작 추진	5,000	어르신복지과	3	4	7	8	7	5	5	4
194	서울 양천구	장애인의 날 기념행사 지원	20,000	자립지원과	3	1	7	8	7	1	1	1
195	서울 양천구	장애인 토크콘서트 개최 지원	6,500	자립지원과	3	1	7	8	7	1	1	1
196	서울 양천구	장애인단체 행사 지원	10,000	자립지원과	3	1	7	8	7	1	1	1
197	서울 양천구	어린이집 행사	18,000	출산보육과	3	4	7	8	7	5	5	4
198	서울 강서구	어르신 경로 행사	25,000	어르신복지과	3	4	1	7	1	1	1	4
199	서울 강서구	공동주택관리 지원	700,000	주택과	3	1	7	8	7	5	5	4
200	서울 강서구	공동주택관리 지원	10,000	주택과	3	1	7	8	7	5	5	4
201	서울 강서구	공동주택 커뮤니티 지원사업	30,000	주택과	3	1	7	8	7	5	5	4
202	서울 강서구	공항동 도시재생활성화	2,000	도시재생과	3	1	4	7	1	1	1	1
203	서울 강서구	공항동 도시재생활성화	4,000	도시재생과	3	1	4	7	1	1	1	1
204	서울 강서구	공항동 도시재생활성화	1,200	도시재생과	3	1	4	1	1	1	1	1
205	서울 구로구	구로구장애인체육회	20,000	체육진흥과	3	4	7	8	7	5	5	1
206	서울 구로구	어린이집 행사비 지원	11,250	여성정책과	3	7	7	8	7	5	1	2
207	서울 구로구	음식문화개선 동참 영업주 워크숍	5,000	위생과	3	1	7	8	7	1	1	2
208	서울 구로구	국민운동단체 보조금지원	58,280	자치행정과	3	1	7	8	7	1	1	1

순번	시군구	지출명 (사업명)	2021년예산 (단위:천원/1년간)	담당자 (공무원)	민간이전 분류 (지방자치단체 세출예산 집행기준에 의거)	민간이전지출 근거 (지방보조금 관리기준 참고)	입찰방식			운영예산 산정		성과평가 실시여부
				담당부서	1. 민간경상사업보조(307-02) 2. 민간단체 법정운영비보조(307-03) 3. 민간행사사업보조(307-04) 4. 민간위탁금(307-05) 5. 사회복지시설 법정운영비보조(307-10) 6. 민간인위탁교육비(307-12) 7. 공기관등에대한경상적위탁사업비(308-11) 8. 민간자본사업보조,자체재원(402-01) 9. 민간자본사업보조,이전재원(402-02) 10. 민간위탁사업비(402-03) 11. 공기관등에 대한 자본적 대행사업비(403-02)	1. 법률에 규정 2. 국고보조 재원(국가지정) 3. 용도 지정 기부금 4. 조례에 직접규정 5. 지자체가 권장하는 사업을 하는 공공기관 6. 시,도 정책 및 재정사정 7. 기타 8. 해당없음	계약체결방법 (경쟁형태) 1. 일반경쟁 2. 제한경쟁 3. 지명경쟁 4. 수의계약 5. 법정위탁 6. 기타 ( ) 7. 해당없음	계약기간 1. 1년 2. 2년 3. 3년 4. 4년 5. 5년 6. 기타 ( )년 7. 단기계약 (1년미만) 8. 해당없음	낙찰자선정방법 1. 적격심사 2. 협상에의한계약 3. 최저가낙찰제 4. 규격가격분리 5. 2단계 경쟁입찰 6. 기타 ( ) 7. 해당없음	운영예산 산정 1. 내부산정 (지자체 자체적으로 산정) 2. 외부산정 (외부전문기관위탁 산정) 3. 내·외부 모두 산정 4. 산정 無 5. 해당없음	정산방법 1. 내부정산 (지자체 내부적으로 정산) 2. 외부정산 (외부전문기관위탁 정산) 3. 내·외부 모두 산정 4. 정산 無 5. 해당없음	1. 실시 2. 미실시 3. 향후 추진 4. 해당없음
209	서울 구로구	어르신행사 지원	12,000	어르신청소년과	3	7	7	8	7	5	1	2
210	서울 구로구	지역사회보장협의체 운영	10,000	복지정책과	3	1	7	8	7	1	1	2
211	서울 구로구	보훈단체 전적지 순례행사 지원 등	61,000	복지정책과	3	1	7	8	7	1	1	4
212	서울 구로구	장애인 단체(시설) 지원	17,000	사회복지과	3	6	6	8	7	5	5	4
213	서울 구로구	장애인 사회활동 지원	35,000	사회복지과	3	1	7	8	7	5	5	4
214	서울 금천구	장애인단체운영 지원	215,541	어르신장애인과	3	1	7	8	7	1	1	4
215	서울 금천구	지역문화 특성화 사업 지원	99,180	문화체육과	3	4	7	8	7	1	1	4
216	서울 금천구	금천문화원 운영지원	171,000	문화체육과	3	1	7	8	7	1	1	4
217	서울 금천구	구청장기대회 개최 지원	100,450	문화체육과	3	4	7	8	7	1	1	4
218	서울 금천구	생활체육대회 개최 지원	105,800	문화체육과	3	4	7	8	7	1	1	4
219	서울 금천구	구민한마음체육대회 개최	150,000	문화체육과	3	4	7	8	7	1	1	4
220	서울 금천구	금천구 유소년 체육활동 지원	20,000	문화체육과	3	4	7	8	7	1	1	4
221	서울 금천구	독산고 탁구전용관 활용 프로그램 운영	33,300	문화체육과	3	6	7	8	7	1	1	1
222	서울 금천구	전통시장 활성화 지원	10,000	지역경제과	3	7	7	8	7	3	3	4
223	서울 영등포구	여성역량강화	10,000	보육지원과	3	1	7	8	7	5	5	4
224	서울 영등포구	경로행사 지원 및 위문	8,000	어르신복지과	3	1	7	8	7	3	3	4
225	서울 영등포구	자동차 무상점검 행사	3,322	주차문화과	3	4	5	8	7	1	1	4
226	서울 영등포구	사회단체 보조금 지원	310,000	자치행정과	3	1	7	8	6	1	1	1
227	서울 영등포구	해맞이 축제	3,000	문화체육과	3	4	7	7	7	1	1	2
228	서울 영등포구	문화원 육성 지원	205,500	문화체육과	3	1	6	3	7	1	1	1
229	서울 영등포구	지역문화예술단체 및 사업활동 지원	58,900	문화체육과	3	4	7	8	7	5	5	4
230	서울 영등포구	지역문화행사 참가 및 지원	16,000	문화체육과	3	4	7	8	7	5	5	4
231	서울 영등포구	종무행사 지원 및 향토문화재 진흥	15,900	문화체육과	3	4	7	8	7	5	5	4
232	서울 영등포구	문래창작촌 지원	20,000	문화체육과	3	4	7	8	7	5	5	4
233	서울 영등포구	종목별 구청장기 대회	100,000	문화체육과	3	1	6	1	7	1	1	1
234	서울 영등포구	종목별 협회(연맹)장기 대회	41,120	문화체육과	3	1	6	1	7	1	1	1
235	서울 영등포구	구민건강달리기대회	11,000	문화체육과	3	1	6	1	7	1	1	1
236	서울 영등포구	유소년축구대회	14,000	문화체육과	3	1	6	1	7	1	1	1
237	서울 영등포구	생활체육 동호인 활동 지원	8,000	문화체육과	3	1	6	1	7	1	1	1
238	서울 영등포구	서울시민 체육대회 참가 지원	40,000	문화체육과	3	1	6	1	7	1	1	1
239	서울 영등포구	장애인 체육대회 개최 및 참가 지원	26,000	문화체육과	3	1	6	1	7	1	1	1
240	서울 영등포구	동민 한마음체육대회 개최 지원	216,000	문화체육과	3	1	6	1	7	1	1	1
241	서울 영등포구	의장기 청소년 체육대회	8,500	문화체육과	3	1	6	1	7	1	1	1
242	서울 동작구	장애인의 날 행사	30,000	어르신장애인과	3	1	7	1	1	1	1	1
243	서울 동작구	노인의 날 기념행사	11,700	어르신장애인과	3	6	7	7	7	1	1	1
244	서울 동작구	사육신추모제향 지원	7,000	체육문화과	3	7	7	8	7	5	1	4
245	서울 동작구	장승제 지원	4,000	체육문화과	3	7	7	8	7	5	1	4
246	서울 동작구	동작문화원 위탁사업	13,000	체육문화과	3	4	7	8	7	5	5	4
247	서울 동작구	동작문화원 위탁사업	20,000	체육문화과	3	4	7	8	7	5	5	4
248	서울 동작구	동작문화원 육성지원비	141,750	체육문화과	3	4	7	8	7	5	5	4
249	서울 동작구	장애인생활체육대회개최	24,100	체육문화과	3	8	7	8	7	5	5	4
250	서울 동작구	전국 및 시도 장애인체육대회 지원	13,500	체육문화과	3	8	7	8	7	5	5	4

순번	시군구	지출명 (사업명)	2021년예산 (단위:천원/1년간)	담당자 (공무원) 담당부서	민간이전 분류 (지방자치단체 세출예산 집행기준에 의거) 1. 민간경상사업보조(307-02) 2. 민간단체 법정운영비보조(307-03) 3. 민간행사사업보조(307-04) 4. 민간위탁금(307-05) 5. 사회복지시설 법정운영비보조(307-10) 6. 민간인위탁교육비(307-12) 7. 공기관등에대한경상적위탁사업비(308-11) 8. 민간자본사업보조,자체재원(402-01) 9. 민간자본사업보조,이전재원(402-02) 10. 민간위탁사업비(402-03) 11. 공기관등에 대한 자본적 대행사업비(403-02)	민간이전지출 근거 (지방보조금 관리기준 참고) 1. 법률에 규정 2. 국고보조 재원(국가지정) 3. 용도 지정 기부금 4. 조례에 직접규정 5. 지자체가 권장하는 사업을 하는 공공기관 6. 시,도 정책 및 재정사정 7. 기타 8. 해당없음	입찰방식 계약체결방법 (경쟁형태) 1. 일반경쟁 2. 제한경쟁 3. 지명경쟁 4. 수의계약 5. 법정위탁 6. 기타 ( ) 7. 해당없음	입찰방식 계약기간 1. 1년 2. 2년 3. 3년 4. 4년 5. 5년 6. 기타 ( )년 7. 단기계약 (1년미만) 8. 해당없음	입찰방식 낙찰자선정방법 1. 적격심사 2. 협상에의한계약 3. 최저가낙찰제 4. 규격가격분리 5. 2단계 경쟁입찰 6. 기타 ( ) 7. 해당없음	운영예산 산정 운영예산 산정 1. 내부산정 (지자체 자체적으로 산정) 2. 외부산정 (외부전문기관위탁 산정) 3. 내·외부 모두 산정 4. 산정 無 5. 해당없음	운영예산 산정 정산방법 1. 내부정산 (지자체 내부적으로 정산) 2. 외부정산 (외부전문기관위탁 정산) 3. 내·외부 모두 산정 4. 정산 無 5. 해당없음	성과평가 실시여부 1. 실시 2. 미실시 3. 향후 추진 4. 해당없음
251	서울 동작구	생활체육 위탁 운영	48,760	체육문화과	3	1	7	8	7	1	1	1
252	서울 동작구	동작구민체육대회 개최	315,000	체육문화과	3	4	7	8	7	5	5	4
253	서울 동작구	생활체육대회 지원	222,900	체육문화과	3	4	7	8	7	5	5	4
254	서울 관악구	자연유산 민속행사	3,000	문화관광체육과	3	2	7	8	7	1	1	4
255	서울 관악구	마을문화예술육성지원	10,000	문화관광체육과	3	4	7	8	7	1	1	1
256	서울 관악구	장애인체육대회지원	20,750	문화관광체육과	3	1	7	8	7	1	1	1
257	서울 관악구	생활체육대회 개최 및 참가 지원	158,000	문화관광체육과	3	1	7	8	7	1	1	1
258	서울 관악구	서울시민체육대축전 지원	30,000	문화관광체육과	3	1	7	8	7	1	1	1
259	서울 관악구	구민체육대회 개최 지원	157,000	문화관광체육과	3	1	7	8	7	1	1	1
260	서울 관악구	관악문화원 운영 지원	9,000	문화관광체육과	3	1	7	8	7	1	1	4
261	서울 송파구	국내외 박람회 참가기업 지원	40,000	일자리정책담당관	3	4	7	8	7	1	1	1
262	서울 송파구	구민체육대회 개최	304,000	문화체육과	3	4	7	8	7	1	1	1
263	서울 송파구	한성백제마라톤	30,000	문화체육과	3	4	7	8	7	1	1	1
264	서울 송파구	동단위 생활체육 활성화	25,000	문화체육과	3	4	7	8	7	1	1	1
265	서울 송파구	구청장기 생활체육대회	207,500	문화체육과	3	4	7	8	7	1	1	1
266	서울 송파구	생활체육단체 대회참가 경비지원	110,470	문화체육과	3	4	7	8	7	1	1	1
267	서울 송파구	장애인체육대회 대회참가 및 개최 지원	55,500	문화체육과	3	4	7	8	7	1	1	1
268	서울 송파구	건강 걷기대회 지원	30,000	문화체육과	3	4	7	8	7	1	1	1
269	서울 송파구	지역상권 활성화 경영지원	48,000	지역경제과	3	7	7	8	7	5	5	4
270	서울 송파구	보육인의 날 기념행사 개최	5,000	여성보육과	3	6	7	8	7	5	5	4
271	서울 송파구	사회복지의 날 기념행사	5,000	복지정책과	3	1	7	8	7	1	1	1
272	서울 송파구	또래울 청소년문화공간 운영	30,000	아동돌봄청소년과	3	1	7	8	7	1	1	4
273	서울 송파구	송파 청소년 축제	20,000	아동돌봄청소년과	3	1	7	7	6	1	1	1
274	서울 송파구	장애인의 날 기념 장애인 축제	20,000	장애인복지과	3	1	6	1	7	1	1	1
275	서울 강동구	강동구장애인 체육대회	8,000	생활체육과	3	4	6	1	7	1	1	1
276	서울 강동구	종목별 생활체육대회지원	240,000	생활체육과	3	4	7	8	7	1	1	1
277	서울 강동구	선사마라톤대회	90,000	생활체육과	3	4	7	8	7	1	1	1
278	서울 강동구	선사족구한마당	15,000	생활체육과	3	4	7	8	7	1	1	3
279	서울 강동구	그린웨이 걷기대회	12,550	생활체육과	3	4	7	8	7	1	1	1
280	서울 강동구	어르신 리그전 지원	25,000	생활체육과	3	4	7	8	7	1	1	1
281	서울 강동구	예술문화행사지원	120,000	문화예술과	3	4	6	7	6	1	1	4
282	경기 수원시	북한이탈주민합동망향제	6,120	자치행정과	3	1	7	8	7	1	1	1
283	경기 수원시	북한이탈주민 통일한마음 체육대회	10,000	자치행정과	3	1	7	8	7	1	1	1
284	경기 수원시	찾아가는 평화통일교육	12,000	자치행정과	3	1	7	8	7	1	1	1
285	경기 수원시	수원시민평화문화제	12,000	자치행정과	3	4	7	8	7	1	1	1
286	경기 수원시	자유수호희생자 합동위령제	2,000	자치행정과	3	4	7	8	7	1	1	1
287	경기 수원시	시민과 함께하는 새마을인문학	5,485	자치행정과	3	4	7	8	7	1	1	1
288	경기 수원시	재향군인의 날 기념	4,850	자치행정과	3	4	7	8	7	1	1	1
289	경기 수원시	6·10 민주항쟁 기념식	4,800	자치행정과	3	4	7	8	7	1	1	1
290	경기 수원시	전통시장 문화예술행사 지원	3,000	지역경제과	3	1	7	8	7	5	5	4
291	경기 수원시	노동절 기념대회	15,000	노동정책과	3	1	7	8	7	1	1	1
292	경기 수원시	노사민정협력 활성화	44,700	노동정책과	3	1	7	8	7	1	1	1

순번	시군구	지출명 (사업명)	2021년예산 (단위:천원/1년간)	담당자 (공무원) 담당부서	민간이전 분류 (지방자치단체 세출예산 집행기준에 의거) 1. 민간경상사업보조(307-02) 2. 민간단체 법정운영비보조(307-03) 3. 민간행사사업보조(307-04) 4. 민간위탁금(307-05) 5. 사회복지시설 법정운영비보조(307-10) 6. 민간인위탁교육비(307-12) 7. 공기관등에대한경상적위탁사업비(308-11) 8. 민간자본사업보조,자체재원(402-01) 9. 민간자본사업보조,이전재원(402-02) 10. 민간위탁사업비(402-03) 11. 공기관등에 대한 자본적 대행사업비(403-02)	민간이전지출 근거 (지방보조금 관리기준 참고) 1. 법률에 규정 2. 국고보조 재원(국가지정) 3. 용도 지정 기부금 4. 조례에 직접규정 5. 지자체가 권장하는 사업을 하는 공공기관 6. 시,도 정책 및 재정사정 7. 기타 8. 해당없음	입찰방식 계약체결방법 (경쟁형태) 1. 일반경쟁 2. 제한경쟁 3. 지명경쟁 4. 수의계약 5. 법정위탁 6. 기타 ( ) 7. 해당없음	입찰방식 계약기간 1. 1년 2. 2년 3. 3년 4. 4년 5. 5년 6. 기타 ( )년 7. 단기계약 (1년미만) 8. 해당없음	입찰방식 낙찰자선정방법 1. 적격심사 2. 협상에의한계약 3. 최저가낙찰제 4. 규격가격분리 5. 2단계 경쟁입찰 6. 기타 ( ) 7. 해당없음	운영예산 산정 운영예산 산정 1. 내부산정 (지자체 자체적으로 산정) 2. 외부산정 (외부전문기관위탁 산정) 3. 내·외부 모두 산정 4. 산정 無 5. 해당없음	운영예산 산정 정산방법 1. 내부정산 (지자체 내부적으로 정산) 2. 외부정산 (외부전문기관위탁 정산) 3. 내·외부 모두 산정 4. 정산 無 5. 해당없음	성과평가 실시여부 1. 실시 2. 미실시 3. 향후 추진 4. 해당없음
293	경기 수원시	사회복지의 날 기념 수원시 나눔한마당	9,000	복지협력과	3	4	7	8	7	1	1	1
294	경기 수원시	시와 음악이 있는 밤	40,000	문화예술과	3	1	7	8	7	1	1	3
295	경기 수원시	민족예술제	10,000	문화예술과	3	1	7	8	7	1	1	3
296	경기 수원시	풍물대동놀이 한마당	5,000	문화예술과	3	1	7	8	7	1	1	3
297	경기 수원시	전국 음악콩쿠르	12,800	문화예술과	3	1	7	8	7	1	1	3
298	경기 수원시	동네야 놀자	7,200	문화예술과	3	1	7	8	7	1	1	3
299	경기 수원시	홍재 미술대회	5,000	문화예술과	3	1	7	8	7	1	1	3
300	경기 수원시	대보름 민속놀이한마당	10,000	문화예술과	3	1	5	1	1	1	1	1
301	경기 수원시	나혜석 미술대전	32,000	문화예술과	3	1	7	8	7	1	1	3
302	경기 수원시	수원 연등축제	90,000	문화예술과	3	1	7	8	7	1	1	3
303	경기 수원시	경기인형극제 in Suwon	40,000	문화예술과	3	1	7	8	7	1	1	3
304	경기 수원시	제야 타종	10,800	문화예술과	3	1	5	1	1	1	1	1
305	경기 수원시	찾아가는 문화활동	120,000	문화예술과	3	1	7	8	7	1	1	3
306	경기 수원시	통합문화이용권	20,315	문화예술과	3	1	5	1	1	1	1	1
307	경기 수원시	한국예총 수원지부 문화예술 활동	8,000	문화예술과	3	1	7	8	7	1	1	3
308	경기 수원시	전통문화 사회단체 지원	15,200	문화예술과	3	1	5	1	1	1	1	1
309	경기 수원시	소규모 문화예술행사	40,000	문화예술과	3	1	7	8	7	1	1	3
310	경기 수원시	수원발레축제	234,800	문화예술과	3	1	7	8	7	1	1	3
311	경기 수원시	송년 클래식음악회	12,000	문화예술과	3	1	7	8	7	1	1	3
312	경기 수원시	수원 예술인 축제	35,000	문화예술과	3	1	7	8	7	1	1	3
313	경기 수원시	액티브 시니어 축제	18,000	문화예술과	3	1	7	8	7	1	1	3
314	경기 수원시	장애인 문화예술 진흥 사업	50,000	문화예술과	3	1	7	8	7	1	1	3
315	경기 수원시	문예 아카데미	5,200	문화예술과	3	1	7	8	7	1	1	3
316	경기 수원시	공연장 대관료	20,000	문화예술과	3	1	7	8	7	1	1	3
317	경기 수원시	민간단체 문화의 날 공연	40,000	문화예술과	3	6	1	7	1	1	1	1
318	경기 수원시	템플스테이 체험	16,600	문화예술과	3	1	7	8	7	1	1	3
319	경기 수원시	사찰음식 체험프로그램	7,000	문화예술과	3	1	7	8	7	1	1	3
320	경기 수원시	무형문화재 시연	33,000	문화예술과	3	4	7	8	7	1	1	1
321	경기 수원시	전국 한시백일장	33,000	문화예술과	3	6	7	8	7	1	1	1
322	경기 수원시	토요수원 인문여행	18,000	문화예술과	3	1	7	8	7	1	1	1
323	경기 수원시	수원시체육대회	167,500	체육진흥과	3	1	7	8	7	1	1	3
324	경기 수원시	국제교류 사업	40,000	체육진흥과	3	1	7	8	7	1	1	3
325	경기 수원시	수원시 장애인 한마음체육대회	40,000	체육진흥과	3	1	7	8	7	1	1	3
326	경기 수원시	시장기 초중등(비등록) 체육대회	19,800	체육진흥과	3	1	7	8	7	1	1	3
327	경기 수원시	시단위 종목별 체육대회	70,000	체육진흥과	3	1	7	8	7	1	1	3
328	경기 수원시	자매도시 친선 야구대회	20,000	체육진흥과	3	1	7	8	7	1	1	3
329	경기 수원시	한일 우호친선 유소년 축구교류전	50,000	체육진흥과	3	1	7	8	7	1	1	3
330	경기 수원시	수원시장기 초·중학교 야구대회	27,000	체육진흥과	3	1	7	8	7	1	1	3
331	경기 수원시	경기마라톤 대회	160,000	체육진흥과	3	1	7	8	7	1	1	3
332	경기 수원시	수원컵 전국 시니어 및 주니어 골프대회	25,600	체육진흥과	3	1	7	8	7	1	1	3
333	경기 수원시	경인일보배 전국 중·고 골프대회	22,000	체육진흥과	3	1	7	8	7	1	1	3
334	경기 수원시	수원시장배 전국 남·여 궁도대회	28,800	체육진흥과	3	1	7	8	7	1	1	3

순번	시군구	지출명 (사업명)	2021년예산 (단위:천원/1년간)	담당자 (공무원) 담당부서	민간이전 분류 (지방자치단체 세출예산 집행기준에 의거) 1. 민간경상사업보조(307-02) 2. 민간단체 법정운영비보조(307-03) 3. 민간행사사업보조(307-04) 4. 민간위탁금(307-05) 5. 사회복지시설 법정운영비보조(307-10) 6. 민간인위탁교육비(307-12) 7. 공기관등에대한경상적위탁사업비(308-11) 8. 민간자본사업보조,자체재원(402-01) 9. 민간자본사업보조,이전재원(402-02) 10. 민간위탁사업비(402-03) 11. 공기관등에 대한 자본적 대행사업비(403-02)	민간이전지출 근거 (지방보조금 관리기준 참고) 1. 법률에 규정 2. 국고보조 재원(국가지정) 3. 용도 지정 기부금 4. 조례에 직접규정 5. 지자체가 권장하는 사업을 하는 공공기관 6. 시,도 정책 및 재정사정 7. 기타 8. 해당없음	입찰방식 계약체결방법 (경쟁형태) 1. 일반경쟁 2. 제한경쟁 3. 지명경쟁 4. 수의계약 5. 법정위탁 6. 기타 ( ) 7. 해당없음	입찰방식 계약기간 1. 1년 2. 2년 3. 3년 4. 4년 5. 5년 6. 기타 ( )년 7. 단기계약 (1년미만) 8. 해당없음	입찰방식 낙찰자선정방법 1. 적격심사 2. 협상에의한계약 3. 최저가낙찰제 4. 규격가격분리 5. 2단계 경쟁입찰 6. 기타 ( ) 7. 해당없음	운영예산 산정 운영예산 산정 1. 내부산정 (지자체 자체적으로 산정) 2. 외부산정 (외부전문기관위탁 산정) 3. 내·외부 모두 산정 4. 산정 無 5. 해당없음	운영예산 산정 정산방법 1. 내부정산 (지자체 내부적으로 정산) 2. 외부정산 (외부전문기관위탁 정산) 3. 내·외부 모두 산정 4. 정산 無 5. 해당없음	성과평가 실시여부 1. 실시 2. 미실시 3. 향후 추진 4. 해당없음
335	경기 수원시	수원시장배 전국 바둑 대축제	40,000	체육진흥과	3	1	7	8	7	1	1	3
336	경기 수원시	정조대왕배 전국 배드민턴대회	27,000	체육진흥과	3	1	7	8	7	1	1	3
337	경기 수원시	수원시 정조대왕배 전국댄스스포츠 대회	16,000	체육진흥과	3	1	7	8	7	1	1	3
338	경기 수원시	수원컵 U-15(중학교) 스토브리그 축구대회	27,000	체육진흥과	3	1	7	8	7	1	1	3
339	경기 수원시	수원컵 전국 사회인 야구대회	54,000	체육진흥과	3	1	7	8	7	1	1	3
340	경기 수원시	수원시장배 전국 실버댄스경연대회	40,000	체육진흥과	3	1	7	8	7	1	1	3
341	경기 수원시	휴먼시티 수원배 전국 유소년 야구대회	50,400	체육진흥과	3	1	7	8	7	1	1	3
342	경기 수원시	경기국제하프마라톤 대회	100,000	체육진흥과	3	1	7	8	7	1	1	3
343	경기 수원시	수원시장배 전국 아이스하키 최강전	28,800	체육진흥과	3	1	7	8	7	1	1	3
344	경기 수원시	전국단위 생활체육대회 개최	96,000	체육진흥과	3	1	7	8	7	1	1	3
345	경기 수원시	수원시장배 청소년 풋살대회	25,000	체육진흥과	3	1	7	8	7	1	1	3
346	경기 수원시	수원시장배 전국 장애인수영대회	16,000	체육진흥과	3	1	7	8	7	1	1	3
347	경기 수원시	청소년 자연생태 대탐사	10,000	생태공원과	3	4	7	7	6	1	1	3
348	경기 수원시	사랑의 김장나누기 사업 지원	18,000	장안구 행정지원과	3	4	7	8	7	1	1	1
349	경기 수원시	구민 한마음 생활체육대회	31,500	장안구 행정지원과	3	4	7	8	7	1	1	1
350	경기 수원시	경로 행사	304,510	장안구 사회복지과	3	4	7	8	7	1	1	1
351	경기 수원시	어려운 이웃 김장 담가주기	21,600	권선구 행정지원과	3	4	7	8	7	1	1	1
352	경기 수원시	구민 한마음 생활체육대회	35,000	팔달구 행정지원과	3	4	7	8	7	5	5	4
353	경기 수원시	어려운 이웃 김장 담가주기	18,000	팔달구 행정지원과	3	4	7	8	7	5	5	4
354	경기 수원시	경로행사	221,870	팔달구 사회복지과	3	1	7	8	7	1	1	1
355	경기 수원시	어려운이웃 김장 담가주기	21,600	영통구 행정지원과	3	4	7	8	7	5	5	4
356	경기 수원시	구민 한마음 생활체육대회	35,000	영통구 행정지원과	3	4	7	8	7	5	5	4
357	경기 수원시	경로행사	218,840	영통구 사회복지과	3	4	7	8	7	1	1	1
358	경기 성남시	의용소방대 소방재난 경진대회 행사경비 지원	11,380	재난안전관	3	4	7	8	7	1	1	1
359	경기 성남시	6.10민주항쟁 기념사업	48,255	자치행정과	3	1	7	8	7	1	1	1
360	경기 성남시	북한이탈주민 소통의 장	10,000	자치행정과	3	2	7	8	7	3	3	4
361	경기 성남시	강사협의회 직무교육	4,500	자치행정과	3	1	7	8	7	1	1	4
362	경기 성남시	강사협의회 나눔문화 콘서트	7,000	자치행정과	3	1	7	8	7	1	1	4
363	경기 성남시	한국노총 노동단체 지원사업	107,000	고용노동과	3	4	7	8	7	1	1	1
364	경기 성남시	민주노총 노동단체 지원사업	16,000	고용노동과	3	4	7	8	7	1	1	1
365	경기 성남시	전택노련 경기동부지역 노동자 체육대회	12,000	고용노동과	3	4	7	8	7	1	1	1
366	경기 성남시	성남시 법인택시노동조합연합회 체육대회	6,000	고용노동과	3	4	7	8	7	1	1	1
367	경기 성남시	지역 노사민정 협력 활성화사업	14,365	고용노동과	3	2	7	8	7	1	1	1
368	경기 성남시	물가모니터워크숍 추진	9,000	지역경제과	3	1	7	8	7	1	1	4
369	경기 성남시	사회적경제조직 워크숍	10,000	지역경제과	3	4	4	7	7	1	1	4
370	경기 성남시	성남시 우수공예품 전시전 지원	30,000	산업지원과	3	1	7	8	7	1	1	1
371	경기 성남시	6.25전쟁 제71주년 행사	25,000	복지정책과	3	7	7	8	7	1	1	1
372	경기 성남시	성남시 사회복지사 민.관 합동 워크숍	12,000	복지정책과	3	1	7	8	7	1	1	4
373	경기 성남시	성남시 사회복지협의회 지원	27,000	복지정책과	3	1	7	8	7	1	1	2
374	경기 성남시	1인가구 생활지원서비스 지원	27,000	복지정책과	3	4	7	8	7	1	1	2
375	경기 성남시	성남시 사회복지사 민.관 합동 워크숍	12,000	복지정책과	3	1	7	8	7	1	1	4
376	경기 성남시	성남시 사회복지협의회 지원	27,000	복지정책과	3	1	7	8	7	1	1	2

순번	시군구	지출명 (사업명)	2021년예산 (단위:천원/1년간)	담당자 (공무원) 담당부서	민간이전 분류 (지방자치단체 세출예산 집행기준에 의거) 1. 민간경상사업보조(307-02) 2. 민간단체 법정운영비보조(307-03) 3. 민간행사사업보조(307-04) 4. 민간위탁금(307-05) 5. 사회복지시설 법정운영비보조(307-10) 6. 민간인위탁교육비(307-12) 7. 공기관등에대한경상적위탁사업비(308-11) 8. 민간자본사업보조,자체재원(402-01) 9. 민간자본사업보조,이전재원(402-02) 10. 민간위탁사업비(402-03) 11. 공기관등에 대한 자본적 대행사업비(403-02)	민간이전지출 근거 (지방보조금 관리기준 참고) 1. 법률에 규정 2. 국고보조 재원(국가지정) 3. 용도 지정 기부금 4. 조례에 직접규정 5. 지자체가 권장하는 사업을 하는 공공기관 6. 시,도 정책 및 재정사정 7. 기타 8. 해당없음	입찰방식 계약체결방법 (경쟁형태) 1. 일반경쟁 2. 제한경쟁 3. 지명경쟁 4. 수의계약 5. 법정위탁 6. 기타 ( ) 7. 해당없음	입찰방식 계약기간 1. 1년 2. 2년 3. 3년 4. 4년 5. 5년 6. 기타 ( )년 7. 단기계약 (1년미만) 8. 해당없음	입찰방식 낙찰자선정방법 1. 적격심사 2. 협상에의한계약 3. 최저가낙찰제 4. 규격가격분리 5. 2단계 경쟁입찰 6. 기타 ( ) 7. 해당없음	운영예산 산정 운영예산 산정 1. 내부산정 (지자체 자체적으로 산정) 2. 외부산정 (외부전문기관위탁 산정) 3. 내·외부 모두 산정 4. 산정 無 5. 해당없음	운영예산 산정 정산방법 1. 내부정산 (지자체 내부적으로 정산) 2. 외부정산 (외부전문기관위탁 정산) 3. 내·외부 모두 산정 4. 정산 無 5. 해당없음	성과평가 실시여부 1. 실시 2. 미실시 3. 향후 추진 4. 해당없음
377	경기 성남시	1인가구 생활지원서비스 지원	27,000	복지정책과	3	4	7	8	7	1	1	2
378	경기 성남시	장애인의 날 및 장애인주간행사	20,495	장애인복지과	3	1	7	8	7	1	1	4
379	경기 성남시	성남시 장애인 한마음축제	42,800	장애인복지과	3	1	7	8	7	1	1	4
380	경기 성남시	경기도 장애인 축제한마당	10,000	장애인복지과	3	1	7	8	7	1	1	4
381	경기 성남시	어버이날, 노인의날 기념행사	22,000	노인복지과	3	7	1	1	1	1	1	1
382	경기 성남시	양성평등주간 기념행사	27,000	여성가족과	3	4	7	8	7	5	5	4
383	경기 성남시	어린이날행사 지원	98,000	아동보육과	3	6	7	8	7	5	1	1
384	경기 성남시	성남시보육인대회	19,000	아동보육과	3	4	7	8	7	1	1	1
385	경기 성남시	어르신과 함께하는 어린이예술제	5,000	아동보육과	3	4	7	8	7	1	1	1
386	경기 성남시	올바른 학교급식 식생활 개선교육	16,000	교육청소년과	3	4	7	8	7	5	5	4
387	경기 성남시	교복나눔운동지원사업	10,000	교육청소년과	3	4	7	8	7	5	1	1
388	경기 성남시	창의적인 청소년 육성	10,000	교육청소년과	3	1	7	8	7	1	1	1
389	경기 성남시	장애인과 함께하는 아름다운 음악회	15,000	문화예술과	3	1	7	8	7	5	1	1
390	경기 성남시	전국 나도 스타 오디션 음악회	24,200	문화예술과	3	1	7	8	7	5	1	1
391	경기 성남시	성남시민과 청소년을 위한 열린 음악회	15,000	문화예술과	3	1	7	8	7	5	1	1
392	경기 성남시	청소년을 위한 교과서 해설음악회	15,000	문화예술과	3	1	7	8	7	5	1	1
393	경기 성남시	제33회 성남 전국 시조 경창 대회	13,000	문화예술과	3	1	7	8	7	5	1	1
394	경기 성남시	성남 국제 청소년 윈드 페스티벌	30,000	문화예술과	3	1	7	8	7	5	1	1
395	경기 성남시	2021 먹빛으로 자연을 그리다	5,000	문화예술과	3	1	7	8	7	5	1	1
396	경기 성남시	제23회 장수무대	18,000	문화예술과	3	1	7	8	7	5	1	1
397	경기 성남시	제36회 성남 전국 국악 경연대회	13,000	문화예술과	3	1	7	8	7	5	1	1
398	경기 성남시	제24회 한가위국악 큰잔치	9,000	문화예술과	3	1	7	8	7	5	1	1
399	경기 성남시	제48회 성남사랑 학생 창작글짓기 대회	9,000	문화예술과	3	1	7	8	7	5	1	1
400	경기 성남시	제20회 향곡정금란무용제	15,000	문화예술과	3	1	7	8	7	5	1	1
401	경기 성남시	제24회 성남창작무용제	12,000	문화예술과	3	1	7	8	7	5	1	1
402	경기 성남시	제30회 전국 무용제 경기도 예선대회	9,000	문화예술과	3	1	7	8	7	5	1	1
403	경기 성남시	제36회 성남 전국 무용 경연대회	8,000	문화예술과	3	1	7	8	7	5	1	1
404	경기 성남시	제11회 성남 전국사진촬영대회	27,000	문화예술과	3	1	7	8	7	5	1	1
405	경기 성남시	제36회 성남사진대전	15,000	문화예술과	3	1	7	8	7	5	1	1
406	경기 성남시	제28회 성남 전국 사진 공모전	15,000	문화예술과	3	1	7	8	7	5	1	1
407	경기 성남시	2021 성남 박태현 전국창작 동요제	35,000	문화예술과	3	1	7	8	7	5	1	1
408	경기 성남시	제27회 성남학생 음악 경연대회	10,000	문화예술과	3	1	7	8	7	5	1	1
409	경기 성남시	2021 신춘음악회	10,000	문화예술과	3	1	7	8	7	5	1	1
410	경기 성남시	경기도 아마추어 연극제 참가	9,000	문화예술과	3	1	7	8	7	5	1	1
411	경기 성남시	제24회 성남연극인 합동공연	10,000	문화예술과	3	1	7	8	7	5	1	1
412	경기 성남시	대한민국 연극제 경기도 예선대회	15,000	문화예술과	3	1	7	8	7	5	1	1
413	경기 성남시	2021 성남시 신파악극제	25,000	문화예술과	3	1	7	8	7	5	1	1
414	경기 성남시	2021 경기향토작가 초대전	10,000	문화예술과	3	1	7	8	7	5	1	1
415	경기 성남시	제9회 성남전통미술대전	10,000	문화예술과	3	1	7	8	7	5	1	1
416	경기 성남시	제10회 남한산성의 꿈 그리고 희망전	30,000	문화예술과	3	1	7	8	7	5	1	1
417	경기 성남시	2021 성남아트페어	30,000	문화예술과	3	1	7	8	7	5	1	1
418	경기 성남시	제36회 모란현대미술대전	12,000	문화예술과	3	1	7	8	7	5	1	1

순번	시군구	지출명 (사업명)	2021년예산 (단위:천원/1년간)	담당자 (공무원)	민간이전 분류 (지방자치단체 세출예산 집행기준에 의거)	민간이전지출 근거 (지방보조금 관리기준 참고)	입찰방식			운영예산 산정		성과평가 실시여부
				담당부서	1. 민간경상사업보조(307-02) 2. 민간단체 법정운영비보조(307-03) 3. 민간행사사업보조(307-04) 4. 민간위탁금(307-05) 5. 사회복지시설 법정운영비보조(307-10) 6. 민간인위탁교육비(307-12) 7. 공기관등에대한경상적위탁사업비(308-11) 8. 민간자본사업보조,자체재원(402-01) 9. 민간자본사업보조,이전재원(402-02) 10. 민간위탁사업비(402-03) 11. 공기관등에 대한 자본적 대행사업비(403-02)	1. 법률에 규정 2. 국고보조 재원(국가지정) 3. 용도 지정 기부금 4. 조례에 직접규정 5. 지자체가 권장하는 사업을 하는 공공기관 6. 시,도 정책 및 재정사정 7. 기타 8. 해당없음	계약체결방법 (경쟁형태) 1. 일반경쟁 2. 제한경쟁 3. 지명경쟁 4. 수의계약 5. 법정위탁 6. 기타 ( ) 7. 해당없음	계약기간 1. 1년 2. 2년 3. 3년 4. 4년 5. 5년 6. 기타 ( )년 7. 단기계약 (1년미만) 8. 해당없음	낙찰자선정방법 1. 적격심사 2. 협상에의한계약 3. 최저가낙찰제 4. 규격가격분리 5. 2단계 경쟁입찰 6. 기타 ( ) 7. 해당없음	운영예산 산정 1. 내부산정 (지자체 자체적으로 산정) 2. 외부산정 (외부전문기관위탁 산정) 3. 내·외부 모두 산정 4. 산정 無 5. 해당없음	정산방법 1. 내부정산 (지자체 내부적으로 정산) 2. 외부정산 (외부전문기관위탁 정산) 3. 내·외부 모두 산정 4. 정산 無 5. 해당없음	1. 실시 2. 미실시 3. 향후 추진 4. 해당없음
419	경기 성남시	시민과 함께하는 멀티 무비컬 창작 공연	35,000	문화예술과	3	1	7	8	7	5	1	1
420	경기 성남시	제15회 지역 향토 예술인 콘서트	18,000	문화예술과	3	1	7	8	7	5	1	1
421	경기 성남시	제11회 성남남한산성 전국가요제	50,000	문화예술과	3	1	7	8	7	5	1	1
422	경기 성남시	2021 성남 예술인 워크숍	20,000	문화예술과	3	1	7	8	7	5	1	1
423	경기 성남시	2021 성남시 예술인 시상식	16,000	문화예술과	3	1	7	8	7	5	1	1
424	경기 성남시	제27회 성남 남한산성 해맞이 한마당	15,000	문화예술과	3	1	7	8	7	5	1	1
425	경기 성남시	제18회 숯내정월대보름달집 축제	10,000	문화예술과	3	1	7	8	7	5	1	1
426	경기 성남시	2021 단오와 흥겨운 남한산성	8,000	문화예술과	3	1	7	8	7	5	1	1
427	경기 성남시	제34회 성남백중놀이 한마당	12,000	문화예술과	3	1	7	8	7	5	1	1
428	경기 성남시	제17회 가을 도심속의 풍물이야기	10,000	문화예술과	3	1	7	8	7	5	1	1
429	경기 성남시	제14회 숯내를 흐르는 숨결전	7,000	문화예술과	3	1	7	8	7	5	1	1
430	경기 성남시	제11회 바람개비 콘서트	10,000	문화예술과	3	1	7	8	7	5	1	1
431	경기 성남시	제8회 성남문학축전	18,000	문화예술과	3	1	7	8	7	5	1	1
432	경기 성남시	연극 플러스 원	10,000	문화예술과	3	1	7	8	7	5	1	1
433	경기 성남시	제29회 까치의 송년아리랑	10,000	문화예술과	3	1	7	8	7	5	1	1
434	경기 성남시	성남시 여성합창단 48주년 정기연주회	7,000	문화예술과	3	1	7	8	7	5	1	1
435	경기 성남시	성남시 여성합창단 전국합창대회	5,000	문화예술과	3	1	7	8	7	5	1	1
436	경기 성남시	문화예술 동호인 및 교육 단체 지원	240,000	문화예술과	3	1	7	8	7	5	1	1
437	경기 성남시	지역예술인 창작활동 지원	200,000	문화예술과	3	1	7	8	7	5	1	1
438	경기 성남시	문화와 예술이 어우러지는 미니콘서트	170,000	문화예술과	3	1	7	8	7	5	1	1
439	경기 성남시	제35회 성남문화예술제	180,000	문화예술과	3	1	7	8	7	5	1	1
440	경기 성남시	제35회 성남문화예술제 개막 축하행사	90,000	문화예술과	3	1	7	8	7	5	1	1
441	경기 성남시	2021 찾아가는 문화활동	72,000	문화예술과	3	1	7	8	7	5	1	1
442	경기 성남시	2022 새해, 천제봉행	14,000	문화예술과	3	1	1	8	1	1	1	1
443	경기 성남시	제20회 정월 대보름맞이 민속놀이	14,000	문화예술과	3	1	1	8	1	1	1	1
444	경기 성남시	제27회 개천절 단군제 및 도당굿	10,000	문화예술과	3	1	1	8	1	1	1	1
445	경기 성남시	제102주년 성남3.1만세운동 기념식	20,000	문화예술과	3	1	1	8	1	1	1	1
446	경기 성남시	제26회 학술회의 개최	10,000	문화예술과	3	1	1	8	1	1	1	1
447	경기 성남시	제16회 둔촌 백일장	20,000	문화예술과	3	1	1	8	1	1	1	1
448	경기 성남시	제24회 강정일당상 시상	4,600	문화예술과	3	1	1	8	1	1	1	1
449	경기 성남시	제30회 성남사랑 글짓기 대회	7,000	문화예술과	3	1	1	8	1	1	1	1
450	경기 성남시	제13회 성남 판소리 큰잔치	16,000	문화예술과	3	1	1	8	1	1	1	1
451	경기 성남시	전통문화 특화프로그램 운영 지원	23,300	문화예술과	3	1	7	8	7	1	1	1
452	경기 성남시	장애인 문화예술 진흥사업	54,500	문화예술과	3	1	7	8	7	5	1	1
453	경기 성남시	경기도 민속예술제 참가 지원	15,000	문화예술과	3	1	6	1	7	1	1	2
454	경기 성남시	향토무형문화재 정기공연	40,000	문화예술과	3	4	6	1	7	1	1	2
455	경기 성남시	전통산사 문화재 활용사업(봉국사)	110,000	문화예술과	3	2	7	8	7	5	5	4
456	경기 성남시	학교운동부 도단위 이상대회 출전 지원금	300,000	체육진흥과	3	6	7	8	7	5	5	4
457	경기 성남시	전국단위 생활체육 종목별대회	180,000	체육진흥과	3	6	7	8	7	5	5	4
458	경기 성남시	종목별 시장기 대회	260,000	체육진흥과	3	6	7	8	7	5	5	4
459	경기 성남시	종목별 회장기 대회	120,000	체육진흥과	3	6	7	8	7	5	5	4
460	경기 성남시	종목별 의장기 생활체육대회	42,000	체육진흥과	3	6	7	8	7	5	5	4

순번	시군구	지출명 (사업명)	2021년예산 (단위:천원/1년간)	담당자 (공무원)	민간이전 분류 (지방자치단체 세출예산 집행기준에 의거)	민간이전지출 근거 (지방보조금 관리기준 참고)	입찰방식			운영예산 산정		성과평가 실시여부
				담당부서	1. 민간경상사업보조(307-02) 2. 민간단체 법정운영비보조(307-03) 3. 민간행사사업보조(307-04) 4. 민간위탁금(307-05) 5. 사회복지시설 법정운영비보조(307-10) 6. 민간인위탁교육비(307-12) 7. 공기관등에대한경상적위탁사업비(308-11) 8. 민간자본사업보조,자체재원(402-01) 9. 민간자본사업보조,이전재원(402-02) 10. 민간위탁사업비(402-03) 11. 공기관등에 대한 자본적 대행사업비(403-02)	1. 법률에 규정 2. 국고보조 재원(국가지정) 3. 용도 지정 기부금 4. 조례에 직접규정 5. 지자체가 권장하는 사업을 하는 공공기관 6. 시,도 정책 및 재정사정 7. 기타 8. 해당없음	계약체결방법 (경쟁형태) 1. 일반경쟁 2. 제한경쟁 3. 지명경쟁 4. 수의계약 5. 법정위탁 6. 기타 ( ) 7. 해당없음	계약기간 1. 1년 2. 2년 3. 3년 4. 4년 5. 5년 6. 기타 ( )년 7. 단기계약 (1년미만) 8. 해당없음	낙찰자선정방법 1. 적격심사 2. 협상에의한계약 3. 최저가낙찰제 4. 규격가격분리 5. 2단계 경쟁입찰 6. 기타 ( ) 7. 해당없음	운영예산 산정 1. 내부산정 (지자체 자체적으로 산정) 2. 외부산정 (외부전문기관위탁 산정) 3. 내·외부 모두 산정 4. 산정 無 5. 해당없음	정산방법 1. 내부정산 (지자체 내부적으로 정산) 2. 외부정산 (외부전문기관위탁 정산) 3. 내·외부 모두 산정 4. 정산 無 5. 해당없음	1. 실시 2. 미실시 3. 향후 추진 4. 해당없음
461	경기 성남시	성남 오픈 국제 어린이 태권도대회	58,000	체육진흥과	3	6	7	8	7	5	5	4
462	경기 성남시	성남시장기 학교클럽대항 대회	40,000	체육진흥과	3	6	7	8	7	5	5	4
463	경기 성남시	성남시 유소년 생활체육 축구대회	10,000	체육진흥과	3	6	7	8	7	5	5	4
464	경기 성남시	성남시장기 전국 중, 고 하키대회	22,000	체육진흥과	3	6	7	8	7	5	5	4
465	경기 성남시	경기도지사기 생활체육 테니스대회	25,000	체육진흥과	3	6	7	8	7	5	5	4
466	경기 성남시	성남시 실버체육대회 운영	56,000	체육진흥과	3	6	7	8	7	5	5	4
467	경기 성남시	종목별 성남시체육회장기 대회 운영	42,000	체육진흥과	3	6	7	8	7	5	5	4
468	경기 성남시	장애인 종목별 시장기, 회장기 대회	21,000	체육진흥과	3	6	7	8	7	5	5	4
469	경기 성남시	장애인 종목별 의장배 대회	8,000	체육진흥과	3	6	7	8	7	5	5	4
470	경기 성남시	성남시장기 전국장애인 게이트볼 대회	10,000	체육진흥과	3	6	7	8	7	5	5	4
471	경기 성남시	성남시장배 장애인 생활체육대회	40,000	체육진흥과	3	6	7	8	7	5	5	4
472	경기 성남시	환경교육 한마당	20,000	환경정책과	3	1	7	8	7	5	5	4
473	경기 성남시	추억의 우리밀 수확 행사	5,000	환경정책과	3	1	7	8	7	5	5	4
474	경기 성남시	공공의료 시민 아카데미	2,300	공공의료정책과	3	4	7	8	7	5	1	4
475	경기 성남시	교통질서봉사단체지원	175,220	교통기획과	3	4	7	8	7	1	1	1
476	경기 성남시	특수학교 구강보건실 운영 인부임	7,440	수정구보건소 건강증진과	3	1	7	7	7	1	1	3
477	경기 성남시	성남 하천의 생태 이야기	5,000	생태하천과	3	1	7	8	7	5	5	4
478	경기 성남시	공립 작은도서관 인건비 지원	55,132	도서관지원과	3	4	7	8	7	1	1	1
479	경기 성남시	야생동물 부상 치료 위탁대행비	1,500	수정구 환경위생과	3	1	5	6	2	1	1	2
480	경기 성남시	별터산 공원 축제	26,400	수진2동	3	8	7	8	7	1	1	1
481	경기 성남시	복정 어울림 빛축제	55,000	복정동	3	7	1	7	2	1	1	1
482	경기 성남시	위례문화축제	30,000	위례동	3	7	7	8	7	5	5	4
483	경기 성남시	청계산 철쭉축제 행사	18,000	고등동	3	7	7	8	7	5	5	4
484	경기 성남시	천림산 봉수제 행사	8,000	시흥동	3	7	4	1	6	1	1	1
485	경기 성남시	중원구 여성합창단 운영	27,230	중원구 가정복지과	3	4	7	8	7	1	1	4
486	경기 성남시	중원구 여성합창단 정기연주회	8,000	중원구 가정복지과	3	4	7	8	7	1	1	4
487	경기 성남시	전국 합창대회 참가	4,000	중원구 가정복지과	3	4	7	8	7	1	1	4
488	경기 성남시	제16회 중원한마당 축제	51,500	중원구 가정복지과	3	4	7	8	7	1	1	4
489	경기 성남시	제30회 생활체육 축구대회	7,000	중원구 가정복지과	3	1	7	8	7	1	1	4
490	경기 성남시	제24회 생활체육 게이트볼대회	7,000	중원구 가정복지과	3	1	7	8	7	1	1	4
491	경기 성남시	제21회 생활체육 테니스대회	7,000	중원구 가정복지과	3	1	7	8	7	1	1	4
492	경기 성남시	제14회 생활체육 배드민턴대회	7,000	중원구 가정복지과	3	1	7	8	7	1	1	4
493	경기 성남시	야생동물 부상치료 위탁 대행비	1,500	중원구 환경위생과	3	1	5	8	7	1	1	4
494	경기 성남시	성남동 모란 오거리축제 개최	10,000	성남동	3	7	7	8	7	1	1	1
495	경기 성남시	제14회 은행골 축제	26,400	은행2동	3	4	7	8	7	5	5	4
496	경기 성남시	분당구 여성합창단 운영지원	43,560	분당구 가정복지과	3	6	6	8	7	1	1	4
497	경기 성남시	분당구민 한마음 축제	65,000	분당구 가정복지과	3	6	6	8	7	1	1	4
498	경기 성남시	제27회 구청장기 테니스대회	8,000	분당구 가정복지과	3	1	6	8	7	1	1	4
499	경기 성남시	제15회 구청장기 탁구대회	8,000	분당구 가정복지과	3	1	6	8	7	1	1	4
500	경기 성남시	제27회 구청장기 축구대회	8,000	분당구 가정복지과	3	1	6	8	7	1	1	4
501	경기 성남시	제26회 구청장기 배드민턴대회	8,000	분당구 가정복지과	3	1	6	8	7	1	1	4
502	경기 성남시	가로청소 대행 용역비	6,526	분당구 환경자원과	3	1	4	1	7	2	1	4

순번	시군구	지출명 (사업명)	2021년예산 (단위:천원/1년간)	담당자 (공무원) 담당부서	민간이전 분류 (지방자치단체 세출예산 집행기준에 의거) 1. 민간경상사업보조(307-02) 2. 민간단체 법정운영비보조(307-03) 3. 민간행사사업보조(307-04) 4. 민간위탁금(307-05) 5. 사회복지시설 법정운영비보조(307-10) 6. 민간인위탁교육비(307-12) 7. 공기관등에대한경상적위탁사업비(308-11) 8. 민간자본사업보조,자체재원(402-01) 9. 민간자본사업보조,이전재원(402-02) 10. 민간위탁사업비(402-03) 11. 공기관등에 대한 자본적 대행사업비(403-02)	민간이전지출 근거 (지방보조금 관리기준 참고) 1. 법률에 규정 2. 국고보조 재원(국가지정) 3. 용도 지정 기부금 4. 조례에 직접규정 5. 지자체가 권장하는 사업을 하는 공공기관 6. 시,도 정책 및 재정사정 7. 기타 8. 해당없음	입찰방식 계약체결방법 (경쟁형태) 1. 일반경쟁 2. 제한경쟁 3. 지명경쟁 4. 수의계약 5. 법정위탁 6. 기타 ( ) 7. 해당없음	입찰방식 계약기간 1. 1년 2. 2년 3. 3년 4. 4년 5. 5년 6. 기타 ( )년 7. 단기계약 (1년미만) 8. 해당없음	입찰방식 낙찰자선정방법 1. 적격심사 2. 협상에의한계약 3. 최저가낙찰제 4. 규격가격분리 5. 2단계 경쟁입찰 6. 기타 ( ) 7. 해당없음	운영예산 산정 운영예산 산정 1. 내부산정 (지자체 자체적으로 산정) 2. 외부산정 (외부전문기관위탁 산정) 3. 내·외부 모두 산정 4. 산정 無 5. 해당없음	운영예산 산정 정산방법 1. 내부정산 (지자체 내부적으로 정산) 2. 외부정산 (외부전문기관위탁 정산) 3. 내·외부 모두 산정 4. 정산 無 5. 해당없음	성과평가 실시여부 1. 실시 2. 미실시 3. 향후 추진 4. 해당없음
503	경기 성남시	정자1동 카페거리축제 행사지원	10,000	정자1동	3	7	7	8	7	1	1	4
504	경기 성남시	제10회 판교마당바위 해맞이 행사지원	30,000	판교동	3	4	7	8	7	1	1	4
505	경기 의정부시	아이사랑 수필공모전 및 북콘서트	25,000	여성가족과	3	4	7	8	7	1	1	1
506	경기 의정부시	어린이미술대회	6,650	자치행정과	3	7	6	1	6	1	1	4
507	경기 의정부시	제7회 나라사랑 무궁화 전시회	30,000	자치행정과	3	7	7	8	7	5	5	4
508	경기 의정부시	경기북부지역범죄피해자지원센터 운영비	12,500	자치행정과	3	1	7	8	7	1	1	1
509	경기 의정부시	바르게살기운동 지도자연찬회 및 평가대회	4,500	자치행정과	3	1	7	8	7	1	1	1
510	경기 의정부시	의정부시 새마을지도자대회	4,500	자치행정과	3	1	7	8	7	1	1	1
511	경기 의정부시	새마을의날 행사	11,000	자치행정과	3	1	7	8	7	1	1	1
512	경기 의정부시	자유총연맹 자유수호전진대회	4,500	자치행정과	3	1	7	8	7	1	1	1
513	경기 의정부시	노동단체 행사지원	13,000	일자리정책과	3	4	7	8	7	1	1	1
514	경기 의정부시	반려동물문화교실 운영	20,000	도시농업과	3	6	7	8	7	1	1	4
515	경기 의정부시	학교4-H회 야외교육	5,000	도시농업과	3	7	7	8	7	1	1	4
516	경기 의정부시	농촌융복합산업 현지연찬교육	6,000	도시농업과	3	7	7	8	7	1	1	4
517	경기 의정부시	민관협력 워크숍 '아름다운동행'	5,000	복지정책과	3	1	7	8	7	1	1	4
518	경기 의정부시	동 지역사회보장협의체 워크숍 및 성과보고회	8,000	복지정책과	3	1	7	8	7	1	1	4
519	경기 의정부시	지역사회보장협의체 성과보고회	4,000	복지정책과	3	1	7	8	7	1	1	4
520	경기 의정부시	장애인의 날 기념행사	10,000	노인장애인과	3	1	5	8	1	1	1	1
521	경기 의정부시	경기도 장애인 축제한마당 참가지원	5,400	노인장애인과	3	1	5	8	1	1	1	1
522	경기 의정부시	시각장애인 행복나눔 축제	2,000	노인장애인과	3	1	5	8	1	1	1	1
523	경기 의정부시	양성평등주간 기념행사	20,000	여성가족과	3	1	7	8	7	1	1	1
524	경기 의정부시	여성지도자워크숍	8,000	여성가족과	3	1	7	8	7	1	1	1
525	경기 의정부시	가족문화대축제	40,000	여성가족과	3	1	4	8	7	1	1	1
526	경기 의정부시	지역아동센터 아동 연합체육대회 지원	9,500	여성가족과	3	1	7	8	7	1	1	1
527	경기 의정부시	지역아동센터 종사자 역량강화 워크숍 지원	3,000	여성가족과	3	1	7	8	7	1	1	1
528	경기 의정부시	보육교직원 스승의날 기념행사	10,000	보육과	3	6	7	8	7	1	1	1
529	경기 의정부시	보육교직원 한마음대회	5,000	보육과	3	6	7	8	7	1	1	1
530	경기 의정부시	병아리들의 사랑축제 및 영아체험전	10,000	보육과	3	6	7	8	7	1	1	1
531	경기 의정부시	보육교사 연수	20,000	보육과	3	6	7	8	7	1	1	1
532	경기 의정부시	청소년종합예술제	17,500	교육청소년과	3	1	7	8	7	5	5	4
533	경기 의정부시	청소년종합예술제	9,500	교육청소년과	3	1	7	8	7	5	5	4
534	경기 의정부시	청소년 어울림마당 지원	24,000	교육청소년과	3	1	7	8	7	5	5	4
535	경기 의정부시	청소년지도위원 워크숍	8,000	교육청소년과	3	1	7	8	7	5	5	4
536	경기 의정부시	청소년유해환경감시단원 워크숍	3,000	교육청소년과	3	1	7	8	7	5	5	4
537	경기 의정부시	회룡문화제	225,000	문화관광과	3	7	7	8	7	1	1	3
538	경기 의정부시	전통민속발굴계승사업	8,000	문화관광과	3	7	7	8	7	1	1	3
539	경기 의정부시	의정부정주당놀이 재연사업	8,000	문화관광과	3	7	7	8	7	1	1	3
540	경기 의정부시	우리고장 문화유적 견학	43,000	문화관광과	3	7	7	8	7	1	1	3
541	경기 의정부시	의순공주대제 재연 행사	20,000	문화관광과	3	1	7	8	7	1	1	3
542	경기 의정부시	별빛여울축제	60,000	문화관광과	3	7	7	8	7	1	1	3
543	경기 의정부시	합창대축제	7,000	문화관광과	3	7	7	8	7	1	1	3
544	경기 의정부시	전국회룡미술대전	15,000	문화관광과	3	7	7	8	7	1	1	3

순번	시군구	지출명 (사업명)	2021년예산 (단위:천원/1년간)	담당자 (공무원)	민간이전 분류 (지방자치단체 세출예산 집행기준에 의거)	민간이전지출 근거 (지방보조금 관리기준 참고)	입찰방식			운영예산 산정		성과평가 실시여부
				담당부서	1. 민간경상사업보조(307-02) 2. 민간단체 법정운영비보조(307-03) 3. 민간행사사업보조(307-04) 4. 민간위탁금(307-05) 5. 사회복지시설 법정운영비보조(307-10) 6. 민간인위탁교육비(307-12) 7. 공기관등에대한경상적위탁사업비(308-11) 8. 민간자본사업보조,자체재원(402-01) 9. 민간자본사업보조,이전재원(402-02) 10. 민간위탁사업비(402-03) 11. 공기관등에 대한 자본적 대행사업비(403-02)	1. 법률에 규정 2. 국고보조 재원(국가지정) 3. 용도 지정 기부금 4. 조례에 직접규정 5. 지자체가 권장하는 사업을 하는 공공기관 6. 시,도 정책 및 재정사정 7. 기타 8. 해당없음	계약체결방법 (경쟁형태) 1. 일반경쟁 2. 제한경쟁 3. 지명경쟁 4. 수의계약 5. 법정위탁 6. 기타 ( ) 7. 해당없음	계약기간 1. 1년 2. 2년 3. 3년 4. 4년 5. 5년 6. 기타 ( )년 7. 단기계약 (1년미만) 8. 해당없음	낙찰자선정방법 1. 적격심사 2. 협상에의한계약 3. 최저가낙찰제 4. 규격가격분리 5. 2단계 경쟁입찰 6. 기타 ( ) 7. 해당없음	운영예산 산정 1. 내부산정 (지자체 자체적으로 산정) 2. 외부산정 (외부전문기관위탁 산정) 3. 내·외부 모두 산정 4. 산정 無 5. 해당없음	정산방법 1. 내부정산 (지자체 내부적으로 정산) 2. 외부정산 (외부전문기관위탁 정산) 3. 내·외부 모두 산정 4. 정산 無 5. 해당없음	1. 실시 2. 미실시 3. 향후 추진 4. 해당없음
545	경기 의정부시	전국회룡사진공모전	8,600	문화관광과	3	7	7	8	7	1	1	3
546	경기 의정부시	의정부전국문학공모전	7,000	문화관광과	3	7	7	8	7	1	1	3
547	경기 의정부시	회룡한국무용제 전국대회	15,800	문화관광과	3	7	7	8	7	1	1	3
548	경기 의정부시	국악 정기공연	12,000	문화관광과	3	7	7	8	7	1	1	3
549	경기 의정부시	신세대가요제	8,000	문화관광과	3	7	7	8	7	1	1	3
550	경기 의정부시	연극협회 기획공연	6,800	문화관광과	3	7	7	8	7	1	1	3
551	경기 의정부시	의정부 대보름잔치	10,000	문화관광과	3	7	7	8	7	1	1	3
552	경기 의정부시	대한민국연극제 경기도 대회	10,000	문화관광과	3	7	7	8	7	1	1	3
553	경기 의정부시	전국무용제 경기도 대회	8,000	문화관광과	3	7	7	8	7	1	1	3
554	경기 의정부시	부처님 오신날 봉축행사	13,000	문화관광과	3	1	7	8	7	1	1	3
555	경기 의정부시	성탄트리 점등식	16,000	문화관광과	3	1	7	8	7	1	1	3
556	경기 의정부시	찾아가는 문화활동	96,000	문화관광과	3	6	5	8	7	1	1	4
557	경기 의정부시	의정부 민족예술제	6,000	문화관광과	3	7	7	8	7	1	1	3
558	경기 의정부시	장애인 문화예술 진흥사업	30,000	문화관광과	3	6	1	1	7	1	1	4
559	경기 의정부시	의정부예총 예술단체 사업 지원	54,000	문화관광과	3	7	7	8	7	1	1	3
560	경기 의정부시	생활예술인 경연대회	14,000	문화관광과	3	7	7	8	7	1	1	3
561	경기 의정부시	경기도 문화의 날 문화예술 프로그램 지원 사업	110,000	문화관광과	3	6	7	8	7	5	5	4
562	경기 의정부시	경기수건춤 재연 행사	20,000	문화관광과	3	1	7	8	7	5	5	4
563	경기 의정부시	전통산사문화재 활용사업	40,000	문화관광과	3	6	7	8	7	1	1	3
564	경기 의정부시	전국체육대회 출전	30,000	체육과	3	1	5	8	7	1	1	1
565	경기 의정부시	경기도체육대회 출전	225,000	체육과	3	1	5	8	7	1	1	1
566	경기 의정부시	의정부시장기 체육대축전 개최	160,000	체육과	3	1	5	8	7	1	1	1
567	경기 의정부시	전국단위 및 도단위 체육대회 출전	105,500	체육과	3	1	5	8	7	1	1	1
568	경기 의정부시	KB바둑리그 참가 지원	330,000	체육과	3	1	5	8	7	1	1	1
569	경기 의정부시	전국단위 및 도단위 체육대회 개최	120,000	체육과	3	1	5	8	7	1	1	1
570	경기 의정부시	전국 및 도단위 생활체육대회 출전	32,000	체육과	3	1	5	8	7	1	1	1
571	경기 의정부시	전국 및 도단위 생활체육대회 개최	60,000	체육과	3	1	5	8	7	1	1	1
572	경기 의정부시	도지사기(배) 및 도의장기(배) 생활체육대회 출전	60,000	체육과	3	1	5	8	7	1	1	1
573	경기 의정부시	경기도 생활체육대축전 출전	110,600	체육과	3	1	5	8	7	1	1	1
574	경기 의정부시	한마음 건강걷기 대회	40,000	체육과	3	1	5	8	7	1	1	1
575	경기 의정부시	시민생활체육광장 운영	24,935	체육과	3	1	5	8	7	1	1	1
576	경기 의정부시	종목별 장애인체육대회 출전	22,000	체육과	3	1	5	8	7	1	1	1
577	경기 의정부시	경기도 장애인체육대회 출전	37,000	체육과	3	1	5	8	7	1	1	1
578	경기 의정부시	시장배 장애인배드민턴대회 개최	12,000	체육과	3	1	5	8	7	1	1	1
579	경기 의정부시	시장배 장애인생활체육대회 개최	8,000	체육과	3	1	5	8	7	1	1	1
580	경기 의정부시	전국장애인체육대회 출전	10,000	체육과	3	1	5	8	7	1	1	1
581	경기 의정부시	경기도장애인생활체육대회 출전	15,000	체육과	3	1	5	8	7	1	1	1
582	경기 의정부시	시장배 장애인탁구대회 개최	12,000	체육과	3	1	5	8	7	1	1	1
583	경기 의정부시	전국어울림마라톤대회 개최	20,000	체육과	3	1	5	8	7	1	1	1
584	경기 의정부시	장애유형별출전 지원	6,000	체육과	3	1	5	8	7	1	1	1
585	경기 의정부시	의정부시장배 한마음 어울림 수영대회	5,000	체육과	3	1	5	8	7	1	1	1
586	경기 의정부시	안중근 정신찾기 자전거 대행진	6,000	체육과	3	1	5	8	7	1	1	1

순번	시군구	지출명 (사업명)	2021년예산 (단위:천원/1년간)	담당자 (공무원)	민간이전 분류 (지방자치단체 세출예산 집행기준에 의거)	민간이전지출 근거 (지방보조금 관리기준 참고)	입찰방식			운영예산 산정		성과평가 실시여부
				담당부서	1. 민간경상사업보조(307-02) 2. 민간단체 법정운영비보조(307-03) 3. 민간행사사업보조(307-04) 4. 민간위탁금(307-05) 5. 사회복지시설 법정운영비보조(307-10) 6. 민간인위탁교육비(307-12) 7. 공기관등에대한경상적위탁사업비(308-11) 8. 민간자본사업보조,자체재원(402-01) 9. 민간자본사업보조,이전재원(402-02) 10. 민간위탁사업비(402-03) 11. 공기관등에 대한 자본적 대행사업비(403-02)	1. 법률에 규정 2. 국고보조 재원(국가지정) 3. 용도 지정 기부금 4. 조례에 직접규정 5. 지자체가 권장하는 사업을 하는 공공기관 6. 시,도 정책 및 재정사정 7. 기타 8. 해당없음	계약체결방법 (경쟁형태) 1. 일반경쟁 2. 제한경쟁 3. 지명경쟁 4. 수의계약 5. 법정위탁 6. 기타 ( ) 7. 해당없음	계약기간 1. 1년 2. 2년 3. 3년 4. 4년 5. 5년 6. 기타 ( )년 7. 단기계약 (1년미만) 8. 해당없음	낙찰자선정방법 1. 적격심사 2. 협상에의한계약 3. 최저가낙찰제 4. 규격가격분리 5. 2단계 경쟁입찰 6. 기타 ( ) 7. 해당없음	운영예산 산정 1. 내부산정 (지자체 자체적으로 산정) 2. 외부산정 (외부전문기관위탁 산정) 3. 내·외부 모두 산정 4. 산정 無 5. 해당없음	정산방법 1. 내부정산 (지자체 내부적으로 정산) 2. 외부정산 (외부전문기관위탁 정산) 3. 내·외부 모두 산정 4. 정산 無 5. 해당없음	1. 실시 2. 미실시 3. 향후 추진 4. 해당없음
587	경기 의정부시	시의장배 체육대회	30,000	체육과	3	1	5	8	7	1	1	1
588	경기 의정부시	연예인 컬링대회 개최	30,000	체육과	3	1	5	8	7	1	1	1
589	경기 의정부시	의정부오픈 테니스대회 개최	100,000	체육과	3	1	5	8	7	1	1	1
590	경기 의정부시	의정부시장배 어울림 테니스대회	30,000	체육과	3	1	5	8	7	1	1	1
591	경기 의정부시	의정부 바둑 페스티벌	231,000	체육과	3	1	7	8	7	1	1	1
592	경기 의정부시	마을축제 개최	30,000	도시재생과	3	2	7	8	7	5	5	1
593	경기 의정부시	미용예술페스티벌	30,000	위생과	3	4	7	8	7	3	3	1
594	경기 안양시	저출산 인식개선 지원	15,000	청년정책관	3	8	7	8	7	5	5	4
595	경기 안양시	협동조합의 날 행사 추진	3,000	일자리정책과	3	8	7	8	7	5	5	4
596	경기 안양시	상공인 신년 인사회	5,000	기업경제과	3	8	7	8	7	5	5	4
597	경기 안양시	소상공인의 날 및 소상공인 주간행사지원	24,000	기업경제과	3	8	7	8	7	5	5	4
598	경기 안양시	유관기관 친선 체육대회	25,000	총무과	3	8	7	8	7	5	5	4
599	경기 안양시	자율방범대 역량강화 워크숍	12,000	자치행정과	3	8	7	8	7	5	5	4
600	경기 안양시	제14회 민관군경 한마음체육대회	4,000	자치행정과	3	8	7	8	7	5	5	4
601	경기 안양시	안양시 새마을지도자대회	3,500	자치행정과	3	8	7	8	7	5	5	4
602	경기 안양시	경기도 새마을교통봉사대 체육대회	1,750	자치행정과	3	8	7	8	7	5	5	4
603	경기 안양시	새마을가족 한마음 워크숍	22,000	자치행정과	3	8	7	8	7	5	5	4
604	경기 안양시	안양시향우협의회 한마음 어울마당	47,500	자치행정과	3	8	7	8	7	5	5	4
605	경기 안양시	2021 시장기(배) 종목별 체육대회	193,300	체육과	3	8	7	8	7	5	5	4
606	경기 안양시	2021 체육회장기(배) 종목별 체육대회	90,000	체육과	3	8	7	8	7	5	5	4
607	경기 안양시	종목단체 협회장기 대회 개최 지원	60,000	체육과	3	8	7	8	7	5	5	4
608	경기 안양시	2021년 시민 한마음 체육대회	76,000	체육과	3	8	7	8	7	5	5	4
609	경기 안양시	시민과 함께하는 행복 걷기대회	15,200	체육과	3	8	7	8	7	5	5	4
610	경기 안양시	의장기 생활체육 지원	24,000	체육과	3	8	7	8	7	5	5	4
611	경기 안양시	시장기 장애인 종목별 체육대회	65,000	체육과	3	8	7	8	7	5	5	4
612	경기 안양시	협회장기 장애인 종목별 체육대회	35,000	체육과	3	8	7	8	7	5	5	4
613	경기 안양시	안양사랑 장애인 힐링 걷기대회	8,100	체육과	3	8	7	8	7	5	5	4
614	경기 안양시	사회복지의날 기념 한마당 행사	7,500	복지정책과	3	8	7	8	7	5	5	4
615	경기 안양시	호국문화사업	11,395	복지정책과	3	8	7	8	7	5	5	4
616	경기 안양시	호국정신 함양	14,580	복지정책과	3	8	7	8	7	5	5	4
617	경기 안양시	선양사업	10,120	복지정책과	3	8	7	8	7	5	5	4
618	경기 안양시	상이군경회 체육대회	5,000	복지정책과	3	8	7	8	7	5	5	4
619	경기 안양시	국립현충원 지킴이행사 및 참배	7,138	복지정책과	3	8	7	8	7	5	5	4
620	경기 안양시	보훈가족 위안잔치	20,720	복지정책과	3	8	7	8	7	5	5	4
621	경기 안양시	휴전선 155마일 종주행사	830	복지정책과	3	8	7	8	7	5	5	4
622	경기 안양시	충주 보훈휴양원 행사	3,600	복지정책과	3	8	7	8	7	5	5	4
623	경기 안양시	월남전 참전 기념일 행사 및 호국위령제	8,640	복지정책과	3	8	7	8	7	5	5	4
624	경기 안양시	평화수호교육 및 결의대회	16,375	복지정책과	3	8	7	8	7	5	5	4
625	경기 안양시	호국영령 참배행사	6,632	복지정책과	3	8	7	8	7	5	5	4
626	경기 안양시	월남전쟁 격전지 순례	54,000	복지정책과	3	8	7	8	7	5	5	4
627	경기 안양시	보훈단체 전적지 순례	6,440	복지정책과	3	8	7	8	7	5	5	4
628	경기 안양시	재난·인명구조교육 및 훈련	8,250	복지정책과	3	8	7	8	7	5	5	4

순번	시군구	지출명 (사업명)	2021년예산 (단위:천원/1년간)	담당자 (공무원) 담당부서	민간이전 분류 (지방자치단체 세출예산 집행기준에 의거) 1. 민간경상사업보조(307-02) 2. 민간단체 법정운영비보조(307-03) 3. 민간행사사업보조(307-04) 4. 민간위탁금(307-05) 5. 사회복지시설 법정운영비보조(307-10) 6. 민간인위탁교육비(307-12) 7. 공기관등에대한경상적위탁사업비(308-11) 8. 민간자본사업보조,자체재원(402-01) 9. 민간자본사업보조,이전재원(402-02) 10. 민간위탁사업비(402-03) 11. 공기관등에 대한 자본적 대행사업비(403-02)	민간이전지출 근거 (지방보조금 관리기준 참고) 1. 법률에 규정 2. 국고보조 재원(국가지정) 3. 용도 지정 기부금 4. 조례에 직접규정 5. 지자체가 권장하는 사업을 하는 공공기관 6. 시,도 정책 및 재정사정 7. 기타 8. 해당없음	입찰방식 계약체결방법 (경쟁형태) 1. 일반경쟁 2. 제한경쟁 3. 지명경쟁 4. 수의계약 5. 법정위탁 6. 기타 ( ) 7. 해당없음	입찰방식 계약기간 1. 1년 2. 2년 3. 3년 4. 4년 5. 5년 6. 기타 ( )년 7. 단기계약 (1년미만) 8. 해당없음	입찰방식 낙찰자선정방법 1. 적격심사 2. 협상에의한계약 3. 최저가낙찰제 4. 규격가격분리 5. 2단계 경쟁입찰 6. 기타 ( ) 7. 해당없음	운영예산 산정 운영예산 산정 1. 내부산정 (지자체 자체적으로 산정) 2. 외부산정 (외부전문기관위탁 산정) 3. 내·외부 모두 산정 4. 산정 無 5. 해당없음	운영예산 산정 정산방법 1. 내부정산 (지자체 내부적으로 정산) 2. 외부정산 (외부전문기관위탁 정산) 3. 내·외부 모두 산정 4. 정산 無 5. 해당없음	성과평가 실시여부 1. 실시 2. 미실시 3. 향후 추진 4. 해당없음
629	경기 안양시	해외 독립운동 사적지 답사	20,000	복지정책과	3	8	7	8	7	5	5	4
630	경기 안양시	광복회와 함께하는 어린이 역사·문화교실	3,360	복지정책과	3	8	7	8	7	5	5	4
631	경기 안양시	어린이날 행사 추진	50,000	복지정책과	3	8	7	8	7	5	5	4
632	경기 안양시	시설아동 경기도체육대회 지원	3,750	복지정책과	3	8	7	8	7	5	5	4
633	경기 안양시	지역아동센터 연합 프로그램 지원	6,000	복지정책과	3	8	7	8	7	5	5	4
634	경기 안양시	정월대보름 개최	30,000	문화관광과	3	8	7	8	7	5	5	4
635	경기 안양시	안양단오제 개최	40,000	문화관광과	3	8	7	8	7	5	5	4
636	경기 안양시	안양만안문화제 개최	38,000	문화관광과	3	8	7	8	7	5	5	4
637	경기 안양시	제6회 테마가 있는 안양소리여행 창극 지원	18,000	문화관광과	3	8	7	8	7	5	5	4
638	경기 안양시	수리산 무 예술제	20,000	문화관광과	3	8	7	8	7	5	5	4
639	경기 안양시	경기도 민속예술제	15,000	문화관광과	3	8	7	8	7	5	5	4
640	경기 안양시	노인의날 기념행사	27,550	노인복지과	3	8	7	8	7	5	5	4
641	경기 안양시	장애인의날 주간행사	18,000	장애인복지과	3	8	7	8	7	5	5	4
642	경기 안양시	경기도 장애인 축제한마당	7,000	장애인복지과	3	8	7	8	7	5	5	4
643	경기 안양시	경기도 농아인어울림 축제한마당	1,000	장애인복지과	3	8	7	8	7	5	5	4
644	경기 안양시	장애인의 날 기념행사	15,000	장애인복지과	3	8	7	8	7	5	5	4
645	경기 안양시	안양 여성 화합 한마당	15,000	여성가족과	3	8	7	8	7	5	5	4
646	경기 안양시	양성평등주간 기념행사	17,000	여성가족과	3	8	7	8	7	5	5	4
647	경기 안양시	평화의소녀상 건립 4주년 일본군위안부 피해자 기림의 날 기념식	19,550	여성가족과	3	8	7	8	7	5	5	4
648	경기 안양시	영유아 보육박람회 지원	40,000	여성가족과	3	8	7	8	7	5	5	4
649	경기 안양시	에너지의 날 행사 추진	15,000	기후대기과	3	8	7	8	7	5	5	4
650	경기 안양시	시민한마음체육대회	15,000	안양1동	3	8	7	8	7	5	5	4
651	경기 안양시	경로행사	9,065	안양1동	3	8	7	8	7	5	5	4
652	경기 안양시	주민총회 개최	5,000	안양1동	3	8	7	8	7	5	5	4
653	경기 안양시	시민한마음체육대회	15,000	안양2동	3	8	7	8	7	5	5	4
654	경기 안양시	경로행사	19,350	안양2동	3	8	7	8	7	5	5	4
655	경기 안양시	시민한마음체육대회	15,000	안양3동	3	8	7	8	7	5	5	4
656	경기 안양시	경로행사	15,065	안양3동	3	8	7	8	7	5	5	4
657	경기 안양시	시민한마음체육대회	15,000	안양4동	3	8	7	8	7	5	5	4
658	경기 안양시	경로행사	7,850	안양4동	3	8	7	8	7	5	5	4
659	경기 안양시	시민한마음체육대회	15,000	안양5동	3	8	7	8	7	5	5	4
660	경기 안양시	경로행사	11,820	안양5동	3	8	7	8	7	5	5	4
661	경기 안양시	시민한마음체육대회	15,000	안양6동	3	8	7	8	7	5	5	4
662	경기 안양시	경로행사	17,720	안양6동	3	8	7	8	7	5	5	4
663	경기 안양시	시민한마음체육대회	15,000	안양7동	3	8	7	8	7	5	5	4
664	경기 안양시	경로행사	8,330	안양7동	3	8	7	8	7	5	5	4
665	경기 안양시	시민한마음체육대회	15,000	안양8동	3	8	7	8	7	5	5	4
666	경기 안양시	경로행사	10,890	안양8동	3	8	7	8	7	5	5	4
667	경기 안양시	안양8동 마을텃밭 축제	3,547	안양8동	3	8	7	8	7	5	5	4
668	경기 안양시	시민한마음체육대회	15,000	안양9동	3	8	7	8	7	5	5	4
669	경기 안양시	경로행사	17,130	안양9동	3	8	7	8	7	5	5	4
670	경기 안양시	시민한마음체육대회	15,000	석수1동	3	8	7	8	7	5	5	4

순번	시군구	지출명 (사업명)	2021년예산 (단위:천원/1년간)	담당자 (공무원)	민간이전 분류 (지방자치단체 세출예산 집행기준에 의거)	민간이전지출 근거 (지방보조금 관리기준 참고)	입찰방식			운영예산 산정		성과평가 실시여부
				담당부서	1. 민간경상사업보조(307-02) 2. 민간단체 법정운영비보조(307-03) 3. 민간행사사업보조(307-04) 4. 민간위탁금(307-05) 5. 사회복지시설 법정운영비보조(307-10) 6. 민간인위탁교육비(307-12) 7. 공기관등에대한경상적위탁사업비(308-11) 8. 민간자본사업보조,자체재원(402-01) 9. 민간자본사업보조,이전재원(402-02) 10. 민간위탁사업비(402-03) 11. 공기관등에 대한 자본적 대행사업비(403-02)	1. 법률에 규정 2. 국고보조 재원(국가지정) 3. 용도 지정 기부금 4. 조례에 직접규정 5. 지자체가 권장하는 사업을 하는 공공기관 6. 시,도 정책 및 재정사정 7. 기타 8. 해당없음	계약체결방법 (경쟁형태) 1. 일반경쟁 2. 제한경쟁 3. 지명경쟁 4. 수의계약 5. 법정위탁 6. 기타 ( ) 7. 해당없음	계약기간 1. 1년 2. 2년 3. 3년 4. 4년 5. 5년 6. 기타 ( )년 7. 단기계약 (1년미만) 8. 해당없음	낙찰자선정방법 1. 적격심사 2. 협상에의한계약 3. 최저가낙찰제 4. 규격가격분리 5. 2단계 경쟁입찰 6. 기타 ( ) 7. 해당없음	운영예산 산정 1. 내부산정 (지자체 자체적으로 산정) 2. 외부산정 (외부전문기관위탁 산정) 3. 내·외부 모두 산정 4. 산정 無 5. 해당없음	정산방법 1. 내부정산 (지자체 내부적으로 정산) 2. 외부정산 (외부전문기관위탁 정산) 3. 내·외부 모두 산정 4. 정산 無 5. 해당없음	1. 실시 2. 미실시 3. 향후 추진 4. 해당없음
671	경기 안양시	경로행사	17,505	석수1동	3	8	7	8	7	5	5	4
672	경기 안양시	시민한마음체육대회	15,000	석수2동	3	8	7	8	7	5	5	4
673	경기 안양시	경로행사	26,980	석수2동	3	8	7	8	7	5	5	4
674	경기 안양시	시민한마음체육대회	15,000	석수3동	3	8	7	8	7	5	5	4
675	경기 안양시	경로행사	10,455	석수3동	3	8	7	8	7	5	5	4
676	경기 안양시	시민한마음체육대회	15,000	박달1동	3	8	7	8	7	5	5	4
677	경기 안양시	경로행사	14,740	박달1동	3	8	7	8	7	5	5	4
678	경기 안양시	시민한마음체육대회	15,000	박달2동	3	8	7	8	7	5	5	4
679	경기 안양시	경로행사	12,740	박달2동	3	8	7	8	7	5	5	4
680	경기 안양시	시민한마음체육대회	15,000	비산1동	3	8	7	8	7	5	5	4
681	경기 안양시	경로행사	13,150	비산1동	3	8	7	8	7	5	5	4
682	경기 안양시	시민한마음체육대회	15,000	비산2동	3	8	7	8	7	5	5	4
683	경기 안양시	경로행사	7,005	비산2동	3	8	7	8	7	5	5	4
684	경기 안양시	시민한마음체육대회	15,000	비산3동	3	8	7	8	7	5	5	4
685	경기 안양시	경로행사	16,465	비산3동	3	8	7	8	7	5	5	4
686	경기 안양시	시민한마음체육대회	15,000	부흥동	3	8	7	8	7	5	5	4
687	경기 안양시	경로행사	12,035	부흥동	3	8	7	8	7	5	5	4
688	경기 안양시	시민한마음체육대회	15,000	달안동	3	8	7	8	7	5	5	4
689	경기 안양시	경로행사	7,670	달안동	3	8	7	8	7	5	5	4
690	경기 안양시	시민한마음체육대회	15,000	관양1동	3	8	7	8	7	5	5	4
691	경기 안양시	경로행사	31,750	관양1동	3	8	7	8	7	5	5	4
692	경기 안양시	시민한마음체육대회	15,000	관양2동	3	8	7	8	7	5	5	4
693	경기 안양시	경로행사	14,055	관양2동	3	8	7	8	7	5	5	4
694	경기 안양시	시민한마음체육대회	15,000	부림동	3	8	7	8	7	5	5	4
695	경기 안양시	경로행사	11,945	부림동	3	8	7	8	7	5	5	4
696	경기 안양시	시민한마음체육대회	15,000	평촌동	3	8	7	8	7	5	5	4
697	경기 안양시	경로행사	7,975	평촌동	3	8	7	8	7	5	5	4
698	경기 안양시	시민한마음체육대회	15,000	평안동	3	8	7	8	7	5	5	4
699	경기 안양시	경로행사	9,900	평안동	3	8	7	8	7	5	5	4
700	경기 안양시	시민한마음체육대회	15,000	귀인동	3	8	7	8	7	5	5	4
701	경기 안양시	경로행사	7,690	귀인동	3	8	7	8	7	5	5	4
702	경기 안양시	주민총회 개최	5,000	귀인동	3	8	7	8	7	5	5	4
703	경기 안양시	시민한마음체육대회	15,000	호계1동	3	8	7	8	7	5	5	4
704	경기 안양시	경로행사	8,295	호계1동	3	8	7	8	7	5	5	4
705	경기 안양시	시민한마음체육대회	15,000	호계2동	3	8	7	8	7	5	5	4
706	경기 안양시	경로행사	14,050	호계2동	3	8	7	8	7	5	5	4
707	경기 안양시	시민한마음체육대회	15,000	호계3동	3	8	7	8	7	5	5	4
708	경기 안양시	경로행사	14,205	호계3동	3	8	7	8	7	5	5	4
709	경기 안양시	시민한마음체육대회	15,000	범계동	3	8	7	8	7	5	5	4
710	경기 안양시	경로행사	8,255	범계동	3	8	7	8	7	5	5	4
711	경기 안양시	시민한마음체육대회	15,000	신촌동	3	8	7	8	7	5	5	4
712	경기 안양시	경로행사	7,970	신촌동	3	8	7	8	7	5	5	4

순번	시군구	지출명 (사업명)	2021년예산 (단위:천원/1년간)	담당자 (공무원)	민간이전 분류 (지방자치단체 세출예산 집행기준에 의거)	민간이전지출 근거 (지방보조금 관리기준 참고)	입찰방식			운영예산 산정		성과평가 실시여부
				담당부서	1. 민간경상사업보조(307-02) 2. 민간단체 법정운영비보조(307-03) 3. 민간행사사업보조(307-04) 4. 민간위탁금(307-05) 5. 사회복지시설 법정운영비보조(307-10) 6. 민간인위탁교육비(307-12) 7. 공기관등에대한경상적위탁사업비(308-11) 8. 민간자본사업보조,자체재원(402-01) 9. 민간자본사업보조,이전재원(402-02) 10. 민간위탁사업비(402-03) 11. 공기관등에 대한 자본적 대행사업비(403-02)	1. 법률에 규정 2. 국고보조 재원(국가지정) 3. 용도 지정 기부금 4. 조례에 직접규정 5. 지자체가 권장하는 사업을 하는 공공기관 6. 시,도 정책 및 재정사정 7. 기타 8. 해당없음	계약체결방법 (경쟁형태) 1. 일반경쟁 2. 제한경쟁 3. 지명경쟁 4. 수의계약 5. 법정위탁 6. 기타 ( ) 7. 해당없음	계약기간 1. 1년 2. 2년 3. 3년 4. 4년 5. 5년 6. 기타 ( )년 7. 단기계약 (1년미만) 8. 해당없음	낙찰자선정방법 1. 적격심사 2. 협상에의한계약 3. 최저가낙찰제 4. 규격가격분리 5. 2단계 경쟁입찰 6. 기타 ( ) 7. 해당없음	운영예산 산정 1. 내부산정 (지자체 자체적으로 산정) 2. 외부산정 (외부전문기관위탁 산정) 3. 내·외부 모두 산정 4. 산정 無 5. 해당없음	정산방법 1. 내부정산 (지자체 내부적으로 정산) 2. 외부정산 (외부전문기관위탁 정산) 3. 내·외부 모두 산정 4. 정산 無 5. 해당없음	1. 실시 2. 미실시 3. 향후 추진 4. 해당없음
713	경기 안양시	시민한마음체육대회	15,000	갈산동	3	8	7	8	7	5	5	4
714	경기 안양시	경로행사	8,040	갈산동	3	8	7	8	7	5	5	4
715	경기 광명시	골목상권이동콘서트 지원	20,000	지역경제과	3	5	7	8	7	5	5	1
716	경기 광명시	소상공인 경영역량강화 워크숍	4,300	지역경제과	3	5	7	8	7	5	5	1
717	경기 광명시	가구문화의 거리 행사지원	40,000	지역경제과	3	6	7	8	7	5	5	1
718	경기 광명시	패션문화의거리 행사지원	30,000	지역경제과	3	6	7	8	7	5	5	1
719	경기 광명시	농업인 풍년기원제 지원	8,000	도시농업과	3	7	7	8	7	1	1	4
720	경기 광명시	농업인의 날 행사	13,000	도시농업과	3	7	7	8	7	1	1	4
721	경기 광명시	구름산한국자생난 전시회	5,000	도시농업과	3	8	7	8	7	1	1	4
722	경기 광명시	오리(청렴)문화제	70,000	문화관광과	3	7	7	8	7	1	1	3
723	경기 광명시	우수전통민속보존사업	10,800	문화관광과	3	1	7	8	7	1	1	3
724	경기 광명시	전국학생농악경연대회참가	3,500	문화관광과	3	4	7	8	7	1	1	3
725	경기 광명시	광명농악대축제	100,000	문화관광과	3	4	7	8	7	1	1	3
726	경기 광명시	구름산예술제	95,000	문화관광과	3	1	7	8	7	1	1	2
727	경기 광명시	광명문학발간	7,000	문화관광과	3	1	7	8	7	1	1	2
728	경기 광명시	광명시화전 및 시낭송회	5,600	문화관광과	3	1	7	8	7	1	1	2
729	경기 광명시	전국신인문학상	9,900	문화관광과	3	1	7	8	7	1	1	2
730	경기 광명시	광명미술제	20,000	문화관광과	3	1	7	8	7	1	1	2
731	경기 광명시	광명학생미술대회 및 광명학생서예대회	6,000	문화관광과	3	1	7	8	7	1	1	2
732	경기 광명시	대한민국 서예한마당	27,000	문화관광과	3	1	7	8	7	1	1	2
733	경기 광명시	찾아가는 미술관	18,000	문화관광과	3	1	7	8	7	1	1	2
734	경기 광명시	국악협회 정기공연	10,000	문화관광과	3	1	7	8	7	1	1	2
735	경기 광명시	전국 빛사진 공모전	21,000	문화관광과	3	1	7	8	7	1	1	2
736	경기 광명시	전국무용제 경기도 예선대회 참가	6,000	문화관광과	3	1	7	8	7	1	1	2
737	경기 광명시	광명무용협회 정기공연	8,000	문화관광과	3	1	7	8	7	1	1	2
738	경기 광명시	대한민국연극제 경기도대회 참가	8,000	문화관광과	3	1	7	8	7	1	1	2
739	경기 광명시	찾아가는 예술무대 창작뮤지컬 강빈	45,000	문화관광과	3	1	7	8	7	1	1	2
740	경기 광명시	광명시민가요제	14,000	문화관광과	3	1	7	8	7	1	1	2
741	경기 광명시	시민·가족이 함께하는 2021 광명영화제	15,000	문화관광과	3	1	7	8	7	1	1	2
742	경기 광명시	광명국악단 서도소리극	20,000	문화관광과	3	4	7	8	7	1	1	3
743	경기 광명시	광명심포니오케스트라 정기연주회	60,000	문화관광과	3	1	7	8	7	1	1	2
744	경기 광명시	해설이 있는 교과서 음악회	80,000	문화관광과	3	1	7	8	7	1	1	2
745	경기 광명시	광명심포니오케스트라 우리마을 음악회	30,000	문화관광과	3	1	7	8	7	1	1	2
746	경기 광명시	광명청소년예술단 정기공연	11,000	문화관광과	3	1	7	8	7	1	1	2
747	경기 광명시	광명여성합창단 정기공연	11,000	문화관광과	3	1	7	8	7	1	1	2
748	경기 광명시	광명여성합창단 합창대회 출전지원	4,320	문화관광과	3	1	7	8	7	1	1	2
749	경기 광명시	밝은빛남성합창단 정기공연	8,000	문화관광과	3	1	7	8	7	1	1	2
750	경기 광명시	광명뮤지컬단 정기공연	45,000	문화관광과	3	1	7	8	7	1	1	2
751	경기 광명시	청춘합창단 정기공연	10,000	문화관광과	3	1	7	8	7	1	1	2
752	경기 광명시	브런치콘서트	20,000	문화관광과	3	1	7	8	7	1	1	2
753	경기 광명시	GK오페라단 정기공연	55,000	문화관광과	3	1	7	8	7	1	1	2
754	경기 광명시	코리아오페라필하모닉오케스트라 정기연주회	12,000	문화관광과	3	1	7	8	7	1	1	2

순번	시군구	지출명 (사업명)	2021년예산 (단위:천원/1년간)	담당자 (공무원) 담당부서	민간이전 분류 (지방자치단체 세출예산 집행기준에 의거) 1. 민간경상사업보조(307-02) 2. 민간단체 법정운영비보조(307-03) 3. 민간행사사업보조(307-04) 4. 민간위탁금(307-05) 5. 사회복지시설 법정운영비보조(307-10) 6. 민간인위탁교육비(307-12) 7. 공기관등에대한경상적위탁사업비(308-11) 8. 민간자본사업보조,자체재원(402-01) 9. 민간자본사업보조,이전재원(402-02) 10. 민간위탁사업비(402-03) 11. 공기관등에 대한 자본적 대행사업비(403-02)	민간이전지출 근거 (지방보조금 관리기준 참고) 1. 법률에 규정 2. 국고보조 재원(국가지정) 3. 용도 지정 기부금 4. 조례에 직접규정 5. 지자체가 권장하는 사업을 하는 공공기관 6. 시,도 정책 및 재정사정 7. 기타 8. 해당없음	입찰방식 계약체결방법 (경쟁형태) 1. 일반경쟁 2. 제한경쟁 3. 지명경쟁 4. 수의계약 5. 법정위탁 6. 기타 ( ) 7. 해당없음	입찰방식 계약기간 1. 1년 2. 2년 3. 3년 4. 4년 5. 5년 6. 기타 ( )년 7. 단기계약 (1년미만) 8. 해당없음	입찰방식 낙찰자선정방법 1. 적격심사 2. 협상에의한계약 3. 최저가낙찰제 4. 규격가격분리 5. 2단계 경쟁입찰 6. 기타 ( ) 7. 해당없음	운영예산 산정 운영예산 산정 1. 내부산정 (지자체 자체적으로 산정) 2. 외부산정 (외부전문기관위탁 산정) 3. 내·외부 모두 산정 4. 산정 無 5. 해당없음	운영예산 산정 정산방법 1. 내부정산 (지자체 내부적으로 정산) 2. 외부정산 (외부전문기관위탁 정산) 3. 내·외부 모두 산정 4. 정산 無 5. 해당없음	성과평가 실시여부 1. 실시 2. 미실시 3. 향후 추진 4. 해당없음
755	경기 광명시	시민오케스트라 정기연주회	10,000	문화관광과	3	1	7	8	7	1	1	2
756	경기 광명시	광명청소년교향악단 정기연주회	10,000	문화관광과	3	1	7	8	7	1	1	2
757	경기 광명시	광명등문화축제	35,000	문화관광과	3	7	7	8	7	1	1	3
758	경기 광명시	찾아가는 문화활동	48,000	문화관광과	3	1	7	8	7	1	1	2
759	경기 광명시	KTX 광명역 평화마라톤대회 추진	180,000	체육진흥과	3	1	7	8	7	5	5	4
760	경기 광명시	시민의 날 체육대회 개최	80,000	체육진흥과	3	1	7	8	7	5	5	4
761	경기 광명시	시장기 체육대회 종목별대회 개최비 지원	180,000	체육진흥과	3	1	7	8	7	5	5	4
762	경기 광명시	협회장기 생활체육 종목별대회	74,000	체육진흥과	3	1	7	8	7	5	5	4
763	경기 광명시	각종 전국체육대회 개최유치 지원	80,000	체육진흥과	3	1	7	8	7	5	5	4
764	경기 광명시	축구협회 아이리그 축구대회 개최	24,000	체육진흥과	3	1	7	8	7	5	5	4
765	경기 광명시	서부지역 게이트볼 개최	7,000	체육진흥과	3	1	7	8	7	5	5	4
766	경기 광명시	한마음체육대회	10,000	체육진흥과	3	1	7	8	7	5	5	4
767	경기 광명시	시장기 장애인 체육대회	46,000	체육진흥과	3	1	7	8	7	5	5	4
768	경기 광명시	사회복지의 날 기념행사	15,000	복지정책과	3	1	7	8	7	1	1	1
769	경기 광명시	어버이날 행사지원	30,000	노인복지과	3	1	6	7	6	1	1	3
770	경기 광명시	노인의날 행사지원	70,000	노인복지과	3	1	2	7	1	1	1	3
771	경기 광명시	장애인행사 차량임차료	7,000	장애인복지과	3	8	7	8	7	5	1	1
772	경기 광명시	장애인의날 기념행사	1,000	장애인복지과	3	8	7	8	7	5	1	1
773	경기 광명시	지체장애인 축제한마당	5,000	장애인복지과	3	8	7	8	7	5	1	1
774	경기 광명시	지체장애인의 날 기념행사	5,000	장애인복지과	3	8	7	8	7	5	1	1
775	경기 광명시	시각장애인 복지대회	3,000	장애인복지과	3	8	7	8	7	5	1	1
776	경기 광명시	농아인의 날 체육행사	1,200	장애인복지과	3	8	7	8	7	5	1	1
777	경기 광명시	경기도신체장애인복지회 하계수련회	2,000	장애인복지과	3	8	7	8	7	5	1	1
778	경기 광명시	장애인복지회 하계수련대회	2,000	장애인복지과	3	8	7	8	7	5	1	1
779	경기 광명시	수어경연대회	6,000	장애인복지과	3	8	7	8	7	5	1	1
780	경기 광명시	장애인정보화협회 축제한마당 및 PC나눔 대회	1,200	장애인복지과	3	8	7	8	7	5	1	1
781	경기 광명시	전국 지적장애인 복지대회	1,300	장애인복지과	3	8	7	8	7	5	1	1
782	경기 광명시	장애아동 한마음 캠프	3,600	장애인복지과	3	8	7	8	7	5	1	1
783	경기 광명시	교통장애인협회 교통사고줄이기 결의대회	2,000	장애인복지과	3	8	7	8	7	5	1	1
784	경기 광명시	전국지체장애인 체육대회 행사	1,280	장애인복지과	3	8	7	8	7	5	1	1
785	경기 광명시	경기도장애인가족 체육대회 및 전국장애인 부모대회	1,500	장애인복지과	3	8	7	8	7	5	1	1
786	경기 광명시	지적장애인의 날 기념식 및 지적장애청소년 체육 한마당	2,500	장애인복지과	3	8	7	8	7	5	1	1
787	경기 광명시	광명보육인대회	15,000	보육정책과	3	5	7	8	7	5	5	4
788	경기 광명시	광명사랑 뷰티헤어축제	30,000	위생과	3	4	7	8	7	1	1	3
789	경기 광명시	광명시평생학습축제 참여기관 보조	16,000	평생학습원	3	4	7	8	7	1	1	4
790	경기 광명시	책마을 행사 지원	6,000	하안도서관	3	4	7	8	7	5	5	4
791	경기 광명시	에너지의 날 행사	30,000	기후에너지과	3	6	6	6	6	1	1	1
792	경기 광명시	시민체육대회 보조금	20,000	광명2동	3	7	7	8	7	5	5	1
793	경기 광명시	시민체육대회 보조금	20,000	광명4동	3	1	7	8	7	1	1	1
794	경기 광명시	생활체육대회 보조금	2,000	광명4동	3	1	7	8	7	1	1	1
795	경기 광명시	광명4동 골목축제	5,000	광명4동	3	4	7	8	7	1	1	1
796	경기 광명시	시민체육대회 보조금	20,000	광명5동	3	1	7	8	7	1	1	1

순번	시군구	지출명 (사업명)	2021년예산 (단위:천원/1년간)	담당자 (공무원) 담당부서	민간이전 분류 (지방자치단체 세출예산 집행기준에 의거) 1. 민간경상사업보조(307-02) 2. 민간단체 법정운영비보조(307-03) 3. 민간행사사업보조(307-04) 4. 민간위탁금(307-05) 5. 사회복지시설 법정운영비보조(307-10) 6. 민간인위탁교육비(307-12) 7. 공기관등에대한경상적위탁사업비(308-11) 8. 민간자본사업보조,자체재원(402-01) 9. 민간자본사업보조,이전재원(402-02) 10. 민간위탁사업비(402-03) 11. 공기관등에 대한 자본적 대행사업비(403-02)	민간이전지출 근거 (지방보조금 관리기준 참고) 1. 법률에 규정 2. 국고보조 재원(국가지정) 3. 용도 지정 기부금 4. 조례에 직접규정 5. 지자체가 권장하는 사업을 하는 공공기관 6. 시,도 정책 및 재정사정 7. 기타 8. 해당없음	입찰방식 계약체결방법 (경쟁형태) 1. 일반경쟁 2. 제한경쟁 3. 지명경쟁 4. 수의계약 5. 법정위탁 6. 기타 ( ) 7. 해당없음	입찰방식 계약기간 1. 1년 2. 2년 3. 3년 4. 4년 5. 5년 6. 기타 ( )년 7. 단기계약 (1년미만) 8. 해당없음	입찰방식 낙찰자선정방법 1. 적격심사 2. 협상에의한계약 3. 최저가낙찰제 4. 규격가격분리 5. 2단계 경쟁입찰 6. 기타 ( ) 7. 해당없음	운영예산 산정 운영예산 산정 1. 내부산정 (지자체 자체적으로 산정) 2. 외부산정 (외부전문기관위탁 산정) 3. 내·외부 모두 산정 4. 산정 無 5. 해당없음	운영예산 산정 정산방법 1. 내부정산 (지자체 내부적으로 정산) 2. 외부정산 (외부전문기관위탁 정산) 3. 내·외부 모두 산정 4. 정산 無 5. 해당없음	성과평가 실시여부 1. 실시 2. 미실시 3. 향후 추진 4. 해당없음
797	경기 광명시	생활체육대회 보조금	2,000	광명5동	3	1	7	8	7	1	1	1
798	경기 광명시	너부대축제 보조금	5,000	광명5동	3	4	7	8	7	1	1	1
799	경기 광명시	시민체육대회보조금	20,000	광명7동	3	1	7	8	7	1	1	1
800	경기 광명시	생활체육단위종목 출전경비	2,000	광명7동	3	1	7	8	7	1	1	1
801	경기 광명시	도덕산 주민 한마음 축제 지원	5,000	광명7동	3	4	7	8	7	1	1	1
802	경기 광명시	시민체육대회보조금	20,000	철산2동	3	6	7	8	7	5	5	1
803	경기 광명시	생활체육단위종목대회	2,000	철산2동	3	6	7	8	7	5	5	1
804	경기 광명시	철산2동 지역축제지원	5,000	철산2동	3	6	7	8	7	5	5	1
805	경기 광명시	시민체육대회보조금	20,000	철산4동	3	1	7	8	7	1	1	1
806	경기 광명시	생활체육단위종목 동별 출전경비 보조	2,000	철산4동	3	1	7	8	7	1	1	1
807	경기 광명시	벽화마을야생화축제	5,000	철산4동	3	4	7	8	7	1	1	1
808	경기 광명시	시민체육대회보조금	20,000	하안2동	3	1	7	8	7	1	1	1
809	경기 광명시	생활체육단위종목 동별출전경비 보조	2,000	하안2동	3	1	7	8	7	1	1	1
810	경기 광명시	철망산축제 지원 보조금	5,000	하안2동	3	4	7	8	7	1	1	1
811	경기 광명시	시민체육대회 보조금	20,000	하안3동	3	1	7	8	7	1	1	1
812	경기 광명시	생활체육단위종목 동별 출전경비 보조금	2,000	하안3동	3	1	7	8	7	1	1	1
813	경기 광명시	주민자치축제	5,000	하안3동	3	1	7	8	7	1	1	1
814	경기 광명시	시민체육대회보조금	20,000	하안4동	3	4	7	8	7	1	1	4
815	경기 광명시	생활체육 출전 보조금	2,000	하안4동	3	4	7	8	7	1	1	4
816	경기 광명시	하안4랑 행복축제 보조금	5,000	하안4동	3	4	7	8	7	1	1	4
817	경기 광명시	시민체육대회 보조금	20,000	소하2동	3	4	7	8	7	1	1	1
818	경기 광명시	생활체육단위종목 동별 출전경비 보조	2,000	소하2동	3	4	7	8	7	1	1	1
819	경기 광명시	주민한마음축제 보조금	5,000	소하2동	3	4	7	8	7	1	1	1
820	경기 평택시	사회복지사 역량 강화	25,000	복지정책과	3	7	7	8	7	5	5	4
821	경기 평택시	지역사회보장협의체 세미나 및 워크숍	6,500	복지정책과	3	4	7	7	7	1	1	1
822	경기 평택시	보훈단체 중앙행사 참석지원	6,500	복지정책과	3	4	7	8	7	5	5	4
823	경기 평택시	6.25전쟁 바로알리기 교육	5,400	복지정책과	3	4	7	8	7	5	5	4
824	경기 평택시	신년 참배행사 지원	3,000	복지정책과	3	4	7	8	7	5	5	4
825	경기 평택시	6.25전쟁 기념행사	17,000	복지정책과	3	4	7	8	7	5	5	4
826	경기 평택시	반공청년운동 유공자 위령제	3,000	복지정책과	3	4	7	8	7	5	5	4
827	경기 평택시	국가보훈대상자 위안행사	20,000	복지정책과	3	4	7	8	7	5	5	4
828	경기 평택시	원심창의사 추모식	4,000	복지정책과	3	4	7	8	7	5	5	4
829	경기 평택시	육삼정의거 기념식	4,000	복지정책과	3	4	7	8	7	5	5	4
830	경기 평택시	재향군인회 임원 안보 워크샵	8,000	복지정책과	3	4	7	8	7	5	5	4
831	경기 평택시	재향군인의 날 행사 및 안보전적지순례	9,000	복지정책과	3	4	7	8	7	5	5	4
832	경기 평택시	재향군인회 안보강연 등 국민 호국정신 함양교육	10,000	복지정책과	3	4	7	8	7	5	5	4
833	경기 평택시	호국영령추모제	9,000	복지정책과	3	4	7	8	7	5	5	4
834	경기 평택시	남아프리카공화국 6.25참전 기념식	4,000	복지정책과	3	4	7	8	7	5	5	4
835	경기 평택시	평택3.1만세운동 기념사업	58,400	복지정책과	3	4	7	8	7	5	5	4
836	경기 평택시	참전유공자위로행사	14,000	복지정책과	3	4	7	8	7	5	5	4
837	경기 평택시	국가보훈단체 전적지순례 및 참배지원	68,000	복지정책과	3	4	7	8	7	5	5	4
838	경기 평택시	독립운동 사적지 탐방	30,000	복지정책과	3	4	7	8	7	5	5	4

순번	시군구	지출명 (사업명)	2021년예산 (단위:천원/1년간)	담당자 (공무원) 담당부서	민간이전 분류 (지방자치단체 세출예산 집행기준에 의거) 1. 민간경상사업보조(307-02) 2. 민간단체 법정운영비보조(307-03) 3. 민간행사사업보조(307-04) 4. 민간위탁금(307-05) 5. 사회복지시설 법정운영비보조(307-10) 6. 민간인위탁교육비(307-12) 7. 공기관등에대한경상적위탁사업비(308-11) 8. 민간자본사업보조,자체재원(402-01) 9. 민간자본사업보조,이전재원(402-02) 10. 민간위탁사업비(402-03) 11. 공기관등에 대한 자본적 대행사업비(403-02)	민간이전지출 근거 (지방보조금 관리기준 참고) 1. 법률에 규정 2. 국고보조 재원(국가지정) 3. 용도 지정 기부금 4. 조례에 직접규정 5. 지자체가 권장하는 사업을 하는 공공기관 6. 시,도 정책 및 재정사정 7. 기타 8. 해당없음	입찰방식 계약체결방법 (경쟁형태) 1. 일반경쟁 2. 제한경쟁 3. 지명경쟁 4. 수의계약 5. 법정위탁 6. 기타 ( ) 7. 해당없음	계약기간 1. 1년 2. 2년 3. 3년 4. 4년 5. 5년 6. 기타 ( )년 7. 단기계약 (1년미만) 8. 해당없음	낙찰자선정방법 1. 적격심사 2. 협상에의한계약 3. 최저가낙찰제 4. 규격가격분리 5. 2단계 경쟁입찰 6. 기타 ( ) 7. 해당없음	운영예산 산정 운영예산 산정 1. 내부산정 (지자체 자체적으로 산정) 2. 외부산정 (외부전문기관위탁 산정) 3. 내·외부 모두 산정 4. 산정 無 5. 해당없음	정산방법 1. 내부정산 (지자체 내부적으로 정산) 2. 외부정산 (외부전문기관위탁 정산) 3. 내·외부 모두 산정 4. 정산 無 5. 해당없음	성과평가 실시여부 1. 실시 2. 미실시 3. 향후 추진 4. 해당없음
839	경기 평택시	기부자감사행사	7,000	복지정책과	3	4	7	1	7	1	1	1
840	경기 평택시	통리장 체육대회	40,000	자치협력과	3	4	7	8	7	1	1	1
841	경기 평택시	민주평화통일자문회의 행사	21,990	자치협력과	3	1	7	8	7	1	1	1
842	경기 평택시	바르게살기운동 역량강화워크숍	20,000	자치협력과	3	1	7	8	7	1	1	1
843	경기 평택시	바르게살기운동 한마음대회	7,000	자치협력과	3	1	7	8	7	1	1	1
844	경기 평택시	바르게살기운동 한마음 체육대회	10,000	자치협력과	3	1	7	8	7	1	1	1
845	경기 평택시	자유총연맹 역량강화워크숍	15,000	자치협력과	3	1	7	8	7	1	1	1
846	경기 평택시	자유총연맹 한마음대회	6,000	자치협력과	3	1	7	8	7	1	1	1
847	경기 평택시	자유총연맹 한마음 체육대회	10,000	자치협력과	3	1	7	8	7	1	1	1
848	경기 평택시	평화현장 견학	3,000	자치협력과	3	4	7	7	7	1	1	1
849	경기 평택시	통일음식 만들기	5,000	자치협력과	3	4	7	7	7	1	1	1
850	경기 평택시	북한이탈주민 가족과함께 하는 송년의 밤	13,000	자치협력과	3	4	7	7	7	1	1	1
851	경기 평택시	통일공감 우리말 겨루기	10,000	자치협력과	3	4	7	7	7	1	1	1
852	경기 평택시	북한이탈주민 합동망향제	5,500	자치협력과	3	4	7	7	7	1	1	1
853	경기 평택시	새마을지도자 전진대회	20,000	자치협력과	3	1	7	8	7	1	1	1
854	경기 평택시	새마을지도자 역량강화워크숍	20,000	자치협력과	3	1	7	8	7	1	1	1
855	경기 평택시	한마음체육대회	10,000	자치협력과	3	1	7	8	7	1	1	1
856	경기 평택시	경기축산진흥대회 지원	5,000	축산과	3	4	7	8	7	1	1	1
857	경기 평택시	평택 꽃 나들이 행사	200,000	농촌자원과	3	5	7	8	7	5	5	4
858	경기 평택시	청소년선도보호활동	23,000	교육청소년과	3	6	7	8	7	1	1	1
859	경기 평택시	공중위생업소 위생교육장소 대관료 지원	6,000	식품정책과	3	4	7	8	7	5	5	4
860	경기 평택시	음식문화경연대회 개최	80,000	식품정책과	3	1	7	8	7	5	5	4
861	경기 평택시	위생교육 대관료 및 강사료 지원	9,000	식품정책과	3	1	7	8	7	5	5	4
862	경기 평택시	어린이날 행사 운영비	30,000	여성가족과	3	8	7	8	7	5	5	4
863	경기 평택시	양성평등 주간행사 지원	28,000	여성가족과	3	4	7	7	7	1	1	1
864	경기 평택시	여성단체한마음대회지원	10,000	여성가족과	3	4	7	7	7	1	1	1
865	경기 평택시	세계인의날 행사	35,000	여성가족과	3	4	7	8	7	1	1	1
866	경기 평택시	4-H 경진대회	12,000	지도정책과	3	1	7	8	7	1	1	1
867	경기 평택시	청년농업인 네트워크 활성화 워크숍	10,000	지도정책과	3	1	7	8	7	1	1	1
868	경기 평택시	평택시민체육대회 개최	445,000	체육진흥과	3	1	7	8	7	1	1	3
869	경기 평택시	각종 종목별대회 개최·출전	313,000	체육진흥과	3	1	7	8	7	1	1	3
870	경기 평택시	경기도·전국단위 대회 개최	65,000	체육진흥과	3	1	7	8	7	1	1	3
871	경기 평택시	평택사랑 자전거대행진 개최	50,000	체육진흥과	3	1	7	8	7	1	1	3
872	경기 평택시	슈퍼오닝배 전국대회 개최	140,000	체육진흥과	3	1	7	8	7	1	1	3
873	경기 평택시	장애인 종목별 대회 개최,출전	81,000	체육진흥과	3	1	7	8	7	1	1	3
874	경기 평택시	장애인 걷기대회, 명랑운동회 개최	40,000	체육진흥과	3	1	7	8	7	1	1	3
875	경기 평택시	종목별대회	200,000	체육진흥과	3	1	7	8	7	1	1	1
876	경기 평택시	평택사랑전국마라톤대회	50,000	체육진흥과	3	1	7	8	7	1	1	1
877	경기 평택시	평택항마라톤대회	390,000	체육진흥과	3	1	7	8	7	1	1	1
878	경기 평택시	알뜰나눔장터 운영	36,548	자원순환과	3	4	5	1	7	1	1	1
879	경기 동두천시	송년음악회 개최지원	20,000	문화체육과	3	1	7	8	7	1	1	1
880	경기 동두천시	찾아가는 문화활동 지원	48,000	문화체육과	3	1	7	8	7	1	1	1

순번	시군구	지출명 (사업명)	2021년예산 (단위:천원/1년간)	담당자 (공무원)	민간이전 분류 (지방자치단체 세출예산 집행기준에 의거)	민간이전지출 근거 (지방보조금 관리기준 참고)	입찰방식			운영예산 산정		성과평가 실시여부
				담당부서	1. 민간경상사업보조(307-02) 2. 민간단체 법정운영비보조(307-03) 3. 민간행사사업보조(307-04) 4. 민간위탁금(307-05) 5. 사회복지시설 법정운영비보조(307-10) 6. 민간인위탁교육비(307-12) 7. 공기관등에대한경상적위탁사업비(308-11) 8. 민간자본사업보조,자체재원(402-01) 9. 민간자본사업보조,이전재원(402-02) 10. 민간위탁사업비(402-03) 11. 공기관등에 대한 자본적 대행사업비(403-02)	1. 법률에 규정 2. 국고보조 재원(국가지정) 3. 용도 지정 기부금 4. 조례에 직접규정 5. 지자체가 권장하는 사업을 하는 공공기관 6. 시,도 정책 및 재정사정 7. 기타 8. 해당없음	계약체결방법 (경쟁형태) 1. 일반경쟁 2. 제한경쟁 3. 지명경쟁 4. 수의계약 5. 법정위탁 6. 기타 ( ) 7. 해당없음	계약기간 1. 1년 2. 2년 3. 3년 4. 4년 5. 5년 6. 기타 ( )년 7. 단기계약 (1년미만) 8. 해당없음	낙찰자선정방법 1. 적격심사 2. 협상에의한계약 3. 최저가낙찰제 4. 규격가격분리 5. 2단계 경쟁입찰 6. 기타 ( ) 7. 해당없음	운영예산 산정 1. 내부산정 (지자체 자체적으로 산정) 2. 외부산정 (외부전문기관위탁 산정) 3. 내·외부 모두 산정 4. 산정 無 5. 해당없음	정산방법 1. 내부정산 (지자체 내부적으로 정산) 2. 외부정산 (외부전문기관위탁 정산) 3. 내·외부 모두 산정 4. 정산 無 5. 해당없음	1. 실시 2. 미실시 3. 향후 추진 4. 해당없음
881	경기 동두천시	동두천 종합예술제	58,500	문화체육과	3	1	7	8	7	1	1	1
882	경기 동두천시	동두천락페스티벌조직위원회	250,000	문화체육과	3	1	7	8	7	1	1	1
883	경기 동두천시	산사음악회 개최 지원	30,000	문화체육과	3	1	7	8	7	1	1	1
884	경기 동두천시	동두천청소년오케스트라 신춘음악회 개최 지원	5,000	문화체육과	3	1	7	8	7	1	1	1
885	경기 동두천시	노인 및 청소년 위안공연 개최 지원	10,000	문화체육과	3	1	7	8	7	1	1	1
886	경기 동두천시	여름음악회 개최 지원	4,000	문화체육과	3	1	7	8	7	1	1	1
887	경기 동두천시	미군과 함께 롱 위크 엔드	30,000	문화체육과	3	1	7	8	7	1	1	1
888	경기 동두천시	힐링콘서트 개최 지원	50,000	문화체육과	3	1	7	8	7	1	1	1
889	경기 동두천시	경기도(동두천) 문화의 날 행사 지원	92,800	문화체육과	3	1	7	8	7	1	1	1
890	경기 동두천시	정월대보름맞이 민속축제 지원	31,000	문화체육과	3	1	7	8	7	1	1	1
891	경기 동두천시	소요단풍문화제	65,000	문화체육과	3	1	7	8	7	1	1	1
892	경기 동두천시	소규모 동아리 발표 및 전시활동 지원	10,000	문화체육과	3	1	7	8	7	1	1	1
893	경기 동두천시	국악한마당 개최 지원	12,000	문화체육과	3	1	7	8	7	1	1	1
894	경기 동두천시	경기도민속예술제 참가 지원	15,000	문화체육과	3	1	7	8	7	1	1	1
895	경기 동두천시	동두천 청소년 미술대전	8,000	문화체육과	3	1	7	8	7	1	1	1
896	경기 동두천시	전국농악경연 및 두드림 축제 지원	13,800	문화체육과	3	4	7	8	7	1	1	1
897	경기 동두천시	동두천 무형문화재 대축제 개최 지원	2,000	문화체육과	3	4	7	8	7	1	1	1
898	경기 동두천시	제14회 동두천 왕방산 MTB대회 개최지원	50,000	문화체육과	3	1	7	8	7	1	1	1
899	경기 동두천시	2021 동두천시장기 생활체육대회 개최지원	56,000	문화체육과	3	1	7	8	7	1	1	1
900	경기 동두천시	제66회 8.15 경축 축구대회 개최지원	10,000	문화체육과	3	1	7	8	7	1	1	1
901	경기 동두천시	검도대회 개최지원	10,000	문화체육과	3	1	7	8	7	1	1	1
902	경기 동두천시	복싱선수권대회 개최 지원	7,000	문화체육과	3	1	7	8	7	1	1	1
903	경기 동두천시	경기북부지역 게이트볼대회 개최지원	8,000	문화체육과	3	1	7	8	7	1	1	1
904	경기 동두천시	제7회 동두천 국제 트레일러닝대회 개최지원	40,000	문화체육과	3	1	7	8	7	1	1	1
905	경기 동두천시	두드림배 전국족구대회 개최지원	5,000	문화체육과	3	1	7	8	7	1	1	1
906	경기 동두천시	제5회 두드림동두천배 전국 유소년축구대회 개최지원	20,000	문화체육과	3	1	7	8	7	1	1	1
907	경기 동두천시	다문화 축구대회 개최지원	3,000	문화체육과	3	1	7	8	7	1	1	1
908	경기 동두천시	시장배 장애인 생활체육대회 개최지원	9,000	문화체육과	3	1	7	8	7	1	1	1
909	경기 동두천시	생활체육교실 운영 및 체육용품 지원	23,000	문화체육과	3	1	7	8	7	1	1	1
910	경기 동두천시	새마을운동동두천시지회	9,000	자치행정과	3	1	7	7	7	1	1	3
911	경기 동두천시	우호도시간 국제교류	50,000	자치행정과	3	4	7	7	7	3	1	3
912	경기 동두천시	통장 및 주민자치협의회 체육대회 지원	10,000	자치행정과	3	4	7	7	7	1	1	3
913	경기 동두천시	바르게살기위원회 워크숍	3,000	자치행정과	3	1	7	8	7	1	1	1
914	경기 동두천시	농업인의날 행사	10,000	농업축산위생과	3	1	7	8	7	1	1	2
915	경기 동두천시	전통시장(소상공인) 워크숍	3,500	일자리경제과	3	1	7	8	7	5	5	4
916	경기 동두천시	재래시장 및 지역경제활성화 공연	17,100	일자리경제과	3	8	7	8	7	5	5	4
917	경기 안산시	한국전통문화제	20,000	문화예술과	3	4	7	8	7	5	1	1
918	경기 안산시	연등축제	15,000	문화예술과	3	4	7	8	7	5	1	1
919	경기 안산시	성탄트리점등행사	15,000	문화예술과	3	4	7	8	7	5	1	1
920	경기 안산시	경기도 민속예술제 참가지원	15,000	문화예술과	3	5	7	8	7	1	1	1
921	경기 안산시	잿머리 성황제	8,000	문화예술과	3	5	7	8	7	1	1	1
922	경기 안산시	팔곡당산 산신제	2,500	문화예술과	3	5	7	8	7	1	1	1

순번	시군구	지출명 (사업명)	2021년예산 (단위:천원/1년간)	담당자 (공무원) 담당부서	민간이전 분류 (지방자치단체 세출예산 집행기준에 의거) 1. 민간경상사업보조(307-02) 2. 민간단체 법정운영비보조(307-03) 3. 민간행사사업보조(307-04) 4. 민간위탁금(307-05) 5. 사회복지시설 법정운영비보조(307-10) 6. 민간인위탁교육비(307-12) 7. 공기관등에대한경상적위탁사업비(308-11) 8. 민간자본사업보조,자체재원(402-01) 9. 민간자본사업보조,이전재원(402-02) 10. 민간위탁사업비(402-03) 11. 공기관등에 대한 자본적 대행사업비(403-02)	민간이전지출 근거 (지방보조금 관리기준 참고) 1. 법률에 규정 2. 국고보조 재원(국가지정) 3. 용도 지정 기부금 4. 조례에 직접규정 5. 지자체가 권장하는 사업을 하는 공공기관 6. 시,도 정책 및 재정사정 7. 기타 8. 해당없음	입찰방식 계약체결방법 (경쟁형태) 1. 일반경쟁 2. 제한경쟁 3. 지명경쟁 4. 수의계약 5. 법정위탁 6. 기타 ( ) 7. 해당없음	입찰방식 계약기간 1. 1년 2. 2년 3. 3년 4. 4년 5. 5년 6. 기타 ( )년 7. 단기계약 (1년미만) 8. 해당없음	입찰방식 낙찰자선정방법 1. 적격심사 2. 협상에의한계약 3. 최저가낙찰제 4. 규격가격분리 5. 2단계 경쟁입찰 6. 기타 ( ) 7. 해당없음	운영예산 산정 운영예산 산정 1. 내부산정 (지자체 자체적으로 산정) 2. 외부산정 (외부전문기관위탁 산정) 3. 내·외부 모두 산정 4. 산정 無 5. 해당없음	운영예산 산정 정산방법 1. 내부정산 (지자체 내부적으로 정산) 2. 외부정산 (외부전문기관위탁 정산) 3. 내·외부 모두 산정 4. 정산 無 5. 해당없음	성과평가 실시여부 1. 실시 2. 미실시 3. 향후 추진 4. 해당없음
923	경기 안산시	별망성 산제	2,500	문화예술과	3	5	7	8	7	1	1	1
924	경기 안산시	2021 한국민속예술제 참가지원	65,000	문화예술과	3	5	7	8	7	1	1	1
925	경기 안산시	무형문화재 공개행사	3,000	문화예술과	3	4	7	8	7	5	5	4
926	경기 안산시	성호문화제	50,000	문화예술과	3	1	7	8	7	1	1	1
927	경기 안산시	안산 천년의 종 타종행사	15,000	문화예술과	3	1	7	8	7	1	1	1
928	경기 안산시	안산읍성 문화예술제 지원	25,000	문화예술과	3	1	7	8	7	1	1	1
929	경기 안산시	성황예술제	2,500	문화예술과	3	1	7	8	7	1	1	1
930	경기 안산시	대한민국 연극제 경기도예선 및 본선	5,000	문화예술과	3	1	7	8	7	1	1	1
931	경기 안산시	전국 경서도창 및 민요경창대회	10,000	문화예술과	3	1	7	8	7	1	1	1
932	경기 안산시	청소년 국악경연대회	7,000	문화예술과	3	1	7	8	7	1	1	1
933	경기 안산시	상록수백일장 및 시낭송대회	2,500	문화예술과	3	1	7	8	7	1	1	1
934	경기 안산시	종이문화축제	10,000	문화예술과	3	1	7	8	7	1	1	1
935	경기 안산시	별망성예술제	70,000	문화예술과	3	1	7	8	7	1	1	1
936	경기 안산시	시군예술단체사업지원	100,000	문화예술과	3	1	7	8	7	1	1	1
937	경기 안산시	찾아가는 문화활동	139,200	문화예술과	3	6	7	8	7	5	5	4
938	경기 안산시	안산시 문화예술진흥기금 지원사업	150,000	문화예술과	3	4	7	8	7	5	5	4
939	경기 안산시	체육대회 개최 지원	325,000	체육진흥과	3	4	7	8	7	1	1	3
940	경기 안산시	장애인체육대회 개최지원	80,000	체육진흥과	3	4	7	8	7	1	1	3
941	경기 안산시	사회복지의 날 행사 개최	3,000	복지정책과	3	1	7	8	7	1	1	1
942	경기 안산시	근로자의날행사및체육대회	90,000	일자리정책과	3	4	7	7	7	1	1	1
943	경기 안산시	어린이 건축학교	3,500	건축디자인과	3	4	7	8	7	1	1	1
944	경기 안산시	나라꽃 무궁화축제	6,000	공원과	3	4	7	8	7	1	1	1
945	경기 안산시	환경의날 기념행사	7,000	환경정책과	3	4	7	7	7	1	1	1
946	경기 안산시	제7회 안산 자전거 대축전	98,000	교통정책과	3	4	7	7	7	1	1	1
947	경기 안산시	택시운수종사자 한마음 체육대회	3,500	대중교통과	3	4	7	8	7	1	1	1
948	경기 안산시	새마을회 행사지원	3,500	자치행정과	3	4	7	7	7	1	1	1
949	경기 안산시	농업인 학습단체 운영	17,500	농업기술지원과	3	1	7	7	7	1	1	3
950	경기 안산시	바다의 날 기념식 행사 지원	3,000	해양수산과	3	1	7	8	7	1	1	1
951	경기 안산시	안산스마트허브경쟁력 발전 및 여성기업인 세미나	7,000	기업지원과	3	6	7	8	7	1	1	1
952	경기 안산시	경영자협회 포럼 지원 등	3,000	기업지원과	3	6	7	8	7	1	1	1
953	경기 안산시	반월동 반달음악축제	3,000	교육청소년과	3	1	7	1	7	1	1	1
954	경기 안산시	구청 어린이집 운영관리 위탁사업	384,000	상록행정지원과	3	4	7	8	7	1	1	1
955	경기 안산시	자율방범대 합동 체육대회	3,000	단원행정지원과	3	4	7	8	7	1	1	1
956	경기 고양시	모범운전자회 화합한마당대회	10,000	철도교통과	3	4	7	8	7	1	1	1
957	경기 고양시	시민안전지킴이 워크숍	30,000	재난대응과	3	4	7	8	7	1	1	4
958	경기 고양시	시민안전지킴이 체육대회	20,000	재난대응과	3	4	7	8	7	1	1	4
959	경기 고양시	시민안전지킴이 대장 역량강화 교육	5,000	재난대응과	3	4	7	8	7	5	5	4
960	경기 고양시	자전거 저변 확대 행사	40,000	녹색도시담당관	3	4	6	8	7	5	5	4
961	경기 고양시	일산서구청장기 종목별 체육대회	9,000	일산서구 산업위생과	3	4	7	8	7	5	5	4
962	경기 고양시	제13회DMZ국제다큐영화제	120,000	전략산업과	3	4	5	8	7	1	1	1
963	경기 고양시	제18회EBS국제다큐영화제	300,000	전략산업과	3	5	7	8	7	1	1	1
964	경기 고양시	장애인의날기념식및축하행사	15,000	장애인복지과	3	4	7	8	7	1	1	3

순번	시군구	지출명 (사업명)	2021년예산 (단위:천원/1년간)	담당자 (공무원) 담당부서	민간이전 분류 (지방자치단체 세출예산 집행기준에 의거) 1. 민간경상사업보조(307-02) 2. 민간단체 법정운영비보조(307-03) 3. 민간행사사업보조(307-04) 4. 민간위탁금(307-05) 5. 사회복지시설 법정운영비보조(307-10) 6. 민간인위탁교육비(307-12) 7. 공기관등에대한경상적위탁사업비(308-11) 8. 민간자본사업보조,자체재원(402-01) 9. 민간자본사업보조,이전재원(402-02) 10. 민간위탁사업비(402-03) 11. 공기관등에 대한 자본적 대행사업비(403-02)	민간이전지출 근거 (지방보조금 관리기준 참고) 1. 법률에 규정 2. 국고보조 재원(국가지정) 3. 용도 지정 기부금 4. 조례에 직접규정 5. 지자체가 권장하는 사업을 하는 공공기관 6. 시,도 정책 및 재정사정 7. 기타 8. 해당없음	입찰방식 계약체결방법 (경쟁형태) 1. 일반경쟁 2. 제한경쟁 3. 지명경쟁 4. 수의계약 5. 법정위탁 6. 기타 ( ) 7. 해당없음	입찰방식 계약기간 1. 1년 2. 2년 3. 3년 4. 4년 5. 5년 6. 기타 ( )년 7. 단기계약 (1년미만) 8. 해당없음	입찰방식 낙찰자선정방법 1. 적격심사 2. 협상에의한계약 3. 최저가낙찰제 4. 규격가격분리 5. 2단계 경쟁입찰 6. 기타 ( ) 7. 해당없음	운영예산 산정 운영예산 산정 1. 내부산정 (지자체 자체적으로 산정) 2. 외부산정 (외부전문기관위탁 산정) 3. 내·외부 모두 산정 4. 산정 無 5. 해당없음	운영예산 산정 정산방법 1. 내부정산 (지자체 내부적으로 정산) 2. 외부정산 (외부전문기관위탁 정산) 3. 내·외부 모두 산정 4. 정산 無 5. 해당없음	성과평가 실시여부 1. 실시 2. 미실시 3. 향후 추진 4. 해당없음
965	경기 고양시	장애인가족 컨텍스 캠핑 페스티벌	30,000	장애인복지과	3	4	7	8	7	1	1	3
966	경기 고양시	장애청소년 어울림 문화제	25,000	장애인복지과	3	4	7	8	7	1	1	3
967	경기 고양시	지체장애인의 날 기념 행사	4,900	장애인복지과	3	4	7	8	7	1	1	3
968	경기 고양시	세계 콩팥의 날 기념 신장장애인 한마음 대축제	4,200	장애인복지과	3	4	7	8	7	1	1	3
969	경기 고양시	흰 지팡이의 날 및 점자의 날 기념 시각장애인 복지대회	3,500	장애인복지과	3	4	7	8	7	1	1	3
970	경기 고양시	발달장애인 기능경진대회	3,500	장애인복지과	3	4	7	8	7	1	1	3
971	경기 고양시	농아인의 날 기념 농아인 한마음 체육대회	4,200	장애인복지과	3	4	7	8	7	1	1	3
972	경기 고양시	고양시 발달장애인 가족 화합 행사	3,500	장애인복지과	3	4	7	8	7	1	1	3
973	경기 고양시	장애인 단체 실무 워크숍	3,500	장애인복지과	3	4	7	8	7	1	1	3
974	경기 고양시	농업인의날 행사	32,000	농업정책과	3	1	7	8	7	5	5	4
975	경기 고양시	제67회 경기도체육대회 참가지원	300,000	체육정책과	3	4	7	8	7	1	1	1
976	경기 고양시	전국도 종목별 체육대회 참가지원	40,000	체육정책과	3	4	7	8	7	1	1	1
977	경기 고양시	광복절기념 체육대회	60,000	체육정책과	3	4	7	8	7	1	1	1
978	경기 고양시	통일로 한마음 체육대회	25,500	체육정책과	3	4	7	8	7	1	1	1
979	경기 고양시	어르신,여성체육 종목별 체육대회	30,000	체육정책과	3	4	7	8	7	1	1	1
980	경기 고양시	청,중,장년부 생활체육대회	10,000	체육정책과	3	4	7	8	7	1	1	1
981	경기 고양시	고양호수공원 마라톤대회	10,000	체육정책과	3	4	7	8	7	1	1	1
982	경기 고양시	4.27 남북정상회담기념 고양시 평화 마라톤대회	120,000	체육정책과	3	4	7	8	7	1	1	1
983	경기 고양시	전국 다문화가족 배드민턴대회	10,000	체육정책과	3	4	7	8	7	1	1	1
984	경기 고양시	전국 마스터즈 수영대회 지원	50,000	체육정책과	3	4	7	8	7	1	1	1
985	경기 고양시	고양시장기(배) 종목별 체육대회	222,000	체육정책과	3	4	7	8	7	1	1	1
986	경기 고양시	우수종목 체육대회 지원	40,000	체육정책과	3	4	7	8	7	1	1	1
987	경기 고양시	협회장기(배) 종목별 체육대회	87,000	체육정책과	3	4	7	8	7	1	1	1
988	경기 고양시	고양시장배 전국아마 최강전 바둑대회	8,000	체육정책과	3	4	7	8	7	1	1	1
989	경기 고양시	고양시장기 전국 족구대회	10,000	체육정책과	3	4	7	8	7	1	1	1
990	경기 고양시	경기도 생활체육 대축전 참가	230,000	체육정책과	3	4	7	8	7	1	1	1
991	경기 고양시	챌린지 생활체육 국제 배드민턴대회	50,000	체육정책과	3	4	7	8	7	1	1	1
992	경기 고양시	고양컵 중등부 축구대회	145,000	체육정책과	3	4	7	8	7	1	1	1
993	경기 고양시	고양 호수배 전국 테니스대회	10,000	체육정책과	3	4	7	8	7	1	1	1
994	경기 고양시	고양 호수배 주니어 전국 테니스대회	5,000	체육정책과	3	4	7	8	7	1	1	1
995	경기 고양시	고양 호수배 전국 어르신 테니스대회	5,000	체육정책과	3	4	7	8	7	1	1	1
996	경기 고양시	고양시 행주산성배 테니스대회	10,000	체육정책과	3	4	7	8	7	1	1	1
997	경기 고양시	생활체육 국제교류 지원	80,000	체육정책과	3	4	7	8	7	1	1	1
998	경기 고양시	의장기(배) 종목별 체육대회	114,000	체육정책과	3	4	7	8	7	1	1	1
999	경기 고양시	도지사기,도의장기 종목별 생활체육대회 출전	40,000	체육정책과	3	4	7	8	7	1	1	1
1000	경기 고양시	경기북부지역 게이트볼대회	8,000	체육정책과	3	4	7	8	7	1	1	1
1001	경기 고양시	고양 청소년 3 x 3 농구대회	5,000	체육정책과	3	4	7	8	7	1	1	1
1002	경기 고양시	기타 체육대회 개최 및 참가	20,000	체육정책과	3	4	7	8	7	1	1	1
1003	경기 고양시	경기도 실버 체육대회	25,000	체육정책과	3	4	7	8	7	1	1	1
1004	경기 고양시	여성배구단 대회 참가	5,000	체육정책과	3	4	7	8	7	1	1	1
1005	경기 고양시	고양시장배 어울림 수영대회	6,000	체육정책과	3	4	7	8	7	1	1	1
1006	경기 고양시	고양시장배 장애인 배드민턴대회	6,000	체육정책과	3	4	7	8	7	1	1	1

순번	시군구	지출명 (사업명)	2021년예산 (단위:천원/1년간)	담당자 (공무원) 담당부서	민간이전 분류 (지방자치단체 세출예산 집행기준에 의거) 1. 민간경상사업보조(307-02) 2. 민간단체 법정운영비보조(307-03) 3. 민간행사사업보조(307-04) 4. 민간위탁금(307-05) 5. 사회복지시설 법정운영비보조(307-10) 6. 민간인위탁교육비(307-12) 7. 공기관등에대한경상적위탁사업비(308-11) 8. 민간자본사업보조,자체재원(402-01) 9. 민간자본사업보조,이전재원(402-02) 10. 민간위탁사업비(402-03) 11. 공기관등에 대한 자본적 대행사업비(403-02)	민간이전지출 근거 (지방보조금 관리기준 참고) 1. 법률에 규정 2. 국고보조 재원(국가지정) 3. 용도 지정 기부금 4. 조례에 직접규정 5. 지자체가 권장하는 사업을 하는 공공기관 6. 시,도 정책 및 재정사정 7. 기타 8. 해당없음	입찰방식 계약체결방법 (경쟁형태) 1. 일반경쟁 2. 제한경쟁 3. 지명경쟁 4. 수의계약 5. 법정위탁 6. 기타 ( ) 7. 해당없음	입찰방식 계약기간 1. 1년 2. 2년 3. 3년 4. 4년 5. 5년 6. 기타 ( )년 7. 단기계약 (1년미만) 8. 해당없음	입찰방식 낙찰자선정방법 1. 적격심사 2. 협상에의한계약 3. 최저가낙찰제 4. 규격가격분리 5. 2단계 경쟁입찰 6. 기타 ( ) 7. 해당없음	운영예산 산정 운영예산 산정 1. 내부산정 (지자체 자체적으로 산정) 2. 외부산정 (외부전문기관위탁 산정) 3. 내·외부 모두 산정 4. 산정 無 5. 해당없음	운영예산 산정 정산방법 1. 내부정산 (지자체 내부적으로 정산) 2. 외부정산 (외부전문기관위탁 정산) 3. 내·외부 모두 산정 4. 정산 無 5. 해당없음	성과평가 실시여부 1. 실시 2. 미실시 3. 향후 추진 4. 해당없음
1007	경기 고양시	고양시장배 장애인 볼링대회 지원	9,000	체육정책과	3	4	7	8	7	1	1	1
1008	경기 고양시	고양시장배 장애인 파크골프대회	6,000	체육정책과	3	4	7	8	7	1	1	1
1009	경기 고양시	고양시장배 전국 지적 장애인농구대회	10,000	체육정책과	3	4	7	8	7	1	1	1
1010	경기 고양시	고양시장배 홀트 전국 휠체어농구대회	15,000	체육정책과	3	4	7	8	7	1	1	1
1011	경기 고양시	고양시장컵 장애인탁구대회	6,000	체육정책과	3	4	7	8	7	1	1	1
1012	경기 고양시	고양시 장애인 한마음 체육대회	30,000	체육정책과	3	4	7	8	7	1	1	1
1013	경기 고양시	기타 장애인 체육대회 참가 및 개최 지원	40,000	체육정책과	3	4	7	8	7	1	1	1
1014	경기 고양시	장애인선수 국제대회 참가 지원	18,000	체육정책과	3	4	7	8	7	1	1	1
1015	경기 고양시	경기도 장애인 체육대회 참가	100,000	체육정책과	3	4	7	8	7	1	1	1
1016	경기 고양시	경기도 장애인 생활체육대회 참가	30,000	체육정책과	3	4	7	8	7	1	1	1
1017	경기 고양시	경기도 어울림체육대회 참가	10,000	체육정책과	3	4	7	8	7	1	1	1
1018	경기 고양시	전국 장애인 체육대회 참가	20,000	체육정책과	3	4	7	8	7	1	1	1
1019	경기 고양시	전국 장애인 동계 체육대회 지원	2,000	체육정책과	3	4	7	8	7	1	1	1
1020	경기 고양시	16회 도쿄 패럴림픽 참가	10,000	체육정책과	3	4	7	8	7	1	1	1
1021	경기 고양시	종목별 생활체육대회 지원	15,000	산업위생과	3	4	7	8	7	1	1	1
1022	경기 고양시	마을축제지원사업	200,000	주민자치과	3	4	7	8	7	1	1	1
1023	경기 고양시	자율방범대 한마음대회	18,000	주민자치과	3	4	7	8	7	1	1	1
1024	경기 고양시	시민과 함께하는 고양누리길 걷기대회	22,500	녹지과	3	7	7	8	7	1	1	1
1025	경기 고양시	노사민정 등반대회	5,000	일자리정책과	3	4	7	8	7	1	1	4
1026	경기 고양시	노사민정 교류협력 세미나	5,000	일자리정책과	3	4	7	8	7	1	1	4
1027	경기 고양시	노동자 체육대회	5,000	일자리정책과	3	4	7	8	7	1	1	4
1028	경기 고양시	대한민국 막걸리 한마당	40,000	농산유통과	3	1	7	8	7	5	5	3
1029	경기 고양시	경기도축산진흥대회	3,000	농산유통과	3	1	7	8	7	1	1	4
1030	경기 고양시	아름다운 젖소 선발대회	20,000	농산유통과	3	1	7	8	7	1	1	4
1031	경기 고양시	양성평등주간 기념행사	8,000	여성가족과	3	2	7	8	7	5	5	4
1032	경기 고양시	고양여성영화제	18,000	여성가족과	3	1	7	8	7	5	5	4
1033	경기 고양시	청년,중장년 여성취업박람회	30,000	여성가족과	3	1	7	8	7	1	1	2
1034	경기 고양시	호호성공페스티벌	30,000	여성가족과	3	1	7	8	7	1	1	2
1035	경기 고양시	일본군 '위안부' 피해자 기림의 날 기념행사	10,000	여성가족과	3	1	7	8	7	5	5	4
1036	경기 과천시	청소년 통일준비 민주시민 교육	1,820	기획감사담당관실	3	1	7	8	7	5	5	4
1037	경기 과천시	지역문화예술행사 지원	60,000	문화체육과	3	4	7	8	7	1	1	4
1038	경기 과천시	관내 예총 정기공연 지원	140,000	문화체육과	3	4	7	8	7	1	1	4
1039	경기 과천시	관내 민간예술단체 공연지원	110,000	문화체육과	3	4	7	8	7	1	1	4
1040	경기 과천시	국내외 자매도시 문화예술 교류사업	12,000	문화체육과	3	4	7	8	7	1	1	4
1041	경기 과천시	대보름태평제	5,000	문화체육과	3	1	4	8	7	1	1	1
1042	경기 과천시	경기도 민속예술축제 참가지원	15,000	문화체육과	3	1	4	8	7	1	1	1
1043	경기 과천시	평생학습축제 전통아 함께 날자	2,000	문화체육과	3	1	4	8	7	1	1	1
1044	경기 과천시	한국추사서예대전	37,000	문화체육과	3	1	4	8	7	1	1	1
1045	경기 과천시	입지 효 문화예술 축제	17,000	문화체육과	3	4	4	8	7	1	1	1
1046	경기 과천시	과천나무꾼놀이	20,000	문화체육과	3	1	4	8	7	1	1	1
1047	경기 과천시	경기소리 정기공연	20,000	문화체육과	3	4	4	8	7	1	1	1
1048	경기 과천시	경기소리 기획공연	10,000	문화체육과	3	4	4	8	7	1	1	1

순번	시군구	지출명 (사업명)	2021년예산 (단위:천원/1년간)	담당자 (공무원) 담당부서	민간이전 분류 (지방자치단체 세출예산 집행기준에 의거) 1. 민간경상사업보조(307-02) 2. 민간단체 법정운영비보조(307-03) 3. 민간행사사업보조(307-04) 4. 민간위탁금(307-05) 5. 사회복지시설 법정운영비보조(307-10) 6. 민간인위탁교육비(307-12) 7. 공기관등에대한경상적위탁사업비(308-11) 8. 민간자본사업보조,자체재원(402-01) 9. 민간자본사업보조,이전재원(402-02) 10. 민간위탁사업비(402-03) 11. 공기관등에 대한 자본적 대행사업비(403-02)	민간이전지출 근거 (지방보조금 관리기준 참고) 1. 법률에 규정 2. 국고보조 재원(국가지정) 3. 용도 지정 기부금 4. 조례에 직접규정 5. 지자체가 권장하는 사업을 하는 공공기관 6. 시,도 정책 및 재정사정 7. 기타 8. 해당없음	입찰방식 계약체결방법 (경쟁형태) 1. 일반경쟁 2. 제한경쟁 3. 지명경쟁 4. 수의계약 5. 법정위탁 6. 기타 ( ) 7. 해당없음	입찰방식 계약기간 1. 1년 2. 2년 3. 3년 4. 4년 5. 5년 6. 기타 ( )년 7. 단기계약 (1년미만) 8. 해당없음	입찰방식 낙찰자선정방법 1. 적격심사 2. 협상에의한계약 3. 최저가낙찰제 4. 규격가격분리 5. 2단계 경쟁입찰 6. 기타 ( ) 7. 해당없음	운영예산 산정 운영예산 산정 1. 내부산정 (지자체 자체적으로 산정) 2. 외부산정 (외부전문기관위탁 산정) 3. 내·외부 모두 산정 4. 산정 無 5. 해당없음	운영예산 산정 정산방법 1. 내부정산 (지자체 내부적으로 정산) 2. 외부정산 (외부전문기관위탁 정산) 3. 내·외부 모두 산정 4. 정산 無 5. 해당없음	성과평가 실시여부 1. 실시 2. 미실시 3. 향후 추진 4. 해당없음
1049	경기 과천시	경기소리 경창대회	28,000	문화체육과	3	4	4	8	7	1	1	1
1050	경기 과천시	경기도체육대회 출전	120,000	문화체육과	3	5	7	8	7	1	1	3
1051	경기 과천시	시장기 체육대회	85,000	문화체육과	3	5	7	8	7	1	1	3
1052	경기 과천시	초등학교대항 축구대회	5,000	문화체육과	3	5	7	8	7	1	1	3
1053	경기 과천시	전국체육대회 등 출전선수훈련 및 출전비지원	14,250	문화체육과	3	5	7	8	7	1	1	3
1054	경기 과천시	경기도 장애인 체육대회 출전	6,000	문화체육과	3	5	7	8	7	1	1	3
1055	경기 과천시	협회장기 체육대회	53,900	문화체육과	3	5	7	8	7	1	1	3
1056	경기 과천시	시민의 날 체육대회	240,000	문화체육과	3	5	7	8	7	1	1	3
1057	경기 과천시	과천마라톤대회	85,000	문화체육과	3	5	7	8	7	1	1	3
1058	경기 과천시	과천토리배 전국 3on3 농구대회	46,750	문화체육과	3	5	7	8	7	1	1	3
1059	경기 과천시	과천시 생활체육 전국 배드민턴대회	84,500	문화체육과	3	5	7	8	7	1	1	3
1060	경기 과천시	과천토리아리배 전국오픈탁구대회	36,000	문화체육과	3	5	7	8	7	1	1	3
1061	경기 과천시	과천 토리아리배 생활체육 전국 테니스대회	40,000	문화체육과	3	5	7	8	7	1	1	3
1062	경기 과천시	경기도 생활체육 대축전참가	74,000	문화체육과	3	5	7	8	7	1	1	3
1063	경기 과천시	전국 및 시·도단위 생활체육대회 참가	18,050	문화체육과	3	5	7	8	7	1	1	3
1064	경기 과천시	중부권 게이트볼대회 개최 및 참가	8,000	문화체육과	3	5	7	8	7	1	1	3
1065	경기 과천시	생활체육 교류 등	19,000	문화체육과	3	5	7	8	7	1	1	3
1066	경기 과천시	도단위 생활체육대회 참가	38,000	문화체육과	3	5	7	8	7	1	1	3
1067	경기 과천시	과천 드론 대회	40,000	문화체육과	3	5	7	8	7	1	1	3
1068	경기 과천시	시의장배 체육대회	15,000	문화체육과	3	5	7	8	7	1	1	3
1069	경기 과천시	과천시 장애인 한마음 체육대회	10,000	문화체육과	3	5	7	8	7	1	1	3
1070	경기 과천시	경기도 장애인 생활체육대회 참가	18,000	문화체육과	3	5	7	8	7	1	1	3
1071	경기 과천시	장애인 생활체육대회 지원	12,350	문화체육과	3	5	7	8	7	1	1	3
1072	경기 과천시	과천시장애인체육회장배 체육대회	5,000	문화체육과	3	5	7	8	7	1	1	3
1073	경기 과천시	경기도어울림 체육대회	4,000	문화체육과	3	5	7	8	7	1	1	3
1074	경기 과천시	소외계층 체육활동지원	19,500	문화체육과	3	5	7	8	7	1	1	3
1075	경기 과천시	청소년 체육활동지원	12,000	문화체육과	3	5	7	8	7	1	1	3
1076	경기 과천시	생활체육교실 상설운영	20,000	문화체육과	3	5	7	8	7	1	1	3
1077	경기 과천시	장애인 체육활동지원	12,000	문화체육과	3	5	7	8	7	1	1	3
1078	경기 과천시	노동절 기념행사	1,000	일자리경제과	3	4	7	8	7	1	1	1
1079	경기 과천시	노사정 등반대회	1,000	일자리경제과	3	4	7	8	7	1	1	1
1080	경기 과천시	노동자 워크숍 행사	2,000	일자리경제과	3	4	7	8	7	1	1	1
1081	경기 과천시	국내전시회 참가기업 지원	8,000	일자리경제과	3	6	7	8	7	1	1	1
1082	경기 과천시	양성평등주간기념행사	20,000	사회복지과	3	7	7	8	7	1	1	4
1083	경기 과천시	햇살가득 마을장독대 사업	5,000	사회복지과	3	7	7	8	7	1	1	4
1084	경기 과천시	대한민국평생학습박람회참가	7,000	교육청소년과	3	4	7	8	7	1	1	2
1085	경기 과천시	제25회 과천화훼축제	210,000	공원녹림과	3	7	2	7	2	1	1	3
1086	경기 과천시	가족과 함께하는 한마음 건강 걷기대회	5,000	중앙동	3	4	7	8	7	1	1	1
1087	경기 과천시	평생학습축제 참가 발표회	5,000	중앙동	3	4	7	8	7	1	1	1
1088	경기 과천시	정월대보름 어울마당	5,000	갈현동	3	7	7	8	7	1	1	4
1089	경기 과천시	평생학습축제 참가발표회	5,000	갈현동	3	7	7	8	7	1	1	4
1090	경기 과천시	별양 어울마당	5,000	별양동	3	1	7	8	7	1	1	4

순번	시군구	지출명 (사업명)	2021년예산 (단위:천원/1년간)	담당자 (공무원) 담당부서	민간이전 분류 (지방자치단체 세출예산 집행기준에 의거) 1. 민간경상사업보조(307-02) 2. 민간단체 법정운영비보조(307-03) 3. 민간행사사업보조(307-04) 4. 민간위탁금(307-05) 5. 사회복지시설 법정운영비보조(307-10) 6. 민간인위탁교육비(307-12) 7. 공기관등에대한경상적위탁사업비(308-11) 8. 민간자본사업보조,자체재원(402-01) 9. 민간자본사업보조,이전재원(402-02) 10. 민간위탁사업비(402-03) 11. 공기관등에 대한 자본적 대행사업비(403-02)	민간이전지출 근거 (지방보조금 관리기준 참고) 1. 법률에 규정 2. 국고보조 재원(국가지정) 3. 용도 지정 기부금 4. 조례에 직접규정 5. 지자체가 권장하는 사업을 하는 공공기관 6. 시,도 정책 및 재정사정 7. 기타 8. 해당없음	입찰방식 계약체결방법 (경쟁형태) 1. 일반경쟁 2. 제한경쟁 3. 지명경쟁 4. 수의계약 5. 법정위탁 6. 기타 ( ) 7. 해당없음	계약기간 1. 1년 2. 2년 3. 3년 4. 4년 5. 5년 6. 기타 ( )년 7. 단기계약 (1년미만) 8. 해당없음	낙찰자선정방법 1. 적격심사 2. 협상에의한계약 3. 최저가낙찰제 4. 규격가격분리 5. 2단계 경쟁입찰 6. 기타 ( ) 7. 해당없음	운영예산 산정 운영예산 산정 1. 내부산정 (지자체 자체적으로 산정) 2. 외부산정 (외부전문기관위탁 산정) 3. 내·외부 모두 산정 4. 산정 無 5. 해당없음	정산방법 1. 내부정산 (지자체 내부적으로 정산) 2. 외부정산 (외부전문기관위탁 정산) 3. 내·외부 모두 산정 4. 정산 無 5. 해당없음	성과평가 실시여부 1. 실시 2. 미실시 3. 향후 추진 4. 해당없음
1091	경기 과천시	과천평생학습축제 참가 발표회	5,000	별양동	3	1	7	8	7	1	1	4
1092	경기 과천시	한마음 걷기대회	5,000	부림동	3	4	7	8	7	1	1	1
1093	경기 과천시	평생학습축제 참가 발표회	5,000	부림동	3	4	7	8	7	1	1	1
1094	경기 과천시	정월대보름척사대회	5,000	과천동	3	4	7	8	7	1	1	1
1095	경기 과천시	평생학습축제 참가 발표회	5,000	과천동	3	4	7	8	7	1	1	1
1096	경기 과천시	문원어울마당	5,000	문원동	3	4	7	8	7	1	1	1
1097	경기 과천시	평생학습축제 발표회 지원	5,000	문원동	3	4	7	8	7	1	1	1
1098	경기 구리시	새마을지도자 역량 강화 교육	23,000	소통공보담당관	3	1	1	1	1	1	1	1
1099	경기 구리시	새마을지도자 소통역량강화	5,000	소통공보담당관	3	1	1	1	1	1	1	1
1100	경기 구리시	새마을지도자 전국대회 참석	1,900	소통공보담당관	3	1	1	1	1	1	1	1
1101	경기 구리시	새마을 임원 생명살림, 공경 역량강화 교육	5,000	소통공보담당관	3	1	1	1	1	1	1	1
1102	경기 구리시	바르게 지도자 역량 강화 교육	12,000	소통공보담당관	3	1	1	1	1	1	1	1
1103	경기 구리시	바르게살기운동 전국회원대회 참석	1,300	소통공보담당관	3	1	1	1	1	1	1	1
1104	경기 구리시	구리시민과 함께하는 북한예술단 공연	3,904	소통공보담당관	3	1	1	1	1	1	1	1
1105	경기 구리시	자유수호 한마음 전진대회	4,210	소통공보담당관	3	1	1	1	1	1	1	1
1106	경기 구리시	아름다운소풍 '1일 이모 되어주기	6,000	소통공보담당관	3	1	7	1	7	1	1	1
1107	경기 구리시	적십자 봉사원 수련대회	9,310	소통공보담당관	3	1	7	1	7	1	1	1
1108	경기 구리시	6.25참전유공자 위안행사	2,790	복지정책과	3	4	7	7	7	1	1	4
1109	경기 구리시	노인의날 기념 행사	22,000	노인장애인복지과	3	1	7	8	7	1	1	4
1110	경기 구리시	어버이날 기념행사	9,500	노인장애인복지과	3	1	7	8	7	1	1	4
1111	경기 구리시	노인사회활동지원	9,000	노인장애인복지과	3	1	7	8	7	1	1	4
1112	경기 구리시	장애인의날 행사	9,300	노인장애인복지과	3	1	7	8	7	5	1	1
1113	경기 구리시	여성권익증진 및 건강가정 육성지원	2,790	여성가족과	3	4	5	8	7	5	1	1
1114	경기 구리시	장애인 평생교육 프로그램 운영	11,000	평생학습과	3	6	6	8	7	1	1	4
1115	경기 구리시	학습동아리 육성지원	30,000	평생학습과	3	6	6	8	7	1	1	4
1116	경기 구리시	1평생학습기관 1우수프로그램	15,000	평생학습과	3	6	6	8	7	1	1	4
1117	경기 구리시	민주시민교육 운영	10,000	평생학습과	3	6	7	8	7	5	5	4
1118	경기 구리시	잔디로 덮인 차 없는 거리 운영	80,000	문화예술과	3	7	6	7	7	1	1	1
1119	경기 구리시	구리 사진대학	6,000	문화예술과	3	7	7	8	7	1	1	1
1120	경기 구리시	구리 문예대학	6,000	문화예술과	3	7	7	8	7	1	1	1
1121	경기 구리시	구리 전국 코스모스 가요제	8,211	문화예술과	3	7	7	8	7	1	1	1
1122	경기 구리시	춘 기획전	4,000	문화예술과	3	7	7	8	7	1	1	1
1123	경기 구리시	구리 국악제	6,272	문화예술과	3	7	7	8	7	1	1	1
1124	경기 구리시	구리 무용제	5,500	문화예술과	3	7	7	8	7	1	1	1
1125	경기 구리시	동구청소년 음악콩쿠르	7,000	문화예술과	3	7	7	8	7	1	1	1
1126	경기 구리시	찾아가는 문화활동	60,000	문화예술과	3	6	7	8	7	1	1	1
1127	경기 구리시	오페라 콘서트	9,954	문화예술과	3	1	7	8	7	1	1	1
1128	경기 구리시	합창단 육성지원	10,000	문화예술과	3	1	7	8	7	1	1	1
1129	경기 구리시	온달장군 추모제향	3,500	문화예술과	3	1	7	8	7	1	1	1
1130	경기 구리시	부처님오신날 연등행사 지원	6,600	문화예술과	3	1	7	8	7	1	1	1
1131	경기 구리시	동구릉문화제	4,800	문화예술과	3	1	7	8	7	1	1	1
1132	경기 오산시	궐리사 석전대제	3,000	문화예술과	3	6	7	1	7	1	1	1

순번	시군구	지출명 (사업명)	2021년예산 (단위:천원/1년간)	담당자 (공무원) 담당부서	민간이전 분류 (지방자치단체 세출예산 집행기준에 의거) 1. 민간경상사업보조(307-02) 2. 민간단체 법정운영비보조(307-03) 3. 민간행사사업보조(307-04) 4. 민간위탁금(307-05) 5. 사회복지시설 법정운영비보조(307-10) 6. 민간인위탁교육비(307-12) 7. 공기관등에대한경상적위탁사업비(308-11) 8. 민간자본사업보조,자체재원(402-01) 9. 민간자본사업보조,이전재원(402-02) 10. 민간위탁사업비(402-03) 11. 공기관등에 대한 자본적 대행사업비(403-02)	민간이전지출 근거 (지방보조금 관리기준 참고) 1. 법률에 규정 2. 국고보조 재원(국가지정) 3. 용도 지정 기부금 4. 조례에 직접규정 5. 지자체가 권장하는 사업을 하는 공공기관 6. 시,도 정책 및 재정사정 7. 기타 8. 해당없음	입찰방식 계약체결방법 (경쟁형태) 1. 일반경쟁 2. 제한경쟁 3. 지명경쟁 4. 수의계약 5. 법정위탁 6. 기타 ( ) 7. 해당없음	입찰방식 계약기간 1. 1년 2. 2년 3. 3년 4. 4년 5. 5년 6. 기타 ( )년 7. 단기계약 (1년미만) 8. 해당없음	입찰방식 낙찰자선정방법 1. 적격심사 2. 협상에의한계약 3. 최저가낙찰제 4. 규격가격분리 5. 2단계 경쟁입찰 6. 기타 ( ) 7. 해당없음	운영예산 산정 운영예산 산정 1. 내부산정 (지자체 자체적으로 산정) 2. 외부산정 (외부전문기관위탁 산정) 3. 내·외부 모두 산정 4. 산정 無 5. 해당없음	운영예산 산정 정산방법 1. 내부정산 (지자체 내부적으로 정산) 2. 외부정산 (외부전문기관위탁 정산) 3. 내·외부 모두 산정 4. 정산 無 5. 해당없음	성과평가 실시여부 1. 실시 2. 미실시 3. 향후 추진 4. 해당없음
1133	경기 오산시	정월 대보름 행사	85,000	문화예술과	3	1	7	1	7	1	1	1
1134	경기 오산시	신년 해맞이 행사	15,000	문화예술과	3	1	7	1	7	1	1	1
1135	경기 오산시	시민 화합 문화행사	18,000	문화예술과	3	1	7	1	7	1	1	1
1136	경기 오산시	제10회 독산성 문화제	650,000	문화예술과	3	5	7	8	7	5	5	1
1137	경기 오산시	국제미용경진대회 뷰티스트 컴페스타 개최지원	137,100	지역경제과	3	4	7	7	7	1	1	1
1138	경기 오산시	뷰티산업체교류프로그램지원	45,600	지역경제과	3	4	7	7	7	1	1	1
1139	경기 오산시	어울림 오산 성과보고회	13,440	희망복지과	3	4	7	8	7	5	5	4
1140	경기 오산시	오산시지역사회보장협의체 역량강화 및 직무교육	27,000	희망복지과	3	4	7	8	7	5	5	4
1141	경기 오산시	사회복지의 날 기념 및 어울림 오산 나눔박람회	50,000	희망복지과	3	1	7	8	7	5	5	4
1142	경기 오산시	합동위령제	5,000	희망복지과	3	7	7	8	7	1	1	1
1143	경기 오산시	근로자의 날 행사	5,000	일자리정책과	3	5	7	8	7	1	1	1
1144	경기 오산시	노·사·민·정 한마당	11,100	일자리정책과	3	5	7	8	7	1	1	1
1145	경기 군포시	소상공인연합회지원	17,000	지역경제과	3	4	6	8	7	1	5	4
1146	경기 군포시	군포 3.31만세운동 기념행사	90,000	복지정책과	3	7	7	8	7	5	5	4
1147	경기 군포시	노인의날 행사	9,000	사회복지과	3	4	7	8	7	1	1	1
1148	경기 군포시	어버이날 행사	7,000	사회복지과	3	6	7	8	7	1	1	1
1149	경기 군포시	어르신 칠팔순 효도잔치	15,000	사회복지과	3	6	7	8	7	1	1	1
1150	경기 군포시	장애인의 날 기념행사	25,000	사회복지과	3	1	7	8	7	1	1	1
1151	경기 군포시	장애인 인식개선 행사 운영	5,000	사회복지과	3	1	7	8	7	1	1	1
1152	경기 군포시	청소년해외연수	40,000	청소년청년정책과	3	5	7	8	7	1	1	1
1153	경기 군포시	청소년영어캠프	20,000	청소년청년정책과	3	5	7	8	7	1	1	1
1154	경기 군포시	지역아동센터 체육대회 지원	5,000	청소년청년정책과	3	1	7	8	7	1	1	4
1155	경기 군포시	어린이날 행사	45,000	청소년청년정책과	3	6	7	8	7	1	1	4
1156	경기 군포시	경기도 체육대회 출전지원	220,000	교육체육과	3	7	7	8	7	1	1	1
1157	경기 군포시	시장배 꿈나무 체육대회	14,000	교육체육과	3	7	7	8	7	1	1	1
1158	경기 군포시	시민의 날 기념 체육대회	220,000	교육체육과	3	7	7	8	7	1	1	1
1159	경기 군포시	경기도 생활체육대축전 출전지원	135,000	교육체육과	3	7	7	8	7	1	1	1
1160	경기 군포시	연합회장기 등 생활체육대회 개최 지원	48,000	교육체육과	3	7	7	8	7	1	1	1
1161	경기 군포시	시장배 체육대회 개최	145,000	교육체육과	3	7	7	8	7	1	1	1
1162	경기 군포시	도지사기 생활체육대회 출전	83,000	교육체육과	3	6	7	8	7	1	1	1
1163	경기 군포시	체육대회 출전지원	55,000	교육체육과	3	7	7	8	7	1	1	1
1164	경기 군포시	의장배 체육대회 개최지원	45,000	교육체육과	3	7	7	8	7	1	1	1
1165	경기 군포시	장애인 체육대회 출전지원	21,300	교육체육과	3	7	7	8	7	1	1	1
1166	경기 군포시	경기도 장애인 생활체육대회 출전지원	20,000	교육체육과	3	7	7	8	7	1	1	1
1167	경기 군포시	경기도 장애인 체육대회 지원	25,000	교육체육과	3	7	7	8	7	1	1	1
1168	경기 군포시	군포시장배 장애인체육대회 지원	62,000	교육체육과	3	7	7	8	7	1	1	1
1169	경기 군포시	경기도어울림체육대회 출전지원	5,000	교육체육과	3	7	7	8	7	1	1	1
1170	경기 군포시	군포공예문화축제	30,000	문화예술과	3	4	5	1	7	1	3	1
1171	경기 군포시	제33회 시민의날 기념 축하공연	150,000	문화예술과	3	4	7	8	7	1	1	3
1172	경기 군포시	한여름 쿨 페스티벌	20,000	문화예술과	3	4	7	8	7	1	1	3
1173	경기 군포시	한여름 야외 음악회	20,000	문화예술과	3	4	7	8	7	1	1	3
1174	경기 군포시	한여름 밤 영화산책	20,000	문화예술과	3	4	7	8	7	1	1	3

순번	시군구	지출명 (사업명)	2021년예산 (단위:천원/1년간)	담당자 (공무원) 담당부서	민간이전 분류 (지방자치단체 세출예산 집행기준에 의거) 1. 민간경상사업보조(307-02) 2. 민간단체 법정운영비보조(307-03) 3. 민간행사사업보조(307-04) 4. 민간위탁금(307-05) 5. 사회복지시설 법정운영비보조(307-10) 6. 민간인위탁교육비(307-12) 7. 공기관등에대한경상적위탁사업비(308-11) 8. 민간자본사업보조,자체재원(402-01) 9. 민간자본사업보조,이전재원(402-02) 10. 민간위탁사업비(402-03) 11. 공기관등에 대한 자본적 대행사업비(403-02)	민간이전지출 근거 (지방보조금 관리기준 참고) 1. 법률에 규정 2. 국고보조 재원(국가지정) 3. 용도 지정 기부금 4. 조례에 직접규정 5. 지자체가 권장하는 사업을 하는 공공기관 6. 시,도 정책 및 재정사정 7. 기타 8. 해당없음	입찰방식 계약체결방법 (경쟁형태) 1. 일반경쟁 2. 제한경쟁 3. 지명경쟁 4. 수의계약 5. 법정위탁 6. 기타 ( ) 7. 해당없음	입찰방식 계약기간 1. 1년 2. 2년 3. 3년 4. 4년 5. 5년 6. 기타 ( )년 7. 단기계약 (1년미만) 8. 해당없음	입찰방식 낙찰자선정방법 1. 적격심사 2. 협상에의한계약 3. 최저가낙찰제 4. 규격가격분리 5. 2단계 경쟁입찰 6. 기타 ( ) 7. 해당없음	운영예산 산정 운영예산 산정 1. 내부산정 (지자체 자체적으로 산정) 2. 외부산정 (외부전문기관위탁 산정) 3. 내·외부 모두 산정 4. 산정 無 5. 해당없음	운영예산 산정 정산방법 1. 내부정산 (지자체 내부적으로 정산) 2. 외부정산 (외부전문기관위탁 정산) 3. 내·외부 모두 산정 4. 정산 無 5. 해당없음	성과평가 실시여부 1. 실시 2. 미실시 3. 향후 추진 4. 해당없음
1175	경기 군포시	한여름 예술 마당극	20,000	문화예술과	3	4	7	8	7	1	1	3
1176	경기 군포시	군포예술지 발간	9,000	문화예술과	3	4	7	8	7	1	1	3
1177	경기 군포시	문화예술인 역량강화 교육	5,000	문화예술과	3	4	7	8	7	1	1	3
1178	경기 군포시	찾아가는 우리마을 음악회	50,000	문화예술과	3	4	7	8	7	1	1	3
1179	경기 군포시	예인예술제	88,000	문화예술과	3	4	7	8	7	1	1	3
1180	경기 군포시	국악 정기 연주회	6,000	문화예술과	3	4	7	8	7	1	1	3
1181	경기 군포시	전국수리무용콩쿠르	30,000	문화예술과	3	4	7	8	7	1	1	3
1182	경기 군포시	전국무용제 참가	6,000	문화예술과	3	4	7	8	7	1	1	3
1183	경기 군포시	가을 시화전	3,500	문화예술과	3	4	7	8	7	1	1	3
1184	경기 군포시	전국 군포백일장	6,000	문화예술과	3	4	7	8	7	1	1	3
1185	경기 군포시	문학 정기간행물 발행	4,000	문화예술과	3	4	7	8	7	1	1	3
1186	경기 군포시	전국수리디자인미술실기대회	20,000	문화예술과	3	4	7	8	7	1	1	3
1187	경기 군포시	미술 정기 전시회	5,000	문화예술과	3	4	7	8	7	1	1	3
1188	경기 군포시	전국연극제 참가	6,000	문화예술과	3	4	7	8	7	1	1	3
1189	경기 군포시	대중음악이야기	6,000	문화예술과	3	4	7	8	7	1	1	3
1190	경기 군포시	전국수리음악콩쿠르	70,000	문화예술과	3	4	7	8	7	1	1	3
1191	경기 군포시	전국수리동요대회	15,000	문화예술과	3	4	7	8	7	1	1	3
1192	경기 군포시	수리합창제	5,400	문화예술과	3	4	7	8	7	1	1	3
1193	경기 군포시	사진 정기전시회	5,000	문화예술과	3	4	7	8	7	1	1	3
1194	경기 군포시	전국수리사진촬영대회	20,000	문화예술과	3	4	7	8	7	1	1	3
1195	경기 군포시	거리로 나온 예술	15,000	문화예술과	3	6	7	8	7	1	1	3
1196	경기 군포시	찾아가는 문화활동	88,800	문화예술과	3	6	7	8	7	1	1	3
1197	경기 군포시	장애인문화예술 지원사업	12,000	문화예술과	3	6	7	8	7	1	1	3
1198	경기 군포시	공연장 대관료 지원	10,000	문화예술과	3	6	7	8	7	1	1	3
1199	경기 군포시	군포 옛모습 공모전	30,000	문화예술과	3	4	7	8	7	1	1	4
1200	경기 군포시	경기도 민속예술제 참가	15,000	문화예술과	3	2	5	8	7	5	1	4
1201	경기 군포시	불교전통문화축제	8,100	문화예술과	3	4	5	8	7	1	1	4
1202	경기 군포시	크리스마스 축제	8,100	문화예술과	3	4	5	8	7	1	1	4
1203	경기 군포시	가족나들이 행사	10,000	자치분권과	3	1	7	8	7	1	1	1
1204	경기 하남시	전통시장 워크숍 지원	11,200	일자리경제과	3	4	7	8	7	5	5	4
1205	경기 하남시	물가조사요원 등 정기교육 및 홍보지원	3,000	일자리경제과	3	1	7	8	7	1	1	1
1206	경기 하남시	한국소비자교육원하남지부 행사지원	4,000	일자리경제과	3	1	7	8	7	1	1	1
1207	경기 하남시	근로자 단체행사 지원	8,000	일자리경제과	3	4	7	8	7	5	5	4
1208	경기 하남시	찾아가는 문화활동 지원	57,600	문화체육과	3	6	7	8	7	1	1	4
1209	경기 하남시	거리로 나온 예술	35,000	문화체육과	3	6	7	8	7	1	1	4
1210	경기 하남시	위례예술제	50,000	문화체육과	3	7	4	7	7	1	1	1
1211	경기 하남시	하남음악협회 정기연주회	8,000	문화체육과	3	7	4	7	7	1	1	1
1212	경기 하남시	하남시 소년소녀합창단 정기음악회	5,000	문화체육과	3	7	4	7	7	1	1	1
1213	경기 하남시	플래카드 아트 페스티벌	7,000	문화체육과	3	7	4	7	7	1	1	1
1214	경기 하남시	하남학생미술서예대전	5,500	문화체육과	3	7	4	7	7	1	1	1
1215	경기 하남시	하남미술대전	19,000	문화체육과	3	7	4	7	7	1	1	1
1216	경기 하남시	하남미술협회전	6,000	문화체육과	3	7	4	7	7	1	1	1

순번	시군구	지출명 (사업명)	2021년예산 (단위:천원/1년간)	담당자 (공무원)	민간이전 분류 (지방자치단체 세출예산 집행기준에 의거)	민간이전지출 근거 (지방보조금 관리기준 참고)	입찰방식			운영예산 산정		성과평가 실시여부
				담당부서	1. 민간경상사업보조(307-02) 2. 민간단체 법정운영비보조(307-03) 3. 민간행사사업보조(307-04) 4. 민간위탁금(307-05) 5. 사회복지시설 법정운영비보조(307-10) 6. 민간인위탁교육비(307-12) 7. 공기관등에대한경상적위탁사업비(308-11) 8. 민간자본사업보조,자체재원(402-01) 9. 민간자본사업보조,이전재원(402-02) 10. 민간위탁사업비(402-03) 11. 공기관등에 대한 자본적 대행사업비(403-02)	1. 법률에 규정 2. 국고보조 재원(국가지정) 3. 용도 지정 기부금 4. 조례에 직접규정 5. 지자체가 권장하는 사업을 하는 공공기관 6. 시,도 정책 및 재정사정 7. 기타 8. 해당없음	계약체결방법 (경쟁형태) 1. 일반경쟁 2. 제한경쟁 3. 지명경쟁 4. 수의계약 5. 법정위탁 6. 기타 ( ) 7. 해당없음	계약기간 1. 1년 2. 2년 3. 3년 4. 4년 5. 5년 6. 기타 ( )년 7. 단기계약 (1년미만) 8. 해당없음	낙찰자선정방법 1. 적격심사 2. 협상에의한계약 3. 최저가낙찰제 4. 규격가격분리 5. 2단계 경쟁입찰 6. 기타 ( ) 7. 해당없음	운영예산 산정 1. 내부산정 (지자체 자체적으로 산정) 2. 외부산정 (외부전문기관위탁 산정) 3. 내·외부 모두 산정 4. 산정 無 5. 해당없음	정산방법 1. 내부정산 (지자체 내부적으로 정산) 2. 외부정산 (외부전문기관위탁 정산) 3. 내·외부 모두 산정 4. 정산 無 5. 해당없음	1. 실시 2. 미실시 3. 향후 추진 4. 해당없음
1217	경기 하남시	시화전 및 문학의 밤	6,000	문화체육과	3	7	4	7	7	1	1	1
1218	경기 하남시	하남 위례문학(운문,산문) 공모전	13,000	문화체육과	3	7	4	7	7	1	1	1
1219	경기 하남시	하남 문학집 발간	5,000	문화체육과	3	7	4	7	7	1	1	1
1220	경기 하남시	전국국악경연대회	7,500	문화체육과	3	7	4	7	7	1	1	1
1221	경기 하남시	효 국악콘서트	14,000	문화체육과	3	7	4	7	7	1	1	1
1222	경기 하남시	이성무용제	9,000	문화체육과	3	7	4	7	7	1	1	1
1223	경기 하남시	전국이성무용경연대회	10,000	문화체육과	3	7	4	7	7	1	1	1
1224	경기 하남시	경기 연극 올림피아드	4,600	문화체육과	3	7	4	7	7	1	1	1
1225	경기 하남시	주니어연극제	7,200	문화체육과	3	7	4	7	7	1	1	1
1226	경기 하남시	대한민국 연극제 경기도대회 참가지원	7,000	문화체육과	3	7	4	7	7	1	1	1
1227	경기 하남시	하남 인재발굴 스타킹 대회	19,000	문화체육과	3	7	4	7	7	1	1	1
1228	경기 하남시	하남 봄꽃 문화 축제	10,000	문화체육과	3	7	4	7	7	1	1	1
1229	경기 하남시	하남지역 사진 공모전	10,000	문화체육과	3	7	4	7	7	1	1	1
1230	경기 하남시	사진작가협회 회원전	9,000	문화체육과	3	7	4	7	7	1	1	1
1231	경기 하남시	미사리 뮤직 무비 페스티벌	10,000	문화체육과	3	7	4	7	7	1	1	1
1232	경기 하남시	기타합주단 가을 정기 연주회	5,000	문화체육과	3	7	4	7	7	1	1	1
1233	경기 하남시	도예가 협회전	5,000	문화체육과	3	7	4	7	7	1	1	1
1234	경기 하남시	판소리보존회 하남지부 정기공연	7,000	문화체육과	3	7	4	7	7	1	1	1
1235	경기 하남시	하남청소년오케스트라	5,000	문화체육과	3	7	4	7	7	1	1	1
1236	경기 하남시	덕풍천 색소폰 주말연주회	2,430	문화체육과	3	7	4	7	7	1	1	1
1237	경기 하남시	하남공예예술대전	2,430	문화체육과	3	7	4	7	7	1	1	1
1238	경기 하남시	노거수 은행나무 축제의 속삭임	6,000	문화체육과	3	7	4	7	7	1	1	1
1239	경기 하남시	하남전통예술단	3,000	문화체육과	3	7	4	7	7	1	1	1
1240	경기 하남시	하남거리예술제	9,000	문화체육과	3	7	4	7	7	1	1	1
1241	경기 하남시	가을밤을 여는 춤 축제	5,000	문화체육과	3	7	4	7	7	1	1	1
1242	경기 하남시	하남시민 화합의 공연문화 제등축제	10,800	문화체육과	3	7	4	7	7	1	1	1
1243	경기 하남시	고니축제	10,000	문화체육과	3	7	4	7	7	1	1	1
1244	경기 하남시	나무고아원 힐링숲축제	15,000	문화체육과	3	7	4	7	7	1	1	1
1245	경기 하남시	공연장 대관료 지원	10,000	문화체육과	3	6	7	8	7	1	1	4
1246	경기 하남시	하남미사소년소녀합창단 정기공연	5,000	문화체육과	3	7	4	7	7	1	1	1
1247	경기 하남시	다문화예능예술단 공연	5,000	문화체육과	3	7	4	7	7	1	1	1
1248	경기 하남시	경기도 문화의 날 문화예술지원 프로그램	46,400	문화체육과	3	6	7	8	7	1	1	4
1249	경기 하남시	하남문화대학	80,100	문화체육과	3	7	4	7	1	1	1	1
1250	경기 하남시	하남문화원 학술대회	6,100	문화체육과	3	7	4	7	1	1	1	1
1251	경기 하남시	문화유적답사	5,000	문화체육과	3	7	4	7	1	1	1	1
1252	경기 하남시	단오제축제	18,000	문화체육과	3	7	4	7	1	1	1	1
1253	경기 하남시	인문학콘서트	4,000	문화체육과	3	7	4	7	1	1	1	1
1254	경기 하남시	마을민속제 지원 사업	9,850	문화체육과	3	7	4	7	1	1	1	1
1255	경기 하남시	추계석전대제	20,000	문화체육과	3	7	4	7	1	1	1	1
1256	경기 하남시	기로연/경로잔치	4,000	문화체육과	3	7	4	7	1	1	1	1
1257	경기 하남시	하남시민을 위한 유교강좌	4,000	문화체육과	3	7	4	7	1	1	1	1
1258	경기 하남시	건강달리기 및 걷기대회	37,000	문화체육과	3	4	7	8	7	1	1	1

순번	시군구	지출명 (사업명)	2021년예산 (단위:천원/1년간)	담당자 (공무원) 담당부서	민간이전 분류 (지방자치단체 세출예산 집행기준에 의거) 1. 민간경상사업보조(307-02) 2. 민간단체 법정운영비보조(307-03) 3. 민간행사사업보조(307-04) 4. 민간위탁금(307-05) 5. 사회복지시설 법정운영비보조(307-10) 6. 민간인위탁교육비(307-12) 7. 공기관등에대한경상적위탁사업비(308-11) 8. 민간자본사업보조,자체재원(402-01) 9. 민간자본사업보조,이전재원(402-02) 10. 민간위탁사업비(402-03) 11. 공기관등에 대한 자본적 대행사업비(403-02)	민간이전지출 근거 (지방보조금 관리기준 참고) 1. 법률에 규정 2. 국고보조 재원(국가지정) 3. 용도 지정 기부금 4. 조례에 직접규정 5. 지자체가 권장하는 사업을 하는 공공기관 6. 시,도 정책 및 재정사정 7. 기타 8. 해당없음	입찰방식 계약체결방법 (경쟁형태) 1. 일반경쟁 2. 제한경쟁 3. 지명경쟁 4. 수의계약 5. 법정위탁 6. 기타 ( ) 7. 해당없음	입찰방식 계약기간 1. 1년 2. 2년 3. 3년 4. 4년 5. 5년 6. 기타 ( )년 7. 단기계약 (1년미만) 8. 해당없음	입찰방식 낙찰자선정방법 1. 적격심사 2. 협상에의한계약 3. 최저가낙찰제 4. 규격가격분리 5. 2단계 경쟁입찰 6. 기타 ( ) 7. 해당없음	운영예산 산정 운영예산 산정 1. 내부산정 (지자체 자체적으로 산정) 2. 외부산정 (외부전문기관위탁 산정) 3. 내·외부 모두 산정 4. 산정 無 5. 해당없음	운영예산 산정 정산방법 1. 내부정산 (지자체 내부적으로 정산) 2. 외부정산 (외부전문기관위탁 정산) 3. 내·외부 모두 산정 4. 정산 無 5. 해당없음	성과평가 실시여부 1. 실시 2. 미실시 3. 향후 추진 4. 해당없음
1259	경기 하남시	하남시장배 기관단체 체육대회	19,400	문화체육과	3	4	7	8	7	1	1	1
1260	경기 하남시	하남시 의장기 생활체육대회	41,189	문화체육과	3	4	7	8	7	1	1	1
1261	경기 하남시	하남시 생활체육 종목별 협회장기 개최	120,000	문화체육과	3	4	7	8	7	1	1	1
1262	경기 하남시	하남시민의 날 체육대회	540,000	문화체육과	3	4	7	8	7	1	1	1
1263	경기 하남시	생활체육 게이트볼 클럽별 대회	18,158	문화체육과	3	4	7	8	7	1	1	1
1264	경기 하남시	하남시 왕중왕전 생활체육 축구대회 개최	9,700	문화체육과	3	4	7	8	7	1	1	1
1265	경기 하남시	하남시 이성산성기 생활체육대회	127,000	문화체육과	3	4	7	8	7	1	1	1
1266	경기 하남시	하남시 친환경 자전거 페스티벌	22,903	문화체육과	3	4	7	8	7	1	1	1
1267	경기 하남시	전국 및 도 단위 체육행사 출전지원	260,200	문화체육과	3	4	7	8	7	1	1	1
1268	경기 하남시	도지사기(도의장기) 생활체육대회 출전 지원	67,900	문화체육과	3	4	7	8	7	1	1	1
1269	경기 하남시	스포츠 교류전의 활성화	18,000	문화체육과	3	4	7	8	7	1	1	1
1270	경기 하남시	생활체육교실 운영	44,500	문화체육과	3	4	7	8	7	1	1	1
1271	경기 하남시	체육단체 운영 및 관리지원	374,859	문화체육과	3	1	7	8	7	1	1	1
1272	경기 하남시	장애인 체육대회 개최 및 출전지원	57,400	문화체육과	3	4	7	8	7	1	1	1
1273	경기 하남시	장애인 체육교실 상설운영	8,600	문화체육과	3	4	7	8	7	1	1	1
1274	경기 하남시	하남시 장애인 한마음 체육대회 개최	15,000	문화체육과	3	4	7	8	7	1	1	1
1275	경기 하남시	노인위안잔치	2,500	복지정책과	3	1	7	8	7	1	1	4
1276	경기 하남시	전적지순례	5,000	복지정책과	3	1	7	8	7	1	1	4
1277	경기 하남시	전적지순례	5,000	복지정책과	3	1	7	8	7	1	1	4
1278	경기 하남시	동작동지킴이 활동	1,440	복지정책과	3	1	7	8	7	1	1	4
1279	경기 하남시	휴전선 종주행사	1,400	복지정책과	3	1	7	8	7	1	1	4
1280	경기 하남시	현충원지킴이 활동	1,500	복지정책과	3	1	7	8	7	1	1	4
1281	경기 하남시	체육대회	2,000	복지정책과	3	1	7	8	7	1	1	4
1282	경기 하남시	보훈 휴양원 방문	4,500	복지정책과	3	1	7	8	7	1	1	4
1283	경기 하남시	보훈의달 위안행사	4,000	복지정책과	3	1	7	8	7	1	1	4
1284	경기 하남시	현충탑 위령제	2,500	복지정책과	3	1	7	8	7	1	1	4
1285	경기 하남시	전적지순례	5,000	복지정책과	3	1	7	8	7	1	1	4
1286	경기 하남시	선양단운영	5,000	복지정책과	3	1	7	8	7	1	1	4
1287	경기 하남시	국기사랑 나라사랑 교육	2,500	복지정책과	3	1	7	8	7	1	1	4
1288	경기 하남시	전적지순례	3,000	복지정책과	3	1	7	8	7	1	1	4
1289	경기 하남시	독립운동 인물 사진전	10,000	복지정책과	3	1	7	8	7	1	1	4
1290	경기 하남시	고엽제의 날 및 만남의 장	4,000	복지정책과	3	1	7	8	7	1	1	4
1291	경기 하남시	호국안보결의대회	4,000	복지정책과	3	1	7	8	7	1	1	4
1292	경기 하남시	안보견학 및 전적지순례	8,000	복지정책과	3	1	7	8	7	1	1	4
1293	경기 하남시	미망인 위로행사	2,000	복지정책과	3	1	7	8	7	1	1	4
1294	경기 하남시	고엽제환자 산림욕행사	10,000	복지정책과	3	1	7	8	7	1	1	4
1295	경기 하남시	충혼위령제	1,500	복지정책과	3	1	7	8	7	1	1	4
1296	경기 하남시	월남전창립기념식행사	1,500	복지정책과	3	1	7	8	7	1	1	4
1297	경기 하남시	전적지순례	5,000	복지정책과	3	1	7	8	7	1	1	4
1298	경기 하남시	6.25전쟁 기념행사	8,000	복지정책과	3	1	7	8	7	1	1	4
1299	경기 하남시	전적지순례행사	2,500	복지정책과	3	1	7	8	7	1	1	4
1300	경기 하남시	전쟁 바로알리기 교육	1,000	복지정책과	3	1	7	8	7	1	1	4

순번	시군구	지출명 (사업명)	2021년예산 (단위:천원/1년간)	담당자 (공무원) 담당부서	민간이전 분류 (지방자치단체 세출예산 집행기준에 의거) 1. 민간경상사업보조(307-02) 2. 민간단체 법정운영비보조(307-03) 3. 민간행사사업보조(307-04) 4. 민간위탁금(307-05) 5. 사회복지시설 법정운영비보조(307-10) 6. 민간인위탁교육비(307-12) 7. 공기관등에대한경상적위탁사업비(308-11) 8. 민간자본사업보조,자체재원(402-01) 9. 민간자본사업보조,이전재원(402-02) 10. 민간위탁사업비(402-03) 11. 공기관등에 대한 자본적 대행사업비(403-02)	민간이전지출 근거 (지방보조금 관리기준 참고) 1. 법률에 규정 2. 국고보조 재원(국가지정) 3. 용도 지정 기부금 4. 조례에 직접규정 5. 지자체가 권장하는 사업을 하는 공공기관 6. 시,도 정책 및 재정사정 7. 기타 8. 해당없음	입찰방식 계약체결방법 (경쟁형태) 1. 일반경쟁 2. 제한경쟁 3. 지명경쟁 4. 수의계약 5. 법정위탁 6. 기타 ( ) 7. 해당없음	입찰방식 계약기간 1. 1년 2. 2년 3. 3년 4. 4년 5. 5년 6. 기타 ( )년 7. 단기계약 (1년미만) 8. 해당없음	입찰방식 낙찰자선정방법 1. 적격심사 2. 협상에의한계약 3. 최저가낙찰제 4. 규격가격분리 5. 2단계 경쟁입찰 6. 기타 ( ) 7. 해당없음	운영예산 산정 운영예산 산정 1. 내부산정 (지자체 자체적으로 산정) 2. 외부산정 (외부전문기관위탁 산정) 3. 내·외부 모두 산정 4. 산정 無 5. 해당없음	운영예산 산정 정산방법 1. 내부정산 (지자체 내부적으로 정산) 2. 외부정산 (외부전문기관위탁 정산) 3. 내·외부 모두 산정 4. 정산 無 5. 해당없음	성과평가 실시여부 1. 실시 2. 미실시 3. 향후 추진 4. 해당없음
1301	경기 하남시	전적지순례 행사	1,500	복지정책과	3	1	7	8	7	1	1	4
1302	경기 하남시	생존수영교육	1,300	복지정책과	3	1	7	8	7	1	1	4
1303	경기 하남시	덕풍천 수변정화활동	2,000	복지정책과	3	1	7	8	7	1	1	4
1304	경기 하남시	동 지역사회보장협의체 워크숍	7,200	복지정책과	3	4	7	8	7	1	1	4
1305	경기 하남시	시 지역사회보장협의체 워크숍	5,600	복지정책과	3	4	7	8	7	1	1	4
1306	경기 하남시	사회복지시설 종사자 선진지 견학	20,000	복지정책과	3	1	7	8	7	1	1	4
1307	경기 하남시	사회복지사 역량강화 워크숍 지원	5,000	복지정책과	3	1	7	8	7	1	1	4
1308	경기 하남시	사회복지사의 날 지원	5,000	복지정책과	3	1	7	8	7	1	1	4
1309	경기 하남시	사회복지의 날 행사 지원	11,000	복지정책과	3	1	7	8	7	1	1	4
1310	경기 하남시	새마을지도자 수련대회	10,400	자치행정과	3	1	7	8	7	1	1	1
1311	경기 하남시	바르게살기운동 경기도 회원 대회 참가	1,000	자치행정과	3	1	7	8	7	1	1	1
1312	경기 하남시	바르게살기운동 전국 회원 대회 참가	500	자치행정과	3	1	7	8	7	1	1	1
1313	경기 하남시	바르게살기운동 여성 지도자 대회 참가	500	자치행정과	3	1	7	8	7	1	1	1
1314	경기 하남시	바르게살기운동 태극기달기 운동	3,000	자치행정과	3	1	7	8	7	1	1	1
1315	경기 하남시	한국자유총연맹 자유민주 안보현장견학	6,000	자치행정과	3	1	7	8	7	1	1	1
1316	경기 하남시	한국자유총연맹 북한이탈주민 어울림 한마당	5,000	자치행정과	3	1	7	8	7	1	1	1
1317	경기 하남시	한국자유총연맹 제76주년 광복절 기념주간행사 나라사랑! 하남사랑	10,000	자치행정과	3	1	7	8	7	1	1	1
1318	경기 하남시	적십자봉사회 저소득 어르신 희망나눔 사업	6,400	자치행정과	3	1	7	8	7	1	1	1
1319	경기 하남시	적십자 재난구호 봉사단 현장대응 훈련	10,000	자치행정과	3	1	7	8	7	1	1	1
1320	경기 하남시	민주평통자문회의 청소년 통일교육	3,000	자치행정과	3	1	7	8	7	1	1	1
1321	경기 하남시	민주평통자문회의 통일골든벨	6,000	자치행정과	3	1	7	8	7	1	1	1
1322	경기 하남시	민주평통자문회의 통일골든벨 해외 역사탐방	45,600	자치행정과	3	1	7	8	7	1	1	1
1323	경기 하남시	재향군인회 6.25 안보현장 견학	8,000	자치행정과	3	1	7	8	7	1	1	1
1324	경기 하남시	재향군인회 학생 병영체험 및 안보현장 견학	15,600	자치행정과	3	1	7	8	7	1	1	1
1325	경기 하남시	재향군인회 나라지킴이 리더십 교육	10,000	자치행정과	3	1	7	8	7	1	1	1
1326	경기 하남시	어머니연합자율방범대 수련대회	6,000	자치행정과	3	4	7	8	7	1	1	1
1327	경기 하남시	해병대전우회 경기도연합회 축구대회 개최	10,000	자치행정과	3	4	7	8	7	1	1	1
1328	경기 용인시	관곡마을 느티나무 고사제	2,000	자치행정과	3	4	7	8	7	1	1	1
1329	경기 용인시	창포축제	4,000	자치행정과	3	4	7	8	7	1	1	1
1330	경기 용인시	갈곡느티나무문화제	4,000	자치행정과	3	4	7	8	7	1	1	1
1331	경기 용인시	해넘이 행사	4,000	자치행정과	3	4	7	8	7	1	1	1
1332	경기 용인시	법무부 법사랑위원 기흥지구협의회	5,000	교육청소년과	3	1	7	8	7	1	1	1
1333	경기 용인시	용인민주노동자연대회의	5,900	기업지원과	3	4	7	7	7	5	5	4
1334	경기 용인시	모현 호박등불마을 대보름맞이 축제	6,000	자치행정과	3	4	7	8	7	1	1	1
1335	경기 용인시	시민백일장 지원	6,000	문화예술과	3	1	7	8	7	1	1	4
1336	경기 용인시	보정동 카페 문화의거리 축제	8,000	관 광 과	3	5	7	7	7	1	1	1
1337	경기 용인시	제18회 정기예술제 지원	9,000	문화예술과	3	1	7	8	7	1	1	4
1338	경기 용인시	지역아동센타 문화행사	10,000	아동보육과	3	1	7	8	7	1	1	4
1339	경기 용인시	김윤후승장 추모다례재	10,000	문화예술과	3	1	7	8	7	1	1	4
1340	경기 용인시	용인미술협회 정기회원전 지원	10,000	문화예술과	3	1	7	8	7	1	1	4
1341	경기 용인시	무용협회 정기공연 지원	10,000	문화예술과	3	1	7	8	7	1	1	4
1342	경기 용인시	용인 전통무용 공연 지원	10,000	문화예술과	3	1	7	8	7	1	1	4

순번	시군구	지출명 (사업명)	2021년예산 (단위:천원/1년간)	담당자 (공무원)	민간이전 분류 (지방자치단체 세출예산 집행기준에 의거)	민간이전지출 근거 (지방보조금 관리기준 참고)	입찰방식			운영예산 산정		성과평가 실시여부
				담당부서	1. 민간경상사업보조(307-02) 2. 민간단체 법정운영비보조(307-03) 3. 민간행사사업보조(307-04) 4. 민간위탁금(307-05) 5. 사회복지시설 법정운영비보조(307-10) 6. 민간인위탁교육비(307-12) 7. 공기관등에대한경상적위탁사업비(308-11) 8. 민간자본사업보조,자체재원(402-01) 9. 민간자본사업보조,이전재원(402-02) 10. 민간위탁사업비(402-03) 11. 공기관등에 대한 자본적 대행사업비(403-02)	1. 법률에 규정 2. 국고보조 재원(국가지정) 3. 용도 지정 기부금 4. 조례에 직접규정 5. 지자체가 권장하는 사업을 하는 공공기관 6. 시,도 정책 및 재정사정 7. 기타 8. 해당없음	계약체결방법 (경쟁형태) 1. 일반경쟁 2. 제한경쟁 3. 지명경쟁 4. 수의계약 5. 법정위탁 6. 기타 ( ) 7. 해당없음	계약기간 1. 1년 2. 2년 3. 3년 4. 4년 5. 5년 6. 기타 ( )년 7. 단기계약 (1년미만) 8. 해당없음	낙찰자선정방법 1. 적격심사 2. 협상에의한계약 3. 최저가낙찰제 4. 규격가격분리 5. 2단계 경쟁입찰 6. 기타 ( ) 7. 해당없음	운영예산 산정 1. 내부산정 (지자체 자체적으로 산정) 2. 외부산정 (외부전문기관위탁 산정) 3. 내·외부 모두 산정 4. 산정 無 5. 해당없음	정산방법 1. 내부정산 (지자체 내부적으로 정산) 2. 외부정산 (외부전문기관위탁 정산) 3. 내·외부 모두 산정 4. 정산 無 5. 해당없음	1. 실시 2. 미실시 3. 향후 추진 4. 해당없음
1343	경기 용인시	지석문화제	10,000	자치행정과	3	4	7	8	7	1	1	1
1344	경기 용인시	이동 덕성 삼배울 정월대보름 동해놀이	12,000	자치행정과	3	4	7	8	7	1	1	1
1345	경기 용인시	청소년지도위원 워크숍	13,500	교육청소년과	3	4	7	8	7	1	1	1
1346	경기 용인시	경기도 민속예술제 참가지원	15,000	문화예술과	3	1	7	8	7	1	1	4
1347	경기 용인시	대한민국 규방문화대전	15,000	문화예술과	3	1	7	8	7	1	1	4
1348	경기 용인시	특별기획공연 연극 처인성 지원	15,000	문화예술과	3	1	7	8	7	1	1	4
1349	경기 용인시	사진작가협회 정기회원전	15,000	문화예술과	3	1	7	8	7	1	1	4
1350	경기 용인시	마당놀이 지원	15,000	문화예술과	3	1	7	8	7	1	1	4
1351	경기 용인시	청년 김대건길 걷기대회	16,000	관 광 과	3	5	7	8	7	1	1	4
1352	경기 용인시	송년 국악큰잔치 지원	17,000	문화예술과	3	1	7	8	7	1	1	4
1353	경기 용인시	구청단위 체육행사 지원	18,000	자치행정과	3	4	7	8	7	1	1	1
1354	경기 용인시	청소년 노래, 춤 경연대회 지원	18,000	문화예술과	3	1	7	8	7	1	1	4
1355	경기 용인시	석성산 문화축제	18,000	자치행정과	3	4	7	8	7	1	1	1
1356	경기 용인시	구청단위 체육행사 지원	18,000	자치행정과	3	4	7	8	7	1	1	1
1357	경기 용인시	보육인대회 행사지원	20,000	아동보육과	3	4	7	8	7	1	1	1
1358	경기 용인시	소상공인의 날 주간행사	20,000	일자리정책과	3	1	7	8	7	1	1	4
1359	경기 용인시	우리소리 우리가락 한마당 지원	20,000	문화예술과	3	1	7	8	7	1	1	4
1360	경기 용인시	대한민국연극제 경기도예선 참가 지원	20,000	문화예술과	3	1	7	8	7	1	1	4
1361	경기 용인시	민예총 한우리예술단 정기공연 지원	20,000	문화예술과	3	1	7	8	7	1	1	4
1362	경기 용인시	용인시 합창경연대회 지원	20,000	문화예술과	3	1	7	8	7	1	1	4
1363	경기 용인시	용인시 전국생활국악경연대회	20,000	문화예술과	3	1	7	8	7	1	1	4
1364	경기 용인시	법화산 문화축제	20,000	자치행정과	3	4	7	8	7	1	1	1
1365	경기 용인시	한국노총 용인지역지부	21,850	기업지원과	3	4	7	7	7	5	5	4
1366	경기 용인시	노인의 날 기념식	22,000	노인복지과	3	4	7	8	7	1	1	4
1367	경기 용인시	문인협회 문화예술활동 지원	23,000	문화예술과	3	1	7	8	7	1	1	4
1368	경기 용인시	전국사진 공모전 지원	25,000	문화예술과	3	1	7	8	7	1	1	4
1369	경기 용인시	미르인 예술대전 지원	25,000	문화예술과	3	1	7	8	7	1	1	4
1370	경기 용인시	거리로 나온 예술	25,000	문화예술과	3	1	7	8	7	1	1	4
1371	경기 용인시	민예총 창극 뻥파전 지원	26,000	문화예술과	3	1	7	8	7	1	1	4
1372	경기 용인시	경기도 장애인생활체육대회 출전지원	28,540	체육진흥과	3	7	7	8	7	1	1	1
1373	경기 용인시	뉴 용인앙상블 페스티벌 지원	30,000	문화예술과	3	1	7	8	7	1	1	4
1374	경기 용인시	용인시민가요제 지원	30,000	문화예술과	3	1	7	8	7	1	1	4
1375	경기 용인시	시민과 함께하는 별밤 콘서트 지원	30,000	문화예술과	3	1	7	8	7	1	1	4
1376	경기 용인시	민예총 대동제 지원	30,000	문화예술과	3	1	7	8	7	1	1	4
1377	경기 용인시	3.21항쟁 100주년 미술전-항일의 혼을 깨우다	30,000	문화예술과	3	1	7	8	7	1	1	4
1378	경기 용인시	용인예술제 지원	36,000	문화예술과	3	1	7	8	7	1	1	4
1379	경기 용인시	어버이날 행사	39,600	기흥구 가정복지과	3	1	7	8	7	1	1	2
1380	경기 용인시	시민 연등축제	40,000	문화예술과	3	1	7	8	7	1	1	4
1381	경기 용인시	크리스마스트리 설치 및 점등식	40,000	문화예술과	3	1	7	8	7	1	1	4
1382	경기 용인시	어버이날 행사	46,310	처인구청 사회복지과	3	1	7	8	7	1	1	3
1383	경기 용인시	장애인복지단체지원	71,800	장애인복지과	3	1	7	8	7	1	1	4
1384	경기 용인시	어린이날 대축제	75,000	아동보육과	3	4	1	7	1	1	1	4

순번	시군구	지출명 (사업명)	2021년예산 (단위:천원/1년간)	담당자 (공무원) 담당부서	민간이전 분류 (지방자치단체 세출예산 집행기준에 의거) 1. 민간경상사업보조(307-02) 2. 민간단체 법정운영비보조(307-03) 3. 민간행사사업보조(307-04) 4. 민간위탁금(307-05) 5. 사회복지시설 법정운영비보조(307-10) 6. 민간인위탁교육비(307-12) 7. 공기관등에대한경상적위탁사업비(308-11) 8. 민간자본사업보조,자체재원(402-01) 9. 민간자본사업보조,이전재원(402-02) 10. 민간위탁사업비(402-03) 11. 공기관등에 대한 자본적 대행사업비(403-02)	민간이전지출 근거 (지방보조금 관리기준 참고) 1. 법률에 규정 2. 국고보조 재원(국가지정) 3. 용도 지정 기부금 4. 조례에 직접규정 5. 지자체가 권장하는 사업을 하는 공공기관 6. 시,도 정책 및 재정사정 7. 기타 8. 해당없음	입찰방식 계약체결방법 (경쟁형태) 1. 일반경쟁 2. 제한경쟁 3. 지명경쟁 4. 수의계약 5. 법정위탁 6. 기타 ( ) 7. 해당없음	입찰방식 계약기간 1. 1년 2. 2년 3. 3년 4. 4년 5. 5년 6. 기타 ( )년 7. 단기계약 (1년미만) 8. 해당없음	입찰방식 낙찰자선정방법 1. 적격심사 2. 협상에의한계약 3. 최저가낙찰제 4. 규격가격분리 5. 2단계 경쟁입찰 6. 기타 ( ) 7. 해당없음	운영예산 산정 운영예산 산정 1. 내부산정 (지자체 자체적으로 산정) 2. 외부산정 (외부전문기관위탁 산정) 3. 내·외부 모두 산정 4. 산정 無 5. 해당없음	운영예산 산정 정산방법 1. 내부정산 (지자체 내부적으로 정산) 2. 외부정산 (외부전문기관위탁 정산) 3. 내·외부 모두 산정 4. 정산 無 5. 해당없음	성과평가 실시여부 1. 실시 2. 미실시 3. 향후 추진 4. 해당없음
1385	경기 용인시	용인시장기 체육대회 개최 지원	80,000	체육진흥과	3	7	7	8	7	1	1	1
1386	경기 용인시	100만 시민 축구리그전 개최 지원	80,000	체육진흥과	3	7	7	8	7	1	1	1
1387	경기 용인시	전국단위 장애인체육대회 유치지원	88,000	체육진흥과	3	7	7	8	7	1	1	1
1388	경기 용인시	백중문화제	90,000	자치행정과	3	4	7	8	7	1	1	1
1389	경기 용인시	장애인 문화예술 지원사업	118,000	문화예술과	3	1	7	8	7	5	5	4
1390	경기 용인시	경기도 문화의날 문화예술지원	146,000	문화예술과	3	1	7	8	7	5	5	4
1391	경기 용인시	읍면동체육회 지원	192,500	체육진흥과	3	7	7	8	7	1	1	1
1392	경기 용인시	여름물놀이장 운영	250,000	체육진흥과	3	7	7	8	7	1	1	1
1393	경기 용인시	처인구민 한마음 체육대회	295,000	자치행정과	3	4	7	8	7	1	1	1
1394	경기 용인시	A매치 등 행사유치 지원	300,000	체육진흥과	3	1	7	7	7	1	1	1
1395	경기 용인시	기흥구민 한마음 체육대회	391,000	자치행정과	3	4	7	8	7	1	1	1
1396	경기 용인시	전국(도단위) 체육대회 유치 지원	530,000	체육진흥과	3	7	7	8	7	1	1	1
1397	경기 파주시	달달한 희망 빛 축제	18,000	법원읍	3	7	7	8	7	1	1	1
1398	경기 파주시	파주시장기 풋살대회	35,000	체육과	3	1	7	7	7	1	1	4
1399	경기 파주시	종목별 체육대회 출전 등	94,050	체육과	3	1	7	7	7	1	1	4
1400	경기 파주시	읍면동 체육대회 지원	229,500	체육과	3	1	7	7	7	1	1	4
1401	경기 파주시	종목별 체육대회 개최	130,000	체육과	3	1	7	7	7	1	1	4
1402	경기 파주시	생활체육대회 유치	70,000	체육과	3	1	7	7	7	1	1	4
1403	경기 파주시	파주시 초중고 생활체육대회	6,000	체육과	3	1	7	7	7	1	1	4
1404	경기 파주시	장애인체육회 가맹단체 지원	15,000	체육과	3	4	7	7	7	1	1	4
1405	경기 파주시	문산거리축제	36,000	문산읍	3	6	7	8	7	1	1	1
1406	경기 파주시	장단사천강 전승 기념식	10,000	민원봉사과	3	1	7	8	7	1	1	1
1407	경기 파주시	어르신 경로위안잔치	16,000	민원봉사과	3	1	7	8	7	1	1	1
1408	경기 파주시	숨은자원 모으기 경진대회	9,000	민원봉사과	3	1	7	8	7	1	1	1
1409	경기 파주시	파주시민 독서경진대회	2,200	민원봉사과	3	1	7	8	7	1	1	1
1410	경기 파주시	바르게살기운동 파주시협의회 바른국민정신운동	2,000	민원봉사과	3	1	7	8	7	1	1	1
1411	경기 파주시	새마을지도자 역량강화 워크숍	20,000	민원봉사과	3	1	7	8	7	1	1	1
1412	경기 파주시	새마을 이웃사랑 실천운동대회	2,530	민원봉사과	3	1	7	8	7	1	1	1
1413	경기 파주시	파주문화원 행사사업	173,000	문화예술과	3	1	7	8	7	1	1	1
1414	경기 파주시	제32회 율곡문화제	200,000	문화예술과	3	4	7	8	7	1	1	1
1415	경기 파주시	공연장 대관료 지원	10,000	문화예술과	3	1	7	8	7	5	5	4
1416	경기 파주시	제25회 전국 율곡 서예대전	10,000	문화예술과	3	1	7	8	7	5	5	1
1417	경기 파주시	술이홀 樂 새김전	8,000	문화예술과	3	1	7	8	7	5	5	1
1418	경기 파주시	파주시민 서각 체험전	5,000	문화예술과	3	1	7	8	7	5	5	1
1419	경기 파주시	태평12지놀이	3,000	문화예술과	3	1	7	8	7	5	5	1
1420	경기 파주시	전국 국악경연대회	3,000	문화예술과	3	1	7	8	7	5	5	1
1421	경기 파주시	국제미술 교류전	8,000	문화예술과	3	1	7	8	7	5	5	1
1422	경기 파주시	춤 대공연	6,000	문화예술과	3	1	7	8	7	5	5	1
1423	경기 파주시	파주 농악 정기공연	3,000	문화예술과	3	1	7	8	7	5	5	1
1424	경기 파주시	시조 경창대회 및 발표회	4,000	문화예술과	3	1	7	8	7	5	5	1
1425	경기 파주시	파주시민을 위한 국악콘서트	2,500	문화예술과	3	1	7	8	7	5	5	1
1426	경기 파주시	파주 YMCA 소년소녀합창단 정기연주회	2,000	문화예술과	3	1	7	8	7	5	5	1

순번	시군구	지출명 (사업명)	2021년예산 (단위:천원/1년간)	담당자 (공무원) 담당부서	민간이전 분류 (지방자치단체 세출예산 집행기준에 의거) 1. 민간경상사업보조(307-02) 2. 민간단체 법정운영비보조(307-03) 3. 민간행사사업보조(307-04) 4. 민간위탁금(307-05) 5. 사회복지시설 법정운영비보조(307-10) 6. 민간인위탁교육비(307-12) 7. 공기관등에대한경상적위탁사업비(308-11) 8. 민간자본사업보조,자체재원(402-01) 9. 민간자본사업보조,이전재원(402-02) 10. 민간위탁사업비(402-03) 11. 공기관등에 대한 자본적 대행사업비(403-02)	민간이전지출 근거 (지방보조금 관리기준 참고) 1. 법률에 규정 2. 국고보조 재원(국가지정) 3. 용도 지정 기부금 4. 조례에 직접규정 5. 지자체가 권장하는 사업을 하는 공공기관 6. 시,도 정책 및 재정사정 7. 기타 8. 해당없음	입찰방식 계약체결방법 (경쟁형태) 1. 일반경쟁 2. 제한경쟁 3. 지명경쟁 4. 수의계약 5. 법정위탁 6. 기타 ( ) 7. 해당없음	입찰방식 계약기간 1. 1년 2. 2년 3. 3년 4. 4년 5. 5년 6. 기타 ( )년 7. 단기계약 (1년미만) 8. 해당없음	입찰방식 낙찰자선정방법 1. 적격심사 2. 협상에의한계약 3. 최저가낙찰제 4. 규격가격분리 5. 2단계 경쟁입찰 6. 기타 ( ) 7. 해당없음	운영예산 산정 운영예산 산정 1. 내부산정 (지자체 자체적으로 산정) 2. 외부산정 (외부전문기관위탁 산정) 3. 내·외부 모두 산정 4. 산정 無 5. 해당없음	운영예산 산정 정산방법 1. 내부정산 (지자체 내부적으로 정산) 2. 외부정산 (외부전문기관위탁 정산) 3. 내·외부 모두 산정 4. 정산 無 5. 해당없음	성과평가 실시여부 1. 실시 2. 미실시 3. 향후 추진 4. 해당없음
1427	경기 파주시	찾아가는 전통시장 공연활동	3,000	문화예술과	3	1	7	8	7	5	5	1
1428	경기 파주시	우리소리 국악대제전	3,000	문화예술과	3	1	7	8	7	5	5	1
1429	경기 파주시	제23회 파주예술제	56,000	문화예술과	3	1	7	8	7	5	5	1
1430	경기 파주시	임진강가요제	21,000	문화예술과	3	1	7	8	7	5	5	1
1431	경기 파주시	문화예술 행사지원	64,000	문화예술과	3	1	7	8	7	5	5	1
1432	경기 파주시	시민 음악회	84,000	문화예술과	3	1	7	8	7	5	5	1
1433	경기 파주시	파주평화 예술한마당	40,000	문화예술과	3	1	7	8	7	5	5	1
1434	경기 파주시	파주 헤이리 예술축제	84,000	문화예술과	3	1	7	8	7	1	1	1
1435	경기 파주시	파주 북소리 축제	281,000	문화예술과	3	1	7	8	7	1	1	1
1436	경기 파주시	파주출판도시 어린이 책잔치	64,000	문화예술과	3	1	7	8	7	1	1	1
1437	경기 파주시	파주전국평화사진 공모전	12,000	문화예술과	3	1	7	8	7	1	1	1
1438	경기 파주시	DMZ국제다큐멘터리영화제	100,000	문화예술과	3	1	7	8	7	1	1	1
1439	경기 파주시	금촌 거리문화축제	36,000	일자리경제과	3	1	7	8	7	5	5	4
1440	경기 파주시	파주목 봉황축제	30,000	파주읍	3	4	4	7	6	1	1	1
1441	경기 파주시	한민족 통일문화제전	4,000	평화협력과	3	1	7	8	7	5	1	1
1442	경기 파주시	민주평통 지원	99,000	평화협력과	3	1	7	8	7	5	1	1
1443	경기 파주시	북한 화가 미술품 전시	11,000	평화협력과	3	4	4	7	7	1	1	1
1444	경기 파주시	통일문화축제	20,000	평화협력과	3	4	4	7	7	1	1	1
1445	경기 파주시	주요행사 지원	2,000	자치행정과	3	1	7	8	7	1	1	1
1446	경기 파주시	코스모스 가요제	3,000	자치행정과	3	1	7	8	7	1	1	1
1447	경기 파주시	6.25전쟁 사진 및 유해발굴	3,000	자치행정과	3	4	7	8	7	1	1	1
1448	경기 파주시	향군 원로회원 안보현장 견학	3,420	자치행정과	3	1	7	8	7	1	1	1
1449	경기 파주시	파주서예대전	32,000	자치행정과	3	1	7	8	7	1	1	1
1450	경기 파주시	제16회 통일로 미술대회	16,000	조리읍	3	2	7	8	7	5	5	4
1451	경기 파주시	광탄 큰여울 축제	10,000	광탄면	3	4	7	8	7	1	1	1
1452	경기 파주시	파주시 청소년 예술제	3,000	보육청소년과	3	1	7	8	7	5	5	4
1453	경기 파주시	민간행사사업보조	3,000	장단출장소	3	4	7	8	7	1	1	4
1454	경기 이천시	이천 국제일루전페스티벌 추진	500,000	기획예산담당관	3	4	7	8	7	1	1	3
1455	경기 이천시	새마을지도자 한마음 수련대회	40,000	자치행정과	3	4	7	8	7	1	1	1
1456	경기 이천시	새마을의 날 기념식	10,000	자치행정과	3	4	7	8	7	1	1	1
1457	경기 이천시	이천시 새마을 문화의 한마당 행사 지원	11,000	자치행정과	3	7	7	8	7	1	1	1
1458	경기 이천시	경기도 새마을 문화의 한마당 행사 참가 지원	4,000	자치행정과	3	7	7	8	7	1	1	1
1459	경기 이천시	이천시 대통령기 국민독서경진 예선 지원	3,000	자치행정과	3	7	7	8	7	1	1	1
1460	경기 이천시	바르게살기 총회 및 한마음행사	6,000	자치행정과	3	1	7	8	7	1	1	1
1461	경기 이천시	북한이탈주민과 함께하는 우리동네 우리이웃	4,200	자치행정과	3	1	7	8	7	1	1	1
1462	경기 이천시	고등학생 통일골든벨	9,550	자치행정과	3	1	7	8	7	1	1	1
1463	경기 이천시	자문위원 연수	15,400	자치행정과	3	1	7	8	7	1	1	1
1464	경기 이천시	평화공감 확산 운동	10,000	자치행정과	3	1	7	8	7	1	1	1
1465	경기 이천시	평화공감 현장 견학	7,780	자치행정과	3	1	7	8	7	1	1	1
1466	경기 이천시	한민족 쉼터마당 운영	4,100	자치행정과	3	1	7	8	7	1	1	1
1467	경기 이천시	청소년 안보현장 견학 및 통일교육	6,000	자치행정과	3	1	7	8	7	1	1	1
1468	경기 이천시	이천시민 한마음캠프 및 국토탐방	8,000	자치행정과	3	1	7	8	7	1	1	1

순번	시군구	지출명 (사업명)	2021년예산 (단위:천원/1년간)	담당자 (공무원) 담당부서	민간이전 분류 (지방자치단체 세출예산 집행기준에 의거) 1. 민간경상사업보조(307-02) 2. 민간단체 법정운영비보조(307-03) 3. 민간행사사업보조(307-04) 4. 민간위탁금(307-05) 5. 사회복지시설 법정운영비보조(307-10) 6. 민간인위탁교육비(307-12) 7. 공기관등에대한경상적위탁사업비(308-11) 8. 민간자본사업보조,자체재원(402-01) 9. 민간자본사업보조,이전재원(402-02) 10. 민간위탁사업비(402-03) 11. 공기관등에 대한 자본적 대행사업비(403-02)	민간이전지출 근거 (지방보조금 관리기준 참고) 1. 법률에 규정 2. 국고보조 재원(국가지정) 3. 용도 지정 기부금 4. 조례에 직접규정 5. 지자체가 권장하는 사업을 하는 공공기관 6. 시,도 정책 및 재정사정 7. 기타 8. 해당없음	입찰방식 계약체결방법 (경쟁형태) 1. 일반경쟁 2. 제한경쟁 3. 지명경쟁 4. 수의계약 5. 법정위탁 6. 기타 ( ) 7. 해당없음	입찰방식 계약기간 1. 1년 2. 2년 3. 3년 4. 4년 5. 5년 6. 기타 ( )년 7. 단기계약 (1년미만) 8. 해당없음	입찰방식 낙찰자선정방법 1. 적격심사 2. 협상에의한계약 3. 최저가낙찰제 4. 규격가격분리 5. 2단계 경쟁입찰 6. 기타 ( ) 7. 해당없음	운영예산 산정 운영예산 산정 1. 내부산정 (지자체 자체적으로 산정) 2. 외부산정 (외부전문기관위탁 산정) 3. 내·외부 모두 산정 4. 산정 無 5. 해당없음	운영예산 산정 정산방법 1. 내부정산 (지자체 내부적으로 정산) 2. 외부정산 (외부전문기관위탁 정산) 3. 내·외부 모두 산정 4. 정산 無 5. 해당없음	성과평가 실시여부 1. 실시 2. 미실시 3. 향후 추진 4. 해당없음
1469	경기 이천시	청소년 우리겨레 어울마당	17,800	자치행정과	3	1	7	8	7	1	1	1
1470	경기 이천시	이·통장 한마음 대축제	20,000	자치행정과	3	4	7	8	7	1	1	1
1471	경기 이천시	이천시 지역화합발전 한마음 대축제	36,000	자치행정과	3	4	7	8	7	1	1	1
1472	경기 이천시	제12회 주민자치평생학습축제	125,000	교육청소년과	3	4	7	8	7	1	1	1
1473	경기 이천시	주민자치위원 화합의 한마당	20,000	교육청소년과	3	4	7	8	7	5	5	1
1474	경기 이천시	청소년문화순례대행진	40,000	교육청소년과	3	5	7	8	7	1	1	1
1475	경기 이천시	청소년의달 및 성년의날 기념행사	20,000	교육청소년과	3	5	7	8	7	1	1	1
1476	경기 이천시	청소년 방학캠프 운영	25,000	교육청소년과	3	5	7	8	7	5	5	4
1477	경기 이천시	이천시 청소년종합예술제	17,500	교육청소년과	3	1	7	8	7	1	1	1
1478	경기 이천시	청소년어울림마당 지원	24,000	교육청소년과	3	2	7	8	7	5	5	4
1479	경기 이천시	사회복지의날 기념 축제	20,000	복지정책과	3	1	7	8	7	1	1	1
1480	경기 이천시	사회복지사의 날 행사비 지원	2,000	복지정책과	3	7	7	8	7	1	1	1
1481	경기 이천시	6.25행사 지원	14,500	복지정책과	3	4	7	8	7	1	1	1
1482	경기 이천시	월남전참전기념행사 지원	5,000	복지정책과	3	4	7	8	7	1	1	1
1483	경기 이천시	독립운동 기념행사	8,200	복지정책과	3	4	7	8	7	1	1	1
1484	경기 이천시	장애인복지시설 종사자 워크숍	16,000	노인장애인과	3	1	7	8	7	1	3	1
1485	경기 이천시	장애인 인식개선 행사	6,500	노인장애인과	3	1	7	8	7	1	3	1
1486	경기 이천시	여성역량강화 및 소외계층 지원사업	30,000	여성정책과	3	1	1	1	1	1	1	1
1487	경기 이천시	세계인의 날 기념 이천무지개문화축제	10,000	여성정책과	3	1	5	1	1	1	1	1
1488	경기 이천시	가족사랑 사진전	8,000	여성정책과	3	4	1	1	1	1	1	1
1489	경기 이천시	보육주간행사지원	8,500	아동보육과	3	6	7	8	7	5	5	1
1490	경기 이천시	어린이날 큰잔치 행사	7,000	아동보육과	3	6	7	8	7	5	5	1
1491	경기 이천시	지역아동센터 소리마당	6,000	아동보육과	3	4	7	8	7	5	5	1
1492	경기 이천시	아동관련 사회복지시설 종사자 및 관계자 워크숍	3,300	아동보육과	3	4	7	8	7	5	5	1
1493	경기 이천시	정월대보름 행사	10,000	문예관광과	3	1	7	8	7	1	1	1
1494	경기 이천시	경기도 민속예술제 참가	15,000	문예관광과	3	1	7	8	7	1	1	1
1495	경기 이천시	새해 해맞이 행사	15,000	문예관광과	3	1	7	8	7	1	1	1
1496	경기 이천시	제35회 설봉문화제	70,000	문예관광과	3	1	7	8	7	1	1	1
1497	경기 이천시	전통민속 보존육성	37,000	문예관광과	3	1	7	8	7	1	1	1
1498	경기 이천시	제18회 설봉산 별빛축제	380,000	문예관광과	3	4	7	8	7	5	5	1
1499	경기 이천시	제18회 이섭대천예술제	98,000	문예관광과	3	4	7	8	7	5	5	1
1500	경기 이천시	제29회 설봉전국미술대회	4,000	문예관광과	3	4	7	8	7	5	5	1
1501	경기 이천시	제12회 산수유 전국사생대전	10,000	문예관광과	3	4	7	8	7	5	5	1
1502	경기 이천시	제21회 음악콩쿨대회	7,000	문예관광과	3	4	7	8	7	5	5	1
1503	경기 이천시	시 문학의 밤 행사	5,000	문예관광과	3	4	7	8	7	5	5	1
1504	경기 이천시	제16회 복숭아 문학상 공모	3,800	문예관광과	3	4	7	8	7	5	5	1
1505	경기 이천시	찾아가는 국악 풍년 마당	4,000	문예관광과	3	4	7	8	7	5	5	1
1506	경기 이천시	찾아가는 문화활동 지원	79,200	문예관광과	3	2	7	8	7	5	5	1
1507	경기 이천시	거리로 나온 예술	12,500	문예관광과	3	2	7	8	7	5	5	1
1508	경기 이천시	지역문화예술축제	200,000	문예관광과	3	4	7	8	7	5	5	3
1509	경기 이천시	이천통기타페스티벌	13,000	문예관광과	3	4	7	8	7	5	5	3
1510	경기 이천시	노사민정 한마음체육대회	20,000	기업지원과	3	4	7	8	7	1	1	1

순번	시군구	지출명 (사업명)	2021년예산 (단위:천원/1년간)	담당자 (공무원) 담당부서	민간이전 분류 (지방자치단체 세출예산 집행기준에 의거) 1. 민간경상사업보조(307-02) 2. 민간단체 법정운영비보조(307-03) 3. 민간행사사업보조(307-04) 4. 민간위탁금(307-05) 5. 사회복지시설 법정운영비보조(307-10) 6. 민간인위탁교육비(307-12) 7. 공기관등에대한경상적위탁사업비(308-11) 8. 민간자본사업보조,자체재원(402-01) 9. 민간자본사업보조,이전재원(402-02) 10. 민간위탁사업비(402-03) 11. 공기관등에 대한 자본적 대행사업비(403-02)	민간이전지출 근거 (지방보조금 관리기준 참고) 1. 법률에 규정 2. 국고보조 재원(국가지정) 3. 용도 지정 기부금 4. 조례에 직접규정 5. 지자체가 권장하는 사업을 하는 공공기관 6. 시,도 정책 및 재정사정 7. 기타 8. 해당없음	입찰방식 계약체결방법 (경쟁형태) 1. 일반경쟁 2. 제한경쟁 3. 지명경쟁 4. 수의계약 5. 법정위탁 6. 기타 ( ) 7. 해당없음	입찰방식 계약기간 1. 1년 2. 2년 3. 3년 4. 4년 5. 5년 6. 기타 ( )년 7. 단기계약 (1년미만) 8. 해당없음	입찰방식 낙찰자선정방법 1. 적격심사 2. 협상에의한계약 3. 최저가낙찰제 4. 규격가격분리 5. 2단계 경쟁입찰 6. 기타 ( ) 7. 해당없음	운영예산 산정 운영예산 산정 1. 내부산정 (지자체 자체적으로 산정) 2. 외부산정 (외부전문기관위탁 산정) 3. 내·외부 모두 산정 4. 산정 無 5. 해당없음	운영예산 산정 정산방법 1. 내부정산 (지자체 내부적으로 정산) 2. 외부정산 (외부전문기관위탁 정산) 3. 내·외부 모두 산정 4. 정산 無 5. 해당없음	성과평가 실시여부 1. 실시 2. 미실시 3. 향후 추진 4. 해당없음
1511	경기 이천시	노동자가족 기업문화탐방	7,000	기업지원과	3	1	7	8	7	1	1	1
1512	경기 이천시	신년인사회	10,000	기업지원과	3	1	7	8	7	1	1	1
1513	경기 이천시	깨끗한 우리동네 만들기 사업지원	47,000	자원관리과	3	4	7	1	7	1	1	4
1514	경기 이천시	이천재향군인의 날 행사 지원	6,000	안전총괄과	3	1	7	8	7	1	1	4
1515	경기 이천시	이천시의용소방대연합회 기술경연대회 지원	6,000	안전총괄과	3	1	7	8	7	1	1	4
1516	경기 이천시	햇사레 장호원복숭아축제 행사지원금	150,000	농업정책과	3	4	7	8	7	5	5	4
1517	경기 이천시	이천인삼축제 행사 보조	150,000	농업정책과	3	4	7	8	7	5	5	4
1518	경기 이천시	이천시 홀스타인 품평회 지원	25,790	축산과	3	2	7	8	7	5	5	4
1519	경기 이천시	이천시농업경영인 경기도 대회 지원	220,000	농업진흥과	3	1	7	8	7	1	1	1
1520	경기 이천시	이천시농업경영인대회 지원	14,000	농업진흥과	3	1	7	8	7	1	1	1
1521	경기 이천시	이천시여성농업인회 지원	5,000	농업진흥과	3	1	7	8	7	1	1	1
1522	경기 이천시	이천시농촌지도자회 전국대회 지원	3,000	농업진흥과	3	1	7	8	7	1	1	4
1523	경기 이천시	농업인단체 한마음대회 지원	15,000	농업진흥과	3	1	7	8	7	1	1	4
1524	경기 이천시	이천도자기마라톤대회 지원	50,000	체육지원센터	3	4	7	8	7	1	1	1
1525	경기 이천시	이천시장배 전국남녀궁도대회 지원	40,000	체육지원센터	3	4	7	8	7	1	1	1
1526	경기 이천시	이천시장배 전국마스터즈수영대회 지원	40,000	체육지원센터	3	4	7	8	7	1	1	1
1527	경기 이천시	읍면동 체육행사 지원	364,000	체육지원센터	3	4	7	8	7	1	1	1
1528	경기 이천시	협회장기축구대회 지원	40,000	체육지원센터	3	4	7	8	7	1	1	1
1529	경기 이천시	가맹단체 체육대회 지원	237,000	체육지원센터	3	4	7	8	7	1	1	1
1530	경기 이천시	경기도체육대회 참가지원	270,000	체육지원센터	3	4	7	8	7	1	1	1
1531	경기 이천시	체육회장기 겸 연합동문회장기 어린이축구대회 지원	50,000	체육지원센터	3	4	7	8	7	1	1	1
1532	경기 이천시	이천설봉 전국트라이애슬론대회 지원	25,000	체육지원센터	3	4	7	8	7	1	1	1
1533	경기 이천시	시장기 종목별 체육대회 지원	120,000	체육지원센터	3	4	7	8	7	1	1	1
1534	경기 이천시	시민 한마음 걷기대회 지원	11,500	체육지원센터	3	4	7	8	7	1	1	1
1535	경기 이천시	자매도시간 친선 체육대회 지원	5,000	체육지원센터	3	4	7	8	7	1	1	1
1536	경기 이천시	각종 생활체육대회 참가지원	20,000	체육지원센터	3	4	7	8	7	1	1	1
1537	경기 이천시	경기도생활체육대축전 참가지원	180,000	체육지원센터	3	4	7	8	7	1	1	1
1538	경기 이천시	도단위 생활체육대회 출전지원	84,000	체육지원센터	3	4	7	8	7	1	1	1
1539	경기 이천시	전국 족구대회 지원	20,000	체육지원센터	3	4	7	8	7	1	1	1
1540	경기 이천시	전국장수족구대회 지원	10,000	체육지원센터	3	4	7	8	7	1	1	1
1541	경기 이천시	배구꿈나무 육성지원	15,000	체육지원센터	3	4	7	8	7	1	1	1
1542	경기 이천시	이천도자기배 전국동호인 테니스대회 지원	30,000	체육지원센터	3	4	7	8	7	1	1	1
1543	경기 이천시	임금님표 이천쌀배 전국동호인 배드민턴대회 지원	72,000	체육지원센터	3	4	7	8	7	1	1	1
1544	경기 이천시	경기도 씨름왕선발대회 참가지원	8,000	체육지원센터	3	4	7	8	7	1	1	1
1545	경기 이천시	생활체육 게이트볼대회 지원	15,000	체육지원센터	3	4	7	8	7	1	1	1
1546	경기 이천시	게이트볼연합회장기 여성대회 지원	3,000	체육지원센터	3	4	7	8	7	1	1	1
1547	경기 이천시	일반생활체육지도자 배치	204,624	체육지원센터	3	4	7	8	7	1	1	1
1548	경기 이천시	일반생활체육지도자 근속수당	21,507	체육지원센터	3	4	7	8	7	1	1	1
1549	경기 이천시	어르신생활체육지도자 배치	87,696	체육지원센터	3	4	7	8	7	1	1	1
1550	경기 이천시	어르신생활체육지도자 근속수당	7,702	체육지원센터	3	4	7	8	7	1	1	1
1551	경기 이천시	이천쌀배 생활체육 전국 배구대회	85,000	체육지원센터	3	4	7	8	7	1	1	1
1552	경기 이천시	이천도자기배 전국 풋살대회 개최지원	50,000	체육지원센터	3	4	7	8	7	1	1	1

순번	시군구	지출명 (사업명)	2021년예산 (단위:천원/1년간)	담당자 (공무원) 담당부서	민간이전 분류 (지방자치단체 세출예산 집행기준에 의거) 1. 민간경상사업보조(307-02) 2. 민간단체 법정운영비보조(307-03) 3. 민간행사사업보조(307-04) 4. 민간위탁금(307-05) 5. 사회복지시설 법정운영비보조(307-10) 6. 민간인위탁교육비(307-12) 7. 공기관등에대한경상적위탁사업비(308-11) 8. 민간자본사업보조,자체재원(402-01) 9. 민간자본사업보조,이전재원(402-02) 10. 민간위탁사업비(402-03) 11. 공기관등에 대한 자본적 대행사업비(403-02)	민간이전지출 근거 (지방보조금 관리기준 참고) 1. 법률에 규정 2. 국고보조 재원(국가지정) 3. 용도 지정 기부금 4. 조례에 직접규정 5. 지자체가 권장하는 사업을 하는 공공기관 6. 시,도 정책 및 재정사정 7. 기타 8. 해당없음	입찰방식 계약체결방법 (경쟁형태) 1. 일반경쟁 2. 제한경쟁 3. 지명경쟁 4. 수의계약 5. 법정위탁 6. 기타 ( ) 7. 해당없음	입찰방식 계약기간 1. 1년 2. 2년 3. 3년 4. 4년 5. 5년 6. 기타 ( )년 7. 단기계약 (1년미만) 8. 해당없음	입찰방식 낙찰자선정방법 1. 적격심사 2. 협상에의한계약 3. 최저가낙찰제 4. 규격가격분리 5. 2단계 경쟁입찰 6. 기타 ( ) 7. 해당없음	운영예산 산정 운영예산 산정 1. 내부산정 (지자체 자체적으로 산정) 2. 외부산정 (외부전문기관위탁 산정) 3. 내·외부 모두 산정 4. 산정 無 5. 해당없음	운영예산 산정 정산방법 1. 내부정산 (지자체 내부적으로 정산) 2. 외부정산 (외부전문기관위탁 정산) 3. 내·외부 모두 산정 4. 정산 無 5. 해당없음	성과평가 실시여부 1. 실시 2. 미실시 3. 향후 추진 4. 해당없음
1553	경기 이천시	전국 여성테니스대회 개최지원	10,000	체육지원센터	3	4	7	8	7	1	1	1
1554	경기 이천시	읍면동 게이트볼 및 그라운드골프 대회 지원	98,000	체육지원센터	3	4	7	8	7	1	1	1
1555	경기 이천시	전국 동호인 클럽 축구대회 개최지원	100,000	체육지원센터	3	4	7	8	7	1	1	1
1556	경기 이천시	전국 유소년 야구대회 개최지원	25,000	체육지원센터	3	4	7	8	7	1	1	1
1557	경기 이천시	장호원복숭아배 전국 족구대회	20,000	체육지원센터	3	4	7	8	7	1	1	1
1558	경기 이천시	장호원 복숭아배 전국 배드민턴대회 지원	25,000	체육지원센터	3	4	7	8	7	1	1	1
1559	경기 이천시	이천시 장애인 등산대회 지원	7,715	체육지원센터	3	4	7	8	7	1	1	1
1560	경기 이천시	경기도 장애인생활체육대회 참가지원	15,430	체육지원센터	3	4	7	8	7	1	1	1
1561	경기 이천시	경기도 장애인체육대회 참가지원	54,760	체육지원센터	3	4	7	8	7	1	1	1
1562	경기 이천시	각종 장애인체육대회 참가지원	23,200	체육지원센터	3	4	7	8	7	1	1	1
1563	경기 이천시	이천시장배 장애인태권도 겨루기대회 지원	5,700	체육지원센터	3	4	7	8	7	1	1	1
1564	경기 시흥시	제6회 시흥 골든벨 사업 지원	47,600	홍보담당관	3	1	6	6	7	5	5	4
1565	경기 시흥시	근로자 행사지원	70,000	기업지원과	3	4	7	8	7	5	5	4
1566	경기 시흥시	공연장 대관료 지원	5,000	문화예술과	3	6	7	8	7	3	1	1
1567	경기 시흥시	군자봉성황제 전승 지원	10,000	문화예술과	3	4	7	8	7	1	1	2
1568	경기 시흥시	시흥 예술행사 지원	256,500	문화예술과	3	4	7	8	7	1	1	1
1569	경기 시흥시	연성문화제 지원	90,000	문화예술과	3	1	7	8	7	1	1	2
1570	경기 시흥시	찾아가는 문화활동	48,000	문화예술과	3	6	7	8	7	3	1	1
1571	경기 시흥시	호조벌 300주년 기념사업 운영	280,000	문화예술과	3	4	7	8	7	5	5	4
1572	경기 시흥시	꿈나무대회 개최 및 출전 지원	27,000	체육진흥과	3	6	7	8	7	1	1	1
1573	경기 시흥시	장애인스포츠 활성화 지원	45,000	체육진흥과	3	6	7	8	7	1	1	1
1574	경기 시흥시	장애인체육 종목별대회(시장기 등) 개최	60,900	체육진흥과	3	6	7	8	7	1	1	1
1575	경기 시흥시	체육행사 개최	319,900	체육진흥과	3	6	7	8	7	1	1	1
1576	경기 시흥시	체육활성화 행사 지원	133,000	체육진흥과	3	2	7	8	7	1	1	1
1577	경기 시흥시	노인행사 지원	10,000	노인복지과	3	4	1	1	1	1	1	1
1578	경기 시흥시	노인활동 경진대회	21,700	노인복지과	3	1	5	8	1	1	1	1
1579	경기 시흥시	장애인의날 행사지원	25,175	장애인복지과	3	1	2	1	1	1	1	1
1580	경기 시흥시	아동문화활성화 지원사업	100,000	아동보육과	3	4	7	8	7	5	5	4
1581	경기 시흥시	양성평등주간행사 지원	18,000	여성가족과	3	1	6	8	6	1	1	3
1582	경기 시흥시	여성단체 활성화 지원	19,000	여성가족과	3	1	6	8	6	1	1	3
1583	경기 시흥시	시흥시 건축문화제	40,000	건축과	3	4	7	8	7	1	1	1
1584	경기 시흥시	사랑의 밥차 행사 지원	10,000	행정과	3	1	1	7	1	1	1	3
1585	경기 시흥시	마을공동체 축제 공모사업	435,000	주민자치과	3	4	7	8	7	1	1	1
1586	경기 시흥시	민간단체 공익행사 지원	35,470	주민자치과	3	1	7	8	7	1	1	1
1587	경기 여주시	이통장 직무 연찬회	60,000	자치행정과	3	4	7	8	7	1	1	1
1588	경기 여주시	효종대왕 제향행사	8,000	문화예술과	3	1	1	7	1	1	1	1
1589	경기 여주시	세종대왕 제향행사	9,300	문화예술과	3	1	1	7	1	1	1	1
1590	경기 여주시	찾아가는 문화활동	72,000	문화예술과	3	1	1	7	1	1	1	1
1591	경기 여주시	거리로 나온 예술	10,000	문화예술과	3	1	1	7	1	1	1	1
1592	경기 여주시	여주향교 청소년 충효 인성교육	7,100	문화예술과	3	1	1	7	1	1	1	1
1593	경기 여주시	세종한글휘호대회	34,000	문화예술과	3	4	7	7	7	1	1	1
1594	경기 여주시	세종한글디자인공모전	33,000	문화예술과	3	4	7	7	7	1	1	1

순번	시군구	지출명 (사업명)	2021년예산 (단위:천원/1년간)	담당자 (공무원) 담당부서	민간이전 분류 (지방자치단체 세출예산 집행기준에 의거) 1. 민간경상사업보조(307-02) 2. 민간단체 법정운영비보조(307-03) 3. 민간행사사업보조(307-04) 4. 민간위탁금(307-05) 5. 사회복지시설 법정운영비보조(307-10) 6. 민간인위탁교육비(307-12) 7. 공기관등에대한경상적위탁사업비(308-11) 8. 민간자본사업보조,자체재원(402-01) 9. 민간자본사업보조,이전재원(402-02) 10. 민간위탁사업비(402-03) 11. 공기관등에 대한 자본적 대행사업비(403-02)	민간이전지출 근거 (지방보조금 관리기준 참고) 1. 법률에 규정 2. 국고보조 재원(국가지정) 3. 용도 지정 기부금 4. 조례에 직접규정 5. 지자체가 권장하는 사업을 하는 공공기관 6. 시,도 정책 및 재정사정 7. 기타 8. 해당없음	입찰방식 계약체결방법 (경쟁형태) 1. 일반경쟁 2. 제한경쟁 3. 지명경쟁 4. 수의계약 5. 법정위탁 6. 기타 ( ) 7. 해당없음	입찰방식 계약기간 1. 1년 2. 2년 3. 3년 4. 4년 5. 5년 6. 기타 ( )년 7. 단기계약 (1년미만) 8. 해당없음	입찰방식 낙찰자선정방법 1. 적격심사 2. 협상에의한계약 3. 최저가낙찰제 4. 규격가격분리 5. 2단계 경쟁입찰 6. 기타 ( ) 7. 해당없음	운영예산 산정 운영예산 산정 1. 내부산정 (지자체 자체적으로 산정) 2. 외부산정 (외부전문기관위탁 산정) 3. 내·외부 모두 산정 4. 산정 無 5. 해당없음	운영예산 산정 정산방법 1. 내부정산 (지자체 내부적으로 정산) 2. 외부정산 (외부전문기관위탁 정산) 3. 내·외부 모두 산정 4. 정산 無 5. 해당없음	성과평가 실시여부 1. 실시 2. 미실시 3. 향후 추진 4. 해당없음
1595	경기 여주시	지방문화원 지원사업	197,950	문화예술과	3	1	7	7	7	1	1	1
1596	경기 여주시	(사)한국예총여주지회지원사업	188,330	문화예술과	3	1	7	7	7	1	1	1
1597	경기 여주시	도자기축제 행사 지원	2,000	가남읍	3	4	7	8	7	1	1	1
1598	경기 여주시	도자기축제 행사 지원	2,000	능서면	3	4	7	8	7	1	1	1
1599	경기 여주시	흥천면 벚꽃축제	100,000	흥천면	3	4	7	8	7	1	1	2
1600	경기 여주시	금사참외축제	120,000	금사면	3	4	7	8	7	1	1	1
1601	경기 여주시	삼신당 제례지원	4,000	금사면	3	4	7	8	7	1	1	1
1602	경기 여주시	도자기축제 행사지원	2,000	금사면	3	4	7	8	7	1	1	1
1603	경기 여주시	도자기축제행사지원	2,000	대신면	3	4	7	8	7	1	1	1
1604	경기 여주시	도자기축제 행사지원	2,000	여흥동	3	4	7	8	7	1	1	2
1605	경기 여주시	도자기축제행사지원	2,000	오학동	3	4	7	8	7	1	1	1
1606	경기 김포시	학교폭력예방 웅변대회	1,500	교육청소년과	3	4	7	8	7	1	1	1
1607	경기 김포시	김포 포도 직거래 장터	50,000	기술지원과	3	6	7	8	7	1	1	1
1608	경기 김포시	김포 인삼 축제	45,000	기술지원과	3	6	7	8	7	1	1	1
1609	경기 김포시	김포 꽃 전시회	40,000	기술지원과	3	6	7	8	7	1	1	1
1610	경기 김포시	어린이집 보육교직원 화합 및 어린이집 연합회 지원	17,000	보육과	3	6	7	8	7	5	1	4
1611	경기 김포시	김포시여성단체협의회 운영지원	16,500	여성가족과	3	7	7	8	7	1	1	4
1612	경기 김포시	위안부 인권과 명예회복을 위한 기념사업 지원	10,800	여성가족과	3	7	7	8	7	1	1	4
1613	경기 김포시	김포시 새마을회 지원	4,040	주민협치담당관	3	4	7	8	7	5	5	4
1614	경기 김포시	바르게살기운동 김포시협의회 지원	2,914	주민협치담당관	3	4	7	8	7	5	5	4
1615	경기 김포시	한국자유총연맹 김포시지회 지원	2,650	주민협치담당관	3	1	7	8	7	5	5	4
1616	경기 김포시	자율방범대 지원	4,500	주민협치담당관	3	4	7	8	7	5	5	4
1617	경기 김포시	해병대전우회 지원	8,500	주민협치담당관	3	4	7	8	7	5	5	4
1618	경기 김포시	김포청년회의소 지원	5,200	주민협치담당관	3	4	7	8	7	5	5	4
1619	경기 김포시	김포사랑운동본부 지원	11,000	주민협치담당관	3	4	7	8	7	5	5	4
1620	경기 김포시	체육인의 밤 행사	20,000	체육과	3	1	7	8	7	1	1	1
1621	경기 김포시	가맹단체 종목별 체육대회	74,000	체육과	3	1	7	8	7	1	1	1
1622	경기 김포시	김포시장배 요트대회	10,800	체육과	3	1	7	8	7	1	1	1
1623	경기 김포시	김포시장배 복싱대회	10,000	체육과	3	1	7	8	7	1	1	1
1624	경기 김포시	경기도협회장배 경기도 3쿠션 챌린저 당구대회	7,000	체육과	3	1	7	8	7	1	1	1
1625	경기 김포시	시장배 전국 Mr.김포 & 피트니스대회	8,000	체육과	3	1	7	8	7	1	1	1
1626	경기 김포시	김포시장배 경기도 남녀궁도대회	30,000	체육과	3	1	7	8	7	1	1	1
1627	경기 김포시	김포시장기 여성축구대회	11,000	체육과	3	1	7	8	7	1	1	1
1628	경기 김포시	협회장기 유소년 축구대회	6,000	체육과	3	1	7	8	7	1	1	1
1629	경기 김포시	김포금쌀 이회택컵 축구대회	12,000	체육과	3	1	7	8	7	1	1	1
1630	경기 김포시	김포시 장애인체육대회 개최지원	30,000	체육과	3	1	7	8	7	1	1	1
1631	경기 김포시	각종 장애인체육대회 개최지원	28,000	체육과	3	1	7	8	7	1	1	1
1632	경기 김포시	김포한강 평화마라톤대회 개최지원	130,000	체육과	3	1	7	8	7	1	1	1
1633	경기 김포시	가맹단체 종목별 체육대회 개최지원	95,000	체육과	3	1	7	8	7	1	1	1
1634	경기 김포시	도 및 전국단위 체육대회 개최지원	12,000	체육과	3	1	7	8	7	1	1	1
1635	경기 김포시	김포금쌀배 테니스대회 개최지원	20,000	체육과	3	1	7	8	7	1	1	1
1636	경기 김포시	김포금쌀배 족구대회 개최지원	15,000	체육과	3	1	7	8	7	1	1	1

순번	시군구	지출명 (사업명)	2021년예산 (단위:천원/1년간)	담당자 (공무원)	민간이전 분류 (지방자치단체 세출예산 집행기준에 의거)	민간이전지출 근거 (지방보조금 관리기준 참고)	입찰방식			운영예산 산정		성과평가 실시여부
				담당부서	1. 민간경상사업보조(307-02) 2. 민간단체 법정운영비보조(307-03) 3. 민간행사사업보조(307-04) 4. 민간위탁금(307-05) 5. 사회복지시설 법정운영비보조(307-10) 6. 민간인위탁교육비(307-12) 7. 공기관등에대한경상적위탁사업비(308-11) 8. 민간자본사업보조,자체재원(402-01) 9. 민간자본사업보조,이전재원(402-02) 10. 민간위탁사업비(402-03) 11. 공기관등에 대한 자본적 대행사업비(403-02)	1. 법률에 규정 2. 국고보조 재원(국가지정) 3. 용도 지정 기부금 4. 조례에 직접규정 5. 지자체가 권장하는 사업을 하는 공공기관 6. 시,도 정책 및 재정사정 7. 기타 8. 해당없음	계약체결방법 (경쟁형태) 1. 일반경쟁 2. 제한경쟁 3. 지명경쟁 4. 수의계약 5. 법정위탁 6. 기타 ( ) 7. 해당없음	계약기간 1. 1년 2. 2년 3. 3년 4. 4년 5. 5년 6. 기타 ( )년 7. 단기계약 (1년미만) 8. 해당없음	낙찰자선정방법 1. 적격심사 2. 협상에의한계약 3. 최저가낙찰제 4. 규격가격분리 5. 2단계 경쟁입찰 6. 기타 ( ) 7. 해당없음	운영예산 산정 1. 내부산정 (지자체 자체적으로 산정) 2. 외부산정 (외부전문기관위탁 산정) 3. 내·외부 모두 산정 4. 산정 無 5. 해당없음	정산방법 1. 내부정산 (지자체 내부적으로 정산) 2. 외부정산 (외부전문기관위탁 정산) 3. 내·외부 모두 산정 4. 정산 無 5. 해당없음	1. 실시 2. 미실시 3. 향후 추진 4. 해당없음
1637	경기 김포시	김포금쌀배 농구대회 개최지원	10,000	체육과	3	1	7	8	7	1	1	1
1638	경기 김포시	국제우슈교류대회 개최지원	20,000	체육과	3	1	7	8	7	1	1	1
1639	경기 김포시	어업인행사지원	7,000	축수산과	3	7	7	8	7	1	1	2
1640	경기 김포시	대한적십자사 김포지구협의회 지원	7,395	행정과	3	4	7	8	7	1	1	1
1641	경기 김포시	김포시이북도민회 지원	8,290	행정과	3	4	7	8	7	1	1	1
1642	경기 화성시	사회적경제기업 및 협동조합 주간행사	20,000	사회적경제과	3	4	7	8	7	5	5	4
1643	경기 화성시	사회적경제기업 및 협동조합 주간행사	20,000	사회적경제과	3	4	7	8	7	5	5	4
1644	경기 화성시	화성시 궁평항 풍어제	40,000	해양수산과	3	7	4	7	7	1	1	1
1645	경기 화성시	화성시장배 바다낚시대회	20,000	해양수산과	3	7	4	7	7	1	1	1
1646	경기 화성시	전국 민물낚시대회 지원	25,000	해양수산과	3	1	7	8	7	1	1	1
1647	경기 화성시	수산업경영인 지원	5,000	해양수산과	3	1	7	8	7	1	1	1
1648	경기 화성시	경기마라톤 대회 개최	110,000	체육진흥과	3	1	7	8	7	3	1	1
1649	경기 화성시	환경자전거 대행진 개최	80,000	체육진흥과	3	1	7	8	7	3	1	1
1650	경기 화성시	시장기종목별대회개최	300,000	체육진흥과	3	1	7	8	7	3	1	1
1651	경기 화성시	의장기체육대회개최	40,000	체육진흥과	3	1	7	8	7	3	1	1
1652	경기 화성시	협회장기 종목별 대회 개최	70,000	체육진흥과	3	1	7	8	7	3	1	1
1653	경기 화성시	장애인종목별대회개최지원	100,000	체육진흥과	3	1	7	8	7	3	1	1
1654	경기 화성시	화성시체육인의날체육행사	40,000	체육진흥과	3	1	7	8	7	3	1	1
1655	경기 화성시	화성 효마라톤 개최	264,000	체육진흥과	3	1	7	8	7	3	1	1
1656	경기 화성시	전국 및 국제규모 스포츠 대회 개최 및 출전	450,000	체육진흥과	3	1	7	8	7	3	1	1
1657	경기 화성시	화성예술제	60,000	문화예술과	3	4	7	8	7	1	1	1
1658	경기 화성시	공동예술사업	27,000	문화예술과	3	4	7	8	7	1	1	1
1659	경기 화성시	문학행사	26,000	문화예술과	3	4	7	8	7	1	1	1
1660	경기 화성시	무용공연	25,000	문화예술과	3	4	7	8	7	1	1	1
1661	경기 화성시	미술전시전	18,000	문화예술과	3	4	7	8	7	1	1	1
1662	경기 화성시	국악행사	30,000	문화예술과	3	4	7	8	7	1	1	1
1663	경기 화성시	청소년국안경연대회	30,000	문화예술과	3	4	7	8	7	1	1	1
1664	경기 화성시	음악행사	30,000	문화예술과	3	4	7	8	7	1	1	1
1665	경기 화성시	전국가요제	25,000	문화예술과	3	4	7	8	7	1	1	1
1666	경기 화성시	연극공연	25,000	문화예술과	3	4	7	8	7	1	1	1
1667	경기 화성시	사진공모전시	25,000	문화예술과	3	4	7	8	7	1	1	1
1668	경기 화성시	전통문화행사	30,000	문화예술과	3	4	7	8	7	1	1	1
1669	경기 화성시	화성두레농악활성화	70,000	문화예술과	3	1	7	8	7	1	1	1
1670	경기 화성시	장애인합창단활성화	15,000	문화예술과	3	1	7	8	7	1	1	1
1671	경기 화성시	화성시동요대회	20,000	문화예술과	3	1	7	8	7	1	1	1
1672	경기 화성시	이동안춤전승사업	15,000	문화예술과	3	1	7	8	7	1	1	1
1673	경기 화성시	융릉건릉제례	20,000	문화예술과	3	1	7	8	7	1	1	1
1674	경기 화성시	찾아가는 문화활동	96,000	문화예술과	3	4	7	8	7	1	1	1
1675	경기 화성시	읍면동별 자생특화 축제지원	300,000	문화예술과	3	6	1	1	1	1	1	1
1676	경기 화성시	청년외식창업 공동체 공간조성 사업 레시피 공모전 개최	44,000	농식품유통과	3	7	7	8	7	5	5	4
1677	경기 화성시	햇살드리 농산물 전시판매홍보행사	125,000	농식품유통과	3	4	7	8	7	1	1	1
1678	경기 화성시	화성송산포도축제	250,000	농식품유통과	3	1	7	8	7	1	1	1

순번	시군구	지출명 (사업명)	2021년예산 (단위:천원/1년간)	담당자 (공무원) 담당부서	민간이전 분류 (지방자치단체 세출예산 집행기준에 의거) 1. 민간경상사업보조(307-02) 2. 민간단체 법정운영비보조(307-03) 3. 민간행사사업보조(307-04) 4. 민간위탁금(307-05) 5. 사회복지시설 법정운영비보조(307-10) 6. 민간인위탁교육비(307-12) 7. 공기관등에대한경상적위탁사업비(308-11) 8. 민간자본사업보조,자체재원(402-01) 9. 민간자본사업보조,이전재원(402-02) 10. 민간위탁사업비(402-03) 11. 공기관등에 대한 자본적 대행사업비(403-02)	민간이전지출 근거 (지방보조금 관리기준 참고) 1. 법률에 규정 2. 국고보조 재원(국가지정) 3. 용도 지정 기부금 4. 조례에 직접규정 5. 지자체가 권장하는 사업을 하는 공공기관 6. 시,도 정책 및 재정사정 7. 기타 8. 해당없음	입찰방식 계약체결방법 (경쟁형태) 1. 일반경쟁 2. 제한경쟁 3. 지명경쟁 4. 수의계약 5. 법정위탁 6. 기타 ( ) 7. 해당없음	입찰방식 계약기간 1. 1년 2. 2년 3. 3년 4. 4년 5. 5년 6. 기타 ( )년 7. 단기계약 (1년미만) 8. 해당없음	입찰방식 낙찰자선정방법 1. 적격심사 2. 협상에의한계약 3. 최저가낙찰제 4. 규격가격분리 5. 2단계 경쟁입찰 6. 기타 ( ) 7. 해당없음	운영예산 산정 운영예산 산정 1. 내부산정 (지자체 자체적으로 산정) 2. 외부산정 (외부전문기관위탁 산정) 3. 내·외부 모두 산정 4. 산정 無 5. 해당없음	운영예산 산정 정산방법 1. 내부정산 (지자체 내부적으로 정산) 2. 외부정산 (외부전문기관위탁 정산) 3. 내·외부 모두 산정 4. 정산 無 5. 해당없음	성과평가 실시여부 1. 실시 2. 미실시 3. 향후 추진 4. 해당없음
1679	경기 화성시	출산장려인식개선사업	10,000	정책기획과	3	6	7	8	7	5	5	4
1680	경기 화성시	축산인 행사 지원	20,000	축산과	3	6	7	8	7	1	1	3
1681	경기 화성시	우유소비 촉진 캠페인(낙농육우협회)	15,000	축산과	3	6	7	8	7	1	1	3
1682	경기 화성시	반려동물 문화교실 운영	70,000	축산과	3	6	7	8	7	1	1	4
1683	경기 화성시	대한노인회 화성시지회 이사진 워크숍	4,000	노인복지과	3	1	7	8	7	5	5	4
1684	경기 화성시	노인의 날 행사 지원	55,000	노인복지과	3	1	7	8	7	5	5	4
1685	경기 화성시	양감면 한마음 체육대회 지원	10,000	양감면	3	4	7	8	7	1	1	4
1686	경기 화성시	경로행사지원금	16,000	양감면	3	1	7	8	7	1	1	4
1687	경기 화성시	경로잔치 행사 지원	19,000	송산면	3	1	7	8	7	1	1	1
1688	경기 화성시	면민화합 한마당체육대회 지원	10,000	송산면	3	1	7	8	7	1	1	1
1689	경기 화성시	경로잔치 행사 지원	18,000	팔탄면	3	1	7	8	7	1	1	1
1690	경기 화성시	팔탄면민 체육대회 지원	10,000	팔탄면	3	1	7	8	7	1	1	1
1691	경기 화성시	남양읍 효 사랑 경로잔치	22,000	남양읍	3	8	7	8	7	5	5	4
1692	경기 화성시	남양읍민 체육행사 지원	10,000	남양읍	3	4	7	8	7	5	5	4
1693	경기 화성시	봉담읍민 체육대회 지원	10,000	봉담읍	3	7	7	8	1	1	1	1
1694	경기 화성시	경로행사지원	30,000	봉담읍	3	6	7	8	7	1	1	1
1695	경기 화성시	우정읍 경로효잔치	21,000	우정읍	3	1	7	8	7	1	1	1
1696	경기 화성시	우정읍민 체육대회 지원	10,000	우정읍	3	4	7	8	7	1	1	1
1697	경기 화성시	우정지역 3.1운동 기념사업	10,000	우정읍	3	1	7	8	7	1	1	1
1698	경기 화성시	경로행사 지원	17,000	비봉면	3	1	7	8	7	1	1	1
1699	경기 화성시	면민체육대회 지원	10,000	비봉면	3	4	7	8	7	1	1	1
1700	경기 화성시	경로행사 지원	18,000	정남면	3	1	7	8	7	1	1	1
1701	경기 화성시	경로행사 지원	19,000	화산동	3	4	7	8	7	1	1	3
1702	경기 화성시	경로행사 지원	18,000	병점1동	3	1	7	8	7	1	1	1
1703	경기 화성시	병점1동 한마음 체육행사	10,000	병점1동	3	1	7	8	7	1	1	1
1704	경기 화성시	경로행사 지원	18,000	동탄1동	3	1	7	8	7	1	1	1
1705	경기 화성시	한마당 체육대회 행사지원	10,000	동탄1동	3	1	7	8	7	1	1	1
1706	경기 화성시	경로행사 지원	18,000	동탄5동	3	1	7	8	7	1	1	1
1707	경기 화성시	동탄5동 한마음체육대회	10,000	동탄5동	3	1	7	8	7	1	1	1
1708	경기 화성시	경로행사 지원	16,000	동탄8동	3	1	7	8	7	1	1	1
1709	경기 화성시	한마음 체육대회 지원	10,000	동탄8동	3	1	7	8	7	1	1	1
1710	경기 광주시	대한적십자사 경기광주지구협의회	8,000	자치행정과	3	1	7	8	7	1	1	1
1711	경기 광주시	새마을운동 광주시지회	20,000	자치행정과	3	1	7	8	7	1	1	1
1712	경기 광주시	바르게살기운동광주시협의회	3,300	자치행정과	3	1	7	8	7	1	1	1
1713	경기 광주시	세계인의 날 행사	16,000	여성보육과	3	4	7	8	7	5	5	4
1714	경기 광주시	이주민 한마음 체육대회	3,000	여성보육과	3	4	7	8	7	5	5	4
1715	경기 광주시	어린이집 행사	22,800	여성보육과	3	4	7	8	7	1	1	1
1716	경기 광주시	어린이집 교직원 및 부모 교육	10,000	여성보육과	3	4	7	8	7	1	1	1
1717	경기 광주시	제12회 중소기업제품박람회	250,000	기업지원과	3	1	7	7	7	1	1	1
1718	경기 광주시	기업인 역량강화 워트샵	21,000	기업지원과	3	4	7	8	7	1	1	1
1719	경기 광주시	근로자문화행사지원	7,000	일자리경제과	3	1	7	8	7	5	5	4
1720	경기 광주시	소기업,소상공인 컨설팅 교육	9,000	일자리경제과	3	1	7	8	7	5	5	4

순번	시군구	지출명 (사업명)	2021년예산 (단위:천원/1년간)	담당자 (공무원) 담당부서	민간이전 분류 (지방자치단체 세출예산 집행기준에 의거) 1. 민간경상사업보조(307-02) 2. 민간단체 법정운영비보조(307-03) 3. 민간행사사업보조(307-04) 4. 민간위탁금(307-05) 5. 사회복지시설 법정운영비보조(307-10) 6. 민간인위탁교육비(307-12) 7. 공기관등에대한경상적위탁사업비(308-11) 8. 민간자본사업보조,자체재원(402-01) 9. 민간자본사업보조,이전재원(402-02) 10. 민간위탁사업비(402-03) 11. 공기관등에 대한 자본적 대행사업비(403-02)	민간이전지출 근거 (지방보조금 관리기준 참고) 1. 법률에 규정 2. 국고보조 재원(국가지정) 3. 용도 지정 기부금 4. 조례에 직접규정 5. 지자체가 권장하는 사업을 하는 공공기관 6. 시,도 정책 및 재정사정 7. 기타 8. 해당없음	입찰방식 계약체결방법 (경쟁형태) 1. 일반경쟁 2. 제한경쟁 3. 지명경쟁 4. 수의계약 5. 법정위탁 6. 기타 ( ) 7. 해당없음	입찰방식 계약기간 1. 1년 2. 2년 3. 3년 4. 4년 5. 5년 6. 기타 ( )년 7. 단기계약 (1년미만) 8. 해당없음	입찰방식 낙찰자선정방법 1. 적격심사 2. 협상에의한계약 3. 최저가낙찰제 4. 규격가격분리 5. 2단계 경쟁입찰 6. 기타 ( ) 7. 해당없음	운영예산 산정 운영예산 산정 1. 내부산정 (지자체 자체적으로 산정) 2. 외부산정 (외부전문기관위탁 산정) 3. 내·외부 모두 산정 4. 산정 無 5. 해당없음	운영예산 산정 정산방법 1. 내부정산 (지자체 내부적으로 정산) 2. 외부정산 (외부전문기관위탁 정산) 3. 내·외부 모두 산정 4. 정산 無 5. 해당없음	성과평가 실시여부 1. 실시 2. 미실시 3. 향후 추진 4. 해당없음
1721	경기 광주시	도자문화육성	37,000	관광과	3	4	7	8	7	5	5	4
1722	경기 광주시	농업인의 날 행사 지원	20,000	농업정책과	3	1	7	8	7	5	5	4
1723	경기 광주시	한국농업경영인 경기도대회 참가지원	10,000	농업정책과	3	1	7	8	7	5	5	4
1724	경기 광주시	광주시 농업경영인대회 개최지원	10,000	농업정책과	3	1	7	8	7	5	5	4
1725	경기 광주시	한국여성농업인 전국대회 참가지원	4,000	농업정책과	3	1	7	8	7	5	5	4
1726	경기 광주시	친환경연합회 행사지원	3,000	농업정책과	3	1	7	8	7	5	5	4
1727	경기 광주시	경기도 축산진흥대회 참가지원	5,000	농업정책과	3	6	7	8	7	5	5	4
1728	경기 광주시	농업인 단체육성	26,980	농업지원과	3	1	7	8	7	5	5	4
1729	경기 광주시	퇴촌토마토축제지원	160,000	퇴촌면	3	4	7	8	7	5	5	4
1730	경기 양주시	새마을 경제인 현장 포럼	1,500	자치행정과	3	1	7	8	7	1	1	3
1731	경기 양주시	이주근로자 한국문화 기행	1,900	자치행정과	3	1	7	8	7	1	1	3
1732	경기 양주시	민주평통사업활동지원	45,000	자치행정과	3	1	7	8	7	5	5	4
1733	경기 양주시	통리반장사기진작시책추진	18,000	자치행정과	3	4	7	8	7	1	1	3
1734	경기 양주시	의용소방대 지원	8,500	안전건설과	3	1	7	8	7	5	5	4
1735	경기 양주시	시민화합체육대회 참가(읍면동)	190,000	체육청소년과	3	1	7	8	7	1	1	4
1736	경기 양주시	경기도 체육대회 출전 지원	367,000	체육청소년과	3	4	7	8	7	1	1	4
1737	경기 양주시	전국체전 출전선수단 지원	5,000	체육청소년과	3	4	7	8	7	1	1	4
1738	경기 양주시	전국동계체전 출전선수단 지원	4,000	체육청소년과	3	4	7	8	7	1	1	4
1739	경기 양주시	전국소년체전 출전선수단 지원	4,000	체육청소년과	3	4	7	8	7	1	1	4
1740	경기 양주시	경기도 생활체육대축전 출전지원	109,000	체육청소년과	3	4	7	8	7	1	1	4
1741	경기 양주시	시장기 종목별 대회 개최 지원	96,000	체육청소년과	3	4	7	8	7	1	1	4
1742	경기 양주시	협(연합)회장기 종목별 대회 개최 지원	23,500	체육청소년과	3	4	7	8	7	1	1	4
1743	경기 양주시	체육회장기 종목별 대회 개최 지원	12,000	체육청소년과	3	4	7	8	7	1	1	4
1744	경기 양주시	양주시장기 경기도남녀 궁도대회 개최지원	18,000	체육청소년과	3	4	7	8	7	1	1	4
1745	경기 양주시	양주시장배 인공암벽 클라이밍 등반대회	14,000	체육청소년과	3	4	7	8	7	1	1	4
1746	경기 양주시	양주시장배 경기북부 초중학생 꿈나무 볼링대회 개최	9,000	체육청소년과	3	4	7	8	7	1	1	4
1747	경기 양주시	양주시 숲길달리기대회 개최	34,000	체육청소년과	3	4	7	8	7	1	1	4
1748	경기 양주시	양주시 천일홍 전국오픈 탁구대회 개최	9,000	체육청소년과	3	4	7	8	7	1	1	4
1749	경기 양주시	양주시 전국 댄스스포츠대회 개최	9,000	체육청소년과	3	4	7	8	7	1	1	4
1750	경기 양주시	양주시 우호교류 체육경기지원	7,200	체육청소년과	3	4	7	8	7	1	1	4
1751	경기 양주시	도지사기 종목별 생활체육대회 출전지원	90,000	체육청소년과	3	4	7	8	7	1	1	4
1752	경기 양주시	전국단위 종목별 생활체육대회 출전지원	14,000	체육청소년과	3	4	7	8	7	1	1	4
1753	경기 양주시	장애인체육대회 개최 및 출전지원	151,000	체육청소년과	3	4	7	8	7	1	1	4
1754	경기 양주시	장애인 체육 지원사업 운영	13,000	체육청소년과	3	4	7	8	7	1	1	4
1755	경기 양주시	경기도 청소년종합예술제(예선)	17,500	체육청소년과	3	4	7	8	7	5	5	4
1756	경기 양주시	청소년어울림마당운영지원	24,000	체육청소년과	3	4	7	8	7	5	5	4
1757	경기 양주시	청소년동아리활동지원	17,500	체육청소년과	3	4	7	8	7	5	5	4
1758	경기 양주시	노인행사	25,000	사회복지과	3	1	7	8	7	1	1	1
1759	경기 양주시	노인건강진흥사업	13,000	사회복지과	3	7	7	8	7	5	5	4
1760	경기 양주시	노인지도자육성	12,200	사회복지과	3	7	7	8	7	5	5	4
1761	경기 양주시	양주시 보육교사 세미나	4,500	여성보육과	3	1	7	8	7	1	3	1
1762	경기 양주시	보육교직원 동화구연 및 한마음대회	4,500	여성보육과	3	1	7	8	7	1	3	1

순번	시군구	지출명 (사업명)	2021년예산 (단위:천원/1년간)	담당자 (공무원) 담당부서	민간이전 분류 (지방자치단체 세출예산 집행기준에 의거) 1. 민간경상사업보조(307-02) 2. 민간단체 법정운영비보조(307-03) 3. 민간행사사업보조(307-04) 4. 민간위탁금(307-05) 5. 사회복지시설 법정운영비보조(307-10) 6. 민간인위탁교육비(307-12) 7. 공기관등에대한경상적위탁사업비(308-11) 8. 민간자본사업보조,자체재원(402-01) 9. 민간자본사업보조,이전재원(402-02) 10. 민간위탁사업비(402-03) 11. 공기관등에 대한 자본적 대행사업비(403-02)	민간이전지출 근거 (지방보조금 관리기준 참고) 1. 법률에 규정 2. 국고보조 재원(국가지정) 3. 용도 지정 기부금 4. 조례에 직접규정 5. 지자체가 권장하는 사업을 하는 공공기관 6. 시,도 정책 및 재정사정 7. 기타 8. 해당없음	입찰방식: 계약체결방법 (경쟁형태) 1. 일반경쟁 2. 제한경쟁 3. 지명경쟁 4. 수의계약 5. 법정위탁 6. 기타 ( ) 7. 해당없음	입찰방식: 계약기간 1. 1년 2. 2년 3. 3년 4. 4년 5. 5년 6. 기타 ( )년 7. 단기계약 (1년미만) 8. 해당없음	입찰방식: 낙찰자선정방법 1. 적격심사 2. 협상에의한계약 3. 최저가낙찰제 4. 규격가격분리 5. 2단계 경쟁입찰 6. 기타 ( ) 7. 해당없음	운영예산 산정: 운영예산 산정 1. 내부산정 (지자체 자체적으로 산정) 2. 외부산정 (외부전문기관위탁 산정) 3. 내·외부 모두 산정 4. 산정 無 5. 해당없음	운영예산 산정: 정산방법 1. 내부정산 (지자체 내부적으로 정산) 2. 외부정산 (외부전문기관위탁 정산) 3. 내·외부 모두 산정 4. 정산 無 5. 해당없음	성과평가 실시여부 1. 실시 2. 미실시 3. 향후 추진 4. 해당없음
1763	경기 양주시	여성단체 사회활동 지원	11,000	여성보육과	3	5	7	8	7	1	1	1
1764	경기 양주시	전통민속 보존사업(민속예술제참가지원)	15,000	문화관광과	3	6	7	8	7	1	1	2
1765	경기 양주시	해유령전첩 추모제향	3,300	문화관광과	3	1	7	8	7	5	5	4
1766	경기 양주시	경기북부 음악예술제 참가지원	2,850	문화관광과	3	1	7	8	7	5	5	4
1767	경기 양주시	찾아가는 문화활동	144,000	문화관광과	3	7	7	8	7	1	1	4
1768	경기 양주시	양주문화원 문화사업 지원·육성	72,000	문화관광과	3	4	7	8	7	1	1	2
1769	경기 양주시	양주별산대놀이 공연활동 지원	21,900	문화관광과	3	1	7	8	7	5	5	4
1770	경기 양주시	양주소놀이굿 공연활동 지원	48,900	문화관광과	3	1	7	8	7	5	5	4
1771	경기 양주시	양주상여와회다지소리 공연활동 지원	40,500	문화관광과	3	1	7	8	7	5	5	4
1772	경기 양주시	양주농악 공연활동 지원	21,900	문화관광과	3	1	7	8	7	5	5	4
1773	경기 양주시	양주들노래 공연활동 지원	21,900	문화관광과	3	1	7	8	7	5	5	4
1774	경기 양주시	양주향교 의례행사 지원	11,000	문화관광과	3	1	7	8	7	5	5	4
1775	경기 양주시	정절사 봉향제	6,600	문화관광과	3	1	7	8	7	5	5	4
1776	경기 양주시	온릉봉향제	3,800	문화관광과	3	1	7	8	7	5	5	4
1777	경기 양주시	양주 페스티벌 개최	30,000	문화관광과	3	4	7	8	7	1	1	3
1778	경기 양주시	양주 연예인협회 활동지원	23,000	문화관광과	3	4	7	8	7	1	1	3
1779	경기 양주시	양주 음악협회 활동지원	12,000	문화관광과	3	4	7	8	7	1	1	3
1780	경기 양주시	양주 국악협회 활동지원	11,000	문화관광과	3	4	7	8	7	1	1	3
1781	경기 양주시	양주 경기소리보존회 활동지원	16,000	문화관광과	3	4	7	8	7	1	1	2
1782	경기 양주시	양주 유스 오케스트라 활동 지원	19,000	문화관광과	3	4	7	8	7	1	1	2
1783	경기 양주시	양주 윈드오케스트라 활동 지원	20,000	문화관광과	3	4	7	8	7	1	1	2
1784	경기 양주시	양주 소년소녀합창단 활동 지원	19,000	문화관광과	3	4	7	8	7	1	1	2
1785	경기 양주시	3.1운동 기념행사	15,400	문화관광과	3	1	7	8	7	1	1	2
1786	경기 양주시	최영당굿공연활동지원	19,100	문화관광과	3	1	7	8	7	5	5	4
1787	경기 양주시	양주 회암사 삼대화상 다례제 지원	27,000	문화관광과	3	1	7	8	7	5	5	4
1788	경기 양주시	양주 연극협회 활동지원	5,500	문화관광과	3	4	7	8	7	1	1	3
1789	경기 양주시	양주 영화인협회 활동지원	12,000	문화관광과	3	4	7	8	7	1	1	3
1790	경기 양주시	성균관유도회 양주시지부 기로연행사 지원	3,800	문화관광과	3	1	7	8	7	5	5	4
1791	경기 양주시	양주 시니어합창단 활동지원	3,800	문화관광과	3	4	7	8	7	1	1	3
1792	경기 양주시	올키즈스트라 양주 활동 지원	5,500	문화관광과	3	4	7	8	7	1	1	2
1793	경기 양주시	장애인 문화협회 활동지원	12,500	문화관광과	3	4	7	8	7	1	1	2
1794	경기 양주시	농업인의 날 기념행사	23,000	농업정책과	3	7	7	8	7	5	5	4
1795	경기 양주시	농촌관광주체 육성지원(농어촌축제 지원)	13,000	농업정책과	3	1	7	8	7	1	1	4
1796	경기 양주시	후계농업경영인 육성	28,300	농업정책과	3	1	7	8	7	1	1	4
1797	경기 양주시	양주시홀스타인품평회 개최 지원	14,000	축산과	3	6	7	8	7	1	1	4
1798	경기 양주시	축산 G-Festival 개최지원	10,000	축산과	3	6	7	8	7	1	1	4
1799	경기 양주시	양주시 유소년승마대회 개최	9,000	축산과	3	6	7	8	7	1	1	4
1800	경기 양주시	반려동물 문화교실 운영	20,000	축산과	3	6	7	8	7	5	5	4
1801	경기 양주시	어르신 바둑잔치 한마당	4,750	회천3동	3	4	7	8	7	1	1	4
1802	경기 포천시	이·통장 워크숍 및 선진지 견학	38,000	자치행정과	3	4	7	8	7	1	1	4
1803	경기 포천시	주민자치위원 워크숍 및 선진지 견학	20,000	자치행정과	3	4	7	8	7	1	1	4
1804	경기 포천시	한국노총 포천지역일반노동조합	2,100	자치행정과	3	7	7	8	7	5	5	4

순번	시군구	지출명 (사업명)	2021년예산 (단위:천원/1년간)	담당자 (공무원)	민간이전 분류 (지방자치단체 세출예산 집행기준에 의거)	민간이전지출 근거 (지방보조금 관리기준 참고)	입찰방식			운영예산 산정		성과평가 실시여부
				담당부서	1. 민간경상사업보조(307-02) 2. 민간단체 법정운영비보조(307-03) 3. 민간행사사업보조(307-04) 4. 민간위탁금(307-05) 5. 사회복지시설 법정운영비보조(307-10) 6. 민간인위탁교육비(307-12) 7. 공기관등에대한경상적위탁사업비(308-11) 8. 민간자본사업보조,자체재원(402-01) 9. 민간자본사업보조,이전재원(402-02) 10. 민간위탁사업비(402-03) 11. 공기관등에 대한 자본적 대행사업비(403-02)	1. 법률에 규정 2. 국고보조 재원(국가지정) 3. 용도 지정 기부금 4. 조례에 직접규정 5. 지자체가 권장하는 사업을 하는 공공기관 6. 시,도 정책 및 재정사정 7. 기타 8. 해당없음	계약체결방법 (경쟁형태) 1. 일반경쟁 2. 제한경쟁 3. 지명경쟁 4. 수의계약 5. 법정위탁 6. 기타 ( ) 7. 해당없음	계약기간 1. 1년 2. 2년 3. 3년 4. 4년 5. 5년 6. 기타 ( )년 7. 단기계약 (1년미만) 8. 해당없음	낙찰자선정방법 1. 적격심사 2. 협상에의한계약 3. 최저가낙찰제 4. 규격가격분리 5. 2단계 경쟁입찰 6. 기타 ( ) 7. 해당없음	운영예산 산정 1. 내부산정 (지자체 자체적으로 산정) 2. 외부산정 (외부전문기관위탁 산정) 3. 내·외부 모두 산정 4. 산정 無 5. 해당없음	정산방법 1. 내부정산 (지자체 내부적으로 정산) 2. 외부정산 (외부전문기관위탁 정산) 3. 내·외부 모두 산정 4. 정산 無 5. 해당없음	1. 실시 2. 미실시 3. 향후 추진 4. 해당없음
1805	경기 포천시	(사)포천시새마을회 지원	13,000	자치행정과	3	1	7	8	7	1	1	4
1806	경기 포천시	바르게살기운동 포천시협의회 지원	5,000	자치행정과	3	1	7	8	7	1	1	4
1807	경기 포천시	대한적십자사봉사회 포천지구협의회 지원	4,000	자치행정과	3	4	7	8	7	1	1	4
1808	경기 포천시	(사)포천시종합자원봉사센터 사업비 지원	28,000	자치행정과	3	1	7	8	7	1	1	4
1809	경기 포천시	청소년 동아리 활동지원	15,000	교육지원과	3	2	7	8	7	5	1	4
1810	경기 포천시	대한민국6.25참전유공자회 포천시지회	15,500	시민복지과	3	1	7	8	7	1	1	1
1811	경기 포천시	대한민국고엽제전우회 경기지부 포천시지회	5,500	시민복지과	3	1	7	8	7	1	1	1
1812	경기 포천시	대한민국무공수훈자회 포천시지회	5,600	시민복지과	3	1	7	8	7	1	1	1
1813	경기 포천시	대한민국상이군경회포천시지회	5,500	시민복지과	3	1	7	8	7	1	1	1
1814	경기 포천시	대한민국월남전참전자회 포천시지회	9,500	시민복지과	3	1	7	8	7	1	1	1
1815	경기 포천시	대한민국전몰군경미망인회 포천시지회	5,500	시민복지과	3	1	7	8	7	1	1	1
1816	경기 포천시	대한민국전몰군경유족회 포천시지회	4,500	시민복지과	3	1	7	8	7	1	1	1
1817	경기 포천시	대한민국특수임무유공자회 포천시지회	5,200	시민복지과	3	1	7	8	7	1	1	1
1818	경기 포천시	독수리유격대기념사업회	5,200	시민복지과	3	1	7	8	7	1	1	1
1819	경기 포천시	보훈단체연합회	6,000	시민복지과	3	1	7	8	7	1	1	1
1820	경기 포천시	포천시 재향군인회	10,000	시민복지과	3	1	7	8	7	1	1	1
1821	경기 포천시	사회복지의 날 기념식	5,000	시민복지과	3	4	7	8	7	1	1	1
1822	경기 포천시	사회복지사의날 워크숍	5,000	시민복지과	3	4	7	8	7	1	1	1
1823	경기 포천시	보육지원	3,000	여성가족과	3	1	7	8	7	1	1	4
1824	경기 포천시	보육지원	3,000	여성가족과	3	1	7	8	7	1	1	4
1825	경기 포천시	지역아동센터연합발표회지원	2,000	여성가족과	3	1	7	8	7	1	1	2
1826	경기 포천시	노인의 날 행사	25,000	노인장애인과	3	1	7	8	7	1	1	1
1827	경기 포천시	어버이 날 행사	15,000	노인장애인과	3	1	7	8	7	1	1	1
1828	경기 포천시	한궁대회	6,000	노인장애인과	3	1	7	8	7	1	1	1
1829	경기 포천시	민속대회	3,615	노인장애인과	3	1	7	8	7	1	1	1
1830	경기 포천시	게이트볼 대회	8,600	노인장애인과	3	1	7	8	7	1	1	1
1831	경기 포천시	바둑장기 대회	4,600	노인장애인과	3	1	7	8	7	1	1	1
1832	경기 포천시	노인휘호대회	3,600	노인장애인과	3	1	7	8	7	1	1	1
1833	경기 포천시	노인대학 연합체육대회	10,000	노인장애인과	3	1	7	8	7	1	1	1
1834	경기 포천시	장애인단체장 및 임원 리더십 교육	1,500	노인장애인과	3	1	7	8	7	1	1	2
1835	경기 포천시	5월 가정의 달 기획사업	400	노인장애인과	3	1	7	8	7	1	1	2
1836	경기 포천시	농아인의 날	3,000	노인장애인과	3	1	7	8	7	1	1	2
1837	경기 포천시	장애인의 날 행사 운영	16,000	노인장애인과	3	1	7	8	7	1	1	2
1838	경기 포천시	사랑의 끈 연결고리운동	2,000	노인장애인과	3	1	7	8	7	1	1	2
1839	경기 포천시	사)경기도장애인복지회 포천시지부 장애인복지 재활증진대회	2,000	노인장애인과	3	1	7	8	7	1	1	2
1840	경기 포천시	사)한국시각장애인연합회 포천시지회 흰 지팡이의 날	3,000	노인장애인과	3	1	7	8	7	1	1	2
1841	경기 포천시	사)한국교통장애인협회 포천시지회 장애인 열린음악회	2,000	노인장애인과	3	1	7	8	7	1	1	2
1842	경기 포천시	거리로 나온 예술	10,000	문화체육과	3	4	7	8	7	5	5	4
1843	경기 포천시	경기도 문화의 날 문화예술지원 프로그램	92,800	문화체육과	3	4	7	8	7	5	5	4
1844	경기 포천시	경기도 민속예술제 참가지원	15,000	문화체육과	3	4	7	8	7	5	5	4
1845	경기 포천시	경기북부 8개 시군 10개정 궁도대회 개최	7,000	문화체육과	3	4	7	8	7	5	5	4
1846	경기 포천시	기로연 시연	8,000	문화체육과	3	1	7	8	7	5	5	4

순번	시군구	지출명 (사업명)	2021년예산 (단위:천원/1년간)	담당자 (공무원) 담당부서	민간이전 분류 (지방자치단체 세출예산 집행기준에 의거) 1. 민간경상사업보조(307-02) 2. 민간단체 법정운영비보조(307-03) 3. 민간행사사업보조(307-04) 4. 민간위탁금(307-05) 5. 사회복지시설 법정운영비보조(307-10) 6. 민간인위탁교육비(307-12) 7. 공기관등에대한경상적위탁사업비(308-11) 8. 민간자본사업보조,자체재원(402-01) 9. 민간자본사업보조,이전재원(402-02) 10. 민간위탁사업비(402-03) 11. 공기관등에 대한 자본적 대행사업비(403-02)	민간이전지출 근거 (지방보조금 관리기준 참고) 1. 법률에 규정 2. 국고보조 재원(국가지정) 3. 용도 지정 기부금 4. 조례에 직접규정 5. 지자체가 권장하는 사업을 하는 공공기관 6. 시,도 정책 및 재정사정 7. 기타 8. 해당없음	입찰방식 계약체결방법 (경쟁형태) 1. 일반경쟁 2. 제한경쟁 3. 지명경쟁 4. 수의계약 5. 법정위탁 6. 기타 ( ) 7. 해당없음	입찰방식 계약기간 1. 1년 2. 2년 3. 3년 4. 4년 5. 5년 6. 기타 ( )년 7. 단기계약 (1년미만) 8. 해당없음	입찰방식 낙찰자선정방법 1. 적격심사 2. 협상에의한계약 3. 최저가낙찰제 4. 규격가격분리 5. 2단계 경쟁입찰 6. 기타 ( ) 7. 해당없음	운영예산 산정 운영예산 산정 1. 내부산정 (지자체 자체적으로 산정) 2. 외부산정 (외부전문기관위탁 산정) 3. 내·외부 모두 산정 4. 산정 無 5. 해당없음	운영예산 산정 정산방법 1. 내부정산 (지자체 내부적으로 정산) 2. 외부정산 (외부전문기관위탁 정산) 3. 내·외부 모두 산정 4. 정산 無 5. 해당없음	성과평가 실시여부 1. 실시 2. 미실시 3. 향후 추진 4. 해당없음
1847	경기 포천시	노고산성 축제	50,000	문화체육과	3	4	7	8	7	5	5	4
1848	경기 포천시	모던팝스 정기공연	10,000	문화체육과	3	4	7	8	7	5	5	4
1849	경기 포천시	반월문화제	20,000	문화체육과	3	4	7	8	7	5	5	4
1850	경기 포천시	봉래전국휘호대회	15,000	문화체육과	3	4	7	8	7	5	5	4
1851	경기 포천시	삼천기 배드민턴대회 개최	7,000	문화체육과	3	4	7	8	7	5	5	4
1852	경기 포천시	생활체육 한마당	10,000	문화체육과	3	4	7	8	7	5	5	4
1853	경기 포천시	석전대제 봉행	6,000	문화체육과	3	1	7	8	7	5	5	4
1854	경기 포천시	시민과 함께하는 국악공연	10,000	문화체육과	3	4	7	8	7	5	5	4
1855	경기 포천시	시민과 함께하는 무용공연	6,000	문화체육과	3	4	7	8	7	5	5	4
1856	경기 포천시	시민과 함께하는 연극공연	6,000	문화체육과	3	4	7	8	7	5	5	4
1857	경기 포천시	어린이무용단 정기공연	6,000	문화체육과	3	4	7	8	7	5	5	4
1858	경기 포천시	영평팔경가 공연	10,000	문화체육과	3	4	7	8	7	5	5	4
1859	경기 포천시	자연.사람.미술.어울림전	8,000	문화체육과	3	4	7	8	7	5	5	4
1860	경기 포천시	전국 동호인 테니스대회 개최	5,000	문화체육과	3	4	7	8	7	5	5	4
1861	경기 포천시	전국 및 도단위 (생활)체육대회 개최	51,000	문화체육과	3	4	7	8	7	5	5	4
1862	경기 포천시	전국 오픈 탁구대회 개최	20,000	문화체육과	3	4	7	8	7	5	5	4
1863	경기 포천시	전국초청 게이트볼대회 개최	80,000	문화체육과	3	4	7	8	7	5	5	4
1864	경기 포천시	전국한시백일장	15,000	문화체육과	3	4	7	8	7	5	5	4
1865	경기 포천시	전통성년식	4,000	문화체육과	3	1	7	8	7	5	5	4
1866	경기 포천시	종목별 협회장기 대회 개최	54,000	문화체육과	3	4	7	8	7	5	5	4
1867	경기 포천시	찾아가는 문화활동	123,200	문화체육과	3	4	7	8	7	5	5	4
1868	경기 포천시	청민배 테니스대회 개최	2,000	문화체육과	3	4	7	8	7	5	5	4
1869	경기 포천시	체육인의 밤 행사	6,000	문화체육과	3	4	7	8	7	5	5	4
1870	경기 포천시	포천 가노농악 정기공연	10,000	문화체육과	3	4	7	8	7	5	5	4
1871	경기 포천시	포천 메나리 정기공연	10,000	문화체육과	3	1	7	8	7	5	5	4
1872	경기 포천시	포천 주니어연극제	7,000	문화체육과	3	4	7	8	7	5	5	4
1873	경기 포천시	포천 한탄강 마라톤 대회	80,000	문화체육과	3	4	7	8	7	5	5	4
1874	경기 포천시	포천거리 아트페스티벌	26,000	문화체육과	3	4	7	8	7	5	5	4
1875	경기 포천시	포천문화예술인협회 정기회원전	6,000	문화체육과	3	4	7	8	7	5	5	4
1876	경기 포천시	포천미술협회 정기회원전	5,000	문화체육과	3	4	7	8	7	5	5	4
1877	경기 포천시	포천사랑 백일장 대회	8,000	문화체육과	3	4	7	8	7	5	5	4
1878	경기 포천시	포천사진작가협회 회원사진전	5,000	문화체육과	3	4	7	8	7	5	5	4
1879	경기 포천시	포천시 체육회장기 종목별 대회 개최	72,000	문화체육과	3	4	7	8	7	5	5	4
1880	경기 포천시	포천시민의 날 읍면동체육회 참가지원	56,000	문화체육과	3	4	7	8	7	5	5	4
1881	경기 포천시	포천시의회 의장기 종목별 대회 개최	8,000	문화체육과	3	4	7	8	7	5	5	4
1882	경기 포천시	포천시장배 전국 댄스스포츠 경연대회 개최	15,000	문화체육과	3	4	7	8	7	5	5	4
1883	경기 포천시	포천시장애인체육대회 개최	20,000	문화체육과	3	4	7	8	7	5	5	4
1884	경기 포천시	포천시장애인체육회장기 종목별 대회 개최	12,000	문화체육과	3	4	7	8	7	5	5	4
1885	경기 포천시	포천시체육회장기 초중고 축구대회 개최	5,000	문화체육과	3	4	7	8	7	5	5	4
1886	경기 포천시	포천예술인의 어울마당	2,000	문화체육과	3	4	7	8	7	5	5	4
1887	경기 포천시	포천예술제	42,500	문화체육과	3	4	7	8	7	5	5	4
1888	경기 포천시	포천음악협회 정기연주회	5,000	문화체육과	3	4	7	8	7	5	5	4

순번	시군구	지출명 (사업명)	2021년예산 (단위:천원/1년간)	담당자 (공무원)	민간이전 분류 (지방자치단체 세출예산 집행기준에 의거)	민간이전지출 근거 (지방보조금 관리기준 참고)	입찰방식			운영예산 산정		성과평가 실시여부
				담당부서	1. 민간경상사업보조(307-02) 2. 민간단체 법정운영비보조(307-03) 3. 민간행사사업보조(307-04) 4. 민간위탁금(307-05) 5. 사회복지시설 법정운영비보조(307-10) 6. 민간인위탁교육비(307-12) 7. 공기관등에대한경상적위탁사업비(308-11) 8. 민간자본사업보조,자체재원(402-01) 9. 민간자본사업보조,이전재원(402-02) 10. 민간위탁사업비(402-03) 11. 공기관등에 대한 자본적 대행사업비(403-02)	1. 법률에 규정 2. 국고보조 재원(국가지정) 3. 용도 지정 기부금 4. 조례에 직접규정 5. 지자체가 권장하는 사업을 하는 공공기관 6. 시,도 정책 및 재정사정 7. 기타 8. 해당없음	계약체결방법 (경쟁형태) 1. 일반경쟁 2. 제한경쟁 3. 지명경쟁 4. 수의계약 5. 법정위탁 6. 기타 ( ) 7. 해당없음	계약기간 1. 1년 2. 2년 3. 3년 4. 4년 5. 5년 6. 기타 ( )년 7. 단기계약 (1년미만) 8. 해당없음	낙찰자선정방법 1. 적격심사 2. 협상에의한계약 3. 최저가낙찰제 4. 규격가격분리 5. 2단계 경쟁입찰 6. 기타 ( ) 7. 해당없음	운영예산 산정 1. 내부산정 (지자체 자체적으로 산정) 2. 외부산정 (외부전문기관위탁 산정) 3. 내·외부 모두 산정 4. 산정 無 5. 해당없음	정산방법 1. 내부정산 (지자체 내부적으로 정산) 2. 외부정산 (외부전문기관위탁 정산) 3. 내·외부 모두 산정 4. 정산 無 5. 해당없음	1. 실시 2. 미실시 3. 향후 추진 4. 해당없음
1889	경기 포천시	포천음악협회 포천합창제	10,000	문화체육과	3	4	7	8	7	5	5	4
1890	경기 포천시	풀피리 정기공연	7,000	문화체육과	3	4	7	8	7	5	5	4
1891	경기 포천시	학술연구발표회	6,000	문화체육과	3	4	7	8	7	5	5	4
1892	경기 포천시	한탄강 캐니언 주상절리 트레킹 대회 개최	30,000	문화체육과	3	4	7	8	7	5	5	4
1893	경기 포천시	2021 포천 산정호수 명성산 억새꽃축제	200,000	관광산업과	3	4	7	1	7	1	1	1
1894	경기 포천시	2022 포천 백운계곡 동장군축제	70,000	관광산업과	3	4	7	1	7	1	1	1
1895	경기 포천시	노동단체 지원	5,710	일자리경제과	3	6	7	8	7	5	5	4
1896	경기 포천시	국제 청소년 댄스대회	39,000	일자리경제과	3	6	7	8	7	5	5	4
1897	경기 포천시	2020년 포천 상공인 및 근로자 대상 및 기념행사	17,000	기업지원과	3	4	7	7	7	1	1	3
1898	경기 포천시	농업인의 날 기념 행사 개최	50,000	친환경농업과	3	1	7	8	7	5	1	1
1899	경기 포천시	포천 개성인삼 축제 지원	30,000	친환경농업과	3	1	7	8	7	1	1	3
1900	경기 포천시	사회단체 육성	18,400	친환경농업과	3	1	7	8	7	1	1	1
1901	경기 포천시	사회단체 육성	6,720	친환경농업과	3	1	7	8	7	1	1	1
1902	경기 포천시	포천농산물 축제	143,000	친환경농업과	3	1	7	8	7	1	1	4
1903	경기 포천시	가축품평회 및 행사지원	9,000	축산과	3	6	7	8	7	5	5	4
1904	경기 포천시	가축품평회 및 행사지원	10,000	축산과	3	6	7	8	7	5	5	4
1905	경기 포천시	한우 고급육 경진대회 및 축제	30,000	축산과	3	6	7	8	7	5	5	4
1906	경기 포천시	포천시 홀스타인품평회	40,000	축산과	3	6	7	8	7	5	5	4
1907	경기 포천시	의용소방대 행사 지원비	10,000	안전총괄과	3	4	7	8	7	1	1	1
1908	경기 포천시	동해세우기 행사	3,000	신북면	3	1	7	8	7	1	1	1
1909	경기 포천시	포천일동 아트&뮤직 페스티벌	30,000	일동면	3	4	7	8	7	1	1	1
1910	경기 포천시	새싹 키움 행사지원	3,000	이동면	3	1	7	8	7	1	1	1
1911	경기 포천시	운악산 단풍축제	30,000	화현면	3	5	7	7	7	1	1	1
1912	경기 포천시	포동청소년축제	15,000	포천동	3	1	7	8	7	1	1	1
1913	경기 연천군	전통제례 및 행사지원	27,000	문화체육과	3	7	7	8	7	5	5	4
1914	경기 연천군	경기도 생활체육대회 지원	290,000	문화체육과	3	4	7	8	7	5	5	4
1915	경기 연천군	전국단위 체육대회 지원	143,000	문화체육과	3	4	7	8	7	5	5	4
1916	경기 연천군	군수기 생활체육대회 지원	111,000	문화체육과	3	4	7	8	7	5	5	4
1917	경기 연천군	생활체육교실 상설운영	175,267	문화체육과	3	4	7	8	7	5	5	4
1918	경기 연천군	종목별 생활체육대회지원	129,000	문화체육과	3	4	7	8	7	5	5	4
1919	경기 연천군	의회의장기 생활체육대회 지원	5,000	문화체육과	3	4	7	8	7	5	5	4
1920	경기 연천군	일반·어르신 생활체육지도자 처우개선	10,737	문화체육과	3	4	7	8	7	5	5	4
1921	경기 연천군	장애인 생활체육지도자 처우개선	1,193	문화체육과	3	4	7	8	7	5	5	4
1922	경기 연천군	도단위 체육대회 지원	301,000	문화체육과	3	4	7	8	7	5	5	4
1923	경기 연천군	각종 문화예술행사 개최 지원	18,000	문화체육과	3	7	7	8	7	5	5	4
1924	경기 연천군	수레울팝스 정기연주회	3,500	문화체육과	3	7	7	8	7	5	5	4
1925	경기 연천군	밀리터리룩 페스티벌	20,000	문화체육과	3	7	7	8	7	5	5	4
1926	경기 연천군	호국영웅정신 계승마을 축제	10,000	문화체육과	3	7	7	8	7	5	5	4
1927	경기 연천군	38선예술제 개최	20,000	문화체육과	3	7	7	8	7	5	5	4
1928	경기 연천군	경기도 민속예술제 참가지원	15,000	문화체육과	3	6	7	8	7	5	5	4
1929	경기 연천군	찾아가는 문화활동 지원	96,000	문화체육과	3	6	7	8	7	5	5	4
1930	경기 연천군	거리로 나온 예술 지원	35,000	문화체육과	3	6	7	8	7	5	5	4

순번	시군구	지출명 (사업명)	2021년예산 (단위:천원/1년간)	담당자 (공무원) 담당부서	민간이전 분류 (지방자치단체 세출예산 집행기준에 의거) 1. 민간경상사업보조(307-02) 2. 민간단체 법정운영비보조(307-03) 3. 민간행사사업보조(307-04) 4. 민간위탁금(307-05) 5. 사회복지시설 법정운영비보조(307-10) 6. 민간인위탁교육비(307-12) 7. 공기관등에대한경상적위탁사업비(308-11) 8. 민간자본사업보조,자체재원(402-01) 9. 민간자본사업보조,이전재원(402-02) 10. 민간위탁사업비(402-03) 11. 공기관등에 대한 자본적 대행사업비(403-02)	민간이전지출 근거 (지방보조금 관리기준 참고) 1. 법률에 규정 2. 국고보조 재원(국가지정) 3. 용도 지정 기부금 4. 조례에 직접규정 5. 지자체가 권장하는 사업을 하는 공공기관 6. 시,도 정책 및 재정사정 7. 기타 8. 해당없음	입찰방식 계약체결방법 (경쟁형태) 1. 일반경쟁 2. 제한경쟁 3. 지명경쟁 4. 수의계약 5. 법정위탁 6. 기타 ( ) 7. 해당없음	입찰방식 계약기간 1. 1년 2. 2년 3. 3년 4. 4년 5. 5년 6. 기타 ( )년 7. 단기계약 (1년미만) 8. 해당없음	입찰방식 낙찰자선정방법 1. 적격심사 2. 협상에의한계약 3. 최저가낙찰제 4. 규격가격분리 5. 2단계 경쟁입찰 6. 기타 ( ) 7. 해당없음	운영예산 산정 운영예산 산정 1. 내부산정 (지자체 자체적으로 산정) 2. 외부산정 (외부전문기관위탁 산정) 3. 내·외부 모두 산정 4. 산정 無 5. 해당없음	운영예산 산정 정산방법 1. 내부정산 (지자체 내부적으로 정산) 2. 외부정산 (외부전문기관위탁 정산) 3. 내·외부 모두 산정 4. 정산 無 5. 해당없음	성과평가 실시여부 1. 실시 2. 미실시 3. 향후 추진 4. 해당없음
1931	경기 연천군	공연장 대관료 지원	5,000	문화체육과	3	6	7	8	7	5	5	4
1932	경기 연천군	지역사회보장협의체 운영 지원	20,000	복지정책과	3	6	7	8	7	1	1	4
1933	경기 연천군	보훈단체 지원	8,000	복지정책과	3	4	7	8	7	1	1	4
1934	경기 연천군	노인회지회 보조금지원	30,000	사회복지과	3	4	7	8	7	1	1	1
1935	경기 연천군	장애인의 날 행사지원	15,000	사회복지과	3	1	7	8	7	5	5	4
1936	경기 연천군	경기도시각장애인연합회 연천군지회 운영 지원	2,000	사회복지과	3	1	7	8	7	5	5	4
1937	경기 연천군	양성평등주간 기념행사	15,000	사회복지과	3	1	7	8	7	1	1	4
1938	경기 연천군	여성지도자 워크숍 지원	10,000	사회복지과	3	1	7	8	7	1	1	4
1939	경기 연천군	양성평등 지원사업	20,000	사회복지과	3	4	6	7	6	1	1	4
1940	경기 연천군	어린이집 보조금 지원	15,750	사회복지과	3	4	7	8	7	5	5	1
1941	경기 연천군	의용소방연합대 소방기술경연대회 지원	13,000	안전총괄과	3	4	7	8	7	1	1	4
1942	경기 양평군	고창제	15,000	강하면	3	4	7	8	7	5	5	4
1943	경기 양평군	홰동화제	15,000	강하면	3	4	7	8	7	5	5	4
1944	경기 양평군	양평산수유 한우 체험행사	100,000	개군면	3	4	7	8	7	5	5	4
1945	경기 양평군	어르신 건강증진 경진대회	15,000	건강증진과	3	1	6	7	7	2	2	1
1946	경기 양평군	건강걷기대회 지원	10,000	건강증진과	3	1	6	7	7	2	2	1
1947	경기 양평군	체육대회 개최 지원	1,051,500	교육체육과	3	5	7	8	7	1	1	1
1948	경기 양평군	주민자치센터 운영	15,000	교육체육과	3	4	7	8	7	5	5	4
1949	경기 양평군	양평단월고로쇠 체험행사지원	100,000	단월면	3	4	7	8	7	5	5	4
1950	경기 양평군	홍천군 서면 자매결연 체육대회 개최	5,000	단월면	3	4	7	8	7	5	5	4
1951	경기 양평군	인천시 숭의4동 자매결연 체육대회 개최	5,000	단월면	3	4	7	8	7	5	5	4
1952	경기 양평군	작은음악회 지원	5,000	단월면	3	4	7	8	7	5	5	4
1953	경기 양평군	마을 달집태우기 지원	20,000	서종면	3	4	7	8	7	1	1	1
1954	경기 양평군	자율방범대 노후차량 교체지원	90,000	소통협력담당관	3	4	7	8	7	1	1	1
1955	경기 양평군	자율방범대원 한마음 체육대회	12,000	소통협력담당관	3	4	7	8	7	1	1	1
1956	경기 양평군	자율방범대원 워크숍	10,000	소통협력담당관	3	4	7	8	7	1	1	1
1957	경기 양평군	양동 부추축제	100,000	양동면	3	4	4	1	7	1	1	3
1958	경기 양평군	을미의병 추모제	8,000	양동면	3	1	4	1	7	1	1	3
1959	경기 양평군	양평물축제	100,000	옥천면	3	7	7	8	7	5	5	4
1960	경기 양평군	제11회 양평 용문산 산나물축제 행사운영비	100,000	용문면	3	4	5	7	7	1	1	1
1961	경기 양평군	용문 힐링로드 걷기행사	25,000	용문면	3	4	7	8	7	5	5	4
1962	경기 양평군	용문 대보름 맞이 행사	5,000	용문면	3	4	7	8	7	5	5	4
1963	경기 양평군	국내전시회참가기업 지원	12,000	일자리경제과	3	4	7	8	7	1	1	1
1964	경기 양평군	청운제 행사 지원	10,000	청운면	3	7	7	8	7	1	1	1
1965	경기 양평군	나눔장터 행사지원	5,000	환경과	3	1	7	8	7	5	5	4
1966	경기 양평군	재활용품 모으기 경진대회	3,000	환경과	3	1	7	8	7	5	5	4
1967	인천광역시	전국상이군경체육대회 참가	5,400	보훈과	3	4	7	8	7	1	1	2
1968	인천광역시	역사문화둘레길 이용활성화 프로그램 운영 및 홍보	30,000	녹지정책과	3	4	6	1	6	1	1	1
1969	인천광역시	송년제야 문화축제	70,000	문화예술과	3	4	7	8	7	5	5	4
1970	인천광역시	삼랑성 축제	80,000	문화예술과	3	4	7	8	7	1	1	1
1971	인천광역시	생명의 바다 그리기 대회	50,000	문화예술과	3	4	7	8	7	5	5	4
1972	인천광역시	미추홀산타클로스 문화행사	40,000	문화예술과	3	4	7	8	7	5	5	4

순번	시군구	지출명 (사업명)	2021년예산 (단위:천원/1년간)	담당자 (공무원) 담당부서	민간이전 분류 (지방자치단체 세출예산 집행기준에 의거) 1. 민간경상사업보조(307-02) 2. 민간단체 법정운영비보조(307-03) 3. 민간행사사업보조(307-04) 4. 민간위탁금(307-05) 5. 사회복지시설 법정운영비보조(307-10) 6. 민간인위탁교육비(307-12) 7. 공기관등에대한경상적위탁사업비(308-11) 8. 민간자본사업보조,자체재원(402-01) 9. 민간자본사업보조,이전재원(402-02) 10. 민간위탁사업비(402-03) 11. 공기관등에 대한 자본적 대행사업비(403-02)	민간이전지출 근거 (지방보조금 관리기준 참고) 1. 법률에 규정 2. 국고보조 재원(국가지정) 3. 용도 지정 기부금 4. 조례에 직접규정 5. 지자체가 권장하는 사업을 하는 공공기관 6. 시,도 정책 및 재정사정 7. 기타 8. 해당없음	입찰방식 계약체결방법 (경쟁형태) 1. 일반경쟁 2. 제한경쟁 3. 지명경쟁 4. 수의계약 5. 법정위탁 6. 기타 ( ) 7. 해당없음	입찰방식 계약기간 1. 1년 2. 2년 3. 3년 4. 4년 5. 5년 6. 기타 ( )년 7. 단기계약 (1년미만) 8. 해당없음	입찰방식 낙찰자선정방법 1. 적격심사 2. 협상에의한계약 3. 최저가낙찰제 4. 규격가격분리 5. 2단계 경쟁입찰 6. 기타 ( ) 7. 해당없음	운영예산 산정 운영예산 산정 1. 내부산정 (지자체 자체적으로 산정) 2. 외부산정 (외부전문기관위탁 산정) 3. 내·외부 모두 산정 4. 산정 無 5. 해당없음	운영예산 산정 정산방법 1. 내부정산 (지자체 내부적으로 정산) 2. 외부정산 (외부전문기관위탁 정산) 3. 내·외부 모두 산정 4. 정산 無 5. 해당없음	성과평가 실시여부 1. 실시 2. 미실시 3. 향후 추진 4. 해당없음
1973	인천광역시	아마추어 힙합&비보이 페스티벌	50,000	문화예술과	3	4	7	8	7	5	5	4
1974	인천광역시	인천주부가요제	100,000	문화예술과	3	4	7	8	7	5	5	4
1975	인천광역시	아마추어 악기연주 경연대회	80,000	문화예술과	3	4	7	8	7	5	5	4
1976	인천광역시	인천시민창작가요축제	160,000	문화예술과	3	4	7	8	7	5	5	4
1977	인천광역시	인천포크페스티벌	108,000	문화예술과	3	4	7	8	7	5	5	4
1978	인천광역시	누구나중창제	100,000	문화예술과	3	4	7	8	7	5	5	4
1979	인천광역시	동아시아문화도시 문화교류사업	200,000	문화예술과	3	4	7	8	7	5	5	4
1980	인천광역시	인천 아시아아트쇼	200,000	문화예술과	3	2	7	8	7	5	5	4
1981	인천광역시	시민문화예술제	400,000	문화예술과	3	4	7	8	7	5	5	4
1982	인천광역시	다문화가족 어울림한마당	55,000	가족다문화과	3	4	7	8	7	1	1	1
1983	인천광역시	2021 물순환 시민포럼 및 체험프로그램 운영	100,000	수질환경과	3	7	7	8	7	5	5	4
1984	인천광역시	인천 상인 워크숍 개최 지원	15,000	소상공인정책과	3	7	7	8	7	1	1	1
1985	인천광역시	상인 해외 선진시장 탐방 지원	25,000	소상공인정책과	3	1	7	8	7	1	1	1
1986	인천광역시	인천우수시장 상품전시회 개최지원	100,000	소상공인정책과	3	2	7	8	7	1	1	1
1987	인천광역시	지역산업맞춤형 인력양성사업	758,000	일자리경제과	3	1	7	8	7	3	3	1
1988	인천 중구	수산물 관광상품 개발지원 사업	40,000	농수산과	3	1	7	8	7	5	5	4
1989	인천 중구	수산업경영인연합회 육성지원	4,500	농수산과	3	1	7	8	7	5	5	4
1990	인천 중구	싸리재대동굿	10,000	문화관광과	3	7	7	8	7	1	1	3
1991	인천 중구	제물포선교문화축제	15,000	문화관광과	3	7	7	8	7	1	1	3
1992	인천 중구	동별 경로잔치 행사비 지원	50,378	어르신장애인과	3	7	7	8	7	1	1	4
1993	인천 동구	바다그리기 대회	10,000	문화홍보체육실	3	7	7	8	7	5	5	4
1994	인천 동구	구민건강걷기대회 지원	30,000	문화홍보체육실	3	4	7	8	7	5	5	4
1995	인천 동구	사회복지사의 날 기념사업	20,000	복지정책과	3	1	4	7	6	1	1	1
1996	인천 동구	보훈단체 모범국가유공자 안보현장 견학	6,000	복지정책과	3	1	7	8	7	1	1	1
1997	인천 동구	장애인 단체 행사지원	10,000	노인장애인복지과	3	1	7	8	7	1	1	1
1998	인천 미추홀구	인천광역시 통·리장 한마음대회	22,680	총무과	3	4	7	8	7	1	1	1
1999	인천 미추홀구	대한민국 실버미술대전	13,500	문화예술과	3	4	7	8	7	1	1	1
2000	인천 미추홀구	미추홀구미술협회 작품전시회	6,000	문화예술과	3	4	7	8	7	1	1	1
2001	인천 미추홀구	미추홀구사진인연합회 작품전시회	6,000	문화예술과	3	4	7	8	7	1	1	1
2002	인천 미추홀구	유기동물관리(보호)	78,000	경제지원과	3	6	4	1	2	1	1	4
2003	인천 미추홀구	유기동물 포획지원	42,120	경제지원과	3	6	4	1	2	1	1	4
2004	인천 미추홀구	길고양이 중성화수술 운영	27,750	경제지원과	3	2	7	8	7	1	1	4
2005	인천 미추홀구	유실유기동물 입양	1,800	경제지원과	3	2	7	8	7	1	1	4
2006	인천 미추홀구	도시개발지역 길고양이 군집 TNR 실시	21,000	경제지원과	3	6	7	8	7	1	1	4
2007	인천 미추홀구	지역아동센터 아동연합행사	5,000	여성가족과	3	4	7	7	7	5	5	4
2008	인천 미추홀구	자동차 무료 안전점검 및 정비 행사	23,000	자동차관리과	3	4	7	8	7	5	5	4
2009	인천 미추홀구	미추헤어 전시회 및 경연	50,000	위생과	3	4	7	8	7	1	1	1
2010	인천 연수구	송도 불꽃축제	100,000	문화체육과	3	6	7	8	7	1	1	1
2011	인천 연수구	생활체육대회 지원	130,000	문화체육과	3	4	7	8	7	1	1	3
2012	인천 연수구	구민 한마음 체육대회 지원	150,000	문화체육과	3	4	7	8	7	1	1	3
2013	인천 연수구	사회복지주간 기념행사 등 지원	33,300	복지정책과	3	1	7	7	7	1	1	1
2014	광주 북구	청소년산모임신출산의료비지원	6,000	건강증진과	3	2	7	8	7	3	3	4

순번	시군구	지출명 (사업명)	2021년예산 (단위:천원/1년간)	담당자 (공무원)	민간이전 분류 (지방자치단체 세출예산 집행기준에 의거)	민간이전지출 근거 (지방보조금 관리기준 참고)	입찰방식			운영예산 산정		성과평가 실시여부
				담당부서	1. 민간경상사업보조(307-02) 2. 민간단체 법정운영비보조(307-03) 3. 민간행사사업보조(307-04) 4. 민간위탁금(307-05) 5. 사회복지시설 법정운영비보조(307-10) 6. 민간인위탁교육비(307-12) 7. 공기관등에대한경상적위탁사업비(308-11) 8. 민간자본사업보조,자체재원(402-01) 9. 민간자본사업보조,이전재원(402-02) 10. 민간위탁사업비(402-03) 11. 공기관등에 대한 자본적 대행사업비(403-02)	1. 법률에 규정 2. 국고보조 재원(국가지정) 3. 용도 지정 기부금 4. 조례에 직접규정 5. 지자체가 권장하는 사업을 하는 공공기관 6. 시,도 정책 및 재정사정 7. 기타 8. 해당없음	계약체결방법 (경쟁형태) 1. 일반경쟁 2. 제한경쟁 3. 지명경쟁 4. 수의계약 5. 법정위탁 6. 기타 ( ) 7. 해당없음	계약기간 1. 1년 2. 2년 3. 3년 4. 4년 5. 5년 6. 기타 ( )년 7. 단기계약 (1년미만) 8. 해당없음	낙찰자선정방법 1. 적격심사 2. 협상에의한계약 3. 최저가낙찰제 4. 규격가격분리 5. 2단계 경쟁입찰 6. 기타 ( ) 7. 해당없음	운영예산 산정 1. 내부산정 (지자체 자체적으로 산정) 2. 외부산정 (외부전문기관위탁 산정) 3. 내·외부 모두 산정 4. 산정 無 5. 해당없음	정산방법 1. 내부정산 (지자체 내부적으로 정산) 2. 외부정산 (외부전문기관위탁 정산) 3. 내·외부 모두 산정 4. 정산 無 5. 해당없음	1. 실시 2. 미실시 3. 향후 추진 4. 해당없음
2015	광주 북구	주민참여예산제운영	5,000	기획조정실	3	4	7	8	7	1	1	4
2016	광주 북구	보훈단체행사지원	21,500	복지정책과	3	4	7	8	1	3	1	1
2017	광주 북구	북구청장기등생활체육대회지원	100,000	체육관광과	3	1	7	8	7	5	1	1
2018	광주 북구	북구장애인생활체육대회지원	7,400	체육관광과	3	4	7	8	7	5	1	1
2019	광주 광산구	문화단체활동지원	1,700	문화예술과	3	1	7	8	7	1	1	1
2020	광주 광산구	지역문화만들기활동지원	5,000	문화예술과	3	1	7	8	7	1	1	1
2021	광주 광산구	지역문화만들기활동지원	18,000	문화예술과	3	1	7	8	7	1	1	1
2022	광주 광산구	생활체육대회개최	142,000	생활체육과	3	1	7	8	7	5	5	1
2023	광주 광산구	세대별지역별동네리그	10,000	생활체육과	3	1	7	8	7	5	5	1
2024	광주 광산구	유소년 축구리그 활성화	25,000	생활체육과	3	1	7	8	7	5	5	1
2025	대구광역시	나라사랑 캠프운영	9,000	사회재난과	3	5	7	8	7	1	1	1
2026	대구광역시	대구경북 중소벤처기업 대축전	60,000	경제정책과	3	7	7	8	7	1	1	1
2027	대구광역시	중소기업 리더스포럼 개최지원	14,000	경제정책과	3	1	7	8	7	1	1	1
2028	대구광역시	중소기업인대회 개최지원	20,000	경제정책과	3	1	7	8	7	1	1	1
2029	대구광역시	대구경북 이업종융합대전 개최지원	60,000	경제정책과	3	7	7	8	7	1	1	1
2030	대구광역시	전통시장 공동마케팅사업 지원	260,000	민생경제과	3	5	4	7	7	1	1	1
2031	대구광역시	전통시장 세일행사 지원	114,000	민생경제과	3	2	1	7	7	1	1	1
2032	대구광역시	우수상품 판매촉진 행사	40,000	민생경제과	3	2	4	7	7	1	1	1
2033	대구광역시	대구전통시장 상품전시회 개최 지원	70,000	민생경제과	3	5	4	7	7	1	1	1
2034	대구광역시	대구국제자동화기기전	150,000	기계로봇과	3	4	7	1	7	1	1	1
2035	대구광역시	국제부품소재산업전	80,000	기계로봇과	3	4	7	1	7	1	2	1
2036	대구광역시	우수농산물 마케팅 지원	200,000	농산유통과	3	1	4	8	7	1	1	3
2037	대구광역시	미나리삼겹살 소비촉진 지원	30,000	농산유통과	3	1	4	8	7	1	1	3
2038	대구광역시	대구경북 상생 협력 지원	10,000	농산유통과	3	1	4	8	7	1	1	3
2039	대구광역시	대구국제식품산업전 개최	180,000	농산유통과	3	6	7	7	7	1	1	1
2040	대구광역시	치맥페스티벌 육성	1,070,300	농산유통과	3	2	7	7	7	1	1	1
2041	대구광역시	농업경영인 지원	52,000	농산유통과	3	6	7	8	7	1	1	1
2042	대구광역시	축산농가 경쟁력 제고	10,000	농산유통과	3	8	7	8	7	5	5	4
2043	대구광역시	대구반려동물·용품전 개최지원	20,000	농산유통과	3	8	7	8	7	5	5	4
2044	대구광역시	축산농가 경쟁력 제고	10,000	농산유통과	3	6	7	8	7	3	3	1
2045	대구광역시	대구반려동물·용품전 개최지원	20,000	농산유통과	3	1	7	8	7	1	1	1
2046	대구광역시	근로자의 날 행사보조	70,000	일자리노동정책과	3	4	7	8	7	1	1	1
2047	대구광역시	노사상생협력 벤치마킹	140,000	일자리노동정책과	3	4	7	8	7	1	1	1
2048	대구광역시	명장 작품전시회 지원	22,000	일자리노동정책과	3	4	7	8	7	1	1	1
2049	대구광역시	임신출산유아교육 용품전	15,000	국제통상과	3	1	7	8	7	1	1	1
2050	대구광역시	크리스마스페어	25,000	국제통상과	3	1	7	8	7	1	1	1
2051	대구광역시	대구공항 통합이전 사업 지원	200,000	공항정책과	3	4	4	1	7	5	1	1
2052	대구광역시	이통장 역량강화	27,000	자치행정과	3	4	7	8	7	1	1	1
2053	대구광역시	하나되는 세상을 꿈꾸다 행사	15,000	자치행정과	3	4	7	8	7	1	1	1
2054	대구광역시	대구자원봉사박람회	28,000	자치행정과	3	4	7	8	7	1	1	1
2055	대구광역시	대구자원봉사관리자워크숍	4,000	자치행정과	3	4	7	8	7	1	1	1
2056	대구광역시	정신건강 어울림 한마당 개최	100,000	건강증진과	3	2	4	7	7	1	1	1

순번	시군구	지출명 (사업명)	2021년예산 (단위:천원/1년간)	담당자 (공무원) 담당부서	민간이전 분류 (지방자치단체 세출예산 집행기준에 의거) 1. 민간경상사업보조(307-02) 2. 민간단체 법정운영비보조(307-03) 3. 민간행사사업보조(307-04) 4. 민간위탁금(307-05) 5. 사회복지시설 법정운영비보조(307-10) 6. 민간인위탁교육비(307-12) 7. 공기관등에대한경상적위탁사업비(308-11) 8. 민간자본사업보조,자체재원(402-01) 9. 민간자본사업보조,이전재원(402-02) 10. 민간위탁사업비(402-03) 11. 공기관등에 대한 자본적 대행사업비(403-02)	민간이전지출 근거 (지방보조금 관리기준 참고) 1. 법률에 규정 2. 국고보조 재원(국가지정) 3. 용도 지정 기부금 4. 조례에 직접규정 5. 지자체가 권장하는 사업을 하는 공공기관 6. 시,도 정책 및 재정사정 7. 기타 8. 해당없음	입찰방식 계약체결방법 (경쟁형태) 1. 일반경쟁 2. 제한경쟁 3. 지명경쟁 4. 수의계약 5. 법정위탁 6. 기타 ( ) 7. 해당없음	입찰방식 계약기간 1. 1년 2. 2년 3. 3년 4. 4년 5. 5년 6. 기타 ( )년 7. 단기계약 (1년미만) 8. 해당없음	입찰방식 낙찰자선정방법 1. 적격심사 2. 협상에의한계약 3. 최저가낙찰제 4. 규격가격분리 5. 2단계 경쟁입찰 6. 기타 ( ) 7. 해당없음	운영예산 산정 운영예산 산정 1. 내부산정 (지자체 자체적으로 산정) 2. 외부산정 (외부전문기관위탁 산정) 3. 내·외부 모두 산정 4. 산정 無 5. 해당없음	운영예산 산정 정산방법 1. 내부정산 (지자체 내부적으로 정산) 2. 외부정산 (외부전문기관위탁 정산) 3. 내·외부 모두 산정 4. 정산 無 5. 해당없음	성과평가 실시여부 1. 실시 2. 미실시 3. 향후 추진 4. 해당없음
2057	대구광역시	제29회 이용경기대회 행사지원	25,000	위생정책과	3	4	7	1	7	1	1	2
2058	대구광역시	제34회 미용경기대회 행사지원	70,000	위생정책과	3	4	7	1	7	1	1	2
2059	대구광역시	제11회 피부미용경기대회 행사지원	40,000	위생정책과	3	4	7	1	7	1	1	2
2060	대구광역시	제10회 대구커피&카페 박람회 지원	150,000	위생정책과	3	4	7	1	7	1	1	2
2061	대구광역시	제4회 대구커피&베이커리 축제 지원	70,000	위생정책과	3	4	7	1	7	1	1	2
2062	대구광역시	세계인의 날 기념 및 다문화축제	21,987	여성가족과	3	1	2	1	7	4	1	3
2063	대구광역시	외국인주민 화합 한마당 경연대회	7,000	여성가족과	3	1	4	1	7	4	1	3
2064	대구광역시	성년의 날 행사	5,000	청소년과	3	6	7	8	7	1	1	2
2065	대구광역시	청소년 행복페스티벌 개최	50,000	청소년과	3	6	7	8	7	1	1	2
2066	대구광역시	청소년 교류지원	10,000	청소년과	3	6	7	8	7	2	2	1
2067	대구광역시	유아차걷기캠페인	45,000	출산보육과	3	6	7	8	7	1	1	1
2068	대구광역시	새생명플러스사업	45,000	출산보육과	3	6	7	8	7	1	1	1
2069	대구광역시	형형색색 달구벌 관등놀이	500,000	문화예술정책과	3	1	2	7	2	1	1	1
2070	대구광역시	트리문화 행사	190,000	문화예술정책과	3	1	2	7	2	1	1	1
2071	대구광역시	대구국제바디페인팅축제 지원	298,500	관광과	3	1	7	8	7	1	1	1
2072	대구광역시	관광기념품공모전 지원	30,000	관광과	3	1	7	8	7	1	1	1
2073	대구광역시	생명사랑 환경행사 지원	21,000	환경정책과	3	6	7	8	7	1	1	1
2074	대구광역시	국내외 폐기물처리시설 견학	400,000	자원순환과	3	4	7	8	7	1	1	4
2075	대구광역시	주변영향지역 주민화합 체육행사 경비	250,000	자원순환과	3	4	7	8	7	1	1	4
2076	대구광역시	공원녹지포럼 개최	5,000	산림녹지과	3	6	6	8	6	1	1	1
2077	대구광역시	자전거타기 행사 지원(가족사랑 자전거타기 행사)	14,000	교통정책과	3	4	7	8	7	1	1	1
2078	대구광역시	자전거타기 행사 지원(자전거의날 자전거 대행진)	6,000	교통정책과	3	4	7	8	7	1	1	1
2079	대구광역시	달구벌 자전거 대행진	45,000	교통정책과	3	4	7	8	7	1	1	1
2080	대구 중구	국민운동단체활성화	1,500	행정지원과	3	4	7	8	7	1	1	1
2081	대구 중구	국민운동단체활성화	1,500	행정지원과	3	4	7	8	7	1	1	1
2082	대구 중구	국민운동단체활성화	1,500	행정지원과	3	4	7	8	7	1	1	1
2083	대구 중구	여성사회참여지원	4,000	복지정책과	3	4	7	8	7	3	1	4
2084	대구 중구	약령시축제	20,000	관광진흥과	3	4	7	8	7	5	2	1
2085	대구 중구	봉산미술제	10,000	문화교육과	3	4	7	8	7	1	1	1
2086	대구 중구	중구미술협회전	5,000	문화교육과	3	4	7	8	7	1	1	1
2087	대구 중구	동성로축제	20,000	문화교육과	3	4	7	8	7	1	1	1
2088	대구 중구	화교중화문화축제	20,000	문화교육과	3	4	7	8	7	1	1	1
2089	대구 중구	김광석노래부르기	132,000	문화교육과	3	4	7	8	7	1	1	1
2090	대구 중구	도심속문화마당	5,000	문화교육과	3	4	7	8	7	1	1	1
2091	대구 중구	문화가있는날매마토문화공연	40,000	문화교육과	3	4	1	1	1	1	1	1
2092	대구 중구	체육행사및각종대회지원	85,000	문화교육과	3	5	1	1	1	1	1	1
2093	대구 중구	패션주얼리축제	10,000	일자리경제과	3	1	7	8	7	1	1	1
2094	대구 중구	빨간구두이야기	23,500	일자리경제과	3	4	7	8	7	5	2	1
2095	대구 중구	서문시장축제지원	30,000	일자리경제과	3	2	7	8	7	5	2	2
2096	대구 중구	교동시장축제지원	10,000	일자리경제과	3	2	7	8	7	5	2	2
2097	대구 동구	최계란 선생 대구아리랑제	15,000	문화체육과	3	4	6	8	7	1	1	1
2098	대구 동구	정월대보름 달빛축제	10,000	문화체육과	3	4	6	8	7	1	1	1

순번	시군구	지출명 (사업명)	2021년예산 (단위:천원/1년간)	담당자 (공무원)	민간이전 분류 (지방자치단체 세출예산 집행기준에 의거)	민간이전지출 근거 (지방보조금 관리기준 참고)	입찰방식			운영예산 산정		성과평가 실시여부
				담당부서	1. 민간경상사업보조(307-02) 2. 민간단체 법정운영비보조(307-03) 3. 민간행사사업보조(307-04) 4. 민간위탁금(307-05) 5. 사회복지시설 법정운영비보조(307-10) 6. 민간인위탁교육비(307-12) 7. 공기관등에대한경상적위탁사업비(308-11) 8. 민간자본사업보조,자체재원(402-01) 9. 민간자본사업보조,이전재원(402-02) 10. 민간위탁사업비(402-03) 11. 공기관등에 대한 자본적 대행사업비(403-02)	1. 법률에 규정 2. 국고보조 재원(국가지정) 3. 용도 지정 기부금 4. 조례에 직접규정 5. 지자체가 권장하는 사업을 하는 공공기관 6. 시,도 정책 및 재정사정 7. 기타 8. 해당없음	계약체결방법 (경쟁형태) 1. 일반경쟁 2. 제한경쟁 3. 지명경쟁 4. 수의계약 5. 법정위탁 6. 기타 ( ) 7. 해당없음	계약기간 1. 1년 2. 2년 3. 3년 4. 4년 5. 5년 6. 기타 ( )년 7. 단기계약 (1년미만) 8. 해당없음	낙찰자선정방법 1. 적격심사 2. 협상에의한계약 3. 최저가낙찰제 4. 규격가격분리 5. 2단계 경쟁입찰 6. 기타 ( ) 7. 해당없음	운영예산 산정 1. 내부산정 (지자체 자체적으로 산정) 2. 외부산정 (외부전문기관위탁 산정) 3. 내·외부 모두 산정 4. 산정 無 5. 해당없음	정산방법 1. 내부정산 (지자체 내부적으로 정산) 2. 외부정산 (외부전문기관위탁 정산) 3. 내·외부 모두 산정 4. 정산 無 5. 해당없음	1. 실시 2. 미실시 3. 향후 추진 4. 해당없음
2099	대구 동구	선덕여왕 숭모재	6,000	관광과	3	4	6	8	7	1	1	1
2100	대구 동구	팔공산 벚꽃축제	30,000	관광과	3	4	6	8	7	1	1	1
2101	대구 동구	팔공산 단풍축제	30,000	관광과	3	4	6	8	7	1	1	1
2102	대구 동구	팔공산 동화천 한마당축제	5,000	관광과	3	4	6	8	7	1	1	1
2103	대구 동구	용암산성 옥샘문화제	5,000	관광과	3	4	6	8	7	1	1	1
2104	대구 동구	닭똥집명물거리 치맥페스티벌	85,000	경제정책과	3	6	7	8	7	5	1	2
2105	대구 동구	어르신한마음대축제	13,000	어르신장애인과	3	1	2	1	1	1	1	1
2106	대구 동구	여성 사회참여 지원 및 양성평등 문화 확산	5,000	여성청소년과	3	4	1	1	1	1	1	1
2107	대구 동구	청소년선도홍보 및 육성지도	4,000	여성청소년과	3	6	7	8	7	1	1	1
2108	대구 서구	구민축제	96,000	문화홍보과	3	4	2	7	2	1	1	1
2109	대구 서구	아이스축제	25,000	문화홍보과	3	4	6	7	1	1	1	1
2110	대구 서구	해맞이행사	15,000	문화홍보과	3	4	6	7	1	1	1	1
2111	대구 서구	서부시장 공동마케팅 지원	10,000	경제과	3	4	7	8	7	1	1	4
2112	대구 서구	어린이날 행사지원	5,000	복지정책과	3	5	7	8	7	1	1	1
2113	대구 남구	주민자치센터 프로그램 경연대회(동아리 준비금, 행사대행료, 보상금	16,900	행정지원과	3	4	7	8	7	1	1	4
2114	대구 남구	새마을운동 지도자 수련대회	7,350	행정지원과	3	4	7	8	7	1	1	4
2115	대구 남구	바르게살기운동 위원 수련대회	1,890	행정지원과	3	4	7	8	7	1	1	4
2116	대구 남구	구청장기 생활체육대회 운영(19개종목)	39,300	평생교육홍보과	3	5	6	1	1	1	1	1
2117	대구 남구	앞산사랑 가족건강 등산대회 운영	30,000	평생교육홍보과	3	5	6	1	1	1	1	1
2118	대구 남구	앞산 자락길 걷기 대회	15,000	평생교육홍보과	3	5	6	1	1	1	1	1
2119	대구 남구	어르신 생활체육대회 지원	5,000	평생교육홍보과	3	5	6	1	1	1	1	1
2120	대구 남구	대구시 생활체육대축전 지원	25,000	평생교육홍보과	3	5	6	1	1	1	1	1
2121	대구 남구	시 씨름왕 선발대회 지원	2,000	평생교육홍보과	3	5	6	1	1	1	1	1
2122	대구 남구	대명공연거리 제9회 로드페스티벌 행사 지원	30,000	문화관광과	3	7	7	8	7	1	1	2
2123	대구 남구	남구미술협회전	8,000	문화관광과	3	1	7	8	7	1	1	1
2124	대구 남구	대덕제 "대구 앞산 축제"	270,000	문화관광과	3	4	7	8	7	1	1	2
2125	대구 남구	신천음악버스킹	60,000	문화관광과	3	4	7	8	7	1	1	2
2126	대구 남구	2021 대구 할로윈 축제	50,000	문화관광과	3	4	7	8	7	5	5	4
2127	대구 남구	전통시장 활성화 이벤트 사업 지원	6,000	시장경제과	3	4	7	8	7	1	1	1
2128	대구 남구	이천동 마을축제 지원	15,000	도시재생과	3	2	1	7	1	1	1	3
2129	대구 남구	이팝꽃 축제	10,000	봉덕1동	3	4	7	8	7	5	5	4
2130	대구 남구	마을속으로 찾아가는 동네 예술단	3,000	봉덕2동	3	4	1	1	1	1	1	1
2131	대구 남구	공룡마을 장터	4,000	봉덕2동	3	4	1	1	1	1	1	1
2132	대구 남구	삼정골 자치 한마당 행사	10,000	봉덕3동	3	4	7	8	7	5	5	4
2133	대구 남구	물베기마을 세대화합 공감한마당 축제	10,000	대명2동	3	1	7	8	7	5	5	4
2134	대구 남구	종지골 마을축제	15,000	대명3동	3	1	7	8	7	5	5	4
2135	대구 남구	배수지 마을축제	12,000	대명5동	3	6	7	8	7	5	5	4
2136	대구 북구	자매결연단체 교류행사지원	15,000	총무과	3	4	1	1	1	1	1	1
2137	대구 북구	외국인주민행사지원	1,000	총무과	3	4	1	1	1	1	1	1
2138	대구 북구	지역사회복지사업추진	25,000	복지정책과	3	4	5	8	7	1	1	4
2139	대구 북구	국가유공자 지원	11,000	복지정책과	3	1	7	8	7	1	1	1
2140	대구 북구	보훈의 달 행사 지원	1,800	복지정책과	3	1	7	8	7	1	1	1

순번	시군구	지출명 (사업명)	2021년예산 (단위:천원/1년간)	담당자 (공무원) 담당부서	민간이전 분류 (지방자치단체 세출예산 집행기준에 의거) 1. 민간경상사업보조(307-02) 2. 민간단체 법정운영비보조(307-03) 3. 민간행사사업보조(307-04) 4. 민간위탁금(307-05) 5. 사회복지시설 법정운영비보조(307-10) 6. 민간인위탁교육비(307-12) 7. 공기관등에대한경상적위탁사업비(308-11) 8. 민간자본사업보조,자체재원(402-01) 9. 민간자본사업보조,이전재원(402-02) 10. 민간위탁사업비(402-03) 11. 공기관등에 대한 자본적 대행사업비(403-02)	민간이전지출 근거 (지방보조금 관리기준 참고) 1. 법률에 규정 2. 국고보조 재원(국가지정) 3. 용도 지정 기부금 4. 조례에 직접규정 5. 지자체가 권장하는 사업을 하는 공공기관 6. 시,도 정책 및 재정사정 7. 기타 8. 해당없음	입찰방식 계약체결방법 (경쟁형태) 1. 일반경쟁 2. 제한경쟁 3. 지명경쟁 4. 수의계약 5. 법정위탁 6. 기타 ( ) 7. 해당없음	입찰방식 계약기간 1. 1년 2. 2년 3. 3년 4. 4년 5. 5년 6. 기타 ( )년 7. 단기계약 (1년미만) 8. 해당없음	입찰방식 낙찰자선정방법 1. 적격심사 2. 협상에의한계약 3. 최저가낙찰제 4. 규격가격분리 5. 2단계 경쟁입찰 6. 기타 ( ) 7. 해당없음	운영예산 산정 운영예산 산정 1. 내부산정 (지자체 자체적으로 산정) 2. 외부산정 (외부전문기관위탁 산정) 3. 내·외부 모두 산정 4. 산정 無 5. 해당없음	운영예산 산정 정산방법 1. 내부정산 (지자체 내부적으로 정산) 2. 외부정산 (외부전문기관위탁 정산) 3. 내·외부 모두 산정 4. 정산 無 5. 해당없음	성과평가 실시여부 1. 실시 2. 미실시 3. 향후 추진 4. 해당없음
2141	대구 북구	어린이가 행복한 세상만들기	6,000	가족복지과	3	1	1	7	1	1	1	1
2142	대구 북구	새해 해맞이 행사	20,000	문화예술과	3	4	4	7	7	1	1	1
2143	대구 북구	통일기원단오제	3,000	문화예술과	3	4	7	8	7	5	5	4
2144	대구 북구	청소년문화페스티벌	4,000	평생교육과	3	1	7	8	7	5	5	4
2145	대구 북구	자매도시 청소년교류 문화체험	7,000	평생교육과	3	1	7	8	7	5	5	4
2146	대구 북구	대구시·구 씨름왕선발대회	20,000	체육진흥과	3	1	7	8	7	5	5	4
2147	대구 북구	구청장배 생활체육대회	56,000	체육진흥과	3	1	7	8	7	5	5	4
2148	대구 북구	북구사랑 마라톤대회	35,000	체육진흥과	3	1	7	8	7	5	5	4
2149	대구 북구	협회장기 생활체육대회	5,600	체육진흥과	3	1	7	8	7	5	5	4
2150	대구 북구	구청장배 유·청소년 생활체육대회	20,000	체육진흥과	3	1	7	8	7	5	5	4
2151	대구 북구	체육회장기 생활체육대회	6,000	체육진흥과	3	1	7	8	7	5	5	4
2152	대구 북구	북구체육인의 밤 행사	2,000	체육진흥과	3	1	7	8	7	5	5	4
2153	대구 북구	테니스대회	15,000	체육진흥과	3	1	7	8	7	5	5	4
2154	대구 수성구	청소년어울림마당 지원	32,000	교육지원과	3	2	6	1	6	5	1	2
2155	대구 수성구	통일로 가는 수성구민 화합한마당	25,000	행정지원과	3	7	7	8	7	3	1	1
2156	대구 수성구	북한이탈주민 합동 결혼식	15,000	행정지원과	3	7	7	8	7	3	1	1
2157	대구 수성구	뮤직수제맥주 페스티벌	50,000	문화예술과	3	4	7	8	7	1	1	1
2158	대구 수성구	영남제일관 문화행사	20,000	문화예술과	3	4	7	8	7	1	1	1
2159	대구 수성구	상화문학제	30,000	문화예술과	3	4	7	8	7	5	5	4
2160	대구 수성구	정월대보름 문화행사 지원	30,000	문화예술과	3	4	7	8	7	5	5	4
2161	대구 수성구	수성못 사생실기 및 미술공모대전	12,000	문화예술과	3	4	7	8	7	5	5	4
2162	대구 수성구	수성못 뮤지컬 프린지	110,000	문화예술과	3	1	6	7	6	1	1	1
2163	대구 수성구	고산서당 향사지원	2,000	문화예술과	3	4	7	8	7	5	5	4
2164	대구 수성구	이서공 향사 지원	3,000	문화예술과	3	4	7	8	7	5	5	4
2165	대구 수성구	여성복지 지원	7,000	청년여성가족과	3	6	7	8	7	5	5	4
2166	대구 수성구	수성구노인회 운영	34,700	복지정책과	3	1	7	8	7	1	1	1
2167	대구 수성구	장애인단체 지원	18,000	복지정책과	3	1	7	8	7	1	1	4
2168	대구 달서구	학산한마음축제	10,000	총무과	3	7	7	8	7	5	5	4
2169	대구 달서구	달서구민과 함께하는 통일음악회	10,000	총무과	3	1	7	8	7	5	5	4
2170	대구 달서구	와룡산 해맞이 행사	9,000	총무과	3	1	7	8	7	5	5	4
2171	대구 달서구	북한이탈주민 합동결혼식	2,000	총무과	3	1	7	8	7	5	5	4
2172	대구 달서구	달서가족공동체 사업	21,000	여성가족과	3	4	5	5	7	5	2	1
2173	대구 달서구	달서 하프마라톤 대회	150,000	문화체육관광과	3	4	7	8	7	5	5	4
2174	대구 달서구	생활체육대회	211,000	문화체육관광과	3	4	7	8	7	5	5	4
2175	대구 달서구	씨름왕 선발대회	14,500	문화체육관광과	3	4	7	8	7	5	5	4
2176	대구 달서구	한마음아트전시전 지원	5,000	문화체육관광과	3	1	7	1	7	1	1	1
2177	대구 달서구	전통문화정신 지원 사업	8,000	문화체육관광과	3	1	7	1	7	1	1	1
2178	대구 달서구	의병의 날 기념 향사례	11,000	문화체육관광과	3	1	7	1	7	1	1	1
2179	대구 달서구	대구데이페스티벌	10,000	문화체육관광과	3	1	7	8	7	5	5	4
2180	대구 달서구	두류문화한마당	21,000	문화체육관광과	3	1	7	1	7	1	1	1
2181	대구 달서구	와룡민속한마당	21,000	문화체육관광과	3	1	7	1	7	1	1	1
2182	대구 달서구	달배달맞이 축제	31,000	문화체육관광과	3	1	7	1	7	1	1	1

순번	시군구	지출명 (사업명)	2021년예산 (단위:천원/1년간)	담당자 (공무원) 담당부서	민간이전 분류 (지방자치단체 세출예산 집행기준에 의거) 1. 민간경상사업보조(307-02) 2. 민간단체 법정운영비보조(307-03) 3. 민간행사사업보조(307-04) 4. 민간위탁금(307-05) 5. 사회복지시설 법정운영비보조(307-10) 6. 민간인위탁교육비(307-12) 7. 공기관등에대한경상적위탁사업비(308-11) 8. 민간자본사업보조,자체재원(402-01) 9. 민간자본사업보조,이전재원(402-02) 10. 민간위탁사업비(402-03) 11. 공기관등에 대한 자본적 대행사업비(403-02)	민간이전지출 근거 (지방보조금 관리기준 참고) 1. 법률에 규정 2. 국고보조 재원(국가지정) 3. 용도 지정 기부금 4. 조례에 직접규정 5. 지자체가 권장하는 사업을 하는 공공기관 6. 시,도 정책 및 재정사정 7. 기타 8. 해당없음	입찰방식 계약체결방법 (경쟁형태) 1. 일반경쟁 2. 제한경쟁 3. 지명경쟁 4. 수의계약 5. 법정위탁 6. 기타 ( ) 7. 해당없음	입찰방식 계약기간 1. 1년 2. 2년 3. 3년 4. 4년 5. 5년 6. 기타 ( )년 7. 단기계약 (1년미만) 8. 해당없음	입찰방식 낙찰자선정방법 1. 적격심사 2. 협상에의한계약 3. 최저가낙찰제 4. 규격가격분리 5. 2단계 경쟁입찰 6. 기타 ( ) 7. 해당없음	운영예산 산정 운영예산 산정 1. 내부산정 (지자체 자체적으로 산정) 2. 외부산정 (외부전문기관위탁 산정) 3. 내·외부 모두 산정 4. 산정 無 5. 해당없음	운영예산 산정 정산방법 1. 내부정산 (지자체 내부적으로 정산) 2. 외부정산 (외부전문기관위탁 정산) 3. 내·외부 모두 산정 4. 정산 無 5. 해당없음	성과평가 실시여부 1. 실시 2. 미실시 3. 향후 추진 4. 해당없음
2183	대구 달서구	시 콘서트	15,000	문화체육관광과	3	1	7	1	7	1	1	1
2184	대구 달성군	새마을51주년기념식 및 한마음전진대회	9,000	자치행정과	3	1	5	8	7	5	1	1
2185	대구 달성군	달성군새마을지도자대회	2,000	자치행정과	3	1	5	8	7	5	1	1
2186	대구 달성군	바르게살기운동 회원전진대회	4,290	자치행정과	3	1	5	8	7	5	1	1
2187	대구 달성군	한국자유총연맹 사업실적 평가대회	1,270	자치행정과	3	1	5	8	7	5	1	1
2188	대구 달성군	이장 화합한마당 행사	10,000	자치행정과	3	4	5	8	7	5	1	1
2189	대구 달성군	대구시 이통장 체육대회 참가	3,000	자치행정과	3	4	5	8	7	5	1	1
2190	대구 달성군	사회적기업 지역특화 지원사업	23,937	일자리경제과	3	2	7	8	7	5	5	4
2191	대구 달성군	자연보호헌장 선포행사 지원	2,000	환경과	3	4	7	8	7	5	5	4
2192	대구 달성군	6.25전쟁 기념행사	14,850	복지정책과	3	1	7	8	7	1	1	1
2193	대구 달성군	장애인의 날 기념식 행사	1,350	희망지원과	3	4	7	8	7	1	1	1
2194	대구 달성군	어린이날 행사 지원	45,000	희망지원과	3	6	7	1	1	1	1	3
2195	대구 달성군	정월대보름 달맞이 기원제	80,000	문화체육과	3	5	4	1	7	1	1	1
2196	대구 달성군	군민체육대회	290,000	문화체육과	3	4	7	8	7	1	1	1
2197	대구 달성군	군수기타기 생활체육대회	120,000	문화체육과	3	4	7	8	7	1	1	1
2198	대구 달성군	달성비슬산배 전국동호인 테니스대회	30,000	문화체육과	3	4	7	8	7	1	1	1
2199	대구 달성군	달성 사문진, 송해공원 달빛 걷기대회	30,000	문화체육과	3	4	7	8	7	1	1	1
2200	대구 달성군	달성비슬산배 전국 파크골프 대회	30,000	문화체육과	3	4	7	8	7	1	1	1
2201	대구 달성군	비슬산 참꽃배 초청 족구대회	30,000	문화체육과	3	4	7	8	7	1	1	1
2202	대구 달성군	달성비슬산배 전국 사회인 야구대회	30,000	문화체육과	3	4	7	8	7	1	1	1
2203	대구 달성군	축구 스토브리그	60,000	문화체육과	3	4	7	8	7	1	1	1
2204	대구 달성군	달성비슬산배 OPEN 배드민턴 대회	30,000	문화체육과	3	4	7	8	7	1	1	1
2205	대구 달성군	사문진 강맥축제	220,000	관광과	3	4	7	8	7	5	5	4
2206	대구 달성군	농업경영인 총회	2,000	농촌지도과	3	1	7	8	7	1	1	1
2207	대구 달성군	농업경영인 수련대회	25,000	농촌지도과	3	1	7	8	7	1	1	1
2208	대구 달성군	농업 신기술발표회 참가	2,000	농촌지도과	3	1	7	8	7	1	1	1
2209	대구 달성군	청소년 교육행사 지원	5,400	농촌지도과	3	1	7	8	7	1	1	1
2210	대구 달성군	생활개선회 총회 및 리더십 함양교육	4,000	농촌지도과	3	1	7	8	7	1	1	1
2211	대구 달성군	농업인의 날 행사	50,000	농촌지도과	3	1	7	8	7	1	1	1
2212	대구 달성군	농특산물 쇼핑몰 판촉 행사지원	10,000	농촌지도과	3	1	7	8	7	1	1	1
2213	대구 달성군	군민의 날 행사 지원	29,700	화원읍	3	4	7	8	7	1	1	1
2214	대구 달성군	지역 체육 행사 지원	7,000	화원읍	3	4	7	8	7	1	1	1
2215	대구 달성군	해맞이 행사 지원	7,000	화원읍	3	7	7	8	7	1	1	1
2216	대구 달성군	군민의 날 행사지원 및 지역 체육행사 지원	32,700	논공읍	3	4	7	7	7	1	1	1
2217	대구 달성군	해맞이 행사 지원	5,000	논공읍	3	5	7	7	7	1	1	1
2218	대구 달성군	군민의 날 행사 지원	29,700	다사읍	3	7	7	8	7	1	1	1
2219	대구 달성군	지역 체육 행사 지원	3,000	다사읍	3	4	7	8	7	1	1	1
2220	대구 달성군	해맞이 행사 지원	7,000	다사읍	3	7	7	8	7	1	1	1
2221	대구 달성군	군민의 날 행사지원	29,700	유가읍	3	4	7	8	7	5	5	1
2222	대구 달성군	지역체육 행사지원	3,000	유가읍	3	4	7	8	7	5	5	1
2223	대구 달성군	달창지길 벚꽃축제 지원	15,000	유가읍	3	4	7	8	7	5	5	1
2224	대구 달성군	해맞이 행사지원	5,000	유가읍	3	4	7	8	7	5	5	1

순번	시군구	지출명 (사업명)	2021년예산 (단위:천원/1년간)	담당자 (공무원) 담당부서	민간이전 분류 (지방자치단체 세출예산 집행기준에 의거) 1. 민간경상사업보조(307-02) 2. 민간단체 법정운영비보조(307-03) 3. 민간행사사업보조(307-04) 4. 민간위탁금(307-05) 5. 사회복지시설 법정운영비보조(307-10) 6. 민간인위탁교육비(307-12) 7. 공기관등에대한경상적위탁사업비(308-11) 8. 민간자본사업보조,자체재원(402-01) 9. 민간자본사업보조,이전재원(402-02) 10. 민간위탁사업비(402-03) 11. 공기관등에 대한 자본적 대행사업비(403-02)	민간이전지출 근거 (지방보조금 관리기준 참고) 1. 법률에 규정 2. 국고보조 재원(국가지정) 3. 용도 지정 기부금 4. 조례에 직접규정 5. 지자체가 권장하는 사업을 하는 공공기관 6. 시,도 정책 및 재정사정 7. 기타 8. 해당없음	입찰방식 계약체결방법 (경쟁형태) 1. 일반경쟁 2. 제한경쟁 3. 지명경쟁 4. 수의계약 5. 법정위탁 6. 기타 ( ) 7. 해당없음	입찰방식 계약기간 1. 1년 2. 2년 3. 3년 4. 4년 5. 5년 6. 기타 ( )년 7. 단기계약 (1년미만) 8. 해당없음	입찰방식 낙찰자선정방법 1. 적격심사 2. 협상에의한계약 3. 최저가낙찰제 4. 규격가격분리 5. 2단계 경쟁입찰 6. 기타 ( ) 7. 해당없음	운영예산 산정 운영예산 산정 1. 내부산정 (지자체 자체적으로 산정) 2. 외부산정 (외부전문기관위탁 산정) 3. 내·외부 모두 산정 4. 산정 無 5. 해당없음	운영예산 산정 정산방법 1. 내부정산 (지자체 내부적으로 정산) 2. 외부정산 (외부전문기관위탁 정산) 3. 내·외부 모두 산정 4. 정산 無 5. 해당없음	성과평가 실시여부 1. 실시 2. 미실시 3. 향후 추진 4. 해당없음
2225	대구 달성군	군민의 날 행사 지원	29,700	옥포읍	3	7	7	8	7	1	1	1
2226	대구 달성군	지역 체육 행사 지원	4,000	옥포읍	3	4	7	8	7	1	1	1
2227	대구 달성군	해맞이 행사 지원	5,000	옥포읍	3	7	7	8	7	1	1	1
2228	대구 달성군	옥포읍민 벚꽃축제 지원	15,000	옥포읍	3	7	7	8	7	1	1	1
2229	대구 달성군	군민의 날 행사지원	29,700	현풍읍	3	4	7	8	7	1	1	1
2230	대구 달성군	지역체육행사지원	3,000	현풍읍	3	4	7	8	7	1	1	1
2231	대구 달성군	해맞이행사지원	5,000	현풍읍	3	7	7	8	7	1	1	1
2232	대구 달성군	군민의날 행사지원	29,700	가창면	3	4	7	8	7	1	1	1
2233	대구 달성군	지역 체육행사 지원	3,000	가창면	3	4	7	8	7	1	1	1
2234	대구 달성군	해맞이행사 지원	5,000	가창면	3	7	7	8	7	1	1	1
2235	대구 달성군	행복한 마을놀이터	3,000	가창면	3	7	7	8	7	1	1	1
2236	대구 달성군	군민의 날 행사 지원	29,700	구지면	3	4	7	8	7	1	1	1
2237	대구 달성군	지역체육행사 지원	3,000	구지면	3	4	7	8	7	1	1	1
2238	대구 달성군	해맞이 행사 지원	3,000	구지면	3	4	7	8	7	1	1	1
2239	대전광역시	농업인단체 대회 지원	15,570	농생명정책과	3	1	7	8	7	5	1	1
2240	대전광역시	과학마을 어울림마당	36,000	과학산업과	3	4	7	8	7	1	1	1
2241	대전광역시	시민과 함께하는 평화통일화합의 장	13,500	자치분권과	3	1	7	8	7	1	1	1
2242	대전광역시	통일강좌	1,539	자치분권과	3	1	7	8	7	1	1	1
2243	대전광역시	안보현장연수	1,260	자치분권과	3	1	7	8	7	1	1	1
2244	대전광역시	평화통일문화제	9,000	자치분권과	3	1	7	8	7	1	1	1
2245	대전광역시	어르신돌봄사업	16,200	자치분권과	3	1	7	8	7	1	1	1
2246	대전광역시	새마을의날 기념행사	8,910	자치분권과	3	1	7	8	7	1	1	1
2247	대전광역시	독서경진 대전예선대회	7,290	자치분권과	3	1	7	8	7	1	1	1
2248	대전광역시	전국바르게살기회원 대회지원	1,620	자치분권과	3	1	7	8	7	1	1	1
2249	대전광역시	합동위령제	3,564	자치분권과	3	1	7	8	7	1	1	1
2250	대전광역시	국민대통합 한마음대회	45,000	자치분권과	3	1	7	8	7	1	1	1
2251	대전광역시	전국청소년민속예술제 참가	25,000	문화예술정책과	3	4	7	8	7	1	1	1
2252	대전광역시	정월대보름행사	9,234	문화예술정책과	3	4	7	8	7	1	1	1
2253	대전광역시	대전전통민속놀이 공연	45,000	문화예술정책과	3	4	7	8	7	1	1	1
2254	대전광역시	한글날 기념 문화행사	45,000	문화예술정책과	3	4	7	8	7	1	1	1
2255	대전광역시	문화원의 날 행사	17,100	문화예술정책과	3	4	7	8	7	1	1	1
2256	대전광역시	대전인문학포럼	9,720	문화예술정책과	3	4	7	8	7	1	1	1
2257	대전광역시	어르신 문화프로그램 지원	27,000	문화예술정책과	3	4	7	8	7	1	1	1
2258	대전광역시	6대광역시 문화예술교류	13,500	문화예술정책과	3	4	7	8	7	1	1	1
2259	대전광역시	대전예술제	90,000	문화예술정책과	3	4	7	8	7	1	1	1
2260	대전광역시	대전예술인대회	27,000	문화예술정책과	3	4	7	8	7	1	1	1
2261	대전광역시	대전청년유니브연극제	49,500	문화예술정책과	3	4	7	8	7	1	1	1
2262	대전광역시	대전광역시 건축대전	13,500	문화예술정책과	3	4	7	8	7	1	1	1
2263	대전광역시	한밭전국백일장대회	9,720	문화예술정책과	3	4	7	8	7	1	1	1
2264	대전광역시	대전광역시 미술대전	64,323	문화예술정책과	3	4	7	8	7	1	1	1
2265	대전광역시	대전광역시 서예대전	5,832	문화예술정책과	3	4	7	8	7	1	1	1
2266	대전광역시	대전국제아트쇼	238,950	문화예술정책과	3	4	7	8	7	1	1	1

순번	시군구	지출명 (사업명)	2021년예산 (단위:천원/1년간)	담당자 (공무원) 담당부서	민간이전 분류 (지방자치단체 세출예산 집행기준에 의거) 1. 민간경상사업보조(307-02) 2. 민간단체 법정운영비보조(307-03) 3. 민간행사사업보조(307-04) 4. 민간위탁금(307-05) 5. 사회복지시설 법정운영비보조(307-10) 6. 민간인위탁교육비(307-12) 7. 공기관등에대한경상적위탁사업비(308-11) 8. 민간자본사업보조,자체재원(402-01) 9. 민간자본사업보조,이전재원(402-02) 10. 민간위탁사업비(402-03) 11. 공기관등에 대한 자본적 대행사업비(403-02)	민간이전지출 근거 (지방보조금 관리기준 참고) 1. 법률에 규정 2. 국고보조 재원(국가지정) 3. 용도 지정 기부금 4. 조례에 직접규정 5. 지자체가 권장하는 사업을 하는 공공기관 6. 시,도 정책 및 재정사정 7. 기타 8. 해당없음	입찰방식 계약체결방법 (경쟁형태) 1. 일반경쟁 2. 제한경쟁 3. 지명경쟁 4. 수의계약 5. 법정위탁 6. 기타 ( ) 7. 해당없음	계약기간 1. 1년 2. 2년 3. 3년 4. 4년 5. 5년 6. 기타 ( )년 7. 단기계약 (1년미만) 8. 해당없음	낙찰자선정방법 1. 적격심사 2. 협상에의한계약 3. 최저가낙찰제 4. 규격가격분리 5. 2단계 경쟁입찰 6. 기타 ( ) 7. 해당없음	운영예산 산정 운영예산 산정 1. 내부산정 (지자체 자체적으로 산정) 2. 외부산정 (외부전문기관위탁 산정) 3. 내·외부 모두 산정 4. 산정 無 5. 해당없음	정산방법 1. 내부정산 (지자체 내부적으로 정산) 2. 외부정산 (외부전문기관위탁 정산) 3. 내·외부 모두 산정 4. 정산 無 5. 해당없음	성과평가 실시여부 1. 실시 2. 미실시 3. 향후 추진 4. 해당없음
2267	대전광역시	대전서예 한마당	39,600	문화예술정책과	3	4	7	8	7	1	1	1
2268	대전광역시	이동훈미술상	24,300	문화예술정책과	3	4	7	8	7	1	1	1
2269	대전광역시	대전광역시 사진대전	13,500	문화예술정책과	3	4	7	8	7	1	1	1
2270	대전광역시	사진대전및촬영대회	18,000	문화예술정책과	3	4	7	8	7	1	1	1
2271	대전광역시	대전연극제	27,000	문화예술정책과	3	4	7	8	7	1	1	1
2272	대전광역시	대한민국연극제 참가	21,870	문화예술정책과	3	4	7	8	7	1	1	1
2273	대전광역시	대전광역시 청소년연극제	16,920	문화예술정책과	3	4	7	8	7	1	1	1
2274	대전광역시	창작희곡 작품공모	22,500	문화예술정책과	3	4	7	8	7	1	1	1
2275	대전광역시	전국무용제 참가	36,450	문화예술정책과	3	4	7	8	7	1	1	1
2276	대전광역시	전국학생무용경연대회	10,000	문화예술정책과	3	4	7	8	7	1	1	1
2277	대전광역시	대전광역시 무용제 및 시민무용축전	31,590	문화예술정책과	3	4	7	8	7	1	1	1
2278	대전광역시	대전 춤작가전	12,150	문화예술정책과	3	4	7	8	7	1	1	1
2279	대전광역시	춤으로 대전을 그리다 "대전십무"	45,000	문화예술정책과	3	4	7	8	7	1	1	1
2280	대전광역시	전국국악경연대회 및 시민국악축전	91,530	문화예술정책과	3	4	7	8	7	1	1	1
2281	대전광역시	한밭국악전국대회	72,000	문화예술정책과	3	4	7	8	7	1	1	1
2282	대전광역시	전국웃다리 풍물경연대회	24,000	문화예술정책과	3	4	7	8	7	1	1	1
2283	대전광역시	대전시민가요제	45,000	문화예술정책과	3	4	7	8	7	1	1	1
2284	대전광역시	대전청소년 음악제	63,000	문화예술정책과	3	4	7	8	7	1	1	1
2285	대전광역시	대전사랑 다문화국제페스티벌	6,500	문화예술정책과	3	4	7	8	7	1	1	1
2286	대전광역시	단재 신채호 민족 독립운동정신 계승 공연	150,000	문화예술정책과	3	4	7	8	7	1	1	1
2287	대전광역시	생활체육 종목별 전국대회 개최	364,600	체육진흥과	3	4	7	8	7	1	1	1
2288	대전광역시	전국생활체육대축전 참가	200,000	체육진흥과	3	4	7	8	7	1	1	1
2289	대전광역시	생활체육 종목별대회 개최 및 참가	379,791	체육진흥과	3	4	7	8	7	1	1	1
2290	대전광역시	대전시민 생활체육 대축전	212,000	체육진흥과	3	4	7	8	7	1	1	1
2291	대전광역시	(범시민) 우리산 등반대회	24,300	체육진흥과	3	4	7	8	7	1	1	1
2292	대전광역시	스포츠 7330 걷기대회	80,000	체육진흥과	3	4	7	8	7	1	1	1
2293	대전광역시	클럽대항 청소년 생활체육대회	40,500	체육진흥과	3	4	7	8	7	1	1	1
2294	대전광역시	유소년 축구대회	9,500	체육진흥과	3	4	7	8	7	1	1	1
2295	대전광역시	세대공감 생활체육 프로젝트	35,000	체육진흥과	3	4	7	8	7	1	1	1
2296	대전광역시	주민공동체 생활체육 리그운영	32,500	체육진흥과	3	4	7	8	7	1	1	1
2297	대전광역시	전국장애인체육대회 개최 및 참가	598,290	체육진흥과	3	4	7	8	7	1	1	1
2298	대전광역시	대전장애인 생활체육대회	69,000	체육진흥과	3	4	7	8	7	1	1	1
2299	대전광역시	전국대회 유치 및 개최	344,700	체육진흥과	3	1	7	8	7	1	1	1
2300	대전광역시	3대하천 마라톤대회	90,000	체육진흥과	3	1	7	8	7	1	1	1
2301	대전광역시	대전 마라톤대회	81,000	체육진흥과	3	1	7	8	7	1	1	1
2302	대전광역시	대청호 벚꽃길 마라톤대회	90,000	체육진흥과	3	1	7	8	7	1	1	1
2303	대전광역시	대청호 마라톤대회	90,000	체육진흥과	3	1	7	8	7	1	1	1
2304	대전광역시	박찬호배 전국리틀야구대회	145,800	체육진흥과	3	1	7	8	7	1	1	1
2305	대전광역시	국제스포츠교류	34,200	체육진흥과	3	1	7	8	7	1	1	1
2306	대전광역시	한일 청소년 스포츠교류	11,700	체육진흥과	3	1	7	8	7	1	1	1
2307	대전광역시	대전시민문화 연등축제	54,000	문화유산과	3	4	7	7	7	1	1	1
2308	대전광역시	성도절 문화예술제	4,050	문화유산과	3	4	7	7	7	1	1	1

순번	시군구	지출명 (사업명)	2021년예산 (단위:천원/1년간)	담당자 (공무원)	민간이전 분류 (지방자치단체 세출예산 집행기준에 의거)	민간이전지출 근거 (지방보조금 관리기준 참고)	입찰방식			운영예산 산정		성과평가 실시여부
				담당부서	1. 민간경상사업보조(307-02) 2. 민간단체 법정운영비보조(307-03) 3. 민간행사사업보조(307-04) 4. 민간위탁금(307-05) 5. 사회복지시설 법정운영비보조(307-10) 6. 민간인위탁교육비(307-12) 7. 공기관등에대한경상적위탁사업비(308-11) 8. 민간자본사업보조,자체재원(402-01) 9. 민간자본사업보조,이전재원(402-02) 10. 민간위탁사업비(402-03) 11. 공기관등에 대한 자본적 대행사업비(403-02)	1. 법률에 규정 2. 국고보조 재원(국가지정) 3. 용도 지정 기부금 4. 조례에 직접규정 5. 지자체가 권장하는 사업을 하는 공공기관 6. 시,도 정책 및 재정사정 7. 기타 8. 해당없음	계약체결방법 (경쟁형태) 1. 일반경쟁 2. 제한경쟁 3. 지명경쟁 4. 수의계약 5. 법정위탁 6. 기타 ( ) 7. 해당없음	계약기간 1. 1년 2. 2년 3. 3년 4. 4년 5. 5년 6. 기타 ( )년 7. 단기계약 (1년미만) 8. 해당없음	낙찰자선정방법 1. 적격심사 2. 협상에의한계약 3. 최저가낙찰제 4. 규격가격분리 5. 2단계 경쟁입찰 6. 기타 ( ) 7. 해당없음	운영예산 산정 1. 내부산정 (지자체 자체적으로 산정) 2. 외부산정 (외부전문기관위탁 산정) 3. 내·외부 모두 산정 4. 산정 無 5. 해당없음	정산방법 1. 내부정산 (지자체 내부적으로 정산) 2. 외부정산 (외부전문기관위탁 정산) 3. 내·외부 모두 산정 4. 정산 無 5. 해당없음	1. 실시 2. 미실시 3. 향후 추진 4. 해당없음
2309	대전광역시	성탄트리 시민한마음 예술제	45,000	문화유산과	3	1	7	7	7	1	1	1
2310	대전광역시	관광의 날 행사	4,536	관광마케팅과	3	4	4	7	7	1	1	1
2311	대전광역시	제14회 전국노인 자원봉사 대축제	2,700	노인복지과	3	1	7	8	7	1	1	1
2312	대전광역시	제49회 어버이날 행사	11,115	노인복지과	3	1	7	8	7	1	1	1
2313	대전광역시	제24회 노인의 날 기념행사	10,260	노인복지과	3	1	7	8	7	1	1	1
2314	대전광역시	제9회 전국노인 건강대축제	12,483	노인복지과	3	1	7	8	7	1	1	1
2315	대전광역시	정신건강증진시설 어울림한마당	7,290	건강보건과	3	1	7	8	7	1	1	1
2316	대전광역시	미용경연대회 개최	40,500	식의약안전과	3	4	7	8	7	1	1	4
2317	대전광역시	대전광역시 보육인 대회	9,000	가족돌봄과	3	4	7	1	7	1	1	1
2318	대전 동구	판암골 단오한마당 행사	13,000	관광문화체육과	3	4	7	8	7	1	1	1
2319	대전 동구	남간사, 문중사 제수비	2,000	관광문화체육과	3	4	7	8	7	1	1	1
2320	대전 동구	장승제, 탑제, 당산제 등	6,000	관광문화체육과	3	4	7	8	7	1	1	1
2321	대전 동구	대청호반 대보름 행사	4,000	관광문화체육과	3	4	7	8	7	1	1	1
2322	대전 동구	대전천 발원제	1,000	관광문화체육과	3	4	7	8	7	1	1	1
2323	대전 동구	산내공주말디딜방아뱅이 재연	14,000	관광문화체육과	3	6	7	8	7	1	1	1
2324	대전 동구	흥룡마을가마놀이 재연	14,000	관광문화체육과	3	6	7	8	7	1	1	1
2325	대전 동구	우암문화제 행사	42,000	관광문화체육과	3	6	7	8	7	1	1	1
2326	대전 동구	시장기 및 전국규모 각종 체육회대 출전	13,500	관광문화체육과	3	1	7	8	7	1	1	4
2327	대전 동구	어르신 생활체육대회 출전	2,900	관광문화체육과	3	1	7	8	7	1	1	4
2328	대전 동구	대전광역시 생활체육대회 출전	18,000	관광문화체육과	3	1	7	8	7	1	1	4
2329	대전 동구	구청장기 체육대회 개최	43,000	관광문화체육과	3	1	7	8	7	1	1	4
2330	대전 동구	대청호 벚꽃길 마라톤대회	20,000	관광문화체육과	3	1	7	8	7	1	1	4
2331	대전 동구	여성단체 지원	2,880	여성가족과	3	1	7	8	7	1	1	1
2332	대전 동구	어린이집연합회 지원	8,640	여성가족과	3	1	7	8	7	1	1	2
2333	대전 동구	지역아동센터 동구협의회 지원	3,680	여성가족과	3	7	7	8	7	5	1	4
2334	대전 동구	댐주변지역 지원사업	5,000	환경과	3	1	7	8	7	3	3	1
2335	대전 동구	대동 우리동네살리기 도시재생뉴딜사업 마을축제사업	20,000	혁신도시과	3	2	7	8	7	5	1	4
2336	대전 동구	가오 새텃말 살리기 도시재생 뉴딜사업 마을축제사업	40,000	혁신도시과	3	2	7	8	7	5	1	4
2337	대전 동구	새마을지도자 한마음다짐대회	2,700	총무과	3	1	7	8	7	1	1	1
2338	대전 동구	바르게살기운동 한마음다짐대회	2,700	총무과	3	1	7	8	7	1	1	1
2339	대전 동구	창계숭절사제향제	1,000	문화체육과	3	4	7	8	7	1	1	1
2340	대전 동구	단군대제	2,000	문화체육과	3	4	7	8	7	1	1	1
2341	대전 동구	대사동당산제	3,000	문화체육과	3	4	7	8	7	1	1	1
2342	대전 동구	태평동목신제	3,000	문화체육과	3	4	7	8	7	1	1	1
2343	대전 동구	부사동칠석제	3,000	문화체육과	3	4	7	8	7	1	1	1
2344	대전 동구	무수동산신제	3,000	문화체육과	3	4	7	8	7	1	1	1
2345	대전 동구	유천동거리제	3,000	문화체육과	3	4	7	8	7	1	1	1
2346	대전 동구	용두동용신제	3,000	문화체육과	3	4	7	8	7	1	1	1
2347	대전 동구	찾아가는 문화행사	150,000	문화체육과	3	4	7	8	7	1	1	4
2348	대전 동구	전통민속놀이 육성	42,000	문화체육과	3	4	7	8	7	1	1	4
2349	대전 동구	전국체전참가	2,000	문화체육과	3	1	7	7	7	1	1	1
2350	대전 동구	각급 종목별 체육대회 참가	50,000	문화체육과	3	1	7	7	7	1	1	1

순번	시군구	지출명 (사업명)	2021년예산 (단위:천원/1년간)	담당자 (공무원) 담당부서	민간이전 분류 (지방자치단체 세출예산 집행기준에 의거) 1. 민간경상사업보조(307-02) 2. 민간단체 법정운영비보조(307-03) 3. 민간행사사업보조(307-04) 4. 민간위탁금(307-05) 5. 사회복지시설 법정운영비보조(307-10) 6. 민간인위탁교육비(307-12) 7. 공기관등에대한경상적위탁사업비(308-11) 8. 민간자본사업보조,자체재원(402-01) 9. 민간자본사업보조,이전재원(402-02) 10. 민간위탁사업비(402-03) 11. 공기관등에 대한 자본적 대행사업비(403-02)	민간이전지출 근거 (지방보조금 관리기준 참고) 1. 법률에 규정 2. 국고보조 재원(국가지정) 3. 용도 지정 기부금 4. 조례에 직접규정 5. 지자체가 권장하는 사업을 하는 공공기관 6. 시,도 정책 및 재정사정 7. 기타 8. 해당없음	입찰방식 계약체결방법 (경쟁형태) 1. 일반경쟁 2. 제한경쟁 3. 지명경쟁 4. 수의계약 5. 법정위탁 6. 기타 ( ) 7. 해당없음	입찰방식 계약기간 1. 1년 2. 2년 3. 3년 4. 4년 5. 5년 6. 기타 ( )년 7. 단기계약 (1년미만) 8. 해당없음	입찰방식 낙찰자선정방법 1. 적격심사 2. 협상에의한계약 3. 최저가낙찰제 4. 규격가격분리 5. 2단계 경쟁입찰 6. 기타 ( ) 7. 해당없음	운영예산 산정 운영예산 산정 1. 내부산정 (지자체 자체적으로 산정) 2. 외부산정 (외부전문기관위탁 산정) 3. 내·외부 모두 산정 4. 산정 無 5. 해당없음	운영예산 산정 정산방법 1. 내부정산 (지자체 내부적으로 정산) 2. 외부정산 (외부전문기관위탁 정산) 3. 내·외부 모두 산정 4. 정산 無 5. 해당없음	성과평가 실시여부 1. 실시 2. 미실시 3. 향후 추진 4. 해당없음
2351	대전 동구	유소년 체육 꿈나무 육성	20,000	문화체육과	3	1	7	7	7	1	1	1
2352	대전 동구	국제휠체어마라톤대회 참가	1,200	문화체육과	3	1	7	7	7	1	1	1
2353	대전 동구	대전광역시 생활체육대회 참가	25,000	문화체육과	3	1	7	7	7	1	1	1
2354	대전 동구	대전광역시 어르신 생활체육대회 참가	5,000	문화체육과	3	1	7	7	7	1	1	1
2355	대전 동구	구청장기 생활체육대회	86,500	문화체육과	3	1	7	7	7	1	1	1
2356	대전 동구	장애인 체육대회 참가	4,000	문화체육과	3	1	7	7	7	1	1	1
2357	대전 동구	어버이날 행사	6,000	복지정책과	3	1	7	8	7	5	1	2
2358	대전 동구	노인의 날 행사	6,000	복지정책과	3	1	7	8	7	5	1	2
2359	대전 동구	경로당회장단 교육비	4,000	복지정책과	3	1	7	8	7	5	1	2
2360	대전 동구	장애인 흰지팡이의 날 행사	900	복지정책과	3	5	7	1	1	1	1	1
2361	대전 동구	장애인의 날 행사	6,300	복지정책과	3	5	7	1	1	1	1	1
2362	대전 동구	장애인 세상나들이 행사	5,000	복지정책과	3	5	7	1	1	1	1	1
2363	대전 동구	장애인 한마음대축제	4,000	복지정책과	3	5	7	1	1	1	1	1
2364	대전 동구	시각장애인 세상나들이 행사	2,500	복지정책과	3	5	7	1	1	1	1	1
2365	대전 동구	양성평등주간 기념식	7,000	여성가족과	3	1	7	8	7	1	3	1
2366	대전 동구	여성지도자 연수회	3,000	여성가족과	3	1	7	8	7	1	3	1
2367	대전 동구	보육인 안전관련 통합체험행사	6,000	여성가족과	3	1	7	8	7	1	1	1
2368	대전 동구	중구지역아동센터연합회 프로그램 발표회 지원	5,000	여성가족과	3	4	7	8	7	1	1	1
2369	대전 동구	대전광역시 농업경영인의 날 행사	1,000	경제기업과	3	7	7	8	7	5	5	4
2370	대전 동구	대전광역시 농업인의 날 행사	2,500	경제기업과	3	7	7	8	7	5	5	4
2371	대전 동구	농촌지도자 화합 전진대회	3,000	경제기업과	3	7	7	8	7	5	5	4
2372	대전 동구	자연보호협의회 한마음 다짐대회	1,350	환경과	3	1	7	1	7	1	1	1
2373	대전 동구	대전칼국수축제	100,000	위생과	3	7	7	8	7	1	2	1
2374	대전 동구	맞춤패션거리 축제 지원	19,000	도시활성화과	3	2	7	8	7	1	1	4
2375	대전 서구	주민자치센터 활성화	7,750	자치행정과	3	4	7	8	7	1	1	4
2376	대전 대덕구	전통민속놀이육성	28,000	문화관광체육과	3	1	7	8	7	1	1	2
2377	대전 대덕구	제21회대덕시낭송대회	5,000	문화관광체육과	3	1	7	8	7	1	1	2
2378	대전 대덕구	대청호대덕뮤직페스티벌행사개최	30,000	문화관광체육과	3	1	7	8	7	1	1	2
2379	대전 대덕구	동춘당문화제개최	80,000	문화관광체육과	3	1	7	8	7	1	1	2
2380	대전 대덕구	민속보존마을행사	22,100	문화관광체육과	3	1	7	8	7	1	1	2
2381	대전 대덕구	회덕향교석전대제	4,000	문화관광체육과	3	1	7	8	7	1	1	2
2382	대전 대덕구	e-스포츠대회개최	18,000	문화관광체육과	3	1	7	8	7	1	1	2
2383	대전 대덕구	대전시민생활체육대축전	20,000	문화관광체육과	3	1	7	8	7	1	1	2
2384	대전 대덕구	구청장기종목별생활체육대회개최	72,500	문화관광체육과	3	1	7	8	7	1	1	2
2385	대전 대덕구	대청호마라톤대회	63,000	문화관광체육과	3	1	7	8	7	1	1	2
2386	대전 대덕구	어르신생활체육시대회참가	5,000	문화관광체육과	3	1	7	8	7	1	1	2
2387	대전 대덕구	노인게이트볼교실운영	21,500	문화관광체육과	3	1	7	8	7	1	1	2
2388	대전 대덕구	실버댄스교실	2,474	문화관광체육과	3	1	7	8	7	1	1	2
2389	대전 대덕구	여성생활체육교실운영	3,600	문화관광체육과	3	1	7	8	7	1	1	2
2390	대전 대덕구	어린이및여성축구단운영	4,000	문화관광체육과	3	1	7	8	7	1	1	2
2391	대전 대덕구	생활체육어울림캠프	10,800	문화관광체육과	3	1	7	8	7	1	1	2
2392	대전 대덕구	대덕구청소년길거리농구대회	2,400	문화관광체육과	3	1	7	8	7	1	1	2

순번	시군구	지출명 (사업명)	2021년예산 (단위:천원/1년간)	담당자 (공무원) 담당부서	민간이전 분류 (지방자치단체 세출예산 집행기준에 의거) 1. 민간경상사업보조(307-02) 2. 민간단체 법정운영비보조(307-03) 3. 민간행사사업보조(307-04) 4. 민간위탁금(307-05) 5. 사회복지시설 법정운영비보조(307-10) 6. 민간인위탁교육비(307-12) 7. 공기관등에대한경상적위탁사업비(308-11) 8. 민간자본사업보조,자체재원(402-01) 9. 민간자본사업보조,이전재원(402-02) 10. 민간위탁사업비(402-03) 11. 공기관등에 대한 자본적 대행사업비(403-02)	민간이전지출 근거 (지방보조금 관리기준 참고) 1. 법률에 규정 2. 국고보조 재원(국가지정) 3. 용도 지정 기부금 4. 조례에 직접규정 5. 지자체가 권장하는 사업을 하는 공공기관 6. 시,도 정책 및 재정사정 7. 기타 8. 해당없음	입찰방식 계약체결방법 (경쟁형태) 1. 일반경쟁 2. 제한경쟁 3. 지명경쟁 4. 수의계약 5. 법정위탁 6. 기타 ( ) 7. 해당없음	입찰방식 계약기간 1. 1년 2. 2년 3. 3년 4. 4년 5. 5년 6. 기타 ( )년 7. 단기계약 (1년미만) 8. 해당없음	입찰방식 낙찰자선정방법 1. 적격심사 2. 협상에의한계약 3. 최저가낙찰제 4. 규격가격분리 5. 2단계 경쟁입찰 6. 기타 ( ) 7. 해당없음	운영예산 산정 운영예산 산정 1. 내부산정 (지자체 자체적으로 산정) 2. 외부산정 (외부전문기관위탁 산정) 3. 내·외부 모두 산정 4. 산정 無 5. 해당없음	운영예산 산정 정산방법 1. 내부정산 (지자체 내부적으로 정산) 2. 외부정산 (외부전문기관위탁 정산) 3. 내·외부 모두 산정 4. 정산 無 5. 해당없음	성과평가 실시여부 1. 실시 2. 미실시 3. 향후 추진 4. 해당없음
2393	대전 대덕구	생활체육지도자교육비지원	5,250	문화관광체육과	3	1	7	8	7	1	1	2
2394	대전 대덕구	게이트볼클럽리그전운영	3,500	문화관광체육과	3	1	7	8	7	1	1	2
2395	대전 대덕구	충청권여성축구초청대회	4,120	문화관광체육과	3	1	7	8	7	1	1	2
2396	대전 대덕구	생활체육한마음대축제	3,000	문화관광체육과	3	1	7	8	7	1	1	2
2397	대전 대덕구	종목별생활체육시대회참가	40,000	문화관광체육과	3	1	7	8	7	1	1	2
2398	대전 대덕구	구청장기장애인생활체육대회개최	6,000	문화관광체육과	3	1	7	8	7	1	1	2
2399	대전 대덕구	장애인전국대회참가지원	6,000	문화관광체육과	3	1	7	8	7	1	1	2
2400	대전 대덕구	장애인생활체육대회참가지원	13,720	문화관광체육과	3	1	7	8	7	1	1	2
2401	대전 대덕구	구민의날기념행사	70,000	문화관광체육과	3	1	7	8	7	1	1	2
2402	대전 대덕구	장애인 채용박람회	8,000	사회복지과	3	4	7	8	7	1	1	1
2403	부산 서구	현인가요제 및 송도바다축제 지원	70,000	문화관광과	3	1	7	8	7	5	5	4
2404	부산 서구	부산고등어축제 지원	80,000	문화관광과	3	1	7	8	7	5	5	4
2405	부산 서구	구덕골문화예술제지원	25,000	총무과	3	5	7	8	7	1	1	1
2406	부산 동구	장애인복지증진대회 지원	12,000	복지지원과	3	1	7	7	1	1	1	3
2407	부산 동구	장애인의 날 행사	2,000	복지지원과	3	1	7	7	1	1	1	3
2408	부산 영도구	부산시민체육대회 참가지원	16,000	행정지원과	3	1	7	8	7	1	1	4
2409	부산 영도구	영도구청장기 유소년 축구대회	8,500	행정지원과	3	1	7	8	7	1	1	4
2410	부산 영도구	구청장배 생활체육대회 지원	29,800	행정지원과	3	1	7	8	7	1	1	4
2411	부산 영도구	태종대 전국 혹서기 마라톤대회	3,000	행정지원과	3	1	7	8	7	1	1	4
2412	부산 영도구	부산시장기 체육행사 참가지원	6,000	행정지원과	3	1	7	8	7	1	1	4
2413	부산 진구	구민생활체육 육성지원	93,500	문화체육과	3	1	7	8	7	1	1	1
2414	부산 진구	서면메디컬스트리트 축제 개최 지원	20,000	관광과	3	7	7	8	7	5	5	4
2415	부산 진구	노인단체활동 및 행사지원	9,500	노인장애인복지과	3	1	7	8	7	1	1	1
2416	부산 동래구	유소년축구대회 지원	70,000	총무과	3	8	7	8	7	1	1	1
2417	부산 동래구	부산시민체육대회 지원	15,000	총무과	3	8	7	8	7	1	1	1
2418	부산 동래구	구청장기 생활체육대회 지원	36,500	총무과	3	8	7	8	7	1	1	1
2419	부산 동래구	동래구 오케스트라 운영	15,000	문화관광과	3	1	7	8	7	1	1	1
2420	부산 동래구	동래구 국악관현악단 운영	15,000	문화관광과	3	1	7	8	7	1	1	1
2421	부산 동래구	우하 박문하 문학상 운영	8,500	문화관광과	3	4	7	8	7	5	5	4
2422	부산 동래구	동래읍성역사축제 추진	440,000	문화관광과	3	4	5	8	7	1	1	1
2423	부산 동래구	동래3·1독립만세 재현 행사	20,000	문화관광과	3	4	5	8	7	1	1	1
2424	부산 동래구	동래줄다리기 전승·보전	5,000	문화관광과	3	4	5	8	7	1	1	1
2425	부산 동래구	전국향교 기로연 재현	6,000	문화관광과	3	4	7	8	7	1	1	1
2426	부산 동래구	전통예술경연대회 지원	4,000	문화관광과	3	4	7	8	7	1	1	1
2427	부산 동래구	동래민속예술축제 지원	5,000	문화관광과	3	4	7	8	7	1	1	1
2428	부산 동래구	임진동래의총 제향	5,000	문화관광과	3	4	7	8	7	1	1	1
2429	부산 동래구	장애인 문화체험나들이 지원	2,400	주민복지과	3	1	7	8	7	1	1	1
2430	부산 남구	구민참가 각종 대회 지원	64,000	문화관광체육과	3	1	7	8	7	1	1	1
2431	부산 남구	양성평등주간 행사 지원	1,500	여성아동과	3	4	7	8	7	5	1	1
2432	부산 남구	여성지도자 리더십 교육 지원	1,000	여성아동과	3	4	7	8	7	5	1	1
2433	부산 북구	부산국제어린이청소년영화제 북구 동시개최 지원	30,000	문화체육과	3	1	7	8	7	1	1	1
2434	부산 북구	어르신생활체육대회	2,000	문화체육과	3	1	7	8	7	4	1	1

순번	시군구	지출명 (사업명)	2021년예산 (단위:천원/1년간)	담당자 (공무원) 담당부서	민간이전 분류 (지방자치단체 세출예산 집행기준에 의거) 1. 민간경상사업보조(307-02) 2. 민간단체 법정운영비보조(307-03) 3. 민간행사사업보조(307-04) 4. 민간위탁금(307-05) 5. 사회복지시설 법정운영비보조(307-10) 6. 민간인위탁교육비(307-12) 7. 공기관등에대한경상적위탁사업비(308-11) 8. 민간자본사업보조,자체재원(402-01) 9. 민간자본사업보조,이전재원(402-02) 10. 민간위탁사업비(402-03) 11. 공기관등에 대한 자본적 대행사업비(403-02)	민간이전지출 근거 (지방보조금 관리기준 참고) 1. 법률에 규정 2. 국고보조 재원(국가지정) 3. 용도 지정 기부금 4. 조례에 직접규정 5. 지자체가 권장하는 사업을 하는 공공기관 6. 시,도 정책 및 재정사정 7. 기타 8. 해당없음	입찰방식 계약체결방법 (경쟁형태) 1. 일반경쟁 2. 제한경쟁 3. 지명경쟁 4. 수의계약 5. 법정위탁 6. 기타 ( ) 7. 해당없음	입찰방식 계약기간 1. 1년 2. 2년 3. 3년 4. 4년 5. 5년 6. 기타 ( )년 7. 단기계약 (1년미만) 8. 해당없음	입찰방식 낙찰자선정방법 1. 적격심사 2. 협상에의한계약 3. 최저가낙찰제 4. 규격가격분리 5. 2단계 경쟁입찰 6. 기타 ( ) 7. 해당없음	운영예산 산정 운영예산 산정 1. 내부산정 (지자체 자체적으로 산정) 2. 외부산정 (외부전문기관위탁 산정) 3. 내·외부 모두 산정 4. 산정 無 5. 해당없음	운영예산 산정 정산방법 1. 내부정산 (지자체 내부적으로 정산) 2. 외부정산 (외부전문기관위탁 정산) 3. 내·외부 모두 산정 4. 정산 無 5. 해당없음	성과평가 실시여부 1. 실시 2. 미실시 3. 향후 추진 4. 해당없음
2435	부산 북구	여성생활체육대회	2,000	문화체육과	3	1	7	8	7	4	1	1
2436	부산 북구	시대항전 참가	2,500	문화체육과	3	1	7	8	7	4	1	1
2437	부산 북구	시민생활체육대회	18,000	문화체육과	3	1	7	8	7	4	1	1
2438	부산 북구	구청장기 생활체육대회	45,000	문화체육과	3	1	7	8	7	4	1	1
2439	부산 북구	낙동강 구포나루 축제 개최	330,000	문화체육과	3	6	7	8	7	5	5	4
2440	부산 해운대구	대회개최 및 참가지원	160,285	소통협력과	3	1	5	1	7	1	1	1
2441	부산 해운대구	해운대 스프린트 트라이애슬론 개최 지원	200,000	소통협력과	3	6	7	1	7	2	3	1
2442	부산 해운대구	해운대북극곰축제 지원	20,000	관광문화과	3	4	7	8	7	1	1	1
2443	부산 해운대구	해운대달맞이온천축제 지원	12,000	관광문화과	3	4	7	8	7	1	1	1
2444	부산 해운대구	달맞이언덕인문학축제 지원	12,000	관광문화과	3	4	7	8	7	1	1	1
2445	부산 해운대구	동백섬문화관광축제 지원	7,000	관광문화과	3	4	7	8	7	1	1	1
2446	부산 해운대구	장산제 지원	3,500	관광문화과	3	4	7	8	7	1	1	1
2447	부산 해운대구	부산국제매직페스티벌 지원	12,000	관광문화과	3	4	7	8	7	1	1	1
2448	부산 해운대구	반송한마음축제 지원	7,000	관광문화과	3	4	7	8	7	1	1	1
2449	부산 해운대구	수영강변축제 지원	7,000	관광문화과	3	4	7	8	7	1	1	1
2450	부산 해운대구	송정해변축제 지원	7,000	관광문화과	3	4	7	8	7	1	1	1
2451	부산 해운대구	담안골문화축제 지원	7,000	관광문화과	3	4	7	8	7	1	1	1
2452	부산 해운대구	재송포축제 지원	9,000	관광문화과	3	4	7	8	7	1	1	1
2453	부산 해운대구	좌동문화축제 지원	7,000	관광문화과	3	4	7	8	7	1	1	1
2454	부산 해운대구	민간문화예술행사 지원	14,500	관광문화과	3	4	7	8	7	1	1	1
2455	부산 해운대구	생활문화동아리 지원	23,000	관광문화과	3	4	7	8	7	1	1	4
2456	부산 해운대구	보훈단체 전적지 순례지원 등	4,600	복지정책과	3	1	7	8	7	1	1	1
2457	부산 사하구	하단포구 웅어축제	10,000	경제진흥과	3	6	7	8	7	1	1	4
2458	부산 사하구	감천문화마을 골목축제	110,000	도시재생과	3	7	7	1	7	1	1	1
2459	부산 금정구	구청장기 체육대회 지원	44,000	총무과	3	1	7	8	7	5	1	1
2460	부산 금정구	부산시민체육대회 지원	20,000	총무과	3	1	7	8	7	5	1	1
2461	부산 금정구	시장기 체육대회 참가 지원	4,000	총무과	3	1	7	8	7	5	1	1
2462	부산 금정구	여성 생활체육대회 지원	3,000	총무과	3	1	7	8	7	5	1	1
2463	부산 금정구	어르신 생활체육대회 지원	3,000	총무과	3	1	7	8	7	5	1	1
2464	부산 금정구	공공스포츠클럽 지원	6,000	총무과	3	1	7	8	7	5	1	1
2465	부산 금정구	정월대보름맞이 행사	21,000	문화관광과	3	1	4	1	6	3	1	4
2466	부산 금정구	찾아가는 문화예술 활동 지원	10,000	문화관광과	3	1	4	1	6	3	1	4
2467	부산 금정구	현충일 기념행사	2,000	사회복지과	3	1	7	8	7	1	1	1
2468	부산 금정구	노인생활체육대회 참가지원	4,500	사회복지과	3	7	7	8	7	1	1	1
2469	부산 금정구	노사정 화합 한마당행사	4,000	일자리경제과	3	4	7	8	7	1	1	1
2470	부산 강서구	강서문화원 사업지원	9,000	문화체육과	3	1	7	8	7	1	1	1
2471	부산 강서구	문화예술 행사개최	12,000	문화체육과	3	7	7	8	7	1	1	4
2472	부산 강서구	합창단 정기연주회	10,000	문화체육과	3	7	7	8	7	1	1	4
2473	부산 강서구	강서낙동강30리 벚꽃 축제	280,000	문화체육과	3	4	7	8	7	1	1	1
2474	부산 강서구	생활체육대회 지원	13,775	문화체육과	3	1	7	5	7	5	5	4
2475	부산 강서구	구청장기 동호인 체육대회 지원	35,000	문화체육과	3	1	7	5	7	5	5	4
2476	부산 강서구	구청장배 부산시 그라운드 골프대회	7,000	문화체육과	3	1	7	5	7	5	5	4

순번	시군구	지출명 (사업명)	2021년예산 (단위:천원/1년간)	담당자 (공무원) 담당부서	민간이전 분류 (지방자치단체 세출예산 집행기준에 의거) 1. 민간경상사업보조(307-02) 2. 민간단체 법정운영비보조(307-03) 3. 민간행사사업보조(307-04) 4. 민간위탁금(307-05) 5. 사회복지시설 법정운영비보조(307-10) 6. 민간인위탁교육비(307-12) 7. 공기관등에대한경상적위탁사업비(308-11) 8. 민간자본사업보조,자체재원(402-01) 9. 민간자본사업보조,이전재원(402-02) 10. 민간위탁사업비(402-03) 11. 공기관등에 대한 자본적 대행사업비(403-02)	민간이전지출 근거 (지방보조금 관리기준 참고) 1. 법률에 규정 2. 국고보조 재원(국가지정) 3. 용도 지정 기부금 4. 조례에 직접규정 5. 지자체가 권장하는 사업을 하는 공공기관 6. 시,도 정책 및 재정사정 7. 기타 8. 해당없음	입찰방식 계약체결방법 (경쟁형태) 1. 일반경쟁 2. 제한경쟁 3. 지명경쟁 4. 수의계약 5. 법정위탁 6. 기타 ( ) 7. 해당없음	입찰방식 계약기간 1. 1년 2. 2년 3. 3년 4. 4년 5. 5년 6. 기타 ( )년 7. 단기계약 (1년미만) 8. 해당없음	입찰방식 낙찰자선정방법 1. 적격심사 2. 협상에의한계약 3. 최저가낙찰제 4. 규격가격분리 5. 2단계 경쟁입찰 6. 기타 ( ) 7. 해당없음	운영예산 산정 운영예산 산정 1. 내부산정 (지자체 자체적으로 산정) 2. 외부산정 (외부전문기관위탁 산정) 3. 내·외부 모두 산정 4. 산정 無 5. 해당없음	운영예산 산정 정산방법 1. 내부정산 (지자체 내부적으로 정산) 2. 외부정산 (외부전문기관위탁 정산) 3. 내·외부 모두 산정 4. 정산 無 5. 해당없음	성과평가 실시여부 1. 실시 2. 미실시 3. 향후 추진 4. 해당없음
2477	부산 강서구	구청장기 태권도대회 지원	10,000	문화체육과	3	1	7	5	7	5	5	4
2478	부산 강서구	구청장기 초중등부 축구대회	14,000	문화체육과	3	1	7	5	7	5	5	4
2479	부산 강서구	구청장기 배드민턴대회	5,000	문화체육과	3	1	7	5	7	5	5	4
2480	부산 강서구	구청장기 어르신종목대회	5,000	문화체육과	3	1	7	5	7	5	5	4
2481	부산 강서구	구청장기 테니스대회	3,000	문화체육과	3	1	7	5	7	5	5	4
2482	부산 강서구	구청장기 골프대회	15,000	문화체육과	3	1	7	5	7	5	5	4
2483	부산 강서구	시민생활 체육대회 지원	22,800	문화체육과	3	1	7	5	7	5	5	4
2484	부산 강서구	종목별 시 및 전국대회 지원	13,000	문화체육과	3	1	7	5	7	5	5	4
2485	부산 강서구	장애인복지계정	5,000	주민복지과	3	4	7	8	7	1	1	1
2486	부산 강서구	노인체육대회	25,000	생활지원과	3	1	7	8	7	5	1	1
2487	부산 강서구	가덕도대구축제	40,000	해양수산과	3	4	7	8	7	1	1	1
2488	부산 강서구	대저토마토 축제	40,000	농산과	3	7	7	8	7	1	1	3
2489	부산 강서구	동민 체육대회	8,100	대저1동	3	1	7	8	7	5	5	4
2490	부산 강서구	동민 체육대회 지원	8,100	대저2동	3	4	7	1	7	1	1	1
2491	부산 강서구	동민 체육대회 지원	9,000	강동동	3	4	7	8	7	1	1	1
2492	부산 강서구	동민 체육대회 지원	6,300	가락동	3	1	7	8	7	1	1	1
2493	부산 강서구	동민 체육대회 지원	11,000	명지1동	3	4	7	1	7	5	1	4
2494	부산 강서구	동민 체육대회 지원	11,000	명지2동	3	4	7	1	7	5	1	4
2495	부산 강서구	동민 체육대회 지원	10,800	녹산동	3	1	7	1	7	5	1	1
2496	부산 강서구	가덕도동 동민 체육대회	7,000	가덕도동	3	4	7	7	7	1	1	1
2497	부산 연제구	지역아동센터 운영지원	13,800	가정복지과	3	2	7	8	7	1	1	1
2498	부산 연제구	지역축제	280,000	문화체육과	3	4	7	8	7	1	1	1
2499	부산 연제구	구청장기 태권도대회 지원	6,000	문화체육과	3	1	7	8	7	1	1	1
2500	부산 연제구	구청장기 축구대회 지원	5,000	문화체육과	3	1	7	8	7	1	1	1
2501	부산 연제구	구청장기 테니스대회 지원	3,500	문화체육과	3	1	7	8	7	1	1	1
2502	부산 연제구	구청장기 배드민턴대회 지원	4,000	문화체육과	3	1	7	8	7	1	1	1
2503	부산 연제구	구청장기 탁구대회 지원	3,500	문화체육과	3	1	7	8	7	1	1	1
2504	부산 연제구	구청장기 족구대회 지원	8,500	문화체육과	3	1	7	8	7	1	1	1
2505	부산 연제구	구청장기 국학기공대회 지원	2,500	문화체육과	3	1	7	8	7	1	1	1
2506	부산 연제구	구청장기 볼링대회 지원	4,000	문화체육과	3	1	7	8	7	1	1	1
2507	부산 연제구	구청장기 합기도대회 지원	2,500	문화체육과	3	1	7	8	7	1	1	1
2508	부산 연제구	부산시민체육대회 참가지원	19,000	문화체육과	3	1	7	8	7	1	1	1
2509	부산 연제구	부산광역시장기 씨름왕 선발대회 참가지원	1,200	문화체육과	3	1	7	8	7	1	1	1
2510	부산 연제구	부산광역시장기 게이트볼대회 참가지원	2,000	문화체육과	3	1	7	8	7	1	1	1
2511	부산 연제구	부산광역시장기 축구대회 참가지원	1,000	문화체육과	3	1	7	8	7	1	1	1
2512	부산 연제구	어르신생활체육대회 참가지원	2,500	문화체육과	3	1	7	8	7	1	1	1
2513	부산 연제구	여성생활체육대회 참가지원	2,500	문화체육과	3	1	7	8	7	1	1	1
2514	부산 연제구	전국단위 체육대회 참가지원	1,500	문화체육과	3	1	7	8	7	1	1	1
2515	부산 연제구	도시농업 활성화 지원사업	35,000	일자리경제과	3	1	7	8	7	5	5	4
2516	부산 연제구	구정 주요행사 개최	2,000	자치지원과	3	7	7	8	7	1	1	1
2517	부산 수영구	광안리어방축제	775,300	문화관광과	3	4	2	7	2	5	1	1
2518	부산 수영구	광대연극제 개최 지원	65,000	문화관광과	3	4	7	8	7	5	1	1

순번	시군구	지출명 (사업명)	2021년예산 (단위:천원/1년간)	담당자 (공무원) 담당부서	민간이전 분류 (지방자치단체 세출예산 집행기준에 의거) 1. 민간경상사업보조(307-02) 2. 민간단체 법정운영비보조(307-03) 3. 민간행사사업보조(307-04) 4. 민간위탁금(307-05) 5. 사회복지시설 법정운영비보조(307-10) 6. 민간인위탁교육비(307-12) 7. 공기관등에대한경상적위탁사업비(308-11) 8. 민간자본사업보조,자체재원(402-01) 9. 민간자본사업보조,이전재원(402-02) 10. 민간위탁사업비(402-03) 11. 공기관등에 대한 자본적 대행사업비(403-02)	민간이전지출 근거 (지방보조금 관리기준 참고) 1. 법률에 규정 2. 국고보조 재원(국가지정) 3. 용도 지정 기부금 4. 조례에 직접규정 5. 지자체가 권장하는 사업을 하는 공공기관 6. 시,도 정책 및 재정사정 7. 기타 8. 해당없음	입찰방식 계약체결방법 (경쟁형태) 1. 일반경쟁 2. 제한경쟁 3. 지명경쟁 4. 수의계약 5. 법정위탁 6. 기타 ( ) 7. 해당없음	입찰방식 계약기간 1. 1년 2. 2년 3. 3년 4. 4년 5. 5년 6. 기타 ( )년 7. 단기계약 (1년미만) 8. 해당없음	입찰방식 낙찰자선정방법 1. 적격심사 2. 협상에의한계약 3. 최저가낙찰제 4. 규격가격분리 5. 2단계 경쟁입찰 6. 기타 ( ) 7. 해당없음	운영예산 산정 운영예산 산정 1. 내부산정 (지자체 자체적으로 산정) 2. 외부산정 (외부전문기관위탁 산정) 3. 내·외부 모두 산정 4. 산정 無 5. 해당없음	운영예산 산정 정산방법 1. 내부정산 (지자체 내부적으로 정산) 2. 외부정산 (외부전문기관위탁 정산) 3. 내·외부 모두 산정 4. 정산 無 5. 해당없음	성과평가 실시여부 1. 실시 2. 미실시 3. 향후 추진 4. 해당없음
2519	부산 수영구	수영전통달집놀이 개최지원	16,000	문화관광과	3	4	7	8	7	1	1	1
2520	부산 수영구	2022 카운트다운부산	100,000	문화관광과	3	4	7	8	7	5	1	1
2521	부산 사상구	장애인 걷기 교실 지원	2,000	문화체육과	3	1	7	8	7	1	1	1
2522	부산 사상구	구민 걷기대회 지원	10,000	문화체육과	3	1	7	8	7	1	1	1
2523	부산 사상구	구청장기 체육대회 지원	37,760	문화체육과	3	1	7	8	7	1	1	1
2524	부산 사상구	문화가 있는 날 운영	10,000	문화체육과	3	6	7	8	7	1	1	1
2525	부산 사상구	권역별 문화예술 공연 지원	60,000	문화체육과	3	4	7	8	7	1	1	1
2526	부산 사상구	정월대보름 달집놀이	38,000	문화체육과	3	4	7	8	7	1	1	1
2527	부산 사상구	사상강변축제	280,000	문화체육과	3	4	7	8	7	1	1	1
2528	부산 사상구	사상 반려동물 축제 지원	25,000	일자리경제과	3	6	7	8	7	1	1	1
2529	부산 사상구	청소년예술제 개최	10,000	아동청소년과	3	1	7	8	7	5	1	1
2530	부산 사상구	청소년교류캠프 개최	10,000	아동청소년과	3	1	7	8	7	5	1	1
2531	부산 기장군	이반장 지원	19,500	행정지원과	3	4	7	8	7	5	5	4
2532	부산 기장군	주민자치회 활성화	5,000	행정지원과	3	4	7	8	7	5	5	4
2533	부산 기장군	주민자치위원 화합 한마당 대회	10,000	행정지원과	3	4	7	8	7	5	5	4
2534	부산 기장군	새마을가족 한마음 체육대회	10,000	행정지원과	3	1	4	1	7	1	1	1
2535	부산 기장군	정관 생태하천 학습문화 대축제 지원	150,000	인재양성과	3	4	6	1	6	1	1	1
2536	부산 기장군	보훈단체 및 회원 지원	3,000	복지정책과	3	1	7	8	7	1	1	1
2537	부산 기장군	어르신 한마당 축제 운영	150,000	행복나눔과	3	4	7	7	7	3	2	4
2538	부산 기장군	양성평등기념식 및 여성어울림체육대회	23,000	행복나눔과	3	1	7	8	7	1	1	1
2539	부산 기장군	장애인 복지증진대회	30,000	행복나눔과	3	1	7	8	7	1	1	4
2540	부산 기장군	기장갯마을 축제 개최	70,000	문화관광과	3	4	7	8	7	1	1	1
2541	부산 기장군	낭만가요제 개최	18,000	문화관광과	3	4	7	8	7	1	1	1
2542	부산 기장군	차성문화제 지원	290,000	문화관광과	3	4	7	8	7	1	1	1
2543	부산 기장군	기장임랑썸머뮤직페스티벌 지원	200,000	문화관광과	3	4	7	8	7	1	1	1
2544	부산 기장군	생활체육대회 지원	184,800	문화관광과	3	4	7	8	7	5	1	2
2545	부산 기장군	생활체육프로그램 운영	14,440	문화관광과	3	4	7	8	7	5	1	2
2546	부산 기장군	그라운드골프협회지원	5,000	문화관광과	3	4	7	8	7	5	5	4
2547	부산 기장군	전국동호인 테니스대회	15,000	문화관광과	3	4	7	8	7	5	5	4
2548	부산 기장군	배드민턴대회	25,000	문화관광과	3	4	7	8	7	5	5	4
2549	부산 기장군	전국 족구대회	20,000	문화관광과	3	4	7	8	7	5	5	4
2550	부산 기장군	기장군 게이트볼협회 친선경기대회	4,000	문화관광과	3	4	7	8	7	5	5	4
2551	부산 기장군	전국 배구대회	36,000	문화관광과	3	4	7	8	7	5	5	4
2552	부산 기장군	기장군수배 태권도대회	30,000	문화관광과	3	4	7	8	7	5	5	4
2553	부산 기장군	기장 멸치 마라톤 대회	15,000	문화관광과	3	4	7	8	7	5	5	4
2554	부산 기장군	기장군축구협회 지원	25,000	문화관광과	3	4	7	8	7	5	5	4
2555	부산 기장군	기장군수배 씨름대회	10,000	문화관광과	3	4	7	8	7	5	5	4
2556	부산 기장군	전국 댄스스포츠경기대회	5,000	문화관광과	3	4	7	8	7	5	5	4
2557	부산 기장군	U-15 전국유소년야구대회	264,000	문화관광과	3	7	7	8	2	5	5	1
2558	부산 기장군	전통시장 활성화	48,000	일자리경제과	3	1	7	8	7	5	1	1
2559	부산 기장군	농업인의 날 행사지원	5,000	친환경농업과	3	4	7	8	7	5	5	4
2560	부산 기장군	기장쪽파 파전 홍보행사 지원	15,000	친환경농업과	3	4	7	8	7	5	5	4

순번	시군구	지출명 (사업명)	2021년예산 (단위:천원/1년간)	담당자 (공무원) 담당부서	민간이전 분류 (지방자치단체 세출예산 집행기준에 의거) 1. 민간경상사업보조(307-02) 2. 민간단체 법정운영비보조(307-03) 3. 민간행사사업보조(307-04) 4. 민간위탁금(307-05) 5. 사회복지시설 법정운영비보조(307-10) 6. 민간인위탁교육비(307-12) 7. 공기관등에대한경상적위탁사업비(308-11) 8. 민간자본사업보조,자체재원(402-01) 9. 민간자본사업보조,이전재원(402-02) 10. 민간위탁사업비(402-03) 11. 공기관등에 대한 자본적 대행사업비(403-02)	민간이전지출 근거 (지방보조금 관리기준 참고) 1. 법률에 규정 2. 국고보조 재원(국가지정) 3. 용도 지정 기부금 4. 조례에 직접규정 5. 지자체가 권장하는 사업을 하는 공공기관 6. 시,도 정책 및 재정사정 7. 기타 8. 해당없음	입찰방식: 계약체결방법 (경쟁형태) 1. 일반경쟁 2. 제한경쟁 3. 지명경쟁 4. 수의계약 5. 법정위탁 6. 기타 ( ) 7. 해당없음	입찰방식: 계약기간 1. 1년 2. 2년 3. 3년 4. 4년 5. 5년 6. 기타 ( )년 7. 단기계약 (1년미만) 8. 해당없음	입찰방식: 낙찰자선정방법 1. 적격심사 2. 협상에의한계약 3. 최저가낙찰제 4. 규격가격분리 5. 2단계 경쟁입찰 6. 기타 ( ) 7. 해당없음	운영예산 산정: 운영예산 산정 1. 내부산정 (지자체 자체적으로 산정) 2. 외부산정 (외부전문기관위탁 산정) 3. 내·외부 모두 산정 4. 산정 無 5. 해당없음	운영예산 산정: 정산방법 1. 내부정산 (지자체 내부적으로 정산) 2. 외부정산 (외부전문기관위탁 정산) 3. 내·외부 모두 산정 4. 정산 無 5. 해당없음	성과평가 실시여부 1. 실시 2. 미실시 3. 향후 추진 4. 해당없음
2561	부산 기장군	기장 꽃 잔치·홍보행사	50,000	친환경농업과	3	4	7	8	7	5	5	4
2562	부산 기장군	철마한우불고기축제 지원	80,000	친환경농업과	3	4	7	8	7	5	5	4
2563	부산 기장군	기장군 전통 풍어제 행사 지원	30,000	해양수산과	3	4	7	8	7	1	1	3
2564	부산 기장군	기장멸치축제	100,000	해양수산과	3	4	7	8	7	1	1	3
2565	부산 기장군	기장붕장어축제	50,000	해양수산과	3	4	7	8	7	1	1	3
2566	부산 기장군	기장 미역·다시마 축제	60,000	해양수산과	3	4	7	8	7	5	1	3
2567	부산 기장군	읍민 체육대회	35,000	기장읍	3	1	7	8	7	5	5	4
2568	부산 기장군	읍민 체육대회	25,000	장안읍	3	4	6	7	7	1	1	3
2569	부산 기장군	읍민 체육대회	30,000	정관읍	3	4	7	8	7	5	5	4
2570	부산 기장군	광복기념 읍민친선 족구대회	20,000	정관읍	3	4	7	8	7	5	5	4
2571	부산 기장군	면민 체육대회	25,000	일광면	3	4	7	8	7	5	5	4
2572	부산 기장군	면민체육대회	25,000	철마면	3	4	7	8	7	5	5	4
2573	울산광역시	웰빙라이프 울산 행사지원	100,000	식의약안전과	3	1	7	8	7	1	1	1
2574	울산광역시	미용경연대회 행사지원	30,000	식의약안전과	3	1	7	8	7	1	1	1
2575	울산광역시	피부미용경연대회 행사지원	10,000	식의약안전과	3	1	7	8	7	1	1	3
2576	울산광역시	떡류식품체험관운영	5,000	식의약안전과	3	1	7	8	7	1	1	3
2577	울산광역시	수산인의 날 행사	30,000	해양항만수산과	3	4	7	8	7	1	1	1
2578	울산광역시	관광의 날	15,000	관광진흥과	3	7	7	8	7	1	1	4
2579	울산광역시	울산산업골든벨 지원	60,000	미래신산업과	3	1	7	8	7	5	5	4
2580	울산광역시	내향적국제화	5,000	여성가족청소년과	3	4	7	8	7	1	1	2
2581	울산광역시	내향적국제화	15,000	여성가족청소년과	3	4	7	8	7	1	1	2
2582	울산광역시	통일정세 심포지엄	15,000	시민소통협력과	3	4	7	8	7	1	1	4
2583	울산광역시	북한이탈주민과 함께하는 통일한마당	20,000	시민소통협력과	3	4	7	8	7	1	1	4
2584	울산광역시	북한이탈주민 합동결혼식	10,000	시민소통협력과	3	4	7	8	7	1	1	4
2585	울산광역시	북한이탈주민 역사,문화 탐방	10,000	시민소통협력과	3	4	7	8	7	1	1	4
2586	울산광역시	북한이탈주민 송년의 밤	10,000	시민소통협력과	3	4	7	8	7	1	1	4
2587	울산광역시	나눔실천 자선걷기	20,000	시민소통협력과	3	4	7	8	7	1	1	4
2588	울산광역시	제13회 대한민국 자전거 축전 및 자전거의 날 기념	70,000	건설도로과	3	4	7	8	7	1	1	1
2589	울산 중구	중구 눈꽃축제	90,000	경제진흥과	3	4	6	1	7	1	1	1
2590	울산 중구	워터버블페스티벌	20,000	경제진흥과	3	4	6	1	7	1	1	1
2591	울산 중구	문화의거리 현대미술제	110,000	문화관광과	3	6	7	8	7	1	1	1
2592	울산 중구	울산동헌 금요문화마당	80,000	문화관광과	3	6	7	8	7	1	1	1
2593	울산 중구	태화강 연계 원도심 활성화 사업	50,000	문화관광과	3	6	7	8	7	1	1	1
2594	울산 중구	전통공예 박람회	10,000	문화관광과	3	4	7	8	7	1	1	1
2595	울산 중구	울산마두희축제	450,000	문화관광과	3	6	7	8	7	1	1	1
2596	울산 중구	태화강 국제 재즈페스티벌	240,000	문화관광과	3	6	7	8	7	1	1	1
2597	울산 중구	병영3.1만세운동 재현행사	120,000	문화관광과	3	6	7	8	7	1	1	1
2598	울산 중구	함월루 해맞이 행사	30,000	문화관광과	3	4	7	8	7	1	1	1
2599	울산 중구	정월대보름 달맞이 행사	25,000	문화관광과	3	4	7	8	7	1	1	1
2600	울산 중구	단오맞이 한마당	40,000	문화관광과	3	4	7	8	7	1	1	1
2601	울산 중구	문화학교 발표회	5,000	문화관광과	3	4	7	8	7	1	1	1
2602	울산 중구	처용문화제 행사지원	20,000	문화관광과	3	6	7	8	7	1	1	1

순번	시군구	지출명 (사업명)	2021년예산 (단위:천원/1년간)	담당자 (공무원) 담당부서	민간이전 분류 (지방자치단체 세출예산 집행기준에 의거) 1. 민간경상사업보조(307-02) 2. 민간단체 법정운영비보조(307-03) 3. 민간행사사업보조(307-04) 4. 민간위탁금(307-05) 5. 사회복지시설 법정운영비보조(307-10) 6. 민간인위탁교육비(307-12) 7. 공기관등에대한경상적위탁사업비(308-11) 8. 민간자본사업보조,자체재원(402-01) 9. 민간자본사업보조,이전재원(402-02) 10. 민간위탁사업비(402-03) 11. 공기관등에 대한 자본적 대행사업비(403-02)	민간이전지출 근거 (지방보조금 관리기준 참고) 1. 법률에 규정 2. 국고보조 재원(국가지정) 3. 용도 지정 기부금 4. 조례에 직접규정 5. 지자체가 권장하는 사업을 하는 공공기관 6. 시,도 정책 및 재정사정 7. 기타 8. 해당없음	입찰방식 계약체결방법 (경쟁형태) 1. 일반경쟁 2. 제한경쟁 3. 지명경쟁 4. 수의계약 5. 법정위탁 6. 기타 ( ) 7. 해당없음	입찰방식 계약기간 1. 1년 2. 2년 3. 3년 4. 4년 5. 5년 6. 기타 ( )년 7. 단기계약 (1년미만) 8. 해당없음	입찰방식 낙찰자선정방법 1. 적격심사 2. 협상에의한계약 3. 최저가낙찰제 4. 규격가격분리 5. 2단계 경쟁입찰 6. 기타 ( ) 7. 해당없음	운영예산 산정 운영예산 산정 1. 내부산정 (지자체 자체적으로 산정) 2. 외부산정 (외부전문기관위탁 산정) 3. 내·외부 모두 산정 4. 산정 無 5. 해당없음	운영예산 산정 정산방법 1. 내부정산 (지자체 내부적으로 정산) 2. 외부정산 (외부전문기관위탁 정산) 3. 내·외부 모두 산정 4. 정산 無 5. 해당없음	성과평가 실시여부 1. 실시 2. 미실시 3. 향후 추진 4. 해당없음
2603	울산 중구	울산서머 페스티벌	70,000	문화관광과	3	6	7	8	7	1	1	1
2604	울산 중구	다.난 한마음 축제	20,000	문화관광과	3	6	7	8	7	1	1	1
2605	울산 중구	고복수가요제	5,000	문화관광과	3	6	7	8	7	1	1	1
2606	울산 중구	화전놀이	10,000	문화관광과	3	6	7	8	7	1	1	1
2607	울산 중구	학성공원 한가위 큰잔치	10,000	문화관광과	3	6	7	8	7	1	1	1
2608	울산 중구	문화이음 콘서트	80,000	문화관광과	3	6	7	8	7	1	1	1
2609	울산 중구	울산경상좌도 병영성 걷기행사	40,000	문화관광과	3	6	7	8	7	1	1	2
2610	울산 중구	울산향교운영	143,000	문화관광과	3	4	7	8	6	1	1	2
2611	울산 중구	나도독립운동가	12,000	문화관광과	3	4	7	8	7	1	1	2
2612	울산 중구	한글문화예술제	70,000	문화관광과	3	6	7	8	7	1	1	2
2613	울산 남구	신년인사회	6,000	총무과	3	7	4	7	7	1	2	1
2614	울산 동구	해맞이 축제 개최	30,000	해양관광정책실	3	4	1	7	7	1	1	1
2615	울산 동구	울산조선해양축제 개최	500,000	해양관광정책실	3	4	7	7	7	1	3	1
2616	울산 동구	방어동 동민화합한마당	7,000	자치행정과	3	4	7	8	7	1	1	4
2617	울산 동구	동해안 해파랑길 걷기 화합한마당	5,000	자치행정과	3	4	7	8	7	1	1	4
2618	울산 동구	화정동 주민화합한마당	7,000	자치행정과	3	4	7	8	7	1	1	4
2619	울산 동구	대송골 화합한마당	5,000	자치행정과	3	4	7	8	7	1	1	4
2620	울산 동구	전하1동 바드래 화합한마당	5,000	자치행정과	3	4	7	8	7	1	1	4
2621	울산 동구	전하2동 찾아가는 음악회	7,000	자치행정과	3	4	7	8	7	1	1	4
2622	울산 동구	남목1동 주민화합한마당	5,000	자치행정과	3	4	7	8	7	1	1	4
2623	울산 동구	한마음 걷기 및 주민화합한마당	7,000	자치행정과	3	4	7	8	7	1	1	4
2624	울산 동구	제6화 남목3동 벚꽃축제	10,000	자치행정과	3	4	7	8	7	1	1	4
2625	울산 동구	독서문화가족 골든벨	2,300	자치행정과	3	1	7	8	7	1	1	1
2626	울산 동구	생명살림운동 실천다짐대회	4,600	자치행정과	3	1	7	8	7	1	1	1
2627	울산 동구	어르신 모발염색 행사	1,000	자치행정과	3	1	7	8	7	1	1	1
2628	울산 동구	법질서지키기 결의 및 회원단합 수련대회	3,000	자치행정과	3	1	7	8	7	1	1	1
2629	울산 동구	독거노인 김장나눔	2,160	자치행정과	3	1	7	8	7	1	1	1
2630	울산 동구	통일을 희망하는 어린이 평화기행	5,630	자치행정과	3	1	7	8	7	1	1	1
2631	울산 동구	나라사랑 국토기행	4,100	자치행정과	3	1	7	8	7	1	1	1
2632	울산 동구	포순이봉사단 우리동네지킴이	1,470	자치행정과	3	1	7	8	7	1	1	1
2633	울산 동구	통일기원 청소년 음악경연대회	2,200	자치행정과	3	1	7	8	7	1	1	1
2634	울산 동구	자율방범연합회 한마음 단합대회	5,000	자치행정과	3	4	7	8	7	1	1	1
2635	울산 동구	동구평생학습동아리 어울림한마당 등	22,000	교육지원과	3	4	7	8	7	1	1	1
2636	울산 동구	정월대보름 행사(일산해수욕장)	30,000	문화체육과	3	7	6	1	6	1	1	1
2637	울산 동구	정월대보름 행사(주전)	5,000	문화체육과	3	7	6	1	6	1	1	1
2638	울산 동구	처용문화제 행사지원	20,000	문화체육과	3	6	6	1	6	1	1	1
2639	울산 동구	제20회 동구풍물연합 발표회	6,000	문화체육과	3	6	7	8	6	1	1	3
2640	울산 동구	찾아가는 문화 무료공연	3,000	문화체육과	3	6	7	8	7	1	1	3
2641	울산 동구	제8회 정기연주회	4,500	문화체육과	3	6	7	8	7	1	1	3
2642	울산 동구	제30회 정기연주회	20,000	문화체육과	3	6	7	8	7	1	1	3
2643	울산 동구	제18회 거제전국합창대회	4,800	문화체육과	3	6	7	8	7	1	1	3
2644	울산 동구	동구청장배 생활체육대회	100,000	문화체육과	3	1	7	8	6	1	1	1
2645	울산 동구	수산업경영인 울산대회 참석 지원	5,000	경제진흥과	3	1	7	8	7	1	1	1

순번	시군구	지출명 (사업명)	2021년예산 (단위:천원/1년간)	담당자 (공무원) 담당부서	민간이전 분류 (지방자치단체 세출예산 집행기준에 의거) 1. 민간경상사업보조(307-02) 2. 민간단체 법정운영비보조(307-03) 3. 민간행사사업보조(307-04) 4. 민간위탁금(307-05) 5. 사회복지시설 법정운영비보조(307-10) 6. 민간인위탁교육비(307-12) 7. 공기관등에대한경상적위탁사업비(308-11) 8. 민간자본사업보조,자체재원(402-01) 9. 민간자본사업보조,이전재원(402-02) 10. 민간위탁사업비(402-03) 11. 공기관등에 대한 자본적 대행사업비(403-02)	민간이전지출 근거 (지방보조금 관리기준 참고) 1. 법률에 규정 2. 국고보조 재원(국가지정) 3. 용도 지정 기부금 4. 조례에 직접규정 5. 지자체가 권장하는 사업을 하는 공공기관 6. 시,도 정책 및 재정사정 7. 기타 8. 해당없음	입찰방식 계약체결방법 (경쟁형태) 1. 일반경쟁 2. 제한경쟁 3. 지명경쟁 4. 수의계약 5. 법정위탁 6. 기타 ( ) 7. 해당없음	입찰방식 계약기간 1. 1년 2. 2년 3. 3년 4. 4년 5. 5년 6. 기타 ( )년 7. 단기계약 (1년미만) 8. 해당없음	입찰방식 낙찰자선정방법 1. 적격심사 2. 협상에의한계약 3. 최저가낙찰제 4. 규격가격분리 5. 2단계 경쟁입찰 6. 기타 ( ) 7. 해당없음	운영예산 산정 운영예산 산정 1. 내부산정 (지자체 자체적으로 산정) 2. 외부산정 (외부전문기관위탁 산정) 3. 내·외부 모두 산정 4. 산정 無 5. 해당없음	운영예산 산정 정산방법 1. 내부정산 (지자체 내부적으로 정산) 2. 외부정산 (외부전문기관위탁 정산) 3. 내·외부 모두 산정 4. 정산 無 5. 해당없음	성과평가 실시여부 1. 실시 2. 미실시 3. 향후 추진 4. 해당없음
2646	울산 동구	동구 노인건강 한마음대회	25,000	사회복지과	3	1	7	8	7	1	1	1
2647	울산 동구	제27회 동구지체장애인 복지증진대회	6,000	사회복지과	3	1	5	1	7	1	1	1
2648	울산 동구	제21회 동구중증지체장애인 세상보여주기	5,550	사회복지과	3	1	5	1	7	1	1	1
2649	울산 동구	제15회 가족캠프	3,670	사회복지과	3	1	5	1	7	1	1	1
2650	울산 동구	지적발달장애인 사회통합 지원사업	3,030	사회복지과	3	1	5	1	7	1	1	1
2651	울산 동구	발달장애인 싱싱페스티벌	3,000	사회복지과	3	1	5	1	7	1	1	1
2652	울산 동구	시각장애인과 함께하는 스토리가 있는 힐링 캠프와 체험 플러스	6,000	사회복지과	3	1	5	1	7	1	1	1
2653	울산 동구	뇌병변장애인 가족캠프	1,650	사회복지과	3	1	5	1	7	1	1	1
2654	울산 동구	여성권익증진사업	18,500	가족정책과	3	7	7	8	7	1	1	2
2655	울산 동구	성폭력, 가정폭력 상담소 운영지원	215,390	가족정책과	3	7	7	8	7	1	1	2
2656	울산 동구	청소년의 달 행사	10,000	가족정책과	3	1	7	8	7	1	1	4
2657	울산 동구	청소년어울림마당 지원	24,000	가족정책과	3	1	6	1	6	1	1	4
2658	울산 동구	저소득 아동만남의 날	3,500	가족정책과	3	7	7	8	7	1	1	4
2659	울산 동구	문화축제 실행사업	30,000	도시디자인과	3	2	6	4	7	1	1	3
2660	울산 북구	자율방범대 체력단련 및 안전교육	4,000	주민소통담당관	3	4	7	8	7	1	1	1
2661	울산 북구	호계시장 한마당 큰잔치	3,000	경제일자리담당관	3	4	7	8	7	1	1	2
2662	울산 북구	울산서머페스티벌	80,000	문화체육과	3	6	7	8	7	1	1	2
2663	울산 북구	농소큰사랑작은음악회	6,000	문화체육과	3	6	7	8	7	1	1	2
2664	울산 북구	전통무예 '택견'	9,000	문화체육과	3	6	7	8	7	1	1	2
2665	울산 북구	달곡마을 물당기기	5,000	문화체육과	3	6	7	8	7	1	1	2
2666	울산 북구	냉천마을 나다리먹기	5,000	문화체육과	3	6	7	8	7	1	1	2
2667	울산 북구	제17회 울산쇠부리축제	600,000	문화체육과	3	4	7	8	7	1	3	1
2668	울산 북구	제20회 구민한마음 생활체육대회	122,400	문화체육과	3	4	7	8	7	1	1	1
2669	울산 북구	동 자체 생활체육대회	80,000	문화체육과	3	4	7	8	7	1	1	1
2670	울산 북구	구청장기 생활체육대회	60,000	문화체육과	3	4	7	8	7	1	1	1
2671	울산 북구	체육회장기 생활체육대회	40,000	문화체육과	3	4	7	8	7	1	1	1
2672	울산 북구	박상진의사배 궁도대회	10,000	문화체육과	3	4	7	8	7	1	1	1
2673	울산 북구	강동해변 몽돌마라톤대회	20,000	문화체육과	3	4	7	8	7	1	1	1
2674	울산 북구	사회복지시설 종사자 한마음대회	10,000	복지지원과	3	5	7	8	7	1	1	2
2675	울산 북구	사회복지 및 자원봉사 박람회	30,000	복지지원과	3	6	5	7	1	1	1	2
2676	울산 북구	경로의 달 행사 지원	76,000	사회복지과	3	1	7	7	7	1	1	4
2677	울산 북구	양성평등주간 행사	8,000	가족정책과	3	1	7	8	7	1	1	1
2678	울산 북구	청소년의 달 기념행사	20,000	가족정책과	3	1	6	1	7	1	1	1
2679	울산 북구	청소년 예술제 개최	20,000	가족정책과	3	1	6	1	7	1	1	1
2680	울산 북구	어린이날 행사	40,000	가족정책과	3	6	7	7	7	1	1	1
2681	울산 북구	농도한마당 행사	30,000	농수산과	3	4	7	8	7	5	5	4
2682	울산 울주군	군민의날 행사	244,000	총무과	3	4	7	8	7	1	1	1
2683	울산 울주군	노인의날 및 경로의달 지원	250,000	노인장애인과	3	1	7	8	7	1	1	1
2684	울산 울주군	청소년 예술제	35,000	여성가족과	3	6	7	8	7	1	1	1
2685	울산 울주군	울주문화원 문화사업 지원	99,000	문화체육과	3	1	5	8	7	1	1	1
2686	울산 울주군	울주 청소년 오케스트라 지원	4,600	문화체육과	3	7	6	8	7	1	1	1
2687	울산 울주군	울주 소년소녀합창단 지원	5,000	문화체육과	3	7	6	8	7	1	1	1
2688	울산 울주군	울주 유스 오케스트라 지원	3,000	문화체육과	3	7	6	8	7	1	1	1

순번	시군구	지출명(사업명)	2021년예산(단위:천원/1년간)	담당자(공무원) 담당부서	민간이전 분류(지방자치단체 세출예산 집행기준에 의거) 1. 민간경상사업보조(307-02) 2. 민간단체 법정운영비보조(307-03) 3. 민간행사사업보조(307-04) 4. 민간위탁금(307-05) 5. 사회복지시설 법정운영비보조(307-10) 6. 민간인위탁교육비(307-12) 7. 공기관등에대한경상적위탁사업비(308-11) 8. 민간자본사업보조,자체재원(402-01) 9. 민간자본사업보조,이전재원(402-02) 10. 민간위탁사업비(402-03) 11. 공기관등에 대한 자본적 대행사업비(403-02)	민간이전지출 근거(지방보조금 관리기준 참고) 1. 법률에 규정 2. 국고보조 재원(국가지정) 3. 용도 지정 기부금 4. 조례에 직접규정 5. 지자체가 권장하는 사업을 하는 공공기관 6. 시,도 정책 및 재정사정 7. 기타 8. 해당없음	입찰방식 계약체결방법(경쟁형태) 1. 일반경쟁 2. 제한경쟁 3. 지명경쟁 4. 수의계약 5. 법정위탁 6. 기타 ( ) 7. 해당없음	입찰방식 계약기간 1. 1년 2. 2년 3. 3년 4. 4년 5. 5년 6. 기타 ( )년 7. 단기계약(1년미만) 8. 해당없음	입찰방식 낙찰자선정방법 1. 적격심사 2. 협상에의한계약 3. 최저가낙찰제 4. 규격가격분리 5. 2단계 경쟁입찰 6. 기타 ( ) 7. 해당없음	운영예산 산정 운영예산 산정 1. 내부산정(지자체 자체적으로 산정) 2. 외부산정(외부전문기관위탁 산정) 3. 내·외부 모두 산정 4. 산정 無 5. 해당없음	운영예산 산정 정산방법 1. 내부정산(지자체 내부적으로 정산) 2. 외부정산(외부전문기관위탁 정산) 3. 내·외부 모두 산정 4. 정산 無 5. 해당없음	성과평가 실시여부 1. 실시 2. 미실시 3. 향후 추진 4. 해당없음
2689	울산 울주군	전국 직장인&동호인밴드 페스티벌	160,000	문화체육과	3	7	6	8	7	1	1	1
2690	울산 울주군	울산서머페스티벌	200,000	문화체육과	3	7	6	8	7	1	1	1
2691	울산 울주군	범서 선바위 하하페스티벌	54,000	문화체육과	3	7	6	8	7	1	1	1
2692	울산 울주군	간절곶 해오름 가요제	45,000	문화체육과	3	7	6	8	7	1	1	1
2693	울산 울주군	우시산국 축제	50,000	문화체육과	3	7	6	8	7	1	1	1
2694	울산 울주군	울산 반구대 산골영화제	90,000	문화체육과	3	7	6	8	7	1	1	1
2695	울산 울주군	울주군체육회 지원	10,000	문화체육과	3	1	5	8	7	1	1	1
2696	울산 울주군	종목별 군수기대회 지원	185,100	문화체육과	3	2	6	8	7	1	1	1
2697	울산 울주군	생활체육 활성화 지원	175,100	문화체육과	3	2	6	8	7	1	1	1
2698	울산 울주군	전국대회 개최 지원	510,000	문화체육과	3	2	6	8	7	1	1	1
2699	울산 울주군	울산울주 진하 PWA세계윈드서핑대회	480,000	문화체육과	3	2	6	8	7	1	1	1
2700	울산 울주군	울주군수배 전국윈드서핑대회	47,700	문화체육과	3	2	6	8	7	1	1	1
2701	울산 울주군	영남알프스 산악관광 활성화	15,000	관광과	3	4	7	8	7	1	1	1
2702	울산 울주군	울주 진하해변 축제	55,000	관광과	3	4	7	8	7	1	1	1
2703	울산 울주군	제23회 온산읍민 공단한마음축제	40,000	지역경제과	3	4	4	1	2	1	1	1
2704	울산 울주군	제5회 서울주 산업단지 화합의날 행사	20,000	지역경제과	3	4	4	1	2	1	1	1
2705	울산 울주군	온산공단 노동조합 상생대회	10,000	지역경제과	3	4	7	8	7	5	5	4
2706	울산 울주군	어린이 독서 골든벨 행사 지원	2,100	도서관과	3	4	7	8	7	5	1	1
2707	울산 울주군	후계농업경영인 대회	24,000	농업정책과	3	1	7	8	7	1	1	1
2708	울산 울주군	농촌지도자 한마음 전진대회	24,000	농업정책과	3	1	7	8	7	1	1	1
2709	울산 울주군	찰옥수수 재배단지 조성	3,000	농업정책과	3	1	7	8	7	1	1	1
2710	울산 울주군	울산배 축제행사 지원	60,000	농업정책과	3	1	7	8	7	5	1	4
2711	울산 울주군	한우불고기축제	170,000	축수산과	3	1	1	1	1	1	1	4
2712	울산 울주군	어업인행사지원	15,000	축수산과	3	1	7	8	7	1	1	4
2713	울산 울주군	산림관리사업	5,000	산림공원과	3	6	7	8	7	1	1	1
2714	울산 울주군	작천정 벚꽃축제	110,000	산림공원과	3	6	7	8	7	1	1	1
2715	울산 울주군	군민의 날 행사	32,000	범서읍	3	4	7	8	7	1	1	4
2716	울산 울주군	읍민 체육대회	20,000	범서읍	3	8	7	8	7	1	1	4
2717	울산 울주군	달맞이 행사	10,000	범서읍	3	8	7	8	7	1	1	4
2718	울산 울주군	군민의 날 행사	25,000	온산읍	3	4	4	7	2	1	1	1
2719	울산 울주군	읍민 체육대회	13,000	온산읍	3	1	4	7	2	1	1	1
2720	울산 울주군	달맞이행사	20,000	온산읍	3	4	4	7	2	1	1	1
2721	울산 울주군	온산읍이주민망향비위령제	20,000	온산읍	3	4	4	7	2	1	1	1
2722	울산 울주군	군민의 날 행사	25,000	언양읍	3	4	7	8	7	1	1	1
2723	울산 울주군	읍민 체육대회	13,000	언양읍	3	1	7	8	7	1	1	1
2724	울산 울주군	정월대보름 달맞이행사	6,000	언양읍	3	1	7	8	7	1	1	1
2725	울산 울주군	군민의날 행사	25,000	온양읍	3	4	7	8	7	1	1	1
2726	울산 울주군	읍민 체육대회	13,000	온양읍	3	1	7	8	7	1	1	1
2727	울산 울주군	달맞이 행사	6,000	온양읍	3	1	7	8	7	1	1	1
2728	울산 울주군	군민의 날 행사	25,000	청량읍	3	4	7	8	7	1	1	1
2729	울산 울주군	읍민 체육대회	13,000	청량읍	3	1	7	8	7	1	1	1
2730	울산 울주군	정월대보름 달맞이행사	6,000	청량읍	3	1	7	8	7	1	1	1
2731	울산 울주군	군민의날 행사	25,000	삼남읍	3	1	7	8	7	5	5	1

순번	시군구	지출명 (사업명)	2021년예산 (단위:천원/1년간)	담당자 (공무원) 담당부서	민간이전 분류 (지방자치단체 세출예산 집행기준에 의거) 1. 민간경상사업보조(307-02) 2. 민간단체 법정운영비보조(307-03) 3. 민간행사사업보조(307-04) 4. 민간위탁금(307-05) 5. 사회복지시설 법정운영비보조(307-10) 6. 민간인위탁교육비(307-12) 7. 공기관등에대한경상적위탁사업비(308-11) 8. 민간자본사업보조,자체재원(402-01) 9. 민간자본사업보조,이전재원(402-02) 10. 민간위탁사업비(402-03) 11. 공기관등에 대한 자본적 대행사업비(403-02)	민간이전지출 근거 (지방보조금 관리기준 참고) 1. 법률에 규정 2. 국고보조 재원(국가지정) 3. 용도 지정 기부금 4. 조례에 직접규정 5. 지자체가 권장하는 사업을 하는 공공기관 6. 시,도 정책 및 재정사정 7. 기타 8. 해당없음	입찰방식: 계약체결방법 (경쟁형태) 1. 일반경쟁 2. 제한경쟁 3. 지명경쟁 4. 수의계약 5. 법정위탁 6. 기타 ( ) 7. 해당없음	입찰방식: 계약기간 1. 1년 2. 2년 3. 3년 4. 4년 5. 5년 6. 기타 ( )년 7. 단기계약 (1년미만) 8. 해당없음	입찰방식: 낙찰자선정방법 1. 적격심사 2. 협상에의한계약 3. 최저가낙찰제 4. 규격가격분리 5. 2단계 경쟁입찰 6. 기타 ( ) 7. 해당없음	운영예산 산정: 운영예산 산정 1. 내부산정 (지자체 자체적으로 산정) 2. 외부산정 (외부전문기관위탁 산정) 3. 내·외부 모두 산정 4. 산정 無 5. 해당없음	운영예산 산정: 정산방법 1. 내부정산 (지자체 내부적으로 정산) 2. 외부정산 (외부전문기관위탁 정산) 3. 내·외부 모두 산정 4. 정산 無 5. 해당없음	성과평가 실시여부 1. 실시 2. 미실시 3. 향후 추진 4. 해당없음
2732	울산 울주군	읍 체육대회	13,000	삼남읍	3	1	7	8	7	5	5	1
2733	울산 울주군	달맞이 행사	6,000	삼남읍	3	1	7	8	7	5	5	1
2734	울산 울주군	군민의날 행사	24,000	서생면	3	4	7	8	7	1	1	1
2735	울산 울주군	면 체육대회	13,000	서생면	3	1	7	8	7	1	1	1
2736	울산 울주군	달맞이 행사	6,000	서생면	3	1	7	8	7	1	1	1
2737	울산 울주군	군민의날 행사	24,000	웅촌면	3	7	4	7	7	1	1	1
2738	울산 울주군	면체육대회	13,000	웅촌면	3	7	4	7	7	1	1	1
2739	울산 울주군	달맞이 행사	6,000	웅촌면	3	7	4	7	7	1	1	1
2740	울산 울주군	군민의날 행사	24,000	두동면	3	4	7	8	7	1	1	1
2741	울산 울주군	면 체육대회	13,000	두동면	3	1	7	8	7	1	1	1
2742	울산 울주군	정월대보름 달맞이 행사	6,000	두동면	3	1	7	8	7	1	1	1
2743	울산 울주군	군민의날 행사	24,000	두서면	3	4	7	8	7	1	1	1
2744	울산 울주군	면 체육대회	13,000	두서면	3	1	7	8	7	1	1	1
2745	울산 울주군	정월대보름 달맞이 행사	6,000	두서면	3	1	7	8	7	1	1	1
2746	울산 울주군	군민의 날 행사	24,000	상북면	3	7	4	7	1	1	1	1
2747	울산 울주군	면 체육대회	13,000	상북면	3	7	4	7	1	1	1	1
2748	울산 울주군	달맞이 행사	6,000	상북면	3	7	4	7	1	1	1	1
2749	울산 울주군	군민의날 행사	24,000	삼동면	3	4	7	8	7	1	1	1
2750	울산 울주군	면민 체육대회	13,000	삼동면	3	1	7	8	7	1	1	1
2751	울산 울주군	달맞이 행사	6,000	삼동면	3	1	7	8	7	1	1	1
2752	세종특별자치시	체육회 운영	1,293,298	체육진흥과	3	1	7	8	7	1	1	1
2753	세종특별자치시	생활체육지도자 배치 지원	579,976	체육진흥과	3	1	7	8	7	1	1	1
2754	세종특별자치시	장애인체육회 운영	718,383	체육진흥과	3	1	7	8	7	1	1	1
2755	세종특별자치시	장애인 생활체육지도자 배치	571,606	체육진흥과	3	1	7	8	7	1	1	1
2756	세종특별자치시	농업인 한마음대회	60,000	지도기획과	3	1	7	8	7	5	5	4
2757	세종특별자치시	경력단절여성 취업활성화 지원	10,000	여성가족과	3	6	2	7	1	5	1	1
2758	세종특별자치시	보육교직원 역량강화교육 및 한마음대회	21,000	여성가족과	3	6	2	7	1	1	1	1
2759	세종특별자치시	정월대보름 행사	39,000	문화예술과	3	7	7	8	7	5	1	1
2760	세종특별자치시	독락문화제	9,500	문화예술과	3	7	7	8	7	5	1	1
2761	세종특별자치시	백제대제	20,000	문화예술과	3	7	7	8	7	5	1	1
2762	세종특별자치시	연기대첩제	9,000	문화예술과	3	7	7	8	7	5	1	1
2763	세종특별자치시	문화가 있는 날 사업	120,000	문화예술과	3	2	7	8	7	1	1	4
2764	세종특별자치시	전통시장 및 골목상권 활성화 공동마케팅	84,000	기업지원과	3	6	7	8	7	1	1	4
2765	세종특별자치시	관광의 날 행사	7,000	관광문화재과	3	4	7	8	7	5	5	4
2766	세종특별자치시	장군산구절초 꽃축제	50,000	관광문화재과	3	4	6	8	6	5	1	1
2767	세종특별자치시	산사음악회	30,000	관광문화재과	3	4	6	8	6	1	1	1
2768	세종특별자치시	임업인후계자 전국대회 참석	4,000	산림공원과	3	1	7	8	7	1	1	1
2769	세종특별자치시	전의조경수 묘목축제	50,000	산림공원과	3	1	7	8	7	1	1	4
2770	세종특별자치시	장애인 행사지원	66,250	노인장애인과	3	1	7	8	7	1	1	1
2771	세종특별자치시	재향군인회 안보행사 지원	2,000	복지정책과	3	4	7	8	7	1	1	4
2772	세종특별자치시	재향군인회 재향군인날 행사 지원	2,500	복지정책과	3	4	7	8	7	1	1	4
2773	세종특별자치시	호국영웅 김종오장군 선양사업	4,000	복지정책과	3	1	4	7	7	1	1	4
2774	세종특별자치시	6.25전쟁일 기념행사 추진	6,000	복지정책과	3	1	4	7	7	1	1	4

순번	시군구	지출명 (사업명)	2021년예산 (단위:천원/1년간)	담당자 (공무원)	민간이전 분류 (지방자치단체 세출예산 집행기준에 의거)	민간이전지출 근거 (지방보조금 관리기준 참고)	입찰방식			운영예산 산정		성과평가 실시여부
				담당부서	1. 민간경상사업보조(307-02) 2. 민간단체 법정운영비보조(307-03) 3. 민간행사사업보조(307-04) 4. 민간위탁금(307-05) 5. 사회복지시설 법정운영비보조(307-10) 6. 민간인위탁교육비(307-12) 7. 공기관등에대한경상적위탁사업비(308-11) 8. 민간자본사업보조,자체재원(402-01) 9. 민간자본사업보조,이전재원(402-02) 10. 민간위탁사업비(402-03) 11. 공기관등에 대한 자본적 대행사업비(403-02)	1. 법률에 규정 2. 국고보조 재원(국가지정) 3. 용도 지정 기부금 4. 조례에 직접규정 5. 지자체가 권장하는 사업을 하는 공공기관 6. 시,도 정책 및 재정사정 7. 기타 8. 해당없음	계약체결방법 (경쟁형태) 1. 일반경쟁 2. 제한경쟁 3. 지명경쟁 4. 수의계약 5. 법정위탁 6. 기타 ( ) 7. 해당없음	계약기간 1. 1년 2. 2년 3. 3년 4. 4년 5. 5년 6. 기타 ( )년 7. 단기계약 (1년미만) 8. 해당없음	낙찰자선정방법 1. 적격심사 2. 협상에의한계약 3. 최저가낙찰제 4. 규격가격분리 5. 2단계 경쟁입찰 6. 기타 ( ) 7. 해당없음	운영예산 산정 1. 내부산정 (지자체 자체적으로 산정) 2. 외부산정 (외부전문기관위탁 산정) 3. 내·외부 모두 산정 4. 산정 無 5. 해당없음	정산방법 1. 내부정산 (지자체 내부적으로 정산) 2. 외부정산 (외부전문기관위탁 정산) 3. 내·외부 모두 산정 4. 정산 無 5. 해당없음	1. 실시 2. 미실시 3. 향후 추진 4. 해당없음
2775	세종특별자치시	호국정신 함양사업	6,500	복지정책과	3	1	4	7	7	1	1	4
2776	세종특별자치시	세종 조치원 복숭아 축제 지원	270,000	로컬푸드과	3	4	7	7	7	1	1	4
2777	세종특별자치시	도농 교류 활성화	20,000	로컬푸드과	3	6	7	8	7	5	5	1
2778	세종특별자치시	한국전쟁 민간인희생자 위령제	4,000	자치분권과	3	4	7	8	7	1	1	1
2779	세종특별자치시	민주화운동 기념사업	5,000	자치분권과	3	4	7	8	7	1	1	1
2780	세종특별자치시	새마을지도자 역량강화 연찬회	25,000	자치분권과	3	1	7	8	7	1	1	1
2781	세종특별자치시	새마을의 날 기념식	6,000	자치분권과	3	1	7	8	7	1	1	1
2782	세종특별자치시	세종시 새마을지도자대회	6,000	자치분권과	3	1	7	8	7	1	1	1
2783	세종특별자치시	새마을 독서경진대회 세종시 예선	2,000	자치분권과	3	1	7	8	7	1	1	1
2784	세종특별자치시	새마을 국민교육	20,067	자치분권과	3	1	7	8	7	1	1	1
2785	세종특별자치시	바르게살기 바른 삶 실천다짐대회	10,000	자치분권과	3	1	7	8	7	1	1	1
2786	세종특별자치시	바르게살기 국민교육	14,000	자치분권과	3	1	7	8	7	1	1	1
2787	세종특별자치시	어르신과 함께하는 한마음 대회	7,500	자치분권과	3	1	7	8	7	1	1	1
2788	세종특별자치시	적십자봉사회 전국 봉사원 대회 참가	3,564	자치분권과	3	1	7	8	7	1	1	1
2789	세종특별자치시	자유총연맹 전국 한마음대회 참가	5,210	자치분권과	3	1	7	8	7	1	1	1
2790	세종특별자치시	자유수호 희생자 합동 위령제	3,320	자치분권과	3	1	7	8	7	1	1	1
2791	강원 춘천시	춘천행복교육지구 사업(춘천스포츠클럽)	65,000	체육과	3	1	7	8	7	5	5	4
2792	강원 춘천시	KYBL 전국 유소년 농구대회	50,000	체육과	3	1	7	8	7	5	5	4
2793	강원 춘천시	자활사업참여자역량강화	10	복지지원과	3	1	7	8	7	5	5	4
2794	강원 춘천시	연중행사 프로그램 운영	100,000	반려동물동행과	3	4	7	8	7	5	5	4
2795	강원 강릉시	북한이탈주민 정착지원사업	4,400	행정지원과	3	1	7	8	7	1	1	3
2796	강원 강릉시	민족통일 시민한마음대회	2,100	행정지원과	3	1	7	8	7	1	1	3
2797	강원 강릉시	출향시민회 지원	8,000	행정지원과	3	4	7	8	7	1	1	3
2798	강원 강릉시	읍면동 자체행사 지원	66,000	행정지원과	3	1	7	8	7	1	1	3
2799	강원 강릉시	새마을지도자 한마음 대회지원	10,000	행정지원과	3	1	7	8	7	1	1	3
2800	강원 강릉시	안보사진전시회 지원	3,500	행정지원과	3	1	7	8	7	1	1	3
2801	강원 강릉시	안보역량강화 행사 지원	9,800	행정지원과	3	1	7	8	7	1	1	3
2802	강원 강릉시	강릉시 한마음대회 지원	5,400	행정지원과	3	1	7	8	7	1	1	3
2803	강원 강릉시	주민자치센터 발표회 지원	18,000	행정지원과	3	4	7	8	7	1	1	3
2804	강원 강릉시	주민자치위원 워크숍 지원	20,000	행정지원과	3	4	7	8	7	1	1	3
2805	강원 강릉시	자율방범대 시 직무 경진대회 및 방범대원의날 기념행사	16,000	행정지원과	3	4	7	8	7	1	1	3
2806	강원 강릉시	재난대비 소방기술경연대회 지원	20,000	재난안전과	3	7	7	8	7	1	1	4
2807	강원 강릉시	강원도 한마음 전진대회 참가지원	12,000	재난안전과	3	7	7	8	7	1	1	4
2808	강원 강릉시	정보화마을 페스타 참가	1,000	정보산업과	3	6	7	8	7	1	1	1
2809	강원 강릉시	강원도 노사민정 한마음체육대회 지원	9,000	일자리경제과	3	6	7	8	7	1	1	4
2810	강원 강릉시	근로자의 날 행사지원	6,000	일자리경제과	3	6	7	8	7	1	1	4
2811	강원 강릉시	택시가족 체육대회 지원	5,000	일자리경제과	3	6	7	8	7	1	1	4
2812	강원 강릉시	사회적경제 한마당 행사	15,000	일자리경제과	3	6	7	8	6	5	1	3
2813	강원 강릉시	골목상권 활성화 행사 지원	10,000	일자리경제과	3	4	7	8	7	5	5	4
2814	강원 강릉시	국내외 박람회 참가 등 행사지원	40,000	기업지원과	3	4	7	8	7	1	1	4
2815	강원 강릉시	강릉향교 석전제 행사지원	10,000	문화예술과	3	4	4	1	7	1	1	1
2816	강원 강릉시	강릉향교 기로연 행사지원	4,000	문화예술과	3	4	4	1	7	1	1	1
2817	강원 강릉시	다문화 전통혼례 지원	4,000	문화예술과	3	4	4	1	7	1	1	1

순번	시군구	지출명 (사업명)	2021년예산 (단위:천원/1년간)	담당자 (공무원)	민간이전 분류 (지방자치단체 세출예산 집행기준에 의거)	민간이전지출 근거 (지방보조금 관리기준 참고)	입찰방식			운영예산 산정		성과평가 실시여부
				담당부서	1. 민간경상사업보조(307-02) 2. 민간단체 법정운영비보조(307-03) 3. 민간행사사업보조(307-04) 4. 민간위탁금(307-05) 5. 사회복지시설 법정운영비보조(307-10) 6. 민간인위탁교육비(307-12) 7. 공기관등에대한경상적위탁사업비(308-11) 8. 민간자본사업보조,자체재원(402-01) 9. 민간자본사업보조,이전재원(402-02) 10. 민간위탁사업비(402-03) 11. 공기관등에 대한 자본적 대행사업비(403-02)	1. 법률에 규정 2. 국고보조 재원(국가지정) 3. 용도 지정 기부금 4. 조례에 직접규정 5. 지자체가 권장하는 사업을 하는 공공기관 6. 시,도 정책 및 재정사정 7. 기타 8. 해당없음	계약체결방법 (경쟁형태) 1. 일반경쟁 2. 제한경쟁 3. 지명경쟁 4. 수의계약 5. 법정위탁 6. 기타 ( ) 7. 해당없음	계약기간 1. 1년 2. 2년 3. 3년 4. 4년 5. 5년 6. 기타 ( )년 7. 단기계약 (1년미만) 8. 해당없음	낙찰자선정방법 1. 적격심사 2. 협상에의한계약 3. 최저가낙찰제 4. 규격가격분리 5. 2단계 경쟁입찰 6. 기타 ( ) 7. 해당없음	운영예산 산정 1. 내부산정 (지자체 자체적으로 산정) 2. 외부산정 (외부전문기관위탁 산정) 3. 내·외부 모두 산정 4. 산정 無 5. 해당없음	정산방법 1. 내부정산 (지자체 내부적으로 정산) 2. 외부정산 (외부전문기관위탁 정산) 3. 내·외부 모두 산정 4. 정산 無 5. 해당없음	1. 실시 2. 미실시 3. 향후 추진 4. 해당없음
2818	강원 강릉시	강릉 가족문화 축제	30,000	문화예술과	3	4	7	8	7	5	5	4
2819	강원 강릉시	어촌 심연광 선양사업	30,000	문화예술과	3	1	4	1	7	1	1	1
2820	강원 강릉시	찾아가는 박물관 Viva Viva Museum 지원	20,000	문화예술과	3	4	4	1	7	1	1	1
2821	강원 강릉시	종합예술축전 행사지원	30,000	문화예술과	3	1	7	8	7	5	5	4
2822	강원 강릉시	심연수 시인 기념사업	100,000	문화예술과	3	1	6	1	7	1	1	1
2823	강원 강릉시	제29회 예술문화학교운영	25,000	문화예술과	3	1	6	1	7	1	1	1
2824	강원 강릉시	강릉솔향청소년국악예술단 지원	10,000	문화예술과	3	1	6	1	7	1	1	1
2825	강원 강릉시	제51회 강릉예술축전	70,000	문화예술과	3	1	6	1	7	1	1	1
2826	강원 강릉시	악단 공연활동 지원	20,000	문화예술과	3	4	7	1	7	1	1	2
2827	강원 강릉시	제29회 전국사진공모전	15,000	문화예술과	3	1	6	1	7	1	1	1
2828	강원 강릉시	제38회 강원연극제 참가	3,500	문화예술과	3	1	6	1	7	1	1	1
2829	강원 강릉시	아트페어전	10,000	문화예술과	3	1	6	1	7	1	1	1
2830	강원 강릉시	지역문화예술활동지원	25,000	문화예술과	3	1	7	8	7	5	5	4
2831	강원 강릉시	찾아가는 문화활동	34,000	문화예술과	3	6	7	8	7	5	5	2
2832	강원 강릉시	강원 수석 전시회	40,000	문화예술과	3	1	6	1	7	1	1	1
2833	강원 강릉시	남산공원 청소년 문화예술 한마당	20,000	문화예술과	3	1	6	1	7	1	1	1
2834	강원 강릉시	정동진 독립영화제 지원	50,000	문화예술과	3	6	4	7	7	4	1	4
2835	강원 강릉시	강릉 미술작가 초대전	5,000	문화예술과	3	1	6	1	7	1	1	1
2836	강원 강릉시	풍경콘서트	50,000	문화예술과	3	1	6	1	7	1	1	1
2837	강원 강릉시	소금강 청학제 민속행사	9,500	문화예술과	3	1	6	1	7	1	1	4
2838	강원 강릉시	소금강 청학제 민속행사	7,000	문화예술과	3	1	6	1	7	1	1	4
2839	강원 강릉시	위촌리 도배례 행사지원	3,000	문화예술과	3	1	7	6	7	1	1	4
2840	강원 강릉시	강릉망월제 행사지원	14,000	문화예술과	3	1	7	6	7	1	1	4
2841	강원 강릉시	건금마을 용물달기 전승지원	6,000	문화예술과	3	1	7	6	7	5	1	4
2842	강원 강릉시	강릉농악 전승발전	28,800	문화예술과	3	1	7	6	7	5	1	4
2843	강원 강릉시	대한민국 농악축제	10,000	문화예술과	3	4	7	8	7	5	1	4
2844	강원 강릉시	무형문화재(공개행사) 전승지원	21,000	문화예술과	3	4	7	8	7	5	1	4
2845	강원 강릉시	김동명 선양 문학행사	15,000	문화예술과	3	1	7	6	7	1	1	4
2846	강원 강릉시	김동명 문학상 및 학술상	3,000	문화예술과	3	1	7	6	7	1	1	4
2847	강원 강릉시	매월당 축제(심포지엄 및 공연) 지원	20,000	문화예술과	3	1	7	8	7	5	5	4
2848	강원 강릉시	허난설헌문화제	50,000	문화예술과	3	1	7	6	7	1	1	4
2849	강원 강릉시	허균문화제	45,000	문화예술과	3	1	7	6	7	1	1	4
2850	강원 강릉시	허균문학작가상	5,000	문화예술과	3	1	7	6	7	1	1	4
2851	강원 강릉시	허균문학작가상	10,000	문화예술과	3	1	7	6	7	1	1	4
2852	강원 강릉시	최수성 서거 500주기 추모사업	50,000	문화예술과	3	1	7	8	7	5	5	4
2853	강원 강릉시	솔향인형극단 토요상설 정기공연	40,000	문화예술과	3	1	7	6	7	1	1	4
2854	강원 강릉시	제14회 범일국사 문화축전	56,000	문화예술과	3	6	7	8	7	1	1	1
2855	강원 강릉시	강릉단오제 행사운영비	900,000	문화예술과	3	4	7	8	7	1	1	1
2856	강원 강릉시	찾아가는 관노가면극 인형극 공연 지원	2,800	문화예술과	3	1	7	8	7	1	1	1
2857	강원 강릉시	길놀이 행사 민간보조금	198,000	문화예술과	3	1	7	8	7	1	1	1
2858	강원 강릉시	경포벚꽃잔치 야외무대 설치 및 공연	15,000	관광과	3	7	7	8	7	1	1	1
2859	강원 강릉시	강릉관광 전국사진 공모전	30,000	관광과	3	7	7	8	7	1	1	1
2860	강원 강릉시	강릉수제맥주 축제	100,000	관광과	3	7	7	8	7	1	1	1

순번	시군구	지출명 (사업명)	2021년예산 (단위:천원/1년간)	담당자 (공무원) 담당부서	민간이전 분류 (지방자치단체 세출예산 집행기준에 의거) 1. 민간경상사업보조(307-02) 2. 민간단체 법정운영비보조(307-03) 3. 민간행사사업보조(307-04) 4. 민간위탁금(307-05) 5. 사회복지시설 법정운영비보조(307-10) 6. 민간인위탁교육비(307-12) 7. 공기관등에대한경상적위탁사업비(308-11) 8. 민간자본사업보조,자체재원(402-01) 9. 민간자본사업보조,이전재원(402-02) 10. 민간위탁사업비(402-03) 11. 공기관등에 대한 자본적 대행사업비(403-02)	민간이전지출 근거 (지방보조금 관리기준 참고) 1. 법률에 규정 2. 국고보조 재원(국가지정) 3. 용도 지정 기부금 4. 조례에 직접규정 5. 지자체가 권장하는 사업을 하는 공공기관 6. 시,도 정책 및 재정사정 7. 기타 8. 해당없음	입찰방식 계약체결방법 (경쟁형태) 1. 일반경쟁 2. 제한경쟁 3. 지명경쟁 4. 수의계약 5. 법정위탁 6. 기타 ( ) 7. 해당없음	입찰방식 계약기간 1. 1년 2. 2년 3. 3년 4. 4년 5. 5년 6. 기타 ( )년 7. 단기계약 (1년미만) 8. 해당없음	입찰방식 낙찰자선정방법 1. 적격심사 2. 협상에의한계약 3. 최저가낙찰제 4. 규격가격분리 5. 2단계 경쟁입찰 6. 기타 ( ) 7. 해당없음	운영예산 산정 운영예산 산정 1. 내부산정 (지자체 자체적으로 산정) 2. 외부산정 (외부전문기관위탁 산정) 3. 내·외부 모두 산정 4. 산정 無 5. 해당없음	운영예산 산정 정산방법 1. 내부정산 (지자체 내부적으로 정산) 2. 외부정산 (외부전문기관위탁 정산) 3. 내·외부 모두 산정 4. 정산 無 5. 해당없음	성과평가 실시여부 1. 실시 2. 미실시 3. 향후 추진 4. 해당없음
2861	강원 강릉시	제26회 금강대기 전국 고등학교 축구대회	160,000	체육과	3	1	7	8	7	5	1	1
2862	강원 강릉시	자전거 대행진	12,000	체육과	3	1	7	8	7	5	1	1
2863	강원 강릉시	2021 강릉시야구협회장기 대회	10,000	체육과	3	1	7	8	7	5	1	1
2864	강원 강릉시	제13회 강릉시장기 태권도 대회	30,000	체육과	3	1	7	8	7	5	1	1
2865	강원 강릉시	동계스토브 리그	40,000	체육과	3	1	7	8	7	5	1	1
2866	강원 강릉시	제13회 율곡대기 전국 유소년 축구대회	150,000	체육과	3	1	7	8	7	5	1	1
2867	강원 강릉시	제20회 전국가족 탁구대회	20,000	체육과	3	1	7	8	7	5	1	1
2868	강원 강릉시	제12회 전국스킨스쿠버 대회	15,000	체육과	3	1	7	8	7	5	1	1
2869	강원 강릉시	2021 KBA 3X3 KOREA TOUR IN 강릉	12,000	체육과	3	1	7	8	7	5	1	1
2870	강원 강릉시	제33회 임해배 전국 테니스대회	11,000	체육과	3	1	7	8	7	5	1	1
2871	강원 강릉시	2021 강릉 경포배 전국유소년 축구대회	30,000	체육과	3	1	7	8	7	5	1	1
2872	강원 강릉시	제7회 경포배 강원도 테니스대회	8,000	체육과	3	1	7	8	7	5	1	1
2873	강원 강릉시	2021 강원도내 우수클럽 3인조 볼링대회	5,000	체육과	3	1	7	8	7	5	1	1
2874	강원 강릉시	2021 시니어볼링 강원연맹 회장기 볼링대회	3,000	체육과	3	1	7	8	7	5	1	1
2875	강원 강릉시	2021 척수장애인어울림체육대회	25,000	체육과	3	1	7	8	7	5	1	1
2876	강원 강릉시	제14회 GN오픈 전국장애인탁구대회	20,000	체육과	3	1	7	8	7	5	1	1
2877	강원 강릉시	제4회 강원도지사배 전국장애인볼링대회	10,000	체육과	3	1	7	8	7	5	1	1
2878	강원 강릉시	2021 강원도장애인 어울림 생활체육 게이트볼대회	5,000	체육과	3	1	7	8	7	5	1	1
2879	강원 강릉시	동계스포츠 발전지원	25,000	체육과	3	6	7	8	7	1	1	3
2880	강원 강릉시	각종 컬링대회 개최	20,000	체육과	3	7	7	8	7	1	1	3
2881	강원 강릉시	솔향강릉 어린이그림그리기 대회	9,600	녹지과	3	1	7	8	7	1	1	1
2882	강원 강릉시	어촌전통 무형문화재 계승	10,000	해양수산과	3	1	7	8	7	5	1	4
2883	강원 강릉시	어촌계 성황제	15,000	해양수산과	3	1	7	8	7	5	1	4
2884	강원 강릉시	전국 해양스포츠대회 지원	90,000	해양수산과	3	1	7	8	7	5	5	4
2885	강원 강릉시	해양레포츠 문화축제	135,000	해양수산과	3	1	7	8	7	5	5	4
2886	강원 강릉시	안보전적지 순례	20,000	복지정책과	3	4	7	8	7	5	5	1
2887	강원 강릉시	전적지추념행사 지원	4,200	복지정책과	3	4	7	8	7	5	5	1
2888	강원 강릉시	보훈문화 체험관 운영	5,000	복지정책과	3	4	7	8	7	5	5	1
2889	강원 강릉시	보훈문화제 행사 운영	10,000	복지정책과	3	4	7	8	7	5	5	1
2890	강원 강릉시	장애인 인권영화제 제작 지원	11,000	복지정책과	3	4	4	8	7	1	1	3
2891	강원 강릉시	어르신여가활동 지원	15,000	어르신복지과	3	4	7	8	7	1	1	1
2892	강원 강릉시	어버이날 행사	6,000	어르신복지과	3	4	7	8	7	1	1	4
2893	강원 강릉시	연날리기 대회 참가	1,000	어르신복지과	3	4	7	8	7	1	1	4
2894	강원 강릉시	노인여가복지시설 종합 운영 워크숍	25,000	어르신복지과	3	4	7	8	7	1	1	1
2895	강원 강릉시	신사임당 얼 선양 백일장 및 초충도 그리기 대회	4,200	여성청소년가족과	3	4	7	8	7	1	1	2
2896	강원 강릉시	허난설헌 추모 헌다례	5,400	여성청소년가족과	3	4	7	8	7	1	1	2
2897	강원 강릉시	가족사랑 사진 공모전	9,500	여성청소년가족과	3	1	7	8	7	5	5	4
2898	강원 강릉시	청소년 어울림마당 운영	24,000	여성청소년가족과	3	1	7	1	7	1	1	1
2899	강원 강릉시	어린이날 행사 보조	35,000	아동보육과	3	4	1	8	1	5	1	1
2900	강원 강릉시	풍년농사 기원제	6,000	유통지원과	3	4	7	8	7	1	1	3
2901	강원 강릉시	명품신사임당곶감 홍보행사	5,000	기술보급과	3	6	7	8	7	1	1	4
2902	강원 동해시	문화예술 활성화사업지원	85,000	문화교육과	3	4	7	8	7	1	1	1
2903	강원 동해시	동해무릉제 프로그램운영지원보조	150,000	문화교육과	3	4	7	8	7	1	1	1

순번	시군구	지출명 (사업명)	2021년예산 (단위:천원/1년간)	담당자 (공무원)	민간이전 분류 (지방자치단체 세출예산 집행기준에 의거)	민간이전지출 근거 (지방보조금 관리기준 참고)	입찰방식			운영예산 산정		성과평가 실시여부
				담당부서	1. 민간경상사업보조(307-02) 2. 민간단체 법정운영비보조(307-03) 3. 민간행사사업보조(307-04) 4. 민간위탁금(307-05) 5. 사회복지시설 법정운영비보조(307-10) 6. 민간인위탁교육비(307-12) 7. 공기관등에대한경상적위탁사업비(308-11) 8. 민간자본사업보조,자체재원(402-01) 9. 민간자본사업보조,이전재원(402-02) 10. 민간위탁사업비(402-03) 11. 공기관등에 대한 자본적 대행사업비(403-02)	1. 법률에 규정 2. 국고보조 재원(국가지정) 3. 용도 지정 기부금 4. 조례에 직접규정 5. 지자체가 권장하는 사업을 하는 공공기관 6. 시,도 정책 및 재정사정 7. 기타 8. 해당없음	계약체결방법 (경쟁형태) 1. 일반경쟁 2. 제한경쟁 3. 지명경쟁 4. 수의계약 5. 법정위탁 6. 기타 ( ) 7. 해당없음	계약기간 1. 1년 2. 2년 3. 3년 4. 4년 5. 5년 6. 기타 ( )년 7. 단기계약 (1년미만) 8. 해당없음	낙찰자선정방법 1. 적격심사 2. 협상에의한계약 3. 최저가낙찰제 4. 규격가격분리 5. 2단계 경쟁입찰 6. 기타 ( ) 7. 해당없음	운영예산 산정 1. 내부산정 (지자체 자체적으로 산정) 2. 외부산정 (외부전문기관위탁 산정) 3. 내·외부 모두 산정 4. 산정 無 5. 해당없음	정산방법 1. 내부정산 (지자체 내부적으로 정산) 2. 외부정산 (외부전문기관위탁 정산) 3. 내·외부 모두 산정 4. 정산 無 5. 해당없음	1. 실시 2. 미실시 3. 향후 추진 4. 해당없음
2904	강원 동해시	정월대보름행사지원	50,000	문화교육과	3	4	7	8	7	1	1	1
2905	강원 동해시	찾아가는문화활동지원	34,000	문화교육과	3	4	7	8	7	1	1	1
2906	강원 동해시	국악연희 동해원님답교놀이	35,000	문화교육과	3	4	7	8	7	1	1	1
2907	강원 동해시	전통문화 전승보존	9,500	문화교육과	3	4	7	8	7	5	1	1
2908	강원 동해시	동해망상농악보존회 전승 지원	3,500	문화교육과	3	4	7	8	7	5	1	1
2909	강원 동해시	수산인의 날 기념행사 지원	10,260	해양수산과	3	6	7	8	7	5	5	4
2910	강원 태백시	강원도 이통장 한마음대회 지원	60,000	총무과	3	4	7	8	7	1	1	3
2911	강원 태백시	주민자치위원 역량강화	4,330	총무과	3	4	7	8	7	1	1	1
2912	강원 태백시	태백시 통장 한마음대회 지원	8,840	총무과	3	4	7	8	7	1	1	1
2913	강원 태백시	사회복지협의회 지원	2,865	주민생활지원과	3	1	7	8	7	1	1	1
2914	강원 태백시	사회복지사업 운영 활성화	30,000	사회복지과	3	6	7	8	7	1	1	2
2915	강원 태백시	노인의 날 기념 및 강원어르신 한마당 축제	5,750	사회복지과	3	4	7	8	7	1	1	2
2916	강원 태백시	자연유산 민속행사 지원	10,540	문화관광과	3	1	7	8	7	1	1	1
2917	강원 태백시	주요제례행사 지원	17,002	문화관광과	3	1	7	8	7	1	1	1
2918	강원 태백시	제29회 강원민속예술축제	20,720	문화관광과	3	1	7	8	7	1	1	1
2919	강원 태백시	시민을 위한 주말문화행사	18,780	문화관광과	3	4	7	8	7	5	5	4
2920	강원 태백시	태백예술제	23,830	문화관광과	3	4	7	8	7	5	5	4
2921	강원 태백시	철쭉제 대체축제 개발	11,000	문화관광과	3	4	7	8	7	1	1	4
2922	강원 태백시	태백산 눈축제	60,000	문화관광과	3	4	7	8	7	1	1	4
2923	강원 태백시	전국 및 도단위 엘리트체육대회 참가	23,200	스포츠레저과	3	4	7	8	7	1	1	4
2924	강원 태백시	강원도민체전 참가	153,615	스포츠레저과	3	4	7	8	7	1	1	4
2925	강원 태백시	태백산배 전국 남여 중고 배구대회	157,675	스포츠레저과	3	4	7	8	7	1	1	4
2926	강원 태백시	태백시장기 도내 남여 궁도대회	9,350	스포츠레저과	3	4	7	8	7	1	1	4
2927	강원 태백시	문화체육관광부장관기 전국 남여 중고 태권도대회	292,146	스포츠레저과	3	4	7	8	7	1	1	4
2928	강원 태백시	태백산기 전국 종합 핸드볼대회	191,950	스포츠레저과	3	4	7	8	7	1	1	4
2929	강원 태백시	태백산기 전국 남여 궁도대회	44,660	스포츠레저과	3	4	7	8	7	1	1	4
2930	강원 태백시	전국 추계 대학축구 연맹전	400,162	스포츠레저과	3	4	7	8	7	1	1	4
2931	강원 태백시	태백리틀챔피언스 디비전컵 축구대회	45,068	스포츠레저과	3	4	7	8	7	1	1	4
2932	강원 태백시	태백산컵 SBS 여자프로볼링 대회	38,300	스포츠레저과	3	4	7	8	7	1	1	4
2933	강원 태백시	전국 단체대항 태권도대회	219,002	스포츠레저과	3	4	7	8	7	1	1	4
2934	강원 태백시	2021 제51회 중부지역 궁도대회	8,790	스포츠레저과	3	4	7	8	7	1	1	4
2935	강원 태백시	2021 춘계 초중고 유도 연맹전	175,896	스포츠레저과	3	4	7	8	7	1	1	4
2936	강원 태백시	2021 강원 학생 유도대회	49,894	스포츠레저과	3	4	7	8	7	1	1	4
2937	강원 태백시	제1회 태백산배 전국학생 바둑 선수권대회	30,000	스포츠레저과	3	4	7	8	7	1	1	4
2938	강원 태백시	대통령금배 전국 고등학교 축구대회	226,950	스포츠레저과	3	4	7	8	7	1	1	4
2939	강원 태백시	강원도 어르신 생활체육대회 참가	17,120	스포츠레저과	3	1	7	8	7	1	1	4
2940	강원 태백시	강원도민생활체육대회 참가	142,060	스포츠레저과	3	1	7	8	7	1	1	4
2941	강원 태백시	전국 및 도단위 생활체육대회	90,900	스포츠레저과	3	1	7	8	7	1	1	4
2942	강원 태백시	장애인 생활체육대회	7,925	스포츠레저과	3	1	7	8	7	1	1	4
2943	강원 태백시	시장기 생활체육대회	113,312	스포츠레저과	3	1	7	8	7	1	1	4
2944	강원 태백시	태백산 산상바둑대회	19,480	스포츠레저과	3	1	7	8	7	1	1	4
2945	강원 태백시	태백시장배 강원도 그라운드 골프대회	8,050	스포츠레저과	3	1	7	8	7	1	1	4
2946	강원 태백시	태백산배 전국동호인 테니스대회	15,858	스포츠레저과	3	1	7	8	7	1	1	4

순번	시군구	지출명 (사업명)	2021년예산 (단위:천원/1년간)	담당자 (공무원) 담당부서	민간이전 분류 (지방자치단체 세출예산 집행기준에 의거) 1. 민간경상사업보조(307-02) 2. 민간단체 법정운영비보조(307-03) 3. 민간행사사업보조(307-04) 4. 민간위탁금(307-05) 5. 사회복지시설 법정운영비보조(307-10) 6. 민간인위탁교육비(307-12) 7. 공기관등에대한경상적위탁사업비(308-11) 8. 민간자본사업보조,자체재원(402-01) 9. 민간자본사업보조,이전재원(402-02) 10. 민간위탁사업비(402-03) 11. 공기관등에 대한 자본적 대행사업비(403-02)	민간이전지출 근거 (지방보조금 관리기준 참고) 1. 법률에 규정 2. 국고보조 재원(국가지정) 3. 용도 지정 기부금 4. 조례에 직접규정 5. 지자체가 권장하는 사업을 하는 공공기관 6. 시,도 정책 및 재정사정 7. 기타 8. 해당없음	입찰방식 계약체결방법 (경쟁형태) 1. 일반경쟁 2. 제한경쟁 3. 지명경쟁 4. 수의계약 5. 법정위탁 6. 기타 ( ) 7. 해당없음	입찰방식 계약기간 1. 1년 2. 2년 3. 3년 4. 4년 5. 5년 6. 기타 ( )년 7. 단기계약 (1년미만) 8. 해당없음	입찰방식 낙찰자선정방법 1. 적격심사 2. 협상에의한계약 3. 최저가낙찰제 4. 규격가격분리 5. 2단계 경쟁입찰 6. 기타 ( ) 7. 해당없음	운영예산 산정 운영예산 산정 1. 내부산정 (지자체 자체적으로 산정) 2. 외부산정 (외부전문기관위탁 산정) 3. 내·외부 모두 산정 4. 산정 無 5. 해당없음	운영예산 산정 정산방법 1. 내부정산 (지자체 내부적으로 정산) 2. 외부정산 (외부전문기관위탁 정산) 3. 내·외부 모두 산정 4. 정산 無 5. 해당없음	성과평가 실시여부 1. 실시 2. 미실시 3. 향후 추진 4. 해당없음
2947	강원 태백시	태백산배 전국동호인 배드민턴대회	31,310	스포츠레저과	3	1	7	8	7	1	1	4
2948	강원 태백시	태백산배 전국동호인 족구대회	15,597	스포츠레저과	3	1	7	8	7	1	1	4
2949	강원 태백시	삼일절기념 건강달리기대회	9,660	스포츠레저과	3	1	7	8	7	1	1	4
2950	강원 태백시	양대강발원지잇기 시민건강달리기 대회	6,123	스포츠레저과	3	1	7	8	7	1	1	4
2951	강원 태백시	고원산소길 시민 건강 걷기대회	7,390	스포츠레저과	3	1	7	8	7	1	1	4
2952	강원 태백시	태백산배 생활체육 탁구대회	31,079	스포츠레저과	3	1	7	8	7	1	1	4
2953	강원 태백시	태백산컵 전국동호인 클럽축구대회	41,080	스포츠레저과	3	1	7	8	7	1	1	4
2954	강원 태백시	제9회 강원도 산악연맹 회장기 등산대회	4,520	스포츠레저과	3	1	7	8	7	1	1	4
2955	강원 태백시	제28회 강원도협회장배 생활체육 탁구대회	29,230	스포츠레저과	3	1	7	8	7	1	1	4
2956	강원 태백시	제3회 도지사기 강원도 파크골프 대회 개최	9,516	스포츠레저과	3	1	7	8	7	1	1	4
2957	강원 태백시	제27회 강원도협회장기 게이트볼대회 개최	26,030	스포츠레저과	3	1	7	8	7	1	1	4
2958	강원 태백시	2021년 태백 그란폰도 대회 개최	60,000	스포츠레저과	3	1	7	8	7	1	1	4
2959	강원 태백시	2021년 태백 모터스포츠 페스티벌 개최	100,000	스포츠레저과	3	1	7	8	7	1	1	4
2960	강원 태백시	노사민정 한마음 체육대회	10,000	일자리경제과	3	1	7	8	7	5	5	4
2961	강원 태백시	지역 노사민정 협력활성화	6,680	일자리경제과	3	1	7	8	7	5	5	4
2962	강원 태백시	농업인 화합과 성과의 장	3,090	농업기술센터	3	6	7	8	7	1	1	3
2963	강원 태백시	지역소방지원	3,940	재난관리과	3	4	7	8	7	5	5	2
2964	강원 태백시	주민자율방범대 운영지원	5,120	총무과	3	4	7	8	7	1	1	1
2965	강원 태백시	농업인 교육 및 단체 육성	14,651	농업기술센터	3	6	7	8	7	1	1	3
2966	강원 속초시	2021 바다별빛 대포夜 사랑海	45,000	관광과	3	4	7	8	7	1	1	1
2967	강원 속초시	장사항 오징어 맨손잡기 축제	40,000	관광과	3	4	7	8	7	1	1	1
2968	강원 속초시	속초 해맞이 축제	40,000	관광과	3	4	7	8	7	1	1	1
2969	강원 속초시	북한이탈주민과 지역주민의 어울림 한마당	3,240	주민생활지원과	3	1	7	3	2	1	1	1
2970	강원 속초시	안보단체 운영지원	21,080	주민생활지원과	3	1	7	8	7	1	1	1
2971	강원 속초시	여성지도자 역량강화교육	6,000	가족지원과	3	1	7	8	7	1	1	4
2972	강원 속초시	속초시양성평등대회	11,500	가족지원과	3	1	7	8	7	1	1	4
2973	강원 속초시	어린이날 행사지원	30,000	교육청소년과	3	1	7	8	7	1	1	1
2974	강원 속초시	청소년문화활동지원	15,000	교육청소년과	3	6	4	1	1	1	1	4
2975	강원 속초시	수산인의 날 행사지원	58,000	해양수산과	3	1	7	8	7	5	1	2
2976	강원 속초시	수산업경영인대회지원	30,000	해양수산과	3	4	7	8	7	5	1	2
2977	강원 속초시	농업인단체 하계수련대회	5,000	농업기술센터	3	4	7	8	7	5	5	4
2978	강원 속초시	농업인의 날 행사	25,000	농업기술센터	3	1	7	8	7	5	5	4
2979	강원 속초시	설악벚꽃축제	20,000	농업기술센터	3	4	7	8	7	5	5	4
2980	강원 속초시	반려견 문화축제	20,000	농업기술센터	3	4	7	8	7	5	5	4
2981	강원 속초시	유기동물 입양행사	10,000	농업기술센터	3	1	7	8	7	5	5	4
2982	강원 홍천군	홍천군 고등학교 한마음 문화축제	40,000	교육과	3	4	1	5	1	5	1	1
2983	강원 홍천군	호국정신 함양 전몰군경 호국영령 추모제	4,500	복지정책과	3	4	7	8	7	1	1	1
2984	강원 홍천군	호국정신 함양 줄장루이 소령 추념식	4,000	복지정책과	3	4	7	8	7	1	1	1
2985	강원 홍천군	노인의날 행사	50,000	행복나눔과	3	4	7	8	7	1	1	4
2986	강원 홍천군	노인게이트볼대회	6,900	행복나눔과	3	4	7	8	7	1	1	4
2987	강원 홍천군	노인지도자 통합 연찬회	26,850	행복나눔과	3	4	7	8	7	1	1	4
2988	강원 홍천군	박정렬여사 추모제향	3,000	행복나눔과	3	1	7	7	7	5	1	4
2989	강원 홍천군	보육시설 명랑운동회 행사지원	8,000	행복나눔과	3	4	7	8	7	1	1	4

순번	시군구	지출명 (사업명)	2021년예산 (단위:천원/1년간)	담당자 (공무원)	민간이전 분류 (지방자치단체 세출예산 집행기준에 의거)	민간이전지출 근거 (지방보조금 관리기준 참고)	입찰방식			운영예산 산정		성과평가 실시여부
				담당부서	1. 민간경상사업보조(307-02) 2. 민간단체 법정운영비보조(307-03) 3. 민간행사사업보조(307-04) 4. 민간위탁금(307-05) 5. 사회복지시설 법정운영비보조(307-10) 6. 민간인위탁교육비(307-12) 7. 공기관등에대한경상적위탁사업비(308-11) 8. 민간자본사업보조,자체재원(402-01) 9. 민간자본사업보조,이전재원(402-02) 10. 민간위탁사업비(402-03) 11. 공기관등에 대한 자본적 대행사업비(403-02)	1. 법률에 규정 2. 국고보조 재원(국가지정) 3. 용도 지정 기부금 4. 조례에 직접규정 5. 지자체가 권장하는 사업을 하는 공공기관 6. 시,도 정책 및 재정사정 7. 기타 8. 해당없음	계약체결방법 (경쟁형태) 1. 일반경쟁 2. 제한경쟁 3. 지명경쟁 4. 수의계약 5. 법정위탁 6. 기타 ( ) 7. 해당없음	계약기간 1. 1년 2. 2년 3. 3년 4. 4년 5. 5년 6. 기타 ( )년 7. 단기계약 (1년미만) 8. 해당없음	낙찰자선정방법 1. 적격심사 2. 협상에의한계약 3. 최저가낙찰제 4. 규격가격분리 5. 2단계 경쟁입찰 6. 기타 ( ) 7. 해당없음	운영예산 산정 1. 내부산정 (지자체 자체적으로 산정) 2. 외부산정 (외부전문기관위탁 산정) 3. 내·외부 모두 산정 4. 산정 無 5. 해당없음	정산방법 1. 내부정산 (지자체 내부적으로 정산) 2. 외부정산 (외부전문기관위탁 정산) 3. 내·외부 모두 산정 4. 정산 無 5. 해당없음	1. 실시 2. 미실시 3. 향후 추진 4. 해당없음
2990	강원 홍천군	강원도 어린이집 한마음대회	45,000	행복나눔과	3	4	7	8	7	1	1	4
2991	강원 홍천군	어린이날 기념행사	36,000	행복나눔과	3	4	1	3	1	1	1	1
2992	강원 횡성군	횡성군의용소방대 의식고취 지원사업	10,000	안전건설과	3	4	7	7	7	1	1	1
2993	강원 횡성군	소방기술 경연대회 및 체육대회 지원	15,000	안전건설과	3	4	7	7	7	1	1	1
2994	강원 횡성군	강원도의용소방대 한마음전진대회 지원	10,000	안전건설과	3	4	7	7	7	1	1	1
2995	강원 횡성군	네덜란드 교류문화제	20,000	기획감사실	3	4	7	8	7	5	5	4
2996	강원 횡성군	농업인단체 지원사업	16,874	농업지원과	3	4	7	8	7	5	1	2
2997	강원 횡성군	나라사랑 호국정신함양 한마음대회	13,500	행복나눔복지과	3	4	7	8	7	1	1	1
2998	강원 횡성군	횡성군 노인회장기 게이트볼대회 지원	8,000	행복나눔복지과	3	5	7	8	7	1	1	4
2999	강원 횡성군	횡성군 어르신 한궁대회 지원	2,000	행복나눔복지과	3	5	7	8	7	1	1	4
3000	강원 횡성군	군수기(배) 체육대회 개최 지원	5,000	문화체육관광과	3	4	7	8	7	5	1	1
3001	강원 횡성군	여성생활체육활성화	92,000	문화체육관광과	3	4	7	8	7	5	1	1
3002	강원 횡성군	강원도민생활체육대회 출전지원	5,000	문화체육관광과	3	4	7	8	7	5	1	1
3003	강원 횡성군	게이트볼대회 지원	10,000	문화체육관광과	3	4	7	8	7	5	1	1
3004	강원 횡성군	게이트볼대회 지원	10,920	문화체육관광과	3	4	7	8	7	5	1	1
3005	강원 횡성군	게이트볼대회 지원	4,200	문화체육관광과	3	4	7	8	7	5	1	1
3006	강원 횡성군	게이트볼대회 지원	25,500	문화체육관광과	3	4	7	8	7	5	1	1
3007	강원 횡성군	노인생활체육 활성화 프로그램 운영	12,000	문화체육관광과	3	4	7	8	7	5	1	1
3008	강원 횡성군	2021년 횡성한우배 전국실업볼링대회	60,000	문화체육관광과	3	4	7	8	7	5	1	1
3009	강원 횡성군	청정횡성 생활체육볼링대회	80,000	문화체육관광과	3	4	7	8	7	5	1	1
3010	강원 횡성군	전국 초등학교 정구대회	4,000	문화체육관광과	3	4	7	8	7	5	1	1
3011	강원 횡성군	타그로 전국오픈 탁구대회	48,000	문화체육관광과	3	4	7	8	7	5	1	1
3012	강원 횡성군	횡성군수배 전국 탁구대회	50,000	문화체육관광과	3	4	7	8	7	5	1	1
3013	강원 횡성군	횡성한우배 전국 배드민턴대회	50,000	문화체육관광과	3	4	7	8	7	5	1	1
3014	강원 횡성군	전국동호인 오픈 배드민턴대회	35,000	문화체육관광과	3	4	7	8	7	5	1	1
3015	강원 횡성군	횡성한우배 전국 마스터즈 수영대회	35,000	문화체육관광과	3	4	7	8	7	5	1	1
3016	강원 횡성군	횡성군수기 도민궁도대회	20,000	문화체육관광과	3	4	7	8	7	5	1	1
3017	강원 횡성군	횡성한우배 강원도 테니스대회	12,000	문화체육관광과	3	4	7	8	7	5	1	1
3018	강원 횡성군	강원도지사기 테니스대회	25,000	문화체육관광과	3	4	7	8	7	5	1	1
3019	강원 횡성군	전국 학생 스포츠클럽대회	30,000	문화체육관광과	3	4	7	8	7	5	1	1
3020	강원 횡성군	전국 무술선수권대회	60,000	문화체육관광과	3	4	7	8	7	5	1	1
3021	강원 횡성군	둔내토마토축제 기념 체육대회	30,000	문화체육관광과	3	4	7	8	7	5	1	1
3022	강원 횡성군	안흥찐빵축제 기념 체육대회	15,000	문화체육관광과	3	4	7	8	7	5	1	1
3023	강원 횡성군	청일더덕축제 기념 체육대회	15,000	문화체육관광과	3	4	7	8	7	5	1	1
3024	강원 횡성군	횡성한우배 골프대회	15,000	문화체육관광과	3	4	7	8	7	5	1	1
3025	강원 횡성군	대학골프연맹배 골프대회	8,000	문화체육관광과	3	4	7	8	7	5	1	1
3026	강원 횡성군	횡성한우배 전국 대학 골프대회	20,000	문화체육관광과	3	4	7	8	7	5	1	1
3027	강원 횡성군	2021년 대학클럽챔피언십 대회	20,000	문화체육관광과	3	4	7	8	7	5	1	1
3028	강원 횡성군	전국 대통령기 게이트볼대회	40,000	문화체육관광과	3	4	7	8	7	5	1	1
3029	강원 횡성군	전국 파크골프 동호인대회	80,000	문화체육관광과	3	4	7	8	7	5	1	1
3030	강원 횡성군	전국 티볼 페스티벌 대회	30,000	문화체육관광과	3	4	7	8	7	5	1	1
3031	강원 횡성군	횡성군 야구리그 지원	30,000	문화체육관광과	3	4	7	8	7	5	1	1
3032	강원 횡성군	횡성한우배 유소년 야구대회	10,000	문화체육관광과	3	4	7	8	7	5	1	1

순번	시군구	지출명 (사업명)	2021년예산 (단위:천원/1년간)	담당자 (공무원) 담당부서	민간이전 분류 (지방자치단체 세출예산 집행기준에 의거) 1. 민간경상사업보조(307-02) 2. 민간단체 법정운영비보조(307-03) 3. 민간행사사업보조(307-04) 4. 민간위탁금(307-05) 5. 사회복지시설 법정운영비보조(307-10) 6. 민간인위탁교육비(307-12) 7. 공기관등에대한경상적위탁사업비(308-11) 8. 민간자본사업보조,자체재원(402-01) 9. 민간자본사업보조,이전재원(402-02) 10. 민간위탁사업비(402-03) 11. 공기관등에 대한 자본적 대행사업비(403-02)	민간이전지출 근거 (지방보조금 관리기준 참고) 1. 법률에 규정 2. 국고보조 재원(국가지정) 3. 용도 지정 기부금 4. 조례에 직접규정 5. 지자체가 권장하는 사업을 하는 공공기관 6. 시,도 정책 및 재정사정 7. 기타 8. 해당없음	입찰방식 계약체결방법 (경쟁형태) 1. 일반경쟁 2. 제한경쟁 3. 지명경쟁 4. 수의계약 5. 법정위탁 6. 기타 ( ) 7. 해당없음	입찰방식 계약기간 1. 1년 2. 2년 3. 3년 4. 4년 5. 5년 6. 기타 ( )년 7. 단기계약 (1년미만) 8. 해당없음	입찰방식 낙찰자선정방법 1. 적격심사 2. 협상에의한계약 3. 최저가낙찰제 4. 규격가격분리 5. 2단계 경쟁입찰 6. 기타 ( ) 7. 해당없음	운영예산 산정 운영예산 산정 1. 내부산정 (지자체 자체적으로 산정) 2. 외부산정 (외부전문기관위탁 산정) 3. 내·외부 모두 산정 4. 산정 無 5. 해당없음	운영예산 산정 정산방법 1. 내부정산 (지자체 내부적으로 정산) 2. 외부정산 (외부전문기관위탁 정산) 3. 내·외부 모두 산정 4. 정산 無 5. 해당없음	성과평가 실시여부 1. 실시 2. 미실시 3. 향후 추진 4. 해당없음
3033	강원 횡성군	춘계 중학교 야구대회	30,000	문화체육관광과	3	4	7	8	7	5	1	1
3034	강원 횡성군	백호기 전국중학교 야구대회	50,000	문화체육관광과	3	4	7	8	7	5	1	1
3035	강원 횡성군	횡성한우기 전국대학클럽 야구대회	150,000	문화체육관광과	3	4	7	8	7	5	1	1
3036	강원 횡성군	2021년 대한야구소프트볼협회장기 전국 고교야구대회	30,000	문화체육관광과	3	4	7	8	7	5	1	1
3037	강원 횡성군	2021년 대통령기 전국 대학야구대회	100,000	문화체육관광과	3	4	7	8	7	5	1	1
3038	강원 횡성군	2021년 금강대기 전국유소년축구대회	80,000	문화체육관광과	3	4	7	8	7	5	1	1
3039	강원 횡성군	2021년 전국종별 여자소프트볼대회	180,000	문화체육관광과	3	4	7	8	7	5	1	1
3040	강원 횡성군	강원도 유도 선수권 대회	35,000	문화체육관광과	3	4	7	8	7	5	1	1
3041	강원 횡성군	2021년 전국버츄얼 MTB레이스 대회	30,000	문화체육관광과	3	4	7	8	7	5	1	1
3042	강원 횡성군	국가대표 정영식 꿈나무 전국 탁구대회	40,000	문화체육관광과	3	4	7	8	7	5	1	1
3043	강원 횡성군	추계 중학교 야구대회	50,000	문화체육관광과	3	4	7	8	7	5	1	1
3044	강원 횡성군	2021년 금계기 전국유소년 야구리그	50,000	문화체육관광과	3	4	7	8	7	5	1	1
3045	강원 횡성군	군민체육대회 지원	200,000	문화체육관광과	3	4	7	8	7	5	1	1
3046	강원 횡성군	군민체육대회 지원	100,000	문화체육관광과	3	4	7	8	7	5	1	1
3047	강원 횡성군	면민체육대회 지원	200,000	문화체육관광과	3	4	7	8	7	5	1	1
3048	강원 횡성군	면민체육대회 지원	160,000	문화체육관광과	3	4	7	8	7	5	1	1
3049	강원 횡성군	전통향교문화 전승보전 지원	17,820	문화체육관광과	3	1	7	8	7	1	1	1
3050	강원 횡성군	횡성회다지소리민속문화제	100,000	문화체육관광과	3	7	7	8	7	1	1	1
3051	강원 횡성군	태기산쿨페스티벌	90,000	문화체육관광과	3	4	7	8	7	5	1	1
3052	강원 횡성군	횡성호수길축제지원	80,000	문화체육관광과	3	4	7	8	7	5	1	1
3053	강원 횡성군	둔내토마토축제지원	150,000	문화체육관광과	3	4	7	8	7	5	1	1
3054	강원 횡성군	횡성더덕축제지원	150,000	문화체육관광과	3	4	7	8	7	5	1	1
3055	강원 횡성군	안흥찐빵축제지원	150,000	문화체육관광과	3	4	7	8	7	5	1	1
3056	강원 횡성군	횡성문화원 문화사업행사	91,000	문화체육관광과	3	4	7	8	7	5	1	1
3057	강원 횡성군	4.1군민만세운동 기념행사	30,000	문화체육관광과	3	4	7	8	7	5	1	1
3058	강원 횡성군	횡성한우축제지원	60,600	문화체육관광과	3	2	7	8	7	5	1	2
3059	강원 횡성군	청소년축제 개최	30,000	교육복지과	3	1	7	8	7	5	1	1
3060	강원 횡성군	평생학습프로그램 운영	13,000	교육복지과	3	4	7	8	7	5	1	1
3061	강원 횡성군	평생학습축제 지원	90,000	교육복지과	3	4	7	8	7	5	1	1
3062	강원 횡성군	건강가정 다문화가족 한마음축제 행사	25,000	교육복지과	3	4	7	8	7	5	1	1
3063	강원 횡성군	어린이집 운영지원	10,000	교육복지과	3	4	7	8	7	5	1	1
3064	강원 횡성군	농업인학습단체 한마음대회 운영지원	17,000	농업기술센터	3	5	7	8	7	1	1	1
3065	강원 횡성군	농업인의 날 행사 운영지원	20,000	농업기술센터	3	5	7	8	7	1	1	1
3066	강원 영월군	영월 여성 신년인사회	3,000	여성가족과	3	4	7	8	7	1	1	1
3067	강원 영월군	영월군 양성평등대회	15,000	여성가족과	3	4	7	8	7	1	1	1
3068	강원 영월군	어린이집연합회 워크숍	5,000	여성가족과	3	4	7	8	7	1	1	1
3069	강원 영월군	청소년성년식행사지원	5,000	여성가족과	3	6	7	8	7	5	1	4
3070	강원 영월군	농업인단체 육성 지원	40,000	농업축산과	3	4	7	7	7	1	1	4
3071	강원 영월군	영월군 의용소방연합회 소방기술경연대회 지원	20,000	자치행정교육과	3	4	7	8	7	1	1	1
3072	강원 영월군	영월군 자율방범연합대 직무경진대회	20,000	자치행정교육과	3	4	7	8	7	1	1	1
3073	강원 영월군	영월군 새마을회 행사비 지원	13,000	자치행정교육과	3	4	7	8	7	1	1	1
3074	강원 평창군	이장연합회 한마음 체육대회 지원	30,000	행정과	3	4	7	8	7	5	5	3
3075	강원 평창군	통일준비 역량함양 자문위원 워크숍 지원	15,000	행정과	3	1	7	8	7	5	5	3

순번	시군구	지출명 (사업명)	2021년예산 (단위:천원/1년간)	담당자 (공무원) 담당부서	민간이전 분류 (지방자치단체 세출예산 집행기준에 의거) 1. 민간경상사업보조(307-02) 2. 민간단체 법정운영비보조(307-03) 3. 민간행사사업보조(307-04) 4. 민간위탁금(307-05) 5. 사회복지시설 법정운영비보조(307-10) 6. 민간인위탁교육비(307-12) 7. 공기관등에대한경상적위탁사업비(308-11) 8. 민간자본사업보조,자체재원(402-01) 9. 민간자본사업보조,이전재원(402-02) 10. 민간위탁사업비(402-03) 11. 공기관등에 대한 자본적 대행사업비(403-02)	민간이전지출 근거 (지방보조금 관리기준 참고) 1. 법률에 규정 2. 국고보조 재원(국가지정) 3. 용도 지정 기부금 4. 조례에 직접규정 5. 지자체가 권장하는 사업을 하는 공공기관 6. 시,도 정책 및 재정사정 7. 기타 8. 해당없음	입찰방식 계약체결방법 (경쟁형태) 1. 일반경쟁 2. 제한경쟁 3. 지명경쟁 4. 수의계약 5. 법정위탁 6. 기타 ( ) 7. 해당없음	입찰방식 계약기간 1. 1년 2. 2년 3. 3년 4. 4년 5. 5년 6. 기타 ( )년 7. 단기계약 (1년미만) 8. 해당없음	입찰방식 낙찰자선정방법 1. 적격심사 2. 협상에의한계약 3. 최저가낙찰제 4. 규격가격분리 5. 2단계 경쟁입찰 6. 기타 ( ) 7. 해당없음	운영예산 산정 운영예산 산정 1. 내부산정 (지자체 자체적으로 산정) 2. 외부산정 (외부전문기관위탁 산정) 3. 내·외부 모두 산정 4. 산정 無 5. 해당없음	운영예산 산정 정산방법 1. 내부정산 (지자체 내부적으로 정산) 2. 외부정산 (외부전문기관위탁 정산) 3. 내·외부 모두 산정 4. 정산 無 5. 해당없음	성과평가 실시여부 1. 실시 2. 미실시 3. 향후 추진 4. 해당없음
3076	강원 평창군	자율방범대 직무경진대회 지원	10,000	행정과	3	4	7	8	7	5	5	3
3077	강원 평창군	올림픽 평화 유스 캠프 운영지원	600,000	올림픽유산과	3	4	7	8	7	1	1	3
3078	강원 평창군	2021 수호랑 반다비 스포츠캠프 지원	25,000	올림픽유산과	3	4	7	8	7	1	1	3
3079	강원 평창군	2022 평창 국제청소년동계대회(ICWG) 지원	1,880,000	올림픽유산과	3	4	7	8	7	1	1	3
3080	강원 평창군	대구국제청소년하계대회(ICG) 참가 지원	9,000	올림픽유산과	3	4	7	8	7	1	1	3
3081	강원 평창군	6.25전사자 유해발굴 영결식 지원	2,000	복지정책과	3	1	7	8	7	5	5	3
3082	강원 평창군	청소년 재능발전사업 행사지원	22,000	가족복지과	3	2	7	8	7	5	5	3
3083	강원 평창군	늘 행복한 교실 화합 한마당 지원	23,000	교육체육과	3	4	7	8	7	5	5	3
3084	강원 평창군	읍·면 체육대회 지원	60,000	교육체육과	3	4	7	8	7	5	5	3
3085	강원 평창군	군수배종목별 대회지원	39,500	교육체육과	3	4	7	8	7	5	5	3
3086	강원 평창군	연례대회 개최지원	86,000	교육체육과	3	4	7	8	7	5	5	3
3087	강원 평창군	전략종목 대회 유치지원	345,000	교육체육과	3	4	7	8	7	5	5	3
3088	강원 평창군	레슬링 상비군 합숙훈련 지원	150,000	교육체육과	3	4	7	8	7	5	5	3
3089	강원 평창군	평창관광사진 공모전 지원	30,000	문화관광과	3	4	7	1	7	1	1	3
3090	강원 평창군	산소길 걷기 행사지원	12,000	문화관광과	3	4	7	8	7	1	1	3
3091	강원 평창군	평창국제평화영화제 지원	300,000	문화관광과	3	4	7	8	7	1	1	3
3092	강원 평창군	평창대관령음악제 지원	100,000	문화관광과	3	4	7	8	7	1	1	3
3093	강원 평창군	평창평화페스티벌 지원	300,000	문화관광과	3	2	7	8	7	5	5	3
3094	강원 평창군	평창예총 사업지원	100,000	문화관광과	3	4	7	8	7	1	1	3
3095	강원 평창군	가산 이효석 추모식 지원	2,000	문화관광과	3	4	7	8	7	1	1	3
3096	강원 평창군	노산문화제 지원	250,000	문화관광과	3	4	7	8	7	1	1	3
3097	강원 평창군	군민의 날 지원	280,000	문화관광과	3	4	7	8	7	1	1	3
3098	강원 평창군	노산문화제 성화봉송행사 지원	13,000	문화관광과	3	4	7	8	7	1	1	3
3099	강원 평창군	오대산문화축전 행사지원	280,000	문화관광과	3	4	7	8	7	1	1	4
3100	강원 평창군	한강시원지 우통수 시원제 봉행 지원	5,000	문화관광과	3	7	7	8	7	1	1	3
3101	강원 평창군	국민대통합 아리랑 전국 순회공연 지원	30,000	문화관광과	3	7	7	8	7	1	1	3
3102	강원 평창군	평창향교 석전대제 지원	6,000	문화관광과	3	7	7	8	7	1	1	3
3103	강원 평창군	향교 기로연 지원	3,000	문화관광과	3	7	7	8	7	1	1	3
3104	강원 평창군	봉산서재 추계 제향	4,000	문화관광과	3	7	7	8	7	1	1	3
3105	강원 평창군	전통산사문화재 활용사업 지원	70,000	문화관광과	3	6	7	8	7	1	1	4
3106	강원 평창군	평창산양삼 축제 지원	30,000	산림과	3	6	7	8	7	5	5	3
3107	강원 평창군	평창군의용소방대 소방기술경연대회 지원	25,000	안전교통과	3	4	7	8	7	5	5	3
3108	강원 평창군	마을축제 송어체험 지원	40,000	농업축산과	3	1	7	8	7	5	5	3
3109	강원 평창군	쌀전업농 강원도대회 지원	180,000	기술지원과	3	4	7	8	7	5	5	3
3110	강원 평창군	생활개선회 도단위 행사참가 지원	3,000	기술지원과	3	1	7	8	7	5	5	3
3111	강원 정선군	이반장 체육대회 지원	33,000	총무행정관	3	4	7	8	7	1	3	3
3112	강원 정선군	강원도 이통장 한마음대회 참석	9,150	총무행정관	3	4	7	8	7	1	3	3
3113	강원 정선군	어린이날 큰 잔치 행사	22,000	여성청소년과	3	1	6	8	7	1	3	3
3114	강원 정선군	정선여성대회 개최	45,000	여성청소년과	3	1	7	8	7	5	1	3
3115	강원 정선군	청소년 어울마당 지원	7,000	여성청소년과	3	1	7	8	7	5	1	1
3116	강원 정선군	전통성년식 행사(향교)	5,000	여성청소년과	3	1	7	8	7	5	1	1
3117	강원 정선군	노인의날 기념식(군) 및 어르신 청춘 한마당 축제	30,000	복지과	3	1	7	8	7	1	1	3
3118	강원 정선군	도 연합회장기 게이트볼 대회 출전	2,000	복지과	3	1	7	8	7	1	1	3

순번	시군구	지출명 (사업명)	2021년예산 (단위:천원/1년간)	담당자 (공무원) 담당부서	민간이전 분류 (지방자치단체 세출예산 집행기준에 의거) 1. 민간경상사업보조(307-02) 2. 민간단체 법정운영비보조(307-03) 3. 민간행사사업보조(307-04) 4. 민간위탁금(307-05) 5. 사회복지시설 법정운영비보조(307-10) 6. 민간인위탁교육비(307-12) 7. 공기관등에대한경상적위탁사업비(308-11) 8. 민간자본사업보조,자체재원(402-01) 9. 민간자본사업보조,이전재원(402-02) 10. 민간위탁사업비(402-03) 11. 공기관등에 대한 자본적 대행사업비(403-02)	민간이전지출 근거 (지방보조금 관리기준 참고) 1. 법률에 규정 2. 국고보조 재원(국가지정) 3. 용도 지정 기부금 4. 조례에 직접규정 5. 지자체가 권장하는 사업을 하는 공공기관 6. 시,도 정책 및 재정사정 7. 기타 8. 해당없음	입찰방식 계약체결방법 (경쟁형태) 1. 일반경쟁 2. 제한경쟁 3. 지명경쟁 4. 수의계약 5. 법정위탁 6. 기타 ( ) 7. 해당없음	입찰방식 계약기간 1. 1년 2. 2년 3. 3년 4. 4년 5. 5년 6. 기타 ( )년 7. 단기계약 (1년미만) 8. 해당없음	입찰방식 낙찰자선정방법 1. 적격심사 2. 협상에의한계약 3. 최저가낙찰제 4. 규격가격분리 5. 2단계 경쟁입찰 6. 기타 ( ) 7. 해당없음	운영예산 산정 운영예산 산정 1. 내부산정 (지자체 자체적으로 산정) 2. 외부산정 (외부전문기관위탁 산정) 3. 내·외부 모두 산정 4. 산정 無 5. 해당없음	운영예산 산정 정산방법 1. 내부정산 (지자체 내부적으로 정산) 2. 외부정산 (외부전문기관위탁 정산) 3. 내·외부 모두 산정 4. 정산 無 5. 해당없음	성과평가 실시여부 1. 실시 2. 미실시 3. 향후 추진 4. 해당없음
3119	강원 정선군	폐광지역 4개시군 노인체육대회 참석	10,000	복지과	3	1	7	8	7	1	1	3
3120	강원 정선군	6.25전쟁 기념식	8,155	복지과	3	1	7	8	7	1	1	3
3121	강원 정선군	근로자의 날 및 노사행사지원	10,000	경제과	3	4	4	1	7	1	1	4
3122	강원 정선군	제41주년 사북사건 기념식 행사	30,000	전략산업과	3	4	7	1	7	1	1	3
3123	강원 정선군	중소기업 제품 판로 지원	30,000	전략산업과	3	4	7	1	7	1	1	4
3124	강원 정선군	정선인형극제 운영	30,000	문화관광과	3	1	4	8	7	1	1	3
3125	강원 정선군	정선강변가요제	15,000	문화관광과	3	5	7	8	7	1	1	3
3126	강원 정선군	군민체육대회 운영비	125,000	문화관광과	3	1	7	8	7	3	3	3
3127	강원 정선군	군민건강달리기대회 운영	30,000	문화관광과	3	1	7	8	7	3	3	3
3128	강원 정선군	전국 및 도단위 체육대회 유치	957,000	문화관광과	3	1	7	8	7	3	3	3
3129	강원 정선군	체육인의 밤 행사	20,000	문화관광과	3	1	7	8	7	3	3	3
3130	강원 정선군	2021 강원자전거 대행진	7,000	문화관광과	3	1	7	8	7	3	3	3
3131	강원 정선군	군민한마음 트레킹대회	8,000	문화관광과	3	1	7	8	7	3	3	3
3132	강원 정선군	강원도의용소방대 한마음 전진대회 개최	50,000	안전과	3	4	7	8	7	5	5	3
3133	강원 정선군	정선아리랑제 우수 농특산물 홍보 체험	13,500	농업기술센터	3	7	7	8	7	1	1	3
3134	강원 정선군	도시민 김장축제 및 농특산물 직거래행사	22,500	농업기술센터	3	7	7	8	7	1	1	3
3135	강원 정선군	향토음식홍보 대축제 경비지원	10,000	농업기술센터	3	6	7	8	7	1	1	4
3136	강원 정선군	농업경영인 중앙 및 도대회 참가 경비	12,880	농업기술센터	3	6	7	8	7	1	1	4
3137	강원 정선군	여성농업인 중앙 및 도대회 참가 경비	4,720	농업기술센터	3	6	7	8	7	1	1	4
3138	강원 정선군	한농연, 한여농 하계 수련대회 지원	13,300	농업기술센터	3	6	7	8	7	1	1	4
3139	강원 정선군	풍년기원제	5,000	농업기술센터	3	6	7	8	7	1	1	4
3140	강원 정선군	농촌지도자 중앙 및 도대회 참가 지원	8,240	농업기술센터	3	6	7	8	7	1	1	4
3141	강원 정선군	생활개선회 중앙 및 도대회 참가 지원	4,320	농업기술센터	3	6	7	8	7	1	1	4
3142	강원 정선군	농촌지도자, 생활개선회 하계수련회	14,700	농업기술센터	3	6	7	8	7	1	1	4
3143	강원 정선군	아리랑제 및 농업인의 날 테마식당 운영	10,000	농업기술센터	3	6	7	8	7	1	1	4
3144	강원 철원군	어린이날 행사	30,000	인재육성과	3	5	7	8	7	1	1	1
3145	강원 철원군	전국청소년 전통문화경연대회	25,000	인재육성과	3	5	7	8	7	1	1	1
3146	강원 철원군	늘푸른 청소년축제	18,000	인재육성과	3	5	7	8	7	1	1	1
3147	강원 철원군	1388청소년지원단 멘토링	9,990	인재육성과	3	5	7	8	7	1	1	1
3148	강원 철원군	새마을문고 철원군지부 독서문화진흥 행사 지원	5,300	인재육성과	3	1	7	8	7	1	1	1
3149	강원 철원군	철원사랑가꾸기 실천다짐대회	5,000	주민생활지원과	3	1	7	8	7	1	1	1
3150	강원 철원군	새마을운동 평가대회	4,000	주민생활지원과	3	1	7	8	7	1	1	1
3151	강원 철원군	재가장애인 복지증진사업 '문화누림'	1,800	주민생활지원과	3	1	7	8	7	1	1	1
3152	강원 철원군	철원군 장애인의 날 기념행사	13,500	주민생활지원과	3	1	7	8	7	1	1	1
3153	강원 철원군	강원도 장애인 행복나눔 페스티벌	3,000	주민생활지원과	3	1	7	8	7	1	1	1
3154	강원 철원군	철원군 장애인 명랑운동회	3,000	주민생활지원과	3	1	7	8	7	1	1	1
3155	강원 철원군	강원도지체장애인 한마음 전진대회	5,000	주민생활지원과	3	1	7	8	7	1	1	1
3156	강원 철원군	강원도지체장애인 하계캠프대회	4,000	주민생활지원과	3	1	7	8	7	1	1	1
3157	강원 철원군	DMZ 5개군 장애인체육대회 참가	4,000	주민생활지원과	3	1	7	8	7	1	1	1
3158	강원 철원군	강원도 지체장애인 종합예술제	2,300	주민생활지원과	3	1	7	8	7	1	1	1
3159	강원 철원군	시각장애인 인식개선 프로그램	800	주민생활지원과	3	1	7	8	7	1	1	1
3160	강원 철원군	철원군 시각장애인의 날 기념행사	1,000	주민생활지원과	3	1	7	8	7	1	1	1
3161	강원 철원군	민속전통전래놀이"놀"	1,000	주민생활지원과	3	1	7	8	7	1	1	1

순번	시군구	지출명 (사업명)	2021년예산 (단위:천원/1년간)	담당자 (공무원) 담당부서	민간이전 분류 (지방자치단체 세출예산 집행기준에 의거) 1. 민간경상사업보조(307-02) 2. 민간단체 법정운영비보조(307-03) 3. 민간행사사업보조(307-04) 4. 민간위탁금(307-05) 5. 사회복지시설 법정운영비보조(307-10) 6. 민간인위탁교육비(307-12) 7. 공기관등에대한경상적위탁사업비(308-11) 8. 민간자본사업보조,자체재원(402-01) 9. 민간자본사업보조,이전재원(402-02) 10. 민간위탁사업비(402-03) 11. 공기관등에 대한 자본적 대행사업비(403-02)	민간이전지출 근거 (지방보조금 관리기준 참고) 1. 법률에 규정 2. 국고보조 재원(국가지정) 3. 용도 지정 기부금 4. 조례에 직접규정 5. 지자체가 권장하는 사업을 하는 공공기관 6. 시,도 정책 및 재정사정 7. 기타 8. 해당없음	입찰방식 계약체결방법 (경쟁형태) 1. 일반경쟁 2. 제한경쟁 3. 지명경쟁 4. 수의계약 5. 법정위탁 6. 기타 ( ) 7. 해당없음	입찰방식 계약기간 1. 1년 2. 2년 3. 3년 4. 4년 5. 5년 6. 기타 ( )년 7. 단기계약 (1년미만) 8. 해당없음	입찰방식 낙찰자선정방법 1. 적격심사 2. 협상에의한계약 3. 최저가낙찰제 4. 규격가격분리 5. 2단계 경쟁입찰 6. 기타 ( ) 7. 해당없음	운영예산 산정 운영예산 산정 1. 내부산정 (지자체 자체적으로 산정) 2. 외부산정 (외부전문기관위탁 산정) 3. 내·외부 모두 산정 4. 산정 無 5. 해당없음	운영예산 산정 정산방법 1. 내부정산 (지자체 내부적으로 정산) 2. 외부정산 (외부전문기관위탁 정산) 3. 내·외부 모두 산정 4. 정산 無 5. 해당없음	성과평가 실시여부 1. 실시 2. 미실시 3. 향후 추진 4. 해당없음
3162	강원 철원군	강원도농아인하계캠프	4,000	주민생활지원과	3	1	7	8	7	1	1	1
3163	강원 철원군	강원도농아인체육대회	3,000	주민생활지원과	3	1	7	8	7	1	1	1
3164	강원 철원군	청각언어장애인을 위한 평생교육 프로그램	1,800	주민생활지원과	3	1	7	8	7	1	1	1
3165	강원 철원군	장애인 능력개발프로그램	1,800	주민생활지원과	3	1	7	8	7	1	1	1
3166	강원 철원군	철원군농아인가족 슐런대회	900	주민생활지원과	3	1	7	8	7	1	1	1
3167	강원 철원군	지적발달장애인 프로그램 운영	3,000	주민생활지원과	3	1	7	8	7	1	1	1
3168	강원 철원군	강원도 농아인 민속놀이대회	1,000	주민생활지원과	3	1	7	8	7	1	1	1
3169	강원 철원군	상이군경회 창립기념행사	2,000	주민생활지원과	3	1	7	8	7	1	1	1
3170	강원 철원군	6.25 전쟁 기념식	8,000	주민생활지원과	3	1	7	8	7	1	1	1
3171	강원 철원군	민·관·군 위령제 지원	4,000	주민생활지원과	3	1	7	8	7	1	1	1
3172	강원 철원군	제2땅굴 발견 기념행사 지원	3,000	주민생활지원과	3	1	7	8	7	1	1	1
3173	강원 철원군	저격능선전투 위령제 지원	2,000	주민생활지원과	3	1	7	8	7	1	1	1
3174	강원 철원군	백마고지 전투 위령제 지원	3,000	주민생활지원과	3	1	7	8	7	1	1	1
3175	강원 철원군	평화통일기원합수제	37,000	주민생활지원과	3	4	7	8	7	1	1	1
3176	강원 철원군	DMZ 피스트레인 뮤직페스티벌	1,440	평화지역발전과	3	6	7	8	7	5	5	4
3177	강원 철원군	두루웰 농특산물 시식홍보행사 지원사업	10,000	농업유통과	3	7	7	8	7	1	1	4
3178	강원 철원군	철원오대쌀 판매행사 지원	10,000	농업유통과	3	7	7	8	7	1	1	4
3179	강원 철원군	태봉제 철원오대쌀 축제행사 지원	30,000	농업유통과	3	7	7	8	7	1	1	4
3180	강원 화천군	노인복지기금 민간행사사업보조	57,000	주민복지과	3	1	7	8	7	1	1	4
3181	강원 화천군	현충일 유족급식	2,500	주민복지과	3	1	7	8	7	1	1	1
3182	강원 화천군	6.25 기념행사 지원	10,000	주민복지과	3	1	7	8	7	1	1	1
3183	강원 화천군	새마을지도자 수련대회	2,000	주민복지과	3	4	7	8	7	1	1	1
3184	강원 화천군	새마을지도자 국내연수	12,000	주민복지과	3	4	7	8	7	1	1	1
3185	강원 화천군	2021년 화천향교 석전제 봉행	5,000	문화체육과	3	1	7	8	7	1	1	1
3186	강원 화천군	2021년 화천향교 유림전통문화 시연행사	6,000	문화체육과	3	1	7	8	7	1	1	1
3187	강원 화천군	2021년 화천향교 분향제	4,800	문화체육과	3	1	7	8	7	1	1	1
3188	강원 화천군	제6회 화천문인협회 문예작품 공모전	15,000	문화체육과	3	1	7	8	7	1	1	1
3189	강원 화천군	연말연시 행사	8,000	문화체육과	3	1	7	8	7	1	1	1
3190	강원 화천군	전국단위 대회운영 지원	130,000	문화체육과	3	1	7	8	7	5	1	1
3191	강원 화천군	군단위 체육대회 지원	405,000	문화체육과	3	1	7	8	7	5	1	1
3192	강원 화천군	도단위 체육대회 지원	150,000	문화체육과	3	1	7	8	7	5	1	1
3193	강원 화천군	춘계한국여자축구연맹전 개최	240,000	문화체육과	3	1	7	8	7	5	1	1
3194	강원 화천군	화천평화배 전국조정경기대회 개최	35,000	문화체육과	3	1	7	8	7	5	1	1
3195	강원 화천군	파로호배 전국카누경기대회 개최	35,000	문화체육과	3	1	7	8	7	5	1	1
3196	강원 화천군	화천평화배 전국배스낚시대회	40,000	문화체육과	3	1	7	8	7	5	1	1
3197	강원 화천군	전국단위 체육대회 개최 및 출전	20,000	문화체육과	3	1	7	8	7	5	1	1
3198	강원 화천군	2021 한국여성태권도연맹회잔기 대회	180,000	문화체육과	3	1	7	8	7	5	1	1
3199	강원 양구군	사회단체 활동운영 지원	17,000	교육생활지원과	3	4	7	8	7	1	1	4
3200	강원 양구군	세계인의날 기념행사 지원	3,000	사회복지과	3	7	7	8	7	1	1	4
3201	강원 양구군	접경지역 체육대회 참가지원	17,000	사회복지과	3	1	7	8	7	1	1	1
3202	강원 양구군	어린이 한마음페스티벌	15,000	사회복지과	3	5	7	8	7	1	1	1
3203	강원 양구군	생활체육대회 개최 및 종목별 상급대회 출전 보조금	250,000	체육진흥과	3	1	7	8	7	1	1	1
3204	강원 양구군	전국 및 도단위 체육대회 출전 보조	325,000	체육진흥과	3	1	7	8	7	1	1	1

순번	시군구	지출명 (사업명)	2021년예산 (단위:천원/1년간)	담당자 (공무원) 담당부서	민간이전 분류 (지방자치단체 세출예산 집행기준에 의거) 1. 민간경상사업보조(307-02) 2. 민간단체 법정운영비보조(307-03) 3. 민간행사사업보조(307-04) 4. 민간위탁금(307-05) 5. 사회복지시설 법정운영비보조(307-10) 6. 민간인위탁교육비(307-12) 7. 공기관등에대한경상적위탁사업비(308-11) 8. 민간자본사업보조,자체재원(402-01) 9. 민간자본사업보조,이전재원(402-02) 10. 민간위탁사업비(402-03) 11. 공기관등에 대한 자본적 대행사업비(403-02)	민간이전지출 근거 (지방보조금 관리기준 참고) 1. 법률에 규정 2. 국고보조 재원(국가지정) 3. 용도 지정 기부금 4. 조례에 직접규정 5. 지자체가 권장하는 사업을 하는 공공기관 6. 시,도 정책 및 재정사정 7. 기타 8. 해당없음	입찰방식 계약체결방법 (경쟁형태) 1. 일반경쟁 2. 제한경쟁 3. 지명경쟁 4. 수의계약 5. 법정위탁 6. 기타 ( ) 7. 해당없음	입찰방식 계약기간 1. 1년 2. 2년 3. 3년 4. 4년 5. 5년 6. 기타 ( )년 7. 단기계약 (1년미만) 8. 해당없음	입찰방식 낙찰자선정방법 1. 적격심사 2. 협상에의한계약 3. 최저가낙찰제 4. 규격가격분리 5. 2단계 경쟁입찰 6. 기타 ( ) 7. 해당없음	운영예산 산정 운영예산 산정 1. 내부산정 (지자체 자체적으로 산정) 2. 외부산정 (외부전문기관위탁 산정) 3. 내·외부 모두 산정 4. 산정 無 5. 해당없음	운영예산 산정 정산방법 1. 내부정산 (지자체 내부적으로 정산) 2. 외부정산 (외부전문기관위탁 정산) 3. 내·외부 모두 산정 4. 정산 無 5. 해당없음	성과평가 실시여부 1. 실시 2. 미실시 3. 향후 추진 4. 해당없음
3205	강원 양구군	체육인의 밤 행사	7,000	체육진흥과	3	1	7	8	7	1	1	1
3206	강원 양구군	중학교체육대회 개최 지원금	12,000	체육진흥과	3	1	7	8	7	1	1	1
3207	강원 양구군	읍면체육대회 개최 지원	45,000	체육진흥과	3	1	7	8	7	1	1	1
3208	강원 양구군	문화원 사업지원	13,500	문화관광과	3	1	7	8	7	5	1	1
3209	강원 양구군	무형문화재 보호 육성	7,500	문화관광과	3	1	7	8	7	5	1	1
3210	강원 양구군	국토정중앙 달맞이 축제 지원	60,000	문화관광과	3	4	7	8	7	5	1	1
3211	강원 양구군	임산물상품화 지원	5,000	생태산림과	3	2	7	8	7	5	1	4
3212	강원 양구군	귀농인 정착지원	10,000	농업정책과	3	7	7	8	7	5	5	4
3213	강원 양구군	외국인근로자 근로편익개선	10,000	농업정책과	3	7	7	8	7	5	5	4
3214	강원 양구군	농업인 경진대회 육성	41,500	농업정책과	3	7	7	8	7	5	5	4
3215	강원 양구군	농촌지도자 활성화 지원	2,800	농업정책과	3	7	7	8	7	5	5	4
3216	강원 양구군	농촌사회관리지원	10,000	농업정책과	3	7	7	8	7	5	5	4
3217	강원 양구군	수산인의 날 기념행사 지원	1,200	농업정책과	3	6	7	8	7	5	5	4
3218	강원 인제군	농어촌 축제 지원	28,000	농정과	3	1	7	8	7	1	1	1
3219	강원 인제군	농촌지도자 수련대회	5,000	농정과	3	6	7	8	7	1	1	1
3220	강원 인제군	농업경영인 수련대회	5,000	농정과	3	6	7	8	7	1	1	1
3221	강원 인제군	여성농업인 수련대회	5,000	농정과	3	6	7	8	7	1	1	1
3222	강원 인제군	생활개선회원 한마음대회	10,000	농정과	3	6	7	8	7	1	1	1
3223	강원 인제군	수산인의 날 기념행사 지원	1,600	농정과	3	4	7	8	7	1	1	1
3224	강원 인제군	보훈단체 선진지 견학	19,600	주민복지과	3	1	7	8	7	5	5	4
3225	강원 인제군	노인 사회활동 지원	32,943	주민복지과	3	1	7	8	7	1	1	1
3226	강원 인제군	노인지회 운영 및 사업지원	225,148	주민복지과	3	1	7	8	7	1	1	1
3227	강원 인제군	장애인사회활동 지원	166,076	주민복지과	3	1	7	8	7	1	1	1
3228	강원 인제군	장애인협회 프로그램 운영비 지원	30,000	주민복지과	3	1	7	8	7	1	1	1
3229	강원 인제군	장애인직업재활시설 지원	616,141	주민복지과	3	1	7	8	7	1	1	1
3230	강원 인제군	지역사회재활시설 운영지원	335,391	주민복지과	3	1	7	8	7	1	1	1
3231	강원 인제군	만해한용운선양	560,000	문화관광과	3	6	7	8	7	3	3	1
3232	강원 인제군	님의침묵서예대전	25,000	문화관광과	3	6	7	8	7	3	3	1
3233	강원 인제군	PLZ페스티벌추진	75,000	문화관광과	3	6	7	8	7	3	3	1
3234	강원 인제군	지역축제지원	350,000	문화관광과	3	4	7	1	7	1	1	4
3235	강원 고성군	2021년 고성군 복지한마당	9,000	주민복지실	3	1	7	8	7	1	1	1
3236	강원 고성군	고성군노인지도자 연찬회	8,000	주민복지실	3	4	7	8	7	1	1	1
3237	강원 고성군	그라운드 골프대회	1,600	주민복지실	3	4	7	8	7	1	1	1
3238	강원 고성군	게이트볼대회	1,850	주민복지실	3	4	7	8	7	1	1	1
3239	강원 고성군	고성군 노인복지시설협회 한마음행사	6,500	주민복지실	3	4	7	8	7	1	1	1
3240	강원 고성군	장애인의 날 기념행사	11,430	주민복지실	3	4	3	1	7	1	1	1
3241	강원 고성군	고성군 이상연합회 정기총회	2,500	자치행정과	3	4	7	8	7	1	1	1
3242	강원 고성군	평화지역 시군 군의 우리도민화 운동	8,000	자치행정과	3	4	7	8	7	1	1	1
3243	강원 고성군	전통시장 마케팅 지원	10,800	경제투자과	3	4	7	8	7	1	1	1
3244	강원 고성군	근로자의 날 행사지원	5,000	경제투자과	3	4	7	8	7	1	1	1
3245	강원 고성군	지구의 날 기념행사	15,000	환경보호과	3	4	7	8	7	1	1	4
3246	강원 고성군	해변축제 지원	100,000	관광과	3	7	4	8	7	1	1	1
3247	강원 고성군	해안선 레저스포츠 페스티벌	20,000	관광과	3	8	7	8	7	1	1	3

순번	시군구	지출명 (사업명)	2021년예산 (단위:천원/1년간)	담당자 (공무원)	민간이전 분류 (지방자치단체 세출예산 집행기준에 의거)	민간이전지출 근거 (지방보조금 관리기준 참고)	입찰방식			운영예산 산정		성과평가 실시여부
				담당부서	1. 민간경상사업보조(307-02) 2. 민간단체 법정운영비보조(307-03) 3. 민간행사사업보조(307-04) 4. 민간위탁금(307-05) 5. 사회복지시설 법정운영비보조(307-10) 6. 민간인위탁교육비(307-12) 7. 공기관등에대한경상적위탁사업비(308-11) 8. 민간자본사업보조,자체재원(402-01) 9. 민간자본사업보조,이전재원(402-02) 10. 민간위탁사업비(402-03) 11. 공기관등에 대한 자본적 대행사업비(403-02)	1. 법률에 규정 2. 국고보조 재원(국가지정) 3. 용도 지정 기부금 4. 조례에 직접규정 5. 지자체가 권장하는 사업을 하는 공공기관 6. 시,도 정책 및 재정사정 7. 기타 8. 해당없음	계약체결방법 (경쟁형태) 1. 일반경쟁 2. 제한경쟁 3. 지명경쟁 4. 수의계약 5. 법정위탁 6. 기타 ( ) 7. 해당없음	계약기간 1. 1년 2. 2년 3. 3년 4. 4년 5. 5년 6. 기타 ( )년 7. 단기계약 (1년미만) 8. 해당없음	낙찰자선정방법 1. 적격심사 2. 협상에의한계약 3. 최저가낙찰제 4. 규격가격분리 5. 2단계 경쟁입찰 6. 기타 ( ) 7. 해당없음	운영예산 산정 1. 내부산정 (지자체 자체적으로 산정) 2. 외부산정 (외부전문기관위탁 산정) 3. 내·외부 모두 산정 4. 산정 無 5. 해당없음	정산방법 1. 내부정산 (지자체 내부적으로 정산) 2. 외부정산 (외부전문기관위탁 정산) 3. 내·외부 모두 산정 4. 정산 無 5. 해당없음	1. 실시 2. 미실시 3. 향후 추진 4. 해당없음
3248	강원 고성군	삼포 해변 서핑축제	50,000	관광과	3	8	7	8	7	1	1	3
3249	강원 고성군	DMZ 고성 갈래구경길 걷기 대회	60,000	관광과	3	4	7	8	7	1	1	3
3250	강원 고성군	각종 문화예술공연 지원	30,000	문화체육과	3	1	7	8	7	1	1	1
3251	강원 고성군	PLZ 페스티벌	70,000	문화체육과	3	1	7	8	7	1	1	1
3252	강원 고성군	간성향교 석전대제 지원	8,160	문화체육과	3	1	7	8	7	1	1	2
3253	강원 고성군	간성향교 전통향교 문화전승보존	5,000	문화체육과	3	1	7	8	7	1	1	2
3254	강원 고성군	무형문화재 전승활동 공개행사 지원	9,500	문화체육과	3	1	7	8	7	1	1	2
3255	강원 고성군	고성군민 건강달리기 및 걷기대회	30,000	문화체육과	3	1	7	8	7	1	1	1
3256	강원 고성군	고성군수기 종목별 체육대회	60,000	문화체육과	3	1	7	8	7	1	1	1
3257	강원 고성군	동계전지훈련 및 스토브리그 대회	70,000	문화체육과	3	1	7	8	7	1	1	1
3258	강원 고성군	제16회 고성미시령 힐클라임대회	47,000	문화체육과	3	1	7	8	7	1	1	1
3259	강원 고성군	제6회 고성금강통일배 오픈 배드민턴대회	45,000	문화체육과	3	1	7	8	7	1	1	1
3260	강원 고성군	제11회 강원도협회장기 배구대회 등 선발대회	45,000	문화체육과	3	1	7	8	7	1	1	1
3261	강원 고성군	제22회 강원도지사기 시군대항 초중 육상선수권대회	40,000	문화체육과	3	1	7	8	7	1	1	1
3262	강원 고성군	제7회 대한체육회장배 전국 생활체육 체조대회	55,000	문화체육과	3	1	7	8	7	1	1	1
3263	강원 고성군	제10회 강원도교직원 배드민턴대회	20,000	문화체육과	3	1	7	8	7	1	1	1
3264	강원 고성군	투르드코리아 2021대회	30,000	문화체육과	3	1	7	8	7	1	1	1
3265	강원 고성군	2021년 대한민국 산림문화박람회 개최	300,000	산림과	3	5	2	7	2	1	1	1
3266	강원 고성군	수산인의 날 기념행사 지원	10,260	해양수산과	3	6	7	8	7	5	1	4
3267	강원 고성군	어촌마을 풍어제 지원	9,000	해양수산과	3	6	7	8	7	5	1	4
3268	강원 고성군	수산업경영인 전국대회 참가 지원	40,000	해양수산과	3	6	7	8	7	5	1	4
3269	강원 고성군	동해안 최북단 저도어장 대문어축제 행사 지원	90,000	해양수산과	3	6	7	8	7	5	5	4
3270	강원 양양군	진전사 도의국사 다례제 지원	5,000	문화체육과	3	1	7	8	7	1	1	4
3271	강원 양양군	대보름행사지원	14,300	문화체육과	3	4	7	8	7	1	1	1
3272	강원 양양군	3.1절 기념 양양군민 건강달리기 대회	15,000	문화체육과	3	1	7	8	7	1	1	4
3273	강원 양양군	현충일 기념양양군민 한마음달리기 대회	15,000	문화체육과	3	1	7	8	7	1	1	4
3274	강원 양양군	KBS배 양양전국사이클대회	130,000	문화체육과	3	1	7	8	7	1	1	4
3275	강원 양양군	8.15경축 양양실업사이클대회	50,000	문화체육과	3	1	7	8	7	1	1	4
3276	강원 양양군	BMX대회	50,000	문화체육과	3	1	7	8	7	1	1	4
3277	강원 양양군	힐클라임대회	40,000	문화체육과	3	1	7	8	7	1	1	4
3278	강원 양양군	전국 자전거 동호인 트랙 랭킹전	20,000	문화체육과	3	1	7	8	7	1	1	4
3279	강원 양양군	전국시니어 동호인 테니스대회	10,000	문화체육과	3	1	7	8	7	1	1	4
3280	강원 양양군	양양군의회의장기축구대회	8,000	문화체육과	3	1	7	8	7	1	1	4
3281	강원 양양군	양양군수배게이트볼대회	3,600	문화체육과	3	1	7	8	7	1	1	4
3282	강원 양양군	군민체육대회개최지원	32,000	문화체육과	3	1	7	8	7	1	1	4
3283	강원 양양군	리클k리그 유소년축구대회	50,000	문화체육과	3	1	7	8	7	1	1	4
3284	강원 양양군	양양군수기 궁도대회	10,000	문화체육과	3	1	7	8	7	1	1	4
3285	강원 양양군	양양군민 골프대회	11,000	문화체육과	3	1	7	8	7	1	1	4
3286	강원 양양군	송이배 배드민턴대회	30,000	문화체육과	3	1	7	8	7	1	1	4
3287	강원 양양군	수산인의 날 기념행사 지원	10,800	해양수산과	3	6	7	8	7	5	5	4
3288	강원 양양군	어업인 어울림 한마당 행사지원	40,000	해양수산과	3	6	7	8	7	5	5	4
3289	강원 양양군	해난어업인 위령제 및 위령탑관리	59,500	해양수산과	3	6	7	8	7	5	5	4
3290	강원 양양군	축산인 한마당행사 및 브랜드 홍보	5,000	농업기술센터	3	4	7	8	7	5	5	1

순번	시군구	지출명 (사업명)	2021년예산 (단위:천원/1년간)	담당자 (공무원) 담당부서	민간이전 분류 (지방자치단체 세출예산 집행기준에 의거) 1. 민간경상사업보조(307-02) 2. 민간단체 법정운영비보조(307-03) 3. 민간행사사업보조(307-04) 4. 민간위탁금(307-05) 5. 사회복지시설 법정운영비보조(307-10) 6. 민간인위탁교육비(307-12) 7. 공기관등에대한경상적위탁사업비(308-11) 8. 민간자본사업보조,자체재원(402-01) 9. 민간자본사업보조,이전재원(402-02) 10. 민간위탁사업비(402-03) 11. 공기관등에 대한 자본적 대행사업비(403-02)	민간이전지출 근거 (지방보조금 관리기준 참고) 1. 법률에 규정 2. 국고보조 재원(국가지정) 3. 용도 지정 기부금 4. 조례에 직접규정 5. 지자체가 권장하는 사업을 하는 공공기관 6. 시,도 정책 및 재정사정 7. 기타 8. 해당없음	입찰방식 계약체결방법 (경쟁형태) 1. 일반경쟁 2. 제한경쟁 3. 지명경쟁 4. 수의계약 5. 법정위탁 6. 기타 ( ) 7. 해당없음	입찰방식 계약기간 1. 1년 2. 2년 3. 3년 4. 4년 5. 5년 6. 기타 ( )년 7. 단기계약 (1년미만) 8. 해당없음	입찰방식 낙찰자선정방법 1. 적격심사 2. 협상에의한계약 3. 최저가낙찰제 4. 규격가격분리 5. 2단계 경쟁입찰 6. 기타 ( ) 7. 해당없음	운영예산 산정 운영예산 산정 1. 내부산정 (지자체 자체적으로 산정) 2. 외부산정 (외부전문기관위탁 산정) 3. 내·외부 모두 산정 4. 산정 無 5. 해당없음	운영예산 산정 정산방법 1. 내부정산 (지자체 내부적으로 정산) 2. 외부정산 (외부전문기관위탁 정산) 3. 내·외부 모두 산정 4. 정산 無 5. 해당없음	성과평가 실시여부 1. 실시 2. 미실시 3. 향후 추진 4. 해당없음
3291	강원 양양군	송이축제 한우·돼지고기 시식 및 홍보	5,000	농업기술센터	3	4	7	8	7	5	5	1
3292	강원 양양군	농업인의 날 행사 개최	25,000	농업기술센터	3	4	4	7	7	1	1	1
3293	강원 양양군	바르게살기 강원도 시,군 임원 워크숍	12,420	자치행정과	3	1	7	8	7	1	1	4
3294	강원 양양군	양양군 주민자치센터 프로그램 경연대회	13,000	자치행정과	3	4	7	8	7	5	5	4
3295	강원 양양군	양양군 이장한마음대회	20,000	자치행정과	3	4	7	8	7	5	5	4
3296	강원 양양군	장애인의날 행사지원	15,000	복지과	3	4	7	8	7	1	1	1
3297	강원 양양군	시설장애인 사회적응활동지원	3,000	복지과	3	4	7	8	7	1	1	1
3298	강원 양양군	노인의 날 행사운영	5,000	복지과	3	4	7	8	7	1	1	4
3299	충북 청주시	청주사랑 화합의 길 걷기 행사	9,312	상생협력담당관	3	7	7	8	7	5	5	3
3300	충북 청주시	노동자의 날 행사	9,700	상생협력담당관	3	1	7	8	7	5	5	3
3301	충북 청주시	노사한마음 등반대회	6,790	상생협력담당관	3	1	7	8	7	5	5	3
3302	충북 청주시	노사한마음 가족 체육대회	29,100	상생협력담당관	3	1	7	8	7	5	5	3
3303	충북 청주시	청년의 날 기념행사	19,400	청년정책담당관	3	4	7	8	7	5	5	3
3304	충북 청주시	청소년 어울림마당 운영지원	71,250	청년정책담당관	3	2	7	8	7	5	5	3
3305	충북 청주시	충·효·예 전통예절교실	3,395	청년정책담당관	3	1	7	8	7	5	5	3
3306	충북 청주시	청소년수상훈련캠프	2,425	청년정책담당관	3	1	7	8	7	5	5	3
3307	충북 청주시	걸스카우트 환경캠프	3,395	청년정책담당관	3	1	7	8	7	5	5	3
3308	충북 청주시	수능시험후 사회적응 프로그램 운영	6,790	청년정책담당관	3	1	7	8	7	5	5	3
3309	충북 청주시	청소년과학캠프	4,850	청년정책담당관	3	1	7	8	7	5	5	3
3310	충북 청주시	청풍명월 청소년 효 한마음축제	12,610	청년정책담당관	3	1	7	8	7	5	5	3
3311	충북 청주시	전국청소년 푸른꿈 육성대회	3,880	청년정책담당관	3	1	7	8	7	5	5	3
3312	충북 청주시	청소년 문화 · 스포츠 교류활동	3,395	청년정책담당관	3	1	7	8	7	5	5	3
3313	충북 청주시	청소년 문화 · 스포츠 교류활동	3,395	청년정책담당관	3	1	7	8	7	5	5	3
3314	충북 청주시	직지배 전국청소년 무예한마당	2,910	청년정책담당관	3	1	7	8	7	5	5	3
3315	충북 청주시	불우청소년 자매결연사업	14,550	청년정책담당관	3	1	7	8	7	5	5	3
3316	충북 청주시	수능 후 청소년 페스티벌 행사	9,700	청년정책담당관	3	1	7	8	7	5	5	3
3317	충북 청주시	이·통장 체육대회	38,800	자치행정과	3	4	7	8	7	5	5	3
3318	충북 청주시	보도연맹희생자 추모	5,238	자치행정과	3	1	7	8	7	5	5	3
3319	충북 청주시	한국전쟁 민간인 희생자 위령제	4,850	자치행정과	3	1	7	8	7	5	5	3
3320	충북 청주시	이북도민연합회 망향제 사업지원	4,365	자치행정과	3	1	7	8	7	5	5	3
3321	충북 청주시	북한이탈주민 문화체험	2,910	자치행정과	3	1	7	8	7	5	5	3
3322	충북 청주시	새마을의 날 기념식	8,051	자치행정과	3	1	7	8	7	5	5	3
3323	충북 청주시	새마을지도자대회	8,051	자치행정과	3	1	7	8	7	5	5	3
3324	충북 청주시	바르게살기운동 회원 한마음대회	6,402	자치행정과	3	1	7	8	7	5	5	3
3325	충북 청주시	자유총연맹 자유수호희생자 합동위령제	2,910	자치행정과	3	1	7	8	7	5	5	3
3326	충북 청주시	민족통일청주시대회 및 한민족통일문화제전시상식	3,880	자치행정과	3	1	7	8	7	5	5	3
3327	충북 청주시	자율방범대 운영	19,400	안전정책과	3	4	7	8	7	5	5	3
3328	충북 청주시	의용소방대 운영	23,038	안전정책과	3	7	7	8	7	5	5	3
3329	충북 청주시	전통시장 활성화	85,360	경제정책과	3	1	7	8	7	5	5	3
3330	충북 청주시	전통시장 활성화 이벤트행사	65,960	경제정책과	3	1	7	8	7	5	5	3
3331	충북 청주시	충북우수시장 박람회 시,군의날 행사 참가지원	4,850	경제정책과	3	1	7	8	7	5	5	3
3332	충북 청주시	전국우수시장 박람회 참가	7,760	경제정책과	3	1	7	8	7	5	5	3
3333	충북 청주시	전통시장 상인 한마음 대회	17,255	경제정책과	3	1	7	8	7	5	5	3

순번	시군구	지출명 (사업명)	2021년예산 (단위:천원/1년간)	담당자 (공무원) 담당부서	민간이전 분류 (지방자치단체 세출예산 집행기준에 의거) 1. 민간경상사업보조(307-02) 2. 민간단체 법정운영비보조(307-03) 3. 민간행사사업보조(307-04) 4. 민간위탁금(307-05) 5. 사회복지시설 법정운영비보조(307-10) 6. 민간인위탁교육비(307-12) 7. 공기관등에대한경상적위탁사업비(308-11) 8. 민간자본사업보조,자체재원(402-01) 9. 민간자본사업보조,이전재원(402-02) 10. 민간위탁사업비(402-03) 11. 공기관등에 대한 자본적 대행사업비(403-02)	민간이전지출 근거 (지방보조금 관리기준 참고) 1. 법률에 규정 2. 국고보조 재원(국가지정) 3. 용도 지정 기부금 4. 조례에 직접규정 5. 지자체가 권장하는 사업을 하는 공공기관 6. 시,도 정책 및 재정사정 7. 기타 8. 해당없음	입찰방식 계약체결방법 (경쟁형태) 1. 일반경쟁 2. 제한경쟁 3. 지명경쟁 4. 수의계약 5. 법정위탁 6. 기타 ( ) 7. 해당없음	입찰방식 계약기간 1. 1년 2. 2년 3. 3년 4. 4년 5. 5년 6. 기타 ( )년 7. 단기계약 (1년미만) 8. 해당없음	입찰방식 낙찰자선정방법 1. 적격심사 2. 협상에의한계약 3. 최저가낙찰제 4. 규격가격분리 5. 2단계 경쟁입찰 6. 기타 ( ) 7. 해당없음	운영예산 산정 운영예산 산정 1. 내부산정 (지자체 자체적으로 산정) 2. 외부산정 (외부전문기관위탁 산정) 3. 내·외부 모두 산정 4. 산정 無 5. 해당없음	운영예산 산정 정산방법 1. 내부정산 (지자체 내부적으로 정산) 2. 외부정산 (외부전문기관위탁 정산) 3. 내·외부 모두 산정 4. 정산 無 5. 해당없음	성과평가 실시여부 1. 실시 2. 미실시 3. 향후 추진 4. 해당없음
3334	충북 청주시	사회적기업 활성화 지원	3,880	일자리정책과	3	5	7	8	7	5	5	3
3335	충북 청주시	청주시 기업 파이팅 등반대회	17,460	기업지원과	3	4	7	8	7	5	5	3
3336	충북 청주시	중소기업 CEO 역량강화 교육	5,820	기업지원과	3	4	7	8	7	5	5	3
3337	충북 청주시	기업인의 날	27,936	기업지원과	3	4	7	8	7	5	5	3
3338	충북 청주시	재향군인의 날 행사	14,550	복지정책과	3	4	7	8	7	5	5	3
3339	충북 청주시	보훈가족 한마음 화합행사	19,400	복지정책과	3	4	7	8	7	5	5	3
3340	충북 청주시	6·25 기념행사	29,100	복지정책과	3	4	7	8	7	5	5	3
3341	충북 청주시	한봉수선생 탄신제	5,820	복지정책과	3	4	7	8	7	5	5	3
3342	충북 청주시	손병희선생 탄신제	5,820	복지정책과	3	4	7	8	7	5	5	3
3343	충북 청주시	신홍식선생 추모제	2,600	복지정책과	3	4	7	8	7	5	5	3
3344	충북 청주시	조장하선생 추모제	1,500	복지정책과	3	4	7	8	7	5	5	3
3345	충북 청주시	조동식선생 추모제	2,000	복지정책과	3	4	7	8	7	5	5	3
3346	충북 청주시	김제환선생 추모제	1,500	복지정책과	3	4	7	8	7	5	5	3
3347	충북 청주시	신채호선생 추모제	5,500	복지정책과	3	4	7	8	7	5	5	3
3348	충북 청주시	옥산면 3·1운동 기념행사	1,863	복지정책과	3	4	7	8	7	5	5	3
3349	충북 청주시	문의면 3·1운동 기념행사	8,381	복지정책과	3	4	7	8	7	5	5	3
3350	충북 청주시	미원면 3·1운동 기념행사	8,730	복지정책과	3	4	7	8	7	5	5	3
3351	충북 청주시	3.1운동 정신계승 시민걷기대회	3,395	복지정책과	3	4	7	8	7	5	5	3
3352	충북 청주시	청주시 사회복지대회	20,000	복지정책과	3	4	7	8	7	5	5	3
3353	충북 청주시	가정의달 어버이날 기념행사비 지원	15,000	노인복지과	3	1	7	8	7	5	5	3
3354	충북 청주시	노인의날 기념행사	40,000	노인복지과	3	1	7	8	7	5	5	3
3355	충북 청주시	게이트볼 대회	9,700	노인복지과	3	1	7	8	7	5	5	3
3356	충북 청주시	노인그라운드 골프대회	1,940	노인복지과	3	1	7	8	7	5	5	3
3357	충북 청주시	장애인의 날 행사	29,100	장애인복지과	3	6	7	8	7	5	5	3
3358	충북 청주시	흰지팡이날 행사	6,790	장애인복지과	3	6	7	8	7	5	5	3
3359	충북 청주시	6.3농아인의 날 행사	5,820	장애인복지과	3	6	7	8	7	5	5	3
3360	충북 청주시	장애인 교통문화예술제 행사	4,365	장애인복지과	3	6	7	8	7	5	5	3
3361	충북 청주시	농아인 한마음캠프	2,910	장애인복지과	3	6	7	8	7	5	5	3
3362	충북 청주시	장애인 극기체험 행사	3,880	장애인복지과	3	6	7	8	7	5	5	3
3363	충북 청주시	신장장애인 걷기행사	2,910	장애인복지과	3	6	7	8	7	5	5	3
3364	충북 청주시	시각장애인 복지대회	2,910	장애인복지과	3	6	7	8	7	5	5	3
3365	충북 청주시	교통사고 줄이기 행사	2,910	장애인복지과	3	6	7	8	7	5	5	3
3366	충북 청주시	장애인 힐링콘서트	24,250	장애인복지과	3	6	7	8	7	5	5	3
3367	충북 청주시	장애인어울림한마당 행사지원	11,640	장애인복지과	3	1	7	8	7	5	5	3
3368	충북 청주시	신체장애인 자활대회	4,850	장애인복지과	3	1	7	8	7	5	5	3
3369	충북 청주시	한국 피플퍼스트대회 지원	100,000	장애인복지과	3	1	7	8	7	5	5	3
3370	충북 청주시	양성평등주간행사	11,640	여성가족과	3	4	7	8	7	5	5	3
3371	충북 청주시	여성단체회원 및 지도자교육	9,700	여성가족과	3	4	7	8	7	5	5	3
3372	충북 청주시	해오름마을시설 운영지원	4,850	여성가족과	3	1	7	8	7	5	5	3
3373	충북 청주시	가정의달 행사 지원	19,400	여성가족과	3	1	7	8	7	5	5	3
3374	충북 청주시	외국인주민 지역사회 정착지원	19,400	여성가족과	3	1	7	8	7	5	5	3
3375	충북 청주시	외국인주민 지역사회 정착지원	1,940	여성가족과	3	1	7	8	7	5	5	3
3376	충북 청주시	어린이날 행사	69,598	아동보육과	3	1	7	8	7	5	5	3

순번	시군구	지출명 (사업명)	2021년예산 (단위:천원/1년간)	담당자 (공무원) 담당부서	민간이전 분류 (지방자치단체 세출예산 집행기준에 의거) 1. 민간경상사업보조(307-02) 2. 민간단체 법정운영비보조(307-03) 3. 민간행사사업보조(307-04) 4. 민간위탁금(307-05) 5. 사회복지시설 법정운영비보조(307-10) 6. 민간인위탁교육비(307-12) 7. 공기관등에대한경상적위탁사업비(308-11) 8. 민간자본사업보조,자체재원(402-01) 9. 민간자본사업보조,이전재원(402-02) 10. 민간위탁사업비(402-03) 11. 공기관등에 대한 자본적 대행사업비(403-02)	민간이전지출 근거 (지방보조금 관리기준 참고) 1. 법률에 규정 2. 국고보조 재원(국가지정) 3. 용도 지정 기부금 4. 조례에 직접규정 5. 지자체가 권장하는 사업을 하는 공공기관 6. 시,도 정책 및 재정사정 7. 기타 8. 해당없음	입찰방식 계약체결방법 (경쟁형태) 1. 일반경쟁 2. 제한경쟁 3. 지명경쟁 4. 수의계약 5. 법정위탁 6. 기타 ( ) 7. 해당없음	입찰방식 계약기간 1. 1년 2. 2년 3. 3년 4. 4년 5. 5년 6. 기타 ( )년 7. 단기계약 (1년미만) 8. 해당없음	입찰방식 낙찰자선정방법 1. 적격심사 2. 협상에의한계약 3. 최저가낙찰제 4. 규격가격분리 5. 2단계 경쟁입찰 6. 기타 ( ) 7. 해당없음	운영예산 산정 운영예산 산정 1. 내부산정 (지자체 자체적으로 산정) 2. 외부산정 (외부전문기관위탁 산정) 3. 내·외부 모두 산정 4. 산정 無 5. 해당없음	운영예산 산정 정산방법 1. 내부정산 (지자체 내부적으로 정산) 2. 외부정산 (외부전문기관위탁 정산) 3. 내·외부 모두 산정 4. 정산 無 5. 해당없음	성과평가 실시여부 1. 실시 2. 미실시 3. 향후 추진 4. 해당없음
3377	충북 청주시	지역아동센터 희망오름큰잔치	9,700	아동보육과	3	4	7	8	7	5	5	3
3378	충북 청주시	지역아동센터 작품전시회	4,850	아동보육과	3	4	7	8	7	5	5	3
3379	충북 청주시	지역아동센터 종사자 연수지원	4,850	아동보육과	3	4	7	8	7	5	5	3
3380	충북 청주시	향토음식 활성화 사업	10,000	위생정책과	3	4	7	8	7	5	5	3
3381	충북 청주시	지역문화(화합)행사추진	63,050	문화예술과	3	4	7	8	7	5	5	3
3382	충북 청주시	각종 문화예술행사	95,060	문화예술과	3	4	7	8	7	5	5	3
3383	충북 청주시	청주직지세계문자서예대전	60,000	문화예술과	3	4	7	8	7	5	5	3
3384	충북 청주시	무심천 벚꽃 가요축제	40,000	문화예술과	3	4	7	8	7	5	5	3
3385	충북 청주시	박팔괘 전국학생 국악대제전	40,000	문화예술과	3	4	7	8	7	5	5	3
3386	충북 청주시	청주국제 현대미술전	20,000	문화예술과	3	4	7	8	7	5	5	3
3387	충북 청주시	충북 실용무용 Fe-Story 페스티벌	36,000	문화예술과	3	4	7	8	7	5	5	3
3388	충북 청주시	충북연극제 개최	40,000	문화예술과	3	4	7	8	7	5	5	3
3389	충북 청주시	청주예술제	227,950	문화예술과	3	4	7	8	7	5	5	3
3390	충북 청주시	청원생명축제 공연 및 체험행사	43,214	문화예술과	3	4	7	8	7	5	5	3
3391	충북 청주시	청주예술! 예술인의 밤	9,700	문화예술과	3	4	7	8	7	5	5	3
3392	충북 청주시	청주시민의 날 기념행사	48,500	문화예술과	3	4	7	8	7	5	5	3
3393	충북 청주시	자매결연도시간 문화예술교류	3,880	문화예술과	3	4	7	8	7	5	5	3
3394	충북 청주시	청주 전국어린이 합창경연대회	29,100	문화예술과	3	4	7	8	7	5	5	3
3395	충북 청주시	망선루 전통 문예행사	33,950	문화예술과	3	4	7	8	7	5	5	3
3396	충북 청주시	청주시 건축도시 사진 공모전	3,880	문화예술과	3	4	7	8	7	5	5	3
3397	충북 청주시	충북민속예술축제 청주시 예선대회	3,880	문화예술과	3	4	7	8	7	5	5	3
3398	충북 청주시	망월제	1,940	문화예술과	3	4	7	8	7	5	5	3
3399	충북 청주시	단오제	2,425	문화예술과	3	4	7	8	7	5	5	3
3400	충북 청주시	청주직지! 전국국악대제전	8,245	문화예술과	3	4	7	8	7	5	5	3
3401	충북 청주시	무용과 함께하는 축제	8,245	문화예술과	3	4	7	8	7	5	5	3
3402	충북 청주시	청주전국무용경연대회	19,400	문화예술과	3	4	7	8	7	5	5	3
3403	충북 청주시	전국무용제 참가	2,910	문화예술과	3	4	7	8	7	5	5	3
3404	충북 청주시	청주문인협회 회원 작품전	2,328	문화예술과	3	4	7	8	7	5	5	3
3405	충북 청주시	문학인 초청강연 및 토론회	3,880	문화예술과	3	4	7	8	7	5	5	3
3406	충북 청주시	시민과 함께하는 문학의 밤	8,245	문화예술과	3	4	7	8	7	5	5	3
3407	충북 청주시	청주미술협회 회원전	8,245	문화예술과	3	4	7	8	7	5	5	3
3408	충북 청주시	아트청주 2021	12,610	문화예술과	3	4	7	8	7	5	5	3
3409	충북 청주시	정관 김복진 미술전	8,245	문화예술과	3	4	7	8	7	5	5	3
3410	충북 청주시	전국사진공모전	19,400	문화예술과	3	4	7	8	7	5	5	3
3411	충북 청주시	우수연극공연	23,499	문화예술과	3	4	7	8	7	5	5	3
3412	충북 청주시	충북연극제 참가	3,880	문화예술과	3	4	7	8	7	5	5	3
3413	충북 청주시	전국연극제 참가	2,910	문화예술과	3	4	7	8	7	5	5	3
3414	충북 청주시	청주가요제	7,421	문화예술과	3	4	7	8	7	5	5	3
3415	충북 청주시	청주국제단편영화제	19,400	문화예술과	3	4	7	8	7	5	5	3
3416	충북 청주시	학생음악경연대회	3,395	문화예술과	3	4	7	8	7	5	5	3
3417	충북 청주시	365일 전시공연이 넘치는 문화도시조성	33,950	문화예술과	3	4	7	8	7	5	5	3
3418	충북 청주시	충북 민속예술제 참가	5,646	문화예술과	3	4	7	8	7	5	5	3
3419	충북 청주시	충북청소년 민속예술제 참가	5,646	문화예술과	3	4	7	8	7	5	5	3

순번	시군구	지출명 (사업명)	2021년예산 (단위:천원/1년간)	담당자 (공무원) 담당부서	민간이전 분류 (지방자치단체 세출예산 집행기준에 의거) 1. 민간경상사업보조(307-02) 2. 민간단체 법정운영비보조(307-03) 3. 민간행사사업보조(307-04) 4. 민간위탁금(307-05) 5. 사회복지시설 법정운영비보조(307-10) 6. 민간인위탁교육비(307-12) 7. 공기관등에대한경상적위탁사업비(308-11) 8. 민간자본사업보조,자체재원(402-01) 9. 민간자본사업보조,이전재원(402-02) 10. 민간위탁사업비(402-03) 11. 공기관등에 대한 자본적 대행사업비(403-02)	민간이전지출 근거 (지방보조금 관리기준 참고) 1. 법률에 규정 2. 국고보조 재원(국가지정) 3. 용도 지정 기부금 4. 조례에 직접규정 5. 지자체가 권장하는 사업을 하는 공공기관 6. 시,도 정책 및 재정사정 7. 기타 8. 해당없음	입찰방식 계약체결방법 (경쟁형태) 1. 일반경쟁 2. 제한경쟁 3. 지명경쟁 4. 수의계약 5. 법정위탁 6. 기타 ( ) 7. 해당없음	입찰방식 계약기간 1. 1년 2. 2년 3. 3년 4. 4년 5. 5년 6. 기타 ( )년 7. 단기계약 (1년미만) 8. 해당없음	입찰방식 낙찰자선정방법 1. 적격심사 2. 협상에의한계약 3. 최저가낙찰제 4. 규격가격분리 5. 2단계 경쟁입찰 6. 기타 ( ) 7. 해당없음	운영예산 산정 운영예산 산정 1. 내부산정 (지자체 자체적으로 산정) 2. 외부산정 (외부전문기관위탁 산정) 3. 내·외부 모두 산정 4. 산정 無 5. 해당없음	운영예산 산정 정산방법 1. 내부정산 (지자체 내부적으로 정산) 2. 외부정산 (외부전문기관위탁 정산) 3. 내·외부 모두 산정 4. 정산 無 5. 해당없음	성과평가 실시여부 1. 실시 2. 미실시 3. 향후 추진 4. 해당없음
3420	충북 청주시	사생회전	2,910	문화예술과	3	4	7	8	7	5	5	3
3421	충북 청주시	전국시조경창대회	7,857	문화예술과	3	4	7	8	7	5	5	3
3422	충북 청주시	단재문화예술제전	18,665	문화예술과	3	4	7	8	7	5	5	3
3423	충북 청주시	송범 춤 그 후	11,349	문화예술과	3	4	7	8	7	5	5	3
3424	충북 청주시	청주아리랑 국악경연대회	10,476	문화예술과	3	4	7	8	7	5	5	3
3425	충북 청주시	신동문 문학제	10,782	문화예술과	3	4	7	8	7	5	5	3
3426	충북 청주시	푸른청주직지서예 초대작가전	8,730	문화예술과	3	4	7	8	7	5	5	3
3427	충북 청주시	청주여류작가회전	2,910	문화예술과	3	4	7	8	7	5	5	3
3428	충북 청주시	충청학생서예대전	3,880	문화예술과	3	4	7	8	7	5	5	3
3429	충북 청주시	청주문인화협회전	7,760	문화예술과	3	4	7	8	7	5	5	3
3430	충북 청주시	무심서학회 회원전	2,910	문화예술과	3	4	7	8	7	5	5	3
3431	충북 청주시	가곡과 아리아의 밤	2,910	문화예술과	3	4	7	8	7	5	5	3
3432	충북 청주시	사랑나눔실버가요제	11,175	문화예술과	3	4	7	8	7	5	5	3
3433	충북 청주시	청소년교향악단 정기연주회	2,910	문화예술과	3	4	7	8	7	5	5	3
3434	충북 청주시	청주민족예술제	87,300	문화예술과	3	4	7	8	7	5	5	3
3435	충북 청주시	미술작품 기획전	4,850	문화예술과	3	4	7	8	7	5	5	3
3436	충북 청주시	필 소리울림	3,880	문화예술과	3	4	7	8	7	5	5	3
3437	충북 청주시	사진작품전시회	3,880	문화예술과	3	4	7	8	7	5	5	3
3438	충북 청주시	민족음악콘서트	3,880	문화예술과	3	4	7	8	7	5	5	3
3439	충북 청주시	풍물난장	3,880	문화예술과	3	4	7	8	7	5	5	3
3440	충북 청주시	영화아카데미	4,850	문화예술과	3	4	7	8	7	5	5	3
3441	충북 청주시	청주민족극한마당	3,880	문화예술과	3	4	7	8	7	5	5	3
3442	충북 청주시	창작공연행사	7,760	문화예술과	3	4	7	8	7	5	5	3
3443	충북 청주시	전통문화 체험마당	4,365	문화예술과	3	4	7	8	7	5	5	3
3444	충북 청주시	소리나눔 퓨전 콘서트	9,700	문화예술과	3	4	7	8	7	5	5	3
3445	충북 청주시	찾아가는 문화예술활동 방방곡곡	46,560	문화예술과	3	4	7	8	7	5	5	3
3446	충북 청주시	청풍명월을 노래하다	14,550	문화예술과	3	4	7	8	7	5	5	3
3447	충북 청주시	청주민족예술인대회	2,910	문화예술과	3	4	7	8	7	5	5	3
3448	충북 청주시	청주읍성큰잔치	271,600	문화예술과	3	4	7	8	7	5	5	3
3449	충북 청주시	향교길 음악회	7,760	문화예술과	3	4	7	8	7	5	5	3
3450	충북 청주시	연등축제	60,000	문화예술과	3	4	7	8	7	5	5	3
3451	충북 청주시	무심천 직지유등문화제	40,000	문화예술과	3	4	7	8	7	5	5	3
3452	충북 청주시	이웃사랑과 나눔의 성탄문화예술제	40,000	문화예술과	3	4	7	8	7	5	5	3
3453	충북 청주시	연말연시 트리행사	19,400	문화예술과	3	4	7	8	7	5	5	3
3454	충북 청주시	청남대 재즈토닉 페스티벌	280,000	문화예술과	3	4	7	8	7	5	5	3
3455	충북 청주시	청주읍성큰잔치기념 직지음악회	69,840	문화예술과	3	4	7	8	7	5	5	3
3456	충북 청주시	송년음악회	85,554	문화예술과	3	4	7	8	7	5	5	3
3457	충북 청주시	종교화합 무심음악제	60,000	문화예술과	3	4	7	8	7	5	5	3
3458	충북 청주시	가정愛달 행복&사랑콘서트	43,650	문화예술과	3	4	7	8	7	5	5	3
3459	충북 청주시	청주시민음악회	29,100	문화예술과	3	4	7	8	7	5	5	3
3460	충북 청주시	청주CBS 창립기념 행복도민음악회	50,000	문화예술과	3	4	7	8	7	5	5	3
3461	충북 청주시	전국 청소년 음악 콩쿠르	31,300	문화예술과	3	4	7	8	7	5	5	3
3462	충북 청주시	시민과 함께하는 신춘음악회	38,853	문화예술과	3	4	7	8	7	5	5	3

순번	시군구	지출명 (사업명)	2021년예산 (단위:천원/1년간)	담당자 (공무원) 담당부서	민간이전 분류 (지방자치단체 세출예산 집행기준에 의거) 1. 민간경상사업보조(307-02) 2. 민간단체 법정운영비보조(307-03) 3. 민간행사사업보조(307-04) 4. 민간위탁금(307-05) 5. 사회복지시설 법정운영비보조(307-10) 6. 민간인위탁교육비(307-12) 7. 공기관등에대한경상적위탁사업비(308-11) 8. 민간자본사업보조,자체재원(402-01) 9. 민간자본사업보조,이전재원(402-02) 10. 민간위탁사업비(402-03) 11. 공기관등에 대한 자본적 대행사업비(403-02)	민간이전지출 근거 (지방보조금 관리기준 참고) 1. 법률에 규정 2. 국고보조 재원(국가지정) 3. 용도 지정 기부금 4. 조례에 직접규정 5. 지자체가 권장하는 사업을 하는 공공기관 6. 시,도 정책 및 재정사정 7. 기타 8. 해당없음	입찰방식 계약체결방법 (경쟁형태) 1. 일반경쟁 2. 제한경쟁 3. 지명경쟁 4. 수의계약 5. 법정위탁 6. 기타 ( ) 7. 해당없음	입찰방식 계약기간 1. 1년 2. 2년 3. 3년 4. 4년 5. 5년 6. 기타 ( )년 7. 단기계약 (1년미만) 8. 해당없음	입찰방식 낙찰자선정방법 1. 적격심사 2. 협상에의한계약 3. 최저가낙찰제 4. 규격가격분리 5. 2단계 경쟁입찰 6. 기타 ( ) 7. 해당없음	운영예산 산정 운영예산 산정 1. 내부산정 (지자체 자체적으로 산정) 2. 외부산정 (외부전문기관위탁 산정) 3. 내·외부 모두 산정 4. 산정 無 5. 해당없음	운영예산 산정 정산방법 1. 내부정산 (지자체 내부적으로 정산) 2. 외부정산 (외부전문기관위탁 정산) 3. 내·외부 모두 산정 4. 정산 無 5. 해당없음	성과평가 실시여부 1. 실시 2. 미실시 3. 향후 추진 4. 해당없음
3463	충북 청주시	시민과 함께하는 가을음악회	49,470	문화예술과	3	4	7	8	7	5	5	3
3464	충북 청주시	청소년 실용음악 콩쿠르	8,730	문화예술과	3	4	7	8	7	5	5	3
3465	충북 청주시	백중놀이	38,800	문화예술과	3	4	7	8	7	5	5	3
3466	충북 청주시	가을음악회	31,040	문화예술과	3	4	7	8	7	5	5	3
3467	충북 청주시	충청페스티벌	35,357	문화예술과	3	4	7	8	7	5	5	3
3468	충북 청주시	지방문화예술행사	32,300	문화예술과	3	4	7	8	7	5	5	3
3469	충북 청주시	문화재 야행	400,000	문화예술과	3	2	7	8	7	5	5	3
3470	충북 청주시	청주농악공연	3,880	문화예술과	3	6	7	8	7	5	5	3
3471	충북 청주시	청주향교 석전대제	9,700	문화예술과	3	4	7	8	7	5	5	3
3472	충북 청주시	청주향교 기로연	7,760	문화예술과	3	4	7	8	7	5	5	3
3473	충북 청주시	문의향교 석전대제	5,820	문화예술과	3	4	7	8	7	5	5	3
3474	충북 청주시	문의향교 기로연	3,686	문화예술과	3	4	7	8	7	5	5	3
3475	충북 청주시	국조단군봉찬회 문화행사	20,366	문화예술과	3	6	7	8	7	5	5	3
3476	충북 청주시	차예절 전국경연대회	6,790	문화예술과	3	6	7	8	7	5	5	3
3477	충북 청주시	것대산 봉수제	941	문화예술과	3	6	7	8	7	5	5	3
3478	충북 청주시	청주시장기 소프트테니스대회	7,760	체육교육과	3	1	7	8	7	5	5	3
3479	충북 청주시	청주시장기차지유치원특수학교초등학교롤러대회	7,760	체육교육과	3	1	7	8	7	5	5	3
3480	충북 청주시	청주시장배 볼링대회	9,700	체육교육과	3	1	7	8	7	5	5	3
3481	충북 청주시	청주시장기 태권도대회	14,550	체육교육과	3	1	7	8	7	5	5	3
3482	충북 청주시	청주시장기 직장대항축구대회	17,460	체육교육과	3	1	7	8	7	5	5	3
3483	충북 청주시	청주시장기 궁도대회	8,730	체육교육과	3	1	7	8	7	5	5	3
3484	충북 청주시	청주시장배 수영대회	7,760	체육교육과	3	1	7	8	7	5	5	3
3485	충북 청주시	청주시장배 골프대회	14,550	체육교육과	3	1	7	8	7	5	5	3
3486	충북 청주시	청주시장배 바둑대회	11,640	체육교육과	3	1	7	8	7	5	5	3
3487	충북 청주시	청주시장배 댄스스포츠대회	13,095	체육교육과	3	1	7	8	7	5	5	3
3488	충북 청주시	청주시장배 유도대회	7,760	체육교육과	3	1	7	8	7	5	5	3
3489	충북 청주시	청주시장배 산악자전거대회	7,760	체육교육과	3	1	7	8	7	5	5	3
3490	충북 청주시	청주시장배 배구대회	14,550	체육교육과	3	1	7	8	7	5	5	3
3491	충북 청주시	청주시장기차지검도선수권대회	7,760	체육교육과	3	1	7	8	7	5	5	3
3492	충북 청주시	청주시장배 유소년 야구대회	7,760	체육교육과	3	1	7	8	7	5	5	3
3493	충북 청주시	종목별 전국 및 시도단위대회 개최	7,275	체육교육과	3	1	7	8	7	5	5	3
3494	충북 청주시	박신자컵 서머리그 농구대회	40,000	체육교육과	3	1	7	8	7	5	5	3
3495	충북 청주시	직지배 전국스쿼시페스티벌	14,550	체육교육과	3	1	7	8	7	5	5	3
3496	충북 청주시	직지배 전국 중.고.대 3대3농구대회	24,250	체육교육과	3	1	7	8	7	5	5	3
3497	충북 청주시	청원생명쌀기 전국 남.녀 궁도대회	38,800	체육교육과	3	1	7	8	7	5	5	3
3498	충북 청주시	3.1절 단축마라톤대회	17,460	체육교육과	3	1	7	8	7	5	5	3
3499	충북 청주시	전국남여양궁종별선수권대회	14,550	체육교육과	3	1	7	8	7	5	5	3
3500	충북 청주시	한국전통무예 전국대회	19,400	체육교육과	3	1	7	8	7	5	5	3
3501	충북 청주시	청주직지국제댄스스포츠 선수권대회	48,500	체육교육과	3	1	7	8	7	5	5	3
3502	충북 청주시	청풍기 전국유도대회	240,000	체육교육과	3	1	7	8	7	5	5	3
3503	충북 청주시	회장배 전한국 스쿼시선수권대회	14,550	체육교육과	3	1	7	8	7	5	5	3
3504	충북 청주시	전국남여 초등학교 양궁대회	14,550	체육교육과	3	1	7	8	7	5	5	3
3505	충북 청주시	전국 리틀 야구대회	77,600	체육교육과	3	1	7	8	7	5	5	3

순번	시군구	지출명 (사업명)	2021년예산 (단위:천원/1년간)	담당자 (공무원) 담당부서	민간이전 분류 (지방자치단체 세출예산 집행기준에 의거) 1. 민간경상사업보조(307-02) 2. 민간단체 법정운영비보조(307-03) 3. 민간행사사업보조(307-04) 4. 민간위탁금(307-05) 5. 사회복지시설 법정운영비보조(307-10) 6. 민간인위탁교육비(307-12) 7. 공기관등에대한경상적위탁사업비(308-11) 8. 민간자본사업보조,자체재원(402-01) 9. 민간자본사업보조,이전재원(402-02) 10. 민간위탁사업비(402-03) 11. 공기관등에 대한 자본적 대행사업비(403-02)	민간이전지출 근거 (지방보조금 관리기준 참고) 1. 법률에 규정 2. 국고보조 재원(국가지정) 3. 용도 지정 기부금 4. 조례에 직접규정 5. 지자체가 권장하는 사업을 하는 공공기관 6. 시,도 정책 및 재정사정 7. 기타 8. 해당없음	입찰방식 계약체결방법 (경쟁형태) 1. 일반경쟁 2. 제한경쟁 3. 지명경쟁 4. 수의계약 5. 법정위탁 6. 기타 ( ) 7. 해당없음	입찰방식 계약기간 1. 1년 2. 2년 3. 3년 4. 4년 5. 5년 6. 기타 ( )년 7. 단기계약 (1년미만) 8. 해당없음	입찰방식 낙찰자선정방법 1. 적격심사 2. 협상에의한계약 3. 최저가낙찰제 4. 규격가격분리 5. 2단계 경쟁입찰 6. 기타 ( ) 7. 해당없음	운영예산 산정 운영예산 산정 1. 내부산정 (지자체 자체적으로 산정) 2. 외부산정 (외부전문기관위탁 산정) 3. 내·외부 모두 산정 4. 산정 無 5. 해당없음	운영예산 산정 정산방법 1. 내부정산 (지자체 내부적으로 정산) 2. 외부정산 (외부전문기관위탁 정산) 3. 내·외부 모두 산정 4. 정산 無 5. 해당없음	성과평가 실시여부 1. 실시 2. 미실시 3. 향후 추진 4. 해당없음
3506	충북 청주시	전국종합무술 아마추어대회	4,850	체육교육과	3	1	7	8	7	5	5	3
3507	충북 청주시	청주시장기 장애인 파크골프대회	7,760	체육교육과	3	1	7	8	7	5	5	3
3508	충북 청주시	청주시장기 장애인 생활체육 탁구대회	7,760	체육교육과	3	1	7	8	7	5	5	3
3509	충북 청주시	청주시장기 장애인 생활체육 론볼대회	7,760	체육교육과	3	1	7	8	7	5	5	3
3510	충북 청주시	청주시장기 장애인 축구대회	11,640	체육교육과	3	1	7	8	7	5	5	3
3511	충북 청주시	청주시장기 장애인 게이트볼대회	11,640	체육교육과	3	1	7	8	7	5	5	3
3512	충북 청주시	청주시장기 농아인 슐런대회	5,820	체육교육과	3	1	7	8	7	5	5	3
3513	충북 청주시	직지배 전국장애인 배드민턴선수권대회	21,340	체육교육과	3	1	7	8	7	5	5	3
3514	충북 청주시	직지배 전국장애인 론볼대회	21,340	체육교육과	3	1	7	8	7	5	5	3
3515	충북 청주시	직지배 전국장애인 사격대회	19,400	체육교육과	3	1	7	8	7	5	5	3
3516	충북 청주시	직지배 전국 지적장애인 및 학생부 농구대회	12,610	체육교육과	3	1	7	8	7	5	5	3
3517	충북 청주시	생활체육행사 지원	77,600	체육교육과	3	1	7	8	7	5	5	3
3518	충북 청주시	청주시연합회장기 생활체육 종목별대회 지원	39,285	체육교육과	3	1	7	8	7	5	5	3
3519	충북 청주시	충청북도지사기 및 도협회장기 생활체육대회 유치	19,400	체육교육과	3	1	7	8	7	5	5	3
3520	충북 청주시	읍면동체육회 체육대회 지원	9,700	체육교육과	3	1	7	8	7	5	5	3
3521	충북 청주시	청주시장기 생활체육 축구대회	11,640	체육교육과	3	1	7	8	7	5	5	3
3522	충북 청주시	청주시장기 생활체육 게이트볼대회	5,820	체육교육과	3	1	7	8	7	5	5	3
3523	충북 청주시	청주시장기 생활체육 탁구대회	9,700	체육교육과	3	1	7	8	7	5	5	3
3524	충북 청주시	청주시장기 생활체육 합기도대회	5,820	체육교육과	3	1	7	8	7	5	5	3
3525	충북 청주시	청주시장기 생활체육 야구대회	9,700	체육교육과	3	1	7	8	7	5	5	3
3526	충북 청주시	청주시장기 생활체육 족구대회	7,760	체육교육과	3	1	7	8	7	5	5	3
3527	충북 청주시	청주시장기 생활체육 그라운드골프대회	7,760	체육교육과	3	1	7	8	7	5	5	3
3528	충북 청주시	청주시장기 생활체육 전국패러글라이딩대회	5,238	체육교육과	3	1	7	8	7	5	5	3
3529	충북 청주시	청주시장기 생활체육 테니스대회	8,730	체육교육과	3	1	7	8	7	5	5	3
3530	충북 청주시	청주시장기 생활체육 복싱대회	7,760	체육교육과	3	1	7	8	7	5	5	3
3531	충북 청주시	청주시장기 생활체육 배드민턴대회	14,550	체육교육과	3	1	7	8	7	5	5	3
3532	충북 청주시	청주시장기 생활체육 농구대회	5,820	체육교육과	3	1	7	8	7	5	5	3
3533	충북 청주시	청주시장배 생활체육 미스터청주선발대회	6,790	체육교육과	3	1	7	8	7	5	5	3
3534	충북 청주시	청주시장배 생활체육 여성테니스대회	5,238	체육교육과	3	1	7	8	7	5	5	3
3535	충북 청주시	청주시장배 생활체육 당구대회	5,820	체육교육과	3	1	7	8	7	5	5	3
3536	충북 청주시	청주시 생활체육대회	82,935	체육교육과	3	1	7	8	7	5	5	3
3537	충북 청주시	청주시 생활체육에어로빅 한마당축제	7,760	체육교육과	3	1	7	8	7	5	5	3
3538	충북 청주시	청주읍성큰잔치 기념 청주 씨름왕 선발대회	13,095	체육교육과	3	1	7	8	7	5	5	3
3539	충북 청주시	청주시 I-리그	39,770	체육교육과	3	1	7	8	7	5	5	3
3540	충북 청주시	충북종단 대장정	10,000	체육교육과	3	1	7	8	7	5	5	3
3541	충북 청주시	직지,청원생명쌀배 전국족구대회	43,650	체육교육과	3	1	7	8	7	5	5	3
3542	충북 청주시	직지,청원생명쌀배 오픈 생활체육 배드민턴대회	21,825	체육교육과	3	1	7	8	7	5	5	3
3543	충북 청주시	직지,청원생명쌀배 전국이순테니스대회	9,700	체육교육과	3	1	7	8	7	5	5	3
3544	충북 청주시	직지,청원생명쌀배 생활체육 전국테니스대회	25,220	체육교육과	3	1	7	8	7	5	5	3
3545	충북 청주시	청원생명쌀 대청호마라톤대회	232,800	체육교육과	3	1	7	8	7	5	5	3
3546	충북 청주시	직지사랑 클린워킹 페스티벌	26,190	체육교육과	3	1	7	8	7	5	5	3
3547	충북 청주시	직지배 전국풋살대회	36,860	체육교육과	3	1	7	8	7	5	5	3
3548	충북 청주시	직지배 전국볼링대회	32,010	체육교육과	3	1	7	8	7	5	5	3

순번	시군구	지출명 (사업명)	2021년예산 (단위:천원/1년간)	담당자 (공무원) 담당부서	민간이전 분류 (지방자치단체 세출예산 집행기준에 의거) 1. 민간경상사업보조(307-02) 2. 민간단체 법정운영비보조(307-03) 3. 민간행사사업보조(307-04) 4. 민간위탁금(307-05) 5. 사회복지시설 법정운영비보조(307-10) 6. 민간인위탁교육비(307-12) 7. 공기관등에대한경상적위탁사업비(308-11) 8. 민간자본사업보조,자체재원(402-01) 9. 민간자본사업보조,이전재원(402-02) 10. 민간위탁사업비(402-03) 11. 공기관등에 대한 자본적 대행사업비(403-02)	민간이전지출 근거 (지방보조금 관리기준 참고) 1. 법률에 규정 2. 국고보조 재원(국가지정) 3. 용도 지정 기부금 4. 조례에 직접규정 5. 지자체가 권장하는 사업을 하는 공공기관 6. 시,도 정책 및 재정사정 7. 기타 8. 해당없음	입찰방식 계약체결방법 (경쟁형태) 1. 일반경쟁 2. 제한경쟁 3. 지명경쟁 4. 수의계약 5. 법정위탁 6. 기타 ( ) 7. 해당없음	입찰방식 계약기간 1. 1년 2. 2년 3. 3년 4. 4년 5. 5년 6. 기타 ( )년 7. 단기계약 (1년미만) 8. 해당없음	입찰방식 낙찰자선정방법 1. 적격심사 2. 협상에의한계약 3. 최저가낙찰제 4. 규격가격분리 5. 2단계 경쟁입찰 6. 기타 ( ) 7. 해당없음	운영예산 산정 운영예산 산정 1. 내부산정 (지자체 자체적으로 산정) 2. 외부산정 (외부전문기관위탁 산정) 3. 내·외부 모두 산정 4. 산정 無 5. 해당없음	운영예산 산정 정산방법 1. 내부정산 (지자체 내부적으로 정산) 2. 외부정산 (외부전문기관위탁 정산) 3. 내·외부 모두 산정 4. 정산 無 5. 해당없음	성과평가 실시여부 1. 실시 2. 미실시 3. 향후 추진 4. 해당없음
3549	충북 청주시	충북 직장대항 탁구대회	27,160	체육교육과	3	1	7	8	7	5	5	3
3550	충북 청주시	충북 생활체육 야구대회	9,700	체육교육과	3	1	7	8	7	5	5	3
3551	충북 청주시	대학입시 생생박람회	37,636	체육교육과	3	1	7	8	7	5	5	3
3552	충북 청주시	세종대왕과 초정약수축제	533,500	관광정책과	3	4	7	8	7	5	5	3
3553	충북 청주시	농업전문인력 및 전문경영체 육성	34,920	농업정책과	3	4	7	8	7	5	5	3
3554	충북 청주시	농업전문인력 및 전문경영체 육성	4,016	농업정책과	3	4	7	8	7	5	5	3
3555	충북 청주시	농업전문인력 및 전문경영체 육성	19,400	농업정책과	3	4	7	8	7	5	5	3
3556	충북 청주시	농산물 직거래 활성화사업	97,000	농식품유통과	3	6	7	8	7	5	5	3
3557	충북 청주시	농촌관광주체 육성 지원	10,000	농식품유통과	3	6	7	8	7	5	5	3
3558	충북 청주시	청원생명축제	2,425,000	농식품유통과	3	6	7	8	7	5	5	3
3559	충북 청주시	축산단체육성	19,400	축산과	3	4	7	8	7	5	5	3
3560	충북 청주시	청원생명축제 축산물판매장등 운영	26,772	축산과	3	4	7	8	7	5	5	3
3561	충북 청주시	교통질서확립 결의대회 행사지원	22,000	대중교통과	3	6	7	8	7	5	5	3
3562	충북 청주시	교통질서확립 결의대회 행사지원	3,000	대중교통과	3	6	7	8	7	5	5	3
3563	충북 청주시	교통질서확립 결의대회 행사지원	2,000	대중교통과	3	6	7	8	7	5	5	3
3564	충북 청주시	농업인의 날 행사 개최	48,500	농업기술센터 지원기획과	3	2	7	8	7	5	5	3
3565	충북 청주시	농촌지도자 한마음대회	19,400	농업기술센터 지원기획과	3	2	7	8	7	5	5	3
3566	충북 청주시	4-H회 청소년의달 행사	9,700	농업기술센터 지원기획과	3	2	7	8	7	5	5	3
3567	충북 청주시	4-H회 농촌사랑 자연사랑 야영교육	29,100	농업기술센터 지원기획과	3	2	7	8	7	5	5	3
3568	충북 청주시	4-H 농심함양 과제교육	6,548	농업기술센터 지원기획과	3	2	7	8	7	5	5	3
3569	충북 청주시	4-H본부 한마음 대회	9,700	농업기술센터 지원기획과	3	2	7	8	7	5	5	3
3570	충북 청주시	생활개선회 한마음대회	21,340	농업기술센터 지원기획과	3	1	7	8	7	5	5	3
3571	충북 청주시	원예작물기술보급	44,620	농업기술센터 기술보급과	3	6	7	8	7	5	5	3
3572	충북 청주시	농업문화 신기술보급	5,000	농업기술센터 도시농업과	3	1	7	8	7	5	5	3
3573	충북 청주시	댐주변 정비사업	4,850	환경관리본부 환경정책과	3	4	7	8	7	5	5	3
3574	충북 청주시	재활용 활성화와 1회용품 사용규제	14,114	환경관리본부 자원정책과	3	6	7	8	7	5	5	3
3575	충북 청주시	한국서지학회 지원	2,910	청주고인쇄박물관 학예연구실	3	6	7	8	7	5	5	3
3576	충북 청주시	근대서지학회 지원	2,910	청주고인쇄박물관 학예연구실	3	6	7	8	7	5	5	3
3577	충북 청주시	재미한국학교협의회 학술대회 지원	6,790	청주고인쇄박물관 학예연구실	3	5	7	8	7	5	5	3
3578	충북 충주시	KBS 충주시민을 위한 송년음악회	22,000	홍보담당관	3	7	4	7	6	1	1	1
3579	충북 충주시	자율방범대 한마음대회 행사지원	10,000	안전총괄과	3	4	7	8	7	1	1	2
3580	충북 충주시	의용소방대 소방기술경연대회 참가지원	20,000	안전총괄과	3	4	7	8	7	1	1	2
3581	충북 충주시	민방위 마을단위 시범훈련	1,000	안전총괄과	3	1	7	8	7	1	1	2
3582	충북 충주시	서해수호의 날 기념행사 및 호국 안보다짐대회	10,000	복지정책과	3	4	7	8	7	5	5	4
3583	충북 충주시	신니면민 만세운동 기념행사	5,000	복지정책과	3	4	7	8	7	5	5	4
3584	충북 충주시	6.25 첫 전승기념행사	8,000	복지정책과	3	4	7	8	7	5	5	4
3585	충북 충주시	월남참전기념행사	4,000	복지정책과	3	4	7	8	7	5	5	4
3586	충북 충주시	충주 4.19학생혁명 기념행사	3,000	복지정책과	3	4	7	8	7	5	5	4
3587	충북 충주시	읍면동체육대회	75,000	체육진흥과	3	1	7	8	7	5	1	1
3588	충북 충주시	전국 남녀 배구대회	18,000	체육진흥과	3	1	7	8	7	5	1	1
3589	충북 충주시	사과오픈전국배드민턴대회	24,000	체육진흥과	3	1	7	8	7	5	1	1
3590	충북 충주시	충북종별테니스대회	6,000	체육진흥과	3	1	7	8	7	5	1	1
3591	충북 충주시	앙성비내길 마라톤대회	18,000	체육진흥과	3	1	7	8	7	5	1	1

순번	시군구	지출명 (사업명)	2021년예산 (단위:천원/1년간)	담당자 (공무원) 담당부서	민간이전 분류 (지방자치단체 세출예산 집행기준에 의거) 1. 민간경상사업보조(307-02) 2. 민간단체 법정운영비보조(307-03) 3. 민간행사사업보조(307-04) 4. 민간위탁금(307-05) 5. 사회복지시설 법정운영비보조(307-10) 6. 민간인위탁교육비(307-12) 7. 공기관등에대한경상적위탁사업비(308-11) 8. 민간자본사업보조,자체재원(402-01) 9. 민간자본사업보조,이전재원(402-02) 10. 민간위탁사업비(402-03) 11. 공기관등에 대한 자본적 대행사업비(403-02)	민간이전지출 근거 (지방보조금 관리기준 참고) 1. 법률에 규정 2. 국고보조 재원(국가지정) 3. 용도 지정 기부금 4. 조례에 직접규정 5. 지자체가 권장하는 사업을 하는 공공기관 6. 시,도 정책 및 재정사정 7. 기타 8. 해당없음	입찰방식 계약체결방법 (경쟁형태) 1. 일반경쟁 2. 제한경쟁 3. 지명경쟁 4. 수의계약 5. 법정위탁 6. 기타 ( ) 7. 해당없음	계약기간 1. 1년 2. 2년 3. 3년 4. 4년 5. 5년 6. 기타 ( )년 7. 단기계약 (1년미만) 8. 해당없음	낙찰자선정방법 1. 적격심사 2. 협상에의한계약 3. 최저가낙찰제 4. 규격가격분리 5. 2단계 경쟁입찰 6. 기타 ( ) 7. 해당없음	운영예산 산정 운영예산 산정 1. 내부산정 (지자체 자체적으로 산정) 2. 외부산정 (외부전문기관위탁 산정) 3. 내·외부 모두 산정 4. 산정 無 5. 해당없음	정산방법 1. 내부정산 (지자체 내부적으로 정산) 2. 외부정산 (외부전문기관위탁 정산) 3. 내·외부 모두 산정 4. 정산 無 5. 해당없음	성과평가 실시여부 1. 실시 2. 미실시 3. 향후 추진 4. 해당없음
3592	충북 충주시	도지사기차지 시군대항 역전마라톤대회	13,000	체육진흥과	3	1	7	8	7	5	1	1
3593	충북 충주시	충주사과 마라톤대회	40,000	체육진흥과	3	1	7	8	7	5	1	1
3594	충북 충주시	청소년국가대표 전지훈련 유치	12,000	체육진흥과	3	1	7	8	7	5	1	1
3595	충북 충주시	충주시 장애인체육대회 개최	15,000	체육진흥과	3	1	7	8	7	5	1	1
3596	충북 충주시	충주시장배 전국론볼대회	11,000	체육진흥과	3	1	7	8	7	5	1	1
3597	충북 충주시	충주시장배 장애인게이트볼대회	6,000	체육진흥과	3	1	7	8	7	5	1	1
3598	충북 충주시	충주사과배 전국 보치아 선수권대회	20,000	체육진흥과	3	1	7	8	7	5	1	1
3599	충북 충주시	전국 대학검도대회	50,000	체육진흥과	3	1	7	8	7	5	1	1
3600	충북 충주시	전국 족구대회	33,000	체육진흥과	3	1	7	8	7	5	1	1
3601	충북 충주시	전국 파크골프 대회	25,000	체육진흥과	3	1	7	8	7	5	1	1
3602	충북 충주시	전국 철인3종 대회	50,000	체육진흥과	3	1	7	8	7	5	1	1
3603	충북 충주시	전국단위 체육대회 유치 및 기타 행사지원	100,000	체육진흥과	3	1	7	8	7	5	1	1
3604	충북 충주시	전국 생활체육 야구대회	40,000	체육진흥과	3	1	7	8	7	5	1	1
3605	충북 충주시	전국 초등 테니스 대회	45,000	체육진흥과	3	1	7	8	7	5	1	1
3606	충북 충주시	생활체육대회 출전 지원	15,000	체육진흥과	3	1	7	8	7	1	1	1
3607	충북 충주시	전국 및 시도단위 생활체육대회	20,000	체육진흥과	3	1	7	8	7	1	1	1
3608	충북 충주시	생활체육 농구대회	7,000	체육진흥과	3	1	7	8	7	1	1	1
3609	충북 충주시	생활체조교실 경연대회	10,000	체육진흥과	3	1	7	8	7	1	1	1
3610	충북 충주시	사과오픈 전국동호인 테니스대회	25,000	체육진흥과	3	1	7	8	7	1	1	1
3611	충북 충주시	충청권동호인 테니스대회	10,000	체육진흥과	3	1	7	8	7	1	1	1
3612	충북 충주시	전국이순 테니스대회	10,000	체육진흥과	3	1	7	8	7	1	1	1
3613	충북 충주시	충주시생활체육대회	50,000	체육진흥과	3	1	7	8	7	1	1	1
3614	충북 충주시	삼도접경면 체육대회	4,000	체육진흥과	3	1	7	8	7	1	1	1
3615	충북 충주시	가족사랑 자전거 축전	7,200	체육진흥과	3	1	7	8	7	1	1	1
3616	충북 충주시	생활체육 활성화 대회지원	24,500	체육진흥과	3	1	7	8	7	1	1	1
3617	충북 충주시	충주시 어르신생활체육대회	12,000	체육진흥과	3	1	7	8	7	1	1	1
3618	충북 충주시	전국라지볼대회	13,000	체육진흥과	3	1	7	8	7	1	1	1
3619	충북 충주시	충주시장배 충북그라운드골프대회	10,000	체육진흥과	3	1	7	8	7	1	1	1
3620	충북 충주시	클럽대항 청소년 체육대회	3,000	체육진흥과	3	1	7	8	7	1	1	1
3621	충북 충주시	충북종단 대장정	9,000	체육진흥과	3	1	7	8	7	1	1	1
3622	충북 충주시	충주시 생활체육 풋살대회	5,000	체육진흥과	3	1	7	8	7	1	1	1
3623	충북 충주시	종목별 생활체육 시장기대회	125,000	체육진흥과	3	1	7	8	7	1	1	1
3624	충북 충주시	세계무예축제	120,000	체육진흥과	3	4	5	8	7	1	1	1
3625	충북 충주시	세계택견대회 개최	116,400	체육진흥과	3	1	5	8	7	1	1	1
3626	충북 충주시	전국무예대제전 개최	140,000	체육진흥과	3	1	5	8	7	1	1	1
3627	충북 충주시	수안보온천제	110,000	관광과	3	1	4	8	7	1	1	3
3628	충북 충주시	앙성온천축제	90,000	관광과	3	1	4	8	7	1	1	3
3629	충북 충주시	벚꽃축제	17,000	관광과	3	1	4	8	7	1	1	3
3630	충북 충주시	민물고기축제	12,000	관광과	3	1	4	8	7	1	1	3
3631	충북 충주시	물탕공원이벤트	30,000	관광과	3	1	4	8	7	1	1	3
3632	충북 충주시	앙성온천광장 이벤트	20,000	관광과	3	1	4	8	7	1	1	3
3633	충북 충주시	수변관광명소 특별문화공연	40,000	관광과	3	1	4	8	7	1	1	3
3634	충북 충주시	성인문해학교 행사지원	4,500	평생학습과	3	1	7	8	7	1	1	1

순번	시군구	지출명 (사업명)	2021년예산 (단위:천원/1년간)	담당자 (공무원) 담당부서	민간이전 분류 (지방자치단체 세출예산 집행기준에 의거) 1. 민간경상사업보조(307-02) 2. 민간단체 법정운영비보조(307-03) 3. 민간행사사업보조(307-04) 4. 민간위탁금(307-05) 5. 사회복지시설 법정운영비보조(307-10) 6. 민간인위탁교육비(307-12) 7. 공기관등에대한경상적위탁사업비(308-11) 8. 민간자본사업보조,자체재원(402-01) 9. 민간자본사업보조,이전재원(402-02) 10. 민간위탁사업비(402-03) 11. 공기관등에 대한 자본적 대행사업비(403-02)	민간이전지출 근거 (지방보조금 관리기준 참고) 1. 법률에 규정 2. 국고보조 재원(국가지정) 3. 용도 지정 기부금 4. 조례에 직접규정 5. 지자체가 권장하는 사업을 하는 공공기관 6. 시,도 정책 및 재정사정 7. 기타 8. 해당없음	입찰방식 계약체결방법 (경쟁형태) 1. 일반경쟁 2. 제한경쟁 3. 지명경쟁 4. 수의계약 5. 법정위탁 6. 기타 ( ) 7. 해당없음	입찰방식 계약기간 1. 1년 2. 2년 3. 3년 4. 4년 5. 5년 6. 기타 ( )년 7. 단기계약 (1년미만) 8. 해당없음	입찰방식 낙찰자선정방법 1. 적격심사 2. 협상에의한계약 3. 최저가낙찰제 4. 규격가격분리 5. 2단계 경쟁입찰 6. 기타 ( ) 7. 해당없음	운영예산 산정 운영예산 산정 1. 내부산정 (지자체 자체적으로 산정) 2. 외부산정 (외부전문기관위탁 산정) 3. 내·외부 모두 산정 4. 산정 無 5. 해당없음	운영예산 산정 정산방법 1. 내부정산 (지자체 내부적으로 정산) 2. 외부정산 (외부전문기관위탁 정산) 3. 내·외부 모두 산정 4. 정산 無 5. 해당없음	성과평가 실시여부 1. 실시 2. 미실시 3. 향후 추진 4. 해당없음
3635	충북 충주시	농산물 통합축제(문화행사 포함)	200,000	농정과	3	4	7	8	7	1	1	1
3636	충북 충주시	밤재배자 교육보상	5,000	산림정책과	3	6	7	8	7	5	5	4
3637	충북 충주시	충주밤 체험 및 판매행사	23,000	산림정책과	3	6	7	8	7	5	5	4
3638	충북 충주시	숲해설가 지원	7,000	산림정책과	3	6	7	8	7	5	5	4
3639	충북 충주시	시장배 낚시대회	15,000	축수산과	3	6	7	8	7	5	5	4
3640	충북 충주시	자원순환의날 행사지원	20,000	자원순환과	3	1	7	8	7	5	5	4
3641	충북 제천시	농업소득원개발 워크숍(농민회)	6,000	농업정책과	3	4	7	8	7	1	1	1
3642	충북 제천시	농업경영인 풍년농사기원제 행사	5,000	농업정책과	3	4	7	8	7	1	1	1
3643	충북 제천시	여성농업인 수련대회	6,000	농업정책과	3	4	7	8	7	1	1	1
3644	충북 제천시	제26회 농업인의날 행사	50,000	농업정책과	3	4	7	8	7	1	1	1
3645	충북 제천시	농업발전연찬회(농민단체) 행사	6,000	농업정책과	3	4	7	8	7	1	1	1
3646	충북 제천시	농업인 선진농업기술습득 및 조직역량강화교육	10,000	농업정책과	3	4	7	8	7	1	1	1
3647	충북 제천시	농업경영인 핵심지도자 수련회	4,000	농업정책과	3	4	7	8	7	1	1	1
3648	충북 제천시	농업인의 날 맞이 가래떡DAY 행사	10,000	농업정책과	3	4	7	8	7	1	1	1
3649	충북 제천시	친환경농산물 영농 체험행사지원	6,000	농업정책과	3	4	7	8	7	5	1	1
3650	충북 제천시	금성면 농업인행사 지원	5,000	농업정책과	3	4	7	8	7	1	1	1
3651	충북 제천시	의림지뜰 친환경농업 페스티벌	20,000	농업정책과	3	4	7	8	7	5	1	1
3652	충북 제천시	보훈관리및지원	29,500	사회복지과	3	2	7	8	7	1	1	2
3653	충북 제천시	시장기차지 노인게이트볼대회	5,500	노인장애인과	3	4	7	8	7	1	1	1
3654	충북 제천시	시장기차지 노인그라운드골프대회	3,700	노인장애인과	3	4	7	8	7	1	1	1
3655	충북 제천시	대한노인회 제천시지회 정기총회	5,100	노인장애인과	3	4	7	8	7	1	1	1
3656	충북 제천시	향토음식거리 활성화 지원	16,095	관광미식과	3	6	7	8	7	5	5	1
3657	충북 제천시	엑스포공원 활성화를 위한 한방힐링콘서트 개최	50,000	한방바이오과	3	5	7	8	7	1	1	1
3658	충북 제천시	제5회 동양일보 제천한방약초 전국배드민턴대회	30,000	체육진흥과	3	4	7	8	7	1	1	1
3659	충북 제천시	전국 리듬체조대회	35,000	체육진흥과	3	4	7	8	7	1	1	1
3660	충북 제천시	전국 종별 배구선수권대회	299,000	체육진흥과	3	4	7	8	7	1	1	1
3661	충북 제천시	전국 초등학교 배구대회	145,000	체육진흥과	3	4	7	8	7	1	1	1
3662	충북 제천시	2021 전국 중등축구 페스티벌	250,000	체육진흥과	3	4	7	8	7	1	1	1
3663	충북 제천시	2021 전국 초등축구 페스티벌	220,000	체육진흥과	3	4	7	8	7	1	1	1
3664	충북 제천시	전국 롤러스포츠 스피드대회	90,000	체육진흥과	3	4	7	8	7	1	1	1
3665	충북 제천시	대한체육회장기 전국 피구대회	33,000	체육진흥과	3	4	7	8	7	1	1	1
3666	충북 제천시	제13회 청풍호배 전국사회인 야구대회	15,000	체육진흥과	3	4	7	8	7	1	1	1
3667	충북 제천시	하나투어배 전국유소년 농구대회	65,000	체육진흥과	3	4	7	8	7	1	1	1
3668	충북 제천시	제6회 제천시장배 충청북도그라운드골프대회	16,000	체육진흥과	3	4	7	8	7	1	1	1
3669	충북 제천시	제10회 제천시장배 전국소프트테니스대회	22,000	체육진흥과	3	4	7	8	7	1	1	1
3670	충북 제천시	제16회 충청투데이사장기차지 족구대회	6,000	체육진흥과	3	4	7	8	7	1	1	1
3671	충북 제천시	2021 제천시장배 남녀궁도대회	15,000	체육진흥과	3	4	7	8	7	1	1	1
3672	충북 제천시	2021 청풍호배 전국 국제식3쿠션 당구대회	6,000	체육진흥과	3	4	7	8	7	1	1	1
3673	충북 제천시	2021 제천시장배 국학기공대회	3,000	체육진흥과	3	4	7	8	7	1	1	1
3674	충북 제천시	제3회 제천 청풍호 울트라마라톤대회	30,000	체육진흥과	3	4	7	8	7	1	1	1
3675	충북 제천시	제4회 제천 의림지배 전국 이순테니스대회	14,000	체육진흥과	3	4	7	8	7	1	1	1
3676	충북 제천시	제10회 충북연맹회장기 전국 카라테대회	8,000	체육진흥과	3	4	7	8	7	1	1	1
3677	충북 제천시	제59회 전국남녀종별펜싱선수권대회	120,000	체육진흥과	3	4	7	8	7	1	1	1

순번	시군구	지출명 (사업명)	2021년예산 (단위:천원/1년간)	담당자 (공무원) 담당부서	민간이전 분류 (지방자치단체 세출예산 집행기준에 의거) 1. 민간경상사업보조(307-02) 2. 민간단체 법정운영비보조(307-03) 3. 민간행사사업보조(307-04) 4. 민간위탁금(307-05) 5. 사회복지시설 법정운영비보조(307-10) 6. 민간인위탁교육비(307-12) 7. 공기관등에대한경상적위탁사업비(308-11) 8. 민간자본사업보조,자체재원(402-01) 9. 민간자본사업보조,이전재원(402-02) 10. 민간위탁사업비(402-03) 11. 공기관등에 대한 자본적 대행사업비(403-02)	민간이전지출 근거 (지방보조금 관리기준 참고) 1. 법률에 규정 2. 국고보조 재원(국가지정) 3. 용도 지정 기부금 4. 조례에 직접규정 5. 지자체가 권장하는 사업을 하는 공공기관 6. 시,도 정책 및 재정사정 7. 기타 8. 해당없음	입찰방식 계약체결방법 (경쟁형태) 1. 일반경쟁 2. 제한경쟁 3. 지명경쟁 4. 수의계약 5. 법정위탁 6. 기타 ( ) 7. 해당없음	입찰방식 계약기간 1. 1년 2. 2년 3. 3년 4. 4년 5. 5년 6. 기타 ( )년 7. 단기계약 (1년미만) 8. 해당없음	입찰방식 낙찰자선정방법 1. 적격심사 2. 협상에의한계약 3. 최저가낙찰제 4. 규격가격분리 5. 2단계 경쟁입찰 6. 기타 ( ) 7. 해당없음	운영예산 산정 운영예산 산정 1. 내부산정 (지자체 자체적으로 산정) 2. 외부산정 (외부전문기관위탁 산정) 3. 내·외부 모두 산정 4. 산정 無 5. 해당없음	운영예산 산정 정산방법 1. 내부정산 (지자체 내부적으로 정산) 2. 외부정산 (외부전문기관위탁 정산) 3. 내·외부 모두 산정 4. 정산 無 5. 해당없음	성과평가 실시여부 1. 실시 2. 미실시 3. 향후 추진 4. 해당없음
3678	충북 제천시	2021 펜싱클럽 코리아오픈대회	40,000	체육진흥과	3	4	7	8	7	1	1	1
3679	충북 제천시	2021 전국규모 스포츠대회 유치	600,000	체육진흥과	3	4	7	8	7	1	1	1
3680	충북 제천시	충청북도지사배 전국킥복싱대회	18,000	체육진흥과	3	4	7	8	7	1	1	1
3681	충북 제천시	문화체육관광부장관상 국제택견대회	49,000	체육진흥과	3	4	7	8	7	1	1	1
3682	충북 제천시	제천 청풍호배 전국 족구대회	39,000	체육진흥과	3	4	7	8	7	1	1	1
3683	충북 제천시	전국남녀종합탁구선수권대회	100,000	체육진흥과	3	4	7	8	7	1	1	1
3684	충북 제천시	금수산 전국 산악마라톤대회	45,000	체육진흥과	3	4	7	8	7	1	1	1
3685	충북 제천시	청풍명월 바둑축제	38,000	체육진흥과	3	4	7	8	7	1	1	1
3686	충북 제천시	제16회 생활체육 5대5 축구대회	5,000	체육진흥과	3	4	7	8	7	1	1	1
3687	충북 제천시	종목별 시장기 생활체육대회 개최	45,000	체육진흥과	3	4	7	8	7	1	1	1
3688	충북 제천시	제25회 제천시생활체육대회(21종목) 개최	53,000	체육진흥과	3	4	7	8	7	1	1	1
3689	충북 제천시	제31회 충청북도생활체육대회 출전	53,000	체육진흥과	3	4	7	8	7	1	1	1
3690	충북 제천시	종목별 도단위 생활체육대회 출전	27,000	체육진흥과	3	4	7	8	7	1	1	1
3691	충북 제천시	제16회 충청북도 어르신생활체육대회 출전	15,000	체육진흥과	3	4	7	8	7	1	1	1
3692	충북 제천시	제22회 어린이꿈나무축구대회 출전	3,000	체육진흥과	3	4	7	8	7	1	1	1
3693	충북 제천시	종목별 장애인체육대회 출전	7,000	체육진흥과	3	4	7	8	7	1	1	1
3694	충북 제천시	제15회 충청북도 장애인생활체육대회 출전	30,000	체육진흥과	3	4	7	8	7	1	1	1
3695	충북 제천시	전국규모대회 출전 지원	30,000	체육진흥과	3	4	7	8	7	1	1	1
3696	충북 제천시	제1회제천시장기장애인생활체육대회 개최	20,000	체육진흥과	3	4	7	8	7	1	1	1
3697	충북 제천시	청소년 문화 페스티벌	38,000	홍보학습담당관	3	4	7	1	7	1	1	1
3698	충북 제천시	전입대학생 제천투어의 날 운영	10,000	홍보학습담당관	3	4	7	1	7	1	1	1
3699	충북 제천시	대학생 도심활성화 이벤트	50,000	홍보학습담당관	3	4	7	1	7	1	1	1
3700	충북 제천시	한글사랑 우리말 문제풀이대회	18,000	홍보학습담당관	3	4	7	1	7	1	1	1
3701	충북 제천시	자원봉사자의 날 기념행사	8,000	시민행복과	3	4	7	8	7	1	1	1
3702	충북 제천시	새마을의 날 기념식	20,000	시민행복과	3	4	7	8	7	1	1	3
3703	충북 제천시	북부권 3개 시군 새마을 지도자 체육대회	3,000	시민행복과	3	4	7	8	7	1	1	3
3704	충북 제천시	제천시 새마을지도자대회 및 새마을평가대회	8,000	시민행복과	3	4	7	8	7	1	1	3
3705	충북 제천시	대통령기 국민독서경진대회	3,000	시민행복과	3	4	7	8	7	1	1	3
3706	충북 제천시	교통문화개선 다짐대회	3,000	시민행복과	3	4	7	8	7	1	1	3
3707	충북 제천시	바르게살기협의회 한마음 다짐대회	6,000	시민행복과	3	1	7	8	7	1	1	1
3708	충북 제천시	초중고 그리기 및 글짓기 대회	8,000	시민행복과	3	1	7	8	7	1	1	1
3709	충북 제천시	양성평등주간 기념식 및 문화행사	14,000	여성가족과	3	4	7	8	7	1	1	3
3710	충북 제천시	아동성폭력예방 포스터공모전 및 캠페인	4,000	여성가족과	3	8	7	8	7	5	1	1
3711	충북 제천시	세계인의날 행사	10,000	여성가족과	3	4	7	8	7	1	1	1
3712	충북 제천시	제8회 제천문화원 전시회	8,000	문화예술과	3	4	7	7	7	1	1	1
3713	충북 제천시	청풍동요제	30,000	문화예술과	3	6	7	8	7	5	1	4
3714	충북 제천시	의병의 날 기념식 참석 및 활성화	8,000	문화예술과	3	4	7	8	7	2	2	3
3715	충북 제천시	병산영당 춘추 제향	3,000	문화예술과	3	4	7	8	7	2	2	3
3716	충북 제천시	자양영당 춘추 제향	3,000	문화예술과	3	4	7	8	7	2	2	3
3717	충북 제천시	제천향교 기로연	3,700	문화예술과	3	4	7	8	7	2	2	3
3718	충북 제천시	제천향교 춘기석전대제	4,300	문화예술과	3	4	7	8	7	2	2	3
3719	충북 제천시	제천향교 추기석전대제	4,300	문화예술과	3	4	7	8	7	2	2	3
3720	충북 제천시	청풍향교 기로연	3,000	문화예술과	3	4	7	8	7	2	2	3

순번	시군구	지출명 (사업명)	2021년예산 (단위:천원/1년간)	담당자 (공무원)	민간이전 분류 (지방자치단체 세출예산 집행기준에 의거)	민간이전지출 근거 (지방보조금 관리기준 참고)	입찰방식			운영예산 산정		성과평가 실시여부
				담당부서	1. 민간경상사업보조(307-02) 2. 민간단체 법정운영비보조(307-03) 3. 민간행사사업보조(307-04) 4. 민간위탁금(307-05) 5. 사회복지시설 법정운영비보조(307-10) 6. 민간인위탁교육비(307-12) 7. 공기관등에대한경상적위탁사업비(308-11) 8. 민간자본사업보조,자체재원(402-01) 9. 민간자본사업보조,이전재원(402-02) 10. 민간위탁사업비(402-03) 11. 공기관등에 대한 자본적 대행사업비(403-02)	1. 법률에 규정 2. 국고보조 재원(국가지정) 3. 용도 지정 기부금 4. 조례에 직접규정 5. 지자체가 권장하는 사업을 하는 공공기관 6. 시,도 정책 및 재정사정 7. 기타 8. 해당없음	계약체결방법 (경쟁형태) 1. 일반경쟁 2. 제한경쟁 3. 지명경쟁 4. 수의계약 5. 법정위탁 6. 기타 ( ) 7. 해당없음	계약기간 1. 1년 2. 2년 3. 3년 4. 4년 5. 5년 6. 기타 ( )년 7. 단기계약 (1년미만) 8. 해당없음	낙찰자선정방법 1. 적격심사 2. 협상에의한계약 3. 최저가낙찰제 4. 규격가격분리 5. 2단계 경쟁입찰 6. 기타 ( ) 7. 해당없음	운영예산 산정 1. 내부산정 (지자체 자체적으로 산정) 2. 외부산정 (외부전문기관위탁 산정) 3. 내·외부 모두 산정 4. 산정 無 5. 해당없음	정산방법 1. 내부정산 (지자체 내부적으로 정산) 2. 외부정산 (외부전문기관위탁 정산) 3. 내·외부 모두 산정 4. 정산 無 5. 해당없음	1. 실시 2. 미실시 3. 향후 추진 4. 해당없음
3721	충북 제천시	청풍향교 춘계석전대제	3,000	문화예술과	3	4	7	8	7	2	2	3
3722	충북 제천시	청풍향교 추계석전대제	3,000	문화예술과	3	4	7	8	7	2	2	3
3723	충북 제천시	도덕성회복 교육지원	15,000	문화예술과	3	4	7	8	7	2	2	3
3724	충북 제천시	무형문화재 공개행사지원	4,000	문화예술과	3	4	7	8	7	1	1	1
3725	충북 제천시	소극장 거리공연 프로그램 지원사업	25,000	문화예술과	3	4	7	8	7	5	1	4
3726	충북 제천시	제16회 제천민족예술제	10,000	문화예술과	3	4	7	8	7	5	1	4
3727	충북 제천시	단오맞이 정기전	2,000	문화예술과	3	4	7	8	7	5	1	4
3728	충북 제천시	힐링콘서트	80,000	문화예술과	3	5	7	8	7	1	1	4
3729	충북 제천시	제천 박달가요제	150,000	문화예술과	3	5	7	8	7	1	1	4
3730	충북 제천시	충북문화재단기금사업	17,400	문화예술과	3	4	7	7	7	1	1	3
3731	충북 제천시	문화가 있는 날 지역특화프로그램 운영	100,000	문화예술과	3	2	7	8	7	5	5	4
3732	충북 제천시	축산물 소비촉진행사 및 축산브랜드 판매행사 지원	10,000	유통축산과	3	6	7	8	7	5	5	4
3733	충북 제천시	월악산 한수양파축제	35,000	유통축산과	3	4	6	1	6	1	1	3
3734	충북 제천시	충북 명품 농특산물 장터한마당 행사	5,000	유통축산과	3	4	6	1	6	1	1	3
3735	충북 제천시	읍면동 농특산물 직거래 행사	5,000	유통축산과	3	4	6	1	6	1	1	3
3736	충북 제천시	찾아가는 로컬푸드 행사 지원	15,000	유통축산과	3	4	6	8	6	1	1	3
3737	충북 제천시	농산물 유통법인 농산물 판촉행사 지원	20,000	유통축산과	3	4	1	8	6	1	1	3
3738	충북 제천시	금성면 농산물 판매 홍보지원	11,000	유통축산과	3	4	6	1	6	1	1	3
3739	충북 제천시	신백동 농산물 판매 홍보지원	14,000	유통축산과	3	4	6	1	6	1	1	3
3740	충북 보은군	보은군주민자치위원 워크숍	15,000	행정과	3	4	7	7	7	3	3	1
3741	충북 보은군	새마을의날 기념대회	6,000	행정과	3	4	7	7	7	3	3	1
3742	충북 보은군	새마을지도자 보은군지도자대회	6,000	행정과	3	4	7	7	7	3	3	1
3743	충북 보은군	충청북도 바르게살기운동 한마음갖기 회원대회	25,000	행정과	3	1	7	7	7	1	1	1
3744	충북 보은군	기초질서지키기운동	1,196	행정과	3	1	7	7	7	1	1	1
3745	충북 보은군	친절한 사회만들기 운동	1,872	행정과	3	1	7	7	7	1	1	1
3746	충북 보은군	초중고생 글짓기 및 그림그리기 대회	2,614	행정과	3	1	7	7	7	1	1	1
3747	충북 보은군	바르게살기 핵심 위원 워크숍	5,000	행정과	3	1	7	7	7	1	1	1
3748	충북 보은군	자유통일대비 국민운동 실천리더 교육	7,200	행정과	3	1	7	7	7	1	1	1
3749	충북 보은군	자유수호희생자 합동위령제	1,500	행정과	3	1	7	7	7	1	1	1
3750	충북 보은군	6.25전쟁터음식 시식회	1,500	행정과	3	1	7	7	7	1	1	1
3751	충북 보은군	보은군민의 날 행사	35,000	행정과	3	6	7	7	7	1	1	1
3752	충북 보은군	민족통일보은군대회 및 통일안보강연회	3,000	행정과	3	6	7	7	7	1	1	1
3753	충북 보은군	자율방범대 체육대회 및 선진지 견학	17,000	행정과	3	6	7	7	7	1	1	1
3754	충북 보은군	민관협력 워크숍	6,500	주민복지과	3	4	7	8	7	1	1	1
3755	충북 보은군	현충일 행사 지원	14,000	주민복지과	3	4	7	8	7	1	1	1
3756	충북 보은군	참전노병의 날 행사 지원	11,000	주민복지과	3	4	7	8	7	1	1	1
3757	충북 보은군	6.25 기념행사 지원	10,000	주민복지과	3	4	7	8	7	1	1	1
3758	충북 보은군	국민방위군의용경찰참전 추념식	2,700	주민복지과	3	4	7	8	7	1	1	1
3759	충북 보은군	이승칠지사 추모제 지원	1,000	주민복지과	3	4	7	8	7	1	1	1
3760	충북 보은군	석성국의사 추모제 지원	1,000	주민복지과	3	4	7	8	7	1	1	1
3761	충북 보은군	양성평등주간 기념식 및 부대행사	12,000	주민복지과	3	2	7	8	7	3	1	1
3762	충북 보은군	여성지도자 양성교육	8,000	주민복지과	3	2	7	8	7	3	1	1
3763	충북 보은군	여성단체 활성화사업	5,000	주민복지과	3	2	7	8	7	3	1	1

순번	시군구	지출명 (사업명)	2021년예산 (단위:천원/1년간)	담당자 (공무원) 담당부서	민간이전 분류 (지방자치단체 세출예산 집행기준에 의거) 1. 민간경상사업보조(307-02) 2. 민간단체 법정운영비보조(307-03) 3. 민간행사사업보조(307-04) 4. 민간위탁금(307-05) 5. 사회복지시설 법정운영비보조(307-10) 6. 민간인위탁교육비(307-12) 7. 공기관등에대한경상적위탁사업비(308-11) 8. 민간자본사업보조,자체재원(402-01) 9. 민간자본사업보조,이전재원(402-02) 10. 민간위탁사업비(402-03) 11. 공기관등에 대한 자본적 대행사업비(403-02)	민간이전지출 근거 (지방보조금 관리기준 참고) 1. 법률에 규정 2. 국고보조 재원(국가지정) 3. 용도 지정 기부금 4. 조례에 직접규정 5. 지자체가 권장하는 사업을 하는 공공기관 6. 시,도 정책 및 재정사정 7. 기타 8. 해당없음	입찰방식 계약체결방법 (경쟁형태) 1. 일반경쟁 2. 제한경쟁 3. 지명경쟁 4. 수의계약 5. 법정위탁 6. 기타 ( ) 7. 해당없음	입찰방식 계약기간 1. 1년 2. 2년 3. 3년 4. 4년 5. 5년 6. 기타 ( )년 7. 단기계약 (1년미만) 8. 해당없음	입찰방식 낙찰자선정방법 1. 적격심사 2. 협상에의한계약 3. 최저가낙찰제 4. 규격가격분리 5. 2단계 경쟁입찰 6. 기타 ( ) 7. 해당없음	운영예산 산정 운영예산 산정 1. 내부산정 (지자체 자체적으로 산정) 2. 외부산정 (외부전문기관위탁 산정) 3. 내·외부 모두 산정 4. 산정 無 5. 해당없음	운영예산 산정 정산방법 1. 내부정산 (지자체 내부적으로 정산) 2. 외부정산 (외부전문기관위탁 정산) 3. 내·외부 모두 산정 4. 정산 無 5. 해당없음	성과평가 실시여부 1. 실시 2. 미실시 3. 향후 추진 4. 해당없음
3764	충북 보은군	보은다문화콘서트	11,000	주민복지과	3	2	7	8	7	3	1	1
3765	충북 보은군	어린이날행사지원	15,000	주민복지과	3	2	7	8	7	1	1	1
3766	충북 보은군	어울림한마당 잔치 지원	2,000	주민복지과	3	2	7	8	7	1	1	1
3767	충북 보은군	노인의 날 행사 및 역량강화연찬회 개최	20,000	주민복지과	3	4	7	8	7	1	1	1
3768	충북 보은군	노인체육대회 및 노인행사참가 지원	4,500	주민복지과	3	4	7	8	7	1	1	1
3769	충북 보은군	지회장기 게이트볼 대회 개최	3,600	주민복지과	3	4	7	8	7	1	1	1
3770	충북 보은군	읍면분회주관 친선 게이트볼 대회 개최	6,000	주민복지과	3	4	7	8	7	1	1	1
3771	충북 보은군	우드볼 대회 개최	3,000	주민복지과	3	4	7	8	7	1	1	1
3772	충북 보은군	그라운드골프대회 개최	3,000	주민복지과	3	4	7	8	7	1	1	1
3773	충북 보은군	장애인의 날 행사 지원	10,000	주민복지과	3	5	7	8	7	5	1	1
3774	충북 보은군	흰지팡이의 날 행사 지원	3,000	주민복지과	3	5	7	8	7	5	1	1
3775	충북 보은군	지체장애인의 날 행사 지원	5,000	주민복지과	3	5	7	8	7	5	1	1
3776	충북 보은군	농아인한마음체육대회 행사 지원	3,000	주민복지과	3	5	7	8	7	5	1	1
3777	충북 보은군	대추축제 향토음식 품평회 지원	10,000	환경위생과	3	4	7	1	7	1	1	1
3778	충북 보은군	제26회 오장환문학제	54,000	문화관광과	3	7	7	8	7	1	1	1
3779	충북 보은군	오장환문학제 기념음악회	8,500	문화관광과	3	7	7	8	7	1	1	1
3780	충북 보은군	충암 김정문화제	4,500	문화관광과	3	7	7	8	7	1	1	1
3781	충북 보은군	충북민속예술축제	13,500	문화관광과	3	4	7	8	7	1	1	1
3782	충북 보은군	국악한마당	4,770	문화관광과	3	7	7	8	7	1	1	1
3783	충북 보은군	정월대보름 민속행사	13,500	문화관광과	3	7	7	8	7	1	1	1
3784	충북 보은군	시를 통한 인문학 캠페인	9,000	문화관광과	3	7	7	8	7	1	1	1
3785	충북 보은군	2021 보청천 문화축제	27,000	문화관광과	3	7	7	8	7	1	1	1
3786	충북 보은군	군민을 위한 송년음악회	18,000	문화관광과	3	7	7	8	7	1	1	1
3787	충북 보은군	도덕성회복 교육지원	12,000	문화관광과	3	7	7	8	7	1	1	1
3788	충북 보은군	사찰음식과 세계음식의 만남	50,000	문화관광과	3	7	7	8	7	1	1	1
3789	충북 보은군	행복숲속 음악회	50,000	문화관광과	3	7	7	8	7	1	1	1
3790	충북 보은군	뮤지컬교실 '이뤄 Dream'	10,000	문화관광과	3	7	7	8	7	1	1	1
3791	충북 보은군	속리산 천왕봉 산신제	5,000	문화관광과	3	7	7	8	7	1	1	1
3792	충북 보은군	제5회 보은 전국 국악경연대회	13,500	문화관광과	3	7	7	8	7	1	1	1
3793	충북 보은군	보은 전국 시조경창대회	13,500	문화관광과	3	7	7	8	7	1	1	1
3794	충북 보은군	속리산 신화여행축제	404,500	문화관광과	3	7	7	7	2	1	1	1
3795	충북 보은군	속리산 문장대 등반축제	27,000	문화관광과	3	7	7	8	7	1	1	3
3796	충북 보은군	2021 보은대추축제	1,132,000	문화관광과	3	7	1	1	2	1	1	3
3797	충북 보은군	속리산 세조길 걷기대회	18,000	문화관광과	3	7	7	8	7	1	1	3
3798	충북 보은군	제3회 보은군 드론 아카데미	18,000	문화관광과	3	7	7	8	7	1	1	3
3799	충북 보은군	제3회 보은 대추배 드론레이싱 대회	56,000	문화관광과	3	7	7	8	7	1	1	3
3800	충북 보은군	농업경영인 군대회	16,000	농정과	3	1	7	8	7	1	1	3
3801	충북 보은군	전국 으뜸농산물 전시회	2,000	농정과	3	1	7	8	7	1	1	3
3802	충북 보은군	우리농산물 지킴이 행사	1,500	농정과	3	1	7	8	7	1	1	3
3803	충북 보은군	결초보은 농산물 판매행사 지원	6,000	농정과	3	4	7	8	7	1	1	3
3804	충북 보은군	농산물 대량소비 상생마케팅 판촉지원	12,000	농정과	3	4	7	8	7	1	1	3
3805	충북 보은군	국내 식품전시회 참가 지원	8,000	농정과	3	4	7	8	7	1	1	3
3806	충북 보은군	전국민속소싸움대회	230,000	축산과	3	6	7	8	7	1	1	1

순번	시군구	지출명 (사업명)	2021년예산 (단위:천원/1년간)	담당자 (공무원) 담당부서	민간이전 분류 (지방자치단체 세출예산 집행기준에 의거) 1. 민간경상사업보조(307-02) 2. 민간단체 법정운영비보조(307-03) 3. 민간행사사업보조(307-04) 4. 민간위탁금(307-05) 5. 사회복지시설 법정운영비보조(307-10) 6. 민간인위탁교육비(307-12) 7. 공기관등에대한경상적위탁사업비(308-11) 8. 민간자본사업보조,자체재원(402-01) 9. 민간자본사업보조,이전재원(402-02) 10. 민간위탁사업비(402-03) 11. 공기관등에 대한 자본적 대행사업비(403-02)	민간이전지출 근거 (지방보조금 관리기준 참고) 1. 법률에 규정 2. 국고보조 재원(국가지정) 3. 용도 지정 기부금 4. 조례에 직접규정 5. 지자체가 권장하는 사업을 하는 공공기관 6. 시,도 정책 및 재정사정 7. 기타 8. 해당없음	입찰방식 계약체결방법 (경쟁형태) 1. 일반경쟁 2. 제한경쟁 3. 지명경쟁 4. 수의계약 5. 법정위탁 6. 기타 ( ) 7. 해당없음	입찰방식 계약기간 1. 1년 2. 2년 3. 3년 4. 4년 5. 5년 6. 기타 ( )년 7. 단기계약 (1년미만) 8. 해당없음	입찰방식 낙찰자선정방법 1. 적격심사 2. 협상에의한계약 3. 최저가낙찰제 4. 규격가격분리 5. 2단계 경쟁입찰 6. 기타 ( ) 7. 해당없음	운영예산 산정 운영예산 산정 1. 내부산정 (지자체 자체적으로 산정) 2. 외부산정 (외부전문기관위탁 산정) 3. 내·외부 모두 산정 4. 산정 無 5. 해당없음	운영예산 산정 정산방법 1. 내부정산 (지자체 내부적으로 정산) 2. 외부정산 (외부전문기관위탁 정산) 3. 내·외부 모두 산정 4. 정산 無 5. 해당없음	성과평가 실시여부 1. 실시 2. 미실시 3. 향후 추진 4. 해당없음
3807	충북 보은군	의용소방대 팀워크 증진 워크숍	5,000	안전건설과	3	7	7	8	7	1	1	1
3808	충북 보은군	의용소방대 연합회 행사 지원	5,000	안전건설과	3	7	7	8	7	1	1	1
3809	충북 보은군	보은 벚꽃길 자전거 문화축전	10,000	지역개발과	3	1	7	8	7	1	1	1
3810	충북 보은군	제60회 충청북도민체육대회 선수단운영	162,000	스포츠산업과	3	1	7	8	7	5	5	4
3811	충북 보은군	제60회 충청북도민체육대회 선수단운영	13,500	스포츠산업과	3	1	7	8	7	5	5	4
3812	충북 보은군	2021 충북씨름왕 선발대회 출전	4,500	스포츠산업과	3	1	7	8	7	5	5	4
3813	충북 보은군	축구	5,000	스포츠산업과	3	1	7	8	7	5	5	4
3814	충북 보은군	수영	5,000	스포츠산업과	3	1	7	8	7	5	5	4
3815	충북 보은군	탁구	5,000	스포츠산업과	3	1	7	8	7	5	5	4
3816	충북 보은군	볼링	3,500	스포츠산업과	3	1	7	8	7	5	5	4
3817	충북 보은군	족구	3,500	스포츠산업과	3	1	7	8	7	5	5	4
3818	충북 보은군	테니스	3,000	스포츠산업과	3	1	7	8	7	5	5	4
3819	충북 보은군	골프	5,000	스포츠산업과	3	1	7	8	7	5	5	4
3820	충북 보은군	그라운드골프	3,500	스포츠산업과	3	1	7	8	7	5	5	4
3821	충북 보은군	게이트볼	5,000	스포츠산업과	3	1	7	8	7	5	5	4
3822	충북 보은군	배구	3,500	스포츠산업과	3	1	7	8	7	5	5	4
3823	충북 보은군	배드민턴	3,500	스포츠산업과	3	1	7	8	7	5	5	4
3824	충북 보은군	야구	3,000	스포츠산업과	3	1	7	8	7	5	5	4
3825	충북 보은군	우드볼	3,000	스포츠산업과	3	1	7	8	7	5	5	4
3826	충북 보은군	2021 보은 체육인의 밤 행사	8,900	스포츠산업과	3	1	7	8	7	5	5	4
3827	충북 보은군	읍지원	31,500	스포츠산업과	3	1	7	8	7	5	5	4
3828	충북 보은군	10개 면 지원	180,000	스포츠산업과	3	1	7	8	7	5	5	4
3829	충북 보은군	대회운영비	36,000	스포츠산업과	3	1	7	8	7	5	5	4
3830	충북 보은군	충청일보 제40회 시,군대항 역전마라톤대회 출전	9,900	스포츠산업과	3	1	7	8	7	5	5	4
3831	충북 보은군	중부매일 제32회 시,군대항 역전마라톤대회 출전	9,900	스포츠산업과	3	1	7	8	7	5	5	4
3832	충북 보은군	2021 충북소년체육대회 출전지원	2,700	스포츠산업과	3	1	7	8	7	5	5	4
3833	충북 보은군	2021 도단위 체육대회 출전 지원	9,000	스포츠산업과	3	1	7	8	7	5	5	4
3834	충북 보은군	제31회 충청북도 체육대회 출전	45,000	스포츠산업과	3	1	7	8	7	5	5	4
3835	충북 보은군	제16회 충청북도어르신생활체육대회 출전	9,000	스포츠산업과	3	1	7	8	7	5	5	4
3836	충북 보은군	제22회 충청북도꿈나무 어린이축구대회 출전	2,250	스포츠산업과	3	1	7	8	7	5	5	4
3837	충북 보은군	2021 보은군 어르신체육대회	4,500	스포츠산업과	3	1	7	8	7	5	5	4
3838	충북 보은군	제22회 충청북도꿈나무 어린이축구대회 개최	9,000	스포츠산업과	3	1	7	8	7	5	5	4
3839	충북 보은군	WK(여자축구) 리그 유치	137,400	스포츠산업과	3	1	7	8	7	5	5	4
3840	충북 보은군	충북종단 대장정	9,000	스포츠산업과	3	1	7	8	7	5	5	4
3841	충북 보은군	제15회 충청북도 장애인 도민체육대회	35,350	스포츠산업과	3	1	7	8	7	5	5	4
3842	충북 보은군	제10회 보은군 장애인한마음체육대회	17,570	스포츠산업과	3	1	7	8	7	5	5	4
3843	충북 보은군	제6회 청주시장기 농아인 슐런대회 출전	1,185	스포츠산업과	3	1	7	8	7	5	5	4
3844	충북 보은군	충북장애인생활체육 어울림 슐런대회 출전	1,280	스포츠산업과	3	1	7	8	7	5	5	4
3845	충북 보은군	제6회 충주시장배 충북장애인게이트볼대회 출전	1,170	스포츠산업과	3	1	7	8	7	5	5	4
3846	충북 보은군	제6회 충청북도지사배 전국장애인게이트볼대회 출전	1,410	스포츠산업과	3	1	7	8	7	5	5	4
3847	충북 보은군	제9회 청주시장기 장애인게이트볼대회 출전	1,485	스포츠산업과	3	1	7	8	7	5	5	4
3848	충북 보은군	2021년 전국지체장애인체육대회 출전	1,335	스포츠산업과	3	1	7	8	7	5	5	4
3849	충북 보은군	2021 보은군게이트볼협회 전국·도단위대회 출전 시원	2,700	스포츠산업과	3	1	7	8	7	5	5	4

순번	시군구	지출명 (사업명)	2021년예산 (단위:천원/1년간)	담당자 (공무원)	민간이전 분류 (지방자치단체 세출예산 집행기준에 의거)	민간이전지출 근거 (지방보조금 관리기준 참고)	입찰방식			운영예산 산정		성과평가 실시여부
				담당부서	1. 민간경상사업보조(307-02) 2. 민간단체 법정운영비보조(307-03) 3. 민간행사사업보조(307-04) 4. 민간위탁금(307-05) 5. 사회복지시설 법정운영비보조(307-10) 6. 민간인위탁교육비(307-12) 7. 공기관등에대한경상적위탁사업비(308-11) 8. 민간자본사업보조,자체재원(402-01) 9. 민간자본사업보조,이전재원(402-02) 10. 민간위탁사업비(402-03) 11. 공기관등에 대한 자본적 대행사업비(403-02)	1. 법률에 규정 2. 국고보조 재원(국가지정) 3. 용도 지정 기부금 4. 조례에 직접규정 5. 지자체가 권장하는 사업을 하는 공공기관 6. 시,도 정책 및 재정사정 7. 기타 8. 해당없음	계약체결방법 (경쟁형태) 1. 일반경쟁 2. 제한경쟁 3. 지명경쟁 4. 수의계약 5. 법정위탁 6. 기타 ( ) 7. 해당없음	계약기간 1. 1년 2. 2년 3. 3년 4. 4년 5. 5년 6. 기타 ( )년 7. 단기계약 (1년미만) 8. 해당없음	낙찰자선정방법 1. 적격심사 2. 협상에의한계약 3. 최저가낙찰제 4. 규격가격분리 5. 2단계 경쟁입찰 6. 기타 ( ) 7. 해당없음	운영예산 산정 1. 내부산정 (지자체 자체적으로 산정) 2. 외부산정 (외부전문기관위탁 산정) 3. 내·외부 모두 산정 4. 산정 無 5. 해당없음	정산방법 1. 내부정산 (지자체 내부적으로 정산) 2. 외부정산 (외부전문기관위탁 정산) 3. 내·외부 모두 산정 4. 정산 無 5. 해당없음	1. 실시 2. 미실시 3. 향후 추진 4. 해당없음
3850	충북 보은군	제9회 보은대추배 충청북도 게이트볼대회	9,000	스포츠산업과	3	1	7	8	7	5	5	4
3851	충북 보은군	2021 보은군수기차지 충청북도 남녀 궁도대회	9,000	스포츠산업과	3	1	7	8	7	5	5	4
3852	충북 보은군	제8회 보은대추배 충청북도 축구대회	18,000	스포츠산업과	3	1	7	8	7	5	5	4
3853	충북 보은군	2021 보은군 한마음리그 축구대회	3,150	스포츠산업과	3	1	7	8	7	5	5	4
3854	충북 보은군	2021 보은군수배 오픈 볼링대회	9,000	스포츠산업과	3	1	7	8	7	5	5	4
3855	충북 보은군	2021 보은군 한마음사격대회	10,800	스포츠산업과	3	1	7	8	7	5	5	4
3856	충북 보은군	2021 보은군우드볼연맹 전국·도단위 대회 출전지원	2,700	스포츠산업과	3	1	7	8	7	5	5	4
3857	충북 보은군	제23회 충청북도협회장기 생활체육 족구대회	22,500	스포츠산업과	3	1	7	8	7	5	5	4
3858	충북 보은군	2021 보은군 그라운드골프협회 전국·도단위 출전대회 지원	2,700	스포츠산업과	3	1	7	8	7	5	5	4
3859	충북 보은군	제14회 보은대추배 사회인야구대회	27,000	스포츠산업과	3	1	7	8	7	5	5	4
3860	충북 보은군	2021보은군수기,제51회교육감기 등 도내학생구간경주대회	6,300	스포츠산업과	3	1	7	8	7	5	5	4
3861	충북 보은군	제5회 속리산꼬부랑길 충북 육상연맹회장기동호인구간경주대회	6,300	스포츠산업과	3	1	7	8	7	5	5	4
3862	충북 보은군	전국어울림마라톤대회	13,000	스포츠산업과	3	1	7	8	7	5	5	4
3863	충북 보은군	제4회 보은군스포츠클럽회장배 우드볼대회	4,000	스포츠산업과	3	1	7	8	7	5	5	4
3864	충북 보은군	제5회 시도대항 및 제24회 전국초등학생검도대회	45,000	스포츠산업과	3	1	7	8	7	1	1	1
3865	충북 보은군	제2회 결초보은 전국 40,50대부 생활체육 농구대회	13,000	스포츠산업과	3	1	7	8	7	1	1	1
3866	충북 보은군	제1회 결초보은배 전국유소년 농구대회	22,000	스포츠산업과	3	1	7	8	7	1	1	1
3867	충북 보은군	2021 보은 속리산 말티재 꼬부랑길 알몸 마라톤대회	12,000	스포츠산업과	3	1	7	8	7	1	1	1
3868	충북 보은군	제5회 속리산 단풍 마라톤대회	13,000	스포츠산업과	3	1	7	8	7	1	1	1
3869	충북 보은군	제62회 전국대학 미식축구 선수권전	3,000	스포츠산업과	3	1	7	8	7	1	1	1
3870	충북 보은군	제4회 결초보은배 전국수영대회	9,500	스포츠산업과	3	1	7	8	7	1	1	1
3871	충북 보은군	2021 보은장사씨름대회	150,000	스포츠산업과	3	1	7	8	7	1	1	1
3872	충북 보은군	2021 결초보은배 전국 초등야구대회	55,000	스포츠산업과	3	1	7	8	7	1	1	1
3873	충북 보은군	2021 결초보은배 전국 초등야구대회	40,000	스포츠산업과	3	1	7	8	7	1	1	1
3874	충북 보은군	2021 결초보은 초등 야구대회	13,000	스포츠산업과	3	1	7	8	7	1	1	1
3875	충북 보은군	2021 결초보은배 전국 고교&대학야구 스토브리그	18,000	스포츠산업과	3	1	7	8	7	1	1	1
3876	충북 보은군	2021 제1차 결초보은 전국유소년 야구대회	32,000	스포츠산업과	3	1	7	8	7	1	1	1
3877	충북 보은군	2021 제2차 결초보은 전국유소년 야구대회	40,000	스포츠산업과	3	1	7	8	7	1	1	1
3878	충북 보은군	2021 제3차 결초보은 전국유소년 야구대회	35,000	스포츠산업과	3	1	7	8	7	1	1	1
3879	충북 보은군	2021 결초보은 왕중왕전 전국유소년야구대회	13,000	스포츠산업과	3	1	7	8	7	1	1	1
3880	충북 보은군	제76회 전국대학야구선수권대회	70,000	스포츠산업과	3	1	7	8	7	1	1	1
3881	충북 보은군	제21회 평화통일배 전국여자소프트볼대회	38,000	스포츠산업과	3	1	7	8	7	1	1	1
3882	충북 보은군	2021 결초보은 춘계정기 실버야구대회	10,000	스포츠산업과	3	1	7	8	7	1	1	1
3883	충북 보은군	2021 결초보은 협회장기 실버야구대회	10,000	스포츠산업과	3	1	7	8	7	1	1	1
3884	충북 보은군	제34회 한국양궁지도자협의회 실내양궁대회	36,000	스포츠산업과	3	1	7	8	7	1	1	1
3885	충북 보은군	제23회 한국실업양궁연맹회장기 실내양궁대회	45,000	스포츠산업과	3	1	7	8	7	1	1	1
3886	충북 보은군	제32회 한국실업양궁연맹 회장기 양궁대회	58,000	스포츠산업과	3	1	7	8	7	1	1	1
3887	충북 보은군	제4회 보은대추배 전국우드볼 한마음대회	14,000	스포츠산업과	3	1	7	8	7	1	1	1
3888	충북 보은군	제33회 회장배전국우슈선수권대회 겸 국가대표선발전	58,000	스포츠산업과	3	1	7	8	7	1	1	1
3889	충북 보은군	제25회 전국학생우슈선수권대회 겸 실버페스티벌	40,000	스포츠산업과	3	1	7	8	7	1	1	1
3890	충북 보은군	제26회 리틀K리그 전국유소년 축구대회	45,000	스포츠산업과	3	1	7	8	7	1	1	1
3891	충북 보은군	제26회 리틀K리그 전국유소년 축구대회	65,000	스포츠산업과	3	1	7	8	7	1	1	1
3892	충북 보은군	2021 보은컵 전국유소년클럽축구대회	45,000	스포츠산업과	3	1	7	8	7	1	1	1

순번	시군구	지출명 (사업명)	2021년예산 (단위:천원/1년간)	담당자 (공무원) 담당부서	민간이전 분류 (지방자치단체 세출예산 집행기준에 의거) 1. 민간경상사업보조(307-02) 2. 민간단체 법정운영비보조(307-03) 3. 민간행사사업보조(307-04) 4. 민간위탁금(307-05) 5. 사회복지시설 법정운영비보조(307-10) 6. 민간인위탁교육비(307-12) 7. 공기관등에대한경상적위탁사업비(308-11) 8. 민간자본사업보조,자체재원(402-01) 9. 민간자본사업보조,이전재원(402-02) 10. 민간위탁사업비(402-03) 11. 공기관등에 대한 자본적 대행사업비(403-02)	민간이전지출 근거 (지방보조금 관리기준 참고) 1. 법률에 규정 2. 국고보조 재원(국가지정) 3. 용도 지정 기부금 4. 조례에 직접규정 5. 지자체가 권장하는 사업을 하는 공공기관 6. 시,도 정책 및 재정사정 7. 기타 8. 해당없음	입찰방식 계약체결방법 (경쟁형태) 1. 일반경쟁 2. 제한경쟁 3. 지명경쟁 4. 수의계약 5. 법정위탁 6. 기타 ( ) 7. 해당없음	입찰방식 계약기간 1. 1년 2. 2년 3. 3년 4. 4년 5. 5년 6. 기타 ( )년 7. 단기계약 (1년미만) 8. 해당없음	입찰방식 낙찰자선정방법 1. 적격심사 2. 협상에의한계약 3. 최저가낙찰제 4. 규격가격분리 5. 2단계 경쟁입찰 6. 기타 ( ) 7. 해당없음	운영예산 산정 운영예산 산정 1. 내부산정 (지자체 자체적으로 산정) 2. 외부산정 (외부전문기관위탁 산정) 3. 내·외부 모두 산정 4. 산정 無 5. 해당없음	운영예산 산정 정산방법 1. 내부정산 (지자체 내부적으로 정산) 2. 외부정산 (외부전문기관위탁 정산) 3. 내·외부 모두 산정 4. 정산 無 5. 해당없음	성과평가 실시여부 1. 실시 2. 미실시 3. 향후 추진 4. 해당없음
3893	충북 보은군	2021 보은 유소년축구 동계 스토브리그	30,000	스포츠산업과	3	1	7	8	7	1	1	1
3894	충북 보은군	2021 전국 풋살 클럽 왕중왕전	45,000	스포츠산업과	3	1	7	8	7	1	1	1
3895	충북 보은군	2021 결초보은배 전국오픈 한마음탁구대회	19,000	스포츠산업과	3	1	7	8	7	1	1	1
3896	충북 보은군	제26회 김창환배 전국펜싱선수권 및 국가대표선발전	90,000	스포츠산업과	3	1	7	8	7	1	1	1
3897	충북 보은군	2021 전국생활체육 FILA배 펜싱선수권대회	30,000	스포츠산업과	3	1	7	8	7	1	1	1
3898	충북 보은군	제59회 전국배드민턴 초등 봄철종별리그	95,000	스포츠산업과	3	1	7	8	7	1	1	1
3899	충북 보은군	제32회 회장기 세팍타크로대회	45,000	스포츠산업과	3	1	7	8	7	1	1	1
3900	충북 보은군	제50회 추계 전국중·고 및 제9회 초등학교 육상경기대회	220,000	스포츠산업과	3	1	7	8	7	5	5	4
3901	충북 보은군	제21회 호국화랑기 전국청소년무도대회	18,000	스포츠산업과	3	1	7	8	7	5	5	4
3902	충북 보은군	보은 런트립 스포츠관광 페스티벌	30,000	스포츠산업과	3	1	7	8	7	1	1	1
3903	충북 보은군	보은 버츄얼레이스	40,000	스포츠산업과	3	1	7	8	7	1	1	1
3904	충북 보은군	보은군 4-H 역량강화 교육	8,000	농업기술센터	3	4	7	8	7	1	1	4
3905	충북 보은군	농촌지도자 혁신역량강화교육	10,000	농업기술센터	3	4	7	8	7	1	1	4
3906	충북 보은군	보은군 농업인대회	50,000	농업기술센터	3	4	7	8	7	1	1	4
3907	충북 보은군	생활개선보은군연합회 혁신역량 강화교육	14,000	농업기술센터	3	1	7	8	7	1	1	1
3908	충북 보은군	속리산들꽃사랑회 야생화 전시회	30,000	농업기술센터	3	4	7	8	7	1	1	1
3909	충북 보은군	보은사과 체험 행사	50,000	농업기술센터	3	4	7	8	7	1	1	1
3910	충북 보은군	대추 전문농업인육성 리더양성교육	18,000	농업기술센터	3	4	7	8	7	1	1	1
3911	충북 옥천군	민족통일 군민촉진대회 지원	1,600	자치행정과	3	1	7	8	7	1	1	1
3912	충북 옥천군	평화통일 그림그리기대회 지원	2,550	자치행정과	3	1	7	8	7	1	1	1
3913	충북 옥천군	북한예술단 초청공연 지원	7,730	자치행정과	3	1	7	8	7	1	1	1
3914	충북 옥천군	바르게살기옥천한마음갖기회원대회 지원	1,400	자치행정과	3	1	7	8	7	1	1	1
3915	충북 옥천군	장령산 숲속의 작은음악회 지원	10,000	자치행정과	3	1	7	8	7	1	1	1
3916	충북 옥천군	태극기달아주기운동 지원	1,000	자치행정과	3	1	7	8	7	1	1	1
3917	충북 옥천군	이장 한마음 체육대회 지원	20,000	자치행정과	3	4	7	8	7	1	1	1
3918	충북 옥천군	제10회 새마을의날 기념행사 지원	7,700	자치행정과	3	4	7	8	7	1	1	1
3919	충북 옥천군	새마을지도자대회 지원	4,000	자치행정과	3	4	7	8	7	1	1	1
3920	충북 옥천군	옥천군자원봉사자대회	6,100	자치행정과	3	4	7	8	7	1	1	1
3921	충북 옥천군	충청북도자원봉사자한마음대회	40,000	자치행정과	3	4	7	8	7	1	1	1
3922	충북 옥천군	한국전쟁 민간인 희생자 추모제행사 지원	3,000	자치행정과	3	4	7	8	7	1	1	1
3923	충북 옥천군	현충일 추념행사 지원	6,135	복지정책과	3	1	7	8	7	1	1	4
3924	충북 옥천군	6.25 기념행사 지원	14,108	복지정책과	3	1	7	8	7	1	1	4
3925	충북 옥천군	충민사 추념행사 지원	2,000	복지정책과	3	1	7	8	7	1	1	4
3926	충북 옥천군	3.1이원만세운동 기념행사 지원	2,000	복지정책과	3	1	7	8	7	1	1	4
3927	충북 옥천군	31.청산만세운동 기념행사 지원	4,500	복지정책과	3	8	7	8	7	1	1	4
3928	충북 옥천군	지회장기 게이트볼대회 개최 지원	8,700	주민복지과	3	1	5	1	7	1	1	1
3929	충북 옥천군	제27회 지용신인문학상 지원	14,000	문화관광과	3	1	7	8	7	3	3	1
3930	충북 옥천군	제33회 지용문학상 지원	25,000	문화관광과	3	1	7	8	7	3	3	1
3931	충북 옥천군	제20회 전국지용백일장 지원	22,000	문화관광과	3	1	7	8	7	3	3	1
3932	충북 옥천군	제34회 지용제 지원	326,000	문화관광과	3	1	7	8	7	3	3	1
3933	충북 옥천군	제23회 지용청소년 문학상 지원	10,000	문화관광과	3	1	7	8	7	3	3	1
3934	충북 옥천군	제46회 중봉충렬제 지원	30,000	문화관광과	3	1	7	8	7	3	3	1
3935	충북 옥천군	제13회 옥천짝짜꿍동요제 지원	55,000	문화관광과	3	1	7	8	7	3	3	1

순번	시군구	지출명 (사업명)	2021년예산 (단위:천원/1년간)	담당자 (공무원) 담당부서	민간이전 분류 (지방자치단체 세출예산 집행기준에 의거) 1. 민간경상사업보조(307-02) 2. 민간단체 법정운영비보조(307-03) 3. 민간행사사업보조(307-04) 4. 민간위탁금(307-05) 5. 사회복지시설 법정운영비보조(307-10) 6. 민간인위탁교육비(307-12) 7. 공기관등에대한경상적위탁사업비(308-11) 8. 민간자본사업보조,자체재원(402-01) 9. 민간자본사업보조,이전재원(402-02) 10. 민간위탁사업비(402-03) 11. 공기관등에 대한 자본적 대행사업비(403-02)	민간이전지출 근거 (지방보조금 관리기준 참고) 1. 법률에 규정 2. 국고보조 재원(국가지정) 3. 용도 지정 기부금 4. 조례에 직접규정 5. 지자체가 권장하는 사업을 하는 공공기관 6. 시,도 정책 및 재정사정 7. 기타 8. 해당없음	입찰방식 계약체결방법 (경쟁형태) 1. 일반경쟁 2. 제한경쟁 3. 지명경쟁 4. 수의계약 5. 법정위탁 6. 기타 ( ) 7. 해당없음	입찰방식 계약기간 1. 1년 2. 2년 3. 3년 4. 4년 5. 5년 6. 기타 ( )년 7. 단기계약 (1년미만) 8. 해당없음	입찰방식 낙찰자선정방법 1. 적격심사 2. 협상에의한계약 3. 최저가낙찰제 4. 규격가격분리 5. 2단계 경쟁입찰 6. 기타 ( ) 7. 해당없음	운영예산 산정 운영예산 산정 1. 내부산정 (지자체 자체적으로 산정) 2. 외부산정 (외부전문기관위탁 산정) 3. 내·외부 모두 산정 4. 산정 無 5. 해당없음	운영예산 산정 정산방법 1. 내부정산 (지자체 내부적으로 정산) 2. 외부정산 (외부전문기관위탁 정산) 3. 내·외부 모두 산정 4. 정산 無 5. 해당없음	성과평가 실시여부 1. 실시 2. 미실시 3. 향후 추진 4. 해당없음
3936	충북 옥천군	제24호 중국지용제 지원	33,000	문화관광과	3	1	7	8	7	3	3	1
3937	충북 옥천군	제26회 충북민속예술경연대회 출전 지원	10,000	문화관광과	3	1	7	8	7	3	3	1
3938	충북 옥천군	제18회 문화마당축제 지원	4,500	문화관광과	3	1	7	8	7	3	3	1
3939	충북 옥천군	제31회 전국 시조경창대회 지원	13,000	문화관광과	3	1	7	8	7	3	3	1
3940	충북 옥천군	제22회 전국 향수사진공모전 지원	13,000	문화관광과	3	1	7	8	7	3	3	1
3941	충북 옥천군	제14회 풍물연합경연대회 지원	10,000	문화관광과	3	1	7	8	7	3	3	1
3942	충북 옥천군	제22회 장승깎기 가족캠프행사 지원	5,000	문화관광과	3	1	7	8	7	3	3	1
3943	충북 옥천군	옥천,청산향교 석전제 지원	5,000	문화관광과	3	1	7	8	7	3	3	1
3944	충북 옥천군	영규대사 추모제 지원	1,500	문화관광과	3	1	7	8	7	3	3	1
3945	충북 옥천군	목담서원 춘향제 지원	1,200	문화관광과	3	1	7	8	7	3	3	1
3946	충북 옥천군	후율당 춘향제 지원	1,200	문화관광과	3	1	7	8	7	3	3	1
3947	충북 옥천군	탄암공 곽시선생 춘향제 지원	1,200	문화관광과	3	1	7	8	7	3	3	1
3948	충북 옥천군	청산 교평다리밟기 지원	1,200	문화관광과	3	1	7	8	7	3	3	1
3949	충북 옥천군	마조제 지원	1,200	문화관광과	3	1	7	8	7	3	3	1
3950	충북 옥천군	제21회 구읍봄꽃축제 지원	9,000	문화관광과	3	1	7	8	7	3	3	1
3951	충북 옥천군	구읍 한가위 어울마당 지원	3,500	문화관광과	3	1	7	8	7	3	3	1
3952	충북 옥천군	제14회 옥천예술제 지원	10,000	문화관광과	3	1	7	8	7	3	3	1
3953	충북 옥천군	청산 어울마당 지원	4,500	문화관광과	3	1	7	8	7	3	3	1
3954	충북 옥천군	제19회 이원면민 한가위행사 지원	4,500	문화관광과	3	1	7	8	7	3	3	1
3955	충북 옥천군	군북면민 한가위행사 지원	3,500	문화관광과	3	1	7	8	7	3	3	1
3956	충북 옥천군	제18회 안남면민과 함께하는 작은음악회 지원	6,000	문화관광과	3	1	7	8	7	3	3	1
3957	충북 옥천군	제17회 류승규문학상 지원	5,000	문화관광과	3	1	7	8	7	3	3	1
3958	충북 옥천군	충의공 김문기선생 추모제 지원	2,000	문화관광과	3	1	7	8	7	3	3	1
3959	충북 옥천군	우암 송시열선생 추모제 지원	2,000	문화관광과	3	1	7	8	7	3	3	1
3960	충북 옥천군	제18회 군민노래자랑 지원	17,000	문화관광과	3	1	7	8	7	3	3	1
3961	충북 옥천군	제8회 이은방 백일장 행사지원	5,000	문화관광과	3	1	7	8	7	3	3	1
3962	충북 옥천군	제18회 문화교실 회원전 지원	5,000	문화관광과	3	1	7	8	7	3	3	1
3963	충북 옥천군	제10회 일본지용제 지원	22,000	문화관광과	3	1	7	8	7	3	3	1
3964	충북 옥천군	제24회 서예전시회 지원	1,500	문화관광과	3	1	7	8	7	3	3	1
3965	충북 옥천군	제23회 회원전 지원	4,600	문화관광과	3	1	7	8	7	3	3	1
3966	충북 옥천군	제29회 풍물사랑 군민어울림마당 지원	2,000	문화관광과	3	1	7	8	7	3	3	1
3967	충북 옥천군	제22회 지용회전 지원	2,000	문화관광과	3	1	7	8	7	3	3	1
3968	충북 옥천군	제10회 옥천공연예술인 작은 한마당 지원	2,000	문화관광과	3	1	7	8	7	3	3	1
3969	충북 옥천군	제21회 동학영령을 달래는 진혼제 지원	4,000	문화관광과	3	1	7	8	7	3	3	1
3970	충북 옥천군	제10회 옥천사랑미술전 & 제8회 청소년미술공모전 지원	3,000	문화관광과	3	1	7	8	7	3	3	1
3971	충북 옥천군	제10회 옥천지용시 낭송협회 발표 지원	2,000	문화관광과	3	1	7	8	7	3	3	1
3972	충북 옥천군	제8회 옥천가족사랑 동요제 지원	6,900	문화관광과	3	1	7	8	7	3	3	1
3973	충북 옥천군	제4회 청산생선국수축제 지원	25,000	문화관광과	3	1	7	8	7	3	3	1
3974	충북 옥천군	제22회 순회 문학제 지원	5,000	문화관광과	3	1	7	8	7	3	3	1
3975	충북 옥천군	제26회 충북민속예술축제 및 제13회 충북청소년민속예술제 지원	76,000	문화관광과	3	2	7	8	7	3	3	1
3976	충북 옥천군	도덕성 회복교육	12,000	문화관광과	3	1	7	8	7	3	3	2
3977	충북 옥천군	옥천9경 관광사진 전국 공모전 지원	24,000	문화관광과	3	1	7	8	7	3	3	3
3978	충북 옥천군	충북 무형문화재 한마당 공개행사지원	33,000	문화관광과	3	6	7	8	7	5	5	3

순번	시군구	지출명 (사업명)	2021년예산 (단위:천원/1년간)	담당자 (공무원) 담당부서	민간이전 분류 (지방자치단체 세출예산 집행기준에 의거) 1. 민간경상사업보조(307-02) 2. 민간단체 법정운영비보조(307-03) 3. 민간행사사업보조(307-04) 4. 민간위탁금(307-05) 5. 사회복지시설 법정운영비보조(307-10) 6. 민간인위탁교육비(307-12) 7. 공기관등에대한경상적위탁사업비(308-11) 8. 민간자본사업보조,자체재원(402-01) 9. 민간자본사업보조,이전재원(402-02) 10. 민간위탁사업비(402-03) 11. 공기관등에 대한 자본적 대행사업비(403-02)	민간이전지출 근거 (지방보조금 관리기준 참고) 1. 법률에 규정 2. 국고보조 재원(국가지정) 3. 용도 지정 기부금 4. 조례에 직접규정 5. 지자체가 권장하는 사업을 하는 공공기관 6. 시,도 정책 및 재정사정 7. 기타 8. 해당없음	입찰방식 계약체결방법 (경쟁형태) 1. 일반경쟁 2. 제한경쟁 3. 지명경쟁 4. 수의계약 5. 법정위탁 6. 기타 ( ) 7. 해당없음	입찰방식 계약기간 1. 1년 2. 2년 3. 3년 4. 4년 5. 5년 6. 기타 ( )년 7. 단기계약 (1년미만) 8. 해당없음	입찰방식 낙찰자선정방법 1. 적격심사 2. 협상에의한계약 3. 최저가낙찰제 4. 규격가격분리 5. 2단계 경쟁입찰 6. 기타 ( ) 7. 해당없음	운영예산 산정 운영예산 산정 1. 내부산정 (지자체 자체적으로 산정) 2. 외부산정 (외부전문기관위탁 산정) 3. 내·외부 모두 산정 4. 산정 無 5. 해당없음	운영예산 산정 정산방법 1. 내부정산 (지자체 내부적으로 정산) 2. 외부정산 (외부전문기관위탁 정산) 3. 내·외부 모두 산정 4. 정산 無 5. 해당없음	성과평가 실시여부 1. 실시 2. 미실시 3. 향후 추진 4. 해당없음
3979	충북 옥천군	제13회 옥천군 향토음식경연대회 개최 지원	25,000	문화관광과	3	6	7	8	7	2	1	2
3980	충북 옥천군	자율방범대 체육대회 지원	6,500	안전건설과	3	4	7	8	7	5	5	4
3981	충북 옥천군	소방의날 행사 및 소방기술 경연대회 지원	12,000	안전건설과	3	1	7	8	7	5	5	4
3982	충북 옥천군	자전거의 날 행사 지원	7,000	도시교통과	3	1	4	8	7	1	1	1
3983	충북 옥천군	교통안전 봉사단체 지원	10,000	도시교통과	3	4	7	8	7	1	1	1
3984	충북 옥천군	어르신건강체조 경연대회 지원	17,000	건강관리과	3	2	7	8	7	5	5	4
3985	충북 옥천군	농업경영인육성	63,000	친환경농축산과	3	4	7	8	7	1	1	2
3986	충북 옥천군	여성농업인 육성	3,000	친환경농축산과	3	1	7	8	7	1	1	2
3987	충북 옥천군	쌀전업농 육성	5,000	친환경농축산과	3	6	7	8	7	5	5	2
3988	충북 옥천군	친환경농업 실천 농업인 관리	2,000	친환경농축산과	3	4	7	8	7	5	5	2
3989	충북 옥천군	축제 및 행사지원	130,000	친환경농축산과	3	4	7	8	7	5	5	4
3990	충북 옥천군	핵심농업인 친환경 농산물 생산지원	15,400	농촌활력과	3	1	7	8	7	5	5	4
3991	충북 옥천군	영농 4-H 활력화 기반구축 지원	21,000	농촌활력과	3	1	7	8	7	5	5	4
3992	충북 옥천군	충북종단 대장정 지원	9,000	체육시설사업소	3	1	7	8	7	1	1	3
3993	충북 옥천군	제1회 옥천군수기차지 생활체육대회 개최	35,000	체육시설사업소	3	1	7	8	7	1	1	3
3994	충북 옥천군	읍면체육대회 개최	158,000	체육시설사업소	3	1	7	8	7	1	1	3
3995	충북 옥천군	종목별 협회장기대회 개최 지원	52,000	체육시설사업소	3	1	7	8	7	1	1	3
3996	충북 옥천군	제8회 옥천군장애인생활체육대회 개최 지원	16,000	체육시설사업소	3	1	7	8	7	1	1	3
3997	충북 옥천군	제4회 청산생선국수와 함께하는 민속씨름대회 개최 지원	12,000	체육시설사업소	3	1	7	8	7	1	1	3
3998	충북 옥천군	읍면 새해 해맞이행사 지원	19,000	체육시설사업소	3	1	7	8	7	1	1	3
3999	충북 옥천군	생활체육클럽 활성화 지원	6,000	체육시설사업소	3	1	7	8	7	1	1	3
4000	충북 옥천군	전국규모 체육대회 개최 지원	390,000	체육시설사업소	3	1	7	8	7	1	1	3
4001	충북 옥천군	제18회 성왕기 전국남여궁도대회 개최 지원	35,000	체육시설사업소	3	1	7	8	7	1	1	3
4002	충북 옥천군	종목별 도 및 전국 생활체육대회 개최 지원	87,000	체육시설사업소	3	1	7	8	7	1	1	3
4003	충북 옥천군	충청북도 우수시장박람회 행사지원	1,500	경제과	3	1	7	8	7	5	5	4
4004	충북 옥천군	기업인 한마음행사 지원	10,000	경제과	3	1	7	8	7	5	5	4
4005	충북 영동군	새마을의날 기념행사 및 화합한마당	10,000	행정과	3	1	7	8	7	1	1	1
4006	충북 영동군	새마을지도자 역량강화 수련대회	2,120	행정과	3	1	7	8	7	1	1	1
4007	충북 영동군	새마을지도자대회	4,000	행정과	3	1	7	8	7	1	1	1
4008	충북 영동군	제17회 추풍령가요제	150,000	국악문화체육과	3	4	7	8	7	1	1	1
4009	충북 영동군	군민의날행사지원	90,000	국악문화체육과	3	4	7	8	7	1	1	1
4010	충북 영동군	숭모제지원	15,000	국악문화체육과	3	4	7	8	7	1	1	1
4011	충북 영동군	석전대제지원	7,000	국악문화체육과	3	4	7	8	7	1	1	1
4012	충북 영동군	산골공연예술잔치	20,000	국악문화체육과	3	4	7	8	7	1	1	1
4013	충북 영동군	영동벚꽃예술제	12,000	국악문화체육과	3	4	7	8	7	1	1	1
4014	충북 영동군	시조경창대회	22,000	국악문화체육과	3	4	7	8	7	1	1	1
4015	충북 영동군	권구현 시낭송대회	5,000	국악문화체육과	3	4	7	8	7	1	1	1
4016	충북 영동군	달집태우기	4,500	국악문화체육과	3	4	7	8	7	1	1	1
4017	충북 영동군	인문학캠페인	5,000	국악문화체육과	3	4	7	8	7	1	1	1
4018	충북 영동군	월류봉축제	12,000	국악문화체육과	3	4	7	8	7	1	1	1
4019	충북 영동군	물한계곡음악회	8,000	국악문화체육과	3	4	7	8	7	1	1	1
4020	충북 영동군	도마령축제	8,000	국악문화체육과	3	4	7	8	7	1	1	1
4021	충북 영동군	천태산은행나무시제	9,000	국악문화체육과	3	4	7	8	7	1	1	1

순번	시군구	지출명 (사업명)	2021년예산 (단위:천원/1년간)	담당자 (공무원)	민간이전 분류 (지방자치단체 세출예산 집행기준에 의거)	민간이전지출 근거 (지방보조금 관리기준 참고)	입찰방식			운영예산 산정		성과평가 실시여부
				담당부서	1. 민간경상사업보조(307-02) 2. 민간단체 법정운영비보조(307-03) 3. 민간행사사업보조(307-04) 4. 민간위탁금(307-05) 5. 사회복지시설 법정운영비보조(307-10) 6. 민간인위탁교육비(307-12) 7. 공기관등에대한경상적위탁사업비(308-11) 8. 민간자본사업보조,자체재원(402-01) 9. 민간자본사업보조,이전재원(402-02) 10. 민간위탁사업비(402-03) 11. 공기관등에 대한 자본적 대행사업비(403-02)	1. 법률에 규정 2. 국고보조 재원(국가지정) 3. 용도 지정 기부금 4. 조례에 직접규정 5. 지자체가 권장하는 사업을 하는 공공기관 6. 시,도 정책 및 재정사정 7. 기타 8. 해당없음	계약체결방법 (경쟁형태) 1. 일반경쟁 2. 제한경쟁 3. 지명경쟁 4. 수의계약 5. 법정위탁 6. 기타 ( ) 7. 해당없음	계약기간 1. 1년 2. 2년 3. 3년 4. 4년 5. 5년 6. 기타 ( )년 7. 단기계약 (1년미만) 8. 해당없음	낙찰자선정방법 1. 적격심사 2. 협상에의한계약 3. 최저가낙찰제 4. 규격가격분리 5. 2단계 경쟁입찰 6. 기타 ( ) 7. 해당없음	운영예산 산정 1. 내부산정 (지자체 자체적으로 산정) 2. 외부산정 (외부전문기관위탁 산정) 3. 내·외부 모두 산정 4. 산정 無 5. 해당없음	정산방법 1. 내부정산 (지자체 내부적으로 정산) 2. 외부정산 (외부전문기관위탁 정산) 3. 내·외부 모두 산정 4. 정산 無 5. 해당없음	1. 실시 2. 미실시 3. 향후 추진 4. 해당없음
4022	충북 영동군	영동생활연극축제	8,000	국악문화체육과	3	4	7	8	7	1	1	1
4023	충북 영동군	기로연 재현	5,500	국악문화체육과	3	4	7	8	7	1	1	1
4024	충북 영동군	삼도 삼시군 문화가족 화합행사	6,000	국악문화체육과	3	4	7	8	7	1	1	1
4025	충북 영동군	삼도봉 만남의날	7,000	국악문화체육과	3	4	7	8	7	1	1	1
4026	충북 영동군	영동군 풍물경연대회	13,000	국악문화체육과	3	4	7	8	7	1	1	1
4027	충북 영동군	난계국악경연대회	80,000	국악문화체육과	3	4	7	8	7	1	1	1
4028	충북 영동군	일반인 국악단육성	4,000	국악문화체육과	3	4	7	8	7	1	1	1
4029	충북 영동군	전국난계풍물경연대회	35,000	국악문화체육과	3	4	7	8	7	1	1	1
4030	충북 영동군	충북도민 체육대회참가	210,000	국악문화체육과	3	7	7	8	7	1	1	1
4031	충북 영동군	전국시도대항 장사씨름대회	180,000	국악문화체육과	3	7	7	8	7	1	1	1
4032	충북 영동군	충북종단 대장정	9,000	국악문화체육과	3	7	7	8	7	1	1	1
4033	충북 영동군	충북 생활체육대회	44,217	국악문화체육과	3	7	7	8	7	1	1	1
4034	충북 영동군	충북장애인도민 체육대회	29,555	국악문화체육과	3	7	7	8	7	1	1	1
4035	충북 영동군	충북어르신 생활체육대회	15,500	국악문화체육과	3	7	7	8	7	1	1	1
4036	충북 영동군	영동군장애인생활체육대회	10,940	국악문화체육과	3	7	7	8	7	1	1	1
4037	충북 영동군	전국 및 도단위 대회유치	25,300	국악문화체육과	3	7	7	8	7	1	1	1
4038	충북 영동군	종목별 생활체육대회 개최 및 출전	130,000	국악문화체육과	3	7	7	8	7	1	1	1
4039	충북 영동군	장애인생활체육종목별대회개최 및 출전	6,000	국악문화체육과	3	7	7	8	7	1	1	1
4040	충북 영동군	영동포도 전국마라톤대회	100,000	국악문화체육과	3	7	7	8	7	1	1	1
4041	충북 영동군	읍면 주민화합행사	70,000	국악문화체육과	3	7	7	8	7	1	1	1
4042	충북 영동군	영동군 씨름왕 선발대회	22,500	국악문화체육과	3	7	7	8	7	1	1	1
4043	충북 영동군	협회장기 소프트테니스대회	100,000	국악문화체육과	3	7	7	8	7	1	1	1
4044	충북 영동군	협회장기 게이트볼대회	60,000	국악문화체육과	3	7	7	8	7	1	1	1
4045	충북 영동군	문체부장관기 그라운드골프대회	45,000	국악문화체육과	3	7	7	8	7	1	1	1
4046	충북 영동군	6.25참전유공자 추모행사	10,540	주민복지과	3	4	7	8	7	5	5	4
4047	충북 영동군	내륙전술천리행군 악천우사고 추모행사	2,000	주민복지과	3	4	7	8	7	5	5	4
4048	충북 영동군	제66회 현충일 추념행사	9,101	주민복지과	3	4	7	8	7	5	5	4
4049	충북 영동군	재향군인회 6.25 행사보조	15,000	주민복지과	3	4	7	8	7	5	5	4
4050	충북 영동군	대외 노인체육대회 출전	2,100	주민복지과	3	4	7	8	7	1	1	1
4051	충북 영동군	세계인의 날 행사 지원	13,000	가족행복과	3	5	7	8	7	5	1	2
4052	충북 영동군	청소년 한마음예술제 지원	5,000	가족행복과	3	5	1	7	1	1	1	1
4053	충북 영동군	청소년 응급처치 경연대회 지원	1,000	가족행복과	3	5	1	7	1	1	1	1
4054	충북 영동군	명예경찰소년단 지원	2,000	가족행복과	3	5	1	7	1	1	1	1
4055	충북 영동군	청소년 작은사랑 나누기 행사지원	1,000	가족행복과	3	5	1	7	1	1	1	1
4056	충북 영동군	청소년 효문화장려사업 행사지원	2,000	가족행복과	3	5	1	7	1	1	1	1
4057	충북 영동군	영동군 청소년 축제 지원	48,000	가족행복과	3	5	1	7	1	1	1	1
4058	충북 영동군	청소년 3대3 농구대회 지원	4,000	가족행복과	3	5	1	7	1	1	1	1
4059	충북 영동군	청소년 배구한마당 행사 지원	2,000	가족행복과	3	5	1	7	1	1	1	1
4060	충북 영동군	어린이날큰잔치행사	30,000	가족행복과	3	5	7	8	7	5	5	4
4061	충북 영동군	상촌 자연산 버섯음식축제	16,095	가족행복과	3	4	7	8	7	1	1	1
4062	충북 영동군	전통시장 선진지견학	2,000	경제과	3	4	7	8	7	1	1	1
4063	충북 영동군	농업경영인 가족화합행사	25,000	농정과	3	4	7	8	7	1	1	1
4064	충북 영동군	농특산물홍보판매행사	36,000	농정과	3	4	7	8	7	1	1	1

순번	시군구	지출명 (사업명)	2021년예산 (단위:천원/1년간)	담당자 (공무원)	민간이전 분류 (지방자치단체 세출예산 집행기준에 의거)	민간이전지출 근거 (지방보조금 관리기준 참고)	입찰방식			운영예산 산정		성과평가 실시여부
				담당부서	1. 민간경상사업보조(307-02) 2. 민간단체 법정운영비보조(307-03) 3. 민간행사사업보조(307-04) 4. 민간위탁금(307-05) 5. 사회복지시설 법정운영비보조(307-10) 6. 민간인위탁교육비(307-12) 7. 공기관등에대한경상적위탁사업비(308-11) 8. 민간자본사업보조,자체재원(402-01) 9. 민간자본사업보조,이전재원(402-02) 10. 민간위탁사업비(402-03) 11. 공기관등에 대한 자본적 대행사업비(403-02)	1. 법률에 규정 2. 국고보조 재원(국가지정) 3. 용도 지정 기부금 4. 조례에 직접규정 5. 지자체가 권장하는 사업을 하는 공공기관 6. 시,도 정책 및 재정사정 7. 기타 8. 해당없음	계약체결방법 (경쟁형태) 1. 일반경쟁 2. 제한경쟁 3. 지명경쟁 4. 수의계약 5. 법정위탁 6. 기타 ( ) 7. 해당없음	계약기간 1. 1년 2. 2년 3. 3년 4. 4년 5. 5년 6. 기타 ( )년 7. 단기계약 (1년미만) 8. 해당없음	낙찰자선정방법 1. 적격심사 2. 협상에의한계약 3. 최저가낙찰제 4. 규격가격분리 5. 2단계 경쟁입찰 6. 기타 ( ) 7. 해당없음	운영예산 산정 1. 내부산정 (지자체 자체적으로 산정) 2. 외부산정 (외부전문기관위탁 산정) 3. 내·외부 모두 산정 4. 산정 無 5. 해당없음	정산방법 1. 내부정산 (지자체 내부적으로 정산) 2. 외부정산 (외부전문기관위탁 정산) 3. 내·외부 모두 산정 4. 정산 無 5. 해당없음	1. 실시 2. 미실시 3. 향후 추진 4. 해당없음
4065	충북 영동군	신규시장 진출지원	20,000	농정과	3	4	7	8	7	1	1	1
4066	충북 영동군	영동과일 한마당축제 판촉행사	80,000	농정과	3	4	7	8	7	1	1	1
4067	충북 영동군	농산물 상생 마케팅 판촉지원	22,000	농정과	3	4	7	8	7	1	1	1
4068	충북 영동군	국내 식품전시회 참가지원	18,000	농정과	3	4	7	8	7	1	1	1
4069	충북 영동군	국내산 축산물 소비홍보	15,000	농정과	3	4	7	8	7	1	1	1
4070	충북 영동군	자율방범대 체육행사 지원	9,600	안전관리과	3	4	7	8	7	5	5	4
4071	충북 영동군	생활개선회 임원 특별교육	10,000	농업기술센터	3	4	7	8	7	5	5	4
4072	충북 영동군	노근리사건희생자 합동위령제	30,000	시설사업소	3	1	7	8	7	1	1	3
4073	충북 영동군	노근리 평화·인권 백일장 대회	7,500	시설사업소	3	4	7	8	7	1	1	3
4074	충북 증평군	이장 사기 진작 지원	44,900	행정과	3	4	7	8	7	5	5	4
4075	충북 증평군	민주평화통일자문회의 운영	20,000	행정과	3	1	7	8	7	5	5	4
4076	충북 증평군	민간사회단체 지원	33,020	행정과	3	1	7	8	7	5	5	4
4077	충북 증평군	주민자치센터 운영	35,000	행정과	3	4	7	8	7	5	5	4
4078	충북 증평군	자율방범대 지원	5,700	행정과	3	4	7	8	7	5	5	4
4079	충북 증평군	증평문화원 사업지원	52,000	문화체육과	3	1	7	8	7	1	1	1
4080	충북 증평군	생활 문화 활성화	5,000	문화체육과	3	4	7	8	7	1	1	1
4081	충북 증평군	증평예총 사업지원	12,620	문화체육과	3	4	7	8	7	1	1	4
4082	충북 증평군	도깨비 동화마을 운영지원	13,000	문화체육과	3	7	7	8	7	1	1	4
4083	충북 증평군	도민안녕 기원 영산대재	70,000	문화체육과	3	4	7	8	7	1	1	1
4084	충북 증평군	전통예술 계승보전	11,000	문화체육과	3	4	7	8	7	1	1	1
4085	충북 증평군	생활체육대회 개최	52,000	문화체육과	3	4	7	8	7	1	1	4
4086	충북 증평군	생활체육대회 참가	76,000	문화체육과	3	4	7	8	7	1	1	4
4087	충북 증평군	충북도민체육대회 참가	175,000	문화체육과	3	4	7	8	7	1	1	4
4088	충북 증평군	체육대회 개최	222,000	문화체육과	3	4	7	8	7	1	1	4
4089	충북 증평군	증평인삼전국산악자전거 대회	90,000	문화체육과	3	4	7	8	7	1	1	4
4090	충북 증평군	충북종단 대장정	9,000	문화체육과	3	4	7	8	7	1	1	4
4091	충북 증평군	체육단체 역량강화 워크숍	3,000	문화체육과	3	4	7	8	7	1	1	4
4092	충북 증평군	문화관광해설사 육성	20,000	문화체육과	3	4	7	8	7	1	1	2
4093	충북 증평군	증평인삼골축제	333,000	문화체육과	3	4	7	8	7	1	1	2
4094	충북 증평군	국제청소년 페스티벌	176,000	문화체육과	3	4	7	8	7	1	1	2
4095	충북 증평군	전국사진촬영대회	20,000	문화체육과	3	4	7	8	7	1	1	2
4096	충북 증평군	증평들노래축제	125,000	문화체육과	3	4	7	8	7	1	1	1
4097	충북 증평군	충청북도 우수시장 박람회	42,500	경제과	3	1	7	8	7	5	1	4
4098	충북 증평군	전통시장 이벤트행사	9,000	경제과	3	1	7	8	7	5	1	4
4099	충북 증평군	한국여성소비자연합증평지부 운영	1,170	경제과	3	4	7	8	7	1	1	1
4100	충북 증평군	증평 인삼상설판매장 이벤트 행사 지원	9,000	농정과	3	4	7	8	7	5	5	4
4101	충북 증평군	홍삼포크 삼겹살 대잔치	23,000	농정과	3	7	7	8	7	5	5	4
4102	충북 증평군	의용소방대 지원	6,000	안전총괄과	3	4	7	8	7	5	5	4
4103	충북 증평군	지역자율방재단 운영	3,400	안전총괄과	3	4	7	8	7	5	5	4
4104	충북 증평군	증평자전거대행진	12,000	도시교통과	3	4	5	7	7	1	1	1
4105	충북 증평군	농업인단체 육성	44,600	농업기술센터	3	4	7	8	7	5	5	4
4106	충북 증평군	농촌지도사업 활력화 지원	8,000	농업기술센터	3	6	7	8	7	5	5	4
4107	충북 증평군	농촌여성 활력화 지원	4,800	농업기술센터	3	1	7	8	7	5	5	4

순번	시군구	지출명 (사업명)	2021년예산 (단위:천원/1년간)	담당자 (공무원) 담당부서	민간이전 분류 (지방자치단체 세출예산 집행기준에 의거) 1. 민간경상사업보조(307-02) 2. 민간단체 법정운영비보조(307-03) 3. 민간행사사업보조(307-04) 4. 민간위탁금(307-05) 5. 사회복지시설 법정운영비보조(307-10) 6. 민간인위탁교육비(307-12) 7. 공기관등에대한경상적위탁사업비(308-11) 8. 민간자본사업보조,자체재원(402-01) 9. 민간자본사업보조,이전재원(402-02) 10. 민간위탁사업비(402-03) 11. 공기관등에 대한 자본적 대행사업비(403-02)	민간이전지출 근거 (지방보조금 관리기준 참고) 1. 법률에 규정 2. 국고보조 재원(국가지정) 3. 용도 지정 기부금 4. 조례에 직접규정 5. 지자체가 권장하는 사업을 하는 공공기관 6. 시,도 정책 및 재정사정 7. 기타 8. 해당없음	입찰방식 계약체결방법 (경쟁형태) 1. 일반경쟁 2. 제한경쟁 3. 지명경쟁 4. 수의계약 5. 법정위탁 6. 기타 ( ) 7. 해당없음	입찰방식 계약기간 1. 1년 2. 2년 3. 3년 4. 4년 5. 5년 6. 기타 ( )년 7. 단기계약 (1년미만) 8. 해당없음	입찰방식 낙찰자선정방법 1. 적격심사 2. 협상에의한계약 3. 최저가낙찰제 4. 규격가격분리 5. 2단계 경쟁입찰 6. 기타 ( ) 7. 해당없음	운영예산 산정 운영예산 산정 1. 내부산정 (지자체 자체적으로 산정) 2. 외부산정 (외부전문기관위탁 산정) 3. 내·외부 모두 산정 4. 산정 無 5. 해당없음	운영예산 산정 정산방법 1. 내부정산 (지자체 내부적으로 정산) 2. 외부정산 (외부전문기관위탁 정산) 3. 내·외부 모두 산정 4. 정산 無 5. 해당없음	성과평가 실시여부 1. 실시 2. 미실시 3. 향후 추진 4. 해당없음
4108	충북 진천군	북한이탈주민초청 통일간담회	2,200	행정지원과	3	1	7	8	7	1	1	1
4109	충북 진천군	진천군 자원봉사자 대회	13,500	행정지원과	3	2	6	7	6	1	1	1
4110	충북 진천군	민족통일 진천군대회	1,600	행정지원과	3	2	6	7	6	1	1	1
4111	충북 진천군	제11회 새마을의 날 기념식	4,450	행정지원과	3	2	6	7	6	1	1	1
4112	충북 진천군	새마을지도자 한마음 대회	10,000	행정지원과	3	2	6	7	6	1	1	1
4113	충북 진천군	바르게살기운동 진천군회원 한마음대회	3,600	행정지원과	3	2	7	8	7	1	1	1
4114	충북 진천군	자유수호를 위한 군민화합 전진대회	13,500	행정지원과	3	2	6	7	6	1	1	1
4115	충북 진천군	충북 적십자봉사원 한마음대회 개최	50,000	행정지원과	3	4	6	7	6	1	1	1
4116	충북 진천군	주민자치특성화 지원사업	44,000	행정지원과	3	4	6	7	6	1	1	1
4117	충북 진천군	이상설선생 추모제	4,500	주민복지과	3	4	7	8	7	1	1	1
4118	충북 진천군	어린이날 큰잔치	21,000	여성가족과	3	1	7	8	7	1	1	1
4119	충북 진천군	어린이날 큰잔치	13,500	여성가족과	3	1	7	8	7	1	1	1
4120	충북 진천군	시군 문화예술행사 지원	8,700	문화관광과	3	4	7	8	7	5	5	4
4121	충북 진천군	문화축제	450,000	문화관광과	3	4	7	8	7	5	5	4
4122	충북 진천군	문화축제 읍면참가	136,000	문화관광과	3	4	7	8	7	5	5	4
4123	충북 진천군	문화축제 질서계도활동	8,000	문화관광과	3	4	7	8	7	5	5	4
4124	충북 진천군	문화축제 향토음식부스 조성	10,000	문화관광과	3	4	7	8	7	5	5	4
4125	충북 진천군	농다리축제	300,000	문화관광과	3	4	7	8	7	5	5	4
4126	충북 진천군	농다리 전국가요제	30,000	문화관광과	3	4	7	8	7	5	5	4
4127	충북 진천군	농다리축제 질서계도활동	8,000	문화관광과	3	4	7	8	7	5	5	4
4128	충북 진천군	조명희 전국백일장대회	9,000	문화관광과	3	4	7	8	7	5	5	4
4129	충북 진천군	전국시낭송대회	17,000	문화관광과	3	4	7	8	7	5	5	4
4130	충북 진천군	시를 통한 인문학 캠페인	4,000	문화관광과	3	4	7	8	7	5	5	4
4131	충북 진천군	생거진천 뮤지컬페스티벌	5,000	문화관광과	3	4	7	8	7	5	5	4
4132	충북 진천군	도의선양대회	4,000	문화관광과	3	4	7	8	7	5	5	4
4133	충북 진천군	향교기로연 재현	6,000	문화관광과	3	4	7	8	7	5	5	4
4134	충북 진천군	진천향교 춘추대제	4,000	문화관광과	3	4	7	8	7	5	5	4
4135	충북 진천군	길상사 제향	4,000	문화관광과	3	4	7	8	7	5	5	4
4136	충북 진천군	제17회 향토음식경연대회	25,000	식산업자원과	3	4	7	8	7	1	1	4
4137	충북 진천군	소방기술 경연대회	11,500	안전총괄과	3	1	7	8	7	1	1	1
4138	충북 진천군	불조심 캠페인	1,000	안전총괄과	3	1	7	8	7	1	1	1
4139	충북 진천군	자율방범대 연합회 한마음 체육대회	5,500	안전총괄과	3	4	7	8	7	1	1	1
4140	충북 진천군	해병전우회 선진교통 안전문화 정착 결의대회	13,500	안전총괄과	3	4	7	8	7	1	1	1
4141	충북 진천군	농업경영인대회 및 가족체육대회	12,000	농업정책과	3	4	4	7	7	1	1	1
4142	충북 진천군	으뜸농산물전시회	12,000	농업정책과	3	4	4	7	7	1	1	1
4143	충북 진천군	충청북도 농촌지도자 대회	90,000	농촌지원과	3	6	7	8	7	5	5	4
4144	충북 진천군	농촌지도자·생활개선회 한마음대회	12,000	농촌지원과	3	7	7	8	7	5	5	4
4145	충북 진천군	생거진천문화축제 축산물 소비촉진 행사	18,000	축산유통과	3	7	7	8	7	5	1	2
4146	충북 진천군	농특산물 전시판매 행사	108,000	축산유통과	3	7	7	8	7	5	5	4
4147	충북 진천군	농업인단체 축제지원 사업	9,000	축산유통과	3	7	7	8	7	5	5	4
4148	충북 진천군	제60회 충북도민체육대회 개최	531,950	체육진흥지원단	3	6	7	8	7	1	1	1
4149	충북 진천군	거주외국인 지원사업	10,000	통합일자리지원단	3	6	7	8	7	5	5	4
4150	충북 괴산군	이장단워크숍및화합한마당행사	20,000	행정과	3	4	7	8	7	1	1	1

순번	시군구	지출명 (사업명)	2021년예산 (단위:천원/1년간)	담당자 (공무원) 담당부서	민간이전 분류 (지방자치단체 세출예산 집행기준에 의거) 1. 민간경상사업보조(307-02) 2. 민간단체 법정운영비보조(307-03) 3. 민간행사사업보조(307-04) 4. 민간위탁금(307-05) 5. 사회복지시설 법정운영비보조(307-10) 6. 민간인위탁교육비(307-12) 7. 공기관등에대한경상적위탁사업비(308-11) 8. 민간자본사업보조,자체재원(402-01) 9. 민간자본사업보조,이전재원(402-02) 10. 민간위탁사업비(402-03) 11. 공기관등에 대한 자본적 대행사업비(403-02)	민간이전지출 근거 (지방보조금 관리기준 참고) 1. 법률에 규정 2. 국고보조 재원(국가지정) 3. 용도 지정 기부금 4. 조례에 직접규정 5. 지자체가 권장하는 사업을 하는 공공기관 6. 시,도 정책 및 재정사정 7. 기타 8. 해당없음	입찰방식 계약체결방법 (경쟁형태) 1. 일반경쟁 2. 제한경쟁 3. 지명경쟁 4. 수의계약 5. 법정위탁 6. 기타 ( ) 7. 해당없음	입찰방식 계약기간 1. 1년 2. 2년 3. 3년 4. 4년 5. 5년 6. 기타 ( )년 7. 단기계약 (1년미만) 8. 해당없음	입찰방식 낙찰자선정방법 1. 적격심사 2. 협상에의한계약 3. 최저가낙찰제 4. 규격가격분리 5. 2단계 경쟁입찰 6. 기타 ( ) 7. 해당없음	운영예산 산정 운영예산 산정 1. 내부산정 (지자체 자체적으로 산정) 2. 외부산정 (외부전문기관위탁 산정) 3. 내·외부 모두 산정 4. 산정 無 5. 해당없음	운영예산 산정 정산방법 1. 내부정산 (지자체 내부적으로 정산) 2. 외부정산 (외부전문기관위탁 정산) 3. 내·외부 모두 산정 4. 정산 無 5. 해당없음	성과평가 실시여부 1. 실시 2. 미실시 3. 향후 추진 4. 해당없음
4151	충북 괴산군	주민자치워크숍및프로그램경연대회	25,000	행정과	3	4	7	8	7	1	1	1
4152	충북 괴산군	새마을의날기념식지원	3,000	행정과	3	1	7	8	7	1	1	1
4153	충북 괴산군	새마을한마음다짐대회지원	15,000	행정과	3	1	7	8	7	1	1	1
4154	충북 괴산군	바르게살기운동 한마음다짐대회지원	13,000	행정과	3	1	7	8	7	1	1	1
4155	충북 괴산군	주민자치위원 역량강화 사업	10,000	행정과	3	4	7	8	7	1	1	1
4156	충북 괴산군	괴산군복지박람회	2,000	주민복지과	3	4	7	8	7	1	1	3
4157	충북 괴산군	장애인의날행사	15,000	주민복지과	3	1	7	8	7	3	3	1
4158	충북 괴산군	농아인의날행사	3,00	주민복지과	3	1	7	8	7	3	3	1
4159	충북 괴산군	노인의 날 기념행사	23,000	주민복지과	3	1	7	8	7	1	1	4
4160	충북 괴산군	청소년 한마음 축제 지원	5,000	주민복지과	3	1	7	8	7	5	1	1
4161	충북 괴산군	청소년 폭력예방 행사 지원	9,000	주민복지과	3	7	7	8	7	5	1	4
4162	충북 괴산군	청바지 토크콘서트 행사 지원	11,500	주민복지과	3	7	7	8	7	5	1	4
4163	충북 괴산군	합동결혼식	13,000	주민복지과	3	7	1	8	7	1	1	1
4164	충북 괴산군	다문화 한마음 축제 추진	10,000	주민복지과	3	7	7	8	7	1	1	1
4165	충북 괴산군	지역아동센터 연합체육대회행사지원	5,000	주민복지과	3	1	7	8	7	1	1	2
4166	충북 괴산군	농촌지도자 지원	10,000	농업기술센터	3	4	7	8	7	5	5	4
4167	충북 괴산군	기타 농업인 교육	7,000	농업기술센터	3	4	7	8	7	5	5	4
4168	충북 괴산군	농업인의 날 행사 지원	15,000	농업기술센터	3	4	7	8	7	5	5	4
4169	충북 괴산군	생활개선회 한마음대회 지원	12,000	농업기술센터	3	4	7	8	7	5	5	4
4170	충북 괴산군	농산물 종합가공 기술지원	10,000	농업기술센터	3	4	7	8	7	5	5	4
4171	충북 음성군	음성군 주민자치센터 프로그램 경연대회	13,500	자치행정과	3	4	7	8	7	3	1	1
4172	충북 음성군	지회설립 52주년 기념 및 자유수호전진대회	6,000	자치행정과	3	1	7	8	7	3	1	1
4173	충북 음성군	새마을운동 51주년 새마을의 날 기념식 및 새마을지도자 체육대회	10,000	자치행정과	3	1	7	8	7	3	1	1
4174	충북 음성군	양성평등주간 기념식 지원	13,000	사회복지과	3	1	7	1	1	1	1	1
4175	충북 음성군	제13회 여성체육대회 지원	12,000	사회복지과	3	4	7	1	1	1	1	1
4176	충북 음성군	양성평등 공모사업	20,000	사회복지과	3	1	7	8	7	5	5	4
4177	충북 음성군	제22회 음성품바축제	760,600	문화체육과	3	4	7	8	7	5	5	4
4178	충북 음성군	시군 대표문화 예술행사	40,000	문화체육과	3	4	7	8	7	5	5	4
4179	충북 음성군	제15회 반기문마라톤대회 개최	220,000	문화체육과	3	1	7	8	7	5	5	4
4180	충북 음성군	소이갑산체리마을축제	10,000	농정과	3	1	7	8	7	1	1	1
4181	충북 음성군	축제 축산물 홍보	5,000	축산식품과	3	7	7	7	7	1	1	4
4182	충북 음성군	음성군 기업인의 날 행사	10,000	기업지원과	3	4	7	8	7	1	1	1
4183	충북 음성군	근로자의 날 행사	2,000	기업지원과	3	1	7	8	7	1	1	1
4184	충북 음성군	노사화합 체육대회	12,000	기업지원과	3	1	7	8	7	1	1	1
4185	충북 음성군	음성군 기업체 노사 한마음대회	18,000	기업지원과	3	7	7	8	7	1	1	1
4186	충북 단양군	단양군자율방재단 창설기념행사	5,000	안전건설과	3	4	7	8	7	5	5	4
4187	충북 단양군	노인회장기 장기, 바둑, 한궁대회 지원	5,000	주민복지과	3	4	7	8	7	5	5	4
4188	충북 단양군	전통시장 이벤트 행사 지원	4,500	지역경제과	3	1	4	7	7	1	1	1
4189	충북 단양군	근로자의날 행사	10,000	지역경제과	3	1	7	8	7	5	5	4
4190	충북 단양군	단양군 일자리박람회 개최	15,000	지역경제과	3	4	7	8	7	5	5	4
4191	충북 단양군	청년단체 자매결연 교류행사	8,000	지역경제과	3	4	7	8	7	5	5	4
4192	충북 단양군	근로자의날 행사	10,000	지역경제과	3	1	7	8	7	5	5	4
4193	충북 단양군	단양군 농업인단체 연찬 교육	5,000	농업축산과	3	4	7	8	7	1	1	4

순번	시군구	지출명 (사업명)	2021년예산 (단위:천원/1년간)	담당자 (공무원) 담당부서	민간이전 분류 (지방자치단체 세출예산 집행기준에 의거) 1. 민간경상사업보조(307-02) 2. 민간단체 법정운영비보조(307-03) 3. 민간행사사업보조(307-04) 4. 민간위탁금(307-05) 5. 사회복지시설 법정운영비보조(307-10) 6. 민간인위탁교육비(307-12) 7. 공기관등에대한경상적위탁사업비(308-11) 8. 민간자본사업보조,자체재원(402-01) 9. 민간자본사업보조,이전재원(402-02) 10. 민간위탁사업비(402-03) 11. 공기관등에 대한 자본적 대행사업비(403-02)	민간이전지출 근거 (지방보조금 관리기준 참고) 1. 법률에 규정 2. 국고보조 재원(국가지정) 3. 용도 지정 기부금 4. 조례에 직접규정 5. 지자체가 권장하는 사업을 하는 공공기관 6. 시,도 정책 및 재정사정 7. 기타 8. 해당없음	입찰방식 계약체결방법 (경쟁형태) 1. 일반경쟁 2. 제한경쟁 3. 지명경쟁 4. 수의계약 5. 법정위탁 6. 기타 ( ) 7. 해당없음	계약기간 1. 1년 2. 2년 3. 3년 4. 4년 5. 5년 6. 기타 ( )년 7. 단기계약 (1년미만) 8. 해당없음	낙찰자선정방법 1. 적격심사 2. 협상에의한계약 3. 최저가낙찰제 4. 규격가격분리 5. 2단계 경쟁입찰 6. 기타 ( ) 7. 해당없음	운영예산 산정 운영예산 산정 1. 내부산정 (지자체 자체적으로 산정) 2. 외부산정 (외부전문기관위탁 산정) 3. 내·외부 모두 산정 4. 산정 無 5. 해당없음	정산방법 1. 내부정산 (지자체 내부적으로 정산) 2. 외부정산 (외부전문기관위탁 정산) 3. 내·외부 모두 산정 4. 정산 無 5. 해당없음	성과평가 실시여부 1. 실시 2. 미실시 3. 향후 추진 4. 해당없음
4194	충북 단양군	단양군 농업인대회	60,000	농업축산과	3	4	7	8	7	1	1	4
4195	충북 단양군	농업경영인 (전국)대회 참가 지원	15,000	농업축산과	3	4	7	8	7	1	1	4
4196	충북 단양군	충북 새농민회 한마음 전진대회 개최 지원	20,000	농업축산과	3	4	7	8	7	1	1	4
4197	충북 단양군	여성농업인 대회 참가 지원	12,000	농업축산과	3	4	7	8	7	1	1	4
4198	충북 단양군	명품 농특산물 장터 한마당 참가 지원	2,000	농업축산과	3	4	7	8	7	1	1	4
4199	충북 단양군	농촌체험휴양마을 행사 참여지원	15,000	농업축산과	3	2	7	8	7	2	1	4
4200	충북 단양군	쌀전업농 전국대회 참석지원	7,000	농업축산과	3	2	7	8	7	2	1	4
4201	충북 단양군	단양군민과 함께하는 친환경 농산물 페스티벌	40,000	농업축산과	3	2	7	8	7	2	1	4
4202	충북 단양군	단양강 쏘가리 축제	150,000	농업축산과	3	2	7	8	7	2	1	4
4203	충북 단양군	국화옆에서 공원음악회 지원	65,000	문화체육과	3	1	7	8	7	1	1	1
4204	충북 단양군	시월의 멋진 날 갈대밭의 향연 공연 지원	23,000	문화체육과	3	1	7	8	7	1	1	1
4205	충북 단양군	시를 통한 인문학 캠페인	5,000	문화체육과	3	1	7	8	7	1	1	1
4206	충북 단양군	도덕성회복 교육지원	12,000	문화체육과	3	1	7	8	7	1	1	1
4207	충북 단양군	충북민속예술축제 및 청소년민속예술제 참가	10,000	문화체육과	3	1	7	8	7	1	1	1
4208	충북 단양군	소백산철쭉제 지원	500,000	문화체육과	3	1	7	8	7	1	1	1
4209	충북 단양군	온달문화축제 지원	550,000	문화체육과	3	1	7	8	7	1	1	1
4210	충북 단양군	쌍둥이 힐링 페스티벌	200,000	문화체육과	3	1	7	8	7	1	1	1
4211	충북 단양군	실버가요제 개최 지원	80,000	문화체육과	3	1	7	8	7	1	1	1
4212	충북 단양군	금수산감골단풍축제 지원	30,000	문화체육과	3	1	7	8	7	1	1	1
4213	충북 단양군	소금무지제 및 마당바위 기우제 지원	8,000	문화체육과	3	1	7	8	7	1	1	1
4214	충북 단양군	퇴계이황선생 추념 서예대회	15,000	문화체육과	3	1	7	8	7	1	1	1
4215	충북 단양군	단양예총 10년사 발간	5,000	문화체육과	3	1	7	8	7	1	1	4
4216	충북 단양군	단양예총 10주년 기념 예술인 행사 지원	5,000	문화체육과	3	1	7	8	7	1	1	4
4217	충북 단양군	지역문화진흥기금 사업 지원	80,000	문화체육과	3	1	7	8	7	1	1	1
4218	충북 단양군	무형문화재 공개행사지원	7,600	문화체육과	3	1	7	8	7	1	1	1
4219	충북 단양군	성인문해교육 운동회	5,000	문화체육과	3	1	7	8	7	5	5	4
4220	충북 단양군	성인문해교육 졸업식	3,000	문화체육과	3	1	7	8	7	5	5	4
4221	충북 단양군	청소년 한마음축제 지원	5,000	문화체육과	3	1	7	8	7	1	1	4
4222	충북 단양군	전국 및 도단위 체육대회 유치	1,931,210	문화체육과	3	1	7	8	7	1	1	4
4223	충북 단양군	충북종단 대장정	9,000	문화체육과	3	1	7	8	7	1	1	4
4224	충북 단양군	관내 체육대회 개최 지원	155,200	문화체육과	3	1	7	8	7	1	1	4
4225	충북 단양군	전국단위 및 도단위 체육대회 출전지원	313,000	문화체육과	3	1	7	8	7	1	1	4
4226	충남 공주시	자율방재단 활동지원	10,000	시민안전과	3	1	7	8	7	1	1	4
4227	충남 공주시	어린이 안전골든벨	20,000	시민안전과	3	7	1	8	1	3	3	1
4228	충남 공주시	공주시 의용소방대	5,000	시민안전과	3	1	7	8	7	1	1	4
4229	충남 공주시	마을과 학교가 함께하는 마을축제	12,000	평생교육과	3	4	6	1	7	1	1	1
4230	충남 공주시	작은도서관 운영	19,500	평생교육과	3	4	7	1	7	5	5	4
4231	충남 공주시	마곡사 산사음악회	80,000	문화재과	3	7	4	7	7	2	3	4
4232	충남 공주시	산사, 마곡을느끼다	98,000	문화재과	3	2	4	7	7	2	3	3
4233	충남 공주시	공산성 달밤이야기 & 콘서트	80,000	문화재과	3	2	4	7	7	2	3	3
4234	충남 공주시	동학농민혁명 기념식	7,000	문화재과	3	4	7	8	7	1	1	3
4235	충남 공주시	우금티 추모예술제	34,000	문화재과	3	4	7	8	7	1	1	3
4236	충남 공주시	공주환경살리기 시민운동	28,000	환경보호과	3	6	6	1	6	1	1	4

순번	시군구	지출명 (사업명)	2021년예산 (단위:천원/1년간)	담당자 (공무원)	민간이전 분류 (지방자치단체 세출예산 집행기준에 의거)	민간이전지출 근거 (지방보조금 관리기준 참고)	입찰방식			운영예산 산정		성과평가 실시여부
				담당부서	1. 민간경상사업보조(307-02) 2. 민간단체 법정운영비보조(307-03) 3. 민간행사사업보조(307-04) 4. 민간위탁금(307-05) 5. 사회복지시설 법정운영비보조(307-10) 6. 민간인위탁교육비(307-12) 7. 공기관등에대한경상적위탁사업비(308-11) 8. 민간자본사업보조,자체재원(402-01) 9. 민간자본사업보조,이전재원(402-02) 10. 민간위탁사업비(402-03) 11. 공기관등에 대한 자본적 대행사업비(403-02)	1. 법률에 규정 2. 국고보조 재원(국가지정) 3. 용도 지정 기부금 4. 조례에 직접규정 5. 지자체가 권장하는 사업을 하는 공공기관 6. 시,도 정책 및 재정사정 7. 기타 8. 해당없음	계약체결방법 (경쟁형태) 1. 일반경쟁 2. 제한경쟁 3. 지명경쟁 4. 수의계약 5. 법정위탁 6. 기타 ( ) 7. 해당없음	계약기간 1. 1년 2. 2년 3. 3년 4. 4년 5. 5년 6. 기타 ( )년 7. 단기계약 (1년미만) 8. 해당없음	낙찰자선정방법 1. 적격심사 2. 협상에의한계약 3. 최저가낙찰제 4. 규격가격분리 5. 2단계 경쟁입찰 6. 기타 ( ) 7. 해당없음	운영예산 산정 1. 내부산정 (지자체 자체적으로 산정) 2. 외부산정 (외부전문기관위탁 산정) 3. 내·외부 모두 산정 4. 산정 無 5. 해당없음	정산방법 1. 내부정산 (지자체 내부적으로 정산) 2. 외부정산 (외부전문기관위탁 정산) 3. 내·외부 모두 산정 4. 정산 無 5. 해당없음	1. 실시 2. 미실시 3. 향후 추진 4. 해당없음
4237	충남 공주시	소비자생활센터 운영지원	19,500	경제과	3	1	5	8	7	3	1	4
4238	충남 공주시	담배소매인 지정 사실조사	4,000	경제과	3	4	5	8	7	3	5	4
4239	충남 공주시	농업경영인 현장체험 및 교육	9,460	농업정책과	3	4	7	8	7	5	5	4
4240	충남 공주시	여성농업인 현장체험 및 교육	8,720	농업정책과	3	4	7	8	7	5	5	4
4241	충남 공주시	품목농업인연구회 품평회 홍보판촉 지원	2,900	농촌진흥과	3	1	4	7	1	1	1	1
4242	충남 보령시	자유수호 희생자 합동위령제	3,500	홍보미디어실	3	4	7	8	7	1	1	1
4243	충남 보령시	자원봉사자의 날 행사	12,000	주민생활지원과	3	1	7	8	7	1	1	1
4244	충남 보령시	사회복지사의 날 행사	5,000	주민생활지원과	3	8	1	7	1	1	1	1
4245	충남 보령시	사회복지의 날 및 복지박람회	25,000	주민생활지원과	3	1	1	7	1	1	1	1
4246	충남 보령시	현충일 추모행사	10,000	주민생활지원과	3	1	7	8	7	1	1	1
4247	충남 보령시	6.25전쟁참전자 위안행사	3,000	주민생활지원과	3	1	7	8	7	1	1	1
4248	충남 보령시	문화예술 단체 역량강화 워크숍	10,000	문화새마을과	3	7	7	1	7	1	1	1
4249	충남 보령시	보령 '올해의 작가전'	20,000	문화새마을과	3	7	7	1	7	1	1	1
4250	충남 보령시	생활문화 동호회 페스티벌	30,000	문화새마을과	3	7	7	1	7	1	1	1
4251	충남 보령시	보령문화예술인대회	10,000	문화새마을과	3	7	7	1	7	1	1	1
4252	충남 보령시	보령예술제	100,000	문화새마을과	3	7	7	1	7	1	1	1
4253	충남 보령시	문화예술 행사지원	100,000	문화새마을과	3	7	7	1	7	1	1	1
4254	충남 보령시	보령울진간 문화예술공연교류	12,000	문화새마을과	3	7	7	1	7	1	1	1
4255	충남 보령시	보령-울진간 고속도로교통염원 미술교류전	20,000	문화새마을과	3	7	7	1	7	1	1	1
4256	충남 보령시	'보령의 사계' 전국 사진공모전	35,000	문화새마을과	3	7	7	1	7	1	1	1
4257	충남 보령시	보령 전국사진공모전	6,000	문화새마을과	3	7	7	1	7	1	1	1
4258	충남 보령시	보령해변시인학교	10,000	문화새마을과	3	7	7	1	7	1	1	1
4259	충남 보령시	보령미술 '해를 품다'전	20,000	문화새마을과	3	7	7	1	7	1	1	1
4260	충남 보령시	가락의 향연 '우리춤 우리소리'	70,000	문화새마을과	3	7	7	1	7	1	1	1
4261	충남 보령시	보령무용 '바다 춤으로 물들다'	10,000	문화새마을과	3	7	7	1	7	1	1	1
4262	충남 보령시	문화가있는 장날공연	10,000	문화새마을과	3	7	7	1	7	1	1	1
4263	충남 보령시	프렌들리 뮤직콘서트	10,000	문화새마을과	3	7	7	1	7	1	1	1
4264	충남 보령시	청소년 그린문화제	10,000	문화새마을과	3	7	7	1	7	1	1	1
4265	충남 보령시	한내 국악제	5,100	문화새마을과	3	7	7	1	7	1	1	1
4266	충남 보령시	전국남녀시조경창대회	10,000	문화새마을과	3	7	7	1	7	1	1	1
4267	충남 보령시	보령 영보정 음악제	62,000	문화새마을과	3	7	7	1	7	1	1	1
4268	충남 보령시	보령사랑 효가요 공연	5,000	문화새마을과	3	7	6	1	7	1	1	1
4269	충남 보령시	전국실버노래자랑	13,000	문화새마을과	3	7	6	1	7	1	1	1
4270	충남 보령시	보령시민 노래자랑	10,000	문화새마을과	3	7	6	1	7	1	1	1
4271	충남 보령시	보령 '노래교실의 날'	5,000	문화새마을과	3	7	6	1	7	1	1	1
4272	충남 보령시	숲속 시낭송	6,000	문화새마을과	3	7	6	1	7	1	1	1
4273	충남 보령시	찾아가는 작은 음악회	5,000	문화새마을과	3	7	6	1	7	1	1	1
4274	충남 보령시	천북면 작은 음악회	10,000	문화새마을과	3	7	6	1	7	1	1	1
4275	충남 보령시	한내 시화전	3,000	문화새마을과	3	7	6	1	7	1	1	1
4276	충남 보령시	풍물국악제	4,000	문화새마을과	3	7	7	1	7	1	1	1
4277	충남 보령시	음악제	10,000	문화새마을과	3	7	7	1	7	1	1	1
4278	충남 보령시	충청남도 국악제 참가	2,000	문화새마을과	3	7	6	1	7	1	1	1
4279	충남 보령시	충청남도 농악경연대회 참가	4,000	문화새마을과	3	7	6	1	7	1	1	1

순번	시군구	지출명 (사업명)	2021년예산 (단위:천원/1년간)	담당자 (공무원) 담당부서	민간이전 분류 (지방자치단체 세출예산 집행기준에 의거) 1. 민간경상사업보조(307-02) 2. 민간단체 법정운영비보조(307-03) 3. 민간행사사업보조(307-04) 4. 민간위탁금(307-05) 5. 사회복지시설 법정운영비보조(307-10) 6. 민간인위탁교육비(307-12) 7. 공기관등에대한경상적위탁사업비(308-11) 8. 민간자본사업보조,자체재원(402-01) 9. 민간자본사업보조,이전재원(402-02) 10. 민간위탁사업비(402-03) 11. 공기관등에 대한 자본적 대행사업비(403-02)	민간이전지출 근거 (지방보조금 관리기준 참고) 1. 법률에 규정 2. 국고보조 재원(국가지정) 3. 용도 지정 기부금 4. 조례에 직접규정 5. 지자체가 권장하는 사업을 하는 공공기관 6. 시,도 정책 및 재정사정 7. 기타 8. 해당없음	입찰방식 계약체결방법 (경쟁형태) 1. 일반경쟁 2. 제한경쟁 3. 지명경쟁 4. 수의계약 5. 법정위탁 6. 기타 ( ) 7. 해당없음	입찰방식 계약기간 1. 1년 2. 2년 3. 3년 4. 4년 5. 5년 6. 기타 ( )년 7. 단기계약 (1년미만) 8. 해당없음	입찰방식 낙찰자선정방법 1. 적격심사 2. 협상에의한계약 3. 최저가낙찰제 4. 규격가격분리 5. 2단계 경쟁입찰 6. 기타 ( ) 7. 해당없음	운영예산 산정 운영예산 산정 1. 내부산정 (지자체 자체적으로 산정) 2. 외부산정 (외부전문기관위탁 산정) 3. 내·외부 모두 산정 4. 산정 無 5. 해당없음	운영예산 산정 정산방법 1. 내부정산 (지자체 내부적으로 정산) 2. 외부정산 (외부전문기관위탁 정산) 3. 내·외부 모두 산정 4. 정산 無 5. 해당없음	성과평가 실시여부 1. 실시 2. 미실시 3. 향후 추진 4. 해당없음
4280	충남 보령시	도미부인 추모제향	5,000	문화새마을과	3	7	6	1	7	1	1	1
4281	충남 보령시	김성우장군 추모제향	5,000	문화새마을과	3	7	6	1	7	1	1	1
4282	충남 보령시	대천시가지 산신당제례	1,000	문화새마을과	3	7	6	1	7	1	1	1
4283	충남 보령시	부처님오신날 봉축행사	6,000	문화새마을과	3	7	6	1	7	1	1	1
4284	충남 보령시	임란공신 추모대제	3,000	문화새마을과	3	7	6	1	7	1	1	1
4285	충남 보령시	문헌사 춘기제향	2,000	문화새마을과	3	7	6	1	7	1	1	1
4286	충남 보령시	사해용왕대제	3,000	문화새마을과	3	7	6	1	7	1	1	1
4287	충남 보령시	성탄트리 점등	4,000	문화새마을과	3	7	6	1	7	1	1	1
4288	충남 보령시	충남도지사배 민속대제전 참가	10,000	문화새마을과	3	7	6	1	7	1	1	1
4289	충남 보령시	제14회 충남·세종 향토사대회	5,000	문화새마을과	3	1	5	8	7	1	1	4
4290	충남 보령시	새마을운동 범시민 미소.친절.청결 전진대회	15,000	문화새마을과	3	4	7	8	7	1	1	4
4291	충남 보령시	바르게살기운동 충청남도 회원대회	20,000	문화새마을과	3	4	7	8	7	1	1	4
4292	충남 보령시	도 새마을지도자 대회	2,500	문화새마을과	3	4	7	8	7	1	1	4
4293	충남 보령시	전국 새마을지도자 대회	10,000	문화새마을과	3	4	7	8	7	1	1	4
4294	충남 보령시	새마을지도자 안전지킴이 교육	1,200	문화새마을과	3	4	7	8	7	1	1	4
4295	충남 보령시	새마을여인상 시상식	1,200	문화새마을과	3	4	7	8	7	1	1	4
4296	충남 보령시	새마을며느리봉사대 고부한마음 대행진	1,500	문화새마을과	3	4	7	8	7	1	1	4
4297	충남 보령시	대천해수욕장 개장행사	45,000	해수욕장경영과	3	1	1	7	1	1	1	4
4298	충남 보령시	무창포해수욕장 개장식	3,000	해수욕장경영과	3	1	1	7	1	1	1	4
4299	충남 보령시	농촌지도자 화합 한마당 대회	7,000	인력육성팀	3	4	7	8	7	5	5	4
4300	충남 아산시	외암마을 전통혼례 체험	5,850	문화유산과	3	1	7	8	7	5	5	4
4301	충남 아산시	외암마을 다듬이 체험	6,300	문화유산과	3	1	7	8	7	5	5	4
4302	충남 아산시	외암마을 소주, 조청, 뻥튀기 체험	5,400	문화유산과	3	1	7	8	7	5	5	4
4303	충남 아산시	외암아을 장승제 및 달집태우기	9,000	문화유산과	3	1	7	8	7	5	5	4
4304	충남 아산시	떡메치기(가래떡) 체험	13,500	문화유산과	3	1	7	8	7	5	5	4
4305	충남 아산시	다도 및 예절교육	4,500	문화유산과	3	1	7	8	7	5	5	4
4306	충남 아산시	짚풀문화재	150,000	문화유산과	3	1	7	8	7	5	5	4
4307	충남 아산시	무형문화재 공개행사 지원	3,600	문화유산과	3	1	7	8	7	5	5	4
4308	충남 아산시	아산맑은쌀 원료곡 첫벼베기 행사	2,700	농업기술과	3	4	7	8	7	5	5	4
4309	충남 아산시	농촌지도자 한마당 행사 지원	12,240	농촌자원과	3	6	7	8	7	5	5	4
4310	충남 아산시	농촌지도자 전국대회 행사 참가 지원	5,760	농촌자원과	3	6	7	8	7	5	5	4
4311	충남 아산시	4-H청소년의 달 행사	3,600	농촌자원과	3	6	7	8	7	5	5	4
4312	충남 아산시	4-H우수회원 및 4-H지도교사 연찬행사	2,880	농촌자원과	3	6	7	8	7	5	5	4
4313	충남 아산시	4-H야영대회 및 경진대회	9,000	농촌자원과	3	6	7	8	7	5	5	4
4314	충남 아산시	농업인의 날 행사	20,000	농촌자원과	3	6	7	8	7	5	5	4
4315	충남 아산시	제16회 아산시 농업경영인 가족화합대회	10,000	농촌자원과	3	6	7	8	7	5	5	4
4316	충남 아산시	농민회 전국농민대회 참가	4,200	농촌자원과	3	6	7	8	7	5	5	4
4317	충남 아산시	농민회 충남농민전진대회 참가	4,200	농촌자원과	3	6	7	8	7	5	5	4
4318	충남 아산시	새농민회 중앙 및 도대회 참가	2,200	농촌자원과	3	6	7	8	7	5	5	4
4319	충남 아산시	여성농업인 중앙 및 도대회 참가	5,200	농촌자원과	3	6	7	8	7	5	5	4
4320	충남 아산시	농민회 가족수련대회	3,600	농촌자원과	3	6	7	8	7	5	5	4
4321	충남 아산시	쌀전업농 중앙 및 도대회 참가	5,200	농촌자원과	3	6	7	8	7	5	5	4
4322	충남 아산시	쌀전업농 가족수련대회	6,300	농촌자원과	3	6	7	8	7	5	5	4

순번	시군구	지출명 (사업명)	2021년예산 (단위:천원/1년간)	담당자 (공무원) 담당부서	민간이전 분류 (지방자치단체 세출예산 집행기준에 의거) 1. 민간경상사업보조(307-02) 2. 민간단체 법정운영비보조(307-03) 3. 민간행사사업보조(307-04) 4. 민간위탁금(307-05) 5. 사회복지시설 법정운영비보조(307-10) 6. 민간인위탁교육비(307-12) 7. 공기관등에대한경상적위탁사업비(308-11) 8. 민간자본사업보조,자체재원(402-01) 9. 민간자본사업보조,이전재원(402-02) 10. 민간위탁사업비(402-03) 11. 공기관등에 대한 자본적 대행사업비(403-02)	민간이전지출 근거 (지방보조금 관리기준 참고) 1. 법률에 규정 2. 국고보조 재원(국가지정) 3. 용도 지정 기부금 4. 조례에 직접규정 5. 지자체가 권장하는 사업을 하는 공공기관 6. 시,도 정책 및 재정사정 7. 기타 8. 해당없음	입찰방식 계약체결방법 (경쟁형태) 1. 일반경쟁 2. 제한경쟁 3. 지명경쟁 4. 수의계약 5. 법정위탁 6. 기타 ( ) 7. 해당없음	입찰방식 계약기간 1. 1년 2. 2년 3. 3년 4. 4년 5. 5년 6. 기타 ( )년 7. 단기계약 (1년미만) 8. 해당없음	입찰방식 낙찰자선정방법 1. 적격심사 2. 협상에의한계약 3. 최저가낙찰제 4. 규격가격분리 5. 2단계 경쟁입찰 6. 기타 ( ) 7. 해당없음	운영예산 산정 운영예산 산정 1. 내부산정 (지자체 자체적으로 산정) 2. 외부산정 (외부전문기관위탁 산정) 3. 내·외부 모두 산정 4. 산정 無 5. 해당없음	운영예산 산정 정산방법 1. 내부정산 (지자체 내부적으로 정산) 2. 외부정산 (외부전문기관위탁 정산) 3. 내·외부 모두 산정 4. 정산 無 5. 해당없음	성과평가 실시여부 1. 실시 2. 미실시 3. 향후 추진 4. 해당없음
4323	충남 아산시	농업경영인 중앙 및 도대회 참가	10,800	농촌자원과	3	6	7	8	7	5	5	4
4324	충남 아산시	생활개선회 도,중앙 행사 참가지원 사업	2,700	농촌자원과	3	2	7	8	7	5	5	4
4325	충남 아산시	생활개선회 수련교육 개최 지원사업	11,520	농촌자원과	3	2	7	8	7	5	5	4
4326	충남 아산시	생활개선실적발표회 개최	3,600	농촌자원과	3	2	7	8	7	5	5	4
4327	충남 아산시	양성평등 주간 기념행사	19,900	여성가족과	3	4	7	8	7	5	1	1
4328	충남 아산시	충청남도 양성평등주간 기념행사	3,600	여성가족과	3	1	7	8	7	5	1	1
4329	충남 아산시	여성단체지도자 연수	4,500	여성가족과	3	1	7	8	7	5	1	1
4330	충남 아산시	다문화가정 한국문화체험 프로그램 운영	1,800	여성가족과	3	1	1	1	1	1	1	1
4331	충남 아산시	맞춤형 인식개선 프로그램 운영	7,000	여성가족과	3	4	1	7	1	1	1	1
4332	충남 아산시	어린이날 기념 어린이 한마당 큰잔치	28,800	여성가족과	3	2	7	8	7	5	1	4
4333	충남 아산시	보육인 한마음 대회	11,700	여성가족과	3	8	7	8	7	5	5	4
4334	충남 아산시	전국 충남보육인대회 참가	2,700	여성가족과	3	8	7	8	7	5	5	4
4335	충남 아산시	보육교직원 및 부모 교육	6,000	여성가족과	3	8	7	8	7	5	5	4
4336	충남 아산시	공통부모교육	24,000	여성가족과	3	8	7	8	7	5	5	4
4337	충남 아산시	한국자유총연맹 전국 시군구 청년회장 워크숍	25,000	자치행정과	3	1	7	8	7	1	1	1
4338	충남 아산시	한국자유총연맹주관 전국 나라사랑 스피치 대회 지역예선 지원	2,000	자치행정과	3	1	7	8	7	1	1	1
4339	충남 아산시	한국자유총연맹주관 자유수호합동위령제 지원	6,500	자치행정과	3	1	7	8	7	1	1	1
4340	충남 아산시	재향군인의날 기념행사 지원	9,210	자치행정과	3	1	7	8	7	1	1	1
4341	충남 아산시	범죄예방 결의 및 한마음 체육대회	10,800	자치행정과	3	4	7	8	7	1	1	1
4342	충남 아산시	자율방범대원 역량강화 워크숍	7,200	자치행정과	3	4	7	8	7	1	1	1
4343	충남 아산시	도 체육대회 참가지원	4,500	자치행정과	3	4	7	8	7	1	1	1
4344	충남 아산시	북한이탈주민정착지원센터 행사운영	5,000	자치행정과	3	1	7	8	7	1	1	1
4345	충남 아산시	새마을운동활성화추진대회	16,000	자치행정과	3	4	7	8	7	1	1	1
4346	충남 아산시	주민자치 한마음 축제	12,000	자치행정과	3	4	7	8	7	1	1	1
4347	충남 아산시	사회복지협의회 지원	5,000	사회복지과	3	5	7	8	7	1	1	1
4348	충남 아산시	보훈단체 지원	7,200	사회복지과	3	4	5	8	7	1	1	4
4349	충남 아산시	보훈단체 지원	9,000	사회복지과	3	4	5	8	7	1	1	4
4350	충남 아산시	보훈단체 지원	4,500	사회복지과	3	4	5	8	7	1	1	4
4351	충남 아산시	보훈단체 지원	2,250	사회복지과	3	8	5	8	7	1	1	4
4352	충남 아산시	보훈단체 지원	40,500	사회복지과	3	8	5	8	7	1	1	4
4353	충남 아산시	친환경농업생산자와 소비자의 만남행사	16,200	농정과	3	6	7	8	7	1	1	4
4354	충남 서산시	근로자의 날 행사지원	50,000	일자리경제과	3	6	6	8	6	1	1	4
4355	충남 서산시	대학 일자리센터 사업	20,000	일자리경제과	3	2	7	5	6	4	1	1
4356	충남 서산시	쓰레기종량제 규격봉투 판매위탁	87,970	자원순환과	3	1	1	2	3	2	1	4
4357	충남 서산시	사회복지의 날 행사	20,000	사회복지과	3	1	7	8	7	1	1	3
4358	충남 서산시	현충일행사	11,000	사회복지과	3	1	7	8	7	1	1	3
4359	충남 서산시	6.25행사	17,000	사회복지과	3	1	7	8	7	1	1	3
4360	충남 서산시	무훈탑 행사	1,500	사회복지과	3	1	7	8	7	1	1	3
4361	충남 서산시	자활센터 종사자 및 자활근로자 힐링프로그램 운영	10,000	사회복지과	3	1	7	8	7	1	1	3
4362	충남 서산시	어버이날 기념 경로행사	270,000	경로장애인과	3	1	7	8	7	1	1	2
4363	충남 서산시	노인의 날 기념 행사	40,000	경로장애인과	3	1	7	8	7	1	1	2
4364	충남 서산시	시장애인의날행사지원	24,500	경로장애인과	3	1	7	8	7	1	1	2
4365	충남 서산시	장애인화합한마당행사지원	20,000	경로장애인과	3	1	7	8	7	1	1	2

순번	시군구	지출명 (사업명)	2021년예산 (단위:천원/1년간)	담당자 (공무원) 담당부서	민간이전 분류 (지방자치단체 세출예산 집행기준에 의거) 1. 민간경상사업보조(307-02) 2. 민간단체 법정운영비보조(307-03) 3. 민간행사사업보조(307-04) 4. 민간위탁금(307-05) 5. 사회복지시설 법정운영비보조(307-10) 6. 민간인위탁교육비(307-12) 7. 공기관등에대한경상적위탁사업비(308-11) 8. 민간자본사업보조,자체재원(402-01) 9. 민간자본사업보조,이전재원(402-02) 10. 민간위탁사업비(402-03) 11. 공기관등에 대한 자본적 대행사업비(403-02)	민간이전지출 근거 (지방보조금 관리기준 참고) 1. 법률에 규정 2. 국고보조 재원(국가지정) 3. 용도 지정 기부금 4. 조례에 직접규정 5. 지자체가 권장하는 사업을 하는 공공기관 6. 시,도 정책 및 재정사정 7. 기타 8. 해당없음	입찰방식 계약체결방법 (경쟁형태) 1. 일반경쟁 2. 제한경쟁 3. 지명경쟁 4. 수의계약 5. 법정위탁 6. 기타 ( ) 7. 해당없음	입찰방식 계약기간 1. 1년 2. 2년 3. 3년 4. 4년 5. 5년 6. 기타 ( )년 7. 단기계약 (1년미만) 8. 해당없음	입찰방식 낙찰자선정방법 1. 적격심사 2. 협상에의한계약 3. 최저가낙찰제 4. 규격가격분리 5. 2단계 경쟁입찰 6. 기타 ( ) 7. 해당없음	운영예산 산정 운영예산 산정 1. 내부산정 (지자체 자체적으로 산정) 2. 외부산정 (외부전문기관위탁 산정) 3. 내·외부 모두 산정 4. 산정 無 5. 해당없음	운영예산 산정 정산방법 1. 내부정산 (지자체 내부적으로 정산) 2. 외부정산 (외부전문기관위탁 정산) 3. 내·외부 모두 산정 4. 정산 無 5. 해당없음	성과평가 실시여부 1. 실시 2. 미실시 3. 향후 추진 4. 해당없음
4366	충남 서산시	일본군위안부피해자 기림의 날 행사	5,000	여성가족과	3	1	1	7	1	1	1	1
4367	충남 서산시	양성평등주간 기념행사	29,615	여성가족과	3	1	2	1	1	1	1	1
4368	충남 서산시	서산시민체육대회 개최 지원	300,000	체육진흥과	3	4	7	8	7	1	1	3
4369	충남 서산시	전국 및 도 대회 개최	100,000	체육진흥과	3	4	7	8	7	1	1	3
4370	충남 서산시	북한이탈주민과 이북도민과의 만남의 날	3,000	자치행정과	3	1	7	8	7	1	1	1
4371	충남 서산시	문화예술 교육 및 육성	5,000	자치행정과	3	1	7	8	7	1	1	1
4372	충남 서산시	자율방범대 한마음 체육대회	30,000	자치행정과	3	4	7	8	7	1	1	1
4373	충남 서산시	소방의 날 행사	5,000	안전총괄과	3	4	7	8	7	3	1	3
4374	충남 서산시	시 소방기술경연대회 개최	25,000	안전총괄과	3	4	7	8	7	3	1	3
4375	충남 서산시	도 소방기술 경연대회 참석	6,000	안전총괄과	3	4	7	8	7	3	1	3
4376	충남 서산시	해미읍성 전국 연날리기 대회	25,000	문화시설사업소	3	4	7	8	7	5	5	4
4377	충남 서산시	류방택 별축제 개최	75,000	문화시설사업소	3	4	7	8	7	5	5	4
4378	충남 서산시	천문우주 미술실기대회	6,400	문화시설사업소	3	4	7	8	7	5	5	4
4379	충남 계룡시	노인의 날 기념행사	26,600	가족행복과	3	8	7	8	7	5	5	4
4380	충남 계룡시	정명각 제례행사	3,040	가족행복과	3	4	7	8	7	5	5	4
4381	충남 계룡시	어린이날 행사 지원	15,000	가족행복과	3	7	7	7	7	5	1	1
4382	충남 계룡시	농업인의 날 행사	15,000	농업기술센터	3	4	7	8	7	1	1	3
4383	충남 계룡시	지역문화예술행사 지원사업	55,000	문화체육과	3	6	7	8	7	1	1	1
4384	충남 계룡시	문화예술인 연수	3,500	문화체육과	3	6	7	8	7	1	1	1
4385	충남 계룡시	찾아가는 어린이 뮤지컬 공연	16,000	문화체육과	3	6	7	8	7	1	1	1
4386	충남 계룡시	계룡시 엄사예술단 전통문화 공연	11,000	문화체육과	3	6	7	8	7	1	1	1
4387	충남 계룡시	계룡시합창단 음악연주회	5,000	문화체육과	3	6	7	8	7	1	1	1
4388	충남 계룡시	추석 달맞이 행사	7,000	문화체육과	3	6	7	8	7	1	1	1
4389	충남 계룡시	단오행사	3,000	문화체육과	3	6	7	8	7	1	1	1
4390	충남 계룡시	계룡전국사진공모전	33,000	문화체육과	3	6	7	8	7	1	1	1
4391	충남 계룡시	찾아가는 사랑의 연주회	2,200	문화체육과	3	6	7	8	7	1	1	1
4392	충남 계룡시	풀꽃으로 여는 압화전	2,000	문화체육과	3	6	7	8	7	1	1	1
4393	충남 계룡시	전국 시낭송대회	2,000	문화체육과	3	6	7	8	7	1	1	1
4394	충남 계룡시	계룡대수석연합회원전	3,000	문화체육과	3	6	7	8	7	1	1	1
4395	충남 계룡시	계룡퀼트협회전	2,500	문화체육과	3	6	7	8	7	1	1	1
4396	충남 계룡시	계룡예술제	14,400	문화체육과	3	6	7	8	7	1	1	1
4397	충남 계룡시	계룡문협 시화전	2,520	문화체육과	3	6	7	8	7	1	1	1
4398	충남 계룡시	시민과 함께하는 국악의 향연	4,000	문화체육과	3	6	7	8	7	1	1	1
4399	충남 계룡시	계룡미술전	2,000	문화체육과	3	6	7	8	7	1	1	1
4400	충남 계룡시	아름다운 계룡전	3,000	문화체육과	3	6	7	8	7	1	1	1
4401	충남 계룡시	한여름 밤의 꿈	5,000	문화체육과	3	6	7	8	7	1	1	1
4402	충남 계룡시	사랑의합창단 정기공연	2,000	문화체육과	3	6	7	8	7	1	1	1
4403	충남 계룡시	계룡시어린이뮤지컬합창단 공연	2,000	문화체육과	3	6	7	8	7	1	1	1
4404	충남 계룡시	댄스무브먼트	1,300	문화체육과	3	6	7	8	7	1	1	1
4405	충남 계룡시	코리아베테랑코랄 정기연주회	3,000	문화체육과	3	6	7	8	7	1	1	1
4406	충남 계룡시	제향행사지원	1,000	문화체육과	3	6	7	8	7	1	1	1
4407	충남 계룡시	근현대 구술채록사업	16,000	문화체육과	3	6	7	8	7	1	1	1
4408	충남 계룡시	생활체육 종목별 대회개최	50,000	문화체육과	3	1	7	8	7	1	1	1

순번	시군구	지출명 (사업명)	2021년예산 (단위:천원/1년간)	담당자 (공무원) 담당부서	민간이전 분류 (지방자치단체 세출예산 집행기준에 의거) 1. 민간경상사업보조(307-02) 2. 민간단체 법정운영비보조(307-03) 3. 민간행사사업보조(307-04) 4. 민간위탁금(307-05) 5. 사회복지시설 법정운영비보조(307-10) 6. 민간인위탁교육비(307-12) 7. 공기관등에대한경상적위탁사업비(308-11) 8. 민간자본사업보조,자체재원(402-01) 9. 민간자본사업보조,이전재원(402-02) 10. 민간위탁사업비(402-03) 11. 공기관등에 대한 자본적 대행사업비(403-02)	민간이전지출 근거 (지방보조금 관리기준 참고) 1. 법률에 규정 2. 국고보조 재원(국가지정) 3. 용도 지정 기부금 4. 조례에 직접규정 5. 지자체가 권장하는 사업을 하는 공공기관 6. 시,도 정책 및 재정사정 7. 기타 8. 해당없음	입찰방식: 계약체결방법 (경쟁형태) 1. 일반경쟁 2. 제한경쟁 3. 지명경쟁 4. 수의계약 5. 법정위탁 6. 기타 ( ) 7. 해당없음	입찰방식: 계약기간 1. 1년 2. 2년 3. 3년 4. 4년 5. 5년 6. 기타 ( )년 7. 단기계약 (1년미만) 8. 해당없음	입찰방식: 낙찰자선정방법 1. 적격심사 2. 협상에의한계약 3. 최저가낙찰제 4. 규격가격분리 5. 2단계 경쟁입찰 6. 기타 ( ) 7. 해당없음	운영예산 산정: 운영예산 산정 1. 내부산정 (지자체 자체적으로 산정) 2. 외부산정 (외부전문기관위탁 산정) 3. 내·외부 모두 산정 4. 산정 無 5. 해당없음	운영예산 산정: 정산방법 1. 내부정산 (지자체 내부적으로 정산) 2. 외부정산 (외부전문기관위탁 정산) 3. 내·외부 모두 산정 4. 정산 無 5. 해당없음	성과평가 실시여부 1. 실시 2. 미실시 3. 향후 추진 4. 해당없음
4409	충남 계룡시	계룡시장배 충남 50대 생활체육 축구대회	8,000	문화체육과	3	1	7	8	7	1	1	1
4410	충남 계룡시	충남도교육감기 육상경기대회	8,000	문화체육과	3	1	7	8	7	1	1	1
4411	충남 계룡시	계룡시장배 체조대회 개최	8,000	문화체육과	3	1	7	8	7	1	1	1
4412	충남 계룡시	계룡시장배 충남파크골프대회	8,000	문화체육과	3	1	7	8	7	1	1	1
4413	충남 계룡시	체육인의 밤 행사	2,000	문화체육과	3	1	7	8	7	1	1	1
4414	충남 계룡시	장애인 체육인의 밤 행사	2,000	문화체육과	3	1	7	8	7	1	1	1
4415	충남 계룡시	장애인체육대회개최	10,000	문화체육과	3	1	7	8	7	1	1	1
4416	충남 계룡시	충남장애학생체육대회개최	20,000	문화체육과	3	1	7	8	7	1	1	1
4417	충남 계룡시	전국 및 도단위 장애인체육대회 참가지원	12,825	문화체육과	3	1	7	8	7	1	1	1
4418	충남 계룡시	국가유공자 유족 위문 및 보훈행사	20,085	사회복지과	3	1	7	7	7	1	1	1
4419	충남 계룡시	보훈회관 운영	3,000	사회복지과	3	1	7	7	7	1	1	1
4420	충남 계룡시	현충일 행사	2,000	사회복지과	3	1	7	7	7	1	1	1
4421	충남 계룡시	6.25 기념행사	4,000	사회복지과	3	1	7	7	7	1	1	1
4422	충남 계룡시	두계만세운동 재현행사	6,000	사회복지과	3	1	7	8	7	1	1	1
4423	충남 계룡시	장애인의 날 기념식 행사	12,000	사회복지과	3	1	7	8	7	5	1	1
4424	충남 계룡시	화재예방캠페인	4,300	안전총괄과	3	1	7	8	7	1	1	3
4425	충남 계룡시	소방의날 행사	3,672	안전총괄과	3	1	7	8	7	1	1	3
4426	충남 계룡시	의용소방대 견학 및 워크숍 지원	5,400	안전총괄과	3	1	7	8	7	1	1	3
4427	충남 계룡시	새마을지도자 하계수련대회	8,000	자치행정과	3	1	7	8	7	1	1	3
4428	충남 계룡시	충남새마을운동촉진대회	2,000	자치행정과	3	1	7	8	7	1	1	3
4429	충남 계룡시	전국새마을지도자대회	2,000	자치행정과	3	1	7	8	7	1	1	3
4430	충남 계룡시	예절의고장 재건운동	1,000	자치행정과	3	1	7	8	7	1	1	3
4431	충남 계룡시	팔거리축제	10,000	자치행정과	3	1	7	8	7	1	1	3
4432	충남 계룡시	계룡행복더하기 사랑나누기 어울림 마당	20,000	자치행정과	3	1	7	8	7	1	1	3
4433	충남 계룡시	자율방범연합대 수련대회	3,000	자치행정과	3	1	7	8	7	1	1	3
4434	충남 계룡시	충남자율방범연합회주관 체육대회 참가	2,000	자치행정과	3	1	7	8	7	1	1	3
4435	충남 계룡시	자유수호지도자 한마음대회	30,000	자치행정과	3	1	7	8	7	1	1	3
4436	충남 계룡시	계룡시민과 함께하는 한마음대회	22,000	자치행정과	3	4	7	8	7	1	1	3
4437	충남 계룡시	이통반장 사기진작	15,000	자치행정과	3	4	7	8	7	1	1	3
4438	충남 당진시	자매결연도시(일조시) 한국어 말하기 대회 행사	5,000	기획예산담당관	3	7	7	8	7	5	5	4
4439	충남 당진시	도덕성회복 윤리선양대회	3,000	문화관광과	3	1	7	8	7	5	5	4
4440	충남 당진시	충청남도지사배 민속대제전 참가보조	5,000	문화관광과	3	4	7	8	7	5	5	4
4441	충남 당진시	충청남도지사기 일반농악대회 참가보조	2,000	문화관광과	3	4	7	8	7	5	5	4
4442	충남 당진시	일반풍물대회 참가보조	3,000	문화관광과	3	4	7	8	7	5	5	4
4443	충남 당진시	전국시조경창대회	10,000	문화관광과	3	4	7	8	7	5	5	4
4444	충남 당진시	당진시 농악경연대회	10,000	문화관광과	3	4	7	8	7	5	5	4
4445	충남 당진시	사암연합축제	15,000	문화관광과	3	4	7	8	7	5	5	4
4446	충남 당진시	당진 청소년국악제	10,000	문화관광과	3	4	7	8	7	5	5	4
4447	충남 당진시	충청남도 합창경연대회 참가보조	8,000	문화관광과	3	4	7	8	7	5	5	4
4448	충남 당진시	당진예술제	20,000	문화관광과	3	4	7	8	7	5	5	4
4449	충남 당진시	당진아트페스티벌	20,000	문화관광과	3	4	7	8	7	5	5	4
4450	충남 당진시	서해조각페스타	10,000	문화관광과	3	4	7	8	7	5	5	4
4451	충남 당진시	당진시 청소년 음악제	10,000	문화관광과	3	4	7	8	7	5	5	4

순번	시군구	지출명 (사업명)	2021년예산 (단위:천원/1년간)	담당자 (공무원) 담당부서	민간이전 분류 (지방자치단체 세출예산 집행기준에 의거) 1. 민간경상사업보조(307-02) 2. 민간단체 법정운영비보조(307-03) 3. 민간행사사업보조(307-04) 4. 민간위탁금(307-05) 5. 사회복지시설 법정운영비보조(307-10) 6. 민간인위탁교육비(307-12) 7. 공기관등에대한경상적위탁사업비(308-11) 8. 민간자본사업보조,자체재원(402-01) 9. 민간자본사업보조,이전재원(402-02) 10. 민간위탁사업비(402-03) 11. 공기관등에 대한 자본적 대행사업비(403-02)	민간이전지출 근거 (지방보조금 관리기준 참고) 1. 법률에 규정 2. 국고보조 재원(국가지정) 3. 용도 지정 기부금 4. 조례에 직접규정 5. 지자체가 권장하는 사업을 하는 공공기관 6. 시,도 정책 및 재정사정 7. 기타 8. 해당없음	입찰방식 계약체결방법 (경쟁형태) 1. 일반경쟁 2. 제한경쟁 3. 지명경쟁 4. 수의계약 5. 법정위탁 6. 기타 ( ) 7. 해당없음	계약기간 1. 1년 2. 2년 3. 3년 4. 4년 5. 5년 6. 기타 ( )년 7. 단기계약 (1년미만) 8. 해당없음	낙찰자선정방법 1. 적격심사 2. 협상에의한계약 3. 최저가낙찰제 4. 규격가격분리 5. 2단계 경쟁입찰 6. 기타 ( ) 7. 해당없음	운영예산 산정 운영예산 산정 1. 내부산정 (지자체 자체적으로 산정) 2. 외부산정 (외부전문기관위탁 산정) 3. 내·외부 모두 산정 4. 산정 無 5. 해당없음	정산방법 1. 내부정산 (지자체 내부적으로 정산) 2. 외부정산 (외부전문기관위탁 정산) 3. 내·외부 모두 산정 4. 정산 無 5. 해당없음	성과평가 실시여부 1. 실시 2. 미실시 3. 향후 추진 4. 해당없음
4452	충남 당진시	찾아가는 전시회	10,000	문화관광과	3	4	7	8	7	5	5	4
4453	충남 당진시	소규모 문화예술 행사 지원	13,000	문화관광과	3	4	7	8	7	5	5	4
4454	충남 당진시	충남국악제 참가 단체 지원	2,000	문화관광과	3	4	7	8	7	5	5	4
4455	충남 당진시	도서보급운동	20,000	문화관광과	3	4	7	8	7	5	5	4
4456	충남 당진시	남이흥장군문화제 행사지원	50,000	문화관광과	3	4	7	8	7	5	5	4
4457	충남 당진시	당진, 면천향교 춘추기 석전제 지원	16,000	문화관광과	3	4	7	8	7	5	5	4
4458	충남 당진시	기지시줄다리기배 전국스포츠줄다리기대회 개최	50,000	문화관광과	3	4	7	8	7	5	5	4
4459	충남 당진시	당진사랑 역사문화탐방 행사보조	10,000	문화관광과	3	4	7	8	7	5	5	4
4460	충남 당진시	버그내 연호문화축제 개최	95,000	문화관광과	3	4	7	8	7	5	5	4
4461	충남 당진시	동학 승전목 전투 기념행사 지원	10,000	문화관광과	3	4	7	8	7	5	5	4
4462	충남 당진시	자연유산민속행사	2,000	문화관광과	3	2	7	8	7	5	5	4
4463	충남 당진시	기지시줄다리기민속축제	564,750	문화관광과	3	1	7	8	7	5	5	4
4464	충남 당진시	지역 무형유산 활성화	5,000	문화관광과	3	4	7	8	7	5	5	4
4465	충남 당진시	무형문화재 대외공개행사	20,000	문화관광과	3	4	7	8	7	5	5	4
4466	충남 당진시	무형문화재(안섬풍어당굿)공개행사 지원	6,000	문화관광과	3	1	7	8	7	5	5	4
4467	충남 당진시	무형문화재(당진 대장장)공개행사 지원	2,000	문화관광과	3	1	7	8	7	5	5	4
4468	충남 당진시	안섬풍어당굿 행사지원	25,000	문화관광과	3	4	7	8	7	5	5	4
4469	충남 당진시	프란치스코데이 행사지원	40,000	문화관광과	3	4	7	8	7	5	5	4
4470	충남 당진시	합덕성당 종소리 음악회 개최 지원	24,000	문화관광과	3	4	7	8	7	5	5	4
4471	충남 당진시	보훈9개단체 사업비	74,860	사회복지과	3	1	7	8	7	1	1	1
4472	충남 당진시	독립만세운동 및 의병항쟁 재현행사	80,000	사회복지과	3	1	7	8	7	1	1	1
4473	충남 당진시	장애인단체활동 지원	67,500	경로장애인과	3	4	7	8	7	1	1	1
4474	충남 당진시	노인행사 및 연수지원	14,600	경로장애인과	3	6	7	8	7	5	1	4
4475	충남 당진시	노인의 날 기념 행사 지원	120,000	경로장애인과	3	4	7	8	7	1	1	1
4476	충남 당진시	노인복지증진	10,000	경로장애인과	3	7	7	8	7	1	1	4
4477	충남 당진시	전통시장 활성화 행사	40,000	경제과	3	1	7	8	7	1	1	1
4478	충남 당진시	노사민정 합동 워크숍	10,000	경제과	3	4	7	8	7	1	1	1
4479	충남 당진시	기업인 화합 행사 지원	20,000	경제과	3	4	7	8	7	1	1	1
4480	충남 당진시	수산물 관련 소비촉진 지원	45,000	항만수산과	3	1	7	8	7	1	1	1
4481	충남 당진시	어업인 한마당대회 개최 지원	10,000	항만수산과	3	1	7	8	7	1	1	1
4482	충남 당진시	수산업경영인 대회참가 및 어업선진지 견학지원	10,000	항만수산과	3	1	7	8	7	1	1	1
4483	충남 당진시	해양레저관광활성화(축제)행사	25,000	항만수산과	3	4	7	8	7	1	1	1
4484	충남 당진시	당진1동 도시재생활성화사업 보조	10,000	도시재생과	3	2	7	8	7	5	5	4
4485	충남 당진시	돌봄공동체 행사	10,000	도시재생과	3	2	7	8	7	5	5	4
4486	충남 당진시	시도 우수광고물개최	44,000	건축과	3	4	7	8	7	1	1	1
4487	충남 당진시	재향군인회 운영및지원	22,000	안전총괄과	3	4	7	8	7	1	1	1
4488	충남 당진시	농촌지도자회 지역농산물 홍보지원 시범	3,500	농촌진흥과	3	6	7	8	7	1	1	2
4489	충남 당진시	농촌지도자 화합 및 과제발표회	6,650	농촌진흥과	3	6	7	8	7	1	1	1
4490	충남 당진시	한국농촌지도자충청남도연합회 도대회	100,000	농촌진흥과	3	6	7	8	7	1	1	1
4491	충남 당진시	품목별연구회 실적평가회 개최	27,000	농촌진흥과	3	6	7	8	7	1	1	1
4492	충남 당진시	사립작은도서관 독서문화프로그램 운영	9,000	시립도서관	3	4	7	8	7	1	1	2
4493	충남 당진시	충남체전개최지원	2,650,000	문화체육행사기획단	3	4	7	8	7	5	5	4
4494	충남 당진시	김대건 신부 탄생 200주년 기념행사	800,000	문화체육행사기획단	3	2	7	8	7	5	5	4

순번	시군구	지출명 (사업명)	2021년예산 (단위:천원/1년간)	담당자 (공무원) 담당부서	민간이전 분류 (지방자치단체 세출예산 집행기준에 의거) 1. 민간경상사업보조(307-02) 2. 민간단체 법정운영비보조(307-03) 3. 민간행사사업보조(307-04) 4. 민간위탁금(307-05) 5. 사회복지시설 법정운영비보조(307-10) 6. 민간인위탁교육비(307-12) 7. 공기관등에대한경상적위탁사업비(308-11) 8. 민간자본사업보조,자체재원(402-01) 9. 민간자본사업보조,이전재원(402-02) 10. 민간위탁사업비(402-03) 11. 공기관등에 대한 자본적 대행사업비(403-02)	민간이전지출 근거 (지방보조금 관리기준 참고) 1. 법률에 규정 2. 국고보조 재원(국가지정) 3. 용도 지정 기부금 4. 조례에 직접규정 5. 지자체가 권장하는 사업을 하는 공공기관 6. 시,도 정책 및 재정사정 7. 기타 8. 해당없음	입찰방식 계약체결방법 (경쟁형태) 1. 일반경쟁 2. 제한경쟁 3. 지명경쟁 4. 수의계약 5. 법정위탁 6. 기타 ( ) 7. 해당없음	입찰방식 계약기간 1. 1년 2. 2년 3. 3년 4. 4년 5. 5년 6. 기타 ( )년 7. 단기계약 (1년미만) 8. 해당없음	입찰방식 낙찰자선정방법 1. 적격심사 2. 협상에의한계약 3. 최저가낙찰제 4. 규격가격분리 5. 2단계 경쟁입찰 6. 기타 ( ) 7. 해당없음	운영예산 산정 운영예산 산정 1. 내부산정 (지자체 자체적으로 산정) 2. 외부산정 (외부전문기관위탁 산정) 3. 내·외부 모두 산정 4. 산정 無 5. 해당없음	운영예산 산정 정산방법 1. 내부정산 (지자체 내부적으로 정산) 2. 외부정산 (외부전문기관위탁 정산) 3. 내·외부 모두 산정 4. 정산 無 5. 해당없음	성과평가 실시여부 1. 실시 2. 미실시 3. 향후 추진 4. 해당없음
4495	충남 당진시	충남여성대회 참가지원	4,000	여성가족과	3	1	7	8	7	1	1	1
4496	충남 당진시	여성단체협의회 워크숍	21,000	여성가족과	3	1	7	8	7	1	1	1
4497	충남 당진시	여성계 신년회 개최	3,000	여성가족과	3	1	7	8	7	1	1	1
4498	충남 당진시	3.8 여성의날	5,000	여성가족과	3	1	7	8	7	1	1	1
4499	충남 당진시	행복금혼식 지원	25,000	여성가족과	3	1	7	8	7	1	1	1
4500	충남 당진시	양성평등 주간 기념행사 지원	26,615	여성가족과	3	1	7	8	7	1	1	1
4501	충남 당진시	일본군위안부 피해자 기념사업	10,000	여성가족과	3	4	7	1	7	1	1	3
4502	충남 당진시	어린이날 행사지원	55,000	여성가족과	3	1	1	7	1	1	1	3
4503	충남 당진시	시자체 보육교직원 역량강화사업	8,000	여성가족과	3	4	7	8	7	1	1	1
4504	충남 당진시	충남보육인 대회 참가지원	2,500	여성가족과	3	4	7	8	7	1	1	1
4505	충남 당진시	보육교직원 역량강화사업	10,000	여성가족과	3	4	7	8	7	1	1	1
4506	충남 금산군	도 이장 체육행사 지원	70,000	자치행정과	3	4	7	8	7	1	1	1
4507	충남 금산군	민속대제전 개최지원	30,000	관광문화체육과	3	4	7	8	7	1	1	1
4508	충남 금산군	금산 국제관악대축제	200,000	관광문화체육과	3	4	7	8	7	1	1	1
4509	충남 금산군	금산인삼약령시장 축제마케팅 지원	20,000	인삼약초과	3	1	7	8	7	5	1	1
4510	충남 금산군	금산수삼센터 축제마케팅 지원	20,000	인삼약초과	3	6	7	8	7	5	1	4
4511	충남 부여군	저출산 극복 인식개선 프로그램 운영	8,500	전략사업과	3	1	7	8	7	5	5	4
4512	충남 부여군	향교 춘추향제 제수비	22,800	문화재과	3	4	7	8	7	1	1	1
4513	충남 부여군	향교 기로연 지원	15,200	문화재과	3	4	7	8	7	1	1	1
4514	충남 부여군	의열사 춘추향제 제수비	5,700	문화재과	3	4	7	8	7	1	1	1
4515	충남 부여군	창렬사 제수비	2,850	문화재과	3	4	7	8	7	1	1	1
4516	충남 부여군	청일사 제수비	2,850	문화재과	3	4	7	8	7	1	1	1
4517	충남 부여군	동절사 제수비	2,000	문화재과	3	4	7	8	7	1	1	1
4518	충남 부여군	부산서원 제수비	2,850	문화재과	3	4	7	8	7	1	1	1
4519	충남 부여군	창강서원 춘추향제 제수비	2,850	문화재과	3	4	7	8	7	1	1	1
4520	충남 부여군	퇴수서원 제수비	2,000	문화재과	3	4	7	8	7	1	1	1
4521	충남 부여군	동곡서원 제수비	2,000	문화재과	3	4	7	8	7	1	1	1
4522	충남 부여군	칠산서원 제수비	2,000	문화재과	3	4	7	8	7	1	1	1
4523	충남 부여군	간곡서원 제수비	2,000	문화재과	3	4	7	8	7	1	1	1
4524	충남 부여군	유교전통문화계승 지원사업	20,000	문화재과	3	4	7	8	7	1	1	1
4525	충남 부여군	송국리유적 풍년제 기원	9,500	문화재과	3	4	7	8	7	1	1	1
4526	충남 부여군	지역문화유산 활용 자원화	66,000	문화재과	3	2	7	8	7	1	1	1
4527	충남 부여군	지역문화유산 활용 자원화	25,000	문화재과	3	2	7	8	7	1	1	1
4528	충남 부여군	국악 강습회	3,000	문화체육관광과	3	7	7	8	7	5	5	4
4529	충남 부여군	국악협회 부여군지부 국악공연	2,000	문화체육관광과	3	7	7	8	7	5	5	4
4530	충남 부여군	백제제례 국악 관현악 무료강습	1,900	문화체육관광과	3	7	7	8	7	5	5	4
4531	충남 부여군	제7회 부여백제전국국악경연대회	80,000	문화체육관광과	3	7	7	8	7	5	5	4
4532	충남 부여군	도지사기 풍물대회 참가	2,000	문화체육관광과	3	7	7	8	7	5	5	4
4533	충남 부여군	부여풍물단 국악 공연	3,000	문화체육관광과	3	7	7	8	7	5	5	4
4534	충남 부여군	옛소리 무료강습 및 사랑나눔 공연	950	문화체육관광과	3	7	7	8	7	5	5	4
4535	충남 부여군	가요난타 강습회	1,425	문화체육관광과	3	7	7	8	7	5	5	4
4536	충남 부여군	부여미술협회 미술작품 회원전	3,000	문화체육관광과	3	7	7	8	7	5	5	4
4537	충남 부여군	한중일 국제미술 교류전	3,000	문화체육관광과	3	7	7	8	7	5	5	4

순번	시군구	지출명 (사업명)	2021년예산 (단위:천원/1년간)	담당자 (공무원) 담당부서	민간이전 분류 (지방자치단체 세출예산 집행기준에 의거) 1. 민간경상사업보조(307-02) 2. 민간단체 법정운영비보조(307-03) 3. 민간행사사업보조(307-04) 4. 민간위탁금(307-05) 5. 사회복지시설 법정운영비보조(307-10) 6. 민간인위탁교육비(307-12) 7. 공기관등에대한경상적위탁사업비(308-11) 8. 민간자본사업보조,자체재원(402-01) 9. 민간자본사업보조,이전재원(402-02) 10. 민간위탁사업비(402-03) 11. 공기관등에 대한 자본적 대행사업비(403-02)	민간이전지출 근거 (지방보조금 관리기준 참고) 1. 법률에 규정 2. 국고보조 재원(국가지정) 3. 용도 지정 기부금 4. 조례에 직접규정 5. 지자체가 권장하는 사업을 하는 공공기관 6. 시,도 정책 및 재정사정 7. 기타 8. 해당없음	입찰방식 계약체결방법 (경쟁형태) 1. 일반경쟁 2. 제한경쟁 3. 지명경쟁 4. 수의계약 5. 법정위탁 6. 기타 ( ) 7. 해당없음	입찰방식 계약기간 1. 1년 2. 2년 3. 3년 4. 4년 5. 5년 6. 기타 ( )년 7. 단기계약 (1년미만) 8. 해당없음	입찰방식 낙찰자선정방법 1. 적격심사 2. 협상에의한계약 3. 최저가낙찰제 4. 규격가격분리 5. 2단계 경쟁입찰 6. 기타 ( ) 7. 해당없음	운영예산 산정 운영예산 산정 1. 내부산정 (지자체 자체적으로 산정) 2. 외부산정 (외부전문기관위탁 산정) 3. 내·외부 모두 산정 4. 산정 無 5. 해당없음	운영예산 산정 정산방법 1. 내부정산 (지자체 내부적으로 정산) 2. 외부정산 (외부전문기관위탁 정산) 3. 내·외부 모두 산정 4. 정산 無 5. 해당없음	성과평가 실시여부 1. 실시 2. 미실시 3. 향후 추진 4. 해당없음
4538	충남 부여군	부여 미술제	2,000	문화체육관광과	3	7	7	8	7	5	5	4
4539	충남 부여군	제18회 어울림전	1,425	문화체육관광과	3	7	7	8	7	5	5	4
4540	충남 부여군	부여서예협회 회원전	3,000	문화체육관광과	3	7	7	8	7	5	5	4
4541	충남 부여군	한국서각진흥협회부여지부 서각전시회	1,800	문화체육관광과	3	7	7	8	7	5	5	4
4542	충남 부여군	한국서도협회 서예술 축전	60,000	문화체육관광과	3	6	7	8	7	5	5	4
4543	충남 부여군	전국시조경창대회	5,000	문화체육관광과	3	7	7	8	7	5	5	4
4544	충남 부여군	내포제 시조경창대회	10,000	문화체육관광과	3	7	7	8	7	5	5	4
4545	충남 부여군	충청남도 합창경연대회 참가 지원	5,000	문화체육관광과	3	7	7	8	7	5	5	4
4546	충남 부여군	사비문학 종합문예지 발간	4,000	문화체육관광과	3	7	7	8	7	5	5	4
4547	충남 부여군	시사랑연구회 지원	1,900	문화체육관광과	3	7	7	8	7	5	5	4
4548	충남 부여군	부여디지털사진회 회원전	950	문화체육관광과	3	7	7	8	7	5	5	4
4549	충남 부여군	부처님오신날 봉축법요식	8,000	문화체육관광과	3	7	7	8	7	5	5	4
4550	충남 부여군	금성산 개천제	2,000	문화체육관광과	3	7	7	8	7	5	5	4
4551	충남 부여군	옥산 옥녀봉 진달래꽃 십리길 축제	15,000	문화체육관광과	3	7	7	8	7	5	5	4
4552	충남 부여군	충남 민속대제전	8,000	문화체육관광과	3	7	7	8	7	5	5	4
4553	충남 부여군	백제전통 민속놀이 강습지원	1,900	문화체육관광과	3	7	7	8	7	5	5	4
4554	충남 부여군	백제칠석 차 문화제	4,000	문화체육관광과	3	7	7	8	7	5	5	4
4555	충남 부여군	보리사 산사음악회 지원	40,000	문화체육관광과	3	6	7	8	7	5	5	4
4556	충남 부여군	미암사 산사음악회 지원	60,000	문화체육관광과	3	6	7	8	7	5	5	4
4557	충남 부여군	무량사 산사음악회 지원	60,000	문화체육관광과	3	6	7	8	7	5	5	4
4558	충남 부여군	대조사 산사음악회 지원	40,000	문화체육관광과	3	6	7	8	7	5	5	4
4559	충남 부여군	부여 예술제	15,000	문화체육관광과	3	7	7	8	7	5	5	4
4560	충남 부여군	지역예술인 행사	40,000	문화체육관광과	3	6	7	8	7	5	5	4
4561	충남 부여군	석성면지 편찬	100,000	문화체육관광과	3	7	7	8	7	5	5	4
4562	충남 부여군	부여 저석리 산신제	1,900	문화체육관광과	3	7	7	8	7	5	5	4
4563	충남 부여군	규암 자온 당산제	1,900	문화체육관광과	3	7	7	8	7	5	5	4
4564	충남 부여군	규암 규암리 동제	950	문화체육관광과	3	7	7	8	7	5	5	4
4565	충남 부여군	은산 장벌리 동화제 및 탑제	1,900	문화체육관광과	3	7	7	8	7	5	5	4
4566	충남 부여군	은산 금공리 산신제	1,425	문화체육관광과	3	7	7	8	7	5	5	4
4567	충남 부여군	은산 가곡리 동화제	950	문화체육관광과	3	7	7	8	7	5	5	4
4568	충남 부여군	외산 문신2리 동화제	950	문화체육관광과	3	7	7	8	7	5	5	4
4569	충남 부여군	외산 만수2리 산신제 및 장승제	1,425	문화체육관광과	3	7	7	8	7	5	5	4
4570	충남 부여군	외산 장항리 산신제	950	문화체육관광과	3	7	7	8	7	5	5	4
4571	충남 부여군	외산 아미산 산신제	950	문화체육관광과	3	7	7	8	7	5	5	4
4572	충남 부여군	내산 괴목정 노신제	950	문화체육관광과	3	7	7	8	7	5	5	4
4573	충남 부여군	구룡 금사리 당산제	950	문화체육관광과	3	7	7	8	7	5	5	4
4574	충남 부여군	구룡 풍년기원제	1,900	문화체육관광과	3	7	7	8	7	5	5	4
4575	충남 부여군	홍산 북촌리 장승제	1,900	문화체육관광과	3	7	7	8	7	5	5	4
4576	충남 부여군	옥산 옥녀봉 산신제	1,900	문화체육관광과	3	7	7	8	7	5	5	4
4577	충남 부여군	임천 군사리 동화제 및 당산제	1,900	문화체육관광과	3	7	7	8	7	5	5	4
4578	충남 부여군	장암 장하리 천진전 천제	1,900	문화체육관광과	3	7	7	8	7	5	5	4
4579	충남 부여군	세도 가회리 장군제	1,900	문화체육관광과	3	7	7	8	7	5	5	4
4580	충남 부여군	세도 청송리 장승제	1,900	문화체육관광과	3	7	7	8	7	5	5	4

순번	시군구	지출명 (사업명)	2021년예산 (단위:천원/1년간)	담당자 (공무원) 담당부서	민간이전 분류 (지방자치단체 세출예산 집행기준에 의거) 1. 민간경상사업보조(307-02) 2. 민간단체 법정운영비보조(307-03) 3. 민간행사사업보조(307-04) 4. 민간위탁금(307-05) 5. 사회복지시설 법정운영비보조(307-10) 6. 민간인위탁교육비(307-12) 7. 공기관등에대한경상적위탁사업비(308-11) 8. 민간자본사업보조,자체재원(402-01) 9. 민간자본사업보조,이전재원(402-02) 10. 민간위탁사업비(402-03) 11. 공기관등에 대한 자본적 대행사업비(403-02)	민간이전지출 근거 (지방보조금 관리기준 참고) 1. 법률에 규정 2. 국고보조 재원(국가지정) 3. 용도 지정 기부금 4. 조례에 직접규정 5. 지자체가 권장하는 사업을 하는 공공기관 6. 시,도 정책 및 재정사정 7. 기타 8. 해당없음	입찰방식 계약체결방법 (경쟁형태) 1. 일반경쟁 2. 제한경쟁 3. 지명경쟁 4. 수의계약 5. 법정위탁 6. 기타 ( ) 7. 해당없음	입찰방식 계약기간 1. 1년 2. 2년 3. 3년 4. 4년 5. 5년 6. 기타 ( )년 7. 단기계약 (1년미만) 8. 해당없음	입찰방식 낙찰자선정방법 1. 적격심사 2. 협상에의한계약 3. 최저가낙찰제 4. 규격가격분리 5. 2단계 경쟁입찰 6. 기타 ( ) 7. 해당없음	운영예산 산정 운영예산 산정 1. 내부산정 (지자체 자체적으로 산정) 2. 외부산정 (외부전문기관위탁 산정) 3. 내·외부 모두 산정 4. 산정 無 5. 해당없음	운영예산 산정 정산방법 1. 내부정산 (지자체 내부적으로 정산) 2. 외부정산 (외부전문기관위탁 정산) 3. 내·외부 모두 산정 4. 정산 無 5. 해당없음	성과평가 실시여부 1. 실시 2. 미실시 3. 향후 추진 4. 해당없음
4581	충남 부여군	석성 봉정리 산신제	950	문화체육관광과	3	7	7	8	7	5	5	4
4582	충남 부여군	석성 현내리 부도 탑제	1,900	문화체육관광과	3	7	7	8	7	5	5	4
4583	충남 부여군	내산 주암리 정월대보름 행사	1,425	문화체육관광과	3	7	7	8	7	5	5	4
4584	충남 부여군	충청남도 합창경연대회 참가 지원	5,000	문화체육관광과	3	4	6	1	6	1	1	1
4585	충남 부여군	백제문화제 활성화 사업	400,000	문화체육관광과	3	5	7	8	7	1	1	1
4586	충남 부여군	서동연꽃축제 개최	900,000	문화체육관광과	3	5	7	8	7	1	1	1
4587	충남 부여군	부소산 봄축제	300,000	문화체육관광과	3	5	7	8	7	1	1	1
4588	충남 부여군	가맹단체 행사지원	133,000	문화체육관광과	3	4	7	8	7	5	5	4
4589	충남 부여군	군수기대회 개최지원	43,700	문화체육관광과	3	4	7	8	7	5	5	4
4590	충남 부여군	군 및 도 주관 생활체육대회 출전지원	14,250	문화체육관광과	3	4	7	8	7	5	5	4
4591	충남 부여군	각종 읍면대항 체육행사 지원	60,800	문화체육관광과	3	4	7	8	7	5	5	4
4592	충남 부여군	권역별 게이트볼 리그대회 개최지원	7,600	문화체육관광과	3	4	7	8	7	5	5	4
4593	충남 부여군	OB클럽 축구대회 개최지원	1,900	문화체육관광과	3	4	7	8	7	5	5	4
4594	충남 부여군	충청남도체육대회 출전지원	209,000	문화체육관광과	3	4	7	8	7	5	5	4
4595	충남 부여군	도지사기 대회 출전 및 개최지원	38,000	문화체육관광과	3	4	7	8	7	5	5	4
4596	충남 부여군	충청남도 어르신생활체육대회 출전지원	19,000	문화체육관광과	3	4	7	8	7	5	5	4
4597	충남 부여군	시니어 배구 대회 개최지원	3,800	문화체육관광과	3	4	7	8	7	5	5	4
4598	충남 부여군	그라운드골프대회 개최지원	14,250	문화체육관광과	3	4	7	8	7	5	5	4
4599	충남 부여군	전국 마라톤대회 개최지원	28,500	문화체육관광과	3	4	7	8	7	5	5	4
4600	충남 부여군	전국 배드민턴대회 개최지원	28,500	문화체육관광과	3	4	7	8	7	5	5	4
4601	충남 부여군	전국 유소년 축구대회 개최지원	285,000	문화체육관광과	3	4	7	8	7	5	5	4
4602	충남 부여군	전국 카누대회 개최지원	52,250	문화체육관광과	3	4	7	8	7	5	5	4
4603	충남 부여군	회장배 전국 카누 경기대회	52,250	문화체육관광과	3	4	7	8	7	5	5	4
4604	충남 부여군	전국 테니스대회 개최지원	23,750	문화체육관광과	3	4	7	8	7	5	5	4
4605	충남 부여군	전국 파크골프대회 개최지원	28,500	문화체육관광과	3	4	7	8	7	5	5	4
4606	충남 부여군	전국 아마추어 골프대회 개최지원	28,500	문화체육관광과	3	4	7	8	7	5	5	4
4607	충남 부여군	굿뜨래배 전국유소년 야구대회 지원	80,000	문화체육관광과	3	4	7	8	7	5	5	4
4608	충남 부여군	굿뜨래배 전국유소년 축구대회 지원	100,000	문화체육관광과	3	4	7	8	7	5	5	4
4609	충남 부여군	굿뜨래배 전국 생활체조 경연대회	40,000	문화체육관광과	3	4	7	8	7	5	5	4
4610	충남 부여군	시각장애인 체육대회 출전지원	3,800	문화체육관광과	3	4	7	8	7	5	5	4
4611	충남 부여군	충남 농아인체육대회 출전지원	3,800	문화체육관광과	3	4	7	8	7	5	5	4
4612	충남 부여군	충남 농아인체육대회 출전지원	61,750	문화체육관광과	3	4	7	8	7	5	5	4
4613	충남 부여군	전국 휠체어 마라톤대회 출전지원	1,900	문화체육관광과	3	4	7	8	7	5	5	4
4614	충남 부여군	전국 지체장애인체육대회 출전지원	2,850	문화체육관광과	3	4	7	8	7	5	5	4
4615	충남 부여군	충남 농업경영인대회 참가	7,600	농정과	3	1	7	8	7	5	5	4
4616	충남 부여군	(사)한국농업경영인부여군연합회 굿뜨래 농산물 홍보 활동 등	19,000	농정과	3	1	7	8	7	5	5	4
4617	충남 부여군	(사)한국여성농업경영인부여군연합회 우수농산물 품평회 등	9,500	농정과	3	1	7	8	7	5	5	4
4618	충남 부여군	농업경영인 가족 체육(단합)대회	19,000	농정과	3	1	7	8	7	5	5	4
4619	충남 부여군	전국 한국여성농업인대회 참가	7,600	농정과	3	1	7	8	7	5	5	4
4620	충남 부여군	전국 여성농민회대회 참가	1,900	농정과	3	1	7	8	7	5	5	4
4621	충남 부여군	농촌체험마을 홍보행사 지원	3,400	굿뜨래경영과	3	2	7	8	7	1	1	1
4622	충남 부여군	농촌축제 지원	10,000	굿뜨래경영과	3	2	7	8	7	1	1	1
4623	충남 부여군	전적지순례비	18,500	사회복지과	3	4	7	8	7	1	1	1

순번	시군구	지출명 (사업명)	2021년예산 (단위:천원/1년간)	담당자 (공무원) 담당부서	민간이전 분류 (지방자치단체 세출예산 집행기준에 의거) 1. 민간경상사업보조(307-02) 2. 민간단체 법정운영비보조(307-03) 3. 민간행사사업보조(307-04) 4. 민간위탁금(307-05) 5. 사회복지시설 법정운영비보조(307-10) 6. 민간인위탁교육비(307-12) 7. 공기관등에대한경상적위탁사업비(308-11) 8. 민간자본사업보조,자체재원(402-01) 9. 민간자본사업보조,이전재원(402-02) 10. 민간위탁사업비(402-03) 11. 공기관등에 대한 자본적 대행사업비(403-02)	민간이전지출 근거 (지방보조금 관리기준 참고) 1. 법률에 규정 2. 국고보조 재원(국가지정) 3. 용도 지정 기부금 4. 조례에 직접규정 5. 지자체가 권장하는 사업을 하는 공공기관 6. 시,도 정책 및 재정사정 7. 기타 8. 해당없음	입찰방식 계약체결방법 (경쟁형태) 1. 일반경쟁 2. 제한경쟁 3. 지명경쟁 4. 수의계약 5. 법정위탁 6. 기타 ( ) 7. 해당없음	입찰방식 계약기간 1. 1년 2. 2년 3. 3년 4. 4년 5. 5년 6. 기타 ( )년 7. 단기계약 (1년미만) 8. 해당없음	입찰방식 낙찰자선정방법 1. 적격심사 2. 협상에의한계약 3. 최저가낙찰제 4. 규격가격분리 5. 2단계 경쟁입찰 6. 기타 ( ) 7. 해당없음	운영예산 산정 운영예산 산정 1. 내부산정 (지자체 자체적으로 산정) 2. 외부산정 (외부전문기관위탁 산정) 3. 내·외부 모두 산정 4. 산정 無 5. 해당없음	운영예산 산정 정산방법 1. 내부정산 (지자체 내부적으로 정산) 2. 외부정산 (외부전문기관위탁 정산) 3. 내·외부 모두 산정 4. 정산 無 5. 해당없음	성과평가 실시여부 1. 실시 2. 미실시 3. 향후 추진 4. 해당없음
4624	충남 부여군	현충일 기념행사	5,180	사회복지과	3	4	7	8	7	1	1	1
4625	충남 부여군	6.25전쟁 기념행사	9,620	사회복지과	3	4	7	8	7	1	1	1
4626	충남 부여군	월남전참전유공자 추모제 및 전우만남의 장	4,810	사회복지과	3	4	7	8	7	1	1	1
4627	충남 부여군	규암면 참전유공자 추모제	1,850	사회복지과	3	4	7	8	7	1	1	1
4628	충남 부여군	은산면 참전유공자 추모제	1,850	사회복지과	3	4	7	8	7	1	1	1
4629	충남 부여군	초촌면 참전유공자 추모제	1,850	사회복지과	3	4	7	8	7	1	1	1
4630	충남 부여군	장암면 독립유공자 추모제	1,850	사회복지과	3	4	7	8	7	1	1	1
4631	충남 부여군	세도면 3.1독립운동 추모제	1,850	사회복지과	3	4	7	8	7	1	1	1
4632	충남 부여군	은산면 독립투사 박영희장군 추모제	1,850	사회복지과	3	4	7	8	7	1	1	1
4633	충남 부여군	장애인의 날 기념행사 개최	11,100	사회복지과	3	4	7	1	7	1	1	1
4634	충남 부여군	장애인 기능경기대회 참가	1,110	사회복지과	3	4	7	1	7	1	1	1
4635	충남 부여군	재가장애인 세상체험행사	7,770	사회복지과	3	4	7	1	7	1	1	1
4636	충남 부여군	장애인 합동결혼식 참가	1,850	사회복지과	3	4	7	1	7	1	1	1
4637	충남 부여군	지체장애인의 날 도행사 참가	2,590	사회복지과	3	4	7	1	7	1	1	1
4638	충남 부여군	장애인 종합예술제 참가	1,110	사회복지과	3	4	7	1	7	1	1	1
4639	충남 부여군	충남 장애인의 날 행사 참가	1,850	사회복지과	3	4	7	1	7	1	1	1
4640	충남 부여군	충남 농아인의 날 행사 참가	1,850	사회복지과	3	4	7	1	7	1	1	1
4641	충남 부여군	너울가지문화탐방	2,960	사회복지과	3	4	7	1	7	1	1	1
4642	충남 부여군	충남 시각 경로위안잔치 참가	1,110	사회복지과	3	4	7	1	7	1	1	1
4643	충남 부여군	시각장애인 재활증진 및 걷기대회	2,590	사회복지과	3	4	7	1	7	1	1	1
4644	충남 부여군	흰 지팡이의 날 행사 참가	1,110	사회복지과	3	4	7	1	7	1	1	1
4645	충남 부여군	6.3 충남 농아인의 날 행사 개최	19,000	사회복지과	3	4	7	1	7	1	1	1
4646	충남 부여군	양성평등주간기념행사 지원	9,615	가족행복과	3	1	5	8	7	5	1	1
4647	충남 부여군	전국임업인후계자대회 참가	7,400	산림녹지과	3	7	4	8	7	1	1	4
4648	충남 부여군	건강어르신 선발 및 건강체조 발표회	18,050	보건소	3	1	7	8	7	1	1	1
4649	충남 부여군	로컬축산물 홍보 판촉 지원	10,000	농업기술센터	3	4	7	8	7	5	5	4
4650	충남 부여군	수산업경영인대회 참가 지원	4,000	농업기술센터	3	4	7	8	7	5	5	3
4651	충남 부여군	양식어종 홍보판촉 지원	4,000	농업기술센터	3	4	7	8	7	5	5	3
4652	충남 서천군	6.25전쟁 기념 행사 지원	7,200	사회복지실	3	4	7	8	7	3	1	1
4653	충남 서천군	서천마산신장3.1만세운동 재연 및 기념행사 지원	10,800	자치행정과	3	4	7	8	7	1	1	3
4654	충남 서천군	수학여행단 안심관광상품 시범운영	4,500	관광축제과	3	1	7	8	7	5	5	4
4655	충남 서천군	서천 전국 자전거 대행진	50,000	관광축제과	3	4	7	8	7	5	5	4
4656	충남 서천군	해양레저스포츠 교육프로그램 지원	20,000	관광축제과	3	2	7	8	7	5	5	4
4657	충남 서천군	한산모시문화제 읍면홍보관 운영 지원	23,400	관광축제과	3	4	5	7	7	4	1	1
4658	충남 서천군	제31회 한산모시문화제 운영	708,200	관광축제과	3	4	5	7	7	4	1	1
4659	충남 서천군	향교 전통문화 시연	10,800	문화진흥과	3	5	7	8	7	1	1	1
4660	충남 서천군	각종예술단체행사지원	50,400	문화진흥과	3	1	7	8	7	1	1	1
4661	충남 서천군	서천단오제지원	7,200	문화진흥과	3	1	7	8	7	1	1	1
4662	충남 서천군	서천예술제 지원	18,000	문화진흥과	3	1	7	8	7	1	1	1
4663	충남 서천군	제7회 생명의 바다 그림대회 행사 지원	9,000	문화진흥과	3	1	7	8	7	1	1	1
4664	충남 서천군	서천군립합창단 합창대회 참가 지원	14,000	문화진흥과	3	1	7	8	7	1	1	1
4665	충남 서천군	서천군립합창단 정기연주회 지원	6,000	문화진흥과	3	1	7	8	7	1	1	1
4666	충남 서천군	서천군립전통무용단 문화교류 사업	16,000	문화진흥과	3	1	7	8	7	1	1	1

순번	시군구	지출명 (사업명)	2021년예산 (단위:천원/1년간)	담당자 (공무원) 담당부서	민간이전 분류 (지방자치단체 세출예산 집행기준에 의거) 1. 민간경상사업보조(307-02) 2. 민간단체 법정운영비보조(307-03) 3. 민간행사사업보조(307-04) 4. 민간위탁금(307-05) 5. 사회복지시설 법정운영비보조(307-10) 6. 민간인위탁교육비(307-12) 7. 공기관등에대한경상적위탁사업비(308-11) 8. 민간자본사업보조,자체재원(402-01) 9. 민간자본사업보조,이전재원(402-02) 10. 민간위탁사업비(402-03) 11. 공기관등에 대한 자본적 대행사업비(403-02)	민간이전지출 근거 (지방보조금 관리기준 참고) 1. 법률에 규정 2. 국고보조 재원(국가지정) 3. 용도 지정 기부금 4. 조례에 직접규정 5. 지자체가 권장하는 사업을 하는 공공기관 6. 시,도 정책 및 재정사정 7. 기타 8. 해당없음	입찰방식 계약체결방법 (경쟁형태) 1. 일반경쟁 2. 제한경쟁 3. 지명경쟁 4. 수의계약 5. 법정위탁 6. 기타 ( ) 7. 해당없음	계약기간 1. 1년 2. 2년 3. 3년 4. 4년 5. 5년 6. 기타 ( )년 7. 단기계약 (1년미만) 8. 해당없음	낙찰자선정방법 1. 적격심사 2. 협상에의한계약 3. 최저가낙찰제 4. 규격가격분리 5. 2단계 경쟁입찰 6. 기타 ( ) 7. 해당없음	운영예산 산정 운영예산 산정 1. 내부산정 (지자체 자체적으로 산정) 2. 외부산정 (외부전문기관위탁 산정) 3. 내·외부 모두 산정 4. 산정 無 5. 해당없음	정산방법 1. 내부정산 (지자체 내부적으로 정산) 2. 외부정산 (외부전문기관위탁 정산) 3. 내·외부 모두 산정 4. 정산 無 5. 해당없음	성과평가 실시여부 1. 실시 2. 미실시 3. 향후 추진 4. 해당없음
4667	충남 서천군	충남도지사배 민속행사 지원	11,700	문화진흥과	3	1	7	8	7	1	1	1
4668	충남 서천군	어린이 안전퀴즈대회 운영	22,000	안전총괄과	3	8	7	8	7	5	5	4
4669	충남 서천군	농촌축제 지원	28,000	농정과	3	6	1	1	1	1	1	4
4670	충남 서천군	농민회 전국대회 등 참석자보상	4,800	농정과	3	7	7	8	7	1	1	1
4671	충남 서천군	쌀전업농연합회 전국대회 등 참석자 보상	4,800	농정과	3	7	7	8	7	1	1	1
4672	충남 서천군	농업경영인 전국대회 등 참석자 보상	4,800	농정과	3	7	7	8	7	1	1	1
4673	충남 서천군	여성농업인 전국대회 등 참석자 보상	2,400	농정과	3	7	7	8	7	1	1	1
4674	충남 서천군	쌀생산자협회 전국대회 등 참석자보상	3,000	농정과	3	7	7	8	7	1	1	1
4675	충남 서천군	어민회 풍어제 행사 지원	3,600	해양수산과	3	4	7	8	7	5	5	4
4676	충남 서천군	충청남도장애인체육대회 개최	1,020,000	체육사업소	3	4	7	8	7	1	1	1
4677	충남 서천군	전문체육 종목단체 대내외 행사지원	22,800	체육사업소	3	4	5	1	7	1	1	1
4678	충남 서천군	군수배 통합체육대회 개최지원	40,000	체육사업소	3	4	5	1	7	1	1	1
4679	충남 서천군	서천군체육회장기 대회	30,000	체육사업소	3	4	5	1	7	1	1	1
4680	충남 청양군	3.1만세운동	33,500	복지정책과	3	4	7	8	7	1	1	1
4681	충남 청양군	사회복지협의회 운영비(워크숍)	3,000	복지정책과	3	4	7	8	7	1	1	1
4682	충남 청양군	사회복지의 날 기념식	20,000	복지정책과	3	4	7	8	7	1	1	1
4683	충남 청양군	어린이날 행사지원	30,000	복지정책과	3	7	7	8	7	1	1	1
4684	충남 청양군	노인의날 행사	22,000	통합돌봄과	3	6	4	7	7	1	1	2
4685	충남 청양군	장애인의 날 행사	23,000	통합돌봄과	3	4	7	8	7	1	1	1
4686	충남 청양군	자원봉사자의 날 행사	15,000	통합돌봄과	3	4	7	8	7	1	1	1
4687	충남 청양군	기업활동지원금	15,000	미래전략과	3	4	7	8	7	5	5	4
4688	충남 청양군	지역자율방재단 운영	10,000	안전재난과	3	4	7	8	7	1	1	1
4689	충남 청양군	문화원 신년교례회	10,000	문화체육관광과	3	4	7	8	7	1	1	1
4690	충남 청양군	권병홍 기념 푸른밤 음악회 개최	7,000	문화체육관광과	3	4	7	8	7	1	1	1
4691	충남 청양군	청양 향토작가전 개최 및 학생미술캠프 운영 지원사업	15,000	문화체육관광과	3	4	7	8	7	1	1	1
4692	충남 청양군	제4회 청양사랑 전국아마추어 색소폰 앙상블 대회	36,000	문화체육관광과	3	4	7	8	7	1	1	1
4693	충남 청양군	제22회 칠갑산장승문화축제	185,000	문화체육관광과	3	4	7	8	7	1	1	1
4694	충남 청양군	전국 내포제 시조경창대회 개최 지원사업	8,000	문화체육관광과	3	4	7	8	7	1	1	1
4695	충남 청양군	전국 청소년 기악경연대회 개최 지원사업	10,000	문화체육관광과	3	4	7	8	7	1	1	1
4696	충남 청양군	대한민국 면암서화공모대전 개최 지원사업	60,000	문화체육관광과	3	4	7	8	7	1	1	1
4697	충남 청양군	좋은 책 알리기 문화행사 지원사업	3,000	문화체육관광과	3	4	7	8	7	1	1	1
4698	충남 청양군	지역문화예술단체 지원사업	100,000	문화체육관광과	3	4	7	8	7	1	1	1
4699	충남 청양군	군 어머니 생활체육대회 개최 지원사업	35,000	문화체육관광과	3	4	7	8	7	1	1	1
4700	충남 청양군	전통향교 기로연 행사 보조	10,000	문화체육관광과	3	4	7	8	7	1	1	1
4701	충남 청양군	모덕사 추계제향 행사지원	4,000	문화체육관광과	3	4	7	8	7	1	1	1
4702	충남 청양군	농업인 단체 지원	20,000	농업정책과	3	4	7	8	7	1	1	3
4703	충남 청양군	청양군수배 전국 민물낚시대회	9,000	산림축산과	3	4	7	8	7	1	1	1
4704	충남 청양군	모범 새마을지도자 연수	3,000	행정지원과	3	1	7	8	7	5	5	1
4705	충남 청양군	새마을지도자 경진대회	5,000	행정지원과	3	1	7	8	7	5	5	1
4706	충남 청양군	독서경진대회	2,500	행정지원과	3	1	7	8	7	5	5	1
4707	충남 청양군	바르게살기 회원 한마음다짐대회	7,000	행정지원과	3	1	7	8	7	5	5	1
4708	충남 청양군	바르게살기운동 회원 연수	2,000	행정지원과	3	1	7	8	7	5	5	1
4709	충남 청양군	자율방범연합대 한마음체육대회	12,000	행정지원과	3	4	7	8	7	5	5	1

순번	시군구	지출명 (사업명)	2021년예산 (단위:천원/1년간)	담당자 (공무원)	민간이전 분류 (지방자치단체 세출예산 집행기준에 의거)	민간이전지출 근거 (지방보조금 관리기준 참고)	입찰방식			운영예산 산정		성과평가 실시여부
				담당부서	1. 민간경상사업보조(307-02) 2. 민간단체 법정운영비보조(307-03) 3. 민간행사사업보조(307-04) 4. 민간위탁금(307-05) 5. 사회복지시설 법정운영비보조(307-10) 6. 민간인위탁교육비(307-12) 7. 공기관등에대한경상적위탁사업비(308-11) 8. 민간자본사업보조,자체재원(402-01) 9. 민간자본사업보조,이전재원(402-02) 10. 민간위탁사업비(402-03) 11. 공기관등에 대한 자본적 대행사업비(403-02)	1. 법률에 규정 2. 국고보조 재원(국가지정) 3. 용도 지정 기부금 4. 조례에 직접규정 5. 지자체가 권장하는 사업을 하는 공공기관 6. 시,도 정책 및 재정사정 7. 기타 8. 해당없음	계약체결방법 (경쟁형태) 1. 일반경쟁 2. 제한경쟁 3. 지명경쟁 4. 수의계약 5. 법정위탁 6. 기타 ( ) 7. 해당없음	계약기간 1. 1년 2. 2년 3. 3년 4. 4년 5. 5년 6. 기타 ( )년 7. 단기계약 (1년미만) 8. 해당없음	낙찰자선정방법 1. 적격심사 2. 협상에의한계약 3. 최저가낙찰제 4. 규격가격분리 5. 2단계 경쟁입찰 6. 기타 ( ) 7. 해당없음	운영예산 산정 1. 내부산정 (지자체 자체적으로 산정) 2. 외부산정 (외부전문기관위탁 산정) 3. 내·외부 모두 산정 4. 산정 無 5. 해당없음	정산방법 1. 내부정산 (지자체 내부적으로 정산) 2. 외부정산 (외부전문기관위탁 정산) 3. 내·외부 모두 산정 4. 정산 無 5. 해당없음	1. 실시 2. 미실시 3. 향후 추진 4. 해당없음
4710	충남 청양군	적십자봉사회 한마음 행사	8,000	행정지원과	3	4	7	8	7	5	5	1
4711	충남 청양군	사회단체 보조금 지원사업	7,600	행정지원과	3	4	7	8	7	1	1	1
4712	충남 청양군	신년 해맞이 행사	7,000	행정지원과	3	7	7	8	7	5	5	1
4713	충남 청양군	청양군 이장한마음대회	25,000	행정지원과	3	4	7	8	7	5	5	1
4714	충남 청양군	청양군 이장 신년교례회 및 정기총회	5,000	행정지원과	3	4	7	8	7	5	5	1
4715	충남 청양군	모범이장 선진지 견학	15,000	행정지원과	3	4	7	8	7	5	5	1
4716	충남 청양군	이장역량강화 직무워크숍	15,000	행정지원과	3	4	7	8	7	5	5	1
4717	충남 청양군	청양아카데미	16,000	행정지원과	3	1	7	8	7	5	5	1
4718	충남 청양군	농업인학습단체 6차산업화 워크숍 개최지원	20,000	농업기술센터	3	4	7	8	7	1	1	1
4719	충남 청양군	농업인학습단체 행사지원	5,500	농업기술센터	3	4	7	8	7	1	1	1
4720	충남 청양군	청양군 농촌지도자대회 행사지원	15,000	농업기술센터	3	4	7	8	7	1	1	3
4721	충남 청양군	농업인학습단체 역량강화 지원시범	5,000	농업기술센터	3	2	7	8	7	1	1	1
4722	충남 청양군	사랑의 전통장담그기나눔행사	6,000	농업기술센터	3	4	7	8	7	1	1	4
4723	충남 홍성군	군민공감 정책토론회	20,000	기획감사담당관	3	4	7	8	7	5	1	1
4724	충남 홍성군	청년의날 기념행사	20,000	기획감사담당관	3	1	7	8	7	5	5	3
4725	충남 태안군	보훈가족의 날 행사	5,000	복지증진과	3	4	7	8	7	5	5	4
4726	충남 태안군	재향군인회 행사지원	5,000	복지증진과	3	4	7	8	7	5	5	4
4727	충남 태안군	독립운동가 우운 문양목선생 추모제	3,000	복지증진과	3	4	7	8	7	5	5	4
4728	충남 태안군	읍면별 경로행사	127,500	가족정책과	3	7	6	7	6	1	1	3
4729	충남 태안군	어린이집 보육교직원 연찬회 지원	8,000	가족정책과	3	4	7	8	7	5	5	4
4730	충남 태안군	충남 한마음 보육인대회 행사 지원	2,700	가족정책과	3	4	7	8	7	5	5	4
4731	충남 태안군	산사음악회	50,000	문화예술과	3	4	7	8	7	5	5	4
4732	충남 태안군	소성백일장	3,000	문화예술과	3	6	7	8	7	5	5	4
4733	충남 태안군	태안어린이동요대회	7,250	문화예술과	3	6	7	8	7	5	5	4
4734	충남 태안군	범군민중앙대제	25,000	문화예술과	3	6	7	8	7	5	5	4
4735	충남 태안군	충남도지사배민속대제전	4,512	문화예술과	3	6	7	8	7	5	5	4
4736	충남 태안군	제15회 태안문화제	150,000	문화예술과	3	6	7	8	7	5	5	4
4737	충남 태안군	태안예술제	11,800	문화예술과	3	4	7	8	7	5	5	4
4738	충남 태안군	춘추기 석전대제 지원	8,000	문화예술과	3	4	7	8	7	5	5	4
4739	충남 태안군	기로연 지원	2,000	문화예술과	3	4	7	8	7	5	5	4
4740	충남 태안군	유림의날 행사지원	5,500	문화예술과	3	4	7	8	7	5	5	4
4741	충남 태안군	삼대가 효 실천체험교육	3,000	문화예술과	3	4	7	8	7	5	5	4
4742	충남 태안군	군수기 읍면 풍물경연대회	35,000	문화예술과	3	4	7	8	7	5	5	4
4743	충남 태안군	전국사물놀이 경연대회	3,600	문화예술과	3	4	7	8	7	5	5	4
4744	충남 태안군	충청남도지사기 풍물경연대회	3,500	문화예술과	3	4	7	8	7	5	5	4
4745	충남 태안군	찾아가는 국악 한마당	2,400	문화예술과	3	4	7	8	7	5	5	4
4746	충남 태안군	충남국악제 경연대회	3,500	문화예술과	3	4	7	8	7	5	5	4
4747	충남 태안군	전국 시조경창 대회	3,000	문화예술과	3	4	7	8	7	5	5	4
4748	충남 태안군	흥겨운 국악 한마당 선소리 산타령 발표회	2,000	문화예술과	3	4	7	8	7	5	5	4
4749	충남 태안군	태안전국국악경연대회	2,000	문화예술과	3	4	7	8	7	5	5	4
4750	충남 태안군	2忠1孝 백일장 대회	3,000	문화예술과	3	4	7	8	7	5	5	4
4751	충남 태안군	찾아가는 한지공예	2,000	문화예술과	3	4	7	8	7	5	5	4
4752	충남 태안군	태안 서화회원 작품 전시회	3,000	문화예술과	3	4	7	8	7	5	5	4

순번	시군구	지출명 (사업명)	2021년예산 (단위:천원/1년간)	담당자 (공무원) 담당부서	민간이전 분류 (지방자치단체 세출예산 집행기준에 의거) 1. 민간경상사업보조(307-02) 2. 민간단체 법정운영비보조(307-03) 3. 민간행사사업보조(307-04) 4. 민간위탁금(307-05) 5. 사회복지시설 법정운영비보조(307-10) 6. 민간인위탁교육비(307-12) 7. 공기관등에대한경상적위탁사업비(308-11) 8. 민간자본사업보조,자체재원(402-01) 9. 민간자본사업보조,이전재원(402-02) 10. 민간위탁사업비(402-03) 11. 공기관등에 대한 자본적 대행사업비(403-02)	민간이전지출 근거 (지방보조금 관리기준 참고) 1. 법률에 규정 2. 국고보조 재원(국가지정) 3. 용도 지정 기부금 4. 조례에 직접규정 5. 지자체가 권장하는 사업을 하는 공공기관 6. 시,도 정책 및 재정사정 7. 기타 8. 해당없음	입찰방식 계약체결방법 (경쟁형태) 1. 일반경쟁 2. 제한경쟁 3. 지명경쟁 4. 수의계약 5. 법정위탁 6. 기타 ( ) 7. 해당없음	입찰방식 계약기간 1. 1년 2. 2년 3. 3년 4. 4년 5. 5년 6. 기타 ( )년 7. 단기계약 (1년미만) 8. 해당없음	입찰방식 낙찰자선정방법 1. 적격심사 2. 협상에의한계약 3. 최저가낙찰제 4. 규격가격분리 5. 2단계 경쟁입찰 6. 기타 ( ) 7. 해당없음	운영예산 산정 운영예산 산정 1. 내부산정 (지자체 자체적으로 산정) 2. 외부산정 (외부전문기관위탁 산정) 3. 내·외부 모두 산정 4. 산정 無 5. 해당없음	운영예산 산정 정산방법 1. 내부정산 (지자체 내부적으로 정산) 2. 외부정산 (외부전문기관위탁 정산) 3. 내·외부 모두 산정 4. 정산 無 5. 해당없음	성과평가 실시여부 1. 실시 2. 미실시 3. 향후 추진 4. 해당없음
4753	충남 태안군	미술 정기전시회	3,000	문화예술과	3	4	7	8	7	5	5	4
4754	충남 태안군	서각예술대제전	2,000	문화예술과	3	4	7	8	7	5	5	4
4755	충남 태안군	옷점 조개부르기제	2,400	문화예술과	3	4	7	8	7	5	5	4
4756	충남 태안군	안양사 춘기향사	2,000	문화예술과	3	4	7	8	7	5	5	4
4757	충남 태안군	나오리 생태예술 축제	5,000	문화예술과	3	4	7	8	7	5	5	4
4758	충남 태안군	고남면민을 위한 문화한마당	15,000	문화예술과	3	4	7	8	7	5	5	4
4759	충남 태안군	동학농민혁명 추모제	3,000	문화예술과	3	4	7	8	7	5	5	4
4760	충남 태안군	예술태안회 정기전	2,000	문화예술과	3	4	7	8	7	5	5	4
4761	충남 태안군	무형문화재 공개행사 지원	16,000	문화예술과	3	4	7	8	7	5	5	4
4762	충남 태안군	무형문화재 공개행사 지원	6,000	문화예술과	3	4	7	8	7	5	5	4
4763	충남 태안군	생생문화재	50,000	문화예술과	3	2	7	8	7	5	5	4
4764	충남 태안군	3.1절 기념행사 보조금	3,200	문화예술과	3	6	7	8	7	5	5	4
4765	충남 태안군	옥파이종일 선생 추모제향 행사보조금	3,200	문화예술과	3	6	7	8	7	5	5	4
4766	충남 태안군	자유수호 희생자 합동위령제 행사보조금	3,200	문화예술과	3	6	7	8	7	5	5	4
4767	충남 태안군	한국여성농업인 전국대회 참가	9,000	농정과	3	4	7	8	7	5	5	4
4768	충남 태안군	농업경영인 가족화합 전진대회	9,000	농정과	3	4	7	8	7	5	5	4
4769	충남 태안군	농업경영인 충청남도대회 참가	9,300	농정과	3	4	7	8	7	5	5	4
4770	충남 태안군	새농민회 충청남도대회 개최	16,000	농정과	3	4	7	8	7	5	5	4
4771	충남 태안군	새농민회 충청남도대회 참가	2,000	농정과	3	4	7	8	7	5	5	4
4772	충남 태안군	농가주부모임 사랑의 김장담그기	1,500	농정과	3	4	7	8	7	5	5	4
4773	충남 태안군	농가주부모임 한마음대회	1,500	농정과	3	4	7	8	7	5	5	4
4774	충남 태안군	한국 쌀전업농 충청남도 회원대회 참가	5,300	농정과	3	4	7	8	7	5	5	4
4775	충남 태안군	화훼인 한마음 단합대회	6,000	농정과	3	4	7	8	7	5	5	4
4776	충남 태안군	한국수산업경영인 전국대회 지원	18,000	수산과	3	7	7	8	7	5	5	4
4777	충남 태안군	태안군 수산인한마음 대회 지원	20,000	수산과	3	7	7	8	7	5	5	4
4778	충남 태안군	제11회 몽산포항 주꾸미 축제	40,000	수산과	3	4	7	8	7	5	5	4
4779	충남 태안군	태안군 4-H 여름캠프	7,300	농업기술센터	3	1	7	8	7	5	5	4
4780	경북 포항시	포항그린웨이 인문학 토크 콘서트	30,000	그린웨이추진과	3	4	7	8	7	5	5	4
4781	경북 포항시	포항 여름밤 도심숲 힐링 걷기대회	17,000	그린웨이추진과	3	4	7	8	7	5	5	4
4782	경북 포항시	포항 GreenWay 도시숲 걷기대회	30,000	그린웨이추진과	3	4	7	8	7	5	5	4
4783	경북 포항시	새마을 문화제	14,400	새마을체육과	3	1	7	8	7	1	1	1
4784	경북 포항시	시장기 및 각종 생활체육대회	108,900	새마을체육과	3	5	7	7	7	1	1	1
4785	경북 포항시	포항 읍면동 클럽대항축구대회	15,300	새마을체육과	3	5	7	7	7	1	1	1
4786	경북 포항시	신광면민 친선축구대회	13,500	새마을체육과	3	5	7	7	7	1	1	1
4787	경북 포항시	영일만 해변스포츠 축제	8,100	새마을체육과	3	5	7	7	7	1	1	1
4788	경북 포항시	형산강사랑 포항시민 걷기대회	30,000	새마을체육과	3	5	7	7	7	1	1	1
4789	경북 포항시	17회K-water사장배 전국조정대회	45,000	새마을체육과	3	5	7	1	7	1	1	1
4790	경북 포항시	포항시체육회읍면동협의회체육대회	15,000	새마을체육과	3	5	7	1	7	1	1	1
4791	경북 포항시	프로야구경기 활성화 지원	78,000	새마을체육과	3	4	6	1	7	5	1	1
4792	경북 포항시	포항시장배 시도 전국 소프트테니스대회 지원	20,000	새마을체육과	3	4	6	1	7	5	1	1
4793	경북 포항시	통일기원 포항해변마라톤대회 지원	81,000	새마을체육과	3	4	1	1	2	5	1	1
4794	경북 포항시	내연산 산악제 및 포항시장배 전국산악대회 지원	21,600	새마을체육과	3	4	6	1	7	5	1	1
4795	경북 포항시	포항시장배 전국합기도대회 및 국제친선 교류전 지원	14,400	새마을체육과	3	4	6	1	7	5	1	1

순번	시군구	지출명 (사업명)	2021년예산 (단위:천원/1년간)	담당자 (공무원) 담당부서	민간이전 분류 (지방자치단체 세출예산 집행기준에 의거) 1. 민간경상사업보조(307-02) 2. 민간단체 법정운영비보조(307-03) 3. 민간행사사업보조(307-04) 4. 민간위탁금(307-05) 5. 사회복지시설 법정운영비보조(307-10) 6. 민간인위탁교육비(307-12) 7. 공기관등에대한경상적위탁사업비(308-11) 8. 민간자본사업보조,자체재원(402-01) 9. 민간자본사업보조,이전재원(402-02) 10. 민간위탁사업비(402-03) 11. 공기관등에 대한 자본적 대행사업비(403-02)	민간이전지출 근거 (지방보조금 관리기준 참고) 1. 법률에 규정 2. 국고보조 재원(국가지정) 3. 용도 지정 기부금 4. 조례에 직접규정 5. 지자체가 권장하는 사업을 하는 공공기관 6. 시,도 정책 및 재정사정 7. 기타 8. 해당없음	입찰방식 계약체결방법 (경쟁형태) 1. 일반경쟁 2. 제한경쟁 3. 지명경쟁 4. 수의계약 5. 법정위탁 6. 기타 ( ) 7. 해당없음	입찰방식 계약기간 1. 1년 2. 2년 3. 3년 4. 4년 5. 5년 6. 기타 ( )년 7. 단기계약 (1년미만) 8. 해당없음	입찰방식 낙찰자선정방법 1. 적격심사 2. 협상에의한계약 3. 최저가낙찰제 4. 규격가격분리 5. 2단계 경쟁입찰 6. 기타 ( ) 7. 해당없음	운영예산 산정 운영예산 산정 1. 내부산정 (지자체 자체적으로 산정) 2. 외부산정 (외부전문기관위탁 산정) 3. 내·외부 모두 산정 4. 산정 無 5. 해당없음	운영예산 산정 정산방법 1. 내부정산 (지자체 내부적으로 정산) 2. 외부정산 (외부전문기관위탁 정산) 3. 내·외부 모두 산정 4. 정산 無 5. 해당없음	성과평가 실시여부 1. 실시 2. 미실시 3. 향후 추진 4. 해당없음
4796	경북 포항시	K리그 유스챔피언십대회 지원	300,000	새마을체육과	3	4	1	1	2	5	1	1
4797	경북 포항시	직장대항 축구대회 지원	50,000	새마을체육과	3	4	6	1	7	5	1	1
4798	경북 포항시	직장대항 족구대회 지원	50,000	새마을체육과	3	4	6	1	7	5	1	1
4799	경북 포항시	포항국제불빛축제기념 오픈 전국 배드민턴대회 지원	22,000	새마을체육과	3	4	6	1	7	5	1	1
4800	경북 포항시	포항 내연산 전국 산행대회 지원	14,850	새마을체육과	3	4	6	1	7	5	1	1
4801	경북 포항시	경북매일신문사장기 전국 정구대회 지원	9,000	새마을체육과	3	4	6	1	7	5	1	1
4802	경북 포항시	경북매일신문사장기 클럽대항 축구대회 지원	9,000	새마을체육과	3	4	6	1	7	5	1	1
4803	경북 포항시	경북매일신문사장기 포항리그 야구대회 지원	9,000	새마을체육과	3	4	6	1	7	5	1	1
4804	경북 포항시	포항불빛축제기념 전국 우수클럽 초청 족구대회 지원	10,800	새마을체육과	3	4	6	1	7	5	1	1
4805	경북 포항시	경북도민일보 경북 배드민턴대회 지원	7,200	새마을체육과	3	4	6	1	7	5	1	1
4806	경북 포항시	영일만대기 전국 유소년 축구대회 지원	23,000	새마을체육과	3	4	6	1	7	5	1	1
4807	경북 포항시	영일만사랑배 전국 바둑대회 지원	15,900	새마을체육과	3	4	6	1	7	5	1	1
4808	경북 포항시	경북 환동해지역 골프대회 지원	8,000	새마을체육과	3	4	6	1	7	5	1	1
4809	경북 포항시	충무기 전국 중,고등학생 사격대회 지원	28,800	새마을체육과	3	4	6	1	7	5	1	1
4810	경북 포항시	생활체육 카네이션 전국어머니배구대회 겸 국제교류대회 지원	21,000	새마을체육과	3	4	6	1	7	5	1	1
4811	경북 포항시	해병대사령관배 전국 철인3종 경기대회 지원	22,700	새마을체육과	3	4	6	1	7	5	1	1
4812	경북 포항시	영일만배 경북 클럽대항 야구대회 지원	16,000	새마을체육과	3	4	6	1	7	5	1	1
4813	경북 포항시	포항시장배 보디빌딩 및 뷰티바디대회 지원	16,000	새마을체육과	3	4	6	1	7	5	1	1
4814	경북 포항시	포항 전국 스포츠클라이밍대회 지원	34,300	새마을체육과	3	4	6	1	7	5	1	1
4815	경북 포항시	해오름동맹 우수클럽 초청 풋살대회 지원	25,000	새마을체육과	3	4	6	1	7	5	1	1
4816	경북 포항시	동암선생 추모 2021 포항시장배 경북유도선수권대회 지원	10,100	새마을체육과	3	4	6	1	7	5	1	1
4817	경북 포항시	경북 직장동호인 탁구대회 지원	10,000	새마을체육과	3	4	6	1	7	5	1	1
4818	경북 포항시	포항 과메기배 전국 오픈탁구대회 지원	30,000	새마을체육과	3	4	6	1	7	5	1	1
4819	경북 포항시	장기 산딸기 축제	19,000	농식품유통과	3	4	7	8	7	1	1	4
4820	경북 포항시	기계 농특산물 축제	19,000	농식품유통과	3	4	7	8	7	1	1	4
4821	경북 포항시	기북 사과 축제	19,000	농식품유통과	3	4	7	8	7	1	1	4
4822	경북 포항시	농식품국내외판촉지원	37,000	농식품유통과	3	4	7	8	7	5	5	4
4823	경북 포항시	농특산품수출판촉행사	50,000	농식품유통과	3	4	7	8	7	5	5	4
4824	경북 포항시	포항관광사진 전국공모전	15,750	관광산업과	3	4	7	8	7	1	1	4
4825	경북 포항시	전국연날리기대회	50,000	관광산업과	3	4	7	8	7	1	1	4
4826	경북 포항시	포항운하축제	100,000	관광산업과	3	4	7	8	7	1	1	4
4827	경북 포항시	K-POP불꽃콘서트	560,000	관광산업과	3	4	7	8	7	1	1	4
4828	경북 포항시	가정의달 경로효친 한마당	4,200	농촌지원과	3	1	7	8	7	1	1	1
4829	경북 포항시	농촌지도자생활개선회 한마음대회	18,000	농촌지원과	3	1	7	8	7	1	1	1
4830	경북 포항시	천연염색 문화예술 전시회	2,100	농촌지원과	3	1	7	8	7	1	1	1
4831	경북 포항시	우리음식연구회 정기전	1,000	농촌지원과	3	1	7	8	7	1	1	1
4832	경북 포항시	자연보호기념식 및 백일장(미술,서예) 대회	6,000	환경정책과	3	4	6	1	6	1	1	1
4833	경북 포항시	생태계교란 유해외래어종 퇴치사업	17,500	환경정책과	3	4	6	1	6	1	1	1
4834	경북 포항시	2021 안전골든벨 어린이 퀴즈쇼	12,600	안전총괄과	3	4	7	8	7	1	1	1
4835	경북 포항시	포항시민 소방 경진대회	18,000	안전총괄과	3	4	7	8	7	1	1	1
4836	경북 포항시	찾아가는 안전지킴이 리더십 체험캠프	4,000	안전총괄과	3	4	7	8	7	1	1	1
4837	경북 포항시	자율방범연합회 기초질서 선진화다짐 및 한마음대회	11,400	안전총괄과	3	4	7	8	7	1	1	1
4838	경북 포항시	친환경 유기농 무역박람회 참가	7,000	농업정책과	3	4	7	8	7	1	1	1

순번	시군구	지출명 (사업명)	2021년예산 (단위:천원/1년간)	담당자 (공무원) 담당부서	민간이전 분류 (지방자치단체 세출예산 집행기준에 의거) 1. 민간경상사업보조(307-02) 2. 민간단체 법정운영비보조(307-03) 3. 민간행사사업보조(307-04) 4. 민간위탁금(307-05) 5. 사회복지시설 법정운영비보조(307-10) 6. 민간인위탁교육비(307-12) 7. 공기관등에대한경상적위탁사업비(308-11) 8. 민간자본사업보조,자체재원(402-01) 9. 민간자본사업보조,이전재원(402-02) 10. 민간위탁사업비(402-03) 11. 공기관등에 대한 자본적 대행사업비(403-02)	민간이전지출 근거 (지방보조금 관리기준 참고) 1. 법률에 규정 2. 국고보조 재원(국가지정) 3. 용도 지정 기부금 4. 조례에 직접규정 5. 지자체가 권장하는 사업을 하는 공공기관 6. 시,도 정책 및 재정사정 7. 기타 8. 해당없음	입찰방식 계약체결방법 (경쟁형태) 1. 일반경쟁 2. 제한경쟁 3. 지명경쟁 4. 수의계약 5. 법정위탁 6. 기타 ( ) 7. 해당없음	입찰방식 계약기간 1. 1년 2. 2년 3. 3년 4. 4년 5. 5년 6. 기타 ( )년 7. 단기계약 (1년미만) 8. 해당없음	입찰방식 낙찰자선정방법 1. 적격심사 2. 협상에의한계약 3. 최저가낙찰제 4. 규격가격분리 5. 2단계 경쟁입찰 6. 기타 ( ) 7. 해당없음	운영예산 산정 운영예산 산정 1. 내부산정 (지자체 자체적으로 산정) 2. 외부산정 (외부전문기관위탁 산정) 3. 내·외부 모두 산정 4. 산정 無 5. 해당없음	운영예산 산정 정산방법 1. 내부정산 (지자체 내부적으로 정산) 2. 외부정산 (외부전문기관위탁 정산) 3. 내·외부 모두 산정 4. 정산 無 5. 해당없음	성과평가 실시여부 1. 실시 2. 미실시 3. 향후 추진 4. 해당없음
4839	경북 포항시	(사)경북친환경농업인포항시연합회 운영지원	12,000	농업정책과	3	4	7	8	7	1	1	1
4840	경북 포항시	어업인 한마당 체육대회	30,000	수산진흥과	3	1	7	8	7	1	1	4
4841	경북 포항시	어촌전통문화계승(풍어제)	50,000	수산진흥과	3	1	7	8	7	1	1	4
4842	경북 포항시	과메기 홍보 및 체험행사 지원	42,000	수산진흥과	3	7	4	7	7	1	1	4
4843	경북 포항시	호미곶 돌문어 축제 지원	14,500	수산진흥과	3	7	4	7	7	1	1	4
4844	경북 포항시	영일만 특산품(검은돌장어) 관광상품 발굴지원	34,720	수산진흥과	3	7	4	7	7	1	1	4
4845	경북 포항시	포항수산물 축제 지원	18,000	수산진흥과	3	7	4	7	7	1	1	4
4846	경북 포항시	과메기 소비촉진 홍보행사 지원	22,000	수산진흥과	3	1	4	7	7	1	1	4
4847	경북 포항시	경북 야심만만식도락 축제	20,000	식품산업과	3	7	7	8	7	1	1	3
4848	경북 경주시	사업평가대회 및 자유수호발전 강연회	3,600	공보관	3	1	7	8	7	1	1	1
4849	경북 경주시	강동, 안강지구 6.25 승전기념 행사	6,480	공보관	3	1	7	8	7	1	1	1
4850	경북 경주시	경북문화관광산업 활성화 심포지엄	100,000	관광컨벤션과	3	4	7	7	7	1	1	1
4851	경북 경주시	추억의 수학여행	54,000	관광컨벤션과	3	4	7	7	7	1	1	1
4852	경북 경주시	세계문화유산 이야기 탐방	27,000	관광컨벤션과	3	4	7	7	7	1	1	1
4853	경북 경주시	골굴사 선무도 상설공연지원	67,000	관광컨벤션과	3	4	7	7	7	1	1	1
4854	경북 경주시	신라의 달밤 165리 걷기대회	60,000	관광컨벤션과	3	4	7	7	7	1	1	1
4855	경북 경주시	도시군 관광협의체간 협력사업 추진	13,400	관광컨벤션과	3	4	6	7	7	1	1	1
4856	경북 경주시	농촌지도자회원대회	22,000	농업진흥과	3	4	7	8	7	1	1	1
4857	경북 경주시	경주시생활개선회한마음수련대회	25,000	농업진흥과	3	4	7	8	7	5	5	4
4858	경북 경주시	경주향교 한중유교문화 교류지원	6,000	문화예술과	3	4	7	8	7	5	5	4
4859	경북 경주시	극단 두두리 정기공연	4,500	문화예술과	3	6	7	8	7	1	1	1
4860	경북 경주시	서라벌 전국 사진촬영대회	13,000	문화예술과	3	6	7	8	7	1	1	1
4861	경북 경주시	박약회 총회 및 포럼	1,000	문화예술과	3	6	7	8	7	1	1	1
4862	경북 경주시	경주청소년필하모닉오케스트라정기연주회	5,000	문화예술과	3	6	7	8	7	1	1	1
4863	경북 경주시	경주시 난연합회 전시회	3,000	문화예술과	3	6	7	8	7	1	1	1
4864	경북 경주시	만파식적제	70,000	문화예술과	3	6	7	8	7	1	1	1
4865	경북 경주시	신라소리축제 에밀레전	300,000	문화예술과	3	6	7	8	7	1	1	1
4866	경북 경주시	향교문화전승보전	7,310	문화예술과	3	6	7	8	7	1	1	1
4867	경북 경주시	전국국악대제전 개최지원	110,000	문화예술과	3	6	7	8	7	1	1	1
4868	경북 경주시	서라벌 전국 학생민속무용경연대회지원	30,000	문화예술과	3	6	7	8	7	1	1	1
4869	경북 경주시	판소리명가 장월중선명창대회	200,000	문화예술과	3	6	7	8	7	1	1	1
4870	경북 경주시	동학문화축제	89,300	문화예술과	3	6	7	8	7	1	1	1
4871	경북 경주시	경주민화축제	50,000	문화예술과	3	6	7	8	7	1	1	1
4872	경북 경주시	금장대 경북초등학생 사생백일장 대회	33,400	문화예술과	3	6	7	8	7	1	1	1
4873	경북 경주시	창작오페라 신라향가 페스티벌	93,400	문화예술과	3	6	7	8	7	1	1	1
4874	경북 경주시	경주교향악단 정기연주회	8,360	문화예술과	3	6	7	8	7	1	1	1
4875	경북 경주시	청미백일장	5,000	문화예술과	3	6	7	8	7	1	1	1
4876	경북 경주시	목월백일장	5,000	문화예술과	3	6	7	8	7	1	1	1
4877	경북 경주시	양동마을 민속놀이 행사	12,000	문화예술과	3	6	7	8	7	1	1	1
4878	경북 경주시	시민초청 가곡의 밤	10,000	문화예술과	3	6	7	8	7	1	1	1
4879	경북 경주시	지역문화예술 행사지원	8,000	문화예술과	3	6	7	8	7	1	1	1
4880	경북 경주시	지역문화예술 행사지원	5,000	문화예술과	3	6	7	8	7	1	1	1
4881	경북 경주시	지역문화예술 행사지원	3,000	문화예술과	3	6	7	8	7	1	1	1

순번	시군구	지출명 (사업명)	2021년예산 (단위:천원/1년간)	담당자 (공무원) 담당부서	민간이전 분류 (지방자치단체 세출예산 집행기준에 의거) 1. 민간경상사업보조(307-02) 2. 민간단체 법정운영비보조(307-03) 3. 민간행사사업보조(307-04) 4. 민간위탁금(307-05) 5. 사회복지시설 법정운영비보조(307-10) 6. 민간인위탁교육비(307-12) 7. 공기관등에대한경상적위탁사업비(308-11) 8. 민간자본사업보조,자체재원(402-01) 9. 민간자본사업보조,이전재원(402-02) 10. 민간위탁사업비(402-03) 11. 공기관등에 대한 자본적 대행사업비(403-02)	민간이전지출 근거 (지방보조금 관리기준 참고) 1. 법률에 규정 2. 국고보조 재원(국가지정) 3. 용도 지정 기부금 4. 조례에 직접규정 5. 지자체가 권장하는 사업을 하는 공공기관 6. 시,도 정책 및 재정사정 7. 기타 8. 해당없음	입찰방식 계약체결방법 (경쟁형태) 1. 일반경쟁 2. 제한경쟁 3. 지명경쟁 4. 수의계약 5. 법정위탁 6. 기타 ( ) 7. 해당없음	입찰방식 계약기간 1. 1년 2. 2년 3. 3년 4. 4년 5. 5년 6. 기타 ( )년 7. 단기계약 (1년미만) 8. 해당없음	입찰방식 낙찰자선정방법 1. 적격심사 2. 협상에의한계약 3. 최저가낙찰제 4. 규격가격분리 5. 2단계 경쟁입찰 6. 기타 ( ) 7. 해당없음	운영예산 산정 운영예산 산정 1. 내부산정 (지자체 자체적으로 산정) 2. 외부산정 (외부전문기관위탁 산정) 3. 내·외부 모두 산정 4. 산정 無 5. 해당없음	운영예산 산정 정산방법 1. 내부정산 (지자체 내부적으로 정산) 2. 외부정산 (외부전문기관위탁 정산) 3. 내·외부 모두 산정 4. 정산 無 5. 해당없음	성과평가 실시여부 1. 실시 2. 미실시 3. 향후 추진 4. 해당없음
4882	경북 경주시	예총 종합예술제	40,000	문화예술과	3	6	7	8	7	1	1	1
4883	경북 경주시	어린이합창단 정기연주회	4,500	문화예술과	3	6	7	8	7	1	1	1
4884	경북 경주시	학생서예실기대회	4,000	문화예술과	3	6	7	8	7	1	1	1
4885	경북 경주시	봉황대 고유제	5,000	문화예술과	3	6	7	8	7	1	1	1
4886	경북 경주시	예총해외예술교류전	9,000	문화예술과	3	6	7	8	7	1	1	1
4887	경북 경주시	경주경전암송대회	5,000	문화예술과	3	6	7	8	7	1	1	1
4888	경북 경주시	아사달아사녀 문화제	4,000	문화예술과	3	6	7	8	7	1	1	1
4889	경북 경주시	신라전래음식경연대회	20,000	문화예술과	3	6	7	8	7	1	1	1
4890	경북 경주시	문무대왕릉 신년 해룡축제	30,000	문화예술과	3	6	7	8	7	1	1	1
4891	경북 경주시	동부민요전국경창대회	20,000	문화예술과	3	6	7	8	7	1	1	1
4892	경북 경주시	공부자 헌다례	1,800	문화예술과	3	6	7	8	7	1	1	1
4893	경북 경주시	한글한자문화 학술포럼	2,400	문화예술과	3	6	7	8	7	1	1	1
4894	경북 경주시	향가모죽지랑가 발굴전승사업	30,000	문화예술과	3	6	7	8	7	1	1	1
4895	경북 경주시	문무대왕 문화제	20,000	문화예술과	3	6	7	8	7	1	1	1
4896	경북 경주시	세계민속음악페스티벌	200,000	문화예술과	3	6	7	8	7	1	1	1
4897	경북 경주시	경주시민오케스트라 정기연주회	20,000	문화예술과	3	6	7	8	7	1	1	1
4898	경북 경주시	신라여왕축제	27,000	문화예술과	3	6	7	8	7	1	1	1
4899	경북 경주시	신라왕들의축제	230,000	문화예술과	3	6	7	8	7	1	1	1
4900	경북 경주시	우리소리 음악회	5,000	문화예술과	3	6	7	8	7	1	1	1
4901	경북 경주시	무장산 음악회	8,000	문화예술과	3	6	7	8	7	1	1	1
4902	경북 경주시	7080포크공연	3,000	문화예술과	3	6	7	8	7	1	1	1
4903	경북 경주시	경북도민 향가문학포럼 개최지원	13,400	문화예술과	3	6	7	8	7	1	1	1
4904	경북 경주시	전국유학지도자 대회	50,000	문화예술과	3	6	7	8	7	1	1	1
4905	경북 경주시	신라알천전통문화행사	27,000	문화예술과	3	6	7	8	7	1	1	1
4906	경북 경주시	황리단길 야간음악공연	12,000	문화예술과	3	6	7	8	7	1	1	1
4907	경북 경주시	경주세계차문화축제	27,000	문화예술과	3	6	7	8	7	1	1	1
4908	경북 경주시	형산강연등문화축제	300,000	문화예술과	3	6	7	8	7	1	1	1
4909	경북 경주시	대한민국 난대전 개최지원	30,000	문화예술과	3	6	7	8	7	1	1	1
4910	경북 경주시	경주예술인 송년 예술한마당	9,000	문화예술과	3	6	7	8	7	1	1	1
4911	경북 경주시	영호남 예술교류전	7,000	문화예술과	3	6	7	8	7	1	1	1
4912	경북 경주시	전국시조경창대회	24,000	문화예술과	3	6	7	8	7	1	1	1
4913	경북 경주시	신라이야기 속으로	62,000	문화예술과	3	6	7	8	7	1	1	1
4914	경북 경주시	전국 실버 국악경연대회	30,000	문화예술과	3	6	7	8	7	1	1	1
4915	경북 경주시	경주 어반스케치 대회	80,000	문화예술과	3	6	7	8	7	1	1	1
4916	경북 경주시	홍도 최계옥 추모제및 예술제	10,000	문화예술과	3	6	7	8	7	1	1	1
4917	경북 경주시	구절초음악회	18,000	문화예술과	3	6	7	8	7	1	1	1
4918	경북 경주시	신라미술대전(42회)	70,000	문화예술과	3	6	7	8	7	1	1	1
4919	경북 경주시	경덕왕 헌다례	5,000	문화예술과	3	6	7	8	7	1	1	1
4920	경북 경주시	금장대 한시백일장	10,000	문화예술과	3	6	7	8	7	1	1	1
4921	경북 경주시	신라 연꽃차 다례	3,000	문화예술과	3	6	7	8	7	1	1	1
4922	경북 경주시	해오름동맹 합창페스티벌	40,000	문화예술과	3	6	7	8	7	1	1	1
4923	경북 경주시	경주 EDM 페스티벌	70,000	문화예술과	3	6	7	8	7	1	1	1
4924	경북 경주시	우리가락 우리마당	35,000	문화예술과	3	6	7	8	7	1	1	1

순번	시군구	지출명 (사업명)	2021년예산 (단위:천원/1년간)	담당자 (공무원) 담당부서	민간이전 분류 (지방자치단체 세출예산 집행기준에 의거) 1. 민간경상사업보조(307-02) 2. 민간단체 법정운영비보조(307-03) 3. 민간행사사업보조(307-04) 4. 민간위탁금(307-05) 5. 사회복지시설 법정운영비보조(307-10) 6. 민간인위탁교육비(307-12) 7. 공기관등에대한경상적위탁사업비(308-11) 8. 민간자본사업보조,자체재원(402-01) 9. 민간자본사업보조,이전재원(402-02) 10. 민간위탁사업비(402-03) 11. 공기관등에 대한 자본적 대행사업비(403-02)	민간이전지출 근거 (지방보조금 관리기준 참고) 1. 법률에 규정 2. 국고보조 재원(국가지정) 3. 용도 지정 기부금 4. 조례에 직접규정 5. 지자체가 권장하는 사업을 하는 공공기관 6. 시,도 정책 및 재정사정 7. 기타 8. 해당없음	입찰방식 계약체결방법 (경쟁형태) 1. 일반경쟁 2. 제한경쟁 3. 지명경쟁 4. 수의계약 5. 법정위탁 6. 기타 ( ) 7. 해당없음	입찰방식 계약기간 1. 1년 2. 2년 3. 3년 4. 4년 5. 5년 6. 기타 ( )년 7. 단기계약 (1년미만) 8. 해당없음	입찰방식 낙찰자선정방법 1. 적격심사 2. 협상에의한계약 3. 최저가낙찰제 4. 규격가격분리 5. 2단계 경쟁입찰 6. 기타 ( ) 7. 해당없음	운영예산 산정 운영예산 산정 1. 내부산정 (지자체 자체적으로 산정) 2. 외부산정 (외부전문기관위탁 산정) 3. 내·외부 모두 산정 4. 산정 無 5. 해당없음	운영예산 산정 정산방법 1. 내부정산 (지자체 내부적으로 정산) 2. 외부정산 (외부전문기관위탁 정산) 3. 내·외부 모두 산정 4. 정산 無 5. 해당없음	성과평가 실시여부 1. 실시 2. 미실시 3. 향후 추진 4. 해당없음
4925	경북 경주시	전국 문학인 대회	100,000	문화예술과	3	6	7	8	7	1	1	1
4926	경북 경주시	경북문화포럼 개최 지원	100,000	문화예술과	3	6	7	8	7	1	1	1
4927	경북 경주시	스토리텔링 왕의길 제작지원	200,000	문화예술과	3	6	7	8	7	1	1	1
4928	경북 경주시	경주의 재발견	98,000	문화예술과	3	6	7	8	7	1	1	1
4929	경북 경주시	동리목월문학제 개최지원	160,000	문화예술과	3	6	7	8	7	1	1	1
4930	경북 경주시	세계한글작가대회	200,000	문화예술과	3	5	7	8	7	5	1	1
4931	경북 경주시	재향군인의 날 및 국가안보의식 고취행사	20,000	복지정책과	3	1	7	8	7	1	1	1
4932	경북 경주시	6.25전쟁 행사	15,000	복지정책과	3	1	7	8	7	1	1	1
4933	경북 경주시	월남전참전등 기념행사	4,000	복지정책과	3	1	7	8	7	1	1	1
4934	경북 경주시	광복회 기념행사	3,000	복지정책과	3	1	7	8	7	1	1	1
4935	경북 경주시	서해수호의날	9,000	복지정책과	3	1	7	8	7	1	1	1
4936	경북 경주시	6.25참전, 월남전 참전자 명예선양사업	5,000	복지정책과	3	1	7	8	7	1	1	1
4937	경북 경주시	경북원자력 포럼	15,000	원자력정책과	3	4	7	8	7	1	1	4
4938	경북 경주시	노사민정 화합행사	13,000	일자리창출과	3	4	7	8	7	5	5	2
4939	경북 경주시	노조간부 및 노무관리자 워크숍	25,000	일자리창출과	3	4	7	8	7	5	5	4
4940	경북 경주시	근로자 한마음갖기대회 지원	37,500	일자리창출과	3	4	7	8	7	5	5	4
4941	경북 경주시	근로자의 날 지원	10,000	일자리창출과	3	4	7	8	7	5	5	4
4942	경북 경주시	근로자 화합 한마당	12,000	일자리창출과	3	4	7	8	7	5	5	4
4943	경북 경주시	외국인근로자 축제	20,000	일자리창출과	3	4	7	8	7	5	5	4
4944	경북 경주시	외국인 근로자 축구대회	31,000	일자리창출과	3	4	7	8	7	5	5	4
4945	경북 경주시	양성평등주간 기념행사 및 한마음대회	14,000	장애인여성복지과	3	4	7	8	7	1	1	4
4946	경북 경주시	여성지도자 역량강화 워크숍	4,000	장애인여성복지과	3	4	7	8	7	1	1	4
4947	경북 경주시	부부의날 기념행사	5,000	장애인여성복지과	3	4	7	8	7	1	1	4
4948	경북 경주시	경상북도 장애인 체육대회 참가	20,000	체육진흥과	3	4	7	8	7	1	1	2
4949	경북 경주시	장애인 어울림 체육대회	20,000	체육진흥과	3	4	7	8	7	1	1	2
4950	경북 경주시	장애인 학생 생활체육대회	5,000	체육진흥과	3	4	7	8	7	1	1	2
4951	경북 경주시	벚꽃마라톤대회	210,000	체육진흥과	3	4	7	8	7	1	1	1
4952	경북 경주시	시민체육대회	1,000,000	체육진흥과	3	4	7	8	7	1	1	2
4953	경북 경주시	경북도민체육대회	300,000	체육진흥과	3	4	7	8	7	1	1	2
4954	경북 경주시	시장기 타기 체육대회	30,000	체육진흥과	3	4	7	8	7	1	1	2
4955	경북 경주시	경북 도지사기 공무원 축구대회	2,200	체육진흥과	3	4	7	8	7	1	1	2
4956	경북 경주시	경주시 초.중등육상경기대회	18,000	체육진흥과	3	4	7	8	7	1	1	2
4957	경북 경주시	태권도 경연대회	10,000	체육진흥과	3	4	7	8	7	1	1	2
4958	경북 경주시	경북 궁도협회장기 대회	14,000	체육진흥과	3	4	7	8	7	1	1	2
4959	경북 경주시	읍면동 체육대회	16,000	체육진흥과	3	4	7	8	7	1	1	2
4960	경북 경주시	씨름왕 선발대회	2,000	체육진흥과	3	4	7	8	7	1	1	2
4961	경북 경주시	경북 씨름왕선발대회 참가	3,000	체육진흥과	3	4	7	8	7	1	1	2
4962	경북 경주시	화랑씨름대회 개최	30,000	체육진흥과	3	4	7	8	7	1	1	2
4963	경북 경주시	화랑씨름대회 읍면동 참가팀 지원	8,000	체육진흥과	3	4	7	8	7	1	1	2
4964	경북 경주시	각종 주요 현안행사	50,000	체육진흥과	3	4	7	8	7	1	1	2
4965	경북 경주시	서라벌 전국 족구대회	15,000	체육진흥과	3	4	7	8	7	1	1	2
4966	경북 경주시	선덕여왕배 전국여자야구대회	80,000	체육진흥과	3	4	7	8	7	1	1	2
4967	경북 경주시	전국 수영마스터즈대회	13,000	체육진흥과	3	4	7	8	7	1	1	2

순번	시군구	지출명 (사업명)	2021년예산 (단위:천원/1년간)	담당자 (공무원) 담당부서	민간이전 분류 (지방자치단체 세출예산 집행기준에 의거) 1. 민간경상사업보조(307-02) 2. 민간단체 법정운영비보조(307-03) 3. 민간행사사업보조(307-04) 4. 민간위탁금(307-05) 5. 사회복지시설 법정운영비보조(307-10) 6. 민간인위탁교육비(307-12) 7. 공기관등에대한경상적위탁사업비(308-11) 8. 민간자본사업보조,자체재원(402-01) 9. 민간자본사업보조,이전재원(402-02) 10. 민간위탁사업비(402-03) 11. 공기관등에 대한 자본적 대행사업비(403-02)	민간이전지출 근거 (지방보조금 관리기준 참고) 1. 법률에 규정 2. 국고보조 재원(국가지정) 3. 용도 지정 기부금 4. 조례에 직접규정 5. 지자체가 권장하는 사업을 하는 공공기관 6. 시,도 정책 및 재정사정 7. 기타 8. 해당없음	입찰방식 계약체결방법 (경쟁형태) 1. 일반경쟁 2. 제한경쟁 3. 지명경쟁 4. 수의계약 5. 법정위탁 6. 기타 ( ) 7. 해당없음	입찰방식 계약기간 1. 1년 2. 2년 3. 3년 4. 4년 5. 5년 6. 기타 ( )년 7. 단기계약 (1년미만) 8. 해당없음	입찰방식 낙찰자선정방법 1. 적격심사 2. 협상에의한계약 3. 최저가낙찰제 4. 규격가격분리 5. 2단계 경쟁입찰 6. 기타 ( ) 7. 해당없음	운영예산 산정 운영예산 산정 1. 내부산정 (지자체 자체적으로 산정) 2. 외부산정 (외부전문기관위탁 산정) 3. 내·외부 모두 산정 4. 산정 無 5. 해당없음	운영예산 산정 정산방법 1. 내부정산 (지자체 내부적으로 정산) 2. 외부정산 (외부전문기관위탁 정산) 3. 내·외부 모두 산정 4. 정산 無 5. 해당없음	성과평가 실시여부 1. 실시 2. 미실시 3. 향후 추진 4. 해당없음
4968	경북 경주시	화랑대기 전국 유소년축구대회	1,153,400	체육진흥과	3	4	7	8	7	1	1	1
4969	경북 경주시	전국 중학야구 선수권대회	198,000	체육진흥과	3	4	7	8	7	1	1	1
4970	경북 경주시	전국 궁도대회	39,600	체육진흥과	3	4	7	8	7	1	1	2
4971	경북 경주시	전국장애인 파크골프대회	10,000	체육진흥과	3	4	7	8	7	1	1	2
4972	경북 경주시	전국장애인 당구대회	15,000	체육진흥과	3	4	7	8	7	1	1	2
4973	경북 경주시	전국단위체육대회 유치 및 행사지원	50,000	체육진흥과	3	4	7	8	7	1	1	2
4974	경북 경주시	전국 종별 핸드볼 선수권대회	150,000	체육진흥과	3	4	7	8	7	1	1	2
4975	경북 경주시	신라금관배 전국오픈 탁구대회	22,500	체육진흥과	3	4	7	8	7	1	1	2
4976	경북 경주시	경주시장배 전국공무원 야구대회	80,000	체육진흥과	3	4	7	8	7	1	1	2
4977	경북 경주시	영호남 태권도 경연대회	20,000	체육진흥과	3	4	7	8	7	1	1	2
4978	경북 경주시	전국 초중고 및 아마추어골프대회	60,000	체육진흥과	3	4	7	8	7	1	1	2
4979	경북 경주시	국제 유소년 축구대회	595,000	체육진흥과	3	4	7	8	7	1	1	1
4980	경북 경주시	동아일보 경주국제마라톤대회	700,000	체육진흥과	3	4	7	8	7	1	1	2
4981	경북 경주시	도지사기 종목별 생활체육대회 참가	50,000	체육진흥과	3	4	7	8	7	1	1	2
4982	경북 경주시	도지사기 생활체육대회 개최	15,000	체육진흥과	3	4	7	8	7	1	1	2
4983	경북 경주시	경북도민생활체육대축전 참가	70,000	체육진흥과	3	4	7	8	7	1	1	2
4984	경북 경주시	경북 어르신 생활체육대회 참가	25,000	체육진흥과	3	4	7	8	7	1	1	2
4985	경북 경주시	종목별 협회장기대회 개최	40,000	체육진흥과	3	4	7	8	7	1	1	2
4986	경북 경주시	종목별 전국단위 생활체육대회 참가	3,000	체육진흥과	3	4	7	8	7	1	1	2
4987	경북 경주시	경북리그 동호인 클럽 축구대회 지역예선	5,600	체육진흥과	3	4	7	8	7	1	1	2
4988	경북 경주시	범시민 자전거타기 대회	5,000	체육진흥과	3	4	7	8	7	1	1	2
4989	경북 경주시	시민 한마음 걷기대회 개최	4,000	체육진흥과	3	4	7	8	7	1	1	2
4990	경북 경주시	자전거타기 캠페인 및 시민노래자랑	4,000	체육진흥과	3	4	7	8	7	1	1	2
4991	경북 경주시	해오름 생활체육 대축전 개최	50,000	체육진흥과	3	4	7	8	7	1	1	2
4992	경북 영천시	민간행사사업 임의보조	100,000	정책기획실	3	4	7	8	7	5	5	1
4993	경북 영천시	영천시자율방범연합회한마음다짐대회	3,000	총무과	3	4	7	8	7	5	1	1
4994	경북 영천시	이통장한마음체육대회행사	30,000	총무과	3	4	7	8	7	1	1	1
4995	경북 영천시	탈북민정착지원 행사경비	10,000	총무과	3	1	7	8	7	1	1	1
4996	경북 영천시	가족사랑체험프로그램운영	10,000	인구정책과	3	4	7	8	7	5	5	1
4997	경북 영천시	자원봉사 비교견학 및 연수대회	6,000	새마을체육과	3	1	7	8	7	1	1	1
4998	경북 영천시	자원봉사자대회 행사지원	20,000	새마을체육과	3	1	7	8	7	1	1	1
4999	경북 영천시	시장기종목별대회개최지원	70,000	새마을체육과	3	1	7	8	7	1	1	1
5000	경북 영천시	도지사기유도대회개최지원	5,000	새마을체육과	3	1	7	8	7	1	1	1
5001	경북 영천시	종목별체육대회개최지원	5,000	새마을체육과	3	1	7	8	7	1	1	1
5002	경북 영천시	전국종별태권도선수권대회	310,000	새마을체육과	3	1	7	8	7	1	1	1
5003	경북 영천시	경북학생체육대회	50,000	새마을체육과	3	1	7	8	7	1	1	1
5004	경북 영천시	독도수호태권도대회	50,000	새마을체육과	3	1	7	8	7	1	1	1
5005	경북 영천시	대구대총장기전국고등학교검도대회	25,000	새마을체육과	3	1	7	8	7	1	1	1
5006	경북 영천시	경북별빛어린이바둑대회	10,000	새마을체육과	3	1	7	8	7	1	1	1
5007	경북 영천시	대규모체육대회개최지원	15,000	새마을체육과	3	1	7	8	7	1	1	1
5008	경북 영천시	경북동호인화합축구대회개최지원	50,000	새마을체육과	3	1	7	8	7	1	1	1
5009	경북 영천시	제2회시장배전국댄스스포츠대회및실용예술경연대회	40,000	새마을체육과	3	1	7	8	7	1	1	1
5010	경북 영천시	제12회시장기족구대회	5,000	새마을체육과	3	1	7	8	7	1	1	1

순번	시군구	지출명 (사업명)	2021년예산 (단위:천원/1년간)	담당자 (공무원) 담당부서	민간이전 분류 (지방자치단체 세출예산 집행기준에 의거) 1. 민간경상사업보조(307-02) 2. 민간단체 법정운영비보조(307-03) 3. 민간행사사업보조(307-04) 4. 민간위탁금(307-05) 5. 사회복지시설 법정운영비보조(307-10) 6. 민간인위탁교육비(307-12) 7. 공기관등에대한경상적위탁사업비(308-11) 8. 민간자본사업보조,자체재원(402-01) 9. 민간자본사업보조,이전재원(402-02) 10. 민간위탁사업비(402-03) 11. 공기관등에 대한 자본적 대행사업비(403-02)	민간이전지출 근거 (지방보조금 관리기준 참고) 1. 법률에 규정 2. 국고보조 재원(국가지정) 3. 용도 지정 기부금 4. 조례에 직접규정 5. 지자체가 권장하는 사업을 하는 공공기관 6. 시,도 정책 및 재정사정 7. 기타 8. 해당없음	입찰방식 계약체결방법 (경쟁형태) 1. 일반경쟁 2. 제한경쟁 3. 지명경쟁 4. 수의계약 5. 법정위탁 6. 기타 ( ) 7. 해당없음	입찰방식 계약기간 1. 1년 2. 2년 3. 3년 4. 4년 5. 5년 6. 기타 ( )년 7. 단기계약 (1년미만) 8. 해당없음	입찰방식 낙찰자선정방법 1. 적격심사 2. 협상에의한계약 3. 최저가낙찰제 4. 규격가격분리 5. 2단계 경쟁입찰 6. 기타 ( ) 7. 해당없음	운영예산 산정 운영예산 산정 1. 내부산정 (지자체 자체적으로 산정) 2. 외부산정 (외부전문기관위탁 산정) 3. 내·외부 모두 산정 4. 산정 無 5. 해당없음	운영예산 산정 정산방법 1. 내부정산 (지자체 내부적으로 정산) 2. 외부정산 (외부전문기관위탁 정산) 3. 내·외부 모두 산정 4. 정산 無 5. 해당없음	성과평가 실시여부 1. 실시 2. 미실시 3. 향후 추진 4. 해당없음
5011	경북 영천시	제3회시장기탁구대회	5,000	새마을체육과	3	1	7	8	7	1	1	1
5012	경북 영천시	제4회시장기배드민턴대회	4,000	새마을체육과	3	1	7	8	7	1	1	1
5013	경북 영천시	제11회시장기게이트볼대회	3,000	새마을체육과	3	1	7	8	7	1	1	1
5014	경북 영천시	제5회시장기파크골프대회	3,000	새마을체육과	3	1	7	8	7	1	1	1
5015	경북 영천시	제5회시장기그라운드골프대회	3,000	새마을체육과	3	1	7	8	7	1	1	1
5016	경북 영천시	제1회한약축제배전국초청게이트볼대회	35,000	새마을체육과	3	1	7	8	7	1	1	1
5017	경북 영천시	대한체육회장기전국파크골프대회	35,000	새마을체육과	3	1	7	8	7	1	1	1
5018	경북 영천시	제2회스타배전국족구대회	20,000	새마을체육과	3	1	7	8	7	1	1	1
5019	경북 영천시	제13회스타영천오픈배드민턴대회	16,000	새마을체육과	3	1	7	8	7	1	1	1
5020	경북 영천시	스타배댄스페스티벌경연대회	15,000	새마을체육과	3	1	7	8	7	1	1	1
5021	경북 영천시	영천시전국산행대회	15,000	새마을체육과	3	1	7	8	7	1	1	1
5022	경북 영천시	제6회영천댐별빛걷기대회	10,000	새마을체육과	3	1	7	8	7	1	1	1
5023	경북 영천시	영천댐벚꽃100리길마라톤대회	10,000	새마을체육과	3	1	7	8	7	1	1	1
5024	경북 영천시	제11회민·관·군친선축구대회	8,000	새마을체육과	3	1	7	8	7	1	1	1
5025	경북 영천시	시민건강산행대회	5,000	새마을체육과	3	1	7	8	7	1	1	1
5026	경북 영천시	경북리그동호인축구대회(예선)개최지원	2,000	새마을체육과	3	1	7	8	7	1	1	1
5027	경북 영천시	종목별생활체육대회개최지원	13,000	새마을체육과	3	1	7	8	7	1	1	1
5028	경북 영천시	시민체육대회개최	700,000	새마을체육과	3	1	7	8	7	1	1	1
5029	경북 영천시	소상공인활성화행사지원	2,000	일자리노사과	3	1	7	1	7	5	1	1
5030	경북 영천시	영천큰장 고객사은대잔치	15,000	일자리노사과	3	1	6	8	7	1	1	1
5031	경북 영천시	노사민정협력 화합연수대회	20,000	일자리노사과	3	8	7	8	7	5	5	1
5032	경북 영천시	영천시민음악회	4,000	문화예술과	3	4	7	8	7	1	1	1
5033	경북 영천시	산골마을작은음악회	2,000	문화예술과	3	4	7	8	7	1	1	1
5034	경북 영천시	백신애문학제개최	25,000	문화예술과	3	4	7	8	7	1	1	1
5035	경북 영천시	영천복사꽃전국사진촬영대회	40,000	문화예술과	3	4	7	8	7	1	1	1
5036	경북 영천시	최무선장군추모제	2,000	문화예술과	3	4	7	8	7	1	1	1
5037	경북 영천시	충의공권응수장군기념행사	2,000	문화예술과	3	4	7	8	7	1	1	1
5038	경북 영천시	임란의병한천승첩추모행사	3,000	문화예술과	3	4	7	8	7	1	1	1
5039	경북 영천시	정월대보름행사	12,000	문화예술과	3	4	7	8	7	1	1	1
5040	경북 영천시	영천곳나무싸움놀이재현행사	20,000	문화예술과	3	4	7	8	7	1	1	1
5041	경북 영천시	영천문화예술제개최	200,000	문화예술과	3	4	7	8	7	1	1	1
5042	경북 영천시	포은정몽주선생송축전국시조경창대회개최지원	21,000	문화예술과	3	4	7	8	7	1	1	1
5043	경북 영천시	대한민국포은서예휘호대회개최지원	31,000	문화예술과	3	4	7	8	7	1	1	1
5044	경북 영천시	포은선생추모전국한시백일장	30,000	문화예술과	3	4	7	8	7	1	1	1
5045	경북 영천시	제26회전국왕평가요제	100,000	문화예술과	3	4	7	8	7	1	1	1
5046	경북 영천시	행복영천은빛음악회	78,000	문화예술과	3	4	7	8	7	1	1	1
5047	경북 영천시	민간조보 학술대회 개최지원	36,000	문화예술과	3	1	7	8	7	1	1	1
5048	경북 영천시	임고서원문화공연지원	30,000	문화예술과	3	5	7	8	7	1	1	1
5049	경북 영천시	노계문학전국백일장	20,000	문화예술과	3	5	7	8	7	1	1	1
5050	경북 영천시	제18회영천보현산별빛축제	280,000	관광진흥과	3	4	7	8	7	1	1	1
5051	경북 영천시	해맞이행사	15,000	관광진흥과	3	8	4	8	7	1	1	1
5052	경북 영천시	전국단위관광박람회행사참가지원	7,200	관광진흥과	3	4	7	1	7	1	1	1
5053	경북 영천시	영천에서 살아보기	50,000	관광진흥과	3	4	7	8	7	5	5	1

순번	시군구	지출명 (사업명)	2021년예산 (단위:천원/1년간)	담당자 (공무원)	민간이전 분류 (지방자치단체 세출예산 집행기준에 의거)	민간이전지출 근거 (지방보조금 관리기준 참고)	입찰방식			운영예산 산정		성과평가 실시여부
				담당부서	1. 민간경상사업보조(307-02) 2. 민간단체 법정운영비보조(307-03) 3. 민간행사사업보조(307-04) 4. 민간위탁금(307-05) 5. 사회복지시설 법정운영비보조(307-10) 6. 민간인위탁교육비(307-12) 7. 공기관등에대한경상적위탁사업비(308-11) 8. 민간자본사업보조,자체재원(402-01) 9. 민간자본사업보조,이전재원(402-02) 10. 민간위탁사업비(402-03) 11. 공기관등에 대한 자본적 대행사업비(403-02)	1. 법률에 규정 2. 국고보조 재원(국가지정) 3. 용도 지정 기부금 4. 조례에 직접규정 5. 지자체가 권장하는 사업을 하는 공공기관 6. 시,도 정책 및 재정사정 7. 기타 8. 해당없음	계약체결방법 (경쟁형태) 1. 일반경쟁 2. 제한경쟁 3. 지명경쟁 4. 수의계약 5. 법정위탁 6. 기타 ( ) 7. 해당없음	계약기간 1. 1년 2. 2년 3. 3년 4. 4년 5. 5년 6. 기타 ( )년 7. 단기계약 (1년미만) 8. 해당없음	낙찰자선정방법 1. 적격심사 2. 협상에의한계약 3. 최저가낙찰제 4. 규격가격분리 5. 2단계 경쟁입찰 6. 기타 ( ) 7. 해당없음	운영예산 산정 1. 내부산정 (지자체 자체적으로 산정) 2. 외부산정 (외부전문기관위탁 산정) 3. 내·외부 모두 산정 4. 산정 無 5. 해당없음	정산방법 1. 내부정산 (지자체 내부적으로 정산) 2. 외부정산 (외부전문기관위탁 정산) 3. 내·외부 모두 산정 4. 정산 無 5. 해당없음	1. 실시 2. 미실시 3. 향후 추진 4. 해당없음
5054	경북 영천시	동해권관광협의회 관광홍보행사 공동사업비	13,400	관광진흥과	3	6	7	1	7	1	1	1
5055	경북 영천시	영천별빛나이트투어	70,000	관광진흥과	3	4	7	1	7	1	1	1
5056	경북 영천시	천문과학캠프운영	42,000	관광진흥과	3	4	4	1	2	1	1	1
5057	경북 영천시	별보다가날샌day	16,000	관광진흥과	3	8	7	8	7	5	5	1
5058	경북 영천시	보훈단체가족한마음문화행사	25,000	복지정책과	3	8	7	8	7	5	2	1
5059	경북 영천시	보훈단체나라사랑호국안보스쿨	2,000	복지정책과	3	8	7	8	7	5	2	1
5060	경북 영천시	보훈5단체전적지순례	12,800	복지정책과	3	8	7	8	7	5	2	1
5061	경북 영천시	6.25기념행사	16,000	복지정책과	3	8	7	8	7	5	2	1
5062	경북 영천시	6.25참전유공자안보현장견학	3,000	복지정책과	3	8	7	8	7	5	2	1
5063	경북 영천시	월참호국의식함양및나라사랑행사	10,000	복지정책과	3	8	7	8	7	5	2	1
5064	경북 영천시	월참호국위령제및안보결의대회	2,400	복지정책과	3	8	7	8	7	5	2	1
5065	경북 영천시	베트남전적지순례	13,500	복지정책과	3	8	7	8	7	5	2	1
5066	경북 영천시	재향군인회부녀회호국행사	3,400	복지정책과	3	8	7	8	7	5	2	1
5067	경북 영천시	재향군인회기념행사및안보교육	6,000	복지정책과	3	8	7	8	7	5	2	1
5068	경북 영천시	재향군인회영호남호국정신함양지원	2,000	복지정책과	3	8	7	8	7	5	2	1
5069	경북 영천시	재향군인회 안보연수회및현장견학	3,600	복지정책과	3	8	7	8	7	5	2	1
5070	경북 영천시	광복회경주·영천연합지회행사및사적지순례	1,600	복지정책과	3	4	7	1	2	1	1	1
5071	경북 영천시	산남의진순국선열추모제및백일장사생대회	5,000	복지정책과	3	4	7	1	2	1	1	1
5072	경북 영천시	신녕지구전승기념행사	3,000	복지정책과	3	8	7	8	7	5	2	1
5073	경북 영천시	한국전쟁전후민간인희생자 합동위령제	6,000	복지정책과	3	4	7	1	2	1	1	1
5074	경북 영천시	보훈가족어울림한마당	40,000	복지정책과	3	8	7	8	7	5	1	1
5075	경북 영천시	사회복지의날기념행사	15,000	복지정책과	3	4	7	1	2	1	1	1
5076	경북 영천시	중증장애인장애극복체험행사	5,000	사회복지과	3	1	7	8	7	1	1	1
5077	경북 영천시	2021장애인의날기념행사및체육대회	30,000	사회복지과	3	1	7	8	7	1	1	1
5078	경북 영천시	영천시수어발표회	1,600	사회복지과	3	1	7	8	7	1	1	1
5079	경북 영천시	시각장애인협회하계수련회	2,000	사회복지과	3	1	7	8	7	1	1	1
5080	경북 영천시	지적발달장애인협회자기권리주장대회	1,500	사회복지과	3	1	7	8	7	1	1	1
5081	경북 영천시	지적발달장애인협회하계수련회	2,000	사회복지과	3	1	7	8	7	1	1	1
5082	경북 영천시	노인의날기념행사	20,000	사회복지과	3	6	7	8	7	1	1	1
5083	경북 영천시	양성평등주간행사및여성한마음대회경비지원	13,000	가족행복과	3	4	7	8	7	5	5	1
5084	경북 영천시	여성단체회원의날행사지원	2,000	가족행복과	3	4	7	8	7	5	1	1
5085	경북 영천시	사랑의가정만들기합동결혼식	4,000	가족행복과	3	7	7	8	7	5	5	1
5086	경북 영천시	어린이집부모교육	1,600	가족행복과	3	4	7	8	7	1	1	1
5087	경북 영천시	보육교직원교육	3,000	가족행복과	3	4	7	8	7	1	1	1
5088	경북 영천시	보육인의밤	5,000	가족행복과	3	4	7	8	7	1	1	1
5089	경북 영천시	보육교직원안전공제회가입지원	4,350	가족행복과	3	6	7	8	7	1	1	1
5090	경북 영천시	어린이날행사지원	13,000	가족행복과	3	5	7	8	7	5	5	1
5091	경북 영천시	어린이동요대회	3,000	가족행복과	3	5	7	8	7	5	5	1
5092	경북 영천시	다자녀가정행사지원	13,000	가족행복과	3	7	7	8	7	5	5	1
5093	경북 영천시	안전골든벨 어린이 퀴즈대회 개최지원	15,000	안전재난하천과	3	6	6	8	7	1	1	1
5094	경북 영천시	한방김장김치담그기체험행사지원	10,000	농업기술센터	3	4	7	8	7	1	1	1
5095	경북 영천시	여성농업인행사지원	13,400	농업기술센터	3	4	7	8	7	1	1	1
5096	경북 영천시	농민문화마당행사·체육대회·FTA농민회원교육사업지원	15,000	농업기술센터	3	4	7	8	7	1	1	1

순번	시군구	지출명 (사업명)	2021년예산 (단위:천원/1년간)	담당자 (공무원) 담당부서	민간이전 분류 (지방자치단체 세출예산 집행기준에 의거) 1. 민간경상사업보조(307-02) 2. 민간단체 법정운영비보조(307-03) 3. 민간행사사업보조(307-04) 4. 민간위탁금(307-05) 5. 사회복지시설 법정운영비보조(307-10) 6. 민간인위탁교육비(307-12) 7. 공기관등에대한경상적위탁사업비(308-11) 8. 민간자본사업보조,자체재원(402-01) 9. 민간자본사업보조,이전재원(402-02) 10. 민간위탁사업비(402-03) 11. 공기관등에 대한 자본적 대행사업비(403-02)	민간이전지출 근거 (지방보조금 관리기준 참고) 1. 법률에 규정 2. 국고보조 재원(국가지정) 3. 용도 지정 기부금 4. 조례에 직접규정 5. 지자체가 권장하는 사업을 하는 공공기관 6. 시,도 정책 및 재정사정 7. 기타 8. 해당없음	입찰방식 계약체결방법 (경쟁형태) 1. 일반경쟁 2. 제한경쟁 3. 지명경쟁 4. 수의계약 5. 법정위탁 6. 기타 ( ) 7. 해당없음	입찰방식 계약기간 1. 1년 2. 2년 3. 3년 4. 4년 5. 5년 6. 기타 ( )년 7. 단기계약 (1년미만) 8. 해당없음	입찰방식 낙찰자선정방법 1. 적격심사 2. 협상에의한계약 3. 최저가낙찰제 4. 규격가격분리 5. 2단계 경쟁입찰 6. 기타 ( ) 7. 해당없음	운영예산 산정 운영예산 산정 1. 내부산정 (지자체 자체적으로 산정) 2. 외부산정 (외부전문기관위탁 산정) 3. 내·외부 모두 산정 4. 산정 無 5. 해당없음	운영예산 산정 정산방법 1. 내부정산 (지자체 내부적으로 정산) 2. 외부정산 (외부전문기관위탁 정산) 3. 내·외부 모두 산정 4. 정산 無 5. 해당없음	성과평가 실시여부 1. 실시 2. 미실시 3. 향후 추진 4. 해당없음
5097	경북 영천시	친환경농산물직거래장터운영지원	3,200	농업기술센터	3	4	7	8	7	5	5	1
5098	경북 영천시	친환경농업도단위행사참가지원	3,200	농업기술센터	3	4	7	8	7	5	5	1
5099	경북 영천시	친환경농산물품평회개최	2,400	농업기술센터	3	4	7	8	7	5	5	1
5100	경북 영천시	곤충산업협의회행사지원	2,000	농업기술센터	3	4	7	8	7	5	5	1
5101	경북 영천시	친환경농업박람회출품및홍보용재료구입	2,000	농업기술센터	3	4	7	8	7	5	5	1
5102	경북 영천시	농촌체험휴양마을도농교류행사비	3,000	농업기술센터	3	6	7	8	7	1	1	1
5103	경북 영천시	과일축제개최	270,000	농업기술센터	3	4	7	8	7	1	1	1
5104	경북 영천시	지역축제지원사업	8,000	농업기술센터	3	6	7	8	7	1	1	1
5105	경북 영천시	영천한약축제개최	550,000	농업기술센터	3	6	7	8	7	1	1	1
5106	경북 영천시	영천와인페스타	90,000	농업기술센터	3	4	7	8	7	1	1	1
5107	경북 영천시	전국대학생영천와인경기대회	60,000	농업기술센터	3	4	7	8	7	1	1	1
5108	경북 영천시	축산물소비촉진행사	10,000	농업기술센터	3	4	6	1	6	4	1	1
5109	경북 영천시	농촌지도자 한마음대회	15,000	농업기술센터	3	4	7	8	7	1	1	1
5110	경북 영천시	농업경영인회원 화합한마음행사	20,000	농업기술센터	3	4	4	7	2	1	1	1
5111	경북 영천시	한국생활개선영천시연합회한마음대회	13,000	농업기술센터	3	6	7	8	7	1	1	1
5112	경북 영천시	독서의달행사지원	4,000	평생학습관	3	4	7	8	7	1	1	1
5113	경북 김천시	경북사과홍보 행사비	20,000	농업정책과	3	1	7	8	7	5	5	4
5114	경북 김천시	행복김천 복지박람회	40,000	복지기획과	3	4	7	8	7	1	1	1
5115	경북 김천시	축산물소비 촉진행사 지원	20,000	축산과	3	1	7	8	7	1	1	4
5116	경북 안동시	이일영 공군중위 추념식	9,000	사회복지과	3	6	7	8	7	5	5	1
5117	경북 안동시	국가유공자 위안행사	18,000	사회복지과	3	6	7	8	7	1	1	1
5118	경북 안동시	호국영령추모제	8,000	사회복지과	3	6	7	8	7	1	1	1
5119	경북 안동시	영호남화합행사 및 재향군인의날 기념행사	14,000	사회복지과	3	6	7	8	7	1	1	1
5120	경북 안동시	근대사인물 추모학술 강연회	5,400	사회복지과	3	6	7	8	7	1	1	1
5121	경북 안동시	안동시 사회복지인 대회	5,000	사회복지과	3	6	7	8	7	1	1	1
5122	경북 안동시	경상북도 옥외광고 디자인 공모전 출품	7,100	도시디자인과	3	8	7	7	7	1	1	1
5123	경북 안동시	해외 마케팅 행사 지원	36,000	유통특작과	3	4	7	8	7	1	1	1
5124	경북 안동시	농특산물해외시장 홍보 및 개척비	50,000	유통특작과	3	4	7	8	7	1	1	1
5125	경북 안동시	해외판촉참가업체 지원	20,000	유통특작과	3	4	7	8	7	1	1	1
5126	경북 안동시	경북사과홍보행사지원	20,000	유통특작과	3	6	7	8	7	1	1	1
5127	경북 안동시	농민회 영농발대식 지원	3,600	농정과	3	4	7	8	7	5	5	4
5128	경북 안동시	농업인의날 행사 지원	21,870	농정과	3	1	7	8	7	5	5	4
5129	경북 안동시	한여농 우리농산물 홍보행사	3,960	농정과	3	4	7	8	7	5	5	4
5130	경북 안동시	여성농업인센터 청소년 논술대회 지원	2,700	농정과	3	4	7	8	7	5	5	4
5131	경북 안동시	안동산약(마)특구 브랜드 홍보행사 지원	22,000	농정과	3	4	7	8	7	5	5	4
5132	경북 안동시	친환경농업 홍보 및 판매행사	10,000	농정과	3	4	7	8	7	5	5	4
5133	경북 안동시	안동 사신리느티나무 당산제	2,000	문화유산과	3	2	7	8	7	5	5	4
5134	경북 안동시	안동 송사동 소태나무동제	1,500	문화유산과	3	2	7	8	7	5	5	4
5135	경북 안동시	안동 대곡리 굴참나무동제	1,500	문화유산과	3	2	7	8	7	5	5	4
5136	경북 안동시	안전골든벨 어린이 키즈쇼	18,000	안전재난과	3	6	7	8	7	1	1	1
5137	경북 안동시	안동낙동강 힐링로드	100,000	안전재난과	3	6	7	8	7	1	1	1
5138	경북 안동시	여성단체협의회 양성평등주간 행사비 지원	10,800	여성가족과	3	4	7	8	7	5	1	4
5139	경북 안동시	지역아동센터 발표회	5,000	여성가족과	3	4	7	8	7	5	1	4

순번	시군구	지출명 (사업명)	2021년예산 (단위:천원/1년간)	담당자 (공무원) 담당부서	민간이전 분류 (지방자치단체 세출예산 집행기준에 의거) 1. 민간경상사업보조(307-02) 2. 민간단체 법정운영비보조(307-03) 3. 민간행사사업보조(307-04) 4. 민간위탁금(307-05) 5. 사회복지시설 법정운영비보조(307-10) 6. 민간인위탁교육비(307-12) 7. 공기관등에대한경상적위탁사업비(308-11) 8. 민간자본사업보조,자체재원(402-01) 9. 민간자본사업보조,이전재원(402-02) 10. 민간위탁사업비(402-03) 11. 공기관등에 대한 자본적 대행사업비(403-02)	민간이전지출 근거 (지방보조금 관리기준 참고) 1. 법률에 규정 2. 국고보조 재원(국가지정) 3. 용도 지정 기부금 4. 조례에 직접규정 5. 지자체가 권장하는 사업을 하는 공공기관 6. 시,도 정책 및 재정사정 7. 기타 8. 해당없음	입찰방식 계약체결방법 (경쟁형태) 1. 일반경쟁 2. 제한경쟁 3. 지명경쟁 4. 수의계약 5. 법정위탁 6. 기타 ( ) 7. 해당없음	입찰방식 계약기간 1. 1년 2. 2년 3. 3년 4. 4년 5. 5년 6. 기타 ( )년 7. 단기계약 (1년미만) 8. 해당없음	입찰방식 낙찰자선정방법 1. 적격심사 2. 협상에의한계약 3. 최저가낙찰제 4. 규격가격분리 5. 2단계 경쟁입찰 6. 기타 ( ) 7. 해당없음	운영예산 산정 운영예산 산정 1. 내부산정 (지자체 자체적으로 산정) 2. 외부산정 (외부전문기관위탁 산정) 3. 내·외부 모두 산정 4. 산정 無 5. 해당없음	운영예산 산정 정산방법 1. 내부정산 (지자체 내부적으로 정산) 2. 외부정산 (외부전문기관위탁 정산) 3. 내·외부 모두 산정 4. 정산 無 5. 해당없음	성과평가 실시여부 1. 실시 2. 미실시 3. 향후 추진 4. 해당없음
5140	경북 안동시	지역아동센터 운동회	3,000	여성가족과	3	4	7	8	7	5	1	4
5141	경북 안동시	주민서비스 박람회지원	63,000	여성가족과	3	5	7	8	7	1	1	1
5142	경북 안동시	평생학습 복지어울림마당	85,000	평생교육과	3	4	7	8	7	1	1	1
5143	경북 안동시	청소년 문화교류 캠프	4,000	평생교육과	3	7	7	8	7	1	1	1
5144	경북 안동시	발명체험 프로그램운영	10,000	일자리경제과	3	4	6	1	7	1	1	2
5145	경북 안동시	중앙문화의거리 깜짝놀랠 이벤트행사 지원	19,800	일자리경제과	3	4	4	7	7	1	1	3
5146	경북 안동시	전통시장마케팅 및 이벤트행사 지원	8,000	일자리경제과	3	4	4	7	7	1	1	3
5147	경북 안동시	안동간고등어 먹거리 축제	27,000	일자리경제과	3	4	4	7	7	1	1	3
5148	경북 안동시	제49회 안동민속축제	337,000	전통문화예술과	3	4	7	1	1	1	1	1
5149	경북 안동시	제33회 안동예술제	90,000	전통문화예술과	3	4	7	1	1	1	1	1
5150	경북 안동시	찾아가는 문화공연	50,000	전통문화예술과	3	4	7	1	1	1	1	1
5151	경북 안동시	해맞이 행사	19,800	전통문화예술과	3	4	7	1	1	1	1	1
5152	경북 안동시	제18회 영남가요제	22,000	전통문화예술과	3	4	7	1	1	1	1	1
5153	경북 안동시	제15회 봄나들이 동요제	14,000	전통문화예술과	3	4	7	1	1	1	1	1
5154	경북 안동시	종교타운 문화행사 개최지원	40,000	전통문화예술과	3	4	7	1	1	1	1	1
5155	경북 안동시	한여름밤의 국악한마당 개최지원	52,000	전통문화예술과	3	4	7	1	1	1	1	1
5156	경북 안동시	낙동강 버들섬 음악제	72,500	전통문화예술과	3	4	7	1	1	1	1	1
5157	경북 안동시	전통길쌈 전국사진촬영대회	40,000	전통문화예술과	3	4	7	1	1	1	1	1
5158	경북 안동시	국제유교문화서예대전	40,000	전통문화예술과	3	4	7	1	1	1	1	1
5159	경북 안동시	예끼마을 물빛사랑 사생대회	40,000	전통문화예술과	3	4	7	1	1	1	1	1
5160	경북 안동시	웅부문화원 새봄맞이 음악회	30,000	전통문화예술과	3	4	7	1	1	1	1	1
5161	경북 안동시	사라져가는 것들의 재조명 사진전	20,000	전통문화예술과	3	4	7	1	1	1	1	1
5162	경북 안동시	안동아리랑제	8,100	전통문화예술과	3	1	7	8	7	1	1	1
5163	경북 안동시	가족사랑 뮤지컬	20,000	전통문화예술과	3	1	7	8	7	1	1	3
5164	경북 안동시	안동여성합창단 정기연주회	9,000	전통문화예술과	3	1	7	8	7	1	1	1
5165	경북 안동시	해설이 있는 뮤직스토리	18,000	전통문화예술과	3	1	7	8	7	1	1	3
5166	경북 안동시	희로애락 뉴스사진전	15,000	전통문화예술과	3	1	7	8	7	1	1	1
5167	경북 안동시	안동시 문화예술공연 함께해요 힐링콘서트	55,000	전통문화예술과	3	1	7	8	7	1	1	1
5168	경북 안동시	실버가요제	20,000	전통문화예술과	3	1	7	8	7	1	1	1
5169	경북 안동시	행복안동 가을밤의 팝스 콘서트	12,000	전통문화예술과	3	1	7	8	7	1	1	1
5170	경북 안동시	안동시민과 함께하는 강바람 음악회	10,000	전통문화예술과	3	1	7	8	7	1	1	1
5171	경북 안동시	안동시 전국아마추어 색소폰 경연대회	19,800	전통문화예술과	3	1	7	8	7	1	1	1
5172	경북 안동시	찾아가는 하우스 콘서트	12,000	전통문화예술과	3	1	7	8	7	1	1	1
5173	경북 안동시	연극아 놀자 "안동무궁화여, 영원하라"	5,400	전통문화예술과	3	1	7	8	7	1	1	1
5174	경북 안동시	낭독 오페레따 님그리다	30,000	전통문화예술과	3	1	7	8	7	1	1	3
5175	경북 안동시	행복한 가요제	15,000	전통문화예술과	3	1	7	8	7	1	1	3
5176	경북 안동시	성주풀이 완창공연	15,000	전통문화예술과	3	1	7	8	7	1	1	3
5177	경북 안동시	성황대제	2,000	전통문화예술과	3	1	7	8	7	1	1	1
5178	경북 안동시	전국시조경창대회	13,000	전통문화예술과	3	1	7	8	7	1	1	1
5179	경북 안동시	낙동강7경 문화한마당	50,000	전통문화예술과	3	1	7	8	7	1	1	1
5180	경북 안동시	제비원민속문화축제	80,000	전통문화예술과	3	1	7	8	7	1	1	1
5181	경북 안동시	청소년클래식음악회 개최지원	30,000	전통문화예술과	3	1	7	8	7	1	1	1
5182	경북 안동시	합창교향곡 VIVA안동 공연지원	33,000	전통문화예술과	3	1	7	8	7	1	1	1

순번	시군구	지출명 (사업명)	2021년예산 (단위:천원/1년간)	담당자 (공무원) 담당부서	민간이전 분류 (지방자치단체 세출예산 집행기준에 의거) 1. 민간경상사업보조(307-02) 2. 민간단체 법정운영비보조(307-03) 3. 민간행사사업보조(307-04) 4. 민간위탁금(307-05) 5. 사회복지시설 법정운영비보조(307-10) 6. 민간인위탁교육비(307-12) 7. 공기관등에대한경상적위탁사업비(308-11) 8. 민간자본사업보조,자체재원(402-01) 9. 민간자본사업보조,이전재원(402-02) 10. 민간위탁사업비(402-03) 11. 공기관등에 대한 자본적 대행사업비(403-02)	민간이전지출 근거 (지방보조금 관리기준 참고) 1. 법률에 규정 2. 국고보조 재원(국가지정) 3. 용도 지정 기부금 4. 조례에 직접규정 5. 지자체가 권장하는 사업을 하는 공공기관 6. 시,도 정책 및 재정사정 7. 기타 8. 해당없음	입찰방식 계약체결방법 (경쟁형태) 1. 일반경쟁 2. 제한경쟁 3. 지명경쟁 4. 수의계약 5. 법정위탁 6. 기타 ( ) 7. 해당없음	입찰방식 계약기간 1. 1년 2. 2년 3. 3년 4. 4년 5. 5년 6. 기타 ( )년 7. 단기계약 (1년미만) 8. 해당없음	입찰방식 낙찰자선정방법 1. 적격심사 2. 협상에의한계약 3. 최저가낙찰제 4. 규격가격분리 5. 2단계 경쟁입찰 6. 기타 ( ) 7. 해당없음	운영예산 산정 운영예산 산정 1. 내부산정 (지자체 자체적으로 산정) 2. 외부산정 (외부전문기관위탁 산정) 3. 내·외부 모두 산정 4. 산정 無 5. 해당없음	운영예산 산정 정산방법 1. 내부정산 (지자체 내부적으로 정산) 2. 외부정산 (외부전문기관위탁 정산) 3. 내·외부 모두 산정 4. 정산 無 5. 해당없음	성과평가 실시여부 1. 실시 2. 미실시 3. 향후 추진 4. 해당없음
5183	경북 안동시	시화예사문화예술놀이판 개최지원	15,800	전통문화예술과	3	1	7	8	7	1	1	1
5184	경북 안동시	우리소리 축제	38,000	전통문화예술과	3	1	7	8	7	1	1	3
5185	경북 안동시	제33회 안동남성합창단 정기연주회	27,000	전통문화예술과	3	1	7	8	7	1	1	1
5186	경북 안동시	생활문화예술인 상설공연 지원	81,000	전통문화예술과	3	1	7	8	7	1	1	1
5187	경북 안동시	지역사회공동체성회복을 위한 버스킹 공연	50,000	전통문화예술과	3	1	7	8	7	1	1	1
5188	경북 안동시	전통공예민속놀이 한마당	20,000	전통문화예술과	3	1	7	8	7	1	1	1
5189	경북 안동시	한국전통창작춤극 연이	93,000	전통문화예술과	3	1	7	8	7	1	1	3
5190	경북 안동시	새바람 경북 열린 음악회	30,000	전통문화예술과	3	1	7	8	7	1	1	1
5191	경북 안동시	국신당수륙재	40,000	전통문화예술과	3	4	7	1	1	1	1	1
5192	경북 안동시	석전대제 행사	18,000	전통문화예술과	3	4	7	1	1	1	1	1
5193	경북 안동시	웅부안동 전국한시백일장	12,000	전통문화예술과	3	4	7	1	1	1	1	1
5194	경북 안동시	제33회 정부인안동장씨추모여성휘호대회	27,000	전통문화예술과	3	4	7	1	1	1	1	1
5195	경북 안동시	성년의날 행사지원	2,000	전통문화예술과	3	4	7	1	1	1	1	1
5196	경북 안동시	풋굿축제	14,000	전통문화예술과	3	4	7	1	1	1	1	1
5197	경북 구미시	구미시 노사민정 관계자 워크숍	16,000	노동복지과	3	4	7	8	7	5	5	4
5198	경북 구미시	노동단체 대표자 노사상생 교육	16,000	노동복지과	3	4	7	8	7	5	5	4
5199	경북 구미시	노사분쟁 중재 및 조정 체험 교육	24,000	노동복지과	3	4	7	8	7	5	5	4
5200	경북 구미시	노동단체 화합 체육대회	37,500	노동복지과	3	4	7	8	7	5	5	4
5201	경북 구미시	외국인근로자문화축제	40,000	노동복지과	3	4	7	8	7	5	5	4
5202	경북 구미시	구미음악제	12,160	문화예술과	3	4	7	1	6	1	1	1
5203	경북 구미시	구미전국가요제	24,000	문화예술과	3	4	7	1	6	1	1	1
5204	경북 구미시	대한민국청소년트로트가요제	40,000	문화예술과	3	4	7	1	6	1	1	1
5205	경북 구미시	구미인동 3·1문화제	66,700	문화예술과	3	4	7	7	6	1	1	1
5206	경북 구미시	구미전국사진공모전	16,000	문화예술과	3	4	7	1	6	1	1	1
5207	경북 구미시	구미전국청소년국악경연대회	60,000	문화예술과	3	4	7	1	2	1	1	1
5208	경북 구미시	무을생태고을버섯축제	16,000	문화예술과	3	4	7	1	6	1	1	1
5209	경북 구미시	장천코스모스축제	16,000	문화예술과	3	4	7	1	6	1	1	1
5210	경북 구미시	원평방천축제	8,000	문화예술과	3	4	7	1	6	1	1	1
5211	경북 구미시	지산샛강문화축제	16,000	문화예술과	3	4	7	1	6	1	1	1
5212	경북 구미시	비산나루터문화축제	30,000	문화예술과	3	4	7	1	6	1	1	1
5213	경북 구미시	인동도시숲문화축제	16,000	문화예술과	3	4	7	1	6	1	1	1
5214	경북 구미시	해평임도걷기축제	8,000	문화예술과	3	4	7	1	6	1	1	1
5215	경북 구미시	산동의우위령문화축제	5,760	문화예술과	3	4	7	1	6	1	1	1
5216	경북 구미시	구미청소년연극제	7,680	문화예술과	3	4	7	1	6	1	1	1
5217	경북 구미시	국제문화교류(오쯔시, 장사시)	10,800	문화예술과	3	4	6	1	6	1	1	1
5218	경북 구미시	금오예술제	48,640	문화예술과	3	4	7	1	6	1	1	1
5219	경북 구미시	낙동강7경 문화한마당	50,000	문화예술과	3	4	7	7	6	1	1	1
5220	경북 구미시	어린이종합예술제	7,680	문화예술과	3	4	7	7	6	1	1	1
5221	경북 구미시	전국시조경창대회	13,000	문화예술과	3	4	7	7	6	1	1	1
5222	경북 구미시	구미전국전통연희축제	77,000	문화예술과	3	4	7	7	6	1	1	1
5223	경북 구미시	종합문화예술행사지원	50,000	문화예술과	3	4	7	8	7	5	5	4
5224	경북 구미시	한여름밤의 국악산책	12,800	문화예술과	3	4	7	1	6	1	1	1
5225	경북 구미시	향토고유전승보전	7,920	문화예술과	3	4	6	1	6	1	1	1

순번	시군구	지출명 (사업명)	2021년예산 (단위:천원/1년간)	담당자 (공무원)	민간이전 분류 (지방자치단체 세출예산 집행기준에 의거)	민간이전지출 근거 (지방보조금 관리기준 참고)	입찰방식			운영예산 산정		성과평가 실시여부
				담당부서	1. 민간경상사업보조(307-02) 2. 민간단체 법정운영비보조(307-03) 3. 민간행사사업보조(307-04) 4. 민간위탁금(307-05) 5. 사회복지시설 법정운영비보조(307-10) 6. 민간인위탁교육비(307-12) 7. 공기관등에대한경상적위탁사업비(308-11) 8. 민간자본사업보조,자체재원(402-01) 9. 민간자본사업보조,이전재원(402-02) 10. 민간위탁사업비(402-03) 11. 공기관등에 대한 자본적 대행사업비(403-02)	1. 법률에 규정 2. 국고보조 재원(국가지정) 3. 용도 지정 기부금 4. 조례에 직접규정 5. 지자체가 권장하는 사업을 하는 공공기관 6. 시,도 정책 및 재정사정 7. 기타 8. 해당없음	계약체결방법 (경쟁형태) 1. 일반경쟁 2. 제한경쟁 3. 지명경쟁 4. 수의계약 5. 법정위탁 6. 기타 ( ) 7. 해당없음	계약기간 1. 1년 2. 2년 3. 3년 4. 4년 5. 5년 6. 기타 ( )년 7. 단기계약 (1년미만) 8. 해당없음	낙찰자선정방법 1. 적격심사 2. 협상에의한계약 3. 최저가낙찰제 4. 규격가격분리 5. 2단계 경쟁입찰 6. 기타 ( ) 7. 해당없음	운영예산 산정 1. 내부산정 (지자체 자체적으로 산정) 2. 외부산정 (외부전문기관위탁 산정) 3. 내·외부 모두 산정 4. 산정 無 5. 해당없음	정산방법 1. 내부정산 (지자체 내부적으로 정산) 2. 외부정산 (외부전문기관위탁 정산) 3. 내·외부 모두 산정 4. 정산 無 5. 해당없음	1. 실시 2. 미실시 3. 향후 추진 4. 해당없음
5226	경북 구미시	내마음속의 단편문학	10,000	문화예술과	3	4	7	7	6	1	1	1
5227	경북 구미시	대한민국 소극장열전	10,000	문화예술과	3	4	7	7	6	1	1	1
5228	경북 구미시	낙동강 구비 구미 제1회 시니어무용대제전	40,000	문화예술과	3	4	7	8	7	5	5	4
5229	경북 구미시	요양어르신 위문공연	4,500	문화예술과	3	4	7	7	6	1	1	1
5230	경북 구미시	구미시민을 위한 팝스음악회	4,500	문화예술과	3	4	7	7	6	1	1	1
5231	경북 구미시	구미 작은 음악회	40,000	문화예술과	3	4	7	7	6	1	1	1
5232	경북 구미시	예스구미백년인생노래자랑	3,600	문화예술과	3	4	7	7	6	1	1	1
5233	경북 구미시	구미여성문화예술축제	7,200	문화예술과	3	4	7	7	6	1	1	1
5234	경북 구미시	올드림페스티벌	18,000	문화예술과	3	4	7	7	6	1	1	1
5235	경북 구미시	문화예술공연	4,000	문화예술과	3	4	7	7	6	1	1	1
5236	경북 구미시	전국난타대회	2,700	문화예술과	3	4	7	7	6	1	1	1
5237	경북 구미시	고교밴드 연합발표회	5,000	문화예술과	3	4	7	7	6	1	1	1
5238	경북 구미시	시민극단도시樂의 '또 다시 봄'	6,000	문화예술과	3	4	7	8	7	5	5	4
5239	경북 구미시	지역민과 함께하는 시낭송공연	3,000	문화예술과	3	4	7	7	6	1	1	1
5240	경북 구미시	매일한글글짓기 경북공모전	13,000	문화예술과	3	4	7	7	6	1	1	1
5241	경북 구미시	전국 한시 백일장	23,000	문화예술과	3	4	7	7	6	1	1	1
5242	경북 구미시	구미학생미술서예실기 공모전	7,680	문화예술과	3	4	7	1	6	1	1	1
5243	경북 구미시	구미아트페어	78,400	문화예술과	3	4	7	1	6	1	1	1
5244	경북 구미시	월동준비전	2,700	문화예술과	3	4	7	7	6	1	1	1
5245	경북 구미시	구미공예협회전	3,250	문화예술과	3	4	7	7	6	1	1	1
5246	경북 구미시	구미현대서각회전	2,000	문화예술과	3	4	7	7	6	1	1	1
5247	경북 구미시	문예연전	2,700	문화예술과	3	4	7	7	6	1	1	1
5248	경북 구미시	서협구미지부전	5,000	문화예술과	3	4	7	7	6	1	1	1
5249	경북 구미시	서예가협회전	3,000	문화예술과	3	4	7	7	6	1	1	1
5250	경북 구미시	구미풍물육성	4,500	문화예술과	3	4	6	1	6	1	1	1
5251	경북 구미시	구미 차의 날 야은길재추모헌다	7,200	문화예술과	3	4	7	7	6	1	1	1
5252	경북 구미시	구미시민과 함께하는 풍물한마당	4,500	문화예술과	3	4	7	7	6	1	1	1
5253	경북 구미시	중요무형문화재 제50호 영산재 봉행	12,000	문화예술과	3	4	7	7	6	1	1	1
5254	경북 구미시	인동아리랑 한마당축제	8,000	문화예술과	3	4	7	7	6	1	1	1
5255	경북 구미시	전국시니어 국악한마당	40,000	문화예술과	3	4	7	7	6	1	1	1
5256	경북 구미시	퓨전국악연주단 동이락이 함께하는 국악여행	73,000	문화예술과	3	4	7	7	6	1	1	1
5257	경북 구미시	구미남성합창단 정기공연	5,000	문화예술과	3	4	7	7	6	1	1	1
5258	경북 구미시	우리꿈빛청소년오케스트라정기공연	5,000	문화예술과	3	4	7	7	6	1	1	1
5259	경북 구미시	그린필오케스트라정기연주회	4,800	문화예술과	3	4	7	7	6	1	1	1
5260	경북 구미시	청소년윈드오케스트라 정기연주회	4,000	문화예술과	3	4	7	7	6	1	1	1
5261	경북 구미시	구미필하모닉오케스트라 정기연주회	5,000	문화예술과	3	4	7	7	6	1	1	1
5262	경북 구미시	춘란전시회	6,480	문화예술과	3	4	7	7	6	1	1	1
5263	경북 구미시	아산역경연구원 전국학술발표대회	40,000	문화예술과	3	4	7	7	6	1	1	1
5264	경북 구미시	구미문학예술공모전	11,520	문화예술과	3	4	7	1	6	1	1	1
5265	경북 구미시	구미동화이야기축제	51,200	문화예술과	3	4	7	7	6	1	1	1
5266	경북 구미시	대한민국 예술대전	300,000	문화예술과	3	4	7	1	7	1	1	1
5267	경북 구미시	향문화축제	40,000	문화예술과	3	6	7	8	7	1	1	1
5268	경북 구미시	무형문화재공개행사	10,000	문화예술과	3	6	7	8	7	1	1	1

순번	시군구	지출명 (사업명)	2021년예산 (단위:천원/1년간)	담당자 (공무원) 담당부서	민간이전 분류 (지방자치단체 세출예산 집행기준에 의거) 1. 민간경상사업보조(307-02) 2. 민간단체 법정운영비보조(307-03) 3. 민간행사사업보조(307-04) 4. 민간위탁금(307-05) 5. 사회복지시설 법정운영비보조(307-10) 6. 민간인위탁교육비(307-12) 7. 공기관등에대한경상적위탁사업비(308-11) 8. 민간자본사업보조,자체재원(402-01) 9. 민간자본사업보조,이전재원(402-02) 10. 민간위탁사업비(402-03) 11. 공기관등에 대한 자본적 대행사업비(403-02)	민간이전지출 근거 (지방보조금 관리기준 참고) 1. 법률에 규정 2. 국고보조 재원(국가지정) 3. 용도 지정 기부금 4. 조례에 직접규정 5. 지자체가 권장하는 사업을 하는 공공기관 6. 시,도 정책 및 재정사정 7. 기타 8. 해당없음	입찰방식 계약체결방법 (경쟁형태) 1. 일반경쟁 2. 제한경쟁 3. 지명경쟁 4. 수의계약 5. 법정위탁 6. 기타 ( ) 7. 해당없음	입찰방식 계약기간 1. 1년 2. 2년 3. 3년 4. 4년 5. 5년 6. 기타 ( )년 7. 단기계약 (1년미만) 8. 해당없음	입찰방식 낙찰자선정방법 1. 적격심사 2. 협상에의한계약 3. 최저가낙찰제 4. 규격가격분리 5. 2단계 경쟁입찰 6. 기타 ( ) 7. 해당없음	운영예산 산정 운영예산 산정 1. 내부산정 (지자체 자체적으로 산정) 2. 외부산정 (외부전문기관위탁 산정) 3. 내·외부 모두 산정 4. 산정 無 5. 해당없음	운영예산 산정 정산방법 1. 내부정산 (지자체 내부적으로 정산) 2. 외부정산 (외부전문기관위탁 정산) 3. 내·외부 모두 산정 4. 정산 無 5. 해당없음	성과평가 실시여부 1. 실시 2. 미실시 3. 향후 추진 4. 해당없음
5269	경북 구미시	제18회구미어린이독서왕선발대회,국민독서경진구미시예선대회	9,500	새마을과	3	4	5	1	7	1	5	4
5270	경북 구미시	새마을지도자 역량강화 워크숍	12,000	새마을과	3	4	5	1	7	1	5	4
5271	경북 구미시	독서골든벨 가족퀴즈대회	5,500	새마을과	3	4	5	1	7	1	5	4
5272	경북 구미시	제38회 단계백일장 개최	8,640	새마을과	3	4	5	1	7	1	5	4
5273	경북 구미시	바르게살기운동활성화 연수 및 평가대회	10,800	새마을과	3	4	5	1	7	1	5	4
5274	경북 구미시	자연보호회원 직무능력향상 연수 및 평가대회	7,200	새마을과	3	4	5	1	7	1	5	4
5275	경북 구미시	제21회 자연보호백일장	8,640	새마을과	3	4	5	1	7	1	5	4
5276	경북 구미시	장애인체육대회개최	74,000	체육진흥과	3	6	7	7	7	1	1	2
5277	경북 구미시	제11회 구미새마을배 전국 동호인 테니스대회	17,000	체육진흥과	3	1	7	8	7	1	1	1
5278	경북 구미시	제15회 예스구미배 전국 풋살대회	18,000	체육진흥과	3	1	7	8	7	1	1	1
5279	경북 구미시	제15회 구미새마을배 오픈 배드민턴대회	21,000	체육진흥과	3	1	7	8	7	1	1	1
5280	경북 구미시	제7회 구미 생활체육 전국 오픈 탁구대회	28,000	체육진흥과	3	1	7	8	7	1	1	1
5281	경북 구미시	통일염원 2021 구미배 전국 3on3 농구대회	32,000	체육진흥과	3	1	7	8	7	1	1	1
5282	경북 구미시	제13회 한국중고연맹 전국 용무도대회	21,000	체육진흥과	3	1	7	8	7	1	1	1
5283	경북 구미시	제6회 구미새마을배초청 족구대회	17,000	체육진흥과	3	1	7	8	7	1	1	1
5284	경북 구미시	구미경찰서 자율방범연합회 범죄예방 실천결의대회	6,400	총무과	3	7	7	1	7	1	1	2
5285	경북 구미시	구미시 자율방범연합회 범죄예방 실천결의대회	4,000	총무과	3	7	7	1	7	1	1	2
5286	경북 구미시	안전골든벨 어린이퀴즈대회	12,000	안전재난과	3	4	1	1	1	1	1	1
5287	경북 구미시	사회복지의 날 기념식	8,000	복지정책과	3	1	7	8	7	1	1	1
5288	경북 구미시	나눔문화캠페인 활동	3,000	복지정책과	3	1	7	8	7	1	1	1
5289	경북 구미시	호국보훈음악회	40,000	복지정책과	3	6	6	7	6	1	1	1
5290	경북 구미시	보육인의 날 행사	19,000	아동보육과	3	7	7	8	7	1	1	4
5291	경북 구미시	경북옥외광고인 한마음다짐대회 및 불법광고물추방결의대회	15,000	도시재생과	3	4	7	8	7	5	5	4
5292	경북 구미시	생태계교란생물(외래어종) 퇴치사업	15,000	환경보전과	3	6	7	8	7	5	5	4
5293	경북 구미시	구미시민 녹색자전거 대행진	60,000	교통정책과	3	4	6	7	6	1	1	2
5294	경북 구미시	구미시장배 전국종합마술대회 개최	50,000	축산과	3	2	7	8	7	1	1	1
5295	경북 구미시	동물사랑 문화축제	14,000	축산과	3	2	7	8	7	1	1	1
5296	경북 구미시	수산물 소비촉진 지원	8,000	축산과	3	2	7	8	7	1	1	1
5297	경북 구미시	구미에코랜드어린이숲체험전	72,000	산림과	3	6	7	8	7	5	5	4
5298	경북 구미시	박대통령 탄생 104돌 기념행사	50,000	박정희대통령역사자료관	3	4	4	7	7	5	1	1
5299	경북 구미시	박대통령 서거 42주기 추도식	12,000	박정희대통령역사자료관	3	4	4	7	7	5	1	1
5300	경북 영주시	영주시 상인연합회 교류한마당 개최 지원	22,000	일자리경제과	3	4	4	1	7	1	1	4
5301	경북 영주시	풍기인견 패션쇼 참가지원	16,000	투자유치과	3	4	7	1	7	1	1	1
5302	경북 영주시	풍기인견 전시 홍보 행사지원	45,000	투자유치과	3	4	7	1	7	1	1	1
5303	경북 영주시	근로자 한마음갖기대회 지원	37,500	투자유치과	3	1	7	1	7	1	1	1
5304	경북 영주시	메가마트 영주한우축제 소비촉진 행사	10,000	유통지원과	3	4	7	8	7	1	1	3
5305	경북 영주시	관내축제 축산물 소비촉진 행사	7,000	유통지원과	3	4	7	8	7	1	1	3
5306	경북 영주시	어린이 환경노래부르기 및 환경만들기 대회	1,800	환경보호과	3	7	7	8	7	1	1	4
5307	경북 영주시	환경단체,그린리더 워크숍	4,000	환경보호과	3	7	7	8	7	1	1	4
5308	경북 영주시	폐기물처리시설 주변지원	26,000	환경보호과	3	1	7	8	7	5	5	4
5309	경북 영주시	자매도시 목포시 미술교류전	7,000	문화예술과	3	7	7	8	7	1	1	1
5310	경북 영주시	전국 민속사진 촬영대회	16,000	문화예술과	3	7	7	8	7	1	1	1
5311	경북 영주시	2020 영주미술아카데미	20,000	문화예술과	3	7	7	8	7	1	1	1

순번	시군구	지출명 (사업명)	2021년예산 (단위:천원/1년간)	담당자 (공무원) 담당부서	민간이전 분류 (지방자치단체 세출예산 집행기준에 의거) 1. 민간경상사업보조(307-02) 2. 민간단체 법정운영비보조(307-03) 3. 민간행사사업보조(307-04) 4. 민간위탁금(307-05) 5. 사회복지시설 법정운영비보조(307-10) 6. 민간인위탁교육비(307-12) 7. 공기관등에대한경상적위탁사업비(308-11) 8. 민간자본사업보조,자체재원(402-01) 9. 민간자본사업보조,이전재원(402-02) 10. 민간위탁사업비(402-03) 11. 공기관등에 대한 자본적 대행사업비(403-02)	민간이전지출 근거 (지방보조금 관리기준 참고) 1. 법률에 규정 2. 국고보조 재원(국가지정) 3. 용도 지정 기부금 4. 조례에 직접규정 5. 지자체가 권장하는 사업을 하는 공공기관 6. 시,도 정책 및 재정사정 7. 기타 8. 해당없음	입찰방식 계약체결방법 (경쟁형태) 1. 일반경쟁 2. 제한경쟁 3. 지명경쟁 4. 수의계약 5. 법정위탁 6. 기타 ( ) 7. 해당없음	계약기간 1. 1년 2. 2년 3. 3년 4. 4년 5. 5년 6. 기타 ( )년 7. 단기계약 (1년미만) 8. 해당없음	낙찰자선정방법 1. 적격심사 2. 협상에의한계약 3. 최저가낙찰제 4. 규격가격분리 5. 2단계 경쟁입찰 6. 기타 ( ) 7. 해당없음	운영예산 산정 운영예산 산정 1. 내부산정 (지자체 자체적으로 산정) 2. 외부산정 (외부전문기관위탁 산정) 3. 내·외부 모두 산정 4. 산정 無 5. 해당없음	정산방법 1. 내부정산 (지자체 내부적으로 정산) 2. 외부정산 (외부전문기관위탁 정산) 3. 내·외부 모두 산정 4. 정산 無 5. 해당없음	성과평가 실시여부 1. 실시 2. 미실시 3. 향후 추진 4. 해당없음
5312	경북 영주시	전국학생 그리기 대회	8,000	문화예술과	3	7	7	8	7	1	1	1
5313	경북 영주시	영주예술 대도시 전시전	16,000	문화예술과	3	7	7	8	7	1	1	1
5314	경북 영주시	부처님오신날 문화행사 지원	19,000	문화예술과	3	7	7	8	7	1	1	1
5315	경북 영주시	성탄절 문화행사 지원	20,000	문화예술과	3	7	7	8	7	1	1	1
5316	경북 영주시	제22회 영주전국장승축제	5,700	문화예술과	3	7	7	8	7	1	1	1
5317	경북 영주시	문화예술단체 행사 지원	57,460	문화예술과	3	7	7	8	7	1	1	1
5318	경북 영주시	읍면동 대항 풍물경연대회	15,000	문화예술과	3	7	7	8	7	1	1	1
5319	경북 영주시	제27회 소백예술제	40,000	문화예술과	3	7	7	8	7	1	1	1
5320	경북 영주시	제34회 소백문화제	40,000	문화예술과	3	7	7	8	7	1	1	1
5321	경북 영주시	전국 축계백일장 개최	14,000	문화예술과	3	7	7	8	7	1	1	1
5322	경북 영주시	영주민속장기대회 행사지원	11,000	문화예술과	3	7	7	8	7	1	1	1
5323	경북 영주시	세계유산 등재기념 행사	60,000	문화예술과	3	7	7	8	7	5	5	4
5324	경북 영주시	초군청 민속행사 지원	73,000	문화예술과	3	7	7	8	7	1	1	1
5325	경북 영주시	관광객맞이전통공연	40,000	관광진흥과	3	1	7	8	7	5	5	4
5326	경북 영주시	영주한국선비문화축제	480,000	관광진흥과	3	1	7	8	7	5	5	4
5327	경북 영주시	영주소백산철쭉제	160,000	관광진흥과	3	1	7	8	7	5	5	4
5328	경북 영주시	영주무섬외나무다리축제	72,000	관광진흥과	3	1	7	8	7	5	5	4
5329	경북 영주시	영주사과축제	200,000	관광진흥과	3	1	7	8	7	5	5	4
5330	경북 영주시	제23회 경북도장애인체육대회 출전경비	40,000	체육진흥과	3	4	7	7	7	1	1	3
5331	경북 영주시	제5회 영주선비고을 전국장애인바둑대회	12,000	체육진흥과	3	4	7	7	7	1	1	3
5332	경북 영주시	제42회 영주시민체육대회 개최경비	136,000	체육진흥과	3	4	7	7	7	1	1	3
5333	경북 영주시	제42회 영주시민체육대회 읍면동 지원	209,000	체육진흥과	3	4	7	7	7	1	1	3
5334	경북 영주시	제42회 영주시민체육대회 중고등학교 지원	35,000	체육진흥과	3	4	7	7	7	1	1	3
5335	경북 영주시	제42회 영주시민체육대회 참가 풍물단 지원	6,000	체육진흥과	3	4	7	7	7	1	1	3
5336	경북 영주시	제59회 경북도민체육대회 종목별 개최(유치) 경비	10,000	체육진흥과	3	4	7	8	7	1	1	3
5337	경북 영주시	시장기 종목별체육대회 개최 지원	80,000	체육진흥과	3	4	7	7	7	1	1	3
5338	경북 영주시	종목별 각종 체육대회 참가경비	9,000	체육진흥과	3	4	7	7	7	1	1	3
5339	경북 영주시	제58회 경북종합체육대회 참가 지원	7,000	체육진흥과	3	4	7	7	7	1	1	3
5340	경북 영주시	생활체육지도자 및 사무국 직원 연수 참가 지원	5,000	체육진흥과	3	4	7	7	7	1	1	3
5341	경북 영주시	종목별 체육대회 참가 경비 지원	50,000	체육진흥과	3	4	7	8	7	1	1	3
5342	경북 영주시	시 씨름왕 선발대회 개최 지원	5,000	체육진흥과	3	4	7	8	7	1	1	3
5343	경북 영주시	도 씨름왕 선발대회 참가 지원	7,000	체육진흥과	3	4	7	8	7	1	1	3
5344	경북 영주시	전국 씨름왕 선발대회 참가 지원	2,000	체육진흥과	3	4	7	8	7	1	1	3
5345	경북 영주시	전국 및 도단위 체육대회 유치	237,500	체육진흥과	3	4	7	8	7	1	1	3
5346	경북 영주시	자매도시초청 친선생활체육대회 참가 경비 지원	20,000	체육진흥과	3	4	7	7	7	1	1	3
5347	경북 영주시	2021 영주시 I-리그(유청소년) 축구대회 개최	38,000	체육진흥과	3	4	7	8	7	1	1	3
5348	경북 영주시	2021 경북어르신생활체육대회 참가	25,000	체육진흥과	3	4	7	8	7	1	1	3
5349	경북 영주시	제31회 경북도민생활체육대회 참가	90,000	체육진흥과	3	4	7	8	7	1	1	3
5350	경북 영주시	시민 건강걷기대회 개최 지원	15,000	체육진흥과	3	4	7	7	7	1	1	3
5351	경북 영주시	경북리그 지역예선 축구대회 개최	9,500	체육진흥과	3	4	7	8	7	1	1	3
5352	경북 영주시	경북리그 본선 축구대회 참가 경비 지원	2,000	체육진흥과	3	4	7	8	7	1	1	3
5353	경북 영주시	제14회 영주풍기인삼배 생활체육동호인초청 족구대회	14,250	체육진흥과	3	4	7	8	7	1	1	3
5354	경북 영주시	제14회 영주풍기인삼배 경북동호인 게이트볼대회	19,000	체육진흥과	3	4	7	8	7	1	1	3

순번	시군구	지출명 (사업명)	2021년예산 (단위:천원/1년간)	담당자 (공무원) 담당부서	민간이전 분류 (지방자치단체 세출예산 집행기준에 의거) 1. 민간경상사업보조(307-02) 2. 민간단체 법정운영비보조(307-03) 3. 민간행사사업보조(307-04) 4. 민간위탁금(307-05) 5. 사회복지시설 법정운영비보조(307-10) 6. 민간인위탁교육비(307-12) 7. 공기관등에대한경상적위탁사업비(308-11) 8. 민간자본사업보조,자체재원(402-01) 9. 민간자본사업보조,이전재원(402-02) 10. 민간위탁사업비(402-03) 11. 공기관등에 대한 자본적 대행사업비(403-02)	민간이전지출 근거 (지방보조금 관리기준 참고) 1. 법률에 규정 2. 국고보조 재원(국가지정) 3. 용도 지정 기부금 4. 조례에 직접규정 5. 지자체가 권장하는 사업을 하는 공공기관 6. 시,도 정책 및 재정사정 7. 기타 8. 해당없음	입찰방식 계약체결방법 (경쟁형태) 1. 일반경쟁 2. 제한경쟁 3. 지명경쟁 4. 수의계약 5. 법정위탁 6. 기타 ( ) 7. 해당없음	입찰방식 계약기간 1. 1년 2. 2년 3. 3년 4. 4년 5. 5년 6. 기타 ( )년 7. 단기계약 (1년미만) 8. 해당없음	입찰방식 낙찰자선정방법 1. 적격심사 2. 협상에의한계약 3. 최저가낙찰제 4. 규격가격분리 5. 2단계 경쟁입찰 6. 기타 ( ) 7. 해당없음	운영예산 산정 운영예산 산정 1. 내부산정 (지자체 자체적으로 산정) 2. 외부산정 (외부전문기관위탁 산정) 3. 내·외부 모두 산정 4. 산정 無 5. 해당없음	운영예산 산정 정산방법 1. 내부정산 (지자체 내부적으로 정산) 2. 외부정산 (외부전문기관위탁 정산) 3. 내·외부 모두 산정 4. 정산 無 5. 해당없음	성과평가 실시여부 1. 실시 2. 미실시 3. 향후 추진 4. 해당없음
5355	경북 영주시	제9회 영주 풍기인삼장사 전국동호인 씨름대회	19,000	체육진흥과	3	4	7	8	7	1	1	3
5356	경북 영주시	제44회 영주풍기인삼배 전국동호인 및 이순 테니스대회	20,000	체육진흥과	3	4	7	8	7	1	1	3
5357	경북 영주시	2021 영주시민자전거타기대회 개최	9,000	체육진흥과	3	4	7	7	7	1	1	3
5358	경북 영주시	제9회 백두대간 그란폰도 개최	45,000	체육진흥과	3	4	7	8	7	1	1	3
5359	경북 영주시	영주시장배 전국학생 도로 사이클대회 개최	50,000	체육진흥과	3	4	7	8	7	1	1	3
5360	경북 영주시	제23회 국민체육진흥공단 이사장배 전국 사이클대회 외 1	70,000	체육진흥과	3	4	7	8	7	1	1	3
5361	경북 영주시	제4회 선비문화축제기념 경북남여궁도대회	15,000	체육진흥과	3	4	7	8	7	1	1	3
5362	경북 영주시	경북리그지역예선 영주소백산힐링리그 야구대회	5,000	체육진흥과	3	4	7	8	7	1	1	3
5363	경북 영주시	제8회 삼봉배 전국오픈 라지볼탁구대회	8,000	체육진흥과	3	4	7	8	7	1	1	3
5364	경북 영주시	제18회 영주시장기타기 전국축구대회 개최 지원	45,000	체육진흥과	3	4	7	8	7	1	1	3
5365	경북 영주시	2021 영주소백힐링걷기대회 개최 지원	30,000	체육진흥과	3	4	7	7	7	1	1	3
5366	경북 영주시	생활체육교실(축구, 테니스 등) 운영	28,800	체육진흥과	3	4	7	7	7	1	1	3
5367	경북 영주시	영주소백산마라톤대회	240,000	체육진흥과	3	4	7	7	7	1	1	3
5368	경북 영주시	제32회 경상북도지사기태권도대회 개최	60,000	체육진흥과	3	4	7	7	7	1	1	3
5369	경북 영주시	제2회 영주선비배 전국 남녀배구대회	60,000	체육진흥과	3	4	7	8	7	1	1	3
5370	경북 영주시	다문화가족 어울림 한마당	8,000	아동청소년과	3	1	7	8	7	1	1	1
5371	경북 영주시	일가정 양립을 위한 양성평등주간 기념행사비 지원	7,000	아동청소년과	3	4	7	8	7	1	1	1
5372	경북 영주시	영주시 청소년 가요제	8,000	아동청소년과	3	7	7	8	7	1	1	1
5373	경북 영주시	청소년관련단체 프로그램 운영	18,000	아동청소년과	3	7	7	8	7	1	1	1
5374	경북 영주시	경상북도 청소년 종합예술제	13,333	아동청소년과	3	6	7	3	7	1	1	1
5375	경북 영주시	보육시설 행사비지원	6,400	아동청소년과	3	4	7	8	7	3	3	1
5376	경북 영주시	아동범죄예방 뮤지컬 공연	10,000	아동청소년과	3	4	6	1	1	1	1	1
5377	경북 영주시	어린이날 기념행사 지원	20,000	아동청소년과	3	4	6	1	1	1	1	1
5378	경북 영주시	어버이날 기념행사	20,000	노인장애인과	3	1	7	1	7	1	1	1
5379	경북 영주시	회혼례 기념행사	8,000	노인장애인과	3	1	7	1	7	1	1	1
5380	경북 영주시	노인의 날 기념 장수노인 경로잔치	8,000	노인장애인과	3	1	7	1	7	1	1	1
5381	경북 영주시	노인의 날 기념 노인대학연합체육대회	17,000	노인장애인과	3	8	7	8	7	1	1	4
5382	경북 영주시	새마을 연말평가대회 지원	3,000	새마을봉사과	3	1	7	1	7	1	1	1
5383	경북 영주시	새마을지도자 수련대회 지원	10,000	새마을봉사과	3	1	7	1	7	1	1	1
5384	경북 영주시	바르게살기협의회 수련대회 지원	10,000	새마을봉사과	3	1	7	1	7	1	1	1
5385	경북 영주시	영주시 자원봉사자 대회 지원	10,000	새마을봉사과	3	1	5	3	7	1	1	1
5386	경북 영주시	영주시민 독후감 공모	8,000	선비인재양성과	3	1	7	8	7	1	1	1
5387	경북 영주시	전국으뜸농산물 전시 및 직판행사	6,000	농정과수과	3	6	7	8	7	1	1	3
5388	경북 영주시	경상북도 우수농산물전시 및 직판행사	5,000	농정과수과	3	6	7	8	7	1	1	3
5389	경북 영주시	전국 시군경영인연합회 자매결연 교류사업행사	6,000	농정과수과	3	6	7	8	7	1	1	3
5390	경북 영주시	지역농산물 소비촉진 행사	4,000	농정과수과	3	6	7	8	7	1	1	3
5391	경북 영주시	농특산물홍보 및 직거래장터 운영	4,000	농정과수과	3	6	7	8	7	1	1	3
5392	경북 영주시	농업인의 날 행사 지원	40,000	농정과수과	3	6	7	8	7	1	1	3
5393	경북 영주시	농업경영인 가족화합행사 지원	20,000	농정과수과	3	6	7	8	7	1	1	3
5394	경북 영주시	귀농귀촌인 집들이 행사	5,000	농정과수과	3	2	7	7	7	1	3	4
5395	경북 영주시	귀농귀촌인 만남의 날 행사	15,000	농정과수과	3	2	7	7	7	1	3	4
5396	경북 영주시	귀농귀촌 홍보 및 직판행사	10,000	농정과수과	3	2	7	7	7	1	3	4
5397	경북 영주시	부석태전통된장 체험홍보	4,950	농정과수과	3	6	7	8	7	1	1	4

순번	시군구	지출명 (사업명)	2021년예산 (단위:천원/1년간)	담당자 (공무원) 담당부서	민간이전 분류 (지방자치단체 세출예산 집행기준에 의거) 1. 민간경상사업보조(307-02) 2. 민간단체 법정운영비보조(307-03) 3. 민간행사사업보조(307-04) 4. 민간위탁금(307-05) 5. 사회복지시설 법정운영비보조(307-10) 6. 민간인위탁교육비(307-12) 7. 공기관등에대한경상적위탁사업비(308-11) 8. 민간자본사업보조,자체재원(402-01) 9. 민간자본사업보조,이전재원(402-02) 10. 민간위탁사업비(402-03) 11. 공기관등에 대한 자본적 대행사업비(403-02)	민간이전지출 근거 (지방보조금 관리기준 참고) 1. 법률에 규정 2. 국고보조 재원(국가지정) 3. 용도 지정 기부금 4. 조례에 직접규정 5. 지자체가 권장하는 사업을 하는 공공기관 6. 시,도 정책 및 재정사정 7. 기타 8. 해당없음	입찰방식 계약체결방법 (경쟁형태) 1. 일반경쟁 2. 제한경쟁 3. 지명경쟁 4. 수의계약 5. 법정위탁 6. 기타 ( ) 7. 해당없음	입찰방식 계약기간 1. 1년 2. 2년 3. 3년 4. 4년 5. 5년 6. 기타 ( )년 7. 단기계약 (1년미만) 8. 해당없음	입찰방식 낙찰자선정방법 1. 적격심사 2. 협상에의한계약 3. 최저가낙찰제 4. 규격가격분리 5. 2단계 경쟁입찰 6. 기타 ( ) 7. 해당없음	운영예산 산정 운영예산 산정 1. 내부산정 (지자체 자체적으로 산정) 2. 외부산정 (외부전문기관위탁 산정) 3. 내·외부 모두 산정 4. 산정 無 5. 해당없음	운영예산 산정 정산방법 1. 내부정산 (지자체 내부적으로 정산) 2. 외부정산 (외부전문기관위탁 정산) 3. 내·외부 모두 산정 4. 정산 無 5. 해당없음	성과평가 실시여부 1. 실시 2. 미실시 3. 향후 추진 4. 해당없음
5398	경북 영주시	영호남자매도시 농특산물 교류행사	3,200	농촌지도과	3	4	7	8	7	5	5	4
5399	경북 영주시	자매결연도시 교류연찬행사	3,420	농촌지도과	3	4	7	8	7	5	5	4
5400	경북 영주시	농업인학습단체 하계수련회 행사지원	24,000	농촌지도과	3	4	7	8	7	5	5	4
5401	경북 영주시	자매결연도시(목포시) 교류연찬행사	4,000	농촌지도과	3	4	7	8	7	5	5	4
5402	경북 영주시	국화전시회	16,000	기술지원과	3	4	7	8	7	1	1	3
5403	경북 영주시	야생화전시회	9,600	기술지원과	3	4	7	8	7	1	1	3
5404	경북 영주시	영주사과인 재배기술 워크숍	8,000	기술지원과	3	4	7	8	7	1	1	1
5405	경북 영주시	2021년 영주시민을위한 행복음악회	32,000	문화예술회관	3	4	7	8	7	5	5	4
5406	경북 상주시	여성문화 한마당	9,000	가족복지과	3	7	7	8	7	1	1	4
5407	경북 상주시	부부의 날 기념행사 지원	2,800	가족복지과	3	6	7	8	7	3	3	4
5408	경북 상주시	노인의날 행사	11,700	가족복지과	3	1	1	1	2	1	1	2
5409	경북 상주시	보육교직원 한마음 대회	5,000	가족복지과	3	5	4	1	7	1	1	1
5410	경북 상주시	청소년 건전육성 및 준법활동 지원	20,000	가족복지과	3	5	4	1	7	1	1	1
5411	경북 상주시	청소년 길거리농구대회	3,440	가족복지과	3	5	4	1	7	1	1	1
5412	경북 상주시	청소년 풋살대회	3,480	가족복지과	3	5	4	1	7	1	1	1
5413	경북 상주시	청소년의달 행사	10,000	가족복지과	3	5	4	1	7	1	1	1
5414	경북 상주시	청소년 영상제 개최	24,800	가족복지과	3	5	4	1	7	1	1	1
5415	경북 상주시	청소년 문화체험활동 지원	3,990	가족복지과	3	5	4	1	7	1	1	1
5416	경북 상주시	청소년 리더십 캠프 지원	5,400	가족복지과	3	5	4	1	7	1	1	1
5417	경북 상주시	학교밖 청소년과 함께하는 캠프 지원	3,960	가족복지과	3	5	4	1	7	1	1	1
5418	경북 상주시	청소년 락 페스티벌 개최	7,920	가족복지과	3	5	4	1	7	1	1	1
5419	경북 상주시	어린이날 행사	9,900	가족복지과	3	7	7	8	7	1	1	1
5420	경북 상주시	근로자한마음갖기대회	8,000	경제기업과	3	4	7	8	7	1	1	1
5421	경북 상주시	근로자의 날 기념행사	29,700	경제기업과	3	4	7	8	7	1	2	1
5422	경북 상주시	상주시 대표축제 개최	800,000	관광진흥과	3	4	7	8	7	1	3	1
5423	경북 상주시	상주 강바람길 걷기대회 개최	60,000	관광진흥과	3	4	7	8	7	5	5	4
5424	경북 상주시	4-H야영교육	6,300	농촌지원과	3	1	7	8	7	5	5	3
5425	경북 상주시	제2회 시의전서 전국요리경연대회	49,500	미래농업과	3	1	7	8	7	5	5	3
5426	경북 상주시	2021년 제6회 상주베리축제	60,000	기술보급과	3	1	7	8	7	5	5	3
5427	경북 상주시	2021년 상주햇순나물축제	40,000	기술보급과	3	1	7	8	7	5	5	3
5428	경북 상주시	밭식량작물 다목적 농업기계지원	30,000	농업정책과	3	6	7	8	7	1	1	1
5429	경북 상주시	밭작물 폭염(가뭄)피해 예방사업	35,000	농업정책과	3	6	7	8	7	1	1	1
5430	경북 상주시	벼재배 생력화 지원사업	115,500	농업정책과	3	6	7	8	7	1	1	1
5431	경북 상주시	식량 자급률제고 지원	49,000	농업정책과	3	6	7	8	7	1	1	1
5432	경북 상주시	RPC 시설장비 지원사업	432,450	농업정책과	3	6	7	8	7	1	1	1
5433	경북 상주시	농업기계 박람회개최 지원	700,000	농업정책과	3	6	7	8	7	1	1	1
5434	경북 상주시	고품질쌀브랜드육성	64,000	농업정책과	3	6	7	8	7	1	1	1
5435	경북 상주시	문화예술단체및행사지원	161,000	문화예술과	3	1	7	8	7	1	1	1
5436	경북 상주시	문화재유지관리및홍보	51,300	문화예술과	3	4	7	8	7	1	1	1
5437	경북 상주시	존애원 정신문화 계승사업 지원	35,000	문화예술과	3	7	7	8	7	1	1	1
5438	경북 상주시	전국시조경창대회개최	13,000	문화예술과	3	6	7	8	7	1	1	2
5439	경북 상주시	전국민요경창대회 지원	49,500	문화예술과	3	1	7	8	7	1	1	2
5440	경북 상주시	상주종합국악제 지원	27,000	문화예술과	3	1	7	8	7	1	1	2

순번	시군구	지출명 (사업명)	2021년예산 (단위:천원/1년간)	담당자 (공무원)	민간이전 분류 (지방자치단체 세출예산 집행기준에 의거)	민간이전지출 근거 (지방보조금 관리기준 참고)	입찰방식			운영예산 산정		성과평가 실시여부
				담당부서	1. 민간경상사업보조(307-02) 2. 민간단체 법정운영비보조(307-03) 3. 민간행사사업보조(307-04) 4. 민간위탁금(307-05) 5. 사회복지시설 법정운영비보조(307-10) 6. 민간인위탁교육비(307-12) 7. 공기관등에대한경상적위탁사업비(308-11) 8. 민간자본사업보조,자체재원(402-01) 9. 민간자본사업보조,이전재원(402-02) 10. 민간위탁사업비(402-03) 11. 공기관등에 대한 자본적 대행사업비(403-02)	1. 법률에 규정 2. 국고보조 재원(국가지정) 3. 용도 지정 기부금 4. 조례에 직접규정 5. 지자체가 권장하는 사업을 하는 공공기관 6. 시,도 정책 및 재정사정 7. 기타 8. 해당없음	계약체결방법 (경쟁형태) 1. 일반경쟁 2. 제한경쟁 3. 지명경쟁 4. 수의계약 5. 법정위탁 6. 기타 ( ) 7. 해당없음	계약기간 1. 1년 2. 2년 3. 3년 4. 4년 5. 5년 6. 기타 ( )년 7. 단기계약 (1년미만) 8. 해당없음	낙찰자선정방법 1. 적격심사 2. 협상에의한계약 3. 최저가낙찰제 4. 규격가격분리 5. 2단계 경쟁입찰 6. 기타 ( ) 7. 해당없음	운영예산 산정 1. 내부산정 (지자체 자체적으로 산정) 2. 외부산정 (외부전문기관위탁 산정) 3. 내·외부 모두 산정 4. 산정 無 5. 해당없음	정산방법 1. 내부정산 (지자체 내부적으로 정산) 2. 외부정산 (외부전문기관위탁 정산) 3. 내·외부 모두 산정 4. 정산 無 5. 해당없음	1. 실시 2. 미실시 3. 향후 추진 4. 해당없음
5441	경북 상주시	한여름밤의축제행사 지원	70,000	문화예술과	3	1	7	8	7	1	1	1
5442	경북 상주시	상주예술제 지원	19,800	문화예술과	3	1	7	8	7	1	1	1
5443	경북 상주시	정기룡장군 선양사업 지원	95,000	문화예술과	3	6	7	8	7	1	1	2
5444	경북 상주시	낙동강 7경 한마당행사 지원	50,000	문화예술과	3	6	7	8	7	1	1	2
5445	경북 상주시	동학예술제지원	89,300	문화예술과	3	6	7	8	7	1	1	2
5446	경북 상주시	지역예술창작활성화지원	30,000	문화예술과	3	6	7	8	7	1	1	2
5447	경북 상주시	삼백다례문화제	5,000	문화예술과	3	6	7	8	7	1	1	2
5448	경북 상주시	상주 화령장 전투 전승 기념행사	31,350	사회복지과	3	1	7	8	7	5	1	2
5449	경북 상주시	보훈단체지원	44,100	사회복지과	3	4	7	8	7	1	1	2
5450	경북 상주시	상주시 사회복지박람회	25,000	사회복지과	3	4	7	8	7	1	1	2
5451	경북 상주시	상주시 사회복지대회	3,240	사회복지과	3	4	7	8	7	1	1	2
5452	경북 상주시	새마을지도자 역량강화 워크숍	19,800	새마을체육과	3	4	7	8	7	1	1	1
5453	경북 상주시	새마을지도자대회	9,000	새마을체육과	3	4	7	8	7	1	1	1
5454	경북 상주시	새마을지도자 수련대회	19,800	새마을체육과	3	4	7	8	7	1	1	1
5455	경북 상주시	바르게살기회원 어울한마당	13,950	새마을체육과	3	1	7	8	7	1	1	1
5456	경북 상주시	범도민 독서생활화사업 지원	7,680	새마을체육과	3	4	7	8	7	1	1	1
5457	경북 상주시	선진가정문화 실천다짐대회	9,900	새마을체육과	3	4	7	8	7	1	1	1
5458	경북 상주시	도심속 알뜰도서 피서지 문고 운영	4,950	새마을체육과	3	4	7	8	7	1	1	1
5459	경북 상주시	새마을 재활용품 모으기운동 지원	7,200	새마을체육과	3	4	7	8	7	1	1	1
5460	경북 상주시	바르게살기운동 건전생활실천 순회교육	1,650	새마을체육과	3	1	7	8	7	1	1	1
5461	경북 상주시	시민 건강증진사업(걷기대회)	8,000	새마을체육과	3	4	7	8	7	1	1	1
5462	경북 상주시	시장기 종목별대회 개최 경비	120,000	새마을체육과	3	4	7	8	7	1	1	1
5463	경북 상주시	충의공 정기룡장군 탄신 459기념 경북 남여궁도대회	15,000	새마을체육과	3	4	7	8	7	1	1	3
5464	경북 상주시	2021 경상북도지사기 댄스스포츠대회	10,000	새마을체육과	3	4	7	8	7	1	1	3
5465	경북 상주시	2021 경상북도지사기 생활체조대회	10,000	새마을체육과	3	4	7	8	7	1	1	3
5466	경북 상주시	상주시장배 전국 유소년 농구대회	50,000	새마을체육과	3	4	7	8	7	1	1	1
5467	경북 상주시	제37회 MBC배 전국 대학 농구대회	140,000	새마을체육과	3	4	7	8	7	1	1	1
5468	경북 상주시	2021 상주곶감배 전국 동호인 테니스대회	15,000	새마을체육과	3	4	7	8	7	1	1	1
5469	경북 상주시	2021 상주곶감배 클럽전(3인조) 볼링대회	10,000	새마을체육과	3	4	7	8	7	1	1	1
5470	경북 상주시	제8회 곶감배 동호인초청 족구대회	15,000	새마을체육과	3	4	7	8	7	1	1	1
5471	경북 상주시	2021 명실상주배 전국 동호인 탁구대회	50,000	새마을체육과	3	4	7	8	7	1	1	1
5472	경북 상주시	제19회 상주곶감 국제 마라톤대회	70,000	새마을체육과	3	4	7	8	7	1	1	1
5473	경북 상주시	제6회 전국 속리산 문장대 등반대회	15,000	새마을체육과	3	4	7	8	7	1	1	1
5474	경북 상주시	문화체육관광부장관기 전국 학생볼링대회	250,000	새마을체육과	3	4	7	8	7	1	1	1
5475	경북 상주시	제23회 한국실업볼링연맹회장기 전국 실업볼링대회	70,000	새마을체육과	3	4	7	8	7	1	1	1
5476	경북 상주시	2021 상주곶감컵 SBS 프로볼링대회	50,000	새마을체육과	3	4	7	8	7	1	1	1
5477	경북 상주시	제7회 곶감배 오픈 배드민턴 대회	20,000	새마을체육과	3	4	7	8	7	1	1	1
5478	경북 상주시	제2회 상주시장배 전국 우수 초중고 윈터리그 농구대회	45,000	새마을체육과	3	4	7	8	7	1	1	3
5479	경북 상주시	2021 드림상주 전국 유소년 축구대회	200,000	새마을체육과	3	4	7	8	7	5	5	4
5480	경북 상주시	전국 및 도단위 대회 개최 지원	400,000	새마을체육과	3	4	7	8	7	1	1	1
5481	경북 상주시	전국체전 성화봉송 운영 지원	18,000	새마을체육과	3	4	7	8	7	5	5	4
5482	경북 상주시	전국체전 응원서포터즈 운영 지원	2,000	새마을체육과	3	4	7	8	7	5	5	4
5483	경북 상주시	장애인체전 응원서포터즈 운영 지원	2,000	새마을체육과	3	4	7	8	7	1	1	1

순번	시군구	지출명 (사업명)	2021년예산 (단위:천원/1년간)	담당자 (공무원) 담당부서	민간이전 분류 (지방자치단체 세출예산 집행기준에 의거) 1. 민간경상사업보조(307-02) 2. 민간단체 법정운영비보조(307-03) 3. 민간행사사업보조(307-04) 4. 민간위탁금(307-05) 5. 사회복지시설 법정운영비보조(307-10) 6. 민간인위탁교육비(307-12) 7. 공기관등에대한경상적위탁사업비(308-11) 8. 민간자본사업보조,자체재원(402-01) 9. 민간자본사업보조,이전재원(402-02) 10. 민간위탁사업비(402-03) 11. 공기관등에 대한 자본적 대행사업비(403-02)	민간이전지출 근거 (지방보조금 관리기준 참고) 1. 법률에 규정 2. 국고보조 재원(국가지정) 3. 용도 지정 기부금 4. 조례에 직접규정 5. 지자체가 권장하는 사업을 하는 공공기관 6. 시,도 정책 및 재정사정 7. 기타 8. 해당없음	입찰방식 계약체결방법 (경쟁형태) 1. 일반경쟁 2. 제한경쟁 3. 지명경쟁 4. 수의계약 5. 법정위탁 6. 기타 ( ) 7. 해당없음	입찰방식 계약기간 1. 1년 2. 2년 3. 3년 4. 4년 5. 5년 6. 기타 ( )년 7. 단기계약 (1년미만) 8. 해당없음	입찰방식 낙찰자선정방법 1. 적격심사 2. 협상에의한계약 3. 최저가낙찰제 4. 규격가격분리 5. 2단계 경쟁입찰 6. 기타 ( ) 7. 해당없음	운영예산 산정 운영예산 산정 1. 내부산정 (지자체 자체적으로 산정) 2. 외부산정 (외부전문기관위탁 산정) 3. 내·외부 모두 산정 4. 산정 無 5. 해당없음	운영예산 산정 정산방법 1. 내부정산 (지자체 내부적으로 정산) 2. 외부정산 (외부전문기관위탁 정산) 3. 내·외부 모두 산정 4. 정산 無 5. 해당없음	성과평가 실시여부 1. 실시 2. 미실시 3. 향후 추진 4. 해당없음
5484	경북 상주시	의용소방대 소방기술 경연대회	17,600	안전재난과	3	1	7	8	7	1	1	1
5485	경북 상주시	국내 농특산품 홍보 및 판촉행사	50,000	유통마케팅과	3	1	7	8	7	1	1	4
5486	경북 상주시	쌀 판로 확대를 위한 홍보 및 판촉행사	20,000	유통마케팅과	3	1	7	8	7	1	1	4
5487	경북 상주시	농식품 국내판촉 지원	5,000	유통마케팅과	3	6	7	8	7	1	1	4
5488	경북 상주시	농특산품수출바이어초청행사지원	10,000	유통마케팅과	3	6	7	8	7	1	1	4
5489	경북 상주시	상주농특산품해외홍보판촉행사	150,000	유통마케팅과	3	6	7	8	7	1	1	4
5490	경북 상주시	농식품국외판촉지원	45,000	유통마케팅과	3	6	7	8	7	1	1	4
5491	경북 상주시	공동체 치안 활성화를 위한 자율방범연합회 한마음다짐대회	15,000	총무과	3	4	7	8	7	1	1	1
5492	경북 상주시	이통장 한마음 체육대회	29,700	총무과	3	4	7	8	7	1	1	1
5493	경북 상주시	2021 성주봉 휴양림 HOT 페스티벌	45,000	한방산업단지관리사업소	3	5	1	7	1	1	1	1
5494	경북 문경시	산양면 금천축제	15,000	산양면	3	4	7	8	7	1	1	1
5495	경북 문경시	문경찻사발축제	1,000,000	관광진흥과	3	4	5	1	7	1	1	1
5496	경북 문경시	문경새재배 전국패러글라이딩 대회	10,000	관광진흥과	3	7	7	8	7	5	5	4
5497	경북 문경시	체험! 경북가족여행 행사 개최	10,000	관광진흥과	3	6	4	1	7	5	5	1
5498	경북 문경시	문경관광기념품 공모전	10,000	관광진흥과	3	5	4	1	7	5	5	1
5499	경북 문경시	문경달빛사랑여행	50,000	관광진흥과	3	6	1	1	7	5	5	1
5500	경북 문경시	문경새재 과거급제 체험행사	60,000	관광진흥과	3	6	4	1	7	5	5	1
5501	경북 문경시	귀농귀촌 한마음대회	14,000	농촌개발과	3	1	7	8	7	5	5	4
5502	경북 문경시	귀농귀촌 마을주민 초청행사	20,000	농촌개발과	3	1	7	8	7	5	5	4
5503	경북 문경시	도시민초청 농촌마을체험 프로그램 운영	21,000	농촌개발과	3	1	7	8	7	5	5	4
5504	경북 문경시	동민화합행사	20,000	점촌3동	3	7	7	8	7	1	1	1
5505	경북 문경시	어르신 생활체육대회	2,000	호계면	3	4	7	1	7	1	1	4
5506	경북 문경시	오정노래교실 음악회 개최	3,000	호계면	3	4	7	1	7	1	1	4
5507	경북 문경시	호계면 오정축제	15,000	호계면	3	4	7	1	7	1	1	4
5508	경북 문경시	영순면 천마축제	15,000	영순면	3	4	7	8	7	1	1	1
5509	경북 문경시	산북면 달집태우기 행사	10,000/1년간	산북면	3	7	7	8	7	1	1	4
5510	경북 문경시	이·통장 한마음 수련대회	32,700	총무과	3	4	7	8	7	5	5	4
5511	경북 문경시	자율방범대 한마음 체육대회	15,000	총무과	3	4	7	8	7	5	5	4
5512	경북 문경시	문경 브랜드쌀 소비촉진행사	6,000	농정과	3	4	7	8	7	1	1	4
5513	경북 문경시	쌀 전업농 도대회 개최	70,000	농정과	3	4	7	8	7	1	1	4
5514	경북 문경시	친환경농산물 특판행사	5,000	농정과	3	4	7	8	7	1	1	4
5515	경북 문경시	친환경농산물 박람회 참석	5,000	농정과	3	4	7	8	7	1	1	4
5516	경북 문경시	문경사과특판행사	5,000	농정과	3	4	7	8	7	1	1	4
5517	경북 문경시	경북사과홍보행사	20,000	농정과	3	4	7	8	7	1	1	4
5518	경북 문경시	문경감홍사과대도시홍보행사	20,000	농정과	3	4	7	8	7	1	1	4
5519	경북 문경시	문경사과축제행사	360,000	농정과	3	4	7	8	7	1	1	4
5520	경북 문경시	오미자축제 행사경비 보조	210,000	농정과	3	4	7	8	7	1	1	4
5521	경북 문경시	제42회흰지팡이의날기념경북시각장애인복지대회	25,000	노인장애인복지과	3	7	7	7	7	5	1	4
5522	경북 문경시	경상북도 6.25전쟁 기념행사	18,000	사회복지과	3	1	7	8	7	5	5	4
5523	경북 문경시	김치경연대회 지원사업	30,000	사회복지과	3	7	7	8	7	5	5	4
5524	경북 문경시	농암면 면민화합행사	15,000	산북면	3	4	7	8	7	1	1	4
5525	경북 문경시	동로면 천주축제	15,000	동로면	3	4	7	8	7	1	1	1
5526	경북 문경시	동민화합행사	20,000	점촌2동	3	7	7	8	7	1	1	1

순번	시군구	지출명 (사업명)	2021년예산 (단위:천원/1년간)	담당자 (공무원) 담당부서	민간이전 분류 (지방자치단체 세출예산 집행기준에 의거) 1. 민간경상사업보조(307-02) 2. 민간단체 법정운영비보조(307-03) 3. 민간행사사업보조(307-04) 4. 민간위탁금(307-05) 5. 사회복지시설 법정운영비보조(307-10) 6. 민간인위탁교육비(307-12) 7. 공기관등에대한경상적위탁사업비(308-11) 8. 민간자본사업보조,자체재원(402-01) 9. 민간자본사업보조,이전재원(402-02) 10. 민간위탁사업비(402-03) 11. 공기관등에 대한 자본적 대행사업비(403-02)	민간이전지출 근거 (지방보조금 관리기준 참고) 1. 법률에 규정 2. 국고보조 재원(국가지정) 3. 용도 지정 기부금 4. 조례에 직접규정 5. 지자체가 권장하는 사업을 하는 공공기관 6. 시,도 정책 및 재정사정 7. 기타 8. 해당없음	입찰방식: 계약체결방법 (경쟁형태) 1. 일반경쟁 2. 제한경쟁 3. 지명경쟁 4. 수의계약 5. 법정위탁 6. 기타 ( ) 7. 해당없음	입찰방식: 계약기간 1. 1년 2. 2년 3. 3년 4. 4년 5. 5년 6. 기타 ( )년 7. 단기계약 (1년미만) 8. 해당없음	입찰방식: 낙찰자선정방법 1. 적격심사 2. 협상에의한계약 3. 최저가낙찰제 4. 규격가격분리 5. 2단계 경쟁입찰 6. 기타 ( ) 7. 해당없음	운영예산 산정: 운영예산 산정 1. 내부산정 (지자체 자체적으로 산정) 2. 외부산정 (외부전문기관위탁 산정) 3. 내·외부 모두 산정 4. 산정 無 5. 해당없음	운영예산 산정: 정산방법 1. 내부정산 (지자체 내부적으로 정산) 2. 외부정산 (외부전문기관위탁 정산) 3. 내·외부 모두 산정 4. 정산 無 5. 해당없음	성과평가 실시여부 1. 실시 2. 미실시 3. 향후 추진 4. 해당없음
5527	경북 문경시	새마을지도자대회 행사	14,000	새마을체육과	3	4	7	8	7	1	1	2
5528	경북 문경시	새마을지도자 하계수련대회	18,000	새마을체육과	3	4	7	8	7	1	1	2
5529	경북 문경시	3R운동 연계 깨끗한 문경 만들기 대회	6,000	새마을체육과	3	4	7	8	7	1	1	2
5530	경북 문경시	바르게살기위원 화합 한마당	18,000	새마을체육과	3	1	7	8	7	1	1	2
5531	경북 문경시	바르게살기 회원대회	8,000	새마을체육과	3	1	7	8	7	1	1	2
5532	경북 문경시	시장기 및 생활체육회장배 대회	95,000	새마을체육과	3	7	7	8	7	1	1	2
5533	경북 문경시	문경시민바둑대회	10,000	새마을체육과	3	7	7	8	7	1	1	2
5534	경북 문경시	문경시게이트볼연합대회	13,000	새마을체육과	3	7	7	8	7	1	1	2
5535	경북 문경시	문경새재배 전국 론볼대회	20,000	새마을체육과	3	7	7	8	7	1	1	2
5536	경북 문경시	동아일보기 전국정구대회	120,000	새마을체육과	3	7	7	8	7	1	1	2
5537	경북 문경시	경상북도협회장배 소프트테니스 대회	20,000	새마을체육과	3	7	7	8	7	1	1	2
5538	경북 문경시	2021 문경시장배 전국오픈탁구대회	30,000	새마을체육과	3	7	7	8	7	1	1	2
5539	경북 문경시	2021 문경66km MTB챌린저대회	50,000	새마을체육과	3	7	7	8	7	1	1	2
5540	경북 문경시	교육감기 유도대회	15,000	새마을체육과	3	7	7	8	7	1	1	2
5541	경북 문경시	제51회 회장기 전국 장사씨름대회	150,000	새마을체육과	3	7	7	8	7	1	1	2
5542	경북 문경시	2021 문경 생활체육 사격대회	15,000	새마을체육과	3	7	7	8	7	1	1	2
5543	경북 문경시	2021 문경사과배 전국 배드민턴대회	40,000	새마을체육과	3	7	7	8	7	1	1	2
5544	경북 문경시	2021 문경시장배 문경사랑 골프대회	30,000	새마을체육과	3	7	7	8	7	1	1	2
5545	경북 문경시	문경새재기 전국 족구 대회	35,000	새마을체육과	3	7	7	8	7	1	1	2
5546	경북 문경시	2021 문경새재배 전국초청 게이트볼대회	40,000	새마을체육과	3	7	7	8	7	1	1	2
5547	경북 문경시	2021 문경새재아리랑배 전국 그라운드 골프대회	40,000	새마을체육과	3	7	7	8	7	1	1	2
5548	경북 문경시	문경산악체전	60,000	새마을체육과	3	7	7	8	7	1	1	2
5549	경북 문경시	문경시민체육대회	210,000	새마을체육과	3	7	7	8	7	1	1	2
5550	경북 문경시	전국한마음태권도대회	20,000	새마을체육과	3	7	7	8	7	1	1	2
5551	경북 문경시	문경시장기 경북 남녀 궁도대회	20,000	새마을체육과	3	7	7	8	7	1	1	2
5552	경북 문경시	문경우지원배전국생활체육농구대회	50,000	새마을체육과	3	7	7	8	7	1	1	2
5553	경북 문경시	경북댄스스포츠페스티벌	10,000	새마을체육과	3	7	7	8	7	1	1	2
5554	경북 문경시	문경시장기 야구 대회	22,000	새마을체육과	3	7	7	8	7	1	1	2
5555	경북 문경시	경상북도협회장배 배구대회	20,000	새마을체육과	3	7	7	8	7	1	1	2
5556	경북 문경시	전국대회 개최경비	50,000	새마을체육과	3	7	7	8	7	1	1	2
5557	경북 문경시	전국바둑대회	80,000	새마을체육과	3	7	7	8	7	1	1	2
5558	경북 문경시	경북협회장배 생활체육복싱대회	10,000	새마을체육과	3	7	7	8	7	1	1	2
5559	경북 문경시	문경새재 아리랑배 종별농구대회	50,000	새마을체육과	3	7	7	8	7	1	1	2
5560	경북 문경시	경상북도지사기 생활체육야구대회	22,000	새마을체육과	3	7	7	8	7	1	1	2
5561	경북 문경시	경상북도협회장기 그라운드골프 대회	20,000	새마을체육과	3	7	7	8	7	1	1	2
5562	경북 문경시	문경울트라마라톤대회	20,000	새마을체육과	3	7	7	8	7	1	1	2
5563	경북 문경시	경북협회장기 파크골프대회	10,000	새마을체육과	3	7	7	8	7	1	1	2
5564	경북 문경시	경상북도지사배 전국 장애인탁구대회	15,000	새마을체육과	3	7	7	8	7	1	1	2
5565	경북 문경시	경상북도교육감기 태권도대회 및 전국체전 2차평가대회	50,000	새마을체육과	3	7	7	8	7	1	1	2
5566	경북 문경시	2021 전국체전 개최지원	17,000	새마을체육과	3	7	7	8	7	1	1	2
5567	경북 문경시	문경새재기 전국파크골프대회	30,000	새마을체육과	3	7	7	8	7	1	1	2
5568	경북 문경시	문경새재맨발페스티벌	80,000	새마을체육과	3	7	7	8	7	1	1	2
5569	경북 문경시	대한체육회장기 생활체육전국테니스대회	50,000	새마을체육과	3	7	7	8	7	1	1	2

순번	시군구	지출명 (사업명)	2021년예산 (단위:천원/1년간)	담당자 (공무원) 담당부서	민간이전 분류 (지방자치단체 세출예산 집행기준에 의거) 1. 민간경상사업보조(307-02) 2. 민간단체 법정운영비보조(307-03) 3. 민간행사사업보조(307-04) 4. 민간위탁금(307-05) 5. 사회복지시설 법정운영비보조(307-10) 6. 민간인위탁교육비(307-12) 7. 공기관등에대한경상적위탁사업비(308-11) 8. 민간자본사업보조,자체재원(402-01) 9. 민간자본사업보조,이전재원(402-02) 10. 민간위탁사업비(402-03) 11. 공기관등에 대한 자본적 대행사업비(403-02)	민간이전지출 근거 (지방보조금 관리기준 참고) 1. 법률에 규정 2. 국고보조 재원(국가지정) 3. 용도 지정 기부금 4. 조례에 직접규정 5. 지자체가 권장하는 사업을 하는 공공기관 6. 시,도 정책 및 재정사정 7. 기타 8. 해당없음	입찰방식: 계약체결방법 (경쟁형태) 1. 일반경쟁 2. 제한경쟁 3. 지명경쟁 4. 수의계약 5. 법정위탁 6. 기타 ( ) 7. 해당없음	입찰방식: 계약기간 1. 1년 2. 2년 3. 3년 4. 4년 5. 5년 6. 기타 ( )년 7. 단기계약 (1년미만) 8. 해당없음	입찰방식: 낙찰자선정방법 1. 적격심사 2. 협상에의한계약 3. 최저가낙찰제 4. 규격가격분리 5. 2단계 경쟁입찰 6. 기타 ( ) 7. 해당없음	운영예산 산정: 운영예산 산정 1. 내부산정 (지자체 자체적으로 산정) 2. 외부산정 (외부전문기관위탁 산정) 3. 내·외부 모두 산정 4. 산정 無 5. 해당없음	운영예산 산정: 정산방법 1. 내부정산 (지자체 내부적으로 정산) 2. 외부정산 (외부전문기관위탁 정산) 3. 내·외부 모두 산정 4. 정산 無 5. 해당없음	성과평가 실시여부 1. 실시 2. 미실시 3. 향후 추진 4. 해당없음
5570	경북 문경시	제53회 대통령기전국등산대회	30,000	새마을체육과	3	7	7	8	7	1	1	2
5571	경북 문경시	2020 경북리그야구대회(본선대회)	7,000	새마을체육과	3	7	7	8	7	1	1	2
5572	경북 문경시	문경오미자배 전국 동호인 테니스대회	20,000	새마을체육과	3	7	7	8	7	1	1	2
5573	경북 문경시	제16회 경상북도지사기 생활체육 합기도대회	20,000	새마을체육과	3	7	7	8	7	1	1	2
5574	경북 문경시	제16회 경상북도지사기 생활체육 테니스대회	20,000	새마을체육과	3	7	7	8	7	1	1	2
5575	경북 문경시	전국근대5종경기대회	60,000	새마을체육과	3	7	7	8	7	1	1	2
5576	경북 문경시	국방부장관기태권도대회	290,000	새마을체육과	3	7	7	8	7	1	1	2
5577	경북 문경시	어르신 생활체육대회	2,000	문경읍	3	7	7	8	7	1	1	4
5578	경북 문경시	국외판촉행사 참가 지원	24,000	유통축산과	3	6	7	8	7	1	1	1
5579	경북 문경시	생태교란 유해어종 잡기대회	33,000	유통축산과	3	6	7	8	7	3	3	1
5580	경북 문경시	문경한우축제	210,000	유통축산과	3	4	6	6	7	1	1	1
5581	경북 문경시	생활개선회 한마음 연찬회	40,000	기술지원과	3	4	7	8	7	5	5	4
5582	경북 문경시	농촌지도자회 가족 한마음대회	30,000	기술지원과	3	4	7	8	7	5	5	4
5583	경북 문경시	향토음식보급행사 지원	9,000	기술지원과	3	4	7	8	7	5	5	4
5584	경북 문경시	문경오미자 체험음식관 운영	45,000	기술지원과	3	4	7	8	7	5	5	4
5585	경북 문경시	문경돌리네습지 국제학술세미나 개최	80,000	환경보호과	3	8	7	8	7	5	5	4
5586	경북 문경시	문경돌리네습지 탐방 행사	30,000	환경보호과	3	8	7	8	7	5	5	4
5587	경북 문경시	경상북도 풍물대축제 참가지원	8,000	문화예술과	3	4	7	8	7	1	1	1
5588	경북 문경시	경상감사 교인식 및 도임행차	78,000	문화예술과	3	4	7	8	7	1	1	1
5589	경북 문경시	문경전국한시백일장개최	35,000	문화예술과	3	4	7	8	7	1	1	1
5590	경북 문경시	한여름 찾아가는 전통음악 예술공연	5,000	문화예술과	3	4	7	8	7	1	1	1
5591	경북 문경시	2020 국악공연	5,000	문화예술과	3	4	7	8	7	1	1	1
5592	경북 문경시	2020 그룹사운드 정기공연	3,000	문화예술과	3	4	7	8	7	1	1	1
5593	경북 문경시	2020 문경새재 여름시인학교	10,000	문화예술과	3	4	7	8	7	1	1	1
5594	경북 문경시	2020 미술전시회	4,000	문화예술과	3	4	7	8	7	1	1	1
5595	경북 문경시	국학자료(탁본) 전시회	2,000	문화예술과	3	4	7	8	7	1	1	1
5596	경북 문경시	나눔 음악 봉사 공연	10,000	문화예술과	3	4	7	8	7	1	1	1
5597	경북 문경시	다문화가족 백일장	3,000	문화예술과	3	4	7	8	7	1	1	1
5598	경북 문경시	문경 묵연전시회	3,000	문화예술과	3	4	7	8	7	1	1	1
5599	경북 문경시	문경문인화전시회	3,000	문화예술과	3	4	7	8	7	1	1	1
5600	경북 문경시	문경새재 아리랑 초대전	15,000	문화예술과	3	4	7	8	7	1	1	1
5601	경북 문경시	문경시민과 함께하는 시낭송회	3,000	문화예술과	3	4	7	8	7	1	1	1
5602	경북 문경시	문경여성문화예술인 전시회	3,000	문화예술과	3	4	7	8	7	1	1	1
5603	경북 문경시	문경예술인의 밤 행사	8,000	문화예술과	3	4	7	8	7	1	1	1
5604	경북 문경시	문경칠석차문화제	24,000	문화예술과	3	4	7	8	7	1	1	1
5605	경북 문경시	사진전시회	3,000	문화예술과	3	4	7	8	7	1	1	1
5606	경북 문경시	서예 시민전시회	3,000	문화예술과	3	4	7	8	7	1	1	1
5607	경북 문경시	서예 전시회	3,000	문화예술과	3	4	7	8	7	1	1	1
5608	경북 문경시	시민과 함께하는 음악회	3,000	문화예술과	3	4	7	8	7	1	1	1
5609	경북 문경시	실버가요대축제	6,000	문화예술과	3	4	7	8	7	1	1	1
5610	경북 문경시	어울림한마당 행사지원	50,000	문화예술과	3	4	7	8	7	1	1	1
5611	경북 문경시	온가족이 함께하는 문경새재 영화제	15,000	문화예술과	3	4	7	8	7	1	1	1
5612	경북 문경시	음악공연	2,000	문화예술과	3	4	7	8	7	1	1	1

순번	시군구	지출명 (사업명)	2021년예산 (단위:천원/1년간)	담당자 (공무원) 담당부서	민간이전 분류 (지방자치단체 세출예산 집행기준에 의거) 1. 민간경상사업보조(307-02) 2. 민간단체 법정운영비보조(307-03) 3. 민간행사사업보조(307-04) 4. 민간위탁금(307-05) 5. 사회복지시설 법정운영비보조(307-10) 6. 민간인위탁교육비(307-12) 7. 공기관등에대한경상적위탁사업비(308-11) 8. 민간자본사업보조,자체재원(402-01) 9. 민간자본사업보조,이전재원(402-02) 10. 민간위탁사업비(402-03) 11. 공기관등에 대한 자본적 대행사업비(403-02)	민간이전지출 근거 (지방보조금 관리기준 참고) 1. 법률에 규정 2. 국고보조 재원(국가지정) 3. 용도 지정 기부금 4. 조례에 직접규정 5. 지자체가 권장하는 사업을 하는 공공기관 6. 시,도 정책 및 재정사정 7. 기타 8. 해당없음	입찰방식: 계약체결방법 (경쟁형태) 1. 일반경쟁 2. 제한경쟁 3. 지명경쟁 4. 수의계약 5. 법정위탁 6. 기타 ( ) 7. 해당없음	입찰방식: 계약기간 1. 1년 2. 2년 3. 3년 4. 4년 5. 5년 6. 기타 ( )년 7. 단기계약 (1년미만) 8. 해당없음	입찰방식: 낙찰자선정방법 1. 적격심사 2. 협상에의한계약 3. 최저가낙찰제 4. 규격가격분리 5. 2단계 경쟁입찰 6. 기타 ( ) 7. 해당없음	운영예산 산정: 운영예산 산정 1. 내부산정 (지자체 자체적으로 산정) 2. 외부산정 (외부전문기관위탁 산정) 3. 내·외부 모두 산정 4. 산정 無 5. 해당없음	운영예산 산정: 정산방법 1. 내부정산 (지자체 내부적으로 정산) 2. 외부정산 (외부전문기관위탁 정산) 3. 내·외부 모두 산정 4. 정산 無 5. 해당없음	성과평가 실시여부 1. 실시 2. 미실시 3. 향후 추진 4. 해당없음
5613	경북 문경시	전국 락밴드경연대회 및 수제맥주축제	112,000	문화예술과	3	4	7	8	7	1	1	1
5614	경북 문경시	제21회 한국춘란 전시회	3,000	문화예술과	3	4	7	8	7	1	1	1
5615	경북 문경시	제9회 열린콘서트 개최	9,000	문화예술과	3	4	7	8	7	1	1	1
5616	경북 문경시	찾아가는 무용 봉사 공연	5,000	문화예술과	3	4	7	8	7	1	1	1
5617	경북 문경시	청소년 집체 성년례 개최	2,000	문화예술과	3	4	7	8	7	1	1	1
5618	경북 문경시	한 여름밤 음악회	5,000	문화예술과	3	4	7	8	7	1	1	1
5619	경북 문경시	혜용 작가 전시회	1,000	문화예술과	3	4	7	8	7	1	1	1
5620	경북 문경시	제2회 문경연가 캘리그라피 전국대회	20,000	문화예술과	3	4	7	8	7	1	1	1
5621	경북 문경시	운강이강년의병대장 추모문화제	13,000	문화예술과	3	7	7	8	7	1	1	3
5622	경북 문경시	노사화합추진	37,500	일자리경제과	3	4	5	8	7	5	1	1
5623	경북 경산시	포스트코로나 경산형 뉴딜 컨퍼런스	30,000	기획예산과	3	8	7	8	7	5	5	4
5624	경북 경산시	생생토크 시민포럼	40,000	기획예산과	3	8	7	8	7	5	5	4
5625	경북 경산시	이통장연합회 역량강화대회	15,000	총무과	3	4	4	1	1	1	1	1
5626	경북 경산시	제14회 경북적십자봉사원 어울림한마당	10,000	총무과	3	4	4	1	1	1	1	1
5627	경북 경산시	도민의 날 행사 지원	3,000	총무과	3	4	4	1	1	1	1	1
5628	경북 경산시	새마을의 날 기념행사	10,000	새마을민원과	3	1	7	8	7	1	1	1
5629	경북 경산시	자원봉사자의 날 기념 행사	15,000	새마을민원과	3	1	7	8	7	1	1	1
5630	경북 경산시	모범근로자 산업시찰	13,000	중소기업벤처과	3	4	1	1	7	1	1	1
5631	경북 경산시	근로자관련 행사비	40,000	중소기업벤처과	3	4	1	1	7	1	1	1
5632	경북 경산시	노사선진지 견학	30,000	중소기업벤처과	3	4	7	8	7	5	5	4
5633	경북 경산시	노동자 한마음대회	3,000	중소기업벤처과	3	4	7	8	7	5	5	4
5634	경북 경산시	진량공단문화제	7,000	중소기업벤처과	3	4	7	8	7	5	5	4
5635	경북 경산시	근로자 한마음 갖기대회 지원	40,000	중소기업벤처과	3	4	1	1	7	1	1	4
5636	경북 경산시	어린이 교통사고 제로화 결의대회 및 워크샵	10,000	교통행정과	3	4	1	1	6	1	1	1
5637	경북 경산시	재향군인의 날 기념행사	3,000	복지정책과	3	4	7	8	7	1	1	1
5638	경북 경산시	국민화합(영·호남) 행사	3,000	복지정책과	3	4	7	8	7	1	1	1
5639	경북 경산시	재향군인회 한마음 안보 단합대회	6,000	복지정책과	3	4	7	8	7	1	1	1
5640	경북 경산시	제24회 노인의 날 기념 경로잔치	80,000	사회복지과	3	1	7	8	7	1	1	1
5641	경북 경산시	대한노인회경산시지회장기 게이트볼대회 개최	12,000	사회복지과	3	1	7	8	7	1	1	1
5642	경북 경산시	장애인재활 증진대회	35,000	사회복지과	3	4	7	8	7	1	1	1
5643	경북 경산시	여성지도자 리더십 교육	4,000	여성가족과	3	4	7	8	7	1	1	1
5644	경북 경산시	양성평등주간 기념 행사	5,000	여성가족과	3	4	7	8	7	1	1	1
5645	경북 경산시	여성단체 활성화 대회	10,000	여성가족과	3	4	7	8	7	1	1	1
5646	경북 경산시	경산여성영화제	5,000	여성가족과	3	4	7	8	7	1	1	1
5647	경북 경산시	제21회 어린이 자연사랑 그리기대회	5,000	여성가족과	3	4	7	8	7	5	1	1
5648	경북 경산시	경산시어린이집원장역량강화교육	5,000	여성가족과	3	4	7	8	7	5	1	1
5649	경북 경산시	경산시어린이집보육교직원 연수	5,000	여성가족과	3	4	7	8	7	5	1	1
5650	경북 경산시	장애아 전문 어린이집 장애아동 문화탐방	5,000	여성가족과	3	4	7	8	7	5	1	1
5651	경북 경산시	모범 청소년 하계수련대회	3,000	여성가족과	3	4	7	8	7	1	1	1
5652	경북 경산시	경산시 걸스카우트 자연보호 및 합동선서식	3,000	여성가족과	3	4	7	8	7	1	1	1
5653	경북 경산시	청소년가요제	7,000	여성가족과	3	4	7	8	7	5	5	4
5654	경북 경산시	제99회 어린이날 행사	80,000	여성가족과	3	4	7	8	7	5	5	4
5655	경북 경산시	2021 경산자인단오제 지원	550,000	문화관광과	3	6	4	7	3	1	1	1

순번	시군구	지출명 (사업명)	2021년예산 (단위:천원/1년간)	담당자 (공무원) 담당부서	민간이전 분류 (지방자치단체 세출예산 집행기준에 의거) 1. 민간경상사업보조(307-02) 2. 민간단체 법정운영비보조(307-03) 3. 민간행사사업보조(307-04) 4. 민간위탁금(307-05) 5. 사회복지시설 법정운영비보조(307-10) 6. 민간인위탁교육비(307-12) 7. 공기관등에대한경상적위탁사업비(308-11) 8. 민간자본사업보조,자체재원(402-01) 9. 민간자본사업보조,이전재원(402-02) 10. 민간위탁사업비(402-03) 11. 공기관등에 대한 자본적 대행사업비(403-02)	민간이전지출 근거 (지방보조금 관리기준 참고) 1. 법률에 규정 2. 국고보조 재원(국가지정) 3. 용도 지정 기부금 4. 조례에 직접규정 5. 지자체가 권장하는 사업을 하는 공공기관 6. 시,도 정책 및 재정사정 7. 기타 8. 해당없음	입찰방식 계약체결방법 (경쟁형태) 1. 일반경쟁 2. 제한경쟁 3. 지명경쟁 4. 수의계약 5. 법정위탁 6. 기타 ( ) 7. 해당없음	입찰방식 계약기간 1. 1년 2. 2년 3. 3년 4. 4년 5. 5년 6. 기타 ( )년 7. 단기계약 (1년미만) 8. 해당없음	입찰방식 낙찰자선정방법 1. 적격심사 2. 협상에의한계약 3. 최저가낙찰제 4. 규격가격분리 5. 2단계 경쟁입찰 6. 기타 ( ) 7. 해당없음	운영예산 산정 운영예산 산정 1. 내부산정 (지자체 자체적으로 산정) 2. 외부산정 (외부전문기관위탁 산정) 3. 내·외부 모두 산정 4. 산정 無 5. 해당없음	운영예산 산정 정산방법 1. 내부정산 (지자체 내부적으로 정산) 2. 외부정산 (외부전문기관위탁 정산) 3. 내·외부 모두 산정 4. 정산 無 5. 해당없음	성과평가 실시여부 1. 실시 2. 미실시 3. 향후 추진 4. 해당없음
5656	경북 경산시	2021 경산시민의 날 경축식 및 문화행사	90,000	문화관광과	3	4	7	8	7	1	1	1
5657	경북 경산시	2021 Refresh Your Day 행사	50,000	문화관광과	3	6	7	8	7	1	1	1
5658	경북 경산시	한국예총경산지회 경산예술제	78,000	문화관광과	3	4	7	8	7	1	1	1
5659	경북 경산시	문화예술공연 활성화 지원	84,000	문화관광과	3	4	7	8	7	1	1	1
5660	경북 경산시	문화예술전시 및 대회 활성화 지원	75,000	문화관광과	3	4	7	8	7	1	1	1
5661	경북 경산시	경산락페스티벌	100,000	문화관광과	3	6	4	7	3	1	1	4
5662	경북 경산시	경북합창제	27,000	문화관광과	3	6	7	8	7	1	1	4
5663	경북 경산시	경산 방운아 트로트 가요제	25,000	문화관광과	3	4	7	8	7	1	1	4
5664	경북 경산시	한민족 아리랑 대축제	47,000	문화관광과	3	4	7	8	7	1	1	4
5665	경북 경산시	삼성현국악한마당	30,000	문화관광과	3	4	7	8	7	1	1	4
5666	경북 경산시	여원무 무용공연	60,000	문화관광과	3	4	7	8	7	1	1	4
5667	경북 경산시	청소년합창단 문화교류사업	100,000	문화관광과	3	4	7	8	7	1	1	4
5668	경북 경산시	천민만락(千民滿樂) 통통(會通·疏通) 삼성현문화축제	110,000	문화관광과	3	6	7	8	7	1	1	1
5669	경북 경산시	전국정가경창대회 지원	70,000	문화관광과	3	6	7	8	7	1	1	4
5670	경북 경산시	상여문화보전전승을 위한 국제세미나 및 전통상여시연 지원	60,000	문화관광과	3	6	7	8	7	1	1	4
5671	경북 경산시	전국농악대축제	30,000	문화관광과	3	4	7	8	7	1	1	4
5672	경북 경산시	유니카 국제영화제 지원	40,000	문화관광과	3	6	7	8	7	1	1	1
5673	경북 경산시	제2회 행복 경북 청년 웹툰 공모전	100,000	문화관광과	3	6	7	8	7	5	5	4
5674	경북 경산시	자인계정들소리 공개행사 지원	5,000	문화관광과	3	1	7	8	7	1	1	4
5675	경북 경산시	대목장 김범식 공개행사 지원	1,800	문화관광과	3	1	7	8	7	1	1	4
5676	경북 경산시	경산 보인농악 공개행사 지원	5,000	문화관광과	3	1	7	8	7	1	1	4
5677	경북 경산시	경산시민 독서감상문 대회	20,000	평생학습과	3	4	7	8	7	1	1	1
5678	경북 경산시	경산시민을 위한 부모교육	2,500	평생학습과	3	4	7	8	7	1	1	1
5679	경북 경산시	유치원 학부모 교육	2,000	평생학습과	3	4	7	8	7	1	1	1
5680	경북 경산시	대학생 문화교류활동 지원	100,000	평생학습과	3	4	7	8	7	1	1	1
5681	경북 경산시	종목별 시장기 체육대회	150,000	체육진흥과	3	4	1	8	7	1	1	3
5682	경북 경산시	경산시장배 외국인 축구대회	8,000	체육진흥과	3	7	7	8	7	1	1	3
5683	경북 경산시	읍면동 체육대회	225,000	체육진흥과	3	1	7	8	7	1	1	1
5684	경북 경산시	경산시 삼성현배 전국 오픈 탁구대회	20,000	체육진흥과	3	4	7	8	7	1	1	1
5685	경북 경산시	경산시 삼성현배 전국 파크골프대회	20,000	체육진흥과	3	4	7	8	7	1	1	1
5686	경북 경산시	경산시 옹골찬 전국 초청 게이트볼대회	40,000	체육진흥과	3	4	7	8	7	1	1	3
5687	경북 경산시	2021년 전국 보디빌딩대회	40,000	체육진흥과	3	4	7	8	7	1	1	1
5688	경북 경산시	경산시 자인단오 씨름대회	50,000	체육진흥과	3	4	7	8	7	1	1	3
5689	경북 경산시	경산시민 건강걷기대회	10,000	체육진흥과	3	4	7	8	7	1	1	3
5690	경북 경산시	경산 옹골찬 전국 마라톤 대회	50,000	체육진흥과	3	4	7	8	7	1	1	1
5691	경북 경산시	경산시장기 갓바위 등산대회	10,000	체육진흥과	3	4	7	8	7	1	1	3
5692	경북 경산시	경산시 삼성현배 오픈 생활체육 배드민턴대회	50,000	체육진흥과	3	4	7	8	7	1	1	3
5693	경북 경산시	경산 자인단오 기념 경북 남·녀 궁도대회	27,000	체육진흥과	3	4	7	8	7	1	1	1
5694	경북 경산시	경북 어르신 생활체육대회 개최 지원	200,000	체육진흥과	3	1	7	8	7	1	1	1
5695	경북 경산시	장애인 체육대회 개최지원	270,000	체육진흥과	3	1	7	8	7	1	1	1
5696	경북 경산시	전국 럭비리그전	120,000	체육진흥과	3	4	7	8	7	1	1	3
5697	경북 경산시	제9회 경산시 오픈 롤러트랙대회	30,000	체육진흥과	3	4	7	8	7	1	1	3
5698	경북 경산시	제15회 경산시장배 전국 3대3 농구대회	20,000	체육진흥과	3	4	7	8	7	1	1	3

순번	시군구	지출명 (사업명)	2021년예산 (단위:천원/1년간)	담당자 (공무원) 담당부서	민간이전 분류 (지방자치단체 세출예산 집행기준에 의거) 1. 민간경상사업보조(307-02) 2. 민간단체 법정운영비보조(307-03) 3. 민간행사사업보조(307-04) 4. 민간위탁금(307-05) 5. 사회복지시설 법정운영비보조(307-10) 6. 민간인위탁교육비(307-12) 7. 공기관등에대한경상적위탁사업비(308-11) 8. 민간자본사업보조,자체재원(402-01) 9. 민간자본사업보조,이전재원(402-02) 10. 민간위탁사업비(402-03) 11. 공기관등에 대한 자본적 대행사업비(403-02)	민간이전지출 근거 (지방보조금 관리기준 참고) 1. 법률에 규정 2. 국고보조 재원(국가지정) 3. 용도 지정 기부금 4. 조례에 직접규정 5. 지자체가 권장하는 사업을 하는 공공기관 6. 시,도 정책 및 재정사정 7. 기타 8. 해당없음	입찰방식 계약체결방법 (경쟁형태) 1. 일반경쟁 2. 제한경쟁 3. 지명경쟁 4. 수의계약 5. 법정위탁 6. 기타 ( ) 7. 해당없음	계약기간 1. 1년 2. 2년 3. 3년 4. 4년 5. 5년 6. 기타 ( )년 7. 단기계약 (1년미만) 8. 해당없음	낙찰자선정방법 1. 적격심사 2. 협상에의한계약 3. 최저가낙찰제 4. 규격가격분리 5. 2단계 경쟁입찰 6. 기타 ( ) 7. 해당없음	운영예산 산정 운영예산 산정 1. 내부산정 (지자체 자체적으로 산정) 2. 외부산정 (외부전문기관위탁 산정) 3. 내·외부 모두 산정 4. 산정 無 5. 해당없음	정산방법 1. 내부정산 (지자체 내부적으로 정산) 2. 외부정산 (외부전문기관위탁 정산) 3. 내·외부 모두 산정 4. 정산 無 5. 해당없음	성과평가 실시여부 1. 실시 2. 미실시 3. 향후 추진 4. 해당없음
5699	경북 경산시	제5회 경산대추배 남녀 3인조 볼링대회	20,000	체육진흥과	3	4	7	8	7	1	1	3
5700	경북 경산시	2021년 경산 국제 청소년 축구대회	90,000	체육진흥과	3	4	7	8	7	1	1	3
5701	경북 경산시	한국초등 태권도연맹회장기 대회	200,000	체육진흥과	3	4	7	8	7	1	1	3
5702	경북 경산시	안전골든벨 경상북도 어린이 퀴즈쇼 예선	15,000	안전총괄과	3	5	7	8	7	1	1	1
5703	경북 경산시	경산경찰서 자율방범연합대 기술향상 경연대회	12,000	안전총괄과	3	7	7	8	7	5	5	1
5704	경북 경산시	경산소방서 의용소방대연합회 소방기술 경연대회	12,000	안전총괄과	3	7	7	8	7	5	5	1
5705	경북 경산시	도시재생 심포지엄 행사	2,450	도시과	3	4	7	8	7	1	1	1
5706	경북 경산시	미용 경기대회	30,000	식품의약과	3	4	7	8	7	1	1	3
5707	경북 경산시	제11회 한국여성농업인 전국대회 참가	10,000	농정유통과	3	4	7	8	7	5	5	4
5708	경북 경산시	2021년 경산 추수대동 한마당행사	10,000	농정유통과	3	4	7	8	7	5	5	4
5709	경북 경산시	전국농민회 경북도연맹 가족한마당행사 참가	2,000	농정유통과	3	4	7	8	7	5	5	4
5710	경북 경산시	2021년 경북여성농민회 한마당행사 개최	30,000	농정유통과	3	4	7	8	7	5	5	4
5711	경북 경산시	전국으뜸농산물 전시회 참가	5,000	농정유통과	3	4	7	8	7	5	5	4
5712	경북 경산시	농업경영인 가족체육대회 및 농산물 전시 홍보행사	15,000	농정유통과	3	4	7	8	7	5	5	4
5713	경북 경산시	제18회 영농발대식	9,000	농정유통과	3	4	7	8	7	5	5	4
5714	경북 경산시	제16회 경상북도 농업경영인대회 참가	10,000	농정유통과	3	4	7	8	7	5	5	4
5715	경북 경산시	농식품 국내판촉 지원	12,500	농정유통과	3	4	7	8	7	5	5	4
5716	경북 경산시	농식품 국외판촉 지원	12,000	농정유통과	3	4	7	8	7	5	5	4
5717	경북 경산시	농업인학습단체 역량강화 대회	30,000	농촌진흥과	3	1	7	8	7	5	5	3
5718	경북 경산시	경산묘목 홍보 행사	10,800	농촌진흥과	3	4	7	8	7	5	5	3
5719	경북 경산시	복사꽃길 걷기 행사	30,000	기술지원과	3	4	7	8	7	1	1	1
5720	경북 경산시	포도 수확체험 및 직판행사	30,000	기술지원과	3	4	7	8	7	1	1	1
5721	경북 경산시	야생화 전시회 운영	2,100	기술지원과	3	4	4	1	7	1	1	1
5722	경북 경산시	제6회 삼성현 백일장 및 미술대회	22,000	삼성현문화박물관	3	1	7	8	7	5	5	4
5723	경북 군위군	6.25전쟁 기념행사	12,000	주민복지실	3	4	7	8	7	5	5	4
5724	경북 군위군	보훈단체 교류행사	2,000	주민복지실	3	4	7	8	7	5	5	4
5725	경북 군위군	6.25 참전유공자 위문행사	4,000	주민복지실	3	4	7	8	7	5	5	4
5726	경북 군위군	나라사랑 체험 프로그램 운영	3,000	주민복지실	3	4	7	8	7	5	5	4
5727	경북 군위군	어르신 효 행사	120,000	주민복지실	3	6	7	8	7	1	1	1
5728	경북 군위군	노인의 날 행사	32,000	주민복지실	3	4	7	8	7	5	5	4
5729	경북 군위군	여성지도자 역량강화교육	7,000	주민복지실	3	1	7	8	1	1	1	1
5730	경북 군위군	신년교례회 행사지원	5,000	주민복지실	3	1	7	8	7	5	5	4
5731	경북 군위군	양성평등주간 기념행사 지원	8,000	주민복지실	3	1	7	8	1	1	1	1
5732	경북 군위군	여성평생교육대학 운영비	60,000	주민복지실	3	1	7	8	7	5	5	4
5733	경북 군위군	어린이날 큰 잔치 행사	20,000	주민복지실	3	1	7	8	7	5	5	4
5734	경북 군위군	새마을지도자 하계 수련대회	10,000	경제과	3	1	7	8	7	5	1	3
5735	경북 군위군	사랑의 음악회 위탁비	10,000	문화관광과	3	7	7	8	7	1	1	3
5736	경북 군위군	합창단 역량강화 워크샵	4,000	문화관광과	3	7	7	8	7	1	1	3
5737	경북 군위군	김수환추기경 사랑과나눔 문화축전	170,000	문화관광과	3	7	7	8	7	1	1	3
5738	경북 군위군	군위장군단오제개최	57,000	문화관광과	3	7	7	8	7	1	1	3
5739	경북 군위군	군수기종목별대회	50,000	문화관광과	3	7	7	8	7	1	1	4
5740	경북 군위군	전국,도 단위 체육대회 개최	15,000	문화관광과	3	7	7	8	7	1	1	4
5741	경북 군위군	전국 여자 비치발리볼 대회	70,000	문화관광과	3	7	7	8	7	1	1	4

순번	시군구	지출명 (사업명)	2021년예산 (단위:천원/1년간)	담당자 (공무원) 담당부서	민간이전 분류 (지방자치단체 세출예산 집행기준에 의거) 1. 민간경상사업보조(307-02) 2. 민간단체 법정운영비보조(307-03) 3. 민간행사사업보조(307-04) 4. 민간위탁금(307-05) 5. 사회복지시설 법정운영비보조(307-10) 6. 민간인위탁교육비(307-12) 7. 공기관등에대한경상적위탁사업비(308-11) 8. 민간자본사업보조,자체재원(402-01) 9. 민간자본사업보조,이전재원(402-02) 10. 민간위탁사업비(402-03) 11. 공기관등에 대한 자본적 대행사업비(403-02)	민간이전지출 근거 (지방보조금 관리기준 참고) 1. 법률에 규정 2. 국고보조 재원(국가지정) 3. 용도 지정 기부금 4. 조례에 직접규정 5. 지자체가 권장하는 사업을 하는 공공기관 6. 시,도 정책 및 재정사정 7. 기타 8. 해당없음	입찰방식 계약체결방법 (경쟁형태) 1. 일반경쟁 2. 제한경쟁 3. 지명경쟁 4. 수의계약 5. 법정위탁 6. 기타 ( ) 7. 해당없음	입찰방식 계약기간 1. 1년 2. 2년 3. 3년 4. 4년 5. 5년 6. 기타 ( )년 7. 단기계약 (1년미만) 8. 해당없음	입찰방식 낙찰자선정방법 1. 적격심사 2. 협상에의한계약 3. 최저가낙찰제 4. 규격가격분리 5. 2단계 경쟁입찰 6. 기타 ( ) 7. 해당없음	운영예산 산정 운영예산 산정 1. 내부산정 (지자체 자체적으로 산정) 2. 외부산정 (외부전문기관위탁 산정) 3. 내·외부 모두 산정 4. 산정 無 5. 해당없음	운영예산 산정 정산방법 1. 내부정산 (지자체 내부적으로 정산) 2. 외부정산 (외부전문기관위탁 정산) 3. 내·외부 모두 산정 4. 정산 無 5. 해당없음	성과평가 실시여부 1. 실시 2. 미실시 3. 향후 추진 4. 해당없음
5742	경북 군위군	군민체육대회	130,000	문화관광과	3	7	7	8	7	1	1	4
5743	경북 군위군	삼국유사기 전국 게이트볼대회 개최	80,000	문화관광과	3	7	7	8	7	1	1	4
5744	경북 군위군	삼국유사 전국가족걷기대회	45,000	문화관광과	3	7	7	8	7	1	1	4
5745	경북 군위군	삼국유사 문화축전	87,000	문화관광과	3	7	7	8	7	1	1	4
5746	경북 군위군	여성농업인 수련대회 행사	8,000	농정과	3	4	7	8	7	5	1	1
5747	경북 군위군	귀농인 수련대회 행사	5,000	농정과	3	4	7	8	7	5	1	1
5748	경북 군위군	여성농업인 난타팀 공연 지원	3,200	농정과	3	4	7	8	7	5	1	1
5749	경북 군위군	여성농업인 워크숍 개최	10,000	농정과	3	4	7	8	7	5	1	1
5750	경북 군위군	귀농인 워크숍 개최	10,000	농정과	3	4	7	8	7	5	1	1
5751	경북 군위군	쌀전업농 워크숍 개최	10,000	농정과	3	4	7	8	7	5	1	1
5752	경북 군위군	자율방범대원 연합체육대회 경비지원	8,000	안전관리과	3	4	7	8	7	1	1	1
5753	경북 군위군	안전골든벨 어린이 퀴즈대회 개최 지원	11,000	안전관리과	3	1	7	8	7	1	1	1
5754	경북 군위군	농촌지도자회	10,000	농업기술센터	3	4	7	8	7	5	1	4
5755	경북 군위군	농업경영인회	10,000	농업기술센터	3	4	7	8	7	5	1	4
5756	경북 군위군	전국 으뜸농산물 홍보 판매 행사	10,000	농업기술센터	3	4	7	8	7	5	1	4
5757	경북 군위군	생활개선회수련대회	10,000	농업기술센터	3	1	7	8	7	5	1	4
5758	경북 군위군	군민체육대회 출전경비	40,000	군위읍	3	4	7	8	7	5	5	4
5759	경북 군위군	군민체육대회 출전경비	23,000	소보면	3	4	7	8	7	5	5	4
5760	경북 군위군	군민체육대회 출전경비	28,000	효령면	3	4	7	8	7	5	5	4
5761	경북 군위군	군민체육대회 출전경비	23,000	부계면	3	4	4	7	7	1	1	1
5762	경북 군위군	군민체육대회 출전경비	23,000	우보면	3	4	7	8	7	5	5	4
5763	경북 군위군	군민체육대회 출전경비	23,000	의흥면	3	4	7	8	7	5	5	4
5764	경북 군위군	군민체육대회 출전경비	20,000	산성면	3	4	7	8	7	5	5	4
5765	경북 군위군	군민체육대회 출전경비	20,000	삼국유사면	3	4	7	8	7	5	5	4
5766	경북 의성군	바르게살기운동건전생활실천순회교육	1,650	총무과	3	1	7	8	7	1	1	3
5767	경북 의성군	어린이날기념행사	40,000	복지과	3	1	7	8	7	1	1	1
5768	경북 의성군	향토전래음식전승지원	55,000	관광문화과	3	6	7	8	7	1	1	1
5769	경북 의성군	향교문화전승보전지원	21,200	관광문화과	3	6	7	8	7	1	1	1
5770	경북 의성군	의성세계하늘축제	430,000	관광문화과	3	4	7	7	7	1	1	1
5771	경북 의성군	공연예술지원	50,000	관광문화과	3	6	7	8	7	1	1	1
5772	경북 의성군	의성세계하늘축제	430,000	관광문화과	3	4	7	8	7	1	1	1
5773	경북 의성군	농식품국내판촉지원	7,500	원예산업과	3	4	7	8	7	1	1	2
5774	경북 의성군	농특산물판촉행사지원	60,000	원예산업과	3	4	7	8	7	1	1	2
5775	경북 의성군	소비자초청마케팅투어지원	90,000	원예산업과	3	4	7	8	7	1	1	2
5776	경북 의성군	농식품국외판촉지원	30,000	원예산업과	3	4	7	8	7	1	1	2
5777	경북 의성군	농식품해외마케팅지원	40,000	원예산업과	3	4	7	8	7	1	1	2
5778	경북 청송군	노인의날행사지원	30,000	주민행복과	3	1	7	8	7	5	5	4
5779	경북 청송군	제11회주왕산전국스케치대회	15,000	문화체육과	3	4	7	8	7	1	1	1
5780	경북 청송군	내가그린사과그림체험행사	4,500	문화체육과	3	4	7	8	7	1	1	1
5781	경북 청송군	사과(수달래)축제백일장개최	10,000	문화체육과	3	4	7	8	7	1	1	1
5782	경북 청송군	제25회청송문화제개최	90,000	문화체육과	3	4	7	8	7	1	1	1
5783	경북 청송군	청송관광사진전국공모전개최	50,000	문화체육과	3	2	7	8	7	1	1	1
5784	경북 청송군	국악과시의만남개최지원	40,000	문화체육과	3	4	7	8	7	1	1	1

순번	시군구	지출명 (사업명)	2021년예산 (단위:천원/1년간)	담당자 (공무원) 담당부서	민간이전 분류 (지방자치단체 세출예산 집행기준에 의거) 1. 민간경상사업보조(307-02) 2. 민간단체 법정운영비보조(307-03) 3. 민간행사사업보조(307-04) 4. 민간위탁금(307-05) 5. 사회복지시설 법정운영비보조(307-10) 6. 민간인위탁교육비(307-12) 7. 공기관등에대한경상적위탁사업비(308-11) 8. 민간자본사업보조,자체재원(402-01) 9. 민간자본사업보조,이전재원(402-02) 10. 민간위탁사업비(402-03) 11. 공기관등에 대한 자본적 대행사업비(403-02)	민간이전지출 근거 (지방보조금 관리기준 참고) 1. 법률에 규정 2. 국고보조 재원(국가지정) 3. 용도 지정 기부금 4. 조례에 직접규정 5. 지자체가 권장하는 사업을 하는 공공기관 6. 시,도 정책 및 재정사정 7. 기타 8. 해당없음	입찰방식 계약체결방법 (경쟁형태) 1. 일반경쟁 2. 제한경쟁 3. 지명경쟁 4. 수의계약 5. 법정위탁 6. 기타 ( ) 7. 해당없음	입찰방식 계약기간 1. 1년 2. 2년 3. 3년 4. 4년 5. 5년 6. 기타 ( )년 7. 단기계약 (1년미만) 8. 해당없음	입찰방식 낙찰자선정방법 1. 적격심사 2. 협상에의한계약 3. 최저가낙찰제 4. 규격가격분리 5. 2단계 경쟁입찰 6. 기타 ( ) 7. 해당없음	운영예산 산정 운영예산 산정 1. 내부산정 (지자체 자체적으로 산정) 2. 외부산정 (외부전문기관위탁 산정) 3. 내·외부 모두 산정 4. 산정 無 5. 해당없음	운영예산 산정 정산방법 1. 내부정산 (지자체 내부적으로 정산) 2. 외부정산 (외부전문기관위탁 정산) 3. 내·외부 모두 산정 4. 정산 無 5. 해당없음	성과평가 실시여부 1. 실시 2. 미실시 3. 향후 추진 4. 해당없음
5785	경북 청송군	2021군씨름왕선발대회개최지원	5,000	문화체육과	3	4	5	8	7	1	1	1
5786	경북 청송군	제22회경상북도지사기생활체육검도대회개최지원	20,000	문화체육과	3	4	5	8	7	1	1	1
5787	경북 청송군	제11회청송사과배전국테니스대회개최지원	13,500	문화체육과	3	4	5	8	7	1	1	1
5788	경북 청송군	제51회청송군체육대회개최지원	120,000	문화체육과	3	4	5	2	6	1	1	4
5789	경북 청송군	2021청송군수배전국MTB대회개최보조금	60,000	문화체육과	3	4	7	8	7	5	5	4
5790	경북 청송군	2021청송사과트레일런개최보조금	90,000	문화체육과	3	4	7	8	7	5	5	4
5791	경북 청송군	제18회청송낙동정맥등반대회행사개최보조금	23,000	문화체육과	3	4	7	8	7	5	5	4
5792	경북 청송군	제30회회장기전국중고등학교검도대회개최지원	90,000	문화체육과	3	4	7	8	7	5	5	4
5793	경북 청송군	제4회청송군수기전국초등학교검도대회개최지원	60,000	문화체육과	3	4	7	8	7	5	5	4
5794	경북 청송군	2021전국가을철중고배드민턴선수권대회개최지원	150,000	문화체육과	3	4	7	8	7	5	5	4
5795	경북 청송군	전국고등축구리그(경북권역)개최지원	50,000	문화체육과	3	4	7	8	7	5	5	4
5796	경북 청송군	경북학생종별및춘계경북탁구협회장배생활체육탁구대회개최지원	25,000	문화체육과	3	4	7	8	7	5	5	4
5797	경북 청송군	경북학생종별및추계경북탁구협회장배생활체육탁구대회개최지원	25,000	문화체육과	3	4	7	8	7	5	5	4
5798	경북 청송군	2021청송모터사이클챔피언십대회개최지원	45,000	문화체육과	3	4	7	8	7	5	5	4
5799	경북 청송군	2021청송썸머전국드라이툴링대회개최보조금	50,000	문화체육과	3	4	7	8	7	5	5	4
5800	경북 청송군	2022청송아이스클라이밍월드컵대회지원금	400,000	문화체육과	3	2	6	1	6	1	1	1
5801	경북 청송군	2022청송아이스클라이밍월드컵경기벽조성비	40,000	문화체육과	3	2	7	8	7	5	5	4
5802	경북 청송군	제16회청송사과축제개최	660,600	관광정책과	3	4	7	8	7	5	1	1
5803	경북 청송군	경북사과홍보참가지원	20,000	농정과	3	6	7	8	7	1	1	4
5804	경북 청송군	경북명품사과해외수출촉진및홍보사업	15,000	농정과	3	8	7	8	7	5	5	4
5805	경북 청송군	축산인(한우)한마음대회	7,000	환경축산과	3	4	7	8	7	5	5	4
5806	경북 청송군	객주문학관글짓기및그림그리기대회	8,000	종합시설관리사업소	3	4	7	8	7	1	1	1
5807	경북 영양군	고감 플리마켓 운영	50,000	지역경제과	3	7	7	8	7	5	5	4
5808	경북 영양군	영양산나물축제	500,000	문화관광과	3	4	7	8	7	1	1	4
5809	경북 영양군	마을별 소규모축제 육성	18,000	문화관광과	3	4	7	8	7	1	1	4
5810	경북 영양군	주실지훈문화예술제	80,000	문화관광과	3	4	7	8	7	1	1	1
5811	경북 영양군	농촌축제지원	16,000	농업축산과	3	2	7	8	7	5	5	4
5812	경북 영덕군	황금은어축제 홍보행사	180,000	해양수산과	3	1	5	7	7	5	1	4
5813	경북 영덕군	2021영덕송이장터	20,000	산림과	3	5	4	7	7	1	1	1
5814	경북 영덕군	영해3.18독립만세문화제 지원	100,000	주민복지과	3	4	7	8	7	1	1	1
5815	경북 영덕군	장애인의날 기념 및 화합한마당 행사	16,200	주민복지과	3	6	7	8	7	1	1	1
5816	경북 영덕군	사회복지사협회 역량강화 및 처우개선사업	9,000	주민복지과	3	7	7	1	6	1	1	1
5817	경북 영덕군	노인게이트볼 및 한궁대회 개최	13,000	주민복지과	3	6	7	8	7	1	1	4
5818	경북 영덕군	양성평등주간 기념행사 개최 지원	16,000	주민복지과	3	4	6	7	6	3	3	1
5819	경북 영덕군	청소년선도보호사업 지원	23,400	주민복지과	3	4	7	8	7	1	1	1
5820	경북 영덕군	보육교직원 역량강화(보육인교직원대회, 보수교육 등) 행사	4,500	주민복지과	3	5	7	8	7	5	5	4
5821	경북 청도군	청도신화랑배전국사회인야구대회개최지원	40,000	문화체육시설사업소	3	4	7	8	7	5	5	4
5822	경북 청도군	군민체육대회지원	300,000	문화체육시설사업소	3	4	7	8	7	5	5	4
5823	경북 청도군	군수배및가맹경기단체체육대회	54,000	문화체육시설사업소	3	4	7	8	7	5	5	4
5824	경북 청도군	유소년축구대회	5,000	문화체육시설사업소	3	4	7	8	7	5	5	4
5825	경북 청도군	시군동호인클럽대항축구대회	5,000	문화체육시설사업소	3	4	7	8	7	5	5	4
5826	경북 청도군	군수배생활체조경연대회	12,000	문화체육시설사업소	3	4	7	8	7	5	5	4
5827	경북 청도군	청소년길거리농구대회	5,000	문화체육시설사업소	3	4	7	8	7	5	5	4

순번	시군구	지출명 (사업명)	2021년예산 (단위:천원/1년간)	담당자 (공무원)	민간이전 분류 (지방자치단체 세출예산 집행기준에 의거)	민간이전지출 근거 (지방보조금 관리기준 참고)	입찰방식			운영예산 산정		성과평가 실시여부
				담당부서	1. 민간경상사업보조(307-02) 2. 민간단체 법정운영비보조(307-03) 3. 민간행사사업보조(307-04) 4. 민간위탁금(307-05) 5. 사회복지시설 법정운영비보조(307-10) 6. 민간인위탁교육비(307-12) 7. 공기관등에대한경상적위탁사업비(308-11) 8. 민간자본사업보조,자체재원(402-01) 9. 민간자본사업보조,이전재원(402-02) 10. 민간위탁사업비(402-03) 11. 공기관등에 대한 자본적 대행사업비(403-02)	1. 법률에 규정 2. 국고보조 재원(국가지정) 3. 용도 지정 기부금 4. 조례에 직접규정 5. 지자체가 권장하는 사업을 하는 공공기관 6. 시,도 정책 및 재정사정 7. 기타 8. 해당없음	계약체결방법 (경쟁형태) 1. 일반경쟁 2. 제한경쟁 3. 지명경쟁 4. 수의계약 5. 법정위탁 6. 기타 ( ) 7. 해당없음	계약기간 1. 1년 2. 2년 3. 3년 4. 4년 5. 5년 6. 기타 ( )년 7. 단기계약 (1년미만) 8. 해당없음	낙찰자선정방법 1. 적격심사 2. 협상에의한계약 3. 최저가낙찰제 4. 규격가격분리 5. 2단계 경쟁입찰 6. 기타 ( ) 7. 해당없음	운영예산 산정 1. 내부산정 (지자체 자체적으로 산정) 2. 외부산정 (외부전문기관위탁 산정) 3. 내·외부 모두 산정 4. 산정 無 5. 해당없음	정산방법 1. 내부정산 (지자체 내부적으로 정산) 2. 외부정산 (외부전문기관위탁 정산) 3. 내·외부 모두 산정 4. 정산 無 5. 해당없음	1. 실시 2. 미실시 3. 향후 추진 4. 해당없음
5828	경북 청도군	청도반시마라톤대회개최지원	110,000	문화체육시설사업소	3	6	7	8	7	5	5	4
5829	경북 청도군	도지사기생활체육게이트볼대회	20,000	문화체육시설사업소	3	4	7	8	7	5	5	4
5830	경북 청도군	노인단체지원	2,000	사회보장과	3	7	7	7	7	1	1	4
5831	경북 청도군	노인단체지원	4,000	사회보장과	3	7	7	7	7	1	1	4
5832	경북 청도군	아동복지지원	28,000	주민복지과	3	8	7	8	7	5	5	4
5833	경북 청도군	정월대보름달맞이 행사지원	110,000	문화관광과	3	4	2	1	2	1	1	2
5834	경북 청도군	도주줄당기기행사지원	120,000	문화관광과	3	4	2	1	2	1	1	2
5835	경북 청도군	소싸움대회지원	530,000	문화관광과	3	4	2	1	2	1	1	2
5836	경북 청도군	청도반시축제	100,000	문화관광과	3	4	2	1	2	1	1	2
5837	경북 청도군	청도읍성예술제	60,000	문화관광과	3	4	2	1	2	1	1	2
5838	경북 청도군	한여름밤의청도열린음악회지원	30,000	문화관광과	3	4	7	8	7	1	1	2
5839	경북 청도군	청도시시때때로숲속음악회	40,000	문화관광과	3	4	7	8	7	5	5	2
5840	경북 청도군	출향작가와청도정착작가초대전	15,000	문화관광과	3	4	7	8	7	1	1	2
5841	경북 청도군	청도전국민요경창대회개최지원	14,000	문화관광과	3	4	7	8	7	5	5	4
5842	경북 청도군	경상북도풍물대축제개최지원	70,000	문화관광과	3	4	7	8	7	5	5	4
5843	경북 청도군	청도유등제지원	80,000	문화관광과	3	4	7	8	7	1	1	2
5844	경북 청도군	예비귀농귀촌초청페스티벌	10,000	농정과	3	4	7	8	7	5	5	4
5845	경북 청도군	귀농인마을주민초청행사지원	5,000	농정과	3	4	7	8	7	5	5	4
5846	경북 고령군	신년교례회 개최	2,700	총무과	3	4	7	8	7	1	1	4
5847	경북 고령군	새마을운동 종합평가대회	5,400	총무과	3	4	7	8	7	5	1	1
5848	경북 고령군	새마을의 날 기념행사	10,000	총무과	3	4	7	8	7	5	1	1
5849	경북 고령군	새마을 역량강화 워크숍	15,000	총무과	3	4	7	8	7	5	1	1
5850	경북 고령군	문화재 야행 프로그램	360,000	관광진흥과	3	1	7	8	7	1	1	1
5851	경북 고령군	대가야체험축제 개최	800,000	관광진흥과	3	4	5	7	7	1	1	1
5852	경북 고령군	군민노래자랑	70,000	관광진흥과	3	7	7	8	7	5	5	4
5853	경북 고령군	향교문화 전승보전	7,500	문화유산과	3	1	7	8	7	1	1	1
5854	경북 고령군	향교 전통문화 예절교육사업	1,900	문화유산과	3	1	7	8	7	1	1	1
5855	경북 고령군	유림지도자 연수	5,560	문화유산과	3	1	7	8	7	1	1	1
5856	경북 고령군	전국시조경창대회 개최	25,000	문화유산과	3	1	7	8	7	1	1	1
5857	경북 고령군	제13회 이조년전국백일장 개최지원	30,000	문화유산과	3	1	7	8	7	1	1	1
5858	경북 고령군	선비아카데미 운영지원	5,500	문화유산과	3	1	7	8	7	1	1	1
5859	경북 고령군	제47회 대가야문화예술제 개최	80,000	문화유산과	3	1	7	8	7	1	1	1
5860	경북 고령군	제18회 대가야 미술실기 대회	10,000	문화유산과	3	1	7	8	7	1	1	1
5861	경북 고령군	소규모 공연	30,000	문화유산과	3	1	7	8	7	1	1	1
5862	경북 고령군	우륵추모제 개최	4,000	문화유산과	3	1	6	8	7	1	1	1
5863	경북 고령군	지역대표예술제 지원	95,000	문화유산과	3	1	7	8	7	1	1	1
5864	경북 고령군	창작문화콘텐츠(뮤지컬) 제작	220,000	문화유산과	3	7	7	7	7	1	1	1
5865	경북 고령군	낙동강 7경 문화한마당 개최	50,000	문화유산과	3	7	7	7	7	1	1	1
5866	경북 고령군	대가야 가얏고 음악제	75,000	문화유산과	3	7	7	7	7	1	1	1
5867	경북 고령군	대가야문화누리 한여름밤 영화제 개최	70,000	문화유산과	3	7	7	7	7	1	1	1
5868	경북 고령군	여성대회 개최	10,000	여성청소년과	3	4	4	7	1	1	1	3
5869	경북 고령군	어린이날 행사	40,000	여성청소년과	3	6	2	7	1	1	3	1
5870	경북 고령군	체육활동 지원	191,639	여성청소년과	3	7	1	8	6	1	1	4

순번	시군구	지출명 (사업명)	2021년예산 (단위:천원/1년간)	담당자 (공무원) 담당부서	민간이전 분류 (지방자치단체 세출예산 집행기준에 의거) 1. 민간경상사업보조(307-02) 2. 민간단체 법정운영비보조(307-03) 3. 민간행사사업보조(307-04) 4. 민간위탁금(307-05) 5. 사회복지시설 법정운영비보조(307-10) 6. 민간인위탁교육비(307-12) 7. 공기관등에대한경상적위탁사업비(308-11) 8. 민간자본사업보조,자체재원(402-01) 9. 민간자본사업보조,이전재원(402-02) 10. 민간위탁사업비(402-03) 11. 공기관등에 대한 자본적 대행사업비(403-02)	민간이전지출 근거 (지방보조금 관리기준 참고) 1. 법률에 규정 2. 국고보조 재원(국가지정) 3. 용도 지정 기부금 4. 조례에 직접규정 5. 지자체가 권장하는 사업을 하는 공공기관 6. 시,도 정책 및 재정사정 7. 기타 8. 해당없음	입찰방식 계약체결방법 (경쟁형태) 1. 일반경쟁 2. 제한경쟁 3. 지명경쟁 4. 수의계약 5. 법정위탁 6. 기타 ( ) 7. 해당없음	입찰방식 계약기간 1. 1년 2. 2년 3. 3년 4. 4년 5. 5년 6. 기타 ( )년 7. 단기계약 (1년미만) 8. 해당없음	입찰방식 낙찰자선정방법 1. 적격심사 2. 협상에의한계약 3. 최저가낙찰제 4. 규격가격분리 5. 2단계 경쟁입찰 6. 기타 ( ) 7. 해당없음	운영예산 산정 운영예산 산정 1. 내부산정 (지자체 자체적으로 산정) 2. 외부산정 (외부전문기관위탁 산정) 3. 내·외부 모두 산정 4. 산정 無 5. 해당없음	운영예산 산정 정산방법 1. 내부정산 (지자체 내부적으로 정산) 2. 외부정산 (외부전문기관위탁 정산) 3. 내·외부 모두 산정 4. 정산 無 5. 해당없음	성과평가 실시여부 1. 실시 2. 미실시 3. 향후 추진 4. 해당없음
5871	경북 고령군	고령군민 녹색자전거 대행진 개최	75,000	여성청소년과	3	7	1	8	6	1	1	4
5872	경북 고령군	대가야금관기 게이트볼대회 개최	15,000	여성청소년과	3	7	1	8	6	1	1	4
5873	경북 고령군	군수기 체육대회 개최	30,000	여성청소년과	3	7	1	8	6	1	1	4
5874	경북 고령군	안전골든벨 어린이 퀴즈대회	11,000	군민안전과	3	5	6	1	7	1	1	1
5875	경북 성주군	성주군이장역량강화워크숍	30,000	총무과	3	4	7	8	7	5	5	4
5876	경북 성주군	가야산황금들녘메뚜기잡이체험축제	100,000	문화진흥과	3	4	7	8	7	5	5	4
5877	경북 성주군	새해해맞이행사개최	22,000	문화진흥과	3	4	7	8	7	5	5	4
5878	경북 성주군	성주대표축제	1,000,000	문화진흥과	3	4	1	7	2	1	1	1
5879	경북 성주군	성밖숲 와숲행사	400,000	문화진흥과	3	4	7	8	7	5	5	4
5880	경북 성주군	별뫼줄다리기 재현	103,500	문화진흥과	3	4	7	8	7	5	5	4
5881	경북 성주군	세종대왕자태실태봉안행차재현행사	200,000	문화진흥과	3	4	7	8	7	5	5	4
5882	경북 성주군	아이사랑 태교음악회	120,000	문화진흥과	3	4	7	8	7	5	5	4
5883	경북 성주군	경상북도 드림페스티벌	60,000	문화진흥과	3	4	7	8	7	5	5	4
5884	경북 성주군	전국시조경창대회개최지원	21,500	문화예술과	3	1	7	8	7	1	1	1
5885	경북 성주군	전국시조경창대회개최지원	25,000	문화예술과	3	1	7	8	7	1	1	1
5886	경북 성주군	심산김창숙선생숭모제	55,000	문화예술과	3	1	7	8	7	1	1	1
5887	경북 성주군	환경지도자역량강화워크숍	20,000	환경과	3	4	4	1	2	1	1	1
5888	경북 성주군	성주참외가요제	50,000	농정과	3	4	7	8	7	1	1	3
5889	경북 성주군	축산단체협의회워크샵지원	5,000	농정과	3	1	7	8	7	1	1	3
5890	경북 성주군	제16회 경북농업경영인대회	12,000	농정과	3	7	7	8	7	1	1	3
5891	경북 성주군	경북 으뜸농산물 한마당 행사	5,000	농정과	3	7	7	8	7	1	1	3
5892	경북 성주군	제11회 한국여성농업인전국대회 참여	2,500	농정과	3	7	7	8	7	1	1	3
5893	경북 성주군	우리쌀소비촉진행사	3,000	농정과	3	7	7	8	7	1	1	3
5894	경북 성주군	제26회 경북여성농민회 한마당행사	2,000	농정과	3	7	7	8	7	1	1	3
5895	경북 성주군	전국농민회 경북도연맹 가족한마당 행사	2,000	농정과	3	7	7	8	7	1	1	3
5896	경북 성주군	여성농업인과다문화이주여성이함께하는문화탐방행사	3,500	농정과	3	7	7	8	7	1	1	3
5897	경북 성주군	제31회 성주군농업경영인 가족체육대회	16,000	농정과	3	7	7	8	7	1	1	3
5898	경북 성주군	우량농산물 전시회 개최	3,000	농정과	3	7	7	8	7	1	1	3
5899	경북 성주군	바르게살기운동가족한마음대회	20,000	새마을녹지과	3	1	7	8	7	5	5	4
5900	경북 성주군	성주참외품평회	40,000	농업기술센터	3	4	7	8	7	5	5	4
5901	경북 성주군	참외마라톤대회	155,000	체육시설사업소	3	4	7	8	7	5	5	4
5902	경북 성주군	생활체육육성	2,000	체육시설사업소	3	4	7	8	7	5	5	4
5903	경북 성주군	생활체육육성	10,000	체육시설사업소	3	4	7	8	7	5	5	4
5904	경북 성주군	생활체육육성	20,000	체육시설사업소	3	4	7	8	7	5	5	4
5905	경북 성주군	생활체육육성	16,000	체육시설사업소	3	4	7	8	7	5	5	4
5906	경북 성주군	생활체육육성	10,000	체육시설사업소	3	4	7	8	7	5	5	4
5907	경북 성주군	생활체육육성	25,000	체육시설사업소	3	4	7	8	7	5	5	4
5908	경북 칠곡군	민주평통 평화공감 토크콘서트	1,540	총무과	3	1	7	8	7	1	1	1
5909	경북 칠곡군	이장연합회 능력향상 워크숍 및 화합한마당	25,000	총무과	3	4	7	8	7	1	1	1
5910	경북 칠곡군	이장연합회 자매결연 교류행사	4,000	총무과	3	4	7	8	7	1	1	1
5911	경북 칠곡군	민족통일 새터민 사회정착 및 교류행사	2,800	총무과	3	1	7	8	7	1	1	1
5912	경북 칠곡군	민족통일 자매결연 교류행사	1,960	총무과	3	1	7	8	7	1	1	1
5913	경북 칠곡군	도민의 날 행사 참가지원	3,000	총무과	3	4	7	8	7	1	1	1

순번	시군구	지출명 (사업명)	2021년예산 (단위:천원/1년간)	담당자 (공무원)	민간이전 분류 (지방자치단체 세출예산 집행기준에 의거)	민간이전지출 근거 (지방보조금 관리기준 참고)	입찰방식			운영예산 산정		성과평가 실시여부
				담당부서	1. 민간경상사업보조(307-02) 2. 민간단체 법정운영비보조(307-03) 3. 민간행사사업보조(307-04) 4. 민간위탁금(307-05) 5. 사회복지시설 법정운영비보조(307-10) 6. 민간인위탁교육비(307-12) 7. 공기관등에대한경상적위탁사업비(308-11) 8. 민간자본사업보조,자체재원(402-01) 9. 민간자본사업보조,이전재원(402-02) 10. 민간위탁사업비(402-03) 11. 공기관등에 대한 자본적 대행사업비(403-02)	1. 법률에 규정 2. 국고보조 재원(국가지정) 3. 용도 지정 기부금 4. 조례에 직접규정 5. 지자체가 권장하는 사업을 하는 공공기관 6. 시,도 정책 및 재정사정 7. 기타 8. 해당없음	계약체결방법 (경쟁형태) 1. 일반경쟁 2. 제한경쟁 3. 지명경쟁 4. 수의계약 5. 법정위탁 6. 기타 ( ) 7. 해당없음	계약기간 1. 1년 2. 2년 3. 3년 4. 4년 5. 5년 6. 기타 ( )년 7. 단기계약 (1년미만) 8. 해당없음	낙찰자선정방법 1. 적격심사 2. 협상에의한계약 3. 최저가낙찰제 4. 규격가격분리 5. 2단계 경쟁입찰 6. 기타 ( ) 7. 해당없음	운영예산 산정 1. 내부산정 (지자체 자체적으로 산정) 2. 외부산정 (외부전문기관위탁 산정) 3. 내·외부 모두 산정 4. 산정 無 5. 해당없음	정산방법 1. 내부정산 (지자체 내부적으로 정산) 2. 외부정산 (외부전문기관위탁 정산) 3. 내·외부 모두 산정 4. 정산 無 5. 해당없음	1. 실시 2. 미실시 3. 향후 추진 4. 해당없음
5914	경북 칠곡군	제11회 낙동강 전투전승행사	237,000	사회복지과	3	4	7	7	7	4	1	4
5915	경북 칠곡군	낙동강 호국평화 기획전	100,000	사회복지과	3	4	7	8	7	5	5	4
5916	경북 칠곡군	칠곡군 노인회장기 한궁대회 지원	3,000	사회복지과	3	4	7	8	7	1	1	4
5917	경북 칠곡군	노인의 날 행사지원	55,000	사회복지과	3	4	7	8	7	1	1	4
5918	경북 칠곡군	어린이날 행사 개최지원	30,100	사회복지과	3	1	7	8	7	1	1	1
5919	경북 칠곡군	역사문화자원 발굴지원	50,000	미래전략과	3	6	6	1	6	1	1	4
5920	경북 칠곡군	제17회 칠곡군민 문화한마당	4,550	새마을체육과	3	1	7	8	7	1	1	1
5921	경북 칠곡군	새마을가족 영호남 화합행사	1,680	새마을체육과	3	1	7	8	7	1	1	1
5922	경북 칠곡군	새마을의 날 새마을지도자 한마음대회	14,000	새마을체육과	3	1	7	8	7	1	1	1
5923	경북 칠곡군	바르게살기운동 영호남 화합행사	1,680	새마을체육과	3	1	7	8	7	1	1	1
5924	경북 칠곡군	한국자유총연맹 영호남 교류사업	1,680	새마을체육과	3	1	7	8	7	1	1	1
5925	경북 칠곡군	고속도로 로컬푸드 행복장터 직거래 행사	3,000	농업정책과	3	4	7	8	7	3	3	1
5926	경북 칠곡군	칠곡군 농특산물 직거래 행사	4,000	농업정책과	3	4	7	8	7	3	3	1
5927	경북 칠곡군	생태계교란 유해외래어종 퇴치사업	20,000	환경관리과	3	7	7	8	7	5	5	4
5928	경북 칠곡군	농촌지도자 역량강화 리더십 교육	8,400	농업기술센터	3	4	7	8	7	1	1	1
5929	경북 칠곡군	생활개선회 역량강화 리더십 교육	8,400	농업기술센터	3	4	7	8	7	1	1	1
5930	경북 칠곡군	인문학프로젝트	35,000	교육문화회관	3	5	7	8	7	5	5	4
5931	경북 칠곡군	농촌축제지원	8,000	교육문화회관	3	2	7	8	7	5	5	4
5932	경북 예천군	노인행사 및 사회활동 지원	5,000	주민복지실	3	4	2	7	1	1	1	2
5933	경북 예천군	여성대회 개최지원	13,000	주민복지실	3	4	7	7	7	1	1	4
5934	경북 예천군	드림스타트 및 지역아동센터 업무 추진	30,000	주민복지실	3	1	7	8	7	1	1	1
5935	경북 예천군	새해 해맞이 행사 지원	25,000	행정지원실	3	4	7	8	7	1	1	4
5936	경북 예천군	군민의 날 기념행사 지원	10,000	행정지원실	3	6	7	8	7	1	1	4
5937	경북 예천군	도시민 초청지원	10,000	행정지원실	3	6	7	8	7	1	1	4
5938	경북 예천군	보문 산성 미군폭격사건 희생자 위령제	3,000	행정지원실	3	4	7	8	7	1	1	4
5939	경북 예천군	국민보도연맹사건 희생자 위령제	2,000	행정지원실	3	4	7	8	7	1	1	4
5940	경북 예천군	새마을지도자 한마음대회 지원	15,000	새마을경제과	3	4	7	8	7	1	1	1
5941	경북 예천군	바르게살기운동 한마음대회 지원	10,000	새마을경제과	3	4	7	8	7	1	1	1
5942	경북 예천군	6.25 전쟁음식 시식 및 호국안보 사진 전시회 지원	3,000	새마을경제과	3	4	7	8	7	1	1	1
5943	경북 예천군	아뉴스오페라단 창작오페라 지원	17,000	문화관광과	3	4	7	8	7	5	5	1
5944	경북 예천군	주민이 기획하는 문화페스티벌 지원	70,000	문화관광과	3	4	7	8	7	5	5	1
5945	경북 예천군	낙동강7경 문화한마당 지원	50,000	문화관광과	3	4	7	8	7	5	5	1
5946	경북 예천군	제3회 예천 우리소리축제 지원	20,000	문화관광과	3	4	7	8	7	5	5	1
5947	경북 예천군	어르신 노후 건강행복 소양함양 수련대회 지원	3,000	문화관광과	3	4	7	8	7	5	5	1
5948	경북 예천군	제15회 예천 전국 한시백일장 지원	22,000	문화관광과	3	4	7	8	7	5	5	1
5949	경북 예천군	예천국악제 지원	10,000	문화관광과	3	4	7	8	7	5	5	1
5950	경북 예천군	제10회 예천예술제 지원	23,000	문화관광과	3	4	7	8	7	5	5	1
5951	경북 예천군	제18회 전국 서하백일장 행사지원	15,000	문화관광과	3	4	7	8	7	5	5	1
5952	경북 예천군	제6회 예천전국가요제 지원	15,000	문화관광과	3	4	7	8	7	5	5	1
5953	경북 예천군	달집태우기 행사 지원	12,000	문화관광과	3	4	7	8	7	5	5	1
5954	경북 예천군	민속놀이대회 지원	15,000	문화관광과	3	4	7	8	7	5	5	1
5955	경북 예천군	제29회 예천아리랑제 지원	20,000	문화관광과	3	4	7	8	7	5	5	1
5956	경북 예천군	회룡포 모래강 생태문화체험 행사 지원	10,000	문화관광과	3	4	7	8	7	5	5	1

순번	시군구	지출명 (사업명)	2021년예산 (단위:천원/1년간)	담당자 (공무원)	민간이전 분류 (지방자치단체 세출예산 집행기준에 의거)	민간이전지출 근거 (지방보조금 관리기준 참고)	입찰방식			운영예산 산정		성과평가 실시여부
				담당부서	1. 민간경상사업보조(307-02) 2. 민간단체 법정운영비보조(307-03) 3. 민간행사사업보조(307-04) 4. 민간위탁금(307-05) 5. 사회복지시설 법정운영비보조(307-10) 6. 민간인위탁교육비(307-12) 7. 공기관등에대한경상적위탁사업비(308-11) 8. 민간자본사업보조,자체재원(402-01) 9. 민간자본사업보조,이전재원(402-02) 10. 민간위탁사업비(402-03) 11. 공기관등에 대한 자본적 대행사업비(403-02)	1. 법률에 규정 2. 국고보조 재원(국가지정) 3. 용도 지정 기부금 4. 조례에 직접규정 5. 지자체가 권장하는 사업을 하는 공공기관 6. 시,도 정책 및 재정사정 7. 기타 8. 해당없음	계약체결방법 (경쟁형태) 1. 일반경쟁 2. 제한경쟁 3. 지명경쟁 4. 수의계약 5. 법정위탁 6. 기타 ( ) 7. 해당없음	계약기간 1. 1년 2. 2년 3. 3년 4. 4년 5. 5년 6. 기타 ( )년 7. 단기계약 (1년미만) 8. 해당없음	낙찰자선정방법 1. 적격심사 2. 협상에의한계약 3. 최저가낙찰제 4. 규격가격분리 5. 2단계 경쟁입찰 6. 기타 ( ) 7. 해당없음	운영예산 산정 1. 내부산정 (지자체 자체적으로 산정) 2. 외부산정 (외부전문기관위탁 산정) 3. 내·외부 모두 산정 4. 산정 無 5. 해당없음	정산방법 1. 내부정산 (지자체 내부적으로 정산) 2. 외부정산 (외부전문기관위탁 정산) 3. 내·외부 모두 산정 4. 정산 無 5. 해당없음	1. 실시 2. 미실시 3. 향후 추진 4. 해당없음
5957	경북 예천군	용문사 윤장대문화축제 지원	70,000	문화관광과	3	4	7	8	7	5	5	4
5958	경북 예천군	무형문화재 공개행사 지원	11,800	문화관광과	3	1	7	8	7	1	1	1
5959	경북 예천군	국가무형문화재 정기발표회 지원	3,000	문화관광과	3	1	7	8	7	1	1	1
5960	경북 예천군	자연유산 민속행사 지원	4,000	문화관광과	3	2	7	8	7	1	1	1
5961	경북 예천군	보조농기계 비교 전시회 지원	20,000	농정과	3	7	7	8	7	5	5	4
5962	경북 예천군	농산물축제 개최 지원	300,000	농정과	3	7	7	8	7	5	5	4
5963	경북 예천군	용궁순대축제 지원	70,000	농정과	3	7	7	8	7	5	5	4
5964	경북 예천군	농식품 국외판촉 지원	7,000	농정과	3	6	7	8	7	5	5	4
5965	경북 예천군	농식품 국내판촉 지원	5,000	농정과	3	6	7	8	7	5	5	4
5966	경북 예천군	대도시 농특산물 판매전 개최 지원	30,000	농정과	3	7	7	8	7	5	5	4
5967	경북 예천군	예천한우 특판행사 운영 지원	10,000	축산과	3	4	7	8	7	5	5	4
5968	경북 예천군	안전골든벨 어린이 퀴즈대회 개최 지원	10,000	안전재난과	3	5	7	8	7	1	1	1
5969	경북 예천군	어르신건강축제	70,000	보건소	3	4	7	8	7	1	1	1
5970	경북 예천군	2021 예천단오장사씨름대회 개최	300,000	체육사업소	3	7	7	8	7	5	5	4
5971	경북 예천군	예천군수배 골프대회 개최 지원	5,000	체육사업소	3	7	7	8	7	1	1	4
5972	경북 예천군	예천군수배 파크골프대회 개최 지원	5,000	체육사업소	3	7	7	8	7	1	1	4
5973	경북 예천군	예천군수기 게이트볼대회 개최 지원	5,000	체육사업소	3	7	7	8	7	1	1	4
5974	경북 예천군	읍면 순회 생활체육 게이트볼대회 개최 지원	20,000	체육사업소	3	7	7	8	7	1	1	4
5975	경북 예천군	예천군수기 테니스대회 개최 지원	5,000	체육사업소	3	7	7	8	7	1	1	4
5976	경북 예천군	제31회 경북도민생활체육대축전 테니스대회 개최 지원	20,000	체육사업소	3	7	7	8	7	1	1	4
5977	경북 예천군	예천군수배 경북 프리테니스대회 개최 지원	5,000	체육사업소	3	7	7	8	7	1	1	4
5978	경북 예천군	예천군수배 배드민턴대회 개최 지원	5,000	체육사업소	3	7	7	8	7	1	1	4
5979	경북 예천군	생활체육 사회인 야구리그전 개최 지원	10,000	체육사업소	3	7	7	8	7	1	1	4
5980	경북 예천군	예천군수배 경북 북부권 생활체육 야구대회 개최 지원	8,000	체육사업소	3	7	7	8	7	1	1	4
5981	경북 예천군	예천군수배 배구대회 개최 지원	5,000	체육사업소	3	7	7	8	7	1	1	4
5982	경북 예천군	예천군수배 축구대회 개최 지원	5,000	체육사업소	3	7	7	8	7	1	1	4
5983	경북 예천군	예천군수배 경북 오픈 탁구대회 개최 지원	10,000	체육사업소	3	7	7	8	7	1	1	4
5984	경북 예천군	예천군수배 경북 복싱대회 개최 지원	15,000	체육사업소	3	7	7	8	7	1	1	4
5985	경북 예천군	예천군수배 경북 남녀 궁도대회 개최 지원	25,000	체육사업소	3	7	7	8	7	1	1	4
5986	경북 예천군	예천군수배 국학기공대회 개최 지원	5,000	체육사업소	3	7	7	8	7	1	1	4
5987	경북 예천군	청소년 클럽대항 생활체육대회 개최 지원	2,000	체육사업소	3	7	7	8	7	1	1	4
5988	경북 예천군	군민 건강걷기대회 행사 개최 지원	15,000	체육사업소	3	7	7	8	7	1	1	4
5989	경북 예천군	양궁대회 개최 지원	47,000	체육사업소	3	4	7	8	7	1	1	4
5990	경북 울진군	이장연합회 한마음 단합대회	20,000	행정지원과	3	4	7	8	7	5	5	1
5991	경북 울진군	바르게살기운동 건전생활실천다짐대회	10,000	행정지원과	3	1	7	8	7	5	5	1
5992	경북 울진군	바르게살기운동 건전생활실천교육	1,650	행정지원과	3	1	7	8	7	5	5	1
5993	경북 울진군	어린이날행사지원	45,000	복지정책과	3	1	7	8	7	1	1	1
5994	경북 울진군	울진군노인회 지회장기 게이트볼대회	4,000	사회복지과	3	1	7	8	7	1	1	1
5995	경북 울진군	양성평등주간 기념행사	15,000	사회복지과	3	4	4	7	7	1	1	1
5996	경북 울진군	합동결혼식 행사	10,000	사회복지과	3	4	4	7	7	1	1	1
5997	경북 울진군	다문화가족 한마음대회 지원	7,000	사회복지과	3	8	7	8	7	1	1	1
5998	경북 울진군	장애인단체 수련대회	18,000	사회복지과	3	1	6	8	7	1	1	2
5999	경북 울진군	장애인의날 기념행사	15,000	사회복지과	3	1	6	8	7	1	1	2

순번	시군구	지출명 (사업명)	2021년예산 (단위:천원/1년간)	담당자 (공무원) 담당부서	민간이전 분류 (지방자치단체 세출예산 집행기준에 의거) 1. 민간경상사업보조(307-02) 2. 민간단체 법정운영비보조(307-03) 3. 민간행사사업보조(307-04) 4. 민간위탁금(307-05) 5. 사회복지시설 법정운영비보조(307-10) 6. 민간인위탁교육비(307-12) 7. 공기관등에대한경상적위탁사업비(308-11) 8. 민간자본사업보조,자체재원(402-01) 9. 민간자본사업보조,이전재원(402-02) 10. 민간위탁사업비(402-03) 11. 공기관등에 대한 자본적 대행사업비(403-02)	민간이전지출 근거 (지방보조금 관리기준 참고) 1. 법률에 규정 2. 국고보조 재원(국가지정) 3. 용도 지정 기부금 4. 조례에 직접규정 5. 지자체가 권장하는 사업을 하는 공공기관 6. 시,도 정책 및 재정사정 7. 기타 8. 해당없음	입찰방식 계약체결방법 (경쟁형태) 1. 일반경쟁 2. 제한경쟁 3. 지명경쟁 4. 수의계약 5. 법정위탁 6. 기타 ( ) 7. 해당없음	입찰방식 계약기간 1. 1년 2. 2년 3. 3년 4. 4년 5. 5년 6. 기타 ( )년 7. 단기계약 (1년미만) 8. 해당없음	입찰방식 낙찰자선정방법 1. 적격심사 2. 협상에의한계약 3. 최저가낙찰제 4. 규격가격분리 5. 2단계 경쟁입찰 6. 기타 ( ) 7. 해당없음	운영예산 산정 운영예산 산정 1. 내부산정 (지자체 자체적으로 산정) 2. 외부산정 (외부전문기관위탁 산정) 3. 내·외부 모두 산정 4. 산정 無 5. 해당없음	운영예산 산정 정산방법 1. 내부정산 (지자체 내부적으로 정산) 2. 외부정산 (외부전문기관위탁 정산) 3. 내·외부 모두 산정 4. 정산 無 5. 해당없음	성과평가 실시여부 1. 실시 2. 미실시 3. 향후 추진 4. 해당없음
6000	경북 울진군	현충일 행사 제수비	23,500	사회복지과	3	7	7	8	7	1	1	1
6001	경북 울진군	새해아침 참배 제수비	2,000	사회복지과	3	7	7	8	7	1	1	1
6002	경북 울진군	4.13 흥부만세제 행사비	20,000	사회복지과	3	7	7	8	7	1	1	1
6003	경북 울진군	어린이날 행사지원	35,000	사회복지과	3	1	7	8	7	1	1	1
6004	경북 울진군	청소년어울림마당 지원	24,062	사회복지과	3	1	7	8	7	1	1	1
6005	경북 울진군	청소년 행사지원	55,000	사회복지과	3	1	7	8	7	1	1	1
6006	경북 울진군	문화예술활동 지원	127,000	문화관광과	3	4	7	8	7	5	5	4
6007	경북 울진군	전통문화예술행사	60,000	문화관광과	3	4	7	8	7	5	5	4
6008	경북 울진군	자매도시문화예술교류전	20,000	문화관광과	3	4	7	8	7	5	5	4
6009	경북 울진군	농촌축제지원	12,000	미래농정과	3	2	7	8	7	1	1	1
6010	경북 울진군	지역 농촌축제 지원	20,000	미래농정과	3	4	7	8	7	1	1	4
6011	경북 울진군	울진 친환경농산물 축제	100,000	미래농정과	3	4	7	8	7	4	1	4
6012	경북 울진군	어업인한마음대회지원	20,000	해양수산과	3	7	7	8	7	5	5	4
6013	경북 울진군	행사실비보상금	21,000	도시새마을과	3	1	7	8	7	3	3	3
6014	경북 울진군	새마을지도자 역량강화 워크숍	10,000	도시새마을과	3	1	7	8	7	3	3	3
6015	경북 울진군	폐자원수집 경진대회	3,000	도시새마을과	3	1	7	8	7	3	3	3
6016	경북 울진군	이웃사랑 나눔봉사	2,500	도시새마을과	3	1	7	8	7	3	3	3
6017	경북 울진군	새마을지도자 하계 수련대회	10,000	도시새마을과	3	1	7	8	7	3	3	3
6018	경북 울진군	새마을지도자 단체상해보험	20,000	도시새마을과	3	1	7	8	7	3	3	3
6019	경북 울진군	새마을운동추진 운영지원	31,000	도시새마을과	3	1	7	8	7	3	3	3
6020	경북 울진군	새마을지도자 자녀장학금 지원	2,000	도시새마을과	3	1	7	8	7	3	3	3
6021	경북 울진군	범군민 독서 생활화 사업	6,400	도시새마을과	3	1	7	8	7	3	3	3
6022	경북 울진군	새마을우수지조자 해외연수 지원	20,000	도시새마을과	3	1	7	8	7	3	3	3
6023	경북 울진군	2021 울진금강송배 전국 마라톤대회	100,000	체육진흥사업소	3	1	7	8	7	5	5	4
6024	경북 울진군	제57회 춘계 한국 중등축구 연맹전	480,000	체육진흥사업소	3	1	7	8	7	5	5	4
6025	경북 울진군	제17회 울진금강송배 전국 초청 족구대회	25,000	체육진흥사업소	3	1	7	8	7	5	5	4
6026	경북 울진군	제13회 코리아컵 국제 요트대회	520,000	체육진흥사업소	3	1	7	8	7	5	5	4
6027	경북 울진군	2021 코리아 MMA(종합격투기)대회	50,000	체육진흥사업소	3	1	7	8	7	5	5	4
6028	경북 울진군	제10회 울진금강송배 전국 동호인 테니스 대회	20,000	체육진흥사업소	3	1	7	8	7	5	5	4
6029	경북 울진군	제5회 울진금강송배 힐클라임대회	60,000	체육진흥사업소	3	1	7	8	7	5	5	4
6030	경북 울진군	제4회 후포비치발리볼 전국대회	32,000	체육진흥사업소	3	1	7	8	7	5	5	4
6031	경북 울진군	제9회 울진 금강송배 전국 탁구대회	15,000	체육진흥사업소	3	1	7	8	7	5	5	4
6032	경북 울진군	제16회 한국중등 축구연맹 회장배,경상북도지사배 국제 축구대회	560,000	체육진흥사업소	3	1	7	8	7	5	5	4
6033	경북 울진군	제9회 대한체육회장배 시도대항 전국 족구대회	40,000	체육진흥사업소	3	1	7	8	7	5	5	4
6034	경북 울진군	2021 U-12 전국 유소년 야구대회 및 전국 여자 야구대회	560,000	체육진흥사업소	3	1	7	8	7	5	5	4
6035	경북 울진군	울진군수기대회 개최 지원	66,000	체육진흥사업소	3	1	7	8	7	5	5	4
6036	경북 울진군	울진군 생활체육종목별대회 개최 및 출전경비	60,000	체육진흥사업소	3	1	7	8	7	5	5	4
6037	경북 울진군	군민건강 걷기대회 개최 지원	60,000	체육진흥사업소	3	1	7	8	7	5	5	4
6038	경북 울진군	경북리그 예선운영 및 본선진출	15,000	체육진흥사업소	3	1	7	8	7	5	5	4
6039	경북 울진군	제5회 경상북도협회장기 생활테니스대회	30,000	체육진흥사업소	3	1	7	8	7	5	5	4
6040	경북 울진군	제20회 경북협회장기 군대항 볼링대회	23,000	체육진흥사업소	3	1	7	8	7	5	5	4
6041	경북 울진군	제13회 도지사기 배구대회	20,000	체육진흥사업소	3	1	7	8	7	5	5	4
6042	경북 울릉군	어린이날행사운영	20,000	주민복지과	3	4	7	8	7	1	1	1

순번	시군구	지출명 (사업명)	2021년예산 (단위:천원/1년간)	담당자 (공무원) 담당부서	민간이전 분류 (지방자치단체 세출예산 집행기준에 의거) 1. 민간경상사업보조(307-02) 2. 민간단체 법정운영비보조(307-03) 3. 민간행사사업보조(307-04) 4. 민간위탁금(307-05) 5. 사회복지시설 법정운영비보조(307-10) 6. 민간인위탁교육비(307-12) 7. 공기관등에대한경상적위탁사업비(308-11) 8. 민간자본사업보조,자체재원(402-01) 9. 민간자본사업보조,이전재원(402-02) 10. 민간위탁사업비(402-03) 11. 공기관등에 대한 자본적 대행사업비(403-02)	민간이전지출 근거 (지방보조금 관리기준 참고) 1. 법률에 규정 2. 국고보조 재원(국가지정) 3. 용도 지정 기부금 4. 조례에 직접규정 5. 지자체가 권장하는 사업을 하는 공공기관 6. 시,도 정책 및 재정사정 7. 기타 8. 해당없음	입찰방식 계약체결방법 (경쟁형태) 1. 일반경쟁 2. 제한경쟁 3. 지명경쟁 4. 수의계약 5. 법정위탁 6. 기타 ( ) 7. 해당없음	입찰방식 계약기간 1. 1년 2. 2년 3. 3년 4. 4년 5. 5년 6. 기타 ( )년 7. 단기계약 (1년미만) 8. 해당없음	입찰방식 낙찰자선정방법 1. 적격심사 2. 협상에의한계약 3. 최저가낙찰제 4. 규격가격분리 5. 2단계 경쟁입찰 6. 기타 ( ) 7. 해당없음	운영예산 산정 운영예산 산정 1. 내부산정 (지자체 자체적으로 산정) 2. 외부산정 (외부전문기관위탁 산정) 3. 내·외부 모두 산정 4. 산정 無 5. 해당없음	운영예산 산정 정산방법 1. 내부정산 (지자체 내부적으로 정산) 2. 외부정산 (외부전문기관위탁 정산) 3. 내·외부 모두 산정 4. 정산 無 5. 해당없음	성과평가 실시여부 1. 실시 2. 미실시 3. 향후 추진 4. 해당없음
6043	경북 울릉군	동해권행정협의회관광분야공동사업	13,400	관광문화체육과	3	8	7	8	7	5	5	4
6044	경북 울릉군	오징어축제행사	200,000	관광문화체육과	3	8	7	8	7	5	5	1
6045	경북 울릉군	울릉해변가요제	47,000	관광문화체육과	3	8	7	8	7	5	5	4
6046	경북 울릉군	정월대보름장흥달맞이놀이마당	17,000	관광문화체육과	3	8	7	8	7	5	5	1
6047	경북 울릉군	울릉도독도사랑전국사진촬영대회	80,000	관광문화체육과	3	8	7	8	7	5	5	4
6048	경북 울릉군	독도아리랑문화축제	20,000	관광문화체육과	3	8	7	8	7	5	5	4
6049	경북 울릉군	독도지키기전국마라톤대회개최지원	80,000	관광문화체육과	3	1	6	8	7	1	1	4
6050	경북 울릉군	전국산악자전거챌린저대행진	10,000	관광문화체육과	3	1	5	8	7	1	1	1
6051	경북 울릉군	광복절행사독도태권도퍼포먼스	40,000	관광문화체육과	3	1	6	8	7	1	1	4
6052	경북 울릉군	울릉도독도전국오픈배드민턴대회	10,000	관광문화체육과	3	1	7	8	7	1	1	1
6053	경북 울릉군	울릉도독도국제트레킹대회	80,000	관광문화체육과	3	1	5	8	7	1	1	4
6054	경북 울릉군	전국그라운드골프대회	10,000	관광문화체육과	3	1	6	7	6	1	1	1
6055	경북 울릉군	전국남녀궁도대회	10,000	관광문화체육과	3	1	6	7	6	1	1	1
6056	경북 울릉군	안전골든벨어린이퀴즈쇼	15,000	안전건설과	3	4	7	8	7	1	1	1
6057	경북 울릉군	아마추어무선중계기보수	3,000	안전건설과	3	4	7	8	7	1	1	1
6058	경북 울릉군	어촌계별풍어기원제지원	3,500	해양수산과	3	4	7	8	7	1	1	1
6059	경북 울릉군	항포구제행사지원	1,400	해양수산과	3	4	7	8	7	1	1	1
6060	경북 울릉군	어업인한마음체육대회	25,000	해양수산과	3	4	7	8	7	1	1	1
6061	경북 울릉군	고부간정나누기행사지원	5,000	농업기술센터	3	7	7	8	7	5	5	4
6062	경북 울릉군	울릉군유네스코무형유산등재를위한주민참여학술활동지원	15,000	농업기술센터	3	8	7	8	7	5	5	4
6063	경북 울릉군	지역특화수산물소비촉진	10,000	농업기술센터	3	4	7	8	7	1	1	4
6064	경북 울릉군	독도조난어민위령행사	20,000	독도관리사무소	3	4	7	8	7	1	1	4
6065	경북 울릉군	독도뮤직페스티벌	140,000	독도관리사무소	3	4	7	8	7	1	1	4
6066	경남 창원시	창원유족회 민간인학살희생자 합동위령제 및 추모식	6,300	자치행정과	3	4	7	8	7	1	1	1
6067	경남 창원시	새마을 지도자대회	4,500	자치행정과	3	1	7	8	7	1	1	1
6068	경남 창원시	새마을 국민독서경진대회	8,100	자치행정과	3	1	7	8	7	1	1	1
6069	경남 창원시	새마을 청소년문화축제	7,200	자치행정과	3	1	7	8	7	1	1	1
6070	경남 창원시	새마을의 날 행사	2,700	자치행정과	3	1	7	8	7	1	1	1
6071	경남 창원시	만날제 새해맞이 희망축제	7,200	자치행정과	3	4	7	8	7	1	1	1
6072	경남 창원시	진해루 새해맞이 시민소망기원제	7,200	자치행정과	3	4	7	8	7	1	1	1
6073	경남 창원시	태풍'매미'희생자 추모제 행사 지원	2,700	자치행정과	3	4	7	8	7	1	1	1
6074	경남 창원시	자율방범연합회 한마음체육대회	18,000	자치행정과	3	4	7	8	7	1	1	1
6075	경남 창원시	새마을지도자 한마음다짐대회	27,000	자치행정과	3	1	7	8	7	1	1	1
6076	경남 창원시	이통장 한마음다짐대회	27,000	자치행정과	3	1	7	8	7	1	1	1
6077	경남 창원시	바르게살기창원시협의회 한마음다짐대회	27,000	자치행정과	3	1	7	8	7	1	1	1
6078	경남 창원시	창원시통합 북한이탈주민 한마음 체육대회	13,500	자치행정과	3	4	7	8	7	1	1	1
6079	경남 창원시	제61주년 김주열열사 추모식	14,400	자치행정과	3	1	5	1	6	5	5	1
6080	경남 창원시	영.호남 하나되는 김주열 역사탐방	12,600	자치행정과	3	1	5	1	6	5	5	1
6081	경남 창원시	제2회 김주열 청소년 음악제	18,000	자치행정과	3	1	5	1	6	5	5	1
6082	경남 창원시	3.15의거 학생동지회 안보순례	5,400	자치행정과	3	1	5	1	6	5	5	1
6083	경남 창원시	6월민주항쟁 34주년기념 유월청소년 창작가요제	16,800	자치행정과	3	1	5	1	6	5	5	1
6084	경남 창원시	3.15의거 기념행사 4.19단체 보상	2,200	자치행정과	3	1	5	1	6	5	5	1
6085	경남 창원시	평화통일기원 행사	50,000	자치행정과	3	4	7	8	7	1	1	1

순번	시군구	지출명 (사업명)	2021년예산 (단위:천원/1년간)	담당자 (공무원)	민간이전 분류 (지방자치단체 세출예산 집행기준에 의거)	민간이전지출 근거 (지방보조금 관리기준 참고)	입찰방식			운영예산 산정		성과평가 실시여부
				담당부서	1. 민간경상사업보조(307-02) 2. 민간단체 법정운영비보조(307-03) 3. 민간행사사업보조(307-04) 4. 민간위탁금(307-05) 5. 사회복지시설 법정운영비보조(307-10) 6. 민간인위탁교육비(307-12) 7. 공기관등에대한경상적위탁사업비(308-11) 8. 민간자본사업보조,자체재원(402-01) 9. 민간자본사업보조,이전재원(402-02) 10. 민간위탁사업비(402-03) 11. 공기관등에 대한 자본적 대행사업비(403-02)	1. 법률에 규정 2. 국고보조 재원(국가지정) 3. 용도 지정 기부금 4. 조례에 직접규정 5. 지자체가 권장하는 사업을 하는 공공기관 6. 시,도 정책 및 재정사정 7. 기타 8. 해당없음	계약체결방법 (경쟁형태) 1. 일반경쟁 2. 제한경쟁 3. 지명경쟁 4. 수의계약 5. 법정위탁 6. 기타 ( ) 7. 해당없음	계약기간 1. 1년 2. 2년 3. 3년 4. 4년 5. 5년 6. 기타 ( )년 7. 단기계약 (1년미만) 8. 해당없음	낙찰자선정방법 1. 적격심사 2. 협상에의한계약 3. 최저가낙찰제 4. 규격가격분리 5. 2단계 경쟁입찰 6. 기타 ( ) 7. 해당없음	운영예산 산정 1. 내부산정 (지자체 자체적으로 산정) 2. 외부산정 (외부전문기관위탁 산정) 3. 내·외부 모두 산정 4. 산정 無 5. 해당없음	정산방법 1. 내부정산 (지자체 내부적으로 정산) 2. 외부정산 (외부전문기관위탁 정산) 3. 내·외부 모두 산정 4. 정산 無 5. 해당없음	1. 실시 2. 미실시 3. 향후 추진 4. 해당없음
6086	경남 창원시	대한민국 평생학습박람회 참가 동아리 지원	4,500	평생교육과	3	4	7	8	7	1	1	1
6087	경남 창원시	마을문학백일장 지원	4,000	평생교육과	3	4	7	8	7	1	1	1
6088	경남 창원시	창원청소년 한얼제 개최	2,897	평생교육과	3	4	7	8	7	1	1	1
6089	경남 창원시	청소년 독서문화 확산을 위한 독서캠프 프로그램	2,450	평생교육과	3	4	7	8	7	1	1	1
6090	경남 창원시	학원종합문화제	12,600	평생교육과	3	4	7	8	7	1	1	1
6091	경남 창원시	스승과 함께하는 음악 경연대회 지원	8,100	평생교육과	3	4	7	8	7	1	1	1
6092	경남 창원시	창동 가고싶데이 시즌1	6,750	경제살리기과	3	5	7	8	7	5	5	4
6093	경남 창원시	창동 가고싶데이 시즌2	5,850	경제살리기과	3	5	7	8	7	5	5	4
6094	경남 창원시	창동 가을허새비축제	6,750	경제살리기과	3	5	7	8	7	5	5	4
6095	경남 창원시	진해중앙시장 축제	27,000	경제살리기과	3	5	7	8	7	5	5	4
6096	경남 창원시	창동오동동송구영신축제	13,500	경제살리기과	3	5	7	8	7	5	5	4
6097	경남 창원시	마산어시장 수산물 소비촉진행사	2,700	경제살리기과	3	5	7	8	7	5	5	4
6098	경남 창원시	마산어시장 축제	80,000	경제살리기과	3	5	7	8	7	5	5	4
6099	경남 창원시	노사상생 워크숍 지원	18,000	경제살리기과	3	4	7	8	7	1	1	1
6100	경남 창원시	노사민정 힐링콘서트	54,000	경제살리기과	3	4	7	8	7	1	1	1
6101	경남 창원시	장애인 노동자 위로 큰잔치	4,500	경제살리기과	3	4	7	8	7	1	1	1
6102	경남 창원시	외국인노동자 위안행사	50,000	경제살리기과	3	4	7	8	7	1	1	1
6103	경남 창원시	노동자의 날 기념식 및 체육대회 지원	18,000	경제살리기과	3	4	7	8	7	1	1	1
6104	경남 창원시	이주민 다문화행사 지원	150,000	경제살리기과	3	4	7	8	7	1	1	1
6105	경남 창원시	정보화마을 축제	6,300	일자리창출과	3	6	7	8	7	5	5	4
6106	경남 창원시	기업사랑운동 사진공모전	13,500	전략산업과	3	7	7	8	7	1	1	1
6107	경남 창원시	기업사랑 시민축제 행사	120,000	전략산업과	3	7	7	7	7	1	1	1
6108	경남 창원시	창원 전국지능로봇 경진대회	70,000	신성장산업과	3	4	7	8	7	1	1	1
6109	경남 창원시	범시민 생활자전거타기대행진	24,300	교통정책과	3	6	7	8	7	1	1	1
6110	경남 창원시	진동큰줄다리기	24,300	문화예술과	3	4	7	8	7	5	5	4
6111	경남 창원시	진동 불꽃낙화축제(진동면 청년회)	27,000	문화예술과	3	4	7	8	7	5	5	4
6112	경남 창원시	천주산 진달래축제	21,420	문화예술과	3	4	7	8	7	5	1	1
6113	경남 창원시	대동제 행사	13,500	문화예술과	3	4	7	8	7	5	1	1
6114	경남 창원시	경남독립영화제	3,600	문화예술과	3	4	7	8	7	5	1	1
6115	경남 창원시	전통문화공연	1,080	문화예술과	3	4	7	8	7	5	1	1
6116	경남 창원시	창원시민과 함께하는 별달빛다회	4,500	문화예술과	3	4	7	8	7	5	1	1
6117	경남 창원시	창원사랑 어린이 사생대회	2,700	문화예술과	3	4	7	8	7	5	1	1
6118	경남 창원시	권환문학제	3,240	문화예술과	3	4	7	8	7	5	1	1
6119	경남 창원시	거리문화축제	5,400	문화예술과	3	4	7	8	7	5	1	1
6120	경남 창원시	한문휘호 경연대회	1,800	문화예술과	3	4	7	8	7	5	1	1
6121	경남 창원시	삼원회 문화 체육 한마당	22,500	문화예술과	3	4	7	8	7	5	1	1
6122	경남 창원시	삼원제례비	13,500	문화예술과	3	4	7	8	7	5	1	1
6123	경남 창원시	달천정 제례	1,080	문화예술과	3	4	7	8	7	5	5	4
6124	경남 창원시	관술정 제례	1,080	문화예술과	3	4	7	8	7	5	5	4
6125	경남 창원시	운암서원 제례	1,080	문화예술과	3	4	7	8	7	5	5	4
6126	경남 창원시	도봉서원 제례	1,080	문화예술과	3	4	7	8	7	5	5	4
6127	경남 창원시	회원서원 제례	1,080	문화예술과	3	4	7	8	7	5	5	4
6128	경남 창원시	효청각 제례	1,080	문화예술과	3	4	7	8	7	5	5	4

순번	시군구	지출명 (사업명)	2021년예산 (단위:천원/1년간)	담당자 (공무원) 담당부서	민간이전 분류 (지방자치단체 세출예산 집행기준에 의거) 1. 민간경상사업보조(307-02) 2. 민간단체 법정운영비보조(307-03) 3. 민간행사사업보조(307-04) 4. 민간위탁금(307-05) 5. 사회복지시설 법정운영비보조(307-10) 6. 민간인위탁교육비(307-12) 7. 공기관등에대한경상적위탁사업비(308-11) 8. 민간자본사업보조,자체재원(402-01) 9. 민간자본사업보조,이전재원(402-02) 10. 민간위탁사업비(402-03) 11. 공기관등에 대한 자본적 대행사업비(403-02)	민간이전지출 근거 (지방보조금 관리기준 참고) 1. 법률에 규정 2. 국고보조 재원(국가지정) 3. 용도 지정 기부금 4. 조례에 직접규정 5. 지자체가 권장하는 사업을 하는 공공기관 6. 시,도 정책 및 재정사정 7. 기타 8. 해당없음	입찰방식: 계약체결방법 (경쟁형태) 1. 일반경쟁 2. 제한경쟁 3. 지명경쟁 4. 수의계약 5. 법정위탁 6. 기타 ( ) 7. 해당없음	입찰방식: 계약기간 1. 1년 2. 2년 3. 3년 4. 4년 5. 5년 6. 기타 ( )년 7. 단기계약 (1년미만) 8. 해당없음	입찰방식: 낙찰자선정방법 1. 적격심사 2. 협상에의한계약 3. 최저가낙찰제 4. 규격가격분리 5. 2단계 경쟁입찰 6. 기타 ( ) 7. 해당없음	운영예산 산정: 운영예산 산정 1. 내부산정 (지자체 자체적으로 산정) 2. 외부산정 (외부전문기관위탁 산정) 3. 내·외부 모두 산정 4. 산정 無 5. 해당없음	운영예산 산정: 정산방법 1. 내부정산 (지자체 내부적으로 정산) 2. 외부정산 (외부전문기관위탁 정산) 3. 내·외부 모두 산정 4. 정산 無 5. 해당없음	성과평가 실시여부 1. 실시 2. 미실시 3. 향후 추진 4. 해당없음
6129	경남 창원시	최치원선생 제례	1,080	문화예술과	3	4	7	8	7	5	5	4
6130	경남 창원시	장장군묘소 제례	1,080	문화예술과	3	4	7	8	7	5	5	4
6131	경남 창원시	가을포봉수대 점화행사	1,080	문화예술과	3	4	7	8	7	5	5	4
6132	경남 창원시	해양전통문화 마산포 별신한마당	1,800	문화예술과	3	4	7	8	7	5	5	4
6133	경남 창원시	창원퇴촌농악공연	1,800	문화예술과	3	4	7	8	7	5	5	4
6134	경남 창원시	광려산 선령제 및 단오절 행사	1,890	문화예술과	3	4	7	8	7	5	5	4
6135	경남 창원시	충무공 이순신장군 탄신 기념행사	3,600	문화예술과	3	4	7	8	7	5	5	4
6136	경남 창원시	진북 단오절 추천대회	13,500	문화예술과	3	4	7	8	7	5	5	4
6137	경남 창원시	창원시장배 전국 민속장기대회	9,000	문화예술과	3	4	7	8	7	5	5	4
6138	경남 창원시	대광사 산사음악회	4,500	문화예술과	3	4	7	8	7	1	1	1
6139	경남 창원시	산해원 문화사업	4,500	문화예술과	3	4	7	8	7	1	1	1
6140	경남 창원시	합창행복콘서트	9,000	문화예술과	3	4	7	8	7	1	1	1
6141	경남 창원시	해피크리스마스 거리축제	9,000	문화예술과	3	4	7	8	7	1	1	1
6142	경남 창원시	8.15 광복기념 기독연합 한마음대회	9,000	문화예술과	3	4	7	8	7	1	1	1
6143	경남 창원시	나라사랑음악회	60,000	문화예술과	3	4	7	8	7	1	1	1
6144	경남 창원시	푸른음악회	16,200	문화예술과	3	4	7	8	7	1	1	1
6145	경남 창원시	성탄트리점등식	40,500	문화예술과	3	4	7	8	7	1	1	1
6146	경남 창원시	경남선교 132주년 기념행사	7,200	문화예술과	3	4	7	8	7	1	1	1
6147	경남 창원시	연등축제	50,000	문화예술과	3	4	7	8	7	1	1	1
6148	경남 창원시	시민봉축음악회	70,000	문화예술과	3	4	7	8	7	1	1	1
6149	경남 창원시	창원남산상봉제	110,000	문화예술과	3	4	7	8	7	5	1	1
6150	경남 창원시	문자문명전	18,000	문화예술과	3	4	7	8	7	5	1	1
6151	경남 창원시	대한민국 다향축전	40,000	문화예술과	3	4	7	8	7	5	1	1
6152	경남 창원시	마산항 개항 122주년 기념사업	14,400	문화예술과	3	4	7	8	7	5	1	1
6153	경남 창원시	경남 민속예술축제 지원	9,000	문화예술과	3	4	7	8	7	5	1	1
6154	경남 창원시	시민과 함께 노니는 마산오광대 공연	14,400	문화예술과	3	4	7	8	7	5	5	4
6155	경남 창원시	안민고개만날제	23,000	문화예술과	3	4	7	8	7	5	5	4
6156	경남 창원시	창원만인계 복원사업	5,000	문화예술과	3	4	7	8	7	5	1	1
6157	경남 창원시	김종영선생 알리기 기념사업	30,600	문화예술과	3	4	7	8	7	5	1	1
6158	경남 창원시	정충문화대제	30,000	문화예술과	3	4	7	8	7	5	1	1
6159	경남 창원시	3.15의거 기념전시회	1,620	문화예술과	3	4	7	8	7	1	1	1
6160	경남 창원시	가고파 동화구연대회	1,350	문화예술과	3	4	7	8	7	1	1	1
6161	경남 창원시	가고파 여름문학축제	3,600	문화예술과	3	4	7	8	7	1	1	1
6162	경남 창원시	개관 기념 풍경화전	1,440	문화예술과	3	4	7	8	7	1	1	1
6163	경남 창원시	경남 난대전	2,070	문화예술과	3	4	7	8	7	1	1	1
6164	경남 창원시	경남무용제 참가지원	2,430	문화예술과	3	4	7	8	7	1	1	1
6165	경남 창원시	경남원로작가회전	1,350	문화예술과	3	4	7	8	7	1	1	1
6166	경남 창원시	낙동강 다원예술제 기획전	4,050	문화예술과	3	4	7	8	7	1	1	1
6167	경남 창원시	노산가곡의 밤	9,000	문화예술과	3	4	7	8	7	1	1	1
6168	경남 창원시	동네방네 문화난장	2,700	문화예술과	3	4	7	8	7	1	1	1
6169	경남 창원시	마산청년미술제	6,300	문화예술과	3	4	7	8	7	1	1	1
6170	경남 창원시	사회복지시설 순회공연	2,430	문화예술과	3	4	7	8	7	1	1	1
6171	경남 창원시	서예협회전	4,050	문화예술과	3	4	7	8	7	1	1	1

순번	시군구	지출명 (사업명)	2021년예산 (단위:천원/1년간)	담당자 (공무원)	민간이전 분류 (지방자치단체 세출예산 집행기준에 의거)	민간이전지출 근거 (지방보조금 관리기준 참고)	입찰방식			운영예산 산정		성과평가 실시여부
				담당부서	1. 민간경상사업보조(307-02) 2. 민간단체 법정운영비보조(307-03) 3. 민간행사사업보조(307-04) 4. 민간위탁금(307-05) 5. 사회복지시설 법정운영비보조(307-10) 6. 민간인위탁교육비(307-12) 7. 공기관등에대한경상적위탁사업비(308-11) 8. 민간자본사업보조,자체재원(402-01) 9. 민간자본사업보조,이전재원(402-02) 10. 민간위탁사업비(402-03) 11. 공기관등에 대한 자본적 대행사업비(403-02)	1. 법률에 규정 2. 국고보조 재원(국가지정) 3. 용도 지정 기부금 4. 조례에 직접규정 5. 지자체가 권장하는 사업을 하는 공공기관 6. 시,도 정책 및 재정사정 7. 기타 8. 해당없음	계약체결방법 (경쟁형태) 1. 일반경쟁 2. 제한경쟁 3. 지명경쟁 4. 수의계약 5. 법정위탁 6. 기타 ( ) 7. 해당없음	계약기간 1. 1년 2. 2년 3. 3년 4. 4년 5. 5년 6. 기타 ( )년 7. 단기계약 (1년미만) 8. 해당없음	낙찰자선정방법 1. 적격심사 2. 협상에의한계약 3. 최저가낙찰제 4. 규격가격분리 5. 2단계 경쟁입찰 6. 기타 ( ) 7. 해당없음	운영예산 산정 1. 내부산정 (지자체 자체적으로 산정) 2. 외부산정 (외부전문기관위탁 산정) 3. 내·외부 모두 산정 4. 산정 無 5. 해당없음	정산방법 1. 내부정산 (지자체 내부적으로 정산) 2. 외부정산 (외부전문기관위탁 정산) 3. 내·외부 모두 산정 4. 정산 無 5. 해당없음	1. 실시 2. 미실시 3. 향후 추진 4. 해당없음
6172	경남 창원시	생활문화예술제	2,700	문화예술과	3	4	7	8	7	1	1	1
6173	경남 창원시	시민화합 예술경연 지원	8,100	문화예술과	3	4	7	8	7	5	5	4
6174	경남 창원시	창원국악관현악단 정기연주회	2,790	문화예술과	3	4	7	8	7	1	1	1
6175	경남 창원시	창원수석인연합회 회원전	4,140	문화예술과	3	4	7	8	7	1	1	1
6176	경남 창원시	창원여성합창단 정기연주회	4,860	문화예술과	3	4	7	8	7	1	1	1
6177	경남 창원시	창원전국국악경연대회	6,300	문화예술과	3	4	7	8	7	1	1	1
6178	경남 창원시	창원지부 분재전시회	2,430	문화예술과	3	4	7	8	7	1	1	1
6179	경남 창원시	창원 합동 수석전시회	2,430	문화예술과	3	4	7	8	7	1	1	1
6180	경남 창원시	창원 합동 사진전시회	1,620	문화예술과	3	4	7	8	7	1	1	1
6181	경남 창원시	경남청소년연극제	900	문화예술과	3	4	7	8	7	1	1	1
6182	경남 창원시	청아합창단 정기연주회	2,430	문화예술과	3	4	7	8	7	1	1	1
6183	경남 창원시	찾아가는 힐링음악회	900	문화예술과	3	4	7	8	7	1	1	1
6184	경남 창원시	춤 그 몸짓 다함께	1,350	문화예술과	3	4	7	8	7	1	1	1
6185	경남 창원시	토요예술무대	6,300	문화예술과	3	4	7	8	7	1	1	1
6186	경남 창원시	풍물단연합회 대동제	18,000	문화예술과	3	4	7	8	7	1	1	1
6187	경남 창원시	창원문학축제	9,000	문화예술과	3	4	7	8	7	1	1	1
6188	경남 창원시	진해군항제 전국학생미술실기대회	3,600	문화예술과	3	4	7	8	7	1	1	1
6189	경남 창원시	시가 흐르는 창원 시낭송콘서트	3,600	문화예술과	3	4	7	8	7	1	1	1
6190	경남 창원시	자연의 현상-11인의 신작전	3,600	문화예술과	3	4	7	8	7	1	1	1
6191	경남 창원시	백지원의 소리효 공연	2,700	문화예술과	3	4	7	8	7	1	1	1
6192	경남 창원시	전국시조경창대회	4,050	문화예술과	3	4	7	8	7	1	1	1
6193	경남 창원시	전국시조경창대회	4,050	문화예술과	3	4	7	8	7	1	1	1
6194	경남 창원시	전국시조경창대회	4,050	문화예술과	3	4	7	8	7	1	1	1
6195	경남 창원시	진해예술촌 입촌작가 전시회	6,300	문화예술과	3	4	7	8	7	1	1	1
6196	경남 창원시	진해 합동 수석전시회	2,430	문화예술과	3	4	7	8	7	1	1	1
6197	경남 창원시	종횡무진전	4,500	문화예술과	3	4	7	8	7	1	1	1
6198	경남 창원시	창원온누리합창단 정기연주회	1,800	문화예술과	3	4	7	8	7	1	1	1
6199	경남 창원시	괴암 김주석화백 항일독립운동 기념행사	4,500	문화예술과	3	4	7	8	7	1	1	1
6200	경남 창원시	어르신 참여의 장 찾아가는 음악회	2,700	문화예술과	3	4	7	8	7	1	1	1
6201	경남 창원시	창원시풍물단 예술단원 육성	7,650	문화예술과	3	4	7	8	7	1	1	1
6202	경남 창원시	산야초사랑회 전시회	1,800	문화예술과	3	4	7	8	7	1	1	1
6203	경남 창원시	찾아가는 국악공연	4,500	문화예술과	3	4	7	8	7	1	1	1
6204	경남 창원시	창원시 노래교실 경연대회	5,000	문화예술과	3	4	7	8	7	1	1	1
6205	경남 창원시	대한민국 야생화 명품대전	2,430	문화예술과	3	4	7	8	7	1	1	1
6206	경남 창원시	극단고도 정기공연	4,050	문화예술과	3	4	7	8	7	1	1	1
6207	경남 창원시	소리내음 음악공연	1,350	문화예술과	3	4	7	8	7	1	1	1
6208	경남 창원시	야생초전시회	1,620	문화예술과	3	4	7	8	7	1	1	1
6209	경남 창원시	야생초전시회	1,170	문화예술과	3	4	7	8	7	1	1	1
6210	경남 창원시	야외공연장 문화예술행사	5,400	문화예술과	3	4	7	8	7	5	5	4
6211	경남 창원시	예술인의 날	2,430	문화예술과	3	4	7	8	7	1	1	1
6212	경남 창원시	진해 밴드페스티벌	1,350	문화예술과	3	4	7	8	7	1	1	1
6213	경남 창원시	진해여성합창단 정기연주회	4,500	문화예술과	3	4	7	8	7	1	1	1
6214	경남 창원시	진해청년미술작가회 정기전	2,430	문화예술과	3	4	7	8	7	1	1	1

순번	시군구	지출명 (사업명)	2021년예산 (단위:천원/1년간)	담당자 (공무원)	민간이전 분류 (지방자치단체 세출예산 집행기준에 의거)	민간이전지출 근거 (지방보조금 관리기준 참고)	입찰방식			운영예산 산정		성과평가 실시여부
				담당부서	1. 민간경상사업보조(307-02) 2. 민간단체 법정운영비보조(307-03) 3. 민간행사사업보조(307-04) 4. 민간위탁금(307-05) 5. 사회복지시설 법정운영비보조(307-10) 6. 민간인위탁교육비(307-12) 7. 공기관등에대한경상적위탁사업비(308-11) 8. 민간자본사업보조,자체재원(402-01) 9. 민간자본사업보조,이전재원(402-02) 10. 민간위탁사업비(402-03) 11. 공기관등에 대한 자본적 대행사업비(403-02)	1. 법률에 규정 2. 국고보조 재원(국가지정) 3. 용도 지정 기부금 4. 조례에 직접규정 5. 지자체가 권장하는 사업을 하는 공공기관 6. 시,도 정책 및 재정사정 7. 기타 8. 해당없음	계약체결방법 (경쟁형태) 1. 일반경쟁 2. 제한경쟁 3. 지명경쟁 4. 수의계약 5. 법정위탁 6. 기타 ( ) 7. 해당없음	계약기간 1. 1년 2. 2년 3. 3년 4. 4년 5. 5년 6. 기타 ( )년 7. 단기계약 (1년미만) 8. 해당없음	낙찰자선정방법 1. 적격심사 2. 협상에의한계약 3. 최저가낙찰제 4. 규격가격분리 5. 2단계 경쟁입찰 6. 기타 ( ) 7. 해당없음	운영예산 산정 1. 내부산정 (지자체 자체적으로 산정) 2. 외부산정 (외부전문기관위탁 산정) 3. 내·외부 모두 산정 4. 산정 無 5. 해당없음	정산방법 1. 내부정산 (지자체 내부적으로 정산) 2. 외부정산 (외부전문기관위탁 정산) 3. 내·외부 모두 산정 4. 정산 無 5. 해당없음	1. 실시 2. 미실시 3. 향후 추진 4. 해당없음
6215	경남 창원시	진해필하모닉오케스트라 정기연주회	6,300	문화예술과	3	4	7	8	7	1	1	1
6216	경남 창원시	창원유스필하모니오케스트라 정기연주회	2,700	문화예술과	3	4	7	8	7	1	1	1
6217	경남 창원시	전통춤이 있는 인문학강좌	2,700	문화예술과	3	4	7	8	7	1	1	1
6218	경남 창원시	창원예술제	27,000	문화예술과	3	4	7	8	7	1	1	1
6219	경남 창원시	고향의 봄 창작 예술제	36,000	문화예술과	3	4	7	8	7	1	1	1
6220	경남 창원시	희망의 빛거리 축제	32,400	문화예술과	3	4	7	8	7	1	1	1
6221	경남 창원시	전국공모성산미술대전	14,400	문화예술과	3	4	7	8	7	1	1	1
6222	경남 창원시	타시도연극제 참가지원	4,500	문화예술과	3	4	7	8	7	1	1	1
6223	경남 창원시	타시도연극제 참가지원	4,500	문화예술과	3	4	7	8	7	1	1	1
6224	경남 창원시	타시도연극제 참가지원	9,000	문화예술과	3	4	7	8	7	1	1	1
6225	경남 창원시	마산예술제	27,000	문화예술과	3	4	7	8	7	1	1	1
6226	경남 창원시	마산 만날제 행사운영	180,000	문화예술과	3	4	7	8	7	1	1	1
6227	경남 창원시	만날고개 모녀상봉제 설화 창작극	24,300	문화예술과	3	4	7	8	7	1	1	1
6228	경남 창원시	전국공모 3.15미술대전	16,200	문화예술과	3	4	7	8	7	1	1	1
6229	경남 창원시	마산시인들의 대표시 시화전	8,100	문화예술과	3	4	7	8	7	1	1	1
6230	경남 창원시	출판기념회 및 문학대축제	11,340	문화예술과	3	4	7	8	7	1	1	1
6231	경남 창원시	진해예술제	19,800	문화예술과	3	4	7	8	7	1	1	1
6232	경남 창원시	한여름밤의 야외음악회	10,530	문화예술과	3	4	7	8	7	1	1	1
6233	경남 창원시	벚꽃예술제	13,500	문화예술과	3	4	7	8	7	1	1	1
6234	경남 창원시	진해군항제 전국예술경연대회	12,150	문화예술과	3	4	7	8	7	1	1	1
6235	경남 창원시	고향의 봄 창작동요제	11,700	문화예술과	3	4	7	8	7	1	1	1
6236	경남 창원시	고향의 봄 창작 기념행사	10,800	문화예술과	3	4	7	8	7	1	1	1
6237	경남 창원시	김해랑 춤 공연	12,600	문화예술과	3	4	7	8	7	1	1	1
6238	경남 창원시	마산국제 춤 축제	18,000	문화예술과	3	4	7	8	7	1	1	1
6239	경남 창원시	뮤직인 창원콘서트	90,000	문화예술과	3	4	7	8	7	1	1	1
6240	경남 창원시	삼각지 열린음악회	16,200	문화예술과	3	4	7	8	7	1	1	1
6241	경남 창원시	삼색재즈콘서트	45,000	문화예술과	3	4	7	8	7	1	1	1
6242	경남 창원시	아시아 미술제	48,000	문화예술과	3	4	7	8	7	1	1	1
6243	경남 창원시	창원신춘가곡제	11,700	문화예술과	3	4	7	8	7	1	1	1
6244	경남 창원시	여성휘호대회	33,200	문화예술과	3	4	7	8	7	1	1	1
6245	경남 창원시	전국 한시 백일장	9,000	문화예술과	3	4	7	8	7	1	1	1
6246	경남 창원시	전국 한시 백일장	9,000	문화예술과	3	4	7	8	7	1	1	1
6247	경남 창원시	정기연주회	5,670	문화예술과	3	4	7	8	7	1	1	1
6248	경남 창원시	진해안젤루스소년소녀합창단 정기연주회	12,150	문화예술과	3	4	7	8	7	1	1	1
6249	경남 창원시	청소년 영리더스 강좌	7,020	문화예술과	3	4	7	8	7	1	1	1
6250	경남 창원시	청소년 드림 페스티벌	27,000	문화예술과	3	4	7	8	7	1	1	1
6251	경남 창원시	창원야철 전국국악대전	6,480	문화예술과	3	4	7	8	7	1	1	1
6252	경남 창원시	창원 코미디아트 페스티벌	47,700	문화예술과	3	4	7	8	7	1	1	1
6253	경남 창원시	시민의 날 기념 축하음악회	200,000	문화예술과	3	8	7	8	7	1	1	1
6254	경남 창원시	창원 K-POP 월드페스티벌	900,000	문화예술과	3	4	7	8	7	1	1	1
6255	경남 창원시	소외지역 문화예술행사 지원	20,000	문화예술과	3	4	7	8	7	5	5	4
6256	경남 창원시	지역문화예술 활동지원	180,000	문화예술과	3	4	7	8	7	1	1	1
6257	경남 창원시	전국 세미누드사진촬영대회	9,000	문화예술과	3	4	7	8	7	1	1	1

순번	시군구	지출명 (사업명)	2021년예산 (단위:천원/1년간)	담당자 (공무원)	민간이전 분류 (지방자치단체 세출예산 집행기준에 의거)	민간이전지출 근거 (지방보조금 관리기준 참고)	입찰방식			운영예산 산정		성과평가 실시여부
				담당부서	1. 민간경상사업보조(307-02) 2. 민간단체 법정운영비보조(307-03) 3. 민간행사사업보조(307-04) 4. 민간위탁금(307-05) 5. 사회복지시설 법정운영비보조(307-10) 6. 민간인위탁교육비(307-12) 7. 공기관등에대한경상적위탁사업비(308-11) 8. 민간자본사업보조,자체재원(402-01) 9. 민간자본사업보조,이전재원(402-02) 10. 민간위탁사업비(402-03) 11. 공기관등에 대한 자본적 대행사업비(403-02)	1. 법률에 규정 2. 국고보조 재원(국가지정) 3. 용도 지정 기부금 4. 조례에 직접규정 5. 지자체가 권장하는 사업을 하는 공공기관 6. 시,도 정책 및 재정사정 7. 기타 8. 해당없음	계약체결방법 (경쟁형태) 1. 일반경쟁 2. 제한경쟁 3. 지명경쟁 4. 수의계약 5. 법정위탁 6. 기타 ( ) 7. 해당없음	계약기간 1. 1년 2. 2년 3. 3년 4. 4년 5. 5년 6. 기타 ( )년 7. 단기계약 (1년미만) 8. 해당없음	낙찰자선정방법 1. 적격심사 2. 협상에의한계약 3. 최저가낙찰제 4. 규격가격분리 5. 2단계 경쟁입찰 6. 기타 ( ) 7. 해당없음	운영예산 산정 1. 내부산정 (지자체 자체적으로 산정) 2. 외부산정 (외부전문기관위탁 산정) 3. 내·외부 모두 산정 4. 산정 無 5. 해당없음	정산방법 1. 내부정산 (지자체 내부적으로 정산) 2. 외부정산 (외부전문기관위탁 정산) 3. 내·외부 모두 산정 4. 정산 無 5. 해당없음	1. 실시 2. 미실시 3. 향후 추진 4. 해당없음
6258	경남 창원시	시민과 청소년을 위한 한청음악회	9,000	문화예술과	3	4	7	8	7	1	1	1
6259	경남 창원시	새봄맞이 아트 페스티벌	60,000	문화예술과	3	4	7	8	7	1	1	1
6260	경남 창원시	마산국제국악예술대전	18,000	문화예술과	3	4	7	8	7	1	1	1
6261	경남 창원시	창원시민을 위한 장애인식 개선 음악회	10,000	문화예술과	3	4	7	8	7	1	1	1
6262	경남 창원시	기업가요제	81,000	문화예술과	3	4	7	8	7	1	1	1
6263	경남 창원시	창원생명한마당	9,000	문화예술과	3	4	7	8	7	1	1	1
6264	경남 창원시	마산민족예술제 '시월의 회귀'	9,000	문화예술과	3	4	7	8	7	1	1	1
6265	경남 창원시	통합 창원시 기념음악회	20,000	문화예술과	3	4	7	8	7	1	1	1
6266	경남 창원시	가무악극 '팔의사'	18,000	문화예술과	3	4	7	8	7	1	1	1
6267	경남 창원시	3.15의거기념 마산아트페스티벌	9,000	문화예술과	3	4	7	8	7	1	1	1
6268	경남 창원시	바다예술제	11,240	문화예술과	3	4	7	8	7	1	1	1
6269	경남 창원시	진전면 여울축제	9,000	문화예술과	3	4	7	8	7	1	1	1
6270	경남 창원시	동서미술상 초대전시회	9,000	문화예술과	3	4	7	8	7	1	1	1
6271	경남 창원시	New Voice 경남	40,000	문화예술과	3	4	7	8	7	1	1	1
6272	경남 창원시	마산음악관 야외음악회	18,000	문화예술과	3	4	7	8	7	5	5	4
6273	경남 창원시	제20회 문신미술상	63,000	문화예술과	3	4	7	8	7	5	1	1
6274	경남 창원시	진해군항제	750,000	문화예술과	3	4	7	8	7	1	1	1
6275	경남 창원시	군악의장 페스티벌	350,000	문화예술과	3	4	7	8	7	1	1	1
6276	경남 창원시	이충무공 승전행차 및 추모대제	65,000	문화예술과	3	1	7	8	7	1	1	1
6277	경남 창원시	마산국화축제 행사 운영	900,000	문화예술과	3	4	7	8	7	1	1	1
6278	경남 창원시	창원단풍거리축전	14,580	문화예술과	3	1	7	8	7	1	1	1
6279	경남 창원시	풀뿌리 생활문화예술학교 운영	135,000	문화예술과	3	4	3	7	1	1	1	1
6280	경남 창원시	버스킹페스티벌 개최	81,000	문화예술과	3	4	3	7	1	1	1	1
6281	경남 창원시	밀리터리게임 페스티벌	150,000	문화예술과	3	4	3	7	1	1	1	1
6282	경남 창원시	2021 메이데이 페스티벌	90,000	문화예술과	3	4	3	7	1	1	1	1
6283	경남 창원시	ITF 창원 국제여자 테니스투어대회	120,000	체육진흥과	3	1	7	8	7	1	1	1
6284	경남 창원시	ITF 창원 국제남자 테니스투어대회	30,000	체육진흥과	3	1	7	8	7	1	1	1
6285	경남 창원시	2021 임항선 그린웨이 라디엔티어링	73,800	체육진흥과	3	1	7	8	7	1	1	1
6286	경남 창원시	2021 진해만 생태숲 걷기대회 개최	72,000	체육진흥과	3	1	7	8	7	1	1	1
6287	경남 창원시	제17회 창원야철마라톤대회 개최	72,000	체육진흥과	3	1	7	8	7	1	1	1
6288	경남 창원시	제8회 진해군항제기념 전국 남여 배구대회	45,000	체육진흥과	3	1	7	8	7	1	1	1
6289	경남 창원시	제12회 창원시 전국 주니어 테니스대회 개최	45,000	체육진흥과	3	1	7	8	7	1	1	1
6290	경남 창원시	2021 창원통일마라톤 대회 개최	72,000	체육진흥과	3	1	7	8	7	1	1	1
6291	경남 창원시	제10회 정렬공 최윤덕장상배 전국 남여 궁도대회 개최	38,700	체육진흥과	3	1	7	8	7	1	1	1
6292	경남 창원시	제30회 3.15마라톤대회 개최	36,000	체육진흥과	3	1	7	8	7	1	1	1
6293	경남 창원시	창원사랑 한마음갖기 제23회 시민건강달리기대회 개최	31,500	체육진흥과	3	1	7	8	7	1	1	1
6294	경남 창원시	2021 창원사랑 나라사랑 희망창원 걷기대회	27,000	체육진흥과	3	1	7	8	7	1	1	1
6295	경남 창원시	2021 동계 축구 스토브리그 개최	27,000	체육진흥과	3	1	7	8	7	1	1	1
6296	경남 창원시	제12회 부마민주항쟁기념 팔룡산 걷기대회 개최	27,000	체육진흥과	3	1	7	8	7	1	1	1
6297	경남 창원시	제24회 Mr 창원 선발대회 개최	25,200	체육진흥과	3	1	7	8	7	1	1	1
6298	경남 창원시	제32회 호국유도대회 개최	18,000	체육진흥과	3	1	7	8	7	1	1	1
6299	경남 창원시	영호남 남녀 종별 세팍타크로대회 개최	22,500	체육진흥과	3	1	7	8	7	1	1	1
6300	경남 창원시	전국 아마추어 및 제172회 킥복싱무에타이 국제전 개최	18,000	체육진흥과	3	1	7	8	7	1	1	1

순번	시군구	지출명 (사업명)	2021년예산 (단위:천원/1년간)	담당자 (공무원) 담당부서	민간이전 분류 (지방자치단체 세출예산 집행기준에 의거) 1. 민간경상사업보조(307-02) 2. 민간단체 법정운영비보조(307-03) 3. 민간행사사업보조(307-04) 4. 민간위탁금(307-05) 5. 사회복지시설 법정운영비보조(307-10) 6. 민간인위탁교육비(307-12) 7. 공기관등에대한경상적위탁사업비(308-11) 8. 민간자본사업보조,자체재원(402-01) 9. 민간자본사업보조,이전재원(402-02) 10. 민간위탁사업비(402-03) 11. 공기관등에 대한 자본적 대행사업비(403-02)	민간이전지출 근거 (지방보조금 관리기준 참고) 1. 법률에 규정 2. 국고보조 재원(국가지정) 3. 용도 지정 기부금 4. 조례에 직접규정 5. 지자체가 권장하는 사업을 하는 공공기관 6. 시,도 정책 및 재정사정 7. 기타 8. 해당없음	입찰방식 계약체결방법 (경쟁형태) 1. 일반경쟁 2. 제한경쟁 3. 지명경쟁 4. 수의계약 5. 법정위탁 6. 기타 ( ) 7. 해당없음	입찰방식 계약기간 1. 1년 2. 2년 3. 3년 4. 4년 5. 5년 6. 기타 ( )년 7. 단기계약 (1년미만) 8. 해당없음	입찰방식 낙찰자선정방법 1. 적격심사 2. 협상에의한계약 3. 최저가낙찰제 4. 규격가격분리 5. 2단계 경쟁입찰 6. 기타 ( ) 7. 해당없음	운영예산 산정 운영예산 산정 1. 내부산정 (지자체 자체적으로 산정) 2. 외부산정 (외부전문기관위탁 산정) 3. 내·외부 모두 산정 4. 산정 無 5. 해당없음	운영예산 산정 정산방법 1. 내부정산 (지자체 내부적으로 정산) 2. 외부정산 (외부전문기관위탁 정산) 3. 내·외부 모두 산정 4. 정산 無 5. 해당없음	성과평가 실시여부 1. 실시 2. 미실시 3. 향후 추진 4. 해당없음
6301	경남 창원시	창원시 유소년 축구교실 운영	43,200	체육진흥과	3	1	7	8	7	1	1	1
6302	경남 창원시	창원시민 야구교실 운영	20,000	체육진흥과	3	1	7	8	7	1	1	1
6303	경남 창원시	경기단체 육성지원비	244,800	체육진흥과	3	1	7	8	7	1	1	1
6304	경남 창원시	창원시 체육회 사무국 인건비	1,738,110	체육진흥과	3	1	7	8	7	1	1	1
6305	경남 창원시	창원시 체육회 사무국 운영비	432,970	체육진흥과	3	1	7	8	7	1	1	1
6306	경남 창원시	제60회 도민체전 참가지원	500,000	체육진흥과	3	1	7	8	7	1	1	1
6307	경남 창원시	제102회 전국체육대회 참가지원	31,500	체육진흥과	3	1	7	8	7	1	1	1
6308	경남 창원시	제50회 전국소년체육대회 참가 지원	9,000	체육진흥과	3	1	7	8	7	1	1	1
6309	경남 창원시	2021 경남 초중학생체육대회 참가 지원	9,000	체육진흥과	3	1	7	8	7	1	1	1
6310	경남 창원시	스포츠 국제 교류사업 지원	20,000	체육진흥과	3	1	7	8	7	1	1	1
6311	경남 창원시	시장기 대회 개최 지원	170,000	체육진흥과	3	1	7	8	7	1	1	1
6312	경남 창원시	체육회장기 대회 개최 지원	160,000	체육진흥과	3	1	7	8	7	1	1	1
6313	경남 창원시	협회장기 대회 개최 지원	150,000	체육진흥과	3	1	7	8	7	1	1	1
6314	경남 창원시	제16회 3.15의거배 전국 아마 바둑대회	4,500	체육진흥과	3	1	7	8	7	1	1	1
6315	경남 창원시	2021 화랑대기 전국초등학교 축구대회 참가	9,000	체육진흥과	3	1	7	8	7	1	1	1
6316	경남 창원시	K3 창원 홈경기 진행경비	63,000	체육진흥과	3	1	7	8	7	1	1	1
6317	경남 창원시	제11회 3.15의거 기념 전국어르신 축구대회 개최	22,500	체육진흥과	3	1	7	8	7	1	1	1
6318	경남 창원시	제3회 군항제기념 전국볼링대회	18,000	체육진흥과	3	1	7	8	7	1	1	1
6319	경남 창원시	제11회 경남신문사배 배드민턴대회 개최	18,000	체육진흥과	3	1	7	8	7	1	1	1
6320	경남 창원시	제14회 경남연합일보배 실버축구대회 개최	18,000	체육진흥과	3	1	7	8	7	1	1	1
6321	경남 창원시	2021 경남도민일보배 open 탁구대회 개최	18,000	체육진흥과	3	1	7	8	7	1	1	1
6322	경남 창원시	2021년 창원시 씨름왕대회 개최	9,000	체육진흥과	3	1	7	8	7	1	1	1
6323	경남 창원시	2021년 경남 씨름왕대회 참가	4,050	체육진흥과	3	1	7	8	7	1	1	1
6324	경남 창원시	제11회 창원시의회 의장기 게이트볼대회 개최	6,300	체육진흥과	3	1	7	8	7	1	1	1
6325	경남 창원시	2021 창원시민 한마음 생활체육 대축전 개최	252,000	체육진흥과	3	1	7	8	7	1	1	1
6326	경남 창원시	제32회 경상남도생활체육대축전 참가	135,000	체육진흥과	3	1	7	8	7	1	1	1
6327	경남 창원시	2021 전국 생활체육대축전 참가	9,000	체육진흥과	3	1	7	8	7	1	1	1
6328	경남 창원시	전국 및 타지역 대회 참가	67,000	체육진흥과	3	1	7	8	7	1	1	1
6329	경남 창원시	생활체육 해외교류전 개최 및 참가	10,500	체육진흥과	3	1	7	8	7	1	1	1
6330	경남 창원시	생활체육대회 지원	158,000	체육진흥과	3	1	7	8	7	1	1	1
6331	경남 창원시	자매도시 초청 친선 생활체육대회 개최	27,000	체육진흥과	3	1	7	8	7	1	1	1
6332	경남 창원시	제14기 특수체육지도자 양성교육 지원	3,150	체육진흥과	3	1	7	8	7	1	1	1
6333	경남 창원시	제28회 서울국제휠체어마라톤대회 참가	2,700	체육진흥과	3	1	7	8	7	1	1	1
6334	경남 창원시	제14회 경상남도지사기 게이트볼대회 참가	6,300	체육진흥과	3	1	7	8	7	1	1	1
6335	경남 창원시	경남시각장애인체육대회 참가	5,400	체육진흥과	3	1	7	8	7	1	1	1
6336	경남 창원시	제24회 경남장애인생활체육대회 참가	27,000	체육진흥과	3	1	7	8	7	1	1	1
6337	경남 창원시	전국지체장애인체육대회 참가	5,400	체육진흥과	3	1	7	8	7	1	1	1
6338	경남 창원시	전국농아인축구대회 참가	4,860	체육진흥과	3	1	7	8	7	1	1	1
6339	경남 창원시	2021 장애유소년&청소년 꿈나무 체육대회	4,500	체육진흥과	3	1	7	8	7	1	1	1
6340	경남 창원시	제41회 전국장애인체육대회 참가	9,000	체육진흥과	3	1	7	8	7	1	1	1
6341	경남 창원시	장애인과 함께하는 어울림 걷기대회	18,000	체육진흥과	3	1	7	8	7	1	1	1
6342	경남 창원시	제12회 영남장애인 탁구대회 개최	9,000	체육진흥과	3	1	7	8	7	1	1	1
6343	경남 창원시	제28회 경남농아인 체육대회 참가	13,500	체육진흥과	3	1	7	8	7	1	1	1

순번	시군구	지출명 (사업명)	2021년예산 (단위:천원/1년간)	담당자 (공무원) 담당부서	민간이전 분류 (지방자치단체 세출예산 집행기준에 의거) 1. 민간경상사업보조(307-02) 2. 민간단체 법정운영비보조(307-03) 3. 민간행사사업보조(307-04) 4. 민간위탁금(307-05) 5. 사회복지시설 법정운영비보조(307-10) 6. 민간인위탁교육비(307-12) 7. 공기관등에대한경상적위탁사업비(308-11) 8. 민간자본사업보조,자체재원(402-01) 9. 민간자본사업보조,이전재원(402-02) 10. 민간위탁사업비(402-03) 11. 공기관등에 대한 자본적 대행사업비(403-02)	민간이전지출 근거 (지방보조금 관리기준 참고) 1. 법률에 규정 2. 국고보조 재원(국가지정) 3. 용도 지정 기부금 4. 조례에 직접규정 5. 지자체가 권장하는 사업을 하는 공공기관 6. 시,도 정책 및 재정사정 7. 기타 8. 해당없음	입찰방식 계약체결방법 (경쟁형태) 1. 일반경쟁 2. 제한경쟁 3. 지명경쟁 4. 수의계약 5. 법정위탁 6. 기타 ( ) 7. 해당없음	입찰방식 계약기간 1. 1년 2. 2년 3. 3년 4. 4년 5. 5년 6. 기타 ( )년 7. 단기계약 (1년미만) 8. 해당없음	입찰방식 낙찰자선정방법 1. 적격심사 2. 협상에의한계약 3. 최저가낙찰제 4. 규격가격분리 5. 2단계 경쟁입찰 6. 기타 ( ) 7. 해당없음	운영예산 산정 운영예산 산정 1. 내부산정 (지자체 자체적으로 산정) 2. 외부산정 (외부전문기관위탁 산정) 3. 내·외부 모두 산정 4. 산정 無 5. 해당없음	운영예산 산정 정산방법 1. 내부정산 (지자체 내부적으로 정산) 2. 외부정산 (외부전문기관위탁 정산) 3. 내·외부 모두 산정 4. 정산 無 5. 해당없음	성과평가 실시여부 1. 실시 2. 미실시 3. 향후 추진 4. 해당없음
6344	경남 창원시	제12회 경남농아인 게이트볼대회 참가	4,050	체육진흥과	3	1	7	8	7	1	1	1
6345	경남 창원시	제25회 경남농아인 볼링대회 참가	5,400	체육진흥과	3	1	7	8	7	1	1	1
6346	경남 창원시	전국단위 및 타지역 대회 개최(참가) 지원	18,000	체육진흥과	3	1	7	8	7	1	1	1
6347	경남 창원시	각종 장애인 체육대회 개최(참가) 지원	31,500	체육진흥과	3	1	7	8	7	1	1	1
6348	경남 창원시	제24회 경남장애인생활체육대회 개최	54,000	체육진흥과	3	1	7	8	7	1	1	1
6349	경남 창원시	장애인 협회장기 대회 개최	13,500	체육진흥과	3	1	7	8	7	1	1	1
6350	경남 창원시	해맑은 마산만 수영대회 개최	100,000	체육진흥과	3	1	7	8	7	5	5	4
6351	경남 창원시	프로스포츠 활성화 지원	20,000	체육진흥과	3	1	7	8	7	1	1	1
6352	경남 창원시	전국장사씨름대회 유치 및 씨름대축전 개최	200,000	체육진흥과	3	1	7	8	7	1	1	1
6353	경남 창원시	2021 ISSF 월드컵사격대회	600,000	체육진흥과	3	1	7	8	7	1	1	1
6354	경남 창원시	한화회장배 전국사격대회	72,900	체육진흥과	3	1	7	8	7	1	1	1
6355	경남 창원시	한국실업사격연맹회장배 전국사격대회	30,000	체육진흥과	3	1	7	8	7	1	1	1
6356	경남 창원시	경남사격연맹회장배 전국생활체육 사격대회	18,000	체육진흥과	3	1	7	8	7	1	1	1
6357	경남 창원시	경상남도지사배 생활체육 사격대회	4,500	체육진흥과	3	1	7	8	7	1	1	1
6358	경남 창원시	제3회 창원시장배 전국사격대회	145,800	체육진흥과	3	1	7	8	7	1	1	1
6359	경남 창원시	창원관광사진 전국공모전 보조금	7,200	관광과	3	4	1	7	1	1	1	3
6360	경남 창원시	창원시장배 전국 아마추어 e스포츠대회	66,000	관광과	3	1	7	8	7	1	1	3
6361	경남 창원시	창원 e스포츠 아카데미 운영	25,000	관광과	3	1	7	8	7	1	1	3
6362	경남 창원시	2021 마금산 온천 축제	40,000	관광과	3	4	7	8	7	1	1	3
6363	경남 창원시	최윤덕장상 제례비	1,800	문화유산육성과	3	4	7	7	7	1	1	1
6364	경남 창원시	이제마 진해현감 부임 134주년 기념행사	18,000	문화유산육성과	3	4	7	7	7	1	1	1
6365	경남 창원시	광복절 기념 배중세지사 추념식 및 백일장	5,400	사회복지과	3	4	7	1	6	1	5	1
6366	경남 창원시	4.3삼진의거 독립만세운동 재현행사	36,000	사회복지과	3	4	7	1	6	1	5	1
6367	경남 창원시	4.3만세운동 재현행사(진해)	9,000	사회복지과	3	4	7	1	6	1	5	1
6368	경남 창원시	3.23창원읍민만세운동 재현행사	9,000	사회복지과	3	4	7	1	6	1	5	1
6369	경남 창원시	3.1절 애국지사 추모제	5,400	사회복지과	3	4	7	1	6	1	5	1
6370	경남 창원시	나라사랑 백일장 대회	9,000	사회복지과	3	4	7	1	6	1	5	1
6371	경남 창원시	보훈가족 위안행사	13,500	사회복지과	3	4	7	1	6	1	5	1
6372	경남 창원시	보훈가족 위안행사	11,700	사회복지과	3	4	7	1	6	1	5	1
6373	경남 창원시	보훈가족 위안행사	6,300	사회복지과	3	4	7	1	6	1	5	1
6374	경남 창원시	6.25 위안행사	5,400	사회복지과	3	4	7	1	6	1	5	1
6375	경남 창원시	재향군인회	21,600	사회복지과	3	4	7	1	6	1	5	1
6376	경남 창원시	재향군인회 여성회	5,400	사회복지과	3	4	7	1	6	1	5	1
6377	경남 창원시	해병대마산연합회	9,000	사회복지과	3	4	7	1	6	1	5	1
6378	경남 창원시	상이군경복지회관 창작예술제	4,500	사회복지과	3	4	7	1	6	1	5	1
6379	경남 창원시	보훈단체 운영 및 행사지원	25,200	사회복지과	3	4	7	1	6	1	5	1
6380	경남 창원시	창원복지박람회 개최	68,200	사회복지과	3	1	7	8	7	5	5	4
6381	경남 창원시	한마음 다짐 선진지 견학	9,000	사회복지과	3	4	7	1	6	1	5	1
6382	경남 창원시	창원시자원봉사단체협의회 우수봉사자 워크숍	9,000	사회복지과	3	4	7	1	6	1	5	1
6383	경남 창원시	우수자원봉사자 현장체험	9,000	사회복지과	3	4	7	1	6	1	5	1
6384	경남 창원시	창원시자원봉사자 대회	18,000	사회복지과	3	4	7	1	6	1	5	1
6385	경남 창원시	마산복지패밀리봉사회 한마음 다짐대회	9,000	사회복지과	3	4	7	1	6	1	5	1
6386	경남 창원시	자원봉사자 연수	6,600	사회복지과	3	4	7	1	6	1	5	1

순번	시군구	지출명 (사업명)	2021년예산 (단위:천원/1년간)	담당자 (공무원) 담당부서	민간이전 분류 (지방자치단체 세출예산 집행기준에 의거) 1. 민간경상사업보조(307-02) 2. 민간단체 법정운영비보조(307-03) 3. 민간행사사업보조(307-04) 4. 민간위탁금(307-05) 5. 사회복지시설 법정운영비보조(307-10) 6. 민간인위탁교육비(307-12) 7. 공기관등에대한경상적위탁사업비(308-11) 8. 민간자본사업보조,자체재원(402-01) 9. 민간자본사업보조,이전재원(402-02) 10. 민간위탁사업비(402-03) 11. 공기관등에 대한 자본적 대행사업비(403-02)	민간이전지출 근거 (지방보조금 관리기준 참고) 1. 법률에 규정 2. 국고보조 재원(국가지정) 3. 용도 지정 기부금 4. 조례에 직접규정 5. 지자체가 권장하는 사업을 하는 공공기관 6. 시,도 정책 및 재정사정 7. 기타 8. 해당없음	입찰방식 계약체결방법 (경쟁형태) 1. 일반경쟁 2. 제한경쟁 3. 지명경쟁 4. 수의계약 5. 법정위탁 6. 기타 ( ) 7. 해당없음	입찰방식 계약기간 1. 1년 2. 2년 3. 3년 4. 4년 5. 5년 6. 기타 ( )년 7. 단기계약 (1년미만) 8. 해당없음	입찰방식 낙찰자선정방법 1. 적격심사 2. 협상에의한계약 3. 최저가낙찰제 4. 규격가격분리 5. 2단계 경쟁입찰 6. 기타 ( ) 7. 해당없음	운영예산 산정 운영예산 산정 1. 내부산정 (지자체 자체적으로 산정) 2. 외부산정 (외부전문기관위탁 산정) 3. 내·외부 모두 산정 4. 산정 無 5. 해당없음	운영예산 산정 정산방법 1. 내부정산 (지자체 내부적으로 정산) 2. 외부정산 (외부전문기관위탁 정산) 3. 내·외부 모두 산정 4. 정산 無 5. 해당없음	성과평가 실시여부 1. 실시 2. 미실시 3. 향후 추진 4. 해당없음
6387	경남 창원시	일본군 '위안부' 주제 청년대학생 국제포럼	36,000	여성가족과	3	1	7	8	7	1	1	1
6388	경남 창원시	일본군 '위안부' 피해자 추모문화제	4,500	여성가족과	3	1	7	8	7	1	1	1
6389	경남 창원시	보육교직원 현장교육	3,240	보육청소년과	3	4	7	8	7	1	1	1
6390	경남 창원시	창원시 보육인대회	7,000	보육청소년과	3	4	7	8	7	1	1	1
6391	경남 창원시	보육교직원 유형별 연수	21,000	보육청소년과	3	4	7	8	7	1	1	1
6392	경남 창원시	어린이집 유형별 아동문화행사	4,320	보육청소년과	3	4	7	8	7	1	1	1
6393	경남 창원시	유니세프, 월드비전 아동친화행사 지원	20,000	보육청소년과	3	5	7	8	7	5	5	4
6394	경남 창원시	저소득아동 힐링캠프	4,275	보육청소년과	3	5	7	8	7	5	5	4
6395	경남 창원시	어린이날 기념행사 지원	131,000	보육청소년과	3	5	7	8	7	5	5	4
6396	경남 창원시	지역아동센터 연합발표회	9,000	보육청소년과	3	5	7	8	7	5	5	4
6397	경남 창원시	지역아동센터 시설장 워크숍	1,620	보육청소년과	3	5	7	8	7	5	5	4
6398	경남 창원시	지역아동센터 종사자 역량강화교육	1,620	보육청소년과	3	5	7	8	7	5	5	4
6399	경남 창원시	성년의 날 기념식	3,600	보육청소년과	3	4	7	8	7	1	1	4
6400	경남 창원시	청소년 영상축제	12,600	보육청소년과	3	4	7	8	7	1	1	4
6401	경남 창원시	열아홉을 위하여	31,500	보육청소년과	3	4	7	8	7	1	1	4
6402	경남 창원시	고교페스티벌	3,600	보육청소년과	3	4	7	8	7	1	1	4
6403	경남 창원시	2021 korea! 창원틴틴페스티벌	100,000	보육청소년과	3	4	2	1	1	1	1	4
6404	경남 창원시	창원 6080 시니어 사회활동 한마당 행사	63,000	노인장애인과	3	4	7	8	7	1	1	1
6405	경남 창원시	농노인유적지 및 문화탐방	900	노인장애인과	3	1	7	8	7	1	1	1
6406	경남 창원시	창립 기념식 및 경로잔치	1,800	노인장애인과	3	1	7	8	7	1	1	1
6407	경남 창원시	시각장애인 경로위안잔치	1,800	노인장애인과	3	1	7	8	7	1	1	1
6408	경남 창원시	하계수련대회	1,350	노인장애인과	3	1	7	8	7	1	1	1
6409	경남 창원시	영호남 농아인 지도자대회	900	노인장애인과	3	1	7	8	7	1	1	1
6410	경남 창원시	하계수련회	1,800	노인장애인과	3	1	7	8	7	1	1	1
6411	경남 창원시	장애.비장애청소년 통합캠프	2,340	노인장애인과	3	1	7	8	7	1	1	1
6412	경남 창원시	장애청소년 성교육캠프	900	노인장애인과	3	1	7	8	7	1	1	1
6413	경남 창원시	중증장애인 하계수련대회	1,350	노인장애인과	3	1	7	8	7	1	1	1
6414	경남 창원시	장애인가족캠프	2,700	노인장애인과	3	1	7	8	7	1	1	1
6415	경남 창원시	문화탐방행사	4,500	노인장애인과	3	1	7	8	7	1	1	1
6416	경남 창원시	하계수련대회(마산시각장애인복지연합회)	1,800	노인장애인과	3	1	7	8	7	1	1	1
6417	경남 창원시	농노인유적지 및 문화탐방(마산농아인협회)	900	노인장애인과	3	1	7	8	7	1	1	1
6418	경남 창원시	농아인 하계수련대회(마산농아인협회)	1,350	노인장애인과	3	1	7	8	7	1	1	1
6419	경남 창원시	하계수련회(진해지체장애인협회)	1,800	노인장애인과	3	1	7	8	7	1	1	1
6420	경남 창원시	중증장애인 초청 선진지탐방(진해지체장애인협회)	1,800	노인장애인과	3	1	7	8	7	1	1	1
6421	경남 창원시	영호남 농아인 지도자대회(진해농아인협회)	900	노인장애인과	3	1	7	8	7	1	1	1
6422	경남 창원시	하계수련회(진해농아인협회)	1,350	노인장애인과	3	1	7	8	7	1	1	1
6423	경남 창원시	선진지견학(진해시각장애인협회)	1,800	노인장애인과	3	1	7	8	7	1	1	1
6424	경남 창원시	하계수련대회(진해시각장애인협회)	1,800	노인장애인과	3	1	7	8	7	1	1	1
6425	경남 창원시	지체장애인 복지증진대회(창원지체장애인협회)	3,600	노인장애인과	3	1	7	8	7	1	1	1
6426	경남 창원시	극기체험 래프팅대회(창원지체장애인협회)	900	노인장애인과	3	1	7	8	7	1	1	1
6427	경남 창원시	창원시 장애인 부모결의 및 단합대회(창원시장애인부모회)	1,350	노인장애인과	3	1	7	8	7	1	1	1
6428	경남 창원시	장애인 곰두리수영대회(창원시장애인부모회)	3,600	노인장애인과	3	1	7	8	7	1	1	1
6429	경남 창원시	작은열린음악회(창원산재장애인협회)	900	노인장애인과	3	1	7	8	7	1	1	1

순번	시군구	지출명 (사업명)	2021년예산 (단위:천원/1년간)	담당자 (공무원) 담당부서	민간이전 분류 (지방자치단체 세출예산 집행기준에 의거) 1. 민간경상사업보조(307-02) 2. 민간단체 법정운영비보조(307-03) 3. 민간행사사업보조(307-04) 4. 민간위탁금(307-05) 5. 사회복지시설 법정운영비보조(307-10) 6. 민간인위탁교육비(307-12) 7. 공기관등에대한경상적위탁사업비(308-11) 8. 민간자본사업보조,자체재원(402-01) 9. 민간자본사업보조,이전재원(402-02) 10. 민간위탁사업비(402-03) 11. 공기관등에 대한 자본적 대행사업비(403-02)	민간이전지출 근거 (지방보조금 관리기준 참고) 1. 법률에 규정 2. 국고보조 재원(국가지정) 3. 용도 지정 기부금 4. 조례에 직접규정 5. 지자체가 권장하는 사업을 하는 공공기관 6. 시,도 정책 및 재정사정 7. 기타 8. 해당없음	입찰방식 계약체결방법 (경쟁형태) 1. 일반경쟁 2. 제한경쟁 3. 지명경쟁 4. 수의계약 5. 법정위탁 6. 기타 ( ) 7. 해당없음	입찰방식 계약기간 1. 1년 2. 2년 3. 3년 4. 4년 5. 5년 6. 기타 ( )년 7. 단기계약 (1년미만) 8. 해당없음	입찰방식 낙찰자선정방법 1. 적격심사 2. 협상에의한계약 3. 최저가낙찰제 4. 규격가격분리 5. 2단계 경쟁입찰 6. 기타 ( ) 7. 해당없음	운영예산 산정 운영예산 산정 1. 내부산정 (지자체 자체적으로 산정) 2. 외부산정 (외부전문기관위탁 산정) 3. 내·외부 모두 산정 4. 산정 無 5. 해당없음	운영예산 산정 정산방법 1. 내부정산 (지자체 내부적으로 정산) 2. 외부정산 (외부전문기관위탁 정산) 3. 내·외부 모두 산정 4. 정산 無 5. 해당없음	성과평가 실시여부 1. 실시 2. 미실시 3. 향후 추진 4. 해당없음
6430	경남 창원시	장애인 국기체험 래프팅대회(마산지체장애인협회)	900	노인장애인과	3	1	7	8	7	1	1	1
6431	경남 창원시	마산 지체장애인 복지증진대회	4,500	노인장애인과	3	1	7	8	7	1	1	1
6432	경남 창원시	흰지팡의날 행사 및 체육대회(마산시각장애인복지연합회)	2,700	노인장애인과	3	1	7	8	7	1	1	1
6433	경남 창원시	흰지팡의날 행사 및 체육대회(창원시각장애인복지연합회)	3,600	노인장애인과	3	1	7	8	7	1	1	1
6434	경남 창원시	흰지팡의날 행사 및 체육대회(진해시각장애인복지연합회)	2,700	노인장애인과	3	1	7	8	7	1	1	1
6435	경남 창원시	전국 농아인대회 및 농아인문화체험(마산농아인협회)	1,350	노인장애인과	3	1	7	8	7	1	1	1
6436	경남 창원시	영호남 농아인 지도자대회(마산농아인협회)	900	노인장애인과	3	1	7	8	7	1	1	1
6437	경남 창원시	장애어린이날 행사(느티나무부모회)	4,500	노인장애인과	3	1	7	8	7	1	1	1
6438	경남 창원시	장애어린이날 행사(진해장애인부모회)	900	노인장애인과	3	1	7	8	7	1	1	1
6439	경남 창원시	장애아동 좋은그림 그리기 대회(진해장애인부모회)	900	노인장애인과	3	1	7	8	7	1	1	1
6440	경남 창원시	장애가족 추계체육대회(진해장애인부모회)	1,800	노인장애인과	3	1	7	8	7	1	1	1
6441	경남 창원시	장애인 야영대회(한우리인성회)	4,500	노인장애인과	3	1	7	8	7	1	1	1
6442	경남 창원시	장애인 국기체험 래프팅대회(진해지체장애인협회)	1,350	노인장애인과	3	1	7	8	7	1	1	1
6443	경남 창원시	농노인 유적지문화탐방(진해농아인협회)	900	노인장애인과	3	1	7	8	7	1	1	1
6444	경남 창원시	사회체험대회(진해시각장애인협회)	1,350	노인장애인과	3	1	7	8	7	1	1	1
6445	경남 창원시	경로위안잔치(진해시각장애인협회)	1,350	노인장애인과	3	1	7	8	7	1	1	1
6446	경남 창원시	발달장애인 체험학습(지적장애인협회창원시지부)	900	노인장애인과	3	1	7	8	7	1	1	1
6447	경남 창원시	장애비장애 통합캠프(지적장애인협회창원시지부)	1,350	노인장애인과	3	1	7	8	7	1	1	1
6448	경남 창원시	산재장애인 자활증진대회(한국산재장애인협회)	1,800	노인장애인과	3	1	7	8	7	1	1	1
6449	경남 창원시	어린이날 장애인식개선 행사(마산장애인부모회)	1,800	노인장애인과	3	1	7	8	7	1	1	1
6450	경남 창원시	지체장애인의날'기념 한마음복지증진대회(진해지체장애인협회)	3,150	노인장애인과	3	1	7	8	7	1	1	1
6451	경남 창원시	전국 장애인종합예술제(창원지체장애인복지회)	1,800	노인장애인과	3	1	7	8	7	1	1	1
6452	경남 창원시	전국 지체장애인의 날 행사(창원지체장애인협회)	1,350	노인장애인과	3	1	7	8	7	1	1	1
6453	경남 창원시	경남 지체장애인 한마음대회(창원지체장애인협회)	900	노인장애인과	3	1	7	8	7	1	1	1
6454	경남 창원시	전국 장애인체육대회(마산지체장애인협회)	1,800	노인장애인과	3	1	7	8	7	1	1	1
6455	경남 창원시	경남 지체장애인 한마음대회(마산지체장애인협회)	900	노인장애인과	3	1	7	8	7	1	1	1
6456	경남 창원시	경남 지체장애인 한마음대회(진해지체장애인협회)	900	노인장애인과	3	1	7	8	7	1	1	1
6457	경남 창원시	전국 농아인대회 및 문화체험(진해농아인협회)	1,350	노인장애인과	3	1	7	8	7	1	1	1
6458	경남 창원시	시세상체험(창원시각장애인복지연합회)	1,800	노인장애인과	3	1	7	8	7	1	1	1
6459	경남 창원시	신장병 예방홍보 및 무료 소변검사(창원신장장애인협회)	900	노인장애인과	3	1	7	8	7	1	1	1
6460	경남 창원시	행복으로 가는 수련회(창원신장장애인협회)	900	노인장애인과	3	1	7	8	7	1	1	1
6461	경남 창원시	장애인식개선사업(느티나무부모회)	3,150	노인장애인과	3	1	7	8	7	1	1	1
6462	경남 창원시	전국농아인대회 참가 및 창원시문화탐방(창원농아인협회)	1,350	노인장애인과	3	1	7	8	7	1	1	1
6463	경남 창원시	아구데이 축제지원	10,000	보건위생과	3	7	7	8	7	3	3	1
6464	경남 창원시	음식문화축제 및 향토음식 요리경연대회	150,000	보건위생과	3	7	7	8	7	3	3	1
6465	경남 창원시	아구데이축제 지원	10,000	보건위생과	3	7	7	8	7	3	3	1
6466	경남 창원시	창원 국제 드래곤보트 대회	108,000	해양정책과	3	4	6	8	7	5	1	1
6467	경남 창원시	창원시요트협회장배 전국 동호인 요트대회	18,000	해양정책과	3	4	6	8	7	5	1	1
6468	경남 창원시	창원시장배 전국 윈드서핑 대회	18,000	해양정책과	3	4	6	8	7	5	1	1
6469	경남 창원시	창원 국제모터보트 그랑프리 대회	108,000	해양정책과	3	4	6	8	7	5	1	1
6470	경남 창원시	해군참모총장배 전국요트대회	108,000	해양정책과	3	4	6	8	7	5	1	1
6471	경남 창원시	자율관리공동체 대회 참석 지원	13,500	수산과	3	6	7	8	7	1	3	1
6472	경남 창원시	수산업경영인 대회 참석 지원	13,500	수산과	3	6	7	8	7	1	3	1

순번	시군구	지출명 (사업명)	2021년예산 (단위:천원/1년간)	담당자 (공무원) 담당부서	민간이전 분류 (지방자치단체 세출예산 집행기준에 의거) 1. 민간경상사업보조(307-02) 2. 민간단체 법정운영비보조(307-03) 3. 민간행사사업보조(307-04) 4. 민간위탁금(307-05) 5. 사회복지시설 법정운영비보조(307-10) 6. 민간인위탁교육비(307-12) 7. 공기관등에대한경상적위탁사업비(308-11) 8. 민간자본사업보조,자체재원(402-01) 9. 민간자본사업보조,이전재원(402-02) 10. 민간위탁사업비(402-03) 11. 공기관등에 대한 자본적 대행사업비(403-02)	민간이전지출 근거 (지방보조금 관리기준 참고) 1. 법률에 규정 2. 국고보조 재원(국가지정) 3. 용도 지정 기부금 4. 조례에 직접규정 5. 지자체가 권장하는 사업을 하는 공공기관 6. 시,도 정책 및 재정사정 7. 기타 8. 해당없음	입찰방식 계약체결방법 (경쟁형태) 1. 일반경쟁 2. 제한경쟁 3. 지명경쟁 4. 수의계약 5. 법정위탁 6. 기타 ( ) 7. 해당없음	입찰방식 계약기간 1. 1년 2. 2년 3. 3년 4. 4년 5. 5년 6. 기타 ( )년 7. 단기계약 (1년미만) 8. 해당없음	입찰방식 낙찰자선정방법 1. 적격심사 2. 협상에의한계약 3. 최저가낙찰제 4. 규격가격분리 5. 2단계 경쟁입찰 6. 기타 ( ) 7. 해당없음	운영예산 산정 운영예산 산정 1. 내부산정 (지자체 자체적으로 산정) 2. 외부산정 (외부전문기관위탁 산정) 3. 내·외부 모두 산정 4. 산정 無 5. 해당없음	운영예산 산정 정산방법 1. 내부정산 (지자체 내부적으로 정산) 2. 외부정산 (외부전문기관위탁 정산) 3. 내·외부 모두 산정 4. 정산 無 5. 해당없음	성과평가 실시여부 1. 실시 2. 미실시 3. 향후 추진 4. 해당없음
6473	경남 창원시	창원 진동미더덕축제	100,000	수산과	3	6	7	8	7	1	3	2
6474	경남 창원시	지역특산 수산물 축제	45,000	수산과	3	6	7	8	7	1	3	1
6475	경남 창원시	지역특산 수산물 소비촉진 행사 지원	9,000	수산과	3	6	7	8	7	1	1	2
6476	경남 창원시	2021년도 경상남도지사기 자연보호 경진대회	24,000	환경정책과	3	4	7	8	7	1	1	1
6477	경남 창원시	제13회 창원 그린엑스포	162,000	환경정책과	3	4	7	8	7	5	5	4
6478	경남 창원시	제15회 창원환경영화제	36,000	환경정책과	3	4	7	8	7	1	1	1
6479	경남 창원시	재활용품 나눔장터개설 행사 지원	9,000	자원순환과	3	4	7	8	7	1	1	4
6480	경남 창원시	덕동마을 경로잔치행사	9,000	매립장관리과	3	1	7	8	7	5	1	4
6481	경남 창원시	덕동마을 정월대보름행사	20,000	매립장관리과	3	1	7	8	7	5	1	4
6482	경남 창원시	덕동마을 설, 추석마을행사	80,000	매립장관리과	3	1	7	8	7	5	1	4
6483	경남 창원시	이동마을 주민 단합행사	4,500	자원순환과	3	4	7	8	7	5	5	4
6484	경남 창원시	이동마을 주민지원협의체 선진지 견학	4,500	자원순환과	3	4	7	8	7	5	5	4
6485	경남 창원시	마산국화축제 시군 농특산물 홍보	2,430	농업정책과	3	4	7	7	7	1	1	1
6486	경남 창원시	농업경영인 경남도대회 참가	9,000	농업정책과	3	4	7	7	7	1	1	1
6487	경남 창원시	농업경영인 한마음대회	9,000	농업정책과	3	4	7	7	7	1	1	1
6488	경남 창원시	여성농업인 전국대회 참가	9,000	농업정책과	3	4	7	7	7	1	1	1
6489	경남 창원시	농업인 학습단체 회원대회 지원	22,500	농업기술과	3	1	7	8	7	4	1	3
6490	경남 창원시	농업인 학습단체 역량강화 행사 지원	30,000	농업기술과	3	1	7	8	7	4	1	3
6491	경남 창원시	창원수박축제 행사지원	63,000	농산물유통과	3	7	7	8	7	1	1	1
6492	경남 창원시	창원단감축제 행사지원	63,000	농산물유통과	3	7	7	8	7	1	1	1
6493	경남 창원시	창원수박축제 지원	8,000	농산물유통과	3	7	7	8	7	1	1	1
6494	경남 창원시	창원단감축제 지원	20,000	농산물유통과	3	7	7	8	7	1	1	1
6495	경남 창원시	고향의 봄 문학기행	6,480	의창구 문화위생과	3	7	6	3	6	1	1	1
6496	경남 창원시	고향의 봄 독서교실	1,620	의창구 문화위생과	3	7	6	3	6	1	1	1
6497	경남 창원시	읍민화합행사	5,000	의창구 동읍	3	4	7	8	7	1	1	1
6498	경남 창원시	정월대보름맞이 행사	3,800	의창구 동읍	3	4	7	8	7	1	1	1
6499	경남 창원시	면민화합 어울림 한마당행사	5,000	의창구 북면	3	4	7	8	7	1	1	1
6500	경남 창원시	故 김진훈 애국지사 추모제례 및 묘지관리	3,500	의창구 북면	3	4	7	8	7	5	5	1
6501	경남 창원시	정월대보름행사	1,500	의창구 북면	3	4	7	8	7	5	5	1
6502	경남 창원시	면민 체육대회	5,000	의창구 대산면	3	4	6	7	6	1	1	1
6503	경남 창원시	달맞이 행사	3,000	의창구 대산면	3	4	6	7	6	1	1	1
6504	경남 창원시	광복절 기념 마을대항 축구대회	2,000	의창구 대산면	3	4	6	7	7	1	1	1
6505	경남 창원시	봄맞이 꽃바람 축제	10,000	의창구 의창동	3	4	4	1	7	1	1	1
6506	경남 창원시	동민화합행사	3,000	의창구 의창동	3	4	4	1	7	1	1	1
6507	경남 창원시	정월대보름 행사	2,000	의창구 의창동	3	4	4	1	7	1	1	1
6508	경남 창원시	동민화합행사	5,000	의창구 팔룡동	3	4	7	8	7	1	3	1
6509	경남 창원시	동민화합행사	6,000	의창구 명곡동	3	8	7	8	7	1	1	1
6510	경남 창원시	태복산 둘레길 걷기 행사	1,000	의창구 명곡동	3	8	7	8	7	1	1	1
6511	경남 창원시	퇴촌당산제	1,000	의창구 봉림동	3	7	7	8	7	1	1	4
6512	경남 창원시	정월대보름 행사	3,000	의창구 봉림동	3	7	7	8	7	1	1	4
6513	경남 창원시	동민화합행사	3,000	의창구 봉림동	3	7	7	8	7	1	1	4
6514	경남 창원시	동민화합행사	2,000	의창구 용지동	3	8	7	8	7	1	1	1
6515	경남 창원시	정월대보름행사	3,000	의창구 용지동	3	8	7	8	7	1	1	1

순번	시군구	지출명 (사업명)	2021년예산 (단위:천원/1년간)	담당자 (공무원) 담당부서	민간이전 분류 (지방자치단체 세출예산 집행기준에 의거) 1. 민간경상사업보조(307-02) 2. 민간단체 법정운영비보조(307-03) 3. 민간행사사업보조(307-04) 4. 민간위탁금(307-05) 5. 사회복지시설 법정운영비보조(307-10) 6. 민간인위탁교육비(307-12) 7. 공기관등에대한경상적위탁사업비(308-11) 8. 민간자본사업보조,자체재원(402-01) 9. 민간자본사업보조,이전재원(402-02) 10. 민간위탁사업비(402-03) 11. 공기관등에 대한 자본적 대행사업비(403-02)	민간이전지출 근거 (지방보조금 관리기준 참고) 1. 법률에 규정 2. 국고보조 재원(국가지정) 3. 용도 지정 기부금 4. 조례에 직접규정 5. 지자체가 권장하는 사업을 하는 공공기관 6. 시,도 정책 및 재정사정 7. 기타 8. 해당없음	입찰방식 계약체결방법 (경쟁형태) 1. 일반경쟁 2. 제한경쟁 3. 지명경쟁 4. 수의계약 5. 법정위탁 6. 기타 ( ) 7. 해당없음	입찰방식 계약기간 1. 1년 2. 2년 3. 3년 4. 4년 5. 5년 6. 기타 ( )년 7. 단기계약 (1년미만) 8. 해당없음	입찰방식 낙찰자선정방법 1. 적격심사 2. 협상에의한계약 3. 최저가낙찰제 4. 규격가격분리 5. 2단계 경쟁입찰 6. 기타 ( ) 7. 해당없음	운영예산 산정 운영예산 산정 1. 내부산정 (지자체 자체적으로 산정) 2. 외부산정 (외부전문기관위탁 산정) 3. 내·외부 모두 산정 4. 산정 無 5. 해당없음	운영예산 산정 정산방법 1. 내부정산 (지자체 내부적으로 정산) 2. 외부정산 (외부전문기관위탁 정산) 3. 내·외부 모두 산정 4. 정산 無 5. 해당없음	성과평가 실시여부 1. 실시 2. 미실시 3. 향후 추진 4. 해당없음
6516	경남 창원시	정월대보름 행사	2,000	성산구 반송동	3	7	6	7	7	1	1	1
6517	경남 창원시	동민화합행사	3,000	성산구 반송동	3	7	7	8	7	5	5	4
6518	경남 창원시	중앙동 경로 잔치	6,000	성산구 중앙동	3	6	7	8	7	5	5	4
6519	경남 창원시	동민화합행사	6,000	성산구 중앙동	3	6	7	8	7	5	5	4
6520	경남 창원시	중앙동 씨네마타운 운영	2,500	성산구 중앙동	3	6	7	8	7	5	5	4
6521	경남 창원시	동민화합행사	4,000	성산구 상남동	3	4	7	8	7	1	1	1
6522	경남 창원시	동민화합행사	6,000	성산구 사파동	3	4	7	8	7	1	1	3
6523	경남 창원시	동민화합행사	3,000	성산구 가음정동	3	4	7	8	7	1	1	1
6524	경남 창원시	정월대보름행사	2,000	성산구 가음정동	3	4	7	8	7	1	1	1
6525	경남 창원시	동민화합행사	4,750	성산구 성주동	3	7	7	8	7	5	5	4
6526	경남 창원시	정월대보름 동민안녕기원제	1,500	성산구 웅남동	3	8	7	8	7	1	1	1
6527	경남 창원시	기관·단체원 어울림한마당행사	4,000	성산구 웅남동	3	8	7	8	7	1	1	1
6528	경남 창원시	쿨썸머! 웅남바캉스	5,000	성산구 웅남동	3	8	7	8	7	1	1	1
6529	경남 창원시	웅남동 771(끼) 축제	3,500	성산구 웅남동	3	8	7	8	7	1	1	1
6530	경남 창원시	경로위안잔치	6,000	성산구 웅남동	3	4	7	8	7	1	1	4
6531	경남 창원시	어르신 떡국상 차려드리기	4,700	성산구 웅남동	3	4	7	8	7	1	1	4
6532	경남 창원시	웅남동민 건강걷기대회	5,000	성산구 웅남동	3	8	7	8	7	1	1	1
6533	경남 창원시	웅남시니어 행복플러스 목욕지원	16,500	성산구 웅남동	3	4	7	8	7	1	1	1
6534	경남 창원시	어르신효도관광	3,000	성산구 웅남동	3	4	6	1	6	4	1	1
6535	경남 창원시	웅남바이크행사	1,000	성산구 웅남동	3	8	7	8	7	1	1	1
6536	경남 창원시	저소득자녀 생일찾아주기	1,800	성산구 웅남동	3	8	7	8	7	1	1	1
6537	경남 창원시	동정보고회 및 송년의 밤	4,000	성산구 웅남동	3	4	7	8	7	1	1	1
6538	경남 창원시	내서읍민 체육대회	7,450	마산회원구 내서읍	3	4	7	8	7	1	1	1
6539	경남 창원시	찾아가는 작은 음악회	2,850	마산회원구 내서읍	3	4	7	8	7	1	1	1
6540	경남 창원시	회원동 민속대축제	5,000	마산회원구 회원2동	3	4	7	8	7	1	1	1
6541	경남 창원시	제8회 나라사랑 백일장 및 사생대회	4,400	진해구 문화위생과	3	4	6	1	6	1	1	1
6542	경남 창원시	제26회 김달진문학제	81,000	진해구 문화위생과	3	4	6	1	6	1	1	1
6543	경남 창원시	동민화합행사	6,000	진해구 충무동	3	4	6	7	6	5	5	1
6544	경남 창원시	어버이날 효행사	1,000	진해구 충무동	3	4	6	7	6	5	5	1
6545	경남 창원시	동민화합행사	2,000	진해구 여좌동	3	4	7	8	7	1	1	1
6546	경남 창원시	동민화합행사	2,000	진해구 태백동	3	4	6	7	7	5	5	1
6547	경남 창원시	동민화합행사	3,000	진해구 경화동	3	4	6	7	7	5	5	1
6548	경남 창원시	가정의달행사	1,080	진해구 경화동	3	4	6	7	7	5	5	1
6549	경남 창원시	동민화합행사	2,000	진해구 병암동	3	4	6	7	6	5	5	1
6550	경남 창원시	경로위안행사	1,200	진해구 병암동	3	4	6	7	6	5	5	1
6551	경남 창원시	정월대보름행사	2,000	진해구 석동	3	4	6	7	6	5	5	1
6552	경남 창원시	동민화합행사	5,000	진해구 석동	3	4	6	7	6	5	5	1
6553	경남 창원시	어버이날 행사	1,080	진해구 이동	3	4	7	8	7	5	5	4
6554	경남 창원시	동민화합행사	2,000	진해구 이동	3	4	7	8	7	5	5	4
6555	경남 창원시	동민화합행사	1,800	진해구 자은동	3	4	7	8	7	1	1	1
6556	경남 창원시	장수군 계남면 농축산물 직거래 장터 개최	1,200	진해구 자은동	3	4	7	8	7	1	1	1
6557	경남 창원시	경로위안행사	1,140	진해구 덕산동	3	4	7	8	7	1	1	1
6558	경남 창원시	동민화합행사	5,000	진해구 풍호동	3	4	7	8	7	5	5	4

순번	시군구	지출명 (사업명)	2021년예산 (단위:천원/1년간)	담당자 (공무원)	민간이전 분류 (지방자치단체 세출예산 집행기준에 의거)	민간이전지출 근거 (지방보조금 관리기준 참고)	입찰방식			운영예산 산정		성과평가 실시여부
				담당부서	1. 민간경상사업보조(307-02) 2. 민간단체 법정운영비보조(307-03) 3. 민간행사사업보조(307-04) 4. 민간위탁금(307-05) 5. 사회복지시설 법정운영비보조(307-10) 6. 민간인위탁교육비(307-12) 7. 공기관등에대한경상적위탁사업비(308-11) 8. 민간자본사업보조,자체재원(402-01) 9. 민간자본사업보조,이전재원(402-02) 10. 민간위탁사업비(402-03) 11. 공기관등에 대한 자본적 대행사업비(403-02)	1. 법률에 규정 2. 국고보조 재원(국가지정) 3. 용도 지정 기부금 4. 조례에 직접규정 5. 지자체가 권장하는 사업을 하는 공공기관 6. 시,도 정책 및 재정사정 7. 기타 8. 해당없음	계약체결방법 (경쟁형태) 1. 일반경쟁 2. 제한경쟁 3. 지명경쟁 4. 수의계약 5. 법정위탁 6. 기타 ( ) 7. 해당없음	계약기간 1. 1년 2. 2년 3. 3년 4. 4년 5. 5년 6. 기타 ( )년 7. 단기계약 (1년미만) 8. 해당없음	낙찰자선정방법 1. 적격심사 2. 협상에의한계약 3. 최저가낙찰제 4. 규격가격분리 5. 2단계 경쟁입찰 6. 기타 ( ) 7. 해당없음	운영예산 산정 1. 내부산정 (지자체 자체적으로 산정) 2. 외부산정 (외부전문기관위탁 산정) 3. 내·외부 모두 산정 4. 산정 無 5. 해당없음	정산방법 1. 내부정산 (지자체 내부적으로 정산) 2. 외부정산 (외부전문기관위탁 정산) 3. 내·외부 모두 산정 4. 정산 無 5. 해당없음	1. 실시 2. 미실시 3. 향후 추진 4. 해당없음
6559	경남 창원시	정월대보름 행사	1,750	진해구 웅천동	3	4	6	7	7	5	5	1
6560	경남 창원시	동민화합행사	3,000	진해구 웅천동	3	4	6	7	7	5	5	1
6561	경남 창원시	광복기념 동민 한마음 행사	8,000	진해구 웅천동	3	4	6	7	7	5	5	1
6562	경남 창원시	동민건강 증진사업	1,000	진해구 웅천동	3	4	6	7	7	5	5	1
6563	경남 창원시	허수아비 행사	1,900	진해구 웅동1동	3	4	7	8	7	1	1	2
6564	경남 창원시	76주년 광복기념 체육대회	7,400	진해구 웅동1동	3	4	7	8	7	1	1	2
6565	경남 창원시	동민화합행사	2,580	진해구 웅동1동	3	4	7	8	7	1	1	2
6566	경남 창원시	정월대보름행사	1,000	진해구 웅동2동	3	4	6	7	6	5	5	1
6567	경남 창원시	사랑의 김장 나누기	1,200	진해구 웅동2동	3	4	6	7	6	5	5	1
6568	경남 창원시	동민화합행사	2,000	진해구 웅동2동	3	4	6	7	6	5	5	1
6569	경남 창원시	동민 한마음 체육대회	9,000	진해구 웅동2동	3	4	6	7	6	5	5	1
6570	경남 진주시	진주관광 전국사진 공모전	30,000	관광진흥과	3	7	7	8	7	1	1	1
6571	경남 진주시	공예품 대전 및 관광기념품 공모전 지원	50,000	관광진흥과	3	5	7	8	7	1	1	1
6572	경남 진주시	진주공예인축제한마당	25,000	관광진흥과	3	5	7	8	7	1	1	1
6573	경남 진주시	토요상설소싸움경기지원	264,800	관광진흥과	3	1	7	1	7	1	1	1
6574	경남 진주시	전국소싸움대회지원	191,000	관광진흥과	3	1	7	1	7	1	1	1
6575	경남 진주시	진주남강유등축제 행사지원	2,650,000	관광진흥과	3	1	7	1	7	1	1	1
6576	경남 진주시	대한민국 등 공모대전	80,000	관광진흥과	3	1	7	1	7	1	1	1
6577	경남 진주시	추억의 유등띄우기 행사	50,000	관광진흥과	3	1	7	1	7	1	1	1
6578	경남 진주시	대한민국 축제박람회 참가	25,000	관광진흥과	3	1	7	1	7	1	1	1
6579	경남 진주시	논개제 행사지원	750,000	관광진흥과	3	5	7	1	7	1	1	1
6580	경남 진주시	촉석산성아리아 및 진주대첩 재현행사	280,000	관광진흥과	3	2	7	1	7	1	1	1
6581	경남 진주시	개천예술제 행사 지원	1,320	관광진흥과	3	1	7	1	7	1	1	1
6582	경남 진주시	진주 뮤직페스티벌 행사지원	290,000	관광진흥과	3	1	7	1	7	1	1	1
6583	경남 진주시	코리아드라마페스티벌 개최지원	1,400	관광진흥과	3	5	7	1	7	1	1	1
6584	경남 진주시	진주푸드페스티벌 행사지원	7,500	관광진흥과	3	2	7	1	7	1	1	1
6585	경남 진주시	한복체험 행사지원	30,000	관광진흥과	3	5	7	1	7	1	1	1
6586	경남 진주시	축제관광 행사지원	10,000	관광진흥과	3	1	7	1	7	1	1	1
6587	경남 진주시	진주실크박람회	280,000	기업통상과	3	4	7	7	7	1	1	1
6588	경남 진주시	노동조합 행사 지원	38,000	기업통상과	3	4	4	8	7	1	1	2
6589	경남 진주시	노동조합 행사 지원	20,000	기업통상과	3	4	4	8	7	1	1	2
6590	경남 진주시	외국인근로자 지역사회적응 지원사업	30,000	기업통상과	3	4	4	8	7	1	1	2
6591	경남 진주시	장애인복지시설협회 어울림 한마당	10,000	노인장애인과	3	1	7	8	7	1	1	4
6592	경남 진주시	경로당 활성화 사업 성과보고회	6,000	노인장애인과	3	1	5	1	7	3	3	1
6593	경남 진주시	진주시장애인총연합회행사운영비	62,000	노인장애인과	3	1	7	8	1	1	1	1
6594	경남 진주시	지체장애인진주지회행사운영비	20,000	노인장애인과	3	1	7	8	1	1	1	1
6595	경남 진주시	시각장애인협회진주지회행사운영비	16,000	노인장애인과	3	1	7	8	1	1	1	1
6596	경남 진주시	농아인협회진주지부행사운영비	12,300	노인장애인과	3	1	7	8	1	1	1	1
6597	경남 진주시	신장장애인협회진주지부행사운영비	3,000	노인장애인과	3	1	7	8	1	1	1	1
6598	경남 진주시	내일을여는멋진여성진주지회행사운영비	3,000	노인장애인과	3	1	7	8	1	1	1	1
6599	경남 진주시	느티나무장애인부모회행사운영비	5,000	노인장애인과	3	1	7	8	1	1	1	1
6600	경남 진주시	척수장애인협회행사운영비	6,000	노인장애인과	3	1	7	8	1	1	1	1
6601	경남 진주시	뇌병변복지협회행사운영비	3,000	노인장애인과	3	1	7	8	1	1	1	1

순번	시군구	지출명 (사업명)	2021년예산 (단위:천원/1년간)	담당자 (공무원)	민간이전 분류 (지방자치단체 세출예산 집행기준에 의거)	민간이전지출 근거 (지방보조금 관리기준 참고)	입찰방식			운영예산 산정		성과평가 실시여부
				담당부서	1. 민간경상사업보조(307-02) 2. 민간단체 법정운영비보조(307-03) 3. 민간행사사업보조(307-04) 4. 민간위탁금(307-05) 5. 사회복지시설 법정운영비보조(307-10) 6. 민간인위탁교육비(307-12) 7. 공기관등에대한경상적위탁사업비(308-11) 8. 민간자본사업보조,자체재원(402-01) 9. 민간자본사업보조,이전재원(402-02) 10. 민간위탁사업비(402-03) 11. 공기관등에 대한 자본적 대행사업비(403-02)	1. 법률에 규정 2. 국고보조 재원(국가지정) 3. 용도 지정 기부금 4. 조례에 직접규정 5. 지자체가 권장하는 사업을 하는 공공기관 6. 시,도 정책 및 재정사정 7. 기타 8. 해당없음	계약체결방법 (경쟁형태) 1. 일반경쟁 2. 제한경쟁 3. 지명경쟁 4. 수의계약 5. 법정위탁 6. 기타 ( ) 7. 해당없음	계약기간 1. 1년 2. 2년 3. 3년 4. 4년 5. 5년 6. 기타 ( )년 7. 단기계약 (1년미만) 8. 해당없음	낙찰자선정방법 1. 적격심사 2. 협상에의한계약 3. 최저가낙찰제 4. 규격가격분리 5. 2단계 경쟁입찰 6. 기타 ( ) 7. 해당없음	운영예산 산정 1. 내부산정 (지자체 자체적으로 산정) 2. 외부산정 (외부전문기관위탁 산정) 3. 내·외부 모두 산정 4. 산정 無 5. 해당없음	정산방법 1. 내부정산 (지자체 내부적으로 정산) 2. 외부정산 (외부전문기관위탁 정산) 3. 내·외부 모두 산정 4. 정산 無 5. 해당없음	1. 실시 2. 미실시 3. 향후 추진 4. 해당없음
6602	경남 진주시	동부인의 농특산물 한마당 대축제 및 직거래 장터	37,000	농산물유통과	3	4	7	8	7	5	5	4
6603	경남 진주시	쌀 전업농 경상남도연합회 회원대회 개최 지원	70,000	농축산과	3	6	7	8	7	5	5	4
6604	경남 진주시	축산인 한마음대회	20,000	농축산과	3	6	7	8	7	5	5	4
6605	경남 진주시	제3회 전통시장고객사랑 장터음악회	20,000	도시재생과	3	4	7	7	7	1	1	1
6606	경남 진주시	전통시장 명절맞이 고객사랑 이벤트 행사	40,000	도시재생과	3	4	7	7	7	1	1	1
6607	경남 진주시	일반성시장 고객사랑 이벤트 행사	5,000	도시재생과	3	4	7	7	7	1	1	1
6608	경남 진주시	진주 전통공예 비엔날레 개최	250,000	도시재생과	3	4	7	8	7	1	1	1
6609	경남 진주시	UCLG 파일럿 도시 프로젝트 문화예술택배사업	15,000	도시재생과	3	4	7	8	7	1	1	1
6610	경남 진주시	UCLG 파일럿 도시 프로젝트 컨퍼런스 시행	20,000	도시재생과	3	4	7	8	7	5	5	4
6611	경남 진주시	진주사직단 제향	2,000	문화예술과	3	6	6	1	7	1	1	3
6612	경남 진주시	남악서원 제향	2,500	문화예술과	3	6	6	1	7	1	1	3
6613	경남 진주시	도통사 제향	2,000	문화예술과	3	6	6	1	7	1	1	3
6614	경남 진주시	향교 춘추계 제향	10,000	문화예술과	3	6	6	1	7	1	1	3
6615	경남 진주시	향교 기로연	10,000	문화예술과	3	6	6	1	7	1	1	3
6616	경남 진주시	조선시대 과거제 향시 행사	25,000	문화예술과	3	6	6	1	7	1	1	3
6617	경남 진주시	무형문화재 대한민국 농악축제	40,000	문화예술과	3	6	6	1	7	1	1	3
6618	경남 진주시	솟대쟁이놀이 상설공연	40,000	문화예술과	3	6	6	1	7	1	1	3
6619	경남 진주시	진주역사골든벨	30,000	문화예술과	3	6	6	1	7	1	1	3
6620	경남 진주시	진주탈춤한마당 지원	43,000	문화예술과	3	4	6	1	6	1	1	3
6621	경남 진주시	진주 연극 페스티벌	10,000	문화예술과	3	4	6	1	6	1	1	3
6622	경남 진주시	대한민국 실버페스티벌	5,000	문화예술과	3	4	6	1	6	1	1	3
6623	경남 진주시	춤으로 만나는 아시아	10,000	문화예술과	3	4	6	1	6	1	1	3
6624	경남 진주시	이야기가 있는 청소년 클래식 음악회	10,000	문화예술과	3	4	6	1	6	1	1	3
6625	경남 진주시	우리의 역사와 소통하고 문화예술을 만나다	5,000	문화예술과	3	4	6	1	6	1	1	3
6626	경남 진주시	캠퍼스 정기연주회	10,000	문화예술과	3	4	6	1	6	1	1	3
6627	경남 진주시	아름다운 진주찾기 미술실기대회	8,000	문화예술과	3	4	6	1	6	1	1	3
6628	경남 진주시	진주 ART FORUM 아름다운 동향전	30,000	문화예술과	3	4	6	1	6	1	1	3
6629	경남 진주시	개천미술대상전 초대작가전	5,000	문화예술과	3	4	6	1	6	1	1	3
6630	경남 진주시	진주미술협회 전시회	5,000	문화예술과	3	4	6	1	6	1	1	3
6631	경남 진주시	읍면동 풍물단 교육	20,000	문화예술과	3	4	6	1	6	1	1	3
6632	경남 진주시	진주 국악제 행사	20,000	문화예술과	3	4	6	1	6	1	1	3
6633	경남 진주시	큰들 마당극 퍼레이드	10,000	문화예술과	3	4	6	1	6	1	1	3
6634	경남 진주시	가족장기자랑 대회	5,000	문화예술과	3	4	6	1	6	1	1	3
6635	경남 진주시	공감 예무를 말하다	5,000	문화예술과	3	4	6	1	6	1	1	3
6636	경남 진주시	출향 문인들과의 교류	7,000	문화예술과	3	4	6	1	6	1	1	3
6637	경남 진주시	차식발표 나눔차회	15,000	문화예술과	3	4	6	1	6	1	1	3
6638	경남 진주시	대한민국 가훈대전	10,000	문화예술과	3	4	6	1	6	1	1	3
6639	경남 진주시	청소년 평화음악회	20,000	문화예술과	3	4	6	1	6	1	1	3
6640	경남 진주시	온라인컨텐츠제작지원사업	60,000	문화예술과	3	4	6	1	6	1	1	3
6641	경남 진주시	진주 아마추어 e-스포츠 대회 개최	30,000	문화예술과	3	4	6	1	6	1	1	3
6642	경남 진주시	경남연극제 참가단체 지원	3,000	문화예술과	3	6	6	1	7	1	1	3
6643	경남 진주시	공군교육사령부 부대 개방행사	20,000	문화예술과	3	6	6	1	7	1	1	3
6644	경남 진주시	읍면동 문화행사비 지원	90,000	문화예술과	3	6	6	1	7	1	1	3

순번	시군구	지출명 (사업명)	2021년예산 (단위:천원/1년간)	담당자 (공무원) 담당부서	민간이전 분류 (지방자치단체 세출예산 집행기준에 의거) 1. 민간경상사업보조(307-02) 2. 민간단체 법정운영비보조(307-03) 3. 민간행사사업보조(307-04) 4. 민간위탁금(307-05) 5. 사회복지시설 법정운영비보조(307-10) 6. 민간인위탁교육비(307-12) 7. 공기관등에대한경상적위탁사업비(308-11) 8. 민간자본사업보조,자체재원(402-01) 9. 민간자본사업보조,이전재원(402-02) 10. 민간위탁사업비(402-03) 11. 공기관등에 대한 자본적 대행사업비(403-02)	민간이전지출 근거 (지방보조금 관리기준 참고) 1. 법률에 규정 2. 국고보조 재원(국가지정) 3. 용도 지정 기부금 4. 조례에 직접규정 5. 지자체가 권장하는 사업을 하는 공공기관 6. 시,도 정책 및 재정사정 7. 기타 8. 해당없음	입찰방식 계약체결방법 (경쟁형태) 1. 일반경쟁 2. 제한경쟁 3. 지명경쟁 4. 수의계약 5. 법정위탁 6. 기타 ( ) 7. 해당없음	입찰방식 계약기간 1. 1년 2. 2년 3. 3년 4. 4년 5. 5년 6. 기타 ( )년 7. 단기계약 (1년미만) 8. 해당없음	입찰방식 낙찰자선정방법 1. 적격심사 2. 협상에의한계약 3. 최저가낙찰제 4. 규격가격분리 5. 2단계 경쟁입찰 6. 기타 ( ) 7. 해당없음	운영예산 산정 운영예산 산정 1. 내부산정 (지자체 자체적으로 산정) 2. 외부산정 (외부전문기관위탁 산정) 3. 내·외부 모두 산정 4. 산정 無 5. 해당없음	운영예산 산정 정산방법 1. 내부정산 (지자체 내부적으로 정산) 2. 외부정산 (외부전문기관위탁 정산) 3. 내·외부 모두 산정 4. 정산 無 5. 해당없음	성과평가 실시여부 1. 실시 2. 미실시 3. 향후 추진 4. 해당없음
6645	경남 진주시	경남민속예술축제 참가단체 지원	10,000	문화예술과	3	6	6	1	7	1	1	3
6646	경남 진주시	문화원 역량강화 워크숍 지원	5,000	문화예술과	3	1	6	6	6	5	5	3
6647	경남 진주시	문화원 문화행사 지원	5,950	문화예술과	3	1	6	6	6	5	5	3
6648	경남 진주시	문화원 문화유적지 탐방 지원	18,000	문화예술과	3	1	6	6	6	5	5	3
6649	경남 진주시	정월 대보름 민속축제	10,000	문화예술과	3	4	6	6	6	5	5	3
6650	경남 진주시	한.중 전통문화예술 교류	40,000	문화예술과	3	4	6	6	6	5	5	3
6651	경남 진주시	문학제 지원	100,000	문화예술과	3	4	6	6	6	5	5	3
6652	경남 진주시	KBS가요무대 지원	99,000	문화예술과	3	4	6	6	6	5	5	3
6653	경남 진주시	진주 가요제 지원	99,000	문화예술과	3	4	6	6	6	5	5	3
6654	경남 진주시	3.1절 걸인, 기생독립단 만세운동 재현	10,000	문화예술과	3	4	6	6	6	5	5	3
6655	경남 진주시	진주 민예총예술제 행사 지원	30,000	문화예술과	3	4	6	6	6	5	5	3
6656	경남 진주시	한.중 문화교류 행사지원	95,000	문화예술과	3	4	6	6	6	5	5	3
6657	경남 진주시	읍면동 문화행사비 지원	87,000	문화예술과	3	4	6	6	6	5	5	3
6658	경남 진주시	진주 아름다운 동향전	30,000	문화예술과	3	4	6	6	6	5	5	3
6659	경남 진주시	한.중 국제 교류전	20,000	문화예술과	3	4	6	6	6	5	5	3
6660	경남 진주시	진주 스트릿댄스 페스티벌	30,000	문화예술과	3	4	6	6	6	5	5	3
6661	경남 진주시	진주 재즈 콘서트	80,000	문화예술과	3	4	6	6	6	5	5	3
6662	경남 진주시	진주 국제재즈페스티벌	20,000	문화예술과	3	4	6	6	6	5	5	3
6663	경남 진주시	진주 국악제 행사 지원	20,000	문화예술과	3	6	6	6	6	5	5	3
6664	경남 진주시	진주대첩제 행사 지원	10,000	문화예술과	3	6	6	6	6	5	5	3
6665	경남 진주시	진주 이상근 국제음악제	150,000	문화예술과	3	6	6	6	6	5	5	3
6666	경남 진주시	연등행사 지원	100,000	문화예술과	3	4	6	6	6	5	5	3
6667	경남 진주시	크리스마스트리 참빛문화축제	100,000	문화예술과	3	4	6	6	6	5	5	3
6668	경남 진주시	시민 합창 페스티벌	70,000	문화예술과	3	4	6	6	6	5	5	3
6669	경남 진주시	진주시 초등학교 합창 경연대회	70,000	문화예술과	3	4	6	6	6	5	5	3
6670	경남 진주시	토요일 밤 문화공연	99,000	문화예술과	3	4	6	6	6	5	5	3
6671	경남 진주시	한여름 밤 낭만콘서트	50,000	문화예술과	3	4	6	6	6	5	5	3
6672	경남 진주시	진주 유스오케스트라 정기 연주회 지원	30,000	문화예술과	3	4	6	6	6	5	5	3
6673	경남 진주시	진주호반음악제	20,000	문화예술과	3	4	6	6	6	5	5	3
6674	경남 진주시	밴드 경연대회	50,000	문화예술과	3	4	6	6	6	5	5	3
6675	경남 진주시	열정과 젊음의 열린 콘서트	22,000	문화예술과	3	4	6	6	6	5	5	3
6676	경남 진주시	국악관현악단 초청연주회	20,000	문화예술과	3	4	6	6	6	5	5	3
6677	경남 진주시	더 클래식 경남	20,000	문화예술과	3	4	6	6	6	5	5	3
6678	경남 진주시	국제학술 심포지엄	10,000	문화예술과	3	4	6	6	6	5	5	3
6679	경남 진주시	경남민예총 문화예술사업지원	5,000	문화예술과	3	4	6	6	6	5	5	3
6680	경남 진주시	대한민국상이군경회전적지순례행사	11,000	복지정책과	3	1	7	8	7	1	1	1
6681	경남 진주시	대한민국전몰군경미망인회전적지순례행사	8,000	복지정책과	3	1	7	8	7	1	1	1
6682	경남 진주시	대한민국전몰군경유족회전적지순례행사	7,000	복지정책과	3	1	7	8	7	1	1	1
6683	경남 진주시	대한민국무공수훈자회 전적지순례행사	5,000	복지정책과	3	1	7	8	7	1	1	1
6684	경남 진주시	대한민국6.25참전유공자회 전적지순례행사	5,000	복지정책과	3	1	7	8	7	1	1	1
6685	경남 진주시	대한민국고엽제전우회 전적지순례행사	7,000	복지정책과	3	1	7	8	7	1	1	1
6686	경남 진주시	대한민국월남전참전자회 전적지순례행사	8,000	복지정책과	3	1	7	8	7	1	1	1
6687	경남 진주시	광복회경남서부연합지회 전적지순례행사	3,500	복지정책과	3	1	7	8	7	1	1	1

순번	시군구	지출명 (사업명)	2021년예산 (단위:천원/1년간)	담당자 (공무원)	민간이전 분류 (지방자치단체 세출예산 집행기준에 의거)	민간이전지출 근거 (지방보조금 관리기준 참고)	입찰방식			운영예산 산정		성과평가 실시여부
				담당부서	1. 민간경상사업보조(307-02) 2. 민간단체 법정운영비보조(307-03) 3. 민간행사사업보조(307-04) 4. 민간위탁금(307-05) 5. 사회복지시설 법정운영비보조(307-10) 6. 민간인위탁교육비(307-12) 7. 공기관등에대한경상적위탁사업비(308-11) 8. 민간자본사업보조,자체재원(402-01) 9. 민간자본사업보조,이전재원(402-02) 10. 민간위탁사업비(402-03) 11. 공기관등에 대한 자본적 대행사업비(403-02)	1. 법률에 규정 2. 국고보조 재원(국가지정) 3. 용도 지정 기부금 4. 조례에 직접규정 5. 지자체가 권장하는 사업을 하는 공공기관 6. 시,도 정책 및 재정사정 7. 기타 8. 해당없음	계약체결방법 (경쟁형태) 1. 일반경쟁 2. 제한경쟁 3. 지명경쟁 4. 수의계약 5. 법정위탁 6. 기타 ( ) 7. 해당없음	계약기간 1. 1년 2. 2년 3. 3년 4. 4년 5. 5년 6. 기타 ( )년 7. 단기계약 (1년미만) 8. 해당없음	낙찰자선정방법 1. 적격심사 2. 협상에의한계약 3. 최저가낙찰제 4. 규격가격분리 5. 2단계 경쟁입찰 6. 기타 ( ) 7. 해당없음	운영예산 산정 1. 내부산정 (지자체 자체적으로 산정) 2. 외부산정 (외부전문기관위탁 산정) 3. 내·외부 모두 산정 4. 산정 無 5. 해당없음	정산방법 1. 내부정산 (지자체 내부적으로 정산) 2. 외부정산 (외부전문기관위탁 정산) 3. 내·외부 모두 산정 4. 정산 無 5. 해당없음	1. 실시 2. 미실시 3. 향후 추진 4. 해당없음
6688	경남 진주시	대한민국특수임무유공자회 경남서부연합지회 전적지순례행사	2,500	복지정책과	3	1	7	8	7	1	1	1
6689	경남 진주시	현충일 행사 지원	14,000	복지정책과	3	1	7	8	7	1	1	1
6690	경남 진주시	복지박람회	70,000	복지정책과	3	7	7	8	7	1	1	1
6691	경남 진주시	사회복지의 날 행사	10,000	복지정책과	3	6	7	8	7	1	1	1
6692	경남 진주시	북페스티벌 행사	50,000	시립도서관	3	4	7	8	7	1	1	1
6693	경남 진주시	좋은그림그리기 청소년 사생대회	10,000	아동보육과	3	6	7	8	7	1	1	4
6694	경남 진주시	어린이날 기념행사 지원	50,000	아동보육과	3	6	7	8	7	1	1	4
6695	경남 진주시	가족사랑 어린이 걷기대회 지원	20,000	아동보육과	3	6	7	8	7	1	1	4
6696	경남 진주시	어린이 범죄예방 뮤지컬 공연	7,000	아동보육과	3	6	7	8	7	1	1	4
6697	경남 진주시	어린이 그림그리기 행사	10,000	아동보육과	3	1	7	8	7	5	1	4
6698	경남 진주시	아동극 공연 및 전시회 관람	15,000	아동보육과	3	1	7	8	7	5	1	4
6699	경남 진주시	장애아동 캠프지원	10,000	아동보육과	3	1	7	8	7	5	1	4
6700	경남 진주시	보육교직원 역량강화교육	10,000	아동보육과	3	1	7	8	7	5	1	4
6701	경남 진주시	어린이집 보육교직원 한마음대회	20,000	아동보육과	3	1	7	8	7	5	1	4
6702	경남 진주시	은빛나들이를 통한 추억만들기	3,000	여성가족과	3	6	7	8	7	5	5	4
6703	경남 진주시	아빠 육아참여 행사	6,000	여성가족과	3	6	7	8	7	5	5	4
6704	경남 진주시	홀로노인초청 효도여행	3,000	여성가족과	3	4	7	8	7	5	5	4
6705	경남 진주시	장애인과 함께하는 현장체험활동	3,000	여성가족과	3	4	7	8	7	5	5	4
6706	경남 진주시	여름 무궁화캠프	3,000	여성가족과	3	4	7	8	7	5	5	4
6707	경남 진주시	초청어른(장애인) 위안잔치	5,000	여성가족과	3	4	7	8	7	5	5	4
6708	경남 진주시	어르신 추억여행	3,000	여성가족과	3	4	7	8	7	5	5	4
6709	경남 진주시	어린이 민속놀이 공연대회	3,000	여성가족과	3	4	7	8	7	5	5	4
6710	경남 진주시	대한민국 실버페스티벌 행사	5,000	여성가족과	3	4	7	8	7	5	5	4
6711	경남 진주시	자원봉사 우수프로그램 사업지원	20,000	여성가족과	3	4	7	8	7	1	1	4
6712	경남 진주시	사랑의 김장나눔 행사 지원	85,000	여성가족과	3	4	7	8	7	1	1	4
6713	경남 진주시	다문화가족 어울림 한마당 행사	5,000	여성가족과	3	4	7	8	7	5	5	4
6714	경남 진주시	우수디자인 광고물 공모 및 전시회 개최	30,000	주택경관과	3	4	7	1	7	1	1	4
6715	경남 진주시	나눔장터 운영비	7,000	청소과	3	4	7	8	7	5	5	4
6716	경남 진주시	중고품 나눔장터 상설매장 운영비	12,500	청소과	3	4	7	8	7	1	1	1
6717	경남 진주시	진주스포츠클럽 운영 지원	30,000	체육진흥과	3	1	7	8	7	1	1	1
6718	경남 진주시	진주시 종목별 시장기.협회장기 대회 등	470,500	체육진흥과	3	1	7	8	7	1	1	1
6719	경남 진주시	읍면동 체육대회 행사비 지원	145,000	체육진흥과	3	1	7	8	7	1	1	3
6720	경남 진주시	진주남강마라톤대회	60,000	체육진흥과	3	1	7	8	7	1	1	1
6721	경남 진주시	진주마라톤대회	40,000	체육진흥과	3	1	7	8	7	1	1	1
6722	경남 진주시	진주시장배 전국동호인 및 시니어 테니스 대회	30,000	체육진흥과	3	1	7	8	7	1	1	1
6723	경남 진주시	진주시장기 배드민턴대회	15,000	체육진흥과	3	1	7	8	7	1	1	1
6724	경남 진주시	진주성 축구 스토브리그	72,500	체육진흥과	3	1	7	8	7	1	1	1
6725	경남 진주시	진주시장기 전국남여궁도대회	30,000	체육진흥과	3	1	7	8	7	1	1	1
6726	경남 진주시	진주시장배 전국그라운드골프대회	12,000	체육진흥과	3	1	7	8	7	1	1	1
6727	경남 진주시	진주시장배 전국장애인탁구대회	40,000	체육진흥과	3	1	7	8	7	1	1	1
6728	경남 진주시	진주시장배 전국오픈탁구대회	15,000	체육진흥과	3	1	7	8	7	1	1	1
6729	경남 진주시	시민건강걷기대회 활성화사업	30,000	체육진흥과	3	1	7	8	7	1	1	1
6730	경남 진주시	진주대학생 체육 리그전	45,000	체육진흥과	3	1	7	8	7	1	1	1

순번	시군구	지출명 (사업명)	2021년예산 (단위:천원/1년간)	담당자 (공무원) 담당부서	민간이전 분류 (지방자치단체 세출예산 집행기준에 의거) 1. 민간경상사업보조(307-02) 2. 민간단체 법정운영비보조(307-03) 3. 민간행사사업보조(307-04) 4. 민간위탁금(307-05) 5. 사회복지시설 법정운영비보조(307-10) 6. 민간인위탁교육비(307-12) 7. 공기관등에대한경상적위탁사업비(308-11) 8. 민간자본사업보조,자체재원(402-01) 9. 민간자본사업보조,이전재원(402-02) 10. 민간위탁사업비(402-03) 11. 공기관등에 대한 자본적 대행사업비(403-02)	민간이전지출 근거 (지방보조금 관리기준 참고) 1. 법률에 규정 2. 국고보조 재원(국가지정) 3. 용도 지정 기부금 4. 조례에 직접규정 5. 지자체가 권장하는 사업을 하는 공공기관 6. 시,도 정책 및 재정사정 7. 기타 8. 해당없음	입찰방식 계약체결방법 (경쟁형태) 1. 일반경쟁 2. 제한경쟁 3. 지명경쟁 4. 수의계약 5. 법정위탁 6. 기타 ( ) 7. 해당없음	입찰방식 계약기간 1. 1년 2. 2년 3. 3년 4. 4년 5. 5년 6. 기타 ( )년 7. 단기계약 (1년미만) 8. 해당없음	입찰방식 낙찰자선정방법 1. 적격심사 2. 협상에의한계약 3. 최저가낙찰제 4. 규격가격분리 5. 2단계 경쟁입찰 6. 기타 ( ) 7. 해당없음	운영예산 산정 운영예산 산정 1. 내부산정 (지자체 자체적으로 산정) 2. 외부산정 (외부전문기관위탁 산정) 3. 내·외부 모두 산정 4. 산정 無 5. 해당없음	운영예산 산정 정산방법 1. 내부정산 (지자체 내부적으로 정산) 2. 외부정산 (외부전문기관위탁 정산) 3. 내·외부 모두 산정 4. 정산 無 5. 해당없음	성과평가 실시여부 1. 실시 2. 미실시 3. 향후 추진 4. 해당없음
6731	경남 진주시	경남도지사기 태권도대회	35,000	체육진흥과	3	1	7	8	7	1	1	1
6732	경남 진주시	전국장애인좌식배구대회	20,000	체육진흥과	3	1	7	8	7	1	1	1
6733	경남 진주시	진주스포츠클럽 운영 지원	30,000	체육진흥과	3	1	7	8	7	1	1	4
6734	경남 진주시	서진주공공스포츠클럽 운영 지원	18,000	체육진흥과	3	1	7	8	7	1	1	4
6735	경남 진주시	향교충효교실 운영	11,000	평생학습과	3	6	6	8	7	1	1	1
6736	경남 진주시	향토 전통문화계승 사업	13,500	평생학습과	3	6	6	8	7	1	1	1
6737	경남 진주시	가족캠프운영	7,000	평생학습과	3	1	7	8	7	1	1	1
6738	경남 진주시	청소년 시화전 운영	3,000	평생학습과	3	1	7	8	7	1	1	1
6739	경남 진주시	청소년 우리지역알기 프로그램	10,000	평생학습과	3	1	7	8	7	1	1	1
6740	경남 진주시	고3 청소년 어울림 한마당	35,000	평생학습과	3	1	7	8	7	1	1	1
6741	경남 진주시	통일 체험 교육	7,905	행정과	3	4	7	8	7	1	1	1
6742	경남 진주시	민주평통 평화통일 통일골든벨	4,350	행정과	3	4	7	8	7	1	1	1
6743	경남 진주시	민주평통 통일준비 시민교실 개최	3,000	행정과	3	4	7	8	7	5	5	4
6744	경남 진주시	민주평통 남북교류협력단 홍보강연회 개최	2,000	행정과	3	4	7	8	7	5	5	4
6745	경남 진주시	바르게살기회원 한마음대회	13,000	행정과	3	4	7	8	7	1	1	1
6746	경남 진주시	소외계층 희망 나눔 운동	3,000	행정과	3	4	7	8	7	1	1	1
6747	경남 진주시	자유총연맹 진주시지회 도민통합 한마음대회	40,000	행정과	3	1	7	8	7	1	1	1
6748	경남 진주시	재향군인회 향군의 날 행사	3,000	행정과	3	1	7	8	7	1	1	1
6749	경남 진주시	자연보호경진대회 지원	20,000	환경관리과	3	4	7	8	7	5	1	1
6750	경남 진주시	시민과 함께하는 자전거 대행진	30,000	환경관리과	3	1	7	8	7	5	1	1
6751	경남 진주시	자전거동호회 자전거타기 행사	25,000	환경관리과	3	1	7	8	7	5	1	1
6752	경남 진주시	어린이 세발자전거 대회	25,000	환경관리과	3	1	7	8	7	5	1	1
6753	경남 진주시	대학생 자전거 국토대종주	20,000	환경관리과	3	1	7	8	7	5	1	1
6754	경남 진주시	진주인권학교 개최 행사지원	1,000	기획예산과	3	4	7	8	7	1	1	4
6755	경남 통영시	인구정책 종합대책 수립 및 시행	8,000	기획예산담당관	3	4	7	8	7	1	1	1
6756	경남 통영시	통영야생화 전시회 행사 지원	5,000	농업기술과	3	4	7	8	7	5	5	4
6757	경남 통영시	통영 난 전시회 행사 지원	5,000	농업기술과	3	4	7	8	7	5	5	4
6758	경남 통영시	이순신장군배 국제요트대회	500,000	관광과	3	4	7	8	7	1	1	1
6759	경남 통영시	이순신장군배 전국 윈드서핑대회	35,000	관광과	3	7	7	8	7	1	1	1
6760	경남 통영시	남해안컵 국제요트대회	200,000	관광과	3	4	7	8	7	1	1	1
6761	경남 통영시	도지사배 전국요트대회	40,000	관광과	3	3	7	8	7	1	1	1
6762	경남 통영시	자율관리어업 육성사업	10,000	어업진흥과	3	4	1	7	1	1	1	4
6763	경남 통영시	천연가스생산기지 주변지역 지원사업	35,000	지역경제과	3	4	7	8	7	1	1	4
6764	경남 통영시	자율방범연합회 한마음 체육대회	9,000	행정과	3	4	7	1	7	1	1	1
6765	경남 통영시	이통장 한마음다짐대회	20,000	행정과	3	4	7	1	7	1	1	1
6766	경남 통영시	새마을지도자대회	3,000	행정과	3	4	7	1	7	1	1	1
6767	경남 통영시	새마을의 날 기념식 행사	3,000	행정과	3	4	7	1	7	1	1	1
6768	경남 통영시	바르게살기운동 회원대회	4,000	행정과	3	4	7	1	7	1	1	1
6769	경남 통영시	바르게살기운동 한마음다짐대회	2,000	행정과	3	4	7	1	7	1	1	1
6770	경남 통영시	바르게살기협회장배 글짓기 대회	2,000	행정과	3	4	7	1	7	1	1	1
6771	경남 통영시	제69년 재향군인의 날 기념식 행사	4,000	행정과	3	1	7	1	7	1	1	1
6772	경남 통영시	연날리기 경연대회	18,000	문화예술과	3	4	7	1	7	1	1	1
6773	경남 통영시	문화원 문화행사 지원	5,500	문화예술과	3	4	7	1	7	1	1	1

순번	시군구	지출명 (사업명)	2021년예산 (단위:천원/1년간)	담당자 (공무원)	민간이전 분류 (지방자치단체 세출예산 집행기준에 의거)	민간이전지출 근거 (지방보조금 관리기준 참고)	입찰방식			운영예산 산정		성과평가 실시여부
				담당부서	1. 민간경상사업보조(307-02) 2. 민간단체 법정운영비보조(307-03) 3. 민간행사사업보조(307-04) 4. 민간위탁금(307-05) 5. 사회복지시설 법정운영비보조(307-10) 6. 민간인위탁교육비(307-12) 7. 공기관등에대한경상적위탁사업비(308-11) 8. 민간자본사업보조,자체재원(402-01) 9. 민간자본사업보조,이전재원(402-02) 10. 민간위탁사업비(402-03) 11. 공기관등에 대한 자본적 대행사업비(403-02)	1. 법률에 규정 2. 국고보조 재원(국가지정) 3. 용도 지정 기부금 4. 조례에 직접규정 5. 지자체가 권장하는 사업을 하는 공공기관 6. 시,도 정책 및 재정사정 7. 기타 8. 해당없음	계약체결방법 (경쟁형태) 1. 일반경쟁 2. 제한경쟁 3. 지명경쟁 4. 수의계약 5. 법정위탁 6. 기타 ( ) 7. 해당없음	계약기간 1. 1년 2. 2년 3. 3년 4. 4년 5. 5년 6. 기타 ( )년 7. 단기계약 (1년미만) 8. 해당없음	낙찰자선정방법 1. 적격심사 2. 협상에의한계약 3. 최저가낙찰제 4. 규격가격분리 5. 2단계 경쟁입찰 6. 기타 ( ) 7. 해당없음	운영예산 산정 1. 내부산정 (지자체 자체적으로 산정) 2. 외부산정 (외부전문기관위탁 산정) 3. 내·외부 모두 산정 4. 산정 無 5. 해당없음	정산방법 1. 내부정산 (지자체 내부적으로 정산) 2. 외부정산 (외부전문기관위탁 정산) 3. 내·외부 모두 산정 4. 정산 無 5. 해당없음	1. 실시 2. 미실시 3. 향후 추진 4. 해당없음
6774	경남 통영시	2021 통영연극예술축제 행사보조	170,000	문화예술과	3	4	7	1	7	1	1	1
6775	경남 통영시	통영미술제 및 출향작가 초대전 개최	45,000	문화예술과	3	4	7	1	7	1	1	1
6776	경남 통영시	미협 여수정기교류전	4,500	문화예술과	3	4	7	1	7	1	1	1
6777	경남 통영시	통영예술제	76,000	문화예술과	3	4	7	1	7	1	1	1
6778	경남 통영시	전국학생예능경연대회	13,500	문화예술과	3	4	7	1	7	1	1	1
6779	경남 통영시	강구안 등 골목길 정기 공연	18,000	문화예술과	3	4	7	1	7	1	1	1
6780	경남 통영시	박경리 문학축전 개최 지원	70,000	문화예술과	3	4	7	1	7	1	1	1
6781	경남 통영시	통영가요제	13,500	문화예술과	3	4	7	1	7	1	1	1
6782	경남 통영시	통영시문학상 시상	70,000	문화예술과	3	4	7	1	7	1	1	1
6783	경남 통영시	전혁림예술제	25,000	문화예술과	3	4	7	1	7	1	1	1
6784	경남 통영시	통영관악연주회	4,500	문화예술과	3	4	7	1	7	1	1	1
6785	경남 통영시	부처님오신날 연합봉축대법회 행사	13,000	문화예술과	3	4	7	1	7	1	1	1
6786	경남 통영시	전국서예대전 행사 보조	22,000	문화예술과	3	4	7	1	7	1	1	1
6787	경남 통영시	한국서예통영지부전	2,000	문화예술과	3	4	7	1	7	1	1	1
6788	경남 통영시	이팔청춘 아트페스티벌 행사보조	9,000	문화예술과	3	4	7	1	7	1	1	1
6789	경남 통영시	자매도시(과천시) 축제교류 참가	5,000	문화예술과	3	4	7	8	7	1	1	4
6790	경남 통영시	경남민속예술축제 참가	7,200	문화예술과	3	4	7	8	7	1	1	4
6791	경남 통영시	봉숫골벚꽃축제	34,000	문화예술과	3	4	7	8	7	1	1	4
6792	경남 통영시	사량도옥녀봉등반축제	22,000	문화예술과	3	4	7	8	7	1	1	4
6793	경남 통영시	한산도바다체험축제	22,000	문화예술과	3	4	7	8	7	1	1	4
6794	경남 통영시	욕지섬문화축제	22,000	문화예술과	3	4	7	8	7	1	1	4
6795	경남 통영시	나전칠기 전시회	4,500	문화예술과	3	7	7	1	7	1	1	1
6796	경남 통영시	중요무형문화재 정기발표공연 출연단체 보조	10,800	문화예술과	3	7	7	1	6	1	1	2
6797	경남 통영시	죽도 남해안별신굿 공연 지원	10,800	문화예술과	3	7	7	1	6	1	1	2
6798	경남 통영시	통제영 12공방 기획전 지원	4,500	문화예술과	3	7	7	1	6	1	1	2
6799	경남 통영시	향교 춘,추향 석전제 행사 지원	5,400	문화예술과	3	7	7	1	6	1	1	2
6800	경남 통영시	향교기로연 재현 지원	3,600	문화예술과	3	7	7	1	6	1	1	2
6801	경남 통영시	해병대통영상륙작전 기념행사 보조	15,300	문화예술과	3	4	7	8	7	1	1	4
6802	경남 통영시	노인의 날 행사 지원	18,000	노인장애인복지과	3	4	7	8	7	1	1	1
6803	경남 통영시	2021년도 실버체육대회 참가	5,400	노인장애인복지과	3	1	7	8	7	1	1	1
6804	경남 통영시	장애인의 날 행사 및 복지대회 지원	30,000	노인장애인복지과	3	6	7	8	7	5	1	4
6805	경남 통영시	통영시 자원봉사자대회	8,000	노인장애인복지과	3	1	7	8	7	5	1	1
6806	경남 통영시	국가유공자 및 유족 보훈사업	34,000	주민생활복지과	3	4	7	8	7	1	1	4
6807	경남 통영시	통영시 사회복지박람회 지원	27,700	주민생활복지과	3	7	7	8	7	1	1	1
6808	경남 통영시	사회복지사 처우개선사업	4,000	주민생활복지과	3	4	7	8	7	1	1	4
6809	경남 통영시	농축산물 축제 및 농업인한마당 행사	33,000	농축산과	3	6	7	8	7	5	5	4
6810	경남 통영시	제16회 경상남도농업경영인한마음대회 지원	270,000	농축산과	3	4	7	8	7	5	5	4
6811	경남 통영시	반려동물 축제행사지원	15,000	농축산과	3	4	7	8	7	5	5	4
6812	경남 사천시	문화예술인의 밤 행사 지원	10,000	문화체육과	3	4	7	8	7	1	1	1
6813	경남 사천시	한국연예예술인총연합회 가을밤 열린콘서트 경비 지원	10,000	문화체육과	3	4	7	8	7	1	1	1
6814	경남 사천시	한국연예예술인총연합회 가요페스티벌 지원	10,000	문화체육과	3	4	7	8	7	1	1	1
6815	경남 사천시	전국단위대회 유치 및 대회 운영비 지원	20,000	문화체육과	3	4	7	8	7	5	1	4
6816	경남 사천시	전국체육대회 출전팀 경비 지원	10,000	문화체육과	3	4	7	8	7	5	1	4

순번	시군구	지출명 (사업명)	2021년예산 (단위:천원/1년간)	담당자 (공무원) 담당부서	민간이전 분류 (지방자치단체 세출예산 집행기준에 의거) 1. 민간경상사업보조(307-02) 2. 민간단체 법정운영비보조(307-03) 3. 민간행사사업보조(307-04) 4. 민간위탁금(307-05) 5. 사회복지시설 법정운영비보조(307-10) 6. 민간인위탁교육비(307-12) 7. 공기관등에대한경상적위탁사업비(308-11) 8. 민간자본사업보조,자체재원(402-01) 9. 민간자본사업보조,이전재원(402-02) 10. 민간위탁사업비(402-03) 11. 공기관등에 대한 자본적 대행사업비(403-02)	민간이전지출 근거 (지방보조금 관리기준 참고) 1. 법률에 규정 2. 국고보조 재원(국가지정) 3. 용도 지정 기부금 4. 조례에 직접규정 5. 지자체가 권장하는 사업을 하는 공공기관 6. 시,도 정책 및 재정사정 7. 기타 8. 해당없음	입찰방식 계약체결방법 (경쟁형태) 1. 일반경쟁 2. 제한경쟁 3. 지명경쟁 4. 수의계약 5. 법정위탁 6. 기타 ( ) 7. 해당없음	입찰방식 계약기간 1. 1년 2. 2년 3. 3년 4. 4년 5. 5년 6. 기타 ( )년 7. 단기계약 (1년미만) 8. 해당없음	입찰방식 낙찰자선정방법 1. 적격심사 2. 협상에의한계약 3. 최저가낙찰제 4. 규격가격분리 5. 2단계 경쟁입찰 6. 기타 ( ) 7. 해당없음	운영예산 산정 운영예산 산정 1. 내부산정 (지자체 자체적으로 산정) 2. 외부산정 (외부전문기관위탁 산정) 3. 내·외부 모두 산정 4. 산정 無 5. 해당없음	운영예산 산정 정산방법 1. 내부정산 (지자체 내부적으로 정산) 2. 외부정산 (외부전문기관위탁 정산) 3. 내·외부 모두 산정 4. 정산 無 5. 해당없음	성과평가 실시여부 1. 실시 2. 미실시 3. 향후 추진 4. 해당없음
6817	경남 사천시	체육성과결산대회 개최경비 지원	10,000	문화체육과	3	4	7	8	7	5	1	4
6818	경남 사천시	전국단위대회 유치 개최	20,000	문화체육과	3	4	7	8	7	5	1	4
6819	경남 사천시	읍면동체육대회 지원	280,000	문화체육과	3	4	7	8	7	5	1	4
6820	경남 사천시	시민체육대회 운영 지원	70,000	문화체육과	3	4	7	8	7	5	1	4
6821	경남 사천시	종목별 생활체육대회 지원	120,000	문화체육과	3	4	7	8	7	5	1	4
6822	경남 사천시	2020년 시민건강걷기대회 지원	20,000	문화체육과	3	4	7	8	7	5	1	4
6823	경남 사천시	제18회 사천시장기 고등학교 스포츠동아리 대항 체육대회 지원	25,000	문화체육과	3	4	7	8	7	5	1	4
6824	경남 사천시	추계전국남녀중고 농구연맹전	100,000	문화체육과	3	4	7	8	7	5	1	4
6825	경남 사천시	제9회 사천시장배 전국 의료인 농구대회	10,000	문화체육과	3	4	7	8	7	5	1	4
6826	경남 사천시	제16회 사천노을마라톤 대회	80,000	문화체육과	3	4	7	8	7	5	1	4
6827	경남 사천시	사천시장배 전국무에타이킥복싱대회	20,000	문화체육과	3	4	7	8	7	5	1	4
6828	경남 사천시	사천시장배 생활체육전국유도대회	20,000	문화체육과	3	4	7	8	7	5	1	4
6829	경남 사천시	제13회 사천시장배 등산대회 및 제43회 와룡산비룡제	10,000	문화체육과	3	4	7	8	7	5	1	4
6830	경남 사천시	제13회 사천시장배 와룡울트라 전국산악자전거 랠리	10,000	문화체육과	3	4	7	8	7	5	1	4
6831	경남 사천시	경남족구협회장기 족구대회	10,000	문화체육과	3	4	7	8	7	5	1	4
6832	경남 사천시	자연보호 행사 지원	18,000	환경보호과	3	7	7	1	7	1	1	1
6833	경남 사천시	읍면동 깨끗한 환경가꾸기 행사 지원	18,200	환경보호과	3	7	7	1	7	1	1	1
6834	경남 사천시	지구의 날 행사 지원	4,000	환경보호과	3	7	7	1	7	1	1	1
6835	경남 사천시	사천강 살리기 행사 지원	3,000	환경보호과	3	7	7	1	7	1	1	1
6836	경남 사천시	사천시 삼천포항 수산물축제 행사지원	180,000	해양수산과	3	7	7	8	7	5	5	4
6837	경남 사천시	지역특화 수산물축제 지원(전어축제)	125,000	해양수산과	3	6	7	8	7	5	5	4
6838	경남 사천시	농축임산물 축제행사 지원	270,000	농축산과	3	7	7	8	7	5	5	4
6839	경남 사천시	6.25전쟁 제71주년 기념행사	10,000	주민생활지원과	3	4	7	8	7	1	1	1
6840	경남 사천시	자원봉사자 한마음대회	20,000	주민생활지원과	3	4	7	8	1	1	1	2
6841	경남 김해시	지진안전 시설물 인증 지원사업	33,000	안전도시과	3	1	7	8	7	5	5	4
6842	경남 김해시	의용소방대 소방기술 경연대회(동부)	6,000	안전도시과	3	4	7	8	7	5	5	4
6843	경남 김해시	의용소방대 소방기술 경연대회(서부)	4,500	안전도시과	3	4	7	8	7	5	5	4
6844	경남 김해시	새마을 한가위 사랑의 김장담그기 사업	11,700	자치행정과	3	1	5	1	7	1	1	1
6845	경남 김해시	새마을 김해시민 독서생활화 경진대회	1,500	자치행정과	3	1	5	1	7	1	1	1
6846	경남 김해시	새마을문고회 작은음악회	2,000	자치행정과	3	1	5	1	7	1	1	1
6847	경남 김해시	새마을지도자 한마음대회	27,000	자치행정과	3	1	5	1	7	1	1	1
6848	경남 김해시	한국자총 북한이탈주민 정착돕기 사업	3,600	자치행정과	3	1	5	1	7	1	1	1
6849	경남 김해시	6.25전쟁 민간인 희생자 위령제 지원	7,200	자치행정과	3	4	7	1	7	1	1	1
6850	경남 김해시	국가기념일 등 행사 보조	13,400	자치행정과	3	4	1	1	1	1	1	1
6851	경남 김해시	소외계층 지원 행사 보조	6,300	자치행정과	3	4	1	1	1	1	1	1
6852	경남 김해시	북한이탈주민 지원 행사 보조	3,600	자치행정과	3	4	1	1	1	1	1	1
6853	경남 김해시	전통문화 보호 계승 행사 보조	3,150	자치행정과	3	4	1	1	1	1	1	1
6854	경남 김해시	환경보호 행사 보조	2,000	자치행정과	3	4	1	1	1	1	1	1
6855	경남 김해시	국가기념일 등 행사보조	42,200	총무과	3	4	7	8	7	5	5	4
6856	경남 김해시	어린이날 행사	67,500	아동보육과	3	1	7	8	7	5	5	4
6857	경남 김해시	보육사업 행사 및 교육-보육인 한마음 큰축제 행사	13,000	아동보육과	3	4	7	8	7	1	1	1
6858	경남 김해시	연등축제	36,000	문화예술과	3	1	7	8	7	1	1	1
6859	경남 김해시	장군차 헌다례 행사	2,700	문화예술과	3	1	7	8	7	1	1	4

순번	시군구	지출명 (사업명)	2021년예산 (단위:천원/1년간)	담당자 (공무원) 담당부서	민간이전 분류 (지방자치단체 세출예산 집행기준에 의거) 1. 민간경상사업보조(307-02) 2. 민간단체 법정운영비보조(307-03) 3. 민간행사사업보조(307-04) 4. 민간위탁금(307-05) 5. 사회복지시설 법정운영비보조(307-10) 6. 민간인위탁교육비(307-12) 7. 공기관등에대한경상적위탁사업비(308-11) 8. 민간자본사업보조,자체재원(402-01) 9. 민간자본사업보조,이전재원(402-02) 10. 민간위탁사업비(402-03) 11. 공기관등에 대한 자본적 대행사업비(403-02)	민간이전지출 근거 (지방보조금 관리기준 참고) 1. 법률에 규정 2. 국고보조 재원(국가지정) 3. 용도 지정 기부금 4. 조례에 직접규정 5. 지자체가 권장하는 사업을 하는 공공기관 6. 시,도 정책 및 재정사정 7. 기타 8. 해당없음	입찰방식 계약체결방법 (경쟁형태) 1. 일반경쟁 2. 제한경쟁 3. 지명경쟁 4. 수의계약 5. 법정위탁 6. 기타 ( ) 7. 해당없음	입찰방식 계약기간 1. 1년 2. 2년 3. 3년 4. 4년 5. 5년 6. 기타 ( )년 7. 단기계약 (1년미만) 8. 해당없음	입찰방식 낙찰자선정방법 1. 적격심사 2. 협상에의한계약 3. 최저가낙찰제 4. 규격가격분리 5. 2단계 경쟁입찰 6. 기타 ( ) 7. 해당없음	운영예산 산정 운영예산 산정 1. 내부산정 (지자체 자체적으로 산정) 2. 외부산정 (외부전문기관위탁 산정) 3. 내·외부 모두 산정 4. 산정 無 5. 해당없음	운영예산 산정 정산방법 1. 내부정산 (지자체 내부적으로 정산) 2. 외부정산 (외부전문기관위탁 정산) 3. 내·외부 모두 산정 4. 정산 無 5. 해당없음	성과평가 실시여부 1. 실시 2. 미실시 3. 향후 추진 4. 해당없음
6860	경남 김해시	가야차문화 한마당 행사	30,000	문화예술과	3	1	7	8	7	1	1	4
6861	경남 김해시	김해예총 창작 활동비	14,000	문화예술과	3	1	7	8	7	1	1	1
6862	경남 김해시	수로 전국 청소년예능콘서트	15,000	문화예술과	3	1	7	8	7	1	1	1
6863	경남 김해시	가야금페스티벌	80,000	문화예술과	3	1	7	8	7	1	1	1
6864	경남 김해시	김해전국가야금경연대회	63,000	문화예술과	3	1	7	8	7	1	1	1
6865	경남 김해시	타 지자체 문화예술행사 참가지원	5,000	문화예술과	3	1	7	8	7	1	1	1
6866	경남 김해시	시민행복음악회 개최	90,000	문화예술과	3	1	7	8	7	1	1	1
6867	경남 김해시	김해국제음악제 행사비	20,000	문화예술과	3	1	7	8	7	1	1	1
6868	경남 김해시	김해전국선면예술대전	15,000	문화예술과	3	1	7	8	7	1	1	1
6869	경남 김해시	아름다운김해로 전국성악경연대회 행사비	20,000	문화예술과	3	1	7	8	7	1	1	1
6870	경남 김해시	전국한시백일장	15,300	문화예술과	3	1	7	8	7	1	1	1
6871	경남 김해시	뮤즈페스타 3colors 행사비	8,000	문화예술과	3	1	7	8	7	1	1	1
6872	경남 김해시	구지가문학제 운영	27,300	문화예술과	3	1	7	8	7	1	1	1
6873	경남 김해시	장애인의 날 기념행사	25,000	노인장애인과	3	1	7	8	7	5	1	1
6874	경남 김해시	희망 21C 장애인 한마음워크숍	10,000	노인장애인과	3	1	7	8	7	5	1	1
6875	경남 김해시	농아인가족 수련대회	3,000	노인장애인과	3	1	7	8	7	5	1	1
6876	경남 김해시	사랑의 수어교실 운영	5,700	노인장애인과	3	1	7	8	7	5	1	1
6877	경남 김해시	농아인의날 기념 화합한마당	1,500	노인장애인과	3	1	7	8	7	5	1	1
6878	경남 김해시	시각장애인 자연환경 체험활동	1,350	노인장애인과	3	1	7	8	7	5	1	1
6879	경남 김해시	장애아동의 날 및 장애인 인권문화축제	5,400	노인장애인과	3	1	7	8	7	5	1	1
6880	경남 김해시	장애인가족 한마당 행사	3,240	노인장애인과	3	1	7	8	7	5	1	1
6881	경남 김해시	장애아동을 위한 주말 문화체험교실	2,000	노인장애인과	3	1	7	8	7	5	1	1
6882	경남 김해시	농아노인 경로행사	1,000	노인장애인과	3	1	7	8	7	5	1	1
6883	경남 김해시	휠체어와 함께하는 걷기대회 및 장애인 가요제	7,000	노인장애인과	3	1	7	8	7	5	1	1
6884	경남 김해시	장애인과 함께하는 래프팅	7,000	노인장애인과	3	1	7	8	7	5	1	1
6885	경남 김해시	척수장애인 문화탐방	2,000	노인장애인과	3	1	7	8	7	5	1	1
6886	경남 김해시	공동주택 공동체 활성화 공모사업	18,000	공동주택과	3	4	7	8	7	5	5	4
6887	경남 김해시	공항소음 피해지역 주민지원사업	30,000	대중교통과	3	1	7	8	7	1	1	1
6888	경남 김해시	시장기 종목별 체육대회 개최 지원	49,500	체육지원과	3	4	7	8	7	1	1	1
6889	경남 김해시	협회장기 종목별 체육대회 개최 지원	128,250	체육지원과	3	4	7	8	7	1	1	1
6890	경남 김해시	8.15 광복절기념 숲속둘레길 걷기대회	36,000	체육지원과	3	4	7	8	7	1	1	1
6891	경남 김해시	UN세계요가의날 기념행사	8,000	체육지원과	3	4	7	8	7	1	1	1
6892	경남 김해시	민간 체육행사 사업보조	10,000	체육지원과	3	4	7	8	7	1	1	1
6893	경남 김해시	2021 유청소년 축구(I-리그) 운영	27,000	체육지원과	3	4	7	8	7	1	1	1
6894	경남 김해시	가맹단체 대회 개최	25,200	체육지원과	3	4	7	8	7	1	1	1
6895	경남 김해시	제2회 김해가야왕도배 유소년 축구대회	20,000	체육지원과	3	4	7	7	7	1	1	1
6896	경남 김해시	제21회 해동이기 전국 리틀야구대회	18,000	체육지원과	3	4	7	7	7	1	1	1
6897	경남 김해시	제2회 김해가야왕도배 전국 산악자전거 대회	36,000	체육지원과	3	4	7	7	7	1	1	1
6898	경남 김해시	제9회 김해시장배 전국 동호인 테니스대회	9,000	체육지원과	3	4	7	7	7	1	1	1
6899	경남 김해시	제13회 김해시장배 영호남조청 족구대회	20,000	체육지원과	3	4	7	7	7	1	1	1
6900	경남 김해시	제14회 김해시장배 전국 바둑대회	30,000	체육지원과	3	4	7	7	7	1	1	1
6901	경남 김해시	제1회 김해시장배 골프대회	18,000	체육지원과	3	4	7	7	7	1	1	1
6902	경남 김해시	2021 김해시무에타이협회장배 전국 무에타이대회	9,000	체육지원과	3	4	7	7	7	1	1	1

순번	시군구	지출명 (사업명)	2021년예산 (단위:천원/1년간)	담당자 (공무원) 담당부서	민간이전 분류 (지방자치단체 세출예산 집행기준에 의거) 1. 민간경상사업보조(307-02) 2. 민간단체 법정운영비보조(307-03) 3. 민간행사사업보조(307-04) 4. 민간위탁금(307-05) 5. 사회복지시설 법정운영비보조(307-10) 6. 민간인위탁교육비(307-12) 7. 공기관등에대한경상적위탁사업비(308-11) 8. 민간자본사업보조,자체재원(402-01) 9. 민간자본사업보조,이전재원(402-02) 10. 민간위탁사업비(402-03) 11. 공기관등에 대한 자본적 대행사업비(403-02)	민간이전지출 근거 (지방보조금 관리기준 참고) 1. 법률에 규정 2. 국고보조 재원(국가지정) 3. 용도 지정 기부금 4. 조례에 직접규정 5. 지자체가 권장하는 사업을 하는 공공기관 6. 시,도 정책 및 재정사정 7. 기타 8. 해당없음	입찰방식 계약체결방법 (경쟁형태) 1. 일반경쟁 2. 제한경쟁 3. 지명경쟁 4. 수의계약 5. 법정위탁 6. 기타 ( ) 7. 해당없음	입찰방식 계약기간 1. 1년 2. 2년 3. 3년 4. 4년 5. 5년 6. 기타 ( )년 7. 단기계약 (1년미만) 8. 해당없음	입찰방식 낙찰자선정방법 1. 적격심사 2. 협상에의한계약 3. 최저가낙찰제 4. 규격가격분리 5. 2단계 경쟁입찰 6. 기타 ( ) 7. 해당없음	운영예산 산정 운영예산 산정 1. 내부산정 (지자체 자체적으로 산정) 2. 외부산정 (외부전문기관위탁 산정) 3. 내·외부 모두 산정 4. 산정 無 5. 해당없음	운영예산 산정 정산방법 1. 내부정산 (지자체 내부적으로 정산) 2. 외부정산 (외부전문기관위탁 정산) 3. 내·외부 모두 산정 4. 정산 無 5. 해당없음	성과평가 실시여부 1. 실시 2. 미실시 3. 향후 추진 4. 해당없음
6903	경남 김해시	도 단위 및 전국단위 대회 이상 유치지원	36,000	체육지원과	3	4	7	7	7	1	1	1
6904	경남 김해시	공예품전시회개최지원	3,500	지역경제과	3	6	7	8	7	5	5	4
6905	경남 김해시	찾아가는 공예교실	3,600	지역경제과	3	6	7	8	7	5	5	4
6906	경남 김해시	외국인 근로자 복지 향상(한국문화체험)	2,000	여성가족과	3	4	6	1	1	5	1	4
6907	경남 김해시	외국인 근로자 복지 향상(다어울림 축제)	34,000	여성가족과	3	4	6	1	1	5	1	4
6908	경남 김해시	청소년복지 증진	4,500	여성가족과	3	6	1	8	1	1	1	1
6909	경남 김해시	평화의 소녀상 관리 및 일본군위안부 피해자 기념행사 지원	2,700	여성가족과	3	1	1	7	1	1	1	1
6910	경남 김해시	근로자 행사 지원	28,650	일자리정책과	3	4	7	8	7	1	1	1
6911	경남 밀양시	무안맛나향 고추 축제	21,000	6차산업과	3	4	7	8	7	5	1	4
6912	경남 밀양시	얼음골사과 축제	25,623	6차산업과	3	4	7	8	7	5	1	4
6913	경남 밀양시	깻잎가족한마음 체육행사	8,000	6차산업과	3	4	4	7	7	1	1	4
6914	경남 밀양시	농산물수출 해외시장개척	6,200	6차산업과	3	4	7	8	7	5	1	1
6915	경남 밀양시	관광홍보	20,000	관광진흥과	3	4	7	8	7	5	5	4
6916	경남 밀양시	농업경영인가족 체육행사	18,000	농정과	3	6	7	8	7	1	1	2
6917	경남 밀양시	문화재 행정	24,000	문화예술과	3	4	7	1	7	5	1	4
6918	경남 밀양시	공예품개발	6,000	문화예술과	3	4	7	1	7	1	1	1
6919	경남 밀양시	향교운영	7,000	문화예술과	3	4	7	1	7	5	1	4
6920	경남 밀양시	문화예술단체 보조	123,000	문화예술과	3	4	7	1	7	1	1	1
6921	경남 밀양시	무형문화재 보존	41,800	문화예술과	3	4	7	1	7	5	1	4
6922	경남 밀양시	제향 및 종교행사	8,000	문화예술과	3	4	7	1	7	5	1	4
6923	경남 밀양시	밀양아리랑가요제 운영	170,000	문화예술과	3	4	7	1	7	1	1	4
6924	경남 밀양시	종남산 진달래 축제	5,000	문화예술과	3	4	7	1	7	1	1	1
6925	경남 밀양시	밀양아리랑 활성화	65,000	문화예술과	3	4	7	1	7	1	1	4
6926	경남 밀양시	밀양예술제 행사	80,000	문화예술과	3	4	7	1	7	1	1	1
6927	경남 밀양시	문화예술인의밤 행사	7,000	문화예술과	3	4	7	1	7	1	1	1
6928	경남 밀양시	심포닉밴드 밀양시민음악회	60,000	문화예술과	3	4	7	1	7	1	1	1
6929	경남 밀양시	무형문화재 정기 공연	242,000	문화예술과	3	4	7	1	7	5	1	4
6930	경남 밀양시	시민연등 축제	15,000	문화예술과	3	4	7	1	7	5	1	4
6931	경남 밀양시	시민성탄축제	15,000	문화예술과	3	4	7	1	7	5	1	4
6932	경남 밀양시	공예품 체험 시연회	10,000	문화예술과	3	4	7	1	7	1	1	1
6933	경남 밀양시	소극장 축제	15,000	문화예술과	3	4	7	1	7	1	1	1
6934	경남 밀양시	생생문화재 사업	50,000	문화예술과	3	1	7	1	7	5	1	4
6935	경남 밀양시	읍면지역 찾아가는 음악회	8,000	문화예술과	3	4	7	1	7	1	1	1
6936	경남 밀양시	경남 찻사발 전국 공모전 및 초대전	45,000	문화예술과	3	4	7	1	7	1	1	4
6937	경남 밀양시	향교 서원 문화재 활용	115,000	문화예술과	3	1	7	1	7	5	1	4
6938	경남 밀양시	문화예술의거리 조성	100,000	문화예술과	3	4	7	1	7	1	1	4
6939	경남 밀양시	우수예술단체 찾아가는 문화활동	20,000	문화예술과	3	4	7	1	7	1	1	4
6940	경남 밀양시	밀양아리나 상설 주말공연	100,000	문화예술과	3	8	7	8	7	1	1	1
6941	경남 밀양시	여성단체	25,900	사회복지과	3	7	6	7	7	1	1	1
6942	경남 밀양시	다문화가족 한마당축제	9,000	사회복지과	3	4	7	8	7	1	1	1
6943	경남 밀양시	어려운가정, 모범어린이 학습체험	9,000	사회복지과	3	5	7	8	7	1	1	1
6944	경남 밀양시	어린이날 행사	32,000	사회복지과	3	5	7	8	7	1	1	1
6945	경남 밀양시	농촌 어린이사랑 꿈나무운동회	11,000	사회복지과	3	5	7	8	7	1	1	1

순번	시군구	지출명 (사업명)	2021년예산 (단위:천원/1년간)	담당자 (공무원)	민간이전 분류 (지방자치단체 세출예산 집행기준에 의거)	민간이전지출 근거 (지방보조금 관리기준 참고)	입찰방식			운영예산 산정		성과평가 실시여부
				담당부서	1. 민간경상사업보조(307-02) 2. 민간단체 법정운영비보조(307-03) 3. 민간행사사업보조(307-04) 4. 민간위탁금(307-05) 5. 사회복지시설 법정운영비보조(307-10) 6. 민간인위탁교육비(307-12) 7. 공기관등에대한경상적위탁사업비(308-11) 8. 민간자본사업보조,자체재원(402-01) 9. 민간자본사업보조,이전재원(402-02) 10. 민간위탁사업비(402-03) 11. 공기관등에 대한 자본적 대행사업비(403-02)	1. 법률에 규정 2. 국고보조 재원(국가지정) 3. 용도 지정 기부금 4. 조례에 직접규정 5. 지자체가 권장하는 사업을 하는 공공기관 6. 시,도 정책 및 재정사정 7. 기타 8. 해당없음	계약체결방법 (경쟁형태) 1. 일반경쟁 2. 제한경쟁 3. 지명경쟁 4. 수의계약 5. 법정위탁 6. 기타 ( ) 7. 해당없음	계약기간 1. 1년 2. 2년 3. 3년 4. 4년 5. 5년 6. 기타 ( )년 7. 단기계약 (1년미만) 8. 해당없음	낙찰자선정방법 1. 적격심사 2. 협상에의한계약 3. 최저가낙찰제 4. 규격가격분리 5. 2단계 경쟁입찰 6. 기타 ( ) 7. 해당없음	운영예산 산정 1. 내부산정 (지자체 자체적으로 산정) 2. 외부산정 (외부전문기관위탁 산정) 3. 내·외부 모두 산정 4. 산정 無 5. 해당없음	정산방법 1. 내부정산 (지자체 내부적으로 정산) 2. 외부정산 (외부전문기관위탁 정산) 3. 내·외부 모두 산정 4. 정산 無 5. 해당없음	1. 실시 2. 미실시 3. 향후 추진 4. 해당없음
6946	경남 밀양시	노인교육 프로그램 지원	5,000	사회복지과	3	1	7	8	7	1	1	1
6947	경남 밀양시	노인의 날 기념행사	22,000	사회복지과	3	1	7	8	7	1	1	1
6948	경남 밀양시	밀양실버가요제	8,000	사회복지과	3	1	7	8	7	1	1	1
6949	경남 밀양시	보육행사	16,000	사회복지과	3	1	7	8	7	1	1	4
6950	경남 밀양시	장한어린이 문화탐방 행사	5,000	사회복지과	3	5	7	8	7	1	1	1
6951	경남 밀양시	장애인행사운영지원	48,000	사회복지과	3	1	7	8	7	5	5	4
6952	경남 밀양시	산림행정관리	3,000	산림녹지과	3	6	7	8	7	5	5	1
6953	경남 밀양시	대추축제 행사	20,000	산림녹지과	3	6	7	8	7	5	5	1
6954	경남 밀양시	산림레포츠시설조성	8,000	산림녹지과	3	8	7	8	7	5	5	1
6955	경남 밀양시	국가유공자복지	51,250	주민생활지원과	3	1	7	8	7	1	1	4
6956	경남 밀양시	독립유공자지원	8,000	주민생활지원과	3	1	7	8	7	1	1	4
6957	경남 밀양시	자원봉사활성화	14,000	주민생활지원과	3	1	7	8	7	1	1	4
6958	경남 밀양시	사회복지활성화	5,000	주민생활지원과	3	4	7	8	7	1	1	4
6959	경남 밀양시	지역사회보장협의체운영	24,440	주민생활지원과	3	1	7	8	7	1	1	4
6960	경남 밀양시	재향군인의 날 기념행사	18,000	주민생활지원과	3	1	7	8	7	1	1	4
6961	경남 밀양시	현충일 추념행사	17,000	주민생활지원과	3	1	7	8	7	1	1	4
6962	경남 밀양시	보훈단체 위안행사	10,000	주민생활지원과	3	1	7	8	7	1	1	4
6963	경남 밀양시	3.13밀양만세운동재현 및 추모행사	40,000	주민생활지원과	3	1	7	8	7	1	1	4
6964	경남 밀양시	위령제	5,000	주민생활지원과	3	1	7	8	7	1	1	4
6965	경남 밀양시	독립운동가 추모제	10,000	주민생활지원과	3	1	7	8	7	1	1	4
6966	경남 밀양시	8.15 광복절 기념행사	3,000	주민생활지원과	3	1	7	8	7	1	1	4
6967	경남 밀양시	체육행사 추진	12,000	체육진흥과	3	7	7	8	7	1	1	1
6968	경남 밀양시	3.1절기념 역전경주대회	20,000	체육진흥과	3	7	7	8	7	1	1	1
6969	경남 밀양시	시민생활 체육대회	35,000	체육진흥과	3	7	7	8	7	1	1	1
6970	경남 밀양시	시민건강 걷기 대회	10,000	체육진흥과	3	7	7	8	7	1	1	1
6971	경남 밀양시	시장배 시민골프 대회	7,000	체육진흥과	3	7	7	8	7	1	1	1
6972	경남 밀양시	전국체육 대회	3,000	체육진흥과	3	7	7	8	7	1	1	1
6973	경남 밀양시	시장기 배드민턴 대회	8,000	체육진흥과	3	7	7	8	7	1	1	1
6974	경남 밀양시	시장배 경남 게이트볼 대회	20,000	체육진흥과	3	7	7	8	7	1	1	1
6975	경남 밀양시	시장기 테니스 대회	15,000	체육진흥과	3	7	7	8	7	1	1	1
6976	경남 밀양시	시장배 전국 파크골프 대회	20,000	체육진흥과	3	7	7	8	7	1	1	1
6977	경남 밀양시	청소년 풋살 대회	9,000	체육진흥과	3	7	7	8	7	1	1	1
6978	경남 밀양시	영호남 초청 족구대회	22,000	체육진흥과	3	7	7	8	7	1	1	1
6979	경남 밀양시	밀양아리랑배 밀양리그 축구대회	8,000	체육진흥과	3	7	7	8	7	1	1	1
6980	경남 밀양시	밀양시 생활체육 자전거타기 대행진	20,000	체육진흥과	3	7	7	8	7	1	1	1
6981	경남 밀양시	전국 양궁대회	20,000	체육진흥과	3	7	7	8	7	1	1	1
6982	경남 밀양시	시장배 사회인야구대회	7,000	체육진흥과	3	7	7	8	7	1	1	1
6983	경남 밀양시	밀양아리랑배 풋살대회	10,000	체육진흥과	3	7	7	8	7	1	1	1
6984	경남 밀양시	시민체육 대회	90,000	체육진흥과	3	7	7	8	7	1	1	1
6985	경남 밀양시	생활체육 활성화	50,000	체육진흥과	3	7	7	8	7	1	1	1
6986	경남 밀양시	전국 배드민턴대회	430,000	체육진흥과	3	7	7	8	7	1	1	1
6987	경남 밀양시	밀양시장기 전국 오픈 탁구대회	12,000	체육진흥과	3	7	7	8	7	1	1	1
6988	경남 밀양시	밀양요넥스 코리아 주니어 오픈 배드민턴선수권 대회	290,000	체육진흥과	3	7	7	8	7	1	1	1

순번	시군구	지출명 (사업명)	2021년예산 (단위:천원/1년간)	담당자 (공무원) 담당부서	민간이전 분류 (지방자치단체 세출예산 집행기준에 의거) 1. 민간경상사업보조(307-02) 2. 민간단체 법정운영비보조(307-03) 3. 민간행사사업보조(307-04) 4. 민간위탁금(307-05) 5. 사회복지시설 법정운영비보조(307-10) 6. 민간인위탁교육비(307-12) 7. 공기관등에대한경상적위탁사업비(308-11) 8. 민간자본사업보조,자체재원(402-01) 9. 민간자본사업보조,이전재원(402-02) 10. 민간위탁사업비(402-03) 11. 공기관등에 대한 자본적 대행사업비(403-02)	민간이전지출 근거 (지방보조금 관리기준 참고) 1. 법률에 규정 2. 국고보조 재원(국가지정) 3. 용도 지정 기부금 4. 조례에 직접규정 5. 지자체가 권장하는 사업을 하는 공공기관 6. 시,도 정책 및 재정사정 7. 기타 8. 해당없음	입찰방식: 계약체결방법 (경쟁형태) 1. 일반경쟁 2. 제한경쟁 3. 지명경쟁 4. 수의계약 5. 법정위탁 6. 기타 ( ) 7. 해당없음	입찰방식: 계약기간 1. 1년 2. 2년 3. 3년 4. 4년 5. 5년 6. 기타 ( )년 7. 단기계약 (1년미만) 8. 해당없음	입찰방식: 낙찰자선정방법 1. 적격심사 2. 협상에의한계약 3. 최저가낙찰제 4. 규격가격분리 5. 2단계 경쟁입찰 6. 기타 ( ) 7. 해당없음	운영예산 산정: 운영예산 산정 1. 내부산정 (지자체 자체적으로 산정) 2. 외부산정 (외부전문기관위탁 산정) 3. 내·외부 모두 산정 4. 산정 無 5. 해당없음	운영예산 산정: 정산방법 1. 내부정산 (지자체 내부적으로 정산) 2. 외부정산 (외부전문기관위탁 정산) 3. 내·외부 모두 산정 4. 정산 無 5. 해당없음	성과평가 실시여부 1. 실시 2. 미실시 3. 향후 추진 4. 해당없음
6989	경남 밀양시	밀양시장배 태권도 대회	7,000	체육진흥과	3	7	7	8	7	1	1	1
6990	경남 밀양시	전국 걷기대회	10,000	체육진흥과	3	7	7	8	7	1	1	1
6991	경남 밀양시	전국 학교스포츠클럽대회	10,000	체육진흥과	3	7	7	8	7	1	1	1
6992	경남 밀양시	궁도대회	40,000	체육진흥과	3	7	7	8	7	1	1	1
6993	경남 밀양시	합기도대회	30,000	체육진흥과	3	7	7	8	7	1	1	1
6994	경남 밀양시	경남실버 축구대회	15,000	체육진흥과	3	7	7	8	7	1	1	1
6995	경남 밀양시	청소년문화체육한마당축제	10,000	체육진흥과	3	7	7	8	7	1	1	1
6996	경남 밀양시	축산단체 행사지원	7,000	축산기술과	3	8	7	8	7	5	5	4
6997	경남 밀양시	중소기업 관리 및 지원	26,000	투자유치과	3	4	7	1	7	1	1	2
6998	경남 밀양시	외국인주민지역사회적응지원	40,000	투자유치과	3	4	7	8	7	1	1	2
6999	경남 밀양시	시민의 날 경축행사	80,000	행정과	3	4	7	8	7	5	1	4
7000	경남 밀양시	이통장 한마음대회	15,000	행정과	3	4	7	8	7	5	1	4
7001	경남 밀양시	지역사회 발전 토론회	5,000	행정과	3	4	7	8	7	5	1	4
7002	경남 밀양시	종남산 새해맞이 행사	5,000	행정과	3	4	7	8	7	5	1	4
7003	경남 밀양시	새마을지도자 워크숍	8,000	행정과	3	4	7	8	7	1	1	4
7004	경남 밀양시	새마을의 날 기념식 및 재활용품수집 경진대회	10,200	행정과	3	4	7	8	7	1	1	4
7005	경남 밀양시	새마을지도자 내고장 활력화 다짐대회	10,000	행정과	3	4	7	8	7	1	1	4
7006	경남 밀양시	새마을지도자대회	7,500	행정과	3	4	7	8	7	1	1	4
7007	경남 밀양시	길위의 인문학	2,500	행정과	3	4	7	8	7	1	1	4
7008	경남 밀양시	우수 바르게살기 회원 선진지견학	3,200	행정과	3	1	7	8	7	1	1	4
7009	경남 밀양시	바르게살기협의회 회원 한마음다짐대회	7,000	행정과	3	1	7	8	7	1	1	4
7010	경남 밀양시	바르게살기 녹색생활화 운동	7,500	행정과	3	1	7	8	7	1	1	4
7011	경남 밀양시	추화산 새해맞이 행사	2,000	행정과	3	4	7	8	7	5	1	4
7012	경남 밀양시	향우인 걷기대회	10,000	행정과	3	4	7	8	7	5	1	4
7013	경남 밀양시	향우인 만남의 장	15,000	행정과	3	4	7	8	7	5	1	4
7014	경남 밀양시	주민참여	36,200	행정과	3	4	7	8	7	1	1	4
7015	경남 거제시	2021 거제 바다로세계로 행사 개최	516,000	관광과	3	4	7	8	7	1	3	4
7016	경남 거제시	경로당 프로그램 발표회	5,500	노인장애인과	3	4	7	8	7	1	1	1
7017	경남 거제시	대한노인회 지회장기 게이트볼대회	2,000	노인장애인과	3	4	4	1	1	1	1	1
7018	경남 거제시	대한노인회 지회장기 그라운드 골프대회	2,000	노인장애인과	3	4	4	1	1	1	1	1
7019	경남 거제시	노인의날 기념행사	17,100	노인장애인과	3	4	4	1	1	1	1	1
7020	경남 거제시	경로의달 기념 민속경기 및 게이트볼대회	8,000	노인장애인과	3	4	4	1	1	1	1	1
7021	경남 거제시	장애인의 날 행사지원 및 복지증진대회	25,000	노인장애인과	3	1	7	8	7	1	1	1
7022	경남 거제시	청마꽃들 조성	100,000	농업지원과	3	4	7	8	7	5	5	4
7023	경남 거제시	유자 가공시설 및 유자생산라인 구축 지원	150,000	농업지원과	3	6	7	8	7	5	5	4
7024	경남 거제시	농촌여성 과제 분과 활동 지원	4,900	농업지원과	3	4	7	8	7	5	5	4
7025	경남 거제시	전통문화연구회 육성	5,600	농업지원과	3	4	7	8	7	5	5	4
7026	경남 거제시	문화예술진흥사업 지원	80,000	문화예술과	3	4	7	8	7	5	5	4
7027	경남 거제시	제28회 거제예술제 개최 지원	70,000	문화예술과	3	4	7	8	7	5	5	4
7028	경남 거제시	제25회 거제선상문학제 개최 지원	28,000	문화예술과	3	4	7	8	7	5	5	4
7029	경남 거제시	제59회 거제 옥포대첩 축제 개최	230,000	문화예술과	3	4	7	8	7	5	5	4
7030	경남 거제시	제18회 거제 전국합창경연대회 개최	80,000	문화예술과	3	4	7	8	7	5	5	4
7031	경남 거제시	제10회 바다미술제 개최	25,000	문화예술과	3	4	7	8	7	5	5	4

순번	시군구	지출명 (사업명)	2021년예산 (단위:천원/1년간)	담당자 (공무원) 담당부서	민간이전 분류 (지방자치단체 세출예산 집행기준에 의거) 1. 민간경상사업보조(307-02) 2. 민간단체 법정운영비보조(307-03) 3. 민간행사사업보조(307-04) 4. 민간위탁금(307-05) 5. 사회복지시설 법정운영비보조(307-10) 6. 민간인위탁교육비(307-12) 7. 공기관등에대한경상적위탁사업비(308-11) 8. 민간자본사업보조,자체재원(402-01) 9. 민간자본사업보조,이전재원(402-02) 10. 민간위탁사업비(402-03) 11. 공기관등에 대한 자본적 대행사업비(403-02)	민간이전지출 근거 (지방보조금 관리기준 참고) 1. 법률에 규정 2. 국고보조 재원(국가지정) 3. 용도 지정 기부금 4. 조례에 직접규정 5. 지자체가 권장하는 사업을 하는 공공기관 6. 시,도 정책 및 재정사정 7. 기타 8. 해당없음	입찰방식 계약체결방법 (경쟁형태) 1. 일반경쟁 2. 제한경쟁 3. 지명경쟁 4. 수의계약 5. 법정위탁 6. 기타 ( ) 7. 해당없음	계약기간 1. 1년 2. 2년 3. 3년 4. 4년 5. 5년 6. 기타 ( )년 7. 단기계약 (1년미만) 8. 해당없음	낙찰자선정방법 1. 적격심사 2. 협상에의한계약 3. 최저가낙찰제 4. 규격가격분리 5. 2단계 경쟁입찰 6. 기타 ( ) 7. 해당없음	운영예산 산정 운영예산 산정 1. 내부산정 (지자체 자체적으로 산정) 2. 외부산정 (외부전문기관위탁 산정) 3. 내·외부 모두 산정 4. 산정 無 5. 해당없음	정산방법 1. 내부정산 (지자체 내부적으로 정산) 2. 외부정산 (외부전문기관위탁 정산) 3. 내·외부 모두 산정 4. 정산 無 5. 해당없음	성과평가 실시여부 1. 실시 2. 미실시 3. 향후 추진 4. 해당없음
7032	경남 거제시	소규모 문화예술행사 지원	20,000	문화예술과	3	4	7	8	7	5	5	4
7033	경남 거제시	거리 프린지 공연 개최	20,000	문화예술과	3	4	7	8	7	5	5	4
7034	경남 거제시	부처님 오신 날 봉축탑 설치	10,000	문화예술과	3	4	7	8	7	5	5	4
7035	경남 거제시	크리스마스 홍보탑 설치	10,000	문화예술과	3	4	7	8	7	5	5	4
7036	경남 거제시	제39회 경상남도 연극제 개최 지원	150,000	문화예술과	3	4	7	8	7	5	5	4
7037	경남 거제시	제25회 경상남도 청소년 연극제 개최 지원	20,000	문화예술과	3	4	7	8	7	5	5	4
7038	경남 거제시	전통민속예술단체 공연	10,000	문화예술과	3	4	7	8	7	5	5	4
7039	경남 거제시	제10회 거제시전통민속예술축제 개최	8,000	문화예술과	3	4	7	8	7	5	5	4
7040	경남 거제시	수산별신굿 보존행사 개최	3,000	문화예술과	3	4	7	8	7	5	5	4
7041	경남 거제시	제14회 의종추념식 개최	2,700	문화예술과	3	4	7	8	7	5	5	4
7042	경남 거제시	제21회 전국시조창경연대회 개최	12,000	문화예술과	3	4	7	8	7	5	5	4
7043	경남 거제시	제14회 청마문학제 지원	45,000	문화예술과	3	4	7	8	7	5	5	4
7044	경남 거제시	제41회 경상남도 민속예술축제 참가 지원	8,000	문화예술과	3	4	7	8	7	5	5	4
7045	경남 거제시	여산 양달석 인문학 대축전 행사 지원	23,000	문화예술과	3	5	7	8	7	5	5	4
7046	경남 거제시	기로연 행사 개최	3,000	문화예술과	3	4	7	8	7	5	5	4
7047	경남 거제시	거충사 제례봉행 개최	3,000	문화예술과	3	4	7	8	7	5	5	4
7048	경남 거제시	춘기 석전대제 개최	3,000	문화예술과	3	4	7	8	7	5	5	4
7049	경남 거제시	추기 석전대제 개최	3,000	문화예술과	3	4	7	8	7	5	5	4
7050	경남 거제시	반곡서원 유회활동 지원	3,000	문화예술과	3	4	7	8	7	5	5	4
7051	경남 거제시	선진 유학사적지 순례사업	2,000	문화예술과	3	4	7	8	7	5	5	4
7052	경남 거제시	수산업경영인 경상남도대회 참가	10,000	바다자원과	3	6	7	8	7	5	5	4
7053	경남 거제시	자율관리어업공동체 한마음대회 참석	8,000	바다자원과	3	4	7	8	7	5	5	4
7054	경남 거제시	지역특화 수산물축제(대구축제)	59,000	바다자원과	3	6	7	8	7	5	5	4
7055	경남 거제시	제71주년 6.25전쟁 기념식 행사	11,000	생활지원과	3	1	7	8	7	1	1	1
7056	경남 거제시	제66회 현충일 추념식 행사	13,000	생활지원과	3	1	7	8	7	1	1	1
7057	경남 거제시	경남씨름왕 선발대회 출전 지원	4,000	생활체육과	3	4	7	8	7	5	5	4
7058	경남 거제시	소규모 체육단체 대회 개최 지원	20,000	생활체육과	3	4	7	8	7	5	5	4
7059	경남 거제시	거제시 유소년 야구교실 운영 지원	10,000	생활체육과	3	4	7	8	7	5	5	4
7060	경남 거제시	영·호남 친선교류 생활체육대회 개최	10,000	생활체육과	3	4	7	8	7	5	5	4
7061	경남 거제시	경남생활체육대축전 출전 지원	78,000	생활체육과	3	4	7	8	7	5	5	4
7062	경남 거제시	도단위 이상 생활체육대축전 출전 지원	18,400	생활체육과	3	4	7	8	7	5	5	4
7063	경남 거제시	경남 장애인 체육대회 출전 지원	10,000	생활체육과	3	4	7	8	7	5	5	4
7064	경남 거제시	각종 장애인 체육대회 출전 지원	14,000	생활체육과	3	4	7	8	7	5	5	4
7065	경남 거제시	전국 생활체육 거제시 복싱대회 개최	3,000	생활체육과	3	4	7	8	7	5	5	4
7066	경남 거제시	거제시장배 축구 스토브리그 개최	60,000	생활체육과	3	4	7	8	7	5	5	4
7067	경남 거제시	거제시 야구 동계전지훈련캠프 대회	17,000	생활체육과	3	4	7	8	7	5	5	4
7068	경남 거제시	거제시 초·중학생 체육대회 개최	8,000	생활체육과	3	4	7	8	7	5	5	4
7069	경남 거제시	거제시장배 수영대회 개최	8,000	생활체육과	3	4	7	8	7	5	5	4
7070	경남 거제시	거제시장배 사격대회 개최	4,000	생활체육과	3	4	7	8	7	5	5	4
7071	경남 거제시	거제시 장애인 생활체육대회 개최	20,000	생활체육과	3	4	7	8	7	5	5	4
7072	경남 거제시	거제시장배 전국 그라운드골프대회 개최	16,000	생활체육과	3	4	7	8	7	5	5	4
7073	경남 거제시	거제시테니스협회장배 전국 동호인 랭킹대회	7,000	생활체육과	3	4	7	8	7	5	5	4
7074	경남 거제시	거제시장기 게이트볼대회 개최	16,000	생활체육과	3	4	7	8	7	5	5	4

순번	시군구	지출명 (사업명)	2021년예산 (단위:천원/1년간)	담당자 (공무원) 담당부서	민간이전 분류 (지방자치단체 세출예산 집행기준에 의거) 1. 민간경상사업보조(307-02) 2. 민간단체 법정운영비보조(307-03) 3. 민간행사사업보조(307-04) 4. 민간위탁금(307-05) 5. 사회복지시설 법정운영비보조(307-10) 6. 민간인위탁교육비(307-12) 7. 공기관등에대한경상적위탁사업비(308-11) 8. 민간자본사업보조,자체재원(402-01) 9. 민간자본사업보조,이전재원(402-02) 10. 민간위탁사업비(402-03) 11. 공기관등에 대한 자본적 대행사업비(403-02)	민간이전지출 근거 (지방보조금 관리기준 참고) 1. 법률에 규정 2. 국고보조 재원(국가지정) 3. 용도 지정 기부금 4. 조례에 직접규정 5. 지자체가 권장하는 사업을 하는 공공기관 6. 시,도 정책 및 재정사정 7. 기타 8. 해당없음	입찰방식 계약체결방법 (경쟁형태) 1. 일반경쟁 2. 제한경쟁 3. 지명경쟁 4. 수의계약 5. 법정위탁 6. 기타 ( ) 7. 해당없음	입찰방식 계약기간 1. 1년 2. 2년 3. 3년 4. 4년 5. 5년 6. 기타 ( )년 7. 단기계약 (1년미만) 8. 해당없음	입찰방식 낙찰자선정방법 1. 적격심사 2. 협상에의한계약 3. 최저가낙찰제 4. 규격가격분리 5. 2단계 경쟁입찰 6. 기타 ( ) 7. 해당없음	운영예산 산정 운영예산 산정 1. 내부산정 (지자체 자체적으로 산정) 2. 외부산정 (외부전문기관위탁 산정) 3. 내·외부 모두 산정 4. 산정 無 5. 해당없음	운영예산 산정 정산방법 1. 내부정산 (지자체 내부적으로 정산) 2. 외부정산 (외부전문기관위탁 정산) 3. 내·외부 모두 산정 4. 정산 無 5. 해당없음	성과평가 실시여부 1. 실시 2. 미실시 3. 향후 추진 4. 해당없음
7075	경남 거제시	거제시장배 전국 오픈탁구대회 개최	8,000	생활체육과	3	4	7	8	7	5	5	4
7076	경남 거제시	거제시장배 우수팀 초청 족구대회 개최	8,000	생활체육과	3	4	7	8	7	5	5	4
7077	경남 거제시	거제시장배 섬꽃 전국마라톤대회 개최	30,000	생활체육과	3	4	7	8	7	5	5	4
7078	경남 거제시	거제시배드민턴협회장기 경남 동호인대회 개최	14,000	생활체육과	3	4	7	8	7	5	5	4
7079	경남 거제시	거제시장배 씨름왕 선발대회 개최	5,000	생활체육과	3	4	7	8	7	5	5	4
7080	경남 거제시	거제시장배 바다로세계로 댄스스포츠 선수권 대회 개최	14,000	생활체육과	3	4	7	8	7	5	5	4
7081	경남 거제시	거제지맥종주 Trail-run 대회 개최	15,000	생활체육과	3	4	7	8	7	5	5	4
7082	경남 거제시	거제시장배 휠체어 어울림 마라톤 대회 개최	16,200	생활체육과	3	4	7	8	7	5	5	4
7083	경남 거제시	거제시장배 거제로 바다로 전국 남녀 배구대회 개최	10,000	생활체육과	3	4	7	8	7	5	5	4
7084	경남 거제시	거제시장배 체조대회 및 전국 힙합댄스대회	5,000	생활체육과	3	4	7	8	7	5	5	4
7085	경남 거제시	거제시장배 골프대회 개최	5,000	생활체육과	3	4	7	8	7	5	5	4
7086	경남 거제시	거제시장배 에어로빅대회 및 전국힙합댄스대회	10,000	생활체육과	3	4	7	8	7	5	5	4
7087	경남 거제시	거제시장배 전국 주짓수 대회 개최	5,000	생활체육과	3	4	7	8	7	5	5	4
7088	경남 거제시	반공포로 희생자 합동위령제	7,000	시정혁신담당관	3	4	7	8	7	5	5	4
7089	경남 거제시	거제어린이축제 운영 지원	60,000	아동돌봄과	3	1	1	8	7	1	1	1
7090	경남 거제시	어린이 동요부르기 대회 지원	4,500	아동돌봄과	3	1	7	8	7	1	1	1
7091	경남 거제시	초·중·고 문예작품 발표 및 시상	3,500	아동돌봄과	3	1	7	8	7	1	1	1
7092	경남 거제시	장한 아동과의 만남의 장 행사 지원	2,500	아동돌봄과	3	1	7	8	7	1	1	1
7093	경남 거제시	지역아동센터 연합캠프 프로그램비 지원	8,000	평생교육과	3	4	7	8	7	1	1	3
7094	경남 거제시	도전! 거제페스티벌 개최	7,000	여성가족과	3	1	7	8	7	1	1	1
7095	경남 거제시	일본군 위안부 피해자 기림행사	3,000	여성가족과	3	1	7	8	7	1	1	1
7096	경남 거제시	제19회 거제시 청소년문화축제	40,000	여성가족과	3	1	7	8	7	1	1	1
7097	경남 거제시	제49회 성년의 날 행사 개최	3,000	여성가족과	3	1	7	8	7	1	1	1
7098	경남 거제시	청소년 희망캠프 운영	24,000	여성가족과	3	1	7	8	7	1	1	1
7099	경남 거제시	종목별 단위체육행사 개최	70,000	생활체육과	3	4	7	8	7	5	5	4
7100	경남 거제시	거제시 체육인의 밤	5,000	생활체육과	3	4	7	8	7	5	5	4
7101	경남 거제시	경남도민체육대회 출전 지원	270,000	생활체육과	3	4	7	8	7	5	5	4
7102	경남 거제시	사회복지박람회 개최	20,000	생활지원과	3	4	7	8	7	5	5	4
7103	경남 거제시	외국인 노동자 및 가족 친선 교류의 날 지원	32,000	조선산업일자리과	3	4	7	8	7	1	1	4
7104	경남 거제시	국제교류협력행사	21,000	행정과	3	4	1	1	1	1	1	1
7105	경남 거제시	이·통장 한마음대회 개최	10,500	행정과	3	1	7	8	7	1	1	1
7106	경남 거제시	거제시 주민자치위원 한마음대회 개최	10,000	행정과	3	4	7	8	7	5	5	4
7107	경남 거제시	한국전쟁전후 민간인 희생사건 합동 추모제	3,500	행정과	3	4	7	8	7	5	5	4
7108	경남 거제시	시민의 날 기념행사 개최	800,000	행정과	3	4	1	7	2	2	1	4
7109	경남 거제시	아주 4·3독립만세운동 재현행사 개최	35,000	행정과	3	1	4	7	3	1	1	4
7110	경남 거제시	3.1운동 기념 퍼포먼스	5,000	행정과	3	1	4	7	1	1	1	4
7111	경남 양산시	동민의 날 행사 지원	15,000	강서동	3	1	7	8	7	5	5	4
7112	경남 양산시	경로잔치 행사지원	4,000	강서동	3	4	7	8	7	5	5	4
7113	경남 양산시	전통시장이벤트지원	1,800	경제교통과	3	1	7	8	7	5	5	4
7114	경남 양산시	평생학습 박람회 개최	30,000	교육체육과	3	1	7	1	7	1	1	1
7115	경남 양산시	시장기 종목별 체육대회 개최	90,000	교육체육과	3	1	7	8	7	1	1	1
7116	경남 양산시	협회장기 종목별 체육대회 개최	45,000	교육체육과	3	1	7	8	7	1	1	1
7117	경남 양산시	양산시장배 리버발리볼 대회	3,000	교육체육과	3	1	7	8	7	1	1	1

순번	시군구	지출명 (사업명)	2021년예산 (단위:천원/1년간)	담당자 (공무원) 담당부서	민간이전 분류 (지방자치단체 세출예산 집행기준에 의거) 1. 민간경상사업보조(307-02) 2. 민간단체 법정운영비보조(307-03) 3. 민간행사사업보조(307-04) 4. 민간위탁금(307-05) 5. 사회복지시설 법정운영비보조(307-10) 6. 민간인위탁교육비(307-12) 7. 공기관등에대한경상적위탁사업비(308-11) 8. 민간자본사업보조,자체재원(402-01) 9. 민간자본사업보조,이전재원(402-02) 10. 민간위탁사업비(402-03) 11. 공기관등에 대한 자본적 대행사업비(403-02)	민간이전지출 근거 (지방보조금 관리기준 참고) 1. 법률에 규정 2. 국고보조 재원(국가지정) 3. 용도 지정 기부금 4. 조례에 직접규정 5. 지자체가 권장하는 사업을 하는 공공기관 6. 시,도 정책 및 재정사정 7. 기타 8. 해당없음	입찰방식 계약체결방법 (경쟁형태) 1. 일반경쟁 2. 제한경쟁 3. 지명경쟁 4. 수의계약 5. 법정위탁 6. 기타 ( ) 7. 해당없음	입찰방식 계약기간 1. 1년 2. 2년 3. 3년 4. 4년 5. 5년 6. 기타 ( )년 7. 단기계약 (1년미만) 8. 해당없음	입찰방식 낙찰자선정방법 1. 적격심사 2. 협상에의한계약 3. 최저가낙찰제 4. 규격가격분리 5. 2단계 경쟁입찰 6. 기타 ( ) 7. 해당없음	운영예산 산정 운영예산 산정 1. 내부산정 (지자체 자체적으로 산정) 2. 외부산정 (외부전문기관위탁 산정) 3. 내·외부 모두 산정 4. 산정 無 5. 해당없음	운영예산 산정 정산방법 1. 내부정산 (지자체 내부적으로 정산) 2. 외부정산 (외부전문기관위탁 정산) 3. 내·외부 모두 산정 4. 정산 無 5. 해당없음	성과평가 실시여부 1. 실시 2. 미실시 3. 향후 추진 4. 해당없음
7118	경남 양산시	읍면동체육회 임원체육대회	3,000	교육체육과	3	1	7	8	7	1	1	1
7119	경남 양산시	양산시민생활체육대회 개최	65,000	교육체육과	3	1	7	8	7	1	1	1
7120	경남 양산시	어르신 체육활동 지원	12,500	교육체육과	3	1	7	8	7	1	1	1
7121	경남 양산시	장애인 체육활동 개최	2,000	교육체육과	3	1	7	8	7	1	1	1
7122	경남 양산시	장애인체육회 가맹단체 및 동아리 워크숍	2,000	교육체육과	3	1	7	8	7	1	1	1
7123	경남 양산시	전국 및 도 단위 체육대회 유지	165,800	교육체육과	3	1	7	8	7	1	1	1
7124	경남 양산시	전국 종목별 체육대회 개최	90,000	교육체육과	3	1	7	8	7	1	1	1
7125	경남 양산시	양산시와 함께하는 부산MBC 전국 고등학교축구대회	150,000	교육체육과	3	1	7	8	7	1	1	1
7126	경남 양산시	덕계동한마을축제	15,000	덕계동	3	1	7	8	7	5	5	4
7127	경남 양산시	경로잔치행사지원	4,500	덕계동	3	4	7	8	7	5	5	4
7128	경남 양산시	면민의날행사지원	15,000	동면	3	1	7	8	7	1	1	1
7129	경남 양산시	경로잔치행사지원	600	동면	3	1	7	8	7	1	1	1
7130	경남 양산시	양산삽량문화축전 지원	605,000	문화관광과	3	4	5	8	7	1	1	1
7131	경남 양산시	재즈 페스타	60,000	문화관광과	3	1	7	8	7	5	5	4
7132	경남 양산시	경남 향토사연구위원 워크숍 지원	15,000	문화관광과	3	1	7	8	7	1	1	2
7133	경남 양산시	전국서예대전	20,000	문화관광과	3	1	7	8	7	1	1	2
7134	경남 양산시	전국문학인꽃축제	20,000	문화관광과	3	1	7	8	7	1	1	2
7135	경남 양산시	엄정행전국성악콩쿨	36,000	문화관광과	3	1	7	8	7	1	1	2
7136	경남 양산시	찾아가는 오케스트라	5,000	문화관광과	3	1	7	8	7	1	1	2
7137	경남 양산시	박제상추모전국정가경창대회	5,500	문화관광과	3	1	7	8	7	1	1	2
7138	경남 양산시	초산들허수아비축제	10,000	문화관광과	3	1	7	8	7	1	1	2
7139	경남 양산시	사적100호 법기리요지 차문화축제	14,500	문화관광과	3	1	7	8	7	5	5	4
7140	경남 양산시	영축문화축제	38,000	문화관광과	3	1	7	8	7	1	1	2
7141	경남 양산시	원동매화축제지원	225,000	문화관광과	3	4	5	8	7	1	1	1
7142	경남 양산시	배내골고로쇠축제	5,000	문화관광과	3	4	7	8	7	1	1	2
7143	경남 양산시	원동미나리축제	5,000	문화관광과	3	4	7	8	7	1	1	2
7144	경남 양산시	무형문화재 보존 및 육성	19,300	문화관광과	3	6	7	8	7	3	3	1
7145	경남 양산시	무형문화재 보존 및 육성	7,300	문화관광과	3	6	7	8	7	3	3	1
7146	경남 양산시	무형문화재 공개행사비 지원	8,400	문화관광과	3	6	7	8	7	3	3	1
7147	경남 양산시	무형문화재 공개행사비 지원	4,200	문화관광과	3	6	7	8	7	3	3	1
7148	경남 양산시	향교운영	13,000	문화관광과	3	6	7	8	7	3	3	1
7149	경남 양산시	자연유산 민속행사 지원	2,000	문화관광과	3	2	7	8	7	3	3	1
7150	경남 양산시	추모제향비지원	7,000	문화관광과	3	6	7	8	7	3	3	1
7151	경남 양산시	추모제향비지원	2,500	문화관광과	3	6	7	8	7	3	3	1
7152	경남 양산시	전통사찰 행사지원	5,000	문화관광과	3	6	7	8	7	3	3	1
7153	경남 양산시	전통사찰 행사지원	70,000	문화관광과	3	6	7	8	7	3	3	1
7154	경남 양산시	공단노동자체육대회지원	5,400	미래산업과	3	4	7	8	7	5	5	4
7155	경남 양산시	외국인근로자어울림마당지원	5,000	미래산업과	3	4	7	8	7	5	5	4
7156	경남 양산시	어린이날행사지원	36,000	복지문화과	3	1	7	8	7	5	5	3
7157	경남 양산시	웅상4개동정월대보름행사	20,000	복지문화과	3	4	7	8	7	5	5	1
7158	경남 양산시	양산웅상회야제지원	400,000	복지문화과	3	4	7	8	7	5	5	1
7159	경남 양산시	노인의 날 행사 지원	4,000	사회복지과	3	1	7	8	7	1	1	4
7160	경남 양산시	노인단체 등 지원	178,689	사회복지과	3	1	7	8	7	1	1	4

순번	시군구	지출명 (사업명)	2021년예산 (단위:천원/1년간)	담당자 (공무원) 담당부서	민간이전 분류 (지방자치단체 세출예산 집행기준에 의거) 1. 민간경상사업보조(307-02) 2. 민간단체 법정운영비보조(307-03) 3. 민간행사사업보조(307-04) 4. 민간위탁금(307-05) 5. 사회복지시설 법정운영비보조(307-10) 6. 민간인위탁교육비(307-12) 7. 공기관등에대한경상적위탁사업비(308-11) 8. 민간자본사업보조,자체재원(402-01) 9. 민간자본사업보조,이전재원(402-02) 10. 민간위탁사업비(402-03) 11. 공기관등에 대한 자본적 대행사업비(403-02)	민간이전지출 근거 (지방보조금 관리기준 참고) 1. 법률에 규정 2. 국고보조 재원(국가지정) 3. 용도 지정 기부금 4. 조례에 직접규정 5. 지자체가 권장하는 사업을 하는 공공기관 6. 시,도 정책 및 재정사정 7. 기타 8. 해당없음	입찰방식 계약체결방법 (경쟁형태) 1. 일반경쟁 2. 제한경쟁 3. 지명경쟁 4. 수의계약 5. 법정위탁 6. 기타 ( ) 7. 해당없음	입찰방식 계약기간 1. 1년 2. 2년 3. 3년 4. 4년 5. 5년 6. 기타 ( )년 7. 단기계약 (1년미만) 8. 해당없음	입찰방식 낙찰자선정방법 1. 적격심사 2. 협상에의한계약 3. 최저가낙찰제 4. 규격가격분리 5. 2단계 경쟁입찰 6. 기타 ( ) 7. 해당없음	운영예산 산정 운영예산 산정 1. 내부산정 (지자체 자체적으로 산정) 2. 외부산정 (외부전문기관위탁 산정) 3. 내·외부 모두 산정 4. 산정 無 5. 해당없음	운영예산 산정 정산방법 1. 내부정산 (지자체 내부적으로 정산) 2. 외부정산 (외부전문기관위탁 정산) 3. 내·외부 모두 산정 4. 정산 無 5. 해당없음	성과평가 실시여부 1. 실시 2. 미실시 3. 향후 추진 4. 해당없음
7161	경남 양산시	노인의 날 행사 지원	4,000	사회복지과	3	1	7	8	7	1	1	4
7162	경남 양산시	노인단체 등 지원	179,089	사회복지과	3	1	7	8	7	1	1	4
7163	경남 양산시	장애인의 날 행사	22,000	사회복지과	3	1	7	8	7	5	5	4
7164	경남 양산시	장애아동의 날 행사	15,000	사회복지과	3	1	7	8	7	5	5	4
7165	경남 양산시	동민 문화체육행사	15,000	삼성동	3	1	7	8	7	5	5	4
7166	경남 양산시	경로잔치 행사지원	5,060	삼성동	3	4	7	8	7	5	5	4
7167	경남 양산시	상북면민 문화체육 행사지원	15,000	상북면	3	1	7	8	7	1	1	1
7168	경남 양산시	경로잔치 행사지원	5,000	상북면	3	4	7	8	7	1	1	1
7169	경남 양산시	상북면민 한마음 건강 걷기대회 행사지원	4,000	상북면	3	4	7	8	7	1	1	1
7170	경남 양산시	서창동한마음축제	15,000	서창동	3	1	7	8	7	5	5	4
7171	경남 양산시	경로잔치 행사지원	5,500	서창동	3	4	7	8	7	5	5	4
7172	경남 양산시	양주동 한마음축제	20,000	양주동	3	1	7	8	7	5	5	4
7173	경남 양산시	경로잔치 행사지원	6,000	양주동	3	4	7	8	7	5	5	4
7174	경남 양산시	한자녀 더 갖기 운동연합 양산지부 출산장려 사업 지원	10,000	여성가족과	3	4	7	8	7	1	1	1
7175	경남 양산시	아이낳기 좋은세상 운동본부 출산장려사업 지원	5,000	여성가족과	3	4	7	8	7	1	1	1
7176	경남 양산시	양성평등주간사업지원	12,000	여성가족과	3	1	7	8	7	1	1	4
7177	경남 양산시	양성평등 사업지원	12,000	여성가족과	3	1	7	8	7	1	1	4
7178	경남 양산시	건강가정활성화사업지원	5,000	여성가족과	3	1	7	8	7	5	1	4
7179	경남 양산시	원동면민 체육대회 행사지원	15,000	원동면	3	1	7	8	7	5	5	4
7180	경남 양산시	경로잔치 행사지원	4,500	원동면	3	4	7	8	7	5	5	4
7181	경남 양산시	소상공인의 날 행사	5,000	일자리경제과	3	4	7	8	7	1	1	1
7182	경남 양산시	사회적경제한마당	13,000	일자리경제과	3	4	7	8	7	5	5	4
7183	경남 양산시	사회적(공유)경제 육성 지원	13,000	일자리경제과	3	4	7	8	7	5	5	1
7184	경남 양산시	보훈단체 행사비	24,100	주민생활지원과	3	4	7	8	7	1	1	1
7185	경남 양산시	삼일절 기념행사	80,000	주민생활지원과	3	4	7	8	7	1	1	1
7186	경남 양산시	6.25전쟁기념행사	11,000	주민생활지원과	3	4	7	8	7	1	1	1
7187	경남 양산시	충렬사 제례봉행	10,000	주민생활지원과	3	4	7	8	7	1	1	1
7188	경남 양산시	재향군인의 날 행사	5,000	주민생활지원과	3	4	7	8	7	1	1	1
7189	경남 양산시	복지박람회 행사	13,000	주민생활지원과	3	6	7	8	7	1	1	3
7190	경남 양산시	동민 화합한마당 행사지원	15,000	중앙동	3	1	7	8	7	5	5	4
7191	경남 양산시	경로잔치 행사지원	4,500	중앙동	3	4	7	8	7	5	5	4
7192	경남 양산시	동민문화(체육)행사	15,000	평산동	3	1	7	8	7	5	5	4
7193	경남 양산시	경로잔치행사지원	7,875	평산동	3	4	7	8	7	5	5	4
7194	경남 양산시	하북면민 체육대회 개최	15,000	하북면	3	1	7	8	7	5	5	4
7195	경남 양산시	경로잔치 행사지원	4,500	하북면	3	4	7	8	7	5	5	4
7196	경남 양산시	산신제 행사 개최	1,000	하북면	3	4	7	8	7	5	5	4
7197	경남 양산시	서제 행사 개최	1,000	하북면	3	4	7	8	7	5	5	4
7198	경남 양산시	통도사 순례 가족사랑 건강걷기대회 개최	7,200	하북면	3	4	7	8	7	5	5	4
7199	경남 양산시	민주평통 양산시협의회 행사지원	42,500	행정과	3	1	7	8	7	1	1	4
7200	경남 양산시	양산시 새마을회 행사지원	21,351	행정과	3	1	7	8	7	1	1	4
7201	경남 양산시	바르게살기운동 양산시협의회 행사지원	7,950	행정과	3	1	7	8	7	1	1	4
7202	경남 양산시	한국자유총연맹 양산시지회 안보강연회 개최	1,100	행정과	3	1	7	8	7	1	1	4
7203	경남 양산시	양산청년회의소 한일교환 초등학생 사생대회 및 방한단 환영회	5,000	행정과	3	1	7	8	7	1	1	4

순번	시군구	지출명 (사업명)	2021년예산 (단위:천원/1년간)	담당자 (공무원) 담당부서	민간이전 분류 (지방자치단체 세출예산 집행기준에 의거) 1. 민간경상사업보조(307-02) 2. 민간단체 법정운영비보조(307-03) 3. 민간행사사업보조(307-04) 4. 민간위탁금(307-05) 5. 사회복지시설 법정운영비보조(307-10) 6. 민간인위탁교육비(307-12) 7. 공기관등에대한경상적위탁사업비(308-11) 8. 민간자본사업보조,자체재원(402-01) 9. 민간자본사업보조,이전재원(402-02) 10. 민간위탁사업비(402-03) 11. 공기관등에 대한 자본적 대행사업비(403-02)	민간이전지출 근거 (지방보조금 관리기준 참고) 1. 법률에 규정 2. 국고보조 재원(국가지정) 3. 용도 지정 기부금 4. 조례에 직접규정 5. 지자체가 권장하는 사업을 하는 공공기관 6. 시,도 정책 및 재정사정 7. 기타 8. 해당없음	입찰방식 계약체결방법 (경쟁형태) 1. 일반경쟁 2. 제한경쟁 3. 지명경쟁 4. 수의계약 5. 법정위탁 6. 기타 ( ) 7. 해당없음	입찰방식 계약기간 1. 1년 2. 2년 3. 3년 4. 4년 5. 5년 6. 기타 ( )년 7. 단기계약 (1년미만) 8. 해당없음	입찰방식 낙찰자선정방법 1. 적격심사 2. 협상에의한계약 3. 최저가낙찰제 4. 규격가격분리 5. 2단계 경쟁입찰 6. 기타 ( ) 7. 해당없음	운영예산 산정 운영예산 산정 1. 내부산정 (지자체 자체적으로 산정) 2. 외부산정 (외부전문기관위탁 산정) 3. 내·외부 모두 산정 4. 산정 無 5. 해당없음	운영예산 산정 정산방법 1. 내부정산 (지자체 내부적으로 정산) 2. 외부정산 (외부전문기관위탁 정산) 3. 내·외부 모두 산정 4. 정산 無 5. 해당없음	성과평가 실시여부 1. 실시 2. 미실시 3. 향후 추진 4. 해당없음
7204	경남 양산시	자율방범대 체육대회 지원	5,000	행정과	3	4	7	8	7	1	1	4
7205	경남 양산시	이통장 해외연수 지원	30,000	행정과	3	4	7	8	7	1	1	4
7206	경남 양산시	이통장 체육대회 지원	15,000	행정과	3	4	7	8	7	1	1	4
7207	경남 양산시	자원봉사활동 활성화 지원	20,000	행정과	3	1	7	8	7	1	1	4
7208	경남 의령군	2021년 신년 인사회	4,000	행정과	3	4	7	8	7	1	1	1
7209	경남 의령군	새마을지도자 대회	9,000	행정과	3	1	7	8	7	1	1	1
7210	경남 의령군	새마을지도자 한마음 다짐대회	9,000	행정과	3	1	7	8	7	1	1	1
7211	경남 의령군	도덕성회복 실천 다짐대회(바르게살기)	4,500	행정과	3	1	7	8	7	1	1	1
7212	경남 의령군	바르게살기운동 한마음 대회	2,700	행정과	3	1	7	8	7	1	1	1
7213	경남 의령군	자율방범대 한마음 다짐대회	4,500	행정과	3	4	7	8	7	1	1	1
7214	경남 의령군	의령 홍의장군축제	650,000	문화관광과	3	4	7	8	7	1	1	4
7215	경남 의령군	의령 홍의장군축제	15,000	문화관광과	3	4	7	8	7	1	1	4
7216	경남 의령군	의령 홍의장군축제 문화행사	50,000	문화관광과	3	4	7	8	7	1	1	4
7217	경남 의령군	이호섭가요제	180,000	문화관광과	3	4	7	8	7	1	1	4
7218	경남 의령군	2021 의령예술촌 작품전시회 및 음악경연대회	30,000	문화관광과	3	4	7	8	7	1	1	4
7219	경남 의령군	2021 군민감동 시화전	3,000	문화관광과	3	4	7	8	7	1	1	4
7220	경남 의령군	제7회 추석맞이 의령군민콩쿠르대회	10,000	문화관광과	3	4	7	8	7	1	1	4
7221	경남 의령군	2021 성탄트리 점등	10,000	문화관광과	3	4	7	8	7	1	1	4
7222	경남 의령군	의령부자 솥바위 해맞이	6,000	문화관광과	3	8	7	8	7	1	1	4
7223	경남 의령군	미타산 새해맞이 기원제	5,000	문화관광과	3	8	7	8	7	1	1	4
7224	경남 의령군	부자마을 국악축제	5,000	문화관광과	3	4	7	8	7	1	1	4
7225	경남 의령군	홍의장군축제기념 학생 한글백일장 및 그림그리기대회	8,000	문화관광과	3	1	7	8	7	1	1	4
7226	경남 의령군	2021 군민휘호 대회	7,000	문화관광과	3	1	7	8	7	1	1	4
7227	경남 의령군	2021 정월대보름 전통민속놀이	8,000	문화관광과	3	1	7	8	7	1	1	4
7228	경남 의령군	한여름밤의 야외음악회	16,000	문화관광과	3	1	7	8	7	1	1	4
7229	경남 의령군	한우산 철쭉제 행사	20,000	문화관광과	3	4	7	8	7	1	1	4
7230	경남 의령군	가례 밭미나리 축제	20,000	문화관광과	3	4	7	8	7	1	1	4
7231	경남 의령군	제32회 경남 생활체육대축전대회 참가	110,000	문화관광과	3	4	7	8	7	1	1	4
7232	경남 의령군	제60회 경남도민체육대회	150,000	문화관광과	3	4	7	8	7	1	1	1
7233	경남 의령군	2021년 전국 의병마라톤대회 개최	120,000	문화관광과	3	4	7	8	7	1	1	1
7234	경남 의령군	전국 궁도대회	48,000	문화관광과	3	4	7	8	7	1	1	1
7235	경남 의령군	의령군수기 게이트볼대회	10,000	문화관광과	3	4	7	8	7	1	1	1
7236	경남 의령군	의령군수배 그라운드골프대회	10,000	문화관광과	3	4	7	8	7	1	1	1
7237	경남 의령군	의령군수배 사회인 야구대회	10,000	문화관광과	3	4	7	8	7	1	1	1
7238	경남 의령군	의령군수 및 축구협회장기 기관단체·클럽대항축구대회	15,000	문화관광과	3	4	7	8	7	1	1	1
7239	경남 의령군	의령군수배 토요애 우수팀 초청 족구대회	20,000	문화관광과	3	4	7	8	7	1	1	1
7240	경남 의령군	의령군 족구협회장기 족구대회	5,000	문화관광과	3	4	7	8	7	1	1	1
7241	경남 의령군	의령군수배 토요애 전국동호인 테니스대회	7,000	문화관광과	3	4	7	8	7	1	1	1
7242	경남 의령군	의령군수배 및 의령군배드민턴협회장기대회	20,000	문화관광과	3	4	7	8	7	1	1	1
7243	경남 의령군	시군 친선 소프트테니스대회	3,000	문화관광과	3	4	7	8	7	1	1	1
7244	경남 의령군	의령군수배 볼링대회	10,000	문화관광과	3	4	7	8	7	1	1	1
7245	경남 의령군	의령군 생활체육대회	35,000	문화관광과	3	4	7	8	7	1	1	1
7246	경남 의령군	가족사랑 군민건강 걷기대회	10,000	문화관광과	3	4	7	8	7	1	1	1

순번	시군구	지출명 (사업명)	2021년예산 (단위:천원/1년간)	담당자 (공무원) 담당부서	민간이전 분류 (지방자치단체 세출예산 집행기준에 의거) 1. 민간경상사업보조(307-02) 2. 민간단체 법정운영비보조(307-03) 3. 민간행사사업보조(307-04) 4. 민간위탁금(307-05) 5. 사회복지시설 법정운영비보조(307-10) 6. 민간인위탁교육비(307-12) 7. 공기관등에대한경상적위탁사업비(308-11) 8. 민간자본사업보조,자체재원(402-01) 9. 민간자본사업보조,이전재원(402-02) 10. 민간위탁사업비(402-03) 11. 공기관등에 대한 자본적 대행사업비(403-02)	민간이전지출 근거 (지방보조금 관리기준 참고) 1. 법률에 규정 2. 국고보조 재원(국가지정) 3. 용도 지정 기부금 4. 조례에 직접규정 5. 지자체가 권장하는 사업을 하는 공공기관 6. 시,도 정책 및 재정사정 7. 기타 8. 해당없음	입찰방식 계약체결방법 (경쟁형태) 1. 일반경쟁 2. 제한경쟁 3. 지명경쟁 4. 수의계약 5. 법정위탁 6. 기타 ( ) 7. 해당없음	입찰방식 계약기간 1. 1년 2. 2년 3. 3년 4. 4년 5. 5년 6. 기타 ( )년 7. 단기계약 (1년미만) 8. 해당없음	입찰방식 낙찰자선정방법 1. 적격심사 2. 협상에의한계약 3. 최저가낙찰제 4. 규격가격분리 5. 2단계 경쟁입찰 6. 기타 ( ) 7. 해당없음	운영예산 산정 운영예산 산정 1. 내부산정 (지자체 자체적으로 산정) 2. 외부산정 (외부전문기관위탁 산정) 3. 내·외부 모두 산정 4. 산정 無 5. 해당없음	운영예산 산정 정산방법 1. 내부정산 (지자체 내부적으로 정산) 2. 외부정산 (외부전문기관위탁 정산) 3. 내·외부 모두 산정 4. 정산 無 5. 해당없음	성과평가 실시여부 1. 실시 2. 미실시 3. 향후 추진 4. 해당없음
7247	경남 의령군	경상남도 지적장애인 축구대회	3,000	문화관광과	3	4	7	8	7	1	1	1
7248	경남 의령군	유소년축구클럽 교류전	4,000	문화관광과	3	4	7	8	7	1	1	1
7249	경남 의령군	전국 홍의장군배 무에타이킥복싱대회	18,000	문화관광과	3	4	7	8	7	1	1	1
7250	경남 의령군	제1회 의령군수배 골프대회	7,000	문화관광과	3	4	7	8	7	5	5	4
7251	경남 의령군	장애인생활체육대회	9,500	문화관광과	3	4	7	8	7	1	1	1
7252	경남 의령군	도지사기 생활체육 축구대회	3,000	문화관광과	3	4	7	8	7	1	1	1
7253	경남 의령군	영·호남 친선 축구대회	4,000	문화관광과	3	4	7	8	7	1	1	1
7254	경남 의령군	자매결연 시군 체육동호회 교류전	5,000	문화관광과	3	4	7	8	7	1	1	1
7255	경남 의령군	그라운드골프대회 참가 지원	2,000	문화관광과	3	4	7	8	7	1	1	1
7256	경남 의령군	농아인협회 체육행사 참가 지원	3,700	문화관광과	3	4	7	8	7	1	1	1
7257	경남 의령군	지체장애인협회 체육행사 참가 지원	6,000	문화관광과	3	4	7	8	7	1	1	1
7258	경남 의령군	의령향교 석전대제(춘,추) 지원	10,000	문화관광과	3	4	7	8	7	1	1	4
7259	경남 의령군	의령 태암서원 제향(춘,추) 지원	3,000	문화관광과	3	4	7	8	7	1	1	4
7260	경남 의령군	의령 덕곡서원 춘향제례 지원	1,500	문화관광과	3	4	7	8	7	1	1	4
7261	경남 의령군	의령 기강서원 향사봉행 지원	1,500	문화관광과	3	4	7	8	7	1	1	4
7262	경남 의령군	의령 미연서원 춘계대제 지원	1,500	문화관광과	3	4	7	8	7	1	1	4
7263	경남 의령군	세간마을 동신제 행사 지원	2,000	문화관광과	3	2	7	8	7	1	1	1
7264	경남 의령군	의령전통시장 한마음 행사비	10,000	일자리경제과	3	1	7	8	7	1	1	1
7265	경남 의령군	신반전통시장 한마음 행사비	10,000	일자리경제과	3	1	7	8	7	1	1	1
7266	경남 의령군	전국 민속소싸움대회	160,000	농업기술센터	3	6	7	8	7	5	5	4
7267	경남 의령군	추석맞이 민속소싸움대회	100,000	농업기술센터	3	4	7	8	7	5	5	4
7268	경남 의령군	읍면 체육대회	10,500	의령읍	3	8	7	8	7	1	1	4
7269	경남 의령군	정월대보름 행사	1,500	의령읍	3	8	7	8	7	1	1	4
7270	경남 의령군	홍의장군 축제	10,500	의령읍	3	8	7	8	7	1	1	4
7271	경남 의령군	읍면 체육대회	6,500	가례면	3	4	7	8	7	1	1	1
7272	경남 의령군	정월대보름 행사	1,000	가례면	3	4	7	8	7	1	1	1
7273	경남 의령군	홍의장군 축제	7,500	가례면	3	4	7	8	7	1	1	1
7274	경남 의령군	읍면 체육대회	6,500	칠곡면	3	4	7	8	7	1	1	1
7275	경남 의령군	정월대보름 행사	1,000	칠곡면	3	4	7	8	7	1	1	1
7276	경남 의령군	홍의장군축제	7,500	칠곡면	3	4	7	8	7	1	1	1
7277	경남 의령군	읍면 체육대회	6,500	대의면	3	8	7	8	7	5	1	4
7278	경남 의령군	정월대보름 행사	1,000	대의면	3	8	7	8	7	5	1	4
7279	경남 의령군	홍의장군 축제	7,500	대의면	3	8	7	8	7	5	1	4
7280	경남 의령군	읍면 체육대회	6,500	지정면	3	4	7	8	7	1	1	1
7281	경남 의령군	정월대보름 행사	1,000	지정면	3	4	7	8	7	1	1	1
7282	경남 의령군	홍의장군 축제	7,500	지정면	3	4	7	8	7	1	1	1
7283	경남 의령군	읍면체육대회	6,500	낙서면	3	1	7	8	7	5	5	4
7284	경남 의령군	정월대보름행사	1,000	낙서면	3	1	7	8	7	5	5	4
7285	경남 의령군	홍의장군 축제	7,500	낙서면	3	1	7	8	7	5	5	4
7286	경남 의령군	읍면 체육대회	10,500	부림면	3	4	7	8	7	1	1	1
7287	경남 의령군	정월대보름 행사	6,000	부림면	3	4	7	8	7	1	1	1
7288	경남 의령군	홍의장군 축제	10,500	부림면	3	4	7	8	7	1	1	1
7289	경남 의령군	3.1절 추념행사	6,000	부림면	3	4	7	8	7	1	1	1

순번	시군구	지출명 (사업명)	2021년예산 (단위:천원/1년간)	담당자 (공무원) 담당부서	민간이전 분류 (지방자치단체 세출예산 집행기준에 의거) 1. 민간경상사업보조(307-02) 2. 민간단체 법정운영비보조(307-03) 3. 민간행사사업보조(307-04) 4. 민간위탁금(307-05) 5. 사회복지시설 법정운영비보조(307-10) 6. 민간인위탁교육비(307-12) 7. 공기관등에대한경상적위탁사업비(308-11) 8. 민간자본사업보조,자체재원(402-01) 9. 민간자본사업보조,이전재원(402-02) 10. 민간위탁사업비(402-03) 11. 공기관등에 대한 자본적 대행사업비(403-02)	민간이전지출 근거 (지방보조금 관리기준 참고) 1. 법률에 규정 2. 국고보조 재원(국가지정) 3. 용도 지정 기부금 4. 조례에 직접규정 5. 지자체가 권장하는 사업을 하는 공공기관 6. 시,도 정책 및 재정사정 7. 기타 8. 해당없음	입찰방식 계약체결방법 (경쟁형태) 1. 일반경쟁 2. 제한경쟁 3. 지명경쟁 4. 수의계약 5. 법정위탁 6. 기타 ( ) 7. 해당없음	입찰방식 계약기간 1. 1년 2. 2년 3. 3년 4. 4년 5. 5년 6. 기타 ( )년 7. 단기계약 (1년미만) 8. 해당없음	입찰방식 낙찰자선정방법 1. 적격심사 2. 협상에의한계약 3. 최저가낙찰제 4. 규격가격분리 5. 2단계 경쟁입찰 6. 기타 ( ) 7. 해당없음	운영예산 산정 운영예산 산정 1. 내부산정 (지자체 자체적으로 산정) 2. 외부산정 (외부전문기관위탁 산정) 3. 내·외부 모두 산정 4. 산정 無 5. 해당없음	운영예산 산정 정산방법 1. 내부정산 (지자체 내부적으로 정산) 2. 외부정산 (외부전문기관위탁 정산) 3. 내·외부 모두 산정 4. 정산 無 5. 해당없음	성과평가 실시여부 1. 실시 2. 미실시 3. 향후 추진 4. 해당없음
7290	경남 의령군	읍면 체육대회	6,500	봉수면	3	4	7	8	7	1	1	1
7291	경남 의령군	정월대보름 행사	1,000	봉수면	3	4	7	8	7	1	1	1
7292	경남 의령군	홍의장군 축제	7,500	봉수면	3	4	7	8	7	1	1	1
7293	경남 의령군	읍면 체육대회	6,500	궁류면	3	8	7	8	7	5	1	4
7294	경남 의령군	정월대보름 행사	1,000	궁류면	3	8	7	8	7	5	1	4
7295	경남 의령군	홍의장군 축제	7,500	궁류면	3	8	7	8	7	5	1	4
7296	경남 의령군	도대회 행사지원	2,000	농업기술센터 농업기술과	3	4	7	8	7	5	5	4
7297	경남 의령군	농촌체험활동 지원	4,000	농업기술센터 농업기술과	3	4	7	8	7	5	5	4
7298	경남 의령군	농산물 축제 지원(채소)	95,000	농업기술센터 농업기술과	3	6	7	8	7	5	5	4
7299	경남 의령군	보훈단체관련 전적지 순례(보훈5개단체)	12,000	사회복지과	3	4	7	8	7	1	1	1
7300	경남 의령군	고엽제전우회 호국순례	2,000	사회복지과	3	4	7	8	7	1	1	1
7301	경남 의령군	고엽제전우회 만남의 장 행사	3,000	사회복지과	3	4	7	8	7	1	1	1
7302	경남 의령군	월남참전자회 호국순례 및 안보결의대회 행사	4,000	사회복지과	3	4	7	8	7	1	1	1
7303	경남 의령군	재향군인의날 기념식	2,000	사회복지과	3	4	7	8	7	1	1	1
7304	경남 의령군	보훈가족 위로행사	2,000	사회복지과	3	4	7	8	7	1	1	1
7305	경남 의령군	사회복지의 날 기념행사	8,000	사회복지과	3	8	7	8	7	1	1	4
7306	경남 의령군	자원봉사자 대회 및 우수 자원봉사센터 견학 지원사업	9,000	사회복지과	3	1	7	8	7	1	1	1
7307	경남 의령군	장애인 업무 및 행사 지원(흰지팡이의 날 기념행사)	2,000	주민행복과	3	1	7	8	7	1	1	4
7308	경남 의령군	장애인 업무 및 행사 지원(중증장애인 나들이 행사)	2,000	주민행복과	3	1	7	8	7	1	1	4
7309	경남 의령군	장애인복지증진대회	25,000	주민행복과	3	1	7	8	7	1	1	4
7310	경남 의령군	장애인 가족지원센터 운영(중증장애인 가족캠프 운영)	4,000	주민행복과	3	1	7	8	7	1	1	4
7311	경남 의령군	노인대학 운영 지원	20,000	주민행복과	3	4	7	1	7	1	1	1
7312	경남 의령군	노인의 날 기념 행사 지원	68,000	주민행복과	3	4	7	1	7	1	1	1
7313	경남 의령군	지역봉사지도위원 활동사업 지원	4,200	주민행복과	3	4	7	1	7	1	1	1
7314	경남 의령군	노인자원봉사 활동 지원	3,000	주민행복과	3	4	7	1	7	1	1	1
7315	경남 의령군	경남실버체육대회 행사 지원	6,000	주민행복과	3	4	7	1	7	1	1	1
7316	경남 의령군	4군 친선 게이트볼대회 등 지원	2,000	주민행복과	3	4	7	1	7	1	1	1
7317	경남 의령군	도지사배 게이트볼대회 등 지원	2,000	주민행복과	3	4	7	1	7	1	1	1
7318	경남 의령군	도지사배 그라운드골프대회 등 지원	2,000	주민행복과	3	4	7	1	7	1	1	1
7319	경남 의령군	양성평등 주간 기념행사 지원	5,500	주민행복과	3	8	7	8	7	1	1	1
7320	경남 의령군	양성평등 주간 기념행사	8,000	주민행복과	3	8	7	8	7	1	1	1
7321	경남 의령군	어린이날기념행사	17,000	주민행복과	3	1	7	1	7	1	1	1
7322	경남 의령군	청소년 가족캠프 지원	4,000	주민행복과	3	1	7	8	7	1	1	1
7323	경남 의령군	청소년 심신단련프로그램 지원	4,000	주민행복과	3	1	7	8	7	1	1	1
7324	경남 의령군	청소년 어울림 마당 지원	40,000	주민행복과	3	1	7	8	7	1	1	1
7325	경남 함안군	함안군 마을투어 트임사업	60,000	혁신성장담당관	3	4	6	6	7	3	1	3
7326	경남 함안군	이장단 선진행정 다짐대회	25,000	행정과	3	4	7	8	7	1	1	1
7327	경남 함안군	함안 독립운동 기념사업(군북, 칠북)	85,000	행정과	3	4	7	8	7	1	1	1
7328	경남 함안군	군북 3·20독립운동기념 건강걷기대회	4,000	행정과	3	4	7	8	7	1	1	1
7329	경남 함안군	광복절기념 군민건강걷기대회	6,000	행정과	3	4	7	8	7	1	1	1
7330	경남 함안군	새마을의날 기념식 및 새마을지도자 한마음 다짐대회	10,000	행정과	3	4	7	8	7	1	1	1
7331	경남 함안군	자율방범연합회 가족한마음 체육대회	3,000	행정과	3	4	7	8	7	1	1	1
7332	경남 함안군	바르게살기운동 회원 한마음대회	2,000	행정과	3	4	7	8	7	1	1	1

순번	시군구	지출명 (사업명)	2021년예산 (단위:천원/1년간)	담당자 (공무원) 담당부서	민간이전 분류 (지방자치단체 세출예산 집행기준에 의거) 1. 민간경상사업보조(307-02) 2. 민간단체 법정운영비보조(307-03) 3. 민간행사사업보조(307-04) 4. 민간위탁금(307-05) 5. 사회복지시설 법정운영비보조(307-10) 6. 민간인위탁교육비(307-12) 7. 공기관등에대한경상적위탁사업비(308-11) 8. 민간자본사업보조,자체재원(402-01) 9. 민간자본사업보조,이전재원(402-02) 10. 민간위탁사업비(402-03) 11. 공기관등에 대한 자본적 대행사업비(403-02)	민간이전지출 근거 (지방보조금 관리기준 참고) 1. 법률에 규정 2. 국고보조 재원(국가지정) 3. 용도 지정 기부금 4. 조례에 직접규정 5. 지자체가 권장하는 사업을 하는 공공기관 6. 시,도 정책 및 재정사정 7. 기타 8. 해당없음	입찰방식 계약체결방법 (경쟁형태) 1. 일반경쟁 2. 제한경쟁 3. 지명경쟁 4. 수의계약 5. 법정위탁 6. 기타 ( ) 7. 해당없음	입찰방식 계약기간 1. 1년 2. 2년 3. 3년 4. 4년 5. 5년 6. 기타 ( )년 7. 단기계약 (1년미만) 8. 해당없음	입찰방식 낙찰자선정방법 1. 적격심사 2. 협상에의한계약 3. 최저가낙찰제 4. 규격가격분리 5. 2단계 경쟁입찰 6. 기타 ( ) 7. 해당없음	운영예산 산정 운영예산 산정 1. 내부산정 (지자체 자체적으로 산정) 2. 외부산정 (외부전문기관위탁 산정) 3. 내·외부 모두 산정 4. 산정 無 5. 해당없음	운영예산 산정 정산방법 1. 내부정산 (지자체 내부적으로 정산) 2. 외부정산 (외부전문기관위탁 정산) 3. 내·외부 모두 산정 4. 정산 無 5. 해당없음	성과평가 실시여부 1. 실시 2. 미실시 3. 향후 추진 4. 해당없음
7333	경남 함안군	모범이장 및 읍면협의회장 연수	1,573	행정과	3	4	7	8	7	1	1	1
7334	경남 함안군	주민자치회 우수 선도사업	25,000	행정과	3	4	7	8	7	1	1	1
7335	경남 함안군	정보화마을 프로그램관리자 육성 지원	45,750	행정과	3	4	7	8	7	5	5	4
7336	경남 함안군	노인장기요양기관인송년행사	3,000	주민복지과	3	6	7	8	7	1	1	4
7337	경남 함안군	양성평등주간 기념행사	11,200	주민복지과	3	6	7	8	7	1	1	4
7338	경남 함안군	가족사랑 건강걷기 행사	6,000	주민복지과	3	6	7	8	7	1	1	4
7339	경남 함안군	어린이날 행사지원	미편성	주민복지과	3	4	4	8	7	1	1	2
7340	경남 함안군	건전아동육성을 위한 만남의날	4,000	주민복지과	3	4	4	8	7	1	1	2
7341	경남 함안군	어려운세대 아동 하계수련회	6,000	주민복지과	3	4	4	8	7	1	1	2
7342	경남 함안군	제10회 함안곶감축제 및 홍보지원	30,000	산림녹지과	3	6	7	8	7	5	5	4
7343	경남 함안군	축산인 한마음 대회지원	9,000	농축산과	3	7	7	8	7	1	1	2
7344	경남 함안군	제5회 함안 아라가야 전국 승마대회	100,000	승마공원	3	2	7	8	7	1	1	1
7345	경남 창녕군	이장 한마음연수대회	20,000	행정과	3	4	7	8	7	1	1	4
7346	경남 창녕군	창녕군 자율방범연합회 한마음대회	7,000	행정과	3	4	7	8	7	1	1	4
7347	경남 창녕군	새마을의 날 기념식	3,000	행정과	3	1	7	8	7	1	1	4
7348	경남 창녕군	새마을지도자 대회	3,000	행정과	3	1	7	8	7	1	1	4
7349	경남 창녕군	새마을지도자 한마음 다짐대회	30,000	행정과	3	1	7	8	7	1	1	4
7350	경남 창녕군	바르게살기운동 한마음 다짐대회	10,000	행정과	3	1	7	8	7	1	1	4
7351	경남 창녕군	한국자유총연맹 한마음 다짐대회	15,000	행정과	3	1	7	8	7	1	1	4
7352	경남 창녕군	장애인의 날 행사 지원	40,000	주민복지과	3	1	7	7	7	5	4	4
7353	경남 창녕군	현충일 행사	10,000	주민복지과	3	4	7	7	7	1	1	1
7354	경남 창녕군	6.25전쟁 기념행사	10,000	주민복지과	3	4	7	7	7	1	1	1
7355	경남 창녕군	월남전 참전 기념행사	5,000	주민복지과	3	4	7	7	7	1	1	1
7356	경남 창녕군	재향군인의 날 행사	15,000	주민복지과	3	4	7	7	7	1	1	1
7357	경남 창녕군	여성복지증진	17,000	노인여성아동과	3	7	7	8	7	5	1	1
7358	경남 창녕군	노인행사지원	35,500	노인여성아동과	3	4	7	8	7	1	1	2
7359	경남 창녕군	군수기 노인게이트볼대회	12,000	노인여성아동과	3	1	7	8	7	1	1	4
7360	경남 창녕군	어버이날 기념행사	15,000	노인여성아동과	3	4	7	8	7	1	1	2
7361	경남 창녕군	청소년 건전육성	65,000	노인여성아동과	3	7	7	8	7	1	1	4
7362	경남 창녕군	어린이날 기념행사	35,000	노인여성아동과	3	6	7	8	1	1	1	2
7363	경남 창녕군	관광창녕 홍보	40,000	생태관광과	3	4	7	8	7	5	5	4
7364	경남 창녕군	창녕 낙동강 유채 축제	300,000	생태관광과	3	4	7	8	7	1	1	1
7365	경남 창녕군	부곡온천축제 개최	120,000	생태관광과	3	4	7	1	7	1	1	1
7366	경남 창녕군	추억의 신혼여행 부곡온천 1박2일 행사지원	10,000	생태관광과	3	4	7	1	7	1	1	1
7367	경남 창녕군	부곡온천 라이브공연 운영	85,000	생태관광과	3	4	7	1	7	1	1	1
7368	경남 창녕군	우포늪 생명길 걷기 대회	34,000	생태관광과	3	4	7	8	7	5	5	4
7369	경남 창녕군	문화예술 활동지원	19,500	문화체육과	3	4	7	8	7	5	5	4
7370	경남 창녕군	생생문화재 사업	50,000	문화체육과	3	4	7	8	7	5	5	4
7371	경남 창녕군	지역문화유산교육사업	44,000	문화체육과	3	4	7	8	7	5	5	4
7372	경남 창녕군	창녕양파 가요제	170,000	문화체육과	3	4	7	8	7	5	5	4
7373	경남 창녕군	산토끼와 따오기가 함께하는 창작동요제	140,000	문화체육과	3	4	7	8	7	5	5	4
7374	경남 창녕군	창녕군수배 농악 경연대회	30,000	문화체육과	3	4	7	8	7	5	5	4
7375	경남 창녕군	문화소외지역 찾아가는 예술활동	30,000	문화체육과	3	4	7	8	7	5	5	4

순번	시군구	지출명 (사업명)	2021년예산 (단위:천원/1년간)	담당자 (공무원) 담당부서	민간이전 분류 (지방자치단체 세출예산 집행기준에 의거) 1. 민간경상사업보조(307-02) 2. 민간단체 법정운영비보조(307-03) 3. 민간행사사업보조(307-04) 4. 민간위탁금(307-05) 5. 사회복지시설 법정운영비보조(307-10) 6. 민간인위탁교육비(307-12) 7. 공기관등에대한경상적위탁사업비(308-11) 8. 민간자본사업보조,자체재원(402-01) 9. 민간자본사업보조,이전재원(402-02) 10. 민간위탁사업비(402-03) 11. 공기관등에 대한 자본적 대행사업비(403-02)	민간이전지출 근거 (지방보조금 관리기준 참고) 1. 법률에 규정 2. 국고보조 재원(국가지정) 3. 용도 지정 기부금 4. 조례에 직접규정 5. 지자체가 권장하는 사업을 하는 공공기관 6. 시,도 정책 및 재정사정 7. 기타 8. 해당없음	입찰방식 계약체결방법 (경쟁형태) 1. 일반경쟁 2. 제한경쟁 3. 지명경쟁 4. 수의계약 5. 법정위탁 6. 기타 ( ) 7. 해당없음	입찰방식 계약기간 1. 1년 2. 2년 3. 3년 4. 4년 5. 5년 6. 기타 ( )년 7. 단기계약 (1년미만) 8. 해당없음	입찰방식 낙찰자선정방법 1. 적격심사 2. 협상에의한계약 3. 최저가낙찰제 4. 규격가격분리 5. 2단계 경쟁입찰 6. 기타 ( ) 7. 해당없음	운영예산 산정 운영예산 산정 1. 내부산정 (지자체 자체적으로 산정) 2. 외부산정 (외부전문기관위탁 산정) 3. 내·외부 모두 산정 4. 산정 無 5. 해당없음	운영예산 산정 정산방법 1. 내부정산 (지자체 내부적으로 정산) 2. 외부정산 (외부전문기관위탁 정산) 3. 내·외부 모두 산정 4. 정산 無 5. 해당없음	성과평가 실시여부 1. 실시 2. 미실시 3. 향후 추진 4. 해당없음
7376	경남 창녕군	우포 생태문학제	20,000	문화체육과	3	4	7	8	7	5	5	4
7377	경남 창녕군	우포 시조 문학제	15,000	문화체육과	3	4	7	8	7	5	5	4
7378	경남 창녕군	경남도민예술단 시군 순회공연	37,000	문화체육과	3	4	7	8	7	5	5	4
7379	경남 창녕군	우수예술단체 찾아가는 문화활동	15,000	문화체육과	3	4	7	8	7	5	5	4
7380	경남 창녕군	제41회 경상남도 민속예술축제 지원	120,000	문화체육과	3	4	7	8	7	5	5	4
7381	경남 창녕군	청소년을 위한 콘서트	10,000	문화체육과	3	4	7	8	7	5	5	4
7382	경남 창녕군	체육행사 개최 및 지원	499,000	문화체육과	3	4	7	8	7	5	5	4
7383	경남 창녕군	장애인 생활체육 지원	12,000	문화체육과	3	4	7	8	7	5	5	4
7384	경남 창녕군	전국규모 체육대회 유치 및 축구단 지원	275,000	문화체육과	3	4	7	8	7	5	5	4
7385	경남 창녕군	창녕군 생활체육대회	55,000	문화체육과	3	4	7	8	7	5	5	4
7386	경남 창녕군	군민의 날 기념 군민체육대회	197,000	문화체육과	3	4	7	8	7	5	5	4
7387	경남 창녕군	창녕 부곡온천 마라톤대회	120,000	문화체육과	3	4	7	8	7	5	5	4
7388	경남 창녕군	창녕군수배 전국 자전거대회	50,000	문화체육과	3	4	7	8	7	5	5	4
7389	경남 창녕군	창녕군수배 전국 배드민턴대회	14,000	문화체육과	3	4	7	8	7	5	5	4
7390	경남 창녕군	창녕군수배 족구대회	15,000	문화체육과	3	4	7	8	7	5	5	4
7391	경남 창녕군	창녕군수배 전국댄스스포츠대회	14,000	문화체육과	3	4	7	8	7	5	5	4
7392	경남 창녕군	창녕군수배 유도대회	10,000	문화체육과	3	4	7	8	7	5	5	4
7393	경남 창녕군	창녕군수기 전국 남녀 궁도대회	30,000	문화체육과	3	4	7	8	7	5	5	4
7394	경남 창녕군	창녕군수배 탁구대회	14,000	문화체육과	3	4	7	8	7	5	5	4
7395	경남 창녕군	창녕군수배 골프대회	10,000	문화체육과	3	4	7	8	7	5	5	4
7396	경남 창녕군	창녕군수배 태권도대회	14,000	문화체육과	3	4	7	8	7	5	5	4
7397	경남 창녕군	창녕화왕산배 전국동호인 테니스 대회	10,000	문화체육과	3	4	7	8	7	5	5	4
7398	경남 창녕군	창녕군수배 그라운드골프대회	15,000	문화체육과	3	4	7	8	7	5	5	4
7399	경남 창녕군	창녕군수배 세계합기도대회	30,000	문화체육과	3	4	7	8	7	5	5	4
7400	경남 창녕군	창녕군축구협회장기 축구대회	10,000	문화체육과	3	4	7	8	7	5	5	4
7401	경남 창녕군	가족사랑 건강 걷기대회	80,000	문화체육과	3	4	7	8	7	5	5	4
7402	경남 창녕군	군단위 체육대회 개최	50,000	문화체육과	3	4	7	8	7	5	5	4
7403	경남 창녕군	조경수산업활성화 및 생산기술 발전포럼	25,000	산림녹지과	3	1	7	8	7	5	1	1
7404	경남 창녕군	따오기 주민협력 증진	15,000	우포따오기과	3	4	7	8	7	1	1	1
7405	경남 창녕군	우포따오기서식지 운영	50,000	우포따오기과	3	4	7	8	7	1	1	1
7406	경남 창녕군	중소기업 육성지원	45,000	일자리경제과	3	7	7	8	7	1	1	4
7407	경남 창녕군	농촌축제지원	14,000	농업정책과	3	1	7	8	7	5	1	1
7408	경남 창녕군	민속투우육성지원(자)	65,000	농축산유통과	3	1	7	8	7	5	5	4
7409	경남 창녕군	민속 소싸움대회 지원	140,000	농축산유통과	3	1	7	8	7	5	5	4
7410	경남 창녕군	학습단체 육성지원	35,000	기술지원과	3	2	7	8	7	5	5	4
7411	경남 고성군	지역사회보장협의체 운영	39,000	주민생활과	3	4	7	8	7	1	1	4
7412	경남 고성군	사회복지의 날 기념행사	30,000	주민생활과	3	1	7	8	7	1	1	4
7413	경남 고성군	호국보훈의 행사	15,000	주민생활과	3	6	7	8	7	1	1	4
7414	경남 고성군	자원봉사자 연수	2,200	주민생활과	3	2	7	7	7	1	1	4
7415	경남 고성군	지역사회 나눔실천사업	6,000	주민생활과	3	4	7	8	7	3	3	4
7416	경남 고성군	여성단체협의회 한마음 체육대회	10,000	복지지원과	3	1	7	8	7	1	1	1
7417	경남 고성군	여성결혼이민자 정착 멘토링 사업	5,000	복지지원과	3	1	1	3	1	1	1	2
7418	경남 고성군	다문화가족 어울림 한마당	9,000	복지지원과	3	1	1	3	1	1	1	2

순번	시군구	지출명 (사업명)	2021년예산 (단위:천원/1년간)	담당자 (공무원) 담당부서	민간이전 분류 (지방자치단체 세출예산 집행기준에 의거) 1. 민간경상사업보조(307-02) 2. 민간단체 법정운영비보조(307-03) 3. 민간행사사업보조(307-04) 4. 민간위탁금(307-05) 5. 사회복지시설 법정운영비보조(307-10) 6. 민간인위탁교육비(307-12) 7. 공기관등에대한경상적위탁사업비(308-11) 8. 민간자본사업보조,자체재원(402-01) 9. 민간자본사업보조,이전재원(402-02) 10. 민간위탁사업비(402-03) 11. 공기관등에 대한 자본적 대행사업비(403-02)	민간이전지출 근거 (지방보조금 관리기준 참고) 1. 법률에 규정 2. 국고보조 재원(국가지정) 3. 용도 지정 기부금 4. 조례에 직접규정 5. 지자체가 권장하는 사업을 하는 공공기관 6. 시,도 정책 및 재정사정 7. 기타 8. 해당없음	입찰방식 계약체결방법 (경쟁형태) 1. 일반경쟁 2. 제한경쟁 3. 지명경쟁 4. 수의계약 5. 법정위탁 6. 기타 ( ) 7. 해당없음	입찰방식 계약기간 1. 1년 2. 2년 3. 3년 4. 4년 5. 5년 6. 기타 ( )년 7. 단기계약 (1년미만) 8. 해당없음	입찰방식 낙찰자선정방법 1. 적격심사 2. 협상에의한계약 3. 최저가낙찰제 4. 규격가격분리 5. 2단계 경쟁입찰 6. 기타 ( ) 7. 해당없음	운영예산 산정 운영예산 산정 1. 내부산정 (지자체 자체적으로 산정) 2. 외부산정 (외부전문기관위탁 산정) 3. 내·외부 모두 산정 4. 산정 無 5. 해당없음	운영예산 산정 정산방법 1. 내부정산 (지자체 내부적으로 정산) 2. 외부정산 (외부전문기관위탁 정산) 3. 내·외부 모두 산정 4. 정산 無 5. 해당없음	성과평가 실시여부 1. 실시 2. 미실시 3. 향후 추진 4. 해당없음
7419	경남 고성군	노인행사 지원	25,000	복지지원과	3	1	7	8	7	1	1	1
7420	경남 고성군	장기요양요원 처우개선지원	5,000	복지지원과	3	4	7	8	7	5	5	4
7421	경남 고성군	실버놀이교실	13,200	복지지원과	3	4	7	8	7	5	5	4
7422	경남 고성군	평생교육 기반조성	5,000	복지지원과	3	4	7	8	7	5	5	4
7423	경남 고성군	보육교직원 교육	2,450	교육청소년과	3	7	7	8	7	1	1	1
7424	경남 고성군	어린이날 행사운영비	30,000	교육청소년과	3	1	1	8	6	1	1	1
7425	경남 고성군	경상남도 청소년 한마음축제	30,000	교육청소년과	3	6	7	8	7	2	2	2
7426	경남 고성군	군민노래자랑 대회	20,000	문화관광과	3	4	7	8	7	1	1	1
7427	경남 고성군	문화학교 수강생 발표회 지원	5,000	문화관광과	3	4	7	8	7	1	1	1
7428	경남 고성군	문화원 문화행사 지원	5,500	문화관광과	3	4	7	8	7	1	1	1
7429	경남 고성군	고성군여성합창단 운영	28,000	문화관광과	3	4	7	8	7	1	1	1
7430	경남 고성군	미협 정기 전시전	5,000	문화관광과	3	4	7	8	7	1	1	1
7431	경남 고성군	고성필하모닉오캐스트라 야외음악회	5,000	문화관광과	3	4	7	8	7	1	1	1
7432	경남 고성군	소가야문화제 지원	220,000	문화관광과	3	4	7	8	7	1	1	1
7433	경남 고성군	해외공연	20,000	문화관광과	3	4	7	8	7	1	1	1
7434	경남 고성군	향교 기로연 재현행사	5,000	문화관광과	3	4	7	8	7	1	1	1
7435	경남 고성군	운흥사 영산재 지원	40,000	문화관광과	3	4	7	8	7	1	1	1
7436	경남 고성군	경남도민예술단 순회공연	65,000	문화관광과	3	4	7	8	7	1	1	1
7437	경남 고성군	빵 포트럭(POTLUCK) 아파트를 열어라	12,000	문화관광과	3	4	7	8	7	1	1	1
7438	경남 고성군	의로운 기생'월이'뮤지컬 코러스 콘서트	28,000	문화관광과	3	4	7	8	7	1	1	1
7439	경남 고성군	2021 여름고성! 연꽃공원에서 부는 국악소리	12,000	문화관광과	3	4	7	8	7	1	1	1
7440	경남 고성군	연꽃 피니, 문화도 피네	15,000	문화관광과	3	4	7	8	7	1	1	1
7441	경남 고성군	2021 고성군 인문학음악회	15,000	문화관광과	3	4	7	8	7	1	1	1
7442	경남 고성군	지역 종합예술품 시장을 열다	12,000	문화관광과	3	4	7	8	7	1	1	1
7443	경남 고성군	고성군민과 함께하는 신나는 음악여행	5,000	문화관광과	3	4	7	8	7	1	1	1
7444	경남 고성군	해상왕국 소가야의 오늘과 내일	15,000	문화관광과	3	4	7	8	7	1	1	1
7445	경남 고성군	경남 뿌리문화 찾아가는 예술공연(도정주민참여)	72,000	문화관광과	3	6	7	8	7	1	1	1
7446	경남 고성군	자율관리공동체 행사지원	5,000	해양수산과	3	7	7	8	7	1	1	1
7447	경남 고성군	어업인단체역량 강화지원	22,500	해양수산과	3	7	7	8	7	1	1	1
7448	경남 고성군	수산물 소비촉진 지원	22,800	해양수산과	3	6	7	8	7	1	1	2
7449	경남 고성군	지역특화 수산물 축제 지원	50,000	해양수산과	3	6	7	8	7	1	1	2
7450	경남 고성군	수산물 축제	20,000	해양수산과	3	7	7	8	7	1	1	1
7451	경남 고성군	거류산등산축제	20,000	녹지공원과	3	4	7	8	7	1	1	3
7452	경남 고성군	농특산물 지역축제 지원	50,000	친환경농업과	3	4	7	8	7	5	5	4
7453	경남 고성군	향토음식요리경연대회	40,000	식품산업과	3	1	7	8	7	5	5	4
7454	경남 남해군	6.25 전쟁 기념행사	8,676	주민복지과	3	4	7	8	7	5	5	4
7455	경남 남해군	보훈가족 위안행사	3,870	주민복지과	3	4	7	8	7	5	5	4
7456	경남 남해군	노인행사지원	24,250	주민복지과	3	4	6	7	7	3	1	4
7457	경남 남해군	제14회 보물섬 남해 사회복지한마당	7,200	주민복지과	3	1	7	8	7	5	5	4
7458	경남 남해군	남해군 자원봉사자 한마음대회	5,700	주민복지과	3	1	7	8	7	5	5	4
7459	경남 남해군	장애인 문화활동 및 하나로캠프 지원	5,500	주민복지과	3	1	7	8	7	5	5	4
7460	경남 남해군	장애인의 날 행사	30,000	주민복지과	3	1	7	8	7	5	5	4
7461	경남 남해군	보육교직원 한마음대회	2,340	주민복지과	3	4	7	8	7	5	5	4

순번	시군구	지출명 (사업명)	2021년예산 (단위:천원/1년간)	담당자 (공무원) 담당부서	민간이전 분류 (지방자치단체 세출예산 집행기준에 의거) 1. 민간경상사업보조(307-02) 2. 민간단체 법정운영비보조(307-03) 3. 민간행사사업보조(307-04) 4. 민간위탁금(307-05) 5. 사회복지시설 법정운영비보조(307-10) 6. 민간인위탁교육비(307-12) 7. 공기관등에대한경상적위탁사업비(308-11) 8. 민간자본사업보조,자체재원(402-01) 9. 민간자본사업보조,이전재원(402-02) 10. 민간위탁사업비(402-03) 11. 공기관등에 대한 자본적 대행사업비(403-02)	민간이전지출 근거 (지방보조금 관리기준 참고) 1. 법률에 규정 2. 국고보조 재원(국가지정) 3. 용도 지정 기부금 4. 조례에 직접규정 5. 지자체가 권장하는 사업을 하는 공공기관 6. 시,도 정책 및 재정사정 7. 기타 8. 해당없음	입찰방식 계약체결방법 (경쟁형태) 1. 일반경쟁 2. 제한경쟁 3. 지명경쟁 4. 수의계약 5. 법정위탁 6. 기타 ( ) 7. 해당없음	입찰방식 계약기간 1. 1년 2. 2년 3. 3년 4. 4년 5. 5년 6. 기타 ( )년 7. 단기계약 (1년미만) 8. 해당없음	입찰방식 낙찰자선정방법 1. 적격심사 2. 협상에의한계약 3. 최저가낙찰제 4. 규격가격분리 5. 2단계 경쟁입찰 6. 기타 ( ) 7. 해당없음	운영예산 산정 운영예산 산정 1. 내부산정 (지자체 자체적으로 산정) 2. 외부산정 (외부전문기관위탁 산정) 3. 내·외부 모두 산정 4. 산정 無 5. 해당없음	운영예산 산정 정산방법 1. 내부정산 (지자체 내부적으로 정산) 2. 외부정산 (외부전문기관위탁 정산) 3. 내·외부 모두 산정 4. 정산 無 5. 해당없음	성과평가 실시여부 1. 실시 2. 미실시 3. 향후 추진 4. 해당없음
7462	경남 남해군	양성평등주간행사지원	15,850	주민복지과	3	1	7	8	7	5	5	4
7463	경남 남해군	어린이날 행사	25,000	청년혁신과	3	1	7	8	7	1	1	1
7464	경남 남해군	상주섬머페시티벌	95,000	문화관광과	3	5	6	1	6	1	1	1
7465	경남 남해군	설천 참굴축제	38,000	문화관광과	3	5	6	1	6	1	1	1
7466	경남 남해군	관음포 둑방길 봄꽃축제	5,700	문화관광과	3	5	6	1	6	1	1	1
7467	경남 남해군	창선 고사리 삼합축제	48,000	문화관광과	3	5	6	1	6	1	1	1
7468	경남 남해군	보물섬 갈화 왕새우축제	16,000	문화관광과	3	5	6	1	6	1	1	1
7469	경남 남해군	보물섬남해 커피축제	5,600	문화관광과	3	5	6	1	6	1	1	1
7470	경남 남해군	상주 해돋이&물메기 축제	13,500	문화관광과	3	5	6	1	6	1	1	1
7471	경남 남해군	가천 다랭이마을 해맞이 행사	4,500	문화관광과	3	5	6	1	6	1	1	1
7472	경남 남해군	지역 민속문화예술 전승	50,092	문화관광과	3	1	7	1	7	1	1	1
7473	경남 남해군	우수예술단체 찾아가는 문화활동	10,000	문화관광과	3	6	7	1	7	1	1	1
7474	경남 남해군	경남 도민예술단 행사 지원	40,000	문화관광과	3	6	7	1	7	1	1	1
7475	경남 남해군	시군 문화예술활동 지원	14,800	문화관광과	3	6	7	1	7	1	1	1
7476	경남 남해군	장애인과 함께하는 한마음 행사	5,000	체육진흥과	3	1	7	8	7	1	1	2
7477	경남 남해군	남해군수기 전국 검도대회	39,186	체육진흥과	3	1	7	8	7	1	1	2
7478	경남 남해군	2021남해군수배 전국 초중 스토브리그 축구대회	79,000	체육진흥과	3	1	7	8	7	1	1	2
7479	경남 남해군	보물섬남해 전국 장애인 축구대회	50,000	체육진흥과	3	1	7	8	7	1	1	2
7480	경남 남해군	보물섬배 남해 전국탁구대잔치	31,500	체육진흥과	3	1	7	8	7	1	1	2
7481	경남 남해군	남해군수배 전국 그라운드골프대회	20,700	체육진흥과	3	1	7	8	7	1	1	2
7482	경남 남해군	보물섬배 전국남녀 생활체육배구대회	49,500	체육진흥과	3	1	7	8	7	1	1	2
7483	경남 남해군	이충무공 승첩기념 제11회 전국 남녀 궁도대회	31,500	체육진흥과	3	1	7	8	7	1	1	2
7484	경남 남해군	제7회 남해군수배 골프대회	18,000	체육진흥과	3	1	7	8	7	1	1	2
7485	경남 남해군	2021 보물섬 전국 향우 배드민턴 대회	18,000	체육진흥과	3	1	7	8	7	1	1	2
7486	경남 남해군	2021 전국대학 및 실업대항 배드민턴 선수권대회	115,000	체육진흥과	3	1	7	8	7	1	1	2
7487	경남 남해군	2021 전국 대학.실업배드민턴 올스타 대회	89,000	체육진흥과	3	1	7	8	7	1	1	2
7488	경남 남해군	남해군수기 전국 유소년 축구 대회(봄방학)	63,000	체육진흥과	3	1	7	8	7	1	1	2
7489	경남 남해군	남해군수기보물섬 전국생활축구대회	63,000	체육진흥과	3	1	7	8	7	1	1	2
7490	경남 남해군	영호남 사회인 야구대회 (도 단위 대회 개최)	12,640	체육진흥과	3	1	7	8	7	1	1	2
7491	경남 남해군	제5회 보물섬 볼링대회	4,500	체육진흥과	3	1	7	8	7	1	1	2
7492	경남 남해군	제15회 남해군수배 테니스 대회	4,500	체육진흥과	3	1	7	8	7	1	1	2
7493	경남 남해군	남해군수기 경남 게이트볼 대회	22,500	체육진흥과	3	1	7	8	7	1	1	2
7494	경남 남해군	경남도지사기 생활체육 축구대회	40,500	체육진흥과	3	1	7	8	7	1	1	2
7495	경남 남해군	체육인 격려	9,000	체육진흥과	3	1	7	8	7	1	1	2
7496	경남 남해군	남해군협회장기 배드민턴(경남)대회	7,000	체육진흥과	3	1	7	8	7	1	1	2
7497	경남 남해군	서부경남 5개시군 10개정 친선궁도대회	5,000	체육진흥과	3	1	7	8	7	1	1	2
7498	경남 남해군	도지사배 전국요트대회	40,000	체육진흥과	3	4	7	8	7	1	1	1
7499	경남 남해군	도지사배 전국요트대회	40,000	체육진흥과	3	4	7	8	7	1	1	1
7500	경남 남해군	의용소방대 활동 및 행사지원	8,000	재난안전과	3	4	6	8	7	1	1	1
7501	경남 남해군	보물섬 망운산 철쭉제 및 등반대회 지원	7,000	환경녹지과	3	4	7	8	5	5	1	4
7502	경남 남해군	농업인 한마음대회	24,000	농축산과	3	1	7	8	7	5	5	4
7503	경남 남해군	생활개선회 군 한마음대회 지원	9,045	유통지원과	3	4	4	7	7	1	1	1
7504	경남 하동군	새마을운동 새마을의날 기념식 및 한마음대회	13,986	기획예산과	3	4	7	8	7	1	1	1

순번	시군구	지출명 (사업명)	2021년예산 (단위:천원/1년간)	담당자 (공무원) 담당부서	민간이전 분류 (지방자치단체 세출예산 집행기준에 의거) 1. 민간경상사업보조(307-02) 2. 민간단체 법정운영비보조(307-03) 3. 민간행사사업보조(307-04) 4. 민간위탁금(307-05) 5. 사회복지시설 법정운영비보조(307-10) 6. 민간인위탁교육비(307-12) 7. 공기관등에대한경상적위탁사업비(308-11) 8. 민간자본사업보조,자체재원(402-01) 9. 민간자본사업보조,이전재원(402-02) 10. 민간위탁사업비(402-03) 11. 공기관등에 대한 자본적 대행사업비(403-02)	민간이전지출 근거 (지방보조금 관리기준 참고) 1. 법률에 규정 2. 국고보조 재원(국가지정) 3. 용도 지정 기부금 4. 조례에 직접규정 5. 지자체가 권장하는 사업을 하는 공공기관 6. 시,도 정책 및 재정사정 7. 기타 8. 해당없음	입찰방식 계약체결방법 (경쟁형태) 1. 일반경쟁 2. 제한경쟁 3. 지명경쟁 4. 수의계약 5. 법정위탁 6. 기타 ( ) 7. 해당없음	입찰방식 계약기간 1. 1년 2. 2년 3. 3년 4. 4년 5. 5년 6. 기타 ( )년 7. 단기계약 (1년미만) 8. 해당없음	입찰방식 낙찰자선정방법 1. 적격심사 2. 협상에의한계약 3. 최저가낙찰제 4. 규격가격분리 5. 2단계 경쟁입찰 6. 기타 ( ) 7. 해당없음	운영예산 산정 운영예산 산정 1. 내부산정 (지자체 자체적으로 산정) 2. 외부산정 (외부전문기관위탁 산정) 3. 내·외부 모두 산정 4. 산정 無 5. 해당없음	운영예산 산정 정산방법 1. 내부정산 (지자체 내부적으로 정산) 2. 외부정산 (외부전문기관위탁 정산) 3. 내·외부 모두 산정 4. 정산 無 5. 해당없음	성과평가 실시여부 1. 실시 2. 미실시 3. 향후 추진 4. 해당없음
7505	경남 하동군	사회봉사단체협의회 자원봉사자 한마음대회	14,000	기획예산과	3	1	7	8	7	1	1	1
7506	경남 하동군	자유총연맹 안보의식 강화 사업 활동	3,150	기획예산과	3	1	7	8	7	1	1	1
7507	경남 하동군	재향군인회 청소년 및 임직원 안보교육	12,600	기획예산과	3	4	7	8	7	1	1	1
7508	경남 하동군	재향군인회 향군의날 기념행사 및 임직원 연수회	3,500	기획예산과	3	4	7	8	7	1	1	1
7509	경남 하동군	하동청실회 사랑과 나눔 바자회, 연탄나눔, 몰래산타	3,500	기획예산과	3	1	7	8	7	1	1	1
7510	경남 하동군	하동청년회의소 신년인사회 개최	3,500	기획예산과	3	1	7	8	7	1	1	1
7511	경남 하동군	노인연찬회 및 노인의 날 행사개최 보상	20,000	주민행복과	3	4	7	8	7	1	1	3
7512	경남 하동군	화개장터 벚꽃축제	30,000	관광진흥과	3	7	7	8	7	5	5	4
7513	경남 하동군	하동야생차문화축제	620,000	관광진흥과	3	7	7	8	7	5	5	4
7514	경남 하동군	지리산회남재숲길걷기	50,000	관광진흥과	3	7	7	8	7	5	5	4
7515	경남 하동군	알프스하동섬진강문화재첩축제	450,000	관광진흥과	3	7	7	8	7	5	5	4
7516	경남 하동군	토지문학제	90,000	문화체육과	3	4	7	8	7	1	1	4
7517	경남 하동군	은행나무 문화행사	4,000	문화체육과	3	4	7	8	7	1	1	4
7518	경남 하동군	관광지 주말 상설공연	40,000	문화체육과	3	4	7	8	7	1	1	4
7519	경남 하동군	북 콘서트 개최	5,000	문화체육과	3	4	7	8	7	1	1	4
7520	경남 하동군	나림 이병주 하동국제 문학제 개최	65,000	문화체육과	3	4	7	8	7	1	1	4
7521	경남 하동군	나림 이병주 하동국제문학제(후원)	30,000	문화체육과	3	4	7	8	7	1	1	4
7522	경남 하동군	섬진강 꽃길마라톤대회 지원	40,000	문화체육과	3	4	7	8	7	1	1	4
7523	경남 하동군	생활체육프로그램 운영	12,100	문화체육과	3	4	7	8	7	1	1	4
7524	경남 하동군	생활체육교실운영	9,660	문화체육과	3	4	7	8	7	1	1	4
7525	경남 하동군	생활체육대회 육성	8,000	문화체육과	3	4	7	8	7	1	1	4
7526	경남 하동군	영호남생활체육대회경비	2,000	문화체육과	3	4	7	8	7	1	1	4
7527	경남 하동군	장애인 체육활동보조경비	2,500	문화체육과	3	4	7	8	7	1	1	4
7528	경남 하동군	게이트볼대회 출전경비 보조	3,000	문화체육과	3	4	7	8	7	1	1	4
7529	경남 하동군	생활체육 활성화 지원	10,500	문화체육과	3	4	7	8	7	1	1	4
7530	경남 하동군	남해안 남중권 생활체육교류 대축전	7,000	문화체육과	3	4	7	8	7	1	1	4
7531	경남 하동군	지역 특화 스포츠관광 산업육성 사업	1,000,000	문화체육과	3	2	7	8	7	1	1	4
7532	경남 하동군	지역특화 수산물 축제지원	40,000	해양수산과	3	6	7	8	7	5	5	4
7533	경남 하동군	형제봉 철쭉제 행사	14,000	산림녹지과	3	7	7	8	7	5	5	4
7534	경남 하동군	북천 꽃단지 행사	50,000	농축산과	3	6	7	8	7	1	1	1
7535	경남 하동군	꽃양귀비 마을축제 행사지원	80,000	농축산과	3	6	7	8	7	1	1	1
7536	경남 하동군	북천코스모스메밀꽃축제 행사지원	80,000	농축산과	3	6	7	8	7	1	1	1
7537	경남 하동군	농업인단체활성화	50,000	농촌진흥과	3	4	7	8	7	1	1	1
7538	경남 하동군	농업경영인육성	10,000	농촌진흥과	3	4	7	8	7	1	1	1
7539	경남 하동군	농업경영인육성	15,000	농촌진흥과	3	4	7	8	7	1	1	1
7540	경남 하동군	농촌체험프로그램 지원	95,000	농촌진흥과	3	5	4	7	7	1	1	1
7541	경남 하동군	농산물 축제 지원	25,623	농업소득과	3	7	7	8	7	1	1	3
7542	경남 산청군	근로자의날 근로문화축제	20,000	경제전략과	3	7	7	8	7	1	1	1
7543	경남 산청군	산청황매산철쭉제	120,000	관광진흥과	3	6	7	8	7	1	1	4
7544	경남 산청군	고품질쌀생산지원	5,000	농축산과	3	4	7	8	7	5	5	4
7545	경남 산청군	축산단체 정기행사 지원	10,000	농축산과	3	4	7	8	7	5	5	4
7546	경남 산청군	가축무료순회진료사지원	1,400	농축산과	3	6	7	8	7	5	5	4
7547	경남 산청군	농업경영인 육성지원	11,500	농축산과	3	4	7	8	7	5	5	4

순번	시군구	지출명 (사업명)	2021년예산 (단위:천원/1년간)	담당자 (공무원) 담당부서	민간이전 분류 (지방자치단체 세출예산 집행기준에 의거) 1. 민간경상사업보조(307-02) 2. 민간단체 법정운영비보조(307-03) 3. 민간행사사업보조(307-04) 4. 민간위탁금(307-05) 5. 사회복지시설 법정운영비보조(307-10) 6. 민간인위탁교육비(307-12) 7. 공기관등에대한경상적위탁사업비(308-11) 8. 민간자본사업보조,자체재원(402-01) 9. 민간자본사업보조,이전재원(402-02) 10. 민간위탁사업비(402-03) 11. 공기관등에 대한 자본적 대행사업비(403-02)	민간이전지출 근거 (지방보조금 관리기준 참고) 1. 법률에 규정 2. 국고보조 재원(국가지정) 3. 용도 지정 기부금 4. 조례에 직접규정 5. 지자체가 권장하는 사업을 하는 공공기관 6. 시,도 정책 및 재정사정 7. 기타 8. 해당없음	입찰방식 계약체결방법 (경쟁형태) 1. 일반경쟁 2. 제한경쟁 3. 지명경쟁 4. 수의계약 5. 법정위탁 6. 기타 ( ) 7. 해당없음	입찰방식 계약기간 1. 1년 2. 2년 3. 3년 4. 4년 5. 5년 6. 기타 ( )년 7. 단기계약 (1년미만) 8. 해당없음	입찰방식 낙찰자선정방법 1. 적격심사 2. 협상에의한계약 3. 최저가낙찰제 4. 규격가격분리 5. 2단계 경쟁입찰 6. 기타 ( ) 7. 해당없음	운영예산 산정 운영예산 산정 1. 내부산정 (지자체 자체적으로 산정) 2. 외부산정 (외부전문기관위탁 산정) 3. 내·외부 모두 산정 4. 산정 無 5. 해당없음	운영예산 산정 정산방법 1. 내부정산 (지자체 내부적으로 정산) 2. 외부정산 (외부전문기관위탁 정산) 3. 내·외부 모두 산정 4. 정산 無 5. 해당없음	성과평가 실시여부 1. 실시 2. 미실시 3. 향후 추진 4. 해당없음
7548	경남 산청군	농업경영인 지역교류지원	14,000	농축산과	3	4	7	8	7	5	5	4
7549	경남 산청군	남명선비문화축제지원	140,000	문화체육과	3	4	7	8	7	5	5	4
7550	경남 산청군	불교문화제전	60,000	문화체육과	3	4	7	8	7	5	5	4
7551	경남 산청군	국악의 성지 산청 기산던	50,000	문화체육과	3	5	7	8	7	5	5	4
7552	경남 산청군	상설문화관광프로그램	100,000	문화체육과	3	4	7	8	7	5	5	4
7553	경남 산청군	산청군서도연합회 서도회원전 지원	3,000	문화체육과	3	4	7	8	7	5	5	4
7554	경남 산청군	전국시조경창대회 지원	5,000	문화체육과	3	4	7	8	7	5	5	4
7555	경남 산청군	산청농악경연대회 지원	20,000	문화체육과	3	4	7	8	7	5	5	4
7556	경남 산청군	찾아가는 문화활동 지원	30,000	문화체육과	3	4	7	8	7	5	5	4
7557	경남 산청군	장사익찔레꽃 자선음악회	12,000	문화체육과	3	4	7	8	7	5	5	4
7558	경남 산청군	두류음악회	20,000	문화체육과	3	4	7	8	7	5	5	4
7559	경남 산청군	경남도민예술단 순회공연	60,000	문화체육과	3	4	7	8	7	5	5	4
7560	경남 산청군	도지사배 항노화 실버합창단 경연대회	70,000	문화체육과	3	4	7	8	7	5	5	4
7561	경남 산청군	산청매구보존회 전통민속공연	5,000	문화체육과	3	4	7	8	7	5	5	4
7562	경남 산청군	동학농민기념사업회 행사지원	15,000	문화체육과	3	4	7	8	7	5	5	4
7563	경남 산청군	장애인생활체육대회	10,000	문화체육과	3	1	7	8	7	5	5	4
7564	경남 산청군	경남도민체육대회 참가	140,000	문화체육과	3	1	7	8	7	5	5	4
7565	경남 산청군	군민체육대회 개최 지원	110,000	문화체육과	3	1	7	8	7	5	5	4
7566	경남 산청군	경상남도생활체육대축전 참가	120,000	문화체육과	3	1	7	8	7	5	5	4
7567	경남 산청군	단위종목별체육대회	20,000	문화체육과	3	1	7	8	7	5	5	4
7568	경남 산청군	체육인화합행사	8,000	문화체육과	3	1	7	8	7	5	5	4
7569	경남 산청군	전지훈련팀유치	170,000	문화체육과	3	1	7	8	7	5	5	4
7570	경남 산청군	전국 및 도단위 행사	40,000	문화체육과	3	1	7	8	7	5	5	4
7571	경남 산청군	전국오픈탁구대회	55,000	문화체육과	3	1	7	8	7	5	5	4
7572	경남 산청군	산청군수배 전국유소년 축구대회 개최	62,000	문화체육과	3	1	7	8	7	5	5	4
7573	경남 산청군	경남도지사배 전국래프팅대회	28,000	문화체육과	3	1	7	8	7	5	5	4
7574	경남 산청군	지리산 천왕봉배 테니스대회	20,000	문화체육과	3	1	7	8	7	5	5	4
7575	경남 산청군	경상남도 태권도 한마당대회	20,000	문화체육과	3	1	7	8	7	5	5	4
7576	경남 산청군	경상남도 씨름왕 선발대회	30,000	문화체육과	3	1	7	8	7	5	5	4
7577	경남 산청군	장애인 래프팅대회	10,000	복지지원과	3	1	7	8	7	5	5	4
7578	경남 산청군	노인의 날 행사 및 연찬회	32,000	복지지원과	3	1	7	8	7	5	5	4
7579	경남 산청군	산청군수기 노인게이트볼 대회	13,000	복지지원과	3	1	7	8	7	5	5	4
7580	경남 산청군	어린이집 종사자 연찬회	3,000	복지지원과	3	7	7	8	7	5	5	4
7581	경남 산청군	어린이 과학체험 행사	5,000	복지지원과	3	7	7	8	7	5	5	4
7582	경남 산청군	어린이날 행사지원	17,000	복지지원과	3	5	7	8	7	5	5	4
7583	경남 산청군	지리산 산청곶감축제	40,000	산림녹지과	3	4	7	8	7	5	5	4
7584	경남 산청군	지리산산청 고로쇠약수축제	10,000	산림녹지과	3	4	7	8	7	5	5	4
7585	경남 산청군	농촌자원 역량개발 시범	12,000	유통소득과	3	6	7	8	7	5	5	4
7586	경남 산청군	현충일행사지원	8,800	주민복지과	3	4	7	8	7	5	5	4
7587	경남 산청군	산청시천삼장민간인희생사건 위령제	4,000	주민복지과	3	4	7	8	7	5	5	4
7588	경남 산청군	보훈단체행사지원(6.25행사지원)	7,700	주민복지과	3	4	7	8	7	5	5	4
7589	경남 산청군	지역복지 역량강화 워크숍	4,500	주민복지과	3	4	7	8	7	1	1	4
7590	경남 산청군	지역복지박람회	12,000	주민복지과	3	4	7	8	7	1	1	4

순번	시군구	지출명 (사업명)	2021년예산 (단위:천원/1년간)	담당자 (공무원) 담당부서	민간이전 분류 (지방자치단체 세출예산 집행기준에 의거) 1. 민간경상사업보조(307-02) 2. 민간단체 법정운영비보조(307-03) 3. 민간행사사업보조(307-04) 4. 민간위탁금(307-05) 5. 사회복지시설 법정운영비보조(307-10) 6. 민간인위탁교육비(307-12) 7. 공기관등에대한경상적위탁사업비(308-11) 8. 민간자본사업보조,자체재원(402-01) 9. 민간자본사업보조,이전재원(402-02) 10. 민간위탁사업비(402-03) 11. 공기관등에 대한 자본적 대행사업비(403-02)	민간이전지출 근거 (지방보조금 관리기준 참고) 1. 법률에 규정 2. 국고보조 재원(국가지정) 3. 용도 지정 기부금 4. 조례에 직접규정 5. 지자체가 권장하는 사업을 하는 공공기관 6. 시,도 정책 및 재정사정 7. 기타 8. 해당없음	입찰방식 계약체결방법 (경쟁형태) 1. 일반경쟁 2. 제한경쟁 3. 지명경쟁 4. 수의계약 5. 법정위탁 6. 기타 ( ) 7. 해당없음	입찰방식 계약기간 1. 1년 2. 2년 3. 3년 4. 4년 5. 5년 6. 기타 ( )년 7. 단기계약 (1년미만) 8. 해당없음	입찰방식 낙찰자선정방법 1. 적격심사 2. 협상에의한계약 3. 최저가낙찰제 4. 규격가격분리 5. 2단계 경쟁입찰 6. 기타 ( ) 7. 해당없음	운영예산 산정 운영예산 산정 1. 내부산정 (지자체 자체적으로 산정) 2. 외부산정 (외부전문기관위탁 산정) 3. 내·외부 모두 산정 4. 산정 無 5. 해당없음	운영예산 산정 정산방법 1. 내부정산 (지자체 내부적으로 정산) 2. 외부정산 (외부전문기관위탁 정산) 3. 내·외부 모두 산정 4. 정산 無 5. 해당없음	성과평가 실시여부 1. 실시 2. 미실시 3. 향후 추진 4. 해당없음
7591	경남 산청군	사회복지인의 행복한 동행	4,500	주민복지과	3	4	7	8	7	1	1	4
7592	경남 산청군	자원봉사자 한마음대회	9,000	주민복지과	3	4	7	8	7	1	1	4
7593	경남 산청군	문화관광축제지원	2,399,000	한방항노화과	3	2	7	8	7	5	5	4
7594	경남 산청군	산청군청년연합회 체육대회 지원	10,000	행정교육과	3	4	7	8	7	1	1	1
7595	경남 산청군	국민운동단체(새마을 등) 연수대회	8,500	행정교육과	3	4	7	8	7	1	1	1
7596	경남 산청군	국민운동단체(새마을지도자)한마음체육대회	10,000	행정교육과	3	4	7	8	7	1	1	1
7597	경남 산청군	국민운동단체(바르게살기운동)체육대회	5,000	행정교육과	3	1	7	8	7	1	1	1
7598	경남 산청군	산청군재향군인회 사업비	5,500	행정교육과	3	4	7	8	7	1	1	1
7599	경남 산청군	산청군재향군인회 현충일 문화행사	3,000	행정교육과	3	4	7	8	7	1	1	1
7600	경남 산청군	이장연합회 한마음 단합행사 개최	20,000	행정교육과	3	4	7	8	7	1	1	1
7601	경남 산청군	국민보도연맹 민간인 희생사건 위령제 행사	2,000	행정교육과	3	4	7	8	7	1	1	1
7602	경남 산청군	산청함양사건 희생자 합동위령제 행사지원	80,000	행정교육과	3	4	7	8	7	1	1	1
7603	경남 산청군	자연환경보전사업추진	4,000	환경위생과	3	4	7	8	7	5	5	4
7604	경남 함양군	건강체조경연대회	50,000	보건소	3	4	6	1	6	1	3	1
7605	경남 함양군	곶감축제 지원	150,000	농산물유통과	3	4	7	8	7	5	5	4
7606	경남 함양군	농촌마을 작은축제 지원	40,000	농산물유통과	3	4	7	8	7	5	5	4
7607	경남 함양군	농촌지도자 한마음대회	10,000	농산물유통과	3	4	7	8	7	5	5	4
7608	경남 함양군	농업경영인 가족한마음 대회	10,000	농산물유통과	3	4	7	8	7	5	5	4
7609	경남 함양군	아내사랑 요리체험	10,000	농산물유통과	3	4	7	8	7	5	5	4
7610	경남 함양군	농업인학습단체 현장체험 실습	5,000	농산물유통과	3	4	7	8	7	5	5	4
7611	경남 함양군	4-H 야영교육	5,000	농산물유통과	3	4	7	8	7	5	5	4
7612	경남 함양군	농업경영인 거창, 함양, 산청, 합천군 체육대회	15,000	농산물유통과	3	4	7	8	7	5	5	4
7613	경남 함양군	청년4-H회 과제교육 지원	8,000	농산물유통과	3	6	7	8	7	5	5	4
7614	경남 함양군	농업인학습단체 전문능력 배양시범	5,000	농산물유통과	3	6	7	8	7	5	5	4
7615	경남 함양군	경남 초중학생 종합체육대회 출전	7,000	체육청소년과	3	4	7	8	7	1	1	1
7616	경남 함양군	함양군체육회 도단위 체육대회 출전	25,000	체육청소년과	3	4	7	8	7	1	1	1
7617	경남 함양군	학교 생활체육시설 사용지원	12,000	체육청소년과	3	4	7	8	7	1	1	1
7618	경남 함양군	도 장애인 게이트볼대회 출전	1,000	체육청소년과	3	4	7	8	7	1	1	1
7619	경남 함양군	도 장애인 생활체육대회 출전	15,000	체육청소년과	3	4	7	8	7	1	1	1
7620	경남 함양군	경상남도지사배 함양 전국그란폰도대회	90,000	체육청소년과	3	4	7	8	7	1	1	1
7621	경남 함양군	군민체육대회	100,000	체육청소년과	3	4	7	8	7	1	1	1
7622	경남 함양군	도민체육대회 출전 지원	240,000	체육청소년과	3	4	7	8	7	1	1	1
7623	경남 함양군	경상남도 생활체육대축전 참가 지원	120,000	체육청소년과	3	4	7	8	7	1	1	1
7624	경남 함양군	협회장배 게이트볼대회	10,000	체육청소년과	3	4	7	8	7	1	1	1
7625	경남 함양군	노인게이트볼대회(함양군 노인회)	11,000	체육청소년과	3	4	7	8	7	1	1	1
7626	경남 함양군	노인그라운드골프대회	12,000	체육청소년과	3	4	7	8	7	1	1	1
7627	경남 함양군	노인그라운드골프대회(읍면대회)	11,000	체육청소년과	3	4	7	8	7	1	1	1
7628	경남 함양군	대한체육회장배 전국그라운드 골프대회	60,000	체육청소년과	3	4	7	8	7	1	1	1
7629	경남 함양군	함양군수배 파크골프대회	10,000	체육청소년과	3	4	7	8	7	1	1	1
7630	경남 함양군	국무총리배 전국 게이트볼대회	70,000	체육청소년과	3	4	7	8	7	1	1	1
7631	경남 함양군	노사초배 전국아마바둑대회	120,000	체육청소년과	3	4	7	8	7	1	1	1
7632	경남 함양군	내셔널리그 전국 바둑대회	50,000	체육청소년과	3	4	7	8	7	1	1	1
7633	경남 함양군	함양군체육회 각 협회별 체육행사 지원	25,000	체육청소년과	3	4	7	8	7	1	1	1

순번	시군구	지출명 (사업명)	2021년예산 (단위:천원/1년간)	담당자 (공무원) 담당부서	민간이전 분류 (지방자치단체 세출예산 집행기준에 의거) 1. 민간경상사업보조(307-02) 2. 민간단체 법정운영비보조(307-03) 3. 민간행사사업보조(307-04) 4. 민간위탁금(307-05) 5. 사회복지시설 법정운영비보조(307-10) 6. 민간인위탁교육비(307-12) 7. 공기관등에대한경상적위탁사업비(308-11) 8. 민간자본사업보조,자체재원(402-01) 9. 민간자본사업보조,이전재원(402-02) 10. 민간위탁사업비(402-03) 11. 공기관등에 대한 자본적 대행사업비(403-02)	민간이전지출 근거 (지방보조금 관리기준 참고) 1. 법률에 규정 2. 국고보조 재원(국가지정) 3. 용도 지정 기부금 4. 조례에 직접규정 5. 지자체가 권장하는 사업을 하는 공공기관 6. 시,도 정책 및 재정사정 7. 기타 8. 해당없음	입찰방식 계약체결방법 (경쟁형태) 1. 일반경쟁 2. 제한경쟁 3. 지명경쟁 4. 수의계약 5. 법정위탁 6. 기타 ( ) 7. 해당없음	입찰방식 계약기간 1. 1년 2. 2년 3. 3년 4. 4년 5. 5년 6. 기타 ( )년 7. 단기계약 (1년미만) 8. 해당없음	입찰방식 낙찰자선정방법 1. 적격심사 2. 협상에의한계약 3. 최저가낙찰제 4. 규격가격분리 5. 2단계 경쟁입찰 6. 기타 ( ) 7. 해당없음	운영예산 산정 운영예산 산정 1. 내부산정 (지자체 자체적으로 산정) 2. 외부산정 (외부전문기관위탁 산정) 3. 내·외부 모두 산정 4. 산정 無 5. 해당없음	운영예산 산정 정산방법 1. 내부정산 (지자체 내부적으로 정산) 2. 외부정산 (외부전문기관위탁 정산) 3. 내·외부 모두 산정 4. 정산 無 5. 해당없음	성과평가 실시여부 1. 실시 2. 미실시 3. 향후 추진 4. 해당없음
7634	경남 함양군	가맹단체 등 체육단체 육성 지원	30,000	체육청소년과	3	4	7	8	7	1	1	1
7635	경남 함양군	함양물레방아 전국 여자초중학교 친선 축구대회	15,000	체육청소년과	3	4	7	8	7	1	1	1
7636	경남 함양군	함양군수배 골프대회	15,000	체육청소년과	3	4	7	8	7	1	1	1
7637	경남 함양군	함양군수배 전국탁구대회	20,000	체육청소년과	3	4	7	8	7	1	1	1
7638	경남 함양군	함양군수배 족구대회	15,000	체육청소년과	3	4	7	8	7	1	1	1
7639	경남 함양군	물레방아골 전국 테니스대회	20,000	체육청소년과	3	4	7	8	7	1	1	1
7640	경남 함양군	추석맞이 군민씨름대회	15,000	체육청소년과	3	4	7	8	7	1	1	1
7641	경남 함양군	함양군수배 축구대회	20,000	체육청소년과	3	4	7	8	7	1	1	1
7642	경남 함양군	군민건강걷기대회	10,000	체육청소년과	3	4	7	8	7	1	1	1
7643	경남 함양군	함양군수배 태권도 한마당대회	20,000	체육청소년과	3	4	7	8	7	1	1	1
7644	경남 함양군	전국어린이 태권왕대회	162,300	체육청소년과	3	4	7	8	7	1	1	1
7645	경남 함양군	함양군수배 배드민턴대회	15,000	체육청소년과	3	4	7	8	7	1	1	1
7646	경남 함양군	동하계 전지훈련 유치	80,000	체육청소년과	3	4	7	8	7	1	1	1
7647	경남 함양군	함양산삼 전국 마라톤 대회	70,000	체육청소년과	3	4	7	8	7	1	1	1
7648	경남 함양군	한국실업 테니스 함양대회	80,000	체육청소년과	3	4	7	8	7	1	1	1
7649	경남 함양군	함양군수배 전국 동호인 농구대회	10,000	체육청소년과	3	4	7	8	7	1	1	1
7650	경남 함양군	거함산합 4개군 친선 궁도대회	5,000	체육청소년과	3	4	7	8	7	1	1	1
7651	경남 함양군	서부경남 6개군 친선 궁도대회	5,000	체육청소년과	3	4	7	8	7	1	1	1
7652	경남 함양군	경남도민체육대회 출전선수 육성지원	100,000	체육청소년과	3	4	7	8	7	1	1	1
7653	경남 함양군	함양군수배 힐클라임 개인독주대회	10,000	체육청소년과	3	4	7	8	7	1	1	1
7654	경남 함양군	함양군수배 어린이 밸런스바이크대회	8,000	체육청소년과	3	4	7	8	7	1	1	1
7655	경남 함양군	함양군수배 볼링대회	20,000	체육청소년과	3	4	7	8	7	1	1	1
7656	경남 함양군	경남자활가족한마당행사지원	35,000	사회복지과	3	6	5	1	7	4	1	2
7657	경남 함양군	설맞이 전통시장 소비촉진 행사	2,500	일자리경제과	3	1	7	8	7	5	5	4
7658	경남 함양군	전통시장 그리기 공모전	5,000	일자리경제과	3	1	7	8	7	5	5	4
7659	경남 함양군	전통시장 살리기 이벤트행사 지원	3,000	일자리경제과	3	1	7	8	7	5	5	4
7660	경남 함양군	역사적 선현 학술 심포지엄	20,000	문화관광과	3	4	7	8	7	1	1	1
7661	경남 함양군	전국휘호대회	50,000	문화관광과	3	4	7	8	7	1	1	3
7662	경남 함양군	함양문화예술인의 밤	5,000	문화관광과	3	4	7	8	7	1	1	3
7663	경남 함양군	공연 동아리 활동지원	20,000	문화관광과	3	4	7	8	7	1	1	3
7664	경남 함양군	천령문화제	500,000	문화관광과	3	4	7	8	7	1	1	3
7665	경남 함양군	함양연암문화제	80,000	문화관광과	3	4	7	8	7	1	1	3
7666	경남 함양군	함양예총제	40,000	문화관광과	3	4	7	8	7	1	1	3
7667	경남 함양군	다볕유스윈드오케스트라지원	30,000	문화관광과	3	4	7	8	7	1	1	3
7668	경남 함양군	우수예술단체 찾아가는 문화활동	30,000	문화관광과	3	6	7	8	7	1	1	3
7669	경남 함양군	대한민국 학생오케스트라 페스티벌	50,000	문화관광과	3	6	7	8	7	1	1	3
7670	경남 함양군	정월대보름 행사 지원	25,000	문화관광과	3	7	7	8	7	1	1	2
7671	경남 함양군	성균관유도회 도덕성회복교육	27,000	문화관광과	3	7	7	8	7	1	1	1
7672	경남 함양군	자연유산 민속행사 지원	12,000	문화관광과	3	6	7	8	7	5	1	1
7673	경남 함양군	일두 정여창 기념사업	50,000	문화관광과	3	6	7	8	7	5	1	1
7674	경남 함양군	장기요양요원 역량강화사업	5,000	주민행복과	3	4	7	8	7	5	1	4
7675	경남 함양군	노인의날 및 장수부부행사	14,800	주민행복과	3	4	7	8	7	5	1	4
7676	경남 함양군	어버이날 행사	58,000	주민행복과	3	4	7	8	7	5	1	4

순번	시군구	지출명 (사업명)	2021년예산 (단위:천원/1년간)	담당자 (공무원) 담당부서	민간이전 분류 (지방자치단체 세출예산 집행기준에 의거) 1. 민간경상사업보조(307-02) 2. 민간단체 법정운영비보조(307-03) 3. 민간행사사업보조(307-04) 4. 민간위탁금(307-05) 5. 사회복지시설 법정운영비보조(307-10) 6. 민간인위탁교육비(307-12) 7. 공기관등에대한경상적위탁사업비(308-11) 8. 민간자본사업보조,자체재원(402-01) 9. 민간자본사업보조,이전재원(402-02) 10. 민간위탁사업비(402-03) 11. 공기관등에 대한 자본적 대행사업비(403-02)	민간이전지출 근거 (지방보조금 관리기준 참고) 1. 법률에 규정 2. 국고보조 재원(국가지정) 3. 용도 지정 기부금 4. 조례에 직접규정 5. 지자체가 권장하는 사업을 하는 공공기관 6. 시,도 정책 및 재정사정 7. 기타 8. 해당없음	입찰방식: 계약체결방법 (경쟁형태) 1. 일반경쟁 2. 제한경쟁 3. 지명경쟁 4. 수의계약 5. 법정위탁 6. 기타 ( ) 7. 해당없음	입찰방식: 계약기간 1. 1년 2. 2년 3. 3년 4. 4년 5. 5년 6. 기타 ( )년 7. 단기계약 (1년미만) 8. 해당없음	입찰방식: 낙찰자선정방법 1. 적격심사 2. 협상에의한계약 3. 최저가낙찰제 4. 규격가격분리 5. 2단계 경쟁입찰 6. 기타 ( ) 7. 해당없음	운영예산 산정: 운영예산 산정 1. 내부산정 (지자체 자체적으로 산정) 2. 외부산정 (외부전문기관위탁 산정) 3. 내·외부 모두 산정 4. 산정 無 5. 해당없음	운영예산 산정: 정산방법 1. 내부정산 (지자체 내부적으로 정산) 2. 외부정산 (외부전문기관위탁 정산) 3. 내·외부 모두 산정 4. 정산 無 5. 해당없음	성과평가 실시여부 1. 실시 2. 미실시 3. 향후 추진 4. 해당없음
7677	경남 함양군	다문화가족 한국문화 체험행사	4,000	주민행복과	3	4	7	8	7	5	1	4
7678	경남 함양군	다문화주간 기념행사 및 체육대회	11,000	주민행복과	3	4	7	8	7	5	1	4
7679	경남 함양군	영유아보육지원	9,000	주민행복과	3	4	7	8	7	5	1	4
7680	경남 함양군	아동복지행사지원	35,500	주민행복과	3	1	7	8	7	5	1	4
7681	경남 거창군	신년 해맞이 축제행사	15,000	행정과	3	4	6	8	7	1	1	1
7682	경남 거창군	이장가족 한마음 체육대회	30,000	행정과	3	4	7	8	7	1	1	1
7683	경남 거창군	청소년 통일공감 체험학습	10,000	행정과	3	1	7	8	7	1	1	1
7684	경남 거창군	전국거창향우연합회 한마음대회	17,000	행정과	3	4	7	8	7	1	1	1
7685	경남 거창군	새마을지도자 전국대회	3,000	행정과	3	4	7	8	7	1	1	1
7686	경남 거창군	새마을문고 육성	14,000	행정과	3	4	7	8	7	1	1	1
7687	경남 거창군	제51주년 새마을의 날 기념식 및 새마을지도자대회 개최	10,000	행정과	3	4	7	8	7	1	1	1
7688	경남 거창군	거창평화학교 피스메이커 최고위과정	15,000	행정과	3	1	7	8	7	1	1	1
7689	경남 거창군	나라사랑 국기달기 운동	3,000	행정과	3	1	7	8	7	1	1	1
7690	경남 거창군	바르게살기 전국대회 및 경남대회	3,000	행정과	3	1	7	8	7	1	1	1
7691	경남 거창군	저탄소 녹색성장을 통한 지구살리기 결의대회 및 회원한마음대회	3,000	행정과	3	1	7	8	7	1	1	1
7692	경남 거창군	도덕성 회복 강연회	2,000	행정과	3	1	7	8	7	1	1	1
7693	경남 거창군	자유수호 지도자 한마음 대회	3,170	행정과	3	1	7	8	7	1	1	1
7694	경남 거창군	통일준비민주시민교육 및 안보견학	10,000	행정과	3	1	7	8	7	1	1	1
7695	경남 거창군	자율방범대 체육대회	6,000	행정과	3	1	7	8	7	1	1	1
7696	경남 거창군	원학골(위천) 3.1 문화제	9,000	문화관광과	3	4	7	8	7	5	5	4
7697	경남 거창군	거창3.1정신 계승발전위원회	9,000	문화관광과	3	4	7	8	7	5	5	4
7698	경남 거창군	부처님오신날 연등축제	10,000	문화관광과	3	4	7	8	7	5	5	4
7699	경남 거창군	아홉산 취우령제	5,000	문화관광과	3	4	7	8	7	5	5	4
7700	경남 거창군	합창단 지원	23,000	문화관광과	3	4	7	8	7	5	5	4
7701	경남 거창군	음악 연주회 지원	60,900	문화관광과	3	4	7	8	7	5	5	4
7702	경남 거창군	미술, 서예, 사진 전시회 등 지원	9,000	문화관광과	3	4	7	8	7	5	5	4
7703	경남 거창군	무용공연 지원	10,000	문화관광과	3	4	7	8	7	5	5	4
7704	경남 거창군	풍물공연 지원	9,000	문화관광과	3	4	7	8	7	5	5	4
7705	경남 거창군	연극공연 지원	6,000	문화관광과	3	4	7	8	7	5	5	4
7706	경남 거창군	제50회 아림예술제	85,000	문화관광과	3	4	7	8	7	5	5	4
7707	경남 거창군	제21회 거창예총제	52,000	문화관광과	3	4	7	8	7	5	5	4
7708	경남 거창군	거창민족예술제	7,000	문화관광과	3	4	7	8	7	5	5	4
7709	경남 거창군	아시아 1인극제	50,000	문화관광과	3	4	7	8	7	5	5	4
7710	경남 거창군	거창크리스마스트리문화축제	75,000	문화관광과	3	4	7	8	7	5	5	4
7711	경남 거창군	전통문화 지원사업	38,000	문화관광과	3	1	7	8	7	5	5	4
7712	경남 거창군	거창 청년축제 콘텐츠 공모	50,000	문화관광과	3	4	7	8	7	5	5	4
7713	경남 거창군	당산리 당송 영송제 지원	2,000	문화관광과	3	2	7	8	7	5	5	4
7714	경남 거창군	사회복지의 날 행사	6,000	복지정책과	3	1	7	8	7	1	1	1
7715	경남 거창군	자원봉사협의회 한마음대회	6,000	복지정책과	3	4	7	7	7	1	1	1
7716	경남 거창군	거창한 거창산삼축제 행사 지원	50,000	산림과	3	7	6	1	6	1	1	1
7717	경남 거창군	전국지역리더대회	45,000	농업축산과	3	6	7	8	7	1	1	1
7718	경남 거창군	농업인단체자질향상	36,000	농업축산과	3	4	7	8	7	1	1	1
7719	경남 거창군	쌀전업농 단체활동 및 행사 지원	3,000	농업기술과	3	6	7	8	7	5	5	4

순번	시군구	지출명 (사업명)	2021년예산 (단위:천원/1년간)	담당자 (공무원) 담당부서	민간이전 분류 (지방자치단체 세출예산 집행기준에 의거) 1. 민간경상사업보조(307-02) 2. 민간단체 법정운영비보조(307-03) 3. 민간행사사업보조(307-04) 4. 민간위탁금(307-05) 5. 사회복지시설 법정운영비보조(307-10) 6. 민간인위탁교육비(307-12) 7. 공기관등에대한경상적위탁사업비(308-11) 8. 민간자본사업보조,자체재원(402-01) 9. 민간자본사업보조,이전재원(402-02) 10. 민간위탁사업비(402-03) 11. 공기관등에 대한 자본적 대행사업비(403-02)	민간이전지출 근거 (지방보조금 관리기준 참고) 1. 법률에 규정 2. 국고보조 재원(국가지정) 3. 용도 지정 기부금 4. 조례에 직접규정 5. 지자체가 권장하는 사업을 하는 공공기관 6. 시,도 정책 및 재정사정 7. 기타 8. 해당없음	입찰방식 계약체결방법 (경쟁형태) 1. 일반경쟁 2. 제한경쟁 3. 지명경쟁 4. 수의계약 5. 법정위탁 6. 기타 ( ) 7. 해당없음	입찰방식 계약기간 1. 1년 2. 2년 3. 3년 4. 4년 5. 5년 6. 기타 ( )년 7. 단기계약 (1년미만) 8. 해당없음	입찰방식 낙찰자선정방법 1. 적격심사 2. 협상에의한계약 3. 최저가낙찰제 4. 규격가격분리 5. 2단계 경쟁입찰 6. 기타 ( ) 7. 해당없음	운영예산 산정 운영예산 산정 1. 내부산정 (지자체 자체적으로 산정) 2. 외부산정 (외부전문기관위탁 산정) 3. 내·외부 모두 산정 4. 산정 無 5. 해당없음	운영예산 산정 정산방법 1. 내부정산 (지자체 내부적으로 정산) 2. 외부정산 (외부전문기관위탁 정산) 3. 내·외부 모두 산정 4. 정산 無 5. 해당없음	성과평가 실시여부 1. 실시 2. 미실시 3. 향후 추진 4. 해당없음
7720	경남 거창군	시설원예연합회 정보교류 연찬회	6,500	농업기술과	3	4	7	8	7	5	5	4
7721	경남 거창군	체육인의 날 행사	5,700	체육시설사업소	3	4	7	8	7	1	1	1
7722	경남 거창군	경남도민체육대회 참가 지원	220,000	체육시설사업소	3	4	7	8	7	1	1	1
7723	경남 거창군	전국체육대회 참가선수 육성 지원	4,000	체육시설사업소	3	4	7	8	7	1	1	1
7724	경남 거창군	경남 초중학생체육대회 참가지원	16,000	체육시설사업소	3	4	7	8	7	1	1	1
7725	경남 거창군	경남생활체육대축전참가	90,000	체육시설사업소	3	4	7	8	7	1	1	1
7726	경남 거창군	자매결연자치단체 체육대회 개최	20,000	체육시설사업소	3	4	7	8	7	1	1	1
7727	경남 거창군	대구수성구 교류전 지원	4,000	체육시설사업소	3	4	7	8	7	1	1	1
7728	경남 거창군	거창군장애인체육대회 개최	18,000	체육시설사업소	3	4	7	8	7	1	1	1
7729	경남 거창군	경상남도 장애인생활체육대회 참가	9,500	체육시설사업소	3	4	7	8	7	1	1	1
7730	경남 거창군	경남농아인 체육대회 참가	4,500	체육시설사업소	3	4	7	8	7	1	1	1
7731	경남 거창군	도단위 이상 규모 장애인 체육대회 참가	12,400	체육시설사업소	3	4	7	8	7	1	1	1
7732	경남 거창군	자체 체육대회 개최지원	83,800	체육시설사업소	3	1	7	8	7	1	1	1
7733	경남 거창군	군민 체육대회 개최지원	307,900	체육시설사업소	3	1	7	8	7	1	1	1
7734	경남 거창군	읍면 체육대회 개최지원	156,000	체육시설사업소	3	1	7	8	7	1	1	1
7735	경남 거창군	동하계스토브리그 개최지원	79,167	체육시설사업소	3	1	7	8	7	1	1	1
7736	경남 거창군	도단위 이상 생활체육행사지원	248,667	체육시설사업소	3	1	7	8	7	1	1	1
7737	경남 거창군	전국규모 엘리트 스포츠대회 개최지원	272,273	체육시설사업소	3	1	7	8	7	1	1	1
7738	경남 거창군	자전거투어 창포원소풍	30,000	체육시설사업소	3	1	7	8	7	1	1	1
7739	경남 합천군	읍면 풍물경연대회	48,500	문화예술과	3	4	7	8	7	1	1	1
7740	경남 합천군	연묵회 회원전	1,000	문화예술과	3	4	7	8	7	1	1	1
7741	경남 합천군	서각회 회원전	1,000	문화예술과	3	4	7	8	7	1	1	1
7742	경남 합천군	합천문인화회 회원전	1,000	문화예술과	3	4	7	8	7	1	1	1
7743	경남 합천군	합천인두화회 회원전	1,000	문화예술과	3	4	7	8	7	1	1	1
7744	경남 합천군	합천한의학박물관 특별기획 프로그램 운영	20,000	문화예술과	3	4	7	8	7	1	1	1
7745	경남 합천군	문화소외지역 찾아가는 공연 및 전시	20,000	문화예술과	3	4	7	8	7	1	1	1
7746	경남 합천군	합천예술제 행사 지원	64,000	문화예술과	3	4	7	8	7	1	1	1
7747	경남 합천군	문화예술단체 전시 및 공연 지원	19,000	문화예술과	3	4	7	8	7	1	1	1
7748	경남 합천군	한글사랑 백일장	3,000	문화예술과	3	4	7	8	7	1	1	1
7749	경남 합천군	숲속의 작은음악회	12,000	문화예술과	3	4	7	8	7	1	1	1
7750	경남 합천군	합천예총 문화예술 탐방행사 지원	10,000	문화예술과	3	4	7	8	7	1	1	1
7751	경남 합천군	예술인의 날 행사	5,000	문화예술과	3	4	7	8	7	1	1	1
7752	경남 합천군	밤마리오광대축제 행사지원	45,000	문화예술과	3	4	7	8	7	1	1	1
7753	경남 합천군	문학관 교류사업	2,000	문화예술과	3	4	7	8	7	1	1	1
7754	경남 합천군	대야문화제 행사 지원	560,000	문화예술과	3	4	7	8	7	1	1	1
7755	경남 합천군	팔만대장경 전국예술대전 행사 지원	55,000	문화예술과	3	4	7	8	7	1	1	1
7756	경남 합천군	향교기로연 재연	16,000	문화예술과	3	4	7	8	7	1	1	1
7757	경남 합천군	전국 정가 경창대회 개최 지원	25,000	문화예술과	3	4	7	8	7	1	1	1
7758	경남 합천군	충효선양 문화행사 지원	24,000	문화예술과	3	4	7	8	7	1	1	1
7759	경남 합천군	남명 조식선생 추모선양 행사	5,000	문화예술과	3	7	7	8	7	1	1	1
7760	경남 합천군	부음서원 내암선양 향례 지원	2,000	문화예술과	3	7	7	8	7	1	1	1
7761	경남 합천군	남명 선생 선양회 역사문화 행사	2,000	문화예술과	3	7	7	8	7	1	1	1
7762	경남 합천군	제2회 합천 수려한영화제 지원사업	200,000	관광진흥과	3	4	7	8	7	5	5	4

순번	시군구	지출명 (사업명)	2021년예산 (단위:천원/1년간)	담당자 (공무원) 담당부서	민간이전 분류 (지방자치단체 세출예산 집행기준에 의거) 1. 민간경상사업보조(307-02) 2. 민간단체 법정운영비보조(307-03) 3. 민간행사사업보조(307-04) 4. 민간위탁금(307-05) 5. 사회복지시설 법정운영비보조(307-10) 6. 민간인위탁교육비(307-12) 7. 공기관등에대한경상적위탁사업비(308-11) 8. 민간자본사업보조,자체재원(402-01) 9. 민간자본사업보조,이전재원(402-02) 10. 민간위탁사업비(402-03) 11. 공기관등에 대한 자본적 대행사업비(403-02)	민간이전지출 근거 (지방보조금 관리기준 참고) 1. 법률에 규정 2. 국고보조 재원(국가지정) 3. 용도 지정 기부금 4. 조례에 직접규정 5. 지자체가 권장하는 사업을 하는 공공기관 6. 시,도 정책 및 재정사정 7. 기타 8. 해당없음	입찰방식 계약체결방법 (경쟁형태) 1. 일반경쟁 2. 제한경쟁 3. 지명경쟁 4. 수의계약 5. 법정위탁 6. 기타 ( ) 7. 해당없음	입찰방식 계약기간 1. 1년 2. 2년 3. 3년 4. 4년 5. 5년 6. 기타 ( )년 7. 단기계약 (1년미만) 8. 해당없음	입찰방식 낙찰자선정방법 1. 적격심사 2. 협상에의한계약 3. 최저가낙찰제 4. 규격가격분리 5. 2단계 경쟁입찰 6. 기타 ( ) 7. 해당없음	운영예산 산정 운영예산 산정 1. 내부산정 (지자체 자체적으로 산정) 2. 외부산정 (외부전문기관위탁 산정) 3. 내·외부 모두 산정 4. 산정 無 5. 해당없음	운영예산 산정 정산방법 1. 내부정산 (지자체 내부적으로 정산) 2. 외부정산 (외부전문기관위탁 정산) 3. 내·외부 모두 산정 4. 정산 無 5. 해당없음	성과평가 실시여부 1. 실시 2. 미실시 3. 향후 추진 4. 해당없음
7763	경남 합천군	카누체험교실 운영	40,000	관광진흥과	3	4	7	8	7	5	5	4
7764	경남 합천군	생활체육교실운영	12,075	체육시설과	3	4	7	8	7	1	1	1
7765	경남 합천군	생활체육프로그램운영	7,300	체육시설과	3	4	7	8	7	1	1	1
7766	경남 합천군	생활체육대회지원	25,000	체육시설과	3	4	7	8	7	1	1	1
7767	경남 합천군	제20회 벚꽃마라톤대회 보조	225,000	체육시설과	3	4	7	8	7	1	1	1
7768	경남 합천군	제57회 춘계고등축구연맹전 지원	150,000	체육시설과	3	4	7	8	7	1	1	1
7769	경남 합천군	전국여자축구선수권대회 지원	140,000	체육시설과	3	4	7	8	7	1	1	1
7770	경남 합천군	제57회 추계고등축구연맹전 지원	150,000	체육시설과	3	4	7	8	7	1	1	1
7771	경남 합천군	전국유소년클럽축구대회 지원	130,000	체육시설과	3	4	7	8	7	1	1	1
7772	경남 합천군	학기중 전국규모축구대회 개최지원	290,000	체육시설과	3	4	7	8	7	1	1	1
7773	경남 합천군	제15회 전세계한민족 축구대회 지원	100,000	체육시설과	3	4	7	8	7	1	1	1
7774	경남 합천군	전국 및 도단위 체육행사 지원	250,000	체육시설과	3	4	7	8	7	1	1	1
7775	경남 합천군	동계전지훈련 유치	170,000	체육시설과	3	4	7	8	7	1	1	1
7776	경남 합천군	과거사 위령제 행사 지원	4,000	행정과	3	4	7	8	7	1	1	1
7777	경남 합천군	한국자유총연맹 한마음다짐대회 지원	10,000	행정과	3	1	7	8	7	1	1	1
7778	경남 합천군	바르게살기운동 회원 한마음대회 지원	10,000	행정과	3	1	7	8	7	1	1	1
7779	경남 합천군	바르게살기운동과 함께하는 희망나눔행사	7,000	행정과	3	1	7	8	7	1	1	1
7780	경남 합천군	자문위원 통일역량강화 연수	30,000	행정과	3	1	7	8	7	1	1	1
7781	경남 합천군	평화통일기원 청소년 문화 한마당	10,000	행정과	3	1	7	8	7	1	1	1
7782	경남 합천군	비핵, 평화 그리고 통일 행사 개최지원	5,000	행정과	3	1	7	8	7	1	1	1
7783	경남 합천군	새마을의 날 기념 및 한마음대회	10,000	행정과	3	4	7	8	7	1	1	1
7784	경남 합천군	새마을지도자대회 개최	10,000	행정과	3	4	7	8	7	1	1	1
7785	경남 합천군	합천군 청년연합회 한마음대회 개최 지원	15,000	행정과	3	4	7	8	7	1	1	1
7786	경남 합천군	(사)전국이통장연합회합천군지회 이장 한마음대회	20,000	행정과	3	4	7	8	7	1	1	1
7787	경남 합천군	새마을 해외협력사업	20,000	행정과	3	4	7	8	7	1	1	1
7788	경남 합천군	합천군자율방범대연합회 범죄예방 결의 및 한마음대회 지원	10,000	행정과	3	4	7	8	7	1	1	1
7789	경남 합천군	자원봉사자 한마음대회 지원	10,000	행정과	3	4	7	8	7	1	1	1
7790	경남 합천군	사랑나눔 음악회 행사 지원	8,000	행정과	3	4	7	8	7	1	1	1
7791	경남 합천군	6.25 기념행사 지원	10,000	주민복지과	3	4	7	8	7	1	1	2
7792	경남 합천군	보훈가족 위안행사 지원	8,000	주민복지과	3	4	7	8	7	1	1	2
7793	경남 합천군	삼가장터3.1독립만세운동 기념행사	2,000	주민복지과	3	1	7	8	7	1	1	2
7794	경남 합천군	합천3.1독립만세운동 재현행사	30,000	주민복지과	3	1	7	8	7	1	1	2
7795	경남 합천군	합천군 주민서비스박람회 행사지원	34,000	주민복지과	3	4	7	8	7	1	1	2
7796	경남 합천군	장애인 복지증진 대회	26,000	주민복지과	3	1	7	8	1	1	1	1
7797	경남 합천군	여성지도자 워크숍 개최	10,000	노인아동여성과	3	6	7	8	7	1	1	3
7798	경남 합천군	여성결혼이민자 여성단체 결연	10,000	노인아동여성과	3	6	7	8	7	1	1	4
7799	경남 합천군	양성평등주간 기념행사	21,540	노인아동여성과	3	6	7	8	7	1	1	4
7800	경남 합천군	어린이날 행사지원	30,000	노인아동여성과	3	7	7	8	7	1	1	4
7801	경남 합천군	지역아동센터 체육대회	5,000	노인아동여성과	3	7	7	8	7	1	1	4
7802	경남 합천군	지역아동센터 종사자 워크숍	2,000	노인아동여성과	3	7	7	8	7	1	1	4
7803	경남 합천군	합천군 어린이집 연합운동회	10,000	노인아동여성과	3	4	7	8	7	1	1	4
7804	경남 합천군	보육교직원 워크숍	7,000	노인아동여성과	3	2	7	8	7	1	1	4
7805	경남 합천군	전통시장 활성화 행사 운영	10,000	경제교통과	3	7	4	1	1	1	1	4

순번	시군구	지출명 (사업명)	2021년예산 (단위:천원/1년간)	담당자 (공무원)	민간이전 분류 (지방자치단체 세출예산 집행기준에 의거)	민간이전지출 근거 (지방보조금 관리기준 참고)	입찰방식			운영예산 산정		성과평가 실시여부
				담당부서	1. 민간경상사업보조(307-02) 2. 민간단체 법정운영비보조(307-03) 3. 민간행사사업보조(307-04) 4. 민간위탁금(307-05) 5. 사회복지시설 법정운영비보조(307-10) 6. 민간인위탁교육비(307-12) 7. 공기관등에대한경상적위탁사업비(308-11) 8. 민간자본사업보조,자체재원(402-01) 9. 민간자본사업보조,이전재원(402-02) 10. 민간위탁사업비(402-03) 11. 공기관등에 대한 자본적 대행사업비(403-02)	1. 법률에 규정 2. 국고보조 재원(국가지정) 3. 용도 지정 기부금 4. 조례에 직접규정 5. 지자체가 권장하는 사업을 하는 공공기관 6. 시,도 정책 및 재정사정 7. 기타 8. 해당없음	계약체결방법 (경쟁형태) 1. 일반경쟁 2. 제한경쟁 3. 지명경쟁 4. 수의계약 5. 법정위탁 6. 기타 ( ) 7. 해당없음	계약기간 1. 1년 2. 2년 3. 3년 4. 4년 5. 5년 6. 기타 ( )년 7. 단기계약 (1년미만) 8. 해당없음	낙찰자선정방법 1. 적격심사 2. 협상에의한계약 3. 최저가낙찰제 4. 규격가격분리 5. 2단계 경쟁입찰 6. 기타 ( ) 7. 해당없음	운영예산 산정 1. 내부산정 (지자체 자체적으로 산정) 2. 외부산정 (외부전문기관위탁 산정) 3. 내·외부 모두 산정 4. 산정 無 5. 해당없음	정산방법 1. 내부정산 (지자체 내부적으로 정산) 2. 외부정산 (외부전문기관위탁 정산) 3. 내·외부 모두 산정 4. 정산 無 5. 해당없음	1. 실시 2. 미실시 3. 향후 추진 4. 해당없음
7806	경남 합천군	한국춘란 무명품 전국대회	60,000	농정과	3	4	4	7	7	5	1	1
7807	경남 합천군	전국 난인의 날 행사	40,000	농정과	3	4	4	7	7	5	1	1
7808	경남 합천군	합천춘란 연합전시회	5,000	농정과	3	4	4	7	7	5	1	1
7809	경남 합천군	마을단위 찾아가는 융화교육	15,000	농정과	3	2	7	8	7	1	1	1
7810	경남 합천군	농업경영인 한마음대회 지원	12,500	농정과	3	4	7	8	7	5	5	4
7811	경남 합천군	농업경영인 선진영농 현장체험학습	16,800	농정과	3	4	7	8	7	5	5	4
7812	경남 합천군	농민회원 여름농촌현장 활동지원	3,000	농정과	3	4	7	8	7	5	5	4
7813	경남 합천군	황매산철쭉제 행사지원	140,000	산림과	3	4	7	8	7	1	1	4
7814	경남 합천군	제9회 축산사랑 한마음 대회	9,000	축산과	3	1	7	8	7	5	1	4
7815	경남 합천군	축산물브랜드 홍보사업 지원	25,000	축산과	3	6	7	8	7	5	5	4
7816	경남 합천군	합천호 낚시대회 지원	40,000	축산과	3	5	7	8	7	5	1	1
7817	경남 합천군	농산물 직매장 소비자 팸투어 지원	20,000	농업유통과	3	4	7	8	7	1	1	1
7818	경남 합천군	경상남도 친환경농업인대회 행사운영 지원	30,000	농업지도과	3	6	7	8	7	5	5	4
7819	경남 합천군	친환경농산물 체험행사 지원	10,000	농업지도과	3	6	7	8	7	5	5	4
7820	경남 합천군	건강생활실천대회 지원	50,000	보건소	3	4	6	7	7	1	1	1
7821	전북 전주시	2021 대한민국 지속가능발전대회	175,000	미래전략혁신과	3	4	7	8	7	5	5	4
7822	전북 전주시	전통시장 문화행사 지원	105,000	일자리청년정책과	3	4	6	7	6	4	1	1
7823	전북 전주시	전통시장 야시장 운영 지원	7,000	일자리청년정책과	3	4	6	1	6	4	1	1
7824	전북 전주시	노인일자리사업	45,300	통합돌봄과	3	2	7	8	7	1	1	1
7825	전북 전주시	전북 1000리길 활성화 사업	3,500	환경위생과	3	1	7	8	7	5	1	1
7826	전북 전주시	난전뜰 어울림 전통문화축제	5,000	문화정책과	3	1	7	8	7	1	1	3
7827	전북 전주시	남고산성 산사음악회	3,000	문화정책과	3	1	7	8	7	1	1	3
7828	전북 전주시	대한민국 청소년 트로트가요제	8,000	문화정책과	3	1	7	8	7	1	1	3
7829	전북 전주시	금파 국제춤 페스티벌	20,000	문화정책과	3	1	7	8	7	1	1	3
7830	전북 전주시	뫼솔 전국 국악경연대회	11,000	문화정책과	3	1	7	8	7	1	1	3
7831	전북 전주시	서학동 갤러리길 미술축제	30,000	문화정책과	3	1	7	8	7	1	1	3
7832	전북 전주시	완산 전국국악대제전	9,000	문화정책과	3	1	7	8	7	1	1	3
7833	전북 전주시	전국 온고을 미술대전	45,000	문화정책과	3	1	7	8	7	1	1	3
7834	전북 전주시	전국고수대회	9,000	문화정책과	3	1	7	8	7	1	1	3
7835	전북 전주시	전북 청소년 차예절 경연대회	4,200	문화정책과	3	1	7	8	7	1	1	3
7836	전북 전주시	전주 시민과 함께하는 연등축제	20,000	문화정책과	3	1	7	8	7	1	1	3
7837	전북 전주시	전주 연꽃 문화제	20,000	문화정책과	3	1	7	8	7	1	1	3
7838	전북 전주시	전주대사습놀이 전국대회	540,000	문화정책과	3	1	7	8	7	1	1	1
7839	전북 전주시	전주얼티밋 뮤직페스티벌	300,000	문화정책과	3	1	7	8	7	1	1	4
7840	전북 전주시	조선조 과거시험 재현 전국 한시 백일장 대회	8,500	문화정책과	3	1	7	8	7	1	1	3
7841	전북 전주시	흑석골 당산제전 문화축제	2,700	문화정책과	3	1	7	8	7	1	1	3
7842	전북 전주시	전주예술제	49,000	문화정책과	3	1	7	8	7	1	1	3
7843	전북 전주시	전주비빔밥 축제	400,000	관광산업과	3	1	7	8	7	5	5	4
7844	전북 전주시	전주한지패션대전	30,500	전통문화유산과	3	6	7	8	7	1	1	1
7845	전북 전주시	한지작품 활동지원	13,500	전통문화유산과	3	6	7	8	7	1	1	1
7846	전북 전주시	전주시장배 생활체육 전국넷볼대회	3,600	체육산업과	3	1	7	7	7	1	1	4
7847	전북 전주시	전주시장배 생활체육 전북자전거대회	4,500	체육산업과	3	1	7	7	7	1	1	4
7848	전북 전주시	전주시장배 생활체육 전국 합기도무술대회	7,000	체육산업과	3	1	7	7	7	1	1	4

순번	시군구	지출명 (사업명)	2021년예산 (단위:천원/1년간)	담당자 (공무원) 담당부서	민간이전 분류 (지방자치단체 세출예산 집행기준에 의거) 1. 민간경상사업보조(307-02) 2. 민간단체 법정운영비보조(307-03) 3. 민간행사사업보조(307-04) 4. 민간위탁금(307-05) 5. 사회복지시설 법정운영비보조(307-10) 6. 민간인위탁교육비(307-12) 7. 공기관등에대한경상적위탁사업비(308-11) 8. 민간자본사업보조,자체재원(402-01) 9. 민간자본사업보조,이전재원(402-02) 10. 민간위탁사업비(402-03) 11. 공기관등에 대한 자본적 대행사업비(403-02)	민간이전지출 근거 (지방보조금 관리기준 참고) 1. 법률에 규정 2. 국고보조 재원(국가지정) 3. 용도 지정 기부금 4. 조례에 직접규정 5. 지자체가 권장하는 사업을 하는 공공기관 6. 시,도 정책 및 재정사정 7. 기타 8. 해당없음	입찰방식 계약체결방법 (경쟁형태) 1. 일반경쟁 2. 제한경쟁 3. 지명경쟁 4. 수의계약 5. 법정위탁 6. 기타 ( ) 7. 해당없음	입찰방식 계약기간 1. 1년 2. 2년 3. 3년 4. 4년 5. 5년 6. 기타 ( )년 7. 단기계약 (1년미만) 8. 해당없음	입찰방식 낙찰자선정방법 1. 적격심사 2. 협상에의한계약 3. 최저가낙찰제 4. 규격가격분리 5. 2단계 경쟁입찰 6. 기타 ( ) 7. 해당없음	운영예산 산정 운영예산 산정 1. 내부산정 (지자체 자체적으로 산정) 2. 외부산정 (외부전문기관위탁 산정) 3. 내·외부 모두 산정 4. 산정 無 5. 해당없음	운영예산 산정 정산방법 1. 내부정산 (지자체 내부적으로 정산) 2. 외부정산 (외부전문기관위탁 정산) 3. 내·외부 모두 산정 4. 정산 無 5. 해당없음	성과평가 실시여부 1. 실시 2. 미실시 3. 향후 추진 4. 해당없음
7849	전북 전주시	전주시장배 생활체육 전국킥복싱대회	5,000	체육산업과	3	1	7	7	7	1	1	4
7850	전북 전주시	전주시장배 생활체육 보디빌딩·뷰티바디대회	8,550	체육산업과	3	1	7	7	7	1	1	4
7851	전북 전주시	전주시장배 생활체육 어르신 게이트볼대회	5,000	체육산업과	3	1	7	7	7	1	1	4
7852	전북 전주시	전주시장배 생활체육 그라운드골프대회	5,000	체육산업과	3	1	7	7	7	1	1	4
7853	전북 전주시	전주시장배 생활체육 전국패러글라이딩대회	6,300	체육산업과	3	1	7	7	7	1	1	4
7854	전북 전주시	전주시장배 생활체육 국학기공대회	5,000	체육산업과	3	1	7	7	7	1	1	4
7855	전북 전주시	전주시장배 생활체육 수상스키&웨이크보드대회	9,000	체육산업과	3	1	7	7	7	1	1	4
7856	전북 전주시	전주시장배 생활체육 스쿼시대회	7,650	체육산업과	3	1	7	7	7	1	1	4
7857	전북 전주시	전주시장배 생활체육 전국 동호인 스케이팅대회	9,500	체육산업과	3	1	7	7	7	1	1	4
7858	전북 전주시	전주시장배 생활체육 배드민턴대회	9,500	체육산업과	3	1	7	7	7	1	1	4
7859	전북 전주시	전주시장배 생활체육 전국대학 클럽대항농구대회	9,400	체육산업과	3	1	7	7	7	1	1	4
7860	전북 전주시	전주시장배 생활체육 무에타이대회	5,000	체육산업과	3	1	7	7	7	1	1	4
7861	전북 전주시	전주시장배 생활체육 나비골프대회	5,000	체육산업과	3	1	7	7	7	1	1	4
7862	전북 전주시	전주시장배 생활체육 스키·스노보드대회	16,000	체육산업과	3	1	7	7	7	1	1	4
7863	전북 전주시	전주시장배 생활체육 스킨스쿠버대회	4,500	체육산업과	3	1	7	7	7	1	1	4
7864	전북 전주시	전주시장배 생활체육 골프대회	6,000	체육산업과	3	1	7	7	7	1	1	4
7865	전북 전주시	전주시장배 생활체육 전국 당구대회	9,500	체육산업과	3	1	7	7	7	1	1	4
7866	전북 전주시	전주시장배 생활체육 전국 초청 족구대회	10,000	체육산업과	3	1	7	7	7	1	1	4
7867	전북 전주시	전주시장배 생활체육 전라북도민 줄넘기대회	4,500	체육산업과	3	1	7	7	7	1	1	4
7868	전북 전주시	전주시장배 생활체육 전국 택견대회	5,000	체육산업과	3	1	7	7	7	1	1	4
7869	전북 전주시	전주시장배 생활체육 파크골프대회	8,000	체육산업과	3	1	7	7	7	1	1	4
7870	전북 전주시	전주시장배 우리가락 생활체조경연대회	10,000	체육산업과	3	1	7	7	7	1	1	4
7871	전북 전주시	전주시장배 생활체육 전북풋살한마당대회	9,500	체육산업과	3	1	7	7	7	1	1	4
7872	전북 전주시	전주시장배 요가대회	7,000	체육산업과	3	1	7	7	7	1	1	4
7873	전북 전주시	전주시장배 이순테니스대회	6,000	체육산업과	3	1	7	7	7	1	1	4
7874	전북 전주시	전주시장배 생활체육 댄스스포츠경기대회	4,500	체육산업과	3	1	7	7	7	1	1	4
7875	전북 전주시	전주시장기 전국 우수중학교 초청 야구대회	6,000	체육산업과	3	1	7	7	7	1	1	4
7876	전북 전주시	전주시장배 빙상대회	4,500	체육산업과	3	1	7	7	7	1	1	4
7877	전북 전주시	전주시장배 청소년클럽대항 축구대회	17,500	체육산업과	3	1	7	7	7	1	1	4
7878	전북 전주시	전국여성축구대회 출전	2,500	체육산업과	3	1	7	7	7	1	1	4
7879	전북 전주시	전주시장기 전국 우수중학교 초청 야구대회	6,000	체육산업과	3	4	7	8	7	1	1	1
7880	전북 전주시	전주시장배 빙상대회	4,500	체육산업과	3	4	7	8	7	1	1	1
7881	전북 전주시	전주시장배 초등축구 및 청소년클럽대항 축구대회	17,000	체육산업과	3	4	7	8	7	1	1	1
7882	전북 전주시	전주시장기 및 전주시장배 남녀볼링대회	9,000	체육산업과	3	4	7	8	7	1	1	1
7883	전북 전주시	전주시장기 등산대회	5,000	체육산업과	3	4	7	8	7	1	1	1
7884	전북 전주시	전주시장배 정구대회	5,400	체육산업과	3	4	7	8	7	1	1	1
7885	전북 전주시	전주시장배 남녀복싱대회	5,000	체육산업과	3	4	7	8	7	1	1	1
7886	전북 전주시	전주시장배 전국아마바둑대회	10,000	체육산업과	3	4	7	8	7	1	1	1
7887	전북 전주시	전주시장배 농구대회	7,290	체육산업과	3	4	7	8	7	1	1	1
7888	전북 전주시	전주시장배 전국오픈동호인 및 어르신 탁구대회	12,200	체육산업과	3	4	7	8	7	1	1	1
7889	전북 전주시	전주시장배 유도대회	8,000	체육산업과	3	4	7	8	7	1	1	1
7890	전북 전주시	전주시장기 태권도대회	5,000	체육산업과	3	4	7	8	7	1	1	1
7891	전북 전주시	전주시장배 및 협회장배 테니스대회	7,250	체육산업과	3	4	7	8	7	1	1	1

순번	시군구	지출명 (사업명)	2021년예산 (단위:천원/1년간)	담당자 (공무원) 담당부서	민간이전 분류 (지방자치단체 세출예산 집행기준에 의거) 1. 민간경상사업보조(307-02) 2. 민간단체 법정운영비보조(307-03) 3. 민간행사사업보조(307-04) 4. 민간위탁금(307-05) 5. 사회복지시설 법정운영비보조(307-10) 6. 민간인위탁교육비(307-12) 7. 공기관등에대한경상적위탁사업비(308-11) 8. 민간자본사업보조,자체재원(402-01) 9. 민간자본사업보조,이전재원(402-02) 10. 민간위탁사업비(402-03) 11. 공기관등에 대한 자본적 대행사업비(403-02)	민간이전지출 근거 (지방보조금 관리기준 참고) 1. 법률에 규정 2. 국고보조 재원(국가지정) 3. 용도 지정 기부금 4. 조례에 직접규정 5. 지자체가 권장하는 사업을 하는 공공기관 6. 시,도 정책 및 재정사정 7. 기타 8. 해당없음	입찰방식 계약체결방법 (경쟁형태) 1. 일반경쟁 2. 제한경쟁 3. 지명경쟁 4. 수의계약 5. 법정위탁 6. 기타 ( ) 7. 해당없음	입찰방식 계약기간 1. 1년 2. 2년 3. 3년 4. 4년 5. 5년 6. 기타 ( )년 7. 단기계약 (1년미만) 8. 해당없음	입찰방식 낙찰자선정방법 1. 적격심사 2. 협상에의한계약 3. 최저가낙찰제 4. 규격가격분리 5. 2단계 경쟁입찰 6. 기타 ( ) 7. 해당없음	운영예산 산정 운영예산 산정 1. 내부산정 (지자체 자체적으로 산정) 2. 외부산정 (외부전문기관위탁 산정) 3. 내·외부 모두 산정 4. 산정 無 5. 해당없음	운영예산 산정 정산방법 1. 내부정산 (지자체 내부적으로 정산) 2. 외부정산 (외부전문기관위탁 정산) 3. 내·외부 모두 산정 4. 정산 無 5. 해당없음	성과평가 실시여부 1. 실시 2. 미실시 3. 향후 추진 4. 해당없음
7892	전북 전주시	전주시장배 및 생활체육 배드민턴대회	9,500	체육산업과	3	4	7	8	7	1	1	1
7893	전북 전주시	전주시장배 클럽대항 배구대회	10,000	체육산업과	3	4	7	8	7	1	1	1
7894	전북 전주시	전주시장기 축구대회	9,000	체육산업과	3	4	7	8	7	1	1	1
7895	전북 전주시	전주시장배 수영대회	6,000	체육산업과	3	4	7	8	7	1	1	1
7896	전북 전주시	전주시장기 육상대회	5,000	체육산업과	3	4	7	8	7	1	1	1
7897	전북 전주시	전주시장배 장애인 생활체육대회	5,000	체육산업과	3	4	7	8	7	1	1	1
7898	전북 전주시	전주시민의 건강을 위한 줄넘기 운동	2,700	체육산업과	3	4	7	8	7	1	1	1
7899	전북 전주시	전국그라운드골프대회 출전	2,000	체육산업과	3	4	7	8	7	1	1	1
7900	전북 전주시	서울 국제 휠체어 마라톤대회 출전	4,000	체육산업과	3	4	7	8	7	5	5	4
7901	전북 전주시	전국지체장애인체육대회	90,000	체육산업과	3	4	7	8	7	1	1	1
7902	전북 전주시	전주오픈 국제태권도대회	275,000	체육산업과	3	1	7	7	7	1	1	3
7903	전북 전주시	전주 월드인라인마라톤대회	190,000	체육산업과	3	1	7	7	7	1	1	3
7904	전북 전주시	이창호배 전국아마바둑선수권대회	35,650	체육산업과	3	1	7	7	7	1	1	3
7905	전북 전주시	전국부부가족마라톤대회	25,000	체육산업과	3	1	7	7	7	1	1	3
7906	전북 전주시	문화체육관광부장관기 전국학생사이클대회	85,000	체육산업과	3	1	7	7	7	1	1	3
7907	전북 전주시	전주한옥마을 전국배드민턴대회	50,000	체육산업과	3	1	7	7	7	1	1	3
7908	전북 전주시	전주한옥마을 전국남녀 동호인 배구대회	78,000	체육산업과	3	1	7	7	7	1	1	3
7909	전북 전주시	전주한옥마을 전국축구대회	60,000	체육산업과	3	1	7	7	7	1	1	3
7910	전북 전주시	전주한옥마을 스포츠클라이밍동호인대회	20,000	체육산업과	3	1	7	7	7	1	1	3
7911	전북 전주시	전주한옥마을 전국바둑대회	20,000	체육산업과	3	1	7	7	7	1	1	3
7912	전북 전주시	전주한옥마을 전국킥복싱대회	30,000	체육산업과	3	1	7	7	7	1	1	3
7913	전북 전주시	전주한옥마을 생활체육 전국여성족구대회	15,000	체육산업과	3	1	7	7	7	1	1	3
7914	전북 전주시	회장배 전국스쿼시선수권대회	37,000	체육산업과	3	1	7	7	7	1	1	3
7915	전북 전주시	대한볼링협회장배 전국볼링대회	105,000	체육산업과	3	1	7	7	7	1	1	3
7916	전북 전주시	추계 전국 중고등학교 검도대회	70,000	체육산업과	3	1	7	7	7	1	1	3
7917	전북 전주시	전주천양정 전국남녀궁도대회	30,000	체육산업과	3	1	7	7	7	1	1	3
7918	전북 전주시	아시아넷볼선수권대회	60,000	체육산업과	3	1	7	7	7	1	1	3
7919	전북 전주시	대통령배 전국수영대회	120,000	체육산업과	3	1	7	7	7	1	1	3
7920	전북 전주시	차없는 사람의거리 운영	20,000	도시재생과	3	6	7	8	7	5	5	4
7921	전북 군산시	군산·장항·이리지구 전승행사	11,820	행정지원과	3	4	7	8	7	1	1	1
7922	전북 군산시	평생학습한마당 운영	75,000	교육지원과	3	4	1	1	1	1	1	1
7923	전북 군산시	제52회 진포예술제	90,000	문화예술과	3	4	7	8	7	5	5	4
7924	전북 군산시	해외문화예술교류사업	54,000	문화예술과	3	4	7	8	7	5	5	4
7925	전북 군산시	군산예총 상춘 특별기획공연	30,000	문화예술과	3	4	7	8	7	5	5	4
7926	전북 군산시	제20회 전국판소리무용경연대회	23,000	문화예술과	3	4	7	8	7	5	5	4
7927	전북 군산시	제31회 군산 전국학생전통예술경연대회	14,320	문화예술과	3	4	7	8	7	5	5	4
7928	전북 군산시	제53회 아동미술작품공모전	12,000	문화예술과	3	4	7	8	7	5	5	4
7929	전북 군산시	제15회 군산관광전국사진공모전	24,100	문화예술과	3	4	7	8	7	5	5	4
7930	전북 군산시	제35회 군산시간여행축제 전국사진촬영대회	16,800	문화예술과	3	4	7	8	7	5	5	4
7931	전북 군산시	시민과 함께하는 청소년 k-pop축제	90,000	문화예술과	3	4	7	8	7	5	5	4
7932	전북 군산시	중동당산제	4,500	문화정책계	3	4	6	1	6	1	1	1
7933	전북 군산시	전통놀이한마당	10,000	문화정책계	3	4	6	1	6	1	1	1
7934	전북 군산시	최호장군시민추모제	20,000	문화정책계	3	4	6	1	6	1	1	1

순번	시군구	지출명 (사업명)	2021년예산 (단위:천원/1년간)	담당자 (공무원) 담당부서	민간이전 분류 (지방자치단체 세출예산 집행기준에 의거) 1. 민간경상사업보조(307-02) 2. 민간단체 법정운영비보조(307-03) 3. 민간행사사업보조(307-04) 4. 민간위탁금(307-05) 5. 사회복지시설 법정운영비보조(307-10) 6. 민간인위탁교육비(307-12) 7. 공기관등에대한경상적위탁사업비(308-11) 8. 민간자본사업보조,자체재원(402-01) 9. 민간자본사업보조,이전재원(402-02) 10. 민간위탁사업비(402-03) 11. 공기관등에 대한 자본적 대행사업비(403-02)	민간이전지출 근거 (지방보조금 관리기준 참고) 1. 법률에 규정 2. 국고보조 재원(국가지정) 3. 용도 지정 기부금 4. 조례에 직접규정 5. 지자체가 권장하는 사업을 하는 공공기관 6. 시,도 정책 및 재정사정 7. 기타 8. 해당없음	입찰방식 계약체결방법 (경쟁형태) 1. 일반경쟁 2. 제한경쟁 3. 지명경쟁 4. 수의계약 5. 법정위탁 6. 기타 ( ) 7. 해당없음	입찰방식 계약기간 1. 1년 2. 2년 3. 3년 4. 4년 5. 5년 6. 기타 ( )년 7. 단기계약 (1년미만) 8. 해당없음	입찰방식 낙찰자선정방법 1. 적격심사 2. 협상에의한계약 3. 최저가낙찰제 4. 규격가격분리 5. 2단계 경쟁입찰 6. 기타 ( ) 7. 해당없음	운영예산 산정 운영예산 산정 1. 내부산정 (지자체 자체적으로 산정) 2. 외부산정 (외부전문기관위탁 산정) 3. 내·외부 모두 산정 4. 산정 無 5. 해당없음	운영예산 산정 정산방법 1. 내부정산 (지자체 내부적으로 정산) 2. 외부정산 (외부전문기관위탁 정산) 3. 내·외부 모두 산정 4. 정산 無 5. 해당없음	성과평가 실시여부 1. 실시 2. 미실시 3. 향후 추진 4. 해당없음
7935	전북 군산시	임병찬성생과 의병35인 충혼제	10,000	문화정책계	3	4	6	1	6	1	1	1
7936	전북 군산시	오성문화재전	20,000	문화정책계	3	4	6	1	6	1	1	1
7937	전북 군산시	옥구향교 춘추계석전대제	10,000	문화정책계	3	4	6	1	6	1	1	1
7938	전북 군산시	임피향교 춘추계 석전대제	10,000	문화정책계	3	4	6	1	6	1	1	1
7939	전북 군산시	군산 아리울 전국 시조경창대회	10,000	문화정책계	3	4	6	1	6	1	1	1
7940	전북 군산시	시민과 함께하는 연등제	10,000	문화정책계	3	4	6	1	6	1	1	1
7941	전북 군산시	군산시간여행축제	320,000	관광진흥과	3	6	7	8	7	5	5	4
7942	전북 군산시	탁류길해돋이문화제	15,400	관광진흥과	3	6	7	8	7	5	5	4
7943	전북 군산시	희망복지박람회	40,000	복지정책과	3	4	7	8	7	1	1	1
7944	전북 군산시	장애인단체 운영비	65,140	경로장애인과	3	1	7	1	1	1	5	4
7945	전북 군산시	의용소방대 재난대비 소방기술 훈련	8,800	안전총괄과	3	4	7	8	7	1	1	2
7946	전북 군산시	제76회 순직의용소방대원 추모위령제	6,000	안전총괄과	3	4	7	8	7	1	1	2
7947	전북 군산시	영호남 의용소방대 동서교류 행사	3,000	안전총괄과	3	4	7	8	7	1	1	2
7948	전북 군산시	군산시 농업인의 날 기념행사	17,000	농업축산과	3	4	7	8	7	5	5	4
7949	전북 정읍시	제25회 정읍예술제	40,500	문화예술과	3	4	7	8	7	5	5	3
7950	전북 정읍시	정읍사문화제 행사보조금	250,000	문화예술팀	3	7	7	8	7	5	5	3
7951	전북 정읍시	솔티모시 달빛축제	4,000	공동체과	3	4	7	8	7	5	5	3
7952	전북 정읍시	영경퀴 텃밭문화축제	3,000	공동체과	3	4	7	8	7	5	5	3
7953	전북 정읍시	제53회 황토현 동학농민혁명기념제	280,000	동학농민혁명선양사업소	3	4	7	8	7	5	5	3
7954	전북 남원시	제91회춘향제	1,400	관광과	3	4	7	8	7	1	1	1
7955	전북 남원시	제29회흥부제	300,000	관광과	3	4	7	8	7	1	1	1
7956	전북 남원시	지리산뱀사골 고로쇠약수제	15,000	관광과	3	4	7	8	7	1	1	1
7957	전북 남원시	지리산남원 바래봉 눈꽃축제	20,000	관광과	3	4	7	8	7	1	1	1
7958	전북 남원시	지리산 바래봉 철쭉제	15,000	관광과	3	4	7	8	7	1	1	1
7959	전북 남원시	흥부골 봉화산 철쭉제	10,000	관광과	3	4	7	8	7	1	1	1
7960	전북 남원시	지리산 뱀사골 단풍제	10,000	관광과	3	4	7	8	7	1	1	1
7961	전북 김제시	제23회 김제지평선축제 지원	1,970,000	문화홍보축제실	3	4	7	8	7	5	5	4
7962	전북 김제시	1시군 1대표 작은축제	32,000	문화홍보축제실	3	6	7	8	7	5	5	4
7963	전북 김제시	지역특화형 마을축제	31,000	문화홍보축제실	3	6	7	8	7	5	5	4
7964	전북 김제시	김제전통시장 JTV " 와글와글 " 시장가요제	8,500	경제진흥과	3	6	7	8	7	1	1	1
7965	전북 김제시	전통시장활성화 이벤트	7,000	경제진흥과	3	6	7	8	7	1	1	1
7966	전북 김제시	만경 3.1 독립만세운동 기념행사	4,000	주민복지과	3	1	7	8	7	1	1	1
7967	전북 김제시	6.25전쟁 기념행사	8,000	주민복지과	3	1	7	8	7	1	1	1
7968	전북 김제시	제9회 나라사랑 청소년 행사	5,000	체육청소년과	3	5	6	1	7	1	1	1
7969	전북 김제시	제26회 지평선 전국 청소년 가요제	28,000	체육청소년과	3	5	6	1	7	1	1	1
7970	전북 김제시	시민과 함께하는 통일미래사업	30,000	자치행정과	3	1	7	8	7	1	1	1
7971	전북 김제시	김제시민과 함께하는 통일음악회	8,892	자치행정과	3	4	7	8	7	1	1	1
7972	전북 김제시	원평장터 기미독립만세운동 기념 행사	5,500	자치행정과	3	4	7	8	7	1	1	1
7973	전북 김제시	용지농원 마을의 날 및 망향제 개최	4,950	자치행정과	3	4	7	8	7	1	1	1
7974	전북 김제시	영호남 친선교류행사 등 3건	6,000	자치행정과	3	1	7	8	7	1	1	1
7975	전북 김제시	새해 해맞이 문화 행사	6,300	자치행정과	3	4	7	8	7	1	1	1
7976	전북 김제시	한센인 가족의날 행사	4,500	보건위생과	3	1	7	8	7	5	1	4
7977	전북 김제시	농업기계박람회 개최 지원	500,000	농업정책과	3	6	7	8	7	5	5	4

순번	시군구	지출명 (사업명)	2021년예산 (단위:천원/1년간)	담당자 (공무원) 담당부서	민간이전 분류 (지방자치단체 세출예산 집행기준에 의거) 1. 민간경상사업보조(307-02) 2. 민간단체 법정운영비보조(307-03) 3. 민간행사사업보조(307-04) 4. 민간위탁금(307-05) 5. 사회복지시설 법정운영비보조(307-10) 6. 민간인위탁교육비(307-12) 7. 공기관등에대한경상적위탁사업비(308-11) 8. 민간자본사업보조,자체재원(402-01) 9. 민간자본사업보조,이전재원(402-02) 10. 민간위탁사업비(402-03) 11. 공기관등에 대한 자본적 대행사업비(403-02)	민간이전지출 근거 (지방보조금 관리기준 참고) 1. 법률에 규정 2. 국고보조 재원(국가지정) 3. 용도 지정 기부금 4. 조례에 직접규정 5. 지자체가 권장하는 사업을 하는 공공기관 6. 시,도 정책 및 재정사정 7. 기타 8. 해당없음	입찰방식 계약체결방법 (경쟁형태) 1. 일반경쟁 2. 제한경쟁 3. 지명경쟁 4. 수의계약 5. 법정위탁 6. 기타 ( ) 7. 해당없음	입찰방식 계약기간 1. 1년 2. 2년 3. 3년 4. 4년 5. 5년 6. 기타 ( )년 7. 단기계약 (1년미만) 8. 해당없음	입찰방식 낙찰자선정방법 1. 적격심사 2. 협상에의한계약 3. 최저가낙찰제 4. 규격가격분리 5. 2단계 경쟁입찰 6. 기타 ( ) 7. 해당없음	운영예산 산정 운영예산 산정 1. 내부산정 (지자체 자체적으로 산정) 2. 외부산정 (외부전문기관위탁 산정) 3. 내·외부 모두 산정 4. 산정 無 5. 해당없음	운영예산 산정 정산방법 1. 내부정산 (지자체 내부적으로 정산) 2. 외부정산 (외부전문기관위탁 정산) 3. 내·외부 모두 산정 4. 정산 無 5. 해당없음	성과평가 실시여부 1. 실시 2. 미실시 3. 향후 추진 4. 해당없음
7978	전북 김제시	김장 담그기 체험행사	10,000	농촌지원과	3	6	7	8	7	1	1	1
7979	전북 완주군	와일드푸드축제 지원	350,000	문화관광과	3	2	2	1	2	1	1	1
7980	전북 완주군	말문화 홍보 지원	27,580	농업축산과	3	1	7	8	7	5	5	4
7981	전북 완주군	완주 삼례 딸기 축제 지원	40,000	기술보급과	3	7	7	8	7	5	1	4
7982	전북 완주군	책읽는 지식도시 완주사업 추진	15,000	도서관평생학습사업소	3	4	7	8	7	1	1	3
7983	전북 진안군	이장한마음대회(이장협의회)	35,000	행정지원과	3	4	7	8	7	1	1	1
7984	전북 진안군	국민화합전진대회	2,460	행정지원과	3	4	7	8	7	1	1	3
7985	전북 진안군	바르게 한마음대회	5,500	행정지원과	3	4	7	8	7	1	1	3
7986	전북 진안군	6.25행사(6.25참전유공자회)	8,500	사회복지과	3	1	7	8	7	1	1	1
7987	전북 진안군	한궁대회	4,000	여성가족과	3	4	7	8	7	1	1	1
7988	전북 진안군	노인회 한마음대회	3,500	여성가족과	3	4	7	8	7	1	1	1
7989	전북 진안군	노인의 날 행사	24,350	여성가족과	3	4	7	8	7	1	1	1
7990	전북 진안군	지회장기 게이트볼 대회	3,550	여성가족과	3	4	7	8	7	1	1	1
7991	전북 진안군	해맞이 행사지원	10,000	문화체육과	3	4	7	8	7	1	1	1
7992	전북 진안군	용금척무&용금척퍼레이드	40,000	문화체육과	3	6	7	8	7	1	1	1
7993	전북 진안군	진안고원 운장산 고로쇠축제	62,000	문화체육과	3	4	7	8	7	1	1	1
7994	전북 진안군	진안고원수박축제	50,000	문화체육과	3	4	7	8	7	1	1	1
7995	전북 진안군	진안홍삼축제	850,000	문화체육과	3	4	7	8	7	1	1	1
7996	전북 진안군	자연보호헌장선포 기념행사 참석 및 선진견학	1,640	환경과	3	1	7	8	7	1	1	1
7997	전북 무주군	무주군 이장 체육대회 지원	25,000	자치행정과	3	4	7	8	7	1	1	3
7998	전북 무주군	새마을부녀회장 한마음 연수	10,000	자치행정과	3	4	7	8	7	1	1	3
7999	전북 무주군	제25회 무주반딧불축제	20,000	관광진흥과	3	4	7	8	7	1	1	1
8000	전북 무주군	보훈행사 추진 및 보훈단체 지원	10,000	사회복지과	3	1	7	8	7	1	1	1
8001	전북 무주군	장애인의 날 행사	20,000	사회복지과	3	1	5	8	7	5	3	1
8002	전북 무주군	양성평등주간 기념행사 지원	6,000	사회복지과	3	1	7	8	7	1	1	4
8003	전북 무주군	어린이날 행사	20,000	사회복지과	3	4	7	8	7	1	1	1
8004	전북 무주군	무주덕유산고로쇠축제지원	10,000	산림녹지과	3	7	7	8	7	5	1	4
8005	전북 무주군	무주농업경영인 가족 수련대회 지원	20,000	농업정책과	3	4	7	8	7	1	1	4
8006	전북 무주군	무주여성농업경영인 가족 수련대회 지원	5,000	농업정책과	3	4	7	8	7	1	1	4
8007	전북 무주군	농민회 영농 발대식 지원	10,000	농업정책과	3	4	7	8	7	1	1	4
8008	전북 무주군	농민회 전북대회 참가	2,000	농업정책과	3	4	7	8	7	1	1	4
8009	전북 장수군	제례봉행	17,700	주민복지실	3	4	7	8	7	5	5	4
8010	전북 장수군	양성평등주간 기념행사 지원	13,000	주민복지실	3	4	4	1	7	1	1	1
8011	전북 장수군	노인의 날 행사 지원	45,000	주민복지실	3	1	7	8	7	1	1	1
8012	전북 장수군	어린이날 행사 지원	11,000	주민복지실	3	1	7	1	7	1	1	4
8013	전북 장수군	전통시장 문화행사	14,000	일자리경제과	3	1	7	8	7	3	3	4
8014	전북 장수군	전통시장 와글와글시장가요제 개최	10,000	일자리경제과	3	4	7	8	7	1	1	4
8015	전북 장수군	신년맞이 행사 지원	8,000	행정지원과	3	4	7	8	7	5	5	4
8016	전북 장수군	장수군 향우인의 밤 행사	20,000	행정지원과	3	4	7	8	7	5	5	4
8017	전북 장수군	이장 체육대회	28,000	행정지원과	3	4	7	8	7	5	5	4
8018	전북 장수군	장수군 주민자치 한마음대회	13,000	행정지원과	3	4	7	8	7	5	5	4
8019	전북 장수군	지방문화원 사업 지원	12,400	문화체육관광과	3	4	7	8	7	1	1	1
8020	전북 장수군	의암주논개 제전 행사	60,000	문화체육관광과	3	4	7	8	7	1	1	1

순번	시군구	지출명 (사업명)	2021년예산 (단위:천원/1년간)	담당자 (공무원)	민간이전 분류 (지방자치단체 세출예산 집행기준에 의거)	민간이전지출 근거 (지방보조금 관리기준 참고)	입찰방식			운영예산 산정		성과평가 실시여부
				담당부서	1. 민간경상사업보조(307-02) 2. 민간단체 법정운영비보조(307-03) 3. 민간행사사업보조(307-04) 4. 민간위탁금(307-05) 5. 사회복지시설 법정운영비보조(307-10) 6. 민간인위탁교육비(307-12) 7. 공기관등에대한경상적위탁사업비(308-11) 8. 민간자본사업보조,자체재원(402-01) 9. 민간자본사업보조,이전재원(402-02) 10. 민간위탁사업비(402-03) 11. 공기관등에 대한 자본적 대행사업비(403-02)	1. 법률에 규정 2. 국고보조 재원(국가지정) 3. 용도 지정 기부금 4. 조례에 직접규정 5. 지자체가 권장하는 사업을 하는 공공기관 6. 시,도 정책 및 재정사정 7. 기타 8. 해당없음	계약체결방법 (경쟁형태) 1. 일반경쟁 2. 제한경쟁 3. 지명경쟁 4. 수의계약 5. 법정위탁 6. 기타 ( ) 7. 해당없음	계약기간 1. 1년 2. 2년 3. 3년 4. 4년 5. 5년 6. 기타 ( )년 7. 단기계약 (1년미만) 8. 해당없음	낙찰자선정방법 1. 적격심사 2. 협상에의한계약 3. 최저가낙찰제 4. 규격가격분리 5. 2단계 경쟁입찰 6. 기타 ( ) 7. 해당없음	운영예산 산정 1. 내부산정 (지자체 자체적으로 산정) 2. 외부산정 (외부전문기관위탁 산정) 3. 내·외부 모두 산정 4. 산정 無 5. 해당없음	정산방법 1. 내부정산 (지자체 내부적으로 정산) 2. 외부정산 (외부전문기관위탁 정산) 3. 내·외부 모두 산정 4. 정산 無 5. 해당없음	1. 실시 2. 미실시 3. 향후 추진 4. 해당없음
8021	전북 장수군	장수논개 전국 판소리 경연대회 지원	100,000	문화체육관광과	3	4	7	8	7	1	1	1
8022	전북 장수군	논개 시낭송퍼포먼스 전국경연대회 지원	26,000	문화체육관광과	3	4	7	8	7	1	1	1
8023	전북 장수군	의암주논개 추모제	10,000	문화체육관광과	3	4	7	8	7	1	1	1
8024	전북 장수군	논개배 전국 게이트볼대회 개최	40,000	문화체육관광과	3	4	7	8	7	1	1	1
8025	전북 장수군	논개배 전국 탁구대회 개최	22,000	문화체육관광과	3	4	7	8	7	1	1	1
8026	전북 장수군	장수 한우랑사과랑 전국축구대회 개최	45,000	문화체육관광과	3	4	7	8	7	1	1	1
8027	전북 장수군	장수군 전국 MTB/로드 자전거대회 개최	50,000	문화체육관광과	3	4	7	8	7	1	1	1
8028	전북 장수군	논개배 전국 배드민턴대회 개최	25,000	문화체육관광과	3	4	7	8	7	1	1	1
8029	전북 장수군	장수가야 전국유소년 축구대회 개최	200,000	문화체육관광과	3	4	7	8	7	1	1	1
8030	전북 장수군	무진장게이트볼대회(장수) 지원	3,000	문화체육관광과	3	4	7	8	7	1	1	1
8031	전북 장수군	논개배 전북 궁도대회 지원	15,000	문화체육관광과	3	4	7	8	7	1	1	1
8032	전북 장수군	전북역전마라톤 대회 참가지원	8,000	문화체육관광과	3	4	7	8	7	1	1	1
8033	전북 장수군	도민체육대회 참가지원	238,000	문화체육관광과	3	4	7	8	7	1	1	1
8034	전북 장수군	전북장애인체육대회 참가지원	20,000	문화체육관광과	3	4	7	8	7	1	1	1
8035	전북 장수군	의암주논개 족구대회 지원	5,000	문화체육관광과	3	4	7	8	7	1	1	1
8036	전북 장수군	의암 주논개배 바둑대회 지원	5,000	문화체육관광과	3	4	7	8	7	1	1	1
8037	전북 장수군	의암주논개배 패러글라이딩 대회 지원	10,000	문화체육관광과	3	4	7	8	7	1	1	1
8038	전북 장수군	장수군 등반대회 지원	9,000	문화체육관광과	3	4	7	8	7	1	1	1
8039	전북 장수군	게이트볼대회 출전지원	16,800	문화체육관광과	3	4	7	8	7	1	1	1
8040	전북 장수군	장수군노인회지회장기 게이트볼대회 지원	3,800	문화체육관광과	3	4	7	8	7	1	1	1
8041	전북 장수군	읍면민의날 체육대회 개최	70,000	문화체육관광과	3	4	7	8	7	1	1	1
8042	전북 장수군	군민 체육대회 행사개최	147,000	문화체육관광과	3	4	7	8	7	1	1	1
8043	전북 장수군	장수군여성체육대회 개최	23,220	문화체육관광과	3	4	7	8	7	1	1	1
8044	전북 장수군	장수가야 테니스 대회 지원	10,000	문화체육관광과	3	4	7	8	7	1	1	1
8045	전북 장수군	그라운드골프대회 지원	11,000	문화체육관광과	3	4	7	8	7	1	1	1
8046	전북 장수군	전라북도여성체육대회 참가 지원	13,000	문화체육관광과	3	4	7	8	7	1	1	1
8047	전북 장수군	전북체조경연대회 출전 지원	3,000	문화체육관광과	3	4	7	8	7	1	1	1
8048	전북 장수군	어르신체육대회 참가 지원	10,000	문화체육관광과	3	4	7	8	7	1	1	1
8049	전북 장수군	각종 체육대회 출전지원 및 소규모대회 개최 지원	20,000	문화체육관광과	3	4	7	8	7	1	1	1
8050	전북 장수군	체육유공자 시상식 지원	8,600	문화체육관광과	3	4	7	8	7	1	1	1
8051	전북 장수군	장수 의암주논개배 당구대회 지원	3,000	문화체육관광과	3	4	7	8	7	1	1	1
8052	전북 장수군	의암 주논개배 야구대회	10,000	문화체육관광과	3	4	7	8	7	1	1	1
8053	전북 장수군	장수군민 재외 친선골프대회 지원	10,000	문화체육관광과	3	4	7	8	7	1	1	1
8054	전북 장수군	장수 뜬봉샘배 이순테니스대회 지원	5,000	문화체육관광과	3	4	7	8	7	1	1	1
8055	전북 장수군	장수군장애인체육회 가맹단체 대회출전 지원	9,000	문화체육관광과	3	4	7	8	7	1	1	1
8056	전북 장수군	장수군장애인종목별 협회장배 대회 개최 지원	8,000	문화체육관광과	3	4	7	8	7	1	1	1
8057	전북 장수군	장수군장애인체육상 시상식	2,000	문화체육관광과	3	4	7	8	7	1	1	1
8058	전북 장수군	장수한우랑사과랑축제 지원	1,050,000	문화체육관광과	3	4	7	8	7	1	1	1
8059	전북 장수군	더 작은 축제 1식	8,000	문화체육관광과	3	4	7	8	7	1	1	1
8060	전북 장수군	장수군 임업인 한마음대회	5,000	산림과	3	5	7	8	7	1	1	4
8061	전북 장수군	온실가스 저감 실천운동 홍보	4,500	환경위생과	3	4	7	8	7	5	1	4
8062	전북 장수군	농업인의 날 행사추진 지원	40,000	농업정책과	3	4	7	8	7	1	1	4
8063	전북 장수군	장계가는 날 행사	20,000	농축산유통과	3	4	7	8	7	5	5	4

순번	시군구	지출명 (사업명)	2021년예산 (단위:천원/1년간)	담당자 (공무원) 담당부서	민간이전 분류 (지방자치단체 세출예산 집행기준에 의거) 1. 민간경상사업보조(307-02) 2. 민간단체 법정운영비보조(307-03) 3. 민간행사사업보조(307-04) 4. 민간위탁금(307-05) 5. 사회복지시설 법정운영비보조(307-10) 6. 민간인위탁교육비(307-12) 7. 공기관등에대한경상적위탁사업비(308-11) 8. 민간자본사업보조,자체재원(402-01) 9. 민간자본사업보조,이전재원(402-02) 10. 민간위탁사업비(402-03) 11. 공기관등에 대한 자본적 대행사업비(403-02)	민간이전지출 근거 (지방보조금 관리기준 참고) 1. 법률에 규정 2. 국고보조 재원(국가지정) 3. 용도 지정 기부금 4. 조례에 직접규정 5. 지자체가 권장하는 사업을 하는 공공기관 6. 시,도 정책 및 재정사정 7. 기타 8. 해당없음	입찰방식 계약체결방법 (경쟁형태) 1. 일반경쟁 2. 제한경쟁 3. 지명경쟁 4. 수의계약 5. 법정위탁 6. 기타 ( ) 7. 해당없음	입찰방식 계약기간 1. 1년 2. 2년 3. 3년 4. 4년 5. 5년 6. 기타 ( )년 7. 단기계약 (1년미만) 8. 해당없음	입찰방식 낙찰자선정방법 1. 적격심사 2. 협상에의한계약 3. 최저가낙찰제 4. 규격가격분리 5. 2단계 경쟁입찰 6. 기타 ( ) 7. 해당없음	운영예산 산정 운영예산 산정 1. 내부산정 (지자체 자체적으로 산정) 2. 외부산정 (외부전문기관위탁 산정) 3. 내·외부 모두 산정 4. 산정 無 5. 해당없음	운영예산 산정 정산방법 1. 내부정산 (지자체 내부적으로 정산) 2. 외부정산 (외부전문기관위탁 정산) 3. 내·외부 모두 산정 4. 정산 無 5. 해당없음	성과평가 실시여부 1. 실시 2. 미실시 3. 향후 추진 4. 해당없음
8064	전북 장수군	한우협회 가족한마음 전진대회 지원	7,000	축산과	3	4	7	8	7	5	5	4
8065	전북 장수군	전라북도 축산인 한마음 전진대회	2,000	축산과	3	4	7	8	7	5	5	4
8066	전북 장수군	장수승마레저체험촌 대표관광지 육성사업	100,000	축산과	3	6	1	8	7	3	3	4
8067	전북 장수군	지자체 승마대회 활성화	260,000	축산과	3	7	7	8	7	3	3	4
8068	전북 장수군	장수농업홍보전시관 구성 운영 지원	90,000	농촌지원과	3	4	7	8	7	5	5	4
8069	전북 장수군	동부권 4-H본부 가족한마음대회 행사지원	4,000	농촌지원과	3	4	7	8	7	5	5	4
8070	전북 장수군	도단위 4-H본부 행사지원	4,000	농촌지원과	3	4	7	8	7	5	5	4
8071	전북 장수군	생활개선회 육성	5,000	농촌지원과	3	6	7	8	7	5	5	4
8072	전북 임실군	의견문화제	250,000	문화체육과	3	4	7	8	7	5	5	4
8073	전북 임실군	사선문화제	135,000	문화체육과	3	4	7	8	7	5	5	4
8074	전북 임실군	옥정호벚꽃축제	35,000	문화체육과	3	4	7	8	7	5	5	4
8075	전북 임실군	임실치즈테마파크 대표관광지육성	970,000	관광치즈과	3	5	7	8	7	1	1	1
8076	전북 임실군	제3기 동부권식품클러스터 육성사업	400,000	관광치즈과	3	4	7	8	7	1	1	1
8077	전북 임실군	임실N치즈축제추진	400,000	관광치즈과	3	4	7	8	7	1	1	1
8078	전북 임실군	섬진강댐 주변지역 지원사업	3,000	옥정호힐링과	3	1	7	1	7	5	5	4
8079	전북 순창군	주민자치센터 프로그램 발표회	8,800	행정과	3	4	7	8	7	1	1	2
8080	전북 순창군	장기요양기관 한마음체육대회 지원	7,000	주민복지과	3	4	7	8	7	1	1	1
8081	전북 순창군	제16회 순창장류축제 추진	850,000	문화관광과	3	4	7	1	7	1	1	1
8082	전북 순창군	체육회장기 체육대회	69,000	체육진흥사업소	3	4	7	8	7	1	1	1
8083	전북 순창군	순창군민체육대회	80,000	체육진흥사업소	3	4	7	8	7	1	1	1
8084	전북 순창군	전국 및 도단위 대회 유치	974,000	체육진흥사업소	3	6	7	8	7	1	1	1
8085	전북 순창군	동호인 대회 개최	50,000	체육진흥사업소	3	6	7	8	7	1	1	1
8086	전북 고창군	무장기포기념제	40,000	문화예술과	3	4	7	8	7	1	1	1
8087	전북 고창군	고창모양성제	890,000	문화유산관광과	3	6	7	8	7	1	1	1
8088	전북 고창군	어린이 민속큰잔치	13,000	사회복지과	3	4	7	8	7	1	1	4
8089	전북 고창군	대학태권도연맹회장배 전국대학태권도대회	150,000	체육청소년사업소	3	4	7	8	7	5	5	4
8090	전북 고창군	하계유니버시아드 태권도 국가대표선발대회	180,000	체육청소년사업소	3	4	7	8	7	5	5	4
8091	전북 고창군	전국 유소년 야구대회	35,000	체육청소년사업소	3	4	7	8	7	5	5	4
8092	전북 고창군	고창군수배패러글라이딩대회	25,000	체육청소년사업소	3	4	7	8	7	5	5	4
8093	전북 고창군	고창고인돌배생활체육전국유도대회	50,000	체육청소년사업소	3	4	7	8	7	5	5	4
8094	전북 고창군	고창군수배 전국탁구대회	9,000	체육청소년사업소	3	4	7	8	7	5	5	4
8095	전북 고창군	고창복분자배 전국배드민턴대회	17,200	체육청소년사업소	3	4	7	8	7	5	5	4
8096	전북 고창군	고창군수배전국남녀궁도대회	35,000	체육청소년사업소	3	4	7	8	7	5	5	4
8097	전북 고창군	고창군수배전국족구대회	15,000	체육청소년사업소	3	4	7	8	7	5	5	4
8098	전북 고창군	고창고인돌마라톤대회	75,000	체육청소년사업소	3	4	7	8	7	5	5	4
8099	전북 고창군	고창군수배전북이순테니스대회	7,000	체육청소년사업소	3	4	7	8	7	5	5	4
8100	전북 고창군	전북육상경기대회	17,000	체육청소년사업소	3	4	7	8	7	5	5	4
8101	전북 고창군	고창군민체육대회	251,000	체육청소년사업소	3	4	7	8	7	5	5	4
8102	전북 고창군	고창군체육회장배체육대회	30,600	체육청소년사업소	3	4	7	8	7	5	5	4
8103	전북 고창군	산악자전거대회	25,000	체육청소년사업소	3	4	7	8	7	5	5	4
8104	전북 고창군	전북협회장기 게이트볼대회	8,940	체육청소년사업소	3	4	7	8	7	5	5	4
8105	전북 고창군	전라북도지사배태권도대회	17,000	체육청소년사업소	3	4	7	8	7	5	5	4
8106	전북 부안군	일선지도자 화합 한마당	40,000	자치행정담당관	3	4	7	8	7	1	1	1

순번	시군구	지출명 (사업명)	2021년예산 (단위:천원/1년간)	담당자 (공무원) 담당부서	민간이전 분류 (지방자치단체 세출예산 집행기준에 의거) 1. 민간경상사업보조(307-02) 2. 민간단체 법정운영비보조(307-03) 3. 민간행사사업보조(307-04) 4. 민간위탁금(307-05) 5. 사회복지시설 법정운영비보조(307-10) 6. 민간인위탁교육비(307-12) 7. 공기관등에대한경상적위탁사업비(308-11) 8. 민간자본사업보조,자체재원(402-01) 9. 민간자본사업보조,이전재원(402-02) 10. 민간위탁사업비(402-03) 11. 공기관등에 대한 자본적 대행사업비(403-02)	민간이전지출 근거 (지방보조금 관리기준 참고) 1. 법률에 규정 2. 국고보조 재원(국가지정) 3. 용도 지정 기부금 4. 조례에 직접규정 5. 지자체가 권장하는 사업을 하는 공공기관 6. 시,도 정책 및 재정사정 7. 기타 8. 해당없음	입찰방식 계약체결방법 (경쟁형태) 1. 일반경쟁 2. 제한경쟁 3. 지명경쟁 4. 수의계약 5. 법정위탁 6. 기타 ( ) 7. 해당없음	입찰방식 계약기간 1. 1년 2. 2년 3. 3년 4. 4년 5. 5년 6. 기타 ( )년 7. 단기계약 (1년미만) 8. 해당없음	입찰방식 낙찰자선정방법 1. 적격심사 2. 협상에의한계약 3. 최저가낙찰제 4. 규격가격분리 5. 2단계 경쟁입찰 6. 기타 ( ) 7. 해당없음	운영예산 산정 운영예산 산정 1. 내부산정 (지자체 자체적으로 산정) 2. 외부산정 (외부전문기관위탁 산정) 3. 내·외부 모두 산정 4. 산정 無 5. 해당없음	운영예산 산정 정산방법 1. 내부정산 (지자체 내부적으로 정산) 2. 외부정산 (외부전문기관위탁 정산) 3. 내·외부 모두 산정 4. 정산 無 5. 해당없음	성과평가 실시여부 1. 실시 2. 미실시 3. 향후 추진 4. 해당없음
8107	전북 부안군	부안군 자율방범대 직무경진대회	11,000	자치행정담당관	3	4	7	8	7	1	1	1
8108	전북 부안군	바르게살기운동부안군협의회 국민화합 전진대회	30,000	자치행정담당관	3	1	7	8	7	1	1	1
8109	전북 부안군	자원봉사자의 날 행사 지원	9,000	자치행정담당관	3	1	7	8	7	1	1	1
8110	전북 부안군	전통시장 와글와글시장 가요제	10,000	일자리경제팀	3	6	7	8	7	1	1	2
8111	전북 부안군	부안마실축제 개최	915,000	새만금잼버리과	3	4	7	8	7	1	1	1
8112	전북 부안군	개암동 벚꽃축제 개최	24,000	새만금잼버리과	3	4	7	8	7	1	1	2
8113	전북 부안군	휴가철 외래관광객 유치를 위한 지원사업	50,000	문화관광과	3	4	6	8	7	1	1	2
8114	전북 부안군	석정문학제 행사지원	10,000	문화관광과	3	1	7	8	7	1	1	1
8115	전북 부안군	전통문화행사	4,500	문화관광과	3	1	7	8	7	1	1	1
8116	전북 부안군	효충사 석전대제	1,500	문화관광과	3	1	7	8	7	1	1	1
8117	전북 부안군	금요상설 난장굿	5,000	문화관광과	3	1	7	8	7	1	1	1
8118	전북 부안군	부안예술제	40,000	문화관광과	3	1	7	8	7	1	1	1
8119	전북 부안군	매창문화제	11,200	문화관광과	3	1	7	8	7	1	1	1
8120	전북 부안군	매창 전국 휘호대회 지원	4,000	문화관광과	3	1	7	8	7	1	1	1
8121	전북 부안군	매창 추모제례	2,000	문화관광과	3	1	7	8	7	1	1	1
8122	전북 부안군	추담 전국국악경연대회	40,000	문화관광과	3	1	7	8	7	1	1	1
8123	전북 부안군	석암 전국시조 경연대회	15,000	문화관광과	3	1	7	8	7	1	1	1
8124	전북 부안군	위도띠뱃놀이 공개행사	2,000	문화관광과	3	1	7	8	7	1	1	1
8125	전북 부안군	호벌치전적지 순국영령 추모제	3,000	문화관광과	3	1	7	8	7	1	1	1
8126	전북 부안군	부안초관악대 전국대회 참가 지원	10,000	문화관광과	3	1	7	8	7	1	1	1
8127	전북 부안군	정월대보름 행사 지원	11,000	문화관광과	3	1	7	8	7	1	1	1
8128	전북 부안군	추석맞이 가요콩쿨대회	10,000	문화관광과	3	1	7	8	7	1	1	1
8129	전북 부안군	이동원선생 추모 농악경연대회	25,000	문화관광과	3	1	7	8	7	1	1	1
8130	전북 부안군	산사음악회 지원	18,000	문화관광과	3	1	7	8	7	1	1	1
8131	전북 부안군	줄포 민속연날리기 행사	10,000	문화관광과	3	1	7	8	7	1	1	1
8132	전북 부안군	수필시화전 및 부안문학제	3,000	문화관광과	3	1	7	8	7	1	1	1
8133	전북 부안군	도예작품 전시회 지원	1,500	문화관광과	3	1	7	8	7	1	1	1
8134	전북 부안군	국악양성 지원사업	18,000	문화관광과	3	1	7	8	7	1	1	1
8135	전북 부안군	디카시 공모전	10,000	문화관광과	3	1	7	8	7	1	1	1
8136	전북 부안군	전국 사진 공모전 지원	5,000	문화관광과	3	1	7	8	7	1	1	1
8137	전북 부안군	전국 아마츄어 색소폰 경연대회	9,000	문화관광과	3	1	7	8	7	1	1	1
8138	전북 부안군	공연시낭송 행사 지원	10,000	문화관광과	3	1	7	8	7	1	1	1
8139	전북 부안군	부안 죽막동 수성당제	4,000	문화관광과	3	2	7	8	7	1	1	1
8140	전북 부안군	양성평등 한마음대회	20,000	교육청소년과	3	4	7	8	7	1	1	2
8141	전북 부안군	양성평등주간 기념행사	10,000	교육청소년과	3	4	7	8	7	5	5	4
8142	전북 부안군	청소년 길거리농구대회	14,000	교육청소년과	3	4	7	8	7	5	5	4
8143	전북 부안군	청소년 리더십아카데미	10,000	교육청소년과	3	4	7	8	7	5	5	4
8144	전북 부안군	마실락! 청소년 예능경연대회	10,000	교육청소년과	3	4	7	8	7	5	5	4
8145	전북 부안군	보육교직원 워크숍	7,000	교육청소년과	3	1	1	1	7	5	5	4
8146	전북 부안군	어린이날 큰 잔치	15,000	교육청소년과	3	1	1	1	7	5	5	4
8147	전북 부안군	사회복지의 날 기념행사	3,000	사회복지과	3	1	1	7	1	1	1	1
8148	전북 부안군	독거노인 효도행사	4,000	사회복지과	3	4	6	1	6	1	1	1
8149	전북 부안군	노인의날 행사 지원	70,000	사회복지과	3	4	7	7	7	1	1	4

순번	시군구	지출명 (사업명)	2021년예산 (단위:천원/1년간)	담당자 (공무원) 담당부서	민간이전 분류 (지방자치단체 세출예산 집행기준에 의거) 1. 민간경상사업보조(307-02) 2. 민간단체 법정운영비보조(307-03) 3. 민간행사사업보조(307-04) 4. 민간위탁금(307-05) 5. 사회복지시설 법정운영비보조(307-10) 6. 민간인위탁교육비(307-12) 7. 공기관등에대한경상적위탁사업비(308-11) 8. 민간자본사업보조,자체재원(402-01) 9. 민간자본사업보조,이전재원(402-02) 10. 민간위탁사업비(402-03) 11. 공기관등에 대한 자본적 대행사업비(403-02)	민간이전지출 근거 (지방보조금 관리기준 참고) 1. 법률에 규정 2. 국고보조 재원(국가지정) 3. 용도 지정 기부금 4. 조례에 직접규정 5. 지자체가 권장하는 사업을 하는 공공기관 6. 시,도 정책 및 재정사정 7. 기타 8. 해당없음	입찰방식 계약체결방법 (경쟁형태) 1. 일반경쟁 2. 제한경쟁 3. 지명경쟁 4. 수의계약 5. 법정위탁 6. 기타 ( ) 7. 해당없음	입찰방식 계약기간 1. 1년 2. 2년 3. 3년 4. 4년 5. 5년 6. 기타 ( )년 7. 단기계약 (1년미만) 8. 해당없음	입찰방식 낙찰자선정방법 1. 적격심사 2. 협상에의한계약 3. 최저가낙찰제 4. 규격가격분리 5. 2단계 경쟁입찰 6. 기타 ( ) 7. 해당없음	운영예산 산정 운영예산 산정 1. 내부산정 (지자체 자체적으로 산정) 2. 외부산정 (외부전문기관위탁 산정) 3. 내·외부 모두 산정 4. 산정 無 5. 해당없음	운영예산 산정 정산방법 1. 내부정산 (지자체 내부적으로 정산) 2. 외부정산 (외부전문기관위탁 정산) 3. 내·외부 모두 산정 4. 정산 無 5. 해당없음	성과평가 실시여부 1. 실시 2. 미실시 3. 향후 추진 4. 해당없음
8150	전북 부안군	대한노인회 부안군지회장기 게이트볼대회 지원	5,000	사회복지과	3	4	7	7	7	1	1	4
8151	전북 부안군	장애인의 날 기념 행사	15,000	사회복지과	3	1	2	1	1	1	1	3
8152	전북 부안군	지체 장애인의 날 행사	2,120	사회복지과	3	1	2	1	1	1	1	3
8153	전북 부안군	지체장애인 종합예술제 참석	1,200	사회복지과	3	1	2	1	1	1	1	3
8154	전북 부안군	중증지체 장애인 자연체험	2,500	사회복지과	3	1	2	1	1	1	1	3
8155	전북 부안군	전라북도 심청이행사 참석	1,500	사회복지과	3	1	2	1	1	1	1	3
8156	전북 부안군	흰 지팡이날 시각장애인 복지대회	1,500	사회복지과	3	1	2	1	1	1	1	3
8157	전북 부안군	시각장애인 등반대회	1,700	사회복지과	3	1	2	1	1	1	1	3
8158	전북 부안군	6.3 농아인의날 기념 문화체험사업	1,800	사회복지과	3	1	2	1	1	1	1	3
8159	전북 부안군	영호남 및 제주지역 농아인 지도자 대회	1,000	사회복지과	3	1	2	1	1	1	1	3
8160	전북 부안군	장애인 동거 합동 결혼식	1,500	사회복지과	3	1	2	1	1	1	1	3
8161	전북 부안군	밝은세상만들기 국토순례	4,000	사회복지과	3	1	2	1	1	1	1	3
8162	전북 부안군	장애인 차별금지 홍보세미나	3,000	사회복지과	3	1	2	1	1	1	1	3
8163	전북 부안군	신장장애인 건강걷기운동, 건강투석세미나 및 장기기증운동	4,300	사회복지과	3	1	2	1	1	1	1	3
8164	전북 부안군	교통사고예방캠페인 및 영호남세상나들이	2,700	사회복지과	3	1	2	1	1	1	1	3
8165	전북 부안군	지체 장애인 하계 수련대회	3,000	사회복지과	3	1	2	1	1	1	1	3
8166	전북 부안군	시각 장애인 하계 수련대회	2,800	사회복지과	3	1	2	1	1	1	1	3
8167	전북 부안군	농아인 하계 수련대회	1,200	사회복지과	3	1	2	1	1	1	1	3
8168	전북 부안군	종합사회복지관 운영	422,846	사회복지과	3	1	5	3	1	1	1	3
8169	전북 부안군	종합사회복지관 지역복지프로그램 운영	10,000	사회복지과	3	1	4	1	1	1	1	3
8170	전북 부안군	6.25 전쟁기념 행사	10,000	사회복지과	3	1	2	1	1	1	1	3
8171	전북 부안군	영호남 재향군인회 자매결연	3,000	사회복지과	3	1	2	1	1	1	1	3
8172	전북 부안군	재향군인의날 행사	4,000	사회복지과	3	1	2	1	1	1	1	3
8173	전북 부안군	농업인 영농발대식 지원	5,000	농업정책과	3	4	7	8	7	1	1	1
8174	전북 부안군	계화 풍년기원제 지원사업	1,000	농업정책과	3	4	7	8	7	1	1	1
8175	전북 부안군	스토리가 있는 마을축제 지원 사업	40,000	농업정책과	3	4	7	8	7	1	1	1
8176	전북 부안군	서해훼리호 사고 위령제 행사 지원	3,000	해양수산과	3	1	7	8	7	5	5	4
8177	전북 부안군	해양 안전조업 풍어제 지원	5,400	해양수산과	3	4	7	8	7	5	5	4
8178	전북 부안군	바다낚시 대회 개최	20,000	해양수산과	3	1	7	8	7	5	5	4
8179	전북 부안군	수산물축제 개최	100,000	해양수산과	3	4	7	8	7	5	5	4
8180	전북 부안군	마실길 문화예술행사	10,000	환경과	3	1	7	8	7	1	1	4
8181	전북 부안군	전북 천리길 활성화 사업	30,000	환경과	3	1	7	8	7	1	1	4
8182	전북 부안군	줄포주민 화합행사	10,000	환경과	3	4	7	8	7	5	1	2
8183	전북 부안군	보안주민 화합행사	10,000	환경과	3	4	7	8	7	5	1	2
8184	전북 부안군	계화주민 화합행사	10,000	환경과	3	4	7	8	7	5	1	2
8185	전북 부안군	의용소방대 동서교류 행사	4,000	안전총괄과	3	4	7	1	7	1	1	1
8186	전북 부안군	의용소방대 가족한마당 행사	7,500	안전총괄과	3	4	7	1	7	1	1	1
8187	전북 부안군	여성의용소방대 가족한마당 행사	3,000	안전총괄과	3	4	7	1	7	1	1	1
8188	전북 부안군	님의 뽕 축제 지원	15,000	친환경기술과	3	4	7	8	7	5	5	4
8189	전북 부안군	유유참뽕축제지원	32,000	친환경기술과	3	4	7	8	7	5	5	4
8190	전북 부안군	군수기 체육대회 개최	66,000	문화체육시설사업소	3	4	7	8	7	1	1	1
8191	전북 부안군	제12회 전북이순테니스대회 개최	4,000	문화체육시설사업소	3	4	7	8	7	1	1	1
8192	전북 부안군	제7회 부안쌀 천년의솜씨배 전국탁구대회 개최	25,000	문화체육시설사업소	3	4	7	8	7	1	1	1

순번	시군구	지출명 (사업명)	2021년예산 (단위:천원/1년간)	담당자 (공무원) 담당부서	민간이전 분류 (지방자치단체 세출예산 집행기준에 의거) 1. 민간경상사업보조(307-02) 2. 민간단체 법정운영비보조(307-03) 3. 민간행사사업보조(307-04) 4. 민간위탁금(307-05) 5. 사회복지시설 법정운영비보조(307-10) 6. 민간인위탁교육비(307-12) 7. 공기관등에대한경상적위탁사업비(308-11) 8. 민간자본사업보조,자체재원(402-01) 9. 민간자본사업보조,이전재원(402-02) 10. 민간위탁사업비(402-03) 11. 공기관등에 대한 자본적 대행사업비(403-02)	민간이전지출 근거 (지방보조금 관리기준 참고) 1. 법률에 규정 2. 국고보조 재원(국가지정) 3. 용도 지정 기부금 4. 조례에 직접규정 5. 지자체가 권장하는 사업을 하는 공공기관 6. 시,도 정책 및 재정사정 7. 기타 8. 해당없음	입찰방식 계약체결방법 (경쟁형태) 1. 일반경쟁 2. 제한경쟁 3. 지명경쟁 4. 수의계약 5. 법정위탁 6. 기타 ( ) 7. 해당없음	입찰방식 계약기간 1. 1년 2. 2년 3. 3년 4. 4년 5. 5년 6. 기타 ( )년 7. 단기계약 (1년미만) 8. 해당없음	입찰방식 낙찰자선정방법 1. 적격심사 2. 협상에의한계약 3. 최저가낙찰제 4. 규격가격분리 5. 2단계 경쟁입찰 6. 기타 ( ) 7. 해당없음	운영예산 산정 운영예산 산정 1. 내부산정 (지자체 자체적으로 산정) 2. 외부산정 (외부전문기관위탁 산정) 3. 내·외부 모두 산정 4. 산정 無 5. 해당없음	운영예산 산정 정산방법 1. 내부정산 (지자체 내부적으로 정산) 2. 외부정산 (외부전문기관위탁 정산) 3. 내·외부 모두 산정 4. 정산 無 5. 해당없음	성과평가 실시여부 1. 실시 2. 미실시 3. 향후 추진 4. 해당없음
8193	전북 부안군	제6회 부안군수배 전국축구대회 개최	40,000	문화체육시설사업소	3	4	7	8	7	1	1	1
8194	전북 부안군	제6회 부안군수배 참뽕 전국배드민턴대회 개최	30,000	문화체육시설사업소	3	4	7	8	7	1	1	1
8195	전북 부안군	제6회 부안마실참뽕 전국마라톤대회 개최	50,000	문화체육시설사업소	3	4	7	8	7	1	1	1
8196	전북 부안군	제9회 부안군수배 전국남녀궁도대회 개최	50,000	문화체육시설사업소	3	4	7	8	7	1	1	1
8197	전북 부안군	제5회 부안군 전국초등학교 우수팀 축구대회 개최	30,000	문화체육시설사업소	3	4	7	8	7	1	1	1
8198	전북 부안군	제3회 부안청자배 전국족구대회 개최	40,000	문화체육시설사업소	3	4	7	8	7	1	1	1
8199	전북 부안군	제3회 부안군 읍면대항 볼링대회 개최	4,500	문화체육시설사업소	3	4	7	8	7	1	1	1
8200	전북 부안군	제3회 부안새만금잼버리 전국자전거대회	50,000	문화체육시설사업소	3	4	7	8	7	1	1	1
8201	전북 부안군	제3회 부안마실배 전북 동호인테니스대회 개최	4,000	문화체육시설사업소	3	4	7	8	7	1	1	1
8202	전북 부안군	제2회 부안군수배 전국동호인바둑대회 개최	50,000	문화체육시설사업소	3	4	7	8	7	1	1	1
8203	전북 부안군	제19회 조남철국수배 전국학생바둑대회 개최	32,000	문화체육시설사업소	3	4	7	8	7	1	1	1
8204	전북 부안군	제6회 새만금컵 국제요트대회 개최	220,000	문화체육시설사업소	3	6	7	8	7	1	1	1
8205	전북 부안군	제33회 대통령기 전국시도대항 요트대회 개최	100,000	문화체육시설사업소	3	4	7	8	7	1	1	1
8206	전북 부안군	제6회 새만금 전국 지구력승마대회 개최	200,000	문화체육시설사업소	3	2	7	8	7	1	1	1
8207	전북 부안군	제6회 새만금 전국사회인야구대회 개최	33,000	문화체육시설사업소	3	4	7	8	7	1	1	1
8208	전북 부안군	제3회 새만금 전국 태권도경연대회 개최	80,000	문화체육시설사업소	3	4	7	8	7	1	1	1
8209	전남 완도군	보훈기념행사	51,000	주민복지과	3	1	7	1	7	1	1	1
8210	전남 완도군	장애인 행사	21,600	주민복지과	3	1	5	8	7	1	1	1
8211	전남 완도군	노인회 행사	42,000	주민복지과	3	7	7	8	7	1	1	1
8212	전남 완도군	지역사회보장협의체 전남지역대회	12,000	주민복지과	3	2	7	8	7	5	1	1
8213	전남 완도군	어업인교육 및 후계인력관리	67,000	해양정책과	3	6	7	8	7	5	5	4
8214	전남 완도군	보육아동사업	50,000	여성가족과	3	1	7	8	7	3	1	1
8215	전남 완도군	양성평등지원	46,000	여성가족과	3	2	7	8	7	3	1	1
8216	전남 완도군	보육교직원 처우개선지원	20,000	여성가족과	3	2	7	8	7	3	1	1
8217	전남 완도군	전라남도체육대회 참가	120,000	체육진흥과	3	8	7	8	7	5	5	4
8218	전남 완도군	전라남도 어르신 체육대회 참가	12,000	체육진흥과	3	8	7	8	7	5	5	4
8219	전남 완도군	군수배,의장배 및 장보고배 종목별 생활체육대회	196,500	체육진흥과	3	8	7	8	7	5	5	4
8220	전남 완도군	각종 전국 및 도단위 대회 참가	20,000	체육진흥과	3	8	7	8	7	5	5	4
8221	전남 목포시	환경문화행사,환경교육, 만들기체험 등	2,000	환경보호과	3	4	7	8	7	3	3	1
8222	전남 목포시	자연보호 청결활동 및 음식물 쓰레기 줄이기 캠페인	2,500	환경보호과	3	4	7	8	7	3	3	1
8223	전남 목포시	목포시 환경정화운동	1,500	환경보호과	3	4	7	8	7	3	3	1
8224	전남 목포시	세제류 덜쓰기 운동	500	환경보호과	3	4	7	8	7	3	3	1
8225	전남 목포시	김우진문학제	7,000	문화예술과	3	4	5	1	7	1	1	1
8226	전남 목포시	박화성문학페스티벌	7,000	문화예술과	3	4	5	1	7	1	1	1
8227	전남 목포시	차범석 연극공연	7,000	문화예술과	3	4	5	1	7	1	1	1
8228	전남 목포시	박화성백일장대회	3,000	문화예술과	3	4	5	1	7	1	1	1
8229	전남 목포시	청소년시낭송대회	2,000	문화예술과	3	4	5	1	7	1	1	1
8230	전남 목포시	김현 문학축전	30,000	문화예술과	3	4	5	1	7	1	1	1
8231	전남 목포시	청소년문학상 추진	15,000	문화예술과	3	4	5	1	7	1	1	1
8232	전남 목포시	선상시낭송회	1,000	문화예술과	3	4	5	1	7	1	1	1
8233	전남 목포시	예향목포시화전	3,000	문화예술과	3	4	5	1	7	1	1	1
8234	전남 목포시	제21회 세계마당페스티벌	137,000	문화예술과	3	1	7	8	7	1	1	4
8235	전남 목포시	공중위생업소 위생관리	9,000	보건위생과	3	4	7	8	7	2	3	4

순번	시군구	지출명 (사업명)	2021년예산 (단위:천원/1년간)	담당자 (공무원) 담당부서	민간이전 분류 (지방자치단체 세출예산 집행기준에 의거) 1. 민간경상사업보조(307-02) 2. 민간단체 법정운영비보조(307-03) 3. 민간행사사업보조(307-04) 4. 민간위탁금(307-05) 5. 사회복지시설 법정운영비보조(307-10) 6. 민간인위탁교육비(307-12) 7. 공기관등에대한경상적위탁사업비(308-11) 8. 민간자본사업보조,자체재원(402-01) 9. 민간자본사업보조,이전재원(402-02) 10. 민간위탁사업비(402-03) 11. 공기관등에 대한 자본적 대행사업비(403-02)	민간이전지출 근거 (지방보조금 관리기준 참고) 1. 법률에 규정 2. 국고보조 재원(국가지정) 3. 용도 지정 기부금 4. 조례에 직접규정 5. 지자체가 권장하는 사업을 하는 공공기관 6. 시,도 정책 및 재정사정 7. 기타 8. 해당없음	입찰방식: 계약체결방법 (경쟁형태) 1. 일반경쟁 2. 제한경쟁 3. 지명경쟁 4. 수의계약 5. 법정위탁 6. 기타 ( ) 7. 해당없음	입찰방식: 계약기간 1. 1년 2. 2년 3. 3년 4. 4년 5. 5년 6. 기타 ( )년 7. 단기계약 (1년미만) 8. 해당없음	입찰방식: 낙찰자선정방법 1. 적격심사 2. 협상에의한계약 3. 최저가낙찰제 4. 규격가격분리 5. 2단계 경쟁입찰 6. 기타 ( ) 7. 해당없음	운영예산 산정: 운영예산 산정 1. 내부산정 (지자체 자체적으로 산정) 2. 외부산정 (외부전문기관위탁 산정) 3. 내·외부 모두 산정 4. 산정 無 5. 해당없음	운영예산 산정: 정산방법 1. 내부정산 (지자체 내부적으로 정산) 2. 외부정산 (외부전문기관위탁 정산) 3. 내·외부 모두 산정 4. 정산 無 5. 해당없음	성과평가 실시여부 1. 실시 2. 미실시 3. 향후 추진 4. 해당없음
8236	전남 목포시	목포 5.18민중항쟁 제41주년 기념행사	30,000	사회복지과	3	4	7	8	7	1	1	1
8237	전남 목포시	현충일 추념 행사비(상이군경회)	5,400	사회복지과	3	4	7	8	7	1	1	1
8238	전남 목포시	6.25전쟁 제71주년 기념식	8,730	사회복지과	3	4	7	8	7	1	1	1
8239	전남 목포시	전남보훈대상 시상식	5,000	사회복지과	3	4	7	8	7	1	1	1
8240	전남 목포시	여성농업인 사랑나눔 효 행사 지원	8,100	농업정책과	3	4	7	7	7	1	1	4
8241	전남 목포시	소외계층 희망나눔행사 지원(생활개선회)	2,700	농업정책과	3	4	7	8	7	5	5	1
8242	전남 목포시	자매도시 농업축제 참여(생활개선회)	1,800	농업정책과	3	4	7	8	7	5	5	1
8243	전남 목포시	자매도시 농업축제 참여(농촌지도자회)	1,800	농업정책과	3	4	7	8	7	1	1	1
8244	전남 목포시	서남권 광역화 농업인 단체간 교류	1,800	농업정책과	3	4	7	8	7	1	1	1
8245	전남 목포시	여성농업인 사랑나눔 효 행사 지원	8,100	농업정책과	3	4	7	7	7	1	1	4
8246	전남 목포시	소외계층 희망나눔행사 지원(생활개선회)	2,700	농업정책과	3	4	7	8	7	5	5	1
8247	전남 목포시	자매도시 농업축제 참여(생활개선회)	1,800	농업정책과	3	4	7	8	7	5	5	1
8248	전남 목포시	한국농어민 신문 구독료 지원	4,920	농업정책과	3	4	7	8	7	1	1	1
8249	전남 목포시	4-H회 농업기술정보 신문 구독료 지원	1,200	농업정책과	3	4	7	8	7	1	1	1
8250	전남 목포시	농촌사랑 농업인 한마음대회 지원	9,000	농업정책과	3	4	7	8	7	1	1	2
8251	전남 목포시	소비자보호행사추진	21,510	지역경제과	3	1	7	8	7	1	1	1
8252	전남 목포시	소비취약계층 연대 강화 및 지원	9,000	지역경제과	3	7	7	8	7	5	5	4
8253	전남 목포시	2021 근로자의 날 행사	10,000	지역경제과	3	4	7	8	7	1	1	1
8254	전남 목포시	모범근로자 산업연수	10,000	지역경제과	3	4	7	8	7	1	1	1
8255	전남 목포시	목포시장기 노인 게이트볼 대회	5,000	노인장애인과	3	6	7	8	7	1	1	1
8256	전남 목포시	도연합회 노인 체육행사 참가	6,000	노인장애인과	3	6	7	8	7	1	1	1
8257	전남 목포시	목포시 노인 한궁대회	4,500	노인장애인과	3	6	7	8	7	1	1	1
8258	전남 목포시	노인의 날 기념식 및 경로의 달 행사	18,500	노인장애인과	3	4	7	8	7	1	1	1
8259	전남 여수시	2021 코리아오픈 배드민턴 선수권대회	650,000	체육지원과	3	4	7	8	7	5	5	4
8260	전남 여수시	산업재해 없는 안전한 여수를 위한 시민걷기대회	10,000	산업지원과	3	1	7	1	7	5	1	1
8261	전남 여수시	근로자의 날 행사	8,000	산업지원과	3	1	7	1	7	5	1	1
8262	전남 여수시	근로자 한마음 체육행사	33,000	산업지원과	3	1	7	1	7	5	1	1
8263	전남 여수시	여수산단 플랜트건설노조 화합행사	5,000	산업지원과	3	1	7	1	7	5	1	1
8264	전남 여수시	국내외 관광객 유치 관광 설명회	20,000	관광과	3	7	7	8	7	1	1	3
8265	전남 여수시	여수거북선축제	855,000	관광과	3	4	7	8	7	1	1	1
8266	전남 여수시	여수밤바다 불꽃축제	400,000	관광과	3	4	7	8	7	1	1	1
8267	전남 여수시	여수동동북축제	300,000	관광과	3	4	7	8	7	1	1	1
8268	전남 여수시	영취산진달래체험행사	77,000	관광과	3	4	7	8	7	1	1	1
8269	전남 여수시	거문도백도은빛바다체험행사	44,000	관광과	3	4	7	8	7	1	1	1
8270	전남 여수시	여수여자만갯벌노을체험행사	66,000	관광과	3	4	7	8	7	1	1	1
8271	전남 여수시	향일암일출기원한마당	60,000	관광과	3	4	7	8	7	1	1	1
8272	전남 여수시	지속가능한 여수관광 발전방안 심포지엄	7,000	관광과	3	7	7	8	7	5	5	4
8273	전남 여수시	정월대보름 민속놀이 한마당	10,000	문화예술과	3	4	7	8	7	1	1	3
8274	전남 여수시	토요 상설 공연	39,000	문화예술과	3	7	7	8	7	1	1	3
8275	전남 여수시	전통민속놀이 경연대회	45,000	문화예술과	3	4	7	8	7	1	1	3
8276	전남 여수시	영당풍어제	6,000	문화예술과	3	4	7	8	7	1	1	3
8277	전남 여수시	잊혀진 마을굿 찾기 "쥔쥔문여소" 행사	3,000	문화예술과	3	4	7	8	7	1	1	3
8278	전남 여수시	정월대보름 전통민속놀이 재연	1,500	문화예술과	3	4	7	8	7	5	5	3

순번	시군구	지출명 (사업명)	2021년예산 (단위:천원/1년간)	담당자 (공무원)	민간이전 분류 (지방자치단체 세출예산 집행기준에 의거)	민간이전지출 근거 (지방보조금 관리기준 참고)	입찰방식			운영예산 산정		성과평가 실시여부
				담당부서	1. 민간경상사업보조(307-02) 2. 민간단체 법정운영비보조(307-03) 3. 민간행사사업보조(307-04) 4. 민간위탁금(307-05) 5. 사회복지시설 법정운영비보조(307-10) 6. 민간인위탁교육비(307-12) 7. 공기관등에대한경상적위탁사업비(308-11) 8. 민간자본사업보조,자체재원(402-01) 9. 민간자본사업보조,이전재원(402-02) 10. 민간위탁사업비(402-03) 11. 공기관등에 대한 자본적 대행사업비(403-02)	1. 법률에 규정 2. 국고보조 재원(국가지정) 3. 용도 지정 기부금 4. 조례에 직접규정 5. 지자체가 권장하는 사업을 하는 공공기관 6. 시,도 정책 및 재정사정 7. 기타 8. 해당없음	계약체결방법 (경쟁형태) 1. 일반경쟁 2. 제한경쟁 3. 지명경쟁 4. 수의계약 5. 법정위탁 6. 기타 ( ) 7. 해당없음	계약기간 1. 1년 2. 2년 3. 3년 4. 4년 5. 5년 6. 기타 ( )년 7. 단기계약 (1년미만) 8. 해당없음	낙찰자선정방법 1. 적격심사 2. 협상에의한계약 3. 최저가낙찰제 4. 규격가격분리 5. 2단계 경쟁입찰 6. 기타 ( ) 7. 해당없음	운영예산 산정 1. 내부산정 (지자체 자체적으로 산정) 2. 외부산정 (외부전문기관위탁 산정) 3. 내·외부 모두 산정 4. 산정 無 5. 해당없음	정산방법 1. 내부정산 (지자체 내부적으로 정산) 2. 외부정산 (외부전문기관위탁 정산) 3. 내·외부 모두 산정 4. 정산 無 5. 해당없음	1. 실시 2. 미실시 3. 향후 추진 4. 해당없음
8279	전남 여수시	손죽마을 전통 화전놀이	3,000	문화예술과	3	4	7	8	7	5	5	3
8280	전남 여수시	가사리와 함께하는 달빛여행	3,000	문화예술과	3	4	7	8	7	5	5	3
8281	전남 여수시	여수 예술제	50,000	문화예술과	3	4	7	8	7	1	1	3
8282	전남 여수시	여수 전국 시조 경창대회 행사	10,000	문화예술과	3	4	7	8	7	1	1	3
8283	전남 여수시	여수필하모닉오케스트라 정기연주회	4,500	문화예술과	3	4	7	8	7	1	1	3
8284	전남 여수시	여수 전국 마술대회	15,000	문화예술과	3	4	7	8	7	1	1	3
8285	전남 여수시	여수국제미술제	230,000	문화예술과	3	4	7	8	7	1	1	3
8286	전남 여수시	학생 사생대회	5,000	문화예술과	3	4	7	8	7	1	1	3
8287	전남 여수시	여수시민합창제	60,000	문화예술과	3	4	7	8	7	1	1	3
8288	전남 여수시	여수 드림 락 페스티벌	10,000	문화예술과	3	4	7	8	7	1	1	3
8289	전남 여수시	여수생활문화 어울림 한마당	15,000	문화예술과	3	4	7	8	7	1	1	3
8290	전남 여수시	여수밤바다 가요제	5,000	문화예술과	3	4	7	8	7	1	1	3
8291	전남 여수시	어린이(청소년) 국악 한마당	5,000	문화예술과	3	4	7	8	7	1	1	3
8292	전남 여수시	용문사 산사음악회	15,000	문화예술과	3	4	7	8	7	1	1	3
8293	전남 여수시	남도정가진흥원 정가연주회	3,000	문화예술과	3	4	7	8	7	5	5	3
8294	전남 여수시	여수 시장기 동대항 노래자랑	20,000	문화예술과	3	4	7	8	7	1	1	3
8295	전남 여수시	여수 민족 예술제	6,000	문화예술과	3	4	7	8	7	1	1	3
8296	전남 여수시	이순신 전술 신호연 체험 행사	8,000	문화예술과	3	4	7	8	7	1	1	3
8297	전남 여수시	여수 풍물 축제	9,000	문화예술과	3	4	7	8	7	1	1	3
8298	전남 여수시	젊은 국악 꿈꾸는 바다	7,000	문화예술과	3	4	7	8	7	1	1	3
8299	전남 여수시	손양원 음악회	20,000	문화예술과	3	4	7	8	7	1	1	3
8300	전남 여수시	색소폰 페스티벌	8,000	문화예술과	3	4	7	8	7	1	1	3
8301	전남 여수시	여수 마칭페스티벌	100,000	문화예술과	3	4	7	8	7	1	1	3
8302	전남 여수시	여문공원 낭만페스티벌	4,000	문화예술과	3	6	7	8	7	1	1	3
8303	전남 여수시	시민을 위한 음악회	6,000	문화예술과	3	4	7	8	7	5	5	3
8304	전남 여수시	도서민과 관광객이 함께하는 등대 공연	7,000	문화예술과	3	4	7	8	7	1	1	3
8305	전남 여수시	여수리코더 페스티벌	7,000	문화예술과	3	4	7	8	7	1	1	3
8306	전남 여수시	한국음악협회 정기연주회	3,000	문화예술과	3	4	7	8	7	1	1	3
8307	전남 여수시	뿌리패예술단 정기연주회	5,000	문화예술과	3	4	7	8	7	1	1	3
8308	전남 여수시	지역 클래식영재육성 음악회	9,000	문화예술과	3	4	7	8	7	5	5	3
8309	전남 여수시	지역예술인재 콘서트	10,000	문화예술과	3	4	7	8	7	1	1	3
8310	전남 여수시	열린심포니오케스트라 정기연주회	15,000	문화예술과	3	4	7	8	7	1	1	3
8311	전남 여수시	평화 인권예술제	7,000	문화예술과	3	4	7	8	7	1	1	3
8312	전남 여수시	여수의 봄 신춘음악회	3,000	문화예술과	3	4	7	8	7	1	1	3
8313	전남 여수시	여수음악제	200,000	문화예술과	3	4	7	8	7	1	1	3
8314	전남 여수시	흥국사 돌탑 산사음악회	15,000	문화예술과	3	4	7	8	7	1	1	3
8315	전남 여수시	앙상블여수 정기공연 및 시민 공감 콘서트	8,000	문화예술과	3	4	7	8	7	1	1	3
8316	전남 여수시	여수를 빛낸 무용인 초청공연	10,000	문화예술과	3	4	7	8	7	1	1	3
8317	전남 여수시	가곡산책	4,000	문화예술과	3	4	7	8	7	1	1	3
8318	전남 여수시	전국 바다 사생대전	20,000	문화예술과	3	4	7	8	7	1	1	3
8319	전남 여수시	자매도시(여수,통영) 미술교류전	3,000	문화예술과	3	4	7	8	7	1	1	3
8320	전남 여수시	분재 전시회	6,000	문화예술과	3	4	7	8	7	5	5	3
8321	전남 여수시	분재 전시회	3,000	문화예술과	3	4	7	8	7	5	5	3

순번	시군구	지출명 (사업명)	2021년예산 (단위:천원/1년간)	담당자(공무원) 담당부서	민간이전 분류 (지방자치단체 세출예산 집행기준에 의거) 1. 민간경상사업보조(307-02) 2. 민간단체 법정운영비보조(307-03) 3. 민간행사사업보조(307-04) 4. 민간위탁금(307-05) 5. 사회복지시설 법정운영비보조(307-10) 6. 민간인위탁교육비(307-12) 7. 공기관등에대한경상적위탁사업비(308-11) 8. 민간자본사업보조,자체재원(402-01) 9. 민간자본사업보조,이전재원(402-02) 10. 민간위탁사업비(402-03) 11. 공기관등에 대한 자본적 대행사업비(403-02)	민간이전지출 근거 (지방보조금 관리기준 참고) 1. 법률에 규정 2. 국고보조 재원(국가지정) 3. 용도 지정 기부금 4. 조례에 직접규정 5. 지자체가 권장하는 사업을 하는 공공기관 6. 시,도 정책 및 재정사정 7. 기타 8. 해당없음	입찰방식 계약체결방법 (경쟁형태) 1. 일반경쟁 2. 제한경쟁 3. 지명경쟁 4. 수의계약 5. 법정위탁 6. 기타 ( ) 7. 해당없음	입찰방식 계약기간 1. 1년 2. 2년 3. 3년 4. 4년 5. 5년 6. 기타 ( )년 7. 단기계약 (1년미만) 8. 해당없음	입찰방식 낙찰자선정방법 1. 적격심사 2. 협상에의한계약 3. 최저가낙찰제 4. 규격가격분리 5. 2단계 경쟁입찰 6. 기타 ( ) 7. 해당없음	운영예산 산정 운영예산 산정 1. 내부산정 (지자체 자체적으로 산정) 2. 외부산정 (외부전문기관위탁 산정) 3. 내·외부 모두 산정 4. 산정 無 5. 해당없음	운영예산 산정 정산방법 1. 내부정산 (지자체 내부적으로 정산) 2. 외부정산 (외부전문기관위탁 정산) 3. 내·외부 모두 산정 4. 정산 無 5. 해당없음	성과평가 실시여부 1. 실시 2. 미실시 3. 향후 추진 4. 해당없음
8322	전남 여수시	연극협회 기념 공연	7,000	문화예술과	3	4	7	8	7	1	1	3
8323	전남 여수시	시민 속으로 찾아가는 연중 순회 시화전	3,000	문화예술과	3	4	7	8	7	1	1	3
8324	전남 여수시	여수 100년전 사진 전시	2,500	문화예술과	3	4	7	8	7	1	1	3
8325	전남 여수시	여수 청년미술작가전	5,000	문화예술과	3	4	7	8	7	5	5	3
8326	전남 여수시	여수 심포니오케스트라 연주회	10,000	문화예술과	3	4	7	8	7	5	5	3
8327	전남 여수시	요절한 천재 미술가 손상기와 류인 심포지엄	9,000	문화예술과	3	4	7	8	7	5	5	3
8328	전남 여수시	여수여성작가회 전시회	6,000	문화예술과	3	4	7	8	7	1	1	3
8329	전남 여수시	뿌리깊은 나무전	5,000	문화예술과	3	4	7	8	7	1	1	3
8330	전남 여수시	여수 서예 협회전	3,000	문화예술과	3	4	7	8	7	5	5	3
8331	전남 여수시	춘난 전시회	3,000	문화예술과	3	4	7	8	7	5	5	3
8332	전남 여수시	야생화 전시회	4,500	문화예술과	3	4	7	8	7	5	5	3
8333	전남 여수시	수석전시회	3,500	문화예술과	3	4	7	8	7	5	5	3
8334	전남 여수시	백일장 대회	10,000	문화예술과	3	4	7	8	7	1	1	3
8335	전남 여수시	여수청소년 연극축제	5,000	문화예술과	3	4	7	8	7	1	1	3
8336	전남 여수시	행복예술 초대전	5,000	문화예술과	3	4	7	8	7	1	1	3
8337	전남 여수시	행복 시낭송 콘서트	3,000	문화예술과	3	4	7	8	7	5	5	3
8338	전남 여수시	손양원목사 순교 70주년 기념 드라마 및 뮤직콘서트	25,000	문화예술과	3	4	7	8	7	1	1	3
8339	전남 여수시	섬 그리고 섬	10,000	문화예술과	3	4	7	8	7	1	1	3
8340	전남 여수시	남해안 향토가요제	5,000	문화예술과	3	4	7	8	7	5	5	3
8341	전남 여수시	2021 한·독 국제음악 교류 행사	5,000	문화예술과	3	4	7	8	7	5	5	3
8342	전남 여수시	숲속힐링음악회	4,500	문화예술과	3	4	7	8	7	5	5	3
8343	전남 여수시	여수 장애우 서예 동행전	4,000	문화예술과	3	4	7	8	7	5	5	3
8344	전남 여수시	시민들의 오브제 더그레잇 여수	5,000	문화예술과	3	4	7	8	7	5	5	3
8345	전남 여수시	평생학습동아리 연합회 문화체육행사	5,000	교육지원과	3	4	7	8	7	1	1	1
8346	전남 여수시	독서문화행사추진(동화마을 책잔치)	3,000	시립도서관	3	4	7	8	5	5	4	4
8347	전남 여수시	노인단체지원	12,000	노인장애인과	3	4	7	8	7	1	1	2
8348	전남 여수시	어르신 어울림마당	15,000	노인장애인과	3	4	7	8	7	1	1	2
8349	전남 여수시	경로 위안잔치	465,000	노인장애인과	3	4	7	8	7	1	1	2
8350	전남 여수시	장애인의 날 기념행사	27,000	노인장애인과	3	1	7	8	7	1	1	1
8351	전남 여수시	사랑의 수어문화제	3,500	노인장애인과	3	1	7	8	7	1	1	1
8352	전남 여수시	기후보호주간 및 지구환경의 날	40,000	기후생태과	3	4	7	8	7	5	5	4
8353	전남 여수시	자연보호헌장 선포 기념행사보조	4,500	기후생태과	3	1	7	8	7	5	5	4
8354	전남 여수시	사회적경제 한마당 행사	20,000	인구일자리과	3	7	7	8	7	5	5	4
8355	전남 여수시	여수시장배 전국 요트대회	60,000	해양항만레저과	3	4	7	8	7	1	1	1
8356	전남 여수시	여수시장배 전국 윈드서핑대회	30,000	해양항만레저과	3	4	7	8	7	1	1	1
8357	전남 여수시	여수 전국 해양레저스포츠 대회	150,000	해양항만레저과	3	2	7	8	7	5	1	4
8358	전남 여수시	남해안컵 국제요트대회	200,000	해양항만레저과	3	2	7	8	7	5	1	4
8359	전남 여수시	2021 한국 슬로푸드 페스티벌	40,000	농촌진흥과	3	6	7	8	7	5	5	4
8360	전남 여수시	거문도해풍쑥 체험행사	6,180	특산품육성과	3	4	7	8	7	5	5	4
8361	전남 여수시	보훈단체 전적지 호국순례	62,000	사회복지과	3	4	7	8	7	1	1	3
8362	전남 여수시	6.25 전쟁 행사	15,000	사회복지과	3	4	7	8	7	1	1	3
8363	전남 여수시	호국 보훈의 달 국가유공자 위안 행사	43,500	사회복지과	3	4	7	8	7	1	1	3
8364	전남 여수시	6.25 참전유공자회 여수시지회 안보결의대회	2,300	사회복지과	3	4	7	8	7	1	1	3

순번	시군구	지출명 (사업명)	2021년예산 (단위:천원/1년간)	담당자 (공무원)	민간이전 분류 (지방자치단체 세출예산 집행기준에 의거)	민간이전지출 근거 (지방보조금 관리기준 참고)	입찰방식			운영예산 산정		성과평가 실시여부
				담당부서	1. 민간경상사업보조(307-02) 2. 민간단체 법정운영비보조(307-03) 3. 민간행사사업보조(307-04) 4. 민간위탁금(307-05) 5. 사회복지시설 법정운영비보조(307-10) 6. 민간인위탁교육비(307-12) 7. 공기관등에대한경상적위탁사업비(308-11) 8. 민간자본사업보조,자체재원(402-01) 9. 민간자본사업보조,이전재원(402-02) 10. 민간위탁사업비(402-03) 11. 공기관등에 대한 자본적 대행사업비(403-02)	1. 법률에 규정 2. 국고보조 재원(국가지정) 3. 용도 지정 기부금 4. 조례에 직접규정 5. 지자체가 권장하는 사업을 하는 공공기관 6. 시,도 정책 및 재정사정 7. 기타 8. 해당없음	계약체결방법 (경쟁형태) 1. 일반경쟁 2. 제한경쟁 3. 지명경쟁 4. 수의계약 5. 법정위탁 6. 기타 ( ) 7. 해당없음	계약기간 1. 1년 2. 2년 3. 3년 4. 4년 5. 5년 6. 기타 ( )년 7. 단기계약 (1년미만) 8. 해당없음	낙찰자선정방법 1. 적격심사 2. 협상에의한계약 3. 최저가낙찰제 4. 규격가격분리 5. 2단계 경쟁입찰 6. 기타 ( ) 7. 해당없음	운영예산 산정 1. 내부산정 (지자체 자체적으로 산정) 2. 외부산정 (외부전문기관위탁 산정) 3. 내·외부 모두 산정 4. 산정 無 5. 해당없음	정산방법 1. 내부정산 (지자체 내부적으로 정산) 2. 외부정산 (외부전문기관위탁 정산) 3. 내·외부 모두 산정 4. 정산 無 5. 해당없음	1. 실시 2. 미실시 3. 향후 추진 4. 해당없음
8365	전남 여수시	안보 사진 전시회	1,500	사회복지과	3	4	7	8	7	1	1	3
8366	전남 여수시	서해수호의날 행사	2,000	사회복지과	3	4	7	8	7	1	1	3
8367	전남 여수시	무공수훈자회 여수시지회 안보결의대회	1,640	사회복지과	3	4	7	8	7	1	1	3
8368	전남 여수시	여수시 사회복지한마당 행사	20,000	사회복지과	3	4	7	8	7	1	1	1
8369	전남 순천시	주민자치 및 센터운영 지원	356,980	자치혁신과	3	4	7	8	7	5	5	3
8370	전남 순천시	문화를 통한 전통시장 활성화	68,000	지역경제과	3	4	7	8	7	5	5	3
8371	전남 순천시	순천시장애인체육회 재정지원	183,500	체육진흥과	3	1	7	8	7	5	5	3
8372	전남 순천시	시도단위 체육행사 지원	376,614	체육진흥과	3	2	7	8	7	5	5	3
8373	전남 순천시	다문화가족 안정적 정착 지원	25,600	여성가족과	3	1	7	8	7	5	5	3
8374	전남 순천시	여성단체 역량강화 및 사회참여 확대	24,600	여성가족과	3	6	7	8	7	5	5	3
8375	전남 순천시	청소년 문화조성	37,000	아동청소년과	3	6	7	8	7	5	5	3
8376	전남 순천시	농업경영인회 육성	13,000	농업정책과	3	4	7	8	7	5	5	3
8377	전남 순천시	시민의날 행사	81,700	자치혁신과	3	4	7	8	7	5	5	3
8378	전남 순천시	자원봉사 활성화 지원	50,000	자치혁신과	3	4	7	8	7	5	5	3
8379	전남 순천시	상권활성화	36,000	지역경제과	3	7	7	8	7	5	5	3
8380	전남 순천시	전남민속예술축제 지원사업	4,000	문화예술과	3	6	7	8	7	5	5	3
8381	전남 순천시	국제·전국단위 체육행사 지원	558,000	체육진흥과	3	2	7	8	7	5	5	3
8382	전남 순천시	남승룡 마라톤 대회 지원	100,000	체육진흥과	3	2	7	8	7	5	5	3
8383	전남 순천시	순천만국가정원배 전국유도대회	185,000	체육진흥과	3	2	7	8	7	5	5	3
8384	전남 순천시	전국 아마추어 순천형씨름대회	100,000	체육진흥과	3	2	7	8	7	5	5	3
8385	전남 순천시	순천만국가정원배 전국 유소년축구대회	150,000	체육진흥과	3	2	7	8	7	5	5	3
8386	전남 순천시	제61회 전라남도체육대회 개최 준비	800,000	체육진흥과	3	6	7	8	7	5	5	3
8387	전남 순천시	경로효친 행사의 내실있는 추진	176,000	노인장애인과	3	1	7	8	7	5	5	3
8388	전남 순천시	여성의 직업교육 훈련강화 및 취업연계 지원	70,000	여성가족과	3	6	7	8	7	5	5	3
8389	전남 순천시	지역아동센터 운영 자체 지원	94,739	아동청소년과	3	6	7	8	7	5	5	3
8390	전남 순천시	어린이날 행사	13,000	아동청소년과	3	7	7	8	7	5	5	3
8391	전남 순천시	순천명품 월등복숭아 체험행사	32,000	친환경농업과	3	6	7	8	7	5	5	3
8392	전남 순천시	생활 속 정원산업 육성	16,320	정원산업과	3	6	7	8	7	5	5	3
8393	전남 순천시	계절별 테마축제 추진	72,000	순천만보전과	3	6	7	8	7	5	5	3
8394	전남 순천시	낙안읍성 전통문화 경연	56,000	낙안읍성지원사업소	3	4	7	8	7	5	5	3
8395	전남 순천시	낙안읍성 민속문화축제	120,000	낙안읍성지원사업소	3	4	7	8	7	5	5	3
8396	전남 광양시	광양매화축제 지원	30,000	관광과	3	6	7	8	7	5	5	3
8397	전남 광양시	전통숯불구이축제 지원	290,000	관광과	3	6	7	8	7	5	5	4
8398	전남 광양시	광양전어축제지원	90,000	관광과	3	6	7	8	7	5	5	4
8399	전남 광양시	국사봉철쭉축제지원	65,000	관광과	3	6	7	8	7	5	5	4
8400	전남 광양시	제13회 섬진강 꽃길 마라톤 대회	40,000	체육과	3	1	7	7	7	1	1	1
8401	전남 광양시	제16회 광양시장기 전국 궁도대회	37,000	체육과	3	1	7	7	7	1	1	1
8402	전남 광양시	제14회 광양백운산기 전국 남녀 배구대회	35,000	체육과	3	1	7	7	7	1	1	1
8403	전남 광양시	제11회 광양만배 유소년 전국 수영대회	60,000	체육과	3	1	7	7	7	1	1	1
8404	전남 광양시	환경의날 행사	9,500	환경과	3	4	6	7	6	1	1	1
8405	전남 광양시	세계물의 날 행사	4,000	환경과	3	4	6	7	6	1	1	1
8406	전남 담양군	군민의 날 기념행사	40,000	자치행정과	3	4	7	8	7	5	5	4
8407	전남 담양군	읍,면 군민의날 행사 지원	103,000	자치행정과	3	4	7	8	7	5	5	4

순번	시군구	지출명 (사업명)	2021년예산 (단위:천원/1년간)	담당자 (공무원)	민간이전 분류 (지방자치단체 세출예산 집행기준에 의거)	민간이전지출 근거 (지방보조금 관리기준 참고)	입찰방식			운영예산 산정		성과평가 실시여부
				담당부서	1. 민간경상사업보조(307-02) 2. 민간단체 법정운영비보조(307-03) 3. 민간행사사업보조(307-04) 4. 민간위탁금(307-05) 5. 사회복지시설 법정운영비보조(307-10) 6. 민간인위탁교육비(307-12) 7. 공기관등에대한경상적위탁사업비(308-11) 8. 민간자본사업보조,자체재원(402-01) 9. 민간자본사업보조,이전재원(402-02) 10. 민간위탁사업비(402-03) 11. 공기관등에 대한 자본적 대행사업비(403-02)	1. 법률에 규정 2. 국고보조 재원(국가지정) 3. 용도 지정 기부금 4. 조례에 직접규정 5. 지자체가 권장하는 사업을 하는 공공기관 6. 시,도 정책 및 재정사정 7. 기타 8. 해당없음	계약체결방법 (경쟁형태) 1. 일반경쟁 2. 제한경쟁 3. 지명경쟁 4. 수의계약 5. 법정위탁 6. 기타 ( ) 7. 해당없음	계약기간 1. 1년 2. 2년 3. 3년 4. 4년 5. 5년 6. 기타 ( )년 7. 단기계약 (1년미만) 8. 해당없음	낙찰자선정방법 1. 적격심사 2. 협상에의한계약 3. 최저가낙찰제 4. 규격가격분리 5. 2단계 경쟁입찰 6. 기타 ( ) 7. 해당없음	운영예산 산정 1. 내부산정 (지자체 자체적으로 산정) 2. 외부산정 (외부전문기관위탁 산정) 3. 내·외부 모두 산정 4. 산정 無 5. 해당없음	정산방법 1. 내부정산 (지자체 내부적으로 정산) 2. 외부정산 (외부전문기관위탁 정산) 3. 내·외부 모두 산정 4. 정산 無 5. 해당없음	1. 실시 2. 미실시 3. 향후 추진 4. 해당없음
8408	전남 담양군	출향인 고향탐방 및 유적지 순례	4,000	자치행정과	3	4	7	8	7	5	5	4
8409	전남 담양군	새마을지도자 한마음수련대회	15,000	자치행정과	3	1	7	8	7	5	5	4
8410	전남 담양군	장애인한마음 대축제	25,500	주민행복과	3	1	7	8	7	1	1	2
8411	전남 담양군	영호남 장애인 화합 친선대회	5,000	주민행복과	3	1	7	8	7	1	1	2
8412	전남 담양군	군수기 한궁대회 지원	8,000	주민행복과	3	4	5	1	1	1	1	1
8413	전남 담양군	노인의날 행사 추진	190,000	주민행복과	3	4	7	8	7	5	5	4
8414	전남 담양군	전남민속예술축제 참가보조	15,000	문화체육과	3	4	7	1	7	1	1	1
8415	전남 담양군	담양환경소리축제 지원	10,000	문화체육과	3	4	7	1	7	1	1	1
8416	전남 담양군	담양 서예문예축전 지원	5,000	문화체육과	3	4	7	1	7	1	1	1
8417	전남 담양군	우송당 담양소리 문화공연	8,000	문화체육과	3	4	7	1	7	1	1	1
8418	전남 담양군	조선오란 충의사 추모제 지원	3,000	문화체육과	3	4	7	1	7	1	1	1
8419	전남 담양군	군민안녕기원 연말성탄트리 점등행사	5,000	문화체육과	3	4	7	1	7	1	1	1
8420	전남 담양군	군민안녕기원 봉축행사(불교)	5,000	문화체육과	3	4	7	1	7	1	1	1
8421	전남 담양군	석전대제 지원(담양·창평·대성사)	12,000	문화체육과	3	4	7	1	7	1	1	1
8422	전남 담양군	향교기로연 재현(담양·창평·대성사)	9,000	문화체육과	3	4	7	1	7	1	1	1
8423	전남 담양군	문화가 있는 날' 및 문화예술 공연 개최	25,000	문화체육과	3	1	7	8	7	5	5	4
8424	전남 담양군	문화회관 명품 공연 개최	15,000	문화체육과	3	1	7	8	7	5	5	4
8425	전남 담양군	문화가 있는 날 지역특화프로그램 운영	180,000	문화체육과	3	2	7	8	7	5	5	4
8426	전남 담양군	문화교류네트워크	5,000	문화체육과	3	4	5	1	7	1	1	1
8427	전남 담양군	담양 예술문화 문집발간 기념회	5,000	문화체육과	3	4	5	1	7	1	1	1
8428	전남 담양군	제15회 시낭송 경연대회	3,000	문화체육과	3	4	5	1	7	1	1	1
8429	전남 담양군	한우리 건강난타 전국대회 참가지원	3,000	문화체육과	3	4	5	1	7	1	1	1
8430	전남 담양군	제42회 남도국악제 참가비 지원	5,000	문화체육과	3	4	5	1	7	1	1	1
8431	전남 담양군	제5회 담양종합예술제	10,000	문화체육과	3	4	5	1	7	1	1	1
8432	전남 담양군	원도심 활성화 버스킹 공연	8,000	문화체육과	3	4	5	1	7	1	1	1
8433	전남 담양군	제60회 전라남도체육대회 참가 보조	110,000	문화체육과	3	4	5	1	7	1	1	4
8434	전남 담양군	제33회 전라남도생활체육대축전 참가보조	80,000	문화체육과	3	4	5	1	7	1	1	4
8435	전남 담양군	제16회 전라남도 어르신생활체육대축전	15,000	문화체육과	3	4	5	1	7	1	1	4
8436	전남 담양군	제18회 담양군 생활체육대축전	60,000	문화체육과	3	4	5	1	7	1	1	4
8437	전남 담양군	제28회 전라남도 장애인체육대회 참가보조	35,000	문화체육과	3	4	5	1	7	1	1	4
8438	전남 담양군	제4회 장애인생활체육대회	18,000	문화체육과	3	4	5	1	7	1	1	4
8439	전남 담양군	장애인 생활체육 동호인 활동보조	8,000	문화체육과	3	4	5	1	7	1	1	4
8440	전남 담양군	제7회 담양군수기 게이트볼 대회	10,000	문화체육과	3	4	5	1	7	1	1	4
8441	전남 담양군	제18회 대나무기 호남게이트볼 대회	15,000	문화체육과	3	4	5	1	7	1	1	4
8442	전남 담양군	제60회 담양군게이트볼협회장기 분기별 대회	12,000	문화체육과	3	4	5	1	7	1	1	4
8443	전남 담양군	2021년도 읍·면 게이트볼분회 운영지원	12,000	문화체육과	3	4	5	1	7	1	1	4
8444	전남 담양군	제17회 담양군체조협회장배 체조경연대회	25,000	문화체육과	3	4	5	1	7	1	1	4
8445	전남 담양군	담양군 체조협회 12개 읍·면 참가 보조	12,000	문화체육과	3	4	5	1	7	1	1	4
8446	전남 담양군	생활체조교실운영	7,000	문화체육과	3	4	5	1	7	1	1	4
8447	전남 담양군	제8회 담양군배드민턴협회장기 대회	5,000	문화체육과	3	4	5	1	7	1	1	4
8448	전남 담양군	제17회 대나무배드민턴대회	20,000	문화체육과	3	4	5	1	7	1	1	4
8449	전남 담양군	제28회 담양군수기 축구대회	10,000	문화체육과	3	4	5	1	7	1	1	4
8450	전남 담양군	제27회 담양군축구협회장기대회	5,000	문화체육과	3	4	5	1	7	1	1	4

순번	시군구	지출명 (사업명)	2021년예산 (단위:천원/1년간)	담당자 (공무원) 담당부서	민간이전 분류 (지방자치단체 세출예산 집행기준에 의거) 1. 민간경상사업보조(307-02) 2. 민간단체 법정운영비보조(307-03) 3. 민간행사사업보조(307-04) 4. 민간위탁금(307-05) 5. 사회복지시설 법정운영비보조(307-10) 6. 민간인위탁교육비(307-12) 7. 공기관등에대한경상적위탁사업비(308-11) 8. 민간자본사업보조,자체재원(402-01) 9. 민간자본사업보조,이전재원(402-02) 10. 민간위탁사업비(402-03) 11. 공기관등에 대한 자본적 대행사업비(403-02)	민간이전지출 근거 (지방보조금 관리기준 참고) 1. 법률에 규정 2. 국고보조 재원(국가지정) 3. 용도 지정 기부금 4. 조례에 직접규정 5. 지자체가 권장하는 사업을 하는 공공기관 6. 시,도 정책 및 재정사정 7. 기타 8. 해당없음	입찰방식 계약체결방법 (경쟁형태) 1. 일반경쟁 2. 제한경쟁 3. 지명경쟁 4. 수의계약 5. 법정위탁 6. 기타 ( ) 7. 해당없음	입찰방식 계약기간 1. 1년 2. 2년 3. 3년 4. 4년 5. 5년 6. 기타 ( )년 7. 단기계약 (1년미만) 8. 해당없음	입찰방식 낙찰자선정방법 1. 적격심사 2. 협상에의한계약 3. 최저가낙찰제 4. 규격가격분리 5. 2단계 경쟁입찰 6. 기타 ( ) 7. 해당없음	운영예산 산정 운영예산 산정 1. 내부산정 (지자체 자체적으로 산정) 2. 외부산정 (외부전문기관위탁 산정) 3. 내·외부 모두 산정 4. 산정 無 5. 해당없음	운영예산 산정 정산방법 1. 내부정산 (지자체 내부적으로 정산) 2. 외부정산 (외부전문기관위탁 정산) 3. 내·외부 모두 산정 4. 정산 無 5. 해당없음	성과평가 실시여부 1. 실시 2. 미실시 3. 향후 추진 4. 해당없음
8451	전남 담양군	제43회 담양군 선후배 친선 축구대회	15,000	문화체육과	3	4	5	1	7	1	1	4
8452	전남 담양군	제19회 담양메타세쿼이아 전국마라톤대회	20,000	문화체육과	3	4	5	1	7	1	1	4
8453	전남 담양군	제7회 담양대나무배 남·여 배구대회	5,000	문화체육과	3	4	5	1	7	1	1	4
8454	전남 담양군	제2회 협회장기 여성배구대회	5,000	문화체육과	3	4	5	1	7	1	1	4
8455	전남 담양군	제10회 담양군산악연맹회장배 등산대회	5,000	문화체육과	3	4	5	1	7	1	1	4
8456	전남 담양군	제9회 담양군골프협회장배 친선골프대회	5,000	문화체육과	3	4	5	1	7	1	1	4
8457	전남 담양군	제5회 담양대나무배 친선골프대회	5,000	문화체육과	3	4	5	1	7	1	1	4
8458	전남 담양군	제7회 대나무기 야구대회	5,000	문화체육과	3	4	5	1	7	1	1	4
8459	전남 담양군	제8회 담양대나무배 전남·광주 테니스대회	15,000	문화체육과	3	4	5	1	7	1	1	4
8460	전남 담양군	제7회 대나무기 탁구대회	20,000	문화체육과	3	4	5	1	7	1	1	4
8461	전남 담양군	제2회 담양군수협회 탁구대회	3,000	문화체육과	3	4	5	1	7	1	1	4
8462	전남 담양군	장애인체육회설립 지원	30,000	문화체육과	3	4	5	1	7	1	1	4
8463	전남 담양군	생활체육,레저,엘리트체육등 전국대회 유치	50,000	문화체육과	3	4	5	1	7	1	1	4
8464	전남 담양군	담양대나무축제	600,000	녹색관광과	3	4	4	1	7	1	1	1
8465	전남 담양군	문화관광축제 지원(대나무축제)	30,300	녹색관광과	3	4	4	1	7	1	1	1
8466	전남 담양군	고서포도축제	35,000	녹색관광과	3	4	4	1	7	1	1	1
8467	전남 담양군	가로수 사랑 음악회	35,000	녹색관광과	3	4	4	1	7	1	1	1
8468	전남 담양군	동복댐 주변지역 주민행사 지원(지역홍보 등)	2,834	생태환경과	3	1	7	8	7	2	1	1
8469	전남 담양군	제25회 환경의 날 기념행사 지원	8,000	생태환경과	3	4	7	8	7	1	3	2
8470	전남 담양군	담양군 공예명인 전시회 지원	5,000	풀뿌리경제과	3	4	7	8	7	5	5	4
8471	전남 곡성군	사회복지의 날 기념한마당 행사	5,000	주민복지과	3	7	7	8	7	5	5	4
8472	전남 곡성군	장애인 공감과 치유탐방 프로그램 운영	40,000	주민복지과	3	6	7	8	7	5	5	4
8473	전남 곡성군	노인의 날 및 경로의 달 행사	45,000	주민복지과	3	8	7	8	7	1	1	4
8474	전남 곡성군	노인대학 운영	27,700	주민복지과	3	8	7	8	7	1	1	4
8475	전남 곡성군	노인회 중앙교육원 교육	8,000	주민복지과	3	8	7	8	7	5	1	4
8476	전남 곡성군	양성평등주간 기념행사	12,000	주민복지과	3	4	7	8	7	1	1	1
8477	전남 곡성군	다문화가족 어울 한마당 행사	11,300	주민복지과	3	4	5	3	1	3	1	1
8478	전남 곡성군	어린이집 연합 한마당 행사지원	5,000	주민복지과	3	4	5	1	7	5	1	4
8479	전남 곡성군	장애인수련대회 및 선진지 견학	5,000	주민복지과	3	6	7	8	7	5	5	4
8480	전남 곡성군	곡성군 장애인 어울림 축제	18,000	주민복지과	3	6	7	8	7	5	5	4
8481	전남 곡성군	읍면 축제행사 지원	50,000	문화체육과	3	1	7	8	7	1	1	1
8482	전남 곡성군	공양미 삼백석 모으기 지원	5,500	문화체육과	3	1	7	8	7	1	1	1
8483	전남 곡성군	향교 기로연 재연행사	8,000	문화체육과	3	4	7	8	7	1	1	1
8484	전남 곡성군	향교 대제 지원	16,000	문화체육과	3	4	7	8	7	1	1	1
8485	전남 곡성군	국조 단군(어천절, 개천절)제향 행사	4,000	문화체육과	3	4	7	8	7	1	1	1
8486	전남 곡성군	전통문화행사 개최 향축대 지원	10,000	문화체육과	3	4	7	8	7	1	1	1
8487	전남 곡성군	전국종합예술대전 개최 지원	35,000	문화체육과	3	4	7	8	7	1	1	1
8488	전남 곡성군	곡성군기독교연합회 문화행사 지원	15,000	문화체육과	3	4	7	8	7	1	1	1
8489	전남 곡성군	곡성군기독교연합회 성탄절 행사 지원	10,000	문화체육과	3	4	7	8	7	1	1	1
8490	전남 곡성군	군민과 함께하는 한가위 콩쿠르 행사 지원	3,000	문화체육과	3	4	7	8	7	1	1	1
8491	전남 곡성군	섬진강 여름문학학교 운영	18,000	문화체육과	3	4	7	8	7	1	1	1
8492	전남 곡성군	부처님 오신날 연등행사 지원	10,000	문화체육과	3	4	7	8	7	1	1	1
8493	전남 곡성군	월드요들페스티벌 국제음악회 개최 지원	50,000	문화체육과	3	4	7	8	7	1	1	1

순번	시군구	지출명 (사업명)	2021년예산 (단위:천원/1년간)	담당자 (공무원) 담당부서	민간이전 분류 (지방자치단체 세출예산 집행기준에 의거) 1. 민간경상사업보조(307-02) 2. 민간단체 법정운영비보조(307-03) 3. 민간행사사업보조(307-04) 4. 민간위탁금(307-05) 5. 사회복지시설 법정운영비보조(307-10) 6. 민간인위탁교육비(307-12) 7. 공기관등에대한경상적위탁사업비(308-11) 8. 민간자본사업보조,자체재원(402-01) 9. 민간자본사업보조,이전재원(402-02) 10. 민간위탁사업비(402-03) 11. 공기관등에 대한 자본적 대행사업비(403-02)	민간이전지출 근거 (지방보조금 관리기준 참고) 1. 법률에 규정 2. 국고보조 재원(국가지정) 3. 용도 지정 기부금 4. 조례에 직접규정 5. 지자체가 권장하는 사업을 하는 공공기관 6. 시,도 정책 및 재정사정 7. 기타 8. 해당없음	입찰방식 계약체결방법 (경쟁형태) 1. 일반경쟁 2. 제한경쟁 3. 지명경쟁 4. 수의계약 5. 법정위탁 6. 기타 ( ) 7. 해당없음	계약기간 1. 1년 2. 2년 3. 3년 4. 4년 5. 5년 6. 기타 ( )년 7. 단기계약 (1년미만) 8. 해당없음	낙찰자선정방법 1. 적격심사 2. 협상에의한계약 3. 최저가낙찰제 4. 규격가격분리 5. 2단계 경쟁입찰 6. 기타 ( ) 7. 해당없음	운영예산 산정 운영예산 산정 1. 내부산정 (지자체 자체적으로 산정) 2. 외부산정 (외부전문기관위탁 산정) 3. 내·외부 모두 산정 4. 산정 無 5. 해당없음	정산방법 1. 내부정산 (지자체 내부적으로 정산) 2. 외부정산 (외부전문기관위탁 정산) 3. 내·외부 모두 산정 4. 정산 無 5. 해당없음	성과평가 실시여부 1. 실시 2. 미실시 3. 향후 추진 4. 해당없음
8494	전남 곡성군	곡성향교 서예대전	6,780	문화체육과	3	4	7	8	7	1	1	1
8495	전남 곡성군	2021 곡성관광 전국사진 공모전 지원	30,000	문화체육과	3	4	7	8	7	1	1	1
8496	전남 곡성군	작은도서관 독서문화행사 지원	4,000	문화체육과	3	1	7	8	7	1	1	1
8497	전남 곡성군	곡성군 합창단 문화행사 개최 지원	5,000	문화체육과	3	4	7	8	7	1	1	1
8498	전남 곡성군	조태일 시인 추모 문학기행 행사 보조	15,000	문화체육과	3	4	7	8	7	1	1	1
8499	전남 곡성군	조태일 문학상 운영	25,000	문화체육과	3	4	7	8	7	1	1	1
8500	전남 곡성군	제60회 전라남도 체육대회	150,000	문화체육과	3	7	7	8	7	1	1	3
8501	전남 곡성군	제33회 전라남도 생활체육대축전	70,000	문화체육과	3	7	7	8	7	1	1	3
8502	전남 곡성군	지방자치단체 생활체육 교류전	30,000	문화체육과	3	7	7	8	7	1	1	3
8503	전남 곡성군	곡성-거창 체육회 워크숍	2,000	문화체육과	3	7	7	8	7	1	1	3
8504	전남 곡성군	제29회 곡성군연합청년회 한마음대회	20,000	문화체육과	3	7	7	8	7	1	1	3
8505	전남 곡성군	2021 곡성군체육인의 밤	10,000	문화체육과	3	7	7	8	7	1	1	3
8506	전남 곡성군	2021 곡성 아시안 월드컵 개최 지원	50,000	문화체육과	3	7	7	8	7	1	1	3
8507	전남 곡성군	전국 및 도 단위 체육대회 개최, 참가 지원	20,000	문화체육과	3	7	7	8	7	1	1	3
8508	전남 곡성군	제16회 전라남도 어르신 생활체육대축전	10,000	문화체육과	3	7	7	8	7	1	1	3
8509	전남 곡성군	전라남도 어린이 생활체육대축전	3,000	문화체육과	3	7	7	8	7	1	1	3
8510	전남 곡성군	제29회 전라남도 장애인체육대회	15,000	문화체육과	3	7	7	8	7	1	1	3
8511	전남 곡성군	전라남도 지체장애인 체육대회	3,000	문화체육과	3	7	7	8	7	1	1	3
8512	전남 곡성군	제5회 전라남도 장애인생활체육대회	7,000	문화체육과	3	7	7	8	7	1	1	3
8513	전남 곡성군	장애인 생활체육 동호인 활동 보조 지원	2,700	문화체육과	3	7	7	8	7	1	1	3
8514	전남 곡성군	전라남도 장애인 파크골프 어울림 생활체육대회	1,000	문화체육과	3	7	7	8	7	1	1	3
8515	전남 곡성군	제18회 신숭겸장군배 전국 남여 궁도대회	33,000	문화체육과	3	7	7	8	7	1	1	3
8516	전남 곡성군	전라선권역 궁도대회	10,000	문화체육과	3	7	7	8	7	1	1	3
8517	전남 곡성군	곡성군 곡성심청배 생활체육 족구대회	5,000	문화체육과	3	7	7	8	7	1	1	3
8518	전남 곡성군	제11회 곡성군 전국패러글라이딩 대회	12,000	문화체육과	3	7	7	8	7	1	1	3
8519	전남 곡성군	제6회 곡성군 산악연맹장배 등반대회	5,000	문화체육과	3	7	7	8	7	1	1	3
8520	전남 곡성군	2021년 곡성군 바둑대회	2,000	문화체육과	3	7	7	8	7	1	1	3
8521	전남 곡성군	제5회 곡성군당구연맹회장배 3쿠션 당구대회	3,000	문화체육과	3	7	7	8	7	1	1	3
8522	전남 곡성군	2021 곡성군 한마음 낚시대회	2,000	문화체육과	3	7	7	8	7	1	1	3
8523	전남 곡성군	곡성군 제1회 배구협회장배 면민 배구대회	5,000	문화체육과	3	7	7	8	7	1	1	3
8524	전남 곡성군	제1회 곡성군 체육회장배 탁구대회	2,000	문화체육과	3	7	7	8	7	1	1	3
8525	전남 곡성군	청소년 클럽대항 체육대회 참가 지원	4,000	문화체육과	3	7	7	8	7	1	1	3
8526	전남 곡성군	2021년 심청배 곡성군 섬진강 라이딩대회	2,000	문화체육과	3	7	7	8	7	1	1	3
8527	전남 곡성군	2021년 곡성군 섬진강자전거 희망랠리대회	20,000	문화체육과	3	7	7	8	7	1	1	3
8528	전남 곡성군	2021년 게이트볼대회 지원비	10,000	문화체육과	3	7	7	8	7	1	1	3
8529	전남 곡성군	전남 동부 7개 시군 게이트볼대회	6,000	문화체육과	3	7	7	8	7	1	1	3
8530	전남 곡성군	제3회 곡성군수기 게이트볼대회	4,000	문화체육과	3	7	7	8	7	1	1	3
8531	전남 곡성군	2021년 곡성군 읍·면분회 게이트볼대회	16,500	문화체육과	3	7	7	8	7	1	1	3
8532	전남 곡성군	제70회 곡성군협회장기 게이트볼대회	4,000	문화체육과	3	7	7	8	7	1	1	3
8533	전남 곡성군	곡성군수배 생활체육 및 5060축구대회	5,000	문화체육과	3	7	7	8	7	1	1	3
8534	전남 곡성군	제17회 전라남도지사기 동호인 축구대제전	3,000	문화체육과	3	7	7	8	7	1	1	3
8535	전남 곡성군	제5회 곡성군기 전국대학동아리 축구대회	50,000	문화체육과	3	7	7	8	7	1	1	3
8536	전남 곡성군	2021년 곡성생활체육 골프대회	2,000	문화체육과	3	7	7	8	7	1	1	3

순번	시군구	지출명 (사업명)	2021년예산 (단위:천원/1년간)	담당자 (공무원) 담당부서	민간이전 분류 (지방자치단체 세출예산 집행기준에 의거) 1. 민간경상사업보조(307-02) 2. 민간단체 법정운영비보조(307-03) 3. 민간행사사업보조(307-04) 4. 민간위탁금(307-05) 5. 사회복지시설 법정운영비보조(307-10) 6. 민간인위탁교육비(307-12) 7. 공기관등에대한경상적위탁사업비(308-11) 8. 민간자본사업보조,자체재원(402-01) 9. 민간자본사업보조,이전재원(402-02) 10. 민간위탁사업비(402-03) 11. 공기관등에 대한 자본적 대행사업비(403-02)	민간이전지출 근거 (지방보조금 관리기준 참고) 1. 법률에 규정 2. 국고보조 재원(국가지정) 3. 용도 지정 기부금 4. 조례에 직접규정 5. 지자체가 권장하는 사업을 하는 공공기관 6. 시,도 정책 및 재정사정 7. 기타 8. 해당없음	입찰방식 계약체결방법 (경쟁형태) 1. 일반경쟁 2. 제한경쟁 3. 지명경쟁 4. 수의계약 5. 법정위탁 6. 기타 ( ) 7. 해당없음	입찰방식 계약기간 1. 1년 2. 2년 3. 3년 4. 4년 5. 5년 6. 기타 ( )년 7. 단기계약 (1년미만) 8. 해당없음	입찰방식 낙찰자선정방법 1. 적격심사 2. 협상에의한계약 3. 최저가낙찰제 4. 규격가격분리 5. 2단계 경쟁입찰 6. 기타 ( ) 7. 해당없음	운영예산 산정 운영예산 산정 1. 내부산정 (지자체 자체적으로 산정) 2. 외부산정 (외부전문기관위탁 산정) 3. 내·외부 모두 산정 4. 산정 無 5. 해당없음	운영예산 산정 정산방법 1. 내부정산 (지자체 내부적으로 정산) 2. 외부정산 (외부전문기관위탁 정산) 3. 내·외부 모두 산정 4. 정산 無 5. 해당없음	성과평가 실시여부 1. 실시 2. 미실시 3. 향후 추진 4. 해당없음
8537	전남 곡성군	제7회 곡성인 한마음골프대회	11,000	문화체육과	3	7	7	8	7	1	1	3
8538	전남 곡성군	제11회 곡성섬진강배 전국 그라운드골프대회	9,000	문화체육과	3	7	7	8	7	1	1	3
8539	전남 곡성군	곡성군수배 파크골프대회	3,000	문화체육과	3	7	7	8	7	1	1	3
8540	전남 곡성군	제16회 곡성심청배 사회인 야구대회	6,000	문화체육과	3	7	7	8	7	1	1	3
8541	전남 곡성군	전남야구소프트볼 협회장기 야구대회	1,000	문화체육과	3	7	7	8	7	1	1	3
8542	전남 곡성군	제17회 심청배 배드민턴대회	11,000	문화체육과	3	7	7	8	7	1	1	3
8543	전남 곡성군	전남동부권 뉴파워(시니어) 배드민턴대회	3,000	문화체육과	3	7	7	8	7	1	1	3
8544	전남 곡성군	곡성군 배드민턴협회장기 배드민턴대회	2,000	문화체육과	3	7	7	8	7	1	1	3
8545	전남 곡성군	제1회 곡성군 체육회장배 테니스대회	2,000	문화체육과	3	7	7	8	7	1	1	3
8546	전남 곡성군	제9회 동악산배 생활체육 소프트테니스대회	3,000	문화체육과	3	7	7	8	7	1	1	3
8547	전남 구례군	지리산 베이스캠프 체험행사 운영	30,000	문화관광실	3	4	7	8	7	1	1	1
8548	전남 구례군	제22회 구례산수유꽃축제	500,000	문화관광실	3	4	7	8	7	1	1	1
8549	전남 구례군	제17회 구례섬진강벚꽃축제	35,000	문화관광실	3	4	7	8	7	1	1	1
8550	전남 구례군	제45회 지리산피아골단풍축제	120,000	문화관광실	3	4	7	8	7	1	1	1
8551	전남 구례군	구례썸머뮤직페스티벌	150,000	문화관광실	3	4	7	8	7	1	1	1
8552	전남 구례군	산수유웰니스페스티벌	250,000	문화관광실	3	4	7	8	7	1	1	1
8553	전남 구례군	지리산권 자치단체 체육대회	20,000	문화관광실	3	4	7	8	7	1	1	1
8554	전남 구례군	전남민속예술축제 지원	19,000	문화관광실	3	1	7	8	7	1	1	1
8555	전남 구례군	화엄제 지원	130,000	문화관광실	3	1	7	8	7	1	1	1
8556	전남 구례군	남도국악제 출연 지원	6,000	문화관광실	3	1	7	8	7	1	1	1
8557	전남 구례군	향제줄풍류 공개공연 행사 지원	4,000	문화관광실	3	1	7	8	7	1	1	1
8558	전남 구례군	전국 가야금 경연대회 지원	50,000	문화관광실	3	1	7	8	7	1	1	1
8559	전남 구례군	송만갑 판소리고수대회 지원	120,000	문화관광실	3	1	7	8	7	1	1	1
8560	전남 구례군	한여름밤의 음악회 지원	20,000	문화관광실	3	1	7	8	7	1	1	1
8561	전남 구례군	구례합창단 정기공연 행사 지원	15,000	문화관광실	3	1	7	8	7	1	1	1
8562	전남 구례군	국창 송만갑 판소리 보존 행사 지원	15,000	문화관광실	3	1	7	8	7	1	1	1
8563	전남 구례군	향교유림 전통문화시연(기로연)지원	4,000	문화관광실	3	1	7	8	7	1	1	1
8564	전남 구례군	구례잔수농악보존회 기획공연 지원	5,000	문화관광실	3	1	7	8	7	1	1	1
8565	전남 구례군	백중맞이윷놀이행사	3,000	문화관광실	3	1	7	8	7	1	1	1
8566	전남 구례군	매천황현 기념사업추진	17,000	문화관광실	3	1	7	8	7	1	1	1
8567	전남 구례군	불락사 산사음악회	5,000	문화관광실	3	1	7	8	7	1	1	1
8568	전남 구례군	지리산남악제 및 군민의날 행사	325,000	문화관광실	3	1	7	8	7	1	1	1
8569	전남 구례군	구례동편소리축제	250,000	문화관광실	3	1	7	8	7	1	1	1
8570	전남 구례군	이장단 한마음 체육대회	15,000	총무과	3	4	4	7	2	1	1	1
8571	전남 구례군	장애인사회체험활동	3,000	주민복지과	3	1	7	8	7	1	1	4
8572	전남 구례군	장애인건강증진대회	20,000	주민복지과	3	1	7	8	7	1	1	4
8573	전남 구례군	노인대학총동문회 체육대회	4,000	주민복지과	3	4	7	8	7	1	1	4
8574	전남 구례군	양성평등주간행사	10,000	평생교육과	3	4	7	8	7	1	1	2
8575	전남 구례군	여성단체 역량강화 워크숍 지원	5,000	평생교육과	3	4	7	8	7	1	1	2
8576	전남 구례군	다문화가족 화합한마당 행사	7,000	평생교육과	3	4	5	3	1	2	1	1
8577	전남 구례군	어린이날 기념 행사 지원	5,000	평생교육과	3	4	7	8	7	1	1	4
8578	전남 구례군	국제철인3종경기대회	800,000	스포츠산업과	3	4	7	8	7	1	1	1
8579	전남 구례군	구례노고단배국제유소년축구대회	250,000	스포츠산업과	3	4	7	8	7	1	1	1

순번	시군구	지출명 (사업명)	2021년예산 (단위:천원/1년간)	담당자 (공무원) 담당부서	민간이전 분류 (지방자치단체 세출예산 집행기준에 의거) 1. 민간경상사업보조(307-02) 2. 민간단체 법정운영비보조(307-03) 3. 민간행사사업보조(307-04) 4. 민간위탁금(307-05) 5. 사회복지시설 법정운영비보조(307-10) 6. 민간인위탁교육비(307-12) 7. 공기관등에대한경상적위탁사업비(308-11) 8. 민간자본사업보조,자체재원(402-01) 9. 민간자본사업보조,이전재원(402-02) 10. 민간위탁사업비(402-03) 11. 공기관등에 대한 자본적 대행사업비(403-02)	민간이전지출 근거 (지방보조금 관리기준 참고) 1. 법률에 규정 2. 국고보조 재원(국가지정) 3. 용도 지정 기부금 4. 조례에 직접규정 5. 지자체가 권장하는 사업을 하는 공공기관 6. 시,도 정책 및 재정사정 7. 기타 8. 해당없음	입찰방식 계약체결방법 (경쟁형태) 1. 일반경쟁 2. 제한경쟁 3. 지명경쟁 4. 수의계약 5. 법정위탁 6. 기타 ( ) 7. 해당없음	입찰방식 계약기간 1. 1년 2. 2년 3. 3년 4. 4년 5. 5년 6. 기타 ( )년 7. 단기계약 (1년미만) 8. 해당없음	입찰방식 낙찰자선정방법 1. 적격심사 2. 협상에의한계약 3. 최저가낙찰제 4. 규격가격분리 5. 2단계 경쟁입찰 6. 기타 ( ) 7. 해당없음	운영예산 산정 운영예산 산정 1. 내부산정 (지자체 자체적으로 산정) 2. 외부산정 (외부전문기관위탁 산정) 3. 내·외부 모두 산정 4. 산정 無 5. 해당없음	운영예산 산정 정산방법 1. 내부정산 (지자체 내부적으로 정산) 2. 외부정산 (외부전문기관위탁 정산) 3. 내·외부 모두 산정 4. 정산 無 5. 해당없음	성과평가 실시여부 1. 실시 2. 미실시 3. 향후 추진 4. 해당없음
8580	전남 구례군	전국동계대학실업배드민턴선수권대회	110,000	스포츠산업과	3	4	7	8	7	1	1	1
8581	전남 구례군	전국생활체육 전남OB축구 연맹컵	10,000	스포츠산업과	3	4	7	8	7	1	1	1
8582	전남 구례군	전라남도지사기 전국공무원 배구대회	30,000	스포츠산업과	3	4	7	8	7	1	1	1
8583	전남 구례군	마스터즈사이클투어대회	50,000	스포츠산업과	3	4	7	8	7	1	1	1
8584	전남 구례군	의용소방대 기술경연 및 한마음대회 지원	5,000	안전도시과	3	1	7	8	7	1	1	4
8585	전남 구례군	농업인의 날 행사개최 지원	50,000	농업기술센터	3	1	7	8	7	5	5	4
8586	전남 구례군	대한민국압화대전 개최	120,000	농업기술센터	3	1	7	8	7	5	5	4
8587	전남 보성군	군민의 날 개최	300,000	총무과	3	4	7	8	7	1	1	1
8588	전남 보성군	보성군이장단협의회연찬회	30,000	총무과	3	4	7	8	7	1	1	1
8589	전남 보성군	활기찬 지역만들기 지원	25,000	총무과	3	4	7	8	7	5	1	4
8590	전남 보성군	보성군새마을회 한마음대회	14,000	총무과	3	4	7	8	7	5	1	4
8591	전남 보성군	보성군새마을회 읍면평가대회 지원	6,000	총무과	3	4	7	8	7	5	1	4
8592	전남 보성군	보성읍민의 날 행사지원	50,000	총무과	3	4	7	8	7	5	1	4
8593	전남 보성군	노동면민의 날 행사지원	30,000	총무과	3	4	7	8	7	5	1	4
8594	전남 보성군	득량면민의 날 행사지원	40,000	총무과	3	4	7	8	7	5	1	4
8595	전남 보성군	미력면민의 날 행사지원	30,000	총무과	3	4	7	8	7	5	1	4
8596	전남 보성군	겸백면민의 날 행사지원	30,000	총무과	3	4	7	8	7	5	1	4
8597	전남 보성군	율어면민의 날 행사지원	30,000	총무과	3	4	7	8	7	5	1	4
8598	전남 보성군	복내면민의 날 행사지원	30,000	총무과	3	4	7	8	7	5	1	4
8599	전남 보성군	문덕면민의 날 행사지원	30,000	총무과	3	4	7	8	7	5	1	4
8600	전남 보성군	회천면민의 날 행사지원	30,000	총무과	3	4	7	8	7	5	1	4
8601	전남 보성군	웅치면민의 날 행사지원	30,000	총무과	3	4	7	8	7	5	1	4
8602	전남 화순군	전통시장 홍보 및 행사 지원	37,000	일자리정책실	3	1	7	8	7	1	1	4
8603	전남 화순군	장애인단체 운영비	70,000	사회복지과	3	1	7	8	7	5	1	4
8604	전남 화순군	장애인 한가족 행사	30,000	사회복지과	3	1	7	8	7	5	1	4
8605	전남 화순군	청소년 어울림마당	20,000	가정활력과	3	7	7	8	7	5	5	4
8606	전남 화순군	조손가족 동절기 부식비 지원사업	7,740,000	가정활력과	3	6	7	8	7	5	5	4
8607	전남 화순군	화순고인돌문화축제	100,000	관광진흥과	3	4	7	8	7	1	1	1
8608	전남 화순군	동구리 호수공원 봄 축제	50,000	관광진흥과	3	4	7	8	7	1	1	1
8609	전남 화순군	화학산 철쭉제	15,000	관광진흥과	3	4	7	8	7	1	1	1
8610	전남 화순군	백아산 철쭉제	15,000	관광진흥과	3	4	7	8	7	1	1	1
8611	전남 화순군	화순운주문화축제	90,000	관광진흥과	3	4	7	8	7	1	1	1
8612	전남 화순군	화순적벽문화축제	70,000	관광진흥과	3	4	7	8	7	1	1	1
8613	전남 화순군	만연산 해맞이 행사	25,000	관광진흥과	3	4	7	8	7	1	1	1
8614	전남 화순군	화학산 해맞이 행사	2,000	관광진흥과	3	4	7	8	7	1	1	1
8615	전남 화순군	화순군수배 축구대회	15,000	스포츠산업과	3	1	7	8	7	1	1	1
8616	전남 화순군	화순군수배 등산대회	20,000	스포츠산업과	3	1	7	8	7	1	1	1
8617	전남 화순군	화순군 청소년 스포츠 동아리대회	20,000	스포츠산업과	3	1	7	8	7	1	1	1
8618	전남 화순군	화순군게이트볼협회장기 게이트볼대회	10,000	스포츠산업과	3	1	7	8	7	1	1	1
8619	전남 화순군	대한노인회 화순군지회장기 노인게이트볼대회	7,000	스포츠산업과	3	1	7	8	7	1	1	1
8620	전남 화순군	전지훈련팀 유치 지원	100,000	스포츠산업과	3	1	7	8	7	1	1	1
8621	전남 화순군	화순군수배 배구대회	15,000	스포츠산업과	3	1	7	8	7	1	1	1
8622	전남 화순군	화순군수배 전국 복싱대회	20,000	스포츠산업과	3	1	7	8	7	1	1	1

순번	시군구	지출명 (사업명)	2021년예산 (단위:천원/1년간)	담당자 (공무원) 담당부서	민간이전 분류 (지방자치단체 세출예산 집행기준에 의거) 1. 민간경상사업보조(307-02) 2. 민간단체 법정운영비보조(307-03) 3. 민간행사사업보조(307-04) 4. 민간위탁금(307-05) 5. 사회복지시설 법정운영비보조(307-10) 6. 민간인위탁교육비(307-12) 7. 공기관등에대한경상적위탁사업비(308-11) 8. 민간자본사업보조,자체재원(402-01) 9. 민간자본사업보조,이전재원(402-02) 10. 민간위탁사업비(402-03) 11. 공기관등에 대한 자본적 대행사업비(403-02)	민간이전지출 근거 (지방보조금 관리기준 참고) 1. 법률에 규정 2. 국고보조 재원(국가지정) 3. 용도 지정 기부금 4. 조례에 직접규정 5. 지자체가 권장하는 사업을 하는 공공기관 6. 시,도 정책 및 재정사정 7. 기타 8. 해당없음	입찰방식 계약체결방법 (경쟁형태) 1. 일반경쟁 2. 제한경쟁 3. 지명경쟁 4. 수의계약 5. 법정위탁 6. 기타 ( ) 7. 해당없음	입찰방식 계약기간 1. 1년 2. 2년 3. 3년 4. 4년 5. 5년 6. 기타 ( )년 7. 단기계약 (1년미만) 8. 해당없음	입찰방식 낙찰자선정방법 1. 적격심사 2. 협상에의한계약 3. 최저가낙찰제 4. 규격가격분리 5. 2단계 경쟁입찰 6. 기타 ( ) 7. 해당없음	운영예산 산정 운영예산 산정 1. 내부산정 (지자체 자체적으로 산정) 2. 외부산정 (외부전문기관위탁 산정) 3. 내·외부 모두 산정 4. 산정 無 5. 해당없음	운영예산 산정 정산방법 1. 내부정산 (지자체 내부적으로 정산) 2. 외부정산 (외부전문기관위탁 정산) 3. 내·외부 모두 산정 4. 정산 無 5. 해당없음	성과평가 실시여부 1. 실시 2. 미실시 3. 향후 추진 4. 해당없음
8623	전남 화순군	화순군수배 전남광주 생활체육 테니스대회	20,000	스포츠산업과	3	1	7	8	7	1	1	1
8624	전남 화순군	화순군수배 호남 그라운드골프대회	20,000	스포츠산업과	3	1	7	8	7	1	1	1
8625	전남 화순군	화순군수배 족구대회	15,000	스포츠산업과	3	1	7	8	7	1	1	1
8626	전남 화순군	화순적벽배 탁구대회	20,000	스포츠산업과	3	1	7	8	7	1	1	1
8627	전남 화순군	화순적벽배 클럽대항 축구대회	30,000	스포츠산업과	3	1	7	8	7	1	1	1
8628	전남 화순군	화순적벽배 배드민턴 축제	50,000	스포츠산업과	3	1	7	8	7	1	1	1
8629	전남 화순군	화순 전국 학교대항 배드민턴 선수권대회	200,000	스포츠산업과	3	1	7	8	7	1	1	1
8630	전남 화순군	영호남 화합 호국검도대전	15,000	스포츠산업과	3	1	7	8	7	1	1	1
8631	전남 화순군	무등기 전국 어린이·어머니·교직원 배구대회	30,000	스포츠산업과	3	1	7	8	7	1	1	1
8632	전남 화순군	너릿재옛길 축서기 마라톤대회	10,000	스포츠산업과	3	1	7	8	7	1	1	1
8633	전남 화순군	화순군자연속愛배 전남광주 야구대회	10,000	스포츠산업과	3	1	7	8	7	1	1	1
8634	전남 화순군	전남서남부권 15개 시군 게이트볼대회	10,000	스포츠산업과	3	1	7	8	7	1	1	1
8635	전남 화순군	전라남도 수영연맹회장배 생활체육 수영대회	5,000	스포츠산업과	3	1	7	8	7	1	1	1
8636	전남 화순군	대통령배 전국시도 복싱대회	100,000	스포츠산업과	3	1	7	8	7	1	1	1
8637	전남 화순군	광주MBC 전국 유소년 축구리그	100,000	스포츠산업과	3	1	7	8	7	1	1	1
8638	전남 강진군	군민의 날 행사	150,000	총무과	3	6	7	8	7	1	1	1
8639	전남 강진군	이장단 한마음 축제 행사 지원	30,000	총무과	3	4	7	8	7	1	1	2
8640	전남 강진군	강진군 새마을지도자대회	6,000	총무과	3	4	7	8	7	1	1	2
8641	전남 강진군	새마을회 봉사활동 지원	15,000	총무과	3	4	7	8	7	1	1	2
8642	전남 강진군	장애인단체 운영비 등 지원	6,500	주민복지실	3	6	7	8	7	5	5	4
8643	전남 강진군	강진군노인회장기 그라운드 골프대회	5,000	주민복지실	3	4	7	8	7	1	1	3
8644	전남 강진군	강진청자기 한궁대회	4,000	주민복지실	3	4	7	8	7	1	1	3
8645	전남 강진군	양성평등주간행사	15,000	주민복지실	3	7	7	7	7	1	1	3
8646	전남 강진군	다문화가정 한마당 축제	10,000	주민복지실	3	7	7	8	7	1	1	4
8647	전남 강진군	자원봉사 활성화지원	6,500	주민복지실	3	7	7	8	7	1	1	1
8648	전남 강진군	마량수산물시장 민간주도 놀토 활성화 행사	5,000	해양산림과	3	7	7	8	7	5	5	4
8649	전남 해남군	명량역사체험마당 행사운영비	80,000	관광과	3	7	7	8	7	5	1	1
8650	전남 해남군	땅끝매화축제 지원	60,000	관광과	3	4	7	8	7	5	1	1
8651	전남 해남군	흑석산철쭉제 지원	30,000	관광과	3	4	7	8	7	5	1	1
8652	전남 해남군	연등문화축제 지원	30,000	관광과	3	4	7	8	7	5	1	1
8653	전남 해남군	황산연호보리축제 지원	20,000	관광과	3	4	7	8	7	5	1	3
8654	전남 해남군	옥천무궁화축제 지원	7,000	관광과	3	4	7	8	7	5	1	3
8655	전남 해남군	해남미남(味南)축제	650,000	관광과	3	4	7	8	7	5	1	1
8656	전남 해남군	해수욕장 개장 용왕제	3,000	관광과	3	4	7	8	7	5	1	1
8657	전남 해남군	충무공 탄신다례	5,000	관광과	3	4	7	8	7	5	1	1
8658	전남 해남군	후계 농업경영인회 육성	260,000	농업교육	3	2	7	8	7	5	1	1
8659	전남 해남군	성탄트리 점등행사	11,000	문화예술	3	1	7	8	7	5	5	4
8660	전남 해남군	남도국악제 참가	5,000	문화예술	3	1	7	1	7	1	1	3
8661	전남 해남군	전남연극제 참가	8,000	문화예술	3	1	7	1	7	1	1	3
8662	전남 해남군	전남청소년연극제 참가	5,000	문화예술	3	1	7	1	7	1	1	3
8663	전남 해남군	전남민속예술축제 참가	24,000	문화예술	3	1	7	1	7	1	1	3
8664	전남 해남군	향교석전대제	6,000	문화예술	3	1	7	1	7	1	1	3
8665	전남 해남군	단군제 추모대제	2,500	문화예술	3	1	7	1	7	1	1	3

순번	시군구	지출명 (사업명)	2021년예산 (단위:천원/1년간)	담당자 (공무원) 담당부서	민간이전 분류 (지방자치단체 세출예산 집행기준에 의거) 1. 민간경상사업보조(307-02) 2. 민간단체 법정운영비보조(307-03) 3. 민간행사사업보조(307-04) 4. 민간위탁금(307-05) 5. 사회복지시설 법정운영비보조(307-10) 6. 민간인위탁교육비(307-12) 7. 공기관등에대한경상적위탁사업비(308-11) 8. 민간자본사업보조,자체재원(402-01) 9. 민간자본사업보조,이전재원(402-02) 10. 민간위탁사업비(402-03) 11. 공기관등에 대한 자본적 대행사업비(403-02)	민간이전지출 근거 (지방보조금 관리기준 참고) 1. 법률에 규정 2. 국고보조 재원(국가지정) 3. 용도 지정 기부금 4. 조례에 직접규정 5. 지자체가 권장하는 사업을 하는 공공기관 6. 시,도 정책 및 재정사정 7. 기타 8. 해당없음	입찰방식 계약체결방법 (경쟁형태) 1. 일반경쟁 2. 제한경쟁 3. 지명경쟁 4. 수의계약 5. 법정위탁 6. 기타 ( ) 7. 해당없음	계약기간 1. 1년 2. 2년 3. 3년 4. 4년 5. 5년 6. 기타 ( )년 7. 단기계약 (1년미만) 8. 해당없음	낙찰자선정방법 1. 적격심사 2. 협상에의한계약 3. 최저가낙찰제 4. 규격가격분리 5. 2단계 경쟁입찰 6. 기타 ( ) 7. 해당없음	운영예산 산정 운영예산 산정 1. 내부산정 (지자체 자체적으로 산정) 2. 외부산정 (외부전문기관위탁 산정) 3. 내·외부 모두 산정 4. 산정 無 5. 해당없음	정산방법 1. 내부정산 (지자체 내부적으로 정산) 2. 외부정산 (외부전문기관위탁 정산) 3. 내·외부 모두 산정 4. 정산 無 5. 해당없음	성과평가 실시여부 1. 실시 2. 미실시 3. 향후 추진 4. 해당없음
8666	전남 해남군	만의총 추모대제	5,000	문화예술	3	1	7	1	7	1	1	3
8667	전남 해남군	향교원사 추모대제	8,500	문화예술	3	1	7	1	7	1	1	3
8668	전남 해남군	군민화합을 위한 음악회	20,000	문화예술	3	1	7	1	7	1	1	3
8669	전남 해남군	서산대제 및 나라사랑 글쓰기 대회	20,000	문화예술	3	1	7	1	7	1	1	3
8670	전남 해남군	제28회 전국국악경연대회	50,000	문화예술	3	1	7	1	7	1	1	3
8671	전남 해남군	고정희문화제	20,000	문화예술	3	1	7	1	7	1	1	3
8672	전남 해남군	제13회공재문화제	15,000	문화예술	3	1	7	1	7	1	1	3
8673	전남 해남군	초의문화제	50,000	문화예술	3	1	7	1	7	1	1	3
8674	전남 해남군	제35회 해남예술제	27,000	문화예술	3	1	7	1	7	1	1	3
8675	전남 해남군	오기택 전국가요제	35,000	문화예술	3	1	7	1	7	1	1	3
8676	전남 해남군	김남주문학제	9,000	문화예술	3	1	7	1	7	1	1	3
8677	전남 해남군	어란진성 문화축제	10,000	문화예술	3	1	7	1	7	1	1	3
8678	전남 해남군	차 도구 공모전	35,000	문화예술	3	4	7	1	7	1	1	3
8679	전남 해남군	우수영 부녀농요 출연비 지원	5,000	문화예술과	3	1	7	8	7	5	5	4
8680	전남 해남군	우수영 강강술래 출연비 지원	15,000	문화예술과	3	4	7	8	7	5	5	4
8681	전남 해남군	해남군 임업인 한마음대회 행사 지원	10,000	산림녹지과	3	4	7	8	7	5	5	4
8682	전남 해남군	장애인 한마음 큰잔치 행사	28,000	주민복지과	3	2	7	1	7	5	1	4
8683	전남 해남군	장애인의 날 기념행사	20,000	주민복지과	3	2	7	1	7	5	1	4
8684	전남 해남군	노인복지시설 종사자 休-아카데미 행사	15,000	주민복지과	3	2	7	1	7	5	1	4
8685	전남 해남군	청소년 한마당 축제	25,000	주민복지과	3	2	7	1	7	5	1	4
8686	전남 해남군	어린이날 행사 지원	47,500	주민복지과	3	2	7	1	7	5	1	4
8687	전남 해남군	제2회 수산인 한마음대회 및 수산물 축제	20,000	해양수산과	3	7	7	8	7	1	1	1
8688	전남 해남군	제20회 수산업경영인 한마음대회	10,000	해양수산과	3	7	7	8	7	1	1	1
8689	전남 해남군	제20회 국제연안정화의날 행사	3,000	해양수산과	3	5	7	7	7	1	1	4
8690	전남 해남군	양성 평등주간 행사 운영	16,500	인구정책과	3	1	7	8	7	1	1	4
8691	전남 해남군	여성단체협의회 사업지원	13,000	인구정책과	3	4	7	8	7	1	1	4
8692	전남 해남군	다문화가족 한마음 축제	15,000	인구정책과	3	4	7	8	7	1	1	4
8693	전남 해남군	프리마켓 행사 지원	10,000	인구정책과	3	4	7	8	7	1	1	4
8694	전남 해남군	의용소방대 영호남 자매결연 지원	5,000	안전도시과	3	7	7	8	7	1	1	4
8695	전남 해남군	자율방범대 체육행사 지원	5,000	안전도시과	3	4	7	8	7	1	1	4
8696	전남 영암군	신년충혼탑참배행사 지원	2,000	주민복지과	3	1	7	8	7	1	1	1
8697	전남 영암군	보훈단체호국순례행사 지원	24,000	주민복지과	3	1	7	8	7	1	1	1
8698	전남 영암군	청소년 나라사랑교육 및 백일장행사 지원	5,000	주민복지과	3	1	7	8	7	1	1	1
8699	전남 영암군	낭산김준연선생 추모제 지원	4,000	주민복지과	3	1	7	8	7	1	1	1
8700	전남 영암군	6.25참전경찰유공자회 호국순례 및 합동위령제 지원	7,000	주민복지과	3	1	7	8	7	1	1	1
8701	전남 영암군	의병의날 기념행사 지원	1,500	주민복지과	3	1	7	8	7	1	1	1
8702	전남 영암군	호국보훈의달 추념행사 지원	4,000	주민복지과	3	1	7	8	7	1	1	1
8703	전남 영암군	6.25전쟁 기념행사 지원	10,000	주민복지과	3	1	7	8	7	1	1	1
8704	전남 영암군	3·1절 기념행사 지원	6,000	주민복지과	3	1	7	8	7	1	1	1
8705	전남 영암군	구림만세운동 기념행사 지원	3,000	주민복지과	3	1	7	8	7	1	1	1
8706	잔남 영암군	영암 다문화가정 축제	4,000	여성가족과	3	6	7	8	7	5	5	4
8707	전남 영암군	청년 토크콘서트	5,000	기획감사실	3	4	7	8	7	5	5	4
8708	전남 영암군	환경보전관리	16,000	환경보전과	3	1	7	8	7	5	5	4

순번	시군구	지출명 (사업명)	2021년예산 (단위:천원/1년간)	담당자 (공무원) 담당부서	민간이전 분류 (지방자치단체 세출예산 집행기준에 의거) 1. 민간경상사업보조(307-02) 2. 민간단체 법정운영비보조(307-03) 3. 민간행사사업보조(307-04) 4. 민간위탁금(307-05) 5. 사회복지시설 법정운영비보조(307-10) 6. 민간인위탁교육비(307-12) 7. 공기관등에대한경상적위탁사업비(308-11) 8. 민간자본사업보조,자체재원(402-01) 9. 민간자본사업보조,이전재원(402-02) 10. 민간위탁사업비(402-03) 11. 공기관등에 대한 자본적 대행사업비(403-02)	민간이전지출 근거 (지방보조금 관리기준 참고) 1. 법률에 규정 2. 국고보조 재원(국가지정) 3. 용도 지정 기부금 4. 조례에 직접규정 5. 지자체가 권장하는 사업을 하는 공공기관 6. 시,도 정책 및 재정사정 7. 기타 8. 해당없음	입찰방식 계약체결방법 (경쟁형태) 1. 일반경쟁 2. 제한경쟁 3. 지명경쟁 4. 수의계약 5. 법정위탁 6. 기타 ( ) 7. 해당없음	입찰방식 계약기간 1. 1년 2. 2년 3. 3년 4. 4년 5. 5년 6. 기타 ( )년 7. 단기계약 (1년미만) 8. 해당없음	입찰방식 낙찰자선정방법 1. 적격심사 2. 협상에의한계약 3. 최저가낙찰제 4. 규격가격분리 5. 2단계 경쟁입찰 6. 기타 ( ) 7. 해당없음	운영예산 산정 운영예산 산정 1. 내부산정 (지자체 자체적으로 산정) 2. 외부산정 (외부전문기관위탁 산정) 3. 내·외부 모두 산정 4. 산정 無 5. 해당없음	운영예산 산정 정산방법 1. 내부정산 (지자체 내부적으로 정산) 2. 외부정산 (외부전문기관위탁 정산) 3. 내·외부 모두 산정 4. 정산 無 5. 해당없음	성과평가 실시여부 1. 실시 2. 미실시 3. 향후 추진 4. 해당없음
8709	전남 영암군	나눔장터의 날 행사지원	5,000	환경보전과	3	2	4	1	7	1	1	2
8710	전남 영암군	축산물 홍보 시식회 지원	12,000	축산과	3	7	7	8	7	1	1	3
8711	전남 영암군	축산관련 행사 참가지원	4,000	축산과	3	7	7	8	7	1	1	3
8712	전남 영암군	축산물 유통 활성화 및 홍보 지원	20,000	축산과	3	1	7	8	7	1	1	3
8713	전남 영암군	각종 체육대회 참가 및 개최지원	105,000	홍보체육과	3	4	7	7	7	3	3	1
8714	전남 영암군	2021 생활체육동호회리그대회 지원	15,000	홍보체육과	3	4	7	7	7	3	3	1
8715	전남 영암군	2021 영암 월출산배 배드민턴대회	20,000	홍보체육과	3	4	7	7	7	3	3	1
8716	전남 영암군	2021 영산강 종합 수상레저스포츠대회	50,000	홍보체육과	3	4	7	7	7	3	3	1
8717	전남 영암군	2021 영암군 코리아 슈퍼바이크 페스티벌	90,000	홍보체육과	3	1	7	7	7	3	3	1
8718	전남 영암군	2021 영암 월출산배 족구대회	25,000	홍보체육과	3	4	7	7	7	3	3	1
8719	전남 영암군	2021 영암 튜닝카 레이싱대회	90,000	홍보체육과	3	4	7	7	7	3	3	1
8720	전남 영암군	영암 월출산배 전국 태권도대회	50,000	홍보체육과	3	4	7	7	7	3	3	1
8721	전남 영암군	영암 KIC(국제자동차경주장) 마라톤대회	60,000	홍보체육과	3	4	7	7	7	3	3	1
8722	전남 영암군	시니어 바둑리그 참가	40,000	홍보체육과	3	4	7	8	7	5	5	4
8723	전남 영암군	국수산맥 국제바둑대회	150,000	홍보체육과	3	4	7	8	7	5	5	4
8724	전남 영암군	동하계 스토브리그 대회 개최	30,000	홍보체육과	3	4	7	7	7	3	3	1
8725	전남 영암군	월출산 경관단지 축제 지원	30,000	친환경농업과	3	4	7	8	7	1	1	4
8726	전남 영암군	친환경농산물 홍보부스 임차료 지원	30,000	친환경농업과	3	6	7	8	7	1	1	4
8727	전남 영암군	도시농업연구회전시지원	7,000	농업기술센터	3	7	7	8	7	5	5	4
8728	전남 무안군	청소년 육성 및 활동지원	5,000	주민생활과	3	7	7	8	7	1	2	1
8729	전남 무안군	청소년 육성 및 활동지원	5,000	주민생활과	3	7	7	8	7	1	2	1
8730	전남 무안군	청소년 육성 및 활동지원	4,000	주민생활과	3	7	7	8	7	1	2	1
8731	전남 무안군	게이트볼대회 및 한궁대회	10,000	주민생활과	3	4	7	8	7	1	1	1
8732	전남 무안군	장기 및 건강놀이 대회	5,000	주민생활과	3	4	7	8	7	1	1	1
8733	전남 무안군	무안군 노인복지증진 간담회	10,000	주민생활과	3	4	7	8	7	1	1	1
8734	전남 무안군	노인의 날 기념행사	137,000	주민생활과	3	1	7	8	7	1	1	1
8735	전남 무안군	어린이집 튼튼 가족운동회	15,000	주민생활과	3	2	7	8	7	5	5	4
8736	전남 무안군	보육교직원 역량강화 워크숍	20,000	주민생활과	3	2	7	8	7	5	5	4
8737	전남 무안군	지역아동센터운영지원	12,000	주민생활과	3	1	7	8	7	5	5	4
8738	전남 무안군	여성농업인 한마음대회(실적발표회)	10,000	농촌지원과	3	1	3	1	1	1	1	1
8739	전남 무안군	전국생활개선 중앙대회	5,000	농촌지원과	3	1	3	1	1	1	1	1
8740	전남 무안군	무안 농특산물 이용 요리 경연대회	60,000	농촌지원과	3	4	2	7	2	1	1	1
8741	전남 무안군	보훈관리및지원	34,500	사회복지과	3	1	7	7	7	1	1	4
8742	전남 무안군	장애인 편의 제공 지원	27,500	사회복지과	3	1	7	8	7	5	1	1
8743	전남 무안군	사회복지업무 지원	9,000	사회복지과	3	2	7	8	7	5	1	4
8744	전남 무안군	자원봉사활성화 지원 사업	32,000	사회복지과	3	4	7	8	7	1	1	1
8745	전남 무안군	지역사회보장협의체 운영	24,000	사회복지과	3	4	7	8	7	1	1	1
8746	전남 무안군	임업인 한마음 대회 참석	2,000	산림공원과	3	1	7	8	7	5	5	4
8747	전남 무안군	향군의날 및 안보결의대회	4,900	안전총괄과	3	1	7	8	7	1	1	1
8748	전남 무안군	민주평통자문회의 운영	30,000	자치행정과	3	1	7	8	7	5	5	4
8749	전남 무안군	이장역량강화를 위한 직무워크숍 개최	25,000	자치행정과	3	4	7	8	7	5	5	4
8750	전남 함평군	청소년 통일공감 현장 견학	4,000	총무과	3	1	7	8	7	1	1	1
8751	전남 함평군	함평군새마을회 사업비	22,538	총무과	3	1	7	8	7	1	1	1

순번	시군구	지출명 (사업명)	2021년예산 (단위:천원/1년간)	담당자 (공무원) 담당부서	민간이전 분류 (지방자치단체 세출예산 집행기준에 의거) 1. 민간경상사업보조(307-02) 2. 민간단체 법정운영비보조(307-03) 3. 민간행사사업보조(307-04) 4. 민간위탁금(307-05) 5. 사회복지시설 법정운영비보조(307-10) 6. 민간인위탁교육비(307-12) 7. 공기관등에대한경상적위탁사업비(308-11) 8. 민간자본사업보조,자체재원(402-01) 9. 민간자본사업보조,이전재원(402-02) 10. 민간위탁사업비(402-03) 11. 공기관등에 대한 자본적 대행사업비(403-02)	민간이전지출 근거 (지방보조금 관리기준 참고) 1. 법률에 규정 2. 국고보조 재원(국가지정) 3. 용도 지정 기부금 4. 조례에 직접규정 5. 지자체가 권장하는 사업을 하는 공공기관 6. 시,도 정책 및 재정사정 7. 기타 8. 해당없음	입찰방식 계약체결방법 (경쟁형태) 1. 일반경쟁 2. 제한경쟁 3. 지명경쟁 4. 수의계약 5. 법정위탁 6. 기타 ( ) 7. 해당없음	입찰방식 계약기간 1. 1년 2. 2년 3. 3년 4. 4년 5. 5년 6. 기타 ( )년 7. 단기계약 (1년미만) 8. 해당없음	입찰방식 낙찰자선정방법 1. 적격심사 2. 협상에의한계약 3. 최저가낙찰제 4. 규격가격분리 5. 2단계 경쟁입찰 6. 기타 ( ) 7. 해당없음	운영예산 산정 운영예산 산정 1. 내부산정 (지자체 자체적으로 산정) 2. 외부산정 (외부전문기관위탁 산정) 3. 내·외부 모두 산정 4. 산정 無 5. 해당없음	운영예산 산정 정산방법 1. 내부정산 (지자체 내부적으로 정산) 2. 외부정산 (외부전문기관위탁 정산) 3. 내·외부 모두 산정 4. 정산 無 5. 해당없음	성과평가 실시여부 1. 실시 2. 미실시 3. 향후 추진 4. 해당없음
8752	전남 함평군	이장협의회 화합한마당	30,000	총무과	3	4	7	8	7	1	1	3
8753	전남 함평군	읍면민의날 행사 지원	88,000	총무과	3	4	7	8	7	1	1	3
8754	전남 함평군	제1회 함평예술축제 개최	10,000	문화관광체육과	3	4	7	8	7	1	1	3
8755	전남 함평군	제6회 예술인의 날 개최	5,000	문화관광체육과	3	4	7	8	7	1	1	3
8756	전남 함평군	제43회 군민의 날 기념행사개최	30,000	문화관광체육과	3	4	7	8	7	1	1	3
8757	전남 함평군	전통문화재현행사 지원사업	7,000	문화관광체육과	3	4	7	8	7	1	1	3
8758	전남 함평군	전통문화재현행사 지원사업	4,000	문화관광체육과	3	4	7	8	7	1	1	3
8759	전남 함평군	전통문화재현행사 지원사업	3,000	문화관광체육과	3	4	7	8	7	1	1	3
8760	전남 함평군	충효교실운영 지원사업	7,000	문화관광체육과	3	4	7	8	7	1	1	3
8761	전남 함평군	유림교육운영 지원사업	6,000	문화관광체육과	3	4	7	8	7	1	1	3
8762	전남 함평군	전통세시풍속재현행사	25,000	문화관광체육과	3	4	7	8	7	1	1	3
8763	전남 함평군	전남민속예술축제 참가지원 보조금	16,000	문화관광체육과	3	4	7	8	7	1	1	3
8764	전남 함평군	민속놀이 축제한마당	20,000	문화관광체육과	3	4	7	8	7	1	1	3
8765	전남 함평군	지역문화활성화대회 및 총회	5,000	문화관광체육과	3	4	7	8	7	1	1	3
8766	전남 함평군	제32회 함평문화제개최	10,000	문화관광체육과	3	4	7	8	7	1	1	3
8767	전남 함평군	선진문화체험답사	10,000	문화관광체육과	3	4	7	8	7	1	1	3
8768	전남 함평군	함평문화재보호대회	3,000	문화관광체육과	3	4	7	8	7	1	1	3
8769	전남 함평군	제59회 전라남도 체육대회 참가 지원	120,000	문화관광체육과	3	4	7	8	7	1	1	1
8770	전남 함평군	도단위 각종체육대회 개최 및 참가지원	20,000	문화관광체육과	3	4	7	8	7	1	1	1
8771	전남 함평군	제32회 전라남도 생활체육대축전 참가 지원	70,000	문화관광체육과	3	4	7	8	7	1	1	1
8772	전남 함평군	전남 장애인 체육대회 참가지원	10,000	문화관광체육과	3	4	7	8	7	1	1	1
8773	전남 함평군	전국 장애인 양궁 선수권 대회 개최 지원	5,000	문화관광체육과	3	4	7	8	7	1	1	1
8774	전남 함평군	전남 어르신생활체육대축전 참가 지원	7,000	문화관광체육과	3	4	7	8	7	1	1	1
8775	전남 함평군	전라남도 어린이생활체육대축전 참가 지원	3,000	문화관광체육과	3	4	7	8	7	1	1	1
8776	전남 함평군	도단위 이상 생활체육대회 종목별 참가 지원	18,400	문화관광체육과	3	4	7	8	7	1	1	1
8777	전남 함평군	각종 체육행사 개최 종목별 운영비 지원	10,000	문화관광체육과	3	4	7	8	7	1	1	1
8778	전남 함평군	함평천지배 광주·전남 동호인 배구대회 지원	20,000	문화관광체육과	3	4	7	8	7	1	1	1
8779	전남 함평군	함평천지배 및 연합회장기 클럽대항 볼링 대회 지원	10,000	문화관광체육과	3	4	7	8	7	1	1	1
8780	전남 함평군	함평천지배 광주·전남 테니스대회 지원	10,000	문화관광체육과	3	4	7	8	7	1	1	1
8781	전남 함평군	전국 장애인체육대회 참가 지원	3,000	문화관광체육과	3	4	7	8	7	1	1	1
8782	전남 함평군	전국 궁도대회 개최 지원	15,000	문화관광체육과	3	4	7	8	7	1	1	1
8783	전남 함평군	전라남도장애인생활체육대회 참가 지원	10,000	문화관광체육과	3	4	7	8	7	1	1	1
8784	전남 함평군	함평천지한우배 광주전남 유소년야구대회 개최 지원	20,000	문화관광체육과	3	4	7	8	7	1	1	1
8785	전남 함평군	전라남도 시군초청 게이트볼대회 개최 지원	15,000	문화관광체육과	3	4	7	8	7	1	1	1
8786	전남 함평군	전라남도지사기 태권도대회 겸 제102회 전국체전 전남1차 선발대회	30,000	문화관광체육과	3	4	7	8	7	1	1	1
8787	전남 함평군	제1회 나비배 전국 생활체육 탁구대회 개최 지원	10,000	문화관광체육과	3	4	7	8	7	1	1	1
8788	전남 함평군	2021년 레슬링 국가대표 후보팀 전지훈련 유치비	50,000	문화관광체육과	3	4	7	8	7	1	1	1
8789	전남 함평군	2021년 전국규모 레슬링 대회 유치비	100,000	문화관광체육과	3	4	7	8	7	1	1	1
8790	전남 함평군	함평천지배 시군 초청 배드민턴대회 지원	15,000	문화관광체육과	3	4	7	8	7	1	1	1
8791	전남 함평군	함평군협회장기 군민 게이트볼 대회 개최 지원	5,000	문화관광체육과	3	4	7	8	7	1	1	1
8792	전남 함평군	골프협회장배 군민 골프대회 개최 지원	15,000	문화관광체육과	3	4	7	8	7	1	1	1
8793	전남 함평군	함평군협회장배 파크골프대회 개최 지원	10,000	문화관광체육과	3	4	7	8	7	1	1	1
8794	전남 함평군	연합회장기 클럽대항 축구대회 개최 지원	10,000	문화관광체육과	3	4	7	8	7	1	1	1

순번	시군구	지출명 (사업명)	2021년예산 (단위:천원/1년간)	담당자 (공무원) 담당부서	민간이전 분류 (지방자치단체 세출예산 집행기준에 의거) 1. 민간경상사업보조(307-02) 2. 민간단체 법정운영비보조(307-03) 3. 민간행사사업보조(307-04) 4. 민간위탁금(307-05) 5. 사회복지시설 법정운영비보조(307-10) 6. 민간인위탁교육비(307-12) 7. 공기관등에대한경상적위탁사업비(308-11) 8. 민간자본사업보조,자체재원(402-01) 9. 민간자본사업보조,이전재원(402-02) 10. 민간위탁사업비(402-03) 11. 공기관등에 대한 자본적 대행사업비(403-02)	민간이전지출 근거 (지방보조금 관리기준 참고) 1. 법률에 규정 2. 국고보조 재원(국가지정) 3. 용도 지정 기부금 4. 조례에 직접규정 5. 지자체가 권장하는 사업을 하는 공공기관 6. 시,도 정책 및 재정사정 7. 기타 8. 해당없음	입찰방식: 계약체결방법 (경쟁형태) 1. 일반경쟁 2. 제한경쟁 3. 지명경쟁 4. 수의계약 5. 법정위탁 6. 기타 ( ) 7. 해당없음	입찰방식: 계약기간 1. 1년 2. 2년 3. 3년 4. 4년 5. 5년 6. 기타 ( )년 7. 단기계약 (1년미만) 8. 해당없음	입찰방식: 낙찰자선정방법 1. 적격심사 2. 협상에의한계약 3. 최저가낙찰제 4. 규격가격분리 5. 2단계 경쟁입찰 6. 기타 ( ) 7. 해당없음	운영예산 산정: 운영예산 산정 1. 내부산정 (지자체 자체적으로 산정) 2. 외부산정 (외부전문기관위탁 산정) 3. 내·외부 모두 산정 4. 산정 無 5. 해당없음	운영예산 산정: 정산방법 1. 내부정산 (지자체 내부적으로 정산) 2. 외부정산 (외부전문기관위탁 정산) 3. 내·외부 모두 산정 4. 정산 無 5. 해당없음	성과평가 실시여부 1. 실시 2. 미실시 3. 향후 추진 4. 해당없음
8795	전남 함평군	협회장기 생활체육 탁구대회 개최지원	5,000	문화관광체육과	3	4	7	8	7	1	1	1
8796	전남 함평군	함평군 바둑협회장배 바둑대회 개최 지원	7,000	문화관광체육과	3	4	7	8	7	1	1	1
8797	전남 함평군	함평군 협회장기 배드민턴대회 개최지원	5,000	문화관광체육과	3	4	7	8	7	1	1	1
8798	전남 함평군	각종 체육대회 개최 및 참가 지원	50,000	문화관광체육과	3	4	7	8	7	1	1	1
8799	전남 함평군	함평군농민한마당대회 지원	4,500	친환경농산과	3	4	7	8	7	5	1	3
8800	전남 함평군	현충일 행사 개최 지원	4,500	주민복지과	3	7	7	8	7	1	1	1
8801	전남 함평군	낙영재 제례행사 개최 지원	2,000	주민복지과	3	7	7	8	7	1	1	1
8802	전남 함평군	제71주년 6.25기념행사 개최지원	4,500	주민복지과	3	4	7	8	7	1	1	1
8803	전남 함평군	일강김철선생 추모식 개최 지원	4,500	주민복지과	3	4	7	8	7	1	1	1
8804	전남 함평군	4.8만세운동 추모식 및 재현행사	15,000	주민복지과	3	4	7	8	7	1	1	1
8805	전남 함평군	남일 심수택 의병장 추모식	4,500	주민복지과	3	7	7	8	7	1	1	1
8806	전남 함평군	7.13비금도 희생자 합동추모제 지원	3,000	주민복지과	3	7	7	8	7	1	1	1
8807	전남 함평군	노인의날행사지원	43,000	가족행복과	3	1	7	8	7	1	1	1
8808	전남 함평군	양성평등주간기념행사	10,000	가족행복과	3	1	7	8	7	1	1	1
8809	전남 함평군	함평군보육인대회 지원	5,000	가족행복과	3	7	7	8	7	1	1	1
8810	전남 함평군	지역아동센터연합회 어울림 한마당 행사	5,000	가족행복과	3	6	7	8	7	1	1	1
8811	전남 함평군	함평천지한우 브랜드 홍보 추진	5,400	축수산과	3	4	7	8	7	1	1	3
8812	전남 함평군	돌머리해수욕장 운영 지원	4,900	축수산과	3	4	7	8	7	1	1	3
8813	전남 함평군	산지소득기반조성	60,000	산림공원과	3	6	7	8	7	5	5	4
8814	전남 영광군	재향군인의날 행사	5,000	사회복지과	3	4	7	8	7	1	1	4
8815	전남 영광군	노인 친선 게이트볼 대회	7,000	노인가정과	3	1	7	8	7	1	1	1
8816	전남 영광군	노인 친선 장기대회	2,000	노인가정과	3	1	7	8	7	1	1	1
8817	전남 영광군	여성 사회참여 활성화 지원	8,000	노인가정과	3	4	7	8	7	5	1	4
8818	전남 영광군	영유아문화행사	4,000	노인가정과	3	8	7	8	7	5	1	2
8819	전남 영광군	영광군어린이집 교직원 연찬회	9,600	노인가정과	3	8	7	8	7	5	1	2
8820	전남 영광군	아동복지 지원	30,000	노인가정과	3	4	7	7	7	1	1	4
8821	전남 영광군	지역아동센터 지원	7,000	노인가정과	3	4	7	8	7	1	1	4
8822	전남 영광군	영광 문화페스티벌	150,000	이모빌리티산업과	3	7	7	8	7	5	5	4
8823	전남 영광군	전국체육대회및소년체육대회참가지원	10,000	스포츠산업과	3	5	7	8	7	5	5	4
8824	전남 영광군	전국및도단위체육대회지원	20,000	스포츠산업과	3	5	7	8	7	5	5	4
8825	전남 영광군	전국체전 자매결연단체 지원	4,000	스포츠산업과	3	5	7	8	7	5	5	4
8826	전남 영광군	전남농아인체육대회 참가지원	10,000	스포츠산업과	3	5	7	8	7	5	5	4
8827	전남 영광군	어르신생활체육대회 참가지원	8,000	스포츠산업과	3	5	7	8	7	5	5	4
8828	전남 영광군	전남체전 참가 지원	120,000	스포츠산업과	3	5	7	8	7	5	5	4
8829	전남 영광군	전남장애인체전 참가 지원	35,000	스포츠산업과	3	5	7	8	7	5	5	4
8830	전남 영광군	전국 태권도대회	200,000	스포츠산업과	3	4	7	8	7	5	5	4
8831	전남 영광군	단오장사 씨름대회	70,000	스포츠산업과	3	4	7	8	7	5	5	4
8832	전남 영광군	전국 수상스키 대회	40,000	스포츠산업과	3	4	7	8	7	5	5	4
8833	전남 영광군	전국 궁도대회	60,000	스포츠산업과	3	4	7	8	7	5	5	4
8834	전남 영광군	전국 농구대회	140,000	스포츠산업과	3	4	7	8	7	5	5	4
8835	전남 영광군	전국 축구 대회	330,000	스포츠산업과	3	4	7	8	7	5	5	4
8836	전남 영광군	동.하계 전지훈련	150,000	스포츠산업과	3	4	7	8	7	5	5	4
8837	전남 영광군	군 단위 체육대회 지원	20,000	스포츠산업과	3	4	7	8	7	5	5	4

순번	시군구	지출명 (사업명)	2021년예산 (단위:천원/1년간)	담당자 (공무원) 담당부서	민간이전 분류 (지방자치단체 세출예산 집행기준에 의거) 1. 민간경상사업보조(307-02) 2. 민간단체 법정운영비보조(307-03) 3. 민간행사사업보조(307-04) 4. 민간위탁금(307-05) 5. 사회복지시설 법정운영비보조(307-10) 6. 민간인위탁교육비(307-12) 7. 공기관등에대한경상적위탁사업비(308-11) 8. 민간자본사업보조,자체재원(402-01) 9. 민간자본사업보조,이전재원(402-02) 10. 민간위탁사업비(402-03) 11. 공기관등에 대한 자본적 대행사업비(403-02)	민간이전지출 근거 (지방보조금 관리기준 참고) 1. 법률에 규정 2. 국고보조 재원(국가지정) 3. 용도 지정 기부금 4. 조례에 직접규정 5. 지자체가 권장하는 사업을 하는 공공기관 6. 시,도 정책 및 재정사정 7. 기타 8. 해당없음	입찰방식 계약체결방법 (경쟁형태) 1. 일반경쟁 2. 제한경쟁 3. 지명경쟁 4. 수의계약 5. 법정위탁 6. 기타 ( ) 7. 해당없음	입찰방식 계약기간 1. 1년 2. 2년 3. 3년 4. 4년 5. 5년 6. 기타 ( )년 7. 단기계약 (1년미만) 8. 해당없음	입찰방식 낙찰자선정방법 1. 적격심사 2. 협상에의한계약 3. 최저가낙찰제 4. 규격가격분리 5. 2단계 경쟁입찰 6. 기타 ( ) 7. 해당없음	운영예산 산정 운영예산 산정 1. 내부산정 (지자체 자체적으로 산정) 2. 외부산정 (외부전문기관위탁 산정) 3. 내·외부 모두 산정 4. 산정 無 5. 해당없음	운영예산 산정 정산방법 1. 내부정산 (지자체 내부적으로 정산) 2. 외부정산 (외부전문기관위탁 정산) 3. 내·외부 모두 산정 4. 정산 無 5. 해당없음	성과평가 실시여부 1. 실시 2. 미실시 3. 향후 추진 4. 해당없음
8838	전남 영광군	도 단위 체육대회 개최 지원	80,000	스포츠산업과	3	4	7	8	7	5	5	4
8839	전남 영광군	찾아가는 문화활동 등 행사 지원	6,000	홍농읍	3	4	6	7	6	1	1	4
8840	전남 영광군	찾아가는 문화활동 지원	6,000	백수읍사무소	3	7	7	8	7	1	1	1
8841	전남 영광군	찾아가는 문화활동 지원	6,000	묘량면	3	7	7	8	7	1	1	3
8842	전남 영광군	찾아가는 문화활동	6,000	염산면	3	4	7	8	7	5	5	4
8843	전남 장성군	새마을가족 한마음대회	15,000	총무과	3	1	7	8	7	5	1	4
8844	전남 장성군	자유수호 안보 체험교육	2,400	총무과	3	1	7	8	7	5	1	4
8845	전남 장성군	바르게살기운동 장성군협의회 한마음전진대회	3,100	총무과	3	1	7	8	7	5	1	4
8846	전남 장성군	장애인 한마음 대축제	19,000	주민복지과	3	1	7	8	7	1	1	1
8847	전남 장성군	사회복지시설 한마음행사 지원	5,000	주민복지과	3	1	7	8	7	1	1	1
8848	전남 장성군	6. 25 기념행사	7,000	주민복지과	3	4	7	8	7	1	1	1
8849	전남 장성군	어버이 날 행사	84,000	주민복지과	3	1	7	8	7	3	1	1
8850	전남 장성군	노인의 날 행사	84,000	주민복지과	3	1	7	8	7	3	1	1
8851	전남 장성군	양성평등주간 기념행사	15,000	주민복지과	3	6	7	7	7	1	1	1
8852	전남 장성군	지역아동센터 아동 문화체험	6,000	주민복지과	3	4	7	8	7	1	1	1
8853	전남 장성군	다문화가족 한마음축제	15,000	주민복지과	3	4	5	2	7	1	1	1
8854	전남 장성군	자원봉사자 대회지원	5,000	주민복지과	3	1	7	7	7	1	1	2
8855	전남 장성군	남도국악제 참가	6,000	문화관광과	3	4	7	8	7	5	1	1
8856	전남 장성군	문인협회 장성시화전	6,000	문화관광과	3	4	7	8	7	5	1	1
8857	전남 장성군	향토작가 작품전	5,000	문화관광과	3	4	7	8	7	5	1	1
8858	전남 장성군	미술협회 작품전	5,000	문화관광과	3	4	7	8	7	5	1	1
8859	전남 장성군	백양 예술제	5,000	문화관광과	3	4	7	8	7	5	1	1
8860	전남 장성군	필암서원 백일장 대회	10,000	문화관광과	3	4	7	8	7	5	1	1
8861	전남 장성군	향교기로연	3,500	문화관광과	3	4	7	8	7	5	1	1
8862	전남 장성군	장성향교 석전대제	13,000	문화관광과	3	4	7	8	7	5	1	1
8863	전남 장성군	장성문학축제	8,000	문화관광과	3	4	7	8	7	5	1	1
8864	전남 장성군	장미향전	5,000	문화관광과	3	4	7	8	7	5	1	1
8865	전남 장성군	입암산성 위령제	5,000	문화관광과	3	4	7	8	7	5	1	1
8866	전남 장성군	열린음악회	10,000	문화관광과	3	4	7	8	7	5	1	1
8867	전남 장성군	동학 승전 기념식	18,000	문화관광과	3	4	7	8	7	5	1	1
8868	전남 장성군	문불여장성 백일장	3,000	문화관광과	3	7	7	8	7	5	1	1
8869	전남 장성군	서원,사우 전통문화행사 지원	7,500	문화관광과	3	7	7	8	7	5	1	1
8870	전남 장성군	기로미술협회 회원전시회	3,000	문화관광과	3	4	7	8	7	5	1	1
8871	전남 장성군	장성 성균관유도회 문화유적답사	3,000	문화관광과	3	4	7	8	7	5	1	1
8872	전남 장성군	장성 성균관여성유도회 문화유적답사	3,000	문화관광과	3	4	7	8	7	5	1	1
8873	전남 장성군	마을 세시풍속행사 지원	4,500	문화관광과	3	7	7	8	7	5	1	1
8874	전남 장성군	전국 국악경연대회	10,000	문화관광과	3	7	7	8	7	5	1	1
8875	전남 장성군	전남민속예술축제 참가	14,000	문화관광과	3	7	7	8	7	5	1	1
8876	전남 장성군	장성군 연등문화행사	30,000	문화관광과	3	4	7	8	7	5	1	1
8877	전남 장성군	무형문화재 공개행사지원사업	2,000	문화관광과	3	7	7	8	7	5	1	3
8878	전남 장성군	장성 황룡강 (洪)길동무 꽃길 축제	400,000	문화관광과	3	4	7	8	7	5	1	1
8879	전남 장성군	장성 백양단풍축제	120,000	문화관광과	3	4	7	8	7	5	1	1
8880	전남 장성군	축령산 편백 산소 축제	30,000	문화관광과	3	4	7	8	7	5	1	1

순번	시군구	지출명 (사업명)	2021년예산 (단위:천원/1년간)	담당자 (공무원) 담당부서	민간이전 분류 (지방자치단체 세출예산 집행기준에 의거) 1. 민간경상사업보조(307-02) 2. 민간단체 법정운영비보조(307-03) 3. 민간행사사업보조(307-04) 4. 민간위탁금(307-05) 5. 사회복지시설 법정운영비보조(307-10) 6. 민간인위탁교육비(307-12) 7. 공기관등에대한경상적위탁사업비(308-11) 8. 민간자본사업보조,자체재원(402-01) 9. 민간자본사업보조,이전재원(402-02) 10. 민간위탁사업비(402-03) 11. 공기관등에 대한 자본적 대행사업비(403-02)	민간이전지출 근거 (지방보조금 관리기준 참고) 1. 법률에 규정 2. 국고보조 재원(국가지정) 3. 용도 지정 기부금 4. 조례에 직접규정 5. 지자체가 권장하는 사업을 하는 공공기관 6. 시,도 정책 및 재정사정 7. 기타 8. 해당없음	입찰방식: 계약체결방법 (경쟁형태) 1. 일반경쟁 2. 제한경쟁 3. 지명경쟁 4. 수의계약 5. 법정위탁 6. 기타 ( ) 7. 해당없음	입찰방식: 계약기간 1. 1년 2. 2년 3. 3년 4. 4년 5. 5년 6. 기타 ( )년 7. 단기계약 (1년미만) 8. 해당없음	입찰방식: 낙찰자선정방법 1. 적격심사 2. 협상에의한계약 3. 최저가낙찰제 4. 규격가격분리 5. 2단계 경쟁입찰 6. 기타 ( ) 7. 해당없음	운영예산 산정: 운영예산 산정 1. 내부산정 (지자체 자체적으로 산정) 2. 외부산정 (외부전문기관위탁 산정) 3. 내·외부 모두 산정 4. 산정 無 5. 해당없음	운영예산 산정: 정산방법 1. 내부정산 (지자체 내부적으로 정산) 2. 외부정산 (외부전문기관위탁 정산) 3. 내·외부 모두 산정 4. 정산 無 5. 해당없음	성과평가 실시여부 1. 실시 2. 미실시 3. 향후 추진 4. 해당없음
8881	전남 장성군	장성 황룡강 노란꽃잔치	500,000	문화관광과	3	4	7	8	7	5	1	1
8882	전남 장성군	빈센트의 봄	60,000	문화관광과	3	4	7	8	7	5	1	1
8883	전남 장성군	옐로우시티배 종목별 대회	88,000	문화관광과	3	7	7	8	7	5	1	1
8884	전남 장성군	어르신 게이트볼 대회	14,000	문화관광과	3	7	7	8	7	5	1	1
8885	전남 장성군	장성군 식장 및 사회단체 체육대회	3,000	문화관광과	3	7	7	8	7	5	1	1
8886	전남 장성군	제26회 군민체육대회	220,000	문화관광과	3	4	7	8	7	5	1	1
8887	전남 장성군	제41회 전라남도지사기 검도대회	10,000	문화관광과	3	7	7	8	7	5	1	1
8888	전남 장성군	전국 조정경기 대회 개최	102,000	문화관광과	3	7	7	8	7	5	1	1
8889	전남 장성군	환경의 날 부대행사	3,000	환경위생과	3	4	7	8	7	1	1	1
8890	전남 장성군	호국경찰 전적지 순례	2,000	안전건설과	3	5	2	1	1	1	1	1
8891	전남 장성군	자율방재단 기술경연대회	2,500	안전건설과	3	4	7	1	7	5	1	4
8892	전남 장성군	친환경농산물 전시홍보 행사지원	3,000	농업축산과	3	6	7	8	7	5	5	4
8893	전남 장성군	쌀 전업농업인 교육 및 연시회	6,000	농업축산과	3	4	7	8	7	5	5	4
8894	전남 장성군	농특산물 판촉 홍보 행사 대행사업비	10,000	농식품유통과	3	4	7	8	7	5	5	4
8895	전남 장성군	농업경영인 대회	7,000	농촌활력과	3	4	7	8	7	5	5	4
8896	전남 장성군	여성농업인 대회	5,000	농촌활력과	3	4	7	8	7	5	5	4
8897	전남 장성군	농업경영인 영호남 교류행사 및 농산물 판매행사	10,000	농촌활력과	3	4	7	8	7	5	5	4
8898	전남 장성군	여성농업인 수련대회	2,000	농촌활력과	3	4	7	8	7	5	5	4
8899	전남 장성군	여성농업인 농업인의 날 행사 및 도농교류 농산물 체험행사	6,000	농촌활력과	3	4	7	8	7	5	5	4
8900	전남 장성군	청소년 문화 한마당행사	20,000	평생교육센터	3	1	7	8	7	5	5	4
8901	전남 진도군	읍・면 이장단 사기진작(문화 및 체육행사) 보조	20,000	행정과	3	4	7	8	7	5	5	4
8902	전남 진도군	진도군재향군인회 사업보조	6,800	행정과	3	1	7	8	7	5	5	4
8903	전남 진도군	민주평화통일 자문회의 진도군협의회 행사보조	16,000	행정과	3	1	7	8	7	5	5	4
8904	전남 진도군	보훈단체 행사 지원	30,250	주민복지과	3	1	1	1	7	3	1	1
8905	전남 진도군	`21 관광진도 사진공모전 보조금	35,000	관광과	3	8	7	8	7	5	5	4
8906	전남 진도군	신비의 바닷길 축제 행사 개최	800,000	관광과	3	4	7	8	7	5	5	4
8907	전남 진도군	제476회 이충무공 탄신제 보조	5,000	문화예술체육과	3	4	7	8	7	1	1	3
8908	전남 진도군	굴포마을 당제 및 고산 윤선도 추모제	1,500	문화예술체육과	3	4	7	8	7	1	1	3
8909	전남 진도군	세시풍속 행사 지원	7,000	문화예술체육과	3	4	7	8	7	1	1	3
8910	전남 진도군	3개시도 아리랑 합동공연	80,000	문화예술체육과	3	4	7	8	7	1	1	3
8911	전남 진도군	향현사 제사비용	2,000	문화예술체육과	3	4	7	8	7	1	1	3
8912	전남 진도군	향토문화유산 공개행사	25,000	문화예술체육과	3	4	7	8	7	1	1	3
8913	전남 진도군	동하계 전지훈련 및 대회 유치비 지원	100,000	문화예술체육과	3	4	7	8	7	1	1	3
8914	전남 진도군	동하계 전지훈련 홍보비	15,000	문화예술체육과	3	4	7	8	7	1	1	3
8915	전남 진도군	`21 진도군협회장배 배구 동호인 클럽리그전 개최	3,000	문화예술체육과	3	4	7	8	7	1	1	3
8916	전남 진도군	제17회 진도군수배 전국 족구대회 개최	20,000	문화예술체육과	3	4	7	8	7	1	1	3
8917	전남 진도군	제6회 대한체육회장배 전국 족구대회 개최	35,000	문화예술체육과	3	4	7	8	7	1	1	3
8918	전남 진도군	제7회 진도군수배 배드민턴대회 개최	11,000	문화예술체육과	3	4	7	8	7	1	1	3
8919	전남 진도군	제13회 진도군협회장기 게이트볼대회 개최	4,000	문화예술체육과	3	4	7	8	7	1	1	3
8920	전남 진도군	제5회 진도군수배 및 진도군협회장기 여성 게이트볼대회 개최	4,000	문화예술체육과	3	4	7	8	7	1	1	3
8921	전남 진도군	제30회 도지사기 게이트볼대회 개최	10,000	문화예술체육과	3	4	7	8	7	1	1	3
8922	전남 진도군	제59회 전남 서남부 15개시군 게이트볼경기대회 개최	5,000	문화예술체육과	3	4	7	8	7	1	1	3
8923	전남 진도군	각종 전국 스포츠대회 유치	50,000	문화예술체육과	3	4	7	8	7	1	1	3

순번	시군구	지출명 (사업명)	2021년예산 (단위:천원/1년간)	담당자 (공무원) 담당부서	민간이전 분류 (지방자치단체 세출예산 집행기준에 의거) 1. 민간경상사업보조(307-02) 2. 민간단체 법정운영비보조(307-03) 3. 민간행사사업보조(307-04) 4. 민간위탁금(307-05) 5. 사회복지시설 법정운영비보조(307-10) 6. 민간인위탁교육비(307-12) 7. 공기관등에대한경상적위탁사업비(308-11) 8. 민간자본사업보조,자체재원(402-01) 9. 민간자본사업보조,이전재원(402-02) 10. 민간위탁사업비(402-03) 11. 공기관등에 대한 자본적 대행사업비(403-02)	민간이전지출 근거 (지방보조금 관리기준 참고) 1. 법률에 규정 2. 국고보조 재원(국가지정) 3. 용도 지정 기부금 4. 조례에 직접규정 5. 지자체가 권장하는 사업을 하는 공공기관 6. 시,도 정책 및 재정사정 7. 기타 8. 해당없음	입찰방식 계약체결방법 (경쟁형태) 1. 일반경쟁 2. 제한경쟁 3. 지명경쟁 4. 수의계약 5. 법정위탁 6. 기타 ( ) 7. 해당없음	입찰방식 계약기간 1. 1년 2. 2년 3. 3년 4. 4년 5. 5년 6. 기타 ( )년 7. 단기계약 (1년미만) 8. 해당없음	입찰방식 낙찰자선정방법 1. 적격심사 2. 협상에의한계약 3. 최저가낙찰제 4. 규격가격분리 5. 2단계 경쟁입찰 6. 기타 ( ) 7. 해당없음	운영예산 산정 운영예산 산정 1. 내부산정 (지자체 자체적으로 산정) 2. 외부산정 (외부전문기관위탁 산정) 3. 내·외부 모두 산정 4. 산정 無 5. 해당없음	운영예산 산정 정산방법 1. 내부정산 (지자체 내부적으로 정산) 2. 외부정산 (외부전문기관위탁 정산) 3. 내·외부 모두 산정 4. 정산 無 5. 해당없음	성과평가 실시여부 1. 실시 2. 미실시 3. 향후 추진 4. 해당없음
8924	전남 진도군	스포츠 교류행사 및 주말리그 운영	20,000	문화예술체육과	3	4	7	8	7	1	1	3
8925	전남 진도군	각종 체육행사 의료진 배치사업	35,000	문화예술체육과	3	4	7	8	7	1	1	3
8926	전남 진도군	제14회 진도해안도로 자전거랠리대회 개최	10,000	문화예술체육과	3	4	7	8	7	1	1	3
8927	전남 진도군	제31회 진도군 청소년 축구대회 개최	13,500	문화예술체육과	3	4	7	8	7	1	1	3
8928	전남 진도군	전국 춘계 럭비대회 개최 지원	100,000	문화예술체육과	3	4	7	8	7	1	1	3
8929	전남 진도군	제16회 진도서부인 체육대회 행사 보조	10,000	문화예술체육과	3	4	7	8	7	1	1	3
8930	전남 진도군	면 체육대회 행사보조	100,000	문화예술체육과	3	4	7	8	7	1	1	3
8931	전남 신안군	읍면민의날 행사	700,000	행정지원과	3	4	7	8	7	1	1	1
8932	전남 신안군	자율방범대 한마음 대회 지원	15,000	행정지원과	3	4	7	8	7	5	5	4
8933	전남 신안군	신안군 체육인의 밤 행사 개최 지원	30,000	행정지원과	3	4	7	8	7	1	1	1
8934	전남 신안군	신안군체육회장기 체육대회 개최 지원	150,000	행정지원과	3	4	7	8	7	1	1	1
8935	전남 신안군	신안군 생활체육대축전 개최 지원	150,000	행정지원과	3	4	7	8	7	1	1	1
8936	전남 신안군	섬 간재미 축제	20,000	해양수산과	3	4	1	7	1	3	2	3
8937	전남 신안군	섬 강달어 축제	19,000	해양수산과	3	4	1	7	1	3	2	3
8938	전남 신안군	섬 병어 축제	24,000	해양수산과	3	4	1	7	1	3	2	3
8939	전남 신안군	섬 밴댕이 축제	20,000	해양수산과	3	4	1	7	1	3	2	3
8940	전남 신안군	섬 민어 축제	20,000	해양수산과	3	4	1	7	1	3	2	3
8941	전남 신안군	섬 홍어 축제	24,000	해양수산과	3	4	1	7	1	3	2	3
8942	전남 신안군	섬 왕새우 축제	28,000	해양수산과	3	4	1	7	1	3	2	3
8943	전남 신안군	섬 불볼락 축제	24,000	해양수산과	3	4	1	7	1	3	2	3
8944	전남 신안군	섬 우럭 축제	20,000	해양수산과	3	4	1	7	1	3	2	3
8945	전남 신안군	섬 낙지 축제	24,000	해양수산과	3	4	1	7	1	3	2	3
8946	전남 신안군	섬 새우젓 축제	20,000	해양수산과	3	4	1	7	1	3	2	3
8947	전남 신안군	수선화 축제 지원사업	50,000	기술보급과	3	4	7	8	7	5	5	4
8948	전남 신안군	2021 신안 춘란 전시 개최	20,000	기술보급과	3	4	7	8	7	5	5	4
8949	전남 신안군	2021 신안 춘란(엽예품) 가을 대전 개최	60,000	기술보급과	3	4	7	8	7	5	5	4
8950	전남 신안군	섬수국축제	80,000	공원녹지과	3	4	7	8	7	5	5	4
8951	전남 신안군	섬 애기동백축제	70,000	공원녹지과	3	4	7	8	7	5	5	4
8952	전남 신안군	2021년 신안튤립축제 행사 추진	90,000	대광개발사업소	3	4	7	8	7	5	5	4
8953	전남 신안군	섬 "원추리 꽃" 축제	40,000	홍도관리사무소	3	4	1	7	1	3	2	3
8954	전남 신안군	소금박람회행사지원	100,000	천일염사업단	3	2	7	8	7	5	5	4
8955	제주 서귀포시	제12회 시장기노인게이트볼대회	8,000	노인장애인과	3	1	7	8	7	1	1	1
8956	제주 서귀포시	제12회 지회장기노인게이트볼대회	8,000	노인장애인과	3	1	7	8	7	1	1	1
8957	제주 서귀포시	건강100세 그라운드골프대회	7,000	노인장애인과	3	1	7	8	7	1	1	1
8958	제주 서귀포시	노인파크골프대회	12,000	노인장애인과	3	1	7	8	7	1	1	1
8959	제주 서귀포시	노인의 날 기념 노인민속경기대회 지원	33,360	노인장애인과	3	4	7	8	7	1	1	1
8960	제주 서귀포시	여성 취업 박람회	30,000	여성가족과	3	4	4	1	2	1	1	3
8961	제주 서귀포시	서귀포시건강가정·다문화가족지원센터	7,000	여성가족과	3	1	7	8	7	5	5	4
8962	제주 서귀포시	서귀포시건강가정·다문화가족지원센터	9,000	여성가족과	3	1	7	8	7	5	5	4
8963	제주 서귀포시	청소년어울림마당 운영	28,500	여성가족과	3	2	7	8	7	5	5	4
8964	제주 서귀포시	어린이날 기념식 개최 및 행사지원	31,000	여성가족과	3	1	7	8	7	1	1	1
8965	제주 서귀포시	여성 취업 박람회	30,000	여성가족과	3	4	4	1	2	1	1	3
8966	제주 서귀포시	서귀포시건강가정·다문화가족지원센터	7,000	여성가족과	3	1	7	8	7	5	5	4

순번	시군구	지출명 (사업명)	2021년예산 (단위:천원/1년간)	담당자 (공무원) 담당부서	민간이전 분류 (지방자치단체 세출예산 집행기준에 의거) 1. 민간경상사업보조(307-02) 2. 민간단체 법정운영비보조(307-03) 3. 민간행사사업보조(307-04) 4. 민간위탁금(307-05) 5. 사회복지시설 법정운영비보조(307-10) 6. 민간인위탁교육비(307-12) 7. 공기관등에대한경상적위탁사업비(308-11) 8. 민간자본사업보조,자체재원(402-01) 9. 민간자본사업보조,이전재원(402-02) 10. 민간위탁사업비(402-03) 11. 공기관등에 대한 자본적 대행사업비(403-02)	민간이전지출 근거 (지방보조금 관리기준 참고) 1. 법률에 규정 2. 국고보조 재원(국가지정) 3. 용도 지정 기부금 4. 조례에 직접규정 5. 지자체가 권장하는 사업을 하는 공공기관 6. 시,도 정책 및 재정사정 7. 기타 8. 해당없음	입찰방식: 계약체결방법 (경쟁형태) 1. 일반경쟁 2. 제한경쟁 3. 지명경쟁 4. 수의계약 5. 법정위탁 6. 기타 ( ) 7. 해당없음	입찰방식: 계약기간 1. 1년 2. 2년 3. 3년 4. 4년 5. 5년 6. 기타 ( )년 7. 단기계약 (1년미만) 8. 해당없음	입찰방식: 낙찰자선정방법 1. 적격심사 2. 협상에의한계약 3. 최저가낙찰제 4. 규격가격분리 5. 2단계 경쟁입찰 6. 기타 ( ) 7. 해당없음	운영예산 산정: 운영예산 산정 1. 내부산정 (지자체 자체적으로 산정) 2. 외부산정 (외부전문기관위탁 산정) 3. 내·외부 모두 산정 4. 산정 無 5. 해당없음	운영예산 산정: 정산방법 1. 내부정산 (지자체 내부적으로 정산) 2. 외부정산 (외부전문기관위탁 정산) 3. 내·외부 모두 산정 4. 정산 無 5. 해당없음	성과평가 실시여부 1. 실시 2. 미실시 3. 향후 추진 4. 해당없음
8967	제주 서귀포시	서귀포시건강가정·다문화가족지원센터	9,000	여성가족과	3	1	7	8	7	5	5	4
8968	제주 서귀포시	청소년어울림마당 운영	28,500	여성가족과	3	2	7	8	7	5	5	4
8969	제주 서귀포시	어린이날 기념식 개최 및 행사지원	31,000	여성가족과	3	1	7	8	7	1	1	1
8970	제주 서귀포시	문화예술 창작활동 및 생활문화예술 활동지원사업	35,000	문화예술과	3	4	7	8	7	5	5	4
8971	제주 서귀포시	서귀포문화원 지역문화활성화 사업	10,000	문화예술과	3	6	7	8	7	1	1	1
8972	제주 서귀포시	서귀포 천지연 여름음악축제	10,000	문화예술과	3	6	6	1	6	1	1	1
8973	제주 서귀포시	서귀포 문학 세미나	10,000	문화예술과	3	6	6	1	6	1	1	1
8974	제주 서귀포시	서귀포 문학제	5,000	문화예술과	3	6	6	1	6	1	1	1
8975	제주 서귀포시	제주어보전 전승행사 지원	4,500	문화예술과	3	6	7	8	7	1	1	1
8976	제주 서귀포시	제24회 이중섭 예술제 개최	10,000	문화예술과	3	6	6	1	6	1	1	1
8977	제주 서귀포시	서귀포 유채꽃 국제걷기대회	50,000	관광진흥과	3	4	7	8	7	1	1	4
8978	제주 서귀포시	서귀포 겨울바다 국제펭귄수영대회	25,000	관광진흥과	3	4	7	8	7	1	1	4
8979	제주 서귀포시	시장기,회장기, 종목별 경기단체 대회 지원	312,000	체육진흥과	3	1	7	8	7	1	1	1
8980	제주 서귀포시	생활체육활성화및스포츠활동대회지원	50,000	체육진흥과	3	1	7	8	7	1	1	1
8981	제주 서귀포시	서귀포시장애인체육회 생활체육 대회 지원	44,000	체육진흥과	3	1	7	8	7	5	5	4
8982	제주 서귀포시	2021년 칠십리 춘계 전국유소년축구대회	240,000	체육진흥과	3	4	7	8	7	1	1	1
8983	제주 서귀포시	2021 제주 국제 울트라 트레일러닝 대회	70,000	체육진흥과	3	4	7	8	7	1	1	1
8984	제주 서귀포시	2021 서귀포시 한국실업최강전 전국태권도 대회	70,000	체육진흥과	3	4	7	8	7	1	1	1
8985	제주 서귀포시	전국단위 축구대회 유치 및 운영	200,000	체육진흥과	3	4	7	8	7	1	1	1
8986	제주 서귀포시	제3회 한중일 U-18 국제축구대회	135,000	체육진흥과	3	4	7	8	7	1	1	1
8987	제주 서귀포시	2021 ITF 아시아/오세아니아 주니어 테니스선수권 대회	81,000	체육진흥과	3	4	7	8	7	1	1	1
8988	제주 서귀포시	제19회 서귀포 칠십리 전국동호인 테니스 대회	40,500	체육진흥과	3	4	7	8	7	1	1	1
8989	제주 서귀포시	전지훈련 종목별 리그 운영	70,000	체육진흥과	3	4	7	8	7	1	1	1
8990	제주 서귀포시	전지훈련 농구 스토브 리그 운영	10,000	체육진흥과	3	4	7	8	7	1	1	1
8991	제주 서귀포시	대도시 향토물산전 개최 지원	7,200	경제일자리과	3	1	7	8	7	1	1	4
8992	제주 서귀포시	제16회 서귀포매일올레시장 올레축제 행사지원	9,000	경제일자리과	3	4	7	8	7	1	1	1
8993	제주 서귀포시	농촌축제 지원사업	10,000	감귤농정과	3	2	7	8	7	1	1	1
8994	제주 서귀포시	제5회 제주의귀 말축제	20,000	축산과	3	1	7	8	7	5	5	4
8995	제주 서귀포시	읍면 환경기초시설 설치지역 소규모 행사비 지원	25,000	생활환경과	3	4	4	7	7	1	1	3
8996	제주 서귀포시	환경기초시설 설치지역 소규모 행사지원	25,000	생활환경과	3	4	4	7	7	1	1	3
8997	제주 서귀포시	대정읍민 종합체육대회 지원	40,000	대정읍	3	4	7	8	7	1	1	1
8998	제주 서귀포시	읍면동 자생단체 등 행사지원	16,500	대정읍	3	4	7	8	7	1	1	1
8999	제주 서귀포시	가파도 청보리 축제	10,000	대정읍	3	4	7	8	7	1	1	1
9000	제주 서귀포시	대정 암반수 마늘 박람회 개최	56,000	대정읍	3	4	7	8	7	1	1	1
9001	제주 서귀포시	대정고을 추사문화 예술제	28,000	대정읍	3	4	7	8	7	1	1	1
9002	제주 서귀포시	제99회 어린이날 기념식 개최 및 행사지원	5,000	남원읍	3	1	7	8	7	1	1	3
9003	제주 서귀포시	남원읍노인회 한마음체육대회 지원	10,000	남원읍	3	1	7	8	7	1	1	3
9004	제주 서귀포시	읍면동 자생단체 등 행사지원	65,000	남원읍	3	7	7	8	7	1	1	3
9005	제주 서귀포시	남원읍민 한마음 체육대회	40,000	남원읍	3	7	7	8	7	1	1	3
9006	제주 서귀포시	성산읍 민속대회	20,000	성산읍	3	4	7	8	7	1	1	3
9007	제주 서귀포시	성산읍 여자축구 전지훈련 리그운영	25,000	성산읍	3	4	7	8	7	1	1	1
9008	제주 서귀포시	성산어린이 큰잔치(어린이날행사)	5,000	성산읍	3	4	7	8	7	1	1	1
9009	제주 서귀포시	성산읍 노인회 한마음 대회지원	30,000	성산읍	3	4	7	8	7	1	1	1

순번	시군구	지출명 (사업명)	2021년예산 (단위:천원/1년간)	담당자 (공무원) 담당부서	민간이전 분류 (지방자치단체 세출예산 집행기준에 의거) 1. 민간경상사업보조(307-02) 2. 민간단체 법정운영비보조(307-03) 3. 민간행사사업보조(307-04) 4. 민간위탁금(307-05) 5. 사회복지시설 법정운영비보조(307-10) 6. 민간인위탁교육비(307-12) 7. 공기관등에대한경상적위탁사업비(308-11) 8. 민간자본사업보조,자체재원(402-01) 9. 민간자본사업보조,이전재원(402-02) 10. 민간위탁사업비(402-03) 11. 공기관등에 대한 자본적 대행사업비(403-02)	민간이전지출 근거 (지방보조금 관리기준 참고) 1. 법률에 규정 2. 국고보조 재원(국가지정) 3. 용도 지정 기부금 4. 조례에 직접규정 5. 지자체가 권장하는 사업을 하는 공공기관 6. 시,도 정책 및 재정사정 7. 기타 8. 해당없음	입찰방식 계약체결방법 (경쟁형태) 1. 일반경쟁 2. 제한경쟁 3. 지명경쟁 4. 수의계약 5. 법정위탁 6. 기타 ( ) 7. 해당없음	입찰방식 계약기간 1. 1년 2. 2년 3. 3년 4. 4년 5. 5년 6. 기타 ( )년 7. 단기계약 (1년미만) 8. 해당없음	입찰방식 낙찰자선정방법 1. 적격심사 2. 협상에의한계약 3. 최저가낙찰제 4. 규격가격분리 5. 2단계 경쟁입찰 6. 기타 ( ) 7. 해당없음	운영예산 산정 운영예산 산정 1. 내부산정 (지자체 자체적으로 산정) 2. 외부산정 (외부전문기관위탁 산정) 3. 내·외부 모두 산정 4. 산정 無 5. 해당없음	운영예산 산정 정산방법 1. 내부정산 (지자체 내부적으로 정산) 2. 외부정산 (외부전문기관위탁 정산) 3. 내·외부 모두 산정 4. 정산 無 5. 해당없음	성과평가 실시여부 1. 실시 2. 미실시 3. 향후 추진 4. 해당없음
9010	제주 서귀포시	제19회 성산읍민 한마음 체육대회	40,000	성산읍	3	4	7	8	7	1	1	1
9011	제주 서귀포시	성산읍 내수면 조개바당축제	50,000	성산읍	3	4	7	8	7	1	1	4
9012	제주 서귀포시	읍면동자생단체등 행사지원	35,000	성산읍	3	4	7	8	7	1	1	1
9013	제주 서귀포시	읍면동 자생단체등 행사지원	43,500	안덕면	3	4	7	8	7	5	5	4
9014	제주 서귀포시	제29회 덕수리 전통 민속 재현행사	45,000	안덕면	3	4	7	8	7	5	5	4
9015	제주 서귀포시	제19회 안덕면민 종합체육대회 개최	30,000	안덕면	3	7	7	8	7	5	5	4
9016	제주 서귀포시	제9회 서·남부 유소년 축구대회	7,000	안덕면	3	7	7	8	7	5	5	4
9017	제주 서귀포시	제4회 안덕면분회장기 민속경기대회 지원	7,000	안덕면	3	4	7	8	7	5	5	4
9018	제주 서귀포시	제23회 표선면민 단합체육대회	30,000	표선면	3	4	7	8	7	1	1	4
9019	제주 서귀포시	어린이날 행자 지원	5,000	표선면	3	8	7	8	7	1	1	4
9020	제주 서귀포시	표선면 노인한마당 축제	12,000	표선면	3	1	7	8	7	1	1	4
9021	제주 서귀포시	표선면 마을포제 지원	15,000	표선면	3	4	7	8	7	1	1	4
9022	제주 서귀포시	읍면동 자생단체 등 행사지원	43,500	표선면	3	4	7	8	7	1	1	4
9023	제주 서귀포시	마을 경로잔치 지원	20,000	표선면	3	4	7	8	7	1	1	4
9024	제주 서귀포시	제27회 표선면 체육회장기 축구대회 개최	7,000	표선면	3	4	7	8	7	1	1	4
9025	제주 서귀포시	제29회 표선면 연한회장기 축구대회	7,000	표선면	3	4	7	8	7	1	1	4
9026	제주 서귀포시	보목자리돔축제	17,500	송산동	3	4	7	8	7	1	1	3
9027	제주 서귀포시	송산동 자구리축제	9,000	송산동	3	4	7	8	7	1	1	3
9028	제주 서귀포시	동 종합 체육대회	16,000	송산동	3	4	7	8	7	1	1	3
9029	제주 서귀포시	읍면동 자생단체 등 행사지원	14,000	송산동	3	4	7	8	7	1	1	3
9030	제주 서귀포시	읍면동 자생단체 등 행사지원	5,000	정방동	3	4	7	8	7	1	1	3
9031	제주 서귀포시	중앙동 종합체육대회	16,000	중앙동	3	4	7	8	7	5	1	1
9032	제주 서귀포시	제9회 책문화 행사 및 우리마을 도서관 축제	2,500	중앙동	3	4	7	8	7	5	1	1
9033	제주 서귀포시	읍면동 자생단체 등 행사지원	5,000	중앙동	3	4	7	8	7	5	1	1
9034	제주 서귀포시	동민단합 체육대회	16,000	천지동	3	7	7	8	7	1	1	3
9035	제주 서귀포시	읍면동 자생단체 등 행사지원	4,000	천지동	3	7	7	8	7	1	1	3
9036	제주 서귀포시	제2회 효돈동 체육회장배 단합대회	16,000	효돈동	3	4	7	8	7	1	1	1
9037	제주 서귀포시	읍면동 자생단체 등 행사지원	7,000	효돈동	3	4	7	8	7	1	1	1
9038	제주 서귀포시	제18회 쇠소깍축제 운영	20,000	효돈동	3	4	7	8	7	1	1	1
9039	제주 서귀포시	제7회 돈내코계곡 원앙축제	10,000	영천동	3	7	7	8	7	1	1	3
9040	제주 서귀포시	동 종합체육대회	16,000	영천동	3	7	7	8	7	1	1	3
9041	제주 서귀포시	읍면동 자생단체 등 행사지원	7,500	영천동	3	7	7	8	7	1	1	3
9042	제주 서귀포시	동홍동 정월대보름축제	5,000	동홍동	3	4	7	8	7	1	1	1
9043	제주 서귀포시	동홍동 종합체육대회	20,000	동홍동	3	4	7	8	7	1	1	1
9044	제주 서귀포시	읍면동 자생단체 등 행사지원	15,000	동홍동	3	4	7	8	7	1	1	1
9045	제주 서귀포시	정월대보름축제	9,000	서홍동	3	4	7	8	7	1	1	4
9046	제주 서귀포시	솜반천 청소년 영상문화축제	17,000	서홍동	3	4	7	8	7	1	1	4
9047	제주 서귀포시	서홍동민 화합 한마당-읍면동종합체육대회	16,000	서홍동	3	4	7	8	7	1	1	4
9048	제주 서귀포시	제16회대륜동민단합체육대회	16,000	대륜동	3	4	7	8	7	1	1	4
9049	제주 서귀포시	읍면동 자생단체 등 행사지원	9,000	대륜동	3	4	7	8	7	1	1	4
9050	제주 서귀포시	대천동 종합 체육대회	16,000	대천동	3	4	7	8	7	1	1	3
9051	제주 서귀포시	읍면동 자생단체 등 행사지원	5,000	대천동	3	4	7	8	7	1	1	3
9052	제주 서귀포시	문화 및 체육행사 지원	65,000	중문동	3	4	7	8	7	1	1	4

순번	시군구	지출명 (사업명)	2021년예산 (단위:천원/1년간)	담당자 (공무원)	민간이전 분류 (지방자치단체 세출예산 집행기준에 의거)	민간이전지출 근거 (지방보조금 관리기준 참고)	입찰방식			운영예산 산정		성과평가 실시여부
				담당부서	1. 민간경상사업보조(307-02) 2. 민간단체 법정운영비보조(307-03) 3. 민간행사사업보조(307-04) 4. 민간위탁금(307-05) 5. 사회복지시설 법정운영비보조(307-10) 6. 민간인위탁교육비(307-12) 7. 공기관등에대한경상적위탁사업비(308-11) 8. 민간자본사업보조,자체재원(402-01) 9. 민간자본사업보조,이전재원(402-02) 10. 민간위탁사업비(402-03) 11. 공기관등에 대한 자본적 대행사업비(403-02)	1. 법률에 규정 2. 국고보조 재원(국가지정) 3. 용도 지정 기부금 4. 조례에 직접규정 5. 지자체가 권장하는 사업을 하는 공공기관 6. 시,도 정책 및 재정사정 7. 기타 8. 해당없음	계약체결방법 (경쟁형태) 1. 일반경쟁 2. 제한경쟁 3. 지명경쟁 4. 수의계약 5. 법정위탁 6. 기타 ( ) 7. 해당없음	계약기간 1. 1년 2. 2년 3. 3년 4. 4년 5. 5년 6. 기타 ( )년 7. 단기계약 (1년미만) 8. 해당없음	낙찰자선정방법 1. 적격심사 2. 협상에의한계약 3. 최저가낙찰제 4. 규격가격분리 5. 2단계 경쟁입찰 6. 기타 ( ) 7. 해당없음	운영예산 산정 1. 내부산정 (지자체 자체적으로 산정) 2. 외부산정 (외부전문기관위탁 산정) 3. 내·외부 모두 산정 4. 산정 無 5. 해당없음	정산방법 1. 내부정산 (지자체 내부적으로 정산) 2. 외부정산 (외부전문기관위탁 정산) 3. 내·외부 모두 산정 4. 정산 無 5. 해당없음	1. 실시 2. 미실시 3. 향후 추진 4. 해당없음
9053	제주 서귀포시	중문동민체육대회	16,000	중문동	3	7	7	8	7	1	1	4
9054	제주 서귀포시	제20회 예래생태체험축제개최	40,000	예래동	3	4	7	8	7	1	1	4
9055	제주 서귀포시	읍면동 자생단체 등 행사지원	6,000	예래동	3	4	7	8	7	1	1	4

배 성기 (裵 成基)

| 약 력 |

現 한국민간위탁경영연구소 소장, 브릿지협동조합 이사장, 사회적 가치 연구소 소장, 공공서비스경영연구소 소장
단국대학교 경영학 박사, 가천대학교 회계학 석사
現 단국대학교 경영학과 외래교수
現 파주시청 민간위탁 운영심의위원, 은평구청 민간위탁 적정성운영위원
現 중랑구의회 의정자문위원, 한국의정연구회 지방의회연구소 초빙교수
現 송파구 민간위탁 운영평가위원, 사회적기업 육성 위원
現 성북구 사회적경제 육성위원, 성북민관협치 운영위원
現 국민권익위원회 부패영향평가 자문위원
現 가천대학교 사회적기업과고용관계연구소 비상임 선임연구원
現 에코아이 지속가능경영연구소 비상임 소장
現 (재)현대산업경제연구원 비상임 연구위원
前 서울시 민간위탁 원가분석 자문위원
前 단국대학교 경제학과 외래교수

| 주요 연구수행실적 |

「정부 및 지자체 등으로부터 위탁받은 사업 매뉴얼 구축 용역」
「2017년 재정사업 성과평가 용역(산림자원육성)」
「농림축산식품 정보화사업 성과관리체계 구축 연구」
「자동차전용도로 효율적 관리를 위한 직무분석 용역」
「산림문화휴양촌 관리운영 방안 수립 연구 용역」
「생활폐기물 수집 · 운반 및 처리시설 민간위탁 타당성 및 운영효율화 방안」
「산업단지 폐수처리시설 민간위탁 타당성 및 운영효율화 방안」
「종합사회복지관 민간위탁 타당성 및 운영효율화 방안」
「장애인복지관 민간위탁 타당성 및 운영효율화 방안」
「노인종합복지관 민간위탁 타당성 및 운영효율화 방안」
「아동 · 청소년시설 민간위탁 타당성 및 운영효율화 방안」
「소각장 민간위탁 타당성 및 운영효율화 방안」
「자동집하시설 민간위탁 타당성 및 운영효율화 방안」
「가로등관리 민간위탁 타당성 및 운영효율화 방안」
「공원관리 민간위탁 타당성 및 운영효율화 방안」
「문화예술·체육시설 운영관리 민간위탁 타당성 및 운영효율화 방안」 외 다수

| 주요 저술실적 |

저서 : 지방자치단체 민간위탁 운영관리메뉴얼 Ⅰ, Ⅱ, Ⅲ권, 민간위탁 원가산정, 공공관리와 성과, 민간위탁 조례 및 계약 관리 방안, 하수처리시설 민간위탁 서비스 평가, 공공하수도시설 민간위탁 서비스 경영, 생활폐기물 수집 · 운반 및 처리시설 민간위탁 서비스 경영 등
번역 : OECD 정부기능 및 정부서비스 민간위탁 외 4권
논문 : 민간위탁서비스 핵심운영요인이 운영성과에 미치는 영향에 관한 실증 연구(2014) 등 3개
발표 : 한국생산관리학회, 한국구매조달학회, 한국관광경영학회 등 다수

KCOMI 발간도서 소개

민간위탁 통계

KCOMI 통계 - Ebook

2020 전국 지방자치단체 민·관 협업사무 운영 현황 I

민간경상사업보조(307-02)
민간단체법정운영비보조(307-03)
민간행사사업보조(307-04)

본 도서는 전국 17개 광역자치단체를 포함한 243개 지방자치단체의 2020년 민관 협업사무 운영 현황으로서 국내에서 유일하게 전국 민관 협업사무 운영 현황을 파악할 수 있는 자료이다. 해당 시리즈는 총 3권으로 제작되었다.

배성기 지음
한국민간위탁경영구소
2020 7월 출간

KCOMI 통계 - Ebook

2020 전국 지방자치단체 민·관 협업사무 운영 현황 II

민간위탁금(307-05)
사회복지시설법정운영비보조(307-10)
민간인위탁교육비(307-12)
공기관등에대한경상적대행사업비(308-10)

본 도서는 전국 17개 광역자치단체를 포함한 243개 지방자치단체의 2020년 민관 협업사무 운영 현황으로서 국내에서 유일하게 전국 민관 협업사무 운영 현황을 파악할 수 있는 자료이다. 해당 시리즈는 총 3권으로 제작되었다.

배성기 지음
한국민간위탁경영구소
2020년 7월 출간

KCOMI 통계 - Ebook

2020 전국 지방자치단체 민·관 협업사무 운영 현황 III

민간자본사업보조,자체재원(402-01)
민간자본사업보조,이전재원(402-02)
민간위탁사업비(402-03)
공기관등에대한자본적위탁사업비(403-02)

본 도서는 전국 17개 광역자치단체를 포함한 243개 지방자치단체의 2020년 민관 협업사무 운영 현황으로서 국내에서 유일하게 전국 민관 협업사무 운영 현황을 파악할 수 있는 자료이다. 해당 시리즈는 총 3권으로 제작되었다.

배성기 지음
한국민간위탁경영구소
2020년 7월 출간

KCOMI 통계

2020 전국 지방자치단체 민·관 협업사무 운영 현황 통합본

본 도서는 전국 17개 광역자치단체를 포함한 243개 지방자치단체의 각 분야별 2018년 민관 협업사무 운영 현황으로 하수도시설, 하수슬러지건조화시설, 생활폐기물 수집운반, 생활폐기물 소각시설, 재활용 선별시설, 문화예술, 체육, 관광, 공원, 주차장, 청소년수련시설, 장애인복지시설의 운영 현황을 파악할 수 있는 자료이다.

배성기 지음
한국민간위탁경영구소
2020년 7월 출간

KCOMI 통계 - Ebook

2020 전국 지방자치단체 민·관 협업사무 운영 현황 |하수도시설|

본 도서는 전국 17개 광역자치단체를 포함한 243개 지방자치단체의 하수도시설에 대한 2020년 민관 협업사무 운영 현황을 파악할 수 있는 자료이다.

배성기 지음
한국민간위탁경영구소
2020년 5월 출간

KCOMI 통계 - Ebook

2020 전국 지방자치단체 민·관 협업사무 운영 현황 |하수슬러지건조화시설(소각포함)|

본 도서는 전국 17개 광역자치단체를 포함한 243개 지방자치단체의 하수슬러지건조화시설(소각포함)에 대한 2018년 민관 협업사무 운영 현황을 파악할 수 있는 자료이다.

배성기 지음
한국민간위탁경영구소
2020년 5월 출간

KCOMI 통계 - Ebook

2020 전국 지방자치단체 민·관 협업사무 운영 현황 |생활폐기물 수집운반|

본 도서는 전국 17개 광역자치단체를 포함한 243개 지방자치단체의 생활폐기물 수집운반에 대한 2020년 민관 협업사무 운영 현황을 파악할 수 있는 자료이다.

배성기 지음
한국민간위탁경영구소
2020년 5월 출간

KCOMI 통계 - Ebook

2020 전국 지방자치단체 민·관 협업사무 운영 현황 |생활폐기물 소각시설|

본 도서는 전국 17개 광역자치단체를 포함한 243개 지방자치단체의 생활폐기물 소각시설에 대한 2020년 민관 협업사무 운영 현황을 파악할 수 있는 자료이다.

배성기 지음
한국민간위탁경영구소
2020년 5월 출간

KCOMI 통계 - Ebook

2020 전국 지방자치단체 민·관 협업사무 운영 현황 |재활용 선별시설|

본 도서는 전국 17개 광역자치단체를 포함한 243개 지방자치단체의 재활용 선별시설에 대한 2020년 민관 협업사무 운영 현황을 파악할 수 있는 자료이다.

배성기 지음
한국민간위탁경영구소
2020년 5월 출간

KCOMI 통계 - Ebook

2020 전국 지방자치단체 민·관 협업사무 운영 현황 |문화예술부문|

본 도서는 전국 17개 광역자치단체를 포함한 243개 지방자치단체의 문화예술부문에 대한 2020년 민관 협업사무 운영 현황을 파악할 수 있는 자료이다.

배성기 지음
한국민간위탁경영구소
2020년 5월 출간

KCOMI 통계 - Ebook

2020 전국 지방자치단체 민·관 협업사무 운영 현황 |관광부문|

본 도서는 전국 17개 광역자치단체를 포함한 243개 지방자치단체의 관광부문에 대한 2020년 민관 협업사무 운영 현황을 파악할 수 있는 자료이다.

배성기 지음
한국민간위탁경영구소
2020년 5월 출간

KCOMI 통계 - Ebook

2020 전국 지방자치단체 민·관 협업사무 운영 현황 |체육부문|

본 도서는 전국 17개 광역자치단체를 포함한 243개 지방자치단체의 체육부문에 대한 2020년 민관 협업사무 운영 현황을 파악할 수 있는 자료이다.

배성기 지음
한국민간위탁경영구소
2020년 5월 출간

KCOMI 통계 - Ebook

2020 전국 지방자치단체 민·관 협업사무 운영 현황 |공원부문|

본 도서는 전국 17개 광역자치단체를 포함한 243개 지방자치단체의 공원부문에 대한 2020년 민관 협업사무 운영 현황을 파악할 수 있는 자료이다.

배성기 지음
한국민간위탁경영구소
2020년 5월 출간

KCOMI 통계 - Ebook

2020 전국 지방자치단체 민·관 협업사무 운영 현황 |주차장시설|

본 도서는 전국 17개 광역자치단체를 포함한 243개 지방자치단체의 체육부문에 대한 2020년 민관 협업사무 운영 현황을 파악할 수 있는 자료이다.

배성기 지음
한국민간위탁경영구소
2020년 5월 출간

KCOMI 통계 - Ebook

2020 전국 지방자치단체 민·관 협업사무 운영 현황 |청소년수련시설|

본 도서는 전국 17개 광역자치단체를 포함한 243개 지방자치단체의 청소년수련시설에 대한 2020년 민관 협업사무 운영 현황을 파악할 수 있는 자료이다.

배성기 지음
한국민간위탁경영구소
2020년 5월 출간

KCOMI 통계 - Ebook

2020 전국 지방자치단체 민·관 협업사무 운영 현황 |장애인복지시설|

본 도서는 전국 17개 광역자치단체를 포함한 243개 지방자치단체의 장애인복지시설에 대한 2020년 민관 협업사무 운영 현황을 파악할 수 있는 자료이다.

배성기 지음
한국민간위탁경영구소
2020년 5월 출간

KCOMI 통계

2019 전국 지방자치단체 민·관 협업사무 운영 현황 통합본

본 도서는 전국 17개 광역자치단체를 포함한 245개 지방자치단체의 각 분야별 2019년 민관 협업사무 운영 현황으로 하수도시설, 하수슬러지건조화시설, 생활폐기물 수집운반, 생활폐기물 소각시설, 재활용 선별시설, 문화예술, 체육, 관광, 공원, 주차장, 청소년수련시설, 장애인복지시설의 운영 현황을 파악할 수 있는 자료이다.

배성기 지음
한국민간위탁경영구소
2019년 출간

KCOMI 통계

2019 전국 지방자치단체 민·관 협업사무 운영 현황 I

민간경상사업보조(307-02)
민간단체법정운영비보조(307-03)
민간행사사업보조(307-04)

본 도서는 전국 17개 광역자치단체를 포함한 245개 지방자치단체의 2019년 민관 협업사무 운영 현황으로서 국내에서 유일하게 전국 민관 협업사무 운영 현황을 파악할 수 있는 자료이다. 해당 시리즈는 총 3권으로 제작되었다.

배성기 지음
한국민간위탁경영구소
2019년 출간

KCOMI 통계

2019 전국 지방자치단체 민·관 협업사무 운영 현황 II

민간위탁금(307-05)
사회복지시설법정운영비보조(307-10)
사회복지사업보조(307-11)

본 도서는 전국 17개 광역자치단체를 포함한 245개 지방자치단체의 2019년 민관 협업사무 운영 현황으로서 국내에서 유일하게 전국 민관 협업사무 운영 현황을 파악할 수 있는 자료이다. 해당 시리즈는 총 3권으로 제작되었다.

배성기 지음
한국민간위탁경영구소
2019년 출간

KCOMI 통계

2019 전국 지방자치단체 민·관 협업사무 운영 현황 III

민간인위탁교육비(307-12),
공기관등에대한경상적대행사업비(308-10)
공사공단경상전출금(309-01)
민간자본사업보조,자체재원(402-01)
민간자본사업보조,이전재원(402-02)
민간위탁사업비(402-03)
공기관등에대한자본적위탁사업비(403-02)
공사공단자본전출금(404-01)

본 도서는 전국 17개 광역자치단체를 포함한 245개 지방자치단체의 2019년 민관 협업사무 운영 현황으로서 국내에서 유일하게 전국 민관 협업사무 운영 현황을 파악할 수 있는 자료이다. 해당 시리즈는 총 3권으로 제작되었다.

배성기 지음
한국민간위탁경영구소
2019년 출간

KCOMI 통계 - Ebook

2019 전국 지방자치단체 민·관 협업사무 운영 현황 |하수도시설|

본 도서는 전국 17개 광역자치단체를 포함한 245개 지방자치단체의 하수도시설에 대한 2019년 민관 협업사무 운영 현황을 파악할 수 있는 자료이다.

배성기 지음
한국민간위탁경영구소
2019년 출간

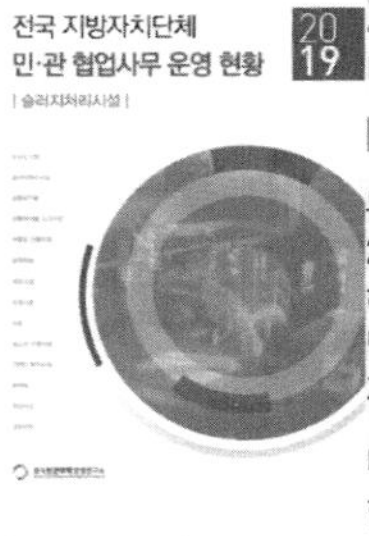

KCOMI 통계 - Ebook

2019 전국 지방자치단체 민·관 협업사무 운영 현황 |슬러지처리시설|

본 도서는 전국 17개 광역자치단체를 포함한 245개 지방자치단체의 하수슬러지건조화시설(소각포함)에 대한 2019년 민관 협업사무 운영 현황을 파악할 수 있는 자료이다.

배성기 지음
한국민간위탁경영구소
2019년 출간

KCOMI 통계 - Ebook

2019 전국 지방자치단체 민·관 협업사무 운영 현황 |생활폐기물 수집운반

본 도서는 전국 17개 광역자치단체를 포함한 245개 지방자치단체의 생활폐기물 수집운반에 대한 2019년 민관 협업사무 운영 현황을 파악할 수 있는 자료이다.

배성기 지음
한국민간위탁경영구소
2019년 출간

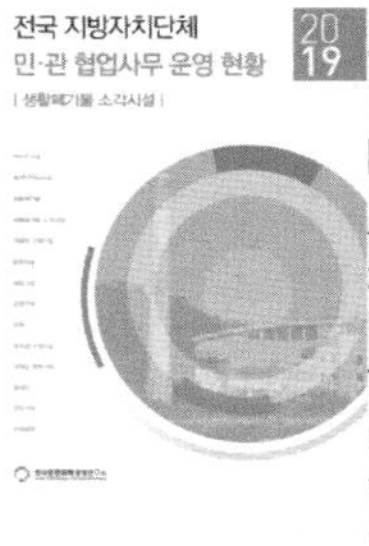

KCOMI 통계 - Ebook

2019 전국 지방자치단체 민·관 협업사무 운영 현황 |생활폐기물 소각시설|

본 도서는 전국 17개 광역자치단체를 포함한 245개 지방자치단체의 생활폐기물 소각시설에 대한 2019년 민관 협업사무 운영 현황을 파악할 수 있는 자료이다.

배성기 지음
한국민간위탁경영구소
2019년 출간

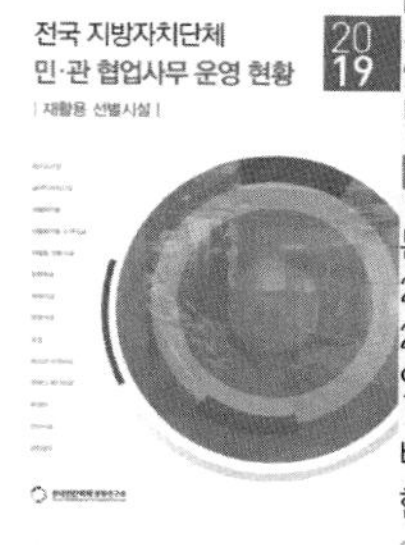

KCOMI 통계 - Ebook

2019 전국 지방자치단체 민·관 협업사무 운영 현황 |재활용 선별시설|

본 도서는 전국 17개 광역자치단체를 포함한 245개 지방자치단체의 재활용 선별시설에 대한 2019년 민관 협업사무 운영 현황을 파악할 수 있는 자료이다.

배성기 지음
한국민간위탁경영구소
2019년 출간

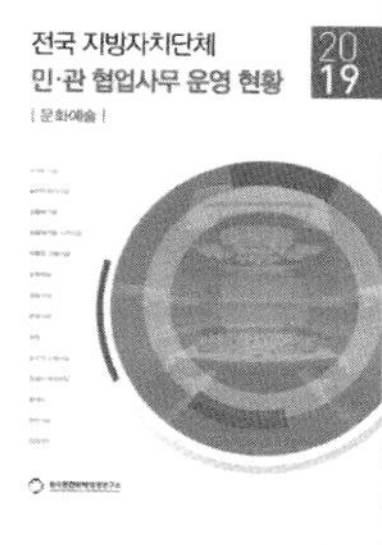

KCOMI 통계 - Ebook

2019 전국 지방자치단체 민·관 협업사무 운영 현황 |문화예술부문|

본 도서는 전국 17개 광역자치단체를 포함한 245개 지방자치단체의 문화예술부문에 대한 2019년 민관 협업사무 운영 현황을 파악할 수 있는 자료이다.

배성기 지음
한국민간위탁경영구소
2019년 출간

KCOMI 통계 - Ebook

2019 전국 지방자치단체 민·관 협업사무 운영 현황 |관광부문|

본 도서는 전국 17개 광역자치단체를 포함한 245개 지방자치단체의 관광부문에 대한 2019년 민관 협업사무 운영 현황을 파악할 수 있는 자료이다.

배성기 지음
한국민간위탁경영구소
2019년 출간

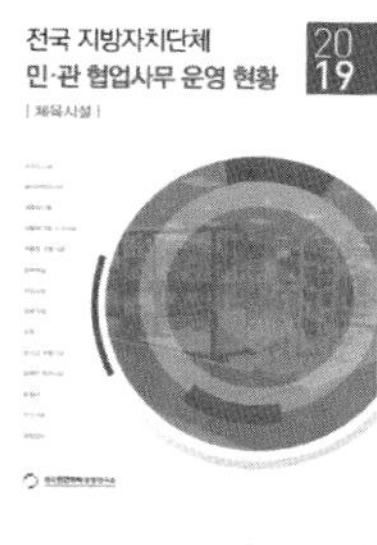

KCOMI 통계 - Ebook

2019 전국 지방자치단체 민·관 협업사무 운영 현황 |체육부문|

본 도서는 전국 17개 광역자치단체를 포함한 245개 지방자치단체의 체육부문에 대한 2019년 민관 협업사무 운영 현황을 파악할 수 있는 자료이다.

배성기 지음
한국민간위탁경영구소
2019년 출간

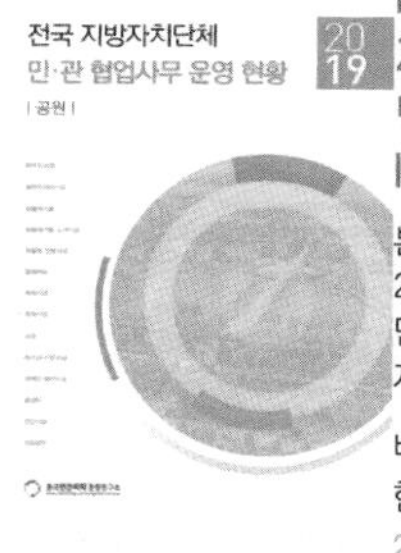

KCOMI 통계 - Ebook

2019 전국 지방자치단체 민·관 협업사무 운영 현황 |공원부문|

본 도서는 전국 17개 광역자치단체를 포함한 245개 지방자치단체의 공원부문에 대한 2019년 민관 협업사무 운영 현황을 파악할 수 있는 자료이다.

배성기 지음
한국민간위탁경영구소
2019년 출간

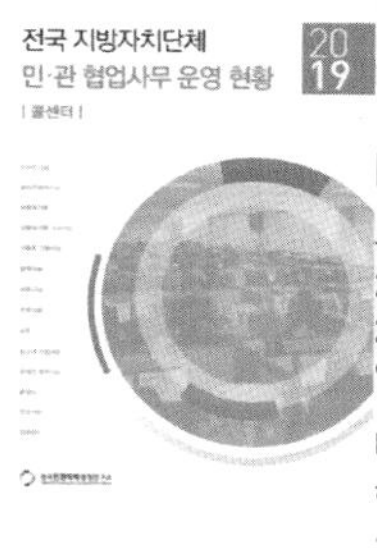

KCOMI 통계 - Ebook

2019 전국 지방자치단체 민·관 협업사무 운영 현황 |콜센터|

본 도서는 전국 17개 광역자치단체를 포함한 245개 지방자치단체의 콜센터 업무에 대한 2019년 민관 협업사무 운영 현황을 파악할 수 있는 자료이다.

배성기 지음
한국민간위탁경영구소
2019년 출간

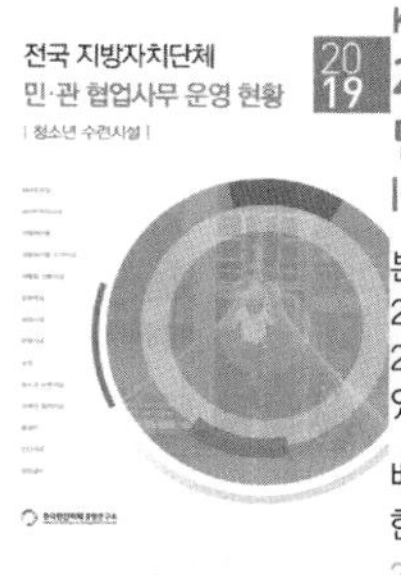

KCOMI 통계 - Ebook

2019 전국 지방자치단체 민·관 협업사무 운영 현황 |청소년수련시설|

본 도서는 전국 17개 광역자치단체를 포함한 245개 지방자치단체의 청소년수련시설에 대한 2019년 민관 협업사무 운영 현황을 파악할 수 있는 자료이다.

배성기 지음
한국민간위탁경영구소
2019년 출간

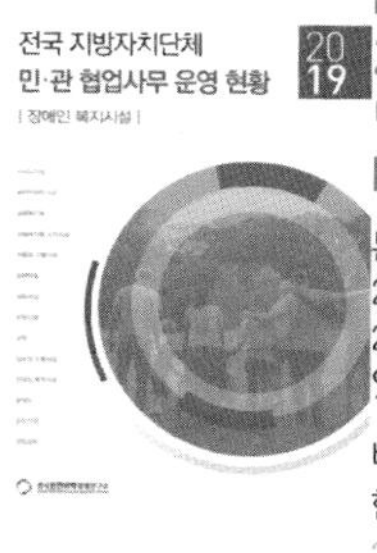

KCOMI 통계 - Ebook

2019 전국 지방자치단체 민·관 협업사무 운영 현황 |장애인복지시설|

본 도서는 전국 17개 광역자치단체를 포함한 245개 지방자치단체의 장애인복지시설에 대한 2019년 민관 협업사무 운영 현황을 파악할 수 있는 자료이다.

배성기 지음
한국민간위탁경영구소
2019년 출간

KCOMI 통계

2019 정보화사업 운영 현황

본 도서는 전국 지방자치단체, 중앙행정기관, 공공기관의 2019년 정보화사업을 대상으로 사업 현황을 분석한 운영 현황 자료이다.

배성기 지음
한국민간위탁경영구소
2019년 8월 출간

SVI 통계 - Ebook

2019 공공기관 사회적 가치 구현사업 운영현황 | 통계자료 |

본 도서는 공공기관 사회적 가치 구현사업의 운영 현황에 대한 통계를 파악할 수 있는 자료이다.

배성기 지음
사회적 가치 연구소
2019년 7월 출간

KCOMI 통계

2018 전국 지방자치단체 민·관 협업사무 운영 현황 통합본

본 도서는 전국 17개 광역자치단체를 포함한 243개 지방자치단체의 각 분야별 2018년 민관 협업사무 운영 현황으로 하수도시설, 하수슬러지건조화시설, 생활폐기물 수집운반, 생활폐기물 소각시설, 재활용 선별시설, 문화예술, 체육, 관광, 공원, 주차장, 청소년수련시설, 장애인복지시설의 운영 현황을 파악할 수 있는 자료이다.

배성기 지음
한국민간위탁경영구소
2018년 5월 출간

KCOMI 통계

2018 전국 지방자치단체 민·관 협업사무 운영 현황 I

민간경상사업보조(307-02)
민간단체법정운영비보조(307-03)
민간행사사업보조(307-04)

본 도서는 전국 17개 광역자치단체를 포함한 243개 지방자치단체의 2018년 민관 협업사무 운영 현황으로서 국내에서 유일하게 전국 민관 협업사무 운영 현황을 파악할 수 있는 자료이다. 해당 시리즈는 총 3권으로 제작되었다.

배성기 지음
한국민간위탁경영구소
2018년 5월 출간

KCOMI 통계

2018 전국 지방자치단체 민·관 협업사무 운영 현황 II

민간위탁금(307-05)
사회복지시설법정운영비보조(307-10)
사회복지사업보조(307-11)

본 도서는 전국 17개 광역자치단체를 포함한 243개 지방자치단체의 2018년 민관 협업사무 운영 현황으로서 국내에서 유일하게 전국 민관 협업사무 운영 현황을 파악할 수 있는 자료이다. 해당 시리즈는 총 3권으로 제작되었다.

배성기 지음
한국민간위탁경영구소
2018년 5월 출간

KCOMI 통계

2018 전국 지방자치단체 민·관 협업사무 운영 현황 III

민간인위탁교육비(307-12),
공기관등에대한경상적대행사업비(308-10)
공사공단경상전출금(309-01)
민간자본사업보조,자체재원(402-01)
민간자본사업보조,이전재원(402-02)
민간위탁사업비(402-03)
공기관등에대한자본적위탁사업비(403-02)
공사공단자본전출금(404-01)

본 도서는 전국 17개 광역자치단체를 포함한 243개 지방자치단체의 2018년 민관 협업사무 운영 현황으로서 국내에서 유일하게 전국 민관 협업사무 운영 현황을 파악할 수 있는 자료이다. 해당 시리즈는 총 3권으로 제작되었다.

배성기 지음
한국민간위탁경영구소
2018년 5월 출간

KCOMI 통계 - Ebook

2018 전국 지방자치단체 민·관 협업사무 운영 현황 |하수도시설|

본 도서는 전국 17개 광역자치단체를 포함한 243개 지방자치단체의 하수도시설에 대한 2018년 민관 협업사무 운영 현황을 파악할 수 있는 자료이다.

배성기 지음
한국민간위탁경영구소
2018년 5월 출간

KCOMI 통계 - Ebook

2018 전국 지방자치단체 민·관 협업사무 운영 현황 |하수슬러지건조화시설(소각포함)|

본 도서는 전국 17개 광역자치단체를 포함한 243개 지방자치단체의 하수슬러지건조화시설(소각포함)에 대한 2018년 민관 협업사무 운영 현황을 파악할 수 있는 자료이다.

배성기 지음
한국민간위탁경영구소
2018년 5월 출간

KCOMI 통계 - Ebook

2018 전국 지방자치단체 민·관 협업사무 운영 현황 |생활폐기물 수집운반|

본 도서는 전국 17개 광역자치단체를 포함한 243개 지방자치단체의 생활폐기물 수집운반에 대한 2018년 민관 협업사무 운영 현황을 파악할 수 있는 자료이다.

배성기 지음
한국민간위탁경영구소
2018년 5월 출간

KCOMI 통계 - Ebook

2018 전국 지방자치단체 민·관 협업사무 운영 현황 |생활폐기물 소각시설|

본 도서는 전국 17개 광역자치단체를 포함한 243개 지방자치단체의 생활폐기물 소각시설에 대한 2018년 민관 협업사무 운영 현황을 파악할 수 있는 자료이다.

배성기 지음
한국민간위탁경영구소
2018년 5월 출간

KCOMI 통계 - Ebook

2018 전국 지방자치단체 민·관 협업사무 운영 현황

|재활용 선별시설|

본 도서는 전국 17개 광역자치단체를 포함한 243개 지방자치단체의 재활용 선별시설에 대한 2018년 민관 협업사무 운영 현황을 파악할 수 있는 자료이다.

배성기 지음
한국민간위탁경영구소
2018년 5월 출간

KCOMI 통계 - Ebook

2018 전국 지방자치단체 민·관 협업사무 운영 현황

|관광부문|

본 도서는 전국 17개 광역자치단체를 포함한 243개 지방자치단체의 관광부문에 대한 2018년 민관 협업사무 운영 현황을 파악할 수 있는 자료이다.

배성기 지음
한국민간위탁경영구소
2018년 5월 출간

KCOMI 통계 - Ebook

2018 전국 지방자치단체 민·관 협업사무 운영 현황

|공원부문|

본 도서는 전국 17개 광역자치단체를 포함한 243개 지방자치단체의 공원부문에 대한 2018년 민관 협업사무 운영 현황을 파악할 수 있는 자료이다.

배성기 지음
한국민간위탁경영구소
2018년 5월 출간

KCOMI 통계 - Ebook

2018 전국 지방자치단체 민·관 협업사무 운영 현황

|청소년수련시설|

본 도서는 전국 17개 광역자치단체를 포함한 243개 지방자치단체의 청소년수련시설에 대한 2018년 민관 협업사무 운영 현황을 파악할 수 있는 자료이다.

배성기 지음
한국민간위탁경영구소
2018년 5월 출간

KCOMI 통계

2018 정보화사업 운영 현황

본 도서는 전국 지방자치단체, 중앙행정기관, 공공기관의 2018년 정보화사업을 대상으로 사업 현황을 분석한 운영 현황 자료이다.

배성기 지음
한국민간위탁경영구소
2018년 8월 출간

KCOMI 통계 - Ebook

2018 전국 지방자치단체 민·관 협업사무 운영 현황

|문화예술부문|

본 도서는 전국 17개 광역자치단체를 포함한 243개 지방자치단체의 문화예술부문에 대한 2018년 민관 협업사무 운영 현황을 파악할 수 있는 자료이다.

배성기 지음
한국민간위탁경영구소
2018년 5월 출간

KCOMI 통계 - Ebook

2018 전국 지방자치단체 민·관 협업사무 운영 현황

|체육부문|

본 도서는 전국 17개 광역자치단체를 포함한 243개 지방자치단체의 체육부문에 대한 2018년 민관 협업사무 운영 현황을 파악할 수 있는 자료이다.

배성기 지음
한국민간위탁경영구소
2018년 5월 출간

KCOMI 통계 - Ebook

2018 전국 지방자치단체 민·관 협업사무 운영 현황

|주차장시설|

본 도서는 전국 17개 광역자치단체를 포함한 243개 지방자치단체의 체육부문에 대한 2018년 민관 협업사무 운영 현황을 파악할 수 있는 자료이다.

배성기 지음
한국민간위탁경영구소
2018년 5월 출간

KCOMI 통계 - Ebook

2018 전국 지방자치단체 민·관 협업사무 운영 현황

|장애인복지시설|

본 도서는 전국 17개 광역자치단체를 포함한 243개 지방자치단체의 장애인복지시설에 대한 2018년 민관 협업사무 운영 현황을 파악할 수 있는 자료이다.

배성기 지음
한국민간위탁경영구소
2018년 5월 출간

KCOMI 통계

2018 중앙행정기관 및 그 소속기관 행정사무 민간이전 운영현황

본 도서는 전국 342개 중앙행정기관을 대상으로 2018년 민간이전 사업 현황을 분석한 자료로서 국내에서 유일하게 민간위탁 현황을 분석하여, 전국 민간위탁 사무의 관리 현황을 제시하고 있다.

배성기 지음
한국민간위탁경영구소
출간예정

KCOMI 통계

2017 전국 지자체 민관협업사무 운영현황 0. 총괄

전국 지자체 민간위탁 사무의 집대성!
본 도서는 전국 243개 지방자치단체의 2017년 민간위탁 사업 현황을 분석한 통계 자료로서 국내에서 유일하게 민간위탁 현황을 분석하여, 전국 민간위탁 사무의 관리 현황을 제시하고 있다.

배성기 지음
한국민간위탁경영구소 / 16,000원
2017년 출간

KCOMI 통계

2017 중앙행정기관 및 그 소속기관 민간이전 운영현황

본 도서는 전국 342개 중앙행정기관 및 그 소속기관 전부를 대상으로 2017년 민간위탁 사업 현황을 분석한 통계 자료로서 국내에서 유일하게 민간위탁 현황을 분석하여, 전국 민간위탁 사무의 관리 현황을 제시하고 있다.

배성기 지음
한국민간위탁경영구소 / 8,000원
2017년 출간

KCOMI 통계

2017 전국 민간위탁 현황분석

민간경상사업보조사무(307-02)
민간단체법정운영비보조사무(307-03)

전국 지자체 민간위탁 사무의 집대성!
본 도서는 전국 243개 지방자치단체의 2017년 민간위탁 사업 현황을 분석한 통계 자료로서 국내에서 유일하게 민간위탁 현황을 분석하여, 전국 민간위탁 사무의 관리 현황을 제시하고 있다.

배성기 지음
한국민간위탁경영구소 / 28,000원
2017년 4월 출간

KCOMI 통계

2017 전국 민간위탁 현황분석

민간행사사업보조(307-04)
민간위탁금사무(307-05)
사회복지시설법정운영비보조사무(307-10)

전국 지자체 민간위탁 사무의 집대성!
본 도서는 전국 243개 지방자치단체의 2017년 민간위탁 사업 현황을 분석한 통계 자료로서 국내에서 유일하게 민간위탁 현황을 분석하여, 전국 민간위탁 사무의 관리 현황을 제시하고 있다.

배성기 지음
한국민간위탁경영구소 / 28,000원
2017년 4월 출간

KCOMI 통계

2017 전국 민간위탁 현황분석

사회복지사업보조사무(307-11)
공공기관등에대한경상적대행사업비(308-10)
민간자본사업보조사무(402-01)
민간대행사업비사무(402-02)

전국 지자체 민간위탁 사무의 집대성!
본 도서는 전국 243개 지방자치단체의 2017년 민간위탁 사업 현황을 분석한 통계 자료로서 국내에서 유일하게 민간위탁 현황을 분석하여, 전국 민간위탁 사무의 관리 현황을 제시하고 있다.

배성기 지음
한국민간위탁경영구소 / 28,000원
2017년 4월 출간

2016 전국 지방자치단체
민·관 협업사무 운영 현황 분석 I
민간경상사업보조사무(307-02)

전국 지방자치단체 민·관 협업사무의 집대성!
본 도서는 전국 17개 광역자치단체를 포함한 243개 지방자치단체의 2016년 민·관 협업사무 현황을 분석한 자료로서 국내에서 유일하게 민·관 협업사무 현황을 분석하여, 전국 민·관 협업사무의 관리 현황을 제시하고 있다.

배성기 지음
한국민간위탁경영구소 / 564페이지 / 30,000원
2016년 11월 출간

2016 전국 지방자치단체
민·관 협업사무 운영 현황 분석 II
민간단체법정운영비보조사무(307-03)
민간행사사업보조(307-04)

전국 지방자치단체 민·관 협업사무의 집대성!
본 도서는 전국 17개 광역자치단체를 포함한 243개 지방자치단체의 2016년 민·관 협업사무 현황을 분석한 자료로서 국내에서 유일하게 민·관 협업사무 현황을 분석하여, 전국 민·관 협업사무의 관리 현황을 제시하고 있다.

배성기 지음
한국민간위탁경영구소 / 302페이지 / 20,000원
2016년 11월 출간

2016 전국 지방자치단체
민·관 협업사무 운영 현황 분석 III
민간위탁금사무(307-05)
사회복지시설법정운영비보조사무(307-10)

전국 지방자치단체 민·관 협업사무의 집대성!
본 도서는 전국 17개 광역자치단체를 포함한 243개 지방자치단체의 2016년 민·관 협업사무 현황을 분석한 자료로서 국내에서 유일하게 민·관 협업사무 현황을 분석하여, 전국 민·관 협업사무의 관리 현황을 제시하고 있다.

배성기 지음
한국민간위탁경영구소 / 402페이지 / 24,000원
2016년 11월 출간

2016 전국 지방자치단체
민·관 협업사무 운영 현황 분석 IV
사회복지사업보조사무(307-11)
민간자본사업보조사무(402-01)
민간대행사업비사무(402-02)

전국 지방자치단체 민·관 협업사무의 집대성!
본 도서는 전국 17개 광역자치단체를 포함한 243개 지방자치단체의 2016년 민·관 협업사무 현황을 분석한 자료로서 국내에서 유일하게 민·관 협업사무 현황을 분석하여, 전국 민·관 협업사무의 관리 현황을 제시하고 있다.

배성기 지음
한국민간위탁경영구소 / 628페이지 / 33,000원
2016년 11월 출간

KCOMI 통계
2016 전국 민간위탁 현황분석

전국 지자체 민간위탁 사무의 집대성!
본 도서는 전국 17개 광역자치단체를 포함한 243개 지방자치단체의 2016년 민간위탁 사업 현황을 분석한 통계 자료로서 국내에서 유일하게 민간위탁 현황을 분석하여, 전국 민간위탁 사무의 관리 현황을 제시하고 있다.

배성기 지음
한국민간위탁경영구소 / 355페이지 / 15,000원
2016년 10월 출간

KCOMI 통계
2015 전국 민간위탁 현황분석

전국 지자체 민간위탁 사무의 집대성!
본 도서는 전국 17개 광역자치단체를 포함한 243개 지방자치단체의 2015년 민간위탁 사업 현황을 분석한 통계 자료로서 국내에서 유일하게 민간위탁 현황을 분석하여, 전국 민간위탁 사무의 관리 현황을 제시하고 있다.

배성기 지음
한국민간위탁경영구소 / 352페이지 / 15,000원
2015년 8월 출간

KCOMI 통계
2014 민간위탁 현황분석 I 전국지방자치단체

전국 지자체 민간위탁 사무의 집대성!
본 도서는 전국 17개 광역자치단체를 포함한 242개 지방자치단체 민간위탁 현황을 분석한 통계 자료로서 국내에서 유일하게 민간위탁 현황을 분석하여, 전국 민간위탁 사무의 관리 현황을 제시하고 있다.

배성기 지음
한국민간위탁경영구소 / 352페이지 / 15,000원
2014년 9월 출간

KCOMI 통계
2013 전국 민간위탁 운영현황 분석

본 도서는 민간위탁 본연의 목적과 기능을 유지하기 위해 발주처에서는 선택의 폭을 넓히고, 위탁기업들은 건전한 경쟁관계를 유도하기 위하여 전국 246개 지자체별 민간위탁 사무현황, 위탁예산현황, 위탁기업의 현황, 위탁기간 현황, 위탁자 선정방법 등을 조사 · 분석하였다.

배성기 지음
한국민간위탁경영연구소 / 513페이지 / 20,000원
2013년 8월 출간

민간위탁 운영 관리 매뉴얼

지방자치단체사무의 민간위탁서비스
운영관리매뉴얼 Ⅰ

민간위탁조례 및 계약관리방안

민간위탁 성패의 키는 계약관리이다.
본 도서는 민간위탁 서비스를 공급함에 있어 사회적 문제와 이슈를 관리 할 수 있는 체계적인 조례 제정 및 계약관리방법론을 제시하고 있다.

배성기 지음
한국민간위탁경영구소 / 450페이지 / 40,000원
2012년 8월 출간

지방자치단체사무의 민간위탁서비스
운영관리매뉴얼 Ⅱ

민간위탁 운영관리비용 산정

효율적인 서비스 제공을 위한 원가산정방법론 제시 민간위탁서비스의 대시민 만족도를 높이기 위한 시작은 적정한 비용산정과 지급에서 시작된다. 이를 위해 본 도서에서는 세부적인 원가산정방법과 산정예시를 들어 설명하고 있다.

배성기 지음
한국민간위탁경영구소 / 409페이지 / 40,000원
2012년 8월 출간

지방자치단체사무의 민간위탁서비스
운영관리매뉴얼 Ⅲ

민간위탁 서비스 평가

평가 없는 성장 없다.
본 도서에서는 민간위탁 서비스의 지속적인 성장경영을 위한 경영학적 관리지표개발 및 서비스평가방안을 제시하고 있다.

배성기 지음
한국민간위탁경영구소 / 407페이지 / 40,000원
2012년 8월 출간

지방자치단체 민간투자사업 매뉴얼

지방자치단체 공무원들이 민간투자사업 정책 수립을 위한 전반적인 내용을 포괄적으로 다루어, 실무에 직접 적용할 수 있도록 방향을 제시하고 있다.

배성기 지음
한국민간위탁경영구소 / 247페이지 / 25,000원
2015년 9월 출간

민간위탁 서비스 경영

공공하수도시설 민간위탁 서비스경영

환경부통계를 기준으로 전국 공공하수처리시설 중 민간위탁으로 운영되는 시설은 318개소, 운영비는 5,000억 원, 운영인원은 3,642명이다. 민간위탁서비스의 질을 높이기 위해서는 시설관리만이 아닌 경영학적 기법이 도입된 체계적인 관리가 필요하다. 이를 위해서 본 도서에서는 공공하수도시설 민간위탁 서비스 경영을 위한 다양한 방안을 제시하고 있다.

배성기 · 안영진 · 박철휘 · 박종운 지음
한국민간위탁경영연구소 / 530페이지 / 40,000원
2012년 4월 출간

공공체육시설 민간위탁 서비스경영

전국 공공체육시설수는 15,137개소로 지속적으로 증가하고 있으며, 국민이 영위하고자 하는 공공체육서비스의 수준도 날로 증가 하고 있다. 이에 민간위탁으로 운영중인 공공체육시설의 서비스 수준의 향상을 위하여 본 도서에서는 공공체육시설 민간위탁 서비스 경영을 위한 다양한 방안을 제시하고 있다.

배성기 · 김영철 지음
한국민간위탁경영연구소 / 500페이지 / 40,000원
출간예정

관광시설 민간위탁 서비스경영

관광시설은 관광을 위한 편익을 제공하는 시설로서 숙박, 교통, 휴식시설 등을 통해 지역경제 활성화에 도움을 주고 있다. 이중 민간위탁으로 운영중인 관광시설을 대상으로 본 도서에서는 관광시설 민간위탁 서비스 경영을 위한 다양한 방안을 제시하고 있다.

배성기 · 김상원 · 김혜진 지음
한국민간위탁경영연구소 / 500페이지 / 40,000원
2015년 9월 출간

생활폐기물 수집 · 민간위탁 서비스경영

우리나라 일일 발생 생활폐기물량은 5만톤 수준으로 지자체에서는 소각, 매립, 재활용 등의 처리를 민간위탁을 통해 수행하고 있다. 본 도서는 민간위탁을 통해 생활폐기물을 처리하고 있는 지자체를 대상으로 효율적효과적 관리기법을 제시하고 있다.

배성기 지음
한국민간위탁경영연구소 / 500페이지 / 40,000원
2012년 4월 출간

정부원가계산

공기업·준 정부기관·기타 공공기관
정부원가계산의 이론과 실제

공공감사법 적용대상기관인 중앙 41개 기관, 공공 272개 기관의 정부예산 지출시 합리적인 예산지출 및 효과성을 높이기 위해 본 도서는 정부원가계산의 올바른 방법을 이론과 사례를 기준으로 제시하고자 하였다.

배성기 지음

한국민간위탁경영연구소/400페이지/35,000원

2012년 8월 출간

사회적 기업 및 비영리 법인

사회적기업 및 비영리법인의
공공부문 계약 입찰

국가 공공서비스가 좀 더 선진 화 되기 위해서는 많은 사회적기업 및 비영리법인이 공공서비스 분야의 입찰 참가를 해야 한다. 정부와 동격의 파트너십을 통해 국민 모두를 파트너십의 수혜자로 만들기 위해 친절하고 자세하게 계약 참여 안내를 하고 있다.

배성기 옮김

한국민간위탁경영연구소 · scotland.gov.uk /250페이지/30,000원

2012년 8월 출간

기타 민간위탁 분야 도서

공공하수처리시설 민간위탁 서비스평가

평가없는 성장 없다.
본 도서는 현행 공공하수처리시설 민간위탁 평가에 대한 법적 근거 및 제도에 대한 고찰을 통하여 보다 합리적인 민간위탁 서비스 평가 방안을 제시하고 있다.

배성기 · 안영진 · 박철휘 · 박종운 지음

한국민간위탁경영연구소 / 316페이지 / 25,000원

2011년 12월 출간

큰 사회(BIG Society)

영국 캐머론 총리의 큰 사회는 공공서비스 향상을 추구하며, 개념적으로는 국가를 반대하지 않으며 다양한 증거를 바탕으로 영국 사회를 지원하고 사회적 욕구를 충족시키는 현재 국가의 능력에 대해 깊이 있게 고민한다. 이는 우리나라에도 시사하는 바가 크므로 소개하고자 하였다.

배성기 · 이화진 · 김태현 · 남효응 옮김

나남출판사 · UBP / 165페이지 / 15,000원

출간 예정

공공관리 번역 도서

분쟁 후 취약한 상황에서의 정부기능 및 정부서비스 민간위탁

본 역서는 원조의 비효율적, 비효과적 집행을 방지하고, 수원국의 역량개발에 도움을 줄 수 있는 방안을 도모하여 현장실무자들과 정부의 정책입안자들과 협력하기 위한 안내서의 역할을 해 줄 것이다. 또한 선진국의 민간위탁제도 운영방법론은 국내에서 좋은 시사점을 제공하고 있다.

배성기 옮김

한국민간위탁경영연구소 · OECD / 165페이지 / 25,000원

2011년 11월 출간

지방정부 서비스계약 (Local Government Contract)

공공을 위한 최선의 거래를 추구하는데 있어서 책임성과 유연성, 공익성과 경제성 등을 최적으로 조합하는 것은 현대 서비스 계약업무의 핵심이다. 본 역서는 그 조합방식을 유용하게 제안하고 있다.

배성기 옮김

한국민간위탁경영연구소 · ICMA / 200페이지 / 30,000원

출간 예정

정부계약자들을 위한 가격책정 및 원가계산 (Pricing and Cost Accounting)

정부와 계약기간 중 요구사항을 준수하고, 이윤을 유지하기 위한 협상방법을 수록하고 있다. 입찰에 대한 변경요구 사항은 가격책정, 원가계산, 하도급, 계약변경을 수반하며 이에 대한 정보를 제공하고 있다.

배성기 옮김

한국민간위탁경영연구소 · MC / 220페이지 / 25,000원

출간예정

서비스 수준관리 (Service Level Management)

서비스 수준관리(SLM)는 서비스 업무범위를 정의하여 서비스제공에 따른 업무목표, 해당부서 및 책임부서를 기술하고 고객과 서비스 공급업체의 업무분담을 명확히 하여 서비스 공급업체와 고객 양측 모두의 기대와 목적을 충족시키기 위한 내용을 기술하고 있다.

배성기 옮김

한국민간위탁경영연구소 · TAS / 240페이지 / 25,000원

출간 예정

공공관리와 성과 (Public Management and Performance)

공공서비스 성과가 뜻하는 바가 무엇이고, 이와 관련한 연구의 주요 성과는 무엇인가? 왜 관리가 중요한가? 연구자, 정책결정자, 실무자들에게 주는 함의는 무엇이며, 향후 과제는 무엇인가? 에 대해 저자들은 이야기 하고 있다.

배성기 · 김윤경 · 김영철 옮김

한국민간위탁경영연구소 · 캠브리지대학출판사 / 200페이지 / 35,000원

2012년 8월 출간

사회기반시설 자산관리 (Infrastructure Asset Management)

자산관리의 목표, 서비스 제공능력과 자산상태의 구체적 목표를 검토하고, 자산관리 활동을 최적화 · 체계화하기 위해 현재의 서비스 제공능력과 자산상태(condition)를 비교한다. 또 최적의 의사결정을 위해 필요한 재정적 고려사항에 대해서도 요약하고 있다.

유인균 · 박미연 · 배성기 옮김

한국민간위탁경영연구소 · CIRIA / 200페이지 / 35,000원

2012년 8월 출간

지방지치단체 사회적가치구현을 위한 공공조달프레임워크

영국의 중앙 및 지방정부기관들은 최저가 대신 사회적 가치를 고려해 최고가치(Best Value)를 지닌 쪽을 선택하도록 규정과 지침을 만들어 공공조달에 적용하고 있다.

이에, 영국의 사회적 가치 구현을 위한 조달규정 및 지침관련 사례를 발굴하여 국내에 홍보·전파하고자 출간하게 되었다.

배성기

브릿지협동조합 / 170페이지 / 25,000원

2016년 4월 출간

지방자치단체 공공서비스 혁신

협동조합도시 런던시 램버스구

영국 런던시 램버스구, 협동조합방식의 지방자치단체 경영과 공공서비스 혁신을 가능하게 하는 영국의 법·제도적 환경, 지자체조례, 지자체 경영원칙, 사회적 · 경제적 · 환경적 가치구현을 위한 목표달성전략 및 프로세스등을 자세히 소개하고 있다.

배성기 지음

브릿지협동조합 / 184페이지/ 25,000원

2016년 5월 출간

출간 예정 도서

공공서비스 기획 |모범 기획 원칙|

Commissioning Public Services는 공공조달 기획담당자들을 위한 영국의 공공서비스 조달 기획 안내서로 지역고용, 양질의 일자리, 사회권·노동권 준수, 사회통합, 차별해소, 재분배 효과, 기업의 사회적 책임 이행도 등이 조달원칙의 핵심 고려사항으로 설계되고 입찰, 낙찰, 계약 이행 등 각 단계에서 사회적 가치를 가진 재화 및 서비스가 자연스럽게 경쟁력을 가질 수 있도록 체계가 구축되어 공공구매를 통한 사회적가치가 최대화될 수 있기를 바랍니다.

배성기 옮김
한국민간위탁경영연구소
2018년 5월 출간

민·관 파트너십 구성 및 운영을 위한 안내서

공공사회파트너십은 공공기관이 사회적경제조직들로부터 재화 및 서비스를 단순히 구매한다는 차원을 넘어 공공기관이 주도하는 공공부문과 사회적경제조직들로 구성된 사회적경제부문이 함께 공공서비스를 설계하고 생산하는 것을 핵심으로 하는 개념입니다. Public Social Partnerships은 공공부문과 사회적경제조직이 공동으로 참여하는 공공서비스에 대한 새로운 접근방법을 묘사하고 있습니다.

배성기 옮김

한국민간위탁경영연구소

2018년 5월 출간

사회적기업을 위한 사업기획 안내서

이 안내서는 영국의 사회적경제 전문기관인 FSD(Fourth Sector Development)가 사회적기업 창업을 고려하거나 성장을 도모하는 이들을 위해 개발한 7단계 전략에 기초하여 급변하는 사회경제적 환경에서 사회적경제 활동가들에게 사회적기업을 위한 사업계획을 사례와 함께 단계별로 설명하여 시간과 비용을 절감하고, 합리적 투자를 유도하여 사회적경제부문의 경쟁력 강화를 지원하고자 합니다.

배성기 옮김

한국민간위탁경영연구소

2018년 5월 출간

협업기획 - 공공서비스 기획에 대한 새로운 사고

Collaborative Commissioning은 협업을 통한 공공서비스 기획과 관련된 영국사례로 사회적 가치 창출을 주된 목적으로 하는 사회적경제조직과 사회책임경영(CSR)기업 등이 공공시장에서 영리지향적 기업보다 경쟁 우위에 설 수 있도록 유도하고, 약 100조원이 넘는 공공조달시장의 상당 비율을 사회적경제에 친화적인 공공시장으로 전환될 수 있는 토대가 마련되는 계기가 되길 바랍니다.

배성기 옮김

한국민간위탁경영연구소

2018년 5월 출간

공동체 편익 증대를 위한 안내서

장기간 경기침체와 부의 불평등 심화 그리고 인구의 수도권 집중은 취약계층에게 여러 가지 부담을 안겨주었고, 그 중 인간으로서 가장기본적인 살 공간과 관련된 주거문제에 직면하게 하였습니다. Community Benefit Clause Guidance Manual은 영국의 사회임대주택사업자가 주택의 운영 및 관리 서비스 조달 시 서비스 공급자로 하여금 지역공동체 편익을 구현하도록 계약조항으로 수립하는 방법을 설명한안내서입니다.

배성기 옮김
한국민간위탁경영연구소
2018년 5월 출간

사회적 가치 구현을 위한 안내서

사회적기업 육성 예산은 일자리창출 예산의 의미를 부여받고 있으며, 일자리 창출 엔진이라는 꼬리표가 사회적기업의 지원 예산을 확보하는데는 유용했으나 사회적기업의 정상적인 발전을 가로막는 부작용을 낳고 있는 것 또한 사실입니다. 따라서 사회적기업 육성예산은 이 사회적 부가가치(social added value) 창출의 엔진을 육성한다는 본래의 의미를 부여 받아야 할 필요성이 있습니다.

배성기 옮김

한국민간위탁경영연구소

2018년 5월 출간

사회투자성과 개발 안내서

SROI는 2000년대 들어 미국의 비영리재단 REDF가 제안한 개념으로, 사회적기업이나 비영리 조직이 생산한 사회적 가치와 경제적 가치를 통합해 정량적으로 측정하는 방법론이며, 주관적인 판단이 개입하기 쉬운 사회적 가치를 화폐가치로 객관화했습니다. 한편, 사회적기업에 관해 오랜 전통을 갖고 있는 영국에서는 SROI가 제안되기 이전부터 다양한 방식으로 사회적기업의 비재무적 성과를 측정하기 위한 방법론이 모색되었습니다.

배성기 옮김

한국민간위탁경영연구소

2018년 5월 출간

영국 중앙정부 및 지방정부 사회적 가치 구현 사례집

본 지침은 Highways England와 하도급업체가 2012년 공공서비스(사회적가치)법에 의한 서비스 공급과 관련된 사회적가치를 확인하고 구현하기 위한 접근방법을 설명한다.

배성기 옮김

한국민간위탁경영연구소

2018년 5월 출간

2021 전국 지방자치단체
민·관 협업사무 운영 현황 I

민간경상사업보조(307-02)
민간단체법정운영비보조(307-03)
민간행사사업보조(307-04)

초판인쇄 | 2021년 3월 13일
초판발행 | 2021년 3월 13일
발 행 인 | 배 성기
엮 은 곳 | 한국민간위탁경영연구소
편 집 인 | 큰날개 홍 원기 선임연구원
펴 낸 곳 | 큰날개 출판사업부
서울시 성북구 종암로 167, 101-2001
전 화 | 02) 943-1947
팩 스 | 02) 943-1948
홈페이지 | https://bigwing.modoo.at
출판등록 | 제 307-2012-46 호
가 격 | 30,000원

MEMO.

MEMO.

한국민간위탁경영연구소
Korea Contracting-out Management Institute

한국민간위탁경영연구소는 공공서비스 관리 혁신을 통해
더 나은 정부, 더 나은 사회, 더 많은 사업기회를 만들어 갑니다.

T. 02-943-1941 F. 02-943-1948 E. kcomi@kcomi.re.kr H. www.kcomi.re.kr